Über dieses Buch

Der FISCHER WELTALMANACH berichtet in der Länderchronik über wichtige politische Ereignisse in einzelnen Staaten und liefert jährlich neue Angaben zur Landesstruktur, zum politischen System, zur Wirtschaftslage und zur Presse aller souveränen Staaten. Die deutschsprachigen Länder werden besonders ausführlich behandelt. Biographien ausländischer Politikerinnen und Politiker geben Auskunft über ihren Werdegang.
Internationale und supranationale Organisationen werden in Zusammensetzung und Zielen vorgestellt. Der Wirtschaftsteil präsentiert umfassende Informationen über Industrie, Landwirtschaft, Bergbau und Energiewirtschaft sowie über die weltweite Entwicklung des Handels und des Verkehrs.
Kulturpreise und ihre Preisträger, historische Gedenktage 1992, verstorbene Persönlichkeiten 1990/1991, die Weltbevölkerungsentwicklung, Religionen und Sprachen sowie Ferientermine und Umrechnungen von Maßen und Gewichten sind weitere Themen dieses Buches. Zahlreiche graphische Darstellungen, schwarzweiße und farbige Karten und Tabellen ergänzen die Texte. Durch Sachlichkeit, Themenvielfalt und Aktualität ist dieses Jahrbuch nicht nur als Ergänzung zu jedem Lexikon, sondern auch als eigenständiges Nachschlagewerk unentbehrlich.

Die Autoren

Baratta, Dr. *Mario von,* geb. 1936; Studium der Zeitungswissenschaften in Wien. 1964–82 stellvertretender bzw. Chefredakteur des »Archiv der Gegenwart«, 1983–90 freier Journalist und Publizist, seit 1991 Verlagsleiter in Rheinbach/Bonn.

Baumann, *Eleonore,* geb. 1950; Studium der Rechtswissenschaften, Rechtsanwältin. Seit Juli 1990 Geschäftsführerin beim Verband der weiblichen Arbeitnehmer e. V./VWA in Bonn. Verantwortlich zusammen mit Wolf-Rüdiger Baumann für das Kapitel »Länderchronik«.

Baumann, Dr. *Wolf-Rüdiger,* geb. 1948; Studium der Wirtschaftswissenschaften (Diplom-Ökonom). Seit 1983 wissenschaftlicher Referent. Verschiedene Veröffentlichungen zur Wirtschaftsgeschichte sowie zur Außen- und Deutschlandpolitik. Verantwortlich für das Kapitel »Kurzbiographien« und zusammen mit Eleonore Baumann für das Kapitel »Länderchronik«.

Böhm, *Adolf,* geb. 1919; Studium an der Hochschule für Bildende Künste in München. Freischaffender Graphiker und Kartograph. Verantwortlich für die kartolithographische Ausführung aller Karten und eines Teils der Figuren.

Breuer, *Doris,* geb. 1946; Studium der Kommunikationsforschung, Soziologie und Erziehungswissenschaft. Seit 1975 freie Mitarbeiterin verschiedener Verlage, insbesondere für Dokumentationen. Verantwortlich für die Kapitel »Kultur-, Friedens- und Nobelpreise«, »Verstorbene Persönlichkeiten« und die Abschnitte »Presse, Rundfunk und Fernsehen« im Kapitel »Staaten, Länder und Gebiete«.

Clauss, Dr. *Jan Ulrich,* geb. 1950; Studium der Staatswissenschaften. 1985–88 Pressereferent der Alexander von Humboldt-Stiftung, seit 1988 Referatsleiter Europa bei der Hochschulrektorenkonferenz in Bonn. Verantwortlich für die Kapitel »Internationale und supranationale Organisationen«, »Weltbevölkerung – Religionen – Sprachen« und »Jahrestage«.

Gräf, *Peter,* geb. 1946; Studium der Wirtschaftswissenschaften und Geographie, Privatdozent am Institut für Wirtschaftsgeographie der Univ. München. Veröffentlichungen zu geogr. u. ökonom. Aspekten der Infrastrukturentwicklung, zu Freizeit u. Fremdenverkehr, zu Information u. Kommunikation, zur Entwicklung der EG-Länder sowie zur Landeskunde Süddeutschlands. Mitverantwortlich für das Kapitel »Staaten, Länder und Gebiete«.

Haas, Prof. Dr. *Hans-Dieter,* geb. 1943; Studium der Geographie, Geologie und Wirtschaftswissenschaften. Seit 1979 Univ.-Prof. und Mitglied der Leitung am Institut für Wirtschaftsgeographie der Univ. München. Veröffentlichungen zur Wirtschaftsentwicklung und zu raumstrukturellem Wandel in der BR Deutschland und in Entwicklungsländern (Schwerpunkt Lateinamerika). Mitverantwortlich für das Kapitel »Staaten, Länder und Gebiete«.

Metz, Dr. *Roland,* geb. 1954; Studium der Wirtschaftswissenschaften und Geographie. Akademischer Rat am Institut für Wirtschaftsgeographie der Univ. München. Veröffentlichungen zu Geographie und Arbeitsmarktforschung. Mitverantwortlich für das Kapitel »Staaten, Länder und Gebiete«.

Paesler, Dr. *Reinhard,* geb. 1942; Studium der Geographie, Geschichte, Anglistik und Amerikanistik. Akademischer Oberrat am Institut für Wirtschaftsgeographie der Univ. München. Veröffentlichungen zur Wirtschafts- und Sozialgeographie, Raumplanung und Landeskunde Süddeutschlands, Ost- und Südosteuropas; Redaktionsmitglied des »Staatslexikons« der Görres-Gesellschaft. Verantwortlich für die Kapitel »Wirtschaft« und »Verkehr«.

DER FISCHER WELTALMANACH 1992

Begründet von Prof. Dr. Gustav Fochler-Hauke

Herausgegeben von Dr. Mario von Baratta

Ständige Autoren:
Eleonore Baumann
Dr. Wolf-Rüdiger Baumann
Doris Breuer
Dr. Jan Ulrich Clauss
Dr. Peter Gräf
Prof. Dr. Hans-Dieter Haas
Dr. Roland Metz
Dr. Reinhard Paesler

Kartographie: Adolf Böhm

Redaktionsschluß: 2. 9. 1991

FISCHER TASCHENBUCH VERLAG

Redaktion: Heide Kobert und Anke Rasch

Originalausgabe
des Fischer Taschenbuch Verlages
November 1991
Umschlagentwurf: Rambow, Lienemeyer, van de Sand

Herstellung: Jutta Hecker
Satz: Fotosatz Otto Gutfreund, Darmstadt
Druck und Bindung: Clausen & Bosse, Leck
Printed in Germany
ISBN-3-596-19092-4
ISSN 0430-5973

Vorbemerkung

Mit der 33. Ausgabe des FISCHER WELTALMANACH wurden strukturelle **Änderungen** vorgenommen, die einer größeren Benutzerfreundlichkeit dienen sollen:

- ▶ Die LÄNDERCHRONIK, bisher den Strukturdaten der einzelnen Länder im Kapitel STAATEN, LÄNDER und GEBIETE *(→ Sp. 195ff.)* vorangestellt, wurde der besseren Überschaubarkeit wegen wieder in einen Gesamtbericht zusammengefaßt und an den Anfang des Bandes gestellt *(→ Sp. 23ff.)*.
- ▶ Ein neuer FARBKARTENTEIL enthält neben Welt-, Erdteil- und Regionalkarten sowie den Flaggen aller unabhängigen Staaten auch Übersichten zu aktuellen Themen: »Der Krieg am Golf«, »Welterdölförderung und Weltraffineriekapazitäten«, »Die ›reichsten‹ und die ›ärmsten‹ Länder der Erde«.

In Zuschriften wird immer wieder der Wunsch geäußert, der WELTALMANACH möge doch in dem einen oder anderen Bereich noch umfassendere Informationen zur Verfügung stellen. An dieser Stelle wurde bereits wiederholt darauf hingewiesen, daß angesichts der stetig anschwellenden Datenflut Vollständigkeit längst nicht mehr möglich ist – und inzwischen wohl auch nicht einmal mehr wünschbar erscheint. Die Autoren des WELTALMANACHs müssen sich daher immer mehr darauf konzentrieren, die wichtigsten Grunddaten vorzulegen und **von Jahr zu Jahr wechselnde Schwerpunkte** zu setzen:

- ▶ Die LÄNDERCHRONIK behandelt daher nicht jedes einzelne Land, sondern nutzt den dadurch gewonnenen Platz für eine ausführlichere Darstellung ausgewählter Staaten. Besondere Aufmerksamkeit gilt diesmal – neben den Ereignissen in der Bundesrepublik Deutschland nach dem Beitritt der DDR – der weiteren politischen und ökonomischen Entwicklung in den Reformstaaten Mittel-, Ost- und Südosteuropas: So vor allem der Auflösung der bisher von einer starken kommunistischen Zentralmacht beherrschten Sowjetunion und ihrer Umwandlung in einen Bund unabhängiger Republiken mit völlig neuen Staatsorganen; dem von bürgerkriegsähnlichen Auseinandersetzungen begleiteten Zerfall des jugoslawischen Staatenbundes; den Vorgängen in Albanien. Aber auch über die arabischen Staaten wird angesichts der Krise um Kuwait ausführlicher berichtet.
- ▶ Themen ergänzender SONDERARTIKEL sind u. a. der Krieg am Golf *(→ Sp. 69ff.)*, das Schicksal der Kurden *(→ Sp. 787ff.)*, die Souveränitätserklärungen Kroatiens und Sloweniens *(→ Sp. 99ff.)*, die Wiederherstellung der Unabhängigkeit der baltischen Staaten *(→ Sp. 165ff.)*, der Putschversuch in der Sowjetunion und seine Folgen *(→ Sp. 153ff.)* sowie der künftige Binnenmarkt der EG *(→ Sp. 191ff.)*.
- ▶ Das Kapitel INTERNATIONALE UND SUPRANATIONALE ORGANISATIONEN gibt diesmal den Bündnissen der arabischen und islamischen Staaten sowie denen Asiens und Ozeaniens Vorrang, nachdem in den Jahren zuvor die afrikanischen *(WA '89)*, amerikanischen *(WA '90)* und europäischen regionalen Organisationen *(WA '91)* im Mittelpunkt gestanden hatten. Es enthält aber neben den ständig aufgenommenen Organisationen (UN, EG, EFTA, OECD etc.) auch die europäische Sicherheitskonferenz KSZE, in deren Rahmen die Staats- und Regierungschefs aus 34 Ländern Ende 1990 im Paris den kalten Krieg zwischen Ost und West für beendet erklärten *(→ Sp. 677ff.)*.

Auch in diesem Jahr waren die Autoren bemüht, bis zum Redaktionsschluß am 2. September 1991 der Aktualität Rechnung zu tragen sowie die wertvollen Anregungen und Hinweise zahlreicher Leserzuschriften zu berücksichtigen, für die an dieser Stelle gedankt sei.

Bonn, im September 1991 Mario von Baratta

Inhaltsverzeichnis

Verzeichnis der Karten und graphischen Darstellungen

Farbkarten

1. Teil, nach Sp. 256:
Deutschland/Österreich/Schweiz I
Flaggen aller Staaten II/III
Der Erdmantel: Plattentektonik und Erdbebenzonen IV/V
Die Welt: Bodennutzung und Bodenbedeckung VI/VII
Weltrohölförderung und Weltraffineriekapazitäten 1990 VIII

2. Teil, nach Sp. 864:
Der Golfkrieg – Operation »Wüstensturm« IX
Europa: Staaten X/XI
Amerika: Staaten XII/XIII
Asien und Afrika: Staaten XIV/XV
Die »reichsten« und die »ärmsten« Länder der Erde XVI

Umschlaginnenseite (hinten): Zeitzonenkarte

SCHULFERIENTERMINE 1992

angegeben ist jeweils der erste und letzte Fereintag

1. Deutschland

Angaben des Sekretariats der Kultusministerkonferenz der Länder in der Bundesrepublik Deutschland (Bonn).

Bundesland	*Weihnachten 1991/1992*	*Winter*	*Ostern/ Frühjahr*	*Pfingsten/ Himmelfahrt*	*Sommer*	*Herbst*
Baden-Württemberg	23.12.- 4.1.	2.- 6.3.	13.-25.4.	1.- 5.6.	2.7.-25.8.	26.10.-30.10.
Bayern	23.12.- 4.1.	-	13.-25.4.	9.-20.6.	30.7.-14.9.	2.11.- 3.11.
Berlin	23.12.- 6.1.	-	4.-25.4.	6.- 9.6.	25.6.- 8.8.	2.10.-10.10.
Brandenburg	23.12.- 3.1.	10.-21.2.	14.-16.4.	5.- 9.6.	29.6.- 7.8.	noch nicht bek.
Bremen	23.12.- 6.1.	-	1.-21.4.	-	25.6.- 8.8.	5.10.-13.10.
Hamburg	23.12.- 4.1.	-	9.-21.3. 16.-21.4.	29.5.	18.6.- 1.8.	5.10.-17.10.
Hessen	23.12.-11.1.	-	3.-22.4.	-	22.6.-31.7.	5.10.-16.10.
Mecklenburg-Vorp.	23.12.- 3.1.	17.-28.2.	15.-21.4.	5.- 9.6.	13.7.-21.8.	noch nicht bek.
Niedersachsen	21.12.- 6.1.	-	1.-21.4.	6.- 9.6.	25.6.- 5.8.	28. 9.-10.10.
Nordrhein-Westf.	23.12.- 6.1.	-	6.-25.4.	9.6.	16.7.-29.8.	19.10.-24.10.
Rheinland-Pfalz	23.12.- 8.1.	-.	6.-25.4.	9.6.	23.7.- 2.9.[2]	19.10.-24.10.
Saarland	23.12.- 6.1.	2.- 3.3.[1]	13.-27.4.	-	23.7.- 5.9.	26.10.-31.10.
Sachsen	23.12.- 3.1.	20.-28.2.	16.-24.4.	4.- 9.6.	6.7.-14.8.	noch nicht bek.
Sachsen-Anhalt	23.12.- 6.1.	17.-21.2.	13.-21.4.	4.-10.6.	20.7.-28.8.	noch nicht bek.
Schleswig-Holstein	23.12.- 6.1.	-	9.-25.4.	-	18.6.- 1.8.	5.10.-17.10.
Thüringen	23.12.- 3.1.	10.-21.2.	13.-16.4.	5.- 9.6.	13.7.-21.8.	noch nicht bek.

[1] Fastnacht [2]Sonderregelung Pirmasens: 6. 7.–14. 8.

2. Österreich

Ferienfestlegung nach dem Schulzeit-Bundesgesetz vom 16. 7. 1964 (zuletzt geänd. BGBl 369/1982)

	Weihnachtsferien	*Semesterferien*	*Osterferien*	*Sommerferien*
Ostteil des Landes: Wien, Niederösterreich, Burgenland	22.12.91-6.1.92	3.-9.2.	11.-21.4.	4.7.- 6.9.
Westteil des Landes: Kärnten, Oberösterreich, Salzburg, Steiermark, Tirol, Vorarlberg	22.12.91-6.1.92	10.-16.2.	11.-21.4.	11.7.-13.9.

3. Schweiz

Angaben der Schweizerischen Dokumentationsstelle für Schul- und Bildungsfragen (CESDOC), Genf
Auswahl wichtiger bzw. angrenzender Kantone und Städte, sofern einheitliche Ferientermine vorgesehen sind

	Winterferien	*Sportwoche*	*Frühlingsferien*	*Sommerferien*	*Herbstferien*
Basel-Stadt	23.12.91-2.1.92	7.3.-14.3.	4.4.-20.4.	27.6.- 8.8.	26. 9.-10.10.
Basel-Landschaft	25.12.91-4.1.92	29.2.-14.3.	11.4.-20.4.	27.6.- 8.8.	26. 9.-10.10.
Bern (Stadt)	21.12.91-4.1.92	1.2.- 8.2.	28.3.-20.4.	4.7.- 8.8.	19. 9.-10.10.
Genf (Kanton)	21.12.91-4.1.92	22.2.-29.2.	16.4.-25.4.	29.6.-22.8.	nicht bek.
St. Gallen (Kanton)	uneinheitlich	26.1.- 8.2.	28.3.- 2.4.	11.7.-15.8.	3.10.-17.10.
Schaffhausen (Kanton)	25.12.91-2.1.92	25.1.- 8.2.	11.4.-25.4.	4.7.- 8.8.	nicht bek.
Thurgau (Kantonsschulen)	23.12.91-2.1.92	25.1.- 1.2.	4.4.-20.4.	4.7.- 8.8.	nicht bek.
Tessin (Kanton)	nicht bekannt	29.2.- 7.3.	17.4.-25.4.	18.7.- 2.9.	31.10.- 7.10.
Zürich (Kantonsschulen)	23.12.91-4.1.92	10.2.-22.2.	20.4.- 2.5.	13.7.-15.8.	nicht bek.

ABKÜRZUNGEN DER STAATEN, LÄNDER UND GEBIETE

Fettgedruckte Abkürzungen weichen von internationalen Kfz-Kennzeichen ab, sind aber im allgemeinen Schriftgebrauch üblicher – z. B. **UdSSR** (statt SU) für die Sowjetunion – oder haben offiziellen Charakter bei Internationalen Organisationen – z. B. **UK** (statt GB) für das Vereinigte Königreich von Großbritannien und Nordirland. Angaben der deutschen Botschaften im Ausland bzw. der ausländischen Botschaften in Bonn wurden berücksichtigt.
Ein Teil der im internationalen Kraftfahr- und Postverkehr vereinbarten Kfz.-Kennzeichen wird **de facto in dem betreffenden Land nicht verwendet,** so daß sich in einigen Fällen anbietet, auf andere für das Gebiet sinnvolle Ländercodes zurückzugreifen.

A	**Österreich** (engl. usw.: Austria)
AFG	**Afghanistan**
AG	**Antigua und Barbuda**
AL	**Albanien**
AND	**Andorra**
AUS	**Australien**
B	**Belgien**
B.A.T.	Britische Antarktis-Territorien
BD	**Bangladesch**
BDS	**Barbados**
BF	**Burkina Faso;** früher Obervolta
BG	**Bulgarien**
BHT	**Bhutan**
B.I.O.T.	Brit. Territorium im Indischen Ozean
BOL	**Bolivien**
BR	**Brasilien**
BRN	**Bahrein**
BRU	**Brunei Darussalam**
BS	**Bahamas**
BUR	**Myanmar;** früher Birma (Burma)
BZ	**Belize;** früher Britisch-Honduras
C	**Kuba** (spanisch: Cuba)
CAM	**Kamerun** (Cameroun)
CDN	**Kanada** (Canadian Dominion)
CH	**Schweiz** (Confœderatio Helvetica)
CI	**Côte d'Ivoire;** früher Elfenbeinküste
CL	**Sri Lanka;** früher Ceylon
CO	**Kolumbien** (Colombia)
CR	**Costa Rica**
CS	**Tschechoslowakei**
CV	**Kapverden** (portugies.: Cabo Verde)
CY	Republik **Zypern** (engl.: Cyprus)
D	**Deutschland**
DARS	**Sahara** (Demokr. Arab. Republik Sahara)
DK	**Dänemark**
DOM	**Dominikanische Republik**
D.O.M.	Französische Überseedépartements
DZ	**Algerien** (ehem. frz. Transkription: Djazaïria)
E	**Spanien** (España)
EAK	**Kenia** (East Africa: Kenya)
EAT	**Tansania** (East Africa: Tanzania)
EAU	**Uganda** (East Africa: Uganda)
EC	**Ecuador**
ES	**El Salvador**
ET	**Ägypten** (engl.: Egypt)
ETH	**Äthiopien** (engl. usw.: Ethiopia)
F	**Frankreich**
FJI	**Fidschi** (engl.: Fiji)
FL	Fürstentum **Liechtenstein**
FR	Färöer-Inseln (dänisch)
FSM	Föderierte Staaten von **Mikronesien**
G	**Gabun**
GB	**Großbritannien und Nordirland** (s. auch **UK**)
GBA	Alderney (Kronlehnsgut) } nicht Teile des UK
GBG	Guernsey (Kronlehnsgut) } nicht Teile des UK
GBJ	Jersey (Kronlehnsgut) } nicht Teile des UK
GBM	Isle of Man (Kronlehnsgut) } nicht Teile des UK
GBZ	Gibraltar (Kolonie)
GC	Ciskei (Homeland in der RSA)
GCA	**Guatemala** (engl.: G. Central America)
GH	**Ghana;** früher Goldküste
GR	**Griechenland**
GRØ	Grönland (dänisch)
GUY	**Guyana**
H	**Ungarn** (engl./frz.: Hungary/Hongrie)
Hond.	**Honduras**
HK	Hongkong (britisch)
I	**Italien**
IL	**Israel**
IND	**Indien**
IR	**Iran**
IRL	**Irland** (Éire)
IRQ	**Irak** (Iraquia)
IS	**Island**
J	**Japan**
JA	**Jamaika**
JOR	**Jordanien**
K	**Kamputschea** (Kambodscha)
KN	Kwa Ndebele (Homeland in der RSA)
KWT	**Kuwait**
L	**Luxemburg**
LAO	**Laos**
LAR	**Libyen;** früher Libysche Arabische Republik
LB	**Liberia**
LS	**Lesotho;** früher Basutoland
M	**Malta**
MA	**Marokko**
MAL	**Malaysia**
MC	**Monaco**

MEX **Mexiko**
MOC **Mosambik** (portugies.: Moçambique)
MS **Mauritius**
MW **Malawi;** früher Nyassaland
N **Norwegen**
NA Niederländische Antillen (zu NL)
NAU **Nauru**
NEP **Nepal**
NIC **Nicaragua**
NL **Niederlande**
NZ **Neuseeland** (New Zealand)
OM Sultanat **Oman;** früher Maskat & Oman
P **Portugal**
PA **Panama**
PE **Peru**
PK **Pakistan**
PL **Polen**
PNG **Papua-Neuguinea**
PY **Paraguay**
Q **Katar** (Qatar)
RA Republik **Argentinien**
RB Republik **Botswana;** fr. Betschuanaland
RCA **Zentralafrikanische Republik** (frz. Abk.)
RCH Republik **Chile**
RG Republik **Guinea** (Conakry)
RH Republik **Haiti**
RI Republik **Indonesien**
RIM Islamische Republik **Mauretanien** (frz. Abk.)
RL Republik **Libanon**
RM Republik **Madagaskar**
RMM Muslimische Republik **Mali** (frz. Abk.)
RN Republik **Niger**
RO **Rumänien**
ROC Republik **China** (Taiwan, Formosa)
ROK Republik **Korea** (Südkorea)
ROU **Uruguay** (span.: República Oriental del U.)
RP Republik **Philippinen**
RPB Rep. **Benin** (bis 2/1990 République Populaire du Bénin); früher Dahomey
RPC Volksrep. **Kongo;** fr. Congo-Brazzaville
RSA Republik **Südafrika** (→ ZA)
RSM Republik **San Marino**
RU Burundi (Rep. y'Uburundi)
RWA **Ruanda** (Rwanda)
S **Schweden**
SA **Saudi-Arabien**
SCN **Saint Kitts und Nevis** (früher Saint Christopher und Nevis)
SCV **Vatikan** (Stato della Città del Vaticano)
SD **Swasiland** (Ngwane)
SF **Finnland** (Suomi/Finland)
SGP **Singapur**
SME **Surinam**
SN **Senegal**
SP **Somalia;** früher Somalia Protectorate
STL **Saint Lucia**
STP **São Tomé & Príncipe**
SU **Sowjetunion** (→ auch UdSSR)
SUD **Sudan**
SY **Seschellen** (Seychellen)
SYR **Syrien**
T.A.A.F. Französ. australische & antarktische Gebiete
TCH **Tschad**
TG **Togo**
T **Thailand**
TN **Tunesien**
T.O.M. Französische Überseegebiete
TR **Türkei**
TRNC Türkische Republik **Nordzypern**
TT **Trinidad und Tobago**
UAE **Vereinigte Arabische Emirate** (engl. Abk.)
UK **Vereinigtes Königreich von Großbritannien und Nordirland** (engl.: United Kingdom) (→ GB)
USA **Vereinigte Staaten von Amerika**
UdSSR **Sowjetunion** (→ auch SU)
V Venda (Homeland in der RSA)
V.I. Britische **Jungferninseln** (Virgin Islands)
VN **Vietnam**
VRC Volksrepublik **China**
WAG **Gambia** (Westafrika)
WAL **Sierra Leone** (Westafrika)
WAN **Nigeria** (Westafrika)
WD **Dominica** (Westindien)
WG **Grenada** (Westindien)
WS **Samoa** (West-Samoa)
WV **St. Vincent u. d. Grenadinen** (Westind.)
X Transkei (Homeland in der RSA; Xhosa)
YAR **Jemen** (früher Arab. Republik Jemen)
YB Bophutatswana (Homeland in der RSA)
YU **Jugoslawien** (engl.: Yugoslavia)
YV **Venezuela** (Abk. aus dem Luftverkehr)
Z **Sambia** (Zambia); früher Nord-Rhodesien
ZA **Republik Südafrika** (→ RSA)
ZRE **Zaire;** früher Belgisch-Kongo
ZW **Simbabwe** (engl.: Zimbabwe); früher: Süd-Rhodesien

Länderchronik

Chronik der souveränen Staaten (Afghanistan – Zypern). Besonders ausführlich dargestellt ist dieses Mal die Entwicklung in Jugoslawien (insbes. Slowenien und Kroatien) und in der Sowjetunion (Baltische Republiken, Putschversuch) bis zum 15. 9. 1991 sowie »Der Golfkrieg und seine Folgen« auf Sp. 69 ff. Staaten, in denen die Regierung gewechselt hat und/oder Parlamentswahlen stattgefunden haben und über die hier nicht berichtet wird, → Kap. »Staaten, Länder und Gebiete« Sp. 211 ff.

AFGHANISTAN Staatspräsident *Mohammed Najibullah* erläßt am 11. 9. **1990** ein **Dekret, das Richtlinien zur Bildung neuer politischer Parteien enthält** und das Machtmonopol der Kommunistischen Partei aufhebt. – Die Mudjaheddin bringen im Oktober die gesamte Provinz Urusgan unter ihre Kontrolle; Mitte Oktober beginnen sie eine erneute Offensive auf die Hauptstadt Kabul. – Präsident *Najibullah* trifft sich am 22. 11. mit Oppositionsvertretern in Genf, um eine »politische Lösung« für A. zu finden. Am 3. 1. **1991** bietet *Najibullah* den Rebellen erneut Gespräche über die Beendigung des seit 12 Jahren andauernden Bürgerkrieges an. – Im März brechen schwere Kämpfe um die Stadt Khost aus, die am 1. 4. von den Mudjaheddin eingenommen wird; Außenminister *Abdul Wakil* informiert UN-Generalsekretär *Javier Pérez de Cuéllar* über den Ernst der Lage. – Der Raketenbeschuß der von Mudjaheddin besetzten Stadt Asadabad fordert am 21. 4. ca. 300 Tote und 500 Verletzte. – Am 4. 5. wirft Außenminister *Abdul Wakil* in New York Pakistan vor, die Mudjaheddin bei der Einnahme von Khost aktiv unterstützt zu haben und protestiert dagegen bei UN-Generalsekretär *Pérez de Cuéllar*. – Die **Regierung akzeptiert** am 24. 5. den von der UN ausgearbeiteten **Plan zur Beendigung des Bürgerkrieges**. – Der frühere Staats- und Parteichef *Babrak Karmal,* der 1979 die sowjetischen Streitkräfte im Kampf gegen die muslimischen Widerstandskämpfer zu Hilfe rief, kehrt am 20. 6. nach 5 Jahren aus der UdSSR nach Kabul zurück. – Zum Abschluß einer Tagung in Islamabad (30. 7.) akzeptieren Iran, Pakistan und 9 afghanische Rebellengruppen den UN-Plan für A. als eine mögliche Grundlage für die Beendigung des Bürgerkrieges, fordern jedoch erneut den Rücktritt von Präsident *Najibullah.* *(bearb.: S. Wagner)*

ÄGYPTEN Nachdem das Oberste Verfassungsgericht in Kairo am 20. 5. **1990** die Parlamentswahlen vom Mai 1987 aufgrund einer Verfassungswidrigkeit des Wahlgesetzes für nichtig erklärt hat, ordnet Präsident *Hosni Mubarak* im September ein **Plebiszit über die Auflösung des Parlaments** für den 11. 10. an. Bei einer Wahlbeteiligung von gut 50% sprechen sich 90% für die Auflösung aus. – Am 12. 10. wird **Parlamentspräsident** *Rifaat al Mahjouh* in Kairo **erschossen**. Am 14. 10. bekennt sich eine den Behörden bisher nicht bekannte »Islamische Welt-Befreiungsfront« zu dem Attentat. Im Anschluß daran setzt eine Verhaftungswelle ein, bei rund 940 islamische Fundamentalisten festgenommen werden. – Nach ihrem Treffen in Kairo am 23. 11. fordern US-Präsident *George Bush* und Präsident *Mubarak* den Irak zum bedingungslosen Rückzug aus Kuwait auf; *Mubarak* weist dabei auch auf die Dringlichkeit einer Lösung in der Palästinenserfrage hin. – Aus den **Neuwahlen zum Parlament** am 30. 11. und 6. 12. geht die regierende »Nationaldemokratische Partei« von Präsident *Mubarak* als Sieger hervor. – Am 4. 12. vereinbaren Ministerpräsident *Atef Sidki* und sein libyscher Amtskollege *Abu Seid Omar Duda* eine umfangreiche Zusammenarbeit auf wirtschaftlichem und kulturellem Gebiet. – Saudi-Arabiens Außenminister Prinz *Saud Al Faisal* gewährt Ä. bei seinem Besuch in Kairo am 5. 12. eine Finanzhilfe von 1,5 Mrd. $ als Ausgleich für die durch die Golfkrise entstandenen Verluste. – Am 12. 1. **1991** vereinbaren Ä. und Syrien in Kairo mehrere Abkommen zum Ausbau ihrer Beziehungen. – Am 22. 1. gibt der französische Finanzminister *Pierre Beregovoy* im Anschluß an das G–7-Treffen in New York bekannt, daß die 7 größten westlichen Industrieländer Ä. als Entgegenkommen für sein Engagement gegen den Irak mehr als ⅓ seiner Schulden erlassen. Bereits 1990 haben die USA (6,9), Saudi-Arabien (4,5) und 4 der Golfemirate (3,2) auf Forderungen von 14,6 Mrd. $ verzichtet. – Am 12. 3. erfolgt die Wiederaufnahme der diplomatischen Beziehungen zu Iran. – Am 1. 4. beziffert *Mubarak* die wirtschaftlichen Einbußen Ä's. durch den Golfkrieg auf rund 20 Mrd. $. – Am 15. 5. wird Außenminister *Meguid* auf dem 95. ordentlichen Ratstreffen der Arabischen Liga in Kairo einstimmig zum neuen Generalsekretär gewählt. – Staatspräsident *Mubarak* bildet am 20. 5. das Kabinett um:

neuer Außenminister wird *Amer Mussa*, *Mohammed Hussein Tantawi* wird Verteidigungsminister, *Butros Ghali* wird stellvertretender Ministerpräsident. – Auf einer Sitzung des »Pariser Clubs« am 26. 5. erklären sich die westlichen Gläubigerstaaten bereit, Ä. gut die Hälfte seiner Auslandsschulden zu erlassen.

ALBANIEN Am 6. 9. **1990** kündigt Staats- und Parteichef *Ramiz Alia* eine Reform des Wahlrechts an; in Zukunft soll in geheimer Wahl zwischen einem Kandidaten der kommunistischen »Albanischen Arbeiterpartei«/PPSH und dem einer politischen Organisation des Staates gewählt werden können. – Am 15. 9. beschließt der Ministerrat, einen Antrag auf Aufnahme in die KSZE zu stellen. – **Am 14. 11. wird ein neues Wahlgesetz verabschiedet**. – Studenten der Tiraner Universität demonstrieren am 9. 12. für materielle Verbesserungen, Studienreformen und für mehr Demokratie. Bei einem Polizeieinsatz gegen 8000 Menschen, die die Demonstrationen der Studenten unterstützen, gibt es mehrere Verletzte und zwei Tote. Als Reaktion auf die Kundgebungen entläßt das ZK der PPSH einige als reformfeindlich geltende Mitglieder des Politbüros und beschließt die **Zulassung unabhängiger Parteien;** am 20. 12. per Dekret bestätigt. Als erste Partei wird daraufhin am 12. 12. die »Demokratische Partei Albaniens«/DP gegründet; am 20. 12. offiziell zugelassen. – Am 13. 12. kommt es in Shkoder zu gewalttätig verlaufenden regierungsfeindlichen Demonstrationen, die am 14. und 15. 12. auch andere Städte erfassen; bis zum 20. 12. werden 26 Teilnehmer der Demonstrationen wegen Vergehen gegen das Versammlungsgesetz und wegen Beschädigung öffentlichen Eigentums zu Haftstrafen zwischen 11 und 20 Jahren verurteilt. – Die als Reformgegnerin geltende Witwe des Staatsgründers *Enver Hoxha*, *Nedschimije*, wird am 20. 12. als Vorsitzende der »Demokratischen Front« von Ministerpräsident *Adil Carcani* abgelöst. – Nach Protesten werden in Tirana bis zum Abend des 20. 12. alle Stalin-Denkmäler entfernt, in den folgenden Tagen läuft die **Entstalinisierung des ganzen Landes** an. – Am 28. 12. wird ein **neues Mediengesetz verabschiedet**, das allerdings noch einige weitreichende Einschränkungen der Pressefreiheit enthält. Am 30. 12. wird das DP-Blatt »Rilindja Demokratike« als erste Oppositionszeitung zugelassen. – Albanische Juden erhalten am 30. 12. die Erlaubnis zur Ausreise. – Um die Jahreswende **1990/91** setzt eine **Massenflucht der griechischen Minderheit nach Griechenland** ein; nachdem schon rund 5000 Menschen geflüchtet sind, erteilt A. am 3. 1. rund 22000 Ausreisewilligen ein Visum. – Am 6. 1. werden 393 politische Häftlinge amnestiert, am 22. 1. weitere 170 freigelassen. – Am 7. 1. gründet sich die Ökologische Partei Albaniens«, die »Albanische Republikanische Partei« konstituiert sich am 10.1, die »Albanische Bauernpartei« Anfang Februar. – Als erster westlicher Regierungschef nach dem II. Weltkrieg kommt am 13./14. 1. der griechische Ministerpräsident *Konstantin Mitsotakis* nach Tirana; zentrale Themen seiner Gespräche mit der Partei- und Staatsführung sind Stand und Entwicklung der bilateralen Beziehungen, insbesondere die Lage der griechischen Minderheit in Südalbanien. – Nach einem Treffen mit Vertretern der Opposition kündigt *Alia* am 17. 1. die Verschiebung der Wahlen auf den 31. 3. an. – Als Reaktion auf die Streikwelle bei den Bergarbeitern erläßt die Regierung am 23. 1. ein **Streikgesetz**, das beinhaltet, daß eine Arbeitsniederlegung 15 Tage vorher angekündigt werden muß und der Regierung das Recht einräumt, Arbeitsniederlegungen in Krisenzeiten generell zu verbieten. – In der Hafenstadt Durrës kommt es am 9. 2. zu schweren **Ausschreitungen zwischen der Polizei und 20000 Ausreisewilligen**, die sich – später als falsch erweisenden – Gerüchten folgend, daß 2 oder 3 Fähren auch Personen ohne Visa mit **nach Italien** nehmen würden, am Hafen versammelt haben. – Am 19. 2. läßt Justizminister *Enver Halili* die **Gründung einer unabhängigen Bergarbeitergewerkschaft** zu; ihr Streikaufruf am 20. 2. wird in den meisten Betrieben Tiranas befolgt. – Am gleichen Tag nehmen etwa 100000 Menschen an einer **Demonstration gegen das kommunistische Regime** teil, in deren Verlauf eine Statue des ehemaligen Staatschefs *Enver Hoxha* vom Sockel gestürzt wird. *Alia* **entläßt** als Reaktion auf die Ereignisse noch am Abend des 20. 2. **die Regierung unter Ministerpräsident** *Carcani* und stellt am 22. 2. die ausschließlich aus Kommunisten bestehende neue Regierung vor; die Oppositionsparteien hatten zuvor eine Beteiligung so kurz vor den Wahlen abgelehnt. **Neuer Regierungschef wird** der Wirtschaftswissenschaftler *Fatos Nano*, *Muhamet Ismail Kaplani* wird Außenminister. – Am Abend des 22. 2. kommt es in Tirana zu Zusammenstößen zwischen Anhängern und Gegnern der Regierung, als eine Gruppe orthodoxer Kommunisten versucht, die *Hoxha*-Statue wiederaufzurichten. Am darauffolgenden Wochenende (23./24. 2.) läßt die Armee überall in Tirana Panzer auffahren und bildet einen Belagerungsring um die Hauptstadt. – Die seit Dezember 1961 eingefrorenen Beziehungen zur Sowjetunion werden am 27. 2. wieder aufgenommen. – Das seit gut 40 Jahren bestehende **Verbot der Nutzung von Kraftfahrzeugen durch Privatpersonen** wird am 28. 2. **aufgehoben.** – Am 28. 2. setzt ein **Flüchtlingsstrom** großen Umfangs auf dem Seeweg **in die süditalienischen Hafenstädte** Otranto und Brindisi ein; dabei fliehen innerhalb von 11 Tagen rund 20000 Albaner über die rund 70 km breite Adria nach Apulien. Am

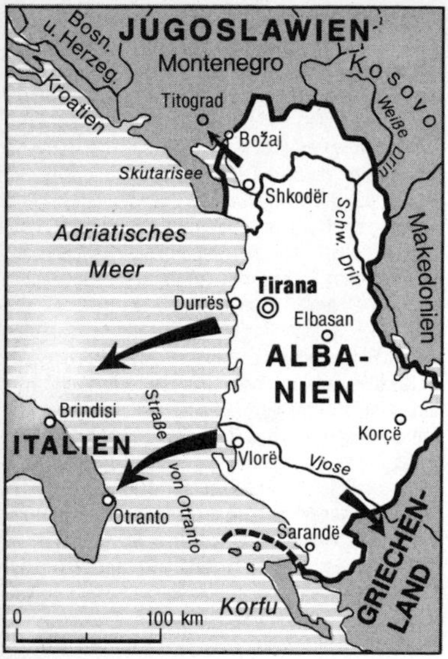

Flucht aus Albanien

7. 3. unterstellt die Regierung die Häfen der Militäraufsicht. Am 9. 3. stürmt die Armee im Hafen von Durres ein mit rund 1000 Flüchtlingen besetztes Schiff; dabei werden mindestens 3 Menschen getötet. Am 10. 3. kehren rund 2000 Albaner freiwillig in ihre Heimat zurück. – Am 12./13. 3. werden die nach offiziellen Angaben letzten 175 politischen Häftlinge freigelassen. – Am 12. 3. nehmen die USA, am 30. 5. Großbritannien wieder diplomatische Beziehungen mit A. auf. – **Die ersten freien Parlamentswahlen seit 1923** am 31. 3. bringen bei einer hohen Wahlbeteiligung von 95% einen überraschend deutlichen Sieg der regierenden PPSH. Einschließlich der Stichwahl vom 7. 4. gewinnt sie 168 der 250 Sitze und damit die ⅔-Mehrheit. Zurückzuführen ist diese klare Mehrheit auch auf das zur Anwendung gekommene Persönlichkeitswahlrecht, denn der Stimmenanteil der PPSH beträgt nur 55%; die DP kommt auf 38% und 75 Mandate, während die übrigen Oppositionsparteien leer ausgehen; 5 Sitze gehen an die Organisation der griechischen Minderheit »Omonia«. In den Städten Zentral- und Nordalbaniens erringt die DP deutliche Mehrheiten, so in Tirana 17 der 18 Mandate, während die Kommunisten auf dem Land fast alle Mandate gewinnen. – **Das neue Parlament verabschiedet auf seiner konstituierenden Sitzung**, die die Abgeordneten der Opposition wegen der Weigerung der Kommunisten, die Vorfälle von Shkodër zu untersuchen, boykottieren, am 15. 4. **eine neue Verfassung**. Das Land heißt nun nicht mehr »Volksrepublik«, sondern »Republik A.«. Eine strikte Trennung von Staat und Partei ist vorgesehen. Privateigentum, Streikrecht, Religionsfreiheit und Rechte für nationale Minderheiten werden garantiert. Weiter sieht sie eine Direktwahl des Staatspräsidenten und dessen uneingeschränktes Vetorecht vor. – Am 25. 4. wird die »Sozialdemokratische Partei« gegründet. – **Alia, der am 1. 5.** mit den Stimmen von 174 der 250 Abgeordneten **zum Präsidenten gewählt wird, legt** am 4. 5. **alle Parteiämter nieder**. Am 3. 5. reicht Ministerpräsident *Nano* seinen Rücktritt ein; *Alia* beauftragt ihn am 4. 5. jedoch erneut mit der Regierungsbildung. – Das Parlament einigt sich am 2. 6. auf baldige Neuwahlen und die Bildung einer neuen Regierung. **Die Regierung** *Nano* tritt am 4. 6. zurück. *Alia* beauftragt am 6. 6. *Ylli Bufi*/PPSH **mit der Bildung einer Koalitionsregierung**. – Auf ihrem 10. Parteitag am 10./11. 6. zieht die PPSH einen Schlußstrich unter ihre stalinistische Vergangenheit und distanziert sich von Staatsgründer *Enver Hoxha*; 17 ehemals hohe Parteifunktionäre werden ausgeschlossen. – Am 12. 6. kommt es zur **Bildung der ersten Mehrparteienregierung seit 1944.** Die Hälfte des aus 24 Mitgliedern bestehenden Kabinetts mit *Ylli Bufi* an der Spitze kommt aus der ehemaligen kommunistischen »Partei der Arbeit«. Die »Demokratische Partei«, als einzige im Parlament vertretene Oppositionspartei, stellt 7 Minister; die übrigen Oppositionsparteien stellen 5 Minister und Staatssekretäre. – Der frühere Ministerpräsident *Nano* wird am 13. 6. zum Vorsitzenden der »Sozialistischen Partei Albaniens«, der bisherigen PPSH, gewählt; er löst damit *Ramiz Ali* ab. – Zu Beginn der KSZE-Außenministerkonferenz in Berlin am 19. 6. wird **Albanien als letzter europäischer Staat** und als 35. Mitglied **in die KSZE aufgenommen.** – Am 7./8. 8. kommt es erneut zu einer **Flüchtlingswelle in Richtung Italien.** Bei der Erstürmung von Schiffen in den Hafenstädten Vlorë und Durrës kommt es zu Krawallen zwischen Ausreisewilligen, bei denen es 2 Tote und mehrere Verletzte gibt. Die Regierung beauftragt das Militär, die neue Flüchtlingswelle nach Italien zu stoppen. Die italienische Regierung weist alle albanischen Flüchtlinge wieder aus (Sp. 87). – Die »Nationaldemokratische Partei«, der royalistische Tendenzen nachgesagt werden, wird am 14. 8. zugelassen. – Die demokratischen, republikanischen und sozialdemokratischen Parteien verlangen in einer am 23. 8. veröffentlichten Erklärung u. a. die Auflösung des Staatssicherheitsdienstes sowie Aburteilung von Mitgliedern des kommunistischen Blocks, die sich »am Volk vergangen« haben. – Der italienische Innenminister *Scotti* unterzeichnet am 25. 8. einen Vertrag mit der albanischen Regierung, mit dem der Auswanderung aus Albanien ein Riegel vorgeschoben werden soll.

ALGERIEN Staatspräsident *Chadli Ben Jedid* verfügt am 22. 9. **1990** die Auflösung der Geheimpolizei, die durch einen Nachrichtendienst ersetzt werden soll. – Ende September kehrt der seit 1981 in Frankreich lebende, frühere Regierungschef *Mohammed Ahmed Ben Bella* nach A. zurück. – Vor dem Hintergrund anhaltender Teuerung, Lebensmittelknappheit und Jugendarbeitslosigkeit kommt es am 14. 10. in der Stadt Constantine zu **Massendemonstrationen**. – Ein vom Parlament am 26. 12. mit überwältigender Mehrheit verabschiedetes Gesetz sieht die schrittweise Einführung der arabischen Sprache in der staatlichen Verwaltung und Wirtschaft vor; bis 1997 soll sie das weitverbreitete Französisch ersetzen. – Etwa eine Million Algerier nehmen Ende Januar **1991** an einer von den algerischen Integristen ausgerufenen Demonstration zugunsten des Irak teil. – Einem Aufruf des Gewerkschaftsbundes UGTA zu einem zweitägigen **Generalstreik** gegen die wachsende Arbeitslosigkeit und Teuerung folgen am 12. 3. 90% der Beschäftigten. – Das Parlament verabschiedet Anfang April ein **Wahlgesetz** für die im Juni vorgesehenen ersten freien Wahlen. – Am 4. 6. kommt es in Algier bei Protesten zehntausender Anhänger der fundamentalistischen Bewegung »Islamische Heilsfront«/FIS, die den Rücktritt von Staatspräsident *Chadli* fordern, zu Zusammenstößen zwischen Sicherheitskräften und Demonstranten. – Am 5. 6. verhängt Präsident *Chadli* den **Ausnahmezustand**, gibt den **Rücktritt der Regierung** von *Mouloud Hamrouche* und die Verschiebung der für den 27. 6. vorgesehenen Parlamentswahlen bekannt. **Nachfolger** von *Hamrouche* wird am 6. 6. der bisherige Außenminister *Sid Achmed Ghozali*, der tags darauf sowohl Parlaments- als auch vorgezogene Präsidentenwahlen noch vor Jahresende ankündigt. – Der Führer der FIS, *Scheich Madani*, fordert am 7. 6. in Algier seine Anhänger zur Beendigung der seit Tagen andauernden Proteste gegen die Regierung auf. – Ministerpräsident *Ghozali* stellt am 18. 6. sein **neues Kabinett** vor, dem erstmals ein Minister für Menschenrechtsfragen angehört; Außenminister wird *Lakhdar Ibrahimi*. – Nach **neuen blutigen Zusammenstößen zwischen Fundamentalisten und Sicherheitskräften** am 25. 6., bei dem es mindestens 17 Tote und über 60 Verletzte gibt, geht die Regierung auf Konfrontationskurs. Am 1. 7. werden die beiden Vorsitzenden der »Islamischen Heilsfront«/FIS, *Abassi Madani* und *Ali Belhadj*, zusammen mit 700 Anhängern verhaftet; beide Politiker müssen sich wegen »bewaffneter Verschwörung gegen die Sicherheit des Staates« vor Gericht verantworten. – Nach dem Einschreiten der Armee in Algier und der Verhaftung der Führer der FIS verlagern sich die Auseinandersetzungen am 2. 7. in die Provinzen. – Am 4. 7. kündigt Ministerpräsident *Ghozali* eine »Nationalkonferenz«, zu der alle »demokratischen« Parteien eingeladen sind, über die Zukunft des Landes an. Am 18. 7. wird die **Ausgangssperre** wieder **aufgehoben**; dennoch bleibt ein Versammlungs- und Demonstrationsverbot bestehen. – Die FIS und die »Front der sozialistischen Kräfte«/FFS boykottieren die zweitägige **Nationalkonferenz** (30./31. 7.) der Regierung und aller politischen Kräfte des Landes. – Die Regierung verfügt am 18. 8. die Freilassung von 329 der 2976 Gefangenen, die seit Verhängung des Ausnahmezustands Anfang Juni in »Sicherheitszentren« inhaftiert worden waren. – Beim 2. Treffen zwischen Regierung und Parteien am 22. 8., an dem die »Front der Sozialistischen Kräfte« teilnimmt, während die »Islamische Heilsfront« weiterhin fernbleibt, wird über das Wahlverfahren und die Demokratisierung verhandelt; Wahlen im Dezember 1991 geplant.

ANGOLA Trotz der Waffenstillstandvereinbarung vom 22. 6. 1989 und Gesprächen zwischen der Regierung und der Rebellenbewegung UNITA in Portugal hält der seit 15 Jahren währende **Bürgerkrieg** an. – Die regierende **MPLA beschließt** auf ihrem Kongreß Anfang Dezember **1990**, ein **Mehrparteiensystem** einzuführen **und freie Wahlen** abzuhalten; vom Parlament Ende März einstimmig beschlossen. – Nach 15 Jahren wird die nächtliche **Ausgangssperre in Luanda** am 16. 3. **1991 aufgehoben**. – Am 24. 4. erklärt Staatspräsident *Jose dos Santos* die Regierung akzeptiere den Vorschlag Portugals zur Beendigung des Bürgerkriegs in A., der einen Waffenstillstand im Mai und freie Parlamentswahlen bis spätestens November 1992 vorsieht. – Die Friedensgespräche zwischen der Regierung und der Widerstandsorganisation UNITA unter Vermittlung Portugals, der USA und der UdSSR enden am 1. 5. mit der **Unterzeichnung eines Friedensabkommens**. Am 15. 5. kommen die Konfliktparteien erneut zu zweitägigen Gesprächen in der portugiesischen Hauptstadt Lissabon zusammen und bestätigen das Abkommen, das die Bildung einer vereinigten Armee, die Ausrichtung von Wahlen und die Rechte der UNITA nach dem Waffenstillstand umfaßt. Die UN werden ersucht, die Einhaltung der Friedensvereinbarungen sicherzustellen. **Mit Beginn des Waffenstillstands am 15. 5. wird der seit 16 Jahren andauernde Bürgerkrieg** zwischen den Regierungstruppen und der UNITA **beendet**. – Am 31. 5. unterzeichnen Staatspräsident *dos Santos* und der UNITA-Führer, *Jonas Savimbi*, den am 1. 5. abgeschlossenen Friedensvertrag; damit beginnt die **Bildung einer vereinigten Armee**, die bis zur Durchführung von Präsidentschafts- und Parlamentswahlen im Herbst 1992 abgeschlossen sein soll. Außerdem erhält die UNITA ab sofort das Recht, sich politisch zu betätigen. – Die aus Vertretern der Regierung und den UNITA-Rebellen gebildete **»Friedenskommission« nimmt** am 18. 6. **ihre Arbeit auf;** sie soll die Einhaltung der Waffenruhe sowie die Vorbereitung von freien demokratischen Wahlen überwachen und die Freilassung der rund 2000 Gefangenen veranlassen. – Am 20. 7. ernennt Präsident *dos Santos* den bisherigen Minister für Planung und Justiz, *Fernando José De Franca Dias Van Dunem,* zum neuen Ministerpräsidenten.

ARGENTINIEN Angesichts der Golfkrise erklärt Außenminister *Domingo Cavallo* am 10. 9. **1990**, daß jede **Zusammenarbeit mit dem Irak**, auch **auf dem Gebiet der Waffentechnik, suspendiert** sei. Am 19. 9. teilt *Cavallo* mit, daß A. **2 Kriegsschiffe in den Persischen Golf sowie eine Truppeneinheit nach Saudi-Arabien** entsenden werde, um sich bei der Durchsetzung der Wirtschaftsblockaden zu engagieren. – Der Unmut über Präsident *Menems* autokratischen Regierungsstil und seine Austeritätspolitik zur Wirtschaftssanierung äußert sich Mitte Oktober im ganzen Land mit Streiks und Protestkundgebungen. Am 17. 10., dem »Tag der Treue zu Perón«, kommt es in Buenos Aires zu 3 Bombenanschlägen. **Präsident** *Menem* schränkt am gleichen Tag per Dekret **das** in der Verfassung verbriefte **Streikrecht** auf »das Leben, die Gesundheit und die Sicherheit der Gesellschaft« nicht tangierende Berufe **ein**. – A. und Brasilien schließen am 28. 11. ein Abkommen über die friedliche Nutzung der Atomenergie; der Vertrag sieht schärfere Sicherheitsvorkehrungen sowie gegenseitige Inspektionen vor. – Am 3. 12. kommt es in Buenos Aires zu einer **Militärrevolte**, der 4. seit 1983. Präsident *Menem* verhängt den Ausnahmezustand. Bei der Niederschlagung der Militärrevolte gibt es 12 Tote, darunter 5 Zivilisten, über 200 Verletzte und mehrere hundert Verhaftete. – Als erstes Staatsoberhaupt der USA seit 30 Jahren trifft Präsident *George Bush* am 5. 12. in A. ein. Mit Präsident *Menem* spricht er über den Demokratisierungsprozeß, die wirtschaftliche Entwicklung Südamerikas und die Krise am Persischen Golf. – Präsident *Menem* begnadigt am 29. 12. **die** beiden seit 1984 inhaftierten **früheren Diktatoren** *Jorge Videla* und *Roberto Viola*, die in den 70er Jahren für ihren »schmutzigen Krieg« gegen eine linke Widerstandsbewegung berüchtigt waren; mit ihnen werden 6 weitere Ex-Generäle, der Gründer der Guerillabewegung Montonero, *Mario Eduardo Firmenich*, sowie 3 frühere Regierungsmitarbeiter der Junta begnadigt. Menschenrechts-, Arbeitnehmer- und Studentenorganisationen rufen daraufhin den 29. 12. zum »Nationaltag der Trauer und des Protestes« aus. – Das oberste Militärgericht verurteilt am 9. 1. **1991** 13 Offiziere wegen der Revolte vom 3. 12. zu hohen Haftstrafen und schließt sie aus der Armee aus. – Präsident *Menem* bestätigt am 15. 1. 4 Minister in ihren Ämtern, die tags zuvor wegen eines Korruptionsskandals ihren Rücktritt angeboten hatten. Am 30. 1. tritt Wirtschaftsminister *Erman Gonzales* zurück, nachdem der Preis für den Dollar von 7730 Australes zeitweise auf 8300 hochgeschossen war; er wird durch den bisherigen Außenminister *Domingo Cavallo* ersetzt. *Gonzales* übernimmt das Verteidigungsministerium und löst damit *Guido de Tella* ab, der zum neuen Außenminister ernannt wird. *(bearb.: M. Benzel)*

ÄTHIOPIEN Bei **heftigen Kämpfen** Ende Dezember **1990 um die** von der »Befreiungsfront des Volkes Eritreas«/EPLF belagerte **Hauptstadt Eritreas, Asmara**, erleiden die Regierungstruppen größere Verluste. – Ende Februar **1991** führen Vertreter der Regierung und der EPLF Friedensgespräche in Washington unter Vermittlung des US-Unterstaatssekretärs für Afrika, *Herman Cohen*. – Staatschef *Mengistu Haile Mariam* beruft am 23. 4. das Parlament ein und erklärt sich zum Rücktritt bereit unter der Voraussetzung, daß ein solcher Schritt Bestand und Einheit der Nation zu gewährleisten geeignet wäre. – Am 24. 4. stimmt das Parlament der **Einführung des Mehrparteiensystems** zu und erkennt die Oppositionsparteien offiziell an. – Außenminister *Tesfaye Dinka* wird am 27. 4. von Präsident *Mengistu* als neuer Ministerpräsident mit der Bildung eines neuen Kabinetts beauftragt. – Am 13. 5. ordnet die Regierung die **Generalmobilmachung** an für den Fall, daß die Rebellen nicht zu Friedensverhandlungen bereit wären. – **Unter dem Druck der vorstoßenden Rebellen flieht Staatschef Mengistu** am 21. 5. nach Simbabwe. Sein Stellvertreter, *Tesfaye Gebre Kidan*, übernimmt vorläufig die Staatsführung; er bietet am 22. 5. den Rebellen eine Beteiligung an der Regierung an; am 23. 5. läßt er 187 politische Gefangene frei. – Etwa **15000 Falaschen** (äthiopische Juden) **werden** am 24./25. 5. auf Veranlassung der israelischen Regierung **nach Israel ausgeflogen**; damit bleiben von der jüdischen Gemeinde nur etwa 1500 Menschen in von Rebellen kontrollierten Gebieten zurück. – **Am 27. 5. verliert die Regierung ihre letzte Festung, Asmara,** im Norden von Ä. **an die Rebellen**. – Gleichzeitig mit den **Friedensgesprächen** für Ä. in den USA ruft am 28. 5. die Regierung in Addis Abeba eine **Waffenruhe** aus. – Am gleichen Tag dringen **die Aufständischen der** »Revolutionären Demokratischen Front des äthiopischen Volkes«/**EPRDF** in Addis Abeba ein und **übernehmen die Macht. Der Führer der EPRDF,** *Meles Zenawi*, **leitet vorläufig die Regierungsgeschäfte**. Die EPRDF fordert am 31. 5. die Bevölkerung zur Wiederaufnahme der Arbeit auf und verkürzt die anfangs verhängte elfstündige Ausgangssperre in

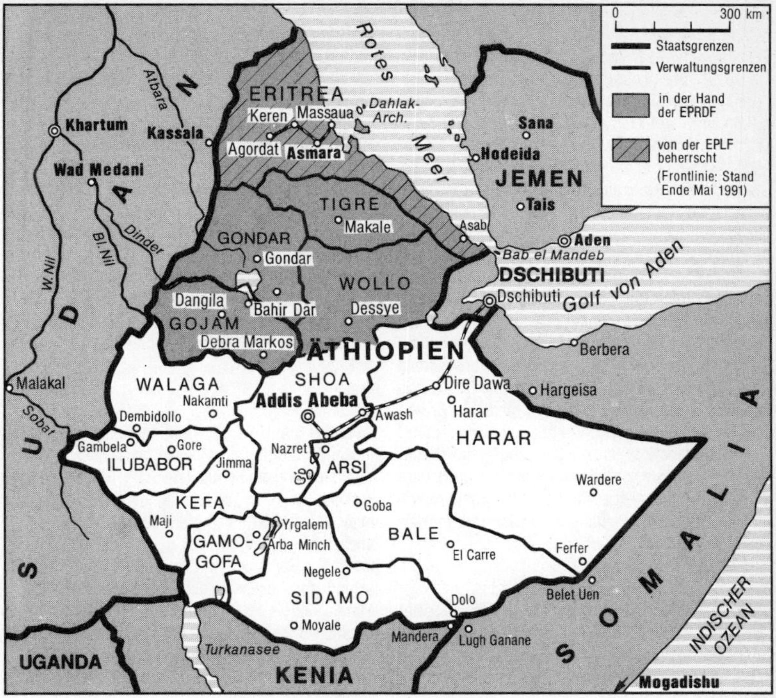

Sturz des Regime Mengistu

Addis Abeba. – Am 1. 6. flüchtet der Mengistu-Nachfolger *Tesfaye Gebre Kidan* in die italienische Botschaft in Addis Abeba. Die EPRDF hatte zuvor die Armee zur Abgabe ihrer Waffen aufgerufen und die Regierungsmitglieder aufgefordert, sich freiwillig zu stellen. – Die **EPLF setzt** Anfang Juni **in Eritrea eine eigene Regierung ein** und distanziert sich von den neuen Machthabern. – **Die EPRDF ernennt** am 8. 6. **einen vorläufigen Ministerrat, dessen Übergangsministerpräsident** *Tamirat Layne* wird. Gleichzeitig wird die Auflösung des ehemaligen Geheimdienstes *Mengistus* bekanntgegeben. – In Abuja (Nigeria) setzen am 8. 6. die Staats- und Regierungschefs der Organisation für afrikanische Einheit/OAU eine Kommission zur Friedenssicherung in Ä. ein. Am 18. 6. wird die ehemals regierende marxistische »Arbeiterpartei« Äthiopiens/WPE für illegal erklärt und die Demobilisierung der bisherigen Streitkräfte angeordnet. – Die Übergangsregierung und die eritreischen Rebellen verständigen sich am 3. 7. in einem Abkommen darauf, daß es in 2 Jahren in Eritrea eine Volksabstimmung über die Unabhängigkeit geben soll. Im Gegenzug ist Eritrea bereit, Ä. den Zugang zum Roten Meer zu gewähren und Assab zu einem Freihafen zu machen. – Eine **Nationalkonferenz** von 24 politischen, regionalen und ethischen Organisationen (3.–5. 7.) **verabschiedet eine Charta, die freie Wahlen binnen 2 Jahren vorsieht.** Einem provisorischen neuen Staatsrat, der als ständiger Ausschuß des Parlaments formell die höchste Autorität im Lande verkörpert, sollen 87 Personen angehören. Darin wird die EPRDF mit 32 Sitzen vertreten sein, mit 14 Sitzen die Oromo Liberation Front/OLF, die sich mit 3 kleineren Organisationen dieser größten Volksgruppe (Oromo) Ä. s zusammengeschlossen hatte. 35 Sitze gehen an Vertreter kleinerer Gruppierungen, 6 werden offengelassen für Parteienbildungen. Der provisorische Staatsrat soll ein neues Kabinett bestellen. – Der neugebildete Nationalrat wählt am 22. 7. den Vorsitzenden der EPRDF, *Meles Zenawi*, ohne Gegenstimme für 2 Jahre zum Staatsoberhaupt; Ministerpräsident wird der Chef der provisorischen Regierung, *Tamirat Layne*.

AUSTRALIEN In einer am 13. 11. **1990** veröffentlichten Erklärung kündigt A. die Ausweitung seiner Territorialgewässer von 3 auf 12 Seemeilen ab dem 20. 11. an, um Ölverschmutzungen, andere Seeverunreinigungen und die Schiffahrt besser regulieren zu können. – Am 17. 2. **1991** wird in Canberra die 7. Vollversammlung des Ökumenischen Rates der Kirchen/ÖRK eröffnet. – Im Rahmen einer Konferenz in Canberra Mitte April, an der auch die Oppositionsführer und die Regierungschefs der Gliedstaaten und Territorien teilnehmen, einigt man sich auf die Ausarbeitung einer neuen Verfassung bis zum 1. 1. 2001 (Termin für Loslösung von Großbritannien). – Eine Beschränkung der Quoten für Einwanderer beschließt die Regierung am 3. 5. und bestimmt die Quoten für 1992/93 (118000) und 1993/94 (128000), die bei Bedarf noch geändert werden können. – Der Versuch des australischen Schatzkanzlers, *Paul Keating*, Premierminister *Hawke* zu stürzen und dessen Amt zu übernehmen, wird mit einer Kampfabstimmung am 3. 6. abgewehrt. Nachfolger des darauf zurückgetretenen *Keating* wird *John Kerin*, bisher Minister für Grundstoffindustrie und Energie, Gesundheitsminister *Brian Howe* wird neuer Vizepremier.

BANGLADESCH Ein 24stündiger landesweiter Generalstreik, ausgerufen von den drei wichtigsten Oppositionsgruppen, die den Rücktritt von Staatspräsident *Hussein Mohammed Ershad* fordern, legt am 20. 11. **1990** das öffentliche Leben lahm. Mit der **Verhängung des Ausnahmezustandes** für unbestimmte Zeit reagiert *Ershad* am 27. 11. auf den wachsenden gewaltsamen Widerstand in der Bevölkerung, ausgelöst durch seine Weigerung, freie Wahlen zuzulassen. Am 29. 11. kommt es in Dhaka und anderen Städten zu schweren Zusammenstößen zwischen der Polizei und Oppositionellen. Am 30. 11. demonstrieren in Dhaka an die 100000 Menschen gegen die Regierung *Ershads*. Nach wochenlangen Unruhen und **unter dem Druck der Opposition tritt** *Ershad* am 6. 12. zurück. Die Opposition nominiert den Präsidenten des Obersten Gerichtshofes, *Shahabuddin Ahmed*, als Chef einer Übergangsregierung. – Bei den **ersten freien Wahlen** in B. am **27. 2. 1991** bewerben sich rund 2800 Kandidaten aus über 70 Parteien um die 300 Mandate. Als überraschender Sieger geht die Bangladesch Nationalist Party/BNP von *Begum Khaleda Zia* hervor, die 139 Parlamentsmandate erzielt (84 Sitze entfallen auf die Awami-Liga, einschließlich ihrer Koalitionspartner; 35 Sitze auf die Jatiya-Partei/JP und 18 auf die muslimische Jammiat-e-Islami). – **Am 19. 3. wird Zia** zur **Ministerpräsidentin ernannt** (Amtseid am 20. 3.). Gleichzeitig beruft Präsident *Ahmed* ein Kabinett mit 32 Ministern, die alle der BNP angehören. – Ein verheerender Wirbelsturm, der am 29. und 30. 4. über das Land hinwegfegt, fordert mehr als 130000 Todesopfer und macht mehr als 10 Millionen Menschen obdachlos; weitere Wirbelstürme am 9. 5. und 30. 6. fordern Hunderte von Toten und Verletzten. Auf die Hilfegesuche der Regierung in Dhaka treffen bis Mitte Mai Zusagen aus 20 Ländern in Höhe von 200 Millionen US-$ ein. – Der frühere Staatspräsident *Ershad* wird am 12. 6. wegen unerlaubten Waffenbesitzes zu 10 Jahren schweren Kerkers verurteilt. – Das Parlament verabschiedet am 7. 8. einstimmig einen Verfassungszusatz, der die mächtige Stellung des Präsidenten zugunsten demokratischer Machtverteilung nach britischem Vorbild abschafft. Der Beschluß bedarf eines Referendums innerhalb von 47 Tagen, bevor er in Kraft treten kann.

BELGIEN Am 18. 11. **1990** demonstrieren zehntausende Eltern und Schüler in Brüssel für eine Verbesserung der Schulausbildung; Anlaß der Proteste und Streiks an den Schulen der französischsprachigen Landesteile seit Mai 1990 ist die zu geringe finanzielle Ausstattung des Schulwesens und die zu niedrigen Gehälter der Lehrer. – Nach einem Beschluß der Regierung Ende Dezember sollen von Mitte 1992 bis Ende 1995 über 80% der 23000 in Deutschland stationierten Soldaten abgezogen werden. – Am 12. 1. **1991** werden vier belgische Geiseln, die seit Herbst 1987 von der radikalen Palästinenserorganisation »Fatah/Revolutionärer Rat« im Libanon festgehalten worden waren, im Austausch gegen den palästinensischen Terroristen *Said Nasser* freigelassen. – Am 28. 4. kommt es in Brüssel zu einer Protestkundgebung von mehreren tausend Flamen, die mehr Autonomie und die Teilung der Provinz Brabant in einen flämischen und wallonischen Bezirk fordern; die Sprachgrenze soll zu einer »Staatsgrenze« werden.

BENIN In einer Volksabstimmung Anfang Dezember **1990** sprechen sich die Bürger für eine Verfassungsänderung aus. – Bei den ersten freien **Parlamentswahlen** seit 1970 am **17. 2. 1991** erreicht keine der 17 gewählten von insgesamt 24 angetretenen Parteien die absolute Mehrheit in dem 64 Sitze zählenden Parlament. Bei den ersten freien **Präsidentschaftswahlen am 10. 3.** erzielt Ministerpräsident *Necéphore Soglo* 36,22% der Stimmen, Präsident *Mathieu Kérékou* 27,3%, *Albert Tevoedjre*, Vorsitzender der Bewegung »Unsere gemeinsame Sache«, 14,6%. Aus den **Stichwahlen am 24. 3.** geht *Soglo* mit 67,61% der abgegebenen Stimmen als eindeutiger Sieger hervor und wird am 4. 4. in sein Amt eingeführt.

BRASILIEN Am Rande eines Friedhofs von São Paulo wird am 4. 9. **1990** ein Massengrab mit den sterblichen Überresten von möglicherweise 1700 »Vermißten« und »Verschollenen« aus der Zeit der Militärdiktatur zwischen 1964 und 1985 entdeckt. – Präsident *Fernando Collor de Mello* ordnet am 7. 9. wegen des Vorwurfs von amnesty international, daß Todesschwadrone und Polizisten Hunderte von Straßenkindern niedergeschossen hätten, eine Untersuchung an. – Mitte September erhält B., dessen Auslandsschuld sich z. Zt. auf etwa 117 Mrd. $ beläuft, vom Internationalen Währungsfonds/IWF einen Überbrückungskredit von 2 Mrd. $. – Bei den **Gouverneurs- und Parlamentswahlen** (Bundeskongreß und Regionalversammlung) **am 3. 10. (Stichwahl 25. 11.)** muß Präsident *Collor de Mello* eine harte Niederlage einstecken. In den wirtschaftlich wichtigsten und relativ hochentwickelten Regionen B. scheitern all jene Kandidaten, die sich mit *Collors* Politik identifizierten. – Wissenschaftsminister *José Goldemberg* bestätigt am 10. 10., daß in B. seit 1975 an einem geheimen Programm für den Bau von Kernwaffen gearbeitet worden ist; Präsident *Collor de Mello* habe diese Aktivitäten der Militärs im September 1990 gestoppt. – Staatspräsident *Collor de Mello* und sein argentinischer Amtskollege *Carlos Menem* unterzeichnen am 28. 11. ein Abkommen zur friedlichen Nutzung der Kernenergie. Beide Länder räumen der Internationalen Atomenergiebehörde/IAEO die bisher verweigerte Möglichkeit zur Inspektion ein. – Wirtschaftsministerin *Zelia Cardozo de Mello* tritt am 9. 5. zurück; Nachfolger wird der Diplomat *Marcilio Moreira*, der sein Amt auf dem Höhepunkt der bisher schwersten Rezession des Landes in den vergangenen 50 Jahren übernimmt.

BULGARIEN Der **Machtkampf zwischen** der oppositionellen »Union Demokratischer Kräfte«/**UDK und** der aus der KP hervorgegangenen »Bulgarischen Sozialistischen Partei«/**BSP sowie innerhalb der BSP** hält an: Am 20. 9. **1990** bestätigt das Parlament Premierminister *Andrej Lukanow*. Auf dem BSP-Parteitag im September wird *Alexander Lilow* als Vorsitzender wiedergewählt; am 13. 11. übersteht er knapp ein Mißtrauensvotum. – Studenten besetzen am 6. 11. die Universität in Sofia und fordern den Rücktritt der Regierung. – Das Parlament stimmt am 15. 11. für die Umbenennung der Volksrepublik in »Republik Bulgarien«; weiterhin wird eine Gesetzesänderung verabschiedet, die es bulgarischen Staatsbürgern türkischer Abstammung und anderen Muslimen im Lande erlaubt, ihre ursprünglichen Namen wieder zu führen. – Das **Kabinett** *Lukanow* tritt am 29. 11. **zurück; das Parlament wählt** am 7. 12. den parteilosen Juristen *Dimitar Popow* zum neuen Ministerpräsidenten; er soll bis zur vorgezogenen Neuwahl des Parlaments eine Übergangsregierung leiten. Seinem Kabinett gehören Vertreter der wichtigsten politischen Gruppierungen sowie unabhängige Fachleute an; Außenminister wird *Viktor Walkow*. – Nach Vorwürfen, er habe 21 Jahre lang als Spitzel für den Sicherheitsdienst gearbeitet, tritt UDK-Chef *Petar Baron* am 6. 11. zurück; *Filip Dimitrow* tritt seine Nachfolge an. – Am 3. 1. **1991** wird der Verkauf von Treibstoff an private Autobesitzer vorübergehend eingestellt, Anfang Februar die Preisbindung für Lebensmittel und Konsumgüter aufgehoben; die Inflationsrate steigt bis März auf über 300% an. – Das Parlament verabschiedet am 12. 7. die **erste nichtkommunistische Verfassung nach dem Zweiten Weltkrieg.** Die neue Verfassung erklärt B. zu einer »Parlamentarischen Republik« und zu einem »demokratischen und sozialen Rechtsstaat mit politischem Pluralismus«. Rund 50 von insgesamt 145 Abgeordneten des oppositionellen »Verbandes der demokratischen Kräfte« und 20 Volksvertreter der türkischen Minderheitspartei blieben der Abstimmung fern. – Die Regierung entscheidet am 1. 8., den Vertrag für »Freundschaft, Zusammenarbeit und gegenseitige Hilfe« mit der UdSSR von 1967 nicht zu verlängern. *(bearb.: G. Frickenhelm)*

CHILE US-Präsident *Bush* teilt bei einem Besuch am 6. 12. **1990** die **Aufhebung des seit 1976 geltenden Waffenlieferungsverbots der USA** mit; auch die Meistbegünstigungsklausel, seit 1988 gestrichen, soll wieder zugestanden werden. – Präsident *Aylwin* verfügt am 3. 2. **1991** die **Auflösung der »Colonia Dignidad«**, deren Vermögen einer kirchlichen Organisation übertragen werden soll; die 1961 von Deutschen gegründete Kolonie war wegen Menschenrechtsverletzungen gegenüber ihren Mitgliedern bekannt geworden. – Präsident *Aylwin* veröffentlicht am 4. 3. den ihm am 8. 2. vorgelegten **Untersuchungsbericht** der 8köpfigen Kommission »Wahrheit und Versöhnung«, der sich mit den **Menschenrechtsverletzungen** der fast 17jährigen Diktatur befaßt (2115 Opfer der staatlichen Gewalt, einschließlich 957 Verschwundene sowie 164 Opfer politischer Gewalt – 132 getötete Soldaten und Polizisten). Um den Versöhnungsprozeß in der Gesellschaft nicht zu behindern, werden in dem Bericht keine Namen von Tätern genannt. Ein Großteil der Verbrechen fällt unter eine noch von der Militärjunta verfügte Amnestie für die Jahre 1973–1978. *Aylwin* fordert in seiner Rede, die auch bei der Rechtsopposition breite Zustimmung findet, die Streitkräfte auf, das von ihnen verursachte Leid anzuerkennen; er kündigt moralische und materielle Wiedergutmachung an. Während die Chefs der Luftwaffe sich zu ihrer Verantwortung bekennen, lehnen Heer und Marine den Bericht scharf ab. – Am 25. 3. erreicht der Präsident die Zustimmung des mehrheitlich mit ehemaligen Anhängern der Militärjunta besetzten Senats zu **Verfassungsänderungen und Amnestie von politischen Gefangenen**; damit wird die Machtposition *Pinochets* und die des von ihm besetzten Senates und Obersten Gerichtshofes weiter geschwächt. – Linksextremistische Terroristen erschießen am 1. 4. den Senator *Jaime Guzman*, Vorsitzender der »Unabhängigen Demokratischen Union«/UDI und ehemaliger Berater von Pinochet. *(bearb. M. Benzel)*

CHINA

1. Republik China (Taiwan)

Die **Nationalversammlung beschließt** am 22. 4. **1991** mit 438 gegen 7 Stimmen, die 1948 als Zusatz zur Verfassung beschlossenen »**Notstandsrechte** des Präsidenten während der Dauer des kommunistischen Aufstands« **aufzuheben**. Gleichzeitig werden von den Abgeordneten der KMT – die oppositionelle Demokratische Fortschrittspartei/DPP boykottierte die Sitzung, weil ihr die Reformen nicht weit genug gehen – mit 457 gegen 13 Stimmen eine Reihe von **Verfassungsänderungen gebilligt**: Die bisher von den 1947 gewählten Festlandschinesen dominierte Nationalversammlung (die über die Verfassung entscheidet und den Präsidenten wählt) zählt künftig nur noch 327 Mitglieder, die mit Ausnahme von 20 ernannten Vertretern der Auslandschinesen sämtlich in Taiwan zu wählen sind. Die Zahl der Abgeordneten des Gesetzgebenden Yuan (des Parlaments) wird auf 161 verringert, nur noch 6 Mitglieder werden ernannt. Insgesamt sollen künftig $^2/_3$ aller Abgeordneten Taiwaner sein; bisher standen ihnen lediglich 80 Sitze in der Nationalversammlung und 72 im Parlament zu. $^1/_3$ der Sitze in beiden Gremien bleibt weiterhin für Festlands- und Auslandschinesen reserviert. 1991 sollen Neuwahlen zur Nationalversammlung, 1992 Parlamentswahlen abgehalten werden. – Präsident *Lee Teng-hui* setzt am 30. 4. die **Notstandsrechte** formell **außer Kraft** und erklärt »die Zeit des kommunistischen Aufstands hiermit für beendet«. Die chinesischen Kommunisten würden von der KMT nicht mehr als »Rebellengruppe«, sondern als die »kommunistischen chinesischen Behörden« bzw. die »Behörden des Kontinents« betrachtet. Das seit 1949 bestehende Handels- und Reiseverbot zwischen Taiwan und China bleibe jedoch in Kraft. Zugleich spricht sich *Lee* **für die friedliche Wiedervereinigung** Chinas aus, die in einem Zeitraum von 10 bis 20 Jahren in 3 Stufen vollzogen werden könne: 1. Verbesserung der zwischenmenschlichen Beziehungen, 2. Schaffung direkter Verkehrsverbindungen, 3. direkte Verhandlungen beider Regierungen über Wiedervereinigung.

2. Volksrepublik China

Auf der 7. Plenarsitzung des XIII. ZK der KPCh vom 25. bis 30. 12. **1990** werden die Vorschläge des ZK zum Entwurf des **8. Fünfjahrplans 1991–1995** zur Wirtschaftsentwicklung und zum **Zehnjahres-Programm 1991–2000** verabschiedet. Sie enthalten neben der Festschreibung der Monopolherrschaft der KP eine reformerische Linie mit der Bekundung zu mehr Marktwirtschaft und zur Öffnung zum Ausland. Als konkreter Schritt wird eine Reform des Preissystems angestrebt, bei dem künftig mehr Waren aus der staatlichen Preisbindung genommen werden sollen. – Am 5. 1. **1991** wird die **Verurteilung von 7 Dissidenten** zu Gefängnisstrafen von 2 bis 4 Jahren durch das Pekinger Landgericht gemeldet. – Vom 25. 3. bis 9. 4. findet in Peking die **4. Tagung des VII. Nationalen Volkskongresses/NVK** statt. Ministerpräsident *Li Peng* erklärt zur Eröffnung vor den rund 2600 Delegierten, China werde nicht von der »Planwirtschaft mit Marktelementen« abweichen; es werde den Außenhandel ausweiten und weitere Sonderwirtschaftszonen für Auslandsinvestitionen einrichten. Der Weg zum Aufbau des Sozialismus mit chinesischen Vorzeichen müsse jedoch unbeirrt weitergegangen werden. Finanzminister *Wang Bingqian* erklärt am 26. 3. vor dem NVK zum **Haushaltsentwurf für 1991**, bei Einnahmen von 343,8 Mrd. und Ausgaben von 357,2 Mrd. Yuan sei mit einem Defizit von 13,3 Mrd. zu rechnen. Der Vorsitzende der staatlichen Planungskommission *Zou Jiahua* erklärt am 2. 4., **1990 seien die Planziele** wegen der sozialen und wirtschaftlichen Stabilität **erfüllt worden**. Das BSP habe 1,74 Bill. Yuan erreicht (+5 % gegenüber 1989), das Nationaleinkommen 1,43 Bio. Yuan (+4,8 %). Am 9. 4. wird die revidierte Fassung des vor 9 Jahren verkündeten **Zivilprozeßrechts** verkündet, das ausländische Staatsbürger rechtlich gleichstellt und den Volksgerichten eine gewisse Unabhängigkeit garantiert. Am Schlußtag des NVK werden der 8. Fünfjahrplan 1991–95 und das Rahmenprogramm bis zum Jahr 2000 verabschiedet, mit dem erneut eine Verdoppelung des BSP in einem Jahrzehnt erreicht werden soll. – Am 2. 4. berichtet der Vizepräsident des Obersten Gerichtshofs, *Duanmu Zheng*, vor der Presse, die **Gerichtsverfahren** gegen die »Gesetzesbrecher, die an den regierungsfeindlichen **Unruhen von 1989** beteiligt waren«, seien im wesentlichen **abgeschlossen**. Von 715 Personen, die wegen Körperverletzung, Sachbeschädigung, Plünderung, Brandstiftung und Totschlag festgenommen worden seien, seien 490 für schuldig befunden und bestraft worden; weitere 72 seien wegen konterrevolutionärer Verbrechen angeklagt worden. – Am 1. 5. werden erstmals seit 25 Jahren die **Preise für Grundnahrungsmittel angehoben**: für Mehl um 70% und für Speiseöl um 150%; zuvor waren bereits die Preise für Zucker, Kohle, Milch, Zahnpasta und Telefongespräche sowie die Tarife der öffentlichen Verkehrsmittel heraufgesetzt worden. – Der **sowjetische Verteidungsminister** *Dimitrij T. Jasow* weilt vom 3. bis 7. 5. als erster Amtschef seit 1949 zu Gesprächen mit seinem Amtskollegen *Qin Jiwei* in China. Präsident *Yang Shangkun* erklärt, mit dem Besuch *Jasows* sei eine neue Seite in den bilateralen Beziehungen aufgeschlagen worden. – **Jiang Qing**, Witwe des früheren Staats- und Parteichefs *Mao Zedong,* **begeht** am 14. 5. in ihrer Wohnung in Peking **Selbstmord**. Sie war als Anführerin der »Viererbande« 1981 zum Tode verurteilt, später zu lebenslanger Haft begnadigt worden und genoß seit 1984 eine privilegierte Sonderbehandlung.

CÔTE D'IVOIRE Mit der Einweihung der Basilika von Yamoussoukro am 31. 8. **1990**, der größten Kirche Afrikas, beendet *Papst Johannes Paul II.* seine 7. Afrikareise. Am gleichen Tag folgen rund 4000 Menschen in Abidjan einem Demonstrationsaufruf der vier wichtigsten Oppositionsparteien des Landes gegen Präsident *Houphuët-Boigny* und den Papstbesuch. – Bei den **Präsidentschaftswahlen am 28. 10.** (erstmals seit der Unabhängigkeit vor 30 Jahren) kann *Houphuët-Boigny* fast 90% der Stimmen auf sich vereinigen. **Zum ersten Premierminister wird** am 7. 11. der Wirtschaftsfachmann *Alassane Ouattara* ernannt, der am 30. 11. seine Regierung vorstellt. – Bei den **Parlamentswahlen am 25. 11.** erringt die regierende Parti Démocratique de la Côte d'Ivoire/PDCI 163 Parlamentssitze; die größte der insgesamt 19 Oppositionsparteien, die Front Populaire Ivoiren/FPI, erhält 9 Sitze.

DÄNEMARK Bei den am 17. 11. **1990** auf den Färöern abgehaltenen Wahlen zum lokalen Parlament siegt die Sozialdemokratische Partei, die 10 der insgesamt 32 Parlamentsmandate erhält (Volkspartei 7, Unionspartei 6, Republikaner 4, Selbständigkeitspartei 3, Christliche Volkspartei 2 Sitze). – Wegen des anhaltenden Steuerstreits löst Ministerpräsident *Poul Schlüter* am 22. 11. das Parlament auf und setzt für den **12. 12. vorgezogene Neuwahlen** an. Aus den Wahlen gehen die Sozialdemokraten mit 37,6% der Stimmen und 69 Sitzen als Sieger hervor (Liberale Partei 15,8% (29), Konservative Volkspartei 16% (30), Radikale Partei 3,5% (7), Sozialistische Volkspartei 8,3% (15), Fortschrittspartei 6,5% (12), Zentrumsdemokraten 5,1% (9), Christliche Volkspartei 2,3% (4)). Die Wahlbeteiligung liegt bei 82,8%. – Am 18. 12. bildet *Schlüter* eine Minderheitsregierung, in der nur noch die Konservativen und die Liberale Partei vertreten sind. – Die Parlamentswahlen in Grönland am 5. 3. gewinnen die Sozialdemokraten und Linkssozialisten; beide Parteien verfügen im Landsting über 15 der 27 Mandate. Am 18. 3. bildet *Lars Emil Johansen* / Siumut eine linke Koalitionsregierung. – Die Verkehrsminister Dänemarks und Schwedens unterzeichnen am 23. 3. in Kopenhagen eine Grundsatzabsprache über die Überquerung des Öresunds zwischen Dänemark und Schweden; die geplante Brücke, knapp 18 km lang, soll einschließlich Verkehrsanbindung 17 Mrd. Dän. Kronen (4,5 Mrd. DM) kosten und ab 1993 gebaut werden.

DEUTSCHLAND

1. Die beiden deutschen Staaten auf dem Weg zur Einheit (1. 9. bis 2. 10. 1990):

Die **2 + 4-Gespräche** der beiden deutschen Staaten mit den 4 Siegermächten des II. Weltkriegs werden am 12. 9. 1990 in Moskau **abgeschlossen**: Bundesaußenminister *Hans-Dietrich Genscher,* der DDR-Mininisterratsvorsitzende *Lothar de Maizière,* die Außenminister *Eduard Schewardnadse* (UdSSR), *James Baker* (USA), *Douglas Hurd* (GB) und *Roland Dumas* (F) unterzeichnen im Beisein des sowjetischen Präsidenten *Michail Gorbatschow* den »Vertrag über die abschließenden Regelungen im Bezug auf Deutschland«. Die einem Friedensvertrag gleichkommende Vereinbarung, die von Gesamtdeutschland und den Alliierten ratifiziert werden muß, regelt die äußeren Aspekte der deutschen Einheit und gibt dem vereinten Deutschland nach 45 Jahren die volle Souveränität zurück. – Der **Freie Deutsche Gewerkschaftsbund** (FDGB), Dachorganisation der 21 DDR-Gewerkschaften, **beschließt** am 14. 9. in Ost-Berlin ohne Gegenstimmen bei nur 2 Enthaltungen **seine Auflösung** zum 30. 9. – Die ehemalige DDR-Blockpartei Demokratische Bauernpartei Deutschlands (DBD) beschließt am 15. 9. ihren Zusammenschluß mit der Ost-CDU. – Bundeskanzler *Helmut Kohl* und US-Außenminister *Baker* einigen sich am 15. 9. auf ein **Soforthilfepaket der Bundesrepublik zur Unterstützung des US-Militäreinsatzes am Persischen Golf**. – Bundeskanzler *Kohl* und der französische Staatspräsident *François Mitterrand* legen am 17./18. 9. in München die Rahmenbedingungen für die **künftige Präsenz französischer Truppen in Gesamtdeutschland** fest. Frankreich wird innerhalb von 2 Jahren die Hälfte seiner 50000 Soldaten aus Deutschland abziehen. Die Bayerische Staatskanzlei teilt auf Grundlage US-amerikanischer Pläne am 18. 9. zur **künftigen Truppenpräsenz der USA** mit, daß rd. 60000 der 245000 in Deutschland stationierten US-Soldaten in den nächsten Jahren abgezogen würden. Großbritannien, Kanada, Belgien und die Niederlande wollen ihre Truppenzahl in Deutschland ebenfalls verringern. – Die Karlsruher Bundesanwaltschaft leitet am 18. 9. ein **Ermittlungsverfahren gegen den früheren DDR-Minister für Staatssicherheit**, *Erich Mielke,* und dessen Stellvertreter *Gerhard Neiber* ein. – Das Karlsruher Bundesverfassungsgericht weist am 18. 9. eine von 8 Abgeordneten der CDU/CSU-Bundestagsfraktion eingebrachte Klage gegen den deutsch-deutschen Einigungsvertrag ab, die sich letztlich gegen die endgültige Festlegung der polnischen Westgrenze richtete. – **Bundestag und DDR-Volkskammer verabschieden** am 20. 9. mit der erforderlichen $^2/_3$-Mehrheit (Bundestag 442 : 47, Volkskammer 299 : 80 Stimmen) endgültig den **Einigungsvertrag**, der den Beitritt der DDR sowie die rechtlichen und sozialen Fragen im zusammenwachsenden Deutschland regelt. Der Bundesrat stimmt dem Vertrag am 21. 9. zu. Bundespräsident *Richard von Weizsäcker* unterzeichnet am 24. 9. das Dokument, das am 29. 9. **rechtskräftig** wird. – Das Bundesinnenministerium kündigt am 22. 9. an, daß auf dem Gebiet der heutigen DDR eine **Behörde zur Sicherung und Aufarbeitung der Stasi-Akten** unter Leitung von *Joachim Gauck*/Bündnis 90 eingerichtet werde, die das im Einigungsvertrag vorgesehene Auskunftsrecht gewährleisten soll. – Am 22. 9. wird der **Abtransport der chemischen Kampfstoffe aus der Bundesrepublik beendet.** – Die GRÜNEN der Bundesrepublik sprechen sich am 23. 9. auf einem Bundesparteitag in Bayreuth für einen Zusammenschluß mit den Grünen der DDR zum 3. 12. aus. Schon am 22. 9. beschließen sie einen Zusammenschluß mit den Bürgergruppen der DDR für die gesamtdeutsche Wahl am 2. 12. und erarbeiten eine **Wahlplattform »Grüne/Bündnis 90«**. – Mit einer Protokollunterzeichnung am 24. 9. in Ost-Berlin durch den DDR-Minister für Abrüstung und Verteidigung, *Rainer Eppelmann*, und den Oberkommandierenden der Truppen des Warschauer Paktes (WVO), *Pjotr Luschew,* wird der sofortige **Austritt der DDR aus dem Warschauer Pakt** besiegelt. – Am 26. 9. findet die letzte Sitzung des DDR-Ministerrats statt. – Die Volkswagen AG (Wolfsburg) legt am 26. 9. bei Zwickau den Grundstein für die 6. Produktionsstätte des Modells Golf. Bis 1994 sollen 3 Mrd. DM investiert werden. – Die **Sozialdemokraten beider deutscher Staaten beschließen** auf getrennten Parteitagen in Berlin am 26. 9. ihre **Wiedervereinigung nach 45 Jahren**; auf einem gemeinsamen Parteitag am 27. 9. wird dies mit einem Manifest besiegelt. Der saarländische Ministerpräsident *Oskar Lafontaine* wird als SPD-Kanzlerkandidat für die erste gesamtdeutsche Wahl am 2. 12. bestätigt. – **Nach Häftlingsrevolten in DDR-Gefängnissen** erläßt die DDR-Volkskammer am 28. 9. ein Gesetz über eine **Teilamnestie**, nach der allen vor dem 1. 7. von DDR-Gerichten verurteilten Häftlingen – ausgenommen Schwerverbrecher – $^1/_3$ ihrer Strafe erlassen wird. Nach ersten Entlassungen am 30. 9. entspannt sich die Lage in den Gefängnissen. – Das Bundesverfassungsgericht in Karlsruhe erklärt am 29. 9. das **Wahlgesetz** für die gesamtdeutsche Bundestagswahl am 2. 12. für **verfassungswidrig**. Die auf das gesamte Wahlgebiet bezogene **5%-Sperrklausel** ist demnach ebenso unzulässig wie die nur beschränkte Zulassung von Listenverbindungen nicht konkurrierender Parteien *(→ WA '91 Sp. 129).* Am 5. 10. beschließt der Bundestag ein **neues Wahlgesetz**, das eine getrennte 5%-Klausel in der Ex-DDR und der alten Bundesrepubklik vorsieht. – Am 1. 10. schließen sich in Hamburg die CDU-Verbände aus dem noch geteilten Deutschland zur **gesamtdeutschen CDU** zusammen. Anschließend wird *Helmut Kohl* vom Vereinigungsparteitag mit 98,5 % der Stimmen zum Vorsitzenden gewählt; einziger Stellvertreter wird mit 97 % der Stimmen der bisherige Vorsitzende der Ost-CDU, *Lothar de Maizière*. – Die Außenminister der 4 Siegermächte des II. Weltkrieges und der beiden deutschen Staaten unterzeichnen am 1. 12. in New York eine Erklärung, die dem vereinten Deutschland im Vorgriff auf den am 12. 9. in Moskau unterzeichneten und noch nicht ratifizierten Deutschland-Vertrag *(→ oben)* die volle Souveränität zurückgibt. **Die Siegermächte verzichten ab dem 3. Oktober auf ihre Vorbehaltsrechte für Berlin und Deutschland als Ganzes**. – Mit der Verabschiedung der westalliierten Stadtkommandanten wird am 2. 10. der **Besatzungsstatus Berlins beendet**. Am selben Tag wird die Ständige Vertretung Bonns in Ost-Berlin geschlossen. – Die **DDR-Volkskammer tritt** am 2. 10. in Ost-Berlin **zum letztenmal zusammen**. Mit dem Beitritt zur Bundesrepublik löst sie sich ebenso auf wie die Nationale Volksarmee (NVA), deren Soldaten in die Bundeswehr übernommen werden.

2. Die Entwicklung in der Bundesrepublik Deutschland vom 3. 10. 1990 bis 1. 9. 1991:

Am 3. 10. 1990 (0.00 Uhr) tritt die DDR der Bundesrepublik Deutschland bei. Bundeskanzler *Kohl* erklärt in einer Botschaft an alle Regierungen der Welt, daß von deutschem Boden in Zukunft nur Frieden ausgehen werde und daß Deutschland keinerlei Gebietsansprüche gegen irgend jemanden erheben werde. – **Der gesamtdeutsche Bundestag**, zu dem nunmehr 144 neue Abgeordnete aus der früheren DDR gehören, tritt am 4. 10. in Berlin zu seiner ersten Sitzung zusammen. Mit der Vereidigung von 5 bisherigen DDR-Politikern als neue Bundesminister ist die **erste gesamtdeutsche Regierung im Amt**. In seiner Regierungserklärung nennt *Kohl* als wichtigste Aufgabe der nächsten

Jahre, Deutschland auch wirtschaftlich, kulturell und sozial zu vereinen. Regierung und Opposition appellieren an die Opferbereitschaft der Bürger für die deutsche Einheit. – Der Bundestag billigt am 5. 10. in einem »Souveränitätsgesetz« den 2 + 4-Vertrag. Mit der Zustimmung des Bundesrats am 8. 10. schließt die Bundesrepublik als erster Vertragspartner das Ratifizierungsverfahren ab. Als erstes Parlament der Siegermächte ratifiziert am 10. 10. der US-Senat den Deutschland-Vertrag. – Am 8. 10. wird **Bundesinnenminister Wolfgang Schäuble**/CDU nach einem Wahlkampfauftritt nahe der südbadischen Stadt Offenburg von einem psychisch kranken Attentäter mit 2 Schüssen **lebensgefährlich verletzt**. – Bundesaußenminister *Genscher* und der sowjetische Botschafter *Wladimir Terechow* unterzeichnen am 12. 10. in Bonn den **deutsch-sowjetischen Stationierungsvertrag**, der den Abzug der rd. 380 000 Sowjetsoldaten und ihrer etwa 220 000 Angehörigen aus Deutschland bis Ende 1994 regelt. Dafür werden von der Bundesregierung rd. 13,5 Mrd. DM bereitgestellt, mit denen auch der Bau von rd. 36 000 Wohnungen in der UdSSR finanziert werden soll. – Am 14. 10. finden **Landtagswahlen in den 5 neuen Bundesländern und in Bayern** statt. In Sachsen erzielt die CDU mit ihrem Spitzenkandidaten *Kurt Biedenkopf* die absolute Mehrheit. Auch in Mecklenburg-Vorpommern, Sachsen-Anhalt und Thüringen kann die CDU in Koalitionen den Ministerpräsidenten stellen. Die SPD kann sich nur in Brandenburg durchsetzen. In Bayern verteidigt die CSU bei leichten Verlusten ihre absolute Mehrheit. **Ergebnisse** in % der Stimmen/Mandate: **Sachsen:** CDU 53,8/92, SPD 19,1/32, PDS 10,2/17, Bündnis 90/Grüne 5,6/10, FDP 5,3/9; **Mecklenburg-Vorpommern:** CDU 38,3/29, SPD 27,0/21, PDS 15,7/12, FDP 5,5/4; **Sachsen-Anhalt:** CDU 39,0/48, SPD 26,0/27, FDP 13,5/14, PDS 12,0/12, Grüne/Neues Forum 5,3/5; **Thüringen:** CDU 45,4/44, SPD 22,8/21, PDS 9,7/9, FDP 9,3/9, Bündnis 90/Grüne 6,5/6; **Brandenburg:** SPD 38,3/36, CDU 29,4/27, PDS 13,4/13, FDP 6,6/6, Bündnis 90 6,4/6. Die DSU kann in keinem der neuen Bundesländer die Sperrklausel überwinden. **Bayern:** CSU 54,9/127, SPD 26,0/58, Grüne 6,4/12, FDP 5,2/7. – Der EG-Ministerrat billigt am 22. 10. die gesetzlichen »Übergangsregeln« für die **Eingliederung der ehemaligen DDR in die Europäische Gemeinschaft**. – Der Bundestag beschließt am 25. 10. mit den Stimmen der Koalition das Gesetz über die **Verkürzung der Wehrdienstzeit** von 15 auf 12 Monate und des Zivildienstes von 20 auf 15 Monate. – Der Bundestag stimmt am 25. 10. mit den Stimmen der Regierungskoalition dem **3. Nachtragshaushalt** zum Haushalt 1990 in Höhe von 20 Mrd. DM zu. Der Gesamthaushalt steigt damit auf 396 Mrd. DM bei einer Neuverschuldung von 67 Mrd. DM. Der Bundesrat stimmt am 26. 10. zu. – Der Landtag von **Sachsen** wählt am 27. 10. mit 120 von 152 Stimmen *Kurt Biedenkopf* zum Ministerpräsidenten. Der Landtag von **Mecklenburg-Vorpommern** wählt am selben Tag *Alfred Gomolka*/CDU mit 36 gegen 29 Stimmen zum Regierungschef. Im Landtag von **Sachsen-Anhalt** wird am 28. 10. *Gerd Gies*/CDU mit 59 Stimmen zum Ministerpräsidenten gewählt. In **Brandenburg** wird am 1. 11. Konsistorialpräsident *Manfred Stolpe*/SPD mit 58 gegen 26 Stimmen bei einer Enthaltung zum Ministerpräsidenten gewählt, in **Thüringen** am 8. 11. *Josef Duchac*/CDU zum Ministerpräsidenten einer CDU/FDP-Koalition. – Das Bundesverfassungsgericht erklärt am 31. 10. das **Kommunalwahlrecht für Ausländer** in Hamburg und Schleswig-Holstein mit der Begründung für **verfassungswidrig**, daß das Wahlrecht auch auf kommunaler Ebene die Eigenschaft als Deutscher voraussetze. – Alt-Bundeskanzler **Willy Brandt**/SPD reist am 5. 11. **in einer Geiselmission nach Bagdad**. In Gesprächen mit der irakischen Führung gelingt es ihm, 194 Geiseln – darunter 138 Deutsche – freizubekommen. – Bundeskanzler *Kohl* und der sowjetische Präsident **Gorbatschow** unterzeichnen am 9. 11. **in Bonn** einen 22 Artikel umfassenden **deutsch-sowjetischen »Vertrag über gute Nachbarschaft, Partnerschaft und Zusammenarbeit«**. Er enthält u. a. eine gegenseitige Gewaltverzichtserklärung sowie ein Bekenntnis zur »Verantwortung für die Erhaltung des Friedens in Europa und in der Welt« und sieht regelmäßige, jährlich mindestens einmal stattfindende Konsultationen »auf höchster politischer Ebene« vor. Ein zweiter Vertrag regelt die Entwicklung einer umfassenden Zusammenarbeit in Wirtschaft, Industrie, Wissenschaft und Technik, Umweltschutz, Kultur und Verbrechensbekämpfung. – Die Räumung besetzter Häuser in Ost-Berlin löst am 12. 11. schwere **Krawalle in Berlin** aus. Innensenator *Erich Pätzold* kündigt am 13. 11. ein härteres Vorgehen gegen militante Hausbesetzer an. – Am 14. 11. wird in Warschau der **deutsch-polnische Grenzvertrag unterzeichnet** *(→ Polen)*. – Die im März 1989 gebildete **rot-grüne Regierungskoalition in Berlin bricht auseinander:** Als Konsequenz aus den vorausgegangenen Räumungen besetzter Häuser zieht die Alternative Liste/AL am 15. 11. ihre Beteiligung am Senat von Bürgermeister *Walter Momper*/SPD zurück. – Nach dem geschlossenen Rücktritt des CDU-Landesvorstandes am 15. 11. wählt die Brandenburger CDU den stellv. Bundesvorsitzenden *de Maizière* zum neuen Landesvorsitzenden. – Bundeskanzler *Kohl* und der sowjetische Präsident *Gorbatschow* vereinbaren am 19. 11. am Rande des KSZE-Gipfels in Paris eine **Hilfsaktion für die sowjetische Bevölkerung** auf privater Basis *(→ Sowjetunion)*. Am 7. 12. werden erste Hilfssendungen aus Beständen der Berliner Notvorräte nach Moskau geflogen. Bis zum 19. 2. werden dem

Auswärtigen Amt rund 150 Mio. DM private Spenden für die UdSSR-Hilfe gemeldet. – Die Bundesregierung beschließt am 28. 11. eine **Verschärfung des Irak-Embargos** und stellt mit einer Änderung der Außenwirtschaftsverordnung fast alle Dienstleistungen Deutscher im Irak und in Kuwait unter Strafe. – Ein **Eisenbahnerstreik in der ehemaligen DDR** wird am 29. 11. durch einen Kompromiß zwischen der Gewerkschaft der Eisenbahner Deutschlands (GdED) und der Deutschen Reichsbahn (DR) beendet: Der **neue Tarifvertrag** sieht vor, daß bis Mitte 1991 kein Reichsbahner entlassen wird. Nach einer am 26. 4. 1991 getroffenen Regelung erhalten die Reichsbahner vom 1. 7. 1991 an 60 % der bei der Deutschen Bundesbahn gezahlten Löhne. – Am 30. 11. werden die letzten Segmente der Berliner Mauer, von der nur 3 Teile als Museumsstück erhalten bleiben sollen, abgerissen. – Das Amtsgericht Berlin-Tiergarten erläßt am 30. 11. **Haftbefehl gegen Erich Honecker** wegen des Verdachts gemeinschaftlich begangenen Totschlags (»Schießbefehl«). Wegen seines akut verschlechterten Gesundheitszustandes und ungeklärter Rechtslage wird der unter sowjetischer Obhut stehende ehemalige Staats- und Parteichef vorerst nicht an die Berliner Justiz übergeben. – Aus der **ersten gesamtdeutschen Bundestagswahl** am 2. 12. geht die CDU/CSU/FDP-Regierungskoalition mit zusammen 54,8 % der Stimmen als Sieger hervor (Einzelheiten → Sp. 265 f.). Bei der am selben Tag abgehaltenen ersten **Gesamtberliner Abgeordnetenhauswahl** seit 1946 wird die CDU stärkste Partei. Ergebnis: CDU 40,4 % bzw. 101 Mandate, SPD 30,4 %/76, FDP 7,1 %/18, GRÜNE/AL 5,0 %/12, Bündnis 90/Grüne 4,4 %/11. – Die SPD-Bundestagsfraktion wählt am 5. 12. *Hans-Jochen Vogel* mit 208 von 230 Stimmen erneut zum Fraktionsvorsitzenden. – Das SPD-Präsidium nominiert am 17. 12. einstimmig den schleswig-holsteinischen Ministerpräsidenten *Björn Engholm* für die Nachfolge des scheidenden Parteivorsitzenden *Vogel*. – Der ehemalige Vorsitzende der DDR-SPD, *Ibrahim Böhme,* gibt wegen des Vorwurfs der Stasi-Mitarbeit sein Mandat im SPD-Bundesvorstand am 11. 12. vorerst auf. – Der ebenfalls der Stasi-Mitarbeit verdächtigte frühere DDR-Ministerpräsident **de Maizière tritt** am 17. 12. **als Bundesminister** für Sonderaufgaben **zurück** und läßt seine Parteiämter bis zur Veröffentlichung eines Untersuchungsberichts des Bundesinnenministers am 22. 2. 1991 ruhen, in dem festgestellt wird, daß *de Maizière* möglicherweise nicht gewußt habe, daß er von der DDR-Staatssicherheit als informeller Mitarbeiter geführt wurde. – Der Sonderbeauftragte für die **Stasi-Akten**, *Joachim Gauck,* legt am 18. 12. die **vorläufige Benutzerordnung** (bis zur Annahme eines Gesetzes) für das Aktenmaterial über 6 Mio. Menschen vor. Betroffene und »zuständige Stellen« haben das Recht auf Auskunft in allen Fällen, wo es um Rehabilitierung, Feststellung von Stasi-Mitarbeit, Verfolgung von Straftaten und den Schutz von Persönlichkeiten geht. – Der **12. Deutsche Bundestag konstituiert sich** am 20. 12. im Berliner Reichstagsgebäude; *Rita Süssmuth* wird mit 525 von 650 abgegebenen Stimmen als Präsidentin wiedergewählt. – Am 20./21. 12. findet in München die **erste gesamtdeutsche Ministerpräsidenten-Konferenz** seit dem Vollzug der Einheit statt. Die 16 Länderchefs kritisieren die »unklaren Perspektiven« der Finanzbeziehungen zwischen Bund und Ländern und fordern von der Bundesregierung eine klare finanzielle Bestandsaufnahme für den weiteren Aufbau im Osten. – Ein **Streit um Arzneimittellieferungen in die neuen Bundesländer** wird am 4. 1. **1991** durch einen Kompromiß beigelegt. – Als Beitrag zu den Anstrengungen der Alliierten im Golfkrieg und zum Schutz der NATO-Südflanke werden vom 4.–6. 1. **18 Alpha Jets der Bundesluftwaffe mit 212 Soldaten nach Erhac/Türkei verlegt**. – Das neugewählte **Gesamtberliner Abgeordnetenhaus konstituiert** sich am 11. 1. in der Nikolaikirche im Ostteil Berlins, wo sich 1809 die erste gewählte Berliner Stadtversammlung zu ihrer Eröffnungssitzung versammelt hatte, und beschließt, den Geltungsbereich der Westberliner Verfassung von 1950 auf Gesamtberlin auszudehnen. Der bisherige Ostberliner Oberbürgermeister *Tino Schwierzina*/SPD tritt zurück. – Der baden-württembergische Ministerpräsident **Lothar Späth tritt am 13. 1. zurück**. Er zieht die Konsequenz aus gegen ihn erhobenen Vorwürfen, er habe Landespolitik, Wirtschaftsinteressen und persönliche Vorteile in unzulässiger Weise verknüpft (*Späth* wird am 13. 6. Vorstandsvorsitzender des Thüringer Zeiss-Unternehmens Jenaoptik). Am 22. 1. wählt der Baden-Württembergische Landtag mit 71 gegen 44 Stimmen bei 5 Enthaltungen den bisherigen CDU-Fraktionsvorsitzenden *Erwin Teufel* zum neuen Ministerpräsidenten. – Am 17. 1. beginnt der Krieg am Golf *(→ Sp. 69 f.)*. Am selben Tag wird der CDU-Vorsitzende **Helmut Kohl** mit 378 gegen 257 Stimmen bei 9 Enthaltungen **zum viertenmal zum Bundeskanzler gewählt**. Tags darauf wird sein aus 19 Ministern, davon 3 aus der ehemaligen DDR, bestehendes Kabinett vereidigt. FDP und CSU stellen je 4 Minister, der neue Justizminister *Klaus Kinkel* ist parteilos, tritt jedoch 2 Wochen später in die FDP ein. Am 24. 1. werden 33 (bisher 27) Parlamentarische Staatssekretäre ernannt (davon 4 aus der früheren DDR). – Bei der **Landtagswahl in Hessen** am 20. 1. (Wahlbeteiligung: 70,8 %) wird die SPD mit 40,8 % der Stimmen (+0,6 gegenüber 1987) stärkste Partei, die CDU erhält 40,2 % (–1,9). Drittstärkste Kraft werden mit 8,8 % (–0,6) die GRÜNEN vor der FDP mit 7,4 % (–0,4). Mandatsverteilung: SPD 46, CDU 46, GRÜNE 10, FDP 8. Am 9. 3. einigen sich SPD und

GRÜNE auf ein **rot-grünes Koalitionsprogramm.** Die GRÜNEN stellen 2 der 10 Minister der Landesregierung, die paritätisch mit Frauen und Männern besetzt ist. *Hans Eichel* wird vom neuen Landtag am 5. 4. mit den 56 Stimmen der rot-grünen Koalition zum Ministerpräsidenten gewählt. – Mit 164 gegen 68 Stimmen bei 6 Enthaltungen und 2 ungültigen Stimmen wählt das Berliner Abgeordnetenhaus am 24. 1. *Eberhard* **Diepgen/CDU zum ersten Regierenden Bürgermeister von ganz Berlin** seit Kriegsende. Dem neuen Senat gehören 9 CDU- und 7 SPD-Mitglieder an. *Walter Momper* wird Vorsitzer des Hauptausschusses (Finanzen) des Senats. – Das Siegener Schwurgericht verurteilt am 24. 1. den ehemaligen Blockwart im sog. Zigeunerlager Auschwitz-Birkenau, *Ernst-August König,* wegen Mordes in 3 Fällen zu lebenslanger Haft. Damit ist **erstmals** in der bundesdeutschen Rechtsgeschichte eine **Verurteilung für den Völkermord an Sinti und Roma** ergangen. – Am 24./25. 1. weilt Bundesaußenminister *Genscher* zu einem »Solidaritäts- und Arbeitsbesuch« in Israel *(→ Israel)*. – Über 200 000 Menschen beteiligen sich am 26. 1. an einer friedlich verlaufenden **Kundgebung gegen den Golfkrieg** unter dem Motto »Wir lassen die Zerstörung der Zukunft nicht zu – Stoppt den Krieg am Golf«. Die Zahl der Kriegsdienstverweigerer steigt im Januar unter dem Eindruck des Golfkrieges auf 22197. 1990 haben insgesamt 74569 junge Männer den Wehrdienst verweigert. – Am 31. 1. verurteilt das Bayerische Oberste Landesgericht den **ehemaligen RAF-Terroristen** *Werner Lotze* wegen Mordes an einem Polizisten 1978, vierfachen Mordversuchs sowie schwerer räuberischer Erpressung zu 12 Jahren Haft. Das gleiche Strafmaß verhängt das Stuttgarter Oberlandesgericht am 3. 6. im Prozeß gegen die ebenfalls in der früheren DDR gefaßte RAF-Aussteigerin *Susanne Albrecht,* und zwar wegen Mordes an dem Bankier *Jürgen Ponto* sowie dreifachen Mordversuchs beim Attentat auf NATO-General *Alexander Haig*. Die beiden RAF-Aussteiger profitierten von der 1989 beschlossenen strafmildernden Kronzeugenregelung. Diese wird auch vom Oberlandesgericht Koblenz angewandt, das am 3. 7. das ehemalige RAF-Mitglied Henning Beer zu 6 1/2 Jahren Haft verurteilt. – Die seit 1969 gespaltenen deutschen **evangelischen Kirchen beschließen** am 24. 2. ihre **Wiedervereinigung**: In der konstituierenden Sitzung der gemeinsamen Synode (Parlament) in Coburg (28.–30. 6. 1991) wird der Zusammenschluß der 16 westdeutschen Landeskirchen und der 8 ostdeutschen Landeskirchen offiziell vollzogen. Die 143 Mitglieder wählen den SPD-Bundestagsabgeordneten *Jürgen Schmude* zum Präses (Vorsitzenden) der 29,2 Mio. Mitglieder (in 24 Landeskirchen und 18100 Gemeinden) zählenden EKD. – Etwa 50 000 **Arbeitnehmer demonstrieren** am 20. 2. in Mecklenburg-Vorpommern für den Erhalt der angeschlagenen Schiffbauindustrie an der Ostsee. In Chemnitz fordern 35 000 Demonstranten die Rettung der Region als Industriestandort. Zehntausende Arbeitnehmer demonstrieren am 27. 2. in Erfurt, Halle und Leipzig **gegen drohenden Arbeitsplatzverlust und für höhere Löhne**. Vor dem Thüringer Landtag fordern 40 000 Metallarbeiter schnelle Hilfen für den Wirtschaftsaufbau und werfen der Regierung vor, Wahlversprechen gebrochen zu haben. In Halle verlangt die IG Metall vor Demonstranten aus der Metallindustrie von Sachsen-Anhalt eine Anhebung der Löhne und Gehälter auf 65 % des westdeutschen Niveaus. – Das Bezirksgericht Magdeburg ordnet am 25. 2. einen **Anlieferungsstopp für das Atommüll-Endlager Morsleben** (Sachsen-Anhalt) mit der Begründung an, daß die Sicherheitsanforderungen in der ehemaligen DDR weniger streng gewesen seien als in der Bundesrepublik. – Bundeskanzler *Kohl* und die Ministerpräsidenten der 16 Bundesländer einigen sich am 28. 2. darauf, die neuen Länder rückwirkend zum 1. 1. 1991 zu 100 % an der Verteilung der Umsatzsteuer zu beteiligen. Gleichzeitig verzichtet der Bund auf seinen Anteil an dem Fonds Deutsche Einheit. Dadurch erhöhen sich die Finanzmittel für die neuen Länder bis 1994 um 30 Mrd. DM. – Der **Oberste Sowjet der UdSSR ratifiziert** am 4. 3. als letzter der 4 ehemaligen Siegerstaaten den **2 + 4-Vertrag**. Der Vertrag über den sowjetischen Truppenabzug und das dazu gehörende Überleitungsabkommen werden am 2. 4. ratifiziert *(→ Sowjetunion)*. – Die Berliner Staatsanwaltschaft erhebt am 4. 3. Anklage gegen die ehemaligen SED-Politbüromitglieder *Hermann Axen* und *Werner Krolikowski* unter dem Vorwurf, Millionenbeträge aus der DDR-Kasse für den Bau von Privathäusern veruntreut zu haben. – Die Tarifpartner für den **öffentlichen Dienst** in Ostdeutschland einigen sich am 5. 3. in Bonn auf **neue Tarife**: Die rd. 1,7 Mio. Beschäftigten erhalten vom 1. 7. an 60 % der entsprechenden Einkommen in Westdeutschland. Die 2,3 Mio. westdeutschen Arbeitnehmer und Angestellten im öffentlichen Dienst erhalten rückwirkend vom 1. 1. an 6 % mehr Lohn und Gehalt. – Der frühere DDR-Staats- und Parteichef **Honecker**, der seit April 1990 im Militärhospital Beelitz bei Potsdam untergebracht war, wird am 13. 3. von der sowjetischen Armee »aus humanitären Gründen« **nach Moskau gebracht**. Die Bundesregierung protestiert beim sowjetischen Botschafter in Bonn gegen die Verlegung *Honeckers*. – Bundesforschungsminister *Heinz Riesenhuber* gibt am 21. 3. das endgültige **Aus für den Schnellen Brüter in Kalkar** bekannt. – Der Bundestag beschließt am 22. 3. mit der Mehrheit von CDU/CSU und FDP **schärfere Maßnahmen gegen illegale Rüstungsexporte**. Danach sollen solche Vergehen mit einer Haftstrafe bis zu 15 Jahren belegt werden. Das Kölner Zollkriminalinstitut darf bei Verdacht auf Planung solcher Straftaten mit richterlicher Genehmigung den Post- und Telefonverkehr überwachen. Die Regelung soll vorerst befristet bis 1994 gelten. Einige FDP-Abgeordnete wie auch die Oppositionsparteien stimmten dem Gesetzentwurf nicht zu, weil ihnen die vorgesehenen Eingriffe in das Post- und Fernmeldegeheimnis zu weitgehend erschienen. Der Bundesrat hat seine Zustimmung bisher verweigert. – Rund 80000 Menschen demonstrieren am 25. 3. in Leipzig auf der **größten Montagsdemonstration seit der Vereinigung** gegen die Wirtschaftsmisere in den neuen Bundesländern, für die sie die Bundesregierung und die Treuhandanstalt verantwortlich machen. Auch im Ostteil Berlins und in anderen Städten Ostdeutschlands protestieren Zehntausende gegen den Sozialabbau. – Das **Ministerium für Staatssicherheit** (MfS) der ehemaligen DDR hat seit Ende der 70er Jahre auch **aktive Terroristen der Rote Armee Fraktion (RAF) unterstützt** und bei Attentaten Hilfe geleistet: Generalbundesanwalt *Alexander von Stahl* erklärt am 26. 3., er habe gegen den früheren Stasi-Chef *Mielke,* seinen Ex-Stellvertreter *Gerhard Neiber* und 4 weitere ehemalige MfS-Mitarbeiter beim Ermittlungsrichter des Bundesgerichtshofes Haftbefehle wegen Beihilfe zum Mordversuch und zur Herbeiführung einer Sprengstoffexplosion (bei Anschlägen gegen US-General *Frederik Kroesen* in Heidelberg und gegen den US-Stützpunkt Ramstein 1981) erwirkt. *Mielke* sitzt bereits wegen anderer Vorwürfe in Untersuchungshaft. – Bundesfinanzminister *Waigel* beziffert am 27. 3. nach Gesprächen in Washington den deutschen **Beitrag zum Golfkrieg** auf **17,6 Mrd. DM**. – Der Präsident der Treuhandanstalt, **Detlev Karsten Rohwedder**, wird am Abend des 1. 4. in seinem Düsseldorfer Wohnhaus durch mehrere, von einem gegenüberliegenden Grundstück aus abgegebene, Gewehrschüsse **getötet**. Seine Ehefrau wird bei dem Anschlag verletzt. In einem Schreiben bezichtigt sich ein »Kommando Ulrich Wessel« der »Rote Armee Fraktion« (RAF) der Tat. Zur neuen Präsidentin der Treuhandanstalt ernennt der Verwaltungsrat am 13. 4. *Birgit Breuel*/CDU. – Der erste Tag der **Visafreiheit für polnische Staatsbürger** wird am 8. 4. an einigen der 19 deutsch-polnischen Grenzübergänge **von Ausschreitungen deutscher Rechtsradikaler überschattet**. – Im Automobilwerk Eisenach (AWE) rollt am 10. 4. **der letzte »Wartburg« vom Band**. Durch Privatisierung von Betriebsteilen sowie den Aufbau eines Montagewerkes der Adam Opel AG mit 2600 Beschäftigten bis Ende 1992 sowie Qualifizierungslehrgänge für mehrere Tausend der bisher 6100 AWE-Mitarbeiter sollen neue Arbeitsplätze in Eisenach entstehen. In den Zwickauer Sachsenring-Automobilwerken rollt am 30. 4. **der letzte »Trabant« vom Band**. In 34 Jahren wurden 3690099 Stück gebaut. Vom Produktionsende betroffen sind fast 50000 Beschäftigte einschließlich Zulieferbetriebe. Ab 1993 sollen aber Produktionsanlagen der Volkswagen AG in Mosel und Chemnitz und damit 30000 neue Arbeitsplätze entstehen. – Bundeskanzler *Kohl* und der SPD-Vorsitzende *Vogel* vereinbaren am 12. 4. bei einem Gespräch im Kanzleramt die **Einsetzung von 2 gemeinsamen Kommissionen von Regierung und Opposition**, die sich zum einen mit Maßnahmen zum Abbau der Arbeitslosigkeit, zum anderen mit dem Verwaltungsaufbau und dem Bodenrecht befassen sollen. – Aus der **Landtagswahl in Rheinland-Pfalz** am 21. 4. geht die SPD mit ihrem Spitzenkandidaten *Rudolf Scharping* als Sieger hervor; sie erhält 44,8% der abgegebenen Stimmen. Die seit 44 Jahren regierende CDU erhält 38,7%; auf die FDP entfallen 6,9%, die GRÜNEN 6,4%. Mandatsverteilung: SPD 47, CDU 40, FDP und GRÜNE je 7 Sitze. **Die SPD gewinnt** zugleich **die Mehrheit im Bundesrat**. Am 21. 5. wird *Scharping* vom neuen Landtag mit 54 gegen 47 Stimmen zum ersten SPD-Ministerpräsidenten des Bundeslandes gewählt. – Nach einem Urteil des Bundesverfassungsgerichts in Karlsruhe vom 23. 4. muß die entschädigungslose **Enteignung von Grund und Betrieben in der Sowjetischen Besatzungszone (SBZ)** von 1945 bis 1949 nicht rückgängig gemacht werden. Das Gericht erklärt die Regelung im Einigungsvertrag und in der Änderung des Grundgesetzes für verfassungsgemäß; der Gesetzgeber wird jedoch zu Ausgleichsregelungen verpflichtet. In einem Urteil zur **»Warteschleifen-Regelung«** stellt das Bundesverfassungsgericht am 24. 4. fest, daß die im Einigungsvertrag vorgesehene Entlassung von mindestens 100000 Beschäftigten des öffentlichen Dienstes der DDR im wesentlichen verfassungsgemäß sei. – Der Bundestag verabschiedet am 25. 4. einstimmig die beiden am 9. 11. 1990 unterzeichneten **Verträge mit der UdSSR** über »gute Nachbarschaft« und enge Zusammenarbeit *(→ oben)*. Der Bundesrat stimmt am 17. 5. zu. – Auf der 13. **Bundesdelegiertenversammlung der GRÜNEN** in Neumünster (26.–28. 4.) wird nach heftigen Flügelkämpfen ein verkleinerter Bundesvorstand gewählt. – Am 30. 4. findet **der letzte Linienflug der »Interflug«** statt; die frühere DDR-Fluggesellschaft wird liquidiert. – Das Bundeskabinett billigt am 30. 4. abschließend die **Verbotsverordnung von Fluorkohlenwasserstoffen (FCKW)** und sogenannten Halogenen; sie tritt 3 Monate nach Verkündigung im Sommer in Kraft. Das Gesetz sieht vor, FCKW-haltige Treib-, Schaum-, Kühl- und Kältemittel sowie Reinigungs- und Lösungsmittel stufenweise bis 1995 endgültig vom Markt zu nehmen. Die EG will 1997 folgen, ein weltweites Verbot auf Grundlage des Montrealer Abkommens ist für das Jahr 2000 geplant. Im **Tarifkonflikt in der Metallindustrie** einigen sich am

5. 5. Arbeitgeber und IG Metall im Bezirk Nordwürttemberg/Nordbaden auf einen Pilotabschluß, der Lohn- und Gehaltserhöhungen von 6,7% ab 1. 6. vorsieht und von den übrigen Tarifbezirken übernommen wird. In der **Druckindustrie** (180000 Beschäftigte) einigen sich die Tarifparteien am 10. 5. auf Lohn- und Gehaltserhöhungen um 7% rückwirkend zum 1. 4. – Die 3. Große Strafkammer des Landgerichts Düsseldorf verurteilt am 8. 5. den CDU-Bundesschatzmeister *Walther Leisler Kiep* wegen fortgesetzter Beihilfe zur Steuerhinterziehung zu einer Geldstrafe von 675000 DM. *Kiep* habe maßgeblich dazu beigetragen, daß dem Staat zwischen 1971 und 1981 7,4 Mio. DM Steuereinnahmen verlorengegangen seien, indem der CDU zugedachte Spenden 15 namhafter deutscher Unternehmen in Gesamthöhe von 17,5 Mio. DM an die »Spendenwaschanlage«, die steuerbegünstigte Staatsbürgerliche Vereinigung Köln/Koblenz (SV), flossen. – Der tschechoslowakische Staatspräsident **Václav Havel erhält** am 9. 5. **den Aachener Karlspreis** als »Symbol der Verständigung in Europa« und in Würdigung seines Einsatzes für Frieden und Freiheit in seinem Land und in Europa. – **Bundesbankpräsident** *Karl Otto Pöhl* gibt am 16. 5. seinen **Rücktritt** aus persönlichen Gründen bekannt. Zum Nachfolger ernennt die Bundesregierung den bisherigen Vizepräsidenten *Helmut Schlesinger*. – Der Bundesrat verabschiedet am 17. 5. eine bereits vom Bundestag beschlossene, bis 1993 geltende **Wohngeld-Sonderregelung** für die neuen Bundesländer, mit der die dort ab 1. 10. 1991 vorgesehenen drastischen Mieterhöhungen abgemildert werden sollen. Der Bundesrat stimmte ferner einer Verordnung über die Anhebung der Beamtenbesoldung in den neuen Ländern auf 60% des Westniveaus zu. Die Verordnung enthält auch Förderungsmaßnahmen zur **Gewinnung westlichen Personals für die ostdeutsche Verwaltung**; z. B. sollen Beamte aus dem Westen uneingeschränkt nach westlichem Niveau besoldet werden, ihre Verwendungszeiten in Ostdeutschland für das Ruhegehalt doppelt zählen. – Die Berliner Justiz erläßt am 21. 5. **Haftbefehle im Zusammenhang mit den Todesschüssen an der Mauer** gegen den früheren DDR-Ministerpräsidenten *Willi Stoph,* Ex-Verteidigungsminister *Heinz Keßler,* den damaligen Sekretär des Nationalen Verteidigungsrates *Fritz Streletz* und den früheren Suhler SED-Chef *Hans Albrecht;* sie seien »mitverantwortliche Entscheidungsträger« des Schießbefehls von 1974 gewesen. Die UdSSR protestiert am 24. 5. offiziell gegen die Verhaftungen. – Bundesverteidigungsminister *Stoltenberg* gibt am 24. 5. eine **Reduzierung der Bundeswehrstandorte** von 688 auf 475 bis 1994 bekannt. – Das Oberverwaltungsgericht Koblenz hebt am 24. 5. die vom rheinland-pfälzischen Umweltministerium ausgestellte erste Teilgenehmigung für das **Kernkraftwerk Mülheim-Kärlich** als **rechtswidrig** auf; der bereits fertiggestellte und seit 1988 stillgelegte Reaktor ist damit erneut ohne rechtliche Grundlage. – – Der ehemalige Vorsitzende der Ost-CDU, *Gerald Götting,* wird am 30. 5. aus der Berliner CDU ausgeschlossen. Nach Ansicht des Kreisverbandes hat *Götting* als stellv. Staatsratsvorsitzender »alle Scheußlichkeiten des damaligen Regimes mitzuverantworten«. – Auf dem **SPD-Bundesparteitag** in Bremen (28. 5.–1. 6.) wird der schleswig-holsteinische Ministerpräsident **Engholm** mit 458 von 470 gültigen Stimmen bei 7 Gegenstimmen und 5 Enthaltungen **zum neuen SPD-Vorsitzenden gewählt**. Alle Stellvertreter und der Schatzmeister werden in ihren Ämtern bestätigt. Neuer Bundesgeschäftsführer wird der bisherige IG-Metall-Manager *Karlheinz Blessing*. – Mit dem Fahrplanwechsel am 2. 6. werden auf der Strecke München–Stuttgart–Hamburg die ersten Hochgeschwindigkeitszüge **InterCityExpreß (ICE)** eingesetzt. – Bei der **Bürgerschaftswahl in Hamburg** am 2. 6. erringt die SPD bei einer Wahlbeteiligung von 66,1% der Wahlberechtigten mit 48,0% der Stimmen (+3% gegenüber 1987) knapp die absolute Mehrheit. Die CDU erzielte mit 35,1% (–5,4%) das schlechteste Ergebnis seit 20 Jahren. In der Bürgerschaft sind außerdem die GRÜNEN (7,2%) und die FDP (5,4) vertreten. Mandatsverteilung: SPD 61, CDU 44, GRÜNE/GAL 9, FDP 7. Da die FDP eine Fortsetzung der Koalition mit der SPD ablehnt, kann der Erste Bürgermeister *Henning Voscherau*/SPD künftig mit nur einem Sitz Mehrheit (61 von 121 Sitzen) regieren. – Als erstes Mitglied der früheren DDR-Führung, das sich wegen Verfehlungen während der DDR-Amtszeit verantworten mußte, wird am 6. 6. vor dem Landgericht Berlin der frühere DDR-Gewerkschaftschef **Harry Tisch wegen Untreue** in 5 Fällen zu 18 Monaten Haft **verurteilt**. Am 9. 7. wird der frühere Vorsitzende der Ost-CDU **Gerald Götting** vom Berliner Landgericht wegen Untreue zu einer Haftstrafe von 18 Monaten auf Bewährung **verurteilt**, da er den Umbau seines privaten Ferienhauses mit Parteigeldern finanziert habe und der Partei über einen Zeitraum von 14 Jahren ein Schaden von 116000 Ost-Mark entstanden sei. – Bundeskanzler *Kohl* und der polnische Ministerpräsident Jan *Krzysztof Bielecki* unterzeichnen am 17. 6. in Bonn den **deutsch-polnischen Vertrag über gute Nachbarschaft** und freundschaftliche Zusammenarbeit. Er bekräftigt den Gewaltverzicht des ersten bilateralen Vertrags von 1970, garantiert die Anerkennung der gemeinsamen Grenze und sieht eine engere Zusammenarbeit vor. Im Zusammenhang mit dem Vertrag tauschen die Außenminister beider Länder einen Brief aus, der sich vor allem mit Klarstellungen hinsichtlich der Minderheiten befaßt. – Die **Ausländerbeauftragte**, *Liselotte Funcke*/FDP, kündigt am 19. 6. wegen

eines von ihr beklagten Mangels an Unterstützung durch die Regierung und die Parteien ihren **Rücktritt** zum 15. 7. an. – Der **Bundestag beschließt** am 20. 6. mit 338 gegen 320 Stimmen (bei einer Enthaltung und einer ungültigen Stimme) die **Verlegung des Sitzes von Bundesregierung und Bundestag nach Berlin**. Voll funktionsfähig soll der neue Bundessitz Berlin in spätestens 12 Jahren sein. Bonn soll als Verwaltungssitz erhalten bleiben. Der **Bundesrat bleibt bis auf weiteres in Bonn**. Mit 38 gegen 30 Stimmen beschließt die Länderkammer am 5. 7., sich eine Überprüfung dieser Entscheidung vorzubehalten. – Der Bundesrat stimmt am 21. 6. dem **Steuerkompromiß** zu. Damit können ein auf 1 Jahr befristeter Zuschlag auf die Lohn- und Einkommensteuer von 7,5% sowie Verbrauchssteuererhöhungen auf Mineralöl und Versicherungen fristgerecht vom 1. 7. an erhoben werden. Die SPD-regierten Länder hatten im Vermittlungsausschuß aus Bundestag und Bundesrat auch dem Vorhaben zugestimmt, 1991 und 1992 in den 5 neuen Ländern auf die Erhebung der Vermögen- und der Gewerbekapitalsteuer zu verzichten. Grundsätzlich besteht die SPD aber darauf, daß die Bundesregierung auf die geplante Abschaffung der Vermögen- und der Kapitalertragsteuer verzichtet. Die Länder erreichten ihrerseits die Regierungszusage, ihnen 1992 und 1993 rd. 4,5 Mrd. DM für den Ausbau der Verkehrswege bereitzustellen und die Investitionszulage für die neuen Länder um ein halbes Jahr bis Mitte 1992 zu verlängern. Den Solidaritätszuschlag von 7,5% auf die Lohn-, Einkommen- und Körperschaftsteuer lehnten die SPD-Länder zwar ab, doch hat dies keine Wirkung, weil es sich dabei nicht um ein zustimmungspflichtiges Gesetz handelt. – Der Bundestag verabschiedet nach einem Kompromiß zwischen Koalition und SPD am 21. 6. gegen die Stimmen von Bündnis 90/Grüne und PDS das **Renten-Überleitungsgesetz** (RÜG), durch das das westdeutsche Rentenrecht vom 1. 1. 1992 an auf das Gebiet der ehemaligen DDR übertragen wird. Der Bundesrat stimmt am 5. 7. zu. Das RÜG wird einen Finanzverbund mit der westdeutschen Rentenversicherung herstellen und altes DDR-Rentenrecht ablösen, ohne daß es für die Betroffenen zu finanziellen Einbußen kommt. Die Sozialzuschläge auf kleine Renten von bisher 495 DM werden nach dem RÜG 600 DM für Alleinstehende und 960 DM für Verheiratete betragen; sie sollen bis 1996 bezahlt und dynamisiert werden. Für ehemalige Stasi-Angehörige soll die Altersrente auf rd. 800 DM begrenzt werden. – Auf dem Berliner **PDS-Parteitag** (21.–23. 6.) wird trotz schwerer Spannungen zwischen Reformern und Traditionalisten das Auseinanderbrechen der SED-Nachfolgeorganisation verhindert. – Deutsche und sowjetische Bürger und Politiker gedenken am 22. 6. zum **50. Jahrestag des deutschen Überfalls auf die UdSSR** erstmals gemeinsam der Millionen Kriegstoten. – Nach einem Urteil des Bundesverfassungsgerichts (BVG) in Karlsruhe vom 27. 6. muß der Gesetzgeber bis zum 1. 1. 1993 **für eine effektivere Besteuerung von privaten Zinserträgen** sorgen. – Die Berliner **Treuhandanstalt verkauft bis Ende Juni 2583 Unternehmen** für insges. 10,6 Mrd. DM; mit den Firmenverkäufen werden Investitionen von 65,3 Mrd. DM angeschoben und 525984 gesicherte Arbeitsplätze geschaffen. – Am 1. 7. wird das **Bundeswehrkommando Ost außer Dienst gestellt**. Seit der Vereinigung war es mit der Auflösung der seinerzeit 90000 Mann starken NVA betraut. Jetzt übernehmen – wie in den alten Bundesländern – die Teilstreitkräfte das Kommando über die ostdeutschen Bundeswehreinheiten, die bis Ende 1994 nicht der NATO unterstellt werden dürfen *(→ Sp. [VKSE])*. – **Sachsen-Anhalts Ministerspräsident** *Gerd Gies*/CDU kündigt am 2. 7. den **Rücktritt** seiner Landesregierung an, da er sich nicht mehr auf das volle und uneingeschränkte Vertrauen der Fraktion stützen könne. In einem Zeitungsbericht hatten mehrere Abgeordnete *Gies* vorgeworfen, mit zweifelhaften Stasi-Vorwürfen versucht zu haben, Parlamentarier zur Niederlegung ihres Mandats zu drängen, um selbst einen Sitz im Landtag zu erhalten. Am 4. 7. wählt der Landtag in Magdeburg mit den Stimmen der Regierungskoalition CDU/FDP sowie zweier Oppositionsabgeordneter den aus Niedersachsen stammenden bisherigen Finanzminister *Werner Münch*/CDU zum neuen Ministerpräsidenten. Im Kabinett *Münch* ist u. a. der wegen angeblicher Stasi-Kontakte umstrittene bisherige Innenminister *Wolfgang Braun* nicht mehr vertreten. – Die Bonner Regierungskoalition verständigt sich am 9. 7. auf den **Abbau von Steuersubventionen und Finanzhilfen** in Höhe von 33,3 Mrd. DM im Zeitraum zwischen 1992 und 1994. Bundeswirtschaftsminister *Jürgen Möllemann*/FDP hatte sein Verbleiben im Ministeramt vom Ergebnis der Kürzungen abhängig gemacht. – Das Bundeskabinett verabschiedet am 10. 7. den **Bundeshaushalt 1992** mit einem Ausgabenzuwachs von 3% auf 422,6 Mrd. DM und einer Verringerung der Nettokreditaufnahme von 66,4 auf 49,9 Mrd. DM. 109 Mrd. DM sind für den wirtschaftlichen und sozialen Aufbau Ostdeutschlands bestimmt. – Mit dem Abzug zweier Kriegsschiffe aus dem Marinehafen Saßnitz auf Rügen am 15. 7. sind nach 45 Jahren **keine sowjetischen Flotteneinheiten mehr** in Ostdeutschland stationiert. – Das Bundesverfassungsgericht (BVG) in Karlsruhe weist am 16. 7. die **Forderung der PDS nach Fraktionsstatus** im Bundestag ab; die Richter sprechen den 17 PDS-Abgeordneten aber das Recht zu, ihrer Stärke entsprechend in allen Bundestagsausschüssen und -unterausschüssen vertreten zu sein. Am 19. 7. entscheidet das BVG ferner, daß das sog. Altvermögen der PDS weiterhin der im Einigungsvertrag geregelten staatlichen Kontrolle unterliegt. – Der Vorstand der Berliner Treuhandanstalt, Vertreter der Landesregierungen, der Arbeitgeberverbände und der Gewerkschaften einigen sich am 17. 7. in Berlin auf eine Rahmenvereinbarung zur **Gründung von Beschäftigungsanstalten zur Bekämpfung der Arbeitslosigkeit in den neuen Bundesländern**. Die Treuhandanstalt wird sich mit 10% an Dachgesellschaften beteiligen und die Gründung von Untergesellschaften unterstützen. Die Treuhandanstalt übernimmt am 31. 7. alle 768 PDS-Immobilien unter ihre Verwaltung; zuvor hatte sie das Immobilienvermögen der FDP aus der früheren DDR unter ihre Kontrolle genommen. – Die **Arbeitslosenzahl in den neuen Bundesländern** steigt im Juli erstmals **über 1 Million** (Quote: 12,1%). – Der stellv. Ministerpräsident und FDP-Landesvorsitzende von Sachsen-Anhalt, *Gerd Brunner*, legt am 8. 8. wegen seiner Mitarbeit im früheren DDR-Staatssicherheitsdienst seine Regierungs- und Parteiämter nieder. Am 13. 8. scheidet auch Landwirtschaftsminister *Otto Mintus*/CDU wegen seiner Stasi-Vergangenheit aus dem Kabinett von Sachsen-Anhalt aus. – Der Zentralbankrat beschließt am 15. 8. eine **Erhöhung der Leitzinsen:** Der Diskontsatz wird von 6,5 auf 7,5% erhöht, der Lombardsatz von 9 auf 9,25%. Die Bundesbank beabsichtigt damit eine Straffung der Geldpolitik und eine frühzeitige Maßnahme gegen inflationäre Tendenzen. – Der 1786 verstorbene **Preußenkönig** *Friedrich II.* und sein Vater *Friedrich Wilhelm I.* werden am 18. 8. im Schloßpark von Sansouci **in Potsdam beigesetzt.** – Am 28. 8. unterzeichnen Außenminister *Genscher* und seine Amtskollegen *Lennart Meri* (Estland), *Janis Jurkans* (Lettland) und *Algirdas Saudargas* (Litauen) Dokumente über die Wiederherstellung der diplomatischen **Beziehungen mit den baltischen Staaten** *(vgl. → Sp. 165ff.)*. – Die Bundesregierung beschließt am 2. 9. die Erhöhung der Mehrwertsteuer zum 1. 1. 1993 von 14 auf 15%. – Der stellv. CDU-Vorsitzende **de Maizière gibt** am 6. 9. wegen eines andauernden Streits um die Erneuerung der CDU-Landesverbände in den neuen Ländern **seine Parteiämter auf.** Er war einziger Stellvertreter *Kohls* im Bundesvorsitz, Landesvorsitzender der CDU in Brandenburg und Vorsitzender der Programmkommission der Partei. Am 11. 9. legt de *Maizière* auch sein Bundestagsmandat nieder.

EL SALVADOR Das Scheitern einer weiteren Verhandlungsrunde (13.–18. 9. **1990**) zwischen Vertretern der rechtsextremen Regierung und der linksgerichteten Guerilla »Frente Farabundo Martí de Liberacion Nacional«/FMLN über einen Waffenstillstand führt zur **Verschärfung des** nunmehr 11 Jahre währenden **Bürgerkrieges**, der bisher nahezu 75000 Menschenleben gekostet hat. – Am 15. 9. demonstrieren in San Salvador über 40000 Menschen für die Beendigung des Bürgerkriegs und die Entmilitarisierung der Gesellschaft. – Mitte Oktober teilt amnesty international mit, in den ersten 8 Monaten des Jahres seien mindestens 45 Menschen **von Todesschwadronen getötet** worden; auch der FMLN begehe Menschenrechtsverletzungen wie Entführungen und Hinrichtungen. 1990 seien rund 900 Personen aus politischen Gründen ermordet worden; weitere 100 seien verschwunden. – Am 15. 1. **1991** gibt das Weiße Haus bekannt, daß die eingefrorene **US-Militärhilfe** von 42,5 Mio. US-$ freigegeben werde, nachdem bekanntgeworden sei, daß der FMLN Waffen aus dem Ausland erhalten und in den vergangenen Monaten eine Reihe von Angriffen auf zivile Ziele unternommen habe. – Am 1./2. 2. und vom 19. bis 21. 2. finden in Mexiko-Stadt bzw. San José weitere Gespräche zwischen den Bürgerkriegsparteien unter UN-Schirmherrschaft statt, die ohne greifbares Ergebnis bleiben. Während der FMLN verlangt, daß vor einer Feuerpause die Zahl der Soldaten zu verringern sei, beharrt die Regierungsseite darauf, daß der Abbau der Streitkräfte erst nach einem Waffenstillstand erfolgen könne. – Bei den **Parlamentswahlen** am 10. 3. können die 2,6 Mio. Wahlberechtigten unter Kandidaten aus 8 Parteien für die 84 (bisher 60) Sitze wählen. Bei einer Wahlbeteiligung von 52% entfallen auf die ARENA 44,0% der Stimmen und 39 Sitze, auf die Christdemokraten (PDC) 26 Sitze, die Nationale Versöhnungspartei (PCN) 9 Sitze, die Demokratische Konvergenz (CD) – eine Allianz von 3 sozialistischen Parteien – 8 Sitze, auf die marxistische Nationalistische Demokratische Union (UDN) und die Authentische Christliche Bewegung je 1 Sitz. – Am 12. 4. wird der **FMLN-Führer** *Antonio Cardenal*, ein Neffe der nicaraguanischen Präsidentin *Chamorro,* zusammen mit 11 Gefährten bei einem Gefecht mit Regierungstruppen **getötet**. – Zum Abschluß von Gesprächen zwischen Vertretern der Regierung und der linksgerichteten Guerilla/FMLN, die am 4. 4. in Mexiko-Stadt begonnen hatten, wird am 27. 4. eine **»Vereinbarung von Mexiko« über eine Verfassungsreform** unterzeichnet: die Rolle der Streitkräfte soll begrenzt, Polizei und Geheimdienst einer zivilen Behörde unterstellt werden. Vorgesehen ist die Reform des Justiz- und Wahlsystems sowie die Einrichtung einer Kommission zur Wahrung der Menschenrechte. Zudem wird die UN eine dreiköpfige »Kommission der Wahrheit« einsetzen, die die Menschenrechtsverletzungen seit 1980 untersuchen soll. Ein Waffenstillstand wird nicht vereinbart. Die Vereinbarung wird am 30. 4., am letzten Tag der Legislaturperiode, vom alten Parlament mit einigen Änderungen gebilligt. Dadurch verhinderte die

ARENA die im Abkommen vorgesehene Einsetzung eines Obersten Wahlrates, in dem alle Parteien gleichberechtigt vertreten sein sollten. – Am 1. 5. tritt das neugewählte Parlament zu seiner konstituierenden Sitzung zusammen und wählt *Roberto Angullo*/ARENA zu seinem Präsidenten. Die FMLN verlangt in der Folge die baldige Ratifizierung der in Mexiko beschlossenen Gesetzesänderungen. Die ARENA *Cristianis* will die Änderungen jedoch erst ratifizieren, wenn die Rebellen ihren Kampf einstellen. – Am 24. 5. wird in Caracas (Venezuela) eine weitere Runde der Friedensgespräche zwischen Regierung und FMLN eröffnet, deren Ziel der Abschluß eines Waffenstillstands ist.

FINNLAND Bei den **Parlamentswahlen** am **17. 3. 1991** muß die bisherige Regierungskoalition aus der Konservativen Sammlungspartei und den Sozialdemokraten unter Ministerpräsident *Harri Holkeri* deutliche Verluste hinnehmen. Die Sammlungspartei erhält nur noch 19,3% (23,1%) und 40 Sitze (bisher 53); die Sozialdemokraten 22,1% (24,1%) und 48 Sitze (bisher 56). Als dritte Regierungspartei verliert die Schwedische Volkspartei eins von 13 Mandaten. Erstmals seit 1962 stellt das Liberale Zentrum mit 24,9% der abgegebenen Stimmen und 55 Sitzen (bisher 40) wieder die stärkste Fraktion. Erhebliche Stimmengewinne erzielen auch die Grünen, die mit 6,8% der Stimmen 10 Sitze (bisher 4) erhalten. – Zum neuen Präsidenten des Reichstages wird am 4. 4. als Nachfolger von *Kalevi Sorsa* der Vorsitzende der Zentrumspartei, *Esko Aho*, gewählt. *Aho* erhält am 8. 4. von Staatspräsident *Mauno Koivisto* den Auftrag zur Regierungsbildung. Am 26. 4. wird die **bürgerliche Regierung unter Ministerpräsident** *Aho* eingesetzt, die von der Zentrumspartei, den Konservativen, der Schwedischen Volkspartei und der Christlichen Union getragen wird. Neuer Außenminister wird *Paavo Väyrynen*. – Am 17. 5. reicht F. beim Internationalen Gerichtshof in Den Haag Klage gegen Dänemark ein wegen dessen Projekts einer Brücke über den Öresund.

FRANKREICH In Reaktion auf die Verletzung der Immunität der französischen Botschaft in Kuwait durch irakische Truppen am 14. 9. **1990** kündigt Staatspräsident *François Mitterrand* die **Verstärkung der französischen Präsenz in der Golfregion** an; es werde eine Truppe von 4000 Mann mit Kampfhubschraubern, Panzern, Flugabwehrraketen und Kampf- und Jagdflugzeugen nach Saudi-Arabien entsandt. – Im Rahmen der deutsch-französischen Konsultationen in München teilt Präsident *Mitterrand* Bundeskanzler *Helmut Kohl* mit, daß die knapp 50000 Mann französischer Truppen auf deutschem Boden in einer ersten Phase um die Hälfte reduziert werden sollen. – Mit dem Tag der deutschen Vereinigung am 3. 10. wird am Sitz der aufgelösten französischen Militärregierung **in Berlin ein »diplomatisches Büro« Frankreichs eröffnet**. – Der Ministerrat verabschiedet am 3. 10. den Entwurf einer »contribution sociale généralisée«, deren Ziel es ist, die Finanzierung der Sozial- und Krankenversicherung nicht nur mit dem Arbeitseinkommen, sondern mit der Gesamtheit der Einkommen zu sichern; diese Reform trifft auf breiten Widerstand in der bürgerlichen Opposition, bei den Kommunisten und bei den meisten Gewerkschaften. – Das Außenministerium gibt am 4. 10. die **Entsendung von Truppen nach Ruanda** bekannt; sie sollen die dort lebenden Franzosen angesichts des dort ausgebrochenen Bürgerkriegs schützen. – Nach mehreren spektakulären Anschlägen löst sich die »Nationale Befreiungsarmee Korsikas«/ALNC am 7. 10. auf und schließt sich der »Nationalen Befreiungsfront Korsikas«/FLNC an. – Präsident *Mitterrand* lehnt am 15. 10. eine Auslieferung des in die französische Botschaft im Libanon geflüchteten Christenführers, *Michel Aoun*, ab, dem bereits politisches Asyl in F. gewährt wurde. – **Bei einem Besuch des sowjetischen Staatspräsidenten** *Michail Gorbatschow* in F. (28.–29. 10.) erörtert er mit *Mitterrand* die Golfkrise und Fragen der Vorbereitung der KSZE-Konferenz, die Mitte November in Paris stattfinden soll. Am 29. 10. **unterzeichnen beide Präsidenten einen Vertrag über gegenseitige Verständigung und Zusammenarbeit**, der auf die Schaffung einer europäischen »Konföderation« abzielt und Absprachen zwischen beiden Ländern im Falle »einer Bedrohung für den Frieden« vorsieht. Außerdem stellt F. der Sowjetunion einen Sofortkredit in Höhe von 5 Mrd. FF zur Verfügung; die UdSSR wird den Kredit mit einem Betrag von 3 Mrd. FF zum Kauf französischer Agrarerzeugnisse nutzen; die restlichen 2 Mrd. FF sollen zur Tilgung noch bestehender Zahlungsverpflichtungen der UdSSR gegenüber Paris verwendet werden. – Am 30. 10. treffen 262 freigelassene französische Geiseln aus Bagdad in Paris ein; auch die 7 Diplomaten, die in der französischen Botschaft in Kuwait auf Posten geblieben waren, treffen in Paris ein. – Bei den Arbeiten am Eurotunnel unter dem Ärmelkanal zwischen Frankreich und Großbritannien treffen am 30. 10. erstmals die Bohrungen von beiden Seiten aufeinander; zur Finanzierung der um 50% gestiegenen Baukosten hat die Gesellschaft Eurotunnel am 26. 10. einen zusätzlichen Kredit von 21 Mrd. FF aufgenommen und kündigt eine Kapitalerhöhung um 5,6 Mrd. FF an. – Der **von Schülern organisierte »Nationale Marsch für die Erziehung«** versammelt am 12. 11. in Paris mehr als 100000 Gymnasiasten; nach der Großdemonstration kommt es zu Ausschreitungen und Zusammenstößen zwischen Demonstranten und der Polizei, bei denen zahlreiche Personen verletzt werden. In Großstädten der Provinz demonstrieren 200000 Schüler. Erziehungsminister *Lionel Jospin* verspricht einen »Notplan«, dessen Kosten am 14. 11. auf 4,5 Mrd. FF fixiert werden. Am 15./16. 11. werden im Zusammenwirken mit den Schülervertretern Maßnahmen präzisiert, die insbesondere die Renovierung der Gebäude, die Verbesserung des pädagogischen Rahmens und die Ausweitung der Schülerrechte betreffen. – Der Versuch der vereinten französischen Opposition, die Regierung von Premierminister *Michel Rocard* zu stürzen, scheitert am 19. 11. knapp; ihr Mißtrauensantrag wegen der Reform der Sozialabgaben verfehlt mit 284 von 289 nötigen Stimmen die erforderliche Mehrheit. – Staatspräsident *Mitterrand* eröffnet am 19. 11. in Paris das bis zum 21. 11. stattfindende **Gipfeltreffen der Staats- und Regierungschefs der 34 KSZE-Mitgliedsstaaten**. Im Abschlußdokument der Konferenz, der »Pariser Charta für ein neues Europa«, verpflichten sich die Teilnehmerstaaten, die Demokratie als »die einzige Regierungsform« ihrer Nationen aufbauen und stärken zu wollen. – Das Gericht von Paris ermächtigt am 19. 11. seinen Vorsitzenden mit der Eröffnung des **Ermittlungsverfahrens gegen** *René Bousquet* wegen (nicht verjährbarer) »**Verbrechen gegen die Menschlichkeit**«; *Bousquet* war unter der deutschen Besatzung Generalsekretär der französischen Polizei und hat in dieser Funktion verantwortlich an der Vernichtung der französischen Juden mitgewirkt. – **Die Abgeordneten der Nationalversammlung verabschieden** am 24. 11. mit 275 gegen 265 Stimmen in erster Lesung (am 4. 4. in 2. Lesung gebilligt) **einen Gesetzentwurf, der ein neues Statut für Korsika vorsieht**, in dem die Korsen als eigenes Volk anerkannt werden. Das neue Korsika-Statut sieht ein Regionalparlament und eine Inselregierung mit umfassenden Befugnissen in der Sozial-, Kultur- und Wirtschaftspolitik vor; Korsika erhält das Recht, Verkehrssteuern zu erheben, um damit einen Regionalfonds zu finanzieren. – **Die Nationalversammlung ratifiziert am 13. 12. den »2+4-Vertrag«**, der die deutsche Einheit regelt, am 20. 12. der Senat. – Die Serie von Mordtaten auf der Mittelmeerinsel Korsika hält an: am 19. 12. wird der Präsident der korsischen Landwirtschaftskammer, *Lucien Tirroloni*, erschossen, am 31. 12. der Bürgermeister von Soveria, *Paul Mariani*. – Die »Behörde zum Schutz von Flüchtlingen und Staatenlosen« teilt am 20. 12. mit, daß wegen der »grundlegenden Veränderungen in den politischen Systemen« von Ungarn, Polen und der CSFR F. Bürgern dieser Staaten nicht länger den Flüchtlingsstatus zuerkennt. – Am 22. 12. bestätigt F., daß **für während des Zweiten Weltkrieges erlittene Verluste Entschädigungsforderungen an Deutschland gestellt** worden sind; dabei gehe es um private Ansprüche, d. h. um Entschädigung für französische Staatsbürger, deren Vermögen zwischen 1945 und 1949 in der sowjetischen Besatzungszone beschlagnahmt worden ist, sowie um nicht gezahlte Löhne von Zwangsarbeitern. – F. gibt Anfang Januar **1991** bekannt, daß es bis zum 15. 1. weitere 4000 Soldaten in die Golfregion schicken wird; das französische Kontingent würde damit eine Gesamthöhe von rund 10000 Mann erreichen. – Am 14. 1., **einen Tag vor Auslaufen des UN-Ultimatums an den Irak, legt F. einen 6-Punkte-Plan im Weltsicherheitsrat vor**, der eine nur leicht verdeckte Verbindung zwischen der Räumung Kuwaits und einer späteren internationalen Konferenz über das Palästinenser-Problem herstellt. – **Verteidigungsminister** *Chevenement* reicht am 29. 1. seinen Rücktritt ein; er begründet dies mit der »Logik des Krieges« am Golf, die das Risiko berge, sich jeden Tag weiter von den durch die UN festgelegten Zielen zu entfernen. Als **Nachfolger** ernennt Präsident *Mitterrand* den bisherigen Innenminister, *Pierre Joxe*. – Nach schweren Ausschreitungen im französischen Überseedepartement Réunion entsendet F. am 25. 2. 150 Mann der mobilen Gendamerie als Verstärkung der Polizei auf die Insel im Indischen Ozean. – **Beim Besuch des polnischen Staatspräsidenten** *Lech Walesa* (9.–11. 4.) unterzeichnet er mit *Mitterrand* einen Vertrag über Freundschaft und Solidarität, der Polens Anschluß an Westeuropa fördern soll. – **Der Verfassungsrat**, die oberste juristische Instanz F., **entscheidet am 10. 5., daß die Bewohner Korsikas offiziell nicht als »korsisches Volk« bezeichnet werden dürfen.** Nach seiner Auffassung ist dieser Passus in dem im April (1. Lesung 24. 11.) vom Parlament verabschiedeten neuen Statut Korsikas verfassungswidrig; die rechtsgerichtete Opposition hatte den Verfassungsrat angerufen, da der Begriff »korsisches Volk« nach ihrer Darstellung die »nationale Einheit« gefährdet. – **Premierminister** *Rocard* tritt am 15. 5. zurück; zu seiner **Nachfolgerin** ernennt Staatspräsident *Mitterrand* die frühere Landwirtschafts-, Außenhandels- und Europaministerin *Edith Cresson*. – Am 3. 6. veröffentlicht F. einen **Abrüstungsplan**, der ein Verbot und die Vernichtung von chemischen und biologischen Waffen sowie die Rückführung der Atomarsenale auf ein »tiefes Niveau« befürwortet; außerdem erklärt Paris seine Absicht, den seit 1970 in Kraft befindlichen Vertrag über die Nichtweitergabe von Atomwaffen zu unterzeichnen. – Die **Nationalversammlung verabschiedet** am 4. 6. mit breiter Mehrheit das **Schengener Abkommen**, das die Aufhebung von Grenzkontrollen zwischen Frankreich, Deutschland, Italien und den Beneluxstaaten vorsieht; damit ist Frankreich das erste Land, das diesen Vertrag unterzeichnet hat.

GRIECHENLAND Das mit 150 % des BSP verschuldete Land wird im September **1990** von einer **Streikwelle** erschüttert. – Anfang November wird das **Wahlgesetz** vom Parlament erneut **geändert**; danach kann die stärkste Partei bereits mit 44 % der Stimmen die absolute Mehrheit der Sitze erhalten. – Nachdem bei gewalttätigen **Auseinandersetzungen um die Bildungspolitik** am 9. 1. **1991** ein Lehrer erschlagen wird und vier Menschen bei einem Brand getötet werden, tritt der Minister für Erziehung und Religion, *Vasilios Kontogiannapoulos*, zurück. – Außenminister *Antonius Samaras* paraphiert am 10. 4. **1991** mit seinem sowjetischen Amtskollegen *Alexander Bessmertnych* ein Freundschafts- und Kooperationsabkommen.

GROSSBRITANNIEN Die Regierung legt am 25. 9. **1990** ein **Weißbuch gegen die Umweltverschmutzung** vor, das zur Verbesserung von Luft, Boden und Gewässern Ausgaben von 28 Mrd. £ bis zum Jahr 2000 vorsieht. – Die Regierung gibt am 5. 10. die **Vollmitgliedschaft Großbritanniens im Europäischen Währungssystem/EWS** mit Wirkung vom 8. 10. bekannt. – Der **Jahreskongreß der Labour Party** in Blackpool (30. 9.–5. 10.) ist von einer Auseinandersetzung zwischen dem Parteivorsitzenden *Neil Kinnock* und dem linken Parteiflügel geprägt. Auf dem **Jahreskongreß der Konservativen** in Bournemouth (9.–12. 10.) betont die Parteivorsitzende *Margaret Thatcher*, sie werde niemals zulassen, daß die Vollmitgliedschaft des Landes im EWS einen ersten Schritt in Richtung europäische Einheitswährung darstelle. – Aus Protest gegen die antieuropäische Politik von Premierministerin *Thatcher* tritt am 1. 11. ihr Stellvertreter *Geoffrey Howe* zurück. Mit ihm verläßt der letzte Politiker des ersten Kabinetts *Thatcher* die Regierung. – Premierministerin **Margaret Thatcher** kündigt am 22. 11. nach mehr als 11jähriger Amtszeit ihren **Rücktritt** an. Vorausgegangen war eine mehrmonatige Regierungskrise (unpopuläre Poll-Tax, Kritik an *Thatchers* Europapolitik). Um ihre Nachfolge als Parteivorsitzender und Regierungschef bewerben sich am 27. 11. drei Kandidaten: *John Major* erhält von der Unterhausfraktion der Konservativen die meisten Stimmen (185); *Heseltine* (137) und Außenminister *Douglas Hurd* (56) ziehen daraufhin ihre Kandidatur zurück; *Major* tritt am 28. 11. seine Ämter an. Er spricht sich unmittelbar danach für eine Führungsrolle Großbritanniens beim Ausbau Europas aus. – Am 1. 12. (12.28 Uhr) erfolgt nach dreijähriger Bauzeit der **Durchstich im Betriebstunnel unter dem Ärmelkanal**, 22,4 km vom britischen Shakespeare Cliff und 15,6 km von der französischen Küste bei Sangatte entfernt; der Durchbruch der beiden Eisenbahntunnel folgt am 22. 5. bzw. 28. 6., die Eröffnung der Anlage, deren Kosten bei 7,6 Mrd. £ (= umgerechnet 23 Mrd. DM) liegen, ist für Juni 1993 vorgesehen. – Das Unterhaus spricht sich am 16. 1. **1991** mit 534 gegen 57 Stimmen für den von der britischen Regierung beschlossenen **Truppeneinsatz am Golf** *(→ Sp. 69 f.)* aus. – Die IRA verübt am 7. 2. einen **Granatenanschlag auf den Amtssitz des Premierministers** (Downing Street Nr. 10), der nur Sachschaden verursacht. – Am 14. 3. werden die »**Sechs von Birmingham**« nach Verbüßung von 16 Jahren und 4 Monaten Freiheitsentzug aus der Haft entlassen; das oberste Appellationsgericht des Landes, der Old Bailey, gesteht einen schweren Justizirrtum ein. Die 6 in England lebenden Iren waren 1975 wegen Mordes an 21 Personen durch 2 Bombenanschläge in Birmingham 1974 zu lebenslanger Haft verurteilt worden. Am 26. 6. werden durch ein Londoner Berufungsgericht die Urteile gegen 7 Iren (die »**Maguire-Sieben**«), die 1976 wegen angeblicher Bombenherstellung für die IRA zu Haftstrafen zwischen 4 und 14 Jahren verurteilt worden waren, aufgehoben; bei der wissenschaftlichen Untersuchung, die zur Urteilsprechung herangezogen worden war, seien Fehler gemacht worden. – Das Unterhaus billigt in der Nacht zum 27. 3. die **Kürzung der umstrittenen Poll Tax** (»Kopfsteuer«) um 140 £ je Steuerzahler. Die oppositionelle Labour Party kritisierte in der Debatte, daß die seit ihrer Einführung 1990 heftig umstrittene Steuer nach Regierungsplänen erst 1993 durch eine neue Gemeindesteuer ersetzt werden soll. Am Abend des 27. 3. wird ein **Mißtrauensantrag gegen die Regierung Major** mit 358 gegen 238 Stimmen abgelehnt. Die Labour-Opposition hatte den Antrag mit der Begründung eingebracht, daß sich die Regierung im Zusammenhang mit der Poll Tax, die das Land 4 Mrd. £ gekostet habe, als unfähig zur Führung des Landes gezeigt habe. Kurz vor den Gemeindewahlen legt die Regierung am 24. 4. einen Plan vor, wodurch die 1990 eingeführte umstrittene **Poll-Tax (»Kopfsteuer«) abgeschafft** und durch eine »Council-Tax« (Bezirkssteuer) ersetzt werden soll. – Am 19. 4. wird in Canterbury **George Carey** als **103. geistliches Oberhaupt der anglikanischen Kirche** inthronisiert. Der bisherige Bischof von Bath und Wells steht als Erzbischof von Canterbury der Kirche von England sowie den Anglikanern auf der ganzen Welt vor. – Vom 23. bis 16. 4. weilt **Lech Walesa in London**; es ist der erste Besuch eines polnischen Staatsoberhaupts in Großbritannien. *Walesa* wird von *Königin Elizabeth II.* auf Schloß Windsor empfangen. Am 24. 4. wird ein britisch-polnisches Freundschaftsabkommen unterzeichnet, das die breite Unterstützung Großbritanniens für Polen besonders hinsichtlich seines EG-Beitritts zusichert, unter der Voraussetzung, daß die wirtschaftlichen und politischen Rahmenbedingungen erfüllt sind. – Im Stormont

Castle östlich von Belfast beginnen am 30. 4. **Gespräche über die Zukunft Nordirlands** auf Initiative von Nordirland-Minister *Peter Brooke*. Am 17. 6. treffen – erstmals seit 17 Jahren – Vertreter der 4 wichtigsten Parteien der Protestanten und Katholiken unter Vermittlung des früheren australischen Generalgouverneurs *Ninian Stephen* zu einer Sitzung zusammen. Ziel der Initiative *Brookes* ist es, den seit 1969 dauernden Bürgerkrieg in Nordirland zu beenden und die katholische Minderheit angemessen an der Selbstverwaltung zu beteiligen. Am 3. 7. gibt *Brooke* das Scheitern der Verhandlungen bekannt. In den 22 Jahren seit dem Beginn der Unruhen in Nordirland sind annähernd 2900 Menschen ums Leben gekommen. – Bei **Gemeindewahlen in England** (außer London) **und Wales** am 2. 5. erleiden die Konservativen empfindliche Verluste. – Der spanische Ministerpräsident *Felipe Gonzalez* erörtert am 7./8. 5. in London mit seinem Amtskollegen *John Major* insbesondere die Zukunft Gibraltars. Es war der **erste Besuch eines spanischen Regierungschefs** in Großbritannien seit der Franco-Ära. – Königin *Elizabeth II.* unterzeichnet am 10. 5. ein Gesetz zur **Verfolgung von Nazi-Kriegsverbrechen** in Großbritannien. Das umstrittene Gesetz war vom Oberhaus zweimal mit großer Mehrheit mit der Begründung zurückgewiesen worden, daß die inzwischen vergangene Zeit faire Prozesse nicht mehr zuließe. Die Regierung hatte sich daraufhin erstmals seit 42 Jahren auf die sogenannte Parlamentsakte von 1911 berufen, die es ihr erlaubt, ein Gesetz ohne nochmalige Abstimmung im Unterhaus zu verabschieden. – Nach 45jähriger Unterbrechung werden Ende Mai wieder diplomatische Beziehungen mit Albanien aufgenommen. – Die Staats- und Regierungsschefs der 7 führenden Industrienationen (G 7) sichern auf ihrem **Weltwirtschaftsgipfel in London** (16.–18. 7.) der UdSSR ihre Unterstützung zu; öffentliche Kredite werden aber vorerst nicht gewährt. Erstmals wird mit *Gorbatschow* der Regierungschef eines kommunistisch regierten Landes zu Gesprächen am Rande der Konferenz eingeladen.

HAITI Aus den ersten freien **Präsidentschaftswahlen am 16. 12. 1990** geht der katholische Priester *Jean-Bertrand Aristide* mit 66,7 % der abgegebenen Stimmen als Wahlsieger hervor. Sein Konkurrent *Marc Bazin*, ehemaliger Mitarbeiter der Weltbank, erreicht 12 %; *Roger Lafontant*, Befehlshaber der Geheimpolizei *Tonton Macoute*, erhält 7 %; die übrigen 8 Kandidaten bleiben unter 5 %. Erstmals nehmen UN-Beobachter auf Einladung eines Mitgliedstaates teil. – Ein Putschversuch von Anhängern des früheren Diktators *Duvalier*, den der ehemalige Innenminister und *Duvalier*-Vertraute *Lafontant* anführt, wird am 7. 1. **1991** nach 14stündiger Dauer von loyalen Regierungstruppen niedergeschlagen. Die von *Lafontant* festgehaltene und zum Rücktritt gezwungene Interimspräsidentin *Ertha Pascal Trouillot* wird von Soldaten unverletzt befreit; während des gescheiterten Putschversuches und im Anschluß daran kommen 90 Menschen ums Leben. *Lafontant* wird am 30. 7. zu lebenslänglicher Haft verurteilt. – Bei den **Stichwahlen am 20. 1.** (Wahlbeteiligung unter 30 %) entfallen auf *Aristide* 67,5 % der abgegebenen Stimmen, *Bazin* erhält 14,22 %, gefolgt von *Luis Dejoie* mit 4,88 % und *de Ronceray* mit 4,33 %. – **Am 7. 2.**, am 5. Jahrestag der Vertreibung von Diktator *Jean-Claude Duvalier*, **wird** *Aristide* vor dem Parlament in Port-au-Prince **als Präsident vereidigt**. Am 9. 2. wird *René Préval* zum Ministerpräsidenten ernannt.

INDIEN Am 1. 9. **1990** legt ein **Generalstreik in Delhi** das gesamte öffentliche Leben lahm. Der Streik ist Höhepunkt einer Reihe von Demonstrationen, die sich gegen einen Regierungsbeschluß, für Angehörige niederer Kasten eine gesetzliche Vorzugsbehandlung einzuführen, richten. Ende September weiten sich die Unruhen auf zahlreiche nordindische Städte aus. Premierminister *V. P. Singh* möchte 27 % der Arbeitsplätze für die niederen Kasten, die die Hälfte der indischen Bevölkerung ausmachen, reservieren. Am 2. 10. erläßt der Oberste Gerichtshof I. eine einstweilige Anordnung gegen das Quotensystem, um den Unruhen entgegenzuwirken. – Anfang Oktober weiten sich in zahlreichen Gliedstaaten die **blutigen religiösen Auseinandersetzungen zwischen Hindus und Muslimen** aus, deren Anstoß die Ankündigung der Hindu-Partei Bharatiya Janata Party/BJP gegeben hat, am 30. 10. den Bau eines Hindu-Tempels am Geburtsort des Gottes Rama in Ayodhiya (Uttar Pradesh) zu beginnen, an derselben Stelle, wo eine vor über 400 Jahren von den muslimischen Eroberern gebaute Moschee steht. Bei dem **Streit um den Hindu-Tempelbau** werden am 23. 10. in Uttar Pradesh 17 000 Hindus festgenommen. Der Führer der BJP, *Lal Krishan Advani*, wird am 24. 10. während seiner Pilgerreise zur Mobilisierung der Hindus für den Tempelbau in Gewahrsam genommen; seine Inhaftierung löst eine Regierungskrise aus, da die BJP die Koalition zur Unterstützung für die Regierungspartei aufkündigt und das Kabinett von Ministerpräsident *V. P. Singh* keine Mehrheit mehr besitzt. Am 27. 10. verhängt die Regierung eine totale **Ausgangssperre über Ayodhiya** wegen des drohenden Religionskrieges und entsendet 250 000 Soldaten in das Gebiet. Ministerpräsident **Singh** kündigt am 30. 10. seinen Rücktritt an, nachdem bei den Unruhen in Ayodhiya 6 Hindus von der Polizei erschossen wurden. – Der Distriktbürgermeister von Srinagar, *Abbas*, ruft am 12. 10. die indische Armee zur Hilfe, um die **Unruhen in Kashmir** einzudämmen. – Am 5. 11. stimmt die Janata-Dal-Partei von *V. P. Singh* über ihn als amtierenden Regierungschef ab, wobei sich viele Parteimitglieder für *Chandra Shekar* als neuen Kandidaten für das Amt aussprechen; damit vollzieht sich eine Spaltung der Janata-Dal-Partei. **Am 7. 11. tritt Premierminister** *Singh* nach einer verlorenen Vertrauensabstimmung im Unterhaus von seinem Amt **zurück**. Nachdem der Vorsitzende der Kongreßpartei, *Rajiv Gandhi*, den Auftrag zur Regierungsbildung ablehnt, wird *Chandra Shekar*, dem *Gandhi* die Unterstützung seiner Partei zusagt, damit beauftragt. **Am 10. 11. wird** *Shekar* als Premierminister vereidigt. – **Die indische Regierung erklärt** am 29. 11. **Assam zum Unruhegebiet**, entläßt das Kabinett des nördlichen Unionsstaates und unterstellt ihn der Kontrolle Neu-Delhis. Die »Vereinigte Befreiungsfront Assams«/ ULFA wird für illegal erklärt; sie fordert seit Jahren einen unabhängigen Staat Assam. – Ein zweitägiger Generalstreik legt am 20./21. 12. ganz Kashmir lahm. Die »Jammu ans Kashmir Liberation Front«/ JKLF hatte dazu aufgerufen, um gegen den Ausschluß von den indisch-pakistanischen Gesprächen in Islamabad zu protestieren. – **Ministerpräsident** *Chandra* **Shekar entläßt** am 5. 2. **1991 die Regierung** des südlichen Unionsstaates **Tamil Nadu** und unterstellt das Land der Kontrolle Delhis. – Beim Besuch des indischen Handelsministers *Subramaniam Swamy* in Peking (8. 2.) verständigen sich die indische und chinesische Regierung auf eine schrittweise Öffnung ihrer Grenzen; die Beziehungen zwischen China und I. waren seit dem indisch-chinesischen Krieg 1962 schwer belastet. – **Am 6. 3. tritt Premierminister** *Chandra Shekar* **zurück**, nachdem die Kongreßpartei der Minderheitsregierung die Zusammenarbeit aufkündigt. Am 11. 3. verabschiedet das Unterhaus einen Übergangshaushalt, um eine Neuwahl des Parlaments zu ermöglichen. Staatspräsident *Venkateraman* löst am 13. 3. das Parlament auf und setzt Neuwahlen für Ende Mai an. – I. und Pakistan unterzeichnen am 8. 4. ein Abkommen über Unterrichtung von gegenseitigen Truppenbewegungen und Manövern. Im Punjab dauern die Unruhen weiter an: Von Januar bis Mai wurden 1900 Menschen aus politischen Motiven ermordet. – Am 20. 5. beginnen in I. die **Neuwahlen**, bei denen rund 500 Mio. Inder 22000 Kandidaten wählen können, die sich um 537 Bundesparlamentssitze und um 1454 Mandate in den Bundesstaaten bewerben. **Bei einer Wahlveranstaltung** in Sriperumpudur (Tamil Nadu) **wird** am 21. 5. **der Vorsitzende der Kongreßpartei und frühere Premierminister, Rajiv Gandhi**, bei einem Sprengstoffanschlag **getötet**; ein weiteres Dutzend Personen kommt dabei ums Leben. *Gandhis* Witwe *Sonia*, gebürtige Italienerin, wird am 22. 5. von der Kongreßpartei zur neuen Vorsitzenden gewählt, lehnt das Amt aber am Tag darauf ab. Am 25. 5. wird der Leichnam *Gandhis* nach hinduistischem Ritual am Flußufer des Jamuna verbrannt und seine Asche 3 Tage später in den Flüssen verstreut. – Der frühere Außenminister *Narasimha Rao* wird am 31. 5. **zum neuen Vorsitzenden der Kongreßpartei gewählt**. – Die 3tägige Parlamentswahl, die wegen der Ermordung *Gandhis* 3 Wochen lang unterbrochen war, wird am 12. 6. fortgesetzt. **Aus den Wahlen geht die Kongreß-Partei als Sieger hervor;** sie erringt 233 der 511 zur Entscheidung anstehenden Mandate, die radikale Hindu-Partei Bharatiya Janata/BJP erhält 111 und die von der Janata-Dal-Partei geführte »Nationale Front« 61 Mandate. Die übrigen Sitze im 545 Abgeordnete zählenden Unterhaus des Parlamentes werden vorerst nicht besetzt, da die Abstimmung in einigen Wahlkreisen wegen Unregelmäßigkeiten oder Unruhen ausgesetzt worden war. Der Wahlkampf war mit über 300 Toten der blutigste in der Geschichte I. s. – Staatspräsident *Venkataraman* ernennt am 20. 6. den Vorsitzenden der Kongreß-Partei, *Rao,* zum **neuen Premierminister**. – Dem am 23. 6. vereidigten neuen Kabinett gehören neben *Rao* mehr als 50 Minister und Staatsminister an; zum Außenminister wird *Madhavsinh Solanki* berufen. – Der mußmaßliche Drahtzieher des Attentats auf den früheren Ministerpräsidenten *Gandhi*, der Tamile *Shivarasan,* begeht am 20. 8. in einem von der Polizei belagerten Versteck bei Bangalore Selbstmord; er war Mitglied der Liberation Tigers of Tamil Eelam/ LTTE. *(bearb.: S. Wagner)*

IRAK → *Sonderbeitrag Sp. 69ff.*

IRAN Die **UNO-Menschenrechtskommission weist** am 20. 11. **1990 auf anhaltende Verletzungen der Menschenrechte** im I. **hin**; der Bericht führt zahlreiche Fälle von Folter, Verweigerung rechtsstaatlicher Verfahren und willkürlicher Hinrichtungen auf. In einem Bericht von amnesty international heißt es, in den vergangenen 3 Jahren seien mehr als 5000 Menschen hingerichtet worden. – Am 6. 1. **1991** fordert I. offiziell ein Sondertreffen der Islamischen Konferenz/OIC, um eine friedliche Lösung der Golfkrise zu erörtern. – I. überreicht dem irakischen Botschafter in Teheran am 30. 1. einen Protest wegen der Landung von irakischen Flugzeugen; diese müßten bis zum Ende des Golfkrieges in I. bleiben. Seit 27. 1. sind 69 **irakische Flugzeuge nach I. geflogen** worden; darunter sind 30 Transport- und Zivilflugzeuge und zahlreiche moderne Kampfflugzeuge. – Ende Januar kündigt die Nachrichtenagentur IRNA die Massenproduktion weitreichender Boden-Raketen an. – Präsident *Rafsanjani* erklärt sich

Fortsetzung Iran Sp. 81

Der Golfkrieg – Entwicklung und Folgen

(→ Chroniken der einzelnen Länder, → Farbtafel nach Sp. 864)

1990

Mitte Juli kommt es zu einem offenen Konflikt zwischen Irak und Kuwait, der sich an gegenseitigen Beschuldigungen über die Erdölförderung und den Verlauf der gemeinsamen Grenze entzündet. Als Kuwait 1961 unabhängig wurde, erhob Bagdad sofort Territorialansprüche auf kuwaitisches Gebiet; die zwischenstaatliche Grenze ist noch nicht endgültig festgelegt worden. Außerdem hat sich Irak nie damit abgefunden, daß ihm Kuwait den Zugang zum Persischen Golf versperrt.

17. Juli: Der irakische Präsident *Saddam Hussein* wirft Kuwait und den Vereinigten Arabischen Emiraten/VAR vor, weit mehr als die im Rahmen der OPEC vereinbarte Menge an Erdöl zu fördern und damit die Preise zu drücken. Dadurch seien Irak Verluste im Wert von 14 Mrd. US-$ entstanden; außerdem bezichtigt Irak Kuwait, im Ölfeld Rumailah entlang der gemeinsamen Grenze aus »irakischen Ölfeldern« gefördert zu haben.

24. Juli: Der Irak verlegt 2 Divisionen in den Süden des Landes an die Grenze zu Kuwait.

31. Juli: Ohne Erfolg verlaufen die Gespräche der Delegationen Iraks und Kuwaits.

2. August: **Im Morgengrauen überfallen irakische Streitkräfte** (etwa 100 000 Mann) **Kuwait**; Scheich *Jaber Al Ahmad Al Jaber Al Sabah* und seine Familienangehörigen fliehen nach Saudi-Arabien. In aller Welt wird die Invasion scharf verurteilt. Westliche Länder verhängen Wirtschaftssanktionen gegen den Irak. Hunderttausende Gastarbeiter fliehen über die Grenze nach Jordanien. **Der UN-Sicherheitsrat verurteilt die Invasion einstimmig** (ohne Jemen) und fordert den »sofortigen und bedingungslosen Rückzug« der irakischen Soldaten (**Resolution 660**).

3. August: Mit einer für beide **Supermächte** beispiellosen gemeinsamen Erklärung verurteilen die USA und die UdSSR die Invasion und **fordern den Irak zum sofortigen Abzug seiner Truppen aus Kuwait auf.**

5. August: **Die irakische Führung bildet eine ihr genehme »freie Übergangsregierung«**. Etwa 100 000 irakische Soldaten gehen an der Grenze zu Saudi-Arabien in Stellung.

6. August: Irakische Einheiten verschleppen Deutsche, Briten, Franzosen und Amerikaner nach Bagdad. – **Der UN-Sicherheitsrat verhängt ein Wirtschafts-, Finanz- und Militärembargo gegen den Irak (R. 661)**. 13 Mitglieder stimmen dafür, Kuba und Jemen enthalten sich der Stimme. Der irakische Rohölexport kommt zum Erliegen.

8. August: **Ungeachtet weltweiter Warnungen verkündet der Irak die Annexion Kuwaits. – US-Präsident George Bush gibt die Operation Wüstenschild bekannt**: Amerikanische Truppen, Panzer und Kampfflugzeuge werden – als Teil einer multinationalen Streitmacht – zum Schutz Saudi-Arabiens in Marsch gesetzt. *Bush* bezeichnet als Kernforderung den Rückzug der irakischen Truppen aus Kuwait, die Wiedereinsetzung der rechtmäßigen Regierung, die »Sicherheit und Stabilität« am Golf.

9. August: Der UN-Sicherheitsrat erklärt einstimmig **die Annexion Kuwaits als »null und nichtig**« und fordert die Wiederherstellung der Souveränität, Unabhängigkeit und territorialen Integrität Kuwaits (**R. 662**).

10. August: Die Arabische Liga beschließt mit knapper Mehrheit **die Entsendung von Friedenstruppen nach Saudi-Arabien**.

12. August: *Saddam Hussein* bietet Verhandlungen unter der Voraussetzung an, daß gleichzeitig die übrigen Nahostprobleme bereinigt und die US-Truppen durch arabische Streitkräfte ersetzt würden.

15. August: *Saddam Hussein* akzeptiert überraschend alle iranischen Forderungen für einen Friedenschluß. Er kündigt die Rückgabe der eroberten Gebiete am Schatt el-Arab sowie die Freilassung aller Kriegsgefangenen an.

16. August: Die irakische Regierung weist 4500 Briten und 2500 Amerikaner in Kuwait in Hotels ein. **Ausländer werden als »Schutzschilde**« gegen einen möglichen Angriff der multinationalen Friedenstruppe **in strategisch wichtige Einrichtungen verlegt.**

18. August: Der UN-Sicherheitsrat fordert den Irak einstimmig dazu **auf, die festgehaltenen Ausländer ausreisen zu lassen (R. 664).**

20. August: Der Irak droht den ausländischen Botschaften in Kuwait an, **ihre Diplomaten wie die übrigen Ausländer zu behandeln, wenn die Botschaften nicht bis zum 24. 8. geschlossen und nach Bagdad verlegt werden.** Nach Ablauf des Ultimatums umstellen irakische Truppen die mei-

sten noch offenen Botschaften. Als letzte westliche Diplomaten verlassen die Briten am 16. 12. Kuwait.
25. August: Der UN-Sicherheitsrat beschließt bei 2 Enthaltungen (Jemen, Kuba) zur Durchsetzung der Sanktionen **die Anwendung von auf die Schiffahrt begrenzten Blockaden (R. 665).**
26. August: **Der UN-Sicherheitsrat ermächtigt die Seestreitkräfte der UN-Mitgliedstaaten, Maßnahmen zur Durchsetzung des Embargos zu treffen.** Dazu stehen rund 70 Kriegsschiffe aus 11 Ländern zur Verfügung.
28. August: Der Irak erklärt Kuwait zur 19. Provinz des Irak. – Allen im Irak festgehaltenen westlichen Frauen und Kindern wird die Ausreise gestattet.
30. August: Eine erstes Treffen von UN-Generalsekretär *Javier Pérez de Cuéllar* mit dem irakischen Außenminister *Tariq Aziz* endet ergebnislos.
5. September: Präsident *Saddam Hussein* ruft zum »Heiligen Krieg« gegen die US-Streitkräfte am Golf und zum Sturz des saudi-arabischen Königs auf.
7. September: Auf einer Sondersitzung bewilligen die EG-Außenminister Hilfsmittel für die am stärksten von der Krise betroffenen Länder.
9. September: *Bush* und *Gorbatschow* fordern bei ihrem Treffen in Helsinki den Irak zum bedingungslosen Rückzug aus Kuwait auf. Die Sowjetunion lehnt bisher einen Militäreinsatz am Golf ab.
13. September: Der UN-Sicherheitsrat gestattet aus humanitären Gründen begrenzte Lebensmitteltransporte in den Irak, jedoch unter internationaler Kontrolle (**R. 666**).
14. September: Irakische Truppen dringen in die diplomatischen Vertretungen mehrerer westlicher Länder im besetzten Kuwait ein. – Frankreich schickt mehr als 5000 Soldaten mit Panzern, Hubschraubern und etwa 30 Kampfflugzeugen nach Saudi-Arabien.
16. September: Der UN-Sicherheitsrat verurteilt einstimmig die irakischen Übergriffe auf diplomatische Vertretungen in Kuwait und verlangt abermals die Freilassung ausländischer Staatsangehöriger (**R.667**).
20. September: *Saddam Hussein* droht für den Fall eines Angriffs **mit der Zerstörung aller Erdölfelder am Golf**.
24. September: Der UN-Sicherheitsrat beauftragt das Sanktionskomitee einstimmig, alle Hilfsanträge der Staaten zu untersuchen, die vom Wirtschaftsembargo gegen den Irak betroffen sind (**R.669**).
25. September: Der UN-Sicherheitsrat weitet das gegen den Irak verhängte Embargo auf den Luftverkehr aus (R. 670).
3. Oktober: Die **Außenminister der Organisation der islamischen Konferenz verurteilen die irakische Invasion in Kuwait** und fordern die Befolgung der UN-Resolutionen.
9. Oktober: *Saddam Hussein* kündigt an, daß irakische Raketen die »Ziele der Bösen« erreichen werden; Palästina müsse befreit werden, die Amerikaner müßten sich von arabischem Boden zurückziehen.
18. Oktober: **Mit 2** nicht bindenden **Resolutionen heißen der Senat und das Repräsentantenhaus Präsident Bushs militärische Vorbereitungen im Nahen Osten gut**, setzen jedoch den Akzent auf Diplomatie, Sanktionen und eine friedliche Regelung.
23. Oktober: Der Irak kündigt die Freilassung aller französischen Geiseln an.
29. Oktober: Der UN-Sicherheitsrat verlangt erneut die Freilassung aller festgehaltenen Ausländer und **erinnert den Irak daran, daß er für alle als Folge des Einmarschs in Kuwait verursachten Schäden hafte (R. 674**).
7. November: Der SPD-Ehrenvorsitzende *Willy Brandt* erreicht bei *Saddam Hussein* die Freilassung von 174 Geiseln.
8. November: Präsident *Bush* ordnet die Verdopplung der US-Streitkräfte am Golf an.
28. November: Der UN-Sicherheitsrat verurteilt die irakischen Versuche, die »demographische Zusammensetzung der Bevölkerung Kuwaits« zu verändern (**R. 677**).
29. November: Der UN-Sicherheitsrat setzt dem Irak für die Räumung Kuwaits unter Androhung militärischer Gewalt eine letzte Frist bis zum 15. 1. 1991 (R. 678).
30. November: Präsident *Bush* lädt den irakischen Außenminister *Aziz* zu einem Gespräch in der 2. Dezemberwoche nach Washington ein; Außenminister Baker soll zwischen dem 20. 12. und dem 3. 1. 1991 nach Bagdad reisen.
6. Dezember: *Saddam Hussein* nimmt das Gesprächsangebot der USA an und verfügt die Freilassung der etwa 3000 noch festgehaltenen westlichen Geiseln. Präsident *Bush* begrüßt diesen Schritt, sagt jedoch, dies ändere nichts an der Entschlossenheit der USA, die Besetzung Kuwaits rückgängig zu machen. **Am 8. 12. lehnt der Irak den Termin für Gespräche** *Bakers* in Bagdad ab und schlägt selbst den 12. 1. 1991 vor. *Bush* lehnt diesen Termin ab, da Irak versuche, damit »das

UN-Ultimatum zu unterlaufen«. Der irakische Außenminister *Aziz* sagt darauf seine Reise nach Washington ab.
19. Dezember: amnesty international veröffentlicht einen Bericht, der den Irak für unzählige Menschenrechtsverletzungen in Kuwait verantwortlich macht.
24. Dezember: *Saddam Hussein* droht, Israel werde das erste Ziel eines irakischen Angriffs im Falle eines Krieges sein.
26. Dezember: Die UdSSR entsendet zwei Emissäre nach Bagdad, da sie hofft, alle 1700 noch im Irak unter Vertrag stehenden sowjetischen Fachleute und Beamten vor Ablauf des UN-Ultimatums zurückholen zu können.
28. Dezember: Amerikanische Kriegsschiffe mit 16000 US-Seeleuten und Marineinfanteristen werden in den Persischen Golf entsandt.

1991
2. Januar: Auf Bitten der Türkei beschließt der NATO-Rat in Brüssel **die Entsendung von mehr als 40 Kampfflugzeugen aus Deutschland,** Italien und Belgien in die Türkei.
4. Januar: Die Außenminister der EG bieten Außenminister *Aziz* ein Treffen am 10. 1. in Luxemburg an; er lehnt ab, fordert sie aber zu einem Treffen in Bagdad auf, was die EG ablehnt.
9. Januar: Bei ihrem Treffen in Genf erzielen die Außenminister *Baker* und *Aziz* keine Annäherung.
12. Januar: Der **US-Kongreß ermächtigt Präsident** *Bush* **zum Einsatz amerikanischer Streitkräfte**, um die Verwirklichung der UN-Resolutionen zu erzwingen.
13. Januar: UN-Generalsekretär *Pérez de Cuéllar* versucht vergeblich, *Saddam Hussein* zur Räumung Kuwaits zu bewegen. – In Washington sagt Präsident *Bush*, er sei zu einem militärischen Schlag gegen den Irak »eher früher als später« nach Ablauf des Ultimatums bereit.
14. Januar: Die 250 Abgeordneten der irakischen Nationalversammlung stimmen per Akklamation für einen Krieg.
15. Januar: UN-Generalsekretär *Pérez de Cuéllar* fordert *Saddam Hussein* in einem letzten Appell auf, eine Katastrophe abzuwenden. – **Nach New Yorker Zeit läuft das Ultimatum um 24.00 Uhr ab (nach MEZ am 16. 1. um 6.00 Uhr).** – Der UN-Sicherheitsrat weist einen französischen 6-Punkte-Plan zurück, der den Abzug aus Kuwait mit dem Angebot einer internationalen Nahostkonferenz verknüpft.
16. Januar: Mit letzten Appellen an *Saddam Hussein* und verstärkten Kriegsvorbereitungen auf beiden Seiten verstreicht die vom Sicherheitsrat gesetzte Frist.
17. Januar: Mit einem massiven Luftangriff gegen den Irak beginnt die alliierte Streitmacht am Golf mit der »Operation Wüstensturm« zur Befreiung Kuwaits. Die Verbündeten fliegen mit rund 750 Kampfflugzeugen und Bombern in den ersten 20 Std. 1300 Angriffe. Dabei seien die meisten irakischen Fliegerhorste, die Raketenstellungen und wichtige Waffenfabriken zerstört worden; es habe nur geringen irakischen Widerstand gegeben. – Bis zum Beginn der Bodenoffensive am 24. 2. werden fast 100000 Einsätze geflogen.

Das militärische Kräfteverhältnis bei Kriegsbeginn: (Quelle: Le Monde)

Land	*Soldaten*	*Panzer*	*Flugzeuge*	*Kriegsschiffe*
Irak	590000	4200	520	15
USA	430000	1000	1300	55
Saudi-Arabien	118000	550	180	8
VAE	40000	200	80	15
Großbritannien	35000	170	72	16
Oman	25500	50	60	4
Ägypten	19000	400		
Syrien	15000	300		
Frankreich	10500	40	50	11
Pakistan	5000			
Andere	8330		26	24

18. Januar: Irak schießt die ersten Raketen gegen Saudi-Arabien und Israel ab. Israel verzichtet mit Rücksicht auf die Allianz auf einen Gegenschlag, behält sich aber Vergeltung vor. – Die USA geben am 19. 1. die Entsendung von Patriot-Luftverteidigungseinheiten zur Unterstützung Israels bekannt.
21. Januar: *Saddam Hussein* weist die Initiative des sowjetischen Präsidenten *Michail Gorbatschow* für einen Waffenstillstand zurück.
25. Januar: **Die USA werfen dem Irak** vor, **willentlich eine Ölpest im Golf herbeizuführen.** Der Irak macht dafür einen US-Angriff auf 2 Tanker verantwortlich.
27. Januar: Rund 70 irakische Flugzeuge werden in den Iran verlegt. Der Iran setzt UN-Generalsekretär *Pérez de Cuéllar* am 28. 1. offiziell davon in Kenntnis, daß er Bagdad die Verwendung dieser irakischen Militärflugzeuge bis zur Einstellung der Feindseligkeiten nicht gestatten wird.
30. Januar: Ein irakischer Angriff auf die saudische

Grenzstadt Chafji wird von den alliierten Bodentruppen abgewehrt.
6. Februar: Der Irak bricht die diplomatischen Beziehungen zu den USA, Großbritannien, Frankreich, Italien, Ägypten und Saudi-Arabien ab.
11. Februar: Der Irak erklärt, er werde »niemals das Feuer einstellen, bis nicht der totale Sieg im Golf-Krieg errungen ist«.
13. Februar: Hunderte von irakischen Zivilisten sterben beim Bombenangriff der Alliierten auf einen Bunker in Bagdad. Die US-Regierung äußert ihr Bedauern über den Verlust von Menschenleben, stellt jedoch fest, daß es sich um ein legitimes militärisches Ziel gehandelt habe.
15. Februar: Der Irak erklärt sich auf der Basis der UN-Resolution 660 zum Rückzug aus Kuwait bereit, knüpft das Angebot aber an einen Waffenstillstand, den Abzug aller fremden Truppen aus der Golfregion innerhalb eines Monats und die Räumung der von Israel besetzten Gebiete sowie den Abzug Syriens aus dem Libanon. – Westliche Alliierte lehnen am 16. 2. Iraks Vorschläge ab.
18. Februar: In Moskau legt der Präsident *Gorbatschow* dem irakischen Außenminister *Aziz* einen Plan zur Beendigung des Krieges vor.
21. Februar: *Saddam Hussein* erklärt, der Irak sei entschlossen, weiter zu kämpfen.
22. Februar: Präsident *Bush* stellt dem Irak ein Ultimatum für den bedingungslosen Rückzug aus Kuwait bis 23. Februar 12.00 Uhr New Yorker Zeit (18.00 Uhr MEZ), »wenn ein Bodenkrieg vermieden werden soll«.
24. Februar: Das Ultimatum der Alliierten **verstreicht**, ohne Anzeichen seitens des Irak zum Einlenken. **Präsident** *Bush* gibt – nach intensiven Konsultationen mit den Verbündeten – kurz nach 4.00 Uhr MEZ (22.00 Uhr Ortszeit) **den Beginn der Landoffensive gegen Irak bekannt.** Schon in den ersten Stunden gelingt der Durchbruch nach Kuwait. Französische und amerikanische Spezialeinheiten dringen weit auf irakisches Gebiet vor. Saudische Truppen marschieren in Richtung Kuwait-Stadt. Amerikanische und britische Einheiten versuchen mit einer Zangenbewegung die Republikanischen Garden einzuschließen. Dabei stoßen die Verbündeten auf geringen Widerstand.
25. Februar: Der Vormarsch der Alliierten auf Kuwait geht weiter. Der irakische Rundfunk meldet, die irakischen Truppen in Kuwait hätten den Befehl erhalten, sich auf ihre Position vom 1. 8. 1990 zurückzuziehen; damit werde die UN-Resolution 660 erfüllt.
26. Februar: *Saddam Hussein* gibt bekannt, daß die irakischen Truppen aus ganz Kuwait abgezogen werden.
27. Februar: **Präsident** *Bush* gibt die vorläufige Einstellung der Kampfhandlungen am Golf bekannt. Die militärischen Ziele der Alliierten seien erreicht; Kuwait sei befreit und die irakische Armee besiegt. – Der Befehlshaber der US-Truppen am Golf, General *Norman Schwarzkopf*, erklärt in Riad, daß 29 irakische Divisionen kampfunfähig gemacht wurden; etwa 3008 irakische Kampfpanzer, 1879 der 2870 gepanzerten Fahrzeuge und 2140 der 3100 Artilleriegeschütze seien zerstört worden. Die Alliierten haben etwa 63000 Kriegsgefangene gemacht. Nach einer vorläufigen Schätzung (Anfang Juni) sind rund 100000 irakische Soldaten getötet und etwa 300000 verwundet worden; Angaben über zivile Opfer liegen noch nicht vor. – Die kuwaitischen Streitkräfte unter Beteiligung anderer arabischer Truppen marschieren in Kuwait-Stadt ein. – Der irakische UN-Botschafter erklärt, dem Präsidenten des Sicherheitsrates einen Brief von Außenminister *Aziz* übergeben zu haben, demzufolge der Abzug des Irak aus Kuwait vollzogen und der Irak bereit ist, alle UN-Resolutionen zu akzeptieren; ferner würde der Irak alle Kriegsgefangenen bald freilassen.
28. Februar: Nach 6 Wochen Krieg am Golf stellen die Alliierten das Feuer ein; wenig später befiehlt *Saddam Hussein* seinen Truppen die Einstellung der Kampfhandlungen und erklärt sich mit der Aufnahme von Waffenstillstandsgesprächen einverstanden.
1. März: Die kuwaitische Ölgesellschaft gibt bekannt, daß 950 kuwaitische Ölquellen brennen oder auf andere Weise sabotiert wurden. Umweltfachleute erklären, der von den Irakern verursachte Ölteppich und die brennenden Ölquellen hätten eine Umweltkatastrophe zur Folge, die die gesamte Region und die Gesundheit von Millionen von Menschen bedrohe.
2. März: Der UN-Sicherheitsrat verabschiedet eine Resolution, in der die Rahmenbedingungen für einen dauerhaften Waffenstillstand festgelegt werden (R. 686).
3. März: In der Nähe der südirakischen Stadt Safwan beginnen Waffenstillstandsverhandlungen. – Im Irak regt sich **Widerstand gegen das Regime von** *Saddam Hussein*. Schiitische Rebellen kontrollieren die zweitgrößte Stadt Basra im Südirak, die am 5. 9. von Regierungstruppen zurückerobert wird. Im Norden bringen Kurden die Stadt Sulaimanijah unter ihre Kontrolle.

5. März: Der revolutionäre Kommandorat Iraks annulliert die Annexion des Emirats Kuwait.
6. März: In einer Rede vor dem Kongreß ruft Präsident *Bush* Israel und die arabischen Staaten zum Kompromiß auf und appelliert an Israel, »Land für Frieden« anzubieten.
14. März: Der vor der irakischen Invasion im August 1990 **geflohene Emir von Kuwait kehrt in sein Land zurück.**
15. März: Das US-Verteidigungsministerium erklärt, 35 Länder hätten Truppen zur Unterstützung der Operationen Wüstenschild und Wüstensturm stationiert.
16. März: Präsident *Saddam Hussein* erklärt, die Regierung habe den Aufruhr der Schiiten im Süden niedergeschlagen; im Norden des Landes gäbe es weitere Unruhen.
22. März: Unter dem Druck der andauernden Rebellion gegen sein Regime verhängt *Saddam Hussein* den **Ausnahmezustand über Bagdad** und bildet am 23. 3. die Regierung um. Neuer Ministerpräsident wird der einzige Schiite im Kabinett *Saadun Hammadi*; neuer Außenminister wird *Ahmad Hussein Khodeir*.
29. März: Der Irak meldet die Rückeroberung der Stadt Kirkuk im Norden des Landes, die zunächst von rebellierenden Kurden eingenommen worden war. Tausende von Kurden flüchten in die Türkei, nach Iran und Syrien.
3. April: Der französische Staatspräsident *Mitterrand* erklärt, der UN-Sicherheitsrat müsse den Irak für seine repressiven Maßnahmen gegen die kurdische Minderheit verurteilen. – **Der UN-Sicherheitsrat verabschiedet eine Resolution zur formellen Beendigung des Irak-Kuwait-Krieges.** Sie enthält Bedingungen, von denen der Waffenstillstand und die Aufhebung der härtesten Handelssanktionen abhängig gemacht werden, u. a. die Respektierung der 1963 festgeschriebenen Grenze zwischen Irak und Kuwait, die Beseitigung der irakischen ABC-Waffen, die Entschädigungspflichten Iraks sowie die Einrichtung einer entmilitarisierten Zone unter UN-Aufsicht. – **Die irakische Nationalversammlung nimmt am 6. 4. die Bedingungen dieser UN-Resolution an.**
5. April: Der UN-Sicherheitsrat verabschiedet die Resolution 688, die die Unterdrückung der Kurden und anderer Minderheiten im Irak verurteilt.
9. April: Der UN-Sicherheitsrat verabschiedet einstimmig die Resolution 689 zur Entsendung einer Beobachtertruppe an die irakisch-kuwaitische Grenze.
12. April: Der formelle Waffenstillstand zwischen dem Irak und den Alliierten am Golf **tritt** um Mitternacht (MEZ) **in Kraft**.
16. April: Präsident *Bush* erklärt, er habe die US-Streitkräfte angewiesen, unverzüglich mit der Errichtung mehrerer Lager im Norden des Irak zu beginnen, um den kurdischen Flüchtlingen Hilfe zu leisten.
17. April: **Die UN organisieren eine Friedenstruppe zur Bewachung der entmilitarisierten Zone** zwischen dem Irak und Kuwait und entsenden eine 1440 Mann starke Truppe.
18. April: Die UN und irakische Regierungsvertreter unterzeichnen in Bagdad eine Vereinbarung, die den UN und Organisationen wie dem Roten Kreuz und Roten Halbmond gestattet, den Kurden und anderen irakischen Flüchtlingen im Irak bis Ende 1991 helfen zu können.
20. April: Bewaffnete Einheiten der US-Marineinfanterie beginnen im Nordwesten Iraks mit der Errichtung von Hilfs- und Schutzlagern für kurdische Flüchtlinge.
24. April: Präsident *Saddam Hussein* empfängt eine Kurdendelegation unter Leitung von *Jalal Talabani*. Dieser erklärt, es bestünde »prinzipielle Einigung« über die »Normalisierung der Lage im irakischen Kurdistan, die Demokratie im Irak und die Respektierung der Rechte der Kurden«.
9. und 11. Mai: *Saddam Hussein* empfängt den Führer der kurdisch-demokratischen Partei, *Masoud Barzani*, zu Gesprächen; *Barzani* erklärt am 12. 5., die Unterredung sei positiv gewesen, man nähere sich stetig einem Abkommen.
14. Mai: Der Sondergesandte des UN-Generalsekretärs, Prinz *Sadruddin Agar Khan*, übernimmt offiziell die Verantwortung für das erste Zeltdorf in Sachu, womit die Übergabe der Hilfsoperationen im nördlichen Irak an zivile Hilfsorganisationen eingeleitet wird.
15. Mai: Ein Team der internationalen Atomenergieagentur/IAEA beginnt gemäß der Bedingungen des Waffenstillstands mit der Inspektion der irakischen Anlagen zur Herstellung von Atomwaffen.
21. Mai: Auf Antrag der USA beschließt der UN-Sicherheitsrat die Einrichtung eines Entschädigungsfonds für die Folgen des Golfkriegs, in den Irak einen Teil seiner künftigen Erdöleinnahmen einzahlen muß.
28. Mai: Nach Angaben des US-Verteidigungsministeriums haben 464000 US-Soldaten, die an der Operation Wüstensturm teilnahmen, inzwischen die Region am Persischen Golf verlassen; 76000 Soldaten sind noch in diesem Gebiet stationiert.

3. Juni: Eine Sonderkommission der UN, die mit der Überwachung und Beseitigung der irakischen Massenvernichtungswaffen betraut ist, nimmt ihre Arbeit auf.
18. Juni: Der UN-Sicherheitsrat beschließt einstimmig, den Irak für die Zerstörung seiner atomaren, biologischen und chemischen Arsenale bezahlen zu lassen (R. 699). Der Sicherheitsrat verabschiedet zugleich Richtlinien für die Aufrechterhaltung eines Waffenembargos gegen den Irak (R. 700).
20. Juni: Nach einer irakischen Pressemeldung ist der Generalstabschef der Armee, General *Takriti*, durch den bisherigen Chef der Republikanischen Garde, General *Raui,* abgelöst worden.
24. Juni: Die iranische Nachrichtenagentur IRNA gibt bekannt, daß fast 200000 Kurden aus den iranischen Aufnahmelagern wieder in den Irak zurückgekehrt seien; weitere 216000 Iraker, meist Kurden, lebten noch in den Flüchtlingslagern in der Provinz Bachtaran.
26. Juni: Erst nach mehrtägiger Weigerung erhalten Inspektoren der UN Zutritt zu einer Atomanlage bei Bagdad. – Der UN-Sicherheitsrat warnt daraufhin den Irak vor »ernsten Konsequenzen«, falls sich ein solcher Vorfall wiederhole.
5. Juli: Die irakische Nationalversammlung verabschiedet ein **Gesetz, das erstmals die Bildung von Oppositionsparteien erlaubt** und zu allgemeinen Wahlen für das Staatsoberhaupt führen soll. Parlamentspräsident *Saadi Mahdi Salih* kündigt außerdem eine neue Verfassung an. Das neue Gesetz wird die Macht *Saddam Husseins* und seiner Baath-Partei kaum einschränken; zugelassen werden sollen nur Parteien, die der Regierung genehm sind.
8. Juli: Der Irak übergibt sowohl den UN als auch der IAEA eine Liste seiner atomaren Einrichtungen und Materialien. Er gesteht dabei ein, doch angereichertes Uran produziert zu haben, das zur Herstellung von Kernwaffen notwendig ist. Laut einem Schreiben des irakischen Außenministers sei dies bisher aus Furcht vor einem möglichen amerikanischen Angriff auf die Atomanlagen nicht zugegeben worden.
14. Juli: Unter dem politischem Druck des UN-Sicherheitsrates legt der Irak eine neue Liste seiner atomaren Anlagen vor.
15. Juli: Die letzten 3000 Soldaten der **Alliierten beginnen mit** ihrem **Rückzug aus Nordirak**. Sie beenden damit die rund 3monatige Besetzung des knapp 10000 km^2 großen Kurdengebietes an der türkischen Grenze. Künftig soll eine 3000 Mann starke alliierte schnelle Eingreiftruppe die Iraker von Übergriffen auf die Kurden abhalten.
17. Juli: Schwere **Kämpfe zwischen Regierungstruppen und Kurden** in Suleimanije und Erbil (Nordirak) fordern rund 500 Opfer.
20. Juli: Der Irak gibt zu, eine »Superkanone« entwickelt und getestet und den Bau von 1000-Millimeter-Geschützen geplant zu haben.
21. Juli: Die irakische Führung verkündet eine **Generalamnestie für alle Regimegegner und Deserteure** (ausgenommen Offiziere).
25. Juli: Nach einem mehr als einjährigen Einsatz verläßt der deutsche Minenabwehrverband »Südflanke« den Persischen Golf.
24. Juli: Die religiöse Opposition im Irak fordert eine von den UN kontrollierte Schutzzone für die Schiiten im Süden des Landes. – Der Irak ersucht die UN eindringlich, Erdölexporte zuzulassen, um dringend benötigte Nahrungsmittel und Medikamente kaufen zu können. Als Folge der Mangelsituation seien bereits 6000 Kinder im Irak gestorben und 170000 weitere vom Tod bedroht.
5. August: Der Irak gibt das in Kuwait erbeutete Gold im Wert von 1,2 Mrd. DM zurück.
6. August: Der Irak gibt sowohl den Besitz einer kleineren Menge Plutonium als auch biologische Forschungen zu »militärischen Zwecken« zu.
7. August: Bei der Bekämpfung aufständischer Kurden dringt die türkische Armee auf irakisches Gebiet vor. Ein 5 km tiefes Grenzgebiet im Norden des Irak wird zur Pufferzone erklärt, um den Nachschub für kurdische Aufständische zu unterbinden.
16. August: Der **UN-Sicherheitsrat erteilt dem Irak die Erlaubnis, Erdöl im Wert von 1,6 Mrd. US-$ zu verkaufen**, damit die notleidende Bevölkerung mit Lebensmitteln und Medikamenten versorgt werden kann. Die Regelung gilt als einmalige Ausnahme für ein halbes Jahr. Jedes Erdölgeschäft muß von den UN gebilligt, der Erlös auf ein Sperrkonto eingezahlt werden. Ein Drittel davon soll für Reparationen verwendet werden, der Rest wird für den Kauf von Nahrungsmitteln und Medikamenten freigegeben.
21. August: Nach 4 Monate dauernden Verhandlungen einigen sich die irakische Regierung und führende Vertreter der Kurden auf den Entwurf eines **Autonomie-Abkommens**. Nach kurdischen Angaben sieht das Abkommen umfangreiche politische Rechte und Selbstverwaltungskompetenzen für die Kurden vor und enthält Vereinbarungen über die Rückkehr von Tausenden Flüchtlingen aus dem irakisch-iranischen Grenzgebiet.

Fortsetzung von Iran (Sp. 68)
am 4. 2. zu Vermittlungsgesprächen im Golfkrieg mit Iraks Staatschef *Saddam Hussein* bereit und will notfalls auch zu den USA Kontakte aufnehmen; er bekräftigt die Neutralität Irans. – Nach Aussage von Vizepräsident *Habibi* (11. 3.) fordert I. für die im 8jährigen Krieg mit dem Irak erlittenen Schäden Reparationszahlungen von 900 Mrd. $. – Der seit mehr als 5 Jahren unter dem Vorwurf der Spionage festgehaltene britische Geschäftsmann *Roger Cooper* wird am 2. 4. überraschend freigelassen; der britische Außenminister *Douglas Hurd* bezeichnet die Entscheidung als einen weiteren Schritt zur Verbesserung der beiderseitigen Beziehungen. – *Ajatollah Ali* **Khamenei ruft** beim Freitagsgebet am 5. 4. **die irakische Bevölkerung zum Sturz Saddam Husseins auf** und sichert den nach I. kommenden Flüchtlingen Hilfe zu. Die Nachrichtenagentur IRNA meldet (9. 4.), daß bisher **800 000 Menschen aus Irak nach I. geflüchtet** seien.

ISRAEL **Zusammenstöße** israelischer Sicherheitskräfte mit Palästinensern am 8. 10. auf dem Gelände der Al-Aksa-Moschee **auf dem Tempelberg** in Jerusalem fordern 22 Menschenleben. Die Opfer gehören zu einer Gruppe von Palästinensern, die Steine auf betende Juden an der Klagemauer geworfen hatten. Das Blutbad zieht eine **Welle der Gewalt** nach sich; der palästinensische Volksaufstand (Intifada) im Westjordanland und im Gaza-Streifen flammt wieder auf. Die USA schließen sich im UN-Sicherheitsrat am 12. 10. erstmals seit 8 Jahren einer Verurteilung Israels wegen der Gewaltakte seiner Sicherheitskräfte an. – Am 5. 11. wird der Führer der rechtsradikalen jüdischen Kach-Bewegung, Rabbi *Meir Kahane,* in New York von einem Araber ägyptischer Abstammung ermordet. Daraufhin kommt es in I. zu schweren Ausschreitungen seiner Anhänger. – Ministerpräsident *Yitzhak Shamir* erreicht am 16. 11. eine **Verbreiterung der parlamentarischen Basis der Koalitionsregierung:** Die ultraorthodoxe Agudat Israel tritt dem rechts-religiösen Kabinett bei, wodurch *Shamir* nun über eine Mehrheit von 66 der 120 Knesseth-Abgeordneten verfügen kann. – In dem am 28. 11. vom Kabinett verabschiedeten **Haushaltsentwurf 1991** ist erstmals der Verteidigungshaushalt nicht mehr der wichtigste Etatposten. Bei einem Gesamtvolumen von umgerechnet 55 Mrd. DM und einem Defizit von 9 Mrd. DM sind für Maßnahmen im Zusammenhang mit der Einwanderung sowjetischer Juden 10 Mrd. DM vorgesehen. – Der Generalstaatsanwalt der Streitkräfte teilt am 21. 12. mit, **seit Intifada-Beginn** seien mehr als **70 000 Palästinenser** in den besetzten Gebieten vorübergehend oder für einen längeren Zeitraum **festgenommen** worden; rund 45 000 der Verhafteten sei vor einem Militärgericht der Prozeß gemacht worden. – Der UN-Sicherheitsrat nimmt am 20. 12. eine seit Wochen umstrittene Resolution an, mit der der Schutz von Palästinensern in den besetzten Gebieten verbessert werden soll. – Am 21. und 22. 12. werden 4 Palästinenser von ihren Landsleuten wegen angeblicher Zusammenarbeit mit den Besatzungsbehörden ermordet, wodurch die Gesamtzahl der wegen mutmaßlicher Kollaboration Getöteten seit 1987 auf 294 anstieg. – Ende 1990 ist die **Einwanderungswelle** (»Alija«) insbesondere aus der UdSSR, aber auch aus Äthiopien, Bulgarien und – nach den eingeleiteten Reformen – aus Albanien, ungebremst. 1990 erhöhte sich die Einwohnerzahl des Landes v. a. durch den Zustrom jüdischer Neubürger um 5,7% auf 4,8 Millionen. – 4 arabische Aktivisten der Hamas-Bewegung, deren **Deportation** im Dezember 1990 nach den Morden von Jaffa verfügt worden und später vom Obersten Gerichtshof ausgesetzt worden war, werden am 8. 1. **1991** aus Israel ausgewiesen. Der UN-Sicherheitsrat und das Internationale Komitee vom Roten Kreuz/IKRK protestieren gegen diese Maßnahme, die gegen die Genfer Konventionen verstoße. – Der Oberste Gerichtshof ordnet am 14. 1. an, die Regierung habe umgehend mit der Verteilung von **Gasmasken auch an die palästinensische Bevölkerung** zu beginnen, um sie so gegen einen möglichen irakischen Giftgasangriff zu schützen. – **Mit Ausbruch des Golfkrieges wird am 17. 1. der Ausnahmezustand verhängt**; am 18. 1. beginnen die irakischen Raketenangriffe auf Israel *(→ Sp. 69 ff.)*. Die israelische Regierung verzichtet auf einen Vergeltungsschlag, nachdem die USA die Befürchtung geäußert hatten, daß dies die arabischen Verbündeten der USA in einen Konflikt bringen und möglicherweise das antiirakische Bündnis zerstören könnte. – Bundesaußenminister *Hans-Dietrich Genscher* trifft bei einem »Solidaritäts- und Arbeitsbesuch« am 24./25. 1. mit Regierungschef *Shamir* und Staatspräsident *Chaim Herzog* zusammen und sagt anschließend, er verstehe die Erbitterung in Israel über die **Beteiligung deutscher Firmen am Aufbau des »irakischen Vernichtungspotentials«**. Auch eine SPD-Delegation unter Leitung von Parteichef *Hans-Jochen Vogel* kommt zu Besuch. Ein Sprecher der Bundesregierung gibt am 30. 1. bekannt, daß **Israel** als **militärische Soforthilfe** Waffen, Ausrüstung und Medikamente aus Beständen der Bundeswehr im Wert von rd. 1 Mrd. DM erhalten werde. – Die Jerusalem Post veröffentlicht am 1. 3. eine inoffizielle **Bilanz der irakischen Scud-Angriffe** auf Israel: Ein direkt Getöteter, 12 indirekt (Herzattacken) Getötete, 200 Verletzte; in Tel Aviv und Ramat Gan wurden 1644 Personen evakuiert, im ganzen Land über 4000 Gebäude beschädigt. – Am 5. 3. wird eine **US-Finanzhilfe** von 650 Mill. US-$ zur Behebung der Scud-Schäden bekanntgegeben. Am gleichen

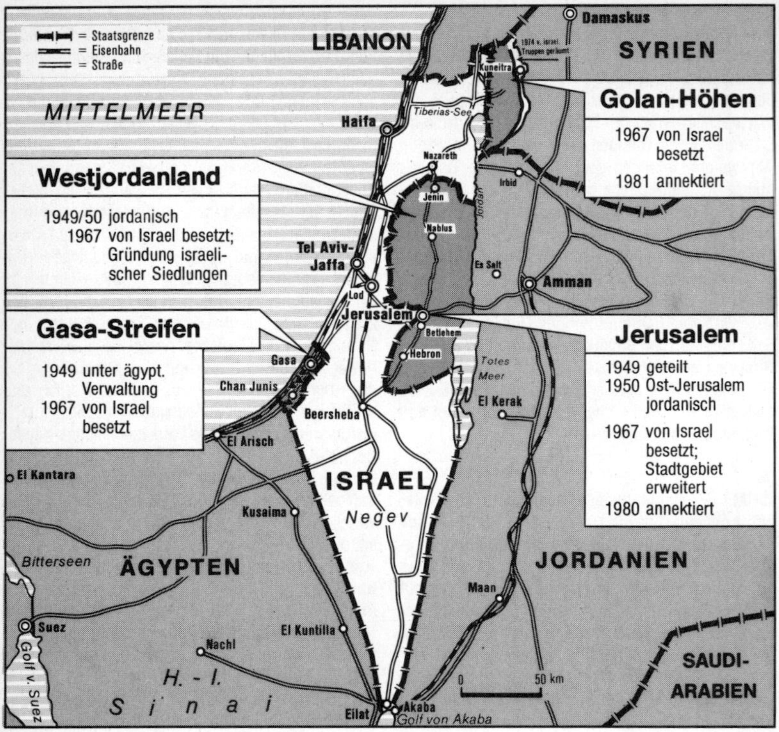

Israel und die besetzten Gebiete

Tag teilt der britische Außenminister *Douglas Hurd* in Brüssel mit, die EG werde Israel mit einer nicht rückzahlbaren 200-Mill.-$-Finanzhilfe unterstützen; gleichzeitig werde jedoch eine finanzielle Unterstützung in Höhe von 80 Mill. $ an die in den besetzten Gebieten lebenden Palästinenser gezahlt. – **US-Präsident George Bush** weist am 7. 3. in einer programmatischen Rede über die Zukunft des Nahen Ostens auf die **Notwendigkeit eines israelischen Rückzugs aus den besetzten Gebieten** hin. Israelische Regierungsvertreter lehnen in ersten Stellungnahmen einen Tausch »Besetzte Gebiete für Frieden« ab. – Am 17. 3. wird in Tel Aviv *Ami Popper* zu lebenslanger Haft verurteilt; er wurde für schuldig befunden, im Mai 1990 bei Tel Aviv mit einer Maschinenpistole 7 palästinensische Arbeiter getötet und über 10 verletzt zu haben. – Trotz der weltweiten Kritik an **Deportationen von Palästinensern** aus den besetzten Gebieten ordnet die Armee am 24. 3. wieder die Ausweisung von 4 Arabern aus dem Gaza-Streifen an. Seit Beginn der Intifada wurden bisher 62 Palästinenser – meist nach Libanon – deportiert. – *Alexander A. Bessmertnych* besucht am 10. 5. als erster **sowjetischer Außenminister** Israel. Erörtert werden u. a. die Einberufung einer Nahost-Friedenskonferenz und die Normalisierung der bilateralen Beziehungen. – Etwa **15 000 Falaschen werden** am 24./25. 5. auf Veranlassung der israelischen Regierung in einer Luftbrücke (»Operation Salomon«) von Addis Abeba **nach Israel ausgeflogen**; damit bleiben von der jüdischen Gemeinde nur etwa 1500 Menschen in von Rebellen kontrollierten Gebieten Äthiopiens zurück. – Auf den 1976 annektierten Golanhöhen, wo gegenwärtig 12 000 Israelis leben, werden nach Berichten des israelischen Rundfunks (10. 6.) derzeit 3200 Wohnungen für jüdische Siedler gebaut. Bereits Mitte Mai waren Pläne bekanntgeworden, wonach innerhalb von 4 Jahren insgesamt 36 000 Wohnungseinheiten in den besetzten Gebieten gebaut würden. – Mit einem am 11. 6. von israelischen Soldaten im Westjordanland erschossenen 14jährigen Palästinenser steigt die Gesamtzahl der seit Beginn der Intifada im Dezember 1987 von israelischen Siedlern oder Soldaten erschossenen Palästinenser (nach einer AFP-Meldung) auf 810. – Ministerpräsident *Shamir* sagt US-Außenminister *James Baker* am 1. 8. die **Teilnahme Israels an der** für Oktober 1991 angekündigten **Nahost-Friedenskonferenz** und an den anschließend geplanten Friedensgesprächen mit den arabischen Nachbarstaaten und den Palästinensern zu. Die Zustimmung erfolgt jedoch mit dem Vorbehalt, daß bis zum Konferenzbeginn die noch umstrittene Frage der Zusammensetzung einer jordanisch-palästinensischen Delegation zur Zufriedenheit Israels gelöst wird. Das Kabinett stimmt der Teilnahme an der Nahost-Konferenz am 4. 8. mit großer Mehrheit zu; lediglich 3 Minister stimmen dagegen, darunter Wohnungsbauminister *Ariel Sharon*/Likud, der grundsätzlich gegen Verhandlungen mit den Arabern ist.

ITALIEN Der Parteichef der **Sozialisten**, *Bettino Craxi,* verfügt am 7. 10. auf einer Parteiversammlung in Brescia die **Umbenennung der Partei in »PSI – Unità socialista«**. – Am 26. 10. wird der **Konflikt mit Österreich um den Alpentransit** vorerst beigelegt; bis zum 14. 12. soll ein neues Transitabkommen ausgehandelt werden. – Während eines **Kurzbesuchs des sowjetischen Staatspräsidenten** *Michail Gorbatschow* am 18. 11. werden ein »Vertrag über Freundschaft und Zusammenarbeit« und 2 Wirtschaftsabkommen unterzeichnet, die Hilfen von umgerechnet fast 10 Mrd. DM an die UdSSR vorsehen. – Italien tritt am 27. 11. dem **Schengener Abkommen** bei. – Die Regierung gibt am 6. 12. bekannt, daß die Legalität der im November aufgelösten, in Italien **»Gladio«** (Schwert) genannten NATO-Geheimorganisation überprüft werden soll. »Gladio« wird u. a. verdächtigt, an Gewaltaktionen von Extremisten beteiligt gewesen zu sein. – Der **letzte Parteitag der Kommunistischen Partei** Italiens/PCI findet vom 31. 1. bis 4. 2. in Rimini statt. Die 1500 Delegierten beschließen mit 807 gegen 75 Stimmen bei zahlreichen Enthaltungen die **Umbenennung der Partei in »PDS – Partito democratico della Sinistra«** (Demokratische Partei der Linken). Am 10. 2. spaltet sich die orthodox-kommunistische Faktion von der PDS ab und gründet eine neue Gruppierung unter dem vorläufigen Namen »Bewegung für die kommunistische Neugründung«. – Am 10. 2. schließen sich in Mailand 6 norditalienische Autonomiebewegungen zusammen. Unter Führung der Legga Lombarda vereinigen sich die Autonomisten der Lombardei, des Piemont, Venetiens, Liguriens, der Emilia Romagna und der Toskana zur »Legga Nord«. – Am 28. 2. setzt ein **Flüchtlingsstrom aus Albanien** auf dem Seeweg **in die süditalienischen Hafenstädte** Otranto und Brindisi ein; dabei fliehen bis Ende März rund 28 000 Albaner mit Schiffen und Booten über die Adria nach Apulien *(→ Albanien)*. – Vor einem Gericht in Florenz wird am 29. 3. der MSI-Abgeordnete *Massimo Abbatangelo* zu lebenslanger Freiheitsstrafe verurteilt; er hatte nach Darlegung der Staatsanwaltschaft den Sprengstoff für das Attentat auf den Schnellzug Neapel–Mailand am 23. 12. 1984 beschafft, bei dem 16 Menschen getötet und über 250 verletzt wurden. – **Die 16 letzten US-Mittelstreckenraketen in Europa** werden Ende März von der US-Luftwaffenbasis Como zur Vernichtung im Rahmen des Abrüstungsvertrages von 1987 **abtransportiert**. – Ministerpräsident *Giulio Andreotti* erklärt nach 20 Monaten Amtszeit am 29. 3. den **Rücktritt der Mitte-Links-Regierung**. Vorausgegangen war eine heftige Kontroverse über den Staatspräsidenten *Francesco Cossiga,* der durch seine Forderung nach Reformen der Verfassung und Justiz auch Kritik seiner Partei (DC) auf sich zog. Am 13. 4. wird ein **neues Kabinett Andreotti** aus Christdemokraten (DC), Sozialisten (PSI), Sozialdemokraten (PSDI) und Liberalen (PLI) **vereidigt**; an dieser 50. Nachkriegsregierung sind die Republikaner (PRI) nicht mehr beteiligt. Andreotti nennt als vordringliche Aufgabenbereiche die Eindämmung des Haushaltsdefizits, einen verstärkten Kampf gegen die Kriminalität, die Einleitung von Reformen im Parlamentssystem und die Regionalautonomie. – Am 10. und 11. 4. ereignen sich **zwei schwere Schiffsunglücke**: Die Fähre »Moby Prince« kollidiert am 10. 4. auf der Fahrt von Livorno nach Olbia (Sardinien) mit dem Tanker »Agip Abruzzo« und gerät in Brand; dabei finden 141 Menschen den Tod. Am 11. 4. bricht vor Genua der unter zypriotischer Flagge fahrende Supertanker »Haven« in zwei Teile; hier gibt es 6 Tote. Der Tanker, der 140 000 t Rohöl geladen hat, sinkt am 14. 4. mit noch vermuteten 80 000 t Öl. Die Regierung gibt am 5. 5. bekannt, daß es gelungen sei, das gesamte noch in den Laderäumen befindliche Öl abzusaugen. – Die 38. Landesversammlung der **Südtiroler Volkspartei** (SVP) wählt am 27. 4. mit 94,1 % der Delegiertenstimmen *Roland Riz* zu ihrem neuen Vorsitzenden. – Bei einer Volksbefragung sprechen sich am 10. 6. 95,6 % der Abstimmenden **für eine Neufassung des Wahlgesetzes** aus. Die Wähler hatten bislang die Möglichkeit, 4 »Präferenzstimmen« nach Belieben auf Kandidaten ihrer Wahl zu verteilen. Dies ermöglichte besonders in Süditalien Gefälligkeitsvoten und Stimmenkauf in größerem Umfang. Künftig kann nur noch eine Stimme zusätzlich an einen Kandidaten vergeben werden. – Bei den **Regionalwahlen in Sizilien** am 16. 6. geht die DC mit einem Stimmenanteil von 42,3 % (1986: 38,8 %) wiederum als stärkste Kraft hervor. Auf die PSI entfallen 15,2 %, die PDS 11,4 %

und die erst im Januar 1991 gegründete demokratische Reformbewegung »La rete« (Das Netz) 7,3 % der Stimmen. – Der albanische Frachter »Vlore« mit über 10 000 Flüchtlingen an Bord *(→ Sp. 28)* erzwingt sich am 8. 8. die Einfahrt in den süditalienischen Hafen Bari. Über 4000 weitere Flüchtlinge kommen mit geenterten Schiffen in Süditalien an. Die italienischen Behörden hatten zuvor erklärt, Flüchtlingsschiffe aus Albanien dürften in Italien nicht mehr anlegen, alle Albaner würden in ihre Heimat zurückgeschickt. Bis 12. 8. werden 8500 Albaner über eine Luftbrücke nach Tirana und 3000 mit requirierten Fährschiffen nach Durres zurückgebracht. Die Regierung sagt Albanien am 13. 8. eine Soforthilfe von umgerechnet 200 Mio. DM zu. In einer überraschenden Polizeiaktion werden am 17. 8. die noch im Land verbliebenen 2555 albanischen Flüchtlinge in 49 Militär- und Zivilmaschinen in ihre Heimat abgeschoben.

JAPAN Bei seinem Besuch in Tokio (4.–7. 9. **1990**) legt der sowjetische Außenminister *Eduard Schewardnadse* seinem Amtskollegen *Taro Nakayama* einen 10-Punkte-Plan über vertrauensbildende Maßnahmen vor; dieser sieht u. a. gegenseitige Besuche von militärischen Delegationen, die frühzeitige Unterrichtung über Manöver und einen ständigen Dialog vor. Hinsichtlich der vier Kurilen-Inseln Etorofu, Kunashiri, Shikotan und Habomai, die seit Kriegsende von der Sowjetunion besetzt sind, kann keine Einigung erzielt werden. – Ministerpräsident *Toshiki Kaifu* entschuldigt sich am 26. 9. beim nordkoreanischen Staatschef *Kim Ir Sen* für die japanische Kolonialherrschaft von 1910 bis 1945. – Als Reaktion auf mehrfach geübte Kritik der USA an der Haltung J's. in der Golfkrise stellt *Kaifu* am 27. 9. ein Gesetz vor, das die Entsendung von etwa 1000 bis 2000 Soldaten für Versorgungs- und Nachschubaufgaben für die alliierten Streitkräfte am Golf vorsieht; am 16. 10. billigt die Regierung die umstrittene Gesetzesvorlage; am 8. 11. zieht *Kaifu* den Gesetzentwurf zurück, da mit einem Scheitern im Oberhaus, wo die regierende LDP nicht über die absolute Mehrheit verfügt, gerechnet wird. – Die Gesprächsrunden über die japanisch-nordkoreanische Annäherung am 4. und 18. 11. 1990 (in Peking), am 30. 1. 1991 (in Pjöngjang) und am 11./12. 3. (in Tokio) verlaufen weitgehend erfolglos, da Nordkorea von J. Entschädigungen für die Kolonialzeit (1910–1945) und für die Nachkriegszeit verlangt. – Am 19. 11. wird die Aufhebung des Reiseverbots nach Nordkorea ab April 1991 bekanntgegeben. – Der ehemalige Ministerpräsident *Yasuhiro Nakasone* reist am 5. 11. zu einem mehrtägigen Besuch in den Irak, wo er die Freilassung von 77 japanischen Geiseln erreicht. – Am 12. 11. wird **Kaiser Akihito** in einer prunkvollen Zeremonie **inthronisiert**. – Die Regierung verabschiedet am 20. 12. einen neuen **5-Jahres-Plan für die nationale Verteidigung**, der von 1991–96 Gesamtausgaben von umgerechnet rund 270 Mrd. DM vorsieht. – Am 30. 12. bildet *Kaifu* sein Kabinett um, wobei 13 der 20 Minister ausgetauscht werden; neuer Staatsminister für Verteidigung wird *Yukihiko Ikeda*, neuer Meti-Chef wird *Eiichi Nakao*. – Bei einem Besuch in Peking (8.–10. 1. **1991**), wo *Kaifu* u. a. mit Ministerpräsident *Li Peng* zusammentrifft, sagt er der VR China einen Entwicklungshilfekredit in Höhe von umgerechnet 9 Mrd. DM zu. – Bei einem Besuch in Seoul (9./10. 1.) trifft Ministerpräsident *Kaifu* mit dem südkoreanischen Staatspräsidenten *Roh Tae Woo* zusammen und vereinbart ein Abkommen zum weiteren Ausbau der bilateralen Beziehungen. – In seiner Regierungserklärung vom 25. 1. erklärt *Kaifu* die »entschiedene Unterstützung« J's. für die multinationale Militäroperation der Alliierten und stellt ihnen eine 2. Rate von 9 Mrd. US-$ (1. Rate: 2 Mrd. $ in 1990) zur

Streit um die südlichen Kurilen

Finanzierung der Kriegslasten zur Verfügung. – **Prinz Naruhito**, der älteste Sohn Kaiser *Akihitos*, **wird** am 23. 2. offiziell **zum Thronerben proklamiert.** – In einem Gespräch mit dem sowjetischen Staatspräsidenten *Gorbatschow* am 26. 3. in Moskau bietet der LDP-Generalsekretär *Ichiro Ozawa* der UdSSR Kredite bis zu einer Höhe von 26,5 Mrd. $ an, falls sie zum Einlenken in der Kurilen-Frage bereit sei; *Gorbatschow* lehnt das von Japan praktizierte Junktim zwischen Inselrückgabe und einer nachfolgenden Wirtschaftshilfe an die UdSSR ab. – **Das Unterhaus verlangt** am 9. 4. im Vorfeld des Besuchs des sowjetischen Staatspräsidenten *Gorbatschow* **einstimmig die Rückgabe der 4 Kurilen-Inseln** von der Sowjetunion. – Bei dem ersten **Besuch** eines sowjetischen Staatsoberhaupts (16.–19. 4.) erörtert Partei- und Staatschef *Michail* **Gorbatschow** mit Ministerpräsident *Kaifu* den Stand der bilateralen Beziehungen sowie die Lage im pazifischen Raum. Dabei kommt es nicht zu der von J. vehement geforderten Rückgabe der 4 Inseln. In einem Abschlußkommuniqué macht *Gorbatschow* jedoch einige Zugeständnisse im Inselstreit: Er bestätigt das Bestehen eines »territorialen Problems« und vereinbart mit J. einen visafreien Zugang zu den Inseln, eine gemeinsame wirtschaftliche Entwicklung und einen partiellen Truppenabzug der UdSSR. Die Außenminister, *Alexander Bessmertnych* und *Taro Nakayama*, unterzeichnen 15 Regierungsabkommen. Diese beinhalten u. a. die Einrichtung einer asiatisch-pazifischen Außenministerkonferenz zu Fragen der Sicherheitspolitik ab 1993, die Zusammenarbeit beider Länder bei Umweltproblemen, den Ausbau der bilateralen politischen und wirtschaftlichen Beziehungen, die Einbeziehung des ostasiatischen Teils der UdSSR in den asiatisch-pazifischen Wirtschaftsraum und ein Luftfahrtabkommen.

JEMEN Die ablehnende Haltung J. s im UN-Sicherheitsrat zu den Resolutionen gegen den Irak trifft das Land wirtschaftlich schwer: Die USA kürzen ihre Wirtschaftshilfe um fast 90%, Saudi-Arabien streicht sie völlig und weist darüber hinaus noch die jemenitischen Fremdarbeiter aus, die die Zahl der Arbeitslosen in J. noch weiter erhöhen.

JORDANIEN Im Berichtszeitraum **1990/91** werden **die politischen und wirtschaftlichen Aktivitäten J's. maßgeblich durch die Ereignisse der Golfkrise bestimmt**. Bedingt durch die enge wirtschaftliche und politische Kooperation mit dem Irak, der auch einen Großteil des jordanischen Erdölbedarfs deckt, des immer stärker werdenden **innenpolitischen Drucks durch** die in der Mehrheit **palästinensische Bevölkerung** und radikale muslimische Kräfte sowie die besonders **exponierte geographische Lage** J's. zwischen Irak und Israel sehen sich König *Hussein* und die Regierung veranlaßt, im Verlauf der Golfkrise von einer zunächst ausschließlich um Vermittlung bemühten Position zu einer mehr und mehr proirakischen umzuschwenken, ohne aber die Suche nach Kompromißlösungen aufzugeben. – **Die Golfkrise trifft J.** insbesondere **wirtschaftlich schwer**: Die Rückkehr vieler jordanischer Gastarbeiter aus den Golfstaaten läßt die Arbeitslosigkeit weiter steigen (geschätzt auf 25 bis 30%) und die Auslandsüberweisungen der Gastarbeiter deutlich sinken. Saudi-Arabien und die Golfemirate drehen J. den Ölhahn zu und stellen ihre Wirtschaftshilfe ein. Die Tourismuseinnahmen bleiben aus. Ein riesiger Flüchtlingsstrom muß bewältigt werden. Das erst zu Beginn des Jahres abgeschlossene IWF-Sanierungsabkommen platzt genauso wie die Umschuldungsvereinbarung mit den Mitgliedern des Pariser und des Londoner Clubs. In diesem Zusammenhang unterbreitet J. der UN Anfang September Ausgleichsforderungen in Milliardenhöhe für Einbußen infolge der Golfkrise, die jedoch als weit überhöht angesehen werden. Die westlichen Staaten, darunter auch Deutschland, sagen J. insgesamt Wirtschaftshilfen von etwa 850 Mio. $ zu. – Im Rahmen einer **Kabinettsumbildung** ernennt Ministerpräsident *Mudar Badran* am 1. 1. **1991** *Taher al-Masri* zum neuen Außenminister; außerdem werden 5 **Mitglieder der fundamentalistischen Muslimbruderschaft in die Regierung aufgenommen**. – Die Regierung verkündet am 9. 1. die Schließung der Grenzen zu Irak für alle Flüchtlinge, die nicht jordanische Staatsbürger sind. – In der Woche vor Ablauf des UN-Ultimatums gegen den Irak am 15. 1. bemüht sich J. noch einmal intensiv darum, einen Krieg zwischen der arabischen und westlichen Allianz und dem Irak zu verhindern. – Am 17. 1. bezeichnet die Regierung die Luftangriffe der multinationalen Streitkräfte gegen den Irak als »brutale Aggression«, **das Parlment spricht sich am 18. 1. für die volle Unterstützung des Irak im Golfkrieg aus**. – In Amman wird am 9. 6. eine **nationale Charta verabschiedet** mit dem Ziel, ein demokratisches Mehrparteiensystem zu etablieren. Einspruch erheben die islamischen Fundamentalisten, die die islamische Sharia in der Verfassung haben wollen. Über die Beziehungen zwischen Jordaniern und Palästinensern heißt es, beide Völker pflegten enge Beziehungen. – **König** Hussein **ernennt** am 20. 6. **den Palästinenser** *Taher al-Masri* **zum neuen Premierminister**, der zugleich das Verteidigungsressort übernimmt. – **König** *Hussein* **hebt** am 7. 7. die meisten Bestimmungen des **Kriegsrechts auf**, die 1967 kurz nach dem 6-Tage-Krieg verhängt worden waren. *(bearb.: J. Helfen)*

JUGOSLAWIEN Der Vielvölkerstaat bricht auseinander. Ein Hauptstreitpunkt im Berichtszeitraum ist die Frage der staatlichen Reorganisation Jugoslawiens. Die Teilrepubliken Slowenien und Kroatien erklären sich unabhängig, es kommt zu Auflösungserscheinungen der übergreifenden Institutionen, zum Niedergang der Wirtschaft und zu bürgerkriegsähnlichen Auseinandersetzungen. Die Ereignisse im wesentlichen: Das **slowenische** Parlament beschließt am 27. 9. **1990** eine **Verfassungsänderung**, nach der die Bundesgesetze ihre Bedeutung für Slowenien verlieren. Insbesondere werden das Kommando über die Territorialverteidigung (eine Art Bürgerwehr) und die Wehrdienstregelung der Zuständigkeit der (gesamt-)jugoslawischen Volksarmee (JNA) entzogen. – Die rd. 600000 **Serben in der Provinz Kroatien rufen** am 1. 10. ihre **Unabhängigkeit als autonome Gruppe aus**. Ein selbsternannter »Serbischer Nationalrat« proklamiert die Unabhängigkeit der von Serben bewohnten kroatischen Landesteile *(→ Skizze, Sp. 95f.)*. – Am 18. 10. setzt die Zentralregierung per Notverordnung einen **Nachtragshaushalt** für 1990 über 22 Mrd. Dinar (7 Dinar = 1 DM) in Kraft, der den Etat um rd. 30% ansteigen läßt. Darin ist eine Sondersteuer zur Finanzierung der Armee vorgesehen. – Das **serbische** Parlament beschließt am 23. 10. mit Wirkung vom 1. 11. 15 Gesetze zum **Ausstieg aus dem gemeinsamen Wirtschaftssystem des Landes**. Dazu zählen auch die Einbehaltung von Steuern und Abgaben. – Am 17. 11. wird in Belgrad der **Bund der Kommunisten/ Bewegung für Jugoslawien (BKJ) gegründet**. Die Partei sieht sich als politischer, ideologischer und rechtlicher Nachfolger des BdKJ und setzt sich für einen »demokratischen Sozialismus« sowie den Erhalt der Föderation ein. – **In Mazedonien** finden am 11. und 25. 11. **erstmals freie Parlamentswahlen** statt. Wegen Verdachts der Wahlfälschung wird ein Viertel der Ergebnisse annulliert. Im 2. Wahlgang am 25. 11. verzeichnet die nationale, strikt antikommunistische Innere Mazedonische Revolutionäre Organisation/VMRO deutliche Stimmengewinne. – **In Bosnien-Herzegowina** finden am 18. 11. und 2. 12. erstmals demokratische **Wahlen** zu den beiden Kammern des Republikparlaments sowie die Wahl der 7 Mitglieder des Präsidiums, des höchsten Organs der Republik, statt. In der 1. Kammer (Rat der Bürger) erhält die muslimische Vereinigung für Demokratische Aktion/SDA 42, die Serbische Demokratische Allianz/SDS 36 und die Kroatische Demokratische Gemeinschaft/HDZ 20 Sitze; auf die bisher allein regierenden Kommunisten entfallen 12 und auf den Bund der Reformkräfte des jugoslawischen Ministerpräsidenten *Ante Marković* 11 Sitze. In der 2. Kammer (Rat der Gemeinden) werden 62 der 110 Sitze im 1. Wahlgang vergeben, wobei 29 Sitze an die SDS, 20 an die SDA und 13 an die HDZ fallen; die restlichen Mandate werden im 2. Wahlgang am 2. 12. besetzt. In beiden Kammern halten SDA, SDS und HDZ zusammen nunmehr 201 der 240 Mandate. Zum ersten nichtkommunistischen Präsidenten der Teilrepublik wird am 20. 12. der Muslim *Alija Izetbegović* gewählt. Außerdem ernennt die kollektive Präsidentschaft der Republik den kroatischstämmigen *Jure Paliwan* zum Ministerpräsidenten. – Bei den ersten freien **Wahlen in Serbien** am 9. 12. bewerben sich über 1700 Kandidaten von 44 Parteien und Bürgergruppen um die 250 Mandate im Parlament sowie 32 Kandidaten um die Präsidentschaft. Von den rd. 7 Mio. Wählern nehmen im eigentlichen Serbien 80 % an der Abstimmung teil; in Kosovo folgt die Bevölkerungsmehrheit dem Boykottaufruf des Demokratischen Bundes. Die Präsidentschaftswahl gewinnt der bisherige Amtsinhaber *Slobodan Milosević* mit 65,3 % der abgegebenen Stimmen. Bei den Parlamentswahlen sichert sich die bisher alleinregierende Sozialistische Partei/PSS von *Milosević* im 1. Wahlgang die absolute Mehrheit von 87 Sitzen; 5 Sitze gehen an die Demokratische Vereinigung der ungarischen Minderheit in der Vojvodina, 3 an die Demokratische Aktion der Muslime des Sandzak. Nach einem 2. Wahlgang am 23. 12. ergibt sich folgende Sitzverteilung: PSS 194, serbische Opposition einschließlich der Demokratischen Partei/ DS 48, Vertreter der Minderheiten 8. – In **Montenegro** finden am 9. 12. **Wahlen** für das Parlament und in das Präsidium statt. Im Parlament gewinnen die kommunistischen Kandidaten bereits im 1. Wahlgang 83 der 125 Mandate; 17 Sitze fallen an den Bund der Reformkräfte, 13 an die Demokratische Koalition – die Vertretung der Moslems und Albaner – und 12 an die Volkspartei, die für die Vereinigung Montenegros mit Serbien eintritt. Bei den Präsidialwahlen wird der bisherige Amtsinhaber *Momir Bulatović* vom BdK erst im 2. Wahlgang am 23. 12. gewählt. – Am 22. 12. wird eine **neue kroatische Verfassung** verkündet, die das Landesrecht über das Bundesrecht stellt. – In einer Volksabstimmung sprechen sich am 23. 12. 88,5% der Wähler **für die Unabhängigkeit der Republik Slowenien** aus *(→ Sp. 101 f.)*.

Am Jahresanfang **1991** steht der jugoslawische **Finanzhaushalt vor dem Ruin**, nachdem die einzelnen Republiken monatelang ihren Zahlungsverpflichtungen gegenüber dem Bund nicht nachgekommen sind. Am 13. 2. beschließen Slowenien und Serbien, die Zahlungen an den Bund wiederaufzunehmen. – Das Staatspräsidium ordnet am 9. 1. ultimativ die **Entwaffnung der Bevölkerung** und aller »illegalen paramilitärischen Gruppen« an, die nicht den Streitkräften des Bundes oder der Polizei angehören. Die Anordnung wird von den Regierungen Kroatiens und Sloweniens sowie von Vertretern der albanischen Minderheit in Kosovo zurückgewiesen. Die Armeeführung droht in der Folge Kroatien offen mit militärischen Maßnahmen, falls dort nicht für die Entwaffnung der Bürgerwehren gesorgt werde. – Neuer Ministerpräsident in Serbien wird am 16. 1. *Dragutin Zelenović*. – Am 4. 2. erklärt Slowenien, daß es der Umwandlung der jugoslawischen Föderation in einen Bund souveräner Einzelstaaten keine Chance mehr gebe. – Am 20. 2. beschließen die 3 Kammern der Volksvertretung **Sloweniens** bei einer Gegenstimme die **Trennung von Jugoslawien**. Gleichzeitig wird die Konstituierung Sloweniens als selbständiger souveräner und unabhängiger Staat bekanntgegeben. Falls in den Verhandlungen mit den anderen Republiken keine Einigung über die Auflösung Jugoslawiens erzielt werden sollte, werde die

Republik Slowenien die Sezession allein vornehmen, erklärt Präsident *Milan Kučan*. Am 7. 3. beschließt das slowenische Parlament, ab sofort keine Wehrpflichtigen mehr zur jugoslawischen Volksarmee zu schicken, die statt dessen ihren Dienst in der Territorialverteidigung oder bei der Polizei Sloweniens ableisten würden. – Rund 70000 Oppositionelle fordern am 9. 3. **in Belgrad** den Rücktritt des sozialistischen Regimes von *Milosević*. Bei **blutigen Straßenkämpfen** mit serbischen Polizeikräften finden ein Demonstrant und ein Polizist den Tod; etliche Oppositionelle werden festgenommen. 36 Stunden später erklären sich Tausende von Studenten auf einer friedlichen Demonstration in der Belgrader Innenstadt mit der Opposition solidarisch und fordern den Rücktritt des serbischen Innenministers *Radmilo Bogdanović,* der leitenden Funktionäre des von *Milosević* gleichgeschalteten Fernsehens sowie die Freilassung der verhafteten Führer der demokratischen Opposition. Gleichzeitig findet in Neu-Belgrad eine Gegendemonstration von Zehntausenden von *Milosević*-Anhängern statt, auf der die Opposition in Serbien beschuldigt wird, »Agenten« des kroatischen Republikpräsidenten *Franjo Tudjman* zu sein. Am 13. 3. kommt es zu weiteren Unruhen mit 2 Toten. Innenminister *Bogdanović* bietet seinen Rücktritt an. – Die Präsidenten der 6 Teilrepubliken einigen sich am 11. 3. auf ihrer 3. gemeinsamen Konferenz darauf, daß bis Ende Mai in den Republiken getrennte Volksabstimmungen darüber stattfinden sollen, ob Jugoslawien eine Föderation bleibt (wie von Serbien und Montenegro gefordert) oder in eine Konföderation souveräner Staaten (wie von Slowenien und Kroatien gefordert) umgewandelt wird (Bosnien-Herzegowina und Mazedonien sind ebenfalls für einen Staatenbund, aber gegen ein Ausscheiden aus Jugoslawien). – Am 12. 3. erklärt der Präsident des Staatspräsidiums, der Serbe *Borisav Jović,* daß **Jugoslawien unregierbar geworden** sei. Er reicht am 15. 3. seinen Rücktritt ein, dem aber nicht stattgegeben wird, so daß er bis zum 15. 5. im Amt bleibt. – Am 31. 3. kommt es **im Nationalpark von Plitvice** zu **Schußwechseln zwischen serbischen Extremisten und kroatischen Polizeikräften**, bei denen mindestens 2 Menschen getötet und 20 verletzt werden. Die jugoslawische Volksarmee bildet am 1. 4. einen Sperriegel zwischen den verfeindeten Parteien, um einen Bürgerkrieg zu verhindern. – Die **serbische Minderheit in Kroatien erklärt** am 1. 4. ihren **Anschluß an Serbien** und kündigt die Mobilisierung ihrer Miliz- und Freiwilligenverbände an. – Am 16. 4. legen rund 700000 Beschäftigte der Metall-, Textil- und Lederindustrie die Arbeit nieder, um ihre seit 2 Monaten **ausstehenden Löhne** einzufordern. Am 17. 4. gibt die Regierung den Forderungen der Streikenden nach, nachdem sie sich mit der Auszahlung des gesetzlichen Mindestlohns von umgerechnet rund 300 DM pro Monat einverstanden erklären. – Bei schweren **Zusammenstößen zwischen kroatischen Sicherheitskräften und bewaffneten Serben** in dem mehrheitlich von Serben bewohnten slawonischen Dorf Borovo Selo, Gemeinde Vikovar an der Grenze der Provinz Vojvodina, kommen am 2. 5. 12 kroatische Polizisten und 3 Zivilisten – offenbar serbischer Nationalität – ums Leben. Ein weiterer kroatischer Polizist stirbt am 2. 5. bei einer Schießerei im mehrheitlich von Kroaten bewohnten Dorf Polaca in Dalmatien, das zu dem illegal auf kroatischem Territorium – gegen den Willen der Kroaten – gebildeten **»serbischen autonomen Gebiet Krajina«** gehört. – Das **Staatspräsidium** beschließt auf einer **Krisensitzung** am 9. 5. »Sofortmaßnahmen« zur Beendigung der bürgerkriegsähnlichen Auseinandersetzungen zwischen Serben und Kroaten. Es beauftragt die Armee mit der »Demobilisierung« und Entwaffnung der Einheiten der Polizei-Reserve sowie der Milizverbände in Kroatien. Der kroatische Präsident *Tudjman* erklärt am 10. 5. vor der Presse, daß sein Land zur Kooperation mit der Volksarmee und der Bundespolizei bereit sei; eine generelle Auflösung und Entwaffnung der kroatischen Polizeireserven und Milizen in den gemischt-nationalen Spannungsgebieten komme jedoch nicht in Frage. – Die **serbische Enklave Krajina** hält am 12. 5. ein Referendum ab, in dem sich rd. 90% der Teilnehmer für einen Anschluß an Serbien bzw. Montenegro aussprechen. – Die turnusgemäße **Wahl von Stipe Mesić zum Staatspräsidenten scheitert** am 15. 5.: Die Vertreter Serbiens, Montenegros und der beiden autonomen Provinzen verweigern dem bisherigen Vizepräsidenten ihre Stimme; Jugoslawien hat ab Mitternacht **keine institutionelle politische Führung** mehr. – Am 19. 5. sprechen sich in einer **Volksabstimmung in Kroatien** 93,24% der stimmberechtigten Bürger **für die Errichtung eines »selbständigen und souveränen Staates«** aus. Der kroatische Präsident *Tudjman* spricht sich am selben Tag für eine »Allianz souveräner Staaten« aus; wenn dieser Staatenbund innerhalb des Rahmens Jugoslawiens nicht möglich sei, »wollen wir die vollständige Souveränität«. Das **kroatische Parlament beschließt** am 30. 5. **die Trennung von Jugoslawien**, »falls über dessen Umwandlung nicht bis spätestens 30. Juni ein Abkommen erzielt wird«. Zuvor hatte Serbiens Präsident *Milosević* mit Gebietsansprüchen gedroht, falls sich einzelne Republiken abspalten würden. – Die **Bundesregierung verhängt** am 14. 6. ein **Importverbot für Slowenien**, um die Teilrepublik zur Überweisung der Zölle an die Bundeskasse zu zwingen. Die slowenische Regierung – die im laufenden Jahr 30 Mrd. Dinar an den Bundeshaushalt abführen muß, aber nur 4 Mrd. Dinar zahlen will – erklärt, sie werde das Verbot mißachten. Damit ist der **Machtkampf**

Jugoslawien

Zerfall des Vielvölkerstaates

zwischen der Zentralregierung und dem nach Unabhängigkeit strebenden Slowenien offen ausgebrochen. – Eine für 20. 6. anberaumte Sitzung des Staatspräsidiums wird auf unbestimmte Zeit verschoben, nachdem sich Kroatien und Slowenien für einen Boykott des Treffens entschieden hatten. – **US-Außenminister** *James Baker* spricht sich am 21. 6. bei einem Kurzbesuch **in Belgrad** nachdrücklich für die Einheit Jugoslawiens aus. – Die **Europäische Gemeinschaft gewährt** durch ein am 24. 6. in Brüssel unterzeichnetes Finanzprotokoll dem jugoslawischen Gesamtstaat bis 1996 **Kredite von 1,5 Mrd. DM**. Zuvor hatten die 12 EG-Außenminister in Luxemburg beschlossen, die Unabhängigkeitsbestrebungen Sloweniens und Kroatiens noch nicht zu unterstützen, sondern die weitere Entwicklung in Jugoslawien abzuwarten. – Die **Parlamente Sloweniens und Kroatiens erklären** am 25. 6. mit großen Mehrheiten die **Souveränität und Unabhängigkeit ihrer Teilrepubliken**. Dieser Schritt soll jedoch noch keine Ablösung von der SFRJ bedeuten. – Am 25. 6. erklärt der jugoslawische Ministerpräsident *Marković* die Unabhängigkeitserklärungen für null und nichtig und befiehlt der Bundespolizei und der Volksarmee, die jugoslawischen Staatsgrenzen vor dem Zugriff der slowenischen Bürgerwehren zu sichern, die zugleich auch Sloweniens Grenzen sind. Im Gebiet der serbischen Minderheit in Kroatien gibt es bei einem **Feuergefecht zwischen Serben und Kroaten** mehrere Tote. – Die Armee geht am 27. 6. mit Infanterie, Panzern und Kampfflugzeugen **gegen Einheiten der slowenischen Nationalverteidigung vor**, die militärisch unterlegen ist. Ljubljana wird von Panzern umstellt. Am 28. 6. greifen Kampfflugzeuge Flugplätze bei der slowenischen Hauptstadt Ljubljana und der Industriestadt Maribor an. An mehreren slowenisch-österreichischen Grenzstationen kommt es zu **schweren Auseinandersetzungen**, wobei die Volksarmee mit Flugzeugen Raketen- und Bombenangriffe auf Grenzstationen (Spielfeld, Bleiburg) und Stellungen der Territorialverteidigung unternimmt. Nach der Besetzung aller Grenzübergänge zwischen Slowenien und dem Ausland stellt die Volksarmee am Nachmittag des 28. 6. ihre Operationen in Slowenien ein. Bei den Auseinandersetzungen wurden in den vergangenen Tagen allein in Slowenien 49 Personen getötet und fast 300 verletzt. Unter den Toten sind nach Rot-Kreuz-Angaben 35 Soldaten der Volksarmee, 3 Angehörige der slowenischen Bürgerwehr, 2 Polizisten, 5 Zivilisten und 4 Ausländer. 1113 Soldaten der Volksarmee wurden von slowenischen Kampfeinheiten gefangengenommen. – **Die Europäische Gemeinschaft/EG entsendet** die Außenminister Italiens *(Gianni de Michelis)*, Luxemburgs *(Jacques Poos)* und der Niederlande (*Hans van den Broek)*, nach Belgrad, um bei der friedlichen Beilegung des Konflikts zu helfen. In der Nacht zum 1. 7. erwirken diese die Zustimmung der Konfliktparteien zu einem **3-Punkte-Schlichtungsplan:** 1. **Wahl von Mesić zum Staatsoberhaupt und Oberbefehlshaber der Streitkräfte**, 2. Rückzug der Truppen der Volksarmee in die Kasernen und 3. dreimonatige Unterbrechung des Unabhängigkeitsprozesses in Slowenien und Kroatien. – Am 1. 7. weilt Bundesaußenminister *Hans-Dietrich Genscher* in seiner Eigenschaft als Vorsitzender des KSZE-Konsultativausschusses in Belgrad. *Genscher* trifft am 2. 7. im österreichischen Villach mit dem slowenischen Präsidenten *Kučan* zusammen. *Genscher* erklärt, daß eine Lösung des Konflikts in Jugoslawien nur auf der Basis des Dialogs möglich sei. *Kučan* betont, die Unabhängigkeit Sloweniens sei unwiderruflich. – An den folgenden Tagen kommt es zu neuerlichen Schießereien in Slowenien – vereinzelt auch in Kroatien –, bevor die Armee am 3. 7. *Mesić* als Oberbefehlshaber anerkennt und Waffenstillstandsverhandlungen zustimmt. – Am 4. 7. gelingt es *Mesić* ungeachtet der immer noch unklaren innenpolitischen Situation, die **erste Arbeitssitzung eines beschlußfähigen jugoslawischen Staatspräsidiums** seit dem 15. 5. in Belgrad abzuhalten. Nur der Vertreter Sloweniens nimmt nicht teil. Das Präsidium fordert Slowenien ultimativ auf, seine Bürgerwehr bis Mitternacht in die Kasernen zurückzurufen und alle Gefangenen freizulassen. Der slowenische Ministerpräsident *Lojze Peterle* weist das Ultimatum am gleichen Tag zurück und fordert die EG auf, die Unabhängigkeit Sloweniens anzuerkennen. Inzwischen stellt ein Regierungssprecher auch klar, daß der jugosl. Ministerpräsident *Marković* selbst am 25. 6. schriftlich der Bundespolizei und der Armee befohlen habe, die jugoslawischen Staatsgrenzen vor dem Zugriff der slowenischen Bürgerwehren zu sichern, die zugleich auch Sloweniens Grenzen sind. – **Slowenien erfüllt** am 5. 7. **erste Forderungen des Staatspräsidiums**: In Slowenien gefangene Soldaten der Volksarmee können in ihre Heimat zurückkehren. Einheiten der Armee und der slowenischen Bürgerwehr beginnen mit dem Rückzug in ihre Kasernen. – Die **EG-Außenminister beschließen** am Abend des 5. 7. ein Waffenembargo gegen Jugoslawien und die **Aussetzung der Auszahlung der Finanzhilfen** von mehr als 1,5 Mrd. DM. – Während es in Slowenien seit 3. 7. zu keinen nennenswerten Zwischenfällen mehr kommt, liefern sich am 7. 7. serbische Freischärler (»Tschekas«) Feuergefechte mit kroatischen Sicherheitskräften. – Nach 16stündigen Vermittlungsgesprächen der EG-Troika mit jugoslawischen Spitzenpolitikern auf der Adriainsel Brioni wird am 8. 7. ein **Kompromiß zur Entschärfung der Krise vereinbart**, dessen Kernpunkte eine Waffenruhe, die bedingungslose Rückkehr der Volksarmee und der Milizen in die Kasernen, die schnellstmögliche Freilassung aller Gefangenen, die Sicherung der Grenzen Sloweniens mit Italien, Österreich und Ungarn durch die Volksarmee sowie die Zollkontrolle durch slowenische Polizei im Auftrag des Bundes für die Dauer von 3 Monaten sind. Die Bundesregierung stimmt allen Punkten zu; die Parlamente Kroatiens und Sloweniens billigen den Kompromiß am 8. bzw. 10. 7., das kollektive Staatspräsidium stimmt der Vereinbarung am 12. 7. zu; zugleich fordert es die Auflösung aller bewaffneten Verbände im Staatsgebiet mit Ausnahme der Bundesarmee und der Polizei. Kroatien erklärt unterdessen, der Entwaffnungsbefehl gelte nicht für die 70 000 Mann der kroatischen »Nationalen Garde«. – Die **Bundesregierung gibt** am 11. 7. einen **kurzfristigen Krisenplan bekannt**, mit dem ein völliger Zusammenbruch der Wirtschaft verhindert werden soll: Alle Kredite werden eingefroren und der zentrale Haushaltsplan, der lediglich der Finanzierung der Armee und der Zentralverwaltung dient, radikal gekürzt. Entwicklungsminister *Bozo Marendić* erklärt hierzu, der Haushalt finanziere sich fast ausschließlich über Zolleinnahmen und durch das Drucken von Geld durch die Nationalbank. Der Rückgang der Produktion und die galoppierende Inflation zwinge die Regierung, alles zu versuchen, um ausländische Devisen zu erhalten und den Verpflichtungen gegenüber dem Ausland pünktlich nachzukommen. Die Auslandsverschuldung Jugoslawiens beläuft sich derzeit auf 14,5 Mrd. $, wovon 1991 4,4 Mrd. $ zurückgezahlt werden sollten. – **Slowenien und Kroatien** unternehmen am 12. 7. **erste Schritte zu einer eigenen Geldpolitik**: Slowenien kündigt Bons als Dinar-Ersatz an. Kroatien bringt in eigener Regie 2,2 Mrd. Dinar (= rd. 170 Mio. DM) neues Geld auf den Markt. Die beiden Republiken waren von der Zentralbank Ende Juni aus dem jugoslawischen Geldmarkt ausgeschlossen worden. – Slowenien, Kroatien und Bosnien-Herzegowina gründen am 20. 7. eine gemeinsame Wirtschaftskommission. Sie soll helfen, den durch die Unruhen unterbrochenen oder gestörten Wirt-

Kroatien und Slowenien erklären sich unabhängig

Die Parlamente Sloweniens und Kroatiens erklärten am 25. 6. 1991 die Unabhängigkeit ihrer Teilrepubliken (→ *Sp. 95f.*). Nachstehend Angaben zu Landesstruktur, Wirtschaft und Geschichte:

1. Kroatien

LANDESSTRUKTUR: Kroatien ist mit 56538 km^2 und 4,68 Mio. Einw. (1990) die zweitgrößte der 6 Teilrepubliken. Die Hauptstadt Zagreb ist mit 1,2 Mio. Einw. zweitgrößte Stadt des bish. Jugoslawien. Die mehrheitl. katholischen Kroaten bilden mit 85 % die größte ethn. Gruppe, gefolgt von einer Minderheit von 540000 Serben (= 11,5 %), die in 14 der insg. 102 Verwaltungsbezirke die absolute Bevölkerungsmehrheit stellen. So im Gebiet Krajina, das gegen den Willen der kroat. Behörden im März 1991 seine Autonomie erklärte und einseitig den Anschluß an die Republik Serbien beschloß. Im Bezirk Petrinja, südl. von Zagreb, sind die Serben in relativer Mehrheit. Dadurch ergibt sich ein fast geschlossenes mehrheitl. serbisches Siedlungsgebiet in S-N-Richtung von Benkovac an der Küste nördl. der Adria-Stadt Sibenik bis zu den Bezirken Virginmost und Glina 50 km südl. von Zagreb (→ *Skizze Sp. 95f.*). Auch im ostkroat. Slawonien gibt es größere serbische Bevölkerungsanteile (im Bezirk Vukovar, in Osijek und in Vinkovci.

WIRTSCHAFT: K. war bisher der wirtschaftlich stärkste Teil Jugoslawiens. Zusammen mit Slowenien erzeugte es mehr als die Hälfte des gesamten Bruttosozialprodukts (BSP). Auch im Export stand K. an erster Stelle. Übergewicht hat die Landwirtschaft, von der fast 40 % der Bevölkerung leben. Größter Devisenbringer war bisher der Fremdenverkehr – rund 80 % aller Gelder von ausländ. Gästen an der Adria wurden von K. eingenommen. Die durch den Unabhängigkeitskrieg bis Ende Juli 1991 verursachten Kosten werden auf 8,75 Mrd. DM geschätzt, einschl. der Verluste durch den Ausfall des Fremdenverkehrs, die mit 1,75 Mrd. DM beziffert werden. Mit einer direkten Auslandsverschuldung von 3,8 Mrd. $ (Jugoslawien insgesamt: 16 Mrd. $) und 220000 Arbeitslosen (Juni 1991) steht K. vor dem wirtschaftl. Zusammenbruch; rd. 1800 Unternehmen droht die Schließung. Ende Juni 1991 stellte die jugoslaw. Nationalbank den Geldverkehr mit K. ein.

GESCHICHTE: In K. entstand zu Beginn des 10. Jhdts. ein der röm. Kirche zugewandtes Königreich. Nach dem Tod des Königs *Stefan II.* fiel das Reich an Ungarn, konnte aber als das »Dreieinige Königreich« Dalmatien-Kroatien-Slawonien ein gewisses Maß an Autonomie bewahren. 1526 geriet es unter die Herrschaft der Habsburger und wurde zum Eckpfeiler der Habsburger Monarchie im Kampf gegen die osmanische Expansion. Nach dem I. Weltkrieg wurde K. am 1. 12. 1918 Bestandteil des »Vereinigten Königreichs der Serben, Kroaten und Slowenen« (ab 1929 »Königreich Jugoslawien«). Die kroat.-serb. Rivalität, hinter der die jahrhundertelang getrennte Entwicklung beider Völker steht, wurde zur schwersten Belastung des neuen Staates und prägt auch heute weitgehend die innenpolit. Spannungen in Jugoslawien. K. fühlt sich durch seine 800jährige Zugehörigkeit zu Ungarn bzw. zu Habsburg als Teil Westeuropas – im Gegensatz zum Widersacher Serbien, das durch die 500jährige Herrschaft der Osmanen geprägt wurde. Im I. Weltkrieg kämpften Kroaten und Serben gegeneinander. Nach der Zerschlagung Jugoslawiens durch die Achsenmächte wurde der Rest K.s 1941 zum »Unabhängigen Staat Kroatien« proklamiert und unter *Ante Pavelić* ein faschistisches Regime errichtet, das sich auf die nationalist. Bewegung »Ustascha« (= Aufständischer) stützte. Es kam zu Greueltaten gegen die serbische Minderheit, die nach dem Ende des II. Weltkriegs zu Racheakten der Serben führten. 1946 wurde K. eine der 6 Volksrepubliken Jugoslawiens. Vorwiegend wirtschaftl. Fragen belasteten das Verhältnis zwischen den Kroaten und dem Gesamtstaat weiterhin. Bei den ersten freien Parlamentswahlen in K. nach dem II. Weltkrieg im April/Mai 1990 setzte sich die nationalist. Kroatische Demokratische Union (HDZ) unter Führung von *Franjo Tudjman* mit absoluter Mehrheit durch und löste die bis dahin regierenden Kommunisten ab. Die neue kroat. Regierung betrieb systematisch eine Umwandlung des föderativen Gesamtstaates in eine Konföderation souveräner Republiken – unterstützt durch Slowenien, aber gegen den Widerstand Serbiens und der übrigen Landesteile. Die serb. Minderheit in K. befürchtet Repressalien, während die Kroaten ihrerseits der Teilrepublik Serbien Großmachtpolitik vorwerfen. Am 25. 7. 1990 verabschiedete das kroat. Parlament eine Reihe von Verfassungsänderungen, um die »Republik Kroatien als einen bürgerlichen Rechtsstaat, basierend auf parlamentarischer Demokratie« zu manifestieren. Im Referendum am 19. 5. 1991, das die Serben K.s boykottierten, sprachen sich 93,24 % der Wähler für die Souveränität aus. Das Unabhängigkeitsstreben erhielt im Mai 1991 starken Auftrieb, als die serbischen Vertreter im jugoslaw. Staatspräsidium die Übernahme des Vorsitzes durch den Vertreter K. s, *Stjepan (»Stipe«) Mesić,* blokkierten.

2. Slowenien

LANDESSTRUKTUR: Auf 20251 km^2 leben 1,94 Mio. Menschen (1990). Anders als z. B. in Kroatien ist die Bevölkerungsstruktur recht homogen – neben rd. 90% kathol. Slowenen gibt es etwa 3% Kroaten, 2% Serben, 1% Ungarn und Angehörige anderer Nationalitäten. Hauptstadt ist Ljubljana mit rd. 300000 Einw.

WIRTSCHAFT: S. hat eine modern entwickelte Industrie, eine gut funktionierende Landwirtschaft und reiche Bodenschätze. Wichtigste Branchen sind: Textilien, Haushaltsgeräte, Elektronik, Nahrungsmittel, Chemie und Maschinenbau. In der Industrie treten die Verarbeitung der Bodenschätze (Braunkohle, Erdöl, Eisen, Blei, Zink, Uran) hervor. Daneben existiert eine entwickelte Textilindustrie. In der Landwirtschaft sind Viehzucht, Wein- und Obstanbau von Bedeutung. 1989 wurden 22% der slowen. Gesamtproduktion im Ausland abgesetzt. Zum slowen. Haushalt trägt auch der Fremdenverkehr mit Wintersport (im Triglav-Gebiet) und Luftkurorten (Bled, Bohinj) bei. Vor der Krise kamen jährlich etwa 2,8 Mio. Touristen nach S., ⅖ davon aus dem Ausland. Bei einem Bevölkerungsteil von ledigl. 8,7% produzierte S. bisher 17% des gesamtjugoslaw. BSP. Beim Export erreichte der Anteil sogar 24%. Die Arbeitsproduktivität ist die höchste; die Arbeitslosenzahl lag Mitte 1991 zwar bei 100000, die Quote ist dennoch die niedrigste in ganz Jugoslawien. Protektionistische Maßnahmen Serbiens gegenüber anderen Republiken seit Herbst 1990 fügen der slowen. Wirtschaft weiteren Schaden zu. Nach jahrelangem Exportüberschuß gab es 1990 eine negative Handelsbilanz. Aufgrund der Überbewertung des Dinars, der marktorientierten Reformen und der Rezession kam es außerdem zu einer großen Zahl von Konkursen. Ende Juni 1991 stellte die jugoslaw. Nationalbank den Geldverkehr mit S. ein, die Republik hat damit keinen Zugang mehr zu den Devisenreserven. Die direkten Auslandsschulden S. s lagen Mitte 1991 bei 1,7 Mrd. $. Die Schäden durch den Überfall der Volksarmee werden von der Regierung mit 2,7 Mrd. $ angegeben.

GESCHICHTE: Im 8. Jhdt. kam das westl. und nördl. S. mit der Hauptstadt Laibach (Ljubljana) an Bayern und wurde als Mark Krain in das Markensystem Karls des Großen eingegliedert. 1282 fiel das Gebiet an Habsburg und verblieb bis 1918 im Herrschaftsbereich der Habsburger Monarchie. Die erstmals 1848 geforderte Verwaltungseinheit für die slowen. besiedelten Gebiete der Habsburger Monarchie wurde nach einem sowohl nationalen als auch sozialen Emanzipationskampf gegen das dominierende Deutschtum fast vollständig verwirklicht, als am 28.10. 1918 der slowen. Nationalrat die Lösung aus dem bish. Staatsverband erklärte und in der Folgezeit die an das neugegründete »Vereinigte Königreich der Serben, Kroaten und Slowenen« gefallenen Teile der ehem. österr. Kronländer Krain, Kärnten (Mieß, Unterdrauburg [Dravograd], Gemeinde Seeland [Jezersko]) und Steiermark (Untersteiermark mit Marburg [Maribor], Cilli [Celje], Pettau [Ptui]) mit dem ehem. ungarischen Übermurgebiet (Prekmurje) zum Verwaltungsgebiet (»Prokrajina«) Slowenien vereinigt wurden. Darüber hinaus beanspruchte Gebiete in Südkärnten blieben bei Österreich, das westl. Innerkrain mit Idria (Idrija) und Adelsberg (Postojna, italien. Postumia) kam im Vertrag von Rapallo 1920 endgültig an Italien. Während des II. Weltkriegs wurde S. unter die Achsenmächte Deutschland und Italien aufgeteilt: Oberkrain (ohne Ljubljana) sowie die ehem. kärnter. und steir. Gebiete kamen an Deutschland, Unterkrain und Ljubljana kamen zu Italien, Ungarn erhielt das Prekmurje. Bei der polit. Neuordnung Jugoslawiens nach dem II. Weltkrieg wurde S. wiederhergestellt, vergrößert um wesentl. Teile Julisch-Venetiens, darunter von Triest der Norden der Zone B mit Capodistria (Koper) und von Gorizia die östl. Außenbezirke (Nova Gorica). Am 27.9. 1989 verabschiedete das slowen. Parlament eine Verfassungsänderung, durch die dem slowen. Volk das Recht auf Sezession zugebilligt wurde. Am 7. 3. 1990 beschloß das Parlament die Streichung des Wortes »sozialistisch« aus dem Staatsnamen, die neue Staatsbezeichnung ist somit »Republik Slowenien«. Die ersten freien Wahlen am 8. 4. 1990 gewannen die vereinigten Oppositionsparteien (»DEMOS«) mit 55% der Stimmen; auf die bisher alleinregierenden Kommunisten (BdK), die diese Wahlen aber erst möglich gemacht hatten, entfielen nur 17,3% aller abgegebenen Stimmen. Der Reformkommunist *Milan Kucan,* der seine BdK-Mitgliedschaft niedergelegt hatte, wurde zum Staatspräsidenten gewählt. Am 2. 7. 1990 kam S. seinem angestrebten Ziel – Umwandlung Jugoslawiens von einem Bundesstaat zu einem Staatenbund – näher: Bei nur nur 3 Gegenstimmen und 2 Enthaltungen erklärte das Parlament in einer Souveränitätsdeklaration den Vorrang der slowen. Verfassung vor der gesamtjugoslawischen. Außerdem beschloß das Parlament, daß innerhalb eines Jahres eine neue Verfassung verabschiedet werden muß, die S. als souveränen Staat deklariert. Im Falle einer Ablehnung der Konföderation durch andere Teilrepubliken würde S. aus dem jugoslaw. Staatenbund austreten.

schafts- und Handelsfluß zwischen den Republiken wiederherzustellen. – Am 15. 7. trifft eine **erste Gruppe von 20 EG-Beobachtern in Jugoslawien** ein, um die Einhaltung des Brioni-Kompromisses zu kontrollieren. – Die **Volksarmee greift** am gleichen Tag in die weiter mit großer Härte geführten Kämpfe zwischen serbischen Freischärlern und der kroatischen Nationalgarde im überwiegend von Serben bewohnten Ort Petrinja – etwa 60 km südlich von Zagreb an der Grenze zu Serbien gelegen – **ein** und beschießt Angehörige der Nationalgarde. – Das **Staatspräsidium ordnet** am 19. 7. auf Initiative der Militärführung **den Rückzug der Volksarmee aus Slowenien** binnen dreier Monate **an**. Die Kontrolle der Grenzen wird von slowenischer Miliz übernommen. Am 21. 7. beginnt die Volksarmee mit dem Rückzug aus Slowenien. – Unterdessen werden aus vielen kroatischen Orten, in denen überwiegend Serben leben, Bombenexplosionen, Gefechte und Raketenbeschuß gemeldet. Auch nachdem das Staatspräsidium am 26. 7. zu einem Waffenstillstand aufgerufen hat, gehen die Kämpfe weiter. – Die EG-Außenminister verständigen sich am 29. 7. in Brüssel darauf, ihre Beobachtermission von Slowenien auf Kroatien auszudehnen und die Zahl ihrer Abgesandten von bisher 50 auf 500 zu erhöhen. An dem Treffen nehmen der jugoslawische Ministerpräsident *Marković*, dessen Außenminister *Budimir Loncar* und Vertreter aus Bosnien und Mazedonien teil. – Am 1. 8. rollt ein aus der serbischen Vojvodina kommender Panzerverband der Volksarmee östlich von Osijek auf kroatische Dörfer zu und nimmt sie unter Beschuß. Auch Flußboote der Donau-Marine greifen mit Geschützfeuer in den Guerillakrieg auf der Seite der aufständischen Serben gegen die kroatische Nationalgarde ein. Am Abend ordnet der **kroatische** *Präsident Tudjman* eine **Teilmobilmachung** der Bevölkerung an. – Ein vom Staatspräsidium in der Nacht zum 3. 8. gegen die Stimme Kroatiens verabschiedeter Waffenstillstandsplan bleibt erfolglos. – Die bisher 4. Vermittlungsrunde der **EG-Troika scheitert** am 4. 8. **endgültig**. Die Vertreter Serbiens waren zur Abschlußbesprechung erst gar nicht erschienen. Die EG hatte eine Feuerpause in Kroatien vorgeschlagen, die von der Bundesarmee, der kroatischen Polizei und Vertretern der serbischen Minderheit unter Führung der EG-Beobachter überwacht werden sollte. – Das **Staatspräsidium befiehlt** am 6. 8. eine **Waffenruhe** zum 7.8., 6.00 Uhr MEZ und ordnet gleichzeitig an, die Kampftruppen sollten sich aus der Reichweite der gegnerischen Waffen zurückziehen. – Obwohl sich das Staatspräsidium und die Führer der 6 Teilrepubliken am 21. 8. auf die Grundzüge einer friedlichen Lösung des Nationalitätenkonflikts einigen, kommt es weiterhin zu heftigen Kämpfen zwischen serbischen Freischärlern und der kroatischen Nationalgarde, in die die Volksarmee wiederholt auf seiten der Serben eingreift. – Die **EG-Außenminister drohen** den Konfliktparteien am 28. 8. auf einer Sonderkonferenz in Brüssel mit »weiteren Maßnahmen einschließlich internationaler Aktionen«, falls es nicht bis zum 1. 9. zu einem Waffenstillstand komme. In der Erklärung wird ausdrücklich von der Unterstützung der jugoslawischen Volksarmee »für die serbische Seite« gesprochen. – In den Morgenstunden des 2. 9. unterzeichnen der amtierende EG-Ratsvorsitzende *van den Broek* einerseits und der Vorsitzende des Staatspräsidiums, *Mesić,* Ministerpräsident *Marković* sowie Vertreter der 6 Teilrepubliken andererseits eine **Übereinkunft zur Beendigung des serbisch-kroatischen Krieges**. Sie sieht einen sofortigen Waffenstillstand, überwacht auch durch die serbische Minderheit in Kroatien, die Erweiterung der EG-Beobachtermission von 500 (bisher vornehmlich in Slowenien postierten) auf 600–700 Beobachter (zur Überwachung des kroatisch-serbischen Waffenstillstands), die Einsetzung einer Schiedskommission und die Einberufung einer Friedenskonferenz vor. Das Abkommen legt fest, daß die überwiegend von Serben befehligte Volksarmee in ihre Kasernen zurückkehren muß, die serbischen Milizen entwaffnet und aufgelöst werden. Kroatien akzeptiert die Entwaffnung und Demobilisierung seiner Reserveeinheiten und die Beteiligung von Vertretern der serbischen Minderheit an der Beobachtermission. – Trotzdem werden die Kämpfe in Kroatien in der Nacht zum 3. 9. – vor allem in Slawonien – wieder aufgenommen. – Auf der Eröffnungssitzung der vereinbarten **Friedenskonferenz in Den Haag** am 7. 9. verpflichten sich die Präsidenten der 6 Teilrepubliken in Gegenwart der 12 EG-Außenminister zur »Suche nach friedlichen Lösungen« auf der Grundlage der KSZE-Prinzipien, sowie dazu, »alles in ihrer Macht Stehende zu tun«, damit der Waffenstillstand eingehalten wird. Sie billigen ferner den von den EG-Außenministern aufgestellten Grundsatz, »niemals Veränderungen der Grenzen zu akzeptieren, die nicht auf friedlichem Weg und mit gegenseitiger Übereinstimmung erreicht worden sind«, sowie die Ernennung des Briten Lord *Peter Carrington* als ständigen Leiter der Friedensverhandlungen. In einer Erklärung verweist der kroatische Präsident *Tudjman* auf 2200 Tote und Verletzte sowie 140 000 Flüchtlinge in Kroatien sowie auf die von der »kommunistischen« Volksarmee geführten Aggressionen und auf »großserbische Ambitionen«. Der serbische Präsident *Milosević* erklärt demgegenüber, das Selbstbestimmungsrecht »des kroatischen Volkes« werde von niemandem bestritten, doch habe es in Jugoslawien bisher nur »Verwaltungsgrenzen« gegeben; für »Völker«, die aus dem bisherigen Gesamtstaatenverband ausscheiden wollten, müßten deshalb die künftigen Staatsgrenzen erst definiert werden. Die erste Arbeitssitzung der Friedenskonferenz findet am 12. 9. statt. – Dessen ungeachtet weiten sich die Kampfhandlungen in den kroatischen Krisengebieten, die bisher 400 Todesopfer gefordert haben, zum **offenen Bürgerkrieg** aus; die von Einheiten der Volksarmee unterstützten serbischen Freischärler gewinnen bis Mitte Sept. die Kontrolle über fast ⅓ Kroatiens. Mehrere von der EG zwischen den politischen Führungen Kroatiens und Serbiens vermittelte **Waffenstillstandsvereinbarungen werden nicht beachtet**; ganze Einheiten der kroatischen Nationalgarde und Polizei, der serbischen Freischärler und selbst der überwiegend serbisch befehligten Volksarmee haben sich der politischen Kontrolle entzogen. Auch mehrfache Aufrufe des Vorsitzenden des Staatspräsidiums, *Mesić,* an die Armee, ihre Truppen in die Kasernen zurückzuziehen, bleiben erfolglos. *Mesić* bezeichnet das Verhalten der Bundestruppen am 12. 9. als »Militärputsch«. – Am 9. 9. stimmen 74 % der **Makedonier** in einem Referendum **für die Unabhängigkeit ihrer Teilrepublik**. – Trotz der in Den Haag weiterhin tagenden Friedenskonferenz gehen die Kämpfe in Kroation unvermindert weiter. Am 17. 9. entschließt sich die jugoslawische Kriegsmarine zu einer Blockade von 6 kroatischen Hafenstädten an der dalmatinischen Küste. In Verhandlungen mit den Präsidenten Kroatiens und Serbiens sowie mit dem jugoslawischen Verteidigungsminister erreicht der von der EG beauftragte Vermittler, Lord *Carrington*, einen Waffenstillstand, der am 18.9.1991 in Kraft treten soll.

KAMBODSCHA Die VR China und die Sowjetunion beliefern die kambodschanischen Bürgerkriegsgruppen nicht mehr mit Waffen; dies geht aus einer gemeinsamen Erklärung vom 3. 9. **1990** der Außenminister beider Staaten bei einem Treffen in der VR China hervor. – Erneute Friedensgespräche auf der Grundlage eines vom UN-Sicherheitsrat ausgearbeiteten Planes werden am 9. 9. im indonesischen Jakarta eröffnet. Die Hauptelemente des **Friedensplans der 5 ständigen UN-Sicherheitsratsmitglieder** USA, UdSSR, VR China, Frankreich und Großbritannien sehen die Einsetzung einer UN-Interimsverwaltung in K. sowie die Bildung eines kambodschanischen Obersten Nationalrats aus Vertretern aller vier Konfliktparteien vor. – Am 10. 9. stimmen die Bürgerkriegsparteien der **Bildung eines Nationalrats als Übergangsregierung** für K. zu, dessen Vorsitzender der Führer der Widerstandskoalition, Prinz *Norodom Sihanouk*, werden soll; die Dreierkoalition der Rebellenorganisation lehnt am 25. 9. *Hun Sen* als Vizevorsitzenden des Obersten Nationalrats ab. Die 12 Sitze in einer Übergangsregierung sollen bis zur Abhaltung von freien Wahlen je zur Hälfte von Vertretern der Regierung in Phnom Penh und der drei Rebellengruppen besetzt werden. – Das Internationale Komitee vom Roten Kreuz/IKRK wird am 12. 9. von *Hun Sen* zu Besuchen von Kriegsgefangenen ermächtigt. – *Hun Sen* gibt am 23. 9. das bisher von ihm mitverwaltete Amt des Außenministers an den Karrierediplomaten *Hor Nam Hong* ab. – Die kambodschanische Nachrichtenagentur SPK meldet am 6. 2. **1991**, daß die Regierung die Legislaturperiode der Nationalversammlung um ein weiteres Jahr verlängert und die für 1991 geplanten Parlamentswahlen auf das Jahr 1992 verschoben hat. – Am 27. 4. stimmt *Hun Sen* in Bangkok als letzter Repräsentant einer der vier Bürgerkriegsparteien einem Appell von UN-Generalsekretär *Pérez de Cuéllar* für einen Waffenstillstand am 1. 5. zu. – Bei einem Treffen im thailändischen Badeort Pattaya einigen sich die Bürgerkriegsparteien am 24. 6. auf einen sofortigen **Waffenstillstand** und die Beendigung von Waffenlieferungen aus dem Ausland. – Bei weiteren Friedensgesprächen am 16./17. 7. in Peking einigen sich die widerstreitenden Parteien darauf, daß Prinz *Norodom Sihanouk* als Führer der Koalition der drei Widerstandsgruppen zurücktritt und den Vorsitz des »Obersten Nationalrates« übernimmt; im Gegenzug gibt Ministerpräsident *Hun Sen* seinen Anspruch auf den Stellvertreterposten in diesem Gremium auf. Der aus 12 Mitgliedern bestehende Nationalrat führt die Regierungsgeschäfte in K., bis gemäß dem UN-Friedensplan freie Wahlen stattgefunden haben. – Die Bürgerkriegsparteien einigen sich am 27. 8. bei ihren Verhandlungen im thailändischen Pattaya auf eine Reduzierung ihrer Kampftruppen um 70 %. Damit kann nach 13 Jahren Bürgerkrieg in K. im Oktober in Paris bei der Internationalen Konferenz ein Friedensabkommen geschlossen werden.

KANADA Soldaten beenden am 3. 9. **1990** die Indianerrevolte in der Provinz Quebec *(→ WA '91 Sp. 373)* ohne Gewaltanwendung. – Bei den in der Provinz Ontario Anfang September abgehaltenen **Provinzwahlen** werden die bisher regierenden Liberalen von der ökosozialistischen »Neu-Demokratischen Partei«/NDP geschlagen; von 130 Sitzen erhalten sie noch 35 (bisher 93), die NDP 74 (18) und die Konservativen 20 (17). – Verteidigungsminister *Bill McKnight* kündigt am 20. 9. in Ottawa den Abzug von 1400 kanadischen Soldaten ab 1991 aus der Bundesrepublik Deutschland an; insgesamt hat K. 8000 Mann in Europa stationiert. – Am 9. 1. **1991** kommt es zu erneuten Zusammenstößen zwischen Angehörigen des Stammes der Mohawks und der kanadischen Armee im Indianer-Reservat Kahnawake in der Provinz Quebec; dabei werden auf beiden Seiten mehrere Personen verletzt. – Die Regierung stellt Mitte Januar einen für die nächsten fünf Jahre geltenden »Grünen Plan« mit über 100 Maßnahmen für den Umweltschutz vor. – Zum Auftakt des Parteikongresses der Liberalen Partei in Montreal am 8. 3. fordert der liberale Regierungschef der Provinz, *Robert Bourassa*, für die Provinz Quebec innerhalb der nächsten 20 Monate mehr Selbständigkeit; er droht sonst mit einer Abstimmung über die Unabhängigkeit. – US-Präsident *George Bush* trifft am 13. 3. in Ottawa mit Ministerpräsident *Brian Mulroney* zusammen; sie unterzeichnen ein Abkommen, in dem die USA und Kanada Ziele einer Reduzierung der Umweltbelastung durch Schwefeldioxydemissionen vereinbaren. – Nach monatelangen Beratungen über eine mögliche Verfassungsreform legt die von der Regierung von Quebec eingesetzte Bélanger-Campeau-Kommission (benannt nach ihren beiden Vorsitzenden) Ende März ihren Bericht vor, in dem sie der Provinzlegislative die Festlegung eines Termins für eine Volksabstimmung bis spätestens Oktober nächsten Jahres empfiehlt. – Am 21. 4. nimmt *Mulroney* die größte Kabinettsumbildung seit seinem Amtsantritt 1984 vor, die auch die bedrohte Einheit bewahren soll, seit die Provinz Quebec Unabhängigkeitsbestrebungen hegt; der bisherige Außenminister *Joe Clark* wird zum Minister für Verfassungsfragen ernannt und mit der Leitung des neugeschaffenen Kabinettsausschusses für Einheit betraut, der versuchen soll, Quebec zum Verbleib in einem reformierten kanadischen Staat zu bewegen. Nachfolgerin *Clarks* wird die bisherige Ministerin für Einwanderung und Frauenfragen, *Barbara McDougall*; Finanzminister *Wilson* übernimmt das neue »Superministerium« für internationalen Handel und Industrie. – *Mulroney* sagt den Mohawk-Indianern Mitte April eine Untersuchungskommission zur Beilegung ihrer Probleme zu, u. a. daß binnen zehn Jahren die Landansprüche der indianischen Stämme behandelt werden sollen; erstmals sollen auch die Forderungen aus der Zeit vor der Staatsgründung des modernen Kanada 1867 berücksichtigt werden.

KENIA Anläßlich des Kenyatta-Tages (Nationalfeiertag) am 20. 10. **1990** verbittet sich Präsident *Daniel T. arap Moi* jede Einmischung und Kritik aus dem Ausland; K. werde sich nicht mit der Drohung erpressen lassen, die Auslandshilfe zu kürzen, wenn sein Land nicht politische Reformen angehe. – amnesty international berichtet Ende November in London, daß Vertreter der Opposition in K. offenbar seit mehreren Monaten ohne Gerichtsverfahren festgehalten werden. Die KANU beschließt am 23. 6. **1991**, daß in Zukunft jeder Kenianer bei Parlaments- und Kommunalwahlen frei kandidieren kann; bisher durften sich nur Mitglieder der KANU zur Wahl stellen. Das geltende Einparteiengesetz wird dadurch nicht in Frage gestellt. – Eine Gruppe von Oppositionspolitikern, darunter auch der frühere Vizepräsident *Oginga Odinga*, schließt sich am 2. 8. zu einem »Forum zur Wiederherstellung der Demokratie«/FORD mit dem Ziel zusammen, das herrschende Einparteiensystem durch eine pluralistische Demokratie abzulösen. Am 25. 8. droht Präsident *Moi* führenden Oppositionspolitikern mit der Festnahme.

KOLUMBIEN Am 30. 8. **1990** werden insgesamt 6 Journalisten von der Drogenmafia entführt, darunter die Tochter eines ehemaligen Präsidenten, *Diana Turbay* (die am 27. 1. 1991 bei einem Befreiungsversuch von ihren Entführern ermordet wird). Die Drogenmafia will damit die Regierung unter Druck setzen, keine weiteren Mitglieder des Drogenkartells an die USA auszuliefern. – Am 9. 12. finden **Wahlen zur verfassunggebenden Versammlung** statt. Die 70 Abgeordneten sollen – parallel zum Parlament – gemäß eines Volksentscheides vom Mai bis zum 4. 7. 1991 eine grundlegende Revision der Verfassung erarbeiten. Bei einer Wahlbeteiligung von nur rund 25 % erreicht die »Liberale Partei 23 Sitze, die »Sozial-Konservative Partei« 20, die »Demokratische Allianz M-19«, eine ehemalige Guerilla-Gruppe, 19 und die linke »Patriotische Union«/UP 2 Sitze. – Präsident *Cesar Gaviria Trujillo* erläßt am 19. 12. eine **Verordnung, nach der Drogenverbrecher nicht mehr an die USA ausgeliefert werden** und ihre zu erwartende Strafe halbiert wird, wenn sie sich der Justiz stellen und ihre Schuld bekennen; als erster macht *Fabio Ochoa* am 20. 12. davon Gebrauch; es folgen am 16. 1. und 17. 2. seine beiden Brüder *Jorge Luis* und *Juan David*. – 1990 wurden im Drogenkrieg 420 Polizisten getötet und 537 verletzt; 2200 Personen wurden verhaftet, 266 Labors und 500 Pflanzungen zerstört, 15 t Kokain, 18 Flugzeuge und 1 Mill. US-$ beschlagnahmt. Nach offiziellen Angaben wurden im Jahr 1990 22 468 Personen in K. bei Anschlägen der Drogenmafia, der Guerilla-Truppen und der paramilitärischen Verbände getötet. Pro Monat werden rund 100 Personen meist aus politischen Gründen entführt. – Nach Verhandlungen mit der Regierung legt am 26. 1. **1991** die Guerilla-Organisation »Revolutionäre Arbeiterpartei«/PRT die Waffen nieder; es folgen am 1. 3. das »Volksbefreiungsheer«/EPL und am 29. 5. die indianische Guerilla-Truppe »Quintin Lame«; damit haben innerhalb eines Jahres 4 Gruppen den bewaffneten Kampf aufgegeben. Wie zuvor die M-19 bilden PRT und EPL eigene Parteien; in der verfassunggebenden Versammlung erhalten sie nachträglich je 1 Sitz. – Am 9. 6. einigen sich Präsident und Parteienvertreter auf eine **Auflösung des Parlaments und vorgezogene Neuwahlen am 6. 10.**; das neue Parlament soll erst am 2. 2. 1992 zusammentreten; bis dahin soll eine

Kommission der verfassunggebenden Versammlung dessen Funktion wahrnehmen. – Einer der meistgesuchten Rauschgifthändler der Welt, der Kolumbianer *Pablo Escobar,* stellt sich am 19. 6. der Justiz, nachdem ihm die Nicht-Auslieferung an die USA zugesichert worden war. – Die Verfassungsversammlung spricht sich am 4. 7. in Bogota mit großer Mehrheit für eine **neue Verfassung** aus, die das Grundgesetz von 1886 ersetzt. Wichtigste Neuerungen sind eine klare Gewaltentrennung und Kontrolle, mehr Volksrechte und Minderheitenschutz, eine Liberalisierung des Eherechts, ein Auslieferungsverbot für alle kolumbianischen Staatsangehörigen sowie eine Parlaments- und Regierungsreform.

KONGO Die Nationalkonferenz der politischen Parteien des Landes wählt am 8. 6. **1991** den früheren Weltbank-Funktionär, *André Milongo*, zum Ministerpräsidenten einer Übergangsregierung. Sie soll das Land bis zu den Parlamentswahlen im März 1992 führen. Die Konferenz hatte zuvor beschlossen, im November eine neue Verfassung zur Volksabstimmung zu stellen, im Januar 1992 Gemeinderäte und im Mai einen neuen Präsidenten wählen zu lassen.

KOREA

Innerkoreanische Beziehungen

Vom 4.–7. 9. **1990** findet in Seoul **das 1.** innerkoreanische **Treffen auf der Ebene der Regierungschefs seit der Teilung 1945** statt. Dabei legt der südkoreanische Ministerpräsident *Kang Young Hoon* seinem Amtskollegen *Yon Hyong Muk* ein 8-Punkte-Programm vor, das u. a. die Öffnung der Grenze für den innerkoreanischen Reiseverkehr, die gegenseitige Anerkennung und die schrittweise Abrüstung auf beiden Seiten zum Inhalt hat. Die 2., 3. und 4. Runde der Gespräche vom 16.–18. 10. in Pjöngjang sowie vom 11.–13. 12. und 12.–14. 2. **1991** in Seoul enden ohne Fortschritte im Verhältnis der beiden Koreas. Die 5. Gesprächsrunde sagt Nordkorea am 18. 2. ab. – Nordkorea lehnt am 25. 3. die Ernennung des südkoreanischen Generals *Hwang Won Tak* zum Leiter der UN-Waffenstillstandskommission ab. Der südkoreanische Präsident *Roh Tae Woo* spricht sich am 12. 7. für die Unterzeichnung eines Friedensvertrages aus, der an die Stelle des im Anschluß an den Korea-Krieg geschlossene Waffenstillstandsabkommen treten solle. – Der UN-Sicherheitsrat empfiehlt am 8. 8. in einer Resolution die Aufnahme Nord- und Südkoreas in die UN. Die endgültige Aufnahme der beiden Staaten erfolgte auf der Eröffnungssitzung der 46. UN-Vollversammlung am 17. 9. 1991.

Das geteilte Korea

DEMOKRATISCHE VOLKSREPUBKLIK KOREA Die **Gesprächsrunden über eine japanisch-nordkoreanische Annäherung** am 4. und 18. 11. **1990** (in Peking), am 30. 1. 1991 (in Pjöngjang) und am 11./12. 3. (in Tokio) verlaufen weitgehend ergebnislos *(→ Japan)*. – Am 2. 6. **1991** erklärt *Kim Il Sung* gegenüber der japanischen Nachrichtenagentur Kyodo, daß er ein besseres Verhältnis zu den USA wünscht. – Am 11. 6. erklärt Nord-K. der internationalen Atomenergiebehörde/IAEO seine Bereitschaft, die Atomanlagen inspizieren zu lassen, unter der Bedingung, daß die USA ihre Atomwaffen aus Südkorea abziehen. – Am 9. 7. wird formell die Mitgliedschaft in der UN beantragt. – Vertreter der Regierung und der IAEO paraphieren am 16. 7. ein Abkommen, das internationalen Experten erlaubt, die nordkoreanischen Atomanlagen zu inspizieren. Nordkorea gibt damit seine Forderung auf, daß alle Atomwaffen aus Südkorea abgezogen werden müßten.

REPUBLIK KOREA Am 30. 9. **1990** vereinbaren Außenminister *Choi Ho Joong* und sein sowjetischer Amtskollege *Eduard Schewardnadse* in New York die Aufnahme voller diplomatischer Beziehungen mit Wirkung vom 1. 1. 1991. – Staatspräsident **Roh Tae Woo entläßt am 8. 10. Verteidigungs-**

minister Lee und den Chef des Militärgeheimdienstes Cho wegen in der Vorwoche bekanntgewordener **Bespitzelungsaktionen gegen** 1300 **Oppositionelle und Journalisten**. Der Oppositionspolitiker *Kim Dae Jung* tritt wegen der Vorkommnisse in den Hungerstreik und verlangt die Auflösung der verantwortlichen Armeeabteilung und die Reform des politischen Systems. Gegen die Bespitzelungen von Zivilisten durch den Militärgeheimdienst demonstrieren am 14. 10. 150000 Menschen. – Am 21. 10. wird der nach einer ungenehmigten Reise nach Nordkorea 1989 zu 7 Jahren Haft verurteilte Dissident Pastor *Moon* freigelassen. – In Peking einigen sich am 22. 10. Vertreter der VR China und Südkoreas auf die Einrichtung von Handelsvertretungen; die Aufnahme voller diplomatischer Beziehungen lehnt China mit Rücksicht auf den engen Verbündeten Nordkorea noch ab. – Präsident *Roh* bildet am 27. 12. das Kabinett um. Neuer Ministerpräsident wird Ro Jai Bong, neuer Außenminister *Lee Sang Ock*. – Am 22. 1. **1991** stellt Südkorea der UdSSR einen Kredit in Höhe von 3 Mrd. $ zur Verfügung. – Nach Bekanntwerden eines Korruptionsskandals im Zusammenhang mit einem Wohnungsbauprojekt in Seoul (16. 2.), in den Mitglieder der Regierungs- und einer Oppositionspartei verwickelt sind, werden 5 Parlamentarier aus beiden Parteien und ein langjähriger Vertrauter *Rohs* verhaftet; durch die Aussage des Abgeordneten *Lee Won Bae* werden Präsident *Roh* und der Vorsitzende der Partei für Frieden und Demokratie, *Kim Dae Jung*, schwer belastet. Am 18. 2. wird daraufhin die Regierung umgebildet und der Bürgermeister von Seoul entlassen. – Am 26. 3. finden in S. **die ersten Kommunalwahlen seit mehr als 30 Jahren** statt. Parteien dürfen offiziell keine Kandidaten aufstellen. DLP-nahe Kandidaten gewinnen 49% und PPD-nahe 18,2% der Sitze. Unabhängige Kandidaten, die überwiegend auch zur DLP tendieren, kommen auf 31% der Sitze. – Am 9. 4. schließt sich die PPD mit der Dissidentenorganisation »Neue Demokratische Allianz« zur »Neuen Demokratischen Union«/NDU zusammen; Vorsitzender der NDU wird der bisherige PPD-Chef *Kim Dae Jung*. – **Am 19./20. 4. besucht Michail Gorbatschow als erster sowjetischer Staatschef Südkorea**; dabei schlägt er S. die Ausarbeitung eines Freundschafts- und Kooperationsvertrages vor. *Roh* sagt der UdSSR finanzielle und technologische Hilfe zu. – Bei **Straßenschlachten zwischen der Polizei und etwa 300 Studenten** kommt am 26. 4. in Seoul der 20jährige *Kang Kyung Dae* zu Tode. Die dafür verantwortlichen Polizisten und 2 ihrer Vorgesetzten werden am 27. 4. festgenommen; sie sollen des Mordes angeklagt werden. Am gleichen Tag entläßt *Roh* Innenminister *Ahn Eung Mo*; sein Nachfolger wird *Lee Sang Hyon*. In den folgenden 3 Wochen kommt es in Seoul und einigen anderen Städten täglich zu Demonstrationen einiger tausend Studenten gegen die Regierung und zu 5 Selbstmorden aus Protest gegen den Tod *Kangs*. **Ihren Höhepunkt erreicht die Protestwelle am 18. 5.**, dem 11. Jahrestag des blutig niedergeschlagenen Aufstands in Kwangju, **als im ganzen Land rund 300000 Menschen gegen die Regierung und Präsident Roh demonstrieren**. Am 22. 5. gibt **Ministerpräsident** *Ro Jai Bong* dem Druck der Proteste nach und **legt sein Amt nieder**. Am 23. 5. verkündet Präsident *Roh* eine Amnestie für 258 politische Häftlinge. Tags darauf **ernennt** er den ehemaligen Erziehungsminister **Chung Won Shik zum neuen Regierungschef**. – Am 1. 6. demonstrieren wieder Zehntausende gegen die Regierung von Präsident *Roh*. – Wie bereits bei der ersten Runde der Kommunalwahlen im März sprechen die Wähler bei den Wahlen zu den Parlamenten der neun Provinzen sowie von sechs Großstädten am 22./23. 6. der regierenden DLP mit großer Mehrheit ihr Vertrauen aus. Gleichzeitig muß der Führer der größten Oppositionspartei, *Kim Dae Jung*, erneut eine schwere Niederlage hinnehmen. – Am 5. 8. wird ein Antrag auf Mitgliedschaft in der UN gestellt. *(bearb.: J. Helfen)*

KUBA Zur Beilegung des Konflikts um die kubanischen Botschaftsflüchtlinge *(→ WA '91 Sp. 139)* kommt es am 4. 9. **1990**; die letzten 5 Kubaner verlassen die spanische Botschaft in Havanna, nachdem ihnen von der Regierung Straffreiheit zugesagt wird. – Die kommunistische Partei PCC gibt am 5. 10. eine Umstrukturierung ihres ZK sowie der Provinz- und Stadtkomitees bekannt; im ZK gibt es vorläufig nur noch drei Sekretäre: *José Ramón Machado Ventura, Julian Rizo Alvarez und Carlos Aldana Escalante*; die Militärabteilung wird durch eine unmittelbar dem Politbüro unterstellte Kommission ersetzt; auf Provinz- und Stadtebene soll die Zusammensetzung der Parteikomitees »in geheimer und direkter Wahl« bestimmt werden. – Ende November schafft K. den parallelen oder freien Markt für Lebensmittel und Konsumgüter ab; damit werden mit Ausnahme von Brot und Eiern alle Lebensmittel nur noch in rationierten Mengen verkauft. – Am 29. 12. unterzeichnen die UdSSR und K. einen neuen Vertrag über gegenseitige Wirtschaftshilfe; danach hat K. u. a. die Lieferung von Zucker, Nickel, Medikamenten und biotechnischen Produkten zugesagt; die UdSSR liefert Brennstoff, Getreide, Maschinen und technische Hilfe. – Partei- und Staatschef *Fidel Castro Ruz* kündigt Anfang April **1991** eine Liberalisierung der bislang üblichen Genehmigungspraxis bei Auslandsreisen und Emigration für die erwachsene Bevölkerung K. an; am 5. 8. wird das Mindestalter auf das 20. Lebensjahr gesenkt (bisher 55 für Männer, 50 Jahre für Frauen).

KUWAIT **In einer Blitzaktion überfällt der Irak am** 2. 8. **1990** K. und besetzt **das Emirat**. Bagdad, das umstrittene Gebietsansprüche geltend macht, setzt zusammen mit angeblichen »revolutionären Kräften« in K. eine »freie Übergangsregierung« ein und erklärt die »alte, verrottete« Regierung unter **Scheich Jabar Al Ahmad Al Jaber As Sabah** für abgesetzt; dieser **flieht** mit seiner Familie **nach Saudi-Arabien** und ruft Mitte August aus seinem Exil seine Untertanen zum Widerstand gegen das irakische Regime auf. Der Irak erklärt am 28. 8. Kuwait zur 19. Provinz und verkündet am 24. 9. die Abschaffung der Währung des eroberten Emirats. *(Zur Reaktion der internationalen Völkergemeinschaft und zum Golfkrieg → Sp. 69 ff.)* – **Nach der Niederlage der irakischen Armee** kehrt Kronprinz *Saad Abdullah Sabah* nach 7monatigem Exil nach Kuwait zurück, um als zeitweiliger Militärgouverneur zu fungieren. – Emir **Scheich Sabah kehrt** am 14. 3. **nach K. zurück**. – Die Regierung tritt am 20. 3. geschlossen zurück, um dem Emirat einen politischen Neubeginn zu ermöglichen. In der Bevölkerung wird Kritik laut, daß es 3 Wochen nach der Befreiung des Emirats noch immer kein fließendes Wasser und keine Stromversorgung gibt; außerdem werden Forderungen nach demokratischen Reformen erhoben. Am selben Tag wird die seit der Befreiung bisher einzige Zeitung verboten, nachdem sie der Regierung Unfähigkeit beim Wiederaufbau vorgeworfen und ihren Rücktritt gefordert hatte. – Die PLO erklärt am 22. 3., seit Ende des Kriegs am Golf seien 210 Palästinenser in K. ermordet worden; darüber hinaus seien Hunderte Palästinenser gefoltert worden, darunter auch Kinder. – **US-Präsident Bush fordert** am 2. 4. von Scheich *Sabah* **die Schaffung demokratischer Verhältnisse** in dem Emirat. Die 6 größten Oppositionsgruppen K. s haben sich unterdessen erstmals in der Geschichte des Emirats zusammengeschlossen; sie verlangen eine unabhängige Justiz, die Zulassung politischer Parteien und Maßnahmen gegen die Korruption. Weiter werden die Wiedereinsetzung der 1962 ausgesetzten Verfassung und die Bildung eines neuen Kabinetts gefordert, in dem Persönlichkeiten aller politischen Gruppen K. s vertreten sind. – In seiner ersten öffentlichen Ansprache seit der Befreiung des Landes erklärt Scheich *Sabah*, wenn sich die Lage im Lande »normalisiert« habe, würden im nächsten Jahr Wahlen stattfinden. – Am 21. 4. kommt es zur **Vereidigung einer neuen Regierung** unter Ministerpräsident *Saad Abdullah Al Salem As Sabah*; Mitglieder der Herrscherfamilie *As Sabah* stellen damit den Ministerpräsidenten, den neuen Außenminister Scheich *Salem As Sabah* sowie die Minister für Verteidigung, Inneres und Arbeit/Soziales; Vertreter der Opposition gehören der Regierung nicht an. – Der Emir von K. ordnet am 2. 6. Wahlen zu einem neuen Parlament im Oktober 1992 an; ferner setzt er per Dekret fest, daß der im Juni 1990 gewählte Nationalrat des Landes am 9. 7. zu einer regulären Sitzung zusammenkommen soll. – Bei den Strafverfahren gegen angebliche Kollaborateure aus der irakischen Besatzungszeit wird am 8. 6. erstmals die Todesstrafe verhängt; der Angeklagte hatte vergeblich argumentiert, die Geständnisse seien von der Polizei durch Folter erpreßt worden. – Ein Kriegsgericht verurteilt am 16. 6. sechs Mitarbeiter der Tageszeitung ›al Nida‹ zum Tode und zehn weitere zu jeweils zehn Jahren Haft für ihre Tätigkeit bei dem von der irakischen Besatzungsmacht herausgegebenen Blatt. Ungeachtet internationaler Proteste verurteilt ein Kriegsgericht am 20. 6. abermals mußmaßliche Kollaborateure zum Tode. Seit Beginn der Prozesse wurden damit 29 Todesurteile verhängt. Der Botschafter K.s. bei der UN, *Abulhasan,* unterrichtet UN-Generalsekretär *Perez de Cuellar* am 26. 6. über den Beschluß seiner Regierung, alle gegen angebliche Kollaborateure verhängten Todesurteile in lebenslange Freiheitsstrafen umzuwandeln. – Das seit knapp vier Monaten geltende **Kriegsrecht** wird am 26. 6. **aufgehoben.** – Am 9. 7. tritt die proviorische Nationalversammtlung, die im April 1991 auf Anweisung des Emirs gebildet worden war, erstmals zusammen. Das Gremium setzt sich aus 50 gewählten und 25 ernannten Mitgliedern zusammen, darunter 9 Oppositionelle und 6 Mitglieder der schiitischen Minderheit.

LIBANON General **Michel Aoun**, Führer der Christenmilizen, **kapituliert** am 13. 10. **1990** nach schweren Bombenangriffen der syrischen Luftwaffe auf sein Hauptquartier in Ostbeirut und flüchtet in die französische Botschaft; er kündigt die Auflösung seiner Truppen an. – Am 20. und 21. 10. erörtert Präsident *Elias Hrawi* in Damaskus mit Präsident *Hafez al-Assad* einen umfassenden **Sicherheitsplan**, mit dem die libanesische Armee in die Lage versetzt werden solle, die Macht des Staates im ganzen Land zur Geltung zu bringen. Es wird ferner über eine Regierungsumbildung, die Auflösung der Milizen und die Übergabe ihrer Waffen gesprochen. Die Milizenführer sprechen sich in der Folgezeit mit Einschränkungen für die Auflösung ihrer Truppen aus. – Am 21. 10. wird der maronitische Politiker *Dany Chamoun,* Führer der Liberalen Partei, zusammen mit seiner Frau und zweien seiner 3 Kinder in Beirut von einem Killerkommando ermordet. *Chamoun* war für *Aouns* »Befreiungskrieg« gegen Syrien eingetreten. – Die sich seit 1988 bekämpfenden schiitischen **Amal- und Hisbollah-Milizen schließen am 30. 10. einen Waffenstillstand**. Die Kämpfe haben bisher rd. 2000 Menschenleben gekostet. – Am 5. 11. fordert Präsident *Hrawi* die Privatarmeen auf, sich innerhalb von 14 Tagen aus der Hauptstadt zurückzuziehen. Dabei schließt er die rund 10000 Palästinenser ein und läßt ihr Argument, daß sie die Waffen zu ihrer Verteidigung benötigten, nicht gelten. Am gleichen Tag unterzeichnen die Führer der beiden Schiitenmilizen Amal und Hisbollah, *Nabib Berri* und Scheich *Subhi at-Tufaili,* in Damaskus ein **Friedensabkommen**. Zuvor waren sie mit den Außenministern *Faruk ash-Sharaa* (Syrien) und *Ali Akbar Velayati* (Iran) zusammengekommen, die betont hatten, daß sich jede Konfrontation zwischen den beiden muslimischen Gruppen im Libanon negativ für die antizionistischen Ziele ihrer Länder auswirke. – Nach 15 Jahren Bürgerkrieg ziehen am 3. 12. die letzten christlichen Milizen aus Beirut ab, die Sperren werden abgebaut. – Am 20. 12. beauftragt Präsident *Elias Hrawi* den Bruder des 1987 ermordeten Ministerpräsidenten *Rahshid Abdel Karamé, Omar Karamé*, mit der **Bildung einer Regierung der nationalen Einheit**, nachdem Premier *Selim al-Hoss* am Vortag mit seinem Kabinett zurückgetreten war. Am 24. 12. *gibt Karamé* die Ministerliste bekannt, die je 15 christliche und muslimische Vertreter der wichtigsten politischen Strömungen enthält. Der Führer der christlichen Forces libanaises (FL), *Samir Geagea,* und Kateb-Führer *Georges Saadeh* lehnen jedoch die ihnen angebotenen Ressorts mit der Begründung ab, daß der syrische Einfluß in dem Kabinett zu stark sei. Am 10. 1. **1991** sprechen 30 von 37 anwesenden Abgeordneten des Parlaments dem Kabinett das Vertrauen aus. Die Vertreter der Falange und der FL, darunter 3 designierte Minister, nehmen ebenso wie die für Ministerposten vorgesehenen Milizenchefs *Walid Joumblatt* (Drusenführer), *Nabih Berri* (Amalführer) und *Elie Hobeika* (früherer FL-Chef) nicht an der Sitzung teil. Mitte März tritt der Generalsekretär der Kataeb-Partei, *Roger Dib*, anstelle *Geageas* als Minister ohne Geschäftsbereich in die Regierung ein. Der christliche Milizenchef hält sich jedoch aus Sorge um seine persönliche Sicherheit vorwiegend im FL-Hauptquartier in Ghidras nördlich von Beirut auf. Er hat ebenso wie Postminister *Georges Saadeh* und Arbeitsminister *Michel Sassin* die Kabinettssitzungen im moslemischen West-Beirut boykottiert. – Am 20. 3. explodiert erstmals seit der Wiedervereinigung Beiruts im Dezember 1990 im christlichen Ostteil der Stadt wieder eine **Autobombe**, wobei 8 Menschen getötet und 25 verletzt werden. Der Anschlag galt Verteidigungsminister *Michel Murr*, der sich auf dem Weg zu einer Kabinettssitzung befand, auf der die Auflösung der Milizen und die Ausdehnung der Staatsgewalt über das ganze Land beschlossen werden sollte. Während einer seiner Leibwächter getötet wurde, blieb *Murr* nahezu unverletzt. – Am 29. 3. findet eine **erste Sitzung des Kabinetts Karamé in vollständiger Zusammensetzung** statt. Die christlichen Minister verlassen jedoch den Saal, als über die **Beschlüsse** abgestimmt wird: Die Milizen – libanesische und ausländische – sind bis Ende April zu entwaffnen, das Parlament wird um 40 auf die im Abkommen von Taif vom Okt. 1989 vorgesehene Zahl von 108 Abgeordneten erhöht und die privaten Radio- und Fernsehstationen werden der Kontrolle des Informationsministeriums unterstellt. – Am 26. 4. gibt die Schiitenbewegung Amal die Auflösung ihrer Miliz bekannt; zugleich übergibt die drusische Miliz 300 t Munition an die syrischen Truppen. FL-Führer *Geagea* teilt mit, er werde sich an die von der Regierung gesetzte Frist zur Auflösung der Milizen bis Ende April halten. Am 29. 4. übergibt auch die Privatarmee der Arabischen Demokratischen Partei/ADP, die ihren Stützpunkt in Tripoli hat, ihre schweren Waffen an die syrischen Streitkräfte. Am 1./2. 5. rücken Einheiten der regulären Armee in die von den FL und der Marada-Miliz von Ex-Präsident *Suleiman Franjieh* kontrollierte Region nördlich von Beirut sowie in die drusischen Chouf-Berge südöstlich der Hauptstadt ein, ohne daß es zu Zwischenfällen kommt. Zuvor hatte die Christenmiliz ihre schweren Waffen an die Armee abgegeben, ohne dies wie bisher von der Entwaffnung der Palästinenser abhängig zu machen. Angeblich erhielt sie Zusagen aus Damaskus, daß auch die meist hinter *Yassir Arafat* stehenden PLO-Kämpfer ihre Waffen schließlich abliefern würden, desgleichen die Hisbollah. Die rd. **20000 regulären libanesischen Milizionäre** – 8000 FL, 6000 Amal, 3000 Drusen, 2000 Hisbollah und 1000 Marada – sollen **in die Armee und die Sicherheitsdienste aufgenommen** werden. Mit dem Christen- und dem Drusengebiet kontrolliert die Armee nunmehr rd. ¼ des Landes, in dem allerdings mehr als die Hälfte der Libanesen wohnt. Bis zum 20. 9. will sie auch den Süden des Landes, wo neben der Hisbollah 6000 Palästinenser, die 2500 Mann starke Südlibanesische Armee (SLA) sowie 250 iranische Revolutionswächter stehen, unter ihre Kontrolle bringen; desgleichen den Osten und den Norden, den weiterhin die syrischen Truppen besetzt halten. – Am 10. 5. verabschiedet das Parlament mit 34 gegen 8 Stimmen bei 4 Enthaltungen ein Gesetz, das die Regierung ermächtigt, **40 neue Abgeordnete zu ernennen**, womit die Volksvertretung die Zahl von 108 Mitgliedern erreicht und eine zahlenmäßige Parität zwischen Christen und Muslimen herbeigeführt werden kann. – Am 15. 5. billigt das Kabinett einen **»Vertrag der Bruderschaft und der Koordination« zwischen Libanon und Syrien**. Handelsminister *Marwan Hamade* erklärt dazu, daß der Vertrag erstmals seit der Unabhängigkeit beider Länder 1943 die formelle Anerkennung des Libanon durch Syrien vorsehe; bisher habe es zwischen beiden Nachbarn keinen Botschafteraustausch gegeben. Ex-Präsident *Amin Gemayel* kritisiert den Vertrag mit Syrien, da der Libanon nun kein unabhängiges Land mehr sei, sondern eine »syrische Provinz«. Der **syrisch-libanesische Vertrag** wird am 22. 5. in Damaskus durch die Präsidenten beider Staaten, *Hafez al-Assad* und *Elias Hrawi,* **unterzeichnet**. – Die **libanes. Armee rückt am 1. 7. in die Hafenstadt Sidon ein**, um nach 16 Jahren Milizenherrschaft auch hier die staatliche Autorität wiederherzustellen. Während die sunnitische Miliz ihre Waffen übergibt, beziehen die Palästinenser zunächst strategische Stellungen in den Hügeln. Nach 4tägigen Gefechten wird am 4. 7. ein **Friedensabkommen zwischen der PLO und der Regierung** geschlossen; es verpflichtet die Palästinensermilizen, alle schweren Waffen abzugeben; im Gegenzug sichert die Regierung den rd. 350000 palästinensischen Flüchtlingen die Wahrung ihrer Bürgerrechte zu. Bis zum 10. 7. liefert die PLO ihre schweren und mittelschweren Waffen an die Armee ab und gibt ihre letzten Positionen im Südlibanon auf. – Am 8. 8. wird der britische Fernsehjournalist *John McCarthy* **nach über fünfjähriger Geiselhaft freigelassen.** Die proiranische Fundamentalistenorganisation »Islamischer Heiliger Krieg« erklärt sich in einem Schreiben, das *McCarthy* am 11. 8. UN-Generalsekretär *Pérez de Cuéllar* übergibt, grundsätzlich bereit, alle westlichen Geiseln freizulassen. Dafür verlangt die Organisation die Freilassung von arabischen Häftlingen in Israel und Europa. Am 11. 8. wird der US-Bürger *Edward Austin Tracy* nach fast fünfjähriger Geiselhaft durch eine »Organisation der Revolutionären Gerechtigkeit« freigelassen. – Der ehemalige Chef einer christlichen Militärregierung (1988–1990), General *Michel Aoun,* und 2 Generäle, die wie er in der fränzösischen Botschaft in Beirut 10 Monate lang Unterschlupf gefunden hatten, werden von Präsident *Hrawi* amnestiert und gehen am 28. 8. nach Frankreich ins Exil.

LIBERIA Am 16./17. 9. **1990** werden aus der Hauptstadt Monrovia die bisher **schwersten Kämpfe des seit** Dezember **1989 dauernden Bürgerkriegs** gemeldet; die von *Charles Taylor* geführten Rebellen der »Nationalen Patriotischen Front«/NPLF kämpfen gegen die Rebellen der abgesplitterten »Unabhängigen Nationalen Patriotischen Front«/INPLF unter *Prince Johnson* und gegen Einheiten der auf fast 4000 Mann verstärkten westafrikanischen Friedenstruppe. **Staatspräsident Samuel Doe wird** am 9. 9. **bei einem Gefecht** mit Truppen des Rebellenführers *Johnson* **verwundet und gefangengenommen; am 10. 9. erliegt er seinen Verletzungen.** – Mitte September übernimmt Nigeria das Kommando der westafrikanischen Friedenstruppe in L.; der neue Befehlshaber, General *Joshua Dogonyaro*, will ein Ende des Bürgerkriegs notfalls mit Waffengewalt erzwingen. – Ein von allen 3 Bürgerkriegsparteien am 15. 9. angenommener Waffenstillstand wird bereits am 27. 9. wieder gebrochen. – *Johnson* verwirft am 25. 9. den Vorschlag seines Rivalen *Taylor*, am 10. 10. in L. Parlamentswahlen durchzuführen. – Am 24. 10. kommt es in der Hauptstadt Gambias, Banjul, zur Unterzeichnung eines Waffenstillstandsabkommens zwischen den Anhängern *Does* und den Rebellen unter *Johnson*; *Taylor* schließt sich der Vereinbarung nicht an. – Alle Bürgerkriegsparteien vereinbaren am 28. 11. in Bamako in Mali einen sofortigen Waffenstillstand, der bereits am 30. 11. von Anhängern *Johnsons* durch einen Angriff auf Einheiten der Armee in Monrovia gebrochen wird. – Bei einem Gipfeltreffen in Lomé (Mali) am 13. 2. wird nach Angaben des malischen Präsidenten *Moussa Traoré* ein **Waffenstillstandsabkommen zwischen den rivalisierenden Bürgerkriegsparteien** getroffen und unterzeichnet; ein Komitee der Wirtschaftsgemeinschaft der westafrikanischen Staaten/Ecowas soll die Waffenruhe überwachen und das Zustandekommen einer Übergangsregierung in L. gewährleisten. – Am 19. 4. wird *Amos Sawyer* von der seit dem 15. 3. tagenden Nationalkonferenz als Interimspräsident bestätigt. – Ohne Ergebnis geht am 30. 7. ein westafrikanisches Gipfeltreffen über L. zu Ende, bei dem es vor allem um die Durchführung von demokratischen Wahlen in dem von Bürgerkrieg zerrütteten Land gehen sollte. Teilnehmer waren auch der Übergangspräsident *Sawyer* und der Führer der NPLF, *Taxlor,* der es weiterhin ablehnt, die Waffen niederzulegen. – Der Rebellenführer *Johnson* verläßt am 6. 8. mit seiner INPLF die Übergangsregierung von Präsident *Sawyer,* da es dieser nicht geschafft habe, die Einheit Liberias zu bewahren und damit die Voraussetzung für die Abhaltung freier Wahlen zu schaffen.

LIBYEN Staatschef Muammar al Gaddafi fordert am 8. 10. **1990 den Abzug der irakischen Truppen aus Kuwait** und im Anschluß daran den aller ausländischen Truppen aus der Golfregion. – Im Rahmen einer Regierungsumbildung werden am 7. 10. **Abu Zair Omar Bourda zum neuen Ministerpräsidenten** und *Ibrahim Mohammed el Bachari* zum neuen Außenminister **ernannt**. – Am 1. 11. weist L. die Terroristen des Palästinenserführers *Abu Abbas* aus. *Gaddafi* erklärt Anfang November in einem Interview mit dem Nachrichtenmagazin »Der Spiegel«, daß L. die Unterstützung des Terrorismus eingestellt habe. Weiter kündigt er an, demnächst von Deutschland Wiedergutmachung für die im Zweiten Weltkrieg verursachten Schäden zu verlangen. – Beim Gipfeltreffen der Maghreb-Staaten im libyischen Ras Lanuf am 10. 3. **1991** übernimmt **Gaddafi** den Vorsitz der Organisation für das kommende halbe Jahr; er **äußert, daß die** im März vergangenen Jahres unter mysteriösen Umständen abgebrannte **Chemiefabrik in Rabta** in 2 bis 3 Monaten **ihren Betrieb wieder aufnehmen werde**. – Am 27. 5. werden 2 deutsche Techniker, die unter dem Vorwurf der Spionage für den BND festgehalten worden sind, nach 423 Tagen Geiselhaft freigelassen. *(bearb.: J. Helfen)*

MADAGASKAR **In** der Hauptstadt **Antananarivo demonstrieren** am 8. 7. **1991 Hunderttausende gegen die Regierung**; die Opposition verlangte den Rücktritt von Präsident *Didier Ratsiraka* sowie der Regierung. Auch die sozialistische Verfassung soll abgeschafft werden. – Die Oppositionsbewegung ernennt am 17. 7. mit dem pensionierten General *Rakotoharson* einen eigenen »Staatschef« und will damit ihrer Forderung nach Reformen und einer demokratischen Verfassung Nachdruck verleihen. – Ein »Komitee der starken Kräfte«, ein Sammelbecken von 16 Gruppen von Regimegegnern, ernennt am 22. 7. sechs Minister einer **Gegenregierung.** In Begleitung von zehntausenden Demonstranten führen die Oppositionellen die von ihnen ernannten »Minister« zu den Ministerien. – Staatspräsident *Ratsiraka* verhängt am 23. 7. den **Ausnahmezustand** über die Hauptstadt. Gegen Oppositionsführer *Albert Zafy* und Mitglieder seines Schattenkabinetts wird Haftbefehl erlassen. Trotz des Versammlungsverbots kommt es am 24. 7. zu einer Demonstration mit über 300 000 Teilnehmern in der Hauptstadt, die den Rücktritt der Regierung fordern. Die Oppositionsbewegung besetzt am gleichen Tag weitere Ministerien. – Unter dem Druck der seit dem 10. 6. andauernden Proteste der Opposition erklärt Ministerpräsident *Victor Ramahatra* am 28. 7. seinen Rücktritt. Zugleich kündigt Präsident *Ratsiraka* noch in diesem Jahr ein Referendum über eine neue Verfassung an. – Am 29. 7. macht Präsident *Ratsiraka* der Opposition weitere Zugeständnisse und annuliert ein Dekret zur Verhaftung von Oppositionspolitikern. – Die Massenproteste von Regierungsgegnern dehnen sich am 5. 8. von der Hauptstadt auf andere Teile des Landes aus. In der Hafenstadt Toamasina an der Ostküste der Inselrepublik demonstrieren Tausende gegen die Regierung. – **Präsident** *Ratsiraka* **ernennt** am 8. 8. den Bürgermeister von Antananarivo, *Guy Willy Razanamasy,* **zum neuen Ministerpräsidenten.** – Am 10. 8. demonstrieren etwa 400 000 Menschen gegen Präsident *Ratsiraka.* Auf dem Weg zu seinem Amtssitz werden sie von Soldaten beschossen; dabei gibt es mindestens 12 Tote und 200 Verletzte. – Fünf der sechs Republiken M.s. erhalten am 18. 8. den Status von Bundesstaaten und dadurch mehr Autonomie von der Zentralregierung. – Am 28. 8. findet erneut eine Demonstration mit über 300 000 Teilnehmern in Antananarivo statt.

MALI Bei schweren Zusammenstößen am 22. und 23. 3. **1991** in der Hauptstadt Bamako zwischen Demonstranten und Soldaten werden ca. 150 Menschen getötet und 1000 weitere verletzt; die Demonstranten fordern den Rücktritt von Staatschef *Moussa Traoré*, freie Wahlen und die Einführung eines Mehrparteiensystems. – Am 25. 3. rufen Oppositionsgruppen zu einem **Generalstreik** auf, dem ungeachtet erster politischer Zugeständnisse (Aufhebung des am 22. 3. verhängten Ausnahmezustandes, Freilassung von politischen Gefangenen) weitgehend Folge geleistet wird. – **Am 26. 3. kommt es bei einem unblutigen Staatsstreich der Offiziere unter Führung von Oberstleutnant Amadou Toumani Touré zum Sturz Traorés;** die Macht übernimmt ein Militärrat. – Am 31. 3. kommt es zur Auflösung des 17 Mitglieder umfassenden Militärrats, der die Macht an einen aus zehn Militärs und 15 Zivilisten bestehendes »**Übergangskomitee zur Rettung des Volkes**« übergibt und dessen Vorsitz *Touré* übernimmt; das Komitee soll eine Nationalkonferenz einberufen, eine geschäftsführende Regierung berufen, eine demokratisch-pluralistische Verfassung entwerfen sowie Präsidentschafts-, Parlaments- und Kommunalwahlen ausschreiben. – **Zum neuen Ministerpräsidenten beruft das Komitee** Anfang April den ehemaligen malischen Finanzminister und gegenwärtigen UN-Funktionär **Soumana Sako**. – Am 29. 7. wird eine Nationalkonferenz mit 1800 Delegierten eröffnet, die über eine neue Verfassung und die Vorbereitung demokratischer Wahlen berät.

MAROKKO Die Regierung lehnt Ende Oktober **1990** die wichtigsten Vorbedingungen des von UN-Generalsekretär *Javier Pérez de Cuéllar* vorgeschlagenen Referendums in der Westsahara ab. – Bei dem von den beiden großen Gewerkschaften M.s, »Demokratischer Arbeiterbund«/CDT und »Allgemeine Union der marokkanischen Arbeiter«/UGTM, ausgerufenen **Generalstreik** am 14. 12. finden nach Gewerkschaftsangaben mindestens 30 Menschen den Tod; Hunderte werden verletzt; als Hauptgrund für den Streik geben die Gewerkschaften »die dramatische Verschlechterung der Lebensverhältnisse« an. – Die führenden Mitglieder der beiden großen Gewerkschaften, *Mohamed Titna Alaoui* und *Fatima Tarek* (beide am 14. 12. verhaftet), werden Ende Dezember von der Justiz des Aufruhrs, der bewaffneten Zusammenrottung und der Verbreitung falscher Nachrichten beschuldigt. – Nach Angaben der Behörden am 28. 12. sind Ermittlungen gegen 850 Teilnehmer an den Unruhen aufgenommen worden; die Gerichte haben die ersten 150 Festgenommenen zu Haftstrafen von einem Monat bis zu sieben Jahren verurteilt. – Am 5. 1. **1991** gibt die Regierung Einzelheiten der zuvor von *Hassan II.* angekündigten

verbesserten Sozialleistungen bekannt; danach steigen die Mindestlöhne in Industrie, Handel und Landwirtschaft um 15%; bisher beträgt der Mindestlohn etwas über 1 000 Dirham (etwa 200 DM). – Mehr als 150000 Menschen nehmen am 3. 2. in Rabat an dem »Friedensmarsch zur Solidarität mit dem irakischen Volk« teil, der von den Gewerkschaften, den Oppositionsparteien und Bürgerorganisationen ausgerufen und von der Regierung genehmigt wird. – Ein für den 24. 2. von fünf Oppositionsparteien geplanter Solidaritätsmarsch mit dem Irak wird am 15. 2. vom marokkanischen Innenministerium verboten. – Anläßlich seines **30. Thronjubiläums** am 3. 3. erläßt *Hassan II.* 2268 Häftlingen ihre Gefängnisstrafe ganz oder teilweise. – Schwere **Vorwürfe über Menschenrechtsverletzungen** in M. erhebt am 26. 3. in Genf amnesty international, die *Hassan II.* vorwirft, sein Land seit 30 Jahren mit Repressionen und Zwang zu regieren. – Am 25. 5. führt UN-Generalsekretär *Pérez de Cuéllar* in Marokko Gespräche mit König *Hassan II.* über das von den UN geplante Referendum in der von M. besetzten Westsahara, das von König *Hassan II.* akzeptiert wird. – König *Hassan II.* lehnt am 20. 8. das Inkrafttreten eines Waffenstillstandes nach der Plänen der UN am 6. 9. im Westsahara-Konflikt ab, da angesichts der Verzögerungen der UN bei der Aufstellung der Liste von Bewohnern der ehemals spanischen Westsahara der Fahrplan nicht eingehalten werden könne. – Die Armee erobert am 25. 8. bei ihrer Offensive gegen Stellungen der Polisario die provisorische Hauptstadt der ausgerufenen »Demokratischen Arabischen Republik Sahara«, Bir Lahlou.

MAURETANIEN amnesty international wirft Anfang Oktober **1990** der Regierung vor, die **Verstöße gegen die Menschenrechte**, insbesondere gegen die schwarze Bevölkerung im Süden M. s, zu dulden. – Die Militärregierung hat nach eigenen Angaben (Anfang Dezember) einen für den 27. 11. geplanten Militärputsch vereitelt; mehrere hundert Verdächtige seien festgenommen worden. – In einer am 14. 4. **1991** veröffentlichten Erklärung kündigt die Militärregierung freie Parlamentswahlen bis Ende 1991 an. – Am 12. 7. wird eine neue Verfassung angenommen, die M. als »Islamische Republik« definiert, den Staatspräsidenten mit großen Vollmachten ausstattet und die Einführung eines Mehrparteiensystems vorsieht.

MOSAMBIK Eine **neue Verfassung** tritt am 30. 11. **1990** in Kraft; sie führt ein Mehrparteiensystem, Marktwirtschaft und Religionsfreiheit ein, sichert die Pressefreiheit und schafft die Todesstrafe ab. Der Staatsname wird von Volksrepublik in »Republik Mosambik« geändert. – Regierung und die Rebellenorganisation Renamo unterzeichnen am 1. 12. in Rom einen **regionalen Waffenstillstand**. – Am 3. 5. **1991** verabschieden Regierungsvertreter und die Rebellenorganisation Renamo in Rom ein Dokument über die **Schaffung demokratischer Strukturen**. Gemeinsam sollen ein Parteien- und ein Wahlgesetz ausgearbeitet werden; Presse- und Meinungsfreiheit sowie die freie politische Betätigung sollen gewährleistet werden. – Die Regierung bestätigt am 23. 6. einen Putschversuch, der am 12. 8. zur Verhaftung des Innenministers führt.

MYANMAR Nach Angaben von Diplomaten in Rangun am 1. 10. **1990** haben Sicherheitskräfte bei einem Einsatz gegen mindestens 89 **politische Gefangene**, die sich seit 18. 9. im **Hungerstreik** befanden, mehr als 40 Menschen verletzt; die Gefangenen fordern u. a. eine Machtübergabe der Militärregierung an den Wahlsieger vom Mai. – Die Militärregierung bestätigt am 19. 10., daß zwei Führer der »Nationalen Liga für Demokratie«/NLD am 18. 10. wegen Unruhestiftung und Aufwiegelung gegen die Regierung zu 7 Jahren Gefängnis verurteilt worden sind. – Den buddhistischen Mönchen in Mandalay, die sich seit September in einem »religiösen Boykott« gegen die Militärregierung befinden, stellt Regierungschef General *Saw Maung* am 18. 10. ein Ultimatum, ihre Protestaktion zum 21. 10. zu beenden. Am 22. 10. werden die Klöster der oppositionellen Mönche in Mandalay von Soldaten gestürmt. – Die aus den Wahlen im Mai als Sieger hervorgegangenen **Oppositionsparteien** geben in Manerplaco die **Bildung einer Gegenregierung** mit *Sein Win* an der Spitze bekannt; am 21. 12. erklärt daraufhin das Militärregime die oppositionelle »Partei für nationale Demokratie«/PND für illegal. – Am 9. 4. **1991** verurteilt ein Militärgericht zwei Regimekritiker wegen ihrer angeblichen Teilnahme am Totschlag von 6 Personen während der politischen Unruhen 1988 zum Tode. – In einer am 22. 4. gesendeten Fernsehansprache erklärt der stellv. Stabschef und Mitglied der Militärjunta, es gäbe gegenwärtig keine Organisation, die das Land in Frieden und Stabilität regieren könne; er kündigt die Ausarbeitung einer neuen Verfassung und die Einberufung eines Nationalkonvents an. – Am 6. 5. kündigt die Militärregierung die Wiedereröffnung der Universitäten ab 15. 5. an; diese waren 1988 geschlossen worden, um die starke Studentenbewegung zu untergraben.

NEPAL Am 9. 11. **1990** verkündet König *Birendra* eine **neue Verfassung** (sie ersetzt das alte ständische Panchayat-System, unter dem politische Parteien 30 Jahre lang verboten waren), die die Errichtung eines Unterhauses, das alle fünf Jahre gewählt werden soll, vorsieht. – Bei den ersten freien **Parlamentswahlen** seit 32 Jahren am 12. 5. **1991** erringt die »Nepalesische Kongreßpartei«/NC die absolute Mehrheit; sie stellt 109 der 205 Abgeordneten im Parlament von Katmandu; zweitstärkste Kraft wird die »Vereinigte marxistisch-leninistische Partei«/VML mit 69 Sitzen; 13 Sitze gehen an andere kommunistische Splittergruppen; die königstreuen Parteien erhalten 4 Sitze; die übrigen Sitze fallen an eine Anzahl kleinerer Parteien und Unabhängige. – Ministerpräsident *Krishna Prashad Bhattarai* erklärt nach der Wahlniederlage am 14. 5. seinen Rücktritt. – Am 29. 5. wird **Girija Prasad Koirala** von König *Birendra* **zum neuen Ministerpräsidenten ernannt**.

NEUSEELAND Am 4. 9. **1990** tritt Premierminister *Geoffrey Palmer* zurück; Nachfolger wird der bisherige Außenminister *Michael Moore*. – Bei den **Parlamentswahlen am 27. 10.** erringt die bisher in der Opposition stehende National Party die Mehrheit; sie erhält unter dem designierten Regierungschef *Jim Bolger* 68 Sitze (bisher 40), Labour Party 28 (56) und die New Labour Party unter *Jim Anderton* 1 Sitz; die anderen kleinen Parteien wie Demokraten, Grüne und die Maori-Gruppierung Mana Motuhake erhalten kein Mandat. – Anfang April **1991** kommt es in allen Städten zu Protestmärschen mit insgesamt rund 100 000 Teilnehmern, nachdem die Regierung ihren Beschluß bekanntgegeben hat, ab 1. 5. die obligatorische Gewerkschaftszugehörigkeit und landesweit geltende Lohnabkommen durch individuelle Verträge zwischen Arbeitgebern und Arbeitnehmern zu ersetzen.

NICARAGUA Am 3. 3. **1991** gibt Frau *Chamorro* nach Absprachen mit der Weltbank und der Interamerikanischen Entwicklungsbank/IaDB ein umfassendes **Programm zur Sanierung der Wirtschaft** und zur Eindämmung der Inflation bekannt, die 1990 eine Jahresrate von 13 000 % erreicht hatte. – Am 17. 5. einigen sich die Vertreter von 21 Gläubigerstaaten und 9 internationalen Institutionen in Paris auf ein **Überbrückungsdarlehen** für Nicaragua von 360 Mio. $. Damit sollen die seit 1982 aufgelaufenen Zahlungsrückstände bei der Weltbank (260 Mio. $) und bei der IaDB (100 Mio. $) bis Ende August getilgt werden.

NIEDERLANDE Die Regierungskoalition aus Christ- und Sozialdemokraten einigt sich Ende Februar **1991** nach wochenlangen Auseinandersetzungen auf »drastische und schmerzhafte« Sparmaßnahmen sowie Steuer- und Preiserhöhungen. – Bei den **Wahlen zu den** 12 niederländischen **Provinzparlamenten** am 6. 3. erleiden die Sozialdemokraten eine schwere Niederlage; auf die »Partei der Arbeit«/PvdA entfallen 20,4 % der Stimmen (bei den Provinzwahlen 1987 33 %); Wahlgewinner sind die linksliberalen »Demokraten'66«/D'66, die ihren Stimmenanteil von 6,7 % auf jetzt 15,6 % mehr als verdoppeln kann; »Christlich Demokratischer Appell«/CDA 32,6 % (33 %); »Volkspartei für Freiheit und Demokratie«/VVD 15,7 % (15,5 %). – Ein dem Parlament am 8. 3. vorgelegtes Militärprogramm sieht eine **Verringerung der** derzeit etwa 120 000 Mann starken **niederländischen Armee** in den kommenden 10 Jahren um rund 40 000 Personen vor. – Die Außenminister der Bundesrepublik Deutschland und der Niederlande, *Hans-Dietrich Genscher* und *Hans van den Broek*, unterzeichnen am 23. 5. in Isselburg einen Staatsvertrag, nach dem niederländische Gemeinden und Provinzen künftig mit Gemeinden, Städten und Kreisen in Nordrhein-Westfalen und Niedersachsen sowie mit den Landschaftsverbänden rechtlich verbindliche Formen der Zusammenarbeit vereinbaren können.

NORWEGEN Die Regierung beschließt am 22. 10. **1990** die **Bindung des Kurses der norwegischen Krone an den ECU**. Im Verhältnis zum Zentralkurs (1 ECU = 7,994 nkr) sollen die Abweichungen in einem Band von 2,25 % zu jeder Seite gehalten werden. Als Nicht-EG-Mitglied kann Norwegen dem Europäischen Währungssystem (EWS) nicht beitreten, aber Oslo hat mit mehreren Zentralbanken in der EG gegenseitige Interventionshilfe für den Fall eines Ausbrechens aus dieser Bandbreite vereinbart und erreicht somit einen vergleichbaren Effekt. – Nach unüberbrückbaren Meinungsverschiedenheiten innerhalb der bürgerlichen Dreierkoalition – Höyre, Zentrum, Christliche Volkspartei – in der Europapolitik (insbes. der norwegischen Position bei den EG-EFTA-Verhandlungen) reicht die Regierung unter Ministerpräsident *Jan Peder Syse* am 29. 10. ihren Rücktritt ein. Am 3. 11. wird die sozialdemokratische Oppositionsführerin **Gro Harlem Brundtland neue Ministerpräsidentin** einer 19köpfigen sozialdemokratischen Minderheitsregierung, der 9 Frauen angehören. Der von ihr am 17. 11. vorgelegte **Haushaltsentwurf 1991** sieht Ausgaben von 327,9 Mrd. nkr bei einem Defizit von 11 Mrd. nkr vor. – Nach dem **Tod von König Olav V.** am 17. 1. **1991** legt der bisherige Kronprinz am 21. 1. vor dem Parlament seinen Eid auf die Verfassung als **König Harald** V. ab. – Am 20. 4. wird die frühere Handelsministerin *Kaci Kullmann Five* einstimmig zur neuen Vorsitzenden der konservativen Höyre – anstelle von *Jan Peder Syse* – gewählt. Damit stehen an der Spitze der 3 wichtigsten Parteien Norwegens nur noch Frauen.

ÖSTERREICH Bei den **Nationalratswahlen** am 7. 10. **1990** kann die SPÖ von Bundeskanzler *Franz Vranitzky* mit 42,8% ihren Stimmenanteil gegenüber 1986 (43,1%) halten, während die mitregierende ÖVP mit 32,1% (41,3%) nach Stimmen und Mandaten auf den tiefsten Stand seit ihrer Gründung 1945 zurückfällt. Die rechtskonservative FPÖ unter Vorsitz von *Jörg Haider* kann ihren Stimmenanteil auf 16,6% (9,7%) erhöhen, die GAL (»Die Grüne-Alternative Liste 4«) erzielt 4,5% (4,8%). Auf die übrigen 7 Parteien, darunter die VGÖ (»Vereinigte Grüne Österreichs«, 1986 in der Grünen Plattform integriert) und die Kommunisten, entfallen 3,7% der Stimmen. Neue Sitzverteilung im Nationalrat: SPÖ 80 (unverändert), ÖVP 60 (–17), FPÖ 33 (+15) und GAL 10 (+2). Auf der konstituierenden Sitzung am 5. 11. werden *Heinz Fischer*/SPÖ zum Ersten, *Robert Lichal*/ÖVP zum Zweiten und *Heide Schmidt*/FPÖ zum Dritten Präsidenten des Nationalrats gewählt. – In den Verhandlungen zur Bildung einer neuerlichen Großen Koalition einigen sich SPÖ und ÖVP am 6. 11. auch auf eine **Revision des Staatsvertrages von 1955**. Die Artikel 12 (Verbot der Dienstleistung von Mitgliedern ehemaliger NS-Organisationen in den österreichischen Streitkräften), 13 (Verbot von Spezialwaffen), 14 (Verfügung über Kriegsmaterial alliierten und deutschen Ursprungs), 15 (Verhinderung der deutschen Wiederaufrüstung) und 16 (Verbot der Anschaffung von Zivilflugzeugen deutscher und japanischer Bauart) sowie um Art. 22, Ziff. 13, der es Österreich verbietet, ihm übergebenes ehemals deutsches Eigentum an Deutsche und andere Ausländer zu übertragen, werden als überholt und nicht mehr wirksam erklärt. Die 4 Signatarmächte (USA, UdSSR, Großbritannien, Frankreich) werden am 7. 11. in Noten formell unterrichtet. Sie erheben keine Einwände. – Am 17. 10. vereidigt Bundespräsident *Kurt Waldheim* die **neue Regierung** unter Bundeskanzler *Vranitzky*/SPÖ; ihr gehören 8 SPÖ- und 7 ÖVP-Minister sowie ein Parteiloser (Justizminister *Nikolaus Michalek)* an. – Am 26. 10. wird ein **Konflikt mit Italien um den Alpentransit** vorerst beigelegt und eine 10tägige Grenzsperre aufgehoben. – Im bisher größten Prozeß wegen illegaler Waffenexporte und »Neutralitätsgefährdung« werden am 1. 2. **1991** vom Landesgericht in Linz **14 Spitzenmanager schuldig gesprochen**. – Die Regierung gestattet am 5. 2. den USA den **Bahntransport von 103 US-Bergungspanzern durch Österreich** an die Golffront. – Am 5. 3. legt Verteidigungsminister *Werner Fasslabend*/ÖVP Pläne für eine **grundlegende Heeresreform** vor. Die Verteidigungskonzeption, die bisher von einem Ost-West-Konflikt ausging, wird revidiert, da ein solcher Konflikt nach der Auflösung der Militärstruktur der WVO *(→ Sp. 767 ff.)* nicht mehr als wahrscheinlich gilt. Als Verteidigungsfall wird nicht mehr die Invasion durch eine Großmacht, sondern das Entstehen regionaler und lokaler Konflikte in unmittelbarer Nachbarschaft angesehen. Künftig soll das Bundesheer daher vor allem die Grenzen schützen. – Im **Prozeß um den Untergang des Frachtschiffs Lucona**, bei dem 1977 im Indischen Ozean 6 Seeleute den Tod fanden, wird am 11. 3. vor dem Wiener Landesgericht der Hauptangeklagte, *Udo Proksch,* wegen sechsfachen Mordes und Mordversuchs, vorsätzlicher Gefährdung durch Sprengmittel und versuchten schweren Versicherungsbetrugs zu einer Freiheitsstrafe von 20 Jahren verurteilt. – In einer am 16. 5. beendeten dreitägigen **Volksbefragung** lehnt die Wiener Bevölkerung mit 65% der abgegebenen Stimmen die Veranstaltung einer für 1995 in Wien und Budapest geplanten **Weltausstellung** (»Expo 95«) ab. Mehr als 72% der Bürger sprechen sich hingegen für den Bau eines umstrittenen **Donau-Wasserkraftwerks** in Wien-Freudenau aus. – Auf dem 32. Parteitag der Sozialistischen Partei Österreichs (SPÖ) am 14./15. 6. in Linz stimmen die rund 500 Delegierten bei nur 35 Gegenstimmen der **Umbenennung in Sozialdemokratische Partei Österreichs** bei unveränderter Kurzbezeichnung zu. Bundeskanzler Vranitzky wird mit 459 der 466 gültigen Stimmen (= 98,5%) als Parteivorsitzender bestätigt. Der Parteitag billigt zugleich eine Reform der innerparteilichen Arbeitsstruktur, durch die vor allem die Beteiligung von Nichtmitgliedern an der Umsetzung sozialdemokratischer Ziele gefördert und parteiinterne Vorwahlen ermöglicht werden sollen (die SPÖ hat rund 595000 Mitglieder). – Nach einem Lob des FPÖ-Vorsitzenden *Jörg Haider* für die »ordentliche Beschäftigungspolitik« im Dritten Reich wird **Haider** vom Kärntner Landtag am 21. 6. bei der Abstimmung über einen Mißtrauensantrag der SPÖ mit den 25 Stimmen von SPÖ und ÖVP und gegen die 11 Stimmen der FPÖ **als Landeshauptmann abgewählt**. Zu seinem Nachfolger wird am 25. 6. der Kärntner ÖVP-Landesvorsitzende *Christof Zernatto* gewählt; *Haider* wird einer der beiden Stellvertreter. – **Bundespräsident Waldheim** gibt am Abend des 21. 6. in einer Fernsehrede seinen **Verzicht auf eine Wiederkandidatur 1992** für eine 2. Amtsperiode bekannt. Er begründet seine Entscheidung mit den »Interessen der Republik, den Erfahrungen der letzten Jahre und seinen persönlichen Zukunftsvorstellungen«. – Bei vorgezogenen **Landtagswahlen im Burgenland** am 23. 6. bleibt die SPÖ mit (unverändert) 17 der 36 Sitze stärkste Partei; die ÖVP kommt auf 15 (–1), die FPÖ auf 4 (+1) Mandate. Am 18. 7. wird der bisherige Finanzminister *Karl Stix*/SPÖ zum neuen Landeshauptmann gewählt. – Auf dem 29. ÖVP-Parteitag in Wien wird am 28. 6. Wissenschaftsminister **Erhard Busek** mit 325 der 580 abgegebenen Stimmen (= 56,4%) **zum neuen ÖVP-Bundesobmann gewählt**. Der bisherige Parteichef, Vizekanzler *Josef Riegler,* hatte nach innerparteilichen Streitigkeiten auf eine neue Kandidatur verzichtet. – Die **EG-Kommission spricht sich** nach einer 2 Jahre dauernden Prüfung des österreichischen Beitrittsantrages zur EG am 31. 7. **für die Aufnahme von Beitrittsverhandlungen ab 1993 aus**, bezeichnet aber die sogenannte »immerwährende Neutralität« Österreichs als Problem für eine gemeinsame Außenpolitik der Gemeinschaft. – Nach einem 5wöchigen, zeitweise über 7500 Mann umfassenden **Einsatz des Bundesheeres an den Grenzen zu Jugoslawien** werden die Truppen am 6. 8. angesichts der Beruhigung der Lage in Slowenien *(→ Jugoslawien)* wieder vollständig zurückgezogen.

PAKISTAN Während seines Besuches in Peking vom 20. bis 23. 9. **1990** vereinbart Präsident *Ghulam Ishq Khan* die Intensivierung der militärischen Zusammenarbeit mit China, dem wichtigsten Waffenlieferanten P. s; außerdem werden Abkommen über ein gemeinsames Bergbauprojekt und über kulturelle Zusammenarbeit geschlossen. – Neben einigen anderen Politikern der Pakistan Peoples Party/PPP, u. a. ihrem ehemaligen Mann *Asif Ali Zardari*, wird im September auch Frau *Bhutto* von einem Sondergericht in Lahore wegen Amtsmißbrauchs und Veruntreuung angeklagt. – Am 26. 9. erklärt ein Gericht in Peshawar die Auflösung des Parlaments der Nordwestprovinz durch den Gouverneur für rechtswidrig und ordnet die Wiedereinsetzung der PPP-Regierung an. – Nach dem Bekanntwerden von Berichten, daß P. die Entwickung von Atomwaffen forciert oder möglicherweise gar schon über solche verfügt, setzen die USA am 1. 10. ihre Militärhilfe aus. Anfang Dezember erklärt sich P. bereit, einen von China gelieferten Forschungsreaktor durch die Internationale Atomenergiebehörde kontrollieren zu lassen. – **Das Oberste Provinzgericht in Lahore erklärt** am 14. 10. **die Entlassung Bhuttos als Regierungschefin** am 6. 8. 1990 durch Präsident *Khan* **für rechtmäßig**. – Bei den von Morden und blutigen Zusammenstößen überschatteten **Parlamentswahlen am 24. 10.** erleidet die bis zum 6. 8. zusammen mit 3 kleineren Parteien regierende Pakistan Peoples Party/PPP eine überraschend schwere Niederlage gegen das von der Muslim-Liga geführte religiös-konservative Bündnis »Islamische Demokratische Allianz«/IDA. Die PPP erringt nur 45 (1988: 93) der 217 Sitze, während die IDA auf 105 (54) Mandate kommt; der Rest verteilt sich auf kleine regionale oder Stammesparteien. Mitentscheidend für die klare Niederlage der PPP ist ihr schwaches Abschneiden in der bevölkerungsreichsten Provinz Panschab, wo sie nur 14 der 115 (IDA 92) Sitze gewinnt. Die Wahlbeteiligung liegt bei 46%. Die von Frau *Bhutto* und einer Menschenrechtsgruppe erhobenen Vorwürfe von massiver Wahlfälschung werden von internationalen Beobachtern nicht bestätigt. – Bei den von einer noch geringeren Wahlbeteiligung gekennzeichneten **Provinzwahlen am 27. 10.** fällt die Niederlage der PPP noch deutlicher aus; so erreicht sie in Panschab nur 10 der 240 Sitze (IDA 204); selbst in der Heimatprovinz *Bhuttos*, in Sind, gewinnt sie nur 23 (1988: 67) der 100 Sitze. – **Am 6. 11. wird** der Vorsitzende der islamisch-demokratischen Allianz, **Mian Nawaz Sharif**, aus der Provinz Panschab, vom Parlament mit 153 von 217 Stimmen **zum neuen Premierminister gewählt**. Er löst den Interimspremier *Ghulam Mustafa Jatoi* ab. – *Sharif* hebt am folgenden Tag den seit dem 6. 8. geltenden Ausnahmezustand auf. – Am 10. 11. wird die aus 18 Ministern, überwiegend aus der Ära *Zia ul Huq* bestehende Regierung vereidigt. – Infolge des Stimmungsumschwungs sowohl in der Bevölkerung als auch in religiösen politischen Kreisen im Verlauf des Golfkriegs zugunsten des irakischen Diktators *Saddam Hussein* gerät die Regierung, die ein Truppenkontingent nach Saudi-Arabien geschickt hat, unter Druck. Als Folge reicht der als pro-alliiert geltende, seit fast 10 Jahren im Amt befindliche Außenminister *Sahabzada Yaqub Khan* am 20. 3. **1991** seinen Rücktritt ein. Ein neuer Außenminister wird zunächst nicht ernannt, die Geschäfte führt *Akram Zaki*. – Am 16. 5. beschließt das Parlament die **Einführung des islamischen Scharia-Rechts.**

PANAMA In Panama-Stadt protestieren am 16. 10. **1990** rund 50000 Gewerkschafter gegen die Wirtschaftspolitik der Regierung und Massenentlassungen aus dem öffentlichen Dienst. – Am 18. 10. gibt die Generalstaatsanwaltschaft die **Vereitelung eines Umsturzversuchs** bekannt. Drahtzieher sei der im August 1990 als Sicherheitschef abgesetzte und in Miami lebende Oberst *Eduardo Herrera Hassan* gewesen, der am 24. 10. bei seiner Rückkehr nach Panama verhaftet wird. – Am 4. 12. demonstrieren nach Veranstalterangaben 100000 Panamaer gegen die Wirtschaftspolitik der Regierung. Sie verlangen die Einstellung des Verkaufs staatlicher Unternehmen und skandieren Parolen gegen die USA. – Am selben Tag flieht *Herrera* aus dem Gefängnis auf der Insel Naos und besetzt mit bewaffneten Anhängern die Polizeizentrale in Panama-Stadt. Am 5. 12. gehen auf Ersuchen Präsident *Endaras* rund 500 US-Soldaten gegen die Rebellen vor, die aus dem Gebäude flüchten bzw. sich ergeben. – Mehr als 15000 Panamaer demonstrieren am 20. 12. in der Hauptstadt zum **1. Jahrestag der US-Invasion** gegen eine weitere Präsenz von US-Truppen. Die genaue Zahl der Opfer der Invasion ist noch umstritten. Nach Angaben der US-Streitkräfte wurden 202 Zivilisten und 314 panamaische Soldaten getötet. Menschenrechtsorganisationen sprechen dagegen von 3000–5000 toten Panamaern. – Bei **Nachwahlen zum Parlament** und Gemeindewahlen am 27. 1. **1991** gewinnt die oppositionelle »Revolutionäre Demokratische Partei«/PRD 4 der 9 Parlamentssitze und 73 von 160 Sitzen in den Kommunen. 2 weitere Abgeordnetenmandate gehen an die Opposition, während die »Authentische Liberale Partei«/PLA von Präsident *Endara* keinen Sitz erringen kann. – Am 8. 4. bricht die regierende »Demokratische Allianz« auseinander: Präsident *Endara* entläßt die 5 Minister der »Christdemokratischen Partei«/PDC (die 29 von 64 Mandaten in der Nationalversammlung innehaben) und ernennt neue Ressortchefs. Ihre Ämter verlieren außerdem der erst im September 1990 ernannte Chef der Nationalpolizei *Asvat* – er wird durch *Gonzalo Menendez* ersetzt –, der Bürgermeister der Hauptstadt und weitere Spitzenvertreter des PDC. *Ricardo Arias Calderon* bleibt jedoch Erster Vizepräsident der Republik, »da er vom Volk in dieses Amt gewählt wurde«.

PAPUA-NEUGUINEA Am 23. 1. **1991** einigen sich die Regierung und die Rebellen auf der Insel Bougainville nach 2 Jahren Bürgerkrieg auf einen Waffenstillstand; nach Angaben von Außenminister *Michael T. Somare* und Rebellenführer *Joseph Kabui* soll über den künftigen politischen Status der nach Unabhängigkeit strebenden Insel bei einem erneuten Treffen verhandelt werden.

PARAGUAY Die ersten demokratischen Wahlen nach rd. 35 Jahren Diktatur finden am 26. 5. **1991** statt; erstmals werden auch die Bürgermeister direkt gewählt. In 186 Gemeinden kann sich die alte Staatspartei Partido Colorado behaupten; in 30 Gemeinden gewinnt die oppositionelle Partido Liberal-Radical Autentico von *Domingo Laino*; in Asunción gewinnt der unabhängige Kandidat *Carlos Filizzola*. Nach den Wahlen zieht der Präsident, General *Andrés Rodríguez*, eine positive Bilanz; der Übergang zur Demokratie sei irreversibel und werde von den Streitkräften unterstützt; die Wahl einer verfassunggebenden Versammlung sei für Ende des Jahres vorgesehen.

PERU Wegen Differenzen über die Verwendung der ersten Tranche eines 5-Jahres-Hilfsprogramms in Gesamthöhe von 190 Mio. US-$ zur Bekämpfung des Drogenhandels stellen die USA im September **1990** die Zahlungen ein. Dagegen erhält P. 1990 63 Mill. US-$ Wirtschaftshilfe und ca. 300 Mio. $ Anteil aus dem Programm für in der Drogenbekämpfung aktive Andenstaaten. Präsident *Alberto Fujimori* will den Drogenabbau vor allem mit wirtschaftlichen Maßnahmen bekämpfen; rund 200 000 Bauern leben von dem Anbau, die Deviseneinkünfte werden auf 800 Mio. US-$ im Jahr geschätzt. – Die Anschläge der Guerilla-Organisationen »Leuchtender Pfad« (Sendero Luminoso) und »Revolutionäre Bewegung Tupac Amaru«/MRTA nehmen im Oktober stark zu; bei einem Einsatz im Kokain-Anbaugebiet fällt auch der Oberkommandierende der Militärregion Nordost, General *Britto Romero*, einem Anschlag zum Opfer; weitere hundert Menschen kommen bei **Zusammenstößen zwischen Armee und Guerilla** ums Leben; der seit 10 Jahren währende Krieg hat bereits rund 20 000 Menschenleben gefordert und einen wirtschaftlichen Schaden von rund 18 Mrd. US-$ angerichtet. – Im Rahmen einer Regierungsumbildung ernennt Staatspräsident *Fujimori Raul Sanchez Sotomayor* zum neuen Außenminister. – Ende Januar **1991** bricht eine **Cholera-Epidemie** aus; bereits Anfang Februar sind 1600 Menschen erkrankt und 30 gestorben; die Zahlen steigen in den nächsten 3 Monaten von 50 000/200 über 100 000/800 auf 170 000/1200 Am 10. 2. wird der medizinische Notstand ausgerufen und eine Aufklärungskampagne gestartet. Ursache der Cholera sind die katastrophalen hygienischen Zustände insbesondere in den Elendsvierteln und die Unterernährung weiter Teile der Bevölkerung. – Ministerpräsident und Wirtschaftsminister *Juan Carlos Hurtado Miller* tritt am 14. 2. von seinen Ämtern zurück. Im Rahmen einer Kabinettsumbildung am 15. 2. wird der frühere Arbeitsminister, **Carlos Torres y Torres Lara, zum neuen Regierungschef ernannt**; er übernimmt gleichzeitig das Amt des Außenministers. – Am 15. 5. kommt es zur Unterzeichnung eines Abkommens zur Zusammenarbeit im Kampf gegen die Drogen mit den USA; dabei ist auch der Einsatz des Militärs vorgesehen. Das Abkommen macht den Weg frei für eine Wiederaufnahme der US-Finanzhilfe. – Die USA und Japan gewähren P. am 10. 6. einen gemeinsamen Kredit in Höhe von 750 Mill. US-$. – Der Anführer der Organisation der Koka-Bauern, *Walter Tocas*, wird am 6. 7. in der Ortschaft San José ermordet. Diese Organisation, der rund 150 000 Koka-Bauern in der Region des Alto Hullago angehören sollen, wehrt sich gegen das Drogenbekämpfungsabkommen, das am 15. 5. zwischen P. und den USA geschlossen wurde. – Trotz eines Verbots der Regierung beteiligt sich am 18. 7. ein großer Teil der Beschäftigten an einem Protesstreik gegen die Wirtschaftspolitik von Präsident *Fujimori*. – Das Büro für Menschenrechte der Staatsanwaltschaft in Lima teilt am 29. 7. mit, daß in der einjährigen Amtszeit *Fujimori* über 300 Personen »verschwunden« sind. 142 dieser »Verschwundenen« seien nachweislich von Angehörigen der staatlichen Sicherheitskräfte vor den Augen der Familienmitglieder verschleppt worden.

PHILIPPINEN Das Oberste Gericht verkündet am 28. 9. **1990** die **Urteile gegen die Mörder von Benigno Aquino**, des Ehemanns der heutigen Präsidentin, der 1983 bei seiner Rückkehr aus dem US-amerikanischen Exil auf dem Flughafen von Manila erschossen worden war: 16 der angeklagten Offiziere und Soldaten erhalten wegen Mittäterschaft lebenslange Freiheitsstrafen. Während des 3½jährigen Verfahrens konnte nicht geklärt werden, ob der inzwischen verstorbene Expräsident *Ferdinand Marcos* den politischen Mord persönlich befohlen hat. – Im September werden rund 40 **Sprengstoffanschläge** vor allem auf US-Firmen in Manila verübt, für die die Regierung sowohl links- als auch rechtsorientierte Terroristen verantwortlich macht. – Am 6. 10. wird der **7. Putschversuch** gegen Präsidentin *Corazon Aquino* niedergeschlagen: Truppenteile unter Führung von Oberst *Alexander Noble,* eines ehem. Kommandanten der Leibgarde der Präsidentin, hatten am 4. 10. Flugplätze und Militäreinrichtungen in Butuan und Cagayan de Oro auf der Insel Mindanao gewaltlos unter ihre Kontrolle gebracht, sich mit den dortigen moslemischen Separatisten verbündet und Mindanao zur unabhängigen Republik proklamiert. Die rund 800 Aufständischen blieben jedoch isoliert, da sich keine weiteren Truppenteile anschlossen. – Am 24. 10. unterzeichnet Präsidentin *Aquino* ein Gesetz, das für die Anführer von Staatsstreichen lebenslange Haft vorsieht. – Anfang **1991** verfügt die Präsidentin durch Dekret die Erhebung eines bis 30. 6. 1992 befristeten **9 %-Sonderzolls auf sämtliche Importe**. Damit sollen die Ölimporte und die Budgetansätze im Rahmen der wirtschaftlichen Entwicklung finanziert werden. – Am 6. 2. werden in Manila **2 Rebellenführer festgenommen**: Oberstleutnant *Victor Bacac* und Major *Abraham Purugganan* gehörten zu den meistgesuchten Rebellenoffizieren und nahmen an den blutigen Putschversuchen von 1987 und 1989 teil. *Purugganan* wird am 7. 2. von einem Kriegsgericht zu 12 Jahren Haft mit Zwangsarbeit verurteilt. – Vertreter von 22 Staaten und internationalen Organisationen gewähren am 27. 2. der philippinischen Regierung eine **neue Finanzhilfe von 3,3 Mrd. US-$** – 90% als zinsfreie oder zinsgünstige Kredite, den Rest als nicht rückzahlbare Hilfsgelder. Japan sagt 1,57 Mrd. $ zu, die Weltbank 870 Mio. $, die Asiatische Entwicklungsbank/AsDB 650 Mio. $. – Präsidentin *Aquino* ordnet am 14. 3. die **Anklageerhebung gegen Imelda Marcos**, Witwe des früheren Präsidenten *Ferdinand Marcos,* wegen Unterschlagung an. Damit soll die Wiederbeschaffung der von dem Ehepaar in der Schweiz deponierten Gelder in Höhe von 10 Mrd. US-$ beschleunigt werden. – Am 9. 6. bricht der 1475 m hohe, 110 km nordwestlich von Manila gelegene **Vulkan Pinatubo**, dessen Aktivität seit Anfang April stetig zugenommen hatte, nach 600jähriger Pause wieder aus. Als Folge einer Reihe gewaltiger Eruptionen befinden sich rd. 500 000 Menschen auf der **Flucht vor Geröll- und Ascheregen**. Der nur 15 km entfernte US-Luftwaffenstützpunkt Clark Air Base wird evakuiert, später teilweise auch der Marinestützpunkt Subic Bay, dessen Gebäude zur Hälfte zerstört werden. Die Regierung erklärt die am stärksten betroffenen Provinzen Zambales, Tarlac und Pampagna, die als Reis- und Getreidekammer Manilas gelten, zum Notstandsgebiet. Die Zahl der Todesopfer des Vulkanausbruchs wird mit 309 angegeben. – Verteidigungsminister *Fidel Ramos* erklärt am 11. 7. seinen Rücktritt; er will bei der Präsidentschaftswahl im Mai 1992, bei der Frau *Corazon Aquino* nach eigenen Angaben nicht mehr antreten wird, kandidieren. – Nach 14 Monate dauernden Verhandlungen wird am 27. 8. ein **neues Stützpunktabkommen mit den USA** unterzeichnet: Der Marinestützpunkt Sucic Bay wird für weitere 10 Jahre von den USA genutzt, während der durch den Vulkanausbruch schwer beschädigte Luftwaffenstützpunkt Clark Air Base im September 1992 aufgegeben werden soll. Die USA zahlen von 1992 an eine Entschädigung von rd. jährlich 203 Mio. $. – Die Regierung hebt am 31. 7. das Einreiseverbot für *Imelda Marcos*, Witwe des ehemaligen Diktators *Ferdinand Marcos*, auf. Das Präsidialamt teilt am gleichen Tag mit, daß die Präsidentenwitwe bei einer Rückkehr aus dem Exil verhaftet und wegen Steuerbetruges vor Gericht gestellt werde. – Am 5. 8. wird in Manila der mutmaßliche Chef der kommunistischen New People's Army (NPA), *Romulo Kintanar*, verhaftet. Die NPA führt seit 22 Jahren einen Guerillakrieg gegen die Regierung.

POLEN Präsident *Wojciech* **Jaruzelski kündigt seinen Rücktritt an**: Ein Präsidentensprecher erklärt am 19. 9. **1990**, *Jaruzelski* werde das Parlament bitten, seine Amtszeit zu verkürzen. Der Sejm beschließt am 27. 9. eine Verfassungsänderung, nach der der Staatspräsident künftig nicht mehr vom Sejm, sondern in allgemeinen Wahlen vom Volk gewählt wird. Damit ist der Weg für die Verkürzung der Amtszeit *Jaruzelskis* frei. – Außenminister *Krzystof Skubiszewski* und Bundesaußenminister *Hans-Dietrich Genscher* unterzeichnen am 14. 11. in Warschau den **deutsch-polnischen Grenzvertrag**, der die **polnische Westgrenze als unverletzlich bestätigt**. – Am 25. 11. und am 9. 12. finden die beiden Wahlgänge der **Präsidentschaftswahlen** statt: Da im 1. Durchgang keiner der Kandidaten die absolute Mehrheit erreicht, treten die beiden erstplazierten, der Vorsitzende der Gewerkschaft Solidarität, *Lech Wałesa*, und der Außenseiter, der aus Kanada gekommene Exil-Pole *Stanislaw Tyminski,* zu einer Stichwahl an. Ministerpräsident *Tadeusz*

Mazowiecki, der mit nur 18% der Stimmen abgeschlagen auf den 3. Platz kam, erklärt am 26. 11. seinen Rücktritt. **Wałesa** gewinnt die Stichwahl am 9. 12. mit 74,25% der Stimmen und wird am 23. 12. **als Präsident vereidigt**. – Die Arbeitsminister der Bundesrepublik Deutschland und Polens unterzeichnen am 8. 12. in Warschau ein Sozial- und ein Arbeitnehmerabkommen. U. a. wird die länger umstrittene Renten-Regelung mit Polen geändert. – Das Staatliche Statistische Hauptamt teilt **zur wirtschaftlichen Lage 1990** mit: Die Einzelhandelspreise stiegen monatlich im Durchschnitt um 11%; am schnellsten stiegen die Preise bei den Dienstleistungen (um 15%) und bei Nahrungsmitteln (10%); die staatliche Industrieproduktion sank um 23%, die private stieg dagegen um 8,5%. Im Handel mit westlichen Ländern (in Mrd. US-$) stiegen die Exporte 1990 auf 11,0 (1989: 10,58) Mrd. $, die Importe auf 8,5 (7,34) Mrd. $. Im Handel mit RGW-Ländern (in Mrd. Transfer-Rubel) stiegen die Exporte auf 11,8 (1989: 11,32), die Importe sanken auf 6,2 (10,34). – Der **Sejm wählt** am 4. 1. **1991** mit 276 gegen 58 Stimmen bei 52 Enthaltungen den Wirtschaftswissenschaftler **Jan Krzysztof Bielecki zum neuen Ministerpräsidenten**. Seinem am 5. 1. vorgestellten 19köpfigen Kabinett gehören 8 Solidarität-Mitglieder an, 3 sind unabhängig und 7 von Solidarität-nahen Parteien. *Bielecki* bezeichnet in seiner Regierungserklärung am 6. 1. die Marktwirtschaft und die Demokratie als die größten aktuellen Herausforderungen; die von seinem Vorgänger begonnenen Wirtschaftsmaßnahmen würden fortgeführt. Der Sejm billigt das neue Kabinett am 12. 1. mit 272 gegen 4 Stimmen bei 62 Enthaltungen. – Der Sejm genehmigt am 23. 2. den **Haushaltsentwurf 1991** mit Ausgaben von 293,5 Bill. Złoty bei einem Defizit von 4,3 Bill. Złoty. – Auf dem 3. **Kongreß der Solidarität** (23./24. 2.) wird *Marian Krzaklewski* zum neuen Vorsitzenden gewählt. – Der Internationale Währungsfonds/IMF gewährt am 4. 3. in einem sich über 3 Jahre erstreckenden Abkommen Polen einen Beistandskredit von 1,5 Mrd. $. – Für polnische Staatsbürger gilt seit 8. 4. **Visumfreiheit** für Deutschland, Frankreich, Italien und die Benelux-Staaten. Der erste Tag der Visafreiheit wird an mehreren deutsch-polnischen Grenzübergängen von Ausschreitungen deutscher Rechtsradikaler überschattet *(→ Deutschland)*. – Am 8. 4. beginnt der Abzug der rd. 50000 in Polen stationierten sowjetischen Soldaten. – Bei seinem 4. und bisher längsten Besuch in seiner Heimat (1. bis 9. 6.) warnt Papst *Johannes Paul II.* vor einem falschen Gebrauch der Freiheit und ruft zu einem versöhnten Europa auf, das seine Wurzeln im Konsumverzicht haben sollte. – Ministerpräsident *Bielecki* und Bundeskanzler *Helmut Kohl* unterzeichnen am 17. 6. in Bonn den **deutsch-polnischen Vertrag über gute Nachbarschaft** und freundschaftliche Zusammenarbeit *(→ Deutschland)*. Das **Parlament weist** am 31. 8. ein **Rücktrittsgesuch des Ministerpräsidenten Bielecki zurück**. Das Kabinett bleibt somit bis zu den Parlamentswahlen Ende Oktober im Amt.

RUANDA Am 1. 10. **1990** nehmen regierungsfeindliche Einheiten (die zumeist dem Minderheitsstamm der Tutsi angehören und vor rund 30 Jahren vor Massakern durch die Hutu geflohen waren) aus dem benachbarten Uganda unter der Führung von *Fred Rwigyema* die Stadt Gabiro ein. Auf ein Hilfsgesuch der ruandischen Regierung entsenden Belgien und Frankreich Truppen nach R.; am 5. 10. übernehmen Fallschirmjäger der französischen Fremdenlegion die Kontrolle über den internationalen Flughafen von Kigali. – Am 8. 10. wird über das Land der **Belagerungszustand** verhängt; die **Kämpfe zwischen** den ugandischen **Rebellen der »Patriotischen Front Ruandas«/RPF und Regierungstruppen** im Nordwesten des Landes halten an. – Nach Angaben von Präsident *Juvénal Habyarimana* am 10. 10. kommt es erneut zu schweren Kämpfen; auf seiten seiner Truppen kämpften 500 aus Zaire eingeflogene Soldaten; er bestreitet Berichte, wonach Soldaten Zivilisten massakriert hätten. Mitte Oktober weiten sich die Kämpfe auf den gesamten Norden aus. – Die Menschenrechtsorganisation amnesty international äußert am 16. 10. ihre Besorgnis darüber, daß in R. Tausende von politischen Gefangenen inhaftiert sind; außerdem seien nach nichtbestätigten Informationen mutmaßliche Rebellen ohne Gerichtsverfahren hingerichtet worden. – Nach einem Treffen *Habyarimanas* mit dem ugandischen Präsidenten *Yoweri Kaguta Museveni* in Tansania erklärt *Museveni* am 17. 10., *Habyarimana* sei zu Friedensverhandlungen mit den Rebellen bereit. – Am 24. 10. stellt die Regierung den bewaffneten Kampf gegen die Rebellen ein, nachdem diese zuvor einem Waffenstillstand zugestimmt haben. Am 27. 10. kündigt Belgien den Abzug seiner Truppen zum 1. 11. an. – Am 1. 11. gibt der staatliche Rundfunk in R. das Ende des Bürgerkriegs bekannt; allerdings finden immer noch vereinzelt Gefechte statt. Nach Angaben des Außenministeriums in Kigali (Mitte November) hat die Regierung mehr als 2000 Gefangene, bei denen es sich um Rebellen handelt, freigelassen. – Am 23. 12. kommt es im Nordosten R. s wieder zu heftigen Gefechten; dabei werden mindestens 200 Rebellen getötet. Zu neuerlichen Kämpfen kommt es am 22. 1. **1991** im Nordwesten R. s, nachdem etwa 400 Aufständische der Patriotischen Front aus Uganda kommend bis in die Stadt Ruhengeri vordringen. – Nach einem am 19. 2. in Daressalam veröffentlichten Kommuniqué (nach einem eintägigen Gipfelgespräch zwischen den Führern von 5 Staaten in Ost- und Zentralafrika) wird der zairische Präsident *Mobutu Sésé-Séko* mit der Vereinbarung eines formellen Waffenstillstands zwischen den Bürgerkriegsparteien beauftragt. – Am 29. 3. kommt es auf Mobutus Landsitz bei Kinshasa zur **Unterzeichnung eines Waffenstillstandsabkommens** zwischen der ruandischen Regierung und Rebellen der RPF; beide Seiten verpflichten sich zu einem Dialog über die Zukunft des Landes und zu Gesprächen über die Rückkehr der rund eine Million Flüchtlinge. Das Abkommen sieht ferner die Freilassung der politischen Gefangenen binnen fünf Tagen vor; fremde Truppen sollen abgezogen werden. Das Waffenstillstandsabkommen tritt am 30. 3. in Kraft. – Eine **internationale Beobachtergruppe der OAU** nimmt am 17. 4. ihre Arbeit auf, um den Waffenstillstand zu überwachen. – Der Bürgerkrieg flammt am 1. 5. wieder auf; nach Rundfunkmeldungen haben die Rebellen ihre Streitkräfte im Nordwesten des Landes aufgeteilt und die Regierungstruppen von fünf verschiedenen Stellen aus angegriffen. Die Armee habe die Angriffe zurückgeschlagen. – Die »Patriotische Front Runadas« erklärt am 25. 7. eine einseitige Waffenruhe ab 5. 8. für die Dauer von 3 Wochen.

RUMÄNIEN *Nicu Ceauşescu*, jüngster Sohn des Ex-Diktators, wird wegen Anstiftung zu schweren Verbrechen am 21. 9. **1990** zu 20 Jahren Haft verurteilt. – Ende Oktober nimmt Rumänien als letztes Mitglied des Warschauer Pakts diplomatische Beziehungen zur NATO auf. – Wegen der fallenden Industrieproduktion, einer die 25-%-Marke übersteigenden Inflationsrate und der Freigabe der Preise für die meisten Waren kommt es am 1. 11. in Bukarest zu mehrtägigen Demonstrationen und Blockaden. – Am 6. 11. wird die **»Bürgerallianz« gegründet**, die sich als alternative politische Kraft versteht und der führende Oppositionelle aus der *Ceauşescu*-Zeit angehören. – Das Parlament erteilt der Regierung am 12. 11. weitreichende Sondervollmachten im Wirtschaftsbereich. – **Mehr als 150000 Menschen demonstrieren** am 15. 11. aus Anlaß des Jahrestags der Arbeiterunruhen von Kronstadt landesweit **gegen Präsident Ion Iliescu und Premierminister Petre Roman**. – Eine Reihe *Iliescu* kritisch gegenüberstehende Offiziere werden am 23. 11. in die Reserve versetzt. – Ex-König *Michael* wird am 20. 12. kurz nach seiner Ankunft in Bukarest abgeschoben. – **Bis zum 31. 12. siedeln** nach Angaben des Bundesinnenministeriums **111150 Rumäniendeutsche nach Deutschland aus**. – Eine Teilrationierung von Treibstoff wird am 15. 1. **1991** eingeführt. – Am 1. 2. erhält Rumänien vom Europarat den Gaststatus. – Mit Berufung auf ein Gesetz aus der *Ceauşescu*-Zeit und auf »Gefahr von Terroranschlägen« wird Anfang Februar wieder die Meldepflicht für Ausländer eingeführt und die Visa-Erteilung an der rumänischen Grenze eingestellt. – Das Außenministerium veröffentlicht am 7. 2. eine Erklärung, nach der R. sich den Forderungen Polens, der ČSFR und Ungarns anschließt und ebenfalls die Auflösung der militärischen Struktur des Warschauer Paktes bis Mitte 1991 verlangt. – Ministerpräsident *Roman* erstattet am 26. 2. vor dem Parlament seinen ersten »Bericht zur Lage der Nation«; darin spricht er sich für umfassende Wirtschaftsreformen aus und kündigt die Freigabe der Preise für Lebensmittel an. Enteignete Landbesitzer, die im Exil lebten, können noch im Jahr 1991 auf ihr Eigentum zurückkehren. – Ein Ende Februar verabschiedetes Gesetz sieht die **Teilprivatisierung der LPG** vor, nicht aber die der Staatsgüter. – Premier *Roman* wird am 17. 3. auf dem Kongreß der regierenden »Front zur nationalen Rettung« zum neuen Vorsitzenden gewählt. – Zu Freiheitsstrafen bis zu 66 Monaten verurteilt am 25. 3. ein Militärgericht 15 führende Mitglieder der ehemaligen RKP. – Im Rahmen einer Kabinettsumbildung wird am 29. 4. der bisherige Verteidigungsminister, Generaloberst *Victor Atanasie Stanculescu*, zum neuen Industrieminister ernannt; neuer Verteidigungsminister wird General *Nicolai Constantin*. – Die vor neun Monaten gegründete Oppositionsbewegung »Bürgerbund« konstituiert sich am 7. 7. als politische Partei. – Der ehemalige Chef des aufgelösten Staatssicherheitsdienstes Securitate, General *Iulian Vlad*, wird am 22. 7. vom Obersten Militärgericht in Bukarest wegen Beihilfe zum Völkermord während der blutigen Dezember-Revolution von 1989 zu neun Jahren Haft verurteilt. – Mit großer Mehrheit beschließt die Deputiertenkammer am 29. 7. ein Gesetz über die **Privatisierung der Staatsbetriebe** in Industrie, Handel und im Dienstleistungssektor. Es sieht im Kern die Schaffung eines Treuhandfonds vor, der 70% des Anlagekapitals der über 6000 Staatsbetriebe in Privathand überführen soll.

(bearb.: G. Frickenhelm)

SAHARA **In der** von Marokko besetzten ehemals spanischen **Westsahara flammt der Krieg wieder auf** *(→ Marokko)*. Nach Monaten der Waffenruhe bestätigt die marokkanische Regierung am 6. 7., daß die Armee »Säuberungsaktionen« gegen die Westsahara-Befreiungsfront Frente Polisario durchführt. Dabei werden auch Luftangriffe auf die Ortschaft Tifariti an der Grenze zu Algerien geflogen. Die Polisario spricht von einer »Provokation« Marokkos, die das von der UN für Anfang 1992 geplante Referendum über die Unabhängigkeit der Westsahara torpedieren wolle. Am 6. 9. soll der von den UN verordnete offizielle Waffenstillstand beginnen. Die Einhaltung des Waffenstillstands und die Überwachung des Referendums sollen durch eine UN-

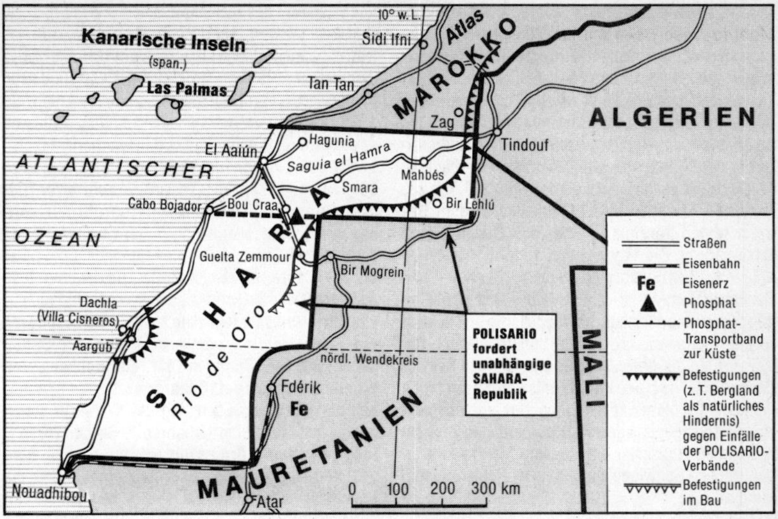

Demokratische Arabische Republik Sahara

Mission (MINURSO), der auch 15 Beamte des deutschen Bundesgrenzschutzes angehören werden, erfolgen.

SAUDI-ARABIEN Beim Besuch des US-Außenministers *James Baker* am 7. 9. **1990** erklärt sich S.-A. zur Übernahme eines Teils der Stationierungskosten für die im Lande befindlichen US-Truppen bereit. – Am 21. 9. wird die Mehrzahl des diplomatischen Personals des Iraks, Jordaniens und Jemens des Landes verwiesen; zugleich erfolgt die Einstellung aller Erdöllieferungen an Jordanien; für die jemenitischen Gastarbeiter wird ein Einreisevisum eingeführt, wofür sie einen saudischen Bürgen beibringen müssen. – König *Fahd* bespricht bei einem Besuch von US-Außenminister *Baker* (4.–6. 11.) die Entwicklung der Lage am Golf; beide Seiten verständigen sich darauf, daß die Amerikaner die Befehlsgewalt über die Truppen beider Länder im Falle eines Krieges gegen Irak übernehmen *(zu den Ereignissen im Golfkrieg → Sp. 69ff.)*. In der Nacht zum 18. 1. **1991** wird von Dhahran aus mit einer Raketenabwehrrakete vom Typ Patriot erstmals eine von Irak auf S.-A. abgefeuerte Scud-Rakete abgefangen; in der Nacht zum 21. 1. werden von 10 auf Riad und Dhahran abgeschossenen irakischen Raketen 9 abgefangen. – Am 26. 3. kommt es zur Wiederaufnahme der diplomatischen Beziehungen zu Iran. – König *Fahd* erklärt am 15. 4., alle 3 Waffengattungen der saudi-arabischen Streitkräfte sollten mit der leistungsfähigsten und modernsten Technik der Welt neu ausgerüstet werden. Außerdem müßte die Armee vergrößert werden; dazu sollen die Rekrutenzahlen verdoppelt werden, um den Schutz des Landes besser zu gewährleisten. – König *Fahd* ordnet am 25. 4. an, daß in der Nähe von Rafhah an der Grenze zu Irak ein Lager für die Unterbringung irakischer Flüchtlinge eingerichtet wird.

SCHWEDEN Auf dem 31. **Parteitag der Sozialdemokratischen Arbeiterpartei/SAP** wird Ministerpräsident *Ingvar Carlsson* am 18. 9. **1990** mit allen 350 Delegiertenstimmen für weitere 3 Jahre als Vorsitzender bestätigt. Die SAP **gibt** ihren **Widerstand gegen einen EG-Beitritt Schwedens auf** – dieser dürfe jedoch keine gemeinsame Verteidigungspolitik umfassen. Sie setzt ferner das Jahr 2010 als Datum für den vollzogenen Ausstieg aus der Atomenergie fest, jedoch keinen Zeitpunkt für dessen Beginn. – Der Reichstag bevollmächtigt die Regierung am 12. 12. mit 198 gegen 105 bei 26 Enthaltungen, 1991 den Beitritt zur Europäischen Gemeinschaft zu beantragen. – Am 1. 1. **1991** tritt eine **Steuerreform in Kraft**, die auf eine zunehmende Besteuerung des Umsatzes abstellt. Der Spitzensatz der Einkommenssteuer wird von bisher 72 auf rd. 50%, die Körperschaftssteuer von 50 auf 30% gesenkt. – Die Regierung gibt am 17. 5. bekannt, daß der Wechselkurs der Krone künftig nicht mehr an einen vom US-$ dominierten Währungskorb, sondern an die Europäische Währungseinheit (ECU) mit einer Schwankungsbreite von 1,5% gekoppelt ist. – Der sowjetische Präsident *Michail Gorbatschow* holt am 6. 6. in Oslo seine Dankesrede zur Verleihung des Friedensnobelpreises nach. Anschließend erörtert er mit Ministerpräsident *Carlsson* die Lage im Baltikum. – Das Parlament stimmt am 12. 6. mit 229 gegen 85 Stimmen und 2 Enthaltungen dem **Bau einer festen Verbindung über den Öresund** nach Dänemark zu. Die 17 km lange, 18 Mrd. Kronen (= 4,7 Mrd. DM) teure, kombinierte Brücken- und Tunnelverbindung zwischen Malmö und Kopenhagen soll um die Jahrtausendwende fertig und sowohl für Eisenbahn als auch für Autos befahrbar sein. – Am 1. 7. erfolgt der offizielle **Antrag auf Beitritt Schwedens zur EG**. – Bei den **Parlamentswahlen am 15. 9.** erleiden die bisher regierenden Sozialdemokraten eine Niederlage; da auch die 4 bürgerlichen Parteien zusammen nicht über die absolute Mehrheit verfügen, stehen Schwierigkeiten bei der Regierungsbildung an.

SCHWEIZ **In zwei Volksabstimmungen** am 23. 9. **1990 lehnen die Schweizer den sofortigen Ausstieg aus der Kernenergie mit knapper Mehrheit ab** (915552 gegen 816302); ein 10jähriger Baustopp für neue Kernkraftanlagen wird mit 947356 gegen 787247 Stimmen befürwortet. **Der Energieartikel in der Bundesverfassung** (er gibt der Regierung Kompetenzen für die Nutzung erneuerbarer Energien, für den sparsamen Verbrauch und die Förderung alternativer Energie) **wird** mit 1212898 gegen 495952 Stimmen **gebilligt**. – Am 5. 10. spricht sich der Nationalrat in Bern für die Abschaffung der Todesstrafe auch im Militärstrafrecht aus; im zivilen Strafrecht der S. gibt es die Todesstrafe seit 1942 nicht mehr. – Nach der Vorlage eines neuen Sicherheitsberichts, der Mitte Oktober von der Regierung verabschiedet wird, wird im Parlament vorgeschlagen, den Militäretat bis 1994 auf den jetzigen Stand von etwa 8,4 Mrd. DM einzufrieren; an der bewaffneten Neutralität will die S. vorerst festhalten. – **Das Bundesgericht** in Lausanne **entscheidet** Ende November (auf eine Beschwerde von 53 Appenzeller Frauen und 49 Männern), **daß die Frauen in dem Halbkanton Appenzell-Innerrhoden sofort das aktive und passive Wahlrecht auf kantonaler und kommunaler Ebene ausüben dürfen**; 1973, 1982 und 1990 hatten die Appenzeller Männer den Frauen den Zugang zur Landsgemeinde verweigert. – Die Bundesversammlung in Bern wählt am 5. 12. *Flavio Cotti*, bisheriger Innenminister, als Nachfolger von *Arnold Koller* zum **Bundespräsidenten für das Jahr 1991**; neuer Vizepräsident wird *René Felber* (im höchsten Amt des Staates wechseln sich jährlich die 7 Mitglieder des regierenden Bundesrates ab). – Nach Angaben des Baseler Polizeidirektors *Schneyder* am 2. 1. **1991** haben sich 1990 etwa 35000 neue Asylbewerber gemeldet; das sind rund 50% mehr als 1989; die meisten Antragsteller kommen 1990 aus Jugoslawien, gefolgt von Asylbewerbern aus Sri Lanka, dem Libanon, der Türkei und Rumänien. – Am 10. 1. wird in Bellinzona (Tessin) die **Schweizer 700-Jahr-Feier** von Bundespräsident *Cotti* **offiziell eröffnet**. – Die Oberzolldirektion in Bern bestätigt Ende Januar, daß Schweizer Firmen zumindest bis Mitte der 80er Jahre chemische Stoffe, mit denen Giftgas hergestellt werden kann, an den Irak geliefert haben. – **In einer Volksabstimmung** am 3. 3. **sprechen sich die Schweizer** mit deutlicher Mehrheit (983637 gegen 368246 Stimmen) **für die Senkung des Wahlalters von 20 auf 18 Jahre aus**; bei Abstimmungen auf kantonaler Ebene lag das Wahlalter schon vorher fast überall bei 18 Jahren. – Bei der **Vorstellung eines neuen Armeekonzepts** am 14. 5. in Bern teilt Verteidigungsminister *Villinger* mit, daß die Schweizer Armee um ein Drittel verkleinert (auf ungefähr 400000 Soldaten) und die Dienstzeit von 11 auf knapp 10 Monate verkürzt werden soll. – **In einer Volksabstimmung** am 2. 6. **sprechen sich die Schweizer** mit 54% **zum dritten Mal** seit 1977 **gegen die Einführung der Mehrwertsteuer aus**. – Im Kanton Zürich sprechen sich am 2. 6. 51% der Bürger für ein Verbot von Spielautomaten aus. – Die Regierung beschließt am 2. 6. in den Monaten Juli und August die zulässige Höchstgeschwindigkeit auf Autobahnen versuchsweise zu senken, um hohe Ozonwerte (Sommersmog) vermeiden zu helfen; die Höchstgeschwindigkeit für Personenwagen soll von jetzt 120 auf 100 und für Lastwagen von 80 auf 70 km/h vermindert werden. – Am 12. 6. wird der bisherige Vizekanzler der schweizerischen Bundeskanzlei, *François Couchepin*, zum neuen Bundeskanzler gewählt; er ist Nachfolger von *Walter Buser*, der Ende Juni in Pension geht. – Mit einem **landesweiten Frauenstreik a**m 14. 6. fordern 10000 Schweizerinnen die Verwirklichung der seit zehn Jahren in der Bundesverfassung festgeschriebenen Gleichberechtigung. – Mit einem Festakt am 14. 6. in Bern, im Beisein zahlreicher Ehrengäste aus der internationalen Politik, feiert die S. ihr 700jähriges Bestehen.

SENEGAL Staatspräsident *Abdou Diouf* benennt am 7. 4. **Habib Thiam** für das wiedereingerichtete Amt des **Ministerpräsidenten**. Am 8. 4. stellt *Thiam* sein neues Kabinett vor, dem erstmals in der Geschichte des Landes neben Mitgliedern der »Sozialistischen Partei« mehrere Oppositionspolitiker angehören. Unter ihnen sind die Generalsekretäre der liberalen »Demokratischen Partei Senegals«/PDS, *Abdoulaye Wade*, und der marxistischen »Partei für Unabhängigkeit und Arbeit«/PTI, *Amath Dansakho*. Außenminister wird *Djibo Ka*.

SOMALIA Anfang September **1990** wird Ministerpräsident *Mohamed Ali Samatar* abgesetzt; neuer Regierungschef wird *Mohamed Hawadle Madar*. – **Der Bürgerkrieg weitet sich** immer mehr **über weite Teile des Landes aus** und schwächt zunehmend das Regime von *Mohamed Siad Barre*. Die beiden wichtigsten Rebellenbewegungen, Somali National Movement/SNM, der sich weitgehend aus dem Clan der Ishaq rekrutiert, und der United Somali Congress/USC, dem vor allem Angehörige des Hawiye-Clans angehören, fügen der Armee beträchtliche Schläge zu. Am 2. 12. verhängt die Regierung den **Ausnahmezustand** über das Land und setzt die Streitkräfte in Alarmbereitschaft. – In der Hauptstadt Mogadischu liefern sich im Dezember Regierungssoldaten und Rebellen schwere Feuergefechte. Um die Jahreswende bringen die Rebellen große Teile der Hauptstadt unter ihre Kontrolle. Am 2. 1. **1991** ruft Präsident *Barre* zum sofortigen Waffenstillstand auf. Die Rebellen lehnen das Angebot zur Feuerpause kategorisch ab. – **Präsident Barre ernennt** am 21. 1. **Omar Arteh Ghalib zum neuen Ministerpräsidenten** und beauftragt ihn mit der Bildung einer Regierung. – **Die Rebellenbewegung USC meldet am 27. 1. den Sturz der Regierung Barre**; dieser ist nach Augenzeugenberichten aus der Hauptstadt geflohen. – **Der USC ernennt** am 28. 1. **Ali Mahdi Mohamed zum neuen Präsidenten**; dieser hält an Ministerpräsident *Ghalib* fest und beauftragt ihn mit der Bildung einer Übergangsregierung. Präsident *Mohamed* bildet am 2. 2. die »provisorische Regierung der Nationalen Einheit«; dem aus 21 Ministern bestehenden Kabinett gehören keine Vertreter anderer Rebellenbewegungen an. – Die größte Rebellenbewegung im Norden des Landes, die SNM, vertreibt die Truppen des gestürzten Präsidenten *Barre* aus den 3 wichtigsten Städten der Gegend Berbera (30. 1.), Hargeisa und Burao (2. 1.). – **Anfang Februar liefern sich die** in Mogadischu siegreichen **Rebellen des USC und die** Anhänger des **den Süden des Landes beherrschenden** Somali Patriotic Movement/**SPM heftige Gefechte. Auch die SNM im Norden erkennt »die** selbsternannte **Regierung**, wer immer das auch sein mag«, in Mogadischu **nicht an. Am 18. 5. ruft die SNM im Norden des Landes eine eigene Republik aus.** Der neue Grenzverlauf entspricht dem vor 1960, als der Südteil des Landes italienisches Treuhandgebiet und der Nordteil das britische Protektorat »Somaliland« war. Zum **Chef einer Übergangsregierung** wird der Führer der Nationalbewegung, **Abdurahman Ahmed Ali**, ernannt, der den Bruch mit dem Süden des Landes als »historisch« bezeichnet. In Mogadischu erklärt die Regierungspartei USC, der Alleingang Nordsomalias sei »inakzeptabel«. Die Republik in Nordsomalia vereidigt am 7. 6. eine selbständige Regierung und führt islamisches Sharia-Recht ein. Der Führer der SNM, *Ali*, wird in der Stadt Burco feierlich als Präsident vereidigt. – Ministerpräsident *Ghalib reicht am 20. 8. seinen Rücktritt ein. Präsident Mohamed* nimmt das Ersuchen an, bittet *Ghalib* aber, bis zur Ernennung eines Nachfolgers die Amtsgeschäfte fortzuführen.

SOWJETUNION

1. Die Entwicklung auf Unionsebene: Staatspräsident *Michail Gorbatschow* trifft am 8./9. 9. **1990** in Helsinki mit US-Präsident *George Bush* zusammen *(→ Vereinigte Staaten)*. – In Moskau werden am 12. 9. die **2+4-Gespräche der beiden deutschen Staaten mit den 4 Siegermächten des II. Weltkriegs abgeschlossen**: Die Außenminister *Eduard Schewardnadse* (UdSSR), *James Baker* (USA), *Douglas Hurd* (Großbritannien) und *Roland Dumas* (Frankreich) sowie Bundesaußenminister *Hans-Dietrich Genscher* und der DDR-Mininisterratsvorsitzende *Lothar de Maizière* unterzeichnen im Beisein *Gorbatschows* den »Vertrag über die abschließenden Regelungen im Bezug auf Deutschland«. Die einem Friedensvertrag gleichkommende Vereinbarung, die von Gesamtdeutschland und den Alliierten ratifiziert werden muß, regelt die äußeren Aspekte der deutschen Einheit und gibt dem vereinten Deutschland nach 45 Jahren die volle Souveränität zurück. Die alliierten Vorbehaltsrechte für Berlin und Deutschland werden zum Tag der deutschen Einheit am 3. Oktober außer Kraft gesetzt. – *Genscher* und *Schewardnadse* paraphieren am 13. 9. in Moskau den 22 Artikel umfassenden **deutsch-sowjetischen »Vertrag über gute Nachbarschaft, Partnerschaft und Zusammenarbeit«**. Er enthält u. a. eine gegenseitige Gewaltverzichtserklärung sowie ein Bekenntnis zur »Verantwortung für die Erhaltung des Friedens in Europa und in der Welt« und sieht regelmäßige, jährlich mindestens einmal stattfindende Konsultationen »auf höchster politischer Ebene« sowie den Ausbau der Zusammenarbeit auf den Gebieten Wirtschaft, Wissenschaft und Technik, Umweltschutz, Kultur und Verbrechensbekämpfung vor. – Rund **200 000 Demonstranten fordern** am 16. 9. in Moskau den Rücktritt der Regierung *Ryschkow* und einen **raschen Übergang zur Marktwirtschaft**. – Am 17. 9. werden erstmals seit 50 Jahren wieder volle diplomat. Beziehungen zu Saudi-Arabien aufgenommen. Mit der Republik Korea werden am 30. 9. für den 1. 1. 1991 erstmals diplomatische Beziehungen vereinbart. – Der Oberste Sowjet verabschiedet nach etwa 2jähriger Vorarbeit am 1. 10. mit 341 gegen 2 Stimmen ein Gesetz über »Gewissensfreiheit und religiöse Organisationen«, mit dem die **Diskriminierung von Gläubigen offiziell beendet** wird und der Staat künftig auf die Propagierung des Atheismus verzichtet. – Am 9. 10. beschließt der Oberste Sowjet ein Ausführungsgesetz zur **Gleichstellung aller politischen Parteien**. Die KPdSU verliert damit ihre Privilegien; ihre Mitglieder in Polizei, Armee und Justiz sind damit nicht mehr Parteianweisungen unterworfen. – Am 12. 10. erläßt Präsident *Gorbatschow* ein Dekret zum **»Schutz von Staats- und Parteieigentum«**, um »der zunehmenden ungesetzlichen Enteignung staatlicher und gesellschaftlicher Unternehmen, Dienststellen und Organisationen« Einhalt zu gebieten. Es richtet sich v. a. gegen oppositionelle Forderungen nach Rückgabe des Parteieigentums an das Volk. Am 13. 10. untersagt der Präsident ferner die Zerstörung kommunistischer Symbole, etwa von Lenin-Denkmälern, oder militärischer Gedenkstätten. – **Michail Gorbatschow erhält** am 15. 10. vom Nobelkomitee **den Friedensnobelpreis** 1990 »für seine führende Rolle in dem Friedensprozeß, der wichtige Teile der internationalen Gemeinschaft heute prägt«, zugesprochen; er habe dazu beigetragen, daß in den Ost-West-Beziehungen Verhandlungen die Konfrontation abgelöst haben. – Der Oberste Sowjet billigt am 19. 10. mit 333 gegen 12 Stimmen bei 34 Enthaltungen die von Präsident *Gorbatschow* vorgelegten Reform-»Grundlinien« zur **Einführung der Marktwirtschaft**, denen bereits am 14. 10. 11 der 15 Unionsrepubliken zugestimmt hatten. Durch das Programm werden Privateigentum an Produktionsmitteln und eine freie Preisbildung möglich. *Gorbatschows* Kritikern geht das Programm nicht weit genug. – Auf einem Reformkongreß in Moskau beschließt die sowjetische Einheitsgewerkschaft am 23. 10. ihre Auflösung und die **Gründung von Einzelgewerkschaften**. – Der Oberste Sowjet billigt am 18. 11. auf einer Sondersitzung mit 316 gegen 19 Stimmen bei 31 Enthaltungen *Gorbatschows* Vorschläge für eine **Stärkung der Exekutivmacht**. Danach sollen die Regierungsorgane mit »neuen zeitgemäß denkenden« Ministern unmittelbar dem Präsidenten unterstehen. Der Föderationsrat, dem die Präsidenten der 15 Republiken unterstehen, soll zu einer einigenden »Klammer des Staates« werden und die Anwendung von Gesetzen und Erlassen durch »bevollmächtigte Vertreter in allen Regionen« sichern. Der bisherige Präsidialrat soll durch einen »Sicherheitsrat beim Präsidenten« ersetzt werden. – Bundeskanzler *Helmut Kohl* und Präsident *Gorbatschow* vereinbaren am 19. 11. am Rande des KSZE-Gipfels in Paris eine **deutsche Hilfsaktion für die sowjetische Bevölkerung** auf privater Basis *(→ Deutschland)*. – *Gorbatschow* erklärt am 1. 12. alle von den Unionsrepubliken verabschiedeten Gesetze, die die Streitkräfte der UdSSR betreffen, für null und nichtig. – In Moskau beginnt am 17. 12. (und dauert bis 27. 12.) der **4. Volksdeputiertenkongreß**. Außenminister *Eduard* **Schewardnadse gibt** am 20. 12. vor dem Volksdeputiertenkongreß in Moskau überraschend **seinen Rücktritt bekannt** und warnt den Kongreß, *Gorbatschow* mit neuen Vollmachten auszustatten. Er erklärt, daß er nicht den Präsidenten als politischen Gegner betrachte, sondern seine und *Gorbatschows* konservative Widersacher. – Am 26. 12. billigen die Volksdeputierten mit 1555 gegen 110 Stimmen bei 83 Enthaltungen die von *Gorbatschow* gewünschten Verfassungsänderungen zum **Umbau des Staatsapparats** und setzen sie sogleich in Kraft. Der Präsident ist nun für alle Bereiche der Sowjetunion zuständig, von der Politik über die Sicherheit, die Außenpolitik und die Kontrolle der 15 Unionsrepubliken bis zur zentralen Lenkung der sowjetischen Wirtschaft; ein ihm direkt verantwortliches 15köpfiges Ministerkabinett löst den Ministerrat aus 52 Ressortchefs, der bisher dem Obersten Sowjet verantwortlich war, ab. Der Oberste Sowjet der UdSSR kann die Regierung jedoch mit ⅔-Mehrheit durch Mißtrauensvotum stürzen. Es wird das Amt eines Vizepräsidenten geschaffen; der **Föderationsrat**, bisher mit ausschließlich beratender Funktion, **erhält mehr Vollmachten**; ihm gehören nun auch die Vertreter der 20 autonomen Republiken an; der Präsidialrat wird aufgelöst. Der nach US-Vorbild neu geschaffene **Sicherheitsrat** unter Vorsitz des Präsidenten, dem die Minister für Inneres, Äußeres und Verteidigung sowie der KGB-Chef angehören, ist für Fragen der staatlichen, wirtschaftlichen und ökologischen Sicherheit zuständig. Neue Institutionen sind auch das oberste Schiedsgericht und eine Kontrollkammer beim Parlament, die Haushalt und Finanzen überwachen soll. Mit 1605 gegen 54 Stimmen bei 86 Enthaltungen wird der Entwurf eines **neuen Unionsvertrags angenommen**, der aber noch von den Republikparlamenten ratifiziert werden muß. Zum stellvertretenden Staatspräsidenten wird am 27. 12. im 2. Wahlgang mit 1237 gegen 562 Stimmen der ehemalige Gewerkschaftschef *Gennadij Janajew* gewählt. Zum Abschluß seiner Session wählt der Kongreß 194 neue Mitglieder in den Obersten Sowjet – die erste Nachwahl eines Fünftels des Gremiums aus 542 Parlamentariern, die die Verfassung jährlich vorsieht.

Der neue **Föderationsrat** stimmt am 4. 1. **1991** einem **gemeinsamen vorläufigen Haushaltsentwurf** für 1991 zu, der Gesamtausgaben von 277 Mrd. Rubel bei Einnahmen von 250 Mrd. Rubel vorsieht. Der Haushalt war monatelang zwischen den Republiken und dem Zentrum umstritten, weil erst ein neuer Unionsvertrag deren Zuständigkeiten klar definieren kann. – Präsident *Gorbatschow* leitet durch Dekret vom 5. 1. die **Landreform** ein; die umstrittene Frage der Privatisierung von Grund und Boden bleibt jedoch ausgeklammert. Bereits im Frühjahr sollen 3 bis 5 Mio. ha Land an Bauern, Pächter, Genossenschaften und einzelne Bürger verteilt werden. – Der Oberste Sowjet wählt am 14. 1. mit 269 gegen 75 Stimmen bei 66 Enthaltungen den bisherigen Finanzminister **Valentin Pawlow** als Nachfolger von *Ryschkow* **zum Ministerpräsidenten**. Zum neuen Außenminister wird mit 421 gegen 3 Stimmen bei 10 Enthaltungen der bisherige Vizeaußenminister und Botschafter in den USA, *Alexander Bessmertnych,* ernannt. Im Amt bestätigt wird der wenige Wochen zuvor eingesetzte Innenminister *Boris Pugo*. – Am 20. 1. **protestieren rd. 300000 Menschen in Moskau gegen die Abkehr vom Reformkurs** und gegen *Gorbatschow*. – Am 22. 1. macht das Staatsfernsehen ein Dekret Gorbatschows bekannt, nach dem am folgenden Tag alle **50- und 100 Rubel-Scheine ungültig** werden. Es gilt eine Umtauschfrist von nur 3 Tagen, und beim Tausch von Beträgen über 1000 Rubel muß der rechtmäßige Erwerb belegt werden. Mit der Aktion sollen die Schattenwirtschaft und der Schwarzmarkt bekämpft werden. – Am 25. 1. ermächtigen das Verteidigungs- und das Innenministerium **Armee und Polizei**, ab 1. 2. **gemeinsame Patrouillen** in allen großen Städten der Sowjetunion durchzuführen; dabei sollen die Militärs Schußwaffen tragen und notfalls gepanzerte Fahrzeuge benutzen können. *Gorbatschow* erteilt dem Innenministerium am 26. 1. weitere Vollmachten zur **Bekämpfung der Kriminalität**: Er unterstellt ihm eine Abteilung, die gemeinsam mit dem KGB kriminelle Gruppen aufdecken soll. Mit einem weiteren Dekret vom 26. 1. ermächtigt er den KGB, gemeinsam mit der Polizei in alle staatlichen und privaten Betriebe zur Ermittlung von Wirtschaftssabotage und anderen Wirtschaftsdelikten einzudringen. – Präsident *Gorbatschow* gesteht in einer Rede am 7. 2. erstmals einen **Rechtsruck der sowjetischen Führung** ein, die er mit der Notwendigkeit begründet, gegen Wirtschaftskrise und Nationalitätenkonflikte vorzugehen. – Am 19. 2. billigt der Oberste Sowjet mit 287 gegen 28 Stimmen bei 55 Enthaltungen die von der Regierung vorgeschlagene **Preisreform**. Nahrungsmittel, Konsumgüter und Dienstleistungen sollen sich demnach um durchschnittlich 60% verteuern. Das Parlament verpflichtet die Regierung jedoch, die Reform »mit vorausgreifenden Kompensationsmaßnahmen zum sozialen Schutz der Bevölkerung« auszugleichen. – Der Vorsitzende des Obersten Sowjets und Präsident der Russischen SFSR, *Boris Jelzin*, macht am 19. 2. im sowjetischen Fernsehen *Gorbatschow* für die derzeitige Krise im Land verantwortlich und fordert ihn zum sofortigen Rücktritt auf. *Jelzin* verteidigt ferner den Anspruch der Unionsrepubliken auf erweiterte Souveränität.

Am 10. 3. versammeln sich auf dem Moskauer Manege-Platz rd. 300000 Menschen, um *Jelzin,* der wegen wiederholter Ausfälle gegen Präsident *Gorbatschow* vom Partei- und Regierungsestablishment heftig befehdet wird, ihre Unterstützung zuzusichern. – Der **Oberste Sowjet ratifiziert** am 4. 3. als letztes Parlament der 4 ehemaligen Siegerstaaten den **2+4-Vertrag**; der Vertrag über den sowjetischen Truppenabzug aus Deutschland und das dazugehörende Überleitungsabkommen werden zunächst nur »gebilligt« und erst am 2. 4. in geschlossener Sitzung ratifiziert. – Im **Unionsreferendum** am 17. 3. haben die Wähler über die Frage zu entscheiden: »Halten Sie eine Bewahrung der Union der Sozialistischen Sowjetrepubliken als eine erneuerte Föderation gleichberechtigter souveräner Republiken für notwendig, in der die Rechte und Freiheiten der Menschen jeder Nationalität in vollem Maß garantiert werden?« Von 185,6 Mio. Wahlberechtigten geben 148,6 Mio. ihre Stimme ab (= 80%); davon stimmen 113,5 Mio. oder 76,4% mit Ja, 32,3 Mio./21,7% mit Nein, 2,8 Mio./1,9% sind ungültige Stimmen. 6 Unionsrepubliken – Litauen, Lettland, Estland, Armenien, Georgien und Moldawien – boykottieren das Referendum. – Am 19. 3. erläßt Präsident *Gorbatschow* mit Wirkung vom 2. 4. eine Verordnung über die **Erhöhung der Einzelhandelspreise**; die Tarife für die Transportbeförderung und Dienstleistungen im Post- und Fernmeldewesen steigen um durchschnittlich 60%. Mit diesem Subventionsabbau soll der Staatshaushalt entlastet werden, wenn auch nur geringfügig, da die Regierung Kompensationszahlungen angekündigt hat. Vorgesehen ist eine Erhöhung des Mindestlohns um 60 Rubel; die Preiserhöhungen für Grundnahrungsmittel, Kindersachen, Baumaterialien und Möbel des Grundbedarfs werden zu 100% kompensiert. – Der Oberste Sowjet verhängt am 26. 3. ein zweiwöchiges Demonstrationsverbot über Moskau, das der Deputiertenkongreß aber für verfassungswidrig erklärt. *Gorbatschow* läßt den Roten Platz von Militärs abriegeln. Trotzdem gehen am 29. 3. in Moskau Hunderttausende auf die Straße, um ihre Unterstützung für den Radikalreformer *Jelzin* zu bekunden. – Präsident *Gorbatschow* und der rumänische Staatschef *Ion Iliescu* unterzeichen am 5. 4. in Moskau einen Vertrag über Zusammenarbeit, gute Nachbarschaft und Freundschaft, der den Freundschaftsvertrag von 1970 ersetzt. – TASS meldet am 18. 4., daß die seit Wochen anhaltenden Streiks in den russischen Kohlengruben *(→ Sp. 160)* die sowjetische Stahlindustrie wegen Brennstoffmangels an den Rand des Stillstands gebracht haben. – Der Oberste Sowjet stimmt am 23. 4. mit 323 gegen 13 Stimmen bei 29 Enthaltungen dem von Ministerpräsident *Pawlow* vorgelegten **»Anti-Krisen-Programm«** im Grundsatz zu, das durch Einführung weiterer marktwirtschaftlicher Elemente bis 1992 wieder zu einem Wachstum der sowjetischen Wirtschaft führen soll. Teil des Programms ist auch ein Verbot politisch motivierter Streiks und die Möglichkeit der Einführung von Sonderbestimmungen für Schlüsselindustrien wie Bergbau oder Energiewirtschaft. – Am gleichen Tag unterzeichnet Präsident *Gorbatschow* mit den obersten Repräsentanten von 9 Republiken – Rußland, Ukraine, Weißrußland, Kasachstan, Usbekistan, Kirgisien, Tadschikistan, Turkmenien und Aserbaidschan – in Nowo Ogarjowo bei Moskau eine **Gemeinsame Erklärung über den Fortbestand der Sowjetunion** (»9+1-Abkommen«). Sie sieht nach Unterzeichnung des Unionsvertrags und der Verabschiedung einer neuen Unionsverfassung die Neuwahl der Unionsorgane vor. Die Unterzeichner erkennen **das Recht der Republiken** Lettland, Litauen, Estland, Moldawien, Georgien und Armenien an, **selbständig über die Frage eines Beitritts zum Unionsvertrag zu befinden**. – Das ZK der KPdSU beschließt am 25. 4. mit 322 gegen 13 Stimmen bei 14 Enthaltungen, ein **Rücktrittsangebot Gorbatschows** als **Generalsekretär** der Partei nicht zu erörtern; *Gorbatschow* hatte in einer erzürnten Reaktion seinen Posten zur Disposition gestellt. *Gorbatschow* war im Juli 1990 vom XXVIII. Kongreß der KPdSU als Generalsekretär bestätigt worden und kann formal vom ZK nicht abgesetzt werden. – In der ganzen Union, besonders aber in der Ukraine, finden am 26. 4. Feiern zum Gedenken an die **Opfer der Reaktorkatastrophe von Tschernobyl** vor 5 Jahren statt. Das ukrainische Gesundheitsministerium benennt die Zahl der bisher an den Folgen Verstorbenen mit bisher über 1000; rd. 3 Mio. Menschen litten unter den Folgen des KKW-Unfalls. – Am 6. 5. werden in den USA der letzte Pershing-2-Flugkörper, am 11./12. 5. in der UdSSR die letzte SS-20-Rakete verschrottet. Damit wurden 3 Jahre nach Inkrafttreten des Vertrages über den Abbau der landgestützten nuklearen Mittelstreckensysteme in Europa (INF-Abkommen) insgesamt 846 US-amerikanische und 1846 sowjetische Flugkörper zerstört. Erstmals ist damit auch eine ganze Kategorie von Nuklearwaffen – und zwar diejenigen mit einer Reichweite zwischen 500 und 5500 km – beseitigt. – Vom 15. bis 19. 5. weilt Generalsekretär *Jiang Zemin* als erster **chinesischer KP-Chef** seit *Mao Zedong* 1957 **zu einem offiziellen Besuch** in der Sowjetunion. Beide Seiten betonen den stetigen Fortschritt der Beziehungen. Am 16. 5. unterzeichnen die Außenminister beider Staaten, *Bessmertnych und Qian Qichen,* ein Abkommen über den Verlauf des östlichen Teils ihrer gemeinsamen Grenze. Über den Westteil der etwa 7000 km langen Grenze wurde bisher noch keine Einigung erzielt. – Nachdem am 10. 5. die letzten **Streiks der Bergarbeiter** der russischen Kohlengruben **beendet** wurden *(→ Sp. 160),* die einen Produktionsausfall von rd. 4 Mrd. Rubel verursacht hatten, verkündet die sowjetische Regierung am 19. 5. den Beschluß, daß »zum sozialen Schutz der Bevölkerung« und entsprechend der 9+1-Vereinbarung vom 23. 4. *(→ oben)* die **Mehrwertsteuer** für Erzeugnisse wie Nahrungsmittel, Kinderartikel, Schulhefte, Fahrräder, Streichhölzer oder Seife **aufgehoben** sei. Die Regierungen der Republiken würden entsprechend regionalen Besonderheiten diese Warenliste ergänzen. – Am 16. 5. werden durch ein Präsidialdekret **Streiks in wirtschaftlichen Schlüsselbranchen**, besonders im Energiesektor, **verboten**. – Der Oberste Sowjet billigt am 20. 5. mit 320 gegen 37 Stimmen bei 32 Enthaltungen grundsätzlich einen **Gesetzentwurf zur Reisefreiheit** und legt in einer Zusatzbestimmung den Termin für das Inkrafttreten bereits vor 1993 fest. Das Gesetz sieht die Ausgabe von Pässen und ein Einspruchsverfahren für die Fälle vor, in denen die Behörden die Ausgabe eines Passes, etwa wegen Sicherheitsbedenken, verweigern. – Präsident *Gorbatschow* und die Präsidenten der 9 Unionsrepubliken, die den Unionsvertrag unterzeichnen wollen, einigen sich am 4. 6. auf eine Änderung des Staatsnamens. Danach soll die »Union der Sozialistischen Sowjetrepubliken« nach Inkrafttreten des Unionsvertrags **»Union der Souveränen Sowjetrepubliken«** heißen. – Am 11. 6. verabschiedet der Oberste Sowjet eine Novellierung des Gesetzes über die **Einkommensteuer**. Der steuerfreie Mindestlohn wird von 100 auf 160 Rubel monatlich erhöht, der Steuersatz für Gehälter bis zu 1000 Rubel von 13% auf 12% gesenkt. Die Progressionsskala bei Gehältern über 1000 Rubel monatlich wird derart abgeschwächt, daß der Höchststeuersatz nicht über 30% liegt. – Die Arbeitslosenzahl zur Jahresmitte wird offiziell mit 3 bis 6 Mio. angegeben, eine ILO-Studie spricht von **30 Mio. Menschen ohne Beschäftigung**. – Der Oberste Sowjet stimmt am 26. 6. mit 332 gegen 5 Stimmen der **Auflösung des RGW** zu, die am 27. 6. in Budapest erfolgt *(→ Sp. 738 f.)*. Am 1. 7. wird der **Warschauer Pakt aufgelöst** *(→ Sp. 767 ff.)*. – Namhafte Reformpolitiker unter Führung des früheren Außenministers *Schewardnadse* sprechen sich bei einem Treffen am 30. 6. für die Gründung einer vereinigten demokratischen Massenpartei in der UdSSR aus. Teilnehmer sind u. a. die Bürgermeister von Moskau und Leningrad, *Gawril Popow* und *Anatoli Sobtschak,* und der als enger Berater *Gorbatschows* geltende *Alexander Jakowlew*. **Schewardnadse tritt** am 4. 7. **aus der KPdSU aus** und kommt damit einem Parteikontrollverfahren gegen ihn zuvor, in dem sein starkes Engagement für die Oppositionsbewegung untersucht werden sollte. – Der Oberste Sowjet verabschiedet am 1. 7. ein Gesetz über die **Privatisierung der Staatsbetriebe**. Es sieht die Verpachtung oder den Verkauf der

Die wichtigsten Bestimmungen des START-Vertrags

Nach dem am 31. 7. 1991 unterzeichneten Vertrag über die Reduzierung strategischer Atomwaffen, der der Ratifizierung der Parlamente der USA und der UdSSR bedarf, ist die Sowjetunion verpflichtet, die Anzahl ihrer weitreichen Nuklearwaffensysteme um mehr als 35 Prozent von rund 11 000 auf etwa 7000 Sprengköpfe zu verringern. Die USA bauen ihr Arsenal um etwa ein Viertel von 12000 auf 9000 Sprengköpfe ab. Diese Zahlen ergeben sich aus den Vereinbarungen, werden im Vertrag aber nicht ausdrücklich genannt. Zu Beginn der Verhandlungen vor mehr als neun Jahren hatten die beiden Supermächte eigentlich als Ziel vorgegeben, ihr strategisches Waffenarsenal zu halbieren. Dies ist nun nicht gelungen. Im einzelnen sieht der START-Vertrag vor:

▷ Offiziell reduziert jede Seite die Zahl der »anrechenbaren« Sprengköpfe auf 6000. Nach dem Vertrag werden von Flugzeugen getragene Bomben und Raketen anders gewertet als Sprengköpfe auf ballistischen Raketen, weil sie als weniger destabilisierend angesehen werden.

▷ Von den 6000 anrechenbaren Sprengköpfen dürfen nicht mehr als 1540 von höchstens 154 schweren ballistischen Interkontinentalraketen getragen werden.

▷ Keine Seite darf insgesamt über mehr als 1600 Trägersysteme verfügen. Trägersysteme sind sowohl Flugzeuge als auch ballistische Raketen.

▷ Für die Sprengköpfe auf ballistischen Raketen wird eine Obergrenze von 4900 festgeschrieben. Die Zahl der Sprengköpfe auf mobilen ballistischen Interkontinentalraketen im Einsatz darf höchstens 1100 betragen.

▷ Das Protokoll über die Vertragsüberwachung – der schwierigste Teil der Verhandlungen – sieht eine gemeinsame Kommission vor, die 30 Tage nach der Unterzeichnung erstmals zusammentritt. 45 Tage nach der Unterzeichnung wird mit der Überprüfung der dem Vertrag zugrundeliegenden Daten begonnen. Jede Seite kann jährlich 15mal die Einrichtungen der anderen inspizieren.

▷ Die Weitergabe strategischer Waffen an Drittländer wird untersagt. Bestehende Regelungen, wie etwa US-Lieferungen an Großbritannien, sind hiervon nicht betroffen.

▷ Der Vertrag hat eine Laufzeit von 15 Jahren. Er kann um jeweils 5 Jahre verlängert werden.

▷ Seegestützte Marschflugkörper werden von dem Vertrag nicht erfaßt, da die Einhaltung der Obergrenzen nur sehr schwer zu überprüfen wäre.

▷ Beide Seiten vereinbaren, in einer politisch bindenden Erklärung in jedem Jahr bekanntzugeben, wie viele weitreichende Marschflugkörper mit Atomsprengköpfen sie in den folgenden 5 Jahren in Dienst stellen wollen. Eine Obergrenze von 880 solcher Waffensysteme soll jedoch keinesfalls überschritten werden. *Quelle: Reuter/dpa*

Staatsbetriebe vor, wobei die jeweiligen Arbeitskollektive den Vorzug vor anderen sowjet. Bürgern oder Ausländern erhalten sollen. – Präsident **Gorbatschow trifft sich** am 5. 7. **mit Bundeskanzler Helmut Kohl** im Gästehaus Meschegorje außerhalb der ukrainischen Hauptstadt Kiew zu einer 5stündigen Unterredung. Er sagt *Kohl* eine Beschleunigung der politischen und wirtschaftlichen Reformen in der Sowjetunion zu. Abschließend werden die Ratifikationsurkunden des deutsch-sowjetischen Vertrages über »gute Nachbarschaft, Partnerschaft und Zusammenarbeit« ausgetauscht, der damit in Kraft tritt. – Am 7. 7. verabschiedet der Oberste Sowjet ein Gesetz zum **Schutz ausländischer Investitionen**. Ausländische Investoren dürfen Firmen mit 100% Eigenkapital gründen und Konzessionen auf Ausbeutung von Bodenschätzen beantragen. Grundsätzlich können internationale Anleger Devisengewinne in ihre Heimat transferieren sowie Rubelbeträge in der UdSSR investieren. – **Der Oberste Sowjet stimmt** am 12. 7. mit 307 gegen 11 Stimmen bei 18 Enthaltungen dem Entwurf des neuen **Unionsvertrags grundsätzlich** zu. Der Vertragsentwurf sieht eine freiwillige Mitgliedschaft in der Union vor; den Teilrepubliken soll Verwaltungs-, Finanz- und Steuerhoheit eingeräumt werden. Die Union soll u. a. für die Landesverteidigung, die Außenpolitik und den Außenhandel zuständig bleiben. Gesetze der Union sollen Vorrang vor Republikgesetzen haben, wenn sie Fragen der gesamten UdSSR betreffen. Das ukrainische Parlament wird im September über den Entwurf entscheiden. – Die Staats- und Regierungschefs der 7 führenden Industrienationen (G–7) sichern auf ihrem **Weltwirtschaftsgipfel in London** (16.–18. 7.) der UdSSR ihre Unterstützung zu; Kredite werden aber vorerst nicht gewährt. Erstmals wird mit *Gorbatschow* der Regierungschef eines kommunistisch regierten Landes zu Gesprächen eingeladen *(→ Sp. 769f.)*. – In Briefen an den Geschäftsführenden Direktor des Internationalen Währungsfonds/IWF, *Michel Camdessus*, und den Präsidenten der Weltbank, *Barber Connable*, **ersucht** *Gorbatschow* am 23. 7. **um Aufnahme der UdSSR in die Währungsinstitutionen** einschließlich sämtlicher Weltbank-Töchter *(→*

Sp. 759f.). – Das **ZK der KPdSU akzeptiert** am 26. 7. mit 343 gegen 15 Stimmen den vom Generalsekretär der Partei, Präsident *Gorbatschow,* vorgelegten **Entwurf für ein neues Parteiprogramm mit sozialdemokratischen Zügen als Diskussionsgrundlage**. Es billigt auch *Gorbatschows* Vorschlag, im November oder Dezember 1991 einen außerordentlichen Parteitag abzuhalten, der über das Programm befinden soll. Zuvor hatte *Gorbatschow* vor dem Plenum erklärt, daß er gegen die umstrittene Verbannung von Parteistrukturen aus Betrieben und Behörden der RSFSR »alle verfassungsmäßigen Mittel« einsetzen werde. – **Während ihres Gipfeltreffens** in Moskau (30. 7.–1. 8.) loben US-Präsident *George Bush* und Präsident *Gorbatschow* den Stand der bilateralen Beziehungen. *Gorbatschow* bittet um Verständnis für die Probleme bei der Demokratisierung seines Landes; *Bush* sagt Handelserleichterungen zu. Am 31. 7. **unterzeichnen die Präsidenten den START-Vertrag** über die Reduzierung der strategischen Atomwaffen *(→ Sp. 149f.).* In einer Rede vor dem ukrainischen Obersten Sowjet spricht sich *Bush* für den Zusammenhalt der Sowjetunion aus und tritt für engere Beziehungen zwischen den USA und der Ukraine ein. Auf einer Abschlußpressekonferenz erklärt *Bush*, er werde gemeinsam mit *Gorbatschow* für Ende Oktober eine **Nahost-Friedenskonferenz einberufen**, die unter der Schirmherrschaft der beiden Supermächte stehen soll. – Einen Tag vor der geplanten Unterzeichnung des neuen Unionsvertrages wird Präsident **Gorbatschow** am 19. 8. von konservativen Parteikreisen unter Führung des Vizepräsidenten *Janajew* auf der Krim **gefangengesetzt** *(Der Putschversuch → Sp. 153f.).*

Der **Kongreß der Volksdeputierten besiegelt** am 5. 9. **das Ende der bisherigen Sowjetunion:** Das höchste Verfassungsorgan beschließt nach 4tägiger Sitzungsdauer mit 1682 gegen 43 Stimmen bei 63 Enthaltungen ein Gesetz über die Umwandlung der bisher von einer starken Zentralmacht geprägten UdSSR in einen **Bund unabhängiger Republiken mit neuen Staatsorganen:**

▸ Höchstes Machtorgan der Union in einer Übergangszeit ist der **Oberste Sowjet** (Parlament) der UdSSR, bestehend aus 2 selbstständigen Kammern: Rat der Republiken und Rat der Union.

▸ Dem **Rat der Republiken** gehören je 20 Abgeordnete der UdSSR und der Unionsrepubliken an, die von den höchsten Machtorganen dieser Republiken delegiert werden. Angesichts des föderativen Aufbaus der Russischen SFSR hat diese 52 Abgeordnete; Unionsrepubliken, denen autonome Republiken und Formationen angehören, entsenden zusätzlich je einen Deputierten aus jedem autonomen Gebiet. Aus Gründen der Gleichberechtigung hat jede Republik im Rat *eine* Stimme. Der **Rat der Union** wird von den höchsten Machtorganen der Unionsrepubliken nach den heute bestehenden Quoten aus Volksdeputierten der UdSSR zusammengesetzt.

▸ Der **Rat der Republiken** und der **Rat der Union** nehmen durch **gemeinsame Entscheidungen** Verfassungsänderungen vor, nehmen neue Staaten auf, verabschieden den Unionshaushalt, erklären Krieg und schließen Frieden. Der Rat der Republiken ratifiziert internationale Verträge der UdSSR. Die vom Rat der Union verabschiedeten Gesetze treten nach Bestätigung durch den Rat der Republiken in Kraft.

▸ Die höchsten Machtorgane der **Unionsrepubliken** sind berechtigt, auf ihrem Territorium die Wirkung der vom Obersten Sowjet angenommenen Gesetze auszusetzen, falls diese der Verfassung der jeweiligen Republik zuwiderlaufen.

▸ Ein **Staatsrat**, dem der Präsident der UdSSR und die höchsten in der Verfassung der UdSSR genannten Amtspersonen der Republiken angehören, ist für die abgestimmte Lösung von Fragen der Innen- und Außenpolitik zuständig. Seine Arbeit wird vom Präsidenten der UdSSR geleitet; Beschlüsse des Staatsrats sind bindend. Das Amt des Vizepräsidenten der UdSSR wird aufgehoben. Falls der Präsident der UdSSR aus irgendwelchen Gründen seine Pflichten nicht wahrnehmen kann (auch aus gesundheitlichen Gründen, was durch das Gutachten einer durch den Obersten Sowjet gebildeten Staatlichen Medizinischen Kommission bestätigt werden muß), wählt der Staatsrat eines seiner Mitglieder zum Staatsratsvorsitzenden, der dann die Pflichten des Präsidenten der UdSSR wahrnimmt. Diese Entscheidung muß binnen dreier Tage vom Obersten Sowjet bestätigt werden.

▸ Ein **Interrepublikanisches Wirtschaftskomitee** koordiniert die Volkswirtschaft. Sein Vorsitzender wird vom Präsidenten der UdSSR mit Zustimmung des Staatsrats nominiert. Die Führung der gemeinsamen Unterorgane, die für Verteidigungs- und Sicherheitspolitik, Rechtsordnung und internationale Angelegenheiten zuständig sind, wird unmittelbar vom Präsidenten der UdSSR und dem Staatsrat wahrgenommen.

▸ Der **Status der Volksdeputierten** der UdSSR wird für die Dauer ihrer Vollmachten aufrechterhalten, einschließlich des Rechts, an der Arbeit des Obersten Sowjets der UdSSR und seiner Organe teilzunehmen.

▸ Der Präsident der UdSSR beruft die erste Tagung des neuen Obersten Sowjets spätestens am 2. 10. 1991 ein.

▸ Die **Verfassung der UdSSR** behält ihre Gültigkeit in den Teilen, die diesem Gesetz nicht widersprechen. Die vom Obersten Sowjet verabschiedeten Verfassungsänderungen treten nach Ratifizierung durch die höchsten gesetzgebenden Organe aller Unionsrepubliken in Kraft.

Der Putschversuch – Erste Reaktionen und Maßnahmen

18. August: Um 16.50 Uhr Ortszeit besetzen KGB-Mitglieder die Datscha des sowjetischen Präsidenten auf der Krim, unterbrechen die Telefonverbindungen und schließen *Michail Gorbatschow* und seine Familie samt 32 Leibwächtern ein. Der sowjetische Vizepräsident *Gennadij Janajew*, der von dem ZK-Experten für Rüstung und Vize-Vorsitzenden des Verteidigungsrates, *Oleg Baklanow,* begleitet wird, legt *Gorbatschow* in dessen Datscha ein **Ultimatum** vor: Entweder rufe *Gorbatschow* den Ausnahmezustand aus, oder er erteile *Janajew* dazu die Vollmacht. *Gorbatschow* lehnt beides ab.

19. August: TASS meldet um 06.18 Uhr (Ortszeit), daß Vizepräsident *Janajew* die Amtsgeschäfte des erkrankten Präsidenten *Gorbatschow* übernommen habe. – Um 7.15 Uhr berichtet TASS, über Teile der Sowjetunion sei ein sechsmonatiger **Ausnahmezustand** verhängt und alle **Staatsgewalt von einem »Staatskomitee für den Ausnahmezustand« übernommen** worden, dem neben *Janajew* und *Baklanow* der KGB-Vorsitzende *Wladimir Krjutschkow,* Ministerpräsident *Valentin Pawlow,* Innenminister *Boris Pugo,* Verteidigungsminister *Dimitrij Jasow,* der Vorsitzende des Verbandes der Staatsbetriebe *Alexander Tisjakow* und der Vorsitzende der Bauerngewerkschaft *Wassili Starodubzow* angehören. – Das Komitee setzt um 11.41 Uhr in einem ersten Dekret die Tätigkeit aller politischen Parteien aus und erläßt ein Demonstrations- und Kundgebungsverbot; die Massenmedien werden zensiert. Während dessen rollen Hunderte von Panzern und gepanzerten Mannschaftswagen ins Zentrum Moskaus und vor das russische Parlamentsgebäude (»Weißes Haus«), den Sitz des russischen Präsidenten *Boris Jelzin*. Am Mittag werden auch das Gebäude von TASS sowie der liberalen Zeitung »Iswestija« und der Reformzeitschrift »Moskowskaja Nowosti« umstellt. – In Leningrad, später auch in Moskau werden Militärkommandeure eingesetzt, und im Baltikum marschieren Truppenverbände auf. – Der russische Präsident *Boris Jelzin* verurteilt die Entmachtung *Gorbatschows* als einen rechtsgerichteten Staatsstreich und ruft zum Generalstreik auf. Rd. 5000 Menschen versammeln sich auf *Jelzins* Aufruf zu dessen Unterstützung vor dem russischen Parlament. – *Jelzin* erklärt gegen 17.00 Uhr, er übernehme die Kontrolle über das Territorium Rußlands; alle Aktionen des Komitees hätten für Rußland keine Gültigkeit. Anschließend appelliert er, auf einem der vor seinem Amtssitz aufgefahrenen Panzer stehend, an die Soldaten der Sowjetarmee, sich nicht an dem Umsturz zu beteiligen, und an die Bevölkerung, passiven Widerstand zu leisten. – Kurz darauf erklärt *Janajew* vor Pressevertretern, das Notstandskomitee wolle an dem 1985 begonnenen Kurs der demokratischen und marktwirtschaftlichen Reformen festhalten. – Am Abend beginnen Demonstranten mit der Errichtung von Barrikaden vor dem russischen Parlament. Teile des Militärs laufen zu *Jelzin* über.

20. August: Seit Mitternacht ist die nordrussische Bergarbeiterstadt Workuta im Generalstreik. In den frühen Morgenstunden veröffentlicht *Jelzin* einen Erlaß, der die Mitglieder des Komitees zu Straftätern erklärt. Trotz Demonstrationsverbot und Ausnahmezustand beginnt am Mittag vor dem russischen Parlament eine Kundgebung gegen *Janajew*. Die Demonstration schwillt bis zum Nachmittag auf mehrere 100 000 Teilnehmer an. 30 Schützenpanzer einer Einheit aus Tula sowie weitere 10 Schützenpanzer einer Division aus Tamnan trennen sich von ihren Einheiten und beziehen zum Schutz des Weißen Hauses Stellung. Am Nachmittag übernimmt *Jelzin* in einem weiteren Erlaß den Oberbefehl über alle Truppen auf dem Boden der Republik Rußland und fordert alle Soldaten auf, in ihre Kasernen zurückzukehren. In einigen russischen Kohlengruben wird gestreikt. In mehreren sowjetischen Städten finden trotz Demonstrationsverbotes **Kundgebungen gegen die neuen Machthaber** statt. – Gegen 21.00 Uhr erklärt die Ukraine alle Anordnungen und Entscheidungen der neuen Machthaber auf ihrem Gebiet für ungültig. – Um 21.32 verkündet der Stadtkommandant von Moskau eine nächtliche Ausgangssperre von Dienstag 23.00 Uhr bis Mittwoch 5.00 Uhr. – Das sowjetische Fernsehen meldet, Ministerpräsident *Valentin Pawlow,* der dem Notstandskomitee angehört, sei erkrankt. Berichte über einen Rücktritt von Verteidigungsminister *Dimitrij Jasow* werden dementiert.

21. August: In den frühen Morgenstunden werden in der Nähe des russischen Parlaments 3 Menschen von Panzern überrollt. Sowjetische Truppen übernehmen die Kontrolle mehrerer Radio- und Fernsehsender in Estland und Litauen. – Um 14.15 Uhr berichtet *Jelzin* vor russischen Abgeordneten, die Mitglieder des Notstandskomitees versuchten, Moskau auf dem Luftwege zu verlassen. – Um 16.20 Uhr meldet TASS, das Verteidigungsministerium habe den Rückzug aller Truppen aus Moskau angeordnet. Kurz darauf erklärt der Vorsitzende des sowjetischen Verteidigungsausschusses, Oberst *Walerij Otschirow,* daß sich das **Notstandskomitee aufgelöst** habe. Zwei Mitglieder des Notstandskomitees seien auf dem Weg zu *Gorbatschow*. Auch der russische Ministerpräsident *Iwan Silajew* fliegt zur Krim. Das Präsidium des Obersten Sowjets hebt alle Dekrete des Vizepräsidenten *Janajew* auf, damit sind auch der Ausnahmezustand aufgehoben und die Pressefreiheit wiederhergestellt. **Gorbatschow** gibt in einer am Abend im Unionsfernsehen verlesenen Erklärung bekannt, daß er **an die Macht zurückgekehrt** sei.

22. August: Der nach Moskau zurückgekehrte *Gorbatschow* würdigt vor der Presse den Einsatz des Volkes und die Rolle *Jelzins*. Dieser hatte am Vormittag im russischen Parlament gesagt: »Wir können sagen, Rußland hat die Union gerettet – und wir sind stolz darauf.« – 5 der 8 Mitglieder des Notstandskomitees sind inzwischen festgenommen oder stehen unter Bewachung; 2 Mitglieder (*Starodubzew* und *Baklanow*) genießen als Abgeordnete noch parlamentarische Immunität. Innenminister *Pugo* begeht Selbstmord.

23. August: *Jelzin* unterzeichnet im russischen Parlament in Anwesenheit *Gorbatschows* eine Anordnung zum Verbot jeglicher Tätigkeit der Kommunistischen Partei auf dem Territorium Rußlands bis zur gerichtlichen Klärung ihrer Rolle bei dem Putsch. *Gorbatschow* nennt dies einen Fehler und warnt vor »antikommunistischer Hetze«. *Jelzin* und *Gorbatschow* vereinbaren einen **Krisenmechanismus**, der vorsieht, daß sie sich gegenseitig vertreten, wenn einer von beiden daran gehindert wird, sein Amt auszuüben.

24. August: Gorbatschow erklärt am Abend überraschend seinen **Rücktritt als Generalsekretär der KPdSU**. Gleichzeitig untersagt er – dem Beispiel des russischen Präsidenten *Jelzin* folgend – die parteipolitische Tätigkeit im sowjetischen Staatsapparat (Innenministerium, KGB, Streitkräfte). Das Parteieigentum soll treuhänderisch von den jeweiligen Republikparlamenten verwaltet werden. Dem ZK der KPdSU schlägt er die Selbstauflösung vor. – Am Abend begeht der ranghöchste Militärberater *Gorbatschows* und frühere Stabschef der sowjetischen Streitkräfte, Marschall *Sergej Achromejew,* Selbstmord.

26. August: Präsident *Gorbatschow* äußert sich vor dem Obersten Sowjet der UdSSR selbstkritisch über seine zaudernde Haltung in der Vergangenheit gegenüber jenen Kräften, die ihn dann zu stürzen versucht hätten. Ein Grund für den bisher schleppenden Fortgang der Reformen sei die Verzögerung bei der Aufhebung des Machtmonopols der KPdSU gewesen. – Mit dem Leiter der ZK-Verwaltung, *Nikolai Krutschina,* begeht ein dritter hoher Funktionär seit dem Scheitern des Putsches Selbstmord.

27. August: Vor dem Obersten Sowjet macht *Gorbatschow* sein Verbleiben im Amt vom Fortbestehen der UdSSR als erneuerter Föderation abhängig. – In einer Verlautbarung des Pressesprechers des russischen Präsidenten *Jelzin* heißt es, die Republik Rußland stelle das konstitutionelle Recht auf Selbstbestimmung keiner Republik und keines Volkes in Frage. Es gebe jedoch **ungelöste Grenzfragen**, die nur offenbleiben könnten, wenn vertraglich fixierte Unionsbeziehungen fortbestünden. Entfielen diese, so behalte sich Rußland die Erörterung von Grenzbereinigungen mit allen Anrainern vor. Ausgenommen seien die 3 baltischen Staaten. – Nach den 3 Baltenrepubliken erklären auch die Ukraine, Georgien, Weißrußland, Moldawien und Aserbaidschan ihre Unabhängigkeit.

28. August: Der Oberste Sowjet der UdSSR entzieht mit 402 gegen 16 Stimmen dem Kabinett *Pawlow* wegen der Verwicklung von Ministern in den Putsch das Vertrauen. Das Führungsgremium des KGB wird aufgelöst. Ministerpräsident einer **Übergangsregierung** wird der russische Ministerpräsident und *Jelzin*-Vertraute, *Iwan Silajew,* neuer Außenminister der sowjetische Botschafter in der ČSFR, *Boris Pankin*. Der frühere sowjetische Innenminister *Wadim Bakatin* wird Chef des KGB, und der Chef der sowjetischen Luftwaffe, Generaloberst *Jewgenni Schaposchniko,* löst den bisherigen Verteidigungsminister *Jasow* ab. Auch der sowjetische Präsident soll nach Unterzeichnung des neuen Unionsvertrages neu gewählt werden. – Rußland und die Ukraine erkennen in einem **Abkommen gegen den »unkontrollierten Auseinanderfall« der UdSSR** ihre Grenzen an und erklären die »frühere UdSSR« mit ihrer Zentralgewalt für praktisch nicht mehr existent.

29. August: Der sowjetische Oberste Sowjet beschließt ein **unionsweites Arbeitsverbot für die KPdSU** und hebt die Sondervollmachten von Präsident *Gorbatschow* auf. Die Immunität des früheren Parlamentspräsidenten *Anatolij Lukjanow* wird wegen dessen Beteiligung am Staatsstreich aufgehoben. Er wird in der Folge verhaftet. Gegen die verhafteten Mitglieder des »Notstandskomitees« wird Anklage wegen Hochverrats erhoben *(zur weiteren Entwicklung → Sp. 151f. und 157f.)*.

[Eine ausführliche Dokumentation finden Sie in: Gerd Ruge, Der Putsch, Fischer Taschenbuch Bd. 11271]

2. Entwicklung in ausgewählten Republiken:

ARMENIEN: Bei einem vom sowjetischen Präsidenten *Gorbatschow* angeordneten Einsatz sowjetischer Truppen im Konflikt zwischen Armenien und Aserbaidschan werden nach Angaben der armenischen Regierung in Eriwan vom 9. 5. **1991** mindestens 48 Menschen getötet. Am 21. 9. findet ein Referendum statt, bei dem sich die Armenier mit über 95% der Stimmen für die **Unabhängigkeit** entscheiden. Für den 16. 10. sind Präsidentschaftswahlen vorgesehen.

ASERBAIDSCHAN: Der Oberste Sowjet der Republik beschließt am 5. 2. **1991** mit sofortiger Wirkung die Streichung der Namensbestandteile »sozialistisch« und »Sowjet-« aus dem Staatsnamen. Das Land heißt künftig »Aserbaidschanische Republik«. – Der Oberste Republiksowjet nimmt am 30. 8. einstimmig eine Erklärung über die **Wiederherstellung der Unabhängigkeit** an, die zwischen 1918 und 1920 bestanden hatte. Die Aserbaidschanische KP tritt aus der KPdSU aus. – Bei der **Präsidentschaftswahl** am 8. 9. erhält *Ajas Mutalibow* rd. 90 % der abgegebenen Stimmen.

GEORGIEN: Nicht nur Georgien will schrittweise aus der UdSSR austreten; auch das zu Georgien gehörende Autonome Gebiet **Südossetien** will sich von Georgien lösen und mit der nördlich angrenzenden Nordossetischen Autonomen Republik, die in der RSFSR liegt, vereinen. – Am 28. 10. und 11. 11. **1990** finden die **ersten freien Wahlen** zum Obersten Sowjet der Republik seit 1917 statt, bei der das nationalistische und antisowjetische Oppositionsbündnis **»Runder Tisch-Freies Georgien«** 155 der 250 Sitze erringt. Die Georgische KP erhält 64 Sitze, die Volksfront 12. Das neugewählte Parlament bestimmt bei nur 5 Gegenstimmen den Vorsitzenden des nichtkommunistischen Blocks **Swiad Gamsachurdija zum Parlamentspäsidenten**, den Naturwissenschaftler *Tengis Sigua* zum Ministerpräsidenten. Es ändert ferner den Namen der Republik in »Demokratische Georgische Republik«. – Die georgische KP, die ebenfalls für ein unabhängiges Georgien eintritt, erklärt am 8. 12. ihren Austritt aus dem Gesamtverband der KPdSU und definiert sich in ihren Statuten als unabhängige politische Partei. – Am 23. 11. spricht sich das Parlament gegen einen neuen Unionsvertrag und für die staatliche Unabhängigkeit Georgiens aus. – Am 8. 1. **1991** greift der sowjetische Präsident *Gorbatschow* in den **Konflikt zwischen Georgiern und Osseten** ein: Er fordert durch Erlaß alle bewaffneten Einheiten, ausgenommen die Einheiten des sowjetischen Innenministeriums (OMON), auf, das Territorium Südossetien innerhalb von 3 Tagen zu verlassen. Er erklärt sowohl den Beschluß des georgischen Obersten Sowjets vom 12. 12. 1990 für ungültig, mit dem dieser den autonomen Status Südossetiens aufheben wollte, als auch den Beschluß des ossetischen Obersten Sowjets vom 20. 9. 1990, mit dem dieser Südossetien zu einer unabhängigen Republik erklärt hatte. In der südossetischen Hauptstadt Zwinchali war es wegen des georgischen Parlamentsbeschlusses zu **blutigen Auseinandersetzungen** zwischen Osseten und georgischen Milizionären gekommen, die in der 2. Januarwoche 5 Todesopfer forderten. Am 9. 1. weist das georgische Parlament das Ultimatum des Kreml einstimmig als Einmischung in innere Angelegenheiten der Republik zurück. Am 18. 2. durchbrechen OMON-Einheiten die Blockade Georgiens gegen die Region Südossetien und versorgen die dortige Bevölkerung mit Lebensmitteln. Der sowjetische Innenminister *Pugo* teilt am 25. 2. mit, der Konflikt in Südossetien habe bisher 33 Todesopfer – 14 Osseten und 19 Georgier – gefordert. – Die Parlamentspräsidenten von **Rußland und Georgien**, *Boris Jelzin* und *Gamsachurdija,* einigen sich am 23. 3. auf ein **Abkommen zur Normalisierung der Lage in Süd-Ossetien**. Ein »gemeinsames Sonderkommando« soll alle »illegalen bewaffneten Gruppen in Süd-Ossetien entwaffnen«. Die OMON-Sondereinheiten werden zum Rückzug aufgefordert. – In einer Volksabstimmung stimmen am 31. 3. 89% der Wahlberechtigten für die Wiederherstellung der Georgischen Demokratischen Republik von 1918. Am 9. 4. **erklärt Georgien seine Unabhängigkeit**. – Bei der **ersten Direktwahl eines Präsidenten** in einer Sowjetrepublik wird *Gamsachurdija* am 26. 5. mit 86,5% der Stimmen gewählt. – Am 16. 9. findet eine Demonstration mit über 10 000 Teilnehmern in Tiflis statt, zu der die Opposition aufgerufen hatte, die Präsident *Gamsachurdija* diktatorische Neigungen vorwirft. Bereits am 18. 8. hatte er Ministerpräsident *Tengis Sigua* und den Außenminister entlassen und am 6. 9. die Schlüsselministerien seiner direkten Kontrolle unterstellt. Nach Verhaftung von Oppositionspolitikern kommt es zu erneuten Demonstrationen der Opposition, der sich ein Teil der georgischen Nationalgarde anschließt.

KASACHSTAN: Der Oberste Sowjet der Republik verabschiedet am 26. 10. **1990** eine **Souveränitätserklärung**. Noch am selben Tag verbietet er Atomtests auf dem Territorium der Republik, in der sich das Testgelände von Semipalatinsk befindet. Damit setzt sich der kasachische Oberste Sowjet über ein erst am Vortag vom sowjetischen Obersten Sowjet verabschiedetes Gesetz hinweg, wonach Unionsgesetze bis zur Unterzeichnung eines neuen Unionsvertrages Vorrang vor Gesetzen der Republiken haben sollen. Ende August tritt Präsident *Nursultan Nasarbajew* als KP-Chef zurück; das ZK der KP beschließt die Einstellung seiner Tätigkeit.

KIRGISIEN: Der Oberste Sowjet der Republik beschließt am 26. 10. **1990** die Umbenennung der Sowjetrepublik in »Sozialistische Sowjetrepublik Kirgisistan«. – Als letzte der 15 Unionsrepubliken erklärt sich **Kirgisien** am 12. 12. als **souverän**. *Askar Akajew* wird zum Präsidenten gewählt; sein Vorgänger *Absomat Masalijew* bleibt 1. Sekretär der kirgisischen KP. – Am 21. 8. ordnet *Akajew* die Auflösung der KP an. Am 31. 8. erklärt Kirgisien die **Unabhängigkeit**. Im Oktober 1991 will sich *Akajew* einem Referendum stellen.

MOLDAWIEN: Die im Juni **1990** nach der Souveränitätserklärung der Republik aufgebrochenen **Spannungen zwischen Moldawiern und Gagausen** erreichen im August einen ersten Höhepunkt. Am 26. 10. verhängt der Oberste Sowjet der Republik den Ausnahmezustand über das von den Gagausen bewohnte Gebiet, die am 19. 8. eine eigenständige Republik ausgerufen hatten und gegen den Willen der moldawischen Führung am 25. 10. Parlamentswahlen durchgeführt haben. Am 27. 10. kündigt Moldawien aus Protest gegen die Haltung Moskaus in dem Nationalitätenstreit die Mitarbeit am neuen Unionsvertrag auf und schließt am 30. 10. zehn der 13 Gagausen-Abgeordneten aus dem Parlament aus. OMON-Einheiten rücken in die Unruhegebiete ein. Bei **bewaffneten Zusammenstößen** gibt es am 2. 11. mehrere Tote. – Präsident *Mircea Snegur* erklärt am 21. 2. **1991** seinen Rücktritt mit der Begründung, gegen ihn werde seitens der Masseninformationsmedien und der KP Moldawiens intrigiert und eine Zusammenarbeit mit dem Ministerpräsidenten sei nicht möglich. Das Parlament weist das Rücktrittsgesuch zurück und bildet eine Kommission zur Reform des Regierungsapparats. *Snegur* lehnt eine Beteiligung an dem für den 17. 3. anberaumten Unionsreferendum ab, bekräftigt seinen Wunsch nach Souveränität für Moldawien und verlangt die Direktwahl des Präsidenten. – Am 23. 5. beschließt das Republikparlament die Streichung der Worte »sowjetisch« und »sozialistisch« aus dem Staatsnamen; der künftige offizielle Name ist damit »Republik Moldawien«. – Am 27. 8. spricht sich der Oberste Sowjet einstimmig für die **Unabhängigkeit** der Republik aus.

RUSSLAND: Der Oberste Sowjet der RSFSR stimmt am 11. 9. **1990** einem Reformentwurf zu, mit dem der **Übergang von der Plan- zur Marktwirtschaft** in nur 500 Tagen erreicht werden soll. Das Programm des Wirtschaftswissenschaftlers *Stanislaw Schatalin*, das am 17. 9. auch von *Gorbatschow* vor dem sowjetischen Obersten Sowjet befürwortet wird und am 11. 1. in Rußland in Kraft tritt, sieht die **Privatisierung** eines Großteils **des Staatseigentums** und die Freigabe der Preise vor. – Der Oberste Sowjet der Republik verabschiedet am 31. 10. ein Gesetz zum »**Schutz der ökonomischen Souveränität der Republik**«, in dem Grund und Boden, Rohstoffe und andere Ressourcen sowie Kulturschätze zum Eigentum der Republik erklärt werden. – Der russische Volksdeputiertenkongreß stimmt am 3. 12. mit 863 gegen 90 Stimmen bei 40 Enthaltungen der **Einführung von privatem Landbesitz** zu und setzt sich damit gegen konservative Kommunisten, den Parteiapparat und die Militärs durch. Die Reprivatisierung von Land muß allerdings noch vom Unionssowjet gebilligt werden. – Der Oberste Sowjet der Republik verabschiedet am 7. 12. ein **Programm zur Stabilisierung der Wirtschaft** und zum Übergang zur Marktwirtschaft, in dem die »staatliche Souveränität« der Republik als Voraussetzung für den Ausweg aus der wirtschaftlichen Krise bezeichnet wird. – Am 7. 2. **1991** spricht sich der Oberste Sowjet mit 157 gegen 15 Stimmen bei 14 Enthaltungen **für eine Teilnahme am Unionsreferendum** am 17. 3. aus. – Der russische Volksdeputiertenkongreß nimmt am 5. 4. mit 607 gegen 228 Stimmen endgültig den Antrag auf **Sondervollmachten für Parlamentspräsident Jelzin** an; er darf für eine Übergangszeit per Dekret regieren. – Die **Streiks**, die Anfang März **in den russischen Kohlerevieren** von Workuta und dem Donezker und Kusnezker Steinkohlebecken zunächst eher den Charakter von politischen Warnstreiks hatten, weiten sich immer mehr zu einem Machtkampf mit der Moskauer Regierung aus. Die Bergarbeiter fordern den Rücktritt von Präsident *Gorbatschow* und die Übergabe der Macht an den Föderationsrat der Republiken. Außerdem verlangen sie eine sofortige Lohnerhöhung bis zum Zweieinhalbfachen der bisherigen Bezüge, eine Neuregelung der Rentengesetze, die Koppelung der Löhne an die Inflationsrate und eine Steuersenkung. *Jelzin* unterzeichnet am 1. 5. vor 10 000 Menschen in Nowokusnezk im Kusbass eine mit den streikenden Bergarbeitern abgestimmte Verordnung zur **Übernahme der Betriebe** in die Selbständigkeit **unter russischer Jurisdiktion**. Nach Unterzeichnung einer entsprechenden Vereinbarung zwischen der sowjetischen und der russischen Regierung werden die Streiks am 10. 5. vorerst beendet; die Streikkomitees werden jedoch nicht aufgelöst, bevor eine merkliche Besserung ihrer Situation eintritt. Nach der großen Streikbewegung im Juli 1989 hatte die sowjetische Regierung weitgehende Zugeständnisse an die Bergarbeiter gemacht, die bisher nicht eingelöst wurden. – *Jelzin* und KGB-Chef *Wladimir Krjutschkow* vereinbaren am 5. 5. die **Schaffung eines eigenen Komitees für Staatssicherheit der RSFSR**. Zum Chef des russischen KGB mit zunächst rd. 400 Mitarbeitern wird Generalmajor *Viktor Iwanenko* ernannt. Wichtigste Aufgabe soll die Bekämpfung des organisierten Verbrechens und verfassungsfeindlicher Aktivitäten sein. – Der Volksdeputiertenkongreß der RSFSR verabschiedet am 24. 5. mit der erforderlichen Zweidrittelmehrheit die Verfassungsänderung, welche den **Übergang zum Präsidialsystem** mit Direktwahl des Präsidenten rechtlich absichert. Die Änderung war zuvor am 17. 3. zugleich mit dem Unionsreferendum sowie vom Obersten Sowjet

Die nationalen Republiken der Sowjetunion

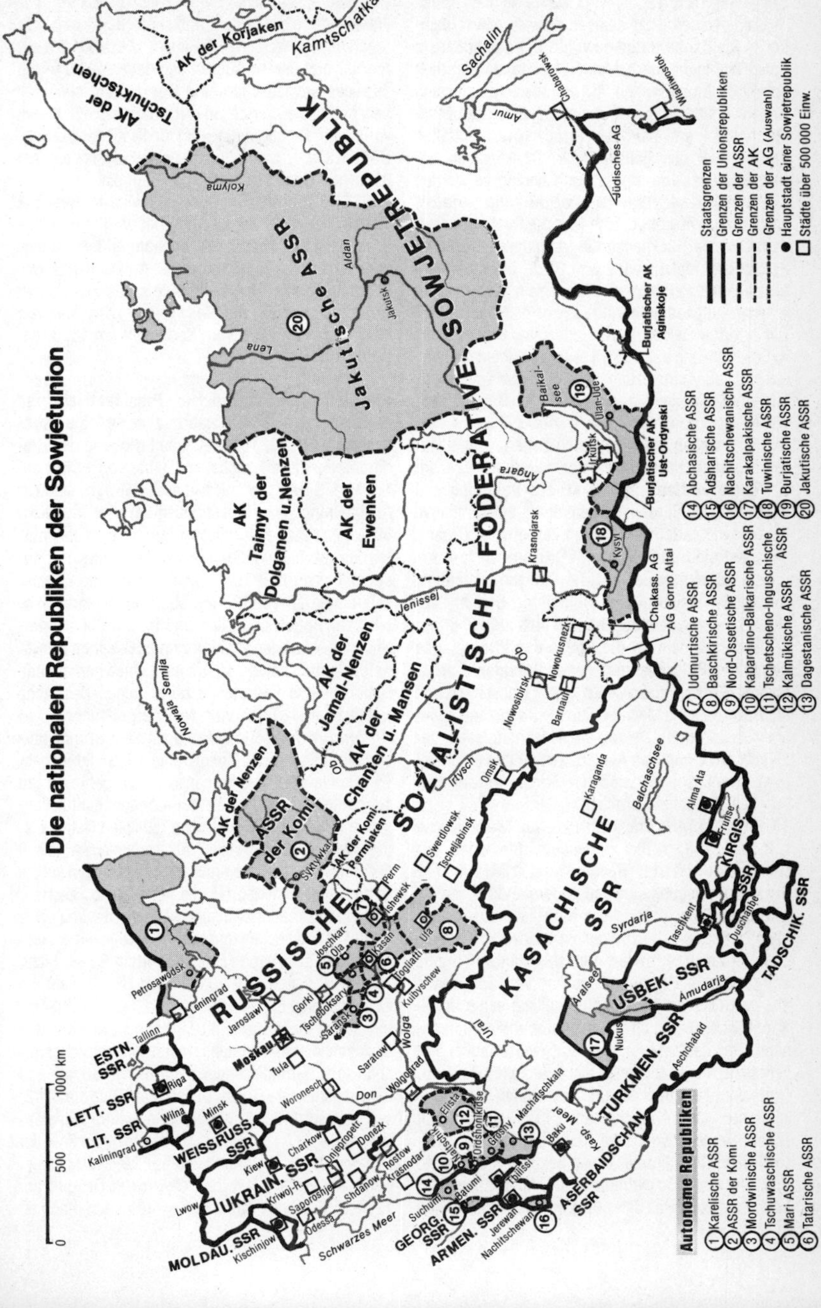

– und ebenfalls vom Kongreß – am 22. 3. durch den Erlaß entsprechender Gesetzestexte gutgeheißen worden. – Am 12. 6. wird **Jelzin** in der ersten demokratischen Präsidentschaftswahl **zum russischen Staatsoberhaupt gewählt**. Er erreicht bereits im 1. Wahlgang die notwendige absolute Mehrheit von 57,3% der Stimmen. Auf den aussichtsreichsten Gegenkandidaten, den früheren sowjetischen Ministerpräsidenten *Nikolaj Ryschkow,* entfallen 16,8%. Bei den gleichzeitigen Direktwahlen der Bürgermeister von Moskau und Leningrad werden die Amtsinhaber *Gawrili Popow* und *Anatolij Sobtschak* bestätigt. Eine Mehrheit votiert außerdem für eine Rückbenennung Leningrads in Sankt Petersburg. **Jelzin wird** am 10. 7. im Kreml **als russischer Präsident vereidigt**; sein Stellvertreter wird der Luftwaffenoberst *Alexander Ruzkoi*. *Jelzin* betont in seiner Antrittsrede seine Bereitschaft, mit der Führung der UdSSR unter Präsident *Gorbatschow* zusammenzuarbeiten. *Gorbatschow* sichert ihm seinerseits Unterstützung zu. Der Patriarch von Moskau und ganz Rußland, *Alexej II.*, erteilt bei der Feier *Jelzin* den kirchlichen Segen. – In einem seiner ersten Erlasse als Präsident verfügt *Jelzin* am 21. 7. die **Verbannung der KP aus Behörden und Betrieben**. Außerdem empfiehlt er eine Initiative beim Sowjetparlament über ein Verbot von »Organisationsstrukturen politischer Parteien« auch in Armee, Geheimdienst (KGB), Innenministerium, Staatsanwaltschaft und Oberstem Gericht der UdSSR. – Präsident **Jelzin stellt sich** am 20. 8. mit seinem Parlament **an die Spitze des Widerstands gegen den Putschversuch gegen Präsident Gorbatschow** *(Einzelheiten → Sp. 153f.)*; er stärkt damit auch seine eigene Machtposition. – *Jelzin* anerkennt am 24. 8. durch Dekret die Unabhängigkeit der baltischen Republiken *(→ Sp. 165f.)* und empfiehlt dem sowjetischen Präsidenten *Gorbatschow*, diesen Schritt nachzuvollziehen.

TADSCHIKISTAN: Präsident *Kachar Machamow* tritt am 31. 8. zurück, nachdem ihm zuvor der Oberste Sowjet der Republik mit 124 von 172 Stimmen – wegen fehlenden Widerstands gegen die Moskauer Putschisten – das Mißtrauen ausgesprochen hatte; sein Nachfolger ist *Kadreddin Aslonow*. – Am 9. 9. erklärt Tadschikistan durch eine entsprechende Resolution des Obersten Sowjets als 11. der früheren 15 Sowjetrepubliken seine **Unabhängigkeit**. Es will ein »souveräner und demokratischer Rechtsstaat« werden. Auf eine Unabhängigkeitserklärung verzichteten bisher lediglich Rußland, Armenien, Turkmenistan und Kasachstan. Nach dem Rücktritt von Aslonow am 23. 9. übernimmt *Rachman Nabijew* sein Amt als Präsident

UKRAINE: Der Oberste Sowjet beschließt am 24. 8. mit 346 von 450 Stimmen den Austritt aus der Sowjetunion und die **Schaffung eines unabhängigen Staates**. Die Erklärung sieht eine eigene Gesetzgebung und Währung, eigene Streitkräfte und die Übernahme staatlicher Betriebe der UdSSR vor. Die Entscheidung soll einem Volksentscheid am 1. 12. unterworfen werden. Präsident *Leonid Krawtschuk* gibt seinen Austritt aus dem Politbüro den ZKs der sowjetischen und der ukrainischen KP bekannt. Der Oberste Sowjet erläßt am 27. 8. ein vorläufiges Betätigungsverbot für die KP der Ukraine.

USBEKISTAN: Der Oberste Sowjet beschließt am 31. 8. die **Unabhängigkeit** der Republik.

WEISSRUSSLAND: Der Oberste Sowjet der Republik verabschiedet am 26. 8. eine Erklärung über »wirtschaftliche und politische **Unabhängigkeit**«; außerdem setzt er die Tätigkeit der KP Weißrußlands vorübergehend aus. Präsident *Nikolai Dementaï tritt am 31. 8. zurück; als Nachfolger wird Stanilas Tschuschkewitsch* vom Parlament am 18. 9. gewählt.

SPANIEN Der **sowjetische Präsident** *Michail Gorbatschow* erhält während seines **Staatsbesuchs** am 26./27. 10. **1990** eine Erhöhung des Kreditrahmens für die nächsten 3 Jahre von 1 Mrd. auf 1,5 Mrd. $ zugesagt. 50% dieses Betrages sind zur Anschaffung von Investitionsgütern in Spanien, 50% zum Kauf von Konsumgütern (u. a. Lebensmittel) vorgesehen. Außerdem werden zahlreiche Kooperationsverträge (u. a. über sowjetische Erdgaslieferungen ab 1995 sowie über gemeinsame Projekte zur Rohölexploration und im Bergbau) unterzeichnet. – Aus den **Wahlen zum baskischen Regionalparlament** am 28. 10. geht die einen gemäßigten Nationalismus vertretende bürgerliche »Baskische Nationalpartei«/PNV von Ministerpräsident *José Antonio Ardanza Vitoria* als stärkste Gruppe hervor; sie erringt 22 (+5 gegenüber 1986) der insges. 75 Mandate. Ihr Stimmenzuwachs geht nahezu ausschließlich zu Lasten der übrigen nationalistischen Parteien, v. a. der einen radikalen Nationalismus vertretenden »Eusko Alkartasuna«/EA, die 9 (–4) Sitze erhält. Unverändert 6 Sitze entfallen auf die dritte Nationalistenpartei, die »Euskadiko Ezkerra«/EE. Die linksnationalistische »Herri Batasuna«/HB, die der ETA nahesteht und sich als einzige Partei nicht vom ETA-Terrorismus lossagte, erhält 6 (–3) Sitze. Auf die Sozialisten/PSOE entfielen 16 (–2), auf die Konservativen 6 (+4), auf kleinere Parteien 3 Sitze. Insgesamt bleibt das Kräfteverhältnis zwischen den baskischen Nationalistenparteien und den gesamtspanischen Gruppierungen nahezu unverändert. – In der katalanischen Ortschaft Sabadell fallen am 8. 12. sechs Beamte der Nationalpolizei einem **Terroranschlag der ETA** zum Opfer. Damit steigt die Zahl der ETA-Mordopfer im Jahr 1990 auf 22. – Der stellv. Ministerpräsident *Alfonso Guerra*/PSOE gibt am 12. 1. **1991** sein Ausscheiden aus dem Kabinett

Die baltischen Staaten erlangen ihre Unabhängigkeit wieder

Der Staatsrat der UdSSR *(→ Sp. 152)* sprach am 6. 9. 1991 die Anerkennung der Souveränität Litauens, Estlands und Lettlands aus. Als einer der letzten Staaten der westlichen Welt hatten zuvor die USA am 2. 9. die Aufnahme diplomatischer Beziehungen bekanntgegeben. Die 3 Staaten wurden am 10. 9. in die KSZE und am 17. 9. in die UN aufgenommen. Damit haben sie 51 Jahre nach ihrer Zwangseingliederung in die UdSSR ihre Unabhängigkeit zurückgewonnen.

Die drei baltischen Republiken waren nach dem Zerfall des Zarenreiches 1918 selbständig geworden. Im Hitler-Stalin-Pakt von 1939 wurden sie der Sowjetunion ausgeliefert und im August 1940 Teil der UdSSR *(vgl. WA '90 Sp. 483ff.).*
Litauen, Estland und Lettland sprachen sich 1990 nach freien Parlamentswahlen für eine Wiederherstellung ihrer Unabhängigkeit aus. Der andauernde Konflikt darüber mit Moskau führte Anfang 1991 zu Gewaltaktionen sowjetischer Truppen in Vilnius und Riga. Während Litauen die Loslösung forcierte und die Zentralregierung in Moskau dadurch besonders provozierte, suchten die beiden anderen Republiken nach Lösungen, ihre Unabhängigkeit in einem mit der Union abgestimmten Verfahren zu erreichen. Die Referenden in Litauen (9. 2. 1991) sowie in Estland und Lettland (3. 3. 1991) stellten klar, daß nach den Parlamenten und Regierungen auch die Bevölkerung der 3 baltischen Staaten in ihrer großen Mehrheit einen Kurs befürwortet, der auf die Loslösung von der Sowjetunion und die Wiederherstellung der Unabhängigkeit zielt *(→ WA '91/ Sp. 547ff.).*
Litauen (Hauptstadt Vilnius [Wilna]) hat 65000 km² und 3,6 Mio. Einw., Lettland (Hauptstadt Riga) 63700 km² und 2,7 Mio. Einw., Estland (Hauptstadt Tallin [Reval]) 45100 km² und 1,6 Mio. Einw. Haupterwerbszweige der Republiken sind eine gut entwickelte Landwirtschaft, die Fischerei, die Lebensmittel-, Maschinen-, Textil-, Chemie- und Holzindustrie sowie Betriebe der Elektronik und Feinmechanik.

1. Litauen

Parlamentspräsident *Vytautas Landsbergis* fordert am 9. 11. **1990** erstmals den Abzug der regulären sowjetischen Armee aus der Republik. Der Versuch, entgegen einem litauischen Parlamentsbeschluß am 7. 11. eine Militärparade abzuhalten, zeige das Vorgehen einer »Okkupationsarmee, die ihre militärische Macht demonstrieren« wolle. Dabei habe sie Gewalt gegen Bürger Litauens angewandt, eine Handlungsweise, die die Sowjetunion als Verhandlungspartner Litauens diskreditiere. – Am 10. 11. beschließt das Parlament die Ausgabe eigener Pässe, für deren Erhalt die Litauer auf die sowjetische Staatsbürgerschaft verzichten müssen. – Am 1. 12. findet in Vilnius die erste **gemeinsame Konferenz der Parlamente der drei baltischen Republiken** statt, die mit der Aufforderung an die Sowjetunion endet, die Sowjetarmee von ihren Territorien abzuziehen und Zusammenarbeit zu vereinbaren sowie mit dem Aufruf an die westlichen Staaten, ihre Unabhängigkeit anzuerkennen. – Die litauische KP (56000 Mitglieder) gibt sich am 8. 12. ein neues Programm und einen neuen Namen: »Litauische Demokratische Arbeiterpartei«. – Am 19. 12. ruft Präsident *Michail Gorbatschow* alle Unruhe-Republiken zur Ordnung und droht damit, den Ausnahmezustand zu verhängen oder bestimmte Regionen unter präsidentielle Verwaltung zu stellen. – Am 7. 1. **1991** entsendet **Moskau weitere Truppen in die Baltenrepubliken**, um Deserteure oder Wehrdienstverweigerer zum Wehrdienst zu zwingen. Eine Unterredung von Ministerpräsidentin *Prunskine* mit *Gorbatschow* am 8. 1. über die Zwangsrekrutierungen im Baltikum und die Anwesenheit sowjetischen Militärs bleibt erfolglos. – Am selben Tag kommt es zum **Rücktritt der Regierung** von Ministerpräsidentin *Kazimiera Prunskine*; als Grund werden die mit Jahresbeginn verfügten **Preissteigerungen für Lebensmittel** angegeben, gegen die Teile der Bevölkerung protestiert hatten. – Präsident *Gorbatschow* fordert am 10. 1. das litauische Parlament auf, die Gültigkeit der sowjetischen Verfassung in vollem Umfang wiederherzustellen und alle eigenen »verfassungswidrigen« Gesetze aufzuheben. Das litauische Parlament lehnt die Forderung am selben Tag als »Ultimatum« ab. Außerdem wählt es *Albertas Schimenas* zum neuen Ministerpräsidenten. – Am 11. 1. besetzen sowjetische Fallschirmjäger in Vilnius das Verteidigungsministerium, das Pressehaus und das Fernmeldeamt und riegeln die Zufahrten ab; dabei gibt es einen Toten und mehrere Verletzte. In der Nacht zum 13. 1. stürmen sowjetische Soldaten mit Panzern die Sendezentrale des Rundfunks in Vilnius. Dabei werden **14 Menschen getötet** und mehr als 150 verletzt. Das Militär verhängt eine nächtliche Ausgangssperre über Vilnius und Kaunas (sie gilt bis 15. 1.); Vilnius wird einem Militärkommandanten unterstellt. – Das gewaltsame Vorgehen Moskaus löst weltweit Bestürzung aus. Der sowjetische Präsident *Gorbatschow* erklärt am 14. 1. vor dem Obersten Sowjet der UdSSR, er habe den Militäreinsatz weder angeordnet noch davon gewußt. Auch Verteidigungsminister *Dimitrij Jasow* bestreitet jede Verantwortung. Beide machen jedoch die litauische Führung für die Eskalation der Gewalt verantwortlich. – Am 30. 1. kündigt der sowjetische Innenminister *Boris Pugo* den Rückzug von ⅔ der sowjetischen Truppen aus dem Baltikum an, da sich die Lage im Baltikum stabilisiere. – Als Kompromiß in der Auseinandersetzung mit Moskau beschließt das Parlament am 18. 1. die Durchführung eines **Referendums über die Unabhängigkeit der Republik** am 9. 2.; die Bürger sollen auf die Frage antworten, ob Litauen »auch weiter als demokratische und unabhängige Republik bestehen soll«. Präsident *Gorbatschow* bezeichnet die Volksbefragung in einem am 6. 2. veröffentlichten Erlaß als »illegal« und ihr Ergebnis als »juristisch unhaltbar«. Bei der **Volksbefragung** entscheiden sich am 9. 2. bei einer Wahlbeteiligung von 84% rd. 90% der Bürger **für die Unabhängigkeit von der Sowjetunion**; nur 6,5% sind dagegen, 3% geben ungültige Stimmzettel ab. Präsident *Landsbergis* wertet das Resultat als wichtiges Argument für die Fortsetzung des Unabhängigkeitskurses und erklärt, daß sich Litauen an dem Unionsreferendum am 17. 3. nicht beteiligen werde. – Als erstes westliches Land erkennt am 12. 2. Island Litauen als unabhängigen Staat an. – Mehrere litauische **Posten an der Grenze zu Lettland** und eine lettische Zollstation an der Grenze zu Weißrußland werden am 23. 5. **von Einheiten der OMON-Truppen des sowjetischen Innenministeriums überfallen** und niedergebrannt. Dabei werden mindestens 15 Grenzpolizisten verwundet. – Das litauische Parlament ruft die Bevölkerung am 1. 3. zu passivem Widerstand für den Fall auf, daß die Republik von der UdSSR »besetzt« werden sollte und die Befugnisse des Parlaments eingeschränkt würden. In der Folge besetzen OMON-Einheiten wiederholt öffentliche Gebäude. Am 23. und 28. 5. überfallen sie erneut mehrere litauische Posten an der Grenze zu Lettland. Beim bislang blutigsten Überfall auf eine Zollstation an der Grenze zu Weißrußland am 31. 7. werden 7 Grenzwachen getötet. – Am 19. 8., kurz nach Mitternacht, beginnen litauische Offiziere mit Zoll- und Paßkontrollen in Kleipeda (Memel), in Vilnius und an der Grenze zu Polen. – Unmittelbar nach dem Scheitern des Putschversuchs in Moskau *(→ Kasten Sp. 153 ff.)* werden am 22. 8. die KPdSU und der KGB verboten. – Die Außenminister der 12 EG-Staaten verständigen sich am 27. 8. darauf, diplomatische Beziehungen zu den Staaten aufzunehmen.

2. Estland

Estland verzichtet am 18. 12. **1990** auf eine weitere Mitarbeit im Parlament der UdSSR. Ohne selbständig zu sein, könne die Republik den von *Gorbatschow* vorgeschlagenen Unionsvertrag nicht unterschreiben. – Bei einer **Volksabstimmung** am 3. 3. **1991** über den künftigen Status der Republik (»Wünschen Sie die Wiederherstellung der staatlichen Unabhängigkeit und Selbständigkeit der Estnischen Republik?«) entscheiden sich bei einer Wahlbeteiligung von 83% der 1,1 Mio. Wahlberechtigten 78% **für die Unabhängigkeit**; 21% sprechen sich dagegen aus. Der Vorsitzende des estnischen Obersten Sowjets, *Arnold Rüütel,* erklärt, daß das Referendum keine rechtlich bindende Wirkung habe. – Nach Bekanntwerden des Putsches in Moskau *(→ Sp. 153 ff.)* erklärt der Republiksowjet am 20. 8. mit sofortiger Wirkung die volle **Unabhängigkeit** von der UdSSR und kündigt Wahlen für 1992 an. – Am 23. 8. wird der KGB verboten, alle bisher von der Moskauer Zentralregierung gelenkten Betriebe werden der »nationalen« Kontrolle unterstellt. Am 25. 8. werden alle Gliederungen der KPdSU aufgelöst.

3. Lettland

Am 20. 1. **1991** besetzt eine sowjetische Sondereinheit nach einer **Schießerei** das Innenministerium in Riga, räumt es aber am gleichen Tag wieder. Die Aktion fordert **5 Todesopfer**. Das lettische Parlament reagiert auf die Militäraktion mit der Entscheidung, eine **Selbstverteidigungstruppe** aufzustellen. Alle Wehrfähigen werden aufgefordert, sich der Truppe anzuschließen. – Bei einer **Volksabstimmung** am 3. 3. über den künftigen Status der Republik (»Sind Sie für eine demokratische und staatlich unabhängige Lettische Republik?«) entscheiden sich bei einer Wahlbeteiligung von 87% der 1,87 Mio. Wahlberechtigten 73,1% **für die Unabhängigkeit**; 25% sprechen sich dagegen aus. Dieses Ergebnis ist um so bemerkenswerter, als die Letten nur etwa 52% der Gesamtbevölkerung stellen, die übrigen 48% vorwiegend russischer Nationalität sind. – Am 23. 5. überfallen OMON-Truppen eine lettische Zollstation an der Grenze zu Weißrußland und brennen sie nieder. – Nach dem Putschbeginn in Moskau *(→ Sp. 153 ff.)* stürmen OMON-Soldaten am 20. 8. das Rundfunkgebäude sowie die Zentrale der lettischen Volksfront in Riga und eröffnen das Feuer; dabei werden 2 Menschen getötet. Am 21. 8. setzt das lettische Parlament die **Unabhängigkeit** der Republik mit sofortiger Wirkung in Kraft. Am 23. 8. wird die KPdSU verboten; der lettische KP-Vorsitzende *Alfred Rubiks* wird am 23. 8. als Anhänger des inzwischen gescheiterten Putsches verhaftet.

bekannt. Ihm war von der parlamentarischen Opposition vorgeworfen worden, in illegale Geschäftspraktiken seines Bruders verwickelt zu sein. *Guerra,* der seit seiner Ernennung 1981 als zweitmächtigster Mann in der Regierung und enger Vertrauter von Ministerpräsident *Felipe González Márquez* galt, verbleibt jedoch in seinem Amt als Stellv. Generalsekretär der PSOE. Am 11. 3. ernennt Ministerpräsident *Gonzalez* im Rahmen einer **Kabinettsumbildung** den bisherigen Verteidigungsminister *Narcis Serra* zum neuen Stellv. Ministerpräsidenten. – Am 6. 2. wird die **neue baskische Regierung** unter Ministerpräsident *Ardanza* vorgestellt, der erstmals nur Vertreter von Nationalistenparteien angehören; Verhandlungen mit dem PSOE waren gescheitert. 8 Minister kommen aus der PNV, 3 aus der EA und 2 aus der EE. Diese 3 Parteien verfügen über 37 der 75 Sitze im Regionalparlament und haben damit nicht die parlamentarische Mehrheit. – Die Regierung in Madrid beschließt am 3. 5. den **Zusammenschluß der Staatsbanken** – unter dem Dach der Holding »Corporación Bancaria des España«, die damit die größte Bankengruppe des Landes mit einem Marktanteil von 10 %, 1230 Filialen und 19 000 Mitarbeitern wird. – Bei einem **Bombenanschlag** auf eine Kaserne der Guardia Civil werden am 29. 5. in Vich, nordwestl. von Barcelona, 9 Personen getötet, darunter 3 Kinder. 43 Personen werden verletzt. Das Attentat verdeutlicht die Vorgehensweise der ETA, Bombenanschläge gezielt in Städten durchzuführen, die wie Vich oder Sabadell *(→ oben)* Austragungsorte der Olympischen Sommerspiele 1992 sein werden. Am 30. 5. gelingt der Polizei ein entscheidender Schlag gegen die Kommandoebene der baskischen Untergrundbewegung und die **Zerschlagung der »Gruppe Barcelona« der ETA**, als die Sicherheitskräfte ein Haus in Lliçà de Munt nahe Barcelona stürmen. Bei einem Schußwechsel werden 2 ETA-Aktivisten getötet. In Spanien und Frankreich wird eine Reihe von Verdächtigen verhaftet. Ministerpräsident *González* ruft am 7. 6. zu unnachsichtigem Vorgehen gegen die ETA auf und schließt zugleich neue Verhandlungen über eine Resozialisierung der Extremisten aus.

SRI LANKA Die Armee gibt am 11. 1. **1991** die Wiederaufnahme ihrer Offensivaktionen gegen die tamilischen Freischärler der »Liberation Tiger of Tamil Eelam«/LTTE bekannt. Die Regierung begründet ihre Haltung damit, daß die LTTE, die zum 1. 1. einen einseitigen bedingungslosen Waffenstillstand ausgerufen hatten, in der Zwischenzeit zu viele Angriffe geführt habe. Die LTTE weist die Vorwürfe zurück und beschuldigt ihrerseits die Armee, seit Jahresbeginn die Waffenruhe 39mal gebrochen zu haben. Die LTTE hatte im Juni 1990 nach dem Scheitern von 14monatigen Friedensverhandlungen die Kämpfe gegen die Regierungstruppen wiederaufgenommen. Seitdem wurden über 5200 Menschen getötet, darunter zahlreiche Zivilisten. – Am 2. 3. wird Verteidigungsminister **Ranjan Wijeratne Opfer eines Bombenanschlags**. Bei dem Anschlag in Colombo kommen insgesamt 30 Menschen ums Leben. *Wijeratne,* der vor allem für die Einsätze der Regierungstruppen gegen die LTTE im Nordosten der Insel verantwortlich war, galt als zweitmächtigster Mann in der politischen Führung des Landes. Die LTTE weist die Verantwortung für den Anschlag zurück, äußert jedoch ihre »Erleichterung« über den Tod *Wijeratnes*. – Durch die Explosion einer Autobombe vor dem Militärhauptquartier in Colombo werden am 21. 6. mindestens 40 Personen getötet, die meisten davon Soldaten. Nach dreiwöchigen Kämpfen im Norden des Landes können Regierungstruppen am 3. 8. einen Belagerungsring um den Armeestützpunkt beim Elefantenpaß durchbrechen und einen 800 Mann starken eingeschlossenen Truppenteil entsetzen. Damit wird die bisher **blutigste Militäroperation** im 8jährigen Konflikt zwischen

Tamilenkonflikt in Sri Lanka

den LTTE und der Regierung zugunsten der srilankischen Armee entschieden. Nach Regierungsangaben wurden in den vergangenen 3 Wochen fast 2000 tamilische Rebellen und mehr als 150 Soldaten der Regierungstruppen getötet.

SÜDAFRIKA Nach einem Gespräch mit Präsident *Frederik de Klerk* erklärt ANC-Vizepräsident *Nelson Mandela* am 11. 9. **1990** in Pretoria, der Verständigungsprozeß zwischen Schwarzen und Weißen sei gefährdet, wenn die Regierung die **Welle der Gewalt zwischen** Anhängern des **ANC und** der **Inkatha-Bewegung** nicht eindämme, die von rechtsextremen Weißen geschürt werde und bei der innerhalb von 5 Wochen über 800 Menschen getötet wurden. – Ein wesentliches Apartheidsgesetz aus dem Jahre 1953, der **Separate Amenities Act**, das Schwarzen den Zugang zu öffentlichen Einrichtungen verwehrte, **wird am 15. 10. landesweit aufgehoben**. – In Natal wird am 18. 10. als letzter Provinz der **Ausnahmezustand abgeschafft**. – Die regierende »Nationalpartei«/NP steht seit dem 19. 10. auch schwarzen Mitgliedern offen. – Die Niederländische Reformierte Kirche bekennt am 7. 11., »am Leid der Schwarzen« mitschuldig zu sein. – Ein Putschversuch im nominell unabhängigen Homeland Transkei wird am 22. 11. niedergeschlagen. – **Nach 30 Jahren im Exil kehrt ANC-Präsident Oliver Tambo** am 13. 12. **nach S. zurück**; auf der 1. ANC-Konferenz auf südafrikanischem Boden seit 1959 tritt er am 14. 12. für eine »sorgfältige Überprüfung« der Wirtschaftssanktionen ein. – Von der UN-Vollversammlung in New York wird am 20. 12. *de Klerks* Reformpolitik gewürdigt, an der Beibehaltung des internationalen Boykotts aber festgehalten. – Am 9. 1. **1991** nehmen die ersten bisher weißen Kindern vorbehaltenen Schulen schwarze Schüler auf. – Erstmals seit über 30 Jahren trifft *Mandela* am 29. 1. in Durban mit Inkatha-Präsident *Mangosuthu Buthelezi* und am 4. 2. mit dem Chef des rivalisierenden »Panafrikanischen Kongresses«/PAC, *Mahwethu*, zusammen. – **Präsident de Klerk kündigt** am 1. 2. vor dem Parlament in Kapstadt **die Aufhebung der wichtigsten Apartheid-Gesetze und das Ende der Rassentrennungspolitik an**. Weiterhin soll in Verhandlungen mit dem ANC und anderen Oppositionsgruppen eine neue Verfassung erarbeitet werden. Auch der 2. Putschversuch innerhalb von 2 Wochen im Homeland Ciskei am 10. 2. scheitert. – In einer bilateralen Vereinbarung vom 15. 12. stimmt der ANC der Einstellung seiner militärischen Untergrundaktivitäten zu, während die Regierung zusagt, die Freilassung politischer Gefangener und die Rückkehr Exilierter zu beschleunigen. – Die UDF kündigt am 4. 3. an, sich im August aufzulösen und den ANC zu unterstützen. – Außenminister *Roelof Frederik Botha* empfängt am 14. 3. seinen namibischen Amtskollegen *Theo Ben Gurirah*. Im Mittelpunkt der Verhandlungen steht die Zukunft der Walfischbucht, einer Enklave an der Küste Namibias mit dem einzigen Tiefseehafen zwischen Luanda und Kapstadt. S. will das frühere Mandatsgebiet behalten. Eine Einigung kann nicht erzielt werden. – Die **EG-Außenminister heben** am 15. 4. die noch verbliebenen **Wirtschaftssanktionen** bis auf das Waffenembargo **auf**; vom ANC wird diese Entscheidung kritisiert. – Erstmals seit Lockerung der Rassentrennungspolitik schießt die Polizei am 11. 5. auf Weiße, die zuvor in der Nähe von Johannesburg ein Lager schwarzer Landbesetzer überfallen hatten. – Der am 4. 2. eröffnete **Prozeß gegen Winnie Mandela endet** am 13. 5. vor dem Obersten Gerichtshof in Johannesburg **mit** einem **Schuldspruch**; wegen Entführung und Beihilfe zur Körperverletzung wird am 14. 5. eine Gefängnisstrafe von 6 Jahren verhängt und *Winnie Mandela* gegen Kaution auf freien Fuß gesetzt. – Am 14. 5. kommt es zur Wiederaufnahme der vor 45 Jahren abgebrochenen diplomatischen Beziehungen zu Polen. – **Das Parlament schafft** am 5. 6. **3 Grundpfeiler der Apartheid**, das Gesetz über getrennte Wohngebiete nach Hautfarbe (**Group Areas Act**) und den **Land Act**, wonach Schwarze lediglich 13 % allen Bodens in S. besitzen dürfen, mit Wirkung vom 30. 6. **ab**. – Am 17. 6. **wird** das Gesetz über die Registrierung der Bevölkerung (**Population Registration Act**), die Grundlage für die obligatorische Einteilung aller Bürger in Rassengruppen, **aufgehoben**. Die gesetzlich verankerte Apartheid ist damit, abgesehen von der Verfassungsakte und einigen damit verbundenen Gesetzen, beseitigt. – Das Parlament hebt am 21. 6. alle Bestimmungen zur inneren Sicherheit (**Internal Security Act**) auf, die friedliche politische Aktivitäten einschränkten. Zudem werden alle Anklagen gegen Wehrdienstverweigerer, die vor kurzem noch zu sechs Jahren Haft verurteilt worden waren, bis zum Abschluß einer Untersuchung über das System der Wehrpflicht ausgesetzt. – Die erste **Nationalkonferenz des ANC** seit mehr als 30 Jahren findet vom 2.–6. 7. in Durban statt. Am 5. 7. wird *Nelson Mandela* zum Präsidenten des ANC gewählt; der bisherige Vizepräsident tritt damit die Nachfolge *Oliver Tambos* an; Vizepräsident wird *Walter Sisulu*. In seiner Schlußrede setzt sich *Mandela* für die Beibehaltung von Sanktionen gegen Südafrika ein; ferner spricht er sich für weitere Protestaktionen gegen die Regierung und für eine engere Zusammenarbeit aller oppositionellen Kräfte aus. Er bekräftigt die **Forderung nach einer Übergangsregierung**, die bis zur Bildung einer wirklichen Demokratie in S. die Regierungsgeschäfte übernehmen sollte. – US-Präsident *George Bush* hebt am 10. 7. die meisten Wirtschaftssanktionen gegen S. auf, da deren Regierung unumkehrbare

Schritte zur Abschaffung der Rassentrennung gemacht habe; damit seien alle Auflagen erfüllt, die der US-Kongreß 1986 verfügt hatte. – Das Internationale Olympische Komitee läßt S. am 9. 7. zur Teilnahme an Olympischen Spielen zu. Nach 21jähriger Verbannung wird Südafrika damit wahrscheinlich 1992 in Barcelona wieder um Medaillen kämpfen. – Die Regierung gibt am 19. 7. zu, politisch mit dem ANC rivalisierende Gruppen finanziell unterstützt zu haben. 1989 und 1990 habe man der Inkatha-Partei der Zulus Zuschüsse für Kundgebungen gewährt. Die von der Inkatha getragene Gewerkschaft Uwusa habe ebenfalls Geld bekommen. Am 23. 7. tritt der persönliche Sekretär von Inkatha-Chef *Buthelezi*, *M. Z. Khumalo*, zurück nachdem er eingestanden hat, von der Unterstützung seiner Partei durch die Regierung in zwei Fällen gewußt zu haben. *Buthelezi* habe nichts von den Zahlungen gewußt. Die Inkatha will die umstrittenen Spenden zurückzahlen. Präsident *de Klerk* bildet in der Folge des Skandals am 29. 7. seine Regierung um und versetzt die beiden umstrittenen Minister *Adriaan Vlok* (Recht und Ordnung) und *Magnus Malan* (Verteidigung) auf weniger wichtige Posten. – Der Streit zwischen Reformern und radikalen Apartheid-Befürwortern unter den Buren Südafrikas eskaliert am 9. 8. dramatisch. Erstmals schießt die hauptsächlich aus Buren rekrutierte Polizei auf Anhänger der militanten Afrikaaner Widerstandsbewegung/AWB, die zu Hunderten einen Saal in Ventersdorp stürmen wollten, in dem Präsident *de Klerk* seine Reformpolitik erläuterte. Dabei werden drei radikale Buren getötet und mindestens 53 Menschen zum Teil schwer verletzt. Die Führer der weißen Rechten drohen danach mit dem Beginn eines »dritten Burenkrieges«. Nach jahrelangen blutigen Auseinandersetzungen ihrer Anhänger einigen sich die verfeindeten Schwarzen-Bewegungen ANC und Inkatha sowie die weiße Regierung am 15. 8. auf den **Entwurf eines Friedensplans**, der auf einer Konferenz am 14. 9. endgültig verabschiedet werden soll. Der Plan sieht die Einrichtung eines ständigen Friedenssekretariats vor und legt die Regeln für einen friedlichen politischen Machtkampf der Parteien fest. – Am 16. 8. kommt es zwischen der Regierung und dem Hohen Flüchtlingskommissar der UN zu einer Übereinkunft über eine **Generalamnestie für alle südafrikanischen Exilanten.** Ihre Rückkehr ist eine der Bedingungen, die der ANC für die Aufnahme von Verfassungsverhandlungen gestellt hat. Die Amnestie gilt nur für politische Straftaten, die vor dem 8. 10. 1990 begangen wurden und nicht für »schwere Straftaten«.

(bearb. *G. Frickenhelm*)

SUDAN Am 25. 9. **1990** wird die Hinrichtung mehrerer Personen bekannt, die einen Putschversuch gegen Präsident *Omar Hassan Ahmad al-Bashir* geplant haben sollen. – Anfang Oktober breiten sich die **Kämpfe in Süd-S.** wieder aus. Die Regierung fliegt mehrere Bombenangriffe auf das Rebellengebiet im Süden, das seit 7 Jahren von *John Garangs* Sudan Peoples Liberation Army/SPLA kontrolliert wird. – Mitte November reißt die Regierung die Flüchtlingsviertel Daressalam, Hilaat Schuk und Atschak am Rande von Khartoum aus Angst vor Unruhen nieder; die Flüchtlinge werden 40 km südlich, nach Dscheben Aulia gebracht. – Nachdem ca. 2000 Rebellen aus S. den Tschad angegriffen hatten, dringen am 14. 11. tschadische Truppen auf sudanesisches Gebiet vor; Tschad wirft der sudanesischen Regierung Unterstützung der Rebellen vor; daraufhin verweist am 27. 11. die Regierung die Rebellen des Landes. – Staatspräsident *Bashir* führt am 31. 12. die islamische Rechtsprechung (Scharia) ein; ausgenommen sind nur die südlichen Gebiete des Landes, wo die Muslime in der Minderheit sind. – Am 6. 2. **1991** teilt die Militärregierung den S. in 9 Bundesstaaten ein: den Zentralstaat, Khartoum, Kordofan, den nördlichen Staat, Darfur, den östlichen Staat, Bahr al Ghazal, Oberer Nil und Äquatoria. Die 9 Bundesstaaten sind in 66 Provinzen bzw. 218 Regierungsbezirke unterteilt. Jeder Staat hat einen Gouverneur und einen Stellvertreter sowie ein Kabinett. – 3 Franzosen, die im Dezember bei einer Notlandung im Süd-S. in Kapoeta von der SPLA gefangengenommen wurden, dürfen am 19. 2. unversehrt nach Kenia ausreisen.

SURINAME Durch einen **Militärputsch** wird am 24. 12. **1990** die Regierung von Präsident *Ramsewak Shankar* abgesetzt. Der **neue Machthaber**, Militärchef *Ivan Graanoogst*, kündigt am 25. 12. freie Wahlen innerhalb von 100 Tagen an. Am 29. 12. bestimmt die Nationalversammlung den Vorsitzenden der »Nationalpartei«, **Johan Kraag**, zum **Übergangspräsidenten**; an der Parlamentssitzung nahmen nur 34 der 51 Abgeordneten teil; eine Abstimmung findet nicht statt. Der starke Mann des Landes, Oberst *Desi Bouterse*, kehrt wieder in sein Amt als Oberkommandierender der Armee zurück, nachdem er einen Tag vor dem Putsch zurückgetreten war. – Übergangspräsident *Kraag* vereidigt am 7. 1. **1991** die neue Regierung, die bis zu den geplanten Parlamentswahlen amtieren soll. Ministerpräsident wird *Jules Wijdenbosch*, zum Außenminister wird *Ronnie Ramlakhan* ernannt. – Bei den **Parlamentswahlen am 24. 5.** verfehlt die Vierparteienkoalition »Neue Front für Demokratie und Entwicklung«/FDO die ⅔-Mehrheit nur knapp; die dem Militär nahestehende »Nationaldemokratische Partei« erringt überraschend 12 der 51 zu vergebenden Mandate. Die **Präsidentschaftswahlen** am 8. 9. **gewinnt Ronald Venetiaan** von der NDP; er tritt sein Amt am 16. 9. an.

SYRIEN S. verurteilt die irakische Invasion in Kuwait vom 2. 8. **1990** und entsendet unmittelbar danach 4000 Soldaten nach Saudi-Arabien und in die VAE. Am 13. 9. kündigt S. an, eine Panzerdivision mit weiteren 10 000 Soldaten nach Saudi-Arabien zu schicken. – Beim Besuch des libanesischen Präsidenten *Elias Hrawi* am 30. 9. erklärt Präsident *Hafiz el Assad* die Unterstützung seines Landes für die von *Hrawi* verhängte Blockade gegen die Truppen des ehemaligen Chefs der libanesischen (Christen-)Regierung, General *Michel Aoun*. Nach einem offiziellen Hilfegesuch von Präsident *Hrawi* an Damaskus vom 10. 10. beteiligen sich ab dem 11. 10. auch syrische Truppen an der Belagerung der Stellungen *Aouns* in Baabda. Am 16. 10. beginnen syrische Einheiten mit der Beseitigung der Befestigung an der »grünen Linie«, der Grenze zwischen den christlichen und den moslemischen Vierteln Beiruts. Zwischen dem 20. und 22. 10. kommen der libanesische Präsident *Hrawi*, Ministerpräsident *Selim al-Hoss*, Drusenführer *Valid Joumblat* und der iranische Außenminister *Ali Akbar Velayati* zu Gesprächen über die Zukunft Libanons mit dem syrischen Präsidenten *Assad* in Damaskus zusammen. Bei diesen Gesprächen kommt man überein, die verschiedenen, miteinander rivalisierenden Milizen aus Beirut abzuziehen und den Regierungstruppen die Kontrolle über die Stadt zu überlassen. – Vor Ablauf des Ultimatums des UN-Sicherheitsrates am 15. 1. 1991 betont Präsident *Assad*, daß die syrischen Einheiten sich an einem Angriff auf den Irak nicht beteiligen, sondern ausschließlich der Verteidigung Saudi-Arabiens und der Golfemirate gegen einen möglichen irakischen Angriff dienen. Weiter kündigt er an, im Falle eines israelischen Angriffs auf den Irak, die Fronten zu wechseln. Nach Beginn der Kämpfe und in Anbetracht der irakischen Scud-Raketenangriffe auf Israel äußert *Assad*, ein begrenzter Vergeltungsschlag Israels sei akzeptabel. – **Am 5. 2. fordert S. die irakische Armee zu einem Putsch gegen Saddam Hussein auf.** – Am 7. 2. gibt die EG in Brüssel eine bereits 1986 zugesagte, dann aber zurückgehaltene Finanzhilfe in Höhe von 146 Mio. Ecu frei. Von den Golfemiraten und Saudi-Arabien erhält S. 1,25 Mrd. $ in bar und Kredite in Höhe von 3 bis 4 Mrd. US-$. Die Wirtschaft S. expandiert so stark wie lange nicht mehr (Wachstum 1990: 6 %; 1991: geschätzt 8 %); ein immens hoher Handelsbilanzüberschuß 1990 von 1,85 Mrd. $ (Exporte: 4,22/ Importe: 2,37 Mrd. $) wird erzielt. – Bei den Treffen der 6 Mitgliedsländer des Golf-Kooperationsrates/ GCC mit S. und Ägypten am 15./16. 2. in Kairo und am 5. 3. in Damaskus wird die Einrichtung einer rund 100 000 Mann (⅔ Ägypter und ⅓ Syrer) starken arabischen Golf-Truppe beschlossen, für die die reichen GCC-Mitglieder Ägypten und S. im Gegenzug umfangreiche Wirtschaftshilfen zusagen. – **Am 20. 5. schließen S. und Libanon den »Vertrag der Bruderschaft, Kooperation und Koordination«**; dieser sieht eine enge wirtschaftliche und kulturelle Zusammenarbeit sowie eine Koordinierung von Sicherheitsfragen und der Außenpolitik vor.

THAILAND Premierminister *Chatichai Choonhavan* tritt am 9. 12. **1990** zurück. Er versucht damit die Auflösung des Parlaments und die Ausschreibung von Neuwahlen zu vermeiden, die nach 2 Kabinettsumbesetzungen in den letzten 6 Monaten vor allem von den Streitkräften immer stärker gefordert wurden. Die politisch einflußreichen Militärs haben die Beseitigung einiger, als korrupt geltender Minister gefordert, an denen *Chatichai* festhält. Am 16. 12. bildet *Chatichai* eine neue Regierung auf der Basis von 5 Parteien; die neue Koalition verfügt über 227 der 357 Parlamentssitze. – **In einem unblutigen Putsch stürzen die Streitkräfte** am 23. 2. **1991 die Regierung Chatichai**, lösen das Parlament auf, setzen die Verfassung außer Kraft und verhängen das Kriegsrecht. Die Regierungsgeschäfte werden bis auf weiteres einer 6köpfigen Junta unterstellt. *Chatichai* sowie mehrere seiner Mitarbeiter werden festgenommen. **Chef der Militärjunta**, die sich »Nationaler Friedensrat« nennt, **wird** der Oberbefehlshaber der Streitkräfte, **General Sunthorn Kongsompong**. In einer schriftlichen Erklärung erkennt König *Bhumibol* am 26. 2. die Putschisten an. Am 1. 3. billigt er die **neue vorläufige Verfassung** des Landes, die von der Militärjunta vorgelegt wird. Am 2. 3. bestätigt er **Anand Panyarachun** als neuen **Ministerpräsidenten** einer Übergangsregierung, der am 6. 3. ein neues Kabinett vorstellt; Außenminister wird *Asra Sarasin*. – Am 2. 5. wird das **Kriegsrecht** in 21 Provinzen des Landes **aufgehoben**, bleibt aber in einigen Grenzprovinzen, die vom Militär als traditionelle Unruhegegenden angesehen werden, noch in Kraft.

TOGO Der Chef der Sicherheitsbehörden, Hauptmann *Laokpessi Pitalou Ani*, wird am 16. 9. **1990** entlassen, weil die Polizei 4 Gefangene mit Elektroschocks und Peitschenhieben mißhandelt hat; die Gefangenen waren inhaftiert worden, weil sie nach Regierungsangaben die Armee zur Revolte aufgerufen hatten. – Bei **Auseinandersetzungen** zwischen Soldaten und mehreren tausend Personen **in der Hauptstadt Lomé** werden am 5. 10. 4 Menschen getötet. Zu den Zusammenstößen war es gekommen, als Demonstranten gegen Präsident General

Gnassingbé Eyadéma und dessen Einparteienregime protestierten. – Am 16. 3. **1991** kommt es erneut zu Unruhen und Demonstrationen, wobei ein Jugendlicher getötet und 4 Personen verletzt werden. Zu der Demonstration hatten eine Studentenvereinigung sowie die oppositionelle »Front der Verbände für die Erneuerung«/FAR aufgerufen, zu der sich 11 Parteien zusammengeschlossen haben. – Wegen der anhaltenden Unruhen ordnet die Regierung am 8. 4. die Schließung aller Schulen und Universitäten an; die Aussetzung des Unterrichts wird mit der täglich wachsenden Gefahr von Gewaltakten begründet. Die Regierung zieht am 10. 4. Truppen in der Hauptstadt Lomé zusammen und verhängt eine **Ausgangssperre**. Am gleichen Tag verspricht Präsident *Eyadéma* die Zulassung politischer Parteien und eine Amnestie für politisch motivierte Straftaten. – Am 6. 6. ruft die Opposition zu einem unbefristeten **Generalstreik** auf; das Ziel sei, Staatschef *Eyadéma* zum Rücktritt zu zwingen, da die Regierung sich weigere, eine nationale Konferenz zu organisieren und den Demokratisierungsprozeß voranzutreiben. Die Nationalkonferenz verabschiedet am 16. 7. eine **provisorische Verfassung**, die das alte Grundgesetz von 1980 sowie alle aus ihr hervorgegangenen politischen Institutionen aussetzt. – **Die Nationalkonferenz**, in der alle wichtigen politischen und gesellschaftlichen Kräfte des Landes vertreten sind, **wählt** am 26. 8. in Lomé den Leiter der togoischen Menschenrechtsliga, *Kokou Koffigoh* **zum Ministerpräsidenten**. Die Delegierten schlagen zudem die Auflösung der Präsidentengarde und eine Reduzierung der 12000 Mann starken Streitkräfte vor; außerdem soll das Land sofort seine Waffenkäufe und Militärhilfe an das Ausland einstellen. Staatspräsident *Eyadema*, der sich vergeblich bemüht hatte die Nationalkonferenz aufzulösen, läßt am 27. 8. alle Grenzen schließen. Am 29. 8. erkennt er Premier *Koffigoh* an, dem die meisten der bisherigen Machtbefugnisse des Staatsoberhaupts übertragen werden.

TSCHAD Die Armee erklärt in einem Kommuniqué am 11. 11. **1990**, am Vortag seien in der Region von Tine heftige **Kämpfe mit der »Islamischen Legion**« ausgebrochen, die in der sudanesischen Provinz Darfour stationiert sei und von Libyen unterstützt werde. Am 14. 11. meldet das Oberkommando einen neuen Angriff in Tine. Bei den Angreifern handele es sich um Rebellen aus dem Tschad, die dem früheren Armeechef *Idriss Déby* treu geblieben seien. Tschad und Libyen hatten Anfang der 80er Jahre Krieg gegeneinander geführt. Frankreich war dem angegriffenen Tschad zu Hilfe gekommen. Seitdem hatte es mehrere Verhandlungsrunden zur Beilegung des Konflikts gegeben; vor mehr als einem Jahr war ein Friedensabkommen unterzeichnet worden. – Am 15. 11. berichtet die zairische Nachrichtenagentur AZAP, der tschadische Staatschef *Hissène Habré* habe Zaire offiziell um Hilfe zur Abwehr der Angriffe ersucht. – Im Laufe des November erobern die Rebellen die Städte Tine, Gos-Beida, Abéché, Iriba, Guereda und Adre und rücken in Richtung auf die 800 km entfernte Hauptstadt N'Djaména vor. – **Staatspräsident** *Habré* flüchtet am 1. 12. vor den in N'Djaména einmarschierenden Truppen des Rebellenführers *Idriss Déby* **nach Kamerun. Am 4. 12. wird der frühere Armeechef Déby** vom Exekutivkomitee seiner »Patriotischen Heilsbewegung« **zum** Staatsoberhaupt ernannt; er beruft einen Staatsrat mit 20 Kommissaren; Kommissar für auswärtige Angelegenheiten wird *Soungui Ahmad*. In seiner Antrittsrede begründet er den bewaffneten Kampf seiner Truppen mit der diktatorischen Herrschaft und Korruption der Regierung *Habré*; er verspricht der Bevölkerung Demokratie und den Nachbarstaaten eine gute Zusammenarbeit. *Déby* läßt 400 libysche Kriegsgefangene in ihre Heimat zurückkehren. – Am

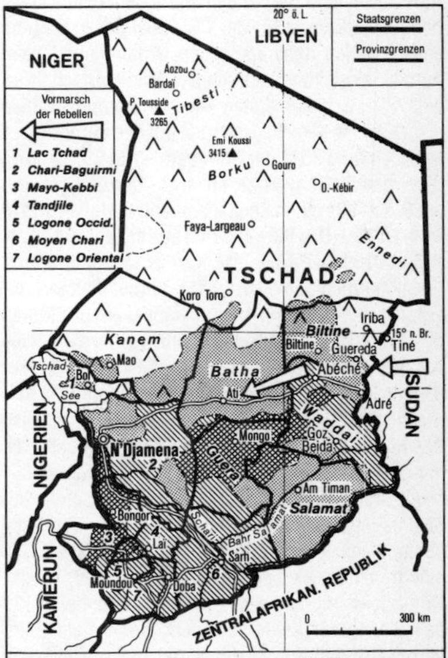

Zur Situation im Tschad

4. 3. **1991** wird *Déby* als neuer Präsident vereidigt; er will das Land konsolidieren, Pressefreiheit und Bürgerrechte wiederherstellen und eine neue Verfassung ausarbeiten. Die **bisherige Verfassung** wird am 2. 3. **außer Kraft gesetzt**. Neuer Ministerpräsident wird *Jean Alingué Bawoyeu*.

TSCHECHOSLOWAKEI Die USA gewähren der ČSFR am 7. 9. **1990** die Meistbegünstigung im Handel. – Vorsitzender der »Tschechoslowakischen Volkspartei« wird am 30. 9. *Josef Lux*, des Bürgerforums am 13. 10. Finanzminister *Vačlav Klaus*. – Am 17. 10. entläßt Staatspräsident *Vačlav Havel* Verteidigungsminister *Miroslav Vaček*, dessen Verdienste gewürdigt werden, und ernennt am 18. 10. den Ex-Bürgerrechtler *Lubos Dobrovsky* zu seinem Nachfolger. – Nachdem vom Parlament am 3. 10. nach 1948 **enteignetes Privateigentum zurückgegeben** worden war, beschließt die Bundesversammlung am 25. 10. die Überführung von 100 000 Betrieben in Privateigentum. – Am 13. 11. einigen sich die Ministerpräsidenten der Zentralregierung sowie der Tschechei und der Slowakei auf die Neuverteilung ihrer Kompetenzen. – Als erster **US-Präsident besucht** *George Bush* am 17. 11. die **ČSFR**. In einer Rede vor dem Parlament betont er die Bereitschaft der USA, der ČSFR bei der Errichtung einer stabilen demokratischen Ordnung und beim Aufbau einer funktionierenden Marktwirtschaft zu helfen. – Bei den ersten freien Kommunalwahlen schneidet die KP erfolgreich ab; auf das Bürgerforum entfallen rund 35 % der Stimmen. – Am 28. 12. wird die Krone für konvertibel erklärt. – Der IWF gewährt am 8. 1. **1991** einen Beistandskredit in Höhe von 1,8 Mrd. US-$. – Das **Bürgerforum erklärt sich** am 12. 1. **zur politischen Partei**. – Mit großer Mehrheit stimmt das Parlament am 16. 1. für Verhandlungen zur sofortigen Auflösung der militärischen Strukturen des Warschauer Pakts und befürwortet die völlige Auflösung des Bündnisses. – Die ČSFR und Ungarn schließen am 21. 1. in Prag ein Verteidigungsabkommen. – Als 25. Staat wird die ČSFR am 21. 2. Mitglied des Europarats. – 50 000 Menschen demonstrieren am 2. 3. in Brünn für die Autonomie Mährens. – Ministerpräsident *Meciar*, der für mehr Souveränität der Slowakei eintritt, wird am 17. 3. aus der Partei »Öffentlichkeit gegen Gewalt« ausgeschlossen. – In einem neuen Mediengesetz wird am 20. 3. das Rundfunkmonopol des Staates aufgehoben. 23 Jahre nach der Niederschlagung des Prager Frühlings verlassen am 21. 6. die letzten sowjetischen Soldaten die ČSFR. Am 25. 6. wird das **Protokoll über die Rückführung der Sowjetarmee unterzeichnet**. – Das Parlament stimmt am 12. 7. einstimmig dem Auflösungsbeschluß des Warschauer Pakts zu. – Am 18. 7. verabschiedet das Parlament mit großer Mehrheit ein Gesetz, nach dem Tschechen und Slowaken in einem Referendum über den Zusammenhalt des Staates entscheiden können. – Parlamentspräsident *Alexander Dubcek* tritt am 22. 7. aus der von ihm vor zwei Jahren mitgegründeten Bewegung »Öffentlichkeit gegen Gewalt«/VPN aus; er begründet seine Entscheidung mit den »Spaltungserscheinungen« innerhalb der Organisation. Von der bei den Wahlen 1990 in der Slowakei siegreichen VPN hatte sich die »Bewegung für eine demokratische Slowakei« abgespalten.

TUNESIEN Am 24. 9. **1990** kommt es zur Wiederaufnahme der diplomatischen Beziehungen zu Iran. – Am 15. 1. **1991** werden in Tunis 2 Spitzenfunktionäre der PLO, der Stellvertreter von *Yassir Arafat* und Chef der Fatah-Bewegung, *Abu Ijad (Salah Chalaf)*, und der »Innenminister« der PLO, *Abu el Hol (Hael Abdel Hamid)*, sowie ein Leibwächter ermordet. – Staatspräsident *Zine el Abidine Ben Ali* gibt am 20. 2. eine **Kabinettsumbildung** bekannt; der bisherige Außenminister, *Habib Boulares*, wird zum Verteidigungsminister ernannt; neuer Außenminister wird der bisherige Staatsminister im Außenministerium, *Habib Ben Yahia*. – Innenminister *Abdallah Kallel* teilt am 22. 5. mit, ein Putschversuch islamischer Fundamentalisten sei gescheitert. 300 Mitglieder der illegalen Bewegung An-Nadha (»Wiedergeburt«) seien festgenommen worden, darunter auch 100 Angehörige der Streitkräfte. Die Gruppe habe die Machtübernahme und die Errichtung eines theokratischen Staates geplant. Diese Mitteilung folgte auf Zusammenstöße fundamentalistisch gesinnter Studenten mit der Polizei zu Beginn des Monats, bei denen 2 Menschen starben. Der im Exil lebende Führer der An-Nadha, *Ghannouchi*, wirft *Ben Ali* vor, die Putschpläne der Fundamentalisten erfunden zu haben, um seine Bewegung zerschlagen zu können.

TÜRKEI Das Parlament ermächtigt am 5. 9. **1990** die Regierung, Truppen ins Ausland zu entsenden. – Am 12. 10. bzw. 18. 10. reichen Außenminister *Ali Bozer* und Verteidigungsminister *Safa Giray* ihren Rücktritt ein; zu ihren Nachfolgern werden *Ahmet Kurtcebe Alptemocin* und *Hüsnü Dogan*, ein Neffe des Staatspräsidenten *Turgut Özal*, ernannt. – Zum ersten Mal in der Geschichte der türkischen Republik tritt am 3. 12. mit *Necip Torumtay* ein Generalstabschef aus Protest gegen den politischen Kurs des Präsidenten zurück. – Beim Besuch des sowjetischen Außenministers *Eduard Schewardnadse* (13.–14. 12.) legt die türkische Seite einen Plan über die Gründung einer freien Wirtschaftszone am Schwarzen Meer vor, der die 4 Anrainerstaaten

Sowjetunion, Türkei, Bulgarien und Rumänien angehören sollen. – **Wegen der Golfkrise bittet die Türkei** am 20. 12. **die NATO** um die **Entsendung ihrer multinationalen mobilen Eingreiftruppe**; diesem Wunsch wird am 2. 1. **1991** durch den Ständigen NATO-Rat entsprochen. – Das Abgeordnetenhaus stimmt am 17. 1. der Nutzung des Stützpunktes Incirklik für Operationen gegen Irak zu; am 18. 1. wird im Kabinett der Beschluß gefaßt, daß alle militärischen Stützpunkte auf türkischem Territorium von den gegen Irak kämpfenden Alliierten extensiver genutzt werden können. – Nach nur 4 Monaten wird Verteidigungsminister *Dogan* am 22. 2. entlassen; Nachfolger wird am 1. 3. *Mehmet Yazar*. – **Das Parlament hebt** am 12. 4. **das Verbot der kurdischen Sprache teilweise auf**; die Pflege ihrer Sprache und Kultur, die die Türkei Minderheiten wie Griechen, Armeniern und Juden gesetzlich einräumt, bleibt den Kurden weiterhin vorenthalten. Wer jedoch auf kurdisch oder in einer anderen Minderheitensprache »antistaatliche Propaganda« betreibt, wird weiter bestraft. – Ministerpräsident *Akbulut* bestätigt am 15. 4., daß die Regierung die aus Irak geflüchteten Kurden aus den Bergen in die Täler herabsteigen lassen will; der Ministerpräsident weist jedoch darauf hin, daß diese Lösung nur provisorisch sei, da die Kurden wieder in ihre Heimat zurückkehren sollten. – Die regierende »Mutterlandpartei«/ANAP wählt auf ihrem Parteitag in Ankara am 16. 6. den früheren Außenminister *Mesut Yilmaz* zu ihrem neuen Vorsitzenden; darauf tritt der bisherige Partei- und Regierungschef *Yildirim Akbulut* mit seinem Kabinett zurück. – **Staatspräsident** *Özal* beruft am 17. 6. **Yilmaz zum neuen Ministerpräsidenten**. Am 20. 6. stellt *Yilmaz* sein Kabinett vor: neuer Verteidigungsminister wird *Barlas Dogu*. Dieser ersetzt den bisherigen Ressortchef *Safa Giray*, der Außenminister wird. – Bei schweren Auseinandersetzungen zwischen kurdischen Demonstranten und Sicherheitskräften kommen am 10. 7. in der osttürkischen Stadt Diyabakir mindestens fünf Menschen ums Leben, mehr als 50 werden zum Teil schwer verletzt. – Die höchste Instanz der türkischen Militärgerichtsbarkeit hebt am 16. 7. zum Abschluß des fast fünfjährigen Revisionsverfahrens das Verbot der Konföderation »Revolutionäre Arbeitergewerkschaft«/DISK auf; ferner wird die Freilassung von 272 verurteilten Mitgliedern der Organisation beschlosssen. – Das Verfassungsgericht verbietet am 22. 7. die »Vereinigte Kommunistische Partei der Türkei«/TBKP als verfassungswidrig. – US-Präsident *Bush* beendet am 22. 7. seinen zweitägigen Staatsbesuch. Mit Präsident *Özal* vereinbart er ein »neues strategisches Verhältnis« zwischen den USA und der Türkei, das engere Bindungen in Sicherheit, Politk und Wirtschaft umfassen soll. – Zehn deutsche Touristen werden am 2. 8. auf dem historischen Nemrut-Berg von kurdischen Separatisten entführt und am 10. 8. wieder freigelassen. – Am 4. 8. beginnt die Armee mit **grenzüberschreitenden Operationen gegen** Stellungen der **kurdischen Separatisten auf irakischem Territorium**. Dabei bombardiert die Luftwaffe kurdische Lager, um Bodentruppen ein Eindringen bis zu 20 km in den Irak zu ermöglichen. Bei den Angriffen sollen mehrere hundert Menschen getötet worden sein.

UGANDA Im Rahmen einer Regierungsumbildung ernennt Präsident *Yoweri Museveni* am 21. 1. **1991 George Cosmas Adyebo** zum neuen **Premierminister**. – In U. kommt es zu neuen Aktivitäten von Rebellen. Beim Überfall von Aufständischen der »Ugandischen Volksarmee« auf ein mit Angehörigen der Armee besetztes Fahrzeug im Nordosten des Landes kommen Anfang Februar 37 Personen ums Leben. – **Außenminister Daniel Omara Atubo und 2 Mitglieder der Nationalversammlung werden** am 17. 4. **unter dem Verdacht des Hochverrats verhaftet**; sie werden beschuldigt, im Norden des Landes operierende Rebellen unterstützt zu haben.

UNGARN Wegen zu geringer Wahlbeteiligung müssen die landesweiten **Kommunalwahlen** vom 30. 9. **1990** am 14. 10. wiederholt werden; die Oppositionsparteien »Bund freier Demokraten« und »Fidesz« erzielen Stimmengewinne; in kleinen Ortschaften werden zumeist »Parteilose« zu Bürgermeistern gewählt. – Aus Protest gegen eine Erhöhung der Treibstoffpreise um bis zu 70 % blockieren Taxi- und Lkw-Fahrer ab dem 6. 10. den Autoverkehr an den Grenzen, Donaubrücken und in vielen Provinzstädten. Nach der teilweisen Rücknahme der Preiserhöhungen werden die Blockaden am 30. 10. aufgehoben. – Als 24. Mitglied und 1. ehemaliges Ostblockland wird U. am 6. 11. in den Europarat aufgenommen. – Der radikale Reformer *Imre Pozsgay* verläßt am 7. 11. die USP. – Premierminister *Jozsef Antall* nimmt am 14. 12. und am 12. 1. **1991 Regierungsumbildungen** vor; von letzterer ist ausschließlich die Kleine-Landwirte-Partei betroffen. – Um 15 % wird am 5. 1. der Forint abgewertet. – Premier *Antall* bestätigt am 10. 2. Berichte über **ungarische Waffenlieferungen an Kroatien**. – Nachdem die Außenminister Polens, der ČSFR und Ungarns am 21. 1. sich für die Auflösung des Warschauer Pakts ausgesprochen haben, vereinbaren die Präsidenten *Walesa, Havel und Göncz* am 15. 2. in Budapest eine nicht institutionalisierte Kooperation. – Vom IWF wird U. am 21. 2. ein Kreditrahmen von 1,6 Mrd. US-$ eingeräumt. – *Pozsgay* und der Schriftsteller *Zoltan Biro* gründen am 16. 3. die »Nationale Demokratische Front«. – Am 20. 3. kommt es mit Polen zur Unterzeichnung eines Abkommens über militärische Zusammenarbeit in den Bereichen Waffenproduktion und -käufe sowie in der Offiziersausbildung. – In der Nacht zum 17. 6. ziehen die letzten sowjetischen Soldaten ab.

VATIKAN Papst *Johannes Paul II.* bricht am 1. 9. **1990** zu seiner 7. Afrikareise auf, die ihn nach Tansania, Ruanda, Burundi und Côte d'Ivoire führt. Höhepunkt seiner Reise ist am 10. 9. die Einweihung der größten Kathedrale Afrikas in Yamoussoukro (Côte d'Ivoire). – Auf der 8. ordentlichen Weltbischofssynode im Vatikan zum Thema »Priesterausbildung heute« Anfang Oktober wird erstmals das Zölibat offen in Frage gestellt. – Der Papst entbindet am 31. 10. den langjährigen Leiter der vatikanischen Bank Istituto per le Opere di Religione/IOR, *Paul Marcinkus*, von seinen Pflichten als Pro-Präsident der »Päpstlichen Kommission für den Staat der Vatikanstadt« und ernennt ihn zum Konsultor dieser Kommission. Der Erzbischof war wegen der Führung der IOR und seiner Kontakte zu den italienischen Bankiers *Sindona* und *Calvi* – beide inzwischen unter mysteriösen Umständen gestorben – ins Gerede gekommen. Das vatikanische Institut mußte 250 Mill. $ »Wiedergutmachung« leisten. – Der Papst empfängt am 18. 11. den sowjetischen Präsidenten *Michail Gorbatschow* zu einer Privataudienz; im Mittelpunkt des Meinungsaustauschs stehen die Krise am Golf und die Situation in der Sowjetunion, vor allem die Lage der Katholiken. – **Kardinalstaatssekretär Agostino Casaroli tritt** am 1. 12. **zurück**; zu seinem **Nachfolger wird** am 3. 12. Erzbischof **Angelo Sodano** ernannt. – Am 6. 12. kommt es zur Aufnahme diplomatischer Beziehungen mit Bulgarien. – Am gleichen Tag empfängt der Papst im Vatikan Vertreter des »internationalen jüdischen Komitees für interreligiöse Beziehungen« unter dessen Präsident *Seymour Reich*; Papst *Johannes Paul II.* macht dabei deutlich, daß der Heilige Stuhl vorerst keine diplomatischen Beziehungen zum Staat Israel aufnehmen wird; zugleich will die katholische Kirche weitere Anstrengungen unternehmen, um das Verhältnis zu den Juden zu verbessern. Hauptmotiv des vatikanischen Aufschubs ist, daß die Grenzen des Staates Israel und der Status der Stadt Jerusalem nicht international anerkannt sind und die Palästinenser-Frage nicht friedlich geregelt ist. – In seiner Botschaft am 1. Weihnachtsfeiertag warnt der Papst angesichts der Spannungen am Persischen Golf vor dem Krieg als einem »Abenteuer ohne Rückkehr«. – Der Vatikan veröffentlicht am 22. 1. **1991** die 8. **Enzyklika** Papst *Johannes Pauls II.* mit dem Titel **»Redemptoris Missio«** (Die Sendung des Erlösers), die der Missionstätigkeit der Christen und der Kirche gewidmet ist. – Über 1000 **Juden fordern** unter dem Eindruck des Golfkrieges beim sonntäglichen Segen des Papstes auf dem Petersplatz in Rom am 27. 1. die **diplomatische Anerkennung Israels durch den Vatikan**; an dieser friedlichen Demonstration beteiligten sich mehrere Überlebende deutscher Vernichtungslager. – Der Papst empfängt am 1. bzw. 5. 2. die Staatspräsidenten Rumäniens, *Ion Iliescu*, und Polens, *Lech Wałesa*, in Privataudienz. – Mit einem Aufruf zur wirksameren Unterstützung der Entwicklungsländer beginnt der Papst am 15. 3. im Vatikan die Feier zum 100. Jahrestag der Sozialenzyklika »Rerom Novarum«. – Die Vorsitzenden der 109 Bischofskonferenzen fordern am 10. 4. zum Abschluß einer 2tägigen Tagung in Rom alle Bischöfe und »jede einzelne Diözese« auf, den Vatikan finanziell mehr als bisher zu unterstützen. Der Vatikan deckt seit Jahren das Defizit im Haushalt mit der weltweiten Sonderkollekte des »Peterspfennigs«, die eigentlich für karitative Zwecke, beispielsweise für Kirchen in Osteuropa, gedacht ist. Den Hauptanteil des vatikanischen Etats bilden die Personalkosten für die 2360 Angestellten, die Finanzierung der Auslandsvertretungen sowie Veranstaltungen wie Synoden und Kongresse. – 100 Jahre nach der bedeutenden Enzyklika »Rerum Novarum« schreibt *Johannes Paul II.* die Soziallehre der katholischen Kirche mit neuen Akzenten in der am 3. 5. veröffentlichten Enzyklika »Centesimus Annus« fort. – Zu seiner 50. Reise ins nichtitalienische Ausland bricht der Papst am 10. 5. auf. Ziel seiner apostolischen Jubiläumsvisite sind die Katholiken in der portugiesischen Hauptstadt Lissabon (10. 5.), auf der Inselgruppe der Azoren im Atlantik (11. 5.) und auf der Insel Madeira (12. 5.).

VEREINIGTE ARABISCHE EMIRATE Der Ministerpräsident Scheich *Raschid bin Saeed al Maktoum* und Emir von Dubai stirbt am 7. 10. **1990**; die Nachfolge tritt sein ältester Sohn Scheich *Maktoum Ibim Raschid al Maktoum* an. – Die VAE-Nachrichtenagentur WAM meldet am 27. 1. **1991**, daß sich unter dem Eindruck des irakischen Einmarsches in Kuwait am 2. 8. mehr als 76 000 Staatsbürger der Emirate freiwillig einer militärischen Ausbildung unterzogen hätten. Die VAE verfügen über ein 40 000 Mann starkes Heer mit mehr als 200 Panzern, eine 1500 Mann starke Luftwaffe mit 80 Kampfflugzeugen und eine 1500 Mann starke Marine mit 15 Schiffen.

VEREINIGTE STAATEN VON AMERIKA Präsident *George Bush* und sein sowjetischer Amtskollege *Michail Gorbatschow* verurteilen auf einem **Gipfeltreffen in Helsinki** am 8./9. 9. **1990** übereinstimmend die Besetzung Kuwaits durch den Irak und fordern die Räumung des Scheichtums *(zu den Ereignissen am Golf → Sp. 69 ff.)*. Meinungsunterschiede gibt es in der Frage einer möglichen militärischen Intervention gegen den Irak. *Gorbatschow* plädiert für eine friedliche politische Lösung. – Am 11. 9. fordert *Bush* in einer Rede vor dem Kongreß die Verbündeten der USA, insbesondere aber Japan und die BR Deutschland, zu einer stärkeren Beteiligung an den Kosten des Golfeinsatzes auf. – Am 28. 9. einigen sich *Bush* und die Gouverneure der 50 Bundesstaaten auf eine tiefgreifende **Reform des Erziehungswesens**; die Lese- und Schreibfähigkeit der Bevölkerung sollen verbessert und drogenfreie Schulen geschaffen werden. – Im **Haushaltsstreit** zwischen Regierung und Kongreß verabschiedet das Repräsentantenhaus am 8. 10. einen abgeänderten Etatentwurf der Demokraten, der die Zahlungsfähigkeit der Regierung bis zum 20. 10. sichern soll. Er sieht den Abbau der Staatsverschuldung um 500 Mrd. $ in 5 Jahren und eine befristete Ausgabenermächtigung vor. Vorübergehend hatten Ämter und Museen geschlossen, da sie ihre Bediensteten nicht mehr bezahlen konnten. – Als dritter Präsident der US-Geschichte legt *Bush* am 22. 10. sein **Veto gegen ein Bürgerrechtsgesetz** ein: Das im Juli bzw. August von beiden Kammern des Kongresses verabschiedete Gesetz zum Schutz von Frauen und ethnischen Minderheiten (»Bürgerrechtsgesetz 1990«) würde seiner Meinung nach die Unternehmer bei Einstellungen zur Einführung von Mindestquoten von Frauen sowie rassischen und anderen Minderheiten veranlassen. Dem Senat fehlt am 24. 10. eine Stimme, um das Veto des Präsidenten zu überstimmen (Abstimmungsergebnis 66 zu 34 Stimmen). Am selben Tag erklärt Arbeitsministerin *Elizabeth Dole* ihren Rücktritt. – Am 22. 10. einigen sich Repräsentantenhaus und Senat auf ein neues **Luftreinhaltungsgesetz**, das die Clean Air Act von 1970, die zuletzt 1977 ergänzt worden war, verschärft und in erster Linie die weitere Zerstörung der Ozonschicht verhindern und zur Beseitigung des »sauren Regens« beitragen soll. Die Kosten werden auf 25 bis 35 Mrd. $ veranschlagt. – Der Washingtoner Bürgermeister *Marion Barry,* der am 12. 8. des illegalen Drogenbesitzes für schuldig befunden worden war *(→ WA '91/617),* wird am 26. 10. zu 6 Monaten Gefängnis und einer Geldbuße von 5000 $ verurteilt. *Barry,* der am 13. 8. aus der Demokratischen Partei austrat, hatte bereits seinen Entschluß bekanntgegeben, nicht für eine 4. Amtszeit als Bürgermeister zu kandidieren. – Der **US-$ sinkt am 5. 11. auf ein historisches Tief**. Beim Fixing an der Frankfurter Börse fällt er erstmals unter 1,50 DM. – Am 6. 11. legt Präsident *Bush* mit der Unterzeichnung des Budgetplans 1990/91 die monatelangen Auseinandersetzungen um die Steuer- und Finanzpolitik bei. Vor allem durch Steuererhöhungen soll in den kommenden 5 Jahren das Haushaltsdefizit um 492 Mrd. $ reduziert werden. – Bei sog. **Midterm-Elections** am 6. 11. stehen alle Sitze des Repräsentantenhauses, 34 der 100 Senatssitze, 36 der 50 Gouverneursposten sowie rd. 6000 Sitze in den Parlamenten der Bundesstaaten zur Wahl. Bei einer Wahlbeteiligung von nur 35 % der 168 Mio. Wahlberechtigten gelingt es den Demokraten, ihre Kontrolle über beide Häuser des US-Kongresses leicht auszubauen; sie verfügen nunmehr im Senat über 56 Sitze (+1), im Repräsentantenhaus über 267 von 435 Sitzen (+9). – Die EG und die USA verpflichten sich in einer »**Transatlantischen Erklärung**« zu langfristiger Zusammenarbeit und zu regelmäßigen Konsultationen. – Am 19. 12. senkt die US-Notenbank den Diskontsatz um 0,5 auf 6,5 %, um der nachlassenden Konjunktur, der Kreditverknappung und dem langsameren Geldmengenwachstum entgegenzuwirken. – Der **US-Kongreß ermächtigt Präsident Bush** am 12. 1. **1991** mit 250 zu 183 Stimmen im Repräsentantenhaus (dafür stimmten 164 Republikaner und 86 Demokraten, dagegen 179 Demokraten, 3 Republikaner und ein Unabhängiger) und mit 52 zu 47 Stimmen im Senat (dafür 42 Republikaner und 10 Demokraten, dagegen 2 Republikaner und 45 Demokraten) **zum Einsatz amerikanischer Streitkräfte**, um die Verwirklichung der UN-Resolutionen zum Golfkonflikt gemäß Resolution 678 zu erzwingen. Ein Gegenvorschlag der demokratischen Mehrheit, der dem Präsidenten – angesichts der laufenden Wirtschaftsblockade gegen den Irak – eine abwartende Haltung auferlegen wollte, wurde im Repräsentantenhaus mit dem gleichen Abstimmungsergebnis abgelehnt. Mehr als 80 Demokraten hatten sich entschieden, zugunsten der Vollmachten für Bush zu stimmen, um gegenüber Irak die Glaubwürdigkeit der amerikanischen Kriegsdrohung aufrechtzuerhalten *(zum Golfkrieg → Sp. 69 ff.)*. – Präsident *Bush* legt dem Kongreß am 4. 2. den **Haushaltsentwurf 1991/92** (Beginn: 1. 10. 1991) vor, der bei Einnahmen von 1165 Mrd. $ und Ausgaben von 1445,9 Mrd. $ ein Defizit von 280,9 Mrd. $ vorsieht, obwohl die Ausgaben nur um 2,6 % erhöht werden. Das Haushaltsdefizit beträgt im laufenden Budgetjahr 318 Mrd. $ (= 5,7 % des US-Bruttosozialprodukts). – Am 20. 2. stellt die Regierung ihre Strategie für die **Energiepolitik bis zum Jahr 2010** vor, die u. a. eine Senkung des Erdöl-Importanteils von geschätzten 65 % (gegenwärtig 50 %) auf 40–45 % und des Erdölverbrauchs um 3,4 Mio. Faß pro Tag – davon 3 Mio. durch Autoverkehr – sowie eine Steigerung der Inlandsproduktion um 3,8 Mio. Faß pro Tag. vorsieht. – Der Kongreß bewilligt am 5. 3. 4,5 Mrd. $ für den Golfkrieg. – Das Weiße Haus veröffentlicht am 6. 3. eine Übersicht über 3 Durchführungsbestimmungen für eine von Präsident *Bush* im November 1990 erlassene Verfügung, die eine **Verbreitung chemischer und biologischer Waffen** (CBW) durch eine Verschärfung der Exportbestimmungen für

Techniken, die zu ihrer Herstellung benutzt werden können, erschweren sollen. – Am 13. 3. schließen die Regierungen Alaskas und des Bundes mit dem Erdölkonzern Exxon einen außergerichtlichen Vergleich hinsichtlich der **Folgen der Tankerkatastrophe von 1989**. Danach wird der Konzern, der nach eigenen Angaben zur Säuberung der durch Rohöl verschmutzten Strände 2 Mrd. $ ausgegeben hat, eine Geldstrafe von 100 000 $ und im Laufe von 10 Jahren 1 Mrd. $ an Schadensersatz zahlen. – Am 22. 3. unterzeichnet Präsident Bush eine Verordnung, die der staatlichen **Sanierungsbehörde für die Sparkassen** (RTC = Resolution Trust Corporation) bis zum Ende des Fiskaljahres zusätzlich 30 Mrd. $ zur Abdeckung der Verluste zur Verfügung stellt und ihr die Möglichkeit einräumt, weitere 48 Mrd. $ auf dem Kapitalmarkt aufzunehmen. Das Repräsentantenhaus hatte die Vorlage am 13. 3. mit 192 gegen 181 Stimmen gebilligt. – Am 17. 4. trifft Präsident *Bush* mit den Häuptlingen verschiedener **Indianervölker** zusammen und erörtert mit ihnen Maßnahmen zur Bewahrung der indianischen Kultur. Es ist die erste Begegnung dieser Art seit 16 Jahren. – Die US-Notenbank nimmt am 30. 4. eine Diskontsatzsenkung von 6,0 auf 5,5% vor, um gegen die herrschende Rezession anzukämpfen. – Am 6. 5. wird **der letzte Pershing-2-Flugkörper vernichtet**; am 11./12. 5. wird in der UdSSR die letzte SS-20-Rakete verschrottet. Damit wurden 3 Jahre nach Inkrafttreten des Vertrages über den Abbau der landgestützten nuklearen Mittelstreckensysteme in Europa (INF-Abkommen) insgesamt 846 US-amerikanische und 1846 sowjetische Flugkörper zerstört. Erstmals ist damit auch eine ganze Kategorie von Nuklearwaffen – und zwar diejenigen mit einer Reichweite zwischen 500 und 5500 Kilometern – beseitigt. – Präsident *Bush* bewilligt am 11. 6. **Agrarkredite für die UdSSR** in Höhe von 1,5 Mrd. $ zum Kauf von Getreide in den USA. – Die vom Persischen Golf heimkehrenden Militäreinheiten werden mit Paraden in Washington (8. 6.) und New York (10. 6.) gefeiert, wobei die Veranstaltung in Washington die offizielle Siegesfeier und die größte Parade seit dem II. Weltkrieg ist. – Während ihres Gipfeltreffens in Moskau (30. 7.–1. 8.) unterzeichnen Präsident *Bush* und der sowjetische Präsident *Gorbatschow* am 31. 7. den **START-Vertrag über eine 30prozentige Reduzierung der strategischen Atomwaffen** *(→ Sp. 149f.)*. – Präsident *Bush* gibt am 2. 9. die Anerkennung der baltischen Staaten *(→ Sp. 165f.) bekannt.*

VIETNAM Außenminister *Nguyen Co Thach* trifft am 17. 10. **1990** in Washington zu Gesprächen über das Schicksal der 1700 seit dem Vietnamkrieg als vermißt geltenden US-Soldaten ein; er ist der ranghöchste vietnamesische Politiker, der seit der Ausrufung der Unabhängigkeit des Landes vor 36 Jahren in der amerikanischen Hauptstadt empfangen wird. Der Besuch gilt auch als Zeichen der sich verbessernden Beziehungen zwischen den beiden Staaten, seitdem die USA im Juli Gespräche über die Lösung des Kambodscha-Konfliktes mit V. aufgenommen haben. – V. und die VR China unterzeichnen Ende Oktober in Peking zum ersten Mal seit der Einfrierung ihrer diplomatischen Beziehungen im Jahre 1979 wieder eine bilaterale Vereinbarung, die Besuchergruppen die Reise in das jeweilige Nachbarland erlaubt. – Anfang Januar **1991** erläßt der Staatsrat ein **liberales Gesetz über die Zulassung von privaten Unternehmen**, das im April in Kraft treten soll. – Der Staatsrat nimmt Anfang Mai ein **Verfassungsreformprojekt** an, das eine stärkere Trennung von Staat und KP vorsieht und dem Privatsektor in der Wirtschaft eine größere Rolle zugesteht. Zum Auftakt des VII. Parteitages der KP erklärt Parteichef *Nguyen Van Linh* am 24. 6., am Sozialismus unter der klaren Führung der Partei werde festgehalten. Es gebe ›keine objekitve Notwendigkeit, einen pluralistischen, politischen Mechanismus und ein Mehrparteiensystem zu schaffen‹. Zum Abschluß des Parteitages am 27. 6. wird Ministerpräsident **Do Muoi zum neuen Generalsekretär des ZK der KPV gewählt**; er löst *Nguyen Van Linh* ab. – Am 9. 8. tritt *Do Muoi* als Ministerpräsident zurück; sein Nachfolger wird der erste stellvertretende Regierungschef *Vo Van Kiet*.

ZAIRE In einem am 27. 9. **1990** in London veröffentlichten Bericht von amnesty international heißt es, trotz Versprechungen der Regierung von Präsident *Mobutu Sésé-Séko*, politische Reformen einzuführen, würden weiterhin Regimegegner von den Sicherheitskräften gefoltert und ermordet; seit Januar 1988 seien Hunderte von Oppositionellen festgenommen und zahlreiche von ihnen ermordet worden. – Ende Oktober streicht der US-Kongreß die Militärhilfe für Z.; außerdem verlangt er, wegen der Berichte über Korruption und Menschenrechtsverletzungen humanitäre Hilfe nur noch über private Organisationen in Z. abwickeln zu lassen. – Am 14. 3. **1991** tritt Ministerpräsident *Lunda Bululu* mit seinem Kabinett zurück. Präsident **Mobutu ernennt** am 15. 3. **Mulumba Lukoji zum neuen Regierungschef**. Dem am 30. 3. gebildeten Kabinett gehören neben Mitgliedern der alten Einheitspartei »Volksbewegung für die Revolution«/MPR auch unabhängige Wissenschaftler sowie Mitglieder kleinerer Oppositionsgruppierungen an; Außenminister wird *Inonga Lokongo L'Ome*. – Am 22. 7. ernennt Präsident Mobutu den Führer der größten Oppositionspartei *Etienne Tshisekedi wa Mulumba* zum Ministerpräsidenten. Da er ablehnt bleibt *Lukoji* im Amt.

ZENTRALAFRIKANISCHE REPUBLIK Staatschef General *André Kolingba* benennt am 18. 3. **1991 Edouard Frank** für das neue Amt des **Ministerpräsidenten**; damit soll der »demokratische Prozeß« gefestigt werden. – Am 6. 7. werden erstmals mehrere Parteien zugelassen. Mit dieser Ankündigung reagiert Ministerpräsident *Frank* auf die seit Monaten andauernden Protestbewegung, der sich auch die Staatsbediensteten angeschlossen haben.

ZYPERN Aus den **Parlamentswahlen am 19. 5. 1990** im griechischen Teil Zyperns geht der seit Februar 1988 amtierende Staatspräsident *Georgios Vassiliou* gestärkt hervor; die von *Glafkos Klerides* geführte konservative »Demokratische Sammlung«/DISY, die *Vassilious* Dialog-Versuche mit den von *Rauf Denktas* geführten Zypern-Türken unterstützt, erringt 35,8 % der Stimmen und stellt damit künftig 20 der 56 Parlamentssitze in Nikosia. Gefestigt wird auch die Stellung der kommunistischen »Wiederaufbaupartei des arbeitenden Volkes«/AKEL, die 30,7 % und 18 Sitze erreicht. Eindeutiger Verlierer der Wahl ist die »Demokratische Partei«/DIKO des früheren Staatschef *Spyros Kyprianou*, die nur noch 19,5 % der Stimmen und 11 Sitze erreicht. Die sozialistische EDEK von *Vassos Lyssarides* erhält 10,9 % oder 7 Sitze. – US-Präsident *Bush* kündigt am 2. 8. in Washington für September eine Konferenz zur Beilegung des Zypern-Konflikts an. Griechenland und die Türkei hätten zugestimmt, sofern die bestehenden Meinungsverschiedenheiten verringert werden könnten.

Das geteilte Zypern

Der künftige Binnenmarkt der EG und der »Europäische Wirtschaftsraum«

Der geplante **europäische Binnenmarkt** zielt auf die Schaffung eines noch auf nationalstaatlichen Grenzen beruhenden Wirtschaftraums ab, für den verbindlich gleiche wirtschaftsrechtliche Grundlagen bestehen. Die ausgeprägten Unterschiede im Wirtschafts- und Steuerrecht der EG-Länder setzen eine Harmonisierung der Rahmenbedingungen voraus, deren Verwirklichung u. a. politischen Konsens bei mehr als 300 Bestimmungen erfordert. Die »Einheitliche Europäische Akte« der EG 1987 war die politische Entscheidung für einen Binnenmarkt zum 1. 1. 1993.
Wesentliche Bereiche der **Harmonisierung** sind: Angleichung der Steuergrundlagen (vor allem der Umsatz- bzw. Mehrwertsteuer), Liberalisierung des Kapitalverkehrs, Angleichung technischer Normen, Anerkennung von Berufsqualifikationen und Abbau wettbewerbsverzerrender Subventionen.
Der künftige Binnenmarkt wird von seiten der EG vorwiegend unter volkswirtschaftlichen Aspekten gesehen (CECCHINI-Bericht). Die Gegenüberstellung der Kosten eines Binnenmarktes im Vergleich zu »Nicht-Europa« geht im wesentlichen von einer Analyse der Kosten der Marktzersplitterung in der EG aus, bedingt u. a. durch zeitraubende Grenzformalitäten, Protektionismus des öffentlichen Auftragswesens, geringe technische Kompatibilität durch fehlende Normung oder verhinderte Wettbewerbsfähigkeit im Dienstleistungssektor. Die wirtschaftliche Ineffizienz dieser Barrieren (»nichttarifäre Handelshemmnisse«) ist unbestritten, allerdings hat ihre Beseitigung ganz unterschiedliche räumliche Auswirkungen, die in der Beurteilung von Vor- und Nachteilen meist keine Beachtung finden, z. B. Abbau von Arbeitsplätzen in Grenzräumen, ungleichgewichtige regionale Partizipationsmöglichkeiten an den Vorteilen eines Binnenmarktes sowie eine mögliche Existenzbedrohung von Gebieten bei uneingeschränkt freiem Wettbewerb. Nur 53 % der EG-Bürger stehen dem Binnenmarkt positiv gegenüber, in Deutschland (alte Bundesländer) 49 %, in Dänemark und Großbritannien nur 37 %.

Der **Harmonisierungsbedarf** ist von sehr unterschiedlicher Ausprägung. Die **Steuerproblematik** besteht in erster Linie in einer Angleichung der Mehrwertsteuersätze. Sie schwanken zwischen 1 % und 38 %. Einen ungespaltenen Steuersatz haben nur Dänemark (22 %) und Großbritannien (15 %). Allein sechs EG-Staaten (B, F, GR, I, P, E) kennen einen besonders hohen Satz (25–38 %) für »Luxusgüter«. Das Funktionieren eines europäischen **Kapitalmarktes** wird als eine wichtige Stabilisierungsmaßnahme der Wirtschaft angesehen. Sie soll Kapitalfluchtbewegungen vorbeugen und neben der Stärkung des europäischen Währungssystems (EWS) ein Schritt zu einer europäischen Währungsunion sein. **Normen** sind ein überaus vielfältiger Bereich: Sie reichen von Eisenbahnkupplungen über Steckdosen bis zu Richtlinien des Lebensmittelrechts. **Qualifikationen** sind eine Grundlage berufsbezogener Freizügigkeit, sofern sie gegenseitig anerkannt werden. Im Mittelpunkt des Binnenmarktinteresses im **Dienstleistungsmarkt** stehen Kreditinstitute, Wertpapiermärkte, Versicherungen und Verkehrsunternehmen.
In den einzelnen EG-Ländern existieren sehr unterschiedliche Vorstellungen von den **Vor- und Nachteilen** eines EG-Marktes.
Großbritannien stand einem neuen Eurozentrismus lange Zeit sehr skeptisch gegenüber. Man sieht die eigenen politischen Erfolge der Abschaffung von Mindestlöhnen, Kündigungsschutz und Zurückdrängen gewerkschaftlicher Macht durch das Vordringen einer Eurobürokratie konterkariert.
Der frühe Beginn von Investitionen ausländischer Unternehmen in **Irland** und die extrem hohe Verflechtungsrate mit EG-Ländern im Außenhandel von über 80 % läßt seine Wirtschaft einerseits besonders leicht an den Binnenmarkt anpassungsfähig erscheinen. Andererseits wächst die Gefahr einer multinationalen Schwächung Irlands durch die hohe Repatriierungsrate von Gewinnen in die Länder der Unternehmenshauptsitze.
Dänemarks Wirtschaft hat bislang den Binnenmarkt weitgehend ignoriert, wenn auch eine stärkere Fusion der vor allem mittelständisch organisierten Industrie als unumgänglich erachtet wird.
Die **Niederlande** sehen als besondere Problematik die unternehmensspezifische Aufteilung der Vor- und Nachteile des Binnenmarkts. Multis wie Shell oder Philips haben sich schon seit Jahren an einem europäischen Markt orientiert, während mittelständische Unternehmen fast nur Nachteile befürchten.
Belgien könnte als mehrsprachiges Land gute Startbedingungen im Binnenmarkt haben, wenn

die Marktverhältnisse innerhalb des Landes nicht so unterschiedlich wären. Großunternehmen in Belgien wie z. B. Gevaert, General Motors oder Ford sind bereits seit Jahrzehnten europaweit agierende Unternehmen, deren Produktionsstandorte überwiegend im flämischen Teil Belgiens angesiedelt sind. In den Montanrevieren Walloniens dagegen ist bislang weder eine Umstrukturierung der Industrie noch eine nennenswerte Informationspolitik über den Binnenmarkt betrieben worden.

Luxemburg wird durch seine Zweisprachigkeit und seinen völlig liberalisierten Kapitalmarkt einen Einstiegsvorsprung im Binnenmarkt haben.

Frankreich betreibt ähnlich wie Großbritannien eine Europapolitik mit starkem nationalen Akzent, d. h., es fürchtet u. a. um die fehlende Anpassungsfähigkeit der kleineren Industrien. Frankreich versucht deshalb eine Kontingentierung gegenüber Drittländern auf Wechselseitigkeit zu installieren, was aber vor allem gegen die restriktive Importpolitik Japans und Südkoreas gerichtet ist.

In **Italien** wird die Verwirklichung des Binnenmarktes insbesondere die öffentliche Hand in Bedrängnis bringen. Der desolate Zustand eines Großteils der Bereiche Post, Telekommunikation, Eisenbahnen und der sozialen Infrastrukturen sowie das hohe Maß staatlichen Protektionismus werden von industrieller Seite unter Druck geraten.

Spaniens Wirtschaft hat trotz eines starken Wachstums in den vergangenen drei Jahren noch einen immensen Nachholbedarf, um seine Industrie wettbewerbsfähig zu machen. Die EG hat deshalb auch Zugeständnisse in der Umweltpolitik Spaniens gemacht. Zwei Drittel des Handels werden heute schon mit EG-Partnern abgewickelt.

Portugal befindet sich in einer ähnlichen Wachstumsphase wie Spanien, allerdings war die Startbasis die eines Entwicklungslandes.

Griechenland wird nur bei erheblichen Investitionen in die allgemeine Infrastruktur von Verkehr und Telekommunikation wettbewerbsfähig bleiben können. Die Marktliberalisierung erfordert aber auch eine Abkehr von Exportsubventionen, die in Griechenland politisch schwer durchsetzbar ist.

Deutschland muß von räumlich sehr unterschiedlichen Situationen ausgehen. Die größeren Industrieunternehmen in den **alten Bundesländern** sehen bei den direkten Steuern einen entscheidenden Punkt künftiger Wettbewerbsfähigkeit. Mittlere und kleinere Unternehmen aus Handwerk, Handel und Verkehr beklagen ihre Kapitalschwäche oder Unflexibilität, die ein Ausweichen an kostengünstigere Standorte innerhalb des Binnenraumes nicht erlauben. Noch schwieriger dürfte sich die Marktliberalisierung in den **neuen Bundesländern** gestalten. Zur Umstrukturierung auf marktwirtschaftliche Prinzipien der Unternehmensführung kommt der volle Wettbewerbsdruck aus den EG-Ländern hinzu.

Der bevorstehende Binnenmarkt und die Öffnung der ehemaligen RGW-Länder haben in die Formen europäischer Kooperation starke Bewegung gebracht. Trotz eines Beitrittsstopps zur EG bis 1993 haben die Türkei (1987), Österreich (1989), Malta (1990), Zypern (1990) und Schweden (1991) **Beitrittsanträge** eingereicht. Ernsthaft diskutiert werden Anträge in Norwegen, Finnland, Schweiz, Ungarn, ČSFR und Polen. Den ost- und südosteuropäischen Ländern werden jedoch in den neunziger Jahren kaum Beitrittschancen eingeräumt.

Der Binnenmarkt der EG kann formal am 1. 1. 1993 bestehen, wenngleich die angestrebte Harmonisierung bis zu diesem Zeitpunkt kaum zur Gänze erreicht sein dürfte.

Zur gleichen Zeit sind auch Bemühungen um einen künftigen »**Europäischen Wirtschaftsraum**« (**EWR**) im Gange, der die 19 Länder der EG und EFTA unter einem gemeinsamen wirtschaftspolitischen Dach vereinen soll. Die Idee hierzu entstand bereits 1984 auf einer Ministerkonferenz von EG und EFTA in Luxemburg. Die wesentlichen Probleme zahlreicher Verhandlungsrunden liegen in der vollen Übernahme des EG-Rechts durch die EFTA-Staaten, wogegen zahlreiche landesspezifische Vorbehalte bestehen.

Die Alpenländer **Schweiz und Österreich** sträuben sich als Transitländer gegen eine Liberalisierung des Verkehrsmarkts. Die Schweiz hat ferner große Vorbehalte gegenüber der Freizügigkeit bei Wohnsitzwahl und Arbeitsaufnahme innerhalb eines EWR.

Schweden scheut einen liberalisierten Kapitalmarkt, **Island und Norwegen** bangen um ihre Fischereirechte, Norwegen wünscht exklusive Rechte für seine Öl-und Gasfelder in der Nordsee. Wegen des überdurchschnittlich hohen Lebensstandards befürchten die EFTA-Staaten im EWR hohe Zahlungsansprüche für Entwicklungsfonds der ärmeren potentiellen EWR-Mitglieder. Auch auf seiten der EG-Länder besteht Uneinigkeit über das Maß eines Mitentscheidungsrechts der EFTA-Partner innerhalb des EWR. Möglicherweise wird durch die Dynamik in Osteuropa der EWR nur noch in modifizierter Form entwickelt werden können.

Staaten, Länder und Gebiete

ERLÄUTERUNGEN

1. Allgemeine Probleme bei der Erstellung und Beurteilung statistischen Datenmaterials
Leserbriefe weisen manchmal auf vermeintliche Unstimmigkeiten im Datenmaterial des WELTALMANACHs hin (wenn z. B. eine Addition der einzelnen Provinzflächen oder Bevölkerungsgruppen nicht die für den Gesamtstaat angegebene Zahl ergibt). Daher soll im folgenden versucht werden, einige Probleme beim Umgang mit statistischem Datenmaterial darzustellen und zugleich deutlich zu machen, wie diese Daten im WELTALMANACH zu lesen sind.
Auf nationaler wie internationaler Ebene bestehen zahlreiche statistische Institutionen, die systematisch statistische Daten ermitteln. In der **Bundesrepublik** ist die Organisation der statistischen Arbeit durch Bundesgesetz vom 11. 9. 1953 dem **Statistischen Bundesamt**, den **Statistischen Landesämtern** und nachgeordneten statistischen Ämtern übertragen. In fast allen Staaten bestehen ähnliche Institutionen, ergänzt durch **internationale statistische Ämter** (z. B. von EG, OECD, Weltbank, UNO).
Um möglichst zuverlässige Daten über Staaten, Wirtschaft und Kultur zu erhalten, ziehen die Autoren des WELTALMANACHs vorrangig **amtliche Statistiken** heran und vermeiden eigene Schätzungen oder Hochrechnungen, weshalb die jeweiligen Bezugsjahre unterschiedlich lang zurückliegen können. Da in vielen Staaten (auch mit hohem statistischem Erfassungs- und Bearbeitungsstand) unterschiedliche statistische Konzepte zugrunde liegen **(Beispiel: alte und neue Bundesländer)**, ist das Datenmaterial zumeist nicht ohne weiteres vergleichbar. Im einzelnen ist folgendes zu beachten:

▷ **Fläche:** Daten können erheblich schwanken; mögliche Ursachen: unterschiedliche Quellen (Weltbank, UNO, nationale statistische Jahrbücher), die Zuordnung politisch umstrittener Gebiete, unterschiedliche Abgrenzung von Binnengewässern, Rundungsfehler (insbesondere bei der Umrechnung von Quadratmeilen in km^2, gerundete Teilflächen addieren sich nicht zur genauer berechneten Gesamtfläche usw.); in Auflistungen der administrativen Einheiten fehlen manchmal geringbesiedelte »Territorien« usw.

▷ **Einwohner** (wichtigste Quelle: Statistik des Auslandes des Statistischen Bundesamtes): die Probleme sind denen bei Flächenangaben ähnlich; wichtigste Ursachen: unterschiedliche Definition der Wohnbevölkerung (z. B. einschließlich oder ausschließlich Nomaden, Arbeitsmigranten, »Illegale«); Problematik der »Flüchtlingsgruppen«; wenn nicht anders angegeben beziehen sich die Angaben auf die Jahresmitte; bei Angaben zur städtischen Bevölkerung weltweit große Unterschiede bei der Abgrenzung von Stadt und Land, der Definition von Agglomeration, der administrativen Einheit »Stadt« usw. *(→ WA '89, Sp. 759 ff.)*

▷ **Analphabetenrate:** verstecktes Analphabetentum (auch in Industrieländern!) erlaubt zumeist nur Schätzungen.

▷ **Bruttosozialprodukt (BSP)/Bruttoinlandsprodukt (BIP)** (wichtigste Quelle: Weltentwicklungsbericht der Weltbank, Weltbankatlas): die Vergleichbarkeit ist bei verschiedenen Wirtschaftssystemen (Marktwirtschaft, Staatswirtschaft, Selbstversorgungs[Subsistenz]wirtschaft) besonders schwierig; ein weiteres Problem ist die Umrechnung in US-$ (z. B. Wechselkursschwankungen, Kaufkraftunterschiede, binnenländisches und außenwirtschaftliches Preisniveau); ein anderes das der »Schattenwirtschaft«. Die starken Wechselkursänderungen des Dollar können dazu führen, daß die Absolutzahlen des BSP/BIP in $ abnehmen (bei Kursanstieg des $) und dennoch eine reale Zuwachsrate in % ausgewiesen wird.

▷ **Bergbauproduktion:** hier spielen vor allem die unterschiedlichen Metallgehalte der Erze eine Rolle: daher voneinander abweichende Angaben entweder in Erz- bzw. Verhüttungsgewicht oder in Metallgewicht.

▷ **Agrarproduktion:** hier entstehen Aussageunterschiede u. a. durch Angaben ausschließlich zur Marktproduktion oder unter Einschluß des Eigenverbrauchs (viele Entwicklungsländer produzieren kaum für den Markt, sondern sind vorwiegend auf Selbstversorgung ausgerichtet [Subsistenzwirtschaft]); außerdem unterschiedliche Gewichtsangaben je nach Bearbeitungszustand, z. B. Reis (geschält), Wolle (entfettet), Baumwolle (entkernt), Fleisch (Schlacht- oder Verkaufsgewicht) usw.

▷ **Industrieproduktion:** große Probleme durch traditionell unterschiedliche Zählweisen z. B. bei Textilien (in laufenden m, m^2, Gewicht), Maschinen und Geräten (Stückzahl, Wert, Gewicht), Kraftfahrzeugen (nur Eigenproduktion oder auch Montage importierter Teile), besonders schwierig im Energiebereich: eingesetzte Primärenergie oder nur nutzbare Energie, Umrechnungsverluste je nach Angabe in Steinkohle-/SKE oder (Erd)Öleinheiten/ÖE oder TJ (= Tera Joule) mit nicht immer einheitlichen Umrechnungsfaktoren, unterschiedliche Berücksichtigung der industriellen Eigenerzeugung und nichtkommerzieller Energieträger wie Holz, getrockneter Dung, Biogas, Solarenergie in Eigennutzung usw.

▷ **Inflationsrate:** unterschiedliche »Warenkörbe« als Berechnungsgrundlage, unterschiedliche Behandlung staatlicher Einflußnahmen wie z. B. Steueränderungen, Saisonbereinigungen usw.

▷ **Terms of Trade:** das Verhältnis der gewogenen Preisindizes von Aus- und Einfuhrgütern eines Landes; steigen z. B. die Ausfuhr- stärker als die Einfuhrpreise, so verbessern sich die T.o.T., da aus den Erlösen der gleichen Ausfuhr größere Einfuhren bezahlt werden können. Da weltweit meistens in US-$ verrechnet (fakturiert) wird, weisen je nach $-Kurs die T.o.T. in den letzten Jahren starke Schwankungen auf.

▷ **Währung:** notiert ist der Kurs für den *Ankauf* der jeweiligen Währung. Die *Mittelkurse* bzw. die z. T. errechneten *Vergleichskurse* basieren fast ausschließlich auf Angaben der Deutschen Bundesbank (z. T. auch der Weltbank oder der UNO), meist nach dem Stand zum Jahresanfang 1991 (ohne Gewähr). Bei »schwachen« oder »weichen« Währungen treten oft zusätzlich *Schwarzmarktkurse* auf.

▷ **1 SZR-Einheit** (= Sonderziehungsrecht beim Weltwährungsfonds/IMF) = 2,32741 DM; **1 ECU** (= Europäische Währungseinheit/European Currency Unit) = 2,05362 DM (30. 8. 1991).

2. Spezielle Hinweise zu diesem Kapitel

▷ In einer **synoptischen Tabelle** werden zunächst Strukturdaten von Staaten mit mehr als 1 Mio. Einwohner **vergleichbar** präsentiert. Die Daten stammen alle mit wenigen Ausnahmen aus den **aktuellsten Weltbankstatistiken.** – Bei den einzelnen Staaten, Ländern und Gebieten sind die Angaben folgendermaßen strukturiert:

NAME DES STAATES bzw. **LANDES** etc. *(geographische Lage)* – offiz. deutsche Bezeichnung; offiz. Bezeichnung in d. Landessprache(n); gegebenenfalls etymologische Bedeutung; Internat. Kfz.-Kennzeichen, auch im Postverkehr gültig, oder sonst. gebräuchliche Abkürzung.

▷ Wichtige politische Entwicklungen werden im Abschnitt **CHRONIK** referiert.

▷ Es folgen die Angaben zur **LANDESSTRUKTUR**, u. a.:

Fläche ( ): in Klammern die Rangstelle innerhalb d. bis 1. 9. 1991 unabhängigen 178 Staaten

Einwohner ( ): in Klammern ebenfalls die Rangstelle; F = Fortschreibung, S = Schätzung, Z = Zählung; bei Städten: m. V. = mit Vororten, A = Agglomeration

▷ sodann zu **STAAT**, u. a.

Unabh.: erster Tag d. Unabhängigkeit

Dipl. Bez.: nur noch bei wenigen Staaten mit recht einseitigen diplomat. Beziehungen vermerkt.

▷ und zu **WIRTSCHAFT**, u. a.

BSP: Bruttosozialprodukt insgesamt und pro Ew., in Klammern folgt die Rangstelle für 166 Staaten innerhalb d. bis 1. 9. 1991 unabhängigen 178 Staaten; **BIP:** Bruttoinlandsprodukt; realer Zuwachs (∅) bezieht sich immer auf die zuletzt genannten Angaben; die Zuordnung der Anteile nach Sektoren ist unterschiedlich.

Erwerbstät.: die Statistiken zur Erwerbstätigkeit unterscheiden nicht immer klar zwischen Erwerbstätigen, Erwerbspersonen und Beschäftigten. Die Zuordnung zu den einzelnen Sektoren findet ähnlich wie beim BIP nicht einheitlich statt bzw. ist nur sehr schwer möglich (»informeller Erwerbssektor«). Auch lassen sich verschiedene Erhebungszeitpunkte oft nicht vermeiden.

1 kg ÖE = 1 kg Öleinheit (auch Rohöleinheit/RÖE) = 42 000 kJ (Kilojoule) = 10 000 kcal (Kilokalorien) = 1,4 SKE (Steinkohleneinheiten)

Ausl.-Verschuld.: ausstehende und ausgezahlte langfristige Auslandsverschuldung, soweit nicht anders vermerkt.

Außenhandel: die meisten Angaben stammen von der Bundesstelle für Außenhandelsinformation in Köln. Eine Trennung nach Gütern u. Gütergruppen, Ländern (mit BRD sind nur die alten Bundesländer gemeint) u. Ländergruppen ist nicht in jedem Fall möglich; u. U. wird auch nur der Handel mit OECD-Ländern erfaßt oder den verschiedenen Angaben, etwa zu einzelnen Gütern bzw. Ländern und zum Import/Export insgesamt, liegen unterschiedliche Erhebungszeitpunkte zugrunde.

▷ Den Abschluß bildet der Abschnitt **PRESSE** (wichtigste Quelle: Europa World Yearbook 1990), wobei die Auflage jeweils in 1 000 angegeben ist.

Im Sept. 1991 gibt es – bei getrennter Zählung der politisch geteilten Länder China u. Korea – insgesamt **178 Staaten** – noch *ohne* die **baltischen Staaten**, ohne das völkerrechtlich allgemein nicht anerkannte Land *Nordzypern* u. *mit* den völkerrechtlich ebenfalls als nicht völlig souverän einzustufenden 4 Staaten *Bophuthatswana, Ciskei, Transkei u. Venda*[1] (v. Rep. Südafrika abhängig). Diese Gesamtzahl von 178 Staaten ist maßgebend für die **Rangstellen** bei Fläche u. Bevölkerung; bei den Rangstellen des BSP/je Ew. sind zusätzlich 5 kleine Staaten nicht berücksichtigt: *Andorra, Liechtenstein, Monaco, San Marino u. Vatikanstadt* (offene Wirtschaftsgrenzen zu Spanien/Schweiz/Frankreich/Italien) sowie Arktis, Nördliche Marianen u. Dem. Arab. Rep. Sahara.

[1] Diese 4 Gebiete sind mit einer Rangstelle versehen, die jedoch mit einem kleinen a gekennzeichnet ist

	Fläche in 1000 km^2	Bevölk. in Mio.	BSP pro Kopf 1989 in US-$[2] (nach Weltbank)	Bevölk.-zuwachs (Ø 1980–89)	BSP pro Kopf-Zuwachs in %, Ø aus 1965–89	Ø-Index Nahrungsmittelproduktion (1979–81 = 100) 1987–88	Düngemittel (in 100 g Pflanzennährstoffe) je ha 1987/88	Rohstoffanteil in % des Exports 1989	Verarb. Gewerbe in % des Exports 1989
Afghanistan	652	15,5	260[1]	. .	. .	104*	97	83*	18*
Ägypten	1001	51,0	640	2,6	4,2	109	3505	64*	35*
Albanien	29	3,0	776[1]	2,1	5,8[1]	109*	1446*	. .	. .
Algerien	2382	24,4	2230	3,1	2,5	97	320	96*	4*
Angola	1247	9,7	610	2,5	. .	84	29	97*	3*
Argentinien	2767	31,9	2160	1,4	−0,1	91	45	68*	32*
Äthiopien	1222	49,5	120	2,9	−0,1	89	39	97*	3*
Australien	7687	16,8	14360	1,5	1,7	96	286	67	32
Bangladesch	144	110,7	180	2,8	0,4	93	770	29*	71*
Belgien	31	10,0	16220	0,0	2,5	116[4]	5098[4]	20	80
Benin	113	4,6	380	3,2	−0,1	114	49	97*	3*
Bhutan	47	1,4	180[8]	2,1	. .	121	10	. .	. .
Bolivien	1099	7,1	620	2,8	−0,8	102	19	95*	5*
Botswana	582	1,2	1600	3,4	8,5	68	7	. .	. .
Brasilien	8512	147,3	2540	2,2	3,5	115	485	48*	52*
Bulgarien	111	9,0	2320	0,2	4,0[1]	100	1804	. .	. .
Burkina Faso	274	8,8	320	2,6	1,4	115	57	88*	11*
Burundi	28	5,3	220	2,9	3,6	98	20	93*	6*
Chile	757	13,0	1770	1,7	0,3	107	544	90*	10*
China, Rep.	36	20,2	7500	. .	. .	. .	. .	. .	88*
China, VR	9561	1113,9	350	1,3	5,7	128	2361	30	70
Costa Rica	51	2,7	1780	2,3	1,4	89	1806	70*	31*
Côte d'Ivoire	322	11,7	790	4,0	0,8	96	90	92*	7*
Dänemark	43	5,1	20450	0,0	1,8	120	2330	36	64
Dtschld. a) BRD	357	79,0	20440	−0,1	2,4	112	4208	10	90
Dtschld. b) DDR			11118[7]	−0,1	. .	105*	2901[1]	. .	. .
Dominik. Rep.	49	7,0	790	2,3	2,5	94	556	30*	70*
Ecuador	284	10,3	1020	2,7	3,0	106	232	97	2
El Salvador	21	5,1	1070	1,4	−0,4	90	1262	80*	20*
Finnland	338	5,0	22120	0,4	3,2	102	2164	19	81
Frankreich	552	56,2	17820	0,4	2,3	105	2990	23	76
Gabun	268	1,1	2960	3,7	0,9	81	46	90*	10*
Ghana	239	14,4	390	3,4	−1,5	109	38	92*	8*
Griechenland	132	10,0	5350	0,4	2,9	100	1542	48	52
Großbritannien	245	57,2	14610	0,2	2,0	105	3555	18	80
Guatemala	109	8,9	910	2,9	0,9	103	656	83*	16*
Guinea	246	5,6	430	2,5	. .	90	6	89*	11*
Haïti	28	6,4	360	1,8	0,3	93	25	14*	86*
Honduras	112	5,0	900	3,5	0,6	88	190	88*	12*
Indien	3288	832,5	340	2,1	1,8	113	517	27*	73*
Indonesien	1905	178,2	500	2,1	4,4	124	1068	68	32
Irak	438	18,3	. .	3,6	. .	98	397	98*	2*
Iran	1648	53,3	3200	3,0	0,5	87	658	94*	7*

Daten (inkl. Einw.) stammen fast alle aus dem aktuellen Weltentwicklungsbericht der Weltbank; . . keine Daten greifbar oder Daten unveröffentlicht oder zu komplex (westl. Industriestaaten); * Daten erhebl. älter bzw. keine Jahresangabe möglich; [1] 1981–1985; [7] nur 1987; [8] 1988; [9] 1989; [10] 1990;

Tägl. Kalorienangebot pro Kopf 1988	Nahrungsmittel in % des Imports 1989	Leistungsbilanzsaldo in Mio. US-$ 1989	Bruttowährungsreserven in Mio. US-$ 1989	Schuldendienst in % d. Exports v. Waren u. Dienstleistg. 1989	Säuglingssterblichkeit (0–1 Jahr) 1989 in ‰	Zahl d. Grundschüler in %[3] der Altersgruppe 1988	Terms of Trade (1980 = 100) 1989	
2179[1]	9*	−217	631	..	..	18[1]	114*	Afghanistan
3213	27*	−1691	2495	20,5	68	90*	82	Ägypten
2741	..	..	..	..	26	99	..	Albanien
2726	28*	−1254	352	68,9	69	96	88	Algerien
1725	29*	−20	..	..	132	93[1]	102[1]	Angola
3118	4*	−1292	682	36,1	30	111	110	Argentinien
1658	17*	−169	123	38,7	133	36	107	Äthiopien
3322	5	−16181	16961	..	8	106	122	Australien
1925	31*	−729	929	19,9	106	59*	94	Bangladesch
3942	10	3197	23059	..	9	100*	97	Belgien
2145	29*	−3	8	6,7	112	63	94[8]	Benin
..	..	−3	66	0,5[8]	125	26	..	Bhutan
2086	18*	−264	563	31,3	106	91*	117	Bolivien
2269	17*	366	2841	3,5	39	116	..	Botswana
2709	5*	1040	10505	31,3	59	104	124	Brasilien
3614	..	..	..	..	13	104	..	Bulgarien
2061	16*	−91	270	9,4	135	32*	98	Burkina Faso
2253	7*	−29	107	32,9	70	70	86	Burundi
2584	5*	−905	3500	27,5	19	102	126	Chile
..	6[8]	10177[8]	..	..	11*	100*	105	China, Rep.
2632	9	−4530	23053	9,8	30	134	104	China, VR
2782	8*	−382	746	19,2	17	100	109	Costa Rica
2365	20*	−983	33	40,9	92	70*	91	Côte d'Ivoire
3577	12	−1414	7054	..	8	97*	102	Dänemark
3514	11	55477	98877	..	8	105	96	a) BRD Dtschld.
3890	..	..	..	..	8	105	..	b) DDR
2357	14*	−205	171	13,0	61	101*	117	Dominik. Rep.
2338	9	−532	707	36,2	61	117*	102	Ecuador
2415	16*	−186	454	16,6	55	80	114	El Salvador
3170	5	−5128	5914	..	6	100	104	Finnland
3310	10	−4299	57434	..	7	114	102	Frankreich
2396	22[8]	−175	40	11,9	98	..	96	Gabun
2209	11*	−98	436	48,9	86	73	82	Ghana
3699	16	−2573	4585	6,5[8]	11	102*	97	Griechenland
3252	10	−31159	42381	..	9	107*	103	Großbritannien
2352	8*	−313	524	19,0	55	77*	107	Guatemala
2042	22*	−126	..	15,2	140	30	..	Guinea
1911	23*	−63	20	13,1	94	83*	97	Haïti
2164	12*	−275	28	13,1	66	106*	120	Honduras
2104	8*	−7538	8048	26,4	95	99	101	Indien
2670	8	−1368	6444	35,2	64	119	97	Indonesien
2962	27*	..	..	..	67	96	..	Irak
3100	22*	−2476	..	..	90	116	68	Iran

[2] kann von dem bei den Einzelstaaten angegebenen Wert abweichen, da dort Quotient aus BSP (Weltbank) u. Bev. (häufig nach UNO); [3] der Anteil kann 100% überschreiten, da es Grundschüler über und unter der willkürlich festgelegten Altersgrenze gibt.
[4] mit Luxemburg; [5] vormals Birma.

	Fläche in 1000 km^2	Bevölk. in Mio.	BSP pro Kopf 1989 in US-$[2] (nach Weltbank)	Bevölk.-zuwachs Ø 1980–89)	BSP pro Kopf-Zuwachs in %, Ø aus 1966–89	Ø-Index Nahrungsmittelproduktion (1979–81 = 100) 1987–88	Düngemittel (in 100 g Pflanzennährstoffe) je ha 1987/88	Rohstoffanteil in % des Exports 1989	Verarb. Gewerbe in % des Exports 1989
Irland	70	3,5	8710	0,4	2,1	105	6815	28	72
Israel	21	4,5	9790	1,7	2,7	106	2237	12	87
Italien	301	57,5	15120	0,2	3,0	100	1901	10	89
Jamaika	11	2,4	1260	1,3	−1,3	92	914	42*	59*
Japan	378	123,1	23810	0,6	4,3	97	4327	2	97
Jemen. a) AR	528	11,2	650	. .	. .	118[8]	63	89[8]	11[8]
b) DVR						85[8]		99[8]	1[8]
Jordanien	89	3,9	1640	3,7	. .	117	362	55*	45*
Jugoslawien	256	23,7	2920	0,7	3,2	98	1328	20	80
Kambodscha	181	7,9	. .	. .	. .	. .	2	. .	. .
Kamerun	475	11,6	1000	3,2	3,2	96	71	97*	3*
Kanada	9976	26,2	19030	1,0	4,0	103	484	38	63
Kenia	580	23,5	360	3,8	2,0	101	421	87*	13*
Kolumbien	1139	32,3	1200	2,1	2,3	102	945	75*	25*
Kongo	342	2,2	940	3,4	3,3	98	25	91*	8*
Korea, DVR	121	21,0	1629[1]	1,6	. .	116*	3452[1]	. .	. .
Korea, Rep.	99	42,4	4400	1,2	7,0	96	3920	7	93
Kuba	111	11,0	958[1]	0,9	5,2[1]	110*	1642*	96*	. .
Kuwait	18	2,0	16150	4,3	−4,0	. .	750	96*	4*
Laos	237	4,1	180	2,7	. .	116	6	90[8]	. .
Lesotho	30	1,7	470	2,7	5,0	80	125	. .	. .
Libanon	10	2,8	. .	. .	. .	. .	671	30*	71*
Liberia	111	2,5	450[7]	3,1	. .	95	94	59*	30*
Libyen	1760	4,4	5310	4,2	−3,0	109	416	97*	3*
Madagaskar	587	11,3	230	2,8	−1,9	93	21	91*	9*
Malawi	118	8,2	180	3,4	1,0	85	203	94*	5*
Malaysia	330	17,4	2160	2,6	4,0	142	1596	56*	44*
Mali	1240	8,2	270	2,5	1,7	97	59	90*	10*
Marokko	447	24,5	880	2,7	2,3	120	376	53	46
Mauretanien	1026	1,9	500	2,6	−0,5	88	55	99*	0*
Mauritius	2	1,1	1990	1,0	3,0	100	3075	38*	62*
Mexiko	1958	84,6	2010	2,2	3,0	98	753	55	45
Mongolei	1565	2,1	747[1]	2,8	. .	91	184	. .	. .
Mosambik	802	15,3	80	2,7	. .	83	21	52*	48*
Myanmar[5]	677	40,8	. .	2,1	. .	120	125	84*	16*
Namibia	824	1,7	1030	3,2	. .	95	. .	. .	. .
Nepal	141	18,4	180	2,6	0,6	107	232	13*	87*
Neuseeland	269	3,3	12070	0,8	0,8	107	7086	76	24
Nicaragua	130	3,7	830[7]	3.4	−2,5[8]	63	433	97*	3*
Niederlande	37	14,8	15920	0,5	1,8	110	6877	37	63
Niger	1267	7,4	290	3,5	−2,4	86	8	96[8]	4[8]
Nigeria	924	113,8	250	3,3	0,2	96	94	99*	1*
Norwegen	324	4,2	22290	0,3	3,4	109	2704	66	34
Oman	212	1,5	5220	4,7	6,4	. .	417	90*	10*

Daten (inkl. Einw.) stammen fast alle aus dem aktuellen Weltentwicklungsbericht der Weltbank; . . keine Daten greifbar oder Daten unveröffentlicht oder zu komplex (westl. Industriestaaten); * Daten erhebl. älter bzw. keine Jahresangabe möglich; [1]1981–1985; [7] nur 1987; [8] 1988; [9] 1989; [10] 1990;

Tägl. Kalorienangebot pro Kopf 1989	Nahrungsmittel in % des Imports 1989	Leistungsbilanzsaldo in Mill. US-$ 1989	Bruttowährungsreserven in Mio. US-$ 1989	Schuldendienst in % d. Exports v. Waren u. Dienstleistg. 1989	Säuglingssterblichkeit (0–1 Jahr) 1989 in ‰	Zahl d. Grundschüler in %[3] der Altersgruppe 1988	Terms of Trade (1980 = 100) 1989	
3699	11	517	4201	..	8	101*	100	Irland
3138	9	1148	5684	..	10	95*	102	Israel
3566	13	−10632	73455	..	9	95	95	Italien
2572	19*	−213	108	26,4	16	103	106	Jamaika
2848	16	56990	93673	..	4	102	96	Japan
2322	28[8]	−423	280	11,6	125	91[7]	40[8]	Jemen a) AR
	16[8]					..	76[8]	Jemen b) DVR
2907	19*	−82	771	19,6	53	..	112	Jordanien
3505	8	2427	4899	14,5	24	94	121	Jugoslawien
..	..	..	..	..	..	..	..	Kambodscha
2161	16*	−295	92	17,3	90	111*	101	Kamerun
3447	6	−14091	22512	..	7	105	110	Kanada
1973	9*	−587	317	33,3	68	93	107	Kenia
2561	9*	42	3862	45,9	38	114*	84	Kolumbien
2512	17*	−65	21	27,0	115	..	90	Kongo
3193	..	..	..	..	27	100	..	Korea, DVR
2878	6	5056	15342	11,4	23	104	108	Korea, Rep.
3103	..	..	..	..	12	104	..	Kuba
3132	16*	9323	4120	..	15	93	77	Kuwait
2637	..	−67	16*	15,6	105	110*	..	Laos
2307	..	−37	49	4,5	96	112*	..	Lesotho
..	26*	..	4636	..	..	..	..	Libanon
2270	3*	−118*	8	..	137	35*	115	Liberia
3384	14*	−1823*	5776	..	77	..	91	Libyen
2101	16*	−128	245	52,0	117	97	108	Madagaskar
2009	10*	−118	105	28,0	147	72	101	Malawi
2686	11*	−145	8733	14,6	22	102	97	Malaysia
2181	20*	−81	123	15,0	167	23*	102	Mali
2820	13	−790	771	32,2	69	67	80	Marokko
2528	23*	111	87	20,1	123	52*	114	Mauretanien
2679	9*	−71	542	9,8	21	105	108	Mauritius
3135	16	−5447	6740	39,6	40	117	98	Mexiko
2458	..	..	..	..	64	102*	..	Mongolei
1632	35*	−405	..	23,1	137	68*	91	Mosambik
2572	4*	−204	364	30,4	66	103*	124	Myanmar[5]
1889	..	−86	447	..	101	..	..	Namibia
2078	9*	−254	276	16,0	124	86	100*	Nepal
3459	7	−2039	3027	..	10	106	100	Neuseeland
2361	14*	−448	..	8,6	57	99*	110	Nicaragua
3354	13	6962	34129	..	7	117	100	Niederlande
2340	16*	−111	217	32,1	130	30	79	Niger
2039	10*	−143	2041	21,5	100	62	86	Nigeria
3253	6	226	14260	..	8	97	89	Norwegen
..	20*	852*	1470	7,4[8]	36	100	..	Oman

[2] kann von dem bei den Einzelstaaten angegebenen Wert abweichen, da dort Qutotient aus BSP (Weltbank) u. Bev. (häufig nach UNO);
[3] der Anteil kann 100 % überschreiten, da es Grundschüler über und unter der willkürlich festgelegten Altersgrenze gibt;
[4] mit Luxemburg; [5] vormals Birma.

	Fläche in 1000 km²	Bevölk. in Mio.	BSP pro Kopf 1989 in US-$[2] (nach Weltbank)	Bevölk.-zuwachs (Ø 1980–89)	BSP pro Kopf-Zuwachs in %, Ø aus 1965–89	Ø-Index Nahrungsmittelproduktion (1979–81 = 100) 1987–88	Düngemittel (in 100 g Pflanzennährstoffe) je ha 1987/88	Rohstoffanteil in % des Exports 1989	Verarb. Gewerbe in % des Exports 1989
Österreich	84	7,6	17300	0,1	2,9	109	2214	13	87
Pakistan	796	109,9	370	3,2	2,5	103	829	34*	66*
Panama	77	2,4	1760	2,2	1,6	92	657	80	19
Papua-Neugui.	463	3,8	890	2,4	0,2	97	381	91*	9*
Paraguay	407	4,2	1030	3,2	3,0	115	69	92*	8*
Peru	1285	21,2	1010	2,2	−0,2	101	622	81*	18*
Philippinen	300	60,0	710	2,4	1,6	86	612	38*	62*
Polen	313	37,9	1790	0,8	. .	106	2223	33*	66*
Portugal	92	10,3	4250	0,6	3,0	100	1026	21	78
Ruanda	26	6,9	320	3,3	1,2	77	20	99*	1*
Rumänien	238	23,2	. .	0,4	. .	109	1301	. .	. .
Sambia	753	7,8	390	3,7	−2,0	97	183	95*	6*
Saudi-Arabien	2150	14,4	6020	5,1	2,6	. .	3678	92*	9*
Schweden	450	8,5	21570	0,2	1,8	94	1357	16	84
Schweiz	41	6,6	29880	0,3	4,6	102	4306	7	93
Senegal	197	7,2	650	3,0	−0,7	106	40	91*	9*
Sierra Leone	72	4,0	220	2,4	0,2	89	3	62*	38*
Simbabwe	391	9,5	650	3,6	1,2	90	505	57*	44*
Singapur	1	2,7	10450	1,2	7,0	86	18333	27	73
Somalia	638	6,1	170	3,0	0,3	97	40	96*	4*
Sowjetunion	22402	288,0	5020[9]	0,9	. .	110*	988[1]	. .	. .
Spanien	505	38,8	9330	0,5	2,4	111	989	26	73
Sri Lanka	66	16,8	430	1,5	3,0	87	1094	46*	54*
Südafrika, Rep.	1221	35,0	2470	2,4	0,8	90	541	66*	34*
Sudan	2506	24,5	480[8]	3,0	0,0[8]	87	40	96*	4*
Syrien	185	12,1	980	3,6	3,1	86	404	93*	7*
Tansania	945	23,8	130	3,5	−0,1	90	92	88*	12*
Thailand	513	55,4	1220	1,9	4,2	104	328	46*	54*
Togo	57	3,5	390	3,5	0,0	89	76	91	8
Trinidad u. Tob.	5	1,3	3230	1,7	0,4	86	450	69	31
Tschad	1284	5,5	190	2,4	−1,2	101	17	94*	5*
Tschechosl.	128	15,6	3450	0,3	. .	121	3031	9*	91*
Tunesien	164	8,0	1260	2,5	3,3	96	222	34	66
Türkei	779	55,0	1370	2,3	2,6	97	637	34	66
Uganda	236	16,8	250	3,2	−2,8	87	2	99*	0*
Ungarn	93	10,6	2590	−0,1	5,1[8]	113	2595	32	68
Uruguay	177	3,1	2620	0,6	1,2	106	420	61*	38*
USA	9373	248,8	20910	1,0	1,6	92	937	22	77
Venezuela	912	19,2	2450	2,8	−1,0	88	1580	92*	8*
Ver. Arab. Em.	84	1,5	18430	4,6	. .	. .	1632	93*	7*
Vietnam	330	64,8	180[1]	2,3	8,0[1]	111	651	87*	12*
Zaire	2345	34,5	260	3,1	−2,0	94	9	91	9
Zentralafr. Rep.	623	3,0	390	2,7	−0,5	90	4	47*	52*

Daten (inkl. Einw.) stammen fast alle aus dem aktuellen Weltentwicklungsbericht der Weltbank; . . keine Daten greifbar oder Daten unveröffentlicht oder zu komplex (westl. Industriestaaten); * Daten erhebl. älter bzw. keine Jahresangabe möglich; [1] 1981–1985; [7] nur 1987; [8] 1988; [9] 1989; [10] 1990;

Tägl. Kalorienangebot pro Kopf 1988	Nahrungsmittel in % des Imports 1989	Leistungsbilanzsaldo in Mio. US-$ 1989	Bruttowährungsreserven in Mio. US-$ 1989	Schuldendienst in % d. Exports v. Waren u. Dienstleistg. 1989	Säuglingssterblichkeit (0–1 Jahr) 1989 in ‰	Zahl d. Grundschüler in %[3] Altersgruppe 1988	Terms of Trade (1980 = 100) 1989	
3478	5	−94	16882	..	8	102	90	Österreich
2200	16*	−1351	1302	23,2	106	40*	99	Pakistan
2468	15	39	119	0,1	22	106	152	Panama
2236	16*	−445	410	34,3	59	71	81	Papua-Neugui.
2816	12*	−86	447	16,6	32	104	120	Paraguay
2269	22*	508	1597	6,8	79	122*	88	Peru
2255	11*	−1465	2398	26,3	42	110	107	Philippinen
3451	11*	−985	2504	9,4	16	100	120	Polen
3382	12	−575	16389	18,2	13	126*	105	Portugal
1786	8*	−105	70	18,5	118	64	121	Ruanda
3357	..	..	2731	..	27	97*	..	Rumänien
2026	..	5	139*	11,3	76	97*	90	Sambia
2832	15*	−6774*	18590	..	67	71*	92	Saudi-Arabien
3007	6	−5179	11993	..	6	101	101	Schweden
3547	6	8495	58510	..	7	100[1]	99	Schweiz
1989	21*	−180	31	29,4	82	59	103	Senegal
1806	25*	−3*	4	0,5[7]	149	53	78	Sierra Leone
2232	3*	−107	274	26,0	46	128	95	Simbabwe
2892	7	2338	20345	..	8	111	98	Singapur
1736	29*	−151	23	34,1	128	15*	111	Somalia
3386	..	..	..	..	24	105*	..	Sowjetunion
3543	11	−10934	47770	..	8	111*	107	Spanien
2319	19*	−372	269	17,8	20	107*	100	Sri Lanka
3035	6*	1579	2195	..	68	..	94	Südafrika Rep.
1996	20*	−945	176	9,2	104	49*	106	Sudan
3168	21*	784	533*	2,6[8]	44	110	84	Syrien
2151	8*	−158	54	16,5	112	66*	108	Tansania
2287	6*	−2455	10508	15,9	28	87	99	Thailand
2133	26	−46	290	18,2	90	101*	107	Togo
2960	21	−141	268	12,3	15	100*	92	Trinidad u. Tob.
1852	16*	−5	133	5,2	127	51*	..	Tschad
3564	6*	1038	3609	..	12	94	96*	Tschechosl.
2964	15	−159	1037	22,6	46	116*	99	Tunesien
3080	8	966	6298	32,1	61	117*	96	Türkei
2013	9*	−240	14	77,0	99	77*	88	Uganda
3601	7	−572	1846	26,3	17	96	87	Ungarn
2770	7*	153	1548	29,4	22	109	110	Uruguay
3666	6	−110060	168548	..	10	100*	102	USA
2547	12*	2496	8702	25,0	35	106*	118	Venezuela
3552	13*	2700*	4776	..	24	104	96	Ver. Arab. Em.
2233	8*	−1086[8]	..	..	43	102*	..	Vietnam
2034	15*	−460	282	21,5	94	76*	98	Zaire
1980	15*	−8	118	14,2	100	67	113	Zentralafr. Rep.

[2] kann von dem bei den Einzelstaaten angegebenen Wert abweichen, da dort Quotient aus BSP (Weltbank) u. Bev. (häufig nach UNO);
[3] der Anteil kann 100% überschreiten, da es Grundschüler über und unter der willkürlich festgelegten Altersgrenze gibt;
[4] mit Luxemburg; [5] vormals Birma.

AFGHANISTAN *West-Asien*

Republik Afghanistan; De Afghánistán Djamhuriare (= Paschtu) bzw. Djamhurie-e Afghánistán (= Dari); »Land d. Afghanen«, den Nachkommen des legendären Ahnherrn Afghana, einem Sohn König Sauls – AFG

LANDESSTRUKTUR **Fläche** (39): 652090 km² – **Einwohner** (50): (S 1989) 14814000 = 23 je km²; (Z 1979) 13051358, ca. 3,4 Mio. Flüchtl. in Pakistan, 1,1 Mio. in Iran u. 0,1 Mio. in Indien; nach neueren Ang. 5,5 Mio.; – Über 50 % Paschtu sprech. Afghanen (Paschtunen, das eigentl. Staatsvolk: bes. Gilsai u. Durrani), 20 % Tadschiken, 9 % Usbeken, 9 % mongolstämm. Hesoren [Hazarah]; Aimaq; Nuristanis (»Kafiren«), Balutschen [Belutschen], Turkmenen, Kirgisen, Kasachen; Perser i. e. S. – 8–12 % Afghanen sind Nomaden (»Koochis«) oder Halbnomaden – **Leb.-Erwart.**: 43 J. – **Säugl.-Sterbl.**: 21 % – **Analph.**: 76 % – Jährl. **Bev.-Wachstum** (∅ 1985–89): 2,2 % (Geb.- u. Sterbeziffer 1985: 4,9 %/2,7 %) – **Sprachen:** Paschtu [Pushtu] u. Dari (= Farsi bzw. Persisch) als Amtsspr. – **Religion:** Vorrechte d. Islam d. sunn. Hanafi-Lehre; ca. 85 % Sunniten, über 10 % Schiiten (u. a. Hesoren); ferner Ismaeliten – **Städt. Bev.**: 19 % – **Städte** (S 1984): Kabul (Hptst.; A) 1179000 Ew.; Kandahár [Qandahár] 203000, Herát 160000, Mazár-i-Sharif 118000; (S 1982): Jalálábád 58000, Kunduz 57000, Baghlan 41000, Maimana 40000

STAAT Republik (seit d. Verfassung v. 30. 11. 1987; Verfassungsreform im Mai 1990; Mehrparteiensystem geplant) – »Revolutionsrat« als höchstes Gremium – 29 Provinzen (»Welayat«), unterteilt in Bezirke – **Staatsoberhaupt:** Dr. Mohammed Najibullah (seit Dez. 1986; seit Mai 1986 **Gen.-Sekr.** d. ZK d. »Demokr. Volkspartei Afghanistans«, jetzt »Partei des Vaterlands« ohne ZK) – **Regierungschef:** Fasal Haq Khalekjar (seit Mai 1990) – **Äußeres:** Abdul Wakil – **Parteien:** »Partei des Vaterlands«, prokommunistisch – **Bildung einer Übergangsregierung der Mudjaheddin** durch Schura (Ratsversamml. der Widerstandsgruppen) am 21./23. 2. 1989: Staatspräsident: Sibghatullah Modjaddidi; Reg.-Chef: Abdul Rasul Saÿÿaf – **Unabh.**: Wiederherstell. d. Zentralgewalt unter Abdur Rahman Khan (1881–1901); nach d. völl. Unabh.-Erkl. v. 13. 4. 1919 durch Amanullah v. Großbrit. im Vertrag v. Rawalpindi (8. 8. 1919) anerkannt – **Nationalfeiertag:** 27. 4.

WIRTSCHAFT **BSP** 1984: 4850 Mio. $ = 260 $ je Ew. (146); realer Zuwachs ∅ 1973–82: –0,5 %; **BIP** S 1988: 2800 Mio. $; realer Zuwachs ∅ 1980–88: 2,9 %; Anteil Landwirtsch. 1985 57 %, Industrie 30 % (n. and. Ang.: 70 %/14 %) – **Erwerbstät.** 1988: Landw. 56 %, Ind. ca. 10 % – **Energieverbrauch** 1987: 71 kg ÖE/Ew. – **Währung:** 1 Afghani (Af) = 100 Puls; 1 US-$ = 50,00 Afs, 100 Afs = 2,9880 DM – **Ausl.-Verschuld.** 1987: 1501 Mio. $ – Inflation ∅ 1983–88: 26,5 %; 1989: über 60 % – **Außenhandel** 1986: **Import:** 1404 Mio. $; Güter: 40 % Maschinen u. Anlagen, 7 % mineral. Brennstoffe u. Erzeugn.; Länder: 55 % UdSSR, 9 % Japan; **Export:** 552 Mio. $; Güter: 52 % Erdgas, 8 % Nahrungsm. u. Früchte; Länder: 63 % UdSSR, 12 % EG-Länder (dar. 44 % BRD)

PRESSE *Tageszeitungen:* Kabul: Anis (25) – Haqiqat Enqelab Saur (50)/Reg.-Organ – Hewad (12) – Kabul New Times (5)/Engl. – *Nachrichtenagentur:* BNA (Bakhtar News Agency)

ÄGYPTEN *Nordost-Afrika*

Arabische Republik Ä.; Dschumhûrîja Misr El Arabija bzw. Jumhûrîjat Misr Al-'Arabîya, Egypt – ET

LANDESSTRUKTUR **Fläche** (28): 1001449 km² – **Einwohner** (21): (S 1989) 53080000 = 53 je km²; (Z 1986) 48500000 (auf den 35580 km² Kulturland über 1400 je km²) – Arabisierte Hamiten; 50000 – 80000 arab. Beduinen; im S Nubier; kleine Minderheiten von Berbern u. Sudanesen, Griechen u. Italienern; 4,5 Mio. als Gastarbeiter in arab. Ländern – **Leb.-Erwart.**: 63 J. – **Säugl.-Sterbl.**: 7,1 % – **Analph.**: 56 % – Jährl. **Bev.-Wachstum** (∅ 1980–88): 2,6 % (Geb.- u. Sterbeziffer 1988 3,4 %/0,9 % – **Sprache:** Arabisch – **Religion:** 93,1 % Muslime (fast nur Sunniten), Islam ist Staatsreligion; 6,8 % koptische Christen, griech.-orthodoxe u. kathol. (rund 50000) sowie protestant. (etwa 15000) Minderh. – **Städt. Bev.**: 48 % – **Städte** Z 1986: El Qahira [Kairo] (Hptst.) 6052836 Ew. (m. V. 13,2 Mio.); (S 1983) El Iskandariya [Alexandria] 2821000, Gise [Gize] 1608000, Shubra al-Khaima 473000, Port Said 374000, al Mahalla al-Kubrâ 362700, Al-Mansûra 328000, Suez 254000, Assuan 182700

GASA (Gaza): Fläche 378 km² – Ew. etwa 450000, größtenteils Palästinenserflüchtlinge – Seit 1967 v. Israel besetzt

STAAT Präsidialrepublik – Neue Verfass. v. 1980 – Nationalversamml. (»Rat d. Volkes«) – Schura-Rat als 2. Kammer (berat. Organ, ⅓ v. Präs. ernannt) – Allgem. Wahlrecht – Wehrpflicht – 25 Provinzen; 8 Wirtschaftsregionen – **Staatsoberhaupt:** Präsident Mohamed Hosni Mubarak, seit 1981, am 5. 10. 1987

Wiederwahl – **Regierungschef:** Min.-Präs. Atef Mohamed Naguib Sidki, seit 12. 11. 86 – **Äußeres:** Amer Mussa – **Parteien:** Bei den Wahlen v. 30. 11. u. 6. 12. 1990 erhielt die »Nationaldemokrat. Partei«/NDP v. Präs. Mubarak 348 von 444 zu vergebenden Sitzen, die linksorientierte Fortschrittliche Nationale Unionspartei 6, 83 Sitze entfielen auf Unabhängige. Die Wahlen wurden von der liberalen Wafd-P. und der islamisch beeinflußten sozialist. Arbeiterpartei boykottiert. – Im Juni 1989 erhielt die NDP v. Präs. Mubarak bei d. Wahlen zur Schura 143 von 155 Sitzen – **Unabh.:** 28. 2. 1922 – **Nationalfeiertag:** 23. 7. u. 6. 10. (Tag d. Streitkräfte) -

WIRTSCHAFT **BSP** 1989: 33 501 Mio. $ = 630 $ je Ew. (114); BIP 1988: 34 330 Mio. $; realer Zuwachs ∅ 1980–88: 5,7 %; Anteil **Landwirtsch.** 21 %, **Industrie** 25 % – **Erwerbstät.** 1986: Landw. 43 %, Ind. 18 % – **Energieverbrauch** 1988: 607 kg ÖE/Ew. – **Währung:** 1 Ägypt. Pfund (ägypt£) = 100 Piasters (PT) = 1000 Milliemes; Kurs d. Zentralbank: 1 US-$ = 200,0000 PT, 100 ägypt£ = 74,7000 DM – **Ausl.-Verschuld.** 1988: 43 259 Mio. $ = 126,7 % d. BSP – **Inflation** ∅ 1980–87: 10,2 % – **Außenhandel** 1988: **Import:** 10 771 Mio. $; Güter: 27 % Nahrungs- u. Genußmittel, 16 % chem. Erzeugn., 13 % Maschinen, 10 % Metalle, 9 % Holz u. Papier; Länder: 15 % USA, 10 % BRD, 7 % Frankr., 7 % Italien, 6 % Japan, 5 % Rumänien; **Export:** 4499 Mio. $; Güter: 33 % Erdöl u. Erdölprodukte, 30 % Baumwolle u. -garne, 13 % Aluminium; Einnahmen durch Kanalgeb. 1,03 Mrd. $ (1985) u. Arbeitsmigranten (6 Mrd. $); Tourismus; Länder: 14 % Italien, 12 % Rumänien, 10 % Israel, 6 % UdSSR, 5 % Niederl.

PRESSE *Tageszeitungen:* Kairo: Al-Ahram (900, fr. 1100)/offiziös – Al-Akhbar (789) – Egyptian Gazette (35)/Engl. – Al-Gomhouriya (650) – Le Journal d'Égypte (72)/Frz. – Al-Misaa (105) – Le Progrès Égyptien (21)/Frz. – *Wochenzeitungen:* Akhbar al-Yaum (1087) – Akher Saa (98) – The Middle East Observer (30)/Engl. – Rose al-Youssef (35) – *Nachrichtenagentur:* MENA (Middle East News Agency)

ALBANIEN *Südost-Europa*

Republik Alb., von lat. »albus« = weiß, also Land der »weißen« Berge; Shqiperia (gegisch bzw. nordalb.), Shqipnija (toskisch bzw. südalb.); Republika Shqipërisë – AL

LANDESSTRUKTUR **Fläche** (125): 28 748 km² – **Einwohner** (107): (F 1989) 3 143 000 = 109 je km²; (Z 1979) 2 595 000 – 97 % Albaner (Tosken im S u. Gegen im N), slawische, griech. u. walachische Minderh.; über ⅓ d. alb. Volkes im Ausl. (1 753 605 in Jugoslawien, davon 1,5 Mio. in Kosovo, Mazed. u. Montenegro [Crna Gora]). – **Leb.-Erwart.:** 63 J. – **Säugl.-Sterbl.:** 2,7 % – **Analph.:** 28 % – Jährl. **Bev.-Wachstum:** (∅ 1980–1989): 2,1 % (Geb.- u. Sterbeziff. 1988: 2,5 %/0,6 %) – **Sprache:** Albanisch (Grundlage toskischer Dialekt) – **Religion:** 985 000 Muslime (fast nur Sunniten; dazu Bektaschiten), Christen (160 000 Orthodoxe, 124 000 Katholiken); seit 9. 11. 1990 ist das Religionsverbot aufgehoben, zuvor (1967) Erklärung zum »atheist. Staat«, prakt. Religionsausübung verboten – **Städt. Bev.:** 35 % – **Städte** (1988): Tiranë [Tirana] (Hptst.) 226 000 Ew., (S 1986): Durrës-Enver Hoxha 72 400, Shkodër 71 200, Elbasan 69 900, Vlorë 61 000, Korcë 57 100, Fier 37 000

STAAT Republik seit neuer Verfass. v. April 1991 – Parlament aus 1 Kammer (»Volksversamml.«) mit 250 Abg. – Wahl d. Abg. für 4 Jahre – Wahlpflicht für Bürger über 18 Jahre – 26 Bezirke (rrethët) – Nach 1990 Beginn einer politischen und wirtschaftlichen Öffnung des Landes – **Staatsoberhaupt:** Vors. d. Präsidiums d. Volksversammlung Ramiz Alia , wiedergewählt am 30. 4. 1991 – **Regierungschef:** Vors. d. Ministerrates Ylli Bufi, KP (seit 12.6.1991 Koalitionsregierung) – **Äußeres:** Muhamet Ismail Kapllani – **Wahlen:** Erste Wahlen am 31. 3. 1991, Stichwahl am 8.4.1991, Wahlbeteiligung 95 %, Sitzverteilung: Kommunisten 169, Demokraten 75, sonstige 6 – **Parteien:** Kommun. »Alb. Arbeiterpartei«, seit 6/91 Sozialist. Partei A. (Partia e Punës e Shqipërisë/PPSH); Erster Sekr. d. ZK Ramiz Alia (April 1985 – Juni 1991), Nachf. Fatos Nano; »Demokratische Partei«, »Sozialdemokraten«, »Republikaner«, »Bauernpartei«, alle in Reg. vertreten – **Unabh.:** 28. 11. 1912 – **Nationalfeiertag:** 29. 11. (Verkündung d. Befreiung Alb. 1944)

WIRTSCHAFT **BSP** 1987: 1930 Mio. $ = 710 $ je Ew. (104); **BIP** 1983: realer Zuwachs 5,8 %; Anteil **Landwirtsch.** 1985 35 %, **Industrie** 20 % (nach and. Ang. 55 %) – **Erwerbstät.** 1985: Landw. 60 %, Ind. 10 % – **Energieverbrauch** 1985: 1267 kg ÖE/Ew. – **Währung:** 1 Lek = 100 Qindarka; im Reiseverkehr 1 US-$ = 10,0000 Lek, 100 Lek = 16,7224 DM – **Außenhandel** 1983: **Import:** 293,7 Mio. $; **Export:** 301,7 Mio. $; Güter: Bergbauprod. (über 50 %; 20 % d. BSP, vor allem Chromerz u. Erdöl), Tabak, Felle, Wolle, Früchte (Oliven, Apfelsinen, Trauben); Länder: 12,5 % Jugoslawien, 9 % ČSFR, DDR, Italien, Rumänien, Griechenland, BRD; sozialist. Länder insg. 60 % – Anfang 1991 starker Produktionsrückgang durch die politische Umstrukturierung des Landes, in der Landwirtschaft z. T. um über 50 %

PRESSE *Tageszeitungen:* Tirana: Bashkimi (30)/Organ der Demokrat. Front – Rilinda Demokratija (100)/Demokr. Partei – Zëri i Popullit (105)/Organ des ZK d. PPSH – *Nachrichtenagentur:* ATA (Albanian Telegraphic Agency)

ALGERIEN *Nord-Afrika*

Demokratische Volksrepublik Algerien; République Algérienne Démocratique et Populaire; El Dschamhurija el Dschasarija el demokratija escha'abija bzw. Al-Jumhuriya al-Jaza'iriya ad-dimuqratiya ash-sha'biya – arab. »al-dschasa'ir« = die Inseln (vor dem Hafenbecken, wovon zunächst die Stadt, später das Land den Namen bekam) – DZ

LANDESSTRUKTUR Fläche (10): 2381741 km^2 – **Einwohner** (33): (Z 1990) 25324000 = 10 je km^2; (Süd-A. weniger als 1 je km^2) – Arabisch sprech. Mischbevölkerung sowie Berber, ca. 19% als Araber einzustufen; im S schwarzafrikan. Einflüsse; über 60000 Europäer (davon 50000 Franzosen u. 5000 ehem. franz. Siedler); über 2,3 Mio. als Gastarbeiter im Ausl. – **Leb.-Erwart.:** 64 J. – **Säugl.-Sterbl.:** 8,1% – **Analph.:** 50% – Jährl. **Bev.-Wachstum** (∅ 1980–1988): 3,1% (Geb.- u. Sterbeziffer 1988: 3,7%/0,8%) – **Sprachen:** Arabisch (83,5%) als Amtssprache; Französ. als Handels- u. Bildungsspr.; Berberdialekte (18–25%) – **Religion:** 99% Muslime (Sunniten); Islam ist Staatsreligion; etwa 0,8% Katholiken u. einige Protestanten, etwa 1000 Juden (1970), außerd. Marabutismus d. Berber – **Städt. Bev.:** 44% – **Städte** (S 1986): El Djaza'ir [Algier bzw. Alger] (Hptst.) 3000000 Ew. (mit Vororten); S 1983: Quahran [Wahran, Oran] 663500, Ksontina [Quancentina, Constantine] 449000, Annaba 348000, El Boulaida [Blida] 191000, Sétif 187000, Sidi-Bel-Abbès 147000, Tlemcen 146000, Skikda 41000, Bejaia 124000, Batna 123000, El Asnam 119000, Tizi-Ouzou 101000, Medea 84000

STAAT Neue Verf. v. 23. 2. 1989 erlaubt »polit. Vereinigungen«; 2. 7. 1989 Gesetz über Mehrparteiensystem gebilligt; Wahl v. Präs. u. Nationalvers. durch das Volk nach allg. Wahlrecht – 48 Bezirke (Wilayat) – **Staatsoberhaupt:** Staatspräsident Chadli [Schadli] Ben Jedid [Bendjedid] – **Regierungschef:** Min.-Präs. Sid Ahmed Ghozali – **Äußeres:** Lakhdar Ibrahimi – **Parteien:** Front de Libération National/FLN bis Sept. 1989 als Einheitspartei, die alle 295 Abg. in der Nationalversammlung stellt. Seit Juli 1991 tagt eine Nationalkonferenz, die von der Front Islamique du Salut/FIS, anfangs auch von der Front des Forces Socialistes /FFS u. a. Oppositionsparteien, boykottiert wird und die die für Dezember 1991 geplanten demokratischen Parlamentswahlen vorbereiten soll – **Unabh.:** 3. 7. 1962 – **Nationalfeiertag:** 5. 7. (Tag d. Unabh. u. d. FLN) u. 1. 11. (Tag d. Revolution)

WIRTSCHAFT BSP 1989: 53116 Mio. $ = 2170 $ je Ew. (60); **BIP** 1988: 51900 Mio. $; realer Zuwachs ∅ 1980–88: 3,5%; Anteil **Landwirtsch.** 13%, **Industrie** 43% – **Erwerbstät.** 1986: Landw. 26%, Ind. 27% – **Energieverbrauch** 1988: 1094 kg ÖE/Ew. – **Währung:** 1 Alger. Dinar (DA) = 100 Centimes (CT); 1 US-$ = 12,1833 DA, 100 DA = 12,2627 DM – **Ausl.-Verschuld.** 1988: 23220 Mio. $ = 46,6% d. BSP – **Inflation** ∅ 1980–88: 4,4% – **Außenhandel** 1988: **Import:** 7432 Mio. $; Güter: 32% Nahrungsmittel, 25% Ausrüstungen, 22% Halbwaren, 11% Konsumgüter, 9% Rohmaterialien; Länder: 17% Frankr., 13% Italien, 12% USA, 10% BRD; **Export:** 7674 Mio. $; Güter: 98% Erdöl u. Erdgas, Eisenerz, Phosphate, Wein, Früchte, Frühgemüse, Halfagras, Kork, Häute; Länder: 21% Italien, 12% USA, 9% Niederl., 7% Belgien u. Luxemburg, 6% Spanien

PRESSE *Tageszeitungen:* Algier: Al Chaab (80) – El Massa (100) – El Moudjahid (392)/FLN-Organ, Arab. u. Frz. – Horizons (280)/Abendz., Frz. – Constantine: An Nasr (340) – Oran: Al Joumhouria (70) – *Nachrichtenagentur:* APS (Algérie Presse Service)

ANDORRA *Südwest-Europa*

Fürstentum Andorra, Principat d'A. (katalan.), Principauté d'Andorre, Principado de A. (span.), Valls D'A, Les Vallées d'Andorre (franz.) – AND

LANDESSTRUKTUR Fläche (163): 453 km^2 (n. and. Ang. 465 km^2) – **Einwohner** (169): (F 1989) 50530 = 108 je km^2; (Z 1975) 26558 – 14000 Andorraner (ethn. Katalanen; wahlberechtigt); ca. 26700 Spanier, ca. 4000 Franzosen u. 5800 and. – **Säugl.-Sterbl.:** 3% – Jährl. **Bev.-Wachstum** (∅ 1980–86): 4,7% (vor allem durch Zuzug) – **Sprachen:** Spanisch (58%), Katalanisch (35%) u. Französ. (7%) – **Religion:** 99,1% Katholiken – **Städte** (1984): Andorra la Vella (Hptst.) 15698 Ew. (Stadtgebiet 5500); Les Escaldes 10758, St. Juliá de Lorio 4647, Encamp 4558, La Massana 2705

STAAT De jure mittelalterl. Lehensstaat unter der Hoheit des Bischofs v. Seo de Urgel (Spanien) als Vertreter des Papstes u. des französ. Staatspräs. als Rechtsnachfolger des Grafen von Foix, de facto souverän – 1991 Verhandlungen über eigene Verfassung – »Parlament« aus 1 Kammer (Consell General [katalan.] bzw. Conseil Général [französ.] bzw. Consejo General [span.] »Generalrat«), mit 28 »Conseilleurs«, je 4 pro »Tal«, für 4 Jahre gewählt u. alle 2 Jahre zur Hälfte erneuert – Allgem. Wahlrecht seit 1970 – 7 »Täler« als Gemeindebezirke (Paroisse, Kirchspiel) – **Staatsoberhaupt:** 2 »Co-Fürsten« (Co-Princeps [katalan.]): der Präs. d. Französ. Rep. u. der (span.) Bischof v. Seo de Urgel (z. Zt. Juan M. Alanis), vertr. durch ständ. Delegierte: den Präfekten des Dép. Pyrénées Orientales u. den Generalvikar v. Seo de Urgel – Örtl. Vertr. durch je 1 »Veguer« (katalan. = Vikar, Landvogt) – **Regierungschef:** gem. Verfass. und Verwalt.-Reform v. 1981 Präsident d. Exekutivrates (»Cap de Govern«): Oskar Ribas Reig, seit Jan. 1990; nimmt de facto zahlr. Aufg. eines Staatschefs wahr – **Parteien**: Wahlen v. Dez. 1989 zum Generalrat: 22 d. 28 Mandate für d. »Partit demòcrata Andorra«/PDA-Erneuerungsblock – **Unabh.:** 8. 9. 1278 (Paréage-Vertrag, v. Papst bestätigt) – **Nationalfeiertag:** 8. 9.

WIRTSCHAFT **BSP** 1987: 9834 $ je Ew.; Fremdenverkehr 1984: 13 Mio. Touristen – **Währung:** Franz. Franc und span. Peseta.

PRESSE *Wochenzeitung:* Andorra la Vella: Poble Andorra (3)

ANGOLA *Südwest-Afrika*

Republik A.; República de A.

LANDESSTRUKTUR **Fläche** (21): (m. d. Exklave Cabinda m. 7270 km² u. 80857 Ew. Z 1970) 1246700 km² (n. UNO-Ang.) – **Einwohner** (68): (S 1989) 9747000 = 8 je km²; (Z 1970) 5646000 – Angolaner; haupts. Bantu (rund 120 Stämme u. 10 Gruppen), u. a. 40% Mbundu (Ubundu, Ovibundu) u. bis 25% Kimbundu, außerd. Muschikongo im N, Imbangala im O, Ambo, Njanjeka im S u. SW, Watwa (keine Bantus!) im SW u. Khoisaniden (Buschmanngruppen) im S. 1980 ca. 40000 meist portugies. Weiße; rd. 150000 Mischlinge; bis 1. 7. 1991 Abzug der Kubaner – **Leb.-Erwart.:** 46 J. – **Säugl.-Sterbl.:** 13,5% – **Analph.:** 58% – Jährl. **Bev.- Wachstum** (∅ 1980–88): 2,5% (Geb.- u. Sterbeziffer 1988: 4,7%/2,0%) – **Sprachen:** Portugiesisch als Amtsspr., z. T. auch als Umgangsspr.; im übr. Bantu-Sprachen (38% Umbundu, 27% Kimbundu, 13% Lunda, 11% Kikongo) – **Religion:** etwa 55% Katholiken, rd. 9% Protestanten; ferner Anh. v. Naturrel. – **Städt. Bev.:** 27% – **Städte** (S 1983): Luanda (Hptst.; A; S 1986) 1300000 Ew., Huambo (fr. Nova Lisboa) 203000, Benguela 155000, Lobito 150000

STAAT Beendigung des Bürgerkriegs mit der Unterzeichnung eines Friedensabkommens am 1. 6. 1991; bis zu den freien Wahlen Ende 1992 übernimmt in der sozialistischen Volksrepublik die von der MPLA und der UNITA gebildete »Gemeinsame Politisch-Militärische Kommission«/CCPM die Macht; UN-Friedenstruppe soll bis zu den Wahlen den Waffenstillstand überwachen – Allg. Wahlrecht – 18 Provincias u. 161 Municípios – **Staatsoberhaupt:** José Eduardo dos Santos, seit Sept. 1979, erneut seit Dez. 1985; Präs. d. MPLA-PdT – **Regierungschef:** Min.-Präs.: Fernando José de Franca Dias van Dunem, seit 20. 7. 1991 – **Äußeres:** Pedro de Castro van Dunem – **Parteien:** Aufhebung des Verbots von FNLA u. UNITA (»Union für die totale Unabhängigkeit Angolas«; Chef der prowestlichen Guerillabewegung: Jonas Savimbi); die bisher als einzige Partei zugelassene sozialist. MPLA-PdT (Movimento Popular de Libertação de Angola – Partido de Trabalho/»Partei d. Arbeit«; jetzt »sozialdemokratisch«) stellt bis zu den Wahlen die Regierung als geschäftsführende Exekutive – **Unabh.:** 11. 11. 1975 – **Nationalfeiertag:** 11. 11.

WIRTSCHAFT **BSP** 1989: 6010 Mio. $ = 620 $ je Ew. (115); **BIP** S 1988: 5350 Mio. $; realer Zuwachs ∅ 1980–88: 2,9%; Anteil **Landwirtsch.** 10%, **Industrie** 13% – **Erwerbstät.** 1986: Landw. 71%, Ind. ca. 8% – **Energieverbrauch** 1986: 202 kg ÖE/Ew. – **Währung:** 1 Kwanza (Kz) = 100 Lwei (Lw); 1 US-$ = 29,622 Kz, 100 Kz = 5,0435 DM – **Ausl.-Verschuld.** 1986: 3071 Mio. $ – **Außenhandel** 1986: **Import:** 1080 Mio. $; Güter: 28% Maschinen, elektrot. Erzeugn. u. Fahrz., 11% Nahrungsm. u. leb. Tiere; Länder: 56% EG-Länder (dar. 25% Frankreich), 12% Brasilien; **Export:** 1787 Mio. $; Güter: 71% (1991: ca. 90%) Erdöl, Erdölerzeugn. (aus der Exklave Cabinda), ferner Diamanten u. Kaffee; Länder: 37% USA, 31% EG-Länder (dar. 36% Spanien), 16% Bahamas

PRESSE *Tageszeitungen:* Luanda: O Jornal de Angola (41)/Port. – Diário da República/Reg.-Organ – *Nachrichtenagentur:* ANGOP

ANTARKTIS *Südpolargebiet*

Antarktika = der eigentliche Kontinent; Großlandschaftsbezeichnung ohne staatsrechtliche Bedeutung; »Gegen-Arktis« = »Land im Süden«

KONTINENT: 12,5 Mio. km², mit Schelfeismassen 14 Mio. km² – »Nationalität der Bewohner«: durchschnittl. 40% US-Amerikaner, 23% Sowjetrussen u. 37% Angeh. and. Nationen. 16 Staaten unterhalten 36 größere Forschungsstationen – Hauptstation der USA: McMurdo mit (im Sommer) bis zu 1800 Beschäftigten, der BR Dtld.: Georg-von-Neumayer-Station

ANSPRÜCHE: Auf 4/5 des Kontinents haben 7 Staaten (z. Teil übergreifende) »historische« Ansprüche geltend gemacht (die völkerrechtl. aber nicht anerkannt werden): Argentinien 25°–74° W Argentina Austral bez. Antárctida Argentina, 1,23 Mio. km² – Australien 45°–160° O Australian Antarctic Territory, 4,5 Mio. km² – Chile 53°–90° W Territorio Antarctico Chileno, 1,4 Mio. km² – Frankreich 136°–142° O Terres Adélie 0,4 Mio. km² – Großbritannien 20°–80° W British Antartic Territory, 1,7 Mio. km² – Neuseeland 160°–150° W Ross Dependency, 0,9 Mio. km² – Norwegen 20° W–45° O Atlanten- oder Bouvet-Sektor, 2,5 Mio. km² – anspruchsfrei 90° W–150° O (rund 1/5 des Kontinents)

ANTARKTISVERTRAG: Durch den Vertrag von 1959 (in Kraft 1961; heute 39 Signatarstaaten, BR Dtld. seit 1981) sind die Souveränitätsansprüche für die Vertragsdauer (30 J.) »eingefroren«; das Vertragsgebiet ist entmilitarisiert u. »entnuklearisiert« (Kernexplosionen u. Ablagerung radioaktiven Abfalls sind verboten), die friedl. wissenschaftl. Forschung ist frei *(Einzelheiten → WA '90, Sp. 666 ff.)* – Robbenschutzkonvention 1978 – Konvention zum Schutz der leb. Meeresressourcen der Antarktis 1982 – Antarktiskonferenz 1989 (Paris): Antarktis soll »Naturpark« werden – Antarktiskonferenz v. April 1991 (Madrid): Signatarstaaten einigen sich grundsätzlich auf Bergbauverbot in der Antarktis bis zum J. 2041; danach Abbau möglich, falls 75% der Mitgl. zustimmen.

ANTIGUA UND BARBUDA *Karibik*

Antigua and Barbuda; früher zur brit. Kolonie Leewards Islands gehörend – AG

LANDESSTRUKTUR **Fläche** (164): 440 km² (davon Barbuda 161 km² u. Redonda 1 km²) – **Einwohner** (164): (F 1988) 85000 = 193 je km²; (Z 1970) 65525 (davon 1500 auf Barbuda) – 92% Schwarze, 3,5% Mulatten, ca. 3,5% Weiße – **Leb.-Erwart.:** 73 J. – **Säugl.-Sterbl.:** 0,8% – **Analph.:** 10% – Jährl. **Bev.-Wachstum** (∅ 1980–88): 1,4% (Geb.- u. Sterbeziffer 1985: 1,5%/0,5%) – **Sprachen:** Englisch als Amtssprache; Kreolisch – **Religion:** Anglikaner, 12% Katholiken – **Städte** (S 1987): St. John's (Hptst.) 36000 Ew., Codrington (auf Barbuda)

STAAT Konstitutionelle Monarchie im Commonwealth – »Antigua Parliament« aus Senat (17 ernannte Mitgl.) u. Repräsentantenhaus (17 gewählte Mitgl.) – Teilautonomie für Barbuda; eig. Inselparlament (»Barbuda Council«) – **Staatsoberhaupt:** Königin Elizabeth II., vertr. durch den einheim. Gouverneur Sir Wilfred E. Jacobs – **Regierungschef und Äußeres:** Premiermin. Vere Cornwall Bird sen. – **Parteien:** 1989 erhielt die Antigua Labour Party/ALP 15 d. 17 Sitze, United National Democratic Party/UNDP 1 Sitz, ebenso der unabhängige Vertreter von Barbuda – **Dipl. B.:** BR Dtld. (Botsch. in Port-of-Spain zuständig) – **Unabh.:** 1. 11. 1981 – **Nationalfeiertag:** 1. 11.

WIRTSCHAFT **BSP** 1988: 230 Mio. $ = 3690 $ je Ew. (44); realer Zuwachs ∅ 1965–88: 0,6% – **Energieverbrauch** 1984: 595 kg ÖE/Ew. – **Währung:** 1 Ostkaribischer Dollar (EC$) = 100 Cents; 1 US-$ = 2,6882 EC$, 100 EC$ = 55,5762 DM – **Inflation** ∅ 1980–87: 6,1% – **Außenhandel** 1983: **Import:** 110,8 Mio. EC$; **Export:** 20,6 Mio. EC$; Güter: Textilien, Elektronik; Tourismus 40% d. BSP; Länder: CARICOM-Staaten, Kanada, USA, Großbrit.

PRESSE *Wochenzeitungen:* St. John's: The Herald (2,5) – The Outlet (5,5)/ACLM-Org. – The Worker's Voice (2)/ALP-Org.

ÄQUATORIALGUINEA *Zentral-Afrika*

República de Guinea Ecuatorial, Republik Äquatorialguinea, in Bubi »E-Chê e República rê Guinea Ecuatorial« (von »guiné = Land der Schwarzen)

LANDESSTRUKTUR **Fläche** (126): 28051 km², davon Bioko (fr. Fernando Póo) 2017 km², Pagalu (Annobón) 17 km², Festlandgebiet Mbini (Río Muni), mit Elobey-Inseln 26017 km² – **Einwohner** (146): (F 1989) 336000 = 15 je km²; (Z 1983) 304000 auf dem Festland; (außerd. rd. 100000 im Exil) – Äquatorialguineer (span. »ecuato guineanos«); 80% Bantu (u. a. Fang oder Pamúes, Benga) auf Bioko ca. 45000 Bubies bzw. »Bubis« u. 3000 »Fernandinos« (Mischlinge), rd. 4000 Weiße (vorw. Spanier) – **Leb.-Erwart.:** 46 J. – **Analph.** 63% – Jährl. **Bev.-Wachstum** (∅ 1980–89): 5,1%, Geb.-Ziff. (1988) 5,5% – **Sprachen:** Spanisch als Amtsspr., Bubu, Fang, kreol. Portugies., auf Pagalu Pidgin-Englisch – **Religion:** 80% Katholiken, protest. Minderheit, Anhänger v. Naturreligionen – **Städt. Bev.:** 60% – **Städte** (S 1986): Malabo (fr. Santa Isabel) (Hptst.) 33000 Ew. (n. and. Ang. 10000), Bata auf Mbini 40000, Luba 15000, Ebebiyin 5000

STAAT Präsidialrepublik – Verfass. v. 1982, seit 1983 Nationalvers. – 7 Provinzen – **Staats- u. Regierungschef:** Oberst Teodoro Obiang Nguema Mbasogo, seit Staatsstreich v. Aug. 1979 – **Äußeres:** Santiago Eneme Ovono – **Parteien:** Einheitspartei »Partido Democrático de Guinea Ecuatorial«

WIRTSCHAFT **BSP** 1989: 149 Mio. $ = 430 $ je Ew. (127); realer Zuwachs ∅ 1980–89: 1,9 %; **BIP** 1987: Anteil **Landwirtsch.** 58 %, **Industrie** 5 % – **Erwerbstät.** 1986: Landw. 60 %, Ind. 5 % – **Währung:** 1 CFA-Franc (F C. F. A.) = 100 Centimes (c); 1 FF = 50 CFA-Francs; 1 US-$ = 170,1259 CFA; 100 CFA-Francs = 0,5878 DM – **Außenhandel** 1986: **Import:** 21 075 Mio. CFA-Francs – **Export:** 11 298 Mio. CFA-Francs; Güter: 70 % Kakao, Kaffee, 25 % Holz – Länder: bis 50 % (stark zurückgehend) Spanien, weitere EG-Länder (zunehmend Frankreich), VR China

PRESSE *Zeitungen:* Malabo: Ebano (1)/Span. – Hoja Parroquia – Bata: Potopoto/Fang, Span.

ARGENTINIEN *Süd-Amerika*

Argentinische Republik; República Argentina; »Silberland« nach silbern schimmerndem Fluß – RA

LANDESSTRUKTUR **Fläche** (8): 2 766 889 km^2; A. beansprucht d. Malwinen (Falkland-I.), die Süd-Antillen u. einen Antarktissektor mit insges. rd. 1 232 100 km^2 u. 3300 Ew. – **Einwohner** (28): (F 1989) 32 425 000 = 12 je km^2; (Z 1980) 27 947 000; über 90 % Weiße vorw. span. u. ital. Abstammung; 1,9 Mio. Mestizen, ca. 35 000 Indianer; fast 10 % Ausl. (haupts. Italiener u. Spanier); ca. 55 000 Deutsche u. über 200 000 (einschl. der 3. Generation ca. 1 Mio.) Deutschstämmige – **Leb.-Erwart.:** 71 J. – **Säugl.-Sterbl.:** 3,5 % – **Analph.:** 4 % – Jährl. **Bev.-Wachstum** (∅ 1980–1988): 1,4 % (Geb.- u. Sterbeziffer 1988: 2,1 %/0,9 %) – **Sprache:** Spanisch (»Castellano«) – **Religion:** 90 % Katholiken; protestant. (350 000), jüdische (500 000) u. islam. Minderheiten – **Städt. Bev.:** 86 % – **Städte** (Z 1980): Buenos Aires (Hptst., C. F.) 2 922 800 Ew. (F 1986: 5 800 000), 9 967 800 als Groß-Buenos Aires (F 1986: 12 500 000), Córdoba 984 000, Rosario 957 300, Mendoza 597 000, La Plata 564 800, San Miguel de Tucumán 498 600, Santa Fé 375 000, Salta 266 000, Bahía Blanca 223 800, San Fernando 229 000, Paraná 224 000, Resistencia 218 000, Rawson (Feuerland) 52 000; laut Planung zukünftige Hpst.: Viedma

STAAT Bundesrepublik u. Präsidialdemokratie – Verfass. v. 25. 5. 1853 – Durch Volkswahl bestelltes Wahlmännerkollegium wählt den Staatspräs. u. den Vizepräs. für 6 Jahre – Präs. muß Argentinier u. Katholik sein, er ist Chef der Exekutive u. Oberbefehlshaber – Parlament = Kongreß (Congreso de la Nación) aus 2 Kammern: Senat (46 Senatoren) u. Abg.-Haus (254 Mitgl.) – 5 Regionen mit 22 Provinzen, Bundesdistrikt Buenos Aires u. Nationalterritorium Tierra del Fuego (Feuerland) – **Staats- u. Regierungschef:** Dr. Carlos Menem, Peronist, seit 9. 7. 1989 – **Äußeres:** Guido di Tella – **Parteien:** Sitzverteilung im Abgeordnetenhaus nach den Teilwahlen vom 14. 9. 1989: »Peronisten« (Partido Justicialista/PJ) 122, »Radikale Bürgerunion« (Unión Cívica Radical/UCR) 93, Unión de Centro Democrático 11, Federación Demócrata Cristiana 3, Partido Intransigente 2, Sonstige 23 – Präs.-Wahl durch Wahlkollegium (600 St.) am 14. 5. 1989: Carlos Menem 49 % der Stimmen, Eduardo Angeloz v. der Radikalen Bürgerunion (UCR) 37 % – **Unabh.:** 9. 7. 1816 – **Nationalfeiertag:** 25. 5. u. 9. 7.

WIRTSCHAFT **BSP** 1989: 68 780 Mio. $ = 2160 $ je Ew. (61); BIP 1987: 79 440 Mio. $; realer Zuwachs ∅ 1980–88: -0,2 %; Anteil **Landwirtsch.** 13 %, **Industrie** 44 % – **Erwerbstät.** 1988: Landw. 11 %, Ind. 34 % – **Energieverbrauch** 1988: 1523 kg ÖE/Ew. – **Währung:** 1 Austral (A) = 100 Centavos (c); 1 US-$ = 5580,00 A, 100 A = 0,02715 DM – **Ausl.-Verschuld.** 1988: 49 544 Mio. $ = 56,8 % d. BSP – **Inflation** ∅ 1980–88: 290,5 % – **Außenhandel** 1988: **Import:** 5324 Mio. $; Güter: 16 % chem. Erzeugn., 18 % Maschinen, 7 % Metalle u. Metallerzeugn., 9 % Mineral. Öle u. Treibstoffe; Länder: 21 % USA, 17 % Brasilien, 10 % BRD, 6 % Italien, 5 % Bolivien; **Export:** 9134 Mio. $; Güter: 14 % Futtermittel, 11 % Getreide, 10 % Fette u. Öle, 9 % Metalle u. Metallerzeugnisse, 5 % Fleisch; Länder: 12 % USA, 11 % Brasilien, 10 % Niederl., 9 % UdSSR

PRESSE *Tageszeitungen:* Buenos Aires: Clarín (480, so. 750) – Crónica (520, so. 450) – Diario Popular (145) – La Nación (211) – La Prensa (65) – La Razón (180) – Córdoba: Córdoba (25) – La Voz del Interior (87) – La Plata: El Día (55) – Mar del Plata: La Capital (32) – Mendoza: Los Andes (61) – Rosario: La Capital (94) – Tucumán: La Gaceta (81) – *Nachrichtenagentur:* TELAM

ARKTIS *Nordpolargebiet*

Großlandschaftsbezeichnung ohne staatsrechtl. Bedeutung; von griech. »arktos« = Bär; (Land unterm Sternbild Großer Bär, Land im Norden)

LANDESSTRUKTUR **Fläche:** 28 Mio. km^2. Von d. Landfläche (9,9 Mio. km^2) entfallen über 5 Mio.

km² auf Kanada, mehr als 2,2 Mio. km² auf die Sowjetunion, 2,1 Mio. km² auf Grönland, d. Rest auf d. USA (Alaska) u. das norwegische Svalbard – Im Dez. 1990 schlägt Kanada die Bildung eines Arktisrates vor. Teilnehmer: Finnland, Schweden, Norwegen, Island, Grönland, Kanada, USA, UdSSR.

ÄTHIOPIEN *Nordost-Afrika*

Demokratische Volksrepublik Ä., seit Sept. 1987: Ye Ethiopia Hizebawi Democraciyawi Republic (von griech. »aithiops« ≈ mit sonnenverbranntem Gesicht, »rötlich, kupferfarbig«) – ETH

LANDESSTRUKTUR **Fläche** (23): 1221900 km² – **Einwohner** (22): (F 1989) 48861000 = 39 je km²; (Z 1984) 42169000 – Rund ⅓ Amharen u. Tigre, über ⅖ Oromo (Galla), außerd. Danakil, Somali, Niloten; knapp 10000 Italiener; ca. 2 Mio. Äth. geflohen – **Leb.-Erwart.:** 47 J. – **Säugl.-Sterbl.:** 15,5% – **Analph.:** 38% – Jährl. **Bev.-Wachstum** (∅1980–1987): 2,9% (Geb.- u. Sterbeziffer 1988: 5,1%/2,0%) – **Sprachen:** Amhara als Amtssprache; Engl., Italien., Französ. u. Arab. als Bildungs- u. Handelssprachen, insg. 50% semit. u. 45% kuschitische Sprachen – **Religion:** 45–55% äthiop. Christen (bes. Amharen u. Tigre), über 35% sunnit. Muslime (v. a. Somali, Danakil, Teile d. Omoro) u. 10% Anhänger von Naturreligionen (im SW); etwa 600000 Protestanten (u. a. Mekane-Yesus-Kirche); rd. 200000 Katholiken – **Städt. Bev.:** 13% – **Städte** (Z 1984): Addis Abeba (Hptst.) 1412575 Ew., Asmara [Asmera] 275385; Diredaua 98104, Nazret 76284, Gondar 68958, Dessie 68848, Harar 62160, Mekele 61583, Jimma 60992, Bahr Dar 54800, Debre Zeit 51143, Markos 39808, Assela 36720, Awassa 36169, Lekemti 28824, Abra Minch 23030, Goba 22963

STAAT Verfass. einer »Dem. Volksrep. Ä.« von 1987 außer Kraft; neue Verf. durch gesetzgebenden Rat aller Gruppierungen in Vorbereitung – 29 Regionen, davon 4 autonom – **Staatsoberhaupt:** Präs. Meles Zenawi – **Regierungschef:** Tamirat Layne, (Chef der provisor. Regierung seit Waffenstillstand Ende Mai 1991, als Chef d. Übergangsreg. am 30. 7. 1991 bestätigt) – **Äußeres:** Seyoum Mesfin – **Parteien:** »Arbeiterpartei Äthiopiens«/WPE (im Juni 1991 für illegal erklärt) – Erste Wahlen (seit Ende der Monarchie) 1987; demokrat. Wahlen für 1993 vorgesehen – **Unabh.:** Blüte des Reiches v. Aksum im 4. Jh. v. Chr.; neue Einigung 1853 – **Nationalfeiertag:** 12. 9. (Julian. Kalender gültig)

WIRTSCHAFT **BSP** 1989: 5953 Mio. $ = 120 $ je Ew. (164); BIP 1988: 4950 Mio. $; realer Zuwachs ∅1980–88: 1,4%; Anteil **Landwirtsch.** 42%, **Industrie** 17% – **Erwerbstät.** 1986: Landw. 77%, Ind. 8% – **Energieverbrauch** 1988: 20 kg ÖE/Ew. – **Währung:** 1 Birr (Br) = 100 Cents (ct.); 1 US-$ = 2,07 Br, 100 Br = 72,1739 DM – **Ausl.-Verschuld.** 1988: 2790 Mio. $ = 50,6% d. BSP – **Inflation** ∅1980–88: 2,1% – **Außenhandel** 1988: **Import:** 1099 Mio. $; **Export:** 374 Mio. $; Güter: 60% Kaffee, 8% Viehzuchtprod., Ölsaaten, Erdölprod.; Länder: 20% USA, 7% Japan, Italien, BRD u. and. EG-Länder, Saudi-Arabien, UdSSR (Imp. 20%), Dschibuti

PRESSE *Tageszeitungen:* Addis Abeba: Addis Zemen (37)/Amhar. – Ethiopian Herald (6)/Engl. – Asmara: Hibret (4)/Tigrinja – *Nachrichtenagentur:* ENA (Ethiopia News Agency)

AUSTRALIEN *Ozeanien*

Australischer Bund; The Commonwealth of Australia (neuerdings nicht mehr üblich); Australia; von lat. »Terra australis« = Südland abgeleitet; offiz. seit 1814, vorher »Neuholland« – AUS

LANDESSTRUKTUR **Fläche** (6): 7686848 km² (m. Tasmanien u. vorgelagerten Inseln) – **Einwohner** (48): (F 1988) 16532000 = 2 je km²; (Z 1981) 14576000 – *(Bundesstaaten → WA '89, Sp. 78)* – Rund 90% brit./irischer Abstammung, 500000 Italo-Australier, Austr. griech. Abst., Deutsch-Austr., Chinesen, Vietnamesen; 1986: 228000 Autochthone (Aborigines); Wanderungsgewinn 1984–89: 548800; ⅕ der Bev. Australiens in Übersee geboren; Einwanderer aus über 120 Ländern – **Leb.-Erwart.:** 76 J. – **Säugl.-Sterbl.:** 1,0% – **Analph.:** 0% – Jährl. **Bev.-Wachstum** (∅1980–88): 1,4% (Geb.- u. Sterbeziffer 1988: 1,5%/0,9%) – **Sprachen:** Englisch als Amtssprache; insg. werden in A. über 200 versch. Sprachen gesprochen – **Religion:** (Z 1986): 73% gehören einer christl. Religion an, davon 26% Katholiken, 23,1% Anglikaner, 7,6% Unitarier, 3,6% Presbyterianer, 2,7% Orthodoxe, 1,4% Lutheraner, 1,3% Baptisten; 76000 Muslime, 62000 Juden, rd. 35000 Buddhisten, Anh. v. Naturreligionen – **Städt. Bev.:** 86% – **Städte** (F 1986): Canberra 286000 (Hptst.), Sydney 3431000 Ew., Melbourne 2942000, Brisbane 1171000, Perth 1025000, Adelaide 993000, Newcastle 429000, Wollongong 238000, Gold Coast 219000, Hobart 180000, Geelong 148000, Townsville 104000, Darwin 69000

STAAT Konstitutionelle Monarchie im Commonwealth (Ausrufung d. Republik für 26. 1. 2001 vorgesehen) – Parlament aus 2 Kammern (»House of Representatives« u. »Senate«) – Wahlpflicht f. alle erwachs. Bürger – 6 Bundesstaaten mit Parlament, Exekutivrat u. Gouverneur und 2 Territorien *(Einzelheiten → WA '89, Sp. 78)* – **Staatsoberhaupt:** Königin Elizabeth II., seit 1952; vertreten durch einheim. Generalgouverneur William George »Bill« Hayden, seit März 1986 ist jedoch ein Gesetz in Kraft, das praktisch alle noch besteh. verfassungsmäß. Bindungen des Landes an Großbrit. aufhebt – **Regierungschef:** Prem.-Min. Robert James Lee Hawke, Labor P., seit März 1983, ab März 1990 vierte Legislaturperiode – **Äußeres:** Gareth Evans – **Parteien:** Bei d. Wahlen am 24. 3. 1990 zum Repräs.-Haus erhielten: Australian Labor Party (ALP) 78 (1987: 85) Sitze u. Liberal Party (konservat.) 55 (45), National P. 14 (18), Unabhängige 1. Senat, Sitzverteilung nach Teilwahlen am 24. 3. 1990: Labor P. 32 (32), Liberal P. 29 (27), National P. 4 (6), Austral. Democrates 8 (7), Unabhängige 2 (2), Country Liberal P. 1 (1) v. 76 Sitzen. – **Unabh.:** 1. 1. 1901 de facto, 11. 12. 1931 nominell (Westminster Statut) – **Nationalfeiertag:** 26. 1.

WIRTSCHAFT **BSP** 1989: 242131 Mio. $ = 14440 $ je Ew. (22); BIP 1988: 245950 Mio. $; realer Zuwachs ∅ 1980–88: 3,3 %; Anteil **Landwirtsch.** 4 %, **Industrie** 34 % – **Erwerbstät.** 1985: Landw. 6,2 %, Ind. 21,1 % – **Energieverbrauch** 1988: 5157 kg ÖE/Ew. – **Währung:** 1 Austral. Dollar ($A) = 100 Cents; 1 $A = 0,7725 US-$, 100 $A = 115,4115 DM – **Ausl.-Verschuld.** 1986: 90 Mrd. $ – **Inflation** ∅ 1980–88: 7,8 % – **Außenhandel** 1988: **Import:** 29318 Mio. $; Güter: 33 % Anlagen u. Maschinen, 15 % Transportausrüst., 12 % Chemikalien u. Erdölderivate, 5 % Textilien, 5 % Papier u. -produkte; Länder: 22 % USA, 21 % Japan, 7 % Großbrit., 6 % BRD; **Export:** 25283 Mio. $; Güter: 13 % Wolle, 11 % Kohle, 6 % Aluminium, 6 % Gold, 5 % Aluminiumoxyd (Tonerde), 5 % Weizen; Länder: 27 % Japan, 10 % USA, 5 % Neuseeland, 5 % Korea *(Zur Wirtschaftslage 1990 → Sp. 810)*

PRESSE *Tageszeitungen:* Canberra: The Canberra Times (45) – Adelaide: Advertiser (216) – News (167) – Brisbane: Courier-Mail (257) – The Sun (124) – Melbourne: The Age (236) – The Herald (217) – Sun News-Pictorial (570) – Perth: Daily News (90) – The West Australian (253) – Sydney: The Australian (138) – Australian Financial Review (74) – Daily Mirror (395) – Daily Telegraph (326) – The Sydney Morning Herald (266, sa. 400) – *Wochen- und Sonntagszeitungen*: Adelaide: Sunday Mail (268) – Brisbane: Sunday Mail (340) – Sunday Sun (367) – Melbourne: Sunday Observer (135) – Truth (210) – Perth: Sunday Times (312) – Sydney: Sun-Herald (671) – Sunday Telegraph (665) – *Nachrichtenagentur:* AAP (Australian Associated Press)

AUSSENBESITZUNGEN:

1. *Christmas Island* (Weihnachtsinsel) im Indischen Ozean, 135 km² und 2000 Ew. (F 1985; 3000 Z 1981) = 15 je km², davon 1820 Chinesen; Austr. Terr. seit. 1. 10. 1958; Admin.: T. F. Paterson; Hauptort: Flying Fish Cove; Phosphatexport

2. *Kokos-Inseln* bzw. *Keeling-Inseln* (Terr. of Cocos-Islands), 14,2 km² u. 1000 Ew. (S 1986; 1000 Z 1981) = 71 je km², vorw. Cocos Malays; Admin.: E. H. Hanfield; Hauptort: Bantam; Relig.: Islam; seit 1955 austr., starke Stellung d. ehem. Herrscherfam. Ross; Kopraexport

3. *Norfolk-Inseln* (seit 1983 »Territory of Norfolk Island«), 36 km² u. 2000 Ew. (F 1986; 2000 Z 1981) = 56 je km²; Admin.: Air Vice-Marshal R. E. Trebilico; Hauptort: Kingston 800 Ew.; Bounty-Meuterer-Nachkommen (Islanders) u. Zugewanderte (Mainlanders); engl.-tahit. Mischsprache; Norfolk Island Council: Tourismus, Einnahmen aus Zollfreiheit, Briefmarken; Nat.-Feiertag: 8. 6. (»Bounty Day«); Flagge: grün-weiß (mit Fichte)-grün(senkr.)

4. *Coral Sea Island Territory* (v. Norfolk aus verwaltet); Meteor. Station auf Willis Island

5. Verschiedene austr. Inseln: *Ashmore-I.* (1,89 km²) u. *Cartier-I.* in der Timor-See (zum North. Terr. gehörend) – *Heard-* und *McDonald-I.* in der Antarktis, ca. 370 km², unbewohnt – *Macquari-I.*, Dependence von Tasmanien, 176 km², nur Wetterstation – *Lord Howe Island* u. *Ball's Pyramid*, 13 km² u. 240 Ew. (S 1975; zu New South Wales gehörend) – Australien erhebt Hoheitsanspruch auf einen Sektor in der Antarktis (6 Mio. km²)

BAHAMAS *Mittel-Amerika; Karibik*

Bund der Bahamas; The Commonwealth of The Bahamas – BS

LANDESSTRUKTUR **Fläche** (137): 13878 km² (n. and. Angaben 13935 km²) (ca. 700 Inseln u. 2000 Riffe) – **Einwohner** (152): (S 1989) 248000, 30 Inseln sind bewohnt, auf Providence Island 136000, 33500 auf Grand Bahama = 18 je km² – Bahamer; 87 % Schwarze u. Mulatten; 12 % Weiße (v. a. brit. Abst.) – **Leb.-Erwart.: 68** J. – **Säugl.-Sterbl.**: 2,6 % – **Analph.**: 11 % – Jährl. **Bev.-Wachstum** (∅ 1980–88): 2,0 % (Geb.- u. Sterbeziffer 1986: 2,4 %/0,5 %) – **Sprachen**: Englisch – **Religion**: 29 % Baptisten, 21 % Anglikaner (Staatskirche), 26 %

Katholiken, 7% Methodisten; jüd. Minderheit; Reste afrikan. Naturreligionen – **Städt. Bev.**: 60% – **Städte** (S 1985): Nassau (Hptst.) 154000 Ew., Freeport 25000

STAAT Konstitutionelle Monarchie im Commonwealth – Parlament aus 2 Kammern: Senat (»Senate«) 16 ernannte Mitgl. u. Abgeordnetenhaus (»House of Assembly«) 49 gewählte Mitgl. – Allg. Wahlrecht – 18 Distrikte – **Staatsoberhaupt:** Königin Elizabeth II., vertreten durch einheim. Generalgouverneur Sir Henry Milton Taylor – **Regierungschef:** Prem.-Min. Sir Lynden Oscar Pindling, PLP – **Äußeres**: Sir Clement T. Maynard – **Parteien**: Bei d. Wahlen v. 19. 6. 1987 erhielt d. Progressive Liberal Party/PLP 31, Free Nat. Movement/FNM 16, Unabh. 2 Sitze – **Dipl. B.**: BR Dtld. (Botsch. in Kingston [Jamaika] gleichz. in Nassau akkred.) – **Unabh.:** 10. 7. 1973 – **Nationalfeiertag**: 10. 7.

WIRTSCHAFT **BSP** 1989: 2820 Mio. $ = 11370 $ je Ew. (24); BIP: realer Zuwachs ∅ 1965–88: 1,0%; Anteil **Landwirtsch.** 8%, **Industrie** 11% – **Erwerbstät.** 1988: Landw. 7%, Ind. 10% – **Energieverbrauch** 1986: 1675 kg ÖE/Ew. – **Währung:** 1 Bahama-Dollar (B$) = 100 Cents; 1 US-$ = 1,0050 B$, 100 B$ = 148,6567 DM – **Inflation** ∅ 1980–88: 6,2% – **Außenhandel** 1986: **Import:** 3288 Mio. $; **Export:** 27026 Mio. $; Güter: Krustentiere, Fische, Gemüse, Holz, Zement, Rum, Salz, Mineralölprodukte; Offshore-Banking; Fremdenverkehr (70–80% d. BIP); Länder: über 60% USA, EG, Brasilien, Kanada

Auslandsgäste nach dem Reisezweck
(Angaben in 1000)

Reisezweck	*1980*	*1988*
Insgesamt	1904,6	3158,0
Tourismus	1181,3	1475,0
Tagesbesuch	113,7	177,9*
Kreuzfahrt	577,6	1505,1
Durchreise	32,0	–

* Einschl. Durchreise
Quelle: Statistisches Bundesamt

PRESSE *Tageszeitungen:* Nassau: Nassau Guardian (11) – Nassau Daily Tribune (12)

BAHRAIN *Vorder-Asien*

Staat Bahrain (sprich »Bachrein«); Dawlat al-Bahrain, Mashhyaka al-Bahrain – arab. = »die beiden Gewässer« – BRN

LANDESSTRUKTUR **Fläche** (158): 678 km^2 (n. and. Ang. 691 km^2); 3 größere u. 30 kleinere Inseln – **Einwohner** (138): (F 1989) 488000 = 709 je km^2; (Z 1981) 351000 – Bahrainer; ca. 75% Araber; 15,9% Inder; 5% Pakistaner; 9% Perser; bis 2% Europ., bes. Briten – **Leb.-Erwart.:** 71 J. – **Säugl.-Sterbl.:** 3,2% – **Analph.:** 22% – Jährl. **Bev.-Wachstum** (∅ 1980–86): 2,8% (Geb.- u. Sterbeziffer 1985 2,9%/0,5%) – **Sprachen:** Arabisch als Amtssprache; Handelsspr. Englisch – **Religion:** 85% Muslime, davon 60% Schiiten, 40% Sunniten; 7% Christen, ca. 5% Hindus – **Städt. Bev.:** 81% – **Städte** (Z 1986): Manama (Hptst.) 145000 Ew., Al Muharraq 75000, Lidhafs 50000, Rifa'a 25000, Isa Town 21275

STAAT Emirat – Absolute Monarchie mit oligarchischen Strukturen – 11 Regionen – **Staatsoberhaupt u. Regierungschef:** Scheich Isa Bin Salman Al-Khalifa [Chalifa] – **Äußeres:** Scheich Mohamed Bin Mubarak Al-Khalifa [Chalifa] – **Parteien:** Parlament 1975 aufgelöst., Verfass. von 1973 außer Kraft, keine Parteien zugelassen – Khalifa-Familie stellt 7 von 17 Kabinettsmitgl. – **Unabh.:** 14. 8. 1971 (Proklamation) – **Nationalfeiertag:** 16. 12.

WIRTSCHAFT **BSP** 1988: 3009 Mio. $ = 6360 $ je Ew. (34); BIP: realer Zuwachs ∅ 1973–85: 0,8% – Anteil 1985: **Landwirtsch.** 1%, **Industrie** 20% – **Erwerbstät.** 1988: Landw. 2%, Ind. 34% – **Energieverbrauch** 1984: 9106 kg ÖE/Ew. – **Währung:** Bahrein-Dinar (BD) = 1000 Fils; 1 US-$ = 0,3725 BD, 100 BD = 401,0783 DM – **Inflation** ∅ 1980–88: –1,3% – **Außenhandel** 1986: **Import:** 2427 Mio. $; **Export:** 2344 Mio. $; Güter: 88% Erdöl- u. Erdölprodukte, 5% Aluminiumprod.; Länder: 27% Saudi-Arabien, 19% EG (davon v. a. Großbrit.), 7% Japan, Verein. Arab. Emirate, Indien, USA

PRESSE *Tageszeitungen:* Manama: Akhbar Al Khalij (22)/Arab. – Gulf Daily News (12)/Engl. – *Wochenzeitungen*: Gulf Mirror/Engl. – Sada Al Usbou (25)/Arab. – *Nachrichtenagentur:* GNA (Gulf News Agency)

BANGLADESCH *Süd-Asien*

Volksrepublik B.; Ghana-Praja Tantri Bangladesh; People's Republic of Bangladesh; »Land der Bengalen« – BD

LANDESSTRUKTUR **Fläche** (87): 143998 km^2 – **Einwohner** (10): (F 1988) 104532000 = 726 je km^2; (Z 1981) 87120000 – Bengalen; außerd. 1–1,5 Mio. Bihari usw., 0,5 Mio. v. Stämmen mit tibetobirman. Sprachen – **Leb.-Erwart.:** 52 J. – **Säugl.-Sterbl.:** 12,8% – **Analph.:** 65% – Jährl. **Bev.-**

Wachstum (∅ 1980–88): 2,8 % (Geb.- u. Sterbeziffer 1988 4,0 %/1,5 %) – **Sprachen:** Bengali bzw. Bangla als Amtssprache (95 %); außerd. and. indoarische und tibetobirman. Sprachen – **Religion:** 86,6 % Muslime (meist Sunniten); Islam seit Juni 1988 Staatsrel.; 12,1 % Hindus; buddhist. u. christl. Minderh. (ca. 164 000 röm. Katholiken) – **Städt. Bev.:** 13 % – **Städte** (Z 1981): Dhaka [fr. Dacca] (Hptst.) ca. 3,4 Mio. Ew., Chittagong [Tschittagong] ca. 1,3 Mio., Khulna 646 000, Radschschahi 254 000, Mymensingh 191 000, Komilla 184 000, Barisal 173 000, Sylhet 168 000, Rangpur 153 000, Dschessur 149 000, Saidpur 127 000

STAAT Volksrepublik – Verfassung v. 1972 (Präsidialsystem); Referendum über Verfassungsänderung geplant – Parlament mit 330 Abg., davon 30 Sitze für Frauen reserviert – 4 Regionen mit 21 Distrikten – **Staatsoberhaupt:** Übergangs-Präsident Shahabuddin Ahmed – **Regierungschef:** Premiermin. Begum Khaleda Zia, BNP, seit 19. 3. 1991 – **Äußeres:** A. S. M Mustafizur Rahman – **Parteien:** Wahlen v. 27. 2. 1991 und Nachwahlen für Frauen: Bangladesh National Party/BNP 168 (davon 28 Frauen) Sitze, Awami-Liga 84, Jatiya-Partei/JP (von Ex-Präs. Ershad) 35, Jammaati-Islam 20 (davon 2 Frauen) – **Unabh.:** 26. 3. 1971 (Proklamation) – **Nationalfeiertag:** 26. 3. Tag d. Unabh., 16. 12. Tag d. Sieges, 21. 2. Tag d. Märtyrer

WIRTSCHAFT **BSP** 1989: 19 913 Mio. $ = 180 $ je Ew. (159); BIP 1988: 19 320 Mio. $; realer Zuwachs ∅ 1980–88: 3,7 %; Anteil **Landwirtsch.** 46 %, **Industrie** 14 % – **Erwerbstät.** 1988: Landw. 70 %, Ind. 9 % – **Energieverbrauch** 1988: 50 kg ÖE/Ew. – **Währung:** Taka (Tk.) = 100 Poisha (ps.); 1 US-$ = 35,74 Tk., 100 Tk. = 4,1802 DM – **Ausl.-Verschuld.** 1988: 9330 Mio. $ = 48,5 % d. BSP – **Inflation** ∅ 1980–88: 11,1 % – **Außenhandel** 1988: **Import:** 2987 Mio. $; **Export:** 1231 Mio. $; Güter: Jute u. -produkte (über 60 %), 10 % Häute u. Felle, 9 % Fische, Krebse u. Weichtiere, 8 % Tee – Länder: EG-Länder (v. a. Großbrit., BRD, Italien), USA, Japan, Singapur, Iran

PRESSE *Tageszeitungen:* Dhaka: Bangladesh Observer (43)/Engl. – Bangladesh Times (20)/Engl. – Banglar Bani (20) – Dainik Bangla (50) – Dainik Inquilab (42) – Dainik Ittefaq (195) – Morning Post (20)/Engl. – Sangbad (57) – *Nachrichtenagentur:* BSS (Bangladesh Sangbad Sangstha)

BARBADOS *Mittel-Amerika; Karibik*

von »Ficus barbata« = Feigenbaum – BDS

LANDESSTRUKTUR **Fläche** (165): 430 km^2 – **Einwohner** (150): (F 1989) 255 000 = 591 je km^2; (Z 1980) 252 000 – Barbadier; 92 % Schwarze, 3 % Mulatten, 3 % Weiße – **Leb.-Erwart.:** 74 J. – **Säugl.-Sterbl.:** 1,3 % – **Analph.:** 2 % – Jährl. **Bev.-Wachstum** (∅ 1980–88): 0,3 % (Geb.- u. Sterbeziffer 1984: 1,7 %/0,8 %) – **Sprachen:** Englisch als Amtssprache; »Bajan« als Umgangssprache – **Religion:** fast 90 % Anglikaner, kathol. Minderh. (6 %), außerd. Methodisten u. Mährische Brüder – **Städt. Bev.:** 42 % – **Städte** (Z 1982): Bridgetown (Hptst.) 10 000 Ew., m. Umgebung (St. Michael) 102 000; 40 % d. Bevölk. leben im Großraum Bridgetown

STAAT Konstitutionelle Monarchie im Commonwealth – Parlament aus 2 Kammern, »Senate«, 21 Mitgl., »House of Assembly«, 27 Mitgl. – 11 Bezirke – **Staatsoberhaupt:** Königin Elizabeth II., vertr. durch einheim. Generalgouverneurin Dame Nita Barrow – **Regierungschef:** Prem.-Min. Lloyd Erskine Sandiford, seit 2. 6. 1987 – **Äußeres:** R. Maurice A. King – **Parteien:** Wahlen v. 22. 1. 1991 (1986): Democratic Labour Party/DLP 18 (24) Sitze, B. Labour Party/BLP 10 (3) Sitze – **Dipl. B.:** BR Dtld., zuständ. Vertretung in Port of Spain (Trinidad u. T.) – **Unabh.:** 30. 11. 1966 – **Nationalfeiertag:** 30. 11.

WIRTSCHAFT **BSP** 1989: 1622 Mio. $ = 6370 $ je Ew. (33); BSP: realer Zuwachs ∅ 1965–88: 2,3 %; Anteil 1985: **Landwirtsch.** 7 %, **Industrie** 30 % – **Erwerbstät.** 1988: Landw. 7 %, Ind. 25 % – **Energieverbrauch** 1986: 984 kg ÖE/Ew. – **Währung:** 1 Barbados-$ (BDS$) = 100 Cents; 1 US-$ = 1,9937 BDS$, 100 BDS$ = 74,9360 DM – **Inflation** ∅ 1980–88: 6,1 % – **Außenhandel** 1986: **Import:** 587 Mio. $; **Export:** 275 Mio. $; Güter: 17 % Elektronik-Bauteile u. elektr. Geräte, 13 % Erdöl, 10 % Zucker u. Melasse, 10 % Bekleidung, Krustentiere, Rum; Tourismus 25 % d. BSP; Länder: 45 % USA, EG (v. a. Großbrit.), Kanada, karibisches Gebiet (v. a. Trinidad u. Tobago)

PRESSE *Tageszeitungen:* St. Michael: Barbados Advocate (19) – The Nation (22, so. 34) – *Sonntagszeitungen:* Sunday Advocate (News) (30) – The Sunday Sun (35) – *Nachrichtenagentur:* CANA (Caribbean News Agency)

BELGIEN *West-Europa*
Königreich Belgien, franz.: Royaume de Belgique, niederl.: Koninkrijk België, nach dem kelt. Stamm der »Belgae« – B

LANDESSTRUKTUR **Fläche** (122): 30519 km² – **Einwohner** (65): (F 1990) 9950000 = 326 je km², (Z 1981) 9848647 – 1986: 57,6% niederländischsprech. Flamen, 32,5% französischsprech. Wallonen, rd. 1 Mio. fläm.- u. französischsprech. Bew. Brüssels u. 66445 deutschsprechende; 868757 Ausländer, davon ⅗ aus d. EG – **Leb.-Erwart.:** 75 J. – **Säugl.-Sterbl.:** 0,9% – **Analph.:** k. Ang. – Jährl. **Bev.-Wachstum** (∅1981–1989): 0,0% (Geb.- u. Sterbeziff. 1988: 1,2% / 1,1%) – **Sprachen:** Französ., Niederländisch u. regional Deutsch als Amtsspr. – **Religion:** 8812000 Katholiken, rd. 50000 Protestanten u. 35000 Juden – **Städt. Bev.:** 97% – **Städte** (F 1988): Brussel, Bruxelles [Brüssel] (Hptst.) 137966 (adm. Stadt) bzw. 976536 Ew. (mit Vororten), Anvers, Antwerpen 473082, Gant, Gent 230822, Charleroi 208021, Liege, Luik [Lüttich] 199020, Brugge, Bruges [Brügge] 117653, Namen, Namur 102501, Bergen, Mons 90072, Leuven, Louvain [Löwen] 85028, Alost, Aalst 77293, Malines, Mechelen 76371, Kortrijk, Courtrai 76230, Ostende, Oostende 68681, St. Niklaas, St. Nicolas 68234, Tournai, Doornik 66971, Hasselt 65348

STAAT Parlament.-demokrat. Monarchie – Umwandlung in Bundesstaat in Vorbereitung, Verfassungsreform seit 1990 geplant – Parlament aus 2 Kammern: Senat (»Sénat« bzw. »Senaat«) u. Abg.-Haus (»Chambre des Représentants« bzw. »Kamer van Volksvertegenwoordigers«); Senatoren und Abg. für 4 J. gewählt – Wahlpflicht – 3 Gemeinschaften (flämische, französ. u. deutschspr.) u. Gliederung in 3 Regionen: die flämische (13511 km², umfaßt niederl. Sprachregion u. 1986 5676194 Ew.), die wallonische (16848 km², umfaßt die französ. Sprachregion u. 3206165 Ew.), die deutschspr. Region (854 km² u. 66445 Ew.) und die zweispr. Brüsseler Region (162 km² u. 976536 Ew.) – Seit 1. 10. 1980: Fläm. Rat u. Fläm. Exekutive, Rat der Franz. Gemeinschaft u. Franz. Gem. Exekutive, Wallon. Regionalrat u. wallon. Regionalexekutive, Rat der deutschspr. Gemeinschaft/RDG u. Gem.-Exekutive (seit 30. 1. 1984) – 9 Provinzen – **Staatsoberhaupt:** König Baudouin [Boudewijn] seit 1951; Thronfolger: Prinz Albert (Bruder des Königs) – **Regierungschef:** Min.-Präs. Wilfried Martens, CVP, Koal. v. CVP, PSC, SP, PS u. VU seit Mai 1988 – **Äußeres:** Mark Eyskens – **Parteien:** Wahlen v. 13. 12. 1987 (Okt. 1985): Kammer: Christlijke Volkspartij/CVP (flämisch) 19,5%, 43 Sitze (1985: 49); Parti Socialiste/PS 15,7%, 40 (35); Socialistische Partij/SP 14,9%, 32 (32); Partij voor Vrijheid en Vooruitgang/PVV 11,5%, 25 (22); Parti Réformateur Libéral/PRL 9,4%, 23 (24); Volksunie/VU 8,0%, 16 (16); Parti Social Chrétien/PSC (»Christl. P.«, frankophon) 8,0%, 19 (20); Front Démocratique des Francophones/Rassemblement Wallon 3 (3); Agalev 4,5%, 6 (4); Ecolo 2,6%, 3 (5); Vlaams Blok 1,9%, 2 (1); FDF 1,2%, übrige unter 1% – insg. 124 Flamen und 88 Frankophone – Senat: CVP 19,2% d. Stimmen, 22 Sitze (25); PS 15,7%, 20 (18); SP 14,7%, 17 (16); PVV 11,3%, 11 (11); PRL 9,3%, 12 (13); VU 8,1%, 8 (8); PSC 7,8%, 9 (10); Agalev 4,9%, 3 (2); Ecolo 2,8%, 2 (2); FDF 1,3%, 1 (1); übrige unter 1% – **Unabh.:** 4. 10. 1830 – **Nationalfeiertag:** 21. 7.

WIRTSCHAFT **BSP** 1989: 162026 Mio. $ = 16390 je Ew. (16); realer Zuwachs 1980–89: 1,7%; **BIP** 1988: 153810 Mio. $; realer Zuwachs ∅ 1980–88: 1,4%; Anteil **Landwirtsch.** 2%, **Industrie** 34% – **Erwerbstät.** 1986: Landw. 2%, Ind. 34% – **Energieverbrauch** 1988: 4781 kg ÖE/Ew. – **Währung:** 1 Belg. Franc (bfr.) = 100 Centimes; 1 US-$ = 31,0725 bfrs; 100 bfrs = 4,8289 DM – **Ausl.-Verschuld.** 1985: 10499 Mio. $ – **Inflation** ∅1980–88: 4,8% – **Außenhandel** 1989: (zus. mit Luxemburg) **Import:** 3879 Mrd. bfr ; 9,1% chem. Erzeugn., 3,8% Nahrungsm., 9,8% mineral. Brennstoffe ; Länder: 23,5% BRD, 17,8% Niederl., 14,9% Frankr., 7,9% Großbrit., 4,6% USA – **Export:** 3940 Mrd. bFr.; Güter: 32% Vorerzeugn., 26% Maschinen u. Transportm., 10,1% chem. Erzeugn., 3,7% Nahrungsm.; Länder: 20% Frankr., 19% BRD, 14% Niederl., 9% Großbrit., 6% Italien, 5% USA *(Zur Wirtschaftslage 1990 → Sp. 803)*

PRESSE *Tageszeitungen:* Brüssel: La Dernière Heure/Les Sports (93) – Le Drapeau Rouge (15)/komm. – L'Echo de la Bourse (27) – Het Laatste Nieuws (299)/fläm. – La Lanterne (132) – La Libre Belgique (83)/kath. – De Nieuwe Gids (193) – Le Soir (204) – De Standaard/Het Nieuwsblad/De Gentenaar (382)/fläm. – Antwerpen: Gazet van Antwerpen (190)/christdem. – De Nieuwe Gazet/Het Laatste Nieuws (299) – Eupen: Grenz-Echo (13)/kath. – Gent: Het Volk/De Nieuwe Gids (193)/kath. – Lüttich: La Meuse (132) – *Nachrichtenagentur:* BELGA, Agence Europe (EG)

BELIZE *Mittel-Amerika*
nach d. ehem. Hptst. (von Maya = »trübes Wasser«) – bis 30. 6. 1973 Britisch-Honduras – BH

LANDESSTRUKTUR **Fläche** (131): 22965 km², davon 820 km² auf kl. Inseln (Cays) – **Einwoh-**

ner (154): (F 1989) 184000 = 8 je km²; (Z 1980) 143000 – **Leb.-Erwart.**: 67 J. – **Säugl.-Sterbl.**: 2,2% – **Analph.**: 6% – Jährl. **Bev.-Wachstum** (1980–88): 2,8% (Geb.- u. Sterbeziffer 1986: 3,6%/ 0,4%) – **Sprachen:** Englisch als Amtssprache, zunehmend Spanisch (31%); daneben Creole, Carib u. Maya – **Religion:** 60% Katholiken, 30% Protestanten (Anglikaner, Mennoniten); außerd. Juden, Buddhisten, Baha'i, Muslime u. Hindu – **Städte** (S 1989): Belmopan (Hptst.) 4000 Ew., Belize City 60000 (S 1986), Dangriga 7500, Corozal 6000

STAAT Konstitut. Monarchie im Commonwealth – Verfass. v. 1981: Parlament aus 2 Kammern »Senate« mit 9 ernannten u. »House of Representatives« mit 28 gewählten Mitgl. – Allg. Wahlrecht – 6 Distrikte – **Staatsoberhaupt:** Königin Elizabeth II., vertreten durch einheim. Generalgouverneur Frau Dr. Minita E. Gordon – **Regierungschef:** Premiermin. George Price – **Äußeres:** Said Musa – **Parteien:** Wahlen v. 4. 9. 1989: Peoples United Party/PUP 15 Sitze, United Democratic Party/UDP 13 – **Unabh.**: 21. 9. 1981 – **Nationalfeiertag:** 21. 9. u. 10. 9. (Schlacht v. St. George)

WIRTSCHAFT **BSP** 1988: 264 Mio. $ = 1500 $ je Ew. (79); BSP: realer Zuwachs ∅1965–88: 2,4%; Anteil 1985: **Landwirtsch.** 30%, **Industrie** 25% – **Erwerbstät.** 1985: Landw. 50%, Ind. 15% – **Energieverbrauch** 1986: 383 kg ÖE/Ew. – **Währung:** 1 Belize-$ (Bz$) = 100 Cents; 1 US-$ = 2 Bz$, 100 Bz$ = 74,7000 DM – **Ausl.-Verschuld.** 1986: 87,9 Mio. $ – **Inflation** ∅1980–88: 2,2% – **Außenhandel** 1982: **Import:** 263 Mio. Bz$; **Export:** 120 Mio. Bz$; Güter: bis 40% Zucker, Zitrusfrüchte, Bananen, Rindfleisch, Holz, Fische u. Krebse, Bekleidung; Länder: USA, Mexiko, Jamaika

PRESSE *Wochenzeitungen:* Belize City: Amandala (9) – The Beacon (4) – The Belize Times (5)

BENIN *West-Afrika*

Republik Benin, bis 30. 11. 1975 »Dahomey«; République du Bénin; nach dem ehem. Königreich »Benin« im heutigen Nigeria – RPB

LANDESSTRUKTUR **Fläche** (94): 112622 km² (n. eig. Ang. 113048 km²) – **Einwohner** (95): (S 1990) 4741000 = 42 je km²; (Z 1979) 3331000 – Beniner; insg. 60 Stämme, meist Sudan-Gruppen (über 50%), u. a. (S 1982) 938000 Fon, 507000 Joruba, 445000 Goun, 445000 Bariba, 402000 Adja, 264000 Somba; außerd. Fulbe, Haussa; 3000 Europäer, meist Franzosen – **Leb.-Erwart.**: 47 J. – **Säugl.-Sterbl.**: 11,5% – **Analph.**: 77% – Jährl. **Bev.-Wachstum** (∅1980–88): 3,2% (Geb.- u. Sterbeziffer 1988: 4,7%/1,5%) – **Sprachen:** Französisch als Amtsspr., z. T. Umgangsspr. d. gebild. Schicht; afrikanische Sprachen (60 Dialekte), u. a. Kwa (Ewe), 47% Fon, Gu, Joruba, Dendi; im Norden ist Haussa als Handelssprache wichtig – **Religion:** 70% Anh. v. Naturrel., 15% Katholiken, 1980: 15% Muslime – **Städt. Bev.**: 49% – **Städte** (S 1984): Porto-Novo (Hptst.) 164000 Ew., Cotonou (Reg.-Sitz) 478000, Parakou 92000, Abomey 53000, Ouidah 40000, Natitingou 15000

Stand Jahresmitte 1990 : 4,74 Mio Einw.[1)]

Altersgruppen von jeweils 5 Jahren in % der Bevölkerung

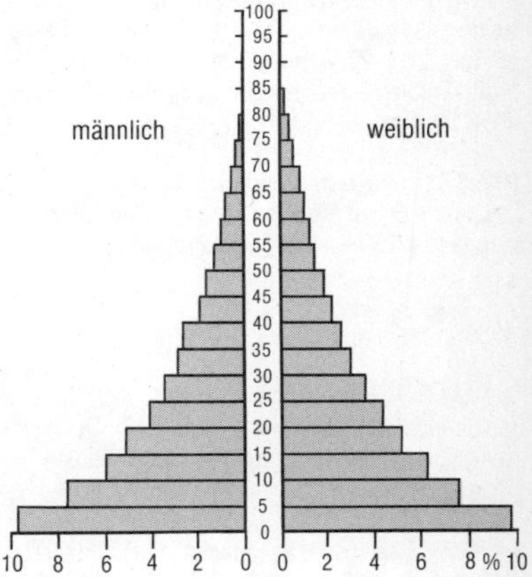

[1)] Schätzung

Altersaufbau der Bevölkerung (typisches Beispiel für ein Entwicklungsland)
Quelle: Statistisches Bundesamt

STAAT Neue Verfassung als Präsidialrepublik – Parlament mit 1 Kammer (64 Abgeordnete) – Allg. Wahlrecht – 6 Provinzen – **Staats- u. Regierungschef:** Nicéphore Soglo seit 4. 4. 1991, mit 67,6% d. Stimmen in der Stichwahl v. 24. 3. 1991 gewählt – **Äußeres:** Théodore Helo, seit 30. 7. 1991 – **Parteien:** 1. freie und demokratische Wahlen am 17. 2. 1991: Union Démocratique des Forces de Progrès/UDFP u. Mouvement pour la Démocratie et le Progrès Social/ MDPS u. Union pour la Liberté et le Développement/ ULD 12 d. 64 Sitze; Parti National pour la Démocratie et le Développement/PNDD u. Parti du Renouveau Démocratique/PRD 9 Sitze; Parti Social Démocrate/ PSD u. Union Nationale pour la Solidarité et le Progrès/UNSP 8 Sitze; weitere 8 Listenverbindungen mit insg. 8 Parteien erhalten 35 Sitze – **Unabh.:** 1. 8. 1960 – **Nationalfeiertag:** 1. 8.

WIRTSCHAFT **BSP** 1989: 1753 Mio. $ = 380 $ je Ew. (134); realer Zuwachs ∅ 1980–89: 1,3 %; **BIP** 1988: 1710 Mio. $; realer Zuwachs ∅ 1980–88: 2,4 %; Anteil **Landwirtsch.** 40 %, **Industrie** 13 % – **Erwerbstät.** 1988: Landw. 70 %, Ind. ca. 7 % – **Energieverbrauch** 1987: 46 kg ÖE/Ew. – **Währung:** 1 CFA-Franc = 100 Centimes; 1 FF = 50 CFA-Francs (1 CFA-Franc = 0,02 FF), 100 CFA-Francs = 0,5878 DM – **Ausl.-Verschuld.** 1988: 904 Mio. $ = 49,3 % d. BSP – **Inflation** ∅ 1980–88: 8,0 % – **Außenhandel** 1988: **Import:** 413 Mio $; Güter: 22 % Fertigwaren (bes. Textilien, Eisen- u. Stahlerzeugn.), 17 % Maschinen, elektrot. Erzeugn. u. Fahrz.; Länder: 40 % EG-Länder (dar. 47 % Frankreich), 15 % USA; **Export:** 225 Mio. $; Güter: 43 % Nahrungsm. (bes. Kaffee, Kakao, pflanzl. Öle), 27 % Rohstoffe (Baumwolle), 27 % Erdöl, Erdölerzeugn.; Länder: 93 % EG-Länder (dav. 29 % Spanien, 23 % BRD)

PRESSE *Tageszeitungen:* Cotonou: L'Aube Nouvelle – Ehuzu (10)/Reg.-Organ – *Nachrichtenagentur:* ABP (Agence Bénin-Presse)

BHUTAN *Süd-Asien*

Königreich Bhután; tibet.: Druk-Yul, »Drachenreich«; in Dsongha: Druk Gaykhab; Bhutan = »Landesende« – BHT

LANDESSTRUKTUR **Fläche** (114): 47 000 km² – **Einwohner** (125): (F 1989) 1 403 000 = 31 je km²; (Z 1969) 1 035 000 – Bhutaner; tibet. Lhopa, nepales. Leptscha (Rong) u. Bhotia [Bhutija], fast 60 %; 6000 tibet. Flüchtlinge – **Leb.-Erwart.:** 49 J. – **Säugl.-Sterbl.:** 13,9 % – **Analph.:** 62 % – Jährl. **Bev.-Wachstum** (∅ 1980–88): 2,1 % (Geb.- u. Sterbeziffer 1988: 3,9 %/1,7 %) – **Sprachen:** Dsongha [Dzongkha] im W gebräuchl. (Amtsspr.); Bumthangkha (Zentrum), Sarchopkha (O) u. Nepali (S) – **Religion:** 75 % Buddhisten (lamaistischer Buddh. d. alten Rotmützen-Observanz d. Pantschen Lama [Drukpa-Gruppe der Karyud-Schule]) = Staatsreligion; etwa 25 % Hindus – **Städt. Bev.:** 5 % – **Städte:** Hauptstadt u. Residenz Thimbu [Thimphu], 1987: 58 000 Ew., Grenzstadt Phuntsholing 20 000

STAAT Konstitutionelle erbliche Monarchie, souveräner Staat, der lt. Vertrag v. 1949 von Indien außenpolit. beraten u. in den Bereichen Verteidigung u. wirtsch. Entwickl. unterstützt wird – Nationalversamml. (Tsogdu) mit 151 Mitgl. als Ständeparlament, davon 105 Dorfnotabeln, 40 Reg.-Beamte, z. T. v. König ernannt, 10 Vertr. buddhist. Klöster – Königl. Rat aus 9 Mitgl. – 18 Distrikte mit je 1 vom König ernannten Gouverneur – **Staatsoberhaupt u. Regierungschef:** König (»Druk-Gyalpo« = Drachenkönig) Jigme Singye Wangchuk [Wangtschuk] seit 1972, gekrönt 1974 – **Äußeres:** Dawa Tsering – **Parteien:** keine eigentl. Parteien – **Dipl. B.:** Vertretung durch Indien – **Unabh.:** Altes Fürstentum – **Nationalfeiertag:** 17. 12.

WIRTSCHAFT **BSP** 1988: 266 Mio. $ = 180 $ je Ew. (158); BIP 1988: 300 Mio. $; realer Zuwachs ∅ 1984–85: 2,7 %; Anteil 1987: **Landwirtsch.** 44 %, **Industrie** 28 % – **Erwerbstät.** 1988: Landw. 91 %, Ind. 5 % – **Energieverbrauch** 1984: 8 kg ÖE/Ew. – **Währung:** 1 Ngultrum (NU) = 100 Chetrum; 100 NU = 5,5250 US-$ bzw. 8,2544 DM; 1 NU = 1 ind. Rupie, ebenfalls Zahlungsmittel – **Ausl.-Verschuld.** 1988: 68 Mio. $ = 27,9 % d. BSP – **Inflation** ∅ 1980–88: 8,9 % – **Außenhandel** 1987: **Import:** 88 Mio. $; **Export:** 25 Mio. $; Güter: Reis, Mais, Gerste, Hölzer, medizin. Kräuter, Woll- u. Baumwollartikel; Länder: hauptsächl. Indien

PRESSE *Wochenzeitung:* Thimphu: Kuensel (8)/Engl., (3)/Dzongkha, (1,5)/Nepali

BOLIVIEN *Süd-Amerika*

Republik Bolivien; República de Bolivia; Staatsname nach Simón Bolívar – BOL

LANDESSTRUKTUR **Fläche** (26): 1 098 581 km² – **Einwohner** (82): (F 1989) 7 110 000, davon 60 % auf dem Altiplano = 7 je km²; (Z 1976) 4 613 000 – Bolivianer; 42 % Indianer, 31 % Mestizen, etwa 15 % Weiße – **Leb.-Erwart.:** 55 J. – **Säugl.-Sterbl.:** 12,4 % – **Analph.:** 22 % – Jährl. **Bev.-Wachstum** (∅ 1980–88): 2,7 % (Geb.- u. Sterbeziffer 1988: 4,2 %/1,4 %) – **Sprachen:** Spanisch und die Indianersprachen Ketschua (etwa 40 %) u. Aimará (über 30 %) als Amtssprachen; im Tiefland Guaraní – **Religion:** 93 % Katholiken (Staatsreligion); rd. 45 000 Protest. (darunter ca. 12 000 Mennoniten) u. 2000 Juden – **Städt. Bev.:** 50 % – **Städte** (S 1985): Sucre (verfassungsmäß. Hptst.) 86 000, La Paz (fakt. Hptst.) 992 600 m. V. 2 Mio. Ew., Santa Cruz de la Sierra 441 700, Cochabamba 317 300, Oruro 178 400, Potosi 113 400, Tarija 60 600

STAAT Präsidialrepublik – Parlament (»Cámara de Deputados« 130 Mitgl. u. »Senado« 27) – Allg. Wahlrecht – Verfassung v. 1967 – Nationales Beratungs- u. Gesetzgebungskomitee seit Okt. 1980 – 9 Departamentos mit 102 Provinzen – **Staatsober-**

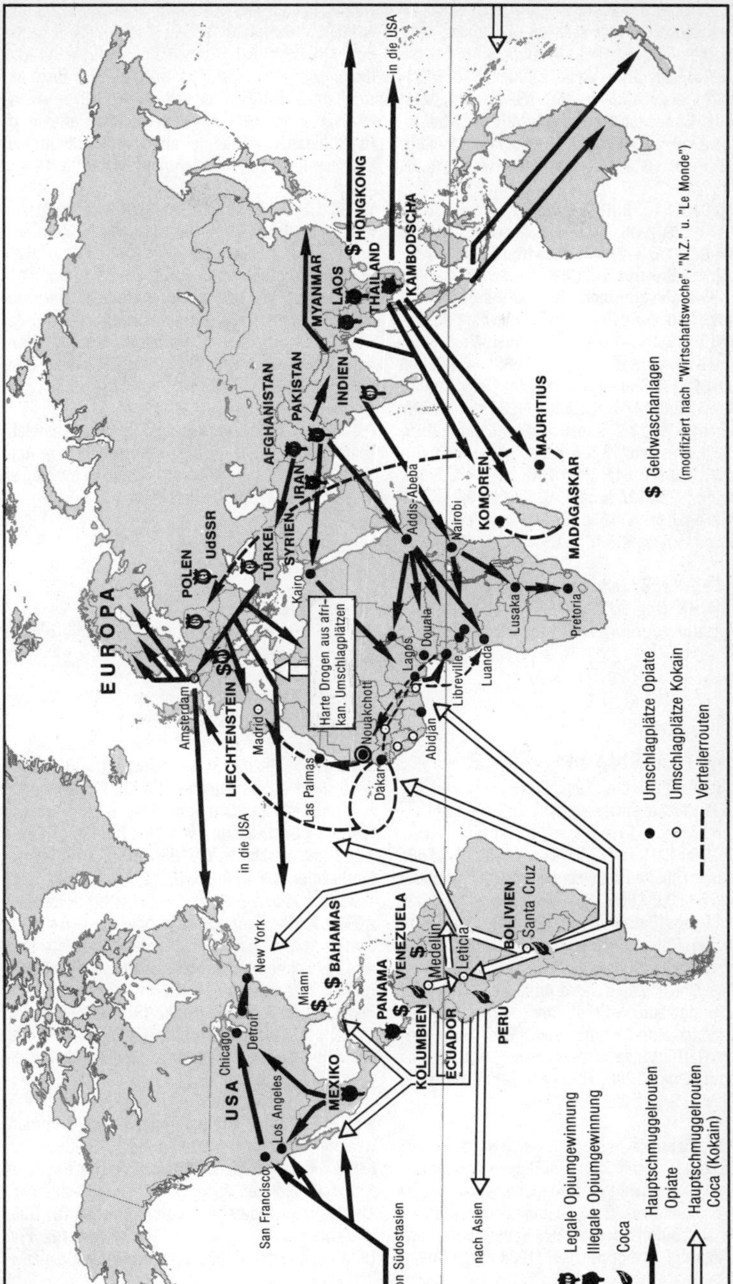

Heroin- und Kokainströme

haupt u. Regierungschef: Präs. Jaime Paz Zamora – **Äußeres:** Carlos Iturralde Ballivián – **Parteien:** Parlamentswahlen v. 7. 5. 1989: Movimiento Nacionalista/MNR 40 Abgeordn. (Senat: 9), Acción Democrática Nacionalista/ADN 38 (6), Movimiento de la Izquierda Revolucionario Zamora/MIR 33 (8), Conciencia de Patria/Condepa 9 (2), Izquierda Unida/IU 10 (-). – **Unabh.:** 6. 8. 1825 – **Nationalfeiertag:** 6. 8.

WIRTSCHAFT **BSP** 1989: 4301 Mio. $ = 600 $ je Ew. (117); BIP 1988: 4310 Mio. $; realer Zuwachs ∅ 1980–88: -1,6 %; Anteil **Landwirtsch.** 24 %, **Industrie** 27 % – **Erwerbstät.** 1988: Landw. 43 %, Ind. 20 % – **Energieverbrauch** 1988: 249 kg ÖE/Ew. – **Währung:** 1 Boliviano (Bs) = 100 Centavos; 1 US-$ = 3,39 Bs, 100 Bs = 44,0708 DM – **Ausl.-Verschuld.** 1988: 4651 Mio. $ = 114,9 % d. BSP – **Inflation** ∅ 1980–88: 442,8 % – **Außenhandel** 1986: **Import:** 700 Mio. $; Güter: 42 % Kapitalgüter, 35 % Rohstoffe u. Vorprodukte, 23 % Konsumgüter; Länder: 25 % USA, 23 % Brasilien, 18 % Argent., 14 % Japan, 6 % BRD (alt); **Export:** 541 Mio. $; Güter: 26 % Erdöl, Erdgas, 18 % Zink, 17 % Zinn, 16 % Gold, 8 % Silber; Kokain (illegal) bis 600 Mio. $ *(→ Karte Sp. 237 f.)*; Länder: 32 % Argent., 15 % USA, 34 % EG-Länder

PRESSE *Tageszeitungen:* La Paz: El Diario (45) – Hoy (45) – Presencia (90)/kath. – Ultima Hora (35) – *Nachrichtenagentur:* ANF (Agencia de Noticias Fides)

BOPHUTHATSWANA *Süd-Afrika*

auch Bophuta Tswana; Repaboliki ya Bophutatswana (Bophutatsuana); Republic of B. – YB

LANDESSTRUKTUR **Fläche** (115a): rd. 44 000 km^2 (aus 7 isolierten Teilen bestehend) – **Einwohner** (123a): (S 1986) 1 660 000 = 38 je km^2 – 1 433 000 Bantu, Tswana [Batswana] der Sotho-Gruppe; Shangaan Sotho, Sotho, 5000 »Coloureds«, 6000 Weiße – Jährl. **Bev.- Wachstum** (∅ 1970–78): 3 % – **Sprachen:** Tswana u. Englisch als Amtsspr. – **Religion:** überw. Protestanten – **Städt. Bev.:** 12 % – **Städte** (S 1982): Mmabatho (Hptst.) 9000 Ew., Mabopane 56 000, Ga-Rankuwa 50 000; ferner u. a. Temba 26 000, Itoseng 22 000, Tlhabane 20 000, Babelegi, Montshiwa, Selosesha

STAAT Republik – Nationalversamml. mit 96 Abg., davon 72 gewählt, 24 v. d. Regionalversamml. u. 12 v. Präs. ernannt – 12 Regionalbehörden (mit zus. 76 Stammes- u. 6 Gemeindebehörden) – **Staats- u. Regierungschef:** Dr. Kgosi Lucas Lawrence Manyane Mangope, BDP (1984 durch Direktwahl f. weit. 7 Jahre bestätigt) – **Äußeres:** S. L. L. Rathebe – **Parteien:** Wahlen v. 1987: 66 Sitze für Bophuth. Democratic Party/BDP v. Mangope, 6 Sitze für People's Progressive Party/PPP – **Dipl. Bez.:** nur zur Rep. Südafrika – **Unabh.:** 6. 12. 1977, jedoch internat. nicht anerkannt u. faktisch weiterhin v. d. Rep. Südafrika abhängig; ablehnende Haltung zur Wiedereingliederung – **Nationalfeiertag:** 6. 12.

WIRTSCHAFT **BSP** 1985: 2600 Mio. Rand; Anteil **Landwirtsch.** 30 %; Bergbau 1989: 57 000 Beschäft.; 65 % d. Erwerbst. pendeln tägl. in d. Rep. Südafrika – **Währung:** Rand *(→ Südafrika)* – **Export:** Güter: Fleisch- u. Fleischprodukte; Bergbauprodukte, u. a. Platin (30 % d. Weltprod.; 66 % der westl. Welt), Diamanten, Vanadium, Chrom – **Handelspartner:** bes. Rep. Südafrika, EG-Länder (Platin), Botswana

PRESSE *Wochenzeitung:* Mafikeng: The Mafikeng Mail (12) – *Monatszeitungen:* Mmabatho: Bophuthatswana Pioneer (10)/Engl. – Morongwa Magazine (80)/Engl. u. Setswana

BOTSWANA *Süd-Afrika*

Republik Botswana (Botsuana); Republic of Botswana; fr. Betschuanaland – RB

LANDESSTRUKTUR **Fläche** (44): 581 730 km^2 – **Einwohner** (127): (S 1988) 1 212 000 = 2 je km^2; (Z 1981) 941 000 – Botswaner; Bantu, bes. Sotho-Tswana (u. a. Bamangwato, Bakwena); 3500 Weiße, 3000 Inder u. »Coloureds«; 20 000 Buschmänner; z. T. noch intakte Stammesverfass. – **Leb.-Erwart.:** 60 J. – **Säugl.-Sterbl.:** 4,1 % – **Analph.:** 26 % – Jährl. **Bev.-Wachstum** (∅ 1980–88): 3,4 % (Geb.- u. Sterbeziffer 1988: 3,8 %/0,7 %) – **Sprachen:** Se Tswana u. andere Bantu-Spr. als Amtsspr.; Englisch z. T. als Amts-, Bildungs- u. Handelsspr. – **Religion:** überw. Anh. v. Naturrel.; Christen verschied. Konfess., Muslime, Hindus – **Städt. Bev.:** 22 % – **Städte** (S 1990): Gaborone (Hptst.) 112 000 Ew., Selebi-Pikwe 47 000, Lobatse 26 000; (S 1984) Serowe m. V. ca. 50 000, Francistown 36 000, Kanye 22 000, Mochudy 20 000, Mahalapy 19 000, Molepolole 19 000

STAAT Unabh. Präsidialrepublik im »Commonwealth« – Parlament aus 1 Kammer (34 Mitgl.); dazu berat. »House of Chiefs« (15 Mitgl., davon Häuptl. d. 8 großen Stämme ständig vertr.) – Allg. Wahlrecht – 12 Distrikte – **Staats- u. Regierungschef:** Dr. Quett K. J. Masire, BDP, seit Aug. 1980 – **Äußeres:** Frau Dr. Gaositwe K. T. Chiepe – **Parteien:** Wahlen v.

8. 10. 1989 (1984): Botswana Democratic Party/BDP 31 (28) Sitze; B. National Front/BNF 3 (5); B. Peoples Party/BPP 0 (1) – **Unabh.**: 30. 9. 1966 – **Nationalfeiertag:** 30. 9.

WIRTSCHAFT **BSP** 1988: 1105 Mio. $ = 1010 $ je Ew. (90); realer Zuwachs ∅ 1980–88: 10,2%; **BIP** 1988: 1940 Mio. $; realer Zuwachs ∅ 1980–88: 11,4%; Anteil **Landwirtsch.** 3%, **Industrie** 55% – **Erwerbstät.** 1988: Landw. 65%, Ind. ca. 8% – **Energieverbrauch** 1988: 415 kg ÖE/Ew. – **Währung:** 1 Pula (P) = 100 Thebe (t); 1 P = 0,5351 US-$, 100 P = 79,9439 DM – **Ausl.-Verschuld.** 1988: 494 Mio. $ = 37,9% d. BSP – **Inflation** ∅ 1980–88: 10,0% – **Außenhandel** 1988: **Import:** 1031 Mio. $; Güter: 18% Lebensm., Getränke u. Tabak, 15% Maschinen u. elektrotechn. Ausrüstungen, 13% Treibstoffe; Länder: 83% Rep. Südafrika (südafrikan. Zollunion), 8% Simbabwe; **Export:** 1418 Mio. $; Güter: 67% Diamanten (1989: ca. 80%), 12% Fleisch u. -produkte; Länder: über 80% Republik Südafrika, 7% EG-Länder

PRESSE *Tageszeitung:* Gaborone: Dikgang Tsa Gompieno (35)/offiz., Setswana u. Engl. – *Nachrichtenagentur:* BOPA (Botswana Press Agency)

BRASILIEN *Süd-Amerika*

Föderative Rep. Brasilien; República Federativa do Brasil; benannt nach d. rotholzigen Brasil-Bäumen, »Brasil« vom Portugiesischen für »Glühen« – BR

LANDESSTRUKTUR **Fläche** (5): 8 511 965 km² – **Einwohner** (6): (S 1991) 153 321 000 = 18 je km²; (Z 1980) 119 003 000 – Brasilianer; (Z 1980) 54,8% Weiße meist. portugies., italien. oder span. Abst., rd. 2 Mio. Deutschstämmige; 38,4% Mulatten, Caboclos (aus Verbind. zw. Weißen u. Indianern), 5,8% Schwarze u. Cafuzos (aus Verbind. zw. Indianern u. Schwarzen), 0,89% Asiaten (Japaner über 1 Mio.), 349 300 Indianer (= 0,18%); die I. leben in 467 I.-Gebieten (625 000 km²) – **Leb.-Erwart.**: 65 J. – **Säugl.-Sterbl.**: 7,1% – **Analph.**: 22% – Jährl. **Bev.-Wachstum** (∅ 1980–90): 2,1% (Geb.- u. Sterbeziffer 1988: 2,8%/0,8%) – **Sprache:** Portugiesisch mit brasil. Eigenarten – **Religion:** rd. 89% Katholiken; 8% Protestanten, Orthodoxe, Buddhisten u. 160 000 Juden; Naturrelig. d. Indianer; afrobrasilian. Kulte (»Umbanda« usw.) – **Städt. Bev.:** 77% – **Städte** (Z 1985): Brasilia (Hptst.) 1 568 000 Ew., São Paulo 10 063 100 (A 15 221 000), Rio de Janeiro 5 603 000 (A 10 190 000), Belo Horizonte 2 114 000 (A 3 056 000), Salvador (fr. Bahia) 1 804 000 (A 2 094 000), Fortaleza 1 582 000 (A 1 935 000), Recife 1 288 000 (A 2 495 000), Curitiba 1 279 000 (A 1 768 000), Porto Alegre 1 272 000 (A 2 596 000), Belém 1 117 000 (A 1 207 000), Nova Iguaçu 1 319 000, Santo André 635 000; (S 1985): Goiânia 928 000, Manaus 834 500, São Luis 564 400, Natal 512 200, Maceió 482 100, Teresina 476 100, Joao Pessoa 397 700, Campo Grande 386 500, Aracajú 361 500, Cuiabá 283 000, Vitória 254 500, Florianópolis 218 900, Porto Velho 202 000, Macapá 169 500, Rio Branco 145 900

Fläche, Bevölkerung und Bevölkerungsdichte nach Regionen, Bundesstaaten 1990
(Stand: Jahresmitte)

Bundesstaat/Hauptort	*Fläche in 1000 km²*	*Bevölkerung in 1000*	*Einwohner je km²*
Norden			
Rondônia/Pôrto Velho	243,0	1 096	4,5
Acre/Rio Branco	152,6	417	2,7
Amazonas/Manaus	1 564,4	2 002	1,3
Roraima/Boa Vista	230,1	120	0,5
Pará/Belém	1 250,7	5 002	4,0
Amapá/Macapá	140,3	256	1,8
Nordosten			
Maranhão/São Luis	328,7	5 182	15,8
Piauí/Teresina	250,9	2 666	10,6
Ceará/Fortaleza	150,6	6 472	43,0
Rio Grande do Norte/Natal	53,0	2 319	43,8
Paraíba/João Pessoa	56,4	3 248	57,6
Pernambuco/Recife	98,33	7 361	74,9
Alagoas/Maceió	27,7	2 420	87,4
Sergipe/Aracaju	22,0	1 417	64,4
Bahia/Salvador (Bahia)	561,0	11 738	20,9
Südosten			
Minas Gerais/Belo Horizonte	587,2	15 832	27,0
Espírito Santo/Vitória	45,6	2 524	55,4
Rio de Janeiro/Rio de Janeiro	44,3	14 133	319,0
São Paulo/São Paulo	247,9	33 070	133,4
Süden			
Paraná/Curitiba	199,6	9 138	45,8
Santa Catarina/Florianópolis	96,0	4 461	46,5
Rio Grande do Sul/Pôrto Alegre	282,2	9 163	32,5
Mittelwesten			
Mato Grosso do Sul/ Campo Grande	350,5	1 797	5,1
Mato Grosso/Cuiabá	881,0	1 727	2,0
Goiás/Goiânia	355,4		
Tocantins/ Miracema do Tocantins	286,7	4 943	7,7
Bundesdistrikt/Brasilia	5,8	1 864	318,3

Quelle: Statistisches Bundesamt

STAAT Föderative Republik, Verfassung seit 5. 10. 1988 – Parlament (Congresso Nacional) aus 2

Bodennutzung: 851,2 Mill. ha

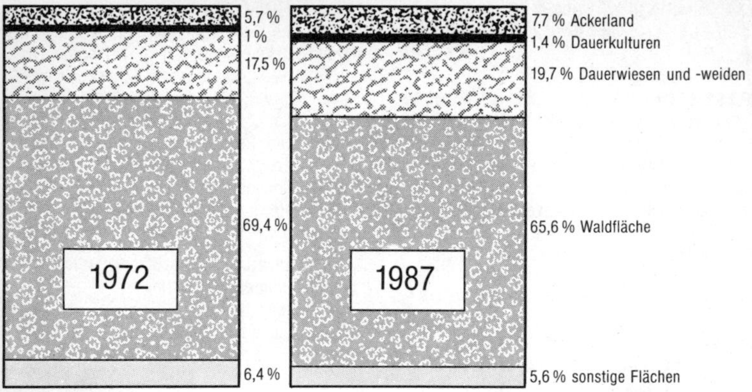

Kammern (Câmara dos Deputados m. 503, Senado Federal m. 81 Mitgl.) – Wahlrecht für alle Bürger über 16 J. – Gliederung in 26 Bundesstaaten, je m. eig. Parl. u. dir. gewähltem Gouverneur, 1 Bundesdistrikt Brasilia – **Staatsoberhaupt u. Regierungschef:** Fernando Collor de Mello/PRN, seit 15. 3. 1990 – **Äußeres:** Francisco Rezek – **Parteien:** Sitze im Nationalen Kongreß – Wahlen v. 3. 10. 1990; Senat-Teilwahlen von 31 Mitgl. (insges.): Partido do Movimento Democrático Brasileiro/PMDB 9(25), P. da Frente Liberal/PFL 8(16), P. Democrático Social/PDS 2(2), P. Democrático Trabalhista/PDT 1(5), P. Trabalhista Brasileiro/PTB 4(9), PRN 2(4), P. Socialista Democrático Brasileiro/PSDB -(10), Sonst. 4(9); Abg.-Kammer: PMDB 108, PFL 82, PDT 47, PDS 43, PRN 40, PTB 38, PSDB 37, PTZ 35, PDC 22, PL 16, PSB 11, Sonst. 24 – **Unabh.:** 7. 9. 1822 – **Nationalfeiertag:** 7. 9.

WIRTSCHAFT **BSP** 1989: 375 146 Mio. $ = 2550 $ je Ew. (53); BIP 1988: 323 610 Mio. $; realer Zuwachs ∅ 1980–88: 2,9 %; Anteil **Landwirtsch.** 9 %, **Industrie** 43 % – **Erwerbstät.** 1987: Landw. 25 %, Ind. 27 % – **Energieverbrauch** 1988: 813 kg ÖE/Ew. – **Währung:** 1 Cruzeiro (Cr$) = 100 Centavos; Freimarktkurs: 1 US-$ = 180,00 NCz$, 100 NCz$ = 0,8416 DM – **Ausl.-Verschuld.** 1988: 101 356 Mio. $ = 29,6 % d. BSP – **Inflation** ∅ 1980–88: 188,7 %, 1989: 1700 % – **Außenhandel** 1988: **Import:** 14 691 Mio. $; Güter: 27 % Kapitalgüter, 21 % Rohöl/Derivate, 14 % Konsumgüter, 13 % chem. Erzeugn.; Länder: 21 % USA, 8 % Irak, 7 % BRD, 7 % Japan, 7 % Argentinien; **Export:** 33 689 Mio. $; Güter: 12 % Eisen- u. Stahlerzeugn., 11 % Transportmaterial, 11 % Rohkaffee; Länder: 25 % USA, 8 % Niederl., 7 % Japan, 5 % Italien, 5 % BRD

PRESSE *Tageszeitungen:* Brasília: Correio Brasiliense (30) – Belo Horizonte: Diário de Minas (50) – Estado de Minas (65) – Rio de Janeiro: O Día (207, so. 400) – O Globo (350, so. 520) – Jornal do Brasil (200, so. 325)/kath. – São Paulo: O Estado de São Paulo (230, so. 460)/kons. – Fôlha de São Paulo (212, so. 315) – Jornal da Tarde (120, mo. 180) – Notícias Populares (150) – Deutsche Zeitung – Brasil Post/dt. (wö.) – *Nachrichtenagentur:* EBN (Empresa Brasileira de Notícias)

BRUNEI *Südost-Asien*

Brunei Darussalam; malaiisch »Negara Brunei Darussalam« = »Brunei, Heimstatt des Friedens« – BRU

LANDESSTRUKTUR **Fläche** (146): 5765 km² – **Einwohner** (151): (F 1989) 249 000 = 42 je km²; (Z 1981) 193 000 – Bruneier (Brunesen); (F 1987) 138 800 Malaien, 43 700 Chinesen, 18 000 Einh. (Protomalaien wie Iban, Dusun u. Murut), 15 500 Sonstige (Europäer, Indonesier, Thailänder, Inder) – **Leb.-Erwart.:** 75 J. – **Säugl.-Sterbl.:** 1,2 % – **Analph.:** 22 % – Jährl. **Bev.-Wachstum** (∅ 1980–88) 3,4 % (Geb.- u. Sterbeziffer 1985: 3,0 %/ 0,4 %) – **Sprachen:** 50 % Malaiisch als Amtssprache; 26 % Englisch u. Chinesisch als Handelsspr., Iban – **Religion:** 60 % Muslime (meist Malaien), 14 % Buddhisten, Konfuzianer, 10 % Christen – **Städt. Bev.:** 64 % – **Städte** (Z 1986): Bandar Seri Begawan (Hptst.; »Stadt des Glorreichen im Ruhestand«) 56 300 Ew. (m. V. 75 000), Tutong 43 000, Seria 23 500, Kuala Belait 20 000

STAAT Sultanat – Gesetzgeb. Rat (20 Mitgl., z. Z. aufgelöst) – Ministerrat unter Vors. d. Sultans, der prakt. absolut regiert – 4 Distrikte (Brunei/Muara, Belait, Tutong, Temburong) – **Staatsoberhaupt u. Regierungschef:** Min.-Präs. Sultan Haji Hassanal Bolkiah Mu'izzaddin Waddaulah [Sultan Muda Hassan al Bolkiah] – **Äußeres:** Prinz Haji Mohamed Bolkiah – **Parteien:** Partai Nasional Demokratik Brunei (»Brunei National Democratic Party«) u. Parti Perpaduan Kebangsaan (»Brunei National Unity Party«) – **Unabh.:** 1. 1. 1984 – **Nationalfeiertag:** 15. 7. (Geb. d. Sultans) u. 23. 2.

WIRTSCHAFT **BSP** 1987: 3317 Mio. $ = 15390 $ je Ew. (19); BSP: realer Zuwachs ∅ 1980–88: –0,7 %; Anteil **Landwirtsch.** 1 %, **Industrie** 10 % – **Erwerbstät.** 1986: Landw. 3 %, Ind. 23 % – **Energieverbrauch** 1984: 7669 kg ÖE/Ew. – **Währung:** 1 Brunei-Dollar (BR$) = 100 Cents; 1 US-$ = 1,7240 BR$, 100 BR$ = 86,6589 DM – **Inflation** ∅ 1980–88: –4,4 % – **Außenhandel** 1985: **Import:** 615 Mio. $; Güter: 38 % Fertigwaren, 30 % Maschinen u. Transportausrüstungen, 23 % Nahrungsmittel, 7 % chem. Erzeugn.; Länder: 34 % Singapur, 32 % Großbrit., 7 % Schweiz, 6 % Japan, 6 % Malaysia, 5 % USA; **Export:** 2972 Mio. $; Güter: 99 % Mineralöl, -erzeugnisse, Erdgas; Länder: 51 % Japan, 14 % Großbrit., 11 % Korea, 9 % Thailand

PRESSE *Wochenzeitungen:* Bandar Seri Begawan: Pelita Brunei (45)/Reg.-Org., Malaiisch – Kuala Belait: Borneo Bulletin (30)/Engl.

BULGARIEN *Südost-Europa*

Republik Bulgarien (bis 16. 11. 1990 »Volksrepublik«), Republika Balgarija – BG

LANDESSTRUKTUR **Fläche** (97): 110994 km² – **Einwohner** (70): (F 1990) 9146000 = 82 je km²; (Z 1985) 8948000 – 92 % Bulgaren, 900000 Türken, 2,5 % Sinti u. Roma – **Leb.-Erwart.:** 72 J. – **Säugl.-Sterbl.:** 1,4 % – **Analph.:** 1 % – Jährl. **Bev.-Wachstum** (∅ 1980–89): 0,2 % (Geb.- u. Sterbeziff. 1990: 1,5 % / 1,1 %) – **Sprachen:** Bulgarisch als Amtsspr.; Umgangsspr. d. Minderheiten – **Religion:** 2,4 Mio. orthodoxe Christen, 0,8 Mio. Muslime (sunnit.), 0,05 Mio. Katholiken, 0,05 Mio. and. christl. Bekenntn. – **Städt. Bev.:** 70 % – **Städte** (F 1988): Sofia (Hptst.) 1137000 Ew., Plovdiv [Plowdiw] 364000, Varna [Warna] 306000, Burgas 201000, Ruse 191000, Stara Zagora [Sagora] 158000, Pleven 136000, Tolbuchin 113000, Sliven 109000, Sumen 108000

STAAT Republik – Parlament aus 1 Kammer (»Sobranje«) mit 400 Mitgl. – Wahlpflicht für alle Bürger über 18 J. – Neue Verfassung vom 12. 7. 1991 – Seit Sept. 1987 9 Regionen – **Staatsoberhaupt:** Präsident Dr. Shelju Shelew – **Regierungschef:** Min.-Präs. Dimitar Popow, seit 20. 12. 1990 – **Äußeres:** Viktor Walkow – **Parteien:** Wahlen vom 9. und 17. Juni 1990, 16 größere Parteien zur Wahl nominiert; »Bulgarische Sozialistische Partei«/BSP (ehemalige Kommunisten) 47,9 % d. Stimmen, »Union Demokratischer Kräfte«/UDK 35,6 %, »Bauernpartei« 8,1 %, »Partei für Rechte und Freiheiten« 5,9 %, Splitterparteien 2,5 %; Parlamentswahlen nach neuem Wahlrecht am 13. 10. 1991 geplant – **Unabh.:** endgültig 5. 10. 1908 – **Nationalfeiertag:** 9. 9. und 3. 3.

WIRTSCHAFT **BSP** 1989: 20860 Mio. $ = 2320 $ je Ew. (58); **BIP** 1985: Anteil **Landwirtsch.** 18 %, **Industrie** 50 % – **Erwerbstät.** 1985: Landw. 13 %, Ind. 47 % – **Energieverbrauch** 1985: 4332 kg ÖE/Ew. – **Währung:** 1 Lew (Lw) = 100 Stótinki (St); 1 US-$ = 0,7446 Lw; 100 Lw = 198,7676 DM (off. Kurs) – Öffentl. **Ausl.-Verschuld.** 1990: 9800 Mio. US-$ (= 468 % der Exporterlöse) – **Inflationsrate** 1990: 298 % – **Außenhandel** 1990: **Import:** 10160 Mio. Valuta-Lw; Güter: 44 % Maschinen u. Ausrüstg., 32 % Metalle, 6 % chem. Erzeugn., 6 % ind. Konsumgüter, Brennstoffe, Mineralien; Länder (1988): 54 % UdSSR, 6 % DDR, 5 % ČSFR, 5 % BRD, 5 % Polen – **Export:** 10496 Mio. Valuta-LW; Güter: 58 % Maschinen u. Ausrüstg., 12 % Nahrungsm., 11 % Konsumgüter, 8 % Metalle, 4 % Kautschuk, Brennstoffe, Mineralien, chem. Erzeugn.; Länder (1988): 63 % UdSSR, 5 % DDR, 5 % ČSFR, 4 % Polen, 3 % Irak – Im 1. Halbj. 1991 sank die Nettoproduktion um 20 % gegenüber 1990

PRESSE *Tageszeitungen (gesicherte Daten nicht verfügbar):* Sofia: Kooperatiwno Selo (195) – Narodna Armija (68) – Narodna Mladesch (223) – Otetschestwen Front (280) – Rabotnitschesko Delo (820) – Trud (295) – Wetscherni Nowini (125)/Abendz. – Zemedelsko Zname (178) – *Nachrichtenagentur:* BTA (Bulgarska Telegrafna Agentsia)

BURKINA FASO *West-Afrika*

»Land der ehrbaren Männer«; bis 4. 8. 1984: Republik Obervolta, frz. Haute Volta – BF

LANDESSTRUKTUR **Fläche** (68): 274200 km² – **Einwohner** (69): (S 1989) 9400000 = 34 je km²; (Z 1985) 7747000 – Burkiner od. Bourkinabè: Volta-Völker (u. a. 48 % Mossi), westsudan. Gruppen

(17% Bobo u. Verwandte, Sanike, Diula), außerd. 10% Fulbe [Fulani], 7% Dagara-, Lobi-Gruppe, 5% Gourmantché; rd. 4000 Europ., meist Franzosen; zwischen 1 u. 2 Mio. Bourkinabè leben im Ausl. (bes. Côte d'Ivoire) – **Leb.-Erwart.:** 49 J. – **Säugl.-Sterbl.:** 13,7% – **Analph.:** 82% – Jährl. **Bev.-Wachstum** (∅ 1980–88): 2,6% (Geb.- u. Sterbeziffer 1988: 4,7%/1,8%) – **Sprachen:** Französ. als Amtsspr.; Volta-Semi-Bantu-Sprachen (More, Sprache d. Mossi), westsudan. Sprachen u. Ful als Umgangsspr. – **Religion:** 50% Muslime, rd. 40% Anh. v. Naturrel., 10% Christen (meist Katholiken) – **Städt. Bev.:** 9% – **Städte** (Z 1985): Ouagadougou [Wagadugu] (Hptst.) 442000 Ew., Bobo-Dioulasso [Bobo-Diulasso] 231000, Koudougou [Kudugu] 52000, Ouahigouya 39000, Banfora 35000, Kaya 26000

STAAT Präsidialrepublik – Parlament mit 1 Kammer – Nat.-Vers. (1978: 57 Mitgl.) nach Militärputsch 1980 aufgelöst; Reg.-Gewalt beim »Koordinationsgremium der Volksfront« und beim Ministerrat; Mehrparteiensystem und Wahlen für Ende 1991 angekündigt – 30 Provinzen – **Staats- u. Regierungschef:** Hauptmann Blaise Compaoré, nach Putsch v. Okt. 1987 – **Äußeres:** Prosper Vukouma, seit Sept. 1989 – **Parteien:** z. Z. nicht zugelassen – **Unabh.:** 5. 8. 1960 – **Nationalfeiertag:** 4. 8.

WIRTSCHAFT **BSP** 1989: 2716 Mio. $ = 310 $ je Ew. (142); realer Zuwachs ∅ 1980–89: 5,0%; **BIP** 1988: 1750 Mio. $; realer Zuwachs ∅ 1980–88: 5,5%; Anteil **Landwirtsch.** 39%, **Industrie** 23% – **Erwerbstät.** 1988: Landw. 85%, Ind. 12% – **Energieverbrauch** 1986: 18 kg ÖE/Ew. – **Währung:** 1 CFA-Franc = 100 Centimes; 1 FF = 50 CFA-Francs, 1 CFA-Franc = 0,02 FF, 100 CFA-Francs = 0,5878 DM – **Ausl.-Verschuld.** 1988: 805 Mio. $ = 43,4% d. BSP – **Inflation** ∅ 1980–88: 3,2% – **Außenhandel** 1987: **Import** 1988: 697 Mio. $; Güter: 24% Fertigwaren, 18% Nahrungsm. u. -ausrüstungen, 13% Fahrzeugausrüstungen; Länder: 29% Frankreich, 22% Côte d'Ivoire, 9% USA; **Export** 1988: 249 Mio. $; Güter: 39% Gold, 37% Baumwolle; Länder: 26% Frankreich, 25% Rep. China, 15% Côte d'Ivoire

PRESSE *Tageszeitung:* Ouagadougou: Sidwaya (5) – *Nachrichtenagentur:* AIB (Agence d'Information du Burkina)

BURUNDI *Ost-Afrika*

Republik Burundi, Republika y'Uburundi, République du Burundi, (legendär: wo die Erde aufhört) – RU

LANDESSTRUKTUR **Fläche** (127): 27834 km² (einschl. Tanganyika-See 1885 km²) – **Einwohner** (88): (F 1990) 5382000 = 193 je km², (Z 1986) 4782000 – Burundier (Barundi; Einzahl »Murundi«); über 80% Bantu (bes. Hutu), 14% hamitische Watussi [Tutsi], 1% Twa, über 3000 Europ., meist Belgier, etwa 1500 Asiaten (überw. Inder) – **Leb.-Erwart.:** 49 J.- **Säugl.-Sterbl.:** 7,3% – **Analph.:** 66% – Jährl. **Bev.-Wachstum:** (∅ 1980–89): 2,9% (Geb.- u. Sterbeziff. 1988: 4,7%/1,6%) – **Sprachen:** Kirundi u. Französ. als Amtsspr.; sonst einheim. Sprachen, z. T. Kisuaheli – **Religion:** 4,5 Mio. Christen, davon 90% Katholiken; 33% Anhänger von Naturreligionen; protest. und muslim. Minderh. – **Städt. Bev.:** 7% – **Städte** (Z 1986): Bujumbura [Usumbura] (Hptst.) (S) 400000 Ew.; Gitega [Kitega] 95300 (ehem. Residenz)

STAAT Präsidialrepublik – Verfass. v. Nov. 1981 – Seit Putsch vom 3. Sept. 1987 »Militärkomitee d. Nat. Erlösung« – Neue Verfassung, die Anf. 1992 in Kraft treten soll, erlaubt Mehrparteiensystem – 15 Provinzen – **Staatsoberhaupt:** Major Pierre Buyoya, seit Staatsstreich v. Sept. 1987 – **Regierungschef:** Prem. Min. Adrien Sibomana – **Äußeres:** Cyprien Mbonimpa – **Parteien:** Union pour le Progrès National/UPRONA (einzig zugelassene Partei); nach dem Putsch vom Sept. 1987 aufgelöst; letzte Wahl am 22. 10. 1982 – **Unabh.:** 1. 7. 1962 – **Nationalfeiertag:** 1. 7.

WIRTSCHAFT **BSP** 1989: 1149 Mio. $ = 220 $ je Ew. (151); realer Zuwachs ∅ 1980–89: 4,5% – **BIP** 1988: 960 Mio. $; realer Zuwachs ∅ 1980–88: 4,3%; Anteil **Landwirtsch.** 56%, **Industrie** 15% – **Erwerbstät.** 1986: Landw. 92%, Ind. 15% – **Energieverbrauch** 1988: 20 kg ÖE/Ew. – **Währung:** 1 Burundi Franc (F. Bu) = 100 Centimes; 1 $ = 165,0728 F. Bu., 100 F. Bu. = 0,9177 DM – Öffentl. **Ausl.-Verschuld.** 1988: 749 Mio. $ = 69,8% d. BSP – **Inflation** ∅ 1980–88: 4,0% – **Außenhandel** 1988: **Import:** 165 Mio. $; **Export:** 123 Mio. $; Güter: hauptsächlich Kaffee (bis 90%), Tee, Baumwolle, Ölfrüchte, Häute, Mineralien; Länder: über 20% BR Dtld. (alt), 20% BENELUX, Frankr., Japan, China, USA

PRESSE *Tageszeitung:* Bujumbura: Le Renouveau du Burundi (20)/UPRONA-Org., Frz. – *Wochenzeitung:* Ubumwe (20)/KiRundi – *Nachrichtenagentur:* ABP (Agence Burundaise de Presse)

CHILE *Süd-Amerika*

Republik Chile; República de Chile – RCH

LANDESSTRUKTUR **Fläche** (36): 756945 km²; Ch. beanspr. den zwischen 53° u. 90° w. L. geleg. Antarktis-Sektor (1250000 km², Stützp. mit rd. 200 Mann) als Hoheitsgebiet – **Einwohner** (55): (F 1989) 12980000 = 17 je km²; (Z 1982) 11330000 – Chilenen; 50% Mestizen, 50% Weiße (großteils altspan. Abst., ca. 300000 Deutschstämmige); 1,5% Araukaner-Indianer, 0,3% and. Indianer (Ketschua, Aimara, Chonos, Alacalufes, Feuerländer) – **Leb.-Erwart.**: 71 J. – **Säugl.-Sterbl.**: 2,0% – **Analph.**: 6% – Jährl. **Bev.-Wachstum** (∅ 1980–88): 1,7% (Geb.- u. Sterbeziffer 1988: 2,3%/0,6%) – **Sprache:** Spanisch – **Religion:** 89% Katholiken; 6% Protestanten u. 25000 Juden – **Städt. Bev.**: 85% – **Städte** (S 1985): Santiago de Chile (Hptst.) 4318300 Ew., Valparaíso 267000, Concepción 218000, Antofagasta 175000, Temuco 172000, Rancagua 152000, Talca 145000, Iquique 121000, Punta Arenas 105000, La Serena 88000, Puerto Montt 81000, Copiapó 70000

STAAT Parlament aus Abg.-Kammer (120 Mitgl.) u. Senat (38 gewählte u. 9 ernannte Mitgl.) – Gliederung in 13 Regionen – **Staatsoberhaupt und Regierungschef:** Präs. Patricio Aylwin, seit März 1990 – **Äußeres:** Enrique Silva Cimma – **Parteien:** Parlamentswahlen am 14. 12. 1989: Concertación Democrática (Oppositionsbündnis aus Partido Democrata Cristiana/PDC 38, P. por la Democracia/PPD 17, P. Socialista Almeida/PS-A 6, P. Radical/PR 5, and. Part. 6) 72 Sitze (Senat: 22); das Rechtsbündnis Democracia y Progreso (Renovacion National/RN 29, Union Democrata Indepente/UDJ 11, Unabhäng. 8) 48 (16) Sitze – **Unabh.**: 12. 2. 1818 (formelle Proklamation) – **Nationalfeiertag:** 18. 9.

WIRTSCHAFT **BSP** 1989: 22910 Mio. $ = 1770 $ je Ew. (70); BIP 1988: 22080 Mio. $; realer Zuwachs ∅ 1980–88: 1,9%; Anteil **Landwirtsch.** 9%, **Industrie** 18% (ohne Bergbau, Energie u. Bauwirtsch.) – **Erwerbstät.** 1988: Landw. 13%, Ind. 25% – **Energieverbrauch** 1988: 832 kg ÖE/Ew. – **Währung:** 1 Chilenischer Peso (chil$) = 100 Centavos; Freimarktkurs: 1 US-$ = 334,66 chil$, 100 chil$ = 0,4527 DM – **Ausl.-Verschuld.** 1988: 16121 Mio. $ = 79,3% d. BSP – **Inflation** ∅ 1980–88: 20,8% – **Außenhandel** 1988: **Import:** 4833 Mio. $; Güter: 52% Rohstoffe u. Zwischengüter, 27% Kapitalgüter, 17% Konsumgüter; Länder: 20% USA, 11% Japan, 10% Brasilien, 7% BRD (alt), 6% Argentinien; **Export:** 7052 Mio. $; Güter: 50% Kupfer, 9% Agrarprod., 6% Fischmehl, 5% Papier- u. Zelluloseprod., 5% sonst. Metalle; Länder: 18% USA, 14% Japan, 11% BR Dtld. (alt), 6% Brasilien, 6% Großbrit., 5% Italien

PRESSE *Tageszeitungen:* Santiago: El Mercurio (120, so. 250) – La Época (50) – La Segunda (40) – La Tercera de la Hora (170) – Las Ultimas Noticias (150) – *Nachrichtenagentur:* Orbe Servicios Informativos

Zu Chile gehören folg. pazif. Inseln:
Osterinsel (Isla de Pascua, Rapanui), 162,5 km² u. 1800 Ew. (1000 Einheim. u. 800 »Kontinentalchilenen«); Hauptort Hangaroa
Juan-Fernández-Inseln, 185 km² u. etwa 1000 Ew. (Robinsón Crusoe/Más a Tierra, A. Selkirk/Más Afuera, Santa Clara)
Islas Desaventuradas (San Félix, San Ambrosio, Gonzales), 3,32 km²
Sala y Gómez, 0,12 km², unbewohnt – Streit mit Argentinien um 3 Inseln (Lennox, Nueva, Picton) im Beagle-Kanal durch Abkommen v. Okt. 1984 beigelegt
Chile unterhält außerdem 7 Basen in der *Antarktis*; territoriale Ansprüche auf antarkt. Gebiet sind z. Z. ausgesetzt.

CHINA, Republik *Ost-Asien*

Taiwan (»Terrassengestade«), Formosa (portug. »Schöngestaltige«), Nationalchina bzw. »Ta Tschung Hua Min-Kuo« (Ta Chung-Hwa Min-Kuo), beansprucht, wie die Volksrepublik, ganz China zu repräsentieren – RC

LANDESSTRUKTUR **Fläche** (120): 36179 km² (einschl. d. unten genannten Inseln) – **Einwohner** (41): (F 1990) 20200000 = 558 je km²; (Z 1980) 17949000 – Chinesen, u. a. etwa 20% Flüchtl. v. Festland; außerd. rd. 200000 malaio-polynesische Gaoschan – **Leb.-Erwart.**: 73 J. – **Säugl.-Sterbl.**: 1,1% – **Analph.**: 7% – Jährl. **Bev.- Wachstum** (∅ 1985–89): 1,1% (Geb.- u. Sterbeziffer 1987: 1,8%/0,5%) – **Sprachen:** Chinesisch als Amtsspr., z. T. Fukien-(Amoy-)Dialekte (»Min-nan-hua«) – **Religion:** Konfuzian. Lehre, ca. 7 Mio. (Mahajana-) Buddhisten, 3,3 Mio. Taoisten, 313000 Protestanten, 276330 Katholiken, 42000 Muslime – **Städt. Bev.**: 51% – **Städte** (F 1987): Taipeh [Taibei], als prov. Hptst. v. China betrachtet, seit 1967 »Stadtstaat«, 2637000 (A; 4,2 Mio.) Ew.; Khaosiung 1343000, Taichung [Taitschung] 715000, Tainan 657000, Panchiao 422000, Sanchung [Schantschung] 354000, Keelung [Kilung] 349000, Hsinchu [Hsintschu] 310000, Fengshan 267000, Chiayi [Tschiaji] 255000

STAAT Republik – Nationalversammlung (als repräsentativ f. ganz China betrachtet; Aufhebung des Ausnahmezustands am 30. 4. 1991 und Anerkennung der »De facto Existenz« der kommunist. Herrschaft in der VR China), gewählt 1947, nach Verfassungsreform v. April 1991 Aufhebung der »lebenslangen Mandate« und Festlegung auf 327 Mitglieder (1990: 752; urspr. 2961); Gesetzgebender Yuan [Juan] ganz Chinas 1991 161 Mitgl. (1989: 292; urspr. 773) sowie Staatsprüfungs-Yuan, Aufsichts-Yuan, Justiz-Yuan u. Vollzugs-Yuan (in Übereinst. mit d. »Drei-Gewalten-Lehre« d. Dr. Sun Yatsen) – Außerd. Parlamente f. d. Provinz Taiwan u. den Stadtstaat Taipeh [Taibei] – Allg. Wahlrecht – 5 Stadtkreise u. 16 Landkreise »Hsien« sowie 2 Sonderstadtkreise (»special municipality«): Taipeh u. Khaosiung – **Staatsoberhaupt:** Präsident Lee Teng-hui [Li Denghui], einheim. Taiwanese, KMT, seit Jan. 1988, wiedergewählt im März 1990 – **Regierungschef** bzw. Präs. d. Vollzugs-Yuan: General Hau Pei-tsun, seit Mai 1990 – **Äußeres:** Lien Chan – **Parteien:** entscheidend ist die nationale Kuomintang/KMT (volle Bez.: Chung-kuo kuo-min-tang = »Chines. Volkspartei«, die auf die 1894 v. Sun Yat-sen gegründete Hsing Chung hui [»Ges. f. d. Erneuerung Chinas«] zurückgeht); 2,1 Mio. Mitgl., Vors.: Lee Teng-hui; im Sept. 1986 Gründung der neuen Oppositionspartei Minjindang/MJD (»Demokratisch-Progressive-Partei«/DPP), die bei Ergänzungswahlen zum Gesetzgebenden Yuan im Dez. 1989 (1986) 21 (12) d. 101 (72) Wahlmandate gewann; KMT: 72 (59) Sitze; Unabhängige: 8 (1) Sitze; 1989 sind 23 weitere Parteien registriert; Wahlen zur Nationalversammlung und zum Parlament sollen noch 1991 und 1992 erfolgen – **Dipl. Bez.:** nicht zur BRD (doch dipl. Bez. zu 22 Staaten, u. a. Saudi-Arabien u. S-Korea) – **Unabh.:** Fortführung d. Tradition der am 1. 1. 1912 in Peking nach d. Sturz d. Mandschu-Herrschaft proklam. Republik – **Nationalfeiertag:** 10. 10. (Tag d. Aufstands v. Wutschang 1911)

WIRTSCHAFT **BSP** 1989: 150000 Mio. \$ = 7500 \$ je Ew. (31); realer Zuwachs ∅ 1990: 5,2%; Anteil **Landwirtsch.** am **BIP** 1989 5%, **Industrie** 43% – **Erwerbstät.** 1987: Landw. 15%, Ind. 38% – **Energieverbrauch** 1983: 1081 kg ÖE/Ew. – **Währung:** 1 Neuer Taiwan-Dollar (NT\$) = 100 Cents; 1 US-\$ = 27,07 NT\$, 100 NT\$ = 5,5962 DM – **Ausl.-Verschuld.** 1989: 1200 Mio. \$ – **Inflation** ∅ 1990: 4,1% – **Außenhandel** 1990: **Import:** 54700 Mio. \$; Güter: 11% Metalle u. -waren, 10% Elektronik, 10% Chemik.; Länder: 29% Japan, 24% USA, 5% BRD; **Export:** 67200 Mio. \$; Güter: 11% Elektronik, 8% Maschinen, 8% Fasern, Garne u. Gewebe, 7% Infotechnik; Länder: 33% USA, 12% Japan, 12% Hongkong *(zur Wirtschaftslage 1990 → Sp. 808 f.)*

PRESSE *Tageszeitungen:* Taipeh: Central Daily News (380)/Kuomintang – China News (25)/ Engl. – China Times (1200) – Khaosiung: Min Chung Daily News (148) – Taiwan Times (148) – Taichung: Taiwan Daily News (250) – Tainan: China Daily News (260) – *Nachrichtenagentur:* CNA (Central News Agency)

Zu Taiwan gehören die *Pescadores-Inseln* (chin.: Penghu Lieh Tao) aus 64 Inseln in d. Formosa-Straße 127 km², 112672 Ew. (1979): Hauptort Makung (15000 Ew.); besetzt sind eine der Spratly (Nan-scha)-Inseln (0,7 km²) u. die Pratas (Tungscha)-Inseln (1,5 km²); außerd. mehrere Inselgruppen vor d. Festland d. VR China, darunter die zur Provinz Fukien zählenden Landkreise (»hsien«) *Jinmen-(Kinmen-, Quemoy-)* (12 Inseln, 175,4 km² u. 53944 Ew. 1979) u. *Matsu-Inseln* (Lienkiang, 28,8 km² u. 10980 Ew. 1979) mit eigenem Gouverneur. *Tung-Yin-Insel* (2,6 km² u. 800 Ew.) *(→ auch China, Volksrepublik)*

CHINA, Volksrepublik *Ost-Asien*

Volksrepublik China; Zhonghua Renmin Gongheguo bzw. Tschung-Hua Jen-Min Kung-Ho Huo – TJ u. VRC

LANDESSTRUKTUR **Fläche** (3): 9560980 km² (n. UNO-Ang. 9596961 km², m. Taiwan, das von der VR als integraler Teil angesehen wird) – **Einwohner** (1): (Z 1990 → *Ergebnistabelle Sp. 253 f.)* 1133682501 = 119 je km² (ohne Taiwan, Hongkong u. Macao) – Chinesen; 92% Chinesen (»Han-Nationalität«), außerd. Turkvölker, Thai-Gruppen, Mongolen, Tibeter, Mandschu. Insg. 55 nationale Minderheiten (»Nationalitäten«) mit großen Unterschieden in den Bevölkerungsanteilen (1990: rd. 8% d. Bev.); ca. 29,3 Mio. Auslandschinesen (1987) – **Leb.-Erwart.:** 70 J. – **Säugl.-Sterbl.:** 3,1% – **Analph.:** 16% – Jährl. **Bev.- Wachstum** (∅ 1980–88): 1,3% (Geb.- u. Sterbeziffer 1990: 2,1%/0,6%) – **Sprachen:** Chinesisch (Kao-yü) als Amtsspr.; in d. autonomen Gebieten auch Sprachen d. and. Gruppen als Amtssprache zugelassen, Pu Tung-hua, Englisch wichtig als intern. Handelssprache – Ab 1. 1. 1979 Verwend. d. chines. phonetischen Lautumschrift (Hanyu Pinyin). Die geschrieb. Han-Sprache hat 6300 allgemein benutzte Schriftzeichen, von denen 99% d. Texte nur 2400 verwenden. Die 44300 allg. gebräuchl. Wörter bestehen aus 3730 Schriftzeichen – **Religion:** Konfuzian. Lehre; (S) 100 Mio. (Mahajana-)Buddhisten, Taoisten, 14 Mio. sunnitische Muslime, 3 Mio. Katholiken (davon 20000 in Peking), 3 Mio. Protestanten – **Städt. Bev.:** 26% – **Städte** (S 1986): Beijing [Peking] (Hptst.) 6,0 Mio. Ew., Shanghai [Schanghai] 7,1 (A; S 1988: 12,6), Tianjin [Tientsin] 5,5; Shenyang [Schenjang, früh. Mukden] 4,3, Lüda (früh. Port Arthur bzw. Dairen) 4, Wuhan 3,5, Guangzhou [Kanton] 3,4, Chongqing [Chungking bzw. Tschungking] 2,8, Harbin 2,7, Chengdu [Tscheng-tu] 2,6, Nanjing [Nanking] 2,3, Xi'an [Sian] 2,4, Taiyuan [Taijuan] 1,9, Chang-chun

4. Volkszählung 1990

Programme	*Einheit*	*4. Volkszählung 1990*	*3. Volkszählung 1982*	*Zuwachs 1990 im Vergleich zu 1982*
1. Gesamtbevölkerung[1]	Personen	1.133.682.501	1.008.175.288	+12,4‰
2. Natürliche Veränderungen[2]				
Geburtenrate	‰	20,98	20,91	+0,07‰
Sterblichkeitsrate	‰	6,28	6,36	−0,08‰
Natürliche Zuwachsrate	‰	14,70	14,55	+0,15‰
3. Zahl der Familienmitglieder je Haushalt	Personen	3,96	4,41	−0,45 Pers.
4. Proportion zwischen Männern und Frauen (Frauen=100)	%	106,6	106,3	+0,3%
5. Nationalitäten:				
Zahl der Han-Chinesen	Personen	1.042.482.187	940.880.121	+10,8%
Zahl der Angehörigen der nationalen Minderheiten	Personen	91.200.314	67.295.167	+35,52%
6. Zahl der Einwohner mit Hochschulbildung (je 100.000 Ew.)	Personen	1422	615	+131,22%
mit Mittelschulbildung (Oberstufe)		8039	6779	+18,59%
mit Mittelschulbildung (Unterstufe)		2344	17.892	+30,47%
mit Grundschulbildung		37.057	35.237	+5,17%
Zahl der Analphabeten und Halb-Analphabeten[3]	Personen	180.030.060	229.964.474	−21,71%
Anteil an der Gesamtbevölkerung	%	15,88	22,81	−6,93
8. Zahl der Städter und Kleinstädter[4]	Personen	296.512.111	206.588.582	
Anteil an der Gesamtbevölkerung	%	26,23	20,60	

[1] Die Gesamtbevölkerung umfaßt die Einwohner, einschließlich der Militärs, der 30 Provinzen, autonomen Gebiete und regierungsunmittelbaren Städte auf dem Festland, nicht einbezogen sind die Chinesen in Taiwan, Hong Kong und Macao.

[2] Diese Ziffern der natürlichen Veränderungen in der Bevölkerungszahl sind Durchschnittswerte der letzten 12 Monate vor der 4. VZ 1990 bzw. vor der 3. VZ 1982.

[3] Unter Analphabeten und Halb-Analphabeten versteht man über 15 Jahre alte Einwohner, die gar kein oder ganz wenige chinesische Schriftzeichen beherrschen.

[4] Bei den Städtern sind die Einwohner der Städte mit Stadtbezirken und ohne Bezirke gemeint, und bei den Kleinstädtern die der Kleinstädte ohne Bezirke und der einer Kreisverwaltung unterstehenden Kleinstädte. Bei der Volkszählung 1982 galten als Städter alle Stadtbewohner (die Einwohner der einer Stadt unterstehenden Kreise nicht eingerechnet); als Kleinstädter zählten die Einwohner der einer Kreisverwaltung unterstehenden Kleinstadt.

Quelle: Beijing Rundschau 46/90

[Tschang-tschun] 1,9, Zhengzhou [Tschengtschou] 1,6, Kunming 1,5, Lanzhou [Lantschou] 1,4, Jinan [Tsinan] 1,4, Qingdao [Tschingtau] 1,3, Fushun [Fuschun] 1,3, Anshan [Anschan] 1,3 und u. a. Lhasa (1982) 0,16 Mio. (davon 0,06 Mio. Tibeter)

STAAT Neue Verfassung 1982 vom V. Nationalen Volkskongreß/NVK verabschiedet, enthält in d. Präambel die 4 Grundprinzipien: »Sozialismus, demokrat. Diktatur d. Volkes, Marxismus-Leninismus-Mao-Ideen, Führung durch KP« – Der Nationale Volkskongreß (Parlament aus 1 Kammer mit 2977 von den Provinzparlam. gewählten Abgeordneten; ständiges Organ ist d. Ständ. Ausschuß d. NVK (154 Abg.) *(→ zum Staatsaufbau Sp. 255 f.)* – Wahl d. Abgeordn. auf 5 Jahre – Zentrale Beraterkommission (172 Mitgl.) – Allg. Wahlrecht – Gesetz d. VR China über d. nationale regionale Autonomie am 31. 5. 1984 angenommen – **Nationalitätenstaat:** 147 territ. Einheiten mit nationaler Autonomie (5 auton. Gebiete, 31 aut. Bezirke [»Chou«] u. 111 aut. Kreise oder Banner [»Hsien«]) mit insg. 6,1 Mio. km² (über 60% d. Fläche Ch.) u. 120 Mio. Menschen (davon über 70 Mio. nation. Minderh.) – 23 (m. Taiwan 24) Provinzen (Ch'ü), 3 unmittelb. Städte (Peking, Schanghai, Tientsin), 5 auton. Gebiete Tibet [Aut. Region Tibet, auf tibetisch »Bod ran-skyon-ljon«], Innere Mongolei, Xinjiang Uygur [Sinkiang-Uigur], Ningxia Hui [Ningsia-Hui], Guangxi Zhuang [Kuangsi-Dschuang]. – Bevölk. d. Provinzen, regierungsunmittelb. Städte u. Auton. Gebiete (S 1986, in Mio.): Beijing 9,8, Tianjin 8,2, Provinz Hebei 56,2,

Pr. Shanxi 26,6, Aut. Geb. Innere Mongolei 20,3, Pr. Lianoning 37,3, Pr. Jilin 23,2, Pr. Heilongjiang 33,3, Shanghai 12,3, Pr. Jiangsu 62,7, Pr. Zhejiang 40,7, Pr. Anhui 52,2, Pr. Fujian 27,5, Pr. Jiangxi 35,1, Pr. Shandong 77,8, Pr. Henan 78,1, Pr. Hubei 49,9, Pr. Hunan 57,0, Pr. Guangdong 63,5 (ohne Dongsha u. Nansha), Aut. Geb. Guangxi d. Zhuang-Nat. 39,5, Pr. Sichuan 103,2, Pr. Guizhou 30,1, Pr. Yunnan 34,6, Pr. Shaanxi 30,4, Pr. Gansu 20,7, Pr. Qinghai 4,1, Aut. Geb. Ningxia d. Hui-Nat. 4,2, Uigurisches Aut. Geb. Xinjiang 13,8; als 23. Provinz am 13. 4. 1988 neugegründet, noch im Prozeß der Konstituierung, die Insel Hainan; v. VR China mit eingerechnet: Provinz Taiwan 18,3, Xianggang (Hongkong) u. Aomen (Macao) 5,4. - Aut. Geb. Tibet 1,9 (davon 94% tibet. Nationalität); lt. Ang. aus Lhasa kommen in Tibet auf 6 Mio. Tibeter etwa 2 Mio. Han-Chinesen (300000 Militärs u. 1,7 Mio. Zivilisten), lt. Ang. aus Peking nur 110000 Han-Chinesen; Präs. d. Volksreg. in Tibet: Doje Cering; Parteichef: Wu Jinghua – Angeh. d. Volksbefreiungsarmee 4,2 Mio. – **Staatsoberhaupt:** Präsident Yang Shangkun, Stellvertr. Wang Zhen – Vors. d. Ständigen Ausschusses d. VII. NVK (Organ d. Parlaments zwischen den Sessionen) Wan Li (19 Vizepräsidenten, 135 Mitgl.; alle seit Apr. 1988

Oberste Führung (Angaben der Botschaft der VR China; → auch *WA '90, Sp. 116)*

a) Das höchste Machtorgan der Volksrepublik China ist der **Nationale Volkskongreß** der Volksrepublik China, der alle fünf Jahre gewählt wird. Jährlich tritt der Nationale Volkskongreß einmal zu seiner Jahrestagung zusammen. Während der Tagungspause führt sein **Ständiger Ausschuß** die verschiedenen Ausschüsse. Die Regierung der Volksrepublik China ist dem Nationalen Volkskongreß rechenschaftspflichtig.

b) Das höchste Entscheidungsgremium der KPCh (über 50 Mio. Mitgl.) ist der **Ständige Ausschuß des Politbüros,** an dessen Spitze der **Generalsekretär** der Partei (seit Juni 1989 Jiang Zemin) steht. Mitglieder des Ständigen Ausschusses des Politbüros des 175köpfigen **Zentralkomitees** sind: Jiang Zemin, Li Peng, Qiao Shi, Yao Yilin, Song Ping, Li Ruihuan; weitere Mitglieder des Politbüros: Yang Shangkun, Wu Xueqian, Li Tieying, Qin Jiwei, Yang Yudai, Tian Jiyun und Li Ximin.

c) Das 16köpfige **Politbüro** (Ständiger Ausschuß + 10 Mitglieder), das 175köpfige **ZK**, die **Militärkommission** (deren Vors. seit Nov. '89 Jiang Zemin ist)

d) Die staatlichen Organe sind: der Staatsrat (die Regierung), mit Ministerpräsident Li Peng; das Oberste Volksgericht und die Oberste Volksstaatsanwaltschaft – **Äußeres:** Qian Qichen – **Unabh.:** fast 4000 Jahre staatl. Überlieferung. Gründung der Volksrep. am 1. 10. 1949 – **Nationalfeiertag:** 1. 10.

WIRTSCHAFT **BSP** 1989: 393 006 Mio. $ = 360 $ je Ew. (139); realer Zuwachs ∅ 1980–89: 9,6%; **BIP** 1988: 372320 Mio. $; realer Zuwachs ∅ 1980–88: 10,3%; Anteil **Landwirtsch.** 32%, **Industrie** 46% – **Erwerbstät.** 1987: Landw. 60%, Ind. 22% – *(zur Wirtschaftslage 1989 → Sp. 808f., zur Landwirtschaft → Sp. 818f., zur Industrie → Sp. 888f.)* – **Energieverbrauch** 1988: 580 kg ÖE/Ew. – **Währung**: 1 Renminbi Yuan (RMB. ¥) = 10 Jiao = 100 Fen; 100 US-$ = 520,90 RMB. ¥, 100 RMB. ¥ = 28,6811 DM – **Ausl.-Verschuld.** 1988: 32196 Mio. $ = 8,7% d. BSP; 1989: 41,3 Mrd. $ – **Inflation** ∅ 1980–88: 4,9%; 1989: 15,0% – **Außenhandel** 1989: **Import:** 59140 Mio. $; Güter: 31% Maschinen u. Fahrz., 13% chem. Produkte, 10% Eisen u. Stahl, 7% Nahrungsm. u. leb. Tiere; Länder: 21% Hongkong, 18% Japan, 13% USA; **Export:** 52540 Mio. $; Güter: 13% textile Garne u. Gewebe, 12% Nahrungsm. (bes. Tee u. Seide) u. leb. Tiere, 12% Bekleidung u. Wäsche; Länder: 42% Hongkong, 16% Japan, 8% USA

PRESSE *Tageszeitungen:* Beijing: Beijing Ribao (1000) – Beijing Wanbao (500)/Abendz. – Can Kao Xiao Xi (3600)/Inf. d. Nachrichtenagentur Xinhua – China Daily (150)/Engl. – Gongren Ribao (2500) – Guangming Ribao (1500) – Jiefangjun Bao (800)/Org. d. Befreiungsarmee – Jingji Ribao (1500) – Renmin Ribao (5000; mit Ortsausgaben in Banto, Changchun, Changsha, Chengdu, Chongqing, Dalian, Datong, Dunuang, Fuzhou, Guilin, Hangzhou, Harbin, Hefei, Hohhot, Jilin, Jinan, Kunming, Lanzhou, Lhasa, Luoyang, Nanchang, Nanjing, Nanning, Qingdao, Shanxi, Shaoxing, Shenyang, Shijiazhang, Suzhou, Taiyuan, Ürümqi, Wuhan, Wuxi, Xiamen, Xi'an, Xining, Xinjiang, Xinmin, Yangchen, Yinchuan, Zhengzhou)/Org. d. KPCh – Zhongguo Qingnian Bao (3000)/Jugendz. – Shanghai: Jiefang Ribao (1000) – Wenhui Bao (1700) – Tianjin: Tianjin Ribao (600) – *Wochen- und Monatszeitungen*: Beijing: Beijing Rundschau – China im Bild – China im Aufbau/Dt. – »Qiu Shi« (= »Die Wahrheit suchen«)/theoret. Org. d. KPCh – *Nachrichtenagentur:* Xinhua/NCNA (New China News Agency)

Die nordöstl. v. Taiwan geleg. *Tiaoyütai-Inseln* (jap. Sengaku, 6,3 km^2) werden v. Peking u. Taiwan als chines. angesehen, jedoch v. Japan faktisch kontrolliert. Die *Paracel-Inseln* (chines. Xisha [Hsi-cha], 5,9 km^2) sind von d. VR China besetzt, desgl. zeitw. einige d. in erdölhöffigem Gebiet gelegenen *Spratly-Inseln* (chines. Nansha [Nan-scha], 0,7 km^2; philippin. Kalagan), v. denen aber Itu-Abu von Taiwan, Rurok, Binago und Pugad v. Vietnam u. and. (u. a. Panata) von d. Philippinen okkupiert sind *(→ auch China, Republik)*

Deutschland, Österreich, Schweiz

Flaggen aller Staaten

Flaggen aller Staaten

Der Erdmantel:

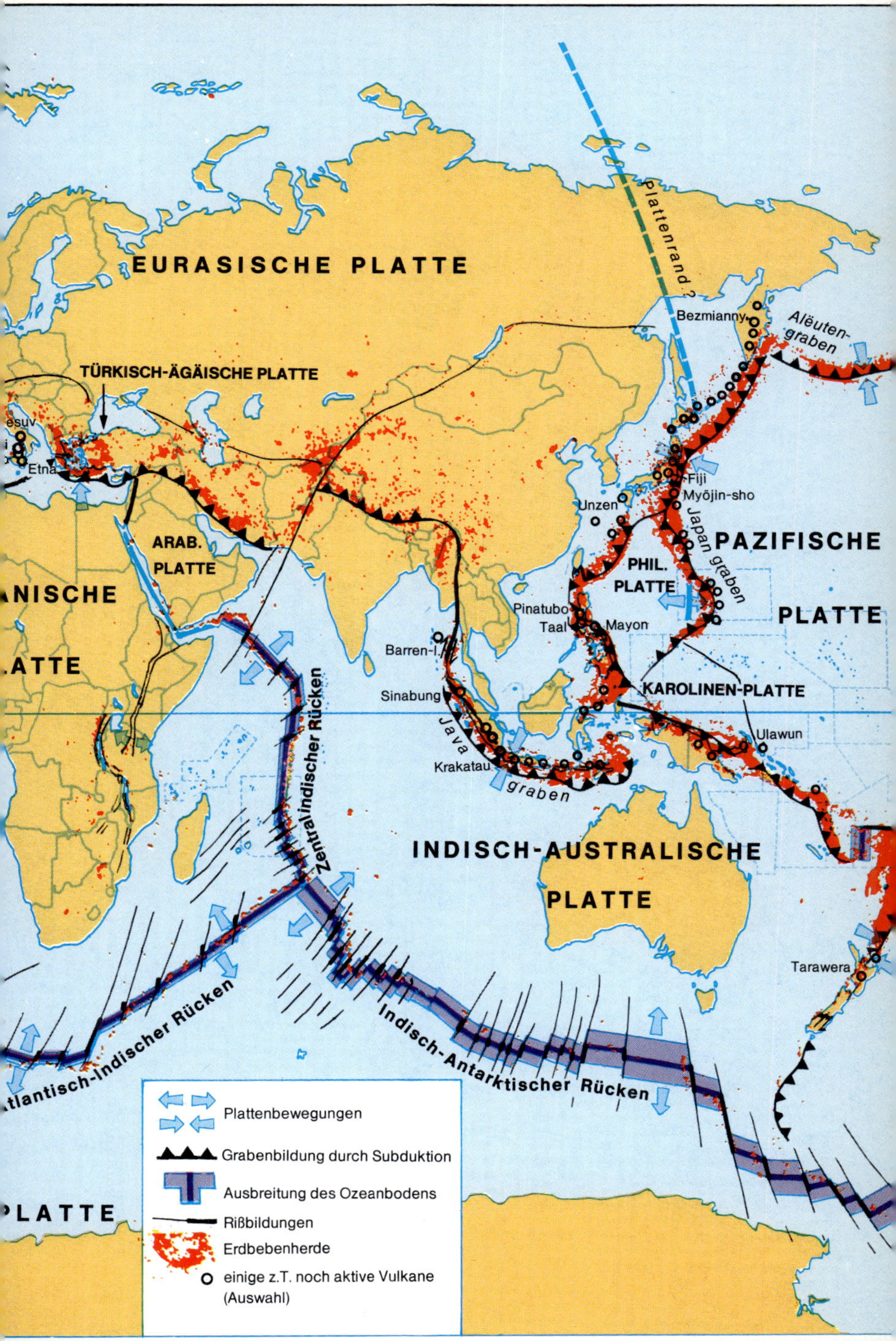
EURASISCHE PLATTE
TÜRKISCH-ÄGÄISCHE PLATTE
Plattenrand ?
Bezmianny
Aleutengraben
Etna
ARAB. PLATTE
NISCHE
ATTE
Unzen
Fiji
Myōjin-sho
Japan graben
PAZIFISCHE PLATTE
PHIL. PLATTE
Pinatubo
Taal
Mayon
Barren-I.
Sinabung
KAROLINEN-PLATTE
Ulawun
Java graben
Krakatau
Zentralindischer Rücken
INDISCH-AUSTRALISCHE PLATTE
Tarawera
Atlantisch-Indischer Rücken
Indisch-Antarktischer Rücken
PLATTE
Plattenbewegungen
Grabenbildung durch Subduktion
Ausbreitung des Ozeanbodens
Rißbildungen
Erdbebenherde
einige z.T. noch aktive Vulkane (Auswahl)

Einige ausgewählte Größenzahlen der Erde:

Durchmesser	12 756 km
Länge des Äquators	40 075 161 km
Länge eines Meridians	40 007 818 km
Länge eines Wendekreises	36 778 000 km
Länge eines Polarkreises	15 996 280 km
Volumen der Erdkugel	1 083 319,780 Mill. km³

Erdoberfläche insgesamt		510 066 000 km²
Landfläche		148 429 000 km²
nördl. Halbkugel	39 % d. Halbk.-Fl.	
südl. Halbkugel	19 % d. Halbk.-Fl.	
Wasserfläche		361 637 000 km²
nördl. Halbkugel	61 % d. Halbk.-Fl.	
südl. Halbkugel	81 % d. Halbk.-Fl.	

(nach „Statistisches Jahrbuch 1990", „National Geographic Atlas of the World, 1990" u.a.)

Erdteile:	Landfläche:	Einwohner:
Europa (incl. europ. Teile d. UdSSR u. Türkei)	9 839 000 km²	715 233 800 Mill.
Afrika	30 273 000 km²	646 389 000 Mill.
Amerika (Nord-, Mittel-, Südamerika u. Grönland)	42 055 000 km²	706 679 200 Mill.
Asien (incl. asiat. Teile d. UdSSR u. Türkei)	44 699 000 km²	3 132 638 000 Mill.
Australien und Ozeanien	8 937 000 km²	26 456 000 Mill.
Erde insgesamt (ohne Antarktis = gesch. 13,2 Mill. km²)	135 803 000 km²	5 227 396 000 Mill.

Ozeane:	
Pazifischer Ozean	166 241 000 km²
Atlantischer Ozean	86 557 000 km²
Indischer Ozean	73 427 000 km²
Arktischer Ozean	9 485 000 km²

Meere:	
Südchinesische See	2 974 600 km²
Karibische See	2 515 900 km²
Mittelmeer	2 510 000 km²
Beringsee	2 261 100 km²

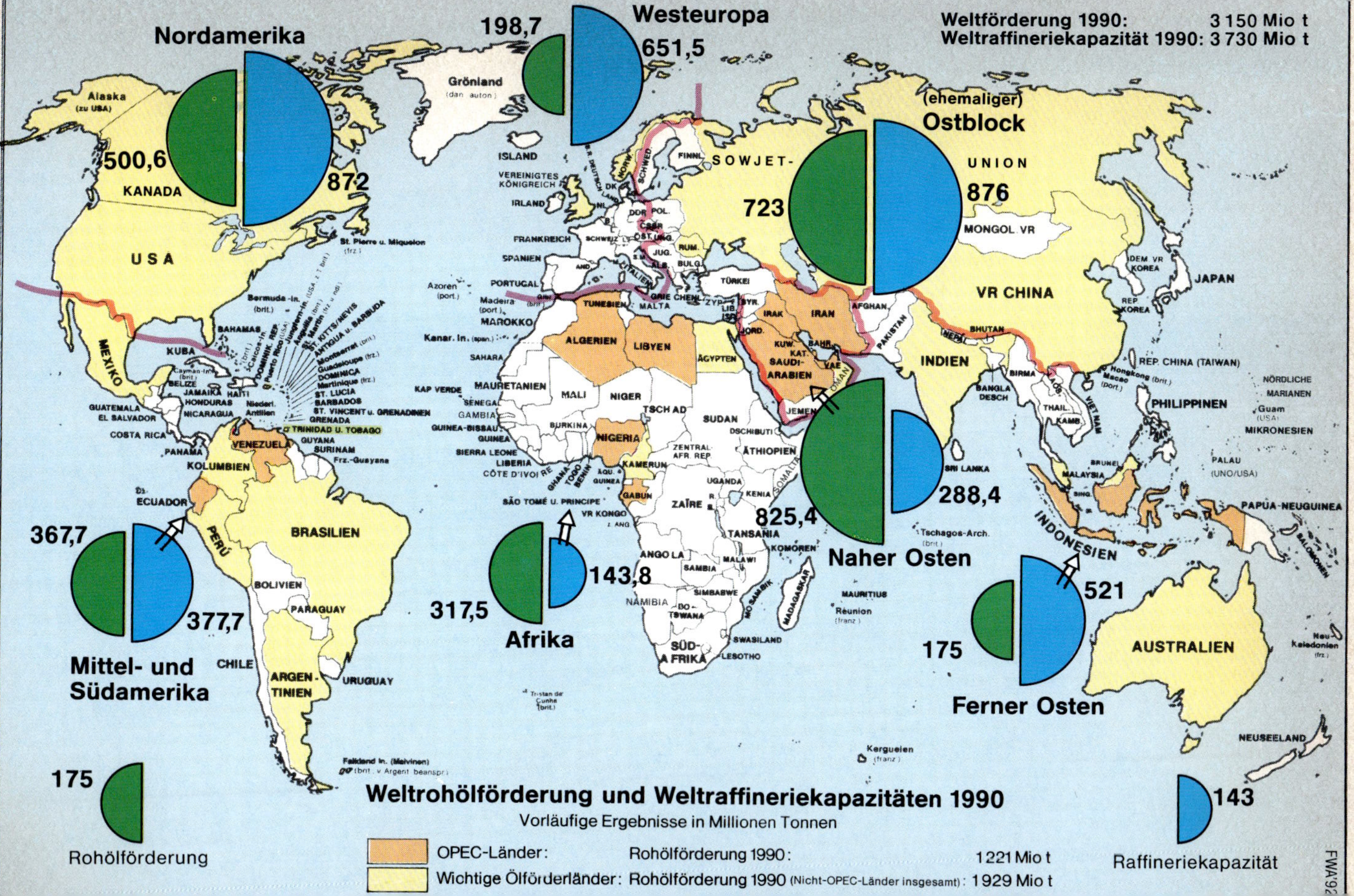
Weltförderung 1990: 3 150 Mio t
Weltraffineriekapazität 1990: 3 730 Mio t
Nordamerika
500,6
872
Westeuropa
198,7
651,5
(ehemaliger) Ostblock
723
876
Naher Osten
825,4
288,4
Mittel- und Südamerika
367,7
377,7
Afrika
317,5
143,8
Ferner Osten
175
521
SOWJET- UNION
VR CHINA
INDIEN
USA
KANADA
MEXIKO
BRASILIEN
ARGENTINIEN
AUSTRALIEN
INDONESIEN
VENEZUELA
ALGERIEN
LIBYEN
NIGERIA
IRAN
IRAK
SAUDI-ARABIEN
GABUN
ECUADOR
JAPAN
NEUSEELAND
Weltrohölförderung und Weltraffineriekapazitäten 1990
Vorläufige Ergebnisse in Millionen Tonnen
175
Rohölförderung
143
Raffineriekapazität
OPEC-Länder: Rohölförderung 1990: 1221 Mio t
Wichtige Ölförderländer: Rohölförderung 1990 (Nicht-OPEC-Länder insgesamt): 1929 Mio t
FWA'92

CISKEI *Süd-Afrika*

Republik Ciskei; iRiphabliki yeCiskei – GC

LANDESSTRUKTUR **Fläche** (144a): z. Z. 8300 km²; Arrondierungen bis 9185 km² vorgesehen – **Einwohner** (134a): (S 1985) 777000 = 94 je km² – 728000 Xhosa (Gaika, Gwali, Jingqgi) u. sonst. Schwarze, 6000 »Coloureds«, 2000 Weiße, 1000 Asiaten – **Analph.**: 35% – **Sprachen:** isiXhosa, Englisch – **Religion:** überw. Protestanten – **Städt. Bev.**: 31% – **Städte** (S 1984): Bisho (Hptst., im Aufbau), Mdantsane 300000 Ew., Zwelitsha 47000 (Reg.-Sitz), Sada 30000, Dimbaza 17800

STAAT Republik – Nationalversammlung (1984: 105 Mitgl., davon 22 gewählt u. 37 Stammeshäuptlinge), alle 5 J. gewählt; durch Militärputsch im März 1990 aufgelöst; Einführung eines Staatsrates; die Ressorts Justiz, Finanzen, Transport u. Landwirtschaft werden durch Vertrag v. März 1991 wieder von Südafrika verwaltet – **Vors. d. Staatsrates:** Brigadegeneral Josh Oupa Giqozo – **Parteien:** z. Z. nicht zugelassen – **Dipl. Bez.**: nur zur Rep. Südafrika – **Unabh.**: 4. 12. 1981, jedoch intern. nicht anerkannt u. faktisch weiterhin v. d. Rep. Südafrika abhängig; starke Bestrebungen zur Wiedereingliederung – **Nationalfeiertag:** nicht bek., vermutl. 4. 12.

WIRTSCHAFT **BSP** 1985: 825 Mio. Rand – 65% d. Volkseink. d. Überweis. d. Wanderarbeiter in Rep. Südafrika – **Währung:** südafr. Rand (R) – **Export:** Güter: landwirtsch. Prod. (bes. Ananas), Holz u. Industrieerzeugn. wie Uhren u. Fernsehapparate – **Handelspartner:** bes. Republik Südafrika

COSTA RICA *Mittel-Amerika*

Republik Costa Rica; República de Costa Rica = »Reiche Küste« – CR

LANDESSTRUKTUR **Fläche** (112): 51100 km² – **Einwohner** (110): (F 1989) 2941000 = 56 je km²; (Z 1984) 2417000 – Costaricaner (span. »costarricenses« oder »costarriqueños«); Weiße überw. altspan. Abstammung (über 75%); außerd. 15% Mestizen, 2% Schwarze u. Mulatten, 0,2% Indianer; rd. 250000 Ausländer (vorwieg. Flüchtl.) – **Leb.-Erwart.:** 75 J. – **Säugl.-Sterbl.:** 1,9% – **Analph.:** 7% – Jährl. **Bev.-Wachstum** (∅ 1980–88): 2,3% (Geb.- u. Sterbeziffer 1988: 2,7%/0,4%) – **Sprache:** Spanisch – **Religion:** 95% Katholiken (Staatskirche); 40000 Protest. u. 2500 Juden als Minderheiten – **Städt. Bev.**: 45% – **Städte** (Z 1984): San José (Hptst.) 245400 Ew., Puntarenas 47900, Limón 43000, Alajuela 34000, Cartago 24000, Heredia 21000

STAAT Präsidialrepublik – Erklärung d. Neutralität am 17. 11. 1983 (»aktive, autonome, unbewaffnete u. immerwähr. Neutr.«) – Gesetzgeb. Versamml. aus 1 Kammer (»Congreso Constitucional«), deren 57 Mitgl. für 4 J. gewählt werden – Wahlpflicht ab 18 J. – 7 Provinzen – **Staatsoberhaupt u. Regierungschef:** Rafael Angel Calderón Fournier (PUSC), seit 8. 5. 1990 – **Äußeres:** Bernd Niehaus Quesada – **Parteien:** Wahl z. Kongreß 1989: Partido de la Unidad Social-Cristiana/PUSC 29 (1986: 26), Partido de Libéración Nacional/PLN 27 (29), unabhängige Parteien 3 – **Unabh.**: 15. 9. 1821 (Proklamation), endgültig 14. 11. 1838 (Austritt aus der Zentralamerik. Konföderation) – **Nationalfeiertag:** 15. 9.

WIRTSCHAFT **BSP** 1989: 4898 Mio. $ = 1790 $ je Ew. (68); BIP 1988: 4650 Mio. $; realer Zuwachs ∅ 1980–1988: 2,4%; Anteil **Landwirtsch.** 18%, **Industrie** 28% – **Erwerbstät.** 1988: Landw. 25%, Ind. 23% – **Energieverbrauch** 1988: 557 kg ÖE/Ew. – **Währung:** 1 Costa-Rica-Colón (₡) = 100 Céntimos (c); Freimarktkurs: 1 US-$ = 102,55 ₡, 100 ₡ = 1,4569 DM – **Ausl.-Verschuld.** 1988: 3847 Mio. $ = 89,2% d. BSP – **Inflation** ∅ 1980–88: 26,9% – **Außenhandel** 1988: **Import:** 1409 Mio. $; **Export:** 1270 Mio. $; Güter: 65% Agrarprod.: Kaffee (ca. 30%), Bananen (20%), verarb. Nahrungsmittel wie Fleisch (10%); chem. Erzeugn., Maschinen, Textilien, Leder; Länder: 35% USA, 13% Japan, 6% Guatemala, 8% BRD, 5% El Salvador

PRESSE *Tageszeitungen:* San José: Diario Extra (100) – La Nación (90) – La Prensa Libre (50) – La República (60) – *Wochenzeitungen:* Rumbo (15) – The Tico Times (12)/Engl.

CÔTE D'IVOIRE *West-Afrika*

Republik Côte d'Ivoire (vorher Republik Elfenbeinküste; darf lt. Dekret d. Präs. seit 1. 1. 1986 nicht übersetzt werden); République de Côte d'Ivoire; Haupthandelsgut d. Kolonialzeit: weißes u. »schwarzes« Elfenbein = Sklaven – CI

LANDESSTRUKTUR **Fläche** (63): 322463 km² – **Einwohner** (56): (S 1990) 12600000 = 39 je km²; (Z 1975) 6710000 – Ivorer; vornehml. Sudangruppen (insg. 60 ethn. Gruppen); 23% Baule, 18% Bete, 15% Senufo, 11% Malinke, ca. 14% Agni-Aschanti u. ca. 10% Kru, Mande, Dan Gouro, Koua, Fulbe; bis 30% d. Bev. kommt aus Mali, Burkina Faso u. a.; 60000 Europäer, davon 50000 Franzosen; rd.

100000 Libanesen u. Syrer – **Leb.-Erwart.**: 54 J. – **Säugl.-Sterbl.**: 9,5% – **Analph.**: 46% – Jährl. **Bev.-Wachstum** (∅ 1980–88): 4,0% (Geb.- u. Sterbeziffer 1988: 5,0%/1,4%) – **Sprachen:** Französ. als Amtsspr., einheim. Verkehrsspr. Diula, sudanes. Sprachen (an der Küste: Kwa) – **Religion:** 65% Anh. v. Naturrel., 23% Muslime, 12% Christen (davon 8,5% Katholiken) – **Städt. Bev.**: 45% – **Städte** (S 1986): Yamoussoukro (Hptst. seit 1984; Geburtsort d. Präsid.) 75000 Ew., Abidjan [Abidschan] 1900000 (A; S 1985: 2534000), Buake 333000, Daloa 102000, Korhogo 88000, Man 59000, Grand Bassam 32000

STAAT Präsidialrepublik – Parlament aus 1 Kammer (Nationalversamml. m. 175 Mitgl.) – Allg. Wahlrecht – 49 Départements – **Staatsoberhaupt:** Félix Houphouët-Boigny, PDCI, seit 1960, Wiederwahl 1985 m. 99,1% d. St.; 7. Wiederwahl am 28. 10. 1990 m. 81,7% d. St. – **Regierungschef:** Prem.-Min. Alassane Dramane Quattara – **Äußeres:** Amara Essy – **Parteien:** 1. pluralist. Wahlen (19 Parteien mit 490 Kandidaten bei 40,02% Wahlbeteiligung) v. 25. 11. 1990 (1985: Einparteisystem): Parti Démocratique de la Côte d'Ivoire/PDCI 163 (175); Front Populaire Ivoirien/FPI 9; Parti Indépendant des Travailleurs/PIT 1; Unabh. 2 – **Unabh.**: 7. 8. 1960 – **Nationalfeiertag:** 7. 12.

WIRTSCHAFT **BSP** 1989: 9305 Mio. $ = 790 $ je Ew. (102); realer Zuwachs ∅ 1980–89: 4,0%, 1990: –10,0%; **BIP** 1988: 9940 Mio. $; realer Zuwachs ∅ 1980–88: 0,6%; Anteil **Landwirtsch.** 1989 32%, **Industrie** 18% – **Erwerbstät.** 1988: Landw. 58%, Ind. ca. 4% – **Energieverbrauch** 1986: 175 kg ÖE/Ew. – **Währung**: 1 CFA-Franc = 100 Centimes; 1 FF = 50 CFA-Francs (1 CFA-Franc = 0,02 FF), 100 CFA-Francs = 0,5878 DM – **Ausl.-Verschuld.** 1988: 11788 Mio. $ = 135,1% d. BSP – **Inflation** ∅ 1980–88: 3,8% – **Außenhandel** 1989: **Import:** 2469 Mio. $; Güter: 25% Nahrungsm., 24% Konsumgüter, 22% Inv.-güter, 17% Rohöl u. sonst. Energie; Länder: 34% Frankreich, 9% Belgien-Lux., 9% USA, 6% Italien; **Export:** 3153 Mio. $; Güter: 30% Kakaobohnen (1990: ca. 580000 t), 12% Erdölprod., 10% Holz, 8% Kaffeebohnen (1990: ca. 150000 t); Länder: 14% Frankreich, 7% USA, 7% Italien, 7% UdSSR

PRESSE *Tageszeitungen:* Abidjan: Fraternité-Matin (80) – Ivoir' Soir (50) – *Sonntagszeitung:* Ivoire Dimanche (75) – *Nachrichtenagentur:* AIP (Agence Ivoirienne de Presse)

DÄNEMARK *Nord-Europa*

Königreich D., Kongeriget Danmark, (Dänen-Mark) – DK

LANDESSTRUKTUR **Fläche** (117): 43092 km² – **Einwohner** (89): (F 1990) 5135400 = 119 je km²; (Z 1981) 5124000 – 96,5% Dänen; etwa 1,7% Deutsche (= ca. 20000 in N-Schleswig; n. and. Ang. bis 60000), 0,4% Schweden – **Leb.-Erwart.**: 75 J. – **Säugl.-Sterbl.**: 0,8% – **Analph.**: k. Ang. – **Bev.-Wachstum** (∅ 1980–89): 0,0% (Geb.- u. Sterbeziff. 1988: 1,2%/1,2%) – **Sprachen:** Dänisch als Amtsspr., Deutsch teilw. Schulsprache in N-Schleswig – **Religion:** 98% Protestanten – **Städt. Bev.**: 86% – **Städte** (F 1990): København [Kopenhagen] (Hptst.) 466700 Ew., Huvudstadsområdet [als Metropolitan Area] 1337100, Århus 261400, Odense 176000, Ålborg 155000, Esbjerg 91500, Randers 61000, Kolding 57200, Helsingør 56700, Horsens 55200, Vejle 49000, Roskilde 49000, Silkeborg 47300, Fredericia 45900

STAAT Parlamentarisch-demokrat. konstitut. Monarchie – Parlament aus einer Kammer (»Folketing«); Wahl d. Abgeordneten für 4 J. – allg. Wahlrecht ab 18 J. – 14 Verwaltungseinheiten (»Amtskommuner«), Frederiksberg u. Kopenhagen – **Staatsoberhaupt:** Margrethe II., Königin seit 1972, bei Sitzungen Vors. d. Staatsrats (»Statsrådet»); Thronfolger: Prinz Frederik, geb. 26. 5. 1968 – **Regierungschef:** Poul Schlüter (Kons.), seit 1982, seit Dez. 1990 Chef einer Minderheitsreg. aus Kons. und Lib. – **Äußeres:** Uffe Ellemann-Jensen – **Parteien:** Folketingswahlen vom 12. 12. 1990: Det socialdemokratiske parti (»Sozialdemokrat. Partei«) 69 Sitze (1988: 55 Sitze), Det konservative Folkeparti (»Konserv. Volkspartei«) 30 (35), Sozialist. Volkspartei 15 (24), Liberale Venstre (»Liberale Partei«) 29 (22), Fortschrittspartei 12 (16), Zentrumsdemokraten 9 (9), Radikale Venstre (»sozialliberale«) 7 (10), Christl. Volkspartei 4 (4) – Im Parl. je 2 Vertr. v. Grönland u. d. Färöer-Inseln – **Unabh.**: rund 1200jährige staatliche Tradition – **Nationalfeiertag:** 16. 4. u. 5. 6.

WIRTSCHAFT **BSP** 1989: 105263 Mio. $ = 20150 $ je Ew. (10); realer Zuwachs ∅ 1980–89: 2,2% – **BIP** 1988: 90530 Mio $; realer Zuwachs ∅ 1980–88: 2,2%; Anteil **Landwirtsch.** 5%, **Industrie** 37% – **Erwerbstät.** 1989: Landw. 6%, Ind. 27,5% – **Energieverbrauch** 1988: 3902 kg ÖE/Ew. – **Währung:** 1 Dänische Krone (dkr) = 100 Øre; 1 US-$ = 5,7795 dkr; 100 dkr = 25,8906 DM – **Ausl.-Verschuld.** 1986: 9,3 Mrd. $ – **Inflation** ∅ 1980–88: 6,3% (1990: 2,6%) – **Außenhandel** 1990: **Import:** 195 Mrd. dkr.; Güter: 32% Maschinen u. Transportm., 20% bearb. Waren, 12% Fertigwaren, 12% chem. Erzeugn., 12% Nahrungsm.; Länder: 22% BRD, 12% Schweden, 8% Großbrit., 6% USA, 6% Niederl. – **Export:** 216 Mrd. dkr.; Güter: 27% Maschinen u. Transportm., 26% Nahrungsm., 16% Fertigwaren, 11% bearb. Waren, 9% chem. Erzeugn.; Länder: 20% BRD, 13% Schweden, 11% Großbrit., 6% Frankr., 6% Norwegen, 5% USA, 5% Italien, 3% Japan

PRESSE *Tageszeitungen:* Kopenhagen: Berlingske Tidende (129, so. 174)/kons. – B. T. (172) – Det Fri Aktuelt (67, so. 79) – Ekstra Bladet (230, so. 176)/lib. – Information (31) – Politiken (152, so. 186)/lib. – Åbenrå: Der Nordschleswiger/Dt. – Jydske Tidende (38, so. 54) – Ålborg: Ålborg Stiftstidende (75, so. 100)/lib. – Århus: Århus Stiftstidende (72, so. 93)/lib. – Esbjerg: Vestkysten (56)/lib. – Hillerød: De Bergske Blade (109) – Odense: Fyens Stiftstidende (72, so. 110) – Viby: Jyllands Posten/Morgenavisen (134, so. 228) – *Nachrichtenagentur:* Ritzau's Bureau/RB

AUSSENBESITZUNGEN
MIT SELBSTVERWALTUNG:

FÄRÖER, dän.: Færøerne, färöisch: Føroyar (Schafs-Inseln), autonomes Land (18 Inseln) unter der dänischen Krone (Autonomie seit 1. April 1948) – FR

LANDESSTRUKTUR Fläche: 1399 km² – Einwohner: (F 1989) 50000 = 34 je km²; (Z 1977) 41969 – Leb.-Erwart.: 76 J. – Jährl. Bev.-Wachstum (1988): 1,0% – Sprachen: Färöisch, Dänisch (Schulpflichtspr.) – Religion: 98% Protestanten – Städt. Bev.: 32% – Städte (1989): Thørshavn (Hptst.) 14547 Ew.; Klaksvik 4979, Runavik 2443, Tvøroyri 2131

STAAT Parlament aus 1 Kammer (Logting), 32 Abgeordnete für 4 Jahre gewählt – allgem. Wahlrecht ab 18 Jahre – Verwaltungseinteilung in 7 Kreise (Syslur) – Regierungschef: Atli P. Dam (Sozialdemokr.), Koalition aus Volkspartei und Sozialdemokraten – Parteien: Wahlen vom 17. 11. 1990 (1988): Javnadarflokkurin (»Sozialdemokr.«) 10 (7), Fólkaflokkurin (»Volkspartei«) 7 Sitze (1984: 8), Sambandsflokkurin (»Zugehörigkeitsp.«) 6 (7), Tjódveldisflokkurin (»Republik. P.«) 4 (6), Sjálvstyrisflokkurin (»Selbstverw. P.«) 3 (2), Kristiligi Fólkaflokkurin (»Christl. Volksp.«) 2 (2), Progressurflokkurin (»Fortschritts-P.«) 0 (1) – Nationalfeiertag: 29. 6.

WIRTSCHAFT BSP 1988: 840 Mio. $ = 17650 $ je Ew.; realer Zuwachs 2,0% – Währung: 1 Färöische Krona = 100 oyru = 1 Dänische Krone (Dänische und färöische Währung im Umlauf) – Öffentl. Auslands-Verschuld.: 125 Mio. $ – Inflation 1988: 3,6% – Außenhandel 1988: Import: 400 Mio. $ – Export: 310 Mio. $ – Güter: 85% Fische u. Fischprodukte, 11% Schiffe; Länder: 75% EG, davon 18% Dänemark, 14% BRD, 13% USA – 14250 Personenwagen auf den Inseln

PRESSE Thørshavn: Dagbladid (5,5; 3x wö.) – Dimmalætting (13,5; 3x wö.) – Tidindabladid Sosialurin (6; 3x wö.)

GRÖNLAND Grønland, Kalatdlit Nunât (Land der Menschen, Grønlændernesland)

LANDESSTRUKTUR Fläche: 2175600 km² (mit Inlandeisfläche), nur rd. 341700 km² (= 15,8%) eisfrei – Einwohner (F 1989): 55170 Grönländer u. Eskimos, über 8000 Europäer – Bev.-Wachstum (∅ 1980–88): 1,0% – Sprachen: Dänisch und Eskimoisch – Städte (1986): Nuuk (= Landzunge; dän.: Godthåb; Hptst.) 10970 Ew.; Holsteinborg 4500, Jakobshavn (eskimoisch: Ilulissat = Eisberge) 4280

STAAT G. war seit 1963 gleichberecht. Teil Dänemarks; wie die Färöer mit 2 Vertr. im dän. »Folketing«; ab 1985 »autonome Region«, nur Außen- u. Verteidigungspol. b. Dänemark – Seit 1. Mai 1979 innere Autonomie (»Hjemmestyre«) mit Parlament aus 27 Abgeordneten – Regierungschef: Min. Präs. Lars Emil Johansen, Vorsitz. der sozialdemokrat. »Siumut«-Partei – Parteien: Sitzverteilung im Parlament (»Landsting«) nach d. Wahl v. 5. 3. 1991 (1987): Siumut 11 Sitze (11), Atassut (»Bindeglied«)-Partei (konserv.) 8 (11), Inuit Ataqatigiit (»Eskimoföderation«) 5 (4), übrige Parteien 3 (1) – Nationalfeiertag: 21. 6.

WIRTSCHAFT BSP 1985: (S) 390 Mio. $ = 7270 $ je Ew.; realer Zuwachs 5,1% – Währung: Dänische Krone – Jährl. Finanzhilfe: Dänemark 1984: 2100 Mio. dkr; EG: 26,5 Mio. Ecu – Außenhandel 1986: Import: 2912 Mio. dkr; Export: 2078 Mio. dkr; Güter: u. a. Kryolith, Graphit, Blei u. Zink, Fisch; Länder: zu 90% in die EG

PRESSE Wochenzeitungen: Nuuk: Atuagagdliutit/Grønlandsposten – Sermitsiaq

DEUTSCHLAND, BUNDESREPUBLIK *Mittel-Europa*

»deutsch« von althochdeutsch »diutisc«. Adjektiv zu »diot(a)« = Volk; »Deutsche« also etwa »Die unseres Volkes sind«, Deutschland = Land unseres Volkes

LANDESSTRUKTUR **Fläche** (57): 356945 km² – Nord-Süd-Ausdehnung 876 km – **Einwohner** (12): (F 3. 10. 1990) 79670000 (alte Bundesländer [aBl] 63560000, neue B. [nBl] 16110000) = 223 Ew. je km², (Z 1987 aBl.: 61077000) – Deutsche; Minderheiten mit einigen Sonderrechten: Sorben und Wenden (S 60000), Dänen in Schleswig (S 30000), Sinti und Roma (S 30000) – **Leb.-Erwart.**: 75 J. (aBl), 73 J. (nBl) – **Säugl.-Sterbl.**: 0,7% – **Analph.**: unt. 1% – **Bev.-Wachstum** (∅ 1980–87 aBl): –0,1%, 1990: Gesamtdeutschl. 0,7% (Geb.- u. Sterbeziffer 1989: 1,1%/1,1% [aBl], 1,2%/1,2% [nBl]) – **Sprache:** Deutsch; in Schleswig teilw. Dänisch Schulsprache – **Religion:** (aBl 1987) 41,2% Protestanten, 40,6% Katholiken, ca. 3% Muslime (überwiegend Türken), ferner Minderheiten von Griech.-Orthodoxen, jüdischen Glaubensgruppen, Buddhisten – **Städt. Bev.**: 86% – **Städte** → Tab. Sp. 277 ff.

STAAT Demokrat.-parlament. Bundesstaat – Parlament (»Bundestag«), außerdem »Bundesrat« als Ländervertretung (Zustimmung für bestimmte Gesetze erforderlich) – Wahlberechtigt Bürger über 18 J. – 16 Bundesländer – **Staatsoberhaupt:** Bundespräsident Dr. Richard von Weizsäcker, seit 1.7.1984, Wiederwahl am 23.5.1989 – **Regierungschef:** Bundeskanzler Dr. Helmut Kohl – **Äußeres:** Hans-Dietrich Genscher – **Unabh.**: Beginn der Staatsgeschichte unter Karl d. Gr. bzw. 843 mit Vertrag v. Verdun; Gründung d. Dt. Reiches 18. 1. 1871, der Bundesrepublik Deutschland am 24. 5. 1949 (Grundgesetz-Verkünd. am 23. 5. 1949, Wiedervereinigung am 3. 10. 1990).

WIRTSCHAFT **BSP** (aBl) 1990: 2425,5 Mrd. DM = 38160 DM (20750 $) je Ew. (9), realer Zuwachs 1990 (Basis 1985): 4,5%; **BIP** 1990: 2422,8 Mrd. DM, realer Zuwachs ∅ 1980–87: 1,3%, 1990 aBl: 4,6%; Anteil **Landwirtsch.** 1,6%, **Industrie** 39,4% – **Erwerbs-Pers.** 1989: 3,8% in Landw., 37,1% in Ind. – **Energieverbrauch**/Ew.: 4531 kg/ÖE – **Währung:** 1 Deutsche Mark (DM) = 100 Pfennig (Pf); 1 $ = 1,8320 DM, 1 Sonderziehungsrecht (SZR) (DM-Anteil 19%) = 2,4414 DM, 1 ECU = 2,0840 DM – **Inflation** ∅ 1990: 2,7% – **Gesamtdeutscher Außenhandel** 1990: **Import:** 557 Mrd. DM, Güter *(→ Kapitel Wirtschaft, Sp. 791 ff.):* 10% elektrotechn. Erzeugn., 10% chem. Erzeugn., 9% Straßenfahrzeuge, 9% Textilien u. Bekleidung, 7% Maschinenbauerzeugn., 6% Ernährungsgewerbe, 6% bergbaul. Erzeugn., 5% Landw., Forstw. u. Fischerei; Länder: 12% Frankreich, 10% Niederlande, 9% Italien, 7% Belgien-Luxemb., 7% Großbrit., 6% USA, 6% Japan, 4% Österreich, 4% Schweiz *(→ Spalte 527);* **Export:** 662 Mrd. DM, Güter *(→ Kapitel Wirtschaft, Sp. 791 ff.):* 18% Straßenfahrz., 16% Maschinenbauerzeugn., 13% chem. Erzeugn., 11% elektrotechn. Erzeugn., 5% Textilien u. Bekleid.; Länder: 13% Frankreich, 9% Italien, 8% Großbrit., 8% Niederlande, 7% Belgien-Luxemb., 7% USA, 6% Schweiz, 6% Österreich, 3% Japan *(→ Spalte 420)*

DER BUNDESPRÄSIDENT

Dr. Richard von Weizsäcker (Amtsantritt 1.7.1984, Wiederwahl am 23. 5. 1989)
Adenauerallee 135 – Villa Hammerschmidt – 5300 Bonn 1 – T 0228/20 01 – FS 886393 – Tfax 200–20 0

Bundespräsidialamt: Kaiser-Friedrich-Str. 16–18, 5300 Bonn 1, F/FS/Tfax s. oben
Chef des Bundespräsidialamtes: Staatssekretär Dr. Andreas Meyer-Landrut
Gemäß Art. 54 GG wurde von Weizsäcker am 23. 5. 1989 von der Bundesversammlung erneut zum Präsidenten d. Bundesrepublik Deutschland gewählt. 86,2% (1984: 84,8%) der 1022 anwesenden Delegierten stimmten dafür – Amtsdauer 5 Jahre – Wiederwahl nach Art 54 Abs. 2 GG einmal zulässig.- Die Bundesversammlung besteht aus den Mitgl. des Bundestages u. einer gleichen Zahl v. Vertretern, die von den Länderparlamenten nach Verhältniswahl gewählt werden (insg. 1312 Mitgl.) und deren Zahl sich nach der jeweiligen Bevölkerungsstärke richtet. Sie wird vom Präsidenten des Bundestages einberufen.

DER DEUTSCHE BUNDESTAG

Görresstr. 15, 5300 Bonn 1, Bundeshaus, T 0228/161, FS 886 808

Der Deutsche Bundestag ist die Volksvertretung der Bundesrepublik Deutschland. Mitgliederzahl 656, darunter 144 aus den neuen Bundesländern (nach der Bundestagswahl vom 2. 12. 1990 wegen 6

Überhangmandaten 662 Sitze). Die Abgeordneten werden auf Grund allgemeiner, unmittelbarer, freier, gleicher und geheimer Wahl für die Dauer einer Wahlperiode (4 Jahre) gewählt.

12. Wahlperiode, bedingt durch die Wiedervereinigung vorgezogene Bundestagswahl vom 2. Dezember 1990 (zuletzt 1987). 40 Parteien und eine Listenvereinigung zur Wahl zugelassen, davon sind 23 Parteien und das Bündnis 90/Grüne mit Landeslisten vertreten, 30 Anträge auf Wahlzulassung wurden abgelehnt. 3696 Kandidaten, darunter 894 Frauen. 59,9 Mio. Wahlberechtigte, darunter 12 Mio. aus den neuen Bundesländern. 328 Abgeordnete wurden direkt gewählt, darunter 72 aus den neuen Bundesländern. Wahlkreisgröße durchschnittlich 225000 Einwohner. 5%-Sperrklausel, getrennt für alte und neue Bundesländer. Bis zur Wiedervereinigung: Gesamtberliner Abgeordnetenhaus: 2,5 Mio wahlberechtigt, 9 Parteien und eine Liste, 200 Abgeordnete, 5%-Sperrklausel, getrennt für West- und Ostteil der Stadt (getrennte Auszählungen). Seit Jan. 1987 Wahlrecht auch für ca. 550000 Deutsche mit Wohnsitz im Ausland.

a) **Sitzverteilung 1987/1983**

Partei	*Wahlkreissitze*		*Landeslistensitze*		*Sitze insgesamt*			
					ohne Berlin		*mit Berlin*	
	1987	*1983*	*1987*	*1983*	*1987*	*1983*	*1987*	*1983*
SPD	79	68	107	125	186	193[1]	193	202[1]
CDU	124	136	50	55	174[2]	191	185[2]	202
CSU	45	44	4	9	49	53	49	53
FDP	–	–	46	34	46	34	48	35
GRÜNE.	–	–	42	27	42	27	44[3]	28[4]

[1] Einschließlich je 1 Überhangmandat in Hamburg und Bremen – [2] Einschließlich 1 Überhangmandat in Baden-Württemberg – [3] Darunter AL 2 – [4] Darunter AL 1 – 1 Abg. d. GRÜNEN ist seit Januar 1988 fraktionslos

b) **Wahlergebnisse** 12. Wahlperiode (Wahl v. 2.12.1990)

Partei	*Deutschland gesamt*	*12. Deutscher Bundestag*[1]	*Wahlgebiet*	
			West m. Berlin-W.	*Ost m. Berlin-Ost*
	in %	*Sitze*	*in %*	*in %*
CDU/CSU	43,8	319	44,3	41,8
SPD	33,5	239	35,7	24,3
FDP	11,0	79	10,6	12,9
GRÜNE.	3,9	–	4,8	–
B'90/GRÜNE	1,2	8	–	6,0
PDS	2,4	17	0,3	11,1

[1] Mit sechs Überhangmandaten

b) Das **Präsidium des Deutschen Bundestages** in der 12. Wahlperiode: Präsidentin: Prof. Dr. Rita Süssmuth (CDU/CSU)
Vizepräs.: Helmuth Becker (SPD), Hans Klein (CDU/CSU), Renate Schmidt (SPD), Dieter-Julius Cronenberg (FDP)

c) **Alterspräsident** des 12. Deutschen Bundestages: Willy Brandt SPD

d) Der **Ältestenrat** des Deutschen Bundestages in der 12. Wahlperiode:
Präsident, seine Stellvertreter und 23 weitere von den Fraktionen benannte Abgeordnete

e) Die **Fraktionsvorsitzenden** des Deutschen Bundestages in der 12. Wahlperiode (Stand 2. April 1991) CDU/CSU: Dr. Alfred Dregger; Nachfolger: Dr. Wolfgang Schäuble (ab Nov. 1991) – Landesgruppe CSU: Dr. Wolfgang Bötsch – SPD: Dr. Hans-Jochen Vogel – FDP: Dr. Hermann Otto Solms – Gruppenvorstand (keine Fraktion): PDS: Dr. Gregor Gysi – BÜNDNIS 90/DIE GRÜNEN: Werner Schulz

f) **Ständige Ausschüsse** (24) des Deutschen Bundestages in der 12. Wahlperiode (Mitgliederzahl): Ausschuß für Wahlprüfung, Immunität u. Geschäftsordnung (19) – Petitionsausschuß (33) – Auswärtiger Ausschuß (41) – Innen- (41) – Sport- (19) – Rechts- (29) – Finanz- (41) – Haushalts- (39) – Ausschuß f. Wirtschaft (41) – Ernährung, Landwirtschaft u. Forsten (35) – Arbeit u. Sozialordnung (37) – Verteidigungsausschuß (37) – Ausschuß f. Familie u. Senioren (29) – Frauen u. Jugend (29) – Gesundheit (29) – Verkehr (41) – Umwelt, Naturschutz und Reaktorsicherheit (41) – Post u. Telekommunikation (19) – Raumordnung, Bauwesen u. Städtebau (31) – Forschung, Technologie u. Technologiefolgeabschätzung (35) – Bildung u. Wissenschaft (31) – Wirtschaftliche Zusammenarbeit (35) – Fremdenverkehr (19) – Fragen der Europ. Gemeinschaft (NN)

g) **Gemeinsame Ausschüsse von Bundestag und Bundesrat**

Gemeinsamer Ausschuß gemäß Artikel 53a GG 16 Mitglieder des Bundesrates und 32 Mitglieder des Bundestages (16 CDU/CSU, 12 SPD, 4 FDP) – **Vermittlungsausschuß** gemäß Artikel 77 GG – ein vom Bundestag und Bundesrat gebildeter Ausschuß folgender Mitglieder: Bundesrat 16 und Bundestag 16 (CDU/CSU 8, SPD 6, FDP 2). Von den 16 Mitgliedern des Bundesrates stellt jede Landesregierung 1 Mitglied. Vorsitzende: im vierteljährlichen Wechsel je ein Mitglied des Bundestages und des Bundesrates.

h) Der **Wehrbeauftragte** des Deutschen Bundestages: Alfred Biehle, Basteistr. 70, 5300 Bonn 2, T 0228/824–1, FS 885 613

i) **Direktor** beim Deutschen Bundestag: Rudolf Kabel

DER BUNDESRAT

Bundeshaus, Görresstr. 15, 5300 Bonn 1, T 0228/161, FS 886 841

Durch den Bundesrat wirken die Länder bei der Gesetzgebung u. Verwaltung des Bundes mit. Der Bundesrat besteht aus Mitgliedern der Länderregierungen, die von den Ländern bestellt und abberufen werden. Länder mit mehr als 6 Mio. Ew. haben 5, mit mehr als 2 bis 6 Mio. Einw. 4 Stimmen, die anderen 3 Stimmen. Gesamtzahl der Mitglieder des Bundesrates z. Zt. 68:

Baden-Württemberg	6	Niedersachsen	6
Bayern	6	Nordrhein-Westfalen	6
Berlin	4	Rheinland-Pfalz	4
Brandenburg	4	Saarland	3
Bremen	3	Sachsen	4
Hamburg	3	Sachsen-Anhalt	4
Hessen	4	Schleswig-Holstein	4
Mecklenburg-Vorpommern	3	Thüringen	4

Ausschüsse – Die dem Bundesrat zugehenden Vorlagen werden durch den Präsidenten oder in dessen Auftrag durch den Direktor des Bundesrates unmittelbar an die zuständigen Ausschüsse überwiesen.

Agrarausschuß – Ausschuß für Arbeit und Sozialpolitik – Ausschuß für Auswärtige Angelegenheiten – Ausschuß für Fragen der Europäischen Gemeinschaften – Finanzausschuß – Ausschuß für Innerdeutsche Beziehungen – Ausschuß für Innere Angelegenheiten – Ausschuß für Jugend, Familie, Frauen und Gesundheit – Ausschuß für Kulturfragen – Rechtsausschuß – Ausschuß für Umwelt, Naturschutz und Reaktorsicherheit – Ausschuß für Verkehr u. Post – Ausschuß für Verteidigung – Wirtschaftsausschuß

Präsidium des Bundesrates: Präsident: 1. 11. 1990–30. 10. 1991 Dr. Henning Voscherau, 1. 11. 1991–30. 10. 1992 Oskar Lafontaine (3 Vizepräsidenten) – Direktor des Bundesrates: Georg-Berndt Oschatz – Der Bundesrat wählt seinen Präsidenten jeweils auf 1 Jahr. Lt. Vereinbarung der Regierungschefs der Länder wechselt das Amt unter ihnen in der Reihenfolge der Einwohnerzahl der Länder.

BUNDESREGIERUNG

Adenauerallee 141, 5300 Bonn 1

Die Bundesregierung besteht aus Bundeskanzler und Bundesministern. Der Bundeskanzler bestimmt nach Art. 65 GG die Richtlinien der Politik und trägt dafür die Verantwortung. Innerhalb dieser Richtlinien leitet jeder Bundesminister seinen Geschäftsbereich selbständig in eigener Verantwortung.

DIE OBERSTEN BUNDESBEHÖRDEN (Stand 1. 9. 1991)

Bundeskanzler
Dr. Helmut Kohl (CDU), seit 1.10.1982, zuletzt wiedergewählt am 17.1.1991 mit 378 von 644 Stimmen

Stellvertreter des Bundeskanzlers:
Bundesminister des Auswärtigen Dr. h. c. Hans-Dietrich Genscher (FDP)

Kabinettsausschüsse der Bundesregierung
Adenauerallee 139–141, 5300 Bonn 1
T 0228/561, FS 886750
Rechtsgrundlage sind die Beschlüsse der Bundesregierung vom 26. 3. 1985 und 16. 7. 1986. Vorsitzender der Kabinettsausschüsse ist der Bundeskanzler. Ständige Mitglieder eines Kabinettsausschusses sind jene Bundesminister, deren Geschäftsbereiche regelmäßig und nicht unwesentlich betroffen sind. Folgende Ausschüsse bestanden im September 1991: Bundessicherheitsrat – Kabinettsausschuß für Europapolitik – K. f. Wirtschaft – K. f. Zukunftstechnologien – K. f. Umwelt und Gesundheit – K. Neue Bundesländer

Bundeskanzleramt
Adenauerallee 141, 5300 Bonn 1
T 0228/56–1, FS 886750, 8869526
Bundesminister für besondere Aufgaben: Rudolf Seiters (CDU); Nachfolger: Friedrich Bohl (ab Nov. 1991)
Staatsminister beim Bundeskanzler: Dr. Lutz G. Stavenhagen (CDU); Anton Pfeifer (CDU); Parl. Staatssekretär beim Bundeskanzler: Günter Straßmeir, zugleich Bevollmächtigter der Bundesregierung in Berlin (CDU) – Ausländerbeauftragte: Liselotte Funcke (FDP), Rücktritt z. 15. 7. 1991; Nachfolgerin: Cornelia Schmalz-Jacobsen (FDP)

Presse- und Informationsamt der Bundesregierung
Welckerstr. 11, 5300 Bonn 1
T 0228/208–0, FS 886741/43
Chef des Presse- u. Informationsamtes: Staatssekretär Dieter Vogel (Sprecher der Bundesregierung)
Stellv. u. Amtschef: Wolfgang Gibowski

Bundesministerium des Auswärtigen
Adenauerallee 99–103, Postfach 1500, 5300 Bonn 1,
T 0228/17–0, FS 886591
Der Bundesminister des Auswärtigen und Vizekanzler: Dr. h. c. Hans-Dietrich Genscher (FDP)
Staatsminister: Helmut Schäfer (FDP), Ursula Seiler-Albring (FDP)
Staatssekr.: Dr. Hans-Werner Lautenschlager u. Dr. Dieter Kastrup

Bundesministerium des Innern
Graurheindorfer Str. 198, Postfach, 5300 Bonn 1
T 0228/681–1, FS 886896, Tfax 0228/681–4665, Ttex 228341
Der Bundesminister: Dr. Wolfgang Schäuble, CDU
Nachfolger: Rudolf Seiters (ab Nov. 1991)
Parl. Staatssekr.: Dr. Horst Waffenschmidt (CDU), Eduard Lintner (CSU).
Staatssekr.: Franz Kroppenstedt, Hans Neusel, Dr. Walter Priesnitz

Bundesministerium der Justiz
Heinemannstr. 6, Postfach 200365, 5300 Bonn 2
T 0228/58–0, FS 8869679, Tfax 0228/58–4525, Ttex 2283759
Der Bundesminister: Dr. Klaus Kinkel (FDP)
Parl. Staatssekr.: Dr. Reinhard Göhner (CDU), Rainer Funke (FDP)
Staatssekr.: Inge Kober

Bundesministerium der Finanzen
Graurheindorfer Str. 108, 5300 Bonn 1
T 0228/682–0, FS 886645, Tfax 0228/682–4420, Ttex 2283735
Der Bundesminister: Dr. Theodor Waigel (CSU)
Parl. Staatssekr.: Manfred Carstens (CDU) u. Dr. Joachim Grünewald (CDU)
Staatssekr.: Dr. Peter Klemm u. Dr. Horst Köhler

Bundesministerium für Wirtschaft
Villemombler Str. 76, 5300 Bonn-Duisdorf
T 0228/615–1, FS 886747, Tfax 0228/615–4436, Ttex 228340
Der Bundesminister: Jürgen W. Möllemann (FDP)
Parl. Staatssekr.: Klaus Beckmann (FDP) u. Dr. Erich Riedl (CSU)

Staatssekr.: Johann Eekhoff u. Dr. Dieter von Würzen

Bundesministerium für Ernährung, Landwirtschaft und Forsten
Rochusstr. 1, 5300 Bonn 1
T 0228/529–1, FS 886 844, Tfax 0228/529–4262, Ttex 2283655
Der Bundesminister: Ignaz Kiechle (CSU)
Parl. Staatssekr.: Georg Gallus (FDP) u. Gottfried Haschke (CDU)
Staatssekr.: Dr. Helmut Scholz u. Walter Kittel

Bundesministerium für Arbeit und Sozialordnung
Rochusstr. 1, 5300 Bonn 1
T 0228/527–1, FS 886641 u. 886377,
Tfax 0228/527–2965, Ttex 2283650
Der Bundesminister: Dr. Norbert Blüm (CDU)
Parl. Staatssekr.: Horst Seehofer (CSU) u. Horst Günther (CDU)
Staatssekr.: Dr. Werner Tegtmeier u. Dr. Bernhard Worms

Bundesministerium der Verteidigung
Hardthöhe, Postfach 1328, 5300 Bonn 1
T 0228/12–1, FS 886575/576, Tfax 0228/12–5357
Der Bundesminister: Dr. Gerhard Stoltenberg (CDU)
Parl. Staatsekr.: Willy Wimmer (CDU) u. Dr. Ottfried Hennig (CDU)
Staatssekr.: Dr. Ludwig-Holger Pfahls und Peter Wichert
Generalinspekteur der Bundeswehr: Generalmajor Klaus Dieter Naumann

Bundesministerium für Familie und Senioren
Godesberger Allee 140, 5300 Bonn 2
T 0228/306–0, Tfax 0228/3062259
Die Bundesministerin: Hannelore Rönsch (CDU)
Parl. Staatssekr.: Roswitha Verhülsdonk (CDU)
Staatssekr.: Albrecht Hasinger

Bundesministerium für Frauen und Jugend
Kennedyallee 105–107, 5300 Bonn 2
T 0228/930–0, Tfax 0228/9302221
Die Bundesministerin: Dr. Angela Merkel (CDU)
Parl. Staatssekr.: Peter Hintze (CDU)
Staatssekr.: Willi Hausmann
Bundesbeauftragter für den Zivildienst: Pfarrer Dieter Hackler

Bundesministerium für Gesundheit
Deutschherrenstr. 87, 5300 Bonn 2
T 0228/941–0, Tfax 0228/9304978
Die Bundesministerin: Gerda Hasselfeldt (CSU)
Parl. Staatssekr.: Dr. Sabine Bergmann-Pohl (CDU)
Staatssekr.: Baldur Wagner

Bundesministerium für Verkehr
Robert-Schumann-Platz 1, 5300 Bonn 2
T 0228/300–0, FS 885700, Tfax 0228/300–2466
Der Bundesminister: Prof. Dr. Günther Krause (CDU)
Parl. Staatssekr.: Dr. Dieter Schulte (CDU) u. Wolfgang Gröbl (CSU)
Staatssekr.: Dr. Wilhelm Knittel

Bundesministerium für Umwelt, Naturschutz und Reaktorsicherheit
Kennedyallee 5, 5300 Bonn 2,
T 0228/305–0, FS 885790, Ttex 2283854
Der Bundesminister: Prof. Dr. Klaus Töpfer (CDU)
Parl. Staatssekr.: Bernd Schmidbauer (CDU) u. Dr. Bertram Wieczorek (CDU)
Staatssekr.: Clemens Stroetmann

Bundesministerium für Post und Telekommunikation
Heinrich-v.-Stephan-Str. 1, 5300 Bonn 2
T 0228/14–0, FS 8861101, Tfax 0228/148872, Ttex 22859
Der Bundesminister: Dr. Christian Schwarz-Schilling (CDU)
Parl. Staatssekr.: Wilhelm Rawe (CDU)
Staatssekr.: Friedrich Görts

Bundesministerium für Raumordnung, Bauwesen und Städtebau
Deichmanns Aue, 5300 Bonn 2
T 0228/337–0, FS 885462, Tfax 0228/337–509
Die Bundesministerin: Dr. Irmgard Adam-Schwaetzer (FDP)
Parl. Staatssekr.: Jürgen Echternach (CDU) u. Joachim Günther (FDP)
Staatssekr.: Gerhard von Loewenich u. Herbert Schmülling

Bundesministerium für Forschung u. Technologie
Heinemannstr. 2, Postfach 200240, 5300 Bonn 2
T 0228/59–1, FS 885674, Tfax 0228/59–3105
Der Bundesminister: Dr. Heinz Riesenhuber (CDU)
Parl. Staatssekr.: Bernd Neumann (CDU)
Staatssekr.: Dr. Gebhard Ziller

Bundesministerium für Bildung und Wissenschaft
Heinemannstr. 2, Postfach 200108, 5300 Bonn 2
T 0228/57–1, FS 885666, Tfax 0228/57–2096, Ttex 228315
Der Bundesminister: Prof. Dr. Rainer Ortleb (FDP)
Parl. Staatssekr.: Torsten Wolfgramm (FDP), Dr. Norbert Lammert (CDU)
Staatssekr.: Dr. Fritz Schaumann

Bundesministerium für wirtschaftliche Zusammenarbeit
Karl-Marx-Str. 4–6, 5300 Bonn 1
T 0228/535–1, FS 8 869 452, Tfax 0228/535–202, Ttex 228 328
Der Bundesminister: Carl-Dieter Spranger (CSU)
Parl. Staatssekr.: Hans-Peter Repnik (CDU) u. Michaela Geiger (CSU)
Staatssekr.: Dr. h. c. Siegfried Lengl

Bundesminister für besondere Aufgaben
→ *Bundeskanzleramt, Sp. 269*
→ *Presse- u. Informationsamt, Sp. 269*

Bundesrechnungshof
Berliner Str. 51, Postfach 100 433, 6000 Frankfurt a. M. 1
T 069/21 76 0, FS 412 981
Präsident: Dr. Heinz Günter Zavelberg
Vizepräsident: Ernst Heuer

OBERSTE ORGANE DER RECHTSPRECHUNG

Bundesverfassungsgericht
Schloßbezirk 3, Postfach 1771, 7500 Karlsruhe 1
T 0721/149–1, FS 7 826 749
Das Bundesverfassungsgericht ist ein allen übrigen Verfassungsorganen gegenüber selbständiger und unabhängiger Gerichtshof des Bundes
Präsident: Prof. Dr. Roman Herzog
Vizepräsident: Dr. Ernst Gottfried Mahrenholz
Direktor beim BVerfG: Dr. Karl-Georg Zierlein

Bundesgerichtshof
Herrenstr. 45a, 7500 Karlsruhe 1
T 0721/15 90, FS 7 825 828
Präsident: Prof. Dr. Walter Odersky
Vizepräsident: Hanskarl Salger
Sitz des 5. Strafsenats: Witzlebenstr. 4–5, 1000 Berlin 19
T 030/32 09 21, FS 181 796

Bundesanwaltschaft beim Bundesgerichtshof
Herrenstr. 45a, 7500 Karlsruhe 1
T 0721/159–0, FS 7 826 826
Generalbundesanwalt: Alexander von Stahl

Dienstelle Berlin: Witzlebenstr. 4–5, 1000 Berlin 19
T 030/32 09 21, FS 0 185 505
Leiter der Dienststelle Berlin: Bundesanwalt Rolf Heldenberg

Bundesverwaltungsgericht
Hardenbergstr. 31, 1000 Berlin 12
T 030/31 97–1, Tfax 3 123 021
Präsident: Everhardt Franßen
Vizepräsident: Dr. Günter Zehner

Wehrdienstsenate des Bundesverwaltungsgerichts
Schwere-Reiter-Str.37, 8000 München 40
T 089/30 10 81–83

Oberbundesanwalt beim Bundesverwaltungsgericht:
Dr. Werner Mohrs
Hardenbergstr. 31, 1000 Berlin 12
T 030/31 97–1

Bundesfinanzhof
Ismaninger Str. 109, Postfach 860 240, 8000 München 86
T 089/92 31 0, Tfax 089/92 31–201
Präsident: Prof. Dr. Franz Klein
Vizepräsident: Dr. Claus Offerhaus

Bundesarbeitsgericht
Graf-Bernadotte-Platz 5, 3500 Kassel 1
T 0561/31 06–1, Tfax 0561/31 06–325
Präsident: Prof. Dr. Otto Rudolf Kissel
Vizepräsident: Dr. Dirk Neumann

Bundessozialgericht
Graf-Bernadotte-Platz 5, Postfach 410220, 3500 Kassel 1
T 0561/3107–1, Tfax 0561/31 07–475
Präsident: Dr. Heinrich Reiter
Vizepräsident: Prof. Dr. Otto Ernst Krasney

Bundespatentgericht
(unterste Instanz, oberste Instanz Bundesgerichtshof)
Zweibrückenstr. 12, 8000 München 2
T 089/21 95–0, FS 523 534
Präsidentin: Elisabeth Steup
Vizepräsident: Dipl.-Ing. Hans Engelhardt

SONSTIGE BUNDESBEHÖRDEN (Auswahl)

Bundesarchiv
Potsdamer Str. 1, 5400 Koblenz
T 0261/50 50
Präsident: Prof. Dr. Friedrich P. Kahlenberg

Bundesanstalt für Arbeit
Regensburger Str. 104, 8500 Nürnberg
T 0911/17–0, FS 622 348
Präsident: Heinrich Franke
Vizepräsident: Dr. Klaus Leven

Deutsches Patentamt
Zweibrückenstr. 12, 8000 München 2
T 089/2195–0
Präsident: Dr. Erich Häußer

Umweltbundesamt
Bismarckplatz 1, 1000 Berlin 33
T 030/8903–1, FS 183 756, Tfax 030–89 03–285
Präsident: Dr. Heinrich Freiherr von Lersner
Vizepräsident: Dr. Andreas Troge

Bundeskriminalamt
Thaerstr. 11, 6200 Wiesbaden
T 0611/551, Tfax 55-2141
Präsident: Hans-Ludwig Zachert
Stellv.: Gerhard Köhler

Bundesamt für Verfassungsschutz/BfV
Barthelstr. 75, 5000 Köln 30
T 0221/47 13, FS 8 882 211
Präsident: Ekkart Werthebach

Bundesnachrichtendienst/BND
Heilmannstr. 30, 8023 Pullach
T 089/79 31 56 7
Präsident: Dr. Hans-Georg Wieck

Statistisches Bundesamt
G.-Stresemann-Ring 11, 6200 Wiesbaden 1
T 0611/75–1, FS 4 186 511
Präsident: Egon Hölder

Bundeskartellamt
Mehringdamm 129, 1000 Berlin 61
T 030/69 01–1, FS 184 321, Tfax 030/69 01-400
Präsident: Prof. Dr. Wolfgang Kartte
Vizepräsident: Prof. Dr. Ernst Niederleithinger

Bundesamt für Post und Telekommunikation
Templerstr. 2, 6500 Mainz
Präsident: Joseph Eisenried
T 06131–23 72 52

Deutsche Bundesbank
Wilhelm-Epstein-Str. 14, 6000 Frankfurt a. M. 50
(Postfach 100602, 6000 Frankfurt a. M. 1)
T 069/158–1, FS 412 27 (Inland), 414 431 (Ausland),
TA Notenbank Ffm.
Präsident: Prof. Dr. Helmut Schlesinger
Vizepräsident: Hans Tietmeyer

Deutsche Bundesbahn
Friedrich-Ebert-Anlage 43–45, 6000 Frankfurt a. M.
T 069/265–1, FS 414 087
Vors. d. Vorstandes: Heinz Dürr, ab Sept. 1991 auch
Leitung der Deutschen Reichsbahn

Treuhandanstalt
Leipziger Str. 5–7, O–1086 Berlin
T 030/315401, Tfax 030/31541002
Präsidentin: Birgit Breuel

WICHTIGE VERBÄNDE DER ARBEITGEBER

Bundesvereinigung der Deutschen Arbeitgeberverbände/BDA
Gustav-Heinemann-Ufer 72, 5000 Köln 51
T 0221/3 79 50, FS 8 881 466, Tfax 3 79 52 35
Präsident: Dr. Klaus Murmann
Hauptgeschäftsführer: Dr. Fritz-H. Himmelreich

Bundesverband der Deutschen Industrie e. V./BDI
Gustav-Heinemann-Ufer 84/88, 5000 Köln 51
T 0221/37 08 00, FS 882 601, Tfax 3 70 87 30
Präsident: Heinrich Weiss
Hauptgeschäftsführer: Dr. L.-G. von Wartenberg

Deutscher Industrie- und Handelstag/DIHT
Adenauerallee 148, 5300 Bonn 1
T 0228/10 40, FS 886 805, Ttex 228 301,
Tfax 10 41 58
Präsident: Dipl.-Ing. Hans Peter Stihl
Hauptgeschäftsführer: Dr. Franz Schoser

WICHTIGE VERBÄNDE DER ARBEITNEHMER

Deutscher Gewerkschaftsbund/DGB
Hans-Böckler-Str. 39, 4000 Düsseldorf 30
T 0211/4 30 10, FS 8 584 822, Ttex 26 272 114 379,
Tfax 4 30 13 24
Vorsitzender: Heinz-Werner Meyer
Stellv.: Dr. Ursula Engelen-Kefer, Ulf Fink

Deutsche Angestellten-Gewerkschaft/DAG
Karl-Muck-Platz 1, 2000 Hamburg 36
T 040/34 91 51, FS 211 642, Tfax 34 91 54 00
Vorsitzender: Roland Issen

Deutscher Beamtenbund/DBB
Dreizehnmorgenweg 36, 5300 Bonn 2
T 0228/81 10, FS 885 457, Tfax 81 11 71
Vorsitzender: Werner Hagedorn

DIE GROSSSTÄDTE UND IHRE OBERBÜRGERMEISTER

»Großstädte« sind nach d. Begriffsbestimmung d. Internat. Statistikerkonferenz 1987 alle Städte mit mind. 100 000 Einw. – Angaben: Bevölkerung (Z 25. 5. 1987) Ergebnisse der Volkszählung, F = Fortschreibung, Stand 31. 12. 1989 – Bm = Bürgermeister, Präs. d. StV: Präsident der Stadtverordneten, OStd = Oberstadtdirektor, Std = Stadtdirektor, StV = Stadtverordnetenvorsteher, ptl = parteilos

PLZ STADT	Einwohner Z '87 / F '89	Oberbürgermeister
1000 Berlin	(W) 2 012 709 / 3 409 737 (O) 1 270 000 (S)	Reg. Bm Eberhard Diepgen, CDU Präs. d. Abgeordnetenhauses: Dr. Hanna-Renate Laurien, CDU
W–2000 Hamburg	1 592 770 / 1 626 220	Erster Bm Henning Voscherau, SPD Präs. d. Hamb. Bürgerschaft: Helga Elstner, SPD
W–8000 München	1 185 421 / 1 206 683	Georg Kronawitter, SPD
W–5000 Köln	928 309 / 946 280	Norbert Burger MdL, SPD OStd: Lothar Ruschmeier
W–6000 Frankfurt/M.	618 266 / 635 151	Andreas v. Schoeler, SPD StV: Hans Busch
W–4300 Essen	623 427 / 624 445	Annette Jäger, SPD OStd: Kurt Busch
W–4600 Dortmund	584 089 / 594 058	Günter Samtlebe, SPD OStd: Harald Heinze
W–4000 Düsseldorf	563 531 / 574 022	Klaus Bungert, SPD OStd: Karl Ranz
W–7000 Stuttgart	551 904 / 570 699	Manfred Rommel, CDU
W–2800 Bremen	533 455 / 544 327	Präs. d. Brem. Bürgerschaft: Dr. Dieter Klink, SPD Präs. d. Senats: Bm Klaus Wedemeier, SPD
W–4100 Duisburg	525 378 / 532 152	Josef Krings, SPD OStd: Dr. Richard Klein
O–7010 Leipzig	530 010	Dr. Hinrich Lehmann-Grube, SPD Präs. d. StV: Friedrich Magir ptl
W–3000 Hannover	494 864 / 505 872	Herbert Schmalstieg MdL, SPD Bm. u. Präs. d. Senats OStd: J. Fiedler
O–8010 Dresden	501 407	Dr. Herbert Wagner, CDU StV: Evelyn Müller, CDU
W–8500 Nürnberg	470 943 / 485 717	Dr. Peter Schönlein, SPD
W–4630 Bochum	386 271 / 393 053	Heinz Eikelbeck, SPD OStd: Dieter Bongert
W–5600 Wuppertal	365 662 / 378 312	Ursula Kraus, SPD OStd: Dr. Joachim Cornelius
W–4800 Bielefeld	305 566 / 315 096	Eberhard David, CDU OStd: Dr. Volker Hausmann
W–6800 Mannheim	295 191 / 305 974	Gerhard Widder, SPD
O–9010 Chemnitz	301 918	Joachim Pilz, CDU Präs. d. Stadtparl.: Reinhold Breede, CDU
W–4650 Gelsenkirchen	287 508 / 289 791	Kurt Bartlewski, SPD OStd: Dr. Klaus Bussfeld
O–3000 Magdeburg	288 355	Dr. Wilhelm Polte, SPD Präs. d. Stadtparl.: Konrad Mieth, SPD
W–5300 Bonn	276 653 / 287 117	Dr. Hans Daniels MdB, CDU OStd: Dieter Diekmann

PLZ STADT	Einwohner Z '87/F '89	Oberbürgermeister
W–7500 Karlsruhe	260591/ 270659	Prof. Dr. Gerhard Seiler, CDU
W–6200 Wiesbaden	251871/ 256885	Joachim Exner, SPD StV: Günter Retzlaff, SPD
W–3300 Braunschweig	252351/ 256323	Werner Steffens, SPD OStd: Dr. Jürgen Bräklein
W–4050 Mönchengladbach	249587/ 255905	Heinz Feldhege, CDU OStd: Helmut Freuen
W–4400 Münster	246186/ 253123	Dr. Jörg Twenhöven MdL, CDU OStd: Dr. Tilman Pünder
O–2500 Rostock	252956	Dr. Manfred-Klaus Kilimann, SPD Präs. d. Bürgersch.: Christoph Kleemann, Bünd. 90
W–8900 Augsburg	242819/ 250197	Dr. Peter Menacher, CSU
W–2300 Kiel	237767/ 243579	Karl Heinz Luckhardt, SPD Stadtpräs.: Silke Reyer, SPD
W–4150 Krefeld	232261/ 240208	Willi Wahl, SPD OStd: Heinz-Josef Vogt
W–5100 Aachen	229740/ 236987	Dr. Jürgen Linden, SPD OStd: Dr. Heiner Berger
O–4090 Halle/Saale	230728	NN Präs. d. StV: Heidemarie Eckert, BFD
W–4200 Oberhausen	220286/ 222419	Friedhelm van den Mond, SPD OStd: Burkhard Drescher
O–5000 Erfurt	217035	Manfred Ruge, CDU StV: Karl-Heinz Kindervater
W–2400 Lübeck	210497/ 212932	Bm Michael Bouteiller, SPD Stadtpräs.: Peter Oertling, SPD
W–5800 Hagen i. W.	209363/ 212460	Dietmar Thieser, SPD OStd: Dietrich Freudenberger
W–3500 Kassel	187288/ 191598	Wolfram Bremeier, SPD StV: Günter Kestner, SPD
W–6600 Saarbrücken	188702/ 190466	Hajo Hoffmann, SPD
W–7800 Freiburg i. Br.	178672/ 187767	Dr. Rolf Böhme, SPD
W–4700 Hamm	171170/ 179109	Prof. Sabine Zech, SPD OStd: Jochen Stemplewski
W–6500 Mainz	172524/ 177062	Herman-Hartmut Weyel, SPD
W–4690 Herne i. W.	174238/ 176472	Willi Pohlmann, SPD OStd: Dr. Roland Kirchhof
W–4330 Mülheim an der Ruhr	176423/ 176149	Eleonore Güllenstern, SPD OStd: Heinz Hager
W–5650 Solingen	159103/ 162928	Gerd Kaimer, SPD OStd: Dr. Peter Hölz
W–4500 Osnabrück	150807/ 161317	Ursula Flick, CDU OStd: Dierk Meyer-Pries
W–6700 Ludwigshafen	156601/ 159567	Werner Ludwig, SPD
W–5090 Leverkusen	154692/ 159325	Horst Henning MdL, SPD OStd: Dr. Walter Mende
W–4040 Neuss	142178/ 145665	Bm Dr. Berthold Reinartz MdB, CDU Std: Hans-Heinrich Grosse-Brockhoff
W–2900 Oldenburg	140149/ 142233	Horst Milde MdL, SPD OStd: Heiko Wandscher
O–1560 Potsdam	141130	Dr. Horst Gramlich, SPD StV: Dr. Helmut Przybilski, SPD

PLZ STADT	Einwohner Z '87/F '89	Oberbürgermeister
W–6100 Darmstadt	134272/ 137537	Günther Metzger, SPD StV: Eike Ebert, SPD
W–6900 Heidelberg	127768/ 134496	Beate Weber, SPD
O–6500 Gera	132257	Michael Galley, CDU Präs. d. StV: Dr. Bernhard Gantenbein, NF
O–2751 Schwerin	129492	Johannes Kwaschik, SPD Präs. d. StV: Dr. Wulf Lammert, SPD
W–2850 Bremerhaven	126629/ 129357	Karl Wilms, SPD
O–7500 Cottbus	128943	Waldemar Kleinschmidt, CDU StV: Klaus Bernhard Friedrich, CDU
W–3180 Wolfsburg	124896/ 126708	Werner Schlimme, CDU OStd: Prof. Dr. Peter Lamberg
W–8700 Würzburg	123378/ 125953	Jürgen Weber, ptl.
W–4350 Recklinghausen	119991/ 123528	Bm Jochen Welt MdB, SPD Std: Peter Borggraefe
W–5630 Remscheid	120132/ 121986	Reinhard Ulbrich, SPD OStd: Wilhelm Ellerbrake
W–3400 Göttingen	114698/ 120242	Artur Levi, SPD OStd: Hermann Schierwater
W–8400 Regensburg	118639/ 120006	Christa Meier, SPD
O–8800 Zwickau	118914	Rainer Eichhorn, CDU StV: Dr. Claus-Steffen Reitzenstein, CDU
W–4250 Bottrop	114640/ 117464	Kurt Schmitz, SPD OStd: Ernst Löchelt
W–4790 Paderborn	110715/ 116604	Bm Hermann Schwiete, CDU Std: Wilhelm Ferlings
W–6050 Offenbach a. M.	111386/ 113990	Wolfgang Reuter, SPD
W–7100 Heilbronn a. N.	110970/ 113955	Dr. Manfred Weinmann, CDU
W–3320 Salzgitter	111069/ 112689	Hermann Struck, SPD OStd: Dr. Hendrik Gröttrup
W–7530 Pforzheim	106530/ 110865	Dr. Joachim Beker, SPD
W–7900 Ulm	103494/ 108930	Ernst Ludwig, CDU
W–5400 Koblenz	108246/ 107938	Willi Hörter, CDU
W–5900 Siegen	106384/ 107039	Bm Hilde Fiedler, SPD Std: Dr. Otto-Werner Rappold
O–6900 Jena	105825	Dr. Peter Röhlinger, BFD StV: Dr. Rainer Oloff, DA
W–5810 Witten	102902/ 104701	Bm Klaus Lohmann MdB, SPD Std: Reinhard Wiederhold
W–3200 Hildesheim	103449/ 104203	Gerold Klemke, CDU Std: Dr. Wilhelm Buerstedde
W–4130 Moers	100872/ 103521	Bm Wilhelm Brunswick, SPD Std: Karl-Friedrich Wittrock
W–5060 Bergisch Gladbach	100589/ 103174	Bm Dipl.-Ing. Holger Pfleger, SPD Std: Otto Fell
W–7410 Reutlingen	101987	Dr. Manfred Oechsle, CDU
W–8070 Ingolstadt	101360	Peter Schnell, CSU
O–4500 Dessau	101262	Dr. Jürgen Neubert, FDP StV: Dr. Hartmut König
W–8520 Erlangen	100996	Dr. Dietmar Hahlweg, SPD
W–8510 Fürth	100906	Uwe Lichtenberg, SPD

Schuldenlast ausgewählter Großstädte: pro Einwohner in DM (31.12 1989. nach Stat. Jahrbuch Deutscher Gemeinden 1990): a) Städte **über 500 000 Einw**.: Frankfurt a. M. 6998, Düsseldorf 4985, Hannover 4441, Köln 4228, Duisburg 3191, Stuttgart 2489, Essen 2486, München 2231, Dortmund 2042; b) Städte **200 000 bis 500 000 Einw**: Mannheim 3699, Bonn 3612, Mönchengladbach 3451, Aachen 3291, Krefeld 3067, Wiesbaden 3045, Bielefeld 2980, Bochum 2961, Lübeck 2773, Braunschweig 2434, Augsburg 2426, Kiel 2244, Nürnberg 2207, Hagen i.W. 2121, Oberhausen 2067, Gelsenkirchen 2010, Wuppertal 1873, Karlsruhe 1795, Münster 1301.

DIE BUNDESLÄNDER MIT IHREN PARLAMENTEN UND REGIERUNGEN (Stand: 1. 9. 1991)

Landeshauptstädte sind die angegebenen Regierungssitze. Die Länderparlamente werden alle 4 (in Berlin, im Saarland u. in Nordrhein-Westf. alle 5) Jahre neu gewählt, die Wahljahre differieren in den Bundesländern (Stand: die letzte Landtagswahl). Fläche der neuen Bundesländer gem. dem Ländereinführungsgesetz v. 22. 7. 1990 – Einw.-Zahl Stand 31. 12. 1989 (davon m = männl./w = weibl.)

BADEN-WÜRTTEMBERG

Fläche: 35 751,39 km^2, Einw.: 9 618 696 (4 670 168m/4 948 528w) = 269,0 je km^2

1. Der Landtag von Baden-Württemberg
Präsident: Erich Schneider, CDU
Haus des Landtags, Konrad-Adenauer-Str. 3, W–7000 Stuttgart 1
T 0711/2 06 30, FS 722 341, Ttex 7 111 329, Tfax 2 06 32 99
Mitglieder: 125 (davon 5 Überhangmandate)
Verteilung d. Sitze: CDU 66 (49,0 % d. Stimmen) – SPD 42 (32,0 %) – Grüne 10 (7,9 %) – FDP/DVP 7 (5,9 %)

Letzte Landtagswahl: 20. 3. 1988
nächste Wahl: 5. 4. 1992

2. Die Regierung des Landes Baden-Württemberg
Ministerpräsident Erwin Teufel, CDU
Richard-Wagner-Str. 15, W–7000 Stuttgart 1
T 0711/2 15 30, FS 723 711, 722 207, Tfax 2 15 33 40

Innenminister Dietmar Schlee, CDU
Dorotheenstr. 6, W–7000 Stuttgart 1
T 0711/2 07 21, FS 722 305, Tfax 20 72 36 79

Minister für Kultus u. Sport
Dr. Marianne Schulte-Hector, CDU
Schloßplatz (Neues Schloß), W–7000 Stuttgart 1
T 0711/27 90, Ttex 7 111 375, Tfax 2 79 25 50

Minister für Wissenschaft u. Kunst
Klaus von Trotha, CDU
Königstr. 46 (Mittnachtbau), W–7000 Stuttgart 1
T 0711/27 90, FS 721 585, Ttex 7 111 398, Tfax 2 79 30 81

Justizminister Dr. Helmut Ohnewald, CDU
Schillerplatz 4, W–7000 Stuttgart 1
T 0711/27 90, Ttex 7 111 379, Tfax 2 26 15 60

Finanzminister Gerhard Mayer-Vorfelder, CDU
Schloßplatz (Neues Schloß), W–7000 Stuttgart 1
T 0711/27 90, Ttex 7 111 390, Tfax 2 79 38 93

Minister für Wirtschaft, Mittelstand u. Technologie
Hermann Schaufler, CDU
Theodor-Heuss-Str. 4, W–7000 Stuttgart 1
T 0711/12 30, FS 723 931, Ttex 7 111 545, Tfax 1 23 24 60

Minister für Ländlichen Raum, Ernährung, Landwirtschaft u. Forsten u. Stellv. d. Min.-Präsidenten
Dr. h. c. Gerhard Weiser, CDU
Kernerplatz 10, W–7000 Stuttgart 1,
T 0711/12 60, FS 721 608, Ttex 7 111 383, Tfax 1 26 23 79

Ministerin für Arbeit, Gesundheit, Familie u. Sozialordnung Barbara Schäfer, CDU
Rotebühlplatz 30, W–7000 Stuttgart 1
T 0711/6 67 30, Ttex 7 111 033, Tfax 66 73 70 06

Minister für Umwelt Dr. Erwin Vetter, CDU
Kernerplatz 9, W–7000 Stuttgart 1
T 0711/12 60, FS 723 162, Ttex 7 111 643, Tfax 1 26 28 80

Minister für Bundes- und Europaangelegenheiten
Dr. Heinz Eyrich, CDU
Gröberstr. 20, W–7000 Stuttgart 1, T 0711/2 15 30 u. Schlegelstr. 2, W–5300 Bonn 1
T 0228/50 31, Ttex 228 501, Tfax 50 32 27

Verkehrsminister Dr. Thomas Schäuble, CDU
Dorotheenstr. 10, W–7000 Stuttgart 1
T 0711/2 07 21, FS 722 305, Ttex 7 111 278, Tfax 20 72 34 74

BAYERN

Fläche: 70553,93 km², Einw.: 11220735 (5420566m/5800169w) = 159,0 je km²

1. Bayerischer Landtag
Präsident: Dr. Wilhelm Vorndran, CSU
Maximilianeum, W–8000 München 80,
T 089/4 12 60, FS 529 015, Tfax 4 12 63 92
Mitglieder: 204
Verteilung der Sitze: CSU 127 (54,9 % d. Stimmen) – SPD 58 (26,0 %) – GRÜNE 12 (6,4 %) – FDP 7 (5,2 %)

Letzte Landtagswahl: 14. 10. 1990
nächste Wahl: Herbst 1994

2. Der Bayerische Senat
Präsident: Dr. Hans Weiß
Maximilianeum, W–8000 München 80
T 089/2 16 50
Mitglieder: 60

3. Die Bayerische Staatsregierung
Ministerpräsident Dr. h. c. Max Streibl, CSU
Prinzregentenstr. 7, W–8000 München 22
T 089/2 16 50, FS 523 809, 524 345, Tfax 2 16 54 59
(Mitgl. der Regierung sind auch die Staatssekretäre)

Staatsminister des Innern Dr. Edmund Stoiber, CSU
Odeonsplatz 3, W–8000 München 22
T 089/2 19 21, FS 17 898 342, Tfax 2 31 92 76 21

Staatsministerin der Justiz u. Stellv. d. Min.-Präsidenten Dr. Mathilde Berghofer-Weichner, CSU
Justizpalast, W–8000 München 35
T 089/5 59 71, FS 523 674, Tfax 55 97 23 22

Staatsminister für Unterricht, Kultus, Wissenschaft und Kunst Hans Zehetmair, CSU
Salvatorplatz 2, W–8000 München 2
T 089/2 18 61, FS 529 789, Tfax 29 58 83

Staatsminister der Finanzen
Dr. Georg v. Waldenfels, CSU
Odeonsplatz 4, W–8000 München 22
T 089/2 30 61, FS 523 509, Tfax 2 80 93 27

Staatsminister für Wirtschaft und Verkehr
Dr. h. c. August Lang, CSU
Prinzregentenstr. 28, W–8000 München 22
T 089/21 62 01, FS 17 897 939, Tfax 21 62 26 14

Staatsminister für Ernährung, Landwirtschaft und Forsten Hans Maurer, CSU
Ludwigstr. 2, W–8000 München 22
T 089/2 18 20, FS 528 157, Tfax 2 18 26 04

Staatsminister für Arbeit u. Sozialordnung
Dr. Gebhard Glück, CSU
Winzererstr. 9, W–8000 München 40
T 089/12 61 01, FS 523 654, Tfax 12 61 20 78

Staatsminister für Landesentwicklung und Umweltfragen Dr. Peter Gauweiler, CSU
Rosenkavalierplatz 2, W–8000 München 81
T 089/9 21 41, FS 524 295, Tfax 92 14 22 66

Staatsminister für Bundes- u. Europaangelegenheiten Dr. Thomas Goppel, CSU
Schlegelstr. 1, W–5300 Bonn 1
T 0228/20 21, FS 886 771, Tfax 21 77 54 u. 089/28 48 71

BERLIN

Fläche: 883,41 km², Einw.: 3409737 (1615062m/1794675w) = 3859,7 je km²

1. Abgeordnetenhaus von Berlin
Präsidentin: Dr. Hanna-Renate Laurien, CDU
Rathaus Schöneberg, W–1000 Berlin 62
T 030/78 31, FS 183 798, Tfax 7 83 33 62
Mitglieder: 241
Verteilung der Sitze: CDU 101 (40,4 % d. Stimmen) – SPD 76 (30,4 %) – PDS 23 (9,2 %) – FDP 18 (7,1 %) – Grüne/AL 12 (5,0 %) – Bündnis 90/Grüne/UFV 11 (4,4 %)

Letzte Wahl z. Abgeordnetenhaus: 2. 12. 1990
nächste Wahl: Herbst 1995

2. Senat von Berlin
Regierender Bürgermeister
Eberhard Diepgen, CDU
John-F.-Kennedy Platz, W–1000 Berlin 62
T 030/78 31, FS 183 798, Tfax 7 83 38 79

Bürgermeisterin und Senatorin für Arbeit und Frauen Dr. Christine Bergmann, SPD
Klosterstr. 47, O–1020 Berlin,
T 0037/2/2 39 30, Tfax 34 76 21 52

Senatorin für Justiz
Prof. Dr. Jutta Limbach, SPD
Salzburger Str. 21/25, W–1000 Berlin 62
T 030/78 31, FS 183 798, Tfax 7 83 88 13

Senator für Inneres
Prof. Dr. Dieter Heckelmann, parteilos
Fehrbelliner Pl. 2, W–1000 Berlin 31
T 030/86 71, FS 183 798, Tfax 8 67 31 05

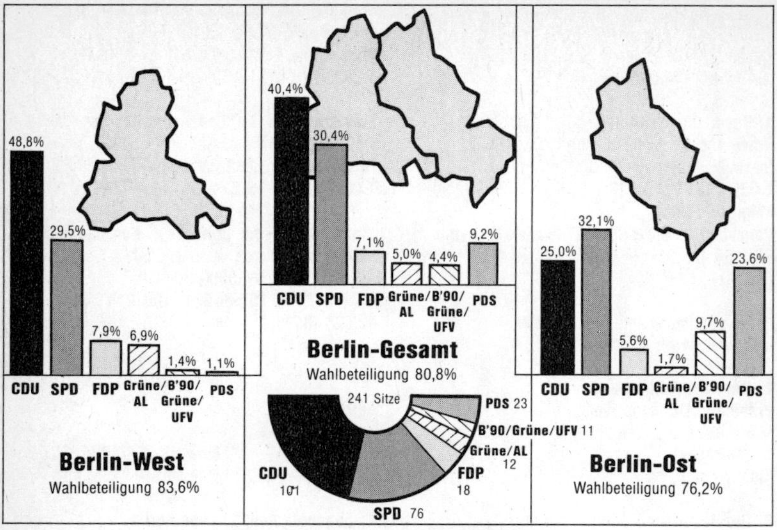

Wahlen zum Berliner Abgeordnetenhaus

Senator für Kulturelle Angelegenheiten
Ulrich Roloff-Momin, parteilos
Europa-Center, W–1000 Berlin 30
T 030/2 12 31, FS 183 798, Tfax 21 23 32 06

Senator für Frauen, Jugend und Familie
Thomas Krüger, SPD
Am Karlsbad 8/10, W–1000 Berlin 30, T 030/2 60 41, FS 183 798, Tfax 2 62 87 53

Senator für Verkehr und Betriebe
Prof. Dr. Herwig Erhard Haase, CDU
An der Urania 4/10, W–1000 Berlin 30
T 030/2 12 21, FS 183 798, Tfax 2 11 71 51

Senator für Bau- und Wohnungswesen
Wolfgang Nagel, SPD
Württembergische Str. 6, W–1000 Berlin 31
T 030/86 71, FS 183 798, Tfax 8 67 31 00

Senator für Wirtschaft und Technologie
Dr. Norbert Meisner, SPD
Martin-Luther-Str. 105, W–1000 Berlin 62
T 030/78 31, FS 183 798, Tfax 7 83 82 81

Senator für Finanzen Elmar Pieroth, CDU
Nürnberger Str. 53/55, W–1000 Berlin 30
T 030/2 12 31, FS 183 798, Tfax 21 23 21 06

Senator für Gesundheit Dr. Peter Luther, CDU
An der Urania 12/14, W–1000 Berlin 30
T 030/2 12 21, FS 183 798, Tfax 2 13 26 86

Senatorin für Soziales
Ingrid Stahmer, SPD
An der Urania 12/14, W–1000 Berlin 30
T 030/21221

Senator für Schule, Berufsbildung u. Sport
Jürgen Klemann, CDU
Bredtschneiderstr. 5, W–1000 Berlin 19
T 030/3 03 21, Tfax 3 03 28 98

Senator für Stadtentwicklung und Umweltschutz
Dr. Volker Hassemer, CDU
Lindenstr. 20/25, W–1000 Berlin 61
T 030/2 58 60, FS 183 798, Tfax 25 86 23 98

Senator für Wissenschaft und Forschung
Prof. Dr. Manfred Erhardt, CDU
Bredtschneiderstr. 5, W–1000 Berlin 19
T 030/3 03 20, FS 183 798, Tfax 3 03 21 22

Senator für Bundes- u. Europaangelegenheiten
Peter Radunski, CDU
John-F.-Kennedy-Platz, W–1000 Berlin 62
T 030/78 31, Tfax 7 83 86 49

BRANDENBURG

Fläche: 29060,40 km², Einw.: 2641152 (1281339m/1359813w) = 90,9 je km²

1. Der Landtag von Brandenburg
Präsident: Dr. Herbert Knoblich, SPD
Heinrich-Mann-Allee 107, 0–1561 Potsdam
T 0037/33/4431 oder 030/80220189
Mitglieder: 88
Verteilung der Sitze: SPD 36 (38,3% d. Stimmen) – CDU 27 (29,4%) – PDS 13 (13,4%) – FDP 6 (6,6%) – Bündnis 90 6 (6,4%)

Letzte Landtagswahl: 14.10.1990
nächste Wahl: Herbst 1994

2. Die Regierung des Landes Brandenburg
Ministerpräsident Dr. Manfred Stolpe, SPD
Heinrich-Mann-Allee 107, 0–1561 Potsdam
T 0037/33/3 64 43 oder 030/8 02 21 96, FS 15461, Tfax 030/8 02 21 86

Innenminister u. Stellv. d. Min.-Präsidenten
Alwin Ziel, SPD
Henning-von-Treskow-Str. 9/13, 0–1561 Potsdam
T 0037/33/31 56 04 u. T 030/802 20 27, FS 15202, Tfax 030/802 50 34

Justizminister und Bevollmächtigter beim Bund
Dr. Hans-Otto Bräutigam, parteilos
Heinrich-Mann-Allee 107, 0–1561 Potsdam
T 0037/33/3 65 298 oder 030/802 20 89, Tfax 3 66 91 oder 030/802 21 86
Schedestr. 1/3, W–5300 Bonn 1
T 0228/91 50 00

Finanzminister Klaus-Dieter Kühbacher, SPD
Steinstr. 104/106, 0–1561 Potsdam
T 0037/33/62 30 81 oder 030/801 20 19, FS 15461

Minister für Wirtschaft, Mittelstand und Technologie Walter Hirche, FDP
Heinrich-Mann-Allee 107, 0–1561 Potsdam
T 0037/33/3 67 07 oder 030/801 60 38, FS 15461

Ministerin für Arbeit, Soziales, Gesundheit und Frauen Dr. Regine Hildebrandt, SPD
Heinrich-Mann-Allee 107, 0–1561 Potsdam
T 0037/33/3 69 00 oder 030/801 50 16, FS 15461

Minister für Umwelt, Naturschutz und Raumordnung Matthias Platzek, Bündnis 90
Albert-Einstein-Str. 42/46, 0–1561 Potsdam
T 0037/33/31 62 10 oder 030/801 40 91, FS 15461

Minister für Ernährung, Landwirtschaft und Forsten
Edwin Zimmermann, SPD
Heinrich-Mann-Allee 107, 0–1561 Potsdam
T 0037/33/3 66 04 oder 030/8 01 30 60, FS 15461

Minister für Wissenschaft, Forschung und Kultur
Heinrich Enderlein, FDP
Friedrich-Ebert-Str. 4/7, 0–1561 Potsdam
T 0037/33/3 280 App. 406 oder 030/8 01 10 09 u. 8 02 40 03, Tfax 32 84 08

Ministerin für Bildung, Jugend und Sport
Marianne Birthler, Bündnis 90
Heinrich-Mann-Allee 107, 0–1561 Potsdam
T 0037/33/3 62 37 oder 030/8 01 70 14

Minister für Stadtentwicklung, Wohnen und Verkehr Jochen Wolf, SPD
Dortusstr. 30/33, 0–1561 Potsdam
T 0037/33/47 51 oder 030/8 02 20 80, FS 15 61 95, Tfax 2 41 81

FREIE HANSESTADT BREMEN

Fläche: 404,23 km², Einw.: 673684 (320682m/353002w) = 1666,6 je km²

1. Bremische Bürgerschaft (Landtag)
Haus der Bürgerschaft
Präsident: Dr. Dieter Klink, SPD
Postfach 106909, Am Markt 20, W–2800 Bremen 1
T 0421/3 60 70, FS 244 804, Tfax 3 60 71 33
Mitglieder: 100
Verteilung d. Sitze: SPD 54 (50,5% d. Stimmen) – CDU 25 (23,4%) – Grüne 10 (10,2%) – FDP 10 (10,0%) – DVU 1 (3,4%)

Letzte Bürgerschaftswahl: 13. 9. 1987
nächste Wahl: 29. 9. 1991

2. Senat der Freien Hansestadt Bremen
Präsident des Senats, Senator für kirchliche Angelegenheiten und Arbeit
Bürgermeister Klaus Wedemeier, SPD
Stellvertreter: Bürgermeister Dr. Henning Scherf, SPD
Rathaus, W–2800 Bremen
T 0421/36 10, FS 244 804, Tfax 3 61 63 63 u. 3 61 20 72

Senator für Inneres Peter Sakuth, SPD
Contrescarpe 22/24, W–2800 Bremen,
T 0421/36 21, FS 244 804, Tfax 3 62 32 13

Senator für Finanzen
Claus Grobecker, SPD
Contrescarpe (Haus des Reichs), W–2800 Bremen
T 0421/36 10, FS 244 804, Tfax 3 61 25 65

Senator für Bildung, Wissenschaft und Kunst
Bürgermeister Dr. Hennning Scherf, SPD
Rembertiring 8/12, W–2800 Bremen
T 0421/36 10, FS 244 804, Tfax 3 61 41 76 u. 3 61 28 39

Senatorin für Jugend und Soziales
Sabine Uhl, SPD
Bahnhofsplatz 29, W–2800 Bremen
T 0421/36 10, FS 244 804, Tfax 3 61 25 67 u. 3 61 66 78

Senator für Wirtschaft, Technologie u. Außenhandel Uwe Beckmeyer, SPD
Zweite Schlachtpforte 3, W–2800 Bremen,
T 0421/39 71, FS 244 804, Tfax 3 37 87 17

Senator für Häfen, Schiffahrt und Verkehr
Konrad Kunick, SPD
Kirchenstr. 4/5a, W–2800 Bremen
T 0421/36 10, FS 244 804, Tfax 3 61 66 02

Senator für Bauwesen
Konrad Kunick, SPD
Ansgaritorstr. 2, W–2800 Bremen
T 0421/36 10, FS 244 804, Tfax 3 61 20 50

Senator für Arbeit
Bürgermeister Klaus Wedemeier, SPD
Contrescarpe 73, W–2800 Bremen
T 0421/36 10, FS 244 804, Tfax 3 61 20 72

Senatorin für Gesundheit
Dr. Vera Rüdiger, SPD
Große Weidestr. 4/16, W–2800 Bremen
T 0421/36 10 u. 39 71, FS 244 804, Tfax 3 97 93 21

Senatorin für Umweltschutz u. Stadtentwicklung
Eva-Maria Lemke-Schulte, SPD
Ansgaritorstr. 2, W–2800 Bremen
T 0421/36 10, FS 244 804, Tfax 3 61 20 50 u. 3 61 80 32

Senator für Justiz, Verfassung und Sport
Volker Kröning, SPD
Richtweg 16/22, W–2800 Bremen
T 0421/36 10, FS 244 804, Tfax 3 61 25 84

Senatorin für Bundesangelegenheiten
Dr. Vera Rüdiger, SPD
Schaumburg-Lippe-Str. 7/9, W–5300 Bonn 1
T 0228/2 60 50, FS 886 883, Tfax 2 60 51 00

FREIE UND HANSESTADT HAMBURG

Fläche: 755,30 km^2, Einw.: 1 626 220 (767 167m/859 063w) = 2153,1 je km^2

1. Bürgerschaft der Freien und Hansestadt Hamburg – Präsidentin: Elisabeth Kiausch, SPD
Rathaus (Postfach 100902), W–2000 Hamburg 1
T 040/3 68 11, FS 21 21 21
Mitglieder: 121
Verteilung d. Sitze: SPD 61 (48,0% d. Stimmen) – CDU 44 (35,1%) – Grüne/GAL 9 (7,2%) – FDP 7 (5,4%)

Letzte Bürgerschaftswahl: 2. 6. 1991
nächste Wahl: Sommer 1995

2. Der Senat der Freien und Hansestadt Hamburg
Präsident des Senats und Erster Bürgermeister
Dr. Henning Voscherau, SPD
Chef der Senatskanzlei u. Staatsarchiv: Senator Dr. Thomas Mirow, SPD; Senatsamt f. d. Verwaltungsdienst u. f. Bezirksangelegenheiten: Senator Peter Zumkley, SPD; Senatsamt f. d. Gleichstellung d. Frau: Senatorin Traute Müller, SPD
Rathaus, W–2000 Hamburg 1
T 040/36 81 20 11/2, FS 212 121, Tfax 36 81 21 80
Senatsämter u. Staatsarchiv
Steckelhörn 12, W–2000 Hamburg 11
T 040/36 81 23 33/23 85, Tfax 36 81 24 60

Zweiter Bürgermeister
Prof. Dr. Hans-Jürgen Krupp, SPD
Rathaus, W–2000 Hamburg 1
T 040/36 81 21 61/2, FS 212 121 und:
Behörde für Wirtschaft
Alter Steinweg 4, W–2000 Hamburg 11
T 040/35 04 16 21/2, FS 211 100,
Tfax 35 04 17 17

Behörde für Arbeit, Gesundheit u. Soziales
Senator Ortwin Runde, SPD
Hamburger Str. 47, W–2000 Hamburg 76
T 040/2 91 88 30 01/2, FS 212 121,
Tfax 2 91 88 32 15

Baubehörde Senator Eugen Wagner, SPD
Stadthausbrücke 8, W–2000 Hamburg 36
T 040/3 49 13 30 02, Tfax 3 49 13 33 42

Finanzbehörde Senator Wolfgang Curilla, SPD
Gänsemarkt 36, W–2000 Hamburg 36
T 040/3 59 84 11/2, FS 212 121, Tfax 3 59 84 02

Behörde für Stadtentwicklung
Senatorin Traute Müller, SPD
Rathaus, W–2000 Hamburg 1
T 040/3 68 11

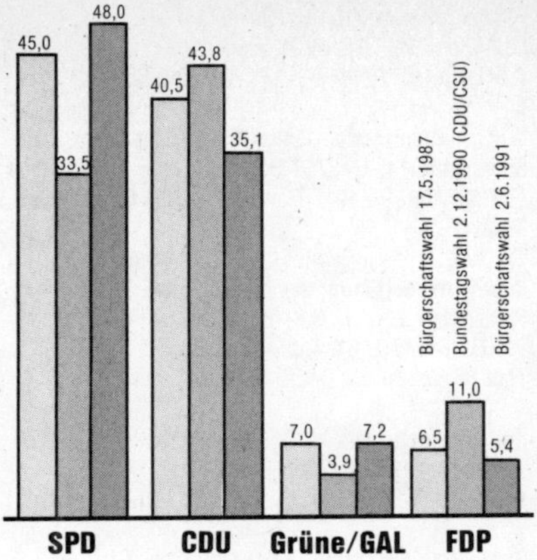

Bürgerschaftswahlen in Hamburg

Behörde für Inneres
Senator Werner Hackmann, SPD
Johanniswall 4, W–2000 Hamburg 1
T 040/24 86 48 00/45 00, FS 214 578,
Tfax 24 86 37 35

Justizbehörde
Senatorin Dr. Lore Maria Peschel-Gutzeit, SPD
Drehbahn 36, W–2000 Hamburg 36
T 040/3 49 76 00/1, FS 212 121, Tfax 34 97 40 97

Kulturbehörde
Senatorin Dr. Christina Weiss, parteilos
Hamburger Str. 45, W–2000 Hamburg 76
T 040/ 2 91 88 27 00/1, Tfax 2 99 65 60

Behörde f. Schule, Jugend u. Berufsbildung
Senatorin Rosemarie Raab, SPD
Hamburger Str. 31, W–2000 Hamburg 76
T 040/2 91 88 20 20/1, FS 212 121,
Tfax 2 91 88 41 32

Umweltbehörde Senator Dr. Fritz Vahrenholt, SPD
Steindamm 22, W–2000 Hamburg 1
T 040/24 86 32 00, FS 2 164 742, Tfax 24 86 32 93

Behörde für Wissenschaft und Forschung
Senator Prof. Dr. Leonhard Hajen, SPD
Hamburger Str. 37, W–2800 Hamburg 76,
T 040/2 91 88 39 45/6

Der Bevollmächtigte der Freien und Hansestadt Hamburg beim Bund Senator Peter Zumkley, SPD
Rathaus, W–2000 Hamburg 1
T 040/36 81 21 61/2, FS 212 121
u. Kurt-Schumacher-Str. 12, W–5300 Bonn 1
T 0228/2 28 71 00, FS 886 809, Tfax 2 28 71 28

HESSEN

Fläche: 21 114,16 km^2, Einw.: 5 660 619 (2 741 376m/2 919 243w) = 268,1 je km^2

1. Hessischer Landtag
Präsident: Karl Starzacher, SPD
Schloßplatz 1/3, 6200 Wiesbaden
T 0611/35 00, FS 4 186 222, Tfax 35 04 34
Mitglieder: 110
Verteilung der Sitze: SPD 46 (40,8 % d. Stimmen) – CDU 46 (40,2 %) – GRÜNE 10 (8,8 %) – FDP 8 (7,4 %)

Letzte Landtagswahl: 20. 1. 1991
nächste Wahl: Frühjahr 1995

2. Die Hessische Landesregierung
Der Hessische Ministerpräsident Hans Eichel, SPD
Bierstadter Str. 2, W–6200 Wiesbaden
T 0611/3 20, FS 4 186 693, Tfax 32 28 00/01

Der Hessische Minister des Innern
Dr. Herbert Günther, SPD
Friedrich-Ebert-Allee 12, W–6200 Wiesbaden
T 0611/35 30, FS 4 186 814, Tfax 35 36 08

Die Hessische Ministerin der Finanzen
Dr. Annette Fugmann-Heesing, SPD
Friedrich-Ebert-Allee 8, W–6200 Wiesbaden
T 0611/3 20, FS 4 186 814, Tfax 32 24 33

Die Hessische Ministerin der Justiz
Dr. Christine Hohmann-Dennhardt, SPD
Luisenstr. 13, W–6200 Wiesbaden
T 0611/3 20, Ttex 26 276 121/253, Tfax 32 27 63

Der Hessische Kultusminister
Hartmut Holzapfel, SPD
Luisenplatz 10, W–6200 Wiesbaden
T 0611/36 80, Ttex 6 121 803, Tfax 3 68 20 99

Der Hessische Minister für Wirtschaft, Verkehr und Technologie Ernst Welteke, SPD
Kaiser-Friedrich-Ring 75, W–6200 Wiesbaden
T 0611/81 50, Ttex 6 121 922/846, Tfax 8 15 22 27

Die Hessische Ministerin für Wissenschaft und Kunst Prof. Dr. Evelies Mayer, SPD
Rheinstr. 23/25, W–6200 Wiesbaden
T 0611/16 50, FS 4 186 814, Tfax 16 57 66

Der Hessische Minister für Umwelt, Energie u. Bundesangelegenheiten u. Stellv. d. Min.-Präsidenten Joseph (Joschka) Fischer, Grüne
Mainzer Str. 80, W–6200 Wiesbaden
T 0611/81 50, Tfax 8 15 19 40

Die Hessische Ministerin für Jugend, Familie und Gesundheit
Iris Blaul, Grüne
Dostojewskistr. 4, W–6200 Wiesbaden
T 0611/81 70, Ttex 6 121 998, Tfax 80 91 48

Die Hessische Ministerin für Frauen, Arbeit u. Sozialordnung
Prof. Dr. Heide Pfarr, SPD
Gustav-Freytag-Str. 1, W–6200 Wiesbaden
T 0611/3 20, Tfax 3 90 75

Der Hessische Minister für Landesentwicklung, Wohnen, Landwirtschaft, Forsten u. Naturschutz
Jörg Jordan, SPD
Hölderlinstr. 1/3, W–6200 Wiesbaden
T 0611/81 70, Ttex 6 121 988, Tfax 8 17 28 00

MECKLENBURG-VORPOMMERN

Fläche: 23 835,11 km^2, Einw.: 1 963 909 (957 885m/1 006 024w) = 82,4 je km^2

1. Der Landtag von Mecklenburg-Vorpommern
Präsident: Rainer Prachtl, CDU
Schloß, O–2750 Schwerin, T 0037/84/88 80
Mitglieder: 66
Verteilung der Sitze: CDU 29 (38,3 % d. Stimmen) – SPD 20 (27,0 %) – PDS 12 (15,7 %) – FDP 4 (5,5 %) – fraktionslos 1

Letzte Landtagswahl: 14. 10. 1990
nächste Wahl: Herbst 1994

2. Die Landesregierung von Mecklenburg-Vorpommern
Ministerpräsident Dr. Alfred Gomolka, CDU
Schloßstr. 2/4, O–2750 Schwerin
T 0037/84/5 71 92 20/3 20, Tfax 8 37 60 oder 040/6 55 01 59

Innenminister Dr. Georg Diederich, CDU
Karl-Marx-Str. 1, O–2751 Schwerin
T 0037/84/5 74 24 44, Tfax 5 74 24 17

Minister für Justiz, Bundes- und Europaangelegenheiten Dr. Ulrich Born, CDU
Demmlerplatz 1/2, O–2754 Schwerin
T 0037/84/88 90, Tfax 0 51 21/51 67 12/13

Finanzministerin Bärbel Kleedehn, CDU
Schloßstr. 9/11, O–2750 Schwerin
T 0037/84/57 82 00, FS 32 301, Tfax 8 32 94

Wirtschaftsminister Conrad-Michael Lehment, FDP
Stellingstr. 14, O–2751 Schwerin
T 0037/84/5 72 40, Tfax 0 51 21/51 67 02 oder 86 44 26

Landwirtschaftsminister Martin Brick, CDU
Paulshöher Weg 1, O–2786 Schwerin
T 0037/84/86 51 61 App. 40/55/66, FS 32 307, Tfax 88 62 22 oder 040/6 55 03 84

Kultusminister Oswald Wutzke, CDU
Werderstr. 124, O–2756 Schwerin
T 0037/84/7 82 02, Tfax 040/6 55 11 61

Umweltministerin Dr. Petra Uhlmann, CDU
Schloßstr. 6/8, O–2750 Schwerin
T 0037/84/57 89 51, FS 32 301, Tfax 86 17 46

Sozialminister u. Stellv. d. Min.-Präsidenten
Dr. Klaus Gollert, FDP
Werderstr. 124, O–2756 Schwerin
T 0037/84/57 72 01, Tfax 81 29 79

NIEDERSACHSEN

Fläche: 47 348,71 km^2, Einw.: 7 283 795 (3 526 598m/3 757 197w) = 153,8 je km^2

1. Der Niedersächsische Landtag
Präsident: Horst Milde, SPD
Hinrich-Wilhelm-Kopf-Pl. 1, W–3000 Hannover 1
T 0511/1 23 01
Mitglieder: 155
Verteilung der Sitze: SPD 71 (44,2 % d. Stimmen) – CDU 67 (42,0 %) – FDP 9 (6,0 %) – GRÜNE 8 (5,5 %)

Letzte Landtagswahl: 13. 5. 1990
nächste Wahl: Sommer 1994

2. Die Niedersächsische Landesregierung
Der Niedersächsische Ministerpräsident
Gerhard Schröder, SPD
Staatskanzlei, Planckstr. 2, W–3000 Hannover 1
T 0511/12 01, FS 92 341 460, Ttex 511 859 962, Tfax 1 20 21 96

Der Niedersächsische Minister des Innern u. Stellv. d. Min.-Präsidenten
Gerhard Glogowski, SPD
Lavesallee 6, W–3000 Hannover 1
T 0511/12 01, FS 92 341 475, Ttex 51 189 975, Tfax 1 20 62 28

Der Niedersächsische Minister der Finanzen
Heinrich Swieter, SPD
Schiffgraben 10, W–3000 Hannover 1
T 0511/1201, FS 92341470, Ttex 5118570, Tfax 1208236

Der Niedersächsische Sozialminister
Walter Hiller, SPD
Hinrich-Wilhelm-Kopf-Pl. 2, W–3000 Hannover 1
T 0511/1201, FS 92341445, Tfax 120443

Der Niedersächsische Kultusminister
Prof. Dr. Rolf Wernstedt, SPD
Schiffgraben 12, W–3000 Hannover 1
T 0511/1201, FS 92341465, Ttex 51189965, Tfax 1208436

Die Niedersächsische Ministerin für Wissenschaft und Kunst Helga Schuchardt, parteilos
Leibnizufer 9, W–3000 Hannover 1
T 0511/1201, FS 92341456, Ttex 89956, Tfax 1202601

Der Niedersächsische Minister für Wirtschaft, Technologie und Verkehr
Peter Fischer, SPD
Friedrichswall 1, W–3000 Hannover 1
T 0511/1201, FS 92341435, Tfax 1206430

Der Niedersächsische Minister für Ernährung, Landwirtschaft und Forsten
Karl-Heinz Funke, SPD Calenberger Str. 2, W–3000 Hannover 1
T 0511/1201, FS 92341410, Ttex 51189913, Tfax 1202060/2061

Die Niedersächsische Ministerin für Justiz
Heidi Alm-Merk, SPD
Am Waterlooplatz 1, W–3000 Hannover 1
T 0511/1201, FS 92341430, Tfax 1206811

Die Niedersächsische Umweltministerin
Monika Griefahn, parteilos
Archivstr. 2, W–3000 Hannover 1
T 0511/1040, Ttex 5118380, Tfax 1043399

Die Niedersächsische Ministerin für Frauen
Waltraud Schoppe, Grüne
Lavesstr. 80, W–3000 Hannover 1
T 0511/1200, Tfax 1208739

Der Niedersächsische Minister für Bundes- u. Europaangelegenheiten Jürgen Trittin, Grüne
Clemensstr. 17, W–3000 Hannover 1
T 0511/1201, Ttex 51189940, Tfax 1202829 u. Dahlmannstr. 18, W–5300 Bonn 1, T 0228/22830, Ttex 2283855, Tfax 2283237

NORDRHEIN-WESTFALEN

Fläche: 34068,31 km², Einw.: 17103588 (8227115m/8876473w) = 502,0 je km²

1. Der Landtag von Nordrhein-Westfalen
Präsidentin: Ingeborg Friebe, SPD
Ständehausstr. 1, Postfach 1143, W–4000 Düsseldorf 1,
T 0211/8841
Mitglieder: 237
Verteilung der Sitze: SPD 122 (50,0% d. Stimmen) – CDU 89 (36,7%) – FDP 14 (5,8%) – GRÜNE 12 (5,0%)

Letzte Landtagswahl: 13. 5. 1990
nächste Wahl: Sommer 1995

2. Die Landesregierung Nordrhein-Westfalen
Ministerpräsident u. Minister für Bundesangelegenheiten Dr. h. c. Johannes Rau, SPD
Minister für besondere Aufgaben u. Chef der Staatskanzlei Wolfgang Clement, SPD
Mannesmann-Ufer 1a, W–4000 Düsseldorf 1
T 0211/83701, FS 8581894, Tfax 8371236

Innenminister u. Stellv. d. Min.-Präsidenten
Dr. Herbert Schnoor, SPD
Haroldstr. 5, W–4000 Düsseldorf 1
T 0211/8711, FS 8582749, Tfax 8713355

Finanzminister Heinz Schleußer, SPD
Jägerhofstr. 6, W–4000 Düsseldorf 30
T 0211/49720, Ttex 2114101, Tfax 4972750

Justizminister Dr. Rolf Krumsiek, SPD
Martin-Luther-Platz 40, W–4000 Düsseldorf 1
T 0211/87921, Ttex 2114184, Tfax 8792456

Kultusminister Hans Schwier, SPD
Völklinger Str. 49, W–4000 Düsseldorf 1
T 0211/89603, FS 8582967, Tfax 8963220

Ministerin für Wissenschaft und Forschung
Anke Brunn, SPD
Völklinger Str. 49, W–4000 Düsseldorf 1
T 0211/89604, FS 8581993, Tfax 8964348

Minister für Wirtschaft, Mittelstand und Technologie Günther Einert, SPD
Haroldstr. 4, W–4000 Düsseldorf 1, T 0211/83702, FS 8582728, Tfax 8372200

Minister für Arbeit, Gesundheit und Soziales
Hermann Heinemann, SPD
Horionplatz 1, W–4000 Düsseldorf 1
T 0211/8373603, FS 8582192, Tfax 83703

Minister für Umwelt, Raumordnung und Landwirtschaft Klaus Matthiesen, SPD
Schwannstr. 3, W–4000 Düsseldorf 1
T 0211/4 56 60, FS 8 584 965, Tfax 4 56 63 88

Minister für Stadtentwicklung und Verkehr
Franz-Josef Kniola, SPD
Breite Str. 31, W–4000 Düsseldorf 1
T 0211/8 37 04, FS 8 584 410, Tfax 8 37 44 44

Ministerin für Bauen und Wohnen Ilse Brusis, SPD
Breite Str. 31, W–4000 Düsseldorf 1
T 0211/8 37 04

Ministerin für die Gleichstellung von Mann und Frau Ilse Ridder-Melchers, SPD
Haroldstr. 4, W–4000 Düsseldorf 1
T 0211/8 37 02

Minister für Bundesangelegenheiten
Min.-Präs. Dr. h. c. Johannes Rau, SPD
Dahlmannstr. 2, W–5300 Bonn 1
T 0228/2 69 90, FS 886 850, Tfax 2 69 92 21

RHEINLAND-PFALZ

Fläche: 19 848,80 km^2, Einw.: 3 701 661 (1 788 739m/1 912 922w) = 186,5 je km^2

1. Der Landtag von Rheinland-Pfalz
Präsident: Christoph Grimm, SPD
Deutschhausplatz 12, W–6500 Mainz
T 06131/20 80, Ttex 6 131 962
Mitglieder: 101
Verteilung d. Sitze: SPD 47 (44,8%) – CDU 40 (38,7%) – FDP 7 (6,9%) – GRÜNE 7 (6,4%)

Letzte Landtagswahl: 21. 4. 1991
nächste Wahl: Frühjahr 1995

2. Die Landesregierung Rheinland-Pfalz
Ministerpräsident Rudolf Scharping, SPD
Staatskanzlei, Peter-Altmeier-Allee 1,
W–6500 Mainz
T 06131/161, FS 4 187 852, Tfax 16 46 66

Minister des Innern und für Sport Walter Zuber, SPD
Schillerplatz 3/5, W–6500 Mainz
T 06131/161, FS 4 187 852, Tfax 16 37 20

Minister für Justiz Peter Caesar, FDP
Ernst-Ludwig-Str. 3, W–6500 Mainz
T 06131/161, FS 4 187 852, Tfax 16 48 87

Minister der Finanzen Edgar Meister, SPD
Kaiser-Friedrich-Str. 1, W–6500 Mainz
T 06131/161, FS 4 187 852, Tfax 16 43 31

Ministerin für Bildung und Kultur
Dr. Rose Götte, SPD
Mittlere Bleiche 61, W–6500 Mainz
T 06131/161, FS 4 187 656, Tfax 16 28 78

Minister für Wirtschaft u. Verkehr u. Stellv. d. Min.-Präsidenten Rainer Brüderle, FDP
Bauhofstr. 4, W–6500 Mainz
T 06131/161, FS 4 187 852, Tfax 16 21 00

Minister für Landwirtschaft, Weinbau u. Forsten
Karl Schneider, SPD
Große Bleiche 55, W–6500 Mainz
T 06131/161, FS 4 187 852, Tfax 16 26 44

Ministerin für Umwelt Klaudia Martini, SPD
Kaiser-Friedrich-Str. 7, W–6500 Mainz
T 06131/161, FS 4 187 852, Tfax 16 46 49

Minister für Arbeit, Soziales, Familie und Gesundheit Ulrich Galle, SPD
Bauhofstr. 9, W–6500 Mainz
T 06131/161, FS 4 187 852, Tfax 16 23 73

Ministerin für die Gleichstellung von Frau und Mann Jeanette Rott, SPD
Bauhofstr. 4, W–6500 Mainz
T 06131/161, FS 4 187 852

Minister für Wissenschaft und Weiterbildung
Jürgen Zöllner, SPD
Mittlere Bleiche 61, 6500 Mainz
T 06131/161, FS 4 187 656

Minister für Bundesangelegenheiten und Europa
Florian Gerster, SPD
Heussallee 18/24, W–5300 Bonn
T 02 28/9 12 01 23/4, Tfax 9 12 02 23

SAARLAND

Fläche: 2570,17 km^2, Einw.: 1 064 906 (512 889m/552 017w) = 414,3 je km^2

1. Der Landtag des Saarlandes
Präsident: Albrecht Herold, SPD
Franz-Josef-Röder-Str. 7, Postfach 1188,
W–6600 Saarbrücken 1
T 0681/5 00 21, Ttex 681 704, Tfax 5 74 72
Mitglieder: 51
Verteilung der Sitze: SPD 30 (54,4% d. Stimmen) – CDU 18 (33,4%) – FDP 3 (5,6%)

Letzte Landtagswahl: 28. 1. 1990
nächste Wahl: Frühjahr 1995

2. Die Regierung des Saarlandes
Ministerpräsident Oskar Lafontaine, SPD
Am Ludwigsplatz 14, Postfach 1010
W–6600 Saarbrücken 1
T 0681/50 06 01, FS 4 421 371, Tfax 5 00 61 59

Minister des Innern Friedel Läpple, SPD
Franz-Josef-Röder-Str. 21, W–6600 Saarbrücken 1
T 0681/50 11, FS (17) 681 724, Tfax 5 01 22 22

Minister der Finanzen u. Stellv. d. Min.-Präsidenten Hans Kasper, SPD
Am Stadtgraben 6/8, W–6600 Saarbrücken 3
T 0681/3 00 01, FS 4 428 687, Tfax 3 00 03 79

Minister der Justiz Dr. Arno Walter, SPD
Zähringer Str. 12, W–6600 Saarbrücken 1
T 0681/50 51, FS 4 428 648, Tfax 58 18 21

Ministerin für Bildung und Sport
Marianne Granz, SPD
Hohenzollernstr. 60, W–6600 Saarbrücken 1
T 0681/50 31, Tfax 50 32 27

Minister für Wissenschaft u. Kultur
Prof. Dr. Diether Breitenbach, SPD
Hohenzollernstr. 60, W–6600 Saarbrücken 1
T 0681/50 31, Tfax 50 32 91

Ministerin für Frauen, Arbeit, Gesundheit u. Soziales Christiane Krajewski, SPD
Talstr. 43/51, W–6600 Saarbrücken 1
T 0681/50 11, FS (17) 681 937, Tfax 5 01 33 35

Minister für Wirtschaft Reinhold Kopp, SPD
Hardenbergstr. 8, W–6600 Saarbrücken 1
T 0681/50 11, FS (17) 681 966, Tfax 5 01 42 93

Minister für Umwelt Jo(sef) Leinen, SPD
Hardenbergstr. 8, W–6600 Saarbrücken 1
T 0681/50 11, FS (17) 6 817 506, Tfax 5 01 45 22

Der Bevollmächtigte des Saarlandes beim Bund
Staatssekretär Hanspeter Weber, SPD
Gersweilerstr. 78, W–6600 Saarbrücken 1
T 0681/5 70 21, FS (17) 6 817 505, Tfax 58 32 51
u. Kurt-Schumacher-Str. 9, W–5300 Bonn 1
T 0228/26 79 30, FS 886 553, Tfax 22 13 55

SACHSEN

Fläche: 18 337,69 km², Einw. 4 900 675
(2 317 486m/2 583 189w) = 276,2 je km²

1. Sächsischer Landtag
Präsident: Erich Iltgen, CDU
Holländische Str. 2, O–8012 Dresden
T 0037/51/4 85 50, FS 2 325
Mitglieder: 160
Verteilung der Sitze: CDU 92 (53,8 % d. Stimmen) – SPD 32 (19,1 %) – PDS 17 (10,2 %) – Bündnis 90/Grüne 10 (5,6 %) – FDP 9 (5,3 %)

Letzte Landtagswahl: 14. 10. 1990
nächste Wahl: Herbst 1994

2. Die Landesregierung Sachsen
Ministerpräsident Prof. Dr. Kurt Biedenkopf, CDU
Archivstr. 1, O–8060 Dresden
T 030/2 11 15 16, FS 069/2 161,
Tfax 030/2 11 13 90
Chef der Staatskanzlei: Staatsminister Arnold Vaatz, CDU
T 0037/51/5 98 25 02, FS 069/2 161,
Tfax 0037/51/5 52 76

Staatsminister des Innern u. Stellv. d. Min.-Präsidenten Dr. Rudolf Krause, CDU
Archivstr. 1, O–8060 Dresden
T 0037/51/5 98 25 20, FS 069/2 161, Tfax 5 17 32

Staatsminister der Justiz
Steffen Heitmann, parteilos
Archivstr. 1, O–8060 Dresden
T 0037/51/5 98 23 69, FS 069/2 161, Tfax 5 17 32

Staatsminister der Finanzen
Prof. Dr. Georg Milbradt, CDU
Carolaplatz 1, O–8060 Dresden
T 0037/51/59 40 13 00, FS 069/2 161, Tfax 5 17 32

Staatsministerin für Kultus Stefanie Rehm, CDU
Archivstr. 1, O–8060 Dresden
T 0037/51/5 98 22 20, FS 069/2 161, Tfax 5 17 32

Staatsminister für Wissenschaft und Kunst
Prof. Dr. Hans-Joachim Meyer
Archivstr. 1, O–8060 Dresden
T 0037/51/5 98 25 60, FS 069/2 161, Tfax 5 17 32

Staatsminister für Wirtschaft und Arbeit
Dr. Kajo Schommer, CDU
Budapester Str. 5, O–8010 Dresden
T 0037/51/5 98 22 22, FS 069/2 431, Tfax 4 95 41 31

Staatsminister für Landwirtschaft, Ernährung und Forsten Dr. Rolf Jähnichen, CDU
Freiberger Str. 31, O–8010 Dresden
T 0037/51/4 84 50

Staatsminister für Umwelt und Landesentwicklung
Dr. Karl Weise, CDU
Ostra-Allee 23, O–8010 Dresden
T 0037/51/4 86 22 35, FS 069/2 161, Tfax 5 17 32

Staatsminister für Soziales, Gesundheit und Familie Dr. Hans Geisler, CDU
Carolaplatz 1, O–8010 Dresden
T 0037/51/5 94 09 34, FS 069/2 161, Tfax 5 17 32

SACHSEN-ANHALT

Fläche: 20443,97 km², Einw.: 2964971 (1429932m/1544039w) = 145,0 je km²

1. Der Landtag von Sachsen-Anhalt
Präsident: Dr. Klaus Keitel, CDU
Am Domplatz 6/7, O–3010 Magdeburg
T 0037/91/3 09 95, Tfax 3 18 97
Mitglieder: 106
Verteilung der Sitze: CDU 48 (39,0% d. Stimmen) – SPD 27 (26,0%) – FDP 14 (13,5%) – PDS 12 (12,0%) – Grüne/Neues Forum 5 (5,3%)

Letzte Landtagswahl: 14. 10. 1990
nächste Wahl: Herbst 1995

2. Die Regierung von Sachsen-Anhalt
Ministerpräsident Prof. Dr. Werner Münch, CDU
Hegelstr. 42, O–3010 Magdeburg
T 0037/91/38 22 30 oder 030/2 11 19 76,
Tfax 3 82 24 10 oder 030/2 11 19 70

Innenminister Hartmut Perschau, CDU
Halberstädter Str. 2, O–3014 Magdeburg
T 0037/91/3 87 21 63, Tfax 3 87 26 30

Justizminister Walter Remmers, CDU
Wilhelm-Höpfner-Ring 4, O–3037 Magdeburg
T 0037/91/61 30 78, Tfax 61 30 12

Finanzminister Prof. Dr. Wolfgang Böhmer, CDU
Olvenstedter Str. 1/2, O–3010 Magdeburg
T 0037/91/3 82 0, Tfax 3 14 42

Minister für Wirtschaft, Technologie und Verkehr
Dr. Horst Rehberger, FDP
Wilhelm-Höpfner-Ring 4, O–3037 Magdeburg
T 0037/91/38 20 App. 103, Tfax 61 50 72

Minister für Arbeit und Soziales
Werner Schreiber, CDU
Wilhelm-Höpfner-Ring 4, O–3037 Magdeburg
T 0037/91/6 61 36 00, Tfax 61 51 13

Minister für Umwelt und Naturschutz
Wolfgang Rauls, FDP
Pfälzer Platz 1, O–3024 Magdeburg
T 0037/91/5 84 01, Tfax 5 84 17

Minister für Ernährung und Landwirtschaft
Petra Wernicke, CDU
Olvenstedter Str. 4, O–3010 Magdeburg
T 0037/91/37 40, Tfax 3 14 42

Minister für Schule, Erwachsenenbildung und Kultur Dr. Werner Sobetzko, CDU
Breiter Weg 31, O–3040 Magdeburg
T 0037/91/5 81 14, Tfax 2 11 19 70

Minister für Wissenschaft und Forschung
Prof. Dr. Rolf Frick, FDP
Breiter Weg 31, O–3040 Magdeburg
T 0037/91/5 81 14, Tfax 2 11 19 70

Minister für Raumordnung, Städtebau und Wohnungswesen Dr. Karl-Heinz Daehre, CDU
Domplatz 1, O–3010 Magdeburg
T 0037/91/38 20 u. 34 47 64, Tfax 3 87 26 30

Minister für Bundes- und Europaangelegenheiten u. Stellv. d. Min.-Präsidenten
Hans-Jürgen Kaesler, FDP
Domplatz 2/3, O–3010 Magdeburg
T 0037/91/3 37 61, Tfax 30 35 85 und
Dahlmannstr. 18, W–5300 Bonn 1
T 0228/2 60 80, Tfax 2 60 82 37

SCHLESWIG-HOLSTEIN

Fläche: 15730,46 km², Einw.: 2594606 (1255014m/1339592w) = 164,9 je km²

1. Schleswig-Holsteinischer Landtag
Präsidentin: Lianne Paulina-Mürl, SPD
Landeshaus, Postfach 3607,
Düsternbrooker Weg 70, 2300 Kiel 1
T 0431/59 61, FS 292 633
Mitglieder: 74
Verteilung der Sitze: SPD 46 (54,8% d. Stimmen) – CDU 27 (33,3%) – SSW 1 (1,7%)

Letzte Landtagswahl: 8. 5. 1988
nächste Wahl: 5. 4. 1992

2. Die Landesregierung Schleswig-Holstein
Ministerpräsident Björn Engholm, SPD
Landeshaus, Düsternbrooker Weg 70, W–2300 Kiel
T 0431/59 61, FS 299 871, Ttex 431 543,
Tfax 5 96 25 51

Innenminister Prof. Dr. Hans Peter Bull, SPD
Düsternbrooker Weg 92, W–2300 Kiel
T 0431/59 61, FS 299 871, Ttex 431 521,
Tfax 5 96 26 00

Finanzministerin Heide Simonis, SPD
Düsternbrooker Weg 64, W–2300 Kiel
T 0431/59 61, FS 299 871, Ttex 431 574,
Tfax 5 96 35 19

Minister für Ernährung, Landwirtschaft, Forsten und Fischerei Hans Wiesen, SPD
Düsternbrooker Weg 104, W-2300 Kiel
T 0431/59 61, FS 299 871, Ttex 431 536,
Tfax 5 96 44 01

Minister für Wirtschaft, Technik und Verkehr
Dr. Franz Froschmaier, SPD
Düsternbrooker Weg 94, W-2300 Kiel 1
T 0431/59 61, FS 299 871, Ttex 431 551,
Tfax 5 96 39 51

Ministerin für Bildung, Wissenschaft, Jugend und Kultur Marianne Tidick, SPD
Düsternbrooker Weg 64, W-2300 Kiel
T 0431/59 61, FS 299 871, Tfax 5 96 48 35

Justizminister Dr. Klaus Klingner, SPD
Lorentzendamm 35, W-2300 Kiel
T 0431/59 91, FS 299 871, Ttex 431 553,
Tfax 5 99 28 14

Minister für Soziales, Gesundheit u. Energie
Günther Jansen, SPD
Brunswiker Str. 16/22, W-2300 Kiel
T 0431/59 61, FS 299 871, Ttex 431 557,
Tfax 5 96 51 16

Ministerin für Bundesangelegenheiten u. Stellv. d. Min.-Präsidenten Eva Rühmkorf, SPD
Karolinenweg 1, W-2300 Kiel, T 0431/59 61
u. Kurt-Schumacher-Str. 17/18, 5300 Bonn 1
T 0228/26 00 30, Ttex 2 283 692

Minister für Natur, Umwelt u. Landesentwicklung
Prof. Dr. Berndt Heydemann, parteilos
Grenzstr. 1/5, W-2300 Kiel 14,
T 0431/21 90, Tfax 21 92 09

Ministerin für Frauen Gisela Böhrk, SPD
Beseler Allee 41, W-2300 Kiel
T 0431/59 61, Tfax 5 96 32 77

THÜRINGEN

Fläche: 16 251,40 km², Einw. 2 683 877
(1 286 720m/1 397 157w) = 165,1 je km²

1. Thüringischer Landtag
Präsident: Dr. Gottfried Müller, CDU
Arnstädter Str. 51, O-5085 Erfurt,
T 0037/61/3 17 15, FS 61 154 u. 61 155
Mitglieder: 89
Verteilung der Sitze: CDU 44 (45,4% d. Stimmen) – SPD 21 (22,8%) – PDS 9 (9,7%) – FDP 9 (9,3%) – Grüne/Neues Forum/Demokratie jetzt 6 (6,5%)
Letzte Landtagswahl: 14. 10. 1990
nächste Wahl: Herbst 1994

2. Die Landesregierung Thüringen
Ministerpräsident Josef Duchac, CDU
Johann-Sebastian-Bach-Str. 1, O-5085 Erfurt
T0037/61/3 72 01, 0561/7 16 33, Tfax030/2 11 17 83

Minister für besondere Aufgaben
Jochen Lengemann, CDU
Johann-Sebastian-Bach-Str. 1, O-5085 Erfurt
T 0037/61/3 72 09, Tfax 61/3 17 15, 030/2 11 17 83

Minister für Wissenschaft und Kunst und Stellv. d. Min.-Präsidenten Dr. Ulrich Fickel, FDP
Werner-Seelenbinder-Str. 1, O-5085 Erfurt
T 0037/61/3 86 31 61, Tfax 3 86 31 54

Innenminister Willibald Böck, CDU
Schillerstr. 27, O-5085 Erfurt
T 0037/61/3 98 22 30, Tfax 3 98 22 29

Finanzminister Dr. Klaus Zeh, CDU
Wilhelm-Wolf-Str. 9, O-5091 Erfurt
T 0037/61/41 51 12 App. 192 od. 190, Tfax 3 17 15

Justizminister und Bevollmächtigter beim Bund
Dr. Hans-Joachim Jentsch, CDU
Werner-Seelenbinder-Str. 1, O-5071 Erfurt
T 0037/61/3 86 31 49 od. 57, Tfax 3 86 31 49
und Simrockstr. 13, W-5300 Bonn 1
T 0228/91 50 60, Tfax 26 32 45

Kultusministerin Christine Lieberknecht, CDU
Werner-Seelenbinder-Str. 1, O-5071 Erfurt
T 0037/61/3 86 31 35 od. 71, Tfax 3 86 31 79

Minister für Wirtschaft und Technik
Dr. Hans-Jürgen Schultz, FDP
Johann-Sebastian-Bach-Str. 1, O-5085 Erfurt
T 0037/61/3 72 73, Tfax 3 16 15

Minister für Landwirtschaft und Forsten
Dr. Volker Sklenhar, CDU
Hallesche Str. 16, O-5024 Erfurt
T 0037/61/52 92 46, Tfax 2 16 57

Minister für Soziales und Gesundheit
Dr. Hans-Henning Axthelm, CDU
Werner-Seelenbinder-Str. 14, O-5071 Erfurt
T 0037/61/34 07

Umweltminister Hartmut Sieckmann, FDP
Richard-Breslau-Str. 112, O-5082 Erfurt,
T 0037/61/2 39 91 od. 8 63 od. 2 47 66 od. 8 96,
Tfax 2 39 91

Fläche, Bevölkerung und Verwaltungsgliederung am 3. 10. 1990

Land	*Fläche km²*	*Bevölkerung*	*Einwohner je km²*	*Kreisfreie Städte*	*Landkreise*	*Gemeinden*[1]
				Anzahl		
01 Schleswig-Holstein	15730,46	2623000	165	4	11	1131
02 Hamburg	755,30	1646800	2153	1	–	1
03 Niedersachsen	47348,71	7367700	154	9	38	1031
04 Bremen	404,23	681600	1667	2	–	2
05 Nordrhein-Westfalen	34068,31	17311500	502	23	31	396
06 Hessen	21114,16	5746800	268	5	21	426
07 Rheinland-Pfalz	19848,80	3753800	186	12	24	2304
08 Baden-Württemberg	35751,39	9787400	269	9	35	1111
09 Bayern	70553,93	11413000	159	25	71	2051
10 Saarland	2570,17	1073700	414	–	6	52
11 Berlin[2]	883,41	3429300	3860	1	–	1
12 Brandenburg[2]	29060,40	2591200	91	6	38	1175
13 Mecklenburg-Vorpommern[2]	23835,11	1932600	82	6	31	1117
14 Sachsen[2]	18337,69	4795700	267	6	48	1623
15 Sachsen-Anhalt[2]	20443,97	2890500	145	3	37	1350
16 Thüringen[2]	16251,40	2626500	165	5	35	1699
Insgesamt	356957,44	79671100	222	117	426	16070
davon alte Bundesländer	248625,62	63560300	256	90[3]	239	8505[3]
davon neue Bundesländer	108331,82	16110800	149	27	189	7565

[1] Einschl. der bewohnten gemeindefreien Gebiete. – [2] Gem. Ländereinführungsgesetz vom 22. 7. 1990. – [3] Ohne Berlin.

Vergleich der Bundesländer nach ihrer Wirtschaftskraft[1] (nach Bayer. Landesamt f. Statistik und Datenverarbeitung)

Bundesland	Fläche in %	Einwohner in %	BIP 1990 in Mio. DM	Veränd. gegen 1989 in %	Anteil am Bundes-BIP in %	BIP 1990 in Preisen v. 1980 in Mio. DM	Veränd. gegen 1989 in % Preisbasis 1980	BIP in DM je Einw. 1990	Bundeswert = 100 (1990)
Schleswig-Holstein	6,3	4,1	82770	9,1	3,4	62675	5,3	31901	82,5
Niedersachsen	19,0	11,6	236823	8,2	9,8	180388	4,8	32514	84,1
Nordrhein-Westfalen	13,7	27,3	625707	7,7	25,8	466027	4,0	36583	94,6
Hessen	8,5	9,0	249809	9,0	10,3	187258	5,2	44131	114,2
Rheinland-Pfalz	8,0	5,9	126454	8,0	5,2	95344	4,4	34161	88,4
Baden-Württemberg	14,4	15,4	389277	8,5	16,1	296251	4,7	40471	104,7
Bayern	28,4	17,9	442307	9,1	18,3	336693	5,4	39419	102,0
Saarland	1,0	1,7	35385	5,7	1,5	26179	1,9	33228	86,0
Hamburg	0,3	2,6	110229	8,9	4,5	83414	5,2	67782[2]	175,4[2]
Bremen	0,2	1,1	32685	8,3	1,3	24945	4,8	48517[2]	125,5[2]
Berlin (West)	0,2	3,4	91363	8,1	3,8	69307	5,7	42886[2]	110,9[2]
Bundesgebiet	100,0	100,0	2422810	8,4	100,0	1828480	4,7	38654	100,0

[1] Erstes vorläufiges Ergebnis v. März 1991 – [2] Große Werte wg. hohem Prozentsatz der Beschäftigten an der Gesamtbev.

Ständige Konferenz der Kultusminister der Länder in der Bundesrepublik Deutschland
Präsident (jährl. wechselnd ein/e Kultus- bzw. Wissenschaftsminister/in/-senator/in aus einem Land): bis 31. 12. 1991: Prof. Dr. Manfred Erhardt (Berlin), ab 1. 1. 1992: Prof. Dr. Diether Breitenbach (Saarland); Generalsekretär: Ministerialdirektor Dr. Schulz-Hardt
Nassestr. 8, Postfach 2240, W-5300 Bonn 1
T 0228/50 10, FS 886 587, Tfax 50 13 01

Der **Finanzausgleich** (Stand: vorläufige Abrechnung v. 31. 12. 1990) **unter den alten Bundesländern** *(→ auch WA '91, Sp. 169f.)* Zahlungspflichtige Länder (in Mio. DM): Baden-Württemberg 219, Schleswig-Holstein 205, Nordrhein-Westfalen 121, Bremen 103, Bayern 59 u. Hamburg 9; empfangsberechtigte Länder: Hessen 503, Niedersachsen 292, Rheinland-Pfalz 104, Berlin 15, Saarland 14. Der im vertikalen Vollzug entstandene Saldo von 212 soll anteilig an die empfangsberechtigten Länder weitergeleitet werden (aufgrund der Ländersteuergarantie ist noch eine Berichtigung der vorläufigen Abrechnung notwendig). Die Ergänzungszuweisungen des Bundes an finanzschwache Länder betrugen 1990 2998 Mio. Nach Angaben des Finanzministeriums von Baden-Württemberg vom Juli 1991 (vorläufige Zahlen) leistete Baden-Württemberg 1990 als größtes Geberland insges. 2,5 Mrd. DM, Niedersachsen erhielt als größtes Nehmerland 1,9 Mrd. DM. Die gesamte Umschichtungsmasse betrug 1990 4,0 Mrd. DM. Bis zu einem gemeinsamen Finanzausgleich zwischen alten und neuen Bundesländern 1995 erfolgt eine Länderfinanzierung der neuen Bundesländer hauptsächlich aus den Fonds »Deutsche Einheit« *(→ WA '91, Sp. 253f.)*.

POLITISCHE PARTEIEN

(Nicht im Bundestag vertretene Parteien erreichten weder 3 Direktmandate noch 5 % der Zweitstimmen – Sonderregelung für die neuen Bundesländer zur Bundestagswahl am 2. 12. 1990)

I. Im Bundestag der 12. Wahlperiode vertretene Parteien:
Personen, T u. FS, Stand 1. 9. 1991

Christlich Demokratische Union Deutschlands/CDU
Friedrich-Ebert-Allee 73/75, Konrad-Adenauer-Haus, W-5300 Bonn 1
T 0228/54 40, FS 886 804, Ttex 2 283 641, Tfax 54 42 16
Vors.: Dr. Helmut Kohl, MdB, Bundeskanzler
Stellv. Vors.: Angela Merkel, ab Dez. 1991
Generalsekretär: Volker Rühe, MdB

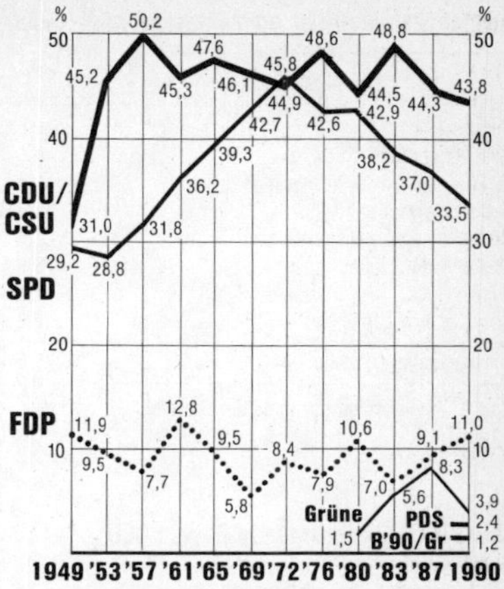

Bundestagswahlen 1949–1990
(%-Anteile der Zweitstimmen)

Bundesschatzmeister: Walther Leisler Kiep
Bundesgeschäftsführer: Peter Radunski
Mitgliederzahl, Stand 31. 12. 1990: 655 200 (ohne neue Bundesländer), davon am 31. 12. 1989 22,9 % Frauen; Beschäftigungsstruktur: 28,2 % Angestellte, 23,6 % Selbständige, 12,7 % Beamte, 11,4 % Hausfrauen, 9,4 % Arbeiter, 6,7 % in Ausbildung Stehende, 4,6 % Rentner; 58,8 % sind Katholiken und 34,2 % Protestanten.

Sozialdemokratische Partei Deutschlands/SPD
Erich-Ollenhauer-Haus, Ollenhauerstr. 1, Postfach 2280, W-5300 Bonn 1
T 0228/53 21, Ttex 17/2 283 620, Tfax 53 24 10
Ehrenvors.: Willy Brandt, MdB
Vors.: Björn Engholm, MdL, Min.-Präs. v. Schleswig-Holstein
Stellv. Vors.: Johannes Rau, MdL, Min.-Präs. v. Nordrhein-Westfalen – Oskar Lafontaine, MdL, Min.-Präs. v. Saarland – Herta Däubler-Gmelin, MdB – Wolfgang Thierse, MdB
Schatzmeister: Hans-Ulrich Klose, MdB
Bundesgeschäftsführer: Karlheinz Blessing
Mitgliederzahl, Stand 31. 12. 1990: 920 618 (ohne neue Bundesländer 6/91: ca. 30 000), davon 27,3 % Frauen; Beschäftigungsstruktur: 26,6 % Angestellte, 26,0 % Arbeiter/Facharbeiter, 10,7 % Beamte, 0,6 % Soldaten, 12,2 % Hausfrauen, 9,2 % Rentner/Pensionäre, 6,6 % Schüler/Studenten, 4,1 % Selbständige, 1,8 % Auszubildende, 1,1 % Arbeitslose, 0,2 % Landwirte, 0,8 % unbek.

Ausgabenstruktur der Bundestagsparteien 1989

	SPD	*CDU*	*CSU*	*FDP*	*Die GRÜNEN*
Personal	71,5	62,2	12,2	6,9	7,4
Geschäftsbetrieb	40,5	42,0	9,4	7,8	7,7
innerparteiliche Gremienarbeit und Information	13,9	17,4	1,8	3,7	5,7
Öffentlichkeitsarbeit und Wahlen	128,0	92,4	27,6	21,4	14,9
Zuschüsse an Gliederungen	16,9	8,2	0,5	2,4	19,5
Zinsen	1,9	5,6	0,4	0,1	0,1
Sonstige Ausgaben	2,8	7,3	2,4	1,3	2,7
Gesamtausgaben in Mio. DM	275,5	235,1	54,3	43,6	58,0

Quelle: Rechenschaftsberichte der Parteien

Christlich Soziale Union in Bayern/CSU
Nymphenburger Str. 64, W–8000 München 2
T 089/1 24 30, FS 17 898 193, Ttex 898 666, Tfax 1 24 32 20
Vors.: Dr. Theo Waigel, MdB
Stellv. Vors.: Dr. Jürgen Warnke, MdB – Dr. Mathilde Berghofer-Weichner, MdL – Gerold Tandler, MdL – Dr. Edmund Stoiber, MdL
Generalsekretär: Erwin Huber, MdL
Mitgliederzahl, Stand 31. 12. 1990: 186 197, davon 15,3% Frauen; 30,2% Angestellte, 19,3% Selbständige, 18,3% Arbeiter, 15,9% Beamte, 12,8% Landwirte; 76,8% sind Katholiken

Freie Demokratische Partei/F. D. P.
Baunscheidtstr. 15, Postfach 120223, Thomas-Dehler-Haus, W–5300 Bonn 1
T 0228/54 71, FS 886 580, Tfax 54 72 98
Ehrenvors.: Walter Scheel, Bundespräsident a. D.
Vors.: Dr. Otto Graf Lambsdorff, MdB
Stellv. Vors.: Dr. Irmgard Adam-Schwaetzer, MdB – Prof. Dr. Rainer Ortleb, MdB – Dr. Wolfgang Gerhardt – Dr. Bruno Menzel – Gerhart R. Baum
Schatzmeister: Dr. Hermann Otto Solms, MdB
Generalsekretär(in): Cornelia Schmalz-Jacobsen, MdB; Nachf.: Uwe Lühr
Bundesgeschäftsführer: Rolf Berndt
Mitgliederzahl, Stand 31. 12. 1990: 178 625 (mit neuen Bundesländern)

Partei des Demokratischen Sozialismus/PDS
Marx-Engels-Platz, O–1020 Berlin
T 0037/2/2 02 25 14
Ehrenvors.: Hans Modrow, MdB
Vors.: Dr. Gregor Gysi, MdB
Stellv. Vors.: Andre Brie – Marlies Deneke
Mitgliederzahl, Stand 5/1991: ca. 250 000, davon ca. 45% Rentner

Bündnis 90/Die Grünen (Wahlbündnis zur Bundestagswahl von Bürgergruppen der ehemaligen DDR; *Anschriften → WA '91, Sp. 261 ff.*)

Bündnis 90
Neues Forum/NF
Sprecher: Bärbel Bohley – Rolf Henrich – Sebastian Pflugbeil
Mitgliederzahl, Stand Anfang 1991: ca. 100 000
Demokratie jetzt/DJ
Sprecher: Wolfgang Ullmann – Konrad Weiß
Mitgliederzahl, Stand Anfang 1991: ca. 3000
Initiative Frieden und Menschenrechte/IFM
Sprecher: Gerd Poppe
Mitgliederzahl unbekannt

Die Grünen
Grüne Partei der DDR
Sprecherin: Vera Wollenberger
Mitgliederzahl, Stand Anfang 1991: ca. 6000
Unabhängiger Frauenverband
Sprecherin: Ina Merkel
Mitgliederzahl unbekannt
Aktionsbündnis Vereinigte Linke/AVL (aus 2 kleinen Gruppen gebildet)

Die Grünen/GRÜNE (West)
(im Bundestag vertreten durch 2 Abgeordnete bei Bündnis 90/Die Grünen)
Colmantstr. 36, Postfach 1422, W–5300 Bonn 1
T 0228/72 61 30, FS 886 330, Tfax 7 26 13 99
2 gleichberechtigte Sprecher/Innen: Dr. Christine Weiske – Ludger Volmer
Politische Geschäftsführerin: Heide Rühle
Organisatorische Geschäftsführerin: Dorothea Staiger
Schatzmeister: Henry Selzer
(diese 5 Personen bilden den geschäftsführenden Bundesvorstand)
Mitgliederzahl: IV/1990: 42 142

II. Politische Jugendgruppen der im Bundestag der 12. Wahlperiode vertretenen Parteien

Jungsozialisten in der SPD
Ollenhauerstr. 1, W–5300 Bonn 1
T 0228/53 23 65/6, FS 886 306, Tfax 53 24 10
Vors.: Ralf Ludwig
Bundessekretärin: Anette Katterbach
Mitgliederzahl, Stand 8/91: ca. 180 000

Junge Union Deutschlands
Annaberger Str. 283, W–5300 Bonn 2
T 0228/31 00 11, Tfax 38 45 20
BVors.: Hermann Gröhe
Bundesgeschäftsführer: Jörn Hochrebe
Mitgliederzahl, Stand 6/91: 152 017 (mit neuen Bundesländern)

Junge Union Bayern
Nymphenburger Str. 64, W–8000 München 2,
T 089/1 24 32 42/4, Tfax 1 29 85 31
Landesvors.: Markus Sackmann
Mitgliederzahl, Stand 31. 12. 1990: 46 447

Junge Liberale (offiz. Jugendverband der FDP)
Lennéstr. 30, W–5300 Bonn 1,
T 0228/21 50 22/3, Tfax 26 13 26
Vors.: Birgit Homburger
Bundesgeschäftsführer: Tilo Schindele
Mitgliederzahl, Stand Anfang 1991: ca. 10 000

außerdem:
Deutsche Jungdemokraten – Radikaldemokratischer u. unabhängiger Jugendverband
Reuterstr. 44, W–5300 Bonn 1
T 0228/21 09 52
BVors.: Markus Büchting
Bundesgeschäftsführer: Udo Schüklenk
Mitgliederzahl, ca. 15 000
(parteiunabhängig)

III. Sonstige Parteien und politische Vereinigungen, die beim Bundeswahlleiter Parteiunterlagen hinterlegt haben (Stand 1. 3. 1991)

AUTOFAHRER PARTEI/AFP
Allee 40, W–7100 Heilbronn

Auto- und Bürgerpartei Deutschlands/ABD
Postfach 120227, W–6100 Darmstadt

Bayerische Staatspartei/BSP
Marschallstr. 8, W–8400 Regensburg

Bayernpartei/BP
Untere Weidenstr. 14, W–8000 München 90

Bund für Gesamtdeutschland/BGD
z. H. Herrn Zaborowski, Zum Schulhof 8
W–4100 Duisburg

Bund Westdeutscher Kommunisten/BWK
Zülpicher Str. 7, W–5000 Köln 1

Bürgerpartei, Partei der Steuerzahler/Bürgerpartei
Mengershäuser Weg 8, W–3405 Rosdorf 1

Christliche Bayerische Volkspartei/C. B. V.
W–8493 Feßmannsdorf 36

Christliche Liga/Die Partei für das Leben/LIGA
Haußmannstr. 34, W–7070 Schwäbisch Gmünd

Christliche Mitte/CM
z. H. Herrn Arno Felser, Landsberger Str. 207/A 119,
W–8000 München 21

Cosmopolitano-Soziale Aktion/CSA
Paradeplatz 5, W–3578 Schwalmstadt

David gegen Goliath/Umweltliste unabhängiger Bürgerinnen und Bürger/DaGG
Königinstr. 47, W–8000 München 22

DEMOKRATIE 2000/D–2000
Frohlinder Str. 93, W–4600 Dortmund 70

Demokratische Republikaner Deutschlands/DRD
Kronsbergstr. 8E, W–3014 Laatzen 1

Demokratische Sozialisten/DS
Wilhelmstr. 88, W–3300 Braunschweig

Deutsche Alternative/DA
Postfach 152226, W–8000 München 15

Deutsche Familien-Partei e. V./Familie
Postfach 9435, W–8500 Nürnberg

Deutsche Kommunistische Partei/DKP
Hoffnungsstr. 18, W–4300 Essen

Deutsche Konsumenten Partei/KONSUPA
z. H. Herrn Claus Reimertz, Luther Weg 76,
W–3050 Wunstorf 1

DEUTSCHE SOLIDARITÄT – ÖKO-Union –
Herrenstr. 10, W–2411 Koberg

Deutsche Soziale Union/DSU
Hohe Straße 87, Postfach 410129, W–5300 Bonn 1

DEUTSCHE VOLKSUNION/DVU
Paosostr. 2, W–8000 München 60

Deutsche Zentrumspartei/Zentrum
Schulstr. 58, W–4053 Jüchen 7

Deutsch-Nationale Volkspartei/DNVP
Zimmerseestr. 34, W–6457 Maintal 2

DIE BÜRGER
Wilhelm-Griesinger-Str. 15, W–5000 Köln 91

DIE DEMOKRATEN
Große Deichstr. 31, W–2208 Glückstadt

DIE DEUTSCHEN/DD
Kellerskopfstr. 26, W–6204 Taunusstein 2

DIE FRIEDENSLISTE NRW/Frieden
Bertha-von-Suttner-Platz 6, W–5300 Bonn 1

DIE GRAUEN Initiiert vom Senioren-Schutz-Bund »Graue Panther« e. V. (»SSB-GP«)/DIE GRAUEN
Postfach 250420, W–5600 Wuppertal 2

Die Mündigen Bürger/Mündige Bürger
Schloßweg 2, W–8501 Feucht

DIE REPUBLIKANER/REP
Plittersdorfer Str. 91, W–5300 Bonn 2

Europäische Arbeiterpartei/EAP
Adelheidstr. 16, Postfach 2369, W–6200 Wiesbaden

Europäische Föderalistische Partei – Europa Partei/EFP
Hopfensack 6, Postfach 111827,
W–2000 Hamburg 11

Frauenpartei/Frauen
z. H. Frau M. Ittenbach, Barkenberger Allee 21,
W–4270 Dorsten 11

FREIE WÄHLER
Müllerstr. 4, W–8000 München 5

Freiheitliche Deutsche Arbeiterpartei/FAP
Postfach 120129, W–4200 Oberhausen 12

Freiheitliche Volkspartei/FVP
Gablonzer Str. 26, W–7500 Karlsruhe 21

Freiheitlich-Sozialistische Deutsche Volkspartei/FSDVP
Postfach 1168, W–7251 Weissach

FREISOZIALE UNION – Demokratische Mitte/FSU
Feldstr. 46, W–2000 Hamburg 6

Hamburger Liste für Ausländerstopp/HLA
Postfach 520149, W–2000 Hamburg 52

Humanistische Partei/HP
Zwiestädter Str. 3, W–1000 Berlin 44

Internationale Weltfriedens Partei/IWP
Leopoldstr. 109/IV, W–8000 München 40

Königstreue Deutsche Volkspartei/K. D. V. P.
Solferinoweg 7 D, W–7000 Stuttgart 80

Liberale Demokraten/LD
Belchenstr. 8, Postfach 1165
W–7803 Gundelfingen

Linke Liste/Partei des Demokratischen Sozialismus/Linke Liste/PDS
Palmaille 24, W–2000 Hamburg 50

Nationaldemokratische Partei Deutschlands/NPD
Postfach 103528, W–7000 Stuttgart 1

NATIONALE LISTE/NL
Postfach 801026, W–2050 Hamburg 80

NATIONALE OFFENSIVE -NO-
Postfach 111520, W–8900 Augsburg 11

NATIONALISTISCHE FRONT/NF
Postfach 6110, W–4800 Bielefeld 1

Neues Bewußtsein die ganzheitlich-esoterische Partei Deutschlands/Bewußtsein
Postfach 630226, W–4630 Bochum 6

Ökologisch-Demokratische Partei/ÖDP
Kaiserplatz 17, W–5300 Bonn 1

PARTEI BIBELTREUER CHRISTEN/PBC
Postfach 4969, W–7500 Karlsruhe

Partei Deutscher Demokraten/PDD
z. H. Herrn Albert Teichner, Dieselstr. 1
W–8901 Königsbrunn

Patrioten für Deutschland/Patrioten
117er Ehrenhof 5, W–6500 Mainz

Schleswig-Holstein-Partei/S-H-P
Elmenhorster Str. 1b, W–2061 Elmenhorst

SOZIALE REFORM PARTEI/SRP
Stralsunder Str. 7, Postfach 100809
W–5600 Wuppertal 1

Südschleswigscher Wählerverband/SSW
Norderstr. 74, W–2390 Flensburg

UNABHÄNGIGE ARBEITER-PARTEI (Deutsche Sozialisten)/UAP
Postfach 103813, W–4300 Essen 1

Unabhängige Wählergemeinschaft Schleswig Holstein/UWSH
Osterhusumer Str. 29, W–2250 Husum

Union nicht genug überdachten Lächelns trotz innerer Genialität/UngüLtiG
z. H. Herrn Hans-Christian Arold, Balthasarstr. 17, W–5000 Köln 1

Vereinigte Sozialistische Partei/VSP
Aquinostr. 7/11, W–5000 Köln 1

WIR fahrradeuphorischen EPIKUREER + WIR kreativen EVOLUTIONÄRE (1. evolutionistische Partei der Welt) WIR + WIR, die KREATIVEN
Am Färberhof 6, W–8520 Erlangen

WEITERE DATEN ZUR BEVÖLKERUNGS-, WIRTSCHAFTS- UND SOZIALSTRUKTUR DER BUNDESREPUBLIK DEUTSCHLAND

Landwirtschaft, Bergbau, Industrie, Außenhandel, Verkehr → die entsprechenden Sachkapitel ab Sp. 791 ff.

Die **Bevölkerungszahl der BR Deutschland** betrug am Tag der Wiedervereinigung 3. 10. 1990 nach den Fortschreibungen des Statistischen Bundesamtes 79,67 Mio., davon lebten in den alten Bundesländern 63,56 Mio. und in den neuen Bundesländern 16,11 Mio. Personen. 1989 lebten in den alten Bundesländern 62,679 Mio., davon waren 32,450 Mio. weibl. und 30,229 Mio. männl. Die Bevölkerungszunahme war überwiegend durch einen positiven Wanderungssaldo verursacht (+977 223), an dem Ausländer zu einem Drittel beteiligt waren. Ferner hatte der starke Zustrom von Aus- und Übersiedlern nachhaltigen Einfluß. Allein zwischen Juli 1990 und Februar 1991 sind 111 000 Personen aus der ehemaligen DDR in die alten Bundesländer zugezogen. Mitte 1991 zogen monatlich durchschnittlich 10 000 Personen aus den neuen in die alten Bundesländer. Der Einfluß der natürlichen Bevölkerungsveränderung auf die Bevölkerungszahl war 1989 bei der deutschen Bevölkerung negativ (–87 336), bei der ausländischen Bevölkerung positiv (+71 173), dessen Ursache nicht nur in der höheren Geburtenquote, sondern auch in der Altersstruktur der ausländischen Bevölkerung zu sehen ist. Die Zahl der *Lebendgeborenen* betrug 1989 (1988) 681 537 (677 259), die der Totgeborenen 2368 (2398). Die darin enthaltene Zahl der Geburten von Ausländern betrug 79 868 (73 518), d. h. 11,7 %, darunter hatten die Eltern folgende Staatsangehörigkeit: Türkei 40 903, Italien 6220, Jugoslawien 4628, Griechenland 2709, Polen 2009. Die Zahl der *nichtehelich Lebendgeborenen* erhöhte sich auf 69 668 (67 957), d. h. 10,1 (10,0) % aller Geburten. – Die Zahl der *Gestorbenen* stieg 1989 (1988) auf 697 730 (687 516), davon Ausländer 8695 (8598). Der *Sterbeüberschuß* stieg somit von 10 257 (1988) auf 16 193 (1989). Für die Deutschen allein betrug der Sterbeüberschuß 1989 (1988) 87 366 (77 177), während sich für die ausländische Wohnbevölkerung ein Geburtenüberschuß von 71 173 (64 920) ergab. In der BR Deutschland hatte es zuletzt 1971 einen Geburtenüberschuß gegeben; seitdem weist die Bevölkerungsstatistik jährlich einen *Sterbeüberschuß* auf, am höchsten 1975 mit 148 748. Die Erhöhung der Geburtenzahlen seit Mitte der 80er Jahre (1985: 9,6 – 1986: 10,3 – 1987: 10,5 – 1988: 11,0 – 1989: 10,9 Geburten pro 1000 Ew.) bedeutet keine Trendwende, sondern ist die Folge der veränderten Altersstruktur (starke Jahrgänge der 50er und 60er Jahre im Heiratsalter). – Die durchschnittliche *Lebenserwartung* eines in der BR Deutschland geborenen Säuglings beträgt nach Berechnungen des Statistischen Bundesamts z. Z. rd. 72,2 (männlich) bzw. 78,7 Jahre (weiblich) (Stand April 1991), im Durchschnitt 5 Jahre mehr als Anfang der achtziger Jahre, vor allem ein Effekt gesunkener Säuglingssterblichkeit. – Die häufigsten **Todesursachen** waren 1989 in etwas mehr als der Hälfte der Sterbefälle Krankheiten des Herzens und des Kreislaufsystems, während Krebserkrankungen in einem Drittel der Fälle den Tod zur Folge hatten. 1989 starben an Aids 946 Personen. Unfälle, Vergiftungen und Gewaltverbrechen waren für 32 169 Menschen die Todesursache, darunter 7646 bei Kfz-Unfällen. Durch Selbstmord schieden 1989 10 252 Personen (1970: 13 046) aus dem Leben, darunter 7037 Männer und 3215 Frauen. 1990 lag die Selbstmordquote bei Männern über 65 in der ehemaligen DDR um mehr als das Doppelte über jener in den alten

Bundesländern. Der Tod von Rauschgiftsüchtigen erreichte 1989 mit 975 einen neuen Höchststand.

Das **Wanderungsvolumen** betrug 1989 (1988) 4,950 Mio. (3,878 Mio.) Personen, das zum erheblichen Teil auf Außenwanderungen (1989: 2,067 Mio.) zurückzuführen ist, damit 741000 mehr als 1988. Im Binnenbereich wanderten 2,883 Mio. Die Bevölkerung nahm 1989 durch Wanderungen um 977000 Personen zu. Deutsche zogen zu 44,3% aus europäischen Ländern zu, darunter nur 2,8% aus EG-Ländern. Die Fortzüge Deutscher über die Staatsgrenze erfolgten zu 36,4% in europäische Länder, darunter 22,7% EG-Länder. In starkem Maße wurden Wanderungen auch von Zuwanderern aus der DDR (Übersiedler) sowie von deutschstämmigen **Aussiedler**n aus Ost- und Südosteuropa geprägt, die 1989 aufgrund der politischen Entwicklung rapide zunahmen. Die Zahl der Übersiedler aus der DDR betrug 39832 (1988), 343854 (1989) und 238384 (1990), während die Zahl der Aussiedler von 202673 (1988) auf 377055 (1989) stieg und auch 1990 mit 370827 Aussiedlern fast auf Vorjahreshöhe verblieb. Die Herkunftsländer der Aussiedler waren 1990 (nach Angaben des Bundesausgleichsamtes): UdSSR 147455, Polen 113253, Rumänien 107189, ČSFR 1324, Ungarn 1038, sonstige Länder 685. Die Aussiedler waren 104571 Familien und 72951 Einzelpersonen. Die Mehrzahl (72%) der Aussiedler wurden in den drei Bundesländern Nordrhein-Westfalen (110912), Baden-Württemberg (92741) und Bayern (64201) aufgenommen. Seit 1950 wurden knapp 2,4 Mio. Aussiedler in der Bundesrepublik (alte Bundesländer) aufgenommen. Die Zahl der *Eheschließungen* sank 1989 (1988) leicht auf 398608 (397738), die der *Ehescheidungen* betrug 126628 (128729). – Durch *Einbürgerung* bekamen 1989 rd. 60000 Personen die deutsche Staatsangehörigkeit; 1988 waren es 46783 Personen, davon 30123 »Anspruchseinbürgerungen« (meist deutschstämmige Aussiedler aus Osteuropa) und 16660 »Ermessenseinbürgerungen« (vor allem langjährig anwesende Gastarbeiter). Die *frühere Staatsangehörigkeit* der eingebürgerten Personen war am häufigsten polnisch (13956), rumänisch (10881), sowjetisch (4810) und jugoslawisch (2119).

Die Zahl der **Ausländer** im Bundesgebiet nahm auch 1989 – wie schon in den Vorjahren – weiter zu, und zwar sowohl aufgrund eines hohen Geburtenüberschusses der hier wohnhaften Ausländer als auch eines starken Überwiegens der Zu- über die Abwanderung. Die Zahl der *Fortzüge* von Ausländern über die Grenzen des Bundesgebietes war auch 1989 (1988) mit 438000 (359000) geringer als die der *Zuzüge* mit 771000 (649000), darunter 121300 Asylanten, so daß sich wiederum ein *Wanderungsgewinn* von 333000 (290000) ergab. 82,8% der ausländischen Zuzüge erfolgten aus europäischen Ländern, darunter kamen 15,9% aus EG-Ländern. Von 82,0% Fortzügen hatten 20,8% EG-Länder zum Ziel. Ende 1989 (1988) waren 4,846 (4,489) Mio. Ausländer als wohnhaft gemeldet.

Verteilung der Ausländer auf die Bundesländer (Ende 1988 in Tsd.): Nordrhein-Westfalen 1358,7 – Baden-Württemberg 912,1 – Bayern 679,2 – Hessen 509,2 – Niedersachsen 283,8 – Berlin (West) 246,5 (mit 12,0% der Bevölkerung höchster Anteil) – Rheinland-Pfalz 166,2 – Hamburg 154,7 – Schleswig-Holstein 81,7 – Bremen 50,2 – Saarland 46,7. Den geringsten Ausländeranteil an der Bevölkerung hatten Schleswig-Holstein (3,2%) und Niedersachsen (4,0%). – Der *Anteil der Ausländer an der Gesamtbevölkerung* der BR Deutschland belief sich 1988 auf 7,7% (Haupt- u. Nebenwohnsitz; zum Vergleich: Großbritannien 3,1% – Schweden 4,6% – Frankreich 5,8% – Schweiz 15,0%). Als schwierige verwaltungstechnische Entscheidung hat sich die Einwanderungswilligkeit von 4889 jüdischen Emigranten aus der UdSSR gezeigt, von denen sich im April 1991 3000 in Berlin aufhielten.

Die Ausländerzahl erhöhte sich – wie schon in den Vorjahren – nicht nur durch Arbeitsmigranten und ihre Familien, sondern besonders durch *Asylbewerber*, von denen 1989 (1988) jedoch nur 5,0 (8,6)% als Asylberechtigte anerkannt wurden. Insgesamt reisten 1989 (1988) 121318 (103076) Asylbewerber ein, davon aus Polen 26092 (29023), der Türkei 20020 (14873), Jugoslawien 19423 (20812), Sri Lanka 7758 (3383), dem Libanon 6240 (4233) und dem Iran 5768 (7867).

Ausländer nach der Staatsangehörigkeit Ende 1988 (1987) in Tsd.: Türkei 1523,7 (1453,7) – Jugoslawien 579,1 (551,6) – Italien 508,7 (499,6) – Griechenland 274,8 (256,4) – Polen 171,5 (120,6); Österreich 155,1 (150,0) – Spanien 126,4 (128,8) – Niederlande 96,9 (95,7) – Großbritannien 83,0 (80,7) – Iran 73,0 (65,6) – Frankreich 71,8 (68,9) – Portugal 71,1 (69,3) – Marokko 45,2 (47,3) – Tunesien 21,6 (20,6) – staatenlos und ungeklärt 49,3 (48,1). Als Volksgruppe (von der Bundesrepublik nicht offiziell anerkannt) sollen 400000 Kurden Anfang 1991 in der Bundesrepublik Deutschland leben, davon gelten 90% als türkische Staatsangehörige.

Die Zahl der **Wohnungen** im Bundesgebiet betrug nach den Ergebnissen der Gebäude- und Wohnungszählung vom 25. 5. 1987 insgesamt 26276100 (in 12019100 Wohngebäuden). Die Zahl lag um 3,8% niedriger, als in der Fortschreibung – basierend auf der vorherigen Wohnungszählung von 1968 – berechnet worden war, da vor allem die Abgänge

(Abbrüche, Umwandlung in gewerbliche Räume, nicht mehr vermietete Einliegerwohnungen u. ä.) nur unvollständig erfaßt worden waren. Die Zahl der Wohnungen pro 100 Einwohner betrug 1987 42,9. Die Tendenz zur *Vergrößerung der Wohnfläche pro Einwohner* nahm auch in den letzten Jahren weiter zu (z. Z. ca. 86 m^2/Haushalt), wobei sich vor allem der zunehmende Anteil von Einfamilienhäusern bemerkbar macht. 1989 (1988) wurden 133827 (115063) Wohngebäude mit 238637 (208621) Wohnungen fertiggestellt (1984 noch 366974). Hinzu kamen noch 6047 (5282) Wohnungen in Nichtwohngebäuden (z. B. Fabrik- oder Bürogebäude) sowie 16351 (15949) neu errichtete Wohnungen in bereits bestehenden Gebäuden, so daß 1988 insgesamt 208621 *Wohnungen* fertiggestellt wurden (1986: 251940). 1989 stieg nach vorläufigen Angaben die Zahl der fertiggestellten Wohnungen auf 238637 – Von den *Neubauwohnungen* entfielen 1988 (1987) 90771 (81811) auf Einfamilienhäuser, 32370 (43304) auf Zweifamilienhäuser, 60153 (67586) auf Mehrfamilienhäuser und 2652 (3414) auf Wohnheime. – Im *Nichtwohnbau* wurden 1988 (1987) 30128 (28296) Gebäude fertiggestellt, davon u. a. 16370 (14635) gewerbliche und industrielle Betriebsgebäude, 2084 (1806) Büro- u. Verwaltungsgebäude und 8515 landwirtschaftliche Betriebsgebäude. *(→ Bauindustrie, Kap. Industrie)*. Da sich in den letzten Jahren in vielen Teilen des Bundesgebietes, vor allem in den Ballungsräumen, ein zunehmender Mangel an Mietwohnungen bemerkbar machte, wurden 1989 verstärkt staatliche und kommunale Anstrengungen unternommen, um den Wohnungsbau wieder anzukurbeln. Dementsprechend stieg 1989 die Zahl der *Baugenehmigungen* wieder kräftig an, die in den letzten Jahren auf den tiefsten Stand seit der Währungsreform von 1948 gefallen war. Es wurden 1989 (1988) Genehmigungen für den Neubau von 169773 (152957) Gebäuden erteilt, davon 136259 (120936) Wohngebäude mit 276042 (191223) Wohnungen). Der Wohnungsfehlbestand wird für 1990 auf rd. 650000 Wohnungen geschätzt, hervorgerufen durch die starke Zuwanderung (Aus- und Übersiedler) und durch den Anstieg der Zahl der Haushalte (Trend zum Einpersonenhaushalt, Auszug Jugendlicher aus der elterlichen Wohnung), aber auch durch die abnehmende Bereitschaft von Haus- und Wohnungseigentümern, Einliegerwohnungen und Untermietzimmer zu vermieten.

Den Erläuterungen zur **Wirtschaftsentwicklung** muß vorausgeschickt werden, daß die im Abstand von fünf Jahren durchgeführten Revisionen der »Volkswirtschaftlichen Gesamtrechnung« (zuletzt 1991) direkte Vergleiche mit früheren Zahlenangaben nur in beschränktem Umfang ermöglichen. Ferner ist die Einbeziehung der ostdeutschen Wirtschaft oder zumindest die Errechnung einer getrennten Zahl für die neuen Bundesländer nach Angaben des Statistischen Bundesamts noch nicht möglich.

Die **Wirtschaftsentwicklung der BR Deutschland** verlief 1989 noch günstiger als 1988; das erwirtschaftete Bruttosozialprodukt (BSP) wuchs real (zu Preisen von 1985) 1990 um 4,5% (1989: +3,8%) auf 2138,7 Mrd. DM (2046,8) und wies damit die stärkste Steigerung seit 1979 auf. Nominal (zu jeweiligen Preisen) betrug das Wirtschaftswachstum 1990 (1989) 8,0 (6,5)%, was einem Wert von 2425,5 (2245,2) Mrd. DM entspricht. Real erfolgte der größte Zuwachs mit 8,2% in der Land- und Forstwirtschaft, gefolgt vom Bereich Handel und Verkehr mit 5,4%. Der seit 1983 zu beobachtende *konjunkturelle Aufschwung* setzte sich somit in verstärkter Form fort und war schon im Vorfeld der Wiedervereinigung sehr wirtschaftsbelebend. Die gesamtwirtschaftliche Situation war zwar nicht so günstig wie zu Beginn der 70er Jahre, da auch 1990 Arbeitsmarktprobleme (Arbeitslosigkeit) im wesentlichen fortbestanden (6,4% der Erwerbspersonen waren arbeitslos, 1989: 7,1%). Auch die in den 50er bis 70er Jahren üblichen hohen wirtschaftlichen Wachstumsraten wurden nicht mehr erreicht, doch entwickelte sich die Wirtschaft im internationalen Vergleich ausgesprochen günstig. Zu dieser *positiven Gesamtwertung der wirtschaftlichen Entwicklung* trugen insbesondere das Beschäftigungswachstum, die relative Preisstabilität und die wiederum sehr günstige Außenhandels- und Leistungsbilanz mit Rekordüberschüssen bei. Wie die Deutsche Bundesbank in ihrem Jahresbericht analysierte, ging auch 1990, wie im Vorjahr, das Wirtschaftswachstum sowohl von einer »rapiden Expansion der Auslandsnachfrage« (Ausfuhrüberschuß 159,9 Mrd. DM) als auch von einer kräftigen Zunahme der inländischen Investitionen aus. Auch der Privatkonsum nahm 1990 mit real +4,4% deutlich zu, was überwiegend auf Einkommenszuwächse schon im Jahr 1989 zurückzuführen war. Einen hohen Anteil am günstigen Konjunkturverlauf hatte also die Außenwirtschaft (*Exporte → Kap. Welthandel*), die von der »ungebrochenen Wachstumsdynamik der europäischen Partnerländer« (Bundesbank) profitierte. Der Wert der Ausfuhren (fob) betrug 1990 (ab Juli 1990 einschließlich der Transaktionen der ehemaligen DDR) 661,9 Mrd. DM, die der Einfuhren 543,6 Mrd. DM mit einem Exportüberschuß von 118,4 Mrd. DM. Der positive Saldo der Leistungsbilanz betrug 1990 77,4 Mrd. DM. Bis Herbst 1990 kam als weiteres stimulierendes Element die bevorstehende Wiedervereinigung und die wirtschaftliche Öffnung der meisten RGW-Staaten hinzu. Durch den Übersiedlerstrom und die Notwendigkeit des wirt-

Umweltschutzausgaben im produzierenden Gewerbe[1]

Jahr	Insgesamt	dar.: Investitionen	*Luftreinhaltung* Insgesamt	dar.: Investitionen	*Gewässerschutz* Insgesamt	dar.: Investitionen	*Abfallbeseitigung* Insgesamt	dar.: Investitionen	*Lärmminderung* Insgesamt	dar.: Investitionen
					in Mrd. DM					
1971	5,32	2,00	2,41	0,96	2,22	0,72	0,40	0,14	0,28	0,18
1975	7,01	2,51	3,22	1,21	2,80	0,91	0,58	0,18	0,40	0,21
1980	8,08	2,67	3,74	1,29	3,05	0,92	0,78	0,22	0,51	0,25
1981	8,63	2,95	4,12	1,53	3,16	0,95	0,85	0,26	0,49	0,21
1982	9,56	3,53	4,60	1,81	3,42	1,10	1,07	0,39	0,51	0,23
1983	10,23	3,71	5,12	2,07	3,55	1,11	1,04	0,29	0,53	0,23
1984	10,44	3,52	5,26	1,97	3,58	1,05	1,07	0,27	0,53	0,23
1985	13,19	5,63	7,76	3,97	3,68	1,07	1,17	0,33	0,58	0,27
1986	15,99	7,34	10,22	5,51	3,86	1,16	1,34	0,43	0,58	0,25
1987	17,71	7,75	11,23	5,54	4,14	1,32	1,65	0,61	0,62	0,27
1988	19,14	7,92	12,26	5,55	4,56	1,56	1,68	0,52	0,61	0,26
1989[2]	19,85	7,49	12,01	4,58	5,23	1,97	1,99	0,69	0,62	0,26
1990[3]	21,16	7,78	12,55	4,60	5,78	2,19	2,21	0,74	0,63	0,26

[1] Investitionen und Betriebskosten, 1988 und 1989 ohne Baugewerbe. – [2] Vorläufige Ergebnisse. – [3] Schätzung.
Quelle: Statistisches Bundesamt, BDI.

schaftlichen Neubeginns (Nachfrage nach Konsum und Investitionsgütern) ergaben sich kräftige Impulse für die bundesdeutsche Wirtschaft. Als günstiges Zeichen der wirtschaftlichen Entwicklung wird der 1989 zu verzeichnende Rückgang der Zahl der **Insolvenzen** von Firmen betrachtet (Konkurse und Vergleichsverfahren). Es handelte sich 1989 (1988) um 14643 (15936) Fälle; die Gesamtforderungssumme sank auf 8,0 (10,0) Mrd. DM. Am häufigsten wurden der Handel, die Baubranche und Dienstleistungsunternehmen von Insolvenzen betroffen. Die *günstige Konjunkturlage* spiegelte sich in den Zuwächsen verschiedener Investitionsbereiche wider. Die Anlageinvestitionen nahmen 1990 um 12,4% auf 515,28 Mrd. DM, die Ausrüstungsinvestionen um 7,1% auf 235,81 Mrd. und die Bauinvestitionen um 11,4% auf 279,47 Mrd. DM zu.

Nach Angaben der Deutschen Bundesbank ergab sich 1990 folgende **Einkommensverteilung**: aus unselbständiger Arbeit 1312,6 Mrd. DM (1989: 1221,5) = 70,2% des Volksaufkommens; aus Unternehmertätigkeit und Vermögen 557,1 Mrd. DM (512,8), darunter belief sich das Einkommen der Produktionsunternehmen auf 426,1 Mrd. DM (396,2) = 22,8% des Volkseinkommens.

Zur **Verwendung des Sozialprodukts** 1990 macht das Statistische Bundesamt folgende Angaben: Der *private Verbrauch* stieg gegenüber dem Vorjahr nominal um 7,0% (1989: +4,9%) und betrug 1291,33 Mrd. DM (1207,32). Der *Staatsverbrauch* wuchs fast ebenso stark, nämlich nominal um 6,8% (1989: +1,6%) mit 447,28 Mrd. DM (418,91); real stieg er um 2,9%, während er 1989 noch um –1,6% sank. – Die *Anlageinvestitionen* – ein Indikator für wirtschaftlichen Aufschwung – stiegen 1990 mit 13,0% (real 8,8%) sogar noch stärker als bereits 1989 (+10,3% bzw. +7,2%). Die Zunahme ist vor allem auf die Ausrüstungsinvestitionen zurückzuführen (+13,6% bzw. real +12,1% gegenüber 1989), aber auch die Bauinvestitionen stiegen um 11,4% bzw. real um 5,0% und beschleunigten sich somit gegenüber 1989 (+8,5% bzw. +5,1%). Die Vorratsänderungen haben seit 1989 (23,48 Mrd. DM) nur relativ geringfügig auf 25,49 Mrd. DM zugenommen. Der *Außenbeitrag* (Aus- und Einfuhr von Waren und Dienstleistungen), der bereits 1989 mit 143,39 Mrd. DM einen Rekordwert erreicht hatte, stieg noch einmal an auf 150,75 Mrd. DM (1990). Die Einfuhren in die alten Bundesländer nahmen 1990 um 8,7% auf 550,6 Mrd. DM zu, die Ausfuhren stiegen lediglich um 0,3% auf 642,7 Mrd. DM. Damit verringerte sich, vor allem bedingt durch die Wiedervereinigung, der Handelsbilanzüberschuß um 31,6% auf 92,1 Mrd. DM. Im Gebiet der ehemaligen DDR nahmen die Einfuhren 1990 um 45% auf 22,9 Mrd. ab, während die Ausfuhr wesentlich geringer um 7,4% auf 38,1 Mrd. zurückging. Für Gesamtdeutschland ergibt sich somit 1990 ein Handelsbilanzüberschuß von 107,3 Mrd. DM, d. h. 20% weniger als die zusammengefaßten Überschüsse der beiden deutschen Staaten 1989. Die zusammengefaßten Exporte betrugen 1990 680,7 Mrd. DM (–0,2%), die Importe 573,4 Mrd. DM (+4,7%). Die Veränderungen der Handelsbilanzüberschüsse

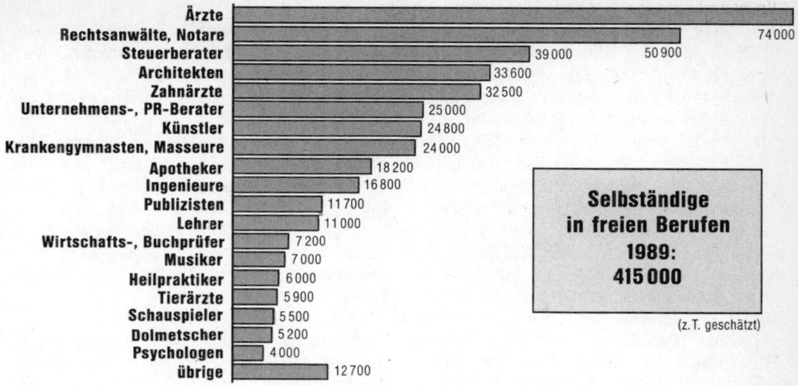

sind ein Spiegelbild der Veränderungen im Handel mit den EG-Ländern, gegenüber denen sich das Defizit von 94 Mrd. DM (1989) auf 63,7 Mrd. DM (1990) verringerte. Der niedrigere Handelsbilanzüberschuß hatte nach Angaben der Deutschen Bundesbank auch eine geringere Leistungsbilanz (Warenverkehr, Dienstleistungen, sonst. Zahlungsverkehr) zur Folge. Der Überschuß sank von 104,1 Mrd. DM (1989) auf 71,9 Mrd. DM (1990).

Das **Volkseinkommen**, das sich rechnerisch nach Abzug der Abschreibungen (vom Wiederbeschaffungswert) und der indirekten Steuern (abzüglich Subventionen) vom Bruttosozialprodukt ergibt, betrug 1990 nominal **1869,73** (1989: 1734,24) **Mrd. DM** und nahm somit etwas stärker zu als 1989 (+7,8 % gegenüber +6,0 %). Eine *Aufgliederung des Volkseinkommens* ergibt für 1990 (1989) eine Erhöhung des Bruttoeinkommens aus unselbständiger Arbeit um 7,5 (4,5) % auf 1312,6 (1221,46) Mrd. DM, aus Unternehmertätigkeit und Vermögen um 9,7 (9,1) % auf 631,1 (575,17) Mrd. DM. Der Anteil des Unternehmereinkommens am gesamten Volkseinkommen stieg auf 33,3 % und erreichte damit wieder einen ähnlichen Wert wie Ende der 70er Jahre, nachdem er 1981 bis auf 25,6 % abgesunken war. – Das *Volkseinkommen je Erwerbstätigen* stieg 1990 (1989) um 5,5 (4,5) % auf 66658 (63149) DM. – Die Lohnquote (= Anteil der Bruttoeinkommen aus unselbständiger Arbeit am Volkseinkommen) lag 1990 (1989) bei 66,7 (67,2) %.

Die Zahl der **Erwerbspersonen** betrug Ende 1989 29,889 Mio. und erhöhte sich somit gegenüber 1988 (29,681 Mio.) um 0,7 %. Die seit 1978 festzustellende Zunahme der Erwerbstätigkeit hat sich also weiter fortgesetzt. Von diesen Erwerbspersonen waren 1989 (1988) 2,147 (2,314) Mio. erwerbslos, so daß sich die Zahl der **Erwerbstätigen** auf 27,742 (27,366) Mio. belief. Hiervon waren 89,1 % abhängig Erwerbstätige, die übrigen Selbständige und mithelfende Familienangehörige. Innerhalb der Zahl der Abhängigen erhöhte sich 1989 die der Angestellten um 0,8 %, der Anteil der Arbeiter und der Beamten um 2,5 %. 1989 gab es bereits rd. 1 Mio. *mehr Angestellte als Arbeiter*. Von den gesamten Erwerbstätigen waren 1989 61,1 % männlich und 38,9 % weiblich.

Erwerbstätige nach Wirtschaftsbereichen im Jahresdurchschnitt 1989 (1988) in Mio.:

Land- u. Forstwirtschaft, Tierhaltung, Fischerei	1,066	(1,087)
Warenproduzierendes Gewerbe	10,950	(10,852)
davon Bergbau, Energiewirtschaft, Wasserversorgung	0,472	(0,483)
Verarbeitendes Gewerbe (Industrie u. Handwerk)	8,668	(8,564)
Baugewerbe	1,810	(1,805)
Handel (Groß- und Einzelhandel)	3,600	(3,543)
Verkehr u. Nachrichtenübermittlung	1,559	(1,539)
sonstige Dienstleistungen	10,448	(10,228)
davon Kreditinstitute u. Versicherungsgewerbe	0,852	(0,841)
Gebietskörperschaften u. Sozialversicherung	4,267	(4,247)
Organisationen ohne Erwerbscharakter u. private Haushalte	1,203	(1,173)
Sonstiges (z. B. Gastronomie, priv. Bildungs-, Kultur- und Gesundheitswesen)	4,126	(3,967)

Stellung im Beruf 1989 (1988) in Mio.:

Arbeiter (inkl. Auszubildende)	10,682	(10,419)
Angestellte (inkl. Auszubildende)	11,612	(11,516)
Beamte	2,424	(2,370)
Selbständige	2,463	(2,422)
mithelfende Familienangehörige	0,561	(0,639)

Der **Personalstand im öffentlichen Dienst** betrug am 30. 6. 1989 (1988) 4617400 (4625407), davon 3774200 (3809100) voll- und 843100 (816600) teilzeitbeschäftigt. Die Zahl verminderte sich 1988–89 um 0,2%, was vor allem auf Personalreduzierungen bei der Deutschen Bundesbahn zurückgeht. Von der Gesamtzahl entfielen 1989 (in Tsd. voll-/teilzeitbeschäftigt) auf den Bund 310,8/ 21,1 (ohne Soldaten) – die Länder 1520,5/391,0 – die Gemeinden und Gemeindeverbände 978,2/289,3 – kommunale Zweckverbände 38,1/12,6 – die Bundespost 436,8/94,6 – die Bundesbahn 254,7/ 3,1 – den mittelbaren öffentlichen Dienst (z. B. Sozialversicherungen, Bundesanstalt für Arbeit u. ä.) 226,0/31,6 – Nach *Aufgabenbereichen* dominierten beim vollbeschäftigten Personal der Gebietskörperschaften (Bund, Länder, Gemeinden, Gemeindeverbände) 1989 in 1000: Schule, Wissenschaft, Forschung 696,6 – politische Führung, Steuer- und Finanzverwaltung 477,3 – Krankenhäuser, Erholung, Sport 84,2 – öffentliche Sicherheit und Ordnung 306,9 – Verteidigung 167,0 – Wohnungswesen, Raumordnung, kommunale Gemeinschaftsdienste 161,8 – Rechtsschutz (Justiz) 141,7 – soziale Sicherung 138,2 – Verkehrs- und Nachrichtenwesen 101,1 – Nach dem *Dienstverhältnis* entfielen (1989 in Mio. voll-/teilzeitbeschäftigt) auf Beamte und Richter 1,631/0,174 – Angestellte 1,153/0,381 – Arbeiter 0,764/0,256. – Die Zahl der *Versorgungsempfänger* (Ruhegehalt, Witwen- und Waisengeld) im unmittelbaren öffentlichen Dienst betrug am 1. 2. 1989 1,023 Mio., davon entfielen auf die Länder 439,1 – die Bundesbahn 246,5 – die Bundespost 170,4 – die Gemeinden und Gemeindeverbände 108,9 und den Bund 57,7 Tsd.

Die Lage auf den **Arbeitsmärkten** im Westen und im Osten der Bundesrepublik Deutschland *(→ Abbildungen Sp. 329, 349 f.)* entwickelte sich 1990 gegenläufig.

– Die kräftige Produktionssteigerung in den **alten Bundesländern** baute die Beschäftigung weiterhin beträchtlich aus und Arbeitslosigkeit ab.

– Die **Arbeitslosigkeit** konnte erneut im Jahresdurchschnitt sowohl bezüglich der Quote als auch nach der Zahl der Arbeitslosen gesenkt werden. Diese blieb erstmals seit 1982 wieder knapp unter der 2-Mio.-Grenze und wies im monatlichen Verlauf eine deutlich sinkende Tendenz gegenüber den Vorjahreswerten auf. Neben den weiterhin wichtigsten *Ursachen für die hohen Arbeitslosenquoten (→ WA '91, Sp. 200)* beeinflußten 1990 folgende Faktoren die insgesamt sehr positive Entwicklung:

– Das Wirtschaftswachstum führt zur Auslastung der personellen Kapazitäten in den Betrieben und läßt gleichzeitig den Kräftebedarf und die Beschäftigung steigen.

– Besonders der Dienstleistungssektor, vor allem Handel sowie Verkehr und Nachrichtenübermittlung verursachen das Beschäftigungswachstum. Aber auch das Verarbeitende Gewerbe mit der sensiblen Bauwirtschaft liefern zunehmend beachtliche Beschäftigungsgewinne.

– Die fortschreitende Strukturanpassung der Wirtschaft, durch saisonale Effekte verstärkt, bewirkte in den **neuen Bundesländern** *(→ ebenso Sp. 349 f.)* einen großen Beschäftigungsrückgang sowie einen Anstieg der Arbeitslosigkeit und der Kurzarbeit. Als Folge dieser Entwicklung haben Pendlerbewegungen und Abwanderungen in die alten Bundesländer angehalten.

Nach Angaben der »Bundesanstalt für Arbeit« in Nürnberg verminderte sich die durchschnittliche **Arbeitslosenzahl** 1990 (1989) auf 1,883 (2,038) Mio., davon 0,968 (1,070) Mio. Männer und 0,915 (0,968) Mio. Frauen. Von den Arbeitslosen waren 66 (78) Tsd. Jugendliche unter 20 Jahren; 203 (233) Tsd. waren Ausländer. Die *Arbeitslosenquote* (Arbeitslose in % der abhängig Erwerbstätigen) sank (vor allem wegen der erhöhten Zahl der Beschäftigten) im Jahresdurchschnitt 1990 auf 7,2% (1989: 7,9%). Gemessen an allen Erwerbspersonen betrug die Arbeitslosenquote 1990 (1989) 6,3 (7,1)%. Die Arbeitslosenzahlen zeigten 1990 – außer den üblichen saisonalen Schwankungen (witterungsbedingte Erhöhung im Winter) – eine tendenzielle Abwärtsbewegung (höchste Zahl im Januar mit 2,191 Mio., geringste Zahl im November mit 1,685 Mio.), jedoch lagen die Monatswerte durchgehend unter denjenigen des Vorjahres, und insbesondere ab Herbst 1990 war eine deutliche Tendenz zur Besserung festzustellen, die sich 1991 massiv fortsetzte. Insgesamt liegen die Arbeitslosenzahlen aber immer noch in einer Größenordnung, wie sie zuletzt Anfang der 50er Jahre aufgetreten war. *Kurzarbeit* spielte auch 1990 kaum eine Rolle. Die Zahl der Kurzarbeiter sank im Jahresdurchschnitt 1990 (1989) auf 56 (108) Tsd.; die gemeldeten *offenen Stellen* erhöhten sich auf durchschnittlich 314 (251) Tsd. Insgesamt sank 1990 (1989) der Zugang an Arbeitslosen (Arbeitslosenmeldungen bei den Arbeitsämtern) leicht wegen der geringeren Zahl von Aus- und Übersiedlern auf 3,70 (3,81) Mio.; gleichzeitig stieg die Zahl der Arbeitsvermittlungen auf 2,366 (2,282) Mio., das beste Ergebnis seit 1977. Zum Jahresende 1990 (1989) betrug die **Zahl der Arbeitslosen** 1,784 (2,052) Mio., das entspricht einer Quote von 6,8 (8,0)%. Die Zahl der gemeldeten **offenen Stellen** lag bei 282,5 (277,2) Tsd. Die Zahl der **Kurzarbeiter** lag bei 50,5 (49,7) Tsd. Anf. 1991 stieg die Arbeitslosenzahl saisonbedingt an, erreichte jedoch in jedem Monat niedrigere Werte als im Vorjahr (z. B. im Mai 19911,604 Mio. = 6,0%

gegenüber 1,823 Mio. = 7,0 % im Mai 1990). Auch die seitdem bis zum September 1991 zu verzeichnenden Zahlen deuten darauf hin, daß die Arbeitslosigkeit 1991 merklich zurückgehen dürfte als Folge des weiteren Konjunkturaufschwungs. Die **regionale Verteilung** der Arbeitslosigkeit nach Arbeitsamtsbezirken ließ 1990/91 deutliche Schwerpunkte sowie ein gewisses Ost-West und Nord-Süd-Gefälle innerhalb des Bundesgebiets erkennen (→ *Abbildung*).

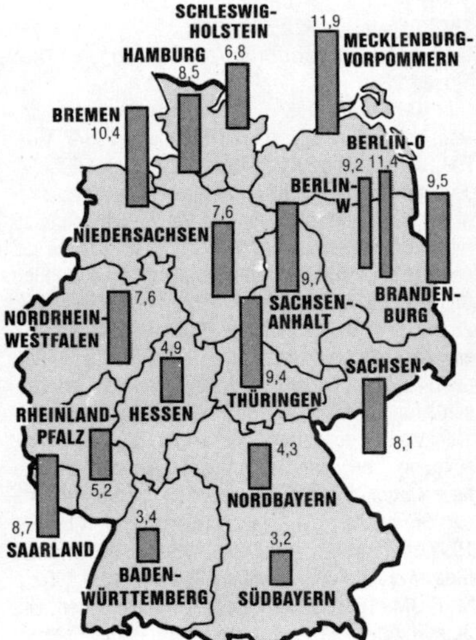

Regionale Unterschiede der Arbeitslosigkeit in der BR Deutschland (Juni 1991)
(siehe auch Abb. Sp. 349)

In *Arbeitsbeschaffungsmaßnahmen* waren 1990 (1989) 83,4 (96,6) Tsd. Personen tätig; an Maßnahmen zur beruflichen Fortbildung, Umschulung oder betrieblichen Einarbeitung, die vom Arbeitsamt bezahlt wurden, nahmen 1990 350 000 Personen teil. Eine Analyse der **Arbeitslosenstruktur** durch die Bundesanstalt für Arbeit zeigte, daß auch 1990 die ungünstigsten Aussichten für Langzeit-Arbeitslose, ältere Arbeitnehmer sowie für ungelernte Arbeitskräfte bestanden. Die Zahl der älteren arbeitslosen Arbeitnehmer (über 59 Jahre) stieg z. B. 1989–90 um 3,4 % auf 108 552 Die **illegale Beschäftigung** nahm auch 1990 wieder zu. Es handelt sich vor allem um arbeitslos gemeldete Personen, die neben dem Bezug von Arbeitslosenunterstützung »schwarz« arbeiten, und um Arbeitsleistungen, meist von Handwerkern, die unversteuert und unversichert erbracht werden. Die Bundesanstalt für Arbeit griff 1990 ca. 315 000 Fälle illegaler Beschäftigung auf und wies eine Summe von 164 Mio. DM zu Unrecht kassierter Sozialleistungen, hinterzogener Steuern und nicht abgeführter Sozialversicherungsbeiträge nach. Der 1991 neu eingeführte Sozialversicherungsausweis soll die illegale Beschäftigung verringern.

Der Haushalt der **Bundesanstalt für Arbeit** ergab für 1990 (1989) Einnahmen von 43,854 (37,883) Mrd. DM sowie Ausgaben von 44,577 (39,833) Mrd. DM. Von den Ausgaben entfielen 1990 (1989) auf Arbeitslosenunterstützungen 18,203 (18,027) Mrd. DM. Das Vermögen der Anstalt betrug 1989 0,107 Mrd. DM. Die Zahl der **Berufsunfälle** nahm in den letzten Jahren weiter zu. 1988 wurden 1,805 Mio. Unfälle und Erkrankungen angezeigt, davon 1,579 Mio. Arbeitsunfälle im engeren Sinn, 174 Tsd. Wegeunfälle und 52 Tsd. Berufskrankheiten. Die **Arbeitszeit** nahm 1989/90 weiter ab. Ende 1989 galten bereits für 14,4 Mio. Beschäftigte tarifliche Arbeitszeiten von weniger als 40 Std. Die Wochenarbeitszeit sank von 50 Std. (1950) über 45 Std. (1960), 42 Std. (1970) und 40 Std. (1980) auf durchschnittlich 39,2 Std. (1988) und 38,6 Std. (1989). Die zunehmende **Bedeutung des** Umweltschutzes geht aus seiner Beschäftigungswirksamkeit hervor. 1987 waren nach Schätzungen von Wirtschaftsforschungsinstituten in der BR Deutschland rd. 447 000 Arbeitsplätze direkt oder indirekt mit Umweltschutzmaßnahmen verbunden. Davon entfielen rd. 98 000 auf Gebietskörperschaften (Staat und Gemeinden, z. B. Abfall- und Abwasserbehandlung und -beseitigung, Verwaltung, Forschung), die übrigen auf die Privatwirtschaft (z. B. Entsorgungsunternehmen, Altstoffverwertung, Umweltschutztechnologie).

Die Zahl der **Gewerkschaftsmitglieder** erhöhte sich 1989 wiederum leicht; sie betrug Anf. 1990 9,5 Mio. Der gewerkschaftliche Organisationsgrad belief sich auf rd. 43,5 % der abhängig Beschäftigten. – Größte Gewerkschaft ist mit weitem Abstand wieder der Deutsche Gewerkschaftsbund/DGB, der 1989 per Saldo rd. 64 000 Mitglieder gewann und Anf. 1990 7,861 Mio. zählte, davon 5,220 Mio. Arbeiter, 1,833 Mio. Angestellte und 0,807 Mio. Beamte (jeweils einschl. Rentner).
Aufgrund der deutschen Vereinigung stiegen (nach Handelsblatt) die Mitgliederzahlen der 16 Einzelgewerkschaften im DGB um rd. 77 000 Personen bis Anfang 1991.
Weitere Gewerkschaften u. a. (Mitgl. in 1000) Anf. 1990: **Deutscher Beamtenbund/DBB** 793,6 – **Deutsche Angestellten-Gewerkschaft/DAG** 503,5 – **Christlicher Gewerkschaftsbund Dtlds./CGB** 304,7

DGB-Mitglieder 1990

Gewerkschaft	*Mitglieder West*	*Veränderungen gegenüber 1989*
Gewinner		
IG Metall	2726705	+ 47468
ÖTV	1252599	+ 18053
IG Chemie-Papier-Keramik	675949	+ 11331
Deutsche Postgewerkschaft	478913	+ 6768
Gewerkschaft Nahrung-Genuß-Gaststätten	275203	+ 3912
Gewerkschaft Holz und Kunststoff	152731	+ 3633
IG Medien	184720	+ 2570
IG Bau-Steine-Erden	462751	+ 2192
Gewerkschaft der Polizei	162780	+ 1470
GEW	189155	+ 245
Gewerkschaft Gartenbau, Land- und Forstwirtschaft	44054	+ 237
Verlierer		
Gewerkschaft Textil-Bekleidung	249880	– 909
Gewerkschaft Leder	42615	– 1968
HBV	404695	– 2631
Gewerkschaft der Eisenbahner Deutschlands	312353	– 7288
IG Bergbau und Energie	322820	– 8286
DGB insgesamt	7937923	+ 76803

Stand: 31.12. 1990. – Quelle: Handelsblatt v. 1. 7. 1991.

Die **Entwicklung des Bundeshaushalts** ist seit Mitte der 70er Jahre durch hohe Fehlbeträge und dadurch notwendige Kreditaufnahmen geprägt. Wegen der hohen und laufend zunehmenden Zins- und Tilgungsleistungen des Bundes ist daher der frei verfügbare Ausgabenrahmen seit Ende der 70er Jahre stark eingeschränkt. Im Mai 1991 wurde der erste gesamtdeutsche Haushalt verabschiedet. Er beträgt 410,3 Mrd. DM., was gemessen am Soll 1990 einschließlich dreier Nachtragshaushalte und der Überleitung des DDR-Haushalts im zweiten Halbjahr 1990 einer Steigerung von 3,6 % entspricht. Die Investitionsausgaben werden 1991 rund 65 Mrd. DM betragen. Im Rahmen des Programms »Aufschwung Ost« sind 5 Mrd. DM als Investitionspauschale für Kommunen, 2,5 Mrd. für Arbeitsbeschaffungs- und Weiterbildungsmaßnahmen, 1,4 Mrd. DM für Verkehrsinfrastrukturen und 1,1 Mrd. DM für die Verbesserung der Wohnungsstrukturen bereitgestellt worden. Trotz der Zusammenlegung von Bundeswehr und NVA wurde der Verteidigungshaushalt um 7,5 Mrd. DM auf 52,5 Mrd. DM gekürzt.

Die **Einnahmen/Ausgaben des Bundes** entwickelten sich folgendermaßen (in Mrd. DM):
1975: 123,788/156,894
1980: 188,090/215,711
1985: 236,684/259,449
1986: 240,600/263,900
1987: 243,600/271,500
1988: 242,200/278,200
1989: 278,000/291,300 (vorläufig)
1990: 273,500/396,146 (Soll)
1991: /410,332 (Soll)
1992: /422,560 (Soll)
(*zu den Ausgaben im einzelnen → Tab. Sp. 333f.*)

Die **Netto-Neuverschuldung** zum Ausgleich der Haushaltsfehlbeträge betrug 1973 erst 2,677 Mrd. DM, 1975 bereits 29,925 Mrd. DM und 1981 37,390 Mrd. DM. Seit 1982/83 bemühte sich die Bundesregierung zunächst intensiv, die Neuverschuldung zu reduzieren. Das insbesondere durch Kredite zu finanzierende Haushaltsdefizit sank folgendermaßen (in Mrd. DM): 1982: 37,175 – 1983: 31,475 – 1984: 28,305 – 1985: 25,059 – 1986: 23,034 – 1987 erhöhte sich das Defizit wieder auf 25,086 und 1988 auf 34,693 Mrd. DM. 1989 sank die Netto-Neuverschuldung des Bundes wieder auf 15,372 Mrd. DM. 1991 war sie durch den Finanzbedarf der Wiedervereinigung bzw. der Stützungsmaßnahmen für die neuen Bundesländer auf eine Nettokreditaufnahme von 66,4 Mrd. DM angewachsen. Sie soll bereits 1992 um 20 Mrd. DM reduziert werden. Die gesamte **Staatsverschuldung** ist nach 1990 weiter auf 1052,5 Mrd. DM (1989: 928,8 Mrd. DM) angestiegen. Die Bemühungen von Bund, Ländern und Gemeinden um eine finanzielle Konsolidierung konnten auch 1990 nicht verhindern, daß die öffentlichen Schulden sich erneut erhöhten, allerdings – wegen der hohen Steuereinnahmen – in geringerem Maße als im Vorjahr. Nach Ansicht der meisten Fachleute haben die Schulden vieler Gebietskörperschaften inzwischen eine bedenkliche Höhe erreicht, da durch die Zins- und Tilgungsverpflichtungen der frei verfügbare Finanzspielraum, vor allem für Investitionen, stark eingeschränkt ist. 1990 verteilten sich die Schulden der Gebietskörperschaften auf Bund 542 Mrd. DM (1989: 490,5), Länder 328,5 Mrd. DM (1989: 309,9) und Gemeinden 116 Mrd. DM (1989: 112,9). 1991 verschuldeten sich Länder und Gemeinden einschließlich des Fonds Deutscher Einheit zusätzlich um 143 Mrd. DM. Der Kreditbedarf der Treuhandanstalt wird auf 23 Mrd. DM , der der Post auf 15 Mrd. DM geschätzt. Die Gesamtverschuldung des Staates betrug 1990 1053 Mrd. DM, davon entfielen auf den Bund 542 Mrd., Fonds »Deutsche Einheit« 20 Mrd., Gemeinden 125 Mrd., Kreditabwicklungsfonds 28 Mrd., Länder 328 Mrd. und ERP-Sondervermögen 10 Mrd. DM.

Bundeshaushalt
Der Haushalt 1990 (Soll) und 1991 und 1992 (Entwurf)

Einzelplan	*Ausgaben Soll 1990 Mio. DM*	*Ausgaben Entwurf 1991 Mio. DM*	*1992*	*Veränderung 1990/91 in %*	*1991/92*
01 Bundespräsidialamt	27,1	30,0	28,8	+10,7	− 4,0
02 Bundestag	707,5	903,6	874,4	+27,7	− 3,2
03 Bundesrat	17,5	25,6	28,1	+46,3	+ 9,8
04 Bundeskanzleramt	609,5	633,0	621,8	+ 3,9	− 1,8
05 Auswärtiges Amt	3347,1	3377,7	3379,8	+ 0,9	+ 0,1
06 Inneres	4945,4	8278,4	8247,4	+67,4	− 0,4
07 Justiz	488,4	692,6	715,5	+41,8	+ 3,3
08 Finanzen	3819,0	5532,3	5813,7	+44,9	+ 5,1
09 Wirtschaft	6906,0	14509,4	14661,7	+110,1	+ 1,0
10 Ernährung, Landwirtschaft u. Forsten	9996,7	13869,5	12462,5	+38,7	−10,1
11 Arbeit und Sozialordnung	69366,4	88118,1	92779,8	+27,0	+ 5,3
12 Verkehr	25726,6	35459,1	39999,5	+37,8	+12,8
13 Post- und Fernmeldewesen	307,6	521,9	555,9	+69,7	+ 6,5
14 Verteidigung	53362,5	52534,7	52500,0	− 1,6	− 0,1
15 Gesundheit	22625,7	1156,6	1034,3	−94,9	−10,6
16 Umwelt, Naturschutz u. Reaktorsicherheit	1078,9	1279,1	1430,8	+18,6	+11,9
17 Frauen und Jugend	0,0	3779,4	2560,3	+100,0	−32,3
18 Familie und Senioren	0,0	28283,5	32427,1	+100,0	+14,7
19 Bundesverfassungsgericht	16,9	22,4	23,2	+32,5	+ 3,6
20 Bundesrechnungshof	56,5	64,3	63,7	+13,8	− 0,9
23 Wirtschaftliche Zusammenarbeit	7685,9	7960,0	8151,5	+3,6	+ 2,4
25 Raumordnung, Bauwesen	6374,5	8091,2	–	+26,9	–
27 Innerdeutsche Beziehungen	1300,7	0,0	8675,0	−100,0	+ 7,2
30 Forschung und Technologie	7867,4	8432,8	9252,0	+ 7,2	+ 9,7
31 Bildung und Wissenschaft	4196,7	6174,3	6453,2	+47,1	+ 4,5
32 Bundesschuld	40585,0	50823,9	55398,8	+25,2	+ 9,0
33 Versorgung	10401,6	10790,7	11968,1	+ 3,7	+10,9
35 Verteidigungslasten	1864,5	1638,7	1452,9	−12,1	−11,3
36 Zivile Verteidigung	892,0	925,0	945,5	+ 3,7	+ 3,2
60 Allgemeine Finanzverwaltung	29760,7	56424,3	50045,6	+89,6	−11,3
70 Summe Abschnitt B*	81812,4	0,0	0,0	−100,0	−100,0
Bundeshaushalt insgesamt	396146,4	410332,0	422560,0	+ 3,6	+ 3,0

* Die Ausgaben des DDR-Haushalts für das 2. Halbjahr 1990.
Quelle: Das Parlament, Süddeutsche Zeitung.

Der **Staatshaushalt** hatte 1990 (1989) ein Finanzierungsaldo von −51,2 Mrd. DM (1989: + 5,35 Mrd. DM). Die Einnahmen umfaßten 1990 (1989) 1066,53 Mrd. DM (1021,91) und setzen sich zusammen aus(jeweils Mrd. DM): Steuern 574,3 (559,98), Sozialbeiträgen 409,41 (383,39), lauf. Übertragungen 24,94 (24,84), Abschreibungen 16,92 (15,56). Die Staatsausgaben beliefen sich 1990 (1989) auf 1117,74 Mrd. DM (1016,56) und umfaßten folgende Teilbereiche: Subventionen 47,69 Mrd. DM (46,64), lauf. Übertragungen 94,55 (49,08), Vermögensübertragungen 33,49 (30,68), Staatsverbrauch 447,28 (418,91), Bruttoinvestitionen 56,71 (52,7). Nach Angaben der Deutschen Bundesbank stiegen die **Schulden der öffentlichen Haushalte** (ohne Verschuldung der Haushalte untereinander) 1989 (1988) um 26,263 (54,199) Mrd. DM auf insgesamt 929,278 (928,837) Mrd. DM; hiervon entfielen (in Mrd. DM) auf den Bund 490,541 (475,169) – die Länder 310,624 (302,560) – die Gemeinden und Gemeindeverbände (mit Zweckverbänden) 121,000 (119,316) – ERP-Sondervermögen 7,113 (5,970). Nicht enthalten sind hierin die Schulden von Bundesunternehmen (z. B. Deutsche Bundesbahn, der Unternehmen der ehemaligen Deutschen Bundespost (nach dem Postverfassungsgesetz vom 1. 7. 1989 Post, Postbank und Telekom) und bundeseigene Industrieunternehmen). – Die *Schulden* erhöhten **sich** 1989 (1988) netto um folgende Beträge (in Mrd. DM): Bund 15,372 (34,693) – Länder 8,064

Steuereinnahmen von Bund, Ländern und Gemeinden
(nach Angaben der Deutschen Bundesbank)

Steuerart	*Einnahmen in Mill. DM*		
	1970	*1980*	*1990*
Gemeinschaftliche Steuern von Bund, Ländern und/oder Gemeinden			
Lohnsteuer	35086	111559	177590
Veranlagte Einkommensteuer	16001	36796	36520
Umsatzsteuer (Mehrwertsteuer)	38125	93447	147585
Gewerbesteuer (Ertrag/Kapital)	10728	27090	38796
Mineralölsteuer	11512	21351	34621
Körperschaftsteuer	8717	21322	30090
Tabaksteuer	6537	11288	17402
Kapitalertragsteuer	2021	4175	10832
Verkehrssteuern	1224	2490	12948
Grundsteuern (A und B)	2683	5804	8724
Kraftfahrzeugsteuer	3830	6585	8314
Zölle (EG-Anteil)		4524	7163
Vermögensteuer	2877	4664	6333
Branntweinabgaben	2228	3885	4230
Erbschaftsteuer	523	1017	3022
Biersteuer	1175	1262	1355
Ergänzungsabgabe	949	39	
Sonstige Konsumsteuern	4947	2477	3185
Sonstige Steuern	33063	39011	753
Steuereinnahmen insgesamt	*154245*	*364991*	*549463*

(17,951) – Gemeinden 1,684 (1,498) – ERP-Sondervermögen 1,143 (0,057). – Gläubiger der öffentlichen Haushalte waren Ende 1989 u. a. (in Mrd. DM): inländische Kreditinstitute 532,400 – ausländische Gläubiger 208,400 – Bundesbank 12,887 – Sozialversicherungen 6,900 – Die Kreditaufnahme erfolgte u. a. durch (Stand Ende 1989 in Mrd. DM): Direktausleihungen der Kreditinstitute (vor allem Schuldscheindarlehen) 473,419 – Anleihen 225,131 – Bundesobligationen 93,870 – Kassenobligationen/Schatzanweisungen 50,478 – Bundesschatzbriefe 33,366 – Ausgleichsforderungen 13,903 – unverzinsliche Schatzanweisungen 12,147 – Darlehen von Sozialversicherungen 6,904.

Die Statistik der **Steuereinnahmen** ergab für 1990 (1989) in Mrd. DM (nach Angaben der Statistischen Bundesamtes bzw. der Deutschen Bundesbank): Einnahmen des Bundes 249,787 (222,672) – der Länder 189,200 (172,964) – der EG (Anteile an Zöllen und Mehrwertsteuer) 22,795 (23,667) – der Gemeinden 73,620 (68,862), darunter Stadtstaaten 5,422 (5,089). – Die gesamten Steuereinnahmen stiegen 1985–86 um 3,5% auf 452,436 Mrd. DM, 1986–87 um 3,6% auf 468,660 Mrd. DM, 1987–88 um 4,1% auf 488,097 Mrd. DM und 1988–89 um 9,7% auf 535,526 Mrd. DM. – Die sog. **volkswirtschaftliche Steuerquote** (Steueranteil am BSP) betrug 1989 23,7% und erhöhte sich somit aufgrund der hohen Steuereinnahmen gegenüber 1988 (22,9%). Die sog. »Staatsquote« (Ausgaben des Staates bezogen auf das BSP) sank von 46,6% (1988) auf 44,9% (1989); 1982 hatte sie noch 49,8% betragen. Sie enthält den Staatsverbrauch und die Übertragungen (insbes. Sozialleistungen).

Die **Leistungsbilanz** der BR Deutschland im Verhältnis zum Ausland entwickelte sich – nach Angaben der Deutschen Bundesbank – auch 1989 wieder sehr positiv, so daß der Rekordüberschuß des Vorjahres sogar beträchtlich übertroffen wurde. – Nach den Defiziten der Jahre 1979–81 von zusammen 43,076 Mrd. DM wurden seit 1982 (+12,408 Mrd. DM) Überschüsse in fast jährlich zunehmender Höhe erzielt (1983: +13,540; 1984: +27,940; 1985: +48,327; 1986: +85,135; 1987: 81,174; 1988: 85,251 Mrd. DM). 1989 stieg dieser Wert auf 99,093 Mrd. DM an (vorläufiger Wert). Die Hauptkomponente dieses Leistungsbilanzüberschusses war auch 1989, wie in den Vorjahren, der überaus hohe **Außenhandelsüberschuß** mit dem Rekordwert von +134,695 Mrd. DM (1988: +128,045 Mrd. DM). (→ *Kap. Welthandel, Sp. 919 ff.*) Demgegenüber erbrachte die **Übertragungsbilanz**, wie jedes Jahr, wieder ein negatives Ergebnis (–34,802 Mrd. DM, vor allem Gastarbeiterüberweisungen, Zuwendungen an Entwicklungsländer, Zahlungen an internationale Organisationen u. ä.). Dagegen schloß die **Dienstleistungsbilanz** (Reiseverkehr, Transportleistungen, Kapitalerträge u. ä.) mit +2,487 Mrd. DM im Gegensatz zu 1988 (–10,533 Mrd. DM) positiv ab. Die **Währungsreserven** der Deutschen Bundesbank stiegen auch 1990 wieder an, vor allem durch Devisenzuflüsse. Sie betrugen zum Jahresende 1990 (1989) 106,4 (100,0) Mrd. DM, darunter Goldbestände unverändert 13,688 Mrd. DM, Devisen und Sorten 58,308 (50,183) Mrd. DM, Reserveposition im Internationalen Währungsfonds und Sonderziehungsrechte 8,229 (9,264) Mrd. DM, Forderungen an den »Europäischen Fonds für währungspolitische Zusammenarbeit« im Rahmen des Europäischen Währungssystems 17,303 (21,554) Mrd. DM. Die *Netto-Auslandsposition* der Bundesbank wurde Ende 1989 (1988) mit 48,317 (69,877) Mrd. DM angegeben. Der **Außenwert der DM** gegenüber den Währungen der wichtigsten Handelspartner, der 1986 und 1987 stärker angestiegen war, blieb auch 1989 – wie schon 1988 – ungefähr auf dem gleichen Niveau wie im Vorjahr. Gemessen am Wert 1972 = 100 betrug der Außenwert der DM gegenüber den am Europäischen Währungssystem (EWS) beteiligten Ländern 1989 (1988) 219,4 (229,7), gegenüber den 18 wichtigsten westlichen Industrieländern 175,7 (177,4). Gegenüber dem US$ sank der Wert der DM 1989 auf 171,6, nachdem er 1987–88 von 179,5 auf 183,8 angestiegen war. Leichte Wertminderungen der DM ergaben sich 1989 (1988) auch gegenüber der ital. Lira mit 404,5 (410,7) und der schwed. Krone mit 229,7 (233,8), während der DM-Wert gegenüber dem französ. Franc mit 213,7 (213,7) und dem österr. Schilling mit 97,3 (97,3) gleich blieb und gegenüber dem brit.£ mit 246,0 (242,2) und dem japan. Yen mit 76,8 (76,4) leicht zunahm. Das **Geldvolumen** in der **BR Deutschland** stieg von 1189,613 Mrd. DM (1988) auf 1255,458 Mrd. DM (Ende 1989); davon entfielen 1990 (1989) in Mrd. DM auf Spareinlagen mit gesetzl. Kündigungsfrist 479,077 (493,538) – Termingelder 325,758 (269,078) – Sichteinlagen 303,707 (284,401) – Bargeldumlauf 158,6 (146,916). Das in der BR Deutschland vorhandene **Geld- und Sachvermögen** läßt sich nur schwer berechnen. Es wird auf 7 Bill. DM geschätzt. Die Angaben hierüber können jedoch stark voneinander abweichen, je nachdem auf welcher Basis Grundbesitz bewertet wird und ob Ansprüche gegenüber Versicherungen (Lebens-, Rentenversicherung u. a.) einbezogen werden.

Das **Bruttoeinkommen der privaten Haushalte** betrug 1990 (1989) aus unselbständiger Tätigkeit 1312,61 Mrd. DM (1221,48), aus Unternehmertätigkeit und Vermögen 483,5 (458,88). Das insgesamt verfügbare Einkommen ergab 1489,62 Mrd. DM, der private Verbrauch 1291,33 Mrd. DM und die Ersparnis 198,29 Mrd. DM. Das **Geldvermögen der privaten Haushalte** betrug nach Angaben des Statistischen Bundesamts 1987 2,360 Bill. DM. Der Bundesverband deutscher Banken errechnete für Anf. 1988 ein Geldvermögen der privaten Haushalte in Höhe von 2,428 Bill. DM, davon (in Mrd. DM): Spareinlagen 694 – Geldanlage bei Versicherungen 496 – festverzinsliche Wertpapiere 355 – Termineinlagen und Sparbriefe 277 – Bargeld und Sichteinlagen 183 – Aktien 118 – Geldanlage bei Bausparkassen 117 – sonstiges 188. Aus ihren Geldanlagen erzielten die privaten Haushalte 1988 ein Bruttoeinkommen aus Zinsen und Dividenden (einschl. Gutschriften auf Geldanlagen bei Lebensversicherungen) von 109 Mrd. DM, d. h. durchschnittl. 4008 DM pro Haushalt. – Die Spareinlagen sanken 1989 wegen der Diskussion um die Quellensteuer und wegen des unattraktiv niedrigen Zinssatzes; sie betrugen Ende 1989 (1988) 715,236 (737,474) Mrd. DM, davon 679,171 (699,602) Mrd. DM von inländischen Privatpersonen. Das **Einkommen** aus beruflicher Tätigkeit (nichtselbständige Arbeit) eines 4-Personen-Arbeitnehmerhaushalts mit mittlerem Einkommen stieg 1988 (1987) um 3,4 (2,8) % auf brutto 4182 (4046) DM pro Monat im Durchschnitt. Nach Zurechnung sonstiger Einkünfte (z. B. Sparzinsen, Vermietung) ergab sich ein durchschnittliches *Haushaltsbruttoeinkommen* von 5093 (4881) DM/Monat. Nach Abzug von Steuern und Sozialversicherungsbeiträgen blieben als *Haushaltsnettoeinkommen* 3906 (3743) DM (= +4,4 %). Für den privaten Verbrauch wurden davon 3309 (3065) DM ausgegeben, davon u. a. für Wohnungsmiete 854 (797) – Nahrungs- und Genußmittel 767 (748) – Verkehr und Nachrichtenübermittlung (z. B. PKW, Telefon) 575 (497) – Bildung und Unterhaltung, Freizeit 343 (315) – Bekleidung und Schuhe 272 (270) – Möbel und Haushaltsgeräte u. ä. 276 (244) – Gesundheits- und Körperpflege 103 (94).

Die **Lebenshaltungskosten** für Privathaushalte (Verbraucherpreise) zeigten 1990 eine weniger günstige Entwicklung als in den Vorjahren. Während die Preise 1989 um 2,8 % angestiegen waren, erhöhten sie sich 1990 im Jahresdurchschnitt um weitere 2,7 % (zum Vergleich: europäische Industrieländer: 5,4 %). Zwischen Juni 1990 und 1991 stiegen die Preise in den alten Bundesländern um 3,5 %. Nach der Wiedervereinigung gestaltet sich die Aussage zu einem gemeinsamen Preisindex für die neuen und alten Bundesländer als sehr schwierig, so daß auch 1991 übergangsweise noch getrennte Warenkörbe berechnet werden, was sich besonders schwierig in Berlin zeigt. Nach den Angaben des Statistischen Landesamts Berlin lag die Inflationsrate in den westlichen Teilen

Verkehrsmittelwahl im Urlaub 1990
Deutschland – neue Bundesländer
Anteile in %

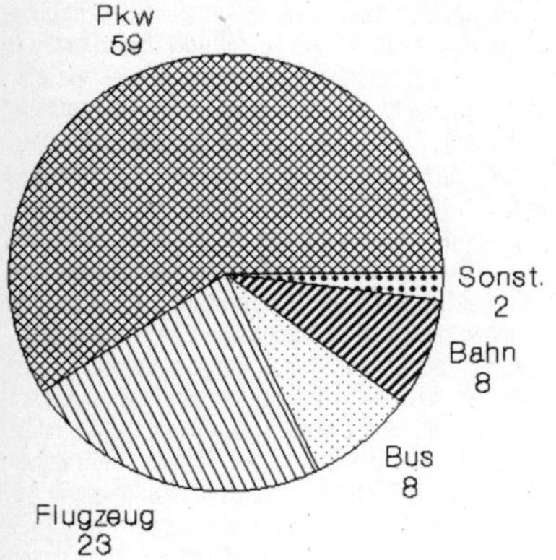

Verkehrsmittelwahl im Urlaub 1990
Deutschland – alte Bundesländer
Anteile in %

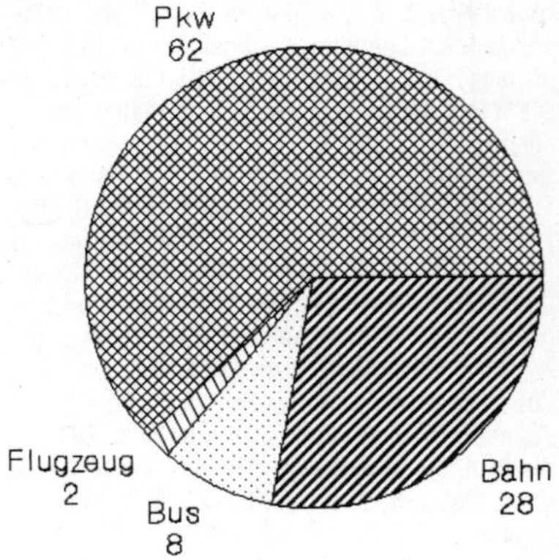

Berlins bei 3%, in den östlichen bei 7%. Mit wachsender Anpassung der Verbrauchergewohnheiten werden auch die Warenkörbe übereinstimmen. Ein preisstabilisierender Einfluß ging 1989 besonders von der inländischen Produktion aus, da die Arbeitnehmereinkommen relativ mäßig anstiegen und damit preisdämpfend wirkten (Erhöhung der Bruttoverdienste der Arbeiter und Angestellten um 3–4%, je nach Branche). Demgegenüber wirkten die Importpreise, vor allem für Rohstoffe, durch stärkere Erhöhungen inflationsfördernd. – Aufgrund der im internationalen Rahmen noch relativ geringen Preissteigerungsrate ergaben die Lohn- und Gehaltserhöhungen 1989 wiederum eine reale **Steigerung der Nettoeinkommen** der Arbeitnehmer (Erhöhung der Kaufkraft um 1,2%).

Die **Sozialleistungen** erreichten nach Angaben des Statistischen Bundesamts 1989 (1988) die Gesamthöhe von 678,465 (662,071) Mrd. DM, d. h. rd. 10177 DM pro Einwohner. Die Sozialleistungsquote, d. h. der Anteil aller Sozialleistungen am Bruttosozialprodukt, betrug rd. 29%. Finanziert wurden die Sozialleistungen 1989 u. a. (in Mrd. DM) aus Beiträgen der Arbeitgeber 260,980 – öffentlichen Mitteln 226,165 – Beiträgen der Versicherten 196,864. – Von den gesamten *Sozialleistungen* entfielen 1989 u. a. auf (in Mrd. DM): Gesetzliche Krankenversicherung 130,362 – Rentenversicherung der Arbeiter 110,001 – Rentenversicherung der Angestellten 91,150 – Steuerermäßigungen 53,000 – Arbeitsförderung (Leistungen der Bundesanstalt für Arbeit) 47,742 – Beamtenpensionen 41,358 – Arbeitgeber-Lohnfortzahlung 31,620 – Sozialhilfe 32,325 – knappschaftliche Rentenversicherung 16,423 – betriebliche Altersversorgung 16,050 – Kindergeld 13,986 – Kriegsopferversorgung 13,102 – gesetzliche Unfallversicherung 12,917 – Vermögensbildung 10,863 – Jugendhilfe 13,140 – Zusatzversorgung im öffentl. Dienst 9,960 – Familienzuschläge für Beamte 9,576 – Beihilfen nach dem Beamtenrecht 9,587 – Vergünstigungen im Wohnungswesen 5,780 – Altershilfe für Landwirte 4,220 – Wohngeld 3,967 – Erziehungsgeld 4,048 – öffentlicher Gesundheitsdienst 2,150 – Wiedergutmachung 1,740 – Lastenausgleich 1,132 – Ausbildungsförderung 0,520. Die **gesetzliche Rentenversicherung** umfaßte 1989 32,793 Mio. Versicherte, davon 17,006 Mio. männlich und 15,788 Mio. weiblich. Es entfielen auf die Rentenversicherung der Arbeiter 16,978, der Angestellten 15,493 Mio.; Knappschaft mit 0,214 Mio. Versicherten. Der Bestand an laufenden **Renten** betrug Anf. 1989: Arbeiter 8,949 – Angestellte 4,900 – Knappschaft 0,691 Mio. Die Zahl der **Sozialhilfeempfänger** stieg 1988–89 um 8,2% von 3,349 auf 3,626 Mio. Rund 76% der Sozialhilfeempfänger waren Deutsche, 24% Ausländer. – Die *Ausgaben für Sozialhilfe* betrugen 1990 (1988) 31,600 (27,010) Mrd. DM, d. h. rd. 500 DM pro Einwohner. Von den Hilfeleistungen entfielen 13,0 Mrd. DM auf »Laufende Hilfe zum Lebensunterhalt« und 18,6 Mrd. DM auf »Hilfe in besonderen Lebenslagen«. Häufigste Ursache für den Bezug von Sozialhilfe war auch 1990 Arbeitslosigkeit (rd. ⅓ aller Fälle). Die

gesetzliche Krankenversicherung hatte 1988 37,001 Mio. Mitglieder, davon (in Mio.) Pflichtmitglieder 21,838 – Rentner 10,791 – freiwillig Versicherte 4,372. – 1988 bestanden 1169 Kassen, davon u. a. 710 Betriebskrankenkassen, 269 Ortskrankenkassen, 154 Innungskrankenkassen und 15 Ersatzkassen. – Die *Ausgaben der gesetzlichen Krankenversicherung* betrugen 1988 134,376 Mrd. DM, davon (in Mrd. DM) für Krankenhauspflege 40,668 – Arzneien 38,992 – Behandlung durch Ärzte, Zahnärzte usw. 29,515 – Krankengeld 7,782 – Verwaltungskosten 6,203.

Die Zahl der **Ärzte** (nur praktizierende) betrug am 31. 12. 1988 177001, davon 47700 weiblich. Anf. 1989 (1988) entfiel ein Arzt auf 349 (357) Einwohner. 48,1% der Ärzte arbeiteten in Krankenhäusern, 40,5% in freier Praxis, 11,4% in Forschung, Verwaltung u. ä. 54,8% der Ärzte waren als **Fachärzte** tätig (»**Ärzte mit Fachgebietsbezeichnung**«), darunter u. a.: Innere Medizin 20834 – Frauenheilkunde u. Geburtshilfe 8759 – Chirurgie 8471 – Kinderheilkunde 6032 – Anästhesiologie 6393 – Neurologie und Psychiatrie 6483 – Augenheilkunde 3954 – Orthopädie 3986 – Radiologie 3122 – Hals-, Nasen- u. Ohrenheilkunde 3045 – Haut- u. Geschlechtskrankheiten 2466 – Urologie 2389 – Arbeitsmedizin 1076 – Lungenheilkunde 696 – Laboratoriumsmedizin 726. Die Zahl der **Zahnärzte** betrug am 31. 12. 1988 39644, d. h. je einer für 1558 Einwohner. – An *sonstigen Berufen des Gesundheitswesens* schätzte das Statistische Bundesamt Mitte 1988 u. a.: Krankenschwestern u. -pfleger, Hebammen 462000 – Sprechstundenhelferinnen 300000 – Masseure, Krankengymnasten (-innen) u. ä. 76000 – Krankenpflegehelfer (-innen) 72000 – Medizinallaboranten (-innen) 63000 – Diätassistentinnen, pharmazeutisch-technische Assistentinnen 23000 – Heilpraktiker (-innen) 8000. Die Zahl der **Apotheken** betrug Ende 1988 18301, in denen 34498 Apotheker(-innen) beschäftigt waren. – Anf. 1989 gab es 3069 Krankenhäuser mit insges. 672834 planmäßigen Betten. 1988 wurden 13,227 Mio. Patienten stationär behandelt (durchschn. Verweildauer 16,6 Tage). Die Krankenhäuser beschäftigten Anf. 1989 u. a. 89698 Ärzte, 331704 Krankenpflegepersonen, 66644 Verwaltungskräfte und 178599 Wirtschaftskräfte.

Die öffentlichen Ausgaben für **Bildung** betrugen 1989 rd. 98 Mrd. DM (Ausgaben von Bund, Ländern und Gemeinden). Die Ausgaben für **Forschung und Entwicklung** (öffentl. und privat) werden nicht regelmäßig erfaßt. Für 1989 berechnete das Statistische Bundesamt eine Summe von 61,966 Mrd. DM; davon entfielen auf die Wirtschaft 45,000 – die Hochschulen 9,090 – den Staat (staatliche und staatsnahe Forschungseinrichtungen) 7,581 – sonstige Organisationen 0,295 Mrd. DM. 1988/89 besuchten **rd. 12,4 Mio. Schüler, Studenten und Auszubildende** Schulen bzw. Berufs- und Hochschulen. Somit standen rd. 18,6% der Bevölkerung in schulischer Ausbildung. Die Zahl der Schüler an **allgemeinbildenden Schulen** hatte 1976 mit 10,1 Mio. ihren höchsten Stand erreicht. 1989 lag die Zahl bei 6,734 Mio.; hiervon entfielen (in Mio.) auf Schulkindergärten und Vorklassen 0,068 – Grundschulen 2,450 – Hauptschulen 1,254 – Sonderschulen 0,246 – Realschulen 0,857 – Gymnasien 1,546 – Gesamtschulen 0,273 – Abendschulen und Kollegs 0,041. **Berufliche Schulen** wurden 1988/89 von 2,401 Mio. Schülern besucht; hiervon entfielen auf Berufsschulen 1,786 – Berufsfachschulen 0,285 – Fachschulen einschl. Fachakademien 0,115 – Fachoberschulen/Fachgymnasien 0,201 – Berufsaufbauschulen 0,087 – Die Zahl der **Auszubildenden** (Lehrlinge) betrug Anf. 1989 1,658 Mio., davon (in Tsd.) in Industrie und Handel 827,21 – Handwerk 577,87 – freien Berufen 133,57 – im öffentlichen Dienst 67,31 – in der Landwirtschaft 38,51 – Hauswirtschaft 12,86 – Seeschiffahrt 0,62. Gegenüber einem zeitweiligen Lehrstellenmangel zu Beginn der 80er Jahre verstärkte sich im Berufsberatungsjahr 1990/91 das *Überangebot an Ausbildungsplätzen* durch weiteren Rückgang der Nachfrage. Einem Angebot von 670800 Stellen bis Mai 1991 stand eine Nachfrage nach 357700 Plätzen gegenüber. 310400 Ausbildungsplätze waren noch unbesetzt und 104600 Bewerber noch ohne Ausbildungsverhältnis.

Die Zahl der **Studenten** stieg im Wintersemester 1990/91 auf 1,585 Mio., davon 38,3% weiblich (zum Vergleich: 1970 betrug die Zahl erst 527600, 1980 1,036 Mio.). 6,3% der Studenten waren Ausländer. Von der Gesamtzahl entfielen 1990/91 (in Tsd.) auf Universitäten 1050,4 – Fachhochschulen 333,0 – Gesamthochschulen 120,1 – Verwaltungsfachhochschulen 39,6 – Kunsthochschulen 24,2 – Pädagogische Hochschulen 14,8 – Theologische Hochschulen 3,1 – Die größten **Fächergruppen** waren 1990/91 (Studenten in Tsd.): Rechts-, Wirtschafts- und Sozialwissenschaften 447,8 – Ingenieurwissenschaften 337,4 – Sprach- und Kulturwissenschaften 306,8 – Mathematik und Naturwissenschaften 262,5 – Humanmedizin 98,8 – Kunst und Kunstwissenschaft 70,3 – Agrar-, Forst- und Ernährungswissenschaften 35,6 – Sport 18,6 – Veterinärmedizin 6,9 – Die Zahl der **Studienanfänger** nahm erneut zu; von den Studierenden waren 211500 Erstimmatrikulierte. Für das gesamte Jahr 1990 stieg die Zahl der Anfänger auf 278200 – Die **größte Hochschule** war im Wintersemester 1989/90 die Ludwig-Maximilians-Universität München mit rd. 66000 Studierenden.

Erfaßte Straftaten in der BR Deutschland
(alte Bundesländer)

Wichtige Straftaten(gruppen)	*Fälle 1990*	*Anteil 1990*	*(1989)*	*Veränderung 1989–*
Diebstahl unter erschwerenden Umständen	1544932	34,6%	(1518929)	+ 1,7%
Diebstahl ohne erschwerende Umstände	1147314	25,7%	(1052319)	+ 9,0%
Betrug	363888	8,2%	(401352)	– 9,3%
Sachbeschädigung	395056	8,8%	(393284)	+ 0,5%
(Vorsätzliche leichte) Körperverletzung	128880	2,9%	(126339)	+ 2,0%
Rauschgiftdelikte	103629	2,3%	(94000)	+10,2%
Beleidigung	79552	1,8%	(81027)	– 1,8%
Widerstand gegen die Staatsgewalt und Straftaten gegen die öffentliche Ordnung	75967	1,7%	(75537)	– 0,6%
Gefährliche und schwere Körperverletzung	67095	1,5%	(64840)	+ 3,5%
Straftaten gegen die persönliche Freiheit	66532	1,5%	(62090)	+ 7,2%
Unterschlagung	51400	1,1%	(51121)	+ 0,5%
Urkundenfälschung	44005	1,0%	(49809)	–11,7%
Straftaten gegen die sexuelle Selbstbestimmung	37592	0,8%	(36327)	– 3,5%
Raub, räuberische Erpressung u. ä.	35111	0,8%	(30152)	+16,4%
Begünstigung, Strafvereitelung und Hehlerei	23060	0,5%	(24516)	– 5,9%
Straftaten gegen die Umwelt	21412	0,5%	(22816)	– 6,2%
Brandstiftung	17078	0,4%	(17409)	– 1,9%
Straftaten gegen das Waffengesetz	15754	0,4%	(16528)	– 4,7%
u. a. Mord und Totschlag	2387	0,1%	(2385)	+ 0,1%

Die **Kriminalität** stieg 1990 wieder stärker an und erreichte nach 1987 einen neuen Höchststand. Das Wirtschaftsgefälle zwischen Ost und West sowie zu den neuen Bundesländern beeinflußte den Gesamtanstieg. Nach der »polizeilichen Kriminalstatistik« der Innenminister des Bundes und der Länder erhöhte sich die Zahl der erfaßten **Straftaten** im alten Bundesgebiet 1989–90 um 2,2% auf 4455333 Fälle (1989: –0,04%). Die Zahl der **Straftaten pro 100000 Einwohner** (Kriminalitätshäufigkeit) stieg leicht auf rd. 7100 Fälle; 1963 hatte sie erst 2914, 1977 5514 Fälle betragen. Nach der Statistik ergaben sich 1990 überdurchschnittliche Zunahmen insbesondere bei Taschendiebstählen (37,9%), Straßenraubdelikten, Ladendiebstählen und illegalen Grenzübertritten, geringere Zunahmen besonders bei Rauschgiftdelikten (10,2%). Mehr als jede 10. registrierte Straftat (458391) war 1990 ein Ladendiebstahl – Zurückgegangen ist vor allem die Zahl der Straftaten im Zusammenhang mit Lebensmitteln (38,6%) und im Zusammenhang mit Urheberrechtsbestimmungen. Auch die hohe Zahl der schweren Diebstähle konnte 1990 um 4943 Fälle (3,2%) auf 151974 gesenkt werden. Die Zahl der Umweltschutzdelikte ging erneut um 6,2% zurück. Tötungsdelikte wurden 1990 2387 Fälle (1989: 2385) registriert.

Aufgeklärt wurden 1990 2093130 Fälle; damit fiel die **Aufklärungsquote** von 47,7% (1989) geringfügig auf 47,0%. Sie war bei den verschiedenen Straftaten wiederum sehr unterschiedlich, so z. B. bei Mord und Totschlag 94,6% – Urkundenfälschung 94,6% – Betrug 90,0% – gefährlicher Körperverletzung 82,6% – Vergewaltigung 70,3% – dagegen bei einfachem Diebstahl nur 51,3% – Raub 43,7% – vorsätzlicher Brandstiftung 33,5% – Sachbeschädigung 24,0% – schwerem Diebstahl 14,5% – Taschendiebstahl 7,4% – Als **Tatverdächtige** wurden 1990 1437923 Personen ermittelt. Eine überdurchschnittlich hohe »Kriminalitätsbelastung« wiesen wieder folgende Personengruppen auf: Männer, Heranwachsende (18 bis unter 21 Jahre) und sog. Jungerwachsene (21 bis unter 25 Jahre), Ausländer (26,7% der Tatverdächtigen bei rd. 8% der Einwohner). Die höchste Kriminalität wiesen wiederum jugendliche Ausländer auf. – Eine **Aufgliederung nach alten Bundesländern** ergibt für die Kriminalitätshäufigkeit markante Unterschiede. Die höchsten Werte entfielen wieder auf die Stadtstaaten Hamburg, mit steigender Tendenz Berlin-West, Bremen und die Länder Schleswig-Holstein und Hessen. Die geringste Kriminalität zeigten wieder Bayern und Baden-Württemberg.

WEITERE DATEN ZUR BEVÖLKERUNGS-, WIRTSCHAFTS- UND SOZIALSTRUKTUR DER NEUEN BUNDESLÄNDER bzw. DER EHEMALIGEN DDR

Die Wiedervereinigung beider deutscher Staaten hat für die statistische Berichterstattung erhebliche Probleme der Umstellung auf eine gemeinsame Erhebungsmethodik gebracht, da Unterschiede der politischen Zielstellung, der Wirtschaftsverfassung und der sozialstatistischen Definitionen keine kurzfristige Zusammenführung der regelmäßig monatlich oder jährlich erhobenen Daten erlaubt. Für diese Übergangsphase und zur Verdeutlichung der Ausgangssituation des Strukturwandels in den neuen Bundesländern wurde der nachfolgende Abschnitt erweiterter Strukturdaten aufgenommen, der eine Mischung von Daten aus der Zeit der ehemaligen DDR und ersten Ergebnissen einer gemeinsamen Statistik des Statistischen Bundesamtes bzw. einiger Stichprobenumfragen darstellt.

Die natürliche Bevölkerungsentwicklung der DDR nahm 1989 noch einen negativen Verlauf, so daß sich – im Gegensatz zum Vorjahr – wieder ein Sterbefallüberschuß ergab. Nachdem die DDR von 1970 (–3892) über 1975 (–58591) bis 1978 (–181) jeweils Sterbefallüberschüsse aufzuweisen hatte, errechneten sich von 1979 (+2491) bis 1985 (+2295) Geburtenüberschüsse. 1986 trat vorübergehend ein negativer Saldo auf (–1267), dem jedoch 1987 (+12087) und 1988 (+2623) Geburtenüberschüsse folgten, die 1989 wieder von einem negativen Saldo (–6789) abgelöst wurden. Die Zahl der **Lebendgeborenen** sank von 225959 (1987) auf 175000 (1990); die der **Gestorbenen** sank ebenfalls leicht von 213872 (1987) auf 213111 (1989) – Die häufigsten **Todesursachen** waren 1989 Krankheiten des Kreislaufsystems (118262) und bösartige Neubildungen (Krebs, 34755). – Die **Einwohnerzahl** sank 1989 nach amtlichen Angaben zum Jahresende 1989 (1988) auf 16434000 (16674632). 1989 (1988) waren 7873300 (7972802) Einwohner männlich und 8560496 (8701830) weiblich. Die **Bevölkerungsdichte** betrug 1989 im Durchschnitt 152 Ew. pro km² mit einer Spannweite zwischen 3174 Ew. pro km² in Berlin (Ost) und 56 im Bezirk Neubrandenburg – Über **Ausländerbevölkerung** sowie über **Wanderungen** (Umzüge) über die Grenzen wurden von offizieller Seite der DDR keine Angaben veröffentlicht. Anfang 1990 lebten ca. 190000 Ausländer in der DDR, darunter 58400 Arbeitskräfte aus Vietnam und 15100 aus Mosambik. – Die Verwaltung der **BR Deutschland** registrierte 1988 39832, 1989 343854 und bis Juli 1990 weitere **Übersiedler aus der DDR**. Insgesamt haben rd. 3,4 Mio. Personen die DDR seit ihrem Bestehen 1949 verlassen, davon rd. 960000 seit dem Bau der Berliner Mauer 1961 und hiervon wiederum rd. 344000 im Jahr 1989. – Die Zahl der **Eheschließungen** sank 1990 (1989) auf 102000 (130989), die der **Ehescheidungen** stieg 1989 (1988) leicht auf 50063 (49380). Die Scheidungsquote liegt mit 3,0 je 1000 Ew./Jahr international sehr hoch. – Die **Überalterung** der Bevölkerung ist nicht mehr so ausgeprägt wie in den 60er und 70er Jahren. Der Anteil der Bevölkerung im Alter von 60 und mehr Jahren, der 1960 20,4% und 1971 sogar 22,0% betragen hatte, sank bis Ende 1989 auf 18,3%. Der Anteil der Kinder (bis einschl. 14 Jahre) betrug 1989 18,4%.

Der **Wohnungsbestand** betrug 1989 (1988) nach amtlichen Angaben 7,0025 (7,0019) Mio., darunter waren 2,89 Mio. volkseigene Wohnungen, 1,23 Mio. genossenschaftliches **Eigentum** und 2,88 im privaten und sonstigen Eigentum; insgesamt wurden 1990 (1989) 62468 (92347) Wohnungen fertiggestellt. Hiervon waren jedoch nur 60055 (83361) **Neubauten**, der Rest Modernisierungen. Die durchschnittliche Wohnfläche je Ew. betrug 1989 27,6 m², (1971: 20,6 m²). Um die seit langem sehr mangelhafte Versorgung mit qualitativ höherwertigen Wohnungen zu verbessern, wird seit Anfang der 80er Jahre die **Altbausanierung** verstärkt gefördert. Sie reichte jedoch bei weitem nicht aus, um den sehr stark heruntergekommenen Altbaubestand für heutige Ansprüche zu modernisieren. Ein beträchtlicher Anteil der Altbauten in den Großstädten ist praktisch unbewohnbar. 42% des Wohnungsbestandes stammen aus der Zeit vor 1919 (BR Deutschland: 19%), 29% haben weder Bad noch Dusche und 21% keine Toilette in der Wohnung. Die starken Beschränkungen des privaten Wohnungsbaus wurden in den letzten Jahren etwas gelockert, um dem Wohnungsmangel zu begegnen. Von den Neubauten und Modernisierungen entfielen 1989 51470 auf den volkseigenen Sektor, 25445 auf den genossenschaftlichen Bereich und der Bestand an »individuellen«, d. h. privaten Wohnungen nahm um 76340 ab, was ein Indiz für die hochgradige Sanierungsbedürftigkeit des privaten Wohnungsbestandes ist. Nach Angaben des Instituts für Städtebau standen 1991 500000 Wohnungen wegen ihres desolaten Zustands leer; ein Drittel des gesamten Wohnungsbestandes gilt als dringend modernisierungs- und sanierungsbedürftig.

Die DDR hatte 1989 (1988) mit 54,1 (53,9)% eine der höchsten **Erwerbsquoten** der Welt (Anteil der Berufstätigen an der Gesamtbevölkerung). Es wurden Ende 1989 8,885 Mio. **Berufstätige** gezählt, davon 4,178 Mio. weiblich. Von der Gesamtzahl entfielen 7,542

Fläche, Bevölkerung und Verwaltungsgliederung nach Bezirken am 31. 12. 1989

Bezirk	*Fläche in km²*	*Wohnbevölkerung absolut*	*je km*	*Veränderung 1988–89*
Berlin (Ost)	403	1279212	3174	−5323
Cottbus	8262	875581	106	9163
Dresden	6738	1713086	254	−44227
Erfurt	7349	1222897	166	−17497
Frankfurt/Oder	7186	706116	98	−7648
Gera	4004	728079	182	−13944
Halle	8771	1748030	199	−28428
Chemnitz	6009	1817487	302	−42038
Leipzig	4966	1333142	268	−27781
Magdeburg	11526	1237907	107	−11611
Neubrandenburg	10948	615767	56	−4700
Potsdam	12568	1111210	88	−12549
Rostock	7075	909840	129	−6701
Schwerin	8672	590171	68	−5005
Suhl	3856	545271	141	−4171
DDR	*108333*	*16433796*	*152*	*c240786*

(Nach »Statist. Jahrbuch der DDR 1989«)

Mio. auf Arbeiter und Angestellte, 821,0 Tsd. auf Mitglieder von Produktionsgenossenschaften, 338 Tsd. auf Lehrlinge, 184,6 Tsd. auf selbständig Erwerbstätige und mithelfende Familienangehörige sowie 94,7 Tsd. auf volkseigene und genossenschaftliche Betriebe. Insgesamt umfaßte der **»sozialistische« Bereich der Wirtschaft** (Staats- und Genossenschaftsbetriebe) 94,6% aller Beschäftigten. Von den **Berufstätigen** gehörten 1989 (in Tsd.) u. a. zu: Industrie 3186,8 – sog. nichtproduzierende Bereiche (z. B. Verwaltung, Bildung, Kultur) 1843,4 – Land- und Forstwirtschaft 923,5 – Handel 876,8 – Verkehr, Post- und Fernmeldewesen 639,1 – Bauwirtschaft 559,9 – produzierendes Handwerk 266,6 (jeweils ohne Lehrlinge). Die **Erwerbstätigen** nach Zahl und Verteilung auf Beschäftigungsgruppen sind in der *Tabelle → WA '91 Sp. 268* dargestellt. Für den Oktober 1990 wurden vom »Gemeinsamen Statistischen Amt« der neuen Bundesländer 5,172 Mio. **Erwerbstätige** (Arbeiter und Angestellte ohne Produktionsgenossenschaften, Handwerk und Reichsbahn) ermittelt. Davon gehörten (in Tsd. nach ehemaliger DDR-Wirtschaftszweigsystematik) zu: Industrie 2451,8 – Bauwirtschaft 343,4 – Verkehr 57,6 – Handel 582,3 – Land- und Forstwirtschaft 150,0 – sonstige produzierende Zweige 168,7 – Wohnungs- und Kommunalwirtschaft 174,2 – Wissenschaft, Bildungswesen, Kunst und Kultur, Gesundheits- und Sozialwesen, Körperkultur und Sport, Erholungswesen und Touristik 1144,4. Nach Berechnungen des »Statistischen Bundesamtes« betrug die Gesamtzahl der **erwerbstätigen Inländer** (d. h. einschließlich der Auspendler in die alten Bundesländer Ende 1990 8,193 Mio., darunter 0,418 Selbständige. Vom ersten Quartal 1989 bis zum vierten Quartal 1990 hat die Zahl der Erwerbstätigen um gut 1,7 Mio. oder 17,5% abgenommen. Das Institut der deutschen Wirtschaft in Köln ermittelte ferner, daß rd. jeder 5. Erwerbstätige in Ostdeutschland zwischen November 1989 und 1990 seine Tätigkeit verändern mußte. Das durchschnittliche monatliche **Einkommen** von Arbeitern und Angestellten in »volkseigenen Betrieben« stieg 1988 (1987) auf 1280 (1243) M; es lag in der Industrie bei 1292, in Land- und Forstwirtschaft bei 1197 und im Handel bei 1134 M. Die durchschnittliche **Altersrente** aus der Sozialpflichtversicherung betrug im Dez. 1989 (1988) 380,94 (446,62), die Witwenrente 387,04 (347,08) M. – Die Nettogeldeinnahmen der Bevölkerung erreichten 1988 162,6 Mrd. M (1987: 156,5 Mrd. M). Das durchschnittliche monatliche **Haushaltsnettoeinkommen** von Arbeiter- und Angestelltenhaushalten stieg 1988 auf rd. 1946 M. Eine Erhebung des DIW im Juli 1990 zeigte, daß gegenüber Mai 1989 die Rentner mit 37% Einkommenszuwachs relativ die größte Verbesserung erfuhren (von durchschnittlich 635 auf 869 DM), bei Haushalten mit einem Erwerbstätigen lag der Zuwachs bei 20%, bei eintretender Arbeitslosigkeit nur noch bei 12%. Im Januar 1991 lag der durchschnittliche monatliche Bruttoverdienst in der Industrie bei 1667 DM (= 41,6% des Verdienstes in den alten Bundesländern). Nach einer Berechnung des Statistischen Bundesamtes vom Juli 1991 betrug der durchschnittliche Preisanstieg in Ost-Berlin zwischen Mai 1990 und Mai 1991 14,6%.

Arbeitslosigkeit gab es bis zur Auflösung der DDR 1989 offiziell nicht. Es herrschte jedoch in vielen Betrieben und Verwaltungen, auch in der Landwirtschaft, **Unterbeschäftigung** durch einen unwirtschaftlich hohen Personalstand (»verdeckte Arbeitslosigkeit«). Im Zuge der Umstellung auf die Marktwirtschaft im Jahr 1990/91 werden diese Probleme offenkundiger, und der Zugang an Arbeitslosigkeit

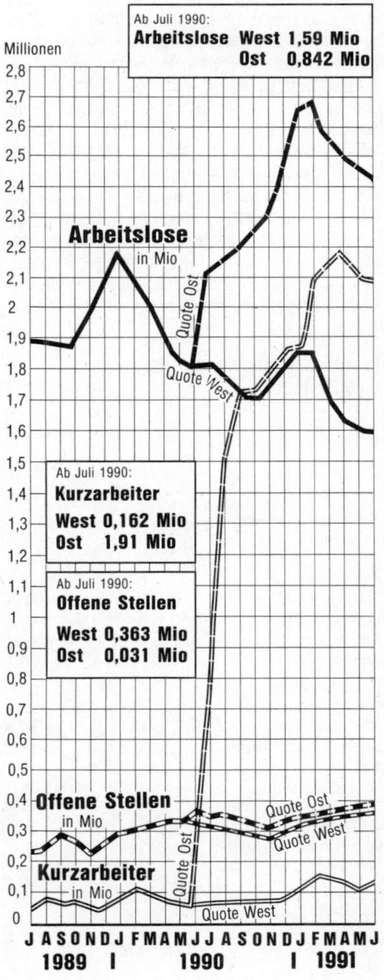

Die Lage auf dem Arbeitsmarkt in der BR Deutschland (Juni 1991)

erhöht sich beträchtlich. Die »Bundesanstalt für Arbeit« registrierte Ende Aug. 1990 361286 **Arbeitslose**, Ende Dez. 1990 614182 und Ende Juni 1991 842504. Diese ergaben eine **Arbeitslosenquote** (bezogen auf alle zivilen Erwerbspersonen) von 9,5% *(regionale Verteilung → Sp. 329).* Ferner gab es 366700 Empfänger von Vorruhestandsgeld. 144000 ältere Arbeitnehmer erhielten Altersübergangsgeld, und 148200 Arbeitnehmer waren in **Arbeitsbeschaffungsmaßnahmen** beschäftigt. Allein im Juni begannen 81300 Arbeitnehmer eine berufliche Qualifizierung, seit Juni 1990 486500 Erwerbspersonen. Die **Tages- und Wochenpendler** in die alten Bundesländer werden auf rd. 350000 geschätzt. Die Zahl der **Kurzarbeiter** betrug 1,909 Mio., davon waren 1,122 Mio. mit Arbeitsausfällen von mehr als 50% belastet. Nach Schätzungen der Arbeitsverwaltung ist etwa die Hälfte der Kurzarbeiter arbeitslos, und damit haben schon im Juni 1990 rd. 3 Mio. Erwerbspersonen der neuen Bundesländer keinen Arbeitsplatz. Besonders der am 30. 6. 1990 ausgelaufene **Kündigungsschutz** in einigen Industriezweigen und die Auflösung der sog. »**Warteschleifen**« im öffentlichen Dienst lassen im weiteren Jahresverlauf zunehmende Arbeitslosenzahlen erwarten, wenngleich die zahlenmäßigen Konsequenzen, sektorale und problemgruppenspezifische Unterschiede noch nicht abzusehen bzw. mit sehr viel Unsicherheiten behaftet sind. Dies gilt auch für den Nachfrageüberhang auf dem Ausbildungsstellenmarkt und den Zugang an gemeldeten offenen Stellen. Die wöchentliche **Arbeitszeit** betrug bis 1989 in der Regel 43¾ Stunden, der normale Urlaub 18–24 Tage. – Die Einheitsgewerkschaft **FDGB** (»Freier Deutscher Gewerkschaftsbund«), die 1988/89 noch rd. 9,6 Mio. Mitglieder hatte, wurde aufgelöst *(DGB → Sp. 331 f.).*

Das produzierte **Nationaleinkommen** betrug 1988 (1987) nach amtlichen Angaben 268,410 (261,180) Mrd. M; davon entfielen u. a. auf (in Mrd. M): Industrie und produzierendes Handwerk 180,700 – Land- und Forstwirtschaft 27,420 – Binnenhandel 24,578 – Bauwirtschaft 20,520 – Verkehr, Post- und Fernmeldewesen 15,040.

Im April 1991 legte das Statistische Bundesamt eine **Sozialproduktberechnung für das 2. Halbjahr 1990** für die ehemalige DDR einschl. Berlin (Ost) vor, die nach den in den in den alten Bundesländern üblichen Verfahren der volkswirtschaftlichen Gesamtrechnung erfolgte. Als **Halbjahreswerte** 2. Hj. 1990 ergaben sich für das **Bruttosozialprodukt** 105,3 Mrd. DM, für das **Bruttoinlandsprodukt** 104,45 Mrd. DM = 12490 DM je Erwerbstätiger. Die **Bruttowertschöpfung** in Höhe von 107,02 Mrd. DM erfolgte zu 3,5% aus Land- und Forstwirtschaft sowie Fischerei, 44,4% im produzierenden Gewerbe, 14,9% in Handel und Verkehr, 17,2% in sonst. Dienstleistungsgewerben, 19,1 % im staatlichen Bereich und 0,9% in privaten Haushalten und Organisationen ohne Erwerbscharakter.

Die **Wirtschaft der DDR** zeigte 1988 ein desolates Bild. Die seit Jahren zu beobachtenden Schwächen der sozialistischen Planwirtschaft traten noch deutlicher zutage (mangelhafte Versorgung der Bevölkerung mit qualitativ hochwertigen Konsumgütern, unzureichende Investitionen der Wirtschaft und dadurch unrationelle und umweltschädigende Produktion der Industrie, zunehmende Mängel der Verkehrs- und Versorgungsinfrastruktur, geringe Exportmöglichkeiten in andere Industrieländer durch qualitative Mängel und veraltete Produktionspalette der Gütererzeugung u. a.), und gegen Jahresende verstärkte der Übersiedlerstrom in die BR Deutschland die wirtschaftlichen Schwierigkeiten. Der offizielle »**Planerfüllungsbericht**« für 1989 stellte fest, daß in keinem Bereich der Volkswirtschaft die geplanten Ziele erreicht wurden. Insgesamt betrug das Wirtschaftswachstum, gemessen an der Zunahme des »produzierten Nationaleinkommens« 1989 2% (1988 3,0% – 1987 3,6% – 1986 4,3% – 1985 4,8%) verglichen mit dem Planziel von 4%. Die Abwanderung eines Teiles der Erwerbstätigen als Übersiedler und die durch die Wende bedingten **Umstrukturierungen** und Lähmungserscheinungen in der Wirtschaft haben in der Umbruchphase das Wirtschaftsvolumen erheblich geschwächt. Da die amtlichen Statistiken der DDR nicht zwischen nominalen und realen Zahlen unterschieden, d. h. Preiserhöhungen nicht berücksichtigt werden konnten, ließ sich über die Höhe des wirklichen Wachstums der Wirtschaft keine genaue Aussage machen. Es dürfte sich jedoch real 1988 eher um einen leichten Rückgang der Produktion gehandelt haben (geschätzte Preissteigerungsrate von 2,0–2,2%). Nominal stieg das **produzierte Nationaleinkommen**, das ungefähr dem Bruttoinlandsprodukt entspricht, auf rd. 273,5 Mrd. M. Der wichtigste Wirtschaftssektor war die Industrie, die statt geplanter 4,2% nur ein nominales Wachstum von 2,5% erreichte, wobei die Statistik-Verwaltung von »unzureichender termin-, sortiments- und qualitätsgerechter Produktion« schrieb. Besonders die Bereiche Maschinenbau und Leichtindustrie, aber auch die Bauwirtschaft, erreichten ihr Produktionssoll nicht, was zu stärkeren Versorgungsmängeln führte. Die Landwirtschaft erreichte zwar weitgehend ihr Produktionssoll, jedoch ergaben sich auch 1989 durch Mängel im Verkehrs- und Verteilungsbereich (**staatlicher Binnenhandel**) Unregelmäßigkeiten in der Versorgung. Während die »Nettogeldeinnahmen« der Bevölkerung um nominal 3% anstiegen, nahm der Einzelhandelsumsatz um 3,5% zu, und entsprechend ging die Ersparnis gegenüber 1988 zurück (»Flucht in Sachwerte«).

Seit der »Wende«, insbesondere seit den ersten freien Wahlen am 18. 3. 1990, ist der angestrebte Umbau der DDR-Wirtschaft zur sozialen Marktwirtschaft im Gange, wobei die **Währungsunion** am 1. 7. 1990 als wichtiger Schritt zur Vereinigung der Staaten und Volkswirtschaften der DDR und der BR Deutschland anzusehen ist. Die am 3. 10. 1990 vollzogene Wiedervereinigung der beiden deutschen Staaten bildet die Basis eines wirtschaftsstrukturellen Anpassungsprozesses, dessen Verlauf auch bis in die zweite Hälfte 1991 wesentlich zäher verläuft als von offizieller Seite prognostiziert. Symbolisch spiegeln sich diese Probleme in den Schwierigkeiten der **Treuhandanstalt** (Berlin) wider. Zwischen Juni 1990 und Juni 1991 hat die Treuhandanstalt 2100 Unternehmen neuen Eigentümern zugeführt, wobei die Verkaufserlöse 9,5 Mrd. betrugen, 61,8 Mrd. Investitionszusagen gegeben wurden und die Sicherung von 467 000 Arbeitsplätzen möglich war. Ungeklärte Grundeigentumsrechte, mögliche Altlasten, fehlende Flächennutzungspläne und Fachplanungen, fehlender Verwaltungsunterbau, Infrastrukturmängel, Arbeitsmarkt- und Rationalisierungsprobleme sind nur einige der hemmenden Faktoren für ein 1991

Industrieproduktion in Ostdeutschland im März 1991

	Veränderung in % zu Februar	*Veränderung in % zum 3. Qurtal*
Verarbeitendes Gewerbe insgesamt	*+7,2*	*–34,5*
Grundstoffe und Produktionsgüter	+20,3	–20,7
Investitionsgüter	+4,0	–48,0
Verbrauchsgüter	+5,3	–26,1
Nahrungs- und Genußmittel	+1,7	4,4
Einzelne Branchen		
Mineralölverarbeitung	+3,6	+12,3
Steine und Erden	+73,2	–56,3
Eisenschaffende Industrie	+13,3	–14,7
Gießerei	–2,6	–51,4
Chemische Industrie	+17,6	–5,0
Stahl- und Leichmetallbau	+19,4	–19,9
Maschinenbau	+1,6	–55,8
Straßenfahrzeuge, Kfz-Reparaturen	+5,0	–15,9
Elektronik	–0,4	–55,7
Feinmechanik, Optik, Uhren	–9,8	–63,1
Büromaschinen	+29,6	–67,2
Holzverarbeitung	+6,9	–26,8
Druckerei	+12,4	–2,4
Textilgewerbe	–2,6	–9,6

noch nicht ausreichend positives Investitionsklima in den neuen Bundesländern, das den Anpassungsprozeß der Wirtschaft an weltmarktbezogene Wettbewerbsverhältnisse verzögert. Erschwerend hat sich noch der Zusammenbruch und die Auflösung des RGW Ende Juni 1991 für die neuen Bundesländer ausgewirkt, da hierdurch bedeutende Absatzmärkte in Ost- und Südosteuropa zumindest vorübergehend verlorengingen. Im Juli 1991 waren bereits 18000 Altlasten registriert, die gesichert und saniert werden müssen, wobei alleine die Sanierungskonzepte 25 Mio. DM kosten werden.

Der **Haushaltsplan 1989** war der letzte nach dem sozialistischen System; er sah Einnahmen von 301,521 Mrd. M und Ausgaben von 301,366 Mrd. M vor (Überschuß: 155 Mio M).
Die wichtigsten Einnahmeposten des **Staatshaushalts** 1989 waren (in Mrd. M):

Volkseigene Wirtschaft (ohne Land-, Forst- u. Nahrungsgüterwirt.)	204,569
Steuern und Abgaben (davon Lohnsteuer 10,500)	21,830
Sozialversicherung	19,246
Land- und Nahrungsgüterwirt. einschl. Genossenschaften	13,687
Abführungen der Banken	10,197
Gesundheits- und Sozialwesen	9,966
Konsumgüterbinnenhandel	5,610
Kultur	1,005
Rundfunk und Fernsehen	0,606

Die wichtigsten Ausgabeposten 1989 in Mrd. M:

Volkseigene Wirtschaft (ohne Landwirtschaft usw.)		83,543
Maßnahmen zur Sicherung stabiler Preise für die Bevölk.		56,006
dar. Subventionen für Lebensmittel	32,651	
Industriewaren	12,358	
Fahrpreise	5,037	
Sozialversicherung		37,416
Gesundheits- und Sozialwesen		18,353
dar. Krankenhäuser	4,607	
Kindergeld und Geburtenbeihilfe	3,390	
Polikliniken und Arztpraxen	3,046	
Wohnungswesen (Wohnungsbau und -unterhalt)		16,619
Nationale Verteidigung		16,186
Volksbildung		11,241
Land- u. Nahrungsgüterwirtschaft einschl. Genossenschaften		9,852
Öffentliche Sicherheit und Ordnung		5,018
Zentraler und örtlicher Staatsapparat		4,430
Hoch- und Fachschulwesen		3,809
Kultur		2,840
Sicherung der Staatsgrenze		1,221
Sport		1,026
Rundfunk und Fernsehen		0,928

Wichtige Unterschiede zum Haushalt der BR Deutschland waren die Einbeziehung der volks-, d. h. staatseigenen Wirtschaft und der Sozialversicherung in den Staatshaushalt sowie der hohe Anteil von Preissubventionen (durch Staatszuschüsse künstlich niedrig gehaltene Verbraucherpreise) am Haushalt. Die Verschuldung der DDR im Westen stieg vor allem in den 70er Jahren stark an. Ende 1989 betrug die Bruttoverschuldung in Devisen 21,7 Mrd. $; nach Abzug von Guthaben bei westlichen Banken ergaben sich Nettoschulden von 13,6 Mrd. $. Der laufende Schuldendienst (rd. 5 Mrd. $ pro Jahr) entsprach 1989 etwa 40% der Deviseneinnahmen aus dem Güter- und Dienstleistungsverkehr mit den westlichen Industrieländern.

Im **Gesundheitswesen** betrug die Zahl der **Ärzte** 1989 (1988) 40143 (41015), d. h. 1 Arzt pro 414 (406) Einwohner. **Zahnärzte** gab es 12011 (12677). Im Jahr 1989 verließen insgesamt rd. 900 Ärzte und 600 Zahnärzte die DDR. Da auch eine große Zahl von Pflegepersonen in die BR Deutschland übersiedelten, geriet das Gesundheitswesen der DDR 1989/90 in eine prekäre Situation. In 539 (543) **Krankenhäusern** standen 163305 (165950) Betten zur Verfügung, d. h. 98 (100) Betten pro 10000 Einwohner. Der technische und bauliche Zustand der meisten Kliniken ist sehr stark erneuerungsbedürftig.
Im **Bildungssystem** der ehemaligen DDR war die Regelschule die sog. **»allgemeinbildende polytechnische Oberschule«** (10 Klassen, ab 6. Lebensjahr), an die sich die 2jährige (freiwillige) »erweiterte polytechnische Oberschule« mit Abiturabschluß anschloß. 1989 (1988) gab es 5928 (5907) dieser Schulen (einschl. Sonderschulen) mit 167794 (167207) Lehrkräften und 2,090 (2,055) Mio. Schülern. Die deutsche Einheit und Kulturhoheit der neuen Bundesländer wird im Schulsektor ab dem Schuljahr 1991/92 zu gravierenden organisatorischen und personellen Veränderungen führen. – An den 54 **Universitäten und Hochschulen** studierten 1989 (1988) 131188 (132423) Studenten, darunter 63728 (65152) Frauen. Im Wintersemester 1990/91 waren 133600 Studenten immatrikuliert, darunter 60600 Frauen. An allen Hoch- und Fachhochschulen zusammen lehrten 1989 7553 Professoren und Dozenten und 24201 wissenschaftliche Mitarbeiter.

Die **Kriminalität** sank 1989 auf 99971 erfaßte Straftaten (1988: 119124). Am häufigsten waren 1989: Diebstahl persönlichen und privaten Eigentums 28705 – Diebstahl sozialistischen Eigentums 17466 – vorsätzliche Körperverletzung 9577 – Beeinträchtigungen von Ordnung/Sicherheit durch asoziales Verhalten 5674 – Betrug/Untreue zum

Anstieg von Straftaten 1990

	Anzeigen 1990	Anstieg gegen Vorjahr absolut	Anstieg gegen Vorjahr v. H.
Gewaltandrohung	1330	1164	701,2
Raub/Erpressung	2388	1637	218,0
Brandstiftung	1102	476	76,0
Diebstahl/Unterschlagung	179740	60900	51,2
unbefugtes Benutzen von Fahrzeugen	8420	1599	23,4
Vorsätzliche Tötung	163	24	17,3
Fahrlässige Brandverursachung	1790	260	17,0
Vorsätzliche Körperverletzung	20078	2400	13,6
Betrug	9208	980	11,9

Nachteil sozialistischen Eigentums 5652 – unbefugte Benutzung von Fahrzeugen 3082 – Herbeiführung eines schweren Verkehrsunfalls 2925 – Verkehrsgefährdung durch Trunkenheit 2294 – Begünstigung und Hehlerei 1827 – Rowdytum 1925.
Trotz der Bewertungsschwierigkeiten (Änderungen in der stat. Erfassung u. im Strafrecht) ist für 1990 eine ansteigende Tendenz bei den Gewalt- und Eigentumsdelikten (→ *Tabelle)* registriert worden. Der extreme Anstieg von Diebstahls- und Unterschlagungsanzeigen ist zum großen Teil auf bisher nicht erfaßte Verfehlungen zurückzuführen. Einzelne Straftatengruppen wie Begünstigung/Hehlerei, Urkundenfälschung, aber auch Vergewaltigungen wiesen gegenüber dem Vorjahr einen Rückgang auf. Der Rückgang der Gesamtaufklärungsquote 1990 um 16,7% auf 66,3% war auf Umstellungsprobleme und schwieriger gewordene Bedingungen der Polizei zurückzuführen.

PRESSE, HÖRFUNK, FERNSEHEN

I. PRESSE

Auswahl wichtiger Tages- und Wochenzeitungen sowie Zeitschriften (Erscheinungsort, Titel, Druckauflage in 1000 Expl. – Daten nach Auflagenliste 1/91 der »Informationsgemeinschaft zur Feststellung der Verbreitung von Werbeträgern e. V./IVW«, Bonn; mo. = montags, sa. = samstags, so. = sonntags).

Tageszeitungen: Aachen: Aachener Volkszeitung/ Aachener Nachrichten (183,9) – Ansbach: Fränkische Landeszeitung (54,4) – Aschaffenburg: Main-Echo (94,5) – Augsburg: Augsburger Allgemeine (376,7) – Baden-Baden: Badisches Tagblatt (44,1) – Bamberg: Fränkischer Tag/Volksblatt (82,1) – Oberfrankenpresse (199,2) – Bayreuth: Nordbayerischer Kurier (44,8) – Berlin: Berliner Kurier (ab. 140, morg. 120) – Berliner Morgenpost (246,8; so. 405,5) – Berliner Zeitung (362,9) – B. Z. (446,6; mo. 516,8) – Neues Deutschland (161,4) – Super-Zeitung (500) – Der Tagesspiegel (174,3; so. 168,5) – die tageszeitung TAZ (114,1) – Volksblatt (32,7; so. 38,8) – Bielefeld: Neue Westfälische (243,8) – Westfalen-Blatt/Thüringer Tagespost (234,6) – Bonn: Bonner Rundschau (26,5) – General-Anzeiger (96,8) – Braunschweig: Braunschweiger Zeitung (254,1; sa. 279,1) – Bremen: Bremer Nachrichten/Weser Kurier (225,7) – Die Norddeutsche (35,1) – Bremerhaven: Nordsee-Zeitung (82,7) – Celle: Cellesche Zeitung (34,9) – Chemnitz: Chemnitzer Morgenpost (77,2) – Coburg: Neue Presse (40,9) – Darmstadt: Darmstädter Echo (126,9) – Detmold: Lippische Landeszeitung (48,9) – Dortmund: Ruhr-Nachrichten (259,1) – Dresden: Dresdner Morgenpost (143,3) – Düsseldorf: Handelsblatt (158,2) – Rheinische Post (438,7) – Westdeutsche Zeitung WZ (277,2) – Eisenach: Tagespost (80,9) – Essen: Westdeutsche Allgemeine Zeitung WAZ/Neue Ruhr-Zeitung/Neue Rhein-Zeitung NRZ/Westfälische Rundschau/Westfalenpost/ Iserlohner Kreisanzeiger und Zeitung (1385,0) – Eßlingen: Eßlinger Zeitung (42,1) – Flensburg: Flensburger Tageblatt (107,7) – Frankfurt/M.: Frankfurter Allgemeine (471,2; sa. 588,4) – Frankfurter Neue Presse (130,0) – Frankfurter Rundschau (234,9; sa. 324,8) – Hürriyet (türk., 133,3) – Freiburg: Badische Zeitung (211,4) – Fulda: Fuldaer Zeitung (48,8) – Gießen: Gießener Allgemeine (67,4) – Göppingen: Neue Württembergische Zeitung (62,3) – Göttingen: Göttinger Tageblatt (53,9) – Goslar: Goslarsche Zeitung/Wernigeröder Zeitung (40,6) – Gummersbach: Oberbergische Volks-Zeitung (31,8) – Halle: Haller Kreisblatt (13,9) – Hamburg: Bild-Zeitung (ges. 6174,2; sa. 5345,9) – Hamburger Abendblatt (330,7; sa. 437,6) – Hamburger Morgenpost (229,9) – Harburger Anzeigen und Nachrichten (32,2; sa. 37,9) – Die Welt (323,8; sa. 356,3) – Hameln: Deister- und Weserzeitung (40,5) – Hamm: Westfälischer Anzeiger/Miittelwestfälische Zeitung (124,3) – Hannover: Hannoversche Allgemeine Zeitung (565,6; sa. 631,2) – Heidelberg: Rhein-Neckar-Zeitung (116,3) – Heilbronn: Heilbronner Stimme (107,7) – Hildesheim: Hildesheimer Allgemeine Zeitung (51,1) – Hof: Frankenpost (112,2) – Ingolstadt: Donau-Kurier (86,9) – Karlsruhe: Badische Neueste Nachrichten (182,1) – Kassel: Hessische/Niedersächsische Allgemeine (347,6) – Kempten: Allgäuer

Zeitung (119,6) – Kiel: Kieler Nachrichten (173,5) – Koblenz: Rhein-Zeitung (263,9) – Köln: Express (ges. 558,8) – Kölner Stadtanzeiger (311; sa. 361,4) – Kölnische Rundschau (179,2) – Konstanz: Südkurier (151,8) – Landshut: Landshuter Zeitung (58,2) – Leer: Ostfriesen-Zeitung (46,2) – Leutkirch: Schwäbische Zeitung (208,9) – Lippstadt: Der Patriot/Geseker Zeitung (30,3) – Lörrach: Oberbadisches Volksblatt (22,9) – Ludwigsburg: Ludwigsburger Kreiszeitung (51,1) – Ludwigshafen: Die Rheinpfalz (259,0) – Lübeck: Lübecker Nachrichten (143,4) – Lüdenscheid: Lüdenscheider Nachrichten/Südwestfälische Zeitung (57,2) – Lüneburg: Niedersächsisches Tageblatt (111,6; sa. 116,1) – Landeszeitung für die Lüneburger Heide (37,6; sa. 42,1) – Magdeburg: Volksstimme (ges. 382,4) – Mainz: Rhein-Main-Presse (260,4) – Mannheim: Mannheimer Morgen (177,1) – Marburg: Oberhessische Presse (33,6) – Minden: Mindener Tageblatt (40,2) – München: Abendzeitung (293,1; sa. 351,5) – Münchner Merkur (203,6; sa. 234,3) – Süddeutsche Zeitung (445,6; sa. 626,2) – tz (211,8; sa. 269,9) – Münster: Münstersche Zeitung (71,9) – Westfälische Nachrichten/Zeno-Zeitungen (234,1) – Nürnberg: Abendzeitung–8-Uhr-Blatt (46,7) – Nürnberger Nachrichten (363,5; sa. 406) – Oberndorf: Schwarzwälder Bote (153,7) – Oelde: Die Glocke (69,3) – Offenbach: Offenbach-Post (61,9) – Offenburg: Offenburger Tageblatt (76,8) – Oldenburg: Nordwest-Zeitung (342,7) – Osnabrück: Neue Osnabrücker Zeitung (323,4) – Passau: Passauer Neue Presse (169,5) – Pforzheim: Pforzheimer Zeitung (46,5) – Pinneberg: Holsteiner Nachrichten (32,7) – Plauen: Vogtland-Anzeiger (21,1) – Potsdam: Brandenburgische Neueste Nachrichten (20,5) – Recklinghausen: Recklinghäuser Zeitung/Buersche Zeitung (101,2) – Regensburg: Mittelbayerische Zeitung/Tagesanzeiger (133,9) – Rendsburg: Schleswig-Holsteinische Landeszeitung (30,6) – Reutlingen: Reutlinger General-Anzeiger (49,9) – Rosenheim: Oberbayerisches Volksblatt (78,7; sa. 88,8) – Saarbrücken: Saarbrükker Zeitung/Pfälzischer Merkur (212,2) – Schwerin: Schweriner Volkszeitung (174,8) – Siegen: Siegener Zeitung (66,3) – Stade: Stader Tageblatt (28,3) – Straubing: Straubinger Tagblatt (80,1) – Stuttgart: Stuttgarter Zeitung/Stuttgarter Nachrichten (247,6) – Suhl: Freies Wort (ges. 143) – Syke: Kreiszeitung (85,6) – Trier: Trierischer Volksfreund (102,2) – Ulm: Südwest-Presse (392,8) – Weiden: Der Neue Tag (91,4) – Wetzlar: Mittelhessenpresse (355,9) – Wilhelmshaven: Wilhelmshavener Zeitung (32,9) – Würzburg: Main-Post (169,7) – Im 1. Quartal 1991 verkaufte Auflage der Tageszeitungen: 27,44 Mill. Expl. pro Tag (1/90: 24,64 Mill.).

Wochen- und Sonntagszeitungen*:* Berlin: Freitag (28,9) – Bonn: Rheinischer Merkur/Christ und Welt (117,4) – Hamburg: Bild am Sonntag (ges. 3388,2) – Deutsches Allgemeines Sonntagsblatt (107,1) – Hamburger Rundschau (16,9) – Welt am Sonntag (ges. 555,4) – Die Zeit (628,2) – Kassel: HNA Sonntagszeit (202,1) – München: Bayerische Staatszeitung/Bayerischer Staatsanzeiger (19,9) – Bayernkurier (168,3) – Regensburg: Die Woche (38,2) – Stuttgart: Sonntag aktuell (556,5) – Trier: Das Parlament (120,5) – Im 1. Quartal 1991 verkaufte Auflage der Wochenzeitungen: 1,88 Mill. Expl. (1/90: 1,78 Mill.)

Zeitschriften, Illustrierte, Magazine *(ohne Titel von Verlagen in den neuen Bundesländern und gesonderte Ost-Ausgaben westdeutscher Titel):* ADAC-Motorwelt (9952,3) – die aktuelle (1057,8) – Anna (393,1) – auf einen Blick (3641,4) – Auto-Bild (1482,4) – auto motor und sport (693,1) – bella (823,3) – Das Beste aus Reader's Digest (2125,4) – Bild + Funk (1309) – Bild der Frau (2856,6) – bild der wissenschaft (157,1) – Bildwoche (1568,2) – Bravo (2371,6) – Bravo-Girl (1113,1) – Brigitte (1395,6) – Bunte (1386,1) – burda international (158,5) – burda moden (880,3) – Capital (313,3) – Carina (559,3) – Concert (295,7) – Cosmopolitan (590,6) – DM (250,7) – Echo der Frau (682,1) – Ein Herz für Tiere (450,7) – Elle (307,5) – Eltern (856) – emma (54,6) – Esquire (91,1) – essen & trinken (310) – Expression (590) – Fernsehwoche (2155,3) – Forbes (216,3) – frau aktuell (633,4) – Frau im Leben (296,7) – Frau im Spiegel (1043,4) – Frau mit Herz (506) – Frau und Mutter (770) – Freizeit Revue (1808) – freundin (984,3) – Für Sie (1233) – Funk Uhr (2771) – fußball magazin (185,6) – GEO (634,5) – Glücks-Revue (882,4) – Das Goldene Blatt (793,8) – Gong (1311,6) – Das Haus (2538) – Heim und Welt (268,2) – HÖRZU (3981,4) – Ingrid (225,7) – Journal für die Frau (815,1) – Kicker/Sport-Magazin (mo. 438,3; do. 369,3) – Kirche und Leben (197,8) – Konkret (67,1) – Leben und Erziehen (96,8) – Madam (148,9) – Manager Magazin (131,9) – Marie Claire (216) – Maxi (719,5) – meine Familie & ich (921,2) – Merian (263,4) – Micky Maus (932,5) – Mini (1085,9) – Mosaik (3685,5) – Musik Express/Sounds (244,1) – Natur (273) – das neue (884,9) – Das Neue Blatt (1627,2) – Neue Mode (631,4) – Neue Post (2227,4) – Neue Revue (1240,5) – Neue Welt (782,2) – P. M. (556,3) – Penthouse (471,7) – Petra (626,6) – Playboy (474,6) – Pop/Rocky (364,2) – Popcorn (464,3) – Praline (1409,3) – Prima (807,3) – Quick (918,7) – scala (370,3) – Schöner Wohnen (488,4) – Sieben Tage (495,3) – Spektrum der Wissenschaft (152,6) – Der Spiegel (1440,6) – Sport-Bild (1096,5) – stern (1668,7) – Strick & Schick (336,7) – Telepost (1005) – tina (2146,2) – TV Hören + Sehen (3183,5) – TV-Spielfilm (1175,1) – Verena (629,4) – vital (611,1) – Vogue (170,9) – Weltbild (311,8) –

Wirtschaftswoche (189,4) – Wochenend (1254,5) – Wohnidee (355,4) – Zuhause (393,4) – die zwei (1369,8) – Im 1. Quartal 1991 verkaufte Auflage der Publikumszeitschriften: 118,6 Mill. Expl. je Erscheinungsdatum (1/90: 102,2 Mill.). -
Kultur- und Kunstzeitschriften (Auswahl): art (93,7) – cinema (333,7) – Delfin (1) – Erdkreis (14) – Freibeuter (14) – Jahresring (4) – Kosmos (112,1) – Kulturchronik (25) – die Kunst (13,5) – Das Kunstwerk (3,2) – Lettre International (dt. 100) – Neue Rundschau (6) – Niemandsland (6) – Pan (169) – Radius (8,2) – Stimmen der Zeit (5,5) – Umbruch – Universitas (6,3) – Wolkenkratzer Art Journal (25) –
Literatur und Theater: adagio (0,8) – Akzente (4,5) – Alllmende – Deutsche Literatur – Exil (0,6) – Flugasche – Forum (1) – Geflechte (1) – Hessischer Literatur Bote (3) – die horen (5) – kuckuck (0,3) – Kursbuch (23) – der literat – Literatte (0,5) – Litfass (5) – Marbacher Magazin (4) – das nachtcafé (2) – Neue deutsche Literatur – Park (0,6) – Passauer Pegasus (0,6) – Sagittarius (7,5) – Schreibheft (2,5) – Spectaculum (8) – Theatura (1) – Tintenfisch (8)

Nachrichtenagenturen, Pressedienste *(Auswahl)*: Allgemeiner Deutscher Nachrichtendienst (ADN), Berlin – Deutsche Presse-Agentur (dpa), Hamburg – Deutscher Depeschen-Dienst (ddp), Bonn – Deutschland-Union-Dienst (DUD), Bonn – Dienst mittlerer Tageszeitungen (DIMITAG/dmt), Bonn – Evangelischer Pressedienst (epd), Frankfurt/M. – Freie Demokatische Korrespondenz (FDK), Bonn – Katholische Nachrichtenagentur (KNA), Bonn – Parlamentarisch-Politischer Pressedienst (PPP), Bonn – SPD-Pressedienst, Bonn – Sport-Informationsdienst (sid), Neuss – Vereinigte Wirtschaftsdienste (VWD), Eschborn – Deutscher Dienst von Agence France-Presse (AFP), Bonn – Associated Press (AP), Frankfurt/M. – TASS, Bonn – Reuter, Bonn – EFE, Bonn – United Press International (UPI), Bonn

II. HÖRFUNK UND FERNSEHEN

Arbeitsgemeinschaft der öffentlich-rechtlichen Rundfunkanstalten der Bundesrepublik Deutschland (ARD)
Geschäftsführende Anstalt 1991/92: Westdeutscher Rundfunk (WDR), Köln; Vorsitzender der ARD 1991/92: Friedrich Nowottny
Ständiges ARD-Büro, Bertramstraße 8, Postfach 101001, 6000 Frankfurt/M. 1, T 069 / 590607, FS 17/6990784; Leitung: Christoph Strupp
ARD-Gemeinschaftsprogramm Deutsches Fernsehen – Programmdirektion Deutsches Fernsehen (DFS), Postfach 200622, Arnulfstraße 42, 8000 München 2, T 089 / 590001, FS 5–2 2480; Programmdirektor: Dietrich Schwarzkopf.

Der ARD gehören an:

Landesrundfunkanstalten:
Bayerischer Rundfunk (BR), Rundfunkplatz 1, Postfach 200508, 8000 München 2, T 089 / 590001, FS 5–2 1070 brm d, Tfax: 5900–2375

Hessischer Rundfunk (HR), Bertramstraße 8, Postfach 101001, 6000 Frankfurt/M. 10, T 069 / 1551, FS 4–1 1127 / 583, Tfax: 155–2900

Norddeutscher Rundfunk (NDR), Rothenbaumchaussee 132–134, 2000 Hamburg 13, T 040 / 4156–0, FS 2–1 9891–0, Tfax: 447602, Ttex: 403754

Radio Bremen (RB), Bürgermeister-Spitta-Allee 45, Postfach 330320, 2800 Bremen 33, T 0421 / 246–0, FS 2–4 5181 (Hörfunk), FS 2–4 6131 (Fernsehen), Tfax: 246–1010 (Hörfunk), 246–2020 (Fernsehen)

Saarländischer Rundfunk (SR), Funkhaus Halberg, Postfach 1050, 6600 Saarbrücken, T 0681 / 6020, FS 4–428977, Tfax: 623874

Sender Freies Berlin (SFB), Masurenallee 8–14, 1000 Berlin 19, T 030 / 3031–0, FS 1–8 2813, Tfax: 3015062

Süddeutscher Rundfunk (SDR), Neckarstraße 230, Postfach 106040, 7000 Stuttgart 10, T 0711 / 2881, FS 7–2 3456 sdr s, Tfax: 2882600

Südwestfunk (SWF), Hans-Bredow-Straße, Postfach 820, 7570 Baden-Baden, T 07221 / 92–0, FS 78781–0, Tfax: 92–2010

Westdeutscher Rundfunk (WDR), Appellhofplatz 1, Postfach 101950, 5000 Köln 1, T 0221 / 2201, FS 8882575, Tfax: 220–4800, Btx: 22000

Bundesrundfunkanstalten:
Deutsche Welle (DW), Rundfunksendungen für das Ausland über Kurzwelle, Raderberggürtel 50, Postfach 100444, 5000 Köln 1, T 0221 / 3890, FS 888485, Tfax: 389–3000, Ttex: 221386 DWK

Deutschlandfunk (DLF), Rundfunksendungen für Deutschland und das europäische Ausland, Raderberggürtel 40, Postfach 510640, 5000 Köln 1, T 0221 / 345–1, FS 8–8 4920, Tfax: 380766, Btx: 48010

Mit beratender Stimme:
RIAS Berlin, Kufsteiner Straße 69, 1000 Berlin 62, T 030 / 8503–0, FS 1–8 3790, Tfax: 8503–3 90
RIAS-TV, Voltastraße 5, 1000 Berlin 65, T 030 / 4699–0, FS 186601 riatv d, Tfax: 4631998

Zweites Deutsches Fernsehen (ZDF), Essenheimer Landstraße, Postfach 4040, 6500 Mainz 1, T 06131/701, FS 4-187930, Tfax: 70-2157, Btx: 63600

Funkhaus Berlin, Nalepastraße 10–50, O–1160 Berlin, T 00373/636–0, FS 112276; Radio aktuell – DS-Kultur – Berliner Rundfunk – Jugendradio DT 64

Landessender:

Antenne Brandenburg, Puschkinallee 4, O–1500 Potsdam, T 003723 / 320230, FS 15553fkhpdm, Tfax: 21314

Radio Mecklenburg-Vorpommern, Richard-Wagner-Straße 7, O–2500 Rostock, T 003781/3980, FS 31102 rfros dd, Tfax: 22355

Sachsenradio, Springerstraße 11–24, O–7022 Leipzig, T 0037941 / 51151, FS 512203 rfkl dd, Tfax: 592421

Radio Sachsen-Anhalt, Waisenhausring 9, O–4020 Halle, T 003746 / 28267, FS 4587 rfsha dd

Thüringer Rundfunk, Humboldtstraße 36a, O–5300 Weimar, T 0037621/2451, FS 618921 rfkw dd, Tfax: 4365

Deutscher Fernsehfunk (DFF), Rudower Chaussee 3, O–1199 Berlin, T 00372 / 631–0, FS 112885, Tfax: 6762254

Landessender:

Brandenburg, Rudower Chaussee 3, O–1199 Berlin, T 00372 / 631–4021/2

Mecklenburg-Vorpommern, Tiergartenallee 2, O–2500 Rostock, T 003781 / 390–0, FS 31128/31477

Sachsen, Ernst-Thälmann-Straße 3, O–8010 Dresden, T 003751 / 4967216

Sachsen-Anhalt, Waisenhausring 8/9, O–4020 Halle, T 003746 / 37961, FS 4205

Thüringen, Hermann-Drechsler-Straße 1, O–6500 Gera, T 003770 / 23730, FS 58173

Weitere Sender:

American Forces Network (AFN), Bertramstraße 6, 6000 Frankfurt/M. 1

British Forces Broadcasting Service (BFBS), Parkstr. 61, 5000 Köln 51

»Europa Nr. 1«, Europäische Rundfunk & Fernseh AG, Telesaar, Richard-Wagner-Str. 58–60, Postfach 111, 6600 Saarbrücken, T 0681 / 30781

Radio Free Europe (RFE) und Radio Liberty (RL), Oettingenstr. 67, 8000 München 22, T 089 / 21020, FS 523-228

Voice of America, Ludwigstr. 2, 8000 München 22, T 089 / 286021, FS 523737, Tfax: 2809210

Private Anbieter national:

MTV Europe (London), Büro Deutschland, Widenmayerstraße 18, 8000 München 22, T 089 / 298866

Premiere Medien GmbH & Co. KG, Am Stadtrand 52, 2000 Hamburg 70, T 040 / 69445–0, Tfax: 69445–199

PRO 7 GmbH, Bahnhofstraße 27a, 8043 Unterföhring, T 089 / 95001–0, FS 5216461, Tfax: 95001–230

RTL plus Deutschland Fernsehen GmbH & Co., Aachener Str. 1036, 5000 Köln 40, T 0221 / 4895–0, FS 8886328, Tfax: 4895–690, Ttex: 2214366

SAT 1, Satelliten-Fernsehen GmbH, Hegelstraße 61, 6500 Mainz 1, T 06131 / 380–0, Tfax: 380–100, Ttex: 6131959

Sportkanal GmbH, Joseph-Dollinger-Bogen 30, 8000 München 40, T 089 / 3233072–76, Tfax: 3234700

Tele 5, KMP – Kabel Media Programm GmbH, Schellingstraße 44, 8000 München 40, T 089 / 272770, FS 17–898988 kmp d, Tfax: 2724970, Ttex: 898988 kmp

Ferner zahleiche private Anbieter von Hörfunk und Fernsehen in den einzelnen Bundesländern gemäß dem jeweiligen Landesrundfunkgesetz.

DOMINICA *Mittel-Amerika; Karibik*

Dominikanischer Bund; Commonwealth of Dominica, Dominique; v. Kolumbus nach d. Tag d. Entdeckung benannt (»Sonntag«) – WD

LANDESSTRUKTUR **Fläche** (155): 751 km² – **Einwohner** (165): (F 1989) 82000 = 105 je km²; (Z 1981) 75000 – Dominicaner; über ⅔ Schwarze, im übr. Mulatten u. Kreolen; etwa 500 Kariben in Reservat; kl. weiße Minderh. – **Leb.-Erwart.**: 74 J. – **Säugl.-Sterbl.**: 2,0% – **Analph.**: 5% – Jährl. **Bev.-Wachstum** (∅ 1980–88): 1,3% (Geb.- u. Sterbeziffer 1985: 2,1%/0,5%) – **Sprachen:** Englisch als Amtssprache; Umgangssprache ist ein kreolisches Französ. (Patois) – **Religion:** rd. 80% Katholiken, Methodisten u. Anglikaner – **Städt. Bev.**: 25% – **Städte** (S 1987): Roseau (Hptst.) 11000 Ew.

STAAT Republik – Parlament aus 1 Kammer – Allg. Wahlrecht – 10 Verwaltungsbezirke (»Parishes«) – **Staatsoberhaupt:** Sir Clarence Augustus Seignoret – **Regierungschef u. Äußeres:** Prem.-Min. Mary Eugenia Charles, DFP, Wiederwahl im Mai 1990 – **Parteien:** Wahlen vom 28. 5. 1990 (1985): Dominica Freedom Party 11 (15), Dominica Labour Party (5), United Dominica P. (1) d. 21 gewählten Mitglieder, 9 werden ernannt – **Dipl. B.**: BR Dtld., Botschaft in Port-of-Spain (Trinidad/ Tobago) zuständig – **Unabh.**: 3. 11. 1978 – **Nationalfeiertag:** 3. 11.

WIRTSCHAFT **BSP** 1989: 136 Mio. $ = 1680 $ je Ew. (73); realer Zuwachs ∅ 1980–88: 4,4%; Anteil **Landwirtsch.** 1984: 23% – **Erwerbstät.** 1978: Landw. 35% – **Energieverbrauch** 1984: 182 kg ÖE/Ew. – **Währung:** 1 Ostkarib. Dollar (EC$) = 100 Cents; 1 US-$ = 2,6882 EC$, 100 EC$ = 55,5762 DM – **Inflation** ∅ 1980–87: 5,8% – **Außenhandel** 1984: **Import:** 156 Mio. EC$; **Export:** 67 Mio. EC$; Güter: Bananen, Kakao, Kopra, Kokosnüsse/Kopra, Fruchtsäfte, Gemüse; Länder: ca. 50% Großbrit., karib. Nachbarn/CARICOM, USA

PRESSE *Wochenzeitungen:* Roseau: New Chronicle (4,5) – Official Gazette (0,6)/Reg.-Org.

DOMINIKANISCHE REPUBLIK

Mittel-Amerika; Karibik

República Dominicana – DOM

LANDESSTRUKTUR **Fläche** (113): 48734 km² – **Einwohner** (84): (F 1988) 6867000 = 141 je km²; (Z 1981) 5648000 – Dominikaner; 73% Mulatten, 16% Weiße, 11% Schwarze – **Leb.-Erwart.**: 68 J. – **Säugl.-Sterbl.**: 7,5% – **Analph.**: 20% – **Jährl. Bev.-Wachstum** (∅ 1980–88): 2,4% (Geb.- u. Sterbeziffer 1988: 3,1%/0,7%) – **Sprache:** Spanisch – **Religion:** 98% Katholiken, Protestanten u. Juden (je rd. 2500) – **Städt. Bev.**: 59% – **Städte** (F 1983): Santo Domingo (de Guzmán) (Hptst.) 1410000 Ew., Santiago de Los Caballeros 285000, La Romana 101000, San Pedro de Macorís 81000, (Z 1981): La Vega 52432, San Juan de la Maguana 49764, Barahona 49334, Puerto Plata 45348

STAAT Präsidialrepublik – Parlament (»Congreso Nacional«) aus 2 Kammern (»Cámara de Diputados« 120 u. »Senado« 30 Mitgl.), für 4 J. gewählt – Wahlpflicht für alle über 18 J. – 28 Provinzen u. Hptst.-Distrikt Santo Domingo – **Staatsoberhaupt u. Regierungschef:** Dr. Joaquín Balaguer, PRSC, seit 16. 8. 1986, Wiederwahl am 16. 5. 1990 – **Äußeres:** Joaquín Ricardo García – **Parteien:** Sitzverteilung nach Wahlen v. 16. 5. 1990 (1986) im Senat/im Repräsentantenhaus: Partido Reformista Social Cristiano/PRSC 16 (21)/41 (56), P. Revolucionario Dominicano/PRD 2 (7)/2 (48), P. de la Liberación Dominicana/PLD 1 (2)/44 (16) – **Unabh.**: erstmals unabh. am 27. 2. 1844 (Loslösung v. Haiti), am 18. 3. 1861 wieder spanisch auf eig. Wunsch, endgültig (de facto) 14. 9. 1863 – **Nationalfeiertag:** 27. 2.

WIRTSCHAFT **BSP** 1989: 5513 Mio. $ = 790 $ je Ew. (103); BIP 1988: 4630 Mio. $; realer Zuwachs ∅ 1980–88: 2,2%; Anteil **Landwirtsch.** 17%, **Industrie** 34% – **Erwerbstät.** 1988: Landw. 38%, Ind. 14% – **Energieverbrauch** 1988: 332 kg ÖE/Ew. – **Währung:** 1 Dominik. Peso (dom$) = 100 Centavos; 1 US-$ = 11,15 dom$, 100 dom$ = 13,3991 DM – **Ausl.-Verschuld.** 1988: 3334 Mio. $ = 77,3% d. BIP – **Inflation** ∅ 1980–88: 16,8% – **Außenhandel** 1988: **Import:** 1608 Mio. $; **Export:** 893 Mio. $; Güter: 21% Zucker, 16% Roheisen- u. Ferronickel, 12% Kaffee, 8% Kakao, Tabak; landwirtsch. Prod. insg. 70%; zunehmend auch Leichtindustrie-Produkte aus neugeschaff. Industrie in Zonas Francas (= steuerbegünstigte Frei-Zonen für Exportproduktionen); Länder: 49% USA, Venezuela, Mexiko, EG (v. a. BRD), Japan

PRESSE *Tageszeitungen:* Santo Domingo: El Caribe (28) – Listín Diario (55) – El Nacional (45) – Ultima Hora (50)

DSCHIBUTI *Nordost-Afrika*

Republik D.; République de Djibouti; Dschumhuriyadi D. (Somali), Gabuutí Doolat (Afar), Al-Jumhûrîya Jîbûtîya (Arab.); nach der Hptst.

LANDESSTRUKTUR **Fläche** (130): 23 200 km² – **Einwohner** (141): (F 1988) 380 000 = 17 je km²; (Z 1960/61) 81 000 (davon 30 % Nomaden) – Dschibutie; S 1984: 47 % Issa (Nord-Somali), 37 % Afar, 8 % Europäer (davon 12 000 Franz.), 6 % Araber, ca. 14 000 äthiop. u. somal. Flüchtl. – **Leb.-Erwart.**: 47 J. – **Analph.** 1978: 91 % – Jährl. **Bev.-Wachstum** (∅ 1980–86): 4,2 % – **Sprachen**: Französisch u. Arabisch als Amtssprachen; kuschitische Sprachen d. Afar (Danakil) u. Issa – **Religion:** 94 % sunnit. Muslime; ca. 24 000 Christen (davon 9000 kath.) – **Städt. Bev.**: 78 % – **Städte** 1984: Dschibuti [Djibouti] (Hptst.) 65 000, m. Umgeb. etwa 220 000 Einw.; Dikhil 30 000, Tadschura [Tadjoura], Ali Sabieh, Obock

STAAT Präsidialrepublik – Parlament aus 1 Kammer (Nationalvers.) m. 65 Abg. (davon 33 Issa, 32 Afar) – Allg. Wahlrecht – 4 Distrikte (»cercles«) – **Staatsoberhaupt u. Regierungschef:** Hassan Gouled Aptidon (Issa) – **Äußeres:** Moumin Bahdon Farah – Der Reg. gehören je 6 Afar u. Issa, 1 Araber u. 1 Somali als Minister an – **Parteien:** Einparteisystem seit 1981: Rassemblement Populaire pour le Progrès (RPP), gegr. März 1979; Wahlen 1987: alle Sitze f. d. Einheitspartei RPP – **Unabh.**: 27. 6. 1977 – **Nationalfeiertag:** 27. 6.

WIRTSCHAFT **BSP** S 1986: 341 Mio. $ = 748 $ je Ew. (106); BIP realer Zuwachs ∅ 1982–83: 1,2 %; Anteil **Landwirtsch.** 5 %, **Industrie** 19 % – **Erwerbstät.** 1985: Landw. 25 %, Ind. 15 % – **Energieverbrauch** 1984: 181 kg ÖE/Ew. – **Währung**: 1 Dschibuti-Franc (FD) = 100 Centimes; 1 US-$ 176,84 FD, 100 FD = 0,8448 DM – **Außenhandel** 1981: **Import:** 36 654 Mio. $; **Export:** 20 348 Mio. $; Güter: Häute, Felle u. and. Viehzuchtprod.; Kaffee; Länder: Frankr. (über 50 %), Äthiopien, Italien, Japan, Jemen; wicht. Transithafen f. äthiop. Ausfuhrgüter

PRESSE *Wochenzeitung:* Dschibuti: La Nation de Djibouti (4)

ECUADOR *Süd-Amerika*

Republik Ecuador, auch Ekuador; República del Ecuador; »Rep. am Äquator« – EC

LANDESSTRUKTUR **Fläche** (67): 283 561 km² (m. Galápagos-In. = Archipiélago Colón; 7844 km², 1982 6201 Ew.; E. erhebt Anspr. auf 174 565 km², die lt. Vertrag v. Rio de Janeiro v. 1942 an Peru abgegeben werden mußten) – **Einwohner** (67): (Z 1990) 9 622 608 = 32 je km² – Ecuadorianer (span. »ecuatorianos«); ca. 35 % Mestizen, 25 % Weiße, 20 % Indianer (fast ¼ Ketschua-Sprechende), 15 % Mulatten u. 5 % Schwarze – **Leb.-Erwart.**: 66 J. – **Säugl.-Sterbl.**: 7,0 % – **Analph.**: 18 % – Jährl. **Bev.-Wachstum** (∅ 1980–88): 2,7 % (Geb.- u. Sterbeziffer 1988: 3,2 %/0,7 %) – **Sprachen:** Spanisch als Amtssprache; als Umgangsspr. u. a. Ketschua – **Religion:** über 90 % Katholiken; 50 000 Protestanten u. 1000 Juden; Naturrelig. d. östl. Tieflandindianer – **Städt. Bev.**: 55 % – **Städte** (S 1990): Quito (Hptst.) 1 388 000 Ew.; Z 1982: Guayaquil 1 531 000, Cuenca 332 000, Ambato 229 000, Portoviejo 202 000, Esmeraldas 173 000, Riobamba 160 000, Machala 159 000

STAAT Präsidialrepublik n. d. Verfassung v. 1978 – Parlament aus 1 Kammer (»Cámara de Representantes«), mit 72 für 4 J. gewählten Abg. – Wahlberechtigt alle Bürger ab 18 J. – 20 Provinzen einschl. Galápagos-Inseln (v. Verteid.-Min. verwaltet) – **Staatsoberhaupt u. Regierungschef:** Dr. Rodrigo Borja Cevallos/ID, seit 10. 8. 1988 – **Äußeres:** Dr. Diego Cordóvez Zegers – **Parteien:** Parlamentswahlen vom 17. 6. 1990 (neu zu wählen waren 60 d. 72 Abg.): »Christlich-Soziale Partei« (Partido Social Cristiano/PSC) 18, »Demokratische Linke« (Izquierda Democrática/ID, sozialdem.) 15, »Sozialistische Partei« (Pardido Socialista Ecuatoriano/PSE) 11, Partido Roldosista Ecuatoriano/PRE (kons.-lib.) 9, Democracia Popular/DP 7 Sitze – **Unabh.**: 10. 8. 1809 (Proklamation), endgültig 13. 5. 1830 (Loslösung v. Großkolumbien) – **Nationalfeiertag:** 10. 8.

WIRTSCHAFT **BSP** 1989: 10 774 Mio. $ = 1040 $ je Ew. (85); BIP 1988: 10 320 Mio. $; realer Zuwachs ∅ 1980–88: 2,0 %; Anteil **Landwirtsch.** 15 %, **Industrie** 36 % – **Erwerbstät.** 1988: Landw. 32 %, Ind. 14 % – **Energieverbrauch** 1988: 573 kg ÖE/Ew. – **Währung:** 1 Sucre (s/.) = 100 Centavos; Freimarktkurs: 1 US-$ = 875,00 s/., 100 s/. = 0,1707 DM – **Ausl.-Verschuld.** 1988: 9378 Mio. $ = 94,2 % d. BIP – **Inflation** ∅ 1980–88: 31,2 % – **Außenhandel** 1988: **Import:** 1714 Mio. $; Güter: 24 % Rohstoffe, 21 % Kapitalgüter, 10 % Konsumgüter; Länder: 33 % USA, 14 % Japan, 6 % Brasilien, 6 % BRD; **Export:** 2203 Mio. $; Güter: 49 % Rohöl, 16 % Garnelen, 16 % Bananen, 6 % Kaffee, 5 % Erdölderivate; Länder: 46 % USA, 6 % Peru

PRESSE *Tageszeitungen:* Quito: El Comercio (130) – El Tiempo (35) – Hoy (55) – Ultimas Noticias (90) – Guayaquil: El Telégrafo (35, so. 52) – El Universo (174, so. 255)

EL SALVADOR *Mittel-Amerika*

Rep. El Salvador; República de El Salvador; »Rep. des Erlösers«, nach der 1525 gegründeten gleichnamigen Hauptstadt in Erinnerung an den 1524 von Pedro de Alvarado am Vorabend v. Fronleichnam (»Erlöserfest«) erfochtenen Sieg über die einheim. Pipil-Indianer – ES

LANDESSTRUKTUR **Fläche** (132): 21 041 km² – **Einwohner** (90): (F 1989) 5 143 000 = 243 je km²; (Z 1971) 3 555 000 – Salvadorianer (span. »salvadoreños«), etwa 70 % Mestizen (Ladinos), 10–15 % Indianer, 10 % Weiße meist altspan. Abst. – **Leb.-Erwart.:** 66 J. – **Säugl.-Sterbl.:** 3,5 % – **Analph.:** 30 % – Jährl. **Bev.-Wachstum** (∅ 1980–88): 1,3 % (Geb.- u. Sterbeziffer 1988: 3,6 %/0,8 %) – **Sprachen:** Spanisch als Amtsspr.; örtl. indian. Mundarten (Nahua, Maya) – **Religion:** 95 % Katholiken, protest. Minderh. (etwa 75 000) – **Städt. Bev.:** 44 % – **Städte** (F 1985): San Salvador (Hptst.) 455 000 Ew., Santa Ana 137 900, San Miguel 88 500, Nueva San Salvador 55 000, Sensuntepeque 51 000, Sonsonate 48 000, Usulután 31 000, Cojutepeque 31 000, Calatenango 29 000, La Union 27 000, San Vicente 27 000

STAAT Präsidialrepublik – Verfass. v. 1983 – Wahlpflicht ab 18 J. – 14 Departamentos – **Staatsoberhaupt u. Regierungschef:** Präs. Alfredo Cristiani, ARENA, seit 1. 6. 1989 – **Äußeres:** Dr. José Manuel Pacas Castro – **Parteien:** Präsidentschaftswahl v. 19. 3. 1989: Alfredo Cristiani (58,7 %), Fidel Chavez Mena v. d. Christdemokraten (34,7 %), Guillermo Ungo v. d. linksoppos. Demokrat. Konvergenz (2,8 %); Parl.-Wahlen (Zahl d. Abg. von 60 auf 84 erhöht) am 10. 3. 1991; linke Parteien nehmen erstmals seit 10 Jahren wieder teil: rechtsextreme Alianza Republicano Nacionalista/ARENA 39 (1988: 30), Partido Democr. Cristiano/PDC 26 (23), Part. d. Conciliación Nacional/PCN (»Nationale Versöhnungspartei«) 9 (7), Convergencia Democratia/CD (»Demokratische Konvergenz«, linksorient.) 8 (-), ferner: MAC 1 (-), UDN 1 (-) – **Unabh.:** 15. 9. 1821 (Proklamation); endgültig 13. 4. 1839 bzw. 30. 1. 1841 (nominell) – **Nationalfeiertag:** 15. 9.

WIRTSCHAFT **BSP** 1989: 5356 Mio. $ = 1040 $ je Ew. (93); BIP 1988: 5470 Mio. $; realer Zuwachs ∅ 1980–88: 0,0 %; Anteil **Landwirtsch.** 14 %, **Industrie** 22 % – **Erwerbstät.** 1988: Landw. 38 %, Ind. 18 % – **Energieverbrauch** 1988: 215 kg ÖE/Ew. – **Währung:** 1 El Salvador-Colón (¢) = 100 Centavos; Freimarktkurs: 1 US-$ = 8,07 ¢, 100 ¢ = 18,7720 DM – **Ausl.-Verschuld.** 1988: 1685 Mio. $ = 31,5 % d. BSP – **Inflation** ∅ 1980–88: 16,8 %; 1986: 32 % – **Außenhandel** 1988: **Import:** 975 Mio. $; **Export:** 573 Mio. $; Güter: Kaffee (bis 50 %), Baumwolle, Gold, Zucker, Chem. Erzeugn.; Länder: 40 % USA, 15 % Guatemala, 13 % BRD, 7 % Venezuela, 5 % Costa Rica

PRESSE *Tageszeitungen:* San Salvador: El Diario de Hoy (87, so. 82) – Diario Latino (20) – El Mundo (58, so. 62) – La Prensa Gráfica (97, so. 116)

ESTLAND → *Sowjetunion*

FIDSCHI *Ozeanien*

Rep. Fidschi, Fiji, Matanitu Ko Viti – FJI

LANDESSTRUKTUR **Fläche** (134): 18 274 km² (n. and. Ang. 18 333 km²), 332 Inseln, davon ca. 110 bewohnt. Größte Insel Viti Levu 10 429 km², zweitgrößte Vanua Levu mit 5556 km² – **Einwohner** (136): (F 1988) 732 000 = 40 je km²; (Z 1986) 715 000 – Fidschianer; 48,6 % Inder, 46,2 % Fidschi (Altfidschianer, zu d. Melanesiern zählend), 11 486 mit Europ. Vermischte, 3181 Europäer, 8411 Rotumanier (Rotumas) 4672 Chinesen – Jährl. **Bev.-Wachstum** (∅ 1980–89): 1,8 % – **Lebenserwart.:** 71 J. – **Analph.:** 15 % – **Sprache(n):** Englisch u. Fidschianisch (Melanes. Sprache) als Amtsspr., Hindi – **Religion:** 51 % Christen (Method. u. and. Protestanten, ca. 59 000 Katholiken), 40 % Hindu, 9 % Muslime – **Städt. Bev.:** 37 % – **Städte** (Z 1986): Suva (Hptst., auf Viti Levu) 69 481 Ew. (A 120 000), Lautoka City 24 703, Nadi 6938

STAAT Seit 7. 10. 1987 Republik – Parlament aus 2 Kammern, seit 14. 5. 1987 aufgelöst – Rat der 100 Stammeshäuptlinge (außerparlament. Gremium) – 4 Verwaltungs-Bez. mit insg. 14 Provinzen – **Staatsoberhaupt:** Ratu Sir Penaia Kanatabu Ganilau (Präsident), ernannt vom putsch. Brig.-Gen. Rabuka – **Regierungschef:** Ratu Sir Kamisese Mara (Premier u. Äußeres) – **Parteien:** Nach der Wahlniederlage der konserv. Alliance Party von Sir Kamisese Mara im April 1987 Militärputsch am 14. 5. u. Militärregime von Brig.-Gen. Rabuka, der die derzeitige Reg. ernennt; Neuwahlen für Juni 1992 geplant. – **Unabh.:** 10. 10. 1970 – **Nationalfeiertag:** 10. 10.

WIRTSCHAFT **BSP** 1989: 1218 Mio. $ = 1640 $ je Ew. (75); realer Zuwachs ∅ 1980–89: –0,2 %; **BIP** 1987: Anteil **Landwirtsch.** 21 %, **Industrie** 20 % – **Erwerbstät.** 1985: Landw. 40 %, Ind. 8 % – **Währung:** 1 Fidschi-Dollar ($F) = 100 Cents; 1 US-$ = 1,4775 $F; 100 $F = 100,9500 DM – **Inflation** 1980–88: 5,7 % – **Außenhandel** (1986): **Import:** 442 Mio. $ – **Export:**

264 Mio. $; Güter: über 60 % Zucker, Kokosöl, Kopra, Gold, Ingwer, Bananen, Manganerz, Fischkonserven – Länder: 25 % Großbrit., 20 % Australien, Neuseeland, Japan, Tourismus 1990: Deviseneinnahmen 100 Mio. $F.

PRESSE *Tageszeitungen:* Suva: Daily Post – Fiji Times (27) – *Wochenzeitungen:* Nai Lalakai/ Fijian (18) – Sartaj (15)/Hindi – Shanti Dut (3 x wö., 8)/ Hindi – Siga Rarama (10)/Fijian

FINNLAND *Nord-Europa*

Rep. Finnland, finn.: Suomen Tasavalta, schwed.: Republiken Finland; Land d. Finnen – SF

LANDESSTRUKTUR **Fläche** (59): 338 145 km² (einschl. 33 522 km² Wasserfläche) – **Einwohner** (92): (F 1990) 4 984 000 = 15 km²; (Z 1989) 4 974 383; – (Z 1989): 93,6 % Finnen, 6,0 % Finnland-Schweden, 1730 Saamen (eig. Name »Sameh«, Lappen) – **Leb.-Erwart.:** 75 J. – **Säugl.-Sterbl.:** 0,6 % – **Analph.:** k. Ang. – Jährl. **Bev.-Wachstum** (∅ 1980–89): 0,4 % (Geb.- u. Sterbeziffer 1988: 1,3 %/1,0 %) – **Sprache(n):** Finnisch (1989: v. 4 656 325 gespr.) u. Schwedisch (298 400), Lappisch (1730) – **Religion:** 88,7 % Protestanten (Staatskirche); 52 778 Finn.-Orthodoxe (2. Staatskirche), 3680 Katholiken, 971 Juden, 771 Muslime – **Städt. Bev.:** 60 % – **Städte** (F 1989): Helsinki [schwed. Helsingfors] (Hptst.) 490 629 Ew.; Tampere [Tammerfors] 171 561, Espoo [Esbo] 169 851, Turku [Åbo] 159 469, Vantaa [Vanda] 152 262, Oulu [Uleåborg] 100 281, Lahti 93 132, Kuopio 80 002, Pori [Björneborg] 76 456, Jväskylä 66 387, Kotka 56 933, Vaasa [Vasa] 53 364

STAAT Parlament.-dem. Republik – Verfass.-Änd. v. Jan. 1988 (jetzt Direktwahl d. Präsid.) – Parlament mit 1 Kammer (»Eduskunta«, Riksdag), Mitgl. f. 4 J. gewählt – Allg. Wahlrecht – 12 Provinzen (darunter die weitg. auton. Åland-Ins. – Finn.: Ahvenanmaa – m. eig. Landtag u. Schwed. als erste Amtsspr.; 1552 km² u. 23 196 Ew., 1983) – **Staatsoberhaupt:** Präs. Dr. Mauno Koivisto (Soz.-Dem.), seit 1982, erneut seit Febr. 1988 – **Regierungschef:** Esko Aho, seit 26. 4. 1991, Koal. aus Zentrumspartei, Nationale Sammlungspartei, Schwedische Volkspartei und Christliche Union – **Äußeres:** Paavo Väyrynen – **Parteien:** Wahlen v. 17. März 1991: Keskusta Kes./KEPU/LIP (»Zentrumsp.« Zentrum u. Lib.) 24,8 % (55 Sitze) [1987:40 Sitze]; Suomen Sosialidemokraattinen Puolue/SDP 22,1 % (48) [56]; Kansallinen Kokoomus/KOK (»Nationale Sammlungsp.«) 19,3 % (40) [53]; Vasrmmistoliito/Vas »Linksverband« 10,1 % (19) [20]; Vihreät/Vihr. »Grüne« 6,8 % (10) [4]; Svenska Folkpartiet i Finland/ SFP »Schwed. Volkspartei« 5,5 % (12) [13]; Suomen Maaseudun Puolue/SMP »Landvolkpartei« 4,8 % (7) [9]; »Suomen Kristillinen Liitto/SKL« 3,0 % (8) [5]; Liberaalinen Kansanpuole/LKP »Liberale Volkspartei« 0,8 % (1) [0]; die FKP Finnlands gab im Febr. 1990 ihre Selbständigkeit zugunsten einer Linkskoalition auf – **Unabh.:** 6. 12. 1917 (Proklam.) – **Nationalfeiertag:** 6. 12.

WIRTSCHAFT **BSP** 1990: 133 021 Mio. $ = 22 060 $ je Ew. (4); realer Zuwachs ∅ 1980–90: 3,1 %; **BIP** 1988: 91 690 Mio. $; realer Zuwachs ∅ 1980–88: 2,8 %; Anteil **Landwirtsch.** 1989: 7 % – **Industrie** 43 % – **Erwerbstät.** 1989: Landw. 9,5 %, Ind. 30,5 % – **Energieverbrauch** 1990: 5967 kg ÖE/Ew. – **Währung:** 1 Finnmark (Fmk) = 100 penniä (p); 1 US-$ = 3,6420 Fmk; 100 Fmk = 41,3104 DM (seit 1991 an ECU gekoppelt) – **Inflation** ∅ 1980–90: 6,5 % – **Außenhandel** 1990: **Import:** 26 837 Mio. $; Güter: 39 % Maschinen u. Transportm., 16 % bearb. Waren, 13 % verarb. Waren, 12 % Brennstoffe, 11 % chem. Erzeugn.; Länder: 17 % BRD, 13 % Schweden, 10 % UdSSR, 8 % Großbrit. 7 % USA, 6 % Japan; 46 % EG, 20 % EFTA, 12 % RGW – **Export:** 26 395 Mio. $; Güter: 41 % bearb. Waren, 31 % Maschinen u. Transportm., 10 % Rohstoffe; Länder: 14 % Schweden, 13 % UdSSR, 12 % BRD, 11 % Großbrit., 6 % Frankreich, 6 % USA; 47 % EG, 20 % EFTA, 14 % RGW

PRESSE *Tageszeitungen:* Helsinki: Helsingin Sanomat (470, so. 557) – Hufvudstadsbladet (67, so. 70)/Schwed. – Iltalehti (92, sa. 131) – Ilta-Sanomat (200, so. 229) – Kansan Uutiset (46, so. 57)/KP – Kauppalehti (82) – Uusi Suomi (73, so. 75) – Kuopio: Savon Sanomat (89)/Zentr. – Oulu: Kaleva (94) – Tampere: Aamulehti (145, so. 152)/Org. d. Nat. Sammlungspartei – Turku: Turun Sanomat (132, so. 140) – *Illustrierte:* Helsinki: Anna (163)/ Frauenzeitschr. – Apu (277)/Familienjournal – Suomen Kuvalehti (106)/Illustr. – *Nachrichtenagentur:* STT-FNB (Oy Suomen Tietotoimisto – Finska Notisbyrån AB)

FRANKREICH *West-Europa*

Französische Republik, République Française, Reich der Franken = der Freien, da nicht unter röm. Herrschaft – F

LANDESSTRUKTUR **Fläche** (45): 551 700 km² (m. Korsika 8682 km² u. 240 178 Ew. [Z 1982]; aber ohne Übersee-Départements) – **Einwohner** (18): Z

(1990) 56556000 = 102 je km² – Franzosen; u. a. 0,9 Mio. mit bretonischer Sprache (Keltisch), 1,2 Mio. deutschspr. Elsässer u. Lothringer mit alemann. bzw. moselfränk. Dialekt, 0,2 Mio. italienischspr. (einschl. Korsisch), 0,3 Mio. Katalanen, 0,2 Mio. Flamen, 0,1–0,2 Mio. Basken – Anf. 1983 rd. 4,4 Mio. Ausländer (davon 640000 aus d. EG u. 170000 Flüchtlinge): Portugiesen 22%, Algerier 20%, Spanier 14,5%, Italiener 13,4%, Marokkaner 7,6%, Tunesier, Jugoslawen, Türken, Senegalesen, Malier u. a.; zus. 60% Europäer, 35% Afrikaner u. 3,5% Asiaten; 40,4% d. Ausl. sind Beschäftigte; Ausl. in: Grenoble 12,8%, Paris 12%, Lyon 11,8%, Lille 8,1%, Marseille 7,9% – **Leb.-Erwart.**: 76 J. – **Säugl.-Sterbl.**: 0,8% – **Analph.**: k. Ang. – Jährl. **Bev.-Wachstum** (∅ 1980–89): 0,4% (Geb.- u. Sterbeziff. 1988: 1,4%/0,9%) – **Sprachen:** Französisch; als Wahlfächer in Schulen Baskisch, Bretonisch, Elsässisch, Katalanisch, Korsisch, Okzitanisch, Deutsch usw.; im Amtsgebrauch nicht zugelassen – **Religion:** 45,5 Mio. Katholiken, 2,4 Mio. sunnit. Muslime, rd. 0,8 Mio. Protestanten (u. a. 0,6 Mio. Calvinisten), seit Zuzug aus Nordafrika über 0,7 Mio. Juden, 0,18 Mio. Ang. d. Armenischen Kirche – **Städt. Bev.**: 74% – **Städte** (F 1990): a) Kommunen: Paris 2175000, Marseille 808000, Lyon 422000, Toulouse 366000, Nizza (Nice) 346000, Straßburg (Strasbourg) 256000, Nantes 251000, Bordeaux 213000, Montpellier 211000, Rennes 204000, Saint-Étienne 202000, weitere 64 Städte (Kommunen) mit 100000 bis 200000 Ew.; b) Urbane Gebietseinheiten (villes et agglomérations urbaines): Paris 9063000 (eingeschl. Kommunen 365), Lyon 1262000 (84), Marseille 1087000 (28), Lille 950265 (55), Bordeaux 685000 (40), Toulouse 608000, Nantes 492000 (19), Nizza (Nice) 476000 (17), Toulon 438000, Grenoble 400000 (32), Strasbourg 388000, Rouen 380000 (29), Valenciennes 336000, Grasse-Cannes-Antibes 336000 (23), Lens 323000 (36), Saint-Étienne 313000 (15), Nancy 311000, Tours 272000, Bethune 260000 (60), Clermont-Ferrand 254000 (17), Le Havre 253000 (13), Dijon 226000 (12), Angers 206000 (10), Brest 201000 (7), ferner 35 weitere urb. G. mit 100000–200000 Ew.

STAAT Demokrat. Republik (Verfass. von 1958 der V. Rep. m. starker Stellung des Präsidenten, der f. 7 Jahre direkt gewählt wird u. d. Reg.-Chef ernennt) – Parlament aus 2 Kammern (»Sénat« 319 Mitgl. u. »Assemblée nationale« 577 Mitgl.) für 9 bzw. 5 J. gewählt – Verfassungsrat – 95 Départements innerhalb v. 22 Regionen und 5 Übersee-Dép. (DOM); Sonderstatus f. Korsika (Bezeichnung »korsisches Volk« im Mai 1991 vom Verfassungsrat verworfen) mit 61 köpf. Regionalversamml. (Wahlen v. 12. 8. 1984: Bürgerl. Rechte 30, Linke 25 Mandate, korsische Autonomisten u. Separatisten je 3), Korsika soll 1992 »collectivité territoriale« werden – **Staatsoberhaupt:** Präsident François Mitterrand, seit 1981, wiedergewählt 1988 – **Regierungschef:** Min.-Präs. Edith Cresson, (1991 Nachfolgerin v. M. Rocard) – **Äußeres:** H. Roland Dumas – **Parteien:** Wahlen im Juni 1988 (Ergebn. d. 2. Wahlgangs v. 12. 6. 88 Parti Socialiste/PS (»Sozial. P.«) 45,30% d. Stimmen (1984: 31,04%), 260 Sitze (1984: 206); Rassemblement pour la République/RPR (»Gaullisten« Chiracs) 23,09% (11,21%), 126 (138); Union pour la Démocratie Française/UDF (»Liberale Giscardisten«) 21,17% (8,31%), 129 (132); Parti Communiste Français/PCF 3,42% (9,78%), 27 (35); Mouvement pour le Rassemblement de la Gauche/MRG (»Linksliberale«) 1,28%, 9 (5); von der PS unterst. Kand. 7; versch. Rechte 2,57%, 16 (14); Front Nationale/FN (»Rechtsextreme« von Le Pen) 1,06% (9,65%), 1 (32) – **Unabh.:** Wurzel d. eigentl. Staatsgeschichte ist der Vertr. v. Verdun (843 n. Chr.) – **Nationalfeiertag:** 14. 7.

WIRTSCHAFT **BSP** 1989: 1000866 Mio. $ = 17830 $ je Ew. (14); realer Zuwachs ∅ 1980–89: 2,0%; **BIP** 1988: 949,440 Mio. $; realer Zuwachs ∅ 1980–88: 1,8%; Anteil **Landwirtsch.** 4%, **Industrie** 37% – **Erwerbstät.** 1985: Landw. 6%, Ind. 32% – **Energieverbrauch** 1988: 3704 kg ÖE/Ew. – **Währung:** 1 Franz. Franc (FF) = 100 Centimes; 1 $ = 5,1350 FF; 100 FF = 29,3625 DM – öffentl. **Ausl.-Verschuld.** 1986: 32 Mrd. FF – **Inflation** ∅ 1980–88: 7,1% (1990: 3,4%) – **Außenhandel** 1990: **Import:** 1247 Mrd. FFr.; Güter: 24% Investitionsgüter, 16% Verbrauchsgüter, 15% chem. Erzeugn., 10% Metallerzeugn., 10% Kfz., 9% Energieträger; Länder (1989): 19% BRD, 12% Italien, 9% Belgien/Luxemburg, 8% USA, 7% Großbrit., 5% Niederl. – **Export:** 1176 Mrd. FFr.; Güter: 26% Investitionsgüter, 15% chem. Erzeugn., 15% Verbrauchsgüter, 14% Kfz., 13% Metallerzeugn., 8% Nahrungsm.; Länder (1989): 16% BRD, 12% Italien, 10% Großbrit., 9% Belgien/Luxemburg, 7% USA, 6% Niederl. *(Einzelheiten zur Wirtschaftslage → Sp. 803f.)*

PRESSE *Tageszeitungen:* Paris: L'Aurore (220) – La Croix (113)/kath. – Les Echos (73)/ Wirtsch. u. Finanz – L'Equipe (260)/Sport – Le Figaro (433)/kons. – France-Soir (320) – L'Humanité (117)/ KP – International Herald Tribune (178)/Engl. – Libération (195) – Le Monde (362) – Le Parisien (402) – Le Quotidien de Paris (75) – Bordeaux: Sud-Ouest (366) – Clermont-Ferrand: La Montagne (252) – Grenoble: Le Dauphiné Libéré (294) – Lille: La Voix du Nord (374) – Lyon: Le Progrès (411, so. 540) – Marseille: La Marseillaise (159)/komm. – Le Provençal (162) – Metz: Le Républicain Lorrain (194) – Montpellier: Midi-Libre (186) – Mulhouse: L'Alsace

(124)/Frz., Dt. – Nice: Nice-Matin (265) – Rennes: Ouest-France (765) – Rouen: Paris-Normandie (120) – Strasbourg: Dernières Nouvelles d'Alsace (220)/ Frz., Dt. – Toulouse: Dépêche du Midi (242) – Tours: La Nouvelle République du Centre-Ouest (268) – *Sonntagszeitungen*: Paris: France-Dimanche (706) – L'Humanité-Dimanche (360)/KP – *Wochenzeitungen, Zeitschriften, Illustrierte:* Paris: Le Canard Enchaîné (450)/polit. satir. – Elle (395) – L'Expansion (200)/Wirtsch. – L'Express (670) – Femme d'aujourd'hui (850) – Le Figaro Littéraire (100) – Ici Paris (372) – Jours de France (673) – Liber (1 000, europäische Kulturzeitschrift in 5 Ländern) – Marie-Claire (599 mtl.) – Marie-France (315 mtl.) – Le Nouvel Economiste (117)/Wirtsch. – Le Nouvel Observateur (324) – Paris-Match (690) – Le Point (330) – Télé-poche (1800) – Télérama (495) – Télé 7 Jours (3335) – *Nachrichtenagentur:* AFP (Agence France-Presse)

ÜBERSEEGEBIETE (Überblick):

1. Départements d'Outre-Mer/D. O. M. (Gebiete, die als Teile des Mutterlandes gelten): Französisch-Guayana, Guadeloupe, Martinique, Réunion
2. Collectivités territoriales (Gebietskörperschaften): Saint-Pierre-et-Miquelon, Mayotte
3. Territoires d'Outre-Mer/T. O. M. (Überseeterritorien mit beschränkter Selbstverwaltung): Französisch-Polynesien, Neukaledonien
4. Les Terres Australes et Antarctiques Françaises/ T. A. A. F. (Französische Süd- und Antarktisgebiete)

1. Départements d'Outre-Mer/D. O. M.

FRANZÖSISCH-GUAYANA *Süd-Amerika*
Guyane Française

LANDESSTRUKTUR Fläche: 91 000 km² – Einwohner: (Z 1990) 114678 = 1,3 Ew. je km² – überwiegend Kreolen, ferner Asiaten, Buschneger, Indianer; (S) 30000 Ausl. – Leb.-Erwart.: 73 J. – Bev.-Wachstum (∅1982–90): 2,0% – Sprachen: Franz. als Amtsspr., Créole – Religion: haupts. Katholiken – Städte (F 1990): Cayenne (Hptst.) 41 000 Ew.(unité urb. 53000); Kourou 14000 – Raketenstartplatz d. CSG

VERFASSUNG 2 Abg. i. d. Nationalvers., 2 Senatoren – Regionalparlament (Conseil général), Conseil régional 31 Mitgl. – 2 Arrondissements – Parteien: Wahl vom 16. 3. 1986 zum Conseil régional: Parti Socialiste/PS 42,2% (15 Sitze), Rassemblement pour la République/RPR 29,1% (9), Action Démocratique Guyanaise/ADG 12,2% (4), Union pour la Démocratie Française/UDF 8,9% (3), Front National/ FN 3,6%, Parti National Populaire Guyanais 1,4%

WIRTSCHAFT BSP S 1984: 350 Mio. $ (davon 70% als Reg.-Hilfe) = 4160 $ je Ew. – Währung: Franz. Franc – Außenhandel 1989: Import: 3,1 Mrd. FFr.; Länder: 70% Frankreich, 8% Trinidad; Export: 0,3 Mrd. FFr.; Güter: 50% Krabben, ferner Holz, Rum, Essenzen, Kaffee; Länder: 40% Frankreich, 18% USA, 7% Japan, 5% Martinique

PRESSE Tageszeitungen: Cayenne: France-Guyane (4; 2x wö.) – Guyane-Matin (1) – La Presse de Guyane (16)

GUADELOUPE Karibik
(mit Dependenzen)

LANDESSTRUKTUR Fläche: 1780 km² (Basse Terre 848 km², Grande Terre 590 km² u. Archipel aus 7 Inseln) – z. G. gehört ein Teil d. Insel St.-Martin m. 54 km² u. 8000 Ew. – Einwohner (Z 1990): 386987 = 217 Ew. je km² – 77% Mulatten, 10% Schwarze, 25000 Inder – Leb.-Erw. (1988): 74 J. – Geburtenrate (1988): 2,2% – Jährl. Bev.-Wachstum (∅1980–88): 0,5% – Sprachen: Franz. als Amtsspr., Créole – Religion: 95% Katholiken – Städte (F 1990): Basse Terre (Hptst.) 14000 (unité urbaine: 37000); Abymes 62000, Pointe-à-Pitre 26000

VERFASSUNG 4 Abg. i. d. Nationalvers., 2 Senatoren – Regionalparlament (Conseil général: 43 Mitgl; Conseil régional: 41 Mitgl. – 3 Arrondissements, 36 Kantone u. 5 Dependenzen: Saint-Barthélemy, Saint-Martin, Désirade, Marie-Galante u. Iles des Saintes – Parteien: Wahlen zum Conseil régional vom 16. 3. 1986: Rassemblement pour la République/RPR 33,1% (16 Sitze), Parti Socialiste/PS 28,7% (14), Parti Communiste Guadeloupéen 23,8% (8), l'Union pour la Démocratie française/UDF 10,7% (3)

WIRTSCHAFT BSP S 1984: 2010 Mio. $ = 6339 $ je Ew.; realer Zuwachs: 6,0% – Währung: Franz. Franc – Außenhandel 1988: Import: 7,2 Mrd. FFr.; Länder: 65% Frankreich, 4% Italien, 4% BRD, 3% USA, 2% Japan; Export: 0,9 Mrd. FFr.; Güter: 35% Bananen, ferner Zucker, Rum; Länder: 65% Frankreich, 15% Martinique, 2% Guyana

PRESSE Tageszeitung: Pointe-à-Pitre: France-Antilles (25)

MARTINIQUE *Karibik*

LANDESSTRUKTUR Fläche: 1102 km² – Einwohner (Z 1990): 359572 = 327 je km² – 87% Schwarze, Inder – Leb.-Erwart.: 75 J. – Jährl. Bev.-Wachstum (∅1982–90): 2,0% – Sprachen: Franz. als Amtsspr., Créole – Religion: haupts. Katholiken – Städte (F 1990): Fort-de-France (Hptst.) 100000 (unité urbaine: 120000), Lamentin 30000

VERFASSUNG 4 Abg. i. d. Nationalvers., 2 Senatoren – Regionalparlament (Conseil général: 36 Mitgl.; Conseil régional: 41 Mitgl. – Parteien: Wahlen zum Consei régional vom 14. 10. 1990: Union gauche (Fédération Socialiste d. l. M., Parti Progressiste M., Parti Communiste M.) 32,8 %, Union pour la Démocratie Française, Rassemblement pour la République 22,3 %, Mouvement Indépendantiste 16,5 %, Unabhängige Linke 11,7 %, Unabhängige Rechte 9,7 %, Umwelt-Liste 5,2 %, France Unie 1,8 % – (seit 1635 zu Frankr. gehörig)

WIRTSCHAFT BSP S 1986: 2200 Mio. $ = 7050 $ je Ew. – Anteil Landwirtsch. 6 % (Anbaufläche 24 %) – Währung: Franz. Franc – Außenhandel 1988: Import: 7,7 Mrd. FFr.; Länder: 70 % Frankreich, 5 % BRD, 4 % Italien, 3 % Japan, 2 % USA; Export: 1,2 Mrd. FFr.; Güter: 50 % Bananen, 20 % Erdölprodukte, 10 % Zucker, Rum; Länder: 70 % Frankreich, 18 % Guadeloupe, 3 % Guyana, 2 % BRD

PRESSE Tageszeitung: Fort-de-France: France-Antilles (30)

RÉUNION *Südost-Afrika Indischer Ozean*
[La Réunion]

LANDESSTRUKTUR Fläche: 2512 km² – Einwohner (Z 1990): 597. 823 = 238 je km²; ca. 40 % Mulatten, Schwarze und Madegassen, 25 % Weiße (ehem. franz. Siedler), ferner Inder, Chinesen – Leb.-Erwart.: 71 J. – Jährl. Bev.-Wachstum (∅ 1982–88): 2,0 % – Geburtenrate (1988): 2,4 % – Sprachen: Franz. als Amtsspr., Créole, Gujurati – Religion: haupts. Katholiken – Städte (F 1990): Saint-Denis (Hptst.) 122 000 Ew. (unités urbaines), Saint-Paul 72 000, Saint-Pierre 60 000

VERFASSUNG 5 Abg. i. d Nationalvers., 3 Senatoren – Regionalparlament (Conseil général, Conseil régional 45 Mitgl.) – 5 Arrondissements, 36 Kantone – Parteien: Wahlen zum Conseil régional vom 16. 3. 1986: Rassemblement pour la République/Union pour la Démocratie française 36,8 %, Parti Communiste Réunionnais 28,2 %, France-Réunion-Avenir 17,3 %, Parti Socialiste 14,1 %

WIRTSCHAFT BSP S 1984: 1890 Mio. $ = 3580 $ je Ew; (1988: 5300 $ je Einw.), realer Zuwachs (S) 0,5 % – Währung: Franz. Franc – Außenhandel 1988: Import: 10 Mrd. FFr.; Länder: 68 % Frankreich, 4 % Italien, 3 % BRD, je 2,5 % Bahrein, Japan u. Südafrika; Export: 1 Mrd. FFr. – Güter: 80 % Zucker, 3 % Rum, Essenzen, Vanille; Länder: 77 % Frankreich, 8 % Portugal, 4 % Mayotte, 3 % Madagaskar

PRESSE Tageszeitungen: St.-Denis: Journal de l'Ile de la Réunion (26) – Quotidien de la Réunion (28) – Témoignages (6)/KP

2. Collectivités territoriales

SAINT-PIERRE und **MIQUELON** *Nord-Amerika*

LANDESSTRUKTUR Fläche: 242 km² (mit den Inseln Saint-Pierre, Miquelon u. Landlade, Marin) – Einwohner (Z 1990): 6300 – Städte: Saint-Pierre (Hptst.) 5600, Miquelon-Langlade 700

REGIERUNGSFORM Conseil général mit 14 Abg. – Wahlen alle 5 J. – Vors. Marc Plantegenest (»Sozialisten«) – Seit Juni 1985 »collectivité territoriale« – Wahlen 1988

WIRTSCHAFT BSP 1984: 21 800 FF je Ew. – Export: 43,4 Mio. FFr. – Güter: Kabeljau

MAYOTTE *Südost-Afrika*
(Mahoré)

LANDESSTRUKTUR Fläche: 375 km², 1 Hauptinsel (Mayotte) u. 18 Eilande – Einwohner (S 1987): 73 900 (davon 54 300 Mahorais) = 197 je km² – Sprachen: Franz. als Amtsspr., Komorisch (Kisuaheli-Dial.) – Religion: zu 95 % Muslime, aber einflußr. christl. Minorität – Städte: Dzaoudzi (Hptst., auf Pamanzi) 5675 Ew.; Mamoudzou 12 000, Chiconi 1500

REGIERUNGSFORM Präfekt als Stellv. d. franz. Reg., außerdem Conseil général mit 17 Abg. – Parteien (Wahlen Okt. 1988): Mouvement Populaire Mahorais/MPM v. Younoussa Bamana (für Frankr.) u. Parti pour le Rassemblement Démocratique des Mahorais (für Anschl. an d. Islam. Rep. Komoren), Union pour la Démocratie française – Seit 1841 unter franz. Hoheit, Collectivité territoriale seit 14. 12. 1976

WIRTSCHAFT BSP 1984: 472 $ je Ew. – Außenhandel 1984: Import: 182,8 Mio. FFr.; Export: 34 Mio. FFr.; Güter: Kaffee, Kopra, Vanille, Ylang-Ylang

PRESSE Wochenzeitung: Mamoudzou: Le Journal de Mayotte (12)

3. Territoires d'Outre-Mer/T. O. M
Sie haben eine lokale Exekutive [»conseil de gouvernement«] und eine beratende Territorialkammer. Im franz. Mutterland verabschiedete Gesetze finden nur Anwendung, wenn dies ausdrücklich vorgesehen ist.

FRANZÖSISCH-POLYNESIEN *Ozeanien* (Polynésie Française)

LANDESSTRUKTUR Fläche: 3521 km² (n. a. Ang. 4182 km²) sowie 4,5 Mio. km² Meeresfläche, bestehend aus 5 Archipelen – Einwohner (F 1989): 191 000 = 54 Ew. je km²; (Z 1983) 166 753 – 65 % Polynesier, 30 % Europäer u. Europolynesier, 5 %

Chinesen und andere – Leb.-Erwart.: 72 J. – Jährl. Bev.-Wachstum (∅ 1980–88): 1,9% – Geburtenrate 1988: 3,5% – Sprachen: Franz. Tahitisch als Amtsspr., polynes. Sprachen – Religion: 54% Protestanten, 30% Katholiken, 5% Mormonen – Städt. Bev.: 39% – Städte: Papeete (Hptst., Tahiti) 24000 Ew., Uturoa (Raiata) 3100, Taiohae (Marquesas) 1400

REGIERUNGSFORM 2 Vertr. in d. Franz. Nationalversamml. (RPR) u. 1 im Senat – Assemblée territoriale (41 Sitze) – Regierungschef: Präs. Gaston Flosse – Parteien (Wahlen vom 17.3.1991): Rassemblement pour le Peuple/RPR 18 Sitze (1986:10), Union Polynésienne 14 (23), Patrie Nouvelle 5 (1), Front Indépendantiste de la Libération de la Polynésie/FLP 4 (2)

WIRTSCHAFT BSP S 1985: 1370 Mio. $ = 7840 $ je Ew.; realer Zuwachs: 2,6%; Tourismus 6% d. BSP – Währung: 1 CFP-Franc (FC, FP.) = 100 Centimes (c); 1 $ = 105,1272 CFP-Francs; 100 CFP-Franc = 1,5267 DM – Außenhandel 1989: Import: 91 Mrd. CFP-Fr.; Güter: Erdölprodukte, Zement, Reis; Länder: 55% Frankreich, 13% USA, 4% Australien, 4% Neuseeland; Export: 10 Mrd. CFP-Fr.; Güter: 35% Zuchtperlen, 3% Kopra, Vanille, Phosphate; Länder: 35% Frankreich, 14% USA, 13% Italien

Windward Islands (îles du Vent)
(Z 1983) 123069 Ew. – Tahiti 1042 km², 115820 Ew.; Moorea 132 km², 7000 Ew.; Maio (Tubuai Manu) 9 km², 200 Ew.; Mehetia u. Tetiaoro

Leeward Islands (îles sous le Vent)
Vulkaninseln Raiatea, Tahaa, Huahine, Bora-Bora u. Maupiti u. 4 kl. Atolle zus. 404 km² u. 19060 Ew. (Z 1983), Hauptort: Uturoa auf Raiatea – Windward- u. Leeward-Inseln werden auch Gesellschaftsinseln (Archipel de la Société) genannt

Tuamotu Archipel
78 Atolle, darunter Rangiroa, Hao, Tureia, Mururoa (= Ort des großen Geheimnisses) u. Fangataufa (Atombombentestgebiet) zus. 690 km² u. 11793 Ew. (mit Gambier Islands [36 km² u.556 Ew.]; Hauptort Rikitea auf Mangareva)

Austral (Tubuai) Islands
1300 km lange Kette von Vulkaninseln und Riffen, u. a. Rimatara, Rurutu, Tubuai, Raivaevae u. Rapalti, zus. 148 km² u. 6282 Ew.; Hauptort: Mataura auf Tubuai

Marquesas Islands
1049 km² u. 6548 Ew., u. a. Nuku-Hiva, Ua Pu, Ua Huka, Hiva-Oa, Tahuata, Fatu-Hiva, Hauptort: Taiohae auf Nuku-Hiva

PRESSE Tageszeitungen: Papeete: La Dépêche de Tahiti (15) – Les Nouvelles – Tahiti Sun Press (4, wö.)/Engl.

NEUKALEDONIEN *Melanesien*
(Nouvelle-Calédonie mit Dependenzen)

LANDESSTRUKTUR Fläche: 19058 km² (Nouvelle Calédonie 16750 km²; Iles Bélep 70 km²; Ile des Pins 153 km²; Iles Loyautés 2072 km², ferner einige unbew. Inseln – Einwohner (Z 1989): 164173 = 9 je km² – ca. 79000 Melanesier (»Kanaken«), ca. 58000 meist franz. Europäer (»Caldoches«), rd. 13000 Wallisiens u. 6000 Tahiter (= Polynesier), 6000 Indonesier u. 16000 andere – Leb.-Erwart. (1988): 68 J. – Jährl. Bev.-Wachstum (∅ 1980–86): 1,7% – Sprachen: Franz. als Amtsspr., melanes. u. polynes. Sprachen – Religion: 59% Katholiken, 16% Protestanten, 4% Muslime – Städte: Nouméa (Hptst.) 65000 Ew., Mont Dore 16370, Dumbéa 10000, Lifon 8700, Païta 6000

REGIERUNGSFORM Verwaltung durch Hochkommisar und beratendes Komitee der Präfekten d. 3 Regionen und d. Vors. d. Kongresses (Congrès territorial, 54 Mitgl.) – Nach Unruhen 1984 am 1. 12. 1984 v. Vertretern d. Kanaken eigenmächtige Unabh. erklärt (»Republik Kanaky«) v. Frankr. nicht anerkannt – Im August 1988 Einigung auf ein Referendum für 1998 – Hochkommissar: Alain Christnacht – Parteien: Kongreßwahlen v. 11. 6. 1989: Rassemblement pour la Calédonie dans la Rep./RPCR 44,46% (27 Sitze); Front de Libération Nationale Kanake Socialiste/FLNKS 28,65% (19); Libération Kanake Socialiste/LKS; Front National/FN 6,73% (3), Calédonien Demain 5,15% (3), Union Océanienne 3,89% (2), Andere 11,11%; je ein Vertreter im Pariser Senat u. in der Nationalvers. – Seit 1853 unter franz. Hoheit

WIRTSCHAFT BSP S 1985: 860 Mio. $ = 5760 $ je Ew.; realer Zuwachs: 2,1% – Währung: 1 CFP-Franc (FC. F. P.) = 100 Centimes (c); 1 $ = 2627,000 CFP-Franc; 100 CFP-Franc = 0,0639 DM – Außenhandel 1989: Import: 89 Mrd. CPF-Fr.; Güter: Erdölprodukte, Baustoffe, Wein; Länder: 45% Frankreich, 12% USA, 10% Australien, 8% BRD; Export: 78 Mrd. CPF-Fr.; Güter: 91% Nickel, Kaffee, Kopra; Länder: 33% Frankreich, 30% Japan, 9% BRD

PRESSE Tageszeitungen: Nouméa: Les Nouvelles Calédoniennes (18) – La Presse Calédonienne (8)

WALLIS und FUTUNA *Ozeanien*

LANDESTRUKTUR Fläche: 274 km² – Einwohner (S 1987): 15600 Ew. = 57 Ew. pro km², davon 9500 auf Wallis u. 6100 auf Futuna, vorwiegend Tahiter u. 170 Europäer – Bev.-Wachstum (∅ 1980–86): 1,8% – Sprachen: Französisch; polynesische Dialekte – Religion: 100% Katholiken – Städte: Mata Utu (auf Uvéa in der Wallisgruppe) Hauptort 815 (11000 Wallisianer u. Futunianer leben auswärts

REGIERUNGSFORM 1 Abg. i. d. Nationalvers., 1 Senator – Conseil territorial mit 6 Mitgl., davon 3 Stammesoberhäupter, u. Assemblée territoriale mit 20 Mitgl. – Parteien: Wahlen vom 15. 3. 1987: Rassemblement pour la République 7 Sitze, Union Populaire Locale 6, Union pour la Démocratie française/Lua Kae taki 7

WIRTSCHAFT BSP S 1981: 11 Mio. $ = 1020 $ je Ew. (1987: 1500 $ je Ew.) – Währung: 1 CFP-Franc = 100 Centimes; 1 FF = 18,1818 CFP-Francs; 100 CFP-Francs = 1,6214 DM – Außenhandel 1977: Import: 259 Mio. FFr.; Export: 3,5 Mio. FFr.

4. Les Terres Australes et Antarctiques Françaises/ T. A. A. F.
(Franz. Süd- und Antarktisgebiete)

Insgesamt 439 603 km² u. 200 Ew.; sie umfassen die **Crozet-Inseln** (327 km², Dauersiedlung Alfred-Faure), die **Kerguelen** (7215 km², wiss. Station in Port-aux-Français), **Saint-Paul** (7 km²) und Amsterdam (107 km², Dauersiedl. Martin-de-Viviés) sowie **Terres Adélie** (Adélieland), das von Frankr. beanspruchte Hoheitsgebiet in der Antarktis (432 000 km², Dauersiedlung Dumont-d'Urville). Außerdem: **Clipperton** (Isle de la Passion) 1,6 km² (unbew., v. Gouvern. v. Franz.-Polynesien verwaltet) sowie die **»Iles Australes«** (Bassas da India, Europe, Iles Glorieux, Juan de Nova u. Tromelin) mit knapp 160 km², größtenteils unbewohnt, v. Réunion verwaltet und v. Madagaskar beansprucht

GABUN *Äquatorial-Afrika*

Gabunische Republik, République Gabonaise (nach port. »Gabao« = Kapuze(nmantel), Hütte; nach der tiefen, trichterförmigen Flußmündung des Ogowe) – G

LANDESSTRUKTUR **Fläche** (68): 267 667 km² – **Einwohner** (128): (F 1990) 1 170 000 = 4 je km²; (Z 1981) 1 074 000 (n. and. S 1987 1 224 000) – Gabuner (Gabonesen); Bantu-Gruppen (Fang 25%, Eshira 25%, Adouma 17%, Batéké, Omyene u. a.), Pygmäen (Zwergvölker 1%), 120 000 Ausl., davon 17 000 Franzosen – **Leb.-Erwart.:** 53 J. – **Säugl.-Sterbl.:** 10,1% – **Analph.:** 38% – **Bev.-Wachstum** (∅ 1980–88): 3,9% (Geb.- u. Stebeziff. 1988: 4,2%/ 1,6%) – **Sprachen:** Französisch als Amtsspr., Bantu-Sprachen (bes. Fang u. Batéké) – **Religion:** 60% (n. and. Ang. nur 30%) Katholiken, rd. 10% Protest., 9% Muslime; Anhänger von Naturreligionen – **Städt. Bev.:** 44% – **Städte** (S 1983): Libreville (Hptst.) 350 000 Ew.; Port-Gentil 123 000, Franceville 38 000, Lambaréné 24 000, Moanda-Mounana 23 000, N'Djolé 8 000

STAAT Präsidialrepublik – Parlament aus 1 Kammer (120 Mitgl.) – Wahlrecht für alle Erwachsenen – 9 Provinzen – **Staatsoberhaupt:** El Hadj Omar Albert-Bernard Bongo, erneut seit Nov. 1986 – **Regierungschef:** Premiermin. Casimir Oye-Mba – **Äußeres:** Pascaline Bongo – **Parteien:** Wahlen v. 30. 10. 1990: Parti Démocratique Gabonais/PDG 62 Sitze (davon 59 PDG, 3 Unabhängige), Mouvement du Renouveau National/MORENA-Bûcherons 19, Parti Gabonais du Progrès/PGP 18, Mouvement du Renouveau National/MORENA-Original 7, Association pour le Socialisme au Gabon/APSG 6, Union Socialiste Gabonaise/USG 4, Cercle pour le Renouveau et le Progrès/CRP 1, 3 Sitze vakant – **Unabh.:** 17. 8. 1960 – **Nationalfeiertag:** 12. 3.

WIRTSCHAFT **BSP** 1988: 3200 Mio. $ = 2970 $ je Ew. (48); realer Zuwachs ∅ 1980–88: 0,7%; **BIP** 1988: 3320 Mio. $; realer Zuwachs ∅ 1980–88: –0,2%, Anteil **Landwirtsch.** 10%, **Industrie** 47% – **Erwerbstät.:** 1985 Landw. 71%, Ind. 14% – **Energieverbrauch** 1988: 1134 kg (ÖE/Ew. – **Währung:** 1 CFA-Franc = 100 Centimes; 1 US-$ = 256,75 CFA-Francs; 100 CFA-Francs = 0,5878 DM – **Öff. Auslandsverschuld.** 1988: 2128 Mio. $ = 65,6% des BSP – **Inflation** ∅ 1980–88: 0,9% (S 1990: 14%) – **Außenhandel** 1989: **Import:** 941 Mio. $; Güter: 31% Metallerzeugn., 18% Ernährungs- u. Agrargüter, 17% Fertigwaren, 15% Ausrüstungsgüter u. Werkzeuge, Länder: 52% Frankr., 10% USA, 6% Japan, 6% BRD, 5% Großbrit. – **Export:** 1570 Mio. $; Güter: 72% Rohöl (Tagesförderung 150 000 Tonnen), 12% Mangan, 8% Holz, 5% Uran; Länder: 43% Frankr., 24% USA, 2,5% Italien – Tourismus 10% d. BSP

PRESSE *Tageszeitungen:* Libreville: Gabon-Matin (18) – L'Union (15)/Reg.-Org. – *Nachrichtenagentur:* AGP (Agence Gabonaise de Presse)

GAMBIA *West-Afrika*

Republik Gambia; Republic of the Gambia; The Gambia: benannt nach dem Fluß – WAG

LANDESSTRUKTUR **Fläche** (139): 11 295 km² (einschl. 948 km² Binnengewässer) – **Einwohner** (133): (S 1988) 812 000 = 72 je km²; (Z 1983) 688 000 – Gambier; 43% Mandingo, 18% Fulbe, 13% Wolof, je 7% Djola u. Sarakole, 22 000 Senegalesen u. etwa 600 Europ. – **Leb.-Erwart.:** 45 J. – **Säugl.-Sterbl.:** 17,4% – **Analph.:** 73% – Jährl.

Bev.-Wachstum (∅ 1980–88): 3,3 % (Geb.- u. Sterbeziffer 1985: 4,8 %/2,9 %) – **Sprachen:** ca. 50 % Englisch, 40 % Mandingo, je 12–15 % Wolof u. Ful als Amtsspr.; seit 1977 Einführung des Arabischen im Bildungsbereich – **Religion:** bis 90 % Muslime, 35 000 Protestanten, 14 000 Katholiken; ferner Anh. v. Naturrel. – **Städt. Bev.:** 21 % – **Städte** (Z 1983): Banjul (fr. Bathurst; Hptst.; A: Combo St. Mary 101 500) 44 000 Ew., Serekunda 68 000

STAAT Präsidialrepublik – Parlament aus 1 Kammer – Allg. Wahlrecht ab 21 J. – Gliederung in Hptst. u. 6 Divisionen – **Staats- u. Regierungschef:** Sir Dawda Kairaba Jawara/PPP, wiedergewählt 1987 – **Äußeres:** Oumar Sey – **Parteien:** Wahlen v. Mai 1987: Peoples Progressive Party/PPP 31 v. 36 Sitzen (+ 4 Häuptlinge); National Convention Party/NCP 5; 9 ernannte Mitglieder und 5 Häuptlinge – **Unabh.:** 18. 2. 1965 – **Nationalfeiertag:** 18. 2.

WIRTSCHAFT **BSP** 1989: 196 Mio. $ = 230 $ je Ew. (149); realer Zuwachs (∅ 1980–89): 2,2 %; Anteil **Industrie** am **BIP** ca. 7 % – **Erwerbstät.** 1986: Landw. 82 %, Ind. 5 % – **Energieverbrauch** 1984: 89 kg ÖE/Ew. – **Währung:** 1 Dalasi (D) = 100 Bututs (b); 1 L = 7,25 D (Wertverhältnis z. Pfund Sterling), 100 D = 20,6069 DM – **Inflation** ∅ 1980–88: 13,9 % – **Außenhandel** 1986: **Import:** 100 Mio. $; Güter: 37 % Nahrungsm. u. leb. Tiere, 17 % Maschinen u. Fahrz.; Länder: 48 % EG-Länder (dar. 28 % GB), 10 % USA, 9 % VR China; **Export:** 35 Mio. $; Güter: 43 % Erdnüsse, Erdnußerzeugn. (n. eig. Angaben 80 %); Länder: 32 % Ghana, 31 % EG-Länder, 18 % Schweiz

PRESSE *Zeitungen:* Banjul: The Gambia Weekly (2,5; wö.)/Reg.-Org. – The Gambian Times (14täg.)/PPP-Org. – *Nachrichtenagentur:* GAMNA (Gambia News Agency)

GHANA *West-Afrika*

Republik Ghana; Republic of Ghana; nach ehem. Reich »Ghana« (4.–13. Jh.), vorher kolonial »Goldküste« – GH

LANDESSTRUKTUR **Fläche** (75): 238 537 km² (nach eig. Ang. 239 460 km²) – **Einwohner** (50): (S 1989) 15 537 000 = 65 je km²; (Z 1984) 12 296 000 – Ghanaer (Ghanesen); fast ausschl. Sudangruppen: 52 % Aschanti u. Fanti der Akan-Gruppe (Süd-Gh.) sowie Ga u. Ga-Adangbe, Ewé (im SO), Gonia (Mittel-Gh.), Dagomba u. Mamprusi der Volta-Familie (N-Gh.); außerd. u. a. Fulbe u. Haussa sowie 6000 Europ. – **Leb.-Erwart.:** 56 J. – **Säugl.-Sterbl.:** 8,8 % – **Analph.:** 40 % – Jährl. **Bev.-Wachstum** (∅ 1980–88): 3,4 % (Geb.- u. Sterbeziffer 1988: 4,5 %/1,3 %) – **Sprachen:** Englisch als Amtsspr.; Twi, Fanti, Ga, Ewé u. Dagbani; Ful, Nzima u. a. westafr. Sprachen – **Religion:** 37 % Protestanten, 35 % Anh. v. Naturrel., 15 % Katholiken, 13 % Muslime (im N) – **Städt. Bev.:** 33 % – **Städte** (Z 1984): Accra (Hptst.; A 1 144 000) 965 000 Ew., Kumasi 349 000, Tamale 137 000, Sekondi-Takoradi 94 000, Obuasi 60 000, Cape Coast 58 000, Koforidua 54 000

STAAT Republik – Verfass. außer Kraft; Revolutionsrat seit Militärputsch v. 31. 12. 1981; Mehrparteiensystem angekündigt – 10 Regionen mit 110 Verw.-Bezirken – **Staats- u. Regierungschef:** seit Militärputsch v. 1981 Regierungsgewalt bei Provisorischem Nationalem Verteidigungsrat/PNDC (9 Mitgl.) unter Vorsitz v. Hauptmann Jerry Rawlings – **Äußeres:** Dr. Obed Asamoah – **Parteien:** Parl. aufgelöst – Parteien verboten – **Unabh.:** 6. 3. 1957 – **Nationalfeiertag:** 6. 3.

WIRTSCHAFT **BSP** 1989: 5503 Mio. $ = 380 je Ew. (136); realer Zuwachs ∅ 1980–86: 2,6 %; 1990: 5 %; **BIP** 1988: 5230 Mio. $; realer Zuwachs ∅ 1980–88: 2,1 %; Anteil **Landwirtsch.** 49 %, **Industrie** 16 % – **Erwerbstät.** 1987: Landw. 51 %, Ind. ca. 10 % – **Energieverbrauch** 1988: 125 kg ÖE/Ew. – **Währung:** 1 Cedi (₵) = 100 Pesewas (p); 1 US-$ = 343,28 ₵, 100 ₵ = 0,4346 DM – **Ausl.-Verschuld.** 1988: 2270 Mio. $ = 44,6 % d. BSP – **Inflation** ∅ 1980–88: 46,1 %; 1990: ca. 37 % – **Außenhandel** 1989: **Import:** 825 Mio. $; Güter: 44 % Investitionsgüter, 30 % Halbwaren, 14 % Energie; Länder: 22 % Nigeria, 17 % GB, 10 % USA, 9 % BRD; **Export:** 771 Mio. $; Güter: 50 % Kakao, 20 % Gold, 10 % Holz; Länder: 22 % BRD, 13 % GB, 11 % UdSSR, 11 % USA, 7 % Togo

PRESSE *Tageszeitungen:* Accra: Daily Graphic (40)/reg.eigen – The Ghanaian Times (40)/reg.eigen – Kumasi: The Pioneer (100) – *Wochenzeitungen:* Accra: The Mirror (60) – New Nation (300) – The Palaver Tribune (100; Ersch. ausgesetzt) – Punch (280; Ersch. ausgesetzt) – *Sonntagszeitung:* Weekly Spectator (165) – *Nachrichtenagentur:* GNA (Ghana News Agency)

GRENADA *Mittel-Amerika; Karibik*

State of Grenada – WG

LANDESSTRUKTUR **Fläche** (167): 344 km² – **Einwohner** (162): (F 1989) 100 000 = 291 je km²; (Z 1981) 89 000 – Grenader; 84 % Afroamerikaner

(Schwarze), 11 % Mulatten, 5 % indischer Abstammung, weniger als 1 % Weiße – **Leb.-Erwart.:** 69 J. – **Säugl.-Sterbl.:** 1,5 % – **Analph.:** 10 % – Jährl. **Bev.-Wachstum** (∅ 1980–88): 1,9 % – **Sprachen:** Englisch als Amtssprache; auch kreol. Englisch u. kreol. Französ. – **Religion:** 64 % Katholiken, 21 % Anglikaner, 13 % Protestanten – **Städt. Bev.:** 65 % – **Städte** (S 1987) Saint George's (Hptst.) 10000 Ew., m. V. 30000

STAAT Konstitutionelle Monarchie im Commonwealth – Parlament aus 2 Kammern (Senat aus 15 ernannten Senatoren – Repräsentantenhaus mit 15 Sitzen) – Allg. Wahlrecht – **Staatsoberhaupt:** Königin Elizabeth II., vertr. durch den einheim. Generalgouverneur Sir Paul Scoon – **Regierungschef u. Außenmin.:** Nicholas A. Brathwaite – **Parteien:** Parlamentswahlen v. 13. 3. 1990: National Democratic Congress/NDC 8 Mandate, Grenada United Labour Party/GULP 3, New National Party/NNP 2, The National Party/TNP 2. – **Unabh.:** 7. 2. 1974 – **Nationalfeiertag:** 7. 2.

WIRTSCHAFT **BSP** 1989: 179 Mio. $ = 1900 $ je Ew. (64); BSP realer Zuwachs ∅ 1980–88: 5,2 %; Anteil **Landwirtsch.** 25 %, **Industrie** 20 % – **Erwerbstät.** 1985: Landw. 30 %, Ind. 15 % – **Energieverbrauch** 1986: 186 kg ÖE/Ew. – **Währung:** 1 Ostkarib. Dollar (EC$) = 100 Cents; 1 US-$ = 2,6882 EC$, 100 EC$ = 55,5762 DM – **Inflation** ∅ 1980–88: 7,4 % – **Außenhandel** 1981: **Import:** 146 Mio. EC$; **Export:** 50 Mio. EC$; Güter: 30 % Kakao, 20 % Bananen, Muskatnüsse (ca. 30 % d. Weltprod.), Fische, Rum, Zucker; Tourismus 20 % d. BSP; Länder: Trinidad/Tob., 30 % Großbrit., USA, BRD

PRESSE *Wochenzeitungen:* St. George's: Government Gazette – Grenada Guardian – The Granadian Voice – The Informer

GRIECHENLAND *Südost-Europa*

Griechische Republik, Elleniki Dimokratia; »Hellas« Eigenname, Griechen aus lat. »graeci« = Fremdname f. Hellenen – GR

LANDESSTRUKTUR **Fläche** (89): 131957 km², (über 2000 Inseln, davon 150 bewohnt) – **Einwohner** (64): (F 1990) 10070000 = 76 je km²; (Z 1989) 10256464 – 98,5 % Griechen; ferner griech. Staatsangeh. türkischer, pomakischer und Roma Abstamm., 3 Mio. Griechen im Ausland – **Leb.-Erwart.:** 77 J. – **Säugl.-Sterbl.:** 1,2 % – **Analph.** 8 % – Jährl. **Bev.-Wachstum** (∅ 1989–88): 0,4 % (Geb.- u. Sterbeziff. 1988: 1,1 %/1,0 %) – **Sprache:** Griechisch (Neugriechisch), seit 1976 in Unterricht u. Verwaltung nicht mehr die künstl. Hochsprache »Katharevousa«, sondern die Umgangssprache »Dimotiki« – **Religion:** 97 % Angehörige der griech.-orthodoxen Kirche, muslimische, protestant. u. kathol. Minderheiten – **Städt. Bev.:** 62 % – **Städte** (S 1984): Athenai (Athen) (Hptst.) 886000 Ew. (A: 3027000); (S 1982): als Groß-Athen mit Piräus 3337000; (Z 1981): Thessaloniki [Saloniki] 406000 (Agglom. 706000), Patras 155000, Iraklion 111000, Volos 107000, Larissa 102000, Chania 62000, Kavala 56000, Serrä 45000, Ioannina 44000, Kalamä 43000, Drama 36000

STAAT Parlament.-demokrat. Republik n. d. Verfassung von 1975 (mit Änderungen 1985 u. 1986) – Parlament – Allg. Wahlrecht ab 18 J. – 10 Regionen, unterteilt in 53 Verw.-Bezirke (Nomói) – **Staatsoberhaupt:** Konstantinos Karamanlis im Mai 1990 mit 153 St. des 300köpfigen Parlaments gewählt – **Regierungschef:** Min.-Präs. Konstantinos Mitsotakis/ND – **Äußeres:** Antonios Samaras – **Parteien:** Wahl vom 8. 4. 1990: Verteilung der Parlamentssitze 1990/Sitzverteilung nach Obergerichtsbeschluß vom 14. 11. 1990 sowie Verteilung 1989 (): Nea Demokratia/ND (»Neue Demokratie«) 46,88 % d. Stimmen, 150/152 Sitze (1989:111); PASOK (»Panhellenische Sozialist. Partei«) 38,61 %, 123/124 (154); Synaspismos (»Linkskoalition«) 10,28 %, 19/21; (»Ökologische Alternativen«) 0,77 %, 1/1; DE. ANA. (»Demokratische Erneuerung«) 0,67 % 1/0 (8); »Unabhängige« 1,02 % 4/0, »Unabh. Moslem. Liste *Vertrauen*« 0,45 %, 1/1; »Unabh. Moslem. Wählerliste« 0,26 %, 1/1 – **Unabh.:** 13. 1. 1822 (Proklamation), nominell 3. 2. 1830 (Londoner Protokoll) – **Nationalfeiertag:** 25. 3.

WIRTSCHAFT **BSP** 1989: 53626 Mio. $ = 5340 $ je Ew. (38); realer Zuwachs ∅ 1980–89: 1,0 % – **BIP** 1988: 40900 Mio. $; realer Zuwachs ∅ 1980–88: 1,4 %; Anteil **Landwirtsch.** 16 %, **Industrie** 29 % – **Erwerbstät.** 1986: Landw. 27 %, Ind. 28 % – **Energieverbrauch** 1988: 1986 kg ÖE/Ew. – **Währung:** 1 Drachme (Dr.) = 100 Lepta; 1 US-$ = 158,098 Dr.; 100 Dr. = 0,9505 DM – Öffentl. **Ausl.-Verschuld.** 1988: 18797 Mio. $ = 35,9 % d. BSP – **Inflation** ∅ 1980–88: 18,9 %; – **Außenhandel** 1989: **Import:** 2626 Mrd. Dr.; Güter: 5 % Erdöl, 2 % Fleisch, 2 % Chemikalien; Länder: 20 % BRD, 15 % Italien, 7 % Frankr., 7 % Niederl., 7 % Japan, 6 % Großbrit. – **Export:** 1231 Mrd. Dr.; Güter: 20 % Textilien u. Schuhe, 5 % Erdölprod., 55 % Olivenöl, 4 % Garne, 4 % Aluminium, 3 % Obst verarb., 3 % Chemikalien, 3 % Tabak; Länder: 21 % BRD, 20 % Italien, 9 % Frankr., 7 % Großbrit., 6 % USA, 3 % Niederl.

PRESSE *Tageszeitungen:* Athen: Acropolis (51)/kons. – Apogevmatini (130) – Athens News (10)/ Engl. – Athlitiki Icho (24) – Avghi (55)/KP – Avriani (115) – Eleftherotypia (85) – Ethnos (150) – Express (22) – Kathmerini (90)/kons. – Rizospastis (49)/ komm. – Ta Nea (155)/lib. – Vradyni (72)/rechts – Thessaloniki: Makedonia (48) – Thessaloniki (36) – *Wochenzeitung:* Athen: To Vima (190)/lib. – *Nachrichtenagentur:* ANA (Athenagence)

MÖNCHSREPUBLIK ATHOS (Hágion Oros)

LANDESSTRUKTUR Fläche: 336 km² – Einwohner: (Z 1981) 1471 männl. Einwohner in 20 Klöstern – Hauptort: Kariaí (235 Ew.)

STAAT Laut Art. 105 der griech. Verfass. ist d. Halbinsel Athos, von Megali Vigla an, die den Bezirk d. Hl. Berges bildet, gemäß ihres alten privileg. Status ein sich selbst verwaltender Teil d. griech. Staates, dessen Souveränität über d. Hl. Berg unberührt bleibt. – Jeder neue Mönch erwirbt automat. die griech. Staatsangehörigkeit – Verwaltung durch Vertr. d. Hl. KLöster, die die Hl. Gemeinschaft bilden – Änderung des Verwaltungssystems oder d. Zahl d. Klöster nicht erlaubt – Niederlassung von Andersgläubigen oder Schismatikern verboten – Ausf. Regelung der Ordnung d. Hl. Berges durch konstituierende Charta d. Hl. Berges, welche unter Mitwirkung des Vertreters d. Staates v. d. 20 Klöstern verfaßt und beschlossen wird u. durch d. Ökumen. Patriarchat u. d. griech. Parlament bestätigt wird – In geistl. Hinsicht Aufsicht durch Ökumen. Patriarchat, hinsichtlich d. Verwaltung u. Wahrung d. öffentl. Sicherheit unter Aufsicht des Staates (Gouverneur) – Frauen ist der Zutritt zur Mönchsrepublik strengstens verboten.

GROSSBRITANNIEN und NORDIRLAND

West-Europa

Vereinigtes Königreich v. G. u. N.; amtl. Kurzform: Vereinigtes Königreich; United Kingdom of Great Britain and Northern Ireland – UK bzw. GB

LANDESSTRUKTUR **Fläche** (74): 242 432 km² (m. 3218 km² Binnengewässern) – **Einwohner** (16): (F 1989) 57 236 000 = 234 je km²; (Z 1981) 55 678 000 – **England:** 130 439 km² u. 47,7 Mio. Ew. = 366 je km² – **Wales:** 20 766 km² u. 2,9 Mio. Ew. = 138 je km² – **Schottland** (Scotland): 77 080 km² u. 5,1 Mio. Ew. = 66 je km² – **Nordirland** (Ulster): 14 147 km² u. 1,6 Mio. Ew. = 112 je km² (künftige Regierungsform noch nicht feststehend; seit 1972 v. d. brit. Reg. direkt verwaltet) – Briten (Engländer, Schotten, Waliser), Iren in Nordirland; (S) 2,6 Mio. Ausländer, darunter (nur England) 1,8–2,0 Mio. farbige Einwand. aus dem Commonwealth (davon ⅓ in London), n. and. Ang. 3,9 Mio. Farbige in Großbritannien – **Leb.-Erwart.:** 75 J. – **Säugl.-Sterbl.:** 0,9% – **Analph.:** k. Ang. – Jährl. **Bev.-Wachstum** (∅ 1980–88): 0,2% (Geb.- u. Sterbeziff. 1988: 1,4%/ 1,1%) – **Sprachen:** Englisch; Reste keltischer Sprachen (Schottland, Wales, Man »Manx«, Cornwall »Kornisch«); es sprachen z. B. 1981 in Wales 21 283 nur Walisisch (»Kymbrisch«), 482 276 Welsh u. Englisch, in Schottland 79 307 Gälisch und Englisch – **Religion:** vorwieg. Protestanten; 55% anglikan. Staatskirche in England (Erzbischof George Carey, seit 19. 4. 1991), presbyterian. Staatskirche in Schottland, Freikirchen, in England und Wales (1985) 4 208 696, in Schottland (1985) 808 000, in Nordirland (1981) 414 532 (üb. 25%) Katholiken; außerdem in Nordirland 339 818 Presbyterianer, 284 253 Angeh. d. »Church of Ireland«, 58 731 Methodisten u. 110 041 Sonstige; rund 1 Mio. Muslime, 354 000 Juden (1983) – **Städt. Bev.:** 92% – **Städte** (F 1985): Als **Metropolitan Counties:** London (Hptst.) als Greater London (1988) 6 736 000 Ew. (Wohnbev. d. City of London 2,6 km² nur ca. 5000!); West Midlands 2 641 800, Greater Manchester 2 582 600 [(1988) Stadt: 446 000], West Yorkshire 2 052 800, Merseyside 1 481 000, South Yorkshire 1 303 200, Tyne and Wear 1 139 900; als **Districts:** Birmingham 1 007 500 [(1988) Stadt: 994 000, A: 2 617 000], Glasgow 733 784, Leeds 710 500, Sheffield 538 700, Liverpool 491 500 [(1988) Stadt: 470 000, A: 1 448 000], Bradford 463 500, Manchester 451 100, Edinburgh 439 672, Bristol 393 800, Coventry 312 200, Wakefield 310 200, Wiggan 306 700, Sandwell 303 300, Belfast 301 600 (A. 550 000), Dudley 300 800, Sunderland 298 800, Sefton 298 400, Stockport 291 200, Doncaster 288 500, Leicester 282 900, Newcastle upon Tyne 282 200, Nottingham 279 400, Cardiff 278 900, Walsall 262 900, Kingston upon Hull 262 000, Bolton 261 200, Plymouth 253 400, Wolverhampton 253 200, Rotherham 252 700, Stoke on Trent 248 700, Salford 240 000, Barnsley 223 300, Oldham 219 700, Trafford 217 800, Tameside 215 500, Derby 215 300, Aberdeen 215 246, Gateshead 208 100, Rochdale 206 100, Southampton 202 300, North Tyneside 193 200, Calderdale 191 700, Portsmouth 187 900, Swansea 187 400 – 1986 Stadtverwalt. d. Metropolitan Counties in Einzelbehörden d. Stadtbezirke aufgelöst – In England u. Wales lebten 1981 76,9%, in Schottland 70,0% u. in Nordirland 55,3% d. Bev. in städt. Siedlungen

STAAT Konstitutionelle Monarchie im Commonwealth – Keine formelle (geschriebene) Verfassung, aber Gesetze, die in materieller Hinsicht Verfass.-Charakter haben – Parlament aus zwei Kammern (»House of Commons« = »Unterhaus«, 650 Mitgl. auf höchstens 5 J. gewählt u. »House of Lords« = »Oberhaus«, 1177 Mitgl., davon 803 Erblords, 348 ernannte Lords, 2 Erzbischöfe u. 26 Bischöfe d. anglik. Kirche); außerd. Geheimer Staatsrat (»Privy Council«) ohne verfassungsrechtl. Entscheidungsgewalt – Wahlberechtigt alle Bürger ab 18 J. mit Ausnahme der Peers – 39 Grafschaften (Counties) u. 7 Metropolitan Counties (Ballungsräume) in England, 8 Grafschaften in Wales, 26 Distrikte in Nordirland, 12 Regionen in Schottland – **Staatsoberhaupt:** Königin Elizabeth II., seit 1952, gekrönt 1953 – **Regierungschef:** Premierminister John Major (seit 28. 11. 1990); Konserv. Partei – **Äußeres:** Douglas Hurd – **Parteien:** Wahl v. Juni 1987 (1983) – einschl. Veränd. durch Nachwahlen 1990 (insgesamt 650 Sitze): Conservative Party 42,3 % (42,4 %) 372 Sitze (83: 397 Sitze)]; Labour Party 30,8 % (27,5 %) 226 (209); Liberal Party zus. mit. d. Social and Democratic Party/SDP 22,6 % (25,4 %) 19, 17 Lib. u. 5 SDP (23); sonstige (u. a. regionale u. nationalist. Parteien) 4,3 % 24 (21); u. a. »Schottische Nationalisten« 1,3 % (4); Plaid Cymru (»Walis. National.«) 0,4 % (3); sowie Nordirl. Ulster Unionist 8; Democr. Unionist 3; Ulster Popular Unionist 1; SDLP 3; Sinn Fein 1; Labour Independent 1; weitere Sitze: Speaker and deputies 4, vakante Sitze 2 – Kommunalwahlen in Nordirland im Mai 1985: Von 556 Mandaten gewannen Official Unionist Party/OUP (»Protestantenpartei«) 189, Democratic Unionist Party/DUP 141, Social Democratic and Labour Party/SDLP 100, Sinn Fein u. Gerry Adams 58, Allianz 33 – **Unabh.:** Beginn der engeren Staatsgeschichte im 8. Jahrh. – **Nationalfeiertag:** im Juni, Tag jährl. wechselnd

WIRTSCHAFT **BSP** 1989: 834 166 Mio. $ = 14 750 $ je Ew. (21); realer Zuwachs ∅ 1980–89: 1,0 %; **BIP** 1988: 702 370 Mio. $; realer Zuwachs ∅ 1980–88: 2,8 %; Anteil **Landwirtsch.** 2 %, **Industrie** 42 % – **Erwerbstät.** 1985: Landw. 2,6 %, Ind. 28,5 % – **Energieverbrauch** 1988: 3756 kg ÖE/Ew – **Währung:** 1 Pfund Sterling (£) = 100 New Pence (p) 1 US-$ = 0,5182 £; 100 £ = 288,25 DM – **Inflation** ∅ 1980–88: 5,7 % (1990: 9,5 %) – **Außenhandel** 1990: **Import:** 125 Mrd. £; Güter: 38 % Maschinen, Fahrzeuge u. elektrotechn. Erzeugn., 32 % bearb. Waren, 10 % Nahrungsm., 9 % chem. Erzeugn.; Länder: 17 % BRD, 11 % USA, 9 % Frankr., 8 % Niederl., 6 % Japan, 6 % Italien – **Export:** 104 Mrd. £; Güter: 40 % Maschinen, Fahrz. u. elektrotechn. Erzeugn., 28 % bearb. Waren, 9 % chem. Erzeugn., 7 % Brennstoffe, 7 % Nahrungsm.; Länder: 13 % USA, 12 % BRD, 10 % Frankr., 7 % Niederl., 5 % Belgien/Luxemb., 5 % Irland *(Einzelheiten zur Wirtschaftslage → Sp. 804 f.)*

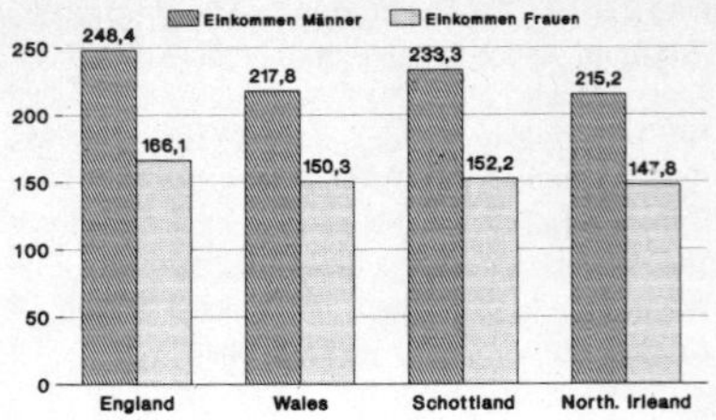

Einkommen pro Woche (Angaben in engl. Pfund)
Quelle: Gov. Statistic UK

PRESSE *Tageszeitungen:* London: Daily Express (1570) – Daily Mail (1740) – Daily Mirror (3172) – Daily Telegraph (1105) – Evening Standard (464) – Financial Times (286) – The Guardian (432) – The Independent (423) – Morning Star (28)/komm. – The Sun (4195) – The Times (451) – Today (602) – Belfast: Belfast Telegraph (150) – Birmingham: Birmingham Post and Evening Mail (292) – Bristol: Evening Post (92) – Cardiff: South Wales Echo (103) – Edinburgh: Evening News (128) – The Scotsman (92) – Glasgow: Daily Record (759) – Evening Times (193) – Glasgow Herald (122) – Scottish Daily Express (155) – Leeds: Yorkshire Evening Post (149) – Leicester: Leicester Mercury (151) – Liverpool: Liverpool Echo (207) – Manchester: Manchester Evening News (320) – The Star (1137) – West Bromwich: Sandwell Evening Mail (284) – Wolverhampton: Express and Star (339) – *Wochen- und Sonntagszeitungen:* London: The European (300) – The Independent on Sunday (395) – The Mail on Sunday (1933) – News of the World (5249) – The Observer (750) – The People (2932) – The Sunday Correspondent (220) – Sunday Telegraph (648) – The Sunday Times (1273) – Dundee: Weekly News (583) – Glasgow: Sunday Mail (887) – Sunday Post (1433) – *Zeitschriften:* London: The Economist (349) – New Statesman (40) – Radio Times (2961) – The Spectator (36) – Tribune – TV Times (2933) – Woman (986) – Woman's Own (939) – Woman's Weekly (1059) – *Nachrichtenagenturen:* AP/UK (Associated Press) – EXTEL (Exchange Telegraph) – Reuters – UPI/UK (United Press International)

1. UNMITTELBAR MIT DER KRONE VERBUNDENE GEBIETE (»Dependent Territories«)

Die Insel Man und die Kanal-Inseln sind nicht Teile des Vereinigten Königreichs und nicht EG-Mitglieder, sondern (außer Man) als Überreste des ehemaligen normannischen Herzogtums unmittelbar der Krone verbunden; eigene Parlamente, Exekutiven, Flaggen

KANAL-INSELN
(Channel Islands, Normannische Inseln)

LANDESSTRUKTUR Fläche: 195 km^2 – Einwohner: (F 1988) 137000 = 703 je km^2 – 2 Bailiwicks (Amtsbezirke): Guernsey (GBG) 56000 Ew. mit Alderney (GBA) 2086 und den Sark-Inseln sowie Jersey (GBJ) 77000 – Leb.-Erwart.: 76 J. – Geb.-Ziffer (1988): 1,6% – Sprachen: Französisch auf Jersey und Englisch (als Umgangssprache) auf Guernsey; in ländl. Gebieten z. T. ein normannischer Dialekt – Städte: St. Helier (Jersey) 28135 Ew., St. Peter Port (Guernsey) 16303

STAAT Staatsgewalt bei den Ständeparlamenten (»States«) – Sitz eines »Lieutenant-Governor« in St. Helier auf Jersey (Sir William Pillar) u. St. Peter Port auf Guernsey (Sir Alexander Boswell)
WIRTSCHAFT BSP 1985: 1350 Mio. $ = 10390 $ je Ew.; realer Zuwachs: –0,5% – Ausfuhrgüter: Gemüse, Obst, Blumen

PRESSE Tageszeitungen: Guernsey: Vale: Guernsey Evening Press and Star (17) – Jersey: St. Helier: Jersey Evening Post (25)

MAN *Irische See*
Isle of Man; Ellan Vannin – GBM

LANDESSTRUKTUR Fläche: 588 km^2 – Einwohner: (F 1989) 63000 Ew. = 107 Ew. pro km^2; (Z 1981 64679) – Lebenserwart.: 69 J. – Jährl. Bev.-Wachstum: –0,4% – Geburtenrate (1988): 2,6% – Sprachen: Englisch; kleine, auch »Manx« sprechende Gruppe – Städte: Douglas (Hptst.) 20400 Ew.

STAAT Gesetzgebender Rat, Versammlung (»House of Keys«) – Lieut.-Governor: Maj. Gen. Laurence New

WIRTSCHAFT BSP S 1985: 380 Mio. $ = 5910 $ je Ew.; realer Zuwachs: –1% – Währung: Pfund Sterling – Ausfuhrgüter: Viehzucht- u. Fischprodukte, Blei- u. Eisenerz

PRESSE Zeitungen: Douglas: Isle of Man Examiner (wö.; 10) – The Manx Independent (3x wö.; 25)

2. ABHÄNGIGE GEBIETE mit verschiedenem Grad von Selbstverwaltung. Die auton. u. assoz. Staaten haben innere Selbstverwaltung; London ist für Verteidigung u. Außenpoltik, z. T. auch für Verfassungsfragen zuständig

GIBRALTAR *Süd-Europa*
von arab. »djebl al-Tarik« = Fels des Tarik – der Ort, wo 711 d. arab. Feldherr Tarik die Eroberung der span. Halbinsel begann – GBZ

LANDESSTRUKTUR Fläche: 6,5 km^2 – Einwohner: (F 1988) 30000 (ohne Militär) = 4615 Ew. je km^2 – darunter ⅔ Einheimische, meist span., maltes. od. portugies. Herkunft (»Gibraltare*n*os«), 3500 Marokkaner – Jährl. Bev.-Wachstum (∅ 1980–88): –0,3% – Sprachen: Englisch u. Spanisch – Religion: 75% Katholiken, 8% Anglikaner, 8,5% Muslime, 2,5% Juden

REGIERUNSGFORM Verfassung von 1969 – Exekutiv- u. Legislativrat – Gouverneur: Sir Peter Terry – Parteien: (Wahlen von 1985) Gib. Socialist Labour Party/GSLP, antispan., v. Joe Bossano) 8 Sitze; Gib. Labour P. and Association for the Advancement of Civil Rights/GLP/AACR, (»Gerechtigkeitspartei«, v. Sir Hassan) 7; Democratic Party for British Gibraltar/DPBG 0 – Unabh.: Spanien erhebt Anspruch auf die brit. Besitzung, die nach ihrer neuen Verfassung brit. »Dominion« ist. Seit Febr. 1985 Grenzen zu Spanien wieder offen

WIRTSCHAFT BSP 1985: 130 Mio. $ = 4370 $ je Ew.; realer Zuwachs: 3,2% – Währung: 1 Gibraltar-Pfund (Gib£) = 100 New Pence (p); 1 $ = 0,6190 Gib£; 100 Gib£ = 273,8551 DM – Außenhandel 1988: Import: 145 Mio. Gib£; – Export: 46 Mio. Gib£; Reparatur-Docks, Fremdenverkehr, Transithandel, Bunkerstation

PRESSE Tageszeitungen: Gibraltar Chronicle (2,7)/Engl. – Gibraltar Echo (1,2) – Wochenzeitungen: The Democrat (1) – Panorama (2,5) – The People (1,8)

BERMUDA-INSELN *Nord-Atlantik*
(Bermudas)

LANDESSTRUKTUR Fläche: 53,5 km^2 (rd. 360 Inseln u. Eilande, über 20 bewohnt) – Einwohner: (F 1988) 58600 (ohne Militär) = 1095 Ew. je km^2 – 37% Weiße, sonst Farbige – Bev.-Wachstum (1988): 0,9% – Sprache: Englisch – Religion: Protestanten, 8800 Katholiken – Städte: Hamilton (Hptst.) 3000 Ew.; St. George's 1650

REGIERUNGSFORM Kolonie mit innerer Auton. n. d. Verfassung v. 1968 (»self governing dependency«) – »Legislative Council« u. »House of Assembly« – Gouverneur: Sir Desmond Langley – Delegierter Außenminister: Sir John H. Sharpe – Premier einer gemischtrassigen Regierung: John Swan, UBP – Parteien: (Wahl v. 1989) United Bermuda Party/ UBP (haupts. v. Weißen getragen) 31 Sitze; Progr. Labour Party 7; Unabh. Nat.-Lib. P. 2 Sitze

WIRTSCHAFT SP 1985: 1030 Mio. $ = 13 070 $ je Ew.; realer Zuwachs: 0,7 % – Währung: 1 Bermuda-Dollar (BD$) = 100 Cents; 1 US-$ = 0,9960 BD$; 100 BD$ = 170,4618 DM – Außenhandel 1985: Import: 402 Mio. $; – Export: 23 Mio. $; Güter: chem. Erzeugn., Essenzen, Blumen, Früchte, Gemüse – Tourismus (1988): 40 % des BSP, 631 000 Gästeankünfte – Steuerparadies: 1986 waren 6349 internationale Versicherungen und Investmentfirmen registriert

PRESSE Tageszeitungen: Hamilton: The Royal Gazette (17,5) – Wochenzeitungen: The Bermuda Sun (12,5) – The Mid-Ocean News (14)

FALKLAND-INSELN *Süd-Atlantik*
(Malwinen; Islas Malvinas, Falkland Islands)

LANDESSTRUKTUR Fläche: 12 173 km^2 – Einwohner: (F 1986) 2000, außerd. ein brit. Truppenkontingent – Bev.-Wachstum (∅ 1980–86): 1,3 % – Städte: Port Stanley (Hptst.) 1200 Ew., Goose Green 100 Ew.

REGIERUNGSFORM Britische Kronkolonie – Exekutiv- und Legislativrat (6/10 Mitgl.) – Gouverneur: W. H. Fullerton – Seit 1833 engl., von Argentinien beansprucht

WIRTSCHAFT BSP 1985: 7800 £ je Ew. – Währung: 1 Falkland-Pfund (Fl£) = 100 New Pence; 1 $ = 0,6190 FL£; 100 Fl£ = 273,8851 DM – Außenhandel 1981: Import: 3,2 Mio. £; – Export: 2,3 Mio. £; Güter: Fischprodukte (geschützte Fangzone), Wolle

PRESSE Port Stanley: Penguin News (14täg.)

SÜDGEORGIEN u. SÜDL. SANDWICH-INSELN
Süd-Atlantik
(Falkland Island Dependencies)
South Georgia, 3753 km^2, bis 1982 von 22 Forschern (British Arctic Survey Team) bewohnt, 1989 noch 4 Biologen – South Sandwich Islands 337 km^2; seit 3. 10. 1985 eigener Status – Commisioner: W. H. Fullerton – von Argentinien beansprucht

ST. HELENA *Süd-Atlantik*

LANDESSTRUKTRUR Fläche: 121,7 km^2 – Einwohner (F 1987): 5660 Ew. = 46 Ew. je km^2; (Z 1976) 5147 – Jährl. Bev.-Wachstum (∅ 1980–86): 2,5 %, 1988: 0,3 %, Geburtenrate 1988: 1,5 % – Sprache: Englisch – Religion: Protestanten – Städte (1984): Jamestown (Hptst.) 1535 Ew. Mitverwaltet werden: *Ascencion* (88 km^2 ; 1989: 1100 Ew. und RAF Personal, davon 700 St. Helenians, Hauptort Georgetown); *Tristan da Cunha* (104 km^2; 1988: 306 Ew.)

REGIERUNGSFORM Gesetzgeb. Rat u. Vollzugsrat – Gouverneur: R. F. Stimson – Parteien: St. Helena Prog. Party 11 v. 12 Sitzen – Verwalter Ascension: J. J. Beale – Island Council Tristan da Cunha 1988 gewählt, 12 Personen, Verwalter: B. Pauncefort

WIRTSCHAFT Finanzhilfe von GB: 26,5 Mio. DM – Währung: brit. £ u. eigene Banknoten – Außenhandel 1987/88: Import: 5,6 Mio. £; Güter: 16 % Fahrzeuge, 10 % Nahrungsgüter; Länder: 68 % Großbrit., 32 % Südafrika – Export: 0,03 Mio. £; Güter: Fischerzeugnisse

PRESSE Wochenzeitung: Jamestown: St. Helena News (1,5)

ANGUILLA *Karibik*

LANDESSTRUKTUR Fläche 96 km^2 – Einwohner: 7000 (1988); Sombrero Island ist unbew. = 77 Ew./km^2 – Anguiller; bes. Schwarze, Mulatten u. Europäer (meist irischer Abst.) – Sprache: Englisch – Religion: Anglikaner, Methodisten, Katholiken, Adventisten, Baptisten – Städte: Regierungssitz in »The Valley« ca. 2000 Ew.

REGIERUNGSFORM »British Dependency« m. Verf. von 1982 – »House of Assembly« (Mitgl. 11: 7 gewählte, 2 ernannte, 2 ex-officio) als Legislative, »Executive Council« u. Gouverneur als Regierung – Wahlen alle 5 J. – Allg. Wahlrecht ab 18 J. – Unabh.: 30. 5. 1967 einseit. Austritt aus der Assoziation m. St. Christopher-Nevis, 9. 1. 1969 einseit. Erklärung d. Unabh. v. Großbrit. durch R. Webster, daraufhin v. brit. Truppen besetzt; 19. 12. 1980 (»A. Act«) nominelle Loslösung v. St. Christopher-Nevis als eigenständ. brit. Kolonie, gegenw. keine Unabhängigkeitsbestrebungen – Staatsoberhaupt: Königin Elizabeth II., vertr. durch Gouverneur Brian Canty, seit Nov. 1989 – Regierungschef: Chief Min. Emile Gumbs, seit März 1984 – Parteien: Wahlen vom 27. 2. 1989: Anguilla National Alliance 3 Sitze, A. United Party 2, A. Democratic Party 1, Unabhängige 1

WIRTSCHAFT BSP 1980: 10 Mio. $/je Ew. 1539 $ – Außenhandel: 1987 Ausf. (nach GB) 188 000 £ – Einf. (aus GB) 1 328 000 £ – Währung: 1 Ostkarib. Dollar (EC$) = 100 Cents; 1 US = 2,688 EC$, 100 EC$ = 55,5762 DM – Ausfuhrgüter: Phosphate, Vieh, Fische – Handelspartner: Großbrit., CARICOM

PRESSE The Valley: Government Information Service Bulletin (mtl.) – Official Gazette (mtl.)

MONTSERRAT *Karibik*

LANDESSTRUKTUR Fläche: 98 km² – Einwohner: (F 1986) 12000 Ew. = 122 Ew. je km² (Z 1980) 11606 – Jährl. Bev.-Wachstum (∅ 1980–86): 0,6 %; 1988: 0,5 % – Stadt: Plymouth 1500 Ew.

REGIERUNGSFORM Kronkolonie (»British Caribbean Dependency«) – Neue Verfassung von 1989 – Legislativrat 12 Personen (Ltg. J. A. Osborne) – Gouverneur: C. J. Turner – Parteien: (Wahlen von 1987) People's Liberation Movement 4 Sitze, National Development Party 2, Progressive Democratic P. 1

WIRTSCHAFT BSP 1984: 30 Mio. $ = 2500 $ je Ew.; BIP 1988: 146,3 Mio. EC$ – Währung: 1 Ostkarib. Dollar (EC$) = 100 Cents; 1 US-$ = 2,6882 EC$; 100 EC$ = 61,7253 DM – Außenhandel 1986: Import: 49,6 Mio. EC$; Export: 7,8 Mio. EC$: Güter: Baumwollprodukte; Tourismus (1988): 30000 Gäste – Starke Verwüstungen von Hotel- und Produktionsanlagen durch den Hurrikan Hugo 1989

PRESSE Wochenzeitungen: Plymouth: The Montserrat Reporter (2,5) – The Montserrat Times (1)

CAYMAN-INSELN *Karibik*

LANDESSTRUKTUR Fläche: 259 km² – Einwohner: (S 1990) 27000 = 350 Ew. je km²; (Z 1979) 16600 – meist Mulatten u. Schwarze, etwa 1600 Weiße – Bev.-Wachstum (∅ 1980–86): 4,3 % – Sprache: Englisch – Religion: haupts. Protestanten – Städte: Georgetown (Hptst.) 8900 Ew. (auf Gr. Cayman), ferner »Main Areas« (Z 1979) West Bay 3950, Boden Town 1600, East End 1100, North Side 800, Little Cayman 50

REGIERUNGSFORM Kronkolonie – Verfassung von 1972 – Exekutivrat 7 Personen, davon 4 gewählt; letzte Wahl 1988 – Gouverneur: T. C. Jefferson

WIRTSCHAFT BIP 1987: 329 Mio. CI$ = 14500 CI$ je Ew. – Währung: 1 Kaiman-Dollar (CI$) = 100 Cents, 1 US-$ = 0,82 CI$; 100 CI$ = 207,0488 DM – Außenhandel 1987: Import: 162,6 Mio. CI$; Güter: vorwiegend Nahrungsmittel; Länder: 80% USA; Export: 1,8 Mio. CI$ – Steueroase: 428 Banken u. 377 Versicherungsgesellschaften registriert, 17000 Briefkastenfirmen; durch sie werden 30% des BIP erwirtschaftet – Tourismus(1988): 534000 Gäste, davon 315000 Kreuzschiffahrt-Passagiere

PRESSE Tageszeitung: Grand Cayman: The Daily Caymanian Compass (4,5)

TURKS- UND CAICOS-INSELN *Karibik*

LANDESSTRUKTUR Fläche: 430 km² – Einwohner: (S 1990) 13000 = 30 Ew. je km²; ⅔ Schwarze, ⅓ Mulatten – Jährl. Bev.-Wachstum (∅ 1980–86): 1,3 % – Sprache: Englisch – Religion: Protestanten – Verwaltungssitz: Cockburn, auf Grand-Turk, 3100 Ew.

REGIERUNGSFORM Neue Verfassung von 1976 – Exekutiv- und Legislativrat – Gouverneur: M. J. Bradley – Parteien: (Wahlen von 1988) Prog. Nat. Party 8 v. 11 Sitzen

WIRTSCHAFT Währung: US-$ – Außenhandel 1987/88: Export: 3,7 Mio. $ – Güter: Langusten, Muscheln – 5000 Briefkastenfirmen – Tourismus (1988): 47000 Gäste

PRESSE Wochenzeitung: Grand Turk: Turks and Caicos News

JUNGFERNINSELN *Karibik*
(The British Virgin Islands)

LANDESSTRUKTUR Fläche: 153 km² auf 40 Inseln (u. a. Anegada, Jost van Dyke, Tortola, Virgin Goda) – Einwohner: (S 1987) 13000 = 85 Ew. pro km²; meist Schwarze und Mulatten – Jährl. Bev.-Wachstum (∅ 1980–86): 2,8 % – Sprache: Englisch – Religion: Anglikaner, Methodisten, Adventisten – Städte/Inseln: Road Town (Hptst.) auf Tortola 9200 Ew., Virgin Gorda 1500, Anegada 170

REGIERUNGSFORM Verfassung von 1977 – Exekutiv- u. Legislativrat – Gouverneur: J. M. A. Herdman – Parteien: (Wahlen von 1986) Virgin Islands Party 5 Sitze, United Party 2, Unabh. 2

WIRTSCHAFT Erwerbstätige: 70 % im Tourismus – Währung: US-Dollar – Außenhandel 1988: Import: 11,5 Mio. $; Güter: Nahrungsmittel, Fahrzeuge; Export: 2,7 Mio. $; Güter: Fische, Früchte, Gemüse, Rum – Tourismus (1988): 240000 Gäste

PRESSE Wochenzeitungen: Tortola: The BVI Beacon (2) – The Island Sun (2)

HONGKONG *Ost-Asien*
Hong Kong; chin. »Duftender Sund« – HK

LANDESSTRUKTUR Fläche: 1071 km² (über 230 Inseln, m. Wasserflächen 2911 km², New Territories 977,12 km²) – Einwohner: (S 1990) 5,8 Mio. = 5416 Ew. je km², (Z 1988 5681000 Ew.); Auswanderung 1989 45000 Ew. – rd. 98 % Chinesen, etwa 162000 Ausländer (18600 Filipinos, 15300 Inder, 15200 US-Amerikaner, 14900 Briten, 10100 Malaysier, 8000 Australier, 7800 Portugiesen, 7500 Japaner, 7200 Kanadier, 2300 Deutsche, insg. ca. 55400 Weiße, 59% der Ew. in H. geboren – Leb.-Erwart.: 77 J. - Säugl.-Sterbl.: 0,7% – Analph.: 12% – Jährl. Bev.-Wachstum (∅ 1980–1988): 1,5% (Geb.- u. Sterbeziff. 1988: 1,4%/0,5%) – Sprachen: Englisch, Chinesisch – Religion: Buddhisten, Konfuzianer, 480000 Christen (u. a. 270000 Katholiken) – Städt. Bev.: 93% – Städte: Victoria (Hptst.) 1,1 Mio. Ew.; Kowloon [Kaulun] 1,5 Mio. (mit 200000 Ew./km² größte Bevölkerungsdichte der Welt); New Kaulun 0,7 Mio. Ew.

REGIERUNGSFORM Gesetzgeb. Rat aus 56 Mitgl. u. Gouverneur (3 ex officio, 7 offizielle, 22 v. Gouv. ernannte, 24 von Gruppen gewählte) u. Vollzugsrat – Gouverneur: Sir David Wilson – Chief Secretary: David Ford

WIRTSCHAFT BSP 1990 (S): 33,25 Mrd. US-$ = 5733 je Ew.; realer Zuwachs ∅ 1980–88: 7,3%; BIP 1988: 44830 Mio. $, Zuwachs 1980–88: 7,3%, Anteil Landwirtsch. 0,5%, Industrie 29% – Erwerbstät. 1984: 3,5% Landw., 50,5% Ind. – Energieverbrauch 1988: 1544 kg ÖE/Ew. – Währung: 1 Hongkong-$ (HK$) = 100 Cents; 1 US-$ = 7,8140 HK$; 100 HK$ = 19,2123 DM – Inflation ∅ 1980–1988: 6,7% (1990: 1,5%) – Außenhandel 1990: Import: 642,5 Mrd. HK$; Güter: 27% Maschinen, Fahrzeuge, 25% Vor- u. Zwischenprodukte, 18% industr. Fertigwaren, 8% chem. Erzeugnisse, 6% Nahrungsmittel; Länder: 37% VR China, 16% Japan, 9% Taiwan, 8% USA, 4% Rep. Korea, 4% Singapur, 2% BRD, 2% Großbrit. – Export: 639,9 Mrd. HK$; Güter: 32% Bekleidung, 8% Uhren, 8% sonst. Textilien, 6% Telekommunikationsausrüstung, 6% Schmuck- u. Silberwaren, 3% Spiel- u. Sportwaren; Länder: 25% VR China, 24% USA, 7% Japan, 6% BRD, 4% Großbrit. – Tourismus 1988: 5,6 Mio. Ankünfte, davon 1,2 Mio. aus Japan, 0,74 Mio. aus USA
Die »New Territories« wurden von China 1898 für 99 Jahre verpachtet, aber Peking betrachtet das ganze Gebiet als unter seiner Hoheit stehend. – Brit.-chines. Vertrag regelt Zukunft Hongkongs, das nach Ablauf des Pachtvertrags an China zurückgegeben wird, behält aber als »Besondere Verwaltungsregion Hongkong« 50 Jahre lang das bisherige Wirtschafts-, Gesellschafts- und Rechtssystem sowie innere Autonomie. Die VR China hat das Recht, Polizei u. Truppen zu stationieren. Seit 1985 haben über 100 internationale Unternehmen ihren Hauptsitz von Hongkong verlagert, vorwiegend auf die Bermudas

PRESSE Tageszeitungen, Engl.: Asian Wall Street Journal (37) – Hong Kong Economic Times (50) – Hong Kong Standard (44) – South China Morning Post (103) – Chin.: Ching Pao (120) – Fai Pao (160) – Hong Kong Sheung Po (110) – Ming Pao (110) – Sing Pao (300) – Sing Tao Jih Pao (77) – Sing Tao Wan Pao (122) – Tin Tin Yat Pao (180) – Wah Kiu Yat Po (125) – Wen Wei Po (150)

BRITISCHES TERRITORIUM IM INDISCHEN OZEAN (»British Indian Ocean Territory«/B. I. O. T.) 1965 geschaffen; nach Angliederung (1976) einiger Inseln an die Seschellen *(→ Hauptartikel)* nur noch aus dem **Tschagos-(Chagos)Archipel** bestehend

LANDESSTRUKTUR Fläche: 60 km² (Archipel 54400 km²- Einwohner: (S 1988) 1200 – Wichtigste Insel: Diego Garcia (44 km², 1988: 1500 Militärangeh. der USA und Großbrit. sowie 1500 Zivilangestellte; v. Mauritius beansprucht) mit Stützpunkt der USA – Commissioner: R. J. S. Edis

PITCAIRN *Ozeanien*
Erstmals besiedelt v. d. Meuterern der Bounty 1790

LANDESSTRUKTUR Fläche: 4,6 km² einschl. d. unbewohnten Dependenzen Ducie, Henderson u. Oeno 38 km² – Einwohner: (Z 1988) 82 – Sprache: Pitcairn-Englisch – Hauptort: Adamstown

REGIERUNGSFORM Gouverneur: R. A. C. Byatt (in Wellington) als Vertr. d. Königin – Inselmagistrat: B. Young

WIRTSCHAFT Währung: Brit. £, NZ$, Austr.$, Can$ u. US-$ – Ausfuhrgüter: Briefmarken, Handarbeiten aus Holz

CANTON (eine d. Phoenix-Inseln) u. **ENDERBURY** nach Vereinb. (1939) zwischen Großbrit. u. d. USA gemeinsam kontrolliert; wurde *Kiribati (→ Hauptartikel)* zugesprochen

GUATEMALA *Mittel-Amerika*

Republik G.; República de Guatemala; aztek. »quauhtemallan« = »Land, reich an Holz« – GCA

LANDESSTRUKTUR **Fläche** (99): 108889 km² – Einwohner (72): (F 1989) 8946000 = 80 je km²; (Z 1981) 6054000 – Guatemalteken (Guatemaler, span. »guatemaltecos«); über 45% Indianer (Indigenas, meist. Maya-Quiché), über 40% Mestizen (Ladinos); außerd. Schwarze, Mulatten, Zambos (indian.-schwarze Mischl.) u. ca. 5% Weiße (bes. in den Städten) – Leb.-Erwart.: 64 J. – Säugl.-Sterbl.: 5,6% – Analph.: 45% – Jährl. **Bev.-Wachstum** (∅ 1980–88): 2,9% (Geb.- u. Sterbeziffer 1988: 4,0%/0,8%) – **Sprachen:** Spanisch als Amtssprache; 23 Maya-Quiché-Dialekte – **Religion:** 96% Katholiken; über 100000 Protestanten, 1900 Juden – **Städt. Bev.:** 33% – **Städte** (S 1990): Ciudad de

Guatemala (Hptst.) 1,1 Mio. Ew., Escuintla 109000, Quezaltenango 101000, Totonicapan 85000, Jutiapa 77000, Puerto Barrios 38000, Jalapa 24000

STAAT Präsidialrepublik – 1-Kammer-Parlament (Kongreß) mit 100 Sitzen – Allg. Wahlrecht – 22 Departamentos – **Staatsoberhaupt u. Regierungschef:** Präs. Jorge Serrano Elías, seit 7. 1. 1991 – **Äußeres:** Alvaro Enrique Arzú Irigoyen – **Parteien:** Wahl z. Kongreß v. 11. 11. 1990: Christdemokraten/PDCG 28, Nationale Zentrumsunion/UCN 41, Bewegung d. solidarischen Aktion/MAS 18, ferner: A–90 11, PAN 12, MLN/FAN 4, PR 1, AP5/PSD 1; bei der Stichwahl um das Präsidentenamt am 6. 1. 1991 siegte Jorge Serrano Elías mit 68 % der Stimmen vor Jorge Carpio – **Unabh.:** 15. 9. 1821 (Proklamation), endgültig 13. 4. 1839 (Austritt aus d. Zentralamerikan. Konföderation) – **Nationalfeiertag:** 15. 9.

WIRTSCHAFT **BSP** 1989: 8205 Mio. $ = 920 $ je Ew. (93); BIP 1988: 8100 Mio. $; realer Zuwachs ∅ 1980–88: -0,2 %; Anteil **Landwirtsch.** 55 %, **Industrie** 19 % – **Erwerbstät.** 1988: Landw. 52 %, Ind. 17 % – **Energieverbrauch** 1988: 168 kg ÖE/Ew. – **Währung:** 1 Quetzal (Q) = 100 Centavos; Bankenkurs: 1 US-$ = 4,95 Q, 100 Q = 30,6040 DM – **Ausl.-Verschuld.** 1988: 2244 Mio. $ = 28,3 % d. BSP – **Inflation** ∅ 1980–88: 13,3 % – **Außenhandel** 1988: **Import:** 1548 Mio. $; Güter: 52 % Rohmaterialien u. Zwischenprodukte, 24 % Maschinen u. Ausrüstungen, 19 % Konsumgüter; Länder: 39 % USA, 7 % BRD, 7 % Japan, 5 % El Salvador; **Export:** 1074 Mio. $; Güter: 32 % Kaffee, 10 % Zucker, 7 % Bananen; Länder: 24 % USA, 11 % El Salvador, 8 % BRD, 5 % Costa Rica

PRESSE *Tageszeitungen:* C. de Guatemala: Diario de Centroamérica (15)/offiz. – El Gráfico (60) – Imparcial (25) – La Hora (18) – Prensa Libre (69) – *Nachrichtenagentur:* Inforpress Centroaméricana

GUINEA *West-Afrika*

Republik Guinea; Rép. de Guinée; von »guin = Land d. Schwarzen (berber.) – RG

LANDESSTRUKTUR **Fläche** (73): 245857 km² – **Einwohner** (83): (S 1990) 6876000 = 28 je km²; (Z 1983) 5781000 – Guineer; vorwieg. Sudan-Gruppen, bes. Mandingo (25 % Malinke, 11 % Sussu, 8 % Kissi); 40 % Fulbe, je etwa 3000 Franz. u. Libanesen – **Leb.-Erwart.:** 44 J. – **Säugl.-Sterbl.:** 14,3 % – **Analph.:** 76 % – Jährl. **Bev.-Wachstum** (∅ 1980–88): 2,4 % (Geb.- u. Sterbeziffer 1987: 4,8 %/2,2 %) – **Sprachen:** Französisch als Amtsspr.; außerd. Mandingo-Spr. (Malinke), Ful u. a. – **Religion:** 69 % Muslime, 30 % Anh. v. Naturrel., 1 % christl. Minderh. – **Städt. Bev.:** 24 % – **Städte** (S 1986): Conakry (Hptst.) 800000 Ew., Labé 110000, Kankan 100000, Kindia 80000

STAAT Präsidialrepublik – Nach Militärputsch v. April 1984 »Militärkomitee f. d. nat. Wiederaufbau« (Comité militaire de redressement national/CMRN; 17 Mitgl.) – Neue Verfassung durch Plebiszit im Dez. 1990 angenommen; bis zur Bildung einer zivilen Regierung innerhalb der nächsten 5 Jahre übernimmt im Jan. 1991 ein »Provisorischer Rat f. d. nationalen Wiederaufbau« die Macht – 8 Supra-Regionen, 33 Regionen – **Staatsoberhaupt:** Brigadegeneral Lansana Conté, seit April 1984, ab Dez. 1984 auch **Regierungschef** – **Äußeres:** Major Jean Traoré – **Parteien:** »Demokrat. Partei Guineas« (Parti Dém. de Guinée/PDG) Einheitspartei, bei Wahl 1980 alle 210 Sitze; seit Militärputsch verboten – **Unabh.:** 2. 10. 1958 – **Nationalfeiertag:** 2. 10.

WIRTSCHAFT **BSP** 1989: 2372 Mio. $ = 430 $ je Ew. (126); realer Zuwachs ∅ 1988: 4,8 %; **BIP** 1988: 2540 Mio. $; realer Zuwachs ∅ 1980–88: 2,1 %; Anteil **Landwirtsch.** 30 %, **Industrie** 32 % – **Erwerbstät.** 1987: Landw. 76 %, Ind. ca. 10 % – **Energieverbrauch** 1988: 78 kg ÖE/Ew. – **Währung:** 1 Guinea-Franc (F. G.) = 100 Cauris; 1 US-$ = 676,6000 F. G., 100 F. G. = 0,2208 DM – **Ausl.-Verschuld.** 1988: 2312 Mio. $ = 94,7 % d. BSP – **Inflation** ∅ 1980–86: 8,3 %; 1988/90: 26 % – **Außenhandel** 1989: **Import:** 377 Mio. $; Güter: 44 % Halbwaren, 17 % Konsumgüter, 16 % Investitionsgüter; Länder: 34 % Frankr., 9 % Belgien, Luxembg., 9 % USA; **Export:** 506 Mio. $; Güter: 47 % Bauxit, 14 % Gold, 14 % Aluminium, 12 % Diamanten; Länder: 26 % USA, 11 % Irland, 10 % Spanien, 9 % Belgien, Luxemburg

PRESSE *Wochenzeitung:* Conakry: Horoya – *Nachrichtenagentur:* AGP (Agence Guinéenne de Presse)

GUINEA-BISSAU *West-Afrika*

Republik Guinea-Bissau; República da Guiné-Bissau; Guiné Bissau

LANDESSTRUKTUR **Fläche** (121): 36125 km² – **Einwohner** (132): (S 1989) 966000 = 27 je km²; (Z 1979) 768000 – Guineer; Schwarze u. Mulatten; rd. 30 % Balantas, außerd. 12 % Mandingas, 11 % Manyako, 10 % Papéis; ferner 23 % Fulbe, weiße Minderh. – **Leb.-Erwart.:** 47 J. – **Säugl.-Sterbl.:** 14,3 % – **Analph.:** 63 % – Jährl. **Bev.-Wachstum**

(∅1980–88): 1,9% (Geb.- u. Sterbeziffer 1985: 4,1%/2,2%) – **Sprachen:** Portugies. als Amtsspr.; sudanes. Umgangsspr. u. ein kreol. Portugies. (Crioulo) – **Religion:** 65% Anh. v. Naturrel., ca. 30% Muslime, 5% Christen (vorw. Katholiken) – **Städt. Bev.:** 27% – **Städte** (Z 1979): Bissau (Hptst.) 109200 (S 1988: 125000) Ew., Bafatá 13400, Gabú 7800

STAAT Präsidialrepublik – Staatsrat seit 16. 5. 1984 (neue Verfassung v. 1984); Verfassungsänderung v. Mai 1991 ermöglicht die Einführung eines Mehrparteiensystems – Nationalversammlung m. 150 Abgeord. – 3 Provinzen mit 8 Regionen sowie der autonome Stadtsektor Bissau – **Staats- u. Regierungschef:** General João Bernardo (»Nino«) Vieira, Präs. d. 15köpfigen Staatsrates, seit Nov. 1980, Reg.-Chef seit Mai 1984 (Amt des Min.-Präs. abgeschafft) – **Äußeres:** Júlio Semedo – **Parteien:** Partido Africano da Independência da Guiné e Cabo-Verde/PAIGC erhielt bei den Wahlen zur Nat.-Vers. im April 1989 96% d. Stimmen (Kap Verde hat sich v. d. PAIGC gelöst u. eine eigene Partei, PAICV, gegründet) – **Unabh.:** 24. 9. 1973 (Proklamation), endgültig 10. 9. 1974 – **Nationalfeiertag:** 24. 9.

WIRTSCHAFT **BSP** 1989: 173 Mio. $ = 180 $ je Ew. (156); realer Zuwachs ∅1985–89: 3,4%; Anteil 1985 **Landwirtsch.** 70%, **Industrie** 5% – **Erwerbstät.** 1987: Landw. 80%, Ind. 5% – **Energieverbrauch** 1984: 29 kg ÖE/Ew. – **Währung:** 1 Guinea-Peso (PG) = 100 Centavos; 1 US-$ = 2508,62 PG, 100 PG = 0,0596 DM, 1 Escudo = 1 Guinea-Peso – **Ausl.-Verschuld.** 1986: 307 Mio. $ – **Inflation** ∅1980–88: 49,0% – **Außenhandel** 1986: **Import:** 63 Mio. $; Güter: 42% Maschinenbau-, elektrotechn. Erzeugn. u. Fahrzg., 17% Nahrungsm. u. leb. Tiere; Länder: 54% EG-Länder, dar. 15% Portugal; **Export:** 6 Mio. $; Güter: 48% Rohstoffe (bes. Ölsaaten u. Spinnstoffe), 40% Fische u. Krustentiere u. and. Nahrungsm. (bes. Erd- u. Koskosnüsse); Länder: 78% EG-Länder, dar. 24% Frankr., 23% Portugal

PRESSE *Tageszeitungen:* Bissau: Nô Pintcha (3x wö., 6) – Voz da Guiné (6)

GUYANA *Süd-Amerika*

Kooperative Republik Guyana; auch Guayana; Cooperative Republic of Guyana; indian. »Land d. Wassers« – GUY

LANDESSTRUKTUR **Fläche** (79): 214969 km^2 – **Einwohner** (131): (F 1988) 1007000 = 5 je km^2; (Z 1980) 759000 – Guyaner; 51% Inder, 32% Schwarze, 5% Indianer, 2% Weiße, 0,7% Chinesen, im übr. Mischl. – **Leb.-Erwart.:** 70 J. – **Säugl.-Sterbl.:** 3,6% – **Analph.:** 3% – Jährl. **Bev.-Wachstum** (∅1980–88): 0,7% – **Sprachen:** Englisch als Amtsspr.; 9 indian. Dialekte, Portugiesisch, Hindi – **Religion:** 34% Hindus, 18% Protestanten, 18% Katholiken, 16% Anglikaner – **Städt. Bev.:** 40% – **Städte** (S 1986): Georgetown (Hptst.) 170000 Ew., Linden 30000, New Amsterdam 20000

STAAT Unabh. Kooperative Rep. – Neue Verfass. v. 6. Okt. 1980 – Präsidialsystem – Parlament aus 1 Kammer (65 Mitgl.) – 10 Distrikte – **Staatsoberhaupt u. Regierungschef:** Präs. Hugh Desmond Hoyte, seit Aug. 1985 – **Äußeres:** Hugh Desmond Hoyte – **Parteien:** Wahlen 1985: People's National Congress/PNC 78,5% d. Stimmen u. 42 Sitze, People's Progressive Party/PPP (vorwieg. Inder) 15,8% u. 8, United Force 3,1% u. 2, Working People's Alliance 1,4% u. 1 Sitz – **Unabh.:** 26. 5. 1966 – **Nationalfeiertag:** 23. 2.

WIRTSCHAFT **BSP** 1989: 398 Mio. $ = 400 $ je Ew. (129); BSP realer Zuwachs ∅1965–88: –4,4%; Anteil **Landwirtsch.** 29%, **Industrie** 11% – **Erwerbstät.** 1988: Landw. 23%, Ind. 20% – **Energieverbrauch** 1984: 427 kg ÖE/Ew. – **Währung:** 1 Guyana-Dollar (G$) = 100 Cents; 1 US-$ = 44,97188 G$, 100 G$ = 3,3221 DM – **Inflation** ∅1980–88: 15,9% – **Außenhandel** 1985: **Import:** 255 Mio. $; **Export:** 207 Mio. $; Güter: 35% Zucker, Reis, Rum, 30% Bauxit u. Aluminiumoxid, Diamanten; Länder: 25% USA, 25% Großbrit., Trinidad u. Tob., Kanada, Jamaika, Niederl., BRD, UdSSR

PRESSE *Tageszeitung:* Georgetown: Guyana Chronicle (60, so. 100)/reg.eigen – *Wochenzeitungen:* Mirror (20) – New Nation (26) – *Nachrichtenagentur:* GNA (Guyana News Agency)

HAITI *Mittel-Amerika; Karibik*

Republik Haiti; République d'Haiti; von indian. »Berg« – RH

LANDESSTRUKTUR **Fläche** (128): 27750 km^2 – **Einwohner** (87): (F 1987) 6368000 = 199 je km^2; (Z 1982) 5054000 – Haitianer (Haitier); 60% Schwarze, 35% Mulatten, Weiße; ca. 600000 in USA, 350000 in Dominik. Rep. – **Leb.-Erwart.:** 52 J. – **Säugl.-Sterbl.:** 12,8% – **Analph.:** 41% – Jährl. **Bev.-Wachstum** (∅1980–88): 1,8% (Geb.- u. Sterbeziffer 1988: 3,5%/1,3%) – **Sprachen:** Französisch als Amtssprache, inzwischen gleichberechtigt dazu Kréyól (= Mischung aus franz. Vokabular zu ca. 85%

sowie Wörtern aus westafrikan. Dialekten, Engl. u. Span.; afrik. Grammatik) – **Religion:** 83% Katholiken, 13% Protestanten, doch gleichz. trad., aus Afrika überlieferte Voodoo [Vudu]-Kulte bei ca. 70% d. Bev. verbreitet; 16% Protestanten – **Städt. Bev.:** 29% – **Städte** (F 1986): Port-au-Prince (Hptst.; A.) 800000 Ew., Cap-Haïtien (bzw. »Le Cap«) 70500, Gonaïves 36500, Les Cayes 36500

STAAT Präsidialrepublik – Parlament mit zwei Kammern (Senat 27, Kongreß 83) – Verfass. im März 1987 durch Volksabstimmung mit 99% angenommen – Wahlberechtigt alle Bürger über 18 J. – 9 Départements – **Staatsoberhaupt:** Präs. Jean-Bertrand Aristide, seit 7. 2. 1991 – **Regierungschef:** René Préval – **Äußeres:** Marie-Denise Fabien-Jean-Louis – **Parteien:** Parlaments- und Präsidentschaftswahlen am 16. 12. 1990; mit knapp 68% d. Stimmen wurde Jean-Bertrand Aristide zum Präsidenten gewählt – **Unabh.:** 1. Unabh.-Proklam. am 29. 11. 1803, feierlich wiederholt am 1. 1. 1804 (2. unabh. Staat d. amerikan. Doppelkontinents nach d. USA) – **Nationalfeiertag:** 1. 1.

WIRTSCHAFT **BSP** 1989: 2256 Mio. $ = 400 $ je Ew. (130); BIP 1988: 2500 Mio. $; realer Zuwachs ∅1980–88): –0,2%; Anteil 1984: **Landwirtsch.** 31%, **Industrie** 38% – **Erwerbstät.** 1988: Landw. 65%, Ind. 9% – **Energieverbrauch** 1988: 57 kg ÖE/Ew. – **Währung:** 1 Gourde (Gde.) = 100 Centimes; 1 US-$ = 5 Gde., 100 Gde. = 29,8800 DM – **Ausl.-Verschuld.** 1988: 683 Mio. $ = 27,7% d. BSP – **Inflation** ∅1980–88: 7,9% – **Außenhandel** 1988: **Import:** 300 Mio. $; **Export:** 207 Mio. $; Güter: 60% Produkte d. Leichtindustrie (Textilien, Elektroteile, Spielwaren, Sportartikel), Kaffee, Kakao, Sojakuchen, äther. Öle, nur noch gering Zucker u. Sisal (Rohstoffe zus. 40%); Länder: 75% USA, 10% EG-Länder, Kanada, Dominik. Rep., Japan

PRESSE *Tageszeitungen:* Port-au-Prince: Le Matin (5) – Le Nouvelliste (6)

HONDURAS *Mittel-Amerika*

Republik Honduras; República de Honduras; von span. »hondura« = Tiefe, etwa: Land der »Tiefen« = Täler im Innern – Hond.

LANDESSTRUKTUR **Fläche** (95): 112088 km² – **Einwohner** (93): (S 1989) 4981000 = 43 je km²; (Z 1974) 2657000 – Honduraner (span. »hondureños«); ca. 80% Mestizen, rd. 10% Indianer (vor allem Maya), außerd. Schwarze, Mulatten, Zambos, 5% Weiße meist. altspan. Abst.; als Flüchtl. (Ende 1986): 21000 Salvadorianer, 16000 Miskito-Indianer, 8000 Ladinos u. 500 Guatemalteken – **Leb.-Erwart.:** 65 J. – **Säugl.-Sterbl.:** 8,2% – **Analph.:** 27% – Jährl. **Bev.-Wachstum** (∅1980–88): 3,6% (Geb.- u. Sterbeziffer 1988: 3,9%/0,8%) – **Sprachen:** Spanisch als Amtssprache; an d. Küste Englisch als Verkehrssprache; indian. Dialekte – **Religion:** etwa 86% Katholiken, 3% Protestanten, – **Städt. Bev.:** 42% – **Städte** (S 1987): Tegucigalpa (Hptst.) 640000 Ew.; San Pedro Sula 429000, Choluteca 65000, La Ceiba 63000, El Progreso 61000, Puerto Cortés 42000

STAAT Demokratische Präsidialrepublik – Verfassung v. 1981 – Parlament aus 1 Kammer (»Congreso Nacional«) – Allg. Wahlrecht – 18 Departamentos u. 1 Bundesdistrikt (Distrito Federal) – **Staatsoberhaupt u. Regierungschef:** Präs. Rafael Leonardo Callejas-Romero/NP, seit 27. 1. 1990 – **Äußeres:** Dr. Mario Carías-Zapata – **Parteien:** Wahlen v. Nov. 1989: Partido Nacional/PN 71 Sitze, P. Liberal de Honduras/PLH 55, P. de Innovación y Unidad/PINU – Social Democracia 2, P. Democratas Cristianos/PDC 0 – **Unabh.:** 15. 9. 1821 (Proklamation), endgültig 26. 10. 1838 (Austritt aus d. Zentralamerikan. Konföderation) – **Nationalfeiertag:** 15. 9.

WIRTSCHAFT **BSP** 1989: 4495 Mio. $ = 900 Mio. $ je Ew. (99); BIP 1988: 3860 Mio. $; realer Zuwachs ∅1980–88: 1,7%; Anteil **Landwirtsch.** 25%, **Industrie** 21% – **Erwerbstät.** 1988: Landw. 56%, Ind. 18% – **Energieverbrauch** 1988: 203 kg ÖE/Ew. – **Währung:** 1 Lempira (L) = Centavos; Bankenkurs: 1 US-$ = 5,30 L, 100 L = 28,5830 DM – **Ausl.-Verschuld.** 1988: 2837 Mio. $ = 68,3% d. BSP – **Inflation** ∅1980–88: 4,7% – **Außenhandel** 1988: **Import:** 940 Mio. $; **Export:** 919 Mio. $; Güter: 37% Kaffee, 30% Bananen, Krebs- u. Weichtiere, Holz, Zucker, Baumwolle, Bergbauprod. (Zink, Silber, Platinerze); Länder: 49% USA, 18% EG-Länder, Guatemala, Venezuela, Mexiko, Japan

PRESSE *Tageszeitungen:* Tegucigalpa: La Gaceta (3)/Reg.-Org. – El Heraldo (25) – El Tiempo (30)/lib. – La Tribuna (50) – San Pedro Sula: La Prensa (40) – El Tiempo (70)

INDIEN *Süd-Asien*

Republik Indien; Bharatka Ganatantra, B. Juktarashtra; Indian Union – »Land der Hindu« = der Anwohner des Sindhu bzw. Indus – IND

LANDESSTRUKTUR **Fläche** (7): 3287590 km² (nach eig. Ang. 3287782 km²; 3148595 km² ohne die v. Indien besetzten Teile v. Kaschmir; Jammu u. Kaschmir 138935 km² – einschl. des v. China okkupierten Teiles v. Ladakh mit etwa 40000 km² u. 4981000 Ew., Z 1981) – Ca. 60000 km² an d. NW- u. NO-Grenze sind mit der VR China umstritten – **Einwohner** (2): (Z 1991) 844000000 m. Anteil an Jammu u. Kasch. = 242 je km² – u. a. als Ausländer rd. 60000 Tibeter, über 10000 Chinesen, sowie europ. u. sonst. Gruppen – Inder; überwieg. mit indoarischen, daneben mit Drawida-Sprachen, 3% mongol. Herkunft (z. B. 775000 Nagas); 4–5 Mio. Inder leben im Ausland – **Leb.-Erwart.**: 60 J. – **Säugl.-Sterbl.**: 10,5% – **Analph.**: 52% – Jährl. **Bev.-Wachstum** (∅ 1980–88): 2,2% (Geb.- u. Sterbeziffer 1988: 3,2%/1,1%) – **Sprachen:** Hindi, in Devanagari-Schrift, aber mit »arab.« Zahlenzeichen, Englisch seit 1965 »assoziierte« Sprache. In d. Bundesstaaten gleichberechtigt d. Regionalsprachen: 29,7% Hindi, 8,2% Bengali, 7,7% Marathi, 5,2% Urdu, 4,7% Gudscharati, 3,8% Bihari, 3,6% Orija, 3,5% Telugu, 3,2% Tamilisch, 3,0% Pandschabi, 1,6% Assamesisch, 1,5% Kannada, 1,3% Radschastani, 0,4% Kaschmiri. Insg. 15 Haupt- u. Regionalspr. zugelassen, daneben 24 selbständ. Sprachen, über 720 Dialekte u. 23 Stammessprachen – **Religion** (Z 1991): 80,3% Hindus, 11,0% Muslime (zu ¾ Sunniten, ¼ Schiiten); außerd. Christen (2,4%, davon über 60% Katholiken); Sikh (1,1%) u. Dschainas (0,5%), 0,7% Buddhisten, 120000 Parsen – **Städt. Bev.**: 27% – **Städte** (S 1983, als A): Neu-Delhi (Hptst.) 6220000, Calcutta 9194000, Bombay (seit Mai 1988 offiz. Mumbai) 8243000, Madras 4289000, Bangalore 2922000, Ahmedabad 2548000, Hyderabad [Haiderabad] 2546000; (Z 1981): Kanpur 1688000, Poona [Pune] 1686000, Nagpur 1298000, Lucknow [Lakhnau] 1007000, Jaipur 1005000, Coimbatore 917000, Patna 916000, Surat 913000, Madurei 904000, Indore 827000, Varanasi 794000, Agra 770000, Vadodara 744000, Cochin 686000, Dhanbad 677000, Bhopal 672000, Jamshedpur 670000, Ulhasnagar 648000, Allahabad 642000, Tiruchirapalli 608000, Ludhiana 606000, Visakhapatnam 594000, Amritsar 589000, Gwallior 560000, Calicut 546000, Vljayawada 545000, Meerut 538000, Hubli-Dharwar 526000

STAAT Demokrat.-parlament. Republik m. bundesstaatl. Gliederung – Parlament aus 2 Kammern (»Lok Sabha« bzw. »Haus des Volkes«, »Rajya Sabha« bzw. »Haus der Staaten«); die 545 Mitgl. d. Lok Sabha (davon etwa 70 für »scheduled castes« u. 30 für »scheduled tribes« bestimmt) werden direkt für 5 J. gewählt; hinzu kommen 2 v. Präsidenten nominierte Abgeordnete der anglo-indischen Gemeinschaft; das »Haus der Staaten« umfaßt 244 Mitglieder, davon 12 v. Staatspräs. ernannt – Wahlberechtigt alle Bürger ab 21 J. – 25 »States« (Bundesstaaten) u. 6 »Union territories« – 1987 wurden Arunach-al Pradesh, Mizoram und Goa zu Bundesstaaten erhoben – **Staatsoberhaupt:** Präs. Ramaswami Venkataraman, vereidigt am 25. 7. 1987 – **Regierungschef:** Min.-Präs. P. V. Narasimha Rao, Kongreß-Partei, seit 21. 6. 1991 – **Äußeres:** Madhavsinh Solanki – **Parteien:** Wahlen z. Unterhaus (Lok Sabha) am 20. 5.–12. 6. 1991 (1989): »Kongreßpartei (I)« erzielt 233 (195) Sitze und bleibt stärkste Fraktion; Bharatiya Janata Party/BJP (radikal-nationalist. Hindu-Partei) 111 (88); Nationale Front (mit Janata-Dal-Partei) 61 (144) und Communist Party of India/CPI 35 (43); Wahlen im Bundesstaat Punjab (13 Mandate) auf den 25. 9. 1991 verschoben; weitere 24 Mandate bisher nicht vergeben (Assam, Jammu u. Kaschmir) – Oberhaus (Rajya Sabha): 158 v. 244 Senatoren gehören der »Kongreßpartei (I)« an – **Unabh.:** 15. 8. 1947 – **Nationalfeiertag:** 26. 1. u. 15. 8.

WIRTSCHAFT **BSP** 1989: 287383 Mio. $ = 350 Mio. $ je Ew. (140); BIP 1988: 237930 Mio. $; realer Zuwachs ∅ 1980–88: 5,2%; Anteil **Landwirtsch.** 32%, **Industrie** 30% – **Erwerbstät.** 1988: Landw. 67%, Ind. 11% – **Energieverbrauch** 1988: 211 kg ÖE/Ew. – **Währung:** 1 Indische Rupie (iR) = 100 Paise (P.); 100 iR = 5,5250 US-$, 100 iR = 8,3698 DM – **Ausl.-Verschuld.** 1988: 51163 Mio. $ = 19,3% d. BSP – **Inflation** ∅ 1980–88: 7,4% – **Außenhandel** 1988: **Import:** 22500 Mio. $; Güter: 30% Maschinen u. Transportausrüst., 15% Erdöl u. -derivate, 11% Perlen u. Edelsteine, 8% Chemikalien, 6% Eisen u. Stahl; Länder: 12% USA, 10% Japan, 9% BRD (alt), 8% Großbrit., 7% Saudi-Arabien; **Export:** 14600 Mio. $; Güter: 21% Perlen, Edelsteine u. Schmuck, 11% Maschinen u. Transportausrüst., 10% Textilien u. Bekleidung, 8% Leder u. -produkte, 8% Chemikalien; Länder: 18% USA, 13% UdSSR, 11% Japan, 6% BRD, 6% Großbrit. *(Einzelheiten zur Wirtschaftslage → Sp. 809f. u. Sp. 817f.)*

PRESSE *Tageszeitungen:* Delhi (mit Neu-Delhi): Hindustan (121)/Hindi – Hindustan Times (281)/Engl. – Indian Express (ges. 622)/Engl. – Navbharat Times (258)/Hindi – Times of India (188)/Engl. – Bombay: Bombay Samachar (138, so. 156)/Gudscharati – Indian Express (136)/Engl. – Lokasatta (261)/Marathi – Maharashtra Times (154)/Marathi – Times of India (308)/Engl. – Calcutta: Amrita Bazar Patrika (128)/Engl. – Ananda Bazar Patrika (391)/Bengali – Jugantar (302)/Bengali – The Statesman (168)/Engl. – Madras: Daily Thanthi (322)/Tamil – Dinakaran (165)/Tamil – The Hindu (426)/Engl. – Indian Express (308)/Engl. – *Wochenzeitungen:*

Delhi: Employment News (405)/Hindi, Urdu, Engl. – India Today (355)/Engl. – Mayapuri (141)/Hindi – New Age (215)/KP, Engl. – Sarita (264)/Hindi – Bombay: Blitz News Magazine (419)/Engl., Hindi, Urdu – Chitralekha (325)/Gudscharati – Dharmayug (85)/Hindi – Illustrated Weekly of India (99)/Engl. – Sunday Lokasatta (277)/Marathi – Madras: Ananda Vikatan (227)/Tamil – Kalkandu (190)/Tamil – Kalki (94)/Kultur; Tamil – Kumudam (521)/Tamil – Calcutta: All India Appointment Gazette (156)/Engl. – Sunday (128)/Engl. – *Nachrichtenagentur:* UNI (United News of India)

INDONESIEN *Südost-Asien*

Republik Indonesien; Republik Indonesia – RI

LANDESSTRUKTUR **Fläche** (14): 1904569 km² (einschl. Ost-Timor mit 14864 km²; 13600 Inseln, davon 6000 bewohnt; Gesamtfläche einschl. Territorialgewässer 5191603 km² – **Einwohner** (5): (Z 1989) 167896000 (mit Irian Jaya [1,55 Mio. Ew.] u. Ost-Timor [692000 Ew.], dessen Annexion internat. formell nicht anerkannt wird) = 92 je km²; 94,5 Mio. Ew. leben auf Java (= 6,89% d. Fläche, = 720 Ew./km²); Indon. insg. 89 je km² – Bev.-Dichte (Ew./km² 1980): landesweit 77, Java 690, Nusatenggara 96 (darunter Bali 444), Sumatra 59, Sulawesi 5, Maluku 19, Kalimantan 12, Irian Jaya 3 – Überw. malaiische Indonesier; stärkste Gruppe die Javaner mit 80–90 Mio., gefolgt v. d. Sundanesen; außerd. Maduresen (Madura, O-Jawa [Java]), Batak (N-Sumatera [Sumatra]), Minangkabau (M-Sumatera), Balinesen (Bali), Menadonesen (N-Sulawesi [Celebes]), Dajak (Kalimantan [Borneo]), Ambonesen (Maluku [Molukken]); größte Fremdgruppe: Chinesen mit (1980) 4 Mio. (davon 1,6 indon. u. 1,5 Mio. chines. Staatsbürgerschaft, Rest staatenlos) – **Leb.-Erwart.:** 58 J. – **Säugl.-Sterbl.:** 8,4% – **Analph.:** 23% – Jährl. **Bev.-Wachstum** ∅1980–88: 2,1% (Geb.- u. Sterbeziffer 1988: 2,8%/0,9%) – **Sprachen:** Bahasa Indonesia als Amtssprache; rd. 60 Mio. Javanisch u. 18 Mio. Indonesisch als Erstspr., 72 Mio. Indones. als Zweitspr.; außerdem 250 indones. Regionalspr.; Handelsspr. Englisch – **Religion:** 87,1% Muslime; 3,5% Hindus (= 6 Mio., davon 2,5 Mio. auf Bali), 2% Buddhisten u. Konfuz. (meist. Chinesen), 5,7% Protestanten u. Angeh. pfingstlicher Kirchen (0,8%), 2% Katholiken, 100 Juden u. rd. 1% Anh. v. Naturreligionen – **Städt. Bev.:** 27% – **Städte** (F 1985): Jakarta (Hptst.) 7829000 Ew.; (Z 1980): Surabaya 2028000, Bandung 1463000, Medan 1379000, Semarang 1027000, Palembang 787000, Ujung Padang 709000, Padang 481000, Kupang 403000, Yogyakarta 399000, Benjarmasin 381000, Pontianak 305000, Palu 299000, Tanjungkarang 285000, Samarinda 265000, Denpasar 261000, Telanaipura 230000, Menando 217000, Amboina 209000, Pakanbaru 186000, Jayapura 150000

STAAT Zentralist. Republik – Parlament aus 1 Kammer (Abg.-Haus aus 400 gewählten u. 100 v. Präs. ernannten Mitgl.) – »Berat. Volkskongreß« (Majelis Permusyawaratan Rakyat/MPR) mit 920 Mitgl. (je zur Hälfte direkt gewählt bzw. von Provinzen u. »funktionellen Gruppen« entsandt); wählt den Präsidenten – 27 Provinzen (Daerah oder Propinsi) einschl. Ost-Timor u. Hptst. *(Einzelheiten → WA '91, Sp. 329f.)* – **Staatsoberhaupt u. Regierungschef:** Präs. Suharto (General a. D.), erneut seit März 1988 (5. Amtsperiode) – **Äußeres:** Ali Alatas – **Parteien:** Bei d. Wahlen v. April 1987 entfielen auf d. regierungsnahe GOLKAR (»funktionale Gruppen«, Sekber Golongan Karya) 73,17% d. Stimmen u. damit 299 Sitze (1982: 266); muslim. »Vereinigte Entwicklungspartei« (Partai Persatuan Pembangunan/PPP) 63 (94); nationalist.-christl. »Demokrat. Partei« (Partai Demokrasi Indonesia/PDI) 38 (24) Sitze; »Indonesische KP« seit 1966 verboten – **Unabh.:** 17. 8. 1945 einseitige Unabh.-Erklärung, 27. 12. 1949 endgültig – **Nationalfeiertag:** 17. 8.

WIRTSCHAFT **BSP** 1989: 87936 Mio $ = 490 $ je Ew. (120); BIP 1988: 83220 Mio. $; realer Zuwachs 1980–88: 5,1%; Anteil **Landwirtsch.** 24%, **Ind.** 36% – **Erwerbstät.** 1988: Landw. 50%, Ind. 12% – **Energieverbrauch** 1988: 229 kg ÖE/Ew. – **Währung:** 1 Rupiah (Rp.) = 100 Sen (S); 1 US-$ = 1898,00 Rp., 100 Rp. = 0,0787 DM – **Ausl.-Verschuld.** 1988: 45655 Mio. $ = 61,7% d. BSP – **Inflation** ∅ 1980–88: 8,5% – **Außenhandel** 1988: **Import:** 15732 Mio. $; Güter: 74% Rohstoffe u. Vorerzeugnisse, 21% Investitionsgüter, 5% Konsumgüter; Länder: 23% Japan, 14% USA, 7% Singapur, 6% BRD, 6% Taiwan; **Export:** 19677 Mio. $; Güter: 48% Industrieerzeugnisse, 40% Erdöl u. Erdgasprod., 10% Agrarerzeugnisse, v. a. Kautschuk, Kaffee, Palmöl, Tabak, Tee, Kopra, Gewürze; Länder: 42% Japan, 16% USA, 11% EG-Länder, 8% Singapur

PRESSE *Tageszeitungen:* Jakarta: Berita Buana (150) – The Indonesia Times (35)/Engl. – Indonesian Observer (25)/Engl. – Kompas (415) – Merdeka (130; Ersch. suspendiert) – Pos Kota (250) – Suara Karya (100) – Suara Merdeka (145) – Bandung: Pikiran Rakyat (150) – Surabaya: Surabaya Post (85) – *Nachrichtenagenturen:* ANTARA – KNI (Kantorberita Nasional Indonesia)

IRAK *Vorder-Asien*

Republik Irak; Al Dschumhurija bzw. Al-Jûmhurîya al-Irâqîya; wohl v. arab. »iraq« = Seite, Ufer (von Euphrat u. Tigris) – IRQ

LANDESSTRUKTUR **Fläche** (53): 438317 km² (438466 km² einschl. neutr. Zone mit Saudi-Arabien) – **Einwohner** (44): (F 1989) 18271000 = 39 je km²; (Z 1987) 16278000 – Etwa 77% arabischsprachige Iraker, 19% Kurden *(Skizze des kurd. Siedlungsgebiets → Sp. 787f.)*, fast 2% Türken, außerd. Perser u. and. ethnische Minderheiten – **Leb.-Erwart.**: 66 J. – **Säugl.-Sterbl.**: 7,7% – **Analph.**: 40% – Jährl. **Bev.-Wachstum** (∅1980–88): 3,6% (Geb.- u. Sterbeziffer 1988: 4,2%/0,8%) – **Sprachen:** 81% Arabisch als Amtssprache; Umgangsspr. d. and. Volksgruppen, vor allem Kurdisch (15,5%), Türk. u. Aramäisch – **Religion:** sunnitische (über 50%; vor allem im N) u. schiitische Muslime (im S; insg. 96%); Islam ist Staatsreligion; ca. 1 Mio. Christen verschied. Konfessionen (über 200000 Katholiken), 55000 Jesiden, etwa 12000 Mandäer (Sabians) u. 2500 Juden – **Städt. Bev.**: 73% – **Städte** (S 1987): Bagdad (Hptst.) 3844600 Ew.; (1985) Basra [Bassora] 617000, Mossul 571000, Kirkuk 535000; (1977) Najaf [Nedschef] 190000, al-Hiliah 140000, Kerbela 110000, Arbil [Erbil] (Sitz d. auton. kurd. Reg.) 110000

STAAT Republik m. Präsidialform, d. h. starker Stellung d. Präsidenten – Verfassung v. 1980 – »Nationale Front« v. 17. 7. 1973 unter Führung d. »Arab. Sozialist. Baath-Partei« – »Kommandorat d. Revolution« aus 250 Mitgl. – Eigenes Regionalparlament (Legislativrat) aus 50 Vertr. d. auton. kurdischen Region (Arbil, Soleimaneh u. Dohouk [Sulaimaniyah u. D'hok]) – 18 Gouvernorate (Muhafadha) – **Staatsoberhaupt:** Präsident u. Vorsitzender d. »Revolutionären Führungsrates«/C. C. R. sowie Oberbefehlshaber Saddam Hussein el-Takriti, seit 1979 – **Regierungschef:** Min. Präs.: Saadoun Hammadi (Schiit) seit 23. 3. 1991; im Sept. 1991 entlassen – **Äußeres:** Ahmad Hussein el-Khodeir – **Parteien:** Entsch. Einfluß d. nationalist. »Arab. Sozialist. Baath-Partei« (»Wiedergeburts«- oder auch »Sendungs«-Partei/ASBP; 1 Mio. Mitgl.; Vors.: Saddam Hussein); KP u. »Kurd. Dem. Partei«/KPD. Bei d. Wahlen z. Nationalrat am 20. Okt. 1984 errang die seit 1968 reg. Baath-Partei 73% u. 183 d. 250 Sitze; nach neuem Parteiengesetz werden ab 1991 erstmals Oppositionsparteien zugelassen *(→ auch »Der Golfkrieg – Entwicklung und Folgen«, Sp. 69ff.)* – **Unabh.**: 3. 10. 1932 (Aufhebung des Völkerbundmandats) – **Nationalfeiertag:** 14. 7. (Republ.-Tag) u. 17. 7. (Revolut.-Tag d. ASBP)

WIRTSCHAFT **BSP** 1984 (S): 29730 Mio. $ = 1808 $ je Ew. (67); BIP realer Zuwachs ∅1983–84: 10,1%; Anteil **Landwirtsch.** 12%, **Industrie** 22% – **Erwerbstät.** 1988: Landw. 22%, Ind. 22% – **Energieverbrauch** 1988: 781 kg ÖE/Ew. – **Währung:** 1 Irak-Dinar (ID) = 1000 Fils; 1 ID = 3,224933 US-$, 100 ID = 481,8050 DM – **Öff. Ausl.-Verschuld.** 1985: 8,8% d. BSP – **Inflation** 1985: 9,0% – **Außenhandel** 1988: **Import:** 10268 Mio. $; Güter: 25% Lebensmittel, 12% Investitionsgüter; Länder: 11% USA, 11% BRD (alt), 7% Großbrit., 5% Japan, 5% Frankreich; **Export:** 9014 Mio. $; Güter: haupts. Erdöl (über 95%), Datteln, Baumwolle u. Viehzuchtprod., Zement; Länder: 20% USA, 14% Türkei, 13% UdSSR, 13% Brasilien, 10% Japan, 7% Frankr., 6% Italien

PRESSE *Tageszeitungen (Daten vor dem Golfkrieg):* Bagdad: Baghdad Observer (22)/Engl. – Al-Iraq (30)/Kurd. – Al-Jumhuriya (220) – Al-Thawra (250)/Baath-Org. – *Nachrichtenagentur:* INA (Iraqi News Agency)

IRAN *Vorder-Asien*

Islamische Republik Iran; Dschumhuri-i-Islami-i Irân; Persien – von »Aryan« = Land der »Arier« (= Sonnensöhne) bzw. von lat. »Persae« – IR

LANDESSTRUKTUR **Fläche** (16): 1648000 km² – **Einwohner** (20): (F 1989) 53122000 = 32 je km²; (Z 1986) 49445000 – Iraner; 65% iranische Perser, etwa 20% turktatar. Aserbaidschaner (Aseri); 8% Kurden; 2% Araber, Armenier usw.; 3–4% mit nomadischen Lebensformen – **Leb.-Erwart.**: 67 J. – **Säugl.-Sterbl.**: 10,8% – **Analph.**: 46% – Jährl. **Bev.-Wachstum** (∅1980–88): 3,0% (Geb.- u. Sterbeziffer 1988: 4,1%/0,8%) – **Sprachen:** Zu 45% Persisch bzw. Farsi als Amtssprache u. zu 25% verwandte Dialekte, außerdem versch. iran. Umgangsspr., bes. der Kurden, ferner der Bachtiaren, Luren, Bäludschen usw. sowie d. nichtiran. Völker, u. a. Aserbaidschanisch bzw. Aseri, Arabisch – **Religion:** ca. 98% Muslime (90% Schiiten, (Schia bzw. Ithna-Ashariyya als Staatsreligion; 3% Sunniten) 250000 Christen (Ang. d. Armenischen Kirche, Chaldäer, Katholiken), etwa 21000 Anh. d. alten Zarathustra-Religion (Ghabrs), 50000 Juden, 25000 Parsen, Anh. d. verbot. Baha'i-Religionsgemeinschaft (rd. 300000), 10000 Sobbis (Sabians oder Mandäer) in Khozistan [Chusistan] – **Städt. Bev.**: 54% – **Städte** (Z 1986) Teheran [Therán] (Hptst.) 6022000, Mashhad [Mesched] 1466000, Isfahan [Esfahán] 1001000, Tabriz [Täbris] 994000, Shiráz [Schiras] 848000, Ahváz [Ahwas] 590000, Bakhtárán 566000, Qom [Ghom,

Kum] 551 000, Orúmiyeh [Urmia] 305 000, Rasht [Rescht] 294 000, Ardebil 284 000, Hamadán 274 000, Yazd 234 000

STAAT Islamische Republik – Parlament (»Madschlis«) bzw. »Versamml. des Islamischen Rates« aus 1 Kammer, 270 Sitze – Allg. Wahlrecht ab 16 J. – 12köpf. Verfassungsrat (»Wächterrat«), davon 6 Geistliche – 24 Provinzen (»Ostan«) mit 195 Distrikten – **Staatsoberhaupt u. Regierungschef:** Präsident Hodjatolislam Ali Akbar Haschemi Rafsanjani, gewählt am 28. 7. 1989 – **Äußeres:** Dr. Ali Akbar Velayati – **Parteien:** Bei d. Wahlen zur »Vers. d. Islam. Rates« (Nationalversamml.) v. April 1988 standen einzelne Kandidaten zur Wahl; die streng religiöse »Islam. Republ. Partei«/IRP, die 1984 fast alle Mandate gewann, wurde 1987 aufgelöst – **Unabh.:** über 2000 J. alte Staatsgeschichte – **Nationalfeiertag:** 11. 2. (Revol. 1979) u. 1. 4. (Gründ. d. Islam. Rep. I.)

WIRTSCHAFT **BSP** 1985: 132 000 Mio. $/1986 (S): 126 000 Mio. $ = 2532 $ je Ew. (54); BIP: realer Zuwachs ∅ 1965–80: 6,2% (1981: 0,1%); Anteil **Landwirtsch.** 20%, **Ind.** 10% – **Erwerbstät.** 1988: Landw. 29%, Ind. 28% – **Energieverbrauch** 1988: 875 kg ÖE/Ew. – **Währung** 1 Rial (Rl.) = 100 Dinars (D), 10 Rials = 1 »Toman« (= alte pers. Währungseinh.); 1 US-$ = 64,857 Rls., 100 Rls. = 2,3035 DM – **Ausl.-Verschuld.** 1985: 5465 Mio. $ = 20,8% d. BSP – **Inflation** 1985: 404% – **Außenhandel** 1988: **Import:** 9454 Mio. $; Güter: 33% Fahrzeuge, Maschinen. Werkzeuge, 20% Nahrungsmittel, 15% chem. Erzeugn., 8% Eisen u. Stahl; Länder: 15% BRD, 11% Japan, 7% Türkei, 6% Italien, 5% Großbrit.; **Export:** 13 435 Mio. $ (1986); Güter: 91% Erdöl, -produkte, 5% Agrarerzeugnisse v. a. Pistazien, Frischobst, Trockenfrüchte (Datteln, Rosinen), Häute, Felle, Wolle, Reis, Ölsaaten; Länder: 17% Indien, 12% Japan, 7% Belgien-Luxemb., 7% Frankr., 7% Niederl.

PRESSE *Tageszeitungen:* Teheran: Abrar – Ettela'at (250) – Kayhan (350) – Teheran Times/Engl. – *Nachrichtenagentur:* IRNA (Islamic Republic News Agency)

IRLAND *West-Europa*
Poblacht Na h'Éireann; Ireland; Éire – IRL

LANDESSTRUKTUR **Fläche** (109): 70 284 km² (mit 1392 km² Binnengewässern) – **Einwohner** (104): (F 1989) 3 540 000 = 50 je km² (Z 1986) 3 541 000 – Fast ausschl. Iren; i. d. USA leben über 13 Mio. Iren (i. w. S. sogar 40 Mio.), in Kanada 1 Mio. Irischstämmige – **Leb.-Erwart.:** 74 J. – **Säugl.-Sterbl.:** 0,7% – **Analph.:** k. Ang. – Jährl. **Bev.-Wachstum** (∅ 1980–89): 0,5% (Geb.-u. Sterbeziffer 1988 1,5%/0,9%) – **Sprachen:** Irisch (zum gälischen Zweig der keltischen Sprachen gehörig) u. Englisch. Als tatsächliche Umgangssprache dürften ca. 10 000 ausschließlich Irisch sprechen u. verstehen, weitere 45 000 verstehen u. sprechen es, über 700 000 können es z. T. – **Religion:** rd. 94% Katholiken, 3,2% Anglikaner (Church of Ireland), 0,8% Juden, 0,5% Presbyterianer – **Städt. Bev.:** 58% – **Städte** (Z 1986): Baile Atha Cliath [Dublin] (Hptst.) 502 337 Ew., als County u. County Borough 1 020 796, Corcaigh [Cork] 133 196, als C. B. 279 427, An Ghaillimh [Galway] 47 008, als C. B. 131 173, Luimneach [Limerick] 56 241, als C. B. 107 963, Dun Laoghaire [Kingstown] als C. B. 54 490, Port Láirge (Waterford) 39 516, als C. B. 51 582

STAAT Parlamentarisch-demokrat. Staatsform – Parlament (»Oireachtas«) aus 2 Kammern (»Dáil Éireann« u. »Senat« bzw. »Seanad Éireann«); Wahl der Abg. f. 5 Jahre – 4 Provinzen (F 1986) Leinster 1 851 134 Ew., Munster 1 019 694, Connacht 430 726, Ulster 235 641, 26 »Counties« und 4 »City-Boroughs« – **Staatsoberhaupt** (Uachtraran na h'Eireann): Präsidentin Mary Robinson – **Regierungschef:** Min.-Präs. (Taoiseach) Charles J. Haughey, Vors. d. Fianna Fáil, seit 1987 – **Äußeres:** Gerard Collins – **Parteien:** Wahlen v. Mai 1989: Fianna Fáil/FF (»Soldaten des Schicksals«) 44,15% (77 Sitze/1987: 81 Sitze)]; Fine Gail/FG (»Familie d. Iren«) 29,29% (55/[51); Labour/Lab 9,48% (15/12); Worker's P./WP (Ex Sinn-Fein) 4,97% (7/4); Prog. of Democ./PD (»Fortschrittl. Demokr.«, Abspaltung von Fianna Fáil) 5,49% (6/14); Sonst. 6,63% (6/4) – **Unabh.:** 21. 1. 1919 de facto (Unabh.-Erklär. d. »Dáil Éireann«), 6. 12. 1921 nominell (durch Vertrag über Errichtung des Irischen Freistaats »Saorstát Éireann« als selbst. Dominion im brit. Commonwealth unter Abtrennung der 6 vorwieg. protest. nördl. Grafschaften Ulsters als »Northern Ireland«), 1933 Abschaffung des Treueeids gegenüber der engl. Krone, 29. 12. 1937 Entstehung des unabhängigen Staates Eire im brit. Commonwealth, 1938 Räumung d. brit. Militärstützpunkte (Irland war im II. Weltkrieg neutral), 1948 Austritt aus dem Commonwealth, 18. 4. 1949 Proklamierung der unabhängigen »Irischen Republik« (Poblacht Na h'Eireann), heutige Staatsbezeichnung »Irland« – **Nationalfeiertag:** 17. 3.

WIRTSCHAFT **BSP** 1989: 30 054 Mio. $ = 8500 $ je Ew. (29); realer Zuwachs ∅ 1980–88: 0,5%; **BIP** 1988: 27 820 Mio. $; realer Zuwachs ∅ 1980–88 1,7%; Anteil **Landwirtsch.** 10%, **Industrie** 38% – **Erwerbs-**

tät. 1986: Landw. 15%, Ind. 29% – **Energieverbrauch** 1988: 2610 kg ÖE/Ew. – **Währung:** 1 Irisches Pfund (Ir£) = 100 New Pence; 1 US-$ = 0,5733 Ir£; 100 Ir£ = 265,0954 DM – **Inflation** ∅ 1980–88: 8,0% (1990: 3,3%) – **Außenhandel** 1990: **Import:** 12472 Mio. Ir£; Güter: 36% Maschinen, Fahrz. u. elektrotechn. Erzeugn., 15% Prod. d. verarbeit. Industrie, 14% and. Fertigwaren, 12% chem. Erzeugn., 9% Nahrungsm., 6% min. Brennstoffe; Länder: 42% Großbrit., USA 16%, 9% BRD, 5% Japan, 4% Frankr., 4% Niederl. – **Export:** 14336 Mio. Ir£; Güter: 31% Maschinen, Fahrz. u. elektrotechn. Erzeugn., 20% Nahrungsm., 16% chem. Erzeugn., 14% versch. Fertigwaren, 8% Prod. d. verarbeit. Ind., Rohstoffe 4%; Länder: 35% Großbrit., 11% BRD, 9% Frankr., 8% USA, 7% Niederl., 4% Belgien/Lux.

PRESSE *Tageszeitungen:* Dublin: Evening Herald (132)/nat. – Evening Press (105) – Irish Independent (175) – Irish Press (87) – The Irish Times (92)/nat. – Cork: Cork Evening Echo (36) – Cork Examiner (64)/nat. – *Sonntagszeitungen:* Dublin: Sunday Independent (222) – The Sunday Press (266) – Sunday World (367)

ISLAND *Nord-Europa*

Republik Island; Lydveldid Island; (Eisland) – IS

LANDESSTRUKTUR **Fläche** (100): 103000 km² (m. 14500 km² Binnengewässern; unter Einschluß der 200-sm-Zone: 758000 km²; kultivierte Fläche bzw. Weideland: 23000 km²) – **Einwohner** (149): (F 1991) 256000 = 2,5 je km²; (Z 1970) 204930 – fast ausschl. Isländer – **Leb.-Erwart.:** 78 J. – **Analph.:** 0,2% – Jährl. **Bev.-Wachstum** (∅ 1980–89): 1,1% (Geb.- u. Sterbeziffer 1990: 1,7%/0,7%) – **Sprache:** Isländisch (»islenska«) – **Religion:** 96,3% Protestanten, 0,9% Katholiken – **Städt. Bev.:** 90% – **Städte** (F 1988): Reykjavik (Hptst.) 95800 Ew. (Region: 141900); Kópavogur 15600, Hafnarfjördur 14200, Akureyri 14000, Keflavik 7300, Selfoss 3800, Sandarkrókur 2500

STAAT Parlamentarisch-demokrat. Republik – Parlament (»Althing«) aus 2 Kammern (Oberhaus »Efri deild« u. Unterhaus »Nedri deild«) – Allgem. Wahlrecht – Wahl alle 4 Jahre – 8 Regionen mit 23 »Syslur« (etwa »Landkreise«) u. 22 kreisfreien Städten – **Staatsoberhaupt:** Präsidentin Vigdís Finnbogadóttir seit 1980, 1988 f. 3. Amtszeit wiedergewählt – **Regierungschef:** Min.-Präs. David Oddsson – **Äußeres:** Jón Baldvin Hannibalsson – **Parteien:** Wahlen v. 20. 4. 1991 (63 Sitze i. Parl.): Sjálfstædisflokkurinn (»Unabhängigkeitspartei«) 38,6% (26 Sitze) [1987: 18 Sitze]; Framsóknarflokkurinn (»Fortschrittspartei«) 18,9% (13) [13]; Sozialdemokraten 15,5% (10) [10]; Althydubandalagid (»Volksallianz«) 14,4 (9) [8]; Althyduflokkur (»Sozialdemokr. Frauenpartei«) 8,3% (5) [6]; Sonst. 4,3% (0) – **Unabh.:** 874 aristokr. Freistaat, 930 republ. »Althing«-Verf., 1262 norweg. Vasallenstaat, mit Norw. 1380 zu Dänemark, am 1. 12. 1918 unabhängiges Königreich in Personalunion mit Dänemark, am 17. 6. 1944 Aufkündigung der Union und Ausrufung der Republik – **Nationalfeiertag:** 17. 6.

WIRTSCHAFT **BSP** 1989: 5351 Mio. $ = 21240$ je Ew. (7); realer Zuwachs ∅ 1980–89: 2,8%; **BIP** 1987: Anteil **Landwirtsch.** 13%, **Industrie** 33% – **Erwerbstät.** 1987: Landw. 5%, Ind. 39% – **Währung:** 1 Isländ. Krone (ikr) = 100 Aurar; 1 US-$ = 55,470 ikr; 100 ikr = 2,7114 DM – **Inflation** 1980–88: 38,0% (1990: 15%) – **Außenhandel** 1989: **Import:** 1396 Mio. $; Güter: 32% Maschinenbauerzeugn., 17% Fertigwaren; Länder: 13% BRD, 11% USA, 10% Niederlande, 9% Dänemark, 8% Schweden, 8% Großbrit., 51% EG – **Export:** 1408 Mio. $; Güter: 67% Fische u. Fischereierzeugnisse, 13% Aluminium; Länder: 21% Großbrit., 14% USA, 12% BRD, 7% Japan, 6% Schweiz, 56% EG

PRESSE *Tageszeitungen:* Reykjavík: Dagbladid-Vísir (39) – Morgunbladid (50) – Thjódviljinn (12) – Timinn (15)/Org. d. Fortschrittspartei

ISRAEL *Vorder-Asien*

Staat Israel: Medinat Yisrael; State of Israel; »Israel« = Gottes Streiter = Beiname Jakobs; daher »Kinder Israels« – IL

LANDESSTRUKTUR **Fläche** (133): 20770 km² (mit 445 km² Binnengewässern) – **Einwohner** (94): (F 1989) 4509000 = 217 je km²; (Z 1983) 4038000; 1980 siedelten 17400 Juden im besetzt. Westjordanland – Insg. rd. 100000 deutschstämmige u. etwa 600000 frankophone Juden; ca. 26000 Falaschen aus Äthiopien; ca. 800000 Palästinenser im besetzten Westjordanland – **Leb.-Erwart.:** 76 J. – **Säugl.-Sterbl.:** 1,1% – **Analph.:** 5% – Jährl. **Bev.-Wachstum** (∅ 1980–88): 1,7% (Geb.- u. Sterbeziffer 1988: 2,2%/0,7%) – **Sprachen:** Neu-Hebräisch (Iwrith, Ivrith) u. Arabisch als Amtssprache – **Religion:** 81,7% Juden, 14,2% Muslime, 2,3% Christen, 1,8% Drusen u. a. – **Städt. Bev.:** 91% – **Städte** (F 1986): Jerusalem (Hptst. mit besetzt. arab. Altstadt) 468900 (davon 1984: 306000 Juden), Tel-Aviv/Yafo [Jaffa] 320300 (317800 J) (Großraum 1555400),

Haifa 223 400 (208 500 J) (H. Sub District 387 500), Holon 140 700, Bat Yam 132 000, Petach Tikwa 130 700, Ramat Gan 115 500, Beer Sheba 115 000; Ashdod 71 000, Rehovot 71 000, Herzliya 68 200, Ashkelon 54 000, Nazareth 44 800, Givataim 26 700

STAAT Parlamentar. Republik – Bislang keine schriftl. Verfass., doch für Teilbereiche einzelne Grundgesetze – Parlament (Knesset) aus 1 Kammer; Wahl der Abg. für 4 J. – Wahlberechtigt alle über 18 J. alten Bürger – 6 Distrikte (Mechosot) – **Staatsoberhaupt:** Präs. Chaim Herzog (Arbeitspartei), seit Mai 1983, erneut seit Febr. 1988 – **Regierungschef:** Yitzhak Shamir [Jitschak Schamir], »Likud«, seit 11. 6. 1990 Chef einer Koalition aus Likud u. einigen ultrarechten u. relig. Splitterparteien – **Äußeres:** David Levy – **Parteien:** Wahlen v. 1. 11. 1988 zum 12. Knesset: Likud 40 Sitze (1984: 43), Tchija 3 (5), Zomet 2 (–), Moledet 2 (–), Schas 6 (4), Nationalreligiöse 5 (4), Agudat Israel 5 (2), Degel Hatora 2 (–), Arbeitspartei 39 (41), Mapam 3 (6), Bürgerrechtsbewegung 5 (3), Schinui-Zentrumsbewegung 2 (3), Chadasch (Kommunisten) 4 (4), Fortschrittl. Friedensliste 1 (2), Arabische Demokr. Partei 1 (–) – **Unabh.:** 14. 5. 1948 (Proklamation) – **Nationalfeiertag:** jährlich wechselnd, 1991: 18.4, 1992: 7. 5.

WIRTSCHAFT **BSP** 1989: 44 131 Mio. $ = 9750 $ je Ew. (27); BIP 1988: 44 960 Mio. $; realer Zuwachs ∅ 1980–88: 3,2%, Anteil **Landwirtsch.** 5%, **Ind.** 32% – **Erwerbstät.** 1988: Landw. 5%, Ind. 35% – **Energieverbrauch** 1988: 1972 kg ÖE/Ew. – **Währung** 1 Neuer Schekel (NIS) = 100 Agorot; 1 US-$ = 2,0358 NIS, 100 NIS = 73,3864 DM – **Ausl.-Verschuld.** 1987: 22 495 Mio. $ = 67,2% d. BSP – **Inflation** ∅ 1980–88: 136,6% – **Außenhandel** 1988: **Import:** 15 030 Mio. $; Güter: 78% Produktionsgüter, 12% Investitionsgüter, 10% Konsumgüter; Länder: 18% USA, 11% BRD, 9% Großbrit., 6% Italien; **Export:** 9605 Mio. $; Güter: 18% Elektronik, 15% Chemikalien, 14% Maschinen, 7% Textilien, 5% Nahrungsmittel; Länder: 31% USA, 7% Japan, 7% Großbrit., 5% Niederlande, 5% BRD

PRESSE *Tageszeitungen:* Tel Aviv: Al Hamishmar (20)/Org. d. Mapam – Davar (39)/Gewerksch.-Org. – Ha'aretz (55, fr. 75)/lib. – Hatzofeh (16)/nat.-relig. – Israel Nachrichten (20)/Dt. – Ma'ariv (130, fr. 240) – Yedioth Aharonoth (300, fr. 540) – Jerusalem: Al Quds (40)/Arab. – Jerusalem Post (30, sa. 50)/Engl. – *Nachrichtenagenturen:* JTA (Jewish Telegraphic Agency) – ITIM

ITALIEN *Süd-Europa*

Italienische Republik; Repubblica Italiana – I

LANDESSTRUKTUR **Fläche** (64): 301 268 km², n. eig. Angaben 301 279 km² – **Einwohner** (15): (F Juni 1990) 57 700 000 = 192 je km²; (Z 1981) 56 557 000 – Italiener; u. a. rd. 5% Angeh. v. Minderheitensprachen: rd. 1,5 Mio. Sarden (davon 12 000 Katalanen), 550 000 Rätoromanen (Friauler u. 30 000 Ladiner), 300 000 Deutschsprachige (davon n. d. region. Zählung v. 1981 279 576 Südtiroler), mind. 200 000 Franco-Provenzalen (Aostatal u. Piemont), 100 000 Slawen (davon offiz. 53 000 Slowenen in Triest), 90 000 Albaner (bes. Kalabrien), 15 000 Griechen (bes. Apulien) – Fast 30 Mio. Auslandsitaliener in Europa u. Übersee – **Leb.-Erwart.:** 76 J. – **Säugl.-Sterbl.:** 1,0% – **Analph.:** 3% – Jährl. **Bev.-Wachstum** (∅ 1980–88): 0,2% (Geb.- u. Sterbeziffer 1988: 1,0%/0,9%) – **Sprachen:** Italienisch, daneben region. Amtssprachen Deutsch (Südtirol), Französ. (Aostatal), Ladinisch teilw. Schulspr. in Südtirol, Slowenisch in Triest u. Gorizia [Görz] – **Religion:** fast ausschließl. röm. Katholiken (über 99%); rd. 180 000 Protest. u. orthodoxe Minderheiten, 35 000 Juden – **Städt. Bev.:** 68% – **Städte** (F 1989): Roma [Rom] (Hptst.) 2 803 931 Ew., Milano [Mailand] 1 449 403, Napoli [Neapel] 1 204 149, Torino [Turin] 1 002 863, Genova [Genua] 706 754, Palermo 731 418, Bologna 417 410, Firenze [Florenz] 413 069, Catania 366 226, Bari 355 352, Venezia [Venedig] 320 990, Messina 273 570, Verona 258 476, Taranto [Tarent] 244 512, Trieste [Triest] 233 047, Padova [Padua] 220 358, Cagliari 219 095, Brescia 196 935, Reggio di Calabria 178 620, Modena 176 857, Parma 174 341, Livorno 171 346, Prato 162 582, Foggia 159 199, Salerno 152 159, Perugia 149 261, Ferrara 141 404, Ravenna 136 166; außerdem Bolzano [Bozen] 100 707 (70% italienischspr. u. 24,5% deutschspr. Ew.) u. (Z 1975): Merano [Meran] 33 711 (44,9% ital. u. 44% deutschspr. Ew.)

STAAT Parlamentarisch-demokrat. Republik – Parlament (Parlamento) aus 2 Kammern (Camera dei Deputati u. Senato della Repubblica); Wahl d. Deputierten für 5 J. – 20 Regionen (mit 94 Provinzen), »statuto speciale« f. Sardinien, Sizilien, Südtirol, Aostatal u. Friaul-Julisch Venetien – **Staatsoberhaupt:** Prof. Dr. Francesco Cossiga/DC, gewählt im Juni 1985 v. 752 d. 977 Wahlmänner aus beiden Kammern – **Regierungschef:** Giulio Andreotti/DC, vereidigt im Juli 1989, erneut am 13. 4. 1991 (7. Kabinett Andreotti, 50. Nachkriegskabinett) mit 349 von 356 möglichen Stimmen der früheren 5er-Koalition und 207 Gegenstimmen; jetzt Koal.-Reg. aus DC, PSI, PSDI und PLI – **Äußeres:** Gianni de

Michelis/PSI – **Parteien:** Wahlen v. Juni 1987 (1983) d. Abg.-Kammer bzw. des Senats: »Christl. Demokrat. Partei« (Partito Democrazia Cristiana/DC) 34,3% d. St. u. 234 (225) bzw. 125 (120) Sitze; KP/PCI (seit Feb. 1991 Umbenennung in Partito Democratico della Sinistra/PDS) 26,6% u. 177 (198) bzw. 100 (107); »Sozialisten«/PSI 14,3% u. 94 (73) bzw. 36 (38); »Neofaschist. Sozialbewegung«/MSI 5,9% u. 35 (42) bzw. 17 (18); »Republikan. Partei«/PRI 3,7% u. 21 (29) bzw. 8 (10); »Sozialdemokraten«/PSDI 3,0% u. 17 (23) bzw. 5 (8); »Grüne« (neu) 2,5% u. 13 bzw. 1; »Radikale« 2,6% u. 13 (11) bzw. 3 (1); »Liberale Partei«/PLI 2,1% u. 11 (16) bzw. 3 (6); »Südtiroler Volkspartei«/SVP 0,5% u. 3 (3) bzw. 2 (3); Sonstige 12 bzw. 3 – Wahlen zum **Südtiroler Landtag** v. Nov. 1988: SVP 60,4% d. St. u. 22 (22) Sitze; MSI 10,3%, DC 9,1%, »Grüne« 6,7%, PSI 4,0%, KP/PCI 3,0% u. Sonst. 6,5% – Landeshauptmann: Luis Durnwalder (löste Silvius Magnago ab; neuer Parteiobmann seit 27. 4. 1991: Roland Riz) – **Sardinien:** »Sardische Aktionspartei« (für mehr Unabh. v. Italien) in Koalition mit PCI – **Unabh.:** alte staatliche Geschichte; nationale Einheit in neuerer Zeit seit 1861, Republik seit 1946 – **Nationalfeiertag:** am 1. Sonntag im Juni

WIRTSCHAFT **BSP** 1989: 871955 Mio. $ = 15150 $ je Ew. (20); realer Zuwachs ∅ 1980–89: 2,4%; 1989: 3,4%; **BIP** 1988: 828850 Mio. $; 1989: 863000; realer Zuwachs ∅ 1980–88: 2,2%; Anteil **Landwirtsch.** 4%, **Industrie** 40% *(zur Wirtschaftslage 1990 → Sp. 805)* – **Erwerbstät.** 1988: Landw. 8%, Ind. 32% – **Energieverbrauch** 1988: 2608 kg ÖE/Ew. – **Währung:** 1 Italienische Lira (Lit) = 100 Centesimi (Cent); 1 US-$ = 1130,145 Lit, 100 Lit = 0,1322 DM – **Inflation** ∅ 1980–88: 11,0%; 1990: 6,5% – **Außenhandel** 1989: **Import** 1988: 135514 Mio. $; Güter: 22% Metallerzeugn. u. Maschinen; 13% chem. Erzeugn., 12% Energiestoffe, 11% Transportm.; sehr hoher Aktivsaldo im Tourismus (1990: 175 Mio. Übern.); Länder: 21% BRD, 15% Frankr., 6% Niederl., 5% USA; **Export** 1988: 128534 Mio. $; Güter: 34% Metallerzeugn. u. Maschinen, 18% Textilien u. Bekleidg., 10% Transportm., 8% chem Erzeugn.; Länder: 17% BRD, 16% Frankr., 9% USA, 8% GB

PRESSE *Tageszeitungen:* Rom: Avanti (54)/PSI-Org. – Il Manifesto (59)/komm. – Il Messaggero (330) – Paese Sera (131)/links – Il Popolo (43)/DC – La Repubblica (827)/links-lib. – Il Tempo (187)/rechts – L'Umanità (16)/PSDI – L'Unità (300, so. 800)/PCI – Bologna: Il Resto del Carlino (304) – Bozen: Alto Adige (47) – Dolomiten (40)/Dt. – Florenz: La Nazione (288) – Genua: Il Lavoro (27)/soz. – Il Secolo XIX (150) – Mailand: Corriere della Sera (900) – La Gazzetta dello Sport (523, mo. 871) – Il Giornale (177) – Il Giorno (212) – La Notte (154) – Il Sole/24 Ore (171)/Wirtsch., Finanz – Neapel: Il Mattino (179) – Turin: La Stampa/La Stampa Sera (460) – Venedig: Il Gazzettino (112) – *Wochenzeitungen:* Rom: L'Espresso (370)/links – Mailand: Domenica del Corriere (225) – Epoca (180) – L'Europeo (125)/lib. – Famiglia Cristiana (1068)/kath. – Gente (722) – Oggi (534) – Panorama (440) – Tempo (230) – Bozen: Volksbote/Org. d. Südtiroler Volkspartei – *Nachrichtenagentur:* ANSA (Agenzia Nazionale Stampa Associatà)

JAMAIKA *Mittel-Amerika*

Jamaika – von Arawakisch »Xaymaca« = »Quelleninsel«, gut bewässert – JA

LANDESSTRUKTUR **Fläche** (141): 10990 km² – **Einwohner** (115): (F 1988) 2447000 = 223 je km²; (Z 1982) 2206000 – Jamaikaner; 88% Schwarze u. Mulatten, 1,3% Inder, 0,2% Weiße, 0,2% Chinesen – **Leb.-Erwart.:** 74 J. – **Säugl.-Sterbl.:** 1,0% – **Analph.:** 1% – Jährl. **Bev.-Wachstum** (∅ 1980–88): 1,5% (Geb.- u. Sterbeziffer 1988: 2,3%/0,6%) – **Sprache**: Englisch – **Religion:** ca. 75% Protestanten (v. a Anglikaner u. Baptisten); 8% Katholiken, Juden, Hindu- u. Muslimgruppen; Rastafari – **Städt. Bev.:** 51% – **Städte** (Z 1982): Kingston (Hptst.) 104000 Ew., als einer d. 14 Bezirke zus. mit St. Andrew 525000 (633400 F 1985), Spanish Town 89100, Montego Bay 70300, May Pen 41000, Mandeville 34500, Savanna-la-Mar 14900, Port Antonio 12300

STAAT Konstitutionelle Monarchie im Commonwealth – Parlament aus 2 Kammern – Allgem. Wahlrecht – 14 Bezirke (Parishes) – **Staatsoberhaupt:** Königin Elizabeth II., vertreten durch den einheim. Generalgouverneur Sir Florizel Augustus Glasspole – **Regierungschef:** Prem.-Min. Michael Manley, PNP, seit 16. 2. 1989 – **Äußeres:** David H. Coore – **Parteien:** (Wahlen 1989) People's National Party/PNP 43 der 60 Sitze im Repräs.-Haus; Jamaica Labour Party/JLP von Edward P. G. Seaga 13 – **Unabh.:** 6. 8. 1962 – **Nationalfeiertag:** 1. Montag im Aug.

WIRTSCHAFT **BSP** 1989: 3011 Mio. $ = 1260 $ je Ew. (80); BIP 1988: 3220 Mio. $; realer Zuwachs ∅ 1980–88: 0,6%; Anteil **Landwirtsch.** 6%, **Ind.** 42% – **Erwerbstät.** 1988: Landw. 28%, Ind. 16,2% – **Energieverbrauch** 1988: 855 kg ÖE/Ew. – **Währung**: 1 Jamaika-Dollar (J$) = 100 Cents; 1 US-$ = 7,9527 J$, 100 J$ = 18,7861 DM – **Ausl.-Verschuld.** 1988: 3554 Mio. $ = 127,2% d. BSP – **Inflation** ∅ 1980–88:

18,7% – **Außenhandel** 1988: **Import:** 1428 Mio. $; **Export:** 832 Mio. $; Güter: 60% Aluminiumoxyd u. Bauxit; Zucker, Tabak, Bananen, Rum, Früchte, Gewürze, Leichtindustriegüter; Länder: 44% USA, EG (v. a. Großbrit.), Venezuela, Mexiko, Kanada, CARICOM-Staaten

PRESSE *Tageszeitungen:* Kingston: Daily Gleaner (42) – Daily Star (44) – *Nachrichtenagentur:* JAMPRESS

JAPAN *Ost-Asien*

Nippon Teikoku; Nippon; inoff. auch Nihon; »Land d. aufgehenden Sonne« – J

LANDESSTRUKTUR **Fläche** (56): 377815 km² (4 Haupt- u. 3900 kleinere Inseln) – **Einwohner** (7): (F Okt. 1990) 123680000 = 327 je km²; (Z 1985) 121049000; z. Vergl. 1950: 84,1 Mio. – über 99% Japaner, ca. 15000 Ainu; F Ende 1988: 941000 Ausländer, davon 677000 Koreaner, 129300 Chinesen (ohne Taiwan), 32800 Amerikaner, 32200 Philippiner, außerd. and. südostasiat. Gruppen u. Europäer; 1987 lebten 518300 Japaner im Ausland: 174100 in USA, 115300 in Brasilien, 25200 in Großbrit., 18600 in Kanada, 18300 in BRD, 15700 in Argentinien, 14300 in Frankr., 10400 in Hongkong – **Leb.-Erwart.:** 78 J. – **Säugl.-Sterbl.:** 0,5% – **Analph.:** 1% – Jährl. **Bev.-Wachstum** (∅ 1980–88): 0,6% (Geb.- u. Sterbeziffer 1988: 1,1%/0,7%) – **Sprachen:** Japanisch als Amtsspr.; Englisch als Verkehrs- u. Bildungssprache – **Religion:** Buddhisten (mit vielen Sekten, darunter die »Soka Gakkai«) u. Schintoisten (wörtl. »Götter-Weg«), bis 80% beiden Religionen zugehörend (1987: 112,2 Mio. Schintoisten, 93,4 Mio. Buddhisten, 11,4 Mio. Mischreligionen; 1,42 Mio. Christen (1983: 1,12 Mio. Protestanten, 0,39 Mio. Katholiken, 25000 Orthodoxe); Anh. d. Kirche Christi in Japan (»Nippon Kirisuto Kyodan«). Die Summen überschreiten die Gesamtbev., da viele Japaner mehreren Rel.-Gemeinschaften angehören – **Städt. Bev.:** 77% – **Städte** (F Okt. 1989): Tokyo [Tokio] (Hptst.; 1988: m. V. bzw. als Präfektur 11890000, als Conurb. (Kei-hin) Tokyo-Yokohama usw. 17–27 Mio.) 8284000 Ew., Yokohama [Jokohama] 3189000, Osaka 2636000 (1988: Präfektur 8751000), Nagoya [Nagoja] 2149000, Sapporo 1647000, Kyoto [Kioto] 1471000, Kobe 1461000, Fukuoka 1217000, Kawasaki 1157000, Hiroshima [Hiroschima] 1079000, Kitakiushu [Kitakjuschu] (Con. v. Yawata, Kokura, Moji, Tobata, Wakamatsu) 1034000, Sendai 910000

STAAT Parlamentarisch-demokrat. Monarchie – Verfass. v. 1947 – Parlament (»Kokkai«) aus 2 Kammern (»Haus der Räte« bzw. »Sangi-in« u. »Abgeordnetenhaus« bzw. »Shugi-in«); Wahl d. Abg. für 6 J. (50% werden nach 3 J. neu gewählt) bzw. 4 J. – Allgem. Wahlrecht – 43 Präfekturen (»ken«; auf Honshu 31, Kyushu 7, Shikoku 4, Okinawa 1), 2 Stadtpräfekturen (»fu«: Osaka und Kioto), die Hauptstadt »to«: Tokio (alle 3 auf Honshu) u. Provinz Hokkaido – Traditionsgemäß (nicht admin.) 8 Regionen (»chiho«): Hokkaido, Tohoku, Kanto, Chubu, Kinki, Chugoku, Shikoku, Kyushu – **Staatsoberhaupt:** Kaiser Akihito, seit Jan. '89 (Thronbesteigung am 12. 11. 1990); »Symbol d. Einheit d. Staates u. d. Einheit d. Volkes«, kein Staatsoberhaupt i. e. S. – **Regierungschef:** Toshiki Kaifu/LDP, seit Aug. 1989, Koal. aus LDP in Fraktionsgemeinsch. mit NLC u. Unabh. – **Äußeres:** Taro Nakayama – **Parteien:** Wahlen zum Unterhaus v. Feb. 1990 (1986): »Liberal-Demokrat. Partei«/LDP 46,2% (49,4%) d. Stimmen u. 286 (300) der 512 Sitze; »Sozialisten«/SPJ (Umbenennung in »Sozial-Demokratische Partei«/SDPJ im Juli 1991) 139 (85), »Komeito-Partei« (buddhist.) 46 (56), »Kommunisten«/KPJ 16 (26); »Demokr. Sozialisten«/DSP 14 (26); »Neuliberaler Club«/NLC 5 (10); Sonstige 6 (9) – Oberhaus: Teilwahlen v. Juli 1989 (1983): LDP 109 (142) d. 252 Sitze (durch Nachwahlen v. Nov. 1991: 113 Sitze); SPJ 73 (42), Komeito 21 (22), KPJ 14 (17), Rengo 12 (–), DSP 10 (11), Sonstige u. Unabhäng. 12 (18), vakant 1 (–) – **Unabh.:** seit mindestens 660 v. Chr. unabhängig – **Nationalfeiertag:** 29. 4. u. 23. 12.

WIRTSCHAFT **BSP** 1989: 2920310 Mio. $ = 23730 $ je Ew. (3); realer Zuwachs ∅ 1980–89 4,1%; 1989: 4,6%; **BIP** 1988: 2843710 Mio. $; realer Zuwachs ∅ 1980–88: 3,9%; Anteil **Landwirtsch.** 3%, **Industrie** 40% *(zur Wirtschaftslage 1990 → Sp. 809f.)* – **Erwerbstät.** 1989: Landw. 8,2%, Ind. 33,9% – **Energieverbrauch** 1988: 3306 kg ÖE/Ew. – **Währung:** 1 Yen (¥) = 100 Sen; 1 US-$ = 133,60 ¥, 100 ¥ = 1,1183 DM – **Inflation** ∅ 1980–88: 1,3%; 1990: 3,1% – **Außenhandel** 1989: **Import** 1990: 234600 Mio. $; Güter: 20% mineral. Brennstoffe (10% Rohöl), 15% Maschinen u. Ausrüstg., 15% Nahrungsm.; Länder: 23% USA, 6% Rep. Korea, 5% VR China; **Export** 1990: 287000 Mio. $; Güter: 22% Maschinen (o. Elektrotechnik), 18% Kraftfahrzeuge *(→ Übersicht Sp. 417f.)*; Länder: 34% USA, 8% Rep. Korea, 6% BRD

PRESSE *Tageszeitungen:* Tokio: Asahi Shimbun (morg. 8200, ab. 4800) – Hochi Shimbun (654) – The Japan Times (69)/Engl. – Komei Shimbun (800, so. 1400) – Mainichi Shimbun (morg. 4200, ab. 2200) – Nihon Keizai Shimbun (morg. 1370, ab.

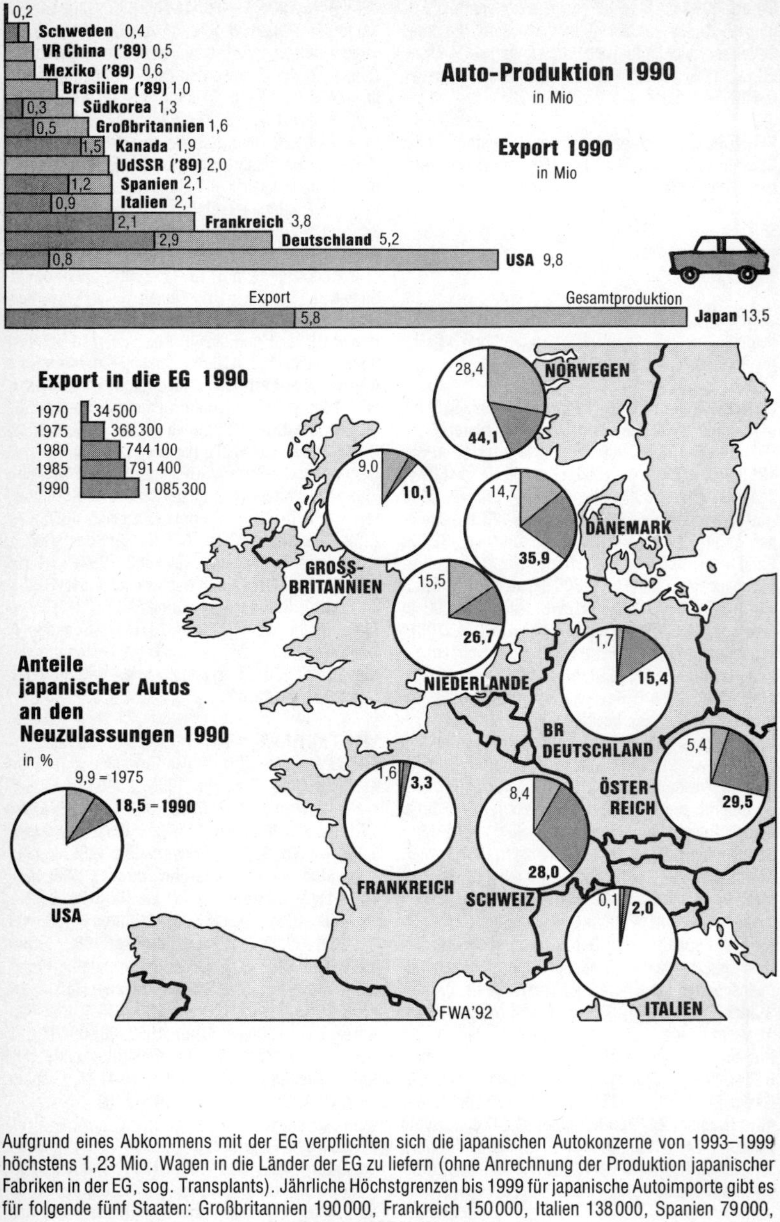

Aufgrund eines Abkommens mit der EG verpflichten sich die japanischen Autokonzerne von 1993–1999 höchstens 1,23 Mio. Wagen in die Länder der EG zu liefern (ohne Anrechnung der Produktion japanischer Fabriken in der EG, sog. Transplants). Jährliche Höchstgrenzen bis 1999 für japanische Autoimporte gibt es für folgende fünf Staaten: Großbritannien 190000, Frankreich 150000, Italien 138000, Spanien 79000, Portugal 23000 Wagen.

1360)/Wirtsch. u. Finanz – Sankei Shimbun (morg. 802, ab. 355) – Seikyo Shimbun (4700) – Yomiuri Shimbun (morg. 5430, ab. 3120) – Osaka: Asahi Shimbun (morg. 2180, ab. 1370) – Sankei Shimbun (morg. 1190, ab. 708) – Yomiuri Shimbun (morg. 2210, ab. 1400) – *Nachrichtenagenturen:* JIJI (Jiji Tsushin Sha) – KYODO (Kyodo Tsushin)

JEMEN *Vorder-Asien*

Republik Jemen; Al Dschumhurija al Jamanija bzw. Al-Jumhûrîya al-Yamanîya; von »al-yaman« = zur Rechten, wenn man nach Osten blickt, übertragen: »der Glückliche« – YAR

LANDESSTRUKTUR **Fläche** (46): 527968 km² – **Einwohner** (60): (S 1989) 11207000 = 21 je km – Jemeniten; haupts. Südaraber, z. T. mit negridem Einschlag, 3% Inder, 1% Somalis – **Leb.-Erwart.:** 50 J. – **Säugl.-Sterbl.:** 13,5% – **Analph.:** 80% – Jährl. **Bev.-Wachstum** (∅ 1980–87): 2,6% (Geb.- u. Sterbeziffer 1987: 4,8%/1,6%) – **Sprache:** Arabisch – **Religion:** Muslime; kleine hinduist. u. christl. Minderheiten – **Städt. Bev.:** 25% – **Städte** (1986): Sana [San'a] (Hptst.) 427000 Ew., Aden, ca. 250000 (A 367000), Taizz 220000, Hodeida 140000, El-Mukalla 150000, Shaikh Uthman (Scheich Othmann) 50000, El Hawra 15000, El-Shaab (Al Scha'ab) (zeitw. fr. südjem. Hptst.) 10000

STAAT Nach der Vereinigung der Arabischen Republik Jemen (Nord-J.) und der Demokratischen Volksrepublik Jemen (Süd-J.) zur Republik Jemen neue Verfassung in Ausarbeitung – Provisorisches Parlament mit 301 Mitgl. (159 Abg. d. Nord-J., 111 d. Süd-J., 31 unabhäng. polit. Persönl.) – **Staatsoberhaupt:** Ali Abdallah Saleh (Nord-J.), seit Mai 1990 – **Regierungschef:** Haidar Abu Bakr al-Attas (Süd-J.), seit Mai 1990 – **Äußeres:** Dr. Abdul-Karim Al-Iryani (Nord-J.) – **Parteien:** Jemen. Sozialist. Partei; weitere Parteiengründungen geplant – **Unabh.:** lang zurückreichende staatl. Geschichte; 30. 10. 1918 Unabh. des Nord-J. v. Osmanischen Reich; 30. 11. 1967 Unabh. des Süd-J. v. d. britischen Kolonialmacht – **Nationalfeiertag:** bislang nicht bekannt

WIRTSCHAFT **BSP** 1989: 7203 Mio. $ = 640 $ je Ew. (112); vormalige **Arab. Rep. Jemen: BIP** 1988: 5910 Mio. $; realer Zuwachs 1980–88: 6,5%; Anteil **Landwirtsch.** 23%, **Ind.** 26% – **Erwerbstät.** 1988: Landw. 64%, Ind. 12% – **Energieverbrauch** 1988: 102 kg ÖE/Ew. – **Währung:** 1 Jemen-Rial (Y. Rl) = 100 Fils; 1 US-$ = 12,00 Y. Rls, 100 Y. Rls = 12,4500 DM – **Ausl.-Verschuld.** 1988: 2378 Mio. $ = 41,7% d. BSP – **Inflation** ∅ 1980–88: 11,6% – **Außenhandel** 1988: **Import:** 1310 Mio. $; **Export:** 853 Mio. $; Fremdarbeiterüberw. 600 Mio. $; Güter: nur geringe Ausf., bes. Baumwolle (80%), Kaffee (13%); Häute, Felle, Vieh, Produkte aus Weichkautschuk; Länder: EG (36%), Japan, DVR Jemen, Saudi-Arabien, Singapur, Kuwait, VR China, Korea – vormalige **Dem. Volksrep. Jemen: BSP** 1987: 1000 Mio. $ = 430 $ je Ew.; BIP 1988: 840 Mio. $; BSP: realer Zuwachs ∅ 1980–86: –3,2%; Anteil **Landwirtsch.** 16%, **Ind.** 23% – **Erwerbstät.** 1988: Landw. 34%, Ind. 21% – **Energieverbrauch** 1988: 653 kg ÖE/Ew. – **Währung:** 1 Jemen-Dinar (YD) = 1000 Fils; 1 US-$ = 0,461538 YD; 100 YD = 323,7003 DM – **Ausl.-Verschuld.** 1988: 1970 Mio. $ = 199,4% d. BSP – **Inflation** ∅ 1980–88: 4,5% – **Außenhandel** 1988: **Import:** 598 Mio. $; **Export:** 80 Mio. $; 1985: 435 Mio. $ Fremdarbeiterüberw.; Güter: Erdölderivate, in geringerem Umfang Fischereiprodukte, Baumwolle, Häute u. Felle, Industrieprod. (6%); Länder: EG (insbes. Großbrit. u. Italien), UdSSR, Japan, AR Jemen, VAE

PRESSE *Tageszeitungen:* Sana: Al-Thawra – Aden: Ar-Rabi Ashar Min Uktubar (20) – Al-Sharara (6) – Tais: Al-Gumhuryyah – *Nachrichtenagenturen:* ANA (Aden News Agency) – Saba News Agency

JORDANIEN *Vorder-Asien*

Haschemitisches Königreich Jordanien; Al Mamlaka Al-Urdûnnîya Al-Hâshimîyah; nach d. Fluß Jordan – JOR

LANDESSTRUKTUR **Fläche** (102): 97740 km² (m. 918 km² Binnengewässern u. West-J.), davon ca. 8500 km² (West-Bank) von Israel seit 1967 besetzt; formeller Verzicht durch König Hussein im Juli 1988 zugunsten eines Palästinenser-Staates – **Einwohner** (101): (F 1988) 3943000 = 40 je km²; (Z 1979) 2133000; ohne West-J. 1987 2,8 Mio. – 99% Araber (1986: 800000 Palästina-Flüchtlinge in Ostjordanien); 0,5% Tscherkessen, 0,2% Armenier u. 0,1% Kurden; ca. 300000 Jord. arbeiten im Ausl. – **Leb.-Erwart.:** 67 J. – **Säugl.-Sterbl.:** 5,4% – **Analph.:** 20% – Jährl. **Bev.-Wachstum** (∅ 1980–88): 3,7% (Geb.- u. Sterbeziffer 1988: 4,2%/0,6%) – **Sprachen:** Arabisch als Amtssprache; Englisch als Bildungssprache – **Religion:** rd. 93% sunnit., 3% schiit. Muslime, 186000 Christen versch. Bekenntnisse (70000 griech.-orth., 3900 armenisch, Melkiten) – **Städt. Bev.:** 67% – **Städte** (S 1986): Amman (Hptst.) 833500 Ew., As-Sarka [Zarqa] 285700, Irbid 150000, Ar-Rusaifa 65600, Akaba 37400; Westjordanland (von Israel seit 1967 besetzt): Hebron 100000, Jerusalem (Altstadt) 90000, Nablus 64000, Bethlehem 25000 *(→ Karte »Israel und die besetzten Gebiete« Sp. 83f.)*

STAAT Konstitutionelles Königreich (Erbmonarchie) – Parlament mit 68 Mitgl. – Seit 1984 auch Frauenwahlrecht – 1 Wüstenterritorium unter fast auton. Scheich als Oberhaupt d. Stammesverbände; 8 Distrikte (Liwas) mit Gouverneur (Mutassarif) – **Staatsoberhaupt:** König Hussein Bin Talal, seit 1952 – Kronprinz: Prinz Hassan – **Regierungschef:** Min.-Präs. Taher al-Masri (Paläst.) seit 21. 6. 1991, gleichzeit. Verteidigungsmin.; Kabinett aus 25 Ministern, davon 3 Palästinenser (Westjordanier) – **Äußeres:** Abdullah Nsour – **Parteien:** Verbot polit. Parteien (seit 1957) durch Nationalcharta vom Juni 1991 aufgehoben; letzte Parlamentswahlen am 8. 11. 1989, bei denen muslim. Gruppierungen, u. a. die Moslembruderschaft, 24 Mandate erhielt; Neuwahlen 1992 vorgesehen – **Unabh.:** 22. 3. 1946 – **Nationalfeiertag:** 25. 5.

WIRTSCHAFT **BSP** 1989: 5291 Mio. $ = 1730 $ je Ew. (72); BIP 1988: 3900 Mio. $; realer Zuwachs ∅1980–88: 4,2%; Anteil **Landwirtsch.** 10%, **Industrie** 25% – **Erwerbstät.** 1988: Landw. 7% (incl. Forstw. u. Fischerei), Prod. Gewerbe 23% – **Energieverbrauch** 1988: 723 kg ÖE/Ew. – **Währung:** 1 Jordan-Dinar (JD) = 1000 Fils (FLS); 1 US-$ = 0,6630 JD, 100 JD = 225,3394 DM – **Ausl.-Verschuld.** 1988: 3955 Mio. $ = 94,0% d. BSP – **Inflation** ∅1980–88: 2,2% – **Außenhandel** 1988: **Import:** 2751 Mio. $; **Export:** 875 Mio. $; Güter: 29% Phosphatprodukte, 14% Obst u. Gemüse, 9% Pottasche; Länder: 29% EG-Länder; Irak, Saudi-Arabien, USA, Japan, Syrien

PRESSE *Tageszeitungen:* Amman: Ad-Dustour (60) – Al-Akhbar (15) – Ar-Rai (80) – The Jordan Times (15)/Engl. – *Nachrichtenagentur:* PETRA

JUGOSLAWIEN *Südost-Europa*

Föd. Rep. J.; Federativna Republika Jugoslavija; Südslawien, Name seit 1929, »Slawien« = Land der Slawen – YU

LANDESSTRUKTUR **Fläche** (69): 255804 km² – **Einwohner** (35): (F 1989) 23750000 = 93 je km²; (Z 1981) 22425000 – Nach Z 1981 folg. *Nationen*: Serben 8140507 (36,3%), Kroaten 4428043 (19,7%), Slowenen 1763571 (8,0%), Mazedonier 1341598 (6,0%), Montenegriner 579043 (2,6%); *Nationalitäten* (insg. 11,2%): Albaner 1730878 (7,7%, 77,4% der Bev. d. Prov. Kosovo), Ungarn 426867 (1,9%), Türken 101291, Slowaken 80334, Rumänen 54955, Bulgaren 36169, Ruthenen 23286, Italiener 15132, Ukrainer 12813, Tschechen 10624; außerdem folg. *ethn. Gruppen*: (insg. 0,8%) Roma 168197, Walachen 32071, Jugoslawen o. A. 1219024) – **Leb.-Erwart.:** 72 J. – **Säugl.-Sterbl.:** 2,5% – **Analph.:** 9% – Jährl. **Bev.-Wachstum** (∅1980–88): 0,7% (Geb.-u. Sterbeziff. 1987: 1,5%/0,9%) – **Sprachen:** Serbisch (kyrillische) u. Kroatisch (latein. Schrift), Slowenisch u. Mazedonisch als Staatssprache d. Teilrepubliken; Amtssprache Magyarisch u. Albanisch; Schulsprache auch Slowakisch, Rumänisch, Türkisch u. Italienisch – **Religion:** 41,5% serb.-orth. Christen, 31,8% Katholiken, 12,3% Muslime, 148000 Protestanten, 12,3% Konfessionslose – **Städt. Bev.:** 49% – **Städte** (S 1989): Beograd [Belgrad] (Hptst.) 1470000 Ew.; Zagreb [Agram] 1172000, Skopje 505000, Sarajewo 449000, Ljubljana [Laibach] 305000, Novi Sad [Neusatz] 258000, Nis 231000, Priština 210000, Rijeka [Fiume] 195000, Maribor 186000, Banja Luka 184000, Split 181000, Osijek 159000, Subotica 101000, Titograd 96000

STAAT Volksrepublik auf bundesstaatl. Grundl. – Bundesversammlung (»Skupština SFR Jugoslawije«), seit d. neuen Verfass. von 1974 aus 2 Kammern (Föd. Rat m. 220 gewählten u. »Rat der Republiken« mit 88 v. d. Republiken u. auton. Provinzen entsandten Mitgl.) – Wahlberechtigt alle Bürger über 18 J. – Polit. Gliederung in 6 föderative Republiken mit 2 autonom. Provinzen; eigene Parlamente, Vollzugsräte, Flaggen, Bürger haben Staatsangehörigkeit der jew. Republik u. die der SFR Jugoslawien.; freie Wahlen 1990 in Slowenien, Kroatien, Bosnien-Herzegowina, Mazedonien, Serbien und Montenegro; Slowenien, Kroatien und Makedonien haben sich für unabhängig erklärt; Slowenien u. Kroatien haben für den 26. bzw. 30. 6. 1991 ihren Austritt aus dem jug. Staatenbund beschlossen – **Staatspräsidium:** Vors. (jährl. wechselnd) Stjepan (Stipe) Mesic, (Kroatien), Branko Kostić (Montenegro), Bogic Bocičivić (Bosnien-Herzegowina), Vasil Tupurkovksi (Makedonien), Janez Droršek (Slowenien), Borisar Jovic (Serbien), Sajdo Bajmorić (Kosovo), Jugoslav Kostić (Vojvodina) – **Regierungschef:** Min.-Präs. (»Vorsitzender des Bundesvollzugsrates«) Ante Marković – **Äußeres:** Budimir Lonćar – **Parteien:** Mehrparteiensystem in den Republiken eingeführt; bis Juli 1990 einzig zugelass. Partei der BdKJ (Bund d. Kommunisten Jugoslawiens); seit Nov. 1990 Bund der Kommunisten/Bewegung für Jugoslawien (BkJ) – **Unabh.:** alte staatl. Geschichte Serbiens u. Kroatiens; Gründung des Gesamtstaates 1. 12. 1918 – **Nationalfeiertag:** 29. 11.

WIRTSCHAFT **BSP** 1989: 59 080 Mio. $ = 2490 $ je Ew. (55); realer Zuwachs ∅ 1980–89: 0,0 %; **BIP** 1988: 61 710 Mio. $; realer Zuwachs 1980–88: 1,4 %; Anteil **Landwirtsch.** 14 %, **Industrie** 49 % – **Erwerbstät.** 1985: Landw. 25 %, Ind. 30 % – **Energieverbrauch** 1988: 2159 kg ÖE/Ew. – **Währung:** 1 Jugoslaw. Dinar (Din) = 100 Para; 1 US-$ = 10,6894 Din; 100 Din = 14,2430 DM – Öffentl. **Ausl.-Verschuld.** 1988: 19 341 Mio. $ = 38,9 % d. BSP – **Inflation** ∅ 1980–88: 66,9 % (1990: 122 %) – **Außenhandel** 1990: **Import:** 18 871 Mio. $; Güter: 27 % Maschinen und Transportmittel, 15 % chem. Produkte, 13 % Rohöl, 7 % Nahrungsmittel, 3 % Erdgas; Länder: 18 % BRD, 15 % UdSSR, 11 % Italien, 5 % USA – **Export:** 14 308 Mio. $; Güter: 29 % Maschinen u. Transportmittel, 11 % chem. Prod., 8 % Nahrungsmittel, 7 % Textilien; Länder: 20 % UdSSR, 16 % Italien, 12 % BRD, 5 % USA, 4 % Frankreich, Industrieproduktion im ersten Drittel 1991 um 20 % gesunken

PRESSE *Tageszeitungen:* Belgrad: Borba (60) – Politika (203) – Politika Ekspres (220) – Večernje novosti (271) – Ljubljana: Delo (100) – Ljubljanski Dnevnik (60) – Večer (55) – Novi Sad: Dnevnik (61) – Rijeka: Novi List (59) – Sarajewo: Oslobodjenje (50) – Večernje novine (89) – Skopje: Nova Makedonija (25) – Večer (29) – Split: Nedjeljna Dalmacija (55) – Slobodna Dalmacija (100) – Titograd: Pobjeda (18) – Zagreb: Večernji list (255) – Vjesnik (69) – *Wochenzeitungen:* Belgrad: Komunist (520) – Nin (140) – Politikin Zabavnik (260) – Ljubljana: Demokracija (15, 2xwö.) – *Nachrichtenagentur:* TANJUG

KAMBODSCHA/KAMPUCHEA

Südost-Asien

Staat Kamputschea; Kampuchea – VRK bzw. K

LANDESSTRUKTUR **Fläche** (83): 181 035 km² (m. 3000 km² Binnengewässern) – **Einwohner** (74): (F 1988) 7 869 000 = 43 je km²; (Z 1981) 6 682 000 – Kambodschaner; ca. 85–93 % Khmer, vietnames. (4 %) u. chines. (3 %) Minderh.; Gruppen malaiischer Herkunft, z. B. Cham, Bergstämme, z. B. Moi (»Khmer-Loeu«) sowie Lao; ca. 200 000 angesied. Vietnamesen; ca. 290 000 Flüchtl. in Thailand, 100 000 Flüchtl. im westl. Ausl. – **Leb.-Erwart.:** 50 J. – **Säugl.-Sterbl.:** 16,0 % – **Analph.:** 65 % – Jährl. **Bev.-Wachstum** (∅ 1985–87): 5,7 % (Geb.- u. Sterbeziffer 1980–85: 4,6 %/2,0 %) – **Sprachen:** Khmer als Amtssprache; Französ. als Bildungs- u. Handelsspr.; Vietnamesisch – **Religion:** rd. 90 % Buddhisten; schafiitische Sunniten (rd. 200 000) als islam. Minderh. (Cham, Malaien); christl. Restgruppen; offiz. Propagierung d. Atheismus – **Städt. Bev.:** 10 % – **Städte:** Phnom Penh (Hptst.) ca. 700 000 Ew., (1981) Kompong Som 53 000, Kompong Chhnang u. Kompong Cham

STAAT Verfass. von 1981, revidiert 1. 5. 1989 – 18 Provinzen (»Khet«) – **Staatsoberhaupt:** Heng Samrin, Präs. d. Staatsrates – **Regierungschef:** Hun Sen – **Äußeres:** Hor Nam-Hong – **Parteien:** »Rev. Volkspartei Kampucheas«/RVPK (Pak Pracheachhon Kampuchea), bei d. Wahlen v. 1981 zur Nationalvers. 99,59 % u. alle 117 Mandate; »Widerstandsbündnis Demokratisches Kampuchea« unter Prinz Norodom Sihanouk – Nach Abzug der vietn. Truppen am 26. 9. 1989 hat die UNO bis zu freien Wahlen die Verw. des Landes übernommen; Oberster Nationalrat mit 12 Mitgl. (6 stellt die derzeit. Reg., je 2 stellen die 3 Gruppen der Widerstandskoalition), De-facto-Vors. Prinz Sihanouk; Abkommen über einen »landesweiten, unbefristeten Waffenstillstand« am 24. 6. 1991 unterzeichnet; freie Wahlen frühestens in 2 Jahren vorgesehen – **Unabh.:** alte staatl. Tradition; Wiedererlang. d. Unabh. am 9. 11. 1953, endgültig bestätigt durch die Indochina-Konferenz 1955 – **Nationalfeiertag:** 7. 1. (Eroberung Phnom Penhs durch d. derzeitige Reg. 1979)

WIRTSCHAFT **BSP** 1983: 1500 Mio. $/1984 (S): 1130 Mio. $ = 155 $ je Ew. (163); realer Zuwachs (1984) 8,5 %; Anteil **Landwirtsch.** 60 %, **Ind.** 5 % – **Erwerbstät.** 1988: Landw. 71 %, Ind. 3 % – **Energieverbrauch** 1987: 59 kg ÖE/Ew. – **Währung:** 1 Riel = 100 Sen; 1 US-$ = 600,00 Riel, 100 Riel = 0,2490 DM – Öff. **Ausl.-Verschuld.** 1985: 520 Mio. $ – **Außenhandel** 1985: **Import:** 117 669 $; **Export:** 12 514 $; Güter: bearbeit. Waren (z. T. Reexporte), v. a. Eisen u. Stahl, tierische u. pflanzl. Produkte (z. B. Rohkautschuk); Länder: UdSSR (87 %), Türkei, Japan, USA

PRESSE *Wochenzeitungen*: Kampuchea (55) – Pracheachon (50, 2x wö.) – *Nachrichtenagentur:* SPK (Saporamean Kampuchea)

KAMERUN *Zentral-Afrika*

Rep. Kamerun, République du Cameroun; Republic of Cameroon; nach port. »rio das camaroes« = Krabben- oder Steingarnelenfluß – CAM

LANDESSTRUKTUR **Fläche** (49): 475 442 km² (davon 5242 km² Binnengewässer) – **Einwohner** (59): (F 1990) 11 300 000 = 24 je km²; (Z 1976) 7,09 Mio. – Kameruner, Bantu- (40 %), Semibantu- u. Sudangruppen (20 %); Pygmäen im S, Fulbe,

Haussa, etwa 20000 Europ., meist Franzosen – **Leb.-Erwart.:** 56 J. – **Säugl.-Sterbl.:** 9,2% – **Analph.:** 44% – Jährl. **Bev.-Wachstum** (∅1980–89): 3,2% (Geb.- u. Sterbeziff. 1988: 4,5%/1,3%) – **Sprachen:** Französisch (80%) u. Englisch (20%); Bantu, Semibantu u. sudanes. Sprache, Ful z. T. als Verkehrssprache – **Religion:** rd. 25% Katholiken, 20% Protestanten u. 10–20% Muslime; Anhäng. v. Naturreligionen u. Sekten – **Städt. Bev.:** 47% – **Städte** (1985): Yaoundé [Jaunde] (Hptst.) 800000 Ew.; Douala [Duala] (1987) 1117000, Garoua 95000, Nkongsamba 93000, Bafoussam 75000, Maroua 70000, Bamenda 60000

STAAT Präsidialrepublik – Parlament aus 1 Kammer – 10 Provinzen – **Staatschef:** Präsident Paul Biya, seit Nov. 1982, wiedergewählt 1988 – **Regierungschef:** Prem.-Min. Sadou Hayatou, seit 25. 4. 1991 – **Äußeres:** Jacques Roger Booh-Booh – **Parteien:** Seit 1966 Einparteiensystem: Rassemblement Démocratique du Peuple Camerounais/RDPC, alle 120 Sitze der Nationalvers. – **Unabh.:** 1. 1. 1960 Ost-Kamerun, 1. 10. 1961 West-Kamerun (Wiedervereinigung) – **Nationalfeiertag:** 20. 5.

WIRTSCHAFT **BSP** 1989: 16661 Mio. $ = 1010 $ je Ew. (91); realer Zuwachs ∅1980–89: 3,9%; **BIP** 1988: 12900 Mio. $; Zuwachs ∅1980–88: 5,4%; Anteil **Landwirtsch.** 27%, **Industrie** 30% – **Erwerbstät.** 1985: Landw. 80%, Ind. 10% – **Energieverbrauch:** 152 kg ÖE/Ew. – **Währung:** 1 CFA-Franc = 100 Centimes; 1 FF = 50 CFA-Francs; 1 $ = 256,75 CFA-Fr.; 100 CFA-Francs = 0,5878 DM – **Öffentl. Ausl.-Verschuld.** 1989: (S) 6000 Mio. $ = 45% d. BSP – **Inflation** 1990: unt. 1% – **Außenhandel** 1989: **Import:** 1073 Mio. $; Güter: 47% Halbfertigw., 25% Kapitalgüter, 16% Verbrauchsgüter, 11% Nahrungsmittel – **Export:** 1408 Mio. $; Güter: 47% Erdöl, 14% Kaffee, 10% Industriegüter, 10% Kakao; Länder: 22% Frankr., 17% USA, 15% Niederlande, 10% Italien, 6% BR Dtld., 5% Gabun

PRESSE *Tageszeitung:* Yaoundé: Cameroon Tribune (66)/Frz. – *Wochenzeitungen:* Cameroon Tribune (25)/Engl. – Douala: La Gazette (35)/Frz. – Limbe: Cameroon Outlook (20, 3x wö.) – Cameroon Times (12)/Engl. – The Gazette (70)/Engl. – *Nachrichtenagentur:* ACAP (Agence Camerounaise de Presse)

KANADA *Nord-Amerika*

Canada; von algonkin. »kanata« = Hütten – CDN

LANDESSTRUKTUR **Fläche** (2): 9976139 km^2 (nach eig. Ang. 9221016 km^2 Landfläche m. 755169 km^2 Binnengewässern) – **Einwohner** (30): (S 1990) 26600000 = 3 je km^2; (Z 1986) 25309000 – Nach Zählung v. 1981 waren 44,6% britischer, 28,7% französ. u. 23% and. europ. Abst., 367810 Indianer u. 25390 Eskimos (Inuits) – **Leb.-Erwart.:** 77 J. – **Säugl.-Sterbl.:** 0,7% – **Analph.:** 1% – Jährl. **Bev.-Wachstum** (∅1980–88): 0,9% (Geb.- u. Sterbeziffer 1988: 1,4%/0,7%) – **Sprachen:** Englisch u. Franz. als Amtsspr.; Mutterspr. Z 1981 in Mio.: 14,92 Englisch, 6,25 Französ., 3 Sonst. – **Religion:** 47% Katholiken, 16% »United Church«, 10% Anglikaner, 3% Presbyterianer, 3% Lutheraner, 3% Baptisten u. 18% and. – **Städt. Bev.:** 76% – **Städte** (Z 1986): Ottawa (Hptst.) 300763 Ew. (als »Census Metropolitan Area« 819263), Toronto 612289 (3427168), Montreal 1015420 (2921357), Vancouver 431147 (1380729), Edmonton 573982 (785465), Calgary 636104 (671326), Winnipeg 594551 (623304), Quebec 164580 (603267), Hamilton 306728 (577029)

STAAT Konstitutionelle Monarchie im Commonwealth – Parlament aus 2 Kammern (»House of Commons« mit 1988 295 u. »Senate« mit 104 Mitgl.); 1982 wurde der seit 1867 gültige British North America Act durch eig. Verfass. abgelöst (= völlige Unabh.) – Wahlberechtigt alle vollj. Bürger – 10 Provinzen (1990 erhielt die Provinz Quebec keinen Sonderstatus als »distinct community« und beabsichtigt deshalb 1992 die Föderation zu verlassen) mit eig. Legislative u. Exekutive, 2 Territorien unter Bundesverwaltung – **Staatsoberhaupt:** Königin Elizabeth II., seit 1952; vertreten durch einheim. Generalgouverneur (Ramon John Hnatyshyn, seit Jan. 1990) – **Regierungschef:** Martin Brian Mulroney/P. C., seit Sept. 1984, erneut seit Nov. 1988 – **Äußeres:** Barbara McDougall, seit 21. 4. 1991 – **Parteien:** Wahlen vom Nov. 1988 (1984): Progressive Conservative Party/P. C. 169 (211) der 295 (282) Unterhaussitze; Liberal Party/Lib. 82 (40); New Democratic Party/N. D. P./N. P. D. 43 (30); Unabh. – (1); Nachwahl v. März 1989: Reform Party 1 (–) – Le Parti Québecois (nur in Quebec) verlor d. Wahlen v. Sept. 1989 an die Lib. *(→ WA '91, Sp. 372)* – **Unabh.:** 1. 7. 1867 de facto, 11. 12. 1931 nominell (Westminster-Statut) – **Nationalfeiertag:** 1. 7.

WIRTSCHAFT **BSP** 1989: 500337 Mio. $ = 19020 $ je Ew. (19); realer Zuwachs ∅1980–89: 3,6%; 1990: 0,1%; **BIP** 1988: 435860 Mio. $; realer Zuwachs ∅1980–88: 3,3%; Anteil **Landwirtsch.**

3%, **Industrie** 33% *(zur Wirtschaftslage 1990→ Sp. 807f.)* – **Erwerbstät.** 1988: Landw. 4%, Ind. 25% – **Energieverbrauch** 1988: 9683 kg ÖE/Ew. – **Währung:** 1 Kanadischer Dollar (kan$) = 100 Cents; Freimarktkurs: 1 US-$ = 1,1600 kan$, 100 kan$ = 128,7931 DM – **Inflation** ∅1980–88: 4,6%; 1990: 4,8% – **Außenhandel** 1990: **Import** 1988: 112180 Mio. $; Güter: 31% Maschinen u. Ausrüstg., 23% Automobile, 19% Industriegüter, 12% Konsumgüter; Länder: 69% USA, 6% Japan; **Export** 1988: 111364 Mio. $; Güter: 23% Kfz, 21% Industriegüter, 20% Maschinen u. Ausrüstg., 14% Forsterzeugn.; Länder: 76% USA, 5% Japan

PRESSE *Tageszeitungen:* Ottawa: Citizen (192, sa. 249) – Calgary: Calgary Herald (133, so. 119) – Edmonton: Edmonton Journal (169, so. 149) – Edmonton Sun (87, so. 125) – Hamilton: Spectator (144) – London: London Free Press (130) – Montreal: The Gazette (191, sa. 269) – Le Journal de Montreal (319, sa. 346, so. 337) – La Presse (207, sa. 327, so. 184) – Quebec: Le Soleil (115, sa. 145, so. 94) – Toronto: The Globe and Mail (326) – Toronto Star (519, sa. 806, so. 533) – Toronto Sun (289, so. 460) – Vancouver: The Province (192, so. 230) – The Sun (223) – Winnipeg: Winnipeg Free Press (171) – *Nachrichtenagentur:* CP (Canadian Press)

KAPVERDEN *West-Afrika*

Republik Kap Verde, Kapverden; República de Cabo Verde; port. = »Grünes Kap« – CV

LANDESSTRUKTUR **Fläche** (145): 4033 km² (10 größere Inseln, 9 bewohnt, 5 kleinere Inseln) – **Einwohner** (143): (F 1990) 367000 = 91 je km²; (Z 1980) 296000 – Kapverdier (portug.: cabo-verdianos); rd. 71% Mestiços (Mulatten), 28% Schwarze, 1% Weiße; ca. 700000 leben u. arbeiten im Ausland, davon rd. 200000 in den USA – **Leb.-Erwart.:** 65 J. – **Säugl.-Sterbl.:** 6,3% – **Analph.:** 50% – Jährl. **Bev.-Wachstum** (∅1980–88): 2,2% (Geb.- u. Sterbeziffer 1988: 3,3%/1,0%) – **Sprachen:** Portugiesisch als Amtsspr.; »Crioulo«, von afrikan. u. and. Sprachelementen durchsetztes Portug. als Umgangsspr. – **Religion:** über 98% Katholiken; Anh. v. Naturrel. – **Städt. Bev.:** 32% – **Städte** (F 1988): Praia (Hptst., auf São Tiago) 60484 Ew.; (Z 1980) Mindelo (Wirtschaftszentrum) auf São Vicente 41800, São Filipe auf Fogo 11000

STAAT Republik – Nationalversammlung mit 79 Mitgl. – 14 Kreise (Concelhos) – **Staatsoberhaupt:** Dr. António Mascarenhas Monteiro, gewählt am 17. 2. 1991 mit 72% d. Stimmen – **Regierungschef:** Premiermin. Dr. Carlos Alberto Wahnon Carvalho

Kapverden – Fläche und Einwohner nach Inseln und Bezirken

Insel/Bezirk	*Hauptort*	*Gesamtfläche km²*	*1970**	*1980* Bevölkerung Anzahl*	*1990[1]*
Boa Vista	Sal Rei	620,0	3569	3372	3110
Brava[2]	Nova Sintra	67,0	7756	6985	6610
Fogo	São Filipe	476,0	29412	30978	34580
Maio	Porto Inglès	269,0	3466	4098	4560
Sal	Santa Maria	216,0	5505	5826	8150
Santiago (São Tiago)		991,0	128782	145957	199310
Praia	Praia	395,7	39911	57748	94250
Santa Catarina	Assomada	242,9	41462	41012	48000
Santa Cruz	Pedra Badejo	149,3	21158	22995	27730
Tarrafal	Tarrafal	203,1	26251	24202	29330
Santo Antão		779,0	44623	43321	45030
Paul	Pombas	54,3	8000	7983	9080
Porto Novo	Porto Novo	558,0	13750	13236	13650
Ribeira Grande	Ponta Sol	166,7	22873	22102	22300
São Nicolau[3]	Ribeira Brava	388,0	16308	13572	12630
São Vicente	Mindelo	227,0	31578	41594	62710

* Ergebnisse der Volkszählungen. – [1] Nationale Projektionen (Wohnbevölkerung). – [2] Einschl. der unbewohnten Inseln Grande (2 km²), Luis Carneiro und Cima (1,4 km²). – [3] Einschl. der unbewohnten Inseln Santa Luzia (29 km²), Branco (3 km²) und Raso (7 km²). Quelle: Stat. Bundesamt

Veiga/MpD, seit 4. 4. 1991 – **Äußeres:** Dr. Jorge Carlos Almeida Fonseca – **Parteien:** 1. freie Parlamentswahlen v. 13. 1. 1991: Movimento para Democracia/MpD 56 der 79 Sitze; Partido Africano da Independência do Cabo Verde/PAICV (frühere Einheitspartei) 23 – **Unabh.:** 5. 7. 1975 – **Nationalfeiertag:** 5. 7.

WIRTSCHAFT **BSP** 1989: 281 Mio. $ = 760 $ je Ew. (105); realer Zuwachs ∅ 1980–89: 5,8 %; Anteil 1985 **Landwirtsch.** 15 %, **Industrie** 4 % – **Erwerbstät.** 1988: Landw. 45 %, Ind. ca. 35 % – **Energieverbrauch** 1984: 117 kg ÖE/Ew. – **Währung:** 1 Kap-Verde-Escudo (KEsc) = 100 Centavos; 1 US-$ = 65,78 KEsc, 100 KEsc = 2,2712 DM – (Öff.) **Ausl.-Verschuld.** 1982: 50 % d. BSP – **Inflation** ∅ 1980–88: 8,9 % – **Außenhandel** 1987: **Import:** 100 Mio. $; Güter: 23 % Maschinenbau-, elektrotechn. Erzeugn. u. Fahrzg., 20 % Nahrungsm. u. leb. Tiere; Länder 1986: 75 % EG-Länder, davon 38 % Portugal, 23 % Niederl.; **Export:** 8 Mio. $; Güter: Bananen, Fischprod. (Thunfisch in Dosen); Länder 1986: 68 % EG-Länder, davon 48 % Portugal, 19 % Italien, 11 % Frankr., 10 % Algerien

PRESSE *Wochenzeitungen:* Praia: Boletim Informativo (1,5)/offiz. – Boletim Oficial da República de Cabo Verde/offiz. – Unidade e Luta/PAICV-Org. – Voz do Povo

KATAR *Vorder-Asien*

Staat Katar; Dáwlat al Qátar – Q

LANDESSTRUKTUR **Fläche** (140): 11 000 km²; 11 437 km² n. eig. Ang. – **Einwohner** (145): (F 1988) 341 000 = 31 je km²; (Z 1986) 369 000 – Katarer; 45 % Araber; 34 % Südasiaten; 16 % persische u. 7 % pakistan. Gruppen, etwa 10 000 Schwarze; ca. 75–80 % Ausländer – **Leb.-Erwart.:** 70 J. – **Säugl.-Sterbl.:** 3,8 % – **Analph.:** 24 % – Jährl. **Bev.-Wachstum** (∅ 1980–88): 5,4 % – **Sprachen:** Arabisch als Amtssprache; außerdem u. a. Persisch; Englisch als Handels- u. Verkehrsspr. – **Religion:** 92 % sunnitische Muslime, überw. wahabit. Richtung, 6 % Christen, 1 % Hindus – **Städt. Bev.:** 90 % – **Städte** (Z 1986): Doha (Hptst.) 217 294 Ew., Rayyan 91 996, Wakrah [Waqra] 23 682, Umm Salal 11 161

STAAT Prov. Verfassung v. 1970 – Beratende Versammlung mit 30 Mitgl. (kein Frauenwahlrecht) – Scheichtum – **Staatsoberhaupt u. Regierungschef:** Emir Scheich Khalifa [Chalifa] Bin Hamad Al Thani; Kronprinz Scheich Hamad Bin Khalifa [Chalifa] Al Thani – **Äußeres:** Ali Mubarak Ali Khater – **Parteien:** keine – **Unabh.:** 1. 9. 1971 – **Nationalfeiertag:** 3. 9.

WIRTSCHAFT **BSP** 1989: 4077 Mio. $ = 9920 $ je Ew. (26); realer Zuwachs ∅ 1973–85: 8,5 %; Anteil **Landwirtsch.** 2 %, **Industrie** 15 % – **Erwerbstät.** 1986: Landw. 12 %, Ind. 15 % – **Energieverbrauch** 1984: 120 kg ÖE/Ew. – **Währung:** 1 Katar-Riyal = 100 Dirhams; 1 US-$ = 3,6300 QR, 100 QR = 41,1570 DM – **Außenhandel** 1985: **Import:** 1139 Mio. $; **Export:** 3541 Mio. $; Güter: über 75 % Erdöl, Flüssiggas, Handelsdünger, petrochem. Produkte, Stahl; Länder: ca. 50 % Japan, EG-Länder, USA, Singapur, Thailand, Korea

PRESSE *Tageszeitungen:* Doha Al-Arab (25) – Ar-Rayah (18) – Gulf Times (10)/Engl. – *Wochenzeitung:* Al-Ouruba (25) – *Monatsschrift:* Al-Umma (40)/islam. – *Nachrichtenagentur:* QNA (Qatar News Agency)

KENIA *Ost-Afrika*

Republik Kenia; Dschamhuri ja Kenia bzw. Jamhuri ya Kenya; Republic of Kenya (entstanden aus Kikuju »kilinyaa«) – EAK

LANDESSTRUKTUR **Fläche** (43): 582 646 km² (m. 13 396 km² Binnengewässern) – **Einwohner** (32): (F 1990) 25 100 000 = 43 je km²; (Z 1979) 15 327 061 – Kenianer; über 60 % Bantu (u. a. 20 % Kikuju, 13 % Luhya, 11 % Kamba), ferner 14 % Niloten (u. a. 13 % Luo) u. hamitische sowie nilohamitische (darunter 1,5 % Massai) Gruppen, 80 000 Inder, rd. 27 000 Araber u. 25 000 Europäer – **Leb.-Erwart.:** 59 J. – **Säugl.-Sterbl.:** 7,0 % – **Analph.:** 41 % – Jährl. **Bev.-Wachstum** (∅ 1980–89): 3,8 % (Geb.- u. Sterbeziff. 1988: 4,7 % / 1,1 %) – **Sprachen:** Suaheli als Amtsspr.; Umgangssprache d. Bantu, Inder, Niloten; Englisch als Verkehrs- u. Bildungssprache – **Religion:** 37 % Protestanten, 22 % Katholiken, 4–6 % Muslime, Minderh. v. Hindus, Juden, Anh. v. Naturreligionen – **Städt. Bev.:** 22 % – **Städte** (S 1985): Nairobi (Hptst.) 827 800 Ew., mit Vororten 1,5 Mio.; Mombasa-Kilindi 341 000, Kisumu 152 600, Nakuru 92 900, Machakos 84 000, Meru 75 000, Eldoret 51 000, Thika 41 000

STAAT Präsidialrepublik – Parlament aus 1 Kammer (200 Mitgl., 188 gewählt, 12 ernannt); Einparteienstaat seit 1982 in der Verfass. verankert, Wahlrecht im Juni 1991 liberalisiert – 7 Provinzen u. Extra Provincial District Nairobi – **Staats- u. Regierungs-**

chef sowie Verteidigungsminister: Daniel arap Moi, seit 1978, 1988 f. 3. Amtszeit bestätigt – **Äußeres:** Wilson Ndolo Ayaho – **Parteien:** Wahlen vom 21. 3. 1988: 188 Sitze an Kenya African National Union/ KANU (»Einheitspartei«) + 12 ernannte Abgeordnete – **Unabh.:** 12. 12. 1963 – **Nationalfeiertag:** 12. 12. (Unabh.) 1. 6. u. 20. 10. (Kenyatta-Day)

WIRTSCHAFT **BSP** 1989: 8785 Mio. $ = 368 $ je Ew. (135); realer Zuwachs ∅ 1980–89: 4,2%; **BIP** 1988: 7380 Mio. $; Zuwachs ∅ 1980–88: 4,2%; Anteil **Landwirtsch.** 32%, **Industrie** 20% – **Erwerbstät.** 1985: Landw. 76%, Ind. 10% – **Energieverbrauch:** 94 kg ÖE/Ew. – **Währung:** 1 Kenia-Schilling (K. Sh.) = 100 Cents; 1 US-$ = 24,1202 K. Sh.; 100 K. Sh. = 6,1898 DM – Öffentl. **Ausl.-Verschuld.** 1990: 6300 Mio. $ = 65% d. BSP – **Inflation** ∅ 1980–88: 9,6% (1989: 40%) – **Außenhandel** 1989: **Import:** 2239 Mio. KL; Güter: 34% Industrieg., 21% Maschinen, 18% Transportgüter, 16% Ölprodukte; Länder: 16% Großbrit., 12% Ver. Arab. Emirate, 11% Japan, 9% BRD, 9% Frankr., 7% USA – **Export:** 1020 Mio. KL; Güter: 60% Nahrungsmittel (Kaffee, Tee) 22% Industriebedarf, 12% Brennstoffe; Länder: 20% Großbrit., 9% BRD, 7% Uganda, 5% Niederl., 5% USA

PRESSE *Tageszeitungen:* Nairobi: Daily Nation (165)/Engl. – Kenya Leo/KANU, Suaheli – Kenya Times (36)/KANU, Engl. – The Standard (64)/Engl. – Taifa Leo (57)/Suaheli – *Nachrichtenagentur:* KNA (Kenya News Agency)

KIRIBATI *Ozeanien*

Republik K.; Republic of Kiribati, Ribaberikin Kiribati; fr. Gilbert-Inseln

LANDESSTRUKTUR **Fläche** (156): 728 km² (n. a. Ang. 861 km² bzw. 906 km²); Hauptinselgruppen: Tarawa-Atoll, Gilbert-I. (286 km²), Phönix-I. (29 km²), Line-I. mit Christmas-I. (Kiribati) (516 km²), Wasserfläche 5,2 Mio. km² – **Einwohner** (167): (F 1988) 67000 = 92 je km², (Z 1985) 63843 (90% auf den Gilbert-Inseln) – Kiribatier; 80% Mikronesier, einige Polynesier, Chinesen u. Europäer – **Leb.-Erwart.:** 55 J. – **Analphab.:** 4% – Jährl. **Bev.-Wachstum** (∅ 1980–89): 1,9% – **Sprachen:** Gilbertesisch (I-Kiribati, austrones. Sprache) u. Englisch als Amtsspr. – **Religion:** 48,5% Katholiken, 48,3% Protestanten, ca. 5% Bahai – **Städt. Bev.:** 30% – **Städte** (S 1983): Bairiki 2100 Ew., Hauptst. (auf Hauptinsel Tarawa 22148 Ew.)

STAAT Präsidialrepublik – Parlament mit 39 Sitzen + 1 Abg. nomin. v. d. Insel Banaba (Ocean-I.); Inselparlamente – **Staats- u. Regierungschef** sowie **Äußeres:** Präsident Jeremia Tabai, seit Juli 1979 – **Parteien:** Sippenverbände; seit 1985 Christian Democratic Party als Opposition – **Unabh.:** 12. 7. 1979 – **Nationalfeiertag:** 12. 7.

WIRTSCHAFT **BSP** 1989: 48 Mio. $ = 700 $ je Ew. (109); realer Zuwachs ∅ 1973–89: 12%; **BIP** 1985: Anteil Landw. 30% – **Energieverbrauch** 1988: 92 kg ÖE/Ew. – **Währung:** 1 Austral-Dollar/Kiribati ($A/K) = 100 Cents; 1 $A = 1 $A/K; 1 US-$ = 1,3029 $A/K; 100 $A/K = 113,1388 DM – **Inflation** 1980–88: 5,7% – **Außenhandel** 1986: **Import:** 19 Mio. $ – **Export:** 2,2 Mio. $; Güter: 90% Kopra, Fischereiprodukte (früher 90% Phosphat, seit 1979 erschöpft); Länder: Australien, USA, Japan

PRESSE *Zeitungen:* Bairiki: Te Itoi ni Kiribati (2)/kath., mtl. – Te Kaotan te Ota (2)/prot. viertelj. – Te Uekera (2)/Engl., Kiribati, wö.

KOLUMBIEN *Süd-Amerika*

Republik Kolumbien; República de Columbia; nach Columbus; früher »Neu-Granada« – CO

LANDESSTRUKTUR **Fläche** (24): 1138914 km² – **Einwohner** (29): (F 1988) 30246000 = 27 je km²; (Z 1985) 27838000 – Kolumbianer (Colombianos); 48% Mestizen; 20% Weiße, meist altspan. Herkunft, teilw. als Oberschicht; (Z 1977) 62% Indianer, 23% Mulatten, 6% Schwarze – **Leb.-Erwart.:** 65 J. – **Säugl.-Sterbl.:** 5,0% – **Analph.:** 13% – Jährl. **Bev.-Wachstum** (∅ 1980–88): 2,1% (Geb.- u. Sterbeziffer 1988: 2,6%/0,6%) – **Sprachen**: Spanisch als Amtssprache; etwa 400000 sprechen indian. Idiome (u. a. Chibcha u. Quechua) – **Religion:** über 90% Katholiken (Staatskirche); 100000 Protestanten, 12000 Juden – **Städt. Bev.:** 69% – **Städte** (Z 1985): Bogotá 3975000 Ew., Medellín 1419000, Cali 1324000, Barranquilla 897000, Cartagena 491000, Cúcuta 357000, Bucaramanga 341000, Manizales 275000, Ibagué 269000, Pereira 233000, Pasto 197000, Armenia 180000, Neiva 178100, Santa Marta 178000, Palmira 175000, Villavicencio 173900, Montería 157000, Popayán 156500, Valledupar 143000, Sincelejo 133900

STAAT Präsidialrepublik – Neue Verfassung vom 5. 7. 1991 (Reform des Wahlrechts, Direktwahl der Gouverneure, Schutz der Minderheiten, Ehescheidung) – Parlament aus 2 Kammern (Abg.-Haus bzw.

»Cámara de Representantes« u. Senat bzw. »Senado«) – Wahlberechtigt alle Bürger über 18 J. – 23 weitg. auton. Departamentos sowie 4 Intendencias (wenig besied.) u. 5 Comisarías – **Staatsoberhaupt u. Regierungschef:** Staatspräs. Dr. César Gaviría/PL seit 7. 8. 1990 (gewählt am 27. 5. 1990 mit rd. 47,5% d. St.; Gegenkand. Alvaro Gomez Hurtado/MSN 24%, Antonio Navarro Wolff/M–1911,5%) – **Äußeres:** Luis Fernando Jaramillo Correa – **Parteien:** Die Wahlen v. 11. 3. 1990 brachten d. Partido Liberal/PL erneut die absolute Mehrheit in beiden Kammern; Parlament am 5. 7. 1991 aufgelöst; Neuwahlen im Okt. 1991 vorgesehen – **Unabh.:** 20. 7. 1810 (Proklamation), 7. 8. 1819 endgültig – **Nationalfeiertag:** 20. 7.

WIRTSCHAFT **BSP** 1989: 38607 Mio. $ = 1190 $ je Ew. (82); BIP 1988: 39070 Mio. $; realer Zuwachs ∅1980–88: 3,4%; Anteil **Landwirtsch.** 19%, **Industrie** 34% – **Erwerbstät.** 1988: Landw. 29%, Ind. 14% – **Energieverbrauch** 1988: 755 kg ÖE/Ew. – **Währung:** 1 Kolumb. Peso (kol$) = 100 Centavos; 1 US-$ = 568,73 kol$, 100 kol$ = 0,2664 DM – **Ausl.-Verschuld.** 1988: 15392 Mio. $ = 42,1% d. BSP – **Inflation** ∅1980–88: 24,1% – **Außenhandel** 1988: **Import:** 4515 Mio. $; Güter: 26% Maschinen, 26% chem. Erzeugn., 11% Metalle, 10% Verkehrsmittel, 5% Erdölderivate; Länder: 38% USA, 8% Japan, 7% Venezuela, 6% BRD, 6% Brasilien; **Export:** 5339 Mio. $; Güter: 24% Kaffee, 23% Erdöl u. -produkte, 8% Kohle, 6% Gold, 5% Bekleidung; Länder: 27% USA, 11% BRD, 7% Niederl., 5% Panama, 5% Japan

PRESSE *Tageszeitungen*: Bogotá: El Espacio (92) – El Espectador (215) – La República (20)/Wirtsch. – El Siglo (65)/kons. – El Tiempo (200, so. 350)/lib. – Cali: El País (65, so. 108) – Medellín: El Colombiano (124)/kons. – *Nachrichtenagentur*: Colprensa

KOMOREN *Ost-Afrika*

Islamische Bundesrepublik der Komoren; République fédérale et islamique des Comores; Jamhouri fédéral ya kislam ya Comores; Jumhûriyat Al-Qámar Al-Ittihâdîya Al-Islâmîyat (arab.); in Malgache: Repoblika Islamika Federalin'ny Komoro – arab. »el komr« (kleine Mondinseln)

LANDESSTRUKTUR **Fläche** (153): 1862 km² (Njazidja, franz. Grande Comore, 1148 km²; Mwali, fr. Mohélie, 290 km²; Nzwani, fr. Anjouan, 424 km², u. viele kleine Inseln; ohne Mayotte (374 km² → Frankreich) – **Einwohner** (139): (F 1988) 442000 = 198 je km², (Z 1980) 360000 – Komorer, sehr gemischt, bes. Araber, Madagassen, Bantu (Makua), indische u. pers. Minderheiten: einige hundert Europäer, meist Franzosen – **Leb.-Erwart.:** 56 J. – **Analph.:** 44% – Jährl. **Bev.-Wachstum** (∅1980–89): 3,7% (Geb.-ziff. 1988: 6,9%) – **Sprachen:** Französisch, Komorisch (mit Suaheli verw.), Arabisch als Kulturspr., Bantu-Spr. – **Religion:** 95% Muslime, kath. u. protest. Minderheiten – **Städt. Bev.:** 23% – **Städte** (S 1983): Moroni (Hptst.) auf (Njazídja) 16000 Ew; (Z 1980) Mutsamudu (auf Nzwani) 10000, Fomboni (auf Mwali) 4500

STAAT Islamische Bundesrepublik seit Okt. 1978 – Bundesversammlung (»Assemblé Fédérale«) aus 42 Mitgl. – **Staats- u. Regierungschef:** Said Mohamed Djohar seit 1990; Umsturzversuch 1991 gescheitert – **Äußeres:** Mtara Maecha – **Parteien:** Einheitspartei Union Comorienne pour le progrès/UCP (»Komor. Fortschrittsunion«) seit 1982, für demokrat. Sozialismus u. Islam – **Unabh.:** 6. 7. 1975 (Proklamation) – **Nationalfeiertag:** 12. 11.

WIRTSCHAFT **BSP** 1989: 209 Mio. $ = 460 $ je Ew. (123); realer Zuwachs ∅1980–89: 3,1%, Hilfe Frankreichs 30% d. BSP; **BIP** 1987: Anteil **Landwirtsch.** 36%, **Industrie** 5% – **Erwerbstät.** 1985: Landw. 65%, Ind. 5% – **Währung:** 1 Komoren-Franc (FC) = 100 Centimes; 1 FF = 50 FC; 1 US-$ = 256,75 FC; 100 FC = 0,5878 DM – Öffentl. **Ausl.-Verschuld.** 1985: 135 Mio. $ – **Inflation** ∅1980–88: 5,8% – **Außenhandel** 1988: **Import:** 43,0 Mio. $; **Export:** 21,0 Mio. $; Güter: 66% Vanille, Gewürznelken, Essenzen (u. a. Ylang-Ylang); Länder: 50% Frankr. u. and. EG-Länder, USA, ostafrik. Länder u. 10% Madagaskar

PRESSE *Wochenzeitungen:* Moroni: Al-Watwany – L'Archipel – *Nachrichtenagentur:* ACP (Agence Comores Presse)

KONGO *Äquatorial-Afrika*

Volksrepublik Kongo; République Populaire du Congo; nach dem Strom benannt – RCB

LANDESSTRUKTUR **Fläche** (58): 342000 km² – **Einwohner** (117): (F 1990) 2304000 = 7 je km²; (Z 1984) 1912000 – Kongolesen, Bantu-Gruppen (u. a. Vili-Kongo, Ba-Kongo 52%, Bavili, Bateke 24%, M'Boshi 4%), 12000 Pygmäen, im N auch Sudan-Gruppen, 12000 meist franz. Europäer – **Leb.-Erwart.:** 56 J. – **Säugl.-Sterbl.:** 11,7% – **Analph.:**

37% – Jährl. **Bev.-Wachstum** (∅1980–89): 3,4% (Geb.- u. Sterbeziffer 1988: 4,7%/1,5%) – **Sprachen:** Französisch als Amtsspr., Lingala (ca. 50%), Kikongo, Teke, Sanga, Ubangi – **Religion:** 54% Katholiken, 19% Anhänger von Naturreligionen, 24% Protestanten; 3% Muslime – **Städt. Bev.:** 40% – **Städte** (S 1986): Brazzaville (Hptst.) 800000 Ew.; Pointe-Noire 380000, Loubomo 60000, Nkayi 40000

STAAT Volksrepublik – Verfassung v. 1979, neue Verf. in Vorbereitung – Hauptstadt u. 9 Regionen mit insgesamt 46 Distrikten – Im Juni 1991 wurde ein aus 153 Mitgliedern bestehender »Oberster Rat der Republik« eingesetzt, der bis zu den im März 1992 vorgesehenen Parlamentswahlen die Regierung kontrollieren soll und die Legislative innehat – **Staatsoberhaupt:** Präs. Denis Sassou-Nguesso, seit Febr. 1979, erneut seit 1984 – **Regierungschef:** Min. Präs.-André Milongo – **Äußeres:** Antoine Ndinga-Oba – **Parteien:** Wahlen 1984: Parti Congolais du Travail/PCT alle 153 Sitze d. Volksversammlung (63 unmitt. für PTC, i. übr. Massenorganisationen; 1990 Mehrparteiensystem eingeführt, 67 Parteien und 134 Organisationen; Parlamentswahlen im März 1992, Präsidentschaftswahlen für Juni 1992 geplant – **Unabh.:** 15. 8. 1960 – **Nationalfeiertag:** 15. 8.

WIRTSCHAFT **BSP** 1989: 2045 Mio. $ = 930 $ je Ew. (92); realer Zuwachs ∅1980–89: 3,6% (BSP 1986 durch Erdölpreis- u. Dollarverfall effektiv um 40% gesunken); BIP 1988: 2150 Mio. $; realer Zuwachs ∅1980–88: 4,0%; Anteil **Landwirtsch.** 14%, **Industrie** 30% – **Erwerbstät.** 1986: Landw. 34%, Ind. 20% – **Energieverbrauch:** (1988) 245 kg ÖE/Ew. – **Währung:** 1 CFA-Franc = 100 Centimes; 1 FF = 50 CFA-Francs; 1 CFA-Franc = 0,02 FF; 1 US-$ = 256,75 CFA-Franc; 100 CFA-Francs = 0,5878 DM – Öffentl. **Ausl.-Verschuld.** 1988: 4098 Mio. $ = 205% d. BSP – **Inflation** ∅1980–88: 0,8% (1990: 2%) – **Außenhandel** 1989: **Import:** 600 Mio. $; Güter: 17% Masch. u. Geräte, 13% Transportgeräte., 9% chem. Prod., 8% Baumat.; Länder: 48% Frankr., 6% Kamerun, 6% Italien, 4% BRD; **Export:** 884 Mio. $; Güter: 78% Rohöl, 14% Holz; Länder: 43% USA, 16% Frankr., 8% Belgien/Luxemb., 8% Italien, 7% Niederl.

PRESSE *Tageszeitung:* Brazzaville: Mweti (8) – *Nachrichtenagentur:* ACI (Agence Congolaise d'Information)

KOREA
Demokratische Volksrepublik

Ost-Asien

DVR Korea; Chosŏn Minjujui Inmin; Chosŏn; Nord-Korea

LANDESSTRUKTUR **Fläche** (92): 120538 km² (ohne entmilitar. Zone) – **Einwohner** (39): (S 1989) 22420000 = 186 je km² – 99% Koreaner – **Leb.-Erwart.:** 70 J. – **Säugl.-Sterbl.:** 2,7% – **Analph.:** 5% – Jährl. **Bev.-Wachstum** (∅1980–88): 2,5% (Geb.- u. Sterbeziffer 1988: 2,0%/0,5%) – **Sprachen:** Koreanisch als Amtsspr.; Russisch u. Chinesisch z. T. als Handelsspr. – **Religion:** Buddhismus; Konfuzianismus (Verhaltenskodex, keine Religion), Schamanismus, Christentum u. Chondogyo; alle heute ohne größere Bedeutung – **Städt. Bev.:** 66% – **Städte** (S 1981): P'yŏngyang [Pjöngjang] (Hptst.; A 1700000) 1283000 Ew., Hamhŭng 775000, Ch'ŏngjin [Tschöngdschin] 490000, Wŏnsan [Wönsan] 398000, Sinŭiju [Sinuidschu] 305000, Kaesŏng [Käsong] 259000

STAAT Kommunistische Volksrepublik – Oberste Volksversammlung (1990: 687 Abg.) – Wahlberechtigt alle Bürger ab 17 J. – 9 Provinzen (Do) u. 4 unmittelbare Städte (Si), d. h. Pyŏngjang u. Kaesŏng, Ch'ŏngjin, Hamhŭng – **Staatsoberhaupt:** Präsident, Marschall u. Oberbefehlshaber Kim Ir Sen [Kim Il Sung], seit 1948, erneut seit Mai 1990; als Nachf. vorgesehen sein Sohn Kim Jon [Yong] Il – **Regierungschef:** Jon [Yong] Hyong Muk, seit Dez. 1988, Vors. des »Administrativen Rates« (= Kabinett) – **Äußeres:** Kim Jon [Yong] Nam – **Parteien:** Entscheidend ist d. komm. »Partei d. Arbeit Koreas«/PdAK (Tschosson Nodongdang, 1982 über 2 Mio. Mitglieder), die im Rahmen d. sog. »Nationalen Blocks« auch d. einflußlosen kleinen sonst. Gruppen (z. B. »Demokr. Partei« [Tschosson Mindschudang] u. die religiöse Chond-gyo chongu) bestimmt; Generalsekr. d. ZK d. PdAK: Kim Ir Sen, d. Ständ. Ausschusses d. Oberst. Volksversammlung: Hwan Jang-yop [Dschang Yop]. Bei d. Wahlen v. April 1990 stimmten 100% für d. Liste d. »Nat. Blocks« – **Unabh.:** alte staatl. Tradition; 9. 9. 1948 Ausrufung d. unabh. Volksrep. – **Nationalfeiertag:** 9. 9.

WIRTSCHAFT **BSP** 1984: 34020 Mio. $ = 1629 $ (1985: ca. 1000 $) je Ew. (76); realer Zuwachs ∅1981: 0,4%; Anteil 1985 **Landwirtsch.** 20%, **Industrie** 30%; **BIP** S 1988: 18800 Mio. $; realer Zuwachs ∅1980–88: 3,6% (nur Landw.) – **Erwerbstät.** 1988: Landw. 35%, Ind. ca. 30% – **Energieverbrauch** 1986: 2174 kg ÖE/Ew. – **Währung:** 1 Won = 100 Chon; 1 US-$ = 0,97 Won, 100

Won = 154,0206 DM – **Ausl.-Verschuld.** 1989: 3–5 Mrd. $ – **Außenhandel** 1985: **Import:** 1700 (S 1989: 2520) Mio. $; Güter (nur UdSSR): 37% Maschinen, Ausrüstungen u. Fahrz., 30% Erdöl, -erzeugn.; Länder: 29% UdSSR, 16% Japan, 16% VR China; **Export:** 1200 (S 1989: 1560) Mio. $; Güter (nur UdSSR): 13% Magnesiumpulver, 13% Walzerzeugn.; Länder: 66% UdSSR, 19% VR China, 13% Japan

PRESSE *Tageszeitungen:* Pjöngjang: Joson Immingun/Armee – Minju Chosun/Reg.-Org. – Rodong Shinmun (1500)/Org. d. ZK d. PdAK – *Wochenzeitung:* Tongil Sinbo (300) – *Nachrichtenagentur:* KCNA (Korean Central News Agency)

KOREA, Republik *Ost-Asien*

Rep. Korea; Taehanmin'guk; Han'guk; Süd-Korea – ROK

LANDESSTRUKTUR **Fläche** (101): 99016 km^2 – **Einwohner** (23): (S 1990) 42790000 = 432 je km^2; (Z 1985) 40448000 – fast ausschließl. Koreaner (davon im Ausland ca. 1,2 Mio. [Japan 0,68 Mio.]); 39500 US-Soldaten – **Leb.-Erwart.:** 70 J. – **Säugl.-Sterbl.:** 2,4% – **Analph.:** 3% – Jährl. **Bev.-Wachstum** (∅ 1980–88): 1,2% (Geb.- u. Sterbeziffer 1988: 1,6%/0,6%) – **Sprachen:** Koreanisch als Amtsspr.; Englisch u. Japanisch als Handelsspr. wichtig – **Religion** (1983): 11130252 bekennende Buddhisten, 5201189 Konfuzianer (Verhaltenskodex, keine Religion), Schamanismus, 7637010 Protestanten, 1439778 Katholiken, 1073677 Chondogyo (Tonhak), 941258 Wonbuddhisten, 317594 Taejonggyo u. Muslime – **Städt. Bev.:** 69% – **Städte** (Z 1985): Seoul [Soul] (Hptst.) 9645824 Ew., Pusan [Busan] 3516768, Taegu [Dägu] 2030649, Inchon [Inch'on, Intschön] 1387475, Kwangju [Gwangju, Gwangschu] 905896, Taejeon [Daejeon, Tädschön] 866303, Ulsan 551219, Masan 449236, Seongnam [Söngnam] 447832, Suweon [Puwan] 431000, Ch'ongju [Tschöntschu] 426490

STAAT Verfassung d. 5. Republik 1980 mit 96,1% d. St. gebilligt – Neue Verfass. mit direkter Wahl d. Präs. ab 25. 2. 1988 in Kraft – Nationalversammlung mit 299 Abg.; nach 4 Monaten kehrt die Opposition im Nov. 1990 zurück – 9 Prov. u. 4 Stadtgeb. (Seoul, Pusan, Taegu, Inchon) – **Staatsoberhaupt:** Präsident Ex-General Roh Tae Woo, gewählt im Dez. 1987, Amtsantritt im Feb. 1988 – **Regierungschef:** Min.-Präs. Chung Won Shik, seit 24. 5. 1991 – **Äußeres:** Lee Sang Ock – **Parteien:** Wahlen zur Nat.-Vers. im April 1988: »Demokrat. Gerechtigkeitspartei«/DJP (seit Feb. 1990 mit RDP u. NDRP als »Demokrat.-Liberale Partei«/DLP vereinigt) v. Staatschef Roh Tae-Woo 129 (bisher 157) d. 299 (271) Sitze; »Partei f. Wiedervereinigung u. Demokratie«/RDP 60 (beim Zusammengehen mit der DJP bildeten 8 Abg. dieser Partei die neue Oppositionspartei »Demokratische Partei«/DP); »P. f. Frieden u. Demokratie«/PPD 71 (Zusammenschluß mit außerparlamentarischer Oppositionsgruppe im April 1991 als »Neue Demokratische Unionspartei«/NDUP); »Neue Demokratisch-Republikanische Partei«/NDRP 35; Unabh. 4 – **Unabh.:** alte staatl. Trad.; 15. 8. 1948 Ausrufung d. Rep. – **Nationalfeiertag:** 15. 8.

Republik Korea – Wirtschaft

	1987	*1988*	*1989*
Bruttosozialprodukt* reales Wachstum (in %)	12,8	12,2	6,7
pro Kopf (in US$, 1962:87)	3098	4040	4968
Deutsche Investitionen (in Mio US$) seit 1964 (2,581)	94,786	179,000	222,800
Handelsbilanz (in Mrd. US$)	+7,659	+11,445	+4,597
Zahlungsbilanz*	+9,854	+14,161	+5,055
Devisenreserven (in Mrd. US$)	9,193	12,376	15,245
Arbeitslose**	519000	429000	478000
Beschäftigte**	16,4 Mio.	16,9 Mio.	17,5 Mio.
Löhne* (in Won)	328696	393056	491632

* Statistik Bank of Korea – ** Statistik Economic Planning Board, ROK – Quelle: Handelsblatt v. 7. 11. 1990

WIRTSCHAFT (→ *Tabelle)* **BSP** 1989: 186467 Mio. $ = 4400 $ (n. eig. Ang. 4968 $) je Ew. (41); realer Zuwachs ∅ 1980–89: 10,1%; 1989: 6,7%; **BIP** 1988: 171310 Mio. $; realer Zuwachs ∅ 1980–88: 9,9%; Anteil **Landwirtsch.** 11%, **Industrie** 43% – **Erwerbstät.** 1988: Landw. 27%, Ind. 33% – **Energieverbrauch** 1988: 1515 kg ÖE/Ew. – **Währung:** 1 Won (₩) = 100 Chon; 1 US-$ = 713,60 ₩, 100 ₩ = 0,2094 DM – **Ausl.-Verschuld.** 1988: 27376 Mio. $ = 16,2% d. BSP – **Inflation** ∅ 1980–88: 5,0%; 1990: 8,6% – **Außenhandel** 1990: **Import:** 69800 Mio. $; Güter: 8% Erdöl, 7% thermionische Teile, 6% organ. Chemik.; Länder: 28% Japan, 26% USA; **Export:** 65000 Mio. $; Güter: 15% Bekleidg., 8% thermionische Teile, 6% Schuhe, 5% Textilgewebe u. Wolle; Länder: 33% USA, 22% Japan, 5% Hongkong

PRESSE *Tageszeitungen:* Seoul: Chosun Ilbo (1800) – Dong-A Ilbo (1095) – Hankook Ilbo (2000) – Joongang Ilbo (1650) – The Korea Herald (150)/Engl. – The Korea Times (140)/Engl. – Kyunghyang Shinmun (733) – Maeil Kyungje Shinmun (235)/Wirtsch. – Seoul Shinmun (700) – *Nachrichtenagentur:* Yonhap News Agency

KUBA *Mittel-Amerika; Karibik*

Republik Kuba; Cuba; República de Cuba – C

LANDESSTRUKTUR **Fläche** (98): 110861 km^2 – **Einwohner** (62): (F 1989) 10495000 = 94 km^2; (Z 1981) 9724000 – Kubaner; rd. 70% Weiße, meist altspan. Abstammung, 17% Mestizen u. Mulatten, 12% Schwarze, 0,5% Chinesen – Zahlreiche Exil-Kubaner leben in den USA, v. a. in Florida (1990 in Miami: 700000) – **Leb.-Erwart.**: 72 J. – **Säugl.-Sterbl.**: 1,2% – **Analph.**: 6% – Jährl. **Bev.-Wachstum** (∅1980–88): 0,9% (Geb.- u. Sterbeziffer 1988: 1,8%/0,7%) – **Sprache**: Spanisch – **Religion:** 85–90% Katholiken, etwa 300000 Protestanten, 10000 Juden – **Städt. Bev.**: 74% – **Städte** (Z 1985): Havanna [La Habana] (Hptst.) 2014800 Ew., Santiago de Cuba 358800, Camagüey 260800, Holguín 194700, Santa Clara 178300, Guantánamo 174400, Cienfuegos 109300, Matanzas 105400, Bayamo 105300, Pinar del Río 100900

Auf Kuba befindet sich als Pachtgebiet der **US-Marinestützpunkt Guantánamo**, 111,9 km^2; von Castro seit langem zurückgefordert

STAAT »Sozialistische« Republik – Verfass. v. 1976 auf d. Grundl. d. Marxismus-Leninismus – Nationalvers. mit 499 Abg. – Staatsrat (»Consejo de Estado«) aus 31 Mitgl. – Politbüro aus 14 Mitgl. – Ministerrat (»Consejo de Ministros«) – 14 Provinzen mit 168 Municipios u. Sonderverw.-Geb. Isla de la Juventud – **Staatsoberhaupt u. Regierungschef:** Präsident d. »Staats- u. Ministerrates« Dr. Fidel Castro Ruz – **Äußeres:** Isidoro Malmierca Peoli – **Parteien:** Partido Comunista de Cuba/PPC, deren Führungsrolle in der Verfass. verankert ist; Generalsekretär des ZK (11 Sekr.) d. PCC: Fidel Castro; etwa 523000 Mitgl. u. Anwärter d. PCC; letzte Wahl Okt. 1981; alle Sitze für d. PCC – **Unabh.**: Beginn d. Unabh.-Kampfes geg. Spanien mit d. »Freiheitsruf« v. Baire/Santiago v. 24. 2. 1895; nach Intervention durch USA am 20. 5. 1902 Konstituierung d. unabh. Staates – **Nationalfeiertag:** 1. 1., 26. 7. u. 10. 10.

WIRTSCHAFT **BSP** S 1984: 9450 Mio. $ = 918 $ je Ew. (94); realer Zuwachs ∅1983: 5,2%; Anteil **Landwirtsch.** 65%, **Industrie** 10% – **Erwerbstät.** 1988: Landw. 20%, Ind. 25% – **Energieverbrauch** 1986: 997 kg ÖE/Ew. – **Währung:** 1 Kuban. Peso (kub$) = 100 Centavos; 1 kub$ = 1,4013 US-$, 100 kub$ = 209,3542 DM – **Ausl.-Verschuld.** S 1988: 21000 Mio. $; nach and. Quellen 1990 allein 25000 Mio. $ gegenüber der UdSSR – **Inflation** 1982: 15% – **Außenhandel** 1986: **Import:** 9173 Mio. $; **Export:** 6298 Mio. $; Güter: Zucker (80%), Nickelerze, Erdöldestillations-Erzeugnisse, Frischfisch, Tabak u. Tabakwaren, Rum, Zitrusfrüchte (v. a. Apfelsinen u. Clementinen); Länder: UdSSR (57% d. Ausfuhr) u. andere ehem. RGW-Länder, EG-Länder (insb. Spanien), Japan, Kanada, VR China

PRESSE *Tageszeitung:* Havanna: Granma (700)/PCC – *Wochenzeitungen:* Juventud Rebelde (300)/Org. d. Union d. Komm. Jugend – Trabajadores (150)/Org. d. Arbeiterbewegung – *Nachrichtenagenturen:* AIN (Agencia de Información Nacional) – Prensa Latina (Agencia Informativa Latinoamericana)

KUWAIT *Vorder-Asien*

Staat K. (Kuweit, Koweit); Dawlat al-Kuwait – KT

LANDESSTRUKTUR **Fläche** (135): 17818 km^2 – **Einwohner** (119): (F 1988) 1958000 = 110 je km^2; (Z 1985) 1697000; vor dem Golfkrieg: 40% Kuwaiti, 38% andere Araber, 21% Asiaten; von den 400000 Palästinensern haben 230000 1991 Kuwait verlassen – **Leb.-Erwart.**: 73 J. – **Säugl.-Sterbl.**: 1,9% – **Analph.**: 27% – Jährl. **Bev.-Wachstum** (∅1980–88): 4,4% (Geb.- u. Sterbeziffer 1988: 2,6%/0,3%) – **Sprachen**: Arabisch als Amtssprache; Englisch als Handelsspr. – **Religion:** Staatsreligion sunnitischer u. schiitischer Islam (70:30 [n. and. Ang. 78:14], insg. 93%); 87000 Christen – **Städt. Bev.**: 95% – **Städte** (Z 1985): Kuwait City (Hptst.) A 167768 Ew., Hawalli 152402, Jahra 76311, Achmadi 23854

STAAT Emirat – Nationalversamml. m. 50 gewählten u. 25 ernannten Mitgl.; Parlament 1986 aufgelöst – Der Herrscher ernennt Ministerpräs. – 4 Gouvernemente – **Staatsoberhaupt:** Emir Scheich Jaber Al-Ahmed Al-Jaber Al-Sabah [Dschabar ul Dschabar as Sabah], der 13. Emir v. Kuwait, seit 31. 12. 1977 – **Regierungschef:** Kronprinz Scheich Sa'ad Al Abdallah Al-Salem Al-Sabah, seit 1978, bestätigt März 1981 – **Äußeres:** Scheich Sabah Al Ahmad Al Jaber Al Sabah – **Parteien:** Wahlen z. provis. Nationalversammlung vom 10. 6. 1990: 35

von d. Reg. ernannte Mitgl. (25 weitere sollen noch benannt werden); 9 Sitze f. Opposition u. 6 Vertreter d. schiit. Minderheit; Wahlen für Oktober 1992 in Aussicht gestellt – **Unabh.:** 19. 6. 1961 – **Nationalfeiertag:** 25. 2.

WIRTSCHAFT **BSP** 1989: 33082 Mio. $ = 16380 $ je Ew. (17); BIP 1988: 19970 Mio. $; realer Zuwachs ∅1980–88: –1,1 %; Anteil **Landwirtsch.** 1 %, **Industrie** 51 % – **Erwerbstät.** 1988: Landw. 1 %, Ind. 28 % – **Energieverbrauch** 1988: 4637 kg ÖE/Ew. – **Währung:** 1 Kuwait-Dinar (KD.) = 1000 Fils; Freimarktkurs: 1 US-$ = 0,29201 KD., 100 KD. = 581,4184 DM – **Inflation** ∅1980–88: –3,9 % – **Außenhandel** 1988: **Import:** 5348 Mio. $; **Export:** 7160 Mio. $; Güter: ca. 87 % Erdöl u. -prod. wie Kraft- u. Schmierstoffe, Chemikalien; Länder: ca. 25% Japan, Großbrit., ca. 10% BRD u. and. EG-Länder, 13% USA sowie Nahoststaaten, Taiwan, S.-Korea

PRESSE *Tageszeitungen* (Daten vor der Invasion des Irak): Kuwait: Al-Anbaa (80) – Al-Qabas (85) – Al-Rai al-A'am (81) – Al-Seyassa (80) – Al-Watan (57) – Arab Times (45)/Engl. – Kuwait Times (30)/ Engl. – *Wochenzeitungen:* Al-Hadaf (53) – Al Nahdha (149) – Al-Yaqza (91) – *Monatsschrift:* Al-Arabi (246) – *Nachrichtenagentur:* KUNA (Kuwait News Agency)

LAOS *Südost-Asien*

Laotische Demokratische Volksrepublik; République démocratique populaire Lao; Sathalamalid Pasathu'paait Pasasim Lao – LAO

LANDESSTRUKTUR **Fläche** (77): 236800 km² – **Einwohner** (102): (F 1988) 3875000 = 16 je km²; (Z 1985) 3585000 – Laoten; 67,1 % Lao-Lum (Tal-Lao) u. Lao-Theung (Berg-Lao); 11,9 % Palung-Wa, 7,9 % Thai, 5,2 % Miao u. Man, 4,6 % Mon-Khmer, 3,3 % Andere – **Leb.-Erwart.:** 50 J. – **Säugl.-Sterbl.:** 12,3 % – **Analph.:** 16 % – Jährl. **Bev.-Wachstum** (∅1980–87): 2,6 % (Geb.- u. Sterbeziffer 1988: 4,7 %/1,7 %) – **Sprachen:** Lao als Amtssprache; Umgangsspr. d. verschied. ethn. Gruppen; Französ. – **Religion:** (Ausübung erschwert) bis 90 % Buddhismus; christl. Minderh. (rd. 46000 Protest., 35000 Kathol.); Konfuzianismus, Taoismus; Stammesrelig. – **Städt. Bev.:** 18 % – **Städte** (S 1985): Vientiane [Viangchan] (Hptst.) 379000 Ew., Savannakhet 53000, Pakse 47000, ehem. Residenz Luang Prabang [Louangphrabang] 46000

STAAT Volksdemokratie nach Verfassung vom 15. 8. 1991, bestätigt Führungsrolle der kommunist. Revolutionären Volkspartei – »Volksversammlung« (264 Abg., gewählt nach allg. Wahlrecht); bestimmt d. Zusammensetzung d. »Obersten Volksrates« (45 Mitgl.) – 16 Provinzen (»Khoueng«) u. die Präfektur Vientiane – **Staatsoberhaupt:** Präsident u. Vors. d. »Obersten Volksrates« Kaysone Phomvikane, seit 15. 8. 1991 – **Regierungschef:** General Khamtay Siphandone – **Äußeres** (u. Stellvertr. d. Ministerpräs.): Phoune Sipaseuth – **Parteien:** »Laotische Revolutionäre Volkspartei« (kommunist.); Generalsekr.: Kaysone Phomvihane – **Unabh.:** Formelle Unabh. am 22. 10. 1953, bestätigt durch d. Indochina-Konferenz v. 21. 7. 1954 – **Nationalfeiertag:** 2. 12. (Ausrufung d. VR 1975)

WIRTSCHAFT **BSP** 1989: 693 Mio. $ = 170 $ je Ew. (162); BIP 1988: 500 Mio. $; realer Zuwachs ∅1980–88: 5,3 %; Anteil **Landwirtsch.** 59 %, **Industrie** 20 % – **Erwerbstät.** 1988: Landw. 72 %, Ind. 6 % – **Energieverbrauch** 1988: 37 kg ÖE/Ew. – **Währung:** Kip; 1 US-$ = 694 Kip, 100 Kip = 0,2153 DM – Öff. **Ausl.-Verschuld.** 1988: 816 Mio. $ = 153,5 % d. BIP – **Inflation** ∅1980–87: 46,5 % – **Außenhandel** 1988: **Import:** 188 Mio. $; **Export:** 58 Mio. $; Güter: Kaffee, Teakholz, elektr. Energie, Zinn, Reis, Baumwolle, Tee, Gewürze; Opium *(Karte, Sp. 237 f.)*, Gold u. Edelsteine (illegal); Länder: UdSSR (42 % d. Importe), Thailand, Japan, EG-Länder, insbes. BRD, USA, Indonesien

PRESSE *Tageszeitungen:* Vientiane: Pasason (28)/Org. d. ZK d. Laot. Revolut. Volkspartei – Vientiane May (2,5) – *Nachrichtenagentur:* KPL (Khao San Pathet Lao)

LESOTHO *Süd-Afrika*

Königreich Lesotho; Kingdom of Lesotho; ›Muso oa Lesotho‹; vor d. Unabh.: Basutoland – LS

LANDESSTRUKTUR **Fläche** (123): 30355 km² – **Einwohner** (122): (S 1988) 1680000 = 55 je km²; (Z 1976) 1217000; 1983 lebten 200000 und 1990 arbeiteten 157000 Bürger von L. in der Rep. Südafrika – Lesother, 99,7 % Sotho d. Südbantugruppe; etwa 2000 Weiße u. Inder – **Leb.-Erwart.:** 58 J. – **Säugl.-Sterbl.:** 9,8 % – **Analph.:** 26 % – Jährl. **Bev.-Wachstum** (∅1980–88): 2,7 % (Geb.- u. Sterbeziffer 1987: 4,1 %/1,3 %) – **Sprachen:** Sotho (Bantuspr.) u. Englisch als Amtsspr. – **Religion:** rd. 80 % Christen (davon 44 % Katholiken, 30 % Protestanten, 12 % Anglikaner), muslim. Minderh. u. Anh. v. Naturrel. – **Städt. Bev.:** 19 % – **Städte** (S 1986): Maseru (Hptst.) 109000) Ew.

STAAT Königreich – Seit d. Militärputsch v. 1986 gegen d. ehem. Premier L. Jonathan alle exek. u. legisl. Rechte v. Militärrat an d. Staatsoberhaupt übertragen; seit 1990 nur noch repräsentative Funktion – Militärrat aus 6 Offiz. (ehem. Vors. Gen.-Major J. M. Lekhanya) mit leitender Funktion; erneuter Militärputsch am 30. 4. 1991 – 10 Distrikte – **Staatsoberhaupt:** König Letsie III., seit 1990 – **Regierungschef:** Oberst Elias Pishona Ramaema, vereidigt 1. 5. 1991 – **Äußeres:** Motsoahae Tom Thabane – **Parteien:** Bisher ohne große Bedeutung: Basutoland National Party/BNP (tradit.) v. L. Jonathan, Basutoland Congress Party/BCP (soz.), Marema-Tlou Freedom P./MTFP, u. a.; freie Wahlen für 1992 angekündigt – **Unabh.:** 4. 10. 1966 – **Nationalfeiertag:** 4. 10.

WIRTSCHAFT **BSP** 1989: 816 Mio. $ = 470 $ je Ew. (122) [vermutl. ohne Einkünfte d. Arbeitskräfte in Rep. Südafrika]; realer Zuwachs ∅ 1980–89: 2,2%; **BIP** 1988: 330 Mio. $; realer Zuwachs ∅ 1980–88: 2,9%; Anteil **Landwirtsch.** 21%, **Industrie** 28% – **Energieverbrauch** 1987: 10 kg/ÖE je Ew. – **Erwerbstät.** 1986: Landw. 82%, Ind. ca. 7% – **Währung:** 1 Loti (M) (Plural: Maloti) = 100 Lisente; 1 Rand (R) = 1 M, 100 M = 58,5450 DM (südafrik. Rand ebenfalls als gesetzl. Zahlungsmittel) – **Ausl.-Verschuld.** 1988: 270 Mio. $ = 36,5% d. BSP – **Inflation** ∅ 1980–88: 12,2% – **Außenhandel** 1985: **Import** 1988: 534 Mio. $; Güter: ca. 58% Verbrauchsgüter (bes. Nahrungsm.), 26% Halbfertig.- u. Maschinenbauerzeugn.; Länder: ca. 90% SACU (Südafrik. Zollunion); **Export** 1988: 55 Mio. $; Güter: ca. 40% Wolle u. Mohair, 36% Fertigwaren (Textilien, Schuhe); Länder: ca. 90% SACU

PRESSE *Wochenzeitungen*: Maseru: Moeletsi oa Basotho (12)/kath. – Leselinyana la Lesotho (15, 2wö.)/prot. – *Nachrichtenagentur:* LENA (Lesotho News Agency, mit Hilfe der UNESCO)

LETTLAND → *Sowjetunion*

LIBANON *Vorder-Asien*

Libanesische Republik; El Dschumhurija el Lubnanija bzw. Al-Jumhûrîya Al-Lübnânîya – RL

LANDESSTRUKTUR **Fläche** (142): 10400 km² – **Einwohner** (110): (F 1988) 2828000 = 272 je km²; (Z 1970) 2126000 – Arabischstämmige Libanesen, arabisch-palästin. Flüchtl. (S 1990: 350000), tscherkessische u. armenische Minderh. – **Leb.-Erwart.:** 68 J. – **Säugl.-Sterbl.:** 4,8% – **Analph.:** 20% – Jährl. **Bev.-Wachstum** (∅ 1980–86): 0,2% (Geb.- u. Sterbeziffer ∅ 1980–85: 2,9%/0,9%) – **Sprachen**: Arabisch als Amtssprache; 4,5% Armenisch, 2,4% Kurdisch; Französ. u. Englisch als Handels- u. Bildungsspr. (Franz. auch als Mischspr. »Franbanais« mit Arab.) – **Religion:** 40% Christen (Maroniten 23%, Griech.-Orth. 7%, Griech.-Kath. 5%, Armenier u. a. 5%), 60% Muslime u. Drusen (Sunniten 26%, Schiiten 27%, Drusen 7%) – **Städt. Bev.:** 78% – **Städte** (S 1980): Beirut [Beyrout] (Hptst.) 702000 (S 1985: 1–1,5 Mio.) Ew., Tripoli [Tarabulus esh Sham] 175000; 1970: Zahlé 46800, Saida 24740, Ba'albek 18000, Es Sur [Tyrus] 14000 (durch d. Bürgerkrieg starke Veränderungen)

STAAT Republik – Parlament aus 1 Kammer – Präsident muß maronitischer Christ, Reg.-Chef sunnitischer, Parl.-Präs. schiitischer Muslim sein (proporzgerechte Verteilung d. Ämter entspr. d. »Nationalpakt« v. 1943; im Friedensabkommen von Taif bestätigt, in dem auch die gleiche Anzahl von christl. u. muslim. Parlamentsabg. beschlossen wurde (→ *auch Chronik Libanon*) – Allg. Wahlrecht – Aufteilung d. 108 Parl.-Sitze: 54 Muslime (u. a. 22 Sunniten, 21 Schiiten, 8 Drusen, 3 Alouiten) 54 Christen (u. a. 11 Griechisch-Orth., 6 Griechisch-Kath., 4 Armenisch-Orth. u. a.) – 5 Provinzen (»Mohafazats«) – **Staatsoberhaupt:** Präsident Elias Hrawi, seit 24. 11. 1989 – **Regierungschef:** Omar Karamé – **Äußeres:** Fares Boueiz – **Parteien:** Letzte Wahlen v. 1972 – Legisl.-Periode d. Parlaments erstmals 1975, danach immer wieder verlängert, da Wahlen nicht möglich (von d. 99 Mitgl., die 1972 gewählt wurden, leben noch 67) – **Unabh.:** 26. 11. 1941 formelle Unabh.-Erkl. durch General Catroux (»Freies Frankr.«), 22. 11. 1943 Wiedereinsetzung liban. Amtsträger durch d. Franzosen unter Druck d. Bevölkerung (als Beginn d. tatsächl. Unabh. bezeichnet) – **Nationalfeiertag:** 22. 11.

WIRTSCHAFT **BSP** 1983: 3020 Mio. $; S 1984: 6050 Mio. $ = 2233 $ je Ew. (59); realer Zuwachs 1965–80: –1,2%; 1981: 0%; Anteil **Landwirtsch.** 10%, **Industrie** 15% – **Erwerbstät** 1988: Landw. 10%, Ind. 20% – **Energieverbrauch** 1987: 871 kg ÖE/Ew. – **Währung:** 1 Libanesisches Pfund (L£) = 100 Piastres (P. L.); 1 US-$ = 840,00 L£, 100 L£ = 0,1803 DM – **Ausl.-Verschuld.** 1988: 229 Mio. $ – **Inflation** ∅ 1965–80: 9,3% – **Außenhandel** 1987: **Import:** 1880 Mio. $; **Export:** 591 Mio. $; Güter: 25% bearb. Edelmetalle u. Juwelen, Textilien, Obst, Wolle, Gemüse, Gerste, Baumwolle, Olivenöl (illegal: Opium u. Haschisch, 1986: 1,18 Mrd. DM); Länder: Großbrit., USA, Italien, Frankr., BRD, 25% Saudi-Arabien, Syrien, Jordanien, Kuwait

PRESSE *Tageszeitungen:* Beirut: Al-Amal (35)/Falang., Arab. – Al-Anwar (75)/Arab. – Al-Dunya (25)/Arab. – Al-Dustur (53)/Arab. – Al-Hayat (31)/Arab., unabh. – Al-Jarida (22)/Arab. – Lisan al-Hal (33)/Arab. – An-Nahar (85)/Arab. – L'Orient-Le Jour (23)/Frz. – Sada Lubnan (25)/panarab. – Le Soir (16)/Frz. – *Wochenzeitungen:* Achabaka (127)/Arab. – Assayad (95)/Arab. – Le Commerce du Levant (15)/Wirtsch., Frz. – Al-Dyar (46)/Arab. – Al- Hadaf (40)/Arab., PFLP-Org. – Al-Hawadess (85)/Arab. – Al-Moharrir (87)/Arab. – Al-Ousbou al-Arabi (86)/Arab. – At-Tayyar (75)/Arab., unabh.

LIBERIA *West-Afrika*

Republik Liberia; Republic of Liberia; Liberien; von lat. »liber« = frei, also: »Land d. Freiheit« (freigelassene US-Sklaven); Name seit 1839 – LB

LANDESSTRUKTUR **Fläche** (96): 111369 km^2; davon Landfl. 99068 km^2 – **Einwohner** (114): (S 1988) 2510000 = 23 je km^2; (Z 1984) 2102000 – Liberianer; 3%, z. T. von US-Schwarzen abstamm. Bev.-Schicht an d. Küste; 16 Hauptstämme wie Kpelle u. Bassa (zus. rd. 30%), Kru, Mandingo usw.; nach einem Bericht des US-Senats sind seit Ausbruch des Bürgerkriegs im Dez. 1989 1,3 Mio. Liberianer v. Flucht und Vertreibung betroffen; ca. 0,5 Mio. u. fast alle Ausländer haben das Land 1990 verlassen – **Leb.-Erwart.:** 56 J. – **Säugl.-Sterbl.:** 13,0% – **Analph.:** 61% – Jährl. **Bev.-Wachstum** (∅1980–88): 3,2% (Geb.- u. Sterbeziffer 1988: 4,5%/1,6%) – **Sprachen:** Englisch als Amtsspr.; Golla, Kpelle, Mande, Kru u. a. Stammesspr. – **Religion:** bis 70% Anh. v. Naturrel.; 670000 Muslime (bes. Mandingo), rd. 60000 Protestanten u. 42000 Katholiken – **Städt. Bev.:** 43% – **Städte** (S 1986): Monrovia (Hptst.) 465000 Ew. (S Ende 1990: 350000), Gbarnga 30000, Tchien 15000

STAAT Präsidialrepublik; Verfassung z. Z. außer Kraft – Parlament aus 2 Kammern (»Senate« und »House of Representatives«) – Allg. Wahlrecht ab 19 J. – 13 Bezirke (»Counties«) u. 6 Territorien – **Staats- u. Regierungschef:** Nach dem Tod v. Dr. Samuel Kanyon Doe am 10. 9. 1990 Bildung einer Übergangsregierung, die bisher nicht von allen Interessengruppen (nur NPLF) anerkannt wurde: Amos Sawyer (Interimspräsident, am 19. 4. 1991 von Nationalkonferenz bestätigt, v. d. westafrikan. Friedenstruppe unterstützt) – als weitere Beteiligte die verfeindeten Rebellenführer Charles Taylor/NPLF und Prince Johnson/INPLF – General Hezekiah Bowen als Vertreter der Restarmee – **Äußeres:** N. N. **Parteien:** Präsidentschafts- u. Parlamentswahlen für den 1. 10. 1991 angekündigt – Letzte Wahlen v. Okt. 1985: Nationaldemokrat. Partei in Lib./NDPL v. Doe 77,5% u. 45; L. Unification P./LUP 5% u. 3; L. Action P./LAP 15% u. 8; United P./UP 3,45% u. 2 Sitze – Senat: NDPL 2, LAP 3, LUP u. UP je 1 – **Unabh.:** 26. 7. 1847 – **Nationalfeiertag:** 26. 7.

WIRTSCHAFT **BSP** 1987: 1051 Mio. $ = 450 $ je Ew. (124); **BIP** 1988: 1070 Mio. $; realer Zuwachs ∅1980–88: –1,9% (rd. 30% d. Staatshaushalts wurde durch USA finanziert); Anteil 1987 **Landwirtsch.** 37%, **Industrie** 28% – **Erwerbstät.** 1986: Landw. 72%, Ind. ca. 10% – **Energieverbrauch** 1987: 169 kg ÖE/Ew. – **Währung:** 1 Liberianischer Dollar (Lib$) = 100 Cents; 1 US-$ = 1 Lib$, 100 Lib$ = 149,4000 DM (Geldzeichen der USA ebenfalls gesetzl. Zahlungsmittel) – **Ausl.-Verschuld.** 1988: 1101 Mio. $ (Schuldendienst eingestellt) – **Inflation** ∅1980–87: 1,5%; 1987: 9,6% – **Außenhandel** 1987: **Import:** 308 Mio. $; Güter: 40% Maschinenbau, elektrotechn. Erzeugn. u. Fahrzg., 20% Nahrungsm.; Länder: 40% EG-Länder (dar. 28% BRD), 22% USA; **Export:** 382 Mio. $; Güter: 80% Eisenerz u. Naturkautschuk; Länder: 70% EG-Länder (dar. 43% BRD), 20% USA

PRESSE *Tageszeitungen:* Monrovia: Daily Observer (30) – The New Liberian (15)/reg.eigen – Sunday Express (5; wö.) – *Nachrichtenagentur:* LINA (Liberian News Agency)

LIBYEN *Nord-Afrika*

Sozialistische Libysch-Arabische Volksdschamahirija (»Volksöffentlichkeit«); »Lib.-Arab. Jamahiriya«; Al-Jamahiriya al Arabiya al-Libiya al Ichtirakiya al Sabiya – »Libya« = antike Bez. f. ganz Nordafr. westl. v. Ägypten – LAR

LANDESSTRUKTUR **Fläche** (15): 1759540 km^2 – **Einwohner** (97): (F 1988) 4232000 = 2 je km^2; (Z 1984) 3637000 – Arabischsprech. Libyer, z. T. mit Berbern vermischt; Tuareg u. and. Berber; im S auch Schwarze; bis 500000 ägypt. Fremdarbeiter – **Leb.-Erwart.:** 61 J. – **Säugl.-Sterbl.:** 9,8% – **Analph.:** 33% – Jährl. **Bev.-Wachstum** (∅1980–88): 4,3% (Geb.- u. Sterbeziffer 1988: 4,4%/0,9%) – **Sprachen:** Arabisch als Amtssprache; Berberdialekte häufig als Umgangsspr.; Handelsspr. z. T. Engl. u. Italien. – **Religion:** Etwa 98% Muslime (u. a. Reformorden d. sunnit. Senussi; Ibaditen); Islam Staatsreligion; christl. Minderh. – **Städt. Bev.:** 68% – **Städte** (S 1982): Tripolis [Tarabulus] (Hptst.; verf.-mäßig nicht festgelegt) 989000 Ew., Bengasi [Benghazi] 650000, Misratah [Misurata] 285000, Zawiyah 248000, Al Khums 180000

STAAT Republik (Volksdschamahirija, auf der Grundlage des Koran) – Verfassung v. 2. 3. 1977: »Generalvolkskongreß« mit ca. 2700 Delegierten als gesetzgeb. u. exekutive Gewalt; als oberstes Organ dessen Generalsekretariat; Prinzip d. »direkten Volksherrschaft« – 24 Verwaltungsbezirke (»Baladiya«) *(Einzelheiten → WA '89, Sp. 358)* – **Staatsoberhaupt:** Sekretär d. Allg. (General-) Volkskongresses Mufta al-Usta Omar [Miftah al-Ista Umar], seit Febr. 1984; »Bruder« Oberst Muammar Al-Gaddafi am 1. 3. 1979 zurückgetreten, seither »Führer d. Großen Revolution v. 1. Sept.«, weiterhin de facto in Position eines Staatsoberhauptes – **Regierungschef:** Vors. d. »Generalvolkskomitees« (= Kabinett) Abu Zid Omar Dourda [Abu Said Umar Durdah]; dem Volkskomitee steht ein Generalsekretariat aus 5 Offizieren vor – **Äußeres:** (= Volkskommissar f. Außenverbindungen): Ibrahim Mohammed Al-Bishari – **Parteien:** Seit März 1977 lokale u. regionale »Volkskomitees« – **Unabh.:** 24. 12. 1951 – **Nationalfeiertag:** 1. 9. (Tag d. Revolution v. 1969)

WIRTSCHAFT **BSP** 1989: 22976 Mio. $ = 5410 $ je Ew. (37); realer Zuwachs ∅ 1973–85: –2,6 %; Anteil **Landwirtsch.** 4 %, **Industrie** 57 % – **Erwerbstät.** 1985: Landw. 14 %, Ind. 16 % – **Energieverbrauch** 1987: 2719 kg ÖE/Ew. – **Währung:** 1 Libyscher Dinar (LD.) = 1000 Dirhams; 1 US-$ = 0,270970 LD., 100 LD. = 551,3525 DM – **Inflation** 1980–87: 0,1 % – **Außenhandel** 1988: **Import:** 6386 Mio. $; Güter: 40 % Maschinen u. Transportausrüst., 20 % Güter d. verarb. Industrie, 17 % Nahrungs- u. Genußmittel, Tiere, 7 % Chemikalien; Länder: 22 % Italien, 14 % BRD, 8 % Großbrit., 7 % Frankr.; **Export:** 5640 Mio. $; Güter: Erdöl (etwa 99 %); Häute, Felle, Erdnüsse, Olivenöl, Obst, Halfagras; Länder: 37 % Italien, 20 % BRD, 9 % Spanien, 6 % Frankreich

PRESSE *Tageszeitung*: Tripolis: Al-Fajr al-Jadid (40) – *Nachrichtenagentur:* JANA (Jamahiriya News Agency)

LIECHTENSTEIN *Mittel-Europa*

Fürstentum Liechtenstein – FL

LANDESSTRUKTUR **Fläche** (173): 160,008 km² – **Einwohner** (172): (F Anf. 1990) 28452 = 178 je km²; (Z 1980) 25215 – Liechtensteiner (alemannischer Abst.); Ausländer (Anf. 1990) insg. 10354, davon 4464 Schweizer, 2186 Österreicher, 1050 Deutsche, 872 Italiener, 458 Türken, 411 Jugoslawen, 206 Spanier, 94 Griechen, 613 andere – Jährl. **Bev.-Wachstum** (∅ 1977–87): 1,2 %; 1989: 1,0 % (Geb.- u. Sterbeziffer 1989: 1,3 %/0,6 %) – **Sprachen:** Deutsch als Amtsspr.; ein alemann. Dialekt als Umgangsspr. – **Religion** (1990): 24756 Katholiken, 2256 Protestanten, 469 and. u. 971 o. Ang. – **Städte** (F 1990): Vaduz (Hauptort) 4874 Ew., Schaan 4930, Balzers 3668, Triesen 3377, Eschen 2964, Mauren 2798, Triesenburg 2379, Ruggel 1454

STAAT Konst. Erbmonarchie auf parlamentar. u. demokrat. Grundlage – Post-, Zoll- (Erweiterung zum selbständigen Vertragsstaat 1991), Währungs- u. Patentschutzvertrag mit d. Schweiz; seit 1919 konsular. Vertr. durch Schweiz; diplomat. Vertr. durch Schweiz im Einzelfall auf Ersuchen d. Liecht. Regierung. Botschaft in Bern, nichtresid. Botschafter in Österreich u. beim Hl. Stuhl u. Ständ. Vertr. beim Europarat – Parlament aus 1 Kammer (»Landtag«), dessen 25 Mitgl. für 4 J. gewählt werden – Wahlpflicht für alle Wahlberechtigten über 20 J. – Die Reg. wird v. Fürsten auf Vorschlag des Landtags eingesetzt – **Staatsoberhaupt:** Fürst Hans Adam II., seit Nov. 1989 – **Regierungschef** (u. Wahrnehmung der eigentl. Außenbez.): Hans Brunhart/VU, seit Juni 1989; Stellv. Dr. Herbert Wille/FBP – **Parteien:** Landtagswahlen v. März 1989: Vaterländ. Union/VU 47,1 % d. St. u. 13 der 25 Sitze; Fortschrittliche Bürgerpartei/FBP 42,1 % u. 12 Sitze; Freie Liste 7,6 % u. Überparteiliche Liste Liechtenst./ÜLL 3,2 %, ohne Mandat – **Unabh.:** 12. 7. 1806 (Proklamation), nominell 6. 8. 1806 (Auflösung d. Dt. Reichs) – **Nationalfeiertag:** 15. 8.

WIRTSCHAFT **BIP** 1989: 876 Mio. sfr = 58938 sfr je Besch. – **Erwerbstät.** 1989 (von 19296 Beschäftigten sind 6482 Grenzgänger aus der Schweiz und Vorarlberg u. 5027 ausländische Arbeitnehmer): Landw. 2 %, Ind. 52 % – **Währung:** 1 Schweizer Franken (sfr) = 100 Rappen *(→ Schweiz)* – **Energieverbrauch** 1989: 3048 kg ÖE/Ew. – **Außenhandel** (o. Schweiz) 1989: **Import:** 875,8 Mio. sfr; Güter: 31 % Maschinen u. Transportm.; Sitz v. 40–100 Tsd. Firmen; Länder: bes. Schweiz; **Export:** 1618,6 (m. Schweiz: 2146,9) Mio. sfr; Güter: 45 % Maschinen u. Transportm.; Länder (m. Schweiz): 41 % EG-Länder, 16 % Schweiz, 5 % and. EFTA-Länder

PRESSE *Tageszeitungen:* Vaduz: Liechtensteiner Vaterland (8, Großaufl. di. 12)/Org. d. Vaterländischen Union – Schaan: Liechtensteiner Volksblatt (8, Großaufl. do. 12)/Org. d. Fortschrittlichen Bürgerpartei – *Zeitschrift*: Triesen: style (95)

LITAUEN → *Sowjetunion*

LUXEMBURG *West-Europa*

Großherzogtum L.; Grand-Duché de Luxembourg; Grousherzogdem Letzebuerg – L

LANDESSTRUKTUR **Fläche** (151): 2586 km² – **Einwohner** (102): (F 1990) 378 400 = 146 je km²; (Z 1981) 365 000 – Luxemburger; (1988) 99 400 Ausländer (= 27 % d. Bev.), davon ca. 29 000 Portugiesen, 20 700 Italiener, 12 600 Franzosen, 8900 Deutsche, 8500 Belgier, 3000 Niederländer, 2200 Spanier, 1500 Jugoslawen, 700 US-Amerikaner – **Leb.-Erwart.:** 75 J. – Jährl. **Bev.-Wachstum** (∅ 1980–89): 0,4% – **Sprachen:** seit Febr. 1984 Französisch, Deutsch u. Letzebuergisch (moselfränk. Dialekt) als 3 »amtl.« Arbeitssprachen; Gesetzessprache weiterhin Franz.; Nationalspr. Letzebuergisch – **Religion:** 95 % Katholiken; 3900 Protestanten; rund 700 Juden – **Städt. Bev.:** 67 % – **Städte** (F 1988): Luxembourg [Luxemburg] (Hptst.) 76 600 Ew.; Esch-sur-Alzette 23 700, Differdange [Differdingen] 16 000, Dudelange [Düdelingen] 14 100, Pétange [Petingen] 11 600, Sanem 11 100, Hesperange 9310, Bettembourg 7600, Ettelbrück 6600, Schifflingen 6400

STAAT Parlamentarisch-demokratische (konstitutionelle) Monarchie – Parlament aus 1 Kammer (Chambre des Députés), deren Mitgl. f. 5 Jahre gewählt werden. Außerdem ein Staatsrat, teils vom Großherzog ernannt, teils vom Parlament, teils v. Staatsrat selbst nominiert – Wahlpflicht f. alle Bürger über 18 J. – 3 Distrikte, 12 Kantone – **Staatsoberhaupt:** Großherzog Jean, seit 1964 – **Regierungschef** u. Finanzminister: Jacques Santer, Christl. Soz., Chef einer Koalitionsreg. aus CSV u. LSAP – **Äußeres:** Jacques Poos (LSAP) (stellv. Min. Präs.) – **Parteien:** Kammerwahlen 1989: Chrëstlich-Sozial Vollekspartei/CSV (»Christl. Soz. Volksp.«) 22 Sitze; Lëtzebuergesch Sozialistesch Arbechterpartei/LSAP (»Lux. Soz. Arbeiterp.«) 18; Demokratesch Partei/DP (»Liberale«) 11; Aktiounskomite »5/6 Pensioun fir jiddfereen« 4; Gréng Alternativ Partei/GAP 2; Gréng Lëscht Ekologesch Initiativ/GLEI 2; Kommunitesch Partei Lëtzebuerg/KPL 1 – **Unabh.:** Durch die Wiener Kongreßakte v. 1815 völkerrechtliche Gründung L., im Londoner Vertrag v. 1867 bestätigt; Ende der Personalunion mit d. niederländischen Königshaus 1890 – **Nationalfeiertag:** 23. 6.

WIRTSCHAFT **BSP** 1989: 9408 Mio. $ = 24 860 $ je Ew. (2); realer Zuwachs ∅ 1980–89: 4,0 % – **BIP** 1987: Anteil **Landwirtsch.** 2,6 %, **Industrie** 27,8 % – **Erwerbstät.** 1987: Landw. 2%, Ind. 39,1 % – **Energieverbrauch** 1988: 8448 kg ÖE/Ew. – **Währung:** 1 Luxemb. Franc (lfr) bzw. Franc luxembourgeois (Flux) = 100 Centimes (c); 1 bfr = 1 lfr; 1 US-$ = 31,0725 lfr; 100 lfr = 4,8289 DM (belg. Währung

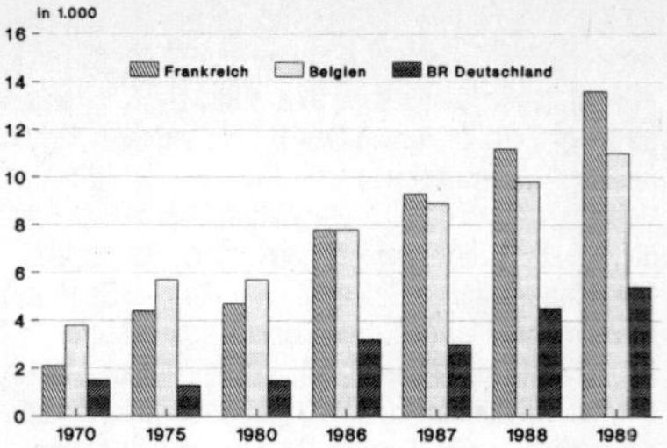

Grenzgänger nach Luxemburg 1970–1989
(ohne Ansässige u. internat. Beamte)
Quelle: STATEC 1990

ebenfalls gesetzl. Zahlungsmittel) – Öffentl. **Ausl.-Verschuldung** 1987: 483 Mio. $ – **Inflation** 1980–88: 4,2% (1990: 3,5 %) – **Außenhandel** 1988: (Außenhandelsstatistik gemeinsam mit → Belgien) – **Import:** 236 Mrd. lfrs.; Güter: 18 % Metalle u. Metallerzeugn., 17 % Maschinen u. Apparate, 11 % Transportm., 10 % Mineralstoffe, 9 % chem. Erzeugn., 6 % Lebensm. u. Tabakwaren; Länder: 37 % Belgien, 31 % BRD, 12 % Frankr., 6 % Niederl. – **Export:** 213 Mrd. lfrs.; Güter: 42 % Metalle u. Metallerzeugn., 13 % Kunststoff- u. Gummierzeugn., 11 % Maschinen u. Apparate; Länder: 26 % BRD, 17 % Belgien, 17 % Frankr., 7 % Großbrit., 6 % Niederl., 5 % USA

PRESSE *Tageszeitungen:* Luxemburg: Letzebuerger Journal (12)/lib. – Luxemburger Wort/La Voix du Luxembourg (83)/kath. christdem.; Dt., Frz. – Le Républicain Lorrain/France Journal (24)/Frz. – Zeitung vum Letzebuerger Vollek (3)/KP-Org. – Esch-sur-Alzette: tageblatt/Le Journal d'Esch (26)/soz.; Dt., Frz. – *Zeitschriften:* Luxemburg: Auto Revue (10) – Das Familienblatt (8) – Luxembourg News Digest (4)/Engl. – Luxemburger Wort: Wochenzeitung f. Europäer (25) – Rappel (2) – revue (23) – Télécran (32) – Esch-sur-Alzette: Aktuell (25)

HÖRFUNK/FERNSEHEN Radio Télé Luxembourg (RTL) – Compagnie Luxembourgeoise de Télédiffusion, Villa Louvigny, Luxembourg-Ville

MADAGASKAR *Südost-Afrika*

Demokratische Republik Madagaskar; Repoblika Demokratika Malagasy (n'i Madagascar), République Dém. de Madagascar; Madagasikara: – RM

LANDESSTRUKTUR **Fläche** (42): 587 041 km² (mit den Nebeninseln Nosy-Be 293 km² u. St. Marie du Madagascar 165 km²; (n. a. Ang. 581 540 km² oder 594180 km²) – **Einwohner** (57): (F 1990) 12,0 Mio. = 20 je km²; (Z 1975) 7604300 – Madagassen (Malagasy); 99% in negritische (u. a. Sakalaven, Betsimisaraka), vor allem aber malaiische (Merina, Betsileo) Gruppen gegliedert; (S 1985) 17000 Inder, 16000 (n. a. Ang. 40000) Franzosen, 15000 Komorer u. 9000 Chinesen – **Leb.-Erwart.**: 50 J. – **Säugl.-Sterbl.**: 12% – **Analph.**: 33% – Jährl. **Bev.-Wachstum** (∅ 1980–89): 2,8% – (Geb.- u. Sterbeziff. 1988: 4,3%/1,6%) – **Sprachen:** Französ. u. Malagasy als Amtsspr.; Umgangsspr. einheim. Idiome, besond. d. auch als Bildungsspr. wichtige Howa – **Religion:** 50% Anh. v. Naturreligionen, 25% Katholiken, 20% Protestanten, 5% Muslime – **Städt. Bev.**: 24% – **Städte** (1985): Antananarivo [frz. Tananarive] (Hptst.) 1050000 Ew.; Toamasina [Tamatave] 83000, Flanar 73000, Majunga 71000, Toliary [Tuléar] 49000, Antsiranana 43000

STAAT Nach d. Verf. v. 1975 Demokrat. Rep. auf der Basis der Charta d. Sozialist. Revolution v. M. – Allg. Wahlrecht – Parlament aus 1 Kammer (Assemblée Nationale Populaire): Mitgl. f. 5 Jahre gewählt – »Conseil suprême de la révolution« (»Oberster Revolutionsrat«) aus Staatschef u. 20 Mitgl. – Wahl des Präs. f. 7 Jahre – 6 Provinzen (»Faritany«) – **Staatsoberhaupt:** Adm. Didier Ratsiraka, seit 1975, erneut seit 1989; gleichz. Vors. des »Obersten Revolutionsrates« – **Regierungschef:** Min.Präs. Guy Willy Razanamasy – **Äußeres:** Jean A. Bemananjara – **Parteien:** Wahlen v. 28. Aug. 1983/1977: Avantgarde de la Révolution Malgache/AREMA 117 Sitze [1977: 112 Sitze]; Parti du Congrès pour l'Indépendence de Madagascar/AKFM/KDRSM 9 [16]; VITM (»Sozialdemokraten«) 6 [7]; Mouvement Prolétarien/MFM/MFT 3 [0]; MONIMA KAMIVIOMBIO 2 [0]; VSM u. UDECMA/KMTP (Union de Démocrates chrétiens) 0 – Seit 2. 1. 1989 »l'Alliance Démocratique« (»Oppositionsallianz«) aus MFM-MFT, VITM, VSM u. CEADAM (Cercle d'Etudes et Analyse pour la Démocratie à Madagascar); 1991 »Schattenkabinett« d. Oppos. mit Albert Zafy als Prem. Min. – **Unabh.**: 26. 6. 1960 – **Nationalfeiertag:** 26. 6.

WIRTSCHAFT **BSP** 1989: 2543 Mio. $ = 150 $ je Ew. (150); realer Zuwachs ∅ 1980–89: 0,1%; **BIP** 1988: 1880 Mio. $; realer Zuwachs ∅ 1980–88: 0,6%; Anteil **Landwirtsch.** 28%, **Industrie** 13% – **Erwerbstät.** 1985: Landw. 75%, Ind. 9% – **Energieverbrauch** 1988: 39 kg ÖE/Ew. – **Währung:** 1 Madagaskar-Franc (FMG) = 100 Centimes; 1 US-$ = 1473,16 FMG; 100 FMG = 0,1023 DM – Öffentl. **Ausl.-Verschuld.** 1990: 4 Mrd. $ = 198% d. BSP – **Inflation** ∅ 1980–88: 17,3% (1989: 11%) – **Außenhandel** 1989: **Import:** 614 Mio. $; Güter: 35% Ausrüstung, 24% Halberzeugn., 17% Komsumg., 13% Energie, 10% Nahrungsm.; Länder: 27% Frankr., 11% UdSSR, 6% Bahrain, 4% Thailand, 4% Japan; **Export:** 337 Mio. $; Güter: 24% Kaffee, 13% Vanille, 6% Nelken, 5% Baumwolle; Länder: 30% Frankreich, 12% Japan, 11% USA, 8% BRD, 5% Reunion, 5% Singapur – Freihandelszonen in Antananarivo und Toamasina; Tourismus: 50000 Gäste (1990)

PRESSE *Tageszeitungen:* Antananarivo: Imongo Vaovao (10)/oppos. – Madagascar Tribune (12)/Frz., Malagasy, reg.-eigen – Maresaka (3)/unabh. – Midi-Madagascar (17)/Frz. – *Nachrichtenagentur:* ANTA (Agence Nationale d'Information »Taratra«)

MALAWI *Südost-Afrika*

Republik Malawi; Republic of Malawi; Mfuko La Malawi (auf Chichewa), fr. Nyassaland; Malawi = »Flammendes Wasser« – MW

LANDESSTRUKTUR **Fläche** (93): 118484 km² (m. 24403 km² Binnengewässern) – **Einwohner** (74): (F 1990) 8000000 = 68 je km²; (Z 1987) 7983000 – Malawier; Bantu (Chewa, Sena u. a.); 10000 Asiaten u. Mischlinge, etwa 7000 meist brit. Europäer, etwa 280000 Malawi-Bürger wohnen im Ausland, bes. i. d. Rep. Südafrika – **Leb.-Erwart.**: 47 J. – **Säugl.-Sterbl.**: 15% – **Analph.**: 59% – Jährl. **Bev.-Wachstum** (∅ 1980–89): 3,4% (Geb.- u. Sterbeziffer 1988: 5,4%/2,0%) – **Sprachen:** Englisch und Chichewa als Amtsspr., Nyanja, Tumbuca, Yao – **Religion:** über 60% Christen (davon ⅓ Katholiken), ca. 10% Muslime, außerd. hinduist. Gruppen u. Anh. von Naturreligionen – **Städt. Bev.**: 14% – **Städte** (S 1985): Lilongwe (Hptst.) 108000 Ew.; Blantyre-Limbe 258000, Zomba 25000, Mzuzu 20000

STAAT Präsidialrepublik – Präs. auf 5 J. gewählt – Parlament aus 1 Kammer – Einparteiensystem – Wahlberechtigt alle erwachsenen Bürger – 3 Regionen bzw. 24 Distrikte – **Staats- u. Regierungschef** sowie **Äußeres:** Dr. Hastings Kamuzu Banda, MCP (auf Lebenszeit sowie 4 Ministerposten, Oberbefehlshaber usw.) – **Parteien:** Wahl v. Juni 1987: alle 107 Sitze an die Einheitspartei Malawi Congress Party/MCP, 5 v. Präs. ernannt – **Unabh.**: 6. 7. 1964 – **Nationalfeiertag:** 6. 7.

WIRTSCHAFT **BSP** 1989: 1475 Mio. $ = 180 $ je Ew. (157); realer Zuwachs ∅ 1980–88: 3,1%; **BIP** 1988: 1080 Mio. $; realer Zuwachs 1980–89: –0,1%; Anteil **Landwirtsch.** 37%, **Industrie** 18% – **Erwerbstät.** (1985): Landw. 75%, Ind. 15% –

Energieverbrauch 1988: 42 kg ÖE/Ew. – **Währung:** 1 Malawi-Kwacha (MK) = 100 Tambala; 1 US-$ = 2,6809 MK; 100 MK = 56,51 DM – Öffentl. **Ausl.-Verschuld.** 1988: 1193 Mio. $ = 85,9% des BSP – **Inflation** 1980–88: 12,6% – **Außenhandel** 1988: **Import:** 412 Mio. $; **Export:** 301 Mio. $; Güter: 52% Tabak, 15% Tee, 9% Zucker, 5% Kaffee; Länder: 30% Großbrit., 20% Rep. Südafrika, 8% USA, BRD u. übrige EG, Japan, Simbabwe, Sambia

PRESSE *Tageszeitung:* Blantyre: The Daily Times (20) – *Wochenzeitung:* Malawi News (14)/ Engl. u. Chichewa – *Monatszeitungen*: Boma Lathu (80)/Chichewa – Moni (40) – *Nachrichtenagentur:* MANA (Malawi News Agency)

MALAYSIA *Südost-Asien*

Persekutan Tanah Malaysia = »Staatenbund Malaysia«, von **Malay**a + **Sing**apur – ma lai xi ya (chin.) – MAL

LANDESSTRUKTUR **Fläche** (61): 329749 km² (n. and. Ang. 330434 km², davon West-Malaysia 131587 km² u. [Z 1980] 11426613 Ew. sowie Ostmalaysia [Nordborneo] mit Bundesstaaten Sarawak 124449 km² u. Sabah 74398 km² u. insg. 2318628 Ew.) – **Einwohner** (46): (F 1988) 16921000 = 51 je km²; (Z 1980) 13745241 – 61% Malaien, 31% Chinesen, 8% Inder u. Pakistaner – **Leb.-Erwart.:** 70 J. – **Säugl.-Sterbl.:** 1,7% – **Analph.:** 21% – Jährl. **Bev.-Wachstum** (∅ 1980–88): 2,6% (Geb.- u. Sterbeziffer 1988: 3,0%/0,5%) – **Sprachen**: 58% Malaiisch (Bahasa Malaysia) als Amtssprache; Landessprachen: 9% Chinesisch, 4% Tamil, 3% Iban; Englisch wichtige Verkehrs- u. Bildungsspr. – **Religion:** Islam Staatsrelig., aber für alle Religionen freie Kultausübung garantiert. 53% sunnit. Muslime (Malaien u. a.), ca. 7% Hindus (Inder), 17% Buddhisten, 12% Anhänger d. chines. Universismus, 6% Christen, Anh. v. Naturreligionen (bes. in Ost-M.) – **Städt. Bev.:** 41% – **Städte** (Z 1980): Kuala Lumpur (Hptst.) 937875 Ew., Ipoh 300727, Pinang (Georgetown) 250578, Johore Bharu 249880, Petaling Jaya 207805, Kelang 192080, Kuala Terengganu 186608, Kota Baharu 170559, Taiping 146002, Kuantan 136625, Seremban 136252, Malacca 88073, Sibu 85231, Kuching 74229, Alor Star 71682, Sandakan 70420, Kota Kinabalu 55997, Miri 52125, Shah Alam 24138, Kangar 12956

STAAT Wahlmonarchie auf parlamentar.-demokrat. Grundlage – Bundesstaat – Das Parlament besteht aus dem Staatsoberhaupt bzw. »Yang Di-Pertuan Agong« sowie aus Länderversammlung (Senat bzw. »Dewan Negara« – 43 d. 69 Mitgl. ernannt) u. Volksvers. (Abg.-Haus bzw. »Dewan Rakyat«, Mitgl. f. 5 J. gewählt). In d. Volksvers. haben die Staaten der Halbinsel (Negeri Tanah Melayu) 114, Saráwak 24 u. Sabah 16 Abg. – Allg. Wahlrecht – 13 Bundesstaaten sowie 2 Bundesterritorien (Kuala Lumpur u. seit 1984 Labuan) – An d. Spitze der 9 Fürstenstümer stehen Sultane, sonst Gouverneure – **Staatsoberhaupt** (alle 5 Jahre v. den 9 Sultanen d. Halbinsel Malaysia gewählt): Paduka Seri Sultan Azlan Muhibbuddin Shah Ibni Almarhum Sultan Yussuf Izzuddin Ghafarullahulahu Shah, Yang di-Pertuan Agong (=König), seit 26. 4. 1989 – **Regierungschef:** Min.-Präs. Dato' Seri Dr. Mahathir bin Mohamad, UMNO – **Äußeres:** Abdullah Ahmad Badawi – **Parteien:** Die aus 10 Parteien gebild. »Nationale Front« (Barisan Nasional; u. a. United Malay's Nat. Organisation/UMNO; Malaysian Chinese Association/MCA u. Malaysian Indian Congress/ MIC) errang bei Wahlen v. Okt. 1991 (1986) 127 (133) v. 180 (177) Sitzen; Allianz der Opposition (Democratic Action Party/DAP, Pan Malayan Islamic Party/PMIP, Saráwak People's Organisation/SAPO) 49 (35), 4 (4) Unabhängige. – **Unabh.:** 31. 8. 1957 (Malaya) – **Nationalfeiertag:** 31. 8.

WIRTSCHAFT **BSP** 1989: 37005 Mio. $ = 2130 $ je Ew. (62); BIP 1988: 34680 Mio. $; realer Zuwachs ∅ 1980–88: 4,6%; Anteil **Landwirtsch.** 22%, **Industrie** 12% (incl. Bergbau, Energie, Bauwirtsch. 22%) – **Erwerbstät.** 1988: Landw. 34%, Ind. 13% – **Energieverbrauch** 1988: 784 kg ÖE/Ew. – **Währung:** 1 Malaysischer Ringgit (M$) = 100 Sen; 1 US-$ = 2,6900 M$, 100 M$ = 55,5390 DM – **Ausl.-Verschuld.** 1988: 18441 Mio. $ = 56,3% d. BSP – **Inflation** ∅ 1980–88: 1,3% – **Außenhandel** (einschl. Handel zwischen Ost-u. West-M.) 1988: **Import:** 16584 Mio. $; Güter: 48% Maschinen u. Tranportausrüstung, 26% Konsumgüter, 9% chem. Erzeugn., 8% Nahrungsmittel; Länder: 24% Japan, 17% USA, 14% EG-Länder (v. a. Großbrit. u. BRD); **Export:** 20848 Mio. $; Güter: 32% Maschinen u. Transportausrüstungen, 17% Konsumgüter, 15% Mineralöl, 9% Palmöl; Länder: 20% Singapur, 19% USA, 16% Japan, 15% EG-Staaten, 5% Korea

PRESSE *Tageszeitungen:* Kuala Lumpur: Berita Harian (250)/Malaiisch – Malay Mail (70)/Engl. – Nanyang Siang Pau (145, so. 165)/Chin. – National Echo (40)/Engl. – New Straits Times (192)/Engl. – Tamil Nesan (30, so. 60)/Tamil – Utusan Malaysia (240)/Malaiisch – Selangor: The Star (152)/Engl. – *Sonntagszeitungen:* Kuala Lumpur: Berita Minggu (360)/Malaiisch – Mingguan Malaysia (403)/ Malaiisch – New Sunday Times (225)/Engl. – Sunday Mail (115)/Engl. – Selangor: The Sunday Star (178)/ Engl. – *Nachrichtenagentur:* BERNAMA

MALEDIVEN *Süd-Asien*

Republik der Malediven; Republic of Maldives; Divehi raajje; Divehi Jumhuriya; Maldaníf; Maladiviana; älteste arab. Namensform »dhibat al-mahal«, nach sanskr. »dvipa« = Insel, Halbinsel

LANDESSTRUKTUR **Fläche** (169): 298 km² (12 Atolle mit 1200 Inseln, davon 200 bewohnt) – **Einwohner** (153): (F 1988) 202000 = 678 je km²; (Z 1985) 181000 – Malediver, arab.-malaiisch singhales. Abstammung – **Leb.-Erwart.**: 60 J. – **Säugl.-Sterbl.**: 5,8% – **Analph.**: 13% – Jährl. **Bev.-Wachstum** (∅ 1980–88): 3,4% – **Sprachen**: »Maldivisch« (Divehi) = Sonderform d. Singhalesischen bzw. Elu u. Englisch als Amtssprachen – **Religion:** sunnit. Muslime (Islam ist Staatsreligion) – **Städt. Bev.**: 20,4% – **Städte** (Z 1985) Male (Hptst.) 46334 Ew.

STAAT Präsidialrepublik – Parlament (»Majilis« [Madschlis]) aus 48 (davon 2 aus der Hptst. u. je 2 von den einzelnen Atollen) für 5 J. gewählten u. 8 v. Präs. ernannten Mitgl. – 19 Verw.-Bezirke – **Staatsoberhaupt u. Regierungschef:** Maumoon Abdul Gayoom, seit Nov. 1978, für 3. Amtszeit erneut am 15. 8. 1988 gewählt – **Äußeres:** Fathulla Jameel – **Parteien:** keine organis. polit. Parteien – **Unabh.**: 26. 7. 1965 – **Nationalfeiertag:** 27. 7.

WIRTSCHAFT **BSP** 1989: 87 Mio. $ = 420 $ je Ew. (128); realer Zuwachs ∅ 1965–88: 2,3%; Anteil **Landwirtsch.** 25%, **Industrie** 12% – **Erwerbstät.** 1985: Landw. 40%, Ind. 15% – **Energieverbrauch** 1984: 46 kg ÖE/Ew. – **Währung** 1 Rufiyaa (Rf) = 100 Laari (L); 1 US-$ = 9,5700 Rf, 100 Rf = 15,6113 DM – **Öff. Ausl.-Verschuld** 1985: 72% d. BSP – **Inflation** 1980–88: 7,1% – **Außenhandel** 1984: **Import:** 61 Mio. $; **Export:** 23,1 Mio. $; Güter: Fische u. Fischprod., Kopra u. Kokosfasern; Tourismus 35% d. BSP; Länder: 30% Japan, 15% Sri Lanka, Indien, Süd-Korea

PRESSE *Tageszeitungen:* Malé: Aafathis/Engl. u. Maldivisch – Haveeru (1,5)/Engl. u. Maldivisch – *Nachrichtenagentur:* HNS (Haveeru News Service)

MALI *West-Afrika*

Republik Mali; République du Mali; nach ehem. Großreich v. ca. 1235 – 15. Jh. – RMM

LANDESSTRUKTUR **Fläche** (22): 1240192 km² – **Einwohner** (71): (S 1989) 9088000 = 7 je km²; (Z 1987) 7620000 – Malier; (S 1983) über 2,4 Mio. Bambara, 1076000 Fulbe (Peul), 929000 Senouffo, 681000 Soninké, 565000 Tuareg, 557000 Songhai, 511000 Malinké u. a. – **Leb.-Erwart.**: 47 J. – **Säugl.-Sterbl.**: 16,8% – **Analph.**: 83% – Jährl. **Bev.-Wachstum** (∅ 1980–88): 2,4% (Geb.- u. Sterbeziffer 1988: 5,0%/1,9%) – **Sprachen:** Französ. als Amtsspr. (rd. 10%); rd. 40% Bambara, Songhai-Jerma, Arabisch u. Ful als Umgangsspr. – **Religion:** rd. 70% Muslime, rd. 30% Anh. v. Naturrel., ca. 46000 Kath. u. 20000 Prot. – **Städt. Bev.**: 20% – **Städte** (S 1984): Bamako (Hptst.) 740000 Ew., Ségou [Segu] 99000, Mopti 78000, Sikasso 70000, Kayes 67000, Gao 43000

STAAT Seit erneutem Militärputsch v. 26./27. 3. 1991 alte Präsidialverfassung außer Kraft; neue Verfassung in Vorbereitung – »Übergangskomitee für die Rettung des Volkes« (10 Offiziere, 15 Zivilisten) als derzeit bestimmendes Organ – Allg. Wahlrecht – 7 Regionen u. Hptst.-Distrikt *(→ Tab. WA '90, Sp. 366)* – **Staatsoberhaupt:** Oberstleutnant Amadou Toumani Touré, seit 27. 3. 1991 – **Regierungschef:** Soumana Sako, seit April 1991 – **Äußeres:** Souleymane Sidibe – **Parteien:** Einheitspartei UDPM (Union démocratique du peuple malien) wurde aufgelöst – Mehrparteiensystem und freie Wahlen für Frühjahr 1992 in Vorbereitung – **Unabh.**: 20. 6. 1960 (Mali-Föderation) – **Nationalfeiertag:** 22. 9.

WIRTSCHAFT **BSP** 1989: 2109 Mio. $ = 260 $ je Ew. (144); realer Zuwachs ∅ 1980–89: 3,5%; **BIP** 1988: 1940 Mio. $; realer Zuwachs ∅ 1980–88: 3,2%; Anteil **Landwirtsch.** 49%, **Industrie** 12% – **Erwerbstät.** 1986: Landw. 83%, Ind. 6% – **Energieverbrauch** 1988: 21 kg ÖE/Ew. – **Währung:** 1 CFA-Franc = 100 Centimes; 1 FF = 50 CFA-Francs; 1 CFA-Franc = 0,02 FF, 100 CFA-Francs = 0,5878 DM – **Ausl.-Verschuld.** 1988: 1928 Mio. $ = 100,8% d. BSP – **Inflation** ∅ 1980–88: 3,7% – **Außenhandel** 1987: **Import** 1988: 513 Mio. $; Güter: 21% Maschinenbau-, elektrotechn. Erzeugn. u. Fahrz., 19% Nahrungsm. (dar. 62% Getreide); Länder: 54% EG-Länder (dar. 56% Frankr.), 17% Côte d'Ivoire; **Export** 1988: 255 Mio. $; Güter: 33% Rohstoffe (dar. 87% Baumwolle), leb. Vieh, Häute u. Felle, Fische, in jüngster Zeit auch Gold; Länder: 35% EG-Länder (dar. 25% Frankr.), USA, Côte d'Ivoire

PRESSE *Tageszeitung:* Bamako: L'Essor-La Voix du Peuple (40)/UDPM – *Wochenzeitung:* Podium – *Zeitschriften:* Kabaaru (5)/Fulbe – Sunjata (3) – *Nachrichtenagentur:* AMAP (Agence Malienne de Presse)

MALTA *Süd-Europa*

Republik Malta; Repubblika ta'Malta; Republic of Malta; von phöniz. für »Hafen« – M

LANDESSTRUKTUR **Fläche** (168): 315,6 km² (m. Comino [Kimmuna] 3 km² u. Gozo [Ghawdex] 67 km²) – **Einwohner** (145): (F 1988) 348000 = 1103 je km²; (Z 1986) 345418, davon Malta 319736, Gozo u. Comino 25682 – meist Malteser (Nachk. v. Italienern u. Arabern), brit. Minderh. – **Leb.-Erwart.**: 73 J. – **Säugl.-Sterbl.**: 0,7% – **Analph.**: 16% – Jährl. **Bev.-Wachstum** (∅ 1980–88): – 0,9% (Geb.- u. Sterbeziffer 1987: 1,5%/0,8%) – **Sprachen:** Maltesisch (arab. Dialekt, stark m. italo-sizilian. Vokabular durchsetzt) u. Englisch als Amtsspr.; Ital. als Umgangsspr. – **Religion:** 98% Katholiken; kleine protest. Gruppen – **Städt. Bev.**: über 94% – **Städte** (F 1985): Valletta [Il-Belt] (Hptst.) 9302 Ew. (ohne Ausländer), Sliema 13745, Victoria [Rabat] (auf Gozo) 12782

STAAT Republik seit 13. 12. 1974 – Neutralität seit Jan. 1987 i. d. Verf. verankert – Parlament mit 69 Mitgl. (65 nach Verhältniswahlrecht gewählt, 4 Bonus-Sitze für die stärkste Partei) – allg. Wahlrecht – 6 Bezirke – **Staatsoberhaupt:** Dr. Vincent Tabone, seit April 1989 – **Regierungschef:** Dr. Edward (»Eddie«) Fenech Adami – **Äußeres:** Prof. Dr. Guido de Marco – **Parteien:** Wahlen v. Mai 1987 (Wahlbeteiligung: 96,11%): Nationalist Party/NP 50,9% d. St. u. 31 Mandate + 4 Bonus-Mandate; Labour Party/LP 48,9% u. 34 – **Unabh.**: 21. 9. 1964 – **Nationalfeiertag:** 21. 9.

WIRTSCHAFT **BSP** 1989: 2041 Mio. $ = 5820 $ je Ew. (36); realer Zuwachs ∅ 1980–89: 2,5%; **BIP** 1988: 1770 Mio. $; realer Zuwachs ∅ 1980–88: 2,6%; Anteil 1987 **Landwirtsch.** ca. 5%, **Industrie** 40% – **Erwerbstät.** 1987: Landw. 3%, Ind. 26% – **Energieverbrauch** 1984: 1047 kg ÖE/Ew. – **Währung:** 1 Maltesische Lira (Lm) = 100 Cents = 1000 Mils, 1 Lm = 3,3303 US-$, 100 Lm = 497,5468 DM – **Inflation** ∅ 1980–88: 1,9% – **Außenhandel** 1986: **Import:** 887 Mio. $; Güter: 58% Industriewaren, 24% Konsumgüter; 1989: rd. 830000 Touristen; Länder: 68% EG-Länder (dar. 28% Italien, 26% BRD); **Export:** 497 Mio. $; 1989: 873 Mio. $; Güter: 99% Manufakturen (bes. Textilien, inkl. Schiffsbau); Länder: 74% EG-Länder (dar. 48% BRD, 21% Italien [1989: 1. Stelle])

PRESSE *Tageszeitungen*: Valletta: In-Nazzjon Taghna (20) – L'Orizzont (25) – The Times (23)/Engl. – *Wochenzeitungen*: The Democrat (10) – Il-Mument (22) – It-Tórca (30) – Lehen is-Sewwa (10) – The Sunday Times (30)/Engl.

MAROKKO *Nordwest-Afrika*

Königreich Marokko; Al-Mamlaka Al-Maghribiya (arab. »maghreb« = »äußerster Westen«; Marokko von der alten Hauptstadt Marrakesch) – MA

LANDESSTRUKTUR **Fläche** (52): 446550 km² (einschl. der teilw. besetzten Westsahara 710850 km²) – **Einwohner** (33): (F 1988) 23910000 = 54 je km²; (Z 1982) 20449000 (ohne annektierte Sahara-Gebiete) – Marokkaner (rd. 40% Berber, arabisierte Berber, 20% Araber), im Süden u. a. negroide Mischbevölk., über 100000 Ausl. – **Leb.-Erwart.**: 61 J. – **Säugl.-Sterbl.**: 9,0% – **Analph.**: 67% – Jährl. **Bev.-Wachstum** (∅ 1980–88): 2,7% (Geb.- u. Sterbeziffer 1988: 3,5%/0,9%) – **Sprachen**: etwa 75% Arabisch als Amtssprache; über 20% Berberdialekte; Französ., z. T. auch Spanisch, als amtl. Hilfsspr. u. Handels- u. Bildungssprachen wichtig – **Religion:** 98% sunnitische Muslime malakit. Richtung (Islam ist Staatsreligion); etwa 110000 Katholiken, rd. 30000 Juden – **Städt. Bev.**: 47% – **Städte** (1985): Rabat-Salé [arab. Er-Ribât] (Hptst.) 1027000, Casablanca 2500000, Fès [Fäs] 590000, Marrakesch [Marakusch] 511000, Meknès [Miknäs] 410000, Oujda [Wuschda] 331000, Kénitra [Knitra] 329000, Tétouan [Titwän] 300000, Tanger [Tandscha] 238000, Safi 199000, Agadir 191000 – (Ceuta u. Melilla span., v. Marokko beansprucht)

STAAT »Konstitutionelle demokratische u. sozialistische Monarchie« – Verfass. v. 1972, geänd. 1980 – Parlament aus 1 Kammer; 204 der 306 Mitgl. direkt, die übr. durch Wahlgremien aus Kommunalparlamentariern, Arbeitnehmer- u. Arbeitgebervertretern gewählt – König ernennt u. entläßt Reg.-Chef u. Regentschaftsrat – Wahlberechtigt alle vollj. Bürger – 37 Provinzen (einschl. annektierter West-Sahara) u. 8 Stadtpräfekturen – **Staatsoberhaupt:** Hassan II., König seit 1961; Thronfolger: Kronprinz Sidi Mohammed (geb. 1963) – **Regierungschef:** Dr. Azzedine Laraki, seit Nov. 1986; Koal. aus RNI, PND, Verfassungsunion – **Äußeres:** Dr. Abdellatif Filali – **Parteien** (Wahlen 1984): neugebild. Mitte-Rechts-Parteien (für freie Wirtschaft u. Unterstützung d. Königs) zus. 108 v. 204 direkt gewählten Sitzen; »Verfassungsunion« d. ehem. Ministerpräs. Boubid 55, »Nationale Versamml. d. Unabh.«/NAI bzw. RNI 38 u. »National-Demokrat. Partei«/PND 15; »Sozialist. Union d. Volkskräfte«/SUPL 34, »Kommunistische Partei d. Fortschritts u. Sozialismus« 2; Istiqlal-Partei 23; weitere 102 Abgeordnete durch indirekte Wahl bestimmt (Mitte-Rechts-Parteien insg. 215 d. 306 Mandate) – **Unabh.**: 2. 3. 1956 (frz. Protektorat), 7. 4. 1956 (Übergabe d. span. Protektorates an Marokko) – **Nationalfeiertag:** 3. 3. (Thronbesteigung Kg. Hassans 1961) u. 14. 8.

WIRTSCHAFT **BSP** 1989: 22069 Mio. $ = 900 $ je Ew. (98); BIP 1988: 21990 Mio. $; realer Zuwachs ∅1980–88: 4,2%; Anteil **Landwirtsch.** 17%, **Industrie** 34% – **Erwerbstät.** 1985: Landw. 40%, Ind. 24% – **Energieverbrauch** 1988: 239 kg ÖE/Ew. – **Währung**: 1 Dirham (DH) = 100 Centimes; 1 US-$ = 8,0213 DH, 100 DH = 18,6254 DM – Öff. **Ausl.-Verschuld.** 1988: 18767 Mio. $ = 89,6% d. BSP – **Inflation** ∅1980–88: 7,7% – **Außenhandel** 1988: **Import:** 4818 Mio. $; Güter: 26% Halbwaren, 25% Investitionsgüter, 15% Energie, 11% Nahrungsmittel; Länder: 24% Frankreich, 9% Spanien, 7% Irak, 7% USA, 6% Italien, 6% BRD; **Export:** 3624 Mio. $; Güter: 26% Nahrungsmittel, 24% Konsumgüter, 15% Phosphate, 9% Dünger; Länder: 29% Frankr. 8% Spanien, 6% Italien, 6% Belgien/Luxemb., 5% BRD, 5% Japan

PRESSE *Tageszeitungen*: Rabat: Al Alam (100)/Istiqlal – Al Anba'a (15) – Al Maghrib (15)/RNI, Frz. – Al Mithaq al Watani (15)/RNI – L'Opinion (60)/Istiqlal, Frz. – Casablanca: Le Matin du Sahara (100)/Frz. – Maroc Soir (50) – *Nachrichtenagentur:* WMA (Wikalat al Maghreb al Arabi)

MARSHALLINSELN

Ozeanien; Pazifische Inselwelt

Republik M.; Republic of the Marshall Islands

LANDESSTRUKTUR **Fläche** (172): 181 km² (20 Korallenatolle einschl. Bikini und Eniwetok [fr. US-Atomwaffenversuche]) – **Einwohner** (170): (F 1988) 41000 = 227 je km² – größtes Atoll Majuro 23000 Ew. – Mikronesier, US-Amerikaner – Jährl. **Bev.-Wachstum** (1982): 3,5% – **Sprachen:** Englisch als Amtsspr.; mikronesische Dialekte – **Religion:** Katholiken u. Protestanten – **Städte:** Uliga (Hptst.) auf Majuro 7600 Ew.; Ebeye, Jaluit

STAAT Am 28. 12. 1990 hebt die UNO die Treuhandschaft der USA auf, die Marshall-Inseln werden selbständig; eig. Verfass. seit 1. 5. 1979 – »Nitijela« mit 33 Abg., berat. »Council of Iroij« (Stammesführer) aus 12 Mitgl. – Von der »Nitijela« gewählter Präsident – 24 Gemeindebezirke – **Staatsoberhaupt:** Präsident Amata Kabua – **Äußeres:** Anton Debrum – **Unabh.:** 28. 12. 1990 – **Nationalfeiertag:** noch nicht bekannt

WIRTSCHAFT **BSP** 1980: 219 Mio. $ = 7560 $ je Ew. – **Währung:** US-$ – **Außenhandel:** Güter: Fische, Kopra; Länder: USA, Japan, Puerto Rico, Marianen

PRESSE *Wochenzeitungen:* Uliga: Marshall Islands Gazette – Marshall Islands Journal (3)

MAURETANIEN *Nordwest-Afrika*

Islamische Republik Mauretanien; République Islamique de Mauritanie; El Dschumhurija el Muslimija el Mauritanija bzw. Al Jumhûrîya al Islâmiya al Mûrîtanîya – RIM

LANDESSTRUKTUR **Fläche** (27): 1025520 km² – **Einwohner** (120): (F 1988) 1916000 = 2 je km²; (Z 1977) 1339000 (einschl. rd. 539000 Nomaden) – Mauretanier; etwa 80% Mauren (arabisch-berberische Mischbev., davon rd. 25% mit schwarzafrik. Einschlag; 30% Nomaden), im übr. Schwarze (Fulbe, Bambara, Toucouleurs [Tukulör], Sarakalles, Soninke u. Wolof), u. ca. 5000 Europ. (Franzosen) – **Leb.-Erwart.:** 46 J. – **Säugl.-Sterbl.:** 13,7% – **Analph.:** 83% – Jährl. **Bev.-Wachstum** ∅1980–88: 2,6% (Geb.- u. Sterbeziffer 1988: 4,8%/1,9%) – **Sprachen:** Arabisch (seit 1966 auch Amtsspr.), daneben Franz.; außerdem Hassanije (arab. Dialekt), Ful (5%), berber. u. sudanes. Sprachen (Sarakole u. Wolof) – **Religion:** Fast 100% Muslime malakitischer Richtung; kleine christl. Minderh. (Ausländer). Islam ist Staatsreligion – **Städt. Bev.:** 40% – **Städte** (S 1986): Nouakchott [Nuakschott] (Hptst.) bis 450000 Ew., Nouâdhibou (Port Étienne) 24400, Zouérate 22000, Kaédi 20000, Atar 19000, Rosso 18500, Boghé 7000

STAAT Präsidialrepublik – Verfassung (»Charte Constitutionelle«) von 1979, neue Verfassung durch Referendum am 12. 7. 1991 mit 97,94% angenommen – »Comité Militaire du Salut National«/CMSN als Hauptstaatsorgan (15 Offiziere u. Staatschef) – Staatsgewalt beim Militär – 12 Regionen u. Distrikt der Hauptstadt – **Staatsoberhaupt** u. **Regierungschef**: (gleichzeit. Verteid.-Min.) Oberst Maaouya Ould Sid'Ahmed Taya, Präsident d. CMSN, seit d. Putsch v. Dez. 1984 – **Äußeres:** Hasni Ould Did – **Parteien:** »Parti Populaire Mauritanien« (Hisb Chaeb), Wahl 1975 alle 70 Sitze; seit dem Putsch v. 1978 Parlament aufgelöst; Wahlgesetz vom Juli 1991 erlaubt Gründung demokratischer Parteien – **Unabh.:** 28. 11. 1960 – **Nationalfeiertag:** 28. 11.

WIRTSCHAFT **BSP** 1989: 953 Mio. $ = 490 $ je Ew. (119); BIP 1988: 900 Mio. $; realer Zuwachs ∅1980–88: 1,6%; Anteil **Landwirtsch.** 38%, **Industrie** 21% – **Erwerbstät.** 1985: Landw. 67%, Ind. 5% – **Energieverbrauch** 1988: 111 kg ÖE/Ew. – **Währung:** 1 Ouguiya (UM) = 5 Khoums (KH); 1 US-$ = 77,26 UM, 100 UM = 1,9337 DM – **Ausl.-Verschuld.** 1988: 1823 Mio. $ = 196,2% d. BSP – **Inflation** ∅1980–88: 9,4% – **Außenhandel** 1988: **Import:** 353 Mio. $; **Export:** 433 Mio. $; Güter: bis 50% Eisenerz, Fischprod., Vieh u. Viehzuchtprod., Gummiarabikum, Salz; Länder: 45% EG-Länder, insbes. Frankr.; Japan, USA, Senegal, Algerien

PRESSE *Tageszeitung:* Nouakchott: Ach-Chaab/Frz. u. Arab., reg.eigen – *Nachrichtenagentur:* AMI (Agence Mauritanienne de l'Information)

MAURITIUS *Südost-Afrika*

Name nach dem ehem. niederländ. Statthalter Maurits = Moritz v. Nassau – MS

LANDESSTRUKTUR **Fläche** (152): 2040 km^2 (m. Rodriguez 109 km^2/35594 Ew. [1984], Agalega, St. Brandon usw.) – **Einwohner** (130): (F 1988) 1070900 = 525 je km^2; (Z 1983) 1002900 – Mauritier, Inder (66% überw. Nachkommen d. i. 19. Jahrh. aus Vorderindien eingewand. Pflanzungsarbeiter), 29% Kreolen, ca. 3% Chinesen u. 14000 Weiße – **Leb.-Erwart.:** 67 J. – **Säugl.-Sterbl.:** 2,2% – **Analph.:** 17% – Jährl. **Bev.-Wachstum** (∅1980–89): 1,0% (Geb.-u. Sterbeziff. 1988: 1,9%/0,7%) – **Sprachen:** Englisch als Amtsspr.; kreol. Franz. u. indische Sprachen – **Religion:** ca. 52% Hindus, ca. 26% Katholiken, 20% Muslime (meist aus d. heut. Pakistan), Protestanten, Buddhisten – **Städt. Bev.:** 42% – **Städte** (S 1985): Port Louis (Hptst.) 138272 Ew.; Beau Bassin-Rose Hill 93059, Quatre Bornes 65405, Curepipe 64072, Vascoas-Phoenix 55330

STAAT Konstitutionelle Monarchie im Commonwealth – Parlament aus 1 Kammer – Allg. Wahlrecht – 9 Distrikte – **Staatsoberhaupt:** Königin Elizabeth II. seit 1952, vertreten durch einh. Generalgouverneur Sir Veerasamy Ringadoo – **Regierungschef:** Sir Anerood Jugnauth (PSM), seit 1983, erneut seit Aug. 1987 – **Äußeres:** Jean-Claude Gervais Raoul de l'Estrac – **Parteien:** Wahl v. Aug. 1987/1983: PSM (»Maurit. Sozial. Bewegung«); Allianz aus Mouvement Socialiste Militant/MSM 30 Sitze, Rassemblement des Travaillistes Mauricien/RTM 11 Sitze u. Parti Mauricien Social-Démocrate/PMSD 5 Sitze; Union aus Mauritian Militant Movement/MMM 25 Sitze u. kleineren Gruppen 24; Rodriguez People's Organization/RPO 2; nach Zuteilung d. Proporzmandate: Allianz 44 (48), Union 24 (22), RPO 2 (2); Wahlen am 15. 9. 1991 – **Unabh.:** 12. 3. 1968

WIRTSCHAFT **BSP** 1988: 1890 Mio. $ = 480 $ je Ew. (65); realer Zuwachs ∅1980–88: 1,3%; **BIP** 1988: 1600 Mio. $; realer Zuwachs 1980–88: 5,7%; Anteil **Landwirtsch.** 13%, **Industrie** 33% – **Erwerbstät.** 1985: Landw. 25%, Ind. 22% – **Energieverbrauch** 1988: 402 kg ÖE/Ew. – **Währung:** 1 Mauritius-Rupie (MR) = 100 Cents; 1 US-$ = 14,467 MR; 100 MR = 10,3627 DM – Öffentl. **Ausl.-Verschuld.** 1988: 709 Mio. $ = 37,1% d. BSP – **Inflation** ∅1980–88: 7,8% – **Außenhandel** 1988: **Import:** 1115 Mio. $; **Export:** 1110 Mio. $; Güter: Textilien, Zucker (bedeckt 70% der landw. Nutzfläche), 10% Tee, Melasse, wachsende Bedeutung im Tourismus – Länder: 40% Großbrit., 10% Frankr., 10% Rep. Südafrika, USA, Japan, Rep. China

PRESSE *Tageszeitungen:* Port Louis: L'Express (20)/Engl. u. Frz. – Le Mauricien (22)/Engl. u. Frz. – The Sun (22)/Engl. u. Frz. – *Wochenzeitung:* Le Dimanche (20)/Engl. u. Frz.

MEXIKO *Mittel-Amerika*

Vereinigte Mexikanische Staaten; Estados Unidos Mexicanos; nach aztek. »Mexitli«; die Azteken nannten sich »Mexica« – MEX

LANDESSTRUKTUR **Fläche** (13): 1958201 km^2 (incl. 5363 km^2 Inseln) – **Einwohner** (10): (F 1990) 88600000 = 42 je km^2; (Z 1980) 66847000 – Mexikaner; etwa 75% Mestizen, 9% Indianer, 10–15% Weiße, meist altspan. Abst. (nach and. Ang. 29% Indianer, 55% Mestizen); über 150000 Ausl.; rd. 60000 Deutschstämmige – **Leb.-Erwart.:** 70 J. – **Säugl.-Sterbl.:** 5,3% – **Analph.:** 15% – Jährl. **Bev.-Wachstum** ∅1980–87: 2,2% (Geb.- u. Sterbeziffer 1988: 2,8%/0,6%) – **Sprachen:** Spanisch als Amtssprache, als Umgangsspr. von aztekischen Lehnwörtern durchsetzt; etwa 3,5% sprechen nur indianische Sprachen (u. a. Náhuatl [Aztekisch] u. ca. 25 Maya-Sprachen), rd. 8% sind zweisprachig – **Religion:** 92,6% Katholiken.; daneben protestant. Minderh. (rd. 3,3%) u. 37500 Juden – **Städt. Bev.:** 71% – **Städte** (F 1986): Ciudad de México (Hptst., Distrito Federal) A 19400000 Ew.; (F 1984): Guadalajara A 3256000, Monterrey A 2568000, Tijuana 932000, Ciudad Juárez 870000, Puebla de Zaragoza 786000, León de los Aldamas 768000, Acapulco de Juárez 638000, Tampico 622000, Chihuahua 612000, Torreón 552000, Mexicali 552000, Cuernavaca 514000, Veracruz 454000, Hermosillo 452000, San Luis Potosí 446000, Culiacán 422000, Saltillo 379000, Mérida 351000

STAAT Präsidiale bundesstaatl. Republik – Parlament (»Congreso de la Unión«) aus 2 Kammern (»Cámara de Senadores« u. »Cámara de Diputados«); Wahl d. Abg. (Deputierten) für 3 J. (300 nach Mehrheitswahlrecht, 200 nach Proporzwahlr. bestimmt) – Wahlberechtigt alle Bürger über 18 J.,

Verheiratete ab 16 J. – 31 Staaten (mit Parl. u. Gouverneur), 1 Bundesdistrikt (Hptst.) – **Staatsoberhaupt u. Regierungschef:** Präsident Carlos Salinas de Gortari/PRI, seit 1. 12. 1988 – **Äußeres:** Fernando Solana Morales – **Parteien:** Parlamentswahlen v. 18. 8. 1991 (1988): Verteilung der 300 Wahlkreise: Partido Revolucionario Institutional/PRI 290 (235) Sitze, Partido Acción Nacional/PAN 10 (36), Frente Nacional Democrático/FND 0 (29); Wahlergebnisse in %: PRJ 61,4, PAN 17,7, Partido de la Vevolución Democrática/PRD 8,3%; 200 Abg. nach Proporzwahl: noch offen – Präsidentschaftswahlen: Carlos Salinas de Gortari (PRI) 50,4%, Cuauhtémoc Cárdenas (FDN) 31,1% d. St. – **Unabh.:** Einleitung d. Unabh.-Krieges durch d. »Freiheitsruf« Hidalgos v. 16. 9. 1810; Anerk. d. Unabh. durch Spanien am 24. 8. 1821 auf d. Basis des »Plans v. Iguala« v. 24. 2. 1821, feierl. Unabh.-Ausrufung am 28. 9. 1821 – **Nationalfeiertag:** 16. 9.

WIRTSCHAFT **BSP** 1989: 170053 Mio. $ = 1990 $ je Ew. (63); BIP 1988: 176700 Mio. $; realer Zuwachs ∅ 1980–88: 0,5%; Anteil **Landwirtsch.** 9%, **Industrie** 35% – **Erwerbstät.** 1988: Landw. 31%, Ind. 18% – **Energieverbrauch** 1988: 1305 kg ÖE/Ew. – **Währung:** 1 Mexikanischer Peso (mex$) = 100 Centavos; Kontrollierter Kurs; 1 US-$ = 2929,00 mex$, 100 mex$ = 0,0524 DM – **Ausl.-Verschuld.** 1988: 88665 Mio. $ = 52,4% d. BSP – **Inflation** ∅ 1980–88: 73,8% – **Außenhandel** 1988: **Import:** 18903 Mio. $; Güter: 74% Prod. d. verarb. Industrie, 11% chem. Erzeugn., 8% Prod. d. Land- u. Forstwirtschaft; Länder: 65% USA, 6% BRD; **Export:** 20658 Mio. $; Güter: 31% Erdöl, 14% Kfz u. -teile, 31% sonst. Prod. d. verarb. Industrie, 7% Prod. d. Land- u. Forstwirtschaft; Länder: 65% USA, 5% Japan, 5% Spanien

PRESSE *Tageszeitungen:* C. de México: Esto (400, mo. 450) – Excélsior (200) – El Heraldo de México (210) – Novedades (210, so. 220, mo. 240) – La Prensa (300) – El Sol de México (182) – El Universal (181, so. 197) – *Nachrichtenagentur:* NOTIMEX

MIKRONESIEN

Ozeanien; Pazifische Inselwelt

Föderierte Staaten v. M.; Federated States of Micronesia – FSM

LANDESSTRUKTUR **Fläche** (157): 720,6 km^2 – **Einwohner** (163): (F 1988) 90000 = 125 je km^2; (n. a. Ang. 707 km^2 u. 80000 Ew. S 1983) – vorwiegend Mikronesier; Weiße – Jährl. **Bev.-Wachstum** (1981): 3,5% – **Sprachen:** Englisch als Amtsspr.; mikron. Dialekte – **Religion:** Katholiken u. Protestanten – **Städte/Inseln** (Z 1980): Pohnpei (Hptst. auf Ponape Island, fr. Kolonia) 5550 Ew.; Moen 10374, Yap 8172, Kusaie (fr. Kosrae) 5522

STAAT Treuhandschaft der USA am 12. 12. 1990 durch UNO aufgehoben; Selbstreg. u. eig. Verfass. seit 10. 5. 1979 – Parlament aus 1 Kammer (»Congress«), zum ersten Mal am 27. 3. 1979 gewählt; vom Volk gewählter Präsident; gewählter Gouverneur in jedem Teilstaat – **Staats- u. Regierungschef:** Präsident John Haglelgam – **Äußeres:** Andon Amaraich

WIRTSCHAFT **BSP** 1979 je Ew.: Kusaie State 2845 $, Pohnpei State 2553 $, Truk State 2104 $, Yap State 12250 $ – **Währung:** US-$ – **Außenhandel 1980: Export** Güter: Kopra, Fisch, kunsthandw. Erzeugn.; Länder: USA (Guam, Hawaii, Marianen), Japan

PRESSE *Wochenzeitung:* Truk: Truk News Chronicle

MONACO *Süd- bzw. West-Europa*

Fürstentum Monaco; Principauté de Monaco; Principato di Monaco – MC

LANDESSTRUKTUR **Fläche** (177): 1,95 km^2 – **Einwohner** (171): (S 1988) 30000 = 15385 je km^2; (Z 1982) 27000 – Monegassen (monégasques) genannt, nur 4481; u. a. 47% Franzosen, 17% Italiener – Jährl. **Bev.-Wachstum** (∅ 1980–86): 0,6% (Geb.- u. Sterbeziffer 1983: 2,0%/1,7%) – **Sprachen:** Französisch als Amtsspr.; »Monegasco« (v. Ligurischen u. Provenzalischen abstammend), z. T. Italienisch u. Englisch als Umgangsspr. – **Religion:** rd. 90% Katholiken (Staatskirche, aber Relig.-Freiheit); ferner Anglik., Juden, Reformierte – **Stadtbezirke** (Munizipien, F 1987): Monaco-Ville (Hptst.) 1234 Ew., La Condamine (Hafen) 12675, Monte Carlo 13154

STAAT Konstitutionelles erbliches Fürstentum im Zollverband mit Frankr. – »Nationalrat« (Conseil National; 18 Mitgl.) u. »Gemeinderat« (Conseil Communale; 15 Mitgl.) – Die Reg.-Gewalt liegt unter d. Autorität des Fürsten bei 1 Staatsminister (Regierungschef) u. 3 Regierungsräten; aufgrund d. Schutzvertrags mit Frankreich v. 1861 schlägt dieses d. Staatsminister vor – **Staatsoberhaupt:** Fürst Rainier III., seit 1949 – **Reg.-Chef u. Äußeres** (jeweils ein hoher, von Frankr. abgestellter Staatsbeamter): Jean Ausseil, seit Nov. 1985 – **Parteien:**

Wahlen z. Nationalrat im Jan. 1983: »Nationale u. Demokrat. Union« alle 18 Sitze; Kommunisten u. Unabh. – **Unabh.:** Formell anerkannt durch Patentbriefe d. französ. Königs v. 25. 2. 1489 (erneut v. 20. 2. 1512) u. d. Herzogs v. Savoyen v. 20. 3. 1489 (vom 13. 2. 1793 bis 30. 5. 1814 v. Frankr. annektiert); fällt bei Erlöschen der Dynastie Grimaldi an Frankr. – **Nationalfeiertag:** 19. 11.

WIRTSCHAFT **BSP** 1983: 13217 Mio. FF = ca. 51000 US-$ je Ew. n. eig. Ang.; lt. »Atlaseco« nur 86500 FF (Differenz vermutl. durch reiche »Steuerbürger«); 28,5% d. Staatseinnahmen aus d. **Ind.**, 71,5% aus d. **Dienstl.** – **Währung:** 1 Franz. Franc (FF) = 100 Centimes *(→ Frankr.)*; eig. Münzrecht – **Erwerbstät.** 1985: Ind. 19%, Dienstl. 81% – **Außenhandel:** Handelsbilanz 1983: mit Frankr. 3377 Mio. FF – übrige Staaten 1844 Mio. FF – Güter: Kosmetik, Pharmaka, Elektronik, Kunststoff, Konserven (Anchovis), Tourismus (Spielbank) wichtiger Wirtsch.-Faktor (1989: 245146 Gäste) – **Handelspartner:** ca. 70% EG-Länder

PRESSE *Monatszeitung:* Gazette Monaco-Côte d'Azur (10)

MONGOLISCHE VOLKSREPUBLIK
Zentral-Asien

Bügd Nairamdach Mongol Ard Uls; ethn. d. Stamm d. »Monghol«

LANDESSTRUKTUR **Fläche** (17): 1566500 km² – **Einwohner** (118): (S 1988) 2090000 = 1 je km²; (Z 1979) 1595000 – 87% Mongolen, davon 75% Ostmong. (Chalcha), fast 5% Westmong., Burjatsche u. chines. Minderheiten – **Leb.-Erwart.:** 65 J. – **Säugl.-Sterbl.:** 6,6% – **Analph.:** 19% – Jährl. **Bev.-Wachstum** (∅ 1980–88): 2,9% (Geb.- u. Sterbeziffer 1988: 3,6%/0,9%) – **Sprachen:** Khalkha-[Chalcha] Mongol. als Amtsspr. *(→ Karte WA '91 Sp. 429f.)* – **Religion:** bis 1930 ausschl. lamaistischer Buddhismus (stark zurückgedrängt) – **Städt. Bev.:** 51% – **Städte** (S 1984): Ulan Bator [Ulaan-Baatar] (Hptst.) 480000 Ew., Darchan 63600, Eerdenet 40000, Choybalsan [Tschojbalsan] 23000, Suche-Bator 17000

STAAT Volksrepublik – Parlament aus 2 Kammern (»Großer Volks-Chural« = Volksversammlung und »Kleiner Volks-Chural« = Arbeitsparlament mit 425 Mitgl. bzw. 50 Mitgl.; Verfassungsreform für Nov. 1991 geplant – Wahlberechtigt alle Bürger über 18 J. – 18 Provinzen (»Aimaks«) u. 3 Stadtgebiete – **Staatsoberhaupt:** Präsidium d. »Großen Volks-Chural« als kollektives Oberhaupt bzw. dessen Vorsitzender, Punsalmaayiyn Ochirbat, seit März 1990, bestätigt am 4. 9. 1990 – **Regierungschef:** Vorsitzender d. »Kleinen Volks-Chural« u. Min.-Präs., Daschyn Byambasuren, seit 11. 9. 1990 – **Äußeres:** Zerenpiliyin Gombosuren – **Parteien:** 1. freie Wahlen v. Juli 1990: »Mongol. Revol. Volkspartei«/MRVP 357 (31) d. 425 (50) Sitze in der Volksversammlung (Arbeitsparlament); die Opposition (3 Parteien) 30, Unabh. 38 Sitze – **Unabh.:** Am 11. 7. 1921 de facto v. China unabh. (Proklamation d. kommunist.-nationalist. Machtergreifung), am 26. 11. 1924 formelle Umwandl. in Volksrepublik (2. d. Welt nach UdSSR) u. Erneuerung d. Souv.-Anspruches, am 5. 1. 1946 nach Plebiszit Unabh. durch China völkerrechtl. anerkannt – **Nationalfeiertag:** 11. 7.

WIRTSCHAFT **BSP** 1984: 1450 Mio. $ = 747 $ je Ew. (107); realer Zuwachs 1984: 9,5%; 1991 Einstellung der Hilfeleistungen der UdSSR; **BIP** S 1988: 2200 Mio. $; realer Zuwachs ∅ 1980–86: 6,4%; Anteil 1985 **Landwirtsch.** 16%, **Industrie** 38% – **Erwerbstät.** 1988: Landw. 32%, Ind. ca. 25% – **Energieverbrauch** 1986: 1195 kg ÖE/Ew. – **Währung:** 1 Tugrik (Tug.) = 100 Mongo; 100 US-$ = 551,13 Tug., 100 Tug. = 27,1079 DM – **Außenhandel** 1985 (1. Hj. 1991: 50% – Rückgang durch Einstellung des Handels mit der UdSSR und die Auflösung des RGW): **Import:** 1448 Mio. $; Güter: –; Länder: ca. 99% UdSSR u. RGW; **Export:** 569 Mio. $; Güter (nur UdSSR): 1987: 35% Kupfer-, Molybdänerze; 1985: 17% viehwirtsch. Erzeugn. (Fleisch, Wolle, Häute, Felle); Länder: 84% UdSSR, 6% ČSFR

PRESSE *Tageszeitung:* Ulan Bator: Ünen (170)/ Org. d. MRVP – *Nachrichtenagentur:* MONTSAME (Mongol Tsailgaan Medeeniy Agentlag)

MOSAMBIK *Südost-Afrika*

Republik Mosambik, República de Moçambique – MOC

LANDESSTRUKTUR **Fläche** (33): 801590 km² (mit 21371 km² Binnengewässern, einschl. Anteil am Njassa-See) – **Einwohner** (53): (F 1988) 14715000 = 18 je km²; (Z 1980) 11640000 (Bevölkerungsverlust 1990 durch Bürgerkrieg auf 900000 Ew. geschätzt) – Mosambikaner (port. moçambicanos): ca. 98% Bantu, bes. Makua (im Norden 40%), Tsonga (1,5 Mio.) u. Schona (10% in Zentralmos.); Mitte 1980 noch 20000 Ausländer; 60000 Mosambikaner als Fremdarbeiter in Rep. Südafrika; ca. 1 Mio. Flüchtlinge in Anrainerstaaten (bes. Malawi), 1–2 Mio. Binnenflüchtlinge – **Leb.-Erwart.:** 48 J. – **Säugl.-Sterbl.:** 13,9% – **Analph.:** 62% – Jährl. **Bev.-Wachstum** (∅1980–89): 2,7% (Geb.- u. Sterbeziff. 1988: 4,5%/1,7%) – **Sprachen:** Portugiesisch als Amtsspr.; Bantu-Sprachen, Suaheli – **Religion:** 48% Anh. v. Naturreligionen, 18% Christen (1,5 Mio. Katholiken, 40000 Protestanten), 16% Muslime – **Städt. Bev.:** 24% – **Städte** (S 1984): Maputo (fr. Lourenço Marques; Hptst.) 903600 Ew. (Provinz weitere 504700); (1980): Beira 350000, Quelimane 184000, (1970): Xai-Xai (João Belo) 64000, Tete 53200, Inhambane 26000

STAAT Republik – Parlament aus 1 Kammer (»Assembleia da República«) – Neue Verfassung vom 2. 11. 1990: Änderung des Staatsnamens, Einführung von Mehrparteiensystem und Marktwirtschaft, am 1. 12. 1990 Waffenstillstand zwischen Regierung und RENAMO – Allg. Wahlrecht – 10 Provinzen u. Hptst. Mazur – Direktwahl von Präsident und Parlament – **Staatsoberhaupt:** Gen.-Major Joaquim Alberto Chissano – **Regierungschef:** Dr. Mário da Graça Machungo – **Äußeres:** Dr. Pascoal Manuel Mocumbi – **Parteien:** Wahl v. Dez. 1986: Frente de Libertação de Moçambique/FRELIMO (Einheitspartei), deren Präs. gleichz. Staatspräsident ist, hat alle 250 Sitze i. d. Volksversamml. inne; Resistência Nacional Moçambicana/RENAMO (Widerstandsbew., als politische Bewegung zugelassen) kontrolliert 75% des Territoriums; erste freie Wahlen für 1992 angekündigt – **Unabh.:** 25. 6. 1975 – **Nationalfeiertag:** 25. 6.

WIRTSCHAFT **BSP** 1989: 1193 Mio. $ = 80 $ je Ew. (166); realer Zuwachs ∅1980–89: –3,5%; **BIP** 1987: 1100 Mio. $; realer Zuwachs 1980–88: -2,8%; Anteil **Landwirtsch.** 62%, **Industrie** 20% – **Erwerbstät.** 1985: Landw. 70%, Ind. 13% – **Energieverbrauch** 1985: 86 kg ÖE/Ew. – **Währung:** 1 Metical (MT) = 100 Centavos; 1 US-$ = 1048,5404 MT; 100 MT = 0,1445 DM – Öffentl. **Ausl.-Verschuld.** 1988: 4039 Mio. $ = 399% d. BSP – **Inflation** ∅1980–88: 33,7% – **Außenhandel** 1988: **Import:** 706 Mio. $; **Export:** 104 Mio. $; Güter: 30% Krustentiere, Rohbaumwolle, Textilien, 10% Cashew(acajou)-Nüsse; Tee, Kopal, Holz, Sisal, Zucker, Erze; Länder: 15% Rep. Südafrika, 14% USA, ca.10% Portugal, BRD

PRESSE *Tageszeitungen:* Maputo: Notícias (33) – Beira: Díario de Moçambique (16) – *Sonntagszeitung*: Domingo (40) – *Zeitschrift:* Tempo (40) – *Nachrichtenagentur:* AIM (Agência de Informaçao de Moçambique)

MYANMAR *Südost-Asien*

Union Myanmar; Pyi-Daung-Su Socialist Thammada Myanmar Naingng-an-Daw; bis Mai 1989 Birma bzw. Burma – BUR

LANDESSTRUKTUR **Fläche** (38): 676552 km² – **Einwohner** (24): (F 1989) 40796000 = 59 je km²; (Z 1983) 35306000 – Fast 75% Birmanen; 9% Schan, ca. 7% Karen, 2% Tschin, 2% Mon, 1% Katschin u. andere ethnische Minderheiten (insg. 20–30%); 1% Inder (bes. in Rangun) u. 1–2% Chinesen (bes. im NO) *(Einzelheiten → Karte WA '91, Sp. 433)*– **Leb.-Erwart.:** 62 J. – **Säugl.-Sterbl.:** 7,0% – **Analph.:** 34% – Jährl. **Bev.-Wachstum** (∅1980–88): 2,1% (Geb.- u. Sterbeziffer 1988: 3,0%/1,0%) – **Sprachen:** Birmanisch als Amtssprache; Sprachen d. and. Gruppen; Englisch wichtige Handelsspr. – **Religion:** 85% südl. (Theravada-)Buddhisten, 2–3% Muslime, fast 2% Hindus u. 2% Christen (u. a. über 300000 Kath.) – **Städt. Bev.:** 24% – **Städte** (Z 1983): Yangon (fr. Rangoon, Rangun) (Hptst.) 2456712 Ew. (S 1984 als A 3,9 Mio.), Mandalay 532895 (2. Hptst.), Moulmein 219991; (S 1978): Bassein 336000, Henzada 284000, Pegu 255000, Myingyan 220000

STAAT Republik mit staatssozialist. Tendenz – Neue Verfassung v. 1974 – Parlament aus 1 Kammer (»Volksversammlung« bzw. »Pyithu Hluttaw«, 485 Mitgl.) – 7 Staaten, 7 Divisions – **Staatsoberhaupt:** General Saw Maung, seit 19. 8. 1988 durch Putsch, Vors. d. Staatsrates (28 Mitgl. u. Ministerpräs., davon 14 als Vertr. d. Staaten); gleichzeitig **Regierungschef** u. **Außenmin.** – **Parteien:** Seit 1974 Einheitspartei »Birmanische Sozialistische Programm-Partei«/ BSPP (1981: 1,5 Mio. Mitgl.), in »Nationale Einigkeitspartei«/NUP umbenannt; »Nationale Liga für Demokratie«/NLD (inzwischen mehr als 1 Mio. Mitgl.); erste freie Wahlen seit 30 Jahren am 27. 5. 1990: oppos. NLD 392 der 485 Mandate, regierungsnahe NUP 10; noch kein Termin für die Machtübergabe vereinbart – **Unabh.:** 4. 1. 1948 – **Nationalfeiertag:** 4. 1.

WIRTSCHAFT **BSP** 1986: 8180 Mio. $ = 200 $ je Ew. (153); BIP realer Zuwachs ∅1980–86: 4,9% – Anteil **Landwirtsch.** 48%, **Industrie** 13% – **Erwerbstät.** 1988: Landw. 48%, Ind. 8% – **Energieverbrauch** 1988: 74 kg ÖE/Ew. – **Währung:** 1 Kyat (K) = 100 Pyas (P); 1 US-$ = 6,0202 K, 100 K = 24,8165 DM – **Ausl.-Verschuld.** 1988: 4217 Mio. $; 1986 = 45,3% d. BSP – **Inflation** ∅1980–86: 2,1% – **Außenhandel** 1988: **Import:** 611 Mio. $; **Export:** 299 Mio. $; Güter: bis 80% landwirtsch. Prod., u. a. 49% Reis, 20% Holz bes. Teak, Ölsaaten, Rohkautschuk, Baumwolle, Erdöl, 14% Bergbauprod., Opium (illegal); Länder: 30% Japan, EG-Länder (insb. BRD), ca. 12–15% Singapur, VR China, Indonesien, Malaysia, Südkorea

PRESSE *Tageszeitungen*: Rangun: Botahtaung Daily (140) – Guardian (19)/Engl. – Kyemon Daily (140) – Loktha Phyithu Nezin (135)/offiz., Birm. u. Engl. – Myanma Alin (50) – Working People's Daily (14)/Engl. – *Nachrichtenagentur:* NAM (News Agency of Myanmar)

NAMIBIA *Südwest-Afrika*

Republik Namibia; Republic of Namibia; bis 1968 Südwestafrika

LANDESSTRUKTUR **Fläche** (32): 823168 km² (ohne »Walfischbucht«, → *Südafrika*) – **Einwohner** (121): (S 1988) 1761000 = 2 je km² (n. and. Ang. 1,23 Mio. *(→ WA '90 Sp. 384)*; (Z 1981) 1099000 – Vorwiegend Bantu-Völker, u. a. (S 1986) 587000 Ovambos, 110000 Kavangos, 89000 Hereros, 44000 Ost-Caprivier, 7000 Tswana; nicht zu den Bantu gehören 89000 hottentottischsprach. Damaras, 57000 zu den Hottentotten zählende Namas, 29000 »Rehoboth Basters« (Nachkommen v. Buren mit Hottentottenfrauen); außerd. 34000 Buschmänner, 48000 »Coloureds« (»Kleurlinge«, Mischbev. aus Europ., Bantu, Malaien u. z. T. Hottentotten) u. 12000 and. Gruppen. Von den 78000 Weißen (Z 1982: 71530), nur noch ca. 5% d. Gesamtbev., sind etwa 25000 deutschstämmig, darunter etwa 15000 deutsche Bürger – **Leb.-Erwart.**: 58 J. – **Säugl.-Sterbl.**: 10,4% – **Analph.**: 28% – Jährl. **Bev.-Wachstum** (∅ 1980–88): 3,2% (Geb.- u. Sterbeziffer 1988: 4,4%/1,2%) – **Sprachen:** Englisch als Amtsspr.; Afrikaans als dominierende Umgangsspr. u. seit Juni 1984 auch Deutsch; weitere Umgangssprachen der Bantu und anderer Gruppen; 65% der Weißen sprechen Afrikaans, 28% Deutsch, der Rest Englisch; »Coloureds« und »Rehoboth Basters« meist Afrikaans – **Religion:** ca. 87% Christen (davon ca. 80% Protestanten); ferner Anh. v. Naturrel. – **Städt. Bev.**: 55% – **Städte** (S 1988): Windhuk [Windhoek] (Hptst.) 120000 Ew. einschl. Vorort Katutura (im Zentrum 90%, insg. 30% Weiße), Tsumeb 17600, Swakopmund 13600, Keetmanshoop 10500

STAAT Parlament.-demokrat. Republik seit 21. 3. 1990 – Parlament mit 2 Kammern: Nationalversammlung mit 72 Mitgl. + 6 ernannte Mitgl., Nationalrat in Vorbereitung – Allg. Wahlrecht – 21 Distrikte u. 1 Volksgruppenverwaltung – **Staatsoberhaupt:** Dr. Sam Nujoma, seit März 1990 – **Regierungschef:** Min.-Präs. Hage Gottfried Geingob, seit März 1990 – **Äußeres:** Theo-Ben Gurirab – **Parteien:** Wahlen zur verfassungsgebenden Versammlung v. Nov. 1990: South West African People's Organization/SWAPO 41 der 72 Sitze; Democratic Turnhalle Alliance/DTA 21; United Democratic Front/UDF 4; Action Christian National/ACN 3; National Patriotic Front of Namibia/NPF 1, Federal Convention of Namibia/FCN u. Namibia National Front/NNF 1 – **Unabh.**: 21. 3. 1990 als letzte Kolonie Afrikas *(zur Entwicklung der Unabhängigkeit → WA '91 Sp. 435f.)* – **Nationalfeiertag:** 21. 3.

WIRTSCHAFT **BSP** 1985: 1200 Mio. $ = 1020 $ je Ew. (88); Weiße = 5% d. Bev. u. 50% d. BSP (ca. 18270 DM je Ew.); realer Zuwachs ∅ 1973–85: 1,1%; **BIP** 1988: 1460 Mio. R; Anteil **Landwirtsch.** 10%, **Industrie** 43% (dar. 79% Bergbau) – **Erwerbstät.** 1988: Landw. 37%, Ind. ca. 15% (1990: Arbeitslosenquote ca. 40%) – **Währung:** Südafrikan. Rand – **Inflation** ∅ 1990: 14% – **Außenhandel** 1988: **Import:** 1946 Mio. R; Güter: Nahrungsm. u. Erdölprodukte; Länder: 80–90% Rep. Südafrika; **Export:** 2126 Mio. R; Güter: 73% Bergbauerzeugn. (dar. ca. 40% Uran u. 31% Diamanten; *Karte → WA '90 Sp. 383f.*), 12% Agrarprodukte; Länder: überw. Rep. Südafrika

PRESSE *Tageszeitungen:* Windhuk: Allgemeine Zeitung (2)/Dt. – Die Republikein (13)/DTA, Afrikaans, Engl., Dt. – Windhoek Advertiser (4)/Engl. – *Wochenzeitungen:* Namibia-Nachrichten (4)/Dt. – The Namibian (5)/Engl. – Die Suidwester (5)/ Afrikaans – Windhoek Observer (7)/Engl.

NAURU *Ozeanien*

Republik Nauru, Naoero, Republic of Nauru – NAU

LANDESSTRUKTUR **Fläche** (176): 21,3 km² – **Einwohner** (176): (F 1988) 8421 = 401 je km²; (Z 1983) 7000 – Nauruer knapp 57% (polynes.-mikrones.-melanes. Mischrasse), im übr. Fremdarbeiter (u. a. von Kiribati, Tuvalu, 26%, Chinesen/Vietnamesen 9%, Europ. 8%) – Jährl. **Bev.-Wachstum** (1982): 2,4% – **Sprachen:** Englisch u. Nauruisch als Amtsspr. – **Religion:** meist Protestanten, 30% Katholiken – **Städte:** Yaren (fr. Makwa, Verwaltungszentrum)

STAAT Parlamentarische Republik – Parlament aus 18 Mitgl. – Allg. Wahlpflicht – 13 Gemeindebezirke – **Staats-** u. **Regierungschef** u. **Außenminister:** Bernhard Dowiyogo – **Parteien:** Democratic Party of Nauru/DPN, Sippenverbände – **Unabh.**: 31. 1. 1968 – **Nationalfeiertag:** 31. 1.

WIRTSCHAFT **BSP** 1981: 171 Mio. $ = 20306 $ je Ew. (11) – **Währung:** 1 Austral-Dollar ($A) = 100 Cents; 1 $A = 0,7385 US-$; 100 $A = 122,5393 DM – **Außenhandel** 1979: **Import:** 11 Mio. $; **Export:** 75 Mio. $; Güter: zu 100 % Phosphate (75 % d. BSP), in geringen Mengen Kokosprodukte und Bananen; Länder: 50 % Australien, bis 35 % Neuseeland, 10 % Niederl., Japan

NEPAL *Süd-Asien*

Königreich Nepal (Nepál); Nepal Adhirajya – NEP

LANDESSTRUKTUR **Fläche** (88): 140797 km² – **Einwohner** (43): (F 1989) 18431000 = 130 je km²; (Z 1981) 15023000 – Nepali, Nepalesen (Nepaler); tibeto-nepales. Gruppen: Tharu 546000, Tamang 523000, Limbu 450000, Newar 449000, Magar 213000, Gurung 175000, Sunwar 10700, Thakali 5300 Rai; tibet. Gruppen: Sherpa, tibet. Flüchtl.; indo-nepales. Gruppen (Mehrheit): Brahmanen, Kshatriya (Thakuri, Chetri u. a.) – **Leb.-Erwart.:** 53 J. – **Säugl.-Sterbl.:** 13,9 % – **Analph.:** 74 % – Jährl. **Bev.-Wachstum** (∅ 1980–87): 2,6 % (Geb.- u. Sterbeziffer 1988: 4,2 %/1,5 %) – **Sprachen:** Nepáli (aus d. »Sanskrit«) als Amtsspr. u. Lingua franca (ca. 52 %); Bihari (18 %), Newari, Maithili, tibetische Dialekte – **Religion:** Hinduismus (»Sanátan« bzw. »Pauranic«, hauptsächlich Schiwakult) der Gurkhas usw. ist Staatsreligion (90 %), 5 % Mahayana-Buddhismus, 3 % Islam – **Städt. Bev.:** 9 % – **Städte** (S 1981): Katmandu (Hptst.) 393494, A m. Patan u. Bhátgáon 1982 über 800000; (S 1977): Biratnagar über 322000, Nepalganj 31000, Birganj 15000

STAAT »Konstitutionelle Hindu-Monarchie« durch Verfassung v. 9. 11. 1990 – Parlament (Repräsentantenhaus) mit 205 Mitgl. – 14 Zonen (Regionen) – **Staatsoberhaupt:** Maharajadhiraja Birendra Bir Bikam Sháh Dev, König seit 1972 – **Regierungschef u. Außenmin.:** Girija Prasad Koirala/Nepali Congress, seit Mai 1990 – **Parteien:** Erste demokrat. Wahlen seit 32 J. am 12. 5. 1991: »Kongreßpartei«/NPC 104 Sitze, »Vereinigte Marxistische Linke«/VML 68, andere linksger. Parteien 13, die beiden monarchist. »Nationaldemokraten« (NDP-Thapa u. NDP-Chand) 4, sonst. Rechtsparteien 6, Unabhängige 4 Sitze – **Unabh.:** alte staatl. Tradition; Gründung des vereinigten Königreiches 1768 – **Nationalfeiertag:** 28. 12.

WIRTSCHAFT **BSP** 1989: 3206 Mio. $ = 170 $ je Ew. (161); BIP 1988: 2560 Mio. $; realer Zuwachs ∅ 1980–88: 4,7 %; Anteil **Landwirtsch.** 56 %, **Industrie** 17 % – **Erwerbstät.** 1988: Landw. 92 %, Ind. 3 % – **Energieverbrauch** 1988: 23 kg ÖE/Ew. – **Währung:** 1 Nepalesische Rupie (NR) = 100 Paisa (P.), 50 Paisa = 1 Mohur; 1 US-$ = 30,40 NR, 100 NR = 4,9145 DM – **Ausl.-Verschuld.** 1988: 1088 Mio. $ = 34,6 % d. BSP – **Inflation** ∅ 1980–88: 8,7 % – **Außenhandel** 1988: **Import:** 628 Mio. $; **Export:** 186 Mio. $; Güter: Vieh, Reis, Jute, Ziegenfelle, Wollteppiche, Edelhölzer, Arzneipflanzen; über 25 % d. Exporterlöse von Gütern u. Dienstleistungen entfallen auf d. Tourismus; Länder: Indien (ca. 50 %), Japan, EG-Länder, VR China, USA

PRESSE *Tageszeitungen:* Katmandu: Gorkha Patra (45)/Nepali – Nepali (13)/Hindi – Rising Nepal (12)/Engl. – Samaya (18)/Nepali – *Nachrichtenagentur: RSS* (Rastriya Samachar Samiti)

NEUSEELAND *Ozeanien*

New Zealand – NZ

LANDESSTRUKTUR **Fläche** (69): 270986 km² (Landfläche); Gesamtfläche einschl. Inselgebieten u. Ross Dependency 683568 km²; Hauptinseln: North Island 114597 km² u. (Z 1986) 2441613 Ew., South Island 151757 km² u. 865476 Ew.; Inselgeb.: Stewart-I. (1746 km² u. 500 Ew.), Chatham-Inseln (963 km² u. 600 Ew.), Kermadec-I. (33,5 km², Roul-I. m. Met. Stat.), Campbell-I., Three Kings-, Solander-, Bounty-, Snares-, Antipoden- u. Auckland-Inseln (zus. 839 km², meist unbewohnt) – **Einwohner** (106): (F 1990) 3403000 = 13 je km²; (Z 1986) 3307083 – Neuseeländer; 84,5 % in Neuseel. geboren, fast ausschl. engl. u. schott. sowie irisch. Abstammung; 294200 Maori (Z 1986), 89000 Polynesier, 18000 Chinesen u. 11000 Inder – **Leb.-Erwart.:** 75 J. – **Säugl.-Sterbl.:** 1,1 % – **Analph.:** 1 % – Jährl. **Bev.-Wachstum** (∅ 1980–88): 0,8 % (Geb.- u. Sterbeziffer 1988: 1,6 %/0,8 %) – **Sprachen:** Englisch als Amtssprache; Umgangsspr. der Maori. – **Religion:** Über 70 % Protestanten (Anglikaner 875000, Presbyterianer 587000), Katholiken 495300, Methodisten 153000, Juden 3900; Maori-Religionen (Ratna rd. 36000, Ringatu 6100) – **Städt. Bev.:** 84 % – **Städte** (Z 1986): Wellington (Hptst.) 137496 (mit Aggl. 325000), (F 1988:) Auckland 871700, Christchurch 300700, Manukau 177249 (Z 1986), Napier-Hastings 107500, Dunedin 106600, Hamilton 103500, Waitemata 101000, Lower Hutt 94878 (Z 1986), Palmerston North 67700, Tauranga 61800, Rotorua 53000, Invercargill 52200, New Plymouth 47800, Nelson 45200, Whangarei 43800, Wanganui 41000

STAAT Konstitutionelle Monarchie im Commonwealth – Keine formelle geschriebene Verfass. – Parlament (»General Assembly«) aus 1 Kammer (»House of Representatives«, 97 Sitze, davon 4 für Maori), Mitgl. für 3 J. gewählt – Wahlberechtigt alle über 18 J. alten Bürger – 90 »Counties« u. 10 »district councils« – **Staatsoberhaupt:** Königin Elizabeth II., vertr. durch die einheim. Generalgouverneurin Caterine Tizard – **Regierungschef:** James Brendan (»Jim«) Bolger – **Äußeres:** Don McKinnon – **Parteien:** Parl.-Wahlen vom 27. 10. 1990 (1987): National Party 68 (40) Sitze, Labour Party 28 (56), New Labour Party 1 – **Unabh.:** 26. 9. 1907 de facto, 11. 12. 1931 nominell (Westminster-Statut) – **Nationalfeiertag:** 6. 2.

WIRTSCHAFT **BSP** 1989: 39437 Mio. $ = 11800 $ je Ew. (23); BIP 1988: 39800 Mio. $; realer Zuwachs ∅1980–88: 2,2%; Anteil **Landwirtsch.** 10%, **Industrie** 33% – **Erwerbstät.** 1987: Landw. 10,9%, Ind. 29,6% – **Energieverbrauch** 1988: 4339 kg ÖE/Ew. – **Währung:** 1 Neuseeland-Dollar (NZ$) = 100 Cents; 1 NZ$ = 0,5925 US-$, 100 NZ$ = 88,5195 DM – Öff. **Ausl.-Verschuld.** 1986: 100% d. BSP – **Inflation** ∅1980–88: 11,4% – **Außenhandel** 1988: **Import:** 7304 Mio. $; Güter: 27% Maschinen, 11% Kfz, 5% Erdöl u. -produkte, 5% Kunststoffe; Länder: 22% Australien, 21% EG-Länder (insbes. Großbrit.), 18% Japan, 17% USA; **Export:** 8785 Mio. $; Güter: 16% Fleisch, 13% Molkereierzeugn., 12% Wolle, 8% forstwirtsch. Produkte, 6% Aluminium u. -legierungen, 5% Häute, Felle, Leder; Länder: 18% Japan, 18% Australien, 17% EG-Länder (insbes. Großbrit.), 14% USA

PRESSE *Tageszeitungen:* Wellington: The Dominion (74) – Evening Post (83) – Auckland: Auckland Star (111, so. 160) – New Zealand Herald (250) – Christchurch: The Press (92) – The Star (58) – Dunedin: Otago Daily Times (52) – *Wochenzeitungen:* Wellington: The Dominion Sunday Times (86) – Auckland: New Zealand Truth (125) – New Zealand Woman's Weekly (162) – *Nachrichtenagentur:* SOPAC (South Pacific News Service)

AUSSENGEBIETE MIT INNERER AUTONOMIE

COOK-INSELN (Cook Islands)

LANDESSTRUKTUR Fläche 240,6 km² – Einwohner: (Z 1981) 17754, meist Polynesier, über 24000 Cooker in Neuseeland (1983) – Religion: Protestanten, etwa 10% Katholiken. – Hauptort: Avarua auf Rarotonga

REGIERUNGSFORM Freie Assoziierung mit Neuseeland: Innere Selbstregierung unt. d. brit. Krone – Gesetzgeb. Versamml. (House of Ariki) mit 24 Mitgl., Zollunion mit Neuseel., das auch Verteid. u. Außenpolitik wahrnimmt. Erklärung d. vollen Unabhängigkeit nach Volksabstimmung grundsätzl. mögl. – Premierminister: Sir G. A. Henry, seit Jan. 1989 – Wahl v. Aug. 1984: Cook Islands Party/CIP 11, Dem. Party/DP 13 Sitze – Flagge: blau, im Obereck »Union Jack«, daneben 15 kreisf. angeordnete weiße Sterne

WIRTSCHAFT BSP 1980 (S): 20 Mio. $ = 1360 $ je Ew. – Import: 30 Mio. $ (1984) – Export: 6,5 Mio. $ (1984); Güter: 37% Zitrussaft, 22% Textilien; Obstkonserven, Kopra; ferner bedeuts. Tourismus

PRESSE Tageszeitung: Avarua: Cook Islands News (2)/Reg.-Org., Maori u. Engl.

NIUE (Savage Island)

LANDESSTRUKTUR Fläche 259,1 km² – Einwohner: (Z 1986) 2531, 6500 Niuaner in Neuseel. – Sprachen: Englisch, Niueanisch – Hauptort: Alofi, etwa 3000 Ew.

REGIERUNGSFORM Seit 1974 volle innere Selbstregierung in freier Assoziation mit Neuseeland; 20 gewählte Abg.; Neuseel. für Auswärt. u. Verteid. zuständig – Premierminister: Robert Rex – Flagge: gelb, im Obereck »Union Jack«, belegt mit 5 Sternen (»Kreuz d. Südens«)

WIRTSCHAFT BSP 1980 (S): 3 Mio $ = 1080 $ je Ew. – Import: 3158778 $; Export: 175924 $ (1985): wichtigster Ausf.-Art.: Kokoscreme-Konserven

PRESSE Wochenzeitung: Alofi: Tohi Tala Niue/ Engl. u. Niueanisch

Weiteres Außengebiet: Tokelau-Inseln (Tokelau Islands, Union-I.), Fläche 10,3 km² – 1703 Ew. (1985) – Administrator; Islands Council mit »Rat d. Ältesten« (fono) u. Magistrat (faipoule) – Hauptort: Fakaofo; Hptst. de facto Apia auf West-Samoa – BSP 1978 (S): 1 Mio. $ = 560 $ je Ew.

Hoheitsanspruch in d. Antarktis: Neuseel. beanspr. d. Sektor zwischen 160° O u. 150° W sowie 60° S als »Ross Dependency«, etwa 440000 km²; Hauptstation: Scott Base *(→ Antarktis)*

NICARAGUA *Mittel-Amerika*

Republik Nicaragua; República de Nicaragua; nach Ind.-Stamm d. »nicaraos« – NIC

LANDESSTRUKTUR **Fläche** (90): 130682 km² (einschl. 9000 km² Binnengewässer) – **Einwohner** (103): (F 1988) 3622000 = 28 je km²; (Z 1971) 1878000 – Nicaraguaner (span.: nicaragüenses); rd. 60–70% Mestizen, 10–15% Schwarze, Mulatten, Zambos; rd. 14% Weiße u. 4–6% Indianer; ca. 40000 Miskito-Indianer nach Honduras geflohen – **Leb.-Erwart.**: 66 J. – **Säugl.-Sterbl.**: 7,6% – **Analph.**: 34% – Jährl. **Bev.-Wachstum** (∅ 1980–88): 3,4% (Geb.- u. Sterbeziffer 1988: 4,1%/0,7%) – **Sprachen**: Spanisch als Amtssprache; als Verkehrsspr. auch Englisch wichtig; Chibcha d. Indianer – **Religion:** 95% Katholiken; etwa 3% Protestanten – **Städt. Bev.:** 59% – **Städte** (1985): Managua (Hptst.) 682111 Ew., León 100982, Granada 88636, Masaya 74946, Chinandega 67792, Matagalpa 36983, Estelí 30635, Tipitapa 30078, Chichigalpa 28889, Juigalpa 25625, Corinto 24250, Jinotepe 23538

STAAT Präsidialrepublik – Amtszeit d. Präs. 6 J. – Nationalvers. mit 96 Mitgl. – Verfassung v. 1987 – 16 Departamentos – **Staatsoberhaupt u. Regierungschef:** Präs. Violeta Barrios de Chamorro/UNO, Amtsantritt 25. 4. 1990 – **Äußeres:** Enrique Dreyfus Morales – **Parteien:** Präsidentschafts- und Parlamentswahlen am 25. 2. 1990 (1984): Violeta Chamorro 57% (-), Daniel Ortega 40,8% (66,9%) der Stimmen; Unión Nacional Opositora/UNO (bürgerliches Oppositionsbündnis aus 14 Parteien) 51 (-) Sitze, Frente Sandinista de Liberación Nacional/FSLN (»Sandinistische Front der nationalen Befreiung«) 39 (61), Partido Social Cristiano/PSC 1 (5), Yatama (Indianer-Org.) 1 (-) – **Unabh.:** 15. 9. 1821 (Proklamation), endgültig 30. 4. 1838 (Austritt aus d. Zentralamerikan. Konföderation) – **Nationalfeiertag:** 15. 9. u. 19. 7. (»Sieg der sandinist. Volksrevolution« 1979)

WIRTSCHAFT **BSP** 1987: 2911 Mio. $ = 830 $ je Ew. (101); BIP 1988: 3200 Mio. $; realer Zuwachs ∅ 1980–88: –0,3%; Anteil **Landwirtsch.** 21%, **Industrie** 34% – **Erwerbstät.** 1988: Landw. 40%, Ind. 20% – **Energieverbrauch** 1988: 252 kg ÖE/Ew. – **Währung:** 1 Córdoba (C$) = 100 Centavos; Offizieller Kurs: 1 US-$ = 2730000,00 C$, 100 C$ = 0,00005 DM – **Ausl.-Verschuld.** 1988: 6744 Mio. $ = 211% d. BSP – **Inflation** ∅ 1980–88: 86,6%; 1986: 600% – **Außenhandel** 1988: **Import:** 791 Mio. $; **Export:** 236 Mio. $; Güter: 10% Kaffee, 10% Baumwolle, 8% Fleisch, 8% Zucker; Bananen, Fisch-Prod., Holz, Edelmetalle, chem. Erzeugn., Textilien, Lederwaren; Länder: bis 20% USA, EG-Länder (insb. Frankr.), 19% ehem. RGW-Länder, Mexiko, Japan

PRESSE *Tageszeitungen:* Managua: Barricada (95)/FSLN – Nuevo Diario (45)/pro-sandin. – La Prensa (75) – *Nachrichtenagentur:* ANN (Agencia Nicaraguense de Noticias)

NIEDERLANDE *West-Europa*

Königreich der Niederlande; Koninkrijk der Nederlanden – NL

LANDESSTRUKTUR **Fläche** (117): 41473 km² (m. Binnengewässern, ohne diese 33943 km²) (n. a. Ang. 41864 km²) – **Einwohner** (52): (F 1990) 15000000 = 345 Ew. je km²; (Z 1971) 13060115 (Bevölkerungsdichte der Landfläche ohne Binnengewässer: 428,9 Ew. je km²) – Niederländer; 500000 Friesen; Farbige aus den ehem. Überseegebieten, u. a. 145000 aus Suriname u. Niederländ. Antillen u. 8680 Indonesier; 1988: 591800 Ausländer, darunter 167300 Türken, 130100 Marokkaner, 39400 Deutsche, 22900 Belgier, 17600 Spanier, 15900 Italiener – **Leb.-Erwart.**: 77 J. – **Säugl.-Sterbl.**: 0,8% – **Analph.**: k. Ang. – Jährl. **Bev.-Wachstum** (∅ 1980–89): 0,5% (Geb.- u. Sterbeziff. 1988: 1,3%/0,8%) – **Sprachen:** Niederländisch u. Friesisch (in der Prov. Friesland) als Amtsspr. – **Religion** (1984): 36,2% Katholiken, 26,4% Protestanten, versch. Kirchen (bes. Niederl. Reform. Kirche), 30000 Juden, 2,2% Muslime, 34,7% ohne Konfess. – **Städt. Bev.**: 88% – **Städte** (F 1988): Amsterdam (Hptst.) 692000 Ew. (A 1031000), Regierungssitz u. Residenz Den Haag ('s-Gravenhage) 445127, Rotterdam 574000 (A 1036000), Utrecht 229326 (A 511195), Eindhoven 190962 (A 376185), Groningen 168019 (A 207060), Tilburg 153625 (A 223043), Haarlem 149099 (A 214680), Nijmegen 146639 (A 238187), Apeldoorn 145696, Enschede 144227 (A E.-Hengelo 248052), Zaanstadt 128388, Arnheim 127671 (A 294085), Breda 119427 (A 154565), Maastricht 115272 (A 158915), Dordrecht 106987 (A D.-Zwijndrecht 200396), Leiden 106808 (A 178731)

STAAT Konstit. parlament.-demokrat. Monarchie – Parlament (»Staten-Generaal«) aus zwei Kammern: »Eerste Kamer« als »Oberhaus« (75 Mitgl.) u. »Tweede Kamer« (150 Mitgl.), Gesetzesinitiative besitzt neben d. Regierung die Tweede Kamer; Wahl d. Mitgl. beider Kammern für 4 J. – Wahlberechtigt für d. Zweite Kammer alle Bürger über 18 Jahre – Wahl d. Mitgl. d. Ersten Kammer durch die Provinzialparl. – 12 Provinzen je mit Parl. u. Königl. Kommissar als Vertr. d. Innenministers – **Staatsoberhaupt:** Königin Beatrix Wilhelmina Armgard, seit 1980; Thronfolger Willem-Alexander, Prinz v. Oranien d. Niederlande u. v. Oranien-Nassau – **Regierungschef:** Rudolphus F. M. Lubbers, CDA – **Äußeres:** H. van den Broek (CDA) – **Parteien:** Wahlen der »Zweiten Kammer« v. Sept. 1989: Christl. Demokrat. Appell/CDA 35,3%, 54 Sitze (1986: 54 Sitze); »Partei der Arbeit«/PvdA (Sozialdemokraten) 31,9%, 49 (52); »Volkspartei für Freiheit u. Demokratie«/VVD (Koalitionspartner, liberal) 14,6%, 22 (27); »Demokraten '66« (linkslib.) 7,9%, 12 (9); Groen Links 4,1%, 6 (3); »Reformierte Partei«/SGP 1,9%, 3 (3); »Reformiert-Politischer Bund«/GPV 1,2%, 2 (1); »Reformatorisch-Politische Föderation«/RPF 1,0%, 1 (1); »Zentrum-Demokraten«/CD (Janmaat) 0,9%, 1 (0) – **Unabh.:** 26. 7. 1581 (Proklamation) 24. 10. 1648 anerkannt (Westfälischer Friede) – **Nationalfeiertag:** 30. 4.

WIRTSCHAFT **BSP** 1989: 237415 Mio. $ = 16010 $ je Ew. (18); realer Zuwachs ∅1980–89: 1,8%; **BIP** 1988: 228280 Mio. $; realer Zuwachs ∅1980–88: 1,6%; Anteil **Landwirtsch.** 5%, **Industrie** 37% – **Erwerbstät.** 1985: Landw. 5,1%, Ind. 23,6% – **Energieverbrauch** 1988: 5235 kg ÖE/Ew. – **Währung:** 1 Holländischer Gulden (hfl) = 100 Cent; 1 US-$ = 1,69125 hfl; 100 hfl = 88,6211 DM – **Inflation** ∅1980–88: 2,0% – **Außenhandel** 1989: **Import:** 221 Mrd. hfl.; Güter: 15% Maschinen, 11% Nahrungsm. u. Tabak, 11% chem. Erzeugn., 9% Rohöl, 9% Transportm.; Länder: 26% BRD, 14% Belgien/Luxemb., 8% USA, 8% Großbrit., 8% Frankr. – **Export:** 229 Mrd. hfl.; Güter: 20% Nahrungsm. u. Tabakwaren, 18% chem. Erzeugn., 12% Maschinen, 9% Rohöl u. -erzeugn., 9% Transportm.; Länder: 26% BRD, 15% Belgien/Luxemb., 11% Großbrit., 11% Frankr., 7% Italien

PRESSE *Tageszeitungen:* Amsterdam: Het Parool (104) – De Telegraaf (724) – Trouw (120) – De Volkskrant (323) – Den Haag: Haagsche Courant/Het Binnenhof (177) – s'-Hertogenbosch: Brabants Dagblad/Eindhovens Dagblad/Het Nieuwsblad/Dagblad voor Midden-Brabant (293) – Groningen: Nieuwsblad van het Noorden (137) – Houten: Utrechts Nieuwsblad (104) – Leeuwarden: Leeuwarder Courant (110) – Maastricht: De Limburger (138)/kath. – Nijmegen: De Gelderlander/De Nieuwe Krant (167)/kath. – Rotterdam: Algemeen Dagblad (410) – NRC Handelsblad (224) – Rotterdams Nieuwsblad/Het Vrije Volk (137) – *Nachrichtenagentur:* ANP (Algemeen Nederlands Persbureau)

ÜBERSEEGEBIETE

UNION DER NIEDERLÄNDISCHEN ANTILLEN UND ARUBA *Karibik*

1. NIEDERLÄNDISCHE ANTILLEN
De Nederlandse Antillen – NA

LANDESSTRUKTUR Fläche: 800 km² (Sint Maarten [nur S-Teil, gehört als St. Martin zu franz. Guadeloupe] 34 km²; Sint Eustatius 21 km², Saba 13 km², Curaçao [Papiamento »Kòrsou«] 444 km² u. Bonaire 288 km²) – Einwohner (F 1988): 191000 = 239 je km² – 90% Schwarze u. Mulatten; Arawak-Indianer, Inder u. weißes Verw.-Personal – Jährl. Bev.-Wachstum (∅1973–85): 1% (niederl. Staatsbürger), übrige Gruppen 1,7% – Lebenserw. (1987): 66 J. – Sprachen: Niederländisch als Amtsspr. Papiamento (Mischsprache aus Spanisch 60%, Niederländisch usw.), Englisch, Spanisch – Religion: 75% Katholiken, 15% Protestanten, Muslime, Hindu, in Curaçao älteste Jüd. Gemeinde (ca. 1000) d. westl. Hemisphäre s. 17. Jahrh. – Städte (S 1984): Willemstad (auf Curaçao) (Hptst.) 70000 Ew. (A ca. 150000)

REGIERUNGSFORM Konstit. parlament.-demokr. Monarchie – Parlament mit 22 Mitgliedern – Die niederl. Regierung sichert 1991 Curacao relative Unabhängigkeit zu – Staatsoberhaupt: Königin Beatrix, vertreten durch von ihr ernannten Gouverneur – Regierungschef: Prem.-Min.: Maria Liberia-Peters – Parteien: Wahlen 1986: »Nationalpartei« 41,5%; »Beweg. Neue Antillen« 27,7% – Flagge: weiß, mit senkr. rotem Streifen, darübergelegt waagr. blauer Streifen mit 5 weißen Sternen (1986 modifiziert)

WIRTSCHAFT BSP 1984: 1610 Mio. $ = 6148 $ je Ew.; realer Zuwachs ∅1973–85: 6,2% – Währung: 1 Niederl.-Antillen-Gulden (NAf) = 100 Cent; 1 US-$ = 1,80 NAf; 100 NAf = 83,4098 DM – Außenhandel 1983: Import: 5207 Mio. $; Export: 4585 Mio. $; Güter: Raffinerieprodukte; Tourismus 25% d. BSP (auf St. Maarten 80%)

2. ARUBA

LANDESSTRUKTUR Fläche: 193 km² – Einwohner (F 1988): 60000 = 310 Ew. je km² – Sprachen: Niederländ., Spanisch, Papiamento – Religion: üb. 90% Katholiken – Städte: Oranjestad (Hptst.) 17000 Ew.

REGIERUNGSFORM Seit 1. 1. 1986 Sonderstatus (»Status aparte«) – Min.-Präs.: J. Henny Eman – Im Mai 1991 Verzicht auf die für 1996 vorgesehene Unabhängigkeit, weiterhin autonomer Teil der Niederlande – Flagge: Blau mit 2 waagr. schmalen gelben Streifen unten, im Obereck weißgeränd. vierzackiger roter Stern

WIRTSCHAFT Währung: 1 $ = 1,7800 Florin; 100 Florin = 95,3820 DM – Staatsschuld der Antillen 1991: 30 Mio US-$ – 200000 Touristen

PRESSE Tageszeitungen: Aruba: Amigoe di Aruba (11)/Ndl. – The News (8)/Engl. – Curaçao: Amigoe (10)/Ndl. – Beurs- en Nieuwsberichten (8)/Ndl. – Nobo (12)/Papiamento – La Prensa (13)/Papiamento

NIGER *West-Afrika*

Republik Niger; République du Niger = Rep. am Fluß »Niger« – RN

LANDESSTRUKTUR **Fläche** (20): 1267000 km^2 – **Einwohner** (80): (Z 1988) 7250000 = 6 je km^2; (Z 1977) 5098000 – Nigrer; 53% Haussa, ca. 10% Fulbe, ca. 3% Tuareg, Sudan-Gruppen (Dscherma u. Songhai zus. 26%), ca. 6000 Europäer, meist Franzosen; ca. 1 Mio. Nigrer leben im benachb. Ausl. – **Leb.-Erwart.**: 46 J. – **Säugl.-Sterbl.**: 13,3% – **Analph.**: 72% – Jährl. **Bev.-Wachstum** (∅ 1980–88): 3,5% (Geb.- u. Sterbeziffer 1988: 5,1%/2,0%) – **Sprachen:** Franz. als Amtsspr.; 70% Haussa u. Tamaschagh (Tuareg) Songhai-Dscherma, arabische Mundarten, Ful, als Umgangsspr. – **Religion:** Über 90% Muslime (u. a. Quadriya-, Senussi- u. Tidjaniya-Sekten), 5–10% Anh. v. Naturrel., christl. Minderh. (30000) – **Städt. Bev.**: 18% – **Städte** (S 1983): Niamey (Hptst.) 399000 Ew. (1985: ca. 600000), Zinder 83000, Maradi 65000, Tahoua 42000, Agadèz 31000

STAAT Präsidialrepublik – Verfassung am 8. 8. 1991 von Nationalkonferenz außer Kraft gesetzt; Auflösung des seit dem Staatsstreich verantwortlichen »Obersten Militärrats« und des seit 1983 als Parlamentsersatz fungierenden Nationalrats (150 ernannte Mitgl.) – 7 Départements – **Staats- u. Regierungschef**: General Ali Saibou, seit Nov. 1987, seit 8. 8. 1991 der seit 29. 7. 1991 tagenden Nationalkonferenz zur Rechenschaft verpflichtet – **Äußeres:** Mahamane Sani Bako – **Parteien:** Seit Mai 1989 nur 1 Partei: National Movement for the Society of Development/MNSD; Mehrparteiensystem in Vorbereitung – **Unabh.**: 3. 8. 1960 – **Nationalfeiertag:** 18. 12. (Autonomie 1958)

WIRTSCHAFT **BSP** 1989: 2195 Mio. $ = 290 $ je Ew. (141); realer Zuwachs ∅ 1980–89: –1,7%; **BIP** 1988: 2400 Mio. $; realer Zuwachs ∅ 1980–88: –1,2%; Anteil **Landwirtsch.** 36%, **Industrie** 23% – **Erwerbstät.** 1988: Landw. 88%, Ind. ca. 5% – **Energieverbrauch** 1988: 43 kg ÖE/Ew. – **Währung:** 1 CFA-Franc = 100 Centimes; 1 FF = 50 CFA-Francs, 1 CFA-Franc = 0,02 FF, 100 CFA-Francs = 0,5878 DM – **Ausl.-Verschuld.** 1988: 1542 Mio. $ = 66,0% d. BSP – **Inflation** ∅ 1980–88: 3,6% – **Außenhandel** 1987: **Import** 1988: 430 Mio. $; Güter: 19% Maschinenbau-, elektrotechn. Erzeugn. u. Fahrzg.; Länder: 54% EG-Länder (dar. 56% Frankr.), 28% Nigeria; **Export** 1988: 369 Mio. $; Güter: 90% Bergbauprod. (bes. Uran [1989: 2960 t] u. Thorium); Länder: 78% EG-Länder (dar. 97% Frankr.), 11% Nigeria

PRESSE *Tageszeitung:* Niamey: Le Sahel (5) – *Wochenzeitung*: Le Sahel Dimanche (3)

NIGERIA *West-Afrika*

Bundesrepublik Nigeria (Nigerien); Federal Republic of Nigeria; nach d. Fluß »Niger« – WAN

LANDESSTRUKTUR **Fläche** (30): 923768 km^2 – **Einwohner** (8): (S 1989) 114000000 = 123 je km^2; (umstrittene Z 1973) 79300000 – Nigerianer; 18% Ibo, 21% Joruba [Yoruba], Ibibio, Tiv usw. im Süden, hamitische u. tschadohamit. Schichten (22% Haussa/Fulbe, Kanuri, Tuareg) im Norden; nach neuen Angaben 434 registr. Völkergruppen; rd. 16000 Europäer, meist Briten – Schaffung von 9 Bundesstaaten – **Leb.-Erwart.**: 52 J. – **Säugl.-Sterbl.**: 10,3% – **Analph.**: 49% – Jährl. **Bev.-Wachstum** (∅ 1980–88): 3,3% (Geb.- u. Sterbeziffer 1988: 4,7%/1,5%) – **Sprachen:** Englisch als Amtsspr.; Sudan- u. Bantuspr. wie Ibo u. Yoruba, Ful, Haussa als Umgangsspr.; außerd. Bindi (Edo), Ibibio Iljaw, Nupe, Tiv, Urhobo – **Religion:** 48% Muslime, 34% Christen (dar. 50% Kath.), 18% Anh. v. Naturrel. – **Städt. Bev.**: 34% – **Städte** (S 1984): Lagos (Hptst.) 1125000 (m. V. S 1986 ca. 5 Mio.) Ew., Ibadan 1060000; (S 1983): Ogbomosho 590600, Kano 545000, Ilorin 385000, Oshogbo 355000, Minna 345000, Port Harcourt 331000, Ilesha 306200, Onitsha 300700, Ado-Ekiti 291000, Kaduna 276000, Maiduguri 258000

STAAT Republik – Seit Staatsstreich v. 27. 8. 1985 »Armed Forces Ruling Council«/AFRC (oberstes Exekutivorgan) aus 28 Mitgl. – Verfassung außer Kraft – 20 Bundesstaaten m. eig. Parlament u. das Territorium d. (geplanten) Bundeshauptstadt Abuja – **Staats- u. Regierungschef:** General Ibrahim Babangida, Präs. d. AFRC, seit 1985 – **Äußeres:** Gen.-major Ike Omar Nwachukwu – **Parteien:** Nach Verbot polit. Gruppierungen von Präs. Babangida gegründete Parteien: Social Democratic Party/SDP u. National Republican Congress/NRC; Wahlen für 1992 in Aussicht gestellt – **Unabh.**: 1. 10. 1960 – **Nationalfeiertag:** 1. 10.

WIRTSCHAFT **BSP** 1989: 28314 Mio. $ = 250 $ je Ew. (148); realer Zuwachs ∅ 1980–89: –0,3 %; **BIP** 1988: 29370 Mio. $; realer Zuwachs ∅ 1980–88: –1,1 %; Anteil **Landwirtsch.** 34 %, **Industrie** 36 % – **Erwerbstät.** 1988: Landw. 66 %, Ind. ca. 20 % – **Energieverbrauch** 1988: 150 kg ÖE/Ew. – **Währung:** 1 Naira (₦) = 100 Kobo (k); 1 US-$ = 8,9551 ₦, 100 ₦ = 16,6832 DM – **Ausl.-Verschuld.** 1988: 28967 Mio. $ (1991: 33 Mrd. $) = 102,5 % d. BSP – **Inflation** ∅ 1980–88: 11,6 %; 1989: 40,9 % – **Außenhandel** 1989: **Import:** 3661 Mio. $; Güter: 43 % Maschinen u. Fahrzg., 22 % Chemikalien, 21 % Enderzeug.; Länder: 13 % Großbrit., 11 % BRD, 10 % USA, 9 % Frankr., 6 % Japan; **Export:** 9194 Mio. $; Güter: 94 % Erdöl; Länder: 46 % USA, 11 % Spanien, 6 % BRD

PRESSE *Tageszeitungen:* Lagos: Daily Times (400)/reg.eigen – National Concord (200) – The Punch (150) – Benin City: Nigerian Observer (150) – Ibadan: Daily Sketch (64) – Nigerian Tribune (109) – Ilorin: Nigerian Herald (20) – Kaduna: New Nigerian (80) – *Sonntagszeitungen*: Lagos: Sunday Times (100) – Ibadan: Sunday Sketch (125) – Sunday Star (150) – *Nachrichtenagentur:* NAN (News Agency of Nigeria)

NÖRDLICHE MARIANEN

Ozeanien; Pazifische Inselwelt

Commonwealth of the Northern Mariana Islands [Islas Marianas]

LANDESSTRUKTUR **Fläche** (161): 475 km² (16 Inseln, davon 6 bewohnt) – **Einwohner** (174): (S 1990) 21800 = 46 je km² – überwieg. Polynesier – **Sprachen:** Englisch als Amtsspr.; polynes. Dialekte als Umgangsspr. – **Religion:** Katholiken u. Protestanten – **Städte/Inseln** (S 1990): Susupe (Hptst. auf Saipan) 19200 Ew.

STAAT Volle Souveränität (Unabhängigkeitserklärung bereits 1986, doch nur v. wenigen Staaten anerkannt) durch Aufhebung der USA/UNO-Treuhandschaft im Nov. 1990 – eigene Verfassung in Kraft seit dem 9. 1. 1978 – Parlament aus 2 Kammern: »Senate« u. »House of Representatives« mit 9 bzw. 14 Mitgl. – **Staats- u. Regierungschef:** Pedro P. Tenorio (v. Volk gewählter Gouverneur)

WIRTSCHAFT **Währung:** US-$ – **Außenhandel:** 1989 besuchten rd. 300000 Touristen die Inseln

PRESSE *Wochenzeitungen:* Saipan: Marianas Review/The Commonwealth Examiner (1,7) – Marians Variety News and Views (3)

NORWEGEN *Nord-Europa*

Königreich Norwegen; Kongeriket Norge – N

LANDESSTRUKTUR **Fläche** (62): 323878 km² (mit 15963 km² Binnengewässern; ohne Svalbard u. Jan Mayen) – Einwohner (96): (F 1990) 4242000 = 13 je km²; (Z 1980) 4092340 – Norweger; außerd. 40000 Lappen (Sami bzw. dt. Samen: die Sami-Ureinwohner [seit ca. 12000 Jahren] zählen ca. 80000 Menschen, Rentierzüchter; der norwegische Teil ihrer Heimat »Sapmi« wird seit 1978 durch »Wasserkraftentwicklung« im Alta-Kautokeino-Stromgebiet zerstört) u. 12000 Finnen (Kvener dt. Kwänen); 82000 Ausländer – **Leb.-Erwart.:** 77 J. – **Säugl.-Sterbl.:** 0,8 % – **Analph.:** k. Ang. – Jährl. **Bev.-Wachstum** (∅ 1980–89): 0,3 % (Geb.- u. Sterbeziff. 1988: 1,4 %/1,1 %) – **Sprachen:** Norwegisch, mit den zwei einander sehr ähnlichen offiz. Schriftsprachen Bokmål (früher auch Riksmål; an die dänische Schriftsprache u. die ostnorweg. Dialekte angelehnt, v. größten Teil der Bev. bevorzugt) sowie Nynorsk (früher auch Landsmål; ans Altnordische u. westnorweg. Dialekte angelehnt) – **Religion:** (1980) 87,8 % Evang.-Luth. Staatskirche, andere protest. Kirchen, 18000 Katholiken – **Städt. Bev.:** 74 % – **Städte** (F 1990): Oslo (Hptst.) 457818 Ew.; Bergen 211866, Trondheim 137408, Stavanger 97716, Kristiansand 64926, Drammen 51892, Tromsø 50492, Skien 47701

STAAT Konstitutionelle Monarchie auf parlament.-demokrat. Grundl. – Parlament (»Storting«) aus 2 Kammern (»Lagting« mit 38 Mitgl. u. »Odelsting« 165 Mitgl.); Wahl der Mitgl. f. 4 J. – Wahlberechtigt alle Bürger über 18 J. – 19 Provinzen (»Fylker«) je mit Parlament (»Fylkesting«) u. v. d. Reg. ernanntem Regierungspräsidenten (»Fylkesmann«) – **Staatsoberhaupt:** König Harald V. – **Regierungschef:** Min.-Präs. Gro Harlem Brundtland, DNA, seit 2. 11. 1990 – **Äußeres:** Thorvald Stoltenberg – **Parteien:** Wahlen v. Sept. 1989 [1985]: Det Norske Arbeiderpartiet/DNA 38,1 % (63 Sitze) [71]; Høyre/H, (konserv.) 22,4 % (37) [50]; Fremskrittpartiet/FrP (»Fortschrittspartei«) 13,3 % (22) [2]; Socialistik Venstreparti/SV (»Sozialist. Linke«) 10,3 % (17); Kristelig Volkep./KrF (»Christl. Volkspartei«) 8,5 % (14) [16]; Senterp./SP (»Zentrum«) 6,6 % (11) [12]; Regionaliste Finnmark 0,6 % (1) – **Unabh.:** alte staatliche Tradition, 27. 10. 1905 endgültig unabhängig (formeller Austritt aus der Union mit Schweden) – **Nationalfeiertag:** 17. 5.

WIRTSCHAFT **BSP** 1989: 92097 Mio. $ = 21850 $ je Ew. (5); realer Zuwachs ∅ 1980–89: 3,9 %; **BIP** 1988: 91050 Mio. $; realer Zuwachs ∅ 1980–88: 3,8 %; Anteil **Landwirtsch.** 4 %, **Industrie** 45 % – **Erwerbstät.** 1985: Landw. 7,6 %, Ind. 26,3 % –

Energieverbrauch 1988: 9516 kg ÖE/Ew. – **Währung:** 1 Norwegische Krone (nkr) = 100 Øre; 1 US-$ = 5,9185 nkr; 100 nkr = 25,4330 DM – **Inflation** ∅1980–88: 5,6% (1990: 4,1%) – **Außenhandel** 1990: **Import:** 168 Mrd. nkr.; Güter: 41% Maschinen, Fahrz., elektrotechn. Erzeugn., 17% bearb. Waren, 8% chem. Erzeugn., 5% Nahrungsm.; Länder: 16% Schweden, 14% BRD 9% Großbrit., 8% USA, 7% Dänemark, (46% EG, 22% EFTA, 3% RGW) – **Export:** 212 Mrd. nkr.; Güter: 48% min. Brennstoffe, 18% bearb. Waren, 14% Maschinen, Fahrz., elektrotechn. Erzeugn., 7% chem. Erzeugn., 7% Nahrungsm.; Länder: 26% Großbrit., 12% Schweden, 11% BRD, 8% Frankr., 8% Niederl., 7% USA (65% EG, EFTA 16%, 1% RGW) – Bau neuer Erdgasleitungen 1993 nach Belgien, 1995 in die BRD

PRESSE *Tageszeitungen:* Oslo: Aftenposten (263, ab. 190) – Arbeiderbladet (61) – Dagbladet (210) – Verdens Gang (334) – Bergen: Bergens Tidende (101) – Stavanger: Stavanger Aftenblad (68) – Trondheim: Adresseavisen (89) – *Wochenzeitungen:* Oslo: Allers (176) – Hjemmet (320) – Norsk Ukeblad (278) – *Nachrichtenagenturen:* NTB (Norsk Telegrambyrå) – Bulls Pressetjeneste

AUSSENBESITZUNGEN

Svalbard (Spitzbergen) u. Bären-Insel (Bouvetøy); rechtl. Teil d. Königreiches), Fläche: 62700 km², davon 179 km² Bären-Insel – Ew. 1989: 1055 Norweger u. 2591 Sowjetbürger (in d. Kohlengruben beschäft.); Hauptsiedlung: Longyearbyen etwa 1000 Ew.; 1985 Kohleexport aus 2 norw. Gruben 413000 t, aus 3 sowjet. 495500 t
Jan Mayen: Fläche: 380 km², Angestellte der Wetter- u. Funkstation
Antarktis und Subantarktis: Bouvet-Insel – Fläche: 58,5 km²; unbewohnt – Peter I.-Insel 249,2 km² (unbewohnt) – Anspruch auf den Atlanten- oder Bouvet-Sektor, (Königin-Maud Land«)

OMAN *Vorder-Asien*

Sultanat Oman; Saltanat 'Oman; Sulṭaneh Uman; bis 1970 »Maskat u. Oman«

LANDESSTRUKTUR **Fläche** (80): 212457 km² (n. eig. Ang. 300000 km²) – **Einwohner** (126): (F 1988) 1377000 = 6 je km²; n. eig. Ang. 1,5 Mio. – Omaner (Omani); 88% Araber versch. Herkunft; in den Städten Inder, Pakistaner (zus. 2–3%), 3% Perser, 4% Belutschen [Beludschen], 2% Schwarze; insg. 1986 303000 Ausländer – **Leb.-Erwart.:** 68 J. – **Säugl.-Sterbl.:** 11,7% – **Analph.:** 75% – Jährl. **Bev.-Wachstum** (∅1980–88: 4,7% (Geb.- u. Sterbeziffer 1988: 4,5%/0,7%) – **Sprachen:** Arabisch als Amtssprache; als Umgangsspr. auch Persisch, Urdu – **Religion:** 100% Muslime (Sunniten 25%, Ibaditen 70%, Schiiten); Islam ist Staatsreligion – **Städt. Bev.:** 10% – **Städte** (S 1983): Maskat [Muskat, Masqat] (Hptst.) 30000 Ew., mit Matrah, Ruwi, Medinat el Qabus, Sib usw. etwa 100000 Ew., Sur 30000, Nizwa 25000, Sohar 20000 – Sommerresidenz des Sultans: Salalah (in Dhofar) 7000

STAAT Unabhäng. Sultanat – Keine Verfass. u. keine parlamentar. Einrichtungen – Nation. Konsultativrat aus 55 ernannten Mitgl. – 41 Wilayats (Provinzen) – **Staatsoberhaupt, Regierungschef u. Außenminister:** Sultan Qabus [Kabus] bin Said Al Said (Ehrentitel: Jalalat as Sultan), seit 1970 – **Unabh.:** Alte staatl. Tradition – **Nationalfeiertag:** 18. 11.

WIRTSCHAFT **BSP** 1989: 7756 Mio. $ = 5220 $ je Ew. (39); BIP 1988: 8150 Mio. $; realer Zuwachs ∅1980–88: 12,7%; Anteil **Landwirtsch.** 3%, **Industrie** 43% – **Erwerbstät.** 1988: Landw. 42%, Ind. 7% – **Energieverbrauch** 1988: 2012 kg ÖE/Ew. – **Währung:** 1 Rial Omani (R. O.) = 1000 Baizas (Bz.); 1 US-$ = 0,3840 R. O., 100 R. O. = 389,0625 DM – **Ausl.-Verschuld.** 1988: 2488 Mio. $ = 34,7% d. BSP – **Inflation** ∅1980–88: –6,5% – **Außenhandel** 1988: **Import:** 1822 Mio. $; **Export:** 3941 Mio. $; Güter: 95% Erdöl; Fische, Kupfer, Datteln, Limonen, Perlen, Re-Export von PKWs; Länder: über 40% Japan, EG-Länder, Korea, Singapur, USA, Golfstaaten

PRESSE *Tageszeitungen:* Maskat: Al-Watan (24) – Oman Daily Newspaper (16) – Oman Daily Observer (9) – *Wochenzeitung:* Times of Oman (13) – *Nachrichtenagentur:* ONA (Oman News Agency)

ÖSTERREICH *Mittel-Europa*

Republik Österreich; Ö = Ost-Reich (östl. Grenzmark d. Herzogtums Bayern im fränk. Reich) – A

LANDESSTRUKTUR **Fläche** (105): 83856 km² – **Einwohner** (77): (F 30. 9. 1990) 7761700 = 93 je km²; (Z 1981) 7555338 (1. Angaben d. VZ 1991: >7,8 Mio. Ew.) – Zu 98% deutschspr. Österreicher; (Z 1981): 22000 Kroaten, 16000 Slowenen, 12000 Madjaren; (30. 9. 1990) 454300 Ausländer, davon rd. 50% Beschäftigte – **Leb.-Erwart.:** 75 J. – **Säugl.-Sterbl.:** 0,8% – **Analph.:** 1% – Jährl. **Bev.-Wachstum** (∅1980–88): 0,0% (Geb.- u. Sterbeziffer 1988: 1,2%/1,1%) – **Sprache:** Deutsch als Amtsspr.; im

Verwaltungsgliederung in das Bundesland Wien und 8 weitere Bundesländer je mit Landtag und Landeshauptstadt *(Vorsitzende der Landesregierungen → Sp. 489)*

Bundesland	*Fläche km²*	*Einwohner in 1000* 1981*	*F1989***	*F1990***	*(Ausl.* *F1990**)*	*Hauptstadt* *Reg.-Sitz*	*Einwohner* *Z 1981*
Burgenland	3965	270,1	267,3	270,5	(8,3)	Eisenstadt	10102
Kärnten	9533	537,1	543,2	546,6	(11,9)	Klagenfurt	87321
Niederösterreich . . .	19172	1431,4	1431,5	1454,5	(67,6)	St. Pölten***	51102
Oberösterreich . . .	11980	1276,8	1310,0	1338,1	(62,8)	Linz	199910
Salzburg	7155	447,0	469,6	478,0	(28,4)	Salzburg	139426
Steiermark	16387	1188,9	1180,8	1190,4	(25,9)	Graz	243166
Tirol	12647	591,1	620,6	632,7	(39,7)	Innsbruck	117287
Vorarlberg	2601	307,2	323,1	329,2	(40,2)	Bregenz	24561
Wien	415	1524,5	1489,0	1521,8	(169,6)	Wien	1531346
Österreich	*83855*	*7574,1*	*7660,3*	*7761,7*	*(454,3)*	*Wien*	

* nach den revidierten Ergebnissen der Volkszählung v. 1981; ** Stand: 30.9. 1990; *** nominell seit 10.7.1986

Burgenl. 20000 kroatischspr. – **Religion:** 80,6% Katholiken, 4,9% Protestanten, 120000 Muslime (bes. Sunniten), 90000 Orthodoxe, 24000 Altkatholiken, 7500 Juden, 10% ohne relig. Bekenntnis – **Städt. Bev.**: 57% – **Städte** (Z 1981): Wien (Hptst.) 1531346 Ew. – *Landeshauptstädte → Tabelle oben* – Villach 52744, Wels 51024, Steyr 38967, Dornbirn 38663, Wiener Neustadt 35050, Leoben 32006, Wolfsberg 28182, Kapfenberg 25719, Feldkirch 23876, Klosterneuburg 23307, Baden 23235, Krems a. d. D. 23123, Amstetten 22015, Traun 21524, Leonding 19402, Mödling 19333, Lustenau 17404, Braunau a. I. 16192, Ternitz 16154, Hallein 15404, Bruck a. d. Mur 15086

STAAT Bundesrepublik auf parlamentarisch-demokrat. Grundlage – Parlament aus 2 Kammern: »Bundesrat« (wird von den Landtagen beschickt, Änderungen daher nach jeder Landtagswahl mögl.) u. »Nationalrat« (Mitgl. nach dem Verhältniswahlrecht direkt v. den Bürgern ab 19 J. gewählt; neues Wahlsystem in Ausarbeitung). Präsident d. Nationalrates: Dr. Heinz Fischer (SPÖ), 2. bzw. 3. Präsident Dr. Robert Lichal (ÖVP) u. Dr. Heide Schmidt (FPÖ) – Bundesrat u. Nationalrat bilden als Gesamtorgane die Bundesversammlung. Die Bundesregierung ist vom Vertrauen des Nationalrats abhängig – Wahl (Wahlpflicht) des Bundespräsidenten für 6 J., der Nationalratsmitgl. für 4 J. – 9 Bundesländer *(Tabelle → oben)* – **Staatsoberhaupt:** Bundespräsident Dr. Kurt Waldheim, seit 1986 *(nächste Wahl 1992)* – **Regierungschef:** Dr. Franz Vranitzky (SPÖ), Bundeskanzler einer SPÖ-ÖVP-Koalitionsregierung; wiedergewählt am 17.10. 1990 – **Vizekanzler** u. Bundesminister f. Föderalismus und Verwaltungsreform im Kanzleramt: Dr. Erhard Busek (ÖVP), seit 2.7. 1991 – Bundeskanzleramt: 1014 Wien 1, Ballhausplatz 2

Bundesminister/in
Auswärtiges: Dr. Alois Mock (ÖVP)
Inneres: Dr. Franz Löschnak (SPÖ)
Finanzen: Ferdinand Lacina (SPÖ)
Justiz: Dr. Nikolaus Michalek (parteiunabh.)
Unterrricht, Kunst: Dr. Rudolf Scholten (SPÖ)
Wissenschaft, Forschung: Dr. Erhard Busek (ÖVP)
Arbeit u. Soziales: Josef Hesoun (SPÖ)
Land- u. Forstwirtschaft: Franz Fischler (ÖVP)
Wirtschaftl. Angelegenheiten: Dr. Wolfgang Schüssel (ÖVP)
Öffentliche Wirtschaft u. Verkehr: Dr. Rudolf Streicher (SPÖ)
Landesverteidigung: Dr. Werner Fasslabend (ÖVP)
Umwelt, Jugend u. Familie: Ruth Feldgrill-Zankel (ÖVP)
Gesundheit, Sport u. Konsumentenschutz: Harald Ettl (SPÖ)
Staatssekretäre im Bundeskanzleramt
Frauenangelegenheiten: Johanna Dohnal (SPÖ)
Europafragen, Integration u. Entwicklungszusammenarbeit: Dr. Peter Jankowitsch (SPÖ)
öffentlicher Dienst: Dr. Peter Kostelka (SPÖ)
Staatssekretär im BM für Finanzen: Dr. Günter Stummvoll (ÖVP)
Staatssekretär im BM für wirtschaftl. Angelegenheiten
Bauten u. Tourismus: Dr. Maria Fekter (ÖVP)

Parteien: Bei den Wahlen v. 7. 10. 1990 (1986) erzielte die Sozialistische Partei Österreichs/SPÖ (Umbenennung in Sozialdemokratische Partei Österreichs/SPÖ am 15. 6. 1991) 2012787 = 43,0% (2092122; 43,1%) d. Stimmen, die Österreichische Volkspartei/ÖVP 1508600 = 32,1% (2003360; 41,3%), die Freiheitliche Partei Österreichs/FPÖ 782648 = 16,6% (472180; 9,7%), die Grüne Alternative 225081 = 4,5% (233935; 4,8%). Die Vereinigten Grünen Österreichs/VGÖ erhielten 92277 = 1,9% (–), die Kommunist. Partei Ö./KPÖ 25685 = 0,5% (35144; 0,7%), Verband d. Sozialversicherten 35833, Sonstige 21983 Stimmen.

Mandatsverteilung im Nationalrat: SPÖ 80 (1986: 80), ÖVP 60 (77), FPÖ 33 (18), Grüne Alternative 10 (8)
(nächste Nationalratswahlen 1994)

Vorsitzender der SPÖ: Dr. Franz Vranitzky, Zentralsekretäre: Dr. Josef Cap, Peter Marizzi

Bundesparteiobmann der ÖVP: Dr. Erhard Busek, Generalsekretäre: Dr. Ingrid Korosec, Dr. Ferdinand Maier

Bundesparteiobmann der FPÖ: Dr. Jörg Haider, Klubobmann im Parlament: Dr. Norbert Gugerbauer, Generalsekretäre: Walter Meischberger, Matthias Reichhold

Bundesvorstand der Grünen Alternative, Geschäftsführer: Franz Floss, Franz Renkin, Klubobmann im Parlament: Johannes Voggenhuber

Parteimitglieder: ÖVP (einschl. ÖAAB, Bauernbund, Wirtschaftsbund) 800000, SPÖ 595000, FPÖ 38000, KPÖ 6000, GAL 2500, VGÖ 1500

Die **Landeshauptmänner der Bundesländer** nach dem Stand vom 1. 9. 1991:

Burgenland:	Karl Stix (SPÖ)
Kärnten:	Dr. Christof Zernatto (ÖVP)
Niederösterreich:	Siegfried Ludwig (ÖVP)
Oberösterreich:	Dr. Josef Ratzenböck (ÖVP)
Salzburg:	Dr. Hans Katschthaler (ÖVP)
Steiermark:	Dr. Josef Krainer (ÖVP)
Tirol:	Dr. Alois Partl (ÖVP)
Vorarlberg:	Dr. Martin Purtscher (ÖVP)
Wien (Bürgerm.):	Dr. Helmut Zilk (SPÖ)

Unabh.: alte staatliche Tradition; unter den Habsburgern ab 1282; 1866 Ausscheiden aus d. Deutschen Bund; seit 1918/19 Republik – **Nationalfeiertag:** 26. 10.

WIRTSCHAFT **BSP** 1989: 131899 Mio. $ = 17360 $ je Ew (15); realer Zuwachs ∅ 1980–89: 1,9%; 1990: 4,5%; **BIP** 1988: 127200 Mio. $; realer Zuwachs ∅ 1980–88: 1,7%; Anteil **Landwirtsch.** 4%, **Industrie** 45% – **Erwerbstät.** 1988: Landw. 6%, Ind. 35% *(zur Wirtschaftslage 1990 → unten)* – **Energieverbrauch** 1988: 3396 kg ÖE/Ew. – **Währung:** 1 Schilling (S) = 100 Groschen (Gr); 1 US-$ = 10627 S, 100 S = 14,2552 DM – **Inflation** ∅ 1980–88: 4,0%; 1990: 3,3% – **Außenhandel** 1989: **Import** 1988: 36579 Mio. $ (1990: 556 Mrd. S); Güter: 68% Fertigwaren (dar. 37% Masch. u. Verkehrsm.), 16% Halbfertigwaren, 11% Rohstoffe; Länder: 68% EG-Länder (dar. 44% BRD, 9% Italien), 5% Japan; **Export** 1988: 28111 Mio. $ (1990: 466 Mrd. S); Güter 1988: 70% Fertigwaren, 20% Halbfertigwaren; Länder 1990: 64% EG-Länder (dar. 37% BRD, 10% Italien), 10% EFTA-Länder (dar. 7% Schweiz)

WEITERE DATEN ZUR BEVÖLKERUNGS-, WIRTSCHAFTS- UND SOZIALSTRUKTUR
Landwirtschaft, Bergbau, Industrie, Außenhandel, Verkehr → die entspr. Sachkapitel

Die **Wohnbevölkerung** betrug nach den revidierten Ergebnissen der Volkszählung vom 12. 5. 1981 7555338 (zum Vergleich 1971: 7456403). Seitdem veränderte sich die Bevölkerungszahl nur relativ wenig, erst 1990 durch die Öffnung Osteuropas mit steigendem Trend, wie folgende Tabelle zeigt:
Bevölkerungsstand in 1000/darunter Ausländer

1982 (Jahresdurchschn.)	7574,1/302,9
1984 (Jahresdurchschn.)	7552,6/268,8
1986 (Jahresdurchschn.)	7565,6/275,7
1987 (Jahresdurchschn.)	7575,7/283,0
1988 (Jahresdurchschn.)	7596,1/298,7
1989 (Jahresdurchschn.)	7623,6/322,6
1990 (30. IX.)	7761,7/454,3

Weitere rd. 365000 österreichische Staatsbürger leben als Auslandsösterreicher in anderen Ländern, davon rd. 160000 in der BR Deutschland.

Die Zahl der **Lebendgeborenen** stieg 1990 (1989) leicht auf 89649 (88759). Da die Zahl der **Gestorbenen** etwas stärker abnahm, nämlich auf 82442 (83407), erhöhte sich der **Geburtenüberschuß** 1990 (1989) auf 7207 (5352). Die *Sterbefälle* überwogen erneut in den östlichen Bundesländern Wien, Niederösterreich und Burgenland, während die anderen Bundesländer *Geburtenüberschüsse* aufwiesen. – Die Zahl der **Eheschließungen**, die 1987–88 aus steuerlichen Gründen stark abgesunken war (1988: 35361), stieg weiter auf 45156 an.

Die **Wirtschaft** Österreichs zeigte 1990 wiederum eine *Fortsetzung der günstigen Entwicklung* des Vorjahres, d. h. der Aufschwung setzte sich sogar noch in höherem Ausmaß fort. Die Wirtschaft wuchs real um 4,6% (Erhöhung des Bruttoinlandsprodukts), verglichen mit +3,8% (1989). Das Wachstum war also erneut eines der stärksten aller westeuropäischen Industriestaaten und wird voraussichtlich auch 1991, im Verlauf zwar etwas verlangsamt, aber ähnlich günstig expandieren, so daß das ifo-Institut die »gesamtwirtschaftliche Performance« Österreichs im Vergleich zu anderen westlichen Industrieländern als weiterhin durchaus günstig umschrieb. – Die gute Konjunktur wurde erneut getragen durch den Nachfragesog, den die deutsche Einheit auf die eng mit der bundesdeutschen Wirtschaft verflochtene österreichische Wirtschaft ausübte. Sowohl die starke Inlands- als auch Auslandsnachfrage (Erhöhung der Exporte um 8%), der sich lebhaft entwickelnde Fremdenverkehr und die Verbesserung der internationalen Wettbewerbsfähigkeit trugen zum günstigen Wirtschaftsergebnis bei. Im Inland war die Investitionstätigkeit wieder sehr lebhaft und erreichte, bedingt durch voll ausgelastete Kapazitäten, mit real +6,9% eine fast boomartige Steigerungsrate gegenüber 1989 (+4,6%). Der private Konsum expandierte durch die erst jetzt verbrauchsstimulierende Steuersenkung von Anfang 1989 um real +4,1%. Auch der Ausländertourismus konnte nach Jahren des Rückgangs (bis 1987) auf der Einkommensseite wieder einen Erfolg verbuchen (Deviseneinnahmen +7,6%; leichte Abnahme der Nächtigungen im Fremdenverkehr –0,1%). Auch im Bereich der Industrie, sektoral unterschiedlich, dominierten die Auftriebskräfte (Maschinen- u. Stahlbau, glas- u. holzverarbeitende Industrie) und führten zu einer starken Expansion (Produktionszunahme +8,2%) – Neben dem 1989 gestellten *Antrag auf Vollmitgliedschaft in der EG* sind 1990 die auf den Export *stimulierenden Effekte der deutschen Wiedervereinigung,* der *Nachfragepolster der Haushalte* im Zuge der Steuerreform 1989 und der in Österreich erst spät einsetzende *Investitionsschub* als wichtigste wirtschaftliche Parameter der anhaltenden Hochkonjunktur anzusehen.

Nach den vorläufigen Ergebnissen der **Volkswirtschaftlichen Gesamtrechnung** (nach Wifo) erreichte das *österreichische Bruttoinlandsprodukt* (BIP) 1990 (1989) einen Gesamtwert von 1809,8 (1673,4) Mrd. S. Die Steigerung gegenüber dem Vorjahr betrug nominal 8,2%, real 4,6%. Das BIP pro Einwohner erhöhte sich 1990 auf 234491 S bzw. 20624 $ (Steigerung um 6,8%). Das *Volkseinkommen* (Netto-Nationalprodukt minus indirekte Steuern plus Subventionen) stieg 1990 (1989) nominal um 9,0% (6,3%) auf 1338,8 (1228,1) Mrd. S. Davon entfielen auf Brutto-Entgelte (ohne Abzug der Zinsen für Staats- u. Konsumentenschulden) für unselbständige Arbeit 947,2 (876,2) Mrd. S (+8,1%), auf Einkünfte aus Besitz und Unternehmung (Kapitalgesellschaften, private Haushalte u. Staat) 494,9 (441,9) Mrd. S (+12,0%).

An der **Entstehung des Bruttoinlandsprodukts** waren die wichtigsten Wirtschaftsbereiche folgendermaßen beteiligt (Mrd. S 1990/reale Veränderung gegenüber 1989):

Land- und Forstwirtschaft	55,7/ +7,5%
Bergbau und Sachgüterproduktion (Industrie und Gewerbe)	506,3/+12,0%
Energie- und Wasserversorgung	48,3/ –0,8%
Bauwesen	125,3/ +9,5%
Handel einschl. Beherbergungs- u. Gaststättenwesen	287,3/ +6,9%
Verkehr u. Nachrichtenübermittlung	105,2/ +5,8%
Vermögensverwaltung (Banken und Versicherungen, Rechts- und Wirtschaftsdienste	299,0/ +8,3%
sonst. Dienste u. Produzenten	314,1/ +6,0%

Verwendung des verfügbaren Güter- und Leistungsvolumens (nach »wifo«)	*1989*	*1990*
	in Mrd. S	
Brutto-Inlandsprodukt	1673,4	1809,8
minus Exporte i. w. S.	669,3	736,7
plus Importe i. w. S.	660,6	719,7
verfügbares Güter- und Leistungsvolumen	1664,7	1792,8
davon:		
privater Konsum	927,9	996,0
öffentlicher Konsum	302,0	319,0
Brutto-Anlageinvestitionen	402,2	443,8
Lagerveränderung und statistische Differenz	32,5	34,0

Der **Außenhandel** war auch 1990 wieder – wie im Vorjahr – eine starke Stütze der österreichischen Wirtschaftsentwicklung *(→ Kap. Welthandel).* Der *Export* stieg aufgrund der kräftigen Nachfrage, besonders der übrigen westlichen Industrieländer, nominal um 10,9% auf 446,067 Mrd. S an. Die *Einfuhren* erhöhten sich fast genauso stark (+10,8% auf 556,234 Mrd. S), so daß sich das Defizit der Handelsbilanz 1990 (1989) auf 90,167 (85,376) Mrd. S. vergrößerte.

Die **Arbeitsmarktlage** zeigte auch 1990 ein zwiespältiges Bild. Einerseits konnte aufgrund der Hochkonjunktur die Zahl der Arbeitsplätze bzw. der unselbständig Beschäftigten wieder kräftig erhöht werden (+66400 im Jahresdurchschnitt 1990). Andererseits stieg die Arbeitslosenzahl deutlich, da einerseits der starke Zustrom von Ausländern (Ausbildungsniveau erschwert eine Integration in den Arbeitsmarkt) den Arbeitsmarkt belastete, andererseits viele zusätzliche Arbeitsuchende ins Berufsleben eintraten (Jugendliche) bzw. viele Arbeitslose nicht in die offenen Stellen vermittelbar waren. – Die Zahl der *unselbständig Beschäftigten* nahm 1989–90 von 2862300 auf 2928700 zu (+2,3%); die Zahl der *Arbeitslosen* stieg 1990 (1989) um 16600 (9500) auf 165800 (149200), die der offenen Stellen stieg um 10.000 (14400) auf 55600 (45600). Die *Arbeitslosenquote* erhöhte sich von 5,0% (1989) auf 5,4% (1990). – Die Zahl der *ausländischen Arbeitskräfte* stieg um 30,0% auf 217600; dies entspricht 7,6% der Gesamtbeschäftigtenzahl.

Die **unselbständig Beschäftigten** verteilten sich 1990 (1989) auf folgende Wirtschaftsbereiche (nach der Sozialversicherungsstatistik) in Tsd.:

Land- und Forstwirtschaft	27,9	(27,9)
Bergbau, Energie, Wasserversorgung	52,2	(53,0)
Verarbeitend. Gewerbe (Industrie)	803,1	(793,2)
Bauwesen	229,8	(221,4)
Handel, Verkehr, Nachrichtenübermittlung	631,0	(610,6)
Beherbergungs- u. Gaststättenwesen	126,0	(123,0)
Geld- u. Kreditwesen, Versicherungen	108,2	(104,3)
sonstige Dienstleistungen	902,3	(881,3)

(Rest nicht zuzuordnen)

Die **Einkommenssituation** der Beschäftigten verbesserte sich 1990 wesentlich stärker als im Vorjahr, da unter dem Eindruck des günstigen Konjunkturverlaufs bei den Lohn- und Gehaltsabschlüssen 1990 größere Steigerungen erreicht wurden. Insgesamt erhöhten sich die *Tariflöhne* 1990 (1989) um 5,6 (3,9)% (Tariflohnindex), in der Industrie um ca. 7,0 (4,5)%. Die Effektivverdienste in der Industrie stiegen 1990 brutto um 6,5%, die Gehälter der öffentlich Bediensteten um 5,9%, in der Gesamtwirtschaft um 4,6% und lagen an der Obergrenze dessen, was nach ifo-Institut für die weitere Verbesserung der internationalen Konkurrenzfähigkeit Österreichs »gerade noch tragbar« erscheint (gegenüber ca. +5,0% im Durchschnitt der Jahre 1979–90). Der *Brutto-Monatsverdienst* je Beschäftigten stieg 1990 auf 22132 S (Gesamtwirtschaft) bzw. 25144 S (Industrie).

Die **Inflationsrate** stieg 1990 stärker an als im Vorjahr, blieb jedoch im internationalen Maßstab spürbar unter dem Durchschnitt. Eine etwas weniger moderate Tarifpolitik 1989 und die im Vorfeld der Golfkrise 1990 erheblich verteuerten Ölerzeugnisse wirkten sich inflationsfördernd aus. Der Index der Verbraucherpreise stieg 1990 (1989) um 3,5 (2,5)%. Bei einzelnen Positionen gab es folgende Preissteigerungen: Nahrungsmittel +3,0%, Mietpreise +4,4%, Heizungs- und Energiepreise +2,6% (erstmaliger Anstieg seit 1987), Bildung und Freizeit 4,0%.

Die **Leistungsbilanz** (Bilanz der laufenden Transaktionen) verbesserte sich 1990 gegenüber dem Vorjahr, vor allem durch die günstige Entwicklung beim Dienstleistungsexport, während sich die Warenhandelsbilanz leicht verschlechterte. Der große Überschuß in der Leistungsbilanz zeigte sich 1990 (1989) als positiver Saldo von +9,4 Mrd. S (+2,2 Mrd. S). Größte Einzelposten waren 1990 (1989) die Handelsbilanz mit einem Saldo von –83,6 (–81,7) Mrd. S und die Dienstleistungsbilanz mit +63,8 (+57,7) Mrd. S (darunter Reiseverkehr +63,0 Mrd. S). – Die **Währungsreserven** der Österreichischen Nationalbank reduzierten sich 1990 um 3,7 Mrd. S und erreichten einen Jahresstand von 137,9 Mrd. S. - Die **Kursentwicklung des Schilling** zeigte im Laufe des Jahres 1990 nur wenig Veränderungen und insgesamt eine leichte Abwertung. Der Wechselkurs S/$ betrug im Mittel 1990 (1989) 11,37 (13,23), das Verhältnis S/DM betrug 703,66 (703,77).

Der **Bundeshaushalt** 1990 (1989) erbrachte Einnahmen von 501,5 (478,0) Mrd. S und Ausgaben von 564,4 (540,7) Mrd. S (Allgemeiner Haushalt). Das Defizit stieg somit geringfügig auf 62,9 (62,7) Mrd. S. Zur Budgetfinanzierung diente der Ausgleichshaushalt, dessen Einnahmen (Hauptposten Kreditaufnahmen im Rahmen der Finanzschuld) eine Höhe von 123,0 Mrd. S und Ausgaben (Tilgungen für die Finanzschuld) eine Höhe von 60,1 Mrd. S hatten. Die gesamte **Staatsschuld** stieg von 802,2 Mrd. S (1989) auf 861,6 Mrd. S (1990), davon 135,4 (1989: 125,8) Mrd. S Schulden im Ausland.

Die wichtigsten **Einnahmen des Bundes** in Mrd. S:

	1988	*1989*	*1990*
Steuern (netto)	248,0	256,9	282,3
steuerähnliche Einnahmen	68,2	71,0	74,0
Betriebseinnahmen (Bundesbetriebe)	76,8	79,2	81,7
Sonstige	58,4	70,8	63,5
Gesamteinnahmen	451,3	478,0	501,5

Ergebnis der wichtigsten **Steuern** in Mrd. S:

	1989	*1990*
Umsatzsteuer	144,828	154,521
Lohnsteuer	88,037	105,491
Einkommensteuer	31,256	33,793
Mineralölsteuer	18,991	19,618
Gewerbesteuer	13,571	14,868
Körperschaftsteuer	14,246	13,786
Tabaksteuer	10,998	11,290

Die *Steuerquote* (Anteil der Steuern am nominellen Bruttoinlandsprodukt) stieg von 23,1% (1989) auf 23,5% (1990).

Die wichtigsten **Ausgabeposten** (ohne Schuldentilgung) im Bundeshaushalt in Mrd. S:

	1989	*1990*
Soziale Wohlfahrt u. Gesundheit	139,2	140,0
Verkehr (mit Post)	114,0	119,8
Erziehung und Unterricht	45,9	48,5
Forschung und Wissenschaft	18,8	19,5
Wohnungsbau	17,0	18,5
Landesverteidigung	18,6	18,1
Industrie und Gewerbe	19,6	17,9
Staats- und Rechtssicherheit	16,3	17,5
Land- und Forstwirtschaft	13,0	14,1
Kunst und Kultus	5,6	5,9

PRESSE *Tageszeitungen:* Wien: AZ (zus. mit Stammausgabe, Salzburg, Oberösterreich 101,5) – Kurier (408,8; so. 641,2) – Neue Kronen Zeitung (zus. mit Stammausgabe, Oberösterreich, Salzburg, Steiermark, Kärnten 1029,6; so. 1298,2; Stammausgabe 577,7; so. 759,4) – Die Presse (mo.-mi. 71,2; do.-sa. 83,1) – Der Standard (mo.-mi. 83,7; do.-fr. 88,8; sa. 115) – Wiener Zeitung – Bregenz: Vorarlberger Nachrichten (mo.-fr. 73,2; sa. 76) – Neue Vorarlberger Tageszeitung (di.-so. 33,4) – Graz: Kleine Zeitung (di., mi., sa. 162,1; do. 175,6; fr. 191,6; so. 190,3) – Steirerkrone/Neue Kronen Zeitung (151,4; so. 177,7) – Neue Zeit (70; fr. 75,3) – Innsbruck: Tiroler Tageszeitung (100,2; sa. 116,9) – Klagenfurt: Kleine Zeitung (di., mi., sa. 92,3; do. 101,1; fr. 105,1; so. 112,1) – Kärntner Krone/Neue Kronen Zeitung (78,8; so. 83,4) – Kärntner Tageszeitung (56,2; fr. 59,2)/SPÖ – Linz: Neue Kronen Zeitung Oberösterreich (162,3; so. 209) – Oberösterreichische Nachrichten (108,8; sa. 138,7) – Neues Volksblatt (29,1; fr. 33,9)/ÖVP – Tagblatt (21,1) – Salzburg: Salzburg Krone/Neue Kronen Zeitung (59,4; so. 68,5) – Salzburger Nachrichten (mo.-mi., fr. 87,8; do. 103,8; sa. 122,5) – Salzburger Volkszeitung (11,9) – *Wochenzeitungen:* Wien: Börsen-Kurier – Die Furche (15,8) – Neue Freie Zeitung (50)/FPÖ – Samstag (104) – Neue Wochenschau (110) – Innsbruck: Präsent (16) – Linz: Oberösterreichische Rundschau (ges. 259,6) – Salzburg: Rupertusblatt (32) – Salzburger Woche (ges. 49,9) – Sankt Pölten: Neue Niederösterreichische Nachrichten NÖN (ges. 147,2) – *Zeitschriften, Magazine*: a3eco (74,4) – autorevue (112,3) – Das Beste aus Reader's Digest (192) – Bunte – Burda – Freundin – Profil (105) – Trend (90) – Wiener – Wochenpresse (51,3) – *Nachrichtenagentur:* Austria Presse-Agentur (APA)

HÖRFUNK/FERNSEHEN Österreichischer Rundfunk (ORF): Generalintendanz, Fernsehintendanz 1 und 2, Technische Direktion, Kaufmännische Direktion, Auslandsdienst auf Kurzwelle, Generalintendant: Gerd Bacher
ORF-Zentrum Wien, Würzburggasse 30, A–1136 Wien, T 0222/8291–0, Telex: 1/33601; Hörfunkintendanz Funkhaus Wien, Argentinierstraße 30a, A–1040 Wien, T 0222 / 50101, Telex: 1 / 31790
Landesstudios: Studio Wien, Studio Niederösterreich, Funkhaus Wien, Argentinierstraße 30a, A–1040 Wien, T 0222 / 50101, Telex: 1 / 31790
Studio Burgenland, Buchgraben 51, A–7001 Eisenstadt, T 02682 / 4661–0, Telex: 1 / 7731
Studio Oberösterreich, Franckstraße 2a; A–4020 Linz, T 0732 / 53481–0, Telex: 2 / 1616
Studio Salzburg, Nonntaler Hauptstraße 49d, A–5010 Salzburg, T 0662/8380–0, Telex: 6/33935
Studio Steiermark, Marburger Straße 20, A–8042 Graz, T 0316 / 41180–0, Telex: 31 / 1386
Studio Kärnten, Sponheimerstraße 13, A–9010 Klagenfurt, T 0463 / 5330, Telex: 42 / 2486
Studio Tirol, Rennweg 14, A–6010 Innsbruck, T 0512 / 5343, Telex: 5 / 33835
Studio Vorarlberg, Höchster Straße 38, A–8651 Dornbirn, T 05572 / 64681–0, Telex: 59 / 110

PAKISTAN *Süd-Asien*

Islamische Republik Pakistan; Islamic Republic of Pakistan; Islami Jamhuriya-e-Pakistan (Urdu); Kunstname aus **P**andschab, **A**fghanistan, **K**aschmir, **I**ndus, **S**ind, Belutschis**tan** – PAK

LANDESSTRUKTUR **Fläche** (34): 796095 km² – **Einwohner** (9): (F 1988) 105409000 = 132 je km²; (Z 1981) 84254000 – Pakistaner (Pakistani); indoarische (Pandschabi rd. 65%; Sindhi 13% [n. and. Ang. über 22%], Urdu 7%) u. iranische (Bäludschi 2,5% u. Paschtu) Sprachen sprech. Völker; bengal. u. dravid. Minderheitsgruppen; 3,0 Mio. Flüchtl. aus Afghanistan (S 1986) – **Leb.-Erwart.:** 59 J. – **Säugl.-Sterbl.:** 9,5% – **Analph.:** 65% – Jährl. **Bev.-Wachstum** (∅ 1980–88: 3,2% (Geb.- u. Sterbeziffer 1988: 4,6%/1,3%) – **Sprachen**: Urdu als National- u. Amtssprache in 3 Prov., daneben regionale Amtsspr. wie Sindhi in Sind; Englisch als Amtsspr. für eine Übergangszeit anerkannt; Pandschabi zahlenmäßig wichtig, keine Amtsspr. – **Religion:** 97,2% Muslime (davon ca. 20% Schiiten, Rest Sunniten); außerdem die religiös einflußreiche »Ahmedia-Sekte«; 1,5% Hindus, 1,4% Christen, 4000 Buddhisten, 10000 Parsen; 200000 Ang. anderer Religionsgem.; Islam ist Staatsreligion – **Städt. Bev.:** 31% – **Städte** (S 1984): Islamabad (Hptst.) 236000 Ew., m. V.

370 000; (Z 1981): Karachi [Karatschi] 5 103 000, Lahore 2 920 000, Faisalabad 1 092 000, Rawalpindi 806 000, Hyderabad 795 000, Multan 730 000, Gujranwali 597 000, Peshawar 555 000, Sialkot 296 000, Sargodha 294 000, Quetta 285 000

STAAT Föderative Republik – Verfass. v. 1973 nach zahlr. Änd. am 10. 3. 1985 wieder in Kraft gesetzt – Parlament aus 2 Kammern: Senat u. Nationalversamml. mit 218 Abg. (davon 200 direkt gewählt; diese wählen 10 Frauen u. 8 Ang. d. Minderheiten hinzu) – 4 Provinzen (Baluchistan, Nordwestprovinz, Pandschab, Sind), 1 Verwaltungssystem f. Stammesgebiete, 1 Bundesdistrikt – **Staatsoberhaupt:** Präs. Ghulam Ishaq Khan – **Regierungschef:** Prem.-Min. Mohammad Nawaz Sharif, seit 6. 11. 1990 – **Äußeres:** Sahabzada Yaqub Khan, Rücktritt 20. 3. 1991 – **Parteien:** Wahlen vom 24. 10. 1990 (1988): »Islam.-Dem. Allianz«/IDA (Bündnis aus Jamiat-i-Islam, Muslim League u. Splittergr.) 105 (54), »Pakistan. Volksp.«/PPP v. B. Bhutto 45 (93), Mohajir-Partei 14, Unabhängige 21 (40) – **Unabh.:** nominell 15. 8. 1947, Unabh.-Zeremonie jedoch bereits am 14. 8. 1947 – **Nationalfeiertag:** 23. 3. (Prokl. d. Rep. 1956) u. 14. 8.

Erwerbstätige nach Wirtschaftsbereichen*

Wirtschaftsbereich	*1970/71*	*1988/89*
	in Mio.	
Insgesamt	18,38	29,90
Land- und Forstwirtschaft Fischerei	10,58	15,29
Produzierendes Gewerbe	3,51	5,93
Energie- u. Wasserwirtschaft	0,05	0,18
Verarbeitendes Gewerbe[1]	2,80	3,84
Baugewerbe	0,66	1,91
Handel und Gewerbe	2,00	3,57
Verkehr und Nachrichtenwesen	0,90	1,46
Andere Wirtschaftsbereiche[2]	1,39	3,65

* Berichtszeitraum: Juli/Juni Durchschnitt. – [1] Einschl. Bergbau, Gewinnung von Steinen und Erden. – [2] Banken, Versicherungen, Immobilien, soziale und persönliche Dienstleistungen sowie nicht näher bezeichnete Bereiche

WIRTSCHAFT **BSP** 1989: 40 134 Mio. $ = 370 $ je Ew. (136); BIP 1988: 34 050 Mio. $; realer Zuwachs ∅ 1980–88: 6,5 %; Anteil **Landwirtsch.** 26 %, **Industrie** 24 % – **Erwerbstät.** 1988: Landw. 51 %, Ind. 16 % – **Energieverbrauch** 1988: 210 kg ÖE/Ew. – **Währung:** 1 Pakistanische Rupie (pR) = 100 Paisa (Ps); 1 US-$ = 21,8781 pR, 100 pR = 6,9243 DM – **Ausl.-Verschuld.** 1988: 14 027 Mio. $ = 37,6 % d. BSP – **Inflation** ∅ 1980–88: 6,5 % – **Außenhandel** 1988: **Import:** 7521 Mio. $; Güter: 43 % Rohmaterialien für Konsumgüter, 35 % Kapitalgüter, 7 % Rohmaterialien für Kapitalgüter; Länder: 15 % USA, 13 % Japan, 10 % Kuwait, 7 % BRD, 6 % Großbrit., 5 % Saudi-Arabien; **Export:** 4362 Mio. $; Güter: 20 % Rohbaumwolle, 13 % Baumwollgarn, 10 % Baumwollgewebe; Web- u. Knüpfwaren, Reis; Länder: 11 % Japan, 13 % USA, 7 % BRD, 6 % Großbrit., 5 % Italien, 5 % Hongkong

KASCHMIR (Dschammu u. Kaschmir [Jammu and Kashmir]) wird von P. beansprucht u. ist im W sowie im NW in einem rund 88 000 km² (n. and. Ang. 83 807 km²) umfass. Streifen pakist. besetzt; 1975 etwa 1 350 000 Ew. – Ab 1972 stärkere Integration d. Stammesgebiete – Bes. Verwaltung für »Azad Kashmir« (»Freies Kaschmir« = praktisch Nagar u. 3 Distrikte des eigentl. Kaschmir mit zus. etwa 33 000 km² u. über 1,15 Mio. Ew. [Hunza, das etwa 13 000 Ew. zählt, wurde im Sept. 1974 direkt an P. angeschlossen]). Nach d. prov. Verfassung v. 1974 bestehen eine »Versammlung« (42 Mitgl.) sowie eine prov. Regierung (»Azad Jammu and Kashmir Council«). Der »Ministerrat« hat seinen Sitz in Muzaffarabad (etwa 15 000 Ew.) – Regierungschef: MinPräs: Sardar Mohammad Ashraf, seit Juli 1991 – Pakistan unterhält im Freien Kaschmir einen Chief Adviser. Wichtigste Parteien sind die »Dschammu- und Kaschmir-Muslim-Konferenz«/JKMC, die den Anschluß an Pakistan fordert, u. die »Dschammu- und Kaschmir-Befreiungsliga«, die volle Autonomie anstrebt, sowie die »Azad-J.-K.-Muslim Conference« – Baltistan u. Gilgit werden v. der pakistan. Regierung unmittelbar verwaltet. Abgrenzung gegen den v. Indien besetzten Hauptteil v. Kaschmir z. T. durch d. Waffenstillstandslinie v. 1949 – Grenzabkommen von Pak. mit der VR China 1963 – Flagge d. »Freien K.«: über 9 grünen u. weißen Streifen (waagr.) vorne am Mast ein orange Feld, hinten in Grün weißer Halbmond u. Stern

PRESSE *Tageszeitungen:* Karachi: Daily Jang (750)/Urdu – Daily News (50)/Engl. – Dawn (70)/Engl., Gujarati – Jasarat (50)/Urdu – Lahore: Imroze (50)/Urdu – Mashriq (160)/Urdu – Nawa-i-Waqt (350)/Engl., Urdu – Pakistan Times (50)/Engl. – *Nachrichtenagentur:* PPI (Pakistan Press International)

PALAU *Ozeanien; Pazifik*

Republik Palau (Belau); Republic of Palau (Belau bzw. Pelew, nach dem Entdecker, dem brit. Kapitän P.); früher Palau-Inseln; Palau Islands

LANDESSTRUKTUR **Fläche** (162): 458 km² (241 Inseln, davon 11 bewohnt; u. a. Babelthuap mit 404 km²) – **Einwohner** (175): (S 1985) 14 800 = 32 je km² – vorwieg. Mikronesier – Jährl. **Bev.-Wachstum** (∅ 1975–78): 3,5 % – **Sprachen:** mikronesische Dialekte; Englisch gleichberechtigt als offiz. Sprache – **Religion:** Protestanten, Katholiken – **Städte** (Z 1980): Koror (Hptst.) 7685 Ew.

STAAT Präsidialrepublik – Parlament (»Olbiil Era Kelulau) aus 2 Kammern: »House of Delegates« und »Senate«. Die freie Assoziierung m. d. USA (Übereinstimmung in Außen- u. Verteidigungspolitik) im Febr. 1990 zum siebten Mal von der Bevölkerung nach 1945 abgelehnt, weiterhin unter Treuhandschaft – **Staats- u. Regierungschef:** Präsident Thomas Remengesau, seit 1988 – **Parteien:** i. e. S. nicht vorhanden – **Unabh.:** 1. 1. 1981 (Ausrufung der Republik) – **Nationalfeiertag:** verm. U.-Tag (Unabh.-Feier am 29. 1. 1981)

WIRTSCHAFT Staatsetat zu 90 % aus US-Hilfsgeldern – **Währung:** nur US-$ – **Außenhandel:** Güter: Fische, Muscheln; Länder: USA, US-Samoa; Puerto Rico, Japan

PRESSE *Wochenzeitungen:* Koror: The Palau Weekly (1) – Rengel Belau (2)/14täg.

PANAMA *Mittel-Amerika*

Republik Panama; República de Panamá – PA

LANDESSTRUKTUR **Fläche** (107): 77 082 km², davon Kanalzone 1432 km² *(Skizze → WA '89, Sp. 423/3)* – **Einwohner** (116): (F 1988) 2 322 000 = 30 je km²; (Z 1980) 1 825 000 (Ew. ohne Kanalzone; → *Ver. Staaten v. Amerika*) – Panamaer (Panamenen; span. »panameños«); 50–60 % Mestizen, 15–20 % Schwarze u. Mulatten, etwa 10–15 % Weiße, 5–10 % Indianer, 2 % Asiaten – **Leb.-Erwart.:** 72 J. – **Säugl.-Sterbl.:** 2,6 % – **Analph.:** 12 % – Jährl. **Bev.-Wachstum** (∅ 1980–88): 2,2 % (Geb.- u. Sterbeziffer 1988: 2,6 %/0,5 %) – **Sprachen**: Spanisch als Amtssprache; Englisch als Verkehrsspr., z. T. indianische Dialekte (u. a. Chibcha) – **Religion:** ca. 92 % Katholiken, rd. 6 % Protest., 2000 Juden – **Städt. Bev.:** 54 % – **Städte** (Z 1980): Panamá (Hptst.) 388 600 [S 1984 als A 550 000], Colón 59 800, David 50 600, Santiago de Veraguas 21 809, Chitré 17 200

STAAT Präsidialrepublik – Verfass. v. 1983 – Legislative u. Exekutive bei Präsidium u. Regierung – 9 Provinzen u. 1 Territorium – **Staatsoberhaupt u. Regierungschef:** Präs. Guillermo Endara Galimany – **Äußeres:** Dr. Julio E. Linares – **Parteien:** Bei d. Wahlen v. 7. 5. 1989 siegte Guillermo Endara (christdemokrat.-liberale Opposition) mit 68,5 % d. St.; Carlos Duque vom Regierungslager 22,9 %. General Noriega ließ Wahl annullieren; nach US-amerik. Militärintervention wird Endara am 20. 12. 1989 vereidigt – **Unabh.:** 3. 11. 1903 – **Nationalfeiertag:** 3. 11.

WIRTSCHAFT **BSP** 1989: 4211 Mio. $ = 1780 $ je Ew. (69); BIP 1988: 5490 Mio. $; realer Zuwachs ∅ 1980–88: 2,6 %; Anteil **Landwirtsch.** 9 %, **Industrie** 18 % – **Erwerbstät.** 1988: Landw. 26 %, Ind. 18 % – **Energieverbrauch** 1988: 1627 kg ÖE/ Ew. – **Währung:** 1 Balboa (B/.) = 100 Centésimos; 1 US-$ = 1,00 B/., 100 B/. = 149,4000 DM – **Ausl.-Verschuld.** 1988: 3625 Mio. $ = 81,2 % d. BSP – **Inflation** ∅ 1980–88: 3,3 % – **Außenhandel** 1987: **Import:** 2815 Mio. $; Güter: 35 % verarbeit. Produkte, 17 % Maschinen u. Transportausrüst., 17 % Erdöl, 17 % chem. Erzeugn.; Länder: 39 % USA, 6 % Ecuador; **Export:** 2352 Mio. $; Güter: 28 % Bananen, 21 % Garnelen, 6 % Bekleidung; Länder: 46 % USA, 13 % BRD, 8 % Costa Rica

PRESSE *Tageszeitungen:* C. de Panamá: Crítica Libre (30) – La Estrella de Panamá (14) – El Panamá America (25) – La Prensa (50) – El Siglo (25)

PANAMAKANAL-ZONE

→ *Vereinigte Staaten von Amerika (Außengebiete);* seit 1. 4. 1982 weitgeh. Souveränität (u. a. Gerichtshoheit) Panamas in d. Kanalzone

PAPUA-NEUGUINEA *Ozeanien*

Unabhängiger Staat Papua-Neuguinea; Papua New Guinea – PNG

LANDESSTRUKTUR **Fläche** (50): 462 840 km², davon 67 110 km² Inseln – **Einwohner** (99): (F 1990) 3 995 000 = 9 je km²; (Z 1980) 3 010 727 – Papua-Neuguineer, haupts. Papua (in rd. 750 Stämme differenziert), an S- u. NW-Küste malaiische (indones.), im N melanes., im O polynes. Gruppen, kl. chinesische Minderheit, rd. 30 000 Weiße – **Leb.-Erwart.:** 54 J. – **Säugl.-Sterbl.:** 6,1 % – **Analph.:** 55 % – Jährl. **Bev.-Wachstum** (∅ 1980–89): 2,4 % (Geb.- u. Sterbeziff. 1988: 3,6 %/ 1,2 %) – **Sprachen:** Englisch als Amtsspr., melanesisches Pidgin (»Neo-Melanesiana«, »Police-Motu«) als Umgangsspr., rd. 700 im Wortschatz u. strukturell sehr unterschiedl. Papuasprachen; außerdem Umgangsprachen der verschied. Minderheiten – **Religion:** 58 % Protestanten, 33 % Katholiken, 5 % Anglikaner, Anhäng. v. Naturreligionen (Animismus, Totemismus) – **Städt. Bev.:** 15% – **Städte** (F 1987): Port Moresby (Hptst.) 152900 Ew.; Lae 79600, Madang 24700, Wewak 23200, Goroka 21800, (Z 1980): Rabaul 15000, Mount Hagen 13600, Arawa 12600

STAAT Konstitutionelle Monarchie im Commonwealth – Abgeordnetenhaus (»National Parliament« mit 109 Mitgl.) – Allg. Wahlrecht – 19 Provinzen mit gewisser Selbstverwaltung (u. a. eigene Versammlung) u. Hauptstadtdistrikt – **Staatsoberhaupt:** Königin Elizabeth II., vertr. durch einheim. Generalgouverneur Vincent Serei Eri – **Regierungschef:** Rabbie Namaliu (Pangu P.), seit 1988 – **Äußeres:** Michael T. Somare – **Parteien:** Wahlen 1989: Pangu Pati 28 Sitze; »Unabhängige« 19; People's Democratic Movement/PDM 22; National P./NP 12; Melanesian Alliance/MA 8; People's Action P./PAP 6; People's Progress P./PPP 6; Morobe Independent Group/MIG 4; League of National Advancement/LNA 23; Papua P./PP 4 – **Unabh.:** 16. 9. 1975 – **Nationalfeiertag:** 16. 9.

WIRTSCHAFT **BSP** 1989: 3444 Mio. $ = 900 $ je Ew. (97); realer Zuwachs ∅1980–89: 1,8%; **BIP** 1988: 3520 Mio. $; realer Zuwachs ∅1980–88: 3,2%; Anteil **Landwirtsch.** 34%, **Industrie** 31% – **Erwerbstät.** 1988: Landw. 69%, Ind. 31% – **Energieverbrauch** 1988: 243 kg ÖE/Ew. – **Währung:** 1 Kina (K) = 100 Toea (t); 1 US-$ = 0,9550 K; 100 K = 155,08 DM – Öffentl. **Ausl.-Verschuld.** 1988: 2129 Mio. $ = 64,2% d. BSP – **Inflation** ∅1980–88: 4,7% – **Außenhandel** 1987: **Import:** 1222 Mio. $; **Export:** 1172 Mio. $; Güter: 45% Kupfer, Gold, Palmöl, Kopra, Kaffee, Kakao, Tee, Gummi; Länder: 30% BRD, 28% Japan, 12% Australien, 8% Großbrit.

PRESSE *Tageszeitungen:* Port Moresby: Niugini Nius (20) – Papua New Guinea Post-Courier (30) – *Wochenzeitungen*: The Times of Papua New Guinea (10) – Wantok (10)/Pidgin

PARAGUAY *Süd-Amerika*

Republik Paraguay; República del Paraguay; Rep. am Paraguay = »Papageienfluß« – PY

LANDESSTRUKTUR **Fläche** (54): 406752 km² – **Einwohner** (98): (F 1988) 4039000 = 10 je km²; (Z 1982) 3030000 – Paraguayer (span. »paraguayos«); etwa 95% Mestizen, knapp 2% Indianer (Guaranís) u. rd. 3% Weiße (etwa 30000 Deutschstämmige); ca. 10000 Japaner u. Koreaner – 500000 bis 800000 Paraguayaner leben im Ausl. – **Leb.-Erwart.:** 67 J. – **Säugl.-Sterb.:** 4,5% – **Analph.:** 12% – Jährl. **Bev.-Wachstum** (∅1980–88): 3,2% (Geb.- u. Sterbeziffer 1988: 3,5%/0,6%) – **Sprachen**: Spanisch u. Guaraní als Amtssprachen, meist Zweisprachigkeit – **Religion:** etwa 90% Katholiken (Staatsreligion); 2% Protestanten, 13000 Mennoniten, 1200 Juden – **Städt. Bev.:** 46% – **Städte** (S 1984): Asunción (Hptst.) als A 729307 Ew., Ciudad del Este 110000, Pedro Juan Caballero 80000, Encarnación 31000, Concepción 25000

STAAT Präsidiale Republik – Parlament aus 2 Kammern (»Congreso« aus »Senado« mit 36 u. »Cámara de Diputados« mit 60 für 5 J. gewählten Abg.); außerd. ein v. Präsidenten ernannter Staatsrat (»Consejo del Estado«) – Allg. Wahlpflicht ab 18 J. – 19 Departamentos u. Hptst. – **Staatsoberhaupt u. Regierungschef:** General Andrés Rodríguez (seit 2. 2. 1989 durch Staatsstreich an der Macht, gewählt 1. 5. 1989) – **Äußeres:** Prof. Dr. Alexis Frutos Vaesken – **Parteien:** Die in Wahlen sieg. Partei erhält verfassungsgemäß ⅔ aller Sitze, daher Asociación Nacional Republicana (kons.; »Colorados«) 40 d. 60 Sitze (Wahlen v. Febr 1988); Liberale u. Liberal-Radikale 20 (»Blancos«; Oppos.); Stimm.-Verh.: 1186693 f. Colorados, 96231 Lib.-Rad. u. 42056 f. Lib. – KP verboten – **Unabh.:** 14. 5. 1811 – **Nationalfeiertag:** 14. 5.

WIRTSCHAFT **BSP** 1989: 4299 Mio. $ = 1030 $ je Ew. (87); BIP 1988: 6040 Mio. $; realer Zuwachs ∅1980–88: 1,7%; Anteil **Landwirtsch.** 30%, **Industrie** 25% – **Erwerbstät.** 1988: Landw. 47%, Ind. 15% – **Energieverbrauch** 1988: 224 kg ÖE/Ew. – **Währung:** 1 Guaraní (G) = 100 Céntimos; 1 US-$ = 1248,00 G, 100 G = 0,1214 DM – **Ausl.-Verschuld.** 1988: 2119 Mio. $ = 36,4% d. BSP – **Inflation** ∅1980–88: 22,1 % – **Außenhandel** 1988: **Import:** 878 Mio. $; Güter: 32% Maschinen, Motoren, 17% Brenn- u. Schmierstoffe, 9% Transportmittel, 7% Getränke u. Tabakwaren, 6% chem. Erzeugn.; Länder: 15% Brasilien, 18% USA, 11% Argentinien, 7% Algerien; **Export:** 919 Mio. $; Güter: 38% Sojabohnen, 30% Baumwolle, 9% Rindfleisch u. Rindsleder; Länder: 27% Brasilien, 16% Niederl., 6% Argentinien, 6% Spanien, 5% Schweiz

PRESSE *Tageszeitungen:* Asunción: ABC Color (75) – Hoy (40) – La Tribuna (30) – Ultima Hora (45) – *Wochenzeitung:* El Pueblo

PERU *Süd-Amerika*

Republik Peru [Perú]; República del Perú, República peruana – PE

LANDESSTRUKTUR **Fläche** (18): 1285216 km² (davon 4996,28 km² Anteil am Titicaca-See) – **Einwohner** (40): (F 1988) 21256000 = 17 je km²; (Z 1981) 17005000 – Peruaner; bis 49% Indianer, ca. 33% Mestizen; über 10% Weiße, meist altspan. Abstammung; je einige 10000 Schwarze, Mulatten; je 10000 Japaner u. Chinesen – **Leb.-Erwart.**: 65 J. – **Säugl.-Sterbl.**: 9,9% – **Analph.**: 18% – Jährl. **Bev.-Wachstum** (∅1980–88): 2,2% (Geb.- u. Sterbeziffer 1988: 3,1%/ 0,9%) – **Sprachen**: Spanisch u. Quechua [Ketschua] (etwa 25%) als Amtssprachen; Aymará als Umgangsspr. (3–5%) – **Religion:** etwa 95% Katholiken (unter Staatsschutz), 1% Protest., 5300 Juden, Indianer oft Anh. v. Naturrelig. – **Städt. Bev.**: 69% – **Städte** (S 1987): Lima (Hptst.) 5875000 Ew., Arequipa 572000, Trujillo 476000, Callao 445000, Chiclayo 379000, Piura 284000, Cuzco 245000, Iquitos 201000, Huancayo 190000

STAAT Präsidialrepublik – Verf. in Kraft seit 1980 – Parlament (»Congreso«) aus 2 Kammern (»Cámara de Diputados« m. 180 und »Senado« m. 60 Sitzen), jeweils gewählt auf 5 J. – Allg. Wahlrecht (seit 1980 auch für Analphabeten) – 25 v. Präfekten geleitete Departamentos *(Einzelheiten→WA '91, Sp. 479)* – **Staatsoberhaupt:** Präsident Alberto Fujimori (Cambio 90), seit 28. 7. 1990 – **Regierungschef u. Außenmin.**: Carlos Torres y Torres Lara, seit 15. 2. 1991 – **Parteien:** Parlamentswahlen vom 8. 4. 1990: Sitzverteilung im Senat/Abg.-Haus: Fredemo 23/71, APRA 14/ca. 45, Cambio 90 14/ca. 30, IU 6/ o. A., Izquierda Socialista 3/o. A. – Präsidentschaftswahlen vom 8. 4. 1990 (Stichwahl am 10. 6. 1990): Alberto Fujimori/Cambio 90 24,6% (56%), Mario Vargas Llosa/Fredemo 27,6% (36%) – **Unabh.**: 28. 7. 1821 (Proklamation) – **Nationalfeiertag:** 28. 7.

WIRTSCHAFT **BSP** 1989: 23009 Mio. $ = 1090 $ je Ew. (84); BIP 1988: 25670 Mio. $; realer Zuwachs ∅1980–88: 1,1%; Anteil **Landwirtsch.** 12%, **Industrie** 36% – **Erwerbstät.** 1988: Landw. 36%, Ind. 14% – **Energieverbrauch** 1988: 478 kg ÖE/Ew. – **Währung:** 1 Inti (I/.) = 100 Céntimos; 1000 S/. = 1 Inti, Freimarktkurs: 1 US-$ = 500000,00 I/., 100 I/. = 0,00031 DM – **Ausl.-Verschuld.** 1988: 13898 Mio. $ = 56,1% d. BSP – **Inflation** ∅1980–88: 119,1% – **Außenhandel** 1988: **Import:** 2750 Mio. $; Güter: 51% Rohstoffe u. Zwischenprodukte, 27% Kapitalgüter, 12% Konsumgüter; Länder: 30% USA, 14% Japan, 5% BRD; **Export:** 2694 Mio. $; Güter: 23% Kupfer, 12% Fischmehl, 11% Zink, 10% Textilien, 6% Erdöl, 6% Blei, ferner Baumwolle, Zucker, Kakao, Kaffee; Coca (illegal, 20% d. BSP); Länder: 28% USA, 7% BRD, 5% Japan

PRESSE *Tageszeitungen:* Lima: El Comercio (150, so. 220) – Expreso (123) – Extra (83) – Ojo (250) – El Peruano (75) – La República (114)

PHILIPPINEN *Südost-Asien*

Rep. der Philippinen; Republica Ñg Pilipinas; República de Filipinas; Republic of the Philippines; durch span. Expedition 1542/43 zu Ehren König Philipps II. v. Spanien so benannt – RP oder PI

LANDESSTRUKTUR **Fläche** (66): 300000 km²; insg. 7103 Inseln – **Einwohner** (14): (F 1988) 58721000 = 196 je km²; (Z 1980) 48098000 – Philippiner; vorwiegend jungmalaiische Filipinos (Bisayas, Tagalen, Bicol, Ilokano), daneben altindones. Bergvölker (Igoroten); außerd. 1–2% Chinesen (z. T. nicht naturalisiert), mehrere 100000 Mischl., etwa 15000 Negritos (Aëta), rd. 15000 US-Amerikaner usw. – **Leb.-Erwart.**: 64 J. – **Säugl.-Sterbl.**: 5,1% – **Analph.**: 10% – Jährl. **Bev.-Wachstum** (∅1980–88): 2,5% (Geb.- u. Sterbeziffer 1988: 3,1%/0,7%) – **Sprachen**: 55% Pilipino (v. Tagalog abgeleitet) als Amtssprache; rd. 24% Cebuano, 24% Tagalog, rd. 12% Iloco, 8% Panay-Hiligayon, 5% Bicol u. a.; außerdem 45% Engl., rd. 3% Spanisch; Chinesisch – **Religion:** ca. 84% Katholiken, im übr. Anh. anderer christl. Kirchen (u. a. »Iglesia ni Kristo«); 3,5% Protest. sowie (S) 4 Mio. Muslime (davon 3 Mio. auf Mindanao) – **Städt. Bev.:** 41% – **Städte** (F 1984): Manila (Hptst.) 1728000 (als Metrop.-Geb. 1988: 7211700) Ew., Quezon City 1326000, Davao 611000, Cebu 552000, Caloocan 525000, Zamboanga 379000, Pasay 321000, Bacolod 288000, Cagayan de Oro 276000, Iloilo 263000, Angeles 213000, General Santos 183000, Iligan 182000, Olongapo 174000, Butuan 172000, Cabanatuan 154000, Batangas 144000, San Pablo 143000, Lipa 134000, Cadiz 130000, Tarlac 121400

STAAT Präsidialrepublik, Amtszeit des Präsidenten 6 J. – Neue Verfassung vom 2. 2. 1987 – Allg. Wahlrecht – Volksvertretung aus 2 Kammern: Parlament mit 200 gewählten u. bis 50 v. Präs. bestimmten Abgeordneten sowie 24köpfigem Senat (Amtszeit: 5 J.) – 13 Regionen u. 73 Provinzen je mit Gouverneur u. Prov.-Versamml. (»Sangguniang Panlalawigan«); 12 autonome Regionen – **Staatsoberhaupt u. Regierungschef:** Frau Corazon Cajuangco Aquino, seit 25. 2. 1986 (Rücktritt von F.

Marcos) – **Äußeres:** Raul S. Manglapus – **Parteien:** Erste Wahlen zum Parlament (»Kongreß«) gemäß d. neuen Verfassung am 11. Mai 1987: Wahlkoalition Lakas Ñg Bansa/LNB (»Volksmacht«) v. Präs. Aquino m. 127 Sitzen im Parlament (Senat 22 v. 24 Sitzen); »Große Allianz f. Demokr.«/GAD u. Union for Peace and Progress-KBL/UPP-KBL zus. 35, Unabh. 25, offen 13 – **Unabh.:** 4. 7. 1946 – **Nationalfeiertag:** 12. 6. (Unabh.-Prokl. gegenüber Spanien 1898)

Die **militär. Stützpunkte d. USA** (Clark, Subic-Bucht) sind seit 1978 philippinischer Kontrolle unterstellt.

WIRTSCHAFT **BSP** 1989: 42754 Mio. $ = 700 $ je Ew. (110); BIP 1988: 39210 Mio. $; realer Zuwachs ∅ 1980–88: 0,1 %; Anteil **Landwirtsch.** 23 %, **Industrie** 34 % – **Erwerbstät.** 1988: Landw. 48 %, Ind. 13 % – **Energieverbrauch** 1988: 244 kg ÖE/Ew. – **Währung:** 1 Philippinischer Peso (P) = 100 Centavos; 1 US-$ = 27,720 P, 100 P = 5,4650 DM – **Ausl.-Verschuld.** 1988: 24467 Mio. $ = 62,6 % d. BSP – **Inflation** ∅ 1980–88: 15,6 % – **Außenhandel** 1988: **Import:** 8159 Mio. $; Güter: 18 % Maschinen u. Apparate, 13 % mineral. Brenn- u. Schmierstoffe, 9 % Basismetalle, 6 % Transportausrüstungen; Länder: 20 % Japan, 19 % USA, 12 % EG-Länder, 7 % Taiwan, 5 % Singapur, 5 % Hongkong; **Export:** 7074 Mio. $; Güter: 22 % elektrotechn. Erzeugnisse, 20 % Bekleidung, ferner Kupfer u. -erzeugnisse, Kokosöl, Fisch; Länder: 36 % USA, 20 % Japan, 17 % EG-Länder

PRESSE *Tageszeitungen:* Manila: Balita (137) – Manila Bulletin (260) – Manila Evening Post (90) – Manila Times (90) – News Herald (175) – People's Journal (508)/Engl. u. Pilipino – People Tonight (500)/Engl. u. Pilipino – Philippine Daily Inquirer (285) – Tempo (250) – Quezon City: Ang Pahayagang Malaya (165) – *Nachrichtenagentur:* PNA (Philippines News Agency)

POLEN *Mittel-Europa*

Republik Polen; Rzeczpospolita Polska – PL

LANDESSTRUKTUR **Fläche** (64): 312683 km^2 – **Einwohner** (26): (F 1990) 38423000 = 123 je km^2; (Z 1988) 37879000 – ca. 99 % Polen, nationale Minderheiten, u. a. ca. 0,5–1 Mio. Deutsche u. sog. »Autochthone« (ehem. dt. Staatsb., die poln. Bürger wurden), 180000 Ukrainer, 170000 Bjelorussen, 21000 Slowaken, 19000 Russen, 12000 Sinti u. Roma, 10000 Litauer, je 5000 Griechen u. Mazedonier, 2000 Tschechen; in den als Ergebnis des II. Weltkrieges übernommenen Gebieten im Westen und Norden leben ca. 9 Mio. Menschen, etwa 9,5 Mio. Polenstämmige leben im Ausland (davon 6,5 Mio. in d. USA, 750000 in Frankreich u. 450000 in Brasilien) – **Leb.-Erwart.:** 72 J. – **Säugl.-Sterbl.:** 1,6 % – **Analph.:** 1 % – Jährl. **Bev.-Wachstum** (∅ 1980–88): 0,8 % (Geb.- u. Sterbeziffer 1988: 1,6 %/1,0 %) – **Sprache:** Polnisch – **Religion:** über 90 % Röm. Katholiken; 500000 Orthodoxe, etwa 280000 Protestanten, 60000 »Polnische Katholiken«, 30000 Altkatholiken, etwa 12000 Juden (1978), 2500 Muslime – **Städt. Bev.:** 62 % – **Städte** (F Anf. 1990): Warszawa [Warschau] (Hptst.) 1651000 Ew., Łódź [Lodz] 852000, Kraków [Krakau] 744000, Wrocław [Breslau] 637000, Poznań [Posen] 587000, Gdańsk [Danzig] 462000, Szczecin [Stettin] 410000, Bydgoszcz [Bromberg] 378000, Katowice [Kattowitz] 366000, Lublin 340000

STAAT Nach d. am 31. 12. 1989 abgeänd. Verfass. v. 1976 ein demokrat. Rechtsstaat auf parlament. Grundlage – Parlament aus 2 Kammern (»Sejm« m. 460 Mitgl. u. »Senat« m. 100 Mitgl.) – Wahl d. Abg. für 4 J.; Abkürzung der Legislaturperiode durch Wahlen im Okt. 1991 – Wahlberechtigt alle Bürger über 18 J. *(Wahlgesetz 1989 → WA '90 Sp. 437)* – 49 »Woiwodschaften« (Województwo), darunter die 3 Städte Warschau, Łodz u. Krakau; neue Einteilung in 10–12 Regionen in Ausarbeitung – **Staatsoberhaupt:** Präsident mit Exekutiv-Vollmachten Lech Wałesa, ursprüngl. »Solidarität«, jetzt »christl.-demokrat. Zentrumsallianz«, am 9. 12. 1990 in einer Stichwahl f. 6 J. gewählt mit 74,25 % d. Stimmen *(Exekutiv-Vollmachten → WA '90 Sp. 437)* – **Regierungschef:** Min.-Präs. Jan Krzysztof Bielecki, »Liberaldemokratischer Kongreß«, seit 4. 1. 1991 mit 276 v. 460 Stimmen – **Äußeres:** Prof. Dr. Krzysztof Skubiszewski, seit Sept. 1989, erneut seit 12. 1. 1991 – **Parteien:** Bei den Parlamentswahlen v. Juni 1989 erhielt die kommun. »Poln. Vereinigte Arbeiterpartei« (Polska Zjednoczona Partia Robotnicza/PZPR) im »Sejm« 173 Sitze (seit Jan. 1990 als Partei aufgelöst; Nachfolgeparteien: »Sozialdemokratie d. Rep. Polen«/SdRP; daneben »Sozialdemokrat. Union Polens«/SUP; viele Abgeord. zunächst parteilos); »Vereinigte Bauernpartei«/ZSL 76 (Zusammenschluß v. 3 Bauernparteien im April 1991); »Demokratische Partei«/SD 27; ökumenische Gruppierungen PAX 10, UChS 8 u. PZKS 5; 299 Sitze f. d. Regierungskoalition reserviert; 161 Sitze das Bürgerkomitee »Solidarität«; neues Wahlrecht für die 1. gänzlich freien Parlamentswahlen am 27. 10. 1991; z. Z. zahlreiche politische Umgruppierungen und Neugründungen, über 100 Parteien registriert; im gänzlich frei gewählten »Senat« erhielt »Solidarität« 99 Sitze, 1 Sitz ging an einen Parteilosen *(→ WA '90*

Sp. 437f.) – **Unabh.:** alte staatl. Tradition; 7. 10. 1918 Unabh.-Prokl. durch 3köpf. Regentschaftsrat, 11. 11. 1918 Pilsudski übernimmt Funktion d. R.-Rates (wird als eigentl. Gründung des unabh. Polens betrachtet), 14. 11. 1918 Rücktritt des R.-Rates u. Einsetzung einer Regierung durch Pilsudski – **Nationalfeiertag:** 3. 5. (1. demokrat. Verfassung v. 1791)

Reformprogramm
seit Anfang 1990

▷ Begrenzung der Produzentensubventionen zur Eindämmung des öffentlichen Defizits, außerdem Straffung der Steuerverwaltung
▷ Festsetzung des Zinsniveaus oberhalb der Inflationsrate sowie Streichung von Zinsvergünstigungen für Unternehmen
▷ Stabilisierung des Wechselkurses nach vorheriger Abwertung (ab 1. 1. 1990: 9500 Zł/US$)
▷ Begrenzung der Lohnerhöhungen: Unternehmen, die die vorgegebene Erhöhungsrate überschreiten, werden mit einer Sondersteuer belegt (PPW – »popiwek«)
▷ Preisliberalisierung: Der Kreis der Waren mit freier Preisbildung wurde von 50% auf 90% erweitert
Liberalisierung des Außenhandels
▷ Verabschiedung eines umfassenden Privatisierungsprogramms
▷ Beginn der sogenannten »kleinen Privatisierung« (von Kleinbetrieben) in den Bereichen Handel, Gastronomie und Spedition
▷ Schaffung eines »Arbeitsfonds« als Vorstufe einer allgemeinen Arbeitslosenversicherung
▷ Einführung einer Mehrwertsteuer frühestens ab Anfang 1992

Quelle: Commerzbank v. 26. 3. 1991 *(vgl. ebenso Ungarn → Sp. 577f.)*

WIRTSCHAFT **BSP** 1989: 66974 Mio. $ = 1760$ je Ew. (71); realer Zuwachs ∅ 1980–89: 2,6%; **BIP** 1989: 82200 Mio. $; realer Zuwachs ∅ 1980–86: 1,9%; 1990: –17%; Anteil 1989 **Landwirtsch.** 15%, **Industrie** 60% – **Erwerbstät.** 1989: Landw. 26%, Ind. 53% (Juni 1991: rd. 1,6 Mio. registr. Arbeitslose) – **Energieverbrauch** 1988: 3453 kg ÖE/Ew. – **Währung:** 1 Złoty (Zł) = 100 Groszy (Gr); 1 US-$ = 9452,00 Zł, 100 Zł = 0,0158 DM – **Ausl.-Verschuld.** 1988: 33661 Mio. $ (1990: Netto 41,8 [50%-Erlaß im März 1991], Brutto 48,2 Mrd. $;) = 51,1% d. BSP – **Inflation** ∅ 1980–88: 30,5% (1989/90 teilweise Hyperinflation v. mehr als 100%; Anf. 1991: mtl. ca. 5–10%) – **Außenhandel** 1989: **Import** 1988: 12064 Mio. $; Güter: 37% Prod. d. Maschinenbauind., 15% chem. Prod., 13% Energie u. Brennstoffe; Länder: 18% UdSSR, 16% BRD, 6% Österreich, 6% ČSFR; **Export** 1988: 13211 Mio. $; Güter: 38% Prod. d. Maschinenbauind., 11% chem. Produkte, 10% Prod. d. Metallind., 10% Energie u. Brennstoffe (Kohle, Schwefel, Kupfer); Länder: 21% UdSSR, 15% BRD, 7% Großbrit., 6% ČSFR

PRESSE *Tageszeitungen:* Warschau: Dziennik Ludowy (169) – Express Wieczorny (445) – Gazeta Wyborcza (550)/Solidarność – Kurier Polski (180) – Rzeczpospolita (260) – Slowo Powszechne (75) – Sztandar Mlodych (212) – Trybuna – Żołnierz Wolności (135) – Życie Warszawy (200) – Breslau: Gazeta Robotnicza (265) – Bydgoszcz: Gazeta Pomorska (232) – Danzig: Głos Wybrzeza (145) – Katowice: Dziennik Zachodni (214) – Trybuna Robotnicza (557) – Krakau: Gazeta Krakowska (194) – Łódz: Dziennik Łódzki (100) – Głos Robotniczy (204) – Posen: Gazeta Poznaska (220) – Głos Wielkopolski (146) – Rzeszów: Nowiny (177) – Stettin: Glos Szczecinski (119) – *Wochenzeitungen:* Warschau: Perspektywy (196) – Polityka (400) – Przyjaciółka (2013)/Frauenzeitschr. – Tygodnik Solidarność/Org. d. Solidarność – *Nachrichtenagentur:* PAP (Polska Agencja Prasowa)

PORTUGAL *Südwest-Europa*

Portugiesische Republik, República Portuguesa; lat. »portus galliae« = Gallischer Hafen – P

LANDESSTRUKTUR **Fläche** (104): 92389 km² (ohne Binnengewässer 91631 km²) einschl. Ilhas Adjacentes (»Anliegende Inseln«): **Azoren** (Arquipélago dos Açores) 2335 km² u. 252200 Ew. (S 1986), Hptst. Ponta Delgada 148000 Ew. – **Madeira** (m. Nebeninseln) 796 km² u. 252844 Ew., Hptst. Funchal 38340 Ew. (Azoren und Madeira besitzen seit 1976 begrenzte innere Autonomie, Azoren seit 1980 Autonomiestatut) – **Einwohner** (63): (F 1990) 10,3 Mio. = 111 je km² (ca. 700000 Flüchtlinge [Desalojados bzw. Retornados] aus d. ehem. Kolonien); (Z 1981) 9833000 m. Azoren u. Madeira – Portugiesen, kleine afrik. Minderheiten – **Leb.-Erwart.:** 74 J. – **Säugl.-Sterbl.:** 1,4% – **Analph.:** 16% – Jährl. **Bev.-Wachstum** (∅ 1980–89): 0,6% (Geb.- u. Sterbeziff. 1988: 1,2%/0,9%) – **Sprache:** Portugiesisch – **Religion:** über 95% Katholiken, 38000 Protestanten, 15000 Muslime – **Städt. Bev:** 32% – **Städte** (F 1985): Lisboa [Lissabon] (Hptst.) 807937 Ew. (A.: 1329000); Porto 327368, Amadora 95518, Setúbal 77885, Coimbra 74616, Braga 63033, Vila Nova de Gaia 62469, Barreiro 50863, Funchal 44111, Almada 42607, Queluz 42241, Odivelas 38322

STAAT Nach der Verfass. v. 1976 Republik auf demokrat.-parlament. Grundlage; sozialist. Tendenzen durch Änd. v. Nov. 1982 z. T. abgeschwächt – Ziviler Staatsrat (10 Mitgl.) als berat. Organ d. Präsidenten – Parlament aus 250 Abg., f. 4 J. gewählt – 18 festländische u. 4 Inseldistrikte (bzw. 2 autonome Regionen) – **Staatsoberhaupt:** Staatspräsident Dr. Mário Soares, seit Febr. 1986, erneut am 14. 1. 1991 (70,4 % d. St.) – **Regierungschef:** Prof. Dr. Anibal Cavaco Silva, PSD, erneut seit 1987 – **Äußeres:** Dr. João de Deus Ramos – **Parteien:** Wahlen v. 19. 7. 1987: Partido Social-Democrata/PSD (»Sozialdemokraten«) 50,22 %, 148 Sitze (1986: 88 Sitze); Partido Socialista/PS (»Sozialisten«) 22,24 %, 60 (57); Partido Comunista Portuguès/PCP (»Kommunistische P.«) 12,14 %, 31 (38); »Partei d. Demokrat. Erneuerung«/PRD (Eanes-Anh.) 4,9 %, 7 (45), Centro Democrático Social/CDS (»Demokrat. Soziales Zentrum«) 4,55 %, 4 (22); für den 6. Oktober 1991 Parlamentswahlen angekündigt – **Unabh.:** unabh. Königreich seit 1143, endg. unabhängig seit 1. 12. 1640 (Aufkündigung der Personalunion mit Spanien) – **Nationalfeiertag:** 10. 6. (Tod des Nationaldichters Luiz de Camões 1580)

WIRTSCHAFT **BSP** 1989: 44058 Mio. $ = 4260 $ je Ew. (42); realer Zuwachs ∅ 1980–89: 2,7 %; **BIP** 1988: 41700 Mio. $; realer Zuwachs ∅ 1980–88: 0,8 %; Anteil **Landwirtsch.** 9 %, **Industrie** 37 % – **Erwerbstät.** 1985: Landw. 24,6 %, Ind. 36,1 % – **Energieverbrauch** 1988: 1324 kg ÖE/Ew. – **Währung:** 1 Escudo (Esc) = 100 Centavos; 1 US-$ = 133,867 Esc; 100 Esc = 1,1151 DM – Öffentl. **Ausl.-Verschuld.** 1988: 14565 Mio. $ = 35,6 % d. BSP – **Inflation** 1980–88: 20,1 % (1990: 13,6 %) – **Außenhandel** 1990: **Import:** 3298 Mrd. Esc.; Güter: 22 % Maschinen, 11 % Straßenfahrz., 11 % Energieträger, 10 % Textilien u. Schuhe, 9 % Erze u. Metalle; Länder: 15 % Spanien, 15 % BRD, 12 % Frankr., 9 % Italien, 8 % Großbrit. – **Export:** 2183 Mrd. Esc.; Güter: 30 % Textilien/Bekleidung, 12 % Maschinen, 9 % chem. Erzeugn., 6 % Kfz, 6,1 % Nahrungsm.; Länder: 16 % BRD, 16 % Frankr., 13 % Spanien, 13 % Großbrit.

PRESSE *Tageszeitungen*: Lissabon: A Capital (40) – Correio da Manhã (70) – O Diário (40) – Diário de Lisboa (42) – Diário de Notícias (59) – Diário Popular (62) – Porto: O Comércio do Porto (54) – Jornal de Notícias (70) – O Primeiro de Janeiro (50) – *Wochenzeitungen*: Lissabon: Expresso (114) – O Diabo (46) – O Jornal (64) – Semanário (78) – O Tempo (72) – *Nachrichtenagentur:* Agência Lusa de Informação

ÜBERSEEGEBIET

(Chinesisches Territ. unt. port. Verwalt.)
MACAO Macau (chines. »Magao« = schöner Ort)

LANDESSTRUKTUR Fläche: 16,92 km² – Einwohner (F 1988): 454000 = 25832 Ew. je km²; (Z 1980) 276673 Ew. – zu 97 % Chinesen, rd. 12000 Portugiesen u. Mischlinge (Macaenses) – Jährl. Bev.-Wachstum (1986): 2,5 % – Lebenserwart.: 71 J. – Sprachen: Portugiesisch als Amtsspr., Chinesisch Umgangsspr. – Städte: Macao (Santo Nome de Deus de Macao) 406000 Ew.; Insel Taipa 15000; Coloane 5000

REGIERUNGSFORM Seit 1976 volle innere Autonomie – Konsultativrat (»Conselho consultivo«) u. Gesetzgeb. Versamml. (»Assembleia Legislativa«) aus 17 Mitgl., davon 6 direkt gewählt – Gouverneur: Carlos Melancia – Parteien: Gesetzgebende Vers.: 6 direkt gewählt (União Eleitoral [Wahlverband] 4; »Pro-Macao-Gruppe« 1; Flor de Amizade e Desenvolvimento de Macao [»Blume der Freundschaft u. Entw.«] 1); 5 v. Gouverneur ernannt u. 6 indirekt über Verbände best.; 9 Mitgl. sind Chinesen

WIRTSCHAFT BSP 1985: 1120 Mio. $ = 3260 $ je Ew.; realer Zuwachs: 2,5 % – Währung: 1 Pataca (Pat.) = 100 Avos; 1 $ = 7,9930 Pat.; 100 Pat. = 21,2411 DM – Außenhandel 1985: Import: 776 Mio. $; Export: 903 Mio. $; Güter: 70 % Textilien; Länder: 36 % EG, 33 % USA, 15 % Hongkong – Tourismus: 4,3 Mio., 6 Spielcasinos (25 % des BSP); 102. Mitglied des GATT seit 21. 1. 1991

PRESSE Tageszeitungen: Port.: Gazeta Macaense – Jornal de Macao – Chin.: Jornal ›Va Kio‹ (39) – Ou Mun lat Pou – Seng Pou – Si Man Pou (8) – Tai Chung – Wochenzeitung: Tribuna de Macao/Port.

RUANDA *Ost-Afrika*

Republik Ruanda, Republica y'u Rwanda [y Urwanda], République Rwandaise – RWA

LANDESSTRUKTUR **Fläche** (129): 26338 km² – **Einwohner** (85): (F 1988) 6750000 = 256 je km²; (Z 1978) 4819317 – Ruander [Rwander]; haupts. Bantu (knapp 90 % Bahutu bzw. Hutu u. verw. Stämme), 9 % hamit.-nilot. Watussi bzw. Tutsi, ca. % Pygmäen (Twa), über 1000 Europäer (meist Belgier), ca. 750 Inder u. and. Asiaten; ca. 250000 Rwander im Exil in Uganda, Zaire u. Burundi – **Leb.-Erwart.:** 49 J. – **Säugl.-Sterbl.:** 12,0 % – **Analph.:** 53 % – Jährl. **Bev.-Wachstum** (∅ 1980–89): 3,3 %

(Geb.- u. Sterbeziff. 1988: 5,3 %/1,8 %) – **Sprachen:** Französisch u. Kinyarwanda als Amtssprache; Kisuaheli z. T. Verkehrsspr. – **Religion:** üb. 50 % Katholiken, ca. 12% Protestanten, 9% Muslime, 23% Anhänger v. Naturreligionen – **Städt. Bev.:** 7% – **Städte** (S 1981): Kigali (Hptst.) 155000 Ew.; (1979) Butare (fr. Astrida) 25000, Ruhengeri 16000, Gisenyi 13000

STAAT Präsidialrepublik – Neue Verfassung seit Mai 1991 – »Conseil National de Développement« anstelle eines Parlaments – 10 Präfekturen; Parteiengesetz in Vorbereitung – **Staats- u. Regierungschef** sowie Verteidigungsmin.: Generalmajor Juvénal Habyarimana, seit Staatsstreich 1973, 1978 gewählt, erneut im Dez. 1983 (99 % d. St.) – **Äußeres:** Dr. Kacimir Bizimungu – **Parteien:** Mouvement Révolutionäire Nationale pour le Développement/MRND, (»Nat. Revolutionsbewegung f. d. Entwicklung«, der jeder Bürger angehört, als offiz. Partei seit 1975, Präs. Habyarimana); Wahlen v. 1983: alle 70 Sitze im »Nationalrat« – **Unabh.:** 1. 7. 1962 – **Nationalfeiertag:** 1. 7. (Unabh. 1962 und »Fest d. 2. Republik), 5. 7. (Machtergreifung Habyarimanas 1973)

(Zur derzeitigen innenpolitischen Situation des Landes → Chronik Sp. 134 f.)

WIRTSCHAFT **BSP** 1989: 2141 Mio. $ = 310 $ je Ew. (141); realer Zuwachs ∅ 1980–89: 1,3%; **BIP** 1988: 2310 Mio. $; realer Zuwachs ∅ 1980–88: 2,1%; Anteil **Landwirtsch.** 38%, **Industrie** 22% – **Erwerbstät.** 1985: Landw. 82%, Ind. 6% – **Energieverbrauch** 1988: 41 kg ÖE/Ew. – **Währung:** 1 Ruanda-Franc (F. Rw) = 100 Centimes; 1 US-$ = 122,3304 F. RW; 100 F. Rw = 1,2389 DM – **Öffentl. Ausl.-Verschuld.** 1988: 585 Mio. $ = 25,5 % d. BSP – **Inflation** ∅ 1980–88: 4,1 % – **Außenhandel** 1988: **Import:** 370 Mio. $; **Export:** 113 Mio. $; Güter: Üb. 50% Kaffee, 9% Tee, 3–5% Zinn, Wolfram, Baumwolle, Ölfrüchte, Pyrethrum, Tabak; Länder: bis 14% Belgien u. übrig. EG-Länder (14% Frankr., 12% BRD), Kenia, Tansania, Japan, USA, Zaire, Iran

PRESSE *Wochenzeitungen:* Kigali: Imvaho (51)/Kinyarwanda – Kinyamateka (11)/14täg. – *Nachrichtenagentur:* ARP (Agence Rwandaise de Presse)

RUMÄNIEN *Südost-Europa*

Republik R., Republica România – RO

LANDESSTRUKTUR **Fläche** (76): 237500 km^2 – **Einwohner** (38): (F 1990) 23200000 = 98 je km^2; (Z 1977) 21559416 (im 1. Halbj. 1991 90000 Rumänen ausgewandert) – (1991) 88,0% Rumänen, 7,9% Magyaren (einschl. Szekler), 1,6% Deutsche (nach and. Angaben nur noch 95000 Deutsche, darunter 47000 »Siebenbürger Sachsen«, ferner »Banater Schwaben« usw., Auswanderung der Rumäniendeutschen 1988: 12902, 1989: 23387, 1990: 111150); außerd. 2,4 % Minderheiten v. Sinti u. Roma (1 Mill.), Ukrainern (»Lipovani«), Serben, Kroaten, Bulgaren, Slowaken, Tschechen, Russen, Tataren, Türken, Griechen, Armeniern u. Polen – **Leb.-Erwart.:** 70 J. – **Säugl.-Sterbl.:** 2,4% – **Analph.:** 4% – Jährl. **Bev.-Wachstum** (∅ 1980–89): 0,4% (Geb.- u. Sterbeziff. 1988: 1,6%/1,1%) – **Sprachen:** Rumänisch als Amtssprache, Umgangssprachen d. Minderheiten – **Religion:** 16 Mio. rumänisch-orthodoxe Christen, 2,3 Mio. Katholiken (Deutsche, Magyaren, Rumänen usw.), üb. 800000 Protestanten – **Städt. Bev.:** 54% – **Städte** (F 1986): Bucureşti [Bukarest] (Hptst.) 1990000 Ew., Braşov [Kronstadt] 352000, Constanţa [Konstanza] 333000, Timişoara [Temeschburg] 325000, Cluj-Napoca [Klausenburg] 310000, Iaşi 313000, Galaţi [Galatz] 295000, Craiova 281000, Ploieşti 227714, Brăila 236000, Oradea [Großwardein] 201344, Arad 184517, Sibiu [Hermannstadt] 170213, Băcau 162650, Tirgu Mureş 150634, Piteşti 146790, Baia Mare 127088, Buzău 123118, Satu Mare 122629

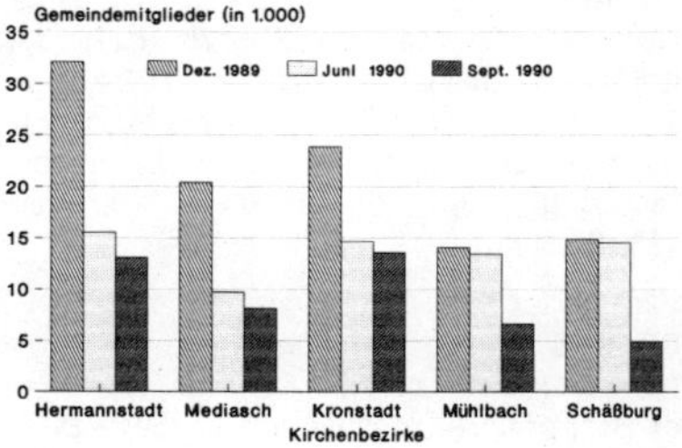

Auswanderung aus Siebenbürgen/Rumänien
Deutschstämmige Bevölkerung 1989/90

Quelle: Siebenbürg. Zeitung

STAAT Republik – Neuer Verfassungentwurf am 19. 6. 1991 verabschiedet – Parlament (»Marea Adunare Naţională«) aus 2 Kammern (Senat 119, Deputiertenvers. 387 Mitgl.) – Wahlberechtigt alle Bürger über 18 Jahre – Municipium Bukarest u. 40 Kreise – **Staatsoberhaupt:** Ion Iliescu (»Front zur nationalen Rettung«), gewählt am 20. 5. 1990 mit 86,6% der Stimmen – **Regierungschef:** Prof. Petre Roman – **Äußeres:** Dr. Adrian Nastase – **Parteien:** Wahlen v. 20. 5. 1990, Kandidatur von 82 Parteien, der Nationalversamml. gehören (nach dem Anteil an d. Gesamtbevölk.) Vertreter d. Minderheiten (u. a. 6 Deutsche) an, 1991 Gründung einer »Partei Großrumänien«; voraussichtlich im Herbst 1991 Neuwahlen – **Unabh.:** erste eigene Staatsbildung (Moldau, Walachei) im 14. Jh.; Anerkennung d. Unabh. am 13. 7. 1878 (Berliner Konferenz) durch d. Osmanische Reich – **Nationalfeiertag:** 23. 8. (Sturz d. Reg. Antonescu 1944)

WIRTSCHAFT **BSP** 1983: 44510 Mio. $; S 1984 38590 Mio. $ = 1666 $ je Ew. (74); realer Zuwachs ∅1982: 2,6%; **BIP** 1985: Anteil **Landwirtsch.** 15%, **Industrie** 37% (n. eig. Ang. 62,5% [1987]) – **Erwerbstät.** 1985: Landw. 23%, Ind. 32% – **Energieverbrauch** 1988: 3459 kg ÖE/Ew. – **Währung:** 1 Leu (l) = 100 Bani; kommerzieller Kurs 1 US-$ = 34,71 l; 100 l = 4,2589 DM – **Netto-West-Verschuld.** 1990: 1300 Mio. $ (= 38% der Exporterlöse) – **Inflation:** 1990: 38%, Mitte 1991: 80% – **Außenhandel** (1989): **Import:** 8799 Mio. $; Güter: 41% (Clearing) bzw. 77% (Hartwährung) Brennstoffe, Metalle, 40% (Clearing) bzw. 4% (Hartwährung) Maschinen; Länder: Clearinghandel: 52% UdSSR, 13% DDR, 7% ČSFR; Hartwährungshandel: 29% Iran, 5% BR Dtld., 5% USA, 4% Ägypten; **Export:** 10811 Mio. $; Güter: 57% (Clear.) bzw. 9% (Hartw.) Maschinen u. Transportm., 11%/48% Brennstoffe u. Metalle, 19% / 13% ind. Konsumgüter; Länder: Clearing: 52% UdSSR, 12% DDR, 7% ČSFR; Hartwährung: 17% Italien, 11% BRD, 10% USA, 5% Iran, 5% Türkei, 4% Frankreich

PRESSE *Tageszeitungen:* Bukarest: Adevarul (vorher Scînteia) – Azi – Dreptatea – Elöre (87) – Libertatea (vorher Informatia Bucureştiului/210) – Neuer Weg (30)/Dt. – România Libera (430) – Romaniai Magyar Szó/Ung. – Sportul (445) – Tineretul Liber (vorher Scînteia Tineretului/265) – Hermannstadt: Tribuna Sibiului (39) – Die Woche (6)/ Dt. wö. – Kronstadt: Drum Nou (51) – Karpaten Rundschau (3) Dt., wö. – Temeschburg: Drapelul Roşu (60) – Neue Banater Zeitung (14)/Dt. – *Nachrichtenagentur:* ROMPRES

SAHARA, Demokratische Arabische Republik *Nordwest-Afrika*

Demokratische Arabische Republik Sáhara (DARS); al-gumhúríya as-ad-dímúqrátíya; UNO-Bezeichnung: Westsahara

LANDESSTRUKTUR **Fläche** (71): 266000 km² – **Einwohner** (155): (F 1988) 169000 = < 1 je km²; nach and. Angaben 230000–300000 Ew., von denen 165000 in Flüchtlingslagern leben; (Z 1970) 76000 – Seit 1975 Saharauís [Sahraouis], überwieg. berberischer Abkunft, z. T. berberisch-arab. Mischbevölk.; teilw. nomadisch lebende Stämme: Erguibat, Arosien, Ulad-Delim, Alt-Lahsen, Izasgu-ien, europ. Minderh. (Spanier, Franzosen) – Jährl. **Bev.-Wachstum** (∅1980–86): 2,8% – **Sprachen:** Spanisch, Arabisch u. »Hasania« – **Religion:** Nahezu 100% Muslime (Sunniten) – **Städte** (Z 1982): El Aaiún [Lâayoun] (Hptst.) 96784 Ew., Dachla [früher Villa Cisneros] 17822, as-Smara 17753

STAAT Republik; von über 60 afrik. u. asiat. Staaten anerkannt – **Staatsoberhaupt:** Mohammed Abdel Aziz [Abdelasis], seit Okt. 1982 – **Regierungschef:** Mahfoud Ali Beida – **Äußeres:** Ibrahim Abdel Hakim – **Parteien:** Frente Popular de Liberación de Seguía el-Hamra y Río de Oro (»Volksfront f. d. Befreiung von Seguía el-Hamra u. Río de Oro«)/ Frente POLISARIO; Generalsekr.: Mohammed Abdel Aziz – **Unabh.:** 28. 2. 1976 v. »Volkskonferenz« ausgerufen, seit Aug. 1979 v. Marokko vollständig annektiert – Referendum über Unabhängigkeit unter UN-Aufsicht f. Jan. 1992 vorgesehen

WIRTSCHAFT **Währung:** Wie Marokko – **Außenhandel** 1973: **Import:** 758,1 Mio. span. Ptas; **Export:** 244 Mio. span. Ptas; Güter: Phosphate, Salz, Viehzuchtprodukte

SAINT KITTS und NEVIS *Karibik*

Föderation Saint Kitts und Nevis; Federation of Saint [St.] Kitts and Nevis; früher: St. Christopher and Nevis – SCN

LANDESSTRUKTUR **Fläche** (171): 261 km², davon St. Kitts (Christopher) 174 km² u. Nevis 93 km² – **Einwohner** (168): (F 1988) 49000 (davon 12000 auf Nevis) = 188 je km²; (Z 1980) 44000 – Etwa 80% Schwarze u. Mulatten, daneben Inder, Chinesen u. Europäer – **Leb.-Erwart.:** 69 J. – **Säugl.-Sterbl.:** 2,8% – **Analph.:** 9% – Jährl. **Bev.-Wachstum** (∅1980–88): –0,3% – **Sprache:** Englisch – **Religion:** 36% Anglikaner, 32% Methodisten u. 10% Katholiken – **Städt. Bev.:** 36% – **Städte** (Z

1980): Basseterre (Hptst.) 14283 Ew., Sandy Point Town, Charlestown (Hptst. v. Nevis) 1243

STAAT Offiz. »Souveräner demokratischer Föderativstaat« – Konstitutionelle Monarchie im Commonwealth – Parlament (Nationalversamml.), davon 11 gewählte u. 3 ernannte Senatoren – »Nevis Assembly« mit 8 Mitgl. (Premier v. Nevis: Simeon Daniel) – Allg. Wahlrecht – 14 Gemeinden – **Staatsoberhaupt:** Königin Elizabeth II., vertr. durch den einheim. Generalgouverneur Sir Clement Arrindell – **Regierungschef u. Äußeres:** Dr. Kennedy Alphonse Simmonds/PAM, seit 1980 – **Parteien:** Wahlen vom März 1989: People's Action Movement/PAM (»Volksaktionsbewegung«) 44,0%, St. Kitts-Nevis Labour Party 37,9%, Nevis Reformation Party 11,0%, Concerned Citizens Movement 6,5%, Progressive Liberal Party 2,0% – **Unabh.:** 19. 9. 1983 – **Nationalfeiertag:** 19. 9.

WIRTSCHAFT **BSP** 1988: 120 Mio. $ = 2630 $ je Ew. (51); BSP: realer Zuwachs ∅ 1980–88: 3,6%; Anteil **Landwirtsch.** 1988 über 9%, **Industrie** 23%, Tourismus 22% d. BSP – **Erwerbstät.** 1980: Landw./Fischerei 25%, Ind. 29% – **Energieverbrauch** 1984: 370 kg ÖE/Ew. – **Währung:** 1 Ostkaribischer Dollar (ES$) = 100 Cents; 1 US-$ = 2,6882, 100 EC$ = 55,5762 DM – **Inflation** ∅ 1980–88: 6,2% – **Außenhandel** 1984: **Import:** 140,1 Mio. $; **Export:** 52,6 Mio. $; Güter: 56% Zucker u. Melasse, ferner Erdnüsse u. Baumwolle, Bekleidung, elektronische Bauteile; Länder: 40% USA, 20% Großbrit. CARICOM-Staaten

PRESSE *Zeitungen:* Basseterre: Democrat (sa. 3) – The Labour Spokesman (mi. u. sa. 6)

SAINT LUCIA *Karibik*

Sankt Lucia; St. Lucia; Sainte-Lucie; entdeckt v. Kolumbus am St.-Lucien-Tag 1502 – WL

LANDESSTRUKTUR **Fläche** (159): 622 km² – **Einwohner** (158): (F 1988) 133000 = 214 je km²; (Z 1980) 115153 – 87% Schwarze, im übr. Mulatten, ca. 2,6% Inder, 0,6% Weiße – **Leb.-Erwart.:** 71 J. – **Säugl.-Sterbl.:** 1,8% – **Analph.:** 10% – Jährl. **Bev.-Wachstum** (∅ 1980–88): 2,0% (Geb.- u. Sterbeziffer 1985: 3,1%/0,8%) – **Sprachen:** Englisch als Amtssprache u. Patois (ein kreolisches Französ.) – **Religion:** 90% Katholiken, Protestanten – **Städt. Bev.:** 50% – **Städte** (S 1987): Castries (Hptst.) 49000 Ew.

STAAT Konstitutionelle Monarchie im Commonwealth – Senat 11 u. Unterhaus (»House of Assembly«) 17 Abg. – 16 »parishes« (Gemeinden) – **Staatsoberhaupt:** Königin Elizabeth II., vertr. durch den einheim. Generalgouverneur Sir Stanislaus Anthony James – **Regierungschef:** John George Melvin Compton/UWP, seit Mai 1982 – **Äußeres:** Neville Cenac – **Parteien:** Wahlen v. Mai 1987 (1982): United Workers Party/UWP (53,2%) 9 (14) Sitze, St. Lucia Labour Party/SLP (40,8) 8 (2), Progressive Labour Party/PLP (6,0%) 0 (1) – **Unabh.:** 22. 2. 1979 – **Nationalfeiertag:** 13. 12.

WIRTSCHAFT **BSP** 1989: 267 Mio. $ = 1810 $ je Ew. (66); BSP: realer Zuwachs ∅ 1965–88: 2,7%; Anteil **Landwirtsch.** 14%, **Industrie** 21% – **Erwerbstät.** 1985: Landw. 30%, Ind. 20% – **Energieverbrauch** 1986: 143 kg ÖE/Ew. – **Währung:** 1 Ostkarib. Dollar (EC$) = 100 Cents; 1 US-$ = 2,6882 EC$, 100 EC$ = 55,5762 DM – **Ausl.-Verschuld.** 1985: 27 Mio.$ = 15,5% d. BSP – **Inflation** ∅ 1980–88: 3,9% – **Außenhandel** 1985: **Import:** 337,5 Mio. EC$; **Export:** 140,5 Mio. EC$; Güter: 52% Bananen, 7% Kakao, Kokosöl, 3% Bier, Zitrusfrüchte u. Gewürze; 16% Textilien, 11% Papier-Produkte; Tourismus 30% d. BSP; Länder: 53% Großbrit., 20% CARICOM-Länder, v. a. Trinidad u. Tobago, 17% USA, Barbados

PRESSE *Wochenzeitungen:* Castries: The Crusader (3) – The Vanguard (2)/14täg. – The Voice of St. Lucia (5)/2x wö.

SAINT VINCENT und die GRENADINEN *Karibik*

St. Vincent and the Grenadines – WV

LANDESSTRUKTUR **Fläche** (166): 388 km² (davon Grenadinen 43 km²) *(Skizze → WA '89, Sp. 453)* – **Einwohner** (160): (F 1988) 108000 = 278 je km²; (Z 1980) 98000 – Ca. 65% Schwarze, im übr. Mulatten, ca. 4% Inder – **Leb.-Erwart.:** 70 J. – **Säugl.-Sterbl.:** 2,7% – **Analph.:** 4% – Jährl. **Bev.-Wachstum** (∅ 1980–88): 1,4% – **Sprachen:** Englisch als Amtssprache; Umgangsspr. ein kreolisches Englisch – **Religion:** 47% Anglikaner, 28% Methodisten u. 13% Katholiken – **Städt. Bev.:** 30% – **Städte** (S 1982): Kingstown (Hptst.) 33694 Ew.

STAAT Konstitutionelle Monarchie im Commonwealth – Parlament aus 1 Kammer: 13 gewählt. Abg. u. 6 v. Gen.-Gouv. ernannte Senatoren – **Staatsoberhaupt:** Königin Elizabeth II., vertr. durch den einheim. Generalgouverneur David Jack – **Regie-**

rungschef u. Äußeres: James F. Mitchell/NDP – **Parteien:** Ergebnis d. Parlamentswahlen v. Mai 1989: New Democratic Party 66,3%, Saint Vincent/ Grenadines Labour Party 30,3%, Movement for National Unity 2,3%, United People's Movement 1,1% – **Unabh.:** 27. 10. 1979 – **Nationalfeiertag:** 27. 10.

WIRTSCHAFT **BSP** 1988: 135 Mio. $ = 1200 $ je Ew. (81); BSP: realer Zuwachs ∅1965–88: 2,0%; Anteil 1988: **Landwirtsch.** 20%, **Industrie** 10% – **Erwerbstät.** 1985: Landw. 42%, Ind. 10% – **Energieverbrauch** 1984: 144 kg ÖE/Ew. – **Währung:** 1 Ostkaribischer Dollar (EC$) = 100 Cents; 1 US-$ = 2,6882 EC$, 100 EC$ = 55,5762 DM – Öff. **Ausl.-Verschuld.** 1985: 25% d. BSP – **Inflation** ∅1980–88: 4,3% – **Außenhandel** 1985: **Import:** 213,9 Mio. EC$ (1983: 23,5 Mio. $); **Export:** 167,8 Mio. EC$ (1983: 38,0 Mio. $); Güter: 35% Bananen, Pfeilwurz, stärkehalt. Knollenpflanzen, Süßkartoffeln, Kopra; Länder: 45% EG-Länder, v. a. Großbrit., knapp 50% Länder d. Karib. Gemeinschaft/ CARICOM, v. a. Trinidad u. T., Barbados, USA, Japan

PRESSE *Wochenzeitungen:* Kingstown: The New Times/NDP – The Star/SVLP, 14täg. – The Vincentian (4)

SALOMONEN *Ozeanien*

Salomon-Inseln, Salomon Islands, v. span. Entd. Alvarade Mendaña 1568 nach dem bibl. König Salomon [wegen vermuteter Goldminen] benannt

LANDESSTRUKTUR **Fläche** (124): 28 896 km² (n. a. Ang. 29 785 od. 28 529 km²) – **Einwohner** (147): (F 1988) 303 000 = 10 je km²; (Z 1976) 196 708 – 94% Melanesier, 4% Polynesier, wenige Kiribati, Weiße u. Chinesen – **Lebenserwart.:** 64 J. – Jährl. **Bev.-Wachstum** (∅1980–89): 3,5% – **Analph.:** 46% – **Sprachen:** Englisch als Amtsspr.; »Pidgin Englisch« (»Neo-Salomonian«), melanes. u. polynes. Idiome – **Religion:** 34% Anglikaner, 19% Katholiken, 17% South Sea Evangelical, 25% and. Protest., autochth. Kulte (u. a. »Cargo-Kult«) – **Städt. Bev.:** 9% – **Städte** (1987): Honiara (Hptst.) 30 413 Ew. (auf der größten Insel Guadalcanal); Auki, Gizo

STAAT Konstitutionelle Monarchie im Commonwealth – Nationalparlament mit 38 Abg. – Allgem. Wahlrecht – 7 Provinzen u. Hptst. Honiara: (S 1986) Western Province 60 100 Ew., Guadalcanal (einschl. Honiara) 68 900, Central 19 900, Malaita 77 900, Makula 20 100, Temotu 14 800, Isabel 15 000 – **Staatsoberhaupt:** Königin Elizabeth II., vertreten durch einheim. Generalgouverneur George Geira Dennis Lepping – **Regierungschef:** Min.-Präs. Solomon Mamaloni – **Äußeres:** Sir Baddeley Devesi – **Parteien:** Wahlen v. Okt. 1989: Solomon Islands United Party/SIUPA 13 Sitze, People's Alliance Party/PAP 12, National Democratic Party/NADEPA 1, Solomon Ano Sagetunea/SAS 4, 7 Unabhängige – **Unabh.:** 7. 7. 1978 – **Nationalfeiertag:** 7. 7. u. 1. 10. (Solomon Islands Day)

WIRTSCHAFT **BSP** 1989: 181 Mio. $ = 570 $ je Ew. (118); realer Zuwachs ∅1980–89: 7,3%; **BIP** 1985: Anteil **Landwirtsch.** 65%, **Industrie** 5% – **Erwerbstät.** 1985: Landw. 75%, Ind. 5% – **Ausl.-Verschuld.** 1985: 60 Mio. $ – **Inflation** ∅1980–88: 13,1% – **Währung:** 1 Salomonen-Dollar (SI$) = 100 Cents; 1 US-$ = 2,6178 SI$; 100 SI$ = 56,53 DM – **Außenhandel** 1986: **Import:** 63 Mio. $; **Export:** 67 Mio. $; Güter: bis 40% Holz, 30% Fische, 25% Kopra, Palmöl, Kakao, Muscheln, Tabak – Länder: 25% Japan, 20% Australien, 10% Großbrit., USA (US-Samoa), Singapur, Niederlande

PRESSE *Wochenzeitungen:* Honiara: Island Reporter (2) – Solomon Nius (4)/reg. – Solomon Star (3)/offiz. – Solomons Toktok (3)

SAMBIA *Süd-Afrika*

Republik Sambia, ehem. »Nordrhodesien«; Republic of Zambia; n. Fluß Sambesi – Z

LANDESSTRUKTUR **Fläche** (37): 752 618 km² – **Einwohner** (78): (S 1988) 7 531 000 = 10 je km²; (Z 1980) 5 662 000 – Sambier; Bantu (34% Bemba, 16% Tonga, Ngoni, Lozi), kleine Buschmanngruppen; ca. 70 000 Europäer, meist Briten, u. a. 15 000 Asiaten, meist Inder – **Leb.-Erwart.:** 55 J. – **Säugl.-Sterbl.:** 7,8% – **Analph.:** 27% – Jährl. **Bev.-Wachstum** (∅1980–88): 3,7% (Geb.- u. Sterbeziffer 1988: 5,0%/1,3%) – **Sprachen:** Englisch als Amtsspr.; Bantu-Sprachen: Ci-Bemba, Ci-Nyanja, Tonga usw. als Umgangsspr. – **Religion:** 66% Christen, Anh. v. Naturrel., 20 000 Muslime – **Städt. Bev.:** 54% – **Städte** (S 1989): Lusaka (Hptst.) 870 000 Ew., Kitwe (mit Kalulushi) 472 000, Ndola 443 000; (Z 1980) Mufulira 149 800, Chingola 145 900 (mit Chililambombwe 269 000), Kabwe 143 600, Luanshya 132 200, Livingstone 72 000 (S 1988: 98 000), Kalulushi 59 200

STAAT Präsidialrepublik – Parlament (National Assembly) im Sept. 1991 aufgelöst; außerdem

»House of Chiefs« aus 27 tradit. Führern ethn. Gruppen – neue Verfassung vom Parlament verabschiedet – Wahlberechtigt alle vollj. Bürger – 9 Provinzen – **Staatsoberhaupt:** Dr. Kenneth David Kaunda/UNIP, seit 1964, zuletzt wiedergewählt im Nov. 1988 mit über 95 % d. Stimmen – **Regierungschef:** General Malimba Masheke – **Äußeres:** Gen.-leutn. Benjamin Ndalila Mibenge – **Parteien:** 1972 –1990 Einparteistaat mit d. United National Independence Party/UNIP; Präs.: K. D. Kaunda; bei d. Wahlen v. 1983 gingen alle 135 Sitze an die UNIP (davon 10 v. Präs. ernannt); im Dez. 1990 Gesetz über Einführung des Mehrparteiensystems verabschiedet; demokratische Wahlen für 31. 10. 1991 angekündigt – **Unabh.:** 24. 10. 1964 – **Nationalfeiertag:** 24. 10.

WIRTSCHAFT **BSP** 1989: 3060 Mio. $ = 390 $ je Ew. (142); realer Zuwachs ∅ 1980–89: –0,2 %; BIP 1988: 4000 Mio. $; realer Zuwachs ∅ 1980–88: 0,7 %; Anteil **Landwirtsch.** 14 %, **Industrie** 43 % – **Erwerbstät.** 1988: Landw. 70 %, Ind. ca. 10 % – **Energieverbrauch** 1988: 376 kg ÖE/Ew. – **Währung:** 1 Kwacha (K) = 100 Ngwee (N); 1 US-$ = 42,53712 K, 100 K = 3,5122 DM – **Ausl.-Verschuld.** 1988: 4194 Mio. $ (1989: 7,2 Mrd. $) = 116,7 % d. BSP – **Inflation** ∅ 1980–88: 33,5 % – **Außenhandel: Import** 1988: 889 Mio. $; Güter: 32 % Masch., elektrotechn. Erzeugn. u. Fahrzg., 6 % Fertigwaren; Länder: 21 % EG-Länder (dar. 51 % Großbrit.), 20 % Saudi-Arabien, 6 % USA; **Export** 1988: 1073 Mio. $; Güter: > 90 % Kupfer, Tabak, Spinnstoffe; Länder: 44 % EG-Länder, 23 % Japan, 10 % VR China

PRESSE *Tageszeitungen:* Lusaka: The Times of Zambia (65)/UNIP – Zambia Daily Mail (40)/ reg.eigen – *Nachrichtenagentur:* ZANA (Zambia News Agency)

SAMOA → WESTSAMOA

SAN MARINO *Süd-Europa*

Republik San Marino; Serenissima Repubblica di San Marino (nach legendärem Gründer, dem Hl. Marinus) – RSM

LANDESSTRUKTUR **Fläche** (174): 60,57 km^2 (mit Gewässern 61,19 km^2) – **Einwohner** (173): (S 1988) 23 000 = 380 je km^2; (Z 1976) 19 000; weitere ca. 25 000 Bürger leben im Ausland – Italiener (»Sanmarinesen«); ca. 3500 Ausländer, bes. Italiener – **Leb.-Erwart.:** 76. J. – Jährl. **Bev.-Wachstum** (∅ 1980–86): 0,4 % (Geb.- u. Sterbeziffer 1985: 0,9 %/0,8 %) – **Sprachen:** Italienisch, als Amtsspr. Romagnol – **Religion:** 95 % Kath. – **Städt. Bev.:** 99 % – **Städte** (F 1986): San Marino (Hauptort) 4363 Ew., Serravalle 7109

STAAT Republik, Freundschaftsvertrag (»Convenzione di Amicizia e Buon Vicinato«) mit Italien – Parlament (»Consiglio Grande e Generale«), dessen 60 Abg. für 5 J. gewählt werden – Allg. Wahlrecht ab 18 J. auch f. im Ausland lebende Wahlberechtigte – Zollunion mit Italien, Botschaften in Italien, beim Vatikan, in Belgien, Österr., bei der EG u. beim souveränen Militärorden d. Malteser, Gesandtschaften in Frankr. u. der Schweiz – 9 Distrikte (Castelli = Kirchengemeinden) – **Regierungschef:** 2 jeweils für 6 Monate durch den »Consiglio« gewählte »Capitani Reggenti« – **Regierung:** durch den »Congresso di Stato« (Kollegialorgan aus 6 Staatssekretären); seit Juli 1986 Koal.-Reg. aus PC u. DC – **Äußeres:** Dr. Gabriele Gatti, DC – **Parteien:** im wesentl. wie → *Italien* – Wahlen v. Mai 1988: »Christl. Dem. P.«/DC (Vors. Clara Boscaglia) 44,1 % d. Stimmen u. 27 v. 60 Sitzen; Kommunisten/PC 18; Sozialisten 7; Einheitssozialisten 8 – **Unabh.:** legendäre Gründung am 3. 9. 301 durch d. Eremiten Marino, erste urkundl. Erwähnung am 20. 2. 885 im Placitum feretranum; seither fast ununterbrochen Selbständigkeit bewahrt – **Nationalfeiertag:** 3. 9.

WIRTSCHAFT **Erwerbstät.** 1985: Landw. 5 %, Ind. 32 % – **Währung:** Italien. Währung u. Lira von San Marino (seit 1972 eigene Münzprägung) – **Außenhandel: Import:** Fremdenverkehr (ca. 3 Mio. Touristen jährl.); **Export:** Briefmarken, geringe Mengen von Wein, Keramik, Textilien; 2500 registr. Firmen (Steuervorteile)

SÃO TOMÉ und PRÍNCIPE *West-Afrika*

Demokratische Republik S. T. u. P.; República Democrática de São Tomé e Príncipe – STP

LANDESSTRUKTUR **Fläche** (154): 964 km^2 (S. T. 836 km^2, P. 128 km^2) – **Einwohner** (161): (S 1988) 106 000 = 110 je km^2; (Z 1981) 97 000 – Santomeer (portug.: Sãotomenses); haupts. Schwarze, z. T. v. benachbarten Festland stammend (»Forros«, »Angolares« usw.); daneben Mulatten; portug. Restgruppe – **Leb.-Erwart.:** 65 J. – **Säugl.-Sterbl.:** 6,2 % – **Analph.:** 43 % – Jährl. **Bev.-Wachstum** (∅ 1980–88): 3,0 % (Geb.- u. Sterbeziffer 1985: 3,6 %/0,9 %) – **Sprachen:** Portugiesisch als Amtsspr.; »Crioulo« (Mischsprache aus Portugies. u. Bantusprachen) als Umgangsspr.– **Religion:** 80 % Katholiken; ferner Protestanten u. Anh. v.

Naturrel. – **Städt. Bev.:** 30% – **Städte** (S 1984): São Tomé (Hptst.) 25000 Ew., Santo António (auf P.) 1000

STAAT Republik – Neue Verfass. vom Sept. 1990 – Nationalversammlung mit 55 Sitzen – **Staatsoberhaupt:** Miguel Trovoada, gewählt am 4. 3. 1991 mit 84% d. Stimmen – **Regierungschef:** Daniel Lima dos Santos Daio – **Äußeres:** Frau Alda Baudeinar Tavares Vaz da Conceição – **Parteien:** 1. demokratische Parlamentswahlen v. 20. 1. 1991 (Aufhebung des Machtmonopols der MLSTP per Referendum 1989): »Demokrat. Annäherungspartei«/PCD 55% d. Stimmen u. 31 d. 55 Sitze; Movimento de Libertação de S. Tomé e Principe/MLSTP 30% u. 21; Sonstige 3 – **Unabh.:** 12. 7. 1975 – **Nationalfeiertag:** 12. 7.

WIRTSCHAFT **BSP** 1989: 43 Mio. $ = 360 $ je Ew. (138); realer Zuwachs ∅ 1980–89: -2,8%; Anteil **Landwirtsch.** 1985 am BSP 50%, **Industrie** 10% – **Erwerbstät.** 1985: Landw. 80%, Ind. 5% – **Energieverbrauch** 1984: 128 kg ÖE/Ew. – **Währung:** 1 Dobra (Db) = 100 Céntimos; 1 US-$ = 138,867 Db, 100 Db = 1,0758 DM – Öff. **Ausl.-Verschuld.** 1985: 100% d. BSP – **Inflation** ∅ 1980–88: 18,1% – **Außenhandel** 1984: **Import:** 486 Mio. Db; **Export:** 540 Mio. Db; Güter: ca. 90% Kakao; Länder: rd. 50% Portugal

PRESSE *Wochenzeitungen:* São Tomé: Diário da República – Povo – Revolução – *Nachrichtenagentur:* STP-Press

SAUDI-ARABIEN *Vorder-Asien*

Königreich S.-A.; Al Mamlaka Al'Arabiya As-Sa'udiya; nach Gründer Ibn Saud (vorher Hedschas, Nedschd) – SA

LANDESSTRUKTUR **Fläche** (12): 2149690 km²; Abgrenzung geg. Rep. Jemen unsicher – **Einwohner** (47): (F 1990) 16753000 = 8 je km² (üb. 30% Nomaden u. Halbnomaden, daher n. and. S nur 8,4 Mio.); (Z 1974) 7012642 – 82% Saudi-Araber (Saudis); 18% Ausländer, davon 13% and. Araber v. a. als Fremdarbeiter = 62% d. aktiven Bev.; darunter 1 Mio. Araber (vorwieg. aus d. Jemen sowie 150000 Ägypter, ferner Palästinenser, Syrer, Jordanier), 400000 Asiaten (ca. 150000 Pakistaner u. Inder), Perser, Minderheit v. Schwarzen; 100000 Europ. u. Nordamerik. (darunter 35000 US-Bürger u. ca. 10000 Deutsche) – **Leb.-Erwart.:** 65 J. – **Säugl.-Sterbl.:** 6,6% – **Analph.:** 38% – Jährl. **Bev.-Wachstum** (∅ 1980–88): 4,2% (Geb.- u. Sterbeziffer 1988: 4,2%/0,8%) – **Sprache:** Arabisch – **Religion:** über 99% Muslime (Wahhabiten, Schafiiten u. a.), insg. 85% Sunniten, 15% Schiiten – **Städt. Bev.:** 73% – **Städte** (S 1980): Er Riad [Rijad, Riyahd] (Hptst.) 1308000 Ew., Dschidda [Jedda oder Djidda] 1,5 Mio., Mekka [Mecca] (Hptst. des Hedschas) 550000, Ta'if [Taizz] 300000, Medina 290000, Damman 200000; (Z 1974): Hofuf [Hufuf] 101271, Haradh 100000, Tabouk 74825, Buraidah [Bureida] 69940, Al-Mobarraz 54325, Khamis-Mushait 49581, Al-Khabar 48817, Najran 47501

STAAT Monarchie mit d. Islam als Verfassungs-, Gesetzes- u. Lebensformquelle – Person des Königs vereinigt höchste legislative, exekutive u. judikative Funktionen, nominell auch geistl. Oberhaupt – Verfassung u. Berat. Versamml. in Vorbereitung – 5 in sich unterglied. Verwaltungseinheiten (Iqlim/»Provinzen«): Najd (mit 3 Fürstentümern), Hedschas (Vizekönigreich) m. 11 Fürstentümern, Asir (Fürstentum), Ostprovinz (El Hasa) u. das nach dem Krieg mit d. Jemen 1934 hinzugekommene Nachschran – **Staatsoberhaupt u. Regierungschef:** König Fahd bin Abdul Aziz [Asis] Al Saud, seit Juni 1982 – **Äußeres:** Prinz Saud Al Faisal [Feisal] bin Abdul Aziz Al Saud – **Parteien:** keine, aber parteipolit. Strömungen vorh. – **Unabh.:** Schrittweise Staatswerdung durch d. Eroberungen v. Emir Abd al-Asis (Ibn Saud) zwischen 1902 (Einnahme Er Rijads) u. 1926 (Ausrufung zum König v. Hedschas); »Kgr. Saudi-Arabien« seit 1932 – **Nationalfeiertag:** 23. 9.

Die zwischen Kuwait und Saudi-Arabien geleg. 5836 km² große **Neutrale Zone** wurde 1966 administrativ geteilt u. d. beiden Staaten angegliedert. Nutzung d. Erdölvorkommen erfolgt weiterhin gemeinsam. Die zwischen Saudi-Arabien u. dem Irak gelegene **Neutrale Zone** (7000 km²) ist demilitarisiert u. unbesiedelt.

WIRTSCHAFT **BSP** 1989: 89986 Mio. $ = 6230 $ je Ew. (35); BIP 1988: 72620 Mio. $; realer Zuwachs ∅ 1980–87: -3,3%; Anteil **Landwirtsch.** 8%, **Ind.** 43% – **Erwerbstät.** 1988: Landw. 41%, Ind. 20% – **Energieverbrauch** 1988: 3098 kg ÖE/Ew. – **Währung:** 1 Saudi Riyal (S. Rl.) = 20 Qirshes = 100 Hallalas; 1 US-$ = 3,7410 S. Rls., 100 S. Rls = 39,9358 DM – Öff. **Ausl.-Verschuld.** 1985: 14,2 Mrd $, aber hohe Ausl.-Guthaben (S über 100 Mrd $) – **Inflation** ∅ 1980–88: -4,2% – **Außenhandel** 1988: **Import:** 20465 Mio. $; Güter: 18% Maschinen, Apparate, Elektromaterial, 16% Nahrungsmittel u. Getränke, 10% chem. Erzeugn., 10% Textilien u. Bekleidung, 8% Metalle u. Metallwaren; Länder: 18% USA, 15% Japan, 10% Großbrit., 6% BRD, 6% Italien, 5% Schweiz; **Export:** 23138 Mio. $; Güter: 85% Erdöl u. -produkte (größter Rohölexporteur d. Welt); ferner: Datteln, Häute, Felle, Wolle; Länder: 22% USA, 20% Japan, 7% Singapur, 5% Frankreich

PRESSE *Tageszeitungen:* Er Riad: al-Jazirah (90) – al-Riyadh (140, fr. 90) – Dammam: al-Yaum (25) – Dschidda: Arab News (110)/Engl. – al-Bilad (30) – al-Madina al-Munawara (46) – Okaz (75) – Saudi Gazette (18)/Engl. – Saudi Review (5)/Engl. – Mekka: al-Nadwah (35) – *Nachrichtenagentur:* IPA (Islamic Press Agency) – SPA (Saudi Press Agency)

SCHWEDEN *Nord-Europa*

Königreich Schweden, Konungariket Sverige – S

LANDESSTRUKTUR **Fläche** (51): 449964 km^2 (mit 38485 km^2 Binnengewässern) – **Einwohner** (73): (F 1990) 8,6 Mio = 19 je km^2; (Z 1980) 8320438 – Fast ausschließlich Schweden; 30000 einh. Finnen (n. a. Ang. 0,5 Mio.) mit Finnisch als Muttersprache u. 15000 Samen (Sami, Lappen; davon nur noch 2500 Rentierzüchter→ auch Norwegen) im N. – (1987): 390840 Ausländer, davon 134200 Finnen, 38400 Jugoslawen, 26700 Norweger, 24800 Dänen, 21900 Türken, 15600 Polen, 13300 Iraner, 11900 Deutsche (BR Dtld.), 10300 Chilenen – **Leb.-Erwart.:** 77 J. – **Säugl.-Sterbl.:** 0,6% – **Analph.:** k. Ang. – Jährl. **Bev.-Wachstum** (∅ 1980–89): 0,2% (Geb.- u. Sterbeziff. 1988: 1,3%/ 1,2%) – **Sprache:** Schwedisch – **Religion:** 95% evang.-lutherische Schwed. Kirche, rd. 118600 Katholiken – **Städt. Bev.:** 84% – **Städte** (F 1987): Stockholm (Hptst.) (1989) 672200, n. and. Ang. 800000 Ew., (A: 1482000); Göteborg 429300 (A: 704052), Malmö 230100 (A: 457914), Uppsala 157700, Norrköping 118800, Örebro 117800, Västerås 118400, Linköping 117700, Jönköping 108200, Helsingborg 106300, Borås 100100, Sundsvall 93181, Eskilstuna 88528, Gävle 87784

STAAT Parlamentarisch-demokrat. Monarchie – Neue Verf. seit 1. 1. 1975 in Kraft – Parlament aus 1 Kammer (»Riksdag«) mit 349 Abg. – Wahl d. Parlaments alle 3 J. – Wahlberechtigt alle Bürger ab 18 Jahre – 24 Provinzen (Län) mit je einem v. d. Reg. ernannten Gouverneur (Landshövding) u. einem gewählten Parlament (Landsting) – **Staatsoberhaupt:** König Carl XVI. Gustav, seit 1973 – **Regierungschef:** Carl Bildt, Konserv., mit Reg.-bildung beauftragt – **Äußeres:** N. N. – **Parteien:** Sitzverteilung im Reichstag nach den Wahlen 15. 9. 1991 (1988): Socialdemokratiska Arbetarepartiet/S (»Sozialdemokrat. Arbeiterpartei«) 38,2%, 138 Sitze (1988: 156 Sitze); Moderata Samlingspartiet/M (Konservative) 22,1%, 80 (66); Folkpartiet/FP (»Lib. Volksp.«) 9,2%, 33 (44); Centerpartiet/C (»Zentrumspartei«, bes. v. Bauern getragen) 8,6%, 31 (42); Vänsterpartiet/V (»Linkspartei, früh. Linkspartei Kommunisten/VPK«) 4,5%, 16 (21); Miljöpartiet De Grönä/MP (»Die Grünen in Schweden«) 3,4%, 0 (20), »Christdemokraten« 7,2%, 26 (0); »Neue Demokratie« 6,7%, 25 (0) – **Unabh.:** alte Tradition als unabhängiger Staat – **Nationalfeiertag:** 6. 6. (»Flaggentag«, Reg.-Antritt der Dynastie Wasa 1523) u. 30. 4. (Geb.-Tag d. Königs), beide nicht arbeitsfrei

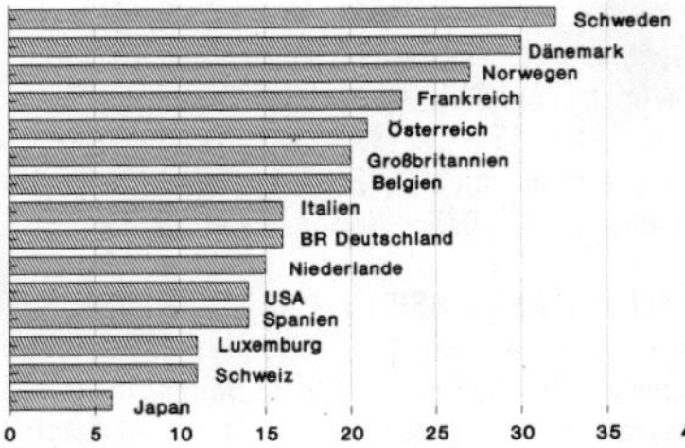

Beschäftigte im öffentlichen Dienst 1989
Arbeitnehmer je 100 Erwerbstätige
Quelle: OECD

WIRTSCHAFT **BSP** 1989: 184230 Mio. $ = 21710 $ je Ew. (6); realer Zuwachs ∅ 1980–89: 2,2%; **BIP** 1988: 159880 Mio. $; realer Zuwachs ∅ 1980–88: 1,7%; Anteil **Landwirtsch.** 4%, **Industrie** 43% – **Erwerbstät.** 1985: Landw. 5,6%, Ind. 29,8% – **Energieverbrauch** 1988: 6617 kg ÖE/Ew. – **Währung:** 1 Schwedische Krone (skr) = 100 Öre; 1 US-$ = 5,7075 skr; 100 skr = 26,6418 DM – **Inflation** ∅ 1980–88: 7,5% (1990: 10,5%) – **Außenhandel** 1990: **Import:** 322 Mrd. skr.; Güter: 40% Transportm., 32% bearb. Waren, 10% chem. Erzeugn., 8% mineral. Brennstoffe, 6% Lebensmittel, Tabakwaren, 5% Rohstoffe; Länder: 20% BRD, 8% USA, 8% Großbrit., 7% Norwegen, 7% Dänemark, 7% Finnland, (55% EG, 17% EFTA, 7% Entw.-Länder, 4% RGW) – **Export:** 339 Mrd. skr.; Güter: 42% Transportm., 36% bearb. Waren, 12% Rohstoffe, 7% chem. Erzeugn., Maschinen, Apparate; Länder: 13% BRD, 11% Großbrit., 9% USA, 8% Norwegen, 7% Finnland, 7% Dänemark

PRESSE *Tageszeitungen:* Stockholm: Aftonbladet (397, so. 493)/sozialdem. – Dagens Nyheter (415, so. 520) – Expressen (571, so. 696)/lib. – Svenska Dagbladet (227, so. 234)/kons. – Göteborg: Göteborgs-Posten (277, so. 310)/lib. – GT Göteborgs-Tidningen (107, so. 152)/lib. – Malmö: Arbetet (112, so. 102)/sozialdem. – Kvällsposten (103, so. 134)/lib. – Sydsvenska Dagbladet Snällposten (114, so. 145) – *Nachrichtenagentur:* TT (Tidningarnas Telegrambyrå)

SCHWEIZ *Mittel-Europa*
Schweizerische Eidgenossenschaft; Confoederatio Helvetica, franz.: Suisse, ital.: Svizzera, rätoroman.: Svizzra – »Schweiz« aus »Schwyz« – CH

LANDESSTRUKTUR Fläche (119): 41293 km² – **Einwohner** (84): (F 31. 12. 1990) 6750500 = 163 je km²; (Z 1980) 6365372 – Ende 1990 5650238 Schweizer u. 1100262 Ausländer *(Einzelheiten → Sp. 528)* – **Leb.-Erwart.**: 77 J. – **Säugl.-Sterbl.**: 0,7% – **Analph.**: 1% – Jährl. **Bev.- Wachstum** (∅1980–88): 0,3% (Geb.- u. Sterbeziffer 1988: 1,2%/0,9%) – **Sprachen:** Deutsch, Französ. u. Italien. als Amtsspr.; Rätoromanisch als Landessprache anerkannt. 1980 sprachen 4140900 Schweizer deutsch, 1172500 französisch, 622200 italienisch u. 51100 rätoromanisch – **Religion:** Von der Wohnbev. waren 1980 2822266 (= 44,3%) Protestanten, 3030069 (47,6%) Katholiken, 16571 (0,4%) Christkatholiken, 18330 (0,3%) Juden u. 478724 (7,5%) ohne Konfession – **Städt. Bev.**: 61% – **Städte** (F Ende 1990): Bern (Hptst.; F 1987: A 298816) 134600 Ew., Zürich 341300 (835111), Basel 171600 (360667), Genève [Genf] 167200 (380093), Lausanne 123200 (259908), Winterthur 85600 (107354), St. Gallen 73400 (124989), Luzern 59300 (159500), Biel [Bienne] 52600 (81855), Thun 37950 (77249), La Chaux-de-Fonds 33100, Köniz 36100, Fribourg [Freiburg] 33900 (56761), Schaffhausen 34200 (53001), Neuchâtel [Neuenburg] 32600 (65852), Chur 30200 (42481)

STAAT Parlamentarisch-direktdemokrat. Bundesstaat mit Kollegialregierung – Parlament (Bundesversammlung/Assemblée fédérale/Assemblea federale) aus 2 gleichberecht. Kammern (Ständerat [Präs.: Arthur Hänsenberger, FDP] bzw. Conseil des Etats/Consiglio degli Stati u. Nationalrat [Präs.: Ulrich Bremi, FDP] bzw. Conseil national/Consiglio nazionale) – Allgem. Wahlrecht seit März 1991 *(WA '91 → Sp. 514f.)* ab 18 J. – Wahl der Nationalratsmitgl. auf 4 Jahre – Polit. Gliederung in 23 Kantone (davon 3 mit je 2 Halbkantonen) mit Kantonsrat u. Regierungsrat *(→ Tabelle)* – **Staats- u. Regierungschef:** Vertreter der Eidgenossenschaft nach

Verwaltungsgliederung nach Kantonen

Kanton	*Fläche km²*	*Einwohner in 1000* 1980*	F 1987**	F 1990***	*Kantons-hauptstadt*
Zürich	1728,6	1122,8	1131,5	1150,5	Zürich
Bern	6049,4	912,0	925,5	945,5	Bern
Jura	837,5	65,0	64,7	65,6	Delémont
Luzern	1492,2	296,2	306,1	319,5	Luzern
Uri	1076,5	33,9	33,5	33,6	Altdorf
Schwyz	908,2	97,4	103,4	110,5	Schwyz
Obwalden[1]	490,7	25,9	27,6	28,8	Sarnen
Nidwalden[1]	275,8	28,6	31,0	32,6	Stans
Glarus	684,3	36,7	36,6	37,6	Glarus
Zug	238,6	75,9	81,6	84,9	Zug
Freiburg (Fribourg)	1670,0	185,2	194,7	207,7	Freiburg (Fribourg)
Solothurn	790,6	218,1	219,5	226,6	Solothurn
Basel-Stadt[1]	37,2	203,9	194,3	191,7	Basel
Basel-Land[1]	428,1	219,8	225,8	230,1	Liestal
Schaffhausen	298,3	69,4	69,8	71,6	Schaffhausen
Appenzell Außerrhoden[1]	243,2	47,6	49,3	51,4	Herisau
Appenzell Innerrhoden[1]	172,1	12,8	13,1	13,5	Appenzell
St. Gallen	2014,3	392,0	403,9	420,2	St. Gallen
Graubünden	7105,9	164,6	166,5	170,4	Chur
Aargau	1404,6	453,4	472,7	496,2	Aarau
Thurgau	1012,7	183,8	192,4	205,9	Frauenfeld
Tessin (Ticino)	2810,8	265,9	277,2	286,7	Bellinzona
Waadt (Vaud)	3219,0	528,7	550,3	583,6	Lausanne
Wallis (Valais)	5225,8	218,7	232,6	248,3	Sitten (Sion)
Neuenburg (Neuchâtel)	796,6	158,4	156,2	160,6	Neuenburg (Neuchâtel)
Genf (Genève)	282,2	349,0	363,6	375,9	Genf (Genève)
Schweiz	*41293,2*	*6365,7*	*6523,4*	*6750,6*	*Bern*

* Ergebnis der Volkszählung vom 2. Dezember; ** Stand: Jahresanfang; *** Stand: Jahresende; [1] Halbkanton

außen ist der Bundespräsident (jährl. v. d. Bundesversammlung im Turnus neu gewählt), für 1991: Flavio Cotti (CVP); Vizepräs.: René Felber (SPS) Die **Regierung** heißt Bundesrat bzw. Conseil fédéral bzw. Consiglio federale; Vorsitzender ist der jeweilige Bundespräsident; Kollegialbehörde mit Departementsleitern (= Ministern)

Departementsleiter:
Departement f. auswärtige Angelegenheiten: René Felber (SPS)
Inneres: Flavio Cotti (CVP)
Justiz u. Polizei: Prof. Arnold Koller (CVP)
Militär: Kaspar Villiger (FDP)
Volkswirtschaft: Dr. Jean-Pascal Delamuraz (FDP)
Finanzen: Dr. Otto Stich (SPS)
Verkehr u. Energie: Adolf Ogi (SVP)

Parteien: Wahlen v. Sept. 1987 (1983; *nächste Wahlen im Herbst 1991*): (200 Sitze im Nationalrat/46 im Ständerat) Freisinnig-Demokratische Partei/FDP 51/14 (54/14); Christlichdem. Volkspartei/CVP 42/19 (42/18); Sozialdemokratische Partei/SPS 42/5 (47/6); Schweizerische Volkspartei/SVP 25/4 (23/5); Liberale Partei/LPS 9/3 (8/3); Landesring d. Unabhängigen/LdU 8/1 (8/0); Grüne Partei d. Schweiz/GPS+Freie Liste/FL 10/0 (2/0), Progressive Organisationen/POCH + Grünes Bündnis 3/0 (3/0); Nationale Aktion f. Volk u. Heimat/NA 3/0 (5/0); Evangelische Volkspartei/EVP 3/0 (3/0); Auto-Partei/AP 2/0; Partito Socialista Unitario/PSU (1/0); Partei der Arbeit/PdA 1/0 (1/0) u. Parteilose 1/0 (3/0) – **Unabh.:** 1291 »Ewiger Bund« der drei Urkantone; unabh. de facto 22. 9. 1499 (Basler Friede), anerkannt 24. 10. 1648 (Westfälischer Friede) – **Nationalfeiertag:** 1. 8. (»Rütlischwur«)

WIRTSCHAFT BSP 1989: 197984 Mio. $ = 30270 $ je Ew. (1); realer Zuwachs ∅ 1980–89: 2,1 %; **BIP** 1988: 184830 Mio. $; realer Zuwachs ∅ 1980–88: 1,9%; Anteil **Landwirtsch.** 1985 am BSP 3%, **Industrie** 40% – **Erwerbstät.** 1989: Landw. 6,0%, Ind. 35,1% – **Energieverbrauch** 1988: 4193 kg ÖE/Ew. – **Währung:** 1 Schweizer Franken (sfr) = 100 Rappen (Rp) = 100 Centimes; 1 US-$ = 1,2800 sfr, 100 sfr = 118,3516 DM – **Inflation** ∅ 1980–88: 3,8% – **Außenhandel** 1990 *(zur Entwicklung des Außenhandels → Sp. 529 f.)*: **Import** 1988: 56325 Mio. $; Güter: 21% Maschinen, 13% Chemikal. u. Kunststoffe, 10% Straßenfahrzeuge; Länder: 72% EG-Länder; 34% BRD, 11% Frankr., 11% Italien; **Export** 1988: 50633 Mio. $; Güter: 30% Maschinen, 23% Chemikal. u. Kunststoffe, 8% Edelmetalle, Schmuck, Münzen, 8% Uhren; Länder: 58% EG-Länder; 22% BRD, 10% Frankr., 9% Italien, 8% USA

WEITERE DATEN ZUR BEVÖLKERUNGS-, WIRTSCHAFTS- UND SOZIALSTRUKTUR
Landwirtschaft, Bergbau, Industrie, Außenhandel, Verkehr → die entspr. Sachkapitel

Die **Einwohnerzahl** der Schweiz (ständige Wohnbevölkerung) betrug am 31. 12. 1990 (1989) 6,750 (6,673) Mio., was einer Zunahme im Jahr 1990 von 1,1% entspricht. Diese Zunahme geht sowohl auf einen Geburtenüberschuß als auch auf einen positiven Wanderungssaldo (Ausländerzuwanderung) zurück. Die Zahl der **Geburten** (Lebendgeborene) stieg 1990 (1989) auf 83900 (81200), davon Ausländer 14471 (12466). Die Zahl der **Gestorbenen** lag bei 63500 (61000), so daß sich ein **Geburtenüberschuß** von 20400 (20300) ergab; davon entfielen 10313 (8467) auf Ausländer. Die Zahl der **Eheschließungen** betrug 1990 (1989) 46500 (45000), die der Ehescheidungen 12800 (12700). Die Zahl der **Ausländer** (Wohnbevölkerung) belief sich am 31. 12. 1990 (1989) auf 1100262 (1040325), d. h. 16,4 (15,3) % der Wohnbevölkerung; die Zunahme resultiert aus Geburtenüberschuß (+10313) und Wanderungsüberschuß (+58124); die Differenz ergibt sich vor allem durch Einbürgerungen (1990: 5723). Von der Gesamtzahl der Ausländer waren Ende 1990 830196 Niedergelassene und 270066 Jahresaufenthalter. Nicht zur Wohnbevölkerung zählen die 13301 Saisonarbeiter, 25814 Funktionäre internationaler Organisationen mit ihren Familien, 181366 Grenzgänger (Arbeitspendler aus dem Ausland) und rd. 40000 noch nicht anerkannte Asylbewerber. Ende 1990 zählte die Schweiz 864469 ausländische Arbeitskräfte (= rd. 25% der Erwerbsbevölkerung). Die *wichtigsten Herkunftsländer der ausländischen Wohnbevölkerung* waren Ende 1990: Italien 378749 – Spanien 140739 – BR Deutschland 116138 – Türkei 85649 – Jugoslawien 83401 – Frankreich 64192 – Portugal 49980 – Österreich 28802 – Großbritannien 16665 – Niederlande 11873 – Die Zahl der *Asylbewerber* stieg im Jahresdurchschnitt 1990 (1989) auf rd. 40000 (35000). Insgesamt lebten im Dez. 1990 (1989) 28578 (29312) anerkannte Flüchtlinge in der Schweiz.

Die Zahl der **Schüler** und **Studenten** betrug 1989 (1988) 1,282 (1,271) Mio.; hiervon entfielen 1989 u. a. (in 1000) auf Vorschule 136,8 – Primarstufe 394,0 – Sekundarstufe I 273,2 – Sonderschulen 34,9 – Sekundarstufe II 304,2 – Tertiärstufe 132,8 (davon Universitätsstudenten 83,3). – In Berufsausbildung befanden sich 1989 228,8 Tsd. Personen. Die »Beschulungsquote« (Anteil der Schüler und Studenten an der Wohnbevölkerung) betrug Ende 1989 19,2% (21,1% der männlichen und 17,4% der weiblichen Bevölkerung). – Die größten Hochschulen waren 1989 die Universität Zürich mit 20690

Studierenden, die Universität Genf (12028) und die Eidgenöss. Technische Hochschule (ETH) Zürich (11200).

Der **Wohnungsbau** ging 1990 (nach ersten noch unvollständigen Angaben) gegenüber 1989 leicht zurück. Die Zahl der neuerstellten Wohnungen betrug 1990 (1989; Gemeinden mit mehr als 5000 Ew.) 16065 (16657). Insgesamt wurden 1989 40705 (40965) Wohnungen neu erstellt, davon 28351 Wohnungen in Mehrfamilien- und 12354 in Einfamilienhäusern. Auch die Zahl der **Baubewilligungen** (Gem. m. mehr als 5000 Ew.) nahm leicht ab; sie betrug 1990 (1989) 17941 (19292), für alle Gemeinden 1989 (1988) 50157 (49726). Der **Gesamtwohnungsbestand** belief sich Anf. 1989 (1988) auf rd. 3,055 (3,012) Mio.

Die **Wirtschaft** der Schweiz befand sich, wie das ifo-Institut mitteilte, auch 1990 in einer günstigen Lage, wenngleich die »ausgeprägte konjunkturelle Überhitzung« der letzten beiden Jahre mittlerweile ganz »abgeklungen« ist. Das nur noch mäßige Wachstum der Wirtschaft im Inland und Ausland, besonders die rückläufige Nachfrage im Wohnungsbau, die Beschleunigung der Inflation und der überbewertete Schweizer Franken offenbarten zudem strukturelle Schwächen, die der Schweizer Bankverein als »wirtschaftliche Seitwärtsentwicklung« bezeichnete. Aus diesen ersten Anzeichen prognostizierte die Basler Arbeitsgruppe für Konjunkturforschung (BAK) bereits Anfang 1991 eine weitere »Wachstumsabschwächung« als Folge der Verschlechterung der Rahmenbedingungen auf wichtigen Exportmärkten (USA, Großbrit.), dem Arbeitsmarkt und bei einzelnen Teuerungsraten (gestiegene Zinssätze, erhöhte Energie- und Mietpreise) – *Das Bruttosozialprodukt* stieg nominal (d. h. zu Marktpreisen) 1990 (1989) um 6,3 (7,9) % auf 305,220 (282,950) Mrd. sfr; real, d. h. nach Abzug von Preissteigerungen, betrug die Zunahme nur noch 1,5%. Die Inlandsnachfrage nahm 1990 (1989) real um 2,8 (3,9) % zu, wobei besonders die Ausrüstungsinvestitionen mit +4,0% zu Buche schlugen, während der private Konsum wie im Vorjahr nur um 2,5% zunahm. Die Auslandsnachfrage stieg schwächer an als im Vorjahr (Warenexporte real +4,5%, Dienstleistungsexporte real +2,7%). Der kräftig gestiegene reale Außenwert des Franken trug zur Einschränkung der internationalen Wettbewerbsfähigkeit bei. Die Industrieproduktion wuchs 1990 in gleicher Höhe wie im Vorjahr. Die Zuwachsrate betrug rd. 2% (ifo-Institut: 3,3%) nach ebenfalls rd. 2% (1989). Überdurchschnittlich wuchsen Maschinen-, Holz- und Kunststoffindustrie, während andere Branchen (Textil- und Bekleidungsindustrie, Steine + Erden und Uhren + Bijouterie) stagnierten oder sogar leicht abnahmen. Die Zahl der Industriebeschäftigten stieg leicht an, jedoch wurde die Mehrproduktion in den betreffenden Branchen hauptsächlich durch erhöhte Produktivität erreicht.

An **Erwerbstätigen** wurden 1989 (Jahresdurchschnitt) 3,52 Mio. gezählt; dies entsprach einer Erwerbsquote von 52,7% der Bevölkerung (zum Vergleich: BR Deutschland rd. 46%). Die Zahl der **ausländischen Arbeitskräfte** betrug im Aug. 1990 954940, im Dez. 1990 864469 (Differenz u. a. durch Saisonarbeiter), davon 570322 Männer und 294147 Frauen.

Aufgliederung der **Beschäftigten** nach Sektoren und Branchen *(→ WA '91, Sp. 520)*.

Die **Arbeitslosigkeit** lag – vor allem im internationalen Vergleich – bereits in den vergangenen Jahren extrem niedrig und erhöhte sich 1990 ganz leicht. Im Jahresdurchschnitt nahm die Zahl der Arbeitslosen von 17452 = 0,6% (1989) geringfügig auf 18133 = 0,6% (1990) zu. Hiervon waren 15980 ganz und 2153 teilarbeitslos. Bedeutendere Arbeitslosenquoten (ab 1,0%) wiesen 1990 nur die Kantone Tessin, Genf, Basel-Stadt, Neuenburg und Wallis auf. Die Zahl der gemeldeten *offenen Stellen* sank von 17552 (1989) auf 17261 (1990). *Kurzarbeit* kam fast nicht vor (708 Betroffene in 49 Betrieben im Jahresdurchschnitt). **Streiks** gab es 1990 nur 2 (mit 578 beteiligten Arbeitern in 2 Betrieben). – Die tarifliche **Arbeitszeit** beträgt in den meisten Branchen noch 44 Wochenstunden, die tatsächliche Arbeitszeit lag im Durchschnitt 1990 bei 42,2 Std. (Industriebetriebe 41,6 – Dienstleistungen, Büros u. ä. 42,3 Std.). – Die durchschnittlichen **Löhne** (nominal) betrugen 1989 4050 sfr/Monat (Männer 4371, Frauen 3144 sfr), darunter in der Industrie 3991 sfr, im Baugewerbe 3766 sfr, in den Dienstleistungen 4156 sfr.

Die **Preissteigerungsrate**, die sich bereits in den letzten Jahren kontinuierlich erhöht hatte (1986: 0,8% – 1987: 1,4% – 1988: 1,9% – 1989: 3,2%), stieg 1990 erneut an und erreichte 5,4% (*Landesindex der Konsumentenpreise*). Im Gegensatz zu den Vorjahren gab es praktisch keine Güter mit Preissenkungstendenzen, sondern bei den meisten Waren und Dienstleistungen Preissteigerungen von teilweise stärkeren Ausmaßen (z. B. Heizöl +13,4%, Benzin +4,4%, Wohnungsmieten +8,6%, Getränke und Tabakwaren +5,0%, Bildung und Erholung +4,0%).

Die öffentlichen Haushalte der Schweiz

Abschlußrechnung (R) und Voranschläge (V) von Bund, Kantonen u. Gemeinden 1988, 1989 und 1990

BUDGET	*Ausgaben in Mio. sfr*	*Veränd. in %*	*Einnahmen in Mio. sfr*	*Veränd. in %*	*Saldo in Mio. sfr*
Bund:					
1989 (R)	27499	+ 3,5	28334	+ 0,5	+ 885
1990 (V)	31075	+ 7,4	31732	+ 8,0	+ 657
1991 (V)	33829	+ 8,9	33902	+ 6,8	+ 73
Kantone:					
1989 (R)	37619	+ 7,4	37436	+ 2,1	− 183
1990 (V)	40400	+ 8,0	38400	+ 6,7	−2000
1991 (V)	44500	+10,2	41600	+ 8,3	−2900
Gemeinden:					
1989 (V)	27100	+ 5,2	26700	+ 2,5	+ 400
1990 (V)	28800	+ 6,3	28200	+ 5,6	− 600
1991 (V)	31100	+ 8,0	30100	+ 6,7	−1000
Bund, Kantone und Gemeinden (ohne Doppelzählungen)					
1989 (V)	77290	+ 5,9	75966	+ 1,3	−1324
1990 (V)	84625	+ 7,8	82862	+ 7,1	−1943
1991 (V)	92939	+ 9,8	89112	+ 7,8	−1827

Die **Leistungsbilanz** (Ertragsbilanz) der Schweiz im Wirtschaftsverkehr mit dem Ausland verschlechterte sich 1990. Der traditionelle Aktivsaldo verminderte sich erneut gegenüber dem Vorjahr um rd. 4,3 Mrd. sfr und erreichte 1990 rd. 14 Mrd. sfr. Bei den Abflüssen ins Ausland spielte vor allem das auf rd. 9 Mrd. sfr gesunkene Defizit im Außenhandel (Warenhandel) eine Rolle, während sich andererseits der Überschuß auf dem Dienstleistungssektor erhöhte (insbesondere Fremdenverkehr per Saldo +1,940 Mrd. sfr). Ein weiterer positiver Posten waren auch 1990 die Erträge aus Kapitalanlagen im Ausland (+20,595 Mrd. sfr per Saldo), während der Passivsaldo der Arbeitseinkommen, vor allem durch Gastarbeiterüberweisungen, auf −6,895 Mrd. sfr anstieg. – Der *Export von Gütern und Diensten* in das Ausland betrug 1990 (1989) insgesamt 115,105 (109,999) Mrd. sfr, der Import 113,555 (111,358) Mrd. sfr.

Die **Staatsrechnung** der Eidgenossenschaft (Bundeshaushalt) ergab im Budget 1990 wiederum einen Überschuß. Die *Erträge* (Einnahmen) beliefen sich 1990 (Budget) bzw. 1989 (Abschluß) auf 31,732/29,389 Mrd. sfr, die *Aufwendungen* (Ausgaben) auf 31,075/28,504 Mrd. sfr. Für 1991 sieht der Bundeshaushalt Einnahmen/Ausgaben von 33,902/33,829 Mrd. sfr vor. Die *Schulden* des Bundes betrugen 1989 25,101 Mrd. sfr, der Kantone 30,062 Mrd. sfr.

Die wichtigsten Posten der **Bundesrechnung** in Mrd. sfr:

	1989	*1990*
Einnahmen insgesamt	29,389	31,732
davon u. a.		
Warenumsatzsteuer	9,226	9,650
direkte Bundessteuer	5,986	6,800
Treibstoffzölle und Zollzuschläge	2,943	3,040
Verrechnungssteuer	2,667	3,350
Stempelabgaben	2,379	2,200
Ein- und Ausfuhrzölle	1,146	1,225
Lenkungsabgaben, Biersteuer, Tabakzölle u. a.	0,617	0,622
Tabaksteuer	0,869	0,890
Vermögensertrag	0,587	0,628
Nationalstraßen- und Schwerverkehrsabgabe	0,314	0,319
Ausgaben insgesamt	28,504	31,075
davon u. a.		
soziale Wohlfahrt	6,093	6,810
Landesverteidigung	5,445	6,009
Verkehrs- u. Energiewirtschaft	4,195	4,636
Finanzausgaben	3,609	4,270
Unterricht u. Forschung	2,200	2,407
Landwirtschaft u. Ernährung	2,642	2,476
Beziehungen zum Ausland	1,375	1,502
Behörden, allgem. Verwaltung	0,826	0,...
Umweltschutz	0,187	0,...
Sonstiges	1,442	1,...

PRESSE *Tages- und Sonntagszeitungen:* Bern: Berner Tagwacht/Seeländer Volkszeitung (10) – Berner Zeitung (123) – Der Bund (62) – Aarau: Aargauer Tagblatt/Brugger Tagblatt/Freiämter Tagblatt (58) – Arbon: Schweizerische Bodenseezeitung/Amriswiler Anzeiger (17) – Baden: Aargauer Volksblatt/Badener Tagblatt (42) – Basel: Baslerstab (Stadt 95, Region 105) – Basler Zeitung (117) – Nordschweiz/Basler Volksblatt (20) – Bassersdorf: Der Zürichbieter/Züricher Unterländer (18, do. 51) – Bellinzona: Il Dovere (18) – Biel: Bieler Tagblatt/Seeländer Bote (33) – Journal du Jura/Tribune jurassienne (16) – Brig: Walliser Bote (26) – Bülach: Neues Bülacher Tagblatt (30) – Chur: Bündner Zeitung/Oberländer Tagblatt (45) – Frauenfeld: Thurgauer Zeitung/Bischofszeller Zeitung (24, Großaufl. 77) – Fribourg: Freiburger Nachrichten (13, Großaufl. 29) – La Liberté/Le Courrier (32) – Genf: Journal de Genève/Gazette de Lausanne/Nouvelle Revue de Lausanne (34) – La Suisse (70) – Tribune de Genève (60) – Glarus: Glarner Nachrichten (18, Großaufl. 36) – Heerbrugg: Der Rheintaler (11, fr. 30) – La Chaux-de-Fonds: L'Impartial (32) – Lausanne: Le Matin (54) – 24 heures (97) – Liestal: Basellandschaftliche Zeitung (18) – Lugano: Corriere del Ticino (34) – Giornale del Popolo (20) – Luzern: Luzerner Neueste Nachrichten (57) – Il Mattino della Domenica (45) – Luzerner Tagblatt/Nidwaldner Tagblatt/Zuger Tagblatt/Gotthardpost/Urner Tagblatt (35); ab 1. 11. 91 zus. mit Vaterland als Luzerner Zeitung – Vaterland/Solothurner Nachrichten/Glarner Volksblatt/Nidwaldner Volksblatt/Die Nordschweiz (45) ab 1. 11. 91 zus. mit Luzerner Tagblatt als Luzerner Zeitung – Montreux: L'Est Vaudois (45) – Neuchâtel: Feuille d'Avis de Neuchâtel/L'Express (37) – Nyon: Le Quotidien de la Côte (33) – Olten: Oltner Tagblatt (16) – Schaffhausen: Schaffhauser Nachrichten (24) – St. Gallen: Die Ostschweiz/Rorschacher Zeitung (30) – St. Galler Tagblatt/Ostschweizer Tagblatt/Appenzeller Tagblatt (54) – Sion: Nouvelliste et Feuille d'Avis du Valais (44) – Solothurn: Solothurner Zeitung/Grenchner Tagblatt/Berner Rundschau/Langenthaler Tagblatt (45) – Spiez: Berner Oberländer/Berner Oberländer Nachrichten (20) – Stäfa: Zürichsee-Zeitung/Grenzpost am Zürichsee/Allgemeiner Anzeiger vom Zürichsee (29) – Thun: Thuner Tagblatt (15) – Wetzikon: Der Zürcher Oberländer (34) – Winterthur: Der Landbote (40) – Zofingen: Zofinger Tagblatt (15) – Zürich: Blick (370) – Neue Zürcher Nachrichten (30); Ersch. eingestellt am 29. 4. 91 – Neue Zürcher Zeitung (150) – Tagblatt der Stadt Zürich (191) – Tages-Anzeiger (261)

Wochenzeitungen u. Zeitschriften: Bern: Automobil-Revue (54) – Vous (225) – Glattbrugg: Der schweizerische Beobachter (409) – Lausanne: L'Hebdo (55) – L'Illustré (98) – Radio TV 8 (155) – Télé Top-Matin (232) – Olten: Sonntag (65) – Rorschach: Nebelspalter (45) – Zürich: Annabelle/Femina (114) – Das Beste aus Reader's Digest (250) – Glückspost (200) – meyers modeblatt (201) – Schweizer Familie (175) – Schweizer Illustrierte (190) – Schweizer Woche (175) – SonntagsBlick (375) – Tele (289) – Trente Jours (402) – Die Weltwoche (106)

Nachrichtenagentur: Schweizerische Depeschenagentur (SDA)/Agence Télégraphique Suisse (ATS)

HÖRFUNK/FERNSEHEN Schweizerische Radio- und Fernsehgesellschaft/SRG, Gesellschaft privaten Rechts, Konzessionsbehörde: Der schweizerische Bundesrat (Regierung), Aufsichtsbehörde: Eidg. Verkehrs- und Energiewirtschaftsdepartement

Programminstitution:

Generaldirektion SRG, Giacomettistraße 3, Postfach, CH–3000 Bern 15, T 031 / 43 91 11, FS 91 15 90 ssr ch, Generaldirektor: Antonio Riva

Direktion Radio und Fernsehen der deutschen und der rätoromanischen Schweiz (DRS), Fernsehstraße 1–4, Postfach, CH–8052 Zürich;

Programmdirektion Radio DRS, Güterstraße 91, Postfach, CH–4024 Basel;

Programmdirektion Fernsehen DRS, Fernsehstraße 1–4, Postfach, CH–8052 Zürich

Schweizer Radio International und Telefonrundspruch, Giacomettistraße 1, Postfach, CH–3000 Bern 15;

Auslandsprogramme der SRG auf Kurzwelle: Schweizer Radio International/Radio Suisse Internationale/Radio Svizzera Internazionale/Radio Svizzer Internaziunal/Swiss Radio International

Direction de la Radio-Télévision Suisse Romande, 6, Avenue de la Gare, case postale 1075, CH–1001 Lausanne; Direction des programmes de la Radio Suisse Romande, Maison de la Radio, CH–1001 Lausanne;

Direction des programmes de la Télévision Suisse Romande, 20, Quai Ernest Ansermet, case postale, CH–1211 Genève 8

Direzione della radiotelevisione della Svizzera italiana v. Canevascini, casella postale, CH–6903 Lugano-Besso; Direzione dei programmi della radiotelevisione della Svizzera italiana, casella postale, CH–6903 Lugano

Trägerschaft:

Schweizerische Radio- und Fernsehgesellschaft (SRG), Giacomettistraße 3, Postfach, CH–3000 Bern 15, Zentralpräsident: Yann Richter

Radio- und Fernsehgesellschaft der deutschen und der rätoromanischen Schweiz (RDRS), Postfach, CH–8052 Zürich

Société de radiodiffusion et de télévision de la Suisse romande (SRTR), case postale 1075, CH–1001 Lausanne

Società cooperative per la radiotelevisione della Svizzera italiana (CORSI), casella postale, CH–6903 Lugano-Besso
Außerdem: Red Cross Broadcasting Service, 17, Avenue de la Paix, CH–1211 Genève; United Nations Radio, Rue des Nations, CH–1211 Genève 10

SENEGAL *West-Afrika*

Republik Senegal; République du Sénégal; Sunugal (in Wolof); nach gleichnam. Fluß – SN

LANDESSTRUKTUR **Fläche** (81): 196 722 km² – **Einwohner** (79): (S 1990) 7 377 000 = 37 je km²; (Z 1988) 6 882 000 – Senegalesen; Sudan-Gruppen (36% Wolof, 17% Serer, 10% Tukulör [Toucouleur], Mandinge, Sarkolé, Malinke), 18% Fulbe, Mauren u. a., rd. 3% Nichtafrikaner (überwiegend Libanesen, Syrer u. Franzosen) – **Leb.-Erwart.:** 48 J. – **Säugl.-Sterbl.:** 7,8% – **Analph.:** 42% – Jährl. **Bev.-Wachstum** (∅ 1980–88): 3,0% (Geb.- u. Sterbeziffer 1988: 4,5%/1,6%) – **Sprachen:** Französisch u. Wolof als Amtsspr.; sudanes. Spr. (Wolof, Malinke) u. Ful als Umgangsspr. – **Religion:** rd. 90% sunnitische Muslime; 6% Christen (meist Kath.); im übr. Anh. v. Naturrel. – **Städt. Bev.:** 38% – **Städte** (S 1985): Dakar (Hptst.) 1 382 000 Ew., Thiès 156 000, Kaolack 132 000, Ziguinchor [Siginschor] 107 000; (1983): Saint-Louis 118 000, Diourbel [Dyurböl] 73 000

STAAT Republik – Parlament aus 1 Kammer (120 Abg., gewählt auf 5 J.) – Allg. Wahlrecht – 10 Regionen – **Staatsoberhaupt:** Präsident Abdou Diouf/PSS, seit Anf. 1981, wiedergew. im Febr. 1988 – **Regierungschef:** Habib Thiam, seit 7. 4. 1991 – **Äußeres:** Djibo Leity Ka – **Parteien:** Seit 1976 Mehrparteiensystem – Wahlen v. 1988 (1983) Parti Socialiste Sénégalais/PSS 103 (111) d. 120 Sitze; Parti Démocratique Sénégalais/PDS 17 (8); Rassemblement National Démocratique/RND 0 (1) – **Unabh.:** 20. 6. 1960 (in d. Mali-Föderation), endgültig 20. 8. 1960 (Austritt aus d. Föderation) – **Nationalfeiertag:** 4. 4.
Am 21. 9. 1989 Auflösung der Konföderation mit Gambia → WA '91 Sp. 525 u. WA '90 Sp. 475.

WIRTSCHAFT **BSP** 1989: 4716 Mio. $ = 650 $ je Ew. (115); realer Zuwachs ∅ 1980–89: 3,0%; **BIP** 1988: 4980 Mio. $; realer Zuwachs ∅ 1980–88: 3,3%; Anteil **Landwirtsch.** 22%, **Industrie** 29% – **Erwerbstät.** 1988: Landw. ca. 80%, Ind. ca. 10% –

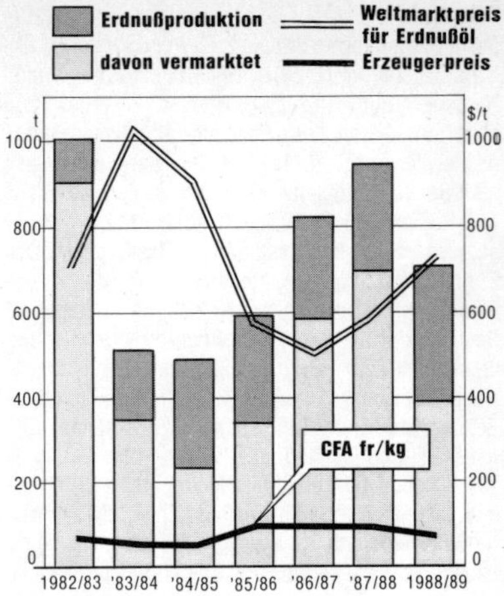

Exportgut Erdnüsse
Probleme des Agrarexporteurs Senegal: Produktionsschwankungen – Schwarzhandel – Vermarktung – Preisrelationen
Quelle: Statistisches Bundesamt

Energieverbrauch 1988: 155 kg ÖE/Ew. – **Währung:** 1 CFA-Franc = 100 Centimes; 1 FF = 50 CFA-Francs, 1 CFA-Franc = 0,02 FF, 100 CFA-Francs = 0,5878 DM – **Ausl.-Verschuld.** 1988: 3019 (1989: 4139) Mio. $ = 63,6% d. BSP – **Inflation** ∅ 1980–88: 8,1%; 1989: 0,4% – **Außenhandel** 1989: **Import:** 1228 Mio. $; Güter: 33% Nahrungs- u. Genußmittel (12% Reis), 32% Halbfertigwaren, 18% Konsumgüter; Länder: 37% Frankr., 8% Nigeria, 6% Italien, 6% USA; **Export:** 840 Mio. $; Güter: 21% Fisch u. -konserven, 20% Erdnußerzeugn., 20% Phosphate; Länder: 30% Frankr., 7% Italien, 6% Côte d'Ivoire, 5% Spanien

PRESSE *Tageszeitungen:* Dakar: Le Soleil (45) – Réveil de l'Afrique Noire – Wal Fadjiri/islam. – *Nachrichtenagenturen:* APS (Agence de Presse Sénégalaise) – PANA (Pan-African News Agency)

SESCHELLEN *Ost-Afrika*

Republik S., Republic of Seychelles, République des Seychelles, Repiblik Sesel (kreol.) – SY

LANDESSTRUKTUR **Fläche** (170): 280 km², m. beanspruchter 200-sm-Zone 1 Mio. km², 112 Inseln: Mahé od. Granit-Gruppe m. Hauptinsel Mahé (144,8 km², 59 500 Ew. Z 1987), Praslin (38,8 km²),

Silhouette (20,7 km²), La Digue (10,4 km²), Curieuse, Félicité, Fregate usw. (zus. 7100 Ew.); außerd. Amiranti-Gruppe (10,3 km², Alphonse, Bijoutier, St. François, Platte, Coetivy, Providence, St. Pierre, Cerf, Astove u. Assumption; Cosmoledo-Gruppe, Aldabra, Farquhar u. Desroches (insg. 88 Ins., jedoch nur 36 bewohnt, zus. weniger als 1000 Ew.) – **Einwohner** (166): (F 1988) 68000 = 243 je km²; (Z 1977) 62000 (bezogen auf Landfläche: 215 Ew. je km²) – Seycheller [Sescheller]; 89% Kreolen, etwa 5% Inder (»Laskar«, »Malabars«), 3% Madegassen, chinesische, malaiische u. europäische Minderheiten – **Lebenserwart.**: 70 J. – **Analph.**: 40% – Jährl. **Bev.-Wachstum** (∅ 1980–89): 0,9% – **Sprachen:** Kreolisch, Englisch u. Französisch als Amtsspr. – **Religion:** 90% Katholiken, 8% Anglikaner – **Städt. Bev.**: 26% – **Städte** (Z 1977): Victoria (Hptst.) auf d. Insel Mahé 23000 Ew.

STAAT Republik – Parlament aus 1 Kammer (»National Assembly« aus 23 Mitgl.), durch Verf. seit Juni 1979 auf d. Wege zur »sozialist. Demokratie« – Allg. Wahlrecht – **Staats- u. Regierungschef**, ferner Finanz- u. Wirtschaftsminister: France-Albert René/FPPS, seit Staatsstreich im Juni 1977, gewählt Juni 1979, erneut Juni 1984 mit 92,6% d. St. – **Äußeres:** Danielle de St. Jorre – **Parteien:** Wahlen v. 1979: alle 23 Sitze an die Front Progressiste du Peuple Seychellois/FPPS (Charakter einer sozialist. Einheitspartei) – **Unabh.**: 28. 6. 1976 – **Nationalfeiertag:** 5. 6. (»Tag d. Befreiung«, Machtergreifung Renés 1977)

WIRTSCHAFT **BSP** 1989: 285 Mio. $ = 4170 $ je Ew. (43); realer Zuwachs ∅ 1989–87: 2,5%; **BIP** 1986: Anteil **Landwirtsch.** 6%, **Industrie** 9%, **Fremdenverkehr** 40% – **Erwerbstät.** 1987: Landw. 10%, Ind. 16% – **Energieverbrauch** 1988: 432 kg ÖE/Ew. – **Währung:** 1 Seychellen-Rupie (SR) = 100 Cents; 1 US-$ = 5,1828 SR; 100 SR = 28,7455 DM – **Ausl.-Verschuld.**: 109 Mio. $ – **Inflation** 1980–88: 3,9% – **Außenhandel** 1982: **Import:** 106 Mio. $; **Export:** 19 Mio. $; Güter: Kopra, Zimt, Zimtöl, Fisch, Kokosnüsse, Guano; Länder: 18% Italien (19,6% EG), 11% Thailand, 7% USA (n. and. Angaben: Réunion, Frankreich, Großbrit., Südafrika, Japan, Pakistan) – **Tourismus:** (1987) 71600 Gästeankünfte, davon 4500 Geschäftsreisende; wichtigste Herkunftsländer: 25% Großbrit., 21% Italien, 19% Frankr., 7% BRD

PRESSE *Tageszeitung:* Victoria: The Seychelles Nation (4)/Engl., Frz. u. Kreolisch

SIERRA LEONE *West-Afrika*

Republik Sierra Leone; Republic of Sierra Leone; span. u. portug. »Löwengebirge« nach d. Gebirgskontur – WAL

LANDESSTRUKTUR **Fläche** (108): 71740 km² – **Einwohner** (98): (S 1988) 3946000 = 55 je km²; (Z 1985) 3516000 – Sierraleoner; vorwieg. Sudan-Gruppen (35% Mende, 32% Temne, Soso, Kuranko, Limba); rd. 2000 meist britische Europ., bis 10000 Libanesen, sog. »kreolische« Schwarze (etwa 2%) an d. Küste – **Leb.-Erwart.**: 42 J. – **Säugl.-Sterbl.**: 15,2% – **Analph.**: 79% – Jährl. **Bev.-Wachstum** (∅ 1980–88): 2,4% (Geb.- u. Sterbeziffer 1988: 4,8%/2,3%) – **Sprachen:** Englisch als Amtsspr.; sudanesische Sprachen (u. a. Malinke) u. Krio als Umgangsspr. – **Religion:** 52% Anh. v. Naturrel., 39% sunnit. Muslime (bes. Temne), christl. Minderheiten (5% Protestanten, 2% Katholiken) – **Städt. Bev.**: 26% – **Städte** (Z 1985): Freetown (Hptst.) 497000 Ew., 1983: Koidu 80000, Bo. 39000, Kenema 31000, Makeni 26000

STAAT Präsidialrepublik – Parlament aus 1 Kammer (»House of Representatives«) – 3 Provinzen u. Westgebiet, 12 Distr., 1 Stadtgebiet – **Staats- u. Regierungschef:** Gen.-Major Dr. Joseph Saidu Momoh, seit Nov. 1985, in Volksabstimmung mit 99% bestätigt – **Äußeres:** Dr. Abdul Karim Koroma – **Parteien:** Von 1987–1991 Einparteistaat mit dem All People's Congress/APC Einheitspartei; Referendum über Mehrparteiensystem vom 23.–30. 8. 1991; Neuwahlen geplant – **Unabh.**: 27. 4. 1961 – **Nationalfeiertag:** 19. 4. (Ausrufung d. Rep. 1971)

WIRTSCHAFT **BSP** 1989: 813 Mio. $ = 200 $ je Ew. (152); realer Zuwachs ∅ 1980–89: –0,8%; **BIP** 1988: 1270 Mio. $; realer Zuwachs ∅ 1980–88: 0,2%; Anteil **Landwirtsch.** 46%, **Industrie** 12% – **Erwerbstät.** 1988: Landw. 64%, Ind. ca. 10% – **Energieverbrauch** 1988: 76 kg ÖE/Ew. – **Währung:** 1 Leone (Le) = 100 Cents; 1 US-$ = 188,57 Le, 100 Le = 0,7923 DM – **Ausl.-Verschuld.** 1988: 510 Mio. $ = rd. 60% d. BSP – **Inflation** ∅ 1980–87: 50,0% – **Außenhandel**: **Import** 1988: 156 Mio. $; Güter: 35% Maschinenbau-, elektrotechn. Erzeugn., Fahrzg., 21% Nahrungsmittel; Länder: > 60% EG-Länder (dar. rd. 30% Großbrit.), USA, Nigeria; **Export** 1988: 106 Mio. $; Güter: 38% mineral. Rohstoffe, Erze (bes. Rutil, Bauxit), 34% Fertigwaren, 28% Nahrungsmittel (rd. 70% Kaffee, Tee, Kakao, Gewürze); Länder: 83% EG-Länder (dar. 36% Belgien/Luxbg., 30% BRD)

PRESSE *Tageszeitung:* Freetown: Daily Mail (10)/reg.eigen – *Nachrichtenagentur:* SLENA (Sierra Leone News Agency)

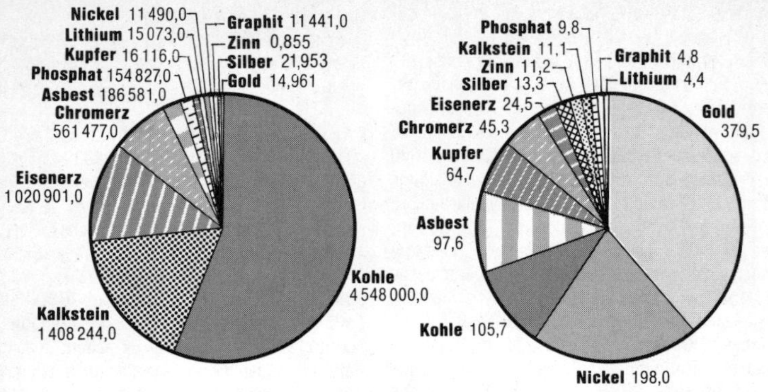

Mengen in t **Wert in Mio US $**

Rohstoffproduktion 1989/90
Quelle: Zimbabwe – A Field For Investment 1990/91)

SIMBABWE *Süd-Afrika*

Republik S.; Republic of Zimbabwe; früher Rhodesien (bis 1979) bzw. Simbabwe-Rhodesien (bis 1979) – ZW

LANDESSTRUKTUR **Fläche** (55): 390759 km² – **Einwohner** (67): (S 1990) 9720000 = 25 je km²; (Z 1982) 7501000 – Simbabwer; Bantu, bes. rd. 77% Schona [Shona] (darunter 22% Karanga, 12% Korekore, 18% Zezeru, 13% Manyiku), 17% Ndebele; 1988 (1974: 287000) rd. 110000 Weiße (davon rd. 80000 einheimische Weiße); 20000 »Coloureds« (Mischlinge) u. 30000 Asiaten (meist Inder) – **Leb.-Erwart.:** 63 J. – **Säugl.-Sterbl.:** 4,9% – **Analph.:** 26% – Jährl. **Bev.-Wachstum** (∅ 1980–88): 3,7% (Geb.- u. Sterbeziffer 1988: 3,8%/0,8%) – **Sprachen:** Englisch als Amtsspr.; Bantu-Sprachen (Ci-Shona, IsiNdebele) als Umgangsspr. – **Religion:** überw. Anh. v. Natur-rel., ca. 20% Christen (überwieg. Anglikaner, Katholiken), muslimische Minderheit, ca. 6000 Juden – **Städt. Bev.:** 27% – **Städte** (S 1990): Harare (fr. Salisbury; Hptst.) 1000000 (davon rd. 5% meist brit. Weiße), Bulawayo 480000, Chitungwiza 450000, Gweru (Gwelo) 85000, Mutare (fr. Umtali) 75000, Kwekwe 55000, Kadoma [Gatooma] 50000, Hwange (fr. Wankie) 40000, Masvingo 35000

STAAT Präsidialrepublik (Verfass. garantiert Mehrparteiensystem bis 1990, doch seit 1984 auf d. Weg zum sozialist. Einparteistaat) – 8 Provinzen – **Staats- u. Regierungschef:** »Executive President« Dr. Robert Gabriel Mugabe, direkt gewählt im März 1990 mit 78,3% d. Stimmen – **Äußeres:** Dr. Nathan Shamuyarira – **Parteien:** Wahlen v. März 1990 (1985): Zimbabwe African National Union-PF/ZANU-PF (vorwieg. Shona; R. Mugabe) 117 (1985: 54); Zimbabwe Unity Movement/ZUM (Edgar Tekere) 2 (–); ZANU-Sithole 1 (–); 30 Abg. werden v. Präs. u. Stammeshäuptl. ernannt; 1987 wurde der Senat abgeschafft sowie d. Mandatsprivileg d. Weißen, die nur noch auf einer allg. Liste zus. m. Schwarzen kandidieren können – **Unabh.:** 18. 4. 1980 – **Nationalfeiertag:** 18. 4.

WIRTSCHAFT **BSP** 1989: 6076 Mio. $ = 640 $ je Ew. (111); realer Zuwachs ∅ 1980–89: 2,8%; **BIP** 1988: 5650 Mio. $; realer Zuwachs ∅ 1980–88: 2,7%; Anteil **Landwirtsch.** 11%, **Industrie** 43% – **Erwerbstät.** 1988: Landw. ca. 60%, Ind. ca. 15% – **Energieverbrauch** 1988: 527 kg ÖE/Ew. – **Währung:** 1 Simbabwe-Dollar (Z.$) = 100 Cents; 1 Z.$ = 0,3818 US-$, 100 Z.$ = 57,0409 DM – **Ausl.-Verschuld.** 1988: 2281 (1989: 2630) Mio. $ = 37,3% d. BSP – **Inflation** ∅ 1980–88: 12,1% – **Außenhandel** 1989: **Import:** 1140 Mio. $; Güter: 40% Investitionsgüter, 25% Konsumgüter, 13% Brennstoffe u. Energie; Länder: Rep. Südafrika, 13% Großbrit., 11% BRD, 10% USA; **Export:** 1451 Mio. $; Güter: 20% Tabak, 15% Ferrolegierungen, 12% Gold, 9% Nickel, 6% Baumwolle; Länder: 17% BRD, 12% Japan, 9% Großbrit., 8% USA, Rep. Südafrika

PRESSE *Tageszeitungen:* Harare: The Herald (134) – Bulawayo: The Chronicle (74) – *Nachrichtenagentur:* ZIANA (Zimbabwe Inter-Africa News Agency)

SINGAPUR *Südost-Asien*

Republik Singapur; Republic of Singapore (engl.); Repablik Singapura (malaiisch); Xinjiapo Gonghegno (chines.); nach »Singa« = Löwe u. »pura« = Stadt – SGP

LANDESSTRUKTUR **Fläche** (160): 618 km² – **Einwohner** (112): (F 1988) 2647000 = 4283 je km²; (Z 1980) 2413945 – Singapurer; 76,3% Chinesen, 15,0% Malaien, 6,4% Inder u. Pakistaner u. 55800 Sonstige, davon rd. 40000 Europ. – **Leb.-Erwart.:** 73 J. – **Säugl.-Sterbl.:** 0,9% – **Analph.:** 14% – Jährl. **Bev.-Wachstum** (∅ 1980–88): 1,1% (Geb.- u. Sterbeziffer 1988: 1,8%/0,5%) – **Sprachen:** Englisch als Amts-, Verwalt.- u. Bildungsspr.; Nationalsprache Malaiisch; außerd. Chinesisch u. Tamil – **Religion:** 56% Taoisten u. Buddhisten, 16% Muslime, 10% Christen, 4% Hindu; Konfuzianer – **Städt. Bev.:** 100% – **Städte** 1985: Singapur (Hptst.) 2558000 Ew., daneben kleinere städt. Siedlungen u. Landgemeinden

STAAT Republik – Parlament aus 1 Kammer – Allg. Wahlrecht – **Staatsoberhaupt:** Präsident Wee Kim Wee, seit 2. 9. 1985; am 31. 8. 1989 für weitere 4 Jahre bestätigt – **Regierungschef:** Goh Chok Tong – **Äußeres:** Wong Kan Seng – **Parteien:** Wahlen vom 31. 8. 1991 (1988): People's Action Party/PAP (v. Chinesen getragen) 77 (80) d. 81 Sitze, Singapore Democratic P. 3 (1) u. Worker's Party 1 (1) – **Unabh.:** 9. 8. 1965 – **Nationalfeiertag:** 9. 8.

WIRTSCHAFT **BSP** 1989: 28058 Mio. $ = 10450 $ je Ew. (25); BIP 1988: 23800 Mio. $; realer Zuwachs ∅ 1980–88: 5,7%; Anteil **Landwirtsch.** 0%, **Industrie** 38% – **Erwerbstät.** 1988: Landw. 1%, Ind. 35% – **Energieverbrauch** 1988: 4464 kg ÖE/Ew. – **Währung:** 1 Singapur-Dollar (S$) = 100 Cents; 1 US-$ = 1,7200 S$, 100 S$ = 86,8605 DM – Öff. **Ausl.-Verschuld.** 1988: 4186 Mio. $ = 20,4% d. BSP – **Inflation** ∅ 1980–88: 1,2% – **Außenhandel** 1987: **Import:** 43765 Mio. $; Güter: 44% Maschinen, Transportmittel, 25% Erzeugn. d. verarb. Industrie, 14% Mineralöl, 8% chem. Erzeugn.; Länder: 21% Japan, 16% USA, 13% Malaysia, 5% Taiwan; **Export:** 39205 Mio. $; Güter: Über 30% d. gesamten Exporterlöse gehen auf Re-Exporte zurück; 50% Maschinen, Transportmittel, 19% Erzeugn. d. verarb. Industrie, 14% Mineralölerzeugnisse, Transitausfuhr v. Malaysia; Länder: 20% USA, 13% EG-Länder, 12% Malaysia, 7% Japan, 6% Hongkong

PRESSE *Tageszeitungen:* Berita Harian (43)/Malaiisch – Lian He Zao Bao (195)/Chin. – Shin Min Daily News (102)/Chin. – The Straits Times (297)/Engl. – *Sonntagszeitungen:* Berita Minggu (54)/Malaiisch – Sunday Times (317)/Engl.

SOMALIA *Nordost-Afrika*

Somalische Demokrat. Rep.; Jamhuuriyadda Dimugradiga Soomaaliya; Al-Jumhouriya ad Dimukratiya As-Somaliya; Somali Democratic Republic – SP

LANDESSTRUKTUR **Fläche** (40): 637657 km² – **Einwohner** (81): (F 1988) 7106000 = 11 je km²; (Z 1975) 3253024 – Somalier (ethn. Somali, Mz. Somal); rd. 95% Angeh. d. Somal-Stämme (Darod, Digil, Dir, Issas, Hawiya usw.), daneben etwa 100000 Bantu, rd. 30000 Araber, kl. italien., brit., indische u. pakistan. Minderheiten; 839000 Flüchtl. aus Äthiopien (durch Rückwanderung abnehmend); 350000 somal. Fremdarbeiter im Ausl.; über 40% d. Bevölkerung leben nomadisch – **Leb.-Erwart.:** 47 J. – **Säugl.-Sterbl.:** 15,5% – **Analph.:** 88% – Jährl. **Bev.-Wachstum** (∅ 1980–88): 3,0% (Geb.- u. Sterbeziffer 1988: 4,9%/1,9%) – **Sprachen:** Somali (in Lateinschrift), seit 1972 als Amtssprache; Arabisch, Englisch u. Italienisch als Handels- u. Bildungsspr. – **Religion:** 99% sunnitische Muslime (schafiitischer Richtung), 4000 Christen (überw. Katholiken) – **Städt. Bev.:** 37% – **Städte** (S 1984): Mogadischu [Mogadiscio bzw. Muqdisho] (Hptst.) 600000 Ew., Hargeisa 70000, Kisimayjo [Chisimaio] 70000, Berbera 65000, Marka 60000

STAAT Republik – Neue Verfass. in Vorber. – Parlament mit 123 Abg. vorgesehen – 16 Provinzen – **Staatsoberhaupt:** Ali Mahdi Mohamed seit 29. 1. 1990, auf »Versöhnungskonferenz« am 22. 7. 1991 f. 2 J. bestätigt – **Regierungschef:** Omar Arteh Ghaleb (Übergangsreg.) – **Äußeres:** NN – **Parteien:** Auf »Versöhnungskonferenz« vertreten: »Vereinigter Somalischer Kongreß«/USC, »Demokratische Somalische Heilsfront«/SSDF, »Somalische Patriotische Bewegung«/SPM u. »Somalische Demokratische Bewegung«/SDM – Am 18. 5. 1991 Ausrufung einer unabhängigen Republik Somalialand im Norden durch »Somalische Nationalbewegung« unter Präs. Abdurahman Ahmed Ali – **Unabh.:** 26. 6. 1960 (Brit. Somaliland) u. 1. 7. 1960 (Italien. Somaliland); Vereinigung am 1. 7. 1960 – **Nationalfeiertag:** bisher 21. 10. (Machtergreifung Barres 1969)

WIRTSCHAFT **BSP** 1989: 1035 Mio. $ = 170 $ je Ew. (160); BIP 1988: 970 Mio. $; realer Zuwachs ∅ 1980–88: 3,2%; Anteil **Landwirtsch.** 65%, **Industrie** 9% – **Erwerbstät.** 1985: Landw. 65%, Ind. 8% – **Energieverbrauch** 1987: 66 kg ÖE/Ew. – **Währung:** 1 Somalia-Schilling (So. Sh.) = 100 Centesimi (Cnt.); 1 US-$ = 930,00 So. Sh., 100 So. Sh. = 0,1826 DM – **Ausl.-Verschuld.** 1988: 1754 Mio. $ = 185,2% d. BSP – **Inflation** ∅ 1980–88: 38,4% – **Außenhandel** 1988: **Import:** 354 Mio. $; **Export:** 58 Mio. $; Güter: 75% leb. Tiere, Häute u. Felle; Bananen

Die neuen Organe der UdSSR

STAATSRAT		WIRTSCHAFTSKOMITEE	
(Lösung innen- und außenpolitischer Fragen, die die gemeinsamen Interessen der Republiken berühren.)		(Koordinierung der Volkswirtschaft)	
Vorsitz	**Mitglieder**	**Vorsitz**	**Mitglieder**
Der Präsident der UdSSR	Die Führer der Mitglieds-Republiken	Wird vom Präsidenten der UdSSR mit Zustimmung des Staatsrates nominiert	Paritätische Besetzung durch die Mitgliedsrepubliken

OBERSTER SOWJET

Parlament der UdSSR und oberstes Verfassungsorgan; besteht aus zwei Kammern (Gesetzgebung)

RAT DER REPUBLIKEN	RAT DER UNION
(bestätigt Gesetze)	(verabschiedet Gesetze)
Mitglieder	**Mitglieder**
20 Abgeordnete aus jeder Mitgliedsrepublik, Rußland entsendet 52 Abgeordnete. Bei Abstimmungen erhält jede Republik eine Stimme.	Volksdeputierte, die von den Unionsrepubliken nach einer Quotenregelung ernannt werden.

u. Gemüse, Myrrhe, Weihrauch, Holz, Baumwolle, Gummiarabikum; Länder: EG-Länder (davon 80% Italien), Saudi-Arabien, USA, Japan, VR China

PRESSE *Tageszeitung:* Mogadischu: Xiddigta Oktobar – *Wochenzeitungen*: Heegan/Engl. – Horseed/Ital., Arab. – *Nachrichtenagentur:* SONNA (Somali National News Agency)

SOWJETUNION *Eurasien*

»Union der Souveränen Sowjetrepubliken«/UdSSR – »Sowjet« = Rat – SU

Die baltischen Staaten (Estland, Lettland, Litauen) konnten noch nicht getrennt erfaßt werden; → *Chronik, Sp. 165ff.*

LANDESSTRUKTUR **Fläche** (1): 22274900 bzw. 22402200 km^2 einschl. des Asowschen u. Weißen Meeres, deren Fläche in d. Unionsrepubliken nicht enthalten sind (eigentl. Binnengewässer 375000km^2) – **Einwohner** (3): (F 1990) 287991000 = 13 je km^2; (Z 1989) 286731000; europ. Teil 5571000 km^2 u. 1979 212 Mio. Ew.; asiatischer Teil 16831000 km^2 u. 71 Mio. Ew.) – **Ethnische Gliederung** (→ Tabelle »Nationalitäten«), Ang. d. Z 1979 in Tsd.; Anteil mit d. entsprech. Muttersprache in %; Z 1989 in Mio.): Russen 137397; 99,9; 145,1 – Ukrainer 42347; 82,8; 44,1 – Usbeken 12456; 98,5; 16,7 – Weißrussen 9463; 74,2; 10,0 – Kasachen 6556; 97,5; 8,1 – Aserbaidschaner 5477; 97,9; 6,8 – Tataren 6317; 85,9; 6,6 – Armenier 4151; 90,7; 4,6 – Georgier 3571; 98,3; 4,0 – Moldawier 2968; 93,2; 3,4 – Tadschiken 2898; 97,8; 4,2; – Litauer 2851; 97,9; 3,1 – Turkmenen 2028; 98,7; 2,7 – Deutsche 1936; 57,0; 2,0 – Kirgisen 1906; 97,9; 2,5 – Juden 1811; 14,2; 1,4 – Insg. über 100 Nationalitäten. Von den 1,936 Mio. Deutschen in der UdSSR lebten 1979 791000 in der Russischen SFSR, 900000 in der Kasachischen SSR und u.a. 101000 in der Kirgisischen SSR – **Leb.-Erwart.:** 70 J. – **Säugl.-Sterbl.:** 2,2% – **Analph.:** 1% – Jährl. **Bev.-Wachstum** (∅ 1980–88): 0,8% (Geb.- u. Sterbeziffer 1988: 1,8%/1,1%) – **Sprachen:** Russisch als Amtsspr.; im übr. Gleichberechtigung d. and. Sprachen in d. Unions- u. Autonomen Republiken, Nationalen Gebieten u. Kreisen – 1979 bezeichneten 153,5 Mio. (1970: 141,8 Mio.) Russisch als ihre Muttersprache, davon 137,2 Mio. Russen u. 16,3 Mio. Angeh. and. Nationalitäten. Als Zweitsprache beherrschten weitere 61,3 Mio. (1979: 41,9 Mio.) das Russische, das zu Lasten d. and. Sprachen ständig an Boden gewinnt – **Religion:** ca. 50 Mio. Christen, vorherrschend Orthodoxe, röm.-kath. Minderheiten (über 3 Mio. vor allem in d. balt. Republiken), rd. 1,5 Mio. Protest. (bes. Luther. u. etwa 0,5 Mio. Baptisten); Anteil d. gläubigen Juden an d. Gesamtzahl d. Juden unbekannt; über 43 Mio. Muslime (80% Sunniten, 20% Schiiten), vor allem in Mittelasien u. Transkaukasien; 0,5 Mio. Buddhisten; Trennung v. Kirche u. Staat – **Städt. Bev.:** 66% – **Städte** (Z 1989, Ew. in Tsd. *(→ Tabelle, Sp. 547f.)*: außerd. Leningrad [St. Petersburg] 5000, Charkow 1600, Gorki [Gorkij bzw. Nischnij Nowgorod] 1460, Nowosibirsk 1450, Swerdlowsk [Jekaterinenburg] 1330, Kuibyschew [Kujbyschjew bzw. Samara] 1300, Dnjepropetrowsk 1210, Odessa 1160, Omsk 1150, Tscheljabinsk 1140, Donezk 1100, Ufa 1110, Perm 1090, Kasan 1080, Rostow/Don 1020, Wolgograd 1000

STAAT Zur jüngsten Entwicklung → Chronik – Höchste Organe der Staatsmacht bis Sept. 1991: »Kongreß der Volksdeputierten« (2250 Deputierte: 750 vertreten ungeachtet d. Nationalität je 250000 Wähler; 750 als Vertreter der alten 15 Unions- u. autonomen Republiken, Regionen u. Kreise; 750 als Vertreter der gesellschaftlichen Organisationen); »Oberster Sowjet« (bleibt in anderer Zusammensetzung erhalten) mit 542 Mitgl. in 2 Kammern (»Unionssowjet« u. »Nationalitätensowjet« mit je 271 Deputierten) – Wahlberechtigt alle Bürger über 18 J. – Die alten 15 Unionsrepubliken, Referendum über Fortbestehen der UdSSR am 17. 3. 1991 mit 76,4% Zustimmung, allerdings weitgehend ohne die Stimmen von 6 boykottierenden Republiken; neuer Unionsvertrag wurde dann im Entwurf (»Union Souveräner Sowjetrepubliken«) von 9 Republiken gebilligt, 6 Republiken wünschten die Unabhängigkeit *(→ auch WA'91 Sp. 539ff.)*, haben je eig. Parlament (Sowjet) u. eig. Regierung – Die Ukraine u. Weißrußland (Bjelorußland) sind eigenständ. Mitgl. d. UNO neben d. UdSSR – Verwaltungsglied. in Gebiete (»Oblasti«), vereinzelt in Gaue (»Kraj«) – Wirtschaftsglied. in Rayons – Autonome Einheiten für d. verschied. Nationalitäten als Autonome Republik (20), Aut. Gebiet (8) oder Aut. Bezirk (nat. »Obkrug«; 10) *(hierzu Einzelheiten → WA '89, Sp. 493f.)* – **Staatsoberhaupt:** Michail Sergejewitsch Gorbatschow, seit März 1990 mit 59% d. St. (1329) vom »Kongreß der Volksdeputierten« (s. Z. 2245) zum 1. exekutiven Präsidenten d. Sowjetunion gewählt; seit Sept. 1991 Vorsitzender des Staatsrats – **Regierungschef:** Iwan Silajew, Chef einer Übergangsreg. – **Äußeres:** Boris Pankin – **Parteien:** nach Änderung d. Verfassung im Aug./Sept. 1991 besitzt die »Kommunist. Partei d. Sowjetunion«/KPdSU (geleitet seit Stalins Tod durch ein »Führungskollektiv«, d. h. die Vollmitgl. d. Politbüros der KPdSU) nahezu keine Führungskompetenz mehr bzw. ist sogar in einigen Republiken verboten worden – **Mitglieder d. KPdSU** am 1. 1. 1990 (weiterhin stark rückläufig bzw. in Auflösung): 17917914; 5313524 Arbeiter, 1466361 Kolchosbauern, 7793048 Angestellte u. 3344981 Rentner ohne Hausfrauen – **Unabh.:** alte staatl. Tradition; Revolution 1917, Gründung d. UdSSR am 30. 12. 1922 – **Nationalfeiertag:** 7. 11. (Oktoberrev. 1917), 7. 10. (Verf. v. 1977), 9. 5. (»Tag d. Sieges«, dt. Kapitulation 1945)

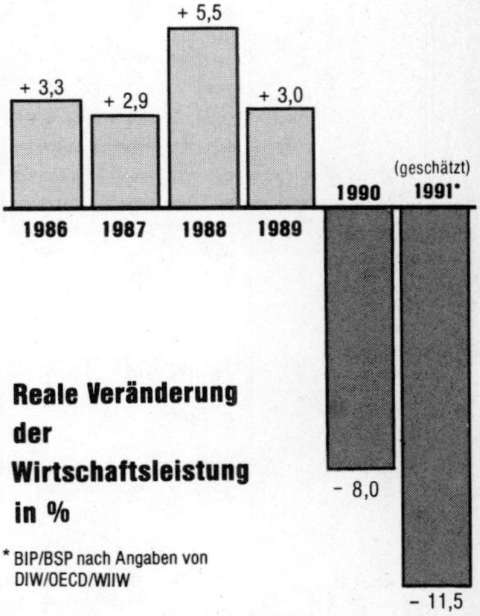

WIRTSCHAFT BSP 1989 (US-Schätzung): 1450000 Mio. $ (2690000) = 5020 $ (9310) je Ew. (42); realer Zuwachs ∅ 1990: –2,0%; **BIP** S 1989: 1639000 Mio. $; realer Zuwachs ∅ 1980–88: 1,0%; 1990: –3% → *Abb.*; Anteil **Landwirtsch.** 23%, **Industrie** 55% – **Erwerbstät.** 1988: Landw. 19%, Ind. 39% *(zur Landwirtschaft → Sp. 818f.; zur Industrie → Sp. 885f.)* – **Energieverbrauch** 1988: 4512 kg ÖE/Ew. – **Währung:** 1 Rubel (Rbl) = 100 Kopeken; 100 US-$ = 56,40 Rbl, 100 Rbl = 264,8936 DM (offizieller Kurs) – **Ausl.-Verschuld.** 1990: Netto: 43,4 Mrd. $; Brutto: 52,0 Mrd. $ – **Inflation** ∅ 1990: ca. 9% – **Außenhandel** 1989: **Import** 1988: 107200 Mio. $; Güter: 39% Maschinen, Ausrüstg., Transportm., 17% Ernährungsgüter u. Rohstoffe f. d. Herstellg, 14% industr. Konsumgüter; Länder: 10% Polen, 10% Bulgarien, 10% DDR,

15 Unionsrepubliken (ausgewählte Daten: → Tab. WA'91 Sp. 55f., → auch Chronik Sp. 157ff.)

Unionsrepubliken[1]/ Hauptstadt	*Präsident der Republik*	*Fläche in 1000 km²*	*Unionsanteil in %*	*Einw. (Z 1989) in Mio.*	*Unionsanteil in %*	*Einw. (Z 1989) Hauptstadt in 1000*	*Anteil d. Russen/ der namengeb. Bev. (1989) in %*	*Bev.-dichte (1989) Einw./ km²*	*Bev.-wachstum (1987/ 89) in % p.a.*	*BIP je Einw. (S) Sowjetunion = 100*	*BIP 1988 in Rubel*
Rußland/Moskau	Boris Jelzin	17075	76,7	147	51,4	8970	82,6/82,6	9	1,5	115	2623
Kasachstan/Alma-Ata	Nursultan Nasarbajew	2717	12,0	17	5,8	1130	40,1/36,0	6	1,0	75	1638
Ukraine/Kiew	Leonid Krawtschuk	604	2,7	52	18,0	2590	20,3/70,5	86	0,5	90	1958
Turkmenistan/Aschchabad	Sapamurad Nijasow	488	2,2	4	1,3	400	12,6/68,4	7	2,7	70	1358
Usbekistan/Taschkent[2]	Islam Karimow	447	2,0	20	6,9	2075	10,8/68,7	45	2,3	55	1056
Weißrußland/Minsk[2]	StanislawTschuskewitsch[4]	208	0,9	10	3,6	1590	12,0/79,4	49	0,6	115	2578
Kirgisien/Frunse (Bischkek)[2]	Askar Akajew	199	0,9	4	1,5	615	21,5/52,4	22	1,8	60	1174
Tadschikistan/Duschanbe[2]	Rachman Nabijew[5]	143	0,6	5	1,8	595	10,4/58,8	36	3,1	50	952
Aserbaidschan/Baku[2]	Ajas Mutalibow	87	0,4	7	2,5	1760	7,9/78,1	81	1,6	80	1565
Georgien/Tblisi (Tiflis)[2]	Swiad Gamsachurdia	70	0,3	5	1,9	1260	7,4/68,8	78	1,7	95	1891
Litauen/Vilnius (Wilna)[3]	VytautusLandsbergis	65	0,3	4	1,3	580	8,6/80,1	57	0,7	115	2427
Lettland/Riga[3]	Anatolis Gorbunows	65	0,3	3	0,9	915	33,8/51,8	42	0,9	130	2630
Estland/Tallinn (Reval)[3]	Arnold Rüütel	45	0,2	2	0,5	480	30,3/61,5	35	0,5	120	2590
Moldawien/Chisinau[2]	Mircea Snegur	34	0,2	4	1,5	665	12,8/63,9	129	1,8	80	1789
Armenien/Jerewan (Eriwan)[2]	Levon Ter-Petrosjan	30	0,1	3	1,1	1200	12,5/93,3	110		90	1757

[1] Reihenfolge nach der Fläche – [2] Unabhängigkeit erklärt – [3] als sourveräne Staaten anerkannt – [4] Nachfolger von Nikolai Dementteï (Rücktritt 25. 8. 1991) – [5] Nachfolger von Kachar Machamow (Rücktritt 31. 8. 1991) u. Kadreddin Aslonow (Rücktritt 23. 9. 1991)

Quelle: Deutsche Bank, Statistisches Bundesamt u. ›El Pais‹, ›Le Monde‹

9% ČSFR, 7% Ungarn, 6% BRD; **Export** 1988: 110600 Mio. $; Güter: 40% Brennstoffe u. Primärenergieträger, 16% Maschinen, Ausrüstungen, Transportm., 11% Erze, -konzentr., Metalle u. -erzeugn.; Länder: 10% DDR, 9% ČSFR, 9% Bulgarien, 8% Polen, 6% Ungarn

PRESSE *Tageszeitungen:* Moskau: Iswestija (10100)/Org. d. Präs. d. Obersten Sowjets – Komsomolskaja Prawda (17600)/Org. d. Leninist. Komm. Jugendverbandes – Krasnaja Swesda/Roter Stern (2500)/Verteidigungsministerium d. UdSSR – Moskowskije Nowosti (Zeitung f. d. Ausland, ges. 964 in allen in der UdSSR gedruckten Sprachen) – Prawda (9664)/Org. d. ZK d. KPdSU – Sowjetskaja Rossija (3700)/Org. d. ZK d. KPdSU u. d. Obersten Sowjets d. RSFSR u. d. Ministerrats – Trud (19800)/Org. d. Zentralrats d. Gewerksch. – *Wochenzeitungen u. Zeitschriften:* Agitator (1231) – Argumenty i Fakty/ Argumente und Fakten (31517)/Bulletin d. Unionsgesellschaft Snanije – Druschba Narodow/Völkerfreundschaft (1100)/Schriftstellerverband d. UdSSR – Ekonomitscheskaja Gaseta/Wirtschaft (712)/ZK d. KPdSU – Ionostrannaja Literatura/Ausländische Literatur (420)/Schriftstellerverband d. UdSSR – Junost/ Jugend (3300) – Krestjanka/Bäuerin (20449) – Kommunist (995)/ZK d. KPdSU – Krokodil (5300)/Satir. – Literaturnaja Gaseta (6267)/Vorstand d. Schriftstellerverbandes d. UdSSR – Molodaja Gwardija/Junge Garde (628) – Moskwa (760) – Nasch Sowremennik/ Unser Zeitgenosse (270) – Nasche Nasledie/Unser Erbe (200)/Kulturfonds – Newa (650) – Nowy Mir/ Neue Welt (1560)/Schriftstellerverband d. UdSSR – Ogonjok/Flämmchen (3200) – Oktjabr (380) – Partinaja Schisn/Parteileben (811) – Polititscheskoje Obrasowanije/Politische Bildung (1862) – Rabotniza/ Arbeiterin (20500) – Roman Gaseta (3500) – Sdorowje/Gesundheit (15522) – Selskaja Schisn/Landleben (6589) – Smena (2416) – Snamja/Banner (970) – Sowjetskaja Kultura (825)/ZK d. KPdSU – Sowjetski Ekran (1700) – Sowjetski Sport (4705) – Sozialistischeskaja Industrija (999) – Stroitelnaja Gaseta (279) – Swesda/Stern (215) – Riga: Literatura un Maksla/ Literatur und Kunst (116,8) – Vilnius: Respublika (120)/Unabhängigkeitsbewegung – *Nachrichtenagenturen:* TASS (Telegrafnoje Agentstwo Sowjetskogo Sojusa) – APN (Agentstwo Pechati Nowosti) – *Nachrichtenagenturen der Republiken:* Armenien: Armenpress, Jerewan – Aserbaidschan: AZ-TAg, Baku – Estland: ETA, Tallinn – Georgien: Sakinform, Tiflis – Kasachstan: KazTAg, Alma-Ata – Kirgisien: KIRTAg, Frunse – Lettland: Latinform, Riga – Litauen: ELTA, Wilna – Moldawien: ATEM, Kischinew – Tadschikistan: TadzhikTAg, Duschanbe – Turkmenien: TIA, Aschkhabad – Ukraine: RATAU, Kiew – Usbekistan: UzTAg, Taschkent – Weißrußland: BELTAg, Minsk

SPANIEN *Südwest-Europa*

Königreich Spanien, España, Reino de España – E

LANDESSTRUKTUR **Fläche** (48): 504750 km² – **Einwohner** (25): (F 1990) 39,2 Mio. = 78 je km²; (Z 1981) 37746000 – Zu Spanien gehören die Balearen (5014 km²/685088 Ew.), die Kanarischen Inseln (7273 km²/1444626 Ew.), außerdem die »Presidios« Ceuta (19,0 km²/65000 Ew.), Melilla (12,3 km²/58449 Ew., davon 27000 Muslime [Z 1981]) sowie Pen de Vélez, Alhucemas, Chafarinas (zus. 1 km²/329 Ew. [S 1970]); die Presidios (Plazas de Soberanía) sind Teile span. Provinzen (Cádiz bzw. Málaga); Marokko erhebt auf sie Anspruch – Über 73% kastilische Spanier, etwa 18% Katalanen (territ. 13%), ca. 6% Galicier, 1,5% Basken (Euskaldun), 0,5 Mio. Sinti u. Roma, 242000 Ausl. (S 1985 u. a. 39000 Engl., 28500 Deutsche, 23350 Portug., 18000 Franz.) – 10% aller Spanier leben im Ausl. (rd. 2 Mio. in Amerika u. 1 Mio. in Europa) – **Leb.-Erwart.:** 77 J. – **Säugl.-Sterbl.:** 0,9% – **Analph.:** 6% – Jährl. **Bev.-Wachstum** (∅ 1980–89): 0,5% (Geb.- u. Sterbeziff. 1988: 1,2%/0,9%) – **Sprachen:** Spanisch (Kastilisch) 74%; Katalanisch (Català) rd. 18% in Katalonien (Catalunya) u. Baskisch rd. 1,5% (Vasco, Euskara) sowie Galicisch (»Gallego«, dem Portug. verwandt) 6,5% als Amtsspr. – **Religion:** fast nur Katholiken (seit 1979 nicht mehr Staatsreligion), 250000 andere Christen, 13000 Juden, ca. 1000 Muslime (ohne »Presidios« in Nordafrika) – **Städt. Bev.:** 77% – **Städte** (Z 1984): Madrid (Hptst.) (1987) 3101000 Ew.; Barcelona 1770296, Valencia 785273, Sevilla 672435, Zaragoza [Saragossa] 601235, Málaga 537619, Bilbao [Bilbo] 397541, Las Palmas 377353, Valadolid 331404, Palma de Mallorca 311197, Murcia 305221, Córdoba 291370, Hospitalet 288290, Vigo 277460, Gijon 262395, Granada 256191, Alicante 253722, La Coruña [A Coruña] 240463, Badalona 229281, Vitoria-Gasteiz 199239, Santa Cruz de Tenerife 190784, Sabadell 189775, Oviedo 189376, Santander 187057, Jerez de la Frontera 184905, Pamplona 181668, San Sebastian [Donostia] 178906, Cartagena 174195, Cádiz 160839, Salamanca 159336

STAAT Monarchie auf parlament.-demokrat. Grundl.; neue Verfassung 1978 im Referendum angenommen – Parlament (»Cortes«) aus Abg.-Haus (»Congreso«, 350 Abg.) u. Senat (»Senado«, 248 Senatoren) – »Staatsrat« (»Consejo de Estado«) – Strukturierung des Landes in verschiedene Regionen u. Nationalitäten seit 1983: 17 Autonome Gemeinschaften – **Staatsoberhaupt:** König Juan Carlos I. de Borbón y Borbón, seit 1975; Thronfolger Prinz Felipe – **Regierungschef:** Felipe González Márquez/ PSOE, seit 1982, erneut seit 1986 – **Äußeres:** Francisco Fernández Ordez – **Parteien:** Wahlen v.

1989 [1986]: Partido Socialista Obrero Español/ PSOE (»Sozialist. Arbeiterpartei« v. Gen.-Sekr. Felipe González Márquez) 39,55% [43,44%], 175 Sitze [184 Sitze]; Partido Popular 25,83% [26,00%] (107) [105]; Izquierda Unida 9,05% [4,61%] (17) [7]; Centro Democrático y Social, (»Demokratisch-Soziales Zentrum«) 7,91% [9,23%] (14) [19]; Convergéncia i Unió 5,04% [5,02%] (18) [18]; Partido Nacionalista Vasco/PNV (»Baskische Nationalpartei«) 1,24% [1,53%] (5) [6]; Herri Batasuna (»Baskenpartei«, radikal links) 1,06% [1,15%] (4) [5]; Partido Andalucista 1,04% [0,47%] (2) [0]; Unión Valenciana 0,71% [0,32%] (2) [1]; Eusko Alkartasuna 0,67% [0] (2) [0]; Euskadiko Ezquerra 0,51% [0,53%] (2) [2]; P. Aragonés Regionalista 0,35% [0,36%] (1) [1]; Agrupación Independ. de Canarias 0,32% [0,33%] (1) [1]; Kommunal- u. Regionalwahlen v. 26. 5. 1991 in 13 der 17 autonom. Regionen und in 8000 Gemeinden: PSOE 38,91%, PP 24,56%, Verein. Linke 8,65%, CDS 3,72% – **Unabh.:** alte staatl. Tradition; Maurenherrschaft 718–1492 – **Nationalfeiertag:** 12. 10. gemeins. Feiertag aller spanischsprachiger Länder (Entdekkung Amerikas durch Kolumbus)

WIRTSCHAFT **BSP** 1989: 358 352 Mio. $ = 9150 $ je Ew. (28); realer Zuwachs ∅ 1980–89: 2,9%; **BIP** 1988: 340 320 Mio. $; realer Zuwachs ∅ 1980–88: 2,5%; Anteil **Landwirtsch.** 6%, **Industrie** 37% – **Erwerbstät.** 1985: Landw. 18%, Ind. 32,5% – **Energieverbrauch** 1988: 1902 kg ÖE/Ew. – **Währung:** 1 Peseta (Pta) = 100 Centimos; 1 US-$ = 97,030 Ptas; 100 Ptas = 1,5631 DM – **Inflation** ∅ 1980–88: 10,1% (1990: 7,5%) – **Außenhandel** 1989: **Import:** 8458 Mrd. Ptas; Güter: 25% Maschinen, 14% Transportmittel, 12% chem. Erzeugnisse, 11% landw. Erzeugnisse, 7% Metallwaren, 4% Textilien; Länder: 16% BRD, 14% Frankr., 10% Italien, 9% USA, 7% Großbrit. – **Export:** 5257 Mrd. Ptas.; Güter: 21% Transportm., 16% landw. Erzeugn., 15% Maschinen, 11% chem. Erzeugn., 10% Metallwaren, 4% Textilien; Länder: 20% Frankr., 12% BRD, 10% Großbrit., 10% Italien, 7% USA

PRESSE *Tageszeitungen:* Madrid: ABC (247, so. 415) – As (143)/Sport – Diario 16 (137, so. 183) – El Mundo – El País (380, so. 800) – El Sol – Ya (75, so. 104) – Barcelona: Avui (40)/Katal. – El País (60)/ Katal. – El Periódico (154, so. 246) – La Vanguardia (195, so. 316) – Bilbao: El Correo Español/El Pueblo Vasco (123) – La Coruña: La Voz de Galicia (82, so. 127) – San Sebastian: El Diario Vasco (81) – *Wochenzeitung*: Madrid: El Independiente – *Zeitschriften*: Madrid: El Globo – cambio 16 – Tiempo (141) – Epoca – *Nachrichtenagentur*: Agencia EFE

SRI LANKA *Süd-Asien*

Demokrat. Sozialist. Republik Sri Lanka; Sri Lanka prajatantrika samajawadi janarajaya (singh.); Ilangai jananayage socialisak kudiarasu (tamil.); Ceylon; Sri Lanka = singhal. »strahlend-leuchtendes Land« – CL

LANDESSTRUKTUR **Fläche** (112): 65 610 km² (mit 868 km² Binnengew.) – **Einwohner** (47): (F 1988) 16 587 000 = 253 je km²; (Z 1981) 14 846 750 – Srilanker; 1981: 74% Singhalesen, 12,6% Ceylon-(Jaffna-)Tamilen, 5,5% Indien-Tamilen, 7,1% »Mohren« (Moors), einige 100 »Burgher« (Nachkommen holländ. Kolonialbeamter) → *Karte WA '91, Sp. 564* – **Leb.-Erwart.:** 71 J. – **Säugl.-Sterbl.:** 3,1% – **Analph.:** 11% – Jährl. **Bev.-Wachstum** (∅ 1980–88): 1,5% (Geb.- u. Sterbeziffer 1988: 2,2%/0,6%) – **Sprachen:** Singhalesisch (Sinhala), seit 1987 auch Tamilisch Amtsspr.; Englisch z. T. als Handels- u. Bildungsspr. – **Religion:** 69,3% südl. (Hinajana-)Buddhisten (staatl. geschützt), 15,5% Hindus, 7,6% Muslime, 7,5% Christen (davon ⅘ kath.) – **Städt. Bev.:** 21% – **Städte** (S 1985): Colombo (Hptst.) 664 000 Ew., Dehiwala-Mt. Lavinia (Galkissa) 188 000, Moratuwa 138 000, Jaffna (Yapnaya) 138 000, Kandy 125 000, Kotte (Sri Jayawardenepura, Parl.-Sitz u. Vorort v. Colombo) 102 000, Galle 102 000, Negombo 76 000

STAAT Seit Sept. 1978 Präsidialrep. mit d. Bez. »Demokratische Sozialist. Republik« – Parlament aus 1 Kammer (Nationalversamml.) – Wahlberechtigt alle Bürger über 18 J. – 9 Provinzen (Palat) u. 24 Distrikte (Autonomie f. 2 Tamilen-Provinzen im N. u. O. geplant) – **Staatsoberhaupt:** Ranasinghe Premadasa, seit Dez. 1988 – **Regierungschef** u. Finanzmin.: Dingiri Banda Wijetunge – **Äußeres:** James Edward Harold Herat – **Parteien:** Bei d. Parlamentswahlen v. 15. 2. 1989 siegt die seit 1977 reg. United National Party/UNP mit 125 Sitzen; stärkste Oppositionspartei wurde d. sozialist. Sri Lanka Freedom Party/SLFP d. früh. Prem.-Min. Sirimavo Bandaranaike mit 67 im auf 225 Sitze erweit. Parlament. Insg. gibt es im neuen Parlament 5 Opp.-Parteien nd 13 unabh. Abgeordnete – **Unabh.:** 4. 2. 1948 – **Nationalfeiertag:** 4. 2.

WIRTSCHAFT **BSP** 1989: 7268 Mio. $ = 430 $ je Ew. (125); BIP 1988: 6400 Mio. $; realer Zuwachs ∅ 1980–88: 4,3%; Anteil **Landwirtsch.** 26%, **Industrie** 27% – **Erwerbstät.** 1988: Landw. 52%, Ind. 14% – **Energieverbrauch** 1988: 162 kg ÖE/Ew. – **Währung:** 1 Sri-Lanka-Rupie (S. L. Re.) = 100 Sri Lanka Cents (S. L. Cts.); 100 US-$ = 4021,50 S. L. Rs., 100 S. L. Rs. = 3,8155 DM – **Ausl.-Verschuld.** 1988: 4253 Mio. $ = 61,6% d. BSP – **Inflation** ∅ 1980–88: 11,0% – **Außenhandel** 1988:

Import: 2241 Mio. $; **Export:** 1472 Mio. $; Güter: 43% Tee, 15% Rohkautschuk, Kokosnüsse u. Kopra-Produkte, Kokosöl, außerdem Fisch, Zimt, Gewürznelken und Kakao, 20% Textilien sowie Graphit, Edelsteine, Erdöl-Prod.; Länder: 19% EG-Länder, 15% USA sowie Japan, VAE, China, Indien, Singapur

Bodennutzung (Angaben in 1000 ha)

Nutzungsart	*1972*	*1982*	*1987*
Ackerland	822	882	912
Dauerkulturen	1084	975	975
Dauerwiesen und Weiden[1]	439	439	439
Waldfläche	1820	1747	1747
Sonstige Fläche	2396	2518	2489
Bewässerte Fläche	430	519	530

[1] Begriffsbegrenzung der FAO. Je nach Witterungsbedingungen einschl. nur gelegentlich nutzbarer Flächen

PRESSE *Tageszeitungen:* Colombo: Daily News (65)/Engl. – Dawasa (108)/Sinhala – Dinamina (140)/Sinhala – Dinapathi (51)/Tamil – The Island (80)/Engl. – *Sonntagszeitungen:* Chinthamani (72)/Tamil – Rivirese (317)/Sinhala – Silumina (254)/ Sinhala – Sunday Island (200)/Engl. – *Nachrichtenagentur:* Lankapuvath

SÜDAFRIKA *Süd-Afrika*

Republik Südafrika; Afrikaans: Republiek van Zuid-Afrika; Engl.: Republic of South Africa – ZA oder RSA

LANDESSTRUKTUR **Fläche** (25): 1119566 km² ohne die »selbständigen« Homelands Transkei, Bophuthatswana, Venda, Ciskei, doch einschl. d. Walfischbucht (1124,05 km² u. S 1988 25135 Ew., davon 9600 Weiße, 6500 »Coloureds« u. 9035 Schwarze) sowie d. Pinguin-Inseln (2,92 km²); da endgült. Ausdehnung v. Venda u. Ciskei noch nicht feststeht, gibt es abweichende Ang.; mit »selbständ.« Homelands 1221037 km² – **Einwohner** (36): (Z 1985) 23385645 = 21 je km² (weiße Gebiete 16,5 Mio., Homelands 6,9 Mio. Ew., ohne TBVC-Staaten mit 5,1 Mio.) – Südafrikaner; nach Z 1985 (S 1989 in Mio. inkl. TBVC-Staaten): 4568739 (4,9) Weiße u. 18816906 (31,6) »Nicht-Weiße« (15,2 [27,5] Mio. Schwarze, 2,8 [3,2] Mio. »Coloureds« u. 821000 [0,9] Asiaten). Japaner gelten als Weiße. Nach Z 1985 machten die Schwarzen mit 15,2 Mio. 68,7 % d. Bev. aus; davon u. a. in Mio.: 5,3 Zulus, 2,1 Xhosa, 2,6 Nord-Sotho, 1,6 Süd-Sotho, 1,1 Tswana, 1,0 Shangaan, 0,8 Swasi, 0,4 Ndebele, 0,1 Venda. Bev.-Zunahme S 1988: Weiße 0,8%, Schwarze ca. 2,4%, Mischlinge 1,8%, Asiaten 1,7%, insg. ca. 2,0% – Im Juni 1983 1,09 Mio. ausländ. schwarze Arbeiter, davon 378000 legal Beschäfigte (zu 84% im Bergbau) nicht aus d. TBVC-Staaten (u. a. Lesotho 138000, Mosambik 73000 [rd. 225000 illegal], Malawi 31000, Botswana 28000 u. Swasiland 22000) – **Leb.-Erwart.:** 62 J. – **Säugl.-Sterbl.:** 7,0% – **Analph.:** 7% – Jährl. **Bev.-Wachstum** (∅ 1980–88): 2,3% (Geb.- u. Sterbeziffer 1988: 3,5%/1,0%) – **Sprachen:** Afrikaans u. Englisch als Amtsspr.; Bantu-Sprachen u. indische Sprachen als Umgangsspr. Von d. Weißen sprechen (Z 1980) 54,2% Afrikaans u. 35,3% Englisch als Muttersprache, von d. Schwarzen über 50% Afrikaans, die übr. meist beide Sprachen (dazu Bantu-Dialekte: ca. 10 Mio. Ñguni-Sprachen wie Zulu, Xhosa, Swazi u. Ndebele, 4,3 Sotho, 0,9 Tsonga u. 0,16 Venda, von d. Mischlingen 83,3% Afrikaans u. 10,3% Englisch, von d. Asiaten 1,2% Afrikaans – **Religion** (Z 1980 in Tsd.): Niederländ. Reformierte Kirche: Weiße 1696, »Coloureds« 675, Asiaten 4, Schwarze 1120; GereformeerdeKerk 127/–/–/–, Nederduitsch Hervormde Kerk 259/–/–/–, Anglikaner 462/362/8/815, Methodisten 421/149/4/1658, Presbyterianer 130/-/2/391, Röm.-Katholiken 388/266/21/1732; außerdem gehören 5125000 Schwarze u. 81000 »Coloureds« ca. 3000 schwarzen unabh. Kirchen an bzw. 4127000 Schwarze keiner institutional. Religionsgemeinschaft. 118000 Juden, 525000 Hindu, 342000 Muslime. Südafrikanischer Kirchenrat: 22 Kirchen mit 9,34 Mio. Mitgl. (gegen Apartheid: Anglikaner, Method., Luth., Kath. als Beob., Schwarze u. Mischl. – Kirche d. Nederduitse Gereformeerde Kerk, nicht jedoch d. weiße Mutterkirche = ideolog. Rückhalt der Apartheid) – **Städt. Bev.:** 58% – **Städte** (Z 1985; A): Pretoria (Hptst., Reg.-Sitz) mit Wonderboom, Soshauguve 822925 Ew., Cape Peninsula (m. Kapstadt) 1911521, Johannesburg/ Randburg 1609408, Durban/Pinetown/Inanda 982075, Port Elizabeth/Uitenhage 651993, West Rand 647334, Vanderbijlpark/Vereeniging/Sasolburg 540142, Free State Goldfields 320319, Bloemfontein 232984, East London/King Williams Town 193819, Pietermaritzburg 192417, Kimberley 149667

– größte **Blacktown** ist **Soweto** = South West Township, bei Johannesburg mit offiz. 900000, fakt. über 2 Mio. Ew.

STAAT Parlamentarische Bundesrepublik – Auf 5 Jahre gewähltes Parlament aus 3 Kammern *(Wahlmodus → Sp. 555)*: Abgeordnetenkammer (House of Assembly) aus 178 Mitgl.; Repräsentantenkammer (House of Representatives) mit 85 Mitgl.; Delegiertenkammer (House of Delegates) mit 45

Mitgl. – Staatspräsident von 88köpfigem Wahlkollegium der Weißen, Mischlinge und Inder (50 aus Abg.-Kammer, 25 aus Rep.-Kammer und 13 aus Del.-Kammer) auf 5 J. gewählt – 60köpfiger Präsidialrat (20 Mitglieder aus Abg.-Kammer, 10 aus Rep.-Kammer, 5 aus Del.-Kammer; 25 ernannt v. Staatspräs.); Vorsitz beim jeweil. Vizepräs. d. Rep.; Beratungsgremium; trifft Entscheidung bei Unstimmigkeiten d. 3 Kammern – Seit 30. 6. 1986 in den 4 Provinzen v. Staatspräs. ernannte, mehrrassige »Exekutivgremien« – Wahlberechtigt über 18 J. alte Weiße, Mischlinge und Inder – Den »Homelands« soll nach entsprechender konstitutioneller Entwicklung die Unabh. gewährt werden (»Große Apartheid«); z. Z. eher gegenläufige Entwicklung in den einzelnen »Homelands«; die »Kleine Apartheid« (rassische Trennung im Alltagsleben) ist im Abbau begriffen: Aufhebung des »Gesetzes über getrennte Wohngebiete« (Group Areas Act) u. der »Landgesetze« (Land Acts) am 5. 6. 1991 u. des »Bevölkerungsregistrierungsgesetzes« (Population Registration Act) am 17. 6. 1991 – Ausnahmezustand v. Juni 1986 am 18. 10. 1990 vollständig aufgehoben – **Staatsoberhaupt:** Executive State President Frederik de Klerk, seit Aug. 1989, erneut seit Sept. 1989, zugleich **Regierungschef** und Oberbefehlshaber d. Streitkräfte – **Äußeres:** Dr. Roelof Frederik Botha – **Parteien:** Die Zahl der gewählten Mitgl. beträgt in d. Abg.-kammer 166, in d. Repr.-kammer 80 u. in d. Del.-kammer 40. Zusätzlich 8 (4+2+2) Abg. werden v. Staatspräs. ernannt u. weitere 14 (8+3+3) nach d. Proporz der polit. Parteien in den 3 Kammern v. den Abg. mit Direktmandat gewählt. Somit beläuft sich die Gesamtzahl der Parl.-abg. auf 308 (178+85+45); Wahlen zur Abg.-kammer (Weiße) vom Sept. 1989 (1987): National Party/NP (Vertreterin d. Rassentrennungspolitik u. d. burischen Bev.) 94 (123) Sitze; Conservative Party/CP (1982 v. d. NP abgesplitterter rechtsextremer Flügel, gegen Lockerung d. Apartheidspolitik) d. ehem. Ministers A. Treurnicht 39 (22); Democratic Party/DP (Zusammenschluß aus der »Föderativen Fortschrittsp.«/PFP [gegen d. Apartheid, vorwiegend v. d. englischspr. Bev. getragen] d. »Nat. Demokrat. Bewegg.«/NDM und d. »Unabhäng. Partei«/IP im Apr. '89) 33 (19) – Wahlen zur Rep.-kammer (Mischlinge) v. Sept. 1989 (1984): Labour Party/LP von Pastor Allan Hendrickse 69 (76) Mandate; Democratic Reform Party of South Africa/DRP 4; United Democratic Party/UDP 3; Freedom Party of South Africa/FP 1 u. Unabh. 3 – Wahlen zur Del.-kammer (indische Bev.) v. Sept. 1989 (1984): Solidarity Party/SP 16 (17) Mandate; National People's Party/NPP 8 (18); DP 3, MPP 3, UP 2, NFP 1, PPSA 1 u. Unabh. 6 – Andere polit. Gruppierungen: Anti-Apartheids-Organisationen d. Schwarzen, seit Febr. 1990 zugelassen: African National Congress/ANC (1912 gegr., 1960 verboten) unter Nelson Mandela (Präs. seit 5. 7. 1991) u. Walter Sisulu (Vizepräs.) mit militär. Flügel Mkonto we Sizwe (»Speer der Nation«, 1961 gegr.); Pan Africanist Congress/PAC unter Clarence Makwetu (als militär. Flügel v. ANC 1959 abgespalten); Azanian People's Organization/AZAPO. Bereits seit längerem in der Legalität arbeiten die gemischtrassige United Democratic Front/UDF (1983 gegr.) und die auf die Zulus beschränkte Inkatha-Freiheitspartei von Mangosuthu Buthelezi – Seit 1990/91 Gepräche zwischen ANC u. südafrikan. Regierung, u. a. über eine neue verfassunggebende Versammlung sowie seit 1991 auch zwischen ANC, PAC u. Inkatha – **Unabh.:** 31. 5. 1910 de facto, 11. 12. 1931 nominell (Westminster-Statut) – **Nationalfeiertag:** 31. 5.

WIRTSCHAFT **BSP** 1989: 86029 Mio. $ (einschl. Namibia) = 2460 $ je Ew. (o. Namibia; 56); realer Zuwachs ∅ 1980–89: 1,5 %; **BIP** 1988: 78970 Mio. $; realer Zuwachs ∅ 1980–88: 1,3 %; Anteil **Landwirtsch.** 6 %, **Industrie** 45 % – **Erwerbstät.** 1988: Landw. 15 %, Ind. ca. 30 % – **Energieverbrauch** 1988: 2439 kg ÖE/Ew. – **Währung:** 1 Rand (R) = 100 Cents; 1 R = 2,5490 US-$, 100 R = 58,6112 DM – Öff. **Ausl.-Verschuld.** 1989: 21 Mrd. $ – **Inflation** ∅ 1980–88: 13,9 %; 1990: 14,4 % – **Außenhandel** 1989 (einschl. Transkei, Boph., Namibia, Ciskei, Venda): **Import:** 18644 Mio. $; Güter: 49 % Maschinen u. Instrumente, elektrot. Waren, 18 % chem. Erzeugn., 15 % Fahrz. u. Transportausrüstungen; Länder: 19 % BRD, 10 % Japan, 10 % Großbrit., 10 % USA; **Export:** 22220 Mio. $; Güter: ca. 50 % mineral. Rohstoffe (35 % Gold [auch 1990 mit Abstand größter Goldproduzent mit 592 t], 6 % Kohle), 9 % landwirt. Erzeugn.; Länder: 12 % Italien, 9 % Japan, 8 % BRD, 7 % USA, 7 % Großbrit. – 49 afrik. Staaten als H.-Partner, u. a. Simbabwe (80 % d. Exp. über RSA), Malawi, Angola, Zaire, Mosambik, Botswana (60 % Importabhängigkeit v. RSA), Lesotho (90 % Importabh. v. RSA), Sambia u. Swasiland

PRESSE *Tageszeitungen:* Durban: The Daily News (100) – Natal Mercury (63) – Johannesburg: Beeld (100)/Afrikaans – The Citizen (114) – Pretoria News (28) – Sowetan (157) – The Star (215, sa. 168) – Transvaaler (50)/Afrikaans – Kapstadt: The Argus (101) – Die Burger (79, sa. 87)/Afrikaans – Cape Times (56) – *Wochen- und Sonntagszeitungen:* Durban: Ilanga (106)/Zulu – Sunday Tribune (125) – Johannesburg: The New Nation (50) – Rapport (416)/ Afrikaans – Sunday Times (492) – Kapstadt: Huisgenoot (515) – The Weekend Argus (116) – Soweto: Soweton News (126) – *Nachrichtenagentur:* SAPA (South African Press Association)

Homelands der Schwarzen m. eig. Reg. u. Parlamenten (offiz. »Autonome Nationalstaaten« bzw. »Autonomstaaten«, d. h. Stammesgebiete m. innerer Autonomie;
für die »unabhängigen Staaten« → *Bophuthatswana,* → *Ciskei,* → *Transkei bzw.* → *Venda)*; z. Z. Umstrukturierungspläne
Gazankulu: haupts. MaTschangana-Tsonga [Shangaan]; Chefmin.: Prof. Hudson W. E. Ntsanwisi – **KaNgwane** (früher Swasi): haupts. Swasi; Chefmin.: M. C. Zitha – **KwaNdebele**: haupts. Ndebele; Chefmin.: S. J. Mahlangu; Parteien: keine, aber Sippenverbände der Manala u. Ndzunza – **KwaZulu**: haupts. Zulu; Chefmin.: Dr. A. N. Mangosuthu G. Buthelezi (Führer der Zulu-Partei »Inkatha«); BSP 1985 4,0 Mrd. R (1980 1,6 Mrd. R) – **Lebowa**: Nord-Sotho, dazu Ndebele; Chefmin.: N. M. Ramodike; Parteien: Lebowa People's Party, Lebowa National P. (Oppos.); BSP 1985 1,6 Mrd. R (1980 0,6 Mrd. R) – **QwaQwa**: haupts. Süd-Sotho; Chefmin.: T. Kenneth Mopeli; Parteien: Dikwankwetla Party (Reg.-Partei) u. Matla a setshaba (Oppos.)

WEITERE HOHEITSGEBIETE:

Walfischbucht (Munisipaliteit Walvisbaai/Municipality of Walvis Bay) gehört zur Kapprovinz u. wurde v. 1922 bis 1977 gemeinsam mit Südwestafrika (Namibia) verwaltet; nach d. Willen d. südafrikanischen Regierung auch nach Unabhängigkeit v. → *Namibia,* völkerrechtlich fundiert, ein integraler Teil d. Republik Südafrika.
Marion-Insel Fläche 255 km², unbewohnt
Prinz-Eduard-(Prince-Edward-)**Insel** Fläche 55 km², unbewohnt

SUDAN *Nordost-Afrika*

Republik Sudan; El Dschamhurija es Sudan bzw. Jamhuriyat as Sudan; The Republic of the Sudan; von arab. »bilad as-sudan« = Land der Schwarzen – SUDAN

LANDESSTRUKTUR **Fläche** (9): 2505813 km² – **Einwohner** (34): (F 1988) 23797000 = 10 je km²; (Z 1983) 20564364 – Sudanesen (Sudaner); Araber u. arabisierte Schichten im N (40–50%), 10% hamit. Nubier, im S 30% Nilohamiten (u. a. Lokuta) u. Niloten (Dinka, Nuer u. Schilluk); einige 1000 Europ.; Flüchtl. aus Äthiopien (ca. 480000) sowie Uganda, Zaire u. Tschad (zus. ca. 220000) – **Leb.-Erwart.**: 50 J. – **Säugl.-Sterbl.**: 11,8% – **Analph.**: 68% – Jährl. **Bev.-Wachstum** (∅ 1980–88): 3,1% (Geb.- u. Sterbeziffer 1988: 4,4%/1,6%) – **Sprachen:** Arabisch als Amtssprache; Englisch wichtig als Bildungs- u. z. T. als Handelsspr.; hamitische, nilotische u. sudanes. Sprachen – **Religion:** Islam (Staatsrelig.: 50–60% bes. im N stark in Sekten geglied.), im S Anh. v. Naturrelig.; 4–5% Katholiken, etwa 0,25% Protestanten; Kopten – **Städt. Bev.**: 21% – **Städte** (Z 1983): Khartum [Kharthoum, Chartum] (Hptst.) 476218 (m. Vororten 1,6 Mio.) Ew., Omdurman 526287, Khartoum North [Chartum Bahri] 341146, Port Sudan 206727, Wadi Medani 141065, Elobied 140024, Kassala 98751, Atbara 73009

STAAT Republik – Verfassungsgeb. Versamml. seit Mai 1986 – 5köpfiger Souveränitätsrat – 6 Verwalt.-Regionen mit Gouverneur u. Volksversamml. sowie Provinz Khartum; seit Mai 1985 Übergangsregierung in d. auton. Südregion (von Aufständ. nicht anerkannt) – Durch Militärputsch am 30. 6. 1989 sind alle polit. Institutionen aufgelöst, die Befehlshaber der Militärbezirke haben diese zugleich als Gouverneure zu verwalten – **Staatsoberhaupt** u. **Regierungschef** sowie Verteidigungsmin. u. Oberbefehlshaber: Generalleutnant Omar Hassan Ahmad El Beshir [al-Baschir]; ein 15köpfiger Offiziers-Kommandorat unter seinem Vorsitz hat legislative Funktionen. Für 1991 ist die Umwandlung d. Staates in eine Föderation durch die Junta geplant. – **Äußeres:** Ali Ahmed Sahloul – **Parteien:** aufgelöst – **Unabh.**: 1. 1. 1956 – **Nationalfeiertag:** 1. 1.

WIRTSCHAFT **BSP** 1988: 10094 Mio. $ = 480 $ je Ew. (121); BIP 1988: 11240 Mio. $; realer Zuwachs ∅ 1980–88: 2,5%; Anteil **Landwirtsch.** 33%, **Industrie** 15% – **Erwerbstät.** 1985: Landw. 72%, Ind. 9% – **Energieverbrauch** 1988: 58 kg ÖE/Ew. – **Währung:** 1 Sudanesisches Pfund (sud£) = 100 Piastres (Pt.) = 1000 Milliemes (mm); 1 US-$ = 4,455 sud£, 100 sud£ = 33,5354 DM – **Ausl.-Verschuld.** 1988: 8418 Mio. $ = 74,6% d. BSP – **Inflation** ∅ 1980–88: 33,5% – **Außenhandel** 1988: **Import:** 1223 Mio. $; Güter: 35% Maschinen u. Fahrzeuge, 21% leb. Tiere u. Nahrungsmittel, 20% verarb. Industrieerzeugnisse, 14% chem. Erzeugn.; Länder: 14% Großbrit., 12% Saudi-Arabien, 11% Italien, 10% USA, 10% BRD, 7% Niederl., 6% Japan; **Export:** 486 Mio. $; Güter: 47% Baumwolle u. Baumwollsamen, 20% Erdnüsse, 9% Sesam, 6% Sorghum, Gummiarabikum; Ölkuchen, Häute u. Felle, Vieh; Länder: 31% EG-Länder, 17% Ägypten, 13% Saudi-Arabien; UdSSR, Japan, Thailand, USA, VR China

PRESSE *Tageszeitungen* (seit 30. 6. 1989 allein zugelassen): Khartum: Al-Engaz al-Watan – As-Sudan al-Hadeeth – *Wochenzeitung:* Al-Guwwat al-Musallaha (8) – *Nachrichtenagentur:* SUNA (Sudan News Agency)

SURINAME *Süd-Amerika*

Republik Suriname; Republiek van Suriname; nach Indianerstamm benannt – SME

LANDESSTRUKTUR **Fläche** (86): 163265 km^2 – **Einwohner** (140): (F 1988) 392000 = 2 je km^2; (Z 1980) 352041 – Surinamer; 32% Kreolen, 35% Indischstämmige, 15% indones. (meist Javaner), 10% Schwarze (»Buschneger«, »Morronen«), 2% Chinesen u. einige Tsd. europ. Abstammung (meist Niederländer), rd. 3% Indianer; rd. 160000 Surinamer leben in d. Niederlanden – **Leb.-Erwart.**: 70 J. – **Säugl.-Sterbl.**: 3,6% – **Analph.**: 5% – Jährl. **Bev.-Wachstum** (∅1980–88): 2,6% – **Sprachen:** Niederländisch (nur knapp 40% beherrschen es) als Amtssprache; Sprachen d. versch. Gruppen (Hindustani 32%, Javanisch 15%) sowie als Mischsprachen die Umgangs- u. Verkehrsspr. Surinams (mehrheitl. »Sranan Tongo« [»Taki-Taki«], »Saramaccan«); Englisch als Geschäftssprache – **Religion:** 42% Christen, 27% Hindus, 20% Muslime – **Städt. Bev.**: über 50% – **Städte** (S 1988): Paramaribo (Hptst.) 150000 Ew., mehrere Kleinstädte wie Nieuw Nikerie und Albina

STAAT Präsidialrepublik – seit 31. 7. 1987 neue Verfassung (mit 93,8% d. St. angen.), Nationalvers. mit 51 Mitgl., Militär hat weiterhin Mitbestimmungsrecht – 9 Distrikte – **Staats-** u. **Regierungschef:** Ronald Venetiaan FDO, seit 16. 9. 1991 – **Äußeres:** Robby D. Ramlakhan – **Parteien:** Wahlen v. 25. 5. 1991: »Neue Front für Demokratie u. Entwicklung«/FDO (Parteien d. 3 ethn. Gruppen d. Inder, Mischlinge u. Javaner) 30, »Nationaldemokratische Partei«/NDP 12, »Demokratische Alternative 91« 8 Sitze – **Unabh.**: 25. 11. 1975 – **Nationalfeiertag:** 25. 11.

WIRTSCHAFT **BSP** 1989: 1314 Mio. $ = 3020 $ je Ew. (46); BSP: realer Zuwachs ∅1965–88: 1,1%; Anteil **Landwirtsch.** 10%, **Industrie** 47% – **Erwerbstät.** 1988: Landw. 17%, Ind. 35% – **Energieverbrauch** 1986: 2725 kg ÖE/Ew. – **Währung:** 1 Suriname-Gulden (Sf) = 100 Cents; 1 US-$ = 1,77 Sf, 100 Sf = 84,4068 DM – Öff. **Ausl.-Verschuld.** 1985: 146 Mio. $ = 15% d. BSP – **Inflation** ∅1980–88: 5,8% – **Außenhandel** 1985: **Import:** 282 Mio. $; **Export:** 315 Mio. $; Güter: 57% Bauxit, Tonerde u. Aluminium, 20% Reis u. Bananen, ferner Holz; Länder: EG-Länder (überwieg. Niederl.), USA (30%), Trinidad u. T., Norwegen, Brasilien, Niederländ. Antillen, Japan

PRESSE *Tageszeitungen:* Paramaribo: De Ware Tijd (20)/Reg. – De West (15–18)/lib. – *Nachrichtenagentur:* SNA (Surinaams Nieuws Agentschap)

SWASILAND *Südost-Afrika*

Königreich Swasiland, Swaziland, Umbuso we Swatini; nach siegr. König Mzwasi (19. Jh.); auch »Ngwane« – SD

LANDESSTRUKTUR **Fläche** (136): 17364 km^2 – **Einwohner** (135): (F 1988) 735000 = 42 je km^2; (Z 1986) 676049 – Swasiländer; über 90% Swasi (zur Nguni-Gruppe d. Bantu gehörend, mit d. Zulu verwandt), je einige 1000 Weiße u. Mischl. (»Coloureds«), ca. 30000 Swasi-Wanderarbeiter in Rep. Südafrika – **Lebenserwart.**: 56 J. – **Säugl.-Sterbl.**: 11,8% – **Analph.**: 32% – Jährl. **Bev.-Wachstum** (∅1980–89): 3,4% – **Sprachen:** Si-Swati (Isi-Zulu) als Amtsspr.; Englisch auch als Verwaltungs- u. Bildungsspr. – **Religion:** 55–60% Protestanten, 30% Anhänger v. Naturrel., ca. 8% Katholiken – **Städt. Bev.**: 29% – **Städte** (S 1989): Mbabane (Hptst.) 38000 Ew.; Manzini 18818, Havelock Mine 4838, Mhlume 3921, Pigg's Peak 2192, Siteki 1362

STAAT Monarchie – Neue Verfass. v. 1978 – Stammesausschüsse (»Tikundla«) – Parlament aus 2 Kammern: Nationalversamml. (National Council bzw. »Libandla«) aus 50 direkt v. Volk gewählten Abg. u. Senat aus 20 v. d. Häuptlingen u. dem König bestimmten Abg.; ohne eigene Befugnisse; Beratungsorgan d. Königs – Oberster Staatsrat (»Liqoqo«), berät »National Council« – 4 Distrikte – **Staatsoberhaupt:** König Mswati III. (Prinz Makhosetive) – **Regierungschef:** Obert Dlamini – **Äußeres:** Sir George Mbikwakhe Mamba – **Parteien:** 1973 verboten, durch »Tikundlas« ersetzt – **Unabh.:** 6. 9. 1968 – **Nationalfeiertag:** 6. 9.

WIRTSCHAFT **BSP** 1989: 683 Mio. $ = 900 $ je Ew. (96); realer Zuwachs ∅1980–89: 4,1%; **BIP** 1985: Anteil **Landwirtsch.** 24%, **Industrie** 15% – **Erwerbstät.** 1985: Landw. 70%, Ind. 10% – **Währung:** 1 Lilangeni (E: Plural = Emalangeni) = 100 Cents; 1 US-$ = 2,5615 Ema.; 100 Ema. = 58,56 DM – **Inflation** ∅1980–88: 11,4% (1989: 13%) – **Außenhandel** 1985: **Import:** 255,7 Mio. $; Güter: 24% Maschinen und Transportgeräte, 15% Brennstoffe, 13% Fertigfabrikate, 10% Nahrungsmittel, 7% chem. Produkte; Länder: 80% Botswana, Lesotho, Südafrika; **Export:** 165,5 Mio. $; Güter: 35% Rohzukker, 18% Holzpulpe, Fleischprod., Baumwolle, Tabak, Melasse, Kohle, Zitrusfrüchte, Asbest, Eisenerz; Länder: Südafrika (90% d. Exp., 30% d. Imp.), Großbrit., EG-Staaten, Mosambik, Sambia, Kenia, Japan, Australien

PRESSE *Tageszeitungen:* Mbabane: Swaziland Observer (8) – The Times of Swaziland (11)

SYRIEN *Vorder-Asien*

Arab. Republik S.; République Arabe Syrienne; El Dschamhurija el Arabija es Surija bzw. Al Jamhouriya al Arabiya As Souriya – SYR

LANDESSTRUKTUR **Fläche** (82): 185180 km² (einschl. 4070 km² Binnengewässern) – **Einwohner** (58): (F 1988) 11338000 = 61 je km²; (Z 1981) 9046000 (1985: 226000 Palästinaflüchtlinge) – Von Israel besetztes Grenzgebiet mit u. a. etwa 9000 arabisch sprech. Drusen – Syrer; haupts. syrische Araber; Kurden (mehr als 6 %), Armenier u. Tscherkessen, 140000 Nomaden – **Leb.-Erwart.**: 67 J. – **Säugl.-Sterbl.**: 5,9 % – **Analph.**: 35 % – Jährl. **Bev.-Wachstum** (∅ 1980–88): 3,6 % (Geb.- u. Sterbeziffer 1988: 4,5 %/0,7 %) – **Sprachen:** 89 % Arabisch als Amtssprache; 3 % Kurdisch, 2 % Armenisch – **Religion:** sunnitische Muslime d. hanefitischen u. schafiitischen Richtung, schiitische u. ismailitische Gruppen (zus. über 85 %); rd. 7 % schiit. Alauiten [Alawiten] u. über 2 % Drusen, etwa 600000 Christen, bes. griechisch-orthodox, syrisch-orth. u. armenisch-orth., 15000 Protestanten sowie 4000 Juden – **Städt. Bev.**: 51 % – **Städte** (Z 1981): Damaskus [Dimashq] (Hptst.) 1251028, Aleppo [Halab] 976727, Homs [Hims] 354508, Lattakia [Al-Ladhiqiyah] 196791, Hama 176640, Kamishli 93385, Deir-ez-Zor [Sor] 92091, Raqqa 87138, Hasseteche 72532, Idlib 51334, Tartus 52589, Douma 51321, Deraa 49534, Kuneitra [Al Qunaytirah: im Golan] 29376

STAAT Präsidialrepublik m. »volksdem.-sozialist.« Charakter n. d. Verfassung v. 1973 – Präs. muß Muslim sein – Volksversammlung, Wahl alle 4 J. – Zentralkomitee aus 75 Mitgl. – 13 Provinzen (Mohafazat) u. Hptst. – **Staatsoberhaupt:** Hafiz al-Assad, wiedergewählt im Febr. 1985 mit 99,9 % d. St. für 7 J. – **Regierungschef:** Dr. Mahmud al-Zo'obi – **Äußeres:** Faruk al-Shara'a – **Parteien:** Wahlen v. 22./23. 5. 1990: »Progressive Nationale Front«/PNF 166, Unabhängige 84 Sitze; PNF-Sitze verteilen sich auf »Arab. Sozialist. Baath-Partei« (134), »Syrische KP« (8), »Sozialist. Unionspartei« (8), »Sozialist. Unionistische Partei« (7), »Arab. Sozialist. Partei« 5 u. »Sozialist. Unionistische Demokrat. Partei« (4) – **Unabh.**: nominell 28. 9. 1941, Abzug der letzten franz. u. brit. Truppen am 17. 4. 1946 (wird als tatsächl. Beginn d. Unabh. betrachtet); v. 1. 2. 1958 bis 28. 9. 1961 (de facto) in d. »Verein. Arab. Rep.« mit Ägypten – **Nationalfeiertag:** 17. 4.

WIRTSCHAFT **BSP** 1989: 12444 Mio. $ = 1020 $ je Ew. (89); BIP 1988: 14950 Mio. $; realer Zuwachs ∅ 1980–88: 0,5 %; Anteil **Landwirtsch.** 38 %, **Industrie** 16 % – **Erwerbstät.** 1988: Landw. 25 %, Ind. 18 % – **Energieverbrauch** 1988: 913 kg ÖE/Ew. – **Währung:** 1 Syrisches Pfund (syr£) = 100 Piastres (PS); 1 US-$ = 11,20 syr£, 100 syr£ = 13,3393 DM – **Ausl.-Verschuld.** 1988: 3685 Mio. $ = 25,0 % d. BSP – **Inflation** ∅ 1980–88: 12,9 % – **Außenhandel** 1988: **Import:** 2223 Mio. $; **Export:** 1345 Mio. $; Güter: 74 % Erdöl u. -derivate, 9 % Baumwolle, 5 % Spinnstofferzeugnisse, 3 % Bekleidung; Viehzuchtprod., Wolle, Früchte; Länder: 37 % EG-Länder, 12 % UdSSR, DDR, Rumänien, USA, Iran, Libanon, Japan, Saudi-Arabien, Bulgarien

PRESSE *Tageszeitungen:* Damaskus: al-Baath (65)/Baath – Syria Times (12)/Engl. – al-Thawrah (55) – Tishrin (50) – Aleppo: al-Jamahir al-Arabia (10) – al-Shabab (9) – *Nachrichtenagentur:* SANA (Syrian Arab News Agency)

TANSANIA *Ost-Afrika*

Vereinigte Republik Tansania, United Republic of Tanzania, Jamhuri [Dschamhuri] ya Mwungano wa Tanzania (Kunstname aus Tan[ganyika], San[sibar], [Ascan]ia, dem alten griech. Namen f. Ostafrika), seit 1964 amtl. Bez. – EAT

LANDESSTRUKTUR **Fläche** (29): 945087 km² (m. 53483 km² Binnengewässern; u. a. Anteil am Tanganjika- u. Viktoria [»Sango«]-See) – **Einwohner** (37): (F 1990) 23300000 = 25 je km²; (Z 1978) 17153000 – **Leb.-Erwart.**: 53 J. – **Säugl.-Sterbl.**: 10,4 % – **Analph.**: 21 % – Jährl. **Bev.-Wachstum** (∅ 1980–89): 3,5 % (Geb.-u. Sterbeziff. 1988: 4,8 %/1,3 %) – **Städt. Bev.**: 30 % – **Städte:** *s. u. Tanganjika bzw. Sansibar* –

STAAT Präsidialrepublik föderativen Charakters – Bundesparlament (111 Abg. direkt gewählt, 128 ernannt); zusätzlich eigenes Parlament f. Sansibar – 25 Regionen (davon Sansibar 3 u. Pemba 2) – **Staatsoberhaupt:** Ali Hassan Mwinyi, seit 1985 auf 5 J., erneut am 28. 10. 1990 (95,5 % d. Stimmen) – **Regierungschef:** John Samuel Malecela; 2. Vizepremier u. Präs. v. Sansibar und Pemba: Dr. Salmin Amour Juma – **Äußeres:** Benjamin Mkapa – **Parteien:** Chama Cha Mapinduzi/CCM (»Revol. Staatspartei«); Vors. J. Nyerere; die CCM ist allein zugelassen u. stellt die 111 gewählten Abg. – **Unabh.**: 9. 12. 1961 (Tanganjika), 10. 12. 1963 (Sansibar); 27. 4. 1964 Union in Kraft getreten – **Nationalfeiertag:** 26. 4.

WIRTSCHAFT **BSP** 1989: 3079 Mio. $ = 120 $ je Ew. (165); realer Zuwachs ∅ 1980–89: 1,8 %; **BIP** 1988: 2740 Mio. $; realer Zuwachs ∅ 1980–88: 2,0 %; Anteil **Landwirtsch.** 59 %, **Industrie** 9 % – **Erwerbs-**

tät. 1985: Landw. 83%, Ind. 5% – **Energieverbrauch** 1988: 36 kg ÖE/Ew. – **Währung:** 1 Tansania-Shilling (T. Sh.) = 100 Cents; 1 US-$ = 197,5833 T. Sh.; 100 T. Sh. = 0,7556 DM – **Ausl.-Verschuld.** 1988: 4100 Mio. $ = 140,1% d. BSP – **Inflation** ∅1980–88: 25,7% (1990: 24%) – **Außenhandel** 1989: **Import:** 717 Mio. $; Güter: 24% Maschinen, 18% Ind. Rohstoffe, 15% Transportausrüst., 13% Rohöl, 11% Baumat.; Länder: 12% Großbrit., 10% Japan, 9% Italien, 9% BRD, 6% Iran; **Export:** 312 Mio. $; Güter: 21% Kaffee, 15% Baumwolle, 4% Tee, 3% Tabak; Länder: 15% BRD 11% Indien, 11% USA, 9% Großbrit., 6% Singapur, 5% Italien

a) TANGANJIKA

Landesstruktur *Fläche:* 942626 km² – *Einwohner* (S 1985): 21,2 Mio. – Tansanier; 50–60% Bantugruppen (Haya, Makonde, Njamwesi, Sukuma, Tschagga u. viele andere), außerd. hamitische Massai, arabisch-negrische Suaheli, je einige 1000 Europäer (meist Briten) u. Indischstämmige, kleine arabische Minderheit; 200000 Flüchtlinge – *Sprachen:* Suaheli als Amtsspr.; Englisch als Bildungs-u. Verkehrssprache, außerdem Bantu- u. hamitische Mundarten, an der Küste Arabisch – *Religion:* rd. 30% Muslime, ca. 30% Anh. v. Naturrel., etwa 20% Katholiken, 10% Protestanten, Hindu-Minderheit – *Städte* (Z 1978): Dodoma (off. Hptst.) 158577 Ew.; Daressalam [Dar es Salaam = Haus d. Friedens] (noch fakt. Hptst.) (1985) 1096000, Musoma 219127, Mwanza 169660, Tanga 143878, Arusha [Aruscha] 86845, Mbeya 78111, Bukoba 77022, Morogoro 74114, Sumbawanga 57802, Singida 55892, Songea 49303, Mtwara 48575, Chake Chake 47759, Lindi 27308

Wirtschaft *Außenhandel:* Güter: bis 40% Kaffee, Baumwolle, Sisal, Tee, Nelken, Cashew-Nüsse, Pyrethrum; Länder: rd. 40% EG, davon je 10–15% Großbrit. u. BR Dtld., VR China, Japan, USA, BENELUX, Kenia, Hongkong, Indien, Iran, Saudi-Arabien, Indonesien

b) SANSIBAR [Zanzibar] mit Pemba

Landesstruktur *Fläche:* 2641 km² – *Einwohner* (S 1985): 571000 (Pemba 205870 Ew.) – ca. 75% Bantu u. Bantu-Mischlinge, 12,5% Araber u. rd. 5% Indischstämmige – *Sprachen:* Suaheli als Amtsspr., Englisch – *Religion:* 96% Muslime, 4% Hindu – *Städte* (Z 1978): Sansibar (Hptst.) 110669

Regierungsform Eigene Regionalverfassung v. 1985 u. Abg.-Haus (letzte Wahl 1980), 35köpfiger Revolutionsrat – Premiermin.: Omar Ali Juma

Wirtschaft *Auslandsverschuldung* 1989: 25 Mio. $ *Außenhandel:* Güter: Gewürznelken (7000 t pro Jahr, 15% der Weltproduktion), Fische, Kopra, Zimt, Pfeffer; Beginn der Tourismusentwicklung 1989: 23000 Gäste, starke Infrastrukturdefizite

PRESSE *Tageszeitungen:* Dar es Salaam: Daily News (50)/Reg. – Uhuru (100)/CCM, Suaheli – Sansibar: Kipanga/Suaheli – *Wochenzeitungen:* Dar es Salaam: Mzalendo (115)/CCM – Sunday News (60) – *Nachrichtenagentur:* Shihata

THAILAND *Südost-Asien*

Königreich Thailand; Prathet [Prades] T'hai oder Muang T'hai; »Land d. Freien«; (bis 1939) »Siam« – THA

LANDESSTRUKTUR **Fläche** (47): 513115 km² – **Einwohner** (19): (F 1988) 54536000 = 106 je km²; (Z 1980) 44825000 – Thailänder; über 85% Thaivölker, v. a. Siamesen, außerd. Shan u. Lao; 6–10% Chinesischstämmige u. über 3% Malaien; ca. 300000 Flüchtl. aus Indochina – **Leb.-Erwart.:** 65 J. – **Säugl.-Sterbl.:** 4,3% – **Analph.:** 9% – Jährl. **Bev.-Wachstum** (∅ 1980–88): 1,9% (Geb.- u. Sterbeziffer 1988: 2,2%/0,7%) – **Sprachen:** T'hai (Siamesisch) als Amtssprache; Umgangsspr. d. and. Gruppen; Handelsspr. Englisch – **Religion:** 95% Hinajana-(Theravada-)Buddhisten (Staatsreligion); im S 4% islamische Malaien; 0,6% Christen (überw. Katholiken), rd. 65000 Hindu – **Städt. Bev.:** 21% – **Städte** 1986: Bangkok (Hptst.; auch Krung Thep bzw. Maha Nakhon; mit Thon Buri) 5446708, A 8 Mio. Ew.; (Z 1983): Chiang Mai 150449, Khon Kaen 115515, Hat Yai 113964, Nakhon Sawang 95128, Nakhon Rathisma 90762, Udon Thani 82483, Songkhla 79725, Pitsanulok 72052, Nakhon Si Thammarat 69834

STAAT Monarchie auf parlamentarisch-demokrat. Grundlage – Verfass. v. 1978, neue Verf. in Vorb. – Parlament aus 2 Kammern mit Senat (267 v. König ernannte Mitgl., vor allem hohe Offiziere u. Beamte) u. Abg.-Kammer (357 Sitze); Parlament aufgelöst – Regierungschef muß nicht Mitgl. der Kammer sein – 73 Provinzen (Tschangwad) mit je 1 Gouverneur – **Staatsoberhaupt:** König Bhumibol Adulyadej (Rama IX.) seit 1946, gekrönt 1950 – **Regierungschef:** Anand Panyarachun, nach d. Militärputsch v. März 1991 v. d. Militärjunta unter Gen. Sunthorn Kongsompong ernannt – **Äußeres:** Asa Sarasin – **Parteien:** Wahlen 1988 (1986): Chart Thai Partei/TNP (Vors.: Chatichai Choonhavan) 87 (63), »Soziale Aktionspartei«/SAP 54 (51), »Demokrat.

Partei«/DP 48 (100), Rassadorn 21 (16); Ruam Thai 35, Prachakorn Thai 31, Prachachon 19, Puang Chon Chao Thai 17, Palang Dharma 14, Community Action 9, Progressive 8, Muan Chon 5, United Democratic Party/UDP 5, Liberale 3, Social Democratic Force 1 – Termin für Neuwahlen des Parlaments unbestimmt – **Unabh.:** Reichsbildung seit d. 13. Jh., auch in d. Kolonialzeit unabh. – **Nationalfeiertag:** 5. 12. (Geb. d. Königs)

WIRTSCHAFT **BSP** 1989: 64437 Mio. $ = 1170 $ je Ew. (83); BIP 1988: 57950 Mio. $; realer Zuwachs ∅ 1980–88: 6,0 %; Anteil **Landwirtsch.** 17 %, **Industrie** 35 % – **Erwerbstät.** 1987: Landw. 66 %, Ind. 10 % – **Energieverbrauch** 1988: 331 kg ÖE/Ew. – **Währung:** 1 Baht (B) = 100 Stangs (St.); Freimarktkurs: 1 US-$ = 25,25 B, 100 B = 5,9996 DM – **Ausl.-Verschuld.** 1988: 16905 Mio. $ = 29,7 % d. BSP – **Inflation** ∅ 1980–88: 3,1 % – **Außenhandel** 1987: **Import:** 17876 Mio. $; Güter: 38 % Investitionsgüter, 28 % Erzeugn. d. verarb. Industrie, 11 % chem. Erzeugn., 9 % Erdöl u. -erzeugnisse, 7 % Rohstoffe, 5 % Nahrungsmittel; Länder: 31 % Japan, 11 % USA, 7 % Singapur, 5 % BRD, 5 % Taiwan; **Export:** 15806 Mio. $; Güter: 34 % Nahrungsmittel (v. a. Reis, Mais, Tapioka, Gemüse, Küchenkräuter), 38 % Erzeugn. d. verarb. Industrie, 18 % Maschinen, 7 % Rohstoffe u. Vorerzeugnisse (v. a. Zinn, Kautschuk, Jute, Teakholz); Länder: 22 % USA, 17 % Japan, 7 % Singapur

PRESSE *Tageszeitungen:* Bangkok: Bangkok Post (40)/Engl. – Ban Muang (70) – Daily Mirror (60) – Daily News (450) – Dao Siam (140) – The Nation (47)/Engl. – Siam Rath (120) – Sing Sian Yit Pao (90)/Chin. – Thai Rath (800)

TOGO *West-Afrika*

Republik T.; République Togolaise; nach Ort Togo an d. Togo-Lagune (fr. »Sklavenküste«) – TG

LANDESSTRUKTUR **Fläche** (111): 56785 km² – **Einwohner** (105): (S 1990) 3455000 = 61 je km²; (Z 1981) 2705000 – Togoer (Togolesen); ganz überw. Sudan- (über 40 % Ewé) u. Volta-Völker (Temba, Mopa, Gurma, Kabyé [Cabrais bzw. Kabré]), Losso; daneben Haussa, Fulbe; etwa 4000 Europäer, meist Franzosen – **Leb.-Erwart.:** 55 J. – **Säugl.-Sterbl.:** 9,2 % – **Analph.:** 59 % – Jährl. **Bev.-Wachstum** ∅ 1980–88: 3,5 % (Geb.- u. Sterbeziffer 1988: 5,0 %/1,4 %) – **Sprachen:** Französisch als Amtsspr.; Ewé-Dialekte, z. T. Ewé-Schriftsprache (im S) als Umgangsspr.; ferner: Kabye-Dialekt d. Tem-Sprache; voltaische Gur-Dialekte (Moba u. Gurma); teilw. Pidgin-Englisch, Fulbe u. Haussa – **Religion:** 46 % Anh. v. Naturrel., 37 % Christen (dar. 75 % Katholiken), 17 % Muslime – **Städt. Bev.:** 26 % – **Städte** (S 1987): Lomé (Hptst.) 500000 Ew., Tschaoudjo (fr. Sokodé) 55000, Kara 41000, Kpalimé 31000, Atakpamé 30000, Tsévié 26000

STAAT Präsidialrepublik – Parlament aus 1 Kammer, aufgelöst durch Nationalkonferenz – Allg. Wahlrecht – seit Juli 1991 provisorische Verfassung – 5 Regionen, 21 Präfekturen – **Staatsoberhaupt:** General Gnassingbé [Nyassingbe] Eyadéma, seit d. Staatsstreich v. Jan. 1967, gewählt 1986 – **Regierungschef** (d. Übergangsreg.): Joseph Kokou Koffigoh, seit 26. 8. 1991 – **Äußeres:** Tchiaka Touré – **Parteien:** Einberufung einer Nationalkonferenz im Juni 1991 zur Bildung einer Übergangsregierung und zur Vorbereitung von demokratischen Wahlen im Juni 1992; die Einheitspartei Rassemblement du Peuple Togolais/RPT soll aufgelöst werden. – **Unabh.:** 27. 4. 1960 – **Nationalfeiertag:** 27. 4.

WIRTSCHAFT **BSP** 1989: 1364 Mio. $ = 390 $ je Ew. (131); realer Zuwachs ∅ 1980–89: 1,0 %; **BIP** 1988: 1360 Mio. $; realer Zuwachs ∅ 1980–88: 0,5 %; Anteil **Landwirtsch.** 34 %, **Industrie** 21 % – **Erwerbstät.** 1988: Landw. 70 %, Ind. ca. 10 % – **Energieverbrauch** 1988: 54 kg ÖE/Ew. – **Währung:** 1 CFA-Franc = 100 Centimes; 1 FF = 50 CFA-Francs, 1 CFA-Franc = 0,02 FF, 100 CFA-Francs = 0,5878 DM – **Ausl.-Verschuld.** 1988: 1067 Mio. $ = 81,6 % d. BSP – **Inflation** ∅ 1980–88: 6,1 % – **Außenhandel** 1987: **Import** 1988: 411 Mio. $; Güter: 21 % Nahrungsmittel, rd. 15 % elektrot. Erzeugn. u. Fahrzg., 11 % chem. Erzeugn., 9 % Baumwollgewebe; Länder: 63 % EG-Länder (dar. 51 % Frankr.), USA, Japan; **Export** 1988: 334 Mio. $; Güter: 36 % (n. and. Ang. z. Z. 50 %) Kalziumphosphate, 18 % Zement, 15 % Nahrungsmittel (bes. Kakao u. Kaffee), Baumwolle; Länder: 62 % EG-Länder (dar. 37 % Niederl., 34 % Frankr.), Kanada

PRESSE *Tageszeitung:* Lomé: La Nouvelle Marche (10)/Reg.; Frz., Kabye u. Ewé – *Nachrichtenagentur:* ATOP (Agence Togolaise de Presse)

TONGA *Ozeanien*

Königreich Tonga, Kingdom of Tonga, Pule'anga Tonga (früher Freundschaftsinseln)

LANDESSTRUKTUR **Fläche** (149): 2831 km² (171 Inseln über 259000 km² Meeresfläche verstreut) – **Einwohner** (156): (F 1988) 160000 = 57 je km²; (Z 1981) 156000 (auf Tongatapu 64520, Vava'u 16926, Ha'apai 12130, 'Eua 4996, Niuas

2592) – 99% polyn. Tongaer, kl. Gruppen v. Mischlingen, 500 Europäer – **Lebenserwart.**: 66 J. – **Analphabeten**: 22% – Jährl. **Bev.-Wachstum** (∅ 1980–87) 1,4% – **Sprachen:** Tonga (Tongaisch, polynes. Spr.) als Amtsspr., Englisch – **Religion:** 70% Protestanten (u. a. methodist. »Wesleyan Church« u. »Free Church of Tonga«), 15% Katholiken – **Städt. Bev.**: ca. 15% – **Städte** (S 1986): Nuku'alofa (Hptst., auf Tongatapu) 28 900 Ew., Neiafu, Mu'a

STAAT Konstitutionelle Monarchie – Verfassung v. 1875 mit Änderungen – Parlament aus je 9 Häuptlingen u. gewählten Vertretern, 8 Ministern u. 2 Gouverneuren – 3 Insel-Distrikte – **Staatsoberhaupt:** König Taufa'ahau Tupou IV., seit 1965 – **Regierungschef:** Min.-Präs. Prinz Fatafehi Tu'ipelehake – **Äußeres:** Kronprinz Tupouto'a – **Parteien:** Keine organisierten Parteien – **Unabh.:** 5. 6. 1970 – **Nationalfeiertag:** 4. 7. (Geburtstag des Königs)

WIRTSCHAFT **BSP** 1989: 89 Mio. $ = 910 $ je Ew. (95); realer Zuwachs ∅ 1980–89: 2,1%; Ausl. Hilfe 20%, Emigranten-Überweis. 20% u. Tourismus 34%; **BIP** 1985: Anteil **Landwirtsch.** 41%, **Industrie** 10% – **Erwerbstät.** 1985: Landw. 75%, Ind. 5% – **Energieverbrauch** 1988: 135 kg ÖE/Ew. – **Währung:** 1 Pa'anga (T$) = 100 Seniti(s); 1 US-$ = 1,3152 T$; 100 T$ = 113,42 DM – **Inflation** 1982: 10,8% – **Außenhandel** 1986: **Import:** 38 Mio. $; **Export:** 5 Mio. $; Güter: 50% Kokosnußprod., Bananen, Vanille, Gemüse u. Früchte; Länder: bis 50% Neuseeland, Australien, EG, Japan, Fidschi, USA; zunehmende Bedeutung des Tourismus

PRESSE *Wochenzeitung:* Nuku'alofa: Tonga Chronicle/Kalonikali Tonga (1)/Engl., (6)/Tonga

TRANSKEI *Süd-Afrika*

Republik Transkei; Iripabliki ye-Transkei (Xhosa); Repaboliki ya-Transkei (Sotho) – X

LANDESSTRUKTUR **Fläche** (116): 43 798 km² – **Einwohner** (113): (S 1985; mit ca. 128 000 Arbeitskräften in Südafrika) 2 539 000 = 58 je km² – S 1985: 2,5 Mio. Xhosa (haupts. zur Ñguni-Gruppe der Bantu gehörend, in 11 Stämme gegliedert), 5% Süd-Sotho, 7000 Mischlinge (»Coloureds«), 6000 Weiße – Jährl. **Bev.-Wachstum** (∅ 1970–78): über 2% – **Sprachen:** IsiXhosa als Amtsspr.; auch SeSotho, Englisch u. Afrikaans in Verwaltung u. bei Gericht zugelassen – **Religion:** überw. Protestanten, 96 000 Katholiken – **Städt. Bev.**: 5% – **Städte** (S 1982): Umtata (Hptst.; S 1990: ca. 100 000 m. V.), Geuwe 26 000, Ngangelizwe 20 000, Ezibeleni 17 000

STAAT Republik – Parlament aus 1 Kammer: 150 Mitgl. (75 gewählt, 5 »Chiefs«, d. h. Oberhäuptlinge, u. 70 Häuptl.) – Wahlperiode 5 J. – Wahlrecht auch f. d. in Südafrika lebend. Bürger – Regionale (9) Bezirks-, Stammes- u. Gemeindeverwaltungen – **Staatsoberhaupt:** Nyangelizwe Vulindlela Ndasame – **Regierungschef:** General Bantu Holomisa, seit Militärputsch v. Jan. 1988 – **Äußeres:** G. T. Vika – **Parteien:** Wahlen v. Sept. 1981: Transkei National Independence Party/TNIP (vertritt bedingt Kooperation mit der Rep. Südafrika) 74 d. 75 Abg.; Democratic Progressive Party/DPP (streng die Apartheid ablehnend) 1 Abg. – **Unabh.:** Am 26. 10. 1976 v. d. Rep. Südafrika für unabh. erklärt, jedoch internat. nicht anerkannt u. faktisch weiterhin abhängig; z. Z. starke Bestrebungen zur Wiedereingliederung – **Nationalfeiertag:** 26. 10.

WIRTSCHAFT **BSP** 1985: 2900 Mio. R – Reg.-Einnahmen zu 80% aus Zahlungen v. d. Südafr. Reg. – **Währung:** Südafrikan. Rand (R) – **Außenhandel:** Güter: Tee, Mais, Häute, Möbel; Länder: Rep. Südafrika, Lesotho, Taiwan

PRESSE *Wochenzeitungen*: Umtata: Intsimbi (20)/Xhosa – Isolomzi/Transkei Observer/Xhosa, Sotho, Engl. – Transkei News – Umthunywa/Xhosa, Engl.

TRINIDAD und TOBAGO *Karibik*

Republik T. u. T.; Rep. of T. a. T.; Trinidad = »Dreieinigkeit« (3 Berge d. Insel) – TT

LANDESSTRUKTUR **Fläche** (147): 5130 km² (davon Tobago 300 km²) – **Einwohner** (129): (F 1988) 1 243 000 (davon Tobago 39 500) = 242 je km²; (Z 1980) 1 080 000 – 41% Schwarze, 41% aus Vorderindien Stammende, 16% Mulatten, 1% Weiße, 0,5% Chinesen – **Leb.-Erwart.**: 71 J. – **Säugl.-Sterbl.**: 1,3% – **Analph.**: 4% – Jährl. **Bev.-Wachstum** (∅ 1980–88): 1,7% (Geb.- u. Sterbeziffer 1988: 2,6%/0,6%) – **Sprache**: Englisch – **Religion:** 34% Katholiken, etwa 20% Protestanten, 25% Hindus, 6% Muslime, 15% Sonstige, 300 Juden – **Städt. Bev.**: 67% – **Städte** (S 1984): Port of Spain (Hptst.) 150 000 Ew. (A 200 000), San Fernando 60 000, Arima 20 000, (S 1975): Scarborough (Hauptort auf Tobago) 3000

STAAT Präsidialrepublik – Neue Verf. v. 1976 – Parl. aus 2 Kammern (Senat m. 31 v. Präs. ernannten Mitgl.; Repräsentantenhaus m. 36 auf 5 J. gewählten Abg.) – 8 Counties, 3 Munizipalitäten u. Tobago – **Staatsoberhaupt:** Noor Mohammed Hassanali, seit 19. 3. 1987 – **Regierungschef:** Arthur Napoleon

Raymond Robinson, seit Dez. 1986 – **Äußeres:** Dr. Sahadeo Basdeo – **Parteien:** Wahlen v. 1986 (1981) National Alliance for Reconstruction/NAR 33 (10) d. 36 Sitze, People's National Movement/PNM 3 (26), National Joint Action Committee/NJAC u. Peoples Popular Movement/PPM je 0 – **Unabh.:** 31. 8. 1962 – **Nationalfeiertag:** 31. 8.

WIRTSCHAFT **BSP** 1989: 4000 Mio. $ = 3160 $ je Ew. (45); BIP 1988: 4400 Mio. $; realer Zuwachs ∅ 1980–88: –6,1 %; Anteil **Landwirtsch.** 5 %, **Industrie** 31 % – **Erwerbstät.** 1988: Landw. 8 %, Ind. 34 % – **Energieverbrauch** 1988: 5255 kg ÖE/Ew. – **Währung**: 1 Trinidad- u. Tobago-Dollar (TT$) = 100 Cents; 1 US-$ = 4,24734 TT$, 100 TT$ = 35,1750 DM – **Ausl.-Verschuld.** 1988: 1718 Mio. $ = 43,2 % d. BSP – **Inflation** ∅ 1980–88: 5,3 % – **Außenhandel** 1988: **Import:** 1247 Mio. $; **Export:** 1160 Mio. $; Güter: 80 % Erdöl u. -derivate, 8 % Ammoniak, 3 % Düngemittel, Eisen u. Stahl, 1 % Zucker; Rum, Kakao; Länder: 56 % USA, 15 % EG-Länder, insbes. Großbrit., Japan, ca. 5 % Karibische Gemeinschaft

PRESSE *Tageszeitungen:* Port of Spain: Evening News (33) – The Sun (25) – Trinidad Guardian (52) – Trinidad and Tobago Express (62)

TSCHAD *Zentral-Afrika*

Republik Tschad, République du Tchad; Djoumhouriat Tachâd, Dschumhurijjat Taschaad; engl. Chad – TCH

LANDESSTRUKTUR **Fläche** (19): 1284000 km² – **Einwohner** (88): (F 1988) 5401000 (ohne ca. 200000 im Ausland lebende Männer) = 4 je km²; (Z 1964) 3254000 (am stärksten bewohnt ist d. S u. SW d. Landes) – Tschader, Araber (etwa 15 %), im Sahelgebiet stark arabisierte Völker (Kanembou, Boulala, Hadjerai, Dadjo usw. rd. 38 %), Sara (im S etwa 30 %), tschadische Gruppen mit tschadohamit. Sprachen westl. d. Logone (20 %), Tibbu-Daza-Gruppen im Tebesti (2 %), städt. Haussa, Fulbe; über 4000 Europäer, überwiegend in Städten, meist Franzosen – **Leb.-Erwart.:** 46 J. – **Säugl.-Sterbl.:** 13,0 % – **Analph.:** 75 % – Jährl. **Bev.-Wachstum** (∅ 1980–89): 2,4 % (Geb.- u. Sterbeziff. 1988: 4,4 %/1,9 %) – **Sprachen:** Französisch als Amtsspr.; im Sahel Arabisch, Verkehrsspr. Tschad-Arabisch; regional Sara (im Süden), Baguirmi, Boulala, Tibbu-Gorane usw. – **Religion:** 55–60 % Muslime, 25–30 % Christen, Anh. v. Naturreligionen – **Städt. Bev.:** 31 % – **Städte** (S 1987): N'Djaména [Andschammäna] (fr. Fort Lamy) (Hptst.) 400000 Ew.; (S 1980): Sarh (fr. Fort Archambault) 65000, Moundou 60000, Abéché 54000

STAAT Präsidiale Republik – Parlament aus 1 Kammer, im Dez. 1990 aufgelöst – Provisor. Rat v. 31 ernannten Mitgl. – Verfassung außer Kraft – 14 Präfekturen – **Staatsoberhaupt:** Idriss Déby, seit 4. 3. 1991 – **Regierungschef:** Jean Alingué Bawoyeu – **Äußeres:** Soungu Ahmad – **Parteien:** Union Nationale pour l'Independance et la Révolution/UNIR als Einheitspartei; bei den Wahlen zur Nationalversammlung im Juli 1990 bewarben sich 436 unabhängige Kandidaten um die 123 Parlamentssitze – **Unabh.:** 11. 8. 1960 – **Nationalfeiertag:** 7. 6. (Eroberung der Hptst. durch Habré 1982)

WIRTSCHAFT **BSP** 1989: 1038 Mio. $ = 190 $ je Ew. (154); **BIP** 1988: 920 Mio. $; realer Zuwachs ∅ 1980–89: 6,3 %, Anteil **Landwirtsch.** 47 %, **Industrie** 18 % – **Erwerbstät.** 1985: Landw. 85 %, Ind. 7 % – **Energieverbrauch** 1988: 18 kg ÖE/Ew. – **Währung:** 1 CFA-Franc = 100 Centimes; 1 US-$ = 256,75 CFA; 100 CFA = 0,5878 DM – **Ausl.-Verschuld.** 1988: 300 Mio. $ = 33,2 % des BSP – **Inflation** ∅ 1980–88: 3,2 % – **Außenhandel** 1988: **Import:** 306 Mio. $; **Export:** 148 Mio. $; Güter: 90 % Baumwolle, Viehzuchtprod., Erdnüsse; Länder: üb. 30 % Frankr. u. übr. EG-Länder, 15 % Nigeria, Japan, Zaire, USA, Kongo, Kamerun

PRESSE *Tageszeitungen:* N'Djaména: Contact – Info-Tchad (1,5)/Bulletin d. ATP, Frz. – *Nachrichtenagentur:* ATP (Agence Tchadienne de Presse)

TSCHECHOSLOWAKEI *Mittel-Europa*

Tschechische und Slowakische Föderative Republik; Československá Federatívna Republika/ČSFR – CS

LANDESSTRUKTUR **Fläche** (91): 127876 km² – **Einwohner** (49): (F Mitte 1990) 15667000 = 123 je km²; (Z 1980) 15283000 [4991168 = 32,4 % d. Gesamtbevölkerung leben in d. 49014 km² großen Slowakei] – S 1985: 9805000 (63 %) Tschechen, 4888000 (31 %) Slowaken, 593000 Madjaren, 72000 Polen, 56000 (n. and. S 1991 ca. 150000) Deutsche; S 1984: 303000 Sinti u. Roma, 47000 Ukrainer, 8000 Russen – **Leb.-Erwart.:** 72 J. – **Säugl.-Sterbl.:** 1,1 % – **Analph.:** 1 % – Jährl. **Bev.-Wachstum** (∅ 1980–90): 0,2 % (Geb.- u. Sterbeziffer 1989: 1,3 %/1,2 %) – **Sprachen:** Tschechisch u. Slowakisch als Amtsspr. – **Religion:** überwieg. röm. Kath. (S 1991: ca. 5 Mio.); daneben etwa 8 % Anh. d. kath. Tschechoslowak. Kirche u. 8 % Protestanten; 475000 Hussiten, 150000 Griech.-Orthodoxe u. 15000 Juden – **Städt. Bev.:** 76 % – **Städte** (F 1989):

Praha (Hptst.; [Prag]) 1211000 Ew., Bratislava [Preßburg] 435000, Brno [Brünn] 390000, Ostrava [Ostrau] 331000, Košice [Kaschau] 232000, Plzeň [Pilsen] 175000, Olomouc [Olmütz] 107000, Ústí nad Labern [Aussig a. d. Elbe] 106000, Líberec [Reichenberg] 104000

STAAT Föderative Republik – Föderalversammlung (Bundesversamml.) aus »Volkskammer« (mit 150 im Gesamtstaat direkt gewählten Abg.) u. d. »Kammer d. Nationen« (Länderkammer, mit je 75 in der ČR [Tschech. Rep., umfassend d. alten »Kronländer« Böhmen und Mähren sowie Teile von »Öster.-Schlesien«] u. 75 in d. SR [Slowak. Rep.] in direkter Wahl gewählten Abg.). Die Bundesversamml. (Präs. Alexander Dubček, seit Dez. 1989, erneut seit Juni 1990 mit 218 v. 273 abgegebenen Stimmen beider Kammern) beschließt d. Verfassung, berät grundsätzl. in Fragen d. Außen- u. Innenpolitik, kontrolliert d. Föderalregierung u. wählt d. Präs. d. ČSFR (für zunächst 2 J.). Beide Kammern müssen einer Vorlage zustimmen – Wahlrecht (eigenes Wahlgesetz f. d. Wahlen am 8./9. 6. 1990 → *WA '91 Sp. 591*) – 10 Regionen (Kraje) sowie Praha [Prag] u. Bratislava [Preßburg] als Stadtregionen – **Eigene Regierung u. Nationalrat** in ČR (Ministerpräs. Petr Pithart/Bürgerforum) u. SR (Ministerpräs. Jan Carnogursky/Christdemokrat. Union) – **Staatsoberhaupt:** Václav Havel, seit Dez. 1989, gewählt im Juli 1990 mit 234 v. 284 abgegebenen Stimmen – **Regierungschef der Bundesregierung:** Dr. Marián Calfa, seit Dez. 1989, erneut seit Juni 1990 – **Äußeres:** Jiří Dienstbier, seit Dez. 1989, erneut seit Juni 1990 – **Parteien:** 1. freie u. demokrat. Wahlen v. Juni 1990: »Bürgerforum« v. Václav Havel u. d. slowak. Schwesterorg. »Öffentlichkeit gegen Gewalt«/VPN (seit Febr. 1991 Aufspaltung beider Bewegungen in mehrere Parteien) 46,6% d. Stimmen u. 87 der 150 Sitze in der Volkskammer; »Kommunist. Partei«/KPČ 13,6% u. 23; »Christdemokrat. Union« 12,0% u. 20; »Mährisch-Schlesische Bewegung« 5,4% u. 9; »Slowak. Nationalpartei« 3,5% u. 6; die Minderheiten vertretende »Koexistenz« 2,8% u. 5; Länderkammer: »Bürgerforum« u. d. VPN 45,9% d. Stimmen u. 82 d. 150 Sitze; KPČ 13,7% u. 24; »Christdemokrat. Union« 11,3% u. 20; »Mährisch-schlesische Bewegung« 6,2% u. 8; »Slowak. Nationalpartei« 3,6% u. 9; »Koexistenz« 2,7% u. 7 – **Unabh.:** 28. 10. 1918 – **Nationalfeiertag:** 9. 5. (dt. Kapitulation 1945)

WIRTSCHAFT **BSP** S 1989: ca. 3000 $ je Ew. (47); realer Zuwachs ∅ 1989: 1,7%; **BIP** 1989: 43900 Mio. $; realer Zuwachs ∅ 1980–88: 1,2%; 1990: -3%; Anteil **Landwirtsch.** 10%, **Industrie** 70% – **Erwerbstät.** 1989: Landw. 12%, Ind. 48% (Mitte 1991: ca. 300000 registr. Arbeitslose) – **Energieverbrauch** 1987: 4302 kg ÖE/Ew. – **Währung:** 1 Tschechoslowakische Krone (Koruna, Kčs) = 100 Haleru (h); 1 US-$ = 27,72 Kčs, 100 Kčs = 5,3896 DM – **Ausl.-Verschuldung** 1990: Netto 6,3 Mrd. $, Brutto 7,9 Mrd. $ – **Inflation** ∅ 1990: 17%; Juni 1991: 1,8% – **Außenhandel** 1988: **Import**: 24300 Mio. $; Güter: 41% Maschinen, Anlagen u. Werkzeuge, 26% Brenn-, Mineralrohstoffe u. Metalle, 9% chem. Erzeugn.; Länder: 30% UdSSR, 10% BR Dtld., 9% Polen, 8% DDR; **Export**: 24900 Mio. $; Güter: 48% Maschinen, Anlagen u. Werkzeuge, 16% Brenn-, Mineralrohstoffe u. Metalle, 15% industr. Konsumgüter; Länder: 31% UdSSR, 9% BR Dtld., 9% Polen, 7% DDR

PRESSE *Tageszeitungen:* Prag: Lidová demokracie (229) – Lidové noviny – Mladá fronta (330) – Práce (353) – Rudé právo (1100) – Svobodné slovo (220) – Zemedelské noviny (381) – Brünn: Rovnost (128) – Preßburg: Práca (244) – Pravda (405) – *Nachrichtenagentur:* ČTK (Československá Tisková Kancelář)

TUNESIEN *Nord-Afrika*

Tunesische Republik; El Dschumhurija et Tunusija bzw. Al Djoumhouria Attunusia; République Tunisienne – TN

LANDESSTRUKTUR **Fläche** (85): 163610 km² (125181 km² ohne strittige Gebiete m. Libyen; n. eig. Ang. 155300 km²) – **Einwohner** (76): (F 1988) 7809000 = 48 je km²; (Z 1984) 6966000 – Tunesier (z. T. arabisierte Berber); kl. frz. u. ital. Minderheiten u. Malteser – **Leb.-Erwart.:** 66 J. – **Säugl.-Sterbl.:** 8,5% – **Analph.:** 46% – Jährl. **Bev.-Wachstum** (∅ 1980–88): 2,5% (Geb.- u. Sterbeziffer 1988: 3,1%/0,7%) – **Sprachen:** Arabisch als Amtsspr.; westarab. Dialekt (Tunesisch) als Umgangsspr.; Französ. wichtig als Bildungs- u. Handelsspr. – **Religion:** rd. 96% meist sunnitische Muslime, Islam ist Staatsreligion; etwa 15000 Katholiken u. kleine protest. Gruppen; über 9000 (n. and. Ang. 23000) Juden – **Städt. Bev.:** 54% – **Städte** (Z 1984): Tunis (Hptst.) 596700 Ew., Sfax 231900, Ariana 98700, Bizerta [Biserta] 94500, Gabès 92300, Sousse 83500, Kairouan (heilige islam. Stadt) 72300, Bardo 65700, La Goulette 61600, Gafsa 61000, Ben Arous 52100, Kasserine 47600, Béja 46700, Nabeul 39500

STAAT Präsidialrepublik – Parlament aus 1 Kammer (Chambre des Députés) – Aktives Wahlrecht ab 20 J., passives ab 25 J. – Präsidentschaft max. 15 J. (3 Amtsperioden) – 23 Bezirke (Gouvernorate) mit Regionsgouverneur – **Staatsoberhaupt:** Zine el Abidine Ben Ali, gewählt am 2. 4. 1989 mit 99,27% d. Stimmen – **Regierungschef:** Dr. Ahmed Karoui – **Äußeres:** Habib Ben Yahia – **Parteien:** Bei den vorgezogenen Präsidentschafts- und Parlamentswahlen v. 1989 gingen alle 141 Sitze an d. regierende nationalist. »Konstitutionelle Demokratische Sammlung« (Rassemblement Constitutionnel Democratique/RCD); die Zulassung d. islam. Erneuerungepartei »En-Nahdha« wurde v. d. Regierung wegen des gelt. Mehrheitswahlsystems abgelehnt, obwohl sie als unabh. Liste fast 13% d. St. erhielt. Opp.-Parteien: »Vereinigte Einheitspartei«/PUP, Mouvement des démocrates socialistes/MDS u. Mouvements de l'unité populaire/MUP sowie d. KP; außerdem zugelassen seit Sept 1988: Rassemblement Socialiste Progressiste/RSP u. Parti Liberal Social/PLS – **Unabh.:** alte staatl. Tradition; unabh. seit 20. 3. 1956 – **Nationalfeiertag:** 1. 6. (innere Autonomie, Rückkehr Bourguibas 1955)

WIRTSCHAFT **BSP** 1989: 10089 Mio. $ = 1260 $ je Ew. (79); BIP 1988: 8750 Mio. $; realer Zuwachs ∅ 1980–88: 3,4%; Anteil **Landwirtsch.** 14%, **Industrie** 32% – **Erwerbstät.** 1985: Landw. 32%, Ind. 28% – **Energieverbrauch** 1988: 499 kg ÖE/Ew. – **Währung**: 1 Tunesischer Dinar (tD) = 1000 Millimes (M); 1 US-$ = 0,8421 tD, 100 tD = 179,8955 DM – **Ausl.-Verschuld.** 1988: 6121 Mio. $ = 64,2% d. BSP – **Inflation** ∅ 1980–88: 7,7% – **Außenhandel** 1988: **Import:** 3692 Mio. $; Güter: 39% Rohstoffe u. Zwischenprodukte, 25% Konsumgüter, 17% Investitionsgüter, 13% Nahrungsmittel, 7% Energieprodukte; Länder: 26% Frankr., 14% Italien, 12% BRD, 5% USA, 5% Belgien u. Lux.; **Export:** 2397 Mio. $; Güter: 32% Textilien u. Lederwaren, 20% Energieprodukte, 19% Phosphate u. Derivate, 10% Nahrungsmittel (insbes. Olivenöl, Wein, Früchte, Getreide); Länder: 25% Frankr., 19% Italien, 13% BRD, 6% Belgien u. Lux.

PRESSE *Tageszeitungen:* Tunis: L'Action (50)/RCD, Frz. – al-Amal (50)/RCD, Arab. – as-Sabah (90)/Arab. – La Presse de Tunisie (40)/Frz. – *Wochenzeitung:* Le Temps (42)/Frz. – *Nachrichtenagentur:* TAP (Tunis Afrique Presse)

TÜRKEI *Europa u. Vorder-Asien*

Republik Türkei, Türkiye Cumhuriyeti, vor 1923 »Osmanisches Reich« – TR

LANDESSTRUKTUR **Fläche** (35): 779452 km² (m. 29777 km² Binnengewässern), davon 23623 km² (mit üb. 10% der Bev.) in Europa (Avrupa Türkiyesi) – **Einwohner** (17): (F 1990) 57,0 Mio. = 73 je km²; (Z 1985) 50664458 – über 90% Türken, etwa 7% Kurden (offiziell als »Bergtürken« bezeichnet; 3 Mio. Kurdischsprachige bzw. ca. 8,7 Mio. kurd. Abst.), 1,6% Araber, 0,3% Tscherkessen, Armenier (ca. 30000), Griechen (ca. 6000), Lasen, Bulgaren, Georgier usw.; (1986) 769176 türk. Arbeitnehmer im Ausl. (mit Fam. 2 Mio.), davon in BRD 498701 (1425721), Niederlande 77000 (156396), Frankr. 74000 (154862), Österr. 33000 (59000), Belgien 32500 (78039), Schweiz 26475 (51500), Dänemark 11000 (22013), Schweden 10000 (21538), Großbrit. 5000 (16000), Norwegen 1500 (3574) – **Leb.-Erwart.:** 64 J. – **Säugl.-Sterbl.:** 7,5% – **Analph.:** 26% – Jährl. **Bev.-Wachstum** (∅ 1980–89): 2,3% (Geb.- u. Sterbeziff. 1988: 3,0%/0,8%) – **Sprache(n):** Türkisch; Umgangsprachen d. jew. Gruppen – **Religion:** üb. 98% sunnit. Muslime, daneben (1983) 160000 Christen, (1975) 22983 Orthod., 73725 Kath., 25883 Protest., 84284 sonst. Christen, 38267 Juden – **Städt. Bev.:** 47% – **Städte** (F 1987): Ankara (Hptst.) 2845689 (A) Ew., İstanbul 4741890 A: 8500000, İzmir 1976763 (A), Konya 1562139 (A), Adana 1485743 (A), Bursa 1148492 (A), Samsun 1008113, Manisa 941941, Hatay 856271, Balikesir 853177, İçel 843931, Gaziantep 808809, Erzurum 801809, Diyarbakir 778150, Antalya 748706, Sivas 750144, Maraş 738032, Trabzon 731045, Malatya 607000, Denizli 603338

STAAT Republik – Parlament m. 450 Sitzen, gewählt auf 5 J. (Große Nationalversamml. »Türkiye Büyük Millet Meclisi«), einmalige Wahl d. Präsidenten auf 7 J. durch ⅔-Mehrheit d. Parl.; Wahlalter 1991 von 21 auf 18 Jahre gesenkt – Neue Verfass. v. 1982 m. überw. Mehrheit angenommen – 67 Provinzen (Vilayet) – **Staatsoberhaupt:** Turgut Özal – **Regierungschef:** Mesut Yilmaz, seit 17. 6. 1991 – **Äußeres:** Safa Giray – **Parteien:** Wahlen v. 1987: Anavatan Partisi/ANAP (»Mutterlandspartei«) v. T. Özal, 36,29% (275 Sitze); Sosyal Demokrat Halkçi Parti/SHP (»Sozialdemokratische Volkspartei«, v. E. Inönü) 24,76% (99); Doğruyol Partisi/DYP (»P. d. rechten Weges«, v. S. Demirel) 19,16% (59); Demokratik Sol. Partisi/DSP (»Demokrat. Sozialist. P.«, v. B. Ecevit) 8,52%; Refah Partisi/RP (»Wohlstandspartei«, v. N. Erbakan) 7,15%; Milliyetçi Çalişma Partisi/MÇP (»Nationalistische Arbeitsp.«) 2,93%; Vereinigte Kommunistische Partei d. Türkei seit August 1991 verboten; Neuwahlen am 20. 10. 1991 – **Unabh.:** Gründung d. Osman. Reiches an d. Wende vom 13. z. 14. Jahrh.; Republik Türkei seit 1920 bzw. 1923 – **Nationalfeiertag:** 29. 10. (Ausruf. d. Rep. 1923)

WIRTSCHAFT **BSP** 1989: 74731 Mio. $ = 1360 $ je Ew. (78); realer Zuwachs ∅ 1980–89: 5,3%; **BIP**

1988: 64360 Mio. $; realer Zuwachs 1988: 5,3%; Anteil **Landwirtsch.** 17%, **Industrie** 36% – **Erwerbstät.** 1985: Landw. 58%, Ind. 15% – **Energieverbrauch** 1988: 822 kg ÖE/Ew. – **Währung:** 1 Türkisches Pfund (TL.) = 100 Kuruş (krş); 1 US-$ = 2933,00 TL; 100 TL = 0,0512 DM – **Ausl.-Verschuld.** 1988: 31589 Mio. $ = 46,1% d. BSP – **Inflation** ∅ 1980–88: 39,3% (1990: 60,4%) – **Außenhandel** 1990: **Import:** 22300 Mio. $; Güter: 17% Ausrüstungen u. Maschinen, 16% Rohöl, 9% Eisen u. Stahl, 9% elektr. Geräte u. Ausrüst.; Länder: 16% BRD, 10% USA, 8% Italien, 6% Frankr., 6% UdSSR, (42% EG) – **Export:** 13000 Mio. $; Güter: 24% Bekleidung, 18% Agrargüter, 12% Eisen u. Stahl, 7% Garne u. Stoffe; Länder: 24% BRD, 9% Italien, 8% USA, 6% Großbrit., (53% EG)

PRESSE *Tageszeitungen:* Ankara: Yeni Tanin (300) – Istanbul: Bulvar (140) – Cumhuriyet (139) – Dünya (22)/Wirtsch. – Günaydin (300) – Güneş (290) – Hürriyet (600) – Milliyet (210) – Tercüman (100) – Yeni Nesil (600) – *Wochenzeitung:* Girgir (500)/ satir. – *Nachrichtenagentur:* ANKA (anka Ajansi)

TUVALU *Ozeanien*

»8 Inseln« (tats. 9 Inseln), vor Unabh. »Ellice-I.«

LANDESSTRUKTUR **Fläche** (175): 26 km² (1,3 Mio. km² Meeresfläche) – Hauptinseln: Funafuti (Reg.-Sitz), Nanumea, Nanumanga, Niutao, Nui, Vaitupu, Nukufetau, Nukulaelae, Niulakita – **Einwohner** (177): (F 1988) 8229 = 317 je km²; (davon 1500 im Ausland) – Tuvaluer; Polynesier (96%) u. Melanesier – **Leb.-Erwart.:** 62 J. – **Analph.:** 10% – Jährl. **Bev.-Wachstum** (1984): 4,1% – **Sprachen:** Tuvalu (Tuvaluisch), ein polynesischer Dialekt; Englisch – **Religion:** 99,1% Christen (überw. Protestanten, Church of Tuvalu) – **Städt- Bev.:** 30% – **Städte** (S 1980): Fongafale auf Funafuti ca. 2000 Ew.

STAAT Konstitutionelle Monarchie im Commonwealth – Parlament (»House of Assembly«) aus 12 Abg., 4 Ministern u. Reg.-Chef – Lokale Inselparlamente mit jew. 6 Abg. – **Staatsoberhaupt:** Königin Elizabeth II., vertr. durch einheim. Generalgouverneur Toaripi Lauti – **Regierungschef u. Äußeres:** Bikenibeu Paeniu – **Parteien:** (Letzte Wahl am 12. 9. 1985) keine Parteien im europ. Sinne, statt dessen Sippenverbände – **Unabh.:** 1. 10. 1978 – **Nationalfeiertag:** 1. 10.

WIRTSCHAFT **BSP** 1982: 5 Mio. $ = 608 $ je Ew. (116); realer Zuwachs 1983: 0% – Einnnahmen von 1500 auswärts arbeitenden Tuvaluanern – **Währung:** Austral-Dollar ($A) – **Außenhandel** 1984: **Import:** 3,96 Mio. $A; **Export:** 0,9 Mio. $A; Güter: Kopra, Fische, Briefmarken; Länder: 50% Fidschi, 40% Austral., 5% Neuseel.

PRESSE *Zeitung:* Veiaku: Sikuleo o Tuvalu/Tuvalu Echoes (0,4)/offiz., 14täg.

UGANDA *Ost-Afrika*

Republik Uganda, Republic of Uganda, Jamhuriya Uganda (nach ehem. Königr. Buganda) – EAU

LANDESSTRUKTUR **Fläche** (78): 235880 km² (m. 39459 km² Binnengewässern, n. eig. Ang. 241000 km², davon 44079 km² Binnengew.) – **Einwohner** (45): (F 1988) 17189000 = 73 je km²; (Z 1980) 12630000 – Ugander; zu fast 50% Bantu-Gruppen (davon 28% Buganda [Baganda]); 5% sudan., 13% nilotische u. 13% hamit. Gruppen; einige 100 Inder, kleine europ. u. arab. Gruppen – **Leb.-Erwart.:** 48 J. – **Säugl.-Sterbl.:** 10,1% – **Analph.:** 43% – Jährl. **Bev.-Wachstum** (∅ 1980–89): 3,2% (Geb.- u. Sterbeziff. 1987: 5,1%/1,7%) – **Sprachen:** Englisch u. Kisuaheli als Amtsspr.; 70% Bantuspr. (u. a. 20% Buganda, 15% Banyoro, nilot. Spr. wie Lango 6,5%, 4% Acholi, nilo-hamit. Spr. wie Turkana 8% u. Karamojong 3%) – **Religion:** 30% Katholiken, 20% Protestanten, 6% Muslime, Anh. v. Naturrel., versch. Religionsgemeinsch. (u. a. Baha'i, Baptisten, Messias-Kirche usw.) – **Städt. Bev.:** 10% – **Städte** (S 1989): Kampala (Hptst.) A 700000 Ew.; (Z 1982): Jinja 55000, Bugembe 48000, Masaka 29000, Mbale 25000, Mbarara 23000, Tororo 16000, Entebbe 11000

STAAT Präsidialrepublik – Die Partei mit über 40% d. Parlamentssitze benennt d. Präsidenten – »National Resistance Council/NRC« (Parlament) mit 278 Mitgliedern – 10 Provinzen mit 33 Distrikten – **Staatsoberhaupt:** Yoweri Kaguta Museveni (NRA/M), seit 29. 1. 1986; 1990 Amtszeit um 5 Jahre verlängert – **Regierungschef:** Min.-Präs. George Adyebo – **Äußeres:** Dr. Paul Kawanga Ssemogerere – **Parteien:** Die am 10. 12. 1980 gewählte Nationalversammlung wurde nach dem Putsch v. 27. 7. 1985 aufgelöst – Bestimmende Kraft: National Resistance Army/Movement/NRA/M (»Nationale Widerstandsbewegung von Yoweri Museveni«) – **Unabh.:** 9. 10. 1962 – **Nationalfeiertag:** 9. 10.

WIRTSCHAFT **BSP** 1989: 4254 Mio. $ = 250 $ je Ew. (147); realer Zuwachs ∅ 1980–89: 2,2%; **BIP** 1988: 3950 Mio. $; realer Zuwachs ∅ 1980–88: 1,4%; Anteil **Landwirtsch.** 72%, **Industrie** 7% – **Erwerbs-**

tät. 1989: Landw. 80%, Ind. 5% – **Energieverbrauch** 1988: 25 kg ÖE/Ew. – **Währung:** 1 Uganda-Shilling (U. Sh.) = 100 Cents (Ct.); 1 US-$ = 552,96 U. Sh.; 100 U. Sh. = 0,2699 DM – **Ausl.-Verschuld.** 1988: 1438 Mio. $ = 34,3% d. BSP – **Inflation** ∅1980–88: 100,7% – **Außenhandel** 1988: **Import:** 518 Mio. $; **Export:** 298 Mio. $; Güter: bis 70% Kaffee, Baumwolle, Tee, Kupfer, Ölsaaten, Häute, Zinnerz; Länder: bis 30% Kenia, 15% Großbrit., USA, BRD, Japan, Italien, Frankreich

PRESSE *Tageszeitungen:* Kampala: Munno (7) – New Vision (20)/offiz. – The Star (5)/Engl. – Taifa Uganda Empya (24) – *Nachrichtenagentur:* UNA (Uganda News Agency)

UNGARN *Mittel-Europa*

Ungarische Republik; Magyar Köztársaság; Eigenname »Magyar« [»Madjar«] = Mensch – H

LANDESSTRUKTUR **Fläche** (103): 93033 km² – **Einwohner** (61): (F Mitte 1990) 10552000 = 113 je km²; (Z 1990) 10450000 – (S 1990) ca. 90% Madjaren (Ungarn), 2,3% deutscher, 1,0% slowak., 0,9% südslaw., 0,3% rumän. Nationalität; ca. 500000–700000 Sinti u. Roma; ca. 5 Mio. Ungarn leben im Ausland – **Leb.-Erwart.:** 70 J. – **Säugl.-Sterbl.:** 1,6% – **Analph.:** 1% – Jährl. **Bev.-Wachstum** (∅1980–90): –0,1% (Geb.- u. Sterbeziffer 1989: 1,2%/1,3%) – **Sprachen:** Madjarisch (Ungarisch) als Amtsspr. – **Religion:** 6500000 röm. Kath., 500000 griech. Kath., 2 Mio. Kalvinisten, 433000 Lutheraner, 273000 Orthodoxe, 43000 Juden. Nach offiz. Ang. nur etwa 1,5 Mio. kirchl. aktiv – **Städt. Bev.:** 63% – **Städte** (F 1989): Budapest (Hptst.) 2114000 Ew., Debrecen [Debreczin] 219000, Miskolc 208000, Szeged 189000, Pécs [Fünfkirchen] 183000, Györ [Raab] 132000, Nyiregyháza 119000, Székesfehérvár [Stuhlweißenburg] 114000, Kecskemét 106000, Szombathely 88000, Szolnok 82000, Tatabánya 77000, Kaposvár 74000, Békéscsaba 71000, Eger 67000, Veszprém 66000, Zalaegerszeg 64000, Dunaujvarós 62000, Sopron 57000, Nagykanizsa 55000

STAAT Republik – Parlament aus 1 Kammer = Nationalversamml. (Országgyülés), die auch den Staatspräsidenten wählt – Wahl d. Abg. f. 5 J. – Wahlberechtigt alle Bürger ab 18 J. – seit 1989 neues Wahlrecht, eine Kombination aus Mehrheits- u. Verhältniswahlrecht – Hpst., 5 Stadtgebiete, 19 Komitate (Megyék) – **Staatsoberhaupt:** Dr. Arpád Göncz. »Bund Freier Demokraten«/BFD, seit Mai

Entwicklungsstand der marktwirtschaftlichen Reformen in Osteuropa

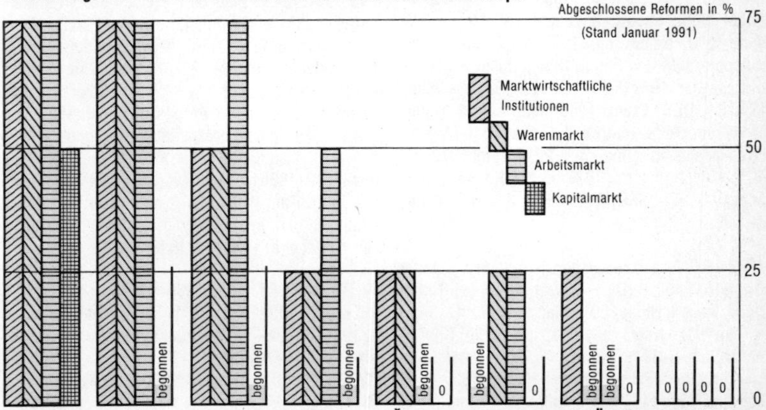

Marktwirtschaftliche Institutionen: u. a. Reform des Eigentums-, Vertrags-, Handelsrechts (z. B. Privatisierungen, Freizügigkeit des Außenhandels, Preisreformen); Reform des Steuer- und Sozialversicherungssystems; Errichtung von Geschäftsbankensystemen und Finanzmärkten (z. B. auch Währungskonvertierbarkeit, Eröffnung von Börsen); Öffnung der weitgehend geschlossenen Arbeitsmärkte *(→ Polen, Sp. 507)*

Quelle: Süddeutsche Zeitung vom 14. 6. 1991

1990, gewählt August 1990 – **Min.-Präs.:** József Antall, »Ungarisches Demokrat. Forum«/UDF, seit Mai 1990 – **Äußeres:** Dr. Géza Jeszensky/UDF – **Parteien:** 1. freie u. demokrat. Wahlen v. März/April 1990: »Ungarisches Demokratisches Forum«/UDF, Vors. József Antall, 42,5% d. Stimmen u. 164 der 386 Sitze im Parlament; »Bund Freier Demokraten«/BFD 23,8% u. 92; »Partei der kleinen Landwirte, Landarbeiter u. Bürger« 11,4% u. 44; »Ungarische Sozialist. Partei« 8,5% u. 33; »Christlich-Demokrat. Volkspartei« 5,4% u. 21; »Allianz Junger Demokraten« 5,4% u. 21; Unabhäng. 6, »Agrarbündnis« 1 u. gemeinsame Kandidaten 4 – **Unabh.:** alte staatl. Tradition; 21. 12. 1867 gleichberechtigte Reichshälfte in »Österreich-Ungarn«; 16. 11. 1918 Unabh.-Proklamation – **Nationalfeiertag:** 23. 10. (Ausbruch d. Volksaufstands 1953); 15. 3. (Aufstand gegen Habsburg 1848); 20. 8. (»Stephanstag«)

WIRTSCHAFT **BSP** 1989: 27078 Mio. $ = 2560 $ je Ew. (52); realer Zuwachs ∅ 1980–89: 1,3%; **BIP** 1988: 28000 Mio. $; 1989: ca. 29 Mrd. $; realer Zuwachs ∅ 1980–88: 1,6%; 1990: -5%; Anteil **Landwirtsch.** 14%, **Industrie** 37% – **Erwerbstät.** 1989: Landw. 20%, Ind. 37% (Juli 1991: 218000 registr. Arbeitslose) – **Energieverbrauch** 1988: 3068 kg ÖE/Ew. – **Währung:** 1 Forint (Ft) = 100 Filler (f); 100 US-$ = 6138,78 Ft, 100 Ft = 2,4337 DM – **Ausl.-Verschuld.** 1988: 14791 Mio. $ (1990: Netto 20,3 Mrd. $, Brutto 21,7 Mrd. $) = 54,9% d. BSP – **Inflation** ∅ 1980–88: 6,4%; 1990: ca. 29% – **Außenhandel** 1988: **Import:** 9326 Mio. $; Güter: 51% Grundstoffe, Halbwaren, Teile, 18% Maschinen, Transportmittel, Inv.güter, 13% industr. Konsumgüter; Länder: 19% UdSSR, 17% BRD, 10% Österreich, 6% DDR; **Export** 1988: 9922 Mio. $; Güter: 36% Grundstoffe, Halbwaren, Teile, 24% Maschinen, Transportm., Inv.güter, 22% Agrarerzeugn., leb. Vieh, Nahrungsm., 16% industr. Konsumgüter; Länder: 20% UdSSR, 17% BRD, 8% Österreich, 6% Italien

PRESSE *Tageszeitungen:* Budapest: Daily News (15)/Engl. u. Dt. – Dátum (11) – Esti Hirlap (200) – Magyar Hirlap (89) – Magyar Nemzet (132) – Mai Nap (80) – Napló (58) – Népsport (250)/Sport – Népszabadság (374) – Népszava (130) – Petöfi Népe (57) – *Wochenzeitungen:* Heti Hirhozó (38) – Heti Világgazdaság (141)/Wirt. – Hitel (32) – Interpress Magazin (95) – Kacsa (194) – Képes Ujság (400) – Ludas Matyi (163) – Magyarország (120) – Neue Zeitung (4,5)/Wochenbl. d. Ungarndeutschen – Magyar Nök Lapja (537)/Frauenzeitschr. – Rádió és Televízióujsag (1156)/Programmzeitschr. – Szabad Föld (747) – Tallózó (27) – Vasárnapi Hirek (280) – *Nachrichtenagentur:* MTI (Magyar Távirati Iroda)

URUGUAY *Süd-Amerika*

Republik Östlich des Uruguay; República Oriental del Uruguay; indian. »Fluß des bunten Vogels« – ROU

LANDESSTRUKTUR **Fläche** (84): 177414 km² – **Einwohner** (108): (F 1988) 3060000 = 17 je km²; (Z 1985) 2922000 – Uruguayer, europ. (meist span. u. italien.) Abstammung; etwa 5–10% Mestizen, 3% Mulatten, ca. 700000 Urug. leben im Ausl. – **Leb.-Erwart.:** 72 J. – **Säugl.-Sterbl.:** 3,0% – **Analph.:** 5% – Jährl. **Bev.-Wachstum** (∅ 1980–88): 0,6% (Geb.- u. Sterbeziffer 1988: 1,7%/1,0%) – **Sprache:** Spanisch – **Religion:** 66% Katholiken; etwa 75000 Protest., 50000 Juden – **Städt. Bev.:** 85% – **Städte** (S 1989): Montevideo (Hptst.) 1248000 Ew., Salto 81000, Paysandú 75000, Rivera 56000, Tacuarembó 40500, Mercedes 37000, Minas 34000, Artigas 34000, Treinta y Tres 31000, Durazno 28000

STAAT Präsidialrepublik, Parlament (Asamblea General) aus 2 Kammern (Cámara de Diputados mit 99 Mitgl.); Wahl d. Deputierten für 4 J. – Wahlberechtigt alle Bürger über 18 J., Wahlpflicht für Männer – 19 Departamentos m. je 1 Provinzrat – **Staatsoberhaupt u. Regierungschef:** Präsident Luis Alberto Lacalle de Herrera, Blancos, Koal. mit Colorado, seit 1. 3. 1990 – **Äußeres:** Dr. Héctor Gros Espiell – **Parteien:** Wahlen z. Abg.-Haus v. 26. 11. 1989: konservat. Blancos (»Weiße« od. »Nationalpartei«) 38% d. Stimmen, soziallib. Partido Colorado (»Bunte P.«) 31%, linksger. Koal. »Breite Front« (Frente Amplio) 22%, Koalition Nuevo Espacio 8% sowie Grüne 1% – Senat: Colorados 13, Blancos 12 u. Frente Amplio 6% – **Unabh.:** Am 25. 8. 1825 Unabh.-Proklamation gegenüber Brasilien, zugl. Anschlußersuchen an Argentinien (Vollzug am 24. 10. 1825 bis 1828); von beiden Nachbarstaaten formell am 4. 10. 1828 als unabh. anerkannt (Ratifikation u. Inkrafttreten d. Friedensvertrages v. Rio de Janeiro) – **Nationalfeiertag:** 25. 8.

WIRTSCHAFT **BSP** 1989: 8069 Mio. $ = 2620 $ je Ew. (51); BIP 1988: 6680 Mio. $; realer Zuwachs ∅ 1980–88: -0,4%, Anteil **Landwirtsch.** 11%, **Industrie** 29% – **Erwerbstät.** 1988: Landw. 14%, Ind. 32% – **Energieverbrauch** 1988: 769 kg ÖE/Ew. – **Währung:** 1 Uruguayischer Neuer Peso (urugN$) = 100 Centésimos (cts.); Freimarktkurs; 1 US-$ = 1593,00 urugN$, 100 urugN$ = 0,0938 DM – **Ausl.-Verschuld.** 1988: 3039 Mio. $ = 39,8% d. BSP – **Inflation** ∅ 1980–88: 57,0% – **Außenhandel** 1988: **Import:** 1177 Mio. $; Güter: 18% Maschinen u. Geräte, 17% chem. Erzeugnisse, 11% Transportmittel, 9% Kunststoffe, 6% Metalle ; Länder: 26% Brasilien, 16% Argentinien, 10% USA, 6% BR Dtld.,

6% Mexiko; **Export:** 1402 Mio. $; Güter: 30% Textilien (incl. Wolle), 16% Pelze, Lederwaren, Schuhe, 12% Fleisch, 5% Reis, ferner Weizen u. Pflanzenöle; Länder: 28% Brasilien, 11% USA, 8% BR Dtld., 5% Argentinien, 5% VR China

PRESSE *Tageszeitungen:* Montevideo: El Día (15)/Colorados – El Diario (80) – La Hora Popular (30) – La Mañana (40)/Colorados – El País (130)/Blancos – Ultimas Noticias (21)

VANUATU *Ozeanien; Süd-Pazifik*

Republik V., Vanu'atu, Republic of V., République de Vanuatu; Ripablik blang Vanuatu (in Bislama); früher Neue Hebriden

LANDESSTRUKTUR **Fläche** (138): 12189 km², 12 Haupt- u. 70 Nebeninseln mit 5 Vulkanen; größte Insel Espiritu Santo (3626 km²; 1980: 11879 Ew.), Malekula (1994 km²), Eromanga (958 km²), Efate (907 km²), Ambrin, Petecost, Epi – **Einwohner** (157): (F 1988) 147000 = 12 Ew. je km²; (Z 1979) 111000 – Zu 91% Ni-Vanuatu = einheimische Melanesier u. 3% Polynesier bzw. Mikronesier; 1980: 3930 französ. Staatsbürger, darunter 3200 Colons; ca. 1000 Briten – **Lebenserwart.:** 64 J. – **Analph.:** 50% – Jährl. **Bev.-Wachstum** (∅ 1980–89): 2,4% – **Sprachen:** Englisch u. Französisch als Amtsspr.; Bislama (Pidgin-Englisch, Bichelamar; beide Bezeichnungen abgeleitet aus engl. »beach« = Ufer u. franz. »la mer« = Meer); außerdem ca. 110 regionale Dialekte – **Religion:** 36% Presbyterianer, 13% Anglikaner, rd. 18000 Katholiken, Cargo-Kulte, Naturreligionen – **Städt. Bev.:** 18% – **Städte** (S 1982): Port Vila (Hptst.) auf Efate 15700 Ew.; Santa (fr. Luganville) 5200

STAAT Parlamentarische Republik – Präsident auf 5 J. v. Parlament u. d. Vors. d. beiden Regionalparlamente gewählt – Parl.-Wahlen alle 4 J. – Allg. Wahlrecht – **Staatsoberhaupt:** Präsident Fred Karlomoana Timakata – **Regierungschef:** Min.-Präs. Donald Kalpokas, seit 6. 9. 1991 – **Äußeres:** N. N. – **Parteien:** Wahl v. 1987: Vanuaaku Pati/VAP 26 Sitze v. 46; Union of Moderate Parties/UMP (Oppos.) 19; Fren Melanesian Pati 1 – **Unabh.:** 30. 7. 1980 – **Nationalfeiertag:** 30. 7.

WIRTSCHAFT **BSP** 1989: 131 Mio. $ = 860 $ je Ew. (100); realer Zuwachs 1980–89: 0,7%; **BIP** 1985: Anteil **Landwirtsch.** 34%, **Industrie** 0% – **Erwerbstät.** 1985: Landw. 80%, Ind. 0% – **Währung:** 1 Vatu (VT); 1 US-$ = 112,14 VT; 100 VT = 1,3308 DM; (ferner Austral-Dollar als Zahlungsmittel) – **Inflation** ∅ 1980–88: 4,3% – **Außenhandel** 1986: **Import:** 57 Mio. $; **Export:** 17 Mio. $; Güter: 60% Kopra, bis zu 20% Fisch, rd. 5% Kakao, Kaffee, Mangan, Gefrierfleisch u. Muscheln; Länder: 30% Australien, Niederl. u. Belgien, Frankr., Japan, Neuseeland, Neukaledonien, Fidschi – 1200 ausländische Industrie- und Handelsunternehmen (steuerbegünstigter Unternehmenssitz)

PRESSE *Wochenzeitung:* Port Vila: Vanuatu Weekly (1,7)/Reg.; Bislama, Engl. u. Frz.

VATIKANSTADT *Süd-Europa*

Staat der Vatikanstadt; Stato della Città del Vaticano; Status Civitatis Vaticanae (latein.); unter Souveränität d. Hl. Stuhls (Santa Sede/Holy See/Saint-Siège) – SCV

LANDESSTRUKTUR **Fläche** (178): 0,44 km² – **Einwohner** (178): 392 Staatsbürger (1985 de jure; + 339 Bew. ohne Bürgerrecht sowie rd. 2360 Angestellte; 80 »Schweizer Gardisten«) – **Sprachen:** Latein u. Italienisch als Amtsspr. – Das Kardinalskollegium zählt seit 28. 6. 1988 insges. 160 Mitgl.

STAAT Souveräner Staat – Zum V. gehören d. Gebiet um die Basilika St. Peter sowie einige Kirchen u. Paläste in Rom, ferner der päpstliche Sommersitz Castel Gandolfo – **Staatsoberhaupt:** Papst Johannes Paul II. (Karol Wojtyla), seit 16. 10. 1978, 264. Papst u. erster Nichtitaliener seit 1523; gleichz. Bischof v. Rom (durch Kardinalvikar vertreten) – Er übt seine Vollmacht über die **Römische Kurie** (= eigentl. Regierung d. Gesamtkirche; ca. 900 Mio. Gläubige in aller Welt) aus. Nach d. Reform v. 1968 (Regimini Ecclesiae Universae) ist diese gegliedert in 1 Staatssekretariat als Ausführungsorgan d. Papstes u. zur Koord. d. Kurie: Pro-Staatssekr. Erzbischof Angelo Sodano (hat alle Vollmachten in Angel. weltl. Souveränität, etwa einem Min.-Präs. vergleichbar), Sektion f. Allgem. Angelegenheiten (Inneres), seit 3. 12. 1990, Substitut Erzbischof Giovanni Battista, f. Bez. mit d. Staaten (Äußeres) Sekretär Monsignore Jean-Louis Tauran; 2. Kongregationen (= Diskasterien = Ministerien; u. a. f. Glaubenslehre Präfekt Joseph Kardinal Ratzinger); 3. Gerichtshöfe, Oberste Appellationsinstanz (u. a. Ehe-Annullierung); 4. Päpstl. Räte; 5. Büros; 6. Institutionen (u. a. Vat. Apost. Bibliothek) – **Dipl. Bez.:** in 118 Ländern durch Nuntius vertreten, auch in d. BRD – **Unabh.:** alte staatl. Tradition; wieder souverän 7. 6. 1929 (Inkrafttreten d. mit Italien am 11. 2. 1929 geschlossenen Lateranverträge) – **Nationalfeiertag:** 22. 10. (Amtseinführung v. Joh. Paul II. 1978)

WIRTSCHAFT **Haushalt** 1988 d. geistl. Kirchenverwaltung: 136,1 Mio. DM Einnahmen, 215,6 Mio. DM Ausgaben; weltl. Kirchenverw.: 152,9 bzw. 128,9 Mio. DM – **Währung:** Vat. Lira (Parität zur ital. Lira) = 100 Centesimi *(→ Italien)*; ital. Zahlungsmittel gültig

PRESSE *Tageszeitung:* Rom: L'Osservatore Romano – *Nachrichtenagentur:* AIF (Agenzia Internazionale Fides)

VENDA *Süd-Afrika*

Republic of Venda; Rephabliki ya Venda (Shangaan) bzw. Rephablik ya Venda (Sotho) – V

LANDESSTRUKTUR **Fläche** (143): 6500 km² – **Einwohner** (143): (S 1985) 377000 (mit. ca. 2000 Arbeitskräften in Südafrika) = 58 je km² – S 1985: 376000 Vhavenda [Venda], < 5% Shangaan Tsonga u. Nordsotho, ca. 1000 Weiße – Jährl. **Bev.-Wachstum** (∅ 1970–78): > 3% – **Sprachen:** ciVenda [Chivenda], Englisch u. Afrikaans als Amtsspr. – **Religion:** überwiegend Protestanten – **Städte** (S 1982): Thohoyando (Hptst.) 2100 Ew., Makwarela 2700, Shyandima 2300

STAAT Parlamentarische Republik – Nationalversammlung mit 42 gewählten, 3 v. Staatschef ernannten u. 42 Stammeshäuptlingen, davon 28 Chiefs – 4 Stammesregionalversammlungen – 4 Distrikte – **Staatschef:** Colonel Gabriel Ramushwana, seit Putsch v. April 1990 – **Äußeres:** A. M. Madzivhandila – **Parteien:** Wahlen v. Juli 1978: Venda Independence People's Party/VIPP 31; Venda National Party/VNP 11 Sitze – **Unabh.:** 13. 9. 1979, jedoch nicht internat. anerkannt u. faktisch weiterhin von d. Rep. Südafrika abhängig, z. Z. Bestrebungen zur Wiedereingliederung – **Nationalfeiertag:** noch nicht bek.

WIRTSCHAFT **BSP** 1985: 446 Mio. Rand – **Erwerbstät.:** über 80% in der Landwirtschaft – **Währung:** südafr. Rand (R) – **Außenhandel:** haupts. landwirtsch. Erzeugnisse mit d. Rep. Südafrika

VENEZUELA *Süd-Amerika*

Republik V.; República de Venezuela; um 1500 »Klein-Venedig« n. d. indian. Pfahlbauten am Maracaibo-See – YV

LANDESSTRUKTUR **Fläche** (31): 912050 km² – **Einwohner** (42): (F 1988) 18751000 = 21 je km²; (Z 1981) 14517000 – Venezolaner; über 66% Mestizen u. Mulatten, etwa 20% Weiße, meist span. u. ital. Abstammung, 8–9% Schwarze, 53350 (Z 1982) Indianer; bis 3 Mio. Ausl. illegal im Land – **Leb.-Erwart.:** 70 J. – **Säugl.-Sterbl.:** 2,6% – **Analph.:** 13% – Jährl. **Bev.-Wachstum** (∅ 1980–88): 2,8% (Geb.- u. Sterbeziffer 1988: 3,0%/0,5%) – **Sprachen:** Spanisch als Amtsspr.; örtlich auch indianische Idiome als Umgangsspr. – **Religion:** rd. 95% Katholiken; 2% Protestanten u. etwa 15000 Juden – **Städt. Bev.:** 83% – **Städte** (Z 1981): Caracas (Hptst.) 1816901 Ew., Maracaibo 888824, Valencia 616037, Barquisimeto 496684, Maracay 440048, San Cristóbal 198684, Cumaná 191941, Ciudad Bolívar 181864, Barcelona 156519, Maturin 154957, Mérida 142752, Los Teques 112206, Barinas 109906; S 1980: Coro 71000, San Felipe 56000, San Fernando 54000, San Juan 53000

STAAT Präsidiale Bundesrepublik – Parlament (»Congreso«) aus 2 Kammern (»Cámara de Senadores« mit 44 [+ 5 ehem. Präs.] u. Cámara de Diputados« mit 206 Sitzen), Wahl d. Deputierten f. 5 J. – Wahlpflicht ab 18 J. – 20 Bundesstaaten mit teilw. Autonomie, Bundesdistrikt d. Hptst., 2 Bundesterritorien u. »Depend. Federales« (72 Inseln d. Antillen) – **Staatsoberhaupt u. Regierungschef:** Präs. Carlos Andrés Pérez – **Äußeres:** Armando Durán – **Parteien:** Wahlen v. 1988 (1983): Acción Democrática/AD 43,7 (49,9)% u. 98 (112) Sitze, Partido Social Cristiano/COPEI 31,4 (28,6)% u. 67 (61), Movimento al Socialismo y Movimento de Izquierda Revolucionaria/MAS y MIR 19 Sitze, Nueva Generación Democratica/NGD 6, CAUSA R 3, Movimiento Electoral del Pueblo/MEP 3, Formula Uno 2, Unión Republicana Evangelista/ORA 1, Partido Comunista/PCV 1, Gaston Guisandes/OPINA 1; Senat: AD 23, COPEI 19, MAS y MIR 3, Rechte 1 – **Unabh.:** 5. 7. 1811 (Proklamation), endgültig 22. 9. 1830 (Loslösung v. Großkolumbien) – **Nationalfeiertag:** 5. 7., 19. 4., 24. 6., 24. 7. u. 12. 10.

WIRTSCHAFT **BSP** 1989: 47164 Mio. $ = 2450 $ je Ew. (57); BIP 1988: 63750 Mio. $; realer Zuwachs ∅ 1980–88: 0,9%; Anteil **Landwirtsch.** 6%, **Industrie** 36% – **Erwerbstät.** 1988: Landw. 12%, Ind. 25% – **Energieverbrauch** 1988: 2354 kg ÖE/Ew. – **Währung:** 1 Bolívar (Bs.) = 100 Céntimos; 1 US-$ = 50,50 Bs., 100 Bs. = 2,9998 DM – **Ausl.-Verschuld.** 1988: 30296 Mio. $ = 49,0% d. BSP – **Inflation** ∅ 1980–88: 13,0% – **Außenhandel** 1988: **Import:** 11581 Mio. $; Güter: 42% Rohstoffe, 23% Maschinen, 13% Konsumgüter, 10% Kraftfahrzeuge; Länder: 44% USA, 8% Italien, 6% BR Dtld.; **Export:** 10234 Mio. $; Güter: 80% Erdöl u. Erdölprod., ferner v. a. Eisenerze/Eisen/Stahl, Aluminium u. Bauxit; Länder: 55% USA, 6% BRD

PRESSE *Tageszeitungen:* Caracas: The Daily Journal (18)/Engl. – El Diario de Caracas (70) – Meridiano (300) – El Mundo (195) – El Nacional (175) – Ultimas Noticias (230) – El Universal (140) – 2001 (150) – Maracaibo: La Crítica (82) – Panorama (130) – El Vespertino de Occidente (70)

VEREINIGTE ARABISCHE EMIRATE

Vorderasien

Al-Imarat al-'Arabiya al-Muttahida; United Arab Emirates; VAE – UAE

LANDESSTRUKTUR **Fläche** (106): 83600 km² – **Einwohner** (124): (F 1988) 1501000 = 18 je km²; (Z 1980) 1043000 – Über 70% Araber; persische, indische u. pakistan. Gruppen (vor allem als Fremdarbeiter; insg. über 70% Ausländer); bis 10% Nomaden – **Leb.-Erwart.:** 71 J. – **Säugl.-Sterbl.:** 3,8% – **Analph.:** 29% – Jährl. **Bev.-Wachstum** (∅1980–88): 4,8% (Geb.- u. Sterbeziffer 1988: 2,3%/0,4%) – **Sprachen:** Arabisch als Amtssprache; Englisch wichtig als Verkehrsspr.; Hindi, Urdu, Farsi – **Religion:** 95% Muslime (haupts. Sunniten, 19% Schiiten, fast ausschl. Einwanderer), knapp 4% Christen – **Städt. Bev.:** 78% – **Städte** (Z 1980): Abu Dhabi (vorl. Hptst.) 92000 Ew. (A 242975), Dubai (Stadt) 86000 (A 265702), Sharjah Town 43000 (A 125149), Al Ain 42000 (A 101663), Ras al-Khaimah (Stadt) 24000

STAAT Föderation (Ittihad) d. 7 auton. Emirate *(Einzelheiten → WA '89, Sp. 550)* – Föderative Nationalversamml. (40 gewählte Mitgl., ausschl. beratende Funktion) – Oberster Rat (Supreme Council) d. Herrscher, mit Vetorecht von Abu Dhabi u. Dubai – Allg. Wahlrecht – Endgültige Verfassung in Vorbereitung – **Staatsoberhaupt:** Scheich Zayed [Said] bin Sultan Al Nahayan (Oberhaupt v. Abu Dhabi), seit dem 2. Dez. 1971 – **Regierungschef:** Vizepräs. Scheich Raschid bin Saeed [Said] Al Maktoum (Herrscher v. Dubai), Ernennung d. Oberster Rat d. 7 Emirate – **Äußeres:** Raschid Abdullah Al Nuaimi – **Parteien:** Keine eigentl. Parteien im westl. Sinne – **Unabh.:** 2. 12. 1971, am 10. 2. 1972 Beitritt Ras al-Khaimas – **Nationalfeiertag:** 2. 12.

WIRTSCHAFT **BSP** 1989: 28449 Mio. $ = 18430 $ je Ew. (13); BIP 1988: 23850 Mio. $; realer Zuwachs ∅1980–88: –4,5%; Anteil **Landwirtsch.** 2%, **Industrie** 55% – **Erwerbstät.** 1988: Landw. 3%, Ind. 15% – **Energieverbrauch** 1988: 6481 kg ÖE/Ew. – **Währung:** 1 Dirham (DH) = 100 Fils; 1 US-$ = 3,6598 DH, 100 DH = 40,8219 DM – **Inflation** ∅1980–88: –0,1% – **Außenhandel** 1988: **Import:** 7226 Mio. $; Güter: 24% Maschinen u. Fahrzeuge, 10% Erzeugn. d. verarb. Industrie, 5% Nahrungsmittel u. leb. Tiere, 5% Garne u. Spinnstofferzeugnisse; Länder: insbes. Indien, Singapur, Kuwait, Schweiz; **Export:** 12000 Mio. $; Güter: üb. 90% Erdöl, davon Abu Dhabi 80%, zunehmend Flüssiggas, petrochem. Produkte, Datteln, Vieh, Fische, Perlen. Sharja: Tourismus; Länder: 38% Japan, 19% EG-Länder, 14% USA, Singapur

PRESSE *Tageszeitungen:* Abu Dhabi: Emirates News (21)/Engl. – al-Fajr (23)/Arab. – al-Ittihad (58)/Arab. – Dubai: al-Bayan (29)/Arab. – Gulf News (40)/Engl. – Khaleej Times (56)/Engl. – Sharjah: al-Khaleej (58)/Arab. – *Nachrichtenagentur:* WAM

VEREINIGTE STAATEN VON AMERIKA

Nord-Amerika

United States of America; nach Amerigo Vespucci – USA

LANDESSTRUKTUR **Fläche** (4): 9363123 km² (davon 202711 km², m. Anteil an Großen Seen 359326 km² Binnengewässer), ohne Alaska u. Hawaii 7827620 km² – **Einwohner** (4): (Z 1990) 248709873 = 27 je km² – (US-)Amerikaner; Z 1990 (über 100% wegen Zugehörigkeit zu verschiedenen ethnischen Gruppen; Bevölkerungswachstum 1980–1990): 80,3% (+6,0%) bzw. 209 Mio. Weiße, 12,1% (+13,2%) bzw. 30,0 Mio. Schwarze, 9,0% (+53,0%) bzw. 22,4 Mio. »Hispanic« (davon ca. die Hälfte »Chicanos«, d. h. Amerikaner span.-mexik. Herkunft mit starkem indian. Einschlag), 2,9% (107,8%) bzw. 7,3 Mio. Asiaten, 0,8% (37,9%) bzw. 2,0 Mio. Indianer u. 3,9% (45,1%) bzw. 9,8 Mio. andere Rassen. – Von 1820 bis 1989 wanderten legal 55458000 Pers. ein, davon 7071000 aus Deutschl. u. 5357000 aus Italien. 1989 kamen – ohne Grenzgänger, Besatzungen u. Inselbesucher – 38300000 Besucher als non-immigrants (beschränkter Aufenthalt), ca. 70% davon als Touristen. 1066862 Pers. wurden 1985 ausgewiesen (davon 20560 tatsächl. deportiert). - Zur Z 1980 gaben 5381106 Ausländer eine Adresse in d. USA an (davon 4532647 als »permanent residents« u. 848459 als »temporary residents«). »Permanent residents« waren 992765 Mexikaner, 301085 Kanadier, 279100 Kubaner, 273521 Briten, 223743 Philippiner, 163700 Italiener u. 147647 Deutsche. Davon lebten in Kalif. 1261069, New York 690383, Texas 411163, Florida 335457, Illinois 256091, New Jersey 238883, Mass. 152916 u. Michigan 118588 – **Leb.-Erwart.:** 76 J.– **Säugl.-Sterbl.:**

Bevölkerung in den Stadtregionen

Stadtregion	Bevölkerung 1990	Veränderung seit 1980 in %
New York N.Y.	18087251	+ 3,1%
Los Angeles, Calif.	14531529	+26,4%
Chicago, Ill.	8065633	+ 1,6%
San Francisco, Calif.	6253311	+16,5%
Philadelphia, Pa.	5899345	+ 3,9%
Detroit, Mich.	4665236	− 1,8%
Boston, Mass.	4171643	+ 5,0%
Washington, D.C.	3923574	+20,7%
Dallas, Texas	3885415	+32,6%
Houston, Texas	3711043	+19,7%
Miami, Fla.	3192582	+20,8%
Atlanta, Ga.	2833511	+32,5%
Cleveland, Ohio	2759823	− 2,6%
Seattle, Wash.	2559164	+22,3%
San Diego, Calif.	2498016	+34,2%
Minneapolis, Minn.	2464124	+15,3%
St. Louis, Mo.	2444099	+ 2,8%
Baltimore, Md.	2382172	+ 8,3%
Pittsburgh, Pa.	2242798	+ 7,4%
Phoenix, Ariz.	2122101	+40,6%
Tampa, Fla.	2067959	+28,2%
Denver, Colo.	1848319	+14,2%
Cincinnati, Ohio	1744124	+ 5,1%
Milwaukee, Wis.	1607183	+ 2,4%
Kansas City, Mo.	1566280	+ 9,3%
Sacramento, Calif.	1481102	+34,7%
Portland, Ore.	1477895	+13,9%
Norfolk, Va.	1396107	+20,3%
Columbus, Ohio	1377419	+10,7%
San Antonio, Texas	1302099	+21,5%
Indianapolis, Ind.	1249822	+ 7,1%
New Orleans, La.	1238816	− 1,4%
Buffalo, N.Y.	1189288	− 4,3%
Charlotte, N.C.	1162093	+19,6%
Providence, R.I.	1141510	+ 5,4%
Hartford, Conn.	1085837	+ 7,1%
Orlando, Fla.	1072748	+53,3%
Salt Lake City, Utah	1072227	+17,8%
Rochester, N.Y.	1002410	+ 3,2%

Quelle: U.S. Census Bureau 20. 2. 1991

1,0% – **Analph.:** 1% – Jährl. **Bev.-Wachstum** (∅1980–90): 1,0% (Geb.- u. Sterbeziffer 1989: 1,6%/0,9%) – **Sprachen:** Englisch (Amerikanisch) u. vereinzelt Spanisch als Amtsspr.; ca. 20 Mio., die nicht Engl. sprechen – **Religion** (S 1989): 79329000 Protestanten (davon über 20 Mio. Baptisten; insg. ca. 320000 Kirchen u. Sekten), 54919000 röm. Katholiken, 5935000 Juden, 4077000 Angeh. v. Ostkirchen, 827000 Altkath. usw., 100000 Buddhisten u. 197000 Sonstige (1989 insg. 145384000 Angeh. v. Relig.-Gemeinschaften) – **Städt. Bev.:** 78% – **Städte** (S 1988): Washington (Hptst.) 617000 Einw. (Z 1990 als »U. S. Standard Metropolitan Statistical Area« 3923574 Ew. → *Tabelle*), New York 7352700, Los Angeles 3352710, Chicago 2977520, Houston 1698090, Philadelphia 1647000, San Diego 1070310, Detroit 1035920, Dallas 987360, San Antonio 941150, Phoenix 923750, Baltimore 751400, San Francisco 731600, San José 599380, Indianapolis 727130, Memphis 645190, Jacksonville 635430, Milwaukee 599380, Boston 577830, Columbus 569570, New Orleans 531700, Cleveland 521370, El Paso 510970, Seattle 502200, Denver 492200, Nashville-Davidson 481400, Austin 464690, Kansas City 438950, Atlanta 420220, St. Louis 403700, Pittsburgh 375230, Miami 371100, Cincinnati 370480, Minneapolis 344670, Buffalo 313570

Die **Staaten mit den meisten Schwarzen** sind (Z 1990 in Mio.): New York 2,86, Kalifornien 2,21, Texas 2,02, Florida 1,76, Georgia 1,75, Illinois 1,69, North Carolina 1,46, Louisiana 1,30, Pennsylvania 1,09 – **Städte mit über 50000 Juden** in 1000 (Z 1980): New York City 1228, Städte in d. Umgebung v. New York 865, Los Angeles 503, Philadelphia 295, Chicago 253, Miami 225, Boston 170, Washington 160, Baltimore 92, Cleveland u. Detroit je 75 – **Städte m. über 100000 Ew. spanisch-(mexikan.) Herkunft** in 1000 (Z 1980): New York 1406, Los Angeles 815, Chicago 423, San Antonio 421, Houston 280, El Paso 265, Miami 194, San José 140, San Diego 129, Phoenix 116, Albuquerque 112, Dallas 110

STAAT Präsidialrepublik mit bundesstaatl. Verfass.; d. Präsident ernennt u. entläßt d. Kabinettsmitgl. – Parlament (»Congress«) aus 2 Kammern (»Senate« u. »House of Representatives«); Wahl d. Mitgl. d. Repräsentantenhauses für 2 J., des Senats für 6 J. (alle 2 J. Erneuerungswahl f. ⅓ d. Senatoren). Wahlen können mit Wählerinitativen u. Volksabstimmungen gekoppelt werden, sowohl auf Bundes- wie auf Einzelstaats- wie auf Wahlbezirksebene; obwohl deren Ergebnisse verfassungsrechtl. unverbindl. sind, kommt ihnen große polit. Bedeutung zu – Wahl d. Präs. durch Wahlmänner für 4 J.; nur einmal wiederwählbar – Wahlberechtigung ab 18 J. – Titel der Minister: Secretary; d. höchsten Rang nach d. Präsidenten u. Regierungschef bekleidet d. Außenminister (Secretary of State) – **Bundesstaaten** mit je eig. Verfass. u. eig. Parlament aus 2 Kammern (nur Nebraska 1 Kammer) sowie einem gewählten Gouverneur; Fachminister z. T. gewählt, z. T. v. Gouverneur berufen. Bedeut. Sonderrechte d. einzelnen Staaten, die in kleinere Verwalt.-Einh. (County, Parish) untergliedert sind – Insg. 50 Bundesstaaten, dazu der District of Columbia/DC mit d. Bundeshauptstadt Washington *(Einzelheiten → Tabelle Sp. 587/589 f.)* – **Staats- u. Regierungschef:** Präsident George Bush (Rep.), gewählt im Nov. 1988 mit 54% d. St. gegen 46% f. Michael Dukakis (Dem.); Wahlmännerverhältnis 426 zu 112; Beginn d. Amts-

Verwaltungsgliederung nach Staaten

Staaten (m. postalischer Abkürzung)	*km²* (m. Rangst.)*		*Einwohner Z 1990 (vorläufig) (m. Rangst.)*		*Einwohner S 1989 (m. Rangst.)*		*Hauptstadt*	*Einwohner Z 1980*
Alabama, AL	133667	(29)	3984000	(22)	4118000	(22)	Montgomery	178157
Alaska, AK	1518800	(1)	546000	(50)	527000	(50)	Juneau	19528
Arizona, AZ	295022	(6)	3619000	(24)	3556000	(24)	Phoenix	764911
Arkansas, AR	137538	(27)	2337000	(33)	2406000	(33)	Little Rock	158461
California, CA	411012	(3)	29279000	(1)	29063000	(1)	Sacramento	275741
Colorado, CO	269998	(8)	3272000	(26)	3317000	(26)	Denver	491396
Connecticut, CT	12973	(48)	3227000	(27)	3239000	(27)	Hartford	136392
Delaware, DE	5328	(49)	658000	(46)	673000	(46)	Dover	23512
District of Columbia, DC**	163	(51)	575000	(48)	604000	(48)	Washington	638432
Florida, FL	151670	(22)	12775000	(4)	12671000	(4)	Tallahassee	81548
Georgia, GA	152488	(21)	6387000	(11)	6436000	(11)	Atlanta	425022
Hawai, HI	16705	(47)	1095000	(41)	1112000	(39)	Honolulu	365048
Idaho, ID	1004000	(42)	1004000	(42)	1014000	(42)	Boise City	102451
Illinois, IL	146075	(24)	11325000	(6)	11658000	(6)	Springfield	99637
Indiana, IN	93993	(38)	5499000	(14)	5593000	(14)	Indianapolis	700807
Iowa, IA	145791	(25)	2767000	(30)	2840000	(29)	Des Moines	191003
Kansas, KS	213063	(14)	2467000	(32)	2513000	(32)	Topeka	115266
Kentucky, KY	104623	(37)	3665000	(23)	3727000	(23)	Frankfort	25973
Louisiana, LA	125674	(31)	4181000	(21)	4382000	(20)	Baton Rouge	219486
Maine, ME	86027	(39)	1218000	(38)	1222000	(38)	Augusta	21819
Maryland, MD	27394	(42)	4733000	(19)	4694000	(19)	Annapolis	31740
Massachusetts, MA	21386	(45)	5928000	(13)	5913000	(13)	Boston	562994
Michigan, MI	150779	(23)	9179000	(8)	9273000	(8)	Lansing	130414
Minnesota, MN	217735	(12)	4359000	(20)	4353000	(21)	Saint Paul	270230
Mississippi, MS	123584	(32)	2535000	(31)	2621000	(31)	Jackson	202895
Missouri, MO	180486	(19)	5079000	(15)	5159000	(15)	Jefferson City	33619
Montana, MT	381084	(4)	794000	(44)	806000	(44)	Helena	23938
Nebraska, NE	200017	(15)	1573000	(36)	1611000	(36)	Lincoln	171932
Nevada, NV	286296	(7)	1193000	(39)	1111000	(40)	Carson City	32022
New Hampshire, NH	24097	(44)	1103000	(40)	1107000	(41)	Concord	30400
New Jersey, NJ	20295	(46)	7617000	(9)	7736000	(9)	Trenton	92124
New Mexico, NM	315113	(5)	1490000	(37)	1528000	(37)	Santa Fé	48899
New York, NY	128401	(30)	17627000	(2)	17950000	(2)	Albany	101727
North Carolina, NC	136197	(28)	6553000	(10)	6571000	(10)	Raleigh	149771
North Dakota, ND	183022	(17)	634000	(47)	660000	(47)	Bismarck	44485
Ohio, OH	106765	(35)	10778000	(7)	10907000	(7)	Columbus	564871
Oklahoma, OK	181090	(18)	3124000	(28)	3224000	(28)	Oklahoma City	403213
Oregon, OR	251180	(10)	2828000	(29)	2820000	(30)	Salem	89233
Pennsylvania, PA	117412	(33)	11764000	(5)	12040000	(5)	Harrisburg	53264
Rhode Island, RI	3144	(50)	989000	(43)	998000	(43)	Providence	156804
South Carolina, SC	80432	(40)	3407000	(25)	3512000	(25)	Columbia	99296
South Dakota, SD	199551	(16)	693000	(45)	715000	(45)	Pierre	11973
Tennessee, TN	109412	(34)	4822000	(18)	4940000	(16)	Nashville-D	455651
Texas, TX	692403	(2)	16825000	(3)	16991000	(3)	Austin	345496
Utah, UT	219932	(11)	1711000	(35)	1707000	(35)	Salt Lake City	163033
Vermont, VT	24887	(43)	560000	(49)	567000	(49)	Montpelier	8241
Virginia, VA	105716	(36)	6128000	(12)	6098000	(12)	Richmond	219214
Washington, WA	176617	(20)	4827000	(17)	4761000	(18)	Olympia	27447
West Virginia, WV	62629	(41)	1783000	(34)	1857000	(34)	Charleston	63968
Wisconsin, WI	145438	(26)	4870000	(16)	4867000	(17)	Madison	170616
Wyoming, WY	253597	(9)	450000	(51)	475000	(51)	Cheyenne	47283

* Flächenangaben einschließl. Binnengewässer; ** Sonderstatus

Defizite im US-Bundeshaushalt

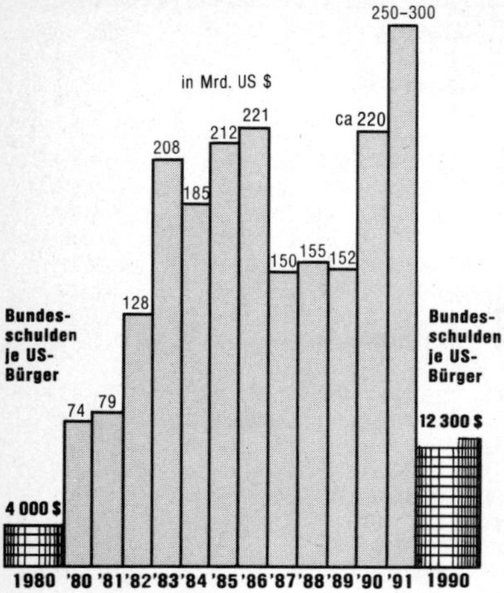

zeit: Jan. 1989 (41. Präs. d. USA) – Vizepräs.: Dan Quayle – **Äußeres:** James Baker – **Parteien:** unterscheiden sich z. T. in ihrer Struktur v. d. europäischen. Für d. Präs.-Wahlen werden v. d. beiden einzigen Parteien v. Bedeutung Programme aufgestellt u. auf d. Parteikongressen beschlossen. Die »Republikanische Partei« (Republican Party, auch GOP = »Grand Old Party« genannt; Symbol: ein Elefant), gilt als weiter rechts stehend als die Demokraten (Democratic Party, Symbol: ein Esel), doch besitzen beide linke, liberale u. konserv. Flügel. Außerdem einige kleinere Parteien, doch völlig bedeutungslos (American Party, American First Party, Libertarian Party, People's Party, Prohibition Party, Socialist Labor Party, Socialist Workers Party, Universal Party, ökolog. orient. »Grüne«). KP 1954 als Partei für illegal erklärt, kommunist. Betätigung jedoch nicht strafbar; im Senat (mit ⅓ Erneuerung) 56 (57) Dem. u. 44 (43) Rep., im Repräsentantenhaus 267 (262) Dem. u. 167 (173) Rep. – Von d. Gouverneuren sind seit Nov. 1990 2 Unabhängige, 28 Demokraten u. 20 Republikaner – **Unabh.:** 2. 7. 1776 Beschluß, 4. 7. Billigung, 8. 7. Proklamation – **Nationalfeiertag:** 4. 7.

WIRTSCHAFT **BSP** 1989: 5237707 Mio. $ = 21100 $ je Ew. (8); realer Zuwachs ∅ 1980–89: 3,2 %; **BIP** 1988: 4847310 Mio. $; realer Zuwachs ∅ 1980–88: 3,3 %; Anteil **Landwirtsch.** 2 %, **Industrie** 33 % (*zur Wirtschaftslage 1990 → Sp. 806 f.*) – Erwerbstät. 1988: Landw. 3 %, Ind. 27 % *(zur Landwirtschaft → Sp. 819 f.)* – **Energieverbrauch** 1988: 7655 kg ÖE/Ew. – **Währung** (Stand 30. 8. 1991): 1 US-Dollar (US-$) = 100 Cents; 1 US-$ = 1,7408 DM, 1 SZR = 1,3370 US-$ – **Inflation** ∅ 1980–88: 4,0 %; 1990: 6,1 % – **Außenhandel** 1990 *(→ Sp. 935 f.)*: **Import:** 495000 Mio. $; Güter: 42 % Maschinen u. Transportausrüstg., 13 % Brenn- u. Schmierstoffe; Länder: 19 % Kanada, 18 % Japan, 6 % Mexiko, 6 % BRD; **Export:** 394000 Mio. $; Güter: 44 % Maschinen u. Transportausrüstg., 10 % chem. Erzeugn., 7 % Nahrungsm. u. leb. Tiere, 7 % industr. Rohstoffe; Länder: 21 % Kanada, 12 % Japan, 7 % Mexiko, 6 % Großbrit., 5 % BRD

PRESSE *Tageszeitungen*: Washington: USA Today (1340) – Washington Post (769, so. 1113) – Washington Times (105) – Atlanta: Atlanta Journal/Constitution (265, so. 646) – Baltimore: Baltimore Sun (407, so. 490) – Boston: Boston Globe (509, so. 798) – Boston Herald (355, so. 266) – Buffalo: The Buffalo News (315, so. 378) – Chicago: Chicago Sun-Times (579, so. 626) – Chicago Tribune (716, so. 1126) – Cincinnati: Cincinnati Enquirer (192, so. 323) – Cleveland: Cleveland Plain Dealer (446, so. 568) – Dallas: Dallas Morning News (391, so. 531) – Dallas Times-Herald (246, so. 339) – Denver: Denver Post (227, so. 425) – Rocky Mountain News (348, so. 380) – Detroit: Detroit Free Press (629, so. 724) – Detroit News (687, so. 838) – Houston: Houston Chronicle (420, so. 532) – Houston Post (315, so. 366) – Indianapolis: Indianapolis Star/Indianapolis News (221, so. 401) – Kansas City: Kansas City Star/Kansas City Times (286, so. 436) – Los Angeles: Los Angeles Times (1116, so. 1422) – Miami: Miami Herald (401, so. 546) – Minneapolis: Star Tribune (382, so. 626) – Newark: Star-Ledger (461, so. 682) – New Orleans: Times-Picayune (279, so. 352) – New York: Newsday (681) – New York Daily News (1282, so. 1632) – New York Post (550) – New York Times (1039, so. 1645) – Wall Street Journal (1870) – Philadelphia: Philadelphia Enquirer/Philadelphia Daily News (504, so. 999) – Phoenix: Arizona Republic/Phoenix Gazette (344, so. 539) – Pittsburgh: Pittsburgh Press (233, so. 565) – St. Louis: St. Louis Post-Despatch (357, so. 549) – San Diego: San Diego Union/San Diego Tribune (260, so. 423) – San Francisco: San Francisco Chronicle (569) – San Francisco Examiner (142) – Seattle: Seattle Post-Intelligencer (204, so. 501) – *Periodika:* Chicago: Playboy (3658) – Lantana: National Enquirer (4381) – New York: Cosmopolitan (2873) – Family Circle (5877) – Ladies' Home Journal (5118) – Life (1737) – Newsweek (3181) – The New Yorker (565) – Penthouse (225) – People Weekly (3038) – Time (4720) – Woman's Day (5513) – Pleasantville: Reader's Digest (16250) – Radnor: TV Guide (16330) – Tarrytown: Star (3562) – Washington: National Geographic Magazine (10765) – US News & World Report (2366) – *Nachrichtenagenturen:* AP (Associated Press) – UPI (United Press International)

1. BUNDESSTAATEN AUSSERHALB DES GESCHLOSSENEN STAATSGEBIETES

ALASKA (m. Alëuten, Pribilof-Inseln, St. Lawrence, St. Matthew) – *Fläche:* 1518800 km² – *Einwohner:* (Z 1990) 550043, davon 85698 Eskimos, Indianer u. Alëuten, 22451 Schwarze u. 19728 Asiaten; Hptst. Juneau 26000 Ew. (S 1983), Anchorage 218500 (S 1988), Fairbanks North Star 64800 – Seit 1958 Bundesstaat

HAWAII-INSELN (Hawaii Islands, auch Sandwich-Inseln genannt) – *Fläche:* 16705 km² – *Einwohner:* (Z 1990) 1108229, davon u. a. 369616 Weiße u. 685236 Asiaten, im übr. Schwarze, Hispanic u. Polynesier; Hptst. Honolulu 376110 Ew. (m. V. 838500 S 1988; 762565 Z 1980) – Seit 1959 Bundesstaat

2. AUTONOMER STAAT

PUERTO RICO (El Estado Libre y Asociado de Puerto Rico – Commonwealth of Puerto Rico)
LANDESSTRUKTUR *Fläche:* 8897 km² – *Einwohner:* (Z 1990) 3599000 = 405 je km² – *Jährl. Bev.-Wachstum ∅ 1986:* 1,4% – *Sprachen:* Spanisch u. Englisch als Amtsspr.; 16% d. Bew. sind zweisprachig (Spanisch u. Englisch), die übr. haben größtenteils Spanisch als Mutterspr. – *Religion:* überwieg. Katholiken – *Städt. Bev.:* 67% – Hptst. San Juan (Z 1980) 434849 (A über 1 Mio.) Ew., Bayamón 196206, Ponce 189046
STAAT *Regierungsform:* P. ist autonom, die Bewohner sind Bürger der USA, bei US-Wahlen aber ohne Stimmrecht – *Parteien* (Wahlen v. Nov. 1988): Popular Democratic Party d. Gouverneurs Rafael Hernández Colón 47,8%, New Progressive P. (Partido Nuevo Progresista/PNP) v. Carlos Romero Barceló 44,6%, Independent Party (für volle Unabh.) 3,6%
WIRTSCHAFT BSP 1989: 20118 Mio. $ = 6010 $ je Ew.; realer Zuwachs ∅ 1980–89: 3,4% – *Währung:* US-$ – *Außenhandel 1986:* Import: 10,1 Mio. $; Export: 11,5 Mio. $
PRESSE Tageszeitungen: San Juan: El Nuevo Día (190, so. 193) – El Reportero (38) – The San Juan Star (36, so. 39) – El Vocero de Puerto Rico (209)

3. AUSSENGEBIETE

Atlantisch-mittelamerikanischer Bereich

JUNGFERNINSELN (Virgin Islands of the United States; Organized Unincorp. Territory)
LANDESSTRUKTUR *Fläche:* 344 km² – *Einwohner:* (S 1988) 106000; (Z 1985: 85% Schwarze u. Mulatten) – Inseln (S 1988): St. Croix 52400, St. Thomas 50860 Ew., St. John 2740 – Hptst. (Z 1980): Charlotte Amalie 11756
REGIERUNGSFORM Die J. als externes, nicht mit d. USA vereinigtes Territorium unterstehen dem US-Innenmin.; Regierung durch einen gewählten Gouverneur: Alexander A. Farrelly – *Flagge:* weiß, m. gelbem US-amerikan. Wappenadler zwischen d. hellblauen Buchstaben V u. I (= Virgin Islands)
WIRTSCHAFT BSP 1984: 900 Mio. $ = 8800 $ je Ew.; realer Zuwachs ∅ 1983: 0,1% – *Außenhandel 1984:* Import: 4700 Mio. $; Export: 3600 Mio. $; 1,5 Mio. Touristen
PRESSE Tageszeitungen: Charlotte Amalie: Virgin Islands Daily News (15) – Christiansted: St. Croix Avis (10)

PANAMAKANAL-ZONE (Panama Canal Zone)
LANDESSTRUKTUR *Fläche:* 1432 km² (nach UNO; m. Hoheitsgewässern 1676,3 km²) – *Einwohner:* (S 1985) 31600, darunter 7560 Militärpersonal; 1300 US-Bürger u. 6000 Panamesen arbeiten bei d. Kanalverwalt. u. Kanalkompanie; S 1984: insg. 30750 US-Bürger – Sitz d. Gouverneurs: Balboa Heights rd. 120 Ew., Balboa 6000, Cristóbal 19000
REGIERUNGSFORM Nach d. zwischen Panama u. d. USA geschloss. Verträgen (1903, 1936, 1955) besitzen d. USA in dieser Zone Hoheitsrechte u. Verteidigungsgewalt. Nach d. Vertrag von 1977 (1978 ratifiziert) sollen die Hoheitsrechte bis 2000 vollst. an Panama (bei permanenter Neutralität in d. Kanalzone) übergehen. Seit 1. April 1982 unter jurist. Hoheitsgewalt Panamas

Bereich des Pazifischen Ozeans

GUAM LANDESSTRUKTUR *Fläche:* 549 km² – *Einwohner:* (S 1987) 128000, davon ca. 50000 malaiische Chamorro; Hptst.: Agaña 5000 (S 1983) – *Sprachen:* Englisch als Amtsspr.; Chamorro als Umgangsspr.
REGIERUNGSFORM »Self-governing Organized Unincorporated Territory«, untersteht seit 1950 d. US-Innenministerium. Die USA besitzen in Apra (Hauptort Tamuning, 8230 Ew.) einen Marinestützpunkt. Der UNO-Entkolonisierungsausschuß sprach sich 1977 für Unabh. aus – Interne Autonomie im Febr. 1982 mit 48,5% d. St. angenommen – Status: Uninkorporiert (= US-Verfassung hier nicht gültig) u. organisiert (= Inselreg. durch einen Organischen Akt des US-Kongresses 1950 eingerichtet); 21köpf. Einkammerparlament; Gouverneur: Joseph Ada
WIRTSCHAFT BSP S 1985: 670 Mio. $
PRESSE Zeitungen: Agaña: Pacific Daily News/ Sunday News (20, so. 18) – The Pacific Voice (so. 6,5)

MIDWAY-INSELN 5,2 km^2 u. (S 1983) 2200 Ew.; (Z 1980) 453; Flug- u. Kabelstationen; untersteht d. US-Navy

SAMOA-INSELN (Amerikanisch Samoa, American Samoa; Unincorp. Territory)
LANDESSTRUKTUR *Fläche:* 197 km^2, d. östl. Teil der Samoa-Gruppe umfassend einschl. Swain's Islands (5 km^2 u. 100 Ew.) – *Einwohner* (S 1988): 47500 haupts. Polynesier; Hauptort Pago Pago auf Tutuila; Verwaltungssitz Fagatogo
REGIERUNGSFORM Untersteht dem US-Innenministerium – Senat u. Repräsentantenhaus (»Fono«); Verwaltung durch einen Gouverneur: P. T. Coleman
WIRTSCHAFT: BSP 1985: 190 Mio. $ = 5410 $ je Ew.; realer Zuwachs ∅1985: 0,1%. – *Außenhandel 1984:* Import: 284 Mio. $; Export: 212 Mio. $
PRESSE Wochenzeitungen: Pago Pago: Samoa Journal and Advertiser (3) – Samoa-News (4,5)

WAKE-Inseln (jap. Ontoroschima) 7,8 km^2 (m. Schwesterinseln Wilkes u. Peale (S 1983) rd. 1600 Ew.; untersteht d. US-Air-Force – **Baker-** (2,5 km^2), **Howland-** (2,3 km^2) u. **Jarvis**-Inseln (4,5 km^2) sind unbewohnt u. unterstehen d. US-Innenministerium – **Johnston** Atoll (2,5 km^2; 300 Ew., S 1978; Verbrennungsanlage für chem. Kampfstoffe auf der Hauptinsel) u. **Kingman Reff** unterstehen d. US-Navy – **Palmyra** (rd. 6 km^2; Privateigentum) untersteht d. US-Innenministerium – (zentrale u. südl. **Line**-Inseln → *Kiribati*)

4. PACHTGEBIETE

GUANTÁNAMO BAY, 1903 v. Kuba an d. USA verpachtet, 111,9 km^2, dazu d. Insel Navassa (5 km^2), die nicht zum Pachtgebiet gehört u. v. Kuba beanspr. wird; Flottenstützpunkt

5. TREUHANDGEBIETE ÜBER DIE PAZIFISCHEN INSELN (US Trust Territory of the Pacific Islands) *(→ Palau, → Nördliche Marianen, → Marshallinseln, → Mikronesien)*

VIETNAM *Südost-Asien*

Sozialistische Republik Vietnam; Công Hòa Xã Hôi Chu Nghĩa Viêt Nam; »viet« = Eigenname f. nichtchinesische Stämme, »nam« = Süden – VN

LANDESSTRUKTUR **Fläche** (60): 331689 km^2 – **Einwohner** (13): (Z 1989) 64412000 = 194 je km^2 – 87% Vietnamesen (Kinh), daneben siamo-chines. u. and. Minderheiten, u. a. (in 1000) Tay 742, Khmer 651, Thai 631, Muong 618, Nung 472, Meo 349 u. Dao 294, meist in d. Berggebieten, Girai 163 u. Ede 142; teilw. starke Vermisch. mit Chinesen u. bedeut. chines. Minderheit (2–3%), u. a. in Tonking u. im Gebiet v. Ho-Tschi-Minh-Stadt; insg. 60 Nationalitäten; ca. 1 Mio. im Ausl., davon 700000 in USA – **Leb.-Erwart.:** 63 J. – **Säugl.-Sterbl.:** 7,6% – **Analph.:** 16% – Jährl. **Bev.-Wachstum** (∅1980–89): 2,4% (Geb.- u. Sterbeziffer 1989: 3,1%/0,7%) – **Sprachen:** 80% Vietnamesisch (Annamitisch, eine thai-austro-asiatische Mischspr. mit chin. Lehnwörtern) als Amts- u. Umgangsspr.; daneben Dialekte d. kl. Volksgruppen u. vereinzelt Chinesisch; als Handels- u. Bildungssprachen Russisch u. Französisch, im S Englisch – **Religion:** Vorwieg. Mahajana-Buddhisten, außerd. rd. 4 Mio. Katholiken (zu ⅔ im S); daneben Taoismus, konfuzian. Einflüsse u. zahlr. Sekten (im S u. a. Hoa Hao 1,5 Mio. u. Anh. der Cao-Daï-Lehre [Synthese aus Christ., Konfuz. u. Buddhismus] 2 Mio.) – Die herrschende Ideologie lehnt Religionen ab – **Städt. Bev.:** 21% – **Städte** (S 1984): Hanoi [Hà-Nôi] (Hptst.) 2878000; S 1986: Ho-Chi[Tschi]-Minh-Stadt (fr. Saigon [Sài-Gòn]) 4 Mio. Ew.; S 1984: Haiphong 1397000 (mit Landkreis); S 1976: Da Nang 492000, Nha Trang 216000, Qui Nhon 213000, Can Tho 182000

STAAT Volksrepublik kommunist. Prägung – Verfass. für ganz Vietnam am 18. 12. 1980 verabschiedet (»Übergang zum Sozialismus in ganz V.«) – Parlament aus 1 Kammer (Wahl auf 5 J.) – Erste Wahl in gemeinsame »Nationalversammlung« im April 1976 – Wahlberechtigt alle Bürger über 18 J. – Stadtgebiete Hanoi, Ho Tschi Minh (fr. Saigon), Haiphong u. 36 Provinzen sowie 1 Sondergebiet (Vung Tau-Con Dao) – **Staatsoberhaupt:** Vors. d. Staatsrates (ständig amtier. Gremium d. Nat.-Vers.): Vo Chi Cong, seit 18. 6. 1987 – **Regierungschef:** Vors. d. Min.-Rats Vo Van Kiet, seit 9. 8. 1991 – **Äußeres:** Nguyen Manh Cam – **Parteien:** Führende polit. Kraft ist d. »Kommunistische Partei Vietnams« (Dong Cong San Viêt-Nam, 1727764 Mitgl. [1982]; Generalsekr.: Do Muoi, seit August 1991); dazu Massenorganisationen »Vaterländ. Front Vietnams«, »Allgem. Gewerkschaftsbund V.«, »Kommun. Jugendverband Ho Chi Minh«, »Bund d. Genossenschaftsbauern V.«, »Vereinigung d. Frauen V.«. Bei d. Wahlen zur gesamtvietnames. Nat.-Versamml. v. April/Mai 1987 wurden mit Einheitslisten insges. 496 Abg. bei einer Wahlbeteil. v. 98,75% gewählt; erstmals Wahl unter 826 Kand.; 70 Abg. repräs. ethn. Minderh. – Zentralkomitee (152 Mitgl., davon 36 Kandid.); »Politbüro« als entscheid. Organ (13 Mitgl. u. 1 Kandidat) – **Unabh.:** Alte staatl. Tradition; Ausrufung d. U. für Gesamtvietnam durch Ho Chi Minh am 2. 9. 1945, franz. U.-Vertrag mit Gegenreg. (Bao Dai) am 4. 6. 1954;

Teilung durch Genfer Konferenz bestätigt; formelle Wiedervereinigung am 2. 7. 1976 nach Sieg Nord-Vietnams im 3. Indochinakrieg (gegen USA) – **Nationalfeiertag:** 2. 9.

WIRTSCHAFT **BSP** 1985: 11 000 Mio. \$ = 181 \$ je Ew. (155); Anteil **Landwirtsch.** 48 %, **Industrie** 25 % – **Erwerbstät.** 1988: Landw. 62 %, Ind. 16 % – **Energieverbrauch** 1988: 93 kg ÖE/Ew. – **Währung:** 1 Dong (D) = 10 Hào = 100 Xu; 1 US-\$ = 6825,00 D, 100 D = 0,0219 DM – **Ausl.-Verschuld.** S 1988: 9000 Mio. \$ – **Inflation** 1986: 700 %, (1981) 100 % – **Außenhandel** 1987: **Import:** 1 874 Mio. \$; Güter: 62 % Brennstoffe u. Rohmaterialien, 15 % Maschinen u. Ausrüstungen, 17 % Konsumgüter; Länder: 63 % UdSSR, 7 % Japan, 6 % Singapur; **Export:** 1054 Mio. \$; Güter: 35 % Leichtindustrie- u. Handwerkserzeugn., 27 % land- u. forstwirtschaftl. Erzeugn.; Länder: 46 % UdSSR, 12 % Hongkong, 8 % Japan, 8 % Singapur

PRESSE *Tageszeitungen:* Hanoi: Hanoi Moi/ Org. d. KP-Stadtkomitees – Nhân Dân (300)/KP, offiz. – Quân Dôi Nhân Dân (150)/Armee – Ho-Chi-Minh-Stadt: Saigon Giai Phong (45)/Org. d. KP-Stadtkomitees – *Nachrichtenagentur:* VNA (Viet Nam News Agency)

WESTSAMOA *Ozeanien*

Unabhängiger Staat Westsamoa, Malotuto'atasi o Samoa i Sisifo, Independent State of Western Samoa – WS

LANDESSTRUKTUR **Fläche** (150): 2831 km^2 – **Einwohner** (159): (F 1988) 159 000 = 41 je km^2; (Z 1981) 156 349; 72 % auf Upolu, 28 % auf Savai'i – 90 % Samoaner (Polynesier), 9 % Euronesier (Mischl.), chines. Minderh., etwa 1500 mit europ. Status – **Lebenserwart.:** 66 J. – **Analph.:** 2 % – Jährl. **Bev.-Wachstum** (∅ 1980–89): 0,3 % – **Sprachen:** Samoanisch u. Englisch als Amtsspr. – **Religion:** 75 % Protestanten (davon 21 % Method., 8 % Mormonen); rd. 22 % Katholiken – **Städt. Bev.:** 22 % – **Städte** (S 1984): Apia (Hptst.) auf Upolu 36 000 Ew.

STAAT Mischform trad. u. parlament. Einrichtungen – Gesetzgeb. Versamml. (»fono«) aus 47 Mitgl. – seit April 1991 erstmals allgemeines Wahlrecht, 56 000 Bürger wahlberech., zuvor nur 20 000 »Matai« (Häuptlinge) – 24 Distrikte – **Staatsoberhaupt:** Malietoa Tanumafili II., seit 1962, auf Lebenszeit (sodann Wahl durch d. Gesetzgeb. Vers. f. 5. J.) – **Regierungschef:** Min.-Präs. Tofilau Eti Alesana, erneut im April 1991 – **Parteien:** Erste allgem. Wahlen im April 1991: Human Rights Protection P./ HRPP (Reg.-Partei) 30 Sitze; Samoa National Development Party (SNDP) 16 Sitze, Unabhängige 1 Sitz – **Unabh.:** 1. 1. 1962 – **Nationalfeiertag:** 1. 6.

WIRTSCHAFT **BSP** 1989: 114 Mio. \$ = 720 \$ je Ew. (108); realer Zuwachs ∅ 1980–89: 2,2 %; **BIP** 1985: Anteil **Landwirtsch.** 49 %, **Industrie** 10 % – **Erwerbstät.** 1988: Landw. 61 %, Ind. 10 % – **Energieverbrauch** 1988: 244 kg ÖE/Ew. – **Währung:** 1 Tala (WS\$) = 100 Sene (S); 1 US-\$ = 2,2665 WS\$; 100 WS\$ = 74,9069 DM – **Inflation** ∅ 1980–88: 10,56 % – **Außenhandel** 1986: **Import:** 48 Mio. \$; **Export:** 12 Mio. \$; Güter: 60 % Kopra, bis 10 % Kakao, 15 % Taro, 4 % Holz, Zigaretten; Länder: 33 % Neuseeland u. and. Commonwealth-Partner, 25 % Australien, 10 % Japan, 10 % USA

PRESSE *Wochenzeitungen:* Apia: The Samoa Observer (4,5) – The Samoa Times (3) – Samoa Weekly (4)

ZAIRE *Zentral-Afrika*

Republik Zaire, République du Zaïre [Saïre] – ZR

LANDESSTRUKTUR **Fläche** (11): 2 345 409 km^2 – **Einwohner** (27): (F 1990) 36,0 Mio. = 15 je km^2; (Z 1984) 29 671 407, einschl. ca. 301 000 Flüchtl. aus d. Nachbarländern (n. a. Ang. 34 671 600 Ew., S 1988) – Zairer; vor allem Bantu (18 % Luba, 17 % Mongo, 12 % Kongo, 10 % Ruanda, Sudan-Gruppen, Niloten, hamitische Gr., Pygmäen; 10 000–12 000 Europ. (meist Belgier, n. a. Ang. 20 000 Belgier, vor allem in Shaba [Katanga]; 1978 z. T. ausgereist) – **Leb.-Erwart.:** 52 J. – **Säugl.-Sterbl.:** 9,6 % – **Analph.:** 39 % – Jährl. **Bev.-Wachstum** (∅ 1980–89): 3,1 % (Geb.- u. Sterbeziff. 1988: 4,5 %/1,4 %) – **Sprachen:** Französisch als Amtsspr.; 4 Nationalspr.: Tshiluba, Kikongo, Lingala (»Lingua franca«), Suaheli – **Religion:** (S) 30–45 % Katholiken, 20 % Protestanten (mit 700 000 Kimbanguisten), Muslime, 1500 Juden, im übr. Anh. v. Naturrel. – **Städt. Bev.:** 39 % – **Städte** (S 1985): Kinshasa (fr. Léopoldville) (Hptst.) 2 778 000 Ew. (A: 8 762 000); (S 1984): Lubumbashi (Elizabethville) 543 000, Mbuji-Mayi (Bakwanga) 423 000, Kananga (Luluabourg) 290 000, Kisangani (Stanleyville) 282 000, Likasi (Jadotville) 194 000, Bukavu (Costermansville) 171 000, Kikwit 146 000, Matadi 144 000, Mbandaka (Coquilhatville) 125 000

STAAT Präsidialrepublik – Seit Verfassungsänd. 1971 Parlament aus 1 Kammer (Wahl auf 5 J.) als »Nation. Gesetzgebungsrat«, jedoch mit dem

Staatspräs. als oberste Verfassungsinstitution, dem alle and. oberen Organe verantwortlich sind – Nationalkonferenz zur Demokratisierung d. Landes seit 4. 9. 1991 – 310 Volkskommissare im »Nation. Gesetzgebungsrat« – »Nation. Sicherheitsrat« seit März 1979 – »Nation. Exekutivrat« als Regierung – 8 Regionen u. Stadtbezirk d. Hptst. – **Staatsoberhaupt:** Präsident Mobutu Sésé-Séko (Kuku-Ngbendu-wa-za-Banga), wiedergewählt im Juli 1984 für 7 Jahre (m. 99,16%) – **Regierungschef:** Prof. Mulumba Lukoji – **Äußeres:** Inonga Lokongo l'Ome († 10. 6. 1991) – **Parteien:** 1991 waren 66 Parteien registriert, davon Mouvement Populaire de la Révolution/MPR als Einheitspartei; letzte Wahl am 6. 9. 1987: 210 v. 310 Volkskommissaren gewählt aus 1075 Kandid., alle MPR, Neuwahlen in Vorbereitung – **Unabh.:** 30. 6. 1960 – **Nationalfeiertag:** 30. 6

WIRTSCHAFT **BSP** 1989: 8841 Mio. $ = 260 $ je Ew. (145); realer Zuwachs ∅ 1980–89: 1,5%; **BIP** 1988: 6470 Mio. $; realer Zuwachs ∅ 1980–88: 1,9%; Anteil **Landwirtsch.** 10%, **Industrie** 7% – **Erwerbstät.** 1985: Landw. 67,5%, Ind. 10% – **Energieverbrauch** 1988: 74 kg ÖE/Ew. – **Währung:** 1 Zaire (Z) = 100 Makuta (sing. Likuta) = 10000 Sengi; 1 US-$ = 2010,0 Z; 100 Z = 0,0754 DM – **Ausl.-Verschuld.** 1989: 9400 Mio. $ = 161% d. BSP – **Inflation** ∅ 1980–88: 56,1% (Mitte 1990: 1000%) – **Außenhandel** 1989: **Import:** 1225 Mio. $; Güter (1985): 18% Maschinen, 18% Nahrungsmittel, 18% Erdölerzeugn., 13% Transporteinr., 8% Metalle; Länder: 25% Belgien/Luxemb., 12% Frankr., 10% Italien, 9% USA, 8% BR Dtld., 5% Japan; **Export:** 1626 Mio. $; Güter (1989): 59% Kupfer, 12% Diamanten, 8% Kobalt, 8% Erdöl, 6% Kaffee; Länder: 45% Belgien/Luxemb., 18% USA, 12% BR Dtld., 7% Italien, 4% Frankr.

PRESSE *Tageszeitungen:* Kinshasa: Elima – Salongo (10) – Kisangani: Boyoma – Lubumbashi: Mjumbe – *Nachrichtenagentur:* AZaP (Agence Zaïre Presse)

ZENTRALAFRIKANISCHE REPUBLIK

Äquatorial-Afrika

République Centrafricaine, Be ti Kodro ti Afrika (in Sangho), früher Ubangi-Schari – RCA

LANDESSTRUKTUR **Fläche** (41): 622984 km² – **Einwohner** (111): (F 1988) 2773000 = 4 je km²; (Z 1975) 2054610 – Zentralafrikaner; haupts. Bantu d. Ngala-Gruppe u. Sudan-Gruppen (u. a. bis 40% Banda, 24% Baja, 21% Mandja); einige 1000 Europäer (meist Franzosen) – **Leb.-Erwart.:** 50 J. – **Säugl.-Sterbl.:** 10,2% – **Analph.:** 60% – Jährl. **Bev.-Wachstum** (∅ 1980–88): 2,7% (Geb.- u. Sterbeziff. 1988: 4,2%/1,5%) – **Sprachen:** Französisch als Amtsspr. u. Nationale Umgangsspr. Sangho; Bantu u. Sudanspr. – **Religion:** rd. 60% Anhänger v. Naturrel., 20% Katholiken, 15% Protestanten, im N 5–8% Muslime – **Städt. Bev.:** 45% – **Städte** (F 1986): Bangui (Hptst.) 300000 Ew.; Bossangoa 101000, Buar 91000, Carnot 83000, Berbérâti 80000, Mbaiki 74000, Bambari 76000

STAAT Republik mit Präsidialsystem – »Militärausschuß f. Nationalen Wiederaufbau«/CMRN seit Militärputsch v. Sept. 1981 – Neue Verfass. im Nov. 1986 mit 89% d. St. angenommen – Parlament aus 1 Kammer (mit 52 Sitzen) – Allg. Wahlrecht – 16 Präfekturen – **Staatsoberhaupt:** General André Kolingba, seit 1. Sept. 1981, gleichz. Vors. d. CMRN – **Regierungschef:** Edouard Frank – **Äußeres:** Laurent Gomina-Pampali – **Parteien:** Einheitspartei: »Zentralafrikanische Demokratische Sammlungspartei« am 31. Juli 1987 alle 52 Sitze; Mehrparteiensystem im Juli 1991 angekündigt – **Unabh.:** 13. 8. 1960 – **Nationalfeiertag:** 1. 12.

WIRTSCHAFT **BSP** 1989: 1144 Mio. $ = 390 $ je Ew. (132); realer Zuwachs ∅ 1980–89: 1,2%; **BIP** 1988: 1080 Mio. $; realer Zuwachs ∅ 1980–89: 2,1%; Anteil **Landwirtsch.** 44%, **Industrie** 12% – **Erwerbstät.** 1985: Landw. 66%, Ind. 10% – **Energieverbrauch** 1988: 30 kg ÖE/Ew. – **Währung:** 1 CFA-Franc = 100 Centimes; 1 US-$ = 256,75 CFA; 100 CFA-Francs = 0,5878 DM – **Ausl.-Verschuld.** 1988: 584 Mio. $ = 53,3% d. BSP – **Inflation** ∅ 1980–88: 6,7% – **Außenhandel** 1988: **Import:** 236 Mio. $; **Export:** 132 Mio. $; Güter: 25% Diamanten, Gold, 25–30% Kaffee, Holz, Baumwolle, Kautschuk; Länder: ca. 50% Frankr. u. and. EG-Länder, USA, Japan, Israel

PRESSE *Tageszeitung:* Bangui: É Le Songô – *Wochenzeitung*: Terre Africaine – *Nachrichtenagentur:* ACAP (Agence Centrafricaine de Presse)

ZYPERN *Europa/Kleinasien*

Rep. Zypern; engl.: Rep. of Cyprus; griech: Kypriaki Dimokratía; türk.: Kibris Cumhuriyeti – CY

LANDESSTRUKTUR **Fläche** (143): 9251 km² (darunter 256 km² Milit. Stützp. Großbrit.) – **Einwohner** (137): (F 1988) 687000 = 74 je km²; (Z 1976) 613778 – 80% griechische Zyprioten, 18% türkische Zyprer, 2% Minderheiten (Maroniten, Armenier, Latiner); ca. 70000 Libanonflüchtlinge. – Seit türk. Invasion als Folge des Putsches v. Sommer 1974 griech. u. türk. Siedlungsgebiete mit wenigen Ausnahmen geteilt – Zypern-Konferenz unter Vorsitz von UN-Generalsekretär Perez de Cuellar unter Beteiligung aller Konfliktparteien im Sept. 1991 vorgesehen – **Lebenserwart.:** 76 J. – **Analph.:** 11 % – Jährl. **Bev.-Wachstum** (∅ 1980–89): 1,1 % – **Sprachen:** Griechisch und Türkisch als Amtsspr.; Englisch wichtig als Bildungs- u. Verkehrssprache – **Religion:** 529 000 orthodoxe Christen (Griechen), 123 000 Muslime (Türken), ca. 3500 Maroniten u. armenische Christen – **Städt. Bev.:** 43 % – **Städte** (S 1985): Nicosia [Levkosia, türk. Lefkoşa] (Hptst., derzeit geteilt) 164 400 (türk. Gebiet 37 400) Ew.; Limassol [Lémessos, Leymosun] 121 300, Lárnaca 53 500, Famagusta [im türk. Gebiet, türk. Gazi Mağusa, griech. Ammóchostos] ca. 40 000, Páphos 23 200

STAAT Präsidialrepublik – Parlament m. (seit 1985) 80 Sitzen, davon 56 f. griech. Zyprioten, 24 f. türk. Zyprer (vakant) – **Staats- u. Regierungschef:** Präs. Dr. Georgios Vassiliou, seit 1988 (51,63 % d. St.); vom türkisch sprechenden Gebiet u. v. d. Türkei nicht anerkannt – **Äußeres:** George Iacovou – **Parteien:** Parlamentswahlen (Wahl der 56 griech.-zypriotischen Abgeordneten) v. 19. 5. 1991 (1985): DISY (»Demokrat Sammlung«) 35,8 %, 20 Sitze (1985: 19 Sitze); AKEL (»Prokomm. Fortschrittspartei d. werktätigen Volkes«) 30,6 %, 18 (15); DIKO (»Demokrat. Partei«) 19,5 %, 11 (16); EDEK (»Sozialist. Demokratische Union«) 10,9 %, 7 (6), ADISOK (»Sozialist. Reformpartei«) 2,4 %, 0 – Das **griech.-zypriot. Gebiet** (das eigentliche Z., inzwischen auch in den Statistiken) 5896 km² mit 520 000 griechischspr. Zyprioten und türkischspr. Restgruppe – **Unabh.:** 16. 8. 1960 – **Nationalfeiertag:** 1. 10.

WIRTSCHAFT **BSP** 1989: 4892 Mio $ = 7050 $ je Ew. (32); realer Zuwachs 1980–89: 5,8 %; **BIP** 1987: Anteil **Landwirtsch.** 8 %, **Industrie** 17,8 % – **Erwerbstät.** 1986: Landw. 23 %, Ind. 20 % – **Währung:** 1 Zypern-Pfund (ZL) = 100 Cents; 1 US-$ = 0,4349 ZL; 100 ZL = 344,90 DM – **Inflation** ∅ 1980–88: 6,4 % – **Außenhandel** 1986: **Import:** 1279 Mio. $; **Export:** 506 Mio. $; Güter: rd. 50 % Industr. Fertigwaren, bis 20 % Kartoffeln, Obst u. Wein, Kupfer u. Eisenkies bzw. -konzentrate, Asbest; Länder: 14 % Großbrit., BRD u. and. EG-Länder, USA, UdSSR

PRESSE *Tageszeitungen:* Nikosia: Agon (9)Gr. – Alithia (9)/Gr. – Apogevmatini (10)/Gr. – Birlik (5)/UBP, Türk. – Cyprus Mail (2)/Engl. – Eleftherotypia (7)/DIKO, Gr. – Halkin Sesi (6)/Türk. – Haravghi (13)/AKEL, Gr. – Phileleftheros (20)/Gr. – Simerini (13)/DISY, Gr. – Ta Nea (3)/EDEK, Gr. – *Nachrichtenagenturen:* Cyprus News Agency – TAK (Türk Ajansi Kibris)

TÜRKISCHE REPUBLIK NORDZYPERN
Turkish Republic of Northern Cyprus/TRNC
(nur von der Türkei anerkannt)

Landesstruktur *Fläche* (148): 3355 km² (= 37 % v. Gesamtzypern) – *Einwohner*: 157 984 = 47,77 je km² – 155 901 türk. Zyprer, 733 griech. Zyprioten, 386 Maroniten und 964 andere. Zusätzlich 20 000 türk. Soldaten und 80 000 anatolische Siedler – *Religion*: fast nur sunnit. Muslime – **Regierungsform** Bei Abstimmung am 8. 6. 1975 99,4 % d. türkischspr. Zypr. f. neue Verfass. m. Sonderstatus f. diese Volksgruppe u. auton. Regierung; Ablehnung dieses Staates durch griechischspr. Zyprioten – Verfassungsreferendum im Mai 1985 mit 70,18 % d. abg. Stimmen bzw. 53,7 % d. 92 000 wahlberechtigten türkischspr. Zypr. angenommen; darin keine Wiedervereinigung angesprochen, wohl aber d. Möglichkeit eines bizonalen föderativen Staates Zypern – *Staatsoberhaupt*: Rauf Denktaş [Denktasch], seit 1976, erneut gewählt im April 1990 mit 66,7 % d. abgegeb. St. – *Regierungschef*: Dr. Derviş [Derwisch] Eroğlu, / UBP, seit Juli 1985 – *Äußeres*: Kenan Atakol – *Parteien*: Wahlen v. 6. 5. 1990 [1985]: Ulusal Birlik Partisi/UBP (»Nationale Einheitspartei«, faktisch v. Denktaş geführt) 54 % (34 Sitze) [1985: 36 %]; »Sammlungsbewegung des nationalen Kampfes« (Oppos. aus Linksparteien und einer Formation festlandtürkischer Siedler) 44 % (16); »Neue Zyprische Partei« und »Unabhängige« 2 % (0) – **Unabh.:** einseitige U.-Proklamation am 15. 11. 1983, nur v. d. Türkei anerkannt

Kurzbiographien
ausländischer politischer Persönlichkeiten

Vorbemerkung: In diesem Abschnitt sind in Auswahl ausländische politische Persönlichkeiten berücksichtigt, die im Sommer 1991 hohe Staatsämter bekleideten oder auf andere Weise in den Vordergrund des Interesses rückten. Die Kurzbiographien sind oft ausführlicher, wenn der Politiker noch unbekannt ist, da bei schon länger amtierenden (z. B. *Soares*) ein bestimmter Bekanntheitsgrad vorausgesetzt werden kann; in diesen Fällen werden vor allem die wichtigsten Daten der jüngsten Zeit genannt. Die Namen sind nach der im jeweiligen Land im allgemeinen üblichen Schreibweise bzw. Transkription angeordnet; in eckigen Klammern steht die z. T. in deutschsprachigen Publikationen übliche Schreibweise. (**Dsch** siehe auch unter **G** bzw. **J**; **Sch** auch unter **Ch** bzw. **Sh**; **Tsch** auch unter **Ch**.)

Aho, *Esku* (Finnland), * 1955; seit 1991 Ministerpräsident.
Aufgewachsen auf einem Bauernhof in Kannus (Osterbotten). Nach dem Studium der Politikwissenschaften Engagement in der Zentrumspartei und bereits mit 28 Jahren im Reichstag. Im Juli 1990 zum Vorsitzenden gewählt, führt er seine Partei bei den Wahlen am 17. 3. 1991 zum Sieg und wird im April Chef einer Viererkoalition mit den Konservativen, der liberalen Schwedenpartei und der Christlichen Union, der ersten rein bürgerlichen Regierung seit 25 Jahren. A. verspricht, die Interessen seines Landes auf dem Weg nach Europa wahrzunehmen.

Akihito (Japan), * 1933; seit 1989 Kaiser (Tenno).
Gemäß den jahrhundertealten Traditionen des Kaiserhauses vom 3. Lebensjahr an außerhalb des Tokioter Palastes untergebracht und erzogen. Als 1. Mitglied einer Tenno-Familie ab 1940 Besuch einer öffentlichen Schule und ab 1952 Studium der politischen Wissenschaften, Geschichte und Jura an der ebenfalls öffentlichen Privat-Universität Gakushuin. Nach Vollendung des 18. Lebensjahres 1952 zum Kronprinzen ernannt. 1959 Heirat mit *Michiko Shoda*, der Tochter eines Geschäftsmannes, und damit erstmalig in der Geschichte des Kaiserhauses, mit einer Nicht-Adligen. Als Kronprinz bereits Übernahme von repräsentativen und zeremoniellen Aufgaben, u. a. 42 Auslandsreisen. Am 22. 9. 1988 übernimmt er nach der schweren Erkrankung seines Vaters zunächst die Amtsgeschäfte und tritt nach dessen Tod am 7. 1. 1989 die Regentschaft (125. Tenno) an. Seine Amtszeit steht unter dem Motto »Heisei« (»Frieden schaffen«). Zur Erinnerung an die Geburt des neuen Kaisers gilt künftig der 23. 12. als Nationalfeiertag.

Alia, *Ramiz* (Albanien), * 1925; seit 1982 Staatsoberhaupt und 1989–91 Erster Sekretär des ZK der »Partei der Arbeit Albaniens«/PPSh.
Sohn einer muslimischen Familie aus dem jugoslawischen Kosovo-Gebiet. Partisanentätigkeit und 1944 Einsatz in der nationalen Befreiungsarmee. Seit 1948 Mitglied des ZK der KP Albaniens; 1956 Kandidat und 1961 Vollmitgl. des Politbüros sowie ab 1960 ZK-Sekretär. 1951–55 Mitglied des Präsidiums der Nationalversammlung, 1955–58 Erziehungs- und Kultusminister, 1958 Vorsitzender der Kommission für auswärtige Angelegenheiten der Nationalversammlung. Seit 1967 Vizepräsident des Generalrats der »Demokratischen Front«. Beauftragter für ideologische Fragen. Am 22. 11. 1982 unter Beibehaltung seiner Parteifunktionen als Nachf. von *Haxhi Lleshi* zum Vorsitzenden des Präsidiums der Nationalversammlung (Staatsoberhaupt) ernannt. Am 14. 4. 1985 vom ZK einstimmig als Nachf. von *Enver Hoxha* zum 1. Sekretär der Partei gewählt. Nimmt in den folgenden Jahren diplomatische Beziehungen mit den meisten Staaten Europas auf. Bei den ersten freien Parlamentswahlen seit 1923 am 31. 3. 1991 erringt seine PPSh einen überraschend deutlichen Sieg. Nach der Wahl zum Staatspräsidenten am 1. 5. legt A. alle Parteiämter nieder.

Anand, *Panyarachun* (Thailand), * 1932; seit 1991 Premierminister.
Sohn eines Staatssekretärs für Bildungsfragen unter König *Rama VI.* Nach der Schulausbildung an einem christlichen Institut in Bangkok Studium in London. 1955 in den Auswärtigen Dienst eingetreten, arbeitete er an Botschaften in New York, Kanada und Washington. Als Staatssekretär im Außenministerium gilt er Mitte der 70er Jahre als einer der Begründer der modernen thailändischen Außenpolitik, die nach dem Vietnamkrieg erheblich zur Normalisierung der Beziehungen seines Landes zu China und den Ländern Indochinas beigetragen hat. Nach einer Botschaftstätigkeit in Bonn (1977–78) Karriere in der Privatwirtschaft als Vorsitzender des Saha-Konzerns und ab 1988 auch Vorsitzender der Vereini-

gung des thailändischen Industrieverbandes. Nach dem Putsch vom 23. 2. 1991 gegen den gewählten Premier *Chatichai Choonhavan* Anfang März von der Militärjunta als neuer Premierminister eingesetzt. A., der als unabhängig, sowohl von den Militärs als auch von der Parteipolitik gilt, sieht seine Hauptaufgabe darin, Thailands Staats- und Wirtschaftsstrukturen von Grund auf zu überarbeiten und als Chef einer Übergangsregierung für eine neue Verfassung und die Abhaltung allgemeiner Wahlen zu sorgen.

Andreotti, *Giulio* (Italien), *1919; 1972/73, 1976–79 und seit 1989 Ministerpräsident.
Studium der Rechtswissenschaften, seit 1944 enger Mitarbeiter von *Alcide de Gasperi*. Nach dem Kriege steile Karriere als Politiker der Democrazia Cristiana/DC. 1946 Mitglied der Verfassunggebenden Nationalversammlung, 1947 der Kammer, 1954 Innenminister, 1955–58 Finanzminister, anschließend Schatzminister und 1959–66 unter verschiedenen Regierungen Verteidigungs- und 1966–69 Industrieminister; 1968 Fraktionsvorsitzender der DC in der Kammer. Früh Mitglied der »Katholischen Aktion«, stets enge Beziehungen zum Vatikan, ohne starke Bindung an einen der Flügel der DC, an deren innerparteilichen Machtkämpfen er sich nicht beteiligt. Hochgebildet, schreibgewandt und schlagfertig, guter Taktiker, kühler Rechner und überzeugter Pragmatiker. 1972/73 und 1976–79 Ministerpräsident. Anschließend Vorsitzender des Auswärtigen Ausschusses der Kammer. 1983–89 in den Regierungen von *Bettino Craxi* und von *Ciriaco De Mita* Außenminister. Nach dem Rücktritt von *De Mita* wird A. Chef einer neuen 5-Parteien-Koalition, die am 23. 7. 1989 von Staatspräsident → *Cossiga* vereidigt wird.

Antall, *József* (Ungarn), *1932; seit 1990 Ministerpräsident.
Sohn des damaligen Führers der »Partei der Kleinlandwirte« und Ministers für Wiederaufbau und Finanzen vor der kommunistischen Machtübernahme. Nach dem Besuch der Schule der ungarischen Elite, des Gymnasiums der Piaristen, Studium der Geschichte an der Universität Budapest. Während des Volksaufstandes 1956 Vorsitzender eines örtlichen Revolutionskomitees. Nach der Niederschlagung der Erhebung durch die sowjetische Armee verhaftet und mit Lehrverbot belegt. Erst 1960 darf der diplomierte Archivar und Gymnasiallehrer im Zuge der neuen Offenheit wieder eine Fachstelle antreten. Ab 1964 als Medizinhistoriker im Budapester Semmelweis-Museum, seit 1974 Direktor des renommierten Instituts. Im September 1987 Mitbegründer des »Demokratischen Forum«/UDF, für das er ab Sommer 1989 an den Gesprächen am »Runden Tisch« teilnimmt, bald eine der herausragenden Persönlichkeiten auf Oppositionsseite. Im Oktober 1989 zum Vorsitzenden des UDF gewählt, die aus den ersten völlig freien Wahlen in Ungarn seit 45 Jahren am 25. 3. und 8. 4. 1990 als stärkste Partei hervorgeht, und im Mai als Ministerpräsident vereidigt. A., der sich als patriotischen Christdemokraten nach westeuropäischem Vorbild sieht, fühlt sich konservativen Werten und ökonomisch der Marktwirtschaft verpflichtet.

Aquino, *Corazón [»Cory«] Cojuangco* (Philipinen), *1933; seit 1986 Staatspräsidentin.
Tochter der sehr begüterten Großgrundbesitzerfamilie *Cojuangco*. Erziehung im kath. Konvent, in den USA Erwerbung eines College-Grades »Bachelor of Arts« in Französisch und Mathematik. Witwe von *Benigno Aquino*, dem 1983 bei der Rückkehr aus seinem Exil in den USA auf dem Flughafen von Manila ermordeten Oppositionspolitiker. Nach dessen Tod führend in der Opposiiton gegen Präsident *Ferdinand Marcos*, mit großen Sympathien nicht nur bei den Bürgerlichen und beim Land- und Zuckeradel, sondern auch bei den starken, nicht parteigebundenen Gruppen in der »Mitte« und »links«. Vor allem mit Unterstützung der kath. Kirche, der die Mehrheit der Filipinos angehört, Kandidatin der vorher zerstrittenen Opposition für die Präsidentschaftswahlen am 7. 2. 1986. A. weigert sich angesichts der umstrittenen Wahlergebnisse, den »gestohlenen Sieg« von *Marcos* zu akzeptieren. Der Erfolg der nat. Boykottbewegung, die Hilfe der kath. Kirche unter Kardinal *Sin* und die zum Schluß deutlichen Signale aus Washington zwingen *Marcos* am 25. 2. zum Verlassen des Landes und ermöglichen die Machtübernahme A. s, die sich den Wiederaufbau der wirtschaftlich schwer angeschlagenen Nation und die Schaffung einer Demokratie zum Ziel gesetzt hat. Sie festigt ihre Position durch die überwältigenden Erfolge beim Referendum über die neue Verfassung am 2. 2. 1987, der ca. 80% der Bevölkerung zustimmen, und bei den Parlamentswahlen am 11. 5., aus denen ihre Partei als Sieger hervorgeht. Sieht sich unter zunehmendem innenpolitischen Druck, u. a. auch durch mangelnde Loyalität von Teilen des Militärs.

Arafat, *Jassir (Yassir)* (eigentlich *Abdal Rauf Arafat al-Qudwa al-Husaini*; Deckname *Abu Ammar*) (Palästina), *1920; seit 1967 Führer der Al Fatah, seit 1969 Vorsitzender des ZK der PLO, seit 1989 auch Präsident des »Staates Palästina«.
Geboren als Sohn eines Textilhändlers in Jerusalem; 1948 Teilnahme am arab.-israel. Krieg; seit 1951 in Kairo Studium der Elektrotechnik, Gründung der General Union of Palestine Students/GUPS. Während der Suez-Krise 1956 als Reserveoffizier der ägypt.

Armee Teilnahme am Krieg gegen Frankreich, Großbritannien und Israel. 1957–65 als Bauingenieur in Kuwait tätig. Führer der »Bewegung für die Befreiung Palästinas«/Al Fatah; seit Febr. 1969 Vors. des »Zentralrates der Palästinensischen Befreiungsfront«/PLO, seither stets wiedergewählt. Heftiger Gegner des ägypt.-israel. Friedensvertrages von 1979. Findet seit 1979 international ständig mehr Anerkennung. Nach dem Abzug der PLO-Verbände aus dem Südlibanon am 30. 8. 1982 Errichtung eines provisorischen Hauptquartiers in Tunis. Am 20. 12. 1983 Evakuierung A. s und seiner Anhänger mit Schiffen unter UN-Flagge aus Tripolis. A. erklärt sich 1984 erstmals zur Anerkennung Israels bereit, wenn Israel das gleiche mit einem palästinens. Staat tue. Nachdem König *Hussein* von Jordanien im Juli 1988 die rechtlichen und administrativen Bindungen seines Landes mit Westjordanien löst und die PLO auffordert, das Machtvakuum zu füllen, proklamiert der »Palästinens. Nationalrat«/PNC unter A. am 15. 11. 1988 in Algier einen unabhängigen Palästinenserstaat in den von Israel besetzten Gebieten mit der Hauptstadt Jerusalem und erkennt erstmals indirekt das Existenzrecht Israels an, indem die Mehrheit der Delegierten der UN-Resolution 242 von 1967 (in der Israel zum Rückzug aus den besetzten arab. Gebieten und die Araber zur Einstellung der Feindseligkeiten gegen Israel aufgefordert werden) zustimmt. Auf einer Sitzung des Zentralrates in Tunis am 2. 4. 1989 wird A. zum 1. Präs. des »Unabhängigen Staates Palästina« gewählt, bis »nach dem Ende der israel. Besatzung freie und demokratische Wahlen« abgehalten werden können. Nach einem Treffen mit dem franz. Staatspräs. → *Mitterrand* am 2. 5. in Paris erklärt A. die PLO-Charta von 1964, die das Verschwinden Israels von der Landkarte vorsah, öffentlich als »hinfällig«. Stellte sich im Golf-Konflikt im August 1990 auf die Seite des Irak und ist nach dessen Niederlage selbst unter den meisten arabischen Staaten isoliert.

Aristide, *Jean-Bertrand* (Haiti), * 1953; seit 1991 Staatspräsident.
Durch einen kath. Priester gefördert, wird er Priester des Salesianer-Ordens, mit dem er sich überwirft, als seine Predigten immer politischer werden, so daß er 1987 ausgeschlossen wird. Von der Mehrheit der Geistlichkeit unterstützt, von der Mehrheit der Kirchenhierarchie abgelehnt, wird er zu einem überzeugten Anhänger der linken Befreiungstheologie. Vom einfachen Volk verehrt, ist er beim Establishment verhaßt, da es in ihm einen furchteinflößenden Demagogen sieht. Unterstützt von einem Wahlbündnis aus linken Splitterparteien »Bewegung zur Wiederherstellung der Demokratie«/FNCD und von seiner Wahlhilfeorganisation »Lavalas« (das kreolische Wort für »Erdrutsch«) gewinnt er mit mehr als zwei Drittel der Stimmen die Präsidentschaftswahlen am 16. 12. 1990. Schon vor seiner Amtsübernahme muß A., der mehrere Attentate überlebte, einen Putsch überstehen, als am 7. 1. 1991 die Militärs für gut 24 Stunden die Macht übernehmen. Am 7. 2., fünf Jahre nach dem Sturz der Duvalier-Diktatur, legt er seinen Amtseid auf die Verfassung ab und wird damit der erste freigewählte Präsident in der 186jährigen Geschichte des Landes.

Assad, *Hafez [Hafis] el* (Syrien), * 1928; seit 1971 Staatspräsident.
Militärische Laufbahn. Führender Angehöriger des »rechten« (militärischen) Flügels des Baath (»Sozialistische Partei der Arabischen Wiedergeburt«). Am 13. 11. 1970 Regierungschef. Am 2. 3. 1971 Präsident der Republik; seither stets wiedergewählt. Verteidigt im Nahostkonflikt hart die arabische Position. Im Nov. 1982 Ablehnung des US-Nahost-Friedensplans und Zusicherung weiterer Unterstützung an PLO. Im Mai 1983 Ablehnung des von USA, Israel und Libanon ausgehandelten Vertragsentwurfs als ein Libanon aufgezwungenes Dokument, welches auch die Sicherheit Syriens und der gesamten arabischen Welt gefährde. Erreicht mit der Auflösung der »Multinationalen Friedenstruppe«/MNF (bis zum 31. 3. 1984) und der Verwerfung des israelisch-libanesischen Abkommens vom Mai 1983 (am 5. 3. 1984) durch die libanesische Regierung einen ersten Erfolg mit seiner Libanon-Politik. Verurteilt die irakische Annexion Kuwaits im August 1990 und reiht sein Land in die Front der USA und ihrer Verbündeten ein. Bringt im Schatten des Golfkrieges den Libanon unauffällig auf pro-syrischen Kurs.

Attas, *Haidar Abu Bakr al* (Republik Jemen), * 1940; seit 1990 Ministerpräsident.
Elektriker. 1964–68 Besuch des techn. Instituts der Universität Kairo. Inhaber verschiedener Kabinettsposten in der Demokratischen Volksrepublik Jemen; 1969–75 Minister für öffentl. Arbeiten, anschl. für Kommunikationswesen und ab Ende 1979 für Wohnungsbau. Seit März 1975 Mitglied des ZK der Regierungspartei des Südjemen. Als Nachf. von *Ali Nasir Muhammad Hasani* ab Febr. 1985 Regierungschef; am 7. 2. 1986 vom Politbüro der »Jemenitischen Sozialistischen Partei« zum Staatspräsidenten erklärt. Nach der Vereinigung von Nord- und Südjemen zur Republik Jemen im Mai 1990 Ministerpräsident einer Übergangsregierung.

Aylwin Azotar, *Patricio* (Chile), * 1918; seit 1990 Staatspräsident.
Nachfahre von Einwanderern aus Wales. Jurist wie sein Vater, der Präsident des Obersten Gerichtshofes war. Als Student in Kontakt mit der Jugendorganisation der katholischen Kirche und der Konservativen

Partei. Ende der 30er Jahre Abwendung von dieser Partei und Mitbegründer der Falange (die mit der gleichnamigen spanischen Bewegung nichts gemein hat). Aus der Falange wird in den 50er Jahren die »Christlich-Demokratische Partei«/PDC, in der er bisher siebenmal das Amt des Vorsitzenden ausübte. 1970 in den Senat gewählt, wird er 1971 dessen Präsident und hat damit das zweithöchste Staatsamt inne. 1970 Verhandlungsführer bei der Ausarbeitung von Verfassungsgarantien, die der Sozialist *Salvador Allende* geben muß, um vom Kongreß bestätigt zu werden. Die anfänglich positive Bewertung des Sturzes von *Allende* durch General *Augusto Pinochet* 1973 seitens vieler Christdemokraten bezeichnet er als tragischen politischen Fehler. Durch das Verbot der Parteien für Jahre zur politischen Abstinenz gezwungen, kehrt A. ins öffentliche Leben zurück, als er 1988 als Sprecher des »Nein Kommandos« die erfolgreiche Kampagne der Opposition gegen ein weiteres 8jähriges Mandat für General *Pinochet* führt. Anfang 1989 zuerst von der PDC und bald danach von weiteren 16 politischen Bewegungen zum Präsidentschaftskandidaten nominiert. Bei den Wahlen am 14. 12. 1989 erringt A. die absolute Mehrheit (55,2%) und wird am 11. 3. 1990 nach fast 17jähriger Militärdiktatur als Präsident der Republik vereidigt. Die weitere Demokratisierung der Verfassung, die Klärung von Menschenrechtsverletzungen unter dem alten Regime und eine stärkere Betonung der sozialen Aspekte in der Marktwirtschaft hält er für die wichtigsten Aufgaben seiner Regierung.

Babangida, General *Ibrahim Badamasi* (Nigeria), * 1941; seit 1985 Staatspräsident.
Angehöriger des Fulani-Volkes. Armeelaufbahn, Ausbildung an der Militärakademie in Kaduna; zusätzliche Ausbildung in Indien, Großbritannien und USA: 1964–66 Truppenkommandeur, 1970–72 als Major Befehlshaber des Instituts der Verteidigungsakademie. 1977 Eintritt in Kommando und Stabskolleg, danach Kommandeur des Panzerkorps. Im März 1979 Beförderung zum Brigadegeneral. 1981–83 Direktor für Planung und Aufgaben des Armeestabs und Stabschef. Maßgebl. am Sturz der Zivilregierung von Präsident *Alhaji Shehu Shagari 1983* und an der Ernennung von Generalmajor *Mohamed Buhari* zum Vorsitzenden des Militärrats beteiligt; nach dem Putsch Armeechef. In einem unblutigen Staatsstreich stürzt B. am 27. 8. 1985 die Militärregierung *Buhari*, der er Machtmißbrauch und Unfähigkeit vorwirft. Er verspricht die Sanierung der Wirtschaft, die vor allem durch den Verfall der Erdölpreise am Weltmarkt schwer belastet ist, und die Freilassung politischer Häftlinge. B. ist in weiten Teilen der Bevölkerung beliebt, stößt aber im Volk der Ibos, die 1967–70 im Südosten Nigerias einen eigenen Staat Biafra ausgerufen hatten, weitgehend auf Ablehnung, weil viele ihn für die damalige Blockade Biafras verantwortlich machen, die zu einer Hungerkatastrophe mit vielen Toten führte. B., der Ende 1990 auf der Gipfelkonferenz der Organisation für afrikanische Einheit/OAU zu deren neuem Vorsitzenden gewählt wird, strebt für 1992 den Übergang Nigerias von der Militär- zur demokratisch gewählten Zivilregierung an.

Baker, *James [»Jim«] Addison* III (USA), * 1930; seit 1988 Außenminister.
Sohn einer alten texan. Familie; Jurastudium an der Princeton Univ., nach 2 Jahren Koreakrieg an der Univ. of Texas. Seit dieser Zeit einer der engsten Freunde von → *Bush*. 1976 unterstützt er *Gerald Ford* (unter ihm stv. Handelsmin.) und 1980 zunächst *Bush* gegen *Ronald Reagan*. 1980–85 Stabschef im Weißen Haus, dann Finanzmin. und als solcher einer der erfolgreichsten Politiker in der Reagan-Regierung. Im Aug. 1988 scheidet er aus dem Amt, um den *Bush*-Wahlkampf zu leiten. Nach dessen Wahl zum Präs. am 8. 11. zum neuen Außenmin. ernannt und damit Nachf. von *George Shultz*. Fordert am 23. 5. in einer Rede Konzessionen Israels an die Palästinenser, u. a. Einstellung der Besiedelung von Westjordanien und Gaza mit jüd. Siedlern und Aufgabe der »Vision eines Groß-Israel«. Teilnehmer der 1990 stattfindenden »2+4«-Gespräche der Außenminister der beiden deutschen Staaten und der 4 Mächte über äußere und sicherheitspolitische Aspekte der deutschen Einheit. Der Aufbau der erfolgreichen Anti-Saddam-Koalition nach dem Einmarsch des Irak in Kuwait ist vornehmlich sein Verdienst.

Balaguer, *Joaquin Videla* (Dominik. Republik), * 1907; 1961/62, 1966–78 und seit 1986 Staatspräsident.
Jurastudium mit Promotion, Rechtsanwalt. Jahrzehntelang Diplomat, zeitweise Außenminister (1954) und Vizepräsident (1957–60). 1961/62 Chef einer Regierungsjunta und Staatspräsident. Seit 1962 freiwillig in den USA im Exil, von dort aus Aufbau einer gemäßigten Partei (Partido Reformista/PR) und 1965 Rückkehr nach Santo Domingo. 1966 nach Unterstützung durch die konservativen Schichten überraschend zum Präsidenten gewählt; Wiederwahl 1970 und 1974. Bei den Präsidentschaftswahlen 1978 und 1982 ohne Erfolg, aber als Kandidat des Partido Reformista Social Cristiano/PRSC Sieger der Wahlen vom 16. 5. 1986 und damit Nachfolger von Präsident *Salvador Jorge Blanco*. Am 16. 5. 1990 wird B. für weitere 4 Jahre in seinem Amt bestätigt und setzt sich damit erneut gegen seinen Rivalen, den ehemaligen Staatspräsidenten *Juan Bosch*, Kandidat der oppositionellen Partido de la Liberación/PLD, durch.

Barón Crespo, *Enrique* (Spanien/EP), * 1944; seit 1989 Präsident des Europäischen Parlaments.
Studium der Rechts- und Wirtschaftswissenschaften in Madrid und Paris; Rechtsanwalt. Während der *Franco*-Diktatur Gründung einer illegalen linkssozialistischen Partei, die er kurz vor den 1. demokratischen Wahlen 1977 in die alte »Sozialistische Arbeiterpartei Spaniens«/PSOE von → *González* eingliedert; Sprecher für Wirtschafts- und Finanzpolitik der sozialistischen Parlamentsfraktion. In der 1. Regierung *González* ab 1982 Minister für Verkehr, Kommunikation und Tourismus. 1985 scheidet er aus dem Kabinett aus und wird 1986 mit Spaniens Beitritt zur EG Abgeordneter im Europäischen Parlament, wo er 1987 bei der Wahl zum Präsidenten nach 3 Wahlgängen nur knapp dem Briten Lord *Charles Henry Plumb* unterliegt. Im gleichen Jahr zum Präsidenten der 1948 gegründeten »Europäischen Bewegung« gewählt. Am 25. 7. 1989 aufgrund einer Absprache der beiden größten Fraktionen des Europaparlamentes, den Sozialisten und den Christlichen Demokraten, bereits im ersten Wahlgang zum Nachfolger von *Plumb* gewählt und damit der bisher jüngste Präsident in der Geschichte des Straßburger Parlaments.

Barrios de Chamorro, *Violeta* (Nicaragua), * 1929; seit 1990 Staatspräsidentin.
Tochter eines wohlhabenden Grundbesitzers, verheiratet mit *Pedro Joaquin Chamorro*, dem Herausgeber der freiheitlich gesinnten Tageszeitung »La Prensa«. Nach dessen Ermordung im Januar 1978, vermutlich auf Anweisung des Diktators *Anastasio Somoza*, tritt sie die Nachfolge ihres Mannes an, leitet die Zeitung und wird zum Symbol des Kampfes gegen die Diktatur. Nach der Vertreibung *Somozas* ab Juli 1979 Mitglied der ersten sandinistischen Junta »des nationalen Wiederaufbaus«. Im April 1980 scheidet sie aus der Junta aus und wird zur einflußreichsten Kritikerin der Sandinisten. In den folgenden Jahren wird »La Prensa« unter ihrer Führung zum Symbol für die Freiheit der Presse. Im September 1989 von der »Nicaraguanischen Oppositionsunion«/UNO, einem Bündnis von 14 Parteien, zur Kandatin für die Präsidentschaftswahlen am 25. 2. 1990 gewählt, aus denen sie als Siegerin hervorgeht und am 25. 4. *Daniel Ortega* als Präsident ablöst. Frau B., von deren Kindern einige für, andere gegen die Sandinisten sind, sucht vor allem Versöhnung zwischen den verfeindeten Kräften in ihrem Land.

Bashir *[Baschir], Omar Hassan Ahmad al* (Sudan), * 1944; seit 1989 Staatsoberhaupt.
Stammt aus dem Dorf Schandi im Norden des Landes. Offiziersausbildung; 1966 in der Militärakademie graduiert. Teilnehmer des arab.-israel. Krieges vom Oktober 1973 in der Suez-Kanal-Zone. 1974–78 in den Vereinigten Arabischen Emiraten stationiert; in Ägypten Ausbildung zum Fallschirmjäger; zusätzliches Training in den USA. Aufstieg in den Rang eines Brigadiers und dritthöchster Offizier im Fallschirmspringerkorps. Stürzt am 30. 6. 1989 in einem Militärputsch die Regierung von Ministerpräsident *Sadiq el Mahdi*, befördert sich selbst zum Generalleutnant, bildet einen aus 15 Offizieren bestehenden Kommandorat und ernennt sich auch zum Staatsoberhaupt, Verteidigungsminister und Oberkommandierenden der Streitkräfte. B. nennt zwar als wichtigstes Ziel seiner Militärregierung eine friedliche Regelung mit den Rebellen der »Sudanischen Volksbefreiungsarmee«/SPLA im Süden, hat aber das »Friedensprogramm«, das die »Demokratische Union«/DUP mit der SPLA ausgehandelt hat, für »null und nichtig« erklärt.

Ben Ali, *Zine el Abidine [Zeine al Abidin]* (Tunesien), * 1936; seit 1987 zunächst Regierungschef, dann Staatspräsident.
Berufsoffizier; Absolvent der französischen Militärakademie Saint-Cyr, der Artillerieschule in Châlons-sur-Marne, dann Artillerie- und Flugabwehrausbildung in den USA: Aufstieg zum höchsten General der tunesischen Streitkräfte. Spezialist in Fragen der inneren Sicherheit. 1978 nach blutigen Zusammenstößen zwischen Gewerkschaftsangehörigen und der Polizei von Staatspräsident *Habib Ben Bourguiba* zum Sicherheitschef berufen. Seit April 1984 Innenminister und seither entscheidend verantwortlich für eine massive Kampagne gegen den wachsenden islamischen Fundamentalismus. Am 2. 10. 1987 von *Bourguiba* zum neuen Regierungschef als Nachfolger von *Rashid Sfar* ernannt. Bereits am 7. 11. enthebt B. A. unter Berufung auf einen Verfassungsartikel *Bourguiba* seines Amtes, nachdem Ärzte die »Senilität und Amtsunfähigkeit« des Präsidenten bescheinigt hatten, und ernennt sich selbst zum neuen Staatsoberhaupt. Im Gegensatz zu dem Agnostiker *Bourguiba* gilt B. A. als gläubiger Moslem, auch wenn er in seiner politischen und militärischen Ausbildung vorwiegend westlich geprägt ist. Er verspricht Versöhnung mit der Opposition und politischen Pluralismus. Bei den 1. Präsidentenwahlen seit 1974 am 2. 4. 1989 mit 99,27 % der Stimmen im Amt bestätigt.

Ben Jedid → Chadli

Bielecki, *Jan Krzysztof* (Polen), * 1951; seit 1991 Ministerpräsident.
Absolvent der Universität Danzig (promovierter Wirtschaftswissenschaftler) und seit 1980 Wirtschaftsberater der Gewerkschaft Solidarität. Als er nach Verhängung des Kriegsrechts 1982 seine Arbeit im

öffentlichen Dienst in Danzig verliert, schlägt er sich vorübergehend als Fuhrunternehmer durch. 1985 Gründung einer Consultingfirma, die viele Fachleute beschäftigt, die während des Ausnahmezustandes entlassen worden waren. Nach den Wahlen von 1989 Abgeordneter der Solidarität im Abgeordnetenhaus, wo er sich besonders für eine konsequente Privatisierung der Wirtschaft einsetzt. B., Mitbegründer des Danziger »Kongresses der Wirtschaftsliberalen« und Erstunterzeichner des Aufrufs zur Bildung einer Allianz der Mitte, seitdem kurz »Zentrumsallianz« genannt, wird auf Vorschlag von → *Walesa* am 4. 1. 1991 vom Parlament in Warschau zum neuen Ministerpräsidenten und Nachfolger von *Tadeusz Mazowiecki* gewählt. Auf seiner Prioritätenliste steht die Einführung der Marktwirtschaft, besonders aber die Inflationsbekämpfung. Unterzeichnet am 17. 6. in Bonn gemeinsam mit Bundeskanzler *Helmut Kohl* den Vertrag über gute Nachbarschaft. B. erklärt am 30. 8. den Rücktritt seiner Regierung, der jedoch vom Parlament abgelehnt wird.

Bolger, *James [»Jim«] Brendan* (Neuseeland), * 1935; seit 1990 Premierminister.
Sohn armer irischer Einwanderer. Besuch der High-School von Opunake; Farmer (Rinder und Schafe). Seit 1972 für die konservative National Party im Parlament von Wellington. In mehreren Kabinetten Minister, zuletzt 1978–84 Arbeitsminister. Nach den für seine Partei erfolgreichen Wahlen vom Okt. 1990 neuer Premierminister. Will die Liberalisierung des Arbeitsmarktes und die Beschäftigung von Arbeitslosen bei Projekten des Umweltschutzes durchsetzen.

Borja a Cevallos, *Rodrigo* (Ecuador), * 1937; seit 1988 Staatspräsident.
Nach Jurastudium Tätigkeit als Rechtsanwalt und Professor für Staatsrecht; Verfasser einiger Bücher über staats- und verfassungsrechtliche Themen. 1962, 1970 und 1979 als Abgeordneter in den Nationalkongreß gewählt. 1970 Gründer der »Demokratischen Linken« (Izquierda Democrática) und seither deren unbestrittener Führer und Chefideologe; als Kandidat für die Präsidentschaft 1978 nicht in die Stichwahl gekommen und 1983 in dieser gegen *Léon Febres Cordero* unterlegen. Bei den allgemeinen Wahlen am 31. 1. 1988 mit klarem Vorsprung für die Stichwahl qualifiziert, siegt er am 8. 5. gegen den Populisten *Abdalá Bucaram*, Mitglied einer Familie libanesischer Herkunft, und wird am 11. 8. vereidigt. B., der mit stabiler Parlamentsmehrheit regieren kann, strebt soialpolitische Reformen an, will den Freiraum der Privatwirtschaft jedoch voll respektieren.

Brundtland, *Gro* **Harlem** (Norwegen), * 1939; 1981, 1986–89 und seit 1990 Ministerpräsidentin.
Studium der Medizin, Master of Public Health der Harvard-Universität, dann Ärztin im staatlichen Osloer Gesundheitsdienst. Seit 1975 stellvertretende Vorsitzende der »Arbeiterpartei«/DNA. Umweltschutzministerin (1974–78). Seit 1977 Mitglied des Storting. Nach dem Rücktritt von *Odvar Nordli* am 4. 2. 1981 Ministerpräsidentin und seit April 1981 auch Parteichefin. Nach der Wahlniederlage der DNA vom 14. 9. 1981 von *Kare Willoch* als Regierungschefin abgelöst. Nach dessen Rücktritt von 1986 bis zu den Wahlen 1989 erneut Ministerpräsidentin. Nach dem Zerfall der ihr folgenden bürgerlichen Minderheitenregierung unter *Jan Peder Syse*, die sich in der Frage einer möglichen EG-Mitgliedschaft nicht einigen konnte, seit November 1990 erneut Regierungschefin einer Koalition aus Konservativen, Zentrum und Christlicher Volkspartei.

Bush, *George* (USA), * 1924; seit 1981 Vizepräsident, seit 1988 41. Präsident der USA.
Studium der Wirtschaftswissenschaften an der Yale Univ. und Promotion; im Krieg Marineflieger. Erfolgreich in der Erdöl-Wirtschaft von Texas. Seit 1966 republikanischer Abgeordneter im Repräsentantenhaus. 1970–72 UN-Delegierter, 1974 Leiter des US-Verbindungsbüros in Peking und 1975–76 Chef des Geheimdienstes CIA. 1979 einer der Bewerber um die republikanische Präsidentschaftskandidatur für die Wahlen von 1980, aber nur in 6 Vorwahlen erfolgreich. Nach dem Wahlsieg von *Ronald Reagan* im November 1980 Vizepräsident. Seit 24. 3. 1981 Koordinator aller außen- und innenpolitischen Tätigkeiten der Regierung in Krisenzeiten. B., der nach den erfolgreichen Vorwahlen vom Parteikonvent der Republikaner (15.–18. 8. 1988) zu deren Präsidentschaftskandidat gekürt wird, gewinnt bei der Präsidentschaftswahl am 8. 11. 1988 mit 54 % gegen den Demokraten *Michael Dukakis* (46 %) und wird am 20. 1. 1989 als 41. US-Präs. vereidigt. In seiner 1. Haushaltsrede am 9. 2. 1989 bezeichnet er als seine vielleicht wichtigste Aufgabe die »Sicherung einer friedlicheren Welt« und erklärt, die Entwicklung eines Raketenabwehrsystems im Weltraum (SDI) werde »energisch vorangetrieben«. Mit seiner ersten Osteuropareise (9.–12. 7. nach Polen und Ungarn) seit seinem Amtsantritt will B. die Reformen in den osteuropäischen Staaten demonstrativ unterstützen. Legt am 6. 9. ein Programm zur nationalen und internationalen Bekämpfung des Drogenhandels und -konsums vor, das auch die Unterstützung der lateinamerikan. Staaten in ihrem Kampf gegen die Drogenkriminalität vorsieht. Beim Gipfeltreffen mit → *Gorbatschow* in Malta am 2./3. 12. betonen beide Politiker, daß der Kalte Krieg beendet und eine neue Ära der Beziehungen zwischen beiden Staaten angebrochen sei. B. vertritt die Auffassung, daß »2+4«-Gespräche mit der Aufhebung der alliierten

Nachkriegsrechte und der vollen Souveränität Deutschlands beendet werden sollten. Kündigt Anf. August 1990 in Aspen an, er wolle die Streitkräfte innerhalb von 5 Jahren um ¼ reduzieren. Er beweist nach der irakischen Invasion in Kuwait im Aug. 1989 Führungskraft und schmiedet eine beispiellose internationale Allianz. In der Nacht zum 28. 2. 1991 verkündet B., daß Kuwait befreit sei und ordnet den Rückzug der alliierten Armee an. Am 19. 8. verurteilt B. scharf den Staatsstreich in der UdSSR und fordert die Wiedereinsetzung *Gorbatschows* in sein Amt.

Calderón, *Rafael Angel* (Costa Rica), * 1949; seit 1990 Staatspräsident.
Sohn einer Politikerfamilie (sein Vater war 1941–48 Staatspräsident, seine Mutter 1978–81 Botschafterin in Mexiko-Stadt). Nach dem Jurastudium Rechtsanwalt. Beginn der politischen Karriere bereits mit 25 Jahren als Abgeordneter. Von 1978–80 der jüngste Außenminister des Landes. Nach zwei vergeblichen Anläufen wird C., Vorsitzender der »Christlich Demokratischen Partei«/PUSC, am 4. 2. 1990 zum Staatspräsidenten und damit zum Nachfolger von *Arias Sánches* gewählt (Amtsantritt: 8. 5.). Er will die schon begonnene wirtschaftliche Öffnung des Landes fortführen und die Beziehungen zu Washington wieder »herzlicher« gestalten.

Čalfa, *Marian* (Tschechoslowakei), * 1946; seit 1989 Ministerpräsident.
Slowake; Jurastudium an der Karls-Universität in Prag; dann einige Zeit als Rechtsexperte bei der staatlichen Nachrichtenagentur ČTK. Mitglied der KP der ČSSR. 1972 in die Rechtsabteilung der Ministerpräsidentschaft berufen, wo er bis 1988 tätig ist, zuletzt als stellv. Leiter der Abteilung. Im April 1988 als Minister ohne Geschäftsbereich in die Regierung berufen. Am 3. 12. 1989 in der Regierung *Ladislav Adamec* zu einem der Ersten Stellvertretenden Ministerpräsidenten aufgestiegen. Als dieser wenige Tage später bei seinen Bemühungen scheitert, eine Regierung zu bilden, die die Zustimmung der Opposition findet, und zurücktritt, wird der Slowake Č. am 7. 12. von Staatspräsident *Gustav Husák* zum Nachfolger von *Adamec* bestimmt mit dem Auftrag, eine »Regierung der nationalen Verständigung« zu bilden. Mitte Januar 1990 tritt Č. aus der Kommunistischen Partei aus. In einer Regierungserklärung kündigt er am 27. 2. eine radikale Reform des Wirtschafts- und Finanzsystems seines Landes an. Als Kandidat der slowakischen Partei »Öffentlichkeit gegen Gewalt« am 8. 6. bei den ersten freien Wahlen seit 1946 im Amt bestätigt. Č. bildet eine Koalitionsregierung aus seiner Partei und der slowakischen »Christl.-Demokrat. Bewegung«/KDH. Er will sein Land bis zum Ende dieses Jahrhunderts in die Europäische Gemeinschaft führen.

Callejas Romero, *Rafael* (Honduras), * 1943; seit 1990 Staatspräsident.
Herkunft aus reichem Hause; agronom. Chef der konservativen »National-Partei« (Partido Nacional). Bei den Präsidentschaftswahlen 1985 knapp gegen *José Azcono del Hoyo* unterlegen, aber bis Mitte 1988 de facto in einer großen Koalition, da die »Liberale Partei« des Präsidenten über keine Parlamentsmehrheit verfügt. Bei den Wahlen am 26. 11. 1989 mit 50,4 % der Stimmen zum neuen Präsidenten gewählt, löst C. am 27. 1. 1990 *Azcono del Hoyo* im Amt ab. C. setzt auf das freie Unternehmertum in dem von Armut und Arbeitslosigkeit geplagten Land; er will eng mit dem Internationalen Währungsfonds/IMF zusammenarbeiten und befürwortet eine enge Kooperation mit den USA.

Carlsson, *Ingvar Gösta* (Schweden), * 1934; seit 1986 Ministerpräsident.
Studium der Politikwissenschaft in Lund. Früh Eintritt in die »Arbeiterpartei«. Nach Studienabschluß 1958 Mitarbeiter des langjährigen Ministerpräsidenten *Tage Fritjof Erlander*. 1961–67 Vorsitzender der Jugendorganisation der Partei. Ab 1964 Reichstagsabgeordneter. 1967–69 Kabinettssekretär. Danach in der 1. Regierung von *Olof Palme* Erziehungsminister. 1973 bis zur verlorenen Wahl 1976 für Wohnungsfragen zuständig. Seit 1982 stellv. Ministerpräsident und Minister für Zukunftsfragen sowie seit der Wahl im Herbst 1985 auch Schwedens erster Umweltminister. Nach Ermordung *Palmes* (1. 3. 1986) vom Parteirat einstimmig zum Nachfolger als Premier nominiert und zum Vorsitzenden der Sozialdemokraten gewählt. Seit 12. 3. Ministerpräsident, will C. den Kurs *Palmes* in der Außenpolitik – Neutralität, Werben für Abrüstung und Unterstützung der Anliegen der »Dritten Welt« – fortsetzen. Bei den Reichstagswahlen am 18. 9. 1988 im Amt bestätigt. Tritt am 15. 2. 1990 nach einer Niederlage im Reichstag bei der Abstimmung über sein Krisenprogramm zur Inflationsbekämpfung zurück, wird aber bereits am 26. 2. mit den Stimmen seiner Partei und der Kommunisten erneut zum Ministerpräsidenten gewählt. Stellte am 1. 7. 1991 für sein Land den Antrag auf Beitritt zur EG.

Castro Ruz, *Fidel* (Kuba), * 1927; seit 1965 Generalsekretär des Partido Comunista de Cuba/PCC; seit 1959 Regierungschef und ab 1976 auch Staatsoberhaupt.
Jurastudium (mit Promotion), Anwalt; ab 1953 Führer im Kampf gegen die Diktatur von *Fulgencio Batista*, den er 1959 nach 4 Jahren Guerilla stürzt. 1976 von der »Nationalversammlung« zum Vorsitzenden des neugebildeten »Staatsrates« gewählt; vereinigt die Funktionen des Staats- und Regierungschefs (zuletzt im Dez. 1986 bestätigt), Generalsekre-

tärs der KP (im Febr. 1986 wiedergewählt) und Oberbefehlshabers der Streitkräfte. Erklärt am 29. 1. 1990 bei einem Gewerkschaftskongreß in Havanna den Ostblock für »politisch tot«. Die wirtschaftlichen und politischen Umwälzungen hätten das Bündnis »atomisiert« und es damit seiner Bedeutung als politische Kraft beraubt. Osteuropa bewege sich nun in den »ausgetretenen Pfaden der kapitalistischen Philosophie«. Lehnt für Kuba solche Umwälzungen ab.

Cavaco Silva, *Anibal* (Portugal), * 1939; seit 1985 Ministerpräsident.
Studium der Wirtschaftswissenschaften in Lissabon und im englischen York (mit Promotion). Direktor der Abteilung für Forschung und Statistik bei der Bank von Portugal. Nach der April-Revolution von 1974 Beitritt zur Partei von *Francisco Sá Carneiro*, damals »Dem. Volkspartei«/PPD, seit 1976 »Sozialdem. Partei«/PSD. 1980–81 Finanzminister unter *Sá Carneiro*. Dann Mitglied des Nationalen Planungsrates und Prof. an der Univ. Lissabon. Am 20. 5. 1985 unerwartet mit knapper Mehrheit zum Chef des bürgerlich ausgerichteten PSD gewählt, tritt er mit seiner Partei sofort aus dem Koalitionskabinett unter → *Soares* aus. Nach den Parlamentswahlen am 6. 10., aus denen der PSD als stärkste Partei hervorgeht, bildet er eine Minderheitsregierung, die am 7. 11. vereidigt wird. Im April 1987 wird C., in dessen Amtszeit die wirtschaftliche Talfahrt des Landes gestoppt wird, durch ein Mißtrauensvotum der Linksparteien gestürzt. Bei den Parlamentswahlen am 19. 7. 1987 gelingt ihm mit dem Gewinn der absoluten und relativen Mehrheit ein überwältigender Sieg. C., der zahlreiche Bücher und Artikel über wirtschaftswissenschaftliche Themen veröffentlicht hat, ist ein entschiedener Verfechter der freien Marktwirtschaft.

Chadli [*Schadli,* im Befreiungskrieg angenommener Name], Oberst *Ben Jedid [Bendscheddid]* (Algerien), * 1929; seit 1979 Staatspräsident.
Sohn einer armen Bauernfamilie, ohne höhere Schulbildung; seit 1955 in der »Nationalen Befreiungsfront«/FLN und in deren Streitkräften ALN rasch aufgestiegen. Seit 1962 Mitglied des »Nat. Revolutionsrates«/CNR; politisch wenig hervorgetreten. Nach dem Tod von *Houari Boumedienne* 1978 zum Generalsekretär der FLN, am 7. 2. 1979 zum Staatspräsidenten gewählt und gleichzeitig Verteidigungsminister. Bei den Präsidentschaftswahlen am 22. 12. 1988 für eine 3. Amtszeit von 5 Jahren wiedergewählt. Ch. tritt für einen Zusammenschluß des Maghreb ein. Versucht sein Land – auch durch die Zulassung politischer Parteien und Gruppierungen – zu demokratisieren.

Chamenei → Khamenei

Chamorro → Barrios de Chamorro

Cheney, *Richard* (USA), * 1941; seit 1989 Verteidigungsminister.
Wegen seines Studiums der Politikwissenschaft nicht zum Militär einberufen. In Washington zunächst »Fellow« im Kongreß. In der Regierung von *Richard Nixon* Stv. des Präsidentenberaters *Donald Rumsfeld.* Von Präs. *Gerald Ford* 1975 zum Stabschef ernannt. 1978 Wechsel ins Repräsentantenhaus, wo er schnell in einflußreiche Positionen aufsteigt, u. a. als Angehöriger des Geheimdienstausschusses. Zuletzt republikan. »Einpeitscher« und damit die zweitwichtigste Person der Minderheitsfraktion. Nach der Ablehnung des zunächst von → *Bush* vorgeschlagenen *John Tower* durch den Senat wird Ch., Abgeordneter von Wyoming, am 17. 3. 1989 neuer Verteidigungsmin. und damit Nachf. von *Frank Charles Carlucci*.

Chissano, *Joaquim Alberto* (Mosambik), * 1939; seit 1986 Staatspräsident.
Sohn einer katholischen, wohlhabenden und politisch einflußreichen Familie; als einer der ersten schwarzen Schüler Besuch des von den Portugiesen gegründeten Gymnasiums in Lourenço Marques (dem heutigen Maputo), dann Studium der Medizin in Portugal. 1962 Teilnehmer der Gründungsversammlung der »Bewegung zur Befreiung Mosambiks«/FRELIMO; Flucht vor der portugiesischen Polizei nach Paris, Studium an der Sorbonne. 1974, nach dem Sieg der FRELIMO im Bürgerkrieg, im Auftrag von *Samora Machel* Präsident eines Übergangskabinetts. Seit der völligen Unabhängigkeit des Landes von Portugal am 2. 7. 1975 Außenminister. Nach dem Tode *Machels* (durch Flugzeugabsturz) vom ZK der FRELIMO am 3. 11. 1986 zum Präsidenten von Staat und Partei gewählt. Ch., ein pragmatischer Politiker, der zugleich für Mäßigung und Kontinuität steht, hebt in seiner Regierungserklärung die Notwendigkeit privater Investitionen sowie kleiner landwirtschaftlicher Betriebe hervor; er bestätigt die Wirtschaftsreform von 1984, die Ausländern die Ausfuhr ihrer Gewinne erlaubt, und den Nkomati-Vertrag mit Südafrika aus dem gleichen Jahr. Ch. kündigt Anfang August 1990 die Umwandlung des Landes in einen Mehrparteienstaat an; ein Verfassungsentwurf sieht vor, daß Partei, Staat und Armee künftig voneinander getrennt sind.

Collor de Melo, *Fernando* (Brasilien), * 1949; seit 1990 Staatspräsident.
Stammt aus einer reichen und einflußreichen Familie aus dem Nordosten des Landes, die traditionell zur staatstragenden Geld- und Politikerelite gehört. Stu-

dium der Rechtswissenschaften; früh politisch aktiv, zunächst Bürgermeister, dann als Abgeordneter der Regierungspartei »Arena« in den Kongreß gewählt. Schließlich ab März 1987 Gouverneur des kleinen Bundeslandes Alagoas, aus dem seine Familie kommt. Um als Präsidentschaftsbewerber auftreten zu können, gründet er eine eigene Partei. Erhält bereits beim 1. Wahlgang am 15. 11. 1989 die meisten Stimmen von 21 Bewerbern und geht auch aus der Stichwahl am 17. 12. gegen den Kandidaten der »Arbeiterpartei«, *Luis Inacio Lula da Silva*, als Sieger hervor. Der konservative C., der am 15. 3. 1990 die Nachfolge von *José Sarney* im Amt des Präsidenten antritt, setzt auf die private Initiative, auf Privatisierung und die Öffnung des Marktes. Erklärt die Rettung der Amazonas-Indianer zu einer »vorrangigen Aufgabe« seiner Regierung.

Cossiga, *Francesco* (Italien), * 1928; 1978–80 Ministerpräsident; seit 1985 Staatspräsident.
Politisch in der Democrazia Cristiana/DC aktiv; seit 1959 Staaatssekretär für Verteidigung in mehreren Regierungen, 1974 Minister ohne Aufgabenbereich, 1975 und 1976–78 unter *Aldo Moro* Innenminister, nach dessen Ermordung zurückgetreten. Seit Aug. 1979 Ministerpräsident einer »Übergangsreg.« aus DC, Lib., Soz. Dem. und Parteilosen. Im April 1980 Bildung eines Koalitionskabinetts mit Sozialisten und Republikanern, die 39. Nachkriegsregierung. Im Sept. 1980 nach einer Niederlage bei der Abstimmung über sein Stabilitätsprogramm zurückgetreten. Seit 1983 Senatspräsident. Am 24. 6. 1985 im 1. Wahlgang von einer ⅔-Mehrheit des Wahlmännergremiums als Nachfolger von *Sandro Pertini* zum Staatspräsidenten gewählt (Amtsantritt: 9. 7. 1985).

Cotti, *Flavio* (Schweiz), * 1940; seit 1990 Bundespräsident.
Tessiner aus Locarno; Jurastudium in Fribourg. Mitglied der Christlichen Demokraten. Bereits mit 25 Jahren im Gemeinderat, 3 Jahre später im Kantonsparlament. Seit 1983 im Tessiner Staatsrat (Kantonsregierung). 1986 in den Bundesrat gewählt, übernimmt er das Departement des Inneren, zu dem neben der Sozial- und Gesundheitspolitik auch der Umweltschutz gehört. 1990 für ein Jahr zum Bundespräsidenten gewählt.

Cresson, *Edith* (Frankreich), * 1934; seit 1991 Premierministerin.
Stammt aus einer großbürgerlichen Pariser Familie; promov. Agrarexpertin mit Ingenieur-Diplom. Enge Vertraute und politische Wegbegleiterin von → *Mitterrand*, den sie dann 1965 erstmals im Wahlkampf unterstützt und dem sie in die 1971 neugegründete Sozialistische Partei folgt. Ab 1975 verantwortlich für Jugendfragen im Sekretariat der Sozialisten, dann nacheinander Minister für Landwirtschaft (1981–83), Außenhandel (1983–86) und Europafragen (1988–90). Im Oktober 1980 Demission und Wechsel zum Elektronikkonzern Schneider, bei dem sie die Leitung einer Tochterfirma übernimmt. Seit Mai 1991 als Nachfolgerin von *Michel Rocard* Premierministerin. Sie will Frankreichs Gewicht in Europa stärken und ist bemüht, ein Jahr vor den Kommunalwahlen und zwei Jahre vor den Wahlen zur Nationalversammlung die sozialistischen Stammwähler stärker an die Partei zu binden.

Cristiani Burkard, *Alfredo Felix [»Fredy«]* (El Salvador) * 1948; seit 1989 Staatspräsident.
Besuch der amerikan. Schule in San Salvador, Studium der Betriebswirtschaft an der Georgetown Univ. in Washington. Erfolgreicher Unternehmer. Mitglied der rechtsradikalen, von *Roberto d'Aubuisson* gegründeten Alianza Republicana Nacionalista/ARENA, deren »gemäßigten Flügel« er repräsentieren soll. Erreicht bei den Präsidentschaftswahlen am 19. 3. 1989 die absolute Mehrheit und tritt am 1. 6. die Nachfolge des Christdemokraten *José Napoleón Duarte* an. Ruft die Parteien des Landes zum »nationalen Zusammenschluß« auf und bekundet Bereitschaft zum Dialog mit der Guerilla, wenn diese sich in den demokratischen Prozeß integriere.

Déby, *Idriss* (Tschad), * 1952; seit 1990 Staatspräsident.
Entstammt dem arabisierten Hawar-Volk. Ehemals ein treuer Weggefährte von *Hissène Habré*, zu dessen erfolgreichem Feldzug an die Macht er entscheidend beigetragen hat. Nach dessen Sieg 1982 zum Oberbefehlshaber der Armee und 1985 zum Militärberater ernannt. Nach einem gescheiterten Putschversuch gegen *Habré* im April 1989 Flucht in den Sudan, wo er in wenigen Monaten eine neue Kampftruppe um sich schart und die »Patriotische Heilsbewegung« gründet. D., der als glänzender Stratege gilt, fällt Anfang November 1990 mit seinen Rebellen im Tschad ein und zieht nach einer Blitzoffensive am 1. 12. in die Hauptstadt N'Djamena ein. Am 4. 12. wird er vom Exekutivkomitee seiner »Patriotischen Heilsbewegung« zum Staatsoberhaupt ausgerufen und am 4. 3. 1991 als neuer Präsident vereidigt. Er verspricht dem Land mehr Demokratie mit einem Mehrparteiensystem.

De Klerk, *Frederik Willem [»F. W.«]* (Südafrika), * 1936; seit 1988 Vorsitzender der »Nationalpartei«; seit 1989 Staatspräsident.
Entstammt einer Familie, in der die aktive politische Betätigung eine lange Tradition hat. Seit seiner Jugend der »Nationalpartei«/NP verbunden; Jurastudium. Im Parlament seit 1972, im Kabinett seit 1978,

u. a. Post-, Sozial-, Sport-, Energie-, Innen- und Erziehungsmin. Daneben Vors. des Weißen Ministerrates sowie seit 1982 Parteivors. der Provinz Transvaal. Nach dem Rücktritt von Parteichef *Pieter Willem Botha* am 2. 2. 1989 zu dessen Nachf. als NP-Vors. gewählt, vertritt er Ende 1988 erstmals die Ansicht, daß am Kap keine Gemeinschaft über die andere dominieren dürfe. Nach Rücktritt *Bothas* zum Nachf. als Staatspräsident am 15. 8. vereidigt. Vollzieht mit seiner »Wende-Rede« vom 2. 2. 1990 einen radikalen Kurswechsel und kündigt ein »neues Südafrika« mit einer von Grund auf revidierten Verfassung an. Beschreitet in der Folge mit der Beendigung des Ausnahmezustandes, der Freilassung der politischen Gefangenen und der Verabschiedung bzw. Einbringung einer Reihe von Gesetzen zur Überwindung der Apartheid den Weg der Reform. Erzielt nach Gesprächen mit *Nelson Mandela* am 7. 8. 1990 mit dem Verzicht auf Waffengewalt den Durchbruch zu Verhandlungen über ein Ende der Apartheid. Trifft am 24. 9. 1990 in Washington mit Präsident → *Bush* zusammen; es ist der erste offizielle Besuch eines südafrikanischen Regierungschefs in den USA seit Einführung der Apartheid im Jahre 1948.

Delors, *Jacques* (Frankreich/EG), *1925; seit 1985 Präsident der EG-Kommission.
Banklehre, Studium der Volkswirtschaft; 1945–62 Abteilungsleiter bei der Bank von Frankreich. 1959–61 zugleich Mitglied der Planungs- und Investmentabteilung des Wirtschafts- und Sozialrats. Mitarbeiter bei der christl. Gewerkschaft CFTC. 1969 Berater für soziale u. kulturelle Angelegenheiten des Ministerpräsidenten *Jacques Chaban-Delmas*. Seit 1974 Mitglied der »Sozialistischen Partei«/PS. Ab 1979 Präsident der Wirtschafts- u. Währungskommission der EG. Seit Mai 1981 Wirtschafts- u. Finanz-, seit März 1983 zusätzlich Budgetminister im Kabinett von *Pierre Mauroy*. Seit 1. 1. 1985 Nachfolger von *Gaston Thorn* als Präsident der EG-Kommission. D., mit dessen Namen sich die als »Delors-Paket« bezeichnete EG-Reform der Agrarpolitik, der Finanzverfassung und der höheren Ausstattung der Strukturfonds verbindet, wurde im Juni 1990 von den Staats- und Regierungschefs für eine weitere zweijährige Amtsperiode an die Spitze der EG-Kommission berufen.

De Marco, *Guido* (Malta/UN), *1931; seit 1990 Außenminister und Präsident der UN-Vollversammlung.
Jurist und Professor für Kriminalrecht an der Universität Malta. Mitglied der christlich-demokratisch geprägten »Nationalistischen Partei«; ab 1967 im Europarat. In Oppositionszeiten als Generalsekretär der Nationalistischen Partei besonders Fragen der Gerechtigkeit und der Menschenrechte verpflichtet. Nach der Übernahme im Mai 1987 unter *Fenech Adami* als stellvertretender Ministerpräsident zuständig für das Innen- und Justizressort. Seit Mai 1990 Außenminister und kurze Zeit später zum Präsidenten der 45. Vollversammlung der Vereinten Nationen gewählt.

De Michelis, *Gianni* (Italien), *1940; seit 1989 Außenminister.
Studium der Chemie; Professor in Padua und Venedig. Seit 1960 Mitglied des Partito Socialista/PS; zunächst in der Kommunalpolitik aktiv, 1976 im Parlament in Rom und im Vorstand des PS, nach dem Machtwechsel von *Francesco de Martino* zu *Bettino Craxi* als Parteichef. Seit 1980 in Ministerämtern, zuerst als Minister für Staatswirtschaft, dann als Leiter des Arbeitsministeriums und seit April 1988 als Stellvertreter von Ministerpräsident *Ciriaco De Mita*. Seit dem 31. 7. 1989 ist der Protestant De M. Außenminister im Kabinett → *Andreotti* und dessen Nachfolger in diesem Amt.

Denktaş *[Denktasch], Rauf Rasit* (Zypern), *1924; seit 1975 Präsident des »Föderativen Türkisch-Zypriotischen Staates« und seit 1983 Präsident der »Türkischen Republik Nordzypern«.
Jurist, 1948 Mitgl. d. Verfassungsrats, 1949–58 Staatsanwalt, 1958–60 Vorsitzender türkisch-zypriotischer Institutionen, 1964–68 ausgewiesen, seit 1968 Wegbereiter eines geschlossenen türk.-zypr. Siedlungsgebiets; nach der türk-zypr. Verfassung von 1975 und den Präsidentschaftswahlen vom Juni 1976 vom türk-zypr. Parlament zum Präsidenten d. Teilrepublik gewählt (erneut Juni 1981). Ruft Mitte Nov. 1983 einseitig die »Türkische Republik Nordzypern« aus. Durch das Referendum vom 5. 5. 1985, bei dem sich 70,18% der Abstimmenden für die neue Verfassung und damit für die »Türkische Republik Nordzypern« aussprechen, sieht sich D. in seiner Position auch international gestärkt. Ende Juni zum Präsidenten der nur von der Türkei anerkannten Republik gewählt. Bei den vorgezogenen Wahlen am 23. 4. 1990 mit 66,7% der Stimmen in seinem Amt bestätigt. Erklärt Anfang Okt. 1989, er strebe eine föderalistische Lösung an, bei der griechische und türkische Zyprioten gleichberechtigt sind; es gebe »zwei zypriotische Volksgruppen«, beide Gruppen hätten ein Recht auf Selbstbestimmung.

Dienstbier, *Jiri* (Tschechoslowakei), *1937; seit 1989 Außenminister.
Studium an der philosophischen Fakultät der Prager Karls-Universität. Von 1958 bis 1969 als außenpolitischer Journalist tätig, hauptsächlich für den tschechoslowakischen Rundfunk und für das Fernsehen. Einige Jahre Auslandskorrespondent im Fernen

Osten, dann in Washington, wo er den »Prager Frühling« und die Okkupation seines Landes erlebt. Trotzdem entschließt er sich zur Rückkehr nach Prag, in der Hoffnung, die Errungenschaften der Reformbewegung zu retten, doch bald in offenem Kampf mit dem Regime von *Gustav Husák*. D. wird aus der Partei entfernt, von allen gehobenen Berufen ausgeschlossen und mehrere Male in Haft genommen. 1977 gehört er zu den Mitunterzeichnern des Manifestes der »Charta 77«, mit dem Oppositionelle in Hinblick auf die Belgrader Folgekonferenz von Helsinki die Wiederherstellung der bürgerlichen Freiheiten erreichen wollen. D. wird Sprecher des »Bürgerforums« und führender Kopf dieser Bewegung. Nach dem Rücktritt von *Husák* als kommunistischer Parteichef und Staatsoberhaupt seit 10. 12. 1989 in der neuen Regierung Außenminister.

Do Muoi (Vietnam), * 1917; 1988–91 Ministerpräsident, seit 1991 Generalsekretär des ZK der KPV.
Sohn einer nordvietnames. Bauernfamilie; politische Laufbahn, 1939 Beitritt zur KP Indochinas. 1941 von den Kolonialbehörden zu 10 Jahren Haft verurteilt. Nach der Flucht aus dem Gefängnis Hoa Lo nimmt er 1945 seine illegale Tätigkeit in der Funktion des 1. Sekretärs des Provinzparteikomitees Ha Dong wieder auf. 1951 1. Sekretär des Parteikomitees der Ta-Ngan-Zone; 1955 1. Sekretär des Stadtparteikomitees von Haiphong. Ab 1960 Mitglied des ZK der KPV und seit 1982 Politbüromitglied. Seit 1960 auch in verschiedenen Regierungsfunktionen tätig; zuerst Min. für Handel, seit 1969 Stv. des Ministerratsvors. und ab 1973 Min. für das Bauwesen. Der als orthodox geltende D. wird am 22. 6. 1988 von den Abgeordneten der Nationalversammlung erstmals in geheimer Abstimmung gegen den Kandidaten des »Reformflügels«, den amtierenden Regierungschef *Vo Van Kiet*, zum Nachfolger des verstorbenen *Pham Hung* als Vorsitzender des Ministerrats (Ministerpräsident) gewählt. Auf dem VII. Parteitag der KPV (24.–27. 6. 1991) zum Nachfolger des zurückgetretenen *Nguyen Van Linh* als Generalsekretär des ZK der KPV gewählt.

Dreyfus Morales, Enrique (Nicaragua), * 1930; seit 1990 Außenminister.
Sohn einer Familie, die Anfang des Jahrhunderts aus dem Elsaß nach Managua auswanderte. Studium der Chemie und Ingenieurwissenschaften in Kanada. Danach Eintritt in das väterliche Handelshaus und zugleich Vertreter der »Bank of America« in Managua. Viele Jahre Präsident des einflußreichen Nicaraguanischen Unternehmerverbandes Cosep. Obwohl nie einer politischen Partei angehörend, kämpft er entschlossen gegen die Familiendiktatur der *Somozas*. Nach deren Sturz im Sommer 1979 bald einer der bekanntesten Kritiker der Sandinisten, der ihnen vorwirft, die Ideale der Revolution zu verraten und ihrerseits eine neue Diktatur zu errichten. Vorübergehend inhaftiert; nach seiner Freilassung verläßt er das Land und lebt jahrelang in Washington, wo er u. a. die Organisation Amerikanischer Staaten/OAS berät. Nach dem Regierungsantritt von Frau → *Barrios de Chamorro* wird D. Ende April 1990 Außenminister.

Dumas, *Roland* (Frankreich), * 1922; 1984–86 und seit 1988 Außenminister.
Wie sein 1944 von den Deutschen hingerichteter Vater in der »Résistance«. Studium an der Pariser juristischen Fakultät »Sciences Po« und an der London School of Economics; Rechtsanwalt. Zu Anfang der 5. Republik erfolgreicher Verteidiger von Senator → *Mitterrand* in einem Verleumdungsprozeß. Später »Staranwalt«, u. a. von *Pablo Picasso* mit der Rückführung des Bildes »Guernica« nach Spanien betraut. 1956 Abgeordneter der kleinen Mitterrand-Partei UDSR. Vor den Präsidentschaftswahlen von 1965 Arrangement der Begegnung von *Mitterrand* und *Waldeck Rochet*, bei dem erstmals die Möglichkeit einer Linksunion erörtert wird. Als Abgeordneter der Dordogne 1981 in die Nationalversammlung gewählt. Seit Dez. 1983 Europaminister und seit Mitte 1984 Regierungssprecher. Unterhändler in den Gesprächen mit Libyen im Tschad-Konflikt. Von November 1984 bis März 1986 Außenminister. Nach dem Sieg von *Mitterrand* bei den Präsidentschaftswahlen am 8. 5. 1988 in der Übergangsregierung → *Rocard* seit 13. 5. erneut Außen- sowie Staatsminister. Teilnehmer der 1990 stattfindenden »2+4«-Gespräche der Außenminister der beiden deutschen Staaten und der 4 Mächte über äußere und sicherheitspolitische Aspekte der deutschen Einheit.

Endara, *Guillermo* (Panama), * 1936; seit 1989 Staatspräsident.
Studium der Rechtswissenschaften in der Landeshauptstadt und kurze Zeit in New York. Anschließend unterrichtet er eine Zeitlang an der Universität von Panama, bevor er 1963 mit einigen anderen Anwälten eine Kanzlei gründet, die bald große Handelsfirmen vertritt. Mit *Arnulfo Arias* gründet er 1961 den Partido Panamenista. Nach dem Sturz des kurz zuvor gewählten Präsidenten *Arias* durch die Militärs geht er für einige Wochen in den Untergrund und wird, nachdem er wieder parteipolitisch aktiv geworden ist, von General *Omar Torrijos*, dem neuen Machthaber, ins Exil geschickt. 1979 wird er stellv. Generalsekretär, 1984 Generalsekretär seiner Partei, die sich jedoch spaltet. E. wird der Führer des entschlossen gegen den neuen Machthaber *Manuel Antonio Noriega* kämpfenden Flügels. Als Repräsentant der wichtigsten Oppositionspartei wird er Kandidat der »Demokratischen Oppositionsallianz«

bei der Präsidentschaftswahl am 7. 5. 1989, die er mit großer Mehrheit gewinnt. Nach der Annullierung der Wahlen durch *Noriega* stellt er sich an die Spitze der Demonstrationen gegen den Wahlbetrug und flieht Anfang Oktober nach dem gescheiterten Militärputsch gegen *Noriega* in die Nuntiatur. Nach dem Sturz *Noriegas* durch eine militärische Intervention US-amerikanischer Truppen widerruft die oberste Wahlbehörde am 28. 12. die Annullierung der Wahl vom 7. 5. und erklärt E. offiziell zum Sieger der Präsidentschaftswahl.

Eyskens, *Mark* (Belgien), * 1933; 1981 Ministerpräsident, seit 1989 Außenminister.
Sohn des früheren Ministerpräsidenten *Gaston Eyskens*; Studium der Rechts- und Wirtschaftswissenschaften. Promotion in Economics der Columbia Univ., New York; 1961 Berater des Finanzministers. Berufung zum Professor (1966) an der kath. Universität seiner Heimatstadt Löwen. Im Parlament als Mitglied der flämischen »Christlichen Volkspartei«/CVP. Seit 1976 Staatssekretär für flämische Regionalwirtschaft, Raumordnung und Wohnung (Bereich Flandern), 1977–79 Staatssekretär für den Staatshaushalt und für flämische Regionalwirtschaft. 1979 Minister für Entwicklungshilfe, 1980 Finanzminister. Von April bis September 1981 Ministerpräsident; dann Wirtschaftsminister. Seit Mai 1989 im neuen Kabinett → *Martens* Außenminister.

Fahd, *Ibn Abdul-Aziz [F. Bin Abdul Asis]* (Saudi-Arabien), * 1920; seit 1982 König und Ministerpräsident.
Seit 1975 Kronprinz u. als erster stellv. Regierungschef von König *Khaled* mit der faktischen Wahrnehmung der Regierungsgeschäfte betraut. Gilt als der technischen und wirtschaftlichen Entwicklung zugewandt und als Verteidiger der arabischen Interessen, besonders auch in der Palästina- u. in der Erdölpolitik. Sein im Aug. 1981 aufgestellter Friedensplan für Nahost wird von Israel zurückgewiesen. Unmittelbar nach dem Tod von König *Khaled* tritt er am 13. 6. 1982 dessen Nachfolge an und übernimmt das Amt des Ministerpräsidenten. Ruft Anfang August 1990 ausländische, vor allem US-amerikanische Truppen ins Land zum Schutz vor einer Bedrohung durch den Irak.

Fernández Ordónez, *Francisco [»Paco«]* (Spanien), * 1930; seit 1985 Außenminister.
Sohn einer wohlhabenden Madrider Bürgerfamilie. Jurastudium (mit Promotion). Zunächst bis 1959 als Steueranwalt in der Staatsanwaltschaft in Huelva, dann in versch. Finanzbehörden. Später Studium des Steuerrechts in Harvard. Zunächst in Opposition zum *Franco*-Regime, dann Eintritt in den Staatsdienst in der Hoffnung, das System von innen reformieren und demokratisieren zu können. 1969–74 Generalsekretär und Staatssekretär im Finanzmin., dann Leiter der großen staatl. Industrieholding INI. Als die Regierung *Carlos Arias Navarro* im Okt. 1974 einen schärferen Kurs einschlägt, tritt F., der sich selbst als linksliberal bezeichnet, zurück. Gründer einer »sozialdemokratischen« Partei; für die Parteienkoalition UCD im Juni 1977 in den Kongreß gewählt und unter *Adolfo Suárez Gonzáles* Finanzminister. Nach den Wahlen 1979 erst 1980 ins Kabinett als Justizminister. Später Präsident der Außenhandelsbank und Anf. Juli 1985 als Nachf. von *Fernando Morán* Außenminister. Bleibt auch nach den Parlamentswahlen am 30. 10. 1989 im Amt.

Finnbogadóttir, *Vigdis* (Island), * 1930; seit 1980 Staatspräsidentin.
Studium der Literaturwissenschaft, Lehrerin für Französisch. Theaterdirektorin. Nach Verzicht von Präsident *K. Eldjarn* auf eine Wiederwahl als nichtparteigebundene Kandidatin am 29. 6. 1980 mit relativer Mehrheit erfolgreich. Am 30. 6. 1984 Verlängerung der Amtszeit um 4 Jahre, am 25. 6. 1988 Wiederwahl mit 92,7% der abgegebenen Stimmen für eine weitere Amtszeit.

Fujimori, *Alberto* (Peru), * 1938; seit 1990 Staatspräsident.
Sohn japanischer Einwanderer; Agrarwissenschaftler und Mathematiker. Später Rektor einer Landwirtschafts-Hochschule und einige Jahre Präsident der Rektorenkonferenz. Kandidiert mit seinem Wahlbündnis »Cambio 90« bei den Präsidentschaftswahlen am 8. 4. 1990, bei denen er dem weltberühmten Literaten *Mario Vargas Llosa* zunächst unterliegt, geht aber aus der Stichwahl am 10. 6. als eindeutiger Sieger hervor. Am 28. 6. tritt der praktizierende Katholik F. das Präsidentenamt an und wird damit Nachfolger von *Alán García Perez*. In sein Kabinett beruft er Politiker und Militärs, die unbelastet von der Vergangenheit sind. Sein rigoroses Wirtschaftsprogramm führt zu Unruhen und Rebellion im Land.

Gaddafi *[Kadhafi, Kadhzafi], Muhammar al* (Libyen), * 1942; seit 1969 Präsident des Revolutionsrates (Staatsoberhaupt).
Militärakademie; Mitglied der Junta, die 1969 die Monarchie stürzt, Präsident des Revolutionsrats, 1971 auch der Regierung und des neugeschaffenen Verteidigungsrats; Vertreter radikaler (auch islam.) Reformen; seit 1976 an der Spitze des höchsten Organs, des »Generalsekretariats (aus Militärs) des Allgemeinen Volkskongresses«, tritt aber 1979 zugunsten von *Abdelati al Abidi* formal zurück, um sich als »Führer der Revolution« ganz der »revolutionären Aktion« zu widmen. Vereinbart 1969 die Vereinigung seines Landes mit Ägypten und Sudan

zu einem Staatswesen, 1971 mit Ägypten und Syrien, 1972 mit Ägypten, 1974 mit Tunesien, 1980 mit Syrien, 1981 mit Tschad, 1984 mit Marokko: keine wurde wegen seiner absolute Führung beanspruchenden Forderungen verwirklicht. Kritisiert im August 1990 die Besetzung Kuwaits durch den Irak.

Gaviria Trujillo, *César* (Kolumbien), * 1947; seit 1990 Staatspräsident.
Sohn einer gutbürgerlichen Familie aus der Provinz. Studium der Volkswirtschaft mit Neigung zum Journalismus. Mitglied der »Liberalen Partei«, die seit Jahrzehnten in dem Andenland an der Macht ist. Bereits mit 23 Jahren im Stadtrat seiner Heimatstadt Pereira, mit 26 Bürgermeister und Parlamentsmitglied. 1978 stellv. Minister für Entwicklung, 1983 Vorsitzender der Wirtschaftskommission des Parlaments. Im Kabinett des Präsidenten *Virgilio Barco* Finanz-, später Innenminister. Als solcher erfolgreich als Unterhändler mit der linksnationalistischen Guerilla-Bewegung M–19, die sich in eine legale Partei verwandelt. Wahlkampfleiter des Präsidentschaftskandidaten der Liberalen, *Luis Carlos Galán*, und nach dessen Ermordung 1989 durch die Rauschgiftmafia sein Nachfolger. Geht aus den Präsidentschaftswahlen am 27. 5. 1990 siegreich hervor und tritt am 7. 8. als jüngster Präsident Kolumbiens in diesem Jahrhundert die Nachfolge *Barcos* und damit ein brisantes Erbe an, das gekennzeichnet ist durch einen Zwei-Fronten-Krieg gegen die Kokain-Mafia und die Guerilla. Er will den Drogenkrieg »kompromißlos« weiterführen, den Staat in einer Verfassungsreform von Vetternwirtschaft und Korruption befreien sowie die Wirtschaft durch Investitionsförderung in Schwung bringen.

Ghozali, *Sid Ahmed* (Algerien), * 1937; seit 1991 Premierminister.
Ingenieurstudium, u. a. in Paris. Seit der Unabhängigkeit seines Landes von Frankreich 1962 immer für das herrschende Regime der »Nationalen Befreiungsfront«/FLN tätig. Unter Staatspräsident *Ben Bella* 1964 stellv. Minister für das Bauwesen. Nach dessen Entmachtung durch Oberst *Houari Boumedienne* wird er Chef der staatlichen Erdöl- und Erdgasgesellschaft, die den größten Teil der Einnahmen des Landes verwaltet. Unter Präsident → *Chadli*, ab 1979 zuerst Minister für die Wasserkraft, dann Diplomat, u. a. als Botschafter in Brüssel. 1988 Finanzminister, ein Jahr später Außenminister. Während des Golf-Krieges mit etlichen Besuchen bei → *Saddam Hussein* um Vermittlung bemüht. Im Juli 1991 von *Chadli* als Nachfolger von *Mouloud Hamrouche* zum Premierminister ernannt. Gilt als Verfechter eines parteiübergreifenden Dialogs und steht vor der Herausforderung, sich mit den islamischen Fundamentalisten zu arrangieren.

Goh Chok Tong (Singapur), * 1941; seit 1990 Ministerpräsident.
Stammt aus einfachen Verhältnissen; in Pasir Panjang an der Südküste aufgewachsen. Studium an der Raffles Institution und der University of Singapore, bevor er am amerikanischen Williams-College den Magister der Wirtschaftswissenschaften erwirbt, Aufbau der staatlichen Reederei »Neptun« und deren Geschäftsführer, bis *Lee Kuan Yew* ihn 1978 in die Regierung holt und als möglichen Nachfolger aufbaut. 1983 zum Verteidigungsminister ernannt; ab 1985 Erster stellv. Premierminister. Löst im Dez. 1990 *Lee*, der aber Generalsekretär der regierenden Peoples Action Party/PAP bleibt, als Regierungschef ab. G. verspricht einen kooperativen Regierungsstil.

Göncz, *Arpád* (Ungarn), * 1922; seit 1990 Staatspräsident.
Entstammt einer kleinbürgerlichen Familie aus Budapest. 1944 schließt er sich dem Widerstand gegen die deutsche Besetzung an. Nach 1945 betätigt er sich in unabhängigen Jugendorganisationen und wird persönlicher Sekretär des Generalsekretärs der »Kleinlandwirtepartei«, *Béla Kovács*, der später von den Sowjets und den einheimischen Kommunisten verfolgt wird. Nach der Verhaftung seines Chefs und der Ausschaltung seiner damaligen Partei schlägt sich der studierte Jurist G. zunächst als Hilfsarbeiter durch, bis er zum Studium an der landwirtschaftlichen Hochschule von Gödölö zugelassen wird. Als Aktivist der Freiheitsbewegung nach der Niederschlagung des Volksaufstandes von 1956 zu lebenslanger Haft verurteilt, nach 6 Jahren entlassen; bestreitet danach seinen Unterhalt als Übersetzer. Seine eigenen Werke durften in Ungarn nicht veröffentlicht werden. An der großen Wende in seinem Land beteiligt er sich als Mitglied des »Komitees für historische Gerechtigkeit«, das für die nach 1956 Hingerichteten Rehabilitierung fordert. Gründungsmitglied des »Bundes der freien Demokraten«/SZDSZ, der bei den Parlamentswahlen am 25. 3. und 8. 4. 1990 hinter dem »Ungarischen Demokratischen Forum«/MDF den 2. Platz belegt und in die Opposition geht. Anfang Mai von MDF und SZDSZ zum Parlamentspräsidenten gewählt und damit auch als Nachfolger des aus der KP kommenden Reformsozialisten *Matyas Szürös* interimistisches Staatsoberhaupt. Am 3. 8. vom Parlament offiziell zum Staatspräsidenten gewählt (Nachf. als Parlamentspräsident: *Gyorgy Szabad*).

González Márquez, *Felipe* (Spanien), * 1942; seit 1982 Ministerpräsident.
Studium v. Jura u. Wirtschaftswiss., Lehrbeauftragter für Arbeiterrecht an der Universität Sevilla, früh führend in dem illeg. PSOE; seit 1974 Erster Sekretär, seit 1976 Generalsekretär der »Sozialist. Arbeiter-

partei Spaniens«/PSOE, seit Juni 1976 Abgeordneter im Parlament. Nach dem Erreichen der absoluten Mehrheit des PSOE bei der Wahl 1982 Ministerpräsident (Amtsantritt: 2. 12. 1982). Schwerpunkte seines Regierungsprogramms: Bekämpfung von Arbeitslosigkeit u. Inflation; Verbesserung der Sozialleistungen u. Reform des Erziehungswesens sowie der öffentl. Verwaltung; Beitritt zur EG (am 1. 1. 1986 vollzogen) u. Eingliederung Gibraltars in das span. Territorium. Nach den Wahlen vom 21. 6. 1986 mit seiner PSOE trotz Stimmenverlusten weiterhin mit absoluter Mehrheit regierend. Ruft auf zu Reform und Modernisierung des Landes. Erringt bei vorgezogenen Parlamentswahlen am 30. 10. 1989 mit seiner PSOE zum 3. Mal seit 1982 die absolute Mehrheit.

Gorbatschow, *Michail Sergejewitsch* (UdSSR), * 1931; 1985–91 Generalsekretär des ZK der KPdSU und seit 1989 Staatspräsident.
Sohn eines russischen Bauern, 1946–50 Arbeiter in einer Maschinen-Traktoren-Station, dann Jurastudium in Moskau, Promotion und Zweitstudium am Agrarinstitut in Stawropol (Dipl.-Agraring.). Dort seit 1952 Mitgl. der KPdSU, Beginn einer steilen lokalen Parteikarriere, 1966–68 Parteivors. der Stadt Stawropol, 1970–78 1. Sekretär des Regionskomitees. Von 1970 an zugleich Mitgl. des Obersten Sowjets (ab 1974 Leiter der Jugendkommission und ab 1979 der Gesetzgebungskommission des Unionssowjets), 1971 Aufnahme in das ZK. 1978 ZK-Sekretär, zuständig für Landwirtschaft; 1979 Kandidat, im Okt. 1980 Vollmitgl. des Politbüros. Seit 4. 3. 1984 Vorsitzender des außenpolit. Ausschusses des Obersten Sowjets. Nach dem Ableben von *K. U. Tschernenko* (10. 3. 1985) innerhalb weniger Stunden auf Vorschlag von Außenminister *Andrej Gromyko* zum Gen.-Sekr. d. ZK der KPdSU gewählt. Unterbreitet am 15. 1. 1986 den USA einen 3-Stufen-Plan zur Abschaffung aller Kernwaffen bis zur Jahrhundertwende und am 18. 4. einen Vorschag zum Abbau konventioneller Rüstung. Auf dem 27. Parteitag der KPdSU (25. 2.–6. 3.), der ein neues Parteiprogramm verabschiedet, als Parteichef wiedergewählt. G. tritt ein für »Perestroika« (= Umbau) und »Glasnost« (= Öffentlichkeit) zwecks Förderung der wirtschaftl. Effizienz zugunsten eines höheren Lebensstandards und für eine Demokratisierung des Systems. Lehnt beim Gipfel in Reykjavik am 12. 10. 1986 eine Vereinbarung über weitreichende Rüstungskontrollangebote wegen des Streits um SDI ab, geht aber Anf. 1987 von diesem Junktim ab und propagiert eine »doppelte Null-Lösung« (SRINF und LRINF), der auch die USA zustimmen. G. setzt sich auf einer ZK-Sitzung am 27. 1. für geheime Wahlen für Gremien unterhalb der Parteispitze ein und spricht sich am 26. 5. für mehr Demokratie in den sozialist. Staaten aus, was in den nächsten Jahren zu einem Umbruch in allen Ländern des Ostblocks führt. Beim Gipfeltreffen in Washington unterzeichnet er mit US-Präsident *Ronald Reagan* am 8. 12. 1987 den INF-Vertrag über die Abschaffung aller nuklearen Mittelstreckenraketen – das erste Abkommen der Supermächte über die Vernichtung einer Waffengattung *(→ WA '89, Sp. 713f.)*. Auf der XIX. Parteikonferenz d. KPdSU (28. 5.–1. 7. 1988) kann er seine reformerischen und innenpolitischen Positionen im wesentlichen durchsetzen und 1988/89 durch weitreichende Personaländerungen seine Macht festigen. Vom neugeschaffenen Kongreß der Volksdeputierten auf seiner konstituierenden Sitzung am 25. 5. 1989 zum neuen, mit besonderen Vollmachten ausgestatteten »Vors. des Obersten Sowjets« (quasi Staatspräsident) gewählt. Skizziert in einer Rede vor der Parlamentarischen Versammlung des Europarats in Straßburg (6. 7. 1989) Möglichkeiten der Zusammenarbeit und Grenzen der verschiedenen Systeme in einem »gemeinsamen europäischen Haus«. Vom sowjetischen Kongreß der Volksdeputierten, der der Schaffung eines Präsidialsystems in der UdSSR zustimmt, wird G. in geheimer Wahl am 15. 3. 1990 zum Staatspräsidenten gewählt. Auf dem 28. Parteitag der KPdSU am 10. 7. als Generalsekretär bestätigt. Erhält für seinen Beitrag zu den politischen Umwälzungen in großen Teilen der Welt während der letzten Jahre den Friedensnobelpreis 1990. Verurteilt die Okkupation Kuwaits durch den Irak und ermöglicht durch die Zustimmung der UdSSR zu den Resolutionen des UN-Sicherheitsrates die Isolierung des Iraks und das militärische Eingriffen der Allianz gegen → *Saddam Hussein*, das Ende Februar zur Niederlage des Irak führt. Einigt sich am 24. 7. 1991 mit 9 Unionsrepubliken auf einen Unionsvertrag, der den Republiken größere Souveränität zubilligt, aber zugleich den Erhalt der Union garantieren soll. Legt der Plenartagung des ZK am 25. 7. die Grundzüge eines neuen Programmentwurfs vor und ruft die KPdSU auf, ihren Klassenstandpunkt aufzugeben und sich größeren Bevölkerungsgruppen zu öffnen. In der Nacht zum 19. 8. – einen Tag vor der Unterzeichnung des neuen Unionsvertrags – wird G. durch einen Staatsstreich reaktionärer Kräfte in Partei und Militär gestürzt, übernimmt aber drei Tage später, nach dem »Rückzug« des »Notstandskomitees«, das auf entschiedenen Widerstand vor allem von → *Jelzin*, aber auch der sowjet. Bevölkerung gestoßen war, wieder die Führung. Tritt am 24. 8. als Generalsekretär der KPdSU zurück, verbietet Aktivitäten der Partei in Armee und Geheimdienst, schlägt dem ZK die Selbstauflösung vor und ersetzt die Unionsregierung durch ein Komitee führender Reformer, die maßgeblich an der Niederschlagung des Staatsstreichs beteiligt waren. Am 27. 8. macht er sein Verbleiben im Amt vom

Fortbestehen der UdSSR als erneuerte Föderation abhängig.

Hammadi, Saadoun *[Saadun]* (Irak), *1930; seit 1991 Ministerpräsident.
Stammt aus der den Schiiten heiligen Stadt Kerbala; Anfang der 50er Jahre eines der Gründungsmitglieder der Baath-Partei, die damals im Untergrund gegen die Monarchie kämpfte. Ins Exil gezwungen, geht er zuerst in den Libanon, wo er an der amerikanischen Universität Beirut Wirtschaftswissenschaften studiert, dann in die USA. Nach dem Sturz der Monarchie 1958 Rückkehr in den Irak und Herausgeber des Organs der Baath-Partei »Al Jumhuriya«. Nach der endgültigen Machtübernahme seiner Partei 10 Jahre später zunächst Erdölminister, 1974 Außenminister, ab 1981 stellv. Ministerpräsident und seit 1984 Mitglied des Revolutionären Kommandorates. In der Partei nimmt er als Präsident ihres Wirtschaftsausschusses gleichfalls eine zentrale Position ein. Während des Golfkrieges besucht er mehrere arabische Staaten und wirbt um Unterstützung für den Kurs von Präsident → *Saddam Hussein*, zu dessen engsten Vertrauten er zählt. Von diesem im März 1990 zum neuen Ministerpräsidenten ernannt.

Harlem → Brundtland

Hassan II. (Marokko), *1929; seit 1961 König.
Jurastudium in Bordeaux, früh polit. Mitarbeiter seines Vaters Sultan *Mohammed V.*, den er 1953 ins Exil begleitet, nach Rückkehr 1956 Oberbefehlshaber, Niederwerfung v. Erhebungen in versch. Landesteilen, 1957 Kronprinz, 1961 nach dem Tod d. Vaters König; zunächst Reformen im Sinne einer konstitutionellen Monarchie, durch innere Widerstände daran gehindert; Ziel vieler Attentate, so 1971 v. Teilen des Offizierskorps; relativ erfolgreiche Wirtschaftspolitik; organisiert im Nov. 1975 den »Grünen Marsch« in die Span. Sahara und sichert für Marokko nach einem Abkommen mit Spanien phosphatreiche Gebiete; teilt die Westsahara zunächst mit Mauretanien, annektiert sie aber nach dem Friedensvertrag Mauretaniens mit d. POLISARIO im Aug. 1979 ganz. Erklärt, es gebe kein »saharaúisches Volk« und nützt den Konflikt um die West-Sahara geschickt, um das Gemeinschaftsgefühl der Marokkaner zu fördern und innenpolitische Spannungen unter Kontrolle zu halten. Schlägt 1986 die Bildung einer sog. Maghreb-Versammlung vor, in der Marokko, Algerien und Tunesien vertreten sein sollen. Aufgrund starker arab. Kritik an seinem Treffen mit Israels Premier → *Peres* legt H. Ende Juli 1986 den Vorsitz der Gipfelkonferenz in der Arabischen Liga nieder. Trifft am 4./5. 1. 1989 erstmals seit Beginn des Konfliktes um die Westsahara 1976 mit einer Delegation der POLISARIO zusammen. Verurteilt im Aug. 1990 als erstes arabisches Staatsoberhaupt die irakische Invasion in Kuwait und engagiert sich trotz einer überwiegend proirakischen Volksmeinung politisch und militärisch auf seiten der antiirakischen Koalition. Der König ist als Vermittler zwischen der westlichen und der islamischen Welt geschätzt.

Haughey, *Charles James* (Irland), *1925; 1979–81, 1982 und seit 1987 Premierminister.
Sohn einer kath. Offiziersfamilie. Jurastudium, Anwalt, Großunternehmer. Politisch seit 1948 in der Fianna Fáil-Partei aktiv, seit 1957 Abgeordneter. 1961–64 Justiz-, sodann Landwirtschaftsminister, 1966 Finanz-, 1975 Schatz-, 1977–79 Gesundheitsminister. Am 7. 12. 1979 zum Parteivorsitzenden gewählt und am 11. 7. vom Parlament als Premierminister bestätigt. Am 1. 7. 1981 von *Garret FitzGerald* als Regierungschef abgelöst und im Wechsel mit diesem vom 9. 3. bis 4. 11. 1982 und seit dem 10. 3. 1987 erneut Regierungschef. H. steht dem 1986 von seinem Amtsvorgänger und von der brit. Premierministerin *Margaret Thatcher* geschlossenen Abkommen über Nordirland reserviert gegenüber. Erleidet bei den Neuwahlen Mitte Juni 1989 mit seiner Fianna Fáil eine Niederlage, bildet aber eine Koalition mit den 6 Abgeordneten der »Progressiven Demokraten«, die vor 3 Jahren wegen Meinungsverschiedenheiten mit ihm von der Fianna Fáil abfielen, und wird am 12. 7. für eine 4. Amtszeit bestätigt.

Havel, *Václav* (Tschechoslowakei), *1936; seit 1989 Staatspräsident.
Aus gutbürgerlichem Elternhaus; wegen seiner »bourgeoisen Herkunft« in der Ausbildung behindert. Anfang der 50er Jahre zunächst als Taxifahrer und Chemielaborant tätig. Nach dem Erwerb des Abiturs auf dem Abendgymnasium (1954) nicht zum Studium der Kunstgeschichte oder der Theaterwissenschaft, statt dessen zum Fach »Automation des Verkehrswesens« an der Technischen Hochschule in Prag (1955–57) zugelassen. Nach Ableistung des Wehrdienstes Ende der 50er Jahre zunächst Kulissenschieber am Prager Theater »ABC«; ab 1960 Bühnenarbeiter, Beleuchter und dann Lektor und Dramaturg am »Theater am Geländer«. Bald gehört H., der sich frühzeitig als Essayist und Dramatiker versucht, zu den Stammautoren des Theaters, das seine ersten Stücke herausbringt. Während des »Prager Frühlings« 1968 Vorsitzender im »Club unabhängiger Schriftsteller«. Nach der Intervention von Truppen des Warschauer Paktes in der ČSSR läßt er sich in der Nähe von Trutnov (Trautenau) nieder. Dort wegen Aufführungs- und Publikationsverbots gezwungen, eine Stellung als Hilfsarbeiter in einer Brauerei anzunehmen. Mitbegründer und Wortführer der Menschenrechtsbewegung »Charta 77«.

Gleich nach deren Gründung, dann zwischen 1979 und 1983 fast vier Jahre und erneut Anfang 1989 mehrere Monate im Gefängnis. Am 15. 10. 1989 mit dem »Friedenspreis des deutschen Buchhandels« ausgezeichnet. Als Mitbegründer des »Bürgerforums«, das sich Mitte November konstituiert, und aufrichtiger Mahner für Menschenrechte und Freiheit hat H. mit seinem Einsatz die Menschen zu Massendemonstrationen gegen das kommunistische Regime bewegt. Nach dem Generalstreik gegen die Vorherrschaft der KPČ vom 27. 11. und dem darauf folgenden Umbruch im Lande von der noch kommunistisch nominierten Bundesversammlung am 19. 12. durch Akklamation zum ersten nichtkommunistischen Staatspräsidenten seit 1948 bestimmt. Seine erste Auslandsreise führt ihn am 2. 1. 1990 in die Bundesrepublik Deutschland. Bezeichnet Ende März die deutsche Einigung als Motor, der die Einheit Europas vorantreibe. Im Juli 1990 als Staatspräsident bestätigt. »Für seine politischen Verdienste um ein freiheitliches Europa« im Mai 1991 mit dem Internationalen Karlspreis der Stadt Aachen geehrt.

Hawke, *Robert James Lee [»Bob«]* (Australien), * 1929; seit 1983 Premierminister.
Studium der Rechts- u. Wirtschaftswissenschaften. Seit 1958 wiss. Mitarbeiter u. Rechtsberater beim Gewerkschaftsdachverband ACTU; 1978–80 dessen Vorsitzender, daneben im Vorstand der Reserve Bank. Seit 1946 Mitglied der Australian Labor Party, von 1971–76 deren stellv. Vorsitzender. Seit 1980 Parlamentsabgeordneter u. seitdem im Fraktionsvorstand. Am 8. 2. 1983 ohne Gegenstimmen anstelle des zurückgetretenen *Bill Hayden* zum Oppositionsführer gewählt. Geht aus den vorgezogenen Parlamentswahlen vom 5. 3. 1983 als Sieger hervor und tritt am 11. 3. die Nachfolge von *Malcolm Fraser* als Premierminister an. H., der als »Mann der Mitte« gilt, strebt eine engere Zusammenarbeit mit den Ländern der ASEAN und den Ausbau der Beziehungen zur VR China an. Geht aus den vorgezogenen Neuwahlen vom 1. 12. 1984 als Sieger hervor und erzielt bei vorgezogenen Parlamentswahlen am 11. 7. 1987 einen »historischen Sieg«: Er wird als erster australischer Premier für eine 3. Amtszeit bestätigt. Kann auch nach den Parlamentswahlen am 24. 3. 1990 trotz Verlusten seiner ALP weiterregieren.

Heng Samrin (Kambodscha/Kampuchea), * 1934; seit 1979 Staatspräsident.
Bauernsohn, seit 1969 Teilnahme an der Guerilla der Roten Khmer, 1976 Politkommissar u. Kommandeur der 4. Division, seit Dez. 1978 Vorsitzender des ZK und nach dem von Vietnam unterstützten erfolgreichen Aufstand gegen *Pol Pot* seit Jan. 1979 Präsident des »Volksrevolutionsrates (Regierung) der Volksrepublik«. Erzielt bei den ersten Parlamentswahlen 1981 99,75 %, wird im Juni Staatsratsvorsitzender (Präsident) und Oberkommandierender der Streitkräfte. Löst am 6. 12. *Pen Sovan* als Generalsekretär der KP ab; 1985 wiedergewählt.

Herzog, *Chaim [Chajim Vivian]* (Israel), * 1918; seit 1983 Staatspräsident.
Sohn eines Oberrabbiners; ab 1935 Besuch eines rabbinischen Lehrhauses (Jeschiwa) in Jerusalem; vor Ausbruch des II. Weltkrieges Aufnahme des Jurastudiums in Cambridge u. London, dann Besuch der Militärakademie in Sandhurst. Militärische Laufbahn, Oberstleutnant in der brit. Armee; 1935 Emigration nach Palästina, Dienst in den Streitkräften der Mandatsmacht Großbritannien. Nach der Unabhängigkeit Israels 1948 Brigadegeneral. 1948–50 u. 1959–62 Chef des militärischen Geheimdienstes. Dazwischen bis 1959 verschiedene Posten: Militärattaché in Washington, Kommandant des Jerusalemer Distrikts, Oberbefehlshaber Süd-Israels. Nach dem »Sechs-Tage-Krieg« von 1967 erster Militärgouverneur des eroberten Westjordanlandes. Daneben Industriemanager, Rechtsanwalt u. Journalist. 1975–78 israelischer UN-Botschafter, anschließend wieder Rechtsanwalt. Seit 1981 Abgeordneter der oppositionellen Arbeitspartei in der Knesset; seit 5. 5. 1983 als Nachfolger von *Jitschak Navon* Staatspräsident; H. sieht als seine Hauptaufgabe »die Förderung der Einigkeit im Volk« und erhofft vollen Frieden mit den arabischen Nachbarn. Besucht vom 6.–10. 4. 1987 als erster israelischer Staatspräsident die Bundesrepublik Deutschland und nennt diesen Besuch »im wahren Sinne historisch«. H. wird im Febr. 1988 in seinem Amt bestätigt.

Hrawi, *Elias* (Libanon), * 1925; seit 1989 Staatspräsident.
Stammt aus Zahle, einer christlichen Stadt in der mehrheitlich von Muslimen bewohnten Bekaa-Ebene. Studium an der Jesuiten-Universität Saint Joseph in Beirut. Später Großgrundbesitzer und Geschäftsmann mit engen wirtschaftlichen Kontakten zu den benachbarten arabischen Ländern. Seit Anfang der 70er Jahre unabhängiger Parlamentsabgeordneter. Unter der Präsidentschaft von *Elias Sarkis* (1976–82) zwei Jahre lang Minister. Nach der Ermordung des nur kurze Zeit amtierenden Präsidenten *René Muawad* von den Abgeordneten des Rumpfparlaments am 24. 11. 1989 zu dessen Nachfolger gewählt. H. ernennt am 27. 11. erneut den bisherigen Chef der muslimischen Regierung, *Selim el Hoss*, zum Ministerpräsidenten. Der maronitische Christ H. tritt für die Unabhängigkeit des Libanon ein, hat aber auch gute Beziehungen zur muslimischen Seite und zu Syrien.

Hun Sen (Kambodscha/Kampuchea), *1951; seit 1985 Ministerpräsident.
Sohn armer Bauern; abgebrochene Gymnasialausbildung. 1970 Anschluß an die »Roten Khmer« (Aufstieg zum stellv. Regimentskommandeur), von deren Führer *Pol Pot* er sich erst 1977 trennt. Seit Jan. 1979 im ZK der »Revolutionären Volkspartei« sowie in der provietnames. Regierung Außenminister. Ab Mai 1981 Mitgl. des Politbüros und Sekretär des ZK, ab Juni 1981 Vizepremier. Als Nachf. von *Chan Sy* seit Jan. 1985 Vorsitzender des Ministerrates (Ministerpräsident). Einigt sich am 4. 12. 1987 nach dreitägigen Gesprächen in Frankreich mit dem früheren Staatschef *Prinz Norodom Sihanouk*, der zu den Führern der Widerstandsbewegung gehört, auf Grundzüge eines Programms der nationalen Aussöhnung, um den Konflikt politisch zu lösen. Im Vordergrund eines zweiten Gesprächs am 20. 1. 1988 ebenfalls in Frankreich steht der Abzug der 1979 in Kambodscha einmarschierten vietnamesischen Truppen, dessen letzte Phase dann Ende September 1989 beginnt. Fordert im Juni 1990 die Regierungstruppen zum »Endsieg« über die Rebellen der Roten Khmer auf, akzeptiert aber Ende August den Friedensplan der UN für Kambodscha.

Hurd, *Douglas* (Großbritannien), *1930; seit 1989 Außenminister.
Studium an der Cambridge Univ., danach Diplomat. Zwei Botschaftsjahren in Peking folgten vier bei der UN-Mission und drei in Rom. 1966 wechselte er in das »Research Department« der Konservativen Partei. Ab 1968 Privatsekretär des Oppositionsführers *Edward Heath* und, als dieser an die Regierung gelangt, dessen politischer Sekretär. Seit 1974 Mitglied des Unterhauses und 1976–79 auswärtiger Sprecher der Opposition. In der Regierung von *Margaret Thatcher* zuerst Staatsminister für Auswärtiges (1979–83) und nach der Wiederwahl Staatsminister für Inneres. 1984 Nordirland-Minister, ab 1985 wieder Innenminister. Seit 26. 10. 1989 als Nachfolger von → *Major* neuer Außenminister. Teilnehmer der 1990 stattfindenden »2+4«-Gespräche der Außenminister der beiden deutschen Staaten und der 4 Mächte über äußere und sicherheitspolitische Aspekte der deutschen Einheit. Kandidiert nach dem Rücktritt von Frau *Thatcher* im November 1990 um deren Nachfolge, unterstützt im dritten Wahlgang aber *John Major*, der zum neuen Premierminister gewählt wird. Bleibt unter diesem Außenminister.

Hussein II. (Jordanien), *1935; seit 1952 König.
Urenkel des letzten haschem. Scherifen v. Mekka, Ausbildung u. a. an britischen Offiziersschulen, seit 1953 König; Gegner extremistischer Politik, für Ausgleich mit Israel bei Lösung des Palästinenser-Problems; 1969–71 Zerschlagung der radikalen palästinens. Guerilla-Lager in Jordanien, woraus die Terrororganisation »Schwarzer September« gegen ihn erwächst; 1973 Truppeneinsatz nur an der syr. Front, 1974 Anerkennung der PLO als Vertreterin der außerhalb Jordaniens lebenden Palästinenser, seit 1975 immer engere Kooperation mit Syrien. Lehnt den 1979 geschlossenen ägyptisch-israelischen Friedensvertrag ab. Unterstützt Irak im Krieg gegen Iran. Am 9. 1. 1984 Wiedereinberufung der 1974 suspendierten Nationalversammlung. Im Herbst 1984 Normalisierung der Beziehungen zu Ägypten. Beschuldigt Mitte Febr. 1986 die PLO der Torpedierung seiner Bemühungen für eine Nahostregelung und kündigt die pol. Zussammenarbeit mit → *Arafat* auf. Einigt sich im April 1987 mit → *Peres* auf einen Rahmenentwurf über arabisch-israelische Friedensgespräche. Im Aug. 1987 von der »Dag-Hammarskjöld-Akademie« als »Mann des Friedens« 1987 ausgezeichnet. Verkündet 1988 die Aufgabe des Anspruchs auf das 1950 von Jordanien annektierte, seit 1967 von Israel besetzte Westjordanland, löst die rechtlichen und verwaltungstechnischen Bindungen und erkennt formell den Anspruch der Palästinenser an, dort einen selbständigen Staat zu gründen. Kritisiert am 18. 1. 1990 die israelischen Pläne, aus der UdSSR eingewanderte Juden im Gaza-Streifen und im Westjordanland anzusiedeln, weil dies zu einer Verlagerung des Palästinenser-Problems nach Jordanien führe. Verurteilt im August 1990 den irakischen Überfall auf Kuwait, der auch seinen Thron erschüttert, ist aber in der Folge bemüht, im Golf-Konflikt mit einem politischen Drahtseilakt die Balance zwichen dem Irak und den anderen arabischen Nachbarn sowie dem Westen zu halten.

Hussein el-Trakriti → Saddam Hussein

Iliescu, *Ion* (Rumänien), *1930; seit 1989 Staatspräsident.
Sohn prominenter Kommunisten. Studium am Institut für Elektrotechnik in Bukarest; dann, von 1950–53, am Moskauer Institut für Energetik und Vorsitzender der dort studierenden rumänischen Studenten. Nach der Rückkehr von 1956–60 Vorsitzender des Studentenverbandes; 1960–67 im ZK-Apparat der Partei tätig, dann bis 1971 1. Sekretär des Jugendverbandes. Von *Nicolae Ceauşescu* Anfang 1971 zum ZK-Sekretär für Propaganda und Erziehung berufen; er gerät jedoch bald mit diesem in Streit und wird bereits im Juli des gleichen Jahres als Kreissekretär nach Temesvar und dann nach Jassy an der Moldau versetzt. Danach mit dem Vorsitz des Rates für nationale Wasserwirtschaft mit Sitz im Ministerrat betraut. 1984 büßt er die ZK-Mitgliedschaft ein und arbeitet von nun an als Direktor eines Technik-Verlages. 1987 spricht er sich in einem

Zeitschriftenartikel offen für die Perestroika aus. Nach dem Sturz *Ceauşescus* verliest er am 22. 12. 1989 die erste Programmerklärung der soeben geschaffenen »Front der nationalen Rettung«/FSN. Am 26. 12. zum Vorsitzenden dieser Organisation und damit zum amtierenden Staatsoberhaupt ernannt. Bei den Präsidentschaftswahlen am 20. 5. 1990 mit 85% der Stimmen im Amt bestätigt. Läßt Mitte Juni Demonstrationen von Teilen der Bevölkerung und der demokratischen Opposition durch Bergarbeiter blutig niederschlagen.

Ishaq Khan, *Ghulam* (Pakistan), * 1915; seit 1988 Staatspräsident.
Pathane aus dem Bannu-Distrikt; als 25jähriger 1940 in die Verwaltung seiner damals noch brit. Heimatprovinz NWFP (Northwest Frontier Province) eingetreten. Privatsekretär des 1. Chefmin. (Regierungschef) in Peshawar nach der Unabhängigkeit Pakistans 1947. 1966, unter Präs. *Ayub Khan*, Staatssekretär im Finanzministerium; 1971–75, während der Regierung von Premiermin. *Zulfikar Ali Bhutto*, Gouverneur der Zentralbank, der State Bank, dann Staatssekretär im Verteidigungsmin. Nach dem Sturz *Bhuttos* durch Armeechef General *Zia ul-Huq* 1978–85 Finanzmin. des Militärregimes und damit beauftragt, die »Islamisierung aller Lebensbereiche« auch im Geld- und Kreditwesen voranzutreiben. Seit 1985 Mitglied im Senat und zugleich Präs. dieser 2. Kammer des Parlaments. Nach dem Tod von *Zia* durch einen Flugzeugabsturz am 19. 8. 1988 gemäß Verfassung amtierender Staatspräs. Sorgt in Absprache mit dem Militär dafür, daß die Wahlen am 16. 11., aus denen die Pakistan People's Party/PPP von *Benazir Bhutto* als Sieger hervorgeht, einen einwandfreien Verlauf nehmen. Am 12. 12. wird I. mit 70% der Stimmen des Wahlkollegiums für eine 5jährige Amtszeit als Staatspräs. gewählt. I. entläßt im August 1990 auf Drängen des Militärs Frau *Bhutto*, deren Regierung er Korruption und Amtsmißbrauch vorwirft, und setzt eine Übergangsregierung unter dem Oppositionsführer *Ghulam Mustafa Iatoi* ein.

Jabar al Ahmad al Jabar as Sabah, Emir (Kuwait), * 1926; seit 1977 Staatsoberhaupt.
Erziehung an Colleges in Kuwait, Spezialausbildung in arabischer Sprache und Literatur und im Englischen. 1959 Präsident des Finanzdepartements. Nach der Umbildung in ein Ministerium wird er Anfang 1965 erster kuwaitischer Finanzminister. Ende 1965 Bildung seiner ersten Regierung. Seit 31. 5. 1966 Thronfolger; seit dem Tod des Emirs *Sabah as Salim as Sabah* 1977 dessen Nachfolger. 1986 drückt er die Abschaffung der Verfassung von 1962 und des Parlaments durch, um den Einfluß der Herrscherfamilie zu stärken. Die irakische Invasion vom 2. 8. 1990 zwingt die Herrscherfamilie, ins benachbarte Saudi-Arabien zu fliehen. Nach dem Sieg der alliierten Streitkräfte gegen den Irak kehrt er im März 1991 in seine Heimat zurück und übernimmt wieder die Herrschaft.

Janajew, *Gennadij Iwanowitsch* (UdSSR), * 1937; 1990–91 Vizepräsident der Sowjetunion.
Als Bauernsohn in Perewos im Bezirk Gorkij (Nischni Nowgorod) geboren. Studium an der Landwirtschaftlichen Hochschule in Gorkij; später Fernkurs am Allunions-Institut für Rechtswissenschaften; mit einer Dissertation über »Trotzkismus und Anarchismus« wird er Kandidat der Wissenschaften, was dem mitteleuropäischen Doktorgrad entspricht. Im Alter von 26 Jahren wird er 1963 hauptamtlicher Funktionär der Komsomol in Gorkij, dann 20 Jahre lang Leiter der Internationalen Abteilung des sowjetischen Jugendverbandes. 1980 stellv. Vorsitzender des Verbandes der sowjetischen Gesellschaft für Freundschaft und kulturelle Beziehungen mit dem Ausland, 1987 Internationaler Sekretär des Gewerkschaftsbundes; 1989 stellv. Vorsitzender, ab April 1990 Vorsitzender. Schon drei Monate später steigt er in die Spitze der KPdSU auf, wo er Politbüromitglied und ZK-Sekretär für internationale Angelegenheiten wird. Auf Vorschlag von → *Gorbatschow* vom Kongreß der Volksdeputierten erst im 2. Wahlgang am 27. 12. 1990 zum Vizepräsidenten der Sowjetunion gewählt. Steht nach dem Staatsstreich am 19. 8. 1991 gegen → *Gorbatschow* an der Spitze eines »Notstandskomitees« und ruft den Ausnahmezustand über das Land aus. Nach dem Scheitern des Putsches am 21. 8. wird J. abgesetzt und verhaftet.

Jelzin, *Boris Nikolajewitsch* (Sowjetunion), * 1931; seit 1990 Präsident der Russischen Sozialistischen Föderativen Sowjetrepublik.
Bauernsohn russischer Nationalität, geboren im Dorf Butka, westlich von Swerdlowsk. Am Politechnikum des Urals zum Bauingenieur ausgebildet; mit 32 Jahren Chef eines großen Baukombinats, 1961 Eintritt in die KPdSU und regionale Parteikarriere, zuletzt 1. Sekretär im Gebiet Swerdlowsk (1976–85). Gleich nach dem Machtantritt von → *Gorbatschow* im April 1985 nach Moskau gerufen und zum Leiter der Abteilung für Bauangelegenheiten im ZK der KPdSU ernannt. Kurz darauf Beförderung zum Sekretär des ZK und im Oktober 1985 zum Parteichef von Moskau ernannt, wo er sich durch eine beispiellose Kampagne gegen Korruption und Bürokratie schnell das Vertrauen der Bevölkerung erwirbt; gleichzeitiger Eintritt als Kandidat ins Politbüro. Nach Auseinandersetzungen mit dem Politbüromitglied *Jegor Ligatschow*, den er offen zum Reformbremser erklärt, im Februar 1988 als Parteichef und als Kandidat des Politbüros abgesetzt; dann jedoch von *Gorba-*

tschow zum stellv. Bauminister der Sowjetunion ernannt. Im März 1989 in Moskau mit 89,6% der Stimmen zum Abgeordneten im Kongreß der Volksdeputierten gewählt. Dort wird er zum Wortführer vieler Sowjetbürger, die mit dem Verlauf der Perestroika unzufrieden sind, und fordert politischen und ökonomischen Pluralismus in der Gesellschaft. Im Frühjahr 1990 in Swerdlowsk in den Volkskongreß der Russischen SFSR und am 25. 5. im 3. Wahlgang zu dessen Vorsitzenden gewählt. J. bekleidet damit das höchste Staatsamt in der russischen Unionsrepublik, wo mehr als die Hälfte der Bevölkerung der Sowjetunion lebt. Verspricht in seiner Antrittsrede den Einsatz aller Kräfte, »um Rußland besseren Zeiten entgegenzuführen«. Verkündet auf dem 28. Parteitag der KPdSU am 12. 7. den Austritt aus der Partei. Bei den ersten freien, geheimen und direkten Wahlen in der Geschichte Rußlands am 12. 6. 1991 bereits im 1. Wahlgang mit absoluter Mehrheit zum Präsidenten gewählt, wird J. am 10. 7. vereidigt. Nach dem Putsch gegen *Gorbatschow* am 19. 8. übernimmt er die Kontrolle über das Territorium Rußlands und organisiert den Widerstand gegen die Putschisten. Geht als der eigentliche Sieger aus dem Machtkampf hervor und unterschreibt am 23. 8. ein Dekret, das der russ. KP die politische Betätigung vorübergehend untersagt.

Jian Zemin (VR China), * 1926; seit 1989 Generalsekretär der KPCh.
Seit April 1946 Mitglied der KPCh; Absolvent der Jiaotong-Universität mit einem 1947 beendeten Kurs als Elektroingenieur; dann leitende Funktionen in der Industrie von Shanghai sowie im Ersten Ministerium für Maschinenbauindustrie. 1950 in der Ingenieursabteilung der »Volksbefreiungsarmee« und im selben Jahr Attaché in der Handelsabteilung der chinesischen Botschaft in Moskau; 1955 Praktikant in der Moskauer Automobilfabrik »Stalin«; damit zur gleichen Zeit in Moskau wie → *Li Peng*. Nach seiner Rückkehr 1956 in Peking einer der Stellvertretenden Minister im Ersten Maschinenbauministerium. Nach den »leeren Jahren« während der Kulturrevolution beginnt sein politischer Aufstieg mit dem Tode von *Mao Zedong* 1976, zunächst erneut in seinem alten Amt; 1982 Stellv. Minister in der Kontrollkommission für Auslandsinvestitionen und der Export- und Importkommission. 1985 Minister für die Elektroindustrie, dann Bürgermeister und Erster Stellv. Parteisekretär in Shanghai. Als Parteichef der größten Stadt Chinas (ab 1988) propagiert er eine Politik der wirtschaftlichen Öffnung. Seit 1982 im ZK und seit 1987 im Politbüro der KPCh. Verteidigt als erster in der Führungsriege öffentlich das Massaker der Armee gegen die Studenten und Arbeiter in Peking am 3. 6. 1989 und läßt als erster in Shanghai Todesurteile gegen 3 Studenten vollstrecken. Nach dem Sturz von *Zhao Ziyang* am 24. 6. 1989 wird J., ein Schwiegersohn des früheren Staatspräsidenten *Li Xiannian*, auf Empfehlung von *Deng Xiaoping* vom ZK zum Generalsekretär der KPCh sowie zum Mitglied des Ständigen Ausschusses des Politbüros gewählt. Seit Nov. 1989 als Nachfolger von *Deng* auch Vorsitzender der Militärkomission des ZK der KPCh.

Johannes Paul II. (Vatikan), * 1920; seit 1978 Papst.
Geb. als *Karol Wojtyla* in Wadowice bei Krakau (Polen); Studium d. poln. Philologie u. d. Theaterwissenschaften, Schauspieler, ab 1942 Studium d. Theologie am illeg. Untergrundseminar in Krakau; 1946 zum Priester geweiht; 1953 Habil., Dozent an der Kath. Universität Lublin, 1958 Bischof v. Krakau, 1967 Kardinal; nach dem Tod von *Johannes Paul I.* im 8. Wahlgang am 16. 10. 1978 als erster Pole – und erster Nichtitaliener seit 1523 – zum Papst gewählt. Am 13. 5. 1981 zu Beginn der Generalaudienz auf dem Petersplatz durch Schüsse eines türkischen Terroristen schwer verletzt. 1983 und 1987 während seiner Polen-Reisen Begegnung u. a. mit → *Walesa*. Anf. Jan. 1984 befürwortet er einen eigenen Palästinenserstaat, im April ein Sonderstatut mit internationalen Garantien für Jerusalem. Besonders beachtet wird sein Besuch in der römischen Hauptsynagoge am 13. 4. (gilt als erster Besuch eines Papstes in einer Synagoge). Während seines 2. Besuchs in der Bundesrepublik Deutschland (30. 4.–4. 5. 1987) verteidigt der Papst die Haltung der kath. Kirche während des Dritten Reichs, die sich mit dem Konkordatsbeschluß darum bemüht habe, dem Schlimmsten vorzubeugen. Widmet seine Botschaft zum Weltfriedenstag am 1. 1. 1990 der Umwelt und lenkt die Aufmerksamkeit darauf, daß der Weltfriede auch durch den Mangel an der gebührenden Achtung gegenüber der Natur, durch die Ausbeutung ihrer Ressourcen und durch die fortschreitende Verschlechterung der Lebensqualität bedroht ist.

Kadhafi → *Gaddafi*

Kaifu, *Toshiki* (Japan), * 1931; seit 1989 Ministerpräsident.
Sohn eines Fotostudio-Besitzers in der mitteljapanischen Aichi-Präfektur. Kurz vor Ende des II. Weltkrieges als Freiwilliger im »Jungen-Luftwaffencorps« tätig, jedoch nicht mehr Soldat. Studium der Rechtswissenschaften in Tokio an der Chuo-Univ. und später an der elitären, privaten Waseda-Universität. 1960 mit 29 Jahren als seinerzeit jüngster Abgeordneter im Unterhaus. Im Kabinett von *Takeo Miki* (1974–76) stellv. Leiter des Kabinettssekretariats. Unter den Ministerpräsidenten *Takeo Fukuda* und *Yasuhiro Nakasone* 1976/77 und 1985/86 Kultus-

minister. Angehöriger einer der kleinsten Fraktionen der regierenden »Liberaldemokratischen Partei«/LDP, der sogenannten Komoto-Fraktion. Daneben Mitglied in einem Kreis von Unternehmern des Jahrgangs 1931, darunter die Firmen Oshio Electric, Aoki Construction und Uni Charm. Nach dem vorzeitigen Rücktritt von Ministerpräsident *Sosuke Uno* und den für die LDP verlorenen Oberhauswahlen am 23. 7. 1989 wird er am 8. 8. nach dem Votum der einflußreichen Gruppen von Ex-Ministerpräsident *Noboru Takeshita* mit nur 279 von 451 Stimmen zum neuen Vorsitzenden der LDP und am 9. 8. mit den entscheidenden Stimmen der Unterhausmehrheit (im Oberhaus, wo seit den Wahlen die »Japanische Sozialistische Partei«/JSP die Mehrheit hat, erhält deren Vorsitzende, Frau *Takako Doi*, die meisten Stimmen) zum neuen Regierungschef gewählt. K. will sich besonders um eine rasche und tiefgreifende Reform der durch den »Recruit Cosmos«-Bestechungs- und Finanzskandal schwer angeschlagenen LDP bemühen. Wird am 31. 10. 1989 vom Parteitag der LDP für 2 Jahre als Parteivorsitzender bestätigt. Erringt mit seiner LDP bei den Unterhauswahlen am 18. 2. 1990 einen überraschend deutlichen Sieg und bildet am 27. 2. eine neue Regierung.

Karamanlis, *Konstantin* (Griechenland), * 1907; 1955–63 und 1974–80 Ministerpräsident, 1980–85 und seit 1990 Staatspräsident.
Studium der Rechtswissenschaften; seit 1935 wiederholt Abgeordneter. Während der deutschen Besetzung und der Diktatur von General *I. Metaxas* nicht hervorgetreten. Seit 1951 Mitglied der Bewegung des Marschalls *Alexandros Papagos*, die er 1956 in die »Nationale Sammlungsbewegung«/ERE umbildet. Besonders verdient um den Wiederaufbau und die Flüchtlingsfürsorge nach dem Bürgerkrieg. 1946 erstmals Minister, 1955–83 mit kurzen Unterbrechungen Regierungschef. Bemüht um demokratische und wirtschaftliche Reformen und Zusammenarbeit mit der EWG. 1963 nach einem Streit mit König *Konstantin II.* abgetreten und im Exil in Paris. Nach dem Zypern-Putsch von 1974 nach Griechenland zurückgekehrt und Regierungschef einer Koalitionsregierung ohne die eigentliche Linke. Nach den Parlamentswahlen vom November 1974 absolute Mehrheit seiner Partei »Neue Demokratie«/ND und Bildung einer ND-Regierung; ernsthafte Bemühungen um die Konsolidierung der Wirtschaft und die Lösung der Streitfrage mit der Türkei, aber unter zunehmender Kritik linker Parteien, besonders der PASOK von *Andreas Papandreou*. K., entschiedener Gegner eines jeden Totalitarismus, führt unbeirrt den wirtschaftlich-politischen Konsolidierungskurs und die prowestliche Politik mit dem Ziel des EG-Beitritts weiter. Am 5. 5. 1980 zum Staatspräsidenten gewählt (Amtsantritt am 15. 5.). Ursprünglich gewillt, sich wieder zur Wahl zu stellen, erklärt K. am 10. 3. 1985 seinen Rücktritt, da die PASOK und ihr Führer *Papandreou* überraschend den Richter am obersten Gerichtshof, *Christos Sartzetakis*, zu ihrem Kandidaten nominieren. Nach Jahren der politischen Zurückgezogenheit vom neuen Regierungschef → *Mitsotakis* als Kandidat vorgeschlagen und am 4. 5. 1990 vom Parlament zum Staatspräsidenten gewählt.

Kaunda, *Kenneth* [auch »*Buchizya*«] (Sambia), * 1924; seit 1964 Staatspräsident.
Besuch von Missionsschulen, Lehrer und Geistlicher der Church of Scotland, schließlich Geschäftsmann; aktiv im African National Congress/ANC, 1953 dessen Generalsekretär, 1958 Vorsitzender d. Zambia National Congress, Kampf gegen die weiße Vorherrschaft; ab 1960 Aufstieg als Vorsitzender d. United National Independence Party/UNIP; seit der Unabhängigkeit Sambias 1964 Präsident, Befürworter sozialist. Wirtschaftsstruktur, scharfer Kritiker des Westens. 1978–79 eine Hauptstütze der »Patriot. Front« gegen die Regierung von *Abel Musorewa* in Simbabwe/Rhodesien, vermittelt jedoch Ende 1979 auf der »Londoner Konferenz«. Im Aug. 1980 mit der DDR Abschluß eines Kooperationsabkommens für Wirtschaft u. Wissenschaft; Ehrendoktor der Humboldt-Universität (Berlin/Ost). Verdienstvolle Rolle als Vermittler zwischen den »Frontstaaten« und Südafrika. Seine wechselhafte Wirtschaftspolitik ist jedoch nicht unerheblich an den Problemen seines Landes beteiligt. K. hält an der Einparteiherrschaft mit ihm als unumschränktem Machthaber trotz erheblicher Unruhen im Land fest. Er spricht sich am 13. 7. 1991 für die Aufhebung der Wirtschaftssanktionen gegen Südafrika aus.

Kaysone Phomvihane (Laos), * 1920; seit 1955 Generalsekretär der »Revolutionären Volkspartei«, 1975–1991 Ministerpräsident, seit 1991 Staatspräsident.
Sohn einer laotischen Mutter und eines Beamten vietnamesischer Herkunft; nach Schulbesuch Weiterbildung in Harwich und zeitweise Jurastudium. Bereits als Mitglied der Jugendgruppen der 1930 von *Ho Chi Minh* gegründeten indochinesischen KP und nach Eintritt in diese (1946) aktiv im Kampf gegen die französische Kolonialmacht. Militärisch in Nordvietnam ausgebildet. 1950–57 »Verteidigungsminister« der prokommunistischen Befreiungsfront Neo-Lao-Haksat/NLH sowie 1955 Oberkommandierender von deren Pathet-Lao-Streitkräften. Seit 1955 Generalsekretär der »Revolutionären Volkspartei«. Nach der endgültigen Machtübernahme durch die Kommunisten seit Dezember 1975 an der Spitze der Regierung. Unter seinem Einfluß öffnet sich das Land Ende der

achtziger Jahre marktwirtschaftlichen Prinzipien. Vom Parlament am 15. 8. 1991 zum neuen Präsidenten gewählt und damit Nachfolger von *Souphanouvong*.

Khaleqyar [Khalekjar], *Fasal Haq* (Afghanistan), * 1934; seit 1990 Premierminister.
Geboren in Herat; Studium an der ökonomischen Fakultät der Universität Kabul. Unter *Zahir Shah* übt er mehrere verantwortliche Funktionen in der Regierung aus. Parlamentsabgeordneter und Gouverneur der Provinz Herat. Seit Mai 1990 Premierminister.

Khamenei *[Chamanei], Hajatoleslam Ali* (Iran), * 1940; 1981–89 Staatspräsident, ab 1989 geistlicher Führer des Landes.
Schüler von *Ayatollah Ruhollah Khomeiny*, seit 1963 in der islam. Erneuerungsbewegung aktiv, 1969–78 mehrfach verhaftet; nach dem Sturz des Schahs stellv. Verteidigungsminister, einer der Vertreter *Khomeinys* im Obersten Verteidigungsrat und Mitgl. d. Revolutionsrats; am 1. 9. 1981 als Nachf. des ermordeten Ministerpräsidenten *Mohammed Javad Bahonar* zum Generalsekretär der IRP und am 2. 10. mit 95,1 % der Stimmen als Nachf. des ermordeten *Mohammed Ali Rajai* zum Staatspräsidenten gewählt, am 18. 8. 1985 mit 85 % im Amt bestätigt. In verschiedenen Schriften Verfechter einer radikalen, totalitären Auffassung einer islamischen Republik. Am 2. 6. 1988 Abgabe des Oberbefehls über die Streitkräfte an → *Rafsanjani*. Nach dem Tod von *Khomeiny* am 4. 6. 1989 noch am gleichen Tag vom »Rat der Weisen« als geistliches Oberhaupt gewählt. Sein Nachf. als Staatspräsident wird nach den Wahlen am 28. 7. *Rafsanjani*.

Kim ir Sen *[Kim Il Sung]* (DVR Korea/Nord-K.), * 1912; seit 1945 Generalsekretär (Erster Sekretär) des ZK der KP, 1948–72 Ministerpräsident und seit 1972 Staatspräsident.
Bauernsohn, ab 1927 kommunalpolitisch aktiv, 1931 Mitgl. der KP, 1934 Chef einer antijapan. Partisanengruppe in der Mandschurei, Flucht nach Sibirien, Gründung von korean. Partisanengruppen in Kasachstan u. Usbekistan, im II. Weltkrieg (angebl. u. a. vor Stalingrad) Kämpfer in der Roten Armee, zum Major befördert. 1945 Erster Sekretär der KP Koreas (ab 1946 Vorsitzender genannt), 1948–72 Ministerpräsident u. Oberbefehlshaber, mit vor allem chinesischer Hilfe fast Sieger im Koreakrieg; zunächst enge Anlehnung an Moskau, später Versuch einer unabhängigeren Politik zwischen Moskau u. Beijing; seit 1971 verstärkt um Kontakte zu S-Korea bemüht, zugleich Versuch der Errichtung einer kommunistischen Dynastie; 1972 als Nachfolger von *Tschö Jong Kun* zum Staatspräsidenten gewählt, aber auch weiterhin Generalsekretär des ZK der KP. Bekräftigt mehrfach seinen Wunsch nach Wiedervereinigung mit der nichtkommunistischen Republik Korea/Süd-K. als »Demokratische Koreanische Bundesrepublik« nach Abzug der US-Truppen. Zuletzt 1990 in seinem Amt bestätigt.

Kishtmand *[Kischtmand], Sultan Ali* (Afghanistan), * 1936; 1981–88 und 1989–90 Ministerpräsident; seit 1990 Vizepräsident.
Angehöriger der mongolenstämmigen Hazarah-Minderheit; Studium an der Univ. Kabul, dann lange Jahre in verschiedenen Ministerien tätig. 1965 einer der Mitbegründer der »Demokratischen Volkspartei Afghanistans«/DVPA und seitdem in deren ZK sowie seit 1977 im Politbüro, zuständig für Agitation, Propaganda und internationale Beziehungen. 1978 Planungsmin. und Mitglied des Revolutionsrates, aber bereits im August wegen angeblicher Verschwörung gegen Staats- und Regierungschef *Khafizoulla Amin* verhaftet, zum Tode verurteilt, dann zu 12 Jahren Haft begnadigt. Nach seiner Entlassung im Dez. 1979 stellv. Vors. des Revolutionsrates und Vizeministerpräs. 1981–88 Regierungschef, dann von *Muhammad Hasan Sharq* ersetzt, den er bereits am 21. 2. 1989 in diesem Amt wieder ablöst. K., als einziges Mitglied der afghan. Führungsspitze Schiite, gilt als Wirtschaftsfachmann, fähiger Verwalter und loyaler Gefolgsmann von Staatschef → *Najibullah*, der ihn am 6. 5. 1990 zum Vizepräsidenten ernennt (Nachf. als Ministerpräsident: *Fasal Haq Khaleqyar*).

Koirala, *Girija Prasad* (Nepal), * 1925; seit 1991 Premierminister.
Geboren im indischen Bihar, wo sein Vater politische Zuflucht vor dem Rana-Regime (Vorgänger des jetzigen Königshauses) gefunden hatte. Unter Politikern der indischen Unabhängigkeitsbewegung aufgewachsen und später führend an der Gründung der Gewerkschaftsbewegung in Nepal beteiligt. Bruder des nach den ersten demokratischen Wahlen in Nepal 1958 ernannten Premiers *B. P. Koirala*. Nach dessen Sturz 1960 verbringt er mit Mitgliedern seiner Familie sieben Jahre im Gefängnis und wird erst nach einem Hungerstreik entlassen. 1968 geht er ins indische Exil, aus dem er 1976 zurückkehrt, um ein Jahr später zum Generalsekretär der Partei Nepali Congress/NC gewählt zu werden. Nach den Parlamentswahlen im Mai 1991 von König *Birendra* zum Premierminister berufen. Er möchte die unter dem König ausgeglichenen Beziehungen zu den Nachbarn Indien und China zugunsten Indiens neu ausrichten.

Koivisto, *Mauno* (Finnland), * 1923; 1968–70 und 1979–81 Ministerpräsident, seitdem Staatspräsident.
Seit 1947 Mitglied der »Sozialdem. Partei«, 1959–67

Generaldirektor der Arbeiterbank, 1968–70 Chef einer »Volksfrontregierung«, 1972 Finanzminister u. stellv. Ministerpräsident. Seit Mai 1979 Chef einer Mitte-Links-Regierung. Seit September 1981 interimist. Staatspräsident, am 26. 1. 1982 zum Nachf. des 1981 erkrankten *Urho Kaleva Kekkonen* gewählt. Führt die traditionelle Außenpolitik Finnlands fort: Neutralitätspolitik, freundliche Beziehungen zu allen Staaten, vertrauensvolle Beziehungen zur UdSSR auf der Grundlage des finnisch-sowjet. Vertrages über Freundschaft, Zusammenarbeit und gegenseitigen Beistand, der 1983 zum 3. Mal auf 20 Jahre verlängert wird. Verpaßt bei der ersten Direktwahl eines Staatsoberhauptes in Finnland am 1. 2. 1988 mit 47,9 % die erforderliche absolute Mehrheit, wird jedoch bei der Stichwahl am 15. 2. von einem Wahlmännergremium mit 189 von 301 Stimmen für weitere 6 Jahre im Amt bestätigt.

Kraag, *Johan* (Surinam), * 1913; seit 1990 Staatspräsident.
In den 60er Jahren, als Surinam noch niederländische Kolonie war, Minister. Ehrenvorsitzender der »Nationalen Partei«/NPS. Nach dem unblutigen Putsch am 24. 12. 1990 gegen die demokratisch gewählte Zivilregierung des Präsidenten *Ramsewak Shankar* auf Druck des Militärs vom Parlament am 29. 12. zum neuen Präsidenten des Landes gewählt. Zum Vizepräsidenten wird *Jules Wijdenbosch* von der »Nationaldemokratischen Partei«/NDP gewählt, die von der Armee unterstützt wird.

Lacalle, *Luis Alberto* (Uruguay), * 1941; seit 1989 Staatspräsident.
Erziehung bei den Jesuiten, Studium der Rechtswissenschaften; später Tätigkeit als Rechtsanwalt, Farmer und Journalist. Mit 17 Jahren wird der Sohn einer »weißen« Familie Mitglied bei den »Blancos« (»Nationalpartei«). Als sich die Militärs 1973 an die Macht putschen, wird er zweimal kurz verhaftet. Am 26. 11. 1989 wird L. als Chef des rechten Flügels der traditionell rechten »Blancos« als Nachfolger von *Julio Mario Sanguinetti* zum neuen Staatspräsidenten gewählt.

Landsbergis, *Vytautas* (UdSSR/Litauen), * 1932; seit 1990 Präsident der Litauischen Republik.
Studium der Kunstgeschichte sowie der Musik (Klavier) in Vilnius (Wilna); 1969 Promotion. Danach Lehrtätigkeit am Pädagogischen Institut; seit 1978 Professor, Veröffentlichungen von Biographien litauischer Komponisten der jüngeren Vergangenheit. Im Zuge von Glasnost und Perestroika eine der treibenden Kräfte bei der Gründung der Bewegung Sajudis, dem Sammelbecken autonomistischer Kräfte in der katholisch geprägten Sowjetrepublik. Nach dem Sieg von Sajudis bei den ersten freien Wahlen am 24. 2. 1990 (Stichwahlen am 3./10. 3.) wird L. am 11. 3. vom Parlament, das zugleich die Sowjetverfassung des Landes außer Kraft setzt und die »Sozialistische Sowjetrepublik Litauen« in »Republik Litauen« umbenennt, zum neuen Präsidenten der baltischen Republik gewählt. Vor seiner Wahl erklärt L.: »Wir stehen heute an der Schwelle eines historischen Umschwungs. Geplant sind politische Beschlüsse für eine neue politische Situation.«

Levy, *David* (Israel), * 1939; seit 1990 Außenminister.
Als Emigrant aus Marokko seit 1956 in Israel; in jungen Jahren als Bauarbeiter tätig. Frühes Engagement in der Gewerkschaftsbewegung, in der er zum Sozialpolitiker aufsteigt. Auch im Likud-Block besetzt er mit sozialpolitischen Themen einen wichtigen Sektor der Parteipolitik. Seit mehreren Legislaturperioden im Parlament, u. a. Minister für den Wohnungsbau und für die Emigration. Seit Mai 1990 ist L., der sich außenpolitisch als liberaler Pragmatiker hervortat, neuer Außenminister.

Li Peng (VR China), * 1928; seit 1987 Ministerpräsident.
Nach dem Tod seines Vaters *Li Shouxan*, eines KP-Sekretärs, der von einer Kuomintang-Einheit standrechtlich erschossen wurde, 1939 von dem späteren langjährigen Ministerpräsidenten *Zhou Enlai [Tschou En-lai]* adoptiert. Mit 17 Jahren Eintritt in die KPCh. 1948–55 Studium mit Auszeichnung am Moskauer Institut für Energiewirtschaft; zugleich Vorsitzender der Vereinigung chines. Studenten in der Sowjetunion. Nach seiner Rückkehr aus Moskau lange Jahre Chefingenieur für Elektrizitätskraftwerke in Nordostchina; ab 1966 in Peking für die Elektrizitätsversorgung verantwortlich. Während der Kulturrevolution in den Verdacht geraten, ein »Spion Moskaus« zu sein, aber wohl dank der schützenden Hand *Zhou Enlais* unbeschadet aus den Wirren hervorgegangen. Von *Chen Yun [Tschen Jun]* gefördert, wird Li 1979 Vizeminister für Elektrizitätswirtschaft und 1981 Minister des Ressorts. Ab 1982 im ZK; vor allem für den Schlüsselsektor Energie und Kraftwerks- und Staudammbauten zuständig. 1985 nach seiner Wahl in das Politbüro übernimmt der Vizepremier (seit 1983) auch noch den Vorsitz der neugegründeten Erziehungskommission. Auf dem 13. Parteitag auch in den Ständigen Ausschuß des Politbüros gewählt, den engsten Führungszirkel der KPCh. Li, der im modernen Industriemanagement wohl versierteste Politiker der Pekinger Führung, wird am 24. 11. 1987 als Nachfolger von *Zhao Ziyang* zum neuen amtierenden Ministerpräsidenten ernannt und am 9. 4. 1988 vom Nationalen Volkskongreß im Amt bestätigt. Li hält die Umstrukturierung der chinesischen Wirtschaft für unbedingt

erforderlich. Befiehlt in Abstimmung mit *Deng Xiaoping* das Ausnahmerecht in Peking und ordnet am 3. 6. 1989 den Einsatz von Truppen zur blutigen Niederwerfung der Studentendemonstrationen in der Stadt an. Warnt in seinem Regierungsbericht vor dem Nationalen Volkskongreß am 20. 3. 1990 vor ausländischer Infiltration und westlichem Gedankengut und beschwört maoistische Ideale. Die Unruhen im vergangenen Jahr hätten darauf gezielt, das sozialistische System zu stürzen und China zu einem Vasallen der kapitalistischen Staaten zu machen.

Li Teng-hui *[Lee Teng-hui]* (Republik China/Taiwan), * 1923; seit 1988 Staatspräsident und Vorsitzender der Kuomintang.
Sohn einer Bauernfamilie aus dem Norden Taiwans. Studium an der angesehenen Universität von Kyoto in Japan; nach dem Krieg 1945 und dem Ende der japanischen Kolonialherrschaft zunächst weitere Studienjahre an der Nationaluniversität in Taipeh, dann an der Iowa State University in den USA, wo er seine agrarwissenschaftlichen Studien mit der Promotion abschließt. Bereits zuvor in eine taiwanesische Kommission für den landwirtschaftlichen Wiederaufbau eingetreten. 1971 erstmals Begegnung mit dem damaligen Vize-Premier *Chiang Ching-kuo*, der ihn 1972 als Staatsminister in sein Kabinett beruft. 1978 Bürgermeister der Hauptstadt Taipeh und ab 1981 Gouverneur. Später Stellvertreter von Staatspräsident *Chiang Ching-kuo* und nach dessen Tod am 13. 1. 1988 kommissarische Übernahme des höchsten Staatsamtes. Damit steht erstmals ein gebürtiger Taiwanese und kein Festlandchinese an der Spitze des Landes. Am 27. 1. wird der Christ *Li* vom Ständigen Ausschuß des ZK einstimmig auch zum amtierenden Vorsitzenden gewählt. Er tritt wie sein Amtsvorgänger für die Wiedervereinigung beider chinesischer Staaten ein. Im März 1990 von der Nationalversammlung in seinem Amt als Staatspräsident offiziell bestätigt.

Lubbers, *Rudolphus F. M.* [gen. »*Ruud*«] (Niederlande), * 1939; seit 1982 Ministerpräsident.
Studium der Ökonomie; nach dem Tod seines Vaters Leiter von dessen Baumaschinenfabrik und Übernahme von Funktionen in den Vorständen der Christl. Vereinigung junger Unternehmer und des Verbandes der Metallindustrie. 1970 Eintritt in die »Kath. Volkspartei«/KVP, eine der 3 Mutterparteien des heutigen (seit 1980) »Christl. Demokrat. Appell«/CDA. 1973–77 christl.-demokrat. Wirtschaftsminister unter *Joop den Uyl*. Seit 1979 Fraktionsvorsitzender des CDA in der 2. Kammer des Parlaments in Den Haag. Bildet als jüngster Ministerpräsident in den Niederlanden am 3. 11. 1982 eine Regierung aus CDA und den konserv. Liberalen VVD. Bei den Parlamentswahlen am 21. 5. 1986 als Regierungschef bestätigt. Am 2. 5. 1989 wegen Meinungsverschiedenheiten über die Finanzierung des Umweltschutzes zurückgetreten, bis zur Neuwahl am 6. 9. amtierend. Danach bildet L. eine Mitte-Links-Regierung aus CDA und Sozialdemokraten, die am 7. 11. vereidigt wird.

Mahdi Mohamed, *Ali* (Somalia), * 1939; seit 1991 Staatspräsident.
Angehöriger des Hawiye-Clans; in den 60er Jahren, als Somalia noch eine demokratische Verfassung hatte, für die »Somalische Arbeiterpartei« im Parlament. Nach dem Putsch von *Siad Barre* 1969 zu 3½ Jahren Haft verurteilt, jedoch nach 1½ Monaten freigelassen. Anschließend zeitweilig Beamter im Gesundheitsministerium und nebenbei zu einem wohlhabenden Geschäftsmann aufgestiegen, dessen Geld bei der Finanzierung der Rebellenbewegung United Somali Congress/USC offenbar eine große Rolle gespielt hat. Nach der Flucht von *Barre* aus der seit einem Monat umkämpften Hauptstadt Mogadischu wird M. von seiner USC nach Konsultationen anderer Rebellenbewegungen am 28. 1. 1991 zum neuen Präsidenten ernannt. Erklärt, die Übernahme des Präsidentenamtes durch ihn habe lediglich »vorläufigen Charakter« und die politische Zukunft des Landes werde erst bei einer demnächst einzuberufenden Nationalkonferenz festgelegt werden. Er will unter *Barre* nationalisierte Unternehmen reprivatisieren und ihren früheren Besitzern zurückgeben und appelliert an die internationale Gemeinschaft, seinem Land wirtschaftlich zu helfen.

Major, *John* (Großbritannien), * 1943; 1989 Außenminister, seit 1990 Premierminister.
Als Sohn eines Schauspielers und Zirkusartisten wächst er im Armenviertel Brixton auf, wo er das Gymnasium ohne Abschluß besucht. Nach vorübergehender Arbeitslosigkeit und einer Zwischenstation in Nigeria als Sozialarbeiter erlernt er das Bankfach (ab 1965) und gelangt bei der Standard Chartered Bank in Führungspositionen im In- und Ausland. Den Weg in die Politik findet er über die Jung-Konservativen und den Gemeinderat des Londoner Stadtbezirks Lambeth. Nach seiner Wahl ins Unterhaus (im dritten Anlauf 1979) als Abgeordneter von Huntington (Mittelengland) Posten im Innenministerium und in der Tory-Fraktionsführung. 1985 Staatsminister für Soziales, ab 1987 Staatssekretär im Schatzministerium mit Kabinettsrang. Nach der Entlassung von *Goeffrey Howe* wird er Außenminister. Nur vier Monate später, als *Nigel Lawson* zurücktritt, Schatzkanzler, als solcher zwingt er *Margaret Thatcher* den Beitritt zum europäischen Währungsausgleichsverband ab. Setzt sich nach dem Rücktritt von Frau *Thatcher* am 28. 11. 1990 gegen seine beiden Konkurrenten → *Hurd* und *Michael Heseltine*

durch und wird neuer Premierminister, der jüngste britische in diesem Jahrhundert. M. kündigt in seiner ersten Rede als Regierungschef an, Großbritannien werde bei der Entwicklung des neuen Europa eine vollwertige und führende Rolle spielen und verspricht, er werde dafür arbeiten, daß die Lebensqualität aller Briten verbessert werde.

Mandela, *Nelson Rolihlahla* (Rep. Südafrika), *1918; seit 1991 Präsident des ANC.
Sohn eines Zulu-Häuptlings; Jurastudium in Südafrika, später Anwalt. Seit 1944 Mitglied des ANC (1960 verboten), entschiedener Gegner der Apartheid, 1956–61 wegen Hochverrats vor Gericht, aber freigesprochen. Einer der aktivsten Führer des verbotenen ANC sowie dessen Generalsekretär. Nach der 1961 durch ihn erfolgten Gründung der Organisation »Speer der Nation« 1962 verhaftet, des Terrors, Umsturzversuches und kommunistischer Aktivität angeklagt und im Juli 1964 zu lebenslänglicher Verbannung auf der Robben-Insel verurteilt. Im Februar 1985 lehnt er seine Freilassung unter der von der Regierung gestellten Bedingung, künftig im politischen Kampf auf Gewaltmaßnahmen zu verzichten, ab. Am 11. 2. 1990 nach fast 28 Jahren Haft freigelassen, wird er am 2. 3. zum ANC-Vizepräsidenten gewählt; damit fungiert er angesichts der Erkrankung von Präsident *Oliver Tambo* praktisch als Führer der Organisation. Am 5. 4. trifft er in Kapstadt mit Präsident → *de Klerk* zum ersten offiziellen Gespräch zusammen, um Verhandlungen über politische Reformen aufzunehmen. Bei einem weiteren Gespräch am 7. 8. wird mit dem Verzicht auf Waffengewalt der Durchbruch zu Verhandlungen über ein Ende der Apartheid erzielt. Anfang Juli 1991 wird M. zum Präsidenten des ANC gewählt und tritt damit auch formell die Nachfolge von *O. Tambo* an. In seiner Rede vor dem Delegiertenkongreß des ANC plädiert er für die Bildung einer Übergangsregierung der nationalen Einheit und setzt sich für die Beibehaltung internationaler Sanktionen ein.

Manley, *Michael Norman* (Jamaika), *1913; 1972–80 und seit 1989 Premierminister.
Sohn des Politikers *Norman Washington M.*, der die Insel in die Unabhängigkeit führte; im Gegensatz zu dessen gemäßigt-reformerischer Politik Befürworter einer sozialist. Gesellschafts- und Wirtschaftsordnung. Seit 1972 mit seiner People's National Party/PNP erfolgreich und Regierungschef; Einleitung der Kooperation mit Kuba. Unterliegt bei den Wahlen Ende Okt. 1980 der konservativen Labour Party/JLP von *Edward Seaga*. Nach den Wahlen am 9. 2. 1989, bei denen seine PNP die absolute Mehrheit der Sitze im Parlament erringt, in dem sie seit dem Boykott der Wahlen im Jahre 1983 nicht mehr vertreten war, am 13. 2. erneut als Premiermin. vereidigt. M., der zugleich einer der Vizepräs. der Sozialist. Internationale ist, kündigt an, er werde versuchen, mit »den Vereinigten Staaten, mit Kanada und England die besten aller möglichen Beziehungen zu entwickeln«.

Markovič, *Ante* (Jugoslawien) *1925; seit 1989 Regierungschef.
1941 Anschluß an die Partisanen; seit 1943 Mitglied der KP. Nach dem II. Weltkrieg Studium an der technischen Hochschule in Zagreb. Danach 2 Jahrzehnte in leitender Stellung, zuletzt als Generaldirektor, im erfolgreichsten Staatsunternehmen, dem Zagreber Elektrokonzern »Rade Končar«. 1982–86 Regierungschef der Teilrepublik Kroatien. Anschließend für 2 Jahre zum Präs. des kroatischen Staatspräsidiums gewählt. Zugleich Mitglied des ZK des BdKJ und des Präsidiums des ZK der kroatischen Parteiorganisation. M., der als entschiedener Befürworter einer marktorientierten Wirtschaftspolitik gilt, wird am 19. 1. 1989 vom Staatspräsidium überraschend statt des favorisierten serbischen Gegenkandidaten *Borislav Jovič* zum Nachf. des zurückgetretenen Ministerpräs. *Branko Mikulič* nominiert und dem Bundesparlament vorgeschlagen, das ihn am 16. 3. ohne Gegenstimmen zum neuen Regierungschef wählt.

Martens, *Wilfried* (Belgien), *1936; 1979–81 und erneut seit 1981 Premierminister.
Rechtsanwalt. Seit seiner Jugend Verfechter der sprachlichen Gleichberechtigung aller Belgier, 1972–79 Vorsitzender der flämischen »Christlichen Volkspartei«/CVP. Von April 1979 bis März 1981 Ministerpräsident. Bildet im Dez. 1981 eine neue Mitte-Rechts-Regierung und wird am 17. 12. als Nachf. von *Mark Eyskens* erneut als Ministerpräsident vereidigt. Kann sich erst nach langen Auseinandersetzungen in der Öffentlichkeit im Parlament mit seiner Forderung nach Stationierung von Mittelstreckenraketen gegen die Opposition durchsetzen. Klarer Sieger der Parlamentswahlen am 4. 10. 1985. Tritt nach den schweren Wahlverlusten der CVP bei den vorgezogenen Parlamentswahlen am 13. 12. 1987 zurück, bildet nach einer 5 Monate währenden Regierungskrise am 9. 5. 1988 aber eine neue Mitte-Links-Regierung, der erstmals nach 7 Jahren auch wieder die beiden sozialist. Parteien (Flamen und Wallonen) angehören. Am 10. 5. 1990 zum neuen Vorsitzenden der Europäischen Volkspartei/EVP gewählt.

Meles Zenawi (Äthiopien), *1955; seit 1991 Staatspräsident.
Als Sohn einer christlichen Kleinhändler-Familie in Adua in der Provinz Tigri geboren. Nach dem Besuch der britischen Wingate High-School in Addis Abeba

Studium der Medizin, jedoch ohne Abschluß. Politisch aktiv, opponiert er gegen den Kasernenhof-Marxismus von *Mengistu Hailé Mariam* und gründet die »Marxist-Leninist-League of Tegray«/MLLT, die zum Kern der im Februar 1985 gebildeten »Tegray People's Liberation Front«/TPLF wird. Diese wiederum schließt sich 1989 mit anderen Gruppen zur »Ethiopian People's Revolutionary Democratic Front«/EPRDF zusammen. Als Generalsekretär bzw. Vorsitzender dieser Gruppen bekämpft er mit seiner Guerilla die Macht in Addis Abeba und übernimmt am 26. 5. 1991 die Staatsgeschäfte. Der neugebildete Nationalrat wählt ihn am 22. 7. für 2 Jahre zum Staatsoberhaupt.

Menem, *Carlos Saúl* (Argentinien), * 1932; seit 1989 Staatspräsident.
Sohn eines aus Syrien eingewanderten Straßenhändlers, katholisch getauft; Studium der Rechtswissenschaften (mit Promotion). Berufspolitiker; Mitglied des Partido Justicialista/PJ und Gouverneur der Provinz La Rioja; dreimal mit großer Mehrheit wiedergewählt. 1976, nach dem Putsch der Militärs, für einige Monate im Gefängnis. Setzt sich 1988 in parteiinternen Wahlen mit Hilfe der peronist. Gewerkschaften gegen den »Erneuerer« und Parteivors. *Antonio Cafiero* durch und wird zum Präsidentschaftskandidaten des PJ gekürt. Geht aus den Wahlen am 14. 5. 1989 als deutlicher Sieger hervor und übernimmt nach dem vorzeitigen Rücktritt von Staatspräsident *Raúl Alfonsín* am 8. 7. die Amtsgeschäfte. Damit übergibt erstmals seit 60 Jahren in Argentinien ein demokratisch gewählter Präsident einem ebenso legitimierten Nachfolger das Amt; und erstmals in der Geschichte des Landes wird ein Mann Präsident, der nicht von europäischen Einwanderern abstammt. M., der im Wahlkampf ein populistisches Programm mit stark nationalistischen Tönen vertrat, übernimmt das Amt in einer katastrophalen wirtschaftlichen Lage.

Mitsotakis, *Konstantin* (Griechenland), * 1918; seit 1984 Vorsitzender der Nea Demokratia; seit 1990 Ministerpräsident.
Jura-, Politik- und Ökonomiestudium in Athen; Rechtsanwalt. 1940 als Offizier auf eigenen Wunsch an der Front. Während der Besatzungszeit aktiv in der Widerstandsbewegung; zweimal gefangengenommen und zum Tode verurteilt. 1946 erstmals als Abgeordneter der »Liberalen Partei« in das Athener Parlament gewählt. 1951 Staatssekretär im Finanzministerium, ab 1952 Min. für Verkehr und öffentl. Arbeiten. Seit 1963 – nunmehr Mitglied der »Liberalen Zentrumsunion« – Finanzmin. Beteiligt sich 1965 – nach dem Rücktritt von *Georgios Papandreou* – gemeinsam mit 49 Zentrumsabgeordneten an der von den Konservativen geduldeten Minderheitsregierung und gehört 3 nachfolgenden Kabinetten an. 1967 im Zuge des Staatsstreichs verhaftet, später unter Hausarrest gestellt. Im Aug. Flucht in die Türkei, dann im Pariser Exil, wo er enge Kontakte zu → *Karamanlis* knüpft. 1977 zuerst Gründer der »Liberalen Partei«, dann Übertritt zur konservat. Nea Demokratia/ND von *Karamanlis*. Von diesem im Mai 1978 zum Koordinationsmin. ernannt und ab 1980 bis zum Wahlsieg von *Andreas Papandreou* im Okt. 1981 Außenmin. Seit Sept. 1984 Parteichef der ND. M. gilt als einer der frühesten Verfechter des Anschlusses von Griechenland an die EG. Geht aus den Parlamentswahlen Anf. Juni 1985 mit seiner Partei zwar gestärkt hervor, unterliegt aber der PASOK von Ministerpräs. *Papandreou*, die die absolute Mehrheit der Mandate gewinnt. Verfehlt mit seiner ND bei den Parlamentswahlen am 18. 6. 1989 mit 145 der 300 Parlamentssitze knapp die Mehrheit und wird von Staatspräs. *Christos Sartzetakis* mit der Bildung einer Koalitionsregierung beauftragt, die jedoch am Widerstand der anderen Parlamentsparteien scheitert. Am 30. 6. gibt er seinen Anspruch auf das Amt des Ministerpräsidenten auf, um unter dem von ihm vorgeschlagenen *Tzannis Tzannetakis* eine Übergangsregierung seiner ND mit der »Links- und Fortschritts-Koalition« (hauptsächlich KP) zu ermöglichen. Aus den Parlamentswahlen am 8. 4. 1990 geht er mit seiner ND mit 47,12 % als eindeutiger Sieger hervor und wird am 11. 4. als neuer Ministerpräsident vereidigt.

Mitterrand, *François* (Frankreich), * 1916; seit 1981 Staatspräsident.
Jurist, Schriftsteller und Verleger, 1940 in deutscher Kriegsgefangenschaft, Flucht über Algier nach London zu *Charles de Gaulle*, 1944 Minister für Kriegsgefangene, 1956–58 Abgeordneter und zeitweilig Präsident der sozialistischen »Widerstandsunion« sowie in 11 Regierungen der IV. Republik Kabinettsmitglied; 1959–62 Senator, Gegner der Politik *de Gaulles*, aber Anhänger seiner Algerienpolitik; 1965 Mitbegründer der »Linksdemokratischen und sozialistischen Föderation«/FGDS, bis 1968 deren Vorsitzender, als ihr Kandidat 1968 *de Gaulle* mit 44,8 % unterlegen; seit 1971 Vorsitzender der neugegründeten »Sozialistischen Partei« (PS), gibt dieses Amt Ende Januar 1981 an *Lionel Jospin* ab. Am 10. 5. mit 51,75 % der Stimmen als Nachfolger von *Valéry Giscard d'Estaing* zum Staatspräsidenten gewählt. Koalition seiner PS, die bei den Wahlen 1981 die absolute Mehrheit erhält, mit der kommunistischen Partei/PCF (die im Juli 1984 die Koalition verläßt). Eintreten für das Selbstbestimmungsrecht der Palästinenser und für die Anerkennung Israels durch die PLO. Plädiert für eine atomare Stärkung Frankreichs und lehnt die Einbeziehung der Kernwaffen seines Landes in die Abrü-

stungsverhandlungen ab. Gegenüber dem US-Forschungsprogramm zur Raketenabwehr im Weltraum (SDI) ablehnend, aber Förderer eines europäischen Programms (EUREKA), um einen »einseitigen Technologietransfer« zu verhindern. Beruft nach dem Wahlsieg der bürgerlich-liberalen Koalition am 16. 3. 1986 den RPR-Vors. *Jacques Chirac* im Rahmen der »Cohabitation« zum neuen Ministerpräsidenten. Geht aus der ersten Runde der Präsidentschaftswahlen am 24. 4. 1988 mit deutlichem Vorsprung vor *Chirac* hervor und besiegt ihn auch bei der Stichwahl am 8. 5. (54,02% gegen 45,98%). Ernennt nach dessen Rücktritt am 10. 5. → *Michel Rocard* zum neuen Premierminister, setzt aber zugleich Neuwahlen zum Parlament, in dem die bürgerlichen Parteien noch die Mehrheit haben, für den 5. und 12. 6. an, bei denen die Sozialisten die relative Mehrheit erringen. Beauftragt *Rocard* erneut mit der Bildung der Regierung, die mit dem Kurs der »Öffnung« fortfahren und die bürgerliche Mitte zur Zusammenarbeit bewegen soll. Wird am 1. 11. 1988 gemeinsam mit Bundeskanzler *Helmut Kohl* in Aachen mit dem internationalen Karlspreis ausgezeichnet. Im August 1990 Teilnehmer am Gipfel in Kairo, wo versucht wird, eine arabische Lösung im Irak-Kuwait-Konflikt zu finden; entsendet Kriegsschiffe und Bodentruppen in die Krisenregion.

Mobutu [ursprüngl. *Joseph-Desiré*], *Sésé Séko Kuku Ngbendu Wa Za Banga* (Zaire), * 1930; 1960–61 und seit 1965 Staatspräsident.
Sohn einer Bangala-Familie; Verwaltungsbeamter, 1949 Polizeibeamter, 1956 Journalist, 1960 Staatssekretär der Regierung von *Patrice Lumumba*, in den Kongowirren Anschluß an *Joseph Kasawubu* u. Oberbefehlshaber (ungeklärte Ermordung von *Lumumba*), 1962 mit Hilfe der UN Sieg über *Tschombé* u. Beendigung der Katanga-Sezession (ungeklärter Tod von UN-Generalsekretär *Dag Hammarskjöld*); seit 1965 durch neuen Militärputsch endgültig Staatsoberhaupt. Verstaatlichung der Großpflanzungen und des Kupferbergbaus, forcierte, isolierte Industrialisierung. Ausschaltung der Gegner. Stößt seit langem auch im Ausland auf Ablehnung, u. a. wegen Personenkult und Mißwirtschaft. Erklärt 1983 das Mehrparteiensystem als »für immer« abgeschafft. Im Mai Selbsterhebung zum »Marschall von Zaire«. Zuletzt Anfang Juli 1984 Wiederwahl als Präsident.

Mock, *Alois* (Österreich), * 1934; seit 1978 Fraktionsvorsitzender und 1979–89 Bundesparteiobmann der Österreichischen Volkspartei/ÖVP; seit 1987 Außenminister.
Jurastuium (mit Promotion). 1958–69 Beamter, 1969–70 Unterrichtsminister, 1971 Vorsitzender der Gewerkschaft ÖAAB der ÖVP, 1978 geschäftsführender Fraktionsvorsitzender der ÖVP, nach dem Rücktritt von *Josef Taus* 1979 ÖVP-Bundesobmann. Geht aus den Parlamentswahlen vom 24. 4. 1983 gestärkt hervor, ohne das Ziel einer Regierungsbeteiligung zu erreichen, da die SPÖ mit der FPÖ koaliert. Vorsitzender der Europ. Demokrat. Union/EDU, der Dachorganisation christl.-demokrat. u. konservat. Parteien in Europa und ab 24. 6. 1983 auch Vorsitzender der neugegründeten Internationalen Demokratischen Union/IDU. Mitglied der Ende 1984 vom Europarat gegründeten »Kommission bedeutender Staatsmänner«, die Perspektiven der europäischen Zusammenarbeit über die derzeitige Dekade hinaus formulieren soll. Verfehlt bei den Nationalratswahlen am 23. 11. 1986 die angestrebte Wende und bleibt mit seiner ÖVP zweitstärkste Partei hinter der SPÖ von → *Vranitzky*, mit der er am 4. 1. 1987 eine große Koalition bildet, in der er Außenminister wird. Äußert wiederholt das Interesse seines Landes an einer Mitgliedschaft in der EG. Verzichtet auf dem ÖVP-Parteitag am 17. 4. 1989 auf eine Wiederwahl als ÖVP-Vors. (Nachf. *Riegler*); bleibt aber Außenminister.

Moi, *Daniel arap* (Kenia), * 1924; seit 1978 Staatspräsident.
Mitglied des kleinen nilo-hamitischen, mit den Massai verwandten Tugen-Stammes der Kalenjin-Gruppe; Missionsschule, Lehrer, Aufstieg zum Anstaltsdirektor, 1957–63 im Legislativrat, 1961–62 Erziehungsminister, 1962–64 Minister f. Gemeindeangelegenheiten, 1964 Minister des Innern u. zusätzl. 1967 Vizepräsident unter *Jomo Kenyatta*; nach dessen Tod zum Vorsitzenden der Einheitspartei KANU, im Okt. 1978 zum Präsidenten ausgerufen. M. gilt als pragmatischer Politiker, der einen Ausgleich zwischen den kleinen Stämmen u. den einflußreichen Kikuju anstrebt. Von Juli 1981 bis Juni 1983 Vorsitzender der OAU. Erklärt im Mai 1982 Kenia zum Einparteistaat. Zuletzt am 27. 2. 1988 für eine 3. 5jährige Amtszeit bestätigt. Lehnt entschieden eine Mehrparteien-Demokratie, die »ins Chaos« führe, ab und sieht in den Befürwortern Unruhestifter, die im Sold ausländischer Mächte stehen.

Mubarak, *Hosni [Husni]* (Ägypten), * 1928; seit 1981 Staatspräsident.
Militärische Laufbahn, Pilot, Kampfflieger, 3 Ausbildungskurse in der UdSSR; 1969 Stabschef, 1972 Oberbefehlshaber der Luftwaffe, 1973 als »Held d. Oktoberkriegs« Aufstieg zum Luftmarschall (Generalleutnant). Seit April 1975 Vizepräsident. Am 14. 10. 1981 als Nachfolger des ermordeten Staats- u. Ministerpräsidenten *Anwar as Sadat* vereidigt; übernimmt auch die Funktionen des Oberbefehlshabers der Streitkräfte. Übergibt das Amt des Ministerpräsidenten am 3. 1. 1982 an *Fuad Muhieddin*. Am

26. 1. zum Vorsitzenden der regierenden »National-Demokratischen Partei«/NDP gewählt. Spricht sich wiederholt für eine gesamtarabische Libanon-Konferenz, für eine gegenseitige Anerkennung Israels und der PLO sowie schnellstmögliche Aufnahme der ägypt.-israel. Verhandlungen und für eine Autonomie der Palästinenser aus. Erringt bei den Parlamentswahlen am 27. 5. 1984 und am 6. 4. 1987 mit seiner NDP hohe Wahlsiege, sieht sich jedoch wachsenden innenpolitischen Spannungen gegenüber. Durch ein Referendum am 6. 10. 1987 mit großer Mehrheit für weitere 6 Jahre als Präsident bestätigt. Beendet mit seiner Reise in die Mitgliedstaaten des Golfkooperationsrates/GCC 1988 die Isolierung seines Landes in der arabischen Welt. M. verurteilt die irakische Invasion in Kuwait im August 1990 und entsendet im Rahmen einer arabischen Friedenstruppe ägyptische Einheiten nach Saudi-Arabien. M. hat sein Land zu einem verläßlichen Partner gemacht und Ägyptens Gewicht gegenüber dem Westen, vor allem aber auch gegenüber den arabischen Bruderländern gestärkt. Mit Beharrlichkeit führt er sein Land wieder in die Arabische Liga zurück – ohne dabei den Frieden von Camp David mit Israel preiszugeben.

Mugabe, *Robert Gabriel* (Simbabwe), * 1925; 1980–87 Premierminister, seit 1987 Staatspräsident.
Sohn eines Tagelöhners aus dem Zezeru-Clan der Maschona, Missionsschule, Lehrer. Ab 1956 im späteren Ghana, politisch von *Kwame Nkrumah* beeinflußt, ab 1960 wieder in Rhodesien, 1963 Anschluß an die Zimbabwe African National Union/ZANU. 1964–74 im Gefängnis bzw. interniert; Jura-Fernstudium an der Universität London (mit Promotion). Kooperation mit *Joshua Nkomo* in der »Patriot. Front«/PF. Erringt mit der ZANU bei den Wahlen vom Februar 1980 die absolute Mehrheit. Bildet Anfang März im Auftrag des brit. Gouverneurs *Arthur Christopher Soames* die Regierung, in der er auch das Amt des Verteidigungsministers übernimmt. Zunehmend Differenzen mit *Nkomo*, den er im Febr. 1982 mit der Beschuldigung aus dem Kabinett entläßt, mit südafrikan. Hilfe einen Putsch vorbereitet zu haben. Vereinbart am 20. 12. 1987 mit *Nkomo* den Zusammenschluß ihrer Parteien zu einer Einheitspartei. Nach Einführung des Präsidialsystems durch Verfassungsänderung am 30. 12. als neuer Präsident am 31. 12. vereidigt. Wird bei den Präsidentschaftswahlen im März 1990 im Amt bestätigt und mit seiner ZANU-PF auch Sieger bei den parallel stattfindenden Parlamentswahlen.

Mulroney, *Brian* (Kanada), * 1939; seit 1984 Ministerpräsident.
Jurastudium, steile Karriere als Rechtsanwalt, zuletzt Präsident der Bergwerksgesellschaft Iron Ore of Canada. Seit seinen Jugendjahren bei den Konservativen (Progressive Conservative Party), aber ohne parlamentarische Erfahrung und ohne polit. Amt. Seit 11. 6. 1983 als Nachfolger von *Joseph [»Joe«] Clark* Parteivorsitzender. Befürworter einer Neuordnung und Verbesserung der Beziehungen zu den Allierten Kanadas, besonders zu den USA. Bekennt sich zur NATO und tritt für die umstrittenen Tests von US-Cruise-Missiles auf kanad. Gebiet ein. M. wird innerhalb des konservat. Parteienspektrums dem rechten Flügel zugeordnet. Erringt bei den Parlamentswahlen im Sept. 1984 mit der »Konservativen Partei« den größten Sieg ihrer Geschichte (211 von 282 Sitzen) und löst den erst seit Juni 1984 als Nachfolger von *P. E. Trudeau* regierenden *John Turner* als Ministerpräsident ab (Vereidigung am 17. 9. 1984). Bei den Parlamentswahlen am 21. 11. 1988 verliert seine Partei zwar ihre ⅔-Mehrheit, erringt aber trotzdem einen überzeugenden Sieg; damit hat zum 1. Mal in diesem Jahrhundert eine »Tory-Regierung« zweimal hintereinander die Mehrheit im Unterhaus gewonnen. M. kann deshalb seinen umstrittenen Freihandelsvertrag mit den USA im Parlament durchsetzen.

Museveni, *Yoweri Kaguta* (Uganda), * 1944; seit 1986 Staatspräsident.
Studium der Wirtschafts-, Rechts- und Politikwissenschaften an der Universität von Daressalam/Tansania. Ab 1970 wissenschaftl. Assistent im Kabinett von *Milton Obote* bis zu dessen Sturz im Jan. 1971 durch *Idi Amin*; danach im Exil in Tansania. 1972 Teilnahme an einem gescheiterten Putsch gegen *Amin*. Nach dessen Sturz im April 1979 unter 2 Interimsregierungen für einige Monate Verteidigungsminister. Als seine Partei »Patriotische Bewegung Ugandas«/UPM bei den umstrittenen Wahlen im Dez. 1980 unterliegt, geht M. in den Untergrund und gründet die »Nationale Widerstandsarmee«/NRA, als deren Chef er 4½ Jahre gegen *Obote* kämpft. Nach dessen Sturz durch einen Militärputsch am 27. 7. 1985 fordert er eine radikale Reform der Armee und kämpft gegen die neue Regierung unter General *Tito Okello* weiter, mit der er am 17. 12. 1985 einen »Friedensvertrag« unterzeichnet. Einen Monat später beginnt die NRA eine Großoffensive gegen die Regierungstruppen und gewinnt die Kontrolle über die Hauptstadt Kampala. Am 30. 1. 1986 wird M. als neuer Präsident vereidigt. Es gelingt ihm, das Land zu befrieden und die Wirtschaft voranzubringen. 1990 verlängert er seine Amtszeit ohne Wahlen um weitere 5 Jahre.

Mwinyi, *Ali Hassan* (Tansania), * 1925; seit 1985 Staatspräsident.
Ausbildung an der Lehrerbildungsanstalt auf Sansi-

bar. Nach der Revolution von 1964 Vertreter der Interessen Sansibars in einer Reihe von gemeinsamen Institutionen des ehem. Britisch-Ostafrika und der Tanganjikisch-Sansibarischen Union. Kommt 1969 durch *Julius Nyerere* nach Daressalam. Inhaber verschiedener Ministerämter, zuletzt Staatsminister im Amt des Vizepräsidenten. Am 30. 1. 1984 nach dem Rücktritt von *Aboud Jumbe* zum Interimspräsidenten von Sansibar und Vorsitzenden des Revolutionsrates der Insel ernannt. Im April 1984 von der regierenden Einheitspartei Chama Cha Mapinduzi/CCM als einziger Kandidat aufgestellt und zum Präsidenten von Sansibar sowie gleichzeitig zum stellv. Präsidenten Tansanias gewählt. Am 27. 10. 1985 als einziger Kandidat mit 92,2 % der Stimmen zum Staatspräsidenten und damit zum Nachfolger von *Nyerere* gewählt. Im Okt. 1990 bei den Präsidentschaftswahlen mit 95,5 % der Stimmen für weitere 5 Jahre im Amt bestätigt. Erklärt, er wolle weitere Reformen zur Liberalisierung der Wirtschaft auf den Weg bringen und den Kampf gegen die Korruption zur Chefsache machen.

Najibullah *[Nadschib-Ullah], Mohammed* (Afghanistan), * 1947; seit 1986 Parteichef und seit 1987 Staatspräsident.
Paschtane aus der an Pakistan grenzenden Provinz Paktia. Studium der Medizin mit Promotion, Arzt. Mitglied der Führung der Parcham-Fraktion der Volkspartei. Bis Dez. 1985 Leiter des Geheimdienstes KHAD im Rang eines Generalmajors, danach Mitgl. des Politbüros und ZK-Sekretär. Im Mai 1986 Nachfolger des angebl. aus gesundheitlichen Gründen zurückgetretenen *Babrak Karmal* als Parteichef. N. will den Kampf der Regierungstruppen gegen die Mudjaheddin forcieren und dazu die Schlagkraft der Streitkräfte verbessern. Ruft Anfang Jan. 1987 zu einer »nationalen Aussöhnung« auf und strebt die Bildung einer Koalitionsregierung an. Seit dem 30. 9. 1987 Präsident des Revolutionsrates und damit de facto Staatspräsident; am 30. 11. durch die »Große Stammesversammlung« formell zum Staatspräsidenten gewählt. Stimmt 1988 dem Afghanistan-Abkommen mit Abzug der sowj. Truppen zu. Bietet nach dem Abzug der Roten Armee (15. 2. 1989) den Kommandanten der Mudjaheddin am 28. 3. lokale Autonomie an, falls sie die Waffen niederlegen; sie lehnen dieses Angebot ab.

Nawaz Sharif, *Mian* (Pakistan), * 1948; seit 1990 Premierminister.
Studium der Rechtswissenschaften an der Universität seiner Heimatprovinz Punjab. Anschließend Tätigkeit in der »Ittefaq-Gruppe«, ein Familienunternehmen mit einem Dutzend eisenverarbeitender Betriebe, als Manager tätig. Schon 1981, also mit 33 Jahren, von General *Zia ul-Huq*, dem damaligen Chef der pakistanischen Militärregierung, zum Finanzminister der Provinzregierung von Punjab ernannt. Seit 1985 Chefminister in Punjab und Vorsitzender der Muslim-Liga in seiner Provinz. Siegt mit seiner Islami Jamhoori Ittehad/IJI, einem Bündnis überwiegend islamischer Parteien, bei den Parlamentswahlen im Oktober 1990 und wird am 6. 11. von der neuen pakistanischen Nationalversammlung zum Premierminister gewählt. Er tritt damit die Nachfolge von *Benazir Bhutto* an, die im August von Staatspräsident → *Ishaq Khan* unter dem Vorwurf des Amtsmißbrauchs und der Korruption abgesetzt worden war.

Nujoma, *Sam* (Namibia), * 1929; Präsident der Befreiungsbewegung SWAPO und seit 1990 Staatspräsident.
Sohn einer Ovambo-Familie; früh aktiv gegen Apartheidpolitik, 1960 ins Exil. Mitbegründer und Präsident des hauptsächlich aus Ovambo bestehenden Exilflügels der South West African People's Organisation/SWAPO mit Hauptquartier in Lusaka (Sambia) und mit Operationen von sambischem u. angolanischem Gebiet aus. Kehrt am 14. 9. 1989 aus dem Exil in seine Heimat zurück. Wird von der Verfassunggebenden Versammlung am 16. 2. 1990 einstimmig zum 1. Präsidenten von Namibia gewählt, das am 21. 3. seine Unabhängigkeit erlangt.

Ouattara, *Alassane D.* (Côte d'Ivoire), * 1942; seit 1990 Premierminister.
Geboren in Burkina Faso (früher Obervolta), mit einer Amerikanerin verheiratet. Studium der Wirtschaftswissenschaften an der Universität von Pennsylvania; Promotion. Stellt sein gesamtes Berufsleben in den Dienst Afrikas, u. a. als Leiter der Afrikaabteilung des Internationalen Währungsfonds/IWF und als Präsident der Westafrikanischen Zentralbank/BCEAO in Dakar. Seit Frühjahr 1990 Berater von Staatspräsident *Houphouet-Boigny*. Im Dez. 1990 zum ersten Premierminister seines Landes ernannt.

Özal, *Turgut* (Türkei), * 1927; 1983–89 Ministerpräsident; seit 1989 Staatspräsident.
Elektroingenieur, Wirtschaftswissenschaftler. 1967 Chef der staatl. Planungsorganisation, nach dem Militärputsch im März 1971 bei der Weltbank; 1973 Rückkehr, in führenden Stellungen in der Privatwirtschaft tätig, sodann Leiter der Planungsorganisation, zuletzt für Wirtschaftspolitik verantwortlich. Nach dem Sturz von *Süleyman Demirel* im Sept. 1980 durch das Militär stellv. Ministerpräsident mit dem Auftrag, sein Wirtschaftskonzept fortzusetzen; Rücktritt am 14. 7. 1982. Nach dem Sieg seiner »Mutterland-Partei« (ANAP) bei den Parlamentswahlen am 6. 11. 1983 Nachfolger von *Bülent Ülüsü* als Regierungschef (Vereidigung am 6. 12.);

geht mit seiner Partei auch aus den Parlamentswahlen am 29. 11. 1987 als Sieger hervor. Um bessere Beziehungen zu Westeuropa bemüht; langfristiges Ziel ist die Aufnahme in die EG als gleichberechtigtes Vollmitglied. Im Januar 1988 in Davos und im April in Brüssel erste Zusammentreffen mit dem damal. griechischen Ministerpräsidenten *Andreas Papandreou*. Im Juni reist Ö. zu einem Besuch nach Griechenland, dem ersten eines türkischen Regierungschefs seit 36 Jahren, mit dem Ziel, die Spannungen wegen Zypern und wegen der Rechte im Ägäischen Meer zu lösen und die Grundlage für eine enge Zusammenarbeit zu schaffen. Beim Attentat bei der Eröffnung des Parteitags der ANAP wird Ö. am 18. 6. leicht verletzt. Er unternimmt Mitte Juli als erster Regierungschef der laizistischen türkischen Republik eine Pilgerfahrt nach Mekka. Am 31. 10. 1989 wird Ö. vom Parlament zum Staatspräsidenten gewählt. Verurteilt die Besetzung Kuwaits durch den Irak im August 1990. Besucht im März 1991 als erstes Staatsoberhaupt seines Landes die Sowjetunion.

Pankin, *Boris Dmitrijewitsch* (UdSSR), *1931; seit 1991 Außenminister.
Geboren in Frunse (Kirgisien) als Sohn eines Ingenieurs. Studium an der Moskauer Staatsuniversität. Ab 1953 Journalist bei der »Komsomolskaja Prawda«, 1965 deren Chefredakteur. 1973–82 Leiter der sowj. Behörde für den Schutz von Urheberrechten. Danach Botschafter, zunächst in Stockholm, ab April 1990 in Prag. Distanziert sich noch vor dem Zusammenbruch des Putsches (21. 8. 1991) von den Akteuren im »Notstandskomitee«. Am 27. 8. wird. P., der Mitglied des Schriftstellerverbandes ist und mehrere Bücher veröffentlicht hat (u. a. eine Essaysammlung über moderne russische Prosa), von → *Gorbatschow* zum neuen Außenminister ernannt und ist damit Nachfolger von *Alexander Bessmertnych*.

Paz Zamora, *Jaime* (Bolivien), *1939; seit 1989 Staatspräsident.
Sohn eines Generals, Neffe des früheren Staatspräsidenten *Victor Paz Estenssoro*; zunächst Studium an einem Priesterseminar, sodann polit. Wissenschaften an der kath. Universität von Löwen (Belgien). Mitbegründer der demokratisch-sozialistischen »Bewegung der revolutionären Linken« (Movimiento de la Izquierda Revolucionaria/MIR). Unter *Hugo Banzer Suarez* zunächst im Untergrund, dann verhaftet, 1974 aus der Haft entflohen. 1978 einer der Initiatoren des Wahlbündnisses der Unidad Democratica y Popular/UDP. Nach dem Rücktritt der Militärregierung 1982–85 Vizepräsident unter *Hernan Siles Zuazo* und zugleich Präsident des Senats und des Kongresses. Geht aus den Präsidentschaftswahlen vom 7. 5. 1989 mit seiner MIR mit 19% der Stimmen zwar nur als drittstärkste Kraft hervor (*Sanchez de Lozada*/MNR 23% und *Hugo Banzer Suarez*/ADN 22,5%), wird aber nach einem am 2. 8. mit *Banzer* geschlossenen Pakt am 6. 8. zum neuen Präsidenten gewählt.

Peres, *Shimon [Schimon]* (Israel), *1923 in Weißrußland; 1977 und 1984–86 Premierminister, 1986–88 Außenminister; seit 1977 Vors. der Arbeitspartei.
1934 nach Palästina eingewandert, 1939 Mitglied der Mapai, Gewerkschafter, 1941–45 Generalsekretär der Histadrut-Jugend, aktiv in der Selbstschutzorganisation Haganah, auch im Unabhängigkeitskampf, 1948 Mitglied der Führung der Mapai, ab 1948 zahlreiche Regierungsämter, meist im Verteidigungsministerium, 1974–77 Verteidigungsminister; nach dem Rücktritt von *Yitzhak Rabin* 1977 Vorsitzender der Mapai. Nach den Wahlen am 23. 7. 1984, bei denen die Arbeitspartei wieder die stärkste Kraft in der Knesset wird, ab 13. 9. Chef einer »Regierung der nationalen Einheit«, einer großen Koalition aus 10 Parteien und Gruppierungen, P. zieht die israel. Truppen aus dem Libanon zurück, lädt Jordanien ein, sich dem Friedensprozeß anzuschließen, reist am 21. 7. 1986 überraschend zu Geheimgesprächen zu König → *Hassan* nach Marokko. Er führt im Sept. 1985 in Helsinki mit → *Gorbatschow* Gespräche über die Wiederaufnahme der 1967 einseitig durch die UdSSR abgebrochenen dipl. Beziehungen. Gemäß dem Koalitionsabkommen der »Regierung der Nationalen Einheit«, das in der 2. Hälfte der Legislaturperiode eine Rotation im Amt des Regierungschefs vorsieht, tritt P. am 10. 10. 1986 zurück (Nachfolger → *Shamir*) und wird neuer Außenminister sowie Vizepremier. Nach den Knesset-Wahlen am 1. 11. 1988 in der neuen Koalition mit dem Likud-Block Finanzminister und erneut Vizepremier. Fordert die Regierung auf, den Dialog mit den Palästinensern in den besetzten Gebieten zu suchen und dem US-amerikanischen Friedensplan zuzustimmen. Wird am 13. 3. 1990 von *Shamir* aus seinen Ämtern entlassen, der damit den Bruch der Koalition herbeiführt.

Pérez de Cuéllar, *Javier* (Peru/UN), *1920; seit 1981 UN-Generalsekretär.
Jurastudium; seit 1944 im diplomatischen Dienst, zunächst Botschaftssekretär in Frankreich, Großbritannien und Bolivien und ab 1957 als Botschaftsrat, später als Gesandter in Brasilien. 1961 Direktor der Rechts- und Personalabteilung des Außenministeriums, 1962–64 Direktor der Verwaltungsabteilung, des Protokolls und der Abteilung für polit. Fragen. 1964–66 Botschafter in der Schweiz, danach bis 1969 ständiger Unterstaatssekretär und Generaldi-

rektor des Außenministeriums, 1969–71 Botschafter in der UdSSR und gleichzeitig in Polen. 1971–75 Leiter der UN-Mission, 1975 Sonderbotschafter des UN-Generalsekretärs in Zypern. 1978 Botschafter in Venezuela und danach stellv. Generalsekretär für polit. Fragen im UN-Generalsekretariat. Als Nachfolger von → *Waldheim* ab 11. 1982 UN-Generalsekretär. Am 10. 10. 1986 von der UN-Vollversammlung per Akklamation für weitere 5 Jahre im Amt bestätigt. Vergeblich bemüht, auf diplomatischem Wege eine Lösung des Irak-Kuwait-Konflikts zu erreichen.

Pérez Rodríguez, *Carlos Andres* [»CAP«] (Venezuela), * 1922; 1974–79 und seit 1989 Staatspräsident.
Sohn eines kleinen Kaufmannes aus dem Bundesstaat Tachira an der Grenze zu Kolumbien; Studium, früh politisch tätig. Seit 1948 Abgeordneter, u. a. Sekretär des gemäßigt-linksdemokr. Präs. *Romulo Betancourt*; als Innenmin. in dessen Regierung (1962/63) verantwortlich für die Bekämpfung der linksextremist. Guerilla. Dann Fraktionschef der Accion Democratica/AD im Parlament und als Kandidat der AD im Dez. 1973 mit 48,6 % der Stimmen zum Präs. gewählt; Amtsantritt im März 1974 als Nachf. von *Raffael Caldera*. 1975 Verstaatlichung der Erdöl- und Eisenerzvorkommen, ein Ereignis, das die Venezolaner als »zweite nationale Unabhängigkeit« feierten. Im März 1979 von *Luis Herrera Campins* abgelöst. 1980 vom Vorwurf »ungerechtfertigter Bereicherung« freigesprochen. Bei den Präsidentschaftswahlen am 4. 12. 1988 mit der absoluten Mehrheit der Stimmen gewählt und damit der 1. Präs. der seit 1958 bestehenden venezolan. Demokratie, der nach den in der Verfassung vorgesehenen 10 Jahren Unterbrechung wiedergewählt wurde. P., dessen AD in beiden Häusern des Parlaments über eine breite Regierungsmehrheit verfügt, gilt seinen Landsleuten als Symbol des Nationalismus, des Wirtschaftsbooms und einer aktiven Außenpolitik (P. ist einer der Vizepräsidenten der Sozialistischen Internationale).

Poos, *Jacques* (Luxemburg), * 1936; seit 1984 stellv. Ministerpräsident und Außenminister.
Studium der Wirtschaftswissenschaften in Lausanne. Verlagsdirektor des Luxemburger »Tageblatt«. 1959 Wechsel ins Wirtschaftsministerium. In der Regierung des liberalen *Gaston Thorn* 1976 Finanzminister. Anfang der 80er Jahre auf einigen leitenden Posten in führenden Luxemburger Finanzinstituten. Seit 1984 in dem Kabinett von *Jacques Santer* stellv. Ministerpräsident und Außenminister. Unter seiner Ägide wird während der EG-Ratspräsidentschaft Luxemburgs 1985 die Einheitliche Europäische Akte verabschiedet. Während des ersten Halbjahres 1991 erneut Vorsitzender des EG-Ministerrates. Scheitert bei seinen Vermittlungsbemühungen, im Auftrag der EG den drohenden Golfkrieg abzuwenden, an der ablehnenden Haltung der irakischen Führung.

Premadasa, *Ranasinghe* (Sri Lanka), * 1924; 1978–89 Premierminister und seit 1989 Staatspräsident.
Als Angehöriger der niedrigen (Dhobi-)Kaste im Arbeiterbezirk Colombos geboren; Mitglied der United National Party/UNP, die er seit 1960 im Parlament vertritt. 1968–70 Min. für örtliche Selbstverwaltung, seit 1976 stellv. Parteivors. der UNP; 1977 Min. für örtliche Selbstverwaltung sowie für Wohnungsbau. Seit 1978 Premierminister. Geht aus den Präsidentschaftswahlen am 19. 12. 1988 als Sieger hervor und löst am 2. 1. 1989 Staatspräs. *Junius Jayawardene* im Amt ab. Übergibt nach den Parlamentswahlen am 15. 2. 1989 das Amt des Ministerpräsidenten, das künftig jährlich unter den Kabinettsmitgliedern rotieren soll, an Finanzminister *Dingiri Banda Wijetunga* und übernimmt das Verteidigungsressort. Im Zusammenhang mit der Tamilenfrage bezichtigt er Indien regionaler Großmachtabsichten.

Rao, *Pamulaparti Venkata [»P. V.«] Narasimha* (Indien), * 1921; seit 1991 Premierminister.
Sohn einer Telugu-Familie. Jurastudium mit Promotion. Seit 1945 in der Kongreßpartei und stets loyaler Anhänger der Nehru-Gandhi-Dynastie. Ab 1957 Abgeordneter im Bundesstaat Andhra Pradesh, seiner Heimat, ab 1962 Minister in verschiedenen Ressorts; 1971–1973 Chefminister seines Heimatstaates. Danach Generalsekretär der Kongreßpartei in Delhi. 1977 ins Parlament gewählt und 1980–84 Außenminister in einem Kabinett *Indira Gandhis*. Anschließend Minister der Ressorts Inneres, menschliche Ressourcen, Justiz und Verteidigung. Nach der Demission der Regierung von *Rajiv Gandhi* 1989 in den Ruhestand getreten, bis er nach der Ermordung *Gandhis* (21. 5. 1991) von der Kongreßpartei am 20. 6. zu dessen Nachfolger als Parteivorsitzender gewählt wird. Nach dem Sieg seiner Partei bei den am 13. 6. beendeten Parlamentswahlen von Staatspräsident → *Venkataraman* am 26. 6. zum neuen Premierminister ernannt und damit Nachfolger von *Vishwanath Pratap Singh.*

Rafsanjani *[Rafsandschani], Ali Akbar Hashemi [Haschemi]* (Iran), * 1934; 1980–89 Parlaments-, seit 1989 Staats- und Ministerpräsident.
Sohn eines Pistazienhändlers in Rafsandschan, als Schüler *Khomeinys* Inhaber des theolog. Rangs eines Hojatol-eslam (»Beweis f. d. Islam«). Nach der islamischen Revolution Mitglied des Revolutionsrats und kurzzeitig Innenminister. Seit 1980 Parlaments-

präsident und Vertreter von *Ajatollah Khomeiny* im Obersten Verteidigungsrat. Am 10. 12. 1982 in eine Expertenversammlung für die Regelung der Nachfolge *Khomeinys* gewählt. Seit 2. 6. 1988 als Nachfolger von → *Khamenei* Oberbefehlshaber der Streitkräfte. Unmittelbar nach *Khomeinys* Tod Besuch in Moskau. Wird am 28. 7. 1989 zum Staatspräsidenten gewählt u. übernimmt auch das Amt des Ministerpräsidenten. Tritt am 17. 8. vorzeitig als Parlamentspräsident zurück (Nachf.: *Mehdi Karubi*); legt Anfang Sept. den Oberbefehl über die Streitkräfte nieder. Am 23. 7. 1990 bekräftigt er den Willen seiner Regierung zu einer Politik der Öffnung. Verurteilt Anfang August die irakische Invasion in Kuwait und begrüßt die Initiative von Präsident → *Saddam Hussein* zur Beilegung des Grenzkonflikts mit dem Irak.

Robinson, *Mary* (Irland), * 1944; seit 1990 Staatspräsidentin.
Studium der Rechtswissenschaften; mit 25 (die jüngste) Juraprofessorin von Dublin, mit 26 bereits Senatorin im irischen Oberhaus. Bekannt als Rechtsanwältin, die 1971 zum ersten Mal sogar gegen den Staat Irland prozessiert. Mitglied der Labour Party, aus der sie 1985 austritt. Die international anerkannte Verfassungsrechtlerin siegt bei den Präsidentschaftswahlen am 10. 11. 1990 als parteilose Kandidatin mit 52 % der Wählerstimmen gegen die Kandidaten der Fianna Fáil und der Fine Gail. Am 3. 12. als neue Staatspräsidentin vereidigt, plädiert sie für mehr Toleranz und mehr Gleichberechtigung der Frau.

Rodriguez, *Andrés* (Paraguay), * 1925; seit 1989 Staatspräsident.
Sohn eines Eisenbahnarbeiters; Militärlaufbahn, zuletzt Panzergeneral. Mitglied der Einheitspartei Asociación Nacional Republicana (»Colorado«). Jahrzehntelang engster Vertrauter des Diktators *Alfredo Stroessner Mattianda*, nicht zuletzt durch die familiäre Bindung (seine Tochter heiratete den Stroessner-Sohn *Hugo Alfredo*). Einer der größten Nutznießer der »institutionalisierten Korruption« des Landes (u. a. Besitzer einer Fluggesellschaft, einer Brauerei, der einzigen Kupferdraht-Fabrik des Landes und einer Kette von Wechselstuben). Ende der 60er Jahre taucht sein Name erstmals in der US-Presse im Zusammenhang mit Drogenhandel und Schmuggelgeschäften auf; in den letzten Jahren weisen US-Drogenfahnder wiederholt auf die »Paraguay/Rodriguez-Connection« hin, doch konnten Beweise dafür nie erbracht werden. Als *Stroessner* beginnt, R. fallenzulassen und seinen Sohn *Gustavo* als polit. Erben aufzubauen, Anf. 1989 die Geldwechselbüros schließen läßt und schließlich die Entlassung von R. zum 2. 2. anordnet, reagiert dieser umgehend: Am 3. 2. stürzt er als Chef des 1. Armeekorps, das als am besten bewaffnet gilt und als einziges über Elite-Einheiten verfügt, in einem blutigen Putsch *Stroessner* und beendet damit dessen fast 35jährige Alleinherrschaft. Er erklärt sich zum »provisorischen Präsidenten« und setzt für den 1. 5. 1989 Präsidentschaftswahlen an, aus denen er mit 74 % der Stimmen als Sieger hervorgeht.

Roh Tae Woh (Rep. Korea/Süd-K.), * 1933; seit 1987 Präsident der »Demokratischen Gerechtigkeitspartei«/DJP und seit 1988 auch Staatspräsident.
Militärische Laufbahn; 1955 Absolvent der Militärakademie. Im Vietnamkrieg Kommandeur einer Einheit der auf seiten der USA kämpfenden südkorean. Streitkräfte. Dann Chef einer Eliteeinheit der korean. Streitkräfte. 1978 als Generalmajor Kommandeur der 9. Infanteriedivision an der Grenze zu Nordkorea. Im Dez. 1979 verlegt er ein Regiment in die Hauptstadt Seoul, um den Militärputsch von *Chun Doo Hwan* zu sichern. 1980 Leiter des einflußreichen Geheimdienstes »Defense Security Command«, der die Gegner der Regierung sowohl im Lande als auch außerhalb observiert. 1981 militärischer Abschied und zunächst Sport-, dann Innenminister. 1983 Vorsitzender des Organisationskomitees für die Olympischen Sommerspiele 1988. Seit 1985 amtierender Vorsitzender der regierenden »Demokratischen Gerechtigkeitspartei«/DJP. Nach der im Zusammenhang mit schweren innenpolitischen Unruhen erfolgten Niederlegung der Parteiführung durch *Chun* wird *Roh* am 5. 6. 1987 von den Delegierten des DJP-ZK zum neuen Parteipräsidenten und zum Kandidaten für das Amt des Staatsoberhauptes gewählt. *Roh* bekräftigt seine Bereitschaft zum Gespräch mit der Opposition und zur Verwirklichung der geplanten Verfassungsreform. Er geht aus der ersten direkten Staatspräsidentenwahl seit 16 Jahren am 16. 12. 1987 mit 36,6 % der Stimmen als Sieger hervor. Der Übergang vom bisherigen Amtsträger *Chun Doo Hwan* auf *Roh* am 25. 2. 1988 stellt den ersten friedlichen Machtwechsel seit dem Ende des II. Weltkrieges in Korea dar. Seit 9. 5. 1990 ist R. Vorsitzender der am 22. 2. aus seiner DJP, der RDP und der NDRP hervorgegangenen »Demokratisch-Liberalen Partei«/DLP.

Roman, *Petre* (Rumänien), * 1947; seit 1989 Ministerpräsident.
Sohn eines prominenten Kommunisten und Spanienkämpfers; seine Mutter ist Spanierin. Studium am Hydrotechnischen Institut in Bukarest und in Toulouse; Professor für Wasserbau. Zuletzt Leiter des betreffenden Instituts an der Polytechnischen Hochschule in Bukarest. Seit dieser Zeit scheint seine Karriere an die von → *Iliescu* gebunden zu sein, der zur gleichen Zeit Minister für Wasserwirtschaft war.

Am 22. 12. 1989, dem Tag des Umsturzes, in den »Rat der nationalen Rettung« berufen und zum amtierenden Ministerpräsidenten ernannt. Am 20. 6. 1990 von Staatspräsident *Iliescu* im Amt bestätigt.

Saddam Hussein el-Takriti (Irak), * 1937; seit 1979 Staats- und Parteichef, 1979–91 auch Regierungschef.
Bauernsohn, früh in der Baath-Bewegung politisch aktiv, bis 1968 im Untergrund. Exil, Haft; seit 1969 in dem im Irak regierenden »linken« Flügel der Baath stellv. Vorsitzender des »Kommandorates« (Führungsrates) der Partei. Entschiedener Gegner des ägypt.-israel. Friedensvertrages. Nach dem Rücktritt von *Achmed Hassan el Bakr* 1979 Nachfolger in allen Ämtern. Durch die Ergebnisse der Wahlen 1980 – den ersten seit 20 Jahren – in seiner Position gestärkt. H., in Personalunion Staats- u. Regierungschef sowie Generalsekretär der Baath-Partei u. Oberkommandierender der Armee, veranlaßt im September 1980 wegen des Anspruchs auf umstrittene Grenzgebiete den Angriff gegen den Iran, wodurch ein Krieg entfacht wird, der erst 1988 durch einen Waffenstillstand endet. Sieht sich als Vorkämpfer der panarabischen Idee und versteht die Annexion des Nachbarstaates Kuwait am 1. 8. 1990 als einen weiteren Schritt auf dem Weg zur Vorherrschaft in der arabischen Welt. Widersetzt sich den Resolutionen des UN-Sicherheitsrates und auch der Resolution 678, die dem Irak unter Androhung militärischer Gewalt für die Räumung Kuwaits eine letzte Frist bis zum 15. 1. 1991 setzt, worauf eine militärische Streitmacht unter Führung der USA am 17. 1. die Aktion »Wüstensturm« beginnt, die am 27. 2. mit der Niederlage des Irak und der Befreiung Kuwaits endet.

Saleh *[Sali], Ali Abdullah* (Republik Jemen), * 1942; seit 1990 Staatspräsident.
Mitglied des Stammes der Sanhan, der zur großen Al-Haschid-Stammeskonföderation gehört. Militärische Laufbahn; Teilnahme an der Revolution von 1962 und dem anschließenden Bürgerkrieg, der 1970 mit der Ausrufung der Arabischen Republik Jemen (Nordjemen) endet; 1975–78 Befehlshaber des Wehrbezirks Taiz, Oberstleutnant, Oberbefehlshaber der Armee. Nach der Ermordung von Staatspräsident *Hussein al Ghashmi* am 17. 7. 1978 zu dessen Nachfolger gewählt und zugleich Verteidigungsminister; im Juni 1988 im Amt des Staatspräsidenten der AR Jemen bestätigt. Seine langjährigen Bemühungen um eine Annäherung der beiden jemenitischen Staaten sind im Mai 1990 mit der Vereinigung von Nord- und Südjemen zur Republik Jemen erfolgreich. Nach der Bildung eines gemeinsamen provisorischen Parlamentes am 26. 5. wird S. zum Präsidenten des neuen Staates ernannt.

Salinas de Gortari, *Carlos* (Mexiko), * 1948; seit 1988 Staatspräsident.
Studium der Ökonomie an der Autonomen Nationalen Universität Mexikos (UNAM) und der Harvard Univ. in den USA. 1979 Generaldirektor für Wirtschafts- und Sozialpolitik des Ministeriums für Planung und Staatshaushalt. 1981 beteiligt sich S. als Leiter des Instituts für soziale, ökonomische und politische Studien der regierenden »Revolutionären Institutionellen Partei«/PRI, der er seit 1966 angehört, an der Wahlkampagne von *Miguel de la Madrid*. Nach dessen Amtsantritt als Staatspräsident im Dez. 1982 Minister für Planung und Staatshaushalt und zugleich Mitglied der »Nationalen Ideologie-Kommission« des PRI. Bei den Wahlen am 6. 7. 1988 als Nachfolger von *De la Madrid* zum Präsidenten für die Jahre 1988–94 gewäht (Amtsantritt: 1. 12. 1988). Geht aus den Parlamentswahlen vom 18. 8. 1991, bei denen seine PRI 61,4 % der Stimmen erhält, gestärkt hervor.

Santer, *Jacques* (Luxemburg), * 1937; seit 1984 Staatsminister.
Jurastudium in Straßburg und Paris (mit Promotion). Nach Tätigkeit als Rechtsanwalt 1962 beigeordneter Regierungsrat, 1966 Parlamentssekretär der Kammerfraktion der Christl.-Soz. Volkspartei/CSV und 1972 Staatssekretär im Arbeitsministerium und im Ministerium für kulturelle Angelegenheiten. Ab 1974 Abgeordneter in der Kammer und Mitglied des Europaparlaments, 1975–79 einer von dessen Vizepräsidenten. Seit 1979 Minister für Finanzen, Arbeit und Soziales. Zugleich 1972–74 Generalsekretär und 1974–82 Präsident der CSV. Ab 20. 7. 1984 als Nachfolger von *Pierre Werner* Staatsminister und Regierungschef einer »Großen Koalition« zwischen CSV und der Luxemburg. Soz. Arbeiterpartei/LSAP; daneben zuständig f. Finanzen und die Bereiche Landesplanung, Post und Kommunikationswesen, Informatik. 1987–90 Präs. der Europ. Volkspartei/EVP, eines Zusammenschlusses der christl.-demokrat. und christl.-sozialen Parteien in der EG.

Schelew *[Scheleff], Schelju* (Bulgarien), * 1935; seit 1990 Staatspräsident.
Sohn armer Bauern; Studium der Philosophie. Ablehnung des kommunistischen, totalitären Systems. Nach einem in der Ostberliner »Zeitschrift für Philosophie« veröffentlichten Aufsatz, der unter dem Eindruck der *Stalin*-Kritik *Chruschtschows* auch *Lenin* der Kritik unterzieht, aufs Land verbannt. 1982 erscheint sein Buch »Faschismus«, in dem sich dem Leser Parallelen zum Kommunismus aufdrängten und das deshalb konfisziert wurde. Mitbegründer der Gruppe »Publizität und Umgestaltung« und nach dem Sturz von *Todor Schiwkow* im Nov. 1989

Vorsitzender der oppositionellen »Union Demokratische Kräfte«/UDK. Nach dem erzwungenen Rücktritt des Reformkommunisten *Petar Mladenow* am 6. 7. 1990 vom Amt des Staatspräsidenten wird Sch. am 1. 8. im 6. Wahlgang mit den Stimmen der BKP-Nachfolgeorganisation, der »Sozialistischen Partei«, die über die absolute Mehrheit im Parlament verfügt, mit ⅔-Mehrheit für einen Zeitraum von zunächst 18 Monaten zum neuen Präsidenten gewählt. Sch., der erste Nichtkommunist in der Nachkriegsgeschichte der Balkanrepublik, möchte aus Bulgarien »ein modernes, demokratisches und wohlhabendes Land machen«.

Schlüter, *Poul* (Dänemark), * 1929; seit 1982 Ministerpräsident.
Jurastudium in Århus und Kopenhagen, Rechtsanwalt. Nach dem II. Weltkrieg Beitritt zu den Jungkonservativen und bald deren Vorsitzender. Seit 1964 Abgeordneter im Folketing für die »Konserv. Volkspartei«, seit 1974 Fraktions- und Parteivors. Seit 10. 9. 1982 als Nachfolger von *Anker Jørgensen* als 1. konservativer Ministerpräsident Dänemarks in diesem Jh. Chef einer bürgerl. Minderheitsregierung; gilt als ein Mann des Ausgleichs mit Verhandlungsgeschick. Bekennt sich zu EG und NATO. Sieger der vorgezogenen Neuwahlen vom 10. 1. 1984. Schreibt nach einer Abstimmungsniederlage im Parlament über die Mitführung von Kernwaffen auf Schiffen von Verbündeten in dänischen Gewässern vorzeitige Neuwahlen aus, bei denen sich am 10. 5. 1988 eine erweiterte bürgerliche Mehrheit bildet; seit 3. 6. 1988 erneut Regierungschef einer Minderheitsregierung.

Serrano Elias, *Jorge* (Guatemala), * 1945; seit 1991 Staatspräsident.
Sohn einer wohlhabenden Familie libanesischen Ursprungs. Studium in Guatemala und den USA; Diplomingenieur und Doktor in Erziehungswissenschaften. Mitglied der protestantischen Sekte der »El Shaddai«. Früh politisch aktiv; in der kurzen Regierungszeit des umstrittenen Präsidenten General *Efrain Ríos Montt* Vorsitzender des Staatsrates, der damals als eine Art Ersatzparlament diente. Vorsitzender der erst 1967 gegründeten konservativen »Bewegung der solidarischen Aktion«/MAS. Geht aus den Präsidentschaftswahlen (11. 1. 1990 und 6. 1. 1991) als Sieger hervor und wird als neuer Präsident vereidigt (Vorgänger: *Marco Vinicio Cerezo Arevalo*). Zum ersten Mal wird damit in demokratischen Wahlen ein nichtkatholischer Politiker zum Präsidenten eines lateinamerikanischen Landes gewählt. S. erklärt, die wichtigste Aufgabe seiner Regierung bestünde darin, »inneren Frieden und Fortschritt für alle« zu erreichen. Seine Regierung werde »sofort und konsequent« den Kampf gegen die Inflation beginnen. Der Guerilla des Landes bietet er an, die Anfang 1990 in Oslo begonnenen Gespräche weiterzuführen; den Einfluß der Rauschgiftmafia will er »mit allen Mitteln« bekämpfen.

Shamir *[Schamir], Yitzhak [Jitschak]* (Israel), * 1915; 1983/84 und seit 1986 Ministerpräsident.
Aktiver Zionist, Jurastudium in Warschau, 1935 nach Palästina, Geschichtsstudium in Jerusalem; ab 1936 aktiv im Untergrund, mehrfach verhaftet u. im Exil, Rückkehr 1948, 1955–56 Mitglied des Geheimdienstes Mossad, 1970 Geschäftsführer der Cherut-Partei von *Menachem Begin*, 1973 Abgeordneter, 1977 Parlamentspräsident; Befürworter jüd. Siedlungen in besetzten Gebieten, Stimmenthaltung beim Camp-David-Abkommen, nach Rücktritt *Dajans* 1980 Außenminister, desgleichen ab Aug. 1981 im neuen Kabinett *Begin*. Seit 10. 10. 1983 als Nachfolger von *Begin* Ministerpräsident. In der am 13. 9. 1984 gebildeten großen Koalition unter → *Peres* Vizeministerpräsident und Außenminister. Lehnt Nahost-Friedenskonferenz ab, bezeichnet 1985 Aktionsrahmenplan von König → *Hussein* und PLO-Führer → *Arafat* als für Israel unannehmbar. 1986 begrüßt er die Aufnahme von Gesprächen mit der UdSSR über Wiederherstellung dipl. Beziehungen durch *Peres*. Gemäß dem Koalitionsabkommen der »Regierung der Nat. Einheit« übernimmt S. am 10. 10. 1986 von *Peres* das Amt des Regierungschefs für die 2. Hälfte der Legislaturperiode. Am 29. 3. 1987 vom Cherut-Kongreß einstimmig zum Parteichef gewählt. Bleibt mit dem Likud-Block bei den Knesset-Wahlen am 1. 11. 1988 stärkste Fraktion und bildet am 21. 12. eine neuerliche Koalitionsregierung mit der »Arbeitspartei« und 3 religiösen Parteien. Am 13. 12. lehnt er den Friedensplan der PLO ab und unterbreitet eine eigene Friedensinitiative, die am 14. 5. 1989 vom Kabinett gebilligt wird. Nach dem Bruch der Regierungskoalition am 13. 3. 1990 wegen eines Zerwürfnisses in der Frage des Nahost-Friedensprozesses bildet er am 8. 6. eine Regierungskoalition mit 3 nationalreligiösen Parteien, die sich auf 62 der 120 Knesset-Abgeordneten stützt. S. will trotz internationaler Kritik, vor allem aus USA, an seiner Besiedlungspolitik in den besetzten Gebieten Westjordanland und Gaza-Streifen festhalten.

Sidqi *[Sidki], Ataf [Atef]* (Ägypten), * 1930; seit 1986 Regierungschef.
Studium der Rechtswissenschaften in Kairo, dann der Wirtschaftswissenschaften in Paris; 1958 Promotion; anschließend lehrt er Jura an der Universität in Kairo und geht dann für 4 Jahre als Kulturattaché nach Paris. Mitglied der regierenden »Nat. Demokratie-Partei«. 1980 zum Vorsitzenden des Wirtschafts-

und Budgetausschusses im Schura-Rat bestellt, ein beratendes Gremium des Präsidenten. Ab Dez. 1981 Leiter des Rechnungshofes. Im Nov. 1986 von Präsident→ *Mubarak* als Nachf. von *Ali Ludfi* zum Regierungschef ernannt. Der mit einer Deutschen verheiratete S. ist Autor vieler wirtschaftspolitischer Fachbücher.

Silajew, *Iwan Stepanowitsch* (UdSSR), * 1931; seit 1991 Ministerpräsident.
Absolvent des Luftfahrtinstituts in Kasan. Ab 1954 Ingenieur eines Flugzeugwerkes in Gorkij, ab 1971 dessen Direktor. 1959 Eintritt in die KPdSU. 1974 stellvertretender Luftfahrtminister im Unionskabinett, in dem er 1980 Minister für den Werkzeugmaschinenbau und 1981 für Luftfahrtindustrie wird. Zugleich Vollmitglied des ZK der KPdSU. 1985–90 stellvertretender sowj. Ministerpräsident und Vorsitzender des neu geschaffenen Büros für Maschinenbau. Ab 1988 Repräsentant der Regierung in der deutsch-sowjetischen Wirtschaftskommission. Als → *Jelzin* 1990 zum Vorsitzenden der russischen SFSR gewählt wird, folgt S. dem Ruf des Reformers und wird russischer Ministerpräsident. In der Folge löst er sich vom planwirtschaftlichen Denken und zeigt sich zunehmend aufgeschlossen für die Marktwirtschaft. Organisiert nach dem Putsch am 19. 8. 1991 gemeinsam mit *Jelzin* den Widerstand und gehört einer Kommission an, die → *Gorbatschow* aus seiner Gefangenschaft auf der Krim zurück nach Moskau bringt. Auf Vorschlag von *Jelzin* am 27. 8. von *Gorbatschow* zum neuen sowjetischen Ministerpräsidenten und außerdem zum Leiter des neuen zentralstaatlichen Komitees für Wirtschaftspolitik ernannt. Sieht in der schnellen Einführung des freien Marktes sein wichtigstes politisches Ziel.

Skubiszewski, *Krzysztof* (Polen), * 1926; seit 1989 Außenminister.
Studium der Rechtswissenschaften; international anerkannter Völkerrechtler. Seine politische Heimat sind die »Clubs der katholischen Intelligenz«, die aus der früheren »Znak« (»Zeichen«)-Bewegung hervorgegangen sind. In der Kriegsrechtskrise Berater des Kardinals Primas *Joszef Glemp*, dann 1986 im Konsultativrat von Staatspräsident *Wojciech Jaruzelski*, in dem er bald die Wiederzulassung der »Solidarität« forderte. Seit September 1989 als Unabhängiger in der Regierung *Tadeusz Mazowiecki* Außenminister.

Soares, *Mario Alberto Nobre Lopes* (Portugal), * 1924; 1976–78 und 1983–85 Premierminister; seit 1986 Staatspräsident.
Jurastudium (mit Promotion), später Anwalt. Vom Exil in Paris aus wesentlicher Anteil an der Gründung (1973) der »Sozialist. Partei Portugals«/PSP u. Generalsekretär. 1974 Rückkehr nach Portugal, zunächst Außenminister, dann Minister ohne Geschäftsbereich. 1976–78 Ministerpräsident. Nach dem Sieg des PSP bei den vorgezogenen Wahlen zur Nationalversammlung vom 25. 4. 1983 seit 8. 6. an der Spitze einer Mitte-Links-Koalition (mit der liberalen »Sozialdemokrat. Partei«/PSD von *Carlos Mota Pinto*) und als Nachfolger von *Francisco Pinto Balsemão* Ministerpräsident. Differenzen mit Staatspräsident *Ramalho Eanes*. Nach dem Ausscheiden des PSD aus dem Kabinett im Juni 1985 Rücktritt als Regierungschef. Als Kandidat seiner Partei in der 2. Runde der Präsidentschaftswahlen am 16. 2. 1986 gegen *Freitas do Amaral* mit absoluter Mehrheit Sieger und der erste zivile Präsident seines Landes seit 6 Jahrzehnten. Bei den Präsidentschaftswahlen am 13. 1. 1991 mit 70,43 % der Stimmen für weitere 5 Jahre wiedergewählt.

Sodano, *Angelo* (Vatikan), * 1927, seit 1990 Kardinalstaatssekretär.
Nach Studien der Theologie in seinem Heimatort Asti (Piemont) und in Rom an der von Jesuiten geleiteten päpstlichen Universität Gregoriana sowie an der Lateran-Universität lehrt er am Bischofsseminar seiner Heimatdiözese Dogmatik. Seit 1961 im diplomatischen Dienst des Heiligen Stuhls und in den Nuntiaturen von Ecuador, Uruguay und Chile tätig. Als Nuntius von Santiago de Chile 1977–87 maßgeblich an den vatikanischen Friedensbemühungen zwischen Argentinien und Chile beteiligt. Im Mai 1988 von Papst *Johannes Paul II.* zum Sekretär des damaligen »Rates für die öffentlichen Angelegenheiten der Kirche«, dem vatikanischen Außenministerium, berufen. Am 1. 12. 1990 löst er Kardinal *Agostino Casaroli* an der Spitze des Staatssekretariats – der zentralen Leitstelle der vatikanischen Ministerien mit dem »Staatssekretär« als »Premier« – ab.

Soglo, *Nicéphore* (Benin), * 1934; 1990 Premierminister, seit 1991 Staatspräsident.
Geboren und aufgewachsen im Nachbarland Togo, wo sein Vater in der französischen Kolonialverwaltung arbeitete. Angehöriger einer gutsituierten, dem Mehrheitsstamm der Fong angehörenden Familie. Jurastudium an der Sorbonne und Absolvent der »École Nationale d'Administration«/ETA. Als sein Onkel, General *Christophe S.*, in Benin an der Macht war, zeitweise Wirtschafts- und Finanzminister, später bei der Weltbank in Washington und der afrikanischen Entwicklungsbank. 1990 von einem Nationalkonvent aller gesellschaftlichen Kräfte zum Premierminister einer Übergangsregierung gewählt. Geht aus den ersten freien Präsidentschaftswahlen in seinem Land im März 1991 als Sieger über den langjährigen Staatschef *Mathieu Kérékou* hervor

und wird am 1. 4. als neuer Präsident vereidigt. Steht vor der schweren Doppelaufgabe, den von seinem Vorgänger heruntergewirtschafteten Staat wieder aufzubauen und Demokratie zu wagen.

Solana Morales, *Fernando* (Mexiko), * 1931; seit 1989 Außenminister.
Studium der Ingenieurwissenschaften, Betriebswirtschaft, Philosophie und politischen Wissenschaften, Beginn der politischen Laufbahn 1976 als Handelsminister. 1977–82 Erziehungsminister. Nach der Verstaatlichung der Banken durch Präsident *López Portillo* im September 1982 übernimmt er die Leitung der größten mexikanischen Bank, Banamex. Seit 1989 im Kabinett von Präsident → *Salinas de Gortari* Außenminister. Setzt auf einen Ausbau der wirtschaftlichen Zusammenarbeit mit den mittelamerikanischen Republiken und fördert konsequent die Verbesserung der Beziehungen zu den Vereinigten Staaten und Kanada.

Suharto (Indonesien), * 1921; seit 1967 Staatspräsident.
Zunächst militärische Laufbahn in der niederländ. Kolonialarmee, seit 1945 dann Partisanenführer; rasche Karriere: 1960 stellv. Stabschef d. Armee, 1962 Generalmajor u. Kommandeur der Truppen zur Befreiung Westirians, 1965 Niederschlagung eines Putschversuchs von Offizieren u. Kommunisten, seither als kompromißloser Antikommunist Inhaber der Macht; ab 1966 Präsident; zuletzt am 10. 3. 1988 für eine 5. bis 1993 dauernde Amtszeit bestätigt. Von ihm eingeleitete Reformen sind von wachsenden wirtschaftlichen Schwierigkeiten bedroht; trotz seiner Hinwendung zum Westen Ablehnung der Mehrparteien-Demokratie.

Taya, *Maaouiya Ould Sid Ahmed [Mauja Uld Sid Achmed]* (Mauretanien), * 1941; 1981–84 Ministerpräsident; seit 1984 Staatspräsident.
Angehöriger eines kleinen Stammes im Norden. Als stellv. Generalstabschef trägt er 1978 zum Sturz des Staatsgründers *Moktar Ould Daddah* und zum Verbot der 1961 durch Zusammenschluß mehrerer Parteien gegründeten »Parti du Peuple Mauretanien« bei. Seit 25. 4. 1981 als Nachfolger von *Ahmed Ould Bneijara* Regierungschef und Verteidigungsminister. Im März 1984 Verlust dieser Ämter, da Staatspräsident *Mohammed Khouna Ould Haydallah* zusätzlich das Amt des Regierungschefs übernimmt, aber weiterhin Oberbefehlshaber der Streitkräfte. T., der als jedem Nepotismus abhold gilt, stürzt am 12. 12. 1984 in einem unblutigen Putsch *Haydallah*, dem er vorwirft, schlecht gewirtschaftet und Gruppeninteressen unterstützt zu haben. Seitdem Staats- und Regierungschef sowie Präsident des 15köpfigen Offiziersausschusses.

Van den Broek, *Hans* (Niederlande), * 1936; seit 1982 Außenminister.
Nach dem Studium der Rechtswissenschaften an der staatlichen Universität Utrecht und Managementausbildung in Noordwijk von 1965–68 als Rechtsanwalt in Rotterdam tätig. Langjähriges Direktionsmitglied der Firma Enka in Arnheim. Christdemokratischer Politiker; 1970–74 im Gemeinderat von Rheden; seit 1976 Parlamentsabgeordneter, zunächst für die »Katholische Volkspartei«/KVP, später des »Christlich-Demokratischen Appells«/CDA (Zusammenschluß der konfessionellen Parteien). Bis zur Gründung des CDA 1980 Mitglied des geschäftsführenden Vorstandes der KVP. Seit November 1981 Staatssekretär im Haager Außenamt, verantwortlich für europäische Fragen. Seit November 1982 Außenminister. Ab 1. 7. 1991 EG-Ratsvorsitzender und damit an der Spitze der EG-Troika, die sich um den Frieden in Jugoslawien bemüht.

Vassiliou, *Georges* (Zypern), * 1930; seit 1988 Staatspräsident.
Großunternehmer; Besitzer des größten Marktforschungsinstituts der Dritten Welt mit Büros in 11 Ländern. Politisch völlig unerfahren. Tritt mit dem Versprechen, eine »Wende« einzuleiten, als »Unabhängiger« zu den Präsidentschaftswahlen 1988 an, bei denen Präsident *Spyros Kyprianou* bereits in der ersten Runde am 14. 2. scheitert. Setzt sich bei der Stichwahl am 21. 2. mit Unterstützung der moskautreuen kommunistischen Partei AKEL, zu deren Gründungsmitgliedern seine Eltern gehörten, und der sozialistischen Partei EDEK mit 51,63 % gegen den Konservativen *Glafkos Klerides* (48,37 %) durch und wird am 28. 2. als neuer Staatspräsident vereidigt. Schlägt sogleich dem türkischer Ministerpräsidenten → *Özal* Gespräche über die Zukunft der geteilten Mittelmeerinsel vor und wünscht auch einen Dialog mit → *Denktaş*. Betont im März 1990 den Willen seiner Regierung, den »Kampf um die Beendigung der türkischen Okkupation« zu führen.

Venkataraman, *Ramaswamy* (Indien), * 1910; seit 1987 Staatspräsident.
Philosophie- und Jurastudium an der Univ. Madras; Rechtsanwalt. Teilnahme am Unabhängigkeitskampf gegen die brit. Kolonialherrschaft; 1942–44 inhaftiert. Mitglied der Kongreß-Partei. 1950 im provisorischen Parlament und 1952 und 1957 in die Lok Sabha (Unterhaus) gewählt. 1957–62 Minister in der Regierung des Unionsstaates Tamil Nadu, 1967–71 Mitglied der Plankommission Indiens. 1977 und 1980 erneut in die Lok Sabha gewählt. 1980 Minister für Finanzen, 1982 für Verteidigung in der Zentralregierung. Ab 31. 8. 1984 Vizepräsident. Am 16. 7. 1987 als Kandidat der regierenden Kongreß-I-

Partei als Nachfolger von *Zail Singh* zum Staatspräsidenten gewählt.

Vo Chi Cong (Vietnam), *1913; seit 1987 als Vorsitzender des Staatsrates Staatsoberhaupt.
Seit 1935 Mitglied der KP; Parteifunktionär. Zu lebenslanger Haft verurteilt und 1945 befreit. In der Zeit des Widerstandskampfes gegen die französ. Kolonialherrschaft 1946–54 Erster Sekretär des Parteikomitees der Provinz Quang Nam-Da Nang. Während des Vietnamkrieges in zentralen Funktionen der KP und der »Nationalen Front für die Befreiung«/FLN. Seit 1976 Abgeordneter der Nationalversammlung der Sozialist. Rep. Vietnam und Stellv. Ministerpräsident. 1976 Minister für Meeresprodukte, 1978 für Landwirtschaft. Mitglied des Politbüros und 1982–86 ZK-Sekretär. Seit Juni 1987 als Nachf. von *Truong Chinh* Vorsitzender des Staatsrates.

Vo Van Kiet [eigentlich **Phan Van Hoa**] (Vietnam), *1922; seit 1991 Ministerpräsident.
Sohn eines armen Bauern aus der Provinz Cuu Long. Mitglied der KP seit 1939; Parteisekretär in verschiedenen Provinzen, 1972 Mitglied des ZK, 1982 Mitglied des Politbüros. Als Parteichef von Saigon, später als Vorsitzender der Planungskommission, gehörte er zu den ersten, die marktwirtschaftliche Reformen forderten und den Bauern mit Leistungsanreizen zu größeren Ernten verhalfen. Seit 1988 1. Stellvertreter des Ministerpräsidenten. Beim KP-Kongreß Ende Juni 1991 auf den 3. Platz im Politbüro und zum Nachfolger von → *Do Muoi* als Ministerpräsident gewählt. D., der als einer der führenden »Liberalen« im Politbüro gilt, bezeichnet die Reform mit dem Ziel Marktwirtschaft als »unumkehrbar« und sieht als »Haupthindernis« in der Entwicklung Vietnams das US-Embargo, das sein Land seit 1975 von Krediten und Technik des Westens abschneidet.

Vranitzky, *Franz* (Österreich), *1937; seit 1986 Bundeskanzler, seit 1988 auch SPÖ-Vorsitzender.
Studium der Handelswissenschaften an der Wiener Hochschule für Welthandel (jetzige Wirtschaftsuniversität); Promotion. Mitglied im Verband Sozialistischer Studenten und in der Sozialistischen Partei/SPÖ. 1961 Angestellter bei Siemens-Schuckert in Wien, im gleichen Jahr Wechsel zur Nationalbank. 1970–76 engster Mitarbeiter von Finanzminister *Hans Androsch*. 1976 stellv. Generaldirektor der größten verstaatlichten Bank Österreichs (Creditanstalt-Bankverein), 1981 Generaldirektor der staatlichen Länderbank. Ab Sept. 1984 im Kabinett von *Fred Sinowatz* Finanzminister. Nach dem Sieg des ÖVP-Kandidaten → *Waldheim* bei den Präsidentschaftswahlen am 8. 6. 1986 und dem am 9. 6. erfolgten Rücktritt von *Sinowatz* ab 16. 6. Regierungschef einer sozialliberalen Koalition. Bleibt mit seiner SPÖ bei den Nationalratswahlen am 23. 11. 1986 stärkste Partei und wird am 4. 1. 1987 Chef einer großen Koalition mit der ÖVP. Auf einem außerordentlichen Parteitag am 12. 5. 1988 in Wien als Nachfolger von *Sinowatz* auch zum neuen Bundesvorsitzenden der SPÖ gewählt und auf dem Parteitag am 20. 10. 1989 im Amt bestätigt. Geht aus den Wahlen vom 7. 10. 1990 mit seiner SPÖ gestärkt hervor und bildet erneut eine große Koalition mit der ÖVP.

Waldheim, Kurt (Österreich), *1918; 1972–81 UN-Generalsekretär; seit 1986 Bundespräsident.
Sohn eines christl.-sozial eingestellten und 1938 von den Nazis verfolgten Lehrers. Nach Jurastudium und Diplom der Konsularakademie 1939 zur deutschen Wehrmacht eingezogen; im Dez. 1941 an der Ostfront verwundet; im April 1942 Versetzung auf den Balkan, im Sommer 1942 Dolmetscher in Arsakli in Griechenland. Ab April 1943 Ordonnanzoffizier beim Nachrichtenstab der Heeresgruppe E. 1954 Eintritt in den diplomatischen Dienst. 1955–56 Beobachter und 1956–58 Botschafter bei den UN. 1958–60 Botschafter in Kanada, 1960–64 wieder im Außenministerium, ab 1962 Leiter dessen politischer Abteilung; 1964–68 Botschafter bei den UN; 1968–70 Außenminister. Obwohl parteilos, von der ÖVP 1971 als Präsidentschaftskandidat aufgestellt, aber gegen *Franz Jonas* unterlegen. Seit 1971 UN-Generalsekretär; 1976 wiedergewählt. auch 1982 bereit zur Wiederwahl, doch blockiert ein Veto der VR China im Sicherheitsrat seine erneute Kandidatur. Ende 1981 aus dem Amt ausgeschieden (Nachf. → *Pérez de Cuéllar*). Mit der »Goldenen Friedensmedaille« der UN ausgezeichnet. Im April 1982 von der Georgetown Univ. in Washington zum Professor für Diplomatie berufen. Kandidat der ÖVP für die Präsidentschaftswahlen am 4. 5. 1986. Trotz eines weltweit ausgetragenen Streits um seine Aktivitäten im II. Weltkrieg erringt er 49,7 % der Stimmen. Bei der Stichwahl am 8. 6. liegt er mit einem Stimmenanteil von 53,9 % vor *Kurt Steyrer* (SPÖ, 46,1 %) und wird am 8. 7. Nachf. von *Rudolf Kirchschläger*. W., am 27. 4. von Washington wegen seiner umstrittenen Vergangenheit mit einer De-facto-Einreisesperre für die USA belegt, weist alle Anschuldigungen kategorisch zurück. Ein Bericht der Internationalen Historiker-Kommission stellt am 8. 2. 1988 fest, daß ihm eine »aktive Beteiligung an Kriegsverbrechen« nicht nachgewiesen werden könne. W. erklärt am 21. 6. 1991 seinen Verzicht auf eine Wiederkandidatur.

Wałęsa *[Wauenssa], Lech [»Leszek«]* (Polen), *1943; 1980–90 Führer der unabhängigen (1982–89 verbotenen) Gewerkschaft »Solidarität«; seit 1990 Staatspräsident.
Elektromonteur. Nach Gründung des unabhängigen Gewerkschaftsbundes »Solidarität« im Sept. 1980

Vorsitzender eines Koordinationskomitees. Nach Verhängung des Kriegsrechts am 13. 12. 1981 wiederholt in Haft. 1983 und 1987 Begegnungen mit Papst→ *Johannes Paul II.* während dessen Polen-Reisen. Erhält im März 1982 den italienischen Preis »Baumeister des Friedens«; mehrfacher Ehrendoktor. Am 5. 10. 1983 mit dem Friedensnobelpreis ausgezeichnet, den seine Frau *Danuta* W. am 12. 12. in Oslo entgegennimmt, da ihm die Ausreise verboten wird. Handelt 1989 mit *Czeslaw Kiszczak* am »Runden Tisch« einen »Neuen Gesellschaftsvertrag« aus, der unter anderem die Solidarność als Opposition zuläßt. Am 10. 5. in Straßburg mit dem Menschenrechtspreis des Europarates ausgezeichnet. Geht mit seiner Solidarność aus den Parlamentswahlen am 4. 6. 1989 (der Opposition und den Parteilosen werden 35% der Mandate eingeräumt) als Sieger hervor. Lehnt eine formelle Beteiligung der Solidarność an einer Regierung unter Führung der PVAP ab und handelt eine Koalition unter Führung der Solidarność aus, zu deren Chef der von ihm vorgeschlagene *Mazowiecki* am 24. 8. vom Parlament mit überwältigender Mehrheit gewählt wird. 1990 zunehmende Differenzen mit *Mazowiecki*, mit dessen liberaler Politik er nicht einverstanden ist. W. meldet wiederholt selber Ansprüche auf das Präsidentenamt an und spricht sich am 27. 8. bei einer Privataudienz bei Papst→ *Johannes Paul II.* für eine Auflösung und Aufteilung der Solidarność aus. W. geht aus den Präsidentschaftswahlen am 9. 12. 1990 als Sieger hervor und ist damit der erste freigewählte Staatspräsident seines Landes seit über 50 Jahren. Am 22. 12. durch die Nationalversammlung vereidigt, überreicht ihm der aus London angereiste letzte polnische Exilpräsident *Ryszard Kaczorowski* die Amtsinsignien. Bei seinem ersten Auslandsbesuch als Präsident dankt W. am 5. 2. 1991 Papst *Johannes Paul II.* im Vatikan für die Unterstützung seiner Heimat auf dem Weg zur Demokratie.

Yang Shangkun *[Jang Shang-kun]* (VR China), * 1907; seit 1988 Staatspräsident.
Studium, u. a. 1927–30 in Moskau. Seit 1926 Mitglied der KPCh; 1931 Parteisekretär im Allchinesischen Gewerkschaftsbund, dann Leiter der Propagandaabteilung beim ZK. 1933 Redakteur revolutionärer Zeitschriften. Vizepräsident der Parteischule, Direktor der Politischen Abteilung der Ersten Frontarmee, stellvertretender Direktor der Politischen Hauptverwaltung der Roten Armee. Teilnehmer am »Langen Marsch« von 1934–35; 1937 Sekretär des Nord-Zweigbüros des ZK und 1945 Generalsekretär der Militärkommission beim ZK. 1949 Leiter des ZK-Büros und stellv. Generalsekretär des ZK der KPCh. Seit 1965 Mitglied des Sekretariats des Parteikomitees der Provinz Guangdong [Kwangtung]. Mit *Mao Zedong, Liu Shaoqi* und *Deng Xiaoping* Teilnehmer an allen wichtigen sowjetisch-chinesischen Verhandlungen in Moskau. Während der Kulturrevolution in einem Schauprozeß angeklagt, *Maos* Gespräche elektronisch belauscht und diese an den sowjetischen Geheimdienst weitergegeben zu haben. Nach 1978 zunächst Zweiter, dann Erster Sekretär des Parteikomitees in der Provinz Guangdong; 1979 Oberbürgermeister von Kanton. Seit 1981 ZK-Mitglied, Mitglied des Landeskomitees und des Ständigen Ausschusses der Politischen Konsultativkonferenz des Chinesischen Volkes sowie Vizevorsitzender und zugleich Generalsekretär des Ständigen Ausschusses des Nationalen Volkskongresses. Seit September 1982 auch Mitglied des Politbüros und ständiger Vizevorsitzender der Militärkommission beim ZK. Am 9. 4. 1988 vom Nationalen Volkskongreß als Nachfolger von *Li Xiannian* zum neuen Staatspräsidenten gewählt und im Amt des stellv. Vorsitzenden der staatlichen Militärkommission bestätigt. Befürworter des Einsatzes von Militär zur Niederschlagung der Demokratiebewegung am 3. 6. 1989 in Peking.

Yilmaz, *Mesut* (Türkei), * 1947; seit 1991 Ministerpräsident.
Entstammt einer wohlhabenden Familie aus Istanbul. Absolvent des deutschen Gymnasiums in Istanbul, Studium der Wirtschaftswissenschaften an der politischen Hochschule in Ankara und der Sozialwissenschaften in Köln. Mitglied der regierenden »Mutterlandspartei«/ANAP; zunächst Minister für Kultur und Information im Kabinett von *Turgut* → *Özal*; 1987–90 Außenminister. Auf dem 3. Parteikongreß der ANAP am 10. 6. 1991 mit großer Stimmenmehrheit zum Nachfolger von *Yildirim Akbulut* als Parteivorsitzender gewählt, löst er diesen am 17. 6. auch als Regierungschef ab. Y., der als Sprecher des liberalen Parteiflügels gilt, prowestlich ausgerichtet ist und den Schulterschluß mit den Islamisten ablehnt, will die Anlehnung der Türkei an Europa vorantreiben. Schlägt seinem griechischen Amtskollegen → *Mitsotakis* am 14. 8. Gespräche über die Zypern-Frage vor.

Zia, *Khaleda* (Bangladesch), * 1942; seit 1991 Ministerpräsidentin.
Stammt aus einfachen Verhältnissen. Hausfrau und Mutter – bis 1981, als die Ermordung ihres Mannes, des Präsidenten *Zia ur-Rahman*, sie in die Politik und zur Übernahme der Bangladesch Nationalist Party/BNP bringt. Erringt bei den Parlamentswahlen am 27. 2. 1991 mit ihrer BNP einen überraschenden Sieg und wird am 20. 3. als erste Ministerpräsidentin in Bangladesch mit ihrem Kabinett vereidigt. Sie will Bangladeschs verstaatlichte Wirtschaft reprivatisieren.

Internationale und supranationale Organisationen

Schwerpunkt: Arabische und islamische Staaten, Asien und Ozeanien[1]

Abkürzungen in diesem Kapitel: **MSt.** = Mitgliedsstaat(en)
* = Gründung; gegründet bzw. beigetreten (folgt Datum); z. B. *Benin = Benin ist Gründungsmitglied

Übersicht der Mitgliedschaften arabischer und islamischer Organisationen sowie sonstiger Bündnisse im Nahen Osten und im Maghreb 1991

	MWL	OIC/IsDB	Ar. Liga	BADEA	ESCWA	OAU	ACC	ACM	CAEU	ECO	GCC	UMA	OAPEC	OPEC
Summe der MSt.	**(48)**	**46**	**21**	**18**	**13**	**51**	**4**	**7**	**12**	**3**	**6**	**5**	**11**	**13**
Ägypten	●	●	●	●	●	●	●	●	●		–	●	●	
Algerien	●	●	●	●		●					–		●	●
Bahrain	●	●	●	●	●	–					●		●	
Dschibuti	●	●	●			●					–		○	○
Irak	●	●	●	●	●	–	●	●	●				●	●
Iran	●	●				–				●			–	●
Israel	/	/	/	/		–	/	/	/		–	/	/	○
Jemen	●	●	●		●	–	●	●	●				○	○
Jordanien	●	●	●	●	●	–	●	●	●				○	○
Katar	●	●	●	●	●	–					●		●	●
Kuwait	●	●	●	●	●	–			●		●		●	●
Libanon	●	●	●	●	●	–					–		○	○
Libyen	●	●	●	●		●		●	●		–	●	●	●
Marokko	●	●	●	●		†					–	●	○	○
Mauretanien	●	●	●	●		●		●	●		–	●	○	○
Oman	●	●	●	●	●	–					●			
Palästina (PLO)	●	●	●	●	●	–			●		–		○	○
Sahara (DARS)	●	(–)	(–)			●					–	(–)	○	○
Saudi-Arabien	●	●	●	●	●	–					●		●	●
Somalia	●	●	●			●			●				○	○
Sudan	●	●	●	●		●			●				○	○
Syrien	●	●	●	●	●	–		●	●		–		●	
Tunesien	●	●	●	●		●					–	●	●	
Türkei	●	●	●			–				●	–		–	○
Vereinigte Arabische Emirate	●	●	●	●	●	–			●		●		●	●
Pakistan	●	●	/	/		–	/	/	/	●		/	–	○

○ = Nicht-Erdölförderländer, die als OAPEC/OPEC-Mitglied ausscheiden
– = Mitgliedschaft aus geographischen Gründen ausgeschlossen
/ = Mitgliedschaft aus ethnischen/religiösen Gründen ausgeschlossen
(–) = keine Mitgliedschaft wegen konkurrierender Mitgliedschaft Marokkos
† = ausgetreten wegen Mitgliedschaft der Sahara (DARS)

[1] *Schwerpunkte* **WA '89:** Afrikanische, **WA '90:** Amerikanische regionale Organisationen, **WA '91:** Europa, Nordamerika und Vereinte Nationen.
Vgl. auch die erweiterte/aktualisierte Zusammenfassung sämtlicher in früheren Ausgaben des WA abgedruckten internationalen und supranationalen Organisationen in: Mario von Baratta/Jan U. Clauss: *Internationale Organisationen – Ein Handbuch*. Frankfurt/M. 1991, Fischer Taschenbuch Band 10644.

ACC ARABISCHER KOOPERATIONSRAT
Arab Cooperation Council

Gründung durch irakische Initiative am 16. 2. 1989 auf einer Gipfelkonferenz der Staatschefs Ägyptens (Hosni Mubarak), der seinerzeitigen Arabischen Republik Jemen (Ali Abdallah Saleh), Jordaniens (König Hussein) und des Irak (Saddam Hussein) in Bagdad/Irak.
Ziele: Freier Verkehr von Gütern, Kapital und Dienstleistungen durch Abbau von Zollschranken; gleiche Einfuhrbestimmungen für Importe aus Nicht-MSt. *Fernziel:* Gemeinsamer Markt nach Vorbild des Europäischen Binnenmarkts *(→ EG)*. – Weitere Vertragsziele: Friedliche Beilegung von Meinungsverschiedenheiten, Gewaltverzicht und Nichteinmischung in innere Angelegenheiten der MSt.
Mitglieder (4): Ägypten, Jemen (aus beiden seit 5/1990 vereinigten Jemen), Jordanien und Irak mit zusammen über 80 Mio. Einw. – Mitgliedschaft weiterer arabischer Staaten angestrebt – jedoch de-facto-Veto Iraks gegen Mitgliedschaft Syriens.
Organe:
1. *Oberster Rat* der Staats-/Regierungschefs; tagte bisher in Bagdad (2/1989), Alexandria/Ägypten (6/1989), Sanaa/AR Jemen (9/1989) und Amman/Jordanien (2/1990);
2. *Ministerausschuß* der Fachminister;
3. *Luftfahrtrat;*
4. *Generalsekr.:* Helmi Namar/Ägypten.

Sitz: Amman/Jordanien.
Arbeitssprachen: Arabisch intern; Englisch.
Aktivitäten: 1. Kooperationsabkommen in Bereichen Handel, Flugverkehr, Strafverfolgung und ausländische Arbeitnehmer; Abkommensentwürfe für Zusammenarbeit in Wissenschaft und Technologie, zur Bekämpfung des Drogenhandels und bei Investitionen in der (Erdöl-)Industrie. **2. Politische Forderungen:** Selbstbestimmungsrecht der Palästinenser in den von Israel besetzten arabischen Gebieten (auch Verhinderung der Ansiedlung jüdischer Immigranten aus der UdSSR); Abzug aller ausländischen Truppen aus dem Libanon; umfassende Friedenslösung zwischen Irak und Iran.
Vorläufige Bewertung: Mit der Schaffung einer dritten »Kooperationsinsel« in der arabischen Welt – neben dem Golfkooperationsrat *(→ GCC)* und der Union des Arabischen Maghreb *(→ UMA)* – wird der ACC dem erklärten Ziel der Einheit, Solidarität und Stärkung der »arabischen Nation« nicht gerecht. Das Bündnis ist eher als Versuch des Irak zur Ausweitung seines Einflußbereichs (auch zur Isolierung Syriens) zu sehen. Die irakische Besetzung Kuwaits und der Golfkrieg (1990/91) spalteten den ACC in 2 Lager (Jordanien und Jemen zeigten Verständnis für das irakische Vorgehen, Ägypten beteiligte sich an der anti-irakischen Koalition) und verhindern vorerst einen weiteren Ausbau des ACC.

ACM ARABISCHER GEMEINSAMER MARKT
Arab Common Market

Gründung am 13. 8. 1964 durch den → CAEU, der das Abkommen überwacht; in Kraft 1. 1. 1965.
Ziele: Freizügigkeit betreffend Personen- und Kapitalverkehr, Güteraustausch, Wahl von Wohnort und Arbeitsplatz (= Konkretisierung von CAEU-Zielen).
Mitglieder: Ägypten (1979–1989 suspendiert), Irak, DVR Jemen (1982–1990; seither vereinigtes Jemen), Jordanien, Libyen (seit 1977), Mauretanien (seit 1980), Syrien.
Sitz beim → CAEU in Tunis.
Aktivitäten: Bisher Liberalisierung des Warenverkehrs, kein einheitlicher Außenzoll, aber Zollreduzierung für landwirtschaftliche und industrielle Produkte sowie freier Kapital- und Arbeitsmarkt zwischen den MSt. Geringe Wachstums- und Entwicklungsimpulse.

ANZUK-Pakt
FÜNF-MÄCHTE-ABKOMMEN
Five Power Defense Agreement/**FPDA**; (**A**ustralia, **N**ew **Z**ealand, **U**nited **K**ingdom)

Gründung durch Abkommen zwischen Großbritannien, Australien und Neuseeland sowie Malaysia und Singapur vom 16. 4. 1971 in London zur Neugestaltung des militärischen Schutzes für die unabhängig gewordenen Commonwealth-Partner Malaysia (1963) und Singapur (1965) nach dem Rückzug Großbritanniens aus den Positionen östlich von Suez. Das Bündnis trat am 1. 11. 1971 in Kraft und löste das Anglo-Malayan Defense Agreement/**AMDA** von 1957 ab, dem 1959 Australien und Neuseeland beigetreten waren.
Vertragsbestimmungen: Unmittelbarer Beistand bei Angriff von außen auf Malaysia und/oder Singapur (jedoch kein automatisches Eingreifen britischer Truppen wie im AMDA von 1957); Stationierung von (A-NZ-UK-)Partnerstreitkräften in Malaysia und Singapur; Luftverteidigungsabkommen mit Hauptquartier in Butterworth/Malaysia (austral. Luftwaffenbasis).
Organe: *Gemeinsamer Konsultativrat*, tagt abwechselnd in Kuala Lumpur/Malaysia und Singapur.

Entwicklung: Malaysia und Singapur haben ihre Verteidigungssysteme ausgebaut und verfügen heute über eine schlagkräftige Luftwaffe. Großbritannien und Neuseeland (das in Singapur ein Infanteriebataillon stationiert hatte), haben sich aus dem FPDA inoffiziell zurückgezogen. Durch die Suche Australiens nach einem neuen Sicherheitssystem in der asiatisch-pazifischen Region wird das FPDA-Abkommen wieder aktuell.

ANZUS-Pakt (Pazifik-Pakt)
(**A**ustralia, **N**ew **Z**ealand, **U**nited **S**tates of America)

Gründung auf Initiative Australiens und Neuseelands am 1. 9. 1951 in San Francisco/USA im Rahmen zahlreicher bi- und multilateraler Sicherheitsverträge der USA im Pazifik; am 29. 4. 1952 (gleichzeitig mit dem japanischen Friedensvertrag) auf unbegrenzte Zeit in Kraft.
Ziele: Gegenseitige Sicherheits- und Beistandsgarantie für den Fall einer territorialen Bedrohung eines oder mehrerer MSt. von außen; wirtschaftliche Zusammenarbeit; regionale Streitschlichtung gemäß der UN-Charta (Art. 51). Konsultationspflicht im Krisen- und Konfliktfall, ursprünglich auch wegen einer möglichen neuen japanischen Aggression bzw. zur Eindämmung der kommunistischen Einflußsphäre in Südostasien.
Mitglieder sind die 3 Gründerstaaten Australien, Neuseeland und USA. – Nach Suspendierung der Sicherheitsbeziehungen USA – Neuseeland *(→ unten)* regelt der Vertrag heute praktisch nur noch bilateral die Beziehungen a) zwischen Australien und den USA und b) zwischen Australien und Neuseeland. Australien übernahm einen größeren Teil der vormaligen US-Überwachungs- und Abwehraufgaben im Südpazifik.
Organe:
1. *Konsultativrat* der Außenmin. (bis 1985);
2. *Militärausschuß* aus den Militärbevollmächtigten, seit 1986 nur noch USA – Australien.
Entwicklung: Es besteht kein (NATO-analoges) umfassendes Sicherheitssystem im Pazifik; dadurch sind lediglich strategische Konsultationen, nicht ein gemeinsames Truppenkommando, möglich. Die Entspannung im Verhältnis zu Japan und später zur VR China brachten einen Bedeutungsverlust des ANZUS mit sich. Reaktivierungen erfolgten 1978 (Invasion Vietnams in Kambodscha) und 1980 (Invasion der UdSSR in Afghanistan). Seitdem gemeinsame Manöver im Pazifik, seit 2/1980 auf Betreiben Australiens sogar im Indischen Ozean bis zur Straße von Hormuz. Darüber hinaus Langstreckenaufklärung der Luftwaffen mit Basis in Diego Garcia/USA (Indischer Ozean). Die australischen Streitkräfte stellen dem ANZUS zahlreiche militärische Telekommunikationsanlagen zur Verfügung.
Zum politischen Eklat kam es anläßlich der ANZUS-Manöver 3/1985, als **Neuseeland** sein Territorium zur **Atomwaffenfreien Zone** erklärte (6/1987 vom Parlament endgültig beschlossen) und der US-Flotte die Anlegeerlaubnis verweigerte, sofern es sich nicht um kernwaffenfreie Schiffe bzw. solche mit konventionellem Antrieb handelt, und zudem mit Kernwaffen bestückten Flugzeugen die Landung untersagte. Die USA suspendierten daraufhin am 11. 8. 1986 ihre Militärbeziehungen mit Neuseeland.

APEC ASIATISCH-PAZIFISCHE WIRTSCHAFTLICHE ZUSAMMENARBEIT
Asia-Pacific Economic Cooperation

Gründung auf Konferenz der Außen- und Handelsminister von 12 Staaten des Pazifikbeckens in Canberra/Australien vom 4.–7. 11. 1989 nach Anregungen Japans und der USA in den 70er, Südkoreas Anfang der 80er Jahre, Australiens 1989.
Ziele: Liberalisierung des Welthandels in der Region: Ungebundene Wirtschaftsbeziehungen sowie freier Technologieaustausch; gemeinsames Auftreten in internationalen Foren (u. a. GATT/UNCTAD). – Die APEC versteht sich nicht als neuer Wirtschaftsblock, sondern eher neue »asiatisch-pazifische OECD«.
Mitglieder (12): Die 6 ASEAN-MSt. Brunei, Indonesien, Malaysia, Philippinen, Singapur und Thailand sowie Australien, Japan, Kanada, Republik Korea, Neuseeland und USA. – *Beobachterstatus* haben die → ASEAN, das → SPF und die Pazifische Konferenz für Wirtschaftskooperation (der USA). – Über *Beitrittswunsch* der »drei China« (VR China, Hongkong, Taiwan) soll im Herbst 1991 entschieden werden. – Die 12 APEC-Staaten erwirtschaften **rd. 50 % des weltweiten Bruttosozialprodukts**/BSP und kommen für 37 % des Weltexports auf. **Einziges Organ:** *Konferenz* der Außen- und Handelsminister.
Sitz: kein festes Sekretariat.
Aktivitäten: Ministerkonferenz in Singapur 7/1990 setzte **7 Arbeitsgruppen** ein: 1. Erfassung der Handels- und Investitionsdaten der Region; 2. Förderung des Regionalhandels; 3. Transfer von Investitionen/Technologie; 4. Ausbildungsprogramme; 5. Regionale Energiekooperation; 6. Konservierung von Meeresressourcen; 7. Harmonisierung der Telekommunikationssysteme.

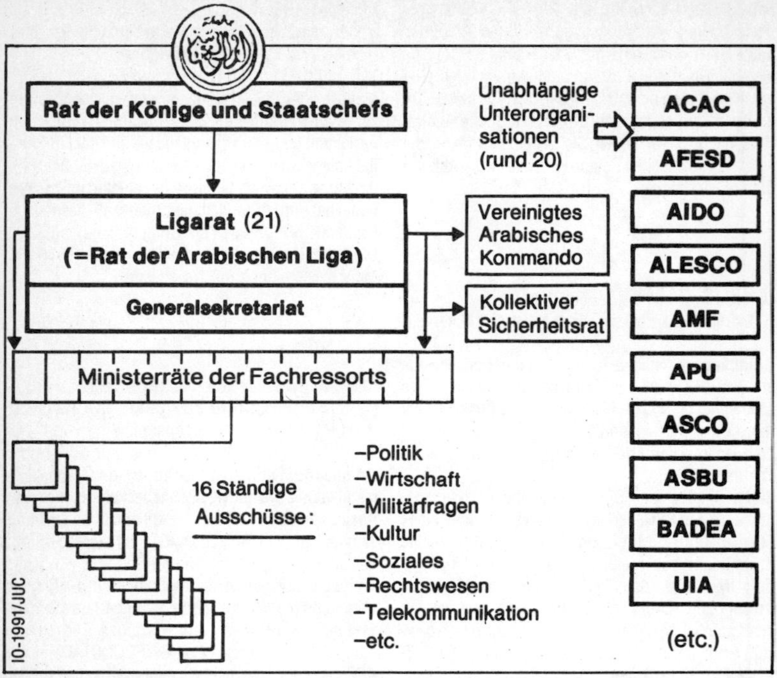

ARABISCHE LIGA
LIGA DER ARABISCHEN STAATEN
Jâmi'at al-dural al' Arabûya

Gründung am 22. 3. 1945 in Kairo/Ägypten als »Pakt der Liga der Arabischen Staaten«, loser Zusammenschluß der 7 damals unabhängigen Staaten Ägypten, Irak, Jemen, Libanon, Saudi-Arabien, Syrien und Transjordanien (heute Jordanien), 1950 ergänzt *(→ unten)*.

Ziele gemäß Gründungscharta:

1. Förderung der Beziehungen der MSt. auf politischem, kulturellem und wirtschaftlichem Gebiet;
2. Unabhängigkeit und Souveränität der MSt.;
3. Anerkennung Palästinas als unabhängiger Staat (zentrales politisches Ziel);
4. Wahrung der arabischen Interessen, insbesondere gegenüber den (damaligen) Kolonialmächten;
5. Schlichtung und Verhütung von Streitfällen.

Mitglieder (21):

a. *afrikanische* (9): Ägypten (seit 1945; 1979–1989 wegen des Friedensvertrags mit Israel suspendiert), Algerien (1962), Dschibuti (1977), Libyen (1953), Marokko (1958), Mauretanien (1973), Somalia (1974), Sudan (1956) und Tunesien (1958);
b. *asiatische* (12): Bahrain (1971), Irak (1945), Jemen (1945 und 1967), Jordanien (1945), Katar (1971), Kuwait (1961), Libanon (1945), Oman (1971), Palästina (1976), Saudi-Arabien (1945), Syrien (1945) und die Vereinigten Arabischen Emirate (UAE; 1971).

Organe:

1. *Rat* der Könige und Staatschefs;
2. *Ligarat:* 21 Vertreter der Mitglieder;
3. *Ministerräte* der Fachressorts;
4. *Ständige Ausschüsse* (16), u. a. für Politik, Wirtschaft, Kultur, Soziales, Rechtswesen, Information;
5. *Vereinigtes Arabisches Kommando* zur Leitung militärischer Operationen (bisher nicht aktiv);
6. *Kollektiver Sicherheitsrat* zur Entscheidung von Maßnahmen zur Abwehr eines Angriffs auf ein Mitglied ($^2/_3$-Mehrheit bindend);
7. *Generalsekretär* (seit 5/1991): Esmat Abdel Meguid/Ägypten (ehem. Außenminister).

Sitz: Kairo (1980–1990 Tunis). – Informationszentren in 20 Staaten (auch in Bonn).

Personal: 460. – **Amtssprache:** Arabisch; daneben Englisch Arbeitssprache.

Finanzierung durch Mitgliedsbeiträge und Spenden.

Arbeitsweise: Komplizierte Abstimmungsverfahren mit *Vetorecht* für jedes Mitglied setzen institutionelle Mechanismen der Charta weitgehend außer Kraft. *Mehrheits*beschlüsse der Liga binden nur jene Mitglieder, die entsprechend votiert haben.

Entwicklung/Aktivitäten:
1950 *(17. 6.):* »Vertrag zur gemeinsamen Verteidigung und wirtschaftlichen Entwicklung« schafft gemeinsamen Sicherheitsrat und Vereinigtes Arabisches Kommando *(→ Organe)*.
1980: XIII. Gipfel (Rat der Könige und Staatschefs) in Fes/Marokko verabschiedet als Friedensplan für den Nahen Osten die **Charta von Fes**. Diese ist im wesentlichen inhaltsgleich mit dem **Fahd-Plan** der Konferenz von Fes (1981).
1980–1988: Solidaritätsbekundungen für Irak während des Krieges Irak/Iran (nicht einhellig) und Verurteilung israelischer Besetzung Südlibanons.
1989: Vermittlung im Libanon-Konflikt durch siebenköpfigen Ministerausschuß; Friedensplan u. a. über politische Gleichberechtigung der Muslime im Libanon und Abzug der syrischen Truppen innerhalb von 2 Jahren.
1990 *(28.–30. 5.):* Sondergipfel in Bagdad/Irak (ohne Syrien und Libanon) verurteilt Einwanderung sowjetischer Juden nach Israel und deren Ansiedlung in den arabischen besetzten Gebieten; irakische Forderung nach Verurteilung Israels und der USA wird nur von PLO unterstützt.
10. 8.: Sondergipfel in Kairo (ohne Tunesien) verurteilt in Entschließung mit 12 gegen 3 Stimmen (Irak, Libyen und PLO) und 5 Enthaltungen (Algerien, Jemen, Jordanien, Mauretanien und Sudan) **Einmarsch irakischer Truppen in Kuwait** (2. 8. 1990), fordert Rückzug und beschließt Friedenstruppe zum Schutz Saudi-Arabiens sowie der übrigen Golf-Anrainer. Hauptlast der militärischen Maßnahmen bei Ägypten, Marokko und Syrien.

Bewertung: Arbeit der Liga war seit Gründung in Bereichen Wirtschaft und Kultur erfolgreicher als auf politischem oder militärischem Gebiet. Partikularinteressen und teilweise feindselige Konkurrenzverhältnisse (Syrien-Irak) verhindern Verwirklichung der Charta-Ziele. Vor diesem Hintergrund kam es zur Errichtung zusätzlicher Organisationen unter den Liga-Staaten *(→ ACC, → GCC, → UMA)*. Spannungen verursachte der von den Mitgliedern mehrheitlich abgelehnte Führungsanspruch des Irak, dessen Einmarsch in Kuwait 1991 zur Spaltung der arabischen Welt führte.

Kooperation: Abkommen mit → ESCWA, → OAS und → OAU sowie mit ECOSOC, FAO, IAEO, ICAO, ILO, UNCTAD, UNESCO und WHO *(→ UN)*.

Unterorganisationen mit z. T. eigener, von der Liga unabhängiger Struktur und Verfassung: Rund 20 (davon nur einige von wirklicher Relevanz):

ACAC/*Arabischer Zivilluftfahrtrat*
*1965, Arbeitsbeginn 1967 in Rabat/Marokko.

AFESD/*Arabischer Entwicklungsfonds*
*1971, Arbeitsbeginn 1973, in allen 21 Staaten (einschl. Palästina).

AIDO/*Arabische Industrie-Entwicklungsorganisation,* *1980, Bagdad, 21 Mitglieder.

ALESCO/*Erziehungs-, Kultur- und Wissenschaftsorganisation,* *1970, Tunis.

AMF/*Währungsfonds,* *1976 (nach Muster des *→ IMF*) zum Zahlungsbilanzausgleich der Mitglieder durch Anleihen mit 7jähriger Laufzeit, zur Wechselkursstabilisierung arabischer Währungen und zur gegenseitigen Konvertibilität (Fernziel: Einheitswährung); Sitz: Abu Dhabi/UAE; bis 1989 gezeichnetes Kapital: 8,1 Mrd. AAD (Arab Accounting Dinar: 1 AAD = 3 SZR, SZR = Sonderziehungsrecht des IMF), größte Zeichner: Saudi-Arabien 1,0 Mrd., Algerien und Irak je 0,9 Mrd., Ägypten und Kuwait je 0,7 Mrd. AAD. 86 genehmigte Darlehen 1978–1989 im Gesamtwert von 553 Mill. AAD.

APU/*Postunion,* *1952, Dubai/UAE.

ASBU/*Rundfunkunion,* *1969, Tunis.

ASCO/*Telekommunikations- und Satellitenorganisation,* *1981, TV-Übertragungen seit 1985, in Riad/S.-A.

BADEA/*Entwicklungsbank → unter BADEA.*

UIA/*Arabische Parlamentarische Union*
*1974, Damaskus.

AsDB
ASIATISCHE ENTWICKLUNGSBANK
Asian Development Bank (offiziell ADB)

Gründung auf Initiative der asiatischen MSt. der ECAFE *(heute → ESCAP)* am 4. 12. 1965 in Manila/Philippinen durch 31 Staaten, darunter die BR Deutschland. Abkommen am 22. 8. 1966 in Kraft, Arbeitsbeginn am 19. 12. 1966.
Aufgaben: Förderung der wirtschaftlichen Entwicklung in der asiatisch-pazifischen Region durch Projektfinanzierung in Bereichen Transport- und Nach-

richtenwesen, nichtbrennbare Bergbauprodukte, Landwirtschaft und Agroindustrie, Energie und Infrastruktur.

Mitglieder: 49 Staaten, davon 34 regionale und 15 nichtregionale (USA und Kanada sowie 13 westeuropäische), die bis Ende 1988 65 % bzw. 35 % des Kapitals von 23 Mrd. $ zeichneten. Mit der Aufnahme der VR China 1986 ist die AsDB die erste internationale Organisation, in der beide China (Taiwan wird als »Taipeh, China« geführt) gleichberechtigt vertreten sind. Für die VR China war es der erste Beitritt in eine IGO seit der Kulturrevolution.

Organe:

1. *Board of Governors* aus 2 Vertretern (Gouverneur und Stellvertreter) je MSt. mit nach Kapitalzeichnung gewichtetem Stimmrecht, tagt jährlich; überträgt seine Vollmachten (ausgenommen: Zulassung neuer Mitglieder, Änderung des Bankkapitals, Wahl der Direktoren und des Präsidenten, Statutenänderung) einem Direktorium.

2. *Direktorium* aus 8 regionalen und 4 nichtregionalen Direktoren;

3. *Präsident* der AsDB (zugleich Vorsitzender des Direktoriums) ist traditionell ein Japaner, seit 1989 Kimimasa Tarumizu.

Sonderfonds:

AsDF/*Asian Development Fund*, vergibt seit *1974 an ärmste und devisenschwache MSt. der Region Darlehen zu 1 % Zinssatz und wird vor allem von den Industrieländern gespeist.

TASF/*Technical Assistance Special Fund*, *1974 zur Ergänzung der ordentlichen AsDB-Mittel.

AFIC/*Asian Finance and Investment Corporation*, *1989 als eine nach der IFC *(→ UN)* ausgerichtete Finanzierungsgesellschaft für Unternehmensbeteiligungen in risikoreicheren privaten Sektoren.

Sitz der AsDB: Manila/Philippinen.

Personal: 1650 Bedienstete aus fast 40 Staaten. Die AsDB gehört damit zu den personalstärksten IGOs der Welt. – **Arbeitssprache:** Englisch.

Aktivitäten: 1989 Darlehensgewährung von über 3,7 Mrd. US-$ aus der AsDB. Im Geschäftsjahr 1990 setzte die Bank aus Eigenmitteln 2,57 (1989: 2,26) Mrd. $ an; die aus dem AsDF vorgesehenen Mittel liegen auf Vorjahresniveau. Das Gesamtvolumen der seit 1968 vergebenen Darlehen erhöhte sich damit auf 29 Mrd. $. Die Kapitalaufnahme auf den Finanzmärkten wurde 1990 mit 1,2 Mrd. $ nahezu verdoppelt (1989: 644,5 Mio. $).

Kooperation: Die AsDB fungiert als regionale Exekutiv-Agentur für das UN-Entwicklungsprogramm UNDP und unterhält enge Beziehungen zu den UN-Sonderorganisationen FAO, IFAD, ILO, UNESCO, Weltbankgruppe und WHO *(→ UN)*.

ASEAN

VERBAND SÜDOSTASIATISCHER STAATEN

Association of Southeast Asian Nations

Gründung am 8. 8. 1967 in Bangkok/Thailand durch »7-Punkte-Erklärung« von Indonesien, Malaysia, Philippinen, Singapur und Thailand.

Symbol: Stilisiertes Ährenbündel im Kreis.

Ziele: Förderung der regionalen Zusammenarbeit auf wirtschaftlichem, sozialem und kulturellem Gebiet zur Festigung des Friedens in Südostasien.

Entwicklung:

1. Gipfelkonferenz auf Bali 1976:
Ein Vertrag über Freundschaft und Zusammenarbeit in Südostasien (»Treaty of Amity and Cooperation in Southeast Asia«) und Rahmenvereinbarungen über ein Aktionsprogramm (»Declaration of ASEAN Concord«) legen fest, daß die Gemeinschaft eine »Zone des Friedens, der Freiheit und der Neutralität (ZOPFAN) in Südostasien« schaffen wolle, die »frei ist von jeglicher Einmischung durch ausländische Mächte«. Eine gemeinsame Verteidigungspolitik ist ausdrücklich ausgeklammert.

2. Gipfelkonferenz in Kuala Lumpur 1977:
Neue Phase im Zeichen einer heute noch andauernden gemeinsamen Außenpolitik: Die vietnamesische Invasion in Kambodscha 1979 beschleunigte die Entwicklung der ASEAN zu einer politischen Kraft.

3. Gipfelkonferenz in Manila 1987:
Vereinbarung über Beschleunigung des längst vorgesehenen Abbaus der Zollschranken und nichttarifären Handelshemmnisse.

4. Gipfelkonferenz in Brunei 1989:
Forderung nach umfassender Friedensordnung für Kambodscha, u. a. durch Rückzug der vietnamesischen Truppen und Bildung einer Vier-Parteien-Regierung.

Mitglieder (6): Die 5 Gründungsmitglieder und seit 1984 Brunei-Darussalam mit zusammen rd. 300 Mio. Einw. – Papua-Neuguinea ist seit 1984 Beobachter, Republik Korea hat seit 1989 Sonderstatus.

Organe:

1. *Gipfelkonferenz* der Staats-/Regierungschefs.

2. *Ministertagung:* jährl. Hauptkonferenz der 6 Außenminister als zentrales Entscheidungsgremium.

3. *Ständiger Ausschuß:* tagt jährl. drei- bis fünfmal; Zusammensetzung: Außenminister des Tagungsortes und die 5 Botschafter.

4. *Fachministertreffen*, haupts. der Arbeits-, Informations- und Erziehungsminister; Wirtschaftsministerkonferenz seit 1976 gesondert institutionalisiert.

5. *Ständige Fachausschüsse* (8) für: Industrie, Bergbau und Energie/COIME; Handel und Tourismus/COTT; Ernährung, Landwirtschaft und Forsten/-

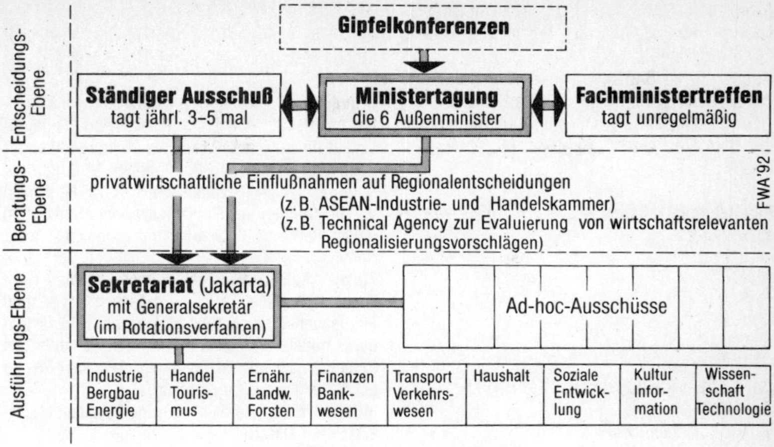

Entscheidungsebenen der ASEAN

COFAF; Finanzen und Bankwesen/COFAB; Transport und Verkehrswesen/COTAC; Soziale Entwicklung/COSD; Kultur und Information/COCI; Wissenschaft und Technologie/COST; alle mit zahlreichen Unterausschüssen; dazu Haushaltsausschuß.

6. *Sekretariat* mit **Sitz** in Jakarta/Indonesien (* 1976), seit 1990 mit Erstellung jährl. Wirtschaftsprognosen und -analysen betraut; Leitung durch Generalsekretär (alle 2 J. wechselnd).

Tagungsort und Leitung aller wichtigen Gremien nach Rotationsprinzip; Beschlüsse erfordern Einstimmigkeit. – *Nationale Sekretariate* bei allen 6 MSt. als wichtigste Instanzen zur Vorbereitung politischer Entscheidungen.

Arbeitssprache: Englisch.

Finanzierung der Vorhaben/Programme über die autonome → AsDB. Die Mittel für ASEAN-Angelegenheiten im engeren Sinne werden durch gemeinsamen Fonds der MSt. proportional zu deren BSP aufgebracht.

Bewertung: Liberalisierung des Intra-ASEAN-Handels im Rahmen des ASEAN-Vorzugszollabkommens/PTA noch unbedeutend. Gleiches gilt für Investitionen: Während sich bisher nur 13 südostasiatische Unternehmen im Rahmen des zollbegünstigten Programms für Industrie-Joint-Ventures/AIJV zusammengeschlossen haben, gedeihen Joint Ventures mit Staaten außerhalb der ASEAN gut. Die ASEAN entwickelt sich jedoch zu einer international anerkannten **politischen Kraft**, die in vielen Belangen mit einer Stimme spricht – auch im Bereich der Außenwirtschaft gegenüber Drittländern.

Kooperation: Regelmäßiger Dialog mit Drittstaaten/Gruppen, insbesondere Australien, Japan, Kanada, Neuseeland, USA und mit der → EG-Kommission (Abkommen über Wirtschaft und Handel 1980).

BADEA ARABISCHE WIRTSCHAFTS-ENTWICKLUNGSBANK IN AFRIKA

Banque Arabe pour le Développement Économique en Afrique; engl. Kurzform: ABEDA

Gründung am 28. 11. 1973 auf VI. Gipfelkonferenz der → Arabischen Liga in Algier – offiziell am 18. 2. 1974 (Charta von Kairo), in Kraft am 16. 9. 1974, Arbeitsbeginn 3/1975.

Ziele: Wirtschaftliche und soziale Förderung (Schwarz-)Afrikas durch Investitionsbezuschussung und technische Hilfe unter Schirmherrschaft der Arabischen Liga.

Mitglieder: *Geberländer:* MSt. der Arabischen Liga (ohne Dschibuti, Somalia, Jemen); *Empfängerländer* (41): die MSt. der → OAU (ohne Liga-MSt.) – bisher 38 tatsächliche Empfängerländer.

Organe:

1. *Board of Governors* (Aufsichtsrat) der Finanzminister tagt jährl., bestimmt Geschäftspolitik.

2. *Board of Directors* (Verwaltungsrat für laufende Geschäfte) aus dem BADEA-Präsidenten (Vorsitz) und 11 weiteren Mitgliedern: 7 Staaten mit 200 oder mehr Kapitalanteilen haben ständigen Sitz; 4 Direktoren werden auf 4 Jahre ernannt.

3. *Sekretariat* mit **Sitz** in Khartum/Sudan.

Kapital: Bis Ende 1988 1,048 Mrd. $ gezeichnet (durch Saudi-Arabien 256, Libyen 170, Kuwait 156, Irak 149, UAE 128 Mill. $), 1,046 Mrd. $ eingezahlt.

Aktivitäten: 1977 wurde der Arabische Sonderhilfsfonds für Afrika/**SAAFA**, der seit seiner Gründung 1972 insgesamt 214 Mill. $ an 32 afrikan. Länder vergab, in die BADEA integriert. Bis Ende 1988 wurden BADEA-Darlehen zur Projektfinanzierung von insgesamt 863,8 Mio. $ (ohne SAAFA) zugesagt, 462 Mio. $ ausgezahlt (für 1988: 66,1 bzw. 24,7 Mio. $).

Parallelorganisationen: AFESD und AMF *(→ Arabische Liga).*

CAEU
RAT FÜR ARABISCHE WIRTSCHAFTS-EINHEIT
Council of Arab Economic Unity

Gründung am 3. 6. 1957 durch die → Arabische Liga, in Kraft am 30. 5. 1964; autonom in Finanzierung und Verwaltung.
Ziele: Flexibler multilateraler Rahmen für stufenweise wirtschaftliche Integration der arabischen Staaten.
Mitglieder (12): Ägypten, Irak, Jemen, Jordanien, Kuwait, Libyen, Mauretanien, Palästina (PLO), Somalia, Sudan, Syrien, Vereinigte Arabische Emirate (UAE).
Organe:
1. *Rat/CAEU*, tagt halbjährl.; jeder MSt. hat eine Stimme, Entscheidungen mit $^2/_3$-Mehrheit, erst nach innerstaatlicher Ratifizierung bindend.
2. *Ständige Komitees,* u. a. für Wirtschaftsentwicklung, Plankoordination, Geld- und Finanzpolitik, Zölle.
3. *Generalsekr.:* Mahdi M. el-Obeidi/Jordanien.
4. *Statistisches Büro* zur Koordinierung der nationalen Statistikämter. **Sitz:** Amman/Jordanien.
Finanzierung durch Mitgliedsbeiträge.
Aktivitäten: Schwerpunkt anfangs auf Handelsliberalisierung (mäßige Erfolge), heute auf Projekt- und Investitionskoordinierung. – 1964 **Arabischer Gemeinsamer Markt*/→ **ACM**. – 1970 *Agreement on Arab Investments and Capital Movements* (1973/1975 ergänzt): gewährt arabischen Investoren Kapital- und Gewinntransfers. 1974 **Inter-Arab Investment Guarantee Corporation* (rechtlich und finanziell unabhängig) zur Absicherung von Investitionen gegen nicht-kommerzielle Risiken sowie arabischer *Joint Ventures:* 4 Gesellschaften (Pharmazie, Industrieinvestitionen, Viehzucht, Bergbau) und von 13 Verbänden für Zusammenarbeit auf internationalen Märkten (Landwirtschaft, Fischerei, Industrie, Transport).

COLOMBO-PLAN
Colombo Plan for Co-operative Economic and Social Development in Asia and the Pacific

Gründung auf Initiative von 7 Commonwealth-Staaten am 28. 12. 1950 in Colombo/Ceylon (heute: Sri Lanka) für zunächst 6 Jahre als »Colombo Plan for Cooperative Economic Development in South and South-East Asia« (Statuten vom 1. 7. 1951); danach Verlängerungen um Fünfjahresperioden (seit 1980 unbefristet); 1977 Statutenänderung und neuer Name.
Ziele: Multilaterale Entwicklungsvorhaben nach Sechsjahresplänen, bilateral zwischen Geber- und Empfängerland ausgeführt; Hebung des Lebensstandards mittels Wirtschafts- und Kapitalhilfen in den Regionen nach Vorbild des Marshall-Planes/ERP und auf Basis des Selbsthilfeprinzips.
Mitglieder: 26 Staaten (* = Gründerstaaten; Haupteinzahler **halbfett**):
a) *regionale Mitglieder in Asien:*
Afghanistan, Bangladesh, Bhutan, Burundi, *Indien, Indonesien, Iran, **Japan**, Republik Korea, Laos, *Malaysia, Malediven, Nepal, *Pakistan, Philippinen, Singapur, *Sri Lanka, Thailand;
b) *in Ozeanien:*
***Australien**, Fidschi, *Neuseeland, Papua-Neuguinea;
c) *nichtregionale:*
***Kanada**, ***Großbritannien**, **USA**.

Organe und Sonderorganisationen:
1. Komitee/*Consultative Committee:* Oberstes und Entscheidungsorgan, tagt alle 2 Jahre, je ein Mitglied auf Ministerebene, einstimmige Entscheidungen (Vetorecht);
2. Rat/*Colombo Plan Council:*
Zuständig für Programmausführung, tagt 2–3mal jährlich in Colombo auf Expertenebene;
3. Büro/*Colombo Plan Bureau:*
Ständiges beratendes Organ für Rat und Komitee, zuständig u. a. für Verwaltung, Public Relations und das **Drogenbekämpfungsprogramm** (* 1973);
4. College/*Colombo Plan Staff College for Technician Education:* * 1975, Mitglieder wie Colombo-Plan, zusätzlich Vietnam. – Erstes multilaterales Projekt ist das (autonome) Ausbildungszentrum für Lehrer in Singapur.

Sitz: Colombo/Sri Lanka.
Kapitalhilfe 1988: 6,7 Mrd. $ (davon durch Japan 4,4, USA 1 Mrd. $). – 1985 wurden 19305 Personen (Studenten etc.) technisch ausgebildet, die meisten aus Indonesien mit 3178 Auszubildenden, aus Indien, Thailand, Malaysia, den Philippinen und der Republik Korea; 11000 Experten und 1307 Volontäre 1985 im Technischen Hilfsprogramm.

Bewertung: Nützliches Instrument der Abstimmung von Entwicklungshilfe in der Region – insbesondere wegen kleinem Verwaltungsapparat.

Kooperation u. a. mit dem Asiatisch-Pazifischen Entwicklungszentrum/APDC *(→ ESCAP)*, der Asiatischen Produktivitätsorganisation/APO, dem Zentrum für Integrierte Landentwicklung für Asien und Pazifik/CIRDAP, dem Südostasiatischen Fischerei-Entwicklungszentrum/SEAFDEC sowie mit → AsDB, → ASEAN, → ESCAP, SEAMEO *(→ ASEAN)*, den UN-Organisationen FAO, ILO, UNDP, UNESCO, UNIDO, UNCTC, Weltbank und WHO *(→ UN)*.

EBWE EUROPÄISCHE BANK FÜR WIEDERAUFBAU UND ENTWICKLUNG
Kurzform: Osteuropabank; englisch: EBRD

Gründung am 25. 5. 1990 in Paris durch 41 Signatare – offiziell am 15. 4. 1991.
Ziele: Kredit-Unterstützung der mittel- und osteuropäischen Reformstaaten bei der Umwandlung zentraler Verwaltungswirtschaften in offene Marktwirtschaften (ca. 60 % private, 40 % staatliche Projekte).
Mitglieder (41 Anteilseigner): Die Mitglieder der → OECD (24) und der ehemaligen → WVO (6) sowie Jugoslawien und Ägypten, Israel, die Republik Korea, Liechtenstein, Malta, Marokko, Mexiko und Zypern; außerdem die EG-Kommission und die EIB *(beide → Hauptkapitel EG)*.
Organe:
1. *Exekutivrat* aus 23 Mitgliedern;
2. *Präsident:* Jacques Attali/F (1991–1995);
3. *Generalsekretär:* Bart Le Blanc/NL.

Sitz: London.
Kapitalausstattung: 10 Mrd. ECU.
Anteile (vorläufiger Finanzierungsschlüssel): EG-Staaten (einschließlich des Beitrags der EG-Kommission und der EIB von je 3 %) 51 % (damit Stimmenmehrheit). – Größte Einzelkapitalgeber: USA 10 %; Deutschland, Frankreich, Großbritannien, Italien und Japan je 8,5 %; UdSSR 6 %. Auf die »Ostländer« insgesamt (einschließlich Jugoslawien) entfallen 13,5 %, Rest übrige Staaten. Die beteiligten Länder zahlen in den ersten 5 Jahren ⅓ des vereinbarten Kapitals ein.
Kreditvergabe: 40 % der Kredite für öffentliche Investitionen in Bereichen Infrastruktur und Umweltschutz vorgesehen, Rest für Projekte im Privatsektor. Die UdSSR darf in den ersten 3 Jahren Kredite nur in Beträgen abrufen, die die eigene Kapitaleinzahlung nicht übersteigen.

ECO ORGANISATION FÜR WIRTSCHAFTLICHE ZUSAMMENARBEIT
Economic Cooperation Organization

Gründung am 28. 1. 1985 in Teheran/Iran.
Vorläuferin: **RCD**/*Regional Cooperation for Development* (* 1964), die wiederum eine vom seinerzeitigen CENTO-Pakt (†1979) geschaffene Wirtschaftsgemeinschaft war. In der RCD wurden nur wenige Projekte (etwa im Verkehrswesen und im militärischen Infrastrukturbereich) realisiert; sie war seit dem Sturz des Schah im Iran 1979 inaktiv.
Ziele: Zusammenarbeit in Bereichen Handel, Landwirtschaft, Industrie, Verkehr, Technik, Wissenschaft und Erziehung.
Mitglieder: Iran, Pakistan, Türkei.
Organe: 1. *Hoher Rat* der Stellvertretenden Außenminister: tagt jährl. abwechselnd in einem der MSt.;
2. *Technische Ausschüsse* (4): Wirtschaft/Infrastruktur, Technik/Industrie, Landwirtschaft, Erziehung/Wissenschaft;
3. *Sekretariat* mit **Sitz** in Teheran/Iran; Ausschüsse auch in Islamabad/Pakistan und Ankara/Türkei.
Arbeitssprache: Englisch.
Aktivitäten: 7/1990 beschlossen die Außenminister in Islamabad den Bau einer iranischen Gas-Pipeline in die Türkei und nach Pakistan sowie die Öffnung der Organisation für weitere Mitglieder.

EFTA EUROPÄISCHE FREIHANDELSASSOZIATION
European Free Trade Association

Gründung durch brit. Initiative nach Inkrafttreten des EWG-Vertrages (1958) zum Schutz der Handelsinteressen der westeurop. Staaten, die nicht in die Römischen Verträge eingebunden waren. Stockholmer Abkommen vom 4. 1. 1960, in Kraft am 3. 5. 1960.
Entwicklung: Von den 7 Gründungsmitgliedern Dänemark, Großbritannien, Norwegen, Österreich, Portugal, Schweden und Schweiz traten 1973 Großbritannien sowie Dänemark und 1986 Portugal zur → EG über. Island trat **1970** bei. Finnland, das seit Gründung mit der EFTA assoziiert war, wurde **1985** Vollmitglied. – Österreich beantragte **1989**, Schweden am 1. 7. 1991 EG-Mitgliedschaft.
Heutige Mitglieder (7): Finnland, Island, Liechtenstein (seit 22. 5. 1991), Norwegen, Österreich, Schweden und Schweiz.
Ziele: Förderung des wirtschaftl. Wachstums, der Vollbeschäftigung, der Erhöhung des Lebensstandards usw. durch Beseitigung von Handelsbarrieren unter den MSt. bei nichtagrarischen Gütern.

Symbol: Flaggen der MSt. in offenem Kreis.
Organe:
1. *Ministerrat* als oberstes Organ, in dem alle MSt. gleichberechtigt vertreten sind; Tagungen halbj., Vorsitz wechselt im Turnus.
2. *Ständige Komitees* aus den nationalen Regierungsvertretern und verschiedene beratende *Arbeitsgruppen*.
3. *Generalsekretär:* Georg Reisch/A (seit 1988).
4. *Industrie-Entwicklungsfonds für Portugal* (* 1976) mit Darlehen über 85 Mio. SZR (auch nach 1986!).
5. *Entwicklungsfonds für Jugoslawien* * 1991; Kapitalausstattung: 100 Mio. $.
6. *Europäische Organisation für Prüfung und Zertifizierung/***EOTC** (* 1990) zur Beseitigung von Handelshemmnissen durch unterschiedliche nationale Normen und Zertifizierungssysteme.
Sitz: Genf/CH.- **Personal:** 140.
Arbeitssprachen: Englisch; Dokumente auch in den Sprachen der Mitgliedstaaten.

Finanzierung: Haushalt (1990/91: 29,17 Mio. sFr.) durch Staffelbeiträge der MSt. nach deren BIP (Schweiz 29,48 %, Schweden 24,83 %, Österreich 17,59 %, Norwegen 12,59 %, Finnland 13,79 % und Island 1,72 %) gespeist.

Aktivitäten und Bilanz: Zollfreiheit für alle Industrieerzeugnisse bereits 1967. **Warenursprungsregelung** regelt Zollfreiheit nur für Güter, die vollständig oder zu über 50 % im EG-EFTA-Raum hergestellt werden. Im **Handel mit den EG-Staaten** fielen zum 1. 1. 1984 die letzten Zollbarrieren für industrielle Güter. Die wirtschaftliche Zusammenarbeit mit der EG erstreckt sich auch auf den Abbau nichttarifärer Handelshemmnisse, die Vereinheitlichung technischer Normen und die technologische Forschung. Seit 1990 Verhandlungen über gemeinsamen **Europäischen Wirtschaftsraum** (EWR/EES), der mit dem EG-Binnenmarkt 1993 Gestalt annehmen soll.
Kooperation u. a. mit → EG, → Europarat, GATT *(→ UN)* und → OECD.

EG [= EAG + EGKS + EWG + EEA]
EUROPÄISCHE GEMEINSCHAFTEN

Gründung: Die »Europäische Gemeinschaft« (EG), ein wirtschaftlicher und politischer Zusammenschluß von 12 westeuropäischen Staaten mit rund 340 Mio. Menschen auf 2,4 Mio. km^2 Fläche, entstand aus folgenden 3 europäischen Gemeinschaften:
1. Europäische Gemeinschaft für Kohle und Stahl (EGKS/Montanunion): * 18. 4. 1951 (in Kraft 1952) in Paris (auf 50 Jahre) von den 6 Kernländern Belgien, Frankreich, Italien, Luxemburg, den Niederlanden und der BR Deutschland. **Ziel:** Gemeinsamer Markt für Kohle, Stahl, Eisenerz und Schrott.
2. Europäische Wirtschaftsgemeinschaft (EWG/ Gemeinsamer Markt), * 25. 3. 1957 in Rom; Arbeitsbeginn 1958. **Ziel:** Gemeinsamer Agrar-, Industriemarkt sowie schrittweise Verschmelzung der Volkswirtschaften.
3. Europäische Atomgemeinschaft (EAG/Euratom), gleichzeitig mit der EWG (und ebenfalls auf unbestimmte Zeit) in Rom geschaffen (= Römische Verträge). **Ziel:** Förderung der friedlichen Nutzung der Kernenergie und -forschung auf zahlreichen Gebieten (Biologie, Medizin, Umweltschutz, Technologie, alternative Energiequellen, Reaktorsicherheit).
Entwicklung: Zuerst arbeiteten die 3 Gemeinschaften getrennt und mit eigenen Organen (EGKS-Kommission z. B. in Luxemburg, EWG-Kommission in Brüssel). Seit dem **Fusionsvertrag von 1967** unterhalten sie gemeinsame Organe, und man spricht von *der* **Europäischen Gemeinschaft/EG**. Das Europäische Parlament (seinerzeit die »Versammlung«) ist bereits seit 1958 für alle 3 Gemeinschaften zuständig. Eine **4. Vertragsbasis ist die Einheitliche Europäische Akte/EEA** vom 2./3. 12. 1986 als umfangreiche Ergänzung der drei Verträge, in Kraft am 1. 7. 1987 (in der BR Deutschland als EEAGesetz). In ihr sind z. B. die Beschleunigung des Beschlußfassungsverfahrens im Rat (Mehrheitsentscheidungen usw.), die Beteiligung des Europäischen Parlaments an der Gesetzgebung und die **Schaffung des Europäischen Binnenmarktes bis Ende 1992** festgeschrieben. Darüber hinaus wird die **Europäische Politische Zusammenarbeit/EPZ** auf eine einheitliche Grundlage gestellt.
Symbol der EG seit 1986: 12 5zackige goldene Sterne im Kreis auf blauem Grund (war zuvor lediglich Flagge des → *Europarates*). – **Hymne:** Beethovens »Freude schöner Götterfunken«.
Mitglieder (12) mit Beitrittsjahren:
Amtliche Reihenfolge gemäß Alphabet in den Landessprachen, z. B. »Ellas« für Griechenland/GR:

B/*Belgien*	1951/1958
DK/Dänemark (ohne Färöer, Grönland)	1973
D/*BR Deutschland*	1951/1958
GR/*Griechenland*	1981
E/*Spanien* (ohne Andorra)	1986
F/*Frankreich* (mit D. O. M.)	1951/1958
IRL/*Irland*	1973
I/*Italien*	1951/1958
L/*Luxemburg*	1951/1958
NL/*Niederlande*	1951/1958

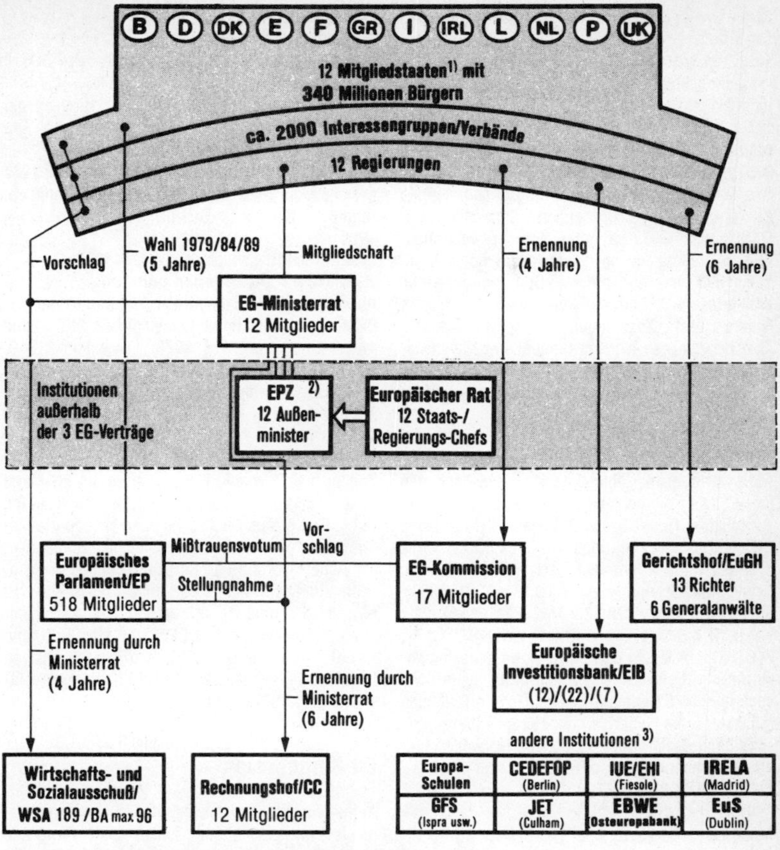

[1] Amtliche alphabetische Reihenfolge (von België/Belgique bis United Kingdom)
[2] Europäische Politische Zusammenarbeit (personenidentisch mit EG-Außenministerrat)
[3] Zu den abgekürzt wiedergegebenen Nebenorganisationen vgl. Text dieser Seiten

EAG · EGKS · EWG – Europäische Gemeinschaften und EPZ 1990
Zusammensetzung der Organe und Institutionen (mit Anzahl ihrer Mitglieder) (floridoc-Weltarchiv)

P/*Portugal* (ohne Macao) 1986
UK/*Großbritannien und Nordirland* 1973

Ziele (Hauptziele des EWG-Vertrages): Einheitlicher Wirtschaftsraum der MSt., d. h. freier Warenverkehr, gemeinsamer Außenzoll, Abbau zwischenstaatlicher Handelsschranken, freier Personen-, Dienstleistungs-, Güter- und Kapitalverkehr (= die vier Marktfreiheiten): **Europäischer Binnenmarkt bis 31. 12. 1992**.

Instrumentarium: Eigene Rechtsetzung durch supranationale Organe mit exekutiven Befugnissen (ohne direkte Einwirkung der MSt.) und rechtlichem Durchgriff auf natürliche und juristische Personen, d. h. auch auf jeden einzelnen Bürger der MSt. ohne Einschaltung der nat. Parlamente/Regierungen.
Organe: Kommission, Ministerrat (Rat), Parlament, Gerichtshof; *Hilfsorgane:* Wirtschafts- und Sozialausschuß, Investitionsbank, Rechnungshof, Fonds u. a.

Personal (alle Organe): Rund 24 000 Dauerplan- und Zeitstellen.

Sprachen: *Vertragssprachen:* 10 (die 9 Amtssprachen der MSt. und Irisch/Gäl.). *Arbeitssprachen* de facto Französ. und Englisch, gefolgt von Deutsch.

Währung EWS/ECU:

EWS/*Europäisches Währungssystem*

* 1979; heute 10-Staaten-Währungszone innerhalb der EG mit festen Wechselkursen (»Euroschlange«); Griechenland und Portugal noch nicht beigetreten, Wechselkursanpassungen gemeinsam möglich. Am 1. 7. 1990 Inkrafttreten der 1. Stufe der geplanten Währungsunion (Endziel: Einheitswährung): engere finanzpolitische Zusammenarbeit, regelmäßige Absprachen über gemeinsame Konjunktur-, Haushalts- und Wechselkurspolitik; freier Kapitalverkehr zwischen den EG-Staaten, ausgenommen bei schweren Spannungen auf den Devisenmärkten.

ECU/*Europäische Währungseinheit*

* 1979; wird als Rechnungsgröße in den EG-Institutionen und beim Zahlungsverkehr zwischen den europäischen Notenbanken verwendet; zunehmend auch in den MSt. selbst (z. B. private ECU-Konten in DK und D). Im »Währungskorb« des ECU sind die nationalen EG-Währungen nach wirtschaftlichem Gewicht der Staaten vertreten: D (bis 2. 10. 1990): 30,1 %, F: 19 %, GB: 13,0 %, I: 10,15 %, NL: 9,4 %, B: 7,6 %, E: 5,3 %, DK: 2,45 %, IRL: 1,1 %, GR: 0,8 %, P: 0,8 % und L: 0,3 %; Korbzusammensetzung wird alle 5 Jahre überprüft, neue »Mischung« durch Einigung Deutschlands erforderlich (nächster ordentlicher Termin: 1994). – Währungsanbindung durch Nicht-EG-Staaten Norwegen (10/1990), Schweden (5/1991) u. Finnland (6/1991).

1 ECU = DM 2,0538 (2. 9. 1991).

Haushalt 1991 (1990): 55,7 (46,7) Mrd. ECU (Zahlungsermächtigungen).

Hauptausgaben 1990 in Mrd. ECU (Ermächtigungen):

EAGFL-Garantie (einschließlich Stillegung von Agrarflächen/-betrieben)	26,522
Strukturpolitische Maßnahmen	10,017
Politikbereiche mit mehrjähriger Mittelausstattung (z. B. Forschung/Technologie)	1,715
Sonstige Politiken (u. a. Soziales, Verkehr, Umwelt)	2,746
Erstattungen und Verwaltung	4,716
Währungsreserve	1,000

Einnahmen im wesentlichen aus Zöllen und Agrarabschöpfungen, einem 1,4 %-Anteil am Mehrwertsteueraufkommen der MSt. und einer auf dem BSP basierenden zusätzlichen »vierten Einnahme«. Als Obergrenze für die EG-Eigenmittel ist bis 1992 ein Anteil von 1,2 % des BSP der MSt. festgelegt.

Außenbeziehungen:

1. *Beitrittswillige Staaten:*

Malta: Antrag vom 16. 7. 1990 (bereits seit 1970 mit der EWG assoziiert).

Österreich: Beitrittsgesuch vom 17. 7. 1989; mit der Aufnahme wird für ca. 1994 gerechnet.

Schweden: Beitrittsgesuch vom 1. 7. 1991.

Türkei: Beitrittsgesuch 1987 als Folge der seit 1964 bestehenden Assoziation; EG-Kommission lehnt ab.

Ungarn: Mündliches Beitrittsgesuch vom 17. 7. 1990.

Zypern: Beitrittsgesuch vom 4. 7. 1990.

2. *EWG-AKP-Abkommen von Lomé:*

Abkommen mit Staaten Afrikas, der Karibik und des Pazifik (»AKP-Staaten«): Lomé I am 28. 2. 1975 mit 46 Staaten (in Kraft: 1. 4. 1976), Lomé II am 31. 10. 1979 mit 58 Staaten (in Kraft: 1. 1. 1981), Lomé III am 8. 12. 1985 mit 65 Staaten (in Kraft: 1. 5. 1986). Zur Zeit **Lomé-IV-Abkommen** mit 69 Staaten, am 15. 12. 1989 in Togo unterzeichnet, in Kraft seit 3/1990 (Laufzeit auf 10 Jahre erweitert): Freier Zugang für 97 % der AKP-Erzeugnisse zum EG-Markt ohne Gegenpräferenzen; Exporterlös-Stabilisierung (**STABEX**) für Ausgleichszahlungen bei Exporterlös-Ausfällen von 48 landwirtschaftlichen Rohstoffen; zur Rehabilitierung von Bergbaubetrieben: Mineralienfonds (**SYSMIN**). Finanzmittel (1990–95): 12 Mrd. ECU (Lomé III: 8,5 Mrd. ECU), auszahlbar durch Entwicklungsfonds/**EEF** (10,8 Mrd. ECU) und → EIB (1,2 Mrd. ECU). – Für industrielle Entwicklung in den AKP-Staaten: **CDI**/Zentrum für Industrieentwicklung (* 1977, Brüssel).

EG-Kommission

Aufgaben: initiative (vorbereitende und vorschlagende), exekutive (Ratsbeschluß-Ausführung) und kontrollierende (Überwachung des EG-Rechts) Funktionen. Die Kommission erläßt z. B. Durchführungsbestimmungen im Agrarbereich, verwaltet die Fonds, führt den EG-Haushalt aus, hat Auskunftspflicht gegenüber dem Europäischen Parlament und Entscheidungsbefugnisse besonders auf dem Kohle-, Stahl- und Energiesektor; Aushandlung internationaler Abkommen mit Drittländern, Einleitung von Vertragsverletzungsverfahren usw. – Im Gegensatz zum Rat (= nationale Gesichtspunkte) Wahrung des europäischen Gesamtinteresses der 3 Gemeinschaften (überstaatlicher/supranationaler Charakter). Die Kommission ist unabhängig von den MSt.

Zusammensetzung: 17 Mitglieder, von den MSt. für 4 Jahre ernannt, interne Ressortteilung, Präsident und 6 Vizepräsidenten.

Verwaltung mit Generalsekretär: David Williamson/UK (seit 1987), 23 Generaldirektionen (Ressorts) und 9 besondere Dienststellen.

Die Mitglieder der EG-Kommission bis 5. 1. 1993: [Vereinfachte Darstellung der fachlichen Zuständigkeiten der 17 Kommissare]

PRÄSIDENT:
Jacques **Delors**/F: Generalsekretariat, Juristischer Dienst, Währungsangelegenheiten (Amtszeit am 26. 6. 1990 erneut für 2 Jahre verlängert).

6 VIZEPRÄSIDENTEN:
Frans M. J. J. **Andriessen**/NL: Außenbeziehungen;
Martin **Bangemann**/D: Binnenmarkt, Industrie, Beziehungen zum Europäischen Parlament;
Leon **Brittan**/UK: Wettbewerb, Finanzinstitutionen;
Henning **Christophersen**/DK:
Wirtschaft und Finanzen, Strukturfonds;
Manuel **Marín**/E: Entwicklungspolitik, Fischerei;
Filippo Maria **Pandolfi**/I: Wissenschaft/Forschung.

10 (einfache) KOMMISSARE:
António José Baptista **Cardoso e Cunha**/P:
Mittelstand, Energie, Euratom, Tourismus;
Jean **Dondelinger**/L:
Information, Kultur und Medien;
Ray **MacSharry**/IRL: Landwirtschaft;
Abel **Matutes**/E: Mittelmeer- und Lateinamerikapolitik, Nord-Süd-Beziehungen;
Bruce **Millan**/UK: Regionalpolitik;
Frau Vasso **Papandreou**/GR: Soziales, Tarifpartner, Bildung und Erziehung (u. a. Mobilitätsprogramme);
Carlo **Ripa di Meana**/I:
Umwelt, Nuklearsicherheit, Zivilschutz;
Peter M. **Schmidhuber**/D: Haushalt, Finanzkontrolle;
Christiane **Scrivener**/F: Steuern, Zollunion
Karel **Van Miert**/B: Verkehr, Kredite und Investitionen, Verbraucherfragen.

Sitz: nicht entschieden; Hauptarbeitsort **Brüssel**; Statistisches Amt (eurostat), Amt für amtliche Veröffentlichungen (AfaV), Rechenzentrum mit EG-Datenverbundnetz, Forschungseinrichtungen (besonders der EAG sowie auch die Generaldirektion XIII) usw. in **Luxemburg**.
Personal: 16756 (Ende 1989).

EG-Ministerrat

Aufgaben: Der Ministerrat (offiziell: »Rat«) aus je einem Minister der 12 nationalen Regierungen der MSt. ist das zentrale Organ. Er bestimmt im wesentlichen das Tempo der europäischen Integration. Ohne seine Zustimmung (und damit 12mal nationale »Sanktionierung«) ist die EG-Kommission in weiten Bereichen machtlos. Er entscheidet im Regelfall aufgrund von Vorschlägen der Kommission, hat Abänderungsrecht (einstimmig) und Initiativrecht (selten wahrgenommen). Der Rat ist befugt, von der Kommission vorgeschlagene
Rechtsakte als *Verordnungen* (unmittelbare EG-weite Gesetze, über dem nationalen Recht stehend), *Richtlinien* (Rahmenvorgaben für die MSt.) und *Entscheidungen* (Einzelfälle betreffend, z. B. einen Staat oder ein Unternehmen) zu erlassen (1989: 394 Verordnungen, 79 Richtlinien und 161 Entscheidungen).
Abstimmungsmodus: Qualifizierte Mehrheitsentscheidungen erfordern 54 von 76 verfügbaren Stimmen (D, F, I und UK je 10; E: 8; B, GR, NL und P je 5; DK und IRL je 3; L 2 Stimmen). – Oft **Vetorecht**.
Zusammensetzung: Die 12 jeweiligen Fachminister – der Vorsitz rotiert halbjährlich (2. Halbjahr 1991 Niederlande, 1. Halbjahr 1992 Portugal). Die Bezeichnung »Rat« wird gewöhnlich für den Außenministerrat (auch »Rat für allgemeine Angelegenheiten« genannt) verwendet; daneben gibt es zahlreiche »Räte« der Fachminister.
Der Ministerrat wird unterstützt durch ein
Generalsekretariat in Brüssel mit 7 Generaldirektionen sowie den
COREPER/*Ausschuß der Ständigen Vertreter* als Schaltstelle zwischen der EG-Kommission und den Regierungen/Ministerien der MSt. (Botschafter der MSt. bei den EG), er tagt mindestens einmal wöchentlich, koordiniert die Fachpolitiken und bereitet Ministerratssitzungen vor.
Tagungsorte: Der Ministerrat tagt je nach Themen in unterschiedlicher Besetzung in Brüssel und 3 Monate im Jahr in Luxemburg (1989: 87mal).
Personal: Rund 2200 Beamte.
Haushalt 1990: 277,3 Mio. ECU (davon 232,8 für eigene Ausgaben).
Dem Ministerrat faktisch – also nicht als EG-Organ – übergeordnet sind die Institutionen:

Europäischer Rat
*12/1974 (erste Tagung 3/1975 in Dublin), Konferenz der 12 Staats- bzw. Regierungschefs, tagt gewöhnlich dreimal im Jahr, je einmal in Brüssel und in den Hauptstädten der beiden Länder, die im betreffenden Jahr die Präsidentschaft im Ministerrat innehaben *(→ oben)*. Der Europäische Rat – in den EG-Verträgen nicht erwähnt – ist durch die EEA seit 1987 institutionalisiert und dem Ministerrat faktisch übergeordnet (weisungsberechtigt). Er ist die höchste Institution in der EG und quasi die Spitze der Europäischen Politischen Zusammenarbeit/EPZ *(→ unten)*. Als gleich- und stimmberechtigtes Mitglied gehört ihm auch der Präsident der EG-Kommission an.
Europäische Politische Zusammenarbeit/EPZ
*1969 (1. Treffen 19. 11. 1970), seit 1987 durch EEA vertraglich im Rahmen der Europäischen Gemeinschaft geregelt. Die EPZ ist mittlerweile zum zentra-

len Faktor der Außenpolitik der EG-MSt. geworden und neben den offiziellen EG-Mechanismen (Kommission, Rat, Parlament) die 2. Säule des europäischen Einigungsprozesses. Zusammenarbeit auf folgenden Ebenen:
Europäischer Rat (→ *oben;* Staats- bzw. Regierungschefs; Außenminister; EG-Kommission): 1 Treffen während jeder Präsidentschaft, bei dem sowohl EG- als auch EPZ-Themen behandelt werden;
Außenminister: mindestens 2 EPZ-Treffen während jeder Ratspräsidentschaft. Die sog. **»Troika«** (z. B. Jugoslawien-Vermittlungs-Delegation 7/1991) setzt sich aus den 3 Außenministern der bisherigen, **derzeitigen** und künftigen Ratspräsidentschaft zusammen (7/1991: Luxemburg–**Niederlande**–Portugal / 7/1992: Portugal–**Großbritannien**–Belgien). Deutschland wird von 7/1993 bis 12/1994 Teil der Troika sein.
Politisches Komitee (Höhere Beamte der Außenministerien): wickelt die tägliche EPZ-Arbeit ab (monatliche Tagungen);
Europäische Korrespondentengruppe (Beamte der Außenministerien): kontrolliert reibungsloses Funktionieren der EPZ;
Die EPZ wird, wie der Europäische Rat, nur in Bereichen tätig, die die EG-Verträge nicht behandeln bzw. bei denen keine Handlungskompetenz vorliegt.

Europäisches Parlament/EP

Gründung am 10. 9. 1952 als beratende »Gemeinsame Versammlung« der EGKS aus 78 Parlamentariern der nationalen Parlamente der 6 Gründerstaaten; am 10. 3. 1958 Konstituierung als Versammlung der nunmehr 3 Gemeinschaften (142 Mitglieder) und Namensgebung »Europäisches Parlament« in Deutsch und Niederländisch, 1962 in allen Gemeinschaftssprachen. Kompetenzerweiterungen 1970 (Beteiligung an Aufstellung und Verabschiedung des EG-Haushalts) und 1975 (Haushaltsbewilligungsrecht bei nichtobligatorischen Ausgaben) sowie durch die EEA seit 1987. Direktwahlen 1979, 1984 und 1989 *(→ unten)*.
Abgeordnete: Das EP bestand bis 2. 10. 1990 (deutsche Einigung) aus 518 direkt gewählten Vertretern der Völker in den 12 EG-Staaten. Die »großen Vier« (D, I, F und GB) entsenden je 81 Abgeordnete, Spanien 60, die übrigen 25 und weniger (Luxemburg 6). 18 Parlamentarier aus dem Bereich der ehemaligen DDR (9 CDU/CSU-Politiker, je 1 von FDP und Bündnis 90, 5 von der SPD und 2 von der PDS) sind für die Legislaturperiode bis Mitte 1994 zusätzlich als Beobachter vertreten.
Fraktionen: In der 3. Wahlperiode (1989–1994) 10 übernationale Fraktionen (→ Tabelle).
Aufgaben: Das EP äußert sich zu Kommissionsvorschlägen zeitlich vor dem Rat und kann auf vielen Sektoren wirkungsvolle Abänderungsvorschläge einbringen. Zusammen mit dem Ministerrat ist es die **Haushaltsbehörde der EG**, kann den EG-Haushalt insgesamt ablehnen (so geschehen 1979 und 1985). Ansonsten hat es weniger Rechtsetzungsbefugnisse als vielmehr einen erheblichen Einfluß auf alle anderen EG-Organe.
Präsidium: Das EP wählt aus seiner Mitte einen Präsidenten (7/1989 für 2½ Jahre Enrique Barón Crespo/SOZ/E), 14 Vizepräsidenten sowie 5 Quästoren.
Generalsekretär: Enrico Vinci/I.
Ausschüsse: Zur sachgerechten und fachkundigen Behandlung der Themenbereiche werden Abgeordnete in Ausschüsse gewählt, die die Plenartagungen des EP vorbereiten:

1. Politischer Ausschuß mit Unterausschüssen für Sicherheit/Abrüstung und für Menschenrechte;
2. Ausschuß für Landwirtschaft, Fischerei und ländliche Entwicklung;
3. Haushaltsausschuß;
4. Ausschuß für Wirtschaft, Währung, Industrie;
5. Ausschuß für Energie, Forschung/Technologie;
6. Ausschuß für Außenwirtschaftsbeziehungen;
7. Ausschuß für Recht und Bürgerrechte;
8. Ausschuß für soziale Angelegenheiten, Beschäftigung und Arbeitsmarkt;
9. Ausschuß für Regionalpolitik und Raumordnung;
10. Ausschuß für Verkehr und Fremdenverkehr;
11. Ausschuß für Umweltfragen, Volksgesundheit und Verbraucherschutz;
12. Ausschuß für Jugend, Kultur, Bildung, Medien und Sport;
13. Ausschuß für Entwicklung und Zusammenarbeit;
14. Ausschuß für Haushaltskontrolle;
15. Institutioneller Ausschuß;
16. Ausschuß für Geschäftsordnung, Wahlprüfung und Fragen der Immunität;
17. Ausschuß für die Rechte der Frau;
18. Petitionsausschuß.

Sitz: Die Plenartagungen sind in Straßburg, die Ausschüsse und Fraktionen tagen in Brüssel; Sitz des Generalsekretariats ist Luxemburg.
Personal: Rund 3500.
Haushalt 1990: 448,5 Mio. ECU.

Europäischer Gerichtshof/EuGH

Gründung 1953 zunächst als Gerichtshof für die EGKS, seit 7. 10. 1958 Rechtsprechungsorgan aller 3 Gemeinschaften; entscheidet über Rechtswahrung, -auslegung und -anwendung der 3 + 1 Verträge bei Vertragsverletzungen. Klagebefugt ist jeder betroffene Einzelbürger. Die EuGH-Recht-

Fraktionen im Europäischen Parlament nach der Wahl 1989

Das Spektrum von links nach rechts

Mitgliedstaat	*Mandate*	*KdL*	*VEL*	*SOZ*	*GRÜNE*	*REG*	*LIB*	*EVP-CD*	*ED*	*SdED*	*ER*	*FL*
Belgien	24	–	–	8	3	1	4	7	–	–	1	–
Dänemark	16	–	1	4	–	4	3	2	2	–	–	–
Deutschland	**81***	**–**	**–**	**31**	**7**	**1**	**4**	**32**	**–**	**–**	**6**	**–**
Griechenland	24	3	1	9	–	–	–	10	–	1	–	–
Spanien	60	–	4	27	1	2	6	16	–	2	–	2
Frankreich	**81**	**7**	**–**	**22**	**8**	**1**	**13**	**6**	**–**	**13**	**10**	**1**
Irland	15	1	–	1	–	1	2	4	–	6	–	–
Italien	81	–	22	14	7	3	3	27	–	–	–	5
Luxemburg	6	–	–	2	–	–	1	3	–	–	–	–
Niederlande	25	–	–	8	2	–	4	10	–	–	–	1
Portugal	24	3	–	8	1	–	9	3	–	–	–	–
Großbritannien	81	–	–	46	–	1	–	1	32	–	–	1
Sitze insgesamt	**518**	**14**	**28**	**180**	**29**	**14**	**49**	**121**	**34**	**22**	**17**	**10**

* dazu 18 Parlamentarier aus den »neuen Ländern«

Fraktionsabkürzungen und Fraktionsvorsitzende

KdL	Koalition der Linken	(= orthodoxe Kommunisten usw.)	René Piquet/F
VEL	Einheit der Europäischen Linken	(= Euro-Kommunisten und Nahestehende)	Luigi Colajanni/I
SOZ	Sozialistische Fraktion	(= Sozialisten, Sozialdemokraten und Nahestehende)	Jean-Pierre Cot/F
GRÜNE	Fraktion der Grünen	(= überwiegend gemäßigte Ökologisten)	Alexander Langer/I
REG	Regenbogenfraktion	(= Regionalisten und Ökologisten)	Jaak Vandemeulebroucke/B u. Birgit Bjornvig/DK
LIB	Liberale, demokratische und reformerische Fraktion		Valéry Giscard d'Estaing/F
EVP-CD	Fraktion der Europäischen Volkspartei (Christlich-Demokratische Fraktion)		Egon Klepsch/D
ED	Fraktion der Europäischen Demokraten	(= vor allem brit. Konservative)	Christopher Prout/UK
SdED	Sammlungsbewegung der Europäischen Demokraten	(= vor allem Gaullisten)	Christian de la Malène/F
ER	Technische Fraktion der Europäischen Rechten	(= Le-Pen-Anhänger usw.)	Jean-Marie Le Pen/F
FL	ohne Fraktionsbindung; teils Rechtsextreme, teils unentschlossene Gemäßigte		[kein Vorsitzender]

sprechung hat Vorrang vor nationalem Recht und beeinflußt stark das innerstaatliche Verfassungsrecht.

Zusammensetzung: 13 Richter, einer je MSt. und einer abwechselnd aus einem der größten MSt., aus der BR Deutschland: Manfred Zuleeg (bis 1994), 6 Generalanwälte, für 6 Jahre von den MSt. ernannt (u. a. Carl Otto Lenz/D, bis 1991); **Präsident** von den Richtern für 3 Jahre gewählt, seit 10/1988: Ole Due/DK; **6 Kammern**, meist Plenarentscheidungen. 1989 ergingen 253 Urteile, davon 120 auf Vorabentscheidungen, 50 auf Klagen von Beamten und 83 auf sonstige Klagen. – Seit 9/1989 besteht ein **Gericht Erster Instanz/GEI** für Streitsachen zwischen den Gemeinschaften und deren Bediensteten (Einzelheiten → WA '91/744).

Sitz des EuGH ist Luxemburg, die Leitung hat ein Kanzler. – **Personal:** 733 (Ende 1989).

Haushalt 1990: 66,6 Mio. ECU.

Rechnungshof/EuRH

Gründung am 18. 10. 1977, errichtet 1978; der EuRH ersetzte den Kontrollausschuß. **Aufgabe:** Externe Kontrolle über die gesamten EG-Haushaltsmittel und deren Verwendung. **Zusammensetzung:** 12 Mitglieder (eines je MSt.), Ernennung durch Rat auf 6 Jahre, Wiederwahl zulässig; Präsident auf 3 Jahre. **Sitz:** Luxemburg. **Personal:** 377 (Ende 1989). **Haushalt** 1990: 54,3 Mio. ECU.

Wirtschafts- und Sozialausschuß/WSA

Gründung am 1. 1. 1958 als beratendes Gremium für die EWG und die EAG, um die wirtschaftlichen und sozialen Interessengruppen der MSt. am EG-Entscheidungsprozeß zu beteiligen.

Zusammensetzung: 189 vom Rat auf Vorschlag der Regierungen für 4 Jahre ernannte Mitglieder (paritätische Vertreter der 3 Hauptgruppen: Arbeitgeber, Arbeitnehmer u. and. Interessengruppen).

Organe:
1. *Ausschüsse* (9 Fachgruppen: Landwirtschaft, Transport/Kommunikation, Energie/Kernkraft, Wirtschaft/Finanzen, Industrie/Handel/Handwerk/Dienstleistungen, Soziales, Äußeres, Regionalentwicklung, Umweltschutz/öffentliche Gesundheit/ Verbraucherschutz);
2. *Beratender Ausschuß der EGKS:* besteht bereits seit 1952, für den Kohle- und Stahlbereich, 96 Mitglieder, je Gruppe 27 nach Proporz.
Sitz: Brüssel. **Personal:** 494 (Ende 1989).
Haushalt 1990: 45,1 Mio. ECU.

Europäische Investitionsbank/EIB

Gründung am 1. 1. 1958 mit Inkrafttreten des EWG-Vertrags; finanziell und rechts-organisatorisch selbständiges Gemeinschaftsorgan.
Arbeitsweise: Die EIB beschafft Kapital überwiegend auf dem freien Markt und stellt Darlehen für Investitionsvorhaben in schwächer entwickelten Regionen oder für Vorhaben von gemeinsamem Interesse für die Gemeinschaft als Ganze (z. B. Verbesserung der Energieversorgung) zur Verfügung. Sie ist auch in die Entwicklungshilfe der EG eingeschaltet (Beteiligung an Finanzierung von Vorhaben in 12 Mittelmeerländern sowie in den 69 AKP-Staaten im Rahmen von Lomé IV). – Im Regelfall finanziert sie maximal 50% der Projektkosten.
Organe:
1. *Gouverneursrat* aus den 12 Finanzministern, tagt jährlich, erläßt allgemeine Richtlinien der Kreditpolitik und bestellt die Mitglieder der nachgeordneten Organe;
2. *Verwaltungsrat* aus 22 Mitgliedern (hohe Beamte der nationalen Ministerien und öffentlichrechtlichen Kreditinstitute sowie 1 Mitglied der EG-Kommission), entscheidet u. a. über Darlehensgewährung und Bürgschaften, Aufnahme von Anleihen und Festsetzung der Zinssätze;
3. *Direktorium* aus dem Präsidenten der EIB (1984–1994: Ernst-Günther Bröder/D) und 6 Vizepräsidenten, die hauptamtlich für die Bank tätig sind;
4. *Prüfungsausschuß* (3 Mitglieder), prüft Ordnungsmäßigkeit der Bankgeschäfte.
Sitz: Luxemburg. **Personal** (1990): 718.
Kapital: Gezeichnet: 28,8 Mrd. ECU; eingezahlt (bis 31. 12. 1989): 1 938 Mio. ECU.
Finanzierungstätigkeit: Darlehen auf eigene Rechnung seit Gründung (bis 31. 12. 1990): 88 Mrd. ECU zu Laufzeiten zwischen 8 und 12 Jahren für Industrievorhaben und bis zu 20 Jahren für Infrastrukturprojekte (Zinssätze für die ausstehenden Festsatzdarlehen durchschnittlich 9,2 %). Ausstehende Darlehen (zum 31. 12. 1990): 61,6 Mrd. ECU (u. a. aus Bereichen Infrastruktur 44,7 %, Energie 23,5 %, Industrie, Landwirtschaft und Dienstleistungen 26,1 %). Darlehen 1989: 12,25 Mrd. ECU (+ 20,4 % gegenüber 1988), davon 612 Mio. ECU außerhalb der EG (AKP-Staaten 269 Mio., Mittelmeerraum 343 Mio.) Zum 1. 1. 1991 Kapitalerhöhung auf 57,6 Mrd. ECU.

Sonstige Einrichtungen der EG (unabhängig von ihren »normalen« Organen):

CEDEFOP
Europäisches Zentrum für Berufsbildung
*1975 durch EG-Ministerrat als unabhängiges Gemeinschaftsorgan; Verwaltungsrat aus je 10 Mitgliedern der MSt. sowie 3 Vertretern der EG; Präsident: Helmut Brumhard/D; Direktor: Ernst Piehl/D; Personal: 65; Haushalt 1989: 8,41 Mio. ECU; Sitz: Berlin.

EuS Dublin
Europäische Stiftung für die Verbesserung der Lebens- und Arbeitsbedingungen
*1975 durch EG-Ministerrat, wird drittelparitätisch kontrolliert durch Gewerkschaften, Arbeitgeber und staatliche Stellen; Verwaltungsrat und Vorstand; Personal: 95 Stellen; Haushalt 1989: 6,471 Mio. ECU; Sitz: Shankill (Dublin/IR).

GFS/*Gemeinsame Forschungsstelle*
*1958, Arbeitsaufnahme 1960/61 ursprünglich als reines Kernforschungszentrum der EAG. Heute 4 Standorte (Personalstand: 2200): Ispra/I (1600), Karlsruhe/D (200), Geel/B (200), Petten/NL (200). Haushalt 1988–91: 820 Mio. ECU (= 1,7 Mrd. DM).

Weitere Einrichtungen im Zusammenhang mit den Europäischen Gemeinschaften:

Europäische Schulen: *1953 in Luxemburg durch besondere Abkommen außerhalb der EWG; heute Schulen in Bergen/Petten/NL, Brüssel/B (2), Culham/UK, Karlsruhe/D, Luxemburg/L, Mool/Geel/B, München/D (beim Europäischen Patentamt/EPA) sowie Varese/Ispra/I. Aufsicht durch Gastländer, Teilfinanzierung durch die Kommission (außer München).

IUE/EHI
Europäisches Hochschulinstitut Florenz:
*1972, Arbeitsaufnahme 1976; *Aufgabe:* Beitrag zur Entwicklung des kulturellen und wissenschaftl. Erbes Europas durch Lehre und Forschung in den Humanwissenschaften; *Organe:* Oberster Rat, Präsident: Emile Noël/F, mit Generalsekretariat (Marcello Buzzonetti/I); Akademischer Rat; 4 Abt.: Geschichte u. Kulturgeschichte, Wirtschaftswissenschaften,
Fortsetzung Sp. 711

Aktuelle Chronik 1990/91

1990 *3. 10.* Mit Inkrafttreten des Einigungsvertrages DDR–BR Dtld. ist das **Territorium der ehemaligen DDR Teil der Europäischen Gemeinschaft.**
8. 10. **Großbritannien wird Mitglied des EWS; £-Kurs liegt bei 2,95 DM bei einer Bandbreite von 6 %.**
22. 10. EG-Ministerrat billigt gesetzliche »Übergangsregeln« für Eingliederung der ehemaligen DDR in die EG, die ab 1. 1. 1991 gelten sollen.
21. 11. KSZE-Gipfel in Paris verabschiedet **»Charta von Paris«** *(→ KSZE).*
23. 11. **EG und USA** verpflichten sich in einer in Rom und Washington veröffentlichten **Transatlantischen Erklärung** zu langfristiger Zusammenarbeit und regelmäßigen Konsultationen mit dem Ziel, »die gegenseitigen Positionen soweit wie möglich anzunähern«. Vorgesehen sind halbjährliche Konsultationen zwischen dem US-Präsidenten und dem Präsidenten der EG-Kommission sowie der EG-Außenminister mit ihrem US-Amtskollegen.
27. 11. Italien tritt dem **Schengener Abkommen** bei, das den Wegfall von Personen- und Warenkontrollen an den Grenzen der MSt. bis spätestens Anfang 1992 vorsieht. Am *25. 6 1991* treten auch Spanien und Portugal dem Abkommen von 1985/90 bei, dem auch Deutschland, Frankreich und die Benelux-Staaten angehören.
14./15. 12. **EG-Gipfel in Rom: Neuer Abschnitt für Politische Union und Wirtschafts- und Währungsunion (WWU):** Regierungskonferenzen sollen neuen EG-Vertrag bis Ende 1992 ratifizierungsreif machen, so daß er mit Beginn des EG-Binnenmarkts am 1. 1. 1993 in Kraft treten könnte. – **750 Mio. ECU Nahrungsmittelhilfe für UdSSR.**
18. 12. EG-Ministerrat erteilt EG-Kommission **Verhandlungsmandat für Assoziierungsabkommen** mit Polen, Ungarn und der ČSFR.
1991 *14. 3.* Die EG-Kommission verabschiedet **Gemeinschaftliches Förderkonzept für die neuen deutschen Bundesländer** und Ost-Berlin mit einem Volumen von 6,2 Mrd. DM bis einschließlich 1993.
8. 4. EG-Sondergipfel in Luxemburg beschließt Dringlichkeitshilfe von 150 Mio. ECU (rd. 307 Mio. DM) für Kurdenflüchtlinge.
15. 4. Die 12 EG-MSt., die Europäische Investitionsbank (EIB), die EG-Kommission und 27 europäische und außereuropäische Staaten gründen in London offiziell die **Europäische Bank für Wiederaufbau und Entwicklung/EBWE** zur Unterstützung Bulgariens, Jugoslawiens, Polens, Rumäniens, der Tschechoslowakei, der UdSSR und Ungarns beim Aufbau ihrer Volkswirtschaften nach marktwirtschaftlichen Prinzipien *(Einzelheiten → EBWE).*
15. 4. EG-Außenminister beschließen **Aufhebung der Sanktionen gegen Südafrika**. Nachdem bereits zuvor das Verbot neuer Investitionen für Unternehmer der EG aufgehoben worden war, wird jetzt auch das Einfuhrverbot für Goldmünzen sowie für Stahl- und Eisenerzeugnisse aus Südafrika abgeschafft. Das Waffenembargo bleibt bestehen.
30. 4. Nach Auffassung der Mehrheit der EG-Industrieminister soll die **Montanunion** schrittweise in die Römischen Verträge einbezogen werden. Der Vertrag zur Gründung der Europäischen Gemeinschaft für Kohle und Stahl, der erste der EG-Verträge, läuft – 50 Jahre nach seiner Unterzeichnung – im Jahr 2002 aus.
14. 5. **EG und EFTA erzielen substantielle Fortschritte in der Frage des europäischen Wirtschaftsraums (EWR)** ab 1993: Die EFTA-Staaten werden künftig an der Vorbereitung von EG-Gesetzen in Ausschüssen beteiligt, Beschlußfassung erfolgt jedoch durch die EG-Gremien. Bei Schwierigkeiten bezüglich der Übernahme von Regelungen durch die EFTA-MSt. tritt ein Vermittlungsausschuß zusammen. Ein **Wirtschaftsraum-Gericht** mit 5 EG- und 3 EFTA-Richtern soll über Streitigkeiten bei der Auslegung des gemeinsamen Vertrages entscheiden. Grundsätzlich müssen die EFTA-MSt. bis spätestens 1995 den freien Verkehr für »Menschen, Kapital, Waren und Dienstleistungen« verwirklicht haben. – **Noch strittige Fragen:** Alpentransit mit Österreich u. Schweiz (Umweltgefährdung) und Fischfangrechte der südl. EG-MSt. Spanien u. Portugal im nordischen »EFTA-Meer« Islands u. Norwegens.
30. 6. **Staats- und Regierungschefs** (Europäischer Rat) legen sich in Luxemburg darauf fest, bei ihrer nächsten Zusammenkunft im Dez. 1991 in Maastricht einen Vertrag über den Ausbau der Gemeinschaft zur Politischen Union einschließlich der WWU zu paraphieren. Teilnehmer **akzeptieren** *Helmut Kohls* Forderung nach Einwanderungspolitik mit gemeinschaftl. Entscheidungskompetenzen sowie **europäischer Fahndungsbehörde (Europol)**.
1. 7. **Schweden beantragt EG-Mitgliedschaft.**
Juli–September: Die Europäische Gemeinschaft (»EG-Troika«) vermittelt im Bürgerkrieg in Jugoslawien *(Einzelheiten → Sp. 78 ff.).*
5. 7. EG-Außenministerrat beschließt Verbot von Waffenausfuhren nach **Jugoslawien** und das Einfrieren einer 1,7 Mrd.-Finanzhilfe.

Rechtswissenschaften, Politik-/Gesellschaftswissenschaften; Finanzierung durch Vertragsstaaten und Zuschuß der EG-Kommission für den Forschungsfonds; Sitz: San Domenico di Fiesole.

ESCAP
UN-WIRTSCHAFTS- UND SOZIALKOMMISSION FÜR ASIEN UND PAZIFIK
United Nations Economic and Social Commission for Asia and the Pacific

Gründung am 28. 3. 1947 durch den ECOSOC *(→ UN)* als Wirtschaftskommission für Asien und Fernost/**ECAFE** mit 10 Mitgliedern (davon nur 4 aus Asien); 1974 Namensänderung in ESCAP mit regionaler (Pazifik) und sachlicher (soziale Probleme) Erweiterung, weiterhin als Bestandteil von ECOSOC und dem UN-Generalsekretär unterstellt.
Ziele: Wirtschaftliche und soziale Entwicklung des asiatisch-pazifischen Raums.
Mitglieder (heute 38): Alle Länder Süd-, Südost- und Ostasiens außer DVR Korea und Taiwan; alle Länder Ozeaniens außer Kiribati (assoziiert); zusätzlich: Frankreich, Großbritannien, Iran, Niederlande, UdSSR und USA.
Organe:
1. *Kommission:* tagt jährl. auf Ministerebene, legt Schwerpunkte fest;
2. *Ständige Komitees* (9).
Sitz: Bangkok/Thailand; Büro in Port Vila/Vanuatu.
Sprachen: Offiz. und Arbeitssprachen: Engl., Französ., Russ., Chines.
Finanzierung: Ordentl. Budget aus UN-Mitteln.
Aktivitäten: ESCAP wird auf Anfrage von MSt. tätig; sie führt Entwicklungsprogramme/Technische Hilfe sowie Beratungs- und Ausbildungsdienste durch. Schwerpunkte: Agrarsektor/Nahrungsmittelproduktion; Energie; Rohstoffe und Fertigwaren; Technologietransfer; integrierte ländliche Entwicklung.
Kooperation u.a. mit → ASEAN, → AsDB, und → SPC.

ESCWA UN-WIRTSCHAFTS- UND SOZIALKOMMISSION FÜR WESTASIEN
United Nations Economic and Social Commission for Western Asia

Gründung am 9. 8. 1974 durch den ECOSOC *(→ UN)* als Wirtschaftskommission für Westasien/**ECWA**; 1985 Namensänderung in ESCWA mit sachlicher (soziale Probleme) Erweiterung.
Ziele: Wirtschaftliche und soziale Entwicklung im asiatischen Nahen Osten.
Mitglieder (heute 13): Ägypten, Bahrain, Irak, Jemen, Jordanien, Katar, Kuwait, Libanon, Oman, Saudi-Arabien, Syrien, die Vereinigten Arabischen Emirate (UAE) und Palästina (PLO).
Organe: 1. *Kommission:* tagt seit 1978 alle 2 J., legt Schwerpunkte fest;
2. *Exekutivsekretär* mit 13 Abteilungen.
Sitz: Bagdad/Irak.
Arbeitssprachen: Arab., Engl., Französ.
Finanzierung: Ordentl. Budget aus UN-Mitteln.
Aktivitäten: Studien zu wirtschaftlichen Problemen der Region; Beratungsdienste. – Arbeitsgebiete: Agrarsektor/Nahrungsmittelproduktion; Siedlungswesen; industrielle Entwicklung; Internationaler Handel; Beschäftigung; Naturressourcen; Wissenschaft/Technologie; Soziales; Statistik; Transport/Kommunikation/Fremdenverkehr.
Kooperation: Gemeinsame Programme mit UNIDO, FAO, UNDP, UNFPA, UNCTAD und UNEP *(→ UN)* sowie mit der → Arabischen Liga.

EUROPARAT
Council of Europe – Conseil de l'Europe

Gründung: Unterzeichnung des Statuts am 5. 5. 1949 in London durch 10 Staaten; in Kraft am 3. 8. 1949 (1951 abgeändert).
Ziele nach Art.1 der Satzung sind, »einen engeren Zusammenschluß zwischen den Mitgliedern herbeizuführen, um die Ideale und Grundsätze, die ihr gemeinsames Erbe sind, zu bewahren und zu fördern und auf ihren wirtschaftlichen und sozialen Fortschritt hinzuwirken«. Bevorzugte Themen: Wahrung der Freiheiten des einzelnen, Schutz der Menschenrechte, Stärkung der demokratischen Institutionen, Verbesserung der Lebensqualität und kulturelle Zusammenarbeit.
Mitglieder (25): Belgien, ČSFR, Dänemark, BR Deutschland (1950 assoziiert, seit 1951 Vollmitglied), Finnland (seit 1989), Frankreich, Griechenland (seit 1949/74), Großbritannien, Irland, Island (seit 1950), Italien, Liechtenstein (seit 1978), Luxemburg, Malta (seit 1965/86), Niederlande, Norwegen, Österreich (seit 1956), Portugal (seit 1976), San Marino (seit 1988), Schweden, Schweiz (seit 1963), Spanien (seit 1977), Türkei (seit 1949), Ungarn (seit 1990) und Zypern (seit 1961).
Beobachterstatus: Israel. – *Gaststatus* (seit 1989): Jugoslawien, Polen, UdSSR.
Symbol: Blaue Flagge m. Zodiak (12 Sterne im Kreis).
Organe:
1. *Ministerkomitee*
der 25 Außenminister, die halbjährl. in Straßburg tagen (Vorsitz rotierend). Ihre als Ständige Vertreter beim Europarat akkreditierten Delegierten (mit Botschafterstatus) treffen sich monatlich.

2. *Parlamentarische Versammlung*
aus 191 von den nationalen Parlamenten gewählten Abgeordneten, tagt dreimal jährlich in Straßburg; ihre Funktionen sind ausschließlich beratender Natur, sie richtet Empfehlungen an das Ministerkomitee, die in Ausschüssen vorbereitet und von der Vollversammlung in öffentlicher Sitzung angenommen werden.
3. *Generalsekretariat*
mit rund 900 Beschäftigten, erfüllt Dienstleistungen für Ministerkomitee und Parlamentarische Versammlung, wird von einem von der Versammlung für jeweils 5 Jahre gewählten *Generalsekretär* (z. Zt. Catharine Lalumière/F) geleitet.
Als **zwischenstaatliche Gerichtsbarkeit** fungieren die beiden Institutionen
4. *Europäische Kommission für Menschenrechte*/HRC und der
5. *Europäische Gerichtshof für Menschenrechte*/EGHMR.
Weitere **Institutionen** sind u. a.:
6. *Rat für Kulturelle Zusammenarbeit*/**CDCC** * 1950 zur Leitung der Bildungs- und Kulturarbeit, insbesondere zur Verwaltung des Europäischen Kulturfonds und der Higher Education Scholarships des Europarats mit dem Unterausschuß **CC-PU** (Ständige Konferenz für Hochschulfragen, * 1978);
7. *Europäisches Jugendzentrum*/**EYC** * 1972, mit Sitz in Straßburg;
8. *Europäisches Jugendwerk* * 1972;
9. *Europarats-Fonds:* Wiedereingliederungsfonds des Europarats für die nationalen Flüchtlinge und die Überbevölkerung in Europa.
Amtssprachen: Französisch und Englisch; in der Parlamentarischen Versammlung auch Deutsch, Italienisch und Spanisch.
Finanzierung durch Mitgliedstaaten (Haushalt 1990: 477 Mio. FF).
Aktivitäten:
1. *Politische Zusammenarbeit* mit den nationalen Regierungen, Verbänden und mit internationalen und supranationalen Organisationen;
2. *Menschenrechte:* Behandlung von Beschwerden durch Ministerkomitee und Gerichtshof, Weiterentwicklung der Europäischen Konvention zum Schutz der Menschenrechte;
3. *Wirtschafts- und Sozialfragen,* weitgehend von EG-Politiken überlagert;
4. *Öffentliches Gesundheitswesen:* Seminare, Stipendienvergabe, Drogenbekämpfung, Europäisches Arzneibuch;
5. *Unterricht, Kultur und Sport:* u. a. Anerkennung von Diplomen, Äquivalenzproblematik in Schule und Hochschule (dazu 3 Europarats-Konventionen), europäische Kunstausstellungen, Rettung gefährdeter Kulturgüter, Dopingbekämpfung;
6. *Jugendpolitik:* Jugendzentrum/Jugendwerk;
7. *Umweltfragen und Raumordnung:* Natur- insbes. Tierschutz, Zusammenarbeit in Grenzregionen;
8. *Kommunale und regionale Fragen:* Europakonferenz der Gemeinden und Regionen, Städtepartnerschaften, Verleihung der Europaflagge;
9. *Rechtsfragen- und -harmonisierung:* Zivil- und Handelsrecht, Strafrecht und Verbrechensbekämpfung, Öffentliches Recht;
10. *Öffentlichkeitsarbeit:* Filme zu europäischen Themen, europäische Wettbewerbe, Europatag.
Bisher entstanden im Europarat über **130 wichtige Konventionen und Vertragswerke** über Menschenrechte, Umweltschutz, Datenschutz, ausländische Arbeitnehmer, Bildungsabschlüsse, sprachliche und ethnische Minderheiten, Raumordnung, Medienpolitik. Die bekanntesten sind die Europäische Konvention zum Schutz der Menschenrechte und Grundfreiheiten (1950), das Europäische Kulturabkommen (1954), die Europäische Sozialcharta (1961), die Europäische Konvention zur Bekämpfung des Terrorismus (1977), das Europäische Datenschutzabkommen (1981), die Konvention gegen Folter und entwürdigende Behandlung (1987) und die Konvention über grenzüberschreitendes Fernsehen (1989).
IGO-Kooperation u. a. mit den → UN und fast allen ihren Unter- und Sonderorganisationen, mit → EFTA, EG-Kommission *(→ EG),* → OECD, → WEU; Konsultativstatus beim Europarat haben darüber hinaus rund 240 **INGOs**.

GCC GOLF-KOOPERATIONSRAT
Gulf Cooperation Council

Gründung als Reaktion auf die Revolution im Iran 1979 (Sturz des Schah, Reislamisierung/Fundamentalismus) und die folgenden Kriegshandlungen (sowjetischer Einmarsch in Afghanistan, Golfkrieg Irak/Iran) am 14. 2. 1981 in Riad/Saudi-Arabien durch die Außenminister von 6 Golfstaaten auf Basis der Gründungscharta der → Arabischen Liga (»Regionale Untergruppe«). Unterzeichnung des »United Economic Agreement« auf der 1. Gipfelkonferenz in Abu Dhabi am 26. 5. 1981 (offizieller Gründungstag). Der GCC ist wesentlich auf die Initiative des Scheichs Djaber Al Ahmad Al Sabah/Kuwait zurückzuführen.
Ziele: Koordinierung der Außen-, Sicherheits- und Wirtschaftspolitik der MSt.; vorrangig: gemeinsame Außendarstellung, Koordinierung der wirtschaftlichen Sektoren (vor allem Erdöl), Sicherheit und Stabilität in der Golfregion (gemeinsame Verteidigungsstrategie, Abwehr von Terrorakten, Revolten) – jedoch keine supranationalen Organe mit Eigenbefugnissen.
Mitglieder: 6 mit insgesamt 17 Mio. Einw.: Bahrain,

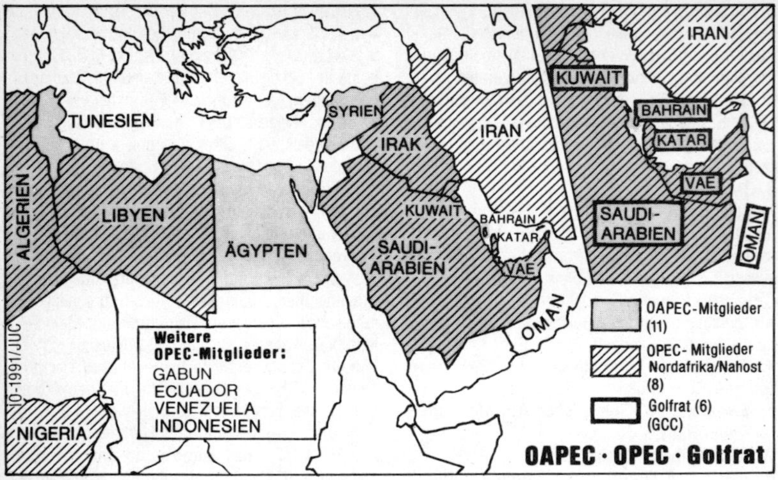

Katar, Kuwait, Oman, Saudi-Arabien und die Vereinigten Arabischen Emirate (UAE).

Organe:

1. *Oberster Rat* der Staatschefs, tagt jährlich, Präsident wechselt turnusmäßig;
2. *Ministerrat* (auch Fachministerräte, analog EG) tagt ca. vierteljährlich;
3. *Generalsekretär* mit umfassenden Kompetenzen (Planung, Koordinierung, Ausführung der Politiken); seit Gründung: Abdullah Yaqub Bishara/Kuwait;
4. *Fachausschüsse* (5; z. B. für Ölpolitik);
5. *Überwachungs- und Kontrollkommission* zur Streitschlichtung unter MSt.

Sonderorgane:

GIC/*Gulf Investment Corporation*: Investitionsgesellschaft zur Finanzierung regionaler Industrieprojekte, * 1984 durch die 6 MSt., die je 350 Mio. $ zum 2,1 Mrd. $-Stammkapital beitragen.

AGFUND/*Arab Gulf Program for United Nations Development Organizations*, * 1981 zur Durchführung von Entwicklungsprojekten in der Dritten Welt; 1981–1988: 175,4 Mio. $ an 117 Länder;

Golf-Universität in Bahrain, * 1982;

WAKH/*Golf-Presseagentur* in Manama * 1986.

Sitz des GCC: Riad; GIC/WAKH: Kuwait.

Arbeitssprachen: Arabisch, im militärischen Bereich Englisch.

Finanzierung durch die MSt.

Aktivitäten:

I. Innenpolitik: Koordinierung von Wirtschaftsprojekten (Raffinerien, Lagerstätten usw.).

1983 1. Phase der **Wirtschaftsintegration**: Zollfreiheit für landwirtschaftliche und industrielle Güter aus einheimischen Rohstoffen, einheitliche Zölle für Transitgüter, Gleichberechtigung der Bürger der MSt. in mehreren Berufssparten – weitgehend nach dem Vorbild der EG.

1984 2. Phase mit **weiteren Erleichterungen** (Reisen, Aufenthalts- und Arbeitsgenehmigungen in allen MSt.), auch zwecks Eindämmung der Fremdarbeiterflut.

1987 Koordinierung der Vermarktungspolitiken und Vereinheitlichung der Wechselkurssysteme der MSt. – Ferner: Vereinheitlichung des Gesundheits- und Steuerwesens, Notstandsplan für Austausch von Erdölerzeugnissen; Radiosender »Stimme des GCC«.

II. Außenpolitik: Unterstützung des Irak im Krieg mit Iran, insbes. durch Kuwait und Saudi-Arabien (!); Wahrung der Balance zum Iran durch die UAE (durch die viele für Iran bestimmte Waren gebracht wurden) sowie Oman (das seit der iranischen Militärhilfe bei der Niederschlagung des Aufstands in der Provinz Dhofar über gute Kontakte zu Teheran verfügt); jedoch keine einheitliche Haltung der GCC-Staaten *(→ unten)*. Auch regionalen Streit wie den Territorialkonflikt um das von Bahrain und Katar beanspruchte Gebiet von Fascht al-Dibal konnte der GCC nicht klären; der Konflikt wurde an den Haager Gerichtshof verwiesen.

III. Sicherheit:

1982 Gemeinsame Verteidigungsstrategie (kein formalisierter Pakt) auf Basis moderner saudi-arabischer Luftverteidigungseinrichtungen und 2 Marinestützpunkten am Roten Meer.

1983 gemeinsame Manöver von Bodentruppen in Abu Dhabi (1984 wiederholt).

1984 Annahme einer Verteidigungscharta mit **gemeinsamer Sicherheitstruppe** (»Peninsula Shield Force«) von 7000 Mann unter saudischer Führung (Saudis stellen ca. $^1/_3$ des Militärpotentials), stationiert in Hafr al-Batin/S.-A. (100 km südlich der Grenze zum Irak); ihr Einsatz bedarf der Ermächtigung durch alle Mitglieder. Theoretisch besaßen die GCC-Staaten (bis zum Golfkrieg 1. 2. 1991) insgesamt ca. 160000 Soldaten, 850 Panzer, 400 Kampfflugzeuge und einige moderne Kriegsschiffe. Die Sicherheitstruppe hat jedoch eher symbolischen Charakter: Desorganisierte, teils veraltete militärische Strukturen und Waffen, die nicht untereinander standardisiert sind; keine Aussicht auf funktionierenden gemeinsamen Oberbefehl, solange die Mitglieder verschiedene Bündnis- bzw. Blockfrei-Politiken verfolgen; daher auch **keine Gegenmaßnahmen bei irakischem Überfall auf das Gründungsmitglied Kuwait 1990**.

Kooperation u. a. mit der EG-Kommission *(→ EG;* Rahmenabkommen 1988 – gemeinsamer Ministerrat) sowie mit → ACC, → OAPEC (Kooperationsabkommen 1983) und → UMA.

IsDB ISLAMISCHE ENTWICKLUNGSBANK
Islamic Development Bank

Gründung am 15. 12. 1973 in Dschidda/Saudi-Arabien durch die Finanzminister der MSt. der → OIC; Abkommen vom 12. 8. 1974; Arbeitsbeginn am 20. 10. 1975.

Ziele: Förderung wirtschaftlicher und sozialer Entwicklungsprojekte der Vertragsstaaten und islamischen Gemeinschaften (in der Diaspora) im Geiste des Korans. Darlehen für Infrastruktur- und Industrieprojekte in unterentwickelten Staaten. Anwendung der »Scharia« (Zinsverbot).

Mitglieder: 44 Staaten, im wesentlichen wie → OIC.

Organe: 1. *Board of Governors:* Aufsichtsrat der Finanzminister (mit einem Präsidenten aus ihrer Mitte) als wichtigstes politisches Entscheidungsgremium, tagt jährlich;

2. *Board of Executive Directors:* Verwaltungsrat aus 11 Mitgl.: 5 durch die 4 größten Kapitalzeichner ernannt (ständige Mitgl.), 6 durch die Gouverneure der übrigen Zeichner auf 3 Jahre gewählt;

3. *Präsident* der Bank und Vorsitzender des Verwaltungsrates: Ahmad Muhammad Ali/Saudi-Arabien;

4. *Forschungs- und Ausbildungsinstitut* für die Anwendung des islamischen Rechts in der Wirtschaft (* 1982, Dschidda);

5. *Islamischer Solidaritätsfonds* (10 Mio. $).

Sitz: Dschidda. – **Personal:** 560.

Arbeitssprachen: Arab., Engl., Französ.

Finanzstruktur: Autorisiertes Kapital 2 Mrd. »Islamic Dinar«/ID unterteilt in 200000 Anteile im Wert von je 10000 ID (1 ID = 1 SZR des → IMF). Eingezahltes Kapital (31. 12. 1989): 1961 Mio. ID. – Größte Zeichner (9/1986): Saudi-Arabien/506,4 Mio. ID, Libyen/315,3, Kuwait/252,2, Vereinigte Arabische Emirate/194,7, Türkei/160.

Aktivitäten: Garantiefonds für Ausfuhrkredite; umfangreiche Afrika-Hilfe (1985) in Form von Ausbildungs- und Bewässerungsprojekten (Mauretanien, Marokko), Hochschulfinanzierung (Tunesien, frühere AR Jemen). – Bis Ende 1988 insges. 2 Mrd. ID für Projektfinanzierung und technische Hilfe und 5,5 Mrd. ID für Außenhandelsfinanzierung genehmigt.

Kooperation mit FAO-Programmen sowie mit zahlreichen (nationalen bzw. bilateralen) arabisch-islamischen Entwicklungsbanken.

KSZE KONFERENZ ÜBER SICHERHEIT UND ZUSAMMENARBEIT IN EUROPA

Gegenstand: Die KSZE war von 1973 bis 1990 ein gesamteuropäisches Gesprächsforum der Regierungen ohne institutionelle Infrastruktur und ohne Völkerrechtsstatus (d. h. keine IGO). Mit der »Charta von Paris für ein neues Europa« vom 21. 11. 1990 *(→ unten)* erhielt der KSZE-Prozeß neue Strukturen und Institutionen und wurde damit eine internationale Organisation (IGO).

Ursprüngliche Ziele: Stabilität und Sicherheit in ganz Europa; engere Zusammenarbeit auf den Gebieten Wirtschaft, Wissenschaft und Kultur; **neuerdings** auch Lösung grenzüberschreitender Umweltschutzprobleme; Abrüstungsforum *(→ unten)*.

Teilnehmer: 35: Die 6 ehem. MSt. der → *WVO*, die 16 MSt. der → *NATO* (einschl. USA und Kanada) sowie die 12 Blockfreien (und Nahestehende): Finnland, Irland, Jugoslawien, Liechtenstein, Malta, Monaco, Österreich, San Marino, Schweden, Schweiz, Vatikan und Zypern. Dazu Albanien seit 19. 6. u. Estland, Lettland, Litauen seit 10. 9. 1991.

Beschlußfassung einstimmig.

Bisherige Konferenzsprachen: Deutsch, Engl., Französ., Italien., Russ., Span.

Verlauf/Ergebnisse:

Am 3. 7. 1973 eröffneten die Außenminister der 35 Teilnehmer-Staaten die **1. KSZE-Phase in Helsinki**. Nach (gleichzeitigem) Verhandlungsbeginn in Genf am 18. 9. 1973 wurde am 1. 8. 1975 auf der Gipfelkonferenz der Staats- und Regierungschefs der 35 Teilnehmerstaaten in Helsinki die **KSZE-Schlußakte** unterzeichnet. Sie ist in **4 »Körbe«** (Bereiche) gegliedert:

Korb I (Kernstück der Akte) enthält *10 Prinzipien* zur Regelung des Zusammenlebens in Europa, u. a. Gewaltverzicht, Unverletzlichkeit der Grenzen, Nichteinmischung und vertrauensbildende Maßnahmen (wie Ankündigung von Manövern);
Korb II gibt Empfehlungen zur Kooperation in Wirtschaft, Wissenschaft und Umweltschutz;
Korb III betrifft den humanitären Bereich: Die Verbesserung menschlicher Kontakte und des Informationsaustausches zwischen Ost und West;
Korb IV bringt die Festlegung auf das Folgetreffen (in Belgrad).

Folgekonferenzen zur Durchführung der Helsinki-Schlußakte sowie Weiterentwicklung des Entspannungsprozesses:

1. Folgekonferenz in Belgrad vom 4. 10. 1977 bis 9. 3. 1978: Sie war überschattet von gegensätzlichen Ost-West-Standpunkten in der Frage der Menschenrechte.

2. Folgekonferenz in Madrid vom 11. 11. 1980 bis 9. 9. 1983: Das Schlußdokument enthält u. a. die Einberufung der »Konferenz für vertrauens- und sicherheitsbildende Maßnahmen sowie Abrüstung in Europa« *(→ KVAE)* nach Stockholm. Auch auf der

3. Folgekonferenz in Wien vom 4. 11. 1986 bis 15. 1. 1989 standen Abrüstung und Menschenrechte im Vordergrund (Reformpolitik *Michail Gorbatschows*). Außerdem wurde der KSZE das Mandat zu einer neuen Konferenz (der seinerzeit 23 paktgebundenen Mitglieder) über den Abbau der konventionellen Rüstung in Europa erteilt (→ **VKSE**) sowie – parallel dazu – einer Konferenz (aller 35 Mitgliedstaaten) über neue vertrauens- und sicherheitsbildende Maßnahmen in Europa (→ **KVAE II**), die am 9. 3. 1989 ihre Arbeit in Wien aufnahmen.

4. Folgekonferenz in Helsinki ab 24. 3. 1992.

KSZE-Sondergipfel in Paris vom 19.–21. 11. 1990: Vor Beginn des eigentlichen Gipfels unterzeichneten die **22 Staats- und Regierungschefs der NATO und WVO** am 19. 11. den am Vortag auf der VKSE in Wien paraphierten **»Vertrag über konventionelle Streitkräfte in Europa«**, der einen quantitativen Gleichstand bei den wichtigen konventionellen Waffen festschreibt. Damit gelang ein bedeutender Schritt auf dem Weg zu einem stabilen Frieden in Europa *(Einzelheiten bei → VKSE)*. Sie unterzeichneten ferner eine **gemeinsame Erklärung**, in der sie sich nicht mehr als Gegner bezeichnen und gegenseitig auf die Gewaltanwendung außer zur Selbstverteidigung und im Rahmen der UN-Charta verzichten. Bekräftigt wird auch das Recht jedes Staates, einem Bündnis seiner Wahl anzugehören. Die 34 KSZE-Staaten unterzeichneten am 21. 11. 1990 die **»Charta von Paris für ein neues Europa«**, in der sich die Staaten zur Demokratie und Rechtsstaatlichkeit und zur Achtung der Menschenrechte sowie zur Förderung freundschaftlicher Beziehungen untereinander verpflichten.

Erste Tagung des Rates der Außenminister in Berlin am 19./20. 6. 1991: Aufnahme Albaniens als 35. KSZE-MSt.; Einigung auf **Mechanismen zur Krisenbewältigung** (»für Konsultation und Zusammenarbeit in dringlichen Situationen«) in Europa *(vgl. hierzu Vorgänge in Jugoslawien → Sp. 78 ff.)*.

Organe der KSZE seit der Institutionalisierung durch den Pariser Gipfel 1990:
1. *Folgekonferenzen* der Staats- und Regierungschefs (alle 2 Jahre, 4. Treffen ab 24. 3. 1992 in Helsinki) zur Bestandsaufnahme, Prüfung der Verwirklichung eingegangener Verpflichtungen und Erwägung weiterer Schritte im KSZE-Prozeß;
2. *Rat der Außenminister* (mindestens einmal jährlich), zentrales Forum für politische Konsultationen und Beschlüsse im KSZE-Prozeß;
3. *Ausschuß Hoher Beamter*, bereitet Tagungen des Rates vor und führt dessen Beschlüsse durch;
4. *Sekretariat* mit **Sitz** in Prag zur administrativen Unterstützung des Konsultationsprozesses;
5. *Konfliktverhütungszentrum*/**KVZ** (vorläufig) in Wien, zunächst zur Datensammlung über Truppenbewegungen/Manöver;
6. *Büro für freie Wahlen* in Warschau zur Sammlung von Informationen über Termine, Verfahrensregeln und offizielle Ergebnisse nationaler Wahlen sowie von Wahlbeobachtungen;
7. *Parlamentarische Versammlung der KSZE* unter Beteiligung von Abgeordneten aller KSZE-Teilnehmerstaaten.
Die KSZE-Verhandlungen in Wien werden seit 29. 11. 1990 als KSZE II fortgesetzt.

Bewertung: Die KSZE war von 1973 bis Ende 1989 das einzige politische Forum, in dem sich West und Ost trafen. Bereits die Aktivitäten der letzten Jahre (über die Bonner Konferenz hinaus) rechtfertigten eine neue Qualität des KSZE-Prozesses, da die **konventionelle Abrüstung** – in der Schlußakte von Helsinki noch marginal und bislang in einem gesonderten Verhandlungsforum *(→ MBFR)* behandelt – durch die → *VKSE* zum **Bestandteil der KSZE wurde**. Damit umfaßte der KSZE-Prozeß alle Komponenten der Ost-West-Beziehungen einschließlich des umfangreichen marktwirtschaftlichen Reformprozesses. Der Pariser Gipfel 1990 besiegelte – nach dem Zusammenbruch der kommunistischen Herrschaft in den ostmitteleuropäischen Staaten und nach der Vereinigung Deutschlands – einen **neuen Zustand des europäischen Kontinents**. Nach der Zurücknahme ihres über die eigenen Grenzen greifenden Machtanspruchs fügt sich die UdSSR in den Kreis der europäischen Großfamilie ein.

KVAE KONFERENZ ÜBER VERTRAUENSBILDENDE MASSNAHMEN UND ABRÜSTUNG IN EUROPA

auch: VVSBM/Verhandlungen über vertrauens- und sicherheitsbildende Maßnahmen

Entstehung: Mandat durch die 2. KSZE-Folgekonferenz in Madrid (Schlußdokument vom 6. 9. 1983); für die 2. Konferenzphase (KVAE II) durch die 3. KSZE-Folgekonferenz in Wien *(→ KSZE)*.

Gegenstand/Ziele: Wirksame Schritte zur Festigung des Vertrauens und der Sicherheit sowie die stufenweise Abrüstung in Europa, um das (KSZE-)Gewaltverbot untereinander zu verwirklichen.

Tagungsorte: Stockholm (KVAE I), Wien (KVAE II).

Teilnehmer: Die 35 → *KSZE*-Staaten.

Verlauf/Ergebnisse:

KVAE I: Die Phase 1 der Verhandlungen ab 17. 1. 1984 befaßte sich mit dem Gewaltverzichtsprinzip sowie mit vertrauensbildenden Maßnahmen auf militärischem Gebiet. Sie endete am 19. 9. 1986 mit Unterzeichnung der **Akte von Stockholm**. In ihr wurde vereinbart: Gegenseitige Unterrichtung und Beobachtung militärischer Aktivitäten vom Atlantik bis zum Ural. Erstmals akzeptierte der Warschauer Pakt *(→ WVO)* Inspektionen zur Verifikation eines internationalen Abkommens. Nach den Vereinbarungen vom 1. 1. 1987 müssen Manöver und Truppenbewegungen in Europa 42 Tage im voraus angemeldet werden, sofern über 13000 Soldaten oder 300 Panzer beteiligt sind. Beobachter der anderen Staaten müssen ab 17000 Soldaten eingeladen werden. Jeder Teilnehmerstaat muß jährl. 3 Inspektionen auf seinem Gebiet zulassen. – Fortsetzung der KVAE in Wien als

KVAE II seit 9. 3. 1989. – Ziel (laut Wiener KSZE-Schlußdokument): »einen neuen Satz einander ergänzender vertrauens- und sicherheitsbildender Maßnahmen auszuarbeiten und anzunehmen, die darauf gerichtet sind, die Gefahr einer militärischen Konfrontation in Europa zu vermindern«. Mit der »Charta von Paris für ein neues Europa« *(→ KSZE)* nehmen die Staats- u. Regierungschefs das politisch verbindliche »Wiener Dokument '90« vom 17. 11. 1990 zur Kenntnis. Es ersetzt und erweitert das Stockholmer Dokument von 1986. – Die Verhandlungen werden seitdem fortgesetzt.

MWL ISLAMISCHE WELTLIGA

Muslim World League; Rabitah al-Alam al-Islami

Gründung 1962 in Mekka/Saudi-Arabien durch eine Islamische Konferenz; Verfassung von 1963. – Wichtigste islamische INGO, nicht zu verwechseln mit der → OIC (= IGO).

Ziele: Verbreitung des Islam, seiner Prinzipien und Lehren; Wahrung der Einheit und Brüderlichkeit der Moslems untereinander (stärkere ideologische Ausrichtung als die OIC).

Einzelmitglieder in 48 Staaten, vorw. Sunniten (also z. B. nicht »Staats«-Vertreter des Iran).

Organe:

1. *Kongreß* (1962, 1965, 1987) von rund 500 muslimischen Gelehrten, Intellektuellen und Würdenträgern aus aller Welt;
2. *Gründungsrat* aus 53 Mitgl. tagt jährl.;
3. *Weltrat der Moscheen*/**WSCM** aus 60 Mitgl. (Intellektuelle, Imame) tagt jährl.;
4. *Generalsekretär* (satzungsgemäß saudi-arabisch): Abdullah Omar Nasseef.

Sitz: Mekka (230 Mitarbeiter); 25 Büros weltweit.

Arbeitssprachen: Arab., Engl., Französ., Indones. (Bahasa), Pers. (Farsi), Türk., Urdu.

Finanzierung insbes. durch Saudi-Arabien.

Aktivitäten: Übersetzungen des Koran und anderer religiöser Schriften; Errichtung Islamischer Zentren (in Südostasien, Schwarzafrika, Europa, USA); Finanzhilfen an islamische Institutionen (u. a. für Erziehung, medizinische Versorgung); Stipendienvergabe.

Zur Verbreitung des Islam → Kap. Weltbevölkerung.

NATO NORDATLANTISCHE ALLIANZ

North Atlantic Treaty Organization

Gründung am 4. 4. 1949 durch 12 Staaten Westeuropas und Nordamerikas als Sicherheitsbündnis wegen der seinerzeit empfundenen Verteidigungsschwäche Westeuropas und der wachsenden Bedrohung durch die UdSSR.

Ziele: Stärkung der Sicherheit durch Zusammenarbeit auf politischem, wirtschaftlichem und militärischem Gebiet.

Mitglieder (16): Belgien, Dänemark, BR Deutschland (1955), Frankreich, Griechenland (1952), Großbritannien, Island (ohne eigene Truppen), Italien, Kanada, Luxemburg, Niederlande, Norwegen, Portugal, Spanien (1982), Türkei (1952), USA.

Seit 3. 10. 1990 erstreckt sich die Verteidigungsgarantie der NATO auf das ganze Gebiet des vereinten Deutschland, also auch auf das der ehemaligen DDR. – Frankreich verließ 1966 die militärische Integra-

Die Vertragsziele der NATO

Im **Art.5** des Nordatlantikvertrages vereinbarten die Vertragsparteien (Hervorhebg. d. Redaktion),
– »daß ein bewaffneter Angriff gegen eine oder mehrere von ihnen in Europa oder Nordamerika als Angriff gegen sie alle angesehen wird«,
– »daß im Falle eines solchen bewaffneten Angriffs jede von ihnen in Ausübung des in Artikel 51 der Charta der Vereinten Nationen anerkannten Rechts der individuellen oder kollektiven Selbstverteidigung der Partei oder den Parteien, die angegriffen werden, **Beistand leistet**, indem jede von ihnen unverzüglich für sich und im Zusammenwirken mit den anderen Parteien die Maßnahmen, **einschließlich der Anwendung von Waffengewalt**, trifft, die sie für erforderlich erachtet, um die Sicherheit des nordatlantischen Gebiets wiederherzustellen und zu erhalten. Von jedem bewaffneten Angriff und allen daraufhin getroffenen Gegenmaßnahmen ist unverzüglich dem UN-Sicherheitsrat *(→ UN)* Mitteilung zu machen. Die Maßnahmen sind einzustellen, sobald der Sicherheitsrat diejenigen Schritte unternommen hat, die notwendig sind, um den internationalen Frieden und die internationale Sicherheit wiederherzustellen und zu erhalten«.

Als bewaffneter Angriff (Art.6) gilt »jeder bewaffnete Angriff
– auf das Gebiet eines dieser Staaten in Europa oder Nordamerika, auf das Gebiet der Türkei oder auf die der Gebietshoheit einer der Parteien unterliegenden Inseln im nordatlantischen Gebiet **nördlich des Wendekreises des Krebses**;
– auf die Streitkräfte, Schiffe oder Flugzeuge einer der Parteien, wenn sie sich in oder über diesen Gebieten oder irgendeinem anderen europäischen Gebiet, in dem eine der Parteien... eine Besatzung unterhält, oder wenn sie sich im Mittelmeer oder im nordatlantischen Gebiet nördlich des Wendekreises des Krebses befinden«.

tion, Griechenland 1974–79; beide blieben aber NATO-Mitglieder. Spanien ist noch nicht militärisch integriert.

Organisationsform: Bündnis gleichberechtigter Staaten ohne Überstimmungsmöglichkeit und ohne zivile supranationale Gremien, deshalb keine Verträge und Verhandlungen der NATO mit anderen Staaten oder Staatenbünden. **Beistandsverpflichtung** bei Angriff gegen das Territorium eines Mitgliedes (ohne dessen Überseegebiete) und im Nordatlantik nördlich des Nördlichen Wendekreises einschließlich der Nebenmeere. Ergänzung durch weitere zwischenstaatliche Verträge, z. B. zur Nutzung militärischer Einrichtungen und Friedensstationierung von Truppen.

Organe:

1. NAC/*Nordatlantikrat*
Der NAC ist das höchste zivile Beschlußgremium und Schaltzentrale der Konsultationen. Die Mitgliedstaaten sind durch Ständige Vertretungen (Botschafter) am **Sitz** des NATO-Rates in Brüssel präsent. Regierungschefs und zuständige (Außen- bzw. Verteidigungs-)Minister tagen bei Bedarf. Einstimmige Entscheidungen binden jeden MSt.

2. DPC/*Ausschuß für Verteidigungsplanung*
Der DPC entspricht organisatorisch dem NAC, in ihm sind aber nur die an der militärischen Integration beteiligten Staaten durch ihre Verteidigungsminister vertreten (militärpolitische Entscheidungen).

3. MC/*Verteidigungsausschuß*
Der MC (Vorsitz: Gen. Vigleik Eide/Norwegen) ist das höchste **militärische** Beratungsgremium für den NAC und DPC, bestehend aus den Stabschefs der MSt. (außer Frankreich und Island); tagt halbj.; seine Exekutive ist der **IMS**/*Internationale Militärstab*.

4. NPG/*Nukleare Planungsgruppe*
Die NPG der Verteidigungsminister beschließt über strategische Nuklearwaffen und Stationierungsorte, Abrüstungsmaßnahmen (außerhalb von Verhandlungen) und Modernisierungen; ohne Frankreich. Die **5. Eurogroup** (* 1968) faßt die europäischen Interessen der anderen Ausschüsse zusammen, hier u. a. Erörterung der Rüstungszusammenarbeit und strategischer Militärfragen. **Neuorientierung seit 1990.**

6. Die Oberkommandos: Die für Krisen und bewaffnete Auseinandersetzungen der NATO zur Verfügung gestellten Streitkräfte sind bereits im Frieden in unterschiedlichem Umfang integriert. Sie werden durch 3 *Oberkommandos* (**SACEUR**/*Europa*; **SACLANT**/*Atlantik*; **CINCHAN**/*Ärmelkanal*) geführt, denen zusammen über 50 weitere präsente NATO-Stäbe unterstehen. Jedes der 3 Oberkommandos verfügt über eine Eingreiftruppe zur Krisenbewältigung aus Kräften möglichst vieler Nationen (so die **AMF**/*Schnelle Eingreiftruppe in Europa:* * 1960, Sitz: Heidelberg).

7. Sekretariat zur Vorbereitung und Durchführung der Beschlüsse des NAC; *Generalsekretär* und

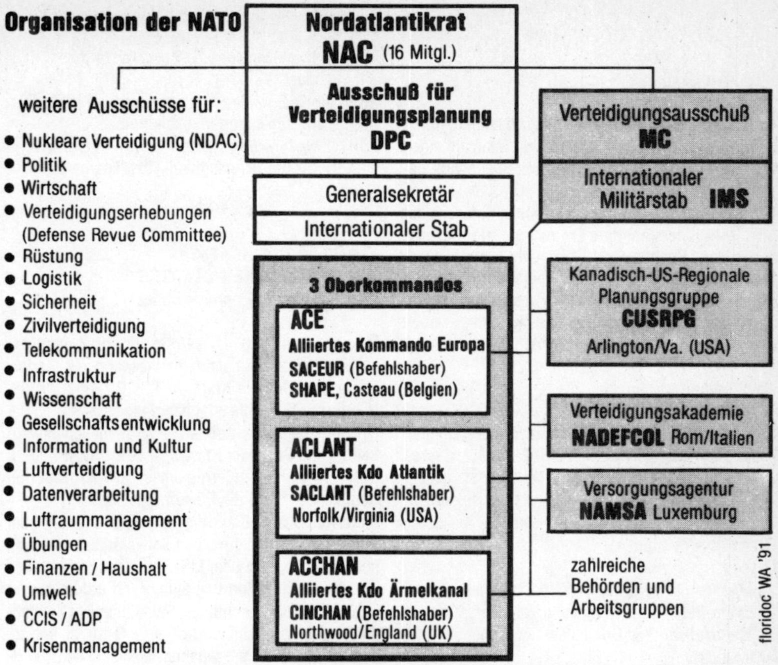

Der militärische Teil der Organisation ist grau unterlegt

zugleich Vorsitzender von NAC, DPC und NPG: Manfred Wörner/D (seit 1988). Der Generalsekretär hat im System der NATO eine sehr starke Stellung. **Amtssprachen:** Englisch und Französisch.

Nicht integriert sind Strategische Nuklearkräfte, Truppen der Landesverteidigung und der nationalen Logistik, ferner Kräfte für Einsätze außerhalb des Vertragsgebietes. – Daneben gibt es noch die **Nordatlantische Versammlung** (* 18. 7. 1955, bis 1966 NATO-Parlamentarierkonferenz genannt) aus 188 Abgeordneten der 16 nationalen Parlamente der NATO-Staaten (Anzahl nach Bevölkerungsschlüssel); Aufgabe: Stärkung der atlantischen Solidarität und Zusammenarbeit, Bindeglied zwischen nationalen Parlamenten und NATO-Behörden; Plenartagung jährlich; mehrere Ausschüsse (u. a. für Erziehung, Kultur, Information, Verteidigung, Politik, Wirtschaft, Technik).

Aktuelle Entwicklung: Die Verteidigungsminister einigten sich am 28./29. 5. 1991 auf eine **neue dreigliedrige Streitkräftestruktur der NATO in Europa** (die endgültige Beschlußfassung bleibt einem Gipfeltreffen in Rom im Herbst 1991 vorbehalten). An die Stelle der Vorneverteidigung an der ehemaligen innerdeutschen Grenze sollen nun in 3 Kategorien gegliederte, bis zur Divisionsebene hinunter überwiegend multinational zusammengesetzte, mobile Streitkräfte treten:

1. MDF/Hauptverteidigungskräfte *(Main Defence Forces)*, in Zentraleuropa und Dänemark aus 7 Korps mit Verbänden, die 16 Divisionen entsprechen;

2. RRF/Schnelle Eingreifverbände *(Rapid Reaction Forces)* mit einem neu zu bildenden rd. 100000 Mann starken multinationalen *Rapid Reaction Corps*/**RRC**, in Friedenszeiten unter britischem Oberbefehl und mit einem multinationalen Stab mit Sitz in Mons/B, das für eine schnelle Verlegung an die Flanken oder andere Krisenbrennpunkte gedacht ist; für den militärischen Einsatz ist der NATO-Oberbefehlshaber (US-Gen. John Galvin) verantwortlich, der sich zuvor mit den politischen Gremien abstimmen muß;

3. AF/Verstärkungskräfte *(Augmentation Forces)*.

OAPEC ARABISCHE ERDÖLEXPORTLÄNDER
Organization of Arab Petroleum Exporting Countries

Gründung am 9. 1. 1968 in Beirut/Libanon durch Saudi-Arabien, Kuwait und Libyen (damals noch Monarchie) als Folge der Konfrontationspolitik gegenüber Israel (II. Nahostkrieg 1967).
Heutige Ziele: Förderung der Handelsinteressen der MSt., besonders auf dem Erdölsektor; Harmonisierung der Rechtsvorschriften, Informationsaustausch, Ausbildungs- und Beschäftigungshilfen für Bürger der MSt.; gemeinsame Forschungsprojekte und Unternehmen auf dem Energiesektor, auch unter Einschluß von Nichtförderländern (z. B. Italien).
Mitglieder (11): Ägypten (1979–89 suspendiert), Algerien, Bahrain, Irak, Katar, Kuwait, Libyen, Saudi-Arabien, Syrien, Tunesien und die Vereinigten Arabischen Emirate/UAE. – Die OAPEC-MSt. decken sich nicht mit denjenigen arabischen MSt. der → OPEC, welche 1968 das Ölembargo ablehnten, fühlen sich aber laut OAPEC-Satzung an deren Beschlüsse gebunden.
Organe:
1. *Ministerrat* der Erdölminister (tagt halbj.);
2. *Exekutivbüro:* je Mitglied 1 Vertreter;
3. *Sekretariat* mit Generalsekretär und über 75 Mitarbeitern;
4. *Schiedsgericht* * 1980 und
5. *Arabisches Zentrum für Energiestudien* * 1983 am OAPEC-Sitz.

Sitz: Safat/Kuwait. – **Sprache:** Arabisch.
Finanzierung: Budget 1988: 5,3 Mio. $; Sonderhaushalt in Form eigener Entwicklungshilfe, überwiegend durch Saudi-Arabien (hohe Beitragsrückstände der anderen MSt.).
Aktivitäten: Spezifisch arabische Preispolitiken im Rahmen der → *OPEC,* der 7 OAPEC-Mitglieder angehören. – Die OAPEC war Auslöserin des 1973 von der OPEC verhängten Ölembargos während des IV. Nahostkrieges (»Erste Erdölkrise«). Diese Beschlüsse lösten u. a. den ersten weltweiten Ölpreisschock aus, aufgrund dessen in den OECD-Staaten langfristig alternative Energiekonzepte entwickelt wurden.

Gemeinsame Unternehmen:
AMPTC/*Arab Maritime Petroleum Transport Company:* * 1973, Sitz: Safat/Kuwait, zur Verschiffung von Erdölprodukten;
APICORP/*Arab Petroleum Investment Corporation:* * 1975, Sitz: Dharan Airport/Saudi-Arabien, zur Finanzierung von Erdöl- und Petrochemie-Projekten;
APSC/*Arab Petroleum Services Company:* * 1977, Sitz: Tripolis/Libyen, für die Schaffung spezieller Gesellschaften auf dem Erdölsektor (Erdölsuche, Bohrungen usw.);
APTI/*Arab Petroleum Training Institute:* * 1979, Sitz: Bagdad/Irak;
AREC/*Arab Engineering Company:* * 1981, Sitz: Abu Dhabi, für Expertenausbildung;
ASRY/*Shipbuilding and Repair Company:* * 1974, Sitz (und Trockendock) in Manama/Bahrain.

OAS ORGANISATION AMERIKANISCHER STAATEN
Organization of American States

Gründung am 30. 4. 1948 in Bogotá/Kolumbien durch 21 Staaten Lateinamerikas und der Karibik sowie die USA – in Kraft am 13. 12. 1951.
Mitglieder (32): Alle unabhängigen amerikan. Staaten mit Ausnahme Kubas (1962 ausgeschlossen), Belizes und Guyanas; *Ständige Beobachter (26):* Belize sowie 22 außerregionale Staaten (darunter Deutschland) und die EG-Kommission.
Ziele/Aufgaben: Stärkung des Friedens und der Sicherheit; Verteidigung von Souveränität, Integrität und Unabhängigkeit der MSt.; solidarische Aktionen bei einer Aggression von außen und untereinander (einschl. Streitschlichtung); Sanktionen bei Nichtanerkennung von Schlichtungsverfahren u. a. Verstößen (u. a. 1982 im Falkland/Malvinas-Krieg); wirtschaftliche, soziale und kulturelle Zusammenarbeit.
Organe:
1. *Generalversammlung* (jährl.) als oberstes Organ und entscheidend für Formulierung der Politik (Mehrheitsbeschlüsse).
2. *Konsultativtreffen* der Außenminister, auch bei bewaffneten Angriffen; kann durch Beratenden Verteidigungsausschuß (der höchsten Militärbehörden der MSt.) unterstützt werden.
3. *Räte,* der Generalversammlung verantwortlich:
– **CP**/*Ständiger Rat* (auf Botschafterebene), bereitet die Generalversammlung vor; mit *Interamerikanischem Komitee für friedliche Schlichtung* * 1970;
– **IA-ECOSOC**/**CIES**/*Wirtschafts- und Sozialrat* * 1948 aus allen Mitgliedern, tagt jährl., mit *Ständigem Exekutivkomitee*/**CEPCIES**;
– **IACESC**/**CIECC**/*Rat für Erziehung, Wissenschaft und Kultur* * 1970.
4. *Generalsekretär:* Joao Clemente Baena Soares/Brasilien (auf 5 J. gewählt).
5. *Zahlreiche beratende Einrichtungen und Sonderorganisationen.*

Sitz: Washington D. C. – **Personal:** 700.
Arbeitssprachen: Engl., Span., Portug., Französ.
Finanzierung durch Mitgliedsbeiträge.
Entwicklung/Aktivitäten → WA '90/716 f.

OAU ORGANISATION FÜR AFRIKANISCHE EINHEIT
Organization of African Unity

Gründung am 25. 5. 1963 mit Unterzeichnung der Charta durch damals 30 unabhängige afrikan. Staaten auf Konferenz in Addis Abeba unter Vorsitz des äthiopischen Kaisers Hailé Sélassié. Marokko, der 31. unabhängige Staat, nahm wegen eines Konflikts mit Mauretanien und Togo nicht an der Gründungskonferenz teil.

Ziele/Aufgaben: Förderung der Einheit und Solidarität der afrikan. Staaten; Koordinierung der innerafrikan. Zusammenarbeit; Verteidigung der Souveränität und territorialen Integrität der MSt. (die OAU ist jedoch kein Verteidigungsbündnis); Beseitigung aller Formen des Kolonialismus (und Neokolonialismus) sowie der Apartheid auf dem Kontinent; Förderung universeller Zusammenarbeit auf Grundlage der UN-Satzung *(→ UN)* und der Erklärung der Menschenrechte. – Die OAU-Satzung normiert ferner die Prinzipien bilateraler Beziehungen der MSt., darunter die Wahrung des territorialen Status quo und Nichteinmischung in innere Angelegenheiten der MSt.

Mitglieder (51): 50 unabhängige Staaten Afrikas sowie die von der Befreiungsbewegung POLISARIO vertretene »Demokratische Arabische Republik Sahara/DARS« (seit 1982). – *Nichtmitglieder:* Republik Südafrika (mit »Homelands«) und Marokko (Austritt 1984 aufgrund des Vollmitgliedstatus der DARS).

Organe:

1. *Gipfelkonferenz der Staats- und Regierungschefs* (jährl.): je MSt. eine Stimme, Beschlüsse und Resolutionen (rechtlich nicht bindend, Sanktionen nicht möglich) erfordern de jure eine $^2/_3$-Mehrheit, doch hat sich das Konsensprinzip durchgesetzt;

2. *Ministerrat* (tagt mindestens halbjährl.): je MSt. eine Stimme, Entscheidungen mit einfacher Mehrheit; Rat und Gipfelkonferenz verabschieden *Resolutionen*; früher häufigstes Thema: Beseitigung von Kolonialismus und Rassismus in Afrika; bei innerafrikan. Themen zurückhaltende Formulierungen (Nichteinmischung in innere Angelegenheiten der MSt.);

3. *Generalsekretariat* mit einem vom Ministerrat bestellten, mit wenig Exekutivgewalt ausgestatteten Generalsekretär: Salim Ahmed Salim/Äthiopien (seit 1989) und 4 Stellvertretern (für West-, Zentral-, Nord- und Ost-/Südafrika); Generalsekr. koordiniert OAU-Aktivitäten zwischen Gipfelkonferenzen;

4. *Schiedskommission* * 1964 für innerafrikan. Streitfälle mit 21 von der Gipfelkonferenz auf 5 Jahre gewählten Mitgl.;

5. *Sonderkommissionen* (4) für: Wirtschaft und Soziales; Verkehr und Fernmeldewesen; Erziehung, Wissenschaft und Kultur; Gesundheit, Hygiene und Erziehung. Zusätzlich häufig *Sonderausschüsse* durch Gipfelkonferenz und Ministerrat vor allem zur Streitschlichtung;

6. *Befreiungskomitee*/**ALC** *(African Liberation Committee)* * 1963 zur politischen, ideologischen und materiellen Unterstützung der Befreiungsbewegungen der damals abhängigen afrikan. Länder; Regionalbüros in Maputo/Mosambik, Lusaka/Sambia und Luanda/Angola.

Sitz: Addis Abeba; Befreiungskomitee: Dar-es-Salaam/Tansania.

Arbeitssprachen: Engl., Französ., Arabisch.

Haushalt 1990/91: 30 Mio. $; hohe Beitragsrückstände der MSt.

Entwicklung *(ausführlich → WA '90/718 f.):* Gipfel in Abuja/Nigeria 6/1991: Staatschefs unterzeichnen Vertrag über Afrikanische Wirtschaftsgemeinschaft in 6 Etappen bis zum Jahre 2025 (Vorbild: → EG).

OECD ORGANISATION FÜR WIRTSCHAFTLICHE ZUSAMMENARBEIT UND ENTWICKLUNG
Organization for Economic Co-operation and Development

Gründung: Vorläuferin war die den Marshallplan/ERP koordinierende OEEC (* 16. 4. 1948), abgelöst von der OECD durch Pariser Übereinkommen vom 14. 12. 1960, in Kraft 30. 9. 1961.

Ziele: Planung, Koordinierung und Vertiefung der wirtschaftlichen Zusammenarbeit und Entwicklung als Nachfolgeorganisation der OEEC; Förderung des Wirtschaftsausbaues bei Vollbeschäftigung und Währungsstabilität; Hilfe für Entwicklungsländer. Heute de facto Spitzenorganisation der westlichen Industrieländer *(→ Kap. Wirtschaft).*

Mitglieder: 24 Vollmitgl.: Australien (seit 1971), Belgien, BR Deutschland, Dänemark, Finnland (1969), Frankreich, Griechenland, Großbritannien, Irland, Island, Italien, Japan (seit 1964), Kanada, Luxemburg, Neuseeland (seit 1973), Niederlande, Norwegen, Österreich, Portugal, Schweden, Schweiz, Spanien, Türkei, USA. EG-Kommission nimmt an OECD-Arbeit teil, Jugoslawien hat Sonderstatus.

Organe:

1. Rat der Leiter der Stdg. Delegationen der MSt. (= Botschafter) als regelmäßig tagendes oberstes Organ; jährlich auf (Außen-, Finanz-, Wirtschafts-) Ministerebene. Beschlüsse/Empfehlungen bedürfen der Einstimmigkeit (Vetorecht).

2. Exekutivausschuß (14 Mitgl.) bereitet Ratssitzungen vor und koordiniert bei Problemkreisen, die mehrere Ausschüsse (→ *unten*) berühren.

3. Fachausschüsse (ständige oder ad-hoc-Gremien, z. Zt. rund 30) aus Mitgl. der Stdg. Delegationen und Vertretern der jeweils nationalen Behörden. Die wichtigsten sind:

a. *Wirtschaftspolitischer Ausschuß*/**EPC** leitender Beamter der nationalen Wirtschaftsressorts sowie der Notenbanken, tagt mehrmals jährl. zur Abstimmung nationaler wirtschaftspolit. Maßnahmen;

b. *Prüfungsausschuß f. Wirtschafts- und Entwicklungsfragen,* überprüft Wirtschaftspolitik der MSt., veröffentlicht Jahresberichte;

c. *Ausschuß für Entwicklungshilfe*/**DAC**, *1961; die 19 DAC-Mitglieder einschließlich der EG-Kommission (nicht vertreten sind Griechenland, Island, Luxemburg, Portugal, Spanien und die Türkei) bringen rund 85 % der weltweiten Entwicklungshilfe für die Dritte Welt auf; sog. »DAC-Examen« jedes MSt. alle 2 J.; koordiniert multilateral die Entwicklungshilfe der MSt.;

d. *Ausschuß für Finanzmärkte* (»Kapitalmarktausschuß«): *1969 zur Verbesserung der Wirkungsweise der nationalen Kreditmärkte und der internat. Finanzmärkte;

e. *Handelsausschuß* für Handelsliberalisierung und Verhinderung neuer Handelsschranken;

f. *Unternehmerausschuß*/**BIAC**, *1962, beratend; vertritt Interessen der Industrie bei der OECD;

g. *Gewerkschaftsausschuß*/**TUAC**, *1948, beratend. – Weitere Ausschüsse u. a. für Kapitalverkehr/Dienstleistungen, technische Zusammenarbeit, Wettbewerbsrecht und -politik, Steuerfragen; Umweltschutz; Forschung und Technologie; Stahl.

4. Sekretariat in Paris mit Generalsekretär: Jean-Claude Paye/Frankreich (zugleich Rats-Vorsitzender) und rund 1700 Mitarbeitern, davon rd. 530 »Professionals«, d. h. Experten aller Sachgebiete.

Sitz: Sekretariat in Paris; Außenbüros in Washington, Tokio; Bonn (*1980); Direktor des Zentrums für die deutschsprach. Staaten: Dieter Menke.

Finanzierung durch MSt., bemessen am BSP.

Amtssprachen: Englisch und Französisch.

Aktivitäten: Tätigkeitsbereiche u. a.: Handel, Entwicklungspolitik, Kapitalverkehr und -märkte, Steuerwesen, Landwirtschaft, Fischerei, Seeverkehr, Energie einschl. Kernenergie, Arbeitskräfte, Sozialfragen, Umwelt- und Wissenschaftspolitik, Bildungswesen, Technologie- und Industriepolitik.

Kooperation u. a. mit → EFTA, EG-Kommission (→ *EG*), → Europarat und → OAS sowie mit FAO, GATT, IAEO, ILO, IMF, IMO, UNCTAD, UNESCO, UNHCR, UNEP und der Weltbankgruppe (→ *UN*).

Autonome und halbautonome Institutionen:

CERI/*Center f. Educational Research and Innovation* *1968; mit: Institutional Management in Higher Education/**IMHE**;

DC/*Development Centre* (Entwicklungszentrum) *1962, alle MSt. außer Neuseeland (40 Mitarb.).

IEA/*International Energy Agency*
*1974, Ziele wie *OECD*, speziell auf Energiesektor: gesamtwirtschaftlich internationale Verbesserung der Energieeinsparung und -versorgung.

NEA/*Nuclear Energy Agency*
*1972, 23 Mitgl., Kernenergie-Studien, Koordinierung von Sicherheitsfragen.

OIC ORGANISATION DER ISLAMISCHEN KONFERENZ
Organization of the Islamic Conference
[Munazzamat al-mu'tamar al-islami]

Gründung im Mai 1971 in Dschidda/Saudi-Arabien nach Gipfeltreffen moslemischer Staatschefs in Rabat/Marokko 1969 und Tagungen der Islamischen Außenministerkonferenz/ICFM in Dschidda und Karatschi 1970. Vorangegangen waren die militärische Niederlage der arabischen Staaten, angeführt von Ägypten (unter Präsident Gamal Abdel Nasser), gegen Israel 6/1967 (*ausführlich* → *Kap. Jahrestage*) und der Brand der Al-Aqsa-Moschee in Ost-Jerusalem 1969.

Vorläuferin: Islamische Weltliga (*1962 Mekka; besteht noch weiter: → *MWL*), Islamische Allianz (*1966 auf Anregung König Feisals/Saudi-Arabien). – Die OIC ist im wesentlichen ein lockerer Zusammenschluß islamischer Länder der Dritten Welt, angeführt von Saudi-Arabien und mit wichtiger (fundamentalistischer) Stimme Pakistans.

Ziele laut Charta von 1972: Islamische Solidarität und Zusammenarbeit der MSt. auf wirtschaftlichem, sozialem, kulturellem und wissenschaftlichem Gebiet; Kampf gegen Rassismus und Kolonialismus; Schutz der Heiligen Stätten des Islam und Unterstützung der Palästinenser für ihre Rechte auf ihre Heimat; Förderung des Verständnisses zwischen muslimischen und nichtmuslimischen Staaten.

Mitglieder: 45 Länder mit islamischem Bevölkerungsanteil: Afghanistan (1980–1990 Mitgliedschaft ausgesetzt), Ägypten (1979–1984 suspendiert), Algerien, Bahrain, Bangladesch, Benin, Brunei, Burkina Faso, Dschibuti, Gabun, Gambia, Guinea, Guinea-Bissau, Indonesien, Iran, Irak, Jemen, Jordanien, Kamerun, Katar, Komoren, Kuwait, Libanon, Libyen, Malaysia, Malediven, Mali, Mauretanien, Marokko, Niger, Nigeria, Oman, Pakistan, Palästina (PLO), Saudi-Arabien, Senegal, Sierra Leone, Somalia, Sudan, Syrien, Tschad, Tunesien, Türkei (einschließlich der »Türkischen Republik Nordzypern«), Uganda, Vereinigte Arabische Emirate.

Organe:

1. *Gipfelkonferenz* der Staatsoberhäupter: oberstes Organ, bisher 6 Gipfelkonferenzen;
2. *Außenministerkonferenz* (jährl.), trifft die meisten Entscheidungen und bereitet Gipfel vor;
3. *Ständiges Sekretariat* als Exekutivorgan mit einem *Generalsekretär:* Hamid al-Gabid/Niger (1988–1992; keine Wiederwahl);
4. *Ständige Ausschüsse* für Finanzen, Wissenschaftliche und Technische Zusammenarbeit, Wirtschafts- und Handelskooperation, Information und Kultur (alle * 1981);
5. *Sonderausschüsse:*

a. *Al-Quds-Ausschuß* (* 1975) zur Durchführung der Resolutionen zum Status von Jerusalem/Al-Quds (14 Mitglieder; insbesondere gegen Zuwanderung sowjetischer Juden);
b. *Islamische Kommission für wirtschaftliche, kulturelle und soziale Angelegenheiten*/ICECSA (* 1976).

Sitz: Dschidda/Saudi-Arabien.
Personal: 120.
Arbeitssprachen: Arab., Engl., Französ.
Finanzierung durch Mitgliedsbeiträge, Budget 1986–87: 7,9 Mio. $ (ohne Ausschüsse und Zentren), größtenteils durch Saudi-Arabien aufgebracht (neuere Zahlen nicht veröffentlicht).

Unterorgane:

1. *Al-Quds-Fonds* * 1976 (Jerusalem-Fonds, → *oben);*
2. *Internationale Kommission für das islamische Erbe* * 1980 (Baudenkmalschutz);
3. *Internationale islamische Rechts-Kommission* * 1982;
4. *Islamische Jurisprudenz-Akademie* * 1982;
5. *Islamisches Zentrum für Handelsentwicklung*/**ICDT** * 1981, eröffnet 1983 in Casablanca/Marokko;
6. *Islamisches Zentrum für technische und berufliche Ausbildung und Forschung* * 1979, 1986 in Dhaka/Bangladesch;
7. *Islamische Kommission für den internationalen Halbmond* * 1980 (Rotkreuz-Ausschuß);
8. *Islamische Stiftung für Wissenschaft, Technologie und Entwicklung*/**IFSTAD** * 1981 Dschidda/Saudi-Arabien;
9. *Islamischer Solidaritätsfonds*/**ISF** * 1974, Dschidda; bis Ende 1986 Hilfen von 111 Mio. $, vorwiegend aus Schenkungen der 31 Fonds-Mitglieder;
10. *Forschungszentrum für islamische Geschichte, Kunst und Kultur* * 1979, Istanbul/Türkei; Bibliothek mit 22 000 Bänden;
11. *Statistisches, wirtschaftliches und soziales Forschungs- und Ausbildungszentrum für islamische Länder* * 1977, Ankara/Türkei.

Aktivitäten der OIC:

I. Wirtschaft: 1981 Abkommen über wirtschaftliche, technische und kommerzielle Zusammenarbeit der Mitglieder. 1983 **Islamische Rückversicherungsgesellschaft* mit autorisiertem Kapital von 200 Mio. US-$. 1984 Programm zur Ausweitung der Zusammenarbeit (Freihandelszone) auf Initiative des damaligen Präsidenten Evren/Türkei.

II. Kultur: Weltweite Unterstützung der Erziehung in islamischen Gemeinschaften durch den ISF; Mitfinanzierung der (nationalen) *Islamischen Universitäten* in Niger, Uganda und Malaysia. – 1989: 1. Kultusministerkonferenz in Senegal verabschiedet »Deklaration von Dakar über Schutz, Zusammenarbeit und Entwicklung der islamischen Kultur« (u. a. Rückgabe in der Kolonialzeit geraubten kulturellen Eigentums an die islamische Gemeinschaft).

III. Humanitäres: Hilfe für durch Kriege und Naturkatastrophen betroffene Moslemgemeinschaften, in Zusammenarbeit mit dem UNHCR *(→ UN),* insbes. Unterstützung der Länder der Sahel-Zone.

IV. Politik: Von Beginn an vornehmlich Einsatz für Räumung arabischer Territorien durch Israel sowie Anerkennung der Rechte der Palästinenser und der PLO als deren einzig rechtmäßiger Vertreter; für Schutz der Heiligen Stätten im israelisch besetzten Ost-Jerusalem.

1981: **III. Gipfelkonferenz** in Taif/Saudi-Arabien beschließt Vorbereitung des »Jihad« (Heiliger Krieg; nicht unbedingt im militärischen Sinn) zur Befreiung Jerusalems und der israelisch besetzten arabischen Territorien; fordert sowjetischen Rückzug aus Afghanistan und Beendigung des Krieges Iran-Irak (Schlichtungskommission; beide Kriegsparteien sind Mitglieder der OIC).

1984: **IV. Gipfel** in Casablanca/Marokko beschließt (gegen 7 MSt.) Wiederaufnahme Ägyptens.

1987: **V. Gipfel** in Kuwait ergebnislos/Spaltung der MSt. über Haltung zum iranisch-irakischen Krieg; Iran nimmt seit 1980 an OIC-Aktivitäten nicht mehr teil, weil er die arabisch-dominierte OIC als Instrument Iraks ansieht.

1988: 17. Außenministerkonferenz in Amman/Jordanien beschließt 100-Mio.-$-Finanzhilfe sowie verstärkte Unterstützung für Palästinenseraufstand in den israelisch besetzten Gebieten (Intifada) und fordert erneut Einstellung des Krieges Iran-Irak (und Sanktionen gegen Iran bei Verweigerung eines Waffenstillstands); iranische Delegation verläßt Tagung.

1989: 18. Außenministerkonferenz in Riad/Saudi-Arabien: **Anerkennung des Staates Palästina**, Forderung nach Unterstellung der »besetzten arabischen Territorien« unter UN-Aufsicht, Unterstützung für die Intifada.

1990: 15. Außenministerkonferenz in Kairo/Ägypten verurteilt am 5. 8. die Besetzung Kuwaits durch irakische Truppen am 2. 8. 1990, fordert den soforti-

gen Rückzug der Truppen und die Wiederherstellung des Status quo ante (so geschehen 3/1991).
Kooperation der OIC: Blockfreie *(→ NAM),* Muslimische Weltliga *(→ MWL),* → Arabische Liga.

Institutionen innerhalb der OIC-Familie:
IsBO/*Islamische Rundfunkorganisation* * 1975, Islamabad/Pakistan;
ICCICE/*Islamische Kammer für Handel, Industrie und Warenaustausch* * 1979, Karatschi/Pakistan;
ICJ/*Islamischer Gerichtshof* (* 1981) auf Basis der Scharia;
IIA/*Islamisches Landwirtschaftsinstitut* * 1987, Dakar/Senegal, 1990 in Betrieb.
IINA/*Islamische Nachrichtenagentur* * 1972, Dschidda;
IsDB/*Islamische Entwicklungsbank (→ Sonderbeitrag IsDB);*
ISESCO/*Islamische Organisation für Erziehung, Wissenschaft u. Kultur* (* 1982, Rabat/Marokko);
ISHA/*Islamische Schiffseigner-Vereinigung* (* 1981, Dschidda);
IsPU/*Islamische Presseunion* (* 1979);
OICC/*Organisation islamischer Hauptstädte und Städte* (* 1978, Dschidda).

OPEC ORGANISATION ERDÖLEXPORTIERENDER LÄNDER
Organization of Petroleum Exporting Countries

Gründung auf Initiative Venezuelas am 14. 9. 1960 in Bagdad/Irak durch die 5 Förderländer Irak, Iran, Kuwait, Saudi-Arabien und Venezuela (spätere Beitritte → Mitglieder). Statuten vom 21. 1. 1961 auf 2. OPEC-Konferenz in Caracas/Venezuela.
Ziele: Koordinierung der Erdölpolitiken in den Förderländern; Stabilisierung der Weltmarktpreise u. a. durch Regulierung der Fördermengen; »faire Erträge« für Investoren in der Erdölindustrie; Solidarität bei Sanktionen der Abnehmerländer, denen ein oder mehrere Mitglieder bei Befolgung von OPEC-Beschlüssen durch internationale Ölkonzerne ausgesetzt sind (Art. 4 des Abkommens). – Einsatz des Öls als internationale Waffe (so z. B. im Zusammenhang mit dem Yom-Kippur-Krieg *→ Kasten).*
Mitglieder (13): Algerien (seit 1969), Ecuador (1973), Gabun (1973), Indonesien (1962), Irak, Iran, Katar (1961), Kuwait, Libyen (1962), Nigeria (1971), Saudi-Arabien, die Vereinigten Arabischen Emirate/UAE (OPEC-Beitritt Abu Dhabis bereits 1967) und Venezuela *(→ Karte Sp. 715 f.).*
Organe:
1. *Konferenz* der Erdöl- bzw. Finanzminister (halbjährl.), legt Preise/Förderquoten fest;
2. *Gouverneursrat* (tagt halbjährl.);
3. *Wirtschaftskommission* (* 1964) u. a. zur Prüfung von Ölwirtschaftsfragen (Preise, Steuern etc.);
4. *Präsident* (wechselt im Turnus);
5. *Sekretariat* mit *Generalsekretär:* Subroto/Indonesien (1988–91) und Abteilungen u. a. für Erdöl-Forschung, Rechtsfragen und Information.
Sitz: Wien (dort auch der OPEC-Fonds).
Personal: Rund 150.
Finanzierung durch MSt.; 1990: 235 Mio. öS.
Bewertung: Trotz interner Differenzen aufgrund unterschiedlicher politischer und wirtschaftlicher Interessen und Zielsetzungen bleibt die OPEC für ihre Mitglieder ein geeignetes Instrument zur Koordinierung und Durchsetzung von Interessen gegenüber den amerikanischen und europäischen Ölgesellschaften sowie den Verbraucherländern.

Unterorganisationen:
OPEC-Fonds für internationale Entwicklung: * 1976, mit eigenem Minister- und Verwaltungsrat; bis 1988 Darlehen und Entwicklungshilfe von insgesamt 3,4 Mrd. $ überwiegend an arabische Staaten zugesagt (davon 2,6 Mrd. ausgezahlt).
OPECNA: Nachrichtenagentur, * 1980 in Wien, berichtet in Englisch und Spanisch.

PBEC PAZIFIKBECKEN-WIRTSCHAFTSRAT
Pacific Basin Economic Council; mit **PBDC**

Gründung 1967 als informelles Gremium nationaler Wirtschaftsausschüsse der Region (INGO).
Ziele: Sozialer Fortschritt der Entwicklungsländer im pazif. Raum durch verstärkte Handelsbeziehungen der MSt.
Mitglieder: Wirtschaftsausschüsse (mit zusammen rund 1000 Firmen) aus 20 Staaten/Territorien: Australien, Chile, Fidschi, Hongkong, Indonesien, Japan, Kanada, Korea (Republik), Malaysia, Mexiko, Neuseeland, Papua-Neuguinea, Peru, Philippinen, Singapur, Sri Lanka, Taiwan, Thailand, Tonga und den USA als Westküsten-Pazifik-Anrainer.
Organe:
1. *Generalversammlung* (jährlich);
2. *Nationale Komitees;*
3. *Lenkungsausschuß;*
4. *Sekretariat* mit **Sitz** beim Australischen Industrieverband in Canberra.
Arbeitssprachen: Englisch, Japanisch.
Aktivitäten: Ausbildung für mittleres Management und Techniker in Entwicklungsländern; Unterstützung von Erziehungsprogrammen; kultureller/wissenschaftlicher Austausch.

Förder- und Preispolitik der OPEC

1965: OPEC vereinbart gemeinsame Politik zur Kontrolle der Erdölproduktion und Stützung der Preise.
1970: Beschluß über Anhebung der Rohölpreise um 30 %, der Steuern der Ölgesellschaften auf mindestens 55 % der Nettoeinnahmen.
1971: Nach Verhandlungen mit den multinationalen Ölgesellschaften Anhebung der Abgabepreise; OPEC strebt staatliche Beteiligungen von 51 % an der Ölförderung an. 1971/73 in einzelnen Ländern erste Beteiligungen, die nach 1974 erheblich ausgeweitet wurden und in einzelnen Staaten zur Übernahme der Fördergesellschaften führten.
1973: 1. Ölkrise: Der Ölpreis wird im Zusammenhang mit dem Yom-Kippur-Krieg und dem arabischen Ölboykott gegenüber westlichen Industrieländern von 2,89 (seit 1972) auf 11,65 US-$ pro Barrel (1 Barrel/b [Faß] = 159 Liter) angehoben. Die OPEC-Staaten erbringen zu dieser Zeit 55,5 % der Welterdölproduktion.
1974–1978: Die Ölpreise werden – meist halbjährlich – um 5 bis 10 % angehoben, um den Wertverlust des US-$ auszugleichen.
1979: 2. Ölkrise nach der islamischen Revolution im Iran durch Preisanhebung von 15,5 auf 24 $/b, wobei Irak, Libyen und Algerien für ihr Öl sogar 30 $ verlangen.
1980: Höhepunkt der Hochpreispolitik mit 41 $/b aus Libyen, Algerien und Nigeria. Saudi-Arabien begnügt sich mit 32 $, die übrigen OPEC-MSt. verlangen 36 $.
1981: Absatzrückgang von OPEC-Öl wegen der Wirtschafsrezession in den Industriestaaten und vor allem aufgrund der seit der 1. Ölkrise in Angriff genommenen Entwicklung alternativer Energiequellen. Zudem Ausweichen auf nicht der OPEC angehörende Erdölproduzenten. – 1979–1983 verringert sich der Weltölverbrauch um 11 %; der OPEC-Anteil an der Welterdölproduktion sinkt auf 40 %.
1982: Beschluß über Produktionsdrosselungen, die jedoch von den volkreichen Staaten wie Nigeria und Algerien bzw. von kriegführenden Ländern wie Irak und Iran nicht eingehalten werden. Der OPEC-Anteil an der Welterdölproduktion sinkt auf 33 %, bis 1985 30 % bei OPEC-Förderungstiefstwert von 17,34 Mio. Barrel pro Tag [b/d].
1983: Rücknahme der Richtpreise von 34 $/b (seit Oktober 1981) auf 29 $/b (im März), **der Förderquote** von 18,5 auf 16 Mio. b/d. Zusammenbruch des seit 1980 brüchig gewordenen Ölpreiskartells.
1986: Beginn eines Preissturzes angesichts einer weltweiten Überproduktion und Versuchen einzelner OPEC-Staaten, ihren Anteil am Weltmarkt mit Preisnachlässen zu halten; der Ölpreis sinkt **auf weniger als 10 $/b**. – Die OPEC-Minister beschließen am 21. 10. eine Förderungsreduzierung auf 15 Mio. b/d, um den Preis wieder auf 18 $/b anheben zu können. – **Nach 2 Ölkrisen kommt jetzt die 1. OPEC-Krise**.
1988: Versuche, die Erdölpolitik mit Nicht-OPEC-Ländern wie Mexiko, Oman und Norwegen (der sogenannten **IPEC** (Independent Petroleum Exporting Countries)-Gruppe abzusprechen.
1989: Erhöhung der Förderquoten von 20,5 auf 22 Mio. b/d bei angestrebtem durchschnittlichem (Mindest-)Referenzpreis von 18 $/b. – Starke Förderquoten-Überschreitungen einzelner Mitglieder; durchschnittliche Rohölförderung Ende 1989: ca. 23 Mio. b/d.
1990: Die 87. Ölministertagung in Genf erhöht im Juli den Ende 1986 eingeführten Richtpreis von 18 $/b auf 21 $/b und die Förderquote von 22,1 auf 22,5 Mio. b/d. – Irak und Iran forderten Mindestpreise von 25 $/b. – Nach der **irakischen Invasion in Kuwait** am 2. 8. und den folgenden Sanktionsbeschlüssen der UN *(→ Sp. 183 ff.)* werden die **Förderbeschränkungen ausgesetzt.** – Die OPEC-Rohölförderung steigt 1990 um 5,1 % auf 1,18 Mrd. t (= 38 % der Weltproduktion).
1991 (Juni): Einigung auf eine **Förderquote von 22,3 Mio. b/d**, um einen Preisverfall (März: 19 $/b) aufgrund der Überproduktion nach dem Golfkrieg zu verhindern. – Irak und Kuwait verlieren durch UN-Embargo bzw. Kriegsschäden rd. 30 % ihrer Einnahmen.

Daneben:
PBDC/Pazifikbecken-Entwicklungsrat
(Pacific Basin Development Council)
*1980 als entwicklungspolitischer Zusammenschluß der US-amerikanischen Gebiete im Pazifik: Guam, Hawaii (US-Bundesstaat), Nordmarianen, US-Samoa; Sitz: Honolulu/Hawaii.

RGW RAT FÜR GEGENSEITIGE WIRTSCHAFTSHILFE

Gründung durch Kommuniqué vom 25. 1. 1949 in Moskau; aufgelöst am **27. 6. 1991** in Budapest.
Die folgenden Ausführungen behandeln den RGW bis zu den politischen Veränderungen in den Ländern Mittel- und Osteuropas 1989/90.

Ziele bis 1989: Wirtschaftl. Plankoordinierung; Spezialisierung und Kooperation bei der Produktion; Angleichung des wirtschaftl. Entwicklungsniveaus der MSt.; Wirtschaftsintegration.
Mitglieder bis 1989 (10; * = Gründungsmitglieder): *Bulgarien, *CSSR, DDR 1950, Kuba 1972, Mongolische VR 1962, *Polen, *Rumänien, *UdSSR, *Ungarn, Vietnam 1978. – *Albanien bis 1962; Jugoslawien seit 1964 assoziiert.
Hauptorgane bis 1990:
1. *Ratstagung* als oberstes Entscheidungsorgan (Grundsatzentscheidungen);
2. *Exekutivkomitee* aus den Stellvertretenden Regierungschefs: eigentliches Leitungs- und Vollzugsorgan für alle nachgeordneten Gremien;
3. *Komitees* (6) für Planung, wissenschaftlich-technologische Zusammenarbeit, Maschinenbau, Elektronik, Agroindustrie und Außenwirtschaftsbeziehungen;
4. *Ständige Kommissionen* (rund 20) mit Sitz in verschiedenen MSt.;
5. *Sekretariat* mit Generalsekretär (seit 1983 Wjatscheslaw W. Sytschew/UdSSR), 6 Stellvertreter.
Personal: Rund 650 Mitarbeiter (1989).

Entscheidungsfindung des RGW bis 1989:
Hauptorgane (außer Sekretariat) sprechen Empfehlungen aus, die von »souveränen« MSt. angenommen werden. Jeder Staat hat eine Stimme.
Sitz: Moskau (alle Hauptorgane und zahlreiche Kommissionen). – **Arbeitssprache:** Russisch.

Aktivitäten bis 1989 im wesentlichen:
1. Intrablockhandel: Mitglieder wickelten rd. 55 % ihres Außenhandels untereinander ab;
2. Produktionsspezialisierung und -kooperation;
3. Zusammenarbeit im Investitionsbereich.

SAARC
SÜDASIATISCHE REGIONALKOOPERATION
South Asian Association for Regional Cooperation

Gründung nach einer 1980 von Staatspräsident Ziaur Rahman/Bangladesch lancierten Idee am 2. 8. 1983 in Delhi/Indien durch die *Declaration on South Asian Regional Cooperation/SARC* der Außenminister 7 südasiatischer Staaten *(→ Mitglieder)*; formell durch die erste Gipfelkonferenz in Dhaka am 8. 12. 1985 *(→ unten)*.
Ziele: Kooperation auf wirtschaftlichem, technischem und kulturellem Gebiet; keine politischen Integrationsvorhaben – Aktions- und Kommunikationsprogramme anhand konkreter Einzelprojekte.
Mitglieder (7 zu den »Blockfreien« zählende Staaten): Bangladesch, Bhutan, Indien, Malediven, Nepal, Pakistan und Sri Lanka – mit zusammen ca. 1 Mrd. Einwohnern und $^1/_5$ der zu den Ärmsten der Armen gehörenden Weltbevölkerung.
Organe:
1. *Gipfelkonferenz* (jährlich): Entscheidungen nur einstimmig (Vetorecht);
2. *Rat* der (Außen-)Minister: tagt halbj. und formuliert Ziele;
3. *Ständiger Ausschuß* der Mitgliedstaaten: setzt Prioritäten bei der Projektauswahl, koordiniert Programme und legt Finanzierungsmodalitäten fest;
4. *Generalsekretär:* Krishna Kant Bhargava/Indien.
Sitz: Neu-Delhi/Indien; Sekretariat: Katmandu/Nepal.
Arbeitssprache: Englisch.
Finanzierung durch freiwillige Beiträge der MSt. sowie Zuschüsse von Drittländern bzw. Organisationen, z. B. der EG-Kommission.
Aktivitäten: Durch Ausklammern *politischer* Probleme aus dem Aktionsprogramm will SAARC sektorale Fortschritte auf den Gebieten Landwirtschaft (leitend: Bangladesch), Agrarentwicklung (Sri Lanka), des Transports (Malediven), der Kommunikation (Pakistan und Bhutan), Meteorologie (Indien), Gesundheit und Demographie (Nepal), bei Sport, Kultur und Kunst (Indien) sowie Wissenschaft und Technik (Pakistan) forcieren. Kurzfristig sollen ein Daten- und Informationsaustausch bisheriger nationaler Erfahrungen, die gegenseitige Ausbildung sowie Seminare, der Expertenaustausch und gemeinsame technische Studien erfolgen. Langfristig sollen erfolgreiche Programme durch eine eigene Infrastruktur institutionalisiert werden.
Gipfelkonferenzen:
1. in Dhaka/Bangladesch 1985: SAARC-Charta: regionale Zusammenarbeit unter Beibehaltung der polit. und wirtschaftl. Systeme sowie der kultur. Traditionen; »Erklärung von Dhaka« an die Kernwaffenstaaten fordert Einstellung der Erprobung und Herstellung von Kernwaffen (betrifft auch die SAARC-MSt. selbst!).
2. in Bangalore/Indien 1986: *Ausschuß zur Bekämpfung der Rauschgiftkriminalität.
3. in Katmandu/Nepal 1987: Nahrungsmittelreserve von 219 000 t Getreide für Notfälle und *Expertengruppe für Umweltprobleme/Katastrophenschutz.
4. in Islamabad/Pakistan 1988: Abkommen gegen Angriffe auf Atomanlagen der Mitglieder, für Zusammenarbeit bei Drogen- und Terrorismusbekämpfung.
5. in Male/Malediven 1990: Verstärkung wirtschaftlicher Zusammenarbeit in Bio- und Umwelttechnologie sowie Abbau politischer Spannungen in der Region; Reiseerleichterungen für ausgewählte Personengruppen; Drogenbekämpfung; gemeinsame Förderung des Tourismus; Regionalinstitute für gemeinsame Wirtschaftsprojekte.

Bewertung: Mangel an konkreten politischen Initiativen; diplomatische Querelen zwischen den MSt. – z. B. den Kriegsgegnern Indien/Pakistan. Andererseits unverbindlicher/»unsensibler« Rahmen für Gespräche und Kontakte zur Klärung von Unstimmigkeiten auf politischem Gebiet, in einigen Bereichen mit Erfolgsaussicht. Künftige Zusammenarbeit hängt weitgehend von den Beziehungen zwischen Indien und Pakistan ab.

SPC SÜDPAZIFIK-KOMMISSION
South Pacific Commission

Gründung am 6. 2. 1947 in Canberra/AUS durch Australien, Frankreich, Großbritannien, Neuseeland, Niederlande und die USA; in Kraft 29. 7. 1948.
Ziele: Wirtschaftlicher und sozialer Fortschritt sowie Hebung des Lebensstandards in den von den Gründungsmitgliedern verwalteten Territorien im Pazifikraum.
Entwicklung: Niederlande traten 1962 mit Verlust von West-Neuguinea/West-Irian aus. Seit 1974 tagt die Kommission jährlich gemeinsam mit der **Südpazifik-Konferenz** (der ursprünglich nur die abhängigen Territorien angehörten) **und behielt deren Namen bei.**
Mitglieder: 27 Staaten und Überseegebiete: Australien, Cook-Inseln (zu NZ), Fidschi, Frankreich, Großbritannien, Guam (USA), Kiribati, Marshallinseln, Mikronesien, Nauru, Neukaledonien (zu F/T. O. M.), Neuseeland, Niue (zu NZ), Nördl. Marianen (zu USA), Palau, Papua-Neuguinea, Pitcairn (zu GB), (Französisch-)Polynesien (zu F/T. O. M.), Salomonen, (US-)Samoa, Tokelau-Inseln (zu NZ), Tonga, Tuvalu, USA, Vanuatu, Wallis und Futuna (zu F/T. O. M.), Westsamoa.
Organe:
1. *Südpazifik-Konferenz* (jährl.): legt Arbeitsprogramm und Etat fest;
2. *Ausschuß der Vertreter der Regierungen und Verwaltungen* (* 1983), aus gleichberecht. Vertretern aller Mitglieder: tagt jährl. vor Südpazifik-Konferenz, prüft Durchführung der Programme;
3. *Sekretariat*: überwacht und steuert die Aktivitäten des Ausschusses; Generalsekr.: Atanraoi Baiteke/Kiribati.
Sitz: Numea/Neukaledonien.
Arbeitssprachen: Engl., Französ. – **Personal:** 160.
Finanzierung durch die Mitglieder proportional nach Pro-Kopf-Einkommen: Australien 33,4 %, USA 16,8 %, Neuseeland 16,1 %, Frankreich 13,9 %, Großbritannien 12,2 %, übrige zusammen 7,7 %.
Aktivitäten: Forschungs- und Entwicklungsprojekte, u. a. Bekämpfung von Tierseuchen und Pflanzenschädlingen; Ausbildungskurse in Fischereiwesen, Gesundheitsfürsorge, Ernährungswesen, Bildungs- und Erziehungsarbeit, Geburtenregelung etc.
Kooperation u. a. mit EG-Kommission *(→ EG)*, → ESCAP, IOC/Zwischenstaatliches Ozeanographisches Institut *(→ UN/UNESCO)*, → SPF sowie mit FAO, UNEP, UNESCO und WHO *(→ UN)*.

SPF SÜDPAZIFIK-FORUM
South Pacific Forum

Gründung am 5. 8. 1971 als politische Plattform und Untergruppe der → *SPC* in Wellington/Neuseeland; keine geschriebene Verfassung.
Ziele: Intensivierung des Regionalhandels; Erfahrungsaustausch auf wirtschaftl., technolog. und kultur. Gebiet; kernwaffenfreie Zone Südpazifik.
Mitglieder (15): Australien, Cook-Inseln (zu NZ), Fidschi, Kiribati, Marshallinseln, Mikronesien, Nauru, Neuseeland, Niue (zu NZ), Papua-Neuguinea, Salomonen, Tonga, Tuvalu, Vanuatu, Westsamoa.
Organe:
1. *Gipfelkonferenz* (jährl.); Hauptorgan ist das
2. *Forum-Sekretariat* * 1973 als **SPEC**/*South Pacific Bureau for Economic Co-operation* als Exekutivorgan. – SPEC fungiert seit 1975 als offizielles SPF-Sekretariat, seit 1981 auch als Sekretariat der pazifischen AKP-Staaten *(→ EG/Lomé)*. Umbenennung von SPEC in »Forum Secretariat« durch 19. SPF-Tagung 1988.
Sitz: Forum-Sekretariat in Suva/Fidschi.
Arbeitssprache: Englisch.

Aktivitäten: Förderung von Handel, Industrie, Tourismus, Verkehrswesen und Erziehung; 200-Seemeilen-Wirtschaftszonen 1977; *South Pacific Regional Trade and Cooperation Agreement*/**Sparteca** 1981 für zollfreien und nichtreziproken Exportzugang zu den beiden größten regionalen Märkten Australien und Neuseeland bei zahlreichen Produkten der MSt.; Appelle an Frankreich zur Entnuklearisierung Neu-Kaledoniens; wiederholte Proteste gegen französische Nuklearversuche im Mururoa-Atoll. – Auf der 16. SPF wurde am 11. 8. 1986 der *Vertrag über eine kernwaffenfreie Zone Südpazifik*/**SPNFZ** (1985 als »Vertrag von Rarotonga« durch vorerst 8 Mitglieder vereinbart) von allen MSt. gebilligt; er trat noch 1986 in Kraft und untersagt Entwicklung, Herstellung und Erwerb von Atomwaffen, Durchführung von Atomwaffentests sowie Stationierung von Kernwaffen in Vertragsstaaten, erlaubt aber freie Durchfahrt für australische nukleargetriebene und/oder mit Kernwaffen bestückte Kriegsschiffe durch Gewässer der Region.

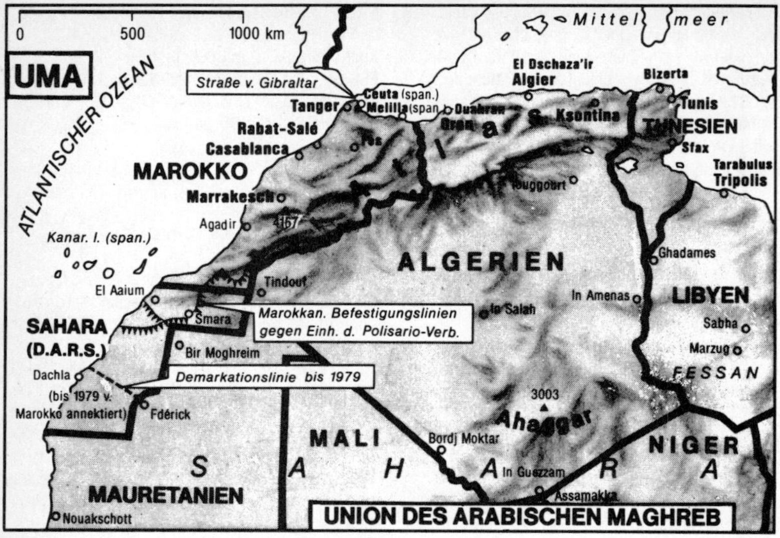

Von den Kernwaffenstaaten unterzeichneten den Vertrag bisher nur die UdSSR (1986) und die VR China (1987). – *Konvention zum Schutz der Umwelt und zur Entwicklung der Bodenschätze* der Region 1986. – Die Gipfelkonferenz auf Tarawa/Kiribati 1989 beriet Umweltfragen wie Bedrohung der Inselstaaten Kiribati, Tonga und Tuvalu durch Anstieg des Meeresspiegels infolge Treibhauseffekts und Schädigung der Fischbestände durch Schleppnetzfangflotten insbes. Japans, Taiwans und Koreas.

Assoziierte Organisationen:

ASPA/*Vereinigung der südpazifischen Fluggesellschaften:* * 1979; Mitglieder: 18 regionale Fluggesellschaften, Sitz: Nadi/Fidschi.
FFA/*SPF-Fischereiagentur:* * 1978; Sitz: Honiara/Salomonen. Schloß 1987 5-Jahres-Abkommen mit USA über Fischereirechte für 60 Mio. $.
PFL/*Pazifik-Forum-Linie:* Seefrachtdienst, * 1977 als Joint-venture von 10 Staaten, Sitz: Apia/Westsamoa.
SPREP/*Umweltprogramm:* * 1980, Koordinator in Nouméa/Neukaledonien.
SPTC/*Südpazifik-Handelskommission:* * 1979 zur Entwicklung von Exportmärkten in Australien; Sitz: Sydney/Australien.
SPTDP/*Telekommunikations-Entwicklungsprogramm:* * 1983, Sitz: Canberra.

Subregionale Organisation:
PANMELANESISCHE POLITISCHE UNION
(Melanesian Spearhead Group):
* 14. 3. 1988 in Port Vila/Vanuatu durch Abkommen von Papua-Neuguinea, Salomonen und Vanuatu als »Melanesische Speerspitzengruppe« im SPF. Ziele: Subregionaler melanesischer Ethno-Nationalismus, bei zunehmender Führungsrolle Papua-Neuguineas.

UMA UNION DES ARABISCHEN MAGHREB
Union du Maghreb Arabe

Gründung am 17. 2. 1989 in Marrakesch/Marokko durch die Staatschefs von Marokko (König Hassan II.), Algerien (Chadli Ben Jedid), Libyen (Oberst Muammar al-Gaddhafi), Mauretanien (Oberst Maaouiya Ould Sid' Ahmed Taya) und Tunesien (Zine el-Abidine Ben Ali). – Größere Union unter Einschluß anderer arabisch-afrikanischer Staaten angestrebt.

Ziele:

1. *International:* Eintracht der Mitglieder und enge diplomatische Zusammenarbeit;
2. *Verteidigung:* Sicherung der Unabhängigkeit der Mitglieder;
3. *Wirtschaft:* Industrielle, landwirtschaftl. und soziale Entwicklung der MSt. u. a. durch gemeinsame Unternehmen und Projekte, Freizügigkeit von Personen, Gütern, Dienstleistungen und Kapital;

Einheitsbestrebungen im Maghreb

1964: Algerien, Libyen, Marokko und Tunesien gründen in Tunis das **Ständige Maghreb-Konsultativkomitee/CPCM** zur Zusammenarbeit in der Wirtschaftspolitik (Ziel: Zollunion).
1967 einigen sich die CPCM-Wirtschaftsminister über einen **Gemeinsamen Nordafrikanischen Markt** (Handelsliberalisierung, gemeinsame Außenhandelspolitik); Libyen scheidet auf ägyptischen Wunsch 1970 aus, Mauretanien wird 1975 Vollmitglied. – Keine Übereinstimmung in politischen Fragen (z. B. im Nahost-Konflikt), jedoch (wenn auch schwaches) Zusammengehörigkeitsgefühl, das den Maghrebstaaten die Bereinigung bilateraler Streitigkeiten ermöglichte:
1983 Vertrag über Brüderlichkeit und Einheit (ergänzt durch ein Grenzabkommen) zwischen Algerien, Tunesien und Mauretanien;
1984 Arabisch-Afrikanische Föderation Marokko – Libyen (1986 gescheitert);
1987: Versöhnung und Wiederaufnahme diplomatischer Beziehungen Marokko – Algerien (bei Ausklammerung des Westsahara-Problems); Wiederaufnahme der Beziehungen Tunesien – Libyen sowie Abkommen Algerien – Libyen über Zusammenarbeit bei Tourismus, Sozialversicherung, Arbeit und Kultur;
1988: Wiederaufnahme diplomatischer Beziehungen Algerien – Marokko (und Erleichterung des Grenzverkehrs) im Mai. Der **1. Gipfel der 5 Maghrebstaaten** Algerien, Libyen, Marokko, Mauretanien und Tunesien in Algier im Juni schafft Kommission zur Erarbeitung von »Möglichkeiten der Realisierung einer großmaghrebinischen Einheit« vor dem Hintergrund des für 1993 geplanten EG-Binnenmarktes. 10/1988 konstituierte sich die »Union der Maghreb-Wirtschaftskammern« der 5 Staaten.

4. *Kultur:* Gemeinsame Entwicklung des Bildungswesens, Erhaltung der geistigen und moralischen Werte des Islam und Sicherung der arabischen Identität (u. a. durch Professoren- und Studentenaustausch, gemeinsame Universitäts- und Kulturinstitute).

Organe:
1. *Rat* der Staatsoberhäupter der MSt., mit alleiniger Entscheidungsbefugnis (halbj.);
2. *Außenministerrat;*
3. *Ministerielle Sonderkommissionen (4)* für Nahrungsmittelsicherung, Wirtschaft und Finanzen, Infrastruktur, Arbeitskräfte;
4. *Generalsekretariat* (aus je 1 Vertreter der MSt.; Sitz noch unbestimmt);
5. *Konsultativversammlung:* je Staat 20 Parlamentarier; unterbreitet dem Rat Empfehlungen und soll später die Funktion eines Maghreb-Parlaments übernehmen;
6. *Schiedsgericht:* je Staat 2 Richter.

Entwicklung:
2. Gipfelkonferenz in Tunis 1/1990: Beschlüsse über umfassendere Zuständigkeit der UMA (Ziel: Staatenbund) sowie Bau einer 6000-km-Eisenbahnlinie von Casablanca/Marokko nach Kairo/Ägypten (Kostenschätzung: 17 Mrd. $) als Voraussetzung für gemeinsamen Maghreb-Wirtschaftsraum.
3. Gipfelkonferenz in Algier 7/1990: Rahmenabkommen über Investitionsförderung, Vermeidung von Doppelbesteuerung, Regelung des Personen- und Güterverkehrs, Pflanzenschutz und Handel mit Agrarprodukten. Vertragsentwürfe über eine gemeinsame Fluggesellschaft, Maghrebinische Universität und gemeinsame Forschungsinstitute sowie den Bau der innermaghrebinischen Schnellbahnverbindung. Vom algerischen Präsidenten vorgeschlagene »Globale Wirtschaftscharta« zur Vorbereitung eines gemeinsamen maghrebinischen Marktes vor dem Jahr 2000 bleibt zunächst vage.
4. Gipfelkonferenz in Ras Lanouf 3/1991 wird überschattet vom Golfkrieg und der Niederlage Iraks. Forderung nach Einstellung des Embargos gegen Irak und Wahrung der territorialen Integrität Kuwaits und Iraks. Unterzeichnung von 11 Abkommen, u. a. über *Maghreb-Bank für Investitionen und Außenhandel, Einführung einheitlicher Sozialversicherung sowie über Post-/Fernmeldewesen und Rechtsfragen.

Bewertung: Tiefgreifende politische Differenzen (Hegemonieansprüche Marokkos und Algeriens; Westsahara-Konflikt), unterschiedliche Gesetzgebungen, schwerfällige Bürokratien, geringer Warenaustausch untereinander (3 % der Gesamtexporte) und fehlende Finanzmittel verhinderten weitgehend eine Realisierung bisheriger Beschlüsse und zügige Fortschritte zur wirtschaftlichen und politischen Integration.

UN VEREINTE NATIONEN
United Nations

Gründung: Unterzeichnung der »Charta der Vereinten Nationen« am 26. 6. 1945 in San Francisco/USA zum Abschluß der Gründungskonferenz von 50 Staaten (»Konferenz der Vereinten Nationen über die Internationale Organisation«). Polen, das auf der Konferenz nicht vertreten war, jedoch die »Erklärung der Vereinten Nationen« (der Alliierten des II. Weltkriegs) vom 1. 1. 1942 unterzeichnet hatte, gilt ebenfalls als »ursprüngliches Mitglied« und ist eines der somit 51 Gründungsmitglieder. Die Charta trat nach Ratifizierung durch China, Frankreich, Großbritannien, Sowjetunion und USA sowie die Mehrheit der anderen Signatarstaaten am 24. 10. 1945 in Kraft. Der 24. Oktober wird seither als (Gründungs-) »Tag der Vereinten Nationen« gefeiert.
Mitglieder der UN: Aufnahme aller »friedliebenden« Staaten nach Empfehlung des Sicherheitsrats und Beschluß der Generalversammlung. Ablehnung eines Aufnahmeantrags durch Veto eines Ständigen Mitglieds des Sicherheitsrats möglich.
Derzeit 166 MSt., praktisch alle Staaten der Welt mit Ausnahme von Andorra (Co-Fürstentum), Kiribati, Monaco, Nauru, Palau, San Marino, Schweiz, Taiwan (Nationalchina), Tonga, Tuvalu und Vatikanstadt. Über $^2/_3$ sind Länder der Dritten Welt.
Ziele: Die MSt. schlichten zwischenstaatliche Streitigkeiten auf friedlichem Wege, so daß der Weltfriede sowie die internationale Sicherheit und Gerechtigkeit nicht gefährdet werden. *Hauptziele:* Freundschaftliche Beziehungen zwischen den Nationen auf Grundlage der Gleichberechtigung und Selbstbestimmung der Völker; Zusammenarbeit bei der Lösung von internationalen Problemen wirtschaftlicher, sozialer, humanitärer und kultureller Art.
Symbol: Globushälfte von Olivenzweigen umrahmt auf hellblauem Grund.
Sitz der Organisation: New York seit 1946, weltweit Büros von UN-Einrichtungen.
Amts- und Arbeitssprachen: Arabisch, Chinesisch, Englisch, Französisch, Russisch, Spanisch in der Generalversammlung und ihren Hauptausschüssen.
Budget: Ordentl. Zweijahreshaushalt 1990/91: 1,974 (davon Beiträge der MSt. 1,607) Mrd. US-$. Größte Beitragszahler: USA 25 %, UdSSR einschl. Bjelorußland und Ukraine 11,57 %, Japan 11,38 % und Deutschland 9,36 %; die Hälfte der MSt. zahlt einen Mindestbeitrag von 0,01 %. Große Zahlungsrückstände.
Personal: Die UN beschäftigen (ohne Sonderorganisationen) rund 29000 Personen, davon rund 11000 in New York. Große Personalanteile in den europäischen UN-Zentren Genf (United Nations Office in Geneva/UNOG) und Wien (Vienna International Center/VIC, * 1979; ca. 4000 Mitarbeiter).

I. Hauptorgane der UN (6)

1. UNGA/Generalversammlung:
Zentrales politisches Beratungsorgan. Jeder MSt. hat eine Stimme. Die UNGA prüft und genehmigt den Haushaltsplan der Organisation, setzt Beitragsquoten fest, bestimmt Mitglieder verschiedener Organe, ernennt auf Empfehlung des Sicherheitsrats den Generalsekretär und äußert sich in Form von Entschließungen zu praktisch allen Themen. Sie tritt zu ihren Ordentl. Tagungen jährlich am 3. Dienstag im September zusammen und hat 7 Hauptausschüsse sowie über 60 Nebenorgane.

2. UNSC/Sicherheitsrat:
Bedeutendstes Organ; betraut mit der »Hauptverantwortung für die Wahrung des Weltfriedens und der internationalen Sicherheit«, kann für alle UN-Mitglieder verbindliche Beschlüsse treffen. Zwangsmaßnahmen (»Sanktionen«) wirtschaftlicher Art wurden bisher ab 1966 gegen das einstige Südrhodesien (heute Simbabwe), 1977 gegen Südafrika wegen dessen Apartheidpolitik (Waffenembargo) und 1990 gegen Irak (Handelsembargo) getroffen. Der Sicherheitsrat hat 15 Mitglieder:
5 Ständige Mitgl.: VR China, Frankreich, Großbritannien, UdSSR und USA sowie 10 für 2 J. von der UNGA mit $^2/_3$-Mehrheit gewählte
Nichtständige Mitgl.: 5 aus Afrika und Asien, je 2 aus Lateinamerika und der Gruppe der »westeuropäischen Staaten«, ein osteuropäisches Land; bis Ende 1991: Côte d'Ivoire, Jemen, Kuba, Rumänien und Zaire; bis Ende 1992: Belgien, Ecuador, Indien, Österreich und Simbabwe.
Für Beschlüsse ist eine Mehrheit von 9 Stimmen erforderlich; jedes der 5 Ständigen Mitgl. kann einen ihm nicht genehmen Ratsbeschluß, sofern es sich nicht um reine Verfahrensfragen handelt, verhindern (»Vetorecht«; = de facto Schwächung des UNSC). Vorsitz wechselt monatlich nach dem englischen Alphabet.

3. ECOSOC/Wirtschafts- und Sozialrat:
54 von der UNGA gewählte Mitglieder, jährliche Wahl von 18 Mitgl. für je 3 Jahre. Der ECOSOC tagt halbjährl. und ist zentrales Organ für wirtschaftliche, soziale, kulturelle, erzieherische, gesundheitliche und verwandte Gebiete; er kann alle Themen seiner Arbeitsgebiete aus den UN-Organen und Unterorganisationen koordinieren und setzt zu bestimmten Fragen Nebenorgane ein: z. B. Bevölkerungskommission, Statistische Kommission und Menschenrechtskommission *(→ unten HCR);* zahlreiche INGOs haben Beobachterstatus. – Die 5 **Regionalkommissionen** des ECOSOC sind:

Die 166 UN-Mitglieder (Stand: 19. 9. 1991) mit Beitrittsjahr

Die **10 größten Beitragszahler** stellen 76,15 % des Budgets und sind **halbfett** gedruckt

Afghanistan	1946
Ägypten	1945
Albanien	1955
Algerien	1962
Angola	1976
Antigua u. Barbuda	1981
Äquatorial-Guinea	1968
Argentinien	1945
Äthiopien	1945
Australien	1945
Bahamas	1973
Bahrain	1971
Bangladesch	1974
Barbados	1966
Belgien	1945
Belize	1981
Benin	1960
Bhutan	1971
Bjelorußland[1]	1945
Bolivien	1945
Botswana	1966
Brunei-Darussalam	1984
Brasilien	1945
Bulgarien	1955
Burkina Faso	1960
Burundi	1962
Chile	1945
China (Volksrep.)	1945
Costa Rica	1945
Côte d'Ivoire	1960
Dänemark	1945
Deutschland	1973
Dominica	1978
Dominikan. Rep.	1945
Dschibuti	1977
Ecuador	1945
El Salvador	1945
Estland	1991
Fidschi	1970
Finnland	1955
Frankreich	1945
Gabun	1960
Gambia	1965
Ghana	1957
Grenada	1974
Griechenland	1945
Großbritannien/UK	1945
Guatemala	1945
Guinea	1958
Guinea-Bissau	1974
Guyana	1966
Haïti	1945
Honduras	1945
Indien	1945
Indonesien	1950
Irak	1945
Iran	1945
Irland	1955
Island	1945
Israel	1949
Italien	1955
Jamaika	1962
Japan	1956
Jemen	1947
Jordanien	1955
Jugoslawien	1945
Kamerun	1960
Kamputschea	1955
Kanada	1945
Kapverden	1975
Katar	1971
Kenia	1963
Kolumbien	1945
Komoren	1975
Kongo	1960
Korea, DVR	1991
Korea, Republik	1991
Kuba	1945
Kuwait	1963
Laos	1955
Lesotho	1966
Lettland	1991
Libanon	1945
Liberia	1945
Libyen	1955
Liechtenstein	1990
Litauen	1991
Luxemburg	1945
Madagaskar	1960
Malawi	1964
Malaysia	1957
Malediven	1965
Mali	1960
Malta	1964
Marokko	1956
Marschallinseln	1991
Mauretanien	1961
Mauritius	1968
Mexiko	1945
Mikronesien, Föd. Staaten von	1991
Mongolei, VR	1961
Mosambik	1975
Myanmar (Birma)	1948
Namibia	1990
Nepal	1955
Neuseeland	1945
Nicaragua	1945
Niederlande	1945
Niger	1960
Nigeria	1960
Norwegen	1945
Oman	1971
Österreich	1955
Pakistan	1947
Panama	1945
Papua-Neuguinea	1975
Paraguay	1945
Peru	1945
Philippinen	1945
Polen	1945
Portugal	1955
Ruanda	1962
Rumänien	1955
St. Christ. u. Nevis	1983
St. Vinc. u. Grenad.	1980
Salomonen	1978
Sambia	1964
Santa Lucia	1979
Sao Tomé u. Principe	1975
Saudi-Arabien	1945
Schweden	1946
Senegal	1960
Seschellen	1976
Sierra Leone	1961
Simbabwe	1980
Singapur	1965
Somalia	1960
Sowjetunion/UdSSR	1945
Spanien	1955
Sri Lanka	1955
Südafrika (RSA)	1945
Sudan	1956
Suriname	1975
Swasiland	1968
Syrien	1945
Tansania	1961
Thailand	1946
Togo	1960
Trinidad u. Tobago	1962
Tschad	1960
Tschechoslowakei	1945
Tunesien	1956
Türkei	1945
Uganda	1962
Ukraine	1945
Ungarn	1955
Uruguay	1945
Vanuatu	1981
Venezuela	1945
Ver. Arab. Emirate	1971
Vereinigte Staaten von Amerika/USA	1945
Vietnam	1977
Westsamoa	1976
Zaire	1960
Zentralafrikan. Rep.	1960
Zypern	1960

CEPALC/*Comisión Económica para América Latina y el Caribe;* engl. ECLAC: *1948, Santiago/Chile, 33 lateinamerikan. Mitgl. sowie Frankreich, Großbritannien, Kanada, Niederlande, Portugal, Spanien, USA. Zusammenarbeit mit den Regierungen bei entwicklungspolitischen Problemen; Beratung bei Entwicklungsplanung; Ausbildung von Planungsstäben für die nationalen Verwaltungen.

ECA/*Economic Commission for Africa:* *1958, Addis Abeba/Äthiopien, 51 afrikan. MSt.; hilft bei Errichtung von Institutionen (auch Personalausbildung); berät nationale Entwicklungsprogramme, u. a. über **IDEP**/*Institute for Economic Development and Planning* (*1963, Sitz: Dakar/Senegal) und Datenbankverbund **PADIS**/*Pan African Development Information System for Social and Economic Development* (* 1980).

ECE/*Economic Commission for Europe:* *1947, Genf/Schweiz, 33 Mitgl. (die europ. UN-MSt. einschl. UdSSR, Türkei und Zypern; USA, Kanada, Japan, Israel und die Schweiz), tagt jährl. Die ECE förderte nach 1945 den wirtschaftl. Wiederaufbau Europas; heute Koordinationsfunktionen auf den Gebieten Handel, Energie, Transport, Technologie und Umwelt.

ESCAP (Asien/Pazifik) → Sonderbeitrag *ESCAP*.
ESCWA (Westasien) → Sonderbeitrag *ESCWA*.

4. UNTC/Treuhandrat:
Nachfolger des Mandatsausschusses des Völkerbundes; 5 ständige Mitgl.: Frankreich, Großbritannien, UdSSR, USA und die VR China als Aufsichtsorgan für die den UN unterstellten Treuhandgebiete: heute ledigl. noch Palau.

5. ICJ/Internationaler Gerichtshof:
Hauptrechtsprechungsorgan der UN; 15 von UNGA und UNSC für 9 J. gewählte Richter (Spezialfach: Völkerrecht) aus verschiedenen Staaten, Wiederwahl möglich. Als einziges Hauptorgan der UN hat der ICJ seinen Sitz nicht in New York, sondern in Den Haag/NL.

6. UNSG/Sekretariat:
Mit Ausführungsaufgaben betrautes Hauptorgan unter Leitung des Generalsekretärs, bis Ende 1991: Javier Pérez de Cuéllar/Peru, mehrere Untergeneralsekretäre und Beigeordnete Generalsekretäre mit fachlicher Zuständigkeit, jedoch keine Stellvertreter des Generalsekretärs.

II. Unterorganisationen der UN

UNCTAD
Welthandels- und Entwicklungskonferenz:
*1964, Genf, 168 MSt. (mehr als die UN selbst); Organe: Konferenz aller MSt. und Handels- und Entwicklungsrat/**TDB** aus z. Zt. 131 MSt.; Generalsekretär: Kenneth Dadzie/Ghana; Reihe institutionalisierter Unterkonferenzen und Fonds (u. a. für Getreide, Hochseeschiffahrt), z. B. *Gemeins. Rohstoffonds*/**CFC** (6/1989 in Kraft, 103 Mitgl., Fondsausstattung aus 2 Konten: 470 Mio. US-$ aus Beitragszahlungen für Ausgleichslager im Rahmen des internat. Rohstoffabkommens und 280 Mio. aus freiw. Zahlungen zur Verbesserung d. Marktstruktur u. a. von Jute, Kokosnuß, Fleisch, trop. Hölzern, Bananen, Tee). Schlüsselrolle der UNCTAD im Nord-Süd-Dialog, Förderung des internat. Handels, insbes. mit den Entwicklungsländern, Haupt-UN-Forum der Dritten Welt, um deren wirtschaftl. Vorstellungen durchzusetzen (Gegenpol zum GATT und zum IMF). Weltkonferenzen alle 4 J. (VIII. UNCTAD 1991).

UNDP/*Entwicklungsprogramm:*
*1965, New York. Wichtigste Unterorganisation und zentrale Finanzierungs- und Koordinierungsagentur des UN-Systems in der technischen Zusammenarbeit; tätig in allen Entwicklungsländern, Repräsentanzen in 112 Staaten zur Steuerung der technischen Zusammenarbeit des UN-Systems. Im UNDP-Rahmen waren bisher 185000 Experten aus 164 Staaten tätig, es wurden 136000 Stipendien gewährt und Projektausrüstung im Wert von 1,2 Mrd. US-$ gestellt; die Entwicklungsinvestitionen beliefen sich auf rund 90 Mrd. US-$. Das UNDP wird von allen UN-Mitgliedern sowie Staaten mit Beobachterstatus (z. B. Schweiz) getragen, bis 1990 leisteten 166 Staaten Beiträge. *Administrator:* William H. Draper/USA. Personal: 770 höherer Dienst, 9000 Experten (in rund 7000 Projekten), 330 Verwaltungsdienst. Finanzierung durch freiwillige Beiträge (über 90 % durch westliche Industriestaaten); Gesamtbeiträge bis 1989: 10,7 Mrd. US-$, 1989: 890 Mio. US-$.

UNEP/*Umweltprogramm:*
*1972, Nairobi/Kenia, 136 MSt.; Verwaltungsrat aus 58 Mitgl., Sekretariat mit Exekutivdirektor: Mustafa Kamal Tolba/Ägypten. UNEP koordiniert die umweltrelevanten Aktivitäten der UN-Unter- und Sonderorganisationen (v. a. FAO, UNDP, UNESCO, WHO), ist jedoch kaum mit eigenen Programmen aktiv. Unter UNEP-Ägide: Montrealer Vertrag zum Schutz der Ozonschicht von 1987 (in Kraft 1989). Vordringlich: Kampf gegen Treibhauseffekt.

UNFPA/*Bevölkerungsfonds des → UNDP:*
*1967, seit 1979 voller Status eines Spezialorgans der UN-Generalversammlung bei Beibehaltung enger Arbeitsbeziehungen mit dem UNDP. UNFPA ist im Bereich Bevölkerungsstatistik und Familienplanung in z. Zt. 80 Staaten tätig, in 20 mit umfassenden Länderprogrammen (priority countries). UNFPA

klärt seit 1974 federführend über Bevölkerungswachstumstendenzen auf. Finanzierung durch jährliche freiwillige Zahlungen: 1988 leisteten 98 Staaten insgesamt 167 Mio. US-$ (BR Deutschland: 23 Mio. US-$); Ausgaben 1989: 217 Mio. US-$. Seit 1985 sind die USA aus dem Kreis der freiwilligen Geberländer ausgeschieden, Japan und Deutschland gehören damit heute zu den Hauptfinanziers.

UNHCR/*Hoher Flüchtlingskommissar:*
* 1951. UNHCR hilft in erster Linie rassisch, religiös oder politisch Verfolgten und Vertriebenen (u. a. Repatriierungsprogramme und Rechtsschutz). Größte Empfänger 1989: Pakistan 46,3 Mio. US-$, Äthiopien 42,9, Sudan 37,6, Somalia 34,5, Malawi 22,9, Thailand 21,4, Iran 19,7, Honduras 12,7. Organe: Exekutivausschuß des Programms des UNHCR aus Vertretern von 43 Staaten, setzt Programmziele fest, genehmigt Einzelprojekte; Hochkommissar: Frau Sadako Ogata/J (seit 1991). Personal: ca. 2000, überwiegend in den Außenbüros (in über 80 Staaten, seit 10/1989 auch in Ungarn), deutsches Büro in Bonn-Bad Godesberg.

UNICEF/*Weltkinderhilfswerk:*
* 1946, New York/Genf; Exekutivdirektor: James P. Grant/USA, 9 Regionalbüros, Versorgungszentrum/UNIPAC in Kopenhagen, insg. 3700 Mitarbeiter; Programm-Mittel für 1988/89: 244 Mio. US-$. UNICEF arbeitet in 113 Entwicklungsländern, hilft v. a. Kindern und Jugendlichen (auch z. B. »Mutter-Kind-Programme«) in Entwicklungsländern. 1989 wurden Förderungsprogramme in 126 Staaten Asiens (167 Mio. US-$), Afrikas südlich der Sahara (146 Mio.), des Mittleren Ostens und Nordafrikas (38 Mio.) und Lateinamerikas (37 Mio.) durchgeführt und 12 Mio. US-$ für überregionale Programme eingesetzt.

UNITAR/*Institut für Ausbildung und Forschung:*
* 1965, New York, für Aus- und Fortbildungsprogramme insbes. für Diplomaten aus Entwicklungsländern; Studien u. a. über »neue Weltwirtschaftsordnung«, multilaterale Zusammenarbeit, Weiterentwicklung des Völkerrechts sowie die Funktionstüchtigkeit verschiedener UN-Institutionen.

INSTRAW/*Internationales Forschungs- und Ausbildungsinstitut zur Förderung der Frau:*
* 1979, seit 1983 Sitz in Santo Domingo/Dominikanische Republik; Zentren in 21 Ländern.

UNCHS/HABITAT
Zentrum für Wohn- und Siedlungswesen:
* 1978, Nairobi/Kenia; das Aufsichtsgremium des Zentrums, die Kommission für menschliche Siedlungen, umfaßt 58 MSt.

UNRWA/*Hilfswerk f. Palästina-Flüchtlinge:*
* 1949, Wien, Beratender Ausschuß aus 10 MSt.; Generalkommissar: Giorgio Giacomelli/Italien, Budget 1990 ca. 230 Mio. US-$ zuzügl. 6,4 Mio. für Libanon und 14,3 Mio. für dringl. Maßnahmen in den von Israel besetzten Gebieten; Personal: rd. 140 UN-Beamte und 17400 Ortskräfte (übw. Palästinenser). UNRWA unterstützt heute fast 2,5 Mio. heimatlos gewordene Palästinenser, davon 900000 in den von Israel besetzten Gebieten.

UNU/*Universität der Vereinten Nationen:*
* 1973 (Arbeitsbeginn 1975) zur aktionsorientierten Forschung über Weltprobleme und als Weiterbildungseinrichtung für Jungakademiker; dezentralisiert, Verw.-Sitz: Tokio; Rektor: Heitor Gurgulino de Souza. – Der UNU assoziiert: rd. 40 Institutionen in 32 Ländern; eigene Ausbildungs- u. Forschungszentren, u. a. **WIDER**/Weltinstitut für Entwicklung der Wirtschaftsforschung in Helsinki (* 1984), und **INRA**/Institut für Naturressourcen in Afrika (* 1986).

UNV/*Entwicklungshelferprogr. des → UNDP:*
* 1971, Genf; organisiert freiwillige Hilfskräfte (oft aus der Dritten Welt selbst) für den Einsatz in Entwicklungsländern.

UPU/*Weltpostverein:*
* 1874, 1948 Sonderorganisation, 170 MSt.; Sitz: Bern/CH, Organe: Weltpostkongreß (alle 5 J.), Vollzugsrat für 40 Mitgliedszonen, Konsultativrat für Poststudien (35 Mitgl.) Internat. Büro. – Die UPU vervollkommnet die internat. Postdienste einschl. deren technische Hilfen (ohne Fernmeldebereich).

WFC/*Welternährungsrat:*
* 1974, 36 Mitgl. im turnusmäß. Wechsel, auf Vorschlag des → ECOSOC für 3 J. (9 Afrika, 8 Asien, 7 Lateinam., 4 RGW-St., 8 OECD-St.); Exekutivdirektor: Gerald I. Trant/Kanada; kleiner Mitarbeiterstab (30 Pers.) bei der FAO angesiedelt. – Der WFC gibt Empfehlungen zur Hungerbekämpfung an UN und FAO.

WFP/*Welternährungsprogramm der UN/FAO:*
* 1961, Arbeitsaufnahme 1963; Ausschuß für Nahrungsmittelhilfepolitiken und -programme/**CFA** als Aufsichtsorgan (mit 30 MSt.); Exekutivdirektor: J. Ch. Ingram/Australien (bis 1991); 330 Mitarbeiter i. d. Zentrale und 250 i. d. 87 Außenstellen. – Das WFP ist in über 90 Ländern tätig und leistet mehr direkte Hilfe an bedürftige Menschen als jede andere Organisation im UN-System. Seit Gründung wurden 10 Mrd. US-$ investiert sowie 1400 Projekte und 900 Notprogramme in Angriff genommen; allein 1988 wurden 3,1 Mio. t Nahrungsmittel verschifft und

finanzielle Verpflichtungen von 621 Mio. US-$ eingegangen. – Zusagevolumen f. Jahre 1991/92: 1,5 Mrd. US-$.

III. Friedenstruppen:

(offiziell: Friedenssichernde Operationen)
In bisher 18 friedenserhaltenden Operationen wurden fast 500 000 Personen eingesetzt. – Das Mandat der Friedenstruppen wird in der Regel durch den UN-Sicherheitsrat halbjährl. verlängert. Zu den mittlerweile klassischen militärischen Beobachtergruppen und Friedenstruppen treten zunehmend Missionen zur Überwachung von innerstaatlichen Friedensprozessen (Wahlen); vorbildgebend wirkte die »Unterstützungseinheit der Vereinten Nationen/UNTAG« in Namibia 1989/90. Zu nennen sind die Wahlbeobachtermissionen in Nicaragua (ONUVEN) und Haiti (ONUVEH), die aber nicht im klassischen Sinne zu den Friedenssicherungsoperationen gerechnet werden.

ONUCA/*Beobachtergruppe in Zentralamerika:* * 8/1989 zur Überwachung der Grenzen Nicaraguas mit Guatemala, Honduras, El Salvador und Costa Rica; 625 Mann, davon 260 unbewaffnete Militärs (aus Deutschland, Kanada, Kolumbien, Spanien, Venezuela) und 365 Zivilpersonen für medizinische, technische und Verwaltungsaufgaben. 3/1990 Aufgabenerweiterung auf Unterstützung der Demobilisierung der Contras bei Verstärkung durch 800-Mann-Infanteriebataillon aus Venezuela.

UNAVEM/*Angola-Verifizierungsmission:* * 12/1988 (Arbeitsbeginn 1/1989) zur Überwachung des kubanischen Truppenrückzugs; 600 Militärbeobachter und Zivilisten aus 10 Staaten.

UNDOF/*Beobachtertruppe für die Truppenentflechtung auf den Golanhöhen:* * 1974; 1250 Mann aus 4 Staaten.

UNGOMAP/*Mission der Guten Dienste in Afghanistan und Pakistan:* Arbeitsaufnahme 5/1988. Bestätigte 15. 2. 1989 den vollständigen Abzug der sowjetischen Truppen.

UNFICYP/*Friedenstruppe in Zypern:* * 1964; 2300 Mann aus 8 Staaten.

UNIFIL/*Interimstruppe in Libanon:* * 1978; 5800 Mann aus 9 Staaten.

UNIIMOG/*Militärische Beobachtergruppe Irak-Iran:* * 8/1988; 500 Soldaten und Zivilisten, zusätzlich 350 Beobachter (unbewaffnete Offiziere) aus 28 Ländern; Hauptsitze: Bagdad und Teheran; Kontrolle der 1200 km langen Grenze.

UNIKOM/*Beobachtermission für Irak und Kuwait:* * 1991 für Überwachungsaufgaben innerhalb entmilitarisierter Zone zwischen beiden Staaten; 1440 Militärs und Zivilisten aus 34 Staaten.

UNMOGIP/*Militärische Beobachtergruppe in Indien und Pakistan:* * 1949, kontrolliert Waffenstillstandslinie im Rahmen des Simla-Abkommens 1972; 40 Beobachter aus 8 Staaten.

UNTSO/*Waffenstillstands-Überwachungsorganisation in Palästina:* * 1948; heute rd. 300 Militärbeobachter aus 17 Staaten.

IV. Sonderorganisationen (Specialized Agencies)

Die Sonderorganisationen sind eigenständige internationale Organisationen, verbunden mit den UN durch zweiseitige Abkommen. Sie haben eigene Mitgliedschaften, Beschlußorgane, Verwaltungen und Haushalte.

FAO/*Welternährungsorganisation*
* 1945, 158 MSt. (nicht: UdSSR); Sitz Rom; Organe: Konferenz (alle 2 J.), Exekutivrat aus 49 von den Konferenzen gewählten Mitgl. für 3 J.; Sekretariat und 8 Regionalbüros; Generaldirektor: Edouard Saouma/Libanon (seit 1975, 1987 f. 6 J. wiedergewählt); Personal: über 6500; 8 Ausschüsse (z. B. Finanzen, Fischerei, Forsten). – 2-Jahres-Programm- und Budgetentwurf 1990/91: 569 (1988/89: 492) Mio. US-$, große Beitragsrückstände. – Die FAO (nach dem UN-Sekretariat größte IGO der Welt) strebt die Hebung des Ernährungs- und Lebensstandards in der Welt an, will die Lebensbedingungen der ländl. Bevölkerung durch Steigerung der landw. Produktivität und Produktion verbessern; u. a. durch das *Food Security Assistance Scheme*/**FSAS** (* 1976). Im Rahmen technischer Entwicklungshilfe laufen derzeit rd. 2500 Projekte.

ICAO/*Internat. Zivilluftfahrtorganisation*
* 1947; 162 MSt.; Sitz Montreal; Vollversammlung (mindestens alle 3 J.), ICAO-Rat (ständig aus 33 Mitgl.), Air Navigation Committee; Generalsekretär: Yves Lambert/Frankreich; über 800 Mitarbeiter. – Die ICAO fördert u. a. Entwicklung und Betrieb von Zivilflugzeugen, Flugrouten, Flughäfen und Flugsicherungsanlagen.

IFAD/*Internat. Agrarentwicklungsfonds*
*1977, 144 MSt.; Sitz: Rom; Organe: Gouverneursrat (jährl.); Exekutivrat; Sekretariat. Fondsvolumen 1986 ca. 500 Mio. US-$, davon über $^1/_3$ für MSt. Schwarzafrikas; 1989 Kapitalauffüllung auf 523 Mio. US-$ beschlossen. – IFAD stellt Finanzmittel zu Vorzugsbedingungen zur Verfügung, bes. für die Nahrungsmittelversorgung in den ärmsten Ländern.

ILO/*Internationale Arbeitsorganisation*
*1919 als Internat. Arbeitsorganisation/**IAO**, urspr. Verfassung war Teil XIII des Versailler Vertrages, Vorläufer: das von der Internat. Vereinigung für gesetzl. Arbeitsschutz 1901 errichtete Internationale Arbeitsamt/**IAA**; 1946 wurde die ILO die erste Sonderorganisation im Verband der UN. Hauptsitz der ILO und des Internat. Arbeitsamtes/IAA: seit 1946 Genf, außerdem weltweit rd. 40 Außenstellen – Regional-, Verbindungs- und Zweigbüros (so auch ILO-Sekretariat in Bonn-Bad Godesberg); rd. 3000 Mitarbeiter (1500 in Außenstellen); 148 MSt. (USA 1977–88 ausgetreten); Int. Arbeitskonferenz tagt jährl., jeder MSt. entsendet 4 Delegierte: 2 Regierungs-, 1 Arbeitgeber- und 1 Arbeitnehmer-Vertreter; Verwaltungsrat (56 Mitgl.); Int. Arbeitsamt/IAA als Exekutivorgan der ILO. IAA-Generaldirektor: Michel Hansenne (seit 3/1989, für 5 J. gewählt). Budget (für jew. 2 J.) 1990+91: 330,4 Mio. US-$ (davon Deutschland 8 %). – Die ILO fördert die Verbesserung der Lebens- und Arbeitsbedingungen der Arbeitnehmer durch internat. Arbeitsnormen und techn. Hilfeleistungen an Entwicklungsländer.

IMF/IWF/*Internationaler Währungsfonds*
*1945, 155 MSt.; Organe: Gouverneursrat (alle MSt.), Exekutivdirektor und Vorsitzender des Exekutivdirektoriums: Michel Camdessus/Frankreich (seit 1987); IMF-Interimsausschuß; Personal: 1720 aus über 100 Ländern. – Der IMF fördert die internat. Währungskooperation durch Kreditgewährung an MSt. insbes. bei vorübergehenden Zahlungsbilanzschwierigkeiten. 1990 Gesamtquoten zu 135 Mrd. SZR (= ca. 180 Mrd. US-$). – 1988 Schaffung der Erweiterten Strukturanpassungs-Fazilität/**ESAF** von 6,4 Mrd. US-$ für Entwicklungsländer mit besonders niedrigem Pro-Kopf-Einkommen.

IMO/*Internat. Seeschiffahrtsorganisation*
*1948, 133 MSt. (= 99 % der Welthandelstonnage); Sitz London; Organe: Vollversammlung (alle 2 J.), Rat aus 24 MSt. (im Wechsel), 5 Ausschüsse sowie Sekretariat, Generalsekretär: W. A. O'Neil/Kanada (seit 1/1990); 270 Mitarbeiter. – Die IMO berät die UN in Schiffahrtsfragen (Seesicherheit, Umweltschutz) und hat zahlr. Übereinkommen zur Schiffssicherheit und zum maritimen Umweltschutz erarbeitet (z. B.: Int. Übereinkommen zum Schutz des menschlichen Lebens auf See/SOLAS; Übereinkommen zur Verhütung der Meeresverschmutzung durch Schiffe/MARPOL).

ITU/UIT/*Internationale Fernmeldeunion*
*1865 als Welttelegraphenverein (20 MSt.), 1932 umgewandelt bzw. umbenannt in Weltnachrichtenverein, 1947 UN-Sonderorganisation; 164 MSt.; Sitz Genf; Rechtsbasis: Int. Fernmeldevertrag von 1982 (Nairobi); Organe: Konferenz der Regierungsbevollmächtigten (alle 5 J.), Verwaltungskonferenzen, Verwaltungsrat aus 43 Mitgl., Generalsekretär: Pekka Tarjanne/SF – Die ITU fördert das internationale Telegraphen-, Telefon- und Funkwesen einschl. der Frequenzenzuteilung und den Satellitenfunk. Budget 1990: 136 Mio. US-$.

UNESCO/*UN-Organisation für Erziehung, Wissenschaft und Kultur*
*1946, 158 Voll- und 3 assoz. Mitglieder (USA, Großbritannien und Singapur 1985/86 wegen Politisierung ausgetreten); Sitz Paris; Organe: Exekutivrat (51 Mitgl.), Generaldir.: Federico Mayor Zaragoza/Spanien (bis 1992); 2800 Mitarbeiter (rückläufig); Budget 1990/91: 381 Mio. US-$ (rückläufig). – Die UNESCO soll u. a. den Kommunikations- und Dokumentationssektor (auch z. B. Alphabetisierungskampagnen in der Dritten Welt) fördern. Darüber hinaus: Grunderziehung und Volksbildung, Wahrung der Menschenrechte usw.

UNIDO/*Organisation f. industrielle Entwicklung*
*1966, seit 1986 Sonderorganisation in Wien, 151 MSt.; Investitionsförderungsbüros/IPS in Köln, Mailand, Paris, Seoul, Tokio, Wien, Warschau und (seit 1989) in Moskau und Peking; Generaldir.: Domingo L. Siazon/Philippinen (seit 1985); 1350 Mitarbeiter, Budget 1990/91: 150 Mio. US-$; Organe: Rat für industrielle Entwicklung/**IDB** (53 Mitgl.). – UNIDO fördert Entwicklung in Ländern der Dritten Welt und koordiniert hier andere UN-Aktivitäten. Budget 1990/91: 150 Mio. US-$.

WHO/*Weltgesundheitsorganisation*
*1947, 1984 Sonderorganisation in Genf, 167 MSt.; Organe: Versammlung (jährl.), wählt für 3 J. Exekutivrat (31 Mitgl.), 6 Regionalbüros (Kopenhagen, Washington, Alexandria, Neu-Delhi, Manila, Brazzaville), Generaldir.: Hiroshi Nakajima/Japan (seit 1988); rd. 4400 Mitarbeiter; Budget 1990/91: 654 Mio. US-$ (davon Dtld. 8,4 %). – Die WHO fördert den Erfahrungsaustausch auf allen Sektoren der Gesundheit und hilft bei der Ausrottung von Seuchen und Epidemien (auch durch Forschungsförderung); neuerdings Erfassungsstelle weltweiter Aids-Meldungen (Statistischer Dienst).

WIPO/*Weltorganisation für geistiges Eigentum*
*1967, 126 MSt.; Sitz Genf; Konventionsunterzeichner: 99; Generaldir.: Arpad Bogsch/USA (bis 1991), Stv. Generaldir. u. a. Klaus Pfanner/D; 320 Mitarbeiter. – Die WIPO fördert in erster Linie den gewerbl. Rechtsschutz und den Urheberrechtsschutz; 1988 über 13 000 internat. Registrierungen (davon 3000 aus D), bisher insges. rd. 30 000 geschützte Marken eingereicht.

WMO/*Weltmeteorologieorganisation*
*1951, 160 MSt. (mit Territorien); Sitz Genf; Organe: Weltkongreß (alle 3 J.), Exekutivkomitee (36 Mitgl.), Sekretariat, Generalsekretär: G. Obaisi/Nigeria; 300 Mitarbeiter. – Die WMO fördert die weltweite Kooperation bei der Errichtung von Stationsnetzen und meteorolog. Meßstellen und deren weltweiten Informationsaustausch. – Schwerpunktverlagerung auf Umweltfragen (Warn- und Informationsprogramme, Datensammlung und Forschungsprojekte über Erdatmosphäre) u. a. in Zusammenarbeit mit → UNEP und UNDRO.

Weltbankgruppe:
Sitz aller Institutionen: Washington D. C. (USA)

IBRD/*Internationale Bank für Wiederaufbau und Entwicklung* (= Weltbank im engeren Sinne)
*1944, 154 MSt.; Organe: Gouverneursrat (tagt jährl.) mit Präs.: Lewis T. Preston/USA (seit 1991), Exekutivdirektorium (22 Direktoren, tagt wöchentl.); über 6300 Mitarbeiter aus über 100 Ländern (Personalbestand seit 1987 systematisch abgebaut). – Die Weltbank gewährt langfristige Darlehen an weniger entwickelte MSt. für entwicklungspolitisch vorrangige Projekte, u. a. zur Wirtschaftswachstumsförderung. 1988 Beschluß über Kapitalerhöhung auf 171 Mrd. US-$ bis 1993. – Kreditbewilligung im Haushaltsjahr 1989/90: 22,7 Mrd. US-$ (davon 0,5 Mrd. an Länder Osteuropas), 1990/91: 24,2 Mrd. US-$ (2,9 Mrd. an Osteuropa; davon 1,4 Mrd. an Polen).

IDA/*Internationale Entwicklungsorganisation*
*1960, 137 MSt. (davon 31 »Geberländer«); Tochtergesellschaft der Weltbank, weitgehend organisatorisch und personell wie IBRD; gepl. Darlehensvolumen 1990–93: 17,1 Mrd. US-$.

IFC/*Internationale Finanz-Corporation*
*1955, 141 MSt., Tochterges. der Weltbank mit Schwerpunkt privater Investitionshilfen in Entwicklungsländern; Grundkapital 1991 um 1 Mrd. auf 2,3 Mrd. US-$ erhöht; Beschlußorgane wie IBRD und IDA; bisherige Gesamtinvestitionen: 10 Mrd. US-$ in über 1000 Projekte in 93 Ländern.

MIGA/*Multilat. Investitions-Garantie-Agentur*
*1986 als autonome Weltbank-Tochtergesellschaft, Arbeitsaufnahme 6/1988; Grundkapital: 1,1 Mrd. US-$ (10 % bar einzuzahlen); 58 Signatarstaaten (Mitte 1990); beitrittsberechtigt: IBRD-MSt. sowie die Schweiz. – Die MIGA soll privatwirtschaftl. Direktinvestitionen in Entwicklungsländern (Förderung des Privatsektors) durch Garantien gegen nichtkommerzielle Risiken fördern, sofern diese nicht bereits in den einzelnen Industriegeberländern abgedeckt sind (Kapitalversicherungsagenturen).

VI. Autonome Organisationen innerhalb des UN-Systems

GATT/*Allgemeines Zoll- u. Handelsabkommen*
*1947 (Abkommen), in Kraft 1948, Genf (kleines Sekretariat), nunmehr 100 Vertragsparteien (= MSt.), 30 weitere Anwenderstaaten.

Ziel: Das GATT war ursprünglich als Provisorium für eine spätere internat. Handelsorganisation (ITO) zur Aufrechterhaltung des Freihandels (= gegen Protektionismus) gedacht. Eine ITO auf Basis der sog. Havanna-Charta wurde jedoch nicht ratifiziert. 1947 Abkommen der handelspolitischen Grundsätze von 23 Staaten unterzeichnet (zuletzt geändert 1966). – Seit Abschluß von multilateralen Handelsvereinbarungen zwecks Zolltarifsenkungen (sog. Dillon-Runde 1960–62, Kennedy-Runde 1964–67, Tokio-Runde 1973–79, Uruguay-Runde 1986) feste Organisationsstruktur, die trotz rechtlicher Unabhängigkeit mit der UN-Familie verbunden ist.

Organe: Vollversammlung der Vertragsparteien (tagt jährl.), Rat (monatl.), Ausschuß für Handel und Entwicklung (*1964), Beratungsgruppe der Achtzehn (*1975), Generaldir.: Arthur Dunkel/CH.

Aufgaben: Regelung der Prinzipien für ein offenes Welthandelssystem: gegen Handelsdiskriminierung, für Meistbegünstigungsklauseln bei Ein- und Ausfuhrzöllen, Überwachung von Zollhöchstsätzen für einen freien Wettbewerb, gegen sog. »Non-Tariff-Barriers«.

Entwicklung: Bisher 7 **Zollsenkungsrunden** (einschließl. Welthandelskonferenz von 1947). Bis 1964 *bilaterale* Zollsenkungen, die aufgrund der Meistbegünstigung automatisch auch den übrigen Signatarstaaten zugute kamen. Seit der 6. Runde 1964–1967 (»**Kennedy-Runde**«) multilaterale Verhandlungen über *lineare* Zollsenkungen, d. h., derselbe Prozentsatz wird für möglichst viele verschiedene Tarifpositionen verwendet. Während dieser Runde (mit einem Abbau der Zolltarife um rund 50 % und Tarifkonzessionen auf einem Handelsvolumen von rund 40 Mrd. US-$) wurde 1965 das Kapitel IV (Handel und Entwicklung) in die GATT-Akte aufgenommen. In der 7. Runde 1973–1979 (»**Tokio-**

Runde«) zusätzlich Verhandlungen zur Beseitigung nichttarifärer Handelshemmnisse (»Non-tariff-barriers« = zollumgehende künstliche Schranken wie z. B. technische Normen oder Hygienevorschriften, Einfuhr- und Zulassungsbestimmungen sowie die Subventionierung einzelner Branchen – wie Landwirtschaft). Die Tokio-Runde erbrachte einen durchschnittlichen Zolltarifabbau auf die Industrieprodukte der 9 wichtigsten Industrieländer von 7,0 auf 4,7 %. In die seit 1986 laufende 8. Runde (**»Uruguay-Runde«**) wurde eine Reihe neuer Bereiche, wie die Liberalisierung des Agrarbereichs und der Dienstleistungen sowie der Schutz geistigen Eigentums im Handel, aufgenommen. Daneben zählt die Liberalisierung des Textilhandels zu den Schwerpunkten. Angesichts des konfliktträchtigen Programms konnte man sich zur Halbzeit 4/1989 nur auf Leitlinien einigen.

IAEO/*Internationale Atomenergie-Agentur*
*1957, Wien, 113 MSt.

Aufgaben: Die IAEO überwacht mit sog. »Safeguards« Nuklearanlagen (1986: 514 Anlagen), insbes. nach den Bestimmungen des Kernwaffensperrvertrages. Sie fördert darüber hinaus die weltweite Kooperation in Kernforschung und Kerntechnik und arbeitet Schutzvorschriften aus: Empfehlungen für Reaktorsicherheit, Strahlenschutz und physische Sicherheit von Kernmaterial. – Seit 1/1989 **Notfallbeistandssystem** in Betrieb, das auf einem *Beistandplan*/NAREAP und einem *Handbuch* für die Frühwarnung und technische Hilfe bei Atomunfällen/ENATOM basiert.

Organe: Generalkonferenz (jährl. in Wien), Gouverneursrat aus 35 Mitgl. in 8 regionalen Gruppen, Generaldirektor: Hans Blix/Schweden; Budget 1990: 163 Mio. US-$; Personal: 1900.

Aktivitäten: Austausch wissenschaftl.-techn. Erfahrungen durch Fachtagungen und Förderungsprogramme (u. a. Unterstützung der Entwicklungsländer durch Experten, Stipendien, Schulungskurse und Geräte); Bereitstellung kerntechnischer Materialien, Dienstleistungen und Ausrüstungen; Förderung kerntechnischer Anwendungsgebiete einschl. Ernährung und Landwirtschaft, Medizin, Physik und Ingenieurwesen; Richtlinien und Empfehlungen für Reaktorsicherheit, Strahlenschutz und physische Sicherheit von Kernmaterial einschl. Wiederaufarbeitung und Abfallentsorgung – durch sog. »Codes of Practice« (Gebrauchsanweisungen) und »Safety Guides« (Sicherheitsempfehlungen), die im Rahmen des »Nuclear Safety Standard Programme« (Standardprogramm für nukleare Sicherheit) erarbeitet werden. **Die IAEO ist Kontrollorgan des Atomsperrvertrags** und weiterer bilateraler Kontrollabkommen (z. B. mit Chile und Kuba) und soll gewährleisten, daß Kernmaterial nicht von zivilen zu militärischen Zwecken abgezweigt wird. Inspektoren (»Safeguards«) führen Kontrollen in z. Zt. 57 Staaten (einschl. der 3 Kernwaffenstaaten Großbritannien, UdSSR und USA) durch, 1991 beispielsweise umfangreiche Kontrollen/Besichtigungen im Irak und in Bulgarien. Die Zahl der insgesamt unter Kontrolle stehenden Installationen stieg 1989 (1980) auf 924 (772). Die Kosten für Inspektionen machen heute mit rd. 53 Mill. US-$ fast $^1/_3$ des IAEO-Gesamthaushalts aus. – Seit der Reaktorkatastrophe von **Tschernobyl** 1986 verstärkte Aktivitäten zur Schaffung wirksamer Kontrollmechanismen bei Reaktorunfällen und zur Festlegung internat. Rechtsnormen (Frühwarnsystem usw.) und Nothilfeprogramme.

VKSE
VERHANDLUNGEN ÜBER KONVENTIONELLE STREITKRÄFTE IN EUROPA

Entstehung: Nach schwierigen Beratungen der → NATO- und → WVO-Staaten einigte man sich am 10. 1. 1989 auf der 3. KSZE-Folgekonferenz *(→ KSZE)* in Wien auf das Verhandlungsmandat, niedergelegt im Anhang III des Schlußdokuments vom 15. 1. 1989. Verhandlungsbeginn am 9. 3. 1989 in Wien.

Ziele: Stabilität und Sicherheit in Europa durch Gleichgewicht der konventionellen Streitkräfte auf niedrigem Niveau; Beseitigung von Ungleichgewichten sowie – vorrangig – die strukturelle Nichtangriffsfähigkeit, d. h. Beseitigung der Fähigkeit zur Auslösung von Überraschungsangriffen und zur Einleitung großangelegter Offensivhandlungen. (Erste Verhandlungen über konkrete Abrüstungsschritte im konventionellen Bereich.)

Verhandlungsgegenstand: Konventionelle an Land stationierte Streitkräfte einschließlich ihrer Bewaffnung und Ausrüstung der Teilnehmer in Europa vom Atlantik bis zum Ural. Kernwaffen sind zwar nicht Gesprächsgegenstand, werden aber in Grenzfällen nicht ausgeschlossen (z. B. nuklearfähige Artillerie).

Teilnehmer: Die 16 NATO-MSt. und die 6 ehem. WVO-Staaten. – **Tagungsort:** Wien.

Parallel dazu: Verhandlungen über vertrauensbildende Maßnahmen und Abrüstung *(→ KVAE)*. Die VKSE-Staaten unterrichteten die KSZE-Staaten mindestens zweimal während einer Verhandlungsrunde und berücksichtigten die Ansichten der Gruppe der Neutralen und Nichtpaktgebundenen/N & N.

Verlauf/Ergebnis: Nach nur 20monatigen Verhandlungen paraphierten die Verhandlungsführer der 22 Staaten in Wien den **Vertrag über konventionelle Abrüstung in Europa** *(→ Kasten)*, der am 19. 11. 1990 auf dem KSZE-Sondergipfel in Paris durch die Staats- und Regierungschefs unterzeichnet wurde.

Vertrag über konventionelle Streitkräfte in Europa

Der am 19. 11. 1990 in Paris durch die Staats- und Regierungschefs der MSt. von NATO und WVO unterzeichnete Vertrag besteht aus einer **Präambel, 23 Artikeln und 8 Protokollen** (1. vorhandene Typen konventioneller Waffen und Ausrüstungen, 2. Verfahren zur Reklassifizierung kampffähiger Schulflugzeuge zu unbewaffneten Schulflugzeugen, 3. zur Reduzierung konventioneller Waffen und Ausrüstungen, 4. zur Reduzierung der Kampfhubschrauber, 5. Notifikationen und Informationsaustausch, 6. Inspektionen, 7. die Gemeinsame Beratungsgruppe und 8. vorläufige Anwendung einiger Vertragsbestimmungen) **sowie 3 Erklärungen**.

Das Vertragswerk begrenzt die Zahl der schweren Waffen (vom Atlantik bis zum Ural) auf jeweils 20000 Kampfpanzer, 30000 gepanzerte Kampffahrzeuge, 20000 Artilleriewaffen, 6800 Kampfflugzeuge und 2000 Angriffshubschrauber. (Die tatsächlichen Endzahlen werden aber niedriger sein, da nicht alle Nationen die zugestandenen Höchstgrenzen ausnutzen.) **Innerhalb von 40 Monaten müssen** die Obergrenzen erreicht und damit nach Abtransport oder Vernichtung insgesamt rund **46000 schwere Waffen reduziert worden sein**. Die UdSSR und ihre bisherigen Verbündeten müssen noch rund 12000 Kampfpanzer und 12500 gepanzerte Kampffahrzeuge sowie 5000 Artilleriewaffen aus dem Gebiet westlich des Ural vernichten. Die NATO-Staaten müssen hingegen nur rund 5500 Kampfpanzer, 7500 Kampffahrzeuge und 2500 Artilleriewaffen reduzieren. Bei der Festlegung der Obergrenze für Kampfflugzeuge auf 6800 kam die westliche Seite der UdSSR entgegen, denn bislang lag die Zahl der Kampfflugzeuge der NATO in Europa unter dieser Zahl.

Für das vereinigte Deutschland gelten folgende Obergrenzen (in Klammern die zu beseitigende Anzahl von Waffen): Kampfpanzer 4166 (2834), gepanzerte Kampffahrzeuge 3446 (5474), Artilleriewaffen 2705 (1897), Kampfflugzeuge 900 (118), Angriffshubschrauber 306 (–).

Zur Vermeidung regionaler Truppenkonzentrationen sieht der Vertrag die Einteilung des **Abrüstungsgebietes in vier Zonen** vor *(→ Abb.)*. Als besonders sensibel gelten die Zone Zentraleuropa und die Flankenzonen, in denen die Präsenz von Panzern, Kampffahrzeugen und Geschützen ausgedünnt wird.

Alle **Abrüstungsmaßnahmen** müssen innerhalb 40 Monaten mit zwei Zwischenetappen umgesetzt werden. Nach 16 Monaten müssen die Waffenarsenale um 25 % und nach 28 Monaten um 60 % reduziert sein.

Ein Informations- und komplexes **Verifizierungssystem** soll die Einhaltung der Vertragsverpflichtungen sicherstellen: Jedes Mitglied kann Inspektionen militärischer Einrichtungen und von Truppenverbänden bis hinab zur Bataillonsstärke und die Kontrolle von Rüstungsbetrieben verlangen.

Die dem Vertrag angefügten **3 Erklärungen** behandeln:

1. Personalstärken: Die Signatare verpflichten sich, für die Dauer der Folgeverhandlungen ihre konventionellen Streitkräfte im Anwendungsgebiet nicht zu erhöhen.

2. Landgestützte Marineflugzeuge: Keine der beiden Vertragsgruppen darf mehr als 430 und kein einzelnes Land mehr als 400 unterhalten.

3. Erklärung der deutschen Bundesregierung: Sie bestätigt die am 30. 8. 1990 vor der VKSE abgegebene Versicherung, daß die Personalstärke der Bundeswehr für die Zeit nach der Vereinigung Deutschlands auf 370000 Mann begrenzt werde.

Ein umfangreicher **Datenaustausch** über den gegenwärtigen Stand der konventionellen Bewaffnung aller 22 Staaten war vorausgegangen.

Fortsetzung der VKSE-Verhandlungen offiziell seit 26. 11. 1990 in Wien – de facto erst seit Juni 1991 nach Einigung USA/UdSSR über strittige Punkte im KSE-Vertrag. – **Ziel:** Zusätzliche Abrüstungsmaßnahmen bis zur KSZE-Gipfelkonferenz in Helsinki 1992. So sollen vor allem Obergrenzen der Personalstärken der in Europa stationierten Truppen festgesetzt werden.

Der Vertrag von 1990 setzte eine **Gemeinsame Beratungsgruppe** aus Vertretern aller Signatare ein und tritt halbj. zusammen, um Probleme aus dem Vertrag zu behandeln (erstmals 60 Tage nach Vertragsunterzeichnung).

WEU WESTEUROPÄISCHE UNION
Western European Union

Gründung am 23. 10. 1954 im Rahmen der »Pariser Verträge« als kollektiver Beistandspakt; in Kraft seit

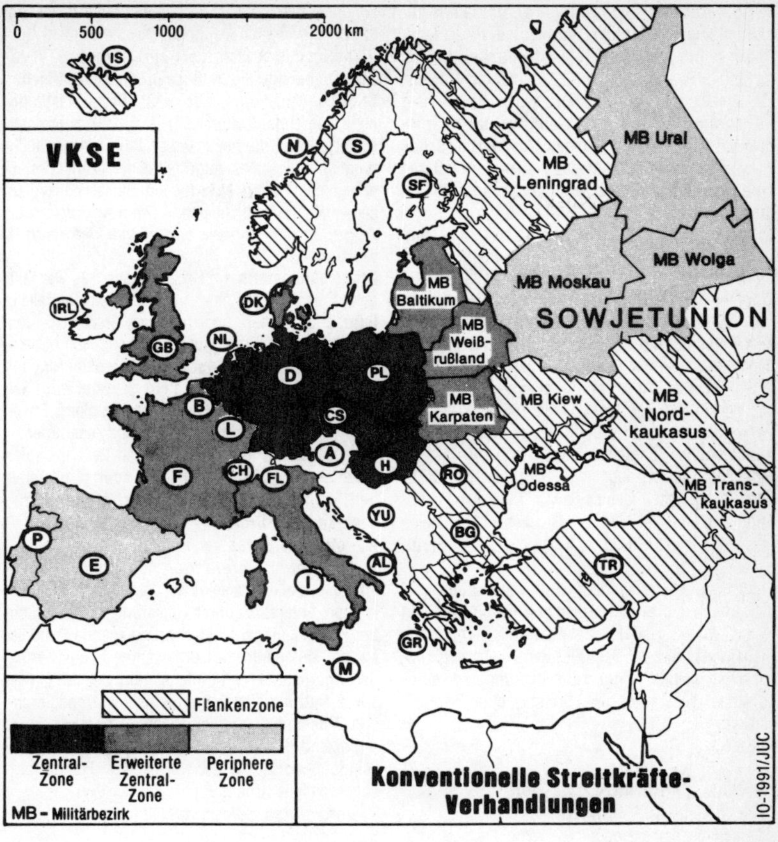

6. 5. 1955. Die WEU verfügt nicht (wie etwa die → NATO) über eine eigene militärische Organisation.

Vorläufer: Britisch-französischer Bündnisvertrag von Dünkirchen vom 4. 3. 1947 sowie um BENELUX-Staaten erweiterter »**Brüsseler Pakt**« (»Pakt zur wirtschaftlichen, sozialen und kulturellen Zusammenarbeit und zur kollektiven Verteidigung«) vom 17. 3. 1948 – laut Präambel seinerzeit ein kollektiver Militärpakt gegen einen potentiellen Aggressor Deutschland. Nach Scheitern der Pläne zur Schaffung einer Europäischen Verteidigungsgemeinschaft (EVG) 8/1954 Modifizierung des Brüsseler Pakts auf Konferenzen in London (9/10/1954) und Paris (10/1954) unter Einbeziehung der BR Deutschland und Italiens.

Mitglieder (9): Belgien, Deutschland, Frankreich, Großbritannien, Italien, Luxemburg, Niederlande, Spanien (seit 1989) und Portugal (seit 1989). – Beitrittsgesuche Griechenlands und der Türkei (seit 6/1991 assoziierter Status); Ungarn beantragte 1990 Gaststatus.

Ziele: Förderung der Sicherheit der Partner durch automatischen Beistand gegen jede Aggression; europäische Integration durch enge Kooperation auf politischem, wirtschaftlichem und militärischem Gebiet. – Heute *de facto* Beschränkung auf Funktion eines sicherheitspolitischen Konsultationsforums.

Organe (nach Neustrukturierung 1984):

1. *Rat:* Ministerrat; in der Regel Außen- und/oder Verteidigungsminister der 9 MSt. als Exekutive, trifft polit. Entscheidungen, tagt halbjährl., mit

2. *Ständigem Rat* in London (unter Leitung des Generalsekretärs auf Botschafterebene) als Hilfsorgan.

3. *Agenturen für Sicherheitsfragen* in Paris für: **a)** Studium von Rüstungskontroll- und Abrüstungsfragen (vorm. Amt für Rüstungskontrolle); **b)** Studium von Sicherheits-/Verteidigungsfragen; **c)** Entwicklung und Zusammenarbeit bei der Rüstung (u. a. Fragen der Waffenstandardisierung und -produktion; bisher vom Ständigen Rüstungsausschuß wahrgenommen). – Ablösung dieser Agenturen durch ein Institut für Sicherheitsfragen in Vorbereitung.

4. *WEU-Versammlung* in Paris aus 89 Parlamentariern der MSt. (vertreten in der Parlamentarischen Versammlung des Europarates), tagt halbj., richtet Empfehlungen an Rat und an andere Organisationen. Der *Präsident* wird jährlich gewählt (1990/91: Robert Pontillon/F); 6 *Ausschüsse,* darunter der Verteidigungs- und der Politische Ausschuß.

5. *Sekretariat* in London mit einem Generalsekretär: Willem Van Eekelen/NL (seit 1989).

Personal: 150 stand. Mitarbeiter (London/Paris).

Amtssprachen: Englisch, Französisch.

Finanzen: Jahresbudget aus Beiträgen der MSt.; Verteilerschlüssel: Deutschland, Frankreich, Großbritannien und Italien je 17 %, Spanien 13 %, Belgien und Niederlande je 8,35 %, Luxemburg 3 %, Portugal 2 %.

Entwicklung: Versuche zur Reaktivierung der WEU u. a. durch die organisatorischen Beschlüsse von Rom (1984) und die Haager »Plattform: Europäische Sicherheitsinteressen« (1987) als sicherheitspolitisches Konsultationsforum zur Stärkung des »europäischen Pfeilers« der NATO bisher ohne Erfolg.

WVO WARSCHAUER VERTRAGSORGANISATION

Warschauer Pakt; eigentlich: Warschauer Vertrag über Freundschaft, Zusammenarbeit und gegenseitigen Beistand

Gründung am 14. 5. 1955 in Warschau/Polen durch Vertragsunterzeichnung der **seinerzeitigen** osteuropäischen Staaten im sowjetischen Machtbereich – Albanien, Bulgarien, ČSSR, Ungarn, DDR (1956 bis 1990 Vollmitglied), Polen, Rumänien und UdSSR – als Antwort auf die Integration der BR Deutschland in die → WEU und → NATO; Laufzeit 30 Jahre, 1985 verlängert. Am **1. 7. 1991 in Prag aufgelöst**.

Ziele bis 1990: Einbindung des gesamten militärischen Potentials der Mitgliedsstaaten in das Militärsystem der UdSSR und Unterstellung unter ihre Militärdoktrin.

Mitglieder bis 1991 (6): Bulgarien, Polen, Rumänien, Tschechoslowakei, Ungarn, UdSSR. – Albanien trat nach dem Einmarsch der WVO-Truppen in die Tschechoslowakei 1968 aus, die DDR noch kurz vor der Vereinigung am 24. 9. 1990 (→ *NATO*). Am **25. 2. 1991** hatten in Budapest die Außen- und Verteidigungsminister der verbliebenen 6 WVO-Staaten bereits die **Auflösung der militärischen Struktur** (Oberkommando, militärische Institutionen) der Organisation zum 1. 4. 1991 besiegelt. Damit erlosch die gegenseitige Beistandsverpflichtung im Falle eines Angriffs. Jeder Mitgliedsstaat erhielt das Recht, sich für ein Sicherheitssystem seiner Wahl zu entscheiden. – *Die nachfolgenden Angaben sind daher in erster Linie historisch zu werten.*

Organisationsform: Im Gründungsvertrag war festgelegt, daß im Falle eines »bewaffneten Überfalls in Europa auf einen oder mehrere Partner«, dem Angegriffenen mit allen, auch militärischen Mitteln, sofort Beistand »individuell und in Vereinbarung mit den anderen Teilnehmerstaaten« geleistet wird. Seit 1961 Aufbau gemeinsamer Organe, zugleich Erweiterung auf militärische *und* politische Zusammenarbeit (seit den Umwälzungen in den Reformstaaten außer Kraft). Das Bündnis war durch bilaterale Verträge zwischen allen Mitgliedsstaaten ergänzt.

Ursprüngliche Organe:

A. Politische Ebene bis 1989/90:

1. *Politischer Beratender Ausschuß:* Hier besprachen die Generalsekretäre der KPs der Mitgliedsstaaten, unterstützt durch Regierungschefs, Außen- und Verteidigungsminister, grundlegende Bündnisfragen. Unter Michail Gorbatschow Intensivierung der Information und Konsultation der Mitglieder sowie Nutzung dieses Gremiums zur Propagierung von Rüstungskontrollinitiativen. Tagungen jährl. wechselnd in den Hauptstädten; entsprechend wechselnder Vorsitz und Generalsekretär. Für die zwischenzeitliche Arbeit:

2. *Vereinigtes Sekretariat,*

3. *Ständige Kommission,*

4. *Komitee der Außenminister* (halbj.),

5. *Komitee der Verteidigungsminister* (jährl.), ebenfalls mit wechselndem Ort und Vorsitz, bearbeitete Fachfragen nach Weisung des Politischen Beratenden Ausschusses.

B. Militärische Ebene bis 1989/90:

Vereintes Oberkommando (Oberbefehlshaber General Pjotr G. Ljuschew, einer der 3 seinerzeitigen stellvertretenden sowjetischen Verteidigungsminister) mit Unterstützungsorganen. Es unterstand nicht nur der militärpolitischen Ebene der WVO, sondern erhielt auch fachliche Weisungen vom sowjetischen Verteidigungsministerium. Dadurch und durch sowjetische Überzahl in Kollektivgremien war auch *de jure* sowjetische Alleinentscheidung gesichert. Friedensaufgaben in den Bereichen Mobilmachung, Ausrüstung und Ausbildung. Im Krieg theoretisch Aufgaben auf dem *Kriegsschauplatz Europa* im Zusammenwirken mit dem sowjetischen

Generalstab, mit dem es bereits im Frieden durch Doppelfunktionen personell verzahnt war. Keine weiteren integrierten Stäbe, dafür hochrangige, umfangreiche, sowjetisch besetzte Verbindungsstäbe bei den Verteidigungsministern und höheren Kommandobehörden der anderen Mitgliedsstaaten. Die nicht zum *Kriegsschauplatz Europa* zählenden sowjetischen Truppen wurden national geführt.

WWG / »G-7«
WELTWIRTSCHAFTSGIPFEL

Gegenstand: Seit 1975 jährliche Konferenz der 7 größten westlichen Industriestaaten (**G-7**) zur Erörterung aktueller Fragen, insbesondere der Weltwirtschaftslage.
Teilnehmer: Staats- bzw. Regierungschefs von Deutschland, Italien, Japan, Frankreich, Großbritannien, Kanada, USA sowie (seit 1977) der Präsident der EG-Kommission.
Ziele: Gegenseitige Information und Diskussion über die nationalen Positionen sowie ihre Motive; Versuch gemeinsamer Zielfindung und Koordinierung der nationalen Politiken; Orientierung der nationalen Regierungsapparate an Zielvorgaben der WWG.
Bisherige Weltwirtschaftsgipfel:
Bei den bisher 17 Gipfeltreffen wurden folgende Themenschwerpunkte behandelt (in Klammern der jeweilige Gastgeber):
1. Bambouillet 1975 (Valéry Giscard d'Estaing): Abstimmung der Währungspolitik, vor allem zwischen Washington und Paris.
2. Puerto Rico 1976 (Gerald Ford) – durch Beteiligung Kanadas heutige Siebener-Runde –: Währungsbeistand für Italien, Inflationsbekämpfung.
3. London 1977 (James Callaghan): Erkenntnis: Inflation verhindert Arbeitslosigkeit nicht; sie ist im Gegenteil eine ihrer Hauptursachen.
4. Bonn 1978 (Helmut Schmidt): Strategie für Wachstum und Beschäftigung (Abstimmung der Weltkonjunkturen aufeinander).
5. Tokio 1979 (Masayoshi Ohira): Reduzierung der Erdölimporte und Entwicklung alternativer Energien (schon 1978 Thema) wird vordringliche Aufgabe.
6. Venedig 1980 (Francesco Cossiga): Fortsetzung der Politik »weg vom Öl«; Öl-Anteil am Energiebedarf sollte bis 1990 von 53 auf 40 % gesenkt werden.
7. Ottawa 1981 (Pierre Elliot Trudeau): Zinsauftrieb, vor allem in den USA; Konsultationen über Ost-West-Wirtschaftsbeziehungen vereinbart.
8. Versailles 1982 (François Mitterrand): Erneut Kritik an »unerträglich hohen Zinssätzen«; im Ost-West-Handel sollte gegenüber UdSSR und Osteuropa ein vernünftiges Vorgehen eingeschlagen werden; Differenzen über Schlußaussage.
9. Williamsburg/USA 1983 (Ronald Reagan): US-Haushaltsdefizit im Mittelpunkt; Teilnehmer plädieren für niedrigeres Rüstungsniveau.
10. London 1984 (Margaret Thatcher): Inflation, Zinsen und Geldmengenexpansion sollen gedrosselt werden; Erklärung gegen Terrorismus; Verschuldung der Dritten Welt Konfliktstoff.
11. Bonn 1985 (Helmut Kohl): Erklärung für dauerhaftes Wachstum und höhere Beschäftigung; Weltwirtschaft in besserer Verfassung als seit langem, daher konstruktiver Dialog mit Entwicklungsländern nötig.
12. Tokio 1986 (Yasuhiro Nakasone): Reaktorunfall in Tschernobyl und Bekämpfung des Terrorismus; Willensbekräftigung, durch noch engere wirtschafts- und währungspolitische Zusammenarbeit den Wohlstand zu mehren und Entwicklungsländern zu helfen.
13. Venedig 1987 (Amintore Fanfani): Terrorismusbekämpfung erneut vordringlich; Iran und Irak zur Beendigung des Krieges aufgefordert; Kernwaffen sollen reduziert werden; Diskussionen, Konjunktur durch Ausgabenprogramme (Keynes) zu beleben.
14. Toronto 1988 (Brian Mulroney): Börsenkrach 1987 Anlaß, währungspolitische Zusammenarbeit zu intensivieren; Strukturanpassungen auch in der Landwirtschaft sollen beschleunigt werden.
15. Paris 1989 (François Mitterrand): Neben Schuldenfrage erstmals Umwelt Diskussionsthema; die EG wird zur konzertierten Hilfe für Polen aufgefordert.
16. Houston 1990 (George Bush): Der UdSSR wird eine rasche Unterstützung auf technischem Gebiet zugesichert. Unter der Bedingung »radikaler Schritte hin zu einer marktorientierten Wirtschaft« wird Moskau »bedeutsame und fortdauernde wirtschaftliche Hilfe« in Aussicht gestellt.
17. London 15.–17. 7. 1991 (John Major): Wirtschaftspaket für die UdSSR (jedoch keine öffentlichen Kredite): 1. »spezielles Verhältnis« der UdSSR zu IMF und Weltbank *(→ UN)*, 2. Meistbegünstigungsklausel, 3. technische Hilfe, 4. Zusammenarbeit bei Ölförderung innerh. der UdSSR und bei Umwandlung sowjetischer Rüstungsbetriebe auf zivile Produktion. – Gespräche mit Präsident *Michail Gorbatschow* nach Gipfelende.

Weltbevölkerung – Religionen – Sprachen

BEVÖLKERUNGSWACHSTUM

Makroregionen und bevölkerungsstarke Staaten	*Einwohner in Millionen sowie Anteil an der Weltbevölkerung (Schätzungen)*					
	1900	*in %*	*1960*	*in %*	*1988*	*in %*
Europa ohne UdSSR und Türkei	**296**	*17,9*	**425**	*14,1*	**496**	*9,7*
– EG-Staaten (jetzt 12)	137	*8,3*	172	*5,7*	324	*6,3*
– EFTA-Staaten (jetzt 6)	80	*4,8*	90	*3,0*	32	*0,6*
– RGW-Staaten + AL + YU (bis 1990: 8)	(78)	*(4,5)*	117	*3,9*	139	*2,7*
– Andere: CY + M + Zwergstaaten (zus. 7)	0,6	*0,3*	1	*0,3*	1	*0,0*
Sowjetunion (1800/1900 Russ. Reich)	**134**	*8,1*	**214**	*7,1*	**284**	*5,5*
– Rußland (Gebiet der RSFSR)	70	*4,2*	118	*3,9*	145	*2,8*
– Ukraine (UkSSR)	(14)	*(0,8)*	42	*1,4*	52	*0,1*
Nordamerika ohne Mexiko	**82**	*5,0*	**199**	*6,6*	**272**	*5,3*
– USA mit Alaska und Hawaii	75	*4,5*	182	*6,0*	245	*4,8*
– Kanada	(5)	*(0,3)*	17	*0,6*	26	*0,5*
Lateinamerika (Mittel- und Südamerika)	**74**	*4,5*	**212**	*7,0*	**430**	*8,4*
– Brasilien	17	*1,0*	68	*2,3*	144	*2,8*
– Mexiko	13	*0,8*	35	*1,2*	85	*1,7*
Afrika	**133**	*8,1*	**276**	*9,2*	**610**	*11,9*
– Ägypten	10	*0,6*	26	*0,9*	51	*1,0*
– Nigeria (*1914)	(–)	*(–)*	36	*1,2*	106	*2,1*
Asien ohne UdSSR, mit Türkei	**925**	*56,1*	**1668**	*55,5*	**3000***	*58,6*
– VR China	360	*21,8*	682	*22,7*	1200	*21,6*
– Indien	225	*13,6*	437	*14,5*	819	*16,0*
– Japan	46	*2,8*	95	*3,1*	122	*2,4*
Ozeanien ohne Hawaii	**6**	*0,4*	**16**	*0,5*	**26**	*0,5*
– Australischer Bund	4	*0,2*	10	*0,3*	16	*0,3*
Erde insgesamt	**1650**	*100*	**3010**	*100*	**5200**	*100*

Achtung: Summenfehler durch Rundung!
* Unsichere Schätzung – Zahlen in Klammern wegen Gebietsänderung nicht korrekt erschließbar.

Der **Weltbevölkerungsbericht 1991** der UNFPA korrigiert die bisherigen Schätzungen. Bereits im Jahre 2025 werden 8,5 Mrd. Menschen die Erde bevölkern. Das wären 38 Mio. mehr als noch vor zwei Jahren erwartet. Mehr als 7 Mrd. Menschen wird es dann in den weniger entwickelten Regionen geben. Der vergleichsweise größte Teil der Menschheit wird 2025 in Asien leben. Die höchste Zuwachsrate verzeichnet derzeit aber Afrika (+ 3% jährlich). Am Ende des Jahrtausends wird es dort 900 Mio. Menschen geben.
Die bisherigen Prognosen gingen von einer Stabilisierung der Gesamtzahl der auf der Erde lebenden Menschen von 10,2 Mrd. im Jahre 2085 aus. Es wird jedoch immer wahrscheinlicher, daß die 10-Mrd.-Grenze bereits im Jahre 2050 erreicht sein wird und daß die Bevölkerung voraussichtlich noch während des ganzen nächsten Jahrhunderts weiter wächst.
Das Ungleichgewicht zwischen Industrie- und Entwicklungsländern wird sich weiter dramatisch verschärfen. Die rapide Zunahme der Bevölkerung überfordert in der Dritten Welt die natürlichen Ressourcen und die Gesundheits- und Bildungssysteme. Die Spirale der Armut wird sich fortsetzen, solange Maßnahmen zur Familienplanung und Bevölkerungsentwicklung nicht erfolgreich sind. Je stärker die Weltbevölkerung wächst, desto mehr wächst auch die politische, finanzielle und wirtschaftliche Instabilität.

Bibl. Hinweis: »Weltbevölkerungsbericht 1991« hrsg. v. d. Deutschen Gesellschaft für die Vereinten Nationen, Poppelsdorfer Allee 55, 5300 Bonn 1.

WELTRELIGIONEN, SEKTEN UND »JUGENDRELIGIONEN«

Bei den in der Tabelle ausgewiesenen Mitgliederzahlen handelt es sich um Angaben der Religionsgemeinschaften selbst, die zumeist als **Maximalschätzungen** anzusehen sind. Alle Angaben sind mit großen Unsicherheitsfaktoren behaftet. Für einen Teil der Weltbevölkerung lassen sich zuverlässige Angaben nicht machen. Außerdem sind Mehrfachnennungen möglich: In Ostasien kann ein Gläubiger gleichzeitig Buddhist und Konfuzianer oder Buddhist und Shintoist sein. Angehörige der sogenannten Neuen Religionen bekennen sich vielfach zu ihnen, ohne christliche Glaubensgemeinschaften verlassen zu haben.

Religionsfamilie bzw. Sektenbezeichnung		*Maximalschätzungen*	*Hauptverbreitungsgebiete*
Christliche Religionen		**1670000000**	**Europa und Amerika**
Katholiken	Römisch-katholisch	952000000	Südeuropa und Lateinamerika
	Altkatholiken (Union v. Utrecht)	19000000	Europa (in D: 28000)
	Sonstige Katholiken	3721000	Europa und Naher Osten
Protestanten insgesamt		556000000	Nordeuropa und Nordamerika
	Lutheraner	67470000	Nordeuropa und Nordamerika
	Anglikaner (Angl. Kommunion)	55000000	England und Commonwealth
	Reformierte, Freikirchen usw.	180000000	Nordamerika und Nordeuropa
	davon Baptisten	35000000	in 88 Ländern (bes. USA)
	Methodisten	20000000	USA (13 Mio.); UK; D (70000)
	Mennoniten (Amish usw.)	800000	NL, CH, RI; D (10000)
Orthodoxe	ganz überwieg. griech. u. russ.	162000000	GR, CY, SU, RO, BG
	Russ. orth. Exilkirche (New York)	150000	USA, CDN
Heilsarmee	(Salvation Army)	3000000	weltweit (in D: 9000)
Kopten	(Monophysiten)	8000000	davon ⅕ in Ägypten
Neuapostolische Kirche		6500000	Afrika, Indien, Europa
Mormonen:	Ki. J. Chr. d. Hl. d. Letzten Tage	7760000	USA (Utah); Südamerika
Zeugen Jehovas		4017000	USA (850000), Bras. (293000)
Quäker (Society of Friends)		216000	USA (108000), UK (18000)
Islam (Muslime) und ähnliche Gemeinschaften		**881000000**	**Nordafrika, Vorderasien und Indonesien**
	Untergliederung in 74 Fraktionen u. Sekten hier nicht berücksichtigt		
Sunniten[1] (→Sonderbeitrag Sp. 781 f.)		600000000	Arab. Halbinsel, Maghreb
Schiiten		100000000	Iran, Irak, UAE
Imamiten	(12er Schia)	63000000	Iran, Südirak, Afghanistan
Ismailiten	(7er Schia)	22500000	Indien, Ostafrika
Zaiditen	(5er Schia)	4500000	Jemen
Wahabiten), Ghulat* und andere Sekten		105000000	Saudi-Arabien (12 Mio.)
Drusen u. a. pseudo- bzw. vorislamische Sekten		500000	Libanon, Syrien, Israel
Sikh (Nirankari-Sekte u. a.)		17017000	Nordwestindien (Pandschab)
Baha'i (aus schiitischem Islam hervorgegangen)		5000000	Iran (300000)
Asiatische Einzelreligionen ohne systematische Zuordnung			**Festlandasien**
Buddhisten (→Sonderbeitrag Sp. 781 f.)		312000000	Ost-, Südost- u. Zentralasien
Hindus		663000000	Großraum Indien sowie Bali
Konfuzianer (sehr unsichere Angabe)		6000000	China (insges. zu 90% Asien)
Shintoisten		3000000	Japan
Taoisten		31286000	China (insges. zu 90% Asien)
Dschainas (Jainisten, Jinisten)		2600000	Indien
Zoroastrier (Parsen)		160000	Indien (120000), Iran, Pak.
Juden		**18429000**	**USA, Israel, UdSSR,** daneben vor allem Europa
Anhänger der jüd. Rel. inner- u. außerhalb Israels			und Lateinamerika

»Neue Religionen« auch nichttheologischen Ursprungs

Viele der sog. »Jugendreligionen« sind indischen Ursprungs und über die USA nach Deutschland gekommen. Unter ihnen sind zahlreiche Gruppen, die Religion sein wollen und es nicht sind, und solche, die es sind und nicht sein wollen (z. B. Transzendentale Meditation):

Ananda Marga (Yoga-Schule), * 1955	2 000 000	Indien
Bhagwan Shree Rajneesh (Osho), * 1974	180 000	Indien, USA, D (50 000), CH (2 000)
Divine Light Mission (Guru Maharaj Ji), * 1960	10 000	USA (Colorado), Indien
Hare Krischna-Bewegung (ISKCON), * 1966	3 000	USA, Europa
Kinder Gottes (Familie der Liebe) (»MO«), * 1968	20 000	USA (Calif.), Europa
Scientologisten (in Dtld. Dianetics), * 1954	100 000	USA, GB, Mitteleuropa (D: 7 000)
Transzendentale Meditation, * ca. 1970 TM-Organisation (Maharishi Mahesh Jogi)	2 000 000	USA, NL, S, D; neuerdings auch SU, VRC
Vereinigungskirche (Mun-Sekte), * 1954	200 000	USA, Korea, Japan, Westeuropa (D: 5 000)
Backofen – Aktionsanalytische Organisation, (AAO), * von Otto Mühl	?	Westeuropa
Europäische Arbeiterpartei (EAP), * von Lyndon La Rouche 1980	?	USA, D
Eckankar, * von Paul Twitchell 1965	?	USA
Mahikari – Licht der Wahrheit, * von Kotoma Okada 1959	330 000	Japan, D
Sri Chinmoy, * von Chinmoy Kumar Ghose 1970	?	B'desch, Westeuropa
The Way International, * von Viktor Paul Wierville 1955	?	USA
Erhard Seminar Training (EST), * von Jack Rosenberg 1970 (= Werner Erhard)	?	D

[1] teils Doppelzählung: die Wahabiten bezeichnen sich auch als Sunniten.

* = gegründet

Bibl. Hinweise:

Istituto Geografico de **Agostini:** Calendario Atlante de Agostini 1991, Novara 1990, 784 Textseiten.
Gerhard J. **Bellinger:** Knaurs großer Religionsführer. München: Droemer Knaur 1990, 432 Seiten.
Gasper/Müller/Valentin (Hg.): Lexikon der Sekten, Sondergruppen und Weltanschauungen. Fakten – Hintergründe – Klärungen. Freiburg: Herder 1990 ([3]1991), 1210 Spalten.

Die Verbreitung des Islam und des Arabischen im Maghreb und Maschriq

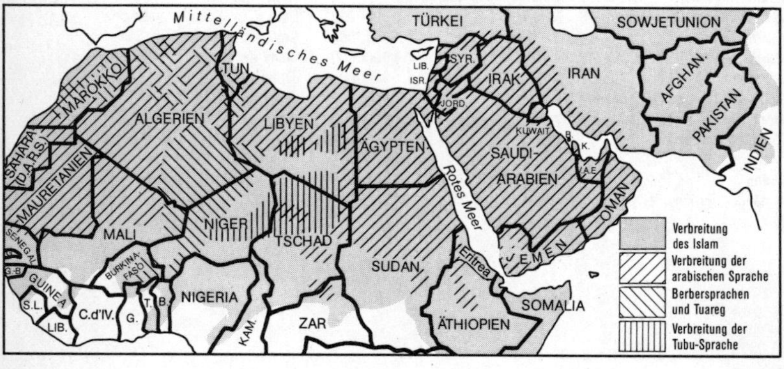

Die Orden der katholischen Kirche

Name, Abkürzung, Gründer und Gründungsjahr (soweit bekannt), heutiger Sitz, Ordensregel und Mitgliederzahlen, nach allgemein zugänglichen Quellen (Schätzungen in Klammern)

	Name	*Abkürzung*	*Gründungsjahr*	*Gründer*	*Gründungsort od. heutiger Sitz*	*Ordensregel (Aufgaben)*	*Mitgl.-Zahl (Professen) 1951/56*	*1985/90*
1.	**Assumptionisten**	AA	1845		Rom	Leben nach der Augustinerregel	1820	1170
2.	**Augustiner:**							
	Chorherren	CanA	11. Jh.		Rom	Augustinerregel, Seelsorge u. Unterricht	1200	(4900)
	Eremiten (Bettelorden)	OSA	13. Jh.		(Luther war Mitgl.)	Augustinerregel, Seelsorge u. Unterricht	3515	
	Rekollekten u. Barfüßler	OSA	16. Jh		(Spanien)	Augustinerregel, Mission u. Unterricht	1130	
3.	**Barmherzige Brüder**	BB/OSJdD	1540	Juan de Dios	Montemor/ Portugal	Bettel- u. Laienorden, Pflege männl. Kranker	2065	(1900)
4.	**Barnabiten** (auch: Paulaner)		1530		Mailand	Seelsorge und Unterricht	572	500
5.	**Benediktiner**	OSB	529	Benedikt v. Nursia	Monte Cassino	»Ora et labora«: Verbleiben im Heimatkloster, Abkehr v. weltl. Leben, Gehorsam, Pflege v. Liturgie, Wiss. u. Kunst usw.	10500	(9600)
6.	**Clarentiner** (= Cordis Mariae filii)	CMF	1849	Antonius Maria Claret i Clará	(Spanien/ Katalonien)	Mission, Unterricht, Seminare	2800	(2100)
7.	**Dominikaner**	OP	13. Jh.	Hl. Domenikus	Paris	Klerikerorden mit Augustinerregel Theologielehrer, Inquisition	8000	7000
8.	**Eucharistiner**	SSS	1856	P. J. Eymard	(Frankreich)	Priesterkongresse: Anbetung d. Allerheiligsten	1250	(980)
9.	**Franziskaner**	OFM	1223	Hl. Franz v. Assisi	Rom u. Assisi	Armut, Nächstenliebe, Philosophie, Theologie, Scholastik	25000	(21500)
10.	**Jesuiten**	SJ	1540	Hl. Ignatius v. Loyola	Rom	»Omnia ad maiorem Dei gloria«: Ausbreitung u. Befestigung d. kath. Glaubens mit jew. zeitgemäßen Mitteln; Unterricht	27000	24500
11.	**Kamillianer**	MI	1582	Kamillus v. Lellés	Rom	Krankenpflege	1100	(950)
12.	**Karmeliter**	OCarm	1155	Berth. v. Kalabrien (Kreuzfahrer)	Karmel b. Haifa	Prophetenschule des Elias von Karmel	2200	2000
	Karmeliter (Barfüßler)	OCarmD	1245	Hl. Simon v. Stock Hl. Theresa v. Avila Juan v. Kreuz		Bettelorden	3300	3400
13.	**Kartäuser**	OKarth.	1084	Hl. Bruno v. Köln	(Frankreich)	Beschaulicher Eremitenorden	600	391 (=1981)
14.	**Lazaristen**	CM	1625	Vinzenz v. Paul	Paris	Weltpriesterschaft ohne öffentl. Gelübde, Innere und äußere Mission	5100	4000
15.	**Marianisten**	SM	ca. 1800	G. J. Chaminade	Bordeaux	Schulunterricht	2600	2800
16.	**Maristen**	SM	1824	Jean Collin	Belley/Frankreich	Volks- und Heidenmission	1900	2000
17.	**Mercedarier**	OdeM	1220	Petrus Nolaskus	Rom	Befreiung v. christl. Sklaven; heute: Seelsorge und Mission	810	900
18.	**Missionare v. hl. Geist**	CSSp	1703	P. Liebermann	Paris	Mission, besonders in Afrika	4500	(3800)

	Name	Abkürzung	Gründungsjahr	Gründer	Gründungsort od. heutiger Sitz	Ordensregel (Aufgaben)	Mitgl.-Zahl (Professen) 1951/56	1985/90
19.	**Missionare v. kostb. Blut**	CPPS	1815		Giano b. Spoleto/I	Innere und äußere Mission	800	(700)
20.	**Mission v. d. hl. Familie**	MSF	1895		Grave/Nordbrabant/B	Mission und Seelsorge	1000	(870)
21.	**Montfortaner**	SMM	1705	Hl. Ludwig Maria Grignion de Montfort	Rom	Priesterkongregation für Spätberufene Innere und äußere Mission	1600	(1400)
22.	**Oblaten**	OMI	1816	Charles J. de Mazenod	Rom	Volks- und äußere Mission	7000	(5900)
23.	**Opus Dei** (= Societas Sacerdotalis Sanctae Crucis et Opus Dei)	OD	1928	Josémaria Escrivá de Balaguer y Albas	Madrid	internat. Vereinigung kathol. Christen (nicht bischofsabhängig); christl. Leben für alle Berufe u. Schichten; Pflichtethik; Bildungspolitik: eigene Schulen, Fachschulen, Universitäten, Kulturzentren; Stipendien	(geheime Mitgliederliste) 4 Mitgliedergruppen 75000 Laien (auch Nichtkatholiken) 1400 Priester	
24.	**Oratorianer**	Or	1575	Orden d. hl. Philipp Neri	Rom	Wissenschafts- und Akademikerseelsorge	?	?
25.	**Pallottiner**	SAC	1835		Rom	Priestergenossenschaft ohne Gelübde Innere und äußere Mission	1900	(1800)
26.	**Passionisten**	CP	1720	Hl. Paul vom Kreuz	Rom	Volksmission und Exerzitien	3550	(2900)
27.	**Picpusgenossenschaft**	CSSCC	1800	P. J. Courdrin	Poitiers	Missions- und Erziehungstätigkeit	1700	(1500)
28.	**Prämonstratenser**	OPraem	1120	Hl. Norbert v. Xanten	Prémontre/Frkr.	Christianisierung und Kultivierung heidnischer Gebiete	1500	1280
29.	**Redomptoristen**	CSSR	1732	A. M. de Liguori	Scala (Neapel)	Volks- und äußere Mission	8100	6500
30.	**Rosminianer**	IC	1828	Rosminian	Domodossola/Ital.	Seelsorge und Unterricht	455	(390)
31.	**Salesianer**	SDB	1841	Don Bosco	Turin	Erziehung u. Unterricht, äußere Mission	17500	16900
32.	**Salvatorianer**	SDS	1881	Johann Jordan; später: Franz Maria vom Kreuz	Rom	Seelsorge und Mission	1250	1200
33.	**Schulbrüder**	FSC	1680	J. B. de la Salle	Reims	Knabenunterricht	15000	(14500)
34.	**Serviten**	OSM	1233	(von 7 Kaufleuten gegr.)	Florenz	Bettelorden für Seelsorge und Mission	1700	1200
35.	**Steyler Missionare**	SVD	1875	Arnold Janssen	Steyl b. Tegelen	Äußere Mission	4500	5413
36.	**Sulpizianer**	SS	1642	J. J. Olier	Paris	Ausbildung des Weltklerus	600	567
37.	**Theatiner**	CR	1524	Hl. Cajetan v. Tiene u. Bischof Carafa (Paul VI.)	Rom	Orden der Regularkleriker	200	(180)
38.	**Trappisten**	OCR/ OCSO	1664	Le Bouthillier de Rance	La Trappe (Dep. Orne)/Frkr.	Stetes Stillschweigen, vegetarische Nahrung, harte Feldarbeit (reformierte Zisterzienser)	3700	2800
39.	**Trinitarier**	OSsT	1198	Hl. Johannes v. Martha u. Felix v. Valois	(Frankreich)	Augustinerregel, Loskauf christl. Gefangener; ehem. Bettelorden; Seelsorge und Mission (Eselsbrüder)	750	950
40.	**Weiße Väter**	PA	1868	(gestiftete Weltpriestergenossenschaft)	Rom	Mission, vorwiegend frankophones Afrika	3100	1820
41.	**Zisterzienser**	SOCist	1090	Robert v. Molesme Bernard v. Clervaux	Citeaux/Frkr.	Seelsorge u. Unterricht, Landwirtschaft	(1500)	2800

Zusammenstellung/Dokumentation: StudDir Helmut Trapet/Wissen

Verbreitung des Islam*)

Der **Islam** (arabisch; Unterwerfung, Hingabe [an Gott]), gestiftet von Mohammed (ca. 570–632), ist mit mindestens 800 Millionen Gläubigen die größte Religionsgemeinschaft nach dem Christentum und die jüngste der 3 großen Weltreligionen (Christentum, Buddhismus, Islam). Seine Anhänger werden als Islamiten bzw. **Muslime** bezeichnet (abendländische Bezeichnung »Mohammedaner« unkorrekt). Ca. 66% von ihnen leben in Nah-/Mittelost und Südasien, 26% in Afrika. Religion der Mehrheit und zugleich.

Staatsreligion ist der Islam in Pakistan (90 Mio. Gläubige), Bangladesch (79), Iran (38), Ägypten (35), Marokko (20), Sudan (16), Irak (13), Saudi-Arabien (11), Jemen (10), Malaysia (7), Tunesien (7), Libyen (4), Mauretanien (1,8), Kuwait (1,8) und Malediven (0,2). Aber auch in der Türkei (57 Mio. Einwohner), in Afghanistan (15), Algerien (22) und Syrien (11) stellen die Muslime teilweise über 90% der Bevölkerung. Obgleich sie in Indien nur 11,6% der Bevölkerung bilden, lebt dort mit über 80 Mio. die größte Muslim-Gemeinde nach Pakistan.

Große Muslim-Anteile in Indonesien (67 Mio. Gläubige), Nigeria (33), UdSSR (30), VR China (21) und Äthiopien (10). Von den rund 25 Mio. Muslimen **in Europa** leben (neben 11,5 im europäischen Teil der UdSSR) 4 Mio. in Jugoslawien, 1,5 bekennende in Albanien, 2,4 in Frankreich, 1,7 in Deutschland und 1 in Großbritannien; 2,6 Millionen leben in Nordamerika.

Hauptrichtungen sind heute die:

Sunniten (von Sunna, arabisch; Tradition, Brauch) mit 83%, vor allem auf der arabischen Halbinsel und **im Maghreb** *(→ Karte Sp. 775f.)*, mit 4 Rechtsschulen: *Hanafiten, Malikiten, Shafiiten* und *Hanbaliten;* sowie die

Schiiten (von Schia, arabisch; Partei) mit 16% aller Muslime, vor allem in Iran (seit 1502 Staatsreligion), Irak, Syrien, Pakistan, Libanon, Jemen; mit den Richtungen: *Imamiten* (12er-Schia), *Ismailiten* (7er-Schia) und *Zaiditen* (5er-Schia).

Aktuelle Entwicklung: In den 80er Jahren Rückbesinnung auf den traditionellen Islam, vor allem in der arabischen Welt, mit dem erklärten Ziel der Vereinigung von Religion und Politik: Fundamentalismus der Schiiten im Iran seit der Revolution 1979 mit konservativ-dogmatischer Tendenz gegen Verweltlichung des Islam und strenger Auslegung des Koran (arabisch; Lesung) sowie »Heiligem Krieg« gegen Nichtgläubige.

Bibl.: Smail Balic: Der Islam im europäischen Umfeld *(→ WA'91/815)*. Reinhard Schulze: Islamischer Internationalismus im 20. Jh., Leiden 1990.

Verbreitung des Buddhismus*)

Der **Buddhismus** ist die viertgrößte Religionsgemeinschaft und älter als das Christentum und der Islam. Er wird auf *Siddharta Gautama* (ca. 563–483 v. Chr.) aus Kapilawastu am Himalaya (heute Nepal) als Stifter zurückgeführt und ist nach dessen Ehrentitel »Buddha« (sanskrit: »Erleuchteter«) benannt. Die auf heute über 300 Millionen geschätzten Buddhisten machen 6,2% der Weltbevölkerung aus.

Verbreitet ist der B. mit seinen drei Hauptrichtungen Mahajana (56 %), Hinayana (37%) und Lamaismus (7 %) in 84 Staaten, darunter als

Religion der Mehrheit in Japan (70 Millionen bzw. 60% der Bevölkerung), Thailand (46/92), Myanmar [Birma] (31/87), Vietnam (27/55), Sri Lanka (10/67), Kambodscha (8/88), Laos (2/58) und Bhutan (1/70).

Staatsreligion ist der Buddhismus für Thailand in der Form des Hinayana, für Bhutan in der des Lamaismus. Auch als

Minderheit, u. a. in der VR China (53 Millionen bzw. 6% der Bevölkerung), in Taiwan (7/43), der Republik Korea (5,8/16) und in Indien (5,6/0,8) übt der Buddhismus einen starken geistigen Einfluß aus; selbst in Sikkim (von Indien annektiert), wo nur 27 % der Bevölkerung dem lamaistischen Buddhismus angehören – gegenüber 65 % Hindus –, war dieser Staatsreligion.

In Europa leben über 200000 Buddhisten, davon 120000 in Großbritannien und 30000 in Frankreich. In Deutschland sind die buddhistischen Gemeinden mit rund 16000 Mitgliedern (überwiegend Vietnamesen) im Dachverband der »Deutschen Buddhistischen Union« mit Sitz in Hamburg zusammengeschlossen, die Mitglied der World Fellowship of Buddhists ist.

Bibl.: Gasper/Müller/Valentin (Hg.): Lexikon der Sekten, Sondergruppen und Weltanschauungen. Fakten – Hintergründe – Klärungen. Freiburg i. Br.: Herder 1990 (^{3}1991).

*) Die Zahlenangaben weichen teilweise von denen im Kapitel »Staaten, Länder und Gebiete« ab; sie geben verstärkt die von den Religionsgemeinschaften selbst gemachten Angaben wieder.

DIE SPRACHEN EUROPAS (Muttersprachen/Umgangssprachen)

Europa hat mit gut 60 Sprachen, die heute noch gesprochen werden, im Vergleich zu anderen Kontinenten eine weniger große Vielfalt. Weltweit werden, je nach Zählweise, 3000–6000 Sprachen gesprochen. Die nachfolgende Tabelle nennt die Sprachen in Europa in der Reihenfolge ihrer muttersprachlichen Verbreitung (Latein, Esperanto etc. bleiben deshalb unberücksichtigt):
Schätzungen Verbreitungsgebiete nach Staaten (Hauptverbreitungsgebiete halbfett); Abkürzungsverzeichnis → Sp. 19ff.; **EurEmig** = davon Zirka-Angaben in der (nord-)europäischen Emigration

1.	**Russisch** (nur europ. Sowjetunion)	101 000 000	**SU** (alle europäischen Unionsrepubliken)
2.	**Deutsch** mit regionalen Varianten	92 000 000	in 17 europäischen Staaten
3.	**Englisch** mit den regionalen Varianten	59 000 000	**UK**, IRL, GBG, GBJ, GBM, GBZ, M, CY
4.	**Französisch** mit Provenzalisch (ohne Okzitanisch)	55 000 000	**F**, B, CH, I (100 000), L, MC, GBG, GBJ
5.	**Italienisch** mit regionalen Varianten (aber ohne Friulanisch, Sardisch usw.)	53 000 000	**I**, CH, F, YU, M, RSM, SCV, MC; **EurEmig** 2000 (teils in 3. Generation)
6.	**Ukrainisch** einschl. Ruthenisch (Ostslawisch)	35 000 000	**SU**, CS, PL, YU (Ruthenisch), RO
7.	**Polnisch** (Westslawisch)	34 000 000	**PL**, SU, CS
8.	**Spanisch** (nur Kastilisch)	29 400 000	**E** (Zentral- und Südspanien), P (Miranda); **EurEmig** 700
9.	**Rumänisch** mit Moldauisch und Aromunisch	22 000 000	**RO**, YU, SU, AL, BG, H, GR (Thrakien)
10.	**Niederländisch** Holländisch und Flämisch	19 000 000	**NL**, B (Flandern m. Brüssel), F (Dept. Nord)
11.	**Serbisch und Kroatisch** (Südslawisch)	17 000 000	**YU**, H, A (21 000; Burgenland), RO, I (2 000; Molise)
12.	**Ungarisch** (Madjarisch/Magyarisch) ugrische Sprache	14 000 000	**H**, RO (1 500 000), CS, YU (Vojvodina), SU, A (9 000; Burgenland, Wien)
13.	**Portugiesisch** ohne Galicisch in Spanien	10 000 000	**P** (davon 10% in F), L (2./3. Generation)
14.	**Bulgarisch** mit Mazedonisch (beide sehr ähnlich; Südslawisch)	9 800 000	**BG**, **YU** und GR (= Mazedonien), RO; TR (Ostthrakien); SU
15.	**Tschechisch** (Westslawisch)	9 700 000	**CS**, YU, (SU), RO, A (Wien 4 000)
16.	**Neugriechisch** (eigene Sprachfamilie)	9 500 000	**GR**, CY, SU, TR, AL, RO, BG, I (Apulien)
17.	**Schwedisch** (Germanisch)	8 500 000	**S**, SF (bes. Südwesten u. Åland-Inseln)
18.	**Katalanisch** (Iberoromanisch) ohne Campidanesisch auf Sardinien	7 300 000	**E**, F, **AND** (dort Staatsspr.), I (Alghero 12 000); **EurEmig** 300 000, n. and. Angaben 10 Mio.
19.	**Weißrussisch** (Bjelorussisch; Ostslawisch)	6 708 000	**SU** (Weißrußland), PL (südl. Bialystok)
20.	**Tatarisch** (westl. Turksprache)	5 426 000	**SU** (Tatarische u. Baschkirische ASSR), RO, BG, PL, TR
21.	**Dänisch** ohne Färingisch	5 000 000	**DK** (mit Grönland), D (Schleswig)
22.	**Finnisch** (finno-ugrische Sprache)	4 600 000	**SF**, SU, S, N
23.	**Slowakisch** (Westslawisch)	4 500 000	**CS**, H, YU, PL, SU (Ukrainische SSR)
24.	**Türkisch** (nur europäischer Teil)	4 300 000	**TR**, SU, CY, BG, GR, YU, RO; **EurEmig** 2 200
25.	**Norwegisch** (Bokmål und Nynorsk)	4 090 000	**N** (Bokmål im Osten, Nynorsk im Westen)
26.	**Albanisch** (Skiptar und Arbëreshe)	3 600 000	**AL** (= Skiptar aus Toskisch und Gegisch), **YU**, GR; I (90 000 Arbëreshe), RO, BG, SU, TR
27.	**Galicisch** (ohne Portugiesisch)	2 700 000	**E** (Galicien); **EurEmig** 200 000
28.	**Litauisch** (baltische Sprache)	2 545 000	**SU** (Litauen), PL
29.	**Slowenisch** mit regionalen Varianten (Südslawisch)	1 901 000	**YU** (1 764 000), I (90 000; Jul.-Venetien), A (17 000; Kärnten), H (30 000)
30.	**Okzitanisch** mit Varianten (aber ohne Provenzalisch; unsichere Ang.)	1 800 000	**F**, I (150 000; Westpiemont), E (Val d'Aran)

31. **Tschuwaschisch** wolga-bulgarische Turksprache	1431000	**SU** (Tschuwaschische u. a. ASSR)
32. **Lettisch** (baltische Sprache)	1357000	**SU** (Lettland)
33. **Sardisch** (Iberoromanisch) (nur Logudoresisch u. Campidanesisch)	1000000	**I** (Sardinien ohne Nordküste) unsichere Angabe
34. **Estnisch** (finno-ugrische Sprache)	960000	**SU** (Estland, Lettland)
35. **Baschkirisch** (nordwestliche Turksprache)	919000	**SU** (Baschkirische und Tatarische ASSR)
36. **Mordwinisch** (Mokscha und Erza; finno-ugrische Spr.)	864000	**SU** (Mordwinische u. a. ASSR; Wolgagebiet)
37. **Baskisch** (Euskaldunak) (Z 1986)	511000	**E** und F (Baskenland/Euskadi); **EurEmig** 120
38. **Jiddisch** (dt.-slaw.-hebräische Mischsprache)	700000	**SU,** RO, H, PL, CS, A, YU, F, UK, B, I, D
39. **Romanisch** (Friulanisch, Ladinisch und Romantsch)	600000	**I** (Friaul 520000, Trentino-Südtirol 30000), CH (Graubünden 50000)
40. **Votjakisch** (Udmurtisch; finno-ugr. Spr.)	580000	**SU** (Votjakische ASSR)
41. **Tscheremissisch** (finno-ugrische Sprache)	550000	**SU** (Tscheremissische ASSR)
42. **Walisisch** (Kymrisch; keltische Sprache)	520000	**GB** (Wales), davon (Z) 1981: 21000 nur Walisisch
43. **Romani** (Sinti- u. a. Zigeuner-Sprachen)	500000	**H,** BG, RO, SU, CS, D, PL, YU usw.
44. **Syrjänisch und Permjakisch** (Komi u. a.)	366000	**SU** (Syrjänische ASSR)
45. **Maltesisch** (arab.-sizilian. Mischsprache)	330000	**M**
46. **Friesisch** (West-, Nord-, Ostfriesisch)	310000	**NL,** D (in D nur 1000)
47. **Isländisch** (altnordgermanische Sprache)	250000	**IS**
48. **Bretonisch** (keltische Sprache)	270000	**F** (Westbretagne)
49. **Gagausisch** (osman.-türk. Dialekt/Turksprache)	161000	**SU** (Moldauische u. Ukrain. SSR), BG, RO
50. **Kalmückisch** (Oiratisch-mongolisch)	130000	**SU** (Rußland, Kalmück. ASSR)
51. **Karelisch** (Finno-ugrisch)	90000	**SU** (Rußland, Karel. ASSR)
52. **Sorbisch** (Westslawisch)	50000	**D** (Niederlausitz)
53. **Irisch-Gälisch** (Keltisch)	40000	**IRL** (Nord- und Westirland)
54. **Färöisch/Färingisch** (Nordgermanisch)	40000	**DK** (Färöer-Inseln)
55. **Nenzisch/Jurakisch** (Finno-ugrisch)	17000	**SU** (Westural)
56. **Lappisch/Samisch** (Finno-ugrisch)	16000	**N,** S, SF, SU (2000; Lappland)
57. **Judenspanisch** (Ladino)	15000	**E,** GR, BG (Sofia), YU (Sarajewo), TR (Istanbul)
58. **Vepsisch** (1960) (Ostseefinn.)	7500	**SU** (Rußland: Dreieck Beloje-Ozero, Onegasee, Ladogasee)
59. **Kaschubisch** (Westslawisch)	3000	**PL** (Sprachinseln westl. u. nordwestl. Danzigs)
60. **Schottisch-Gälisch** (Keltisch) (Z 1981)	1500	**UK** (Schottisches Hochland: Hebriden)
61. **Karaimisch** (nordwestl. Turksprache)	300	**SU** (Litauen: Vilnius und Ukraine: Galiča)
62. **Ingrisch** (Ostseefinnisch)	100	**SU** (Rußland: östl. v. Estland, bei Leningrad)

Verbreitungsgebiet der deutschen Sprache (Angaben in Tausend): Deutschland (74000), Österreich (7400), Schweiz (3900), UdSSR (1104), Frankreich/Elsaß und Lothringen (1200), Polen (1100), Rumänien (200), Italien/Südtirol usw. (300), Luxemburg (300), Ungarn (170), Belgien (70), ČSFR (60), Dänemark (60), Niederlande (40), Schweden (40), Liechtenstein (20), Spanien (20)
außerhalb Europas: Lateinamerika (u. a. Argentinien 300, Brasilien 1000), Afrika (Namibia) und Australien (109)

Bibl. Hinweis: neueste Sprachreports vgl. »EUROPA ETHNICA – Vierteljahresschrift für Nationalitätenfragen« Vol. 48 (1991), Wien: Braumüller.

DIE KURDEN – EIN VOLK OHNE STAAT

Ihr Kampf um politische und kulturelle Autonomie

Die Kurden sind ein nichtarabisches, vermutlich indogermanisches, Bergvolk in Westasien mit einer dem Persischen verwandten Sprache – Kurdisch mit zahlreichen Varianten – und einer vorwiegend sunnitisch-islamischen Religion. Die auf heute 15 bis 20 Millionen geschätzten Kurden (davon gut die Hälfte sprachlich nicht an das jeweilige Staatsvolk assimiliert) leben in einem relativ zusammenhängenden Siedlungsgebiet in der Gebirgslandschaft zwischen Taurus, Zagrosgebirge und dem Großen Kaukasus – aufgeteilt auf die Territorien der **Türkei** (ca. 50 %), des **Iran** (ca. 25 %) und des **Irak** (ca. 20 %) sowie zu kleineren Teilen **Syriens** (3–4 %) und der **Sowjetunion** (1–2 % in Armenien) – größtenteils als Kleinbauern und Halbnomaden.

Geschichte: Die Kurden werden erstmalig in sumerischen Dokumenten aus der Zeit um 2000 v. Chr. erwähnt. Ihr Zusammenhalt während der Jahrtausende beruht auf der Tatsache, daß die Stämme seit ältesten Zeiten von den gleichen Familien geführt werden. Der Stamm der *Barzani* wird um 750 n. Chr. erstmalig in Dokumenten erwähnt. Sultan *Saladin der Große,* der 1187 bei Jerusalem ein 60 000 Mann starkes europäisches Heer besiegte und die Heilige Stadt für den Islam zurückeroberte, vereinigte im Kampf gegen die Kreuzfahrer fast alle kurdischen Stämme unter seiner Oberherrschaft und führte die kurdische Macht auf ihren Höhepunkt. Nachdem die Osmanen (Türken) 1514–1536 Armenien und Kurdistan in den Kämpfen mit Persien

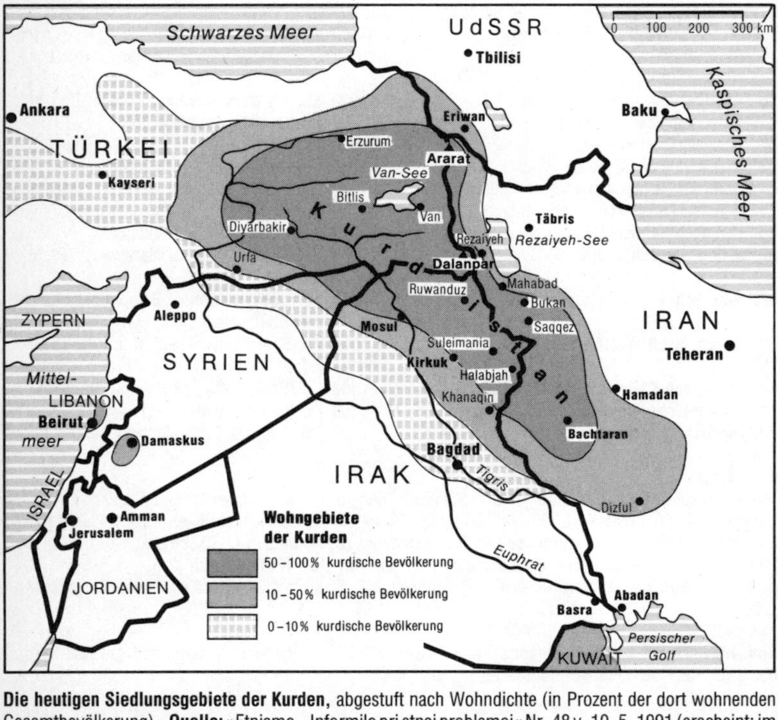

Die heutigen Siedlungsgebiete der Kurden, abgestuft nach Wohndichte (in Prozent der dort wohnenden Gesamtbevölkerung) – **Quelle:** »Etnismo – Informilo pri etnaj problemoj« Nr. 48 v. 10. 5. 1991 (erscheint: im Römerfeld 44; D-W5180 Eschweiler).

erobert hatten, übertrugen sie die Verwaltung dieser Gebiete dem Kurden Mullah *Idris,* der durch Integrierung arabischer Familien in die kurd. Stämme deren Bekehrung zur Sunna *(→ Verbreitung des Islam Sp. 781 f.)* veranlaßte. Die meisten kurd. Stämme blieben jedoch trotz ihrer Bekehrung den Bindungen mit Persien treu und führten gemeinsam mit armenischen und syrischen Christen einen Unabhängigkeitskampf gegen die Türken, der 1832–1847 seinen Höhepunkt erreichte. Nach türkischem Sieg wurden die kurd. Derebeys (»Herrscher der Täler«) zeitweilig durch türk. Gouverneure ersetzt. Nach dem Zusammenbruch des Osmanischen Reichs 1918 verlangte der kurd. Scherif *Pascha* auf der Pariser Friedenskonferenz 1919 die Unabhängigkeit von der Türkei. Der Vertrag von Sèvres 1920 definierte **Kurdistan** entsprechend **als Territorium** zwischen dem südl. Armenien und dem nördl. Irak, das kulturelle und **politische Selbstverwaltung** erhalten sollte. Im Friedensvertrag von Lausanne 1923 war von »Kurden« jedoch nicht mehr die Rede: Die anatolischen Teile Kurdistans blieben bei der Türkei, während die kurd. Erdölregionen um Kirkuk und Mosul 1925 durch Völkerbunds-Beschluß dem britischen Mandatsgebiet Irak zugesprochen wurden – mit der Auflage, daß den »nationalen Minderheiten« Schutzrechte eingeräumt würden.

Autonomieforderungen haben die Kurden immer wieder auch mit Gewalt durchzusetzen versucht: Kurdenaufstände in der Türkei 1925, 1930 und 1937; Revolten im Irak 1919, in den 20er und 30er Jahren sowie 1945/46; Autonomieforderungen im Iran 1979. Abgesehen von einem Autonomen Gebiet in der Sowjetunion 1930 und der kurzlebigen Kurdenrepublik von Mehabad im sowjet. besetzten Iran 1945/46 blieben diese Bemühungen erfolglos.

Im Irak leben die Kurden haupts. in den Verwaltungsgebieten Ibril und Sulaimaniya sowie im Distrikt Dahuk, aber auch im Verwaltungsgebiet Kirkuk, dem nordirak. Erdölgebiet. Nach dem Kurdenkrieg 1961–1970 unter Führung von *Mullah Mustafa al-Barzani* (* 1903, †1979) erlangten die Kurden in diesen Gebieten aufgrund eines Abkommens mit der Zentralregierung vom 11. 3. 1970 (»Märzmanifest«) ein gewisses Maß an Autonomie unter dem Schutz eigener Truppen und dem **Kurdischen als Schul-, Verwaltungs- und Gerichtssprache**. 5 Kurden saßen seit 1970 zeitweise in der Zentralregierung (jedoch keiner im Revolutionsrat, der die eigentl. Regierungsgewalt ausübt). Strittig blieb die Abgrenzung des autonomen Gebiets (v. a. die Zugehörigkeit des Erdöldistrikts Kirkuk); das Märzmanifest scheiterte letztlich an der Umsetzung in die Praxis. Ein im März 1974 vom irakischen Revolutionsrat einseitig erlassener Autonomiestatus bezogen auf die Provinzen Dahuk, Irbil und Suleimania (ohne Kirkuk) führte zum letzten Aufstand unter *al-Barzani*. Die Erhebung brach innerhalb von 2 Wochen zusammen, als nach einer **Einigung zwischen Irak und Iran 1975** die iranische Unterstützung für die Kurden eingestellt wurde; Kämpfe fanden jedoch noch bis 1979 statt. Seit Anfang der 80er Jahre herrschte infolge militär. Drucks äußerlich Ruhe. Im März 1988, nach Beendigung des irak.-iran. Krieges, rächte sich der irak. Präsident *Saddam Hussein* an den Kurden für ihre Unterstützung Irans: Die irak. Armee ging gegen kurdische Städte und Dörfer in Nordirak unter Einsatz chemischer Waffen vor; mindestens 4000 Tote gab es allein in Halabdja. Nach Schätzungen der *»Gesellschaft für bedrohte Völker«* (Göttingen) wurden vom Beginn des jetzigen Baath-Regimes 1968 bis 1990 über 200000 Kurden (und etwa 20000 assyrische Christen) durch das irak. Regime »vernichtet«. Dabei seien 5000 Dörfer zerstört, 1,5 Mio. Menschen deportiert und zahlr. Dorfgemeinschaften »massakriert« worden. Der Golfkrieg 1991 zur Befreiung von 680000 Kuwaitern hatte für die 3–4 Mio. irak. Kurden katastrophale Folgen: Ihr Aufstand 3/1991 mit vorübergehender Besetzung aller größeren Städte im Kurdengebiet einschl. Kirkuk wurde von den Truppen *Saddam Husseins* bis 4. 4. 1991 niedergeschlagen; **fast 2 Mio. Kurden flohen** – rd. 1 Mio. in den Iran, 250000 in die Türkei, bis zu 700000 retteten sich in die Berge *(→ Sp. 183 ff.)*.

Im Iran verstärkten sich nach der Revolution 1979 separatist. Tendenzen unter den Kurden, die von Irak gefördert wurden. Die Forderung nach einem autonomen Kurdistan als Teil eines föderativ gegliederten Iran lehnte die Teheraner Führung jedoch strikt ab. Seit 1981 wird die kurd. Unabhängigkeitsbewegung blutig unterdrückt.

In der Türkei, wo die Existenz der kurd. Minderheit von den Regierungen trotz großer Aufstände (1925, 1930, 1937) geleugnet wird (»Bergtürken«), verstärkte sich die Unterdrückung der Kurden seit dem Militärputsch 1980, da vor allem linke Oppositionsgruppen, darunter auch terrorist. Organisationen, wegen ihres Eintretens für Autonomieforderungen bei den Kurden starken Anhang fanden. Nachdem bereits 1979 gemeins. Maßnahmen gegen kurd. Separatisten im türk.-irak. Grenzgebiet vereinbart worden waren, führte die türk. Armee Ende Mai 1983 in Abstimmung mit Irak größere Aktionen gegen Kurdenrebellen durch, die bis auf irak. Gebiet reichten. 3/1991 kündigte Staatspräsident *Turgut Özal* kulturelle Rechte für die Kurden (u. a. freier Gebrauch ihrer Sprache) an – vorausgesetzt, die Kurdische Arbeiterpartei/PKK stelle ihre separatistischen Aktionen ein.

Wirtschaft

Für alle folgenden Zahlenangaben, insbesondere Produktionstabellen, gilt: Die Zahlen für 1990 sind z. T. vorläufig und beruhen häufig auf offiziellen Schätzungen (S), z. B. der UNO oder FAO; wenn nicht anders erwähnt, BR Deutschland stets einschl. Berlin (West), aber ohne die neuen Bundesländer der ehem. DDR; Großbritannien einschl. Nordirland, Südafrika einschl. Bophuthatswana, Ciskei, Transkei und Venda.

Die **Weltwirtschaft** wuchs zwar auch 1990 wieder, aber mit *deutlich verringertem Tempo* und unter schwierigeren Umständen als im Vorjahr. Während im 1. Halbjahr 1990 noch eine eher optimistische Grundstimmung vorherrschte, verschlechterte sich das *konjunkturelle Klima* ab Jahresmitte, u. a. durch die kriegerischen Ereignisse am Persischen Golf und durch die Erkenntnis, daß die Umgestaltung der zerrütteten Volkswirtschaften der ehemals sozialistischen Länder Europas wesentlich schwieriger sein würde als kalkuliert. Unter den *westlichen Industrieländern* hatten besonders die USA, Kanada und Großbritannien, unter den *Entwicklungsländern* die Staaten Südamerikas und Afrikas 1990 ein geringeres Wirtschaftswachstum als 1989. Insgesamt blieben jedoch vor allem die starken *wirtschaftlichen Diskrepanzen* zwischen den großen westlichen Industrieländern und den wirtschaftsschwachen Entwicklungsländern das wichtigste Charakteristikum der Weltwirtschaft. Aber auch zwischen den *Industrieländern* hielten die *außenwirtschaftlichen Ungleichgewichte* (hohe Leistungsbilanzüberschüsse und -defizite) fast unvermindert an. Für den *ehemaligen »Ostblock«* war das entscheidende Ereignis, daß sich 1990 endgültig die meisten bisherigen »sozialistischen« Länder, insbes. in Europa, von der gescheiterten zentralistischen Planwirtschaft lossagten und begannen, marktwirtschaftliche Systeme einzuführen.

Eine wichtige Rolle für die *globale Wirtschaftsentwicklung* spielte auch 1990 der insgesamt verhältnismäßig niedrige Stand vieler Rohstoff-, vor allem Energiepreise *(→ Kap. Bergbau, Sp. 855ff.)*. Für die Industrieländer brachte er Kostenentlastung mit günstigen Auswirkungen auf Preisstabilität und Handelsbilanzen und mit stärkerem Anstieg der Binnennachfrage. Für die meisten rohstoffexportierenden Länder blieben die Außenhandelseinnahmen auf relativ niedrigem Stand, wodurch ihre gesamtwirtschaftliche Lage sehr ungünstig blieb, vor allem im Hinblick auf die Verschuldungskrise und auf die steigenden Preise für Industriegüterimporte. Für die *gesamte Weltwirtschaft* wird 1990 ein *Wachstum von real +2,2%* geschätzt, verglichen mit rd. 3,5% im Jahr 1989 bzw. 4,3% 1988.

Die Wirtschaftsentwicklung in den einzelnen Staatengruppen:

I. Westliche Industrieländer (OECD-Staaten)

Die wichtigsten Kennzeichen der Wirtschaftsentwicklung 1990 waren:

– eine erneute *Zunahme des Bruttosozialprodukts* (real +2,6%), die jedoch nicht mehr die Steigerungsraten der Vorjahre erreichte (1988: +4,4%, 1989: +3,3%). Überdurchschnittlich wuchs die Wirtschaftstätigkeit vor allem in Japan, der BR Deutschland, Belgien und den Niederlanden, während die USA, Kanada, Großbritannien, Italien, Schweden und Frankreich nicht mehr die Zunahme von 1989 erreichten. Das *Wirtschaftswachstum* entfiel sowohl auf Steigerungen der Inlandsnachfrage als auch auf erhöhte Exporte *(→ Kap. Welthandel),* wobei beide Faktoren geringere Zuwachsraten als in den Vorjahren zeigten. Die, wenn auch z. T. nur geringe, Produktionszunahme der Industrie ergab sich, wie schon in den Vorjahren, hauptsächlich durch weitere Automatisierung und Rationalisierung sowie durch höhere Ausnutzung der vorhandenen Kapazitäten.

– Die *Arbeitskräftenachfrage* stieg daher nicht im gleichen Maße wie das Produktionswachstum und richtete sich vor allem an hochqualifiziertes Personal, das in einigen Wirtschaftsbereichen zu einem Engpaßfaktor wurde. Insgesamt ergab sich daher nur ein mäßiger Abbau der *Arbeitslosigkeit,* die in einigen europäischen Ländern ein wirtschaftspolitisches Problem blieb.

– Die *Inflationsraten* stiegen generell stärker als in den Vorjahren, da die starke Kapazitätsauslastung Preissteigerungen begünstigte und die Energie- und Rohstoffpreise nicht mehr so stark wie in den Vorjahren preisdämpfend wirkten. Für alle OECD-Länder zusammen ergab sich 1990 (1989) eine *Preissteigerungsrate* von 6,3 (5,8)%.

– Der *Außenhandel* nahm 1990 weniger stark zu als in den Vorjahren (alle OECD-Länder zusammen real +3%); die westlichen Industrieländer hielten ihre Position als weitaus wichtigste Im- und Exporteure im Welthandel; sie waren auch 1990 mit über 70% am weltweiten Handelsaustausch beteiligt.

Die *wirtschaftliche Entwicklung* 1990 im Ländervergleich ist am deutlichsten an der *Veränderung des realen Bruttosozialprodukts/BSP* gegenüber dem Vorjahr abzulesen. Das BSP erhöhte sich 1990 (1989) u. a.: Japan +5,8 (+4,9)% – BR Deutschland +4,6 (+3,9)% – Österreich +4,6 (+4,0)% – Belgien +3,7 (+4,0)% – Niederlande +3,4 (+4,1)% – Schweiz +2,6 (+3,5)% – Frankreich +2,5 (+3,6)% – Italien +3,0 (+3,2)% – Großbritannien +1,0 (+2,0)% – USA +0,9 (+2,5)% – Kanada +0,8 (+3,0)% – Schweden +0,5 (+2,1)%. – Für 1991 prognostizieren die meisten Experten eine leicht geringere *Steigerungsrate des Wirtschaftswachstums*.

Das *Realeinkommen der Bevölkerung* erhöhte sich zwar in den meisten Ländern im Durchschnitt, jedoch meist mit einer geringeren Rate als das Wirtschaftswachstum. Zwar wirkten sich Lohn- bzw. Gewinnsteigerungen positiv auf das Realeinkommen aus, aber die in den meisten Ländern erneut erhöhten Preissteigerungsraten und die nach wie vor in vielen Ländern hohen Arbeitslosenquoten drückten die durchschnittliche Einkommensentwicklung.

Die **Inflationsrate** (Steigerung der Verbraucherpreise gegenüber dem Vorjahr) stieg im OECD-Durchschnitt 1990 erneut an. Sie betrug 6,3% (1988: 4,9%; 1989: 5,8%) und lag in keinem Staat mehr bei 1% und darunter, wie noch mehrfach in den Vorjahren. – Die *Zunahme der Verbraucherpreise* betrug 1990 (1989) u. a.: Schweden 10,0 (6,4)% – Großbritannien 9,5 (7,8)% – Australien 7,3 (6,9)% – Spanien 6,7 (6,8)% – Italien 6,1 (6,6)% – USA 5,4 (4,8)% – Schweiz 5,4 (3,2)% – Norwegen 5,0 (4,6)% – Kanada 4,8 (5,0)% – Dänemark 4,0 (4,8)% – Belgien 3,5 (3,1)% – Frankreich 3,4 (3,6)% – Österreich 3,3 (2,5)% – Japan 3,1 (2,3)% – BR Deutschland 2,7 (2,8)% – Niederlande 2,5 (1,1)% – (EG-Länder insges. 5,7 [5,4]%).

Die *Arbeitslosigkeit* verringerte sich auch 1990 trotz des anhaltenden Wirtschaftswachstums in den meisten Industrieländern nur leicht, ausgenommen die Schweiz, Schweden und Japan, wo praktisch Vollbeschäftigung herrscht. In den übrigen Industrieländern reichte das Wirtschaftswachstum in der Regel nicht aus, um den Arbeitsplatzabbau der letzten Jahre – infolge von Rationalisierung und langfristigem wirtschaftlichen Strukturwandel – zu kompensieren bzw. um die neu ins Berufsleben eintretenden jungen Leute voll in den Arbeitsmarkt zu integrieren. Die **Arbeitslosigkeit** betrug Ende 1990 (Anteil der Arbeitslosen an den Erwerbspersonen) in allen OECD-Ländern zusammen rd. 6,0% (1989: 6,2%), in den EG-Ländern 8,3 (9,0)%. Die *Arbeitslosenquote* erreichte u. a. folgende Werte (Ende 1990): Schweiz 0,6% – Schweden 1,8% – Japan 2,1% – BR Deutschland 5,1% – Österreich 5,2% – USA 5,5% – Großbritannien 6,4% – Belgien 7,9% – Kanada 8,1% – Niederlande 8,5% – Frankreich 8,9% – Italien 9,9% – Spanien 15,0% – (die nationalen Zahlen weichen z. T. von diesen standardisierten Werten ab).

Die **Leistungsbilanz** (Außenhandel, Dienstleistungen, private und öffentliche Transfers) entwickelte sich für die meisten westlichen Industrieländer 1990 tendenziell ähnlich wie im Vorjahr. Sehr ungünstig, wenn auch wesentlich besser als 1989, war der Saldo für die USA, die durch ihr hohes Außenhandelsdefizit (→ *Kapitel Welthandel*) 1990 ein *Leistungsbilanzdefizit* von rd. 100 Mrd. $ erreichten. Dies war zwar wesentlich günstiger als die hohen Defizite von 162,3 Mrd. $ (1987), 145,4 Mrd. $ (1986), 128,9 Mrd. $ (1988) oder 110,0 Mrd. $ (1989), aber immer noch das weitaus höchste aller Industriestaaten. Die USA behielten dadurch weiter ihre Position als größter Schuldner unter den westlichen Industrieländern. Die meisten übrigen OECD-Staaten wiesen ungefähr ausgeglichene oder leicht bis mittel defizitäre Bilanzen auf, ausgenommen die BR Deutschland und Japan, die als einzige Industriestaaten seit Jahren auf hohe Leistungsbilanzüberschüsse kommen.

Das *kumulierte Leistungsbilanzdefizit* der westlichen Industrieländer betrug 1990 (1989) –102 (–79) Mrd. $; die Bilanz betrug im einzelnen 1990 (1989) in Mrd. $ u. a. (z. T. vorläufige Zahlen): BR Deutschland +44,5 (+55,3) – Japan +35,8 (+57,2) – Schweiz +10,0 (+7,5) – Niederlande +9,5 (+8,2) – Belgien-Luxemburg +4,0 (+3,8) – Norwegen +3,8 (+0,3) – Dänemark +1,5 (–0,9) – Irland +1,0 (+0,5) – Österreich –0,8 (–0,2) – Island –0,1 (–0,1) – Portugal –1,2 (–0,6) – Neuseeland –2,5 (–2,1) – Griechenland –3,6 (–2,6) – Schweden –5,5 (–3,3) – Finnland –6,7 (–5,5) – Frankreich –7,5 (–3,8) – Italien –11,5 (–10,5) – Kanada –13,6 (–14,1) – Australien –14,0 (–16,9) – Spanien –15,0 (–10,9) – Großbritannien –27,9 (–32,1) – USA –100,0 (–110,0).

II. Ehemalige RGW-Staaten

Der unter Führung der UdSSR stehende politisch-ökonomische Block des *RGW* (»Rat für gegenseitige Wirtschaftshilfe«, COMECON) zerbrach 1989/90 und wurde im Juli 1991 auch formell aufgelöst. Die Situation in der *1990 stattfindenden Zeit des Übergangs* wird in einer Publikation der Deutschen Bank charakterisiert: »Sämtliche Volkswirtschaften Osteuropas befinden sich in einem desolaten Zustand. Das Wirtschaftswachstum ist praktisch überall zum Stillstand gekommen, zum Teil schrumpft das Sozialprodukt. Zu lange Modernisierungszyklen, Versorgungsengpässe bei Vorprodukten, zu geringe Angebotsflexibilität, Stockungen im Wirtschaftsablauf und eine vernachlässigte Infrastruktur ließen die Produktivität deutlich hinter der der westlichen Industrieländer zurückbleiben. Die zentrale Wirtschaftsplanung stieß an systembedingte Grenzen ihrer Leistungsfähigkeit. Der Verzicht auf marktmäßig ermittelte Preise, Löhne und Zinsen... hatte zur Folge, daß an den Bedürfnissen der Menschen vorbei produziert wurde und eine zunehmende Unterversorgung eintrat. Gleichzeitig lähmte die weitgehende Bevormundung jegliche Eigeninitiative und führte zu einer immer mehr nachlassenden Leistungsmotivation.«

Insgesamt wird für 1990 für den gesamten *europäischen RGW-Raum* ein *Rückgang des Wirtschaftsergebnisses* von real mindestens 5%, evtl. noch mehr, geschätzt. Genaue Angaben sind aufgrund der z. T. chaotischen Verhältnisse dieses Übergangsjahres noch nicht möglich. Allein für die *UdSSR* wird ein *Wirtschaftsrückgang* von rd. 2,5% geschätzt, wobei jedoch *Preissteigerungen* nicht berücksichtigt sind. Sie betrugen allein in der UdSSR rd. 9–10% (Inflationsrate) und wurden hauptsächlich durch den großen Kaufkraftüberhang hervorgerufen (Disparität zwischen Geldeinkommen und Warenversorgung). In der UdSSR tragen seit einigen Jahren auch die Haushaltsdefizite zur Inflation bei, die durch das Mißverhältnis von sinkenden Staatseinnahmen (ungenügendes Wirtschaftsergebnis, gesunkene Exporterlöse für Rohstoffausfuhren) und hohen Ausgaben (z. B. Militärapparat) entstanden sind. 1990 betrug das *Defizit des sowjetischen Etats* rd. 60 Mrd. Rbl. Auch das seit Jahren latent vorhandene Beschäftigungsproblem wurde 1990 verstärkt sichtbar. Nach Schätzungen russischer Wirtschaftswissenschaftler wird der in den nächsten Jahren notwendige Übergang zur Marktwirtschaft zunächst über 30 Mio. Arbeitslose mit sich bringen; z. Z. soll es in der UdSSR bereits 8–10 Mio. Arbeitslose geben (amtliche Zahl: rd. 2 Mio.).

Bei den z. Z. stattfindenden Versuchen zur *Sanierung der Volkswirtschaften* der ehem. RGW-Staaten (UdSSR und osteuropäische sozialistische Staaten) stehen 2 Aufgaben im Vordergrund:

1. *Modernisierung des völlig veralteten Produktionsapparates in Industrie und Landwirtschaft einschließlich des Neuaufbaus des ungenügenden Dienstleistungssektors;*
2. *Neuordnung des Wirtschaftssystems* im Sinne einer *Umgestaltung von der zentralistischen Planwirtschaft zu einer dezentralen, privat organisierten Marktwirtschaft.*

Inzwischen haben *Polen,* die *ČSFR* und *Ungarn* einen konsequent marktwirtschaftlichen Kurs eingeschlagen, ebenso wie die *ehem. DDR* durch ihren Anschluß an die BR Deutschland. In *Rumänien, Bulgarien* und *Albanien* ist die künftige wirtschaftspolitische Richtung noch nicht völlig absehbar, ebenso wie in der *UdSSR*, die einen »3. Weg« zwischen Planwirtschaft und Marktwirtschaft einzuschlagen versucht, da bisher weder die Vertreter der einen noch der anderen Richtung (Marxisten – radikale Reformer) die Oberhand gewinnen konnten. Die Erfolgsaussichten für eine baldige *wirtschaftliche Sanierung der UdSSR* sind ungünstig zu beurteilen, da viele notwendige Reformen (in Richtung auf Privatisierung und Stärkung der Eigeninitiative) nur halbherzig eingeleitet werden bzw. ihre Durchführung von den Wirtschaftsfunktionären, besonders der mittleren und unteren Leitungsebene, vielfach boykottiert wird. Hinzu kommen die vielfältigen Probleme, die sich in der UdSSR aus den zunehmenden Nationalitätenkonflikten des Vielvölkerstaates ergeben, die auch die Wirtschaft schwer beeinträchtigen.

Insgesamt muß für 1991/92 mit einer Fortdauer der wirtschaftlichen Probleme gerechnet werden, wie sie für eine Zeit des Übergangs zu einem anderen politisch-wirtschaftlichen System typisch sind. Speziell bezüglich der UdSSR rechnen alle Fachleute damit, daß der »Tiefpunkt der Krise« 1990/91 noch nicht erreicht war und weitere nur halbherzige Reformen nicht geeignet sind, die Wirtschaft vor dem völligen Zerfall zu retten.

III. Entwicklungsländer

Die *Entwicklungsländer* konnten – insgesamt gesehen – auch 1990 kaum am *weltwirtschaftlichen Wachstum* teilhaben. Zwar profitierten verschiedene relativ fortgeschrittene Entwicklungsländer wiederum von ihren engen Handelsbeziehungen mit den Industrieländern (z. B. die exportorientierten »Schwellenländer« Ostasiens, wie Süd-Korea und Taiwan), doch in den meisten ärmeren Ländern besserte sich die wirtschaftliche Lage kaum bzw. verschlechterte sich vielfach eher noch. – Das jährliche *Wachstum des Sozialprodukts der Entwicklungsländer* betrug in den 60er Jahren noch 5,8% und in den 70er Jahren 5,2%; in der ersten Hälfte der 80er Jahre fiel es auf 2–3% zurück, für 1987–90 wurde – wegen der weltwirtschaftlich wieder stärkeren Konjunkturentwicklung und des zeitweisen Anziehens mancher Rohstoffpreise – ein Jahreswachstum von real rd. 3,2% berechnet. Wegen der weiterhin starken Bevölkerungszunahme in fast allen Entwicklungsländern ergab sich hieraus nur eine *geringe Zunahme oder vielfach sogar eine Abnahme des durchschnittlichen Pro-Kopf-Einkommens*. In den meisten der am wenigsten entwikkelten Länder (LLDC) stagnierte oder sank auch 1990 wieder das Bruttosozialprodukt pro Kopf; 1980–90 betrug dieser Rückgang des BSP pro Einwohner über 20%. Zu den wenigen größeren Ländern mit einem Wirtschaftswachstum – auch pro Kopf – gehörten, neben der schon erwähnten Gruppe der »Schwellenländer« Ost- und Südostasien, auch Indien, China und Indonesien. Man muß jedoch berücksichtigen, daß neben dem statistisch erfaßten Teil der Wirtschaft in den meisten Entwicklungsländern die sog. *»Schatten-« oder »Parallelwirtschaft«* beachtliche Leistungen aufweist. Während der Anteil dieser illegalen bis halblegalen, häufig stillschweigend geduldeten Wirtschaft in den westlichen Industrieländern in Form von *»Schwarzarbeit«* meist 5–15% des offiziellen BSP beträgt (z. B. Japan 4%, BR Deutschland und USA je 8–10%, Italien und Schweden je 12–15%), macht er z. B. in Indien nach Weltbankschätzungen rd. 50% aus – die also zum amtlichen BSP hinzugezählt werden müssen – und erreicht in vielen anderen Entwicklungsländern ähnlich hohe Werte.

Die **Entwicklungsländer** sind in wirtschaftlicher wie sozialer Hinsicht keineswegs eine einheitliche Staatengruppe. Daher ist auch ihre Zusammenfassung zu einer sog. »Dritten Welt« ebenso nichtssagend wie das Schlagwort vom »Nord-Süd-Gegensatz« und nur geeignet, die großen Unterschiede innerhalb dieser Ländergruppe zu verschleiern. Der Begriff *»Entwicklungsland«* bezieht sich auf wirtschaftliche, infrastrukturelle, soziale und/oder kulturelle Entwicklungsrückstände. Als brauchbar erscheint die *Klassifizierung der Weltbank* (ähnlich auch der UNO), die die **Entwicklungsländer** in folgende **Kategorien** einteilt:

1. **»Länder mit niedrigem Einkommen«**
(Bruttosozialprodukt/BSP pro Kopf 1988 bis 500 US-$): z. B. VR China, Indien, Äthiopien, Zaire, Sudan, Pakistan, Tansania, Nigeria, Kenia;

2. **»Länder mit mittlerem Einkommen«**
a) Untere Einkommenskategorie (BSP pro Kopf 1988 über 500 bis 2200 US-$): z. B. Ägypten, Simbabwe, Tunesien, Thailand, Malaysia, Philippinen, Türkei, Brasilien, Kolumbien, Chile;
b) Obere Einkommenskategorie (BSP pro Kopf 1988 über 2200 bis rd. 6000 US-$): z. B. Argentinien, Venezuela, Algerien, Libyen, Rep. Korea/Südkorea, Südafrika, aber auch europäische Staaten wie Rumänien, Jugoslawien, Ungarn, Griechenland und Portugal;

3. **»Erdölexporteure mit hohem Einkommen«:**
Saudi-Arabien, Kuwait, Oman, Katar, Bahrain, Ver. Arab. Emirate, Brunei.

Die Länder der Gruppe 2. b) stehen von der wirtschaftlichen Entwicklung her an der Schwelle zu den Industrieländern (sog. »**Schwellenländer**«). Sie konnten auch 1990/91 ihre wirtschaftliche Situation überwiegend weiter verbessern, vor allem durch staatliche Förderung des gewerblichen Unternehmertums, Aufbau von Industrien und Fertigwarenexport in die westlichen Industrieländer. Beispiele sind insbesondere die ost- und südostasiatischen Länder Südkorea (Rep. Korea), Taiwan (Rep. China), Hongkong, Singapur, im Ansatz Malaysia und Thailand.

Die auf den *Erdöl- und sonstigen Rohstoffexport* orientierten Länder (z. B. OPEC-Länder), konnten 1990, wie schon im Vorjahr, wenigstens z. T. wieder ein gewisses Wachstum erzielen. Aufgrund der Überschußsituation auf den Weltmärkten für die meisten bergbaulichen und agrarischen Rohstoffe waren, vor allem 1985/86, die Preise stark zurückgegangen, so daß die Exportländer trotz teilweise beträchtlich erhöhter Produktion Erlöseinbußen und ein sinkendes Volkseinkommen hinnehmen mußten und in eine ernste Verschuldungskrise gerieten. 1987 kam es bei vielen Produkten zu Preiserhöhungen, die sich 1988 und teilweise auch 1989 bei gewissen Produkten fortsetzten. Die Hoffnung auf eine Verbesserung der finanziellen Situation der Rohstoffexporteure trog jedoch, denn 1990 zeigten die meisten Rohstoffpreise wieder sinkende Tendenz *(→ Kap. Bergbau)*. Die wirtschaftliche Situation der Exportländer blieb daher verzweifelt; auch verhinderte die *exorbitant hohe Verschuldung* vieler dieser Länder (z. B. Brasilien, Mexiko, Nigeria) die Aufnahme neuer Kredite und damit die Inangriffnahme neuer Entwicklungsprojekte. Vor allem Erdölexportländer, die im Vertrauen auf weiter steigende Einnahmen in den 70er Jahren hohe Kredite aufgenommen hatten, sind inzwischen stark überschuldet und mußten ihre Importe drastisch reduzieren.

Die *Entwicklungsländer mit niedrigem Einkommen* (Gruppe 1) machten auch 1990/91 kaum wirtschaftliche Fortschritte, teilweise sank das Nationaleinkommen pro Kopf erneut. Eine Hauptschuld an der Stagnation der wirtschaftlichen Entwicklung trägt weiterhin die gewaltige Überschuldung (Unfähigkeit fast aller Entwicklungsländer, die bisher erhaltenen Kredite zurückzuzahlen). Sie führt ebenso zu starker Zurückhaltung bei der Gewährung neuer Kredite durch die westlichen Industrieländer wie die vielfach vorhandene politische Instabilität bis hin zu Bürgerkriegswirren und Willkürherrschaft. Es besteht daher vor allem seitens der Privatwirtschaft der Industrieländer kaum Neigung, in diesen Ländern zu investieren. Andererseits sind die Möglichkeiten und die Bereitschaft der westlichen Industriestaaten, finanzielle Hilfe zu geben, angesichts vielfacher eigener Konjunktur- und Strukturprobleme nur begrenzt. Seit 1989 rücken zudem verstärkt die ehemaligen »Ostblock«-Staaten als Empfänger westlicher Wirtschaftshilfe in den Vordergrund.

Eine Analyse des erwirtschafteten **Bruttosozialprodukts** (als Maß für die wirtschaftliche Wertschöpfung), die die Entwicklung in den verschiedenen Ländern und Staatengruppen untersucht, erweist eindeutig, daß sich das *weltweite Wohlstandsgefälle* zwischen reichen und armen Ländern in den 80er Jahren weiter vergrößert hat. Im Verlauf der letzten 10–20 Jahre ergab sich *keine wesentliche*

Umverteilung des globalen Sozialprodukts, abgesehen von 2 Ausnahmen:
- dem Wohlstandszuwachs einiger erdölexportierender Staaten seit der Mitte der 70er Jahre und
- dem überdurchschnittlichen Wirtschaftswachstum mehrerer »Schwellenländer«, die den Abstand zu den Industriestaaten verringern konnten.

1990 entfielen auf die *westlichen und östlichen Industriestaaten* mit 24% der Weltbevölkerung zusammen 83% der globalen Wertschöpfung (Weltsozialprodukt), auf die Entwicklungsländer mit 76% der Bevölkerung nur 17% des Wirtschaftsergebnisses. Für über 50 *Entwicklungsländer* (mit Ausnahme von 10 Staaten alle Länder Afrikas und Lateinamerikas) ergab sich 1980–90 sogar ein *Rückgang des realen Pro-Kopf-Einkommens* (BSP pro Jahr und Einw.) – wegen nur geringer Zunahme oder sogar eines Absinkens des Wirtschaftsergebnisses bei gleichzeitig starkem Bevölkerungswachstum. Auch für die 90er Jahre ist kaum eine Tendenzwende absehbar.

Bruttosozialprodukt zu Marktpreisen in Mrd. US-$ (nach »World Bank Atlas 1990«) 1989 (1988)/ durchschn. jährliche Veränderung 1980–89 in % (neuere Daten liegen weltweit noch nicht vor):

USA	5237,707	(4882,110)	+ 3,2%
Japan	2920,310	(2569,860)	+ 4,1%
UdSSR (S)	1450,000	–	–
BR Deutschland	1272,959	(1130,742)	+ 2,0%
Frankreich	1000,866	(904,896)	+ 2,0%
Italien	871,955	(767,046)	+ 2,4%
Großbritannien	834,166	(734,002)	+ 3,1%
Kanada	500,337	(439,530)	+ 3,6%
VR China	393,006	(360,080)	+ 9,6%
Brasilien	375,146	(309,948)	+ 3,1%
Spanien	358,352	(302,189)	+ 2,9%
Indien	287,383	(275,880)	+ 5,4%
Australien	242,131	(203,845)	+ 3,2%
Niederlande	237,415	(214,149)	+ 1,8%
DDR (S)	200,000	–	–
Schweiz	197,984	(179,886)	+ 2,1%
Rep. Korea (Süd-K.)	186,467	(151,013)	+10,1%
Schweden	184,230	(162,773)	+ 2,2%
Mexiko	170,053	(146,405)	+ 0,6%
Belgien	162,026	(143,379)	+ 1,7%
ČSFR (S)	152,000	–	–
Österreich	131,899	(117,341)	+ 1,9%
Rep. China (Taiwan; S)	110,000	–	–
Finnland	109,705	(91,962)	+ 3,4%
Dänemark	105,263	(95,113)	+ 2,2%
Norwegen	92,097	(82,045)	+ 3,9%
Saudi-Arabien	89,986	(86,622)	– 1,1%
Indonesien	87,936	(81,866)	+ 5,7%
Südafrika	86,029	(77,686)	+ 1,5%
Türkei	74,731	(68,811)	+ 5,3%
Argentinien	68,780	(80,995)	– 0,3%
Polen	66,974	(69,961)	+ 2,6%
Thailand	64,437	(54,487)	+ 6,5%
Hongkong	59,202	(52,560)	+ 7,2%
Jugoslawien	59,080	(59,129)	+ 0,0%
Griechenland	53,626	(47,788)	+ 1,0%
Algerien	53,116	(55,620)	+ 3,1%
Venezuela	47,164	(58,682)	+ 0,5%

Starke Veränderungen des BSP zwischen aufeinanderfolgenden Jahres beruhen häufig auf Wechselkursänderungen gegenüber dem US-$.

Während das **Bruttosozialprodukt** insgesamt Auskunft über die wirtschaftliche Leistungsfähigkeit eines Landes im globalen Vergleich gibt, vermittelt das **BSP pro Kopf** ein ungefähres Bild der durchschnittlichen Einkommensverhältnisse und des nationalen Wohlstands.

Bruttosozialprodukt je Einwohner in US-$ (nach »Weltbankatlas 1990«) 1989 (1988)/durchschn. jährliche Veränderung 1980–89 in % (ohne Kleinststaaten):

Schweiz	30270	(27370)	+ 1,8%
Luxemburg	24860	(22290)	+ 3,6%
Japan	23730	(20960)	+ 3,5%
Finnland	22060	(18570)	+ 2,9%
Norwegen	21850	(19550)	+ 3,5%
Schweden	21710	(19300)	+ 2,0%
Island	21240	(20230)	+ 1,7%
USA	21100	(19820)	+ 2,2%
BR Deutschland	20750	(18460)	+ 2,1%
Dänemark	20510	(18540)	+ 2,2%
Kanada	19020	(16940)	+ 2,6%
Ver. Arab. Emirate	18430	(16420)	– 8,2%
Frankreich	17830	(16200)	+ 1,6%
Österreich	17360	(15450)	+ 1,9%
Belgien	16390	(14520)	+ 1,7%
Kuwait	16380	(14630)	– 2,1%
Niederlande	16010	(14510)	+ 1,3%
Italien	15150	(13350)	+ 2,1%
Großbritannien	14570	(12850)	+ 2,9%
Australien	14440	(12330)	+ 1,8%
Neuseeland	11800	(10190)	+ 0,9%
Katar	11650	(11610)	+ 0,2%

Die *niedrigsten Werte* weisen auf:

Madagaskar	230	(250)	– 2,6%
Tschad	190	(180)	+ 3,9%
Bhutan	190	(190)	+ 7,8%
Bangladesch	180	(170)	+ 0,7%
Guinea-Bissau	180	(170)	+ 1,5%
Malawi	180	(160)	– 0,1%
Laos	170	(180)	0,0%
Somalia	170	(170)	– 1,3%
Nepal	170	(170)	+ 2,1%
Tansania	120	(150)	– 1,6%
Äthiopien	120	(120)	– 1,1%
Mosambik	80	(100)	– 6,0%

Die **Staatsverschuldung** mit ihren Folgen gehörte auch 1990/91 zu den wichtigsten Themen der Weltwirtschaftspolitik. Besorgniserregend und entwicklungshemmend ist weniger die Höhe der Schulden an sich – die auch bei Industrieländern vielfach enorm ist (z. B. USA) –, sondern die *Unfähigkeit vieler Schuldnerländer, die geliehenen Gelder vertragsgemäß zurückzuzahlen*, zumal sie häufig nicht in sinnvolle Projekte investiert, sondern dem Konsum zugeführt wurden. Dies betrifft einerseits *ehemalige RGW-(Ostblock-)Länder*, wie z. B. Polen (Schuldenstand Ende 1990 brutto 46,6 Mrd.$ + 5,1 Mrd. Rbl), besonders aber viele außereuropäische Entwicklungsländer. Verschiedene hochverschuldete rohstoffexportierende Staaten konnten auch 1990 ihren Zahlungsverpflichtungen (Zins- und Tilgungsleistungen) nicht mehr nachkommen, da aufgrund der vergleichsweise immer noch niedrigen Rohstoffpreise zu wenig Devisen erwirtschaftet wurden.

Für die *Entwicklungsländer* bedeutet die hohe Staatsverschuldung nicht nur eine Überforderung der wirtschaftlichen Leistungsfähigkeit, sondern ihre verlorene Kreditwürdigkeit verhindert auch den dringend benötigten Zufluß von neuem Kapital und bildet ein starkes Hemmnis für den Welthandel. Ende 1990 betrugen die *Auslandsschulden der Entwicklungsländer* nach Weltbank-Angaben brutto 1341 Mrd. $ (netto, d. h. nach Abzug von Auslandsguthaben, etwa 1100–1200 Mrd. $). Davon entfielen 588 Mrd. $ auf die hochverschuldeten »Mitteleinkommensländer« (z. B. Mexiko, Brasilien) und 116 Mrd. $ auf »Niedrigeinkommensländer« (z. B. schwarzafrikanische Staaten). Die *Schuldendienstzahlungen* beliefen sich 1990 auf 119 Mrd. $ (Zinsen 52, Tilgung 67 Mrd. $). Der Schuldendienst der Entwicklungsländer sank 1990 auf 21,1 % (»Niedrigeinkommensländer« 28,4 %) der Einnahmen aus dem Export von Waren und Dienstleistungen (1986 noch 30,4 %). Möglichkeiten der Umschuldung bzw. des Schuldenerlasses für die ärmsten Entwicklungsländer standen auch 1990/91 im Vordergrund entwicklungspolitischer Diskussionen, zumal sich die weltwirtschaftlichen und -politischen Rahmenbedingungen für die Lösung der Schuldenprobleme eher verschlechterten (schwächeres Wirtschaftswachstum in den Industrieländern, Umlenkung finanzieller Mittel nach Osteuropa u. a.). Gewisse Hilfen brachten die Verhandlungen im Rahmen der sog. *»Brady-Initiative«* des US-Finanzministers (Umschuldungen, Teil-Schuldenerlasse), die den Schuldendienst einzelner Länder (z. B. Mexiko, Philippinen, Venezuela) abbauten und ihre Kreditwürdigkeit wieder verbesserten. Verschärft wird die Finanzkrise vieler Entwicklungsländer durch die *»Kapitalflucht«* ins Ausland, vor allem in die USA und nach Westeuropa. Viele Unternehmer, aber selbst staatliche Behörden investieren erwirtschaftetes Vermögen nicht im Inland, sondern legen es gewinnbringend bei Banken im sichereren Ausland an. So betrug z. B. die »Kapitalflucht« 1976–1986 aus Mexiko rd. 55 Mrd. $, Venezuela 32 Mrd. $, Argentinien 27 Mrd. $, Nigeria, Indien und Brasilien je rd. 10–12 Mrd. $.
Schuldenhöhe ausgewählter Entwicklungsländer 1989/90 in Mrd. $ u. a.: Brasilien 122 – Mexiko 92 – Argentinien 67 – Indien 58 – Indonesien 52 – Venezuela 32 – Nigeria 31 – Philippinen 28 – Algerien 24 – Thailand 20 – Kolumbien 18 – Pakistan 17.
In der »Institutional Investor«-*Rangliste der Staaten nach Bonität* (Kreditwürdigkeit) von 1990 nehmen die ärmsten und hochverschuldeten Entwicklungsländer unter den Staaten die hintersten Plätze ein: (Beispiele; 100 = ohne Risiko; 0 = höchstes Risiko): Japan 94,6 – Schweiz 94,6 – BR Deutschland 93,8 – USA 90,9 – Niederlande 87,8 – Frankreich 87,2 – Großbritannien 87,0 – Kanada 86,7 – Österreich 84,6 – Schweden 81,3 – Italien 80,1 – Finnland 79,7 – Belgien 78,9 – Norwegen 78,6 – Singapur 77,9 – Rep. China/Taiwan 77,7 – Spanien 76,9 – Australien 71,0 – Irland 66,5 – UdSSR 62,1 – Thailand 61,3 – Saudi-Arabien 60,3 – DDR 57,1 – VR China 54,2 – ČSFR 53,7 – Indien 47,8 – Türkei 41,4 – Südafrika 34,0 – Mexiko 32,6 – Kolumbien 31,8 – Kenia 29,7 – Brasilien 27,2 – Jugoslawien 27,1 – Ägypten 23,0 – Polen 19,0 – Nigeria 17,5 – Kuba 10,9 – Zaire 8,3 – Sudan 5,2 – Nicaragua 4,7 – DVR Korea (Nord-K.) 4,5.

Das **Weltwährungssystem** war 1990 durch eine Abschwächung des US-$ und des japanischen Yen und – im Gegensatz dazu – eine Stärkung der meisten europäischen Währungen, auch der DM, gekennzeichnet. Insbesondere die im EWS zusammengeschlossenen Währungen zeigten eine beachtliche Stabilität im Verhältnis zueinander wie auch im Außenwert. – Der gewogene *Außenwert des US-$* gegenüber den Währungen der 18 wichtigsten Industrieländer hatte seinen Höhepunkt im März 1985 mit 129,1 (1972=100) erreicht. Er sank seitdem im Jahresdurchschnitt über 94,7 (1986), 83,3 (1987), 77,7 (1988) und 81,3 (1989) auf 77,5 (1990) bzw. 73,0 (Jahresende 1990). Im Vergleich zur DM ergab sich ein Kursverlust des $ von 2,94 DM (1986), 1,80 DM (1987), 1,76 DM (1988) und 1,88 DM (1989) auf nur noch 1,62 DM (1990).
Die **Währungsreserven** (Gold, Devisen, Sonderziehungsrechte und Reserveposition beim Internationalen Währungsfonds/IWF) der Mitgliedsländer des IWF (zuzügl. Schweiz und Rep. China/Taiwan) stiegen bis Ende 1990 auf 939,2 Mrd. $ an. Von der Gesamtsumme der Währungsreserven entfielen Ende 1990 (in Mrd. $) auf Gold 39,7 – Sonderziehungsrechte 29,0 – IWF-Reservepositionen 33,8 – Guthaben in ECU 64,1 – Devisen 727,7 (u. a. US-$ 426,8 – DM 160,9 – Yen 75,0 – £ 24,3 – FF 15,4 – sfr 14,5 – hfl 8,5).

Das **Europäische Währungssystem** (EWS), das seit dem 13.3.1979 besteht, ist ein wichtiger Bestandteil der monetären Integration in der EG, die im Hinblick auf den Gemeinsamen Binnenmarkt angestrebt wird. Im Rahmen des EWS gilt die *Europäische Währungseinheit ECU*. Ihr Wert beträgt (Stand Mitte Juni 1991) u. a.: Belgien-Luxemburg: 42,2 bfr/lfr – BR Deutschland: 2,05 DM – Frankreich: 6,97 FF – Großbritannien: 0,70 £ – Italien: 1530,90 Lit – Japan: 160,86 Yen – Niederlande: 2,31 hfl – Österreich: 14,45 öS – Schweiz: 1,76 sfr – USA 1,14 $.
Der **Wert des ECU** setzt sich seit 8.10.1990 aus folgenden Anteilen zusammen: DM 30,10% – franz. F 19,3% – brit. £ 12,6% – ital. Lit 9,9% – niederl. hfl 9,5% – belg./lux. bfr./lfr. 8,1% – span. Pta 5,2% – dän. dkr 2,5% – ir. £ 1,1% – port. Esc. 0,8% – griech. Dr. 0,7% – Die Einheit **ECU** dient als Recheneinheit und Zahlungsmittel zwischen den Zentralbanken sowie als Bezugsgröße für die Festlegung der Wechselkurse im EWS; sie wird aber zunehmend auch wie normale Devisen gehandelt und wird evtl. zur künftigen gemeinsamen Europawährung weiterentwickelt.

Die **Diskontsätze** wichtiger Industrieländer betragen z. Z. (Stand Juni 1991): Japan, USA, Schweiz je 6% – BR Deutschland 6,5% – Österreich 7,0% – Niederlande 7,75% – Spanien 8,0% – Finnland 8,5% – Frankreich 9,0% – Schweden 10,0% – Belgien, Dänemark je 10,5% – Italien 12,5% – Großbritannien 12,875% – Portugal 14,5%.

Die wirtschaftliche Entwicklung 1990/91 in ausgewählten Staaten

(→ hierzu auch Wirtschaftsdaten im Staatenteil)

Europa

Belgien: Nach dem kräftigen Wirtschaftswachstum der beiden Vorjahre mit Erhöhungen des Bruttoinlandsprodukts um jeweils 4–5% ergab sich 1990 eine Konjunkturabschwächung (BIP +3,5%). Während der private Verbrauch und die gewerblichen Investitionen stärker anstiegen, stagnierte der Staatsverbrauch. Dies geht auf die Versuche zur Stabilisierung des Staatshaushalts zurück (Eindämmung der jahrelangen Defizite und der Staatsschulden, die bei etwa 135% des jährlichen BSP liegen). Die Arbeitslosenrate konnte weiter gesenkt werden, war mit 9,8% (1989: 11,1%) aber nach wie vor relativ hoch. Die günstige Inflationsrate der letzten Jahre konnte nicht gehalten werden; die Verbraucherpreise stiegen um 3,4%. – 1981 setzte sich die Abschwächung des wirtschaftlichen Wachstums fort; auch der finanzpolitische Konsolidierungskurs der Regierung wurde weitergeführt, so daß die Staatsausgaben erneut kaum wachsen dürften.

Deutschland: → *Sp. 317ff.*

Frankreich: Die wirtschaftliche Entwicklung verlief 1990 wesentlich langsamer als in den Vorjahren. Das reale Bruttosozialprodukt erhöhte sich nur noch um 2,6% gegenüber 3,7% (1989). Die Abschwächung ergab sich aufgrund stagnierenden privaten Verbrauchs, geringerer Unternehmerinvestitionen und erschwerter Exporte. Die Industrieproduktion wuchs daher nur noch um 1,5% im Vergleich zu 4,1% (1989), und das Außenhandelsdefizit erhöhte sich von 42,9 (1989) auf 50,1 Mrd. FF. Insbesondere die Außenhandelsbilanz mit Industrieerzeugnissen verschlechterte sich stark (–57,1 Mrd. FF), während lediglich im Handel mit Nahrungsmitteln wieder ein hoher Überschuß erwirtschaftet wurde (+51,2 Mrd. FF). – Die Inflationsrate lag mit 3,4% auf einer ähnlichen Höhe wie im Vorjahr; die relativ hohe Arbeitslosenquote konnte aufgrund staatlicher Beschäftigungsförderung leicht von 9,4% (1989) auf 8,9% (1990) gesenkt werden. – Anf. 1991 verschlechterten sich die Konjunkturaussichten weiter, auch durch die Folgen des Golfkrieges, so daß für das 1. Halbjahr 1991 nur mit einem Wirtschaftswachstum von rd. 1% gerechnet wird.

Großbritannien: Die britische Wirtschaft geriet 1990 in eine echte Rezession, von der besonders die Industrie betroffen war, deren Produktion um rd. 1% unter dem Wert des Vorjahres lag. Gesamtwirtschaftlich konnte zwar noch ein leichtes Wachstum verzeichnet werden, doch erreichte die Zunahme des BSP nur noch 1% nach 2,0% (1989) und 4,3% (1988). Hauptursache der Wachstumsschwäche war die der Inflationsbekämpfung dienende Hochzinspolitik im Zusammenhang mit hohen Lohnsteigerungen der letzten Jahre, die weit über den Produktivitätszuwachs hinausgingen und die Wettbewerbsfähigkeit der Industrie stark beeinträchtigten. Trotz aller Gegenmaßnahmen stieg die Inflationsrate weiter an und erreichte 1990 9,5% (1989: 7,8%); auch die Arbeitslosigkeit blieb mit 7,0% (zum Jahresende) relativ hoch. Positiv entwickelte sich dagegen die Leistungsbilanz aufgrund eines abnehmenden Handelsbilanzdefizits. – Ein nach wie vor ungelöstes Problem sind die regionalen Disparitäten zwischen den industriellen Problemgebieten in Nordengland, Schottland und Nordirland mit weit überdurchschnittlichen Arbeitslosenquoten und dem wirtschaftlich prosperierenden Südengland.

Italien: Der wirtschaftliche Aufschwung der letzten Jahre setzte sich 1990 nicht in gleicher Weise fort; das Bruttosozialprodukt erhöhte sich nur noch um rd. 2% (1989: 3,4%). Die Konjunkturschwäche ging auf geringeren privaten Verbrauch und geringere Investitionen der Industrie zurück, deren Produktion auf gleichem Niveau wie im Vorjahr blieb. Die Arbeitslosigkeit konnte nur leicht von 10,7% (1989) auf 9,9% verringert werden. Allerdings ist diese Zahl wegen verbreiteter Schwarzarbeit (»Schattenwirtschaft«) und Mehrfachbeschäftigung nicht sehr aussagekräftig. Die Inflationsrate blieb relativ hoch und erreichte 1990 (1989) 6,5 (6,3)%, was wiederum kräftige Lohnerhöhungen nach sich zog und die internationale Wettbewerbsfähigkeit der Wirtschaft weiter schwächte. Das wichtigste Problem der Wirtschafts- und Finanzpolitik ist das hohe Haushaltsdefizit und die dadurch seit Jahren stark ansteigende Staatsverschuldung. Allein Zinszahlungen machen über 20% der Staatsausgaben aus. 1991 wird das Defizit des Staatshaushalts auf rd. 200 Mrd. DM zunehmen, und die gesamte Staatsschuld überschritt 1990 erstmals das Sozialprodukt, ohne daß ernsthafte Ansätze zur Sanierung der Staatsfinanzen erkennbar sind.

Niederlande: Die Niederlande erreichten 1990 ein Wirtschaftsergebnis, das mit einer Steigerung des Bruttosozialprodukts von 3,4% zwar schlechter war als im Vorjahr (+4,1%), aber international ein relativ gutes Ergebnis darstellte. Das Wachstum wurde durch eine Erhöhung der Industrieproduktion um rd. 3% sowie durch eine beträchtliche Exportsteigerung (+16%) erreicht. Die wachsende Auslandsnachfrage, vor allem seitens des wichtigsten Handelspartners BR Deutschland, spielte für die Wirtschaft der Niederlande eine große Rolle, da sie sehr stark exportabhängig ist (Exportquote von rd. 60% des BSP). Da die Einfuhren 1990 weniger stark wuchsen als die Ausfuhren, wurde wieder ein Exportüberschuß erwirtschaftet (rd. 3,5 Mrd. $). Die Inflationsrate stieg zwar leicht an, blieb aber mit +2,5% auf einer international sehr günstigen Höhe. Ein Problem blieb auch 1990 die Arbeitslosigkeit, die nur leicht auf rd. 7% gesenkt werden konnte.

Österreich: → *Sp. 490ff.*

Schweden: Die wirtschaftliche Entwicklung verschlechterte sich 1990 weiter; nach einem Absinken des Wirtschaftswachstums auf 2% (Erhöhung des Bruttosozialprodukts 1989) wurde für 1990 ein »Nullwachstum« errechnet. Als Hauptursache wurde übereinstimmend die »Kosteninflation« genannt, die die Wirtschaftstätigkeit zunehmend lähmt. Verbunden war die Entwicklung mit einer weiter steigenden Inflationsrate (1989: 7% – 1990:10,5%). Eine starke lohn- und preissteigernde Tendenz ging vom Facharbeitermangel aus, der mit der Vollbeschäftigung verbunden ist (Arbeitslosenquote von nur 2%). Die Leistungsbilanz verschlechterte sich weiter, da im Dienstleistungssektor mit dem Ausland stark erhöhte Defizite auftraten. Schließlich stieg die Steuerbelastung der Bürger weiter an und erreichte 58% des BSP. – Das Anf. 1990 verabschiedete Regierungsprogramm zur wirtschaftlichen Stabilisierung (u. a. Begrenzung der Lohnsteigerungen, Anhebung des Rentenalters, Steuererhöhungen) soll 1991 erste Wirkungen zeigen.

Schweiz: → *Sp 528ff.*

Sowjetunion: → Kap. *Wirtschaft, Sp. 794f.*

Spanien: Das Wirtschaftswachstum erreichte 1990 mit einer realen Zunahme von rd. 3,5% nicht mehr den hohen Wert des Vorjahres (+5,2%). Die seit dem Beitritt zur EG 1986 spürbare wirtschaftliche Dynamik ließ merklich nach, vor allem im Industriesektor, wo deutlich weniger investiert wurde. Das Wirtschaftswachstum wurde im wesentlichen nur noch von den hohen öffentlichen Investitionen getragen, obwohl auch dem Staatsverbrauch durch eine restriktivere Etatpolitik deutliche Grenzen gezogen wurden. Ziel der Wirtschaftspolitik war vor allem eine Dämpfung konjunktureller Überhitzung und ein Ausgleich gesamtwirtschaftlicher Ungleichgewichte. Hierzu gehörten besonders das stark gestiegene Defizit der Handels- und Leistungsbilanz (–15 Mrd. $, trotz der hohen Deviseneinnahmen aus dem Tourismus), die 1990 auf 6,7% gestiegene Inflationsrate sowie die Arbeitslosigkeit von rd. 16%. Dies ist der höchste Wert in der EG, wenn auch die Quote angesichts der verbreiteten »Schattenwirtschaft« für überhöht gehalten wird.

Nordamerika

USA: Die USA erlebten 1990 eine »anhaltende konjunkturelle Flaute«, wie eine Zeitschrift schrieb. Die reale Zunahme des Bruttosozialprodukts betrug nur noch 0,9% nach 2,5% (1989) bzw. 4,5% (1988). Eine Stagnation war sowohl bei den Investitionen und der Produktion der Industrie als auch beim Privatverbrauch zu erkennen, da die verfügbaren Einkommen nur noch schwach anstiegen. Dementsprechend sank auch die Arbeitslosigkeit nicht mehr, wie in den Vorjahren, sondern erreichte zum Jahresende 1990 wieder rd. 6% (1989: 5,3%). Auch die Inflationsrate war ungünstiger, und die Verbraucherpreise stiegen um 6,1% (1989: 4,5%). – Große Probleme bieten seit Jahren die hohen Defizite im Außenhandel und im Staatshaushalt (Staatsverschuldung). Hier konnten leichte Verbesserungen erreicht werden. Das Handelsbilanzdefizit war zwar 1990 mit 122,670 Mrd. $ immer noch enorm, aber zumindest niedriger als 1989 (→ Kap. *Welthandel*), während sich das Defizit des Bundesetats aufgrund geringerer Steuereinnahmen wieder beträchtlich erhöhte (1989: –152 Mrd. $ – 1990: –220 Mrd. $). In den nächsten Jahren soll durch Steuererhöhungen und Ausgabenverminderungen eine Sanierung versucht werden.

Kanada: Das Land ist wirtschaftlich sehr eng mit den USA verflochten; z. B. wurden 1990 76% der Ausfuhren und 69% der Einfuhren mit dem südlichen Nachbarland abgewickelt. Diese enge Verbindung der beiden Volkswirtschaften wurde 1990 noch intensiviert, da das Freihandelsabkommen mit den USA in Kraft trat, das im Lauf der nächsten 10 Jahre den Abbau aller gegenseitigen Handelsbeschränkungen vorsieht, d. h. freien Zugang zum jeweils anderen Markt. 1990 erfüllten sich jedoch die Hoffnungen auf baldigen wirtschaftlichen Aufschwung nicht, sondern Kanada geriet in eine Rezession. Das Bruttosozialprodukt wuchs nur noch um 0,8% (1988 noch 4,4%, 1989 3,0%), und die Arbeitslosenquote stieg auf 8,1% an. Dagegen konnte die Inflationsrate gesenkt werden (4,8%), und auch das Leistungsbilanzdefizit verringerte sich leicht, da der Handelsbilanzüberschuß anstieg. Ein Problem sind nach wie vor die innerkanadischen Disparitäten zwischen den stärker industrialisierten Ostprovinzen Quebec und Ontario und den vor allem landwirtschaftlich und bergbaulich orientierten Mittel- und Westprovinzen.

Lateinamerika: Die Wirtschaftsschwäche der lateinamerikanischen Staaten hielt auch 1990 an. Das zusammengefaßte Bruttosozialprodukt erhöhte sich gegenüber dem Vorjahr nicht mehr (1989 noch +2,5%); während einige Staaten noch Wachstumsraten aufzuweisen hatten (z. B. Venezuela +4%, Mexiko +3,5%), meldeten andere reale Rückgänge des Bruttosozialprodukts (z. B. Brasilien –4,6%, Argentinien –2,0%). Da die Bevölkerungszahl in allen Staaten weiterhin stark anwuchs, kam es fast überall im Durchschnitt zu Abnahmen des realen Pro-Kopf-Einkommens. Die Arbeitslosenquote lag in den meisten Ländern offiziell bei 8–15%, tatsächlich (bei Berücksichtigung von Unterbeschäftigung, Gelegenheitsarbeiten usw.) bei mindestens 25%. Auch die hohe Auslandsverschuldung konnte 1990 kaum abgebaut werden, so daß neue Auslandskredite für Entwicklungsprojekte nur schwer zu erhalten waren. Mit über 420 Mrd. $ Schulden war Lateinamerika auch 1990 der höchstverschuldete Kontinent (u. a. Brasilien 122 Mrd. $, Mexiko 93 Mrd. $, Argentinien 67 Mrd. $). Ebenso problematisch war die noch zunehmende Kapitalflucht, d. h. die Weigerung Einheimischer, wegen der unsicheren wirtschaftlichen und politischen Lage im eigenen Land zu investieren. Auch die Inflation schritt in den meisten Staaten voran; die durchschnittliche Preissteigerungsrate betrug z. B. 1990 in Brasilien 1795%, in Argentinien 1344%, in Venezuela und Mexiko dagegen nur 36 bzw. 30%. – Ein Ausweg aus der Krise der lateinamerikanischen Volkswirtschaften ist derzeit nicht zu erkennen.

Asien und Ozeanien

China (Volksrepublik): Das Staatliche Statistische Amt der VR China meldete für 1990 ein gegenüber dem Vorjahr leicht stärkeres wirtschaftliches Wachstum, durch das die Strukturschwächen der chinesischen Wirtschaft gelindert werden konnten. Nach amtlichen Angaben betrug das Bruttosozialprodukt 1990 1740 Mrd. Yuan, d. h. 5% (nominal) mehr als 1989. Sowohl die Industrie mit einer Produktionssteigerung um 7,6% auf 2385,1 Mrd. Yuan (Bruttoproduktionswert) als auch die Landwirtschaft mit einer um 6,9% auf 738,2 Mrd. Yuan erhöhten Produktion trugen zum Wirtschaftswachtum bei. – Das wichtigste Problem bildete 1990 die weitere Konsolidierung der Wirtschaft nach dem Übergang von einer strikt planorientierten Ordnung zum gegenwärtigen System mit marktwirtschaftlichen Elementen. So bestanden immer noch starke Differenzen zwischen Nachfrage und Angebot, jedoch konnte die Inflationsrate von 17,8% (1989) auf 3% gesenkt werden. Auch die Zahlungsbilanzprobleme konnten durch weitere Einschränkungen der Importe verringert werden (zur Situation der Außenwirtschaft → Kap. *Welthandel, Sp. 919 ff.*). Problematisch blieben die hohe Arbeitslosigkeit und die mangelnde Effizienz der Wirtschaft. Der gegenwärtige Kurs der Wirtschaftspolitik soll beibehalten werden. Vor allem soll weiterhin ausländisches Kapital, Technik und Know-how angeworben werden, um die industrielle Produktion zu erhöhen.

Für die **Republik China (Taiwan)** brachte 1990 wieder ein kräftiges Wirtschaftswachstum, wenn auch die Steigerung des Bruttosozialprodukts mit 5,2% nicht mehr die Zunahmeraten der Vorjahre erreichte (1987: +11,8% – 1988: +7,8% – 1989: +7,4%). Wichtigster Motor des wirtschaftlichen Wachstums war wieder die stark exportorientierte Industrie. Das Land stand 1990 an 12. Stelle unter den Exportländern und somit vor der VR China. Nach dem Pro-Kopf-Einkommen der Bevölkerung (8026 $

BSP je Einw.) stand es auch 1990 nach Japan an 2. Stelle in Asien (ohne kleine Erdölexportländer). Aufgrund der laufenden hohen Exportüberschüsse, vor allem gegenüber den USA, besaß Taiwan 1990 72 Mrd. $ Währungsreserven und stand damit an der Spitze der sog. »Schwellenländer«.

Indien: Die Wirtschaft Indiens durchlief 1990 eine schwierige Phase, die vor allem durch nachlassendes Produktionswachstum und hohe Defizite des Staatshaushalts und des Außenhandels gekennzeichnet war. Das reale Wirtschaftswachstum erreichte nur noch 5,2% (1989 noch 10,4%); bei der nach wie vor sehr wichtigen Landwirtschaft gab es sogar einen leichten Rückgang. Die Industrieproduktion stieg dagegen um rd. 7% an. Investitionen im industriellen Sektor betrafen vor allem beschäftigungswirksame Bereiche, um die hohe Arbeitslosigkeit (ca. 70 Mio. Personen) zu verringern. Daneben wurde versucht, verstärkt ausländische Investitionen zu fördern (joint ventures), doch erwies sich die politische Unsicherheit häufig als hinderlich. Die Exporte konnten zwar um rd. 35% gesteigert werden, doch erhöhten sich auch die Importe stark, so daß das Außenhandelsdefizit hoch blieb und das Land Kredite des Internationalen Währungsfonds in Anspruch nehmen mußte, um im Außenhandel zahlungsfähig zu bleiben.

Japan: Das Land gehörte auch 1990 zu den »Motoren« der weltwirtschaftlichen Konjunkturentwicklung. Das Wirtschaftswachstum des Vorjahres setzte sich in verstärkter Form fort; das Bruttosozialprodukt stieg 1990 um 5,8% (1989: +4,9%), die höchste Steigerungsrate eines Industrielandes. Wie im Vorjahr war auch 1990 die Binnennachfrage relativ stark; sowohl der private Verbrauch (+4,0%) als auch die Unternehmensinvestitionen (+11,5%) stiegen noch kräftiger an als 1989. Die Kapazitäten der meisten Industriebranchen waren voll ausgelastet, und die Zahl der Beschäftigten stieg erneut an, so daß die im internationalen Maßstab schon sehr niedrige Arbeitslosenquote erneut zurückging (1989: 2,5% – 1990: 2,3%). Die Zahl der Erwerbstätigen stieg auf den höchsten Stand seit 1973 an. Die Preissteigerungsrate (Preisindex für die Lebenshaltung) erhöhte sich zwar von 2,3% (1989) auf 3,1%, blieb damit aber im internationalen Rahmen relativ niedrig. Neben dem Binnenmarkt spielte der Außenhandel auch 1990 wieder eine sehr bedeutende Rolle für die japanische Wirtschaft. Die Exporte konnten erneut gesteigert werden (+4,3%); da die Importe stärker zunahmen (+11,3%), verringerte sich der hohe Überschuß der Handelsbilanz (→ Kap. *Welthandel*). Trotzdem hatte Japan auch 1990 wieder – neben der BR Deutschland – den höchsten Außenhandelsüberschuß, der seit vielen Jahren der wichtigste Stützpfeiler der Wirtschaft ist.

Australien: Das Land ist stark von Rohstoffexporten abhängig und leidet seit Jahren unter den niedrigen bzw. schwankenden Preisen für seine Hauptausfuhrgüter (Kohle, Wolle, Weizen, Eisenerz, Fleisch). 1990/91 brachte vor allem der Verfall der Wollpreise große wirtschaftliche Schwierigkeiten. Durch Stärkung industrieller Investitionen versuchte man in den letzten Jahren, die Wirtschaft zu stabilisieren und zu diversifizieren. Bisher zeigt jedoch die australische Industrie gravierende Strukturschwächen und zu geringe Produktivität und ist international kaum wettbewerbsfähig. Insgesamt brachte 1990 ein Wachstum des BSP von rd. 2,5% (1989: 4%), eine relativ hohe Inflationsrate (+7,5%) und steigende Arbeitslosigkeit (über 8% zum Jahresende). Weitere Probleme liegen in der Höhe der Auslandsschulden und des Zahlungsbilanzdefizits. Für die Zukunft ist Australien stark an Investitionen aus den EG-Ländern interessiert, um Industrie und Bergbau weiter zu entwickeln und die starke außenwirtschaftliche Abhängigkeit von Japan zu verringern.

ERNÄHRUNG, LAND- UND FORSTWIRTSCHAFT, FISCHEREI

Die Welt-Ernährungslage und die Situation der Landwirtschaft entwickelten sich 1990 – global gesehen – ähnlich günstig wie im Vorjahr. Wie die Tabelle über die *Entwicklung der landwirtschaftlichen Erzeugung* (nach Berechnungen und Schätzungen der FAO) zeigt, erhöhte sich die Welt-Agrar- und speziell die -Nahrungsmittelproduktion 1989–90 deutlich. Trotz weiterhin stark steigender Bevölkerungszahlen bedeutete dies eine *Zunahme der Pro-Kopf-Erzeugung,* die nach den Rückschlägen von 1987/88 wieder nahe an die Produktionsergebnisse der bisher günstigsten Jahre 1985 und 1986 herankam.

Die Produktionssteigerung 1990 brachte allerdings kaum grundlegende Verbesserungen der Ernährungssituation in den Entwicklungsländern, obwohl es auch hier regional beachtliche Mehrerträge gab (z. B. China, Indien, Indonesien). Vielmehr ging ein großer Teil der globalen Zunahme auf das Konto von Produktionssteigerungen in den europäisch-nordamerikanischen Industrieländern. Insbesondere in den USA und in Kanada, wo die Nahrungsgüterpro-

Entwicklung der landwirtschaftlichen Erzeugung nach Ländergruppen insgesamt und je Einwohner (nach FAO-Angaben) 1979–1981 = 100

Gebiet	*Gesamte Agrarproduktion*				*Nahrungsmittelproduktion*			
	1989		*1990*		*1989*		*1990*	
	insges.	*(je Einw.)*	*insges.*	*(je Einw.)*	*insges.*	*(je Einw.)*	*insges.*	*(je Einw.)*
Welt insgesamt	122	(104)	124	(104)	122	(104)	124	(104)
Industrieländer	109	(103)	111	(104)	110	(104)	111	(104)
Nordamerika	103	(95)	107	(98)	104	(96)	107	(98)
Westeuropa	108	(105)	108	(105)	108	(105)	108	(105)
Osteuropa	112	(108)	109	(105)	113	(109)	109	(105)
Australien/Ozeanien	111	(100)	113	(100)	108	(97)	107	(95)
sonst. Industrieländer	107	(98)	105	(95)	109	(100)	107	(97)
Entwicklungsländer	134	(111)	137	(111)	135	(112)	138	(112)
Afrika	123	(93)	123	(91)	122	(93)	122	(90)
Lateinamerika	123	(101)	124	(100)	125	(103)	126	(102)
Naher Osten	116	(88)	125	(92)	117	(89)	127	(94)
Süd- und Ostasien	143	(121)	147	(122)	143	(121)	147	(122)
sonst. Entwicklungsländer	116	(92)	116	(90)	114	(91)	116	(90)

duktion 1988 aus klimatischen Gründen (Dürre) drastisch zurückgegangen war, erhöhte sie sich – nach der Zunahme von 1989 – auch 1990 weiter, so daß die Lager aufgefüllt werden konnten und für die nächsten Jahre Versorgungssicherheit (einschließlich der Exporte in die traditionellen Abnehmerländer) gegeben ist. Auch die EG-Länder trugen leicht zur weltweiten Mehrproduktion bei, obwohl hier nach wie vor für verschiedene Produkte Maßnahmen zur Reduzierung zu hoher Überschüsse wirksam sind (z. B. Milch, Getreide). – Insgesamt erhöhten sich nach Berechnungen der FAO die *Weltüberhangbestände an Getreide* seit 1988 (18%) und 1989 (26%) auf rd. 30% des Weltjahresverbrauchs 1990. Aufgrund der Produktionszunahme in wichtigen Regionen war die **Nahrungsmittellage**, im weltweiten Durchschnitt gesehen, 1990 ausgesprochen günstig. Es werden *auf der Erde genügend Nahrungsmittel erzeugt,* um theoretisch alle Menschen ausreichend zu ernähren. Außerdem könnte die Erzeugung allein durch Aufhebung der Produktionseinschränkungen (Wiederbebauung des Brachlandes) in Nordamerika und Westeuropa und durch effektivere Landbewirtschaftung in Osteuropa *in kurzer Zeit noch stark gesteigert werden*. Wegen der ungleichen Verteilung der Produktion betrug trotzdem auch 1990 die *Zahl der hungernden bzw. unter- oder mangelernährten Menschen etwa 500–600 Mio.* (nach Schätzungen von FAO und Weltbank). Allerdings wies die FAO erneut darauf hin, daß der Anteil der Hungernden an der gesamten Weltbevölkerung früher wesentlich höher war und seit mehreren Jahrzehnten sinkt.

In den 80er Jahren zeigte die Entwicklung der landwirtschaftlichen Erzeugung gerade für die Entwicklungsländer ein relativ positives Bild. Die *Welt-Nahrungsmittelproduktion* stieg nach Schätzungen der FAO 1980–90 um rd. 24% bzw. pro Kopf um rd. 4,5% an. Für die *Entwicklungsländer* lauteten die entsprechenden Werte +38% (absolut) bzw. +12% (pro Kopf). Erfreuliche Ergebnisse wiesen vor allem *China* (Nahrungserzeugung +53% bzw. +34%), *Indien* (+49% bzw. +20%) und *Indonesien* auf (+58% bzw. +32%). Dagegen verringerte sich die Produktionsmenge pro Kopf in *Afrika* um rd. 10% (wegen des starken Bevölkerungswachstums und einer Zunahme der Erzeugung um nur rd. 22%), und auch in *Lateinamerika* konnten mehrere Staaten die Pro-Kopf-Erzeugung an Nahrungsmitteln nur geringfügig oder gar nicht steigern.

Nahrungsmittelmangel besteht heute vor allem in denjenigen Entwicklungsländern, die eine *zu geringe Eigenproduktion* aufweisen und wegen *fehlender Devisen (zum Import von Nahrungsmitteln)* bzw. wegen *unzureichender Transport- und Lagermöglichkeiten* nicht mit genügend Ernährungsgütern aus den Überschußgebieten versorgt werden können. Selbst innerhalb einer Region oder eines größeren Staates, z. B. in Teilen Afrikas, besteht aufgrund mangelnder Kaufkraft und fehlender Verkehrsinfrastruktur häufig das Problem, einen Ausgleich zwischen Gebieten mit Überschußproduktion und solchen mit Lebensmittelmangel herzustellen. Nötig ist also nicht nur die Erhöhung der Eigenproduktion in Ländern ungenügender Leistungsfähigkeit der Landwirtschaft, sondern auch die Entwicklung außerlandwirtschaftlicher Arbeitsstätten, um die Kaufkraft zu erhöhen, bzw. die Verbesserung der Transport- und Lagermöglichkeiten. Letzteres betrifft besonders solche Länder, die selbst den Weltmarkt mit Agrarprodukten versorgen (z. B. Kaffee, Kakao, pflanzliche Industrierohstoffe) und für ihre eigene Nahrungsmittelversorgung teilweise auf Importe angewiesen sind.

Beispiele für die **Veränderung der Nahrungsmittelproduktion pro Kopf der Bevölkerung** von 1979–81 (=100) bis 1986–88 (Jahresdurchschnittswerte; nach »Weltentwicklungsbericht 1990«): Nicaragua 71 – Simbabwe 81 – Mosambik 83 – Kenia, Tansania, Sudan, Äthiopien je 89 – Liberia 92 – Mexiko, Venezuela je 94 – Bolivien 95 – Sambia 96 – Argentinien, Kamerun, Mali, Australien je 97 – Türkei, Zaire je 98 – Iran 99 – Kolumbien 100 – Thailand, Italien je 101 – Japan 104 – Indien 105 – Frankreich 106 – Österreich 107 – Schweiz 108 – Großbritannien 109 – Kanada 111 – BR Deutschland 112 – Niederlande 113 – Spanien 115 – Dänemark 118 – VR China 132.

Als Hauptgründe für die immer noch **mangelhafte Nahrungsmittelproduktion bzw. -versorgung vieler Entwicklungsländer** werden von Experten (z. B. der FAO, der Weltbank und von Organisationen der Entwicklungshilfe) vor allem die folgenden angeführt, die vielfach gemeinsam auftreten:
- verbreiteter *Rückgang der Bodenfruchtbarkeit* als Folge falscher Bewirtschaftung, mangelhafter Düngung, der Erosion, Entwaldung usw. *(→ Holz);*
- *zu geringe Produktivität der Landwirtschaft* durch das Fehlen moderner Technologien und geeigneter Bearbeitungsmethoden und -maschinen, hochwertigen Saatgutes und ausreichender Düngemittel;
- *fehlende Vermarktungsmöglichkeiten, ungenügende Transportmittel, hohe Ernte- und Nachernteverluste* durch Schädlinge, Verderb, Witterungseinflüsse, mangelnde Lager- und Konservierungsmöglichkeiten usw.;
- in vielen Staaten *leistungshemmende Agrarverfassungen,* ungenügende Förderung, vielfach sogar bewußte *Vernachlässigung der Landwirtschaft* und der ländlichen Räume durch die Regierungen zugunsten der städtisch-industriellen Bevölkerung. Typisch hierfür sind die häufig unangemessen niedrigen Preise für Nahrungsmittel, die in vielen afrikanischen Staaten durch die Regierungen festgesetzt werden, um die städtische Bevölkerung mit billigen Lebensmitteln versorgen zu können. Die Folge ist, daß für die Bauern der finanzielle Anreiz zur Mehrproduktion fehlt und sie sich nur noch auf die Selbstversorgung beschränken;
- schließlich die *absolute Armut weiter Bevölkerungskreise*, die verhindert, daß sie sich – selbst bei ausreichendem Angebot – auf dem Markt mit Lebensmitteln versorgen können. Jegliche wirtschaftliche Entwicklung entsprechender Regionen mit der Schaffung von Beschäftigungs- und Einkommensmöglichkeiten und damit von Kaufkraft ist also auch ein Beitrag gegen die Unterversorgung mit Nahrungsmitteln.

Die *Nahrungsmittelhilfe für Entwicklungsländer,* die seit Jahren hauptsächlich von den westlichen Industriestaaten gegeben wird, wurde auch 1990/91 überwiegend in Gebiete ernster Notstände gelenkt, um von der jahrelang geübten Daueralimentierung bestimmter Länder wegzukommen. Auch in Zukunft soll das Hauptgewicht auf die *Beseitigung der Ursachen mangelhafter Nahrungsmittelproduktion* gelegt werden, da durch permanent gewährte Nahrungsmittelhilfe die notwendigen längerfristigen Maßnahmen zur Selbsthilfe und zur Aktivierung der einheimischen Landwirtschaft eher behindert werden. Mit vielen Ländern wurde inzwischen die Erfahrung gemacht, daß ständige Hilfe von außen die notwendige Eigeninitiative lähmt. Es kann daher auch nicht sinnvoll sein – wie oft vorgeschlagen wird –, in den EG-Ländern und den USA weiter hohe Nahrungsmittelüberschüsse zu produzieren und sie dann an Entwicklungsländer zu verschenken. Dadurch würden diese in immer stärkere Abhängigkeit geraten, ganz abgesehen davon, daß die europäischen Überschußprodukte großenteils nicht als Nahrungsmittelhilfe geeignet sind. *Bundeslandwirtschaftsminister Kiechle* bekräftigte in diesem Sinne bei der 16. Sitzung des Welternährungsrates im Mai 1990 in Bangkok: »Nahrungsmittelhilfe kann nur in akuten Notsituationen und vorübergehend Entlastung bringen. Letztlich geht es darum, das Übel von Hunger und Unterernährung in vielen Teilen der Welt bei der Wurzel zu fassen, d. h. *Verbesserung der Ernährungsgrundlagen im Land selbst*...«
Die **BR Deutschland** beteiligte sich auch 1989/90 an verschiedenen **internationalen Hilfsprogrammen** zur Bekämpfung des Hungers und akuter Notlagen in Katastrophengebieten. 1989 stellte sie insgesamt 554,4 Mio. DM für **Nahrungsmittelhilfe** bereit, davon (in Mio. DM) für das Welternährungsprogramm 42,7 – Anteil an der Nahrungsmittelhilfe der EG 308,3 (Getreide, Magermilchpulver, Zucker, Butteröl, Olivenöl u. a., insges. 27% deutscher

Finanzierungsanteil an der Gesamtsumme) – Getreidelieferung im Rahmen des internationalen Nahrungsmittelhilfe-Übereinkommens 113,6 – Förderung von Ernährungssicherungsprogrammen der Entwicklungsländer (Anlage von Getreidereserven, Verbesserung der Erzeugung, der Lagerung und der Vermarktung von Nahrungsmitteln) 79,8.

Der **Düngemittelverbrauch (Mineraldünger)** gibt Hinweise auf den *Entwicklungsstand der Landwirtschaft*. In den *westlichen Industrieländern* ist weitgehend Sättigung erreicht. Hier kann der Düngemittelverbrauch kaum noch ökonomisch sinnvoll gesteigert werden und sollte im Gegenteil aus ökologischen Gründen vielfach eingeschränkt werden. Dagegen herrscht in den Entwicklungsländern vielfach noch Nachholbedarf. In den letzten Jahren konnten durch vermehrten Düngereinsatz die Ernteergebnisse und damit die Ernährungssituation in vielen Ländern wesentlich verbessert werden.
Der **Weltverbrauch an Düngemitteln** betrug im Wirtschaftsjahr 1988/89 (1987/88) 145,642 (139,518) Mio. t. Es entfielen auf **Stickstoffdünger** 79,581 (75,511) – **Phosphate** 38,067 (36,720) – **Kalidünger** 27,994 (27,287) Mio. t. – Wichtigste *Verbraucher* 1988/89 in Mio. t: *Stickstoff:* VR China 18,514 – UdSSR 11,587 – USA 9,646 – Indien 7,246 – Frankreich 2,604 – BR Deutschland 1,540 – Polen 1,521 – Indonesien 1,495 – Großbritannien 1,462 – Pakistan 1,325 – Mexiko 1,270 – Kanada 1,188 – Spanien 1,121 – Türkei 1,082 – Italien 0,925 – DDR 0,873 – Brasilien 0,815 – Ägypten 0,799 – Rumänien 0,720 – Ungarn 0,651 – Japan 0,640 – u. a. Österreich 0,140 – Schweiz 0,072. *Phosphat:* UdSSR 8,556 – VR China 5,162 – USA 3,742 – Indien 2,737 – Brasilien 1,507 – Frankreich 1,460 – Polen 0,944 – Australien 0,903 – Japan 0,726 – Italien 0,715 – BR Deutschland 0,644 – Kanada 0,614 – Indonesien 0,610 – u. a. DDR 0,349 – Österreich 0,078 – Schweiz 0,040.
Kali: UdSSR 7,044 – USA 4,384 – Frankreich 1,935 – VR China 1,646 – Brasilien 1,406 – Polen 1,161 – Indien 1,068 – BR Deutschland 0,887 – DDR 0,583 – Japan 0,577 – Großbritannien 0,521 – ČSFR 0,484 – u. a. Österreich 0,102 – Schweiz 0,066.

Hinweise auf den **unterschiedlichen Technisierungsstand der Landwirtschaft** geben die Zahlen über den Bestand an landwirtschaftlichen **Traktoren/Mähdreschern** 1988 (nach FAO-Angaben, meist S) in 1000: Welt 25865/4007, davon USA 4670/640 – UdSSR 2692/751 – Japan 1985/1244 – Frankreich 1518/152 – BR Deutschland 1460/140 – Italien 1363/45 – Polen 1101/72 – Jugoslawien 1066/10 – VR China 876/35 – Kanada 756/157 – Indien 751/3 – Spanien 720/48 – Brasilien 715/44 – Türkei 655/11 – Großbritannien 518/55 – Australien 332/57 – Österreich 326/30 – Finnland 240/48 – Argentinien 210/48 – Niederlande 194/6 – Griechenland 187/7 – Rumänien 183/57 – Südafrika 183/33 – Schweden 182/47 – Pakistan 180/1 – Dänemark 168/35 – DDR 168/18 – Mexiko 165/18 – Irland 164/5 – Norwegen 150/19 – u. a. Schweiz 109/4.
Bestand an **Melkmaschinen** 1988 in 1000: USA keine Angaben – UdSSR (S) 460 – BR Deutschland 317 – Frankreich 283 – Polen 247 – Australien 210 – Großbritannien 158 – Japan 153 – Italien 144 – Spanien 140 – Österreich 107 – Irland 81 – Dänemark 60 – Schweiz 58 – Finnland 50 – Niederlande 41 – u. a. DDR 12.

Beispiele für Weltmarktpreise

	Ende 1989	*Ende 1990*
Weizen (Chicago, cts/bush.)	406,60	260,50
Roggen (Winnipeg, kan.$/t)	121,00	100,50
Hafer (Chicago, cts/bush.)	153,50	110,25
Gerste (Winnipeg, kan.$/t)	117,00	88,20
Mais (Chicago, cts/bush.)	239,60	231,75
Zucker (New York, cts/lb)	12,55	9,37
Kaffee (London, £/t)	631,50	606,00
Kakao (London, £/t)	923,00	1150,00
Sojabohnen (Chicago, cts/bush.) .	567,40	559,75
Leinsaat (Winnipeg, kan.$/t)	348,50	251,40
Kautschuk (London, p/kg)	56,00	52,00
Baumwolle (New York, cts/lb) . . .	69,10	77,80
Wolle (Sydney, cts/kg)	878,00	707,00

Die **Preisentwicklung für Nahrungs- und Futtermittel und agrarische Rohstoffe** auf den Weltmärkten zeigte 1990 bei fast allen Produkten eine *Tendenz zur weiteren Abnahme der sowieso schon niedrigen Preise*. Besonders deutlich war diese Tendenz bei Getreide sowie bei vielen tropischen Plantagenprodukten. Preissenkend wirkten sich vor allem die guten Ernten aus, z. B. die Rekordernte bei Getreide, aber auch der Devisenmangel der sozialistischen Staaten und der Entwicklungsländer. Dadurch blieb ihre Nachfrage auf dem Weltmarkt gezwungenermaßen gering, und sie lösten z. T. eigene Vorräte zum Export auf bzw. erweiterten die Anbauflächen für die Weltmarktproduktion. Nur bei wenigen Produkten war 1990 der Verbrauch höher als die Erzeugung, wobei aber die Nachfrage ohne Schwierigkeiten aus Vorräten gedeckt werden konnte.

Zur Lage der Landwirtschaft und der Ernährung in einzelnen Kontinenten und Ländern:
In **Afrika** zeigte die *Ernährungssituation 1990* erneut eine *beträchtliche Verschlechterung* gegenüber dem Vorjahr, und die Pro-Kopf-Produktion sank weiter, denn der Bevölkerungszuwachs war wiederum höher als das Produktionswachstum an Nahrungsmitteln. Die FAO schätzte auch für 1990 die Zahl der Unter- oder Mangelernährten auf über

100 Mio. In vielen Ländern stagnierte die Nahrungsmittelproduktion oder ging sogar mengenmäßig zurück. Insgesamt wird heute *in Afrika pro Einwohner nur noch weniger als 75% der Nahrungsmenge vom Beginn der 70er Jahre produziert*. Während Afrika noch bis zu Beginn der 60er Jahre Selbstversorger mit Exportüberschüssen war, müssen heute große Mengen an Nahrungsmitteln importiert werden, soweit es die Devisenlage der einzelnen Staaten erlaubt. Für das Wirtschaftsjahr 1990/91 schätzt die FAO den Netto-Importbedarf an Getreide auf über 9 Mio. t; rd.30 afrikanische Staaten benötigen Hilfslieferungen, da sie nicht imstande sind, mit eigenen Mitteln den Nahrungsmittel-Importbedarf zu decken. Einem stärkeren Aufschwung des innerafrikanischen Handels zwischen Staaten mit Überschußproduktion (z. B. Südafrika, Simbabwe, Kenia) und Mangelländern stehen – neben Devisenmangel – auch ungenügende Transportmöglichkeiten entgegen. – Zu den oben erwähnten *Ursachen der zu geringen landwirtschaftlichen Produktion* kamen in Afrika auch 1990 regional *Naturkatastrophen,* vor allem aber *politische Unsicherheit, Bürger- und Stammeskriege, Terror* und dadurch bedingte *Fluchtbewegungen* u. ä. Dementsprechend gehörten auch 1990 Länder wie Sudan, Somalia, Äthiopien, Mosambik, Liberia u. a., die durch kriegerische Auseinandersetzungen erschüttert wurden, zu denjenigen mit besonders großen Ernährungsproblemen und Notständen.

In **Lateinamerika** konnte die Nahrungsmittelproduktion 1989–90 insgesamt leicht gesteigert werden. Die Bevölkerungszahl nahm jedoch stärker zu, so daß sich – wie schon in den beiden Vorjahren – eine *Abnahme der Pro-Kopf-Produktion* und eine *Verschlechterung der Ernährungssituation* gegenüber 1989 ergab. Gleichzeitig verschärften sich die erheblichen regionalen Unterschiede in der Versorgung (vor allem zwischen städtischen und ländlichen Gebieten), zumal die meist hochverschuldeten Länder kaum größere Importe zum Zwecke des Ausgleichs von Defiziten in einzelnen Staaten tätigen konnten. Unter- oder Mangelernährung herrscht in den meisten Ländern nach wie vor unter der ärmsten städtischen Bevölkerung, besonders ausgeprägt in Brasilien und den Andenstaaten.

In **Indien** konnte die Landwirtschaft 1990 ihre Produktion gegenüber der sehr guten Ernte von 1989 noch einmal steigern. Die Getreideerzeugung stieg von 192,6 (1989) auf die Rekordhöhe von rd. 195 Mio. t, besonders durch eine Zunahme der Reisernte. Ebenso wie 1988/89 konnte auch 1990 in fast allen Landesteilen eine *gute bis ausreichende Versorgung* sichergestellt werden.

Die **VR China** konnte 1990 – begünstigt durch die Witterung – die *landwirtschaftliche Produktion beträchtlich steigern*. Für den gesamten agrarischen Bruttoproduktionswert wurde in amtlichen Quellen eine Erhöhung um 6,9% auf 738,2 Mrd. Yuan angegeben. Insbesondere die für die Ernährung der Bevölkerung entscheidende Getreideernte erhöhte sich um 6,7% auf 435 Mio. t, die höchste bisher geerntete Menge. Auch die Fleischerzeugung nahm zu, ebenso wie die Produktion von Zucker- und Ölpflanzen und von industriellen Agrarrohstoffen (z. B. Baumwolle). Insgesamt stellte das Staatliche Amt für Statistik fest, daß die Landwirtschaft zwar weitere Fortschritte gemacht habe, u. a. auch durch erhöhte materielle Anreize für die Bauern (höhere staatliche Ankaufspreise), vielfach aber noch zu ineffektiv arbeite. Die *Versorgung der Bevölkerung ist zwar ausreichend, doch regional z. T. sehr einseitig*. Ein Hauptproblem ist weiterhin die unzureichende Ausstattung mit Maschinen und Fahrzeugen sowie der Mangel an Düngemitteln und Qualitätssaatgut.

Die **UdSSR** meldete für 1990 eine leichte Zunahme der Agrarproduktion, die aber unter den Planzielen lag und erneut *nicht ausreichte, den Bedarf zu decken*. Die UdSSR hatte auch 1990, wie in den Vorjahren, einen großen *Einfuhrbedarf an Getreide,* da die Erzeugung mit rd. 228 Mio. t wiederum unter dem Plansoll lag und zur Versorgung der Bevölkerung nicht ausreichte *(→ Getreide)*. Die Fleischproduktion der UdSSR nahm von 19,9 (1989) auf 19,2 Mio. t (1990) ab und reicht nicht aus, um eine gesicherte Versorgung der Bevölkerung in allen Landesteilen zu gewährleisten. Selbst bei Obst und Gemüse gab es Versorgungsprobleme. In die von Gorbatschow eingeleitete Umgestaltung der zentral verwalteten sowjetischen Wirtschaft im Sinne der Einführung marktwirtschaftlicher Elemente wurde zwar auch die Landwirtschaft einbezogen, jedoch bisher nur mit geringem Erfolg. Dem Ziel, den Genossenschaften mehr Eigenverantwortlichkeit zu geben oder Kolchosland an Bauern zur eigenen Bewirtschaftung zu verpachten, kam man kaum näher, da die Widerstände in Staatsverwaltung und Partei noch zu groß sind. Bisher weist die *Landwirtschaft der UdSSR noch gravierende Mängel* auf, die auf das rigide System der Planwirtschaft und die jahrzehntelange Vernachlässigung zugunsten des industriellen Aufbaus zurückgehen. Zu nennen sind z. B. der Mangel an leistungsfähigen Maschinen und eine veraltete Technologie, ungenügende Produktion und Verteilungsschwierigkeiten bei Mineraldünger, hohe Ernte-, Transport- und Lagerverluste der großbetrieblichen Kolchosen- und Sowchosenwirtschaft, dazu eine – verglichen mit der privaten Landwirtschaft – relativ geringe Arbeitsproduktivität und mangelnde Motivation der Beschäftigten. Einen in der sowjetischen Geschichte revolutionären Schritt tat Anf. 1991 die Russische Sowjetrepublik, die wieder privaten Landbesitz zuließ.

In den Ländern des ehem. **RGW** (»Ostblock«) war die Situation 1990 auch in der Landwirtschaft durch den *Übergang zu stärkerer Privat- bzw. Marktwirtschaft* gekennzeichnet. Die überwiegend großbetrieblich organisierte Genossenschafts- und Staatslandwirtschaft beinhaltet gravierende ökonomische und ökologische Probleme und arbeitet außerordentlich unwirtschaftlich. Vor allem durch den ineffizienten Einsatz von Arbeitskräften und Maschinen wird mit geringer Produktivität und relativ teuer produziert, so daß in allen sozialistischen Staaten jährlich hohe Subventionen zur Niedrighaltung der Lebensmittelpreise gezahlt werden mußten.

Auch in der ehem. **DDR** war die sozialisierte Landwirtschaft durch *unwirtschaftlich große Betriebseinheiten, personellen Überbesatz* (10% aller Beschäftigten), *kostenaufwendige Produktion und erhebliche Umweltbelastungen* gekennzeichnet. 1990 begann die Überführung der LPG (Landwirtschaftliche Produktionsgenossenschaften) teils in Genossenschaften westlichen Typs, teils ihre Aufteilung in Privatbetriebe. Das Bundeslandwirtschaftsministerium setzte folgende *Ziele für die Umstrukturierung der ostdeutschen Landwirtschaft:*
– Teilnahme der landwirtschaftlich Beschäftigten an der allgemeinen Einkommensentwicklung und Anpassung der Lebensverhältnisse im ländlichen Raum an die Bedingungen der sozialen Marktwirtschaft;
– Umorientierung der bisher auf Maximalproduktion ausgerichteten Landwirtschaft auf marktgerechte und qualitativ hochwertige Agrarerzeugung;
– Beseitigung der von der Landwirtschaft verursachten Umweltschäden und Ausrichtung der Erzeugung auf Umweltverträglichkeit.

In den **USA** besteht das *Hauptproblem der Landwirtschaft* seit vielen Jahren in der *Überproduktion* und der dadurch verursachten Schwierigkeit vieler Farmer, ihre Erzeugnisse mit angemessenem Gewinn abzusetzen. Der Staat gibt seit langem jährlich große Summen für Subventionen aus (z. B. zur Förderung des Agrarexports und Entschädigungen an Farmer für Flächenstillegungen). 1988 sorgte eine katastrophale Dürre für eine vorübergehende Änderung dieser Situation (Ernteeinbußen von rd. 30%). Doch 1989 normalisierte sich die Lage wieder, und 1990 ergaben sich erneut *beträchtliche Produktionssteigerungen*. Die Getreideernte stieg von 206,8 Mio. t (1988) über 284,4 (1989) auf 312,6 Mio. t (1990). Ähnlich verlief die Entwicklung bei tierischen Erzeugnissen und agrarischen Industrierohstoffen, so daß die USA ihre Rolle als *weltweit führender Agrarexporteur* weiter ausbauen konnten. Für das Wirtschaftsjahr 1990/91 wird mit einer Agrarausfuhr im Wert von rd. 40 Mrd. $ gerechnet. Im Rahmen der GATT-Verhandlungen zur weiteren Stabilisierung des Welthandels legten die USA 1990/91 besonderen Wert auf den Abbau von Agrarhandelsbeschränkungen und -exportsubventionen. Im letzten Punkt bestehen größere Gegensätze zur EG. – In einem neuen Landwirtschaftsgesetz (»Farm Bill« von 1990) werden die Stützungsmaßnahmen für die Landwirtschaft fortgeschrieben.

In den **EG-Ländern** behielt auch 1990/91 die *Agrarpolitik* ihre Brisanz, vor allem im Hinblick auf die *Finanzierung der Marktordnung* und die *Sicherung angemessener Einkommen für die Landwirte* angesichts der *Überschußproduktion* in den wichtigsten Bereichen und der Schwierigkeit, die Überschüsse auf dem Weltmarkt mit seinem niedrigeren Preisniveau zu verkaufen. – Die *EG-Marktordnung* sollte ursprünglich den Bauern ein stabiles Einkommen und den Verbrauchern eine gesicherte Versorgung garantieren. Durch finanzielle Produktionsanreize und die Abschottung gegenüber der billigeren Weltmarkt-Konkurrenz führte sie aber bei gewissen Produkten (z. B. Milch, Zucker, Getreide, Fleisch) zu permanenten Überschüssen. Wegen der über dem Weltmarktniveau liegenden EG-Preise sind diese Überschüsse nur schwer bzw. nur mit Subventionen in Drittländer verkäuflich. Die *Hauptziele der EG-Agrarpolitik* sind daher z. Z. die Reduzierung der Überschüsse und gleichzeitig die Sicherung der landwirtschaftlichen Einkommen bei Vermeidung höherer Verbraucherpreise. Hinzu tritt neuerdings das Bestreben, die *Agrarproduktion umweltverträglicher* zu machen, z. B. durch Reduzierung des Einsatzes von Dünge- und Pflanzenschutzmitteln bzw. eine Beschränkung der Massentierhaltung.
Der *EG-Agrarhaushalt* erreichte 1990 eine Höhe von 30,485 Mrd. ECU (= 65% des gesamten EG-Haushalts; 1 ECU = 2,09 DM), davon 26,484 Mrd. ECU für Agrarmarkt-, der Rest für Agrarstrukturausgaben. Von der Summe von 26,484 Mrd. ECU für die Agrarmarktordnung bzw. -preisstützung entfielen u. a. (in Mrd. ECU) auf Getreide 4,390 – Milch 4,340 – Ölsaaten 3,422 – Rindfleisch 2,187 – Zucker 2,125 – Olivenöl 1,592 – Wein 1,389 – Schaf- und Ziegenfleisch 1,358 – Obst und Gemüse 1,296 – Tabak 1,055 (nach »Agrarbericht 1991«). Diese Mittel wurden ausgegeben u. a. für Produktionsprämien und -beihilfen, Verkaufsförderung, Exportsubventionierung, aber auch Kosten der Lagerhaltung und für die sog. »Intervention« bei

unverkäuflicher Überschußware, d. h. Einkommenserstattungen für Landwirte, deren Produkte auf dem Markt nicht absetzbar sind. Diese »aus dem Markt genommenen« Lebensmittel werden eingelagert, verfüttert, destilliert oder anderweitig verarbeitet, gelegentlich auch (bei rasch verderblicher Ware) vernichtet.

Da die *Überschußproduktion* in den letzten Jahren laufend steigende Geldbeträge erforderte und kaum mehr finanzierbar schien, versucht die EG-Kommission mit verschiedenen Maßnahmen, sie zu drosseln (z. B. Extensivierung, Flächenstillegung u. ä.). Auch 1990 konnte die Produktion verschiedener Überschußgüter weiter gesenkt werden, z. B. durch verkleinerte Anbauflächen und Viehbestände; demgegenüber führte die günstige Witterung bei einigen Gütern (z. B. Weizen, Getreide) zu erneutem Produktionsanstieg. Insgesamt erhöhte sich der *Selbstversorgungsgrad der EG-Länder* mit Nahrungsmitteln 1989–90 leicht auf rd. 112%, ohne die Produktion auf der Basis importierter Futtermittel rd. 104%. Größerer Einfuhrbedarf bestand 1990 im wesentlichen nur bei pflanzlichen Ölen und Fetten sowie bei tropischen Produkten. Selbst bei Fleisch wurde wieder ein Ausfuhrüberschuß erreicht, und bei Getreide stieg der Bedarfsdeckungsgrad von 120% (1989) auf 121% (1990). *Hohe Selbstversorgungsgrade* mit entsprechenden Exportangeboten ergaben sich 1990 z. B. bei Kondensmilch (162%), Magermilchpulver (161%), Rapsöl (150%), Weichweizen (136%), Zucker (130%), Gerste (122%), Milch insgesamt (113%), Rind- und Kalbfleisch (108%), Geflügelfleisch (105%), Schweinefleisch (102%). Die Überschüsse konnten 1990/91 wegen weltweit höherer Erzeugung und gesunkener Preise noch schwieriger als in den Vorjahren in Drittländern abgesetzt werden, häufig in Konkurrenz zu den USA. Die sog. Interventionsbestände (auf Staatskosten eingelagerte Vorräte) erhöhten sich daher bei den meisten Produkten wieder.

Die **Lage der Landwirtschaft und die wirtschaftliche Situation der Bauern in der BR Deutschland** wurde auch 1990 heftig diskutiert, vor allem wegen der auch weiterhin notwendigen Maßnahmen zur Anpassung an den EG-Markt. Während die Landwirte selbst über zu geringe Einkommen klagen, werden sie von seiten des Naturschutzes zunehmend beschuldigt, zugunsten höherer Erträge durch übermäßigen Dünger- und Chemikalieneinsatz die natürlichen Grundlagen zu schädigen (Böden, Grundwasser, Naturhaushalt). Das Hauptproblem für die *Einkommenssituation der Landwirte* ist nach wie vor die *EG-weite Überproduktion* bei den wichtigsten Erzeugnissen (Milch, Fleisch, Getreide), so daß höhere Preise und damit höhere Gewinne für die Landwirte nicht durchsetzbar sind. Es besteht also nur die Möglichkeit, über Mehrproduktion zu Einkommenssteigerungen zu kommen, eine Möglichkeit, die in den letzten Jahren durch Kontingentierungen zunehmend verringert wurde, um die Erzeugung unverkäuflicher Überschüsse zu drosseln. Wichtige Faktoren für das landwirtschaftliche Einkommen waren auch 1990 – neben Witterungseinflüssen und den Betriebsmittelpreisen – die *staatlichen Subventionen*, die 1989–90 wiederum leicht anstiegen. 1990 (1989) betrugen die öffentlichen Hilfen (Subventionen) für die Landwirtschaft der BR Deutschland rd. 25,7 (25,2) Mrd. DM, darunter (in Mrd. DM) Finanzhilfen des Bundes und der Länder 6,4 (5,9) – Bundesmittel im Rahmen der Agrarsozialpolitik 4,7 (4,4), z. B. Altershilfe 2,9 (2,7), Krankenversicherung 1,3 (1,3) – Steuermindereinnahmen 2,6 (2,8), darunter Einkommensausgleich über die Umsatzsteuer 1,5 (1,5) – EG-Finanzmittel im Agrarbereich für die BR Deutschland (insbes. Marktordnungsausgaben) 11,1 (12,1).

Die Bundesregierung versucht auch weiterhin, gegen den Trend zur »Agrarfabrik« (hochtechnisierte großbetriebliche Landwirtschaft) durch weitere Subventionen und »flankierende Maßnahmen« (z. B. Hilfen für Kleinbauern, die die Landwirtschaft aufgeben), »eine Vielzahl *leistungsfähiger bäuerlicher Familienbetriebe*« zu erhalten. Diese haben – neben der Nahrungsmittelproduktion – u. a. folgende Aufgaben:

– Erhaltung der Naturgüter und der natürlichen Lebensgrundlagen (ökologische Funktion),
– Sicherung und Pflege einer vielfältigen Landschaft als Lebens-, Freizeit- und Erholungsraum,
– Erhaltung der Funktionsfähigkeit des ländlichen Raumes als Siedlungsraum,
– Lieferung »nachwachsender Rohstoffe« für die Industrie.

Die ersten beiden Forderungen werden insbesondere durch die sog. *Alternativbetriebe* erfüllt, die »mit ihrer extensiven Wirtschaftsweise zur Erhaltung der natürlichen Lebensgrundlagen beitragen und die Entlastung der Agrarmärkte unterstützen« (Agrarbericht der Bundesregierung). 1990 wurden 3028 alternativ bzw. ökologisch wirtschaftende Betriebe mit 59734 ha gezählt (rd. 0,5% der Betriebe und der landwirtschaftlichen Fläche).

Nach Angaben im *Agrarbericht 1991 der Bundesregierung* verbesserte sich die *Einkommenssituation in der Landwirtschaft* auch 1990. Der *Produktionswert der Landwirtschaft* (nur »alte« Bundesländer) erhöhte sich vom Wirtschaftsjahr 1988/89 (57,976 Mrd. DM) auf 59,757 Mrd. DM im Jahr 1989/90, bedingt durch höhere Verkaufserlöse bei gewissen Produkten (z. B. Zuckerrüben, Kartoffeln, Wein, Schweine), obwohl das Produktionsvolumen insgesamt nur geringfügig anstieg. Die *Bruttowertschöpfung der Landwirtschaft* stieg da-

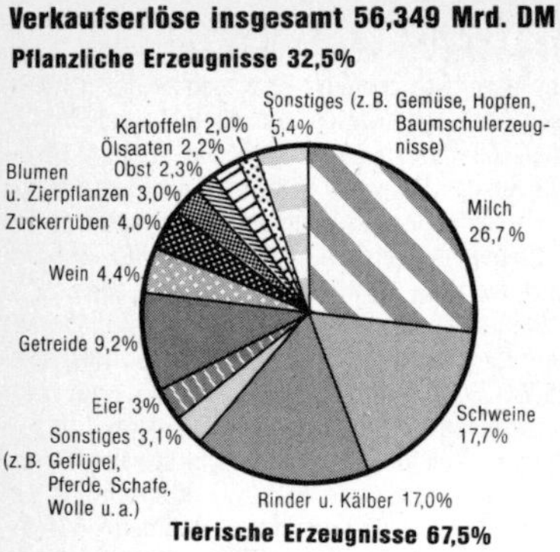

Verkaufserlöse der Landwirtschaft in der BR Deutschland 1989/90
(Nach »Agrarbericht 1991 der Bundesregierung«)

durch um 6,3% auf 29,656 Mrd. DM (= rd. 1,3% der Wertschöpfung der gesamten Volkswirtschaft). Nach Abzug der Abschreibungen und Steuern und Addition der Subventionen (5,613 Mrd. DM) ergab sich 1989/90 eine *Nettowertschöpfung* von 23,613 Mrd. DM (1988/89: 21,080 Mrd. DM) bzw. 29751 DM je Arbeitskraft (1988/89: 25256 DM). – Das *Einkommen der in der Landwirtschaft Beschäftigten* erhöhte sich im Durchschnitt auch 1989/90, wie schon im Vorjahr, im Durchschnitt aller Betriebe deutlich, nicht nur aufgrund höherer Einnahmen, sondern vor allem wegen gestiegener Subventionen und gesunkener Ausgaben für Futtermittel, Dünger u. a. Der *Gewinn je Familienarbeitskraft in Vollerwerbsbetrieben* stieg 1989/90 um 16,9% auf 37752 DM (1988/89: 32286 DM). Für die meisten Landwirte verringerte sich dadurch der Abstand zu den Einkommen in der gewerblichen Wirtschaft (im Durchschnitt von 18% im Vorjahr auf 8%). Größere Vollerwerbsbetriebe erreichten 1989/90 ein Einkommen, das um rd. ⅓ über dem »Vergleichslohn« lag. Trotzdem setzte sich auch 1990 der seit Jahrzehnten zu beobachtende *Strukturwandel der Landwirtschaft* fort, der sich vor allem in der Aufgabe unrentabler Klein- und Mittelbetriebe äußert. Der aktuelle Anlaß der Betriebsaufgabe ist meist das altersbedingte Ausscheiden aus der Landwirtschaft ohne Hofnachfolge. Der früher häufige Wechsel von Landwirten in außerlandwirtschaftliche Erwerbstätigkeit ist demgegenüber seltener geworden, da gerade im ländlichen Raum häufig keine entsprechenden Arbeitsplätze zur Verfügung stehen.

Die *Zahl der landwirtschaftlichen Betriebe* (ab 1 ha Nutzfläche) verminderte sich 1989–90 stärker als im Vorjahr, nämlich um 19032 (= 2,9%) auf nur noch 629740 (zum Vergleich: 1949 noch 1,647 Mio., 1970 noch 1,080 Mio.). Die *landwirtschaftlich genutzte Fläche* nahm nur um 0,1% ab (–17600 ha) und betrug 1990 11,773 Mio. ha (1989: 11,791 Mio. ha). Die *Zahl der Familienarbeitskräfte in der Landwirtschaft* sank 1989–90 um 1,7% und betrug nur noch 1,664 Mio., davon 1,038 Mio. teilbeschäftigt. (1970 waren in der Landwirtschaft noch 2,821 Mio. Personen beschäftigt.) Die *Zahl der familienfremden Lohnarbeitskräfte* sank weiter und betrug 1990 (1989) nur noch 88400 (90400). Weniger als 5% aller Betriebe beschäftigen ständig fremde Arbeitskräfte.

Die *Durchschnittsgröße der Betriebe* erhöhte sich 1989–90 um 0,53 ha auf 18,70 ha LF (landwirtschaftlich genutzte Fläche); 1949 hatte die Größe erst bei durchschnittlich 8,1 ha gelegen. Die Ursache für die Erhöhung der Durchschnittsgröße liegt vor allem in der Aufgabe von Klein- und Mittelbetrieben, deren Flächen häufig zur Aufstokkung der Großbetriebe dienen. Die »Wachstumsschwelle« lag 1990 bei 40 ha LF, d. h. die Zahl der Betriebe unter 40 ha verringerte sich, ab 40 ha stieg die Zahl an. Allerdings variieren die Betriebsgrößen regional sehr stark, vor allem aus agrarhistorischen Gründen. Sie betrugen z. B. 1990 im Durchschnitt in Schleswig-Holstein 38,48 ha LF, in Niedersachsen 27,97 ha und in Nordrhein-Westfalen 19,37 ha, in Baden-Württemberg dagegen nur 13,79 ha, in Rheinland-Pfalz 15,19 ha, in Bayern 15,45 ha und in Hessen 16,29 ha.

Nach dem *Erwerbscharakter* zählten 1990 49,0% aller Betriebe im Bundesgebiet zu den Vollerwerbs-, 8,7% zu den *Zuerwerbs–* und 42,3% zu den *Nebenerwerbsbetrieben* (d. h. außerlandwirtschaftliches Einkommen überwiegt), jedoch entfallen auf die Vollerwerbsbetriebe 78,3% der LF, 80,7% des Ackerlandes, 81,9% der Milchkühe und 82,0% der Verkaufserlöse (1990).

Der **Selbstversorgungsgrad der BR Deutschland mit Nahrungsmitteln** erreichte im Wirtschaftsjahr 1989/90 aufgrund der günstigen Produktionsergebnisse bei den wichtigsten Produkten den gleichen hohen Wert wie im Vorjahr. Er betrug 92% bzw. 81% ohne Berücksichtigung der tierischen Produktion aus importierten Futtermitteln. *Hohe Überschüsse* wurden z. B. bei Zucker sowie Rind- und Kalbfleisch, aber auch bei Weizen und Gerste erzielt, ein ungefähr ausgeglichenes Ergebnis bei Milch und Milchprodukten. Dagegen bestand ein *Netto-Einfuhrbedarf* bei Pflanzenfetten, Obst und Gemüse, Eiern, Wein, Schweine- und Geflügelfleisch, an hochwertigen Futtermitteln und selbstverständlich an tropischen und subtropischen Nahrungs- und Genußmitteln.

Die **BR Deutschland** war 1990 nach den USA der zweitgrößte Nahrungs- und Genußmittelimporteur der Welt, stand aber auch bei den Agrarexporten an 5. Stelle im Welthandel. Während die Importe zu über 50% aus landwirtschaftlichen Rohstoffen bestanden, enthielten die Agrarexporte zu rd. 80% be- und verarbeitete Nahrungs- und Genußmittel. Die *Einfuhren/Ausfuhren an Nahrungs- und Genußmitteln* (ohne Industrierohstoffe) betrugen im Wirtschaftsjahr 1989/90 (1988/89) 56,063 (55,804)/ 31,452 (31,271) Mrd. DM. Der Einfuhrüberschuß stieg leicht auf 24,611 (24,533) Mrd. DM. Die nur geringen Erhöhungen des Außenhandelsvolumens gehen auf Preissenkungen in vielen Bereichen, vor allem aber auf stark erhöhte Lieferungen der westdeutschen Landwirtschaft in die neuen ostdeutschen Bundesländer zurück. – Auf die einzelnen Ländergruppen entfielen 1989/90 in Mrd. DM von den *Einfuhren:* EG-Mitgliedsländer 36,444 – Entwicklungsländer 11,611 – westliche Industrieländer (ohne EG) 5,969 (davon USA 2,688) – mittel- und osteuropäische Länder 1,805; von den *Ausfuhren:* EG-Mitgliedsländer 21,776 – westliche Industrieländer (ohne EG) 4,995 (davon USA 1,113) – Entwicklungsländer 2,644 (davon OPEC-Länder 1,114) – mittel- und osteuropäische Länder 1,978 – *Hauptimportgüter* waren Futtergetreide, Ölsaaten, Kaffee, Obst und Gemüse, Südfrüchte und Fleisch; *Hauptexportgüter* waren Fleisch und Fleischwaren, Zucker, Kaffee- und Kakao-Erzeugnisse, Milch und Milchprodukte, Wein, Tabakwaren, veredelte Öle und Fette.

Die *Nahrungsmittelpreise* für den Verbraucher (einschl. Genußmittel) stiegen 1990 gegenüber dem Vorjahr um 3,0%, verglichen mit einer Erhöhung der Verbraucherpreise insgesamt von 2,8%. Der Ausgabenanteil für Nahrungs- und Genußmittel an den gesamten privaten Ausgaben der Bevölkerung betrug 1990 nur noch 22% (1950 noch 44%), ohne Genußmittel sogar nur 17%.

Ausgewählte Zahlen über Produktion und Verbrauch

(Angaben vorwiegend nach »FAO Quarterly Bulletin of Statistics«, »FAO Production Yearbook«, »Statistical Yearbook« der UNO sowie nach Landwirtschaftsstatistiken einzelner Länder; S = Schätzung; Zahlen für 1990 z. T. vorläufig und gerundet.)

Welternte 1990 (1989) in Mio. t

Getreide	1954,657	(1874,687)
Wurzelfrüchte	584,400	(584,301)
Gemüse und Melonen	446,118	(435,813)
Früchte	338,332	(338,058)
Ölfrüchte (Ölinhalt)	74,807	(72,043)
Hülsenfrüchte	59,424	(55,625)
Pflanzenfasern	24,893	(23,304)
Nüsse	4,543	(4,400)

Agrumen (Zitrusfrüchte): *Ernte* 1989 in 1000 t: *Orangen:* Brasilien 17948 – USA 8116 – VR China 3715 – Spanien 2507 – Italien 2127 – Indien 1800 – Mexiko 1388 – Ägypten 1370 – Pakistan 1100 – Marokko 994 – Griechenland 934 – Argentinien 750 – Türkei 738 – Israel 566 – Südafrika 510 – *Welternte* 1989 (1988) 51,078 (47,496) Mio. t. *Mandarinen, Clementinen, Tangerinen, Satsumas:* Japan 2072 – Spanien 1198 – Brasilien 650 – Rep. Korea (Süd-K.) 579 – Italien 514 – USA 510 – *Welternte* 1989 (1988) 8,625 (8,127) Mio. t.
Zitronen: USA 738 – Italien 719 – Spanien 609 – Indien 550 – Mexiko 408 – Brasilien 370 – Argentinien 360 – Türkei 335 – *Welternte* 1989 (1988) 5,881 (6,475) Mio. t.
Die wichtigsten *Ausfuhrländer* für Zitrusfrüchte sind Spanien, die USA, Marokko, Israel und Südafrika; bedeutende *Einfuhrländer* sind Frankreich, die BR Deutschland, Großbritannien und die Niederlande.
Der *Verbrauch* von Zitrusfrüchten in der *BR Deutschland* betrug 1990 35 kg pro Kopf und Jahr (einschl. Verarbeitung). Hauptlieferanten sind Spanien, Marokko, Italien und Israel.

Ananas *Ernte* 1989 in 1000 t: Thailand 1900 – Philippinen 1179 – Indien 851 – Brasilien 828 – USA 526 – VR China 465 – Vietnam 400 – Mexiko 324 – Südafrika 252 – Kolumbien 230 – Kenia 213 – Côte d'Ivoire 213 – *Welternte* 1989 (1988) 9,666 (9,617) Mio. t.

Bananen *Ernte* 1989 in Mio. t: Indien 6,000 – Brasilien 5,489 – Philippinen 3,190 – VR China 2,430 – Ecuador 2,376 – Indonesien 2,350 – Thailand 1,610 – Burundi 1,605 – Vietnam 1,480 – Tansania 1,350 – Kolumbien 1,350 – Costa Rica 1,250 – Mexiko 1,143 – Venezuela 1,134 – Honduras 1,040 – *Welternte* 1989 (1988) 44,313 (44,357) Mio. t. – Wichtigste *Exportländer* sind die mittelamerikanischen Staaten, bedeutendste *Einfuhrländer* die USA, die EG-Staaten und Japan.

Baumwollfasern (entkernt)
Ernte 1989 (1988 und 1980) in 1000 t (nach FAO)

VR China	3925	(4200)	(2707)
USA	2663	(3355)	(2422)
UdSSR	2656	(2760)	(2804)
Indien	2180	(1477)	(1292)
Pakistan	1456	(1426)	(715)
Brasilien	625	(837)	(553)
Türkei	585	(650)	(500)
Ägypten	346	(311)	(529)
Australien	286	(284)	(83)
Griechenland	246	(234)	(114)
Paraguay	221	(194)	(86)
Argentinien	191	(282)	(120)

Weltproduktion 1989 (1988) 17,460 (18,282) Mio. t.
Die bedeutendsten *Ausfuhrländer* sind die USA, die UdSSR, China, Pakistan und Indien; wichtigste *Importeure* sind Japan, Süd-Korea, Hongkong, Italien und die BR Deutschland. Die *Baumwollpreise* auf dem Weltmarkt stiegen auch 1990 an, da erneut das Angebot nicht mit der steigenden Nachfrage Schritt hielt.

Baumwollsaat *Produktion* 1989 in 1000 t: VR China 7838 – UdSSR 5100 – Indien 4360 – USA 4323 – Pakistan 2900 – Brasilien 1131 – Türkei 935 – Ägypten 530 – Griechenland 485 – Australien 449 – *Welternte* 1989 (1988) 32,357 (33,775) Mio. t.

Butter *Erzeugung* 1989 (1988/1980) in 1000 t

UdSSR	1780	(1794)	(1373)
Indien (einschl. »ghee«, S)	840	(800)	(640)
USA	579	(548)	(519)
Frankreich	539	(516)	(536)
BR Deutschland	398	(392)	(576)
Pakistan (S)	332	(312)	(217)
DDR (S)	315	(306)	(280)
Polen	290	(267)	(319)
Neuseeland	238	(280)	(249)
Niederlande	177	(170)	(181)
ČSFR	148	(149)	(128)
Großbritannien	140	(176)	(169)
Irland	124	(134)	(111)
Australien	111	(124)	(84)
u. a. Österreich	35	(38)	(43)
Schweiz	36	(34)	(34)

Weltproduktion 1989 (1988) 7,489 (7,516) Mio. t. Wichtige *Ausfuhrländer* 1989 in 1000 t: Niederlande 366,1 – Neuseeland 236,0 – Irland 154,2 – Belgien-Lux. 116,7 – BR Deutschland 106,7 – Wichtige *Einfuhrländer* 1989 in 1000 t: UdSSR 240,0 – Niederlande 193,3 – Belgien-Lux. 120,8 – BR Deutschland 112,1.
Die seit den 70er Jahren durch *Überproduktion* entstandenen »Butterinterventionsbestände« der EG waren 1987–89 durch starke Produktionseinschränkungen und Maßnahmen zur Absatzsteigerung erheblich verringert worden *(→ Milch)*. Die eingelagerten Bestände, der sog. »Butterberg«, betrugen 1986 noch 1,367 Mio. t; bis Ende 1989 waren sie bis auf 124 Tsd. t, davon 28 Tsd. t in der BR Deutschland, abgebaut. 1990 nahmen die eingelagerten Bestände durch leicht erhöhte Produktion, verringerten Verbrauch und Exportrückgang wieder zu; sie betrugen 310 Tsd. t, davon 40 Tsd. t in der BR Deutschland. – Der *Butterverbrauch* sank in der *BR Deutschland* 1990 auf 6,7 kg pro Kopf (1988: 8,3 kg), vor allem wegen des zunehmenden Verbrauchs von Butterersatzstoffen (pflanzliche Produkte). Der *Selbstversorgungsgrad* mit Butter erhöhte sich in den EG-Ländern von 112,1 % (1989) auf 120,3 % (1990), in der BR Deutschland von 86,7 % (1989) auf 95,4 % (1990).

Datteln *Ernte* 1989 in 1000 t (meist S): Ägypten 560 – Saudi-Arabien 500 – Irak 488 – Iran 440 – Pakistan 290 – Algerien 210 – Sudan 130. *Welternte* 1989 (1988) 3,230 (3,013) Mio. t.

Eier (Hühnereier) *Erzeugung* 1989 in 1000 t (meist S): VR China 6800 – UdSSR 4680 – USA 3970 – Japan 2408 – Brasilien 1100 – Indien 1080 – Mexiko 1047 – Frankreich 890 – BR Deutschland 707 – Italien 666 – Großbritannien 660 – Spanien 641 – Niederlande 640 – Polen 448 – Indonesien 435 – Rumänien 380 – Türkei 341 – DDR 333 – Kanada 311 – u. a. Österreich 93 – Schweiz 44. *Weltproduktion* 1989 (1988) 34,857 (35,128) Mio. t. Wichtigste *Ausfuhrländer* sind die Niederlande (rd. 50 % der Weltexporte) und China; wichtigstes *Einfuhrland* ist die BR Deutschland (rd. 40 % der Weltimporte). Der *Verbrauch* an Hühnereiern beträgt in der *BR Deutschland* 247 Eier pro Kopf und Jahr (1990, einschließlich industrieller Verbrauch); die durchschnittliche Legeleistung einer Henne beläuft sich auf rd. 270 Stück/Jahr.

Erdnüsse (in Schale) *Erzeugung* 1989 (1988) in 1000 t: Indien 8450 (8980) – VR China 5395 (5776) – USA 1810 (1806) – Indonesien 879 (842) – Senegal 844 (723) – Nigeria 700 (540) – Myanmar 586 (559) – Sudan 400 (527) – Zaire 400 (410) – Vietnam 295 (290). *Weltproduktion* 1989 (1988) 23,357 (24,364) Mio. t. Im *Welthandel* mit Erdnüssen und Erdnußöl exportieren vor allem die USA und China, Hauptimporteure sind die EG-Länder, Kanada und Japan.

Esel *Bestand* 1989 in Mio. (meist S): VR China 11,296 – Äthiopien 4,900 – Mexiko 3,186 – Pakistan 3,108 – Ägypten 1,960 – Iran 1,740 – Indien 1,400 – Brasilien 1,320 – Afghanistan 1,300 – Türkei 1,200 – *Weltbestand* 1989 (1988) 43,200 (42,391) Mio.

FISCHEREI

(*See- und Binnenfischerei;* einschl. Krustentiere und Mollusken, aber ohne Wassersäugetiere; Anlandungen im In- und Ausland; nach FAO-Angaben) *Fangerträge* 1987 (1986) in 1 000 t

Japan	11 841	(11 976)
UdSSR	11 160	(11 260)
VR China	9 346	(8 000)
USA	5 736	(4 943)
Chile	4 814	(5 572)
Peru	4 584	(5 614)
Indien	2 893	(2 922)
Rep. Korea (Süd-K.)	2 876	(3 103)
Indonesien	2 610	(2 457)
Thailand	2 165	(2 536)
Philippinen	1 989	(1 916)
Norwegen	1 929	(1 898)
DVR Korea (Nord-K., S)	1 700	(1 700)
Dänemark (o. Färöer u. Grönland)	1 696	(1 848)
Island	1 633	(1 657)
Kanada	1 453	(1 507)
Mexiko	1 419	(1 305)
Spanien	1 393	(1 434)
Großbritannien (ohne Kanalinseln u. Man)	955	(850)
Südafrika (ohne Anlandungen in Lüderitz u. Walfischbucht)	902	(629)
Vietnam	871	(825)
Frankreich	844	(870)
Bangladesch	815	(794)
Rep. China (Taiwan, S)	800	(800)
Brailien	793	(832)
Myanmar/Birma	686	(687)
Ecuador	679	(1 003)
Polen	671	(645)
Türkei	626	(583)
Malaysia	608	(616)
Argentinien	559	(420)
Italien	554	(560)
Marokko	491	(598)
Niederlande	435	(455)
u. a. BR Deutschland	202	(202)
DDR	194	(209)

Fischerei Weltfangerträge 1987 (1986) 92,693 (92,349) Mio. t, davon rd. 10% aus Binnengewässern.

In der *BR Deutschland* betrugen die *Anlandungen der Fischereiflotte* 1989 (1988) 207,8 (183,5) Tsd. t (einschl. Anlandungen im Ausland). Davon entfielen 122,7 Tsd. t auf die Große Hochseefischerei und 85,1 Tsd. t auf die Kleine Hochsee- und Küstenfischerei. Mit dieser Zunahme um 13% (vor allem wegen größerer Heringsfänge) setzte sich die 1988 einsetzende Trendwende fort, nachdem die deutsche Seefischerei jahrelang zurückgegangen war (zum Vergleich: 1974 wurden noch 498,0 Tsd. t angelandet). Die wichtigsten *Fanggebiete* waren 1989: Nordsee 54,9% – westbritische Gewässer 16,5% – Grönland 14,8% – Ostsee 10,6% – norwegische Küste 2,9%.

Der starke Rückgang der **deutschen Hochseefischerei** seit Mitte der 70er Jahre ist vor allem auf die Aufteilung der Meere in *nationale Fischereizonen* zurückzuführen (200-Seemeilen-Zone). Die *deutschen Fänge* stammten früher zu etwa ⅔ aus der 200-sm-Zone von Ländern außerhalb der EG. Das entsprechende Gebiet vor Island wurde 1978 völlig für ausländische Fangschiffe gesperrt. In anderen Teilen des Nordatlantiks (Norwegen, Grönland, USA, Kanada) wurden die Fangmengen für Ausländer auf geringe Quoten begrenzt. – Für das *»EG-Meer«* (200-sm-Zone vor den Küsten der EG-Staaten in Nordsee und Nordatlantik) und für EG-Fangrechte vor Drittländern werden jährlich neue nationale Fangquoten festgelegt. Für die *Seefischerei der BR Deutschland* ergaben sich für 1990 Quoten in Höhe von 160 000 t im EG-Meer und 144 000 t im externen Bereich (vor Drittstaaten). Von dieser Gesamtquote entfielen 89 000 t auf die Kutterfischerei und 215 000 t auf die Hochseefischerei. – Aus Erhaltungsgründen senkte die EG bei einigen Beständen die Fangmengen, so bei Kabeljau und Schellfisch in der Nordsee sowie Dorsch in der Ostsee. Wegen des Verlustes großer Teile ihrer ehemaligen Fanggebiete und der beschränkten Einsatzmöglichkeiten wurde die *Fangflotte der BR Deutschland* seit Mitte der 70er Jahre stark reduziert. Die Flotte der Großen Hochseefischerei ging 1975–1990 von 71 Schiffen (32 Fabrikschiffe und 39 Fischereitrawler) mit 121 601 BRT auf 15 Schiffe (6 bzw. 9) mit 26 625 BRT zurück.

Für die *Versorgung der BR Deutschland* standen 1989 zur Verfügung (in 1000 t): Fänge der deutschen Seefischerei 207,8 und der Binnenfischerei 25,0 + Einfuhr 963,7 – Ausfuhr 355,0 = Inlandsverwendung 841,5 (davon als Futter 5,6). Die *fischverarbeitende Industrie* ist also überwiegend auf Importe angewiesen. Der *Fischverbrauch* stieg von 12,6 kg (1988) auf 13,5 kg pro Kopf (1989) und erreichte einen neuen Höchstwert.

Flachs *Produktion* 1989 (1988) in 1000 t: UdSSR 326 (323) – VR China 221 (201) – Frankreich 74 (91) – Rumänien 38 (36) – Niederlande 31 (32) – ČSFR 25 (19) – Polen 19 (18). *Weltproduktion* 1989 (1988) 769 (755) Tsd. t.

FLEISCHERZEUGUNG

(Angaben nach FAO; die Gesamtmenge stimmt wegen Zähldifferenzen z. T. nicht mit der Summe der einzelnen Fleischarten überein; z. T. Schätzungen)

Produktion in 1000 t	*1989*	*insges. (1988)*	*(1980)*	*Rind-, Kalb- u. Büffelfl.*	*Schaf- u. Ziegenfl.*	*Schweinefleisch*	*Geflügelfleisch*
USA	28393	(27876)	(24133)	10633	157	7173	10153
VR China	27671	(26279)	(24160)	1076	963	22148	3152
UdSSR	19936	(19598)	(15227)	8800	878	6750	3216
Brasilien	5976	(5758)	(4971)	2748	79	1000	2137
Frankreich	5509	(5729)	(5614)	1670	159	1840	1425
BR Deutschland	5241	(5441)	(4460)	1576	31	3161	431
Italien	3897	(3863)	(3555)	1146	79	1295	1111
Mexiko	3644	(3440)	(1766)	2140	62	727	640
Japan	3634	(3632)	(3146)	548	–	1594	1482
Argentinien	3325	(3421)	(3422)	2600	96	200	345
Großbritannien	3314	(3352)	(2899)	980	367	939	1011
Spanien	3306	(3335)	(2618)	459	222	1703	831
Kanada	2896	(2893)	(2438)	980	8	1184	693
Polen	2800	(2923)	(2058)	660	24	1753	332
Australien	2773	(2904)	(2632)	1491	543	308	396
Niederlande	2568	(2581)	(1955)	478	14	1632	442
DDR	1993	(1995)	(1852)	425	18	1374	159
Ungarn	1640	(1640)	(1553)	114	6	1036	460
ČSFR	1635	(1625)	(1369)	409	9	937	238
Indien	1635	(1482)	(980)	589	545	86	289
Rumänien	1583	(1549)	(1914)	243	73	875	380
Jugoslawien	1507	(1601)	(1465)	309	66	789	334
Dänemark	1500	(1506)	(1318)	205	–	1163	127
Belgien-Luxemburg	1354	(1347)	(1183)	323	7	815	181
Südafrika	1325	(1311)	(1033)	650	167	124	374
Neuseeland	1236	(1291)	(1222)	550	576	45	59
u. a. Österreich	710	(777)	(654)	212	–	403	83
Schweiz	478	(474)	(494)	157	–	280	32

Weltproduktion von Fleisch insges. (nach FAO) 1989 (1988) 168,260 (164,984) Mio. t, davon *Schweinefleisch* 67,049 (65,309) – *Rind-, Kalb- u. Büffelfleisch* 51,172 (50,599) – *Geflügelfleisch* 37,445 (36,718) – *Schaf- u. Ziegenfleisch* 8,816 (8,685) Mio. t. (*Einzelheiten → Tab.*) *Weltproduktion* an *eßbaren Innereien* 11,926 (11,665) Mio. t.

Wichtige *Ausfuhrländer* 1989 in 1000 t: *Rindfleisch:* Australien 547,4 – Frankreich 481,0 – BR Deutschland 465,6 – USA 379,0 – Irland 340,1 – Neuseeland 300,0. *Schaffleisch:* Neuseeland 425,0 – Australien 137,2. *Schweinefleisch:* Niederlande 761,9 – Dänemark 439,0 – Belgien-Lux. 291,2 – Kanada 228,4. *Geflügelfleisch:* USA 483,0 – Frankreich 417,3 – Niederlande 259,1 – Brasilien 233,0 – Ungarn 174,3.

Wichtige *Einfuhrländer* 1989 in 1000 t: *Rindfleisch:* USA 639,0 – Italien 465,9 – Japan 348,7 – Frankreich 334,2 – BR Deutschland 228,1 – Großbritannien 181,9. *Schaffleisch:* Frankreich 120,0 – Großbritannien 117,8 – Japan 69,5. *Schweinefleisch:* BR Deutschland 523,1 – Italien 486,6 – Japan 345,2 – Frankreich 292,8 – USA 226,0. *Geflügelfleisch:* Japan 270,6 – BR Deutschland 263,3 – Saudi-Arabien 200,0 – UdSSR 165,0.

In den *EG-Ländern* stieg die *Produktion von Rind- und Kalbfleisch* von 7,460 Mio. t (1989) auf 7,685 Mio. t (1990), die von *Schweinefleisch* stieg im gleichen Zeitraum von 13,123 auf 13,260 Mio. t. Der *Selbstversorgungsgrad* nahm dadurch von 101% auf 108% (Rindfleisch) bzw. von 102% auf 103% (Schweinefleisch) zu. In der *BR Deutschland* allein betrug er 1990 122% bzw. 86%.

Aufgrund der wieder *ansteigenden Fleischproduktion,* auch durch beachtliche Lieferungen aus der ehem. DDR (in obigen Zahlen nicht enthalten), erhöhten sich die unverkäuflichen EG-«Interventionsbestände« (eingelagerte Vorräte) wieder kräftig. Die *Erzeugerpreise,* vor allem für Rindfleisch, sanken daher in der BR Deutschland auf ein kaum mehr kostendeckendes niedriges Niveau. – Der *Fleischverbrauch* nahm in der *BR Deutschland* weiter ab; er betrug 1990 (1989) 21,9 (22,8) kg Rind- und Kalbfleisch bzw. 58,4 (58,8) kg Schweinefleisch pro Kopf.

Gerste *Ernte → Getreide*. Wichtige *Ausfuhrländer* 1989 in Mio. t: Frankreich 3,955 – Kanada 3,885 – Großbritannien 3,243 – USA 1,730. Wichtige *Einfuhrländer* 1989 in Mio. t: Saudi-Arabien 4,400 – UdSSR 3,576 – Niederlande 1,411 – DDR 1,356 – Japan 1,317 – Belgien-Lux. 1,069 – Italien 0,789.

Getränke In der *BR Deutschland* stieg der *Getränkeverbrauch* 1989–90 erneut an (um 1,4%) und erreichte mit 688,4 l pro Kopf 1990 einen neuen Rekord (nach Angaben des ifo-Instituts). Die Zunahme lag, wie schon in den Vorjahren, überwiegend bei alkoholfreien Getränken (vor allem Mineralwasser und Limonaden), während der Verbrauch von Alkoholika seit Jahren stagniert. Die Ausgaben für Getränke stiegen 1990 (1989) mit 72,790 (71,310) Mrd. DM um 2,1 (4,0)%, da zur Verbrauchszunahme bei den meisten Getränken leichte Preissteigerungen hinzukamen (ausgenommen Kaffee). Im einzelnen wurden 1990 (1989) in Litern pro Einwohner verbraucht: Bohnenkaffee 190,0 (190,5) – Bier 143,1 (142,9) – Erfrischungsgetränke (Limonaden) 85,0 (82,0) – Mineralwasser 85,0 (81,8) – Milch 76,7 (79,4) – Fruchtsäfte 39,6 (36,2) – Tee (ohne Kräutertee) 25,0 (25,1) – Wein 21,0 (21,1) – Kaffeemittel 8,7 (8,8) – Spirituosen 6,2 (6,2) – Sekt 5,1 (5,2). *(→ Kaffee, Kakao, Milch, Tee, Wein; Bier).*

Getreide Die *Welt-Getreideproduktion* nahm auch 1990 wieder beträchtlich zu und erhöhte sich von 1,875 Mrd. t (1989) auf 1,955 Mrd. t. Dies ist ein neuer *Produktionsrekord*. *(Im einzelnen → Tabelle Sp. 835ff.)* Die Zunahme geht vor allem auf Mehrerträge in Nordamerika zurück (größere Getreide-Anbaufläche mit höherem Flächenertrag); aber auch in Asien (z. B. China) und in der UdSSR konnte die Erntemenge gesteigert werden. Dagegen sank sie erneut in den ärmsten Erdteilen Afrika und Südamerika. Die leicht zurückgegangene Erntemenge in Europa (z. B. in Frankreich und Deutschland) war demgegenüber eine erwünschte Folge von Flächenstillegungen zum Abbau der Überschüsse. Wie im Vorjahr lag auch 1990 die *Welt-Getreideproduktion* wieder *über der Verbrauchsmenge,* so daß die Reserven aufgefüllt werden konnten und die Weltmarktpreise sanken. Sowohl die USA als auch die EG zahlten hohe Exportsubventionen, um die Getreideüberschüsse auf dem Weltmarkt unterzubringen.

Auf dem *Weltmarkt für Getreide* traten 1990 vor allem die UdSSR, die VR China, Japan und andere Länder Süd- und Ostasiens sowie des Nahen Ostens und Nordafrikas als Käufer auf. Insbesondere in den bevölkerungsreichen Ländern China und UdSSR konnte der Bedarf nicht durch die einheimische Erzeugung gedeckt werden. Darüber hinaus hatten viele der ärmsten Entwicklungsländer zwar Importbedarf, konnten ihn aber aus Devisenmangel nicht decken. Die *Hauptexportländer* waren die USA, die EG-Länder, Kanada, Australien und Argentinien sowie Thailand (für Reis). Weltgrößter *Importeur* war auch 1990 die UdSSR. Sie führte rd. 35 Mio. t Getreide ein (einschl. Futtermittel). Größter Lieferant der UdSSR waren 1990, wie schon seit Jahren, die USA, die über 15 Mio. t lieferten. Ein 1990 vereinbartes Abkommen zwischen den USA und der UdSSR sieht für die nächsten 5 Jahre amerikanische Getreidelieferungen von mind. 10 Mio. t jährlich vor.

In den *EG-Ländern* sank die *Getreideerzeugung* 1989–90 von 161,5 auf 157,8 Mio. t (Getreideeinheiten), unter Einbeziehung der 5 neuen deutschen Bundesländer betrug sie 169,8 Mio t. Der *Selbstversorgungsgrad* sank leicht auf 119% (1990). Da der Verbrauch stagnierte und die Exporte wegen der Überschußsituation am Weltmarkt abnahmen, erhöhten sich die »Interventionsbestände« (eingelagerte Überschüsse) von 1989 bis Mitte 1990 von 9,4 auf 11,7 Mio. t, davon 5,0 Mio. t in der BR Deutschland. Da sich der Abstand zwischen dem EG-Preis und dem (niedrigeren) Weltmarktpreis vergrößerte, mußten auch die Exporterstattungen erhöht werden. Die gesamten *EG-Marktordnungskosten* für Getreide erreichten 1990 (1989) 4,390 (3,150) Mrd. ECU (9,175 Mrd. DM).

Gurken *Erzeugung* 1989 in 1000 t (meist S): VR China 3930 – UdSSR 1400 – Japan 980 – Türkei 750 – USA 593 – Rumänien 486 – Niederlande 415 – Polen 352 – Irak 345 – Ägypten 300 – Spanien 300 – u. a. BR Deutschland 81 – DDR 71 – Österreich 25. *Weltproduktion* 1989 (1988) 12,774 (13,108) Mio. t.

Hafer *Ernte → Getreide*. Wichtige *Ausfuhrländer* 1989 in 1000 t: Kanada 933,2 – Schweden 266,6 – Finnland 248,8 – Australien 188,9. Wichtige *Einfuhrländer* 1989 in 1000 t: USA 894,0 – UdSSR 380,0 – Schweiz 83,8 – u. a. BR Deutschland 62,4.

Hanf *Produktion* 1989 in 1000 t (meist S): VR China 70 – Indien 46 – Rumänien 35 – UdSSR 24. *Weltproduktion* 1989 (1988) 217 (211) Tsd. t.

GETREIDE *Produktion* 1990 (1989) in Mill. t (nach Angaben der FAO, 1990 meist Schätzungen)

	Getreide insges.[1]		*Weizen*		*Reis* (ungeschält)		*Mais* (Körnermais)	
VR China	384,318	(369,597)	96,000	(90,802)	188,300	(182,533)	82,345	(79,270)
USA	312,588	(284,438)	74,670	(55,407)	7,000	(7,007)	201,554	(191,197)
UdSSR	230,320	(201,310)	108,000	(92,307)	2,800	(2,560)	17,000	(15,305)
Indien	195,100	(192,636)	54,000	(53,995)	109,500	(106,220)	8,000	(8,000)
Kanada	56,753	(47,915)	31,009	(24,334)	–	–	6,847	(6,379)
Frankreich	55,417	(57,140)	33,580	(31,817)	–	–	9,319	(12,926)
Indonesien	50,590	(50,975)	–	–	43,846	(44,779)	6,741	(6,193)
Brasilien	34,746	(43,930)	3,800	(5,556)	8,213	(11,030)	22,031	(26,590)
Bangladesch	30,599	(28,808)	1,100	(1,022)	29,400	(27,691)	–	–
Türkei	29,933	(22,497)	20,000	(16,221)	–	–	2,000	(2,000)
Polen	26,326	(26,958)	8,200	(8,462)	–	–	–	–
BR Deutschland	25,837	(26,114)	11,059	(11,032)	–	–	1,440	(1,574)
Thailand	24,940	(25,635)	–	–	20,400	(21,000)	4,296	(4,393)
Großbritannien	22,650	(22,851)	14,075	(14,200)	–	–	–	–
Mexiko	22,474	(22,256)	3,759	(4,374)	0,346	(0,637)	12,019	(10,945)
Australien	21,981	(22,240)	14,670	(14,120)	0,894	(0,805)	–	–
Pakistan	21,738	(21,018)	14,628	(14,419)	5,250	(4,830)	1,279	(1,179)
Rumänien	20,690	(18,455)	8,000	(7,880)	0,175	(0,175)	9,200	(6,750)
Argentinien	20,661	(17,631)	12,000	(10,332)	0,467	(0,469)	5,024	(4,260)
Vietnam	20,005	(19,839)	–	–	19,150	(18,990)	0,850	(0,843)
Spanien	18,545	(19,491)	4,663	(5,465)	0,546	(0,341)	3,000	(3,276)
Italien	17,485	(17,206)	7,800	(7,412)	1,200	(1,246)	6,300	(6,388)
Myanmar	14,278	(14,015)	–	–	13,623	(13,515)	–	–
Jugoslawien	13,983	(16,110)	6,348	(5,599)	–	–	6,600	(9,415)
Japan	13,897	(14,362)	1,000	(1,025)	12,500	(12,934)	–	–
Philippinen	13,800	(14,127)	–	–	9,600	(9,657)	–	–
Ungarn	12,434	(15,388)	6,159	(6,540)	–	–	4,500	(6,996)
ČSFR	12,353	(12,047)	6,390	(6,356)	–	–	1,200	(1,000)
Südafrika	12,301	(15,064)	2,360	(2,179)	–	–	9,200	(12,061)
Nigeria	12,070	(11,183)	–	–	1,450	(1,400)	1,700	(1,600)
DDR	12,026	(10,768)	4,500	(3,477)	–	–	–	–
Ägypten	11,200	(10,322)	4,000	(3,183)	2,700	(2,680)	3,750	(3,748)
Iran	11,189	(10,204)	7,000	(5,525)	1,400	(1,852)	–	–
u. a. Österreich	5,037	(5,009)	1,370	(1,363)	–	–	1,606	(1,491)
Weltproduktion	1954,657	(1874,687)	598,596	(541,951)	518,823	(512,727)	472,246	(470,526)

[1] = durch Runden und Zähldifferenzen ergeben sich z. T. Unterschiede zwischen der Gesamtmenge und der Summe der Getreidearten

Hirse (einschl. Sorghum) *Ernte→Getreide*-Hirse wird vorwiegend in Entwicklungsländern angebaut (1989 75% der Welternte), wo sie vielfach das wichtigste Nahrungsmittel ist. Da Hirse größtenteils im Ursprungsland verbraucht wird, ist der internationale Handel gering, ausgenommen größere Exporte von Sorghum aus den USA und Argentinien. Außer den genannten Ländern *(→Getreide)* sind wichtige *Produzenten* 1989 (in Mio. t): Sudan 1,750 – Niger 1,745 – Burkina Faso 1,640 – Äthiopien 1,144 – Mali 0,862 – Tansania 0,800 – Kolumbien 0,695 – Uganda 0,677 – Venezuela 0,595.

Holz *Einschlag* 1989 (nach FAO) in Mio. m³: *Rundholz* (ohne Brennholz): USA 413,5 – UdSSR (S) 305,0 – Kanada 173,1 – VR China (S) 98,5 – Brasilien 66,6 – Schweden 49,5 – Finnland 41,5 – Indonesien 39,6 – Malaysia 36,4 – Frankreich 32,7 – BR Deutschland 31,1 – Japan 30,6 – Indien 24,2 – Polen 19,7 – Australien 17,8 – ČSFR 16,8 – Rumänien 15,8 – Österreich 13,4 – Spanien 13,3 – Südafrika 12,3 – Jugoslawien 11,3 – Chile 10,3 – DDR 10,2 – Norwegen 10,1 – u. a. Schweiz 3,7. *Weltproduktion an Rundholz* für Verarbeitungszwecke 1989 (1988) 1,659 (1,659) Mrd. m³ *Brennholz und Holzkohle* (meist S): Indien 240,2 – Brasilien 179,1 – VR China 177,6 – Indonesien 134,0 – USA 116,3 – Nigeria 97,0 – UdSSR 86,8 – Äthiopien 37,1 – Thailand 33,6 – Kenia 32,9 – Philippinen 32,0 – Zaire 31,5 – Tansania 30,0 – Bangladesch 28,5 – Vietnam 23,2 – Pakistan 22,5 – Sudan 19,6 – Myanmar 17,0 – Nepal 16,8 – Kolumbien 15,5 –

Gerste		*Hirse* (mit Sorghum)		*Hafer*		*Roggen*		
3,200	(3,200)	10,270	(9,591)	0,600	(0,600)	1,000	(1,000)	VR China
9,121	(8,800)	14,220	(15,694)	5,200	(5,423)	0,257	(0,347)	USA
59,000	(48,509)	4,400	(4,267)	17,560	(16,828)	20,000	(20,057)	UdSSR
1,600	(1,721)	22,000	(22,700)	–	–	–	–	Indien
13,232	(11,666)	–	–	3,546	(3,546)	0,926	(0,873)	Kanada
10,077	(9,810)	0,269	(0,303)	0,878	(1,025)	0,254	(0,262)	Frankreich
–	–	–	–	–	–	–	–	Indonesien
–	–	0,216	(0,236)	0,235	(0,228)	0,005	(0,004)	Brasilien
–	–	–	–	–	–	–	–	Bangladesch
7,000	(4,500)	0,009	(0,006)	0,274	(0,216)	0,285	(0,191)	Türkei
4,000	(3,909)	–	–	2,200	(2,186)	5,800	(6,216)	Polen
9,199	(9,716)	–	–	1,543	(1,534)	1,969	(1,797)	BR Deutschland
–	–	0,233	(0,231)	–	–	–	–	Thailand
7,985	(8,070)	–	–	0,535	(0,530)	0,032	(0,031)	Großbritannien
0,468	(0,433)	5,767	(5,754)	0,105	(0,105)	–	–	Mexiko
3,550	(4,095)	0,950	(1,188)	1,525	(1,639)	0,020	(0,020)	Australien
0,116	(0,123)	0,465	(0,466)	–	–	–	–	Pakistan
3,100	(3,436)	–	–	0,350	(0,140)	0,060	(0,055)	Rumänien
0,350	(0,358)	2,038	(1,410)	0,670	(0,668)	0,048	(0,071)	Argentinien
–	–	0,005	(0,006)	–	–	–	–	Vietnam
9,325	(9,308)	0,096	(0,085)	0,520	(0,494)	0,280	(0,337)	Spanien
1,700	(1,691)	0,135	(0,137)	0,315	(0,296)	0,018	(0,021)	Italien
–	–	0,185	(0,143)	–	–	–	–	Myanmar
0,650	(0,702)	0,008	(0,007)	0,260	(0,297)	0,072	(0,075)	Jugoslawien
0,365	(0,371)	–	–	–	–	–	–	Japan
–	–	–	–	–	–	–	–	Philippinen
1,300	(1,340)	0,006	(0,006)	0,150	(0,149)	0,240	(0,267)	Ungarn
3,650	(3,550)	–	–	0,320	(0,330)	0,690	(0,708)	ČSFR
–	–	0,415	(0,481)	0,045	(0,051)	0,003	(0,003)	Südafrika
–	–	8,800	(8,087)	–	–	–	–	Nigeria
4,700	(4,683)	–	–	0,500	(0,476)	2,300	(2,103)	DDR
0,150	(0,126)	0,600	(0,585)	–	–	–	–	Ägypten
2,700	(2,750)	0,039	(0,037)	–	–	–	–	Iran
1,353	(1,422)	–	–	0,251	(0,249)	0,356	(0,381)	u. a. Österreich
181,248	(167,633)	90,113	(88,795)	42,247	(41,555)	35,992	(36,103)	*Weltproduktion*

Mosambik 15,0 – Mexiko 14,9 – u. a. BR Deutschland 3,7 – Österreich 1,4 – Schweiz 0,9 – DDR 0,7. *Weltproduktion* 1989 (1988) 1,765 (1,765) Mrd. m^3.

In der *BR Deutschland* betrug 1989 das *Inlandsaufkommen* (Holzeinschlag) insges. 31,819 Mio. m^3, davon Fichte, Tanne, Douglasie 18,936 – Rotbuche u. ä. 6,085 – Kiefer, Lärche u. ä. 5,637 – Eiche 1,161 Mio. m^3. Für 1990 liegen noch keine endgültigen Ergebnisse vor; der Einschlag vervielfachte sich durch die Aufarbeitung der Sturmschäden vom Jan.-März 1990 (insges. rd. 72 Mio. m^3 Sturmholz). Der *Selbstversorgungsgrad mit Holz* betrug 1989 67,1%, einschließlich der Wiederverwendung von inländischem Altpapier (1989: 16,3 Mio. m^3). Den *Einfuhrbedarf* deckten vor allem skandinavische, osteuropäische und nordamerikanische Länder, Österreich, Frankreich und verschiedene tropische Länder (hochwertige Laubhölzer). Die z. Z. im Zusammenhang mit dem Schutz der Regenwälder umstrittene *Einfuhr von Tropenholz* war 1989 mit 0,840 Mio. m^3 (Stamm- und Schnittholz und Furniere) relativ unbedeutend (unter 3% der Holzimporte, davon rd. 50% aus Asien). Die *Einfuhren der Holzwirtschaft* (einschl. Holzwaren, Möbel usw.) betrugen 1989 (1988) 64,3 (59,6) Mio. m^3, die *Ausfuhren* 42,3 (39,3) Mio. m^3. Wertmäßig betrugen die Einfuhren 26,9 und die Ausfuhren 22,3 Mrd. DM.

Die *Holz- und Papierwirtschaft der BR Deutschland* erreichte 1989 mit 466,4 Tsd. Beschäftigten einen Umsatz von 89,551 Mrd. DM. Hiervon entfielen u. a. auf Holzverarbeitung 42,356 – Zellstoff-, Papier- u. Pappeerzeugung 19,795 – Holzbearbeitung 11,020 – Holzhandel 10,133 Mrd. DM.

Die *Waldfläche der BR Deutschland* nahm in den letzten Jahren leicht zu, verursacht durch Aufforstungen vor allem in ländlichen Räumen bei gleichzeitigen geringen Abnahmen in den Verdichtungsräumen. Insgesamt betrug die Waldfläche 1990 rd. 77537 km (= ca. 31 % der Staatsfläche), davon rd. 73760 km Wirtschaftsfläche. Sie wurde von 443,8 Tsd. Betrieben der Land- und/oder Forstwirtschaft bewirtschaftet. Verteilung nach *Eigentümern:* Privatwald 41,9% – Staatswald 32,7% – Körperschaftswald (Gemeinden, Kirchen, Stiftungen u. ä.) 25,4%; nach *Baumarten:* Fichte, Tanne, Douglasie 40% – Kiefer, Lärche 27% – Buche u. ä. 24% – Eiche 8% (ohne die neuen Bundesländer).

Die **Waldbestände** mit ihrer großen ökologischen Bedeutung und das Holz als regenerierbarer Rohstoff sind **weltweit auf doppelte Weise gefährdet:**

1. In den meisten *Entwicklungsländern,* vor allem in den Tropen und Subtropen, geht die Waldfläche seit Jahren durch *übermäßigen Holzeinschlag* ohne nachfolgende Wiederaufforstung sowie durch *planmäßiges Abbrennen* (zur Gewinnung neuer Siedlungs- und Landwirtschaftsflächen) in erschreckendem Umfang zurück. Trotz bereits starker Störungen des Naturhaushalts und der Drohung gravierender ökologischer Folgen gehen weiterhin jährlich ca 20 Mio. ha *tropischer Wälder* durch Abholzung oder Abbrennen verloren. In verschiedenen Ländern Westafrikas, Südamerikas und Südostasiens verringerte sich die Waldfläche in den letzten 10–15 Jahren um über ⅓. So sind inzwischen die Wälder Thailands zu rd. 60%, die der Philippinen zu 60%, Madagaskars zu über 90% und der Elfenbeinküste fast völlig abgeholzt. Aufforstungen und planmäßige Waldbewirtschaftung sind noch die Ausnahme. Hauptursachen dieser Entwicklung sind:

– *Ausdehnung der landwirtschaftlichen Nutzflächen* für die Ernährung der wachsenden Bevölkerung, verbunden mit einer Ausdehnung der Siedlungsflächen, teilweise auch für die Produktion landwirtschaftlicher Exportgüter;

– *übermäßige Beweidung,* vor allem der Niederwald- und Strauchgebiete in den trockenen Randtropen, durch zu große Viehherden, die die Vegetation bis zur völligen Zerstörung überbeanspruchen und eine natürliche Wiederbewaldung verhindern.

– *Energiegewinnung* (rd. 80% des geschlagenen Holzes): Nach Schätzungen der FAO sind über 2 Mrd. Menschen beim Kochen und Heizen auf Holz angewiesen, da andere Brennstoffe, wie Kohle, Gas oder Heizöl, nicht verfügbar oder zu teuer sind.

– *Export tropischer Hölzer* in die Industrieländer zur Gewinnung dringend benötigter Devisen. Diese Ursache für die Zerstörung tropischer Regenwälder wird in der öffentlichen Diskussion häufig überbewertet. Im Vergleich zu den Waldverlusten durch einheimische Brennholznutzung und durch Brandrodung zu Siedlungszwecken ist der Holzexport quantitativ relativ unbedeutend.

Die *Bedeutung besonders der tropischen Regenwälder* liegt darin, daß hier auf ca. 7–8% der Landoberfläche der Erde etwa 50% der Biomasse vorhanden sind, daß sie eine sehr große Artenvielfalt der Flora und Fauna besitzen und eine wichtige Rolle für die Aufrechterhaltung des Weltklimas spielen.

2. In den meisten *Industrieländern* werden seit längerem umfangreiche Waldschäden durch *Luftverunreinigungen* verursacht. In der BR Deutschland gelten die Waldschäden (»*Waldsterben*«) seit Anfang der 80er Jahre als eines der zentralen Umweltprobleme. Wegen der großen Sturmschäden zu Jahresbeginn konnte 1990 die jährliche *Waldschadenserhebung* nicht bundesweit durchgeführt werden. Stichprobenerhebungen des Bundeslandwirtschaftsministeriums ergaben, daß gegenüber 1989 eine weitere leichte Zunahme der Schäden zu verzeichnen war, vor allem bei Laubbäumen und generell bei den über 60jährigen Beständen, während sich der Schädigungsgrad bei Nadelbäumen auf hohem Niveau stabilisierte.

Ende 1989 (1988) waren rd. 3,908 (3,871) Mio. ha (= 52,9 [52,4] % der Waldfläche) im *Bundesgebiet sichtbar geschädigt;* 37,0% betrafen die Schadstufe 1 (»schwach geschädigt«, Warnstufe), 14,4% Schadstufe 2 (»mittelstark geschädigt«) und 1,5% Schadstufe 3 und 4 (»stark geschädigt« bzw. »abgestorben«). Am stärksten betroffen sind Baden-Württemberg (insbes. Schwarzwald) und Bayern mit 59,5 bzw. 59,0% der Waldfläche, am wenigsten die nord- und westdeutschen Bundesländer (Nordrhein-Westfalen 39,0%, Niedersachsen 42,8%). Nach Baumarten treten die größten Schäden bei Tannen, Eichen und Buchen auf.

In den *neuen Bundesländern* (ehem. DDR) wurde 1990 erstmals eine vergleichbare Erhebung durchgeführt, die *sehr starke Waldschäden* ergab (35,9% der Waldfläche in den Schadstufen 2–4 gegenüber 15,9% [1989] in den alten Bundesländern).

Schäden ähnlicher Größenordnung werden schon seit langem aus der ČSFR und Polen gemeldet, seit einigen Jahren auch aus anderen europäischen Ländern. Für 1989 wurden von der UNO folgende, allerdings nicht voll vergleichbare Zahlen angegeben (*Schädigung der Laub- und Nadelbäume,* Stufen 1–4): Polen 78,0% – ČSFR 74,0% – Großbritannien 59,0% – Dänemark 52,0% – Niederlande 47,4% – Schweiz 43,0% – Österreich 25,4% –

Italien 24,2% – Spanien 22,0% – Frankreich 20,7% – UdSSR (nur einzelne Testgebiete) über 60%.
Nach jahrelangen intensiven Forschungen herrscht heute weitgehend Übereinstimmung darüber, daß das sog. »*Waldsterben*« nicht auf eine einzige Ursache zurückgeht, sondern durch das *Zusammenwirken umfangreicher Ursache-Wirkungs-Komplexe* entsteht. Zu den auslösenden Faktoren gehören vor allem:
– *Luftschadstoffe* (Schwefeldioxid, Stickoxide, Photooxidantien u. a.), die teils direkt auf die Blätter bzw. Nadeln der Bäume einwirken, teils indirekt über den Boden die Bäume schädigen,
– *pflanzliche und tierische Schädlinge* einschl. Mikroorganismen (Pilze, Bakterien, Borkenkäfer u. a.), die solche Bäume verstärkt angreifen und schädigen können, die durch die Luft- und Bodenschadstoffe in ihrer Widerstandskraft geschwächt sind. Auch *extremen Witterungsbedingungen* (z. B. starke Fröste, anhaltende Trockenperioden) und *ungünstigen Standortverhältnissen* (z. B. Mineralmangel) sind diese geschwächten Bäume oft nicht mehr gewachsen.
Trotz aller divergierenden Meinungen im einzelnen besteht unter den meisten Wissenschaftlern Einigkeit darüber, daß *Luftverunreinigungen die wichtigste Ursache* sind. Daher betrafen die bisherigen gesetzgeberischen Maßnahmen hauptsächlich die *Verminderung der Luftverschmutzung*. Zu nennen sind
– Maßnahmen zur *Verminderung der Stickoxidentstehung* (Rauchgasentstickung bei Feuerungsanlagen, Autoabgasentgiftung durch Katalysatoren) und
– die weitere *Ausdehnung der Rauchgasentschwefelung* auf ältere Großfeuerungsanlagen (Kraftwerke, Industrie) und auf Kleinanlagen (Hausbrand).
Weitere Maßnahmen zugunsten des Waldes, die auch durch öffentliche Mittel unterstützt werden, betreffen v. a. standortgemäßen Waldbau, naturgemäße Wiederaufforstung und Förderung der Naturverjüngung, Düngung und Schädlingsbekämpfung.

Honig *Erzeugung* 1989 in 1000 t (meist S): UdSSR 230 – VR China 177 – USA 77 – Mexiko 62 – Indien 50 – Türkei 40 – Argentinien 38 – BR Deutschland 29 – Kanada 28 – Frankreich 26 – u. a. DDR 6. *Weltproduktion* 1989 (1988) 1,125 (1,112) Mio. t.

Hopfen *Produktion* 1989 in 1000 t: BR Deutschland 34,000 – USA 25,000 – ČSFR 12,334 – UdSSR 10,000 – Großbritannien 5,000 – Jugoslawien 4,183 – DDR 3,079 – VR China 3,000 – Australien 2,432. *Weltproduktion* 1989 (1988) 112,038 (111,897) Tsd. t. – Die Anbaufläche betrug 1989 weltweit rd. 79550 ha, davon 19799 in der BR Deutschland.

Hühner *Bestand* 1989 in Mio. (meist S): VR China 1928 – USA 1550 – UdSSR 1160 – Brasilien 600 – Indonesien 444 – Japan 330 – Indien 270 – Mexiko 242 – Frankreich 190 – Nigeria 150 – Pakistan 165 – Rumänien 142 – Italien 128 – Großbritannien 118 – Iran 115 – Kanada 108 – Niederlande 100 – Thailand 95 – Irak 77 – Jugoslawien 75 – BR Deutschland 72 – u. a. DDR 49 – Österreich 14. *Weltbestand* 1989 (1988) 10,470 (10,244) Mrd.

Hülsenfrüchte (insges., trocken) *Erzeugung* 1989 in 1000 t (meist S): Indien 13650 – UdSSR 10000 – VR China 5314 – Frankreich 2854 – Brasilien 2336 – Türkei 1779 – Australien 1613 – Nigeria 1550 – USA 1341 – Mexiko 1004 – Großbritannien 703 – Pakistan 659 – Äthiopien 647 – Polen 615 – Ägypten 486. *Welternte* 1989 (1988) 57,457 (55,227) Mio. t.

Jute (einschl. verwandter Fasern wie Kenaf oder Mesta) *Erzeugung* 1989 in 1000 t: Indien 1890 – Bangladesch 811 – VR China (S) 565 – Thailand 160 – Brasilien 40. *Welterzeugung* 1989 (1988) 3,704 (3,330) Mio. t.

Kaffee (grün) *Ernte* 1989 (1988/1980) in 1000 t

Brasilien	1496	(1369)	(1 060)
Kolumbien	664	(709)	(724)
Indonesien	392	(384)	(295)
Côte d'Ivoire	239	(187)	(250)
Mexiko	226	(279)	(222)
Guatemala	220	(190)	(163)
Äthiopien	200	(170)	(187)
Uganda	187	(184)	(110)
Indien	215	(123)	(150)
Philippinen	156	(142)	(145)
Costa Rica	147	(145)	(109)
Ecuador	128	(144)	(69)
Peru	106	(99)	(102)
Kenia	105	(125)	(91)
Zaire	98	(97)	(75)
El Salvador	97	(120)	(165)
Honduras	90	(91)	(76)

Welternte 1989 (1988) 5,657 (5,507) Mio. t. Die wichtigsten *Exportländer* sind Brasilien, Kolumbien, Indonesien, Mexiko, Côte d'Ivoire, Uganda und die mittelamerikanischen Staaten; die bedeutendsten *Importeure* sind die USA, die BR Deutschland, Frankreich, Japan und Italien.
Der *Welt-Kaffeemarkt* war auch 1990 – wie schon im Vorjahr – durch Angebotsüberschüsse gekennzeichnet, die zu einem weiteren Absinken der Preise führten. An der Weigerung Brasiliens, sich in ein neues Exportquotensystem einzuordnen, scheiterten die Versuche der **ICO** (»Internat. Kaffee-Organisation« aus Erzeuger- und Abnehmerländern), ein neues Kaffee-Abkommen zu schließen. Die Preise erreichten den tiefsten Stand seit 15 Jahren, was vor allem die kleineren Erzeugerländer in größte wirt-

schaftliche Schwierigkeiten brachte. In der *BR Deutschland* führten die niedrigsten Kaffeepreise seit Jahrzehnten zu einer starken Verbrauchszunahme. Besonders stark war die Zunahme in den »neuen« Bundesländern, wo Kaffee bisher zu den sehr teuren Luxusgütern zählte. Als *Jahresverbrauch* wurden 730 Tassen pro Kopf in West- und 585 Tassen in Ostdeutschland berechnet.

Kakao (Kakaobohnen) *Ernte* 1989 (1988/1980) in 1000 t (nach FAO):

Côte d'Ivoire	701	(823)	(400)
Brasilien	392	(392)	(318)
Ghana	295	(289)	(250)
Malaysia	245	(225)	(32)
Nigeria	160	(160)	(155)
Kamerun	120	(124)	(117)
Indonesien	115	(49)	(15)
Ecuador	94	(85)	(91)
Kolumbien	56	(54)	(36)

Welternte 1989 (1988) 2,449 (2,461) Mio. t.
Der *Exportanteil* an der Ernte ist relativ hoch; wichtigste *Ausfuhrländer* sind Côte d'Ivoire, Ghana, Malaysia und Brasilien. Bedeutendste *Importeure* sind die USA, die Niederlande und die BR Deutschland. Der *Welt-Kakaomarkt* war 1990 im 7. Jahr hintereinander durch starke Überproduktion gekennzeichnet. Durch Zurückhaltung der Haupt-Exportländer konnten jedoch die *Weltmarktpreise* gegenüber dem für die Erzeuger katastrophal niedrigen Stand von 1989 angehoben werden. Der Versuch der **ICCO** (»Internationale Kakao-Organisation«), ein neues System von Ausfuhrquoten zu installieren, scheiterte jedoch. Für die nächsten Jahre hoffen die Erzeuger auf vermehrte Absatzchancen in Osteuropa.

Kartoffeln Ernte 1989 (1988/1980) in Mio. t

UdSSR	72,000	(62,705)	(67,000)
Polen	34,390	(34,707)	(26,400)
VR China (S)	30,045	(28,043)	(25,000)
USA	16,798	(16,168)	(13,737)
Indien	14,893	(14,046)	(8,327)
DDR	9,167	(11,546)	(9,214)
BR Deutschland	7,948	(7,434)	(7,970)
Rumänien (S)	7,200	(8,000)	(5,737)
Niederlande	6,856	(6,742)	(6,267)
Großbritannien	6,369	(6,899)	(7,109)
Frankreich	5,750	(6,900)	(6,618)
Spanien	5,242	(4,530)	(5,737)
Türkei	4,060	(4,350)	(3,000)
Japan	3,700	(3,763)	(3,421)
ČSFR	3,167	(3,659)	(2,695)
u. a. Österreich	0,845	(1,001)	(1,264)
Schweiz	0,700	(0,748)	(0,853)

Welternte 1989 (1988) 277,111 (269,843) Mio. t.
Wichtige *Ausfuhrländer* sind die Beneluxländer, die BR Deutschland (für Kartoffelprodukte) und Frankreich, die wichtigsten *Einfuhrländer* sind die BR Deutschland und ebenfalls die Beneluxländer (für Frühkartoffeln).
In der *BR Deutschland* erhöhte sich die *Anbaufläche* 1990 (1989) auf 213,6 (200,7) Tsd. ha; sie liegt aber beträchtlich unter der Fläche für Kartoffelanbau in den 60er und 70er Jahren (1979 noch 325 000 ha), da die Bedeutung der Kartoffel als Grundnahrungs- bzw. Futtermittel stark abgenommen hat (*Pro-Kopf-Verbrauch* 1990 71,5 kg, 1978 noch 86 kg). Die einheimische *Ernte* erreichte 1990 mit rd. 7,23 Mio. t nicht ganz die Vorjahreshöhe (davon 0,623 Mio. t Frühkartoffeln).

Käse (alle Arten) *Erzeugung* 1989 in 1000 t: USA 2957 – UdSSR (S) 2090 – Frankreich 1388 – BR Deutschland 1051 – Italien 706 – Niederlande 561 – Polen 447 – Ägypten (S) 315 – Argentinien 281 – Großbritannien 279 – Kanada 276 – DDR 274 – Dänemark 271 – ČSFR 233 – Griechenland 221 – Australien 191 – Bulgarien 190 – Spanien 154 – VR China (S) 142 – Mexiko 140 – u. a. Schweiz 132 – Österreich 108. *Weltproduktion* 1989 (1988) 14,436 (14,281) Mio. t.- Wichtigste *Exportländer* waren 1989 die Niederlande, Frankreich, die BR Deutschland und Dänemark; bedeutendste *Importeure* waren die BR Deutschland, Italien und Großbritannien. – In der *BR Deutschland* stieg die *Käseproduktion* 1990 auf 1085,573 Tsd. t, davon Schnittkäse 246,389 – Hartkäse 161,071 – Weichkäse 101,050 – Frischkäse 550,365 (darunter Quark 290,606) Tsd. t.

Kautschuk (Naturkautschuk) *Erzeugung* 1989 (1988/1980) in 1000 t (Trockengewicht)

Malaysia	1 424	(1 660)	(1 552)
Indonesien	1 300	(1 235)	(989)
Thailand	936	(862)	(465)
Indien	259	(235)	(155)
VR China	258	(240)	(113)
Philippinen	172	(156)	(68)
Sri Lanka	118	(122)	(133)
Liberia	118	(108)	(77)

Weltproduktion 1989 (1988) 4,984 (4,981) Mio. t. Rd. 90% der Weltproduktion werden exportiert. Bedeutendste *Exporteure* sind Malaysia, Indonesien und Thailand; die wichtigsten *Einfuhrländer* sind die USA, Japan, China, die BR Deutschland und Frankreich.
Anteil von Naturkautschuk an der gesamten Kautschukproduktion (einschl. Synthet.): 1939 99% – 1955 56% – 1965 38% – 1975 33% – 1990 ca. 35%. Der Anteil des Naturprodukts am gesamten Kautschukverbrauch stieg in den letzten Jahren wieder leicht an, da er für gewisse Anwendungsbereiche Vorteile aufweist (z. B. Winterreifen). In den letzten Jahren erhöhte sich außerdem der Bedarf an

Latex für die Herstellung von medizinischen Handschuhen und Kondomen. Die Abschwächung der Welt-Automobilkonjunktur verhinderte jedoch Preiserhöhungen, da die Nachfrage gedeckt werden konnte. Zur Preisstützung und Sicherung der Versorgung dient das *Internationale Naturkautschuk-Abkommen* **(INRA)**, das 1987 erneuert wurde.

Kohl *Erzeugung* 1989 in Mio. t (meist S): UdSSR 9,300 – VR China 7,960 – Japan 2,900 – Rep. Korea (Süd-K.) 2,300 – Polen 1,617 – USA 1,400 – Rumänien 1,200 – u. a. BR Deutschland 0,527 – DDR 0,415 – Österreich 0,097. *Weltproduktion* 1989 (1988) 36,640 (36,864) Mio. t.

Kopra *Erzeugung* 1989 in 1000 t (meist S): Philippinen 1700 – Indonesien 1027 – Indien 370 – Mexiko 200 – Papua-Neuguinea 134 – Vietnam 124 – Côte d'Ivoire 75. *Weltproduktion* 1989 (1988) 4,344 (4,517) Mio. t.

Leinsaat *Erzeugung* 1989 in 1 000 t: Kanada 531 – Argentinien 509 – Indien 349 – UdSSR 230 – VR China 165. *Weltproduktion* 1989 (1988) 2,121 (1,903) Mio t.

Mais *Ernte → Getreide*. Wichtige *Ausfuhrländer* 1989 in Mio. t: USA 56,513 – Frankreich 7,723 – VR China 3,507 – Südafrika 3,500 – Argentinien 1,880 – Thailand 1,181. Wichtige *Einfuhrländer* 1989 in Mio. t: UdSSR 17,000 – Japan 15,311 – Rep. Korea (Süd-K.) 7,065 – VR China 3,803 – Mexiko 3,600 – Ägypten 1,600 – Malaysia 1,494 – DDR 1,350 – Spanien 1,317 – BR Deutschland 1,300 – Großbritannien 1,273.

Maultiere *Bestand* 1989 in Mio. (meist S): VR China 5,400 – Mexiko 3,170 – Brasilien 2,000 – Kolumbien 0,600 – Äthiopien 0,570 – Marokko 0,510. *Weltbestand* 1989 (1988) 14,724 (14,498) Mio.

Milch *Erzeugung von Kuhmilch* 1989 (1988/1980) in Mio. t

UdSSR	106,800	(105,950)	(90,200)
USA	66,050	(65,840)	(58,298)
Frankreich	27,250	(26,606)	(33,300)
BR Deutschland	24,240	(23,974)	(24,779)
Indien	21,630	(20,580)	(13,000)
Polen	15,700	(15,632)	(16,480)
Großbritannien	14,886	(15,120)	(15,883)
Brasilien	13,609	(13,941)	(10,265)
Niederlande	11,250	(11,315)	(12,148)
Italien	10,650	(10,726)	(10,490)
DDR	9,300	(9,204)	(8,202)
Mexiko	8,970	(8,830)	(6,750)
Kanada	8,250	(8,229)	(8,025)
Japan	7,750	(7,608)	(6,504)
Neuseeland	7,482	(7,650)	(6,770)

Milch *Forts.)*

ČSFR	7,100	(6,963)	(5,909)
Argentinien	6,725	(6,168)	(5,307)
Australien	6,462	(6,298)	(5,562)
Spanien	6,168	(5,744)	(6,053)
Irland	5,370	(5,315)	(4,850)
u. a. Schweiz	3,840	(3,768)	(3,655)
Österreich	3,351	(3,353)	(3,430)

Weltproduktion von Kuhmilch 1989 (1988) 472,514 (467,682) Mio. t, von *Büffelmilch* 42,806 (40,727) Mio. t, davon 1989: Indien 28,325 – Pakistan 9,920 – VR China 1,900 – Ägypten 1,440; von *Schafmilch* 8,595 (8,739) Mio. t, davon 1989: Frankreich 1,075 – Türkei 1,000 – Iran 0,725 – Griechenland 0,700; von *Ziegenmilch* 8,423 (8,282) Mio. t, davon 1989: Indien 1,545 – Somalia 0,670 – Pakistan 0,576 – Türkei 0,524 – Sudan 0,426 – Griechenland 0,465. Wichtigste *Ausfuhrländer* für *Trockenmilch* sind die Niederlande (1989 529,4 Tsd. t), die BR Deutschland, Frankreich und die USA, für *Frisch- und Kondensmilch* die Niederlande und die BR Deutschland.

In den *EG-Ländern* konnte die künstlich gedrosselte *Milcherzeugung* auch 1990 eingehalten werden, da die seit 1. 4. 1984 geltende »Garantiemengenregelung« zur Eindämmung der Überproduktion erneut ihre Wirksamkeit zeigte, wenn auch die Garantiemengen leicht überschritten wurden. Die *Produktion von Kuhmilch* betrug 1990 (1989) 109,097 (109,140) Mio. t. Zwar nahm der *Milchkuhbestand* weiter ab auf 22,919 (23,312) Mio., doch erhöhte sich der *Milchertrag* je Kuh weiter auf 4720 (4627) kg/Jahr. Die *Gesamt-Milcherzeugung* (einschl. Ziegen und Schafe) stagnierte bei 111,644 (111,687) Mio. t. Da sich der *Verbrauch* von Milch und Milchprodukten nur leicht veränderte, hielt sich der *Selbstversorgungsgrad* der EG mit Milch 1990 (1989) bei 112,8 (112,9) %.
In der *BR Deutschland* sank der *Milchverbrauch* 1989–90 von 23,708 auf 23,242 Mio. t. Da jedoch auch die *Milcherzeugung* abnahm, und zwar von 24,262 auf 23,652 Mio. t, sank auch der *Selbstversorgungsgrad* 1990 (1989) auf 101,8 (102,3) %. Trotz verschiedener *Maßnahmen zum Abbau der Vorräte* (Anlieferquoten, Exporte in Drittländer, vor allem Milchpulver und Käse) erhöhten sich durch *Verbrauchsrückgang* und *Exportschwierigkeiten* die *Lagerbestände der EG* (»Interventionsbestände«) 1990 wieder beträchtlich. Die *Bestände an Milchpulver* stiegen von Ende 1989 bis Ende 1990 von 5 auf 325 Tsd. t, diejenigen an Butter von 124 auf 310 Tsd. t. Die Kosten für die *EG-Milchmarktordnung* konnten trotzdem von 4,987 (1988) auf 4,340 Mrd. ECU (1990) gesenkt werden (= 9,071 Mrd. DM). Durch die *»Garantiemengenregelung«*, die 1988 bis 1991 verlängert wurde, soll in

Zukunft ein ausgeglichenes Angebots-Nachfrage-Verhältnis erreicht werden. Die Abnahme- und Preisgarantie gilt nach dieser Regelung nur noch für eine bestimmte »Garantiemenge«, d. h. Höchstmenge pro Erzeuger. Für die BR Deutschland betrug die Garantiemenge im Wirtschaftsjahr 1989/90 21,834 Mio. t, die um rd. 0,344 Mio. t überschritten wurde.

Die *Milchproduktion* war auch 1990 die mit Abstand wichtigste Einnahmequelle der deutschen Landwirte. Sie erbrachte 15,033 Mrd. DM, d. h. 26,7 % der Verkaufserlöse der Landwirtschaft *(→ Butter, → Käse)*

Obst *Ernte* 1989 in 1000 t (meist S):
Äpfel: UdSSR 6000 – USA 4539 – VR China 4316 – Frankreich 2339 – Italien 2109 – Türkei 1850 – BR Deutschland 1727 – Polen 1312 – Japan 1075 – Iran 1010 – Argentinien 964 – Indien 950 – Ungarn 900 – Spanien 815 – Rumänien 780 – DDR 757 – Chile 660 – Rep. Korea (Süd-K.) 640 – u. a. Österreich 321 – Schweiz 260. *Welternte* 1989 (1988) 40,902 (41,784) Mio. t.
Birnen: VR China 2705 – Italien 797 – USA 764 – Spanien 550 – UdSSR 500 – Japan 472 – Türkei 407 – Frankreich 344 – BR Deutschland 322 – u. a. Österreich 133 – Schweiz 120 – DDR 84. *Welternte* 1989 (1988) 9,675 (9,884) Mio. t.
Pflaumen: UdSSR 1050 – Jugoslawien 819 – USA 786 – VR China 770 – Rumänien 765 – BR Deutschland 343 – Ungarn 180. *Welternte* 1989 (1988) 6,518 (6,729) Mio. t.
Pfirsiche u. Nektarinen: Italien 1650 – USA 1205 – Spanien 751 – VR China 664 – Griechenland 582 – Frankreich 551 – UdSSR 460 – Türkei 318 – u. a. BR Deutschland 25 – Österreich 12. *Welternte* 1989 (1988) 8,586 (8,211) Mio. t.
Obsternte in der BR Deutschland 1990 (1989) in 1000 t (nach Statist. Bundesamt): Äpfel 1797,6 (1726,5) – Birnen 328,8 (347,1) – Pflaumen und Zwetschgen 305,3 (321,0) – Süßkirschen 120,6 (121,0) – Sauerkirschen 84,6 (82,6) – Mirabellen u. Renekloden 31,7 (28,1) – Pfirsiche 25,8 (24,4) – Walnüsse 12,2 (11,8) – Aprikosen 1,8 (1,7) – Johannisbeeren (rot, weiß, schwarz) 118,7 (128,3) – Stachelbeeren 66,6 (74,2) – Erdbeeren 50,6 (53,6) – Himbeeren 24,7 (30,0) – Obst insges. 2,969 (2,950) Mio. t.

Oliven *Produktion* von Oliven/Olivenöl 1989 in 1000 t: Spanien 2934/534 – Italien 2636/492 – Griechenland 1500/300 – Türkei 500/45 – Tunesien 450/110 – Marokko 400/45 – Portugal 250/35 – Algerien 175/10 – Syrien 132/25 – Libyen 120/20 – *Welterzeugung* von *Oliven/Olivenöl* 1989 (1988) 9,579 (9,235)/ 1,655 (1,539) Mio. t.

Palmkerne/Palmöl *Produktion* 1989 in 1000 t (meist S): Malaysia 1794/6057 – Indonesien 298/ 1377 – Nigeria 300/770 – Brasilien 205/63 – VR China 53/210 – Zaire 74/178 – Papua-Neuguinea 58/146 – Kolumbien 48/211 – Côte d'Ivoire 23/167. *Welterzeugung* von Palmkernen/Palmöl 1989 (1988) 3,229 (2,866)/10,180 (9,093) Mio. t. Wichtigste *Exporteure* waren 1989/90 Malaysia, Indonesien und Nigeria, *Haupt-Importländer* die USA und die EG-Staaten, vor allem für die Margarineherstellung.

Pferde *Bestand* 1989 in Mio (meist S): VR China 10,690 – Mexiko 6,170 – UdSSR 5,890 – Brasilien 5,850 – Argentinien 2,900 – Äthiopien 2,600 – Mongolei 2,060 – Kolumbien 1,950 – Polen 1,005 – Indien 0,955 – Indonesien 0,725 – Kuba 0,705 – u. a. BR Deutschland 0,363 – DDR 0,102 – Schweiz 0,049 – Österreich 0,044. *Weltbestand* 1989 (1988) 60,461 (60,379) Mio.

Rapssaat *Erzeugung* 1989 in 1000 t: VR China 5440 – Indien 4412 – Kanada 3058 – Frankreich 1830 – Polen 1586 – BR Deutschland 1450 – Großbritannien 969 – Dänemark 630 – DDR 419 – u. a. Österreich 96 – Schweiz 52. *Weltproduktion* 1989 (1988) 22,490 (22,087) Mio. t.

Reis *Ernte → Getreide* – Die *Welternte* erreichte 1990 mit 518,823 Mio. t (vorl. Wert) einen neuen Rekord, nachdem sie bereits 1988–89 eine beachtliche Steigerung aufgewiesen hatte (von 492,137 auf 512,727 Mio. t). Die Produktionszunahme kam vor allem durch höhere Erntemengen in China und Indien zustande, während die Ernte in den übrigen Haupt-Produktionsländern eher stagnierte (z. B. Thailand, Indonesien). Von der Gesamterntemenge entfielen 493,213 Mio. t (=95 %) auf Entwicklungsländer. Der Reisbedarf konnte hier im allgemeinen gedeckt werden, ausgenommen China und gewisse afrikanische und vorderasiatische Länder (z. B. Irak), die größere Mengen importierten. – Wichtige *Ausfuhrländer* 1989 in Mio. t: Thailand 6,311 – USA 3,061 – Pakistan 1,100 – Italien 0,515. Insgesamt gelangen nur rd. 3 % der Weltreisproduktion in den Außenhandel, d. h. 97 % des Reises werden im Ursprungsland verbraucht. – Wichtige *Einfuhrländer* 1989 in 1000 t: VR China 1206 – UdSSR 640 – Irak 542 – Côte d'Ivoire 450 – Hongkong 407 – Indonesien 397 – Malaysia 368 – Saudi-Arabien 360 – Senegal 342 – Sri Lanka 330 – u. a. BR Deutschland 204.

Rinder *Bestand* 1989 (1988/1980) in Mio.

Indien (ohne Büffel)	195,500	(193,000)	(182,500)
Brasilien	136,814	(139,599)	(92,000)
UdSSR	119,600	(118,300)	(115,100)
USA	99,180	(99,622)	(111,190)
VR China	77,141	(73,963)	(52,490)

Rinder *(Forts.)*

Argentinien	50,782	(50,780)	(55,760)
Mexiko	34,999	(31,200)	(29,000)
Äthiopien (S)	28,900	(27,000)	(26,000)
Kolumbien	24,598	(24,245)	(23,950)
Bangladesch (S)	23,000	(22,789)	(21,000)
Australien	22,434	(21,851)	(23,260)
Frankreich	21,780	(22,189)	(23,920)
Sudan (S)	20,500	(20,167)	(18,350)
Pakistan	17,363	(17,156)	(15,040)
BR Deutschland	14,659	(14,887)	(15,050)
Venezuela	13,076	(12,856)	(10,630)
Nigeria (S)	12,200	(12,200)	(12,300)
Kanada	12,195	(12,060)	(13,300)
Türkei (S)	12,000	(12,000)	(15,570)
u. a. DDR	5,710	(5,721)	(5,600)
Österreich	2,541	(2,590)	(2,550)
Schweiz	1,850	(1,837)	(2,030)

Weltbestand an Rindern 1989 (1988) 1278,713 (1265,285) Mio., *an Büffeln* 139,921 (137,060) Mio., davon 1989: Indien 73,700 – VR China 21,935 – Pakistan 14,349 Mio. – In der BR Deutschland sank der Rinderbestand bis Dez. 1990 (1989) leicht auf 14,542 (14,563) Mio., davon 4,771 (4,929) Mio. Milchkühe (–3,2%) und 2,275 Mio. Kälber unter ½ Jahr (+1,1%). Die Zahl der Rinderhalter nahm ebenfalls ab und betrug nur noch 355 Tsd., davon 275 Tsd. Halter von Milchkühen. Der seit Jahren zu beobachtende Rückgang der Zahl der milchkuhhaltenden Betriebe ist eine Auswirkung der EG-Milchpreispolitik *(→ Milch).*

Roggen *Ernte → Getreide Sp. 835ff.*

Schafe *Bestand* 1989 in Mio. (meist S): Australien 165,000 – UdSSR 139,500 – VR China 102,800 – Neuseeland 60,569 – Indien 53,486 – Türkei 34,850 – Iran 34,000 – Südafrika 29,850 – Argentinien 29,345 – Großbritannien 29,046 – Pakistan 28,345 – Spanien 24,252 – Äthiopien 24,000 – Brasilien 20,500 – Sudan 20,000 – Rumänien 18,800 – Marokko 17,500 – Syrien 13,900 – Nigeria 13,200 – Peru 13,056 – u. a. DDR 2,634 – BR Deutschland 1,464. *Weltbestand* 1989 (1988) 1177,357 (1164,018) Mio.

Schweine *Bestand* 1989 (1988 und 1980) in Mio.

VR China	348,954	(334,862)	(325,120)
UdSSR	78,100	(77,403)	(73,900)
USA	55,469	(54,384)	(67,350)
Brasilien (S)	33,640	(32,121)	(34,180)
BR Deutschland	22,589	(23,670)	(22,370)
Polen	18,835	(19,605)	(21,330)
Spanien	16,715	(16,614)	(10,600)
Mexiko	16,157	(15,884)	(13,220)
Rumänien	15,400	(15,224)	(10,900)
Niederlande	13,820	(14,226)	(10,140)
Frankreich	12,480	(12,643)	(11,450)

Schweine *(Forts.)*

DDR	12,464	(12,503)	(12,130)
Japan	11,866	(11,725)	(10,000)
u. a. Österreich	3,874	(3,947)	(4,000)

Weltbestand 1989 (1988) 849,024 (833,588) Mio. – In der *BR Deutschland* sank der *Schweinebestand* bis Dez. 1990 gegenüber dem Vorjahr um 0,8% auf 21,980 Mio., davon 5,942 Mio. Ferkel, 5,415 Mio. Jung- und 8,138 Mio. Mastschweine.

Seide (Rohseide) *Erzeugung* 1989 in 1000 t: VR China 42 – Indien 11 – Japan 9 – UdSSR 4 – DVR Korea (Nord-K.; S) 3. *Weltproduktion* 1989 (1988) 76 (74) Tsd. t.

Sesamsaat *Erzeugung* 1989 in 1000 t: Indien 600 – VR China 500 – Sudan 268 – Myanmar 200 – Nigeria 70 – Bangladesch 57 – Venezuela 52. *Weltproduktion* 1989 (1988) 2,352 (2,354) Mio. t.

Sisal *Produktion* 1989 in 1000 t: Brasilien 221 – Mexiko 50 – Kenia 43 – Tansania 38 – Madagaskar 20. *Weltproduktion* 1989 (1988) 426 (381) Tsd. t.

Sojabohnen *Erzeugung* 1989 (1988 und 1980) in Mio. t

USA	52,440	(42,153)	(48,772)
Brasilien	24,080	(18,016)	(15,156)
VR China	10,248	(11,665)	(7,966)
Argentinien	6,300	(9,900)	(3,500)
Indien	1,900	(1,500)	(0,340)
Italien	1,690	(1,408)	–
Paraguay	1,615	(1,407)	(0,610)
Indonesien	1,300	(1,270)	(0,653)
Kanada	1,219	(1,153)	(0,713)

Welternte 1989 (1988) 107,173 (93,508) Mio. t. – Die wichtigsten *Ausfuhrländer* sind die USA, Brasilien und Argentinien; bedeutendste *Importeure* sind Japan, die Niederlande und die BR Deutschland. *Sojabohnen* werden vor allem als proteinhaltiges Viehfutter *(Sojaschrot)* und für die Margarineherstellung *(Sojaöl)* verwendet. Sie sind weltweit die *wichtigste Ölpflanze*. Von der gesamten *Welterzeugung an Ölsaaten* von rd. 217,5 Mio. t (1990) entfielen allein 105,8 Mio. t auf Soja, davon 51,8 Mio. t in den USA. Die *Weltmarktpreise* blieben im Laufe des Jahres 1990 weitgehend stabil, da zwischen Angebot und Nachfrage ein annäherndes Gleichgewicht bestand.

Sonnenblumensaat *Produktion* 1989 in Mio. t: UdSSR 7,023 – Argentinien 3,165 – Frankreich 2,054 – Türkei 1,250 – Rumänien 1,100 – VR China 0,980 – Spanien 0,906 – USA 0,813 – Ungarn 0,707 – Südafrika 0,431 – Jugoslawien 0,420 – u. a. Österreich 0,067. *Welternte* 1989 (1988) 21,465 (20,899) Mio. t.

Tabak (Rohtabak) *Ernte* 1989 in 1000 t: VR China 2797 – USA 642 – Indien 490 – Brasilien 446 – UdSSR 300 – Türkei 253 – Italien 188 – Indonesien 145 – Simbabwe 130 – Griechenland 126 – Japan 90 – Malawi 86 – Bulgarien 83 – Philippinen 80 – Argentinien 80 – Rep. Korea (Süd-K.) 78 – Pakistan 74 – Kanada 74 – Polen 60 – Jugoslawien 57 – u. a. BR Deutschland 7. *Welternte* 1989 (1988) 7,175 (6,817) Mio. t. Die wichtigsten *Ausfuhrländer* sind die USA, Brasilien, Griechenland, Italien, die Türkei und Simbabwe; bedeutende *Importeure* sind die USA, die BR Deutschland, Großbritannien, die Niederlande und Japan. – In der *BR Deutschland* wurden 1990 (1989) 7200 (7049) t Tabak geerntet (Anbaufläche 3260 ha). *(Zigaretten → Kap. Industrie)*

Tee *Ernte* 1989 (1988 und 1980) in 1000 t:

Indien	682	(701)	(572)
VR China	566	(566)	(328)
Sri Lanka	207	(227)	(191)
Kenia	181	(164)	(90)
Indonesien	156	(144)	(106)
UdSSR (S)	143	(123)	(130)
Türkei	136	(153)	(96)
Japan	90	(90)	(102)
Iran	46	(56)	(19)
Bangladesch	44	(41)	(36)
Malawi	39	(40)	(16)

Welternte 1989 (1988) 2,483 (2,487) Mio. t. – Die wichtigsten *Exporteure* sind Indien, Sri Lanka, China und Kenia; die bedeutendsten *Importländer* sind Großbritannien, die UdSSR, Pakistan, die USA und die arabischen Länder. Die *BR Deutschland* bezieht Tee vor allem aus Indien, Sri Lanka, Indonesien und Kenia. – Der *Welt-Teeverbrauch* zeigte auch 1990 leicht ansteigende Tendenz, vor allem wegen des zunehmenden Eigenverbrauchs in den bevölkerungsstarken Hauptproduktionsländern. Die *Weltmarktpreise,* besonders für hochwertige Tees, stiegen 1990 leicht an.

Tomaten *Ernte* 1989 in Mio. t (meist S): USA 10,255 – UdSSR 7,100 – Türkei 5,750 – Italien 5,661 – VR China 5,430 – Ägypten 4,800 – Spanien 2,876 – Rumänien 2,200 – Brasilien 2,175 – Griechenland 2,175 – Mexiko 1,715 – Portugal 0,865 – Bulgarien 0,850. *Welternte* 1989 (1988) 68,434 (63,629) Mio. t.

Wein *Weintraubenernte* 1989 (1988) in Mio. t: Italien 9,977 (9,545) – Frankreich 7,555 (7,419) – USA 5,349 (5,474) – UdSSR 4,900 (5,581) – Spanien 4,883 (3,760) – Türkei 3,430 (3,350) – Argentinien 2,908 (2,992) – Rumänien 2,000 (2,245) – BR Deutschland 1,893 (1,333) – Griechenland 1,700 (1,720) – Südafrika 1,456 (1,446) – Portugal 1,100 (0,510) – Chile 1,037 (0,999) – Jugoslawien 1,022 (1,186) – Iran 0,950 (1,360) – Australien 0,879 (0,845) – u. a. Österreich 0,480 (0,480) – Schweiz 0,152 (0,152). *Welternte* 1989 (1988) 59,929 (59,197) Mio. t.

Weinerzeugung 1989 (1988) in Mio. t: Italien 5,980 (6,101) – Frankreich 5,891 (5,782) – Spanien 2,896 (2,243) – Argentinien 2,000 (1,910) – UdSSR 1,900 (1,780) – USA 1,775 (1,845) – BR Deutschland 1,449 (0,998) – Rumänien 1,000 (1,000) – Südafrika 0,944 (0,916) – Portugal 0,775 (0,360) – Griechenland 0,497 (0,473) – Australien 0,494 (0,403) – Jugoslawien 0,486 (0,576) – Ungarn 0,450 (0,471) – Chile 0,390 (0,380) – Brasilien 0,376 (0,376) – Bulgarien 0,340 (0,340) – u. a. Österreich 0,258 (0,350) – Schweiz 0,111 (0,111). *Weltproduktion* 1989 (1988) 28,991 (27,410) Mio. t.

In der *BR Deutschland* vergrößerte sich die *Rebfläche* auch 1990; sie betrug nach Angaben des Statistischen Bundesamts 1990 (1989) 94852 (93945) ha. Vor allem wegen der ungünstigen Witterungsbedingungen verringerte sich jedoch die *Erntemenge* sehr stark auf nur noch 8,514 Mio. hl, während 1989 mit 13,226 Mio. hl. die bisher zweithöchste Erntemenge erreicht worden war. Von der Gesamtmenge entfielen 1990 (1989) 7,187 (11,243) Mio. hl auf Weiß- und 1,327 (1,984) Mio. hl auf Rotmost. Die *Qualität* des Weins war 1990 sehr gut; die Durchschnittswerte betrugen 1990 (1989) 78° (76°) Öchsle bzw. 8,9 (8,6)‰ Säuregehalt. Die Ernte eignete sich zu rd. 1 (1)% für Land- und Tafelwein, 39 (45)% für Qualitätswein und 60 (54)% für Qualitätswein mit Prädikat. *Regionale Verteilung der Ernte* 1990: Rheinpfalz 25,4% – Rheinhessen 22,5% – Mosel-Saar-Ruwer 14,8% – Baden 12,3% – Württemberg 11,8% – Franken 5,8% – Nahe 4,1% – Rheingau 2,1% – Mittelrhein 0,6% – sonst. 0,6%. – Wegen der höheren Qualität und der geringeren Erntemenge konnten 1990 um rd. 15% höhere Preise erzielt werden als 1989. Die geringere Ernte ist auch als Ergebnis der 1990 EG-weit verbindlich vorgeschriebenen Mengenregulierung zu sehen, mit der die Überschußprobleme gelöst werden sollen.

Der *Pro-Kopf-Verbrauch an Wein* (einschl. Sekt) betrug in der *BR Deutschland* rd. 26 l bzw. 23,8 l einschl. der ostdeutschen Bundesländer. Der *Selbstversorgungsgrad* mit Wein betrug in der BR Deutschland 1990 rd. 60%; importiert wurden 9,503 Mio. hl Wein, davon aus Italien 48,3% – Frankreich 30,9% – Spanien 6,1% – Jugoslawien 5,2%. Die *Exporte* von Wein betrugen 1990 2,779 Mio. hl, davon nach Großbritannien 54,9% – Niederlande 8,5% – USA 5,9% – Japan 5,3%.

Weizen *Ernte → Getreide*. Die *Welternte* nahm auch 1990 – wie schon im Vorjahr – wieder beträchtlich zu und übertraf mit 598,596 Mio. t (vorl. Wert) nicht nur die Ernte von 1989 (541,951), sondern auch die hohen Werte von Mitte der 80er Jahre. 1988 war dagegen die Welternte, vor allem klimatisch bedingt, auf nur 506,335 Mio. t zurückgegangen (Dürre in Nordamerika). 1990 wurde die *Weizenernte* nicht nur durch die Witterung begünstigt, sondern auch durch weiter gestiegene Anbauflächen erhöht. So wurde z. B. die *Weizenfläche* in den USA von 25,2 (1989) auf 28,1 Mio. ha vergrößert. Weltweit erhöhte sich die *Weizenanbaufläche* 1988 – 1989 – 1990 von 218,0 über 225,9 auf 231,4 Mio. ha.
Wichtigste *Exportländer* für Weizen und Weizenmehl 1989 (in Mio. t): USA 38,270 – Frankreich 17,084 – Australien 12,129 – Kanada 11,487 – BR Deutschland 4,630 – Argentinien 4,375 – Großbritannien 3,389 – Italien 2,751 – Türkei 2,102. Wichtige *Einfuhrländer* 1989 in Mio. t: VR China 15,326 – UdSSR 14,436 – Ägypten 7,416 – Italien 5,648 – Japan 5,579 – Algerien 5,367 – Rep. Korea (Süd-K.) 2,288 – BR Deutschland 2,184 – Pakistan 2,180 – Türkei 2,037 – Indonesien 1,921 – Polen 1,797 – Niederlande 1,787. Der *Weltweizenmarkt* war 1990 durch relativ hohe Überschüsse der großen Exportländer USA, Kanada und Frankreich geprägt. Die *Weltmarktpreise* sanken dementsprechend im Laufe des Jahres beträchtlich.

Wolle (Schafwolle roh) *Erzeugung* 1989 in 1000 t: Australien 942 – UdSSR 474 – Neuseeland 335 – VR China 250 – Argentinien 141 – Südafrika 95 – Uruguay 87 – Großbritannien 73 – Pakistan 57 – Türkei 49 – Algerien 46 – u. a. DDR 17 – BR Deutschland 7 – *Weltproduktion* 1989 (1988) 3,192 (3,152) Mio. t. Die größten Produzenten sind auch Haupt-Exporteure, Japan und die EG-Länder sind die wichtigsten Importeure. – Der *Anteil der Wolle* am Rohstoffverbrauch der Textilindustrie beträgt z. Z. weltweit rd. 30 % (zum Vergleich: Chemiefasern rd. 50 %). Die *Wollpreise* auf dem Weltmarkt sanken 1990 stark, da im *Haupterzeugerland Australien* die Überproduktion weiter zunahm und die Regierung die Preisstützung reduzierte.

Ziegen *Bestand* 1989 in Mio. (meist S): Indien 107,000 – VR China 78,196 – Pakistan 34,194 – Nigeria 26,000 – Äthiopien 18,000 – Sudan 14,500 – Iran 13,500 – Türkei 13,100 – Brasilien 11,000 – Bangladesch 10,800 – Indonesien 10,600 – Mexiko 10,240 – u. a. BR Deutschland 0,052. *Weltbestand* 1989 (1988) 528,751 (522,168) Mio., davon 94 % in Entwicklungsländern.

Zucker (Rohzucker, zentrif., Zucker aus Zuckerrohr und -rüben) *Erzeugung* 1989 (1988 und 1980) in Mio. t (nach FAO)

UdSSR	9,565	(8,913)	(7,150)
Indien	9,050	(9,456)	(4,191)
Brasilien	7,793	(8,582)	(8,547)
Kuba	7,579	(8,119)	(6,805)
USA	6,008	(6,264)	(5,331)
VR China	5,634	(5,966)	(3,650)
Frankreich	4,198	(4,372)	(4,253)
Thailand	4,052	(2,704)	(1,098)
Australien	3,793	(3,679)	(3,329)
Mexiko	3,678	(3,852)	(2,765)
BR Deutschland	3,337	(3,004)	(2,994)
Südafrika	2,276	(2,469)	(1,611)
Pakistan	2,011	(1,936)	(0,780)
Italien	1,880	(1,607)	(1,934)
Polen	1,835	(1,825)	(1,186)
Indonesien	1,817	(1,864)	(1,500)
Philippinen	1,590	(1,335)	(2,343)
Kolumbien	1,425	(1,364)	(1,260)
Türkei	1,378	(1,414)	(1,186)
u. a. DDR	0,678	(0,546)	(0,600)
Österreich	0,458	(0,357)	(0,456)

Welterzeugung von Zucker 1989 (1988) 104,495 (103,686) Mio. t.
Zuckerrohr 1989 (1988) 1023,997 (1000,657) Mio. t, davon 1989 in Mio. t: Brasilien 260,513 – Indien 212,000 – Kuba 81,000 – VR China 55,337 – Mexiko 40,000 – Pakistan 36,950 – Thailand 36,668 – Australien 27,146 – USA 26,695.
Zuckerrüben 1989 (1988) 305,489 (295,980) Mio. t, davon 1989 in Mio. t: UdSSR 97,500 – Frankreich 23,220 – USA 22,797 – BR Deutschland 20,767 – Italien 15,037 – Polen 14,374 – Türkei 10,929 – VR China 9,360 – u. a. DDR 6,220 – Österreich 2,639.
Wichtige *Ausfuhrländer* von Zucker (Rohzucker) sind Kuba, Australien, Frankreich, Brasilien, Thailand, BR Deutschland, die Benelux-Länder und Südafrika. Wichtige *Einfuhrländer* sind die UdSSR, China, Japan, USA, Indien und Großbritannien.
Die *BR Deutschland* erzeugte im Wirtschaftsjahr 1989/90 (1988/89) 3,071 (2,764) Mio. t Zucker bei einem Verbrauch von 2,334 (2,092) Mio. t (Nahrungsverbrauch 2,296 Mio. t = 36,6 kg pro Kopf/Jahr). – Die *EG-Länder* erzeugten 1989/90 (1988/89) 14,335 (13,915) Mio. t bei einem Verbrauch von 10,050 (10,885) Mio. t. Die für den Export verfügbaren Mengen konnten erneut wegen der weltweit relativ hohen Lagerbestände auch 1990 nur mit Hilfe von Subventionen verkauft werden, da der *Weltmarktpreis* wesentlich unter den EG-Preisen lag. Die *Zucker-Marktordnungsausgaben* stiegen 1990 auf 2,125 Mrd. ECU (= 4,441 Mrd. DM).
Die *Welterzeugung von Zucker* stieg im Wirtschaftsjahr 1989/90 auf 109,2 Mio. t (1988/89: 104,6 Mio. t). Da der *Verbrauch* bei 108,4 Mio. t stagnierte, konnte die in den letzten Jahren begon-

nene Reduzierung der Überschußmengen nicht fortgesetzt werden. Die *Welt-Überschußbestände* erhöhten sich 1990 wieder auf rd. ⅓ des Jahresverbrauchs. Der *Weltmarktpreis* sank daher und erreichte Ende 1990 9,37 cts/lb (1987: Tiefstand mit 6,2 cts). Mitte der 70er Jahre hatte er noch bei mehr als 60 cts/lb gelegen, und für die zuckerexportierenden Entwicklungsländer blieben die durch die relativ niedrigen Einnahmen verursachten Probleme bestehen. Eine stärkere Verbrauchszunahme ist in Zukunft in der UdSSR, in Ostasien und in den Entwicklungsländern zu erwarten. Dagegen ist in den westlichen Industrieländern der *Zuckerverbrauch* seit längerem rückläufig (Konkurrenz von Süßstoffen, Gesundheitsgründe). – Die EG versucht, die Zuckererzeugung durch Verringerung der Anbauflächen zu drosseln bzw. neue Absatzmöglichkeiten im technischen Bereich zu erschließen (z. B. Alkoholerzeugung).

Treibstoff-Alkohol aus Zucker wird z. Z. hauptsächlich in Brasilien, daneben auch in den USA, produziert, jedoch herrscht bezüglich der Zukunft dieser Art von Zuckerverwendung inzwischen große Skepsis (ökologische Schäden durch den forcierten Zuckeranbau, mangelnde preisliche Konkurrenz gegenüber dem billigeren Erdöl). Der Anteil der mit Zuckeralkohol angetriebenen PkW, der zeitweise 90% der Neuzulassungen betragen hatte, geht daher wieder zurück (rd. 15%).

Zwiebeln *Ernte* 1989 in Mio. t (meist S): VR China 3,826 – Indien 3,300 – UdSSR 2,500 – USA 2,168 – Türkei 1,360 – Japan 1,274 – Spanien 1,011 – Brasilien 0,785 – Ägypten 0,700 – Pakistan 0,700 – Polen 0,564 – Rep. Korea (Süd-K.) 0,545. *Welternte* 1989 (1988) 27,142 (26,693) Mio. t.

Welternte von Knoblauch 1989 3,012 Mio. t, davon VR China 647 – Rep. Korea (Süd-K.) 400 – Indien 296 – Spanien 229 Tsd. t.

BERGBAU, ROHSTOFFGEWINNUNG UND -VERSORGUNG

Rohstoffe, ihre **Gewinnungs- und Bezugsmöglichkeiten**, ihre **Verfügbarkeit** und ihre **Preisentwicklung**, aber auch ihre möglichst umweltschonende **Förderung**, **Verarbeitung**, **Nutzung** und schließlich **Entsorgung** bzw. **Wiederaufbereitung (Recycling)** stehen im Spannungsfeld von Ökonomie und Ökologie. Wichtige Anstöße zur Problemerfassung gaben der erste »Ölschock« von 1973 und die pessimistische Studie des »Club of Rome« über die »Grenzen des Wachstums« (1972), in der die baldige Erschöpfung vieler Rohstoffvorräte prognostiziert worden war. Seit Anfang der 80er Jahre zeigt sich jedoch deutlich, daß – entgegen den meisten Vorhersagen – bei fast allen **Rohstoffen**, den bergbaulichen wie den landwirtschaftlichen, **keine Mangellage**, sondern im Gegenteil ein ausreichendes Angebot, z. T. sogar ein **Überangebot** eingetreten ist. Infolgedessen herrschten auch in den letzten Jahren stabile, vielfach sogar rückläufige Preise für die meisten Rohstoffe vor. Eine gewisse Trendwende in Form zeitweise steigender oder schwankender Preise, die für gewisse Produkte seit 1987/88 zu beobachten ist, geht nicht auf eine generelle Verknappung von Rohstoffen zurück, sondern auf teils konjunkturbedingte, teils technisch oder politisch verursachte, teils auch spekulativ bedingte Lieferengpässe und zeitweilige Ungleichgewichte zwischen Angebot und Nachfrage. Beispielsweise führten der irakische Einmarsch in Kuwait (1990) und der Golfkrieg (1991) zeitweise zu starken Preiserhöhungen bei verschiedenen Rohstoffen. Insgesamt zeigte jedoch die *Preisentwicklung 1990* bei fast allen Bergbauprodukten *deutlich abnehmende Tendenz*. Die Hauptprobleme in bezug auf Rohstoffe lagen auch 1990/91 darin, den Produzenten angemessene Preise zu sichern sowie Abbau, Transport, Verwendung und schließlich Entsorgung von Rohstoffen in umweltschonender Weise durchzuführen.

Die Ursachen für die bei praktisch allen Rohstoffen zu beobachtende *günstige Versorgungssituation*, die sich häufig in beträchtlichen Angebotsüberschüssen äußert, sind vielfältig. Sie liegen

a) im stagnierenden oder nur noch leicht ansteigenden Bedarf durch

– *Sättigungseffekte* und *Strukturwandlungen in den westlichen Industriestaaten* (z. B. Bedarfsdeckung bei vielen Gebrauchsgütern, daher lediglich Ersatzbedarf);

– *Devisenknappheit der osteuropäischen Staaten und der Entwicklungsländer*, wodurch der industrielle Aufbau verlangsamt und die Rohstoffnachfrage gebremst wird;

– *Einsparung von Rohstoffen durch verstärkte Wiederverwendung gebrauchten Materials* (Recycling), Anwendung neuer Technologien (z. B. energiesparende Maschinen), Verwendung von Kunststoffen anstelle metallischer bzw. mineralischer Stoffe u. ä. So wuchs in der *BR Deutschland* 1978–90 das Bruttoinlandsprodukt jährlich im Schnitt um 2,2%, während der Rohstoffverbrauch um 0,4% zurückging.

b) in der Erhöhung des Angebots, das in den letzten

Jahren bei vielen Rohstoffen – bergbaulichen wie landwirtschaftlichen – zu verzeichnen war, und zwar durch

– *Mehrproduktion der Lieferanten* (z. B. exportabhängige Entwicklungsländer), die zur Deckung ihres Devisenbedarfs dringend auf erhöhte Einnahmen durch Rohstoffausfuhren angewiesen sind und auf sinkende Preise häufig mit vermehrtem Angebot reagieren;

– ferner durch *Lieferungen aus neuen Lagerstätten,* deren Erschließung vor allem durch das hohe Preisniveau der 70er Jahre rentabel geworden war (z. B. Nordseeöl).

Nach derzeitigen wissenschaftlichen Erkenntnissen ist auf absehbare Zeit **bei keinem bedeutenden Rohstoff eine Verknappung** durch Erschöpfung der Lagerstätten zu befürchten. Lediglich bei einigen strategisch wichtigen Rohstoffen, z. B. seltenen Metallen (Stahlveredler u. a.), deren Vorkommen auf wenige bzw. umstrittene Länder konzentriert sind (z. B. Südafrika, politisch labile Entwicklungsländer, UdSSR, China), könnten sich Versorgungsschwierigkeiten durch Kriege, Störung der Transportwege, Embargos oder Boykottmaßnahmen ergeben. Das **Rohstoffproblem der Gegenwart** besteht also nicht – wie in den 70er Jahren häufig vorhergesagt – in Knappheit aufgrund einer baldigen Erschöpfung der Lagerstätten, sondern vielmehr in der

– *Sicherung des Zugangs* und den *Kosten der Erschließung* und vor allem in den

– *Folgen eines zu wenig umweltschonenden Umgangs mit den Rohstoffen* (z. B. Luftverunreinigung durch Verbrennen von Energierohstoffen, Schwermetallbelastung der Böden, Abwasserbelastung der Gewässer usw.).

Bei der Diskussion über Rohstoff- und Energieprobleme wird häufig zu wenig beachtet, daß die **Höhe der Reserven** überwiegend vom **Preis** und vom **Stand der Abbau- und Fördertechnik** abhängt. Bei steigenden Preisen steigt regelmäßig auch die Menge der verfügbaren Reserven an, da sich dann der Abbau vorher vernachlässigter ärmerer Lagerstätten rentiert bzw. da ein Anreiz zur Erforschung und Erschließung bisher noch unbekannter oder bisher nicht wirtschaftlich nutzbarer Ressourcen entsteht. Ein Beispiel ist die Inangriffnahme schwieriger und sehr kostspieliger untermeerischer Erdölbohrungen seit den enormen Preissteigerungen der 70er Jahre. Der Preisverfall seit Mitte der 80er Jahre ließ die Förderung des Nordseeöls an die Rentabilitätsschwelle stoßen, und in den USA wurden 1986/87 zahlreiche Fördertürme stillgelegt, da die Förderkosten durch den Erlös nicht mehr gedeckt waren. Insofern kamen die Ölpreiserhöhungen als Folge des Krieges um Kuwait 1990/91 den europäisch-nordamerikanischen Produzenten sehr gelegen.

Alle *Angaben über Rohstoffvorkommen und -vorräte* sind also unter der Prämisse »nach dem gegenwärtigen Stand der Technik und zu den gegenwärtigen Preisen wirtschaftlich gewinnbar« zu sehen. Dementsprechend hat in den 70er und beginnenden 80er Jahren bei fast allen bergbaulich zu gewinnenden Rohstoffen die *statische Lebensdauer* (= Vorräte bei gleichbleibender Jahresförderung) aufgrund der gestiegenen Preise, der verbesserten Abbautechniken und der Erforschung neuer Lagerstätten trotz des Abbaus größerer Mengen nicht ab-, sondern zugenommen.

> Statische Lebensdauer ausgewählter Rohstoffe in Jahren (Stand 1989/90): Chrom 350 – Eisen 260 – Mangan 250 – Braunkohle 200 – Nickel 160 – Steinkohle 160 – Zinn 120 – Kupfer 90 – Blei 80 – Erdgas 60 – Silber 50 – Erdöl 42 – (einschl. Öl aus Teersanden und Ölschiefern rd. 100) – Zink 40 – Quecksilber 35.

Mitte der 80er Jahre war als Reaktion auf die stark gesunkenen Rohstoffpreise wiederum ein gewisser Rückzug auf die Ausbeutung der reichsten und am kostengünstigsten abzubauenden Lagerstätten festzustellen. Viele Planungen zur Erschließung neuer Kohleabbaufelder und Metallerzbergwerke, Projekte zur Gewinnung von Mineralöl aus Teersanden und Ölschiefern (z. B. in Kanada und USA), Vorhaben zur Förderung von Mineralien vom Meeresboden (z. B. Manganknollen) u. ä. wurden wegen der für die Erzeuger unbefriedigenden Preissituation und aufgrund des weltweiten Überangebots bis auf weiteres aufgeschoben.

Bei der **Preisentwicklung für bergbauliche Rohstoffe** setzten sich 1990 zunächst die *Verbilligungstendenzen* des Vorjahres fort, die vom Frühjahr ab durch eine Periode stark schwankender Preise abgelöst wurden. Vor allem die politischen Ereignisse sorgten für ein häufiges Auf und Ab der **Rohstoffpreise** (z. B. irakische Invasion in Kuwait), die aber insgesamt im Jahresverlauf abnahmen (vgl. Tab.). Zum *Jahresende 1990 lagen die Preise fast aller bergbaulichen Rohstoffe niedriger als zum Jahresbeginn.*

Die Ursachen für die *Preisrückgänge auf den Märkten für bergbauliche Rohstoffe* waren vielfältig; zu nennen sind u. a. erhöhte Fördermengen zur Anpassung an die in den letzten Jahren gestiegene Nachfrage, eine gewisse konjunkturelle Abschwächung mit vermindertem industriellen Rohstoffbedarf in einigen wichtigen Industrieländern (USA, Großbritannien u. a.), weiter verminderte Nachfrage bei steigenden Exportanstrengungen seitens der devisenschwachen sozialistischen und Entwicklungsländer, schließlich Abbau von Lagern und verminderte Vorratshaltung wegen des hohen Zinsniveaus. – Auch die *Preise für Edelmetalle* (Gold, Silber, Platin) wiesen sinkende Tendenz auf. Hier übertraf das erhöhte Angebot aus Neuproduktion und Recyclingbeständen weiterhin die zunehmende industrielle Nachfrage. Dagegen blieb das private Kaufinteresse aus Renditeüberlegungen gering, da die Geld- und Wertpapiermärkte lukrativer erschienen. Eine Ausnahme bildeten 1990 die Preise für Energierohstoffe, insbes. Erdöl, die als Folge des Krieges um Kuwait vorübergehend stark anstiegen. Da die Förderausfälle von Kuwait und Irak jedoch durch erhöhte Lieferungen anderer Länder (z. B. Saudi-Arabien) mehr als ausgeglichen wurden, normalisierten sich die Energiepreise Anf. 1991 wieder.

Die Preisentwicklung ausgewählter mineralischer Rohstoffe

	Ende 1989	*Ende 1990*
Kupfer (£/t)	1497,50	1333,75
Blei (£/t)	453,50	321,50
Zink ($/t)	1402,50	1250,50
Zinn ($/t)	6950,50	5583,00
Nickel ($/t)	8325,00	8162,50
Aluminium ($/t)	1621,50	1525,50
Gold ($/oz.)	401,00	391,00
Silber (cts./oz.)	521,65	409,45
Platin ($/oz.)	486,75	408,70

Der **Rohstoffbedarf** der westlichen Industrieländer stieg in den letzten Jahren – auch 1990/91 – wesentlich schwächer als die Güterverwendung und das industrielle Wachstum, da verstärkte Anstrengungen zur **Wiederverwendung gebrauchter Rohstoffe (Recycling)** gemacht wurden. Im Gegensatz zu fossilen Energierohstoffen, die beim Verbrennen unwiderruflich verbraucht werden, handelt es sich bei der Verarbeitung mineralischer (z. B. Metall) und z. T. auch organischer Rohstoffe (z. B. Kautschuk, Papier) eher um ein »Durchgangsstadium«. Ein beträchtlicher Teil kann nach Ablauf der Verwendungszeit wieder zurückgewonnen werden. Solches Recycling schont nicht nur die Ressourcen; es ist auch oft kostengünstiger als die Verwendung »neuer« Rohstoffe und vor allem ökologisch sinnvoller als die Beseitigung von Altmaterialien durch Deponieren oder Verbrennen, wobei beträchtliche Umweltschäden (Belastung von Boden, Wasser und Luft) auftreten können (Abgase, Gewässer- und Grundwasserverschmutzung, Inanspruchnahme großer Flächen und Landschaftsverschandelung).
Bei noch *besserer Abfallsortierung* und *konsequenter Wiederverwendung* könnten etwa folgende *Recyclingraten* erreicht werden: Kupfer 75–80 % (z. Z. über 40 %) – Zinn 65–70 % (z. Z. über 50 %) – Papier 60–65 % (z. Z. über 40 %) – Blei über 60 % (z. Z. über 50 %) – Aluminium über 50 % (z. Z. rd. ⅓) – Nickel, Eisen, Stahl je 45–50 % (z. Z. knapp 40 %) – Glas 50–55 % (z. Z. rd. ⅓) – Zink 35–40 % (z. Z. knapp ⅓).

In der **BR Deutschland** werden z. B. jährlich wiederverwendet: u. a. über 4 Mio. t Papier und Pappe (Papier- und Kartonverpackungen bestehen heute zu fast 90 % aus Altpapier) – über 900 Tsd. t Glas, davon rd. 800 Tsd. t aus Containersammlungen – über 300 Tsd. t Eisenschrott – rd. 260 Tsd. t Weißblech – rd. 270 Tsd. t Altreifen.
Welche *Recyclingmöglichkeiten* selbst beim Hausmüll noch gegeben sind, geht aus seiner Zusammensetzung hervor. 1989 fielen in der *BR Deutschland* 14 Mio. t Hausmüll an; davon waren rd. 4,2 Mio. t organische Abfälle, rd. 3,9 Mio. t Verpackungen (u. a. Glas 1,3 – Papier und Pappe 1,2 – Kunststoffe 0,8 – Metalle 0,5 Mio. t), 0,5 Mio. t metallische Gegenstände. Bisher gelang es in der BR Deutschland, durch laufend verbesserte Abfallsortierung und Wiederverwendung die jährlich anfallende und zu entsorgende Müllmenge seit Mitte der 70er Jahre auf der Höhe von rd. 250 Mio. t zu halten (einschl. eigenentsorgter Industrie- und Bergbauabfälle). Die *Entsorgung durch die öffentliche Abfallbeseitigung* umfaßt jährlich rd. 100 Mio. t, davon (in Mio. t) Bodenaushub 30 – Haus- und Kleingewerbemüll 29 – Bauschutt 25 – Industrieabfälle 7 – Aschen und Schlacken 4 – Klärschlämme 4.

Für diejenigen **Entwicklungsländer**, die auf den Export von Bergbauprodukten angewiesen sind, brachten die Preiserhöhungen von 1987/88 eine gewisse Entlastung von den wirtschaftlichen Folgen der seit 1980 gesunkenen Preise und eine Verbesserung ihrer Devisensituation. Die Hoffnung auf eine anhaltende Besserung täuschte jedoch, und 1990 brachte erneut überwiegend sinkende Rohstoffpreise. Nach Untersuchungen der UNCTAD erzielen rd. *85 Entwicklungsländer mehr als 50 % ihrer Exporteinnahmen aus bergbaulichen und/oder agrarischen Rohstoffen.* 1980–86 sind die Rohstoffpreise real um 30 % gefallen. Dies ergab gegenüber 1980 einen jährlichen Einkommensverlust der Entwicklungsländer von 14 Mrd. $ bzw. von insges. über 100 Mrd. DM. Seit dem Wiederanstieg vieler Rohstoffpreise ab 1987 wurde bis Ende 1989 eine reale Zunahme der Preise um rd. 8–10 % berechnet, die sich bis Anfang 1991 auf rd. 5 % reduzierte.
Ein Beispiel für *entwicklungspolitische Zusam-*

menarbeit zwischen Industrie- und Entwicklungsländern im Rohstoffbereich sind die seit 1975 geltenden Abkommen über Finanzhilfe und handelspolitische Zusammenarbeit zwischen der **EG** und den (1990) **68 AKP-Staaten** (Entwicklungsländer aus dem **a**frikanischen, **k**aribischen und **p**azifischen Raum).
Das neueste, als »*Lomé IV*« (nach der togoischen Hauptstadt) bezeichnete Abkommen wurde am 15.12.1989 unterzeichnet, trat am 1.3.1990 in Kraft und gilt bis Ende Febr. 2000. Es wurde mit einem Finanzvolumen von 12,000 Mrd. ECU (= rd. 24,960 Mrd. DM) ausgestattet. Der wichtigste Teil des Abkommens besteht im unbeschränkten Zugang – frei von Zöllen und mengenmäßigen Beschränkungen – der AKP-Staaten zum EG-Markt bezüglich Exporten von agrarischen und mineralischen Rohstoffen. Durch das **Stabex–System** sollen die Ausfuhrerlöse stabilisiert werden (Zuschüsse), durch den Sonderfonds für Bergbauerzeugnisse (Sysmin) sollen Investitionen in den AKP-Staaten gefördert und die Ausfuhrerlöse stabilisiert werden, während die Versorgung der EG-Staaten gesichert bleiben soll. Außerdem wurden in den neuen Vertrag Regelungen zur Erleichterung der Verschuldungssituation und umweltrelevante Abmachungen aufgenommen (z. B. Verbot von Giftmüllexporten).

Ausgewählte Zahlen über Produktion und Verbrauch

Antimon *Bergwerksproduktion* (Sb-Inhalt von Erzen; nach »Metallstatistik«) 1989 (1988) in t: VR China (S) 29000 (28000) – Bolivien 8533 (9943) – UdSSR (S) 5800 (6000) – Südafrika 5201 (6264) – Kanada 2882 (3387) – USA (S) 2500 (150) – Mexiko 1906 (2185) – Guatemala 1191 (1353) – Türkei 1031 (1665) – u. a. Österreich 360 (270). Weltproduktion 1989 (1988) 62,893 (64,095) Tsd. t.

Bauxit (unterschiedl. Nässegehalt u. Zusammensetzung) *Produktion* (nach »Metallstatistik«) in Mio. t 1989 (1988/1980)

Australien	38,583	(36,370)	(27,179)
Guinea	17,500	(16,800)	(13,911)
Jamaika (Trockengew.)	9,395	(7,409)	(11,978)
Brasilien	7,894	(7,728)	(4,152)
UdSSR (S; einschl. Alunit und Nephelin)	5,750	(5,900)	(6,400)
Indien	4,345	(4,013)	(1,785)
VR China (S)	3,650	(3,500)	(1,700)
Suriname	3,530	(3,434)	(4,903)
Jugoslawien	3,252	(3,034)	(3,138)
Griechenland	2,576	(2,533)	(3,012)
Ungarn	2,352	(2,906)	(2,950)
Sierra Leone	1,548	(1,403)	(0,766)
Guyana (Trockengew.)	1,340	(1,774)	(3,052)
Indonesien	0,862	(0,513)	(1,249)

Weltproduktion 1989 (1988) 106,564 (101,074) Mio. t.
Als Zwischenprodukt für die Aluminiumherstellung wird aus Bauxit zunächst *Tonerde (Aluminiumoxid)* produziert; *Produktion* 1989 in Mio. t: Australien 10,823 – USA 4,860 – UdSSR (S) 4,550 – Jamaika 2,205 – VR China (S) 1,650 – Brasilien 1,624 – Suriname 1,567 – Venezuela 1,290 – BR Deutschland 1,174 – Weltproduktion 1989 40,769 Mio. t.

Aluminiumproduktion → Kap. Industrie
Die Weltexporte von Bauxit bzw. Tonerde entfallen zu über ¾ auf Entwicklungsländer. Zum Teil erbringen Bauxitausfuhren über 70 % der Exporterlöse (z. B. Jamaika, Guinea). Die führenden Ausfuhrländer sind in der **IBA** (»Intern. Bauxite Association«) zusammengeschlossen. Die Weltmarktpreise für Bauxit bzw. Aluminium sanken 1990 leicht aufgrund erhöhter Exportmengen aus der UdSSR und aus Entwicklungsländern (z. B. Brasilien). In den westlichen Industrieländern lag der Verbrauch auch 1990 höher als die Produktion, so daß es in den nächsten Jahren bei einem erhöhten Bedarf für den Wiederaufbau Osteuropas zu Engpässen kommen könnte.

Blei *(Bergwerksproduktion;* Pb-Inhalt, nach »Metallstatistik«) *Gewinnung* 1989 (1988 und 1980) in 1000 t

UdSSR (S)	500,0	(520,0)	(580,0)
Australien	495,0	(462,0)	(397,5)
USA	419,3	(393,7)	(573,1)
VR China	341,4	(311,6)	(170,0)
Kanada	275,0	(366,6)	(296,6)
Peru	192,2	(149,0)	(189,2)
Mexiko	163,0	(178,1)	(151,6)
Bulgarien (S)	85,0	(84,5)	(100,0)
Schweden	82,0	(85,3)	(72,1)
DVR Korea (Nord-K.,S)	80,0	(90,0)	(100,0)
Jugoslawien	79,2	(77,8)	(121,5)
Südafrika	78,2	(90,2)	(86,1)
Marokko	64,7	(70,1)	(115,5)
Spanien	62,6	(74,9)	(88,6)
u. a. BR Deutschland	9,3	(17,9)	(31,3)

Weltproduktion 1989 (1988) 3,341 (3,403) Mio. t.
Produktion von *raffin. Blei* (einschl. Rückgewinnung) 1989 (1988) 5,828 (5,792) Mio. t, davon 1989 in 1000 t: USA 1169,0 – UdSSR (S) 750,0 –

Großbritannien 350,0 – BR Deutschland 349,9 – Japan 332,4 – Frankreich 267,4 – Kanada 244,5. *Weltverbrauch von raffin. Blei* 1989 (1988) 5,835 (5,775) Mio. t, davon 1989 in 1000 t: USA 1263,1 – UdSSR (S) 720,0 – Japan 405,7 – BR Deutschland 375,3 – Großbritannien 301,3 – VR China (S) 300,0 – Frankreich 243,8. Die wirtschaftlich zu gewinnenden *Welt-Bleivorräte* werden auf 180–200 Mio. t geschätzt, davon etwa ⅔ in den westlichen Industriestaaten. – Die *Bleipreise* sanken 1990 im Jahresverlauf aufgrund erhöhter Produktion in den USA und Kanada und durch verstärktes Recycling. Der Bedarf erhöhte sich weiter, vor allem wegen der guten Automobilkonjunktur. Über 60% des Welt-Bleibedarfs entfallen auf die *Batterieherstellung*, wobei die Recyclingrate inzwischen in der *BR Deutschland* bei rd. 90% liegt. Zweitgrößter Verbraucher ist die chemische Industrie (knapp 20%). Auf Bleizusatz in Benzin entfallen nur noch weniger als 5% mit weiter abnehmender Tendenz.

Braunkohle (Lignit) *Förderung* 1989 (1988 und 1980) in Mio. t (nach UNO-Angaben)

DDR	301,020	(310,320)	(258,096)
VR China	in den Zahlen für Steinkohle enthalten		
UdSSR	164,400	(171,600)	(159,936)
BR Deutschland	110,088	(108,564)	(129,864)
ČSFR	93,912	(99,924)	(94,896)
USA (1988 bzw.'87)	78,120	(70,656)	(42,312)
Polen	71,810	(73,488)	(36,864)
Türkei	60,480	(37,800)	(15,048)
Jugoslawien (1988 bzw. '87)	58,860	(59,664)	(46,620)
Griechenland	52,642	(48,624)	(23,196)
Australien (1988 bzw. '87)	43452	(45,396)	(32,892)
Rumänien (1988 bzw. '87)	42,600	(38,496)	(27,108)
Bulgarien	34,092	(33,924)	(29,904)
Kanada	31,740	(32,064)	(16,512)
Ungarn	17,904	(18,624)	(22,925)
Spanien (1988 bzw. '87)	16,740	(20,472)	(15,456)
u. a. Österreich	2,244	(2,124)	(1,721)

Weltförderung (ohne VR China) 1989 (1988) 1,280 (1,271) Mrd. t. Die *Weltreserven* belaufen sich (nach UNO-Angaben, nicht vollständig) auf ca. 2900 Mrd. t, davon u. a.: UdSSR 1800 – USA 650 – Australien 90 – BR Deutschland 55 – DDR 28.

In der *BR Deutschland* (nur »alte« Bundesländer) sank die *Förderung* 1990 (1989) leicht auf 107,6 (109,9) Mio. t (= 30,8 Mio. t SKE). Hiervon entfielen 102,2 Mio. t auf das Rheinische Revier (Köln – Aachen), wo die Braunkohle mit ca. 16000 Beschäftigten im Tagebau gewonnen wird. Der Rest entfiel auf die Reviere Helmstedt (4,3 Mio. t), Nordhessen (Borken; 1,0 Mio. t) und Nordostbayern (Oberfranken, 0,062 Mio. t). Zur Inlandsförderung kamen geringe Mengen importierter Braunkohle aus der ČSFR und der DDR (Briketts). Die inländische Förderung wurde zu 88% zur *Elektrizitätsgewinnung* verfeuert, der Rest entfiel vor allem auf die Herstellung von Briketts (2,4 Mio. t) und Braunkohlenstaub (2,5 Mio. t). Der Verbrauch von Braunkohle (einschl. Briketts) im Haushalt ging von 1973–90 um über 80% zurück; er betrug 1990 nur noch 1,2% der Förderung. Insgesamt trug die Braunkohle 1990 (1989) in der BR Deutschland 18,3 (18,8)% zur *Stromerzeugung* und 8,2 (8,5)% zur gesamten *Primärenergieversorgung* bei.

Ostdeutschland (die **DDR**) war auch 1990 weltgrößter *Produzent und Verbraucher von Braunkohle.* Sie stellt das Fundament der gesamten Energieversorgung dar (68,6% des Primärenergieverbrauchs). Als einzige bedeutende einheimische Energiequelle wurde sie zur Deviseneinsparung dazu ausersehen, die Hauptlast der Strom- und Wärmeerzeugung zu tragen. Die Förderung betrug 1990 (1989) 249,0 (300,8) Mio. t (=73,7 Mio. t SKE); hiervon entfielen 168,0 Mio. t auf die Lausitz (Cottbus) und 80,9 Mio. t auf das mitteldeutsche Revier (Halle/Leipzig). Die Förderung und Verbrennung (in Kraftwerken und als Hausbrand) der stark schwefelhaltigen Braunkohle bringt eine sehr hohe Umweltbelastung mit sich, so daß Abbau und Verwendung der Braunkohle in Zukunft weiter gedrosselt werden, obwohl die Vorräte noch für mehrere Jahrhunderte reichen. Neben Umrüstung der Kraftwerke ist auch mit einem Ersatz durch Steinkohle, Öl und Erdgas zu rechnen.

Cadmium (Kadmium) *Hüttenproduktion* (nach »Metallstatistik«) 1989 (1988) in t: Japan 2724 (2614) – UdSSR (S) 2600 (2650) – Belgien-Lux. 1741 (1807) – Kanada 1603 (1694) – USA 1550 (1515) – Mexiko 1251 (1235) – BR Deutschland 1208 (1156) – *Weltproduktion* 1989 (1988) 20,697 (21,265) Tsd. t.

Chrom *Bergwerksproduktion* von Chromerz 1988 (1987) in 1000 t: Südafrika (einschl. Namibia und Bophuthatswana) 4200 (3789) – UdSSR (S) 3240 (3150) – Türkei (S) 800 (600) – Albanien (S) 750 (830) – Finnland 700 (543) – Indien 700 (624) – Simbabwe (S) 680 (540) – Brasilien 230 (225). *Weltproduktion* 1988 (1987) 11,666 (10,917) Mio. t. Die *Weltreserven* sind relativ groß, aber stark konzentriert; sie liegen zu rd. 75% in Südafrika, 15% in Simbabwe und 5% in der UdSSR. Die *Rep. Südafrika* deckte 1988 rd. 35% des Weltbedarfs und über ¾ des Bedarfs der BR Deutschland.

Diamanten *Gewinnung* 1987 (1986) in 1000 Karat Industrie-/Schmuck-Diamanten (nach UNO)

Zaire	15540	(18643)/4670	(4661)
Botswana	3844	(3500)/9482	(9610)
UdSSR (S)	7100	(6400)/4900	(4400)
Südafrika	4990	(5755)/4063	(4473)
Namibia	40	(40)/ 980	(970)

Der Golfkrieg – Operation „Wüstensturm"

Militärische Machtverhältnisse

IRAK	590 000	4 200	520	15
USA	430 000	1 000	1 300	55
GOLFSTAAT.	183 500	800	320	27
G.-B.	35 000	170	72	16
ÄGYPTEN	19 000	400		
SYRIEN	15 000	300		
FRANKREICH	10 500	40	50	11
ANDERE	13 300		26	24

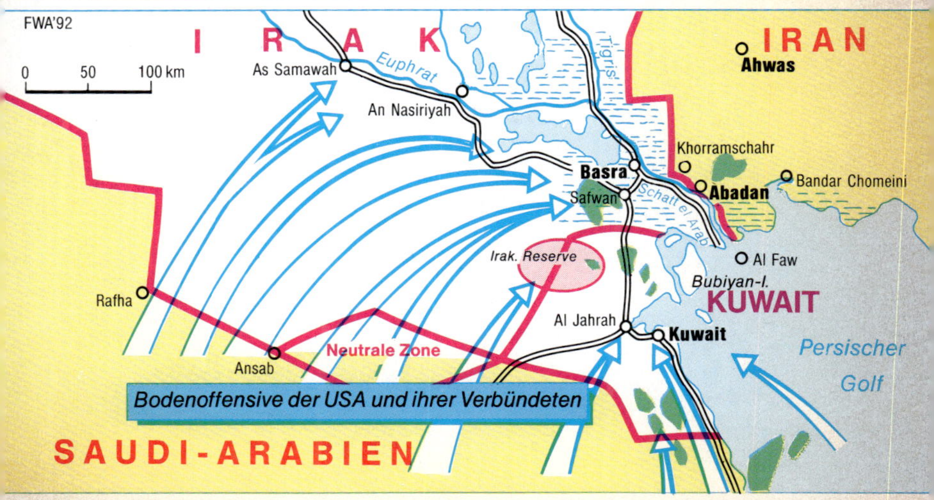

X

Europa:

A
B
C
D
E
1
2
3
4
5
40°
60°
30°
20°
10°
0°
10°
50°
40°
30°
Staatsgrenzen
Republikgrenzen in der Sowjetunion
Kairo Hauptstadt eines Landes
Städte
über 1 000 000 Einw.
500 000 bis 1 000 000 Einw.
100 000 bis 500 000 Einw.
unter 100 000 Einw.
0 200 400 600 800 km
Reykjavik
ISLAND
Europäisches Nordmeer
Nörd. Polarkreis
Bodø
Färöer (Dän.)
ATLANTISCHER OZEAN
Shetland-In.
Orkney-In.
Trondheim
NORWEGEN
Lillehammer
Bergen
Oslo
Drammen
Stavanger
Kristiansand
Västerås
Örebro
Gävle
VEREINIGTES KÖNIGREICH
NORDIRLAND
Aberdeen
Glasgow
Dundee
Edinburgh
Belfast
GROSS-BRITANNIEN
Newcastle u. T.
IRLAND
Dublin
Bradford
Leeds
Liverpool
Manchester
Kingston u. H.
Sheffield
Birmingham
Coventry
Cardiff
Bristol
London
Plymouth
Southampton
Portsmouth
Nordsee
DÄNE-MARK
Ålborg
Århus
Odense
Göteborg
Borås
Jönköping
Helsingborg
Malmö
Kopenhagen
NIEDER-LANDE
Haarlem
Amsterdam
Den Haag
Rotterdam
Utrecht
Groningen
Kiel
Hamburg
Bremen
Schwerin
Hannover
Arnhem
Magdeburg
Berlin
Potsdam
Stettin
Bromberg
Posen
Elbe
Oder
Der Kanal
BELG.
Antwerpen
Gent
Brüssel
Lüttich
Maas
Lille
DEUTSCHLAND
Dortmund
Bonn
Leipzig
Dresden
Erfurt
Wiesbaden
Frankfurt/M.
Mainz
Saarbrücken
Nürnberg
Stuttgart
München
Rhein
Donau
LUX.
Luxemb.
Cherbourg
Le Havre
Brest
Caen
Rouen
Amiens
Reims
Paris
Seine
Metz
Nancy
Straßburg
Mulhouse
Rennes
St. Nazaire
Nantes
Angers
Loire
Orléans
Tours
Dijon
Besançon
FRANKREICH
Golf von Biscaya
Limoges
Clermont-Ferrand
Lyon
Genf
St. Etienne
Bordeaux
Grenoble
Toulouse
Nîmes
Montpellier
Aix-en-Provence
Marseille
Toulon
Nice
Perpignan
M.
A.
Aussig
Prag
Pilsen
Brünn
Reichenberg
Linz
Wien
Salzburg
ÖSTERREICH
Innsbruck
Graz
Drau
Bern
SCHWEIZ
Bozen
Mailand
Brescia
Verona
Triest
Ljubljana
Maribor
Zagreb
Turin
Po
Padua
Venedig
Rijeka
Parma
Modena
Ferrara
Ravenna
Genua
Prato
Bologna
Livorno
Florenz
Ancona
JUGOSL.
Save
Zadar
Split
Perugia
Adriatisches Meer
ITALIEN
Rom
Pescara
Foggia
Bari
Neapel
Salerno
Tarent
Tyrrhenisches Meer
Bastia
Ajaccio
Korsika
Sardinien
Sassari
Cagliari
Cosenza
Palermo
Messina
Reggio di Calabria
Sizilien
Catania
Syrakus
MALTA
La Coruña
Gijon
Oviedo
Santander
San Sebastian
Bilbao
Vigo
Braga
Porto
Coimbra
Valladolid
Salamanca
Pamplona
Ebro
Zaragoza
Madrid
Tajo
Toledo
Sabadell
Badalona
Barcelona
Hospitalet
Lissabon
Setúbal
PORTUGAL
SPANIEN
Valencia
Palma
Balearen
Córdoba
Sevilla
Murcia
Alicante
Granada
Jerez de la Frontera
Cádiz
Málaga
Cartagena
Str. v. Gibraltar
Gibraltar
Tanger
Ceuta (span.)
Tétouan
Kénitra
Rabat-Salé
Casablanca
El Jadida
Meknès
Fès
Melilla (span.)
Oujda
Quahran
Tlemcen
Sidi-Bel-Abbès
El Asnam
El Djaza'ir Algier
El Boulaida
Sétif
Skikda
Annaba
Ksontina
Bizerta
Tunis
Sousse
Kairouan
Sfax
TUNESIEN
Biskra
Safi
MAROKKO
Marrakesch
Agadir
Sidi Ifni
Fijij
Aïn Sefra
Béchar
ALGERIEN
Mittelmeer
Tripolis
Al Khums
Misratah
LIB
SAHARA
F

Barentssee
Hammerfest
Vardö
Kirkenes
Murmansk
H.-I. Kola
Narvik
FINNLAND
Tornio
Oulu
Umeå
Vaasa
Tampere
Lahti
Turku
Vantaa
Espoo
Helsinki
Uppsala
Stockholm
Bottnischer Meerbusen
KARELIEN
Weißes Meer
Archangelsk
Sewerodwinsk
Onegasee
Petrosawodsk
Ladogasee
St.Petersburg (Leningrad)
Reval
ESTLAND
Riga
LETTLAND
Libau
Memel
LITAUEN
Kaunas
Wilna
Königsberg
Minsk
WEISSRUSSLAND
Bialystok
Warschau
Brest
Lodz
Sosnowitz
Kattowitz
Lublin
Krakau
Lemberg
Kaschau
Czernowitz
Miskolc
Debrecen
Budapest
Satu Mare
Baia Mare
Oradea
Arad
Klausenburg
Temeschburg
Szeged
Zrenjanin
Novi Sad
Belgrad
Kragujevac
RUMÄNIEN
Iași
Bacău
Kronstadt
Galatz
Brăila
Ploiești
Craiova
Bukarest
Donau
Ruse
Pleven
Niš
Sarajewo
Priština
BULGARIEN
Sofia
Varna
Burgas
Stara Zagora
Plovdiv
Leskovac
Skopje
Tetovo
Bitola
Tirana
ALB
Xanthi
Thessaloniki
Larissa
Ioannina
Volos
Patras
Athen
Piräus
GRIECHENLAND
Chania
Iraklion
Kreta
Rhodos
MOLDAWIEN
Kischinjow
Odessa
GAGAUSIEN
Konstanza
Nikolajew
Dnjepr
Krim
Sewastopol
Kertsch
Asowsches Meer
Schwarzes Meer
Bosporus
Istanbul
Dardanellen
Bursa
Balikesir
Kütahya
Manisa
Izmir
Denizli
Antalya
TÜRKEI
Ankara
Zonguldak
Samsun
Trabzon
Sivas
Kayseri
Konya
Maraș
Malatya
Erzurum
Diyarbakir
Adana
Gaziantep
Mersin
Antakya
Nicosia
ZYPERN
Limassol
Tripoli
Beirut
LIBANON
Damaskus
Aleppo
Latakia
Hama
Homs
SYRIEN
Haifa
ISRAEL
Tel-Aviv/Yafo
Port Said
Jerusalem
Amman
JORDANIEN
Gaza
Suez-Kan.
Alexandria
ÄGYPTEN
Bengasi
SAUDI-ARABIEN
IRAK
Bagdad
Kerbela
Najaf
Mossul
Arbil
Kirkuk
Tigris
Euphrat
Basra
Kuwait
KUWAIT
IRAN
Teheran
Tabriz
Urmia
Ardebil
Rasht
Hamadan
Qom
Bachtaran
Ahwas
Abadan
Jerewan
ARMENIEN
GEORGIEN
Tbilisi
Batumi
ASERBAIDSCHAN
Baku
Kaspisches Meer
Machatschkala
Grosnyj
Ordshonikidse
Stawropol
Krasnodar
Rostow
Don
Donezk
Dnjepropetrowsk
Woroschilowgrad
Charkow
Kiew
Shitomir
UKRAINE
Astrachan
Wolgograd
Wolga
Saratow
Pensa
Kuibyschew
Orenburg
Uralsk
Ural
Gurjew
KASACHSTAN
Aralsee
USBEKISTAN
TURKMEN
Krasnowodsk
Kursk
Tula
Gomel
Smolensk
Moskau
Kalinin
Gorki
Kasan
Wologda
RUSSLAND
SOWJETUNION
Perm
Kama
Ufa
Swerdlowsk
Tscheljabinsk
Magnitogorsk
Tjumen
Kurgan
Tobol
Tobolsk
Irtysch
Ob
Beresowo
Uralgebirge

Nord- und Mittelamerika

Große Antillen
Karibisches Meer
Kleine Antillen
Port of Spain
Santa Marta
Barranquilla
Cartagena
Montería
Maracaibo
Cabimas
Barquisimeto
Valencia
Caracas
Petare
Barcelona
Cumaná
Maracay
Valledupar
Cúcuta
Maturín
Ciudad Guayana
San Cristóbal
Bucaramanga
Barrancabermeja
KOLUMBIEN
Bello
Medellín
Manizales
Pereira
Ibagué
Bogotá
Buena Ventura
Cali
Palmira
Neiva
Villavicencio
Pasto
VENEZUELA
Cd.Bolívar
Roraima
Boa Vista
GUYANA
Georgetown
SURINAME
Paramaribo
Cayenne
Franz.-Guayana
Amapá
Macapá
Belém
CUADOR
Quito
Ambato
Cuenca
Iquitos
Rio Negro
Amazonas
Manaus
Santarém
Pará
Marabá
Madeira
Tapajós
Xingu
Tocantins
São Luís
Parnaíba
Bacabal
Maranhão
Fortaleza
Ceará
Teresina
Porto Franco
Carolina
Piauí
Rio Grande do Norte
Natal
Paraíba
João Pessoa
Pernambuco
Recife
Maceió
Alagoas
Aracaju
Sergipe
Salvador
São Francisco
Feira de Santana
Bahia
Vitória da Conquista
Jequié
Itabuna
Ilhéus
Trujillo
Chimbote
PERU
Huancayo
Callao
Lima
Ica
Cuzco
Andahuaylas
Arequipa
Tacna
Arica
Acre
Rio Branco
Porto Velho
Rondônia
Vilhena
Trinidad
BRASILIEN
Mato Grosso
Goiás
Cuiabá
Brasília
Distrito Federal
Goiânia
Montes Claros
Minas Gerais
Governador Valadares
Uberlândia
Uberaba
Belo Horizonte
Espírito Santo
Vitória
Juiz de Fora
Rio de Janeiro
Niterói
La Paz
BOLIVIEN
Cochabamba
Oruro
Santa Cruz
Corumbá
Sucre
Potosí
Rondonópolis
Mato Grosso do Sul
Campo Grande
São Paulo
Campinas
Sorocaba
PARAGUAY
Concepción
Caballero
Iquique
Antofagasta
Jujuy
Salta
Asunción
Formosa
Londrina
Paraná
Curitiba
Nova Iguaçu
Sto. André
Tucumán Territory
Tucumán
Santiago del Estero
Catamarca
La Rioja
Caldera
Copiapó
Resistencia
Corrientes
Posadas
Santa Catarina
Florianópolis
Sto. Ângelo
Rio Grande do Sul
Caxias do Sul
Canoas
Pôrto Alegre
San Félix
San Ambrosio (Chile)
La Serena
Coquimbo
Ovalle
CHILE
Viña del Mar
Valparaíso
San Juan
Córdoba
Santa Fé
Paraná
Salto
Rivera
Pelotas
Rio Grande
Paysandú
Rosario
San Luis
Mendoza
URUGUAY
Montevideo
Santiago de Chile
Rancagua
Talca
Buenos Aires
La Plata
Juan-Fernández-In. (Chile)
Santa Rosa
ARGENTINIEN
Mar del Plata
Talkahuano
Concepción
Temuco
Bahía Blanca
Neuquén
Valdivia
Viedma
Puerto Montt
Rawson
Comodoro Rivadavia
PAZIFISCHER OZEAN
ATLANTISCHER OZEAN
Äquator
Südl. Wendekreis
Santa Cruz
Río Gallegos
Falkland-In./Malwinen (G.-B.)
Stanley
Magellanstraße
Tierra del Fuego
Río Grande
Punta Arenas
Ushuaia
Puerto Williams
Kap Hoorn
Legende: Siehe linke Seite
0
1000
2000 km

a
SOWJETUNION
FINNLND
SCHWEDEN
NORWEGEN
Nördl. Polarkreis
Ostsib. See
Nowaja Semlja
Barents-see
Neusibir. In.
Sewernaja Semlja
Franz-Joseph-Land
Nordpolar-meer
Geographischer Nordpol
Spitzbergen
Wrangel-I.
Beringstraße
Grönlandsee
Europäisches Nordmeer
ISLAND
Beaufort-see
Ellesmere-I.
USA
Magnetischer Nordpol
Geomagnetischer Nordpol
Grönland
1980
1975
1960
1831
Victoria-I.
Baffinbai
Baffininsel
KANADA

b
ATLANTISCHER OZEAN
Südl. Polarkreis
Grahamland
Antarkt. Hl.
Weddellmeer
Bellingshausensee
Palmerland
Amundsensee
Antarktis
Geographischer Südpol
PAZIFISCHER OZEAN
Rossmeer
INDISCHER OZEAN
1841
1908
1912
1945
1980
Geomagnetischer Südpol
Magnetischer Südpol

A
B
C
1
2
3
4
5
6
0°
40°
60°
40°
20°
0°
20°
40°
ISLAND
NORD-
ATLANTISCHER
OZEAN
Azoren
(Port.)
Madeira
(Port.)
Kanarische
In.
(Span.)
El Aaiún
SAHARA
(von Mar. bes.)
E U R O P A
S O W
Reval
Riga
Wilna
Minsk
St.Petersburg
(Leningrad)
Moskau
Kiew
Charkow
Djepropetrowsk
Odessa
Rostow
Wolgograd
Saratow
Kuibyschew
Gorki
Kasan
Perm
Nishnij Tagil
Swerdlowsk
Tjumen
Ufa
Tscheljabinsk
Magnitogorsk
Omsk
Petropawlowsk
Orsk
Zelinograd
Karaganda
Astrachan
Gurjew
Aralsee
Balchaschsee
Kysl-Orda
Alma-Ata
Taschkent
Bischkek
(Frunse)
Krasnodar
Grosnyj
Kasp. Meer
Tbilisi
Jerewan
Baku
Urgentsch
Samarkand
Aschchabad
Buchara
Duschanbe
Ankara
TÜRKEI
Tabriz
Mashhad
Mazár-i-Sharif
Teheran
IRAN
Herát
Kabul
AFGHANISTAN
Rawalpindi
Islamabad
Isfahan
Kandahár
Feisalabad
Shiráz
Quetta
Multan
PAKISTAN
Sahedan
Jaipur
Hyderabad
Karachi
Ahmedabad
Bombay
Hyderabad
Bangalore
Coimbatore
Madurai
Arabisches
Meer
Lakshadweep
(Lakkadiven)
(Ind.)
Malé
MALEDIVEN
Tschagos-In.
Diego Garcia
(G.-B.)
Sokotra
(Jem.)
ZYPERN
SYRIEN
LIBANON
Damaskus
Bagdad
ISRAEL
Amman
IRAK
JORDANIEN
Basra
Abadan
KUWAIT
Kuwait
BAHREIN
Manama
KATAR
Doha
Dubai
Abu Dhabi
VAE
Maskat
OMAN
Salalah
SAUDI-ARABIEN
Er-Riad
Medina
Mekka
Ta'if
Dschidda
Sana
JEMEN
Aden
Rotes Meer
Ceuta (span.)
Melilla (span.)
Tanger
Rabat
Casablanca
Safi
Fès
Oujda
MAROKKO
Algier
Quahran
Annaba
Ksontina
Tlemcen
Tunis
Sfax
MALTA
TUNESIEN
Tripolis
Bengasi
Misratah
ALGERIEN
LIBYEN
Alexandria
Port Said
Gize
Kairo
Suez
ÄGYPTEN
Assuan
MAURETANIEN
Nouakchott
SENEGAL
Dakar
GAMBIA
Banjul
GUINEA-BISSAU
Bissau
Conakry
GUINEA
Freetown
SIERRA LEONE
Monrovia
LIBERIA
MALI
Kayes
Ségou
Mopti
Bamako
Tahoua
NIGER
Agadez
Niamey
Maradi
Zinder
Ouagadougou
BURKINA FASO
CÔTE D'IVOIRE
Yamoussoukro
Abidjan
GHANA
Accra
TOGO
Lomé
BENIN
Porto Novo
Lagos
Ibadan
NIGERIA
Kano
Kaduna
Port Harcourt
Malabo
KAMERUN
Yaoundé
TSCHAD
Abéché
N'Djaména
ZENTRAL AFRIKAN. REP.
Bangui
SUDAN
Port Sudan
Khartum
Omdurman
Khartum North
Wad Medani
Elobied
Asmara
DSCHIBUTI
Dschibuti
Berbera
Addis Abeba
ÄTHIOPIEN
SOMALIA
Mogadischu
Äquator
São Tomé
SÃO TOMÉ u. PRINCIPE
ÄQUATORIALGUINEA
Libreville
GABUN
KONGO
Mbandaka
Kisangani
ZAÏRE
UGANDA
Kampala
KENIA
Nairobi
RUANDA
Kigali
Bujumbura
BURUNDI
Bukavu
Brazzaville
Kinshasa
Pointe-Noire
Cabinda
(zu Angola)
Matadi
Kananga
Dodoma
Mombasa
Tanga
Daressalam
TANSANIA
SESCHELLEN
Victoria
Ascension
(G.B.)
Luanda
ANGOLA
Lobito
Benguela
Lubumbashi
Songea
Lindi
Moroni
KOMOREN
Ndola
SAMBIA
Lusaka
MALAWI
Lilongwe
Blantyre
Harare
Mayotte
(Fr.)
Antsiranana
St.Helena
(G.B.)
Tsumeb
NAMIBIA
Windhuk
BOTSWANA
Serowe
SIMBABWE
Bulawayo
Beira
MOSAMBIK
MADAGASKAR
Toamasina
Antananarivo
Antsirabe
Fianarantsoa
MAURITIUS
Port Louis
Réunion
(Fr.)
Swakopmund
Walfischbai
(zu Südafrika)
Gaborone
Pretoria
Johannesburg
Maputo
Mbabane
SWASILAND
Keetmanshoop
Lüderitz
Maseru
Pietermaritzburg
Durban
Bloemfontein
LESOTHO
SÜDAFRIKA
East London
Port Elizabeth
Kapstadt
Kap
der Guten Hoffnung
SÜDATLANTISCHER
OZEAN
Tristan da Cunha
(G.-B.)
Gough-I.
(G.-B.)
Amsterdam
St.Paul
(Fr.)

D
E
F
1
2
3
4
5
6
120°
160°
180°
60°
40°
20°
0°
Nördlicher Polarkreis
Datumsgrenze
Sonntag
Montag
ETUNION
Anadyr
Magadan
Kamtschatka
Petropawlowsk-Kamtschatskij
Kurilen
Sachalin
Jushno-Sachalinsk
(Sowj. Verw.)
Omsk
Krasnojarsk
Nowosibirsk
Nowokusnezk
Barnaul
Semipalatinsk
Ust-Kamenogorsk
Baikalsee
Angarsk
Irkutsk
Ulan-Ude
Tschita
Blagoweschtschensk
Chabarowsk
Darchan
Chovd
Eerdenet
Ulan Bator
Choybalsan
Manzhouli
MONGOLEI
Qiqihar
Harbin
Urumchi
Chang-chun
Jilin
Nachodka
Wladiwostok
Shenyang
Fushun
Sapporo
Anshan
Tangshan
Beijing
NORD-
KOREA
Pjöngjang
Tianjin
Lüda
VR CHINA
JAPAN
Sendai
Shache
Shijiazhuang
Taiyuan
Jinan
Qingdao
Seoul
SÜD-
Tokyo
Yokohama
Kyoto
Nagoya
Osaka
Kobe
Hiroshima
Kitakyushu
Fukuoka
Pusan
Lanzhou
Zhengzhou
Xi'an
Nanjing
Shanghai
NORDPAZIFISCHER
OZEAN
Katmandu
NEPAL
Lhasa
Thimphu
BH.
Chengdu
Wuhan
Hangzhou
Chongqing
Changsha
Nanchang
Ostchines. Meer
Nansei-In.
Okinawa
Bonin-In. (Jap.)
Vulkan-In. (Jap.)
Nördl. Wendekreis
Patna
Dhaka
Kunming
Fuzhou
Xiamen
Taipeh
REP. CHINA (TAIWAN)
Kaohsiung
Guangzhou
Calcutta
Mandalay
Hanoi
Hongkong
Macao (Port.)
(G.-B.)
BANGLADESCH
MYANMAR
LAOS
Vientiane
Yangon
THAILAND
VIET-NAM
Da Nang
Luzon
PHILIPPINEN
Quezon City
Manila
NÖRDLICHE MARIANEN
Wake (USA)
Bangkok
KAMBODSCHA
Andamanen (Ind.)
Phnom Penh
Ho-Chi-Minh-Stadt
Südchines. Meer
Guam (USA)
Cebu
MARSHALL-INSELN
Nikobaren (Ind.)
PALAU
Koror
Mindanao
Davao
Uliga
Majuro
Ponape
Colombo
SRI LANKA
BRUNEI
Bandar Seri Begawan
Pinang
MALAYSIA
Sulu-In.
FÖDERIERTE STAATEN VON MIKRONESIEN
Medan
Kuala Lumpur
Singapur
Kuching
Manado
Äquator
Sumatra
Borneo
KIRIBATI
Yaren
NAURU
Padang
Samarinda
Banjarmasin
Sulawesi
Molukken
PAPUA-NEUGUINEA
Wewak
Madang
Lae
INDONESIEN
Palembang
Ujung Padang
Jakarta
Semarang
Bandung
Java
Surabaya
Bali
Timor
Arafurasee
Port Moresby
Honiara
SALOMONEN
TUVALU
Christmas-I. (Austr.)
Darwin
Rotuma (Fr.)
Kokos-In. (Austr.)
Korallensee-Terr. (Austr.)
VANUATU
FIDSCHI
Suva
INDISCHER OZEAN
Northern Territory
Townsville
Queensland
Neukaledonien (Fr.)
Nouméa
Südl. Wendekreis
AUSTRALIEN
Western Australia
South Australia
Brisbane
Toowoomba
Norfolk-I. (Austr.)
New South Wales
Newcastle
Sydney
Wollongong
Lord-Howe-I. (Austr.)
Perth
Adelaide
Austr.Cap.Terr.
Canberra
Victoria
Melbourne
Geelong
Auckland
Hamilton
Napier-Hastings
Tasman-See
NEU-SEELAND
Wellington
Tasmanien
Hobart
Christchurch
Dunedin
Chatham-In.
Orte mit
über 1 000 000 Einw.
500 000 - 1 000 000 Einw.
100 000 - 500 000 Einw.
unter 100 000 Einw.
Staatsgrenzen
Landes- und Bundesstaatsgrenzen
0
1000
2000
3000 km am Äquator

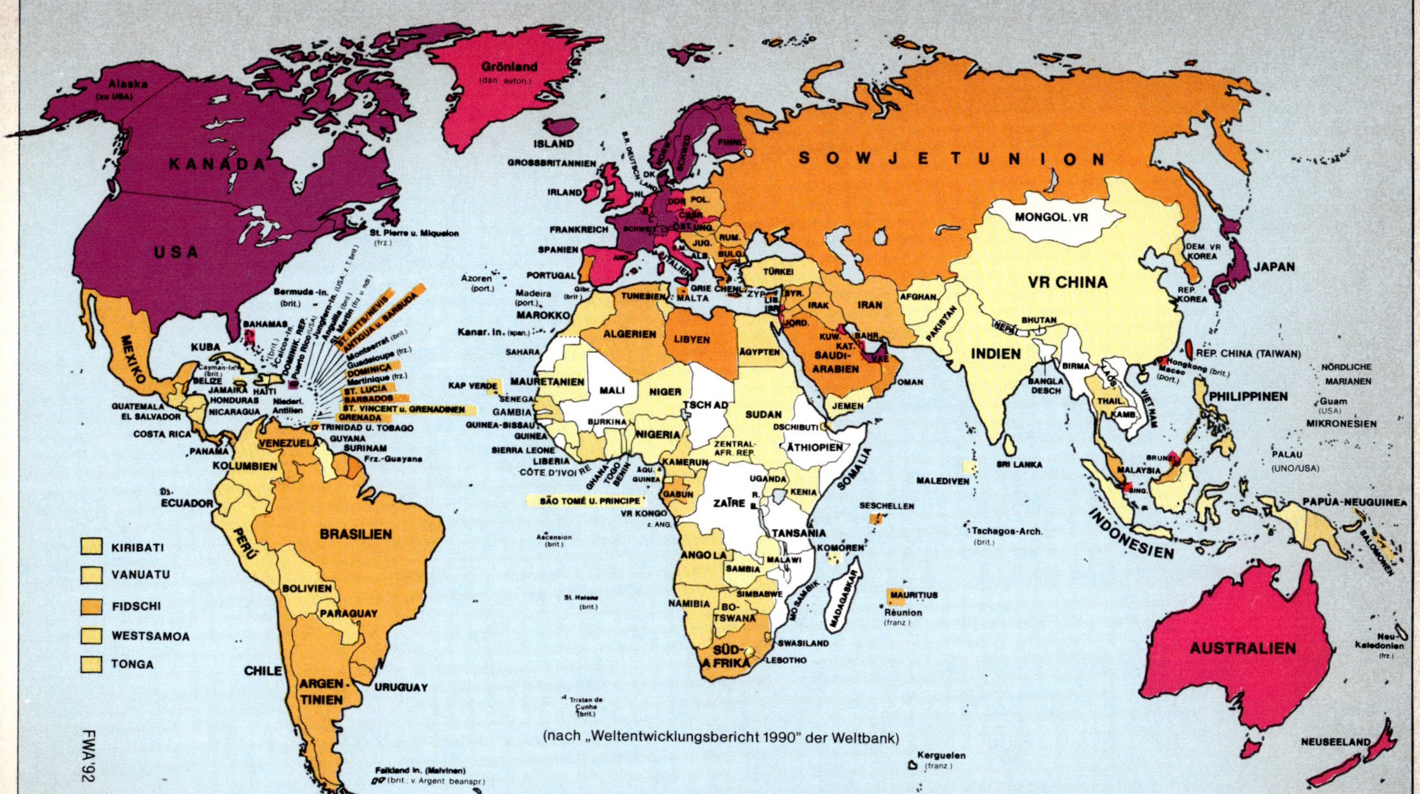

Die „reichsten" und die „ärmsten" Länder der Erde

Gemessen am erwirtschafteten Bruttosozialprodukt je Einwohner 1988

15 000 und mehr $ | 6 500-14 999 $ | 3 500-6 499 $ | 1 500-3 499 $ | 500-1 499 $ | 250-499 $ | unter 250 $

Diamanten *(Forts.)*

Brasilien	213	(315)/	320	(310)
Ghana	400	(438)/	60	(50)
Zentralafr. Rep.	109	(99)/	304	(245)
Sierra Leone	75	(100)/	200	(215)
Liberia	190	(229)/	60	(63)
Tansania	45	(57)/	133	(133)
Guinea	12	(14)/	163	(190)

Weltproduktion 1987 (1986) 34,300 (37,538) Mio. Karat *Industriediamanten* und 25,598 (25,644) Mio. Karat *Schmuckdiamanten*. Wertmäßig machen Schmuckdiamanten über 80% der Förderung aus. Rd. ¾ des Bedarfs an Industriediamanten werden synthetisch hergestellt. Rd. 85% der Rohdiamanten der Welt werden über die CSO (Central Selling Organization) des südafrikanischen de Beers-Konzerns vermarktet. Der Diamantenverkauf der CSO betrug 1990 4,160 Mrd. $ (Schmuck- und Industriediamanten).

Eisenerz *Förderung* 1989 (1988) in Mio. t (nach UNO- und Eurostat-Angaben; %-Zahlen = durchschn. Fe-Gehalt)

UdSSR (60%)	241,0	(250,4)
VR China (60%)	162,0	(153,8)
Brasilien (65%)	154,0	(138,2)
Australien (62%)	108,7	(95,4)
USA (62%)	57,9	(57,4)
Indien (63%)	50,0	(52,5)
Kanada (64%)	40,9	(40,2)
Südafrika (64%)	30,0	(22,7)
Schweden (64%)	21,8	(20,4)
Venezuela (64%)	19,0	(18,2)
Liberia (60%)	12,0	(12,8)
Mauretanien (61%)	12,0	(9,7)
Frankreich (30%)	9,4	(10,0)
Chile (60%)	8,5	(7,7)
DVR Korea (Nord-K., 48%)	8,5	(8,0)
Mexiko (63%)	7,4	(8,0)
u. a. Österreich (30%)	2,4	(2,3)
BR Deutschland (30%)	0,1	(0,1)

Weltförderung von Eisenerz nach UNO-Angaben 1989 (1988) 982,9 (960,0) Mio. t.

Der *Eisenerzbedarf* erhöhte sich 1990 wegen der schwächer werdenden Stahlkonjunktur (→ *Stahl, Kap. Industrie*) nur noch wenig; es bestand daher erneut ein Angebotsüberschuß. Die *Schwerpunkte des Eisenerzabbaus* verschoben sich auch 1990 weiter nach Übersee, wo in der Regel weitaus höherwertige Erze billiger gefördert und angeboten werden können als durch die europäischen Produzenten. In Ländern wie Frankreich, Schweden, Norwegen oder Österreich wird die Eisenerzförderung nur noch mit Hilfe staatlicher Subventionen in begrenztem Umfang zur Arbeitsplatzsicherung aufrechterhalten. So förderten z. B. in Lothringen 1990 nur noch 4 Erzbergwerke gegenüber 20 1981. In der BR Deutschland existierten um 1960 noch 60 Eisenerzgruben; die letzte (in der Oberpfalz) wurde 1987 wegen Unrentabilität geschlossen. Die Eisenerzvorräte der BR Deutschland betragen zwar noch über 2,3 Mrd. t, doch lohnt der Abbau dieser »armen« Erze (10–max. 45% Fe-Gehalt) derzeit nicht, da hochwertiges überseeisches Erz einschließlich Transportkosten billiger angeboten wird.

Erdgas (»Naturgas«, einschl. Erdölgas) *Netto-Förderung* (d. h. Brutto-Förderung abzügl. zurückgepreßtes und abgefackeltes Gas und Eigenverbrauch) nach »ESSO-Öldorado '90« (Zahlen für 1990 z. T. vorläufig) 1990 (1989 und 1980) in Mrd. m^3

UdSSR	815,0	(796,0)	(434,8)
USA	488,0	(483,6)	(547,2)
Kanada	107,0	(104,1)	(69,8)
Niederlande	70,0	(71,9)	(96,2)
Algerien	49,0	(48,4)	(11,6)
Großbritannien	47,5	(44,8)	(36,5)
Indonesien	40,0	(40,3)	(18,5)
Saudi-Arabien	31,2	(29,8)	(10,6)
Mexiko	31,0	(26,2)	(28,9)
Rumänien	30,0	(32,0)	(33,5)
Norwegen	28,0	(30,6)	(25,1)
Ver. Arab. Emirate	25,0	(22,0)	(10,5)
Iran	23,0	(22,2)	(8,3)
Argentinien	20,0	(20,4)	(9,5)
Venezuela	19,6	(19,6)	(16,7)
Australien	18,0	(16,0)	(9,6)
Italien	17,3	(17,0)	(12,1)
Malaysia	17,0	(17,2)	(1,1)
BR Deutschland	16,0	(16,4)	(18,9)
VR China	14,5	(14,3)	(14,3)
u. a. DDR	10,0	(10,8)	(8,1)
Österreich	1,4	(1,4)	(1,9)

Weltförderung 1990 (1989) 2056,3 (2029,2) Mrd. m^3

Außer der wirtschaftlich genutzten Fördermenge werden jährlich immer noch größere Mengen Erdgas »abgefackelt«, d. h. an Ort und Stelle nutzlos verbrannt. Es handelt sich meist um Gas, das bei der Erdölförderung als sog. assoziiertes, d. h. erdölgebundenes Gas anfällt und mangels Absatzmöglichkeiten noch nicht sinnvoll verwendet werden kann. Die *Erdgasförderung* nahm aufgrund des *Verbrauchsanstiegs* 1990 erneut zu (+1,3%). Am stärksten stieg die Förderung in der UdSSR (+2,4%), geringer in Nordamerika, Afrika und Nahost, während sie in Südamerika und Ost-/ Südostasien stagnierte und in Westeuropa leicht zurückging. Noch 1982 waren die USA mit Abstand der größte Erdgasproduzent, während heute die UdSSR weit an der Spitze liegt.

Die nachgewiesenen *Erdgas-Reserven* stiegen 1990 um 5,5% auf 119114 Mrd. m^3, die höchste bisher festgestellte Menge. Sie erhöhten sich vor allem durch neue Funde in Nahost und der Sowjetunion, während die Reserven in Nordamerika stagnierten und in Westeuropa zurückgingen, d. h. hier wurde eine größere Menge gefördert als neu entdeckt. Insgesamt wurden bisher auf der Erde rd. 162000 Mrd. m^3 Erdgas entdeckt und knapp 30% davon in den letzten rd. 120 Jahren gefördert und verbraucht. Die gegenwärtig bekannten Reserven reichen bei Aufrechterhaltung der 90er Fördermenge und ohne Berücksichtigung zu erwartender neuer Funde noch für ca. 58 Jahre. Rd. 38% der *Weltreserven* lagern in der *UdSSR* (42280 Mrd. m^3; die weitere Verteilung in Mrd. m^3: *Naher Osten* 37510 (davon Iran 16990 – Ver. Arab. Emirate 5671 – Saudi-Arabien 5104 – Katar 4619) – *Mittel- u. Fernost und Australien* 8455 (davon Indonesien 2588 – Malaysia 1610 – VR China 999) – *Afrika* 8070 (davon Algerien 3246 – Nigeria 2473) – *Nordamerika* 7466 (davon USA 4704 – Kanada 2762) – *Mittel- u. Südamerika* 6855 (davon Venezuela 2991 – Mexiko 2059) – *Westeuropa* 4751 (davon Niederlande 1723 – Norwegen 1717 – Großbritannien 560 – Italien 329 – BR Deutschland 176) – ehem. RGW-Länder (ohne UdSSR) 727 (davon DDR 190 – Polen 167).

Der *Anteil des Erdgases an der Welt-Energieversorgung* steigt seit 1970 (19,5%) laufend an; er lag 1989 bei rd. 22,5%. Allerdings ist die Erdgasverwendung stärker konzentriert als bei anderen Energieträgern. Rd. ⅔ des *Weltverbrauchs* entfallen allein auf Nordamerika und die UdSSR.

Der *Außenhandel* mit Erdgas hat sich wegen der Transportschwierigkeiten erst relativ spät entwikkelt, und er ist bis heute auf wenige Handelsströme begrenzt. Exportiert wurden 1960 erst 3,4 Mrd. m^3 (= 1,0% der Weltförderung), 1970 46,1 Mrd. m^3 (=3,8%), 1980 bereits 212,3 Mrd. m^3 (=12,6%), 1987 269,7 Mrd. m^3 (= 13,0%), 1988 283,4 Mrd. m^3 (= 13,1%) und 1989 rd. 290 Mrd. m^3 (14%). Der Transport des international gehandelten Erdgases erfolgt zu rd. 75% per Pipeline und zu 25% in LNG-Tankern (»liquefied natural gas«, Flüssiggastanker). Die wichtigsten *Erdgas-Exporteure* sind (in % aller Exporte): UdSSR 35% – Kanada 14% – Norwegen 12% – Algerien, Indonesien, Niederlande je 9–10% – Brunei, Malaysia je 3%. Die wichtigsten *Importeure* sind: Japan 18% – BR Deutschland 17% – USA 15% – Frankreich, Italien je 9–10% – Großbritannien, Belgien je 3–4%.

In der *BR Deutschland* (nur »alte« Bundesländer) erhöhte sich der Erdgasverbrauch 1989–90 von 61,8 auf 63,6 Mrd. m^3 der *Anteil am gesamten Primärenergieverbrauch* stieg dadurch von 17,1% auf 17,5% an. Die Erhöhung des Verbrauchs ging auf vermehrten Einsatz in der Industrie und der Stromerzeugung sowie bei der Raumheizung (wegen der größeren Zahl gasbeheizter Wohnungen) zurück. Der *Verbrauch* wurde 1990 zu 25% aus inländischer Gewinnung und zu 75% aus Importen gedeckt. Diese kamen (in Mrd. m^3) aus der UdSSR (21,2), den Niederlanden (18,5), Norwegen (9,6) und Dänemark (0,5), und zwar ausschließlich per Pipeline. Die *Inlandsförderung* betrug 1990 (1989) 15,7 (15,9) Mrd. m^3 und kam zu rd. 60% aus der Region Weser-Ems, der Rest aus dem Emsmündungsgebiet, dem Raum Unterweser und dem Alpenvorland.

Vom *Gasabsatz* entfielen 1990 46,7% auf die Industrie, 28,7% auf private Haushalte (1973 erst 14,9%), 12,7% auf Elektrizitätswerke und 11,9% auf sonstige Verbraucher (Handel, öffentliche Einrichtungen usw.). Die Zahl der gasbeheizten Wohnungen erhöhte sich von 3,0 Mio. (1973) auf über 8,8 Mio. (Ende 1990). Gas war 1990 zu rd.32% an der Beheizung der Wohnungen beteiligt.

Der *Verbrauch von Flüssiggas* erreichte in den westl. Industrieländern 1990 rd. 108 Mio. t, davon rd. 40% in den USA und je 19–20% in Japan und Westeuropa. In der *BR Deutschland* betrug der Absatz 1990 rd. 2,8 Mio. t (69% zur Wärmegewinnung, 31% als chemischer Grundstoff).

Erdöl *Förderung* 1990 (1989/1980) in Mio. t, für 1990 z. T. vorläufig (einschl. Naturbenzin, Kondensate, Flüssiggas und Öl aus Teersanden; nach »Petroleum Economist«, »ESSO-Öldorado '90« und UNO-Angaben)

UdSSR	569,3	(607,2)	(603,0)
USA	409,6	(425,8)	(482,2)
Saudi-Arabien[1]	320,7	(257,2)	(496,4)
Iran[1]	156,1	(144,3)	(76,6)
Mexiko	146,7	(143,6)	(106,8)
VR China	137,7	(136,1)	(106,0)
Venezuela[1]	110,5	(94,6)	(112,9)
Irak[1]	100,3	(139,2)	(130,0)
Ver. Arab. Emirate[1]	99,9	(91,4)	(82,6)
Großbritannien	93,5	(91,7)	(80,5)
Kanada	91,0	(92,4)	(83,0)
Nigeria[1]	90,8	(83,1)	(101,8)
Norwegen	81,1	(74,6)	(24,4)
Indonesien[1]	69,8	(68,0)	(78,5)
Libyen[1]	65,8	(53,7)	(85,9)
Kuwait[1]	58,4	(91,9)	(81,4)
Algerien[1]	56,7	(51,4)	(51,5)
Ägypten	44,2	(43,0)	(30,1)
Oman	33,1	(31,8)	(14,0)
Brasilien	32,0	(30,2)	(9,4)
Indien	31,6	(33,7)	(9,4)
Malaysia	28,6	(26,5)	(13,2)
Australien	27,3	(22,8)	(18,0)
Argentinien	24,2	(23,6)	(25,2)
Angola	24,0	(22,6)	(7,4)
Kolumbien	22,6	(20,4)	(6,5)
Syrien	20,3	(17,0)	(8,4)
Katar[1]	19,4	(19,1)	(22,8)
Ecuador[1]	14,5	(14,6)	(10,8)
u. a. BR Deutschland	3,6	(3,8)	(4,6)
Österreich	1,2	(1,2)	(1,5)

[1] = OPEC-Länder

Die *Weltförderung* von Erdöl betrug 1990 (1989) 3,108 (3,077) Mrd. t. Sie stieg damit um 1,0% an, d. h. geringer als 1989 (+2,7%). Mit der *Erhöhung der Gesamtförderung* 1990 war eine weitere *Schwerpunktverlagerung der Erdölgewinnung* zurück zu den Hauptförderländern der 70er Jahre verbunden. Die Steigerung entfiel nämlich vor allem auf den *Nahen Osten, die erdölreichste Region der Welt,* deren Förderung von 808,0 (1989) auf 825,4 Mio. t (1990) anstieg. Damit wurde noch längst nicht wieder die Höchstmenge erreicht (1975: 968,9 Mio. t), aber der Anteil des Nahostraumes stieg wieder auf 26,2% der Weltförderung (1985: 17,9%), nachdem er Anfang der 80er Jahre stark zurückgegangen war (1975 noch 35,8%). Saudi-Arabiens Anteil stieg 1990 wieder auf 10,2% (1985 nur 5,7% – 1980 noch 16,1%). Demgegenüber sank der Anteil der UdSSR wegen technischer Probleme und Streiks von 13,7% (1989) auf 13,0% (1987 noch 15,9%). Auf Mittel- und Südamerika entfielen 1990 (1989) 11,7 (11,1)%, auf Süd- und Ostasien (mit Australien) 9,9 (9,8)% und auf Afrika 10,1 (9,3)% der Weltförderung. Die *westeuropäische Förderung* von 198,7 Mio. t – hauptsächlich untermeerische Ölgewinnung aus der Nordsee – stieg leicht auf 6,3% der Welt.

Erdöl ist nach wie vor der *wichtigste Energielieferant* und deckte auch 1990 – trotz rückläufiger Tendenz seit Mitte der 70er Jahre – noch rd. 40,2% des kommerziellen *Welt-Energieverbrauchs* (1974 noch 48%). Dieser hohe Anteil sollte nach den Planungen, die während der »Erdölkrisen« in den 70er Jahren aufgestellt wurden, in den 80er und 90er Jahren durch Einsparungen und verstärkten Einsatz anderer Energieträger (bes. Kernenergie) kontinuierlich gesenkt werden, um die allzu große Abhängigkeit vom Energieträger Erdöl abzubauen. Wegen der wieder stark gesunkenen Preise für Erdölprodukte und aufgrund der hohen Kosten für Erschließung und Ausbau anderer Energieträger, auch wegen der Akzeptanzkrise der Kernenergie *(→ Energie, Kap. Industrie),* erfolgte bisher die *Mineralölsubstitution* wesentlich langsamer als in den 70er Jahren geplant. In einigen Ländern, wie in Italien, steigt der Erdölanteil am Energieverbrauch sogar wieder an, verursacht durch die Abkehr von Kernenergieplanungen (zugunsten von Öl- und Kohlekraftwerken) und wegen der weiter fortschreitenden Motorisierung. Für den Kfz.-Verkehr ist bisher keine ins Gewicht fallende Alternative zum benzin- bzw. dieselbetriebenen Motor in Sicht.

Die bestätigten Weltreserven an Erdöl sanken 1990 um rd. 0,25% auf 135,705 Mrd. t, ohne das in Sanden und Schiefern enthaltene Mineralöl. Der erstmals seit 1986 aufgetretene Rückgang der Reserven – die durch Bohrungen geortet sind und mit der gegenwärtigen Technik wirtschaftlich gewonnen werden können – geht vor allem auf geringere Explorationstätigkeit zurück, hat also wirtschaftliche Ursachen. Besonders in den USA und Kanada, aber auch in der Sowjetunion und in Westeuropa, nahmen die Reserven 1990 ab, da die Entdeckung bzw. Erkundung neuer Fundorte nicht Schritt hielt mit der Förderung. Dagegen erhöhten sich die bekannten Reserven trotz zunehmender Förderung im Nahen Osten erneut. *Saudi-Arabien* ist nach wie vor das *ölreichste Land;* es verfügt über 25,9% aller bestätigten Erdölreserven der Welt (Irak, Iran, Kuwait und Verein. Arab. Emirate je 9–10%). Bei gleichbleibender Jahresförderung reichen die z. Z. bekannten Reserven insgesamt noch rd. 43 Jahre; in den USA nur 8–9, in der UdSSR 13–14 Jahre, dagegen im Nahen Osten rd. 109 Jahre.

Verteilung der Reserven 1990 in Mrd. t: *Naher Osten* 90,074 (davon Saudi-Arabien 35,164 – Irak 13,417 – Kuwait 13,097 – Ver. Arab. Emirate 12,892 – Iran 12,694) – *Mittel- und Südamerika* 16,715 (davon Venezuela 8,257 – Mexiko 7,073) – *ehem. RGW-Länder* 8,008 (davon UdSSR 7,755) – *Afrika* 7,971 (davon Libyen 3,005 – Nigeria 2,320) – *Süd- u. Ostasien und Australien* 6,788 (davon China 3,288 – Indonesien 1,481) – *Nordamerika* 4,308 (davon USA 3,529) – *Westeuropa* 1,841 (davon Norwegen 1,022 – Großbritannien 0,511 – u. a. BR Deutschland 0,034 – Österreich 0,012).

Seit Beginn der Erdölförderung 1859 sind rd. 222 Mrd. t Erdöl entdeckt worden. Davon wurden bisher rd. 92 Mrd. t (=41%) gefördert und verbraucht. Der *Mineralöl-Weltverbrauch* nahm seit dem bisherigen Höchststand von 1979 (3,178 Mrd. t) bis 1983 sowie 1985 (2,842 Mrd. t) jährlich ab. Seit 1986 ist wieder eine Steigerung zu verzeichnen, und auch 1990 stieg der Verbrauch wieder an (um 1,1% auf 3,118 Mrd. t). Die *Verbrauchszunahme* betraf Industrie- und Entwicklungsländer gleichermaßen und wurde besonders durch Zunahme beim Verkehr und bei der Industrieproduktion verursacht. Bei den beiden größten Verbrauchern – USA und UdSSR – gab es dagegen wegen der wirtschaftlichen Rezession leichte Rückgänge. Vom *Weltverbrauch* an Erdöl entfielen 1990 allein 28,2% auf Nordamerika – 19,0% auf Westeuropa – 14,1% auf die UdSSR, aber nur 7,7% auf Mittel- und Südamerika sowie 3,0% auf Afrika. – Größte *Verbraucher* waren 1990 (1989) in Mio. t: USA 797,2 (798,9) – UdSSR 440,0 (445,0) – Japan 241,2 (230,3) – BR Deutschland 112,5 (107,4) – VR China 104,0 (103,0) – Italien 92,3 (93,0) – Frankreich 89,5 (88,1) – Großbritannien 84,8 (81,5) – Kanada 80,9 (79,8) – Mexiko 76,0 (75,5) – Brasilien 53,0 (52,0) – Indien 49,0 (48,9; 1975 erst 20,9) – Spanien 48,0 (47,8) – u. a. DDR 14,3 (14,4) – Schweiz 13,3 (11,8) – Österreich 10,8 (10,5). Auf die 10 größten Erdölverbraucher entfielen 1990 67,9% des Weltverbrauchs.

Die *Welt-Raffineriekapazität* wurde auch 1990 leicht erhöht, nachdem bis 1985 der Abbau unrentabler Überkapazitäten überwogen hatte. Sie betrug Ende 1990 (1980) 3,730 (3,697) Mrd. Jahres-t. Die in den letzten Jahren zu beobachtende Verschiebung der Raffineriekapazität von den Verbrauchs- in die Förderländer, die den Export von Fertigprodukten steigern wollen, setzte sich 1989–90 fort. So sank die Raffineriekapazität in Nordamerika von 904,8 auf 872,0, in Westeuropa von 657,8 auf 651,5 Mrd. Jahres-t, während sie im Nahen Osten von 254,1 auf 288,4 Mrd. Jahres-t zunahm.

Die Rohöllieferanten der BR Deutschland 1990
(West- und Ostdeutschland; nach Angaben des Statistischen Bundesamtes)

Gesamtimporte 86,927 Mio t

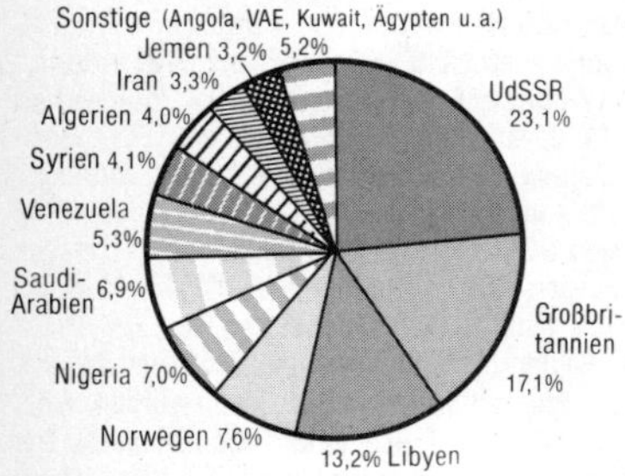

In der *BR Deutschland* nahmen die *Rohöleinfuhren* 1989–90 um 0,6 % auf 86,927 Mio. t. zu. Dieser Gesamtwert setzte sich aus sehr unterschiedlichen Werten für die beiden Teile Deutschlands zusammen. In Westdeutschland (»alte« Bundesländer) stiegen die Importe um 8,3% auf 71,927 Mio. t (stärkere Heizölbevorratung, höherer Benzinverbrauch), während sie in Ostdeutschland (ehem. DDR) um 25,0 % auf 15,000 Mio. t zurückgingen. Vor allem die ostdeutschen Importe aus der UdSSR verringerten sich von 19,990 auf 14,774 Mio. t (= 98,5 % der Importe). – Die deutsche *Einfuhr von Mineralölprodukten* stagnierte bei 41,0 Mio. t, davon 40,0 Mio. t nach Westdeutschland. – Gegenüber den 70er Jahren hat sich die Herkunft des importierten Rohöls stark gewandelt. So entfielen 1973 96,4 % der Importe von 100,493 Mio. t auf OPEC-Länder; 1990 lieferten sie nur noch 50,1 %, während 30,0 % auf Nordseeöl entfielen (1973 nur 0,3%; nur Westdeutschland).

Die deutschen *Ausgaben für den Import von Erdöl und -produkten* stiegen aufgrund der größeren Menge und höherer Preise 1990 beträchtlich an. Für den Import von Rohöl wurden 1990 (1989) 20,207 (17,046) Mrd. DM ausgegeben (1981 noch 49,107 Mrd. DM, 1987 nur noch 16,002 Mrd. DM), für Mineralölprodukte 14,726 (12,881) Mrd. DM (1985 noch 30,166 Mrd. DM).

Die eigene *Förderung der BR Deutschland* nahm 1989–90 ab und erreichte (einschl. der »neuen« Bundesländer) 1990 (1989) 3,660 (3,818) Mio. t (1970 noch 7,5 Mio. t); die wichtigsten *Fördergebiete* waren 1990 (in Tsd. t): westl. Ems 1280 – Weser-Ems-Gebiet 690 – Schleswig-Holstein 688 – Elbe-Weser-Gebiet 656 – Alpenvorland 147 – Oberrheintal 145 – neue Bundesländer 54.

Die *Raffineriekapazität* wurde 1990 – im Gegensatz zu den Vorjahren – nicht mehr weiter abgebaut. Sie betrug 1990 (1989) 80,6 (78,3) Mio. t (1978 noch 159,4 Mio. t), zusätzlich in den neuen Bundesländern 20,2 Mio. t. Die Kapazitätsauslastung der Raffinerien stieg 1990 wegen des vermehrten Bedarfs auf 96,4 %. Die größten *Raffineriezentren* waren 1990 (Kapazität in Mio. t): Nordrhein-Westfalen 23,5 – Bayern 20,2 – Baden-Württemberg/Hessen 14,5 – Hamburg, Bremen und Schleswig-Holstein 11,8.

Gesamtbilanz für die BR Deutschland (alte und neue Bundesländer): Das *Aufkommen* an Mineralölprodukten stieg 1990 (1989) auf 133,817 (132,583) Mio. t – davon inländische Raffinerieerzeugung 100,524 (100,387), Importe 41,876 (40,857) gegenüber Exporten 10,082 (11,716) Mio. t (Differenzen durch Recycling). Der *Inlandsabsatz* stieg um 4,4 % auf 115,489 (110,633) Mio. t; der *Verbrauch* betrug 1990 (1989) in Mio. t u. a.: Heizöl leicht 31,213 (29,167) – Vergaserkraftstoff (Benzin) 30,779 (28,844) – Dieselkraftstoff 21,464 (20,428) – Rohbenzin 13,158 (13,015) – Heizöl schwer 8,700 (8,663) – Flugturbinenkraftstoff 4,525 (4,194) – Bitumen 2,929 (2,948) – Flüssiggas 2,548 (2,688) – Petrolkoks 1,760 (1,963) – Schmierstoffe 1,445 (1,551). – Vom *Benzinverbrauch* entfielen auf Normal- 10,520 und Superbenzin 18,085 – bleifreies Benzin insges. 19,821 Mio. t.

Der Anteil der **OPEC-Länder** (»Organization of Petroleum Exporting Countries«, 1990/91: 13 Mitglieder) an der Welt-Erdölförderung, der 1973 noch 54 % betragen hatte, stieg vom Tiefstand 1987 (31,9 %) auf rd. 38,7 % an. Die Auslastung der Förderkapazität dieser Länder erhöhte sich insgesamt auf über 85 %, obwohl wegen des irakischen Überfalls auf Kuwait die beiden Länder gegen Ende des Jahres als Exporteure ausfielen. Wegen des relativ geringen Eigenverbrauchs stammten auch 1990 rd. ⅔ des international gehandelten Rohöls aus dem OPEC-Bereich; der bis Ende der 70er Jahre beherrschende Einfluß dieser Länder auf das Welt-Energiepreisniveau besteht jedoch nicht mehr. Der *Erdölmarkt* war – global gesehen – auch 1990/91 ein *Käufermarkt mit Angebotsüberschüssen,* die jedoch nicht mehr die Höhe der Vorjahre erreichten. Daran änderte auch der Golfkrieg nichts, da der Förderausfall der beiden OPEC-Mitglieder Irak und Kuwait ohne Schwierigkeiten durch andere Exporteure ersetzt werden konnte. Der *Rohölpreis* sank in der 1. Jahreshälfte 1990 von rd. 21 auf 15 $ pro Barrel, da sich mehrere OPEC-Mitglieder nicht an die vereinbarte Förderbegrenzung hielten und für ein Überangebot auf dem Weltmarkt sorgten. Nach dem irakischen Angriff auf Kuwait stieg der Preis im Herbst 1990 durch Panikkäufe kurzfristig bis auf 41,5 $/Barrel. Als erkennbar war, daß es keine Versorgungsengpässe geben würde (u. a. durch hohe Vorratshaltung), normalisierte sich der Preis wieder (Jahresendstand 1990: 28 $, Frühjahr 1991: 18 $).

Die Folgen des nach wie vor *relativ niedrigen Rohölpreises* waren auch 1990 in vielen Ländern deutlich spürbar. Für die erdölimportierenden Industriestaaten (z. B. BR Deutschland, Frankreich, Japan) bedeuteten die verringerten Ausgaben eine starke Stütze der Konjunktur durch Freisetzung von Kaufkraft (Belebung der Binnennachfrage), ferner einen wichtigen Beitrag zur Geldwertstabilisierung. Für die erdölexportierenden Entwicklungsländer wirkten sich die Einnahmeverluste hemmend auf die Wirtschaftsentwicklung aus, besonders für die hochverschuldeten Staaten wie Nigeria und Mexiko. Aber auch die reichen OPEC-Staaten, wie Saudi-Arabien und die Ver. Arab. Emirate, müssen seit einigen Jahren ihre Importe gegenüber der Hochpreisphase um 1980 stark einschränken und eine beträchtliche Verlangsamung des wirtschaftlichen und infrastrukturellen Aufbaus hinnehmen. Die *Erdöleinnahmen aller OPEC-Staaten* verringerten sich vom Höchststand 1980 (287 Mrd. $) auf 90 Mrd. $ (1987) und stiegen 1990, vor allem durch größere Absatzmengen, wieder auf 130 Mrd. $ an.

Erzeugung von **Mineralölprodukten** → *Kap. Industrie.*

Gold *Gewinnung* 1988 (1987) in 1000 Unzen Goldinhalt der Erze (1 Unze = 31,103 g)

Südafrika	19181	(19177)
UdSSR (S)	9000	(8850)
USA	6460	(4947)
Australien	4887	(3559)
Kanada	4110	(3724)
Brasilien	3220	(2690)
VR China (S)	2500	(2300)
Papua-Neuguinea	1226	(1069)
Philippinen	1135	(1048)
Kolumbien	933	(854)
Chile	640	(530)
Simbabwe	475	(473)

Weltgewinnung 1988 (1987) 58,454 (53,034) Mio. Unzen.

Für 1989 und 1990 wird die Goldgewinnung auf jeweils rd. 58–60 Mio. Unzen geschätzt. *Südafrika* steht zwar weiterhin mit Abstand an der Spitze der Förderländer (1990: 19 Mio. Unzen), doch verringert sich seit Jahren sein Anteil an der Gesamtförderung durch Zunahme der Goldgewinnung in anderen Ländern und die Erschließung neuer Vorkommen (z. B. in Australien, Brasilien, China und den USA). Über die Fördermenge des zweitgrößten Produzenten *UdSSR* existieren keine genauen Angaben; sie belief sich 1990 auf rd. 9 Mio. Unzen.

Die derzeit bekannten *Lagerstätten (Weltvorräte)* belaufen sich auf ca. 48000 t, davon fast 50% im südlichen Afrika. Die Rep. Südafrika hat wegen der beträchtlichen Tiefe der meisten Bergwerke den Nachteil besonders hoher Förderkosten. Sie betragen rd. 320 $ pro Unze gegenüber 200–280 $ in den meisten anderen Förderländern. Beim gegenwärtig niedrigen Goldpreis arbeiten daher viele südafrikanische Minen kaum mehr rentabel.

Die *Verwendung des Goldes* erfolgte 1990 je etwa zur Hälfte für industrielle Zwecke (einschließlich Schmuckherstellung und Zahngold) sowie für Regierungszwecke (Münzen, Golddepots der Zentralbanken, Regierungskäufe) und private Hortung. Der *Goldpreis* sank 1990 – in $ ausgedrückt – trotz der Golfkrise erneut. Ursachen waren steigende Produktion, zunehmendes Recycling und hohe Verkäufe der UdSSR (zur Importfinanzierung). Dieser Angebotszunahme stand keine entsprechende Nachfrage gegenüber, da die stabilen Wirtschafts- und Währungsverhältnisse in den wichtigsten westlichen Industrieländern kaum Anlaß zu Goldkäufen aus Spekulation oder Inflationsfurcht boten.

Kupfer (Cu-Inhalt von Erzen und Konzentraten; nach »Metallstatistik«) *Bergwerksproduktion* 1989 (1988 und 1980) in 1000 t

Chile	1609,3	(1451,0)	(1105,5)
USA	1497,5	(1419,6)	(1181,1)
UdSSR (S)	950,0	(990,0)	(980,0)
Kanada	731,6	(776,5)	(716,4)
Sambia	500,0	(476,0)	(595,8)
Zaire	440,6	(465,1)	(459,7)
Polen	385,0	(441,0)	(343,0)
VR China (S)	380,0	(370,0)	(165,0)
Peru	364,1	(298,3)	(366,7)
Australien	295,0	(244,0)	(243,5)
Mexiko	249,3	(279,4)	(175,4)
Papua-Neuguinea	205,1	(213,7)	(146,8)
Südafrika	196,6	(192,1)	(211,9)
Philippinen	193,1	(218,1)	(304,5)
u. a. DDR	4,5	(6,4)	(11,8)
BR Deutschland	0,1	(0,7)	(1,3)

Weltproduktion 1989 (1988) 9,129 (8,811) Mio. t. Der *Weltverbrauch an raffin. Kupfer* stieg 1989 (1988) auf 10,972 (10,548) Mio. t, davon 1989 in Tsd. t: USA 2183,8 – Japan 1446,6 – UdSSR (S)

1140,0 – BR Deutschland 854,7 – VR China (S) 528,0 – Frankreich 458,8 – Italien 458,4 – Belgien-Luxemburg 376,0 – Großbritannien 324,7. Die sicheren und wahrscheinlichen Weltkupfervorräte werden auf über 600 Mio. t geschätzt, davon in Chile 120 – USA 100 – UdSSR 60 – Sambia 40 – Kanada 36 Mio. t. Die wichtigsten *Exportländer* Chile, Peru, Australien, Indonesien, Sambia, Zaire und Papua-Neuguinea sind zwecks Preisstabilisierung im *»Rat der kupferexportierenden Länder«* (**CIPEC**) zusammengeschlossen. Die *Kupferpreise* schwankten 1990 stark, da sich bei nur geringen Lagervorräten mehrfach Lieferengpässe bemerkbar machten (Streiks und politische Unruhen, technische Probleme der Förderung und des Transports in wichtigen Exportländern wie Chile, Peru, Zaire und Papua-Neuguinea). Wegen der Konjunkturabschwächung in den USA und höherer Exporte der UdSSR konnte jedoch der Bedarf gedeckt werden. 1991 wird sich die Weltproduktion wegen der Inbetriebnahme der bisher größten Kupfermine in Chile voraussichtlich weiter erhöhen. Der *Verbrauch* dürfte dagegen längerfristig sinken, da sich die *Recyclingraten* erhöhen und Kupfer in vielen Anwendungsbereichen durch andere Werkstoffe ersetzt wird, z. B. durch Glasfasern (Elektrokabel), Aluminium (Bauwesen) und Kunststoffe.

Magnesium *Hüttenproduktion* (nach »Metallstatistik«) 1989 (1988) in 1000 t: USA 152,1 (142,0) – UdSSR (S) 85,0 (90,0) – Norwegen 49,8 (50,3) – VR China (S) 15,0 (14,0) – Frankreich 14,6 (13,8) – Japan 12,1 (10,0). *Weltproduktion* 1989 (1988) 354,2 (346,1) Tsd. t. *Weltverbrauch* 1989 (1988) 345,4 (344,0) Tsd. t, davon 1989: USA 105,2 – UdSSR (S) 81,0 – BR Deutschland 22,8 – Japan 22,6 Tsd. t.

Mangan *Förderung* von Mn-Erz 1988 (1987) in Mio. t: UdSSR 9,163 (9,435) – Südafrika 3,440 (2,892) – VR China (S) 2,720 (2,720) – Gabun 2,500 (2,600) – Australien 1,986 (1,853) – Brasilien 1,900 (2,070) – Indien 1,324 (1,303). *Weltproduktion* 1988 (1987) 23,796 (23,649) Mio. t. – *Verwendung* von Mangan für Stahllegierungen. Die bekannten *Weltreserven* betragen rd. 1,8 Mrd. t Mn-Erz und liegen zu etwa 45 % in Südafrika und 38 % in der UdSSR.

Molybdän *Bergwerksproduktion* (Mo-Inhalt, nach »Metallstatistik«) 1988 (1987) in 1000 t: USA 43,0 (34,1) – Chile 17,0 (16,9) – Kanada 12,4 (14,8) – UdSSR 11,5 (11,5) – Mexiko 4,3 (4,4). *Weltproduktion* 1988 (1987) 94,7 (89,1) Tsd. t. Verwendung vor allem für Stahllegierungen.

Nickel (Ni-Inhalt, z. T. von Konzentraten, nach »Metallstatistik«) *Bergwerksproduktion* 1989 (1988 und 1980) in 1000 t

UdSSR (S)	210,0	(205,0)	(143,0)
Kanada	202,5	(216,6)	(184,8)
Neukaledonien	96,2	(71,2)	(86,6)
Australien	65,0	(62,4)	(74,3)
Indonesien	59,6	(59,8)	(40,5)
Kuba	46,5	(43,9)	(38,2)
Südafrika	34,0	(34,8)	(25,7)
Dominikan. Rep.	31,3	(29,3)	(18,0)
VR China (S)	27,5	(26,0)	(11,0)
u. a. DDR	1,5	(1,5)	(2,7)

Weltproduktion 1989 (1988) 895,1 (864,4) Tsd. t. *Weltverbrauch* 1989 (1988) 871,0 (863,3) Tsd. t, davon 1989: Japan 163,0 – UdSSR (S) 130,0 – USA 127,3 – BR Deutschland 89,1 – Frankreich 40,0 – Italien 30,5 – Großbritannien 29,5.

Phosphat *Gewinnung* 1987 (1986) in Mio. t. (ohne Guano): USA 40,954 (40,320) – UdSSR 34,100 (33,900) – Marokko 21,270 (21,178) – VR China (S) 9,000 (6,700) – Jordanien 6,845 (6,249) – Tunesien 6,390 (5,951) – Brasilien 4,777 (4,503) – Israel 2,731 (2,518) – Togo 2,644 (2,314) – Südafrika 2,623 (2,920). – *Weltproduktion* 1987 (1986) 143,730 (139,276) Mio. t.

Platin *Gewinnung* von *Platinmetallen* (einschl. Palladium, Iridium und Osmium) 1988 (1987) in t: Südafrika (einschl. Bophuthatswana) 133,3 (131,3) – UdSSR 121,3 (121,3) – Kanada 11,5 (10,9) – Japan 1,8 (2,2) – Australien 0,5 (0,6) – keine Angaben für USA, China u. a. *Weltproduktion* 1988 (1987) 269,6 (267,3) t. Wichtigster Lieferant der westlichen Welt ist die Rep. Südafrika. *Hauptverbraucher* sind Japan (rd. 40 %, vor allem für Schmuck und Elektronik), USA (rd. 35 %, hauptsächlich für Abgaskatalysatoren) und Westeuropa (rd. 20 %, mit zunehmender Tendenz). Wichtigstes *Anwendungsgebiet* für Platin ist seit 1989 der Bau von Abgaskatalysatoren (rd. 40 % des Bedarfs) vor der Verwendung für Münzen und Schmuck (vor allem in Japan sehr beliebt), in der Elektronik und Chemie. – Die *Platinpreise* sanken 1990 beträchtlich, da sich aufgrund neuer Bergwerkskapazitäten in Südafrika und Kanada und verstärkter Verkäufe der UdSSR ein Überangebot ergab. Auch der in den nächsten Jahren zu erwartende Mehrbedarf der Autoindustrie (z. B. Katalysatorenpflicht in der EG, Nachholbedarf in Osteuropa) wird voraussichtlich ohne Schwierigkeiten zu decken sein, zumal die Recyclingrate zunimmt (1990: 6 %).

Quecksilber *Produktion* (nach »Metallstatistik«) 1989 (1988) in t: UdSSR (S) 1500 (1650) – VR China (S) 1000 (950) – Spanien 967 (1499) – Algerien (S)

700 (705) – USA 428 (483) – Mexiko 345 (345) – Türkei 203 (97) – ČSFR 165 (168) – Finnland 160 (135). Weltproduktion 1989 (1988) 5519 (6102) t.

Silber (Ag-Inhalt, nach »Metallstatistik«) *Bergwerksproduktion* 1989 (1988 und 1980) in t

Mexiko	2306,1	(2359,9)	(1556,8)
USA	2007,0	(1661,4)	(1005,5)
Peru	1839,9	(1551,6)	(1339,8)
UdSSR (S)	1500,0	(1580,0)	(1550,0)
Kanada	1306,0	(1484,0)	(1070,0)
Polen (S)	1083,0	(1063.0)	(766,0)
Australien	1075,0	(1113,6)	(766,8)
Chile	536,0	(506,5)	(298,5)
DVR Korea (Nord-K., S)	300,0	(310,0)	(290,0)
Bolivien	294,9	(231,8)	(189,7)
Spanien	249,7	(220,5)	(177,6)
Schweden	200,0	(225,0)	(166,0)
Marokko	194,8	(225,1)	(98,1)
Südafrika	177,9	(199,7)	(232,0)
Japan	155,8	(251,5)	(267,6)
u. a. DDR (S)	60,0	(60,0)	(47,0)
BR Deutschland	8,5	(20,0)	(37,7)

Weltproduktion 1989 (1988) 14654,3 (14435,3) t. – Größte *Verbrauchsländer* sind die USA, Japan und die BR Deutschland. Hauptverbraucher sind die Fotochemie (rd. ⅔ des Weltbedarfs), die Elektro- und Elektronikindustrie, Schmuck- und Besteckherstellung sowie die Verwendung für Münzen und Medaillen. Neben der Bergwerksproduktion beruhte auch 1990/91 das Silberangebot zu einem beträchtlichen Teil auf der Aufarbeitung und Rückgewinnung. Im industriellen Bereich beträgt die *Recyclingrate* z. Z. rd. 50% (insbesondere aus Filmen). Bei Berücksichtigung von eingeschmolzenen Münzen, Schmuck u. dergl. entfällt weit über die Hälfte des Silberangebots auf Umschmelz- und Recyclingware. Auch 1990 war das *Welt-Silberangebot* weitaus größer als die Nachfrage, so daß der *Silberpreis* Ende 1990 den tiefsten Stand seit 15 Jahren erreichte.

Steinkohle *Förderung* 1989 (1988) in Mio. t (nach UNO- und Eurostat-Angaben)

VR China (incl. Braunkohle)	976,1	(946,5)
USA	834,9	(815,3)
UdSSR	575,3	(599,5)
Indien	199,0	(188,3)
Polen	177,6	(192,0)
Südafrika	167,7	(176,2)
Australien	163,9	(150,7)
Großbritannien	97,5	(101,4)
BR Deutschland	77,5	(79,3)
DVR Korea (Nord-K., S)	55,0	(45,0)
Kanada	39,1	(38,6)
ČSFR	25,1	(25,5)
Spanien	19,7	(19,0)
Rep. Korea (Süd-K.)	19,2	(22,8)

Steinkohle *(Forts.)*

Kolumbien	17,0	(17,5)
Frankreich	11,5	(12,1)
Japan (incl. ca. 7% Braunkohle)	10,3	(11,3)

Weltförderung 1989 (1988) 3,536 (3,509) Mrd. t. Die *Weltreserven* werden auf rd. 780 Mrd. t SKE (Steinkohleeinheiten) geschätzt, davon (in Mrd. t) USA 215 – UdSSR 175 – China 100 – Westeuropa 95 – Südafrika 55 – Osteuropa 50 – Australien 45. *Steinkohle* war bis 1966 weltweit der wichtigste *Energielieferant* und wurde dann vom Erdöl überholt. 1989 lieferte Steinkohle 30% der *Welt-Primärenergie* (Erdöl 40%). Der internationale *Handel mit Kohle* stieg in den 70er Jahren stark an. Der Kohle-Welthandel erhöhte sich von 212 (1973) über 282 (1980), 363 (1985) auf 398 (1988) und 410 Mio. t (1990), davon rd. 80% über See. Die größten *Steinkohle-Exporteure* waren 1990 Australien, USA, Südafrika, UdSSR, Polen und Kanada. Größte *Importeure* waren Japan, die EG-Länder und die ehem. RGW-Staaten.

Die *Weltförderung* nahm auch 1990 zu, hauptsächlich in überseeischen Ländern, in denen die Kohle teils zur Deckung des zunehmenden eigenen Energiebedarfs (z. B. China, Indien, Südafrika), teils für den Export gefördert wird (insbes. Australien, Südafrika, Kanada). In den *EG-Ländern* nahm die Steinkohleförderung dagegen auch 1990 ab; sie betrug 1990 (1989) nur noch 197,389 (208,771) Mio. t, verglichen mit 244,700 Mio. t (1983). Die *EG-Länder* konnten auch diese verringerte Fördermenge nur dank massiver Subventionen erhalten (z. B. »Kohlepfennig« in der *BR Deutschland*). Auch 1989 wurde die europäische Steinkohle – die wegen der hohen Förderkosten zu den teuersten Energielieferanten gehört – von 2 Seiten bedrängt: von überseeischer Importkohle, die wegen günstigerer Abbaubedingungen inkl. Transportkosten wesentlich billiger angeboten wird (deren Einsatz jedoch durch Kontingentierungen begrenzt ist), und von Heizöl, Gas und Kernenergie, gegen die die einheimische Kohle ebenfalls preislich nicht konkurrieren kann *(→ Energie, Kap. Industrie)*.

Aufgrund der seit 1986 wieder relativ niedrigen Erdölpreise wurden die in den 70er Jahren entworfenen Pläne zum verstärkten Einsatz der Steinkohle als Energielieferant in den meisten europäischen Staaten stark reduziert. Auch Pläne zum Bau von Kohleverflüssigungsanlagen zur Treibstoffgewinnung wurden aus Kostengründen – bis auf einige Versuchsanlagen – wieder storniert. Der *Rückgang der Kohleförderung* führte in allen westeuropäischen Kohleabbauländern zu starkem *Beschäftigungsabbau* und regional zu wirtschaftlichen Problemen und Arbeitslosigkeit. Umgekehrt stieg die Bedeutung der exportorientierten überseeischen Kohleproduzenten, vor allem von Australien und Südafrika. Trotz gewisser Preissteigerungen wurde z. B. 1990 *Importkohle* für 95–100 DM/t (frei deutsche Grenze) angeboten, verglichen mit 280 DM/t für *einheimische Steinkohle*. Ähnlich wie beim Erdöl herrschte auch bei der Kohle 1990 ein *Überangebot auf dem Weltmarkt,* das sich in den nächsten Jahren verschärfen könnte, wenn weitere Produzenten das Exportgeschäft aufnehmen bzw. ihre Abbaukapazitäten erhöhen.

In der *BR Deutschland* sank die *Steinkohleförderung* 1990 (1989) um 1,2% auf 76,551 (77,451) Mio. t. Die *Haldenbestände* sanken auf 17,354 (18,132) Mio. t. Die größten *Kohleabnehmer* waren 1990 (1989) Kraftwerke mit 46,419 (43,983) Mio. t und Kokereien mit 22,541 (23,652) Mio. t, während die Haushaltslieferungen nur noch 0,757 (0,726) Mio. t betrugen. Die *Ausfuhren* in andere EG-Länder sanken 1990 (1989) auf 4,906 (5,276) Mio. t, diejenigen in Drittländer stiegen auf 0,369 (0,289) Mio. t. Die *Einfuhren* betrugen 1990 (1989) 9,320 (6,344) Mio. t, davon aus Südafrika 4,490 (2,544) – Polen 2,230 (1,733) – USA 0,665 (0,294) – Australien 0,414 (0,094) – UdSSR 0,280 (0,408) – Großbritannien 0,139 (0,105) Mio. t.

Der *Beitrag der Steinkohle zur Energieversorgung* (Anteil am Primärenergieverbrauch) betrug 1990 (1989) 18,9 (19,2)% in den »alten« und 3,1 (4,2)% in den »neuen« Bundesländern, der Anteil an der *Stromerzeugung* stieg auf 31,5 (29,9)% bzw. 0,9 (0,3)%. Die Zahl der *Beschäftigten* im Steinkohlebergbau ging 1990 auf 138000 zurück, davon 89500 unter Tage (zum Vergleich: 1957 noch 605000 Beschäftigte); ihre Leistung stieg durch den hohen Mechanisierungsgrad auf 0,670 t Kohle je Mann unter Tage/Stunde. Die *Zahl der Zechen* verringerte sich in den letzten Jahren weiter (Höchststand 1956 mit 175 Bergwerken). Z. Z. fördern noch 31 Kohlezechen, davon 22 im Ruhrrevier (1989 78,5% der Gesamtförderung), 6 im Saarland (13,3%), 2 im Aachener Revier (5,2%) und eine in Ibbenbüren (3,0%).

Die *Steinkohleförderung* und ihr Einsatz in Kraftwerken sind *in der BR Deutschland* seit Jahren nur noch durch *hohe Subventionen* aufrechtzuerhalten. 1990 betrugen sie über 10 Mrd. DM (insbes. Beihilfen für den Absatz von Kohle und Koks in der Eisen- und Stahlindustrie sowie der von den Stromverbrauchern zu tragende sog. »Kohlepfennig«). Eine gewisse Abnahmegarantie bedeutet für den Kohlebergbau der sog. *»Jahrhundertvertrag«* mit der Elektrizitätswirtschaft, der 1980 geschlossen wurde und bis 1995 gilt. Über die weitere Zukunft der Steinkohleförderung legte Anf. 1990 eine Gutachterkommission unter Vorsitz von P. Mikat Vorschläge vor. Sie fordert zwar einen Erhalt der deutschen Kohleförderung aus Sicherheitsgründen, aber eine Reduzierung der Fördermenge auf rd. 55 Mio. t/Jahr.

Neue Absatzchancen sieht der Kohlebergbau in den nächsten Jahren in den *ostdeutschen Bundesländern,* wo ein Teil der Braunkohle durch umweltfreundlichere Verstromung von Steinkohle ersetzt werden könnte.

Auch in anderen *westeuropäischen Ländern* geht der Kohlebergbau seit Jahren zurück. In Nordfrankreich wurde Ende 1990 die letzte noch betriebene Kohlenzeche bei Lille geschlossen.

Uran *Gewinnung* (nach Kernenergie-Agentur der OECD) 1989 (1988 und 1980) in t U:

Kanada	11000	(12400)	(7150)
USA	4600	(5050)	(16800)
Australien	3800	(3532)	(1561)
Namibia	3600	(3600)	(4042)
Frankreich	3190	(3394)	(2634)
Niger (S)	3000	(2970)	(4128)
Südafrika	2900	(3850)	(6146)
Gabun	950	(930)	(1033)
Spanien	216	(228)	(190)
Indien (S)	200	(200)	(200)
Portugal	150	(144)	(82)
Argentinien	150	(142)	(187)
u. a. BR Deutschland	30	(38)	(35)

RGW-Länder (einschl. UdSSR) und VR China keine Angaben.

Gesamtproduktion von Uran in der westlichen Welt 1989 (1988) 33941 (36628) t. *Uranreserven* (nach OECD) 1989 in 1000 t U (Vorräte bei Produktionskosten bis max. 130 $ pro kg U): Australien 538 – Südafrika 419 – USA 378 – Kanada 235 – Niger 176 – Brasilien 163 – Namibia 107 – Frankreich 59 – u. a. BR Deutschland 4,8. Für die RGW-Länder und die VR China werden keine Angaben veröffentlicht, doch werden die Vorräte hoch eingeschätzt.

Wegen der großen *energiewirtschaftlichen und militärischen Bedeutung* des Urans wurde in den 60er und 70er Jahren intensive Lagerstättenforschung betrieben. Als sich auf dem Weltmarkt ein Überangebot entwickelte, wurde jedoch der Abbau in vielen Förderländern gedrosselt. Zwar stieg auch 1989/90 der Bedarf durch die Inbetriebnahme neuer Kernkraftwerke *(→ Energie, Kap. Industrie),* doch längst nicht in dem Ausmaß, wie es in den 60er und 70er Jahren erwartet worden war. Seit längerem wird fast jedes Jahr mehr Uran gefördert, als in Kernkraftwerken gebraucht wird, so daß z. Z. ein Vorrat des 3–4fachen Jahresbedarfs existiert. Der *Weltmarktpreis* für Uran lag auch 1990 erheblich unter den Preisen der 70er Jahre. In der *BR Deutschland* bestehen abbauwürdige Lagerstätten im Schwarzwald (Menzenschwand) und in Nordostbayern. Von einer kommerziellen Nutzung wird vorerst abgesehen, da der Bedarf problemlos im westlichen Ausland gedeckt werden kann (Hauptlieferanten: USA, Südafrika, Australien, Kanada, Frankreich).

Vanadium (V-Inhalt von Erzen und Konzentraten) *Gewinnung* 1988 (1987) nach »Metallstatistik« in 1000 t: Südafrika mit Namibia 16,4 (14,2) – UdSSR (S) 9,6 (9,6) – VR China (S) 4,5 (4,5) – USA 1,5 (1,5). *Weltproduktion* 1988 (1987) 32,0 (29,8) Tsd. t. – Verwendung vor allem als Stahlveredler. Vorräte sind reichlich vorhanden, aber stark konzentriert auf Südafrika und die UdSSR. Beide Länder sind Hauptlieferanten der *BR Deutschland*.

Wasser Nach Baumgartner u. Reichel (Die Weltwasserbilanz, München 1975) beläuft sich der gesamte *Wasservorrat der Erde* auf 1384120000 km^3; davon befinden sich 97,39% in den Meeren, 2,01% in den polaren Eiskappen und in sonstigen Gletschern, 0,58% im Grundwasser, 0,02% in Seen und Flüssen und 0,001% in der Atmosphäre. – Nach Brockhaus-Enzyklopädie, Bd. 20, wird der Wasservorrat der Erde auf $1{,}64 \times 10^{18}$ t geschätzt, wovon $1{,}37 \times 10^{18}$ t als flüssiges Wasser auf Meere, Seen und Flüsse, $29{,}1 \times 10^{15}$ t auf das Eis der Polkappen und Gletscher, $12{,}4 \times 10^{12}$ t auf den Wasserdampf der Atmosphäre und 36×10^{15} t auf Wasser in gebundener Form in den Sedimentgesteinen entfallen.
Die zur *Bewässerung landwirtschaftlicher Flächen* benötigte Wassermenge nahm auch in den letzten Jahren weiter zu. Die *künstlich bewässerten Flächen betrugen* (nach FAO) 1988 in Mio. ha: Asien 142,757 – Nord- und Mittelamerika 25,809 – Europa 17,297 – Afrika 11,146 – Südamerika 8,755 – Australien und Ozeanien 2,126. – Länder mit der größten *Bewässerungsfläche* in Mio. ha 1988: VR China 44,938 – Indien 41,790 – UdSSR 20,782 – USA 18,102 – Pakistan 15,680 – Indonesien 7,500 – Iran 5,750 – Mexiko 5,100 – Thailand 4,050 – Rumänien 3,400 – Spanien 3,320 – Italien 3,080 – Japan 2,889 – Afghanistan 2,660 – Brasilien 2,600 – Ägypten 2,580 – Irak 2,538 – Bangladesch 2,220 – Türkei 2,200 – Sudan 1,880 – Australien 1,850 – Vietnam 1,820 – Argentinien 1,740 – Philippinen 1,500 – Rep. Korea (Süd-K.) 1,358 – Chile 1,260 – Marokko 1,260 – Bulgarien 1,242 – Peru 1,240 – u. a. BR Deutschland 0,327 – DDR 0,150 – Schweiz 0,025 – Österreich 0,004.
In vielen Trockengebieten der Erde gehört *Trinkwassermangel* zu den größten Problemen. Demgegenüber nimmt in den Industrieländern die Verschmutzung der Trinkwasservorräte durch die Einleitung ungereinigter Abwässer in Flüsse und Seen, Überdüngung landwirtschaftlicher Nutzflächen, übermäßige Ausbringung von Pestiziden, Sickerwässer aus Mülldeponien u. ä. laufend zu. Nach Berechnungen der WHO leiden über 800 Mio. Menschen an Krankheiten, die durch Mangel an einwandfreiem Trinkwasser verursacht werden.
In der *BR Deutschland* beträgt das *Wasserdargebot* jährlich rd. 75 Mrd. m^3 Oberflächen- und 25 Mrd. m^3 Grundwasser. Von diesen insges. 100 Mrd. m^3 werden z. Z. 12,2 Mrd. m^3 jährlich entnommen (Trinkwasser 2,5 – Industrie 8,6 – Landwirtschaft 1,1). Hinzu kommen rd. 25 Mrd. m^3, die als Kühlwasser für Kraftwerke genutzt werden. Die *öffentlichen Wasserwerke* fördern jährlich rd. 5 Mrd. m^3, davon rd. 62% Grundwasser, je 10% Quellwasser und angereichertes Grundwasser, 9% See- und Talsperrenwasser, 6% Uferfiltrat, 2% Flußwasser. – Pro Einwohner und Tag werden rd. 145 l Trinkwasser verbraucht, davon für Baden und Duschen sowie für WC-Spülung je 40 l, Wäsche waschen 30 l, Trinken, Kochen und Geschirrspülen 15 l, Körperpflege und Wohnungsreinigung je 10 l. Die Industrie in der *BR Deutschland* deckt ihren Brauchwasserbedarf zu 90% aus eigener Versorgung.

Wolfram (W-Inhalt von Erzen und Konzentraten) *Gewinnung* 1988 (1987) in 1000 t: VR China (S) 21,0 (21,0) – UdSSR (S) 9,2 (9,2) – Rep. Korea (Süd-K.) 2,0 (2,5) – Mongolei (S) 1,5 (1,5) – Österreich 1,5 (1,3) – Portugal 1,4 (1,2) – Australien 1,3 (1,2) – DVR Korea (Nord-K., S) 1,0 (1,0) – Brasilien 0,7 (0,7). *Weltgewinnung* 1988 (1987) 43,2 (42,2) Tsd. t.

Zink *Bergwerksproduktion* (Zn-Inhalt von Erzen und Konzentraten; nach »Metallstatistik«) 1989 (1988 und 1980) in 1000 t

Kanada	1214,9	(1347,4)	(1058,7)
UdSSR (S)	940,0	(960,0)	(1000,0)
Australien	803,0	(759,2)	(495,3)
VR China	620,4	(527,3)	(180,0)
Peru	597,4	(485,4)	(468,2)
USA	288,3	(256,4)	(348,5)
Mexiko	284,1	(288,2)	(243,4)
Spanien	265,3	(277,0)	(179,3)
DVR Korea (Nord-K., S)	200,0	(220,0)	(130,0)
Polen	170,0	(183,4)	(216,7)
Schweden	168,0	(193,1)	(167,4)
Japan	131,8	(147,2)	(238,1)
u. a. BR Deutschland	63,9	(75,6)	(120,8)
Österreich	14,7	(17,1)	(21,7)

Weltbergwerksproduktion 1989 (1988) 7,138 (7,067) Mio. t Zn-Inhalt. *Welthüttenproduktion* 1989 (1988) 7,229 (7,262) Mio. t, davon 1989 UdSSR 1020,0 – Kanada 669,7 – Japan 663,8 – VR China 450,9 – USA 358,2 – BR Deutschland 353,5 Tsd. t. Der *Weltverbrauch* an Rohzink belief sich 1989 (1988) auf 7,171 (7,213) Mio. t, davon USA 1059,5 – UdSSR 1050,0 – Japan 768,0 – BR Deutschland 452,5 – VR China 450,9 Tsd. t.

Zinn (Sn-Inhalt von Erzen und Konzentraten; nach »Metallstatistik«) *Bergwerksproduktion* 1989 (1988 und 1980) in 1000 t

Brasilien	50,2	(44,0)	(6,9)
VR China (S)	33,0	(30,0)	(16,0)
Malaysia	32,0	(28,9)	(61,4)
Indonesien	31,3	(29,6)	(32,5)
Bolivien	15,8	(10,5)	(27,5)
Thailand	14,7	(14,0)	(33,7)
UdSSR (S)	14,0	(15,0)	(16,0)

Zinn *(Forts.)*

Australien	7,8	(7,0)	(11,6)
u. a. DDR (S)	2,0	(3,0)	(1,8)

Weltbergwerksproduktion (Sn-Inhalt) 1989 (1988) 223,2 (204,0) Tsd. t; *Welthüttenproduktion* (Reinzinn) 1989 (1988) 231,8 (218,1) Tsd. t. *Weltverbrauch* an Rohzinn 1989 (1988) 243,0 (237,4) Tsd. t, davon 1989 u. a. USA 37,1 – Japan 33,8 – UdSSR (S) 28,0 – BR Deutschland 18,6 Tsd. t.

INDUSTRIE

Die Industrie setzte – weltweit gesehen – auch 1990, wenn auch weniger kräftig, das Wachstum der letzten Jahre fort. Sie war neben dem Dienstleistungssektor erneut der eigentliche Motor des weltwirtschaftlichen Wachstums mit deutlich höherem Produktionsanstieg als bei der Landwirtschaft und dem Bergbau. Es bestanden jedoch deutliche Unterschiede zwischen einzelnen Staaten, je nach der allgemeinen wirtschaftlichen Situation, nach der Entwicklung der Binnennachfrage und der Exportwirtschaft und nach der Branchenstruktur der Industrie. 1990 waren insbesondere die Unterschiede zwischen den markt- und den planwirtschaftlich organisierten Staaten (UdSSR u. a.) erheblich. Für die ganze Welt wird für 1990 ein *Wachstum der Industrieproduktion* von 4% geschätzt, gegenüber 5% (1989) und 7% (1988).

Für den OECD-Bereich (**westliche Industrieländer**) wurde für 1990 ein *Industriewachstum* von rd. 4–5% berechnet, verglichen mit +5% (1989) und +6% (1988). Die wichtigsten westlichen *Industriestaaten* sind nach wie vor die USA, Japan und die BR Deutschland. Das stärkste industrielle Wachstum wiesen 1990 die EG-Staaten und Japan auf.

Die wichtigsten *Probleme im Bereich der Industrie* traten für die marktwirtschaftlich orientierten (westlichen) Industrieländer bei der *Arbeitsplatz- bzw. Arbeitslosensituation* auf. Die *Arbeitsmarktlage* im industriellen Bereich verbesserte sich nicht im gleichen Maße wie der Produktionsanstieg. Die Arbeitslosenquoten blieben generell relativ hoch, und in Ländern mit abnehmender Arbeitslosenquote ging dies meist nur zum geringeren Teil auf erhöhten Arbeitskräftebedarf der Industrie zurück, sondern eher des Dienstleistungssektors. Die *Erhöhung der Industrieproduktion* wurde in den meisten Ländern vor allem durch *erhöhte Produktivität, verbesserte Auslastung der Anlagen, verstärkte Automatisierung* und *Robotereinsatz* erreicht. So erhöhte sich in der *BR Deutschland* 1990 der Industrieumsatz um 8,4%, die Zahl der Industriebeschäftigten dagegen nur um 1,4%. Die Industrieroboter nahmen von 12400 (1986) auf ca. 20000 (1990) zu.

Besonders die hohen *Lohn- und Lohnnebenkosten* im Vergleich zu den ostasiatischen Industrie- und »Schwellenländern« veranlassen die Industrie in den westlichen Staaten zu verstärkter Rationalisierung, um die Konkurrenzfähigkeit zu sichern. Aber auch innerhalb Europas und zwischen Europa und Nordamerika haben sich inzwischen starke Unterschiede in den Produktionskosten herausgebildet. Zu den Ländern mit überdurchschnittlich *hohen Arbeitskosten in der Industrie* (Löhne und Personalzusatzkosten) gehören die Schweiz, die BR Deutschland, die skandinavischen und die Benelux-Länder. Wesentlich geringer sind die Arbeitskosten – abgesehen von überseeischen »Schwellenländern« – in den europäischen Mittelmeerländern, in Großbritannien und Irland, während Japan, USA, Kanada, Österreich und Frankreich mittlere Positionen einnehmen.

Einen besonders hohen Anteil am Wachsen der Produktionskosten in den europäischen Staaten hatten zuletzt die *Arbeitszeitverkürzungen.*

Arbeitszeit für Industriearbeiter 1989 (tarifliche Jahresarbeitszeit in Stunden): Japan 2150 – Portugal 1930 – USA 1890 – Schweiz 1875 – Irland 1856 – Griechenland 1830 – Schweden 1805 – Spanien 1790 – Großbritannien 1770 – Italien 1760 – Frankreich 1758 – Niederlande 1756 – Finnland 1745 – Belgien 1740 – Norwegen 1725 – Österreich 1710 – Dänemark 1700 – BR Deutschland 1668.

Auch die unterschiedlichen *Betriebsnutzungs- bzw. Maschinenlaufzeiten* sind die Ursache für stark unterschiedliche Produktionskosten. Die durchschn. wöchentlichen *Betriebsnutzungszeiten* betrugen 1989 in Stunden: Belgien 77 – Großbritannien 76 – Niederlande 75 – Italien 73 – Spanien 69 – Frankreich 68 – Griechenland 64 – Irland 61 – Portugal 54 – BR Deutschland 53.

Die größten Industrieunternehmen der westlichen Welt nach ihrem Umsatz 1989 (nach »SZ«; Umrechnung in DM nach dem mittleren Kurs 1989: 1 $ = 1,88 DM)

1989 (1988)			*Umsatz 1989 in Mrd. DM*
1.	(1.)	General Motors/USA (Kfz.)	238,9
2.	(2.)	Ford/USA (Kfz.)	182,5
3.	(3.)	Exxon/USA (Mineralöl)	163,0
4.	(4.)	Royal Dutch/Shell/Großbrit./Niederl. (Mineralöl)	160,7
5.	(6.)	Toyota/Japan (Kfz.)	119,4
6.	(5.)	IBM/USA (Elektronik)	119,3
7.	(7.)	General Electric/USA (Elektro)	104,0
8.	(13.)	Hitachi/Japan (Elektronik)	96,7
9.	(8.)	Mobil Oil/USA (Mineralöl)	95,9
10.	(12.)	Samsung/Süd-Korea (Elektro)	93,5
11.	(9.)	BP/Großbrit. (Mineralöl)	91,3
12.	(10.)	Matsushita/Japan (Elektro)	82,0
13.	(23.)	Nissan Motor/Japan (Kfz.)	77,1
14.	(11.)	*Daimler-Benz/BR Dtld. (Kfz.)*	76,4
15.	(27.)	Philip Morris/USA(Nahrungsmittel)	73,5
16.	(15.)	Fiat/Italien (Kfz.)	71,3
17.	(14.)	Chrysler/USA (Kfz.)	68,0
18.	–	B. A. T. Industries/Großbrit.	66,7
19.	(19.)	Du Pont de Nemours/USA (Chemie)	66,2
20.	(18.)	*VW/BR Dtld. (Kfz.)*	65,4
21.	(16.)	*Siemens/BR Dtld.(Elektronik)*	61,1
26.	(24.)	*Nestlé/Schweiz (Nahrungsmittel)*	53,0
29.	(29.)	*BASF/BR Dtld. (Chemie)*	47,6
32.	(30.)	*VEBA/BR Dtld.* (Energie, Bergbau)	46,9
33.	(33.)	*Hoechst/BR Dtld.* (Chemie)	45,9

In den ehem. **RGW-Ländern** (Staatswirtschaftsländer des bisherigen »Ostblocks«) ging die *Wachstumsrate der industriellen Produktion* 1990 weiter zurück. Neben den seit langem erkennbaren systemimmanenten Mängeln der sozialistischen Planwirtschaft führten 1990 insbesondere die politischen Umwälzungen in den europäischen RGW-Staaten zu *Rückgängen der Industrieproduktion*, vor allem wegen der Umstellungsschwierigkeiten auf marktwirtschaftliche Produktionsverhältnisse (z. B. Schließung unwirtschaftlich arbeitender Betriebe, Abbau überhöhter Personalbestände). Eine Konsequenz des Auseinanderbrechens des »Ostblocks« war die 1990 de facto und Mitte 1991 de jure vollzogene *Auflösung des RGW (→ Sp. 738 f.)*, der im Bereich der Industrie zeitweise große Bedeutung bei der Plankoordinierung und Abstimmung der nationalen Produktionen hatte.

Die **UdSSR** hatte 1990 nach halbamtlichen Angaben ein Produktionswachstum der Industrie von 3% aufzuweisen. Allerdings ist dieser Wert nach Angaben sowjetischer Wissenschaftler im Vergleich zu westlichen Statistiken um 3–4% überhöht, da Mängel- und Ausschußproduktion u. a. nicht abgezogen wird. Es ist also realistischerweise von Stagnation bis *Rückgang der Industrieproduktion* auszugehen, was sich wiederum in vielfältigen Versorgungsmängeln niederschlug. Die Arbeitseffektivität in der Industrie blieb, vor allem im Vergleich zu westlichen Industrieländern, gering, wobei 1990 zahlreiche Streiks sowie Maschinenstillstand aufgrund von Materialmangel die Situation zusätzlich verschärften. Als Hauptursachen für die *desolate Lage der Industrie* wurden auch 1990 von sowjetischen Autoren vor allem genannt: ineffektive Bürokratie in den Industrieministerien und systembedingte Reibungsverluste der Planwirtschaft, personeller Überbesatz der Betriebe bei mangelhafter Arbeitsmoral, Disziplinlosigkeit und Trunksucht, Verschwendung von Energie und Arbeitsmaterial durch völlig veraltete Ausrüstungen, unzureichende Ausstattung mit modernen Maschinen u. ä.

In der Industrie der ehem. **DDR** setzte 1989 eine Abwärtsentwicklung ein, die sich mit wachsender Annäherung an die BR Deutschland (Wirtschafts-, Währungs- und Sozialunion, Wiedervereinigung) im Laufe des Jahres 1990 verstärkte. Die *Industrieproduktion* verringerte sich 1990 gegenüber den Vorjahren um über 10%, da die Erzeugung im zusammenwachsenden gesamtdeutschen Markt qualitativ nicht konkurrenzfähig war (spektakulärstes Beispiel: Automobilindustrie) und die bisherigen Exportmärkte in den RGW-Staaten weitestgehend ausfielen. Das *Hauptproblem der ostdeutschen Industrie im Rahmen Gesamtdeutschlands* ist die unrationelle, ineffektive und veraltete Produktionsweise (geringe Automatisierung, überalterter Maschinenpark, Energieverschwendung, personeller Überbesatz) und die zu stark auf die Bedürfnisse des bisher abgeschlossenen eigenen Marktes und der östlichen Handelspartner abgestellte Produktpalette. Die staatlichen (»volkseigenen«) Industriebetriebe wurden 1990 von der »Treuhand-Anstalt« übernommen und werden nach Möglichkeit an Privatunternehmer, meist westliche Betriebe, verkauft oder aufgelöst, wenn eine Sanierung nicht erfolgversprechend erscheint.

Die **Entwicklungsländer** nahmen 1990 – als Gesamtheit gesehen – etwa in durchschnittlichem Umfang am globalen *Wachstum der Industrieproduktion* teil, doch bestanden erneut enorme Unterschiede zwischen diesen Ländern. Insgesamt stieg der *Anteil der Entwicklungsländer an der Welt-Industrieproduktion* nur langsam von rd. 6% (1960) über 7% (1965) und 7,5% (1970) auf etwa 14% (1989/90), davon rd. 5% in Lateinamerika und 6–7% in Ost- und Südostasien. Das durchschnittliche jährliche Wachstum der Industrie lag 1960–80 bei rd. 8% und somit höher als in den Industrieländern. Seitdem schwächte es sich jedoch, vor allem aus finanziellen Gründen, stark ab. Auch 1990/91 waren die *Hindernisse für eine kräftigere industrielle Entwick-*

lung vor allem finanzieller Art. Die überaus hohe Verschuldung, insbesondere vieler industrialisierungsfähiger Staaten (z. B. in Lateinamerika), behinderte stark den dringend notwendigen weiteren Kapitalzufluß; neue Kredite standen meist im Zusammenhang mit Umschuldungsmaßnahmen. Außerdem reduzieren die relativ niedrigen Erlöse für Rohstoffausfuhren stark die notwendigen Deviseneinnahmen der Exportländer, denn trotz gewisser Preiserhöhungen der letzten Jahre *begünstigt das Rohstoffpreisniveau immer noch stark die Industrieländer,* deren Produkte stärker im Preis stiegen als die Rohstoffe. – Daneben verhinderten auch 1990/91 in vielen Fällen labile politische Verhältnisse, innere Unruhen, die absolut unzureichende und sich oft eher verschlechternde Versorgungslage und Verkehrsinfrastruktur, vielfach auch ideologische Vorbehalte gegenüber den westlichen Industrieländern, daß sich private Unternehmen aus Europa oder Nordamerika nennenswert in Form von Investitionen in Entwicklungsländern engagierten. Demgegenüber erreichten erneut diejenigen Staaten das *stärkste Industriewachstum,* die *ausländische Investitionen und privates Unternehmertum* begünstigten und sich intensiv am *Welthandel* beteiligten.
Besonders betroffen vom niedrigen Stand vieler Rohstoffpreise (z. B. Energierohstoffe) und von der Verschuldungskrise waren auch 1990/91 die **rohstoffreichen Länder**, deren Einnahmen weitgehend vom Export bergbaulicher (z. B. Erdöl, Metallerze) oder landwirtschaftlicher Produkte (z. B. Kaffee, Kakao) abhängen. Sie besitzen zwar von der Energie- und Rohstoffbasis und z. T. auch von der Finanzausstattung und der Infrastruktur her günstige Voraussetzungen für eine Industrialisierung. Sie sind aber, wie sich in den letzten Jahren zeigte, stark von Preis- und Nachfrageschwankungen auf dem Weltmarkt abhängig. Als Staaten dieser Gruppe befinden sich z. Z. Saudi-Arabien und die arabischen Golfstaaten, Brasilien, Venezuela und Mexiko in einer *industriellen Aufbauphase*.
Die **energie- und rohstoffarmen Entwicklungsländer** haben dagegen kaum Chancen für eine baldige Industrialisierung. Eine Ausnahme bilden Länder mit relativ gut ausgebauter Infrastruktur, höherem Bildungsniveau, einer zahlenmäßig stärkeren Führungsschicht und ähnlichen günstigen Voraussetzungen für eine wachstumsorientierte Entwicklungsstrategie auf der Basis arbeitsintensiver Exportindustrien oder von Dienstleistungen (z. B. Tourismus), in der Regel auf der Basis ausländischen Kapitals. Für diesen Weg haben sich die Länder entschieden, die als »**Schwellenländer**« bzw. »**Länder mit mittlerem Einkommen**« (nach der UNO-Bezeichnung) gelten, z. B. Singapur, Hongkong, Rep. China/Taiwan, Rep. Korea/Süd-K., verschiedene karibische Inselstaaten u. a. Den »alten« Industrieländern erwächst hier auf dem Weltmarkt zunehmend Konkurrenz, insbesondere bei Massengütern und Produkten, die mit ausgereifter Technologie durch angelernte Arbeitskräfte in großen Serien hergestellt werden können (z. B. Textilien, Schuhe, Elektrogeräte, Spielzeug, einfachere Maschinen). Beispiele für die zunehmende Bedeutung der »Schwellenländer« als Produzenten und Exporteure von Industriegütern bieten die → *Textilindustrie,* die → *Elektrotechnik,* die Kunststofferzeugung *(→ chemische Industrie),* aber auch etwa die Spielwarenindustrie.

Die **VR China** meldete für 1990 wiederum nur ein ungenügendes industrielles Wachstum. Das Staatliche Statistikamt stellte fest, »die Talsohle in der Industrieproduktion« sei zwar durchschritten, die Betriebe arbeiteten aber nach wie vor zu ineffektiv und die Produktion wichtiger Investitionsgüter, von Maschinen und Fahrzeugen u. ä., sei erneut zurückgegangen. Insbesondere die Produktivität der Staatsindustrie ist völlig ungenügend; so erhöhte sich der Produktionswert der staatlichen Betriebe nur um 2,9%, der Genossenschaftsindustrie um 9,1%, der Privatindustrie um 21,6% und der chinesisch-ausländischen »joint ventures« und rein ausländischen Betriebe um 56%. Ein Hauptproblem der chinesischen Industrie ist nach wie vor die Knappheit an Rohstoffen und Energie und die völlig unzureichende Verkehrs- und Kommunikationsinfrastruktur. – Als *Gesamtproduktionswert der Industrie* wurden für 1990 2385,1 Mrd. Yuan angegeben (nominal +7,6% gegenüber 1989, d. h. real +3–4%). Die Produktion der Schwerindustrie wuchs um 6% auf 1205,2 Mrd. Yuan, die der Leichtindustrie um 9,1% auf 1179,9 Mrd. Yuan.

Die **Industrie der BR Deutschland** setzte 1990 den Konjunkturaufschwung des Vorjahres in leicht abgeschwächter Form fort und erreichte gegenüber 1989 ein *Umsatzwachstum* von nominal 7,0% (1988–89: +9,1%), d. h. real (nach Abzug von Preissteigerungen) rd. 4,5%. Der *Gesamtumsatz der Industrie* (Betriebe des Produzierenden Gewerbes mit mindestens 20 Beschäftigten) erhöhte sich von 1704,252 Mrd. DM (1989) auf 1823,932 Mrd. DM (1990); davon entfielen 1990 (1989) 532,606 (525,188) Mrd. DM auf *Auslandsumsatz* (Exporte). Wegen dieser starken Produktionssteigerung nahm – trotz weiter fortschreitender Automatisierung – nach Jahren des Rückgangs die Zahl der *Industriebeschäftigten* auch 1990 wieder zu. Sie stieg von 7,213 Mio. im Monatsdurchschnitt 1989 auf 7,412 Mio. (1990). – An der *Produktionssteigerung* war vor allem die starke *Binnennachfrage* (auch aus den neuen Bundesländern) beteiligt; die Außennachfrage wuchs nur noch geringfügig bzw.

ging in vielen Branchen zurück (z. B. Chemie, Eisen und Stahl), so daß der Anteil des Auslandsumsatzes von 30,8% (1989) auf 29,2% (1990) sank.

Die größten Industrieunternehmen der BR Deutschland nach ihrem Umsatz 1989 (1988)
(nach »Commerzbank«; Umsätze ohne Mehrwertsteuer)

	Umsatz in Mrd. DM		*Beschäftigte in Tsd.*	
	1989	*(1988)*	*1989*	*(1988)*
1. Daimler Benz (m. AEG) . . .	76,392	(73,495)	368,2	(338,7)
2. VW (mit Audi)	65,352	(59,221)	250,6	(253,0)
3. Siemens . . .	61,128	(59,374)	365,0	(358,0)
4. VEBA	46,927	(44,391)	94,5	(84,7)
5. BASF	46,395	(43,868)	137,0	(134,8)
6. Hoechst . . .	45,898	(40,964)	169,3	(164,5)
7. Bayer	43,299	(40,468)	170,2	(165,7)
8. Thyssen . . .	34,249	(29,220)	133,8	(127,8)
9. RWE	33,871	(26,856)	78,2	(72,1)
10. Bosch	30,588	(27,675)	174,7	(167,8)
11. BMW	26,515	(24,467)	66,3	(65,8)
12. Ruhrkohle . .	23,364	(20,650)	124,8	(120,3)
13. Mannesmann	22,330	(20,422)	125,8	(122,8)
14. Opel	20,806	(17,462)	53,9	(52,3)
15. Metallgesellschaft	20,126	(15,235)	24,5	(25,1)
16. Ford	19,806	(19,246)	48,2	(49,5)
17. Krupp	17,684	(14,737)	63,6	(63,4)
18. MAN	17,054	(14,962)	63,7	(61,3)
19. Preussag . .	16,357	(11,425)	26,7	(25,5)
20. Degussa . . .	14,357	(13,605)	33,7	(32,4)
21. Bertelsmann .	12,483	(11,297)	43,7	(42,0)
22. IBM Deutschl.	12,391	(11,372)	31,1	(30,7)
23. Henkel	11,639	(10,252)	38,1	(35,9)
24. Deutsche Shell	10,782	(9,584)	3,3	(3,5)
25. Salzgitter . .	10,757	(9,802)	39,0	(38,0)
26. Hoesch . . .	10,679	(8,343)	52,4	(50,0)
27. VIAG	10,434	(9,471)	34,7	(33,4)
28. Ruhrgas . . .	10,059	(8,614)	8,6	(8,3)
29. ESSO	9,545	(8,538)	2,5	(2,6)
30. Feldmühle/Nobel	9,508	(7,904)	35,4	(33,5)

Ausgewählte Produktionszahlen und Branchenübersichten

Aluminium *Gesamtproduktion,* d. h. Hüttenproduktion und Gewinnung aus Schrott, Abfällen u. ä. 1989 (1988/1980) in 1000 t (nach UNO-Angaben)

USA	5960,4	(6066,0)	(6122,4)
UdSSR (S)	3200,0	(3200,0)	(2500,0)
Japan	1676,4	(1600,8)	(1896,0)
Kanada (Hüttenprod.) . . .	1554,8	(1534,8)	(1074,0)
BR Deutschland	1279,2	(1273,2)	(1135,2)
Australien (Hüttenprod.)	1242,0	(1068,0)	(283,2)
Norwegen	918,0	(856,8)	(666,0)
Brasilien (1988 bzw. '87)	873,6	(843,6)	(260,4)
VR China (S)	820,0	(800,0)	(420,0)
Frankreich	556,0	(541,2)	(594,0)
Venezuela (1987 bzw. '86)	427,2	(418,8)	(327,6)
Niederlande	405,6	(393,6)	(318,0)
Großbritannien (1988 bzw. '87)	380,4	(410,4)	(536,4)
Spanien (Hüttenprod.) . .	350,4	(294,0)	(386,4)
Jugoslawien	295,2	(314,4)	(184,8)
Italien	234,0	(258,0)	(271,2)
u. a. Österreich	169,2	(166,8)	(126,0)
Schweiz (S)	100,0	(100,0)	(90,0)

Weltproduktion nach UNO-Angaben 1989 (1988) 18,305 (18,350) Mio. t.
Erzeugung von *Hüttenaluminium* (nach »Metallstatistik«) 1989 in 1000 t: USA 4030,0 – UdSSR (S) 2380,0 – Kanada 1554,8 – Australien 1242,0 – Brasilien 887,9 – Norwegen 859,0 – BR Deutschland 742,0 – VR China (S) 740,0 – Venezuela 546,0 – Indien 423,4 – Frankreich 334,9 – Großbritannien 297,3. *Weltproduktion* von *Hüttenaluminium* 1989 (1988) 18,086 (17,530) Mio. t.
Gesamtverbrauch von Aluminium (Hütten- u. Umschmelzalu.) 1989 (1988) 24,753 (24,236) Mio. t, davon 1989 in 1000 t: USA 6413,6 – RGW-Staaten u. sonst. kommun. Länder (S) 4404,0 – Japan 3267,2 – BR Deutschland 1979,6 – Italien 1141,0 – Frankreich 934,2 – Großbritannien 655,0 – Kanada 549,1 – Brasilien 407,7 – Australien 400,0.
Wegen des hohen Stromverbrauchs bei der Aluminiumproduktion wurden in den letzten Jahren zunehmend Produktionskapazitäten in Ländern mit billiger Energie neu errichtet, z. B. in Brasilien (Wasserkraft), Venezuela und arabischen OPEC-Staaten, wie Bahrain und Ver. Arab. Emirate (Erdöl und -gas), Australien und Südafrika (Kohle). 1990 sanken die *Weltmarktpreise* für Aluminium, da aufgrund der nachlassenden Konjunktur in den USA und anderen Industrieländern die Nachfrage zurückging; die Produktion erhöhte sich, auch durch eine weiter zunehmende Wiederverwendungsrate (z. B. in den USA bereits über 50%).
In der *BR Deutschland* wird Aluminium vor allem im Fahrzeugbau verwendet (Straßen-, Schienen- und Luftfahrzeuge), daneben für Verpackungen (Folien), Dosen und im Maschinenbau. In den nächsten Jahren ist eine stärkere Verbrauchszunahme durch den Aufbau in Ostdeutschland zu erwarten.

Bauindustrie
Zahl der fertiggestellten *Wohnungen* (Neubauten) nach UNO-Angaben 1988 in 1000 ([1] = einschl. Instandsetzung): Japan[1] 1836,2 – USA (1987) 1644,0 – Frankreich[1] 286,7 – Spanien[1] 230,2 – DDR[1] 219,9 – Kanada 216,5 – BR Deutschland 208,3 (1973

noch 714,0 – 1984 398,6) – Türkei 205,5 – Australien 135,5 – Polen (nur öffentl.) 123,6 – Niederlande[1] 118,5 – u. a. Schweiz 17,9 – keine Angaben u. a. für UdSSR und China. Wegen unterschiedlicher Definition des Begriffs »Wohnung« und nicht vollständiger Erfassung ist die internationale Vergleichbarkeit sehr erschwert.

In der *BR Deutschland* erfolgte 1989 eine Trendwende bei der *Bautätigkeit*. Während seit Ende der 70er Jahre die Bau-, vor allem die Wohnbautätigkeit, abgenommen hatte, setzte 1989 wieder ein stärkerer Aufschwung ein. Die Zahl der *Baugenehmigungen* im Wohnungsbau stieg von 214 252 (1988) über 276 042 (1989) auf 386 648 Wohnungen an, lag aber im Vergleich zu früheren Jahren immer noch sehr niedrig (z. B. 1972: 768 636). Die Zahl der *fertiggestellten Wohnungen* stieg ebenfalls an, und zwar von 208 621 (1988) über 238 617 (1989) auf 256 738 Wohnungen, wobei vor allem der Anstieg beim Mietwohnungsbau zu Buche schlug. Im *Nichtwohnbau* (Industrie, Gewerbe, Büros, Landwirtschaft usw.) war schon 1988 aufgrund der Hochkonjunktur eine starke Steigerung eingetreten; die *Bauleistung* stieg 1989–90 noch einmal um 4,8 % auf 155,630 Mio. m^3 umbauten Raum. Auch hier ist aufgrund der erteilten Baugenehmigungen 1991 mit einer weiteren Zunahme zu rechnen. Im *Tiefbau* (Straßen-, Kanalbau u. ä.) stagnierte demgegenüber 1989–90 die Bauleistung, vor allem wegen des Straßenbaus, der abnahm. Insgesamt stieg der *Umsatz des Bauhauptgewerbes* 1989–90 um 12,1 % auf 142,158 Mrd. DM. Die Zahl der *Beschäftigten* stieg um 3,5 % auf 1,034 Mio., liegt aber immer noch wesentlich unter den Zahlen anfangs der 80er Jahre (1984 noch 1,106 Mio.). Als Problem für das gesamte Baugewerbe, besonders angesichts weiter steigender Nachfrage, erweist sich der zunehmende Mangel an Fachpersonal und an Nachwuchs. Die Zahl der Auszubildenden sank 1990 auf rd. 35 000 (1986 noch 59 400).

Bis Mitte der 80er Jahre war in der *BR Deutschland weitestgehende Bedarfsdeckung mit Wohnungen* erreicht worden. Seit 1987/88 wurde vor allem in den Verdichtungsräumen wieder ein *Mangel an preisgünstigen Mietwohnungen* spürbar, der inzwischen auch auf den Markt für Einfamilienhäuser und Eigentumswohnungen übergriff und zu starken Preissteigerungen führte. Dieses neue *Ungleichgewicht auf dem Wohnungsmarkt* wurde einerseits durch den überraschend starken Zuzug ins Bundesgebiet verursacht (deutsche Aussiedler aus Osteuropa und Ausländer, seit Ende 1989 auch aus der ehem. DDR), andererseits durch die steigende Nachfrage nach Zweitwohnungen und die sinkende Bereitschaft von Hausbesitzern, freiwerdende Wohnungen wieder zu vermieten (z. B. Umwandlung von Zwei- in Einfamilienhäuser). Durch verstärkte *staatliche Förderung* sollen 1991 wieder mindestens 300 000 Wohnungen in der »alten« Bundesrepublik gebaut werden, wobei die Kapazität der Bauindustrie z. Z. kaum für eine größere Zahl ausreicht. In den *»neuen« Bundesländern* besteht vor allem ein sehr großer *Renovierungs- und Sanierungsbedarf* angesichts Zehntausender leerstehender, aber kaum bewohnbarer Häuser.

Bier *Ausstoß* (nach UNO-Angaben) 1987 in Mio. hl: USA 230,200 – BR Deutschland 86,962 – Großbritannien 59,895 – Japan 54,922 – VR China 54,043 – UdSSR 50,711 – Brasilien 33,893 – DDR 24,128 – Kanada (1986) 23,547 – Spanien (1986) 23,510 – ČSFR 22,228 – Frankreich (1986) 18,000 – Australien 18,589 – Niederlande 17,550 – Südafrika 16,710 – Kolumbien 15,355 – Belgien 13,988 – Jugoslawien 12,054 – Polen 11,897 – Italien 11,503 – Rumänien 10,634 – Ungarn 9,045 – Rep. Korea (Süd-K.) 8,789 – Dänemark 8,754 – Österreich 8,638 – Nigeria 6,695 – u. a. Schweiz 4,045. *Weltproduktion* 1987 (1986) 906,686 (926,241) Mio. hl (nur Bier aus Malz). – Für 1990 wird die *Welt-Bierproduktion* auf rd. 980 Mio. hl. geschätzt.

In der *BR Deutschland* nahm der *Bierausstoß* 1990 zu; es wurden 1990 (1989) 104,271 (93,056) Mio. hl gebraut, davon 29,473 Mio. hl in Nordrhein-Westfalen und 28,647 Mio. hl in Bayern. Der *Bierkonsum* liegt z. Z. bei rd. 144 l/Einw. im Jahr. Die Zahl der *Brauereien* beträgt rd. 1150, davon rd. 770 in Bayern (1960 noch 1600).

Chemische Industrie

Die Chemie wuchs 1990 weltweit geringer als in den vorhergehenden Jahren. Sie litt in vielen Ländern unter den wirtschaftlichen Problemen der Landwirtschaft (verringerter Absatz an Dünger und Pflanzenschutzmitteln), in anderen unter Konjunkturschwächen des Kraftfahrzeugbaus (Kunststoffe, Lacke, Gummi) und der Textilindustrie (Kunstfasern). Bei der *Kunststoffherstellung* und in anderen Bereichen konnte die chemische Industrie wegen der anhaltend niedrigen Preise für Erdöl, Kohle und andere Rohstoffe ihre Konkurrenzfähigkeit behaupten und teilweise weiter ausbauen. Die Verlagerung von Produktionskapazitäten aus den Industrie- in Entwicklungsländer setzte sich verlangsamt fort und betraf vor allem die *Petrochemie*. So kam es in den letzten Jahren zur Errichtung neuer Produktionsstätten für Mineralölprodukte, Kunststoffe, Düngemittel u. a. in Erdölförderländern sowie in lateinamerikanischen und ostasiatischen »Schwellenländern«, während gleichzeitig die Kapazitäten in Westeuropa und Nordamerika stagnierten und z. T. verringert wurden. Aufgrund der verschärften *Umweltgesetzgebung* wurde hier weniger in neue Anlagen als in Um- und Ausbauten bestehender Produktionsstätten in-

vestiert mit dem Ziel, schädliche Emissionen zu verringern.
In der *BR Deutschland* meldete die *Chemie* ein deutlich geringeres Wachstum als 1989. Der *Umsatz* erhöhte sich 1989–90 um 1,6% auf 195,682 Mrd. DM (1989 +7,4%), was wegen eingetretener Preisrückgänge real einen leicht höheren Zuwachs bedeutet. Der *Auslandsumsatz* ging auf 82,118 Mrd. DM zurück und erreichte 42,0% (1989 noch 43,7%). Die *Beschäftigtenzahl* erhöhte sich um 1,8% auf 592,4 Tsd. Am günstigsten entwickelten sich 1990 die Sparten Kunststoffe, Kunstfasern, Industriechemikalien und Kosmetika, während das Düngemittel- und Pflanzenschutz- sowie das Pharmageschäft stagnierten. Im *Welthandel mit Chemieprodukten* (Exporte) stand die *BR Deutschland* auch 1990 an 1. Stelle vor USA und Japan. Andererseits stammen rd. ⅖ des inländischen Verbrauchs an Chemieprodukten aus Importen. Die wichtigsten *Produkte der chemischen Industrie* waren organische Chemikalien 26,0% – Pharmazeutika 20,0% – Kunststoffe 15,5% – anorganische Chemikalien 11,0% – Körperpflegemittel 4,5% – Lacke 4,0% – Düngemittel 2,5% – Waschmittel 2,5%.

Produktion der chemischen Industrie

Kunstfasern auf Zellulose- und Synthetikbasis *Produktion* 1988 in 1000 t: USA 4150,2 – Japan 1735,4 – BR Deutschland 995,9 – Rep. Korea (Süd-K.;S) 880,0 – Italien 858,0 – Indien 474,1 – Großbritannien 281,0 – Polen 214,7 – Frankreich 213,2 – ČSFR 195,6 – DDR (1986) 124,2 – keine Angaben für UdSSR und China. *Weltproduktion* (ohne China) nach UNO-Angaben 1988 (1987) 14,507 (14,005) Mio. t, davon 11,615 (11,149) Mio. t Synthetics.
1990 ging die *Weltproduktion an Chemiefasern* nach Industrie-Angaben auf 18,857 Mio. t leicht zurück, vor allem wegen Produktionsrückgängen in Osteuropa und der UdSSR. Von der Gesamtproduktion entfielen 20% auf die USA, 18% auf Westeuropa, 9% auf Japan. Die Anteile Ost- und Südostasiens nahmen weiter zu.

Kunststoffe (Plastik) *Produktion* 1988 in Mio. t: Japan 21,393 – USA 20,598 – BR Deutschland 9,218 – UdSSR 4,634 – Frankreich (1987) 3,724 – Niederlande 3,143 – Italien (1987) 2,786 – Belgien (1987) 2,514 – Rep. Korea (Süd-K.) 2,099 – Großbritannien (1986) 1,286 – ČSFR 1,192 – DDR 1,149 – Polen 0,760 – Österreich (1987) 0,743 – Jugoslawien 0,723 – Ungarn 0,581 – keine Angaben für China.

Synthetischer Kautschuk *Produktion* 1988 (1987) in 1000 t: USA 2324,9 (2184,1) – Japan 1298,9 (1192,0) – Frankreich 558,4 (538,3) – BR Deutschland 495,8 (470,9) – Großbritannien 312,8 (257,0) – Brasilien 306,8 (250,1) – VR China 250,7 (218,2) – Italien 250,0 (225,0) – Kanada 197,0 (179,8) – Niederlande 189,0 (205,0) – Rumänien 155,0 (152,2) – Rep. Korea (Süd-K.) 148,0 (136,4) – Mexiko 146,0 (144,0) – Polen 127,6 (116,8) – Belgien 104,0 (102,9) – DDR 104,0 (98,8) – keine Angaben für die UdSSR.
Hauptanwendungsgebiet für Synthesekautschuk sind Fahrzeugreifen und -schläuche, auf die rd. 50% entfallen.

Schwefelsäure (H_2SO_4) *Produktion* 1988 in Mio. t: USA 38,797 – UdSSR 29,372 – VR China 11,113 – Japan 6,767 – BR Deutschland 4,052 – Brasilien (1987) 4,004 – Frankreich 3,683 – Spanien (1987) 3,664 – Kanada (1987) 3,437 – Tunesien (1987) 3,176 – Polen 3,166 – Indien (1987) 3,158 – Italien 2,516 – Großbritannien 2,257 – Belgien 2,136 – Mexiko (1987) 1,877 – u. a. DDR 0,799. *Weltproduktion* 1987 137,123 Mio. t.

Ätznatron (NaOH) *Produktion* 1988 in Mio. t: USA 10,869 – BR Deutschland 3,664 – Japan 3,508 – UdSSR 3,323 – VR China (1987) 2,735 – Kanada (1987) 1,770 – Frankreich 1,494 – Italien 1,190 – Brasilien (1987) 0,954 – Indien (1987) 0,952 – Rumänien (1987) 0,821 – DDR 0,627. *Weltproduktion* 1987 35,631 Mio. t.

Mineraldünger (Handelsdünger) *Produktion* 1988/89 (nach FAO) in Mio. t:
Stickstoffdünger (N): UdSSR 15,604 – VR China 13,954 – USA 12,691 – Indien 6,712 – Kanada 3,000 – Indonesien 2,033 – Rumänien 1,920 – Niederlande 1,800 – Polen 1,622 – Frankreich 1,450 – DDR 1,382 – Mexiko 1,360 – Italien 1,297 – Pakistan 1,112 – Großbritannien 1,100 – Japan 0,977 – BR Deutschland 0,919 – u. a. Österreich 0,222 – Schweiz 0,033. *Weltproduktion* 1988/89 (1987/88) 85,151 (82,290) Mio. t.
Phosphatdünger (P_2O_5): USA 9,520 – UdSSR 9,155 – VR China 3,766 – Indien 2,290 – Brasilien 1,395 – Polen 0,962 – Frankreich 0,940 – Australien 0,810 – Rumänien 0,700 – Türkei 0,634 – Indonesien 0,552 – Japan 0,490 – Rep. Korea (Süd-K.) 0,488 – Kanada 0,464 – u. a. BR Deutschland 0,339 – DDR 0,300 – Österreich 0,110. *Weltproduktion* 1988/89 (1987/88) 41,532 (39,172) Mio. t.
Kalidünger (K_2O): UdSSR 11,300 – Kanada 8,089 – DDR 3,510 – BR Deutschland 2,268 – Frankreich 1,411 – Israel 1,218 – USA 1,113. *Weltproduktion* 1988/89 (1987/88) 31,151 (30,819) Mio. t.

Eisen *Erzeugung* von Roheisen einschl. Hochofenlegierungen (nach »Statist. Jahrbuch d. Stahlindustrie«) 1989 (1988) in Mio. t

UdSSR (ohne Legierungen) . . .	112,344	(114,000)
Japan	80,196	(79,295)
VR China (S)	52,000	(51,000)
USA	50,677	(50,561)

Eisen *(Forts.)*

BR Deutschland	32,777	(32,453)
Brasilien	24,381	(23,434)
Frankreich	15,071	(14,786)
Rep. Korea (Süd-K.)	14,846	(12,578)
Großbritannien (ohne Leg.)	12,816	(13,235)
Indien	12,150	(11,714)
Italien	11,788	(11,376)
Belgien-Luxemburg	11,545	(11,701)
Kanada	10,139	(9,498)
ČSFR	9,833	(9,706)
Rumänien (S)	9,500	(9,500)
Polen (ohne Leg.)	9,170	(10,264)
Australien	6,084	(5,723)
DVR Korea (Nord-K., S)	5,900	(5,900)
Spanien	5,535	(4,691)
Niederlande	5,163	(4,994)
Österreich (ohne Leg.)	3,823	(3,664)
u. a. DDR (ohne Leg.)	2,703	(2,786)

Welterzeugung von Roheisen und Eisenlegierungen 1989 (1988) 538,989 (532,818) Mio. t. – Zur aktuellen Problematik der *Eisen- und Stahlindustrie → Stahl.*

Elektrotechnische Industrie

Die *Welt-Elektro- bzw. Elektronikindustrie* erreichte nach ersten Schätzungen 1990 einen Zuwachs von rd. 5%. Während in den europäisch-nordamerikanischen Industriestaaten vor allem die Bereiche *Datenverarbeitung und Bürotechnik, Kfz-Elektronik und Haushaltsgeräte* wuchsen, verstärkten die ostasiatischen Länder ihre führende Rolle bei der *Unterhaltungselektronik* (Japan, VR China, Rep. China/Taiwan, Hongkong, Singapur, Rep. Korea/Süd-K.). Besonders die geringen Lohn- und Lohnnebenkosten in diesen Ländern lassen eine außerordentlich preisgünstige Produktion zu. Japan ist außerdem, neben den USA, führender Produzent von Mikroprozessoren (Chips).

In der *BR Deutschland* verbuchte die *Elektrotechnik* im engeren Sinn (d. h. ohne EDV) 1990 einen Zuwachs von 8,1% auf 201,808 Mrd. Umsatz. Die Zahl der Beschäftigten stieg um 2,2% auf 1,036 Mio. Der *Auslandsumsatz* erreichte mit 60,934 Mrd. DM einen Anteil von 30,2%. – Die wichtigsten *Produktionsbereiche der deutschen elektrotechnischen und elektronischen Industrie* waren 1990 (in Mrd. DM): Energietechnik 32,8 – EDV 17,2 – Meß-, Regel- und Automatisierungstechnik 16,5 – Nachrichtentechnik 15,6 – Hausgeräte 14,8 – Bauelemente 12,9 – Kfz-Ausrüstung 10,5 – Unterhaltungselektronik 9,1 – Beleuchtungstechnik 3,2.

Produktion elektrotechnischer Geräte

Fernsehgeräte *Produktion* 1988 in Mio.: VR China (1987) 19,378 – Rep. Korea (Süd-K.) 14,820 – Japan 13,219 – USA (1987) 11,310 – Hongkong (1987) 11,269 – UdSSR 9,637 – Rep. China (Taiwan) 5,031 – BR Deutschland 3,737 – Großbritannien 3,024 – Italien 2,337 – Frankreich 2,041 – Singapur (1986) 1,707 – Belgien 0,946 – Türkei (1986) 0,886 – u. a. DDR 0,774. *Weltproduktion* 1987 101,985 Mio.

Kühlschränke (Haushaltsk.) *Produktion* 1988 in Mio.: USA 7,536 – UdSSR 6,200 – Japan 5,177 – Italien (1987) 4,426 – Rep. Korea (Süd-K.) 3,931 – BR Deutschland 3,411[1] – Großbritannien 1,603[1] – Jugoslawien 1,164 – DDR 1,124[1] – Kanada (1986) 0,884 – *Weltproduktion* 1987 48,880 Mio.
[1] = einschl. Gefrierschränke

Rundfunkgeräte *Produktion* 1988 in Mio.: Hongkong (S) 40,000 – Singapur (1986) 16,583 – VR China (1987) 16,148 – Rep. China (Taiwan) 11,144 – Japan 10,969 – UdSSR 8,699 – BR Deutschland 4,758 – USA (1987) 4,079 – Polen 2,710 – Rep. Korea (Süd-K.; 1987) 2,130 – Frankreich 1,996 – DDR 1,218 – Indien 0,984 – Belgien 0,836. *Weltproduktion* 1987 147,508 Mio.

Waschmaschinen (vollautomat. Haushaltsw.) *Produktion* 1988 in Mio.: UdSSR 6,700 – USA 6,441 – Japan 5,118 – Italien 4,368 – BR Deutschland 2,274 – Rep. Korea (Süd-K.) 1,903 – Frankreich 1,376 – Großbritannien 1,351 – Polen 0,761 – u. a. DDR 0,503. *Weltproduktion* 1987 43,857 Mio.

Energieproduktion und -verbrauch

Erzeugung fossiler, mineralischer und pflanzlicher Energieträger → Braunkohle, Erdgas, Erdöl, Steinkohle, Uran; Holz

Elektrizitätserzeugung 1989 (1988) in Mrd. kWh (nach UNO-Angaben)

USA[1]	2728,900	(2701,620)
UdSSR	1700,000	(1705,000)
Japan	694,000	(753,732)
VR China	565,600	(593,520)
Kanada (Nettoprod.)	490,000	(503,496)
BR Deutschland	440,330	(431,173)
Frankreich	405,914	(391,926)
Großbritannien	312,127	(308,127)
Indien[2]	235,500	(221,124)
Italien	210,868	(203,561)
Brasilien (1987 bzw. '86)	202,284	(201,348)
Australien	149,000	(140,352)
Spanien	146,590	(138,511)
Südafrika	146,000	(156,744)
Polen	140,000	(144,336)
Schweden	135,000	(149,412)
DDR	118,500	(118,392)
Norwegen	114,500	(110,040)
Mexiko[1]	110,000	(101,957)
Rep. Korea (Süd-K.)[2]	93,400	(85,464)

Elektrizitätserzeugung *(Forts.)*

ČSFR	83,300	(81,360)
Jugoslawien (1988 bzw. '87)	82,908	(80,772)
u. a. Schweiz	53,000	(57,516)
Österreich	49,008	(49,008)

[1]= Nettoproduktion, nur öffentl. Erzeugung
[2]= ohne industrielle Eigenproduktion

Welterzeugung an *Elektrizität* 1989 (1988) 10,707 (10,526) Mrd. kWh.

Die *Elektrizitätserzeugung* erfolgt durch unterschiedliche *Primärenergien,* deren Anteile in den einzelnen Ländern stark differieren. Der Anteil des *Erdöls* an der Stromerzeugung ist vor allem in den arabischen Ländern (fast 100 %), aber auch in Italien (über 60 %) und Japan (25 %) relativ hoch. Einen hohen Anteil des *Erdgases* erreichen z. B. die Niederlande (rd. 65 %) und Irland (45 %), die *Steinkohle* dominiert in Dänemark, Südafrika (je rd. 95 %), Großbritannien (65 %), den USA (fast 60 %) und Spanien (über 40 %), die *Braunkohle* in der ehem. DDR (1990 79 %) und in Griechenland (rd. 65 %), *Stein- und Braunkohle* zusammen in der VR China (rd. 75 %) und in der BR Deutschland (West- und Ostdeutschland zus. 1990 55,2 %), der Anteil der *Kernenergie* (1989) ist relativ hoch in Frankreich (75 %), Belgien (61 %), Ungarn, Südkorea (je 50 %), Schweden (45 %), Schweiz (42 %), Spanien (38 %), Finnland, Taiwan (je 35 %), Bulgarien (33 %), aber auch in der BR Deutschland (1990 in Westdeutschland 32,6 %). Der Anteil der *Wasserkraft* erreicht hohe Werte z. B. in Kanada (rd. 70 %), Österreich (60 %), der Schweiz (45 %) sowie in vielen Entwicklungsländern (Südamerika zusammen über 75 %). Derartige Berechnungen weichen in verschiedenen Quellen oft voneinander ab, je nachdem auf welcher Basis umgerechnet wird und ob nur die öffentliche oder auch die industrielle Stromerzeugung einbezogen wird.

In der **BR Deutschland** (nur Westdeutschland; für die neuen Bundesländer sind noch keine vollständigen Daten verfügbar) erhöhte sich das *Aufkommen an Elektrizität* 1990 (gegenüber 1989) um 3,0 % auf 446,2 Mrd. kWh. Es setzte sich zusammen aus der *inländischen Stromerzeugung* von 1990 (1989) brutto 450,9 (440,9) bzw. netto (abzüglich Eigenverbrauch der Kraftwerke) 420,3 (411,5) Mrd. kWh und aus *Stromimporten* von 25,9 (21,5) Mrd. kWh. Vom *Gesamtaufkommen* entfielen 1990 (1989) 26,9 (21,3) Mrd. kWh auf *Exporte* sowie 18,3 (18,1) Mrd. kWh auf Pumpstromverbrauch der Kraftwerke und Netzverluste, so daß sich für 1990 (1989) ein *Netto-Stromverbrauch* von 401,0 (393,6) Mrd. kWh ergibt, d. h. eine Steigerung von 1,9 %. Der *Brutto-Stromverbrauch* betrug 1990 (1989) 449,9 (441,1) Mrd. kWh.

Vom *Netto-Stromverbrauch* entfielen 1990 (1989) in Mrd. kWh auf Industrie 203,5 (199,4) = 50,7 (50,7) % – private Haushalte 98,7 (97,7) = 24,6 (24,8) % – sonstige Kleinverbraucher (Gewerbe, Landwirtschaft, öffentliche Einrichtungen) 87,8 (85,4) = 22,0 (21,7) % – Verkehr 11,0 (11,1) = 2,7 (2,8) %. Die Zunahme des Stromverbrauchs war also 1990, wie schon im Vorjahr, überwiegend auf Industrie und Gewerbe zurückzuführen (erhöhte Produktion). Bei der nur geringfügigen Steigerung des Haushaltsstromverbrauchs (trotz Einwohnerzunahme) dürfte der Gebrauch sparsamerer Elektrogeräte eine Rolle spielen. Vom *Haushaltsstromverbrauch* entfallen (Durchschnitt der letzten Jahre) u. a. auf Raumheizung 24 % – Kühlschrank und Gefriergerät 23 % – Warmwasser (Küche, Bad) 13 % – Elektroherd 9 % – Waschmaschine u. Wäschetrockner 7 % – Beleuchtung 6 % – Fernseher u. Radio 5 % – Geschirrspüler 2 % – Sonstiges 11 %.

a) Westdeutschland („alte" Bundesländer)
Gesamterzeugung 450,9 Mrd. kWh

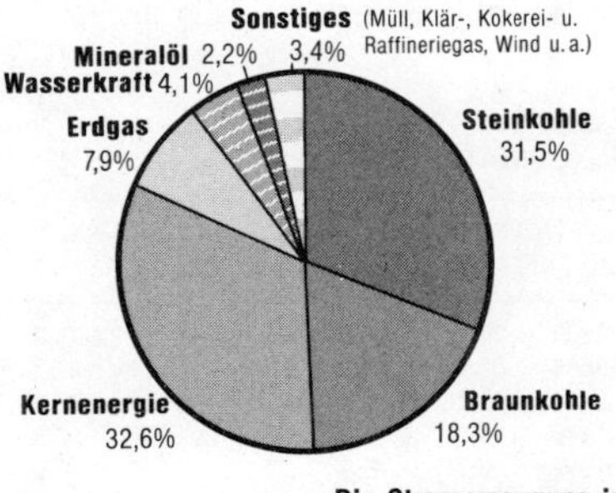

b) Ostdeutschland („neue" Bundesländer)
Gesamterzeugung 100,4 Mrd. kWh

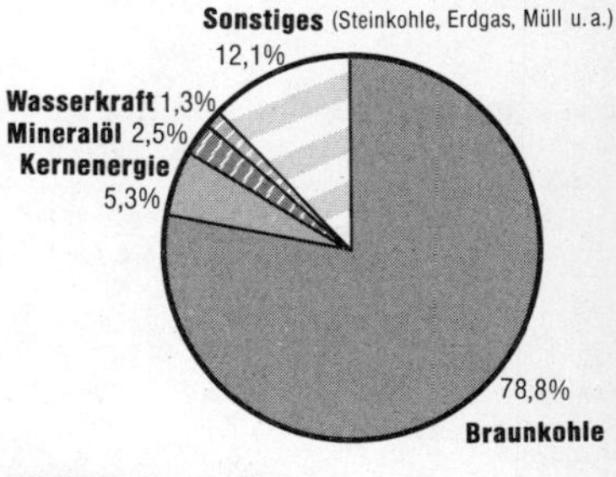

Die Stromerzeugung in der BR Deutschland 1990
(Elektrizitätserzeugung in öffentlichen und privaten Kraftwerken)

Versorgungsstruktur der Kraftwerke in der BR Deutschland (nach VDEW), Stand 31. 12. 1990
Engpaßleistung in MW (brutto)

	öffentl. Versorg.	*Industrie*	*Bundesbahn*	*Insgesamt*	
Steinkohle	26600	6900	630	34130	(32,9%)
Kernenergie	23500	–	155	23655	(22,8%)
Erdgas	12200	3600	215	16015	(15,4%)
Braunkohle	11800	515	–	12315	(11,9%)
Heizöl	8400	1100	–	9500	(9,2%)
Wasserkraft	6300	230	350	6880	(6,6%)
Müll u. sonst.	600	600	–	1200	(1,2%)
Insgesamt	89400	12945	1350	103695	(100,0%)

Die *installierte Kraftwerksleistung* enthält größere Reserven für Leistungsspitzen, Kraftwerksausfälle usw. Ein Vergleich der vorhandenen Kraftwerke (vgl. Tab.) mit der Struktur der Stromerzeugung (vgl. Abb.) zeigt, daß der Bedarf ganz überwiegend durch die Kohle- und Kernkraftwerke gedeckt wird (zusammen 82%, bei nur 68% der installierten Kraftwerksleistung), während Öl- und Gaskraftwerke, insbesondere die Anlagen der öffentlichen Versorgung, zunehmend nur noch für den Spitzenbedarf und für Notfälle vorgehalten werden.

Energieproduktion

Die *Welterzeugung von Energie* erreichte 1990 nach ersten Schätzungen rd. 10,500 Mrd. t SKE (Steinkohleeinheiten). Die letzten genaueren Berechnungen über den *Weltverbrauch von Primärenergie* liegen für 1989 vor und ergaben 10,325 Mrd. t SKE, d. h. rd. 2% mehr als 1988 (nach »Energy Statistics Yearbook« der UNO). *Erzeugung und Verbrauch von Energie* nehmen seit 3–4 Jahren wieder stärker zu als zu Beginn der 80er Jahre, vor allem wegen des weltwirtschaftlichen Wachstums und der nach wie vor starken Bevölkerungszunahme. Eine noch stärkere *Verbrauchssteigerung* wird durch die Einsparungsbemühungen in den Industrieländern und den Kapitalmangel der Entwicklungsländer verhindert. Die Tabelle zeigt den globalen Einsatz der wichtigsten Energieträger und ihre Veränderungen bezüglich des Verbrauchs bis 1989. Derartige Berechnungen können in verschiedenen Quellen beträchtlich voneinander abweichen, je nach dem Umrechnungsmodus und nach dem Ausmaß der Einbeziehung nichtkommerzieller Energieträger (z. B. tierische Energie wie Zug- oder Lasttiere, Brennholz, privat genutzte Wind- und Wasserkräfte, Solarenergie u. ä.).

Der **Weltverbrauch von Primärenergie** steigerte sich 1970–1989 um 55,5%. Ein erster Höchststand war bereits 1979 mit 8,846 Mrd. t SKE erreicht worden; dieser Jahresverbrauch sank dann infolge des weltwirtschaftlichen Produktionsrückgangs und der Einsparungsbemühungen nach den »Ölpreisschocks« und wurde erst 1984 wieder überschritten. Der *wichtigste Energieträger* ist weiterhin mit großem Abstand das *Erdöl* (1989: 40,3%). Sein Verbrauch nahm vor allem in den 60er und 70er Jahren stark zu und deckte einen Großteil des damaligen Energie-Mehrbedarfs, insbesondere auch für die zunehmende Motorisierung. Seit 1979 (46,9%) ist der Erdölanteil prozentual rückläufig. Beim *Erdgas* war dagegen die jährliche Steigerung wesentlich höher als die allgemeine Zunahme des Energieverbrauchs; sein Anteil stieg daher von 19,5% (1970) über 20,9% (1980) und 22,4% (1985) auf 23,7% (1989). Der Weltverbrauch des »klassischen« Energierohstoffs *Stein- und Braun-*

Einsatz von Energieträgern für den Welt-Energieverbrauch 1970–1989
(nach »ESSO« und »Yearbook of World Energy Statistics«, UNO)

	1970		*1980*		*1985*		*1988*		*1989*	
	Mill. t SKE	*%*	*Mill. t SKE*	*%*	*Mill. t SKE*	*%*	*Mill. t SKE*	*%*	*Mill. t SKE*	*%*
Erdöl	3009	45,3	3997	45,6	3803	40,6	4098	40,5	4157	40,3
Kohle	2184	32,9	2632	30,0	3036	32,4	3173	31,4	3220	31,2
Erdgas	1293	19,5	1834	20,9	2095	22,4	2357	23,3	2451	23,7
Kernenergie	10	0,1	84	1,0	179	1,9	227	2,2	237	2,3
Wasserkraft	145	2,2	217	2,5	249	2,7	260	2,6	260	2,5
Insgesamt	6641	100,0	8764	100,0	9362	100,0	10115	100,0	10325	100,0

kohle, des zweitwichtigsten Energieträgers, nahm zwar in den 60er und 70er Jahren zu, aber sein Anteil am Gesamtverbrauch sank (1970: 32,9% – 1980: 30,0%); er stieg ab 1980 durch den gezielten und von vielen Staaten durch Subventionen geförderten Einsatz zur Erdölsubstitution zeitweise wieder an (1985: 32,4%), ging jedoch Ende der 80er Jahre wieder zurück (1988: 31,4% – 1989: 31,2%). Die höchsten Zuwachsraten verzeichnete der Einsatz der *Kernenergie,* doch blieb ihr Anteil insgesamt bisher relativ gering (1970: 0,1% – 1980: 1,0% – 1985: 1,9% – 1987: 2,1% – 1988: 2,2% – 1989: 2,3%). Der Anteil der *Wasserkraft und anderer regenerierbarer Energiequellen* nahm von 1970 (2,2%) über 1980 (2,5%) bis 1985 (2,7%) leicht zu und stagniert seitdem bei 2,5–2,6%. Größere Bedeutung hat die Wasserkraft vor allem in vielen Entwicklungsländern. In den Industrieländern ist ihr Anteil relativ unbedeutend und nur schwer steigerungsfähig.
Aufgrund von Schätzungen und unter Berücksichtigung der weiteren Entwicklung beim Kraftwerksbau und bei der Motorisierung kann davon ausgegangen werden, daß die Anteile der einzelnen Energieträger sich 1990/91 und in den kommenden Jahren nicht wesentlich gegenüber 1989 verändert haben bzw. verändern werden.

Energieverbrauch nach Kontinenten und Regionen (in Mrd. t SKE)

	1970	*1980*	*1989*
Osteuropa, UdSSR, China	1,753	2,677	3,497
Nordamerika	2,417	2,676	2,771
Westeuropa	1,360	1,574	1,604
Süd- u. Ostasien, Australien u. Ozeanien	0,630	0,988	1,316
Mittel- und Südamerika	0,263	0,446	0,513
Naher Osten	0,106	0,197	0,341
Afrika	0,111	0,206	0,283

Der **Energieverbrauch pro Einwohner** ist in den einzelnen Staatengruppen der Erde extrem unterschiedlich, je nach wirtschaftlicher und technischer Entwicklung. Weltweit sank der *Energieverbrauch pro Kopf* von seinem Höchststand 1979 (2,061 kg SKE) auf 2,000 kg SKE (1989), und zwar aus unterschiedlichen Ursachen:
– *sparsamerer Umgang mit Energie* in den hochentwickelten westlichen Industriestaaten (z. B. Rückgang des Pro-Kopf-Verbrauchs 1980–89 in Westeuropa um rd. 7%, in Nordamerika um fast 10%),
– *wirtschaftliche Schwierigkeiten der rohstoffarmen Entwicklungsländer,* in denen größere Energieimporte durch Devisenmangel und hohe Verschuldung verhindert werden, so daß hier die Bevölkerungszahl stärker wächst als der Energieverbrauch.
Auf *Nordamerika und Westeuropa* mit nur *12,3% der Weltbevölkerung* entfielen 1989 trotz der genannten Einsparungen immer noch *42,4% des Weltenergieverbrauchs* (1975 noch 51,9%). Dagegen verbrauchten Afrika mit 11,9% und Lateinamerika mit 8,4% der Weltbevölkerung 1989 nur 2,7 bzw. 5,0% des Weltenergieangebots. Die größten Energieverbraucher waren 1989 die USA und die UdSSR vor der VR China, Japan und der BR Deutschland.

Energieverbrauch pro Kopf in ausgewählten Ländern (nur kommerzielle Energie in kg Öleinheiten, nach »Weltentwicklungsbericht«):

	1960	*1981*	*1984*	*1988*
Äthiopien	7	23	17	20
Mali	10	21	26	21
Nepal	3	10	16	23
Guinea	35	54	52	78
Sri Lanka	122	123	143	162
Guatemala	124	199	178	168
Philippinen	109	281	271	244
Bolivien	122	326	276	249
Ecuador	151	571	796	573
Ägypten	197	448	562	607
Brasilien	264	740	753	813
Algerien	221	931	1140	1094
Spanien	667	1902	1801	1902
Griechenland	361	1699	1858	1986
Italien	1003	2558	2487	2608
Japan	880	3087	3135	3306
Österreich	1685	3398	3345	3396
Frankreich	1064	3619	3516	3704
Schweiz	1841	3755	3777	4193
BR Deutschland	2645	4342	4238	4421
UdSSR	2029	4736	4627	4975
DDR	3173	5398	5225	5930
USA	5863	7540	7302	7655

Der *Pro-Kopf-Verbrauch an Energie* hängt stark vom technischen Entwicklungsstand eines Landes ab, aber auch von der Wirtschaftsstruktur und der Zusammensetzung der Industrie (z. B. hoher Verbrauch der Montan- und chemischen Industrie), dem Grad der Motorisierung, dem Klima (Dauer der Heizperiode), außerdem von den verwendeten Energieträgern und dem Grad der Rationalisierung bzw. Verschwendung beim Energieeinsatz (vgl. Ostblockländer). Während der Verbrauch in den aufstrebenden *Entwicklungsländern* zunimmt, machen sich in den meisten *westlichen Industriestaaten* seit einigen Jahren Abnahmetendenzen bemerkbar (Automatisierung, Einsparungen, verbesserte Heizungs- und Verkehrstechniken, Wärmedämmung der Gebäude, Abbau der Schwerindustrie usw.).
Die **Weltvorräte an Energierohstoffen** bzw. die **Potentiale an regenerierbaren Energieträgern** sind nur schwer abzuschätzen. Die Expertenaussagen differieren stark, je nachdem, ob nur die heute wirtschaftlich ausbeutbaren Vorkommen berücksichtigt werden oder die nach derzeitigem Kenntnis-

stand überhaupt vorhandenen oder auch die nur vermuteten. Große Unsicherheit besteht vor allem darüber, inwieweit regenerierbare bzw. sog. »alternative« Energiequellen wirtschaftlich und ökologisch sinnvoll einsetzbar sind (z. B. Sonnen- und Windenergie, Gezeiten- und geothermische Energie, Wasserkraft). Die Haupthindernisse für eine vermehrte *Nutzung der regenerativen Energiequellen* sind meist *geringe Energiedichte* und, damit verbunden,

– häufig ein *ungünstiges Verhältnis zwischen Aufwand und Ertrag,*

– meist sehr *hohe Abhängigkeit von Tages- und Jahreszeiten, klimatischen und geologischen Verhältnissen* u. a. (Problem der Speicherung elektrischer Energie).

Eine großtechnische Anwendung kommt daher meist kaum in Frage; eher ist ein Einsatz zur Lösung von Energieproblemen im lokalen Maßstab möglich, z. B. in Entwicklungsländern mit mangelhafter Versorgungsinfrastruktur. Hier können regenerative Energiequellen dazu beitragen, den Raubbau am Wald (Brennholz) zu begrenzen, zumal Importe von Energierohstoffen (Kohle, Öl u. a.) für die meisten Entwicklungsländer finanziell kaum erschwinglich sind.

Die nach heutigen Erkenntnissen bekannten und wirtschaftlich gewinnbaren *Reserven an fossilen und mineralischen Energieträgern* werden (nach Untersuchungen der Weltenergiekonferenz 1986) auf rd. 1200 Mrd. t SKE geschätzt, davon Kohle 780 – Uran 140 – Erdöl (ohne Ölschiefer und -sande) 160 – Erdgas 120. Hinzu kommen Ölschiefer und -sande mit rd. 180, die nur bei höheren Erdölpreisen wirtschaftlich gewinnbar sind. Die bekannten Vorräte nahmen seit dieser Schätzung weiter zu, da das Volumen der Neuentdeckungen größer war als das des Abbaus. Dennoch ist die Erschöpfung dieser Energieträger absehbar, bei den Mineralöl- und Gasvorkommen mittel- bis längerfristig, bei den Kohle- und Uranvorkommen erst nach mehreren Jahrhunderten. Bezüglich einer evtl. möglichen *Energienutzung des Wasserstoffs* mit Hilfe der *Kernverschmelzung*, die fast unbegrenzte Reserven bieten würde, lassen sich noch keine gesicherten Prognosen abgeben. Derzeit arbeiten weltweit 4 Versuchsanlagen an möglichen Lösungen des Problems – in Großbritannien («Joint European Torus«/ JET der EG in Culham), USA, Japan und UdSSR.

Weltweit gesehen dürfte mittelfristig der Anteil des *Erdöls* – längerfristig auch des *Erdgases* – an der Energieversorgung langsam, aber kontinuierlich geringer werden. Er wird voraussichtlich durch *Kohle und Kernenergie* ersetzt, die nach den Planungen der meisten Industriestaaten mittel- bis längerfristig die führende Rolle übernehmen und auch den weiteren Zuwachs des Verbrauchs decken sollen, der vor allem in den großen Entwicklungsländern zu erwarten ist. Eine Änderung ist nur wahrscheinlich, wenn es zu einem Durchbruch bei der Kernverschmelzung oder, was eher möglich erscheint, bei der großtechnischen *Anwendung regenerativer Energien* (z. B. Solarenergie) kommen sollte. Die IEA (Internationale Energie-Agentur) erwartet jedoch, daß die Abhängigkeit von den traditionellen fossilen Energieträgern und von Uran voraussichtlich noch Jahrzehnte bestehenbleibt.

In der **BR Deutschland** erhöhte sich der **Energieverbrauch** von 211 Mio. t SKE (1960) über 337 Mio. t SKE (1970) auf rd. 408,2 Mio. t SKE (1979), den bisher höchsten Verbrauch in einem Jahr. Seitdem fiel der Energieverbrauch zunächst im Zuge der wirtschaftlichen Rezession auf 361,5 Mio. t SKE (1982) und stieg dann im Laufe des wirtschaftlichen Aufschwungs wieder an. Seit einigen Jahren ist jedoch ein *»Abkoppeln« des Energieverbrauchs von der Wirtschaftsentwicklung* festzustellen, d. h. der Energieverbrauch nahm wesentlich schwächer zu als das Wirtschaftswachstum. 1989–90 kam es nach ersten Berechnungen zu einer Zunahme des Energieverbrauchs um 1,6 %, obwohl ein Wirtschaftswachstum von 4,6 % zu verzeichnen war. Ursachen dieser erfreulichen Entwicklung sind die in den vergangenen Jahren verstärkten Anstrengungen zur Einführung energiesparender Technologien in der Industrie (z. B. chemische und Stahlindu-

Der Energieverbrauch der BR Deutschland
(Primärenergie 1975 – 1990)

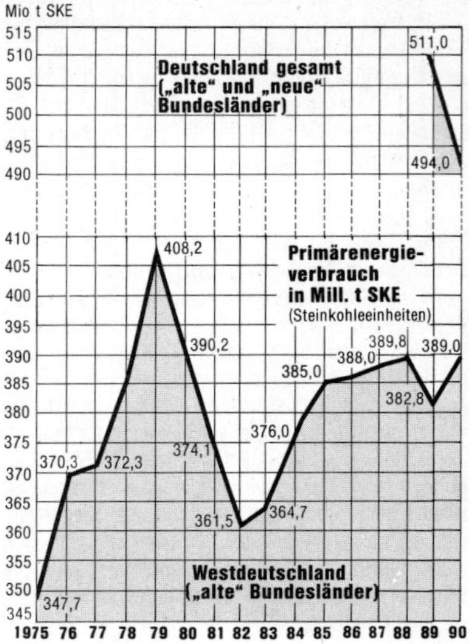

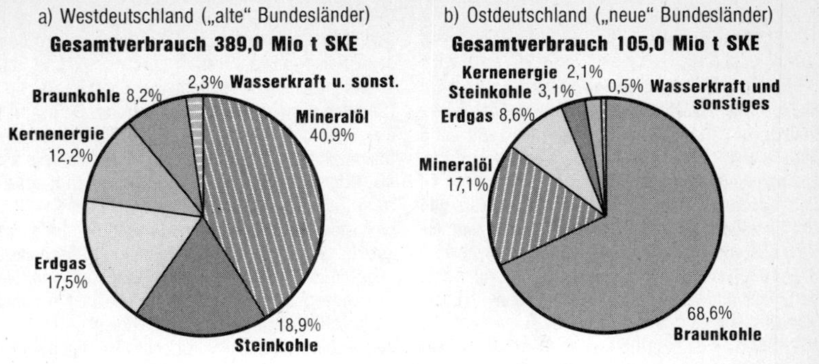

Die Energieträger der BR Deutschland 1990
Anteile am Primärenergieverbrauch
(nach »Arbeitsgemeinschaft Energiebilanzen«)

strie), zur Verminderung von Energieverlusten, verbesserter Wärmedämmung und Heizungstechnik bei Wohnhäusern, benzinsparender Automotoren usw. – Der *Pro-Kopf-Verbrauch an Energie* betrug 1990 6,1 t SKE; der »spezifische Energieverbrauch« (Verhältnis zum erwirtschafteten Bruttosozialprodukt) belief sich auf 159 kg SKE je 1000 DM BSP (1989 noch 225 kg SKE).

Der *Primärenergieverbrauch der BR Deutschland* (alte Bundesländer) betrug 1990 (1989) 389,0 (382,8) Mio. t SKE; davon entfielen auf Mineralöl 40,9 (40,0) % – Steinkohle 18,9 (19,2) % – Erdgas 17,5 (17,1) % – Kernenergie 12,2 (12,6) % (1973 erst 1,0 %) – Braunkohle 8,2 (8,5) % – Wasserkraft 1,1 (1,4) % – Müll, Brennholz und sonstiges, einschl. Stromimporte 1,2 (1,2) %.

Die *Zunahme des Mineralölverbrauchs* – von 153,2 (1989) auf 159,0 Mio. t SKE (1990) – geht teilweise auf den erneuten Zuwachs des Benzin- und Dieselölverbrauchs für den verstärkten Kfz-Verkehr, andererseits auf angestiegene Heizölkäufe zur Auffüllung der privaten und gewerblichen Vorräte zurück (z. B. Angstkäufe wegen des Golf-Konflikts). – Der *Erdgasverbrauch* steigerte sich von 65,6 (1989) auf 68,0 Mio. t SKE (1990), da der industrielle Bedarf weiter zunahm (auch zur Stromerzeugung) und sich der Anschluß von Wohnungen an das Gasnetz fortsetzte. – Bei der *Steinkohle* stagnierte der Verbrauch (1989: 73,3 – 1990: 73,5 Mio. t SKE), da einem erhöhten Einsatz für die Elektrizitätserzeugung ein verringerter Verbrauch für Heizzwecke und für die Stahlherstellung gegenüberstand. Der *Braunkohleeinsatz* nahm von 32,5 (1989) auf 32,1 Mio. t SKE ab, da die Verwendung für die Stromerzeugung und für die Raumheizung (Briketts) jeweils zurückgingen. – Auch die Bedeutung der *Kernenergie* verminderte sich leicht – von 48,2 (1989) auf 47,3 Mio. t SKE (1990) – wegen zeitweiliger Stillegung einiger Kraftwerke. – Längerfristig ist die Abnahme der Steinkohle besonders bemerkenswert, die 1955 noch 72 % des Energiebedarfs deckte.

Die Anteile der großen *Verbrauchergruppen* am Endenergieverbrauch entwickelten sich folgendermaßen (nach »Energiewirtsch. Tagesfragen«, H.3/1990, für 1990 noch keine endgültigen Angaben):

Der *Verbrauch der Industrie* sank von 95,6 Mio. t SKE (1973) bis 1989 um 19,1 auf 77,3 Mio. t SKE, obwohl sich der reale Nettoproduktionswert der Industrie in dieser Zeit um 24 % vergrößerte. Dies entspricht einem Rückgang des spezifischen Energieeinsatzes von 35 %, der auf Energieeinsparungen und strukturellen Wandel (verminderten Anteil energieintensiver Produktionen) zurückgeht.

Der *Verbrauch des Verkehrs* erhöhte sich von 45,7 Mio. t SKE (1973) um 50 % auf 68,7 Mio. t SKE 1989, vor allem wegen der Zunahme der Verkehrsleistungen im Individualverkehr (Bestandszunahme an PKW +75 %), aber auch im Straßengüter- und im Flugverkehr.

Im *privaten Haushaltsbereich* sank der Endenergieverbrauch von 67,9 Mio. t SKE (1973) um 9 % auf 62,0 Mio. t SKE 1989, trotz der Zunahme der Wohnungen von 26,6 Mio. und der durchschnittl. Wohnfläche je Wohnung von 73 auf 87 m^2 (mit entsprechend höherem Heizbedarf). Demgegenüber gab es jedoch Einsparungen beim spezifischen *Energieverbrauch von Haushaltsgeräten* und durch bessere Wärmedämmung der Gebäude. Vom *Energieverbrauch der privaten Haushalte* entfallen z. B. auf *Raumheizung* 52 % – Auto 34 % – Warmwasserzubereitung 7 % – Hausgeräte 6 % – Beleuchtung 1 %. An der Raumheizung sind z. Z.

folgende Energieträger beteiligt: Heizöl 42% – Erdgas 32% – Fernwärme, Kohle, Strom, Holz und sonstiges je 3%.
Im Bereich des *gewerblichen Kleinverbrauchs* (Handel, Dienstleistungen u. a.) ging der Energieverbrauch von 1973 (44,7 Mio. t SKE) bis 1989 (39,5 Mio. t SKE) um 12% zurück, vor allem durch Einsparungen beim Heizen.
Der *nichtenergetische Verbrauch* (Einsatz von Energieträgern als Rohstoff in der Chemie) verminderte sich von 29,9 Mio. t SKE (1973) auf 26,2 Mio. t SKE (1989), d. h. um 12%. Schließlich erhöhten sich Verbrauch und Verluste von Energieträgern im Energiesektor von 94,7 Mio. t SKE (1973) um 16% auf 109,8 Mio. t SKE (1989), vor allem wegen der Zunahme der Stromerzeugung um 47%.
Für den Bereich **Ostdeutschlands** (»neue« Bundesländer) liegen erstmals vergleichbare (vorläufige) Berechnungen vor. Hier ging der *Primärenergieverbrauch* von 128,2 (1989) auf 105,0 Mio. t SKE zurück, vor allem wegen der starken Produktionsrückgänge der Industrie, während der Energieeinsatz im Verkehr wegen der stark gestiegenen Mobilität zunahm. Im einzelnen wurden 1990 (1989) folgende *Energieträger* eingesetzt (in Mio. t SKE): Braunkohle 72,0 (87,7) – Mineralöl 18,0 (17,4) – Erdgas 9,0 (11,9) – Steinkohle 3,3 (5,3) – Kernenergie 2,2 (5,3) – Wasserkraft und sonstiges 0,5 (0,6).
Für 1991 ist der *Energiebedarf der BR Deutschland* vor allem wegen der Unsicherheit über die wirtschaftliche Entwicklung in Ostdeutschland schwer vorhersehbar. Einflußfaktoren sind außerdem die Wintertemperaturen (Heizungsbedarf), der voraussichtlich weiter zunehmende Verkehr, andererseits weitere Rationalisierung bei der Energieverwendung. Insgesamt wird für die gesamte *BR Deutschland* für 1991 mit einem *Energieverbrauch* gerechnet, der etwa in Vorjahreshöhe liegen dürfte (1990: 494,0 Mio. t SKE).
Für die folgenden Jahre rechnen die meisten *Prognosen* nicht mit größeren Veränderungen. Bis 2000 wird teils mit einem Zuwachs auf rd. 530–540 Mio. t SKE, teils aber auch mit einem weiteren Rückgang auf 470–480 Mio. t SKE gerechnet. Die Unsicherheit liegt im Konjunkturverlauf bzw. im Ausmaß der tatsächlichen Ausnutzung des möglichen Einsparungspotentials. Die Erfahrungen zeigen, daß in Zeiten des Wirtschaftswachstums und steigender Realeinkommen die Einsparungsbemühungen insbesondere der Privathaushalte stark nachlassen (z. B. Kfz-Verkehr). Spürbare Einsparungen sind daher vor allem durch gesetzliche Regelungen und technische Verbesserungen zu erwarten (z. B. Wärmedämmung der Gebäude, bessere Energieausnutzung durch Maschinen und Geräte, Verringerung der Umwandlungsverluste bei der Stromerzeugung, sparsamere Automotoren u. a.).
Realistischer als Gesamtprognosen sind Voraussagen über den *zukünftigen Anteil der einzelnen Energieträger,* da hierfür durch politische Entscheidungen und Investitionen der Energiewirtschaft frühzeitig die Weichen gestellt werden. So nehmen die meisten Prognosen bis 2000 für die »alten« Bundesländer einen Rückgang des Erdölanteils auf 36–38% (vor allem für Kfz-Verkehr und Raumheizung), einen Zuwachs der Steinkohle auf 21–22% (vor allem zur Stromerzeugung) und des Erdgases auf 18–19% (insbes. Raumheizung) an. Besonders ungewiß ist der künftige *Anteil der Kernenergie* (Prognosen zwischen 10–16%), da hier weniger wirtschaftliche als politisch-ideologische Entscheidungen eine Rolle spielen. Über den künftigen *Anteil regenerativer Energien* bestehen vielfach sehr optimistische Schätzungen, doch wird er realistischerweise bis 2000 kaum höher als 4–5% einzuschätzen sein (einschl. Wasserkraft). Derartige Prognosen über künftige Anteile der einzelnen Energieträger basieren selbstverständlich auch auf den **energiepolitischen Zielen der Bundesregierung**, durch die wichtige Weichen gestellt werden – vor allem bezüglich der Subventionierung einzelner Energieträger (z. B. Steinkohle). Die Bundesregierung fördert insbesondere
– den weiteren Abbau des Übergewichts eines einzigen Energieträgers (Erdöl),
– den weiteren Einsatz der heimischen Kohle – trotz ihrer Kostennachteile – aus Gründen der Versorgungssicherheit und des Arbeitsplatzerhalts,
– die weitere Nutzung der Kernenergie bis zur Einsatzreife einer wirtschaftlich anwendbaren und ökologisch vertretbaren »Nachfolge«-Energiequelle,
– Maßnahmen zur Abgasreinigung (inbes. Entschwefelung und Entstickung) bestehender Feuerungsanlagen (Verbrennungskraftwerke und Hausbrand),
– Maßnahmen zur Energieeinsparung und zur Entwicklung technisch nutzbarer erneuerbarer Energiequellen (z. B. Solar-, Windenergie).

Die weitere **Nutzung der Kernenergie** war auch 1990/91 in der BR Deutschland politisch umstritten. Die durch den *Unfall von Tschernobyl* (Apr. 1986) besonders stark emotionalisierte Diskussion wurde mit großer Heftigkeit weitergeführt. 3 gegensätzliche Meinungen stehen sich gegenüber:
1. Die *Grünen* und verwandte Gruppen fordern die *sofortige Abschaltung aller Kernkraftwerke in der BR Deutschland* und den bedingungslosen Verzicht auf die weitere Nutzung der Atomenergie, ohne Rücksicht auf Kosten und Folgen. Die dann fehlende elektrische Energie im Grundlastbereich soll durch massive Stromeinsparungen und durch vorübergehend erhöhte Leistung von Kohle- und Ölkraftwerken kompensiert werden. Längerfristig soll sich

kkpdie Stromerzeugung vor allem auf regenerierbare Energien und dezentrale Versorgungsstrukturen stützen (z. B. Wasser-, Wind-, Sonnenenergie).
2. Die *SPD* fordert den *mittelfristigen Verzicht auf die Atomenergie,* d. h. die Stillegung aller KKW nach einer gewissen Übergangszeit, während der alle konventionellen Wärmekraftwerke umweltfreundlicher umgerüstet werden sollen. Als erster Schritt soll auf Bau und Inbetriebnahme neuer KKW verzichtet werden.
3. Die *Bundesregierung* argumentiert, daß die Abschaffung der mit höchstem Sicherheitsstandard ausgestatteten deutschen KKW keinen Sicherheitsgewinn bringe, solange in den Nachbarländern Kernkraftwerke nicht nur weiter betrieben, sondern auch neu gebaut werden (z. B Frankreich). Außerdem ist, nach Meinung der zuständigen Sicherheitskommissionen, bei der Bau- und Betriebsweise der deutschen KKW ein Unfall wie etwa in Tschernobyl völlig ausgeschlossen. Solange keine ähnlich kostengünstige und umweltfreundliche Alternativenergie zur Verfügung steht (z. B. Kernfusion oder großtechnisch anwendbare Solarenergie), wäre es nach Ansicht der Bundesregierung *verantwortungslos, auf die Kernenergie zu verzichten*. Die BR Deutschland würde wegen der dann notwendigen Einsparungsmaßnahmen und Strompreiserhöhungen ihre Konkurrenzfähigkeit unter den großen Industriestaaten verlieren; außerdem sei der dann notwendige Betrieb weiterer großer Wärmekraftwerke wegen ihres Schadstoffausstoßes umweltpolitisch nicht zu verantworten.

Die *Hauptargumente der Kernenergiegegner* sind die *Gefahren für Mensch und Umwelt bei möglichen schweren Unfällen* (unter Umständen sehr weitflächige Strahlenverseuchung) und die *Problematik der Endlagerung* langfristig strahlender radioaktiver Abfälle, die für Jahrtausende sicher verwahrt werden müssen. Kernenergie ist nach dieser Meinung »technisch nicht beherrschbar«, da nicht jedes Restrisiko ausgeschlossen werden könne, außerdem »sozialunverträglich« wegen der strengen Sicherheitsmaßnahmen, durch die z. B. Sabotageakte oder der Diebstahl strahlenden Materials ausgeschlossen werden müssen.

Die *Kernenergiebefürworter* argumentieren vor allem mit der *Umweltverträglichkeit* (keine Abgase), der *Schonung der fossilen Brennstoffe* (Kohle, Erdöl, Gas) und den *Betriebskosten* (preisgünstige Stromerzeugung im Grundlastbereich, die in der BR Deutschland sonst nur bei Verwendung von Importkohle zu erreichen wäre). Zu den Gefahren führen die Befürworter der Kernenergie an, daß – störungsfreien Normalbetrieb der Atomkraftwerke vorausgesetzt – alle konventionellen Großkraftwerke gefährlicher und umweltbelastender arbeiten, wenn man alle Gefahren beim Bau und Betrieb von Kraftwerken, bei der Gewinnung und beim Transport der Brennstoffe und bei der Abfallbeseitigung berücksichtigt. Die Befürworter der Kernenergie gehen davon aus, daß man angesichts der in der BR Deutschland geltenden Sicherheitsvorschriften von einem Normalbetrieb der Kernkraftwerke ausgehen und das »Restrisiko« als extrem unwahrscheinlich vernachlässigen kann. Die Kernenergiegegner glauben dagegen, den nicht zu leugnenden tatsächlichen Gefahren der konventionellen Stromerzeugung die zwar sehr unwahrscheinlichen, aber immerhin denkbaren und im Falle des Eintretens ungleich größeren Gefahren von Kernkraftwerksunfällen gegenüberstellen zu müssen.

Unterstützung bekamen die *Befürworter der Kernenergie* in letzter Zeit vermehrt von *Klimatologen*, die vor den Folgen einer weiteren Erwärmung der Erdatmosphäre durch *Verstärkung des »Treibhauseffektes«* warnen. Hauptverursacher dieses Effektes, durch den die Wärmeabstrahlung der Erde verringert wird, ist das Kohlendioxid (CO_2), das bei jeder Verbrennung entsteht, in besonders starkem Maße also durch Verbrennungskraftwerke *(→ WA '91, Sp. 939ff.)*.

Ende 1990 (1989) waren **weltweit** in 25 (26) Ländern **415** (424) **Kernkraftwerksblöcke** mit einer Bruttoleistung von insges. 338,375 (336,416) Tsd. Megawatt (MW) in Betrieb, davon 318 (325) Leichtwasserreaktoren. Die *Stromerzeugung durch Kernkraftwerke* stieg 1990 um 4,2% auf 1,737 Gigawatt-Std. (GWh; ohne Ostblockländer, für die keine entspr. Daten veröffentlicht wurden). *Kernenergie* lieferte 1990 knapp *20% der Weltstromproduktion*.

1990 wurden in 6 Ländern insgesamt 10 *Kernkraftwerksblöcke* mit einer Bruttoleistung von 10355 MW in Betrieb genommen, davon 3 in Frankreich, je 2 in Japan und USA, je 1 in Kanada, Indien und in der UdSSR. Im Bau waren Ende 1990 78 Blöcke in 17 Ländern; 11 waren bestellt, aber noch nicht im Bau; 52 Blöcke waren (endgültig oder vorübergehend) im ganzen Jahr 1990 abgeschaltet; 8 Leistungs- und 2 Forschungsreaktoren wurden 1990 endgültig stillgelegt. (Alle Zahlen nach »Atomwirtschaft – Atomtechnik« 1991/3; die Angaben über KKW sind in verschiedenen Quellen z. T. unterschiedlich, je nachdem, ob Forschungs- und Versuchsreaktoren oder zeitweilig abgeschaltete Kraftwerke einbezogen werden).

Zahl und Bruttoleistung (in Gigawatt = 1 Mrd. Watt) der Kernkraftwerke (Blöcke) Anfang 1991: USA 111/105,410 – Frankreich 55/55,008 – UdSSR 51/37,720 – Japan 41/32,224 – Großbritannien 31/14,630 – BR Deutschland 20/22,365 – Kanada 19/13,850 – Schweden 12/10,255 – Rep. Korea (Süd-K.) 9/7,626 – Spanien 9/7,363 – ČSFR 8/3,520 – Indien 8/1,800 – Belgien 7/5,772 – Rep. China

(Taiwan) 6/5,144 – Bulgarien 6/3,760 – Schweiz 5/3,079 – Finnland 4/2,400 – Ungarn 4/1,760 – Südafrika 2/1,930 – Argentinien 2/1,015 – Niederlande 2/0,539 – Mexiko 1/0,675 – Jugoslawien 1/0,664 – Brasilien 1/0,657 – Pakistan 1/0,137. Zusätzlich zu diesen Ländern waren 1990/91 Anlagen im Bau in der VR China, in Kuba, Rumänien und im Iran. Gemessen an der Stromerzeugung waren auch 1990 *Kernkraftwerke in der BR Deutschland* weltweit unter den leistungsfähigsten bzw. zuverlässigsten. Nach der *Bruttostromproduktion* 1990 (in GWh) führten: Grohnde 10694, Emsland 10610, Neckar–2 10382 (jeweils BR Deutschland), Palo Verde–3 10241 (USA), Isar–2 9866, Biblis-B 9716 (beide BR Deutschland).

Betriebsergebnisse der Kernkraftwerke der BR Deutschland 1990
(nach »Atomwirtschaft – Atomtechnik« 1991/3; Reihenfolge nach dem Datum der Inbetriebnahme)

Kraftwerke *(Bruttoleistung, Jahr der Inbetriebnahme)*	*Brutto-Stromerzeugung in Mrd. kWh 1990*	*Arbeitsverfügbarkeit (Lastfaktor)*
Obrigheim (357 MW, 1968)[1,2]	1,236	0,39%
Stade (672 MW, 1972)[1,2]	4,428	0,75%
Würgassen (670 MW, 1972)[1,2]	1,143	0,20%
Biblis A (1204 MW, 1974)[1]	5,376	0,50%
Biblis B (1300 MW, 1976)	9,716	0,84%
Neckar 1 (840 MW, 1976)[1]	6,192	0,84%
Brunsbüttel (806 MW, 1976)[2]	5,011	0,71%
Isar 1 (Ohu) (907 MW, 1977)	5,302	0,66%
Unterweser (Esenshamm) (1300 MW, 1978)[1]	8,941	0,79%
Philippsburg 1 (900 MW, 1979)[1]	5,435	0,69%
Grafenrheinfeld (1300 MW, 1981)[1]	8,353	0,73%
Krümmel (1316 MW, 1983)[1]	9,226	0,80%
Gundremmingen B (1300 MW, 1984)[1]	8,929	0,78%
Grohnde (1394 MW, 1984)[1]	10,694	0,88%
Gundremmingen C (1308 MW, 1984)[1]	8,673	0,76%
Philippsburg 2 (1349 MW, 1984)[1]	8,970	0,77%
Brokdorf (1395 MW, 1986)[1]	8,761	0,72%
Isar 2 (Ohu, 1390 MW, 1988)[1]	9,866	0,81%
Emsland (1341 MW, 1988)[1]	10,610	0,92%
Neckar 2 (1316 MW, 1989)[1]	10,382	0,90%

[1] = zeitweise außer Betrieb wegen Umbau oder Reparatur
[2] = zeitweise außer Betrieb wegen behördl. Anordnung

In der **BR Deutschland** ging 1990 kein neues Kernkraftwerk in Betrieb, es war auch keines im Bau. In den westlichen Bundesländern wurde 1990 kein KKW stillgelegt, während die 5 KKW in der ehemaligen DDR aus Sicherheitsgründen endgültig abgeschaltet wurden. Die *Stromerzeugung aus KKW* sank 1990 in den »alten« Bundesländern leicht auf 147,2 (1989: 149,5) Mrd. kWh und erreichte einen *Anteil* von 32,6% an der *gesamten Stromproduktion* bzw. von 38,2% an der *Stromerzeugung für die öffentliche Versorgung*. In der *ehem. DDR* erzeugten die KKW 1990 (1989) noch 5,5 (12,3) Mrd. kWh, d. h. 5,3 (12,6) % der Stromerzeugung.

Die **Entsorgung der Kernkraftwerke** in der *BR Deutschland* ist seit Jahren heftig umstritten. Ein Hauptargument der Kernenergiegegner ist die Warnung vor dem Langzeitrisiko durch hochgradig strahlende Atomkraftwerksabfälle, die wegen der sehr langen Zeiträume bis zum Abklingen der Radioaktivität nicht gefahrlos zu beseitigen seien. Nach den Vorstellungen der Bundesregierung soll die *Entsorgung der Kernkraftwerke* durch Zwischenlager, Wiederaufarbeitung und schließlich ein zentrales Endlager gewährleistet werden. Als Standort für das *Endlager* wird seit einigen Jahren ein unterirdischer Salzstock bei Gorleben (Niedersachsen) auf seine Eignung untersucht. Der *Wiederaufarbeitung* dient eine kleinere in Betrieb befindliche Anlage in Karlsruhe. Der Weiterbau der ursprünglich geplanten nationalen Wiederaufarbeitungsanlage *(WAA Wackersdorf)* wurde Anf. 1989 gestoppt. Die am Bau beteiligten Energieversorgungsunternehmen beschlossen statt dessen, sich an der französischen Anlage in La Hague zu beteiligen und auf eine eigene deutsche Anlage zur Wiederaufarbeitung abgebrannten Kernbrennmaterials zu verzichten.

Holzindustrie → *Holz (Kap. Landwirtschaft)*

Kraftfahrzeugherstellung → *Straßenverkehr (Kap. Verkehr)*

Maschinenbau
Der Maschinenbau gehörte auch 1990, wie in den Vorjahren, weltweit zu den wichtigsten Industriebranchen und nahm in vollem Umfang am Wachstum der Industrieproduktion teil. In der *BR Deutschland* stieg sein *Umsatz* 1989–90 um 8,3% auf 210,175 Mrd. DM; die Zahl der *Beschäftigten* stieg ebenfalls an, aber nur um 5,5% auf 1,075 Mio. im Jahresdurchschnitt 1990. Hierin zeigen sich starke Automatisierungseffekte. Trotzdem war der Maschinenbau nach der Beschäftigtenzahl wieder die größte Industriebranche. Das Wachstum beruhte vor allem auf der Herstellung von Werkzeug-, Druck- und Papier-, Textil- und Kunststoffmaschinen, auch – im Gegensatz zu den Vorjahren – von landwirtschaftlichen und Baumaschinen. Aufgrund der Konjunkturabschwächung in wichtigen Abnehmerländern (z. B. USA) und verstärkter Konkurrenz kostengünstiger produzierender ostasiatischer Länder (insbes. Ja-

pan) stagnierte der Export. Der *Auslandsumsatz* erreichte nur noch 44,1% des Gesamtumsatzes (1989: 45,9%). Größte Abnehmerländer waren Frankreich und die USA. Insgesamt stand der deutsche Maschinenbau 1990 weltweit nach dem Umsatz an 3. Stelle (nach USA und UdSSR), nach dem Exportvolumen an 2. Stelle (nach USA und vor Japan). – In den nächsten Jahren werden durch den Aufbau in den »neuen« Bundesländern günstige Absatzchancen gesehen.

Mineralölprodukte Produktion von ① Benzin – ② Kerosin und Flugzeugbenzin – ③ leichtem Heizöl – ④ schwerem Heizöl (nach UNO-Angaben) 1989 in Mio. t

	①	②	③	④
USA	300,3	69,4	146,4	52,5
Japan	28,6	20,0	45,9	31,7
VR China	20,6	4,0	25,8	32,0
Großbritannien	27,2	9,4	23,3	15,0
Italien	16,0	3,8	25,7	22,4
BR Deutschland	20,1	2,1	34,1	8,1
Kanada	26,2	6,4	22,4	7,9
Frankreich	17,2	4,9	27,8	12,5
Saudi-Arabien (1988)	9,6	4,3	17,0	23,2
Mexiko (1988)	15,5	3,0	10,5	23,3
Niederlande	8,4	6,1	17,4	14,1
Brasilien (1988)	9,0	2,9	21,5	11,9
Spanien	9,9	4,1	13,2	16,8
Indien	3,2	5,5	19,5	8,9
Venezuela (1988)	7,5	3,2	12,8	13,6
Rep. Korea (Süd.-K.)	2,1	1,7	12,3	16,0
Indonesien (1988)	3,8	6,1	8,4	9,9
Australien	11,7	2,6	8,9	2,3
u. a. DDR	4,9	0,0	6,4	4,2
Österreich	2,3	0,3	2,6	1,6
Schweiz (1988)	1,0	0,3	1,6	0,7

Keine Angaben für die UdSSR

Nahrungsmittelindustrie
Das Produzierende Ernährungsgewerbe (Nahrungsmittelbe- und -verarbeitung, nur Betriebe ab 20 Beschäftigte) gehörte auch 1990 dem Umsatz nach zu den größten Industriebranchen der *BR Deutschland* (vergleichbar mit dem Umsatz von Maschinenbau oder Elektrotechnik). Der Export dieser Branche ist dagegen nur schwach entwickelt und betrug 1990 nur 9,0% des Umsatzes. Das *Ernährungsgewerbe* hatte 1990 (1989) einen *Umsatz* von 182,733 (165,230) Mrd. DM; hiervon entfielen 1990 in Mrd. DM u. a. auf Molkereien und Käsereien 24,809 – Brauereien 16,633 – Fleischwarenindustrie 13,571 – Süßwarenherstellung 13,440 – Schlachthäuser 9,899 – Nährmittelherstellung 9,600 – Obst- und Gemüseverarbeitung 9,116 – Backwarenherstellung 8,972 – Mineralwasser- und Limonadenherstellung 8,980 – Futtermittelherstellung 8,980 – Kaffee- und Teeverarbeitung 7,844 – Spirituosenherstellung 6,065 – Herstellung von Dauermilch, Milchpräparaten und Schmelzkäse 5,916 – Zuckerindustrie 4,982. – Die Zahl der *Beschäftigten* betrug Ende 1990 481500, davon Backwarenherstellung 86482 – Brauereien 52982 – Süßwarenherstellung 43810 – Fleischwarenindustrie 43449. – Da im gesamten Bereich der Branche kaum noch Verbrauchszuwächse stattfinden, verändern sich die Inlandsumsätze vor allem im Rahmen von Preisschwankungen einzelner Produkte. Der relativ hohe Zuwachs 1990 geht zum großen Teil auf die Nachfrage aus der ehem. DDR zurück.

Papier *Produktion* 1988 (1987) in Mio. t von *Papier und Pappe*/davon *Zeitungspapier*

USA	78,008	(68,934) / 5,428	(5,300)
Japan	24,625	(22,537) / 3,067	(2,669)
Kanada	16,609	(16,057) / 9,970	(9,673)
VR China (1987/'86)	11,777	(11,130) / 0,633	(0,552)
UdSSR	10,821	(10,020) / 1,694	(1,663)
BR Deutschland	10,700	(9,967) / 0,890	(0,801)
Finnland	8,653	(8,219) / 1,273	(1,309)
Schweden	8,172	(7,812) / 2,064	(1,975)
Frankreich	6,506	(5,836) / 0,371	(0,288)
Italien	5,512	(4,882) / 0,250	(0,225)
Brasilien	4,600	(4,446) / 0,240	(0,232)
Großbritannien	4,343	(4,178) / 0,541	(0,497)
Spanien	3,408	(3,251) / 0,175	(0,156)
Mexiko (1987 bzw. '86)	2,469	(2,376) / 0,351	(0,367)
Österreich	2,650	(2,357) / 0,252	(0,246)
Niederlande	2,462	(2,168) / 0,304	(0,212)
u. a. DDR	1,362	(1,340) / –	(0,124)
Schweiz	1,216	(1,147) / 0,263	(0,248)

Weltproduktion 1988 (1987) an Papier insges. 226,200 (212,837) Mio. t, davon 32,800 (30,672) Mio. t Zeitungspapier. – Die *BR Deutschland* war auch 1990 der größte Papierproduzent Europas. Die *Papierindustrie* erzeugte 1989 (1988) 11,3 (10,6) Mio. t Papier, Karton und Pappe, davon rd. 40% Druck- und Pressepapier, 35% Verpackungspapier und -pappe, je 7–8% Büro- und Hygienepapiere, der Rest technische Spezialpapiere. Die Exporte erhöhten sich 1989 um 8% auf 4,1 Mio. t, die Importe betrugen 5,9 Mio. t. Der *Verbrauch* in der *BR Deutschland* stieg 1989 auf 13,1 Mio. t. Der *Einsatz von Altpapier* stieg 1989 auf 4,7 Mio. t. Mit ihrer Wiederverwendungsrate von fast 45% gehört die Papierindustrie zu den am stärksten Recycling betreibenden Branchen.

Schiffbau → *Kap. Verkehr*

Schuhe *Produktion* von Straßenschuhen (ganz oder teilweise aus Leder) 1988 in Mio. Paar: UdSSR 819 – Italien (1984) 420 – USA 235 – Frankreich (1987) 183 – Polen 167 – Rep. China (Taiwan) 134 – ČSFR 114 – Japan 56 – Großbritannien 52 – DDR 50 – BR

Deutschland 41 – Australien 34. *Weltproduktion* 1987 4,162 Mio. Paar.
In der *BR Deutschland* ging die *Schuhproduktion* 1990 (1989) auf rd. 66 (69) Mio. Paar zurück (einschl. Textilschuhe); 1970 waren es noch 160 Mio. Paar. Der *Export* betrug 1990 rd. 50 Mio. Paar, der *Import* stieg auf rd. 280 Mio. Paar, davon allerdings ca. 40% Eigenimporte deutscher Hersteller. Von den verkauften Schuhen waren 1990 über 90% importiert (1960 erst 10%, 1970 36%).

Stahl (Rohstahl) *Erzeugung* 1989 (1988 und 1980) in Mio. t (nach »Stat. Jahrbuch d. Stahlindustrie«)

UdSSR	160,077	(163,037)	(147,996)
Japan	107,909	(105,681)	(111,384)
USA	88,414	(90,631)	(100,800)
VR China	61,430	(59,430)	(37,116)
BR Deutschland	41,073	(41,029)	(43,812)
Italien	25,171	(23,762)	(26,496)
Brasilien	25,017	(24,657)	(15,252)
Rep. Korea (Süd-K.)	21,873	(19,118)	–
Großbritannien	18,792	(19,065)	(11,280)
Frankreich	18,690	(18,598)	(23,172)
ČSFR	15,465	(15,380)	(15,228)
Kanada	15,458	(14,866)	(15,888)
Polen	14,835	(16,873)	(19,488)
Belgien-Luxemburg	14,615	(14,883)	(12,420)
Indien	14,429	(14,309)	(9,432)
Rumänien	13,500	(14,500)	(13,176)
Spanien	12,765	(11,886)	(12,552)
Südafrika	9,567	(8,837)	(8,976)
Rep. China (Taiwan)	8,657	(8,288)	(5,000)
Türkei	7,852	(7,982)	–
DDR	7,829	(8,133)	(7,308)
Mexiko	7,791	(7,784)	(7,008)
DVR Korea (Nord-K.)	6,850	(6,830)	–
Australien	6,732	(6,387)	(7,896)
Niederlande	5,681	(5,518)	(5,268)
u. a. Österreich	4,718	(4,560)	(5,028)

Weltproduktion von Rohstahl 1989 (1988) 782,738 (779,568) Mio. t.
Die wichtigsten *Stahl-Exporteure* waren 1989 (in Mio. t): BR Deutschland 19,869 – Japan 19,809 – Belgien-Lux. 13,987 – Frankreich 11,511 – UdSSR (1987) 9,118 – Italien 7,724 – Großbritannien 6,715 – Brasilien (S) 6,700 – Rep. Korea (Süd-K., S) 6,000. *Haupt-Importländer* waren 1989 (in Mio. t): USA 16,6 – VR China (S) 16,5 – BR Deutschland 12,4 – UdSSR (S) 9,5.
Die *Weltproduktion von Stahl* nahm 1990 erneut leicht zu und erreichte rd. 785 Mio. t. Das Produktionswachstum verlangsamte sich wegen der Konjunkturabschwächung in einigen westlichen Industrieländern und der Wirtschaftskrise der östlichen Industriestaaten (zurückgehende Stahlerzeugung). Gesteigert wurde die Produktion in den exportorientierten »Schwellenländern«. Damit setzte sich der seit längerem zu beobachtende Trend fort, daß die billiger produzierenden Entwicklungsländer die traditionellen europäisch-nordamerikanischen Stahlproduzenten zunehmend von den Exportmärkten, vor allem für Massenstahl, verdrängen. Gute Absatzmöglichkeiten für Stahl aus USA und den EG-Ländern bestehen auf dem Weltmarkt heute nur noch bei stark spezialisierten hochwertigen Produkten (z. B. Speziallegierungen, nahtlose Stahlrohre). Insgesamt stieg wegen dieser Entwicklung die *Stahlproduktion in den Entwicklungsländern* 1981–1989 von 58,4 auf 100,9 Mio. t (ohne China), während sie in den westlichen Industrieländern von 401,9 (1981) auf 360,5 Mio. t (1987) zurückging und auch 1989 nur 395 Mio. t erreichte. Noch deutlicher ist die Entwicklung 1950–1989 zu erkennen: Der Anteil an der Weltstahlproduktion sank für die westlichen Industrieländer von 80 auf 50% und stieg dafür von 19 auf 28% für die Ostblockländer bzw. von 2 auf 13% für die Entwicklungsländer. Am stärksten hatten die *USA* unter der Umstrukturierung des Weltstahlmarktes zu leiden. Ihr *Anteil an der Weltstahlproduktion* sank von 47% (1950) über 26% (1960), 20% (1970), 14% (1980) auf 11% (1989).
In den *EG-Ländern* nahm die Stahlproduktion 1990 – konjunkturell bedingt – wieder leicht ab, nachdem sie 1988–89 mit starken Zuwächsen die krisenhafte Zeit Mitte der 80er Jahre überwunden hatte. Vor allem die nachlassende Industriekonjunktur in einigen EG-Ländern sowie verringerte Ausfuhren führten zum *Rückgang der EG-Stahlerzeugung* 1990 (1989) auf 136,489 (139,587) Mio. t. Der *Abbau der Beschäftigten* setzte sich fort. Ihre Zahl sank in den EG-Ländern von 424,0 Tsd. (1987) auf 362,3 Tsd. (Ende 1990), verglichen mit rd. 800 Tsd. (1975).
Auch die *Stahlindustrie der BR Deutschland* konnte 1990 nicht mehr an den Aufschwung der beiden Vorjahre anknüpfen. Die *Stahlerzeugung* erreichte 1990 (1989) 38,434 (41,073) Mio. t, davon 84% Oxygenstahl und 16% Elektrostahl. Die Zahl der *Beschäftigten*, die in den letzten Jahren sehr stark abgebaut worden war (1980: 201 Tsd. – 1989: 130,5 Tsd.), ging auch 1990 weiter zurück (125,8 Tsd. Ende 1990). Der *Stahlaußenhandel der BR Deutschland* betrug 1990 12,443 Mio. t Importe und 13,660 Mio. t Exporte.

Textilindustrie
Die *Textil- und Bekleidungsindustrie der BR Deutschland* konnte auch 1990 – wie in den Vorjahren – wieder ein leichtes Wachstum erzielen. Der *Umsatz* der deutschen Textilindustrie stieg 1990 um 4,9% auf 41,296 Mrd. DM (real +1,8%). Der *Auslandsumsatz* stieg nur um 3,7% und erreichte einen Anteil von 28,7% am Gesamtumsatz. Die Bekleidungsindustrie bot ein etwas günstigeres

Bild; der Umsatz nahm um 9,5 % auf 26,773 Mrd. DM zu.

Insgesamt hat sich die Situation dieses Industriezweigs stabilisiert, nachdem in den letzten 15–25 Jahren die Kapazitäten durch zahlreiche Betriebsstilllegungen an die Absatzmöglichkeiten angepaßt worden waren. So sank die Zahl der *Beschäftigten* in der *Textil- und Bekleidungsindustrie* von zusammen 820000 (1960) auf nur noch 370700 (Ende 1990, davon Textil 207500 und Bekleidung 163200). Die Ursache dieser Abnahme sind Rationalisierungsmaßnahmen und die wachsenden Importe. Mit 42,5 Mrd. DM an *Einfuhren* war die *BR Deutschland* 1990 zweitgrößter Textil- und Bekleidungsimporteur nach den USA. Bei bestimmten Artikeln, wie Herrenhemden, Damenkostüme und Miederwaren, beträgt die Importquote über 90%. Allerdings gehört die BR Deutschland auch zu den wichtigsten *Exporteuren* von Textilien und Bekleidung (1990 30,8 Mrd. DM Exporte).

Die *ostdeutsche Textilindustrie* war 1990 von drastischen Rückgängen betroffen, da die bisherigen Hauptabsatzmärkte in Osteuropa weitgehend wegfielen und die Erzeugnisse nach Wegfall der staatlichen Subventionen im Westen nicht konkurrenzfähig sind. Von den 300000 Arbeitsplätzen der Textil- und Bekleidungsindustrie der DDR (1989) gingen bis Mitte 1991 schon 130000 verloren.

Einer gewissen Regulierung des Welthandels dient das *Welttextilabkommen*. Es wurde erstmals 1973 zwischen Industrie- und überwiegend asiatischen Entwicklungsländern abgeschlossen und 1986 für weitere 5 Jahre verlängert. Dem WTA gehören z. Z. 54 Länder an; es regelt und begrenzt vor allem die Textil- und Bekleidungsexporte aus Entwicklungsländern (sog. »Niedriglohnländer«) und Ostblockländern durch Quotenregelungen, um die europäische und nordamerikanische Industrie eine gewisse Zeit vor übermäßiger Konkurrenz zu schützen und ihre Umstrukturierung zu erleichtern. Die Einfuhren der BR Deutschland fallen zu etwa 50 % (mengenmäßig) bzw. 40 % (wertmäßig) unter die Regelungen des WTA.

Produktion von Geweben (nach UNO-Angaben; in verschiedenen, nicht ineinander umrechenbaren Maßeinheiten) 1989 (1988):

Baumwollgewebe (ganz oder überwiegend aus Baumwolle)

	in Mio. lfd. m	
VR China (1988 bzw. '87)	17616,0	(17300,4)
Indien	9133,2	(9840,0)
USA (1987 bzw. '86)	3271,2	(2306,4)
Rep. China (Taiwan; S)	1400,0	(1260,0)
Polen[1]	756,0	(781,2)
ČSFR[1]	696,0	(651,6)
Ägypten (1987 bzw. '86)	577,2	(607,2)

Baumwollgewebe *(Forts.)*

Türkei[1]	464,4	(492,0)
Bulgarien[1]	357,6	(361,2)
Großbritannien	206,4	(218,4)
	in 1000 t	
Italien (1988 bzw. '87)	216,0	(224,4)
BR Deutschland	176,4	(182,4)
Frankreich	140,4	(135,6)
Mexiko[1] (1987 bzw. '86)	85,2	(76,8)
Portugal	72,0	(72,0)
u. a. Österreich	16,8	(16,8)
	in Mio. m^2	
UdSSR	8054,4	(8113,2)
Japan	1915,2	(1885,2)
Hongkong	858,0	(804,0)
Rumänien[1] (1987 bzw. '86)	710,4	(730,8)
Rep. Korea (Süd-K.)[1]	644,4	(618,0)
Jugoslawien (1988 bzw. '87)	358,8	(368,4)
DDR	304,8	(303,6)
Pakistan[1]	282,0	(266,4)
Ungarn[1]	250,8	(294,0)

Wollgewebe (ganz oder teilweise aus Wolle)

	in Mio. lfd. m	
VR China (1988 bzw. '87)	266,4	(258,4)
Polen[1]	96,7	(100,9)
ČSFR[1]	60,2	(58,9)
Bulgarien[1]	36,7	(45,0)
	in 1000 t	
Frankreich	58,6	(65,8)
Belgien	36,6	(35,9)
BR Deutschland[1]	32,3	(33,0)
Portugal	10,8	(10,4)
u. a. Österreich	2,4	(3,8)
	in Mio. m^2	
UdSSR	708,0	(708,5)
Japan	321,8	(353,0)
Jugoslawien ('88 bzw. '87)	104,4	(104,9)
DDR (1986 bzw. '85)	83,5	(77,2)
Großbritannien	45,6	(89,0)
Rep. Korea (Süd-K).[1]	21,0	(18,6)

[1] = Menge bzw. Gewicht nach dem Fertigungsprozeß (Bleichen, Färben usw.)

Zement Erzeugung 1989 (1988 und 1980) in Mio. t (nach UNO-Angaben)

VR China	207,600	(204,144)	(79,860)
UdSSR	140,304	(138,096)	(124,800)
Japan	80,316	(72,384)	(87,960)
USA (ohne Naturzem.)	71,388	(71,544)	(67,884)
Indien	44,568	(40,716)	(17,700)
Italien	39,708	(38,220)	(41,856)
Rep. Korea (Süd-K.)	30,120	(29,544)	(15,636)
BR Deutschland	28,500	(26,352)	(34,260)
Spanien	27,372	(24,372)	(28,008)
Brasilien	26,508	(25,332)	(27,192)
Frankreich	25,992	(23,272)	(29,100)
Türkei	23,808	(22,668)	(14,808)
Mexiko	23,760	(23,304)	(16,260)
Polen	17,112	(16,980)	(18,844)

Zement *(Forts.)*

Großbritannien (1988 bzw. '87) . . .	16,512	(14,316)	(14,808)
Indonesien	15,660	(12,096)	(7,800)
Thailand	15,024	(11,520)	(6,732)
u. a. DDR	12,264	(12,516)	(12,444)
Österreich	4,752	(4,788)	(5,460)
Schweiz (1988 bzw. '87)	4,944	(4,596)	(4,248)

Weltproduktion 1989 (1988) 1,050 (1,058) Mrd. t. In der *BR Deutschland* hatte die Zementproduktion wegen des rückläufigen Bauvolumens *(→ Bauindustrie)* jahrelang abgenommen. Die seit 1988 wieder angestiegene Bautätigkeit bringt auch der Zementindustrie wieder Umsatzzuwächse.

Zigaretten *Produktion* (nach UNO-Angaben) 1987 in Mrd. Stück: USA 677,971 – UdSSR 378,475 – Japan 309,100 – Brasilien 161,400 – BR Deutschland 157,586 – Indonesien 124,432 – Polen 98,666 – Spanien 90,777 – Bulgarien (einschl. Zigarren) 90,298 – Großbritannien[1] 89,900 – Rep. Korea (Süd-K.) 81,816 – Italien 70,447 – Indien[1] 64,782 – Philippinen 61,072 – Niederlande 57,400 – Jugoslawien 56,128 – Mexiko 54,644 – Frankreich 54,120 – Kanada 54,030 – u. a. DDR 22,625 – Schweiz 24,863 – Österreich 15,067.

[1] = ohne kleinere Fabriken

Weltproduktion 1987 (1986) 5008,844 (4873,774) Mrd. Stück.

In der *BR Deutschland* nahm 1990 die *Produktion* von Zigaretten und anderen Tabakerzeugnissen erneut zu, während der *Verbrauch* – wie im Vorjahr – stagnierte. Folgende Mengen wurden 1990 (1989) im Inland versteuert: Zigaretten 130,076 (120,318) Mrd. – Zigarillos und Zigarren 1,291 (1,245) Mrd. – Feinschnitt 14,602 (14,744) Tsd. t – Pfeifentabak 1,276 (1,357) Tsd. t. Der *Zigarettenverbrauch* betrug 1990 (1989) 1944 (1942) Stück pro Einw. und Jahr (Zigarren: 8 [8] Stück).

WELTHANDEL

Entwicklung des Welthandels (Exporte) 1980–1990 (in Mrd. $, nach UNO-Angaben)

	1980	*1982*	*1984*	*1985*	*1986*	*1987*	*1988*	*1989*	*1990*
Volumen . .	1997,8	1830,8	1909,4	1932,4	2123,3	2499,9	2833,8	3020,3	3355,2
Veränderung gegenüber Vorjahr									
nominal .	+22%	−7%	+5%	+1%	+10%	+17%	+13%	+7%	+11 %
real . . .	+2%	−3%	+7%	+3%	+6%	+6%	+9%	+6%	+5%

Der **Welthandel** hatte zu Beginn der 80er Jahre ein stagnierendes und zeitweise (z. B. 1982) sogar rückläufiges Volumen aufgewiesen (vgl. Tab.). 1986 begann eine *stärkere Expansion,* die auch 1987 und 1988 (real +9%) anhielt. 1989 zeigte sich eine leichte Abschwächung (+7%), die sich 1990 fortsetzte (nach ersten vorläufigen Berechnungen +5%). Nominal, d. h. ohne Abzug von Preis- und Wechselkursveränderungen, betrug die *Steigerung des Welthandelsvolumens* sogar 10% (1986), 17% (1987), 13% (1988), 7% (1989) und rd. 11% (1990). Insbesondere stärkere Preisveränderungen bei weltweit gehandelten Rohstoffen (z. B. Mineralöl), aber auch bei Industrieerzeugnissen, sowie die Wechselkursveränderungen vieler Währungen gegenüber dem US-$, in dem die Welthandelsstatistik geführt wird, sorgten für die zeitweise große Differenz zwischen nominaler und realer Zunahme.

Nach vorläufigen Berechnungen von GATT und UNO belief sich der Wert der **Exporte aller am Welthandel beteiligten Länder** 1990 auf rd. 3355,2 Mrd. $, verglichen mit 3020,3 Mrd. $ im Vorjahr. Die Steigerungsrate nahm also nominal zu, real dagegen ab.

Der **freie Welthandel** wurde auch 1990/91 durch *staatlichen Protektionismus* stark beeinträchtigt, d. h. Maßnahmen zum Schutz der eigenen Wirtschaft vor Importen, besonders wenn diese billiger oder qualitativ besser sind. Viele *Entwicklungsländer* versuchen, Einfuhren von Industriegütern zum Schutz der eigenen, im Aufbau begriffenen Industrie sowie zur Deviseneinsparung zu reglementieren bzw. zu verhindern. Andererseits wollen viele *Industrieländer* ihre eigene Industrie durch Importrestriktionen vor der Konkurrenz billiger produzierender Entwicklungsländer (besonders »Schwellenländer« wie Hongkong, Taiwan, Süd-Korea) schützen, um Arbeitsplätze zu erhalten (z. B. Schutz der westeuropäischen Textilindustrie durch das Welttextilabkommen, → *Textilindustrie*). Aber auch im Handel der Industrieländer untereinander nahmen in den letzten Jahren protektionistische Tendenzen zu (z. B. Maßnahmen der USA gegen japanische Einfuhren,

Die führenden Welthandelsländer
(Nach Angaben der UNO und des IWF, Werte für 1989 vorläufig, Einfuhr cif, Ausfuhr fob)

1990	(1989)	Einfuhr in Mrd. $	1990	(1989)
1.	(1.)	USA	516,715	(493,195)
2.	(2.)	BR Deutschland	342,627	(269,883)
3.	(3.)	Japan	234,806	(210,840)
4.	(5.)	Frankreich	233,138	(192,484)
5.	(4.)	Großbritannien	224,938	(197,728)
6.	(6.)	Italien	172,513	(152,913)
7.	(9.)	Niederlande	121,567	(104,266)
8.	(8.)	Kanada	116,461	(114,004)
9.	(10.)	Belgien-Luxemburg	115,737	(99,700)
10.	(7.)	UdSSR	112,000	(114,549)
11.	(12.)	Spanien	87,694	(71,429)
12.	(11.)	Hongkong	82,496	(72,153)
13.	(15.)	Schweiz	69,869	(58,222)
14.	(13.)	Rep. Korea (Süd-K.)	64,857	(61,448)
15.	(16.)	Rep. China (Taiwan)	58,300	(52,260)
16.	(17.)	Singapur	54,543	(49,676)
17.	(18.)	Schweden	54,074	(48,891)
18.	(14.)	VR China	48,636	(58,561)
19.	(20.)	Österreich	47,407	(38,873)
20.	(19.)	Australien	38,293	(40,021)

1990	(1989)	Ausfuhr in Mrd. $	1990	(1989)
1.	(2.)	BR Deutschland	398,445	(342,372)
2.	(1.)	USA	394,045	(363,812)
3.	(3.)	Japan	286,948	(275,173)
4.	(4.)	Frankreich	209,823	(178,846)
5.	(5.)	Großbritannien	185,976	(152,447)
6.	(6.)	Italien	160,896	(138,503)
7.	(7.)	Kanada	126,996	(116,037)
8.	(9.)	Niederlande	125,171	(107,877)
9.	(10.)	Belgien-Luxemburg	113,535	(101,287)
10.	(8.)	UdSSR	101,483	(109,227)
11.	(11.)	Hongkong	82,160	(73,140)
12.	(12.)	Rep. China (Taiwan)	68,400	(66,200)
13.	(15.)	Schweiz	63,884	(51,549)
14.	(13.)	Rep. Korea (Süd-K.)	62,129	(62,375)
15.	(16.)	Schweden	56,065	(51,542)
16.	(18.)	Spanien	55,640	(44,467)
17.	(14.)	VR China	55,151	(51,631)
18.	(17.)	Singapur	49,541	(44,678)
19.	(20.)	Österreich	39,699	(32,429)
20.	(19.)	Australien	38,740	(36,650)

auf Druck der USA zustande gekommene »Selbstbeschränkungsvereinbarungen« mit Japan, Konkurrenz zwischen USA und EG-Ländern im Agraraußenhandel). Zur Zeit unterliegen nach Untersuchungen von Weltbank und IWF rd. 52% des Welthandelsvolumens mit verarbeiteten Produkten irgendwelchen Restriktionen zusätzlich zu regulären Zöllen (sog. »*Nichttarifäre Handelshemmnisse*«, z. B. Importabgaben, Ausfuhrsubventionen, diskriminierende Einfuhrhindernisse, »freiwillige« Exportbeschränkungen usw.).

Eine andere den Welthandel hemmende Tendenz ist die zunehmende Forderung nach *Kompensations-(Gegen-)Geschäften* (»countertrade«, »bartertrade«) bis hin zum reinen Waren-Tauschhandel. Insbesondere Entwicklungsländer, die UdSSR und die südosteuropäischen Staaten fordern wegen ihrer Devisenknappheit und hohen Verschuldung häufig Gegengeschäfte, die oft die einzige Möglichkeit sind, mit diesen Ländern ins Geschäft zu kommen. Der *Gesamtumfang von Gegengeschäften* aller Art wird z. Z. auf rd. 25% des Welthandelsvolumens geschätzt, beim sog. »Osthandel« auf 40–50%.

Die **Richtung der wichtigsten Welthandelsströme** änderte sich 1989–90 nicht. Bezüglich ihrer Stärke setzten sich die Tendenzen der Vorjahre fort, d. h. die westlichen Industrieländer konnten ihre führende Position als Handelsmächte weiter ausbauen, und die rohstoffexportierenden Entwicklungsländer verbuchten Zuwächse, während die Ostblockländer und die übrigen Entwicklungsländer weiter an Bedeutung einbüßten. Vom *Gesamtwert der Weltexporte* entfielen 1990 (1989) 72,1 (70,4)% (= rd. 2419,4 [2126,7] Mrd. $) auf die *westlichen Industrieländer* und 5,5 (6,5)% (= 185,0 [195,7] Mrd. $) auf die *Länder des ehem. Ostblocks* (RGW). Die Exporte der *Entwicklungsländer* stiegen aufgrund von Preissteigerungen bei einigen Rohstoffen, aber auch wegen realer Ausfuhrzuwächse und wegen der anhaltenden Exportoffensive der ostasiatischen »Schwellenländer« leicht auf 750,8 (698,0) Mrd. $ (= 22,4 [23,1]%) der Weltexporte). Die OPEC-Länder *(→ Sp. 735f.)* als Gruppe innerhalb der Entwicklungsländer steigerten ihre Exporte 1990 (1989) auf rd. 152,5 (141,3) Mrd. $, während die am wenigsten entwickelten Länder (»LDC«) nur auf eine Exportsumme von 9,0 (8,5) Mrd. $ kamen. – In der Tabelle der *führenden Welthandelsländer* gab es verhältnismäßig geringe Verschiebungen; hierbei ist zu beachten, daß sich Veränderungen der Außenhandelswerte, die international in US-$ berechnet werden, auch durch Wechselkursschwankungen gegenüber dem $ ergeben können.

Nach vorläufigen Berechnungen der UNO lag 1990 bei den *exportierenden Staaten* die **BR Deutschland** mit 398,445 Mrd.$ Ausfuhren wieder – wie schon 1986–88 – an 1. Stelle vor den **USA** mit 394,045 Mrd. $. 1989 hatten die USA mit 363,812 Mrd. $ vor Deutschland mit 342,372 Mrd. $ die Rangfolge angeführt, doch überholte das vereinigte Deutschland die USA wieder. Die Exporte **Japans** erhöhten sich erneut, so daß das Land mit 286,948

Die wichtigsten Außenhandelspartner der BR Deutschland (ohne ehem. DDR)
(Herstellungs- und Verbrauchsländer, nach »Wirtschaft und Statistik«, 1991/3)

Einfuhr	*in Mrd. DM 1990*	*(1989)*	*in % 1990*	*Ausfuhr*	*in Mrd. DM 1990*	*(1989)*	*in % 1990*
1. Frankreich	65,095	(60,403)	11,8	1. Frankreich	83,771	(84,314)	13,0
2. Niederlande	55,942	(51,903)	10,2	2. Italien	59,979	(59,807)	9,3
3. Italien	51,830	(45,189)	9,4	3. Großbritannien	54,711	(59,359)	8,5
4. Belgien-Luxemburg	39,760	(34,968)	7,2	4. Niederlande	54,276	(54,395)	8,4
5. Großbritannien	37,041	(34,687)	6,7	5. Belgien-Luxemburg	47,760	(45,979)	7,4
6. USA	36,975	(38,265)	6,7	6. USA	46,849	(46,624)	7,3
7. Japan	32,881	(32,143)	6,0	7. Schweiz	38,439	(38,147)	6,0
8. Österreich	23,934	(20,995)	4,3	8. Österreich	36,836	(35,269)	5,7
9. Schweiz	23,291	(21,237)	4,2	9. Spanien	22,789	(21,756)	3,5
10. Schweden	13,193	(12,793)	2,4	10. Japan	17,415	(15,268)	2,7
11. Spanien	12,966	(10,503)	2,4	11. Schweden	16,649	(18,353)	2,6
12. Dänemark	10,984	(9,237)	2,0	12. Dänemark	11,938	(12,103)	1,9
13. UdSSR	9,122	(8,556)	1,7	13. UdSSR	10,357	(11,526)	1,6
14. Norwegen	7,806	(7,240)	1,4	14. Jugoslawien	8,168	(7,266)	1,3
15. VR China	7,661	(5,797)	1,4	15. Finnland	7,117	(7,680)	1,1
16. Jugoslawien	7,304	(6,350)	1,3	16. Türkei	6,514	(4,534)	1,0
17. Rep. China (Taiwan)	6,140	(5,597)	1,1	17. Griechenland	6,347	(6,435)	1,0
18. Finnland	5,680	(5,176)	1,0	18. Portugal	5,955	(5,543)	0,9
19. Türkei	5,559	(4,670)	1,0	19. Norwegen	5,534	(5,233)	0,9
20. Polen	5,164	(3,580)	0,9	20. Südafrika	4,930	(6,128)	0,8

(1989: 275,173) Mrd. $ wieder mit großem Abstand an 3. Stelle stand. – Bei den *Importen* rangierten die **USA** mit einem auf 516,715 (1989: 493,195) Mrd. $ erhöhten Wert wiederum sehr weit vor der **BR Deutschland** mit 342,627 (1989: 269,883) Mrd. $. Dann folgten knapp aufeinander Japan mit 234,806 und Frankreich mit 233,138 Mrd. $ Einfuhren. Das Handelsbilanzdefizit der USA erreichte mit 118,270 Mrd. $ wieder einen sehr hohen Wert, der allerdings gegenüber den Vorjahren weiter gesenkt werden konnte (1987 noch –170,3 Mrd. $). Japan (+52,142 Mrd. $) und die BR Deutschland (+55,818 Mrd. $) konnten dagegen wieder hohe Außenhandelsüberschüsse erwirtschaften. – Die *führenden Welthandelsländer* waren auch 1990 die *USA,* die *BR Deutschland* und *Japan,* gefolgt von *Frankreich* und *Großbritannien*. Auf den nächsten Plätzen standen wiederum die übrigen großen westlichen Industriestaaten *Italien, Kanada*, die *Niederlande* und *Belgien* (mit Luxemburg), zwischen denen als einziges »Staatshandelsland« die *UdSSR* bei den Ein- und Ausfuhren jeweils auf dem 10. Platz lag. Auf den nächsten Plätzen der Außenhandels-Rangliste ist vor allem die starke Stellung der *ostasiatischen »Schwellenländer«* Rep. China (Taiwan), Rep. Korea (Süd-K.), Hongkong und Singapur bemerkenswert, während alle rohstoffexportierenden Länder (z. B OPEC) aus der Liste der 20 größten Welthandelsländer verschwunden sind.

Der **Außenhandel der BR Deutschland** (ohne die neuen Bundesländer) zeigte 1990 ein gegenüber den Vorjahren verändertes Bild, da es eine kräftige Zunahme nur noch bei den Importen, nicht mehr – entgegen langjährigen Trends – bei den Exporten gab. Die *Importe* wuchsen 1990 (1989) um 8,7 (15,2) %, die *Exporte* um 0,3 (13,0) %, so daß der *Überschuß* um 31,6 % zurückging. Bei realer statt nominaler Rechnung, d. h. bei Abzug der Preisveränderungen, betrug das Wachstum des Außenhandels 12% (Importe) bzw. 1,5% (Exporte). Bei einer *regionalen Aufgliederung der Handelsströme* zeigt sich, daß die Bedeutung der westlichen Industrieländer, insbesondere auch der EG-Partner, für den deutschen Außenhandel unverändert groß ist. Der Handelsaustausch mit den Entwicklungs- und mit den »sozialistischen« Staatshandelsländern nahm zwar zu, blieb aber insgesamt relativ unbedeutend im Vergleich zum Handel mit den Industrieländern.

Die Ursachen für die *deutliche Zunahme der Importe bei stagnierenden Exporten* liegen

a) im Inland: lebhafte Binnenkonjunktur mit steigenden Konsumausgaben und starker Investitionstätigkeit sowie Nachfrage nach Auslandsgütern auch seitens der neuen Bundesländer,

b) im Ausland: nachlassende Konjunktur in wichtigen Abnehmerländern, wobei sich die Steigerung des Außenwertes der DM gegenüber den wichtigsten

anderen Währungen zusätzlich verteuernd und damit hinderlich für den deutschen Export auswirkte.
Aufgrund des *verminderten Außenhandelsüberschusses* sank 1990 auch der *Aktivsaldo der gesamten Leistungsbilanz* beträchtlich unter das Niveau des Vorjahres und erreichte nur noch +77,353 Mrd. DM (ab Juli 1990 einschl. DDR) gegenüber +107,619 Mrd. DM (1989) (→ *BR Deutschland, Sp. 317ff.;* alle folgenden Zahlenangaben nach »Wirtschaft und Statistik«, H. 1991/2–4). Vor allem aufgrund der stark gestiegenen Einfuhren konnte die **BR Deutschland** auch 1990 den Rang als *zweitwichtigstes Welthandelsland* behaupten – nach den USA und vor Japan, Frankreich und Großbritannien. Beim Export von Industriegütern stand die BR Deutschland sogar wiederum an 1. Stelle im Welthandel. Insgesamt stiegen die **Einfuhren** 1990 nominal auf 550,576 Mrd. DM (1989: 506,465 Mrd. DM). Die **Ausfuhren** erhöhten sich nur leicht von 641,041 Mrd. DM (1989) auf 642,654 Mrd. DM. Aus diesen Werten ergibt sich der erwähnte **Rückgang des Außenhandelsüberschusses** auf nur noch 92,078 Mrd. DM, nachdem 1989 noch ein Rekordüberschuß von 134,576 Mrd. DM erzielt worden war. (Zum Vergleich: Die *Exportüberschüsse* stiegen zuletzt folgendermaßen an: 1983: 42,089 – 1984: 53,966 – 1985: 73,353 – 1986: 112,619 – 1987: 117,736 – 1988: 128,045 – 1989: 134,576 Mrd. DM.)
Für das Gebiet des vereinigten Deutschland liegen vorläufige Außenhandelszahlen vor. Demnach betrugen die Ausfuhren 680,7 Mrd. DM und die Einfuhren 573,4 Mrd. DM. Daraus ergibt sich ein Überschuß von 107,3 Mrd. DM. (Die folgenden Zahlen beziehen sich nur auf die »alte« BR Deutschland).
Die höchsten **Überschüsse** (in Mrd. DM) erzielte die BR Deutschland 1990 im Handel mit Frankreich (18,676 gegenüber 23,911 [1989]), Großbritannien (17,671 gegenüber 24,671 [1989]), der Schweiz (15,148), Österreich (12,902), den USA (9,874), Spanien (9,824), Italien (8,150), Belgien-Lux. (8,000), Schweden (3,456), dem Iran (2,889), Griechenland (2,827) und Südafrika (1,995). Die größten **Defizite** (in Mrd. DM) ergaben sich im Handel mit Japan (–15,466), der VR China (–3,782), Libyen (–2,330), Norwegen (–2,272), der Rep. China/Taiwan (–2,241), Brasilien (–2,217), Irland (–1,985), Hongkong (–1,878), den Niederlanden (–1,665; dagegen 1989 ein Überschuß von 2,493), Argentinien (–0,942) und Nigeria (–0,812). Der immer noch sehr hohe Außenhandelsüberschuß der BR Deutschland resultiert also fast ausschließlich aus den stark positiven Salden im Warenaustausch mit den übrigen westlich orientierten Industriestaaten (ausgenommen Japan). Negative Salden traten vor allem im Handel mit den ostasiatischen Industrie- und »Schwellenländern« auf, die Industrieprodukte exportieren, sowie gegenüber den Rohstofflieferanten unter den Entwicklungsländern (z. B. Erdöl, Kaffee, Erze).

Die wichtigsten **Außenhandelspartner der BR Deutschland** waren auch 1990 – wie schon in den Vorjahren – mit weitem Abstand die übrigen westlichen Industriestaaten, und zwar sowohl als Einkaufs- wie auch als Käuferländer (Ursprungs- und Bestimmungsländer). Auf sie entfielen 1990 (1989) 85,4 (85,6) % der deutschen Ausfuhren, und sie lieferten 82,5 (82,7) % der Einfuhren. Die **EG-Länder** waren allein zu 54,5 (55,0) % an den Exporten und zu 52,1 (51,1) % an den Importen in die BR Deutschland beteiligt. Auf die anderen europäischen Industrieländer des Westens (vor allem **EFTA**) entfielen 18,8 (18,4) % der Ausfuhren und 16,0 (15,7) % der Einfuhren. Der Anteil des Handels mit den EG-Partnern – Ein- und Ausfuhren zusammengezählt –

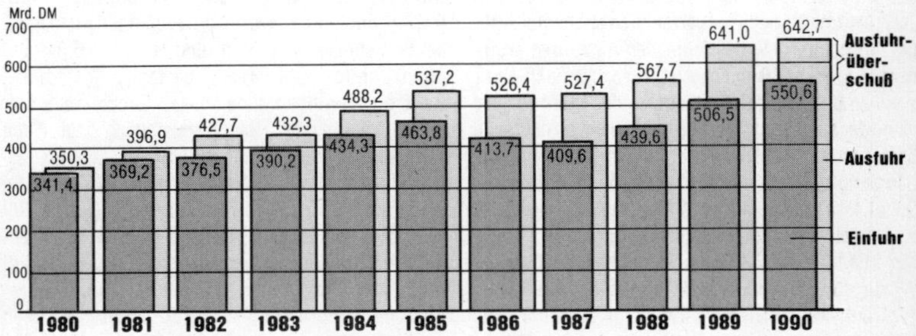

Die Entwicklung des Außenhandels der BR Deutschland 1980–1990
(Nach Angaben des Statistischen Bundesamtes)

Der Außenhandel der BR Deutschland nach Ländergruppen (ohne ehem. DDR)

Liefer- bzw. Bezugsländer	Importe in Mrd. DM			Exporte in Mrd. DM		
	1988	*1989*	*1990*	*1988*	*1989*	*1990*
Westliche Industrieländer	364,117	418,711	454,481	488,162	548,961	549,014
darunter						
EG-Länder	227,362	258,660	286,585	308,195	352,668	350,260
andere europ. Länder	70,049	79,357	87,846	106,306	117,872	120,558
Nordamerika	37,721	42,621	41,472	50,523	51,740	51,554
Staatshandelsländer (Ostblock)	20,461	25,143	29,609	24,723	29,306	27,471
Entwicklungsländer	54,751	62,285	66,201	53,945	61,761	65,127
darunter in						
Afrika	11,263	12,229	13,538	9,995	10,910	11,348
Amerika	13,450	15,492	15,072	9,937	11,617	12,213
Asien	29,355	33,708	37,186	33,900	39,116	41,427
Insgesamt	439,609	506,465	550,576	567,654	641,041	642,654

erhöhte sich 1990 auf 53,4% des gesamten deutschen Außenhandelsvolumens. Der Exportüberschuß im Handel mit den anderen EG-Ländern verringerte sich allerdings 1990 auf 63,675 Mrd. DM (1989 noch 94,008 Mrd. DM), da die Ausfuhren in die EG-Partnerländer zurückgingen, während die Einfuhren erneut beträchtlich zunahmen.

Die vorderen Plätze in der *Im- und Exportstatistik* wurden auch 1990 von *EG-Ländern* eingenommen. **Frankreich** behielt seinen **1. Rang als Abnehmerland** (13,0% aller deutschen Ausfuhren), und es blieb 1990 auch **wichtigstes Lieferland** mit 11,8% aller *Importe* in die BR Deutschland. Den 2. und 3. Platz bei den Lieferanten nahmen auch 1990 wieder die Niederlande und Italien mit 10,2% bzw. 9,4% der Importe ein, während die USA nur noch an 6. Stelle lagen und von Belgien-Luxemburg und Großbritannien überholt wurden. – Bei den wichtigsten deutschen *Exportkunden* gab es 1990 gegenüber 1989 ebenfalls leichte Verschiebungen. Nach Frankreich folgten Italien, Großbritannien, die Niederlande und Belgien/Luxemburg. Die Exporte in die *USA* stiegen zwar wertmäßig leicht an, erreichten aber anteilsmäßig nur noch 7,3% der deutschen Ausfuhren (1987 noch 9,5% – 1986 noch 10,5%), so daß die USA nur noch an 6. Stelle der Auslandskunden standen. Vor allem der $-Kurs machte sich negativ für die deutsche Exportwirtschaft bemerkbar. Der deutsche Ausfuhrüberschuß gegenüber den USA betrug 1990 nur noch 9,874 Mrd. DM, während der Handel mit den USA z.B. noch 1986 einen positiven Saldo von 28,342 Mrd. DM für die BR Deutschland ergeben hatte.

Wichtigster *überseeischer Handelspartner* war, nach den USA, auch 1990 **Japan** mit einem 7. Platz unter den Liefer-, aber nur 10. Platz bei den Abnehmerländern. Wegen einer Steigerung der deutschen Exporte von 15,268 auf 17,415 Mrd. DM verringerte sich das traditionelle deutsche Außenhandelsdefizit mit Japan von 16,875 (1989) auf 15,466 Mrd. DM (1990), da die japanischen Exporte nur noch von 32,143 (1989) auf 32,881 Mrd. DM (1990) zunahmen.

Beim **Handel mit den außereuropäischen Entwicklungsländern** setzte sich der 1988 begonnene Aufschwung (nach mehreren Jahren der Stagnation) weiter fort. Die deutschen *Ausfuhren,* die als Folge der Devisenarmut und hohen Verschuldung der meisten Entwicklungsländer 1986 und 1987 abgenommen und 1988 nur leicht zugenommen hatten, stiegen 1989 um 14,5% und 1990 um 5,5% auf nunmehr 65,127 Mrd. DM an. Ein hoher Anteil dieser Exporte und ihrer Zunahme entfiel auf die relativ reichen Entwicklungsländer, vor allem die ostasiatischen »Schwellenländer« (z.B. Zunahme der Ausfuhren nach Malaysia um 31,1% auf 1,664 Mrd. DM, in die Rep. Korea [Südkorea] um 12,7% auf 4,703 Mrd. DM, nach Thailand um 22,9% auf 2,240 Mrd. DM oder nach Singapur um 7,4% auf 3,291 Mrd. DM). – Auch die *Einfuhren* aus den Entwicklungsländern stiegen wieder an, und zwar um 6,3% auf 66,201 Mrd. DM. Hier spielten z.T. erhöhte Rohstofflieferungen eine Rolle, andererseits der erneut verstärkte Handelsaustausch mit den »Schwellenländern« Ost- und Südostasiens (z.B. Erhöhung der Importe aus Singapur um 17,7% auf 2,936 Mrd. DM, aus Thailand um 12,6% auf 2,209 Mrd. DM, aus der Rep. China/Taiwan um 9,7% auf 6,140 Mrd. DM oder aus Hongkong um 6,8% auf 5,022 Mrd. DM).

Auch die Importe aus den **OPEC-Ländern** nahmen 1990 wieder zu (um 14,2% auf 14,110 Mrd. DM). Hier liegt die Ursache bei erhöhten Erdöllieferungen (von 34,122 [1989] auf 36,284 Mio. t [1990]) und gleichzeitigen Preissteigerungen. So erhöhte sich der Preis pro t Erdöl frei deutsche Grenze von 257 DM (1989) auf durchschnittlich 279 DM (1990). Die Ausfuhren in die OPEC-Länder konnten um 10,4% auf 18,103 Mrd. DM gesteigert werden. Hieran war vor allem der Iran stark beteiligt, dessen Bezüge aus der BR Deutschland um 65,5% auf 4,173 Mrd. DM anstiegen. Aber auch z. B. Venezuela (+34,0%), Indonesien (+45,5%) oder die Ver. Arab. Emirate (+29,2%) steigerten ihre Einfuhren aus der BR Deutschland stark. Insgesamt betrug jedoch der OPEC-Anteil an den deutschen Ausfuhren nur 2,8% gegenüber 9% zu Beginn der 80er Jahre. Per Saldo ergab der Handel mit den OPEC-Ländern 1990 einen deutschen Überschuß von 3,993 Mrd. DM, da der Erdölbedarf nur noch zu 50,1% von OPEC-Ländern gedeckt wurde (1974 noch 94,9%).

Im *Handel mit Entwicklungsländern* insgesamt, bei dem schon 1988 und 1989 Defizite aufgetreten waren, ergab sich auch 1990 ein negativer Saldo für die BR Deutschland von –1,074 Mrd. DM. Dies kam den **übrigen Entwicklungsländern** (d. h. ohne OPEC) zugute, denen gegenüber die BR Deutschland mit 5,066 Mrd. DM ins Defizit geriet (Ausfuhren 47,025 – Einfuhren 52,091 Mrd. DM). Die Entwicklungsländer konnten auf diese Weise stärker als in den vergangenen Jahren durch den Handelsaustausch dringend benötigte Devisen erwirtschaften. Der *Anteil aller Entwicklungsländer* am deutschen Außenhandel betrug 1990 11,0% (1989: 10,8%).

Die **sozialistischen »Staatshandelsländer«** (einschl. der im wirtschaftlichen Umbruch befindlichen Reformländer Osteuropas) wurden auch in der Außenhandelsstatistik 1990 als eigene Gruppe ausgewiesen (ehem. RGW-Staaten, Albanien, VR China und Nord-Korea, jedoch ohne DDR). Die Entwicklung dieses sog. **»Osthandels«** verlief 1990 sehr unterschiedlich. Während die deutschen Bezüge um 17,8% auf 29,609 Mrd. DM zunahmen, verringerten sich die Exporte in diesen Bereich um 6,3% auf nur noch 27,471 Mrd. DM. Hier zeigte sich vor allem die Devisenknappheit dieser Länder. Das Resultat war ein deutsches Osthandels-Defizit von 2,138 Mrd. DM, nachdem 1989 noch ein positiver Saldo von 4,163 Mrd. DM erwirtschaftet worden war. Am stärksten stiegen die Einfuhren aus Polen (um 44,2% auf 5,164 Mrd. DM) und China (+32,1%), während es bei den Ausfuhren teils Zunahmen (Rumänien, ČSFR, Polen), teils größere Abnahmen gab.

Insgesamt war der *Anteil des »Osthandels« am deutschen Außenhandel* auch 1990 relativ unbedeutend. Die Exporte betrugen nur 4,3% aller Ausfuhren, die Importe machten 5,4% der Einfuhren aus. Bei den deutschen Ost-Exporten dominierten auch 1990 – wie in den Vorjahren – die Lieferungen von Maschinen, Fahrzeugen, Chemikalien und spezialisierten Metallerzeugnissen. Die deutschen Bezüge bestanden überwiegend aus Rohstoffen (z. B. Erdöl und -gas aus der UdSSR, landwirtschaftliche Produkte). – Der mit Abstand *wichtigste Osthandelspartner* war auch 1990 die *UdSSR* (30,8% der Einfuhren, 37,7% der Ausfuhren im Osthandel).

Der »Osthandel« der BR Deutschland 1990

Wichtigste Handelspartner	*Einfuhr*		*Ausfuhr*	
	in Mrd. DM (Veränderung gegenüber 1989 in %)			
UdSSR	9,122	(+6,6)	10,357	(–10,1)
VR China	7,660	(+32,1)	3,879	(–15,9)
Polen	5,164	(+44,2)	4,691	(+4,9)
Ungarn	3,254	(+21,1)	3,364	(–7,9)
ČSFR	2,704	(+8,4)	3,079	(+12,6)
Rumänien . . .	1,116	(–27,5)	1,113	(+90,6)
Bulgarien . . .	0,396	(+21,2)	0,788	(–46,4)

Bei den **Waren und Gütern**, die im Ex- und Import der BR Deutschland (nur »alte« Bundesländer) 1990 gehandelt wurden, ergaben sich gegenüber den Vorjahren keine wesentlichen Veränderungen. Insgesamt dominierte wieder sehr stark der Außenhandel mit Waren der gewerblichen Wirtschaft (Rohstoffe, Halb- und Fertigwaren); ihr Anteil betrug 1990 (1989) bei der Einfuhr 87,8 (87,3)%, bei der Ausfuhr sogar 94,8 (94,7)%. Der Anteil der Land- und Ernährungswirtschaft erreichte infolgedessen nur 12,2 (12,7)% bzw. 5,2 (5,3)% des Außenhandels.

Die wichtigsten *Einfuhrgüter* waren 1990 (mit Anteil am Gesamt-Einfuhrwert): elektrotechnische Erzeugnisse 10,0% – chemische Erzeugnisse 9,7% – Straßenfahrzeuge 9,3% – Maschinen 6,7% – Nahrungs- und Genußmittel 6,0% – Erzeugnisse der Land- und Forstwirtschaft und Fischerei 5,5% – Textilien 5,1% – Erdöl und Erdgas 5,0% (1985: noch an 1. Stelle mit 12,4%) – Bekleidung 4,0% – Büromaschinen und Datenverarbeitungsgeräte 4,0% – NE-Metalle und Metallhalbzeug 3,6% – Eisen und Stahl 3,2% – Luft- und Raumfahrzeuge 3,1% – Mineralölerzeugnisse 2,7%. Die höchsten *Zuwachsraten bei den Einfuhren* hatten 1989–90 Straßenfahrzeuge (+25,9%) – Erdöl und Erdgas (+20,1%) – Maschinen (+19,1%) – Bekleidung (+17,2%) – Holzwaren (+16,5%) – Mineralölerzeugnisse (+14,3%); stärkere *Abnahmen* gab es 1990 bei der Einfuhr von NE-Metallen (–13,4%) sowie Eisen und Stahl (–5,1%).

Bei der *Ausfuhr* dominierten 1990 (Anteil an der Gesamtausfuhr) in fast gleicher Reihenfolge wie im Vorjahr: Straßenfahrzeuge 18,0% – Maschinen 15,9% – chemische Erzeugnisse 12,9% – elektrotechnische Erzeugnisse 11,4% – Erzeugnisse des

Nahrungs- und Genußmittelgewerbes 4,1 % – Textilien 3,6 % – Eisen und Stahl 3,5 % – Eisen-, Blech- und Metallwaren 2,9 % – Kunststofferzeugnisse 2,5 % – Luft- und Raumfahrzeuge 2,3 % – Büromaschinen und Datenverarbeitungsgeräte 2,2 % – NE-Metalle und Metallhalbzeug 2,0 – feinmechanische und optische Erzeugnisse 1,8 %. Höhere *Zuwachsraten* gegenüber 1989 zeigte die Ausfuhr von Papier und Pappe (+7,1 %) – Holzwaren (+5,7 %) – Bekleidung (+5,4 %) – Maschinen (+4,5 %). *Rückgänge* beim Export gab es 1989–90 u. a. bei Eisen und Stahl (–13,5 %) – NE-Metallen (–13,2 %) – Luft- und Raumfahrzeugen (–6,4 %) – Erzeugnissen der Land- und Forstwirtschaft und Fischerei (–6,1 %).

Die **Außenhandelsbilanz der Waren und Güter** ergab 1990 für die BR Deutschland folgendes Bild: Der größte Einfuhrüberschuß war – im Gegensatz zum Vorjahr – bei Erdöl und Erdgas zu verzeichnen, die wegen anziehender Preise und größerer Importmenge mit 27,075 Mrd. DM an die 1. Stelle rückten (zum Vergleich: 1988: –20,095 – 1989: –22,563 Mrd. DM). An 2. Stelle standen Erzeugnisse der Land- und Forstwirtschaft und Fischerei mit einem Einfuhrüberschuß von 23,918 Mrd. DM (1989: 23,678 Mrd. DM). Es folgten mit hohen Passiva in Mrd. DM 1990 (1989): Bekleidung 12,582 (9,846) – Mineralölerzeugnisse 10,364 (9,128) – Büromaschinen und Datenverarbeitungsgeräte 7,701 (6,260) – NE-Metalle und Metallhalbzeug 6,918 (8,025) – Papier, Pappe, Zellstoff 6,434 (5,885) – Lebensmittel und Tabakwaren 6,246 (3,121) – Textilien 5,269 (3,249) – Schuhe 4,811 (4,121).

Die größten *Außenhandelsüberschüsse* ergaben sich (in Mrd. DM) 1990 (1989) bei: Maschinen 65,511 (67,048) – Straßenfahrzeuge 64,600 (74,720) – chemische Erzeugnisse 29,351 (32,717) – elektrotechniche Erzeugnisse 18,337 (22,705) – Eisen-, Blech- und Metallwaren 7,477 (8,304) – Kunststofferzeugnisse 6,085 (6,758) – Stahlbauerzeugnisse und Schienenfahrzeuge 3,146 (3,562) – Druckereierzeugnisse 3,036 (3,271) – Papier- und Pappewaren 2,648 (2,650).

Die **DDR** zählte, im Gegensatz zur BR Deutschland, bis zur Währungsunion 1990 auch den *innerdeutschen Handel* zum Außenhandel. Im letzten vollständig gezählten Jahr 1989 betrug der *Außenhandelsumsatz der DDR* (Importe und Exporte) 285,806 Mrd. M Valutagegenwert (1 DM = 4,40 M VGW). Die *Ausfuhr* betrug 1989 (1988) 141,096 (135,283) Mrd. M VGW, davon 1989 48,5 % in westliche Industrieländer (darunter 32,4 % in EG-Länder), 43,2 % in RGW-Länder (darunter 23,8 % in die UdSSR), 5,2 % in Entwicklungsländer. Die *Einfuhr* betrug 1989 (1988) 144,710 (141,699) Mrd. M VGW, davon 53,1 % aus den westlichen Industrieländern (darunter 32,7 % aus EG-Ländern), 39,4 % aus den RGW-Ländern (darunter 22,0 % aus der UdSSR), 4,1 % aus den Entwicklungsländern. Die

Die **bedeutendsten Außenhandelspartner der DDR 1989 (1988)** (nach »Statist. Jahrb. der DDR 1990«) in Mrd. M Valutagegenwert

	Exporte		*Importe*	
	1989	*(1988)*	*1989*	*(1988)*
UdSSR	33,541	(34,131)	31,901	(34,471)
BR Deutschland . .	30,235	(28,969)	28,608	(25,701)
ČSFR	7,738	(7,987)	6,660	(6,853)
Polen	6,378	(6,228)	6,422	(6,124)
Frankreich	4,434	(3,959)	6,087	(3,481)
Ungarn	5,587	(5,629)	4,928	(4,749)
Schweiz-Liechtenstein	3,502	(2,237)	6,815	(7,087)
Österreich	2,406	(2,309)	6,575	(5,858)
Niederlande	2,711	(2,295)	3,587	(4,535)
Rumänien	2,865	(2,705)	2,659	(2,439)
Großbritannien . .	3,007	(2,561)	2,431	(2,824)
Bulgarien	2,768	(3,072)	2,652	(2,721)

Einfuhren aus den westlichen Industrieländern hatten in den 80er Jahren stark zugenommen, ihr Anteil stieg von 40,0 % (1985) auf 53,1 % (1989), während der Anteil der UdSSR von 32,4 % (1985) auf nur noch 22,0 % (1989) zurückging.

Für das ganze Jahr 1990 wurde der *Außenhandel der DDR* nach den Maßstäben der BR Deutschland berechnet, d. h. ohne den innerdeutschen Handel. Nach dieser Berechnungsmethode sanken die *Einfuhren der DDR* von 41,142 (1989) auf 22,152 Mrd. DM (1990), d. h. um 44,5 %. 67 % der Einfuhren entfielen 1990 auf die Länder des ehem. RGW (»Ostblock«). Die *Ausfuhren* sanken um 7,4 % von 41,105 (1989) auf 38,072 Mrd. DM (1990), davon 80 % in den ehem. »Ostblock«. Der *Außenhandelsüberschuß* belief sich 1990 auf 15,220 Mrd. DM.

In **Österreich** konnte der *Außenhandel* 1990 erneut kräftig expandieren, wenn er auch nicht mehr die Zuwachsraten des Vorjahres erreichte. Der *Export* stieg, vor allem aufgrund starker Nachfrage aus den westlichen Industrieländern, nominal um 10,7 % auf 466,067 Mrd. S an (1989: 429,310 Mrd. S). Da die *Einfuhren* leicht stärker wuchsen, nämlich um 11,0 % auf 556,234 Mrd. S (1989: 514,686 Mrd. S), vermehrte sich das *Handelsbilanzdefizit* 1990 (1989) leicht auf 90,167 (85,376) Mrd. S.

Bei den *Importen* dominierten wieder die EG-Länder, aus denen Österreich 68,3 % seiner Einfuhren bezog (BR Deutschland allein 43,7 %). Der Anteil der EFTA-Partnerländer betrug demgegenüber nur 7,1%, während derjenige der ehem. RGW-Länder (»Ostblock«), trotz einer leichten Steigerung des Importwertes, erneut absank (auf 6,0% gegenüber noch 11,7% 1984). Bei den *Ausfuhren* stieg der EG-Anteil auf 64,5%. Das schon traditionell hohe *Defizit im EG-Handel* stieg weiter an und erreichte 1990 79,541 Mrd. S.(1989: 75,178). Hiervon entfielen allein auf den *Handel mit der BR Deutschland* 72,032 Mrd. S, während z. B. mit Großbritannien und Spanien größere Ausfuhrüberschüsse erreicht wurden. Mit der EFTA (10,1% der Exporte) ergab sich ein gegenüber dem Vorjahr verringerter Außenhandelsüberschuß von 8,006 (1989: 8,930) Mrd. S, der vor allem auf den positiven Saldo im Handel mit der Schweiz zurückging (+8,687 Mrd. S). Der Saldo mit den ehem. Ostblockstaaten war mit +6,157 Mrd. S weniger stark positiv als 1989 (+7,608 Mrd. S), während sich mit den Entwicklungsländern ein erhöhtes Defizit von 10,299 Mrd. S ergab (einschl. OPEC-Länder).

Die *wichtigsten Außenhandelspartner* waren 1990 (Einfuhr/Ausfuhr in Mrd. S): 1. BR Deutschland 243,068/171,036 – 2. Italien 50,347/45,782 – 3. Schweiz 23,679/32,366 – 4. Frankreich 23,375/ 22,139 – 5. USA 20,190/14,913 –6. Japan 25,243/ 7,433 – 7. Großbritannien 14,278/18,061 – 8. Niederlande 15,733/13,508 – 9. Belgien-Luxemburg 15,328/9,559 – 10. UdSSR 10,242/10,076 – 11. Ungarn 8,736/10,477 – 12. Jugoslawien 6,430/ 12,417 – 13. Schweden 9,718/8,526 – 14. Spanien 5,291/10,113 – 15. ČSFR 6,408/8,643 – 16. Polen 5,011/4,373 – u. a. DDR 1,714/3,419. – Bei den *Einfuhrgütern* standen 1990 Maschinen und Fahrzeuge mit 211,008 Mrd. S (davon PKW 38,826) an erster Stelle vor chemischen Erzeugnissen (55,151), Textilien und Bekleidung (50,102), Energierohstoffen (34,993) und Ernährungsgütern (25,519). – Bei den *Ausfuhren* dominierten ebenfalls Maschinen und Fahrzeuge (174,723) vor Textilien und Bekleidung (40,012), chemischen Erzeugnissen (39,475) sowie Eisen und Stahl (30,337 Mrd. S).

In der **Schweiz** erhöhte sich das *Außenhandelsvolumen* 1990 wesentlich weniger stark als im Vorjahr. Die Abschwächung des Außenhandels mit zurückgehenden Zuwachsraten beim Import und beim Export erklärt sich durch die schwächere internationale Konjunktur, das verringerte Wirtschaftswachstum im Inland (schwächere Importnachfrage) und den deutlich stärkeren Frankenkurs (+6%), der die Exporte verteuerte. Das *Außenhandelsdefizit* konnte gesenkt werden *(→ Tabelle)*, denn die Einfuhren nahmen mit nominal 1,5% (real rd. 3%) in geringerem Maße zu als die Ausfuhren (nominal +4,8%, real +3,5%; Unterschiede durch Preis- und Wechselkursänderungen).

	Einfuhr	*Ausfuhr* (in Mrd. sfr.)	*Saldo*
1980	58,972	48,581	–10,392
1982	58,060	52,659	– 5,401
1984	69,024	60,654	– 8,370
1986	73,511	67,004	– 6,507
1988	82,399	74,064	– 8,335
1989	95,209	84,268	–10,941
1990	96,611	88,257	– 8,354

Der weitaus größte Teil des Außenhandels wurde wieder mit den *EG-Staaten* abgewickelt (Einfuhren 69,125 – Ausfuhren 51,020 Mrd. sfr), mit denen sich ein gegenüber dem Vorjahr leicht verringertes Defizit von 18,105 Mrd. sfr ergab. Allein –13,222 Mrd. sfr entfielen hiervon auf den Handel mit der BR Deutschland. Der Handel mit den *EFTA-Partnerländern* ergab ebenfalls ein Defizit (Exporte 5,865 – Importe 6,961 Mrd. sfr); der Handel mit den *Staatshandelsländern* (Ostblock) zeigte bei verringerten Ein- und Ausfuhren wiederum einen Überschuß (Exporte 2,892 – Importe 1,457 Mrd. sfr).

Die bedeutendsten *Außenhandelspartner der Schweiz* waren 1990 (Einfuhr/Ausfuhr in Mrd. sfr): 1. BR Deutschland 32,529/19,307 – 2. Frankreich 10,708/ 8,748 – 3. Italien 10,159/7,850 – 4. USA 5,921/6,977 – 5. Großbritannien 5,083/6,573 – 6. Japan 4,246/4,206.

Die wichtigsten *Einfuhrgüter* waren 1990 (in Mrd. sfr): Maschinen 19,794 – Instrumente, Uhren, Schmuck 11,164 – Chemikalien 10,624 – Fahrzeuge 10,230 – Metalle 9,025 – Textilien, Bekleidung, Schuhe 8,806 – Erzeugnisse der Land- und Forstwirtschaft und Fischerei 8,095 – Energierohstoffe 4,312 – Papier und Papierwaren 3,818.

Die wichtigsten *Ausfuhrgüter* waren 1990 (in Mrd. sfr): Maschinen 25,527 – Instrumente 18,471 – Chemikalien (einschl. Pharmazeutika) 18,424 – Metalle und Metallwaren 7,537 – Textilien, Bekleidung, Schuhe 4,984 – Erzeugnisse der Land- und Forstwirtschaft und Fischerei 2,298 (darunter Nahrungs- und Genußmittel 2,007) – Leder, Kautschuk, Kunststoffe 2,200 – Papier und Papierwaren 2,149.

Die **EG** als Wirtschaftsgemeinschaft bzw. Zollunion mit gemeinsamem Außentarif war auch 1990 die mit Abstand *größte am Welthandel beteiligte Wirtschaftseinheit,* auf die rd. *40% des Welthandelsumsatzes* entfiel (EG-Binnen und -Außenhandel). 1990 (1989) betrugen die *Importe* der EG-Länder 1389,260 (1158,703) Mrd. $, die *Exporte* 1328,610 (1125,918) Mrd. $. Im *Handel mit Drittländern* trat auch 1990 wieder ein defizitärer Saldo auf, da den erhöhten EG-Einfuhren aus den anderen

Industrieländern (USA, Japan usw.) keine entsprechend hohen Exportsteigerungen entsprachen. Insgesamt betrug der Anteil der anderen Industriestaaten am *EG-Außenhandel* beim Export rd. 60%, beim Import über 30%. Im *Inner-EG-Handel* existieren zwar keine Zollschranken mehr, jedoch nach wie vor eine Vielzahl anderer Handelshemmnisse, die einem ungehinderten Warenaustausch entgegenstehen, z. B. unterschiedlich hohe Mehrwert- und Verbrauchssteuern, technische Normen, lebensmittelrechtliche Vorschriften, Grenzwerte für Schadstoffe und Emissionen usw. Bis zur Vollendung des gemeinsamen Binnenmarktes 1992 sollen noch möglichst viele dieser internen Handelshemmnisse beseitigt werden. Der *innergemeinschaftliche Handel* erhöhte sich 1990 auf rd. 60% des gesamten Handels der EG-Länder. Die Handelsverflechtung innerhalb der EG nahm somit weiter zu.

Die **USA** waren auch 1990 das *führende Welthandelsland,* und zwar vor allem aufgrund ihrer hohen Importe. Bei den Ausfuhren standen sie 1990 nach der Vereinigung Deutschlands nur noch an 2. Stelle. Die seit 1988 zu beobachtende positive Trendwende bei der Handelsbilanz-Entwicklung setzte sich fort. Seit 1981 (–34,6 Mrd. $) hatte es ein jährlich zunehmendes Defizit der Handelsbilanz gegeben, das 1987 die Rekordsumme von 170,320 Mrd. $ erreichte. 1988 konnte dieses Defizit auf 137,752 Mrd. $ und 1989 auf 129,383 Mrd. $ reduziert werden. 1990 gelang eine weitere *Verringerung des Defizits* auf 122,670 Mrd. $, da die Importe nur um 4,8% auf 516,715 Mrd. $, die Exporte dagegen um 8,3% auf 394,045 Mrd. $ anstiegen. Die Einfuhrzunahme entfiel vor allem auf höhere Preise für Erdöl und leicht vermehrte Bezüge von Maschinen und Fahrzeugen. Die Steigerung der Ausfuhren ergab sich besonders aus erhöhten Lieferungen von Investitions- und Konsumgütern sowie Agrarerzeugnissen und industriellen Rohstoffen.
Der größte Nutznießer der US-amerikanischen Importe war wieder *Japan,* dessen Überschuß im USA-Handel allerdings von 51 Mrd. $ (1988) über 49 (1989) auf nur noch 40 Mrd. $ (1990) zurückging (rd. ⅓ des gesamten Handelsbilanzdefizits der USA). Weitere Länder, mit denen beim Außenhandel größere Defizite auftraten, waren u. a.: Rep. China (Taiwan), Kanada, BR Deutschland, Rep. Korea (Süd-K.), Hongkong und Venezuela. – Die größten *Kunden der USA* waren 1990 Kanada, Japan, Mexiko, Großbritannien und BR Deutschland. Zu den wenigen Ländern, mit denen 1990 ein Exportüberschuß auftrat, gehörte wieder die *UdSSR,* die für 4 Mrd. $ mehr Waren abnahm (vor allem Nahrungs- und Futtermittel) als in die USA lieferte. Ein wichtiges Thema der US-amerikanischen Handelspolitik war auch 1990 die evtl. Einführung protektionistischer Maßnahmen, um Einfuhren aus solchen Ländern begrenzen zu können, die ihrerseits Importe von Waren aus den USA behindern.

Japan, das *drittgrößte Welthandelsland,* erreichte 1990 einen *Außenhandelsüberschuß* von 52,142 Mrd. $ (1989: 64,333 Mrd. $), d. h. wiederum – wie schon seit 1987 – eine Abnahme des bis dahin ständig steigenden jährlichen Überschusses. Die Entwicklung war gekennzeichnet durch eine *Steigerung der Exporte* um 4,3% auf 1990 (1989) 286,948 (275,173) Mrd. $, der jedoch eine *Zunahme der Importe* um 11,4% auf 234,806 (210,840) Mrd. $ gegenüberstand. Während USA und EG-Länder die Abnahme der Überschüsse im Interesse eines besseren Gleichgewichts im Welthandel begrüßten, reagierte die japanische Wirtschaft mit Besorgnis auf die Abschwächung der Außenhandelsüberschüsse. Eine wichtige Rolle spielte der zunehmende Einfuhrbedarf durch die starke Binnennachfrage nach Konsum- und Investitionsgütern, während bei den Ausfuhren die zunehmende Konkurrenz der billiger produzierenden ostasiatischen »Schwellenländer« und die protektionistischen Maßnahmen verschiedener Länder bis hin zu japanischen »Selbstbeschränkungsverpflichtungen«, z. B. gegenüber USA und EG, Auswirkungen zeigten.
Die wichtigsten *Exportgüter* waren auch 1990 elektrotechnische und elektronische Geräte und Bauteile, Maschinen aller Art, Straßenfahrzeuge, Fotoapparate und Uhren sowie Eisen und Stahl. Die wichtigsten *Importgüter* waren 1990 Rohöl, Kohle, Metallerze und andere Energie- und Industrierohstoffe, Nahrungsmittel, Maschinen und Chemikalien. Da Japan seit Jahren von den USA und den EG-Ländern wegen seiner offensiven Exportpolitik zu Einfuhrliberalisierungen aufgefordert wird, führte es 1990/91 weitere Erleichterungen für Einfuhren aus diesen Ländern ein (Abbau von Zöllen und sonstigen Handelshemmnissen), die jedoch von den USA noch nicht als ausreichend angesehen werden.

Der »**Ost-West-Handel**« zwischen den westlichen Industrieländern (OECD-Staaten) und dem bisherigen Ostblock (RGW-Staaten) stagnierte 1990, vor allem wegen verringerter Einfuhren der UdSSR. Der Handel mit Polen, Ungarn und der ČSFR belebte sich demgegenüber. Das gesamte *Handelsvolumen zwischen »Ost« und »West«* blieb (wegen der Autarkietendenzen des Ostblocks) bisher im Rahmen des Welthandels relativ unbedeutend. 1989 betrugen die Exporte der OECD-Länder (+DDR) in den »Ostblock« 62,4 Mrd. $, die Importe in den OECD-Bereich 59,9 Mrd. $. Der *»Ost-West-Handel«* war immer sehr unausgewogen. Die

OECD-Importe aus Osteuropa bestanden immer zu einem hohen Anteil aus Energie- und sonstigen Rohstoffen (1988: 50,7%) und gewerblichen Massenartikeln (Eisen, Stahl, Textilien; 26,3%), während hochwertige Industrieerzeugnisse kaum geliefert werden konnten (mangelndes technologisches Niveau der RGW-Länder). Die westlichen Lieferungen bestanden demgegenüber hauptsächlich aus Maschinen und Fahrzeugen (32,4%), chemischen Erzeugnissen (15,5%), Nahrungsmitteln, vor allem Getreide (13,2%) und hochwertigen Stählen (11,8%).
Lieferungen der westlichen Länder wurden in den letzten Jahren zunehmend schwieriger wegen des östlichen Devisenmangels und der Zurückhaltung westlicher Kreditgeber (hohe Verschuldung). Daneben verhinderten die *»COCOM«-Listen* strategisch wichtiger und militärisch nutzbarer Güter vielfach westliche Exporte, z. B. von elektronischen Ausrüstungen und neuen technologischen Entwicklungen. Diese Listen des »Koordinierungsausschusses für die Ost-West-Handelspolitik« (COCOM), dem 16 westliche Industriestaaten angehören, wurden 1990 angesichts der politischen Veränderungen und des Zerfalls des »Ostblocks« stark reduziert. Nur die *UdSSR* selbst ist bisher noch weitgehend von diesen Liberalisierungen der westlichen »High Tech«-Ausfuhr ausgenommen.

Der *Außenhandelsumsatz* der **UdSSR** ging 1990 – im Gegensatz zum expandierenden Welthandel – deutlich zurück. Die *Einfuhren* mußten aufgrund von Devisenmangel von 72,137 Mrd. Rbl (1989) auf 70,600 Mrd. Rbl (1990) verringert werden; die *Ausfuhren* schrumpften, vor allem wegen der mangelnden Leistungsfähigkeit der sowjetischen Wirtschaft, von 68,742 Mrd. Rbl (1989) auf 60,600 Mrd. Rbl (1990). Das Defizit der Handelsbilanz erhöhte sich dadurch auf 10,000 Mrd. Rbl. Die Importe bestanden vor allem aus Nahrungsmitteln, Maschinen und sonstigen Industrieprodukten, während bei den Exporten wiederum Rohprodukte (insbesondere Erdöl und Erdgas) dominierten. Das Ausscheren der bisherigen RGW-Staaten aus dem von der UdSSR beherrschten Block wirkte sich auch auf den Außenhandel aus, der mit diesen Ländern nicht mehr zu sowjetischen Bedingungen betrieben werden kann. Wichtigster Handelspartner der UdSSR ist Deutschland, nachdem bisher die DDR unter den »östlichen« und die BR Deutschland unter den»westlichen« Ländern jeweils an der Spitze standen.

Die **VR China** weitete ihre *Exporte* 1990 stark aus, während die *Importe* aufgrund der Devisenknappheit zurückgingen. Dadurch konnte erstmals seit 1984 wieder ein *Außenhandelsüberschuß* erzielt werden, der – zusammen mit dem vermehrten Tourismus – die Devisenreserven wieder ansteigen ließ. Nach offiziellen Angaben erhöhte sich der Exportwert 1989–90 um 18,1 % auf 62,06 Mrd. $, der Import verminderte sich um 9,8 % auf 53,35 Mrd. $. Die wichtigsten *chinesischen Exportmärkte* waren wiederum Hongkong, Japan, Singapur und – unter den europäisch-nordamerikanischen Industriestaaten – die USA, die BR Deutschland und Großbritannien. Die *Einfuhren* kamen vor allem aus Japan, Hongkong, den USA und der BR Deutschland. Zu den wichtigsten wirtschaftlichen Zielen der VR China gehört in den nächsten Jahren die weitere Förderung von Exportindustrien (z. B. Textilien, elektrische Geräte, Kunststoffartikel u. ä.), aber auch die verstärkte Vermarktung der reichen Vorkommen an Bodenschätzen.

Eine erstaunliche Entwicklung zeigte in den letzten Jahren die **Rep. China (Taiwan)**. Durch eine gezielte *Förderung von Exportindustrien* rückte Taiwan 1990 auf den 13. Rang unter den Handelsnationen bzw. sogar auf den 12. Platz der exportierenden Länder vor. Mit Exporten von 67,210 Mrd. $ und Importen von 54,720 Mrd. $ wurde wieder ein hoher Überschuß erzielt (+12,490 Mrd. $). *Hauptkunde* von Taiwan waren auch 1990 die USA (33% der Exporte) vor Japan und Hongkong (je 12%) und der BR Deutschland (4,5%). Die wichtigsten *Ausfuhrgüter* sind elektrische und elektronische Maschinen und Apparate, Textilien, Schuhe, Sportartikel, Spielwaren u. ä.

Verkehr

Die *Nachfrage nach Personen- und Güterverkehrsleistungen* steigt global im Zuge des weltwirtschaftlichen Aufschwungs seit etwa 1983 an und setzte sich auch 1990 fort, wenn auch beim Güterverkehr in abgeschwächter Form. Wiederum entfiel der überwiegende Teil des Weltverkehrs auf die westlichen Industrieländer. Die weitere Zunahme der Industrieproduktion und des Außenhandels sorgte für eine Steigerung des *Güterverkehrs* im nationalen und internationalen Rahmen. Der *Personenverkehr* nahm wieder kräftig zu, vor allem durch das weitere Wachstum des Tourismus sowie des Berufs- und Geschäftsreiseverkehrs. Besonders stark erhöhte sich 1989/90 der Verkehr in Ostmitteleuropa durch die Wiedergewinnung der Reisefreiheit in der ehem. DDR, in Polen, Ungarn und der ČSFR.

Für die *BR Deutschland* wurden die *Verkehrsleistungen* pro Jahr folgendermaßen berechnet (nach Statist. Bundesamt):

Öffentlicher Personenverkehr (1989): beförderte Personen/zurückgelegte Personen-km 6,888 Mrd./ 124,029 Mrd., davon Eisenbahnverkehr 1,127/ 44,973 – Straßen-(Bus-, Straßenbahn-)Verkehr 5,705/62,418 (davon Linienverkehr 5,294/36,459 – Berufs- und Schülerverkehr u. ä. 0,336/3,830 – Ausflugs- und Ferienreiseverkehr 0,075/22,129) – Luftverkehr 0,056/16,638 (nur Inland) Mrd.

Güterverkehr(1989): 3,465 Mrd. t beförderte Güter, 288,252 Mrd. geleistete t-km, davon (in Mio.) Eisenbahnverkehr 315,4/63325 – LKW-Fernverkehr 413,6/113400 – LKW-Nahverkehr 2300,0/47300 – Binnenschiffsverkehr 234,8/54041 – Seeverkehr 141,0/– – Luftverkehr 1,1/385.

Die größten *Transport-, Verkehrs- und Touristikunternehmen der BR Deutschland* waren 1989 (Umsatz in Mrd. DM/Beschäftigte in Tsd.): Bundespost 56,412/567,3 – Bundesbahn 21,094/254,5 – Lufthansa 13,055/51,9 – Schenker-Spedition 8,060/ 12,8 – Kühne & Nagel 5,520/10,6 – Hapag-LLoyd 3,528/7,4.

Die *Verkehrspolitik der BR Deutschland* ist nach Beschlüssen der Bundesregierung z. Z. durch folgende Hauptaufgaben gekennzeichnet:

– Förderung einer wettbewerbsorientierten Verkehrsordnung unter Berücksichtigung des Umweltschutzes und der Verkehrssicherheit sowie der Verkehrs- und Transportbedürfnisse der Bevölkerung und der Wirtschaft;

– Sanierung der hoch verschuldeten Bundesbahn, die durch hohe Investitionen für die zukünftigen Aufgaben attraktiv ausgerüstet werden soll;

– Förderung des öffentlichen Personennahverkehrs – wo es finanziell vertretbar ist – zur Reduzierung des umweltbelastenden Kfz-Verkehrs;

– Schaffung eines gemeinsamen Verkehrsnetzes mit den neuen Bundesländern der ehem. DDR, d. h. insbesondere Wiederherstellung der getrennten Verkehrswege zwischen »alten« und »neuen« Bundesländern (Straßen und Bahnlinien) und Sanierung der stark heruntergekommenen Verkehrsinfrastruktur in Ostdeutschland.

Nach vorläufigen Schätzungen sind für den *Verkehrsausbau in den 5 neuen Bundesländern* mittelfristig rd. 130 Mrd. DM notwendig, davon für das Schienennetz 50 – Gemeindestraßen 30 – Land- und Bundesstraßen 30 – Personennahverkehr 12 – Binnenwasserstraßen 8 – Luftverkehr 1 Mrd. DM.

Im Gegensatz zu umfangreichen Baumaßnahmen in den neuen Bundesländern werden in den nächsten Jahren die finanziellen Mittel für *Verkehrsbauten in Westdeutschland* reduziert. Hauptinvestitionsziele sind hier die Neubau- und Ausbaustrecken der Bundesbahn und die Fertigstellung einiger angefangener Projekte für den Autoverkehr (Autobahnen), den Binnenschiffsverkehr (Main-Donau-Kanal) und den Flugverkehr (Großflughafen München).

Kraftfahrzeugbestand und -produktion
Straßenverkehr und Straßenbau

Weltbestand an Kraftfahrzeugen (ohne motor. Zweiräder, landwirtsch. Zugmaschinen, Anhänger, Polizei- und Militärfahrzeuge) nach UNO-Angaben 1986 (1985) 514,211 (488,832) Mio. Stück, davon 393,352 (373,667) Mio. PKW (einschl. Kombi) und 120,860 (115,165) Mio. LKW und Busse.

Bis 1990 wuchs der *Welt-Kfz-Bestand* (ohne Motorräder und Traktoren) nach Schätzungen auf rd. 560 Mio., davon 430 Mio. PKW/130 Mio. LkW und Busse. Hiervon entfielen auf Nordamerika rd. 35% – Westeuropa 35% – Asien 15% – Osteuropa und UdSSR 5% – übrige Kontinente zusammen 10%.

Kraftfahrzeugbestand in wichtigen Ländern 1987/88 (nach UNO und Statist. Bundesamt, z. T. S) in 1000 PkW/Lkw und Busse: **Afrika:** Südafrika 3148/1279[1] – Ägypten 791/535[1] – Algerien (1983) 629[1]/380 – Marokko (1986) 552/203[1] – Tunesien 293/167[1] – Simbabwe (1984) 250[1]/23 – Kenia (1984) 122/97[1]. **Amerika:** USA 135 324/41 721[1] – Brasilien 14 996/1 610 – Kanada 11 723/3 567[1] – Mexiko (1983) 4 870/2 048[1] – Argentinien (1986) 3898/1435[1] – Venezuela (1986) 2300/1248 – Kolumbien (1986) 841/391[1] – Chile 660/278. **Asien:** Japan 30 776/18 688[1] – Indonesien (1986) 1060/1134[1] – Indien (1985) 1178/996 – Saudi-Arabien (1986) 2245[1]/2023 – VR China (1980) 238[1]/1436 – Malaysia 1426/297[1] – Thailand 817/1851[1] – Türkei 1406/781 – Iran (1983) 1687/452 – Rep. Korea (Süd-K.) 1118/918 – Rep. China (Taiwan, 1986) 690[1]/388 – Philippinen 377/598[1] – Israel (1986) 614[1]/115. **Australien/Ozeanien:** Australien (1985) 6843[1]/838 – Neuseeland 1619/348[1]. **Europa:** BR Deutschland 26 228/1398 – Frankreich 22 520/4420[1] – Italien 24 307/2494[1] – Großbritannien 18 432/2731[1] - Spanien 10 787/2020[1] – Niederlande 5 251/506[1] – Polen 4519/1009 – DDR 3744/280[1] – Belgien 3457/318[1] – Schweden 3483/281 – Jugoslawien (1986) 2957/232 – ČSFR (1985) 2726[1]/388 – Schweiz 2761/240[1] – Österreich 2 785/244[1] – Dänemark 1 654/243. **UdSSR** 14 344[1]/8304.

[1] = einschl. Kombi

Neuzulassung von Kraftfahrzeugen 1989 in 1000 (nach UNO-Angaben) PKW/LKW und Busse: USA 9853,0/5100,0 – Japan 4367,4/1114,9 – BR Deutschland 2831,6/150,2 – Großbritannien 2762,5/349,3 – Italien 2392,0/176,1 – Frankreich 1611,2/512,8 – Kanada 992,1/492,2 – Spanien 1 149,4/266,0 – Australien 464,0/131,9 – Niederlande 495,7/60,0 – Belgien 461,2/50,6 – Schweden 314,1/46,1 – Schweiz (1988) 319,4/27,4 – Österreich 276,1/24,4 – Südafrika 203,3/78,5 – keine Daten für Ostblockländer verfügbar.

Die **Weltproduktion von Kraftwagen** belief sich 1990 auf rd. 49 Mio., davon 36 Mio. PKW und Kombi und 13 Mio. LKW und sonstige Nutzfahrzeuge. Die größten *Automobilhersteller* waren 1989 in 1000 PKW/Nutzfahrzeuge (einschl. LKW und Busse) – ohne Montage importierter Bausätze: Japan 8370,0/4010,4 – USA (Fabrikabgabe) 6807,6/4062,0 – BR Deutschland 4543,2/208,8 – Frankreich 3414,0/508,8 – Italien 1970,4/246,0 – UdSSR 1261,2 (1988)/900,0 (1985) – Spanien 1695,6/313,2 – Kanada 984,0/949,2 (1988) – Großbritannien 1299,6/338,4 – Rep. Korea (Süd-K.)[1] 847,2/243,6 – Brasilien[1] 313,2/724,8 – Mexiko[1] 454,8/189,6 – Schweden (1987) 416,4/69,6 – Jugoslawien[1] 312,0/70,8 – Australien[1] 332,4/27,6 – Polen 285,6/52,8 – Indien 177,6/118,8 (1988) – ČSFR 188,4/91,2 – DDR 218,4/38,4 – Niederlande 134,4/28,8 (1988) – Argentinien[1] (1988) 124,8/13,2 – u. a. Österreich 7,2/4,8. ([1] = einschl. Montage)

Montage von Kfz aus importierten Teilen 1989 in 1000 Stück: Belgien 1170,0/75,5 – Südafrika 235,5/120,3 – Thailand 67,2/156,3 – Türkei 116,1/30,7 – Indonesien (1988) 32,0/119,5 – Portugal (1988) 74,8/57,1 – Malaysia 94,7/38,6 – Neuseeland (1987) 59,6/12,9 – Kolumbien 40,2/13,6 – Pakistan 29,0/16,2.

Auch 1989 war *Japan* wieder der *größte Autoproduzent* (mit rd. 13 Mio. Fahrzeugen) vor USA, BR Deutschland und Frankreich.

In der **BR Deutschland** stieg die *Produktion von Kraftfahrzeugen* 1990 erneut an und erreichte das bisher höchste Ergebnis. Die deutsche **Automobilindustrie** produzierte 1990 (1989) 4,977 (4,852) Mio. Fahrzeuge, davon 4,663 (4,564) Mio. PKW und Kombi sowie 0,314 (0,288) Mio. Nutzfahrzeuge (insbes. LKW). Der *Umsatz* der Automobilindustrie stieg 1990 (1989) auf 218 (192) Mrd. DM; sie beschäftigte 764 (753) Tsd. Personen. Die erneute *Produktionssteigerung* ergab sich vor allem durch eine starke *Zunahme des Inlandsabsatzes* (»alte« und »neue« Bundesländer), während die *Exporte* sich weniger stark erhöhten. Die Ausfuhren erreichten 1989 (1988) 2,720 (2,504) Mill. PKW und 0,176 (0,170) Mio. LKW; der *Exportanteil* an der Produktion stieg somit auf 59,6 (57,7) % bzw. 61,1 (60,9) %.

Der **Bestand an zugelassenen bzw. im Verkehr befindlichen Kraftfahrzeugen** betrug in der *BR Deutschland* 1989 37,846 Mio., davon (in Mio.) PKW und Kombi 29,775 – Traktoren 1,749 – Motorräder 1,379 – LKW 1,345 – Busse 0,070 – sonstige (z. B. Wohnmobile, Feuerwehr-, Krankenfahrzeuge usw.) 0,406 – ferner zulassungsfreie Mopeds, Mofas u. ä. 1,058 – Kfz-Anhänger 2,139.

Die **Neuzulassungen von Kraftfahrzeugen** in der *BR Deutschland* stiegen nach Angaben des Kraftfahrtbundesamts 1990 kräftig auf 3,380 Mio. fabrikneue Kfz (+8,1 %), darunter 3,040 Mio. PKW und Kombi (+7,4 %), 0,157 Mio. LKW (+17,4 %) und 0,111 Mio. Motorräder (+16,1 %).

An der Spitze der **Autoproduzenten** bei den *Neuzulassungen* standen 1990 VW/Audi, Opel, Ford, Daimler-Benz, BMW und Fiat, auf die 71,6 % aller Neuzulassungen entfielen (1989: 73,7 %). Der *Anteil ausländischer PKW* an den Neuwagen stieg 1990 auf 32,2 % (1989: 30,1 %). An 1. Stelle standen mit erhöhtem Anteil wieder japanische Wagen (15,4 %), gefolgt von französischen (7,8 %) und italienischen (4,9 %).

Von den neuen PKW waren 97,9 % schadstoffarm bzw. -reduziert (zum Vergleich: 1985 erst 11,3 % – 1986 55,8 % – 1987 82,3 % – 1988 95 %). 86,3 %

der Zulassungen waren in die höchste Schadstoffreduktionsklasse (US-Norm) eingestuft; vom Gesamtbestand an PKW besaßen Mitte 1990 allerdings erst 20% einen geregelten Dreiwege-Katalysator.
Bei den **Verkäufen gebrauchter Kfz** ergab sich 1989 ein neuer Rekord. Es wurden 1989 (1988) 7,200 (7,130) Mio. Besitzumschreibungen registriert, davon 6,579 (6,520) Mio. für PKW.

In **Westeuropa** stagnierte die *Autoproduktion* 1990 beim Vorjahresstand von 15,5 Mio. PKW (mit Kombi), da die Nachfrage sich in den meisten Ländern deutlich abschwächte. Der *PKW-Absatz* ging leicht zurück auf 13,380 Mio. Den höchsten Marktanteil erreichte wieder VW (mit Audi und Seat) mit 15,6% (2,090 Mio. verkaufte PKW), gefolgt von der Fiat-Gruppe, deren Anteil auf 13,8% zurückging. Es folgten Peugeot (mit Citroen, 12,6%), General Motors (mit Opel und Vauxhall, 11,6%), Ford (11,5%), Renault (9,8%), Mercedes-Benz (3,2%), Nissan (2,9%), Austin/Rover (2,9%), BMW (2,7%), Toyota (2,7%) und Mazda (2,1%). Der Anteil japanischer Autos erhöhte sich insgesamt auf 11,7%, obwohl einige Länder (Frankreich, Spanien, Italien u. a.) den Import japanischer PKW durch Restriktionen behindern. Der Aufbau von Zweigwerken japanischer Firmen in Europa setzte sich 1990/91 fort.
Das *bedeutendste Autoproduktionsland in Europa* ist die *BR Deutschland* (4,663 Mio. PKW; 0,314 Mio. Nutzfahrzeuge), gefolgt von Frankreich. Die französische PKW-Produktion sank 1990 um 3,3% auf 3,295 Mio., wovon 1,880 Mio. exportiert wurden. Der Importanteil an den Neuzulassungen von 2,3 Mio. stieg auf 39,2%.
Eine neue Situation für den Automarkt ergab sich in den *ehem. RGW-Staaten* nach der Abkehr vom Sozialismus. PKW-Produktion und Bestand sind im Vergleich zu Westeuropa relativ gering. Die Automobilfertigung wird in den nächsten Jahren durch Zusammenarbeit mit westlichen Firmen nach Anzahl und Qualität stark gesteigert werden (z. B. Engagement von VW und Opel in den neuen deutschen Ländern, nachdem die unrentable Fertigung der technisch völlig veralteten Typen »Wartburg« und »Trabant« 1990/91 eingestellt wurde).

In den **USA** stagnierte 1990 die *Produktion der Automobilindustrie* bei rd. 10,850 Mio. PKW, jedoch ging der Ausstoß der US-amerikanischen Firmen stark zurück, und die »Großen Drei« (General Motors, Ford, Chrysler) mußten zeitweise kurzarbeiten und größere Verluste hinnehmen. Demgegenüber stieg der *Marktanteil japanischer Marken* auf 24% (PKW) bzw. 28% (Autos insgesamt). Zwar besteht nach wie vor eine japanische Importquote im Rahmen der sog. »Selbstbeschränkung« (jährlich max. 2,3 Mio. Fahrzeuge), doch wurde diese durch den Bau eigener Autowerke in den USA unterlaufen. Die japanischen Firmen exportierten nur 1,7 Mio. Fahrzeuge und stellten weitere 1,7 Mio. in 13 Werken in den USA her. – Der Absatz deutscher PKW ging, vor allem aus Preisgründen, weiter zurück und betrug nur noch rd. 250000 gegenüber 500000 (1986).

Japan war auch 1990 wieder *weltgrößter Kfz-Produzent* mit rd. 13,100 Mio. Fahrzeugen, der bisher höchsten Jahresmenge. Die *Produktionszunahme* ging auf erhöhten Inlandsabsatz zurück (7,8 Mio.), daneben auf vermehrte Exporte. Zwar gingen die Ausfuhren in einige Länder zurück, in denen inzwischen japanische Hersteller in Zweigwerken produzieren (z. B. USA), doch stiegen die Exporte besonders in die EG-Länder an (1,248 Mio.). Der japanische Kfz-Import stieg zwar um 23%, betrug aber nur 224000 Wagen, davon 137500 deutsche.

Der **Individualverkehr mit PKW** nahm auch 1990 in der *BR Deutschland* weiter zu; er stieg – gerechnet in Personen-km – um schätzungsweise 3–4%. Dies geht auf den *erhöhten PKW-Bestand* zurück sowie auf eine *vermehrte jährliche Fahrleistung pro PKW* (1990 durchschnittlich 14200 km); außerdem auf die stark erhöhte Mobilität der Bewohner der ehem. DDR. Der Benzin- und Dieselverbrauch nahm zwar wegen der erhöhten Fahrleistung zu *(→ Kap. Erdöl)*, doch sank der Verbrauch pro PKW weiter auf rd. 9,5 l/100 km (Benzin) bzw. 8 l (Diesel). Nach dem Programm von *Bundesumweltminister Töpfer* für ein »*umweltfreundliches Auto*« soll der durchschnittliche Kraftstoffverbrauch bis 2005 auf 5 l/100 km gesenkt werden. Der weiteren Senkung der Schadstoffemissionen soll der Einbau von geregelten *Drei-Wege-Katalysatoren* dienen, der ab 1993 für alle neuen PKW in allen EG-Ländern Pflicht wird.

Im **Straßenbau** wurden auch 1990/91 größere Projekte vor allem in großflächigen Staaten mit noch ungenügender Verkehrserschließung durchgeführt, z. B. in der UdSSR, in lateinamerikanischen und afrikanischen *Entwicklungsländern* und in der VR China (jährlich Neubau von rd. 5000–6000 km Überlandstraßen). In den meisten *Industrieländern* des Westens wurde dagegen der Straßenbau in den letzten Jahren eingeschränkt, da der vordringliche Bedarf weitestgehend gedeckt ist und Gesichtspunkte des Natur- und Umweltschutzes gegen eine weitere Verdichtung des Straßennetzes sprechen. Auch in der *BR Deutschland* wurde der Fernstraßenbau 1990 weiter beschränkt. Allerdings ergibt sich durch die Vereinigung Deutschlands eine neue Situation, da das Straßennetz der ehemaligen DDR vollkommen ungenügend ausgebaut ist. Ein großer

Teil der deutschen Straßenbau-Investitionen wird daher in Zukunft in Ostdeutschland getätigt werden. – In Westdeutschland sollen im Endausbau rd. 10300 km Autobahn zur Verfügung stehen; hiervon waren Anf. 1991 rd. 8900 km befahrbar, rd. 300 km im Bau oder in Bauvorbereitung.
Das **Straßennetz der BR Deutschland** betrug Anf. 1989 rd. 491000 km; hiervon waren rd. 317400 km *Gemeindestraßen* und 173652 km Straßen des überörtlichen Verkehrs, davon (in km) *Bundesautobahnen* 8721 – *Bundesstraßen* 31108 – *Landes- bzw. Staatsstraßen* 63441 – *Kreisstraßen* 70382.

Straßenverkehrsunfälle: Eine umfassende Statistik über Unfälle im Straßenverkehr auf vergleichbarer internationaler Basis existiert nicht, doch schätzt die Weltgesundheitsorganisation (WHO), daß jährlich weltweit über 200000 Menschen im Straßenverkehr getötet werden. Während die Zahl der Verkehrsopfer in den meisten Industrieländern zurückgeht, steigt sie in den Entwicklungsländern weiter an. Die Zahl der Verletzten wird auf jährlich über 10 Mio. geschätzt.

Verkehrstote/Verletzte in Tsd. 1988 u. a.: USA 46,3/3495 – Frankreich 10,5/244 – BR Deutschland 8,2/448 – Italien 6,9/228 – Spanien 6,3/165 – Großbritannien 5,2/328 – Jugoslawien 4,6/61 – Portugal 2,5/60 – Belgien 2,0/85 – Ungarn 1,7/28 – DDR 1,6/40 – Griechenland 1,5/29 – ČSFR 1,5/32 – Österreich 1,4/58 – Niederlande 1,4/48 – Schweiz 0,9/30 – Schweden 0,8/23.

In der **BR Deutschland** sind (nach Angaben des Statistischen Bundesamts) von Anf. 1953 bis Ende 1990 rd. 512000 Menschen **bei Straßenverkehrsunfällen getötet** und rd. 17,0 Mio. verletzt worden. 1953 belief sich die Zahl der Verkehrstoten auf 11449. Sie stieg dann fast jährlich an und erreichte 1970 mit 19193 Getöteten ihren Höhepunkt. Die Zahl sank dann wieder und hielt sich ab 1974 bei weniger als 15000 jährlich. Von 1979 (13222) bis 1984 (10199) war erneut ein stärkerer Rückgang zu verzeichnen. 1985 ging die Zahl erneut stark zurück (8400 Verkehrstote, eine Zahl, die bereits Mitte der 30er Jahre im Deutschen Reich zu beklagen war). Nach einer Zunahme auf 8949 (1986) hält sich die Zahl der Verkehrstoten seitdem bei rd. 8000 jährlich. 1990 (1989) betrug die Zahl der gemeldeten *Schadensunfälle* 2,009 Mio. (1,996 Mio.). Hiervon waren 339978 (343604) *Unfälle mit Personenschaden*. Die Zahl der *Verletzten* betrug 448083 (449397), die der *Getöteten* 7899 (7995).

Eisenbahnverkehr

Das **Streckennetz der Eisenbahn** (Personen- und Güterverkehr) hatte 1990 weltweit eine Länge von rd. 1,2 Mio. km, davon je knapp 300000 km in Nordamerika und Europa. Größere Erweiterungen des Netzes waren 1990/91 vor allem in China zu verzeichnen (jährlich rd. 200 km neue Strecken), daneben im westlichen und südlichen Afrika, in Indien und Lateinamerika (teils Neubauten, teils Modernisierungen oder Instandsetzung von Strecken, die durch Guerillatätigkeit zerstört worden waren).
In den *westlichen Industrieländern* war auch 1990/91 eine weitere Konzentration der Eisenbahn auf stark befahrene Hauptstrecken und Linien in Verdichtungsräumen zu verzeichnen. Einerseits wurden gering frequentierte *Nebenbahnstrecken,* vor allem im ländlichen Raum, in den USA auch weitere Hauptstrecken, wegen mangelnder Auslastung völlig oder nur im Personenverkehr stillgelegt. Andererseits werden derzeit in vielen Ländern stark belastete *Hauptstrecken* modernisiert und teilweise neu trassiert, um den Verkehr zu beschleunigen und die Transportkapazität zu erhöhen (z. B. in der BR Deutschland, in Österreich, der Schweiz, Italien, Frankreich, Großbrit., Spanien, Japan).

Das *größte europäische Neubauprojekt* ist der *Eisenbahntunnel unter dem Ärmelkanal* zwischen England und Frankreich (50 km, davon 38 km untermeerisch). Seit der Ratifizierung der Baugesetze Mitte 1987 wird an diesem Projekt (2 parallele Tunnels) gearbeitet; der Durchstich des in der Mitte liegenden Versorgungstunnels erfolgte am 1. 12. 1990, der der beiden Eisenbahntunnel am 22. 5. bzw. 28. 6. 1991. Die Inbetriebnahme der Tunnelstrecke, deren Kosten bei 7,6 Mrd. £ (= umgerechnet 23 Mrd. DM) liegen, soll im Juni 1993 erfolgen und die Fahrzeit Paris–London von derzeit 6½ (Bahn und Fähre) auf 3 Stunden verkürzen. Ein anderes Tunnelprojekt, der *Brennerbasistunnel* zwischen dem Tiroler Inntal und Südtirol zur Aufnahme der jährlich wachsenden Verkehrsströme über die Alpen auf der Brennerroute, ist noch nicht baureif, da zwischen der BR Deutschland, Österreich und Italien noch keine Einigung über den genauen Verlauf, vor allem nicht über die Trassierung der Zulaufstrecken besteht (z. B. Alternative Inntal oder Karwendeltunnel).

In der **BR Deutschland** waren 1990/91 – neben verschiedenen Ausbaumaßnahmen – die beiden ersten längeren *Neubaustrecken* seit Jahrzehnten im Stadium der Baufertigstellung: Hannover–Würzburg (327 km) und Mannheim–Stuttgart (99 km). Einzelne Teilstrecken wurden schon früher fertiggestellt und werden seit 1986/87 befahren. Seit Sommer 1988 ist die Teilstrecke Fulda–Würzburg in Betrieb. Mit Beginn des Sommerfahrplans 1991 sind beide Neubaustrecken durchgehend befahrbar und erlauben den Betrieb der neuen *ICE-Züge* mit Geschwindigkeiten bis 250 km/h (zunächst eine Linie: München–Stuttgart–Mannheim–Frankfurt–Kassel–Hannover–Hamburg). Mit dem Aus- bzw. Neubau weiterer Strecken wurde 1987 begonnen. Anf. 1990 fiel die Entscheidung über die Trassenführung der Neubaustrecke Köln–Frankfurt, die rechtsrheinisch parallel zur Autobahn gebaut werden soll. Neben dem *IC-Netz* wird seit 1988 das ergänzende *»Interregio-Netz«* eingeführt, das ebenfalls im Taktfahrplan mittlere Zentren miteinander verbinden und mittelfristig die bisherigen D-Züge ersetzen soll. Auch im *Güterverkehr,* wo seit langem starke Umsatzrückgänge zugunsten des LKW-Transports auftreten, soll durch Beschleunigung des Verkehrs und bessere Zusammenarbeit mit Speditionen (z. B. Haus-Haus-Service) das Verkehrsaufkommen der Bahn wieder erhöht werden. Größte Baumaßnahme war hier 1990/91 der Neubau eines Rangierbahnhofs in München.

Im Wettbewerb mit der herkömmlichen Bahn (Rad-Schiene-Technik) steht die *Magnetschwebetechnik*, die in den letzten Jahren in der *BR Deutschland* entwickelt und auf einer Versuchsstrecke im Emsland erprobt wurde *(»Transrapid«).* Bisher wurde nicht entschieden, ob im Bundesgebiet eine Strecke für diese bis 400 km/h schnelle Bahn gebaut wird.

Transportleistung der Eisenbahn 1989 (nach UNO-Angaben) in Mio. Netto-Tonnen-km/Mio. Passagier-km (ohne Militär-, Post- und Gepäckbeförderung, ohne Straßen-, Industrie- u. Seilbahnen): UdSSR 3718000 (1985)/347856 (1982) – USA 1482024/9396 (nur Fernverk.) – VR China (1988) 984588/324096 – Kanada (1988) 263436 /2136 – Indien 226644/263592 – Polen 110208/55884 – Südafrika (mit Namibia) (1987) 92184/21408 – ČSFR 71976/19572 – DDR 58982/23808 – BR Deutschland 56988/57372 – Frankreich 53268/63288 – Mexiko 38112/5976 – Australien (1984) 39444/- – Jugoslawien 25800/11748 – Japan 24768/369648 – Ungarn 19368/9612 – Schweden 18888/5856 – Bulgarien 17040/7596 – Großbritannien (ohne Nordirland) 15096/34140 – Rep. Korea (Süd-K.) 13536/25104 – Österreich (nur staatl.) 11844/8448 – Spanien 11616/14712 – u. a. Schweiz 8160/10884

In der **BR Deutschland** betrieben (nach der letzten Zählung des Statistischen Bundesamts) Anf. 1989 die *Deutsche Bundesbahn* sowie weitere 103 *nichtbundeseigene Eisenbahnen* Schienenverkehr. Die *Streckenlänge* betrug 30129 km, die Gleislänge 66180 km. Während die Streckenlänge 1988–89 um 206 km gekürzt wurde, nahm die Länge der *elektrifizierten Strecken* um 168 km zu (insges. 11939 km, d. h. 39,6%). Die Zahl der *Bahnhöfe* betrug 1989 (1988) 2979 (3185; 1970 noch 4886). Im Gegensatz zu weiteren Betriebseinschränkungen im ländlichen Raum wurden erneut beträchtliche Summen investiert a) in den Neubau von Fernverkehrsstrecken, b) in die Verbesserung des Schienenverkehrs in den Verdichtungsräumen. Insbesondere der *S-Bahn-Ausbau* wurde weitergeführt (z. B. Rhein-Ruhr, Rhein-Main, München, Stuttgart, Nürnberg).

Fahrzeugbestände der Eisenbahnen in der BR Deutschland Anf. 1989: Loks 6449 (davon elektrische 2565), Triebwagen 2472, Reisezugwagen 11944, Güterwagen 280163.

Transportleistungen 1989 (1988): beförderte Personen 1,127 (1,121) Mrd. – geleistete Personen-km 44,973 (41,760) Mrd. – *Beförderte Güter* 315,4 (310,3) Mio. t, davon u. a. (1989 in Mio. t): feste Brennstoffe 76,4 – Eisen, Stahl und NE-Metalle 58,1 – Erze 37,8 – Steine und Erden 26,9 – Erdöl, Mineralölerzeugnisse, Gase 21,9 – chemische Erzeugnisse 20,8 – landwirtschaftliche Erzeugnisse 10,6 – Düngemittel 7,5.

Die **Deutsche Bundesbahn** mußte 1990 eine Verschlechterung ihrer finanziellen Situation hinnehmen; der *Jahresverlust* stieg von 3,855 (1989) auf 4,965 Mrd. DM, vor allem durch höhere Personal- und Zinskosten. Die *Gesamtverschuldung* der DB stieg auf 47,06 Mrd. DM an. Die *Verkehrsleistungen* der Bundesbahn konnten dagegen gesteigert werden. Im *Personenverkehr* stiegen die Erlöse von 5,170 (1988) auf 5,675 Mrd. DM (Fernverkehr +11,6%, Nahverkehr +7,3%). Im *Güterverkehr* stagnierten die Erlöse aufgrund der starken Konkurrenz privater Spediteure; sie erreichten 1990 (1989) 8,910 (8,900) Mrd. DM, davon 7,830 (7,860) Mrd. DM im Schienenverkehr. Insgesamt kam die DB 1990 (1989) auf Erlöse von 23,770 (24,475) Mrd. DM. Dem standen Betriebsaufwendungen von 26,370 (26,195) Mrd. DM gegenüber, davon allein 16,420 (15,955) Mrd. DM Personalausgaben. Der *Personalbestand* schrumpfte erneut auf 232400 (1990, gegenüber noch 410000 1970), jedoch wurden erstmals in einigen Bereichen wieder stärkere Personalaufstockungen vorgenommen. Für 1991/92 sieht die Bundesbahn ihre Hauptaufgabe – neben der Fortführung der Verbesserungen im Personen- und Güterverkehr – in der *Zusammenführung mit der ostdeutschen Reichsbahn zu einer einheitlichen Deutschen Bahn.*

Schiffahrt (Binnen- und Seeschiffahrt); Schiffbau

In der **BR Deutschland** hatten die befahrbaren **Binnenwasserstraßen** (ohne Seen) 1988/89 eine Länge von 4452 km, davon rd. 1463 km Kanäle. Die Zahl der *Schiffe der 1800 deutschen Binnenschiffahrtsunternehmen* betrug Anf. 1989 5004, darunter (Tragfähigkeit in 1000 t) Güterschiffe aller Art 2989 (3194,5), davon Gütermotorschiffe 1972 (1819,6), Tankmotorschiffe 425 (553,3) und Güterschubleichter 336 (533,0) – Schuten und Leichter 1038 (222,7) – Schlepper 268 (55,6) – Fahrgastschiffe 605 (172,6 Tsd. Passagierplätze). Bei der Güterbeförderung hielt auch 1989/90 die Tendenz an, die Zahl der Schiffe zu vermindern und gleichzeitig die durchschnittliche Ladekapazität zu vergrößern.

An der *Güterbeförderung* auf den *Binnenwasserstraßen der BR Deutschland* waren außer einheimischen Schiffen vor allem solche der Rhein-Anliegerstaaten, in geringerem Umfang auch solche Polens, der ČSFR, Österreichs und der übrigen Donau-Anlieger beteiligt. Der Binnenverkehr innerhalb des Bundesgebietes wurde zu 89% von Schiffen der BR Deutschland durchgeführt; der Gütertransport ins Ausland zu 58% von Schiffen der Niederlande und nur zu 24% von solchen der BR Deutschland, der Transport aus dem Ausland zu 47% von niederländischen und zu 38% von bundesdeutschen Schiffen. – Die *beförderte Menge* erhöhte sich 1988 gegenüber dem Vorjahr um 5,6% auf 233,322 Mio. t. Die wichtigsten *beförderten Güter* waren (1988 in Mio. t): Sand, Kies, Bims, Ton u. ä. 44,9 – Kraftstoffe und Heizöl 36,3 – Eisenerze 35,3 – Steinkohle 21,0 – chemische Grundstoffe 11,7 – Steine, Erden u. ä. 9,8 – Getreide 6,7 – pflanzliche und tierische Öle und Fette, Ölsaaten 6,1 – Futtermittel 6,0 – chemische Düngemittel 5,5.

Die bedeutendsten *Binnenwasserstraßen* sind (geleistete t-km 1988 in Mio.): Rhein 37007,0 – Mosel 3037,1 – Mittellandkanal mit Zweigkanälen 2549,5 – Dortmund-Ems-Kanal mit Ems 2317,4 – Main mit Main-Donau-Kanal bis Roth 2094,0 – Neckar 1412,0 – Elbe (nur Binnenverkehr) 908,9 – Wesel-Datteln-Kanal 832,7 – Weser (nur Binnenverkehr) 617,7 – Elbe-Seitenkanal 583,7 – Rhein-Herne-Kanal 493,1 – Donau 415,6. Gesamtverkehr auf den Binnenwasserstraßen der BR Deutschland 1988 52854,2 Mio. t-km, davon 8143,8 Mio. t-km Transitverkehr.

Die bedeutendsten **Binnenhäfen** sind (Umschlag 1988 in Mio. t): Duisburger Häfen 54,432 – Karlsruhe 10,312 – Köln 10,226 – Hamburg (nur Binnenverkehr) 9,428 – Ludwigshafen 9,077 – Mannheim 8,618 – Berlin (West) 7,636 – Heilbronn 5,754 – Frankfurt 5,652 – Neuss 4,579 – Gelsenkirchen 4,066 – Dortmund 3,782 – Mainz 3,722 – Krefeld-Uerdingen 3,674 – Wesseling 3,129 – Hamm 3,073 – Bremen (nur Binnenverkehr) 2,575.

Der Bau des **Rhein-Main-Donau-Kanals**, dessen Fertigstellung zeitweise aus finanziellen, politischen und ökologischen Gründen in Frage gestellt war, wurde 1990/91 zügig fortgesetzt. Von der 677 km langen Gesamtstrecke Aschaffenburg–Passau sind damit 624 km befahrbar (Mainkanalisierung bis Bamberg, Kanal Bamberg–Nürnberg–Roth, Altmühlkanalisierung und Donauteilausbau Riedenburg–Kelheim–Regensburg–Passau); der Rest von 53 km ist im Bau und soll bis 1992 fertiggestellt werden.

Die **Welthandelsflotte** betrug am 1.1 1991 insgesamt 33964 Schiffe mit 394,238 Mio. BRT bzw. 642,651 Mio. dwt, davon u. a. 17174 Stückgutfrachter (101,969 Mio. dwt), 5962 Öltanker (256,067 Mio. dwt), 4660 Massengut- und Erzfrachter (199,747 Mio. dwt), 2857 Passagier- und Fährschiffe (3,774 Mio. dwt), 1189 Containerschiffe (26,992 Mio. dwt), 968 Tanker für Chemikalien (6,233 Mio. dwt), 802 Flüssiggastanker (11,042 Mio. dwt).

Der **Welt-Seegüterverkehr** (geladene Güter im Außenhandel) belief sich (nach ISL, Bremen) 1990 (1989) auf 3,975 (3,860) Mrd. t, davon (in Mio. t) u. a. Rohöl 1175 (1120) – Eisenerz 350 (362) – Mineralölprodukte 350 (340) – Kohle 335 (321) – Getreide 195 (192). 1990 erhöhten sich die *Ladungsmengen im Seegüterverkehr* nach vorläufigen Berechnungen weltweit um 3,0% (1989 +5,0%). – Der *Seegüterverkehr* hatte 1979–1983 aus konjunkturellen Gründen jährlich abgenommen. Seit 1986 und verstärkt 1988 (+6,2%) nahm er wegen des stark vermehrten Welthandelsvolumens wieder kräftig zu. Die *Welthandelsflotte* war Ende der 70er Jahre in eine Krise geraten, als sich ein immer stärkeres Ungleichgewicht zwischen der stark gewachsenen Zahl der Schiffe und dem stagnierenden bis sinkenden Transportbedarf einstellte (z. B. Rückgang des Erdöltransports). Zur Verbesserung der Situation trugen Verringerungen des Schiffsbestandes durch Abwrackungen und seit 1986 eine spürbare Erhöhung des Transportbedarfs bei (z. B. Zunahme des Weltweizen-, -kohle- und -erzhandels, auch des überseeischen Handels mit Industriegütern). Besonders auf dem Tankermarkt wurde die durch starke Überkapazitäten geprägte Situation

Handelsflotte

Schiffsbestand am 1. 1. 1991; Seeschiffs-Einheiten von 300 BRT und darüber (nach »Shipping Statistics«, hrsg. v. »Institut für Seeverkehrswirtschaft und -logistik«, Bremen)

Land (Flagge)	*Schiffe (Zahl)*	*in 1000 BRT*	*in 1000 dwt*	*Land (Flagge)*	*Schiffe (Zahl)*	*in 1000 BRT*	*in 1000 dwt*
Liberia*	1536	50877,8	91514,2	Iran	175	4681,1	8641,6
Panama*	3461	40816,6	66185,9	Malta*	465	4633,5	8000,7
Griechenland . . .	1398	22269,5	41039,0	Großbritannien . .	536	5718,8	7780,9
Japan.	3825	25170,1	38796,0	Dänemark (DIS)** .	341	4688,2	7041,2
Norwegen (NIS)** .	837	21451,2	38661,8	Türkei	675	3947,3	6687,9
Zypern*	1238	18558,1	33517,7	BR Deutschland . .	850	5328,1	6771,1
UdSSR	2685	19023,6	24817,9	Jugoslawien . . .	338	3839,7	6104,3
Bahamas*	715	14775,7	24574,3	Rumänien.	309	3836,9	5978,1
USA	533	15197,5	23578,4	Spanien.	399	3063,0	5638,7
VR China	1693	13753,7	20855,4	Frankreich	202	3651,8	5531,4
Philippinen	801	8216,5	13725,4	Bermuda*	65	2875,2	4951,9
Singapur*	503	7974,1	13123,8	Polen	283	3074,0	4275,7
Rep. Korea (Süd-K.)	663	7210,1	12009,3	Niederlande	495	3137,4	4154,2
Italien	850	7788,5	11851,6	Australien	123	2284,2	3432,8
Hongkong	231	6172,8	10606,5	Gibraltar	38	1766,0	3384,2
Indien	354	6014,0	10047,6	Vanuatu*	134	2171,1	3358,2
Brasilien	347	5690,8	9555,8	u. a. Schweiz . . .	22	296,6	502,1
Rep. China (Taiwan)	265	5920,4	9251,3	Österreich . .	32	139,3	233,6

* überwiegend »Billigflaggen« (sog. »Fluchttonnage«)
** NIS/DIS = »Norway/Denmark International Shipping Register« (»Billigflagge«)

1986–1988 durch Abwrackungen und weitgehenden Verzicht auf Neubauten weiter bereinigt. Seit 1989 sorgen wieder kräftiger steigende Öleinfuhren, insbesondere der USA, für eine erhebliche Belebung des Tankergeschäfts *(→ Weltschiffbau, Sp. 954 f. u. Erdöl, Kap. Bergbau)*.
Günstig für den Seeverkehr wirkten sich auch 1990/91 die niedrigen Ölpreise in Form von verminderten *Transportkosten* (Bunkeröl) aus. Eine weitere Möglichkeit, Kosten zu sparen, sahen auch 1990 viele Reeder der europäischen Hochlohnländer darin, ihre Schiffe »auszuflaggen«, d. h. unter sog. *»Billigflaggen«* mit niedriger entlohnten ausländischen Seeleuten zu fahren.

Der **Schiffsbestand der BR Deutschland** (Handelsflotte) belief sich am 1. 1. 1991 auf 850 Einheiten mit 5,328 Mio. BRT (6,771 Mio. dwt), davon 585 Trockenfrachter mit 2,479 Mio. BRT, 121 Containerschiffe mit 2,082 Mio. BRT, 71 Tanker mit 0,444 Mio. BRT (davon 31 Öl-, 21 Flüssiggas- und 19 Chemikalientanker), 73 Fahrgastschiffe mit 0,323 Mio. BRT. Dazu kamen insgesamt rd. 450 nicht Handelszwekken dienende Schiffe (Fischereifahrzeuge, Jachten usw.). Nicht enthalten sind in obigen Zahlen Schiffe der Bundesmarine sowie deutsche Schiffe, die unter fremder Flagge fahren (vor allem Zypern, Panama und Liberia). Deren Zahl ist in den letzten Jahren stark gestiegen, besonders aus Gründen der Steuerersparnis und wegen der strengen Arbeits- und Sozialgesetzgebung in der BR Deutschland. 1990 waren es rd. 350 Schiffe mit 1,5 Mio. BRT. Um eine weitere »Ausflaggung« deutscher Schiffe zu verhindern, wurde gegen Widerstand der Gewerkschaft am 1. 4. 1989 ein »Zweit-« oder »Zusatzregister« eingerichtet *(»Deutsches Internationales Schiffsregister«)*, für das die strengen nationalen Vorschriften des Erstregisters nicht gelten. Auf Schiffen in diesem *»Zweitregister«* dürfen ausländische Seeleute zu den billigeren Löhnen ihrer Heimatländer beschäftigt werden (bis Anf. 1990 rd. 600 Seeleute).
Die wichtigsten *Kanäle* für den Seeschiffsverkehr waren 1989 (Transittonnage in Mio. t): Suez-Kanal 265,819 (davon 27% Mineralöl und -produkte) – Panama-Kanal 149,250 – Nord-Ostsee-Kanal 61,520 – St.-Lorenz-Seeweg 48,362.

Für die **deutschen Seehäfen** wirkten sich 1990 der weitere Wirtschaftsaufschwung und die Steigerung des Außenhandels in erhöhten Umschlagszahlen aus. Insbesondere der Stück- und Massengutumschlag nahm zu. Der gesamte **Seegüterumschlag** in den Häfen der *BR Deutschland* betrug 1988 (1987) 137,405 (129,605) Mio. t. Auf Massengut entfielen 83,017 (79,650) Mio. t, darunter Rohöl 25,063 (19,716) – Mineralölprodukte 14,682 (17,153) –

Güterverkehr in führenden Seehäfen 1989 (Auswahl, nach Angaben des. »Inst. f. Seeverkehrswirtschaft«, Bremen, und anderen Quellen) *Umschlag* in Mio. t/davon Rohöl

Rotterdam (Niederlande)	291,871 / 126,348
Singapur	173,298 / –
Kobe (Japan, 1988)	166,735 / –
Chiba (Japan)	164,182 / 57,572
Shanghai (VR China, 1988)	133,000 / –
Nagoya (Japan)	124,810 / 17,602
Yokohama (Japan, 1988)	114,632 / 18,400
Antwerpen (Belgien)	95,401 / 22,241
Kitakyushu (Japan, 1988)	93,793 / 8,910
Marseille (Frankreich)	93,419 / 59,981
Kawasaki (Japan, 1987)	90,442 / 15,945
Osaka (Japan, 1988)	86,303 / –
Hongkong	85,395 / –
Kaohsiung (Rep. China/Taiwan)	78,147 / 25,962
Tokio (Japan, 1988)	70,431 / –
Philadelphia (USA)	65,085 / 44,820
Long Beach (USA)	65,217 / 26,548
Vancouver (Kanada)	64,025 / 2,926
Corpus Christi (USA)	62,927 / 49,548
Los Angeles (USA)	62,475 / 17,711
Pusan (Rep. Korea/Süd-K.)	60,263 / –
Hampton Roads (USA)	59,728 / –
Hamburg (BR Deutschland)	57,582 / 12,024
Houston (USA)	56,801 / 22,065
New York/New Yersey (USA)	56,322 / –
Tubarao (Brasilien, 1987)	56,083 / –
Richard's Bay (Südafrika)	55,579 / –
London (Großbritannien)	54,034 / 9,555
Inchon (Rep. Korea/Süd-K.)	53,866 / 14,652
Le Havre (Frankreich)	52,240 / 31,454
Tampa (USA)	48,263 / 10,668
Yokkaichi (Japan)	42,116 / 27,047
Genua (Italien)	41,306 / 26,766
New Orleans (USA)	40,647 / –
Tees-Hartlepool (Großbritannien)	39,292 / 16,538
Dünkirchen (Frankreich)	39,141 / 10,513
Port Hedland (Australien)	36,206 / –
Warri (Nigeria)	36,189 / 35,523
Newcastle (Australien)	35,300 / 0,194
Itaqui (Brasilien, 1987)	35,000 / –
Sao Sebastiao (Brasilien, 1987)	33,711 / –
Milford Haven (Großbritannien)	33,136 / 32,409
Arzew (Algerien, 1987)	33,096 / 18,319
Tarent (Italien, 1987)	32,558 / 7,321
Bremen/Bremerhaven (BR Deutschl.)	32,457 / 3,157
Manila (Philippinen)	30,408 / –
Port Harcourt (Nigeria)	30,287 / 29,511
Gladstone (Australien)	29,395 / 0,626
Triest (Italien)	29,086 / 22,710
Amsterdam (Niederlande)	28,708 / 11,613
Bombay (Indien)	27,751 / 18,534
Angra dos Reis (Brasilien, 1987)	27,651 / –
Bilbao (Spanien)	26,966 / 15,467
Santos (Brasilien)	26,850 / 3,047
Southampton (Großbritannien)	26,116 / –
Tarragona (Spanien)	26,015 / 15,827
Zeebrügge (Belgien)	25,807 / 1,245
Venedig (Italien)	25,389 / 11,438

Erze 14,184 (12,289) – Futtermittel 5,292 (6,240) – Kohle und Koks 4,926 (5,217) – Getreide 3,457 (3,644). Der Güterumschlag in den wichtigsten Seehäfen betrug 1988 (1987) in Mio. t: Hamburg 57,209 (53,790) – Bremer Häfen 29,310 (27,878) – Wilhelmshaven 14,894 (14,521), davon rd. 88% Erdöl – Lübeck 11,326 (10,711) – Brunsbüttel 6,660 (5,855) – Brake 4,756 (5,017) – Nordenham 3,215 (2,832) – Bützfleth 2,983 (2,707) – Emden 2,551 (2,195) – Kiel 2,199 (1,980) – Cuxhaven 0,899 (0,637) – Flensburg 0,797 (0,800) – Rendsburg 0,606 (0,682).

Schiffbau *fertiggestellte Handelsschiffe* 1989 (1988) in 1000 BRT (nach UNO-Angaben): Japan 6030 (4554; 1975 noch 17740) – Rep. Korea (Süd-K.) 2618 (3395) – BR Deutschland 508 (519; 1975 noch 2545) – Jugoslawien 482 (338) – Dänemark 313 (275) – Spanien 275 (139) – Brasilien 261 (268) – VR China 222 (274) – Finnland 207 (251) – Italien 203 (431) – Großbritannien 101 (90) – Niederlande 95 (67) – Polen 94 (168) – DDR 87 (211) – Frankreich 78 (99) – Bulgarien 72 (53) – Portugal 61 (19) – Rumänien 59 (4) – Indien 54 (18) – u. a. USA 3 (1986 noch 328) – keine Angaben für die UdSSR. Der **Welt-Schiffbau** betrug 1989 (1988) 12,721 (11,802) Mio. BRT (nur Fahrzeuge ab 100 BRT). Über den Bau von Kriegsschiffen liegen keine Daten vor.

Der bisherige Höchststand im **Welt-Schiffbau** war 1974 mit 34,624 Mio. BRT erzielt worden, vor allem durch den Bau von Großtankern für den Erdöltransport. Bis 1979 sank der Schiffbau dann auf lediglich 11,458 Mio. BRT ab und blieb auch in den folgenden Jahren auf niedrigem Niveau. Insbesondere der Bau großer Erdöltanker wurde wegen des verringerten Erdölverbrauchs und der Verkürzung der Transportwege (Nordseeöl!) fast völlig überflüssig. Erst 1988 kam es wieder zu einer Steigerung der Neubautätigkeit, die sich 1989 verstärkt fortsetzte. Auch für die nächsten Jahre ist mit einer weiteren Zunahme des Schiffbaus zu rechnen, da sich durch die Steigerung des Welthandels und die zunehmende Überalterung des vorhandenen Schiffsbestandes der Bedarf an Schiffsneubauten wieder erhöhen wird.

Weltweit haben sich jedoch in den 70er und 80er Jahren die *Schwerpunkte im Schiffbau* stark verschoben. Ehemals führende Schiffbaunationen, wie Großbritannien (in den 60er Jahren an 2. Stelle in der Welt), Norwegen oder Niederlande sind heute fast bedeutungslos. Der Schiffbau konzentrierte sich aus Kostengründen immer stärker auf Ostasien (1975 51,6% – 1989 rd. 80% des Welt-Schiffbaus), während Westeuropa zurückfiel (1975 41,3% – 1989 rd. 16% der Neubautonnage). Überall – auch in Japan – sind heute hohe unausgelastete Kapazitäten in der Werftindustrie vorhanden, obwohl in den letzten Jahren bereits viele Werften stillgelegt wurden (z. B. in Großbritannien, Frankreich, BR Deutschland). In den meisten Ländern überlebt der *Schiffbau* nur noch durch *staatliche Subventionen* und militärische Aufträge (in obigen Zahlen nicht enthalten). Die EG genehmigte ab. 1.1.1987 nationale Beihilfen für den Schiffbau bis zu einer Höhe von 28 % des Auftragswertes. Darüber hinaus werden Unterstützungen für entlassene Werftarbeiter und Umstrukturierungshilfen für Werften genehmigt, die schließen, Teilkapazitäten stillegen oder sich modernisieren. Eine Zukunft wird für die europäische Schiffbauindustrie nur noch im Bau von Spezialschiffen gesehen.

Die **Werften in der BR Deutschland** lagen zwar 1989/90 auf dem 3. Platz im internationalen Handelsschiffbau, doch reichte die Produktion nicht mehr entfernt an die Zahlen der 70er Jahre heran. Auch die *Schiffbau-Industrie der BR Deutschland* wurde von der rapiden Abnahme der Nachfrage hart getroffen, so daß die Zahl der Werften von 45 (1975) auf rd. 20 (1990), diejenige der Beschäftigten vom Höchststand 1975 (75000) auf 32700 (1989) sank. Seit 1988 ist jedoch eine Wende zu verzeichnen, und die Beschäftigung der noch bestehenden Werften ist längerfristig gesichert. Die wirtschaftliche Lage der Werften konnte durch Diversifizierung (Reparaturen, Stahlbau, militärische Aufträge) und vor allem durch Spezialisierung auf den Bau hochwertiger Spezialschiffe mit aufwendiger Technologie wesentlich verbessert werden. Insgesamt wurden 1989 (1988) 58 (59) *Seeschiffe* mit 475,8 (528,5) Tsd. BRT fertiggestellt; davon waren 1989 u. a. 24 Frachtschiffe, 13 Containerschiffe, 9 Fischereifahrzeuge, 6 Tanker und 3 Passagierschiffe. Der *Umsatz der Werften* belief sich 1989 (1988) auf 5,442 (5,580) Mrd. DM.
1990/91 gerieten die Werften in Mecklenburg (ehem. DDR) in eine kritische Situation, da sie bisher ohne Rücksicht auf Wirtschaftlichkeit und in hohem Maße für den Bedarf der UdSSR produziert hatten.

Luftverkehr

Die dynamische Entwicklung des **Weltluftverkehrs**, die 1983 begonnen hatte, setzte sich auch 1990 in unverminderter Stärke fort. Besonders in den westlichen Industriestaaten, in Japan und den ostasiatischen Schwellenländern, nach der Öffnung des »Eisernen Vorhangs« auch in den ehem. Ostblockländern, kam es zu beträchtlichen Verkehrszunahmen. Im *Personenverkehr,* der schon seit 1987 jährliche Zuwachsraten von 8–10 % aufzuweisen hat, dürfte das Wachstum (nach vorläufigen Berechnungen) auch 1990 rd. 8 % betragen haben. Auch im westeuropäischen Luftraum gab es 1990 Steigerungsraten um 6–7 %, die viele Flughäfen und Luftstraßen an den Rand ihrer Kapazität führten. Insgesamt wurden weltweit nach Schätzungen der ICAO (Internat. Zivilluftfahrtorganisation) 1990 1,2 Mrd. Passagiere befördert und 1,910 Mrd. Personen-km zurückgelegt. – Der *Luftfrachtverkehr* erhöhte sich weniger stark, da sich das abgeschwächte Wachstum des Welthandels bemerkbar machte. Er nahm aber trotzdem um 6 % auf rd. 60,8 % Mrd. t-km zu.

In der **BR Deutschland** setzte sich auch 1990 das *Wachstum des Flugverkehrs* fort. Die *gewerbliche Luftfahrt* verzeichnete mit einer Steigerung von rd. 6 % – darunter 9 % im grenzüberschreitenden Linienverkehr und 3 % im Gelegenheitsverkehr (= Charterverkehr) – das höchste bisher registrierte Passagieraufkommen. Die Zahl der *beförderten Personen* (Passagieraufkommen der Flughäfen, einschl. Transit) erhöhte sich auf rd. 76,7 Mio. Das *Frachtaufkommen* stieg 1990 um etwa 8 % auf 1,6 Mio. t.
Vom gesamten *Personenverkehr* entfielen 1989 71,8 % auf Passagiere in Liniendiensten, 28,2 % auf Charterflüge (insbes. Flugreisen durch Reiseveranstalter). Hauptziel der Pauschalreisenden war, wie in den Vorjahren, Spanien (3,3 Mio. Urlauber); weitere wichtige Charterflugziele waren (in Tsd. Passagieren) u. a. Griechenland 878 – Türkei 615 – Tunesien 410 – Jugoslawien 210 – Italien 143 – Ägypten 93. Hauptziele im Auslands-Linienverkehr waren Nordamerika (2,4 Mio.), Asien (1,4 Mio.) und Afrika (0,5 Mio. Fluggäste).

Die Zahl der in der *BR Deutschland zugelassenen Flugzeuge* betrug Anf. 1990 (1989) 15737 (15435), davon 5902 (5739) einmotorige Flugzeuge, 846 (860) mehrmotorige Flugzeuge bis 20 t, 242 (214) Maschinen über 20 t, 449 (445) Hubschrauber, 1372 (1332) Motorsegler, 6924 (6843) Segelflugzeuge und 2 (2) Luftschiffe.
Insgesamt 343 Unternehmen betrieben 1989 gewerblichen Luftverkehr, davon 160 ausländische. Zum *Inlands-Linienverkehr* – ausgenommen Berlin-Verkehr – war früher nur die Deutsche Lufthansa zugelassen. Im Zuge der Liberalisierung des Luftverkehrs im Rahmen der EG erhielten 1989/90 weitere Unternehmen die Genehmigung, Liniendienste anzu-

Verkehrsleistungen führender internationaler Flughäfen 1989 (1988)
(nach »Arbeitsgemeinschaft der deutschen Verkehrsflughäfen«/ADV 1990)

Flughafen	*Fluggäste (in Mio.) 1989*	*(1988)*	*Veränderung in %*	*Luftfracht (in Tsd. t) 1989*	*(1988)*	*Veränderung in %*
	jeweils Ankünfte und Abflüge					
Chicago/O'Hare Intern., USA	59,250	(58,860)	+ 0,7	958,540	(755,019)	+ 27,0
Dallas-Fort Worth, USA	47,579	(44,271)	+ 7,5	361,075	(347,043)	+ 4,0
Los Angeles/Intern., USA	45,700	(44,399)	+ 2,9	997,810	(960,440)	+ 3,9
Atlanta/W.B. Hartsfield, USA	43,312	(45,900)	− 5,6	379,323	(400,128)	− 5,2
London/Heathrow, Großbritannien	39,611	(37,525)	+ 5,6	692,151	(644,882)	+ 7,3
Tokio/Haneda, Japan	36,491	(32,177)	+13,4	462,244	(431,097)	+ 7,2
New York/J. F. Kennedy, USA	30,323	(31,166)	− 2,7	1258,768	(1179,906)	+ 6,7
San Francisco/Internat., USA	29,940	(30,506)	− 1,9	451,050	(447,404)	− 3,5
Denver/Stapleton Intern., USA	27,568	(31,808)	−13,3	185,384	(189,038)	− 1,9
Frankfurt/Rhein-Main, BR Deutschland	25,868	(24,344)	+ 6,3	1055,570	(1007,106)	+ 4,8
Paris/Orly, Frankreich	24,118	(22,206)	+ 8,6	248,109	(236,167)	+ 5,1
Miami/Internat., USA	23,385	(24,525)	− 4,6	742,813	(686,796)	+ 8,2
New York/La Guardia, USA	23,158	(24,159)	− 4,1	57,598	(51,235)	+ 12,4
Boston/Logan, USA	22,216	(23,660)	− 6,1	285,538	(302,339)	− 5,6
Honolulu/Internat., USA	21,449	(20,156)	+ 6,4	320,093	(284,133)	+ 12,7
London/Gatwick, Großbritannien	21,183	(20,761)	+ 2,0	210,283	(193,755)	+ 8,5
Detroit/Wayne County, USA	20,998	(19,708)	+ 6,5	112,631	(101,040)	+ 11,5
New York/Newark, USA	20,928	(22,496)	− 7,0	400,381	(407,995)	− 1,9
Phoenix/Sky Harbour Int., USA	20,711	(19,178)	+ 8,0	57,039	−	−
Paris/Ch. de Gaulle, Frankreich	20,275	(17,887)	+13,4	584,726	(575,297)	+ 1,2
St. Louis/Lambert, USA	−	(20,170)	−	−	(59,403)	−
Minneapolis/Internat., USA	19,401	(18,664)	+ 3,9	166,703	(171,602)	− 2,9
Osaka/Intern., Japan (1986)	17,695	−	−	319,102	−	−
Orlando/Internat., USA	17,232	(16,497)	+ 4,5	103,280	(90,298)	+ 14,4
Pittsburgh, USA	17,145	(17,987)	− 4,7	67,283	(61,544)	+ 9,3
Tokio/Narita, Japan	16,990	(14,659)	+15,9	888,257	(783,321)	+ 13,4
Toronto/L. B. Pearson Int., Kanada	−	(16,760)	−	−	(257,619)	−
Las Vegas/Mc Carran Intern., USA	16,684	(16,231)	+ 2,8	15,065	(13,089)	+ 15,1
Hongkong/Kai Tak	16,201	(15,864)	+ 2,1	730,096	(704,575)	+ 3,6
Houston/Intercont., USA	16,007	(15,110)	+ 5,9	159,656	(144,663)	+ 10,4
Rom/Leonardo da Vinci, Italien	15,564	(14,346)	+ 8,5	227,075	(202,122)	+ 12,3
Amsterdam/Schiphol, Niederlande	15,338	(14,582)	+ 5,2	582,228	(575,297)	+ 1,2
Seattle/Tacoma Intern., USA	15,241	(14,496)	+ 5,1	228,743	(211,232)	+ 8,3
Washington/National, USA	15,140	(15,751)	− 3,9	13,771	(16,402)	− 16,0
Madrid/Barajas, Spanien	14,246	(13,243)	+ 7,6	208,218	(178,892)	+ 16,4
Stockholm/Arlanda, Schweden	14,077	(13,145)	+ 7,2	80,835	(72,148)	+ 12,0
Seoul/Kimpo Intern., Rep. Korea	13,936	(10,403)	+34,0	621,965	(467,941)	+ 32,9
Philadelphia/Internat., USA	13,349	(14,085)	− 5,2	194,729	(149,194)	+ 30,5
Singapur/Changi	12,973	(11,381)	+14,0	577,550	(511,540)	+ 12,9
Bangkok/Internat., Thailand	12,669	(10,555)	+20,0	348,546	(297,528)	+ 17,1
Sydney/Kingsford, Australien	−	(12,222)	−	−	(232,668)	−
Charlotte, USA (1986)	11,987	−	−	73,239	−	−
Salt Lake City/Intern., USA	11,899	(10,408)	+14,3	62,525	(66,988)	− 6,7
Zürich/Kloten, Schweiz	11,690	(10,825)	+ 8,0	258,437	(241,731)	+ 6,9
Kopenhagen/Kastrup, Dänemark	11,622	(11,262)	+ 3,2	127,414	(121,093)	+ 5,2
Palma de Mallorca, Spanien	11,516	(11,712)	− 1,7	19,227	(22,073)	− 12,9
Mexiko City/B. Juarez, Mexiko	11,116	(9,676)	+14,9	127,150	(113,488)	+ 12,0
San Diego/Lindbergh Intern., USA	11,111	(10,749)	+ 3,4	41,092	(41,805)	− 1,7
Athen/Hellinikon, Griechenland	10,514	(10,183)	+ 3,3	85,072	(95,267)	− 10,7
Düsseldorf, BR Deutschland	10,405	(10,022)	+ 3,8	45,196	(42,977)	+ 5,2
Baltimore/Washington Intern., USA	10,300	(9,858)	+ 4,5	110,567	(108,522)	+ 1,9
Washington/Dulles, USA	10,179	(9,517)	+ 7,0	117,950	(130,596)	− 9,7
Manchester/Internat., Großbritannien	10,070	(9,514)	+ 5,8	64,885	(69,798)	− 7,0
München/Riem, BR Deutschland	10,036	(9,509)	+ 5,5	52,275	(46,617)	+ 12,1
Tampa/Internat., USA	9,693	(9,720)	− 0,3	46,616	(43,201)	+ 7,9
Kansas City/Internat., USA	9,542	(9,489)	+ 0,6	50,100	(54,211)	− 7,6

Verkehrsleistungen der Verkehrsflughäfen der BR Deutschland 1989
(Nach ADV; einschl. Transit)

Flughafen	*Fluggäste insges.*	*Veränderung geg. 1988*	*Luftfracht insges. (t)*	*Veränderung geg. 1988*	*Luftpost insges. (t)*
Frankfurt a. M.	26567763	+ 5,8%	1101110	+ 5,0%	144406
Düsseldorf	10782880	+ 3,7%	55402	+ 2,7%	6249
München	10410238	+ 4,9%	60265	+ 7,7%	20903
Hamburg	6304991	+ 5,9%	41673	+ 1,9%	16829
Berlin (West)	5939297	+ 6,3%	13484	+ 7,0%	14298
Stuttgart	3918812	+ 6,4%	18513	+ 1,0%	12226
Köln/Bonn	2691428	+14,5%	154809	+ 31,4%	15671
Hannover	2614665	+11,5%	13171	+ 31,6%	8788
Nürnberg	1304306	+ 4,3%	11010	− 32,9%	7661
Bremen	1067281	+12,3%	3349	− 8,2%	3097
Münster/Osnabrück	238847	+16,0%	98	+104,2%	2144
Saarbrücken	236927	+ 5,5%	202	− 28,1%	–

bieten. Im Verkehr mit dem Ausland waren neben deutschen noch 115 ausländische Gesellschaften tätig.
Die DDR-Fluggesellschaft »Interflug« wurde 1991 nach vergeblichen Versuchen der Sanierung oder des Verkaufs aufgelöst.
Die Zahl der *Arbeitsplätze auf den deutschen Flughäfen* stieg 1990 auf rd. 92000. Ein großes Problem war auch 1990 die Überlastung des Luftraums und der Flughafenkapazitäten, die zu häufigen Verspätungen führten. Um dem weiterhin expandierenden Verkehr gerecht zu werden, sind z. Z. umfangreiche *Baumaßnahmen* im Gang, u. a. Erweiterungen der Kapazitäten (z. B. durch Verlängerung von Start- und Landebahnen, Neubau von Abfertigungsgebäuden, Flugzeughallen usw.) in Stuttgart, Hannover, Hamburg, Düsseldorf, Frankfurt und Köln/Bonn sowie – als größtes Projekt – der Neubau des Münchner Flughafens »Franz Josef Strauß« zwischen Freising und Erding (Fertigstellung im Mai 1992).

Die **Welt-Flugzeugindustrie** konnte auch 1989/90, wie schon in den Vorjahren, außerordentlich gute Geschäftsergebnisse verbuchen. Der weitere Aufschwung der Weltwirtschaft und des Luftverkehrs, verstärkt durch die Öffnung der osteuropäischen Märkte, machte sich sowohl bei Geschäftsreise- und Sportflugzeugen als auch bei Passagiermaschinen für die Luftfahrtunternehmen in einem starken Bestelleingang bei den Produzenten bemerkbar. Auch der starke Ersatzbedarf für Verkehrsflugzeuge, insbesondere für veraltete, zu kostenaufwendige und zu laute Maschinen, trug zum weiteren Aufschwung der Flugzeugindustrie bei. Gebremst wurde die Flugzeugproduktion andererseits durch die sehr schlechten Geschäftsergebnisse vieler Luftfahrtunternehmen, wodurch Investitionen hinausgezögert wurden. So erwirtschafteten die Fluggesellschaften der USA 1990 Verluste von zusammen 2 Mrd. $ (Konkurrenzkampf mit Preisunterbietungen, erhöhte Treibstoffkosten durch die Golfkrise). – Insgesamt werden bis 2005 nach amerikanischen Studien rd. 9900 neue *Verkehrsflugzeuge* benötigt werden, davon allein über 300 Großraumflugzeuge pro Jahr, so daß die Aussichten der Flugzeughersteller sich sehr gut darstellen. Z. Z. produzieren weltweit außerhalb der UdSSR nur 3 Werke *Großraum-Verkehrsflugzeuge:* der weltgrößte Flugzeugproduzent Boeing in Seattle (USA), McDonnell Douglas (USA) und das multinationale europäische Unternehmen Airbus (Sitz Toulouse, Frankreich).

Post- und Fernmeldewesen

Fernsprecher Zahl der *Telefon-Hauptanschlüsse* einschl. öffentliche Sprechstellen (nach Siemens-Fernsprechstatistik) insges. in Mio./pro 100 Einw. Anf. 1988: USA 126,725/52,0 – Japan 49,247/40,3 – UdSSR 28,184/10,0 – BR Deutschland 27,552/45,1 – Frankreich 24,462/44,0 – Großbritannien 23,290/40,9 – Italien 19,105/33,3 – Kanada 13,444/52,4 – Spanien 10,236/26,4 – Rep. Korea (Süd-K.) 8,785/20,9 – Brasilien 8,008/5,7 – VR China 7,566/0,7 – Australien 7,092/43,6 – Niederlande 6,234/42,5 – Schweden 5,480/65,7 (dichtestes Telefonnetz) – Rep. China (Taiwan) 5,121/26,2 – Mexiko 4,089/5,0

– Türkei 4,077/7,9 – Indien 3,799/0,5 – Schweiz 3,350/53,5 – Griechenland 3,466/34,7 – Belgien 3,367/33,9 – Argentinien 3,032/9,6 – Österreich 2,907/38,4 – Polen 2,774/7,4 – Dänemark 2,712/ 52,9 – Südafrika 2,669/8,1 – Finnland 2,365/48,0 – ČSFR 2,031/13,0 – Hongkong 2,021/36,0 – u. a. DDR 1,695/ 10,2.
Insgesamt gab es auf der Erde Anf. 1988 454,622 Mio. *Telefon-Hauptanschlüsse,* davon 186,839 Mio. in Europa und 163,520 Mio. in Amerika, aber nur 6,856 Mio. in Afrika. Die Zahl aller *Sprechstellen* (mit Nebenstellen) belief sich auf ca. 720 Mio. Die meisten *Auslandsgespräche* wurden 1987 von den USA (566,998 Mio.), der BR Deutschland (514,931 Mio.) und Großbritannien (280,000 Mio.) ausgeführt. Der Anteil der *Selbstwählferngespräche* an den Auslandsgesprächen beträgt in allen westlichen Industrieländern über 98 % (BR Deutschland 1988: 99,6%), in der UdSSR dagegen erst 45%.

Fernschreiber (Telex) *Anschlüsse* Anf. 1988 (nach Siemens) in Tsd.: BR Deutschland 167,1 – Frankreich 141,5 – Großbritannien 116,2 – UdSSR 107,0 – Brasilien 98,3 – USA 78,4 – Italien 74,4 – Kanada 43,9 – Japan 43,0 – Spanien 42,0 – Schweiz 41,9 – Niederlande 38,6 – Indien 35,1 – Australien 33,5 – Polen 31,9 – Südafrika 31,6 – u. a. Österreich 26,0 – DDR 17,0.

Teletex (papierlose Übermittlung von Texten zwischen Text- und Datenverarbeitungsanlagen) *Anschlüsse* Anf. 1988 (nach Siemens): BR Deutschland 18569 – Frankreich 2895 – Südafrika 2671 – Schweden 2300 – Österreich 1589 – Finnland 737 – Türkei 671.

Bildschirmtext (Videotext, BTX) *Anschlüsse* Anf. 1988 (nach Siemens): Frankreich 3358348 – BR Deutschland 95392 – Großbritannien (1987) 75350 – Japan 62352 – Australien 38000 – Niederlande 26473 – Schweden 13365 – Italien 12946 – Brasilien 11532 – Österreich 8323 – Schweiz 7635.

In der BR Deutschland wurde die **Verkabelung** für den *Rundfunk- und Fernsehempfang* 1990/91 zügig weitergeführt. Anf. 1990 waren rd. 14,135 Mio. Haushalte anschließbar; 6,363 Mio. waren angeschlossen. Bis Ende 1991 sollen mit rd. 16,5 Mio. Haushalten etwa 63% aller Haushalte anschließbar sein. In den **USA** gab es 1989 rd. 43 Mio. Haushalte mit Kabelanschluß.

Die **Deutsche Bundespost** erbrachte 1989 u. a. folgende *Leistungen:* beförderte Briefsendungen 13,886 Mrd., Paketsendungen 243,816 Mio., aufgegebene Telegramme 5,060 Mio., Telefonsprechstellen (Haupt- u. Nebenanschlüsse und öffentliche Sprechstellen) 43,095 Mio., Ortsgespräche 18,437 Mrd., Ferngespräche 13,273 Mrd. (davon ins Ausland 694,301 Mio.), Telexanschlüsse 134,390 Tsd., Telefaxanschlüsse 411,095 Tsd., Teletexanschlüsse 18,192 Tsd.; Ein- und Auszahlungen auf Zahlkarten, Zahlungs- und Postanweisungen insges. 146,599 Mrd. DM, Buchungen im Postgirodienst 2,370 Mrd. Stück mit einer Gesamtsumme von 3488,336 Mrd. DM, Guthaben auf den 4,688 Mio. Postgirokonten im Jahresdurchschnitt 15,621 Mrd. DM, Guthaben auf den 22,427 Mio. Postsparkonten im Jahresdurchschnitt 40,107 Mrd. DM. – Die Telefonselbstwahl bestand 1989 nach 192 Ländern; insgesamt 99,7 % aller Verbindungen im internationalen Telefonverkehr wurden vollautomatisch abgewickelt.
Der *Geschäftsabschluß der Deutschen Bundespost* für 1989 ergab ein Wachstum des Umsatzes auf 58,933 Mrd. DM; hiervon entfielen auf die Fernmeldedienste 38,929 – die Postdienste 16,604 – die Postbankdienste 4,811 Mrd. DM. Die gesamten Erträge beliefen sich auf 59,848 Mrd. DM, die Aufwendungen auf 56,792 Mrd. DM (davon 27,676 Mrd. DM Personalaufwendungen). Der Gewinn stieg 1989 auf 3,055 Mrd. DM. Die Investitionen beliefen sich auf 19,3 Mrd. DM, überwiegend im Fernmelde- und Kommunikationsbereich. Der Personalbestand stieg weiter an und erreichte Ende 1989 567323 bzw. 493050 bei Umrechnung der Teilzeitkräfte auf Vollbeschäftigte. – Als wichtigste Neuordnung trat am 1. 7. 89 das »Poststrukturgesetz« zur Reorganisation der Deutschen Bundespost in die 3 Betriebsbereiche *Postdienst* (»Gelbe Post«) – *Postbank* (Postgiro- und Postsparkassendienst) und *Telekom* (Fernmeldedienst) in Kraft. Seit 1990 sind große Anstrengungen darauf gerichtet, die Post der »neuen« Bundesländer (ehem. DDR) dem Stand der Bundespost anzupassen, insbes. im Fernmeldebereich.

Fremdenverkehr

Internationaler Touristenreiseverkehr 1988 *Zahl der einreisenden Touristen* (in Mio.)/*Einnahmen aus dem internationalen Tourismus* (in Mrd. US-$): Frankreich 38,288/13,783 – Spanien 35,000/16,686 – USA 34,474/ 29,878 – Österreich 16,571/8,520 – Großbritannien 15,798/11,023 –

Kanada 15,493/4,655 – ČSFR 14,028/0,436 – BR Deutschland 13,113/8,449 – VR China 12,361/2,247 – Schweiz 11,700/5,615 – Ungarn 10,563/0,759 – Jugoslawien 9,018/2,024 – Bulgarien 8,295/- – Griechenland 7,778/2,396 – Portugal 6,624/2,404 – UdSSR 6,007/- – Mexiko 5,692/3,994 – Hongkong 5,589/4,166 – Rumänien 5,514/0,176 – Thailand 4,231/3,120 – Singapur 3,833/2,399 – Türkei 3,715/2,355 – Tunesien 3,468/1,271 – Malaysia 3,374/0,766 – Niederlande 3,322/2,857 – Irland 3,007/0,999 – Marokko 2,841/1,072 – Belgien 2,700/3,438 – Polen 2,495/0,193 – u. a. DDR 1,209/- (Daten nach »World Tourism Organization«, Madrid).

Als »Tourist« wird im allgemeinen jeder Ausländer gezählt, der die Grenze überschreitet und sich mindestens 24 Std. im Land aufhält (ohne Transitreisende, ausländ. Arbeitnehmer u. ä.). Teilweise werden nur die Ankünfte in Hotels gezählt, oft nur Stichproben gemacht; die Daten sind daher vielfach ungenau und nur bedingt vergleichbar. Die Angaben über die Deviseneinnahmen sind meist Schätzungen bzw. erfassen nur den offiziellen Geldumtausch.

Für den **Welt-Tourismus** erbrachte das Jahr 1990 wieder ein Rekordergebnis. Der *Fremdenverkehr* erreichte in den meisten Ländern Zuwachsraten von 2–6%, teilweise noch höher, je nach Zählung der Gäste oder der Einnahmen. Nach Schätzungen der Welt-Tourismusorganisation (WTO) reisten 1990 über 5 Mrd. Menschen (einschl. Mehrfachzählungen), davon rd. 450 Mio. ins Ausland (internationaler Tourismus). Sie gaben rd. 185 Mrd. $ aus (+5% gegenüber 1989). Die Ausgaben bzw. Einnahmen im innerstaatlichen Tourismus werden auf rd. 1,8 Bill. $ geschätzt, so daß der Fremdenverkehr zweifellos zu den wirtschaftlich bedeutendsten Aktivitäten gehört (rd. 12–15% des Weltwirtschaftsvolumens). In der BR Deutschland steuert die Tourismusbranche rd. 4,6% zum *Volkseinkommen* bei. Auch 1990 war *Europa* der am meisten von Touristen besuchte Erdteil. 1989 wurden hier rd. 260 Mio. *Gästeankünfte* gezählt (nur Auslandstourismus); die *Einkünfte* beliefen sich auf rd. 95 Mrd. $. *Amerika* erreichte 75 Mio. Touristenankünfte und Einnahmen von 40 Mrd. $. Der Raum *Ostasien/Pazifik* kam auf 40 Mio. anreisende Touristen und 25 Mrd. $ Einnahmen. Die Räume *Afrika/Nahost/Südasien* hatten stagnierende, teilweise rückläufige Touristenzahlen aufzuweisen. Die mangelnde Attraktivität für ausländische Touristen geht einerseits auf die noch weitgehend fehlende Fremdenverkehrsinfrastruktur zurück, andererseits auf innere Unruhen, Kriege usw. in diesen Regionen. In den *Ostblockländern* entwickelte sich der Tourismus in den letzten Jahren sehr unterschiedlich. Die Zahl der Urlaubsreisen aus den westlichen Ländern nahm bis 1989, teilweise bis 1990, ab, vor allem wegen der oft unzureichenden und restriktiven Bedingungen (Mängel der Unterkünfte, Versorgungsschwierigkeiten, mangelhafte Straßen- und Verkehrsverhältnisse, abschreckende Visaformalitäten und Zwangsumtauschregelungen u. ä.). Seit 1990 nehmen mit zunehmender Freizügigkeit und der privatwirtschaftlichen Umwandlung des Gastronomie- und Hotelleriesektors auch die Urlaubsreisen (einschl. Kurzurlaube) aus westlichen Ländern stark zu (z. B. ehem. DDR, Polen, ČSFR, Ungarn). Andererseits vervielfachte sich die Zahl der ausreisenden Touristen aus den ehem. Ostblockländern mit der Aufhebung der bisherigen Ausreisehindernisse.

Wie schon in den Vorjahren wurden auch 1990 über 80% aller *Auslandsreisen* von den westlichen Industrieländern aus unternommen, rd. 60% aller Tourismusausgaben der Welt wurden in Westeuropa getätigt. Hier gab es allerdings auch 1990 wieder Verschiebungen, die meist auf Umweltschäden (z. B. Verschmutzung der Mittelmeerstrände), Infrastrukturmängel oder übermäßige Preissteigerungen zurückgingen. So nahmen die Urlaubsreisen nach Spanien, Italien und Jugoslawien ab, während Österreich, die Schweiz, Deutschland sowie die meisten west- und nordamerikanischen Länder Zunahmen verbuchten. Anf. 1991 brachte der Krieg am Persischen Golf starke Turbulenzen in den Tourismusmarkt (Stornierungen von Flugreisen und von Reisen in den östlichen Mittelmeerraum).

Devisen-Ausgaben und -Einnahmen im internationalen Reiseverkehr 1990

	Ausgaben	*Einnahmen*
	in Mrd. $	
USA	34,977	34,432
BR Deutschland	24,129	8,658
Japan	21,130	3,156
Großbritannien	15,195	11,248
Frankreich	10,292	16,500
Kanada	7,376	5,013
Italien	6,773	11,987
Niederlande	6,450	3,020
Österreich	5,027	9,316
Schweden	4,968	2,543
Schweiz	4,953	5,619
Belgien-Luxemburg	4,272	3,064
Australien	3,764	3,370
Spanien	3,080	16,252
Dänemark	2,928	2,311
Norwegen	2,847	1,328
u. a. Griechenland	0,816	1,976
Türkei	0,565	2,557

Bei der **Reiseintensität** (Anteil der erwachsenen Einwohner, die mindestens einmal jährlich eine Urlaubsreise machen) liegen z. Z. an der Spitze

Schweden, Schweiz (je über 75 %), BR Deutschland, Niederlande, Dänemark (je 65–75 %), Großbritannien, Frankreich, Italien (je rd. 50 %), Spanien (rd. 45 %). Bei der Reiseintensität bezüglich Auslandsreisen stehen die Bewohner der BR Deutschland an der Spitze; sie geben auch – nach den US-Amerikanern – die zweithöchsten Summen im Ausland aus *(→ Tab.)*.

Daten zum **Fremdenverkehr in der BR Deutschland**: Die Zahl der *Gästeankünfte in Beherbergungsstätten* betrug 1990 (1989) 74,332 (69,621) Mio., die der *Übernachtungen* 255,725 (243,371) Mio., davon 220,883 (210,309) Mio. Inländer und 34,842 (33,062) Mio. Ausländer. Die durchschnittliche *Aufenthaltsdauer* der Gäste lag bei 3,4 (3,5) Tagen, die *Bettenausnutzung* der Betriebe bei 42,8 (40,6) %. (Diese Zahlen der amtlichen Statistik beziehen sich nur auf Beherbergungsbetriebe mit mindestens 9 Gästebetten; Privatquartiere, Camping-Übernachtungen, Kinderheime, Jugendherbergen u. ä. sind nicht enthalten.) Die Zahl der *Fremdenübernachtungen* stieg, wie obige Zahlen zeigen, 1990 gegenüber 1989 um 5,1 %, und zwar sowohl durch eine erhöhte Zahl inländischer Gästenächtigungen (+5,0 %) als auch durch den Anstieg der Ausländerübernachtungen (+5,4 %).
Unter den *Bundesländern* entfielen 1990 auf Bayern 28,8 % – Baden-Württemberg 15,2 % – Nordrhein-Westfalen 13,5 % – Niedersachsen 11,9 % – Hessen 10,7 % – Schleswig-Holstein 7,6 % – Rheinland-Pfalz 6,9 % – Berlin 2,8 % – Hamburg 1,5 % – Saarland 0,6 % – Bremen 0,4 %. – Bedeutendste *Fremdenverkehrsstadt* war 1990 Berlin/West mit 7,244 Mio. Übernachtungen vor München (6,924) und Hamburg (3,962). – Übernachtungen von *Ausländern* 1990 (1989) in 1000 nach *Herkunftsländern:* Niederlande 5760,84 (5963,4) – USA 4714,8 (4230,5) – Großbritannien 3263,5 (2963,6) – Italien 1782,5 (1664,9) – Frankreich 1752,9 (1658,0) – Schweden 1626,8 (1499,4) – Schweiz 1575,5 (1513,3) – Dänemark 1433,1 (1404,4) – Japan 1381,2 (1265,1) – Belgien 1257,5 (1208,8) – Österreich 1174,3 (1138,6) – Polen 755,8 (911,1) – Spanien 665,6 (620,4) – Jugoslawien 562,7 (497,5) – Norwegen 526,1 (530,3).
Neben den Beherbergungsbetrieben entfielen 1990 (1989) außerdem 18,001 (17,468) Mio. Übernachtungen auf Campingplätze (davon 4,305 [4,447] Mio. von Ausländern) und rd. 8,5 Mio. auf Jugendherbergen.

Die **Einnahmen aus dem Auslandsreiseverkehr** in der BR Deutschland erhöhten sich 1989–90 um rd. 1,0 Mrd. DM auf 17,273 Mrd. DM. Da die **Ausgaben** deutscher Reisender im Ausland wesentlich stärker anstiegen, nämlich von 45,359 (1989) auf 49,091 Mrd. DM (1990), ergab sich ein stark erhöhtes deutsches Defizit in Höhe von 31,818 Mrd. DM (1989: –29,082 Mrd. DM). Besonders groß waren die *Defizite 1990 im Reiseverkehr* mit Italien, Spanien, Österreich, Frankreich und der Schweiz. *Überschüsse* konnten auch 1990 nur mit wenigen Ländern erzielt werden, z. B. mit Japan und den skandinavischen Staaten.

Deutsche Devisen-Einnahmen und -Ausgaben im internationalen Reiseverkehr 1989 (nach Dt. Bundesbank) (in Mrd. DM)

	Einnahmen	*Ausgaben*	*Saldo*
Alle Länder	16,277	45,359	−29,082
darunter			
Österreich	1,823	7,401	−5,578
Italien	0,987	7,082	−6,095
Spanien	0,319	5,470	−5,151
Frankreich	1,428	3,737	−2,309
Schweiz	0,682	3,081	−2,399
Niederlande	2,326	2,390	−0,064
USA	1,556	2,184	−0,628
Griechenland	0,081	1,434	−1,353
Großbritannien	0,828	1,276	−0,448
Jugoslawien	0,137	1,054	−0,917
Dänemark	1,063	0,783	+0,280
Türkei	0,016	0,780	−0,764
Belgien u. Luxemburg	0,669	0,647	+0,022
Schweden	0,956	0,641	+0,315
Japan	0,603	0,241	+0,362
Polen	0,029	0,227	−0,198

Kultur-, Friedens- und Nobelpreise sowie weitere Auszeichnungen

(in Auswahl)

Hinter dem Namen des Preisträgers steht in Klammern im allgemeinen das Herkunftsland (→ auch Abkürzungsverzeichnis Sp. 19ff.), sofern er im Land der Preisvergabe Ausländer ist.

ARCHITEKTUR, DENKMALPFLEGE, DESIGN

BELGIEN

Wettbewerb 1990 zur Sanierung der **Wasserfront am Schelde-Ufer in Antwerpen**, Projektaufträge an *Manuel de Solà-Morales* (E), *Toyo Ito* (J) sowie *van Berkel, van Veen u. van Meer*.

DEUTSCHLAND

Architekturpreis Beton 1991 des Bundesverbandes der Deutschen Zementindustrie für beispielhafte Leistungen bei der Gestaltung von Einzelbauwerken oder Bauwerksgruppen (ges. 50000 DM) zu gleichen Teilen an *Joachim u. Margot Schürmann*, *Hermann Schröder u. Sampo Widmann*, *Behnisch & Partner*.

Denkmalpreis 1991 der Bayerischen Hypotheken- und Wechsel-Bank (50000 DM) zu gleichen Teilen an *Erika u. Uwe Jannsen* für die Erhaltung von Schloß Göppmannsbühl in Speichersdorf/Oberfranken sowie *Ludwig Bauer u. Josef Deß* für die Instandsetzung der Gebäudegruppe »Im Paradies« in Eichstätt.

Deutscher Architekturpreis 1991, gestiftet von der Ruhrgas AG, verliehen von der Bundesarchitektenkammer (30000 DM), an *Margot u. Joachim Schürmann*; **Preis** (je 10000 DM) an *Barbara Halmagyl*, *Manfred Kovatsch*, *Busmann & Haberer*.

Europa-Goldmedaille für Denkmalpflege 1990 der Stiftung F. V. S. zu Hamburg für außergewöhnliche und beispielhafte Leistungen zur Erhaltung des baulichen Erbes Europas an die Stadt Lüneburg; **1991** an die ehem. dänische Umweltministerin *Lone Dybkjaer* für ihre »zukunftsweisenden Planungen zur Rekomplettierung von Schloß Kronborg«.

Förderpreis der Stiftung Deutscher Architekten 1990 der Architektenkammer Nordrhein-Westfalen (je 5000 DM) an *Elmar Paul Sommer, Jörg Preckel, Daniel Kas*; besondere Anerkennung (je 1000 DM) an *Ruth Bialucha* u. *Avi Spievak*.

Goldener Ehrenring für Goldschmiedekunst 1990 der Gesellschaft für Goldschmiedekunst in Hanau an den Schmuckdesigner *Anton Cepka* (ČS).

Kritikerpreis 1990 des Verbandes der deutschen Kritiker e. V. in Berlin für Architektur an *Heinz Hilmer u. Christoph Sattler* für die Gemäldegalerie im Berliner Kulturforum.

Kunstpreis Berlin – Jubiläumsstiftung 1848/1948 Förderpreis Sparte Baukunst (10000 DM) zu gleichen Teilen an *Michael Bräuer* für Neubaukonzepte Rostocks sowie *Andrea Krüger u. Angela Wandelt* für behutsame Sanierungskonzepte Leipzigs.

Kunstpreis der Theo-Wormland-Stiftung 1990 in München (je 10000 DM) u. a. an den Dresdner Denkmalpfleger *Heinrich Magirius* u. den Architekturkritiker *Wolfgang Pehnt*.

Preis der Stadt Sindelfingen für Textilkunst 1990 (15000 DM) geteilt an *Gisela Hoffmann u. Sophia Wonner-Mruck*; **Förderpreis** (10000 DM) an *Riona Kuthe*.

Schinkel-Wettbewerb 1990/91 des Berliner Architekten- u. Ingenieur-Vereins, **Schinkelpreis Sparte »Architektur (Hochbau)«** (6000 DM) an *Stefan Adler, Martin u. Rainer Falke* für Neugestaltung der Spree-Ufer in Berlin-Friedrichshain u. -Kreuzberg.

Schumacher (Fritz)-Preis 1990 der gleichnam. Stiftung u. der Stiftung F. V. S. zu Hamburg »für hervorragende Leistungen im Städtebau, im Hochbau, im Ingenieurbau ... und in der Landschaftsgestaltung« (je 20000 DM) an *Jiři Straský* (ČS) u. an *Giancarlo De Carlo* (I).

Wettbewerb 1991 für die Bebauung des **Altmarkts in Dresden**, 1. Preis an *Storch & Ehlers* sowie *Rüdiger Sudau*.

Wettbewerb 1991 für den Bau des **Sächsischen Landtags in Dresden**, 1. Preis an *Peter Kulka*.

Wettbewerb 1990/91 zum Bau des **Wahrzeichens des Media Parks Köln**, 1. Preis an *Jean Nouvel* (F) (Bauauftrag) u. *Eberhard Zeidler* (CDN).

Wettbewerb 1991 zum Neubau des **Museums für Gegenwartskunst in Stuttgart**, 1. Preis (60000 DM) an das Architekturbüro *Arata Isozaki* (J).

EUROPA

»Europa Nostra«-Preis 1991 des gleichnam. internat. Verbandes zum Schutz des kulturellen u. natürlichen Erbes Europas, 1. Preis für das am besten erhaltene Dorf Europas an Lyngör (N), 2. an Guarda (CH), 3. an Hattem (NL).

JAPAN
Praemium Imperiale 1991 der Japan Art Association unter dem Patronat von Prinz Masahito Hitachi (je 100000 $), **Sparte Architektur** an *Gae Aulenti* (I).

ÖSTERREICH
Förderungspreis des Bundesministeriums für Unterricht, Kunst u. Sport 1990 für **Design** (75000 S) an *Christoph Tamussino*; für experimentelle Tendenzen in der **Architektur** (75000 S) an *Georg Driendl* u. *Gerhard Steixner*.

SCHWEIZ
Aargauer Heimatschutzpreis 1991 (10000 sfr) an die Stadt Zofingen.
6. Biennale der Textilkunst 1991 in Bern, 1. Preis an *Marie-Luise Schülein* (D), 2. an *Heidi Gassner*.
Heimatschutzpreis 1990 des Schweizer Heimatschutzes für private Initiativen (5000 sfr) an den »Verein grüne Bucht Spiez«. **1991** an die Genossenschaft Pro Binntal im Oberwallis u. an die Genossenschaft Eisenwerk in Frauenfeld.
Wakker (Henri-Louis)-Preis 1991 des Schweizer Heimatschutzes (10000 sfr) an die Gemeinde Cham/Kanton Zug für weitblickende Freiraum-Planung.
Wettbewerb 1991 zum **Siedlungsbau in Affoltern**, 1. Preis (15000 sfr) an das Architektenteam *Walter Ramseier, Beatrice Liaskowski, Beat Jordi, Caspar Angst u. Peter Hofmann*, 2. (13000 sfr) an *Andreas Steiger*, 3. (9000 sfr) an *Walter Stamm-Teske*.
Wettbewerb 1990 für die Neugestaltung des **Bahnhofs in Brig**, 1. Preis (40000 sfr) an *Gundula Zach, Zach & Zünd*, 2. (40000 sfr) an *H. Barth u. H. Zaugg*, 3. (20000 sfr) an *Elias Barzani*.
Wettbewerb 1990 zur Neuüberbauung des **Röntgenareals in Zürich** (vor dem Hauptbahnhof), 1. Preis (50000 sfr) an *Isa Stürm u. Urs Wolf*, weitere Preise (35000 sfr) an *Roland Gut u. Peter Christen*, (30000 sfr) an *Walter Ramseier, Beatrice Liaskowski, Beat Jordi, Caspar Angst u. Peter Hofmann*, (25000 sfr) *Alberto Dell'Antonio u. Fortunat Dettli*.

VEREINIGTE STAATEN VON AMERIKA
Pritzker (Jay A.)-Preis für Architektur 1991 (100000 $, finanziert von der Hyatt-Stiftung, gilt als bedeutendster Preis dieser Art) an *Robert Venturi*.
Wettbewerb 1991 für den Bau des **Museum of Contemporary Art in Chicago**, Entwurfsauftrag an *Josef Paul Kleihues*.

FERNSEHEN, HÖRFUNK, PRESSE

DEUTSCHLAND
Alexander-Preis 1991 der gleichnam. Stiftung in Göttingen für journalistische Arbeiten zur südniedersächsischen Geschichte und Gegenwart (2500 DM) an den F. A. Z.-Korrespondenten *Jörg Bremer* für die Reportage »Spaziergänge im alten Sperrgebiet«.
Baeck (Leo)-Preis 1990 des Zentralrats der Juden in Deutschland für Persönlichkeiten, die sich für die Ideale jüdischer Religion und Weltanschauung, für Humanismus und Menschenrechte einsetzen, an den WDR-Hörfunkredakteur *Heiner Lichtenstein*.
Bayerischer Fernsehpreis 1990 – Der »Weißblaue Panther« des Freistaates Bayern, verliehen im Rahmen der 4. Münchner Medientage, (ges. 200000 DM) an *Jurek Becker* für die Drehbücher, *Werner Masten* für Regie u. *Manfred Krug* für die Titelrolle in der ARD-Serie »Liebling Kreuzberg«, an *Eva Mieke* für das Drehbuch zum ZDF-Fernsehfilm »Marleneken«, an *Karin M. Brandauer* (A) für Regie in diesem Film sowie in der Koproduktion »Verkaufte Heimat« von ORF und NDR, an *Jo Baier* für Buch u. Regie des BR-Fernsehfilms »Rosse«, an *Georg M. Hafner* (HR) u. *Nikolaus Brender* (WDR) für ihre Reportage »El Espectador – der Tod schreibt mit«, *Hartmut Schoen* für die ZDF-Reportage »Kälte, Mord und Perestroika«, *Dieter Wieland* für Beiträge in der Reihe »Topographie« des BR; **Ehrenpreis** an *Peter von Zahn* für sein Lebenswerk; undotierter **Preis** an die Bavaria-Film GmbH für den Fernsehfilm »Rote Erde« des WDR; **Sonderpreis** an alle Mitarbeiter von ARD u. ZDF im Ostteil Berlins für die Berichterstattung »über die Ereignisse in den Tagen und Wochen um den 9. November 1989«; **Anerkennungen** an *Ulrich Lenze* als Autor u. Regisseur der ZDF-Dokumentation »Das Wunder von Bern«, an das Redaktionsteam von »Spiegel-TV«, an *Kathy Kaaf* für »Käthe Kollwitz« in der RTL-plus-Reihe »Kunst und Botschaft«.
DAG-Fernsehpreis 1990, 27. Verleihung, **Gold** (10000 DM) an *Cordt Schnibben* für das Dokumentarspiel »Wer zu spät kommt – Das Politbüro erlebt die deutsche Revolution« (WDR); **Silber** (5000 DM) an *Raimund Weber* für das Drehbuch zu »Moffengriet – Liebe tut, was sie will« (NDR).
Deutscher Kamerapreis Köln 1990 der Deutschen Gesellschaft für Photographie u. der Stadt Köln, verliehen auf der Photokina – Sparte Fernsehfilm an *Xaver Schwarzenberger* für »Der Rausschmeißer«, Sparte Bericht u. Reportage an *Horst Bendel* für »Dr. Joe Kramer«, Sparte Dokumentation u. Kulturfilm an *Ohm Wegener* für »Yorkshire Bronte Country«, Ehrenkameramann 1990 *Jan Thilo Haux*, NDR.
Erhard (Ludwig)-Medaille 1990 der gleichnam.

Stiftung für Verdienste um die soziale Marktwirtschaft an den Verleger *Gerd Bucerius*.

Erhard (Ludwig)-Preis für Wirtschaftspublizistik 1991 der gleichnam. Stiftung für hervorragende publizistische oder wissenschaftliche Leistungen (10000 DM) an den Präsidenten der Deutschen Bundesbank, *Karl Otto Pöhl*; **Förderpreis** für junge Autoren (erstm. Vergabe, je 5000 DM) an *Monika Escher, Stefan Schmid, Martin Zimper*.

Fernsehpreis der Deutschen Akademie der darstellenden Künste 1990 zu gleichen Teilen an die WDR/NDR-Koproduktion »Die Staatskanzlei« von *Heinrich Breloer* u. an die ZDF-Produktion »Singles« in der Reihe »Kleines Fernsehspiel«; besondere Würdigung an *Karin M. Brandauer* (A) für Regie in der Adaption der Erzählung »Sidonie« von *Erich Hackl*; an die Reihe »Debüt im Dritten« des SWF für die außergewöhnliche Verfilmung der Erzählung von *Ernst Weiß* »Franta Zlin« durch *W. T. H. Regensburger, Jan-Christoph Jäger u. Mathias Allary.*

27. Grimme (Adolf)-Preis 1990, Fernsehpreis des Deutschen Volkshochschul-Verbandes e. V. in Marl für Produktionen des Jahres, **Sparte Fernsehspiel:** Gold nicht verliehen; Silber an »Wer zu spät kommt – Das Politbüro erlebt die deutsche Revolution« von *Cordt Schnibben* (Buch), *Jürgen Flimm u. Claudia Rohe* (Regie); Bronze an »Der andere Liebhaber« von *Xaver Schwarzenberger*; **Sparte Information u. Dokumentation:** Gold an die Koproduktion von BBC, RTL plus u. DFF »Novembertage – Stimmen und Wege« von *Marcel Ophüls* (Buch u. Regie) u. an die ZDF-Cutterin *Elfi Kreiter* für Filme von *Georg Stefan Troller* u. *Hans-Dietrich Grabe*, Silber an die Reportage »Brüder zur Sonne . . . Eine Woche Mallorca für arme Deutsche« von *Juliane Endres* (SDR), Bronze an die Dokumentationen »Alte Kameraden« u. »Die Reise der Kinder von La Guette« (beide SWF); **Sparte Unterhaltung**: Gold nicht verliehen; Silber an »Total normal« (Radio Bremen), die NDR-Produktion »Schmidt – eine Mitternachtsshow« u. die SAT-1-Reihe »Donnerstag auf Kanal 4«, Bronze an die BR-Reihe »Sekt oder Selters« von *Matthias Seelig*; **Sparte Kultur**: Gold nicht verliehen; Silber an »Alabama – eine Liebesgeschichte«; **Sonderpreis des Kultusministers von NRW** an *Martina Müller* für ihr Porträt von *Max Ophüls* (WDR); **Sparte Spezial:** Gold nicht verliehen, Silber an das Magazin »ZAK« (WDR).

Hörspielpreis der Kriegsblinden 1991, 40. Verleihung durch den Bund der Kriegsblinden Deutschlands e. V., an den Westberliner Autor *Karl Heinz Schmidt-Lauzemis* u. den Leipziger Theaterschriftsteller u. Regisseur *Ralph Oehme* für »Stille Helden siegen selten« in Koproduktion von HR, Sachsenradio Leipzig u. SFB.

Journalistenpreis der Deutschen Aids-Stifung 1990 (10000 DM) zu gleichen Teilen an die WDR-Produktion »Solange Du noch kämpfst, wirst Du auch leben« von *Achim Ost* u. den HR-Film »Ulis letzter Sommer – das lange Sterben mit Aids« von *Holger Weinert*.

Kerr (Alfred)-Preis für Literaturkritik 1991 des Börsenblatts für den Deutschen Buchhandel (5000 DM) zu gleichen Teilen an die Literaturredaktionen der Berliner Tageszeitungen »Neue Zeit« u. »Neues Deutschland« (auf die Übergabe anläßlich der Hauptversammlung des Börsenvereins bei der Leipziger Buchmesse wurde nach heftiger öffentlicher Kritik verzichtet).

Kritikerpreis 1990 des Verbandes der deutschen Kritiker e. V. Berlin (West) für Fernsehen an *Günter Gaus* für die Serie »Zur Person«.

Kunstkritiker-Preis 1990 der Kunststiftung Baden-Württemberg (erstm. Vergabe, 15000 DM) an den Publizisten *Peter Moritz Pickshaus*.

»Literavision«-Preis 1991 für Literaturbeiträge im Fernsehen, Kategorie »Feature« (10000 DM) an *Carmen Tatarotti* für ihr Filmporträt *Friederike Mayröcker* (A), Kategorie »Magazinbeitrag« (10000 DM) an *Dagmar Brendecke* für ihren Film über *Raymond Federman* (F/USA) im Bücherjournal des NDR.

Ökomedia – 7. Internat. Freiburger Tage des ökologischen Films 1990, Preis für die beste journalistische Leistung an *Jamie Hartzell* (GB) für den Film »South Africa, the Wasted Land«.

12. Prix Futura 1991 – Internat. Fernseh- u. Hörfunk-Wettbewerb in Berlin, **Kategorie Dokumentation: Fernsehen** Prix Futura (je 10000 DM) an »1968« von *Zsolt Balogh* (H) u. an die schwedische Dokumentation »Hotel Narva Tallinn«, lobende Erwähnung für »Les derniers marranes« von *Stan Neuman* (F); **Hörfunk** Prix Futura (je 10000 DM) an »Jazztime« von *Boro Kontic* (YU) u. »The Ghetto of Venice« von *Barbro Holmberg* u. *Eira Johansson* (beide SF). **Kategorie Fiktion: Fernsehspiel** Prix Futura (je 10000 DM) an »The Money-Grubbing« von *Vit Olmer* (CS) u. die belgische Produktion »My Daddy, Mammy«, Sparte Nachtprogramm an »Der Käfig« von *Amit Goren* (IL), lobende Erwähnung an »Rap City Rhapsody« von *Akili Buchanan* (USA) u. »The Police« von *Ian Knox* (GB); **Hörspiel** Prix Futura (je 10000 DM) an »Wie wir jetzt leben« von *Susan Sontag u. Walter Jost* (SDR) u. an »Wolokolamsker Chaussee V: Der Findling« von *Heiner Müller u. Heiner Goebbels*. **Newcomers Award der BBC** für ein Hörspiel (erstm. Vergabe) an »Fingertips« von *Thomas McLaughlin u. William Styles* (IRL). **Ake-Blomström-Memorial-Prize** des Schwedischen Radios für junge Featuretalente an »Wolfsmilch und Königswasser« von *Walter Filz* (WDR).

Quandt (Herbert)-Medienpreis 1991 (ges. 100000 DM) an den Leiter des Ressorts »Wirtschafts-, Sozial- und Umweltpolitik« beim ZDF, *Michael*

Jungblut; an die Chefredakteurin der Tageszeitung »Neue Zeit«, *Monika Zimmermann*; an den Chefredakteur des Deutschlandfunks, *Günter Müchler*; an die Autoren des SFB, *Peter Goebel u. Frank Krink*, für ihre kritische Begleitung des Umbruchprozesses in den neuen Bundesländern.

Rhein (Eduard)-Preis 1991 für herausragende deutschsprachige Fernsehdokumentationen (100000 DM) an den Journalisten *Bernard Shaw* u. sein CNN-Team (USA) für neue Formen der Berichterstattung; **Forschungspreis** für Verdienste um die Entwicklung von Rundfunk u. Fernsehen (100000 DM) an den US-Wissenschaftler *Claude E. Shannon* für Pionierarbeiten in der Nachrichtenübertragung sowie *Bernhard Strebel* u. Arbeitsgruppe am Heinrich-Hertz-Institut in Berlin für neue optische Frequenzmultiplexverfahren.

Sänger (Fritz)-Preis 1991 der SPD für mutigen Journalismus (10000 DM) an den Fernsehjournalisten *Peter Merseburger*.

Schillerpreis der Stadt Mannheim 1991 zur Auszeichnung von Spitzenleistungen (25000 DM) an die Publizistin *Lea Rosh* für Dokumentationen u. Filmbeiträge über das Schicksal der Juden, Sinti u. Roma im Dritten Reich.

Schneider (Ernst)-Preis 1990 der Deutschen Industrie- u. Handelskammern für Sendungen in Hörfunk u. Fernsehen, die »in allgemein verständlicher Weise wirtschaftliches Wissen... vermitteln«, **Fernsehkategorie** »Große Wirtschaftssendung« 1. Preis (15000 DM) an *Günter Ederer* für den ZDF-Film »Land des Hechelns – Hoher Preis für Japans Wirtschaftsblüte«, 2. Preis (7500 DM) an *Claus Bienfait u. Gabriele Heise* für den SDR-Film »Einkaufsbummel auf dem Sofa – Wie Katalogmacher Kunden ködern«; **Preis** »Wirtschaft in der Unterhaltung« (15000 DM) an *Klaus Pohl* für das Drehbuch zum WDR-Fernsehspiel »Das Milliardenspiel«. **Hörfunkkategorie** »Große Wirtschaftssendung« (20000 DM) an *Martin Born* für die SWF-Sendung »Ein Manager und sein Unternehmen – Dieter Gallist von der Firma Bauknecht« u. an *Thomas Kirdorf* für das SFB-Feature »Aus dem Leben einer Cremedose oder: Wie eine Weltmarke entsteht«.

Sinsheimer (Hermann)-Preis für Literatur und Publizistik 1991 der Stadt Freinsheim zur Auszeichnung von publizistischen Spitzenleistungen (3000 DM) an *Marcel Reich-Ranicki*.

TeleStar 1990 Ehrenpreis für Fernsehunterhaltung, gestiftet vom WDR, verliehen in Zusammenarbeit mit dem ZDF, für journalistische Leistungen an *Hanns Joachim Friedrichs* (»Tagesthemen«), für Unterhaltung an *Ulrich de Maistre* (»Praxis Bülowbogen«), für Darstellung an *Karl Heinz Hackel* (in *Simenon*–Filmen), für Wissenschaft an *Joachim Bublath* (»Abenteuer Forschung«), für Fernsehspiel an die Regisseurin *Karin M. Brandauer* (A) (»Ein Sohn aus gutem Haus«), für Dokumentation an *Guido Knopp* (»Die deutsche Einheit«), für Reportage an *Max H. Rehbein* (»Action, Report aus der Hölle«), für Drehbuch an *Felix Mitterer* (»Verkaufte Heimat«), für Schnitt Aktuelles an *Achim Kürten* (»Album '89«), für Schnitt Film an *Barbara Büscher-Grimm* (»Marleneken«), für Serie an den Produzenten *Wolfgang Rademann* (»Traumschiff« u. »Hotel Paradies«), für Entertainment an *Manfred Krug* (»Liebling – Kreuzberg«); **Förderpreis** Fernsehspiel (10000 DM) an *Torsten Näter* (Regie, Buch u. Kamera in »Sturzflug«), Unterhaltung (10000 DM) an den Autor von Sketchen (»Freddy + Eddie«) *Rochus Hahn*.

Wächterpreis der Tagespresse 1990 der Fiduziarischen Stiftung »Freiheit der Presse«, 1. Preis (15000 DM) an *Jan von Flocken, Erwin Jurtschitsch u. Michael Klonovsky* (Der Morgen) für Aufdeckung von Menschenrechtsverletzungen durch die DDR-Justiz u. DDR-Staatssicherheit, 2. Preis (10000 DM) an *Angela Böhm* (Münchner Abendzeitung) für Artikel über dubiose Grundstücksgeschäfte der Münchner Caritas, 3. Preis (5000 DM) an *Wolfgang Eitler* (Dachauer Neueste) für eine Artikelserie über skandalöse Geschäfte mit dem Pflegenotstand.

18. Wettbewerb der Regionalfernsehprogramme 1991, veranstaltet von Radio Bremen, Kategorie »Die schnelle Aktualität« 1. Preis (je 3000 DM) an *Christoph Maria Fröder* für die Reportage über eine mißlungene Katastrophenschutzübung (»Hessenschau«, HR) u. an *Eike Besuden* für den Bericht über den ersten Amtstag des niedersächsischen Ministerpräsidenten (»Buten & Binnen«, Radio Bremen), Kategorie »Die Kultur« 1. Preis (je 3000 DM) an *Detlev Kossmann* für den Bericht über die Operngala Baden-Baden (»BIZZ«, SWF) sowie *Eberhard Noll u. Henner Michels* für ihren Fotoroman »Herzdame der Raststätte« (»Hier und Heute«, WDR), Kategorie »Die Sendung« 1. Preis (je 3000 DM) an das WDR-Nachrichtenmagazin »Aktuelle Stunde« vom 17. Juni für die Bearbeitung des historischen Datums u. an das »Monatsmenü«-Team des SDR für die Ausgabe September 1990.

Wolff (Theodor)-Preis 1991 des Bundesverbandes Deutscher Zeitungsverleger für hervorragenden Tageszeitungsjournalismus (je 8000 DM) an *Axel Hacke* (Süddeutsche Zeitung) für den Beitrag »Die Angst vor dem Leben nach der Agonie«, an *Ulrich Schacht* (Welt am Sonntag) für eine dreiteilige Serie über das DDR-Gefängnis Hoheneck, an *Dieter Strunz* (Berliner Morgenpost) für die Reportage über das *Rostropowitsch*-Konzert an der Berliner Mauer; **Bereich Lokales** an *Alexander Richter, Cornelia Färber, Jörg Bartel* (alle Neue Ruhr/Rhein-Zeitung) u. an *Heinrich Thies* (Hannoversche Allgemeine Zeitung); **Sonderpreis** an den FAZ-

Korrespondenten *Johannes Leithäuser* für den Artikel »Die Aufführung auf der Bühne des Parlaments heißt: Beitrittstermin«.

EUROPA

Grand Prix d'Eurovision de la Chanson 1991 in Rom, 36. Grand Prix an die Sängerin *Carola* (S) für »Fangad av en stormvind«, 2. Platz der Beitrag Frankreichs, 3. Israel, 4. Spanien, 5. Schweiz.

2. Nike-Preis 1990 der EG für die Darstellung von Frauenthemen in Fernsehprogrammen der EG-Länder (je 5000 Ecu), **Dokumentation** an den Fernsehfilm »The Clarity of Her View« von *Daphne Djaferis* (GR), **Unterhaltung** an die satirische Komödie »Der neue Mann« von *Konrad Sabrantzky* (D), **Kinder- und Jugendfilm** an die Produktion »Choices: Who'd be a Woman?« von *Dirk Campbell* (GB).

FRANKREICH

44. Europäisches Fernsehforum 1991 in Reims, bester Spielfilm »Shoot to kill« von Yorkshire TV (GB), Dokumentarfilm »Une sale histoire« der Télévision Suisse Romande (CH), Drehbuch »Close Relations« der BBC (GB), Darstellung *Heinz Bennent* (D) in »Im Jahr der Schildkröte« (WDR).

4. Internat. Fernsehprogramm-Festival 1990 in Cannes (Fipa), Großer Preis TV-Filme an den Regisseur *Andreas Gruber* (A) für »Shalom General«.

ITALIEN

Internat. Journalistenpreis 1990 der »Gruppo Archeologico Theodor Mommsen« (ca. 2000 DM) an FAZ-Redakteur *Michael Siebler* für »Schliemann und der Schicksalsberg der Archäologie«.

Prix Italia 1990, 42. Internat. Rundfunk- u. Fernsehwettbewerb der RAI in Palermo (je 15 Mill. Lit): **I. Radio – Hörspiel:** an *Jane Ulman* (AUS) für »Summer of the Aliens«, Spezialpreis an Ingmar Bergman (S) für »A Matter of the Soul«, spezielle Erwähnung an *Peter Klein u. Michael Köhlmeier* (beide A) für »After Shave«, *Marguerite Gateau* (F) für »Sans filet«, *Elio Molinari, Umberto Marino, Maurizio Trevisan* (alle I) für »06/7016494«, *Kaca Celan, Mladen Ovadija* (YU) für »Homeland Book«; **Feature/Dokumentation**: an *Joaquin Ocio u. Jesús Canellas* (beide E) für »The Children of Fear«, Spezialpreis an *Mads Basstrup u. Jesper Tholl* (beide DK) für »Sun of the Family«; **Musik**: an *Helge Iberg* (N) für »The Problem of Evil & etc.«, Spezialpreis an *Manfred Schreier u. Walter Zimmermann* (beide D) für »Die Blinden – statisches Drama nach Maurice Maeterlinck«, spezielle Erwähnung an *Andy Parfitt* (GB) für »My Dog Has Fleas«; **Sonderpreis Umweltschutz:** an *Joaquin Ocio u. Joaquin Fernandez* (beide E) für »Let us save Donana«. **II. Fernsehen – Fernsehspiel:** an *Jacques Fanstein* (F) für »La fracture du Myocarde«, Spezialpreis an *Per Berglund* (S) für »The Hearing«, spezielle Erwähnung an *Mario Camus* (CH) für »La forja de un rebelde«, *Giacomo Battiatos* (I) für »Cellini – una vita scellerata«, *Jan Keymeulens* (DK) für »Sarah? Sarah!«; **Dokumentation**: an die britische ITV-Produktion »Hello, Do You Hear Us? Red Hot«, Spezialpreis an *Poul Martinsen u. Lars Schou* (beide DK) für »Dear Mother«, spezielle Erwähnung an *Peter Lydons, Bill Eagles, Caroline Roberts* (alle GB) für »Absurdistan«, *Takahiro Sekito* (J) für »Libertate«, *Soren Baek Sorensen* (DK) für »The Shepherd and the Bomb«; **Musik**: an *Zbigniew Rybczynski u. Pat Birch* (beide USA) für »The Orchestra«, Spezialpreis an *Paul Kafno u. Jonathan Hill* (GB) für »Una stravaganza dei Medici«, spezielle Erwähnung an *Adrian Marthaler* (CH) für »Verklärte Nacht«, *Peter Sellers* (GB) für »Don Giovanni« im ORF. **Preis des Präsidenten** (erstm. Vergabe) für besondere Verdienste um die Qualität audiovisueller Produktionen an den Generaldirektor der RAI, *Gianni Pasquarelli*.

ÖSTERREICH

Fernsehpreis der österreichischen Volksbildung 1991, gest. vom Büchereiverband, der Arbeitsgemeinschaft der Bildungsheime Österreichs u. dem Verband Österr. Volkshochschulen, an *Karin Brandauer* (Regie) u. *Erich Hackl* (Buch) für »Sidonie«, *Elisabeth Guggenberger u. Helmut Voitl* für die Dokumentation »Demokratie – tot oder lebendig«, *Krista Fleischmann u. Ernst Jandl* für den Film »Ich sein Sprachkünstler«.

Internat. Publizistikpreis 1990 der Landeshauptstadt Klagenfurt (150000 S) an die FAZ-Korrespondentin *Jacqueline Hénard* für »Die Tschechoslowakei im Jahre 1«, **Preis des Landes Kärnten** (80000 S) an den Schweizer Journalisten *Stefan Keller* für »Maria Theresia Wilhelm – spurlos verschwunden« in der Zürcher »Wochenzeitung«, **Preis der Creditanstalt** (60000 S) an *Al Imfeld* (CH) für eine Studie über »Magie und Macht des Maggiwürfels«, **Joseph-Roth-Preis** der Kärntner Industrie (40000 S) an die Leipziger Journalistin *Sylvia Kabus* für »Die Besetzung der Stasizentrale in Leipzig«.

Österr. Staatspreis für Kulturpublizistik 1990 (je 100000 S) an *Walter Jens* (D) u. *Antonio Fian*.

Steirischer Herbst 1990 – Kritikerpreis an *Peter Hagmann* von der NZZ-Musikredaktion für seine Besprechung »Klangräume, Lichträume, Denkräume – Das Grazer Musikprotokoll 1990«.

SCHWEIZ

Basler Hörspielpreis 1991 der Stiftung Basel für Schweizer Autoren 1. Preis (10000 sfr) an *Alex Gfeller* für das Stück »Hang und Riß«, 2. Preis (5000 sfr) an *Christoph Scherrer* für »Echo«.

31. Goldene Rose von Montreux 1991, Internat. Fernsehwettbewerb für Unterhaltungssendungen, **Gold** an London Weekend Television für »A Night on Mount Edna«, **Silber** an das tschechosl. Fernsehen für »Original Prague Syncopated Orchestra«, **Bronze** an Radio Bremen für »Total normal«, besondere Erwähnung an BBC Glasgow für »Rab C. Nesbitt: Holiday« u. an Antenne 2 (Paris) für einen Konzertfilm über *Jean-Michal Jarre*; **Prix de la Ville de Montreux** für die lustigste Sendung an des belgische Fernsehen RTBF für »Un peut de tout«. **Wettbewerb der Programme unabhängiger Produzenten: Gold** (10000 sfr) an die französische PRV für »Manu Dibango/Silences«, Silber u. **Prix de la Ville de Montreux** an die US-Brillstein-Grey Productions für »Penn & Teller: Don't try this at Home!«, Bronze an die britischen Mentorn Films für »Challenge Anneka«, besondere Erwähnung »Night Rap« (USA) u. »Orchestra! – The Conductor« (GB).

Innerschweizer Radio- und Fernsehpreis 1991 der Innerschweizerischen Radio- u. Fernsehgesellschaft (IRG), Anerkennungspreis (2500) an den Musiker *Josef Gnos* für »außerordentliche Impulse«, Programmauftrag für das Regionaljournal (3000 sfr) an den Schriftsteller *Marcel Konrad*.

Janssen-Stipendium 1990 des Klubs der Wissenschaftsjournalisten u. des Pharmabetriebs Janssen (7500 sfr) an die Journalistin *Monika Jäggi* für ihre Publikation über Luxustourismus in der Dritten Welt.

Medienpreis des Schweizerischen Anwaltverbandes 1990 an *Eva Wyss* für den Bericht in Radio DRS 2 »Medien – ein moderner Pranger«, *Urs Zurlinden* für die Artikelserie »Knast« in der »Berner Zeitung«. **1991** an *Nicole Weyer u. Jean-Luc Ingold* für einen Beitrag im Westschweizer Fernsehen u. an *Eduard Schneider* für mehrere Artikel im »Berner Oberländer« u. »Thuner Tagblatt«.

Padrutt (Christian)-Preis 1990 für Publizistikwissenschaft (3000 sfr) an *Walter Hättenschwiler* für die Arbeit »Radiohören im Umbruch«.

Preis der Berner Stiftung für Radio und Fernsehen 1991 1. Preis (10000 sfr) an *Klaus Anderegg* für eine Radiosendung über einen Walliser Auswanderer u. an *Joseph Scheidegger* für den Fernsehbeitrag »Die Gewalt der Friedfertigen – Taizé«, 2. Preis (5000 sfr) an *Daniel Jeannet* vom Westschweizer Radio für eine Sendung über den Künstler Rolf Iseli, 3. Preis (3000 sfr) an *Toni Koller* vom Berner »Regionaljournal« von Radio DRS für einen Beitrag über das Chorsingen.

Schweizerischer Journalistenpreis der Mustermesse Basel 1991 zu gleichen Teilen (je 7000 sfr) an *Werner Catrina* für den Bildbericht »Wohin mit den 4,3 Millionen Kubikmeter Sturmholz?«, an die Mitarbeiter des Westschweizer Fernsehens *Viviane Mermod-Gasser u. Bernard Romy* für die Reportage »Sauvez cette usine«, an den Chefredakteur von AP Schweiz, *Balz Bruppacher*, für Agenturbeiträge zum Thema »Geldwäscherei«.

Spühl (Walter und Verena)-Preis für Mut und Eigenverantwortung 1990 (30000 sfr) an den Journalisten *Kurt Huber* vom »St. Galler Tagblatt«.

»Tell '90« – Preisverleihung für Sendungen und Künstler aus dem Unterhaltungsbereich; »Fernsehsendung des Jahres«, gewählt von den Zuschauern, die Komödie »Katharina die Kühne« von *Ursula Schäppi u. Walter Andreas Müller*; **»Rock-Pop-Tell '90«** an *Polo Hofer*; **»Folklore-Tell '90«** an den Komponisten, Arrangeur u. Musikverleger *Emil Würmli*; **»Nachwuchs-Tell '90«** an die Kabarettisten *René Rindlisbacher u. Stefan Schmidlin*; **»Ehren-Tell '90«** an *Fredy Knie sen.* für Verdienste um die Zirkuswelt; **Prix Walo** für den beliebtesten Unterhaltungskünstler an den Sänger *Peter Reber*; **Kleiner Prix Walo** für die besten Nachwuchskünstler an die Flamencotänzerin *Jacqueline Chesini-Galavan*; **Tele-Preis** der gleichnam. Fernsehzeitschrift des Ringier-Konzerns für besondere Leistungen auf dem Gebiet der elektronischen Medien (je 5000 sfr) an das Schweizer Fernsehen DRS für »Eins zu Eins: Matterhorn« u. an die Reportage über den Zürcher Platzspitz von Radio 24; **»Stern des Jahres 1990«** an die Sendung »Sehen statt Hören«.

Türler-Pressepreis 1990 (10000 sfr) an den Journalisten *Werner Hadorn*.

Zürcher Journalistenpreis 1991 des Zürcher Pressevereins (ZPV), 1. Preis (je 5000 sfr) an *Peter Hufschmid* für den Beitrag »Schweizer Ärzte unter dem Hakenkreuz« in »Das Magazin« u. an *Christoph Keller* für »Angelo P. – Tod eines Junkies« in der »Wochen-Zeitung«, 2. Preis (4000 sfr) an *Cristina Karrer* für »Vom Nischenleben der Bergbauern in den rumänischen Karpaten« in der »NZZ«, 3. Preis (je 3000 sfr) an *Isolde Schaad* für »Der Hut hat einen Namen« in »DU« sowie an *Ernst Hunziker u. Guerino Mazzola* für »Die Krankheit gleicht in manchem einem Fluchtweg« in der »Weltwoche«.

Zürcher Radiopreis 1990 der Zürcher Radio-Stiftung – Kategorie gesprochene Sendung (10000 sfr) an *Rolf Probala* für den Beitrag »Fremd im eigenen Land« in der Rubrik »Land und Leute« von DRS 1; Kategorie Musik (10000 sfr) an *Walter Kläy u. Thomas Adank* für »Neue Musik aus Moskau« in der Reihe »Der Kopfhörer« von DRS 2.

VEREINIGTE STAATEN VON AMERIKA

42. Emmy Awards 1990 der National Academy of Television Arts and Sciences, New York, **Dramatische Serie**: für Produktion »L. A. Law«, für Darstellung *Peter Falk* in der Krimiserie »Columbo«; **Komödienserie**: für Produktion »Tracey Ullman Show«, für Darstellung *Candice Bergen* in der Reihe »Murphy Brown«.

33. Film- u. TV-Festival von New York 1991 –

Kategorie »Geschichte und Gesellschaft« Gold an *Andreas Hössli u. Sabine Gisiger* (beide CH) für die »Zeitspiegel«-Dokumentation »Ceausescu – die letzte Jagd«.

48. Golden Globes 1991 der Hollywood Foreign Press – **Fernsehen**: je 3 Golden Globes für die Fernsehserien »Twin Peaks« u. »Cheers«.

Pulitzer Prizes in Journalism 1991, gestiftet von Joseph Pulitzer, verliehen v. d. Columbia University, New York (3000 $) – **Public Service:** »Des Moines Register« für eine Serie von *Jane Schorer* über Opfer eines Raubüberfalls; **General News Reporting:** »Miami Herald« für eine Serie über den örtlichen Kultführer *Yahweh Ben Yahweh*; **Investigative Reporting:** »Indianapolis Star« für Berichte von *H. Hallinan u. Susan M. Headden* über medizinische Kunstfehler; **Explanatory Journalism:** »Wall Street Journal« für einen Artikel von *Susan C. Faludi* über Entlassungen bei Safeway; **Specialized Reporting:** »New York Times« für Wissenschaftsbeiträge von *Natalie Angier*; **National Reporting:** »Gannett News Service« für eine Serie von *Marjie Lundstrom u. Rochelle Sharpe* über Kindesmißbrauch mit Todesfolge; **International Reporting:** »Washington Post« für Beiträge von *Caryle Murphy* über die irakische Besetzung Kuwaits u. »New York Times« für Beiträge von *Serge Shmemann* über die deutsche Vereinigung; **Feature Writing:** »St. Petersburg Times« in Florida für eine Serie von *Sheryl James* über die Aussetzung eines Neugeborenen; **Commentary:** *Jim Hoagland* von der »Washington Post«; **Criticism:** »Los Angeles Times« für eine Analyse von *David Shaw*; **Editorial Writing:** »Birmingham News« für Beiträge von *Ron Casey, Harold Jackson, Joey Kennedy* über Ungerechtigkeit im Steuersystem; **Editorial Cartooning:** *Jim Borgman* vom »Cincinnati Enquirer«; **Spot News Photography**: *Greg Marinovich* von Associated Press für die Aufnahme vom Mord an einem Zulu durch ANC-Anhänger in Südafrika; **Feature Photography**: *William Snyder* von den »Dallas Morning News« für ein Foto rumänischer Kinder.

FILM UND FOTOGRAFIE

BURKINA FASO

12. Festival des panafrikanischen Films 1991 in Ouagadougou – **Grand Prix** an *Idrissa Ouedraogo* für »Tilai«, **Preis** für das beste Erstlingswerk an *Adama Drabo* (RMM) für »Ta Dona«.

DEUTSCHLAND

Bayerischer Filmpreis 1991 des Freistaats Bayern – Produzentenpreis (je 250000 DM) an *Josef Vilsmeier* (Regie u. Kamera) für »Rama dama« sowie an *Steffen u. Thomas Kuchenreuther* für »Malina« (Regie *Werner Schroeter*), Kamerapreis (50000 DM) an *Axel Block* für »American Beauty« u. »Der achte Tag«, Filmmusikpreis (50000 DM) an den Komponisten *Norbert Jürgen Schneider* für »Rama dama«, Darstellerpreis (je 50000 DM) an *Franziska Walser* in »Erfolg« (Regie *Franz Seitz*) u. an *Manfred Krug* in »Neuner« (Buch *Jurek Becker*, Regie *Werner Masten*), weiterer Preis (50000 DM) an die Mitarbeiter der Münchner Bavaria für »Unendliche Geschichte II«; **Dokumentarfilmpreis** (je 50000 DM) an *Donatello u. Fosco Dubini u. Wolfgang Meyer* für »Klaus Fuchs – Atomspion«.

Claasen (Hermann)-Preis 1991 für Fotografie, gestiftet von der Kreissparkasse Köln (10000 DM), an den Fotografen *Konrad R. Müller*.

Deutscher Filmpreis 1991, verliehen vom Bundesminister des Innern; **Programmfüllende Spielfilme: Goldene Schale** (1 Mill. DM) nicht vergeben; **Filmband in Gold** u. Prämie von 900000 DM an *Werner Schroeter* für »Malina«, **Gold** für Regie (erstm. dotiert 20000 DM) ebenfalls an *Werner Schroeter*, **Filmband in Silber** u. Prämie von je 700000 DM an *Volker Schlöndorff* für die Verfilmung des Romans von *Max Frisch* »Homo Faber«, an *Sibylle Schönemann* für den Dokumentarfilm »Verriegelte Zeit«, an die Defa-Produktion »Der Tangospieler« in der Regie von *Roland Gräf*; **Einzelleistungen: Filmband in Gold** (erstm. dotiert 20000 DM) für die beste darstellerische Leistung an *Isabelle Huppert* für die Hauptrolle in »Malina«, an *Michael Gwisdek* in »Der Tangospieler«, an *Ilse Werner, Gisela May, Harald Juhnke* in »Die Hallo-Sisters«; für Schnitt an *Juliane Lorenz* in »Malina«; für Drehbuch an *Jurek Becker* in »Neuner«; für Kamera an *Robby Müller* in »Korczak«; **Filmband in Gold für ein künstlerisches Gesamtwerk** (ersetzt die Auszeichnung für »Langjähriges und hervorragendes Wirken im deutschen Film«) an den Regisseur *Frank Beyer*.

Deutscher Filmpreis für Kurzfilme 1990, verliehen vom Bundesminister des Innern; **Filmband in Gold** nicht vergeben; **Filmband in Silber** (je 30000 DM) an »Kamen-Süd« von *Riki Kalbe u. Barbara Kasper*, »Kuß Isabelle« von *Kathrin Richter*, »Queimada« von *Markus Warnig u. Ralf Hertwig*.

Deutscher Kamerapreis Köln 1990 der Deutschen Gesellschaft für Photographie u. der Stadt Köln, verliehen auf der Photokina – Kategorie Spielfilm: an *Egon Werdin* für »Verfolgte Wege«.

1. Filmfest in Schwerin 1991, veranstaltet von der Bundeszentrale für politische Bildung, Bonn, dem Mecklenburg-Vorpommern-Film e. V. u. der Landeshauptstadt Schwerin, **Preis** für Verleihförderung

an »Daedalus« von *Pepe Danquart* u. an »Hinter verschlossenen Türen« von *Anka Schmid* (CH).
1. Filmfestival Nordrhein-Westfalen in Köln 1990, veranstaltet vom Land NRW, der Stadt Köln u. der Media-Park-Gesellschaft, **»Goldener Dom«** u. Prämie von 100000 DM für Verleihförderung an *Michael Winner* (GB) für »Chorus of Disapproval«, je 75000 DM an *Marco Risi* (I) für »Ragazzi fuori« u. *Montxo Armendariz* (E) für »Las Cartas de Alou«.
Filmpreis des Landes Rheinland-Pfalz 1990 für »eine hervorragende Produktion, die zum besseren Verständnis der deutschen Geschichte beiträgt«, (25000 DM) an *Dietrich Schubert* für »Nicht verzeichnete Fluchtbewegungen oder Wie die Juden in der West-Eifel in die Freiheit kamen«.
Förderungsprogramm junge Kunst »ars viva« 1990 des Kulturkreises im Bundesverband der Deutschen Industrie, Preise an *Birgit Antoni* für Filmarbeiten, *Gisela Bullacher* für Fotografie, *Dieter Kiessling* für Video, *Mischa Kuball* für Dia-Installationen.
Hessischer Filmpreis 1990 (erstm. Vergabe), **Spielfilm** (je 75000 DM) an *Jan Schütte* für »Winckelmanns Reisen« u. an *Michael Klier* für »Überall ist es besser, wo wir nicht sind«; **Dokumentarfilm** (100000 DM) an »Step Across the Border« von *Nicolas Humbert u. Werner Penzel*; **Kurzfilm** (40000 DM) an »Journeys to Nothingness« von *Franz Kluge*, (10000 DM) an »Vivace« von *Dieter Reifarth u. Bert Schmidt*.
33. Internat. Dokumentar- und Kurzfilmwoche in Leipzig 1990, **Goldene Taube für Dokumentarfilm** an den Letten *Herz Frank* für »Es waren einmal sieben Simeons«, **Silberne Taube** an »Verriegelte Zeit« von *Sibylle Schönemann* u. an »Komm in den Garten« von *Heinz Brinkmann u. Jochen Wisotzki*; **Goldene Taube für Kurzfilm** an »Dach über dem Kopf« von *Sergei Bukovski* (SU); **Goldene Taube für Animationsfilm** an »Das Rennen« von *Marek Serafinski* (PL), **Silberne Taube** an »Patt« von *Jonas Reber* (CH).
10. Internat. Festival der Filmhochschulen 1990 in München, Preise an den Animationsfilm »Konserv Film« von *Zlatin Radev* (BG) sowie die Kurzfilme »Dis-moi oui, dis-moi non« von *Noémie Lvovsky u. Cécile Vergaftig* (beide F) u. »Proverbes« von *Eric Rohmer* (F).
41. Internat. Filmfestspiele Berlin 1991 – I. Lange Spielfilme: Goldener Berliner Bär (Großer Preis) an »Das Haus des Lächelns« von *Marco Ferreri* (I), zugleich als Würdigung des Gesamtwerkes; **Silberne Berliner Bären** als Spezialpreis der Jury ex aequo an »Die Verurteilung« von *Marco Bellocchio* (I) u. »Der Satan« von *Viktor Aristow* (SU); für **Regie** an *Ricky Tognazzi* (I) in »Ultra« u. an *Jonathan Demme* (USA) in »Das Schweigen der Lämmer«; für hervorragende **Einzelleistung** als Darsteller, Produzent u. Regisseur an *Kevin Costner* (USA) in »Der mit dem Wolf tanzt«; **schauspielerische Leistung** an *Victoria Abril* (E) in »Liebende« von *Vicente Aranda* u. an *Maynard Eziashi* (WAN) in »Mr. Johnson« von *Bruce Beresford* (GB); **lobende Erwähnung** »Der kleine Gangster« von *Jacques Doiloon* (F), »Der Biß der Schlange« von *Masud Kimiai* (IR), »Eunuch des Kaisers« von *Tian Zhuang-Zhuang* (HK); **Preis der internat. Filmkritik (Fipresci)** an »Der kleine Gangster«. – **II. Kurzfilme: Goldener Berliner Bär:** *Dan Bootzin* (USA) für »Sechs Komma Neun«, **Silberner Berliner Bär:** *Pavel Koutsky* (ČS) für »Die letzten hundert Jahre des Marxismus-Leninismus in Böhmen«.
39. Internat. Filmwoche Mannheim 1990 – Großer Preis der Stadt Mannheim (20000 DM) an »The Company of Strangers« von *Cynthia Scott* (CDN); **Preis des Bundesministers für wirtschaftliche Zusammenarbeit** zur Förderung des interkulturellen Dialogs (10000 DM) an »Percy« von *Pervez Merwanji* (IND); **Sonderpreis des Oberbürgermeisters** (3000 DM) an »In Memory of Friends« von *Anand Patwardhan* (IND); **Preis** für die beste Nachwuchsregie aus Afrika, Asien oder Lateinamerika (5000 DM) an *Luiz Begazo* (BR) für »Manôushe«; **Filmdukaten** (je 2500 DM) an »Best Hotel on Skid Row« von *Christine Choy u. Renée Tajima* (beide USA), »Katafalk« von *Valerij Todorowski* (SU), »Oliver Jones in Africa« von *Martin Duckworth* (CDN), »Palaver, Palaver« von *Alexander J. Seiler* (CH), »Zug in die Ferne« von *Andreas Dresen*.
21. Internat. Forum des Jungen Films 1991 in Berlin, **Preis des Internat. Filmkritikerverbandes (Fipresci)** an »Die Mauer« von *Jürgen Böttcher*.
14. Internat. Kinderfilmfest 1991 im Rahmen der Internat. Filmfestspiele Berlin, **Preis der UNICEF** an den Kurzfilm »Creature Comforts« von *Nick Park* (GB); **Preis der Kinderjury** an »Vincent and Me« von *Michael Rubbo* (CDN); **Preis des Internat. Kinder- und Jugendfilmzentrums (CIFEJ)** an »Die Federtasche« von *Wang Haowei* (VRC) u. an »Der Floh« von *Dimitris Spyrou* (GR).
16. Internat. Kinderfilmfestival in Frankfurt/M. 1990, »Lucas« an »Sebastian und Sparrow« von *Scott Hicks* (AUS) u. an »Where the spirit lives« von *Bruce Pittman* (CDN), lobende Erwähnung an »Land in Sicht« von *Berno Kürten*.
37. Internat. Westdeutsche Kurzfilmtage in Oberhausen 1991 – Großer Preis der Stadt Oberhausen (10000 DM) nicht vergeben; **Experimentalfilmpreis** (5000 DM) an »You be Mother Iron In« von *Sarah Pucill* (GB); **Preis des nordrhein-westfäl. Kultusministers** für den besten bildungspolitischen Film (5000 DM) an »Großmutters Wohnung« von *Andrej Antschugow* (SU); **Preis des Deutschen Gewerkschaftsbundes** (3000 DM) an »So schnell geht es nach Istanbul« von *Andreas Dresen*; **Preis der internat. Filmkritik (Fipresci)** an »5/4« von *Ivan*

Maksimov (SU); **»Don-Quijote-Preis«** der Fédération des Ciné-Clubs an »Die Kreuzung« von *Raimund Krumme*; **»Eulenspiegel«-Preis** an »Und da soll einer sagen, in der Schweiz ändert sich nichts« von *Joachim Spiess, Markus Wolff u. Christoph Frick* (alle CH); **Hauptpreise** (je 3000 DM) an »Der Kamm« von *Brothers Quay* (GB), »Zehn Minuten vor dem Flug des Ikarus« von *Arunas Matellis* (Litauen), »Grabowski, Haus des Lebens« von *Mariola Brillowska*, »Laura – Gläserne Frau« von *Ana Rodriguez* (C), »Der ungebetene Gast« von *Vlastimil Venclek* (CS), »Warten auf Bila« von *Igor u. Gleb Aleinikow*.

Kritikerpreis 1990 des Verbandes der deutschen Kritiker e. V. in Berlin (West) für Film an *Sophie Maintigneux* (F) für ihre Kamera-Arbeit in Filmen von *Jan Schütte u. Eric Rohmer* (F).

Kulturpreis der Deutschen Gesellschaft für Photographie 1990 an den Fotografen *Cornell Capa* (USA), an *Sue Davis* (GB) u. an die Photohistorikerin *Anna Fárová* (ČS); 1991 an den Fotografen *Peter Keetmann*.

Kulturpreis der Industrie- u. Handelskammer für Oberfranken (10000 DM) an den Organisator der Hofer Filmtage, *Heinz Badewitz*.

Kunstpreis Berlin – Jubiläumsstiftung 1848/1948, Förderpreis 1991 Sparte Film- u. Medienkunst (10000 DM) an den Ostberliner Regisseur *Dietmar Hochmut* für den Film »Motivsuche«.

Lubitsch (Ernst)-Preis 1991 des Clubs der Filmjournalisten e. V., Berlin (West), für die beste Leistung in einer deutschsprach. Filmkomödie an den Schauspieler *Manfred Krug*.

Medienkunst-Festival in Osnabrück 1990, Preis der Filmkritik an *Michael Brynntrup* für den Experimentalfilm »HX Omega – Narziß und Echo«.

9. Münchner Filmfest 1991: Regie-Förderpreis der Bayer. Hypotheken- u. Wechsel-Bank (50000 DM) für die innovative Leistung eines dt. Nachwuchsregisseurs an *Sönke Wortmann* für »Allein unter Frauen« u. an *Michael Klier* für »Ostkreuz«.

5. Nürnberger Filmschau 1991, **Sonderpreis der Stadt Nürnberg** (5000 DM) an *Xavier Koller* (CH) für »Reise der Hoffnung«.

Ökomedia – 7. Internat. Freiburger Tage des ökologischen Films 1990, Sonderpreis der Stadt Freiburg (10000 DM) geteilt an »Die Schmerzen der Lausitz« von *Peter Rocha* u. an »Mikrofon« von *George Schliarewski* (SU), **Sonderpreis des Bundesumweltministeriums** (7000 DM) geteilt an »Das weiße Loch« von *Jürgen Haacks* u. an »Der Kreis« von *Klaus Georgi*, **Förderpreis der Europagruppe »Die Grünen«** an »Amor, Mujeres y Flores« von *Marta Rodriguez u. Jorge Silva* (CO), **Preis für Kinderfilm** an »Löwenzahn: Peter steht im Bach« von *Ines Schaaf*, **Spezialpreis der Jury** an »Bitteres aus Bitterfeld« von *Rainer Hällfritzsch, Margit Miosga, Ulrich Neumann* u. an »Halting the Fires« von *Octavio Bezzera u. Herbert Girardet* (CH).

Ophüls (Max)-Preis 1991 der Landeshauptstadt Saarbrücken (25000 DM + 20000 DM Verleihförderung) für Nachwuchsregisseure des deutschsprach. Raums an *Helmut Berger* (A) für »Nie im Leben«, **Förderpreis der Jury** (5000 DM) an *Julia Jäger* für »Erster Verlust« u. *Thomas Kretschmann* für »Der Mitwisser«, **Preis des Ministerpräsidenten des Saarlandes** (10000 DM + 10000 DM für Verleihförderung) an *Wolfgang* Murnberger (A) für »Himmel und Hölle«.

Preis der Deutschen Filmkritik 1990 (15000 DM), gestiftet von der Westdeutschen Landesbank, an den Spielfilm »Hochzeitsgäste« von *Niko Brücher*.

Preis für junge europäische Fotografen 1990, gestiftet von der Deutschen Leasing AG, 1. Preis (10000 DM) an *Dirk Braeckman* (B), 2. (6000 DM) an *Hervé Charles* (B), 3. (4000 DM) geteilt an *Lenni van Dinther* (NL) u. *Roman Muselik* (ČS).

Soest (Konrad von)-Preis 1990 des Landschaftsverbandes Westfalen-Lippe (10000 DM) an *Anna u. Bernhard Johannes Blume* für Fotosequenzen.

Staudte (Wolfgang)-Preis 1990 der Berliner »Presstiftung Tagesspiegel« (20000 DM) an *Kenchi Iwamoto* (J) für seinen ersten Film »Kikuchi«.

Wolf (Konrad)-Preis 1990 der Akademie der Künste zu Berlin (Ost) (5000 DM) an den Filmregisseur *Heiner Carow* u. den Drehbuchautor *Wolfram Witt*.

EUROPA

»Bester europäischer Film aller Zeiten«, gewählt 1991 von 6000 Filmschaffenden anläßlich des 1. Festivals des Europäischen Films in La Baule (F), 1. Platz »Panzerkreuzer Potemkin« (1925) von *Sergei M. Eisenstein* (SU), 2. »Fahrraddiebe« (1948) von *Vittorio de Sica* (I), 3. »Die Spielregel« (1939) von *Jean Renoir* (F), 4. »Die große Illusion« (1937) von *Jean Renoir* (F), 5. »Atalante« (1934) von *Jean Vigo* (F), 6. »Achteinhalb« (1962) von *Federico Fellini* (I), 7. »Kinder des Olymp« (1945) von *Marcel Carné* (F), 8. »La Passion de Jeanne d'Arc« (1928) von *Carl Th. Dreyer* (F), 9. »M« (1931) von *Fritz Lang* (D), 10. »Wilde Erdbeeren« (1957) von *Ingmar Bergman* (S).

Europäischer Filmpreis 1990 – Felix-Verleihung in Glasgow, bester Film »Porte Aperte« von *Gianni Amelio* (I), bester Junger Film »Henry V« von *Kenneth Branagh* (GB), bester Dokumentarfilm »Uliza Poperechnaya« von *Ivars Seletskis* (Lettland), besondere Erwähnung an den Dokumentarfilm »Step Across the Border« von *Nicolas Humbert u. Werner Penzel* (beide CH), beste Regie u. bester Schauspieler *Kenneth Branagh* (GB) in »Henry V«, beste Schauspielerin *Carmen Maura* (E) in »Ay, Carmela!« von *Carlos Saura*, bester Nebendarsteller *Dmitrij Pewsow* (SU) in »Matj«, beste Nebendarstellerin *Malin Ek* (S) in »Skyddsängeln«, bestes Drehbuch *Witali Kanewski* (SU) für »Samri–Umri–Woskresni«, beste Kamera *Tonino Nardi* (I) in »Porte Aperte«, Entdeckung des Jahres der Schauspieler *Ennio Fantastichini* (I) in »Porte Aperte«, **Auszeichnung für das Lebenswerk** an den Regisseur *Andrzej Wajda* (PL).

1. Festival des Europäischen Films 1990 in La Baule, veranstaltet unter der Schirmherrschaft des Europarates, **Europa-Preis** (Grand Prix) an »Tanz mit Regitze« von *Kaspar Rostrup* (DK), bestes Erstlingswerk »L'autre« von *Bernard Giraudeau* (F), **Spezialpreis der Jury** an »Fools of Fortune« von *Pat O'Connor* (IRL), beste Darstellerin *Patrizia Piccinini* (I) in »L'Aria serena dell'Ouest« von *Silvio Soldini*, bester Darsteller *Wolf Dietrich Sprenger* (D) in »Winckelmanns Reisen« von *Jan Schütte*.

FRANKREICH

»Bester französischer Film des Jahrhunderts«, gewählt 1991 von Filmschaffenden, 1. Platz »Les enfants du paradis« von *Marcel Carné* (1945), 2. »La grande illusion« von *Jean Renoir* (1937), 3. »A bout de souffle« von *Jean-Luc Godard* (1960), 4. »Casque d'or« (1952) von *Jacques Becker*.

16. César der Akademie für Filmkunst u. Kinotechnik 1991 in Paris für den **besten frz. Film** 1990 an »Cyrano de Bergerac« von *Jean-Paul Rappeneau* insges. 10 Césars als bester Film, beste Regie, bester Schauspieler *Gérard Depardieu*, bester Nebendarsteller *Jacques Weber*, Kamera *Pierre Lhomme*, Schnitt *Noëlle Boisson*, Ton *Pierre Gamet u. Dominique Hennequin*, Filmmusik *Jean-Claude Petit*, Ausstattung *Ezo Frigerio*, Kostüme *Franca Squarciapino*; bestes Erstlingswerk »La discrète« von *Christian Vincent*, beste Nachwuchsschauspielerin *Judith Henry*, bestes Drehbuch *Christian Vincent u. Jean-Pierre Ronssin* in diesem Film; beste Schauspielerin *Anne Parillaud* in »Nikita« von *Luc Besson*, beste Nebendarstellerin *Dominique Blanc* in »Eine Komödie im Mai« von *Louis Malle*, bester Nachwuchsschauspieler *Gérald Thomassin* in »Le petit criminel« von *Jacques Doillon*; bester Kurzfilm »Foutaises« von *Jean-Pierre Jeunet*, bester Kurzdokumentarfilm »La valise« von *François Amado*; **bester ausländ. Film** »Der Club der toten Dichter« von *Peter Weir* (USA); **Ehren-César** für das Gesamtwerk an die Schauspielerin *Sophia Loren* (I).

Festival des amerikanischen Films 1990 in Deauville, Preis zu gleichen Teilen an die US-Produktionen »Metropolitan« von *Whit Stillman* u. an »Pump up the volume« von *Allan Moyle*.

Filmpreis der Académie française 1991 an *Yves Robert* für die Verfilmung der Kindheitserinnerungen von *Marcel Pagnol* »La gloire de mon père« u. »Le château de ma mère«.

Grand Prix 1991 der Filmakademie an »Cyrano de Bergerac« von *Jean-Paul Rappeneau*.

18. Internat. Festival für Animationsfilm 1991 in Annecy, **Großer Preis, Publikumspreis** u. **Preis** des Jugendministeriums an den Trickfilm »Der graue Wolf und Rotkäppchen« von *Garry Bardin* (SU), **Sonderpreis der Jury** (35000 Ecu) an die Beiträge »Creature Comforts«, »Heat Electric Frank« u. »Heat Electric Pablo« von *Nick Park* (GB), **»Goldener Cartoon«** der EG-Kommission ebenfalls an »Creature Comforts«, **Spielfilmpreis** an »Robinson & Co.« von *Jacques Colombat*.

19. Internat. Festival des phantastischen Films 1991 in Avoriaz, **Grand Prix du Fantastique** an den Erstlingsfilm »Tales From the Dark Side« von *John Harrison* (USA); **Spezialpreis** an »Nightbreed« von *Clive Barker* (USA) u. an »Wings of Fame« von *Otokar Votocek* (CS/NL).

44. Internat. Filmfestival in Cannes 1991 – Goldene Palme an »Barton Fink« von *Joel u. Ethan Coen* (USA), **Großer Preis der Jury** an die *Balzac*-Verfilmung »La belle noiseuse« von *Jacques Rivette* (F), **Preis der Jury** an »Europa« von *Lars von Trier* (DK) u. an »Hors la vie« von *Haroun Bagdadi* (LIB), **Preis der internat. Filmkritik** u. **Preis der ökumenischen Jury** an »La double vie de Véronique« von *Krzystof Kieslowski* (PL), beste **Regie** *Joel u. Ethan Coen* in »Barton Fink«, bester **Darsteller** *John Turturro* (USA) in diesem Film, beste **Darstellerin** *Irène Jacob* in der Doppelrolle in »La double vie de Véronique«, bester **Nebendarsteller** *Samuel Jackson* (USA) in »Jungle Fever« von *Spike Lee* (USA), **Publikumspreis u. Camera d'Or** für den besten Erstlingsfilm an »Toto le héros« von *Jaco van Dormael* (B). – **Kurzfilme: Goldene Palme** an »Avec les mains en l'air« von *Mitko Panow* (PL).

19. Internat. Filmfestival für Menschenrechte 1991 in Straßburg, **Grand Prix** an »Männer im Ring« von *Erich Langjahr* (CH).

13. Internat. Frauenfilm-Festival 1991 in Créteil, **Preis der Jury** an »Kracht« von *Frouke Fokkema* (NL), **Sonderpreis** des Journalistinnen-Verbandes an »Verriegelte Zeit« von *Sibylle Schönemann* (D).

GROSSBRITANNIEN

British Academy of Film and Television Arts (BAFTA) Awards 1991 – Bester **englischsprach. Film** »Goodfellas« von *Martin Scorsese* (USA), bester Hauptdarsteller *Philippe Noiret* (F), bester Nebendarsteller *Salvatore Cascio* (I) in diesem Film, beste Hauptdarstellerin *Jessica Tandy* (USA) in »Driving Miss Daisy« von *Bruce Beresford* (USA), beste Nebendarstellerin *Whoopi Goldberg* (USA) in »Ghost«; bester **fremdsprach. Film** »Cinema Paradiso« von *Giuseppe Tornatore* (I).

Silberne Maske 1990 der British Academy of Film

and Television Arts für das Lebenswerk an den Schauspieler *Sean Connery*.

ITALIEN

7. Filmfestival »EuropaCinema« 1990 in Viareggio, bester Film »Tagebuch für meinen Vater und meine Mutter« von *Márta Meszáros* (H).

37. Internat. Filmfestival 1991 in Taormina – Goldene Charybdis an »Life Is Sweet« von *Mike Leigh* (GB) u. Preis für die beste schauspielerische Leistung von *Alison Steadman, Jim Broadbent, Timothy Spall*; 2. Preis an »La tarea« (»Die Aufgabe«) von *Jaime Humberto Herosillo* (MEX).

47. Internat. Filmfestival 1990 in Venedig – Goldener Löwe für den besten Film an »Rosencrantz and Guildenstern are dead« von *Tom Stoppard* (GB), **Silberner Löwe** für **Regie** an *Martin Scorsese* (USA) für »Goodfellas«, **Idee und Drehbuch** an *Helle Ryslinge* (DK) für »Sirup«, **Spezialpreis der Jury** an »An Angel at my table« von *Jane Campion* (NZ), **Goldmedaille** des Senatspräsidenten an »Raspad« von *Michail Belikov* (SU/USA), **Coppa Volpi** für die beste **Darstellerin** an *Gloria Munchmeyer* in »La luna en el espejo« von *Silvio Caiozzi* (RCH), für den besten **Darsteller** an *Oleg Borisov* in »Edinstvenijat svidetel« von *Michail Pandurski* (BG), **Osella** für **Musik** an *Valeri Milovanski* (BG) in diesem Film, für **Kamera** an *Mauro Marchetti* (I) für »Ragazzi fuori« von *Marco Risi*, für **Schnitt** an *Dominique Auvray* (F) für »S'en fout la mort« von *Claire Denis*; **Goldener Ehren-Löwe** für das Lebenswerk an den Regisseur *Miklós Jancsó* (H) u. den Schauspieler *Marcello Mastroianni* (I).

Trickfilm-Festival 1990 in Lucca, Großer Preis an das Deutsche Filmmuseum in Frankfurt/M. für »Erfassung und Erhaltung der historisch unschätzbar wichtigen Trickfilme«.

JAPAN

Praemium Imperiale 1991 der Japan Art Association (100 000 $) Sparte Film an den Regisseur *Ingmar Bergman* (S).

KANADA

14. Weltfilmfestival 1990 in Montreal – Grand Prix des Amériques an »Vom Himmel gefallen« von *Francisco Lombardi* (PE).

NIEDERLANDE

20. Internat. Filmfestival 1991 von Rotterdam, Preis der Filmkritik (einziger vergebener Preis) an die Kurzfilme »Elegija« (»Elegie«) u. »Prostaja Elegija« (»Einfache Elegie«) von *Alexander Sokurov* (SU).

10. Niederländische Filmtage in Utrecht 1990 – Preis der Jury an »Die Abende« von *Rudolf van den Berg*, Drehbuch *Jean Ummels* (B), **Preis der Filmkritik** an »Romeo« von *Rita Horst*.

9. World Wide Video Festival 1990, Preis der Stadt Den Haag an »The Father and his three sons: The Bartos Family« von *Péter Forgàcs* (H).

ÖSTERREICH

Förderungspreis des Bundesministeriums für Unterricht, Kunst und Sport 1990 (je 75 000 S) für künstlerische Fotografie (75 000 S) an *Rainer Iglar*, für Filmkunst an *Mara Mattuschka*, für Videokunst an *Ursula Pürrer u. Konrad Becker*.

Internat. Linzer Tonbildtage 1990, Preise der Stadt Linz, 1. Preis an »11« von *Hans Eggermann* (CH), 2. an »Short Story« von *Jos Näpflin* (CH), 3. an »Giggerig« von *Heinz Müller* (CH).

Würdigungspreis des Bundesministeriums für Unterricht, Kunst u. Sport 1990 (100 000 S) für künstlerische Fotografie an *Günther Selichar*.

PORTUGAL

19. Internat. Filmfestival 1990 in Figueira da Foz, Spielfilm: Spezialpreis für den besten Film mit sozialpolitischem Thema an »Pestalozzis Berg« von *Peter von Gunten* (CH), Dokumentarfilm: 1. Preis an das Musikerporträt »Step Across the Border« von *Nicolas Humbert u. Werner Penzel* (CH).

SCHWEIZ

10. »Auszeichnung der Zürcher Filme« 1990, (20 000 sfr) nach Kontroversen an *Alexander J. Seiler* für den Dokumentarfilm »Palaver, Palaver«, (je 15 000 sfr) an »Der grüne Berg« von *Fredi M. Murer*, »Lynx« von *Franz Reichle*, »Reise der Hoffnung« von *Xavier Koller*, »Die zukünftigen Glückseligkeiten« von *Fred van der Kooij*, »Georgette Meinier« von *Tania Stöcklin u. Cyrille Rey-Coquais*.

Festival von Genf 1990, Hauptpreis (je 25 000 sfr) an die Schauspielerin *Ivana Chylkova* (ČS) für »Die Zeit der Schuhputzer« von *Irena Pavlaskova* u. an den Schauspieler *Thom Hoffman* (NL) für »Die Abende« von *Rudolf van den Berg*; **Preis »Coup de Coeur«** (10 000 sfr) an den Regisseur *Hugo Claus* (B) für »Das Sakrament«.

Filmförderung 1990 der Stadt und des Kantons Zürich für **Spielfilm** (250 000 sfr) an »Land der Schatten« von *Kurt Gloor*, (200 000 sfr) an »Dropout« von *Beat Kuert u. Christian Frei*, für **Dokumentarfilm** (200 000 sfr) an »Der Kongreß der Pinguine« von *Hans-Ulrich Schlumpf*, (70 000 sfr) an »Der sechste Kontinent« von *Benno Maggi*, für **Trickfilm** (100 000 sfr) an »Swiss Almanach« von 24 Autoren.

Filmpreis des Kantons Bern 1991 (je 6000 sfr) an *Andreas Berger* für »Berner Beben« u. *Alvaro Bizarri* für »Touchol«, (je 4000 sfr) an *Bernhard Giger* für »Tage des Zweifels« u. *Christian Iseli* für »Grauholz«.

Innerschweizer Filmtage 1990 in Luzern, 1. Preis (1500 sfr) an den Dokumentarfilm »No Condition Is Permanent« von *Nono Bediako* (GH), 2. Preis geteilt an »Selbstporträt« von *Gerda Steiner* u. an »Desillusion – ein Kammerspiel« von *Pascal Walder*, 3. Preis geteilt an »Die unglaublichen Abenteuer einer rosaroten Schuhschachtel« von *Urs Brenner*, »Stürmische Tage« von *Janos Gazdag* (H), »Errare saurum est« von *Lajos Josza* (H) u. *Lukas Fässler*, »Alois Camenzind, Klauenschneider« von *Bernard Weber*; besondere Erwähnung »Am Rande der Isolation« von *Stefan Jäger* u. »Einmal, bitte« von *Aldo Gugolz*.
3. Internat. Architekturfilmfestival 1991 von Lausanne, **Großer Preis** an »Hommage an die Menschheit« von *Dan Tschernia* (DK), **Preis der Stadt Lausanne** an »Bukarest, das entstellte Gedächtnis« von *Sophie Martre*, **Preis des Publikums** an »Die faszinierende Welt der Architektur« von *Toni Wachter*.
22. Internat. Dokumentarfilmfestival von Nyon 1990 – Goldener Sesterz an »Ihr verschwindendes Objekt: Leonid Obolensky« von *Juri Sacharow* (SU), **Silberner Sesterz** geteilt »An Weihnachten haben wir uns ein Stück Freiheit genommen« von *Catalina Fernoaga u. Cornel Mihalache* (R), »Between Two Worlds« von *Barry Greenwald* (CDN), »Der Wald von Katyn« von *Marcel Lozinski* (PL), »Der Prozeß« von *Krzysztof Lang* (PL); **Spezielle Erwähnung** an »Oh Rußland, mein Rußland« von *Boris Uritsky* (SU) u. an »Das große Erdbeben« von *Chi Yan Wong* (F).
44. Internat. Filmfestival von Locarno 1991 – Goldener Leopard (ca. 36000 DM) für »Johnny Suede« von *Tom DiCillo* (USA); **Silberner Leopard** (ca. 18000 DM) u. **Preis der Ökumenischen Jury** für »Die Wolke ist ein Paradies« von *Nikolai Dostal* (SU); **Bronzener Leopard** für »H« von *Darrell Wasyk* (CDN), »Cheb« (franz.-alger. Koproduktion) von *Rachid Bouchareb* u. »Le Collier perdu de la Colombe« (tunes.-franz. Koprod.) von *Nacer Khemir*. **Preis des internat. Filmkritikerverbandes (Fipresci)** an »Poison« von *Todd Haynes* (USA).
Prix Max Petitpierre 1990 für einen Beitrag zur »Ausstrahlung der Schweiz in die Welt« (25000 sfr) an den Filmregisseur *Daniel Schmid*.
11. Videoart-Festival von Locarno 1990 – Großer Preis der Stadt Locarno (15000 sfr) ex aequo an *Irit Batsry* (USA) für »Leaving the Old Ruins«, an *Peter Callas* (USA) für »Neo Geo: An American Purchase«, an *David Finch* (GB) für »Man of Stones«; **Prix d'Ars** der Kunstkritik an *Dominique Belloir* für »Syndrome de Stendhal«; **Prix World Graph** des Internat. Rates für Kino u. Fernsehen der UNESCO an *Juli Kuzminska* für die Dokumentation »Archaos«.
Zürcher Kunstpreis 1990 (erstm. Vergabe für Filmschaffende, 40000 sfr) an den Cutter *Georg Janett*.

SKANDINAVIEN
32. Nordische Filmtage 1990 in Lübeck – Preis der nordischen Filminstitute an den Dokumentarfilm »Brief aus dem Schweigen« von *Claes Söderqvist* (S), **Publikumspreis »Lübecker Linse«** an »Der Tanz mit Regitze« von *Kaspar Rostrup* (DK), **NDR-Förderpreis** (erstm. Vergabe, 25000 DM) an »Räpsy und Dolly« von *Matti Ijäs* (SF).

SOWJETUNION
17. Internat. Filmfestival von Moskau 1991, **Großer Preis** an »Ein scheckiger Hund läuft am Meeresstrand« von *Karen Geworkjan* nach dem Roman von *Tschingis Aitmatow*, **Spezialpreis** zu gleichen Teilen an »The Adjuster« von *Atom Egojan* (CDN) u. »The Wedding Maidens« von *Wang Jin* (VRC), **Preis** für die beste Darstellung an *Isabelle Huppert* (F) in »Madame Bovary« von *Claude Chabrol*.

SPANIEN
»Goya« 1991 – Preis der spanischen Filmakademie, insges. 13 »Goyas« an »Ay Carmela« von *Carlos Saura*, u. a. bester Film, beste Regie, bestes Drehbuch von *Carlos Saura u. Rafael Azcon*, bester Schnitt von *Pablo G. del Amo*, beste Darsteller in Haupt- u. Nebenrollen *Carmen Maura, Andres Pajares, Gabino Diego*.
38. Internat. Filmfestspiele 1990 von San Sebastian – Goldene Muschel und **Preis des Ateneo Guipuzcoano** (Kulturzentrum) an »Las cartas de Alou« von *Montxo Armendáriz*, **Silberne Muschel** für Regie an *Joel Cohen* (USA) in »Miller's Crossing«, für Darstellung an *Margherita Buy* (I) in »La Settimana della sfinge« u. an *Mulie Jarju* (SN) in »Las cartas de Alou«, **Sonderpreis der Jury** an »Rojo Amanecer« von *Jorge Fons* (MEX), **Preis der internat. Filmkritik (Fipresci)** zu gleichen Teilen an »Bakenbardy« von *Juri Mamin* (SU) u. zusätzlich **Preis der internat. kath. Filmorganisation (OCIC)** an »Vreme Cuda« von *Goran Pascaljevic* (YU).

VEREINIGTE STAATEN VON AMERIKA
48. Golden Globe 1991 der Hollywood Foreign Press – **Drama**: bester **Film**, beste **Regie**, bestes **Drehbuch** »Dances With Wolves« von *Kevin Costner*, **Musical/Komödie**: »Green Card« von *Peter Weir*; **Hauptdarsteller Drama**: *Jeremy Irons* in »Reversal of Fortune« von *Barbet Schroeder* u. *Kathy Bates* in »Misery«, **Musical/Komödie**: *Gérard Depardieu* (F) in »Green Card« u. *Julia Roberts* in »Pretty Woman« von *Garry Marshall*; **bester ausländ. Film**: »Cyrano de Bergerac« von *Jean-Paul Rappeneau* (F).
Los Angeles Film Critics Award 1991 an den Kameramann *Michael Ballhaus* (D) für »Goodfellas« von *Martin Scorsese*.

63. »Oscar«-Verleihung – Motion Picture Academy Awards 1991 in Hollywood für Filme 1990 – **Englischsprach. Film:** 7 »Oscars« für »Dances With Wolves« von *Kevin Costner*, als bester **Film**, für **Regie**, **Drehbuch nach literarischer Vorlage** von *Michael Blake*, **Kamera** von *Dean Semler*, **Schnitt** von *Neil Travis*, beste **Originalmusik** von *John Barry*; beste **Hauptdarsteller** *Kathy Bates* in »Misery« von *Rob Reiner* u. *Jeremy Jones* in »Reversal of Fortune« von *Barbet Schroeder*; beste **Nebendarsteller** *Whoopi Goldberg* in »Ghost« von *Jerry Zucker* u. *Joe Pesci* in »Goodfellas« von *Martin Scorsese*; bestes **Original-Drehbuch** *Bruce Joel Rubin* für »Ghost«; bester **Original-Song** »Sooner or Later« von *Stephen Sondheim*, interpretiert von *Madonna*; bestes **Bühnenbild** *Richard Sylbert u. Rick Simpson* für »Dick Tracy« von *Warren Beatty*; beste **Kostüme** *Franca Squarciapino* für »Cyrano de Bergerac« von *Jean-Paul Rappeneau* (F). – **Fremdsprach. Film** »Reise ohne Hoffnung« von *Xavier Koller* (CH); **Dokumentarfilm** »American Dream« von *Barbara Kopple* (CH). – **Ehren-Oscar** an die Schauspielerin *Sophia Loren* (I).

Preis der Gilde amerikanischer Filmregisseure 1991 in New York an *Kevin Costner* für »Dances With Wolves«.

Preis des National Board of Review 1990, der Vereinigung von Filmkritikern, Erziehern u. Filmhistorikern, bester **amerikan. Film** »Dances With Wolves« von *Kevin Costner* u. Preis für die beste Regie; bester **ausländ. Film** »Cyrano de Bergerac« von *Jean-Paul Rappeneau* (F), 3. Platz für »Das schreckliche Mädchen« von *Michael Verhoeven* (D); beste **Darsteller** *Mia Farrow* in »Alice« von *Woody Allen, Robin Williams u. Robert De Niro* in »Awakening«.

Preis des New York Film Critics Circle 1990, bester ausländ. Film »Das schreckliche Mädchen« von *Michael Verhoeven* (D).

KUNST (BILDENDE)

DEUTSCHLAND

Art-Cologne-Preis 1990 des Bundesverbandes deutscher Galerien (BVDG) und der Köln-Messe (20000 DM), verliehen beim 24. Internat. Kunstmarkt »Art Cologne«, an die Direktorin des Kunstmuseums Bonn, *Katharina Schmidt*. **1991**, verliehen beim 25. Internat. Kunstmarkt »Art Cologne«, an den »Erfinder« des Kunstmarktes, *Hein Stünke*.

»Der magische Stift«-Preis 1990 für ein Kinderbuch, gestiftet vom Graphiker Jürgen Sohn (erstm. Vergabe, 10000 DM), an die Illustratoren *Klaus Ensikat* u. *Jindra Capek*.

Eisner (Kurt)-Preis 1990 der Stadt München (erstm. Vergabe, 10000 DM) an den Bildhauer *Olaf Metzel*.

Förderpreis für Frauenforschung u. Frauenkultur 1991 der Stadt München (10000 DM) an *Gisela Kleine* für das Buch »Gabriele Münter und Wassily Kandinsky – Biographie eines Paares«.

Förderpreis der Stadt Konstanz 1990 u. des örtl. Kunstvereins zur Förderung des Kunstschaffens im Bodenseeraum und der Bildenden Kunst (10000 DM) an den Künstler *Hans Thomann* (CH).

Goethe-Medaille 1991 des Goethe-Instituts, u. a. an den Bildhauer *Sir Eduardo Paolozzi* (GB) u. den Kunstwissenschaftler u. Leiter des Museums für zeitgenössische Kunst in Gent, *Jan Hoet* (B).

Grohmann (Will)-Preis 1991 der Akademie der Künste in Berlin (West) zur Nachwuchsförderung (12500 DM) an *Gerd Rohling* (D).

Herder (Gottfried von)-Preise 1991 der Stiftung F. V. S. zu Hamburg (je 25000 DM), u. a. an den Graphiker *Stoimen Stoilow* (BG) u. den Kunsthistoriker *Andor Pigler* (H).

Hessischer Kulturpreis 1991 (40000 DM) an den Maler u. Bildhauer *Horst Antes*; **Förderpreis** (je 10000 DM) an *Helmut Burmeister u. Gerd Grein*.

Kaiserring der Stadt Goslar 1991 an den aus Südkorea stammenden bildenden Performance-Künstler *Nam June Paik* (USA).

Kollwitz (Käthe)-Preis 1991 der Akademie der Künste im Ostteil Berlins (3000 DM) an den Maler u. Graphiker *Manfred Butzmann*.

Kraft (Helmut)-Preis 1990 der gleichnam. Stiftung in Stuttgart (40000 DM) an den Bildhauer, Maler, Graphiker u. Architekten *Max Bill* (CH).

Kritikerpreis 1990 des Verbandes der deutschen Kritiker e. V. in Berlin (West) an den in New York lebenden Kunstkritiker *Hans Haacke*.

Kulturpreis der Landeshauptstadt Kiel 1991 (15000 DM) an den Leiter der Kieler Kunsthalle, *Jens Christian Jensen*.

Kunstpreis Berlin – Jubiläumsstiftung 1848/1948, Förderpreis Sparte Bildende Kunst (10000 DM) an die Warlukurlangu Artists of Yuendumu, ca. 100 Künstler des zentralaustralischen Warlpiri-Stammes, für ihre Ornamentkunst.

Kunstpreis der Heitland Foundation 1991 (25000 DM) an den Bildhauer *Timm Ulrichs*.

Kunstpreis der Norddeutschen Landesbank Hannover 1991 für zeitgenössische Kunst (25000 DM) an den Maler *Gerhard Richter*.

Kunstpreis der Stadt Darmstadt 1990 (10000 DM) an den Maler *Claudio Parmiggiani* (I).

Kunstpreis der Theo-Wormland-Stiftung 1990 in München (je 55000 DM) u. a. an eine deutsche Initiative zur Sicherung rumänischen Kunstgutes

sowie an die Kunstsammlungen in Schwerin; (je 10000 DM) an den Leiter des Basler Kupferstichkabinetts, *Dieter Koepplin* (CH), u. den ehem. Direktor der Berlinischen Galerie, *Eberhard Roters*.
Lehmbruck (Wilhelm)-Preis 1990 der Stadt Duisburg (20000 DM) an den (Stahl-)Bildhauer *Richard Serra* (USA).
Macke (August)-Preis 1990 der Stadt Meschede (10000 DM) an den Maler *Fujio Akai* (J).
Preis für Kinderkultur 1990 der Helmut-und-Hannelore-Greve-Stiftung in Hamburg (15000 DM) u. a. an *Emma Heinzelmann* (H) für Illustrationen u. an *Mihály Schéner* (H) für Objekte.
Preis der Kunstzeitschrift »PAN« 1991 (25000 DM) an *Peter Noever* (A), Direktor des Wiener Museums für angewandte Kunst.
Roland-Preis für Kunst im öffentlichen Raum 1990 der Stiftung Bremer Bildhauerpreis (20000 DM) an den Künstler *Jochen Gerz*.
Sickingen-Kunstpreis 1991 des Landkreises Kaiserslautern (erstm. Vergabe, 10000 DM) an den Bildhauer Olaf Beck. 2. Preise (je 4000 DM) an die Künstlerin *Christiane Luise Rapp* u. den Bildhauer *Wolfgang Stiller*.
Sprengel (Bernhard)-Preis für Bildende Kunst 1991 des gleichnam. Museums in Hannover u. der Niedersächsischen Sparkassenstiftung (20000 DM) an die Bildhauerin *Andrea Ostermeyer*.
Thoma (Hans)-Preis des Landes Baden-Württemberg 1991 für Bildende Künstler (20000 DM) an die Malerin *Romane Holderried Kaesdorf*.

ITALIEN
Graphikpreis Fiera di Bologna 1991 für Kinderbuch *Christopher Wormell* (GB) für das Abc-Buch »An Alphabet of Animals« u. an *Mireille Vautier* (F) für die Illustrationen zu »Rue de la méditerranée«, Text von *René de Cecchatty* (F).

JAPAN
1. Kunst-Triennale von Osaka 1990, veranstaltet vom japan. Außenministerium, der japan. Kulturstiftung u. dem Goethe-Institut Osaka, **Silber** (60000 DM) an den Künstler *Mario Reis* (D).
Praemium Imperiale 1991 der Japan Art Association (je 100000 $), **Sparte Malerei** an *Balthus* (F); **Sparte Skulptur** an *Eduardo Chillida* (E).

JUGOSLAWIEN
19. Internat. Graphik-Biennale 1991 in Ljubljana; Großer Ehrenpreis an *Emil Schumacher* (D); Preis der Stadt Ljubljana an *A. R. Penck* (D).

ÖSTERREICH
Förderungspreis des Bundesministeriums für Unterricht, Kunst u. Sport 1990 für Bildende Kunst (75000 S) an *Friedrich Eckhardt*.
Österreichischer Kinderbuch-Illustrationspreis 1990 (30000 S) an *Robert Dörfler* für »Die Guck-Gucks-Bande«.
Würdigungspreis des Bundesministeriums für Unterricht, Kunst u. Sport 1990 für Bildende Kunst (100000 S) an *Karla Kowalski*.

SCHWEIZ
Anerkennungspreis der Stadt St. Gallen 1990 (je 4000 sfr) an den Künstler *Hans Rudolf Fricker* u. an den Galeristen *Alfons J. Keller*.
Doron-Preis 1990 der gleichnam. Stiftung in Zug (ges. 300000 sfr) u. a. an das Künstlerhaus Boswil.
Eidgenössisches Kunststipendium 1990 der Eidg. Kunstkommission insges. an 23 Bildende Künstler, u. a. an die Objektkünstler *Biefer/Zgraggen* für die Installation »Prophezeiungen«, *Georges Steinmann, Bernhard Voita, Daniel Berset*.
Gimmi (Wilhelm)-Preis 1990 der gleichnam. Stiftung in Lausanne (20000 DM) an den Graveur u. Kunstmaler *Rolf Lehmann*.
Kulturelle Auszeichnungen des Kantons Zürich 1990, Ehrengabe aus dem Kunstkredit an die Graphikerin u. Malerin *Warja Honegger-Lavater*.
Kulturförderung des Kantons Aargau 1990, Werkbeiträge Sparte Bildende Kunst (je 18000 sfr) an *Maia Aeschbach, Henrik Frei, Heidi Langauer, Jiri Vurma*; Atelier-Aufenthalt in Paris für 6 Monate an *Dogan Firuzbay u. Peter Küng*.
Kulturpreis der Gemeinde Küsnacht 1990 (12000 sfr) an *Johann Jakob Zemp* für Sakralkunst.
Kunstpreis der Stadt Luzern 1990 (10000 sfr) an den Maler *Ernst Schurtenberger* für sein künstlerisches Gesamtwerk; Anerkennungspreis (5000 sfr) an den Maler *Leo Walz*.
Kunstpreis Zollikon 1991 der Gemeinde Zollikon u. der Dr.-K.-und-H.-Hintermeister-Gyger-Stiftung (10000 sfr) an den Maler *Secondo Püschel*; Förderpreis (5000 sfr) an den Maler *Henri Spaeti*.
Kunststipendium der Stiftung Vordemberge-Gildewart 1990 in Rapperswil (40000 sfr) an die Malerin u. Plastikerin *Barbara Hée*.
Meyer (Conrad Ferdinand)-Preis 1990 (7500 sfr) u. a. an die Malerin *Rita Ernst*.
Preis »Junge Schweizer Kunst« 1990 der Zürcher Kunstgesellschaft (20000 sfr) an den Maler u. Plastiker *Anselm Stadler*.
Preis der Stiftung für die graphische Kunst in der Schweiz 1990, gestiftet von Georges Bloch u. Jenny Bloch-Margot, an *Irene Grundel, Gregor Lanz, Samuel Buri, Schang Hutter, Hans Häfliger*; Werkbeitrag an *Stéphane Brunner*.
Nordmann-Kunstpreis 1991 (15000 sfr) an die Malerin *Pia Fries*.
Vilan-Kunstpreis Schaffhausen 1990 (15000 sfr) an den Zeichner u. Plastiker *André Bless*.
Werkbeiträge des Kantons Zürich 1991 zur Förde-

rung der Bildenden Künste (6000 bis 12000 sfr) an *Yega Arman u. Christina Hunold, Nadia Denise Athanasiou, Paul Avondet u. Jann Jenatsch, Doris Balmer, Max Bühlmann, Reto Camenzind, Sibylla Egli, Stephan Ehrendorfer, Lisa Enderli, Peter Fehr, Daniel Gallmann, Christoph Hänsli u. Christoph Wachter, Olivia Heusser, Cécile Huber, Karin Mächler, Ugo Rondinone, Christoph Rütimann, Mario Sala, Christof Sonderegger, Peter Schneebeli, Johannes Schüpbach, Samuel Schütz, Christof Thur, Christine Weibel, Harry Weilenmann, Uwe Wittner*.

VEREINIGTE STAATEN VON AMERIKA

»Beste Buchillustration 1990« gewählt von der New York Times, die Bilder von *Gennadij Spirin* (SU) in dem Märchenbuch »Der Hecht hat's gesagt«.

National Medal of Arts 1991 u. a. an den Maler *Richard Diebenkorn*.

LITERATUR

DEUTSCHLAND

»amnesty international«-Literaturpreis 1990 an den estnischen Schriftsteller *Jaan Kross* für den Roman »Der Verrückte des Zaren«.

Autorenpreis deutschsprachiger Kriminalliteratur 1990 »Der Glauser«, verliehen von der Vereinigung der deutschsprachigen Kriminalschriftsteller, an den Schriftsteller, Hör- u. Fernsehspielautor *Jürgen Breest* für den Roman »Schade, daß du ein Miststück bist«; **»Ehren-Glauser«** an den Autor u. Fernsehregisseur *Jürgen Roland*.

Bayerische Akademie der Schönen Künste in München, **Internat. Exil-Preis 1990** an den Schriftsteller, Literatur- u. Theaterkritiker *Hans Sahl* (USA).

Bodensee-Literaturpreis der Stadt Überlingen 1991 (10000 DM) an den Schriftsteller *Bruno Epple*.

Böll (Heinrich)-Preis der Stadt Köln 1991 (25000 DM) an den Schriftsteller *Rainald Goetz*.

Born (Nicolas)-Förderpreis 1991 für den schriftstellerischen Nachwuchs, gestiftet vom Verleger Hubert Burda (10000 DM), an den Lyriker *Ulrich Zieger*.

Braem (Helmut M.)-Übersetzerpreis 1990 des Freundeskreises zur internat. Förderung literarischer u. wissenschaftlicher Übersetzungen e. V. in Stuttgart u. des Verlegerausschusses des Frankfurter Börsenvereins des Deutschen Buchhandels (10000 DM) an *Karin Graf* für die Übertragung von *James Agees* »Preisen will ich die großen Männer«.

Büchner (Georg)-Preis 1991 der Deutschen Akademie für Sprache u. Dichtung e. V. in Darmstadt (60000 DM) an *Wolf Biermann*.

Celan (Paul)-Preis 1991 des Deutschen Literaturfonds in Darmstadt für herausragende Übersetzungen aus dem Französischen (20000 DM) an *Eva Moldauer* für die Übertragung des Romans »Die Akazie« von *Claude Simon*.

Chamisso (Adelbert von)-Preis 1991 der Robert-Bosch-Stiftung in Stuttgart für fremdsprach. Autoren, deren Werk der dt. Literatur zuzurechnen ist, (15000 DM) an die Erzählerin u. Essayistin *Libuše Moniková* (ČS); **Förderpreis** für Autoren fremder Muttersprache (5000 DM) an den Lyriker *Said* (IR).

Curtius (Ernst Robert)-Preis für Essayistik 1991, gestiftet vom Bonner Buchhändler Thomas Grundmann (15000 DM), an den Schriftsteller *Günter Kunert*; **Förderpreis für Essayistik 1991** (7500 DM) an *Norbert Hinterberger*.

Deutscher Jugendliteraturpreis 1991 des Bundesministers für Jugend u. Familie (ges. 80000 DM) – **Bilderbuch** (15000 DM) »eins, fünf, viele« von *Kveta Pakovská* (ČS), **Kinderbuch** (15000 DM) »Taube Klara« von *Wolf Spillner*; **Jugendsachbuch** (15000 DM) »Die eiserne Lerche/Georg Herwegh – Dichter und Rebell« von *Michael Krausnick*, **Jugendbuch** (15000 DM) »Wir Kuckuckskinder« von *Anatoli Pristawkin* (SU) Übersetzung von *Thomas Reschke*, **Sonderpreis** (20000 DM) *Ursula Wölfel*.

Deutsch-spanischer Übersetzerpreis 1990, dotiert vom spanischen Kulturministerium u. vom Auswärtigen Amt in Bonn, Übersetzung ins Deutsche (8000 DM) an *Willi Zurbrüggen* für die Übertragung des Romans »Die lustigen Jungs von Atzavara« von *Vázquez Montalbán*; Übersetzung ins Spanische (8000 DM) an *Andrés Sánchez Pascual* für »Strahlungen« von *Ernst Jünger*; **lobende Erwähnung** an *Elke Wehr* für das Essay »Die Wahrheit über Picasso und den Kubismus« von *Ramón Gómez de la Serna* u. an *Peter Schwaar* für »Die Stadt der Wunder« von *Eduardo Mendoza* sowie die spanischen Übersetzungen von *Rilkes* »Stundenbuch« u. der »Theorie des kommunikativen Handelns« von *Jürgen Habermas*.

Döblin (Alfred)-Preis 1991, gestiftet von *Günter Grass* für ein unveröffentlichtes Werk epischen Charakters, (25000 DM) an *Peter Kurzeck*; **Förderpreis** (10000 DM) an *Norbert Bleisch*.

Eichendorff-Literaturpreis 1991 des Wangener Kreises/Gesellschaft für Literatur und Kunst »Der Osten« e. V. (10000 DM) an die Lyrikerin u. Erzählerin *Eva Zeller*.

Evangelischer Buchpreis 1991 des Deutschen Verbandes evangelischer Büchereien (5000 DM) an den Schriftsteller *Erich Hackl* (A) für die Erzählung »Abschied von Sidonie«.

Fallada (Hans)-Preis 1990 der Stadt Neumünster (10000 DM) an *Jurek Becker* für das gesamte literarische Werk.

Feuchtwanger (Lion)-Preis 1991 der Akademie der Künste in Berlin (Ost) (10000 DM) an *Brigitte Struzyk* für ihr Buch »Caroline unterm Freiheitsbaum« (1988).

Fontane (Theodor)-Preis 1991 – Großer Preis für Literatur zum **Kunstpreis Berlin – Jubiläumsstiftung 1848/1948** (30000 DM) an den Schriftsteller *Gerhard Meier* (CH); **Förderpreis** für Literatur (10000 DM) an den Weimarer Lyriker *Wulf Kirsten*.

Frank (Leonhard)-Ehrenring 1990 der gleichnam. Stiftung in Würzburg an den Schriftsteller *Lew Kopelew*.

Freud (Sigmund)-Preis 1991 für wissenschaftliche Prosa, verliehen von der Deutschen Akademie für Sprache u. Dichtung e. V. in Darmstadt (20000 DM) an den Kunsthistoriker *Werner Hofmann*.

George (Stefan)-Preis 1990 der Heinrich-Heine-Universität in Düsseldorf für junge Übersetzer, gestiftet vom Conseil International de la Langue Française, (erstm. Vergabe, 15000 FF) an *Isabell Lorenz* für die Erzählung »Smarra ou les Démons de la Nuit« von *Charles Nodier*.

Geschwister-Scholl-Preis 1990 der Landeshauptstadt München u. des Verbandes Bayerischer Verlage u. Buchhandlungen e. V. (20000 DM) an *Lea Rosh u. Eberhard Jäckel* für das Buch »Der Tod ist ein Meister aus Deutschland«.

Goethe-Medaille 1990 des Goethe-Instituts für Verdienste um die dt. Sprache u. a. an die Publizistin u. Schriftstellerin *Hilde Spiel* (A). **1991** an den Schriftsteller u. Publizisten *Hans Sahl* (USA).

Goethepreis der Stadt Frankfurt/M. 1991 für »Persönlichkeiten ..., deren schöpferisches Wirken einer dem Andenken Goethes gewidmeten Ehrung würdig ist«, (50000 DM) an die Lyrikerin *Wislawa Szymborska* (PL).

Gryphius (Andreas)-Preis 1991 der Künstlergilde e. V. in Esslingen, einer der vier »**Ostdeutschen Kulturpreise**« (15000 DM), an den Schriftsteller *Ota Filip* (ČS); **Ehrengabe** (je 7000 DM) an die Potsdamer Schriftstellerin *Helga Schütz* u. den aus Siebenbürgen stammenden Schriftsteller *Franz Hodjak*; **Förderungspreis** (7000 DM) an den aus dem Banat stammenden Autor *Ernest Wichner*.

Härtling (Peter)-Preis für Kinderliteratur 1990 des Beltz Verlags für ein unveröffentlichtes Manuskript (10000 DM) an *Reinhard Burger* für »Der Wind und die Stren«.

Heilmann (Irmgard)-Literaturpreis 1990, gestiftet von der gleichnam. Hamburger Autorin, (10000 DM) an *Monika Maron*.

Heinemann (Gustav)-Friedenspreis für Kinder- und Jugendbücher 1990 des Landes Nordrhein-Westfalen (10000 DM) an »Tränen im Regenbogen«.

Herder (Gottfried von)-Preis 1991 der Stiftung F. V. S. zu Hamburg für Literatur (25000 DM) an den Dichter *Marin Sorescu* (R).

Hesse (Hermann)-Preis 1991 der Gemeinschaft zur Förderung der Kunst e. V. u. der Stadt Karlsruhe (15000 DM) an den Schriftsteller *Gerhard Meier* (CH) für den Roman »Land im Winde«; **Förderpreis** (7000 DM) an *Elmar Schenkel* für sein Reisetagebuch »Massachusetts«.

Hölderlin (Friedrich)-Preis 1991 der Stadt Bad Homburg vor der Höhe (15000 DM) an den Schriftsteller *Günter Kunert*; **Förderpreis** (5000 DM) an die Autorin *Lioba Happel*.

Hölderlin (Friedrich)-Preis 1991 der Stadt u. Universität Tübingen (20000 DM) an den Schriftsteller. Literaturwissenschaftler *Michael Hamburger*.

Huchel (Peter)-Preis für Lyrik 1991, gestiftet vom Südwestfunk u. dem Land Baden-Württemberg (15000 DM), an den Schriftsteller *Günter Herburger* für den Gedichtband »Das brennende Haus«.

Internat. Bodensee-Kulturpreis 1991 des Internat. Bodensee-Clubs in Konstanz (erstm. Vergabe, 20000 DM) an den Romancier, Erzähler, Hörspiel- u. Fernsehfilmautor *Gert Jonke* (A).

Kasseler Literaturpreis 1991 für grotesken Humor, gestiftet von Christine Brückner u. Otto Heinrich Kühner (15000 DM), an den Mitbegründer der Satirezeitschrift »Titanic« *Robert Gernhardt*.

Kinderbuchpreis des Kultusministers von Nordrhein-Westfalen 1990 (10000 DM) geteilt an den Autor *Martin Auer* (A) u. die Illustratorin *Simone Klages* für das Buch »Bimbo und sein Vogel«.

Kleist (Heinrich von)-Preis 1991 der gleichnam. Gesellschaft in Berlin (West), gestiftet von den Verlagen dtv, Klett, Rowohlt u. S. Fischer (25000 DM), an den aus Chile stammenden Dramatiker u. Erzähler *Gaston Salvatore*.

Kritikerpreis 1990 des Verbandes der deutschen Kritiker e. V. in Berlin (West) für Literatur an *Karl Heinz Bohrer*, Herausgeber des »Merkur«.

Kultur- und Friedenspreis der Bremer Stiftung Villa Ichon 1991 (10000 DM) an den Autor u. Regisseur *Karl Fruchtmann* für »Einsatz zur Aufarbeitung der ... deutschen und jüdischen Geschichte«.

Kunstpreis des Landes Schleswig-Holstein 1990 für ein Gesamtwerk (40000 DM) an den Schriftsteller *Helmut Heißenbüttel*.

11. Literarischer März 1991 – Leonce-und-Lena-Preis, Wettbewerb deutschsprach. Lyriker des Magistrats der Stadt Darmstadt, (12000 DM) an die Chemnitzer Lyrikerin *Kerstin Hensel*; **Förderpreise** (8000 DM) an *Dirk von Petersdorff*, (4000 DM) an *Barbara Köhler*.

Literaturpreis der Evangelischen Kirche im Rheinland 1991 für Werke, die die Versöhnung mit den Völkern der Sowjetunion fördern, (10000 DM) an die Autoren *Fritz Mierau* u. *Anatolij Kim* (SU).

Literaturpreis der Freien Hansestadt Bremen 1991, verliehen von der Rudolf-Alexander-Schröder-Stiftung (15000 DM), an *Fritz Rudolf Fries* für den Roman »Die Väter im Kino«; **Förderpreis** (7500 DM) an *Thomas Strittmatter* für den Roman »Raabe Baikal«.

Literaturpreis 1991 der »Lese- und Erholungs-Gesellschaft Bonn« (5000 DM) an den Schriftsteller *Gisbert Haefs*.

Literaturpreis Ruhrgebiet 1990 des Kommunalverbandes Ruhrgebiet (10000 DM) an *Ralf Thenior* für den Roman »Ja – mach nur einen Plan«.

Literaturpreis der Landeshauptstadt Stuttgart 1990 (30000 DM) zu gleichen Teilen an die Erzählerin *Zsuzsanna Gahse* (H) u. a. für Übersetzungen ungarischer Literatur ins Deutsche, an den Lyriker u. Essayisten *Johannes Poethen*, an die Slawistin *Rosemarie Tietze* für Übersetzungen zeitgenössischer russischer Literatur.

Mann (Heinrich)-Preis 1991 der Akademie der Künste im Ostteil Berlins (diesmal undotiert) an die Schriftsteller *Peter Gosse u. Kito Lorenc*.

Marburger Förderpreis für Literatur 1990 der Stadt Marburg u. des Landkreises Marburg-Biedenkopf für Werke der Lyrik oder Prosa aus dem deutschsprachigen Raum, die sich noch in der Entwicklung befinden, (15000 DM) an *Helga M. Novak* für den Roman »Meidungsbote«.

Märchenpreis 1991 der Stiftung Walter Kahn für ein Lebenswerk in der Pflege u. Förderung des Märchenguts (10000 DM) an *Lutz Röhrich*, ehem. Direktor des Deutschen Volksliedarchivs.

Märker (Friedrich)-Preis für Essayistik 1990 der Münchner Stiftung zur Förderung des Schrifttums (10000 DM) an *Harald Weinrich*.

Meersburger Droste-Preis für Dichterinnen 1991 der Stadt Meersburg (5000 DM) an *Jenny Aloni* (IL).

Meister (Ernst)-Preis für Literatur 1990 der Stadt Hagen (20000 DM) an den Lyriker *Paul Wühr*.

Merck (Johann Heinrich)-Preis 1991 für literarische Kritik u. Essay, verliehen von der Deutschen Akademie für Sprache u. Dichtung e. V. in Darmstadt, (20000 DM) an den Literaturwissenschaftler und Kritiker *Peter von Matt*.

Mörike (Eduard)-Preis 1991 der Stadt Fellbach für deutschsprachige Dichter u. Schriftsteller (erstm. Vergabe, 20000 DM) an den Dichter, Denker u. Sänger *Wolf Biermann*.

Montblanc-Literaturpreis für kurze Geschichten 1991 (erstm. Vergabe, 20000 DM) an *Keto von Waberer* für ihre Erzählung »Gartenfreuden«.

Mülheims (Ludwig)-Preis für religiöse Dramatik 1991 des Erzbistums Köln (erstm. Vergabe, 35000 DM) an den Schriftsteller *Tankred Dorst*; **Förderpreis** (10000 DM) an den Dramatiker *Klaus Rohleder* für das Erstlingswerk »Das Fest«.

Nossack (Hans-Erich)-Preis 1991 des Kulturkreises im Bundesverband der Deutschen Industrie (BDI) (20000 DM) an *Helga M. Novak*; **Förderpreise** für Literatur (je 10000 DM) an *Thomas Kling, Franz Hodjak* (R), *Matthias Zschokke*.

Paul (Jean)-Preis 1991 des Freistaats Bayern zur Würdigung des literar. Gesamtwerks eines deutschsprach. Autors (25000 DM) an *Hermann Lenz*.

Petrarca-Preis 1991, gestiftet vom Verleger Hubert Burda (25000 DM), an den Erzähler und Essayisten *John Berger* (GB); **Petrarca-Übersetzerpreis 1991** (10000 DM) an *Ilma Rakusa* (CH) für Übertragung der Werke von *Marina Zwetajewa*.

Phantastik-Preis der Stadt Wetzlar 1991 für die beste deutsche Erstveröffentlichung in der Sparte Phantastische Literatur (7000 DM) an *Carl Amery* für das Buch »Das Geheimnis der Krypta«.

Preis der Frankfurter Autorenstiftung 1991 (je 12000 DM) an den Dramatiker *Martin R. Dean* (CH) für sein erstes Schauspiel u. an *Elfriede Müller* für ihre ersten drei Theaterstücke.

Preis der Henning-Kaufmann-Stiftung 1990 zur Pflege der Reinheit der dt. Sprache (10000 DM) an den Sprachwissenschaftler *Uwe Pörksen*.

Preis für Kinderkultur 1990 der Helmut-und-Hannelore-Greve-Stiftung in Hamburg (15000 DM) u. a. an *Eva Janikovszky* (H) für ihre Kinderbücher.

Preis für den besten deutschsprachigen ersten Roman 1990 der Neuen Literarischen Gesellschaft Hamburg (5000 DM) an den Schriftsteller *Michael Benckert* (CH) für »Eva Maria Säuberlin«.

Raabe (Wilhelm)-Preis 1990 der Stadt Braunschweig für »ein hervorragendes episches Werk« (10000 DM) an *Gerhard Köpf* für »Eulensehen«.

Remarque (Erich-Maria)-Friedenspreis 1991 der Stadt Osnabrück für Arbeiten zu Fragen des inneren u. äußeren Friedens (erstm. Vergabe, 10000 DM) an den Schriftsteller *Lew Kopelew* (SU) für sein Lebenswerk; **Sonderpreis** (2500 DM) an die Schriftstellerin *Anja Lundholm* für das Buch »Das Höllentor – Bericht einer Überlebenden« über die Leiden im KZ Ravensbrück.

Ringelnatz (Joachim)-Preis für Lyrik 1991 der Stadt Cuxhaven (9999 DM) an *Brigitte Fuchs-Frei* (CH).

Schiller (Friedrich)-Medaille 1990 der Universität Jena an den Altphilologen *Manfred Fuhrmann* für Übersetzung der Reden Ciceros.

Schleyer (Hanns-Martin)-Preis 1990 für hervorragende Verdienste um die Festigung u. Förderung der Grundlagen eines freiheitlichen Gemeinwesens (25000 DM) an den Schriftsteller *Reiner Kunze*.

Schocken (Jeannette)-Preis 1991 – Bremerhavener Bürgerpreis für Literatur (erstm. Vergabe, finanziert aus Spenden der Bürger, 10000 DM) an die Erzählerin *Irene Dische*.

Schubart (Christian Friedrich Daniel)-Literaturpreis 1991 der Stadt Aalen (10000 DM) an *Hermann Glaser* für die »Kulturgeschichte der Bundesrepublik«; weitere Auszeichnungen an *Karlheinz Bauer* für eine Dokumentation zur Arbeiterbewegung u. an den Autor *Helmut Pfisterer*.

Stadtschreiber von Bergen-Enkheim 1991/92 (Frankfurt/M.) freies Wohnen u. mtl. 2500 DM für 1 Jahr an den Dramatiker, Lyriker, Erzähler u. Kinderbuchautor *Robert Gernhardt*.

Übersetzerpreis der Deutschen Verlags-Anstalt 1990, für Übersetzungen ins Französische (20000 DM) an *Fabienne Blaise* (F); für Übersetzungen ins Deutsche (20000 DM) an *Wolfgang Günther*.

Voss (Johann Heinrich)-Preis 1991 für literarische Übersetzung, verliehen von der Deutschen Akademie für Sprache u. Dichtung e. V. in Darmstadt (20000 DM), an *Fritz Vogelgsang* für die Übertragungen spanischer u. lateinamerikanischer Schriftsteller.

Weichmann (Herbert und Elsbeth)-Preis 1990 der Deutschen Vereinigung zur Förderung der internat. Konfliktforschung (10000 DM) an den Schriftsteller *Reiner Kunze* für den Essay »Konsequenz Leben – Schriftsteller sein im geteilten Deutschland« aus dem Buch »Das weiße Gedicht« (1989).

Weilheimer Literaturpreis 1991 der Stadt u. Bürger von Weilheim/Obb. (12000 DM) an *Wolfgang Hildesheimer*.

Weiss (Peter)-Preis 1990 der Stadt Bochum für »humanistisches Engagement und Widerstand gegen den Zeitgeist« (erstm. Vergabe, 25000 DM) an den Dramatiker *George Tabori*.

Wieland (Christoph Martin)-Übersetzerpreis 1991 des Ministeriums für Wissenschaft u. Kunst Baden-Württemberg (15000 DM) an *Holger Fließbach* für Übertragung des Buches »Die zarte Leidenschaft« des Kulturhistorikers *Peter Gay* (USA).

Zuckmayer (Carl)-Medaille 1990 des Landes Rheinland-Pfalz an den Schriftsteller *Adolf Muschg* (CH); **1991** an den Literaturhistoriker *Albrecht Schöne*.

EUROPA

Europäischer Literaturpreis 1990 der EG (20000 Ecu) an den Autor *Jean Echenoz* (F) für den Spionage-Roman »Lac«.

Europäischer Übersetzerpreis 1990 der EG (20000 Ecu) an *Michael Hamburger* (D/GB) für die Übertragung der Gedichte *Paul Celans* ins Englische.

FRANKREICH

Autorenpreis des Festivals des amerikanischen Films 1990 für Werke, die sowohl die Literatur als auch den Film bereichert haben, an den Schriftsteller *William Styron* (USA).

Grand Prix de littérature 1991 der Académie française (300000 FF) an den Romanautor u. Essayisten *Jacques Lacarrière*.

Grand Prix du roman 1991 der Académie française (100000 FF) an *François Sureau* für den Roman »L'Infortune«.

Officier de l'Ordre des Arts et des Lettres 1990 an *Christa Wolf* (D) u. a. für das Buch »Was bleibt«.

Orden Palmes académique 1990 an die Übersetzerin u. Herausgeberin *Gerda Scheffel* (D) u. a. für Verdienste um die Werke von *Marivaux*.

Prix Châteaubriand 1990 (50000 FF) an die Schriftstellerin *Françoise Chandernagor* für »L'Enfant aux Loups« als letzten Band ihrer Trilogie »Leçons des Ténèbres«.

Prix Fémina 1990 an die Schriftstellerin *Pierrette Fleutiaux* für den Roman »Nous sommes éternels«.

Prix Fémina-étranger 1990 an *Vergilio Ferreira* (P) für den Roman »Le Matin perdu«.

Prix Goncourt 1990 (symbol. 50 FF) an *Jean Rouaud* für den Roman »Les Champs d'honneur«.

Prix des Hémisphères 1991 für literarische Werke in französischer Sprache, die von Ausländern oder Übersee-Franzosen verfaßt wurden, an *Tahar Ben Jelloun* (MA) für den Roman »Les yeux baisses«.

Prix Interallié 1990 an den Journalisten u. Autor *Bruno Bayon* für »Les Animals«.

Prix Médicis 1990 an den Schriftsteller *Jean-Noël Pancrazi* für den Roman »Les Quartiers d'Hiver«.

Prix Médicis-étranger 1990 an den Autor *Amitav Ghosh* (IND) für die Saga »Les Feux du Bengale«.

Prix Médicis-essay 1990 an den Autor *René Girard* für »Shakespeare, des feux de l'envie«.

Prix mondial Cino del Duca 1990 für Werke, die »eine Botschaft des modernen Humanismus« darstellen, (200000 FF) an den Schriftsteller *Jorge Amado* (BR) für das literarische Gesamtwerk.

Prix Novembre 1990 unabhängiger Literaturexperten (als »Anti-Goncourt« gedacht, 200000 FF) an den Schriftsteller *François Maspero* für das Buch »Les passagers du Roissy Express«.

GROSSBRITANNIEN

»Autor des Jahres« 1990 *Prinz Charles* für das Buch »A Vision of Britain«.

Booker McConnell Prize for Fiction 1990 für den besten englischsprach. Roman (20000 £) an *Antonia Byatt* für den Roman »Possession«.

Preis für ausländische Literatur 1991 der Tageszeitung »The Independent« (erstm. Vergabe, 10000 £) an den Schriftsteller *Milan Kundera* (ČS) für den Roman »Die Unsterblichkeit«.

Smith (W. H.)-Preis für Literatur 1991 (10000 £) an den karibischen Lyriker *Derek Walcott* für das epische Gedicht »Omeros«.

Whitbread Book of the Year Award 1990, gestiftet von der gleichnam. Brauerei für das beste englischsprach. Werk des Jahres (20250 £), an *Nicholas Mosley* für den Roman »Hopeful Monsters«.

ITALIEN

Capri-Preis 1991, verliehen anläßlich eines Literaten-Treffens auf der Insel Capri, (ca. 18000 DM) an

Czeslaw Milosz (PL) für sein Lebenswerk; weitere Auszeichnungen an *Rafael Alberti* (E), den Litauer *Thomas Vencolva, Ivan Wernich* (ČS), *Attilio Bertolucci* (I), *Joao Nunes Abreu* (P).

Chandler (Raymond) Award 1991 des »Noir in Festivals« in Viareggio für Kriminalliteratur an *Frederick Forsyth* (GB); Auszeichnungen für den schriftstellerischen Nachwuchs an *Annamaria Fontebasso, Gianna Baltaro, Giovanni Zucca, Alessandra Nani, Stefano Righini*.

Critici in erba-Kinderbuchpreis 1991 der Jugendbuchmesse in Bologna an das Bilderbuch »Kleiner Eisbär, nimm mich mit!« von *Hans de Beer* (CH).

Mondello-Literaturpreis 1990 der Stadt Palermo (ca. 21000 DM) an *Christa Wolf* (D).

Premio Campiello 1990 für Literatur (ca. 6800 DM) an *Dacia Maraini* für den Roman »La lunga vita di Marianna Ucrìa«.

Premio Elsa Morante 1990 für Literatur an *Mario Luzi*.

Premio Malaparte 1990 für Literatur an *Václav Havel* (ČS).

Premio Strega 1991, gestiftet von der gleichnam. Spirituosenfirma (Dotierung geheim), an *Paolo Volponi* für den Roman »La strada per Roma«.

JUGOSLAWIEN

Vilenica-Preis 1990 für mitteleuropäische Literatur des Slowenischen Schriftstellerverbandes an den litauischen Dichter *Tomas Venclova*.

KANADA

Literaturpreis Kanada-Schweiz 1990, verliehen vom Conseil des arts du Canada beim jährlichen Salon du livre in Montreal an einen schweizerischen oder kanadischen Autor für ein französischsprachiges Werk (2500 can$), an den Schriftsteller *Pierre Voélin* (CH) für sein Buch »Sur la mort brève«.

KOLUMBIEN

Carranza (Eduardo)-Preis für Literatur 1990, verliehen vom Staatspräsidenten, (erstm. Vergabe, 100000 $) an den Schriftsteller u. Herausgeber der Literaturzeitschrift »El Urogallo« (»Der Auerhahn«) *José Antonio Gabriel y Galán* für den Roman »Muchos años después« (»Mehrere Jahre danach«).

LATEINAMERIKA

Rolfo (Juan)-Preis 1991 für Literatur in Lateinamerika und in der Karibik (erstm. Vergabe, 100000 $) an den Lyriker *Nicanor Parra* (RCH).

LIECHTENSTEIN

Liechtenstein-Preis für Essayistik 1990 des PEN-Clubs an *Gerd-Klaus Kaltenbrunner* (CH).

NIEDERLANDE

AKO-Literaturpreis 1991 (50000 hfl) an den Erzähler *Frans Thomése* für sein erstes Buch »Zuidland«.

Hooft (P.-C.)-Preis für Essayistik 1991 (25000 hfl) an die Dichterin *Elisabeth Eybers*.

Nijhoff (Martinus)-Preis 1991 des Prins-Bernhard-Fonds für literarische Übersetzungen ins Niederländische (15000 hfl) an *Gerard Koolschijn* für die Übertragung aus dem Altgriechischen.

Poetry International Award 1991, Ehrengeld aus privaten Spenden des Lyriker-Treffens in Rotterdam für Autoren, die wegen ihrer Werke verfolgt werden, (10000 hfl) an *Muhammad Afifi Matar* (ET).

ÖSTERREICH

15. Bachmann (Ingeborg)-Wettbewerb 1991 für erzählende Prosa in Klagenfurt, **Ingeborg-Bachmann-Preis** (150000 S) an die in Berlin lebende türkische Schriftstellerin *Emine Sevgi Özdamar* für die deutschsprachige Erzählung »Das Leben ist eine Karawanserei hat zwei Türen aus einer kam ich rein aus der anderen ging ich raus«, **Preis des Landes Kärnten** (75000 S) an den Autor *Urs Allemann* (CH) für die Erzählung »Babyficker«, **Ernst-Willner-Preis** (gestiftet von 23 Verlagen, 8000 DM) an *Marcel Beyer* (D) für den Text »Flughunde«, **Stipendium der Kärntner Industrie** an *Hubert Konrad Frank* (D), **3-SAT-Stipendium** an *Theres Roth-Hunkeler* (CH), **Stipendium der Verlage** an *Peter Wawerzinek* (D).

Doderer (Heimito von)-Literaturpreis 1990 der niederösterreichischen Gesellschaft für Kunst u. Kultur für einen Roman in der Tradition *Doderers* (erstm. Vergabe, 25000 S) an *Robert Menasse* für »Sinnliche Gewißheit«.

Förderungspreis des Bundesministeriums für Unterricht, Kunst u. Sport 1990 für Literatur (je 75000 S) an *Evelyn Schlag u. Norbert Gstrein*.

Fried (Erich)-Preis für Literatur und Sprache 1991 der gleichnam. Gesellschaft in Wien und des öster. Kulturministeriums (200000 S) an den Schriftsteller *Bodo Hell* für seine Prosawerke.

Grillparzer (Franz)-Preis 1991 der Hamburger Stiftung F. V. S. u. der Universität Wien für herausragende Leistungen vornehmlich auf dem Gebiet der österreichischen Literatur (erstm. Vergabe, 25000 DM) an *Peter Handke* für seinen »Beitrag zum Selbstverständnis der Epoche«.

Kafka (Franz)-Literaturpreis 1991 der Stadt Klosterneuburg, der Österreichischen Franz-Kafka-Gesellschaft u. der Niederösterreichischen Gesellschaft für Kunst u. Kultur (100000 S) an *Stanislaw Lem* (PL).

Literaturpreis der Stadt Salzburg 1991 (100000 S) an den Schriftsteller *H. C. Artmann*.

Musil (Robert)-Stipendium 1990/91 des Bundesministeriums für Unterricht, Kunst u. Sport an *Marianne Fritz, Gert Jonke, Josef Winkler*.

Österreichischer Jugendbuchpreis 1990 (30000 S) an *Sigrid Heuck* für »Meister Joachims Geheimnis«.
Österreichischer Kinderbuchpreis 1990 (je 30000 S) Kat. A an *Sylvia Bengs u. Thomas Buttkus* für »Gans ganz groß«, Kat. B an *Lene Mayer-Skumanz* für »Hanniel kommt in die Stadt«, Kat. C an *Heinz Rudolf Unger* für »Die Fliege am Broadway«.
Österreichischer Kindersachbuchpreis 1990 (30000 S) an *Jane Goodall* u. *Michael Neugebauer* für »Das Schimpansen-Kinder-Buch«.
Österreichischer Staatspreis für Europäische Literatur 1990 (200000 S) an den Lyriker u. Essayisten *Helmut Heißenbüttel* (D).
Österreichischer Staatspreis für Verleger 1990 (100000 S) an den Wieser Verlag.
Rauriser Literaturpreis 1991, gestiftet vom Land Salzburg, verliehen bei den Rauriser Literaturtagen, (ca. 11000 DM) an *Judith Kuckart* (D) für den Roman »Wahl der Waffen«.
Würdigungspreis des Bundesministeriums für Unterricht, Kunst u. Sport 1990 für Literatur (je 100000 S) an *Werner Kofler u. Peter Rosei*.

POLEN

Preis des PEN-Clubs 1990 für Übersetzung polnischer Prosa an *Klaus Staemmler* (D).

SCHWEDEN

Lindgren (Astrid)-Preis für Kinderliteratur 1990 an *Maj Bylock* für ihre 20 Kinder- u. Jugendbücher.

SCHWEIZ

Band der Frankophonie 1990 Auszeichnung der Stadt Genf u. der Veranstalter der Genfer Buchmesse (20000 sfr) an *Rachid Mimouni* (DZ).
Berner Gastjahr 1990/91, Literaturförderung des Kantons Bern (erstm. Vergabe), freies Wohnen für 1 Jahr in der Künstlerwohnung Biel, an die Südtiroler Autorin *Anita Pichler*.
Burckhardt (Jacob)-Preis 1990 der Basler Johann-Wolfgang-von-Goethe-Stiftung (20000 sfr) an den Schriftsteller u. Dramatiker *Rolf Hochhuth* (D).
Dentan (Michel)-Literaturpreis 1991 der gleichnam. Stiftung, der »Gazette de Lausanne«, des »Journal de Genève« u. des Lausanner Literaturzirkels an *Jean Pache* für »La Straniera«.
Europäischer Essay-Preis 1990 der Stiftung Charles Veillon in Lausanne (20000 sfr) an den Historiker *Karl Schlögel* (D) für sein Gesamtwerk.
Förderbeitrag der Kulturstiftung Pro Helvetia 1991 für Autoren der 4 Sprachregionen (12000 bis 40000 sfr) an *Willi Bär, Maja Beutler, Christoph Geiser, Thomas Hürlimann, Niklaus Meienberg, Francesco Micieli, Isolde Schaad, Gerold Späth, Bruno Steiger, Jacques Chessex, Bernard Comment, Christophe Gallaz, Armen Godel, Jean-Marc Lovay, Gilbert Musy, Rose-Marie Pagnard, Anne Perrier, Alice Ceresa, Pierre Codiroll, Paolo Gir, Fabio Pusterla, Oscar Peer*.
Förderbeitrag des Migros-Genossenschaftsbundes 1990, Werkbeiträge für Literatur (10000 bis 20000 sfr) an *Ivar Breitenmoser, Milena Moser, Sibylle Severus, Christine Rinderknecht, Birgit Kempker, Tadeus Pfeifer, Barbara Hampel, Silvio Huonder, Ana Lang, Mariella Mehr, Claus Schweitzer*.
Förderpreis der Stadt St. Gallen 1990 für Literatur an die Schriftstellerin *Theres Roth-Hunkeler*.
Ganz (Hermann)-Preis 1991 des Schweizerischen Schriftstellerinnen- u. Schriftstellerverbandes (SSV) für junge Schweizer Autoren der verschiedenen Sprachregionen (je 10000 sfr) an den Lyriker *Dubravko Pusek* u. den Romancier *Jean Romain*.
Grand Prix Charles-Ferdinand Ramuz 1990 der gleichnam. Stiftung in Pully bei Lausanne an den Schriftsteller *Yves Velan* für seine Romane.
Kulturelle Auszeichnungen des Kantons Zürich 1990 für Literatur, **Werkbeiträge** (ges. 150000 sfr) an *Kurt Aebli, Werner Bucher, Milena Moser, Bea Schilling, Dieter Zwicky*; **Ehrengaben** an die Kabarettistin *Elsie Attenhofer* für ihr Buch »Réserve du Patron«, den Erzähler *Aurelio Buletti* für »Vertraulichkeiten eines Strandläufers«, den Journalisten *Alfred Cattani* für »Zürich im Zweiten Weltkrieg«, *Hanna Johansen* für »Die Schöne am unteren Bildrand«, *Felix Mettler* für sein Gesamtwerk, *Michael Pfister* u. *Stefan Zweifel* für Übersetzung des *Marquis de Sade*, *Hans Schumacher* für »Die durchlässige Zeit«.
Kulturelle Auszeichnungen der Stadt Zürich 1990 für Literatur, **Werkbeiträge** (36000 sfr) an *Kristin T. Schnider* für den Erstling »Die Kodiererin«, (je 18000 sfr) an die Übersetzerin u. Schriftstellerin *Ilma Rakusa* für den Erzählband »Die Steppe« u. an den Hörspielautor *Peter Jost* für sein Gesamtschaffen; **Ehrengabe** (je 6000 sfr) an den Übersetzer *Ralph Dutli* für Verdienste um das Werk des russischen Lyrikers *Ossip Mandelstam*, *Maria Gattiker* für den Erzählband »Wenn es hochkommt, sind es 100 Jahre«, *Peter Höner* für den Kriminalroman »Rafiki Beach Hotel«, *André Kaminski* für die Erzählungen »Flimmergeschichten«, *Erwin Leiser* für »Nahaufnahmen«, *Felix Mettler* für »Der Keiler«, *Urs Martin Strub* für den Gedichtband »Poetische Zeit«, den Verleger *Thomas Howeg, Peter Kamber* für die Dokumentation über Wladimir Rosenbaum u. Aline Valangins.
Kulturförderung des Kantons Aargau 1990, Werkbeitrag für Literatur (je 20000 sfr) an *Christian Halter u. Werner Wiedenmeier*.
Kulturpreis der Gemeinde Küsnacht 1991 u. a. an den Schriftsteller *Erwin Kuen*.

Kunstpreis des Kantons Jura 1991 an *Alexandre Voisard* für sein Gesamtschaffen.

Literaturförderung des Kantons Basel 1991, Werkbeitrag (je 10000 sfr) an *Birgit Kempker* für »Kein Fleisch/Stücke« u. an *Pierre Chiquet* für den Roman »Terra«, (5000 sfr) an das Literarische Forum Basel.

Literaturförderung der Stadt Basel 1991, Werkbeitrag (10000 sfr) an *Adelheid Duvanel* für einen Erzählband, (je 5000 sfr) an *Hans Saner* für »Anarchie der Stille«, *Petr Chudozilov* für ein Kinderbuch, *Dieter Fringelis* für »Grenzlust«, *Curt Zimmermann* für »Silentium«.

Literaturförderung des Kantons und der Stadt Luzern 1990, Werkbeitrag (24000 sfr) an *Hans Leopold Davi* für den Gedichtband »das gerippe der windmühle«, (je 12000 sfr) an *Yvonne Léger* für den Roman »Eljascha, Liebesgeschichte einer Flucht« u. an *Margrit Schriber* für den Roman »Augenweiden«, (je 6000 sfr) an *Alexander Porter* für das Theaterstück »Die, die Du auftauchst und untergehst mit mir im Traum...« u. an *André Reinhart* für das Schauspiel »alfanzen oder das Narrenschiff«.

Literaturpreis des Kantons Basel-Stadt 1990 (20000 sfr) an den Schriftsteller u. Schauspieler *Guido Bachmann* für sein Gesamtschaffen.

Literaturpreis der Sarna-Jubiläumsstiftung 1990 zur Förderung Innerschweizer Literaten an *Brigitte Fuchs-Frei* für Gedichte, *Margrit Ettlin von Rotz* für Gedichte in Obwaldner Mundart, *Elisabeth Wandeler-Deck* für einen Prosatext.

Literaturpreis der Stadt Solothurn 1991 für Autoren aus dem gesamten deutschsprachigen Raum (erstm. Vergabe, 25000 sfr) an *Ilse Aichinger* (A) für ihr Gesamtwerk.

Metz (Friedrich)-Stipendium 1991 der Johann-Wolfgang-von-Goethe-Stiftung zu Basel (je 1000 sfr) an *Ewald Hall* (D), *Bénédicte Viroulet Simon* (F), *Niklas Raggenbass*.

Minder (Robert)-Stipendium 1991 der Johann-Wolfgang-von-Goethe-Stiftung zu Basel (je 2500 sfr) *Anne Marie Schmitt* (F), *Harald Schützeichel* (D).

Oberrheinischer Kulturpreis 1991 der Johann-Wolfgang-von-Goethe-Stiftung zu Basel für Literatur (10000 sfr) an den Schriftsteller *Julian Dillier* für sein Bemühen um Obwaldner Bergmundart.

Preis »Nuova Antologia« 1990 für zeitgenössische Poesie, verliehen für Werke zur Festigung der kulturellen Beziehungen zwischen der Schweiz u. Italien, (25000 sfr) an den Dichter u. Literaturkritiker *Giorgio Orelli* für die Gedichtsammlung »Spiracoli«.

Preise der Schweizerischen Schillerstiftung 1991 (je 5000 sfr) an Schriftsteller der 4 Sprachregionen: deutsche Schweiz *Urs Allemann* für »öz & kco, sieben fernmündliche delirien«, *Reto Hänny* für »Am Boden des Kopfes, Verwirrungen eines Mitteleuropäers in Mitteleuropa«, *Franz Hohler* für sein Gesamtwerk, *Hanna Johansen* für »Die Schöne am unteren Bildrand«; französische Schweiz *Sylviane Chatelain* für »De l'autre côt«, *Jean-Louis Cornuz* für sein Gesamtwerk, *Antonin Moeri* für »L'Ile intérieure«; italienische Schweiz *Giovanni Bonalumi* für »Album«, *Giovanni Orelli* für »Concertino per rane«; **Buch der Schweizerischen Schillerstiftung** »Manesse« von *Walter Schenker*, »Tout le silence à naître« von *Christian Viredaz*, »La luna nella Senna« von *Marco Alloni*.

Preis der Welti-Stiftung für das Drama 1991 (10000 sfr) an *Michael Zockow* für »Drei Sterne über dem Baldachin«.

Prix lémanique de traduction 1991 für hervorragendes Übersetzen zwischen französischer u. deutscher Sprache (14000 sfr), **französisch** an *Gilbert Musy* für Übertragung der Werke Deutschschweizer Autoren, u. a. *Robert Musil*, **deutsch** an *Helmut Kossodo* für Übertragung der Werke von *Alexandre Dumas u. Julien Green*.

Prix Georges Nicole 1991 an »Joselito« von *Jean Pache*.

Prosa-Wettbewerb der Dienemann-Stiftung 1990 in Luzern, 1. Preis (5000 sfr) an *Pierre Chiquet* für den Text »Rede«, 2. (3000 sfr) an *Jean-Claude Galli* für eine Erzählung, 3. (2000 sfr) an *Adi Blum* für eine Erzählung.

Rousseau (Jean-Jacques)-Preis 1991 der Stadt Genf u. der Veranstalter der Genfer Buchmesse (50000 sfr) an den Essayisten *Tzvetan Todorov* (BG) für »Les morales de l'histoire«.

Schweizer Jugendbuchpreis 1990 der Jugendschriftenkommission des Schweizerischen Lehrer- u. Lehrerinnenvereins (4500 sfr) an die Schriftstellerin *Hanna Johansen* u. die Illustratorin *Käthi Bend* für die gemeinsamen Bücher. **1991** an *Hans Manz* u. a. für Erzählungen u. Romane.

Stadtbeobachter in Zug 1991/92, Literatur-Förderstipendium der Stadt Zug, freies Wohnen u. mtl. Gehalt (erstm. Vergabe), an den rumäniendeutschen Schriftsteller u. Übersetzer *Werner Söllner*.

Weißenstein-Förderpreis 1991 der Stadt Solothurn für Literatur (erstm. Vergabe, 5000 sfr) an *Sabine Peters* (D) für »Der Stachel am Kopf«.

Wettbewerb des Kantons Jura 1991 für Schriftsteller, 3 Monate freies Wohnen u. je 15000 sfr an *Mousse Boulanger, Daniele Finzi Pasca, Nicolas Lindt, Benni Vigne*.

Zürcher Kinderbuchpreis 1990 »La vache qui lit« (3000 sfr) an die Autorin *Christine Nöstlinger* (A) für das Buch »Der Zwerg im Kopf«.

SOWJETUNION

Krutschjonnych (Alexei)-Preis 1991 an den Slawisten *Wolfgang Kasack* (D) für sein Lexikon der russischen Literatur seit 1917 in russischer Sprache.

Staatspreis für Literatur der RSFSR 1990 an *Alexander Solschenizyn* für »Archipel GuLag«.

SPANIEN

Nationalpreis für erzählende Literatur 1991 (2,5 Mill. Pta) an *Manuel Vázquez Montalbán* für den Roman »Galíndez«.

Nationalpreis für Essays 1991 (2,5 Mill. Pta) an den Philologen *Martín de Riquer* für seine Arbeiten über den frühkatalan. Roman »Tirant lo blanc«.

Nationalpreis für Übersetzungen 1991 (2,5 Mill. Pta) an *Miguel Sáenz* u. a. für Übertragung der Werke von *Thomas Bernhard, Günter Grass, Alfred Döblin, Peter Handke, Bertolt Brecht, Eduard Mörike* ins Spanische.

Premio Josp Pla 1990 des Verlags Planeta in Barcelona für ein Werk in katalanischer Sprache (1 Mill. Pta) an *Xavier Ruberd de Ventós* für »El cortesà i el seu fantasma«.

Premio Nacional de las Letras Espanolas 1991 (5 Mill. Pta) an *Miguel Delibes* für sein Gesamtwerk.

Premio Nacional de Literatura Miguel de Cervantes 1990 (10 Mill. Pta) für ein Gesamtwerk des span. Sprachraums an *Adolfo Bioy Casares* (RA) für seine Romane u. phantastischen Erzählungen.

Premio Nadal 1990 des Verlags Destino in Barcelona (3 Mill. Pta) an *Alfredo Conde* für den Roman »Los otros días«.

Premio Planeta 1990 des gleichnam. Verlages in Barcelona (20 Mill. Pta) an den Dramatiker *Antonio Gala Velasco* für »Der Lohn des Königs« (veröffentlicht unter *Luis Cuéllar*).

UNGARN

Fahnenorden der Republik Ungarn 1991, verliehen vom Staatspräsidenten, an die Übersetzerin *Hildegard Grosche* (D) für Verdienste um die Vermittlung ungarischer Literatur in der Bundesrepublik.

VEREINIGTE STAATEN VON AMERIKA

Pulitzer Prizes in Letters 1991, gestiftet von Joseph Pulitzer, verliehen von der Columbia University, New York (3000 $) – Fiction: *John Updike* für »Rabbit at Rest«, Drama: *Neil Simon* für »Lost in Yonkers«, History: *Laurel Thatcher Ulrich* für »A Midwife's Tale: The Life of Martha Ballard, Based on Her Diary, 1785–1812«, Biography: *Steven Naifeh u. Gregory White Smith* für »Jackson Pollock: An American Saga«, Poetry: *Mona van Duyn* für »Near Changes«, General Nonfiction: *Bert Holldobler u. Edward O. Wilson* für »The Ants«.

Turner Tomorrow Award 1991, gestiftet von Robert Edward Turner III, Besitzer des Nachrichtensenders CNN, (500 000 $) an *Daniel Quinn* für den Roman »Ismael«.

MUSIK

BELGIEN

11. Internat. Musikwettbewerb »Reine Elisabeth de Belgique« 1991 in Brüssel – Klavierwettbewerb: 1. *Frank Braley* (F), 2. *Stephen Prutsman* (USA), 3. *Brian Ganz* (USA), 4. *Haesun Paik* (ROK), 5. *Alexander Melnikow* (SU). – **Kompositionswettbewerb** (erstm.): 1. *Patrice Challulau* (F).

DÄNEMARK

Jazzpar-Preis 1992 des Danish Jazz-Centers (200 000 dkr) an den Altsaxophonisten *Lee Konitz* (USA).

Sonning-Musikpreis 1992 (200 000 dkr) an den Dirigenten u. Pianisten *Sir Georg Solti* (H/GB).

DEUTSCHLAND

Buxtehude-Preis der Hansestadt Lübeck 1990 für hervorragende Leistungen auf dem Gebiet der Kirchenmusik (15 000 DM) an die Orgellehrerin u. Musikwissenschaftlerin *Kerala Snyder* (GB).

Dehmel (Willy)-Preis 1991 der Verwertungsgesellschaft Gema (20 000 DM) an den Texter u. Komponisten *Heinz Korn*.

17. Deutscher Musikwettbewerb 1991, veranstaltet vom Deutschen Musikrat in Bonn – **Forum II**: Preis (je 10 000 DM) für Klavier an *Igor Kamenz* (SU); Bläserquintett an die Kammervereinigung Berlin mit *Alexander Roske* (Klavier), *Mathias Baier* (Fagott), *Bodo Werner* (Horn), *Iris Jess* (Flöte), *Gudrun Reschke* (Oboe). – **Forum I: Förderpreis** (je 6000 DM) für Blasinstrumente an *Frank Horst u. Volker Tessmann* (Fagott), *Cornelia Brandkamp u. Felix Reimann* (Flöte), für Schlaginstrumente an *Babette Haag u. Cornelia Monske*, für Klavier an *Birgitta Wollenweber u. Martin Zehn*.

Eisler (Hanns)-Preis 1990 des ehem. Senders »Radio DDR« u. der Akademie der Künste im Ostteil Berlins für herausragende Leistungen der Kammermusik u. Sinfonik, des Chor- u. Liedschaffens (10 000 DM) an die Komponisten *Annette Schlünz, Christian Münch, Helmut Öhring*.

Erhard (Hans Joachim)-Preis 1991 (erstm. Vergabe, 10 000 DM) an den Organisten *Boris Kleiner*.

Frankfurter Musikpreis 1991 der Stadt Frankfurt, des Bundesverbandes der deutschen Musikinstrumentenhersteller u. der Messe Frankfurt (25 000 DM) an den Komponisten *Aribert Reimann*.

Herder (Gottfried von)-Preis 1991 der Stiftung F. V. S. zu Hamburg für Musik (25 000 DM) an den Komponisten *Yorgo Sicilianos* (GR).

Internat. Gesangswettbewerb Gioacchino Rossini 1991 in Schwetzingen – 1. Preis an die Mezzosopranistin *Katarzyna Bak* (PL), Stipendien an die Sopranistin *Maria Pia Piscitelli* (I) u. die Mezzosopranistin *Katalin Gémes* (H).
Internat. Gesangswettbewerb in Stuttgart 1990 des Fördervereins der klassischen Gesangskunst in Deutschland, 1. Preis (12000 DM) an den Bariton *David Seng-Hyoun Ko* (ROK), 2. (9000 DM) an den Bassisten *Oleg Bryjak* (SU), 3. (6000 DM) an den Tenor *Kim Jong-Ho* (ROK).
Internat. Mendelssohn-Bartholdy (Felix)-Wettbewerb 1991 der Stiftung Preußischer Kulturbesitz in Berlin – **Förderpreis Klavier** an *Yoshiko Iwai* (J), **Komposition für Streichquartett** an *Achim-Christian Bornhöft*.
39. Internat. Musikwettbewerb der ARD 1990 in München – **Violoncello**: kein 1. Preis; **Sängerinnen**: 1. Preis an die Sopranistin *Elena Mosuc* (R), 2. an die Mezzosopranistin *Ruxandra Maria Donosa-Danila* (R); **Sänger**: 1. Preis an den Bassisten *Andrzei Dobber* (PL), 2. an *Oliver Widmer* (CH).
Jazz-Preis des Landes Baden-Württemberg 1990 (15000 DM) an den Trompeter, Komponisten u. Bandleader *Claus Stötter*.
Komponisten-Werkstatt 1990 des Ensemble Modern u. der IBM Deutschland, Preis an *Georg Hajdu* für »Klangmoraste« u. *Hermann Spree* für »Catalogue passé«.
Kompositionspreis für Neue Musik 1991 des Kulturkreises im Bundesverband der Deutschen Industrie (BDI) an *Friedemann Schmidt-Mechau* für »am Rande bin, konzentrisch«.
Kritikerpreis 1990 des Verbandes der deutschen Kritiker e. V. in Berlin (West) für Musik an den Leiter der Bochumer Symphoniker, *Eberhard Kloke*.
Kunstpreis Berlin 1991 – Jubiläumsstiftung 1848/1948 – Förderpreis für Musik (10000 DM) an das Berliner Ensemble »Oriol«.
Musikpreis der Stadt Duisburg 1991 u. der Köhler-Osbahr-Stiftung (20000 DM) an den Komponisten *Wolfgang Rihm*.
Orgelwettbewerb im Altenberger Dom 1991 des Kulturkreises im Bundesverband der Deutschen Industrie (BDI), Preis für Orgelimprovisation (8000 DM) an *Stefan Wehr*.
Preis der deutschen Schallplattenkritik 1991, verliehen bei der Frankfurter Musikmesse, **ernste Musik: Oper** an *Franz Schuberts* »Fierrabras« in der Inszenierung von *Ruth Berghaus* bei den Wiener Festwochen 1988; an *Georg Friedrich Händels* »Flavio« von Harmonia Mundi France u. WDR unter der Leitung von *René Jacobs*. – **Zeitgenössische Musik** an das Kronos Quartett (USA) für »Black Angels« u. an den Komponisten *Conclon Nancarrow* (USA/MEX) für »Studies for Player Piano«. – **Unterhaltungsmusik**: an *Sinead O'Connor* (IRL) für »I Do Not Want What I Haven't Got« u. das Album »Blue Sky Mining« von »Midnight Oil« (AUS). – **Ehrenurkunde** an *Gert Westphal* als Wort-Interpret u. *Jürgen E. Schmidt* als Plattenproduzent.
Preis des Internat. Theaterinstituts (ITI) 1991 an den Komponisten *Hans Werner Henze* als »herausragender Schöpfer« zeitgenössischen Musiktheaters.
Preis für Kinderkultur 1990 der Helmut-und-Hannelore-Greve-Stiftung in Hamburg (15000) u. a. an den Budapester Kinderchor »Jubilate«.
Preis für politische Kultur der Stadt Herdecke 1991, dotiert von der Werner Richard/Dr. Carl Dörken-Stiftung (25000 DM), für Verdienste um Frieden u. Völkerverständigung an den Leiter des Leipziger Gewandhausorchesters, *Kurt Masur*.
Preis der Stadt Duisburg 1990 (10000 DM) an den Musikkritiker *Peter Hayworth* (GB) für die Otto-Klemperer-Biographie.
Schleyer (Hanns Martin)-Preis 1991, gestiftet von der Daimler-Benz-AG (25000 DM), u. a. an den Leiter des Leipziger Gewandhausorchesters, *Kurt Masur*.
Schumann (Robert)-Preis 1991 der Stadt Zwickau (10000 DM) an die Musikkritikerin *Joan Chissel* (GB) u. a. für ihre Schumann-Biographie.
Siemens (Ernst von)-Musikpreis 1991 der gleichnam. Stiftung in München u. Zug (150000 DM) an den Oboisten, Komponisten u. Dirigenten *Heinz Holliger* (CH).
Stamitz (Johann Wenzel)-Preis 1991 der Künstlergilde e. V. in Esslingen (15000 DM, dotiert vom Bundesminister des Innern) an den Komponisten *Christfried Schmidt* für sein Gesamtwerk; **Förderpreis** an den Komponisten *Christian Banasik*; **Interpretationspreis** an *Gerhard Blum*.
Telemann (Georg Philipp)-Preis 1991 der Stadt Magdeburg für Verdienste um die Interpretation der Musik Telemanns oder für Beiträge zu ihrer Erforschung (1500 DM) an den Musikwissenschaftler *Günter Fleischauer*.
Voss (Hermann)-Kulturpreis 1991 der Deutschen Orchestervereinigung in der Deutschen Angestellten-Gewerkschaft (DAG) für besondere Verdienste um die dt. Orchester u. die Musikkultur (10000 DM) an den Leiter des Leipziger Gewandhausorchesters, *Kurt Masur*.

EUROPA

Preis der European Conference of Symphony Orchestras (ECSO) 1991 an den Dirigenten *Gerd Albrecht* (CH) für musikalische Jugendarbeit.

FRANKREICH

Commandeur des Arts et des Lettres-Kulturorden 1990 an den Folk- u. Rocksänger *Bob Dylan* (USA).
44. Grand Prix du Disque de l'académie Charles

Gros 1991 an die Oper »Oedipe« von *George Enescu* unter Leitung von *Lawrence Foster* (USA); **Sonderpreis** an »Cosi fan tutte« unter Leitung von *Neville Marriner* (GB). – **Sinfonische Musik**: die von *Marek Janowski* geleitete Einspielung von »La tragédie de Salomé« von *Florent Schmitt* mit dem Orchester von Radio France.
Grand Prix Florence Gould 1990 der gleichnam. Stiftung zur Festigung der amerikanisch-französischen Beziehungen, verliehen von der Akademie der Schönen Künste in Paris (50 000 $), an den Dirigenten u. Leiter des Orchestre du Capitole von Toulouse, *Michel Plasson*.
12. Internat. Organisten-Wettbewerb 1990 in Chartres, 1. Preis für Interpretation an *Heidi Emmeret* (D); 1. Preis für Improvisation an *Pierre Pennemaille*.
5. Internat. Organistenwettbewerb 1991 in Toulouse, 1. Preis (20 000 FF) an *Susanne Rohn* (D), 2. (10 000 F) an *Christian Schmitt* (D), 3. an *Theo Wisser* (NL), 4. an *Ysuru Hiranaka* (J).
Internat. Rostropowitsch-Wettbewerb für Cellisten 1990 in Paris, 1. Preis *an Wendy Warner* (USA).
25. Internat. Violinwettbewerb Marguerite Long – Jacques Thibaud 1990 in Paris, Grand Prix (70 000 FF) an *Mie Kobayashi* (J), 2. (50 000 FF) an *Stéphane Tran Ngoc*, 3. (30 000 FF) an *Kazue Nishizawa* (J).
Karajan (Herbert von)-Preis 1991 der Académie du disque an die Sopranistin *Regine Crespin*.
Kompositionspreis Henri Dutilleux 1990 (erstm. Vergabe) u. Publikumspreis an *Claude Lenners* (L) für das Oktett »Durch die kühle Nacht ...«, 2. Preis an *Philippe Schoeller* für »Feuergeist«.
Orphée d'Or 1991 der Académie du disque lyrique an das »Polnische Requiem« von *Krzysztof Penderecki* unter Leitung des Komponisten bei den Internat. Musikfestwochen in Luzern 1989.
Tribune internationale des compositeurs 1991 des Internat. Musikrats u. der UNESCO in Paris, 1. Preis an *Thomas Demenga* (CH) für »Solo per due«.

GROSSBRITANNIEN
10. Internat. Klavierwettbewerb in Leeds 1990, 1. Preis *Artur Pizzaro* (P), 2. *Lars Vogt* (D), 3. *Eric Lesage* (F).
1. National Power World Piano Competition in London 1991, (10 000 £) *Chiharu Sakai* (J), 2. Preis *Andrew Wilde*, 3. Preis *Fabio Bidinni* (I).

ISRAEL
Wolf (Ricardo)-Preis für Musik 1991 der gleichnam. Stiftung in Tel Aviv, verliehen vom Staatspräsidenten, (je 100 000 $) an *Yehudi Menuhin* (GB) und an den Komponisten *Luciano Berio* (I).

ITALIEN
42. Internat. Klavierwettbewerb »Ferruccio Busoni« 1990 in Bozen, 1. Preis nicht vergeben, 2. an *Olivier Cazal* (F), 3. an *Midori Nohara* (J).

JAPAN
International Music Award 1991 der Symphony Hall in Osaka für das beste Konzert der Saison (ca. 70 000 DM) an die Sopranistin *Edita Gruberova*.
Praemium Imperiale 1991 der Japan Art Association (100 000 $, gilt als Nobelpreis im Bereich der Künste), **Sparte Musik** an *György Ligeti* (H/A).

MONACO
Prix de composition musicale Prince Pierre de Monaco 1991 (50 000 FF) an *Hans-Jürgen von Bose* (D) für die Oper »63: Dream Palace«.

NIEDERLANDE
Erasmus-Preis 1991 für besondere Leistungen auf dem Gebiet der europäischen Kultur (200 000 hfl) an *Bernard Haitink*, seit 1961 mit *Eugen Jochum*, ab 1964–66 allein Leiter des Amsterdamer »Concertgebouw«.

NORDISCHER RAT
Musikpreis des Nordischen Rates 1990 an den Jazz-Bassisten *Niels-Henning Oersted Pedersen* (DK).

NORWEGEN
Ehrenpreis des Norwegischen Kulturrates 1990 an den Komponisten *Arne Nordheim*.

ÖSTERREICH
Förderungspreis des Bundesministeriums für Unterricht, Kunst u. Sport 1990 für Musik (je 75 000 S) an *Gerd Kühr, Herbert Lauermann, Franz Thürauer*.
Großer Österreichischer Staatspreis für Musik 1990 (200 000 S) an *György Ligeti*.
9. Internat. Belvedere-Wettbewerb für Opernsänger 1991 in Wien, veranstaltet von der Wiener Kammeroper, 1. Preis (50 000 S), **Medienpreis** der internat. Journalistenjury u. **Sonderpreis** des irischen Fernsehens sowie **Preis der UNESCO** (erstm. Vergabe) an die Sopranistin *Adina-Cristina Nitescu* (R), 2. Preis (30 000 S) u. **Publikumspreis** der Kammeroper Wien an den Bariton *Albert Schagidullin* (SU), 3. Preis (15 000 S) ex aequo an die Sopranistinnen *Janice Dixon* (USA) u. *Regina Nathan* (IRL), **Mozart-Opernpreis** (25 000 S) ex aequo an die Sopranistin *Valentina Valente* (I) u. den Bariton *Albert Schagidullin* (SU), ferner 24 Sonderpreise; **Operetten-Preis** nicht vergeben.
Internat. Kompositionswettbewerb »Mozart 1991« der Gesellschaft der Musikfreunde in Wien u. des

Bundesministeriums für Unterricht, Kunst u. Sport, Kategorie »Kompositionen für Bläser« 1. Preis an *Yu Su Wung* (ROK) für das Oktett »Figaro Fantasie«, 2. an *Tristan Patrice Challulau* (F), 3. an *Thomas Herwig Schuler*; Kategorie »Orchesterwerk« 1. Preis nicht vergeben, 2. ex aequo an *Giampiero Castagna* für »Nachtmusik« u. *Stefano Gervasoni* (beide I) für »Adagio für Blasorchester«, 3. ex aequo an *Jan Bus* (NL) u. *Dan Dediu* (R).

POLEN

Internat. Chopin-Wettbewerb für junge Pianisten 1990 in Warschau, 1. Preis nicht vergeben, 2. an *Kevin Kenner* (USA), 3. an *Yukio Yokohama* (J).

SCHWEIZ

Doron-Preis 1990 der Marc Rich & Co. AG in Zug für kulturelle u. humanitäre Tätigkeit u. a. (100000 sfr) an den Komponisten *Antonio Robledo*.

Ehrengabe der Stadt Uster 1990 (10000 sfr) an den Chorleiter *Fritz Bernhard*.

Fischer (Georg)-Preis 1990 (10000 sfr) an die Jazzpianistin *Irène Schweizer*.

»Förderung junger Musiker« Wettbewerb der Schweizerischen Bankengesellschaft 1990, Fagott: 1. Preis an *Beat Briner*, 2. an *Matthias Bühlmann*; Violine: 1. Preis an *Bettina Sartorius*.

Förderungspreis der Stadt St. Gallen 1990 u. a. an den Dirigenten *Bruno Dörig* u. die Geigerin *Claudia Dora*.

Internat. Chortreffen 1990 in Montreux, **Preis des Bärenreiter-Verlags** an den Choeur de Pique (CH), **Preis der Stadt Montreux** ex aequo an den Choeur de Pique *u. Veräjäpellon Kuoro* (SF).

5. Internat. Klavierwettbewerb »Géza Anda« 1991 in Zürich, 1. Preis an *Dénes Várjon* (H), 2. u. **Fernseh-Preis** an *Konstantin Scherbakow* (SU), 3. an *Matthias Kirschnereit* (D).

1. Internat. Max.-Rostal-Musikwettbewerb 1991 in Bern, **Max-Rostal-Preis für Violine** (25000 sfr), **Preis** für die beste Aufführung der Quintenetüde u. **Sponsorenpreis** der »Berner Zeitung« an *Christine Rox* (D); **Max-Rostal-Preis für Viola** (je 7500 sfr) an *Olga Arzilli* (I) u. *Alexandra Moellmann* (USA).

25. Internat. Violinwettbewerb am Festival Tibor Varga 1991 in Sitten, 1. Preis nicht vergeben, 2. Preis (7500 sfr) an *Akihiro Miura* (J); **Mozart-Preis** (6000 sfr) an *Katarzyna Duda* (PL); **Preis** des Westschweizer Radios u. Fernsehens (2000 sfr) an *Irina-Roxanna Muresanu* (R).

5. Interpretationswettbewerb zeitgenössischer Kammermusik 1990 in Lausanne, veranstaltet von der Stiftung BAT u. dem Schweizerischen Tonkünstlerverein (ges. 20000 sfr), Kategorie Solisten: 1. Preis an die Schlagzeugerin *Jacqueline Ott*, 2. an den Flötisten *Felix Renggli*, 3. an den Pianisten *Hansruedi Zeder*; Kat. Ensembles: 1. Preis nicht vergeben, 2. an das Klavierduo *Gertrud Schneider u. Tomas Bächli*, 3. ex aequo an das Klavierduo *Marianne Chevalier u. Ana Hagmann* sowie das »Quatuor de saxophones« mit *E. Fumeaux, N. Logoz, L. Estoppey, Mario Venuti*.

Kiwanis-Musikpreise 1990 an *Matthias Arter* (Oboe), *Marc Jacot* (Fagott), *Markus Brönnimann* (Flöte), *Yue Ma* (Klarinette).

Kompositionswettbewerb der Ostschweizer Stiftung für Musik u. Theater 1990, Sparte Sinfonische Werke: 1. Preis nicht vergeben, 2. (7000 sfr) an *Mathias Steinauer*; Sparte Kammermusik: 1. Preis (8000 sfr) an *René Wohlhauser* für ein Klarinettentrio, 2. (5000 sfr) an *Bruno Stöckli* für 6 Stücke für Frauenstimme u. Instrumentalensemble.

Kulturförderung des Kantons Zürich 1990, Kompositionsauftrag zu einem Orchesterwerk an *Franz Furrer-Münsch*.

Kulturförderung der Stadt Zürich 1990, Werkbeitrag (je 36000 sfr) an den Komponisten *Gérard Zinnsstag*, im Bereich Jazz u. Rock an den Komponisten, Musiker u. Sänger *Gabriel Magos*, **Ehrengabe** (5000 sfr) an *Roman Jann* als Gründer des Schweizerischen Jugend-Sinfonieorchesters.

Kulturpreis der Gemeinde Küsnacht 1991 u. a. an den Pianisten *Martin Wettstein*.

Kunstpreis der Stadt Luzern 1990, Anerkennungspreis (5000 sfr) an den Schlagzeuger *Fredy Studer*.

Meyer (Conrad Ferdinand)-Preis 1990 (7500 sfr) an den Komponisten *Daniel Schnyder*.

Musikwettbewerb von Stadt und Kanton Luzern 1990, Werkbeitrag (je 12000 sfr) an *Mark Albisser, Urs Leimgruber, Manuela Meierhans, Fredy Studer*.

Premi Pader Flurin 1991 an die rätoromanischen Liedermacher *Alexi Nay u. Marcus Hobi*.

Prix Meylan 1991 der Stiftung Pierre et Louisa Meylan in Lausanne für besondere Verdienste im Bereich der Musikwissenschaft an den Komponisten *Heinrich Sutermeister* u. den Musikwissenschaftler *Jean-Louis Matthey*.

Sandoz (Maurice)-Preis 1990 des Tonkünstlervereins an den Pianisten *Karl-Andreas Kolly*.

Schweizerischer Jugendmusikwettbewerb 1991, Sparte Klavier: 1. Preis *Ariane Haering*, Sparte Flöte: 1. Preis *Franziska Fisch*, Sparte Violoncello: 1. Preis *David Riniker*, Sparte Fagott: 1. Preis *Franziska Weibel*.

Studienpreise 1990 des Migros-Genossenschaftsbundes u. der Ernst-Göhner-Stiftung für junge Musiker (mtl. 1000 sfr für 1–2 Jahre) an *Ari Bühler, Aline Champion, Romand Conrad, Fabio Di Casola, Nicolas Farine, Sibylle Johner, Florian Kellerhals, Andreas Plattner, Bernhard Röthlisberger, Mischa Sanotra, Barbara Tillmann, Stefan Tönz, Sibylle Tschopp*.

Werkbeiträge für Musik der Stadt Basel 1990 (je

15000 sfr) an *Stephan Grieder u. Bernhard Batschelet*.

UNGARN

Orden »Pro Cultura Hungarica« 1991 des Kulturministeriums an den Dirigenten *Paul Sacher* (CH).

VEREINIGTE STAATEN VON AMERIKA

33. Grammy Awards 1991 der National Academy of Recording Arts and Sciences in 27 Kategorien, Sparte **Klassik**: postum an den Dirigenten *Leonard Bernstein* u. das Chicago Symphony Orchestra, an die Tenöre *José Carreras, Luciano Pavarotti, Placido Domingo* für ihr gemeinsames Konzert bei der Fußball-WM in Rom; Sparte **Jazz**: *Oscar Peterson* als Solist u. mit seinem Trio für »The Legendary Oscar Petersen Trio Live at the Blue Note«, *Ella Fitzgerald* als beste Sängerin; Sparte **Rock**: beste Sängerin *Alannah Myles* mit »Black Velvet«, *Eric Clapton* mit »Bad Love«, beste Hardrocker *Living Colour* mit »Time's Up«, beste Rockgruppe *Aerosmith* mit »Janie's Got a Gun«; Sparte **Pop**: 6 Grammys an *Quincy Jones* für das Album »Black on the Block«, beste Platte »Another Day in Paradise« von *Phil Collins*, beste Sängerin *Mariah Carey* mit »Vision of Love«, bester Sänger postum *Roy Orbison* mit »Pretty Woman« u. *M. C. Hammer* mit »U Can't Touch This«, beste alternative Musikdarstellung »I Do Not Want What I Haven't Got« von *Sinead O'Connor* (IRL), bester Liedtext von *Julie Gold* »From a Distance« mit *Bette Midler*; für ihr **Lebenswerk** postum *John Lennon, Bob Dylan*, die Opernsängerin *Marian Anderson*, die Countrysängerin *Kitty Wells*.

Internat. East & West Artists Competition for New York Debut 1991, 1. Preis an die Pianistin *Babette Hierholzer* (CH).

Kritikerpreis der Jazz-Zeitschrift Down Beat 1990, Platte des Jahres »Cecil Taylor in Berlin« der Berliner Free Music Production, bester Pianist auch *Cecil Taylor*, bester Organist *Barbara Dennerlein* (D).

National Medal of Arts 1991 für Verdienste um das kulturelle Leben u. a. an den Geiger *Isaac Stern*.

Pulitzer Prizes 1991 für Musik, gestiftet von Joseph Pulitzer, verliehen von der Columbia University, New York, (3000 $) an *Shulamit Ran* für »Symphony«.

TANZ (BALLETT) UND THEATER

DEUTSCHLAND

Beck (Heinrich Enrique)-Preis 1991 der gleichnam. Stiftung für bemerkenswerte Lorca-Inszenierungen an den Oberspielleiter des Freiburger Theaters, *Jürgen Kruse*, für die Aufführung der »Wundersamen Schustersfrau«.

Deutscher Tanzpreis 1991 des Berufsverbandes für Tanzpädagogik u. d. Zeitschrift »Ballett-Journal/Das Tanzarchiv« postum an die Direktorin des Bayerischen Staatsballetts, *Konstanze Vernon*.

Ehrenpreis zum Deutschen Kulturpreis 1990 der Stiftung Kulturförderung in München (10000 DM) an das Staatsschauspiel Dresden.

Eysoldt (Gertrud)-Ring 1991 der Stadt Bensheim (20000 DM) an *Ulrich Mühe* für die Darstellung des Clavigo in *Claus Peymanns* Inszenierung am Burgtheater.

Förderpreis für Freie Theater 1990 des Landes Nordrhein-Westfalen (erstm. Vergabe, 30000 DM) geteilt an das »Freie Werkstatt Theater« in Köln u. an das Kindertheater »Pappmobil« in Herne.

Förderpreis des Kultursekretariats Nordrhein-Westfalen 1991 (10000 DM) an das Theater Oberhausen für die geplante Inszenierung der Oper »A Christmas Carol« von *Thea Musgrave* (GB).

Gobert (Boy)-Preis 1990 der Körber-Stiftung zu Hamburg (10000 DM) an die Schauspielerin *Annette Paulmann* vom Thalia-Theater für ihre Leistungen u. a. in Goethes »Clavigo« u. »Black Rider« von *Burroughs/Waits/Wilson*.

Großer Hersfeld-Preis für Schauspieler 1991, verliehen von der Kritikerjury bei den Bad Hersfelder Festspielen, an *Peter Ehrlich* für den Grafen Kattwald in Grillparzers »Weh' dem, der lügt!« u. als Peachum in Brechts »Dreigroschenoper«; **Kleiner Hersfeld-Preis** zu gleichen Teilen an *Hanna Burgwitz* für ihre Daja in Lessings »Nathan« u. an *Andreas Wimberger* als Leon in »Weh' dem, der lügt!«.

Großer Kulturpreis der Sparkassenstiftung 1991 des Rheinischen Sparkassen- u. Giroverbandes (60000 DM) an die Leiterin des Wuppertaler Tanztheaters, *Pina Bausch*; **Förderpreis** (10000 DM) an das Essener Folkwang-Tanzstudio.

Gundolf (Friedrich)-Preis 1991 für die Vermittlung deutscher Kultur im Ausland, verliehen von der Deutschen Akademie für Sprache u. Dichtung e. V. in Darmstadt, (20000 DM) an den Theaterregisseur *Giorgio Strehler* (I).

Hasse (O. E.)-Preis 1990 der gleichnam. Stiftung für junge Darsteller des Sprech- u. Musiktheaters (15000 DM) zu gleichen Teilen an *Sara Capretti* (CH) vom Zürcher Schauspielhaus u. an *Cornelius Obonya* (A) vom Wiener Volkstheater.

1. Internat. Straßentheater-Wettbewerb 1991 in Holzminden, Hauptpreis (10000 DM) an die Theatergruppe »Compagnie Kumulus« (F) für die Produktion »Les Squames«; Anerkennungspreis (5000 DM) an die Berliner Truppe »R. A. M. A.«.

Kerr (Alfred)-Darstellerpreis 1991 (erstm. Vergabe, 10000 DM) an *Steffi Kühnert* für die Titelrolle in Ibsens »Nora« beim Berliner Theatertreffen.

Kortner (Fritz)-Preis 1990 der Zeitschrift »Theater heute« (10000 DM) ex aequo an die Theaterregisseure *Einar Schleef u. B. K. Tragelehn* u. a. für ehem. Arbeit an Bert Brechts Ostberliner Theater.

Kritikerpreis 1991 des Verbandes der deutschen Kritiker e. V. in Berlin (West) für **Theater** an den Regisseur *Thomas Langhoff*; für Tanz an den Choreographen *Johann Kresnik*.

Kritikerumfrage der Zeitschrift »Theater heute« 1990, »Bühne des Jahres« das Wiener Burgtheater unter *Claus Peymann*, »Aufführung des Jahres« ex aequo *Peter Zadeks* »Iwanow« am Wiener Akademietheater u. *Andrea Breths* Bochumer Inszenierung von Gorkis »Letzten«, »Stück des Jahres« *Peter Handkes* am Burgtheater uraufgeführtes Stück »Das Spiel vom Fragen«, »Schauspieler des Jahres« *Gert Voss* als Wiener »Othello« u. »Iwanow«, »Schauspielerin des Jahres« *Jutta Lampe* als Orlando in *Bob Wilsons* Adaption an der Berliner Schaubühne, »Bühnenbildner des Jahres« *Karl-Ernst Herrmann* für Taboris Wiener »Othello« u. Peymanns »Spiel vom Fragen«.

Kunstpreis Berlin – Jubiläumsstiftung 1848/1948 – Förderpreis (je 10000 DM) an die Schauspieler *Dagmar Manzel u. Sebastian Koch*.

Mülheimer Theatertage 1991 – Dramatikerpreis »stücke '91« für ein in der laufenden Spielzeit uraufgeführtes Stück eines deutschsprach. Autors (20000 DM) postum an *Georg Seidel* für das Drama »Villa Jugend« in der Aufführung des Berliner Ensembles unter Regie von *Fritz Marquardt*.

Preis für Kunst u. Wissenschaft der Württembergischen Hypobank 1991 (15000 DM) an die Freilichtspiele Schwäbisch Hall unter *Achim Plato*.

Shakespeare-Preis 1991 der Stiftung F. V. S. zu Hamburg für »Beiträge zur europäischen Kultur aus dem englischen Sprachraum Europas« (30000 DM) an die Schauspielerin *Maggie Smith* (GB) für Darstellung klassischer Rollen u. in Komödien.

Staatspreis des Landes Nordrhein-Westfalen 1990 (50000 DM) an die Leiterin des Wuppertaler Tanztheaters, *Pina Bausch*.

Theaterpreis Berlin 1991 der Stiftung Preußische Seehandlung (30000 DM) an den Regisseur *Peter Palitzsch*.

10. Theatertreffen Nordrhein-Westfalen 1991 in Neuss, **Hauptpreis** (12000 DM) an »Kalte Hände« von *Thomas Baum* in der Inszenierung der Bühnen der Stadt Bielefeld; **Schauspielerpreis** (10000 DM) an *Susanne Schweiger* vom Schauspiel Bonn in »Weibsteufel« u. an *Gerd Mayen* von den Wuppertaler Bühnen; **Nachwuchspreis** an *Karin Kraft* von den Bühnen der Stadt Bielefeld u. an *Sarah Nemitz* vom Rhein. Landes-Theater Neuss.

EUROPA

Preis »Kulturbühne Europas '91« der Europäischen Gemeinschaften (10000 Ecu) an die Ruhrfestspiele Recklinghausen unter *Hansgünther Heyme*.

Theaterpreis »Europa« 1991 der Europäischen Gemeinschaften, des Verbandes europäischer Theater u. des Festivals »Taormina Arte« für Persönlichkeiten, die zum »Wissen und Verständnis zwischen den Völkern beigetragen haben«, (60000 Ecu = ca. 122000 DM) an den Schriftsteller u. Dramaturg *Heiner Müller* (D).

FRANKREICH

Commandeur de l'Ordre des Arts et des Lettres 1991 an die Choreographin u. Leiterin des Wuppertaler Tanztheaters, *Pina Bausch* (D).

Molière-Theaterpreis 1991 der Vereinigung der franz. Bühnenschaffenden, 3 Preise für *Shakespeares* »Der Sturm« in der Inszenierung von *Peter Brook* (GB) im Pariser Theater »Bouffes du Nord«: als bester Bühnenregisseur, beste Aufführung eines subventionierten Theaters, beste Adaption eines fremdsprach. Werkes durch *Claude Carrière*; 2 Preise an *Jorge Lavellis* Inszenierung von Thomas Bernhards »Heldenplatz« im Théâtre de la Colline: bester Schauspieler *Guy Trejan*, bestes Bühnenbild von *Louis Bercut*; beste Schauspielerin *Dominique Valadié* in Feydeaus »Dame de chez Maxim's« des Centre Dramatique National de Lyon; **Ehren-Molières** an den Schauspieler u. Regisseur *Jean-Louis Barrault* u. seine Frau *Madeleine Renaud* für die Leitung des Théâtre du Rond-Point in Paris sowie an den Regisseur *Giorgio Strehler* (I).

Preise der franz. Theater- u. Musikkritiker 1991, Theaterpreis an die Regisseurin *Ariane Mnouchkine* für die Inszenierung des Atriden-Zyklus nach Euripides u. Aischylos, **Opernpreis** an die Inszenierung des »Faust« von *Gounod* bei den Festspielen von Orange mit dem Orchestre du Capitole aus Toulouse unter *Michel Plasson*, **Musiker** des Jahres der Orchesterchef der Pariser Oper, *Myung-Whun Chung* (ROK), bestes **Musikbuch** die Autobiographie von *Dietrich Fischer-Dieskau* (D) »Nachklang – Ansichten und Erinnerungen«.

ITALIEN

UBU-Preis 1990 der ital. Theaterkritiker für die beste ausländ. Theatervorstellung an »Palermo, Palermo« des Wuppertaler Tanztheaters unter *Pina Bausch*.

JAPAN

Kyoto-Preis 1991 für kulturelle u. wissenschaftliche Leistungen von umfassender Bedeutung (höchstdotierter Preis Japans, ca. 300000 DM) u. a. an den Theaterregisseur *Peter Brook* (GB).

ÖSTERREICH

Österreichischer Kleinkunstpreis 1990 an den Regisseur, Schauspieler u. als Clown »Crouton« bekannten Kleinkünstler *Peter Honegger* (CH).

SCHWEIZ

Doron-Preis 1990 der Marc Rich & Co. AG in Zug für kulturelle Tätigkeit (je 100000 sfr) u.a. an die Flamenco-Tänzerin *Susana Robledo* (E).

Ehrenpreis der Armin-Ziegler-Stiftung 1991 (12000 sfr) an die Schauspielerin *Anne-Marie Dermon*.

Kulturelle Auszeichnungen des Kantons Zürich 1990 für Tanz, Werkbeitrag (36000 sfr) an die Choreographin u. Dramaturgin *Tina Mantel*.

Prix Bernhard 1990 der Freunde des Bernhard-Theaters, verliehen von einer Journalisten- u. Publikums-Jury, an *Nicolai Mylanek* für den Vater Doolittle in »My Fair Lady« unter *Dick Price*.

19. Prix de Lausanne 1991 – Internat. Tanzwettbewerb für den Nachwuchs, Goldmedaille (5000 sfr) an *Christopher Wheeldon* (GB); Freiplätze an internat. Ballettschulen u. je 10000 sfr an *Aki Saito* (J), *Elodie Le Van* (F), *Justin Meissner* (AUS), *Eva Zamazalova* (CS), *Tomoko Furuya* (J), *Yohei Sasakki* (J); weitere Preise (4000 sfr) an *Elia Lozano* (E), (3000 sfr) an *Denis Caro* (F), (2000 sfr) an *Jacinta Ross* (AUS), *Jane Burn* (GB), *David Dawson* (GB); **Spezialpreis der Jury** (2000 sfr) für hervorragende Choreographie an *Stéphane Ferrand* (F).

TSCHECHOSLOWAKEI

Quadriennale 1991 – internat. Ausstellung für Szenographie, Bühnenarchitektur u. Kostümbildnerei, **Goldene Triga** an die britischen Exponate für das hohe künstlerische Niveau, **Goldmedaille** Bühnenarchitektur an die Inszenierungen von *Peter Brook* (GB) u. an *Manos Perraki* (GR), für Gestaltung von Mozart-Opern an *Jan Vancura*, Szenographie an *Mirjam Grothe-Gansey* (NL), Kostümbildnerei an *Vera Marzot* (I).

VEREINIGTE STAATEN VON AMERIKA

45. Tony-Verleihung (Antoinette Perry Awards) 1991 für die besten Produktionen am Broadway, **Sprechtheater:** »Lost in Yonkers« von *Neil Simon*, 3 Tonys für die beste schauspielerische Leistung auch an diese Produktion sowie an *Nigel Hawthorne* in »Shadowland«; **Musical**: »The Will Rogers Follies« insges. 7 Tonys, u.a. für beste Regie u. Choreographie an *Tommy Tune*, beste schauspielerische Leistung *Jonathan Pryce* (GB) u. *Lea Salonga* (RP) in »Miss Saigon«.

PREISE FÜR FRIEDEN UND VERSTÄNDIGUNG, GESAMTSCHÖPFERISCHE LEISTUNGEN, NATUR- UND UMWELTSCHUTZ

ALTERNATIVER NOBELPREIS 1990

der Right Livelihood Awards Foundation in Douglas/Isle of Man u. Bradford/GB, gestiftet vom dt.-schwed. Wissenschaftler *Jakob von Uexküll* als Beitrag zur Lösung der drängendsten Menschheitsprobleme (ges. 120000 $) an die polnischstämmige israelische Anwältin *Felicia Langer* für die gerichtliche Verteidigung von Palästinensern in den besetzten Gebieten; an *Bernard Ledea Ouedraogo* aus Burkina Faso, Gründer der Naam-Bewegung u. der Organisation »Six S« zur Unterstützung der Kleinbauern in ganz Westafrika; an die kolumbianische Bauernorganisation Asociación de trabajadores campesinos del Carare (ATCC) für ihren gewaltlosen Kampf um friedliche Lösung im Konflikt zwischen Regierung, Militär u. Guerillagruppen; **Ehrenpreis** an die Wirtschaftswissenschaftlerin *Alice Tepper Marlin* (USA).

DÄNEMARK

Sonning-Preis 1991 der Universität Kopenhagen für »Arbeit zum Nutzen der europäischen Kultur« (500000 dkr) an den Schriftsteller u. Staatspräsidenten *Václav Havel* (ČS).

DEUTSCHLAND

Bayer (Otto)-Preis 1991 der gleichnamigen Stiftung für junge Naturwissenschaftler (50000 DM) an den Chemiker *Martin Quack* (CH) für Arbeiten zur intramolekularen Moleküldynamik und Kinetik.

Bech (Joseph)-Preis 1990 der Stiftung F. V. S. zu Hamburg zur Auszeichnung von Spitzenleistungen (25000 DM) an den Völkerrechtler *Joseph Voyame* (CH) u.a. als Präsident des Leitungsausschusses für Rechtsfragen beim Europarat.

Beckurts (Karl-Heinz)-Preis 1990 der Arbeitsgemeinschaft der Großforschungseinrichtungen (AGF) an die Mathematiker *Martin Grötschel u. Karl-Heinz Hoffmann* u.a. für den Aufbau des Mathemat. Instituts der Universität Augsburg.

Bernadotte (Lennart)-Preis für Landespflege 1990 (erstm. Vergabe) an *Ludwig Albrecht*.

Bloch (Ernst)-Preis 1991 der Stadt Ludwigshafen (20000 DM) an den Philosophen *Leszek Kolakowski* (PL); **Förderpreis** (5000 DM) an *Françoise Wuilmart* (B) für die Übertragung von *Blochs* »Das Prinzip Hoffnung« ins Französische.

Böckler (Hans)-Preis 1990 des Deutschen Gewerkschaftsbundes (DGB) (20000 DM) an den Präsidenten der EG-Kommission, *Jacques Delors* (F).

Buber-Rosenzweig-Medaille 1991 der Gesellschaft für Christlich-Jüdische Zusammenarbeit an das Leo-Baeck-Erziehungszentrum in Haifa.

Deutscher Kulturpreis 1990 der Stiftung Kulturförderung in München (100000 DM) an das Projekt Unteres Odertal – Deutsch-Polnischer Nationalpark.

Ehrlich (Paul) und Darmstaedter (Ludwig)-Preis 1991 der gleichnam. Stiftung in Frankfurt/M. (90000 DM) an die Forscher *Rino Rappuoli* (I) u. *Michio Ui* (J) für einen neuen Impfstoff gegen Keuchhusten.

Epstein (Fritz-Theodor)-Preis 1991 des Verbandes der Osteuropa-Historiker an *Robert Maier* für »Die Stachanov-Bewegung 1935–1938«.

Esperanto-Kulturpreis 1991 der FAME-Stiftung u. der Stadt Aalen (erstm. Vergabe, 10000 DM) geteilt an das Esperanto-Kulturzentrum u. das Zentrum für Dokumentation u. Forschung über Plansprachen, beide in La Chaux-de-Fonds (CH).

Europa-Preis für Staatskunst 1990 der Stiftung F. V. S. zu Hamburg (300000 DM) an Bundeskanzler *Helmut Kohl* für Verdienste um die deutsche Einheit.

Europa-Preis für Volkskunst 1991 der Hamburger Stiftung F. V. S. an das deutsch-sorbische Dorfensemble in Bröthen/Niederlausitz für die Pflege sorbischen Liedgutes u. sorbischer Volkstänze.

Förderpreise im Gerhard-Hess-Programm 1991 der Deutschen Forschungsgemeinschaft (DFG) (je 200000 DM) an *Wolfgang K. Ertel, Pontus B. Persson, Hans-Joachim Knölker, Andreas Schäfer, Ralf Dohrn*.

Forschungspreis der Efpia 1990, der europäischen Dachorganisation der Pharmaindustrieverbände, an *José V. Castell u. Maria-José Gómez-Lechón* (beide E) für ein Testsystem ohne Tierversuche.

Friedenspreis des Deutschen Buchhandels 1991 (25000 DM) an den Schriftsteller *György Konrád* (H).

Gallitzin (Amalie von)-Preis 1991 der gleichnam. Stiftung in Münster/Westf. (erstm. Vergabe, 10000 DM) an den Kunsthistoriker *Reinhard Karrenbrock* u. die Literaturwissenschaftlerin *Ortrun Niethammer*.

Goethe-Medaille 1991 des Goethe-Instituts für Verdienste um die dt. Sprache u. Kultur an den Germanisten *Leslie Bodi* (AUS) u. den Privatgelehrten *Panajotis Kondylis* (GR).

Hahn (Otto)-Friedensmedaille 1990 in Gold der Deutschen Gesellschaft für die Vereinten Nationen an den sowjetischen Staatschef *Michail Gorbatschow* für die politische Neuordnung Europas.

Hansischer Goethe-Preis 1991 der Stiftung F. V. S. zu Hamburg (40000 DM) an die Internat. Goethe-Gesellschaft in Weimar.

Hegel-Preis der Landeshauptstadt Stuttgart 1991 für Verdienste um die Geisteswissenschaften (20000 DM) an den Philosophen *Donald Davidson* (USA).

Heine (Heinrich)-Preis 1991 der Stadt Düsseldorf für Anerkennung eines Lebenswerkes (25000 DM) an Bundespräsident *Richard von Weizsäcker*.

Herder (Gottfried von)-Preis 1991 der Stiftung F. V. S. zu Hamburg (je 25000 DM) an die Volkskundlerin *Maja Boskovic-Stulli* (YU), den Historiker *Gerhard Labuda* (PL), den Germanisten *Emil Skala* (ČS).

Heuss (Theodor)-Preis 1991 der gleichnam. Stiftung zur Förderung der politischen Bildung u. Kultur (20000 DM) an *Joachim Gauck, Jens Reich, Ulrike Poppe, Anette Kahane, Christian Führer, David Gill* als Vertreter der Bürgerbewegungen der ehem. DDR.

Internat. Karlspreis der Stadt Aachen 1991 für hervorragende Leistungen im europäischen Raum (10000 DM) an den Schriftsteller u. Staatspräsidenten *Václav Havel* (ČS).

Internat. Rheinland-Preis für Umweltschutz 1990 des TÜV Rheinland (25000 DM) an den Chemiker *Ernst Bayer* für Erfassung u. Bewertung von Altstoffen aus der Chemie.

Karry (Heinz Herbert)-Preis 1991 der gleichnam. Stiftung für Verdienste um den freiheitlich-demokratischen u. sozialen Rechtsstaat (10000 DM) an die Ausländerbeauftragte der Bundesregierung, *Liselotte Funcke*.

Kerner (Justinus)-Preis 1990 der Internat. Lenau-Gesellschaft (10000 DM) an *Leo Navratil* für die künstlerische Förderung psychisch Kranker.

Koch (Robert)-Medaille in Gold 1990 an den Mediziner *Ernst L. Wynder* (USA).

Koch (Robert)-Preis für Medizin 1990 (80000 DM) an den Wissenschaftler *Lloyd J. Old* (USA) u. a. für die Entdeckung des Tumor-Nekrose-Faktors.

Krupp (Alfred)-Förderpreis 1991 der gleichnam. Stiftung für junge Hochschullehrer (850000 DM) an *Angela D. Friederici* für Gehirnforschungen.

Landesforschungspreis Baden-Württemberg 1990 (erstm. Vergabe, 300000 DM) an den Juristen *Erik Jayme* für Verdienste bei der Gestaltung eines europäischen Rechtsraumes.

Leibniz (Gottfried Wilhelm)-Förderpreis 1991 der Deutschen Forschungsgemeinschaft (3 Mill. für 5 Jahre) an die Chemiker *Gerhard Ertl, Dieter Fenske, Michael Veith*, die Physiker *Ernst Göbel, Hermann Riedel*, den Mediziner *Dieter Häussinger*, den Mathematiker *Karl-Heinz Hoffmann*, den Zoologen *Randolf Menzel*, den Molekularbiologen *Rolf Müller*, den Geowissenschaftler *Hans-Ulrich Schmincke*, den Juristen *Michael Stolleis*, den Kunsthistoriker *Martin Warnke*.

Lucas (Leopold)-Preis 1991 der Evang.-Theolog. Fakultät der Universität Tübingen für Verdienste um die Verbreitung des Toleranzgedankens und Förderung der Beziehungen zwischen Menschen und Völkern (50000 DM) an *Henry Chadwick* (GB) als einen der bedeutendsten Kirchenhistoriker u. führenden Theologen der Anglikanischen Kirche.

Melanchthon (Philipp)-Preis 1991 der Stadt Bretten (15000 DM) an den Philologen u. Theologen *Günther Wartenberg* für Studien über die kirchenpolitische Situation des Landes Sachsen zur Zeit Luthers.

Planck (Max)-Forschungspreis 1990 der Max-Planck-Gesellschaft u. der Alexander-von-Humboldt-Stiftung, dotiert vom Bundesforschungsministerium (je 100000 DM), für hochqualifizierte deutsche u. ausländische Wissenschaftler (erstm. Vergabe) an 17 Preisträger.

Planck (Max)-Medaille 1991, höchste Auszeichnung der Deutschen Physikal. Gesellschaft (DPG) für besondere Leistungen der theoret. Physik an *Wolfhardt Zimmermann* für Arbeiten zur Quantenfeldtheorie.

Pohl (Robert Wichard)-Preis 1990 der Deutschen Physikal. Gesellschaft (DPG) an *Peter Ernst Toschek* für spektroskopische Arbeiten.

Preise der Stiftung Buchkunst 1991, Goldene Letter für das schönste Buch der Welt an »Two Rivers. Seven Short Stories« von *Wallace Stegner* (USA), Goldmedaille an den New Yorker Verlag Rizzoli für eine Reisebeschreibung von *John Hejduk* (USA), Silbermedaille an »Jazz in LA« von *Bob Willoughby* im Kieler Nieswand-Verlag u. an die Ludwig-Vogt-Druckerei in Berlin für den Ausstellungskatalog »Andy Warhol«.

Rahner (Karl)-Preis 1991 für theologische Forschung an *Julie Kirchberg*.

Reuchlin-Preis 1991 der Stadt Pforzheim u. der Heidelberger Akademie der Wissenschaften für herausragende Leistungen in den Geisteswissenschaften (15000 DM) an den Althistoriker *Christian Habicht*.

Schliemann (Heinrich)-Medaille 1990 des gleichnam. internat. Kongresses in Berlin an *William M. Calder III* (USA), *Georg Korrès* (GR), *Donald F. Easton* (GB), *Wilfried Bölke*, *Ekrem Akurgal* (TR).

Staudt (Karl Georg Christian von)-Preis 1991 der Otto-und-Edith-Haupt-Stiftung der Universität Erlangen-Nürnberg für Forschungen im Bereich der Mathematik (erstm. Vergabe, 100000 DM) an *Hans Grauert* für Arbeiten der komplexen Analysis.

Stern-Gerlach-Preis 1991 der Deutschen Physikal. Gesellschaft (DPG) an *Dirk Dubbers u. Walter Mampe* für Neutronenforschung.

EUROPA

Europa-Diplom für Naturschutz 1990 des Europarates an den Nationalpark Berchtesgaden.

Europa-Preis Coudenhove-Kalergi 1991 der gleichnam. Stiftung u. der Paneuropa-Union an Bundeskanzler *Helmut Kohl* (D) für »überragende Leistungen in der Europapolitik«.

FRANKREICH

Historikerpreis der Nationalversammlung 1991 (ca. 45000 DM) an den Germanisten *Albrecht Betz* (D) für das Werk »Exil und Engagement: Die deutschen Intellektuellen und Frankreich 1930–1940«.

Prix Vasari 1991 zur Förderung des Kunstbuches, Preis der Buchhändler an *Laurent Manoeuvre* für einen Band über Eugène Boudin, *Eric Darragon* für »Manet«, *André Breton* für »L'Art magique«, Prix Vasari de l'Edition Française ebenfalls an *André Breton*; Preis der Kunstkritiker-Jury an *Michael Gibson* für »Duchamp Dada«, *Henry Loyrette* für »Degas«, den Katalog der Ausstellung »Collages« 1990 in Colmar.

GRIECHENLAND

Onassis (Alexander F.)-Stiftung – Athen-Preis 1990 für Mensch und Menschheit (100000 $) an Bundesaußenminister *Hans-Dietrich Genscher* (D) für seinen Einsatz in den Ost-West-Beziehungen; **Olympia-Preis 1990** für Mensch u. Kultur (100000 $) an den Archäologen *Wassos Karageorgis* (CY) für den Schutz zypriotischer Kulturgüter; **Aristoteles-Preis 1990** für Mensch und Gesellschaft (100000 $) an den ehem. US-Präsidenten *Jimmy Carter* für seine Bemühungen um eine friedlichere Welt; **Delphi-Preis 1990** für Mensch und Umwelt (100000 $) an die Umweltorganisation Greenpeace für ihre gewaltlosen Kampagnen zum Schutz der Umwelt.

GROSSBRITANNIEN

Allen (Derek)-Preis 1991 der British Academy of Sciences für Keltologie an den Sprachwissenschaftler *Karl Horst Schmidt* (D).

Commander of the Most Excellent Order of the British Empire 1990 an den Stuttgarter Oberbürgermeister *Manfred Rommel* für Verdienste um die britisch-deutsche Versöhnung.

INDIEN

Gandhi (Indira)-Preis 1990 für besondere Verdienste um Frieden, Abrüstung oder Entwicklungspolitik (ca. 1,3 Mill. DM) an die ehem. Ministerpräsidentin *Gro Harlem Brundtland* (N).

Ratna (Bharat)-Preis 1991 (höchste zivile Auszeichnung des Landes) postum an den ehem. Ministerpräsidenten *Rajiv Gandhi*.

IRLAND

Friedenspreis 1991 der Friedensversammlung von Tipperary an den Nordirlandminister *Peter Brooke* (GB) für seine Bemühungen um Dialog zwischen Protestanten u. Katholiken Nordirlands.

ISRAEL

Wolf (Ricardo)-Preis für Chemie 1991 der gleichnam. Stiftung in Tel Aviv (100000 $) zu gleichen Teilen an *Richard Ernst* (CH) u. *Alexander Pines* (USA) für Kernresonanzspektroskopie.

ITALIEN

Amalfi-Preis für Soziologie 1991 an den Sozialwissenschaftler *M. Rainer Lepsius* u. den Historiker *Wolfgang J. Mommsen* (beide D) für die Edition der Briefe *Max Webers* 1906–1908.

Premio Fiuggi 1990 der gleichnam. Kulturstiftung (500 Mill. Lit) an den sowjetischen Staatspräsidenten *Michail Gorbatschow* für Stärkung von Achtung der Menschenrechte.

JAPAN

Kyoto-Preis 1991 für kulturelle u. wissenschaftliche Leistungen von umfassender Bedeutung (je ca. 300000 DM) an den Chemiker *Michael Szwarc* (USA) für Polymerforschung u. an *Edward Norton Lorenz* (USA) für Klimaforschungen.

LIBYEN

Gaddafi-Menschenrechtspreis 1991 (250000 $) an 21 Indianerstämme aus Nord- u. Südamerika.

LIECHTENSTEIN

Binding-Preis für Natur- u. Umweltschutz 1990 der Sophie-und-Karl-Binding-Stiftung in Schaan (50000 sfr) an *Erich Kessler* (CH), Leiter der Sektion Biotop- u. Artenschutz im Schweizer Bundesumweltamt; 4 Anerkennungsgaben (je 10000 sfr).

Binding-Preis für vorbildliche Waldpflege 1990 der Sophie-und-Karl-Binding-Stiftung in Schaan (20000 sfr) an die Luzerner Gemeinde Romoos; **1991** an die Gemeinde Ardez im Unterengadin.

MEXIKO

Albert Einstein World Award of Science 1990 des World Cultural Council in Monterrey (10000 $) an den Immunologen *Gustav Nossal* (AUS).

José Vasconcelos World Award of Education 1990 des World Cultural Council in Monterrey (10000 $) an den Mathematiker *Lev N. Shevrin* (SU).

ÖSTERREICH

Großer Leopold Kunschak-Preis 1991 an *Joseph Kardinal Ratzinger*.

Kreisky (Bruno)-Preis für Verdienste um Menschenrechte 1991 der gleichnam. Stiftung in Wien u. a. an die Bürgerrechtlerin der ehem. DDR *Bärbel Bohley*.

Österreichischer Staatspreis für Verdienste um die österreichische Kultur im Ausland 1990 an *Oswald Oberhuber*.

SCHWEDEN

Palme (Olof)-Gedächtnispreis für öffentliche Verdienste 1991 der gleichnam. Stiftung in Stockholm für internat. Verständigung u. gemeinsame Sicherheit (100000 skr) an die franz. Organisation »SOS Racisme« für ihren Einsatz gegen Rassismus.

SCHWEIZ

Balzan (Eugenio)-Preis 1990 der gleichnam. ital./Schweizer Stiftung für »Verdienste auf humanitärem, künstlerischem, sozialem u. wissenschaftlichem Gebiet« (je 300000 sfr) an den Präsidenten des Institut de droit international in Genf, *Pierre Lalive d'Epinay*, den Altertumswissenschaftler *Walter Burkert* (D), den Geophysiker *James Freeman Gilbert* (USA).

Benoist (Marcel)-Preis 1990 der gleichnam. Stiftung für die Förderung der wissenschaftlichen Forschung an den Informatiker *Niklaus Wirth*.

Brandenberger (Jacques Edwin)-Preis 1990 der gleichnam. Stiftung in Bern für Verdienste um das Wohl der Menschheit (erstm. Vergabe, 150000 sfr) an den Präsidenten des Schweizerischen Komitees gegen die Folter, *Hans Haug*.

Duttweiler (Adele)-Preis 1990 der gleichnam. Stiftung in Rüschlikon (50000 sfr) an *Edmond Kaiser*, Gründer von »Terre des hommes« u. »Sentinelles«.

Duttweiler (Gottlieb)-Preis 1990 der gleichnam. Stiftung in Rüschlikon für »hervorragende Leistungen zum Wohle der Allgemeinheit« (100000 sfr) an den Staatspräsidenten *Vàclav Havel* (CS).

Egnér (Margrit)-Preis 1990 der gleichnam. Stiftung für Verdienste der anthropologischen Psychologie (je 15000 sfr) an *Reiner Wiehl* (D), *Wolfgang Jacob* (D), *Bruno Rutishauser*; Anerkennungspreis (5000 sfr) an *Harald Viktor Knutson*.

Erlenmeyer-Preis 1990 (je 10000 sfr) an den Biologen *Christopher Anderegg* u. den Tierpfleger *Pierre Gayon* für »die mutige Aufdeckung von Mißständen bei Tierversuchen«.

Freiheitspreis der Max-Schmidtheiny-Stiftung 1991 zur Erhaltung u. Sicherung einer freiheitlichen Gesellschafts- u. Wirtschaftsordnung (150000 sfr) zu gleichen Teilen an das IKRK für sein unbeirrtes Wirken gegen Leid u. Zerstörung, das Liberale Institut in Zürich, *Edmond de Stoutz* für die Gründung des Zürcher Kammerorchesters.

Götz (Georg Friedrich)-Preis 1990 der Universität Zürich für besondere Leistungen in der Medizin (30000 sfr) an den Kardiologen *Otto Hess* u. den Pharmakologen *Peter Meier-Abt*.

Huggenberger-Bischoff-Preis 1990 der Schweizerischen Gesellschaft für Onkologie (30000 sfr) an die Wissenschaftlerin *Ruth Chiquet-Ehrismann*.

Kulturelle Auszeichnung des Kantons Zürich 1990 – Goldene Ehrenmedaille für kulturelle Verdienste an den Kunstmäzen *Daniel Bodmer*.

Kulturpreis des Kantons Thurgau 1990 an *Hans Jossi*.

Latsis-Preis 1990 des Schweizerischen Nationalfonds (100000 sfr) an den Chemiker *Geoffrey Bodenhausen* für Forschungen zur magnetischen Kernresonanz-Spektroskopie.

Miescher (Friedrich)-Preis 1990 der Schweizerischen Gesellschaft für Biochemie (10000 sfr) an die Biologin *Mariann Bienz*. **1991** an den Entwicklungsbiologen *Ernst Hafen*.

Naegeli (Theodor)-Preis 1990 an die Forscher *K. Draenert u. Ch. Ulrich* (beide D); Anerkennungspreis (25000 DM) an *Thomas Lüscher*.

Naturschutzpreis 1990 des Schweizerischen Bundes für Naturschutz (SBN) (10000 sfr) an die Baselbieter Gemeinde Oberdorf u. a. für Waldpflege.

Oberrheinischer Kulturpreis 1991 der Johann-Wolfgang-von-Goethe-Stiftung zu Basel (je 30000 sfr) an den Bibliothekar *Wolfgang Kehr* (D) u. den Kirchenhistoriker *Marc Lienhard* (F).

Preis der Max-Cloëtta-Stiftung 1990 für Wissenschaftler (je 30000 sfr) an den Hirnforscher *Martin E. Schwab* u. den Zellbiologen *Denis Monard*.

Preis der Herbert-Haag-Stiftung 1990 für Freiheit in der Kirche (10000 sfr) an *Martha Brun*, *Raphaela Gasser*, *Klara Obermüller*, *Franz Annen*, *Louis Zimmermann*.

Preise der Ford Conservation Foundation 1990 – Natur- u. Landschaftsschutzpreis (12000 sfr) an die Dorfgemeinde Bordei/Terra Vecchia im Centovalli, **Siedlungspreis** (5000 sfr) an die Basler Gemeinde Riehen, **Umweltschutztechnik-Preis** (5000 sfr) an die freiburgische Gemeinde Cormagens.

Preis der Innerschweizer Kulturstiftung 1991 (15000 sfr) an *Josef Breitenbach u. Fred Kränzlin* für das fünfbändige Werk »Pilze der Schweiz«.

Preis der Schweizerischen Physikalischen Gesellschaft 1991 (je 5000 sfr) an *Christian Schönenberger*, *Jürg Osterwalder*, *Thomas Greber*, *Alexander Stuck*, *André-Joseph Koch*.

Preis der Vigier-Stiftung 1991 für umweltfreundliche Erfindungen (je 100000 sfr) an *Jean-Charles Gros u. Claude Durand*.

Prix Louis Jeantet de Médicine 1991 der gleichnam. Stiftung in Genf (ges. 2,1 Mill. sfr für Forschungsprojekte + 75000 bis 100000 persönlich) an den Biochemiker *Pierre Chambon* (F), den Genforscher *Frank Grosveld* (NL), den Molekularbiologen *Hugh Pelham* (GB).

Prix Toni 1990 für innovatives Handeln u. Denken im Bereich des Umweltschutzes, 1. Preis (20000 sfr) an die Ökumenische Arbeitsgemeinschaft Kirche u. Umwelt u. die Ärzte für den Umweltschutz (Äfu), 2. Preis (10000 sfr) an den Jugendnaturschutz Baselland, 3. Preis (5000 sfr) an die Naturschutzorganisation der Stadt Winterthur.

Ruzicka-Preis für Chemie 1990 (10000 sfr) an *Charles Fehr*.

Steiner (Josef)-Krebsforschungspreis 1990 der gleichnam. Stiftung in Bern (400000 sfr) geteilt an *Ronald Levy* (USA) u. *Thierry Boon* (B).

Wenner (Robert)-Preis 1991 der gleichnam. Stiftung für Krebsforschung (210000 sfr) an *Franz Buchegger*, *Alex N. Eberle*, *Jean-Claude Reubi*.

Wissenschaftspreis der Stadt Basel 1990 (20000 sfr) an den Mediziner *Bruno Speck* für Forschungen zu Bluterkrankungen; **1991** an den Philologen *Andras Horn*.

TSCHECHOSLOWAKEI

Palacky (Frantisek)-Plakette in Gold 1991, höchste Auszeichnung der Akademie der Wissenschaften, an den Historiker *Ferdinand Seibt* (D) für Studien zur Kultur u. Geschichte Böhmens.

UNESCO

Einstein (Albert)-Medaille in Gold 1991 an den Neurobiologen *Rodolfo Riascos Llinas* (CO/USA).

Houphouet-Boigny (Félix)-Preis für Friedenssuche 1991 (erstm. Vergabe) geteilt an den ANC-Führer *Nelson Mandela* u. den Staatspräsidenten Südafrikas, *Frederik de Klerk*.

Preis für die Verbreitung der Menschenrechte 1990 an den Schriftsteller u. Staatspräsidenten *Václav Havel* (ČS).

Wettbewerb »Media Save Art 1991«, 1. Preis (erstm. Vergabe) an den Stuttgarter Industrie-Konzern Daimler-Benz für die Förderung der archäologischen Grabungen in Troia.

UNGARN

Széchenyi-Preis 1991, wichtigste Auszeichnung der Ungarischen Akademie der Wissenschaften, postum an den Erfinder *György Jendrassik*.

VEREINIGTE STAATEN VON AMERIKA

Africa Prize for Leadership 1991 der US-Organisation »Hunger Project« für weltweite Bewußtseinsbildung (100000 $) an die Politikerin, Umweltschützerin u. Gründerin des »Green Belt Movement« zur Wiederaufforstung in Afrika, *Wangari Muta* (EAK), u. an die Frau des Präsidenten Nigerias, *Maryam Ibrahim Babangida*, für ihre Aktion »Better Life Programme for the Rural Women«.

Freiheitsmedaille 1991 an die ehem. britische Premierministerin *Margaret Thatcher*.

Kennan (George)-Preis 1990 für außergewöhnliche Leistungen bei der Entwicklung der amerikanisch-sowjetischen Beziehungen u. der Sicherung des Friedens an den ehem. sowjetischen Außenminister *Eduard Ambrosejewitsch Schewardnadse*.

NOBELPREISE 1990

Friedens-Nobelpreis des Nobelkomitees des norwegischen Parlaments in Oslo an den Staatspräsidenten der UdSSR, *Michail Sergejewitsch Gorbatschow* (geb. 2. 3. 1931 in Priwolnoje/Nordkaukasus), »für seine führende Rolle in dem Friedensprozeß, der heute wichtige Teile der internationalen Gemeinschaft prägt ...«

Nobelpreis für Literatur der Schwedischen Akademie der Schönen Künste in Stockholm an den mexikanischen Schriftsteller *Octavio Paz* (geb. 31. 3. 1914 in Mixcoac/heute zu Mexico City) »für eine leidenschaftliche Dichtung mit weiten Horizonten, geprägt von sinnlicher Intelligenz und humanistischer Integrität«. – Mit seinem 45 Titel umfassenden lyrischen und essayistischen Werk zählt er zu den herausragenden Vertretern lateinamerikanischer Weltliteratur. *Paz* lebte in den 30er Jahren in Paris, knüpfte Kontakte zu den Surrealisten, gab seit den 40er Jahren eine Reihe literarischer und kulturpolitischer Zeitschriften heraus, lebte 1944–46 in den USA, trat in den diplomatischen Dienst, der ihn nach Paris, Tokio und 1962–68 als Botschafter nach Neu-Delhi führte. Nach Lehraufträgen in Cambridge und Harvard kehrte *Paz* 1971 nach Mexiko zurück.

Nobelpreis für Chemie der Schwedischen Akademie der Wissenschaften in Stockholm an den US-Chemiker *Elias James Corey* (geb. 12. 7. 1928 in Methuen/Mass.) »für die Entwicklung neuartiger Verfahren zur Synthese komplexer Naturstoffe«. – Seine in den 60er Jahren entwickelte retrosynthetische Analyse war Ausgangspunkt u. a. zur Entwicklung zahlreicher Medikamente. *Corey* studierte am MIT in Cambridge, ging 1951 an die University of Illinois, wurde dort 1955 Professor, lehrt seit 1959 an der Harvard University.

Nobelpreis für Physik der Schwedischen Akademie der Wissenschaften in Stockholm an die US-Physiker *Jerome Isaac Friedman* (geb. 28. 3. 1930 in Chicago/Ill.), *Henry Way Kendall* (geb. 9. 12. 1926 in Boston/Mass.) und den Kanadier *Richard Edward Taylor* (geb. 2. 11. 1929 in Medicine Hat/Alberta) »für ihre bahnbrechende Forschung über unelastische Streuung von Elektronen an Protonen und gebundenen Neutronen, die von wesentlicher Bedeutung für die Entwicklung des Quarksmodells in der Teilchenphysik war«. – Bei gemeinsamen Experimenten Ende der 60er/Anfang der 70er Jahre am Linearbeschleuniger von Stanford/Ca. (SLAC) gelang ihnen der Nachweis für die Existenz von Quarks. *Friedman* begann seine Lehrtätigkeit an der Universität von Chicago, ging 1957 zur Stanford University, 1960 an das MIT, wo er seit 1967 Professor ist. *Kendall* studierte am Amherst College, wechselte dann zum MIT, ist dort ebenfalls seit 1967 Professor. *Taylor* ging nach seinem Studium an der Universität von Alberta zur Stanford University, die ihn 1970 zum Professor ernannte.

Nobelpreis für Medizin und Physiologie der Nobel-Versammlung des Karolinischen Instituts in Stockholm an die US-Forscher *Joseph Edward Murray* (geb. 1. 4. 1919 in Milford/Mass.) und *Edward Donnall Thomas* (geb. 15. 3. 1920 in Mart/Texas) »für ihre Entdeckungen bei der Organ- und Zelltransplantation«. – *Murray* gelang 1954 die erste Nierentransplantation, wobei er zur Überwindung der Immunabwehr Ganzkörperbestrahlung und die Zellteilung hemmende Medikamente einsetzte. Er arbeitete als Chirurg seit 1943 am Peter Bent Brigham Hospital in Boston, war 1956–66 Direktor am Laboratory for Surgical Research an der Harvard Medical School, ist derzeit am Brigham und Women's Hospital in Boston tätig. *Thomas* entwickelte in den 60er Jahren ein Verfahren zur Knochenmarktransplantation ohne chirurgischen Eingriff unter Ausschaltung der Immunreaktion. Er arbeitete 1946–63 u. a. am Peter Bent Brigham Hospital, war 1963–85 Leiter der Abteilung für Onkologie an der University of Washington School of Medicine in Seattle, seit 1974 auch Direktor am Fred-Hutchinson-Krebsforschungszentrum in Seattle.

Nobel-Gedenkpreis für Wirtschaftswissenschaften der Schwedischen Akademie der Wissenschaften in Stockholm an die US-Wissenschaftler *Harry M. Markowitz* (geb. 1927 in Chicago), *Merton Howard Miller* (geb. 1923 in Boston/Mass.) und *William F. Sharpe* (geb. 1934 in Cambridge/Mass.) als »Pioniere in der Theorie der Finanzökonomie und Unternehmensfinanzierung«. – *Markowitz* lehrt an der City University of New York, entwickelte eine Theorie für die Vermögensanlage von Unternehmen unter unsicheren Bedingungen. *Miller* ist Professor an der University of Chicago, lieferte grundlegende Beiträge zur Theorie der Unternehmensfinanzierung und Unternehmensbewertung. *Sharpe* ist Professor an der Stanford University, war führend bei der Entwicklung des CAP-Modells als Theorie der Preisbildung für Finanzvermögen.

Quellen: Handbuch der Kulturpreise und der individuellen Künstlerförderung in der Bundesrepublik Deutschland 1979–1985, im Auftrag des Bundesministeriums des Innern erstellt von *Karla Fohrbeck*, DuMont Buchverlag Köln; Tages- und Wochenpresse, Periodika; Informationen der Botschaften in Bonn.

NOBELPREISE 1901 – 1990

In diesem »Fischer Weltalmanach« wird die chronologische Übersicht über die Nobelpreise seit der ersten Verleihung bis zum aktuellen Jahr fortgesetzt (Friedensnobelpreise→ *WA '88, Sp. 999ff.*; Nobel-Gedenkpreise für Wirtschaftswissenschaften → *WA '89, Sp. 1007ff.*; Nobelpreise für Literatur → *WA '90, Sp. 995ff.*; Nobelpreise für Physik → *WA '91, Sp. 1069ff.*). Eine ausführliche Würdigung ist in den Jahrbüchern der Nobel-Stiftung in Stockholm enthalten. In dieser Übersicht wird die zusammengefaßte urkundliche Begründung der Schwedischen Akademie der Wissenschaften zitiert; es folgt eine kurze biographische Notiz. Hingewiesen sei auf die Darstellung in *Werner Martin*: Verzeichnis der Nobelpreisträger 1901–1987, 2. Aufl., K. G. Saur, München/New York/London/Paris 1988.

Nobelpreis für Chemie

In seinem Testament vom 27. 11. 1895 hatte *A. B. Nobel* u. a. bestimmt, daß die jährlichen Zinsen seines Vermögens »als Preise denen zuerteilt werden, die im verflossenen Jahr der Menschheit den größten Nutzen gebracht haben«. Von den 5 gleichen Teilen sollte »ein Teil dem, der die wichtigste chemische Entdeckung oder Verbesserung gemacht hat«, zufallen. Und weiter: »Es ist mein ausdrücklicher Wille, daß bei der Preisverteilung keine Rücksicht auf die Zugehörigkeit zu irgendeiner Nation genommen wird, so daß der Würdigste den Preis erhält . . .«

Die Preisträger

1901 Jacobus Henricus van 't Hoff – Niederlande (* 30. 8. 1852 Rotterdam, † 1. 3. 1911 Berlin): »als Anerkennung des außerordentlichen Verdienstes, das er sich durch die Entdeckung der Gesetze der chemischen Dynamik und des osmotischen Druckes in Lösungen erworben hat«. 1878 Professor in Amsterdam, dort 1888 Gründer des Instituts für physikalische Chemie, ab 1896 in Berlin.

1902 Hermann Emil Fischer – Deutschland (* 9. 10. 1852 Euskirchen, † 15. 7. 1919 Berlin): »als Anerkennung des außerordentlichen Verdienstes, das er sich durch seine synthetischen Arbeiten auf dem Gebiet der Zucker- und Puringruppen erworben hat«. 1879–82 Professor in München, 1882–85 in Erlangen, 1885–92 in Würzburg, bis 1919 in Berlin.

1903 Svante August Arrhenius – Schweden (* 19. 2. 1859 Gut Wyk bei Uppsala, † 2. 10. 1927 Stockholm): »als Anerkennung des außerordentlichen Verdienstes, das er sich durch seine Theorie über die elektrolytische Dissoziation um die Entwicklung der Chemie erworben hat«. 1895 Professor in Stockholm, 1905 Direktor des Nobelinstituts für physikalische Chemie.

1904 Sir William Ramsay – Großbritannien (* 2. 10. 1852 Glasgow, † 23. 7. 1916 High Wycombe/Buckinghamshire): »als Anerkennung des Verdienstes, das er sich durch die Entdeckung der indifferenten gasförmigen Grundstoffe in der Luft und die Bestimmung ihres Platzes im periodischen System erworben hat«. 1880–87 Professor in Bristol und London, entdeckte mit anderen u. a. das Argon, die Edelgase Krypton, Neon, Xenon, isolierte 1895 das Helium.

1905 (Johann Friedrich Wilhelm) Adolf Ritter von Baeyer – Deutschland (* 31. 10. 1835 Berlin, † 20. 8. 1917 Starnberg): »als Anerkennung des Verdienstes, das er sich um die Entwicklung der organischen Chemie und der chemischen Industrie durch seine Arbeiten über die organischen Farbstoffe und die hydroaromatischen Verbindungen erworben hat«. Schüler von Bunsen und Kekulé, 1872–75 Professor in Straßburg, ab 1875 als Nachfolger Liebigs in München.

1906 (Ferdinand Frédéric) Henri Moissan – Frankreich (* 28. 9. 1852 Paris, † 20. 2. 1907 ebd.): »als Anerkennung des großen Verdienstes, das er sich durch seine Untersuchung und Isolierung des Elements Fluor sowie durch die Einführung des nach ihm benannten elektrischen Ofens in den Dienst der Wissenschaft erworben hat«. Ab 1900 Professor an der Sorbonne.

1907 Eduard Buchner – Deutschland (* 20. 5. 1860 München, † 13. 8. 1917 Focşani/Rumänien): »für seine biochemischen Untersuchungen und die Entdeckung der zellfreien Gärung«. Professor in Kiel, Tübingen, Berlin, Breslau, Würzburg.

1908 Ernest Lord Rutherford of Nelson – Großbritannien (* 30. 8. 1871 Nelson/Neuseeland, † 19. 10. 1937 Cambridge): »für seine Untersuchungen über den Zerfall der Elemente und die Chemie der radioaktiven Stoffe«. Physiker, 1898–1907 Professor in Montreal, dann Manchester, ab 1919 in Cambridge und Direktor des dortigen Cavendish Laboratory, ab 1903 Mitglied der Royal Society.

1909 Wilhelm Ostwald – Deutschland (* 2. 9. 1853 Riga, † 4. 4. 1932 Großbothen/Landkreis

Grimma): »als Anerkennung für seine Arbeiten über die Katalyse sowie für seine grundlegenden Untersuchungen über chemische Gleichgewichtsverhältnisse und Reaktionsgeschwindigkeiten«. 1881–87 Professor am Polytechnikum in Riga, bis 1906 an der Universität Leipzig, begründete 1887 die ›Zeitschrift für physikalische Chemie‹, 1889 die Schriftenreihe ›Ostwalds Klassiker‹, 1901–14 Hrsg. der ›Annalen der Naturphilosophie‹, ab 1911 Vorsitzender des Monistenbundes.

1910 Otto Wallach – Deutschland (* 27. 3. 1847 Königsberg, † 26. 2. 1931 Göttingen): »als Anerkennung des Verdienstes, das er sich um die Entwicklung der organischen Chemie und der chemischen Industrie durch seine bahnbrechenden Arbeiten auf dem Gebiet der alicyclischen Verbindungen erworben hat«. 1876–88 Professor in Bonn, dann in Göttingen.

1911 Marie (Marya) Curie, geb. *Sklodowska* – Frankreich (* 7. 11. 1867 Warschau, † 4. 7. 1934 Sancellemoz/Savoyen): »als Anerkennung des Verdienstes, das sie sich um die Entwicklung der Chemie erworben hat durch die Entdeckung der Elemente Radium und Polonium, durch die Charakterisierung des Radiums und dessen Isolierung in metallischem Zustand und durch ihre Untersuchungen über die Natur und die chemischen Verbindungen dieses wichtigen Elements«. Erhielt mit *Pierre Curie* 1903 den Nobelpreis für Physik, übernahm 1906 nach dem Tod ihres Mannes dessen Lehrstuhl für Physik an der Sorbonne, 1914 die Leitung des Instituts du radium in Paris.

1912 Victor (Auguste François) Grignard – Frankreich (* 16. 5. 1871 Cherbourg, † 13. 12. 1935 Lyon): »für das von ihm aufgefundene sog. Grignardsche Reagenz, das in den letzten Jahren in hohem Grad den Fortschritt der organischen Chemie gefördert hat«, sowie **Paul Sabatier** – Frankreich (* 5. 11. 1854 Carcassonne, † 14. 8. 1941 Toulouse): »für seine Methode, organische Verbindungen bei Gegenwart fein verteilter Metalle zu hydrieren, wodurch der Fortschritt der organischen Chemie in den letzten Jahren in hohem Grad gefördert worden ist«. *Grignard* war 1908–10 Professor in Lyon, dann Nancy, ab 1919 wieder in Lyon. *Sabatier* war ab 1882 Professor in Toulouse.

1913 Alfred Werner – Schweiz (* 12. 12. 1866 Mülhausen/Elsaß, † 15. 11. 1919 Zürich): »aufgrund seiner Arbeiten über die Bindungsverhältnisse der Atome im Molekül, wodurch er ältere Forschungsgebiete geklärt und neue erschlossen hat, besonders im Bereich der anorganischen Chemie«. Ab 1893 Professor in Zürich.

1914 (verliehen 1915) **Theodore William Richards** – USA (* 31. 1. 1868 Germantown/Pa., † 2. 4. 1928 Cambridge/Mass.): »als Anerkennung seiner genauen Bestimmungen des Atomgewichts von zahlreichen chemischen Elementen«. Ab 1901 Professor an der Harvard University.

1915 Richard Martin Willstätter – Deutschland (* 13. 8. 1872 Karlsruhe, † 3. 8. 1942 Muralto bei Locarno): »für seine Untersuchungen der Farbstoffe im Pflanzenreich, vor allem des Chlorophylls«. 1902–05 Professor in München, 1905–12 Zürich, dann Berlin, dort auch Direktor des Kaiser-Wilhelm-Instituts für Chemie, 1916–25 wieder in München, wegen jüdischer Herkunft Amtsrücktritt, 1939 Emigration in die Schweiz.

1916–1917 nicht verliehen

1918 (verliehen 1919) **Fritz Haber** – Deutschland (* 9. 12. 1868 Breslau, † 29. 1. 1934 Basel): »für die Synthese von Ammoniak aus dessen Elementen«. 1906–11 Professor an der TH Karlsruhe, dann Direktor des neuen Kaiser-Wilhelm-Instituts für physikalische Chemie und Elektrochemie in Berlin, 1933 Emigration nach Großbritannien.

1919 nicht verliehen

1920 (verliehen 1921) **Walther Hermann Nernst** – Deutschland (* 25. 6. 1864 Briesen/heute Wąbrzézno, Polen, † 18. 11. 1941 Gut Ober-Zibelle bei Bad Muskau): »als Anerkennung für seine thermochemischen Arbeiten«. Physiker, 1891–1905 Professor in Göttingen, 1905–22 und 1925–33 in Berlin, 1922–24 Präsident der Physikalisch-Technischen Reichsanstalt in Berlin.

1921 (verliehen 1922) **Frederick Soddy** – Großbritannien (* 2. 9. 1877 Eastbourne, † 22. 9. 1956 Brighton): »für seine Beiträge zur Kenntnis der Chemie der radioaktiven Stoffe und seine Untersuchungen über das Vorkommen und die Natur der Isotope«. 1901–03 Mitarbeiter von *Rutherford* in Montreal (Nobelpreis 1908), 1904–14 Professor in Glasgow, dann Aberdeen, ab 1919 in Oxford.

1922 Francis William Aston – Großbritannien (* 1. 9. 1877 Harborne/heute zu Birmingham, † 20. 11. 1945 Cambridge): »für seine Entdeckung einer großen Zahl von Isotopen in mehreren nicht radioaktiven Elementen mit Hilfe seines Massenspektographen sowie für seine Entdeckung des sogenannten Gesetzes der Ganzzahligkeit«. War im I. Weltkrieg im Flugwesen tätig, erfand 1919 den Massenspektographen, seit 1921 Mitglied der Royal Society.

1923 Fritz Pregl – Österreich (* 3. 9. 1869 Laibach, † 13. 12. 1930 Graz): »für die von ihm entwikkelte Mikroanalyse organischer Substanzen«. 1910–13 Professor in Innsbruck, danach in Graz.

1924 nicht verliehen

1925 (verliehen 1926) **Richard (Adolf) Zsigmondy** – Österreich (* 1. 4. 1865 Wien, † 29. 9. 1929 Göttingen): »für die Aufklärung der heterogenen Natur kolloidaler Lösungen sowie für die dabei angewandten Methoden, die grundlegend für die moderne Kolloidchemie sind«. 1897–1900 beim Jenaer Glaswerk, bis 1907 Privatgelehrter, dann Professor in Göttingen.

1926 The (Theodor) Svedberg – Schweden (* 30. 8. 1884 Valbo, † 26. 2. 1971 Kopparberg/Örebro): »für seine Arbeiten über disperse Systeme«. Ab 1918 Professor in Uppsala.

1927 (verliehen 1928) **Heinrich (Otto) Wieland** – Deutschland (* 4. 6. 1877 Pforzheim, † 5. 8. 1957 München): »für seine Forschungen über die Zusammensetzung der Gallensäure und verwandter Substanzen«. 1909–17 Professor an der Universität, bis 1921 an der TH in München, 1921–25 in Freiburg, dann wieder München.

1928 Adolf (Otto Reinhold) Windaus – Deutschland (* 25. 12. 1876 Berlin, † 9. 6. 1959 Göttingen): »für seine Verdienste um die Erforschung des Aufbaus der Sterine und ihres Zusammenhanges mit den Vitaminen«. 1913–15 Professor in Innsbruck, dann Göttingen.

1929 Sir Arthur Harden – Großbritannien (* 12. 10. 1861 Manchester, † 17. 6. 1940 London) sowie **Hans Karl August Simon von Euler-Chelpin** – Schweden (* 15. 2. 1873 Augsburg, † 6. 11. 1964 Stockholm): »für ihre Forschung über die Zuckervergärung und den Anteil der Enzyme an diesem Vorgang«. *Harden* war 1897–1930 Mitglied, seit 1907 Leiter der biochemischen Abteilung im Jenner Institute for Preventive Medicine in London. *Euler-Chelpin* studierte Kunstgeschichte, dann Chemie bei *Nernst* (Nobelpreis 1920) u. *Arrhenius* (Nobelpreis 1903), war ab 1906 Professor, seit 1929 auch Direktor des biochemischen Instituts in Stockholm.

1930 Hans Fischer – Deutschland (* 27. 7. 1881 Höchst, † 31. 3. 1945 München): »für seine Arbeiten über den strukturellen Aufbau der Blut- und Pflanzenfarbstoffe und für die Synthese des Hämins«. 1916–18 Professor in Innsbruck, 1918–21 Wien, 1921–45 an der TH München.

1931 Carl Bosch – Deutschland (* 27. 8. 1874 Köln, † 26. 4. 1940 Heidelberg) sowie **Friedrich Bergius** – Deutschland (* 11. 10. 1884 Goldschmieden/heute zu Breslau, † 30. 3. 1949 Buenos Aires): »für ihre Verdienste um die Entdeckung und Entwicklung der chemischen Hochdruckverfahren«. *Bosch* war seit 1899 Chemiker in der BASF, 1935 Vorsitzender des Aufsichts- und Verwaltungsrates der I. G. Farbenindustrie, 1937 Präsident der Kaiser-Wilhelm-Gesellschaft. *Bergius* habilitierte sich 1909 an der TH Hannover, lebte als Privatgelehrter.

1932 Irving Langmuir – USA (* 31. 1. 1881 Brooklyn, † 16. 8. 1957 Falmouth/Mass.): »für seine Entdeckungen und Forschungen im Bereich der Oberflächenchemie«. Physiker und Chemiker 1909–50 bei General Electric Co. in Schenectady/N. Y., wo er zahlreiche Erfindungen machte.

1933 nicht verliehen

1934 Harold Clayton Urey – USA (* 29. 4. 1893 Walkerton/Ind., † 6. 1. 1981 La Jolla/Ca.): »für seine Entdeckung des schweren Wasserstoffes«. 1929–45 Professor an der Columbia University in New York, 1945–58 in Chicago, dann an der University of California in San Diego.

1935 (Jean) Frédéric Joliot – Frankreich (* 19. 3. 1900 Paris, † 14. 8. 1958 ebd.) sowie **Irène Joliot-Curie** – Frankreich (* 12. 9. 1897 Paris, † 17. 3. 1956 ebd.): »für ihre gemeinsam durchgeführten Synthesen von neuen radioaktiven Elementen«. *Joliot* war Physiker und Ingenieur, seit 1925 bei *M. Curie* (Nobelpreis 1911) am Institut du radium in Paris, 1956–58 dort Direktor, 1937–58 Professor am Collège de France, Direktor des Laboratoire de synthèse atomique in Jury, 1946–50 Hoher Kommissar der frz. Atomenergiekommission, 1950 Präsident des Weltfriedensrates. *Joliot-Curie*, Physikerin, Tochter von *M.* und *P. Curie*, war ab 1918 am Institut du radium in Paris, 1946–56 dort Direktorin, 1936/37 Unterstaatssekretärin für wissenschaftliche Forschung, 1937 Professorin in Paris, 1946–51 Mitglied der frz. Atomenergiekommission.

1936 Peter (Petrus Josephus Wilhelmus) Debye – Niederlande/USA (* 24. 3. 1884 Maastricht, † 2. 11. 1966 Ithaca/N. Y.): »für seine Beiträge zu unserer Kenntnis der Molekularstrukturen durch seine Forschungen über Dipolmomente, über die Beugung von Röntgen- und Elektronenstrahlen an Gasen«. Physiker und Physikochemiker, 1911 und 1920–27 Professor in Zürich, 1912–14 Utrecht, 1914–20 Göttingen, 1927–35 Leipzig, 1936–39 Berlin, dort auch Direktor des Kaiser-Wilhelm-Instituts bzw. Max-Planck-Instituts für Physik, 1940 Emigration in die USA, 1940–50 Leiter des Chemie-Departments der Cornell University in Ithaca/N. Y., dort auch 1948–52 Professor.

1937 Sir (Walter) Norman Haworth – Großbritannien (* 19. 3. 1883 White Coppice bei Chorley/Lancashire, † 19. 3. 1950 Birmingham): »für seine Forschungen über Kohlehydrate und Vitamin C«, sowie **Paul Karrer** – Schweiz (* 21. 4. 1889 Moskau, † 18. 6. 1971 Zürich): »für seine Forschungen über die Karotinoide und Flavine sowie über die Vitamine A und B_2«. *Haworth* war 1920–25 Professor am Armstrong College in New-Castle-upon-Tyne, 1925–48 an der Universität Birmingham. *Karrer* war 1912–18 Mitarbeiter von *P. Ehrlich* in Frankfurt/M., dann Professor in Zürich.

1938 (verliehen 1939) **Richard (Johann) Kuhn** – Österreich/Deutschland (* 3. 12. 1900 Wien, † 31. 7. 1967 Heidelberg): »für seine Arbeiten über Karotinoide und Vitamine«. Ab 1926 Professor an der ETH Zürich, ab 1929 in Heidelberg, zugleich dort Direktor des Kaiser-Wilhelm-Instituts für medizinische Forschung.

1939 Adolf (Friedrich Johann) Butenandt – Deutschland (* 24. 3. 1903 Lehe/heute zu Bremerhaven): »für seine Arbeiten über Sexualhormone«, sowie **Leopold Ružička** – Schweiz (* 13. 9. 1887 Vukovar, † 26. 9. 1976 Mammern/Thurgau): »für seine Arbeiten an Polymethylenen und höheren Terpenen«. *Butenandt* war ab 1933 Professor in Danzig, ab 1936 Leiter des Kaiser-Wilhelm-Instituts für Biochemie (später Max-Planck-Institut) in Berlin, ab 1944 in Tübingen, ab 1956 in München, 1960–71 Präsident der Max-Planck-Gesellschaft. *Ružička* war seit 1923 Professor an der ETH Zürich, kurze Zeit in der Industrie tätig, seit 1926 Professor in Utrecht, ab 1929 wieder an der ETH Zürich.

1940–1942 nicht verliehen

1943 (verliehen 1944) **George de Hevesy** (eigtl. *György Hevesi*, in Deutschland *Georg Karl von Hevesy*; * 1. 8. 1885 Budapest, † 5. 7. 1966 Freiburg im Breisgau): »für seine Arbeiten über die Anwendung der Isotope als Indikatoren bei der Erforschung chemischer Prozesse«. 1918–20 Professor in Budapest, 1926–34 in Freiburg i. Br., 1935–43 in Kopenhagen, 1943–56 in Stockholm.

1944 (verliehen 1945) **Otto Hahn** – Deutschland (* 8. 3. 1879 Frankfurt/M., † 28. 7. 1968 Göttingen): »für seine Entdeckung der Kernspaltung von Atomen«. 1910–34 Professor, ab 1912 Mitarbeiter, 1928–45 Direktor des Kaiser-Wilhelm-Instituts für Chemie in Berlin, 1948–60 Präsident der Max-Planck-Gesellschaft.

1945 Artturi Ilmari Virtanen – Finnland (* 15. 1. 1895 Helsinki, † 11. 11. 1973 ebd.): »für seine Untersuchungen und Entdeckungen auf dem Gebiet der Agrikultur- und Nahrungsmittelchemie, insbesondere für seine Methode der Konservierung von Futtermitteln und Futterpflanzen«. Ab 1931 Leiter eines biochemischen Forschungsinstituts und Professor in Helsinki.

1946 James (Batcheller) Sumner – USA (* 19. 11. 1887 Canton/Mass., † 12. 8. 1955 Buffalo/N. Y.): »für seine Entdeckung der Kristallisierbarkeit von Enzymen«, sowie **John Howard Northrop** – USA (* 5. 7. 1891 Yonkers/N. Y., † 27. 5. 1987) sowie **Wendell Meredith Stanley** – USA (* 16. 8. 1904 Ridgeville/Ind., † 15. 6. 1971 Salamanca): »für ihre Darstellung von Enzymen und Virus-Proteinen in reiner Form«. *Sumner* war seit 1929 Professor an der Cornell University in Ithaca/N. Y. *Northrop* war 1924–61 Professor am Rockefeller Institute in New York, 1949–58 auch an der University of California in Berkeley. *Stanley* war ab 1948 Professor in Berkeley.

1947 Sir Robert Robinson – Großbritannien (* 13. 9. 1886 Bufford bei Chesterfield, † 8. 2. 1975 Great Missenden bei London): »für seine Untersuchungen über biologisch wichtige Pflanzenprodukte, insbesondere Alkaloide«. 1912–15 Professor in Sydney, dann Liverpool, Saint Andrews, Manchester, London, 1933–55 in Oxford.

1948 Arne (Wilhelm Kaurin) Tiselius – Schweden (* 10. 8. 1902 Stockholm, † 29. 10. 1971 Uppsala): »für seine Arbeiten über die Analyse mit Hilfe von Elektrophorese und Adsorption, insbesondere für seine Entdeckungen über die komplexe Natur von Serum-Proteinen«. Ab 1930 Professor in Uppsala, 1960–64 Präsident der Nobel-Stiftung.

1949 William Francis Giauque – USA (* 12. 5. 1895 Niagara Falls/Kanada, † 28. 3. 1982 Oakland/Ca.): »für seinen Beitrag zur chemischen Thermodynamik, insbesondere für seine Untersuchungen über die Eigenschaften bei extrem tiefen Temperaturen«. Ab 1922 an der University of California in Berkeley tätig, seit 1930 als Professor.

1950 Otto Diels – Deutschland (* 23. 1. 1876 Hamburg, † 7. 3. 1954 Kiel) sowie **Kurt Alder** – Deutschland (* 10. 7. 1902 Königshütte, heute Chorzów/Polen, † 20. 6. 1958 Köln): »für ihre Entdeckungen und die Entwicklung der Dien-Synthese«. *Diels* war 1906–16 Professor in Berlin, dann bis 1948 in Kiel. *Alder* wurde 1934 Professor in Kiel, leitete 1936–40 eine Forschungsabteilung in Leverkusen, war danach Professor in Köln.

1951 Edwin Mattison McMillan – USA (* 18. 9. 1907 Redondo Beach/Ca.) sowie **Glenn Theodore Seaborg** – USA (* 19. 4. 1912 Ishpeming/Mich.): »für ihre Entdeckungen in der Chemie der Transurane«. McMillan lehrte als Physiker seit 1935 in Berkeley, war u. a. am Atombombenprojekt beteiligt. Seaborg war seit 1945 Professor an der University of California in Berkeley, 1961–71 Leiter der US-Kernenergiekommission.

1952 Archer (John Porter) Martin – Großbritannien (* 1. 3. 1910 London) sowie **Richard Laurence Millington Synge** – Großbritannien (* 28. 10. 1914 Liverpool): »für ihre Erfindung der Verteilungschromatographie«. *Martin* war Mitglied des National Institute for Medical Research in London. *Synge* war ab 1939 an verschiedenen Forschungsinstituten tätig, seit 1967 am Institut für Ernährungsforschung in Norwich.

1953 Hermann Staudinger – Deutschland (* 23. 3. 1881 Worms, † 8. 9. 1965 Freiburg i. Br.): »für seine Entdeckungen auf dem Gebiet der makromolekularen Chemie«. 1907–12 Professor in Karlsruhe, bis 1926 an der ETH Zürich, dann Freiburg.

1954 Linus (Carl) Pauling – USA (* 28. 2. 1901 Portland/Oreg.): »für seine Forschungen über die Natur der chemischen Bindung und ihre Anwendung zur Aufhellung der Struktur komplexer Substanzen«. 1929–64 Professor am California Institute of Technology in Pasadena, 1936–58 auch Direktor der Gates and Crellin Laboratories, 1949 Präsident der American Chemical Society, 1963–67 Leiter des Center for the Study of Democratic Institutions in Santa Barbara/Ca., 1967–69 Professor an der University of California in San Diego, seit 1969 an der Stanford University.

1955 Vincent du Vigneaud – USA (* 18. 5. 1901 Chicago, † 11. 12. 1978 White Plains/N. Y.): »für seine Arbeiten der biochemisch bedeutsamen Schwefelverbindungen, besonders für die erste Synthese eines Polypeptidhormons«. Seit 1932 Leiter der biochem. Abteilung an der George Washington University, seit 1938 Professor an der Cornell University.

1956 Sir Cyril Norman Hinshelwood – Großbritannien (* 19. 6. 1897 London, † 9. 10. 1967 ebd.) sowie **Nikolai Nikolajewitsch Semjonow** – UdSSR (* 15. 4. 1896 Saratow, † 28. 9. 1986 Moskau): »für ihre Forschungen über die Mechanismen chemischer Reaktionen«. *Hinshelwood* war 1937–64 Professor in Oxford. *Semjonow* war 1931–44 Professor in Leningrad, ab 1944 Direktor des physikalisch-chemischen Instituts der Akademie der Wissenschaften in Moskau.

1957 Sir Alexander (Robertus) Todd – Großbritannien (* 2. 10. 1907 Glasgow): »für seine Arbeiten über Nukleotide und Nukleotidkoenzyme«. 1938–44 Professor in Manchester, danach Cambridge, seit 1975 Präsident der Royal Society.

1958 Frederick Sanger – Großbritannien (* 13. 8. 1918 Rendcomb/Gloucestershire): »für seine Arbeiten über die Struktur der Proteine, insbesondere des Insulins«. Seit 1951 Abteilungsleiter am Medical Research Council des Laboratory for Molecular Biology in Cambridge (→ Nobelpreis 1980).

1959 Jaroslav Heyrovský – ČSSR (* 20. 12. 1890 Prag, † 27. 3. 1967 ebd.): »für seine Entdeckung und Entwicklung der polarographischen Methode der Analyse«. Seit 1922 Professor in Prag, ab 1950 dort Direktor des polarographischen Instituts.

1960 Willard Frank Libby – USA (* 17. 12. 1908 Grand Valley/Colo., † 8. 9. 1980 Los Angeles): »für seine Methode der Anwendung von Kohlenstoff 14 zur Altersbestimmung in Archäologie, Geologie, Geophysik und anderen Zweigen der Wissenschaft«. Professor in Berkeley, Chicago, Los Angeles, 1954–59 Mitglied der US-Kernenergiekommission.

1961 Melvin Calvin – USA (* 8. 4. 1911 Saint Paul/Minn.): »für seine Forschungen über die Kohlensäure-Assimilation der Pflanzen«. Ab 1937 Professor an der University of California in Berkeley, seit 1946 auch Direktor der Abteilung für chemische Biodynamik am Lawrence Radiation Laboratory.

1962 Max Ferdinand Perutz – Österreich/Großbritannien (* 19. 5. 1914 Wien) sowie **John (Cowdery) Kendrew** – Großbritannien (* 24. 3. 1917 Oxford): »für ihre Studien über Strukturen der Globulinproteine«. *Perutz* lebt seit 1936 in Großbritannien, leitete seit 1962 das Laboratorium für Molekularbiologie des Medical Research Council in Cambridge. *Kendrew* war seit 1947 dort in leitender Funktion tätig, Chefredakteur des ›Journal of Molecular Biology‹.

1963 Karl Waldemar Ziegler – Deutschland (* 26. 11. 1898 Helsa/Landkreis Kassel, † 11. 8. 1973 Mülheim a. d. Ruhr) sowie **Giulio Natta** – Italien (* 26. 2. 1903 Imperia, † 2. 5. 1979 Bergamo): »für ihre Entdeckungen auf dem Gebiet der Chemie und der Technologie der Hochpolymeren«. *Ziegler* war 1928–36 Professor in Heidelberg, Halle, seit 1947 in Aachen, ab 1943 Direktor des Kaiser-Wilhelm-Instituts (heute Max-Planck-Institut) für Kohleforschung in Mülheim a. d. Ruhr, 1954–57 Vorsitzender der Gesellschaft Deutscher Chemiker. *Natta* war Professor in Pavia, Rom, Turin, seit 1938 in Mailand.

1964 Dorothy Crowfoot Hodgkin – Großbritannien (* 12. 5. 1910 Kairo): »für ihre Strukturbestimmung biologisch wichtiger Substanzen mit Röntgenstrahlen«. Seit 1956 Professorin in Oxford, ermittelte sie u. a. die Molekülstruktur von Insulin, Penicillin, Vitaminen.

1965 Robert Burns Woodward – USA (* 10. 4. 1917 Boston, † 8. 7. 1979 Cambridge/Mass.): »für seine Arbeiten auf dem Gebiet der Naturstoffsynthesen«. Ab 1946 Professor an der Harvard University, seit 1963 Leiter des nach ihm benannten Forschungsinstituts in Basel.

1966 Robert Sanderson Mulliken – USA (* 7. 6. 1896 Newburyport/Mass., † 31. 10. 1986 Arlington): »für seine grundlegenden Arbeiten über die chemischen Bindungen und die Elektronenstruktur der Moleküle mit Hilfe der Orbital-Methode«. 1926–28 Professor in New York, 1928–61 in Chicago.

1967 Manfred Eigen – Deutschland (* 9. 5. 1927 Bochum) sowie **Ronald (George Wreyford) Norrish** – Großbritannien (* 9. 11. 1897 Cambridge, † 7. 6. 1978 ebd.) und **George Porter** – Großbritannien (* 6. 12. 1920 Stainford/Yorkshire): »für ihre Untersuchungen von extrem schnellen chemischen Reaktionen, die durch Zerstörung des Gleichgewichts durch sehr kurze Energieimpulse ausgelöst werden«. *Eigen* war seit 1964 Direktor am Max-Planck-Institut für biophysikalische Chemie in Göttingen. *Norrish* war ab 1937 Professor in Cambridge. *Porter* war 1955–66 Professor in Sheffield, seit 1966 Direktor der Royal Institution in London.

1968 Lars Onsager – Norwegen/USA (* 27. 11. 1903 Oslo, † 5. 10. 1976 Coral Gables/Fl.): »für die Entdeckung der nach ihm benannten reziproken Beziehungen, die grundlegend für die Thermodynamik der irreversiblen Prozesse sind«. Zunächst Chemieingenieur, ging 1928 in die USA, seit 1934 Professor an der Yale University.

1969 Derek Harold Richard Barton – Großbritannien (* 8. 9. 1918 Gravesend/Kent) sowie **Odd Hassel** – Norwegen (* 17. 5. 1897 Oslo, † 13. 5. 1981 ebd.): »für ihre Arbeiten in der Entwicklung des Konformationsbegriffes und dessen Anwendung in der Chemie«. *Barton* war 1953–55 Professor am Birkbed College in London, 1955–57 in Glasgow, seit 1957 am Imperial College of Science and Technology in London. *Hassel* war 1934–63 Professor an der Universität Oslo.

1970 Luis (Federico) Leloir – Frankreich/Argentinien (* 6. 9. 1906 Paris): »für Entdeckung der Zukker-Nukleotide und ihrer Funktion in der Biosynthese von Kohlehydraten«. Ab 1941 Professor in Buenos Aires, seit 1947 dort Leiter des Forschungsinstituts für Biochemie der Fundación Campomar.

1971 Gerhard Herzberg – Deutschland/Kanada (* 25. 12. 1904 Hamburg): »für seine Arbeiten über die Elektronenstruktur und die Geometrie bei den Molekülen, insbesondere freier Radikaler«. Nach Emigration aus Deutschland 1935–45 Professor an der University of Saskatchewan in Saskatoon, 1945–48 am Yerkes Observatory in Chicago, 1948 Direktor der Pure Physics Division des National Research Council in Ottawa, seit 1951 Mitglied der Royal Society.

1972 Christian Boehmer Anfinsen – USA (* 26. 3. 1916 Monessen/Pa.): »für seine Arbeiten über Ribonuklease, insbesondere die Verbindung zwischen Aminosäuren und biologisch wirksamen Konformationen«, sowie **Stanford Moore** – USA (* 4. 9. 1913 Chicago, † 23. 8. 1982 New York) und **William Howard Stein** – USA (* 25. 6. 1911 New York, † 2. 2. 1980 ebd.): »für ihren Beitrag zum Verständnis der Verbindung zwischen chemischer Struktur und katalytischer Tätigkeit des aktiven Zentrums der Ribonuklease-Moleküle«. *Anfinsen* war 1950–62 Leiter des Laboratoriums für Zellphysiologie und Stoffwechsel am National Heart Institute in Bethesda, 1962–63 Professor an der Harvard Medical School in Cambridge/Mass., seit 1963 Leiter des Laboratoriums für chemische Biologie am National Institute for Arthritis and Metabolic Diseases in Bethesda. *Moore* war seit 1952 Professor am Rockefeller Institute of Medical Research in New York. *Stein* war seit 1938 am Rockefeller Institute tätig, ab 1968 auch Chefredakteur des ›Journal of Biological Chemistry‹.

1973 Ernst Otto Fischer – Deutschland (* 10. 11. 1918 München) sowie **Geoffrey Wilkinson** – Großbritannien (* 14. 7. 1921 Springside bei Todmorden): »für ihre bahnbrechenden unabhängig voneinander geleisteten Arbeiten über die Chemie der metallorganischen sogenannten Sandwich-Verbindungen«. *Fischer* war 1957–63 Professor an der Universität München, seit 1964 dort an der TH. *Wilkinson* war 1951–56 Professor an der Harvard University, danach in London.

1974 Paul John Flory – USA (* 19. 6. 1910 Sterling/Ill., † 9. 9. 1985 Big Sur/Ca.): »für seine grundlegenden Leistungen sowohl theoretisch als auch experimentell in der physikalischen Chemie der Makromoleküle«. Nach Tätigkeit in der Industrie 1948–56 Professor an der Cornell University in New York, ab 1961 an der Stanford University in Kalifornien.

1975 John Warcup Cornforth – Australien/Großbritannien (* 7. 9. 1917 Sydney): »für seine Arbeiten über die Stereochemie von Enzym-Katalyse-Reaktionen«, sowie **Vladimir Prelog** – Jugoslawien/Schweiz (* 23. 7. 1906 Sarajevo): »für seine Forschungen in der Stereochemie organischer Moleküle und Reaktionen«. *Cornforth* war von Kindheit an taub, studierte in Sydney und Oxford, war seit 1946 im Stab des medizinischen Forscherrates Großbritanniens, ab 1962 Forschungsleiter im Milstead Laboratorium für chemische Enzymologie der Shell Research in Sittingbourne/Kent, seit 1971 Royal-Society-Research-Professor an der Universität Sussex. *Prelog* war nach Industrietätigkeit in Prag ab 1935 Dozent, 1940–41 Professor in Zagreb, ging 1942 an die ETH Zürich, dort seit 1947 Professor.

1976 William Nunn Lipscomb jr. – USA (* 9. 12. 1919 Cleveland/Ohio): »für seine Arbeiten über die Struktur der Borane und der damit zusammenhängenden Probleme betreffend die Natur chemischer Bindungen«. 1950–59 Professor an der Universität von Minnesota in Minneapolis, dann an der Harvard University.

1977 Ilya Prigogine – Belgien (* 25. 1. 1917 Moskau): »für seinen Beitrag zur irreversiblen Thermodynamik, insbesondere zur Theorie der dissipativen Strukturen«. Ab 1947 Professor an der Université Libre in Brüssel, seit 1970 an der University of Texas in Austin.

1978 Peter Dennis Mitchell – Großbritannien (* 29. 9. 1920 Mitcham/Surrey): »für seinen Beitrag zum Verständnis biologischer Energieübertragung durch Entwicklung der chemiosmotischen Theorie«. 1950–55 am Institut für Biochemie der Universität Cambridge, bis 1963 Leiter der Abteilung für chemische Biologie am Zoologischen Institut der Universität Edinburgh, dann Forschungsleiter der Glynn Research Laboratories in Bodmin/Cornwall.

1979 Herbert Charles Brown – Großbritannien/USA (* 22. 5. 1912 London) sowie **Georg Wittig** – Deutschland (* 16. 6. 1897 Berlin, † 26. 8. 1987 Heidelberg): »für ihre Entwicklung von Bor- bzw. Phosphorverbindungen in wichtigen Reagenzien innerhalb organischer Systeme«. *Brown* wurde 1935 US-Bürger, war seit 1947 Professor an der Purdue University in Lafayette/Ind. *Wittig* war 1932–37 Professor an der TH Braunschweig, dann in Freiburg i. Br., 1944–56 in Tübingen, danach Heidelberg.

1980 Paul Berg – USA (* 30. 6. 1926 New York): »für seine grundlegenden Arbeiten über Nukleinsäuren-Biochemie, unter besonderer Berücksichtigung von Hybrid-DNS«, sowie **Walter Gilbert** – USA

(* 21. 3. 1932 Boston/Mass.) und **Frederick Sanger** – Großbritannien (→ Nobelpreis 1958): »für ihre Beiträge betreffend die Bestimmung von Basissequenzen in Nukleinsäuren«. *Berg* war seit 1955 Professor für Molekularbiologie an der Washington University in St. Louis, ab 1959 an der Medizinischen Fakultät der Stanford University. *Gilbert* war seit 1959 Professor für Physik, 1964–68 Biophysik, dann Molekularbiologie an der Harvard University, Mitglied der Nationalen Akademie der Wissenschaften.

1981 Kenichi Fukui – Japan (* 4. 10. 1918 Präfektur Nara) sowie **Roald Hoffmann** – Polen/USA (* 18. 7. 1937 Złoczew/Sieradz): »für ihre unabhängig voneinander entwickelten Theorien über den Verlauf chemischer Reaktionen«. *Fukui* war seit 1951 Professor an der Universität von Kyoto. *Hoffmann* war seit 1965 Professor an der Cornell University in Ithaca/N. Y.

1982 Sir Aaron Klug – Großbritannien (* 11. 8. 1926 Johannesburg): »für die Entwicklung kristallographischer Verfahren zur Entschlüsselung biologisch wichtiger Nukleinsäure-Protein-Komplexe«. Direktor am Laboratorium für Molekularbiologie des Medical Research Council der Universität Cambridge.

1983 Henry Taube – Kanada/USA (* 30. 11. 1915 Saskatoon/Saskatchewan): »für seine Arbeiten über die Reaktionsmechanismen der Elektronenübertragung, insbesondere bei Metallkomplexen«. Seit 1942 US-Bürger, ab 1962 Professor an der Stanford University in Palo Alto/Ca.

1984 Robert Bruce Merrifield – USA (* 15. 7. 1921 Fort Worth/Texas): »für seine einfache und geniale Methode zur Herstellung von Peptiden und Proteinen«. Seit 1949 an der Rockefeller University in New York, ab 1966 dort Professor, Mitglied der National Academy of Sciences.

1985 Herbert Aaron Hauptman – USA (* 14. 2. 1917 New York) sowie **Jerome Karle** – USA (* 18. 6. 1918 New York): »für ihre hervorragenden Leistungen in der Entwicklung direkter Methoden zur Bestimmung von Kristallstrukturen«. *Hauptman* war Forschungsleiter der Medical Foundation in Buffalo. *Karle* war Leiter im Laboratory for Structure of Pattern des Forschungszentrums der US-Marine in Washington.

1986 Dudley Robert Herschbach – USA (* 18. 6. 1932 San José/Ca.) sowie **Yuan Tseh Lee** – Taiwan/USA (* 29. 11. 1936 Hsinchu) und **John Charles Polanyi** – Kanada (* 23. 1. 1929 Berlin): »für ihre Forschungen über die Dynamik chemischer Elementarprozesse«. *Herschbach* war seit 1963 Professor an der Harvard University. *Lee* war Professor an der University of California in Berkeley. *Polanyi* war Professor an der Universität von Toronto.

1987 Charles J. Pedersen – Norwegen/USA (* 3. 10. 1904 Fusa/Korea, † 26. 10. 1989 Salem/N. J.) sowie **Donald J. Cram** – USA (* 22. 4. 1919 Chester/Vermont) und **Jean-Marie Lehn** – Frankreich (* 30. 9. 1939 Risheim): »für die Entwicklung und Verwendung von Molekülen mit strukturspezifischer Wechselwirkung von hoher Selektivität«. *Pedersen* wurde 1953 US-Bürger, war bis 1969 Forschungschemiker bei DuPont. *Cram* war seit 1947 Professor an der University of California in Los Angeles. *Lehn* war seit 1970 Professor an der Universität Louis Pasteur in Straßburg, ab 1979 am Collège de France in Paris.

1988 Johann Deisenhofer – Deutschland (* 30. 9. 1943 Zusamaltheim/Landkreis Dillingen) sowie **Robert Huber** – Deutschland (* 20. 2. 1937 München) und **Hartmut Michel** – Deutschland (* 18. 7. 1948 Ludwigsburg): »für die Bestimmung der dreidimensionalen Struktur eines photosynthetischen Reaktionszentrums«. Alle drei waren 1982–85 gemeinsam am Max-Planck-Institut für Biochemie in Martinsried bei München. *Huber* war seit 1987 dort Direktor. *Deisenhofer* war seit 1987 am Howard Hughes Medical Institute in Dallas/USA. *Michel* war Abteilungsleiter im Max-Planck-Institut für Biophysik in Frankfurt/M.

1989 Sydney Altman – Kanada (* 8. 5. 1939 Montreal) sowie **Thomas Robert Cech** – USA (* 8. 12. 1947 Chicago): »für ihre Entdeckung der katalytischen Eigenschaften der Ribonukleinsäure (RNA)«. *Altman* war an der Harvard University tätig, ab 1971 an der Yale University in New Haven/Conn., seit 1980 dort Professor. *Cech* war seit 1983 Professor an der Universität von Colorado in Boulder.

1990 → *Sp.* 1031 f.

Jahrestage 1992

Gedenktage und Jubiläen der Welt-, Kultur- und Zeitgeschichte für das Jahr 1992

Hier ausgewählte historische Daten wollen in erster Linie an **zahlreichen Kalendertagen** des Jahres 1992 auf denkwürdige **Ereignisse** der Vergangenheit aufmerksam machen. Sie gewährleisten keine Darstellung historischer **Zusammenhänge**, wie sie ein Geschichtsbuch bietet. Bei der Systematisierung der Geschehnisse wird geographisch nach dem »Tatortprinzip« vorgegangen: Sie finden die Darstellungen, soweit dies Sinn ergibt, weitgehend dem **Ort** des Geschehens zugeordnet.

Zum Gebrauch des Kalendariums: Sie wollen z. B. wissen, ob der 28. Oktober als Gedenktag verzeichnet ist. Im Kalender finden Sie hier die Ziffer **1**. Auf den folgenden Seiten treffen Sie an einem Zeilenende ebenfalls auf die halbfette Ziffer **1**: Sie wissen nun, daß am 28. Oktober 1492 Christoph Kolumbus Amerika entdeckt hat. Zusätzlich finden Sie den **Hinweis auf eine Sondermarke der Post** zu diesem Anlaß, die am 7. Mai 1992 ausgegeben wird. (Briefmarken-Ausgabetage sind im Kalender halbfett ausgedruckt.)

	1.	2.	3.	4.	5.	6.	7.	8.	9.	10.	11.	12.	13.	14.	15.	16.	17.	18.	19.	20.	21.	22.	23.	24.	25.	26.	27.	28.	29.	30.	31.
Januar	84	4 102	88	136 184		53			31	112	57 102 109	202	210		85	85 225	85	85 86	85	85 113	85 89	12 85	85	43 85	26 85 102	85 129 189	221 222			10	205 226
Februar	131				198	160 227	32 89	114 228				74 192	11	157 172	103 115			21 229		178		58 144 230	44 59 145		60			68	45		
März	34	231	46 146 186			232	103 208		135	135 160		147 148 192	194 **235**	69	1 61 179	69 132	69 179	69 220	79	204	117 199	17 223	62 70 128	115 128	115 128	75 115 116	128 207 214	13 110 128	41 110 233	128	228 165 171
April	128 190 216	42 128	128	128	128 132 234	128	2 128	22 128	128	73 128	6 128	128			149 212			104	235	7 33	187	14 118		71	27 37	119 173	41			218	–
Mai					54	19 54 105	**1** 87 150	54		169 174	169	116 235	191		163	151	63	179				161		47		87 90	120 199		16	110 200	110
Juni		170		106 120	106 161	106 107 161	3 106 107	161	161	120 161	**28** 64 237	161 201 224	161 169 170	84 152 161			184				90 238			153		76	211	96 161 239	211	91 115 163	–
Juli	28 162 165	196	195	195	34	202	108	240		48		97	213	34	77 128			78			241	18 121	98	175	5 35			24 65		37 242	243
August			1 49 244	50	67			158	128 143 154	5 35 37			**20**		79 245		67		99	119	195	197		187	176	38		180	52	130	122 246
Sept.	20	39	39 216	39 141	39	39 168	132 168 179	168	168	80 **81** 168	168	111	15			81	247	169		36 40 203	40 51 203	40 123				170	248	169	215	215	–
Okt.	124	215	137 142	215	215	82	215	215 249	134 183 250	164	164 216	1 164	164 209	164	55 **155** 164	164	164 251	56 164 224	164 170	164	36 164	164	92 164	164	215	193	215	1	215		
Nov.	155		92 156		**29** **83** 125	36	93	93 177 211	8 72 94	126	127	66	92	92	92	92	9 95 217	92	92 100	92 100	100	100 167		25 100	252		111 159	159	159	159	–
Dez.	138 181	140	219 253			1 83			206			100	100 166 187	100 101 188	100	29 100	100 185	23 100	100	100 133	100	122 219			30 206		97		182		

* = geboren; gegründet; Begründer; Gründung des/der . . . † = gestorben; Auflösung;
≈ = ungefähr (kein genaueres Datum bekannt) ⚭ = heiratet, vermählt mit . . .
(**DBP** 21. 6.) = Gedenkmarke der Deutschen Bundespost am 21. Juni 1992
(→ JT 1991) = Hinweis auf detailliert behandelten Jahrestag im Weltalmanach 1991

Vor 500 Jahren: **1492**

Das Jahr gilt als Übergang vom Mittelalter (seit 375) zur Neuzeit

Entdeckung Amerikas: Christoph Kolumbus (1451–1506), ein im Dienste der kastilisch-aragonischen Majestäten Isabella I. und Ferdinand II. stehender genuesischer Kapitän, läuft am 3. 8. von Huelva/Südspanien mit 3 Karavellen (Flaggschiff »Santa Maria«; »Nina« und »Pinta«) auf der Suche nach einem westlichen Seeweg nach Indien aus. Er **erreicht am 12. 10. die Bahama-Insel Guanahani** (nennt sie »San Salvador«), am 28. 10. Kuba sowie am 6. 12. Haiti (*span. Niederlassung), kehrt am 15. 3. 1493 nach Spanien zurück (**DBP** 7. 5.) **1**

Italien: † 7. 4. Lorenzo I. de'Medici (* 1249), Herrscher von Florenz seit 1469; »Lorenzo il Magnifico« gilt als größter Förderer der Renaissancekultur; sein Tod löst Krise der Florentiner Republik aus **2**

Polen/Litauen: † 7. 6. Kasimir IV. Andreas, Großfürst von Litauen seit 1440, König von Polen seit 1447; sein Sohn Johann I. Albrecht wird zum Kg. von Polen (bis 1501), sein Sohn Alexander zum Großfürsten von Litauen (bis 1506) gewählt **3**

Spanien: Ferdinand (»der Katholische«) von Kastilien erobert am 2. 1. das muslimische Granada. – Der letzte maurische König, Boabdil, flieht nach Afrika: **Ende der spanischen Reconquista**, Spanien wird zur Großmacht. Juden u. Moslems (die nicht zum Christentum übertreten wollen) werden aus Aragón und Kastilien vertrieben. Moslems fliehen z. T. nach Marokko, Juden (Sephardim) nach Portugal und auf den Balkan **4**

Papsttum: † 25. 7. Innozenz VIII. (* 1432), Papst seit 1484 (seine Hexenbulle »Summis desiderantes« von 1484 förderte Hexenwahn und Hexenprozesse); am 10. 8. wird Rodrigo de Borgia als Alexander VI. zum Papst gewählt (bis † 1503): **Höhepunkt des Sittenverfalls und der Korruption des Renaissance-Papsttums** **5**

* 11. 04. **Margarete** von Navarra, Dichterin der frz. Frührenaissance († 1549), in Angoulême **6**

* 20. 04. Pietro **Aretino**, italienischer Schriftsteller († 1556), in Arezzo **7**

† 09. 11. Maulana Nureddin Abdurrahman **Dschami**, pers.-myst. Dichter (* 1414), in Herat **8**

† ≈ **Piero della Francesca**, ital. spätgotischer Maler (* ≈ 1410–1420), in Sansepolcro bei Arezzo

Vor 400 Jahren: **1592**

Schweden/Polen: † 17. 11. Johann III. (* 1537), König von Schweden seit 1569. Sein Sohn (aus der Ehe mit der Jagellonin Katharina) **Sigismund III. Wasa**, König von Polen-Litauen seit 1587, wird damit auch König von Schweden (bis 1599/1604); Förderer des Katholizismus (Gegenreformation) **9**

Papsttum: Nach kurzen Pontifikaten Urbans VII. (1590), Gregors XIV. (1590/91) und Innozenz' IX. (1591) wird am 30. 1. Kardinal Ippolito Aldobrandini als Clemens VIII. zum Papst gewählt (bis † 1609) **10**

Entdeckungen: Der englische Seefahrer John Davis (≈1550–1605) entdeckt nach Durchquerung der Magellanstraße (Feuerland) die Falkland-/Malvinas-Inseln

† 13. 02. Iacopo **Bassano**, ital. Maler d. Spätrenaissance (* ≈ 1517/18), in Bassano del Grappa/Venetien **11**

* 22. 01. Petrus **Gassendi**, frz. Philosoph u. Naturforscher († 1655), in Champtercier/B.-Alpes **12**

* 28. 03. Johann Amos **Comenius** (Jan Amos Komensky), tschech. Theologe u. Pädagoge († 1670), in Nivnice **13**

† 22. 04. Bartolomeo **Ammanati**, ital. Baumeister des Frühbarock/Neptunbrunnen Florenz (* 1511), in Florenz **14**

† 13. 09. Michel Eyquem **de Montaigne**, frz. Schriftsteller, skeptischer Philosoph, Moralist (* 1533), auf Schloß Montaigne (heute zu Saint-Michel-de Montaigne/Dordogne) **15**

Vor 300 Jahren: **1692**

Europa: Seeschlacht am Kap La Hogue/Bretagne (29. 5.): Vereinigte englisch-niederländische Flotte unter Adm. Edward Russel besiegt französische unter Graf Anne de Tourville und verhindert somit deren Landung in England zur Wiedereinsetzung des kath. Königs Jakob II.: **Übergang der Seeüberlegenheit an England** **16**

Deutschland: Herzog Ernst August I. von Braunschweig-Calenberg (Lüneburg-Hannover) erhält von Kaiser Leopold I. am 22. 3. für Hannover die (9.) Kurfürstenwürde im Hl. Röm. Reich; die Herzogtümer Braunschweig-Calenberg und Lüneburg-Hannover werden zum Kurfürstentum Hannover vereinigt **17**

Papsttum: Innozenz XII. verbietet am 22. 7. mit der Bulle »Romanum decet Pontificem« den Nepotismus **18**

† 06. 05. Nathaniel **Lee**, engl. Dramatiker der französ. Richtung (* ≈ 1653), in London **19**

*01. 09. Egid Quirin **Asam**, dt. Baumeister (†1750), am Tegernsee (**DBP** 13. 8.) **20**
*18. 02. Johann Michael **Fischer**, dt. Baumeister (†1766), in Burglengenfeld/Opf. **21**
*08. 04. Giuseppe **Tartini**, ital. Violinist u. Komponist/*Grundlage mod. Violinspiels (†1770), in Piran **22**
†18. 12. Veit Ludwig **von Seckendorff**, dt. Staatsmann u. Gelehrter (*1626), in Halle (Saale) **23**

Vor 250 Jahren: **1742**

Europa: Friede von Breslau (28. 7.): Preußen und Österreich beenden 1. Schlesischen Krieg (seit 1740) in Berlin (Preliminarabkommen am 11. 6. in Breslau): Preußen erhält größten Teil Ober- u. Niederschlesiens sowie Grafschaft Glatz (poln. Klodko); Maria Theresia gewinnt Böhmen zurück und besetzt Bayern **24**
Deutschland: Kurfürst Karl Albrecht von Bayern (Wittelsbach) wird durch preuß.-französ.-bayer. Bündnis am 24. 1. als Karl VII. zum König und Kaiser des Hl. Röm. Reiches deutscher Nation gewählt **25**

†25. 01. Edmond **Halley**, engl. Astronom/nach ihm: »Halleyscher Komet« (*1656), in Greenwich **26**
†25. 04. Anders **Celsius**, schwed. Astronom/*100teilige Thermometerskala 1742 (*1701), in Uppsala **27**
*01. 07. Georg Christoph **Lichtenberg**, dt. Physiker u. Schriftst. (†1799), in Ober-Ramstadt (**DBP** 11. 6.) **28**
*16. 12. Gebhard Leberecht Fürst von **Blücher**, preuß. Generalfeldmarschall (†1819), in Rostock (**DBP** 5. 11.) **29**
*25. 12. Charlotte **von Stein** (†1827), Freundin Johann Wolfgang von Goethes, in Eisenach **30**

Vor 200 Jahren: **1792**

Rußland/Osmanisches Reich: Türken treten nach verlorenem Krieg im **Frieden von Jassy** (9. 1.) das Küstengebiet zwischen südl. Bug und Dnjestr an Rußland ab **31**
Europa: Österreich und Preußen schließen am 7. 2. Verteidigungsbündnis gegen Frankreich **32**
– **Frankreich erklärt am 20. 4. Österreich den Krieg:** 1. Koalitionskrieg zwischen den monarchischen Staaten Europas und dem revolutionären Frankreich (bis 1797) **33**
– †1. 3. **Leopold II.** (*1747) in Wien, röm.-dt. Kaiser seit 1790; Sohn Joseph Karl (Enkel Maria Theresias) wird am 5. 7. in Frankfurt a. M. als **Franz II.** zum (letzten röm-dt. bis 1806; Kaiser von Österreich bis [†] 1835) Kaiser gewählt (Krönung am 14. 7.) **34**
– Herzog Karl Wilhelm von Braunschweig, Befehlshaber der österr.-preuß. Koalitionstruppen, erläßt am 25. 7. das »**Koblenzer Manifest**« zur Befreiung des frz. Königs Ludwig XVI. (ab 10. 8. gefangen) **35**
– Bei der **Kanonade von Valmy**/Champagne am 20. 9. (J. W. Goethe ist Augenzeuge) scheitert der 1. Angriff Preußens/Österreichs gegen die frz. Truppen unter Dumouriez; Franzosen beginnen ihren siegreichen Vormarsch zum Rhein, besetzen am 21. 10. Mainz, am 6. 11. Brüssel **36**
Frankreich: Sturm auf die Tuilerien (10. 8.) durch die Sansculotten **leitet 2. Phase der Frz. Revolution ein**
– Ein Freiwilligenbataillon aus Marseille singt am 30. 7. in Paris erstmals die von Claude Joseph Rouget de Lisle am 25. 4. komponierte »**Marseillaise**« – wird 1795 und endgültig 1879/80 frz. Nationalhymne **37**
– Die Legislativversammlung erteilt Friedrich Schiller am 26. 8. das französ. Bürgerrecht **38**
– Erste Massenhinrichtungen/Septembermorde vom 2. bis 6. 9.: ca. 3000 Tote **39**
– Zusammentritt des neugewählten Nationalkonvents am 20. 9. unter Führung der Jakobiner Maximilien de Robespierre und Georges Jacques Danton; besitzt Machtmonopol im Staat; setzt am 21. 9. König Ludwig XVI. ab, proklamiert am 22. 9. die **(Erste) Französische Republik** (Revolutionskalender: Das Jahr I) **40**
Schweden: König Gustav III. (*1746; König seit 1771) wird am 29. 3. auf einem Maskenball in der Stockholmer Oper von Jakob Johan Anckarström (Mitgl. einer Adelsverschwörung; am 27. 4. hingerichtet) erschossen. Nachfolger wird Sohn als Gustav IV. Adolf **41**
USA: Der Dollar wird durch Gesetz vom 2. 4. einheitliches Währungssystem für alle Bundesstaaten **42**

*24. 01. Friedrich Wilhelm **von Brandenburg**, preuß. Gen. u. Staatsmann (†1850), in Berlin **43**
†23. 02. Sir Joshua **Reynolds**, engl. Maler u. Schriftsteller des Klassizismus (*1723), in London **44**
*29. 02. Gioacchino [Antonio] **Rossini**, ital. Komponist (†1868), in Pesaro **45**
†03. 03. Robert **Adam**, schott. Baumeister d. Klassizismus/*Adamstil (*1728), in London **46**
†24. 05. Jakob Michael Reinhold **Lenz**, dt. Dichter des Sturm und Drang (*1751), in Moskau **47**
*10. 07. Frederick **Marryat**, engl. Abenteuer-Romancier/Jugendbücher (†1848), in London **48**
†03. 08. Richard **Arkwright**, engl. Techniker u. Erfinder der Baumwollspinnmaschine/*Textilgroßindustrie durch Übergang zum Dampfantrieb (*1732), in Cromford/Derby **49**
*04. 08. Percy Bysshe **Shelley**, engl. Dichter der Romantik (†1822), in Field Place **50**
*21. 09. Johann Peter **Eckermann**, dt. Schriftsteller u. Goethe-Freund (†1854), in Winsen/Luhe **51**

Vor 150 Jahren: **1842**

Asien: Vertrag von Nanking (29. 8.) zwischen Großbritannien und China beendet Opiumkrieg (seit 1839); China tritt Hongkong an Großbritannien ab, welches den Opiumhandel nun vervielfacht **52**
– Sieg der Afghanen im Krieg gegen Briten (* 1839) am 6. 1.; 4500 Briten, 12 000 afghan. Verbündete † **53**
Deutschland: Die Hamburger Innenstadt wird durch einen Großbrand (5.–8. 5.) zu $^1/_3$ zerstört **54**
– Karl Marx am 15. 10. Chefredakteur der »Rheinischen Zeitung« in Köln (bis 1843) **55**
– Die Walhalla (»Ruhmeshalle« berühmter Deutscher) bei Donaustauf wird am 18. 10. eingeweiht **56**

* 11. 01. William **James**, US-amerik. Psychologe, Philosoph († 1910), in New York **57**
† 22. 02. August [Franz Max] **von Parseval**, dt. Erfinder/* Fesselballon (* 1861), in Berlin **58**
* 23. 02. Eduard **von Hartmann**, dt. Philosoph/Neovitalismus († 1906), in Berlin **59**
* 25. 02. Karl **May**, dt. Volksschriftsteller/»Winnetou« († 1912), in Ernstthal **60**
† 15. 03. Luigi **Cherubini**, ital. Komponist/französ. Oper (* 1760), in Paris **61**
† 23. 03. **Stendhal** [Marie Henri Beyle], französ. Schriftst. zw. Romantik u. Realismus (* 1783), in Paris **62**
* 17. 05. August **Thyssen**, dt. Industrieller/* Thyssenstahlwerke († 1926), in Eschweiler **63**
* 11. 06. Carl [Paul Gottfried] **von** [seit 1897] **Linde**, dt. Ingenieur u. Industrieller († 1934), in Berndorf **64**
† 28. 07. Clemens **Brentano**, dt. Dichter der Romantik (* 1778), in Aschaffenburg **65**
* 12. 11. John William Strutt **Rayleigh**, engl. Physiker, Nobelpr. 1904 († 1919), in Langford/Essex **66**

Vor 100 Jahren: **1892**

Europa: Geheime Militärkonvention Rußland/Frankreich am 5./17. 8. zur gegenseitigen Unterstützung gegen Angriff des Dreibunds (Dt. Reich/Österreich-Ungarn/Rußland) **67**
Deutschland: Rudolf Diesel (1858–1913) patentiert am 28. 2. Hochdruck-Wärmemotor (»Dieselmotor«) **68**
– Gewerkschaftskongreß in Halberstadt (14.–18. 3.) beschließt Einrichtung eines zentralen Führungsgremiums für örtliche Gewerkschaftsorganisationen: Generalkommission der freien Gewerkschaften **69**
– Leo Graf von Caprivi tritt am 23. 3. als preuß. Ministerpräsident zurück (bleibt jedoch Reichskanzler) **70**
– Bei einer Vorführung (in Anwesenheit von Kaiser Wilhelm II.) am 24. 4. schießt ein neuentwickeltes Geschütz der Krupp Stahlwerke 20 km weit **71**
– Deutsche Friedensgesellschaft in Berlin durch den Publizisten Alfred Hermann Fried * 9. 11. **72**
Kuba: * 10. 4. Kubanische Revolutionäre Partei durch den Dichter José Martí **73**

* 12. 02. Theodor **Plievier**, dt. Schriftsteller/›Stalingrad‹ († 1955), in Berlin **74**
† 26. 03. Walt[er] **Whitman**, US-amerik. Versdichter (* 1819), in Camden/N. Y. **75**
* 26. 06. Pearl S[ydenstricker] **Buck**, US-am. Schriftst., Nobelpr. 1938 († 1973), in Hillsboro/W. Va. **76**
* 15. 07. Walter **Benjamin**, dt. Literaturkritiker u. Schriftsteller († 1940), in Berlin **77**
† 18. 07. Thomas **Cook**, brit. Unternehmer/* Reisebüro f. Gesellschaftsreisen (* 1808), in Bergen **78**
* 15. 08. Prince Louis Victor **de Broglie**, belg.-frz. Physiker, Nobelpr. 1929 († 19. 3.1987), in Dieppe **79**
* 10. 09. Arthur Holly **Compton**, US-am. Physiker, Nobelpr. 1927 († 1962), in Wooster/Ohio **80**
* 16. 09. Werner **Bergengruen**, dt. Schriftsteller († 1964), in Riga/Lettland (**DBP** 10. 9.) **81**
† 06. 10. Alfred Lord **Tennyson**, engl. Dichter (* 1809), in Aldworth b. Reading **82**
† 06. 12. Werner **von Siemens**, dt. Erfinder/* Siemenswerke (* 1816), in Berlin (**DBP** 5. 11.) **83**

Vor 50 Jahren: **1942**

DIE WELT IM II. WELTKRIEG (Chronologie)

a) Allgemeines

01. 01. **Washington-Pakt**: Erklärung der Alliierten (**»Erklärung der Vereinten Nationen«**), in der sich 26 Staaten die Atlantik-Charta (Formulierung der Kriegsziele der USA u. Großbritanniens) zu eigen machen und sich verpflichten, den Kampf gegen die Achsenmächte weiterzuführen. Am 14. 6. (»Tag der Vereinten Nationen«) treten 2 weitere Staaten (Mexiko u. Philippinen) bei. Bis Kriegsende treten weitere 23 Staaten dem Bündnis bei, das damit zur **Keimzelle der UN** *(→ Kapitel »Internat. Organisationen«)* wird **84**
15.–26. 1. Panamerkanische Außenministerkonferenz in Rio empfiehlt Abbruch der diplomatischen, wirtschaftlichen und Verkehrsbeziehungen zu Dtld., Japan und Italien **85**
18. 01. Die Achsenmächte Dtld. – Italien – Japan stecken Operationszonen ab (Grenze: 70. Längengrad). *Wirksame Zusammenarbeit Dtld. – Japan kommt jedoch nicht zustande* **86**
26. 05. **Brit.-sowjet. Bündnisvertrag** in London unterzeichnet (wird erst am 7. 5. 1955 gekündigt) **87**

b) Die Kämpfe in Afrika

03. 01. In Bardia/Nordafrika eingeschlossene dt.-italien. Truppen kapitulieren vor den Briten **88**

21. 01. Dt. Gegenstoß in Nordafrika; Gen.-Oberst Erwin Rommel erreicht 7. 2. el-Gazala (westl. Tobruks) **89**

26. 05. Fortsetzung des dt. Angriffs; brit. 8. Armee wird in 2 Teile zersprengt, von denen sich der eine auf Tobruk zurückzieht, das am 21. 6. kapituliert (30 000 Gefangene) **90**

30. 06. Die Verfolgung der Reste der 8. Armee endet bei Erschöpfung der dt. Kräfte in der el-Alamein-Stellung (Ägypten; 100 km westlich Alexandrias): **Deutsche Afrika-Offensive bleibt stecken** **91**

23. 10. Beginn der brit. Großoffensive bei El Alamein unter Gen. Bernard L. Montgomery mit überlegenen Heeres- und Luftstreitkräften gg. dt. u. ital. Verbände. – Rommel ordnet entgegen dem Befehl Hitlers (»Halten um jeden Preis«) am 3. 11. den Rückzug der Truppen an; brit. Verbände erobern am 13. 11. Tobruk, dt. Truppen verlieren bis 20. 11. die Cyrenaika endgültig **92**

7./8. 11. Landung brit. und US-amerikan. Truppen in Marokko und Algerien (Operation »Torch«) unter Oberbefehl von Gen. Dwight D. Eisenhower (später US-Präsident: 1953–61): **Deutsch-italienische Truppen in Nordafrika von Osten und Westen zusammengedrückt** **93**

09. 11. Beginn dt. Luftlandungen in Tunis: **letztes Bollwerk in Afrika** **94**

17. 11. Erste Kämpfe zwischen dt. und alliierten Verbänden in Tunesien **95**

c) Der Krieg im Osten

28. 06. Dt. Heeresgruppe Süd beginnt von Charkow-Kursk/Ukraine aus die **große Sommeroffensive** **96**

12. 07. Dt. Truppen nehmen bei der Ausräumung des Wolchow-Kessels südöstl. von Leningrad den sowjet. Gen. Andrej Wlassow gefangen. Wlassow stellt sich den Deutschen für das antisowjetische »Smolensker Komitee« (* 27. 12.) zur Verfügung, erhält jedoch keine größeren Wirkungsmöglichkeiten **97**

23. 07. Hitler erteilt »Weisung Nr. 45«, nach der dt. Truppen nicht nacheinander, sondern gleichzeitig gegen Stalingrad u. zum Kaukasus vorstoßen sowie Leningrad erobern sollen: **kriegsentscheidend im Osten** **98**

19. 08. Gen. Friedrich Paulus, Oberbefehlshaber der 6. dt. Armee, befiehlt Angriff auf Stalingrad/Wolga **99**

19.–22. 11. Rote Armee schließt dt. 6. Armee bei Stalingrad ein. – Hitler verbietet am 24. 11. Ausbruchversuch, Entsatzversuch durch dt. Heeresgruppe Don scheitert (12.–21. 12.) **100**

14. 12. Stalin bietet Separatfrieden an, Hitler lehnt ab **101**

d) Der Krieg in Ostasien und im Pazifik

02. 01. Japan erobert Manila/Philippinen, am 11. 1. Kuala Lumpur/Malaya und am 25. 1. Celebes, Borneo/Ndld.-Indien (heute Indonesien) und Rabaul/Neuguinea **102**

15. 02. Japan erobert Singapur und besetzt am 7. 3. weitere Inseln Indonesiens **103**

18. 04. US-Luftangriff auf Tokio; daraufhin japan. Entschluß zur Eroberung der Midwayinsel **104**

06. 05. Japaner nehmen letzten US-Stützpunkt auf den Philippinen (Felseninsel Corregidor) ein, besetzen kurz danach Burma **105**

4.–7. 6. See- und Luftschlacht bei der Midwayinsel: Japan. Offensive wird durch US-Streitkräfte gebremst, japan. Trägerflotte vernichtet: **Wende im Pazifik-Krieg** **106**

6./7. 6. Japaner besetzen die Aleuteninseln Attu, Kiska und Adak **107**

07. 08. US-Truppen beginnen Rückeroberung der an Japan verlorenen Gebiete mit der Salomoneninsel Guadalcanal: Beginn schrittweiser Rückeroberung verlorener Gebiete (»Inselspringen«) **108**

e) Der See- und Luftkrieg

11. 01. **Dt. U-Boot-Offensive** im Atlantik vor den nord- und mittelamerikanischen Küsten (Operation »Paukenschlag«) leitet 4. Phase des U-Boot-Krieges ein (1. Phase der Atlantikschlacht: 9/1939–3/1940; 2. Phase: 6/1940–3/1941; 3. Phase: 4–12/1941 hauptsächlich im Nordatlantik, wo 1,5 Mill. BRT versenkt werden). Der Höhepunkt des dt. U-Boot-Krieges beginnt im August (5. Phase bis 5/1943) **109**

28./29. 3. Zerstörung von Lübecks Innenstadt (320 Tote) durch **erstes brit. Flächenbombardement** auf eine dt. Großstadt. – 30./31. 5. Brit. »**1000-Bomber-Angriff**« auf Köln (474 Tote, 5000 Verletzte). **110**

12. 09. Dt. U-Boot (U 156) versenkt im Mittelatlantik brit. Transporter »Laconia« mit 1800 italien. Kriegsgefangenen an Bord. – 27. 11. Selbstversenkung der französ. Flotte vor Toulon **111**

DEUTSCHLAND Innenpolitik; einschl. Protektorat Böhmen u. Mähren u. eingegl. Ostgebiete

– Adolf Hitler verlegt den Rüstungsschwerpunkt auf das Heer (10. 1.) **112**

– **Wannseekonferenz** (20. 1.) der Spitzenvertreter oberster Reichs- und Parteidienststellen (Vorsitz: Reichssicherheitshauptamts-Chef Reinhard Heydrich) **koordiniert Organisation »Endlösung der Judenfrage«** im dt. Einflußbereich in Europa. – *Der »Endlösung« in den Vernichtungslagern Auschwitz, Treblinka, Majdanek u. a. fallen bis Oktober 1944 insges. 4,2–5,7 Mill. Juden zum Opfer* **113**

- Albert Speer wird am 8. 2. Reichsminister für Bewaffnung und Munition (als Nachfolger des tödlich verunglückten Fritz Todt) **114**
- **Juden** dürfen ab 15. 2. keine Haustiere mehr halten, ab 24. 3. keine öffentl. Verkehrsmittel mehr benutzen; ihre Wohnungen müssen ab 26. 3. gekennzeichnet sein. Am 30. 6. letzte jüd. Schulen geschlossen **115**
- **Erste Juden-Deportationen nach Auschwitz** am 26. 3. – Bei der ersten genau datierbaren **Massenvernichtung** im KZ Auschwitz-Birkenau werden am 12. 5. rd. 1500 Juden durch Gas getötet **116**
- Der Gauleiter von Thüringen, Fritz Sauckel, wird am 21. 3. zur Aushebung von Arbeitskräften in dt. besetzten Gebieten bevollmächtigt (insg. 7,5 Mill. »Fremdarbeiter« ins Reich geholt) [Sauckel wird in Nürnberger Prozeß 1946 zum Tode verurteilt und hingerichtet] **117**
- Hermann Göring richtet am 22. 4. die »Zentrale Planung« zur Koordinierung der Wirtschaft ein **118**
- Hitler läßt sich am 26. 4. vom Reichstag (in dessen letzter Sitzung) Vollmachten als »Oberster Gerichtsherr« erteilen; am 20. 8. wird »Blutrichter« Roland Freisler Vorsitzender des Volksgerichtshofes in Berlin **119**
- Nach Attentat auf den Chef des Reichssicherheitshauptamtes und stellv. Reichsprotektor in Böhmen und Mähren, Reinhard Heydrich, in Prag am 27. 5. (†4. 6.) durch einen aus London eingeflogenen Exiltschechen zerstören Gestapo, SS und SD am 10. 6. das **böhm. Dorf Lidice**, exekutieren die männliche Bevölkerung, verschleppen Frauen (KZ Ravensbrück) und Kinder (SS-Lager) **120**
- Beginn des Abtransports der insges. rd. 350 000 Juden aus dem **Warschauer Ghetto** ins Vernichtungslager Treblinka (22. 7.) **121**
- Zerschlagung der antifaschistischen **Widerstandsorganisation »Rote Kapelle«** in Berlin am 31. 8.; erste Hinrichtungen von Mitgliedern am 22. 12. (Ehepaar Schulze-Boysen, Arvid Harnack, Hans Coppi) **122**
- Hitler befiehlt am 22. 9. die Entfernung der jüdischen Zwangsarbeiter aus Rüstungsbetrieben **123**
- Die seit 15. 5. 1941 dt. Zivilverwaltung unterstehenden Gebiete im Süden **Kärntens und der Steiermark** werden am 1. 10. zum Reichsgebiet erklärt **124**
- Himmler befiehlt am 5. 11., alle im Reichsgebiet gelegenen Konzentrationslager »judenfrei« zu machen und die Häftlinge nach Auschwitz zu deportieren **125**

AUSLAND

Dänemark: Bildung eines Kabinetts unter dem deutschfreundlichen Erik Scavenius (10. 11.) **126**

Frankreich: Dt. Einmarsch in das bisher unbesetzte Rest-Frankreich (Unternehmen »Anton«) am 11. 11.; italien. Truppen besetzen u. a. Korsika und die französ. Riviera **127**

Indien (Britisch-): Sir Stafford Cripps verhandelt vom 23. 3. bis 12. 4. in Indien: Unabhängigkeit nach Kriegsende zugesagt. – Der ind. Volkskongreß billigt am 15. 7. Mahatma Gandhis Programm des passiven Widerstandes zur Erringung der Unabhängigkeit. – Verhaftung von Führern der Kongreßpartei, darunter Mahatma Gandhi, nach Beschluß einer weiteren Aktion des passiven Widerstandes (9. 8.) **128**

Irland: Ministerpräs. Eamon de Valera protestiert 27. 1. gg. Stationierung von US-Truppen in Nordirland **129**

Luxemburg wird am 30. 8. dem Dt. Reich eingegliedert; Wehrfähige werden eingezogen; Gründung von Widerstandsorganisationen **130**

Norwegen: Einsetzung einer Regierung unter Vidkun Quisling durch Reichskommissar Terboven (1. 2.); 5000 Geistliche legen am 5. 4. aus Protest gegen »Kollaborateur« Quisling ihr Amt nieder **131**

Polen: *Untergrundarmee »Armia Krajowa«; an Sikorski-Exilregierung in London orientiert

Schweiz: Mitglieder der verbotenen »Nationalen Front« 16. 3. wegen Propagandatätigkeit verurteilt

- Verschärfung der Bestimmungen über Behandlung von Flüchtlingen (incl. Juden) am 7. 9. **132**

Spanien/Portugal: »Iberischer Pakt« vom 20. 12. deutet Rückkehr zur prowestl. Neutralitätspolitik an **133**

UdSSR: Abschaffung des Kommissarwesens in der Roten Armee am 9. 10.: volle Offiziers-Kommandogewalt **134**

Ungarn: Rücktritt von Ministerpräs. Lázló von Bárdossy am 9. 3., Nachfolger Nikolaus von Kállay (10. 3.) sucht im Auftrag des Reichsverwesers Verbindung zu den westl. Alliierten (10. 3.) **135**

USA: Verbot des Verkaufs von Privatautos u. Umstellung der Automobil- auf Rüstungsindustrie (4. 1.) **136**

- Präsident Franklin D. Roosevelt unterzeichnet am 3. 10. das Antiinflationsgesetz und erläßt Durchführungsverordnungen (Stabilisierung der Löhne u. Gehälter sowie Preise für Landwirtschaftsprodukte) **137**
- Rationierung von Benzin wird am 1. 12. angeordnet **138**

WISSENSCHAFT UND TECHNIK, SCHÖNE KÜNSTE UND PERSÖNLICHKEITEN

Kernenergie: Der italien. Physiker **Enrico Fermi** (1901–1954) baut in Chicago/Ill. den **1. Kernreaktor der Welt**, mit dem am 2. 12. erstmals eine kontrollierte und sich selbst erhaltende Kettenreaktion gelingt **140**

Kultur: In London erste Mitgliederversammlung des dt. PEN-Clubs (4. 9.) **141**

Technik/Erfindungen: Eine in Peenemünde gebaute A-4-Rakete (später: »**V 2**«) steigt am 3. 10. auf 90 km Höhe und erreicht damit als 1. Rakete über die Atmosphäre hinaus den Weltraum **142**
– I. G. Farben AG stellt am 9. 8. auf Budapester Messe vollsynthetische **Perlon-Fasern** für Textilien vor **143**

†22. 02. August **von Parseval**, dt. Erfinder d. unstarren Luftschiffes u. Fesselballons (* 1861), in Berlin **144**
†23. 02. Stefan **Zweig**, österr. Erzähler, Lyriker, Dramatiker (* 1881), Freitod bei Rio de Janeiro **145**
†03. 03. **Amadeo Herzog von Aosta**, ital. Vizekönig in Abessinien (* 1898), in Nairobi/Kenia **146**
†12. 03. Robert **Bosch**, dt. Techniker u. Industrieller/*Bosch-Werke 1901 (* 1861), in Stuttgart **147**
†12. 03. William Henry **Bragg**, brit. Physiker (* 1862), Nobelpreis m. seinem Sohn 1915, in London **148**
†15. 04. Robert **Musil**, österr. Erzähler, Essayist u. Dramatiker (* 1880), in Genf **149**
†07. 05. Felix **Weingartner**, österr. Komponist (* 1863), in Winterthur **150**
†16. 05. Bronislaw Kaspar **Malinowski**, brit.-poln. Ethnologe (* 1884), in New York **151**
†14. 06. Heinrich **Vogeler**, dt. Maler u. Kunsthandwerker/Worpswede (* 1872), in Sibirien **152**
†24. 06. Ludwig **Aschoff**, dt. Mediziner/patholog. Anatomie (* 1866), in Freiburg/Br. **153**
†09. 08. Edith **Stein**, dt. Philosophin, Karmeliterin (* 1891), im KZ Auschwitz **154**
†01. 11. Hugo **Distler**, dt. Organist u. Komponist luth. Kirchenmusik (* 1908), in Berlin (**DBP** 15. 10.) **155**
†03. 11. Carl **Sternheim**, dt. sozialkrit. expressionist. Dramatiker u. Erzähler (* 1878), in Brüssel **156**

Vor 25 Jahren: **1967**

INTERNATIONALE POLITIK/WELTGESCHEHEN

Amerika: Vertrag von Tlatelolco über Verbot von Kernwaffen in Lateinamerika (14. 2.) **157**
Asien: 8. 8. ***ASEAN** als Organisation südostasiatischer Nationen *(→ Kapitel »Internationale Organisationen«)* **158**
– **Südjemen** (Aden) wird am 27./30. 11. (von GB) als »Demokratische Volksrepublik« unabhängig **159**
– **Vietnamkrieg:** Die US-Luftwaffe beginnt am 6. 2. mit der »**Entlaubung**« von Gebieten der entmilitarisierten Zone zwischen Nord- u. Südvietnam durch versprühte Pflanzenschutzmittel. – Am 10. 3. bombardieren US-Flugzeuge erstmals Industriegebiete in Nordvietnam. – Die US-Truppen in Vietnam werden bis Jahresende auf 486 000 Mann erhöht **160**
Naher Osten: Sechs-Tage-Krieg (5.–11. 6.): Israel entscheidet 3. israel.-arab. Krieg nach ägypt. Blockade des Golfs von Akaba am 22. 5. bereits in den ersten Stunden mit Präventivschlag aus der Luft gegen Ägypten/Syrien und besetzt Westjordanien (Westufer), Gazastreifen, Sinai-Halbinsel bis zum Suez-Kanal u. die Golanhöhen/Südwestsyrien: *1,1 Mill. Araber geraten unter israel. »Verwaltung«*; »Wiedervereinigung« Jerusalems am 28. 6. – Sperrung des Suezkanals ab 6./14. 6. durch Ägypten orientiert langfristig Welthandelsströme und Transportkapazitäten auf Großtanker um. – Die arabischen Staaten verhängen darüber hinaus einen Ölboykott gegen USA und Großbritannien. – *Palästinensische Guerillaorganisationen (PLO usw.) **161**
Europäische Gemeinschaft: Fusion der Organe von EWG, EAG und EGKS zum 1. 7. auf Basis des Vertrages vom 8. 4. 1965 mit gemeinsamer EG-Kommission unter Präsident Jean Rey/B (Nachfolger des langjährigen EWG-Kommissionspräs. Walter Hallstein/D). Die 3 Verträge bleiben neben dem Fusionsvertrag Rechtsgrundlage der drei weiterhin bestehenden Gemeinschaften (**DBP** 5. 11.) **162**
GATT: Abschluß der Kennedy-Runde am 15. 5./30. 6.: Lineare Zollsenkungen um ca. 35 % für rd. 60 000 Industrieprodukte und ein Handelsvolumen von 40 Mrd. $ jährlich **163**
Gruppe der 77: Entwicklungsländer fordern in der **Charta von Algier** Zollsenkungen und weltweite Entwicklungshilfe auf Basis von 1 % der Bruttosozialprodukte der Industriestaaten (10.–24. 10.) **164**
NATO: Frankreich beendet am 1. 7. seine Mitgliedschaft in der Militärintegration der Allianz *(→ Beitrag NATO Sp. 723 f.)*, nicht jedoch in der NATO selbst. Das NATO-Hauptquartier wird am 31. 3. von Roquencourt (Paris) nach Casteau (Brüssel), SHAPE nach Mons in Belgien verlegt **165**
– NATO-Verteidigungsminister (ohne Frankreich) billigen am 13. 12. das neue strategische **Konzept der »flexible response«** über elastische und ausgewogene konventionelle und nukleare Erwiderung bei Angriffsdrohung und bei Angriff auf allen Ebenen statt des Konzepts nuklearer Vergeltungsschläge **166**
UNO: Sicherheitsrat fordert am 22. 11. in **Nahost-Resolution 242** Beendigung des Kriegszustands (aus dem 6-Tage-Krieg; → oben) und Rückzug Israels aus den besetzten arabischen Gebieten **167**
Deutschland/Frankreich/Polen: Der französische Staatspräsident Charles de Gaulle brüskiert die Bundesregierung, indem er bei einem Staatsbesuch in Polen (6.–11. 9.) die Oder-Neiße-Linie als Grenze zwischen Deutschland und Polen anerkennt (sog. Schollwer-Studien der FDP ebenfalls für Anerkennung) **168**

DEUTSCHLAND

- Bundeskanzler Kurt Georg Kiesinger nimmt am 11. 5. ein Schreiben des DDR-Ministerpräsidenten Willi Stoph vom 10. 5. an (Vorgänger Adenauer und Erhard hatten offizielle Briefe aus der DDR zurückgewiesen). Damit beginnt ein **erster direkter Notenwechsel** zwischen beiden Regierungen. Auf die Forderung Stophs nach völkerrechtlicher Anerkennung der DDR antwortet Kiesinger am 13. 6. mit dem Vorschlag, »praktische Fragen des Zusammenlebens der Deutschen« zu regeln. Als Stoph am 18. 9. einen Abkommensentwurf über »normale« völkerrechtliche Beziehungen unterbreitet, reagiert Kiesinger am 28. 9. mit dem Vorwurf eines geplanten »Teilungsvertrages«. Der Dialog scheitert an unüberbrückbaren Meinungsverschiedenheiten
- **Beginn der Studentenbewegung** mit dem Kern der »Außerparlamentarischen Opposition/APO« unter Führung von Rudi Dutschke (in Berlin), auch allgemein gegen diktatorische Regime und gegen den Vietnam-Krieg der USA **169**

Berlin: Bei einer Demonstration gegen den Besuch des Schah des Iran Mohammed Reza Pahlevi wird am 2. 6. der **Student Benno Ohnesorg** durch eine Polizeikugel **getötet**. – Am 13. 6. kommt es zu neuen Studentendemonstrationen, die sich diesmal gegen den neuen Regierenden Bürgermeister Heinrich Albertz/SPD richten. Albertz tritt am 26. 9. zurück, Nachfolger wird am 19. 10. Klaus Schütz/SPD **170**

Bundesrepublik: Aufnahme dipl. Beziehungen mit **Rumänien** am 31. 1. vereinbart; Bonn besteht zwar weiterhin auf Alleinvertretungsanspruch, doch **die »Hallstein-Doktrin« ist durchbrochen**: **Beginn der neuen Ostpolitik** der Großen Koalition aus CDU/CSU/SPD **171**

- Bundeswirtschaftsminister Karl Schiller/SPD beginnt am 14. 2. Wirtschaftspolitik der **»konzertierten Aktion«** mit den Sozialpartnern (Arbeitgeber/Gewerkschaften usw.); Sachverständigenrat **172**
- Die Allphasen-Umsatzsteuer wird in eine **Mehrwertsteuer** (in der Regel 10 %) umgewandelt (26. 4.) **173**
- Verabschiedung des **Stabilitätsgesetzes** am 10. 5.; die Bundesregierung erhält damit ausgedehnte Befugnisse, zugunsten von Stabilität, hoher Beschäftigung und Wachstum systemgerecht zu intervenieren **174**
- Das **Parteiengesetz** vom 24. 7. legt verfassungsrechtl. Stellung und Aufgaben der politischen Parteien fest, u. a. auch Grundsätze und Umfang der Wahlkampfkostenerstattung durch den Staat **175**
- Beginn der Ausstrahlung eines regelmäßigen Farbfernsehprogramms am 25. 8. (dt. PAL-System) **176**
- Bundesverkehrsminister Georg Leber/SPD gibt am 8. 11. umfassenden Reformplan zur Transportstruktur bekannt: u. a. sollen schwere Güter weg von den Fernstraßen und bevorzugt auf die Bahn **177**

DDR: Volkskammer beschließt am 20. 2. »Gesetz über die Staatsbürgerschaft der DDR«. – Die Bundesrepublik hält an einer einheitlichen deutschen Staatsangehörigkeit fest **178**

- **Freundschaftsvertrag** mit Polen (15. 3.), CSSR (17. 3.), Ungarn (18. 5.) und Bulgarien (7. 9.) **179**
- Einführung der 5-Tage-Woche am 28. 8. mit Verkürzung der Wochenarbeitszeit von bisher 45 auf $43^3/_4$ Stunden (Schichtarbeiter 42 Stunden) **180**
- Volkskammer beschließt am 1. 12. Umwandlung der Deutschen Notenbank in »Staatsbank der DDR«; Währung: »Mark der DDR« (bisher MDN/Mark Deutscher Notenbank) **181**

AUSLAND

Albanien: Nach Abschaffung des Justizministeriums (1966) sowie Schließung aller Kirchen u. Moscheen erklärt sich das Land zum 1. atheistischen Staat der Welt (»Staatsatheismus« mit Verfassungsrang 29. 12. 1976; 1991 aufgehoben) **182**

Bolivien: Ernesto **»Ché« Guevara** Serna (kubanischer marxist. Revolutionär; * 1928) wird am 9. 10. im Kampf mit bolivian. Regierungstruppen **erschossen**; Scheitern der Guerilla in Bolivien **183**

China (VR): In Shanghai bricht am 4. 1. der sog. **»Januarsturm«** los; Radikale übernehmen hier, wie in anderen Städten, gewaltsam die Macht. – Zündung der 1. Wasserstoffbombe am 17. 6. **184**

Dahomey (ab 1975 Benin): Fallschirmjäger stürzen am 17. 12. Regierung des Generals Soglo, seit 1965 Präsident; Machtübernahme durch Oberst Alphonse Alley als Chef einer provisorischen Regierung **185**

Griechenland: König Konstantin II. ernennt am 3. 4. den Führer der Rechtsopposition, Panayotis Kannellopulos, zum Ministerpräsidenten und überträgt ihm Vollmacht zur Ausschreibung von Neuwahlen **186**

- Im ersten rechtsgerichteten **Militärputsch** Nachkriegseuropas ergreifen am 21. 4. Offiziere um Oberst Georgios Papadopoulos (13. 12. 1967 bis 24. 8. 1971 Ministerpräsident) und Stilianos Pattakos wegen angeblich kommunistischer Gefahr die Macht. Aufhebung der Verfassung; nationalistisch, autoritär und sozialkonservativ orientiertes Regime bis 1974 **187**

- Nach einem gescheiterten Gegenputsch des Königs am 13. 12. flieht dieser am 14. 12. nach Rom **188**

Großbritannien: Unterhaus beschließt am 26. 1. (erneute) Verstaatlichung der Stahlindustrie **189**
- Ombudsman für Beschwerden über zentrale Regierungsstellen nimmt Tätigkeit auf (1. 4.) **190**

Indien: Zakir Husain wird als Nachf. Sarvepalli Radhakrishnans am 13. 5. erster moslem. Staatspräsident **191**

Indonesien: Ahmed Soekarno gibt nach innenpolit. Auseinandersetzungen am 12. 2. die Macht an Gen. Kemusu Suharto ab, behält Präsidententitel bis zur Absetzung durch Volkskongreß am 12. 3. **192**

Iran: Mohammed Reza Pahlewi, Schah seit 1941, krönt sich am 26. 10. selbst zum Kaiser und setzt anschließend seiner Frau Farah Diba ebenfalls die Krone auf **193**

Kongo (ab 1971 Zaire): Moise Tschombé, 1965 nach Spanien emigriert, am 13. 3. in Abwesenheit wegen »Hochverrats« zum Tode verurteilt, wird am 30. 6. nach Algerien entführt und inhaftiert (dort † 1969) **194**
- Revolte seiner Söldnertruppe gegen Ministerpräs. Joseph Mobutu (3. 7.–21. 8.) **195**

Luxemburg: Allgemeine Wehrpflicht abgeschafft (1. 7.) **196**

Mali: »Kulturrevolution« zur ideologischen Säuberung der Partei, d. h. Ausschaltung einer mächtigen frankophilen Gruppe im Partei- und Staatsapparat (22. 8.) **197**

Nicaragua: Anastasio Somoza Debayle (»Tachito«; Sohn des 1956 ermordeten Staatspräsidenten) gewinnt am 5. 2. nach schwerer Behinderung oppositioneller Kandidaten und Manipulationen bei den Präsidentschaftswahlen **198**

Nigeria: Erdölreiche Ostprovinz beschließt am 31. 3., keine Steuern mehr an Bundesregierung abzuführen. – Bundesregierung erklärt am 27. 5. Ausnahmezustand, Machtübernahme durch Gen. Yacubu Gowon und Aufteilung des Landes in 12 neue Bundesstaaten (Ende der Föderalstruktur) **199**
- Ostprovinz erklärt am 30. 5. Unabhängigkeit als **Republik Biafra** (Hauptstadt der Ibos: Enugu) **200**
- Bundesexekutivrat wird am 12. 6. höchstes Staatsorgan unter Gowon; Oberst Ojukwu als Militärgouverneur der Ostregion (seit 1966) amtsenthoben **201**
- **Beginn des Biafra-Krieges** am 6. 7. mit Befehl zur Unterdrückung des »Ojukwu-Aufstandes« (Kapitulation Biafras 12. 1. 1970). Hungersnot, Massentötungen, Massaker an (Ibo-)Zivilbevölkerung **202**
- Besetzung von Benin und großer Teile des Mittelwestens durch Biafra-Truppen und Ausrufung der Republik Benin am 20. 9.; Rückeroberung durch Bundestruppen am 21. 9. **203**

Österreich: Ein Assoziierungsabkommen mit der EWG scheitert am Veto der UdSSR (20. 3.) **204**

Rumänien: Aufnahme diplomat. Beziehungen zur BR Dtld. am 31. 1. (als 1. RGW-Staat nach der UdSSR) **205**
- Parteichef Nicolae Ceauşescu am 9. 12. 1967 zum Staatsratsvorsitzenden gewählt (25. 12. 1989 hingerichtet) **206**

Sierra Leone: Machtübernahme des Militärs unter Oberbefehlshaber David Lansana am 31. 3.; Lansana wird am 23. 3. durch zweiten Putsch abgesetzt, ein Nationaler Reformrat unter Oberst Ambrose Genda setzt Verfassung außer Kraft und löst Parteien auf; Genda wird am 27. 3. durch den aus Großbritannien zurückgekehrten Oberst Andrew Juxon-Smith (Kreole) ersetzt **207**

Sowjetunion: Einführung der 5-Tage-Woche beschlossen (7. 3.) **208**
- Allgemeine Wehrpflicht in der Armee auf 2 J., in der Marine auf 3 J. verkürzt (13. 10.) **209**

Togo: Absetzung des deutsch-afrikanischen Staats- u. Ministerpräs. Nicolas Grunitzky am 13. 1. durch die Armee unter Stabschef Oberst Étienne Gnassingbé Eyadema, der Staatspräs. wird **210**

Tschechoslowakei: Schriftstellerkongreß in Prag 27.–29. 6. wird Ausgangspunkt der Kritik am dogmatischen Kommunismus / Erste Vorboten umfangreicher Reformen nach Studentenprotesten 8. 11., die 1968 im »Prager Frühling« (Alexander Dubček) münden **211**

USA: Über 350 000 Menschen demonstrieren am 15. 4. in New York unter Führung von Martin Luther King gegen den Vietnamkrieg. Beginn der US-Studentenbewegung in Kalifornien (weltweite Ausbreitung) **212**
- Beginn von Rassenkrawallen (13. 7.); in Newark b. New York 26, in Detroit 27 Tote **213**

Vatikan: Die Sozialenzyklika »Populorum Progressio« von Papst Paul VI. fordert Solidarität mit den sozial Benachteiligten im Kampf gegen Hunger und Unwissenheit (26. 3.) **214**
- Bischofssynode (29. 9.–29. 10.): Reform des »Mischehenrechts«, nach der künftig vom nichtkatholischen Partner nicht mehr die Zusicherung der katholischen Kindererziehung verlangt wird **215**

Vietnam (Süd-): Um dem Militärregime einen demokratischen Anschein zu verleihen, wird am 1. 4. eine Präsidialverfassung verabschiedet. – Liste der Generäle gewinnt Präsidentschafts- und Senatswahlen bei weitgehender Ausschaltung der Opposition (3. 9.). Gen. Nguyen Van Thieu wird am 11. 10. zum Präsidenten, Gen. Nguyen Cao Ky zum Vizepräs. proklamiert **216**

Zentralafrikanische Republik: Oberst Jean-Bedel Bokassa, seit 1966 durch Putsch an der Macht, sichert sich diese durch französ. Truppen und Ausschaltung bzw. Ermordung zahlreicher Gegner (bekannt 17. 11.) **217**

WISSENSCHAFT UND TECHNIK, SCHÖNE KÜNSTE UND PERSÖNLICHKEITEN

Bautechnik: Einweihung der 1678 m langen Hängebrücke (der längsten Südamerikas) bei Ciudad Bolivar/Venezuela über den Orinoko

– Fertigstellung des 537 m hohen Moskauer Fernsehturms (30. 4.), des höchsten Gebäudes der Welt **218**

Hochschulen: Reformuniversität Konstanz wird Modellhochschule für zahlreiche andere Neugründungen

– Ralf Dahrendorf: *Hochschulgesamtplan für Baden-Württemberg (»Gesamthochschule« als Konzept)

Medizin: Erste erfolgreiche **Herztransplantation** in Kapstadt/RSA durch den südafrikan. Chirurgen Christiaan N. Barnard (* 1923) am 3. 12. (erster Patient stirbt am 21. 12.) **219**

Umweltproblematik: Riesentanker »Torrey Canyon« läuft am 18. 3. auf das »Seven-Stones«-Riff vor engl. Südwestküste und verursacht vor Frankreich die **erste große Ölpest in Europa** **220**

Weltraumforschung: Abkommen USA/UdSSR/GB über friedliche Nutzung des Weltraums (27. 1.) **221**

– Durch einen Brand beim Test einer Apollo-Raumkapsel werden am 27. 1. drei US-Astronauten getötet **222**

– Sowjet. Raumschiff »Sojus 1« mit einem Astronauten an Bord verunglückt am 23. 4. bei der Landung **223**

– Sowjet. Raumsonde »Venus 4« (Start: 12. 6.) landet am 18. 10. weich auf dem Planeten Venus **224**

† 16. 01. Robert J. **van de Graaf**, US-amerik. Hochspannungs-Physiker (* 1901), in Boston/Mass. **225**

† 31. 01. Otto **Dibelius**, ev. Theologe, 1945–66 Bischof v. Berlin-Brandenburg (* 1880), in Berlin **226**

† 06. 02. Henry **Morgenthau**, US-amerikan. Politiker/*M.-Plan 1944 (* 1891), in Poghkeepsie/N. Y. **227**

† 08. 02. Victor **Gollancz**, brit. Verleger u. Schiftsteller (* 1893), in London **228**

† 18. 02. J. Robert **Oppenheimer**, dt.-US-amerikan. Kernphysiker (* 1904), in Princeton/N. J. **229**

† 22.02. Fritz **Erler**, SPD-Fraktionsvors. im Bundestag seit 1963 (* 1913), in Pforzheim **230**

† 02. 03. José **Martínez Ruiz** [auch: **Azorin**], span. Schiftsteller des Modernismus (* 1874), in Madrid **231**

† 06. 03. Zoltan **Kodály**, ungar. Komponist, Volksliedersammler (* 1882), in Budapest **232**

† 29. 03. Fritz **Schäffer** (* 1888), (CSU-)Bundesfinanz-/Justizminister (1949–57/1957–61), in Berchtesgaden **233**

† 05. 04. Hermann Joseph **Muller**, US-amerik. Genetiker, Nobelpr. 1946 (* 1890), in Indianapolis/Ind. **234**

† 19. 04. Konrad **Adenauer**, CDU-Bundeskanzler 1949–1965 (* 1876), in Rhöndorf b. Bonn (**DBP** 12. 3.) **235**

† 12. 05. John **Masefield**, engl. Dichter (* 1878), bei Abington (Berkshire) **236**

† 11. 06. Wolfgang **Köhler**, dt.-US-amerik. Psychologe/*Gestaltpsychologie (* 1887), in Lebanon/N. H. **237**

† 21. 06. Paul **Sethe**, dt. Publizist u. Zeitkritiker (* 1901), in Hamburg **238**

† 28. 06. Oskar Maria **Graf**, dt. Schriftsteller, 1933 emigriert (* 1894), in New York **239**

† 08. 07. Vivien **Leigh** [Vivian Mary Hartley], brit. Schauspielerin (* 1913), in London **240**

† 21. 07. Thomas **Dehler**, dt. Jurist und FDP-Politiker (* 1897), in Streitberg **241**

† 30. 07. Alfried **Krupp** von Bohlen und Halbach, dt. Industrieller (* 1907), in Essen **242**

† 31. 07. Richard **Kuhn**, dt.-österr. Biochemiker, Nobelpr. 1938 (* 1900), in Heidelberg **243**

† 03. 08. Paul **Löbe**, SPD-Politiker/Reichstagspräs. 1920–24/1925–32 (* 1875), in Bonn **244**

† 15. 08. René **Magritte**, belg. surrealistischer Maler (* 1898), in Brüssel **245**

† 31. 08. Ilja Grigorjewitsch **Ehrenburg**, sowjet. Schriftsteller (* 1891), in Nowo-Jerusalem b. Moskau **246**

† 17. 09. Hans-Christoph **Seebohm**, (CDU-)Bundesverkehrsmin. 1949–66 (* 1903), in Bonn **247**

† 27. 09. Felix Felixowitsch **Jussupow**, ehem. russ. Fürst, Mörder des Mönchs Rasputin, in Paris **248**

† 08. 10. Clement Richard **Attlee**, brit. (Labour-)Premierminister 1945–51 (* 1883), in London **249**

† 09. 10. André **Maurois**, frz. Schriftsteller (* 1906), in Neuilly-sur-Seine **250**

† 17. 10. **Pu Yi** (Hsüan-Tung), letzter Mandschu-Kaiser Chinas 1908–12 (* 1906), in Peking **251**

† 25. 11. Heinz **Hilpert**, dt. Schauspieler, Regisseur, Theaterleiter (* 1890), in Göttingen **252**

† 03. 12. Annette **Kolb**, dt. Schriftstellerin (* 1870), in München **253**

Quellen für weitere Jahrestage 1967:

Archiv der Gegenwart, 12. Jg. **1942** und 37. Jg. **1967**, St. Augustin bei Bonn: Siegler 1943 und 1968

Fochler-Hauke, Gustav: Der Fischer Weltalmanach, Band 9 **1968** und 10 **1969**, erschienen 1967 und 1968

Geiss, Imanuel: Geschichte griffbereit/Dimensionen der Weltgeschichte (6 Bände), Reinbek: Rowohlt 1979–83

Hartmann, Johannes: Das Geschichtsbuch – Von den Anfängen bis zur Gegenwart; Frankfurt: Fischer Taschenbuch 1979

Meyers Jahreslexikon: Was war wichtig? Bd. 4 **1966/67** und 5 **1967/68**, Mannheim/Wien/Zürich 1967 und 1968

Verstorbene Persönlichkeiten

1990 (September – Dezember)

Abbagnano, *Nicola* (89), ital. Philosoph, Hauptvertreter des ital. Existentialismus, 9. 9. Mailand
Althusser, *Louis* (72), frz. Philosoph, marxistischer Theoretiker u. Ideologe der KPF, 22. 10. b. Paris
Antelme, *Robert* (73), frz. Schriftsteller, Hg. der Klassikerreihe »Pléiade«, 26. 10. Paris
Appel, *Paul-Herbert* (65), dt. Dramaturg, u. a. in München u. Düsseldorf, 1. 12. München
Arenas, *Reinaldo* (47), kuban. Erzähler u. Romanautor, 7. 12. New York, Freitod
Audry, *Colette* (84), frz. Schriftstellerin, schrieb u. a. Romane, Theaterstücke, 20. 10. b. Paris

Bayr, *Rudolf* (71), öster. Schriftsteller, Dramatiker, Übersetzer, Okt. Salzburg
Behrend, *Siegfried* (56), dt. Gitarrist, Komponist, Arrangeur u. Dirigent, 29. 9. Hausham/Obb.
Bennett, *Joan* (80), US-Film-, Fernseh- u. Theaterschauspielerin, 9. 12. White Plains/N. Y.
Berghof, *Herbert* (81), öster./US-Bühnen-Schauspieler u. Regisseur, 5. 11. New York
Bernstein, *Leonard* (72), US-Dirigent, Komponist (»West Side Story«), Pädagoge, 14. 10. New York
Berthold, *Joachim* (72), dt. Bildhauer, Okt. Oberaudorf/Inn
Bienek, *Horst* (60), dt. Schriftsteller, schrieb Romane, Lyrik, Hörspiele, Essays, 7. 12. München
Bittner, *Wolfgang* (65), dt. Journalist u. Literaturkritiker, 30. 10. Frankfurt/M.
Blakey, *Art* (71), US-Jazz-Schlagzeuger, Bandleader, 16. 10. New York
Boesiger, *Willy* (86), Schweizer Architekt, Editor des Werkes von *Le Corbusier*, Dez. Zürich
Bolet, *Jorge* (75), kuban./US-Pianist, virtuoser Liszt-Interpret, 16. 10. San Francisco
Boss, *Medard* (87), Schweizer Psychoanalytiker u. Neurologe, 21. 12. Zollikon
Braun, *Helena* (87), dt. Opernsängerin, Wagner-Interpretin, Sept. Sonthofen
Braunberger, *Pierre* (85), frz. Filmproduzent, arbeitete mit Jean Renoir, Jean-Luc Godard, Alain Resnais, 17. 11. Paris
Brem, *Beppo* (84), dt. Theater-, Film- u. Fernsehschauspieler, 5. 9. München
Büchler, *Franz* (86), dt. Lyriker u. Romancier, Sept. Baden-Baden
Büttner, *Wolfgang* (78), dt. Bühnen-, Film- u. Fernsehdarsteller, Nov. Stockdorf/Obb.

Chenal, *Pierre* (86), frz. Filmregisseur (»Die Ratten von Paris«), Schriftsteller, Journalist, 23. 12. Paris
Collande, *Volker von* (76), dt. Schauspieler, Regisseur, Theaterleiter, 29. 10. Hannover
Copland, *Aaron* (90), US-Komponist von Ballett- u. Filmmusik, 2. 12. New York
Corbucci, *Sergio* (63), ital. Filmregisseur, 2. 12. Rom
Cummings, *Robert* (80), US-Filmschauspieler (»Die zwölf Geschworenen«), 3. 12. Los Angeles/Ca.

Dahl, *Roald* (74), brit. Schriftsteller, schrieb heitermakabre Erzählungen, Kurzgeschichten, Kinderbücher, 23. 11. Oxford
Dedijer, *Vladimir* (76), serbischer Publizist u. Historiker, 1. 12.
Degkwitz, *Rudolf* (70), dt. Psychiater u. Neurologe, 18. 9. Freiburg
Demy, *Jacques* (59), frz. Filmregisseur, Vertreter der Nouvelle Vague, 27. 10.
Doe, *Samuel Kanyon* (38), Staatspräsident Liberias, 9. 9., ermordet
Dürrenmatt, *Friedrich* (69), Schweizer Schriftsteller, zählt zu den bedeutendsten Dramatikern u. Erzählern deutschsprach. Gegenwartsliteratur, 14. 12. Neuenburg
Dunne, *Irene* (86), US-Filmschauspielerin, 4. 9. Los Angeles/Ca.
Durrell, *Lawrence George* (78), irisch/brit. Schriftsteller (Romantetralogie »The Alexandria Quartet«) u. Diplomat, 7. 11. Sommières
Dursun, *Turan* (56), türk. Publizist u. Schriftsteller, kritische Werke zum Islam, 4. 9. Istanbul, ermordet
Duss, *Carlos*, Schweizer Maler 25. 12.
Dux, *Pierre* (82), frz. Theaterschauspieler, 1945 u. 1970–79 Leiter der Comédie Française, 1. 12. Paris

Eichborn, *Reinhart von* (79), dt. Publizist, Wörterbücher dt./engl. u. dt./span. Wirtschaftssprache, 2. 11. Burscheid
Engisch, *Karl* (91), dt. Jurist, Standardwerke des Strafrechts, 11. 9. Nieder-Wiesen
Enke, *Heinz* (67), dt. Musikwissenschaftler, Journalist, Leiter der Dt. Stiftung Musikleben, 12. 12.

Feddersen, *Helga* (60), dt. Fernsehdarstellerin u. Autorin, 24. 11. Hamburg
Figgures, *Frank* (80), brit. Politiker u. Wirtschaftsfachmann, 1960–65 EFTA-Generalsekretär, Nov.

Fogerty, *Tom* (48), US-Musiker, Gitarrist der Gruppe »Creedence Clearwater Revival«, Sept.
Forster, *Cornelia* (84), Schweizer Malerin, Bildhauerin, Bühnenbildnerin, 10. 10. Sala Capriasca

Gallego, *Ignacio* (76), span. Politiker, orthodoxer Ideologe der PCE, 23. 11. Madrid
Gauye, *Oscar* (62), Schweizer Historiker, seit 1974 Direktor des Schweizer Bundesarchivs, 28. 11. Bern
Grabar, *André* (94), russ./frz. Archäologe, Werke zur Byzantinistik, 5. 11. Paris
Grüber, *Arthur* (80), dt. Dirigent, 5. 10.

Hammer, *Armand* (92), US-Kunsthändler u. Sammler, 10. 12. Los Angeles/Ca.
Heller, *Erich* (79), tschech./US-Literaturwissenschaftler, 5. 11. Evanston/Ill.
Henniger, *Gerd* (60), dt. Lyriker, Essayist, Übersetzer u. a. von Apollinaire, 14. 10. Berlin
Hensch, *Friedel* (84), dt. Schlagersängerin der 50er Jahre, 31. 12. Hamburg
Hirschberger, *Johannes* (90), dt. Religionsphilosoph, 27. 11. Schmitten-Oberreifenberg
Hoffmann, *Paul* (88), dt./öster. Bühnenschauspieler, Regisseur, 1968–71 Direktor des Burgtheaters, 2. 12. Wien
Hofstadter, *Robert* (75), US-Physiker, Nobelpreisträger 1961, 17. 11. Stanford/Ca.
Huber, *Ernst Rudolf* (87), dt. Verfassungsrechtler, Standardwerk »Deutsche Verfassungsgeschichte seit 1789«, 28. 10. Freiburg
Hundt, *Hans-Jürgen* (81), dt. Archäologe u. Museums-Direktor in Mainz, Nov. Wiesbaden

Imkamp, *Wilhelm* (84), dt. Maler, Bauhaus-Künstler, Schüler von Klee, 2. 11. Stuttgart

Jost, *Res* (72), Schweizer Physiker u. Mathematiker, Miteditor von Einsteins Gesamtwerk, 3. 10.

Karjalainen, *Ahti* (67), finn. Politiker, 1970/71 Regierungschef, 7. 9. Helsinki
Kägi, *Markus* (35), Schweizer Schriftsteller, Dramatiker, Bühnenregisseur, 4. 11. Aarau
Kahane, *Meir* (58), israel. Rabbiner u. Zionist, 5. 11. New York, ermordet
Kahleyss, *Ellinor* (62), dt. Verlegerin wissenschaftl. Werke, 15. 9. Berlin
Kantor, *Tadeusz* (75), poln. Theater-Avantgardist, Regisseur, Bühnenbildner, Maler, 8. 12. Krakau
Kasper, *Hans* (**Huber**, *Dietrich*) (74), dt. Schriftsteller, Journalist, Hörspielautor, Sept.
Kegel, *Herbert* (70), dt. Dirigent, 1953–77 Leiter des Leipziger Rundfunkorchesters, bis 1986 der Dresdner Philharmonie, 20. 11. Dresden, Freitod
Klingenbeck, *Fritz* (86), öster. Theater-, Opern- u. Operettenregisseur, 19. 10. Wien
Kochno, *Boris* (86), russ./frz. Ballett-Librettist, Standardwerke über Ballett-Tanz, 9. 12. Paris
Kocsis, *Imre* (53), ungar./dt. Maler, Graphiker, Bildhauer, 31. 12.
Kolb, *Albert* (83), dt. Geograph, setzte »Honnefer Modell« für Studenten durch, Sept. Hamburg
Kortüm, *Gustav* (86), dt. Physikochemiker, Standard-Lehrbücher, 1. 12. Tübingen
Kosiol, *Erich* (91), dt. Ökonom u. Mathematiker, grundlegende Werke, 7. 9. Salzburg

Le Duc Tho (79), vietnam. Politiker, maßgeblich für die Kambodscha-Invasion 1978, 13. 10. Hanoi
Leiris, *Michel* (89), frz. Schriftsteller u. Ethnologe, gründete 1944 mit *Sartre* die Zeitschrift »Les Temps modernes«, 30. 9. Saint-Hilaire
LeMay, *Curtis* (83), US-Luftwaffengeneral, organisierte Berliner Luftbrücke, 1. 10. Los Angeles/Ca.
Lievi, *Daniele* (36), ital. Bühnenbildner an deutschen, Schweizer u. österreichischen Theatern, 15. 11. Villa b. Gargnano/Gardasee
Lohner, *Alfred* (90), Schweizer Bühnenschauspieler u. Regisseur, 9. 12. Baden
Lorch, *Peter* (53), dt. Verleger, leitete 1966–78 die Verlagsgruppe Deutscher Fachverlag, 24. 10. Kenmare/Irland
Lorenzi, *Stellio* (69), frz. Film- u. Fernsehregisseur, Nov. Paris
Lubetkin, *Berthold* (88), russ./brit. Architekt, gilt als Pionier der Moderne in England, Nov.
Lützkendorf, *Felix* (84), dt. Theater- u. Drehbuchautor, Kulturjournalist, 1937–44 Chefdramaturg der Volksbühne Berlin, Nov.
Luft, *Friedrich* (79), dt. Theater- u. Filmkritiker, Feuilletonist, 24. 12. Berlin
Luther, *Adolf* (78), dt. Maler, Vertreter der »Op-art«, 20. 9. Krefeld

MacLennan, *Hugh* (83), kanad. Schriftsteller, gilt als Begründer der kanad. Literatur, Nov. Montreal
Mahgub, *Rifaat al-* (64), ägypt. Politiker, seit 1972 Regierungsmitglied, ab 1984 Parlamentspräsident, 12. 10. Kairo, ermordet
Maktum, *Rashid Ibn Said al-* (84), Emir von Dubai, 1971 Mitbegründer der VAE u. seitdem Regierungschef, 7. 10. Dubai
Marquis, *Arnold* (69), dt. Schauspieler u. Synchronsprecher, Nov. Berlin
Martin, *Mary* (76), US-Musical-Star, Nov.
McCrea, *Joel* (84), US-Filmschauspieler in Western, 20. 10. Woodland b. Los Angeles/Ca.
Meier, *Harri* (85), dt. Romanist, Werke zur Etymologie, Nov. Bonn
Michelucci, *Giovanni* (99), ital. Architekt, Kirchenbauten, Restaurierung von Stadtvierteln in Florenz, 31. 12. Fiesole b. Florenz

Mieg, *Peter*, Schweizer Komponist, Maler, Kulturpublizist, 7. 12. Aarau
Montanus, *Hermann* (75), dt. Buchhändler, 19. 11. Buchschlag b. Frankfurt/M.
Morales, *Prospero* (70), kolumbian. Romanautor u. Journalist, 1. 9. Bogotá
Moravia, *Alberto* (82), ital. Schriftsteller (»Kaputt«, »Die Haut«) u. Journalist, 26. 9. Rom
Mothopeng, *Zephania* (77), südafrikan. Politiker, Führer des radikalen PAC, 23. 10. Johannesburg
Münchmeyer, *Alwin* (82), dt. Bankier, in Wirtschafts- u. Regierungsgremien, 24. 9. Hamburg

Namuth, *Hans* (75), dt./US-Fotograf, Filme, 13. 10. East-Hampton/Mass., Autounfall
Noguera, *Anibal* (62), kolumbian. Schriftsteller, Historiker, Diplomat, 1. 9. Bogotá
Noguères, *Henri* (74), frz. Jurist u. Journalist, leitete 1975–84 die frz. Liga für Menschenrechte, Nov. Paris
Nottbeck, *Berend von* (77), dt. Verleger u. Publizist, leitete seit 1961 den Verlag »Wissenschaft und Politik«, Nov. München
Nußbaumer, *Paul* (56), Schweizer Maler u. Illustrator von Büchern, 13. 12. Hildisrieden

Oakeshott, *Michael* (89), brit. Philosoph, Vertreter des Konservatismus, 18. 12. Dorset
Odojewzewa, *Irina* (89), sowjet. Dichterin, 1922–87 im frz. Exil, Okt. Leningrad
Olias, *Lotar* (76), dt. Schlagerkomponist der 50er u. 60er Jahre, 21. 10. Hamburg

Pajetta, *Gian Carlo* (79), ital. Politiker u. Publizist, KP-Abgeordneter, 13. 9. Rom
Paley, *William S.* (89), US-Unternehmer, Gründer des Radio- u. TV-Konzerns CBS, 2. 11. Manhattan
Pan, *Hermes* (79), US-Filmchoreograph, Tanznummern von Ginger Rogers u. Fred Astaire, Sept. Beverly Hills
Pandit, *Vijayalakshimi* (90), ind. Politikerin u. Diplomatin, Schwester *Nehrus*, seit 1952 Botschafterin bei der UNO, maßgeblich für die blockfreie Außenpolitik Indiens, 1. 12.
Pinto de Andrade, *Mário* (62), angolan. Lyriker, Vertreter der »Négritude«, 1960 Mitbegründer u. bis 1962 Präsident der MPLA, Okt. London
Piotrowskij, *Boris B.* (82), sowjet. Althistoriker u. Archäologe, Skythen-Monographie, seit 1964 Generaldirektor der Eremitage, 15. 10. Leningrad
Piquer, *Concha* (82), span. Interpretin volkstümlicher Lieder, Dez. Madrid
Pita, *Félix* (81), kuban. Lyriker u. Romanautor, 19. 10. Havanna
Puecher, *Virginio* (64), ital. Theaterregisseur, arbeitete mit Giorgio Strehler, 30. 12. Mailand

Rahman, *Abdul* (87), malays. Politiker, 1957–70 Premier, schuf 1963 den Staatenbund Malaysias, 6. 12. Kuala Lumpur
Rautawaara, *Aulikki* (84), finn. Sopranistin, Mozart-Interpretin, Opern u. Operetten, 29. 12. Helsinki
Revere, *Anne* (87), US-Filmschauspielerin der 40er Jahre, Dez. New York
Rham, *Georges de* (87), Schweizer Mathematiker, 8. 10. Lausanne
Ritsos, *Jannis* (81), griech. Lyriker, bedeutende Gedichtzyklen, 11. 11. Athen
Ritt, *Martin* (76), US-Filmregisseur (»Der Spion, der aus der Kälte kam«), 8. 12. Santa Monica/Ca.
Romans, *Pierre* (40), frz. Theaterregisseur, Nov.
Rosenberger, *Raimund* (73), dt. Komponist von Filmmusik, 30. 10. München
Rubinstein, *Renate* (61), dt./niederl. Journalistin u. Buchautorin, Nov. Amsterdam
Rudnicki, *Adolf* (78), poln. Schriftsteller, 15. 11.

Salzmann, *Friedrich* (75), Schweizer Schriftsteller, Journalist, Politiker, 29. 11. Bern
Sauvy, *Alfred* (92), frz. Soziologe, Demograph, Wirtschaftswissenschaftler, 30. 10. Paris
Scott, *Bobby* (53), US-Jazz-Pianist, Komponist, Plattenproduzent, Nov. New York
Seibt, *Peter* (61), dt. Politikwissenschaftler, Mitgründer der Universität Bremen, Dez., Unfall
Seipt, *Angelus* (40), dt. Theaterregisseur, Chefdramaturg der Kölner Oper, 4. 12. Köln
Seyrig, *Delphine* (58), frz. Theater- u. Filmschauspielerin (»Letztes Jahr in Marienbad«), 15. 10. Paris
Siebeck, *Hans-Georg* (79), dt. Verleger, leitete seit 1935 den Verlag J. C. B. Mohr, 24. 10. Tübingen
Siemens, *Ernst von* (87), dt. Unternehmer, führte den Konzern 1956–1971, Förderer von Musik, Theater, bildenden Künsten, 31. 12. Starnberg
Skutsch, *Otto* (89), dt./brit. Philologe, Werke zu altlateinischer Literatur, 9. 12. London
Spiel, *Hilde* (79), öster. Schriftstellerin u. Publizistin, 30. 11. Wien
Stahl, *Günter* (52), dt. Bühnendarsteller, Operetten, Ende Sept. Königswinter
Stolze, *Diether* (61), dt. Wirtschaftspublizist, Verleger u. Mithrsg. der »Zeit«, 24. 10. Bellinzona, Unfall
Swann, *Sir Michael Meredith* (70), brit. Wissenschaftler, 1973–80 Chairman der BBC, Okt.

Taylor, *Alan John Percevale* (84), brit. Historiker, umstrittene Werke u. a. zu Hitler, 7. 9. London
Thompson, *Carlos* (67), argent./dt. Filmschauspieler u. Buchautor, 9. 10. Buenos Aires, Freitod
Thurn und Taxis, *Johannes, Fürst von* (64), 14. 12. München
Tognazzi, *Ugo* (68), ital. Film- u. Fernsehschauspieler, komische Rollen, 27. 10. Rom

Tortelier, *Paul* (76), frz. Violoncellist u. Komponist, 18. 12. Pontoise b. Paris
Trauberg, *Leonid* (88), sowjet. Stummfilmregisseur, Pionier des Revolutionsfilms, Nov. Moskau
Trethowan, *Sir Ian* (68), brit. Journalist, 1977–82 Generaldirektor der BBC, 12. 12. London

Vetter, *Heinz Oskar* (72), 1969–82 Vorsitzender des DGB, 18. 10. Mülheim/Ruhr

White, *Patrick* (78), austral. Romancier, Dramatiker, Lyriker, 1973 Nobelpreis, 30. 9. Sydney

Zallinger-Thurn, *Meinhard von* (93), dt. Dirigent, wirkte an der Bayerischen Staatsoper in München, 24. 9. Salzburg

1991 (Januar – August)

Abe, *Shintaro* (67), japan. LDP-Politiker, 1982–86 Außenminister, 15. 5. Tokio
Allemann, *Beda* (65), d. Literaturwissenschaftler, Celan-Edition, 19. 8. Bonn.
Altenhofer, *Norbert* (52), dt. Literaturwissenschaftler, Romantik-Spezialist, 7. 8. Frankfurt/M.
Anderson, *Carl* (85), US-Physiker, Nobelpreisträger 1936, 11. 1. San Marino/Ca.
Andrae, *Clemens-August* (62), öster. Nationalökonom, 26. 5. Flugzeugabsturz in Thailand
Arrau, *Claudio* (88), chilen. Pianist, zahlreiche Plattenaufnahmen, 9. 6. Mürzzuschlag/Steiermark
Arrupe, *Pedro* (83), span. Theologe, 1965–83 Generaloberer des Jesuitenordens, 5. 2. Rom
Ashcroft, *Peggy* (83), brit. Theater- u. Filmschauspielerin, 14. 6. London
Ashman, *Howard* (40), US-Librettist u. Songschreiber, März New York
Atwater, *Lee* (40), US-Politiker, seit 1988 Vorsitz der Republikan. Partei, 29. 3. Washington

Ba, *Amadou Hampate* (90), malischer Historiker, Philosoph, Schriftsteller, 15. 5. Abidjan
Bachtiar, *Schahpur* (76), iran. Politiker, letzter Premier des Schah, seit 1979 im Exil, 6. 8. Paris, ermordet
Bardeen, *John* (82), US-Physiker, Nobelpreisträger 1956 u. 1972, Erfinder des Transistors, 30. 1. Boston/Mass.
Bender, *Hans* (84), dt. Wissenschaftler, Vertreter der Parapsychologie, 7. 5. Freiburg
Bendix, *Reinhard* (75), dt./US-Soziologe u. Politikwissenschaftler, 28. 2. Berkeley/Ca.
Berger, *Joe* (*Alfred*) (52), öster. Schriftsteller u. Schauspieler, Juni Wien
Bermann Fischer, *Brigitte* (86), Verlegerin, Tochter des Verlagsgründers Samuel Fischer, 28. 5. Camaiore/Toskana
Bermúdez, *Enrique* (58), nicaraguan. Militär u. Diplomat, 1979–90 Führer der Contra-Einheiten, 16. 2. Managua, ermordet
Billing, *Klaus* (81), dt. Pianist, Dirigent, Musikpädagoge, Vertreter der Neuen Musik, Juni Berlin
Bittel, *Kurt* (83), dt. Althistoriker, 30. 1.
Blistène, *Marcel* (80), frz. Film- u. Fernsehregisseur, Edith-Piaf-Filme, 2. 8. Côte d'Azur
Blondin, *Antoine* (69), frz. Schriftsteller, ironische Werke, 7. 6. Paris
Böhme, *Christa* (50), dt. Malerin in der ehem. DDR, 17. 3. Berlin, Freitod
Bollnow, *Otto Friedrich* (88), dt. Philosoph u. Pädagoge, 7. 2. Tübingen
Bonjour, *Edgar* (93), Schweizer Historiker, »Geschichte der Schweizer Neutralität«, 26. 5. Basel
Boskovsky, *Willi* (81), öster. Dirigent, Konzerte mit den Wiener Philharmonikern, 21. 4. Graubünden
Bourdin, *Guy* (57), frz. Fotograf, 29. 3.
Braak, *Ivo* (84), dt. Literaturwissenschaftler, Aug. Kiel
Breker, Arno (90), dt. Bildhauer, Monumentalskulpturen u. Bildnisse, 13. 2. Düsseldorf
Briggs, *Arthur* (92), US-Jazz-Trompeter u. Bandleader, spielte u. a. mit Django Reinhardt, 16. 7. Paris
Brühl, *Heidi* (49), dt. Schauspielerin, Sängerin, Tänzerin, 8. 6. Starnberg
Bruller, *Jean Marcel* (**Vercors**) (89), frz. Schriftsteller u. Verleger, Juni Paris
Brunner, *Fritz* (92), Schweizer Schriftsteller, schrieb Kinder- und Jugendbücher, 3. 1.
Bucher-Haefeli, *Alice* (93), Schweizer Verlegerin u. Hrsg. der »Luzerner Neuesten Nachrichten«, 1. 8. Luzern
Büchner, *Franz* (96), dt. Pathologe, Pionier der Biomedizin u. Kardiologie, 9. 3. Freiburg
Büchner, *Joachim* (61), dt. Kunsthistoriker, ehem. Leiter des Sprengel-Museums in Hannover, Jan. Hemmingen
Bulatovic, *Miodrag* (61), montenegrin. Schriftsteller, Journalist, Übersetzer, 14. 3. Igalo

Calame, *Blaise* (68), Schweizer Violinist, Interpret zeitgenössischer Musik, 5. 2. b. Paris
Carter, *John* (61), US-Jazz-Klarinettist, Komponist, Dozent für afroamerikanische Kultur, April Los Angeles
Cetto, *Anna Maria* (92), dt./Schweizer Kunsthistorikerin, 25. 6. Bern
Chatti, *Habib* (74), tunes. Politiker, ehem. Außenminister, 1979–84 Generalsekretär der Islam. Weltkonferenz, März Paris
Clark, *Gene* (49), US-Rocksänger u. Komponist, 24. 5. Sherman Oaks b. Los Angeles
Clark, *Stephen Maynard* (30), brit. Rockmusiker, Gitarrist der Gruppe »Def Leppard«, 8. 1. London
Cleveland, *James* (59), US-Bariton, Pianist, Komponist, Arrangeur von Gospelsongs, 9. 2.

Cools, *André* (63), belg. Politiker, mehrfach Kabinettsmitglied, 1981 maßgeblich bei der Föderalisierung Belgiens, 18. 7. Lüttich, ermordet
Coppola, *Carmine* (80), US-Komponist, bekannte Filmmusik, 26. 4. Los Angeles/Ca.
Curtis, *Ken* (74), US-Film- u. Fernsehschauspieler, Country-Sänger, 28. 4. Fresno/Ca.

Dabrowski, *Jerzy* (60), poln. Theologe, Weihbischof von Gnesen, 15. 2. Unfall
Daub, *Richard* (90), dt. Journalist, Arbeit für Nachrichtendienste u. Rundfunk, 16. 3.
Decroux, *Etienne* (92), frz. Schauspieler, Erneuerer der Pantomime, 12. 3. Boulogne-Billancourt
Dirks, *Walter* (90), dt. Publizist, Mitgründer u. Hrsg. der »Frankfurter Hefte«, 1956–67 Leiter der Kultur beim WDR, 30. 5. Wittnau/Freiburg
Dudler, *Hermann-Josef* (55), dt. Ökonom, in der Leitung der Dt. Bundesbank, 30. 6. Bad Homburg

Eggebrecht, *Axel* (92), dt. Schriftsteller u. Journalist, Mitgründer des NDR u. des dt. PEN, 14. 7. Hamburg
Ellermann, *Heinrich* (86), dt. Verleger, 13. 8. Vaduz
Emsheimer, *Arthur* (91), Schweizer Jurist dt.-jüd. Herkunft, »Vater des Asylgesetzes«, März Zürich
Engles, *Paul* (82), US-Lyriker, gründete den Writer's Workshop, März Chicago

Fanderl, *Wastl* (75), dt. Volksmusiker, veröffentlichte bayer. Liedsammlungen, 25. 4. Prien
Fechner, *Erich* (87), dt. Jurist, Werke zu Arbeits- u. Sozialrecht, 10. 2. Tübingen
Fender, *Leo* (82), US-Gitarrenbauer, Erfinder elektr. Instrumente, März Fullerton/Ca.
Ferrater Mora, *José* (78), span. Philosoph, Schriftsteller, Jan. Barcelona
Fialka, *Ladislav* (59), tschech. Pantomime, 22. 2. Prag
Field, *John* (69), brit. Tänzer, 1971–74 Direktor des Balletts der Mailänder Scala, dann des Königlichen Balletts London, 3. 8. London
Fink, *Wilhelm* (70), dt. Verleger, Aug. München
Finkenzeller, *Heli* (76), dt. Film-, Fernseh- u. Bühnenschauspielerin, 14. 1. München
Flinsch, *Erich* (85), dt. Pianist, Jan.
Fonteyn, *Margot* (**Hookham**, *Peggy*) (71), brit. Tänzerin, Primaballerina des Königlichen Balletts London, 21. 2. Panama
Frager, *Malcolm* (56), US-Pianist, 20. 6. Lennox
Franciscus, *James* (57), US-Film- u. Fernsehschauspieler, 8. 7. Los Angeles
Freeman, *Lawrence »Bud«* (84), US-Saxophonist, Begründer des Chicago-Jazz, 15. 3. Chicago
Friedeburg, *Friedrich von* (65), dt. Journalist, 1. 1. Oberstedten
Frisch, *Max* (80), Schweizer Schriftsteller, bedeutender Vertreter der deutschsprachigen Nachkriegsliteratur, gilt als moderner Klassiker, 4. 4. Zürich

Gainsbourg, *Serge* (62), frz. Sänger, Liedkomponist, Schauspieler, 2. 3. Paris
Gallimard, *Claude* (77), frz. Verleger, edierte alte u. neue Klassiker, angesehenster Verlag Frankreichs, 29. 4. Paris
Gandhi, *Rajiv* (46), ind. Politiker, 1984–89 Premier, 21. 5. Sriperumbudur/Tamil Nadu, ermordet
Gerling, *Hans* (76), dt. Unternehmer, Leiter des gleichnam. Konzerns, 14. 8. Köln
Getz, *Stan* (64), US-Tenorsaxophonist, kreierte den Cool Jazz, 6. 6. Malibu/Ca.
Gilbert, *Felix* (86), dt./US-Historiker jüd. Herkunft, Renaissance-Forscher, 14. 2. Princeton
Graham, *Martha* (96), US-Tänzerin u. Choreographin, Begründerin des Modern Dance, 1. 4. New York
Grant, *Julius*, brit. Wissenschaftler, Experte für Handschriften, entlarvte u. a. die Fälschung von Mussolinis u. Hitlers Tagebüchern, 5. 7.
Greene, *Graham* (86), brit. Schriftsteller, schuf Romane, Dramen, Essays, Drehbücher, 3. 4. Vevey
Greve, *Ludwig* (66), dt. Lyriker, 12. 7. Amrum
Guelis, *Jean* (67), frz. Tänzer u. Choreograph, Solist der New Yorker Met, 30. 4. Paris
Guglielmi, *Louis »Louiguy«* (75), frz. Chansonkomponist (»La vie en rose«), 4. 4. Vence

Haller, *Vera* (80), ungar./Schweizer Malerin u. Bühnenbildnerin, 25. 2. Tessin
Hardenberg, *Margarethe Gräfin von*, geb. *von* **Oven** (86), dt. Widerstandskämpferin, 5. 2.
Hartmann, *Klaus* (65), dt. Philosoph, Juli
Hausmann, *Werner* (90), Schweizer Radiojournalist, Regisseur, 17. 7. Basel
Hay, *Alexandre* (72), Schweizer Jurist, 1976–87 Präsident des IKRK, 23. 8. Genf
Heckel, *Hans* (86), dt. Jurist, maßgeblich für das dt. Schulrecht, 2. 2.
Heidelberger, *Michael* (103), US-Biochemiker, Nestor der Immunologie, Juni New York
Heimann, *Erwin* (82), Schweizer Schriftsteller, 21. 8. Heiligenschwendi/Bern
Hellwig, *Klaus* (49), dt. Filmproduzent, Kritiker, März Paris
Hengsbach, *Franz Kardinal* (80), dt. Theologe, seit 1958 Bischof des Ruhr-Bistums, Gründer des Hilfswerkes Adveniat, 24. 6. Essen
Herr, *Trude* (63), dt. Schauspielerin, Sängerin, Theaterleiterin in Köln, 16. 3. b. Aix-en-Provence
Hildesheimer, *Wolfgang* (75), dt. Schriftsteller u. Maler, bedeutender Vertreter der deutschspr. Nachkriegsliteratur, 21. 8. Poschiavo/Schweiz
Hines, *David* (47), US-Jazztrompeter, Juli, Unfall

Hippel, *Fritz von* (93), dt. Rechtstheoretiker, 8. 1.
Hoffmann, *Bruno* (78), dt. Musiker, Komponist, Virtuose der Glasharfe, 11. 4. Stuttgart
Honda, *Soichiro* (84), japan. Unternehmer, Gründer des gleichnam. Weltkonzerns, 5. 8. Tokio

Idris, *Jussef* (64), ägypt. Schriftsteller, Erneuerer des arab. Romans u. der arab. Kurzgeschichte, 1. 8. London, Unfall
Igarashi, *Hitori* (44), japan. Literaturwissenschaftler, Übersetzer der »Satanischen Verse« von Salman Rushdie, 12. 7. Tokio, ermordet
Inoue, *Yasushi* (83), japan. Schriftsteller, gilt als Japans bedeutendster Literat, 29. 1. Tokio

Jabès, *Edmond* (78), ägypt./frz. Lyriker, seit 1957 im Exil, 2. 1. Paris
Jagger, *Dean* (87), US-Filmschauspieler, (»Geschichte einer Nonne«), Feb. Santa Monica/Ca.
Jesús Martinez, *José »Chuchu«*, panam. Lyriker, Philosoph, Militär, Jan.
Jiang Qing (77), chin. Politikerin, Witwe *Mao Tsetungs*, führende Rolle in der Kulturrevolution, als Mitglied der »Viererbande« 1981 verurteilt, 14. 5., Freitod
Joxe, *Louis* (89), frz. Historiker, Politiker und Diplomat, Anfang April Paris
Julien, *Charles-André* (99), frz. Historiker, für die Unabhängigkeit der Maghreb-Staaten, 19. 7.
Jusatz, *Helmut* (84), dt. Epidemiologe u. Tropenmediziner, Gründer der Geomedizin, 27. 4.

Kaganowitsch, *Lasar* (97), sowjet. Politiker, maßgeblich für die Zwangskollektivierung der Landwirtschaft u. »Säuberung« der KPdSU unter Stalin, 1957 entmachtet, 25. 7. Moskau
Kalow, *Gert* (70), dt. Schriftsteller, Kulturkritiker, 11. 8. Heidelberg
Kallmann, *Hans Jürgen* (82), dt. Maler, Porträts von Politikern u. Künstlern, 6. 3. Pullach
Kaminski, *André* (67), Schweizer Schriftsteller u. Fernsehdramaturg, 12. 1. Zürich
Kaufmann, *Ludwig* (72), Schweizer Theologe u. Publizist, 8. 7. Zürich
Kempff, *Wilhelm* (95), dt. Pianist u. Komponist, Beethoven-Interpret, 23. 5. Positano
Klasen, *Karl* (81), dt. Bankier, 1970–77 Präsident der Dt. Bundesbank, 22. 4. Hamburg
Klemm, *Eberhardt* (60), dt. Musikwissenschaftler, edierte Arnold Schönbergs »Musiklehre«, seit 1985 Leiter des Hanns-Eisler-Archivs, Juni Leipzig
Koch, *Julius* (79), dt. Lebensmittelchemiker, Patente der Getränketechnologie (»Hohes C«), 2. 7.
König, *Traugott* (56), dt. Übersetzer u. Publizist, Hrsg. der Werke frz. Philosophen, Juli Heidelberg
Korn, *Karl* (83), dt. Publizist, 1949–73 Mithrsg. der F.A.Z., 10. 8. Bad Homburg
Kortner, *Peter* (66), dt./US-Schriftsteller, Drehbuchautor, Regisseur, 9. 2. Sonoma/Ca.
Kosinski, *Jerzy* (57), poln./US-Schriftsteller (»Der bemalte Vogel«), 3. 5. New York, Freitod
Kraemer, *Konrad* (64), dt. Publizist, März
Krafft, *Katja u. Maurice*, frz. Vulkanforscher, Dokumentarfilmer, 3. 6. Kyushu, am Unzen
Kraft, *Werner* (95), dt.-jüd. Schriftsteller u. Gelehrter, Literaturkritiker, Juni Jerusalem
Kunisch, *Hermann* (89), dt. Literaturwissenschaftler, Werkausgaben von Eichendorff u. Stifter, 24. 2.

Land, *Edwin H.* (81), US-Physiker, Erfinder u. Unternehmer, 533 Patente, 1. 3. Cambridge/Mass.
Landgrebe, *Ludwig* (89), dt. Philosoph, Direktor des Husserl-Archivs, Aug. Köln
Landon, *Michael* (**Orowitz**, *Eugene Maurice*) (54), US-Fernsehschauspieler (»Bonanza«), 1. 7.
Langlais, *Jean* (84), frz. Organist u. Komponist, schuf Orgelmusik u. geistl. Vokalwerke, 8. 5. Paris
Lean, *David* (83), brit. Filmregisseur (»Brücke am Kwai«, »Lawrence von Arabien«, »Doktor Schiwago«), 16. 4. London
Lefebvre, *Henri* (86), frz. Marxist, Philosoph, Soziologe, 29. 6. Pau
Lefebvre, *Marcel* (85), frz. Erzbischof, Traditionalistenführer der kath. Kirche, 1988 Bruch mit Rom, 25. 3. Martigny/Wallis
Lefèvre, *René* (93), frz. Filmschauspieler, Drehbuch- u. Romanautor, Mai Paris
Lewis, *Sir Arthur* (66), brit. Nationalökonom, Nobelpreisträger 1979, 15. 6. Barbados
Lhote, *Henri* (88), frz. Ethnologe, Sahara-Forscher, März Cave de Faverolles
Litaize, *Gaston* (81), frz. Orgelinterpret u. Komponist, 5. 8. Menil-sur-Belvite/Vogesen
Loehrer, *Edwin* (86), Schweizer Dirigent, Komponist, Musikwissenschaftler, 10. 8. Orselina b. Locarno
Löwenthal, *Richard* (83), dt. Politologe, Mitbegründer der Ostpolitik Brandts, 9. 8. Berlin
Lüthi, *Max* (82), Schweizer Philologe u. Märchenforscher, 20. 6. Zürich
Luria, *Salvador E.* (78), ital./US-Mikrobiologe, Virenforscher, Nobelpreisträger für Medizin 1969, 6. 2. Lexington/Mass.

Maibaum, *Richard* (81), US-Drehbuchautor, (»James Bond«-Filme), 3. 1. Santa Monica/Ca.
Malagodi, *Giovanni* (86), ital. Politiker u. Finanzfachmann, 17. 4. Rom
Manescul, *Ursula von* (59), dt. Schauspielerin, 19. 3. b. Karlsruhe
Man Ray, *Juliet* (79), US-Tänzerin, Witwe des Malers u. Fotografen, 17. 1. New York
Manns, *Peter* (68), dt. Kirchenhistoriker, Luther-Forscher, Monographien, April Mainz

Mantelet, *Jean* (90), frz. Erfinder u. Industrieller, Gründer des Moulinex-Konzerns, 19. 1. Paris
Manzù, *Giacomo* (82), ital. Bildhauer, Erneuerer sakraler Plastik, Dom-Portale, 17. 1. Rom
Martini, *Fritz* (81), dt. Literaturhistoriker, Mitbegründer der Dt. Schillergesellschaft, 4. 7. Stuttgart
Meier-Cibello, *Viktor* (67), Schweizer Journalist, Fernsehsprecher, Juni
Meisel, *Hans* (90), dt./US-Erzähler, Übersetzer, Politikwissenschaftler, 1925–33 Feuilleton-Redakteur der »Vossischen Zeitung«, März USA
Merzagora, *Cesare* (92), ital. Publizist, Kabinettsmitglied, 1953–67 Senatspräsident, 1. 5. Rom
Meyer, *Bruno* (80), Schweizer Historiker, Juni Frauenfeld
Meyer-Lindenberg, *Johannes* (53), dt. Psychiater u. Neurologe, 4. 2. Bonn
Monfort, *Silvia* (67), frz. Schauspielerin, Bühnenregisseurin, Schriftstellerin, 30. 3. Paris
Motherwell, *Robert* (76), US-Maler, Graphiker, Kunsttheoretiker, 16. 7. Provincetown/Mass.
Mucha, *Jiři* (76), tschech. Schriftsteller, Werke 1949–88 verboten, 1989 Mitbegründer des tschech. PEN, 5. 4.
Müller, *Hans-Wolfgang* (83), dt. Ägyptologe u. Museumsleiter, 6. 2. München
Müller-Wiener, *Wolfgang* (67), dt. Archäologe, seit 1974 Ausgrabungen in Milet, Mai Istanbul

Nadi, *Nadir* (83), türk. Schriftsteller, Abgeordneter und Senator, Besitzer und Herausgeber der liberalen Zeitung »Cumhuriyet«, August Istanbul
Nässig, *Carlo W.* (67), dt. Journalist, 20. 7.
Nell-Breuning, *Oswald von* (101), dt. Theologe, Jesuit, Sozialwissenschaftler, prägte die kath. Soziallehre, 21. 8. Frankfurt/M.
Neumann, *Werner* (87), dt. Musikhistoriker, Gründer des Bach-Archivs in Leipzig, April
Neumark, *Fritz* (90), dt. Finanzwissenschaftler u. Nationalökonom, 9. 3. Baden-Baden
Neutze, *Günther* (69), dt. Bühnen- u. Fernsehschauspieler (»Dem Täter auf der Spur«), März
Nistico, *Sal* (51), US-Jazz-Saxophonist, Komponist, Arrangeur, 3. 3. Bern

Oertzen, *Klaus Detlof von* (97), dt. Flug- u. Autoingenieur, Kampfflieger, Erfinder des Bomben-Ausklink-Mechanismus, 25. 7. Pully/Lausanne
O'Faolain, *Sean* (91), irisch. Schriftsteller, 20. 4. Dublin
Olav V., *König von Norwegen (geb. Alexander Eduard Christian Friedrich von Dänemark)* (87), seit 1957 Monarch, 17. 1. Oslo

Páleníćek, *Josef* (76), tschech. Pianist u. Komponist, 7. 3. Prag
Penney, *Lord William George* (81), brit. Mathematiker u. Physiker, an der Atom- u. Wasserstoffbombe beteiligt, 3. 3. East Hendred
Pfleghar, *Michael* (58), dt. Film- u. Fernsehregisseur (»Klimbim«), 23. 6. Düsseldorf, Freitod
Pinkus, *Theo* (81), Schweizer Buchhändler u. Verleger, Antiquar sozialistischer Literatur, 5. 5. Zürich
Plochmann, *Richard* (66), dt. Forstwissenschaftler u. Historiker, Gründer der Aktion »Kampf gegen das Waldsterben«, 26. 4.
Pohlmann, *Hermann* (97), dt. Flugzeugkonstrukteur (Ju-Reihe, Transall, Airbus), Juli
Popa, *Vasko* (68), serbischer Dichter u. Übersetzer frz. Lyrik, 5. 1.
Pratolini, *Vasco* (77), ital. Schriftsteller (»Rocco und seine Brüder«), 12. 1. Rom
Preusker, *Victor-Emanuel* (78), dt. Politiker, 1953–57 Bundesbauminister, 13. 5. Bonn
Prim, *Suzy* (95), frz. Bühnen-, Film- u. Revuedarstellerin, Juli Boulogne-sur-Seine b. Paris
Puigserver, *Fabià* (52), span. Bühnenbildner, Regisseur, 1. 8. Barcelona

Rachmanowa, *Alja* (92), russ./Schweizer Schriftstellerin, 11. 2. Ettenhausen/Thurgau
Rapp, *Alfred* (88), dt. Journalist, 28. 8. Bad Godesberg
Reder, *Walter* (75), öster. NS-Kriegsverbrecher, »Henker von Marzabotto«, 2. 5. Wien
Reichmann, *Wolfgang* (59), dt. Theaterschauspieler, Opern- u. Musicalpartien, 7. 5. Waltalingen
Reining, *Maria* (87), öster. Sopranistin, 1937–56 Solistin der Wiener Staatsoper u. der Salzburger Festspiele, 11. 3. Deggendorf
Remick, *Lee* (56), US-Film- u. Fernsehschauspielerin, 2. 7. Los Angeles
Rössler, *Otto* (84), dt. Linguist, Forschungen zu hamito-semitischen Sprachen, 9. 7. Marburg
Rohwedder, *Detlev Karsten* (58), dt. Politiker, Treuhandanstalt-Leiter, 1. 4. Düsseldorf, ermordet
Rostal, *Max* (85), Schweizer Violinist schles. Herkunft, Musikpädagoge, 6. 8. Bern

Sabri, *Ali* (73), ägypt. Politiker, 1965–71 Vizepräsident, Aug.
Saguer, *Louis* (84), dt./frz. Komponist, schrieb Opern, Orchesterwerke, März Paris
Sandberg, *Herbert* (82), dt. Graphiker u. Karikaturist, März Berlin
Sautter, *Walter* (79), Schweizer Maler, 12. 5. Zumikon
Saygun, *Ahmed Adnan* (83), türk. Komponist, Musikforscher der türk. Folklore, schuf Opern, Sinfonien, Konzerte, 6. 1. Istanbul
Schäuffele, *Fritz* (74), Schweizer Rundfunkjournalist u. Publizist, 25. 1. Walzenhausen
Schafranek, *Franz* (60), öster. Bühnenschauspieler u. Regisseur, 1963 Gründer des »Vienna's English Theatre«, Juni Wien

Schanzlin, *Hans Peter* (74), Schweizer Musikhistoriker, Bibliothekar, Kirchenmusiker, 12. 5. Basel
Scheller, *Meinrad* (69), Schweizer Sprachwissenschaftler, Forschungen zu indogermanischen Sprachen, 24. 4. Zürich
Schmidheiny, *Max* (83), Schweizer Industrieller, Kunstmäzen, 19. 8. Altstätten
Schmitz, *Joseph »Jupp«* (90), dt. Volkssänger, Komponist u. Texter im Karneval, 26. 3. Köln
Schmökel, *Hartmut* (85), dt. Altorientalist, Werke über Hochkulturen im Zweistromland, Aug. Kiel
Schöffling, *Karl* (69), dt. Endokrinologe, entwikkelte u. a. orale Antidiabetika, 6. 7.
Schöndienst, *Eugen* (81), dt. Theaterwissenschaftler, 1961–75 Präsident des Dt. Bühnenvereins, Aug. Köln
Schönwiese, *Ernst* (86), öster. Schriftsteller, Lyriker, 1972–78 Präsident des öster. PEN, 4. 4. Wien
Schütz, *Waldemar* (77), dt. Theaterschauspieler, Stuttgarter Staatsschauspiel, Juni Stuttgart
Schuyler, *James* (67), US-Lyriker, April
Schwabe, *Willi* (76), dt. Bühnen- u. Fernsehschauspieler der DDR, 12. 7. Berlin
Schwarzkopf, *Klaus* (68), dt. Theater- u. Fernsehdarsteller (»Tatort«), 21. 6. Bochum
Schwenn, *Günther* (87), dt. Textdichter u. Librettist, 4. 1. Montreux
Seeger, *Mia* (88), dt. Designerin, arbeitete mit Mies van der Rohe u. Gropius, leitete 1954–67 den Rat für Formgebung, 14. 5. Stuttgart
Seigner, *Louis* (87), frz. Theaterschauspieler, seit 1943 an der Comédie Française, 20. 1. Paris
Serkin, *Rudolf* (88), dt./US-Pianist, 1933 Emigration, Beethoven-, Mozart-, Schubert-, Brahms-Interpret, 8. 5. Guilford/Vermont
Siegel, *Donald »Don«* (78), US-Filmregisseur, drehte Western- u. Action-Filme, 20. 4. Nipomo/Ca.
Simon, *Jean-Marie* (54), frz. Opernregisseur u. Theaterdramaturg, 9. 3. Paris
Singer, *Isaac Bashevis* (87), poln./US-Schriftsteller jüd. Herkunft, »Homer des Jiddischen«, Nobelpreis 1978, 24. 7. Miami
Sowinetz, *Kurt* (62), öster. Theaterdarsteller, Burgschauspieler, 28. 1. Wien
Stamm, *Rudolf* (81), Schweizer Anglist, Shakespeare-Forscher, Werke zu anglo-irischer Lyrik, 2. 2.
Stamm, *Willy* (88), dt. Verleger, 24. 4. Essen
Stauffer, *Teddy* (82), Schweizer Bandleader, Swing-König der 30er Jahre, 27. 8. Acapulco
Stegmüller, *Wolfgang* (67), dt. Philosoph, Werke zu Wissenschaftstheorie u. Logik, 1. 6. München
Sterling, *Charles* (89), frz. Kunsthistoriker, Konservator des Louvre, 9. 1. b. Paris
Strassner, *Ernst* (86), dt. Maler, 12. 7. Braunschweig
Strecker, *Max* (84), dt. Volksschauspieler, Fernsehrollen (»Familie Hesselbach«), Feb. Stuttgart
Strindberg, *Göran* (74), schwed. Kameramann, arbeitete mit Ingmar Bergman, März Ystad
Szczepánski, *Jan Alfred* (89), poln. Kulturjournalist, Expeditionsbücher, 20. 3. Warschau

Tamayo, *Rufino* (91), mexikan. Maler, monumentale Wandgemälde, 20. 6. Mexico City
Taylor, *Vince* (52), US-Rock'n'Roll-Musiker, 27. 8. Lutry/Schweiz
Thimig, *Hans* (90), öster. Bühnenschauspieler, spielte u. a. am Burgtheater, 17. 2. Wien
Thunders, *Johnny* (37), US-Musiker, Mitbegründer der Punk-Musik, April New Orleans
Tinguely, *Jean* (66), Schweizer Künstler, Skulpteur, Objektemacher, 30. 8. Bern
Toscanini, *Wally* (91), ital. Kunstmäzenin, förderte den Wiederaufbau der Mailänder Scala, Tochter des Dirigenten, 8. 5. Rom
Tower, *John* (65), US-Politiker, 24 Jahre maßgeblich im Senat für Verteidigung, Leiter der Iran-Contra-Untersuchung, 5. 4. Georgia, Flugzeugabsturz
Tschakarow, *Emil* (43), bulgar. Dirigent, Opernaufnahmen, 4. 8. Paris
Tsedenbal, *Jumschagin* (74), mongol. Politiker, bis 1984 Partei- u. Staatschef, 21. 4. Moskau

Wagner, *Friedelind* (73), dt. Opernregisseurin, Enkelin Richard Wagners, 8. 5. Herdecke
Wagner, *Robert* (80), US-Politiker u. Diplomat, 1954–65 Bürgermeister von New York, 12. 2.
Wahab, *Abdel* (88), ägypt. Komponist u. Sänger, 4. 5. Kairo
Walcha, *Helmut* (83), dt. Musikwissenschaftler, Organist, Bach-Interpret, 11. 8. Frankfurt/M.
Weber, *Annemarie* (72), dt. Schriftstellerin, 20. 1. Berlin
Weigel, *Hans* (83), öster. Dichter, Schriftsteller, Feuilletonist, Kritiker, 12. 8. Wien
Willms, *Bernard* (59), dt. Philosoph u. Politologe, 27. 2. Bochum
Wilson, *Allan C.* (56), US-Biochemiker, Theorie der »afrikanischen Eva«, 21. 7. Seattle
Wilson, *Angus* (77), brit. Schriftsteller, Erzähler, Essayist, Hör- u. Fernsehspielautor, 31. 5. London
Wolfram, *Gerhard* (68), dt. Schauspieler, Regisseur u. Theaterintendant, 1982–90 Leiter des Schauspiels Dresden, 20. 1. Berlin

Yamada, *Kazuo* (78), japan. Dirigent, Leiter der jap. Mahler-Gesellschaft, 13. 8. Yokohama

Zambrano, *María* (86), span. Schriftstellerin u. Philosophin, 1939–84 im Exil, 6. 2. Madrid
Zampa, *Luigi* (86), ital. Filmregisseur, Drehbuchautor, Schriftsteller, 16. 8. Rom
Zuckmayer, *Alice* (89), dt. Schriftstellerin, Witwe von Carl Zuckmayer, 11. 3. Visp/Schweiz

Maße und Gewichte

VERGLEICH METRISCHER UND ANGELSÄCHSISCHER LÄNGENMASSE

1 inch (in) = 25,399 mm
1 foot (ft) = 12 inches = 30,480 cm
1 yard (yd) = 3 feet = 91,44 cm
1 pole, perch, rod (rd) = 5,5 yards = 5,029 m
1 chain (ch) = 4 poles = 20,12 m
1 furlong (fur) = 10 chains = 201,17 m
1 mile (mi) od. statute mile = 8 furlong = 1,609341 km
1 geogr. Meile = 7,42044 km

1 mm = 0,03937 inch
1 m = 3,280840 feet
1 km = 0,62137 mile

Nautische Längenmaße

1 sm = internationale nautische Meile = 1,852 km
1 fathom = 6 feet = 1,829 m

1 cable length = 185,2 m
1 imperial nautical mile = 1,853 km

VERGLEICH METRISCHER UND ANGELSÄCHSISCHER FLÄCHENMASSE

1 Quadratmeter (m^2) = 100 dm^2 = 10000 cm^2 = 10,7639 sq. ft
1 square foot (sq. ft) = 0,09290 m^2
1 square inch (sq. in) = 6,452 cm^2
1 square yard (sq. yd) = 9 sq. ft = 0,836 m^2
1 square rod, pole, perch = 30,25 sq. yd = 25,293 m^2
1 square foot (sq. ft) = 144 sq. in = 9,2903 dm^2
1 rood = 40 rod = 10,12 a
1 acre = 4 rood = 0,40468 ha
1 Ar (a) = 100 m^2 = 119,599 sq. yd
1 Hektar (ha) = 100 a = 2,4711 acres
1 square mile = 2,5899 km^2
1 Quadratkilometer (km^2) = 100 ha = 1000000 m^2 = 247,11 acres

1 ha = 2,4711 acres
1 km^2 = 0,3861 square miles

VERGLEICH METRISCHER UND ANGELSÄCHSISCHER RAUM- UND HOHLMASSE

1 cubic inch (cu. in) = 16,387 cm^3
1 cubic foot (cu. ft) = 1728 cubic inches = 28,32 dm^3
1 cubic yard (cu. yd) = 27 cubic feet = 0,7646 m^3
1 cubic foot = 0,02832 m^3
1 imperial bushel (bu) = 0,36369 hl
1 Liter (l) = 1 dm^3 = 1,760 imp. pints (pt) = 2,144 US-pints / 1 imp. pt = 0,568 l
1 Hektoliter (hl) = 100 l = 21,997 imp. gallons (gal) = 26,417 US-gallons

1 cm^3 = 0,06102 cubic inch
1 m^3 = 35,315 cubic feet
1 hl = 2,7496 imperial bushels

Nautische Raummaße

1 Bruttoregistertonne (BRT) = 100 cubic foot = 2,83 m^3
Die Maßeinheit BRT für die Vermessung von Schiffsräumen wird durch das am 18. 7. 1982 in Kraft getretene Internationale Schiffsvermessungsübereinkommen mit Übergangszeit bis 18. 7. 1994 ersetzt durch »Bruttoraumzahl« (BRZ = gross tonnage = GT), wobei alle Schiffsräume von der Vermessung erfaßt werden.

Flüssigkeitsmaße

1 imp. gill = 0,142 l
1 imp. pint (pt) = 4 gills = 0,568 l
1 imp. quart (qt) = 2 pints = 1,136 l
1 imp. gallon (gal) = 4 quarts = 4,546 l
1 imp. petroleum gallon = 4,54596 l
1 US-gill = 0,118 l

1 US-pint (liq pt) = 4 gills = 0,473 l
1 US-quart (liq qt) = 2 pints = 0,946 l
1 US-gallon (liq gal) = 4 quarts = 3,785 l
1 US-petroleum gallon = 3,78533 l
1 US-petroleum barrel = 42 petroleum gallons = 158,984 l

VERGLEICH METRISCHER UND ANGELSÄCHSISCHER GEWICHTE

Allgemeine Handelsgewichte

1 avoirdupois pound (avdp.lb) = 0,45359 kg
1 kg = 2,2046 avoirdupois pounds
1 dram (dr) = 27,34 grains = 1,772 g
1 pound (lb) = 16 oz = 453,59 g
1 ounce (oz) = 16 dr = 28,350 g
1 stone (st) = 14 lb = 6,35 kg
1 brit. quarter (qr) = 2 st = 12,70 kg; in USA: 1 quarter = 11,339 kg
1 brit. hundredweight (cwt) = 4 qr = 50,802 kg; 1 US-hundredweight = 45,359 kg
1 long ton = 1,0160 t
1 t = 0,98421 long ton
1 long ton = 20 cwt = 1016,05 kg
1 cental oder short cwt bzw. US-cwt = 100 lb = 45,358 kg
1 short ton = 0,90718 t
1 t = 1,10231 short ton
1 short ton = 20 short cwt = 907,185 kg

Edelmetallgewichte (Troy-System)

1 grain (gr) = 0,065 g
1 pennyweight (dwt) = 24 gr = 1,555 g
1 ounce (oz) = 20 dwt = 31,104 g
1 pound (lb) = 12 oz = 373,24 g

TEMPERATUR-UMRECHNUNGSFORMELN

	°Celsius	*°Réaumur*	*°Fahrenheit*
°C	–	$\frac{4}{5} \cdot C$	$\frac{9}{5} \cdot C + 32$
°R	$\frac{5}{4} \cdot R$	–	$\frac{9}{4} \cdot R + 32$
°F	$(F - 32) \cdot \frac{5}{9}$	$(F - 32) \cdot \frac{4}{9}$	–

0 °F = $-17\frac{7}{9}$ °C = $-14\frac{2}{9}$ °R
Das Verhältnis je eines Grades von C : R : F = wie 5 : 4 : 9

Die Temperaturspanne zwischen dem Gefrierpunkt und dem Siedepunkt des Wassers (je bei 760 mm Druck) ist bei Réaumur (R) in 80, bei Celsius (C) in 100 und bei Fahrenheit (F) in 180 Grad eingeteilt. Die Kelvin-(K)Skala zählt vom absoluten Nullpunkt der Temperatur (– 273,15° C).

Der Gefrierpunkt liegt bei	0 °C	0 °R	32 °F	273 K
Der Siedepunkt liegt bei	100 °C	80 °R	212 °F	373 K
Die Körpertemperatur des Menschen beträgt . . .	37 °C	29,6 °R	98,6 °F	310 K

ERDBEBENSTÄRKE

Nach der von Wood und Neumann verbesserten **Mercalli-Skala** (Auswirkungen an der Erdoberfläche):

I = Vom Menschen nicht wahrnehmbar
II = Von Personen im Ruhezustand wahrgenommen, bes. in oberen Stockwerken
III = Schwingung von hängenden Gegenständen
IV = Starkes Schwingen von hängenden Gegenständen, Bewegung von Fenstern und Türen
V = Wecken von Schlafenden, Bewegungen auf der Oberfläche von Flüssigkeiten
VI = Bruch von Fenstern und Geschirr, Herabfallen von Bildern und Büchern; Flucht aus dem Hause
VII = Schwierig, sich auf den Beinen zu halten, Bruch von Möbeln, Glockenläuten; spürbar beim Autolenken
VIII = Herabfallen von Baumästen und Kaminen, Umsturz von Monumenten
IX = Panik; Einsturz von Mauern, Bruch von unterirdischen Rohren, tiefe Erdrisse
X = Schwere Gebäudeschäden, Zerstörung von Brücken, Erdrutsche
XI = Starke Zerstörungen aller Art
XII = Totalzerstörung von Ortschaften, Felssturz, Emporschleudern schwerer Gegenstände.

Der moderneren, nach oben hin unbegrenzten **Richter-Skala** (Magnitudenskala) dient als Maß die Maximalamplitude der Erdbebenwellen in 100 km Entfernung vom Epizentrum. Die Magnitude schwankt zwischen den Werten 0 bei sehr schwachen und (bisher gemessen) 8,9 beim stärksten Beben. Die größten nach der Richter-Skala gemessenen Erdbeben: 1933 Japan (8,9), 1950 Indien (8,7), 1906 Chile und 1920 China (je 8,6), 1934 Indien, 1946 Japan, 1964 Alaska und 1989 Südpazifik/südl. von Neuseeland (je 8,4), 1906 USA, 1923 Japan, 1927 China, 1939 und 1960 Chile (je 8,3), 1976 China (8,2), 1985 Mexiko (8,1).

Personen- und Sachregister

Die Zahlen verweisen auf die linke oder rechte Spalte einer Seite. **Halbfetter Druck** bedeutet eine Hauptfundstelle. Aus Platzgründen konnten nur wichtigere Namen und Begriffe aufgenommen werden. So wurden z. B. die »Jahrestage 1992« (Sp. 1047ff) nur mit einem Stichwort berücksichtigt, und aus dem Kapitel »Kultur-, Friedens- und Nobelpreise« wurden nur die Überschriften (wie z. B. »Kunstpreise«) festgehalten.
Unter dem Stichwort »DDR« finden Sie in diesem Jahr sowohl Informationen über die ehemalige DDR als auch über die neuen Bundesländer.